八閩文庫

八閩文庫

專題彙編 第二種

福建民間契約文書

厦門大學民間歷史文獻研究中心 編
鄭振滿 主編

35

海峽出版發行集團
THE STRAITS PUBLISHING & DISTRIBUTING GROUP
福建人民出版社

本册目録

第八卷　永泰縣霞拔鄉錦安村契約文書（一）

第二帙　積善堂

第八卷　永泰縣霞拔鄉錦安村契約文書（一）

本卷主編　周煜翔

本卷簡介

霞拔鄉舊名下弼、退達，位於永泰縣西北部，地處戴雲山北部支脈。該鄉屬山地，平均海拔高度六百五十米，地勢崎嶇不平，對外交通不便。現有耕地面積一萬三千三百四十五畝，林地面積五萬四千零七十四畝，主要種植毛竹、油茶和李果等經濟林木。

錦安村舊名耿下，位於霞拔鄉西部，東與霞拔村相連，西鄰東洋鄉，北接閩清縣。明清時期屬永福縣和平鄉保德里三十都，民國時期屬西區。發源於霞拔鄉的月洲溪，自東北向西南流經該村，並在嵩口鎮溪口村匯入大樟溪，爲該村與外界交流的主要通道。

錦安村現有户籍人口二千二百人，約五百五十户，分屬翰陽、隔丘、下村、長萬等自然村，主要居民爲黄氏族人。據《錦安黄氏族譜》記載，其始祖肇基公於萬曆年間從尤溪遷居錦安翰陽，並置買霞川關内山場，經營山林。第三世分爲東、西兩房，東房遷居下村，西房留居翰陽。至第六世，西房又分爲日、月兩房。明清之際，日房八世祖朝典和月房八世祖朝珣「承當甲長，辦理公務」，西房由此獲得了霞川以外山場，家族勢力擴展到錦安以南的區域。

有清一代，黄氏族人逐漸發家致富，成爲當地較爲富有的大家族。咸豐十年（一八六〇），日房十五世祖黄孟鋼在長萬村建造了穀貽堂。光緒二十一年（一八九五），孟鋼長子學書在周坑村建造了紹安莊，又名周坑寨。

光緒三十一年（一九〇五），孟鋼三子學猷在穀貽堂對面修建了積善堂，又名長萬新厝。紹安莊現爲全國重點文物保護單位，與穀貽堂、積善堂合稱爲「父子三莊寨」。

我們在錦安村共收集各類契約二百八十餘件，另有一批鬮書、賬簿等歷史文獻資料。這些契約文書分別收藏於紹安莊和積善堂，其中大多是錦安黄氏家族的公共文書。依據「歸户」原則，本卷將紹安莊、積善堂契約文書分别整理，各編爲一帙。

第一帙爲紹安莊契約文書，包括各類契約五十件，另有鬮單二件、族産賬單一件、訴訟文書一件。這些契約文書已彙集成册，封面題爲「其日公房下一應文書集」。據《錦安黄氏族譜》記載，其日公爲月房十世祖，大約生活於清雍正至乾隆年間。由此可見，這些契約文書應是其日公派下的歷史文獻資料。其中有不少族人之間的合約，反映了清中葉以後的家族建設與族産經營。在「其日公房下一應文書集」中，這批契約文書以時間順序排列，其原有的文獻系統已被擾亂。在整理過程中，我們依據「歸物」原則重新排序，盡可能重建其文獻系統。

第二帙爲積善堂契約文書，包括各類契約九十一件、收字一百零五件，另有若干信函、貨單、鬮書、賬簿等。這些契約文書均出自日房學猷派下子孫，反映了晚清民國時期積善堂族人的産權形態與生計模式。其中有不少商業信函和收支貨單，主要出自光緒年間黄學猷的商業經營活動。在整理過程中，我們盡量依據「包契紙」，力求再現其原有保存狀態。

積善堂現存七種歷代鬮書，集中反映了乾隆以後日房子孫的財産繼承與家族建設過程。晚清時期，學猷派下子孫分爲宫、商、角、徵、羽五房，現存商、角、徵、羽四房鬮書，其内容大致相同，本卷僅收録其中品相較好的商房鬮書。

在積善堂現存契約文書中，共有三册「便覽」、四册家族賬簿，主要記録清道光以降黄氏家族的土地交易與經營活動。其中「關聖帝君規簿」和「文昌帝君會簿」，反映了晚清當地民間宗教社團的組織形態與經營活動。

本帙還收録了積善堂現存的七種「發借總目」，主要涉及黄氏家族與周邊家族及嵩口各商號的貨物及資金往來情況，與大多數現存「收支貨單」可以對應。其中「三和興油杭記夥友來往數」，記載了民國五、六年間黄氏家族油坊的收支賬目與貨物往來。以上賬簿内容翔實，前後連貫，系統性較强，是研究晚清民國時期山區商品經濟的珍貴史料。

總體而言，錦安黄氏家族的現存契約文書較爲完整，保存狀態良好，各類契約文書大多可以互證，具有較高的史料價值。此外，我們在紹安莊和積善堂還收集到二部族譜和若干一九四九年之後的契約文書，限於體例未能收入本書，在此一併説明。

錦安黃氏家族部分世系圖

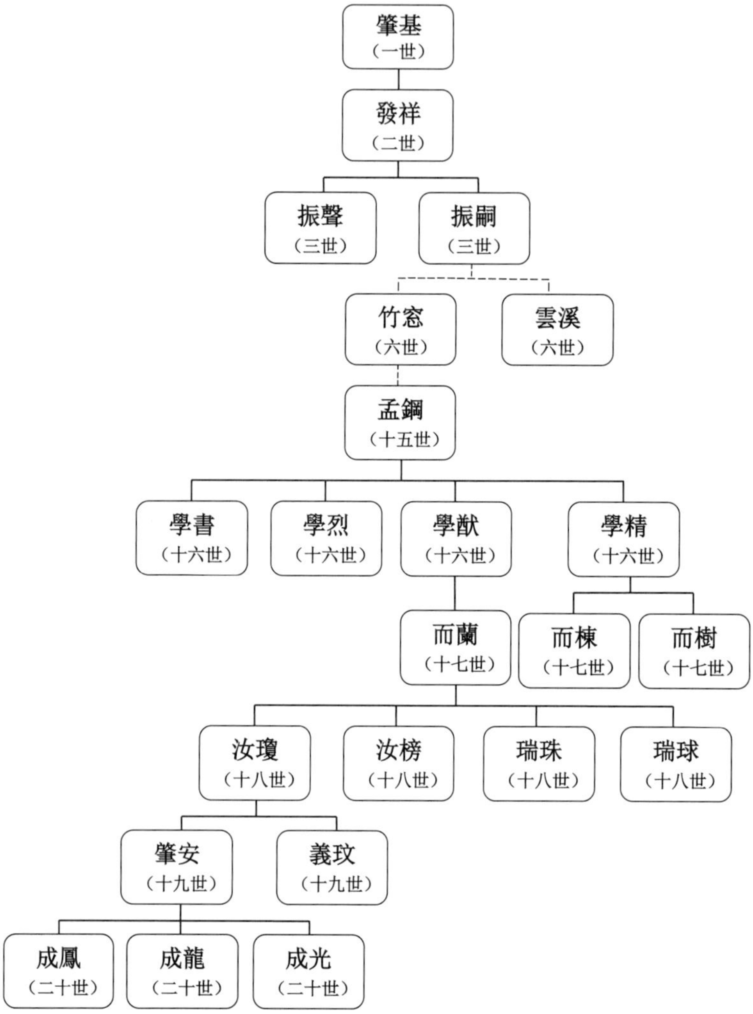

說明：

現存的《錦安黃氏族譜》只記録到第十五世，之後的世系據當地人回憶製成。

第一帙　紹安莊

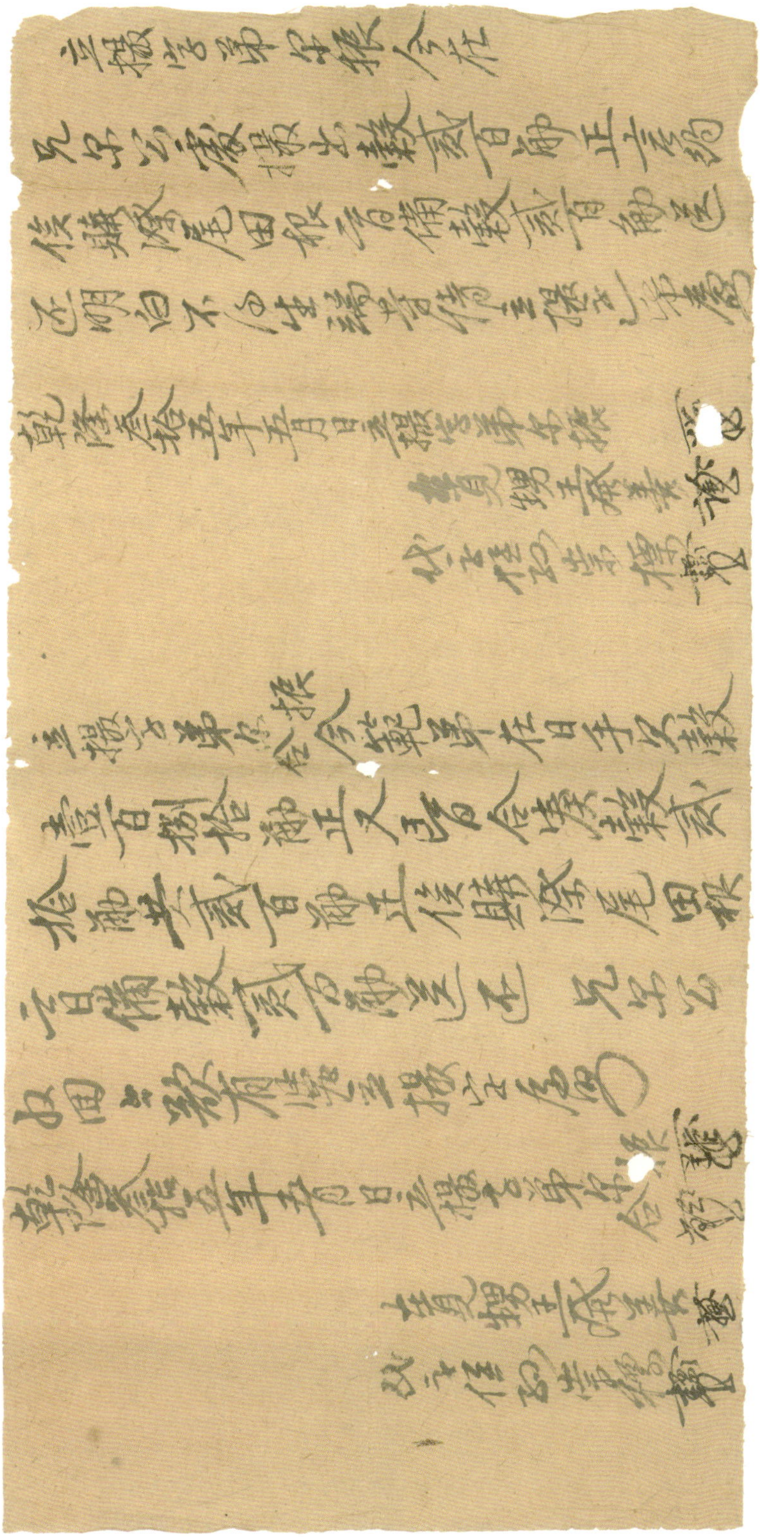

8-1-1-1　清乾隆三十五年五月黃尔振立撮字

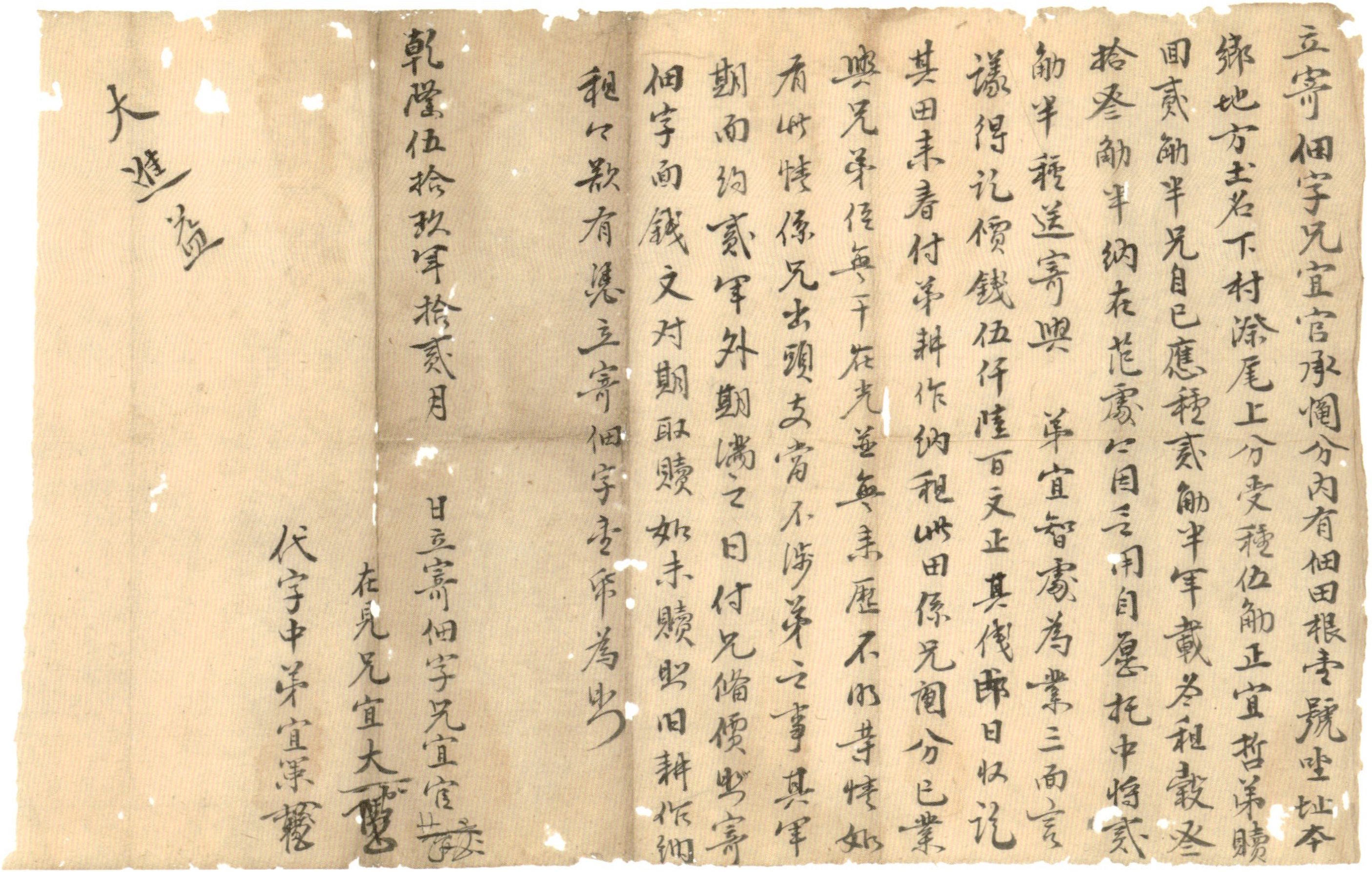

8-1-1-2　清乾隆五十九年十二月黄宜官立寄佃田根字

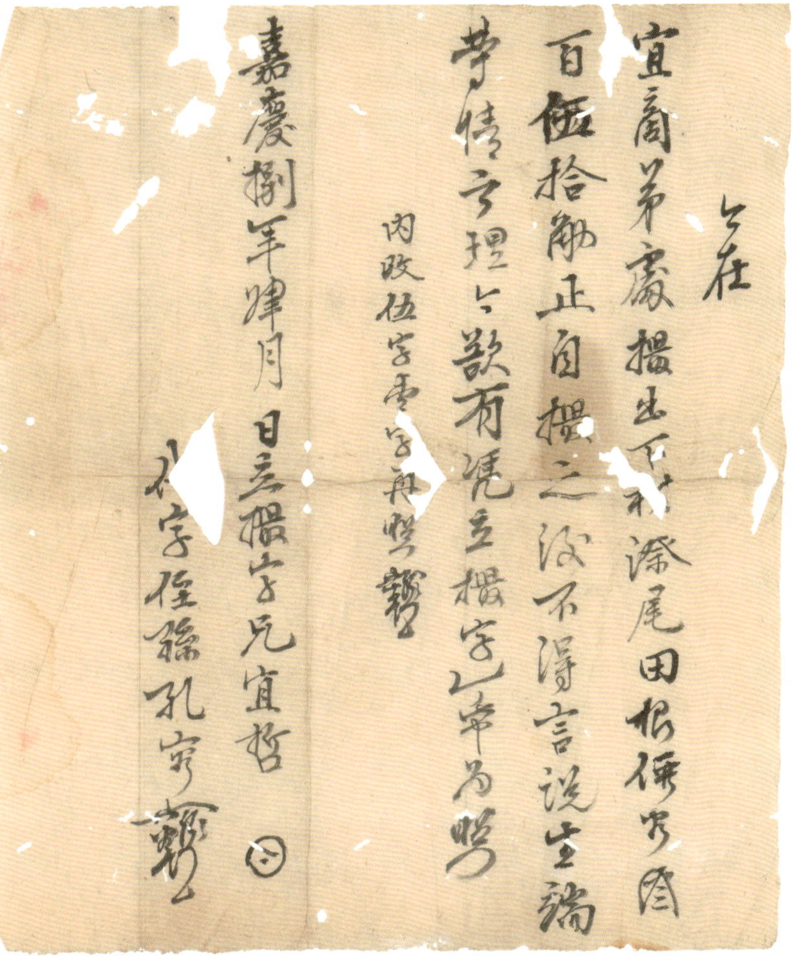

仝在

宜商弟處撮出下村淤尾田根係字[illegible]

百伍拾觔正自撮之後不得言說生端

等情云理云欵有憑立撮字乙帋為照

內政伍字壹字與照

嘉慶捌年肆月　日立撮字兄宜哲

代字侄孫孔宗

8-1-1-3　清嘉慶八年四月黃宜哲立撮字

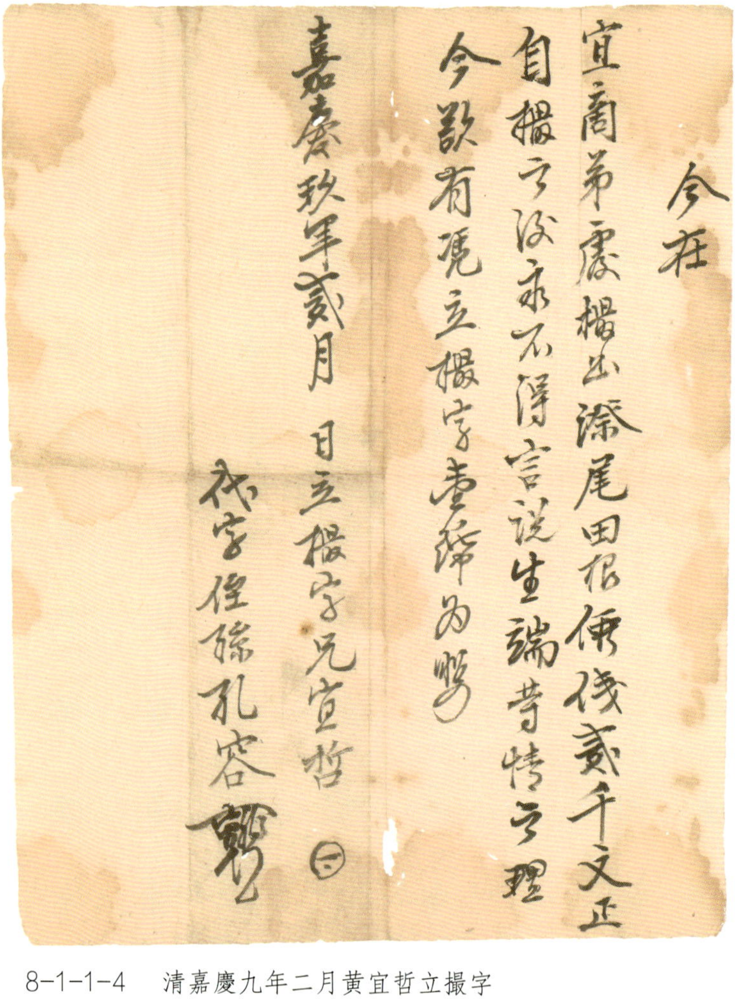
今在
宜商弟處撮出涂尾田根價錢貳千文正
自撮之後永不得言說生端等情之理
今欲有憑立撮字壹紙為照
嘉慶玖年貳月　日立撮字兄宜哲（押）
代字侄孫孔容（押）

8-1-1-4　清嘉慶九年二月黃宜哲立撮字

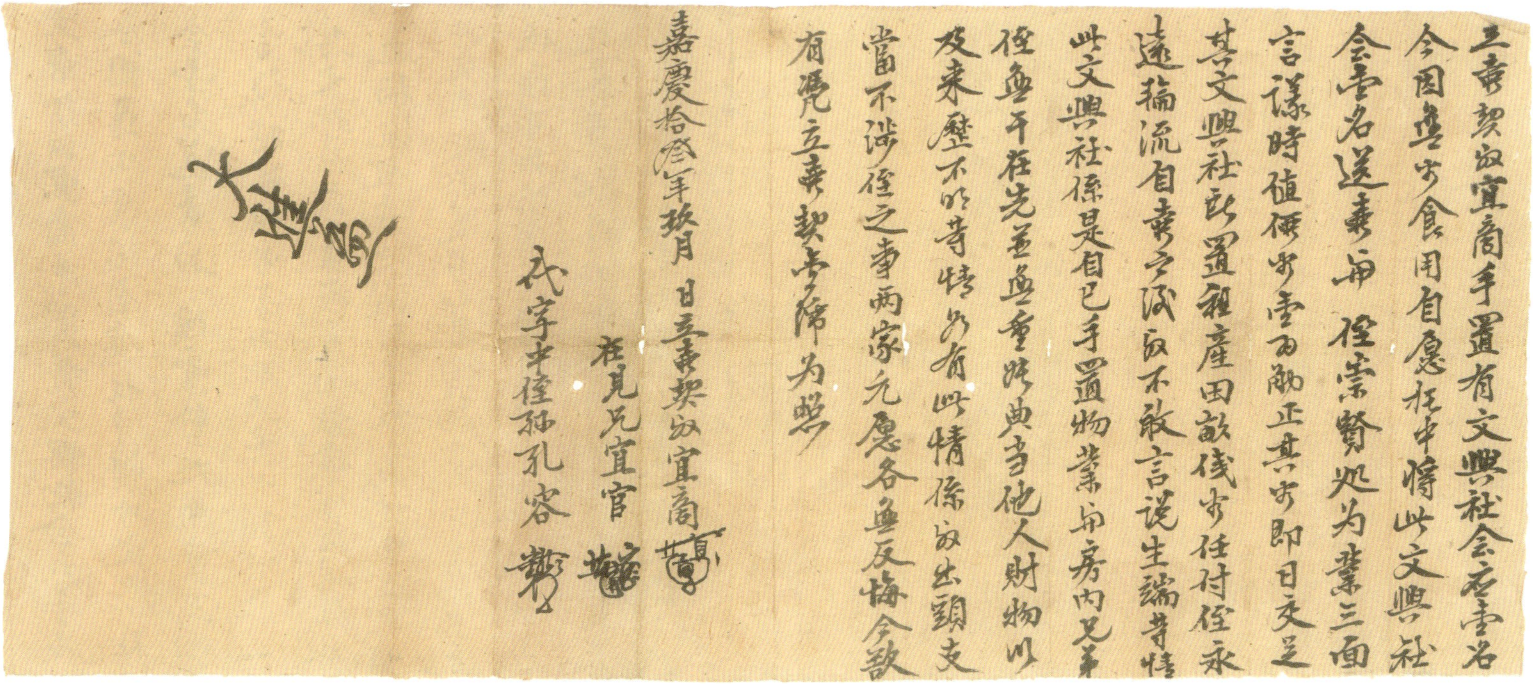

立賣契叔宜商手置有文興社会壹名
今因無錢食用自愿托中將此文興社
会壹名送賣與 侄崇贊㕍为業三面
言議時值價錢壹兩肆正其錢即日交足
其文興社所置租産田畝錢錢任付侄永
遠掄流自賣之後叔不敢言說生端等情
此文興社係是自己手置物業與房内兄弟
侄無干在先並無重張典当他人財物以
及來歷不明等情如有此情係叔出頭支
當不涉侄之事兩家允愿各無反悔今欲
有憑立賣契壹紙为照

嘉慶拾叁年玖月　日立賣契叔宜商（押）
在見兄宜官（押）
代字中侄孫孔容（押）

大吉

8-1-2-1　清嘉慶十三年九月黃宜商立賣文興社會股份契

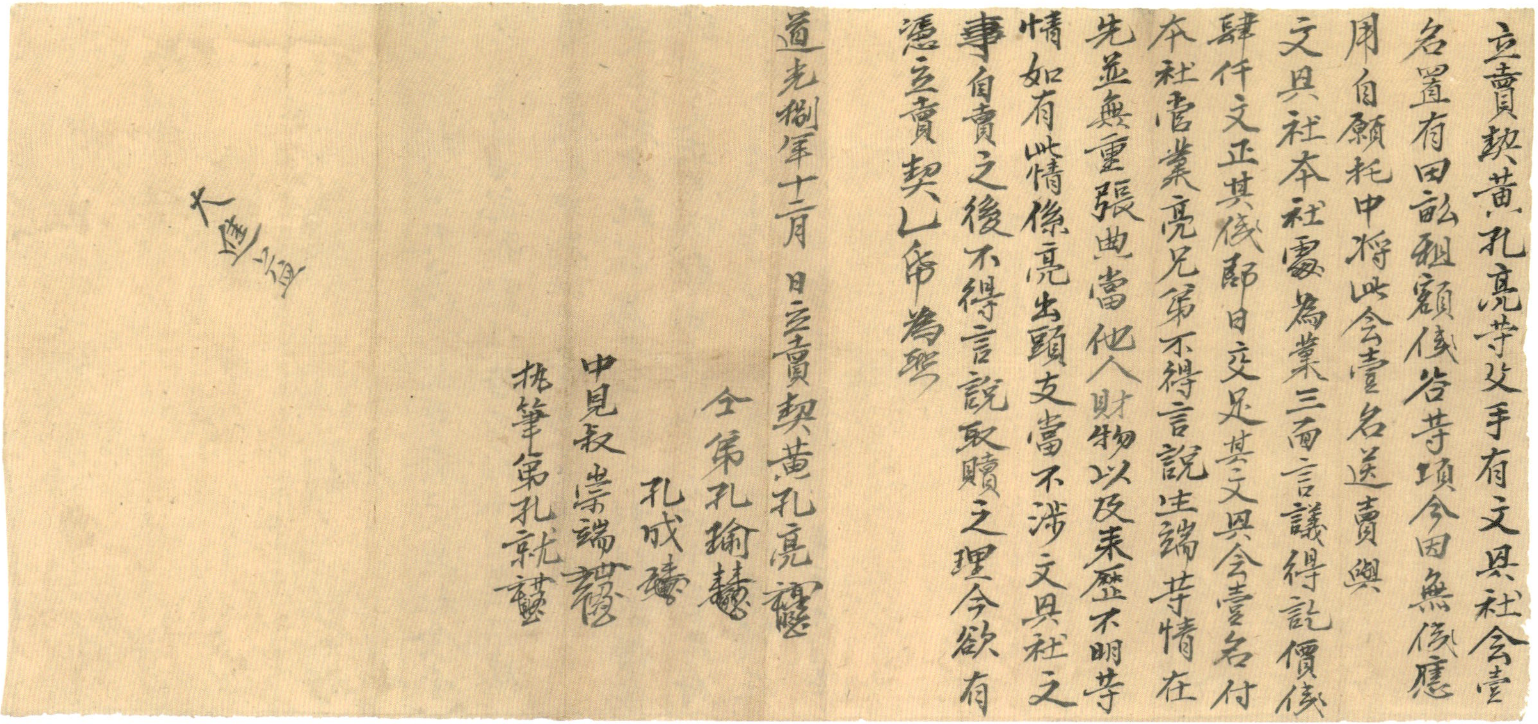

立賣契黃孔亮等父手有文興社会壹
名置有田畝租額係谷若干項今因無係應
用自願托中將此会壹名送賣與
文興社本社處為業三面言議得訖價係
肆仟文正其係即日交足其文興会壹名付
本社管業亮兄弟不得言說生端等情在
先並無重張典當他人財物以及來歷不明等
情如有此情係亮出頭支當不涉文興社之
事自賣之後不得言說取贖之理今欲有
憑立賣契乙帋為照

道光捌年十二月　日立賣契黃孔亮
仝弟孔揄
孔成
中見叔崇端
執筆弟孔就

8-1-2-2　清道光八年十二月黃孔亮等立賣文興社會股份契

清道光二十四年十二月黃崇賢立賣根面全田等契

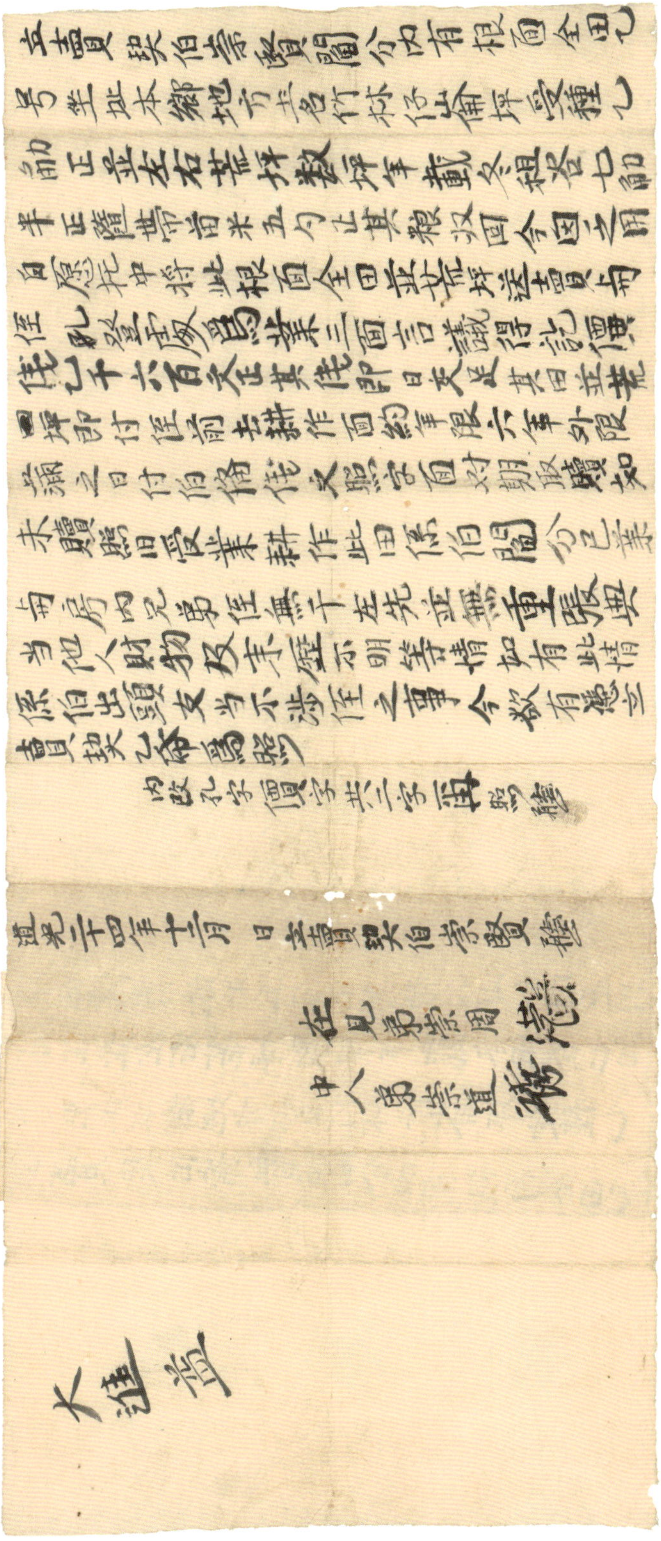
立盡賣契伯崇賢鬮分內有根面全田乙
号，坐址本鄉地方土名竹林仔上角坪安種乙
畝，正坐並左右茶坪，數弍坪，年載冬租谷乙[illegible]
半正，隨帶苗米五勺正。其粮收回。今因乏用，
自愿托中將此根面全田並茶坪送盡賣與
侄[illegible]承買為業。三面言議，得訖價
[illegible]乙千六百文正。其[illegible]即日交足，其田並茶
坪即付侄前去耕作。面約年限六年外，限
滿之日付伯備[illegible]文照字面对期取贖，如
未贖，照舊侄業耕作。此田係伯鬮分己業，
與房內兄弟侄無干，在先並無重張典
当他人財物，及來歷不明等情。如有此情，
係伯出頭支当，不涉侄之事。今欲有憑，立
盡賣契乙紙為照。
內改[illegible]字、價字共二字再照。
道光二十四年十二月　日立盡賣契伯崇賢（押）
在見弟崇周（押）
中人弟崇道（押）
大進益

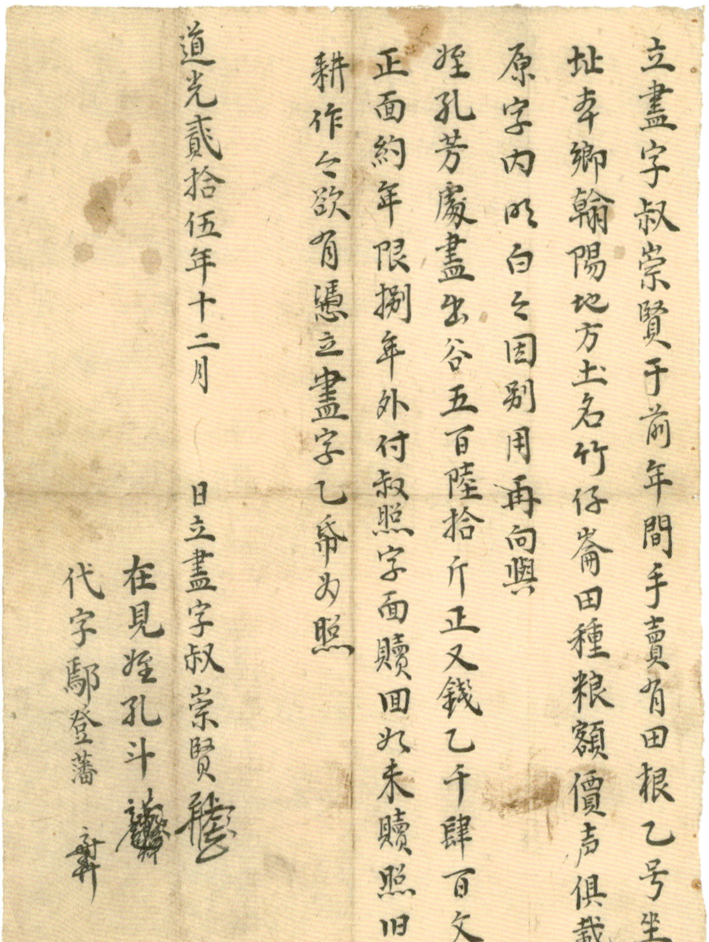

立盡字叔崇賢于前年間手賣有田根乙号坐
址本鄉翰陽地方土名竹仔崙田種粮額價声俱載
原字内明白々因别用再向與
姪孔芳處盡出谷五百陸拾斤正又錢乙千肆百文
正面約年限捌年外付叔照字面贖回如未贖照旧
耕作々欲有憑立盡字乙帋為照
道光貳拾伍年十二月　日立盡字叔崇賢（押）
在見姪孔斗（押）
代字鄢登藩（押）

8-1-3-2　清道光二十五年十二月黄崇賢立盡田根字

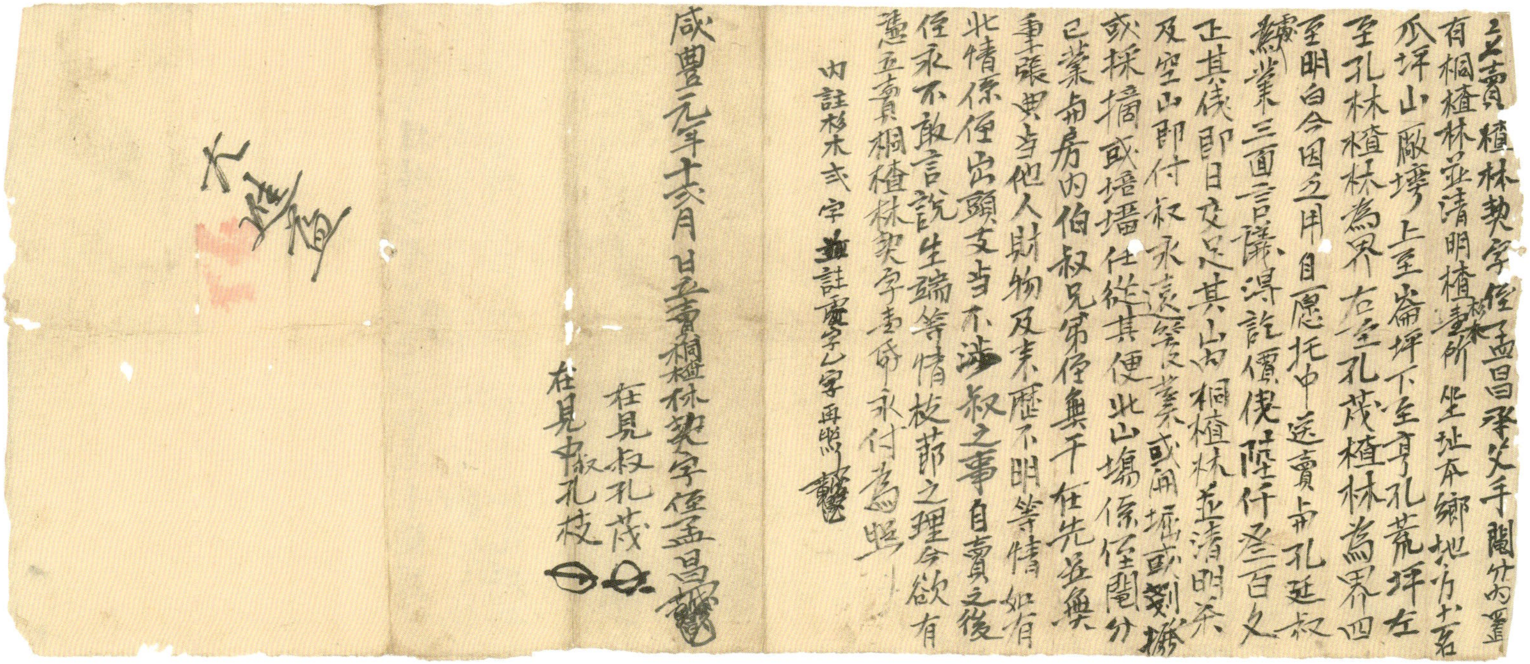

立賣楂林契字侄孟昌，承父手鬮分內置有桐楂林並清明楂杉木壹所，坐址本鄉地方土名瓜坪山廠墿，上至崙坪，下至亨孔荒坪，左至孔林楂林爲界，右至孔茂楂林爲界，四至明白。今因乏用，自愿托中送賣與叔孔廷處爲業，三面言議，得訖價俵陸仟叁百文正，其錢即日交足。其山內桐楂林並清明杉及空山即付叔永遠管業，或開墾或劉擳，或採摘或培擂，任從其便。此山場係侄鬮分己業，與房內伯叔兄弟侄無干，在先並無重張典當他人財物，及來歷不明等情，如有此情，係侄出頭支當，不涉叔之事。自賣之後，侄永不敢言說生端等情枝節之理。今欲有憑，立賣桐楂林契字壹紙，永付爲照。

內註杉木弍字，塗註處字乙字，再照。黃孟昌（押）

咸豐元年十二月　日立賣桐楂林契字侄孟昌（押）

在見叔孔茂（押）

在見中叔孔枝（押）

8-1-4-1　清咸豐元年十二月黄孟昌立賣桐楂林等契

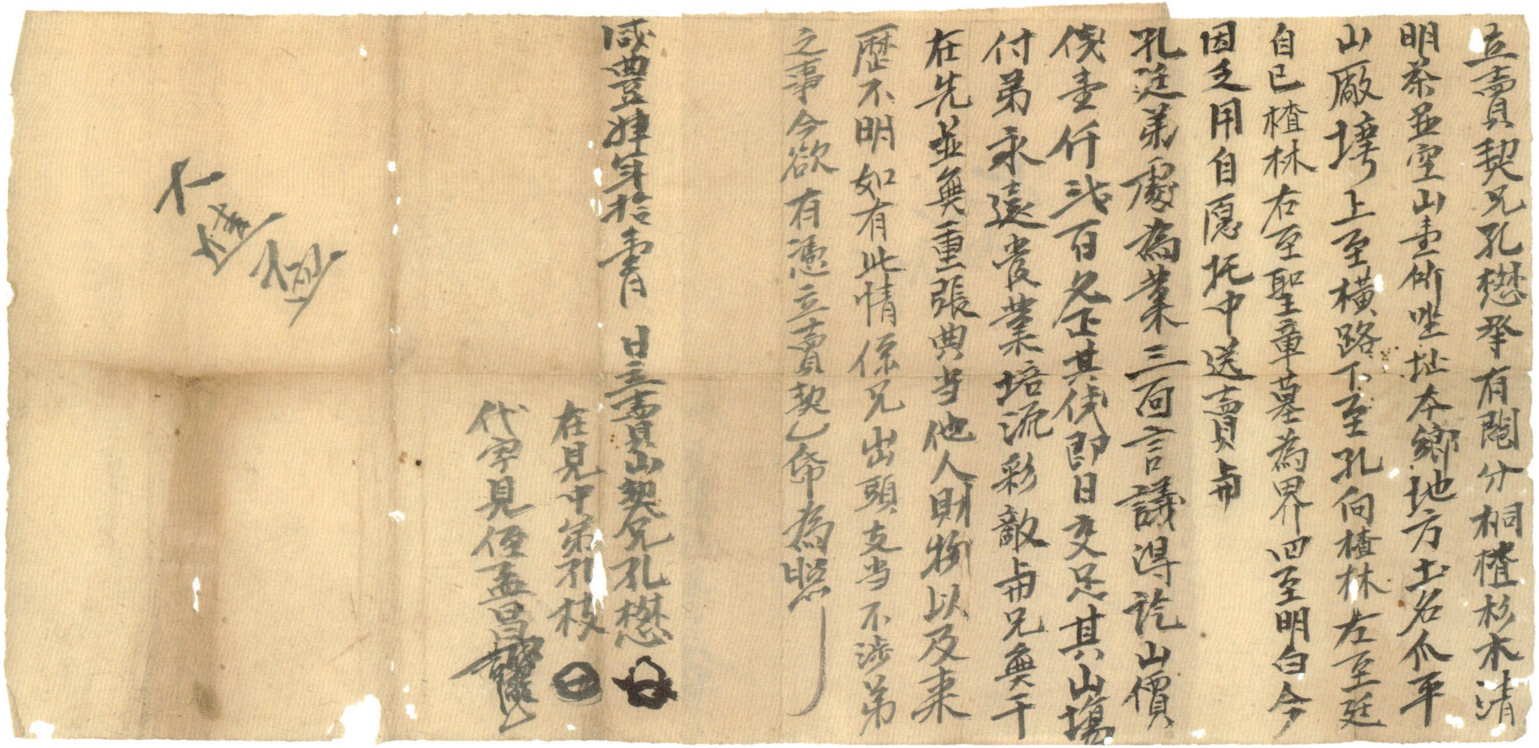
立賣契兄孔懋承有鬮分桐楂杉木清
明茶壺窠山壹所坐址本鄉地方土名仐平
山廠塝上至橫路下至孔向楂林左至廷
自己楂林右至聖章墓為界四至明白今
因乏用自愿托中送賣弟
孔廷義處為業三面言議得訖山價
錢壹仟弍百文正其錢即日交足其山塲
付弟永遠管業培流彩歛弟兄無干
在先並無重張典当他人財物以及來
歷不明如有此情係兄出頭支当不涉弟
之事今欲有憑立賣契一帋為照
咸豐肆年拾壹月　日立賣山契兄孔懋
在見中弟孔校
代筆見侄孟昌

8-1-4-2　清咸豐四年十一月黃孔懋立賣桐楂林等契

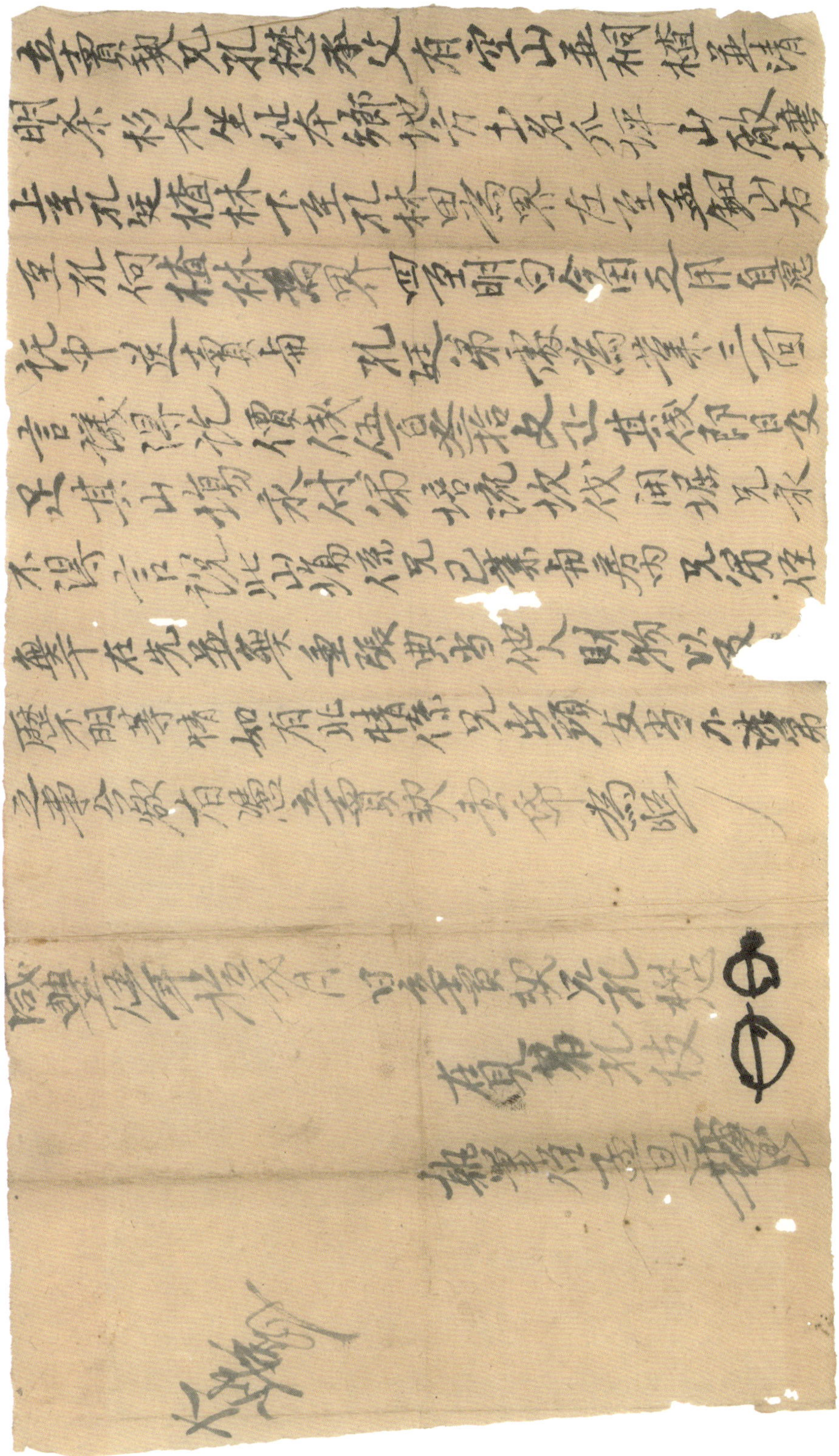

8-1-4-3　清咸豐五年十二月黃孔懋立賣空山等契

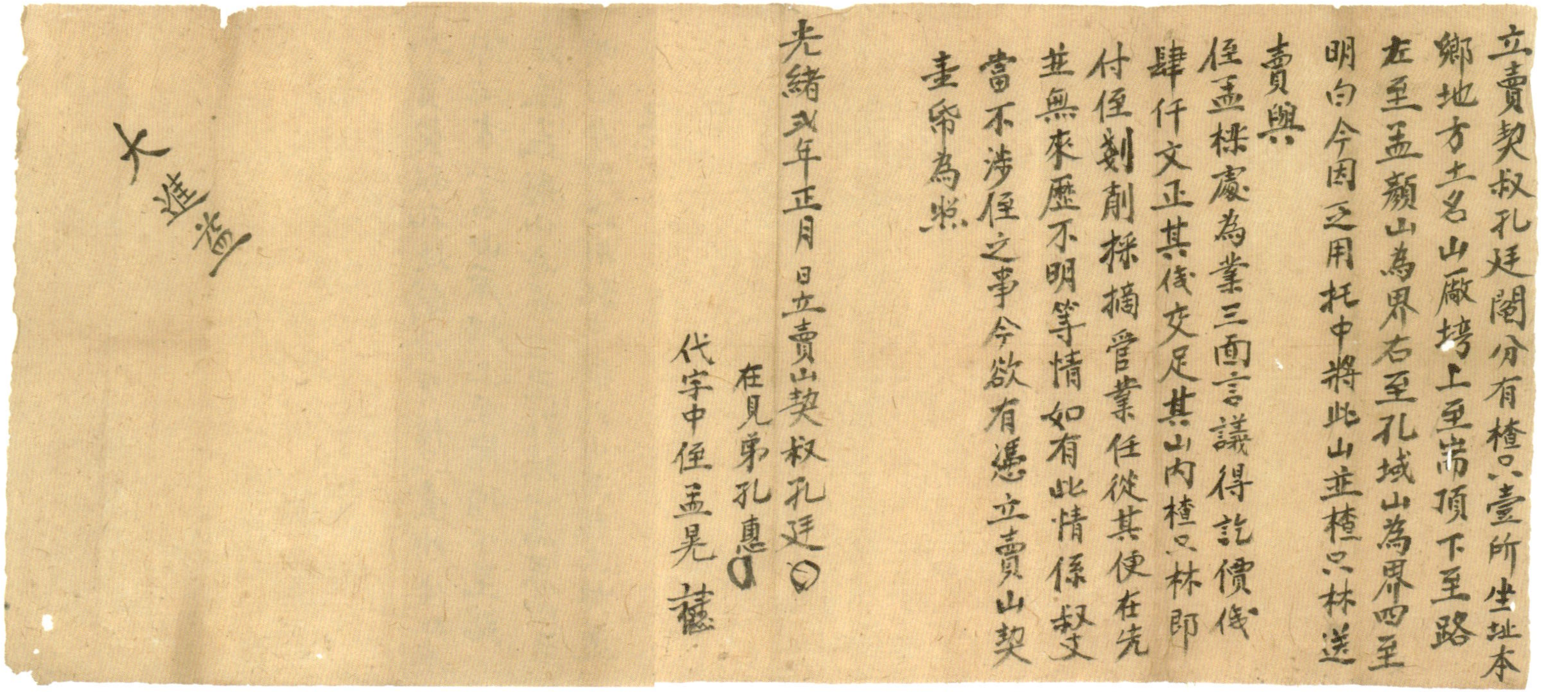
立賣契叔孔廷閣分有楂只壹所坐址本
鄉地方土名山廠垮上至嵛頂下至路
左至孟顏山為界右至孔域山為界四至
明白今因乏用托中將此山並楂只林送
賣與
侄孟樑處為業三面言議得訖價錢
肆仟文正其錢交足其山內楂只林即
付侄劉削採摘管業任從其便在先
並無來歷不明等情如有此情係叔支
當不涉侄之事今欲有憑立賣山契
壹帋為照
光緒弍年正月　日立賣山契叔孔廷
在見弟孔惠
代字中侄孟晃
大進[illegible]

8-1-4-4　清光緒二年正月黃孔廷立賣楂只林等契

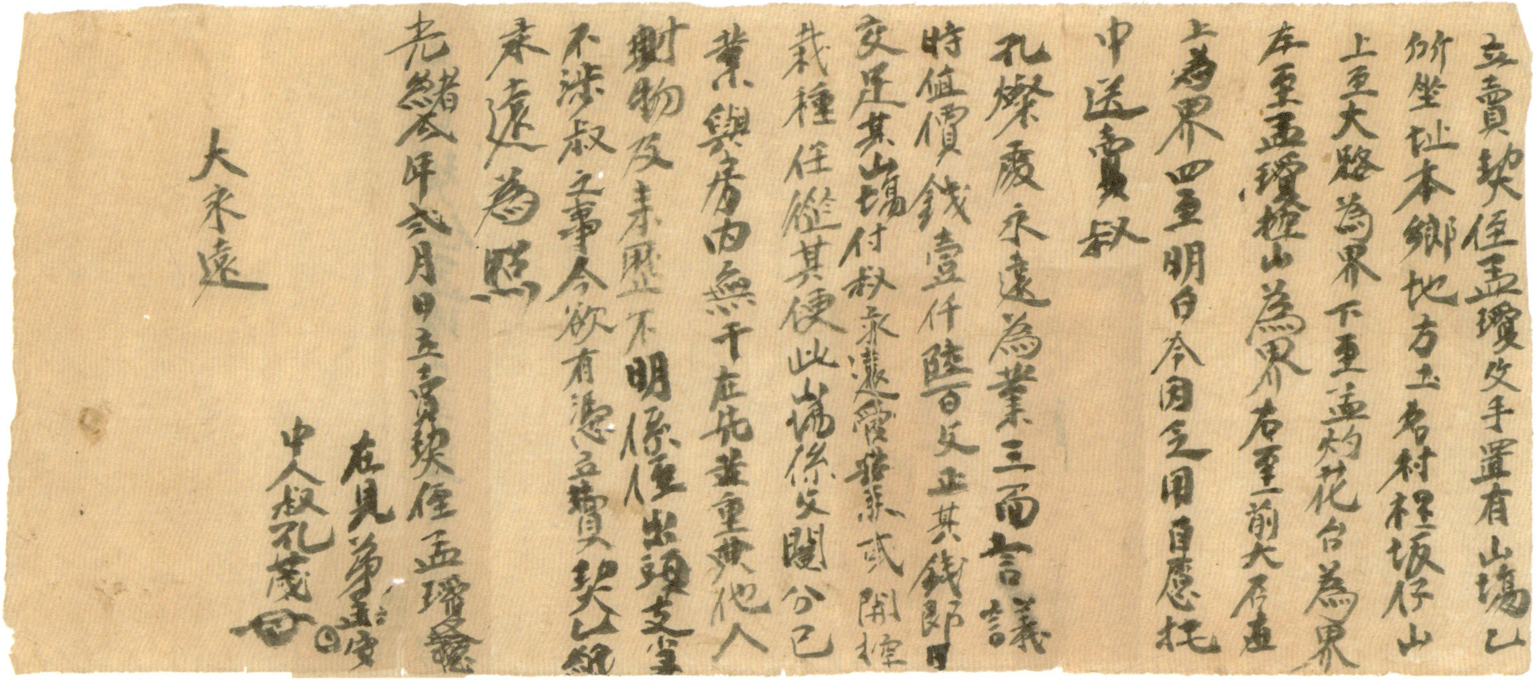

立賣契侄孟瓊父手置有山場乙
所坐址本鄉地方土名村程坂仔山
上至大路為界下至孟灼花台為界
左至孟瓊種山為界右至一前大石直
上為界四至明白今因乏用自愿托
中送賣叔
孔燦處承遠為業三面言議
時值價錢壹仟陸百文正其錢即日
交足其山場付叔永遠管業或開墾
栽種任從其便此山場係父鬮分已
業與房內無干在先並無重張他人
財物及來歷不明係侄出頭支當
不涉叔之事今欲有憑立賣契山絕
永遠為照

光緒貳年貳月　日立賣契侄孟瓊
在見弟孟[illegible]
中人叔孔茂

大來遠

8-1-5-1　清光緒二年二月黄孟瓊立賣山場契

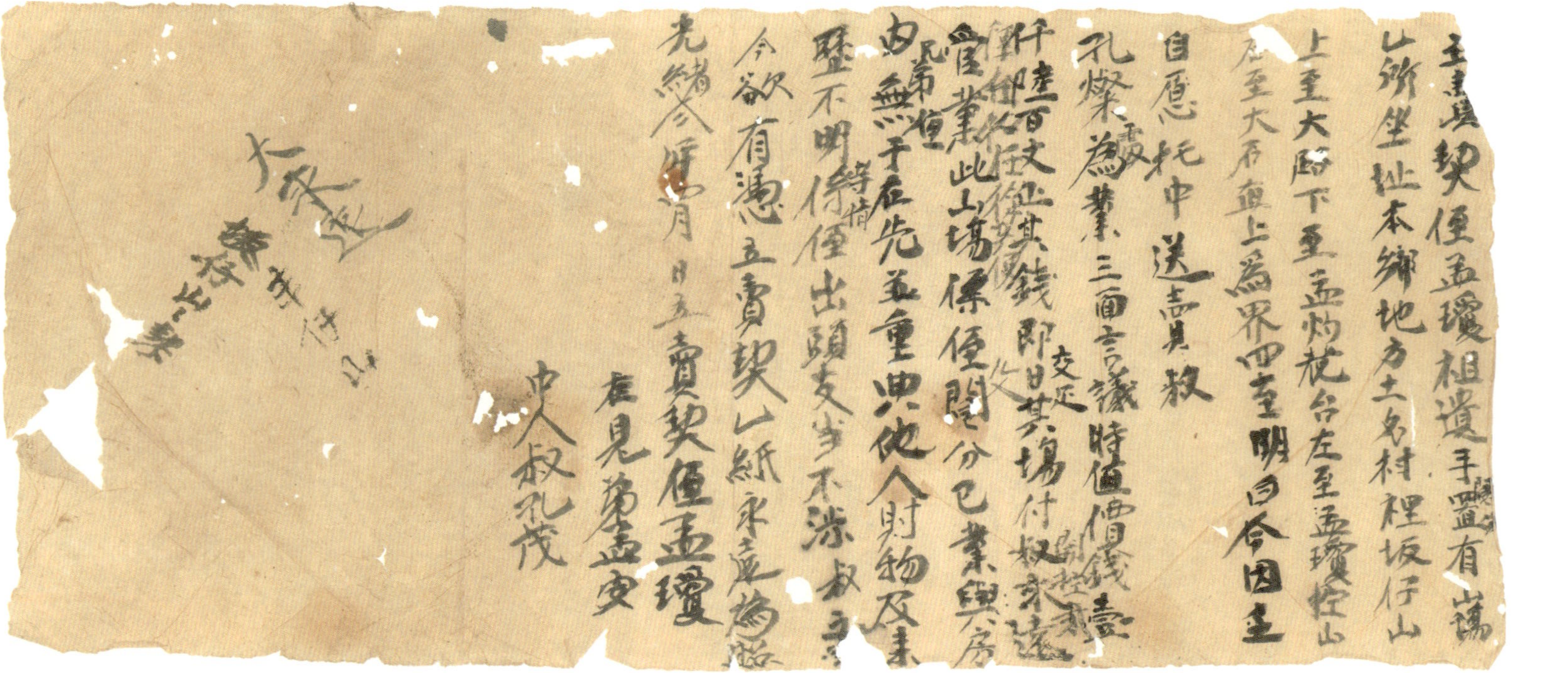

8-1-5-2　清光緒二年四月黃孟瓊立賣山場契

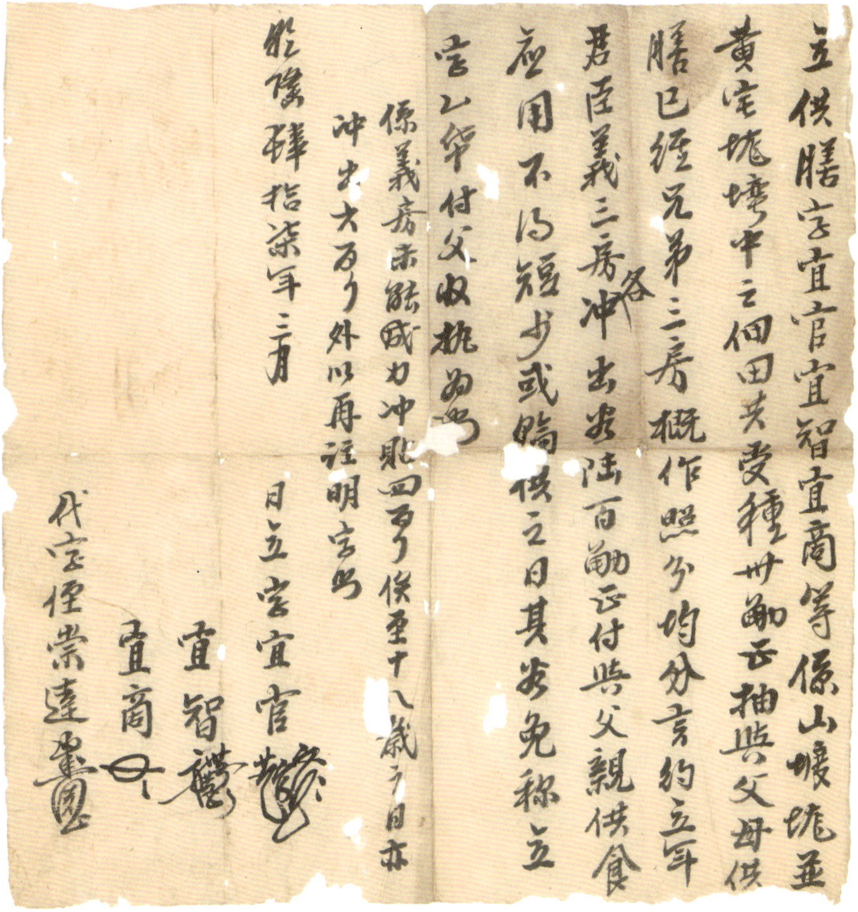

立供膳字宜官宜智宜商等係山壞埕並
黃宅埕墘中三坵田共受種廿斛正抽與父母供
膳已經兄弟三房概作照分均分言約立字
君臣義三房各冲出米陸百斛正付與父親供食
應用不得短少或賠供之日其米免稱立
字三紙付父收執為照
係義房未能成力冲貼四百斛俟至十八歲之日亦
冲出六百斛外以再注明字照
乾隆肆拾柒年三月　日立字宜官（花押）
宜智（花押）
宜商（花押）
代字侄崇達（花押）

8-1-6-1　清乾隆四十七年三月黃宜官等立供膳字

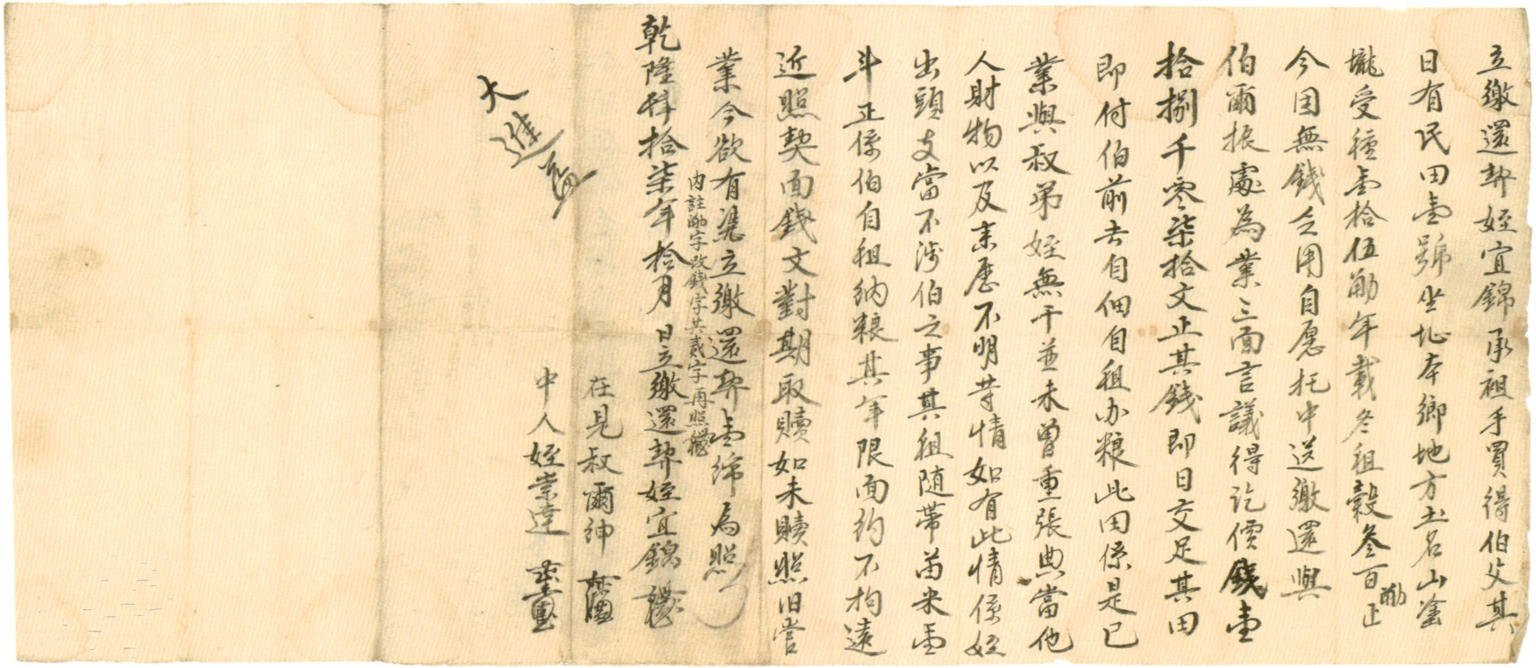
立繳還契姪宜錦承祖手買得伯父其
日有民田壹號坐北本鄉地方土名山壟
墘受種壹拾伍斛年載冬租穀叁百斛正
今因無錢应用自愿托中送繳還與
伯爾振處為業三面言議得訖價錢壹
拾捌千零柒拾文止其錢即日交足其田
即付伯前去自佃自租办粮此田係是已
業與叔弟姪無干並未曾重張典當他
人財物以及來歷不明等情如有此情係姪
出頭支當不涉伯之事其租隨帶苗米壹
斗正係伯自租納粮其年限面約不拘遠
近照契面錢文對期取贖如未贖照旧管
業今欲有憑立繳還契壹紙為照
内註斛字改錢字共貳字再照
乾隆肆拾柒年拾月　日立繳還契姪宜錦
在見叔爾紳
中人姪崇達
大進

8-1-6-2　清乾隆四十七年十月黃宜錦立繳還民田契

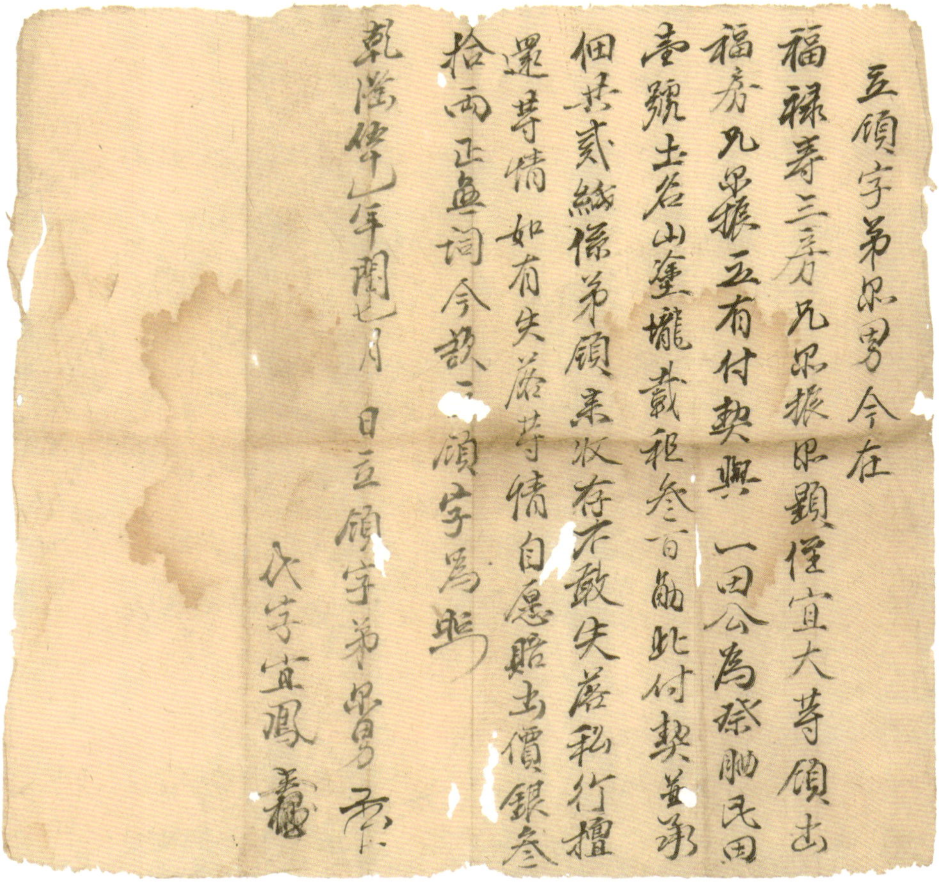
立領字弟尔男今在
福祿寿三房兄尔振尔顯侄宜大等領出
福房兄尔振立有付契與一田公爲祭祀民田
壹號土名山壟壠載租叁百觔此付契并承
佃共貳紙係弟領來收存不敢失落私行擅
還等情如有失落等情自愿賠出價銀叁
拾兩正無詞今欲有憑立領字爲照
乾隆伍拾壹年閏七月 日立領字弟尔男（押）
代字 宜鳳（押）

8-1-6-3 清乾隆五十一年閏七月黄尔男立領民田字

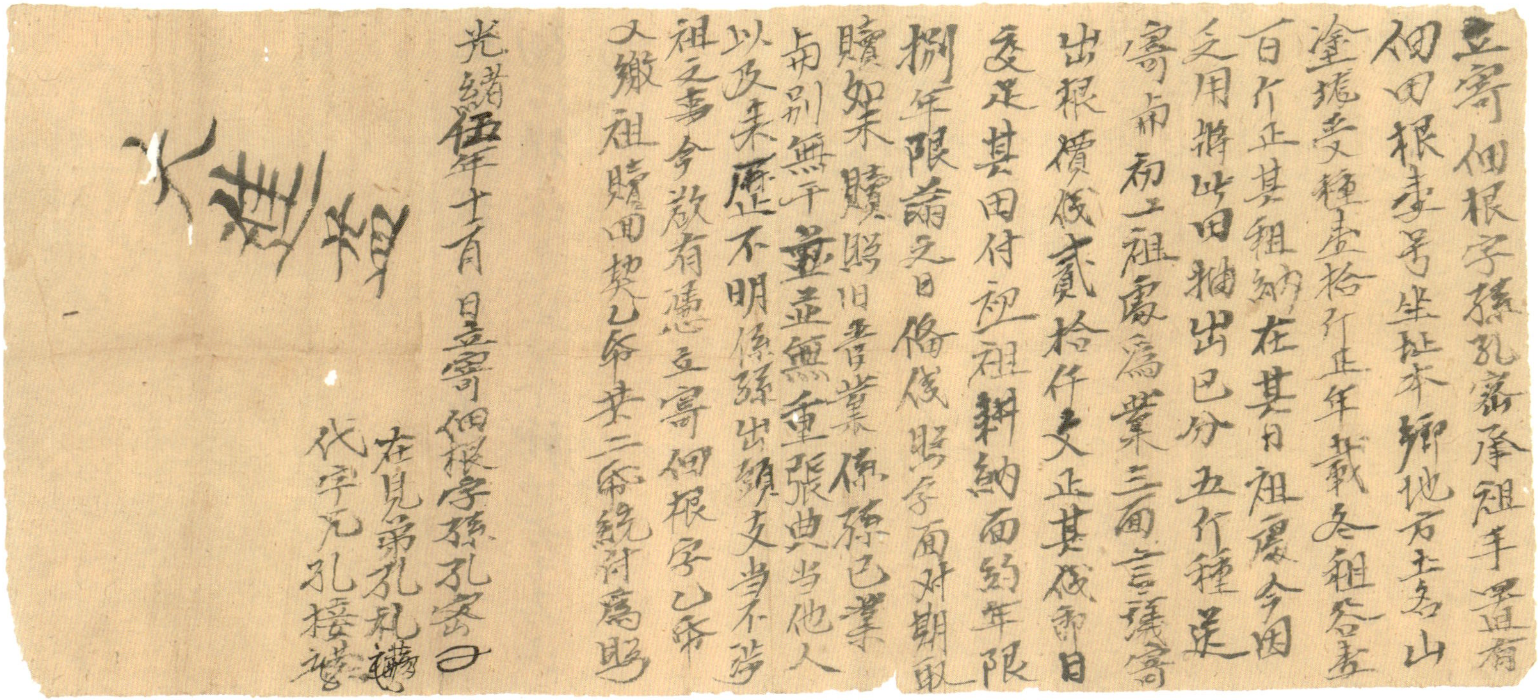
立寄佃根字孫孔密承祖手置有
佃田根壹号坐址本鄉地方土名山
塗瑤受種壹拾斤正年載冬租谷壹
百斤正其租納在其日祖處今因
乏用將此田抽出已分五斤種足
寄與初二祖處爲業三面言議寄
出根價錢貳拾仟文正其錢即日
交足其田付與初二祖耕納面約年限
捌年限滿之日備錢照字面对期取
贖如果贖照旧管業係孫已業
与别無干並無重張典当他人
以及來歷不明係孫出頭支当不涉
祖之事今欲有憑立寄佃根字乙帋
又繳祖贖田契乙帋共二帋繳付爲照

光緒伍年十二月　日立寄佃根字孫孔密
在見弟孔札
代字兄孔樓

8-1-6-4　清光緒五年十二月黃孔密立寄佃田根字

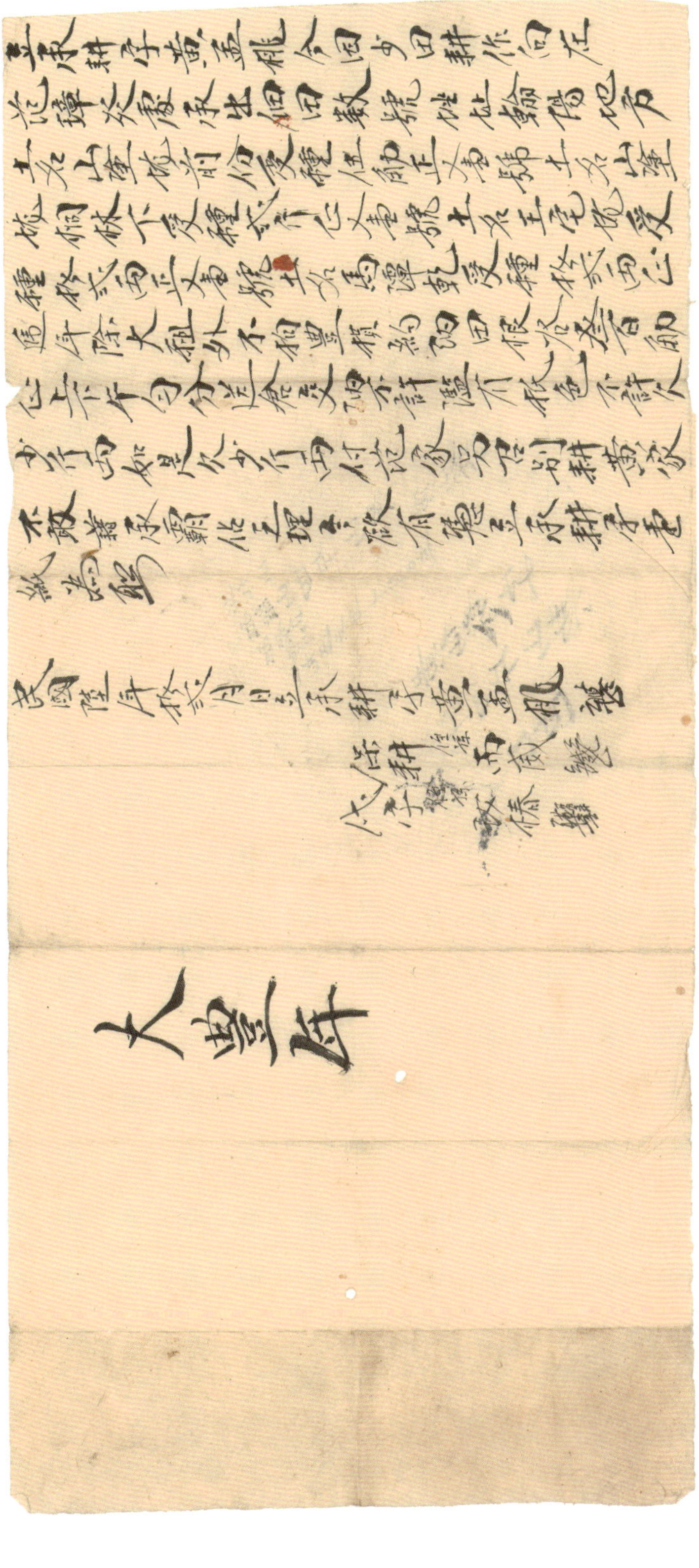

8-1-6-5　民國六年十二月黃孟桃立承耕佃田字

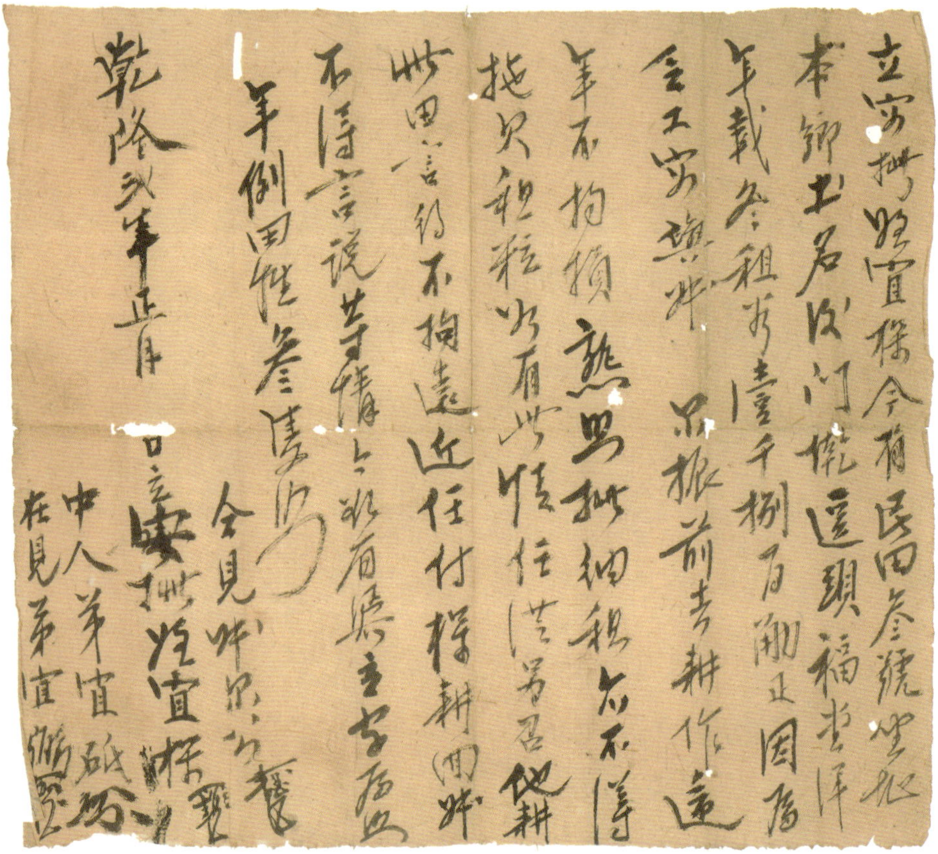

8-1-7-1　清乾隆二年正月黃宜樑立安批民田字

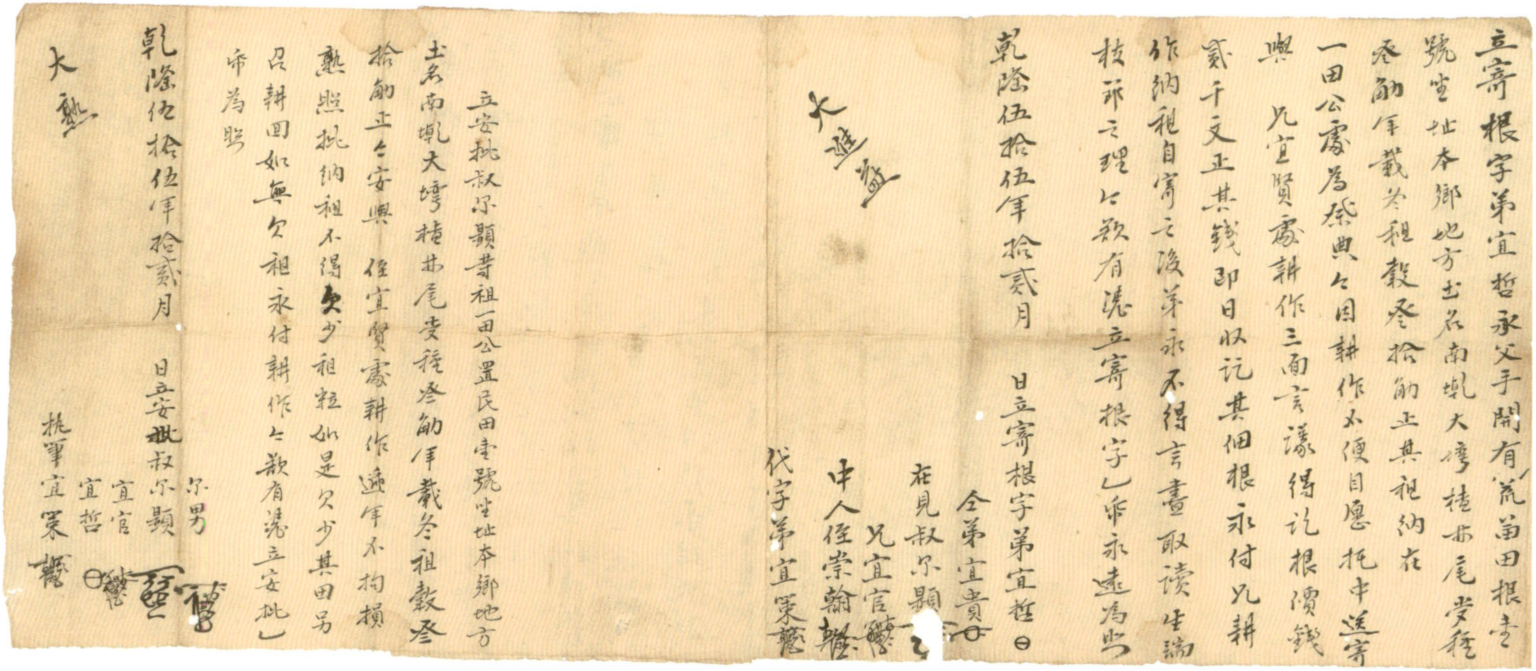

立寄根字弟宜哲承父手開有荒苗田根壹號坐址本鄉地方土名南坑大塆桂林尾受種叁斗年載苗租穀叁拾斗正其租納在一田公處為無典之因耕作不便自愿托中送寄與　兄宜賢處耕作三面言議得訖根價錢貳千文正其錢即日收訖其佃根永付兄耕作納租自寄之後弟永不得言畫取贖生端枝節之理今欲有憑立寄根字一紙永遠為照

乾隆伍拾伍年拾貳月　日立寄根字弟宜哲㊞

仝弟宜貴㊞

在見叔尔顯

兄宜官

中人侄崇翰

代字弟宜寀

大進益

立安批叔尔顯昔祖一田公置民田壹號坐址本鄉地方土名南坑大塆桂林尾受種叁斗年載叁租穀叁拾斗正今安與　侄宜賢處耕作遞年不拘損熟照批納租不得欠少租粒如是欠少其田另召耕田如無欠租永付耕作今欲有憑立安批一紙為照

乾隆伍拾伍年拾貳月　日立安批叔尔顯

男宜官

宜哲

執筆宜寀

大熟

8-1-7-2　清乾隆五十五年十二月黃宜哲等立寄荒苗田根字

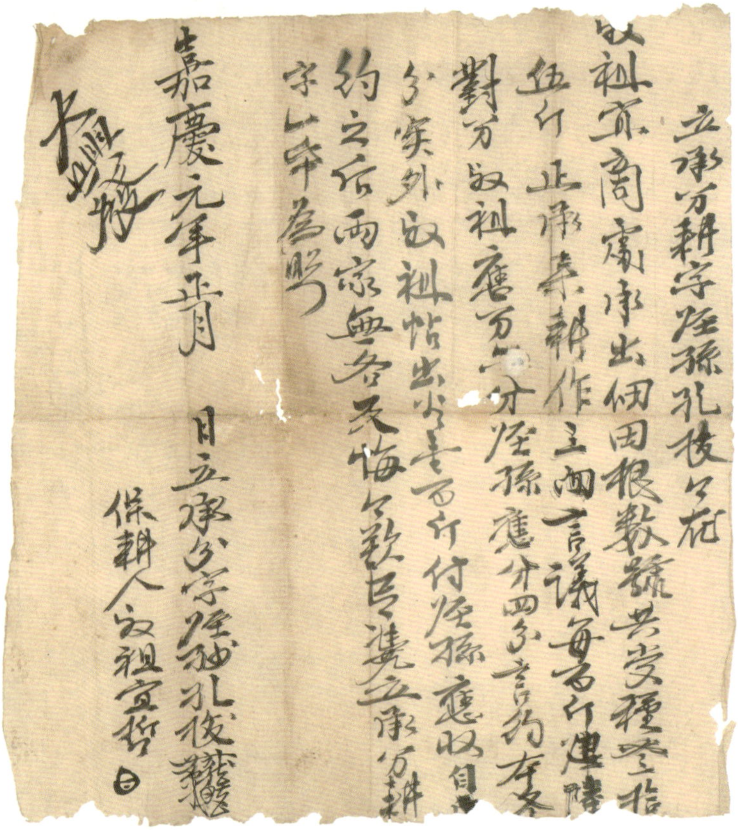

立承分耕字侄孫孔拔，今在
叔祖宜商處承出佃田根數號，共受種壹拾
伍斤正，承來耕作。三面言議，每百斤建陪
對分，叔祖應分一分，侄孫應分四分，言約在冬
分實外，叔祖帖出小壹百斤付侄孫應收。自
約之後，兩家無各反悔。今欲有憑，立承分耕
字一帋為照。
[illegible]
嘉慶元年正月　日立承分字侄孫孔拔
保耕人叔祖宜哲

8-1-7-3　清嘉慶元年正月黄孔拔立承分耕佃田根字

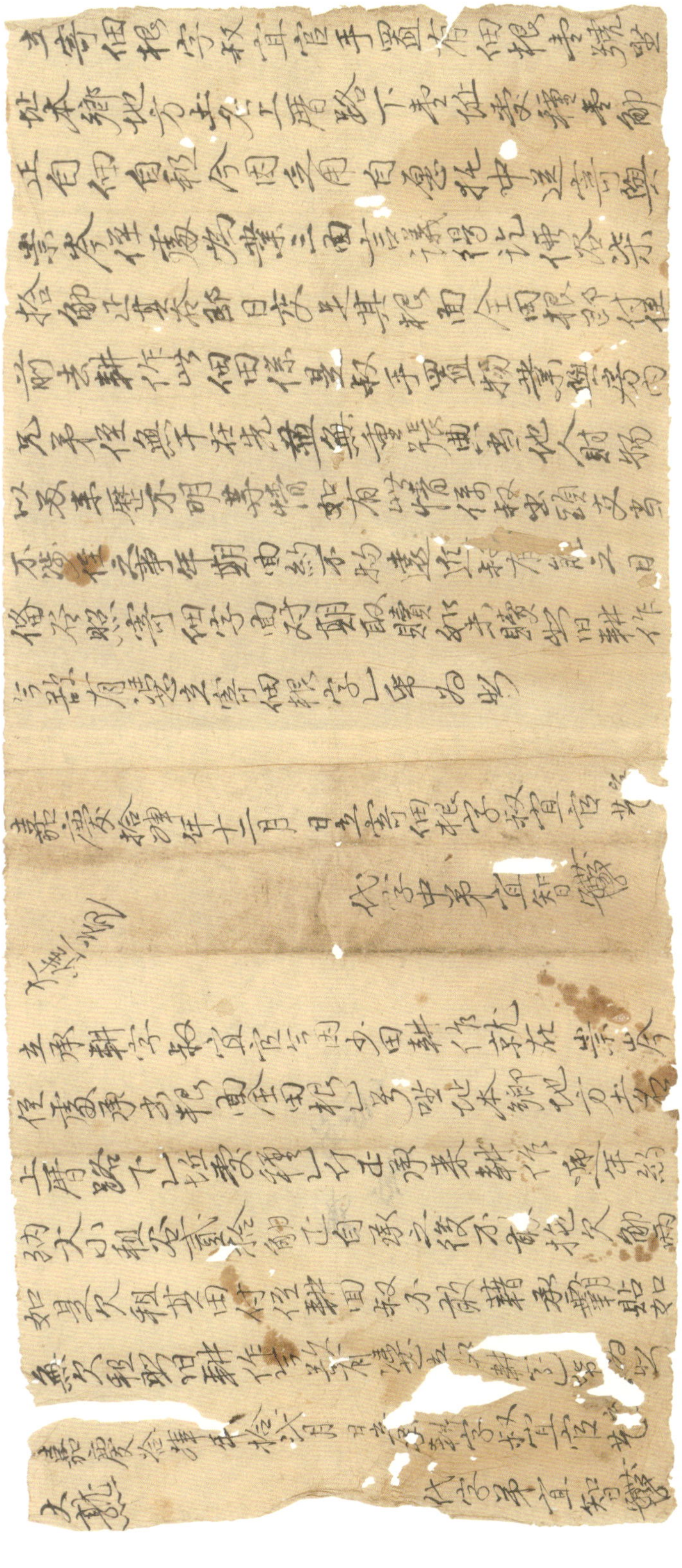

8-1-7-4　清嘉慶十四年十二月黄宜官立寄佃根字

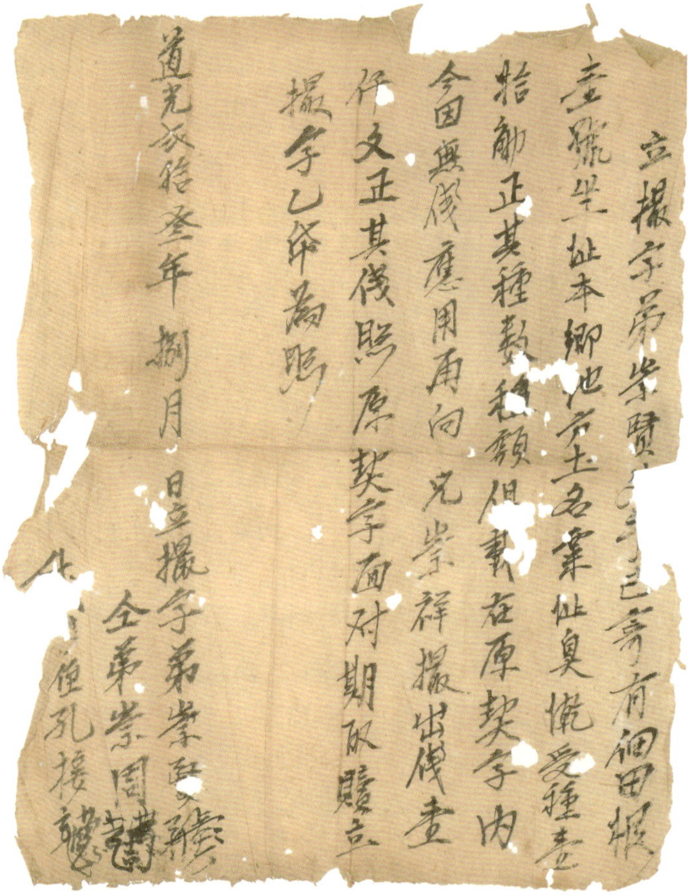
立撮字弟崇賢□□□□有佃田根
壹號坐址本鄉地方土名黨址臭慌受種壹
拾觔正其種數租額俱載在原契字内
今因無錢應用再向兄崇祥撮出錢壹
仟文正其錢照原契字面对期取贖立
撮字乙帋爲照
道光貳拾叁年捌月　日立撮字弟崇賢
仝弟崇周
代筆侄孔接

8-1-7-5　清道光二十三年八月黄崇賢立撮字

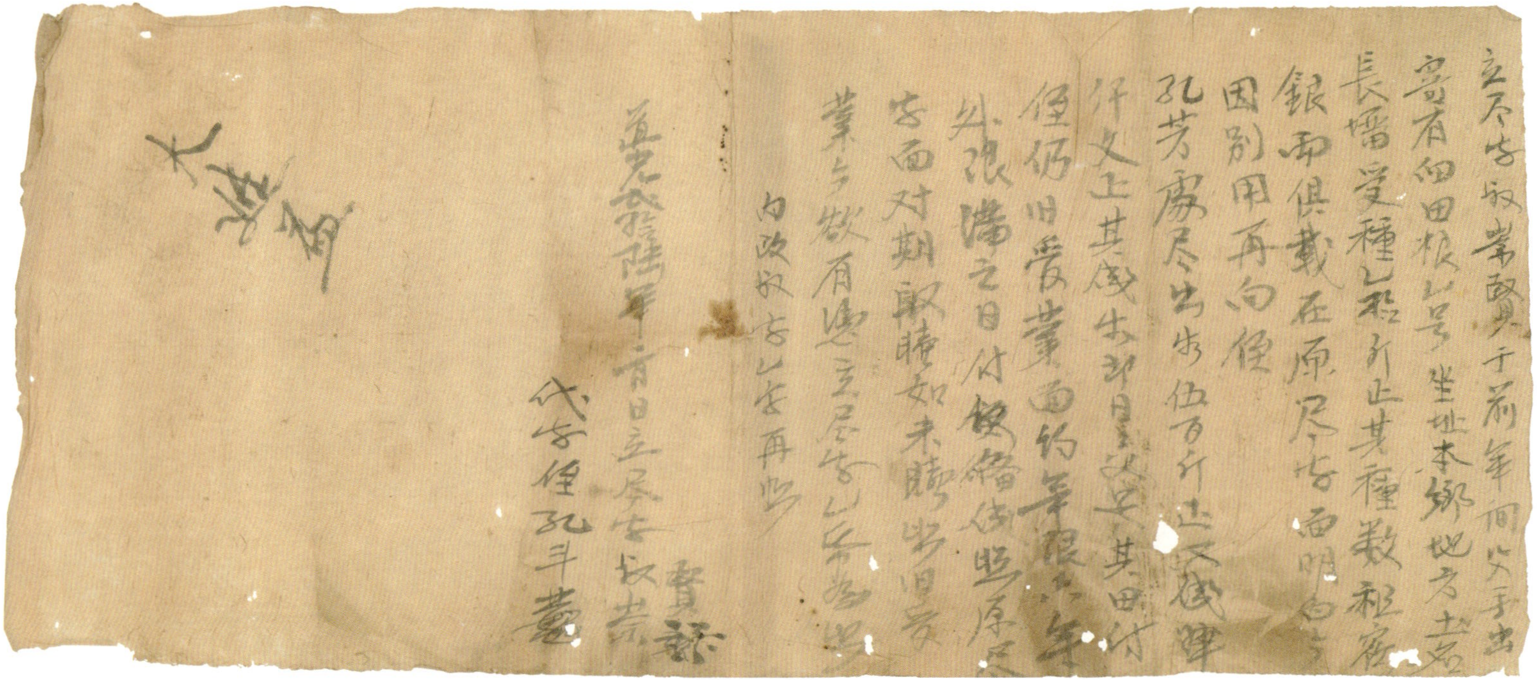

立盡佃字叔崇賢，于前年間父手出
當有佃田根山号坐址本鄉地方土名
長壠受種山租斤正，其種數租額
銀兩俱載在原盡字面明白，今
因別用再向侄
孔芳處盡出佛銀伍員正，其銀隨
仟文上，其銀即日見訖，其田付
侄仍旧管業，面約年限不
外，限滿之日付銀繳贖照原
字面对期取贖，如未贖，照旧管
業，今欲有憑，立盡字山為照
內改叔字一字再照
道光貳拾陆年二月　日立盡字叔崇賢
代字侄孔斗筆

8-1-7-6　清道光二十六年二月黃崇賢立盡佃田根字

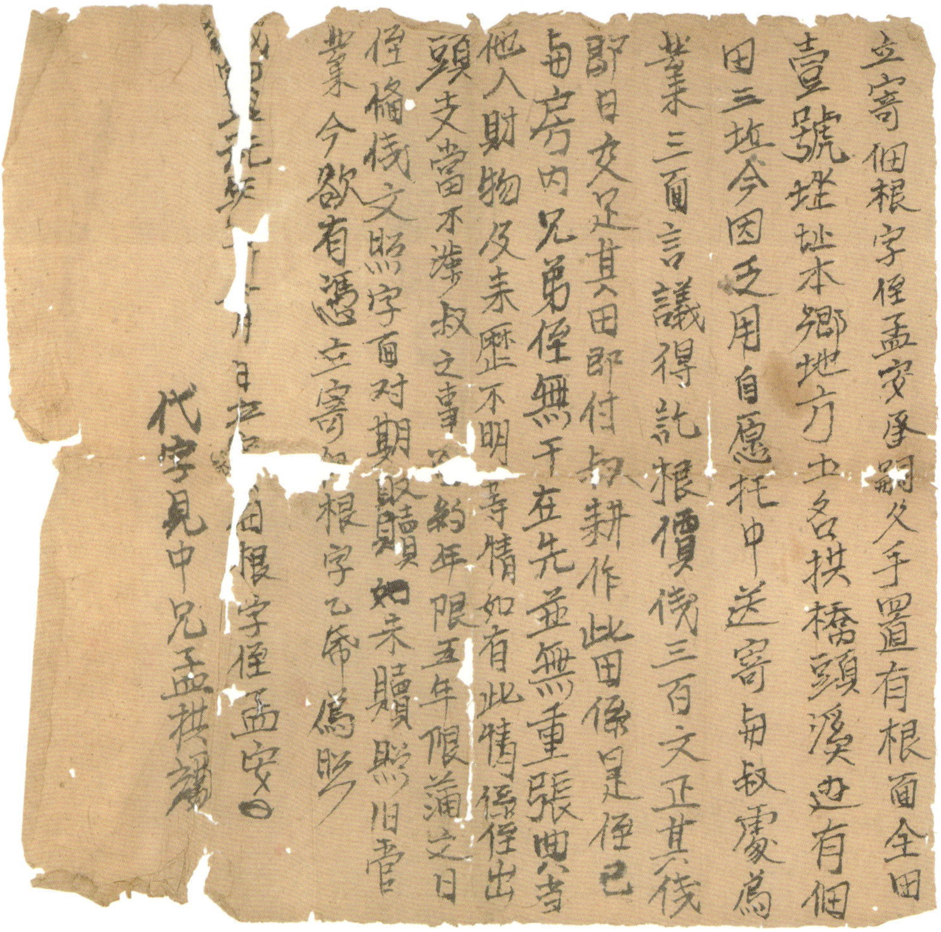
立寄佃根字侄孟安承嗣父手置有根面全田
壹號坐址本鄉地方土名拱橋頭溪边有佃
田三坵今因乏用自愿托中送寄与叔處為
業三百言議得訖根價錢三百文正其錢
即日交足其田即付叔耕作此田係是侄己
与房内兄弟侄無干在先並無重張典当
他人財物及来歷不明等情如有此情係侄出
頭支當不涉叔之事□約年限五年限滿之日
侄備錢文照字面对期取贖如未贖照旧管
業今欲有憑立寄佃根字乙帋為照
咸豐元年十二月　日立寄佃根字侄孟安（押）
代字見中兄孟拱筆

8-1-7-7　清咸豐元年十二月黄孟安立寄佃根字

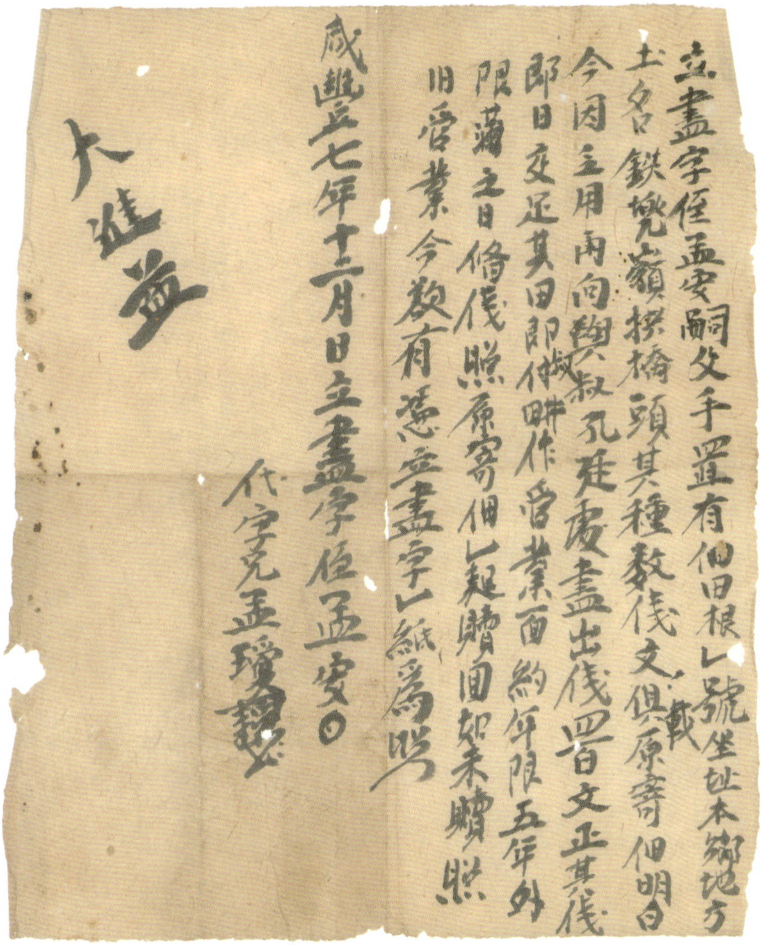

立盡字侄孟安嗣父手置有佃田根乙號坐址本鄉地方
土名鉄墘嶺楔椅頭其種數伐文載俱原寄佃明白
今因乏用向與叔孔廷處盡出伐四百文正其伐
即日交足其田即付叔耕作管業面約年限五年外
限滿之日备伐照原寄佃乙紙贖回如未贖照
旧管業今欲有憑立盡字乙紙爲照

咸豐七年十二月　日立盡字侄孟安〇

代字兄孟瓊[illegible]

大進益

8-1-7-8　清咸豐七年十二月黃孟安立盡佃田根字

立寄佃字兄孔廷仝弟孔惠承父閹分
内有根面全乚號坐址本鄉地方土名
黄宅坵受種貳斗正隨帶錢粮
捌文正付兄收回完納今因乏用自愿
托中將此田送賣與
弟孔斗處爲業三面言議得訖根
價錢陸仟文正其錢即日交足其根
面全之田付弟前去管業耕作任從
其便面約年限五年外限滿之日付
兄倍錢照字面對期取贖如未贖照
旧管業此田係兄閹分已業與别無
干在先並無重張典当他人財物及未
歷不明係兄出頭支当不涉弟之事
今欲有憑立寄佃根字乚紙爲照

咸豐拾壹年拾貳月　日立寄佃字兄孔廷（押）
仝弟孔惠（押）
在見弟孔棫（押）
中人兄孔懋
代字侄孟瓊（押）

大進益

8-1-7-9　清咸豐十一年十二月黄孔廷等立寄佃田根字

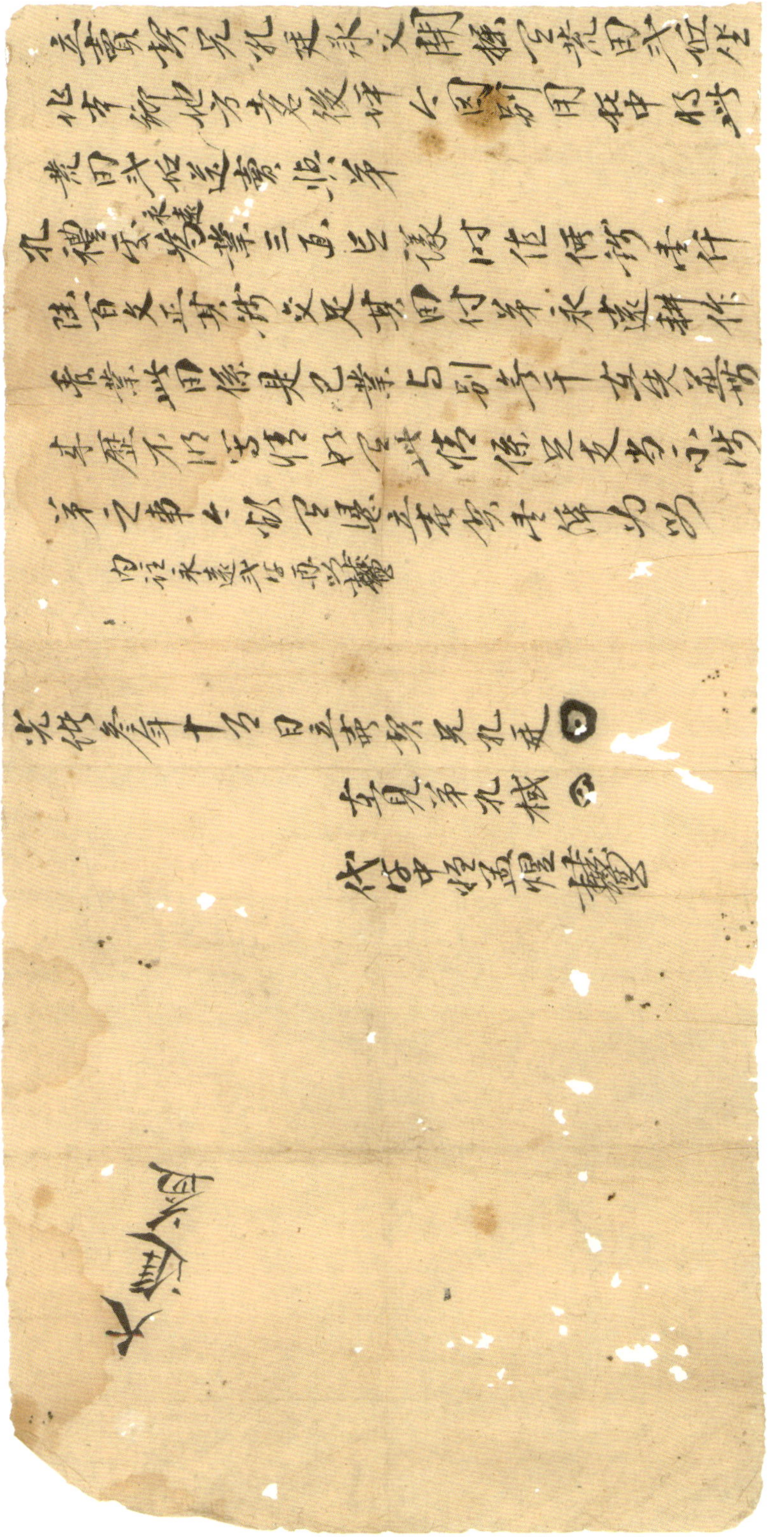

8-1-7-10　清光緒三年十月黃孔廷立賣荒田契

8-1-7-11　民國三年十二月黃學魁立賣佃田根契

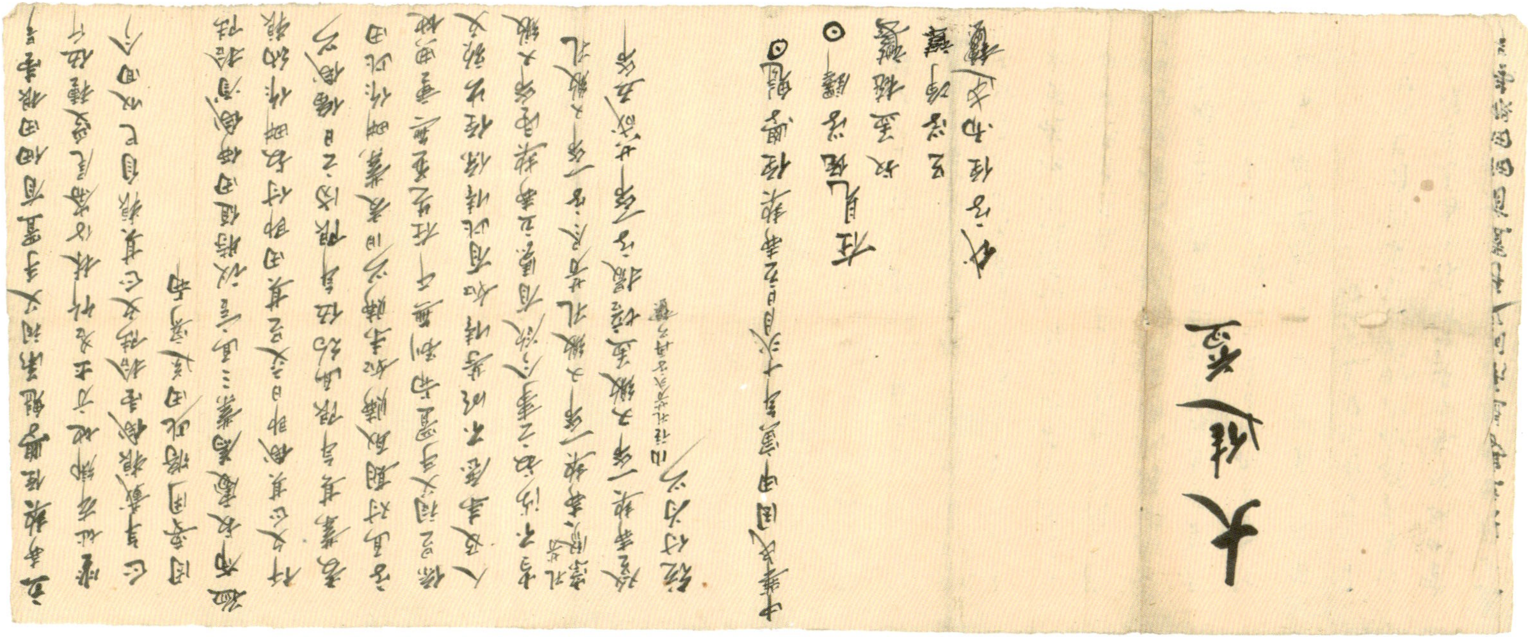

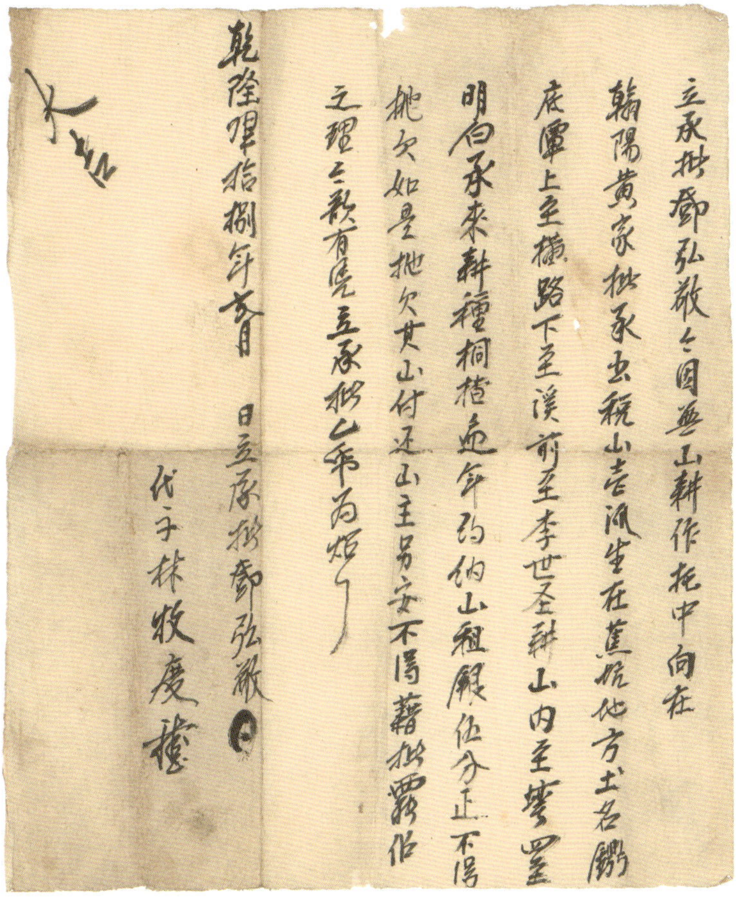

立承批鄧弘敬今因無山耕作，托中向在
翰陽黄家批承出税山壹處，坐在蕉坑地方，土名鸊
底罩，上至横路，下至溪，前至李世圣耕山，内至壟罢
明白，承來耕種桐楂，逐年納山租銀伍分正，不得
挑欠。如是挑欠，其山付還山主另安，不得藉批霸佔。
立理今欲有憑，立承批山字為炤。

乾隆四十八年二月　日立承批鄧弘敬（押）

代字林牧慶（押）

8-1-8-1　清乾隆四十八年二月鄧弘敬立承批税山字

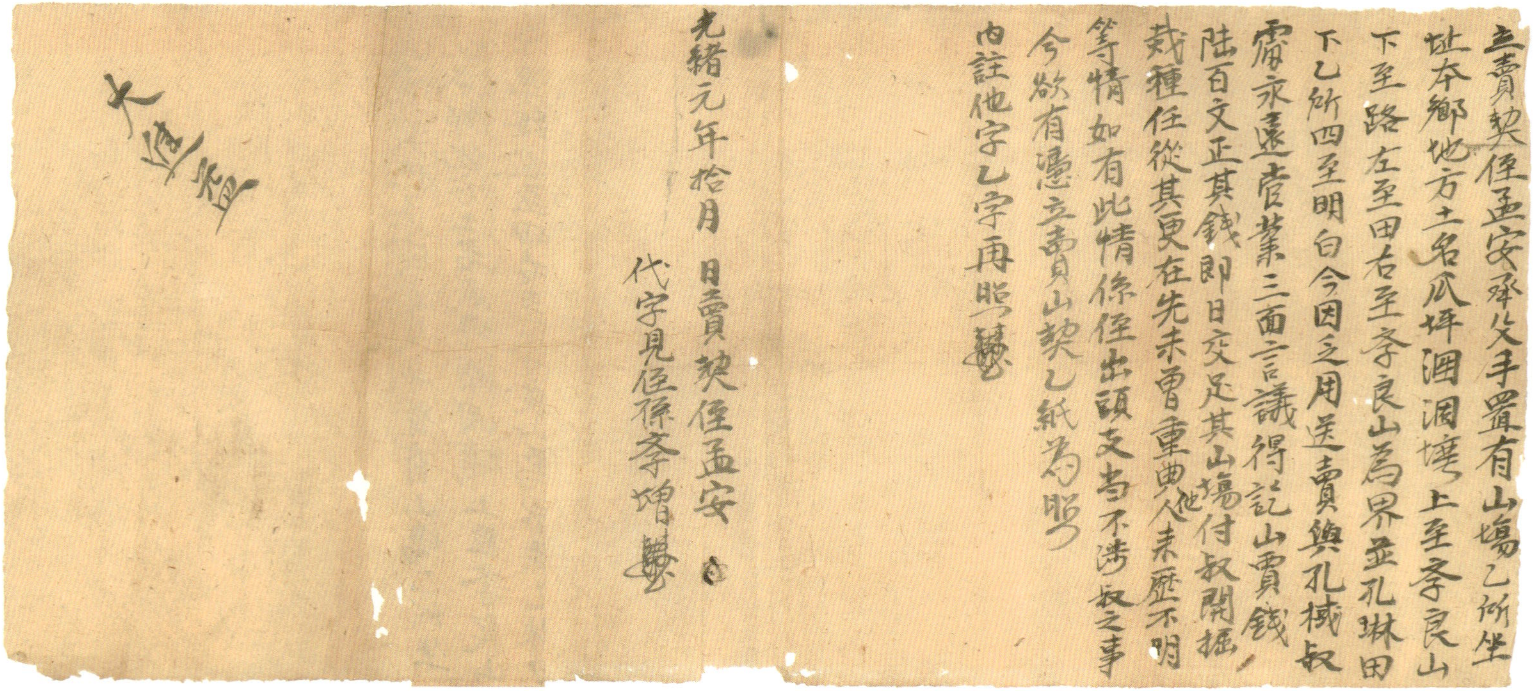

立賣契侄孟安承父手置有山場乙所坐
址本鄉地方土名瓜坪洄洞墘上至李良山
下至路左至田右至李良山為界并孔琳田
下乙所四至明白今因乏用送賣與孔械叔
處永遠管業三面言議得訖山價錢
陆百文正其錢即日交足其山場付叔開掘
栽種任從其便在先未曾重典他人來歷不明
等情如有此情係侄出頭支當不涉叔之事
今欲有憑立賣山契乙紙為照
內註他字乙字再照（押）

光緒元年拾月　日賣契侄孟安（押）
代字見侄孫李增（押）

大[illegible]

8-1-8-2　清光緒元年十月黃孟安立賣山場契

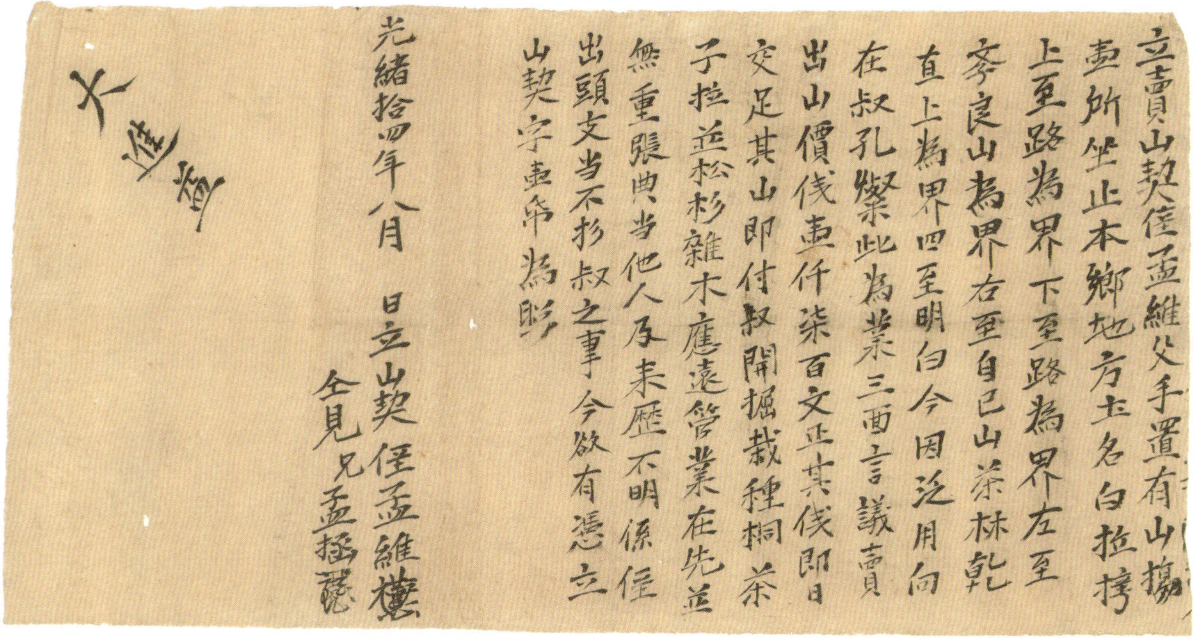
立賣山契侄孟維父手置有山場
壹所，坐止本鄉地方土名白拉垮，
上至路為界，下至路為界，左至
夯良山為界，右至自己山茶林乾
直上為界，四至明白。今因乏用，向
在叔孔燦此為業，三面言議，賣
出山價錢壹仟柒百文正，其錢即日
交足，其山即付叔開掘栽種桐茶
子拉並松杉雜木，應遠管業。在先並
無重張典当他人及來歷不明，係侄
出頭支当，不干叔之事。今欲有憑，立
山契字壹帋為照。
光緒拾四年八月　日立山契侄孟維（押）
仝見兄孟揺（押）
大進寶

8-1-8-3　清光緒十四年八月黃孟維等立賣山場契

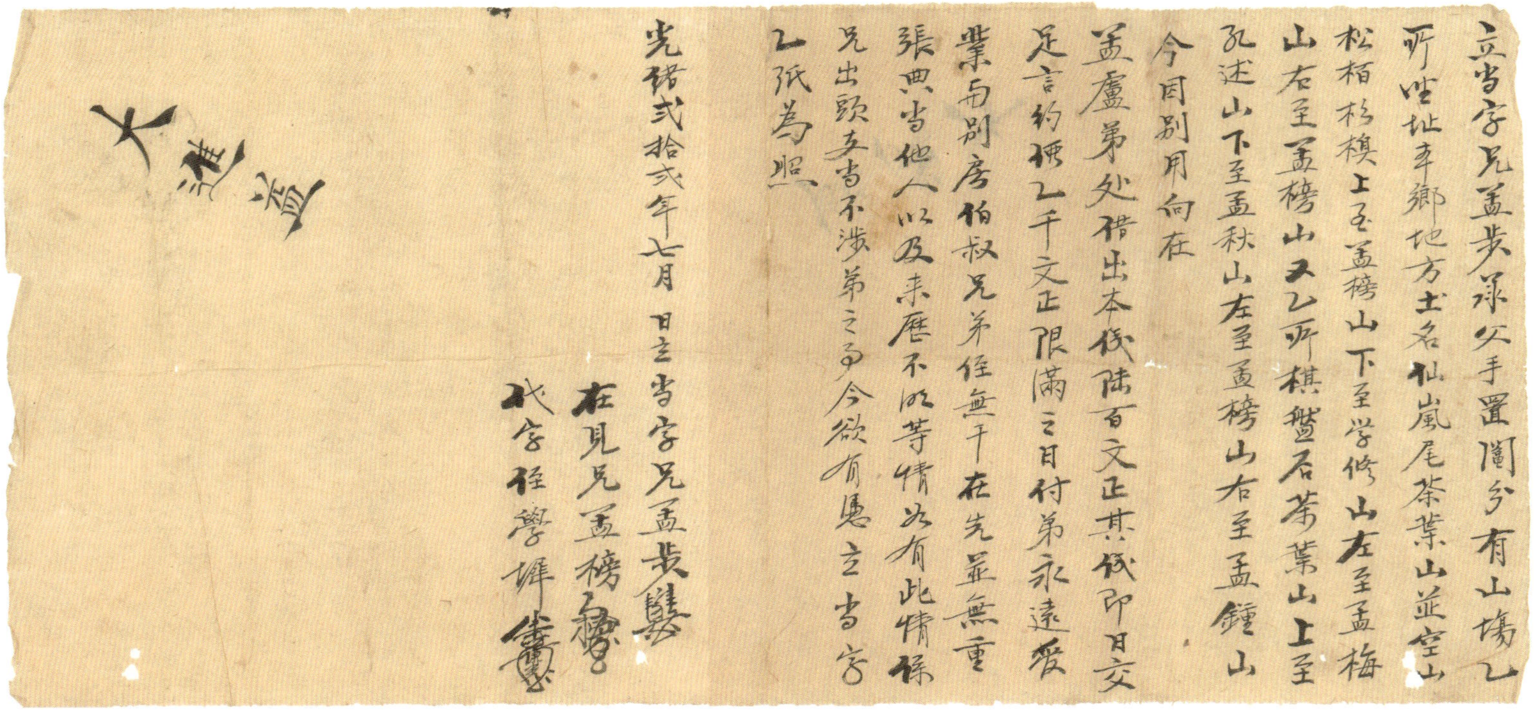
立当字兄孟步承父手置鬮分有山場乙
所坐址本鄉地方土名仙嵐尾茶葉山並窑山
松栢杉模上至孟榜山下至学修山左至孟梅
山右至孟榜山又乙所棋盤石茶葉山上至
孔述山下至孟秋山左至孟榜山右至孟鍾山
今因別用向在
孟盧弟处借出本錢陸百文正其錢即日交
足言约每乙千文正限滿三日付弟永遠受
業与别房伯叔兄弟侄無干在先並無重
張典当他人以及來歷不明等情如有此情係
兄出頭支当不涉弟之事今欲有憑立当字
乙紙為照
光緒贰拾贰年七月　日立当字兄孟步
在見兄孟榜
代字侄學
大吉昌

8-1-8-4　清光緒二十二年七月黄孟步立當山場等字

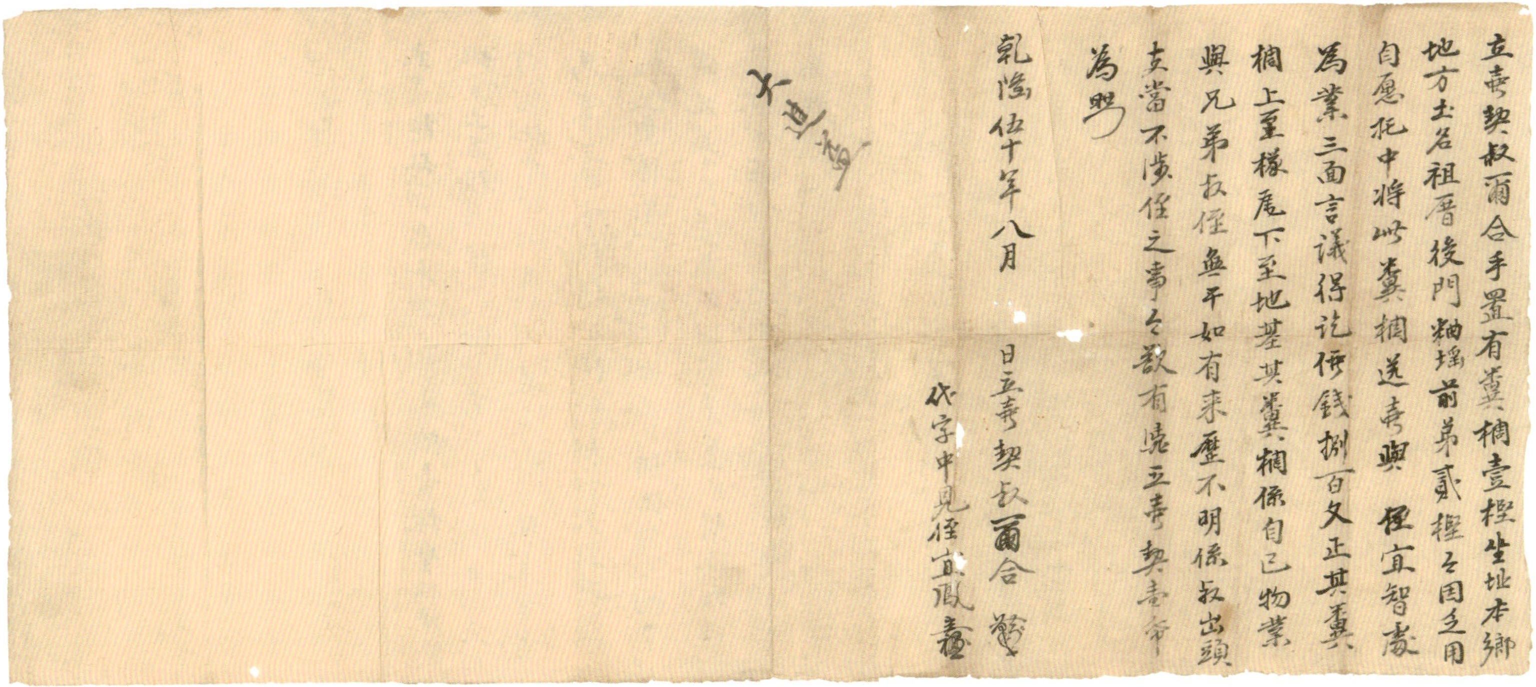

立賣契叔爾合手置有蕢桐壹樫坐址本鄉
地方土名祖厝後門柚𫝀前弟貳樫々因乏用
自愿托中將此蕢桐送賣與　侄宜智處
為業三面言議得訖價錢捌百文正其蕢
桐上至樣尾下至地基其蕢桐係自己物業
與兄弟叔侄無干如有來歷不明係叔出頭
支當不涉侄之事々歟有憑立賣契壹帋
為照

乾隆伍十年八月　日立賣契叔爾合
代字中見侄宜[illegible]

8-1-9-1　清乾隆五十年八月黃爾合立賣蕢桐契

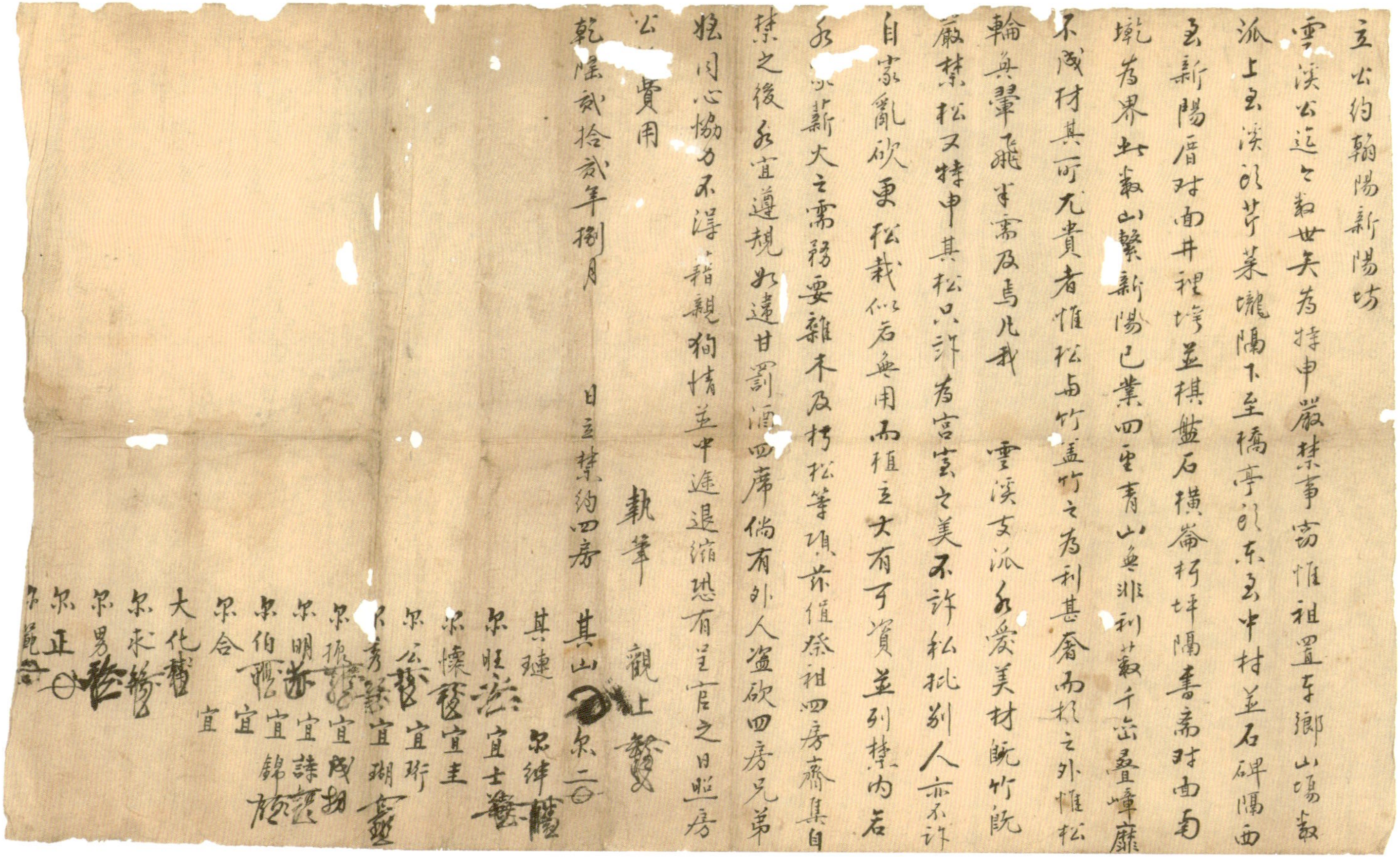

立公約鞠陽新陽坊
雲溪公迄今數世矣為特申嚴禁事窃惟祖置本鄉山場數
派上至溪頭芹菜壠陽下至橋亭頭東至中村並石碑隔西
至新陽厝對面井裡埒並棋盤石横嶺杉坪隔書斎對面為
墘為界址載山繫新陽已業四至青山無非利藪千岩疊嶂靡
不成材其可尤貴者惟松與竹蓋竹之為利甚奢而松之外惟松
輪奐翬飛皆需及焉凡我　雲溪支派各愛美材既竹既
嚴禁松又特申其松只許為宮室之美不許私挑別人亦不許
自家亂砍更松栽似若無用而植立大有可資並列禁內若
系薪火之需務要雜木及朽松等項亦僅祭祖四房齋集自
禁之後各宜遵規如違甘罰酒四席倘有外人盜砍四房兄弟
務同心協力不得藉親狥情並中途退縮恐有呈官之日照房
公貫用
乾隆貳拾貳年捌月　日立禁約四房
執筆　觀上
其山　泉二
其璉　泉緯
泉旺　宜士
泉懐　宜圭
泉公　宜珩
泉秀　宜瑚
泉振　宜戭
泉明　宜誌
泉伯　宜錦
泉合　宜
大化
泉求
泉男
泉正
泉晁

8-1-10-1　清乾隆二十二年八月雲溪公四房立禁約

立合約字三房長宜智、宜苑、崇道，緣本年
九月間侄孫孔亮在本鄉土名對面翼異米公祖
墳上田頭左邊開造新墳，坐丙向壬，壹穴，埋葬
侄孫歸檢根，即時三房公議，恐祖墳相近有礙
侵，公劝諭爭執，不便憑公理劝讓侄孫整造，再劝
出祖佛銀玖兩正，充眾付三房公積嘗祖福收其
錢，隨即交明。其新墳一穴付侄孫砌造，該功三
房公議墳兆讓造，免傷至親和氣。公許四圍墓
基若壹丈貳尺為界，其墳內付侄孫造作，其墳外
仍憑公掌管。自議之後，三房再議蓮坑一田公祖
墳坐申向寅壹穴，土名對面祖墳坐丁向癸壹穴，中
村翼異米公妣墳壹穴，借公妣祖墳坐乙向辛壹穴，南
坑邊借公並其貳公祖墳坐坤向艮壹穴，共四墳祖
墳，三房子孫向後概不許附近祖墳邊盜造盜葬
等情。如有不遵，仍聽三房拆拔，不得藉頑阻執。之
理三房允愿，各無反悔。今欲有憑，立合約字壹樣
式執壹帋為照。

道光柒年九月　日立合約字房長宜智（押）
宜苑（押）
崇道（押）
公見侄婿夏志賢（押）
宗侄孫長善（押）
執筆侄孫孔恩（押）

大吉[illegible]

8-1-10-2　清道光七年九月黃宜智等立合約字

立公約字四房長義房崇開、禮房宜智、智房宜清、
信房崇明，因前年公控孟瀾背祖一案，無錢應用，將
祖雲溪公新踏厝門前蓁園受種貳拾觔，內付伍觔
種與義房德蘭公、尊付與其祀公為業，出價錢貳拾
伍仟文；又付與伍觔種與禮房一田公為業，出價錢貳拾
伍仟文；又付伍觔種與智房仰溪公為業，出價錢貳拾
伍仟文；又付壹觔肆兩種與信房宜珪公為業，出價
錢肆仟捌佰伍拾文，立有付字為照。茲念此田係是
祭典，不忍分別，眾公議允出，仍作公業，以為祀典之資，
其付字各取出交智房宜清收藏，逐年納出穀叁佰
觔，付祭首備辦粧醮登山掃祭；又納出穀貳佰伍拾
觔，為帮義房德蘭公、宜棟公、崇高公長出控孟瀾
錢叁拾仟文利息，其餘所積豐厚之日，先還義房
德蘭公、宜棟公、崇高公長出之錢；餘再積作豐厚
之日，照各房付字所出田價錢壹起還清，其付字
各歸四房長房付收燒化，其田偶還房永轉耕種
祭，永為祖業，四房允約，各無異言。今欲有憑，立公約
字四紙一樣，各執為照。

道光拾壹年拾貳月　日立公約字義房長崇開（押）
禮房長宜智（押）
智房長宜清（押）
信房長崇明（押）
代字夏聿芬（押）

8-1-10-3　清道光十一年十二月雲溪公四房立公約字

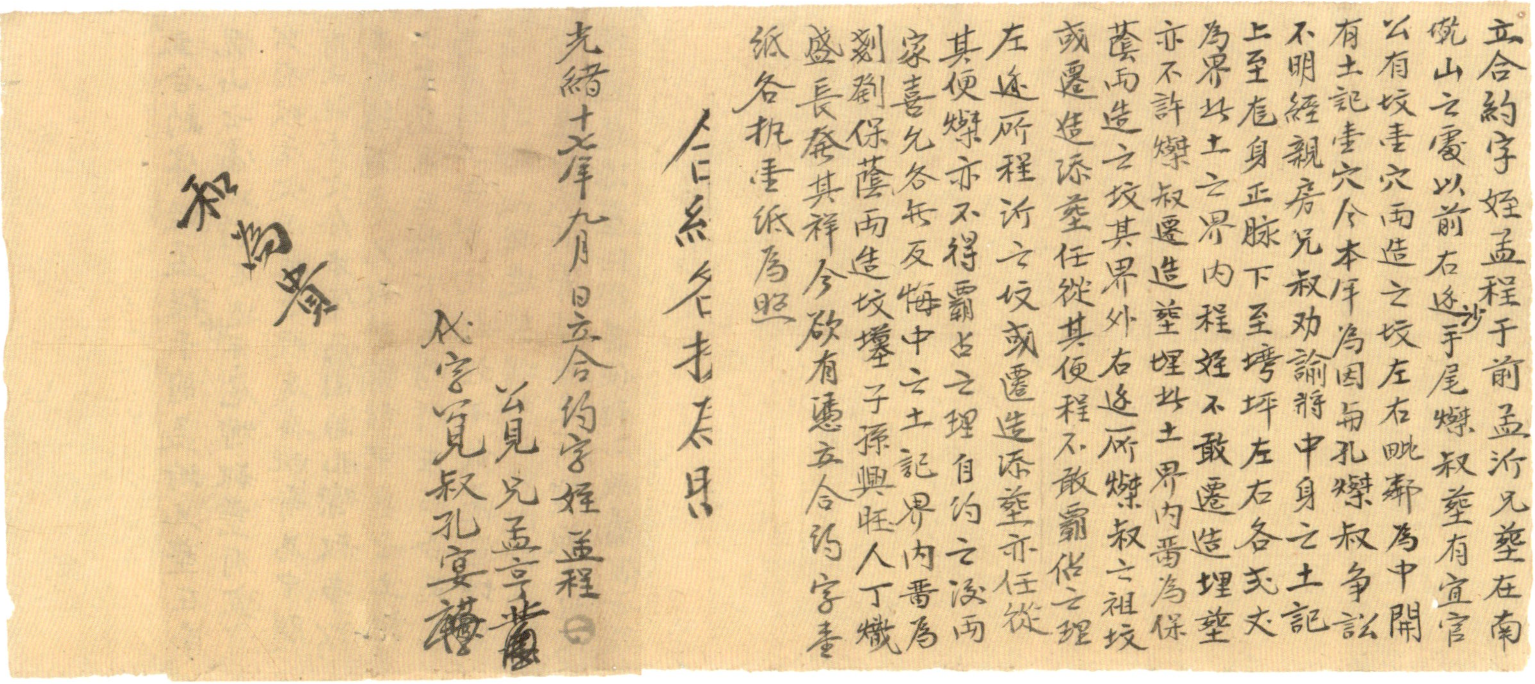

立合約字姪孟程于前孟沂兄弟在南
俒山之處以前右邊沙手尾爕叔弟有宜官
公有坟壹穴而造之坟左右毗鄰為中開
有土記壹穴今本年為因與孔爕叔爭訟
不明經親房兄叔劝諭將中身之土記
上至危身正脉下至塆坪左右各弍丈
為界於土之界内程姪不敢還造埋葬
亦不許爕叔還造葬埋於土界内番為保
蔭而造之坟其界外右邊所爕叔之祖坟
或還造添葬任從其便程不敢霸佔之理
左邊所程沂之坟或還造添葬亦任從
其便爕亦不得霸占之理自约之後而
家喜允各無反悔中之土記界内番為
劉劉保蔭而造坟墳子孫興旺人丁熾
盛長發其祥今欲有憑立合約字壹
紙各执壹紙為照

合約各執存照

光緒十七年九月　日立合約字姪孟程

在見兄孟亭

代字見叔孔宴

和為貴

8-1-10-4　清光緒十七年九月黃孟程立合約字

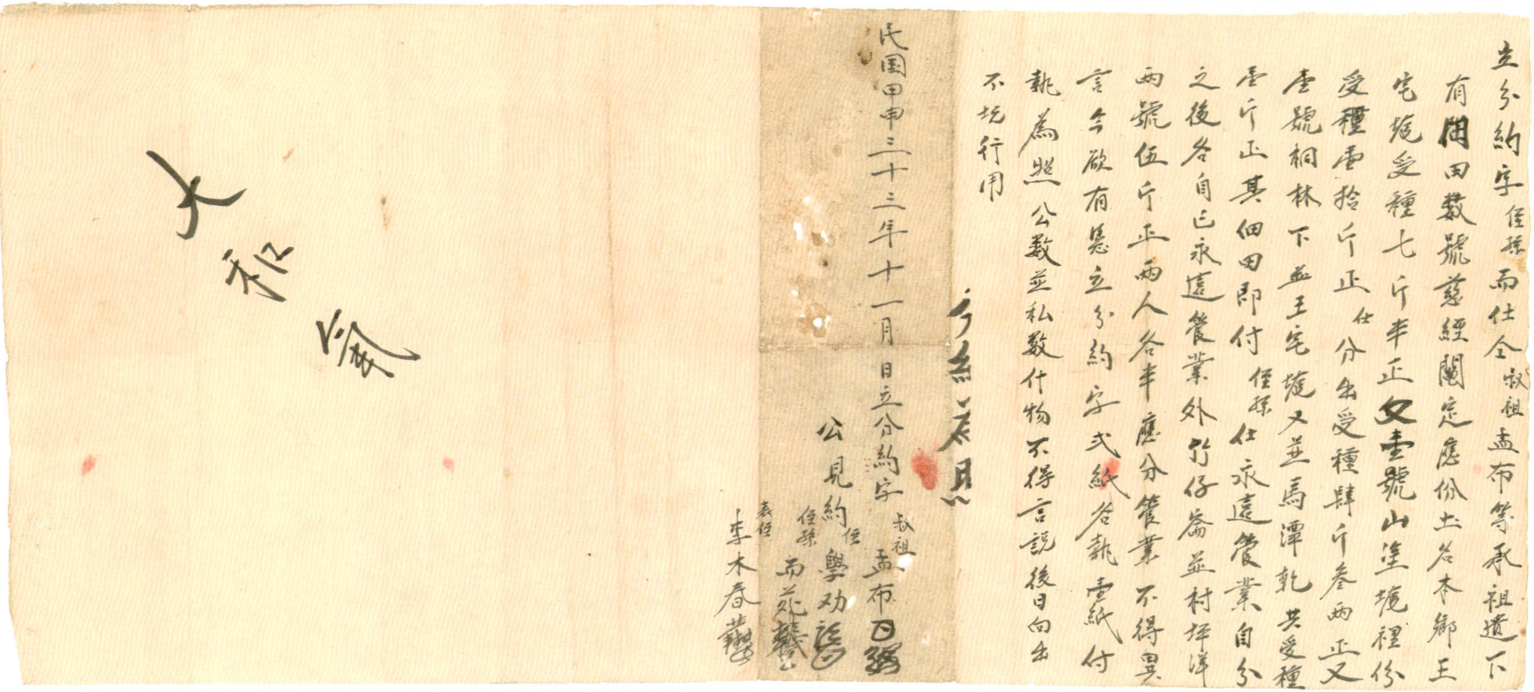

8-1-10-5　民國三十三年十一月黃孟布立分約字

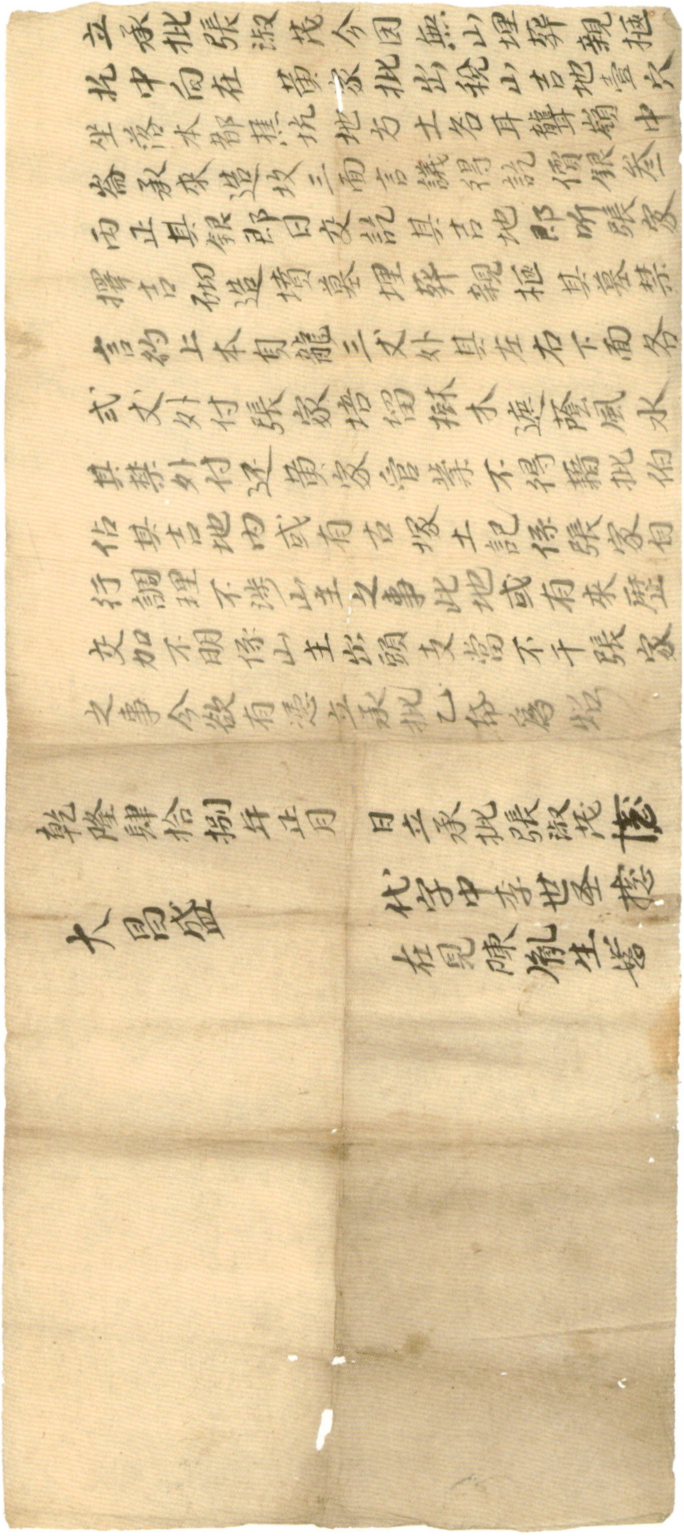

立承批張淑茂今因無山埋葬親柩
托中向在莫家批出稅山吉地壹穴
坐落本都樵坑地方土名耳聾崗中
當承求造坟三面言議得記價銀叁
両正其銀即日交訖其吉地即聽張家
擇吉扦造墳墓埋葬親柩其墓禁
言約上本有龍三丈外且左右下面各
貳丈外付張家培留樹木遮蔭風水
其禁外付還莫家管業不得藉批侵
佔其主地內或有古墳土記係張家自
行調理不涉山主之事此地或有來歷
交加不明係山主出頭支當不干張家
之事今欲有憑立承批乙紙為照

乾隆肆拾捌年正月　日立承批張淑茂
代字中李世金
在見陳備生
大昌盛

8-1-11-1　清乾隆四十八年正月張淑茂立承批稅山吉地字

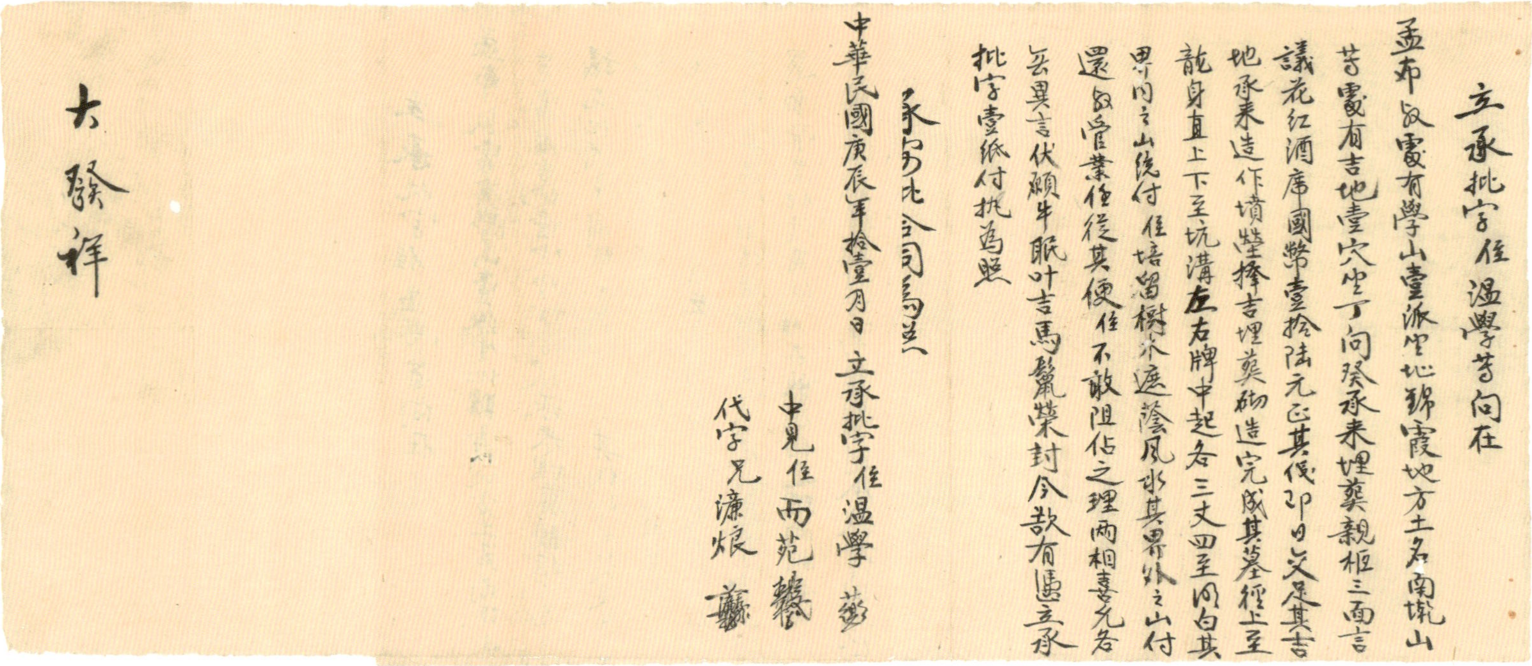
立承批字侄温學今向在
孟布叔處有學山壹派坐北錦霞地方土名南坑山
等處有吉地壹穴坐丁向癸承來埋葬親柩三面言
議花紅酒席國幣壹拾陸元正其銀即日交足其吉
地承來造作墳塋搀吉埋葬砌造完成其墓經上至
龍身直上下至坑溝左右牌中起各三丈四至內白其
界內之山俱付 侄培留樹木遮蔭風水其界外之山付
還叔管業任從其便侄不敢阻佔之理兩相喜允各
無異言伏願牛眠叶吉馬鬣榮封今欲有憑立承
批字壹紙付執爲照
承字內批全司爲照
中華民國庚辰年拾壹月日 立承批字侄温學
中見侄 兩苑
代字兄 濂烺
大發祥

8-1-11-2　民國二十九年十一月黄温學立承批吉地字

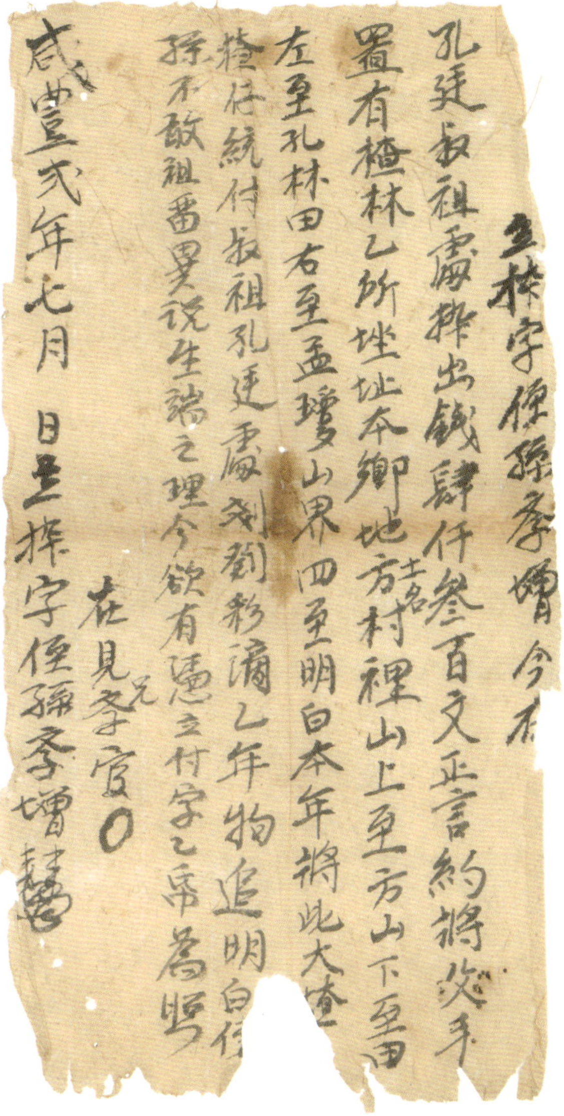
立撮字侄孫李增今有
孔廷叔祖雲霞撥出錢肆仟叁百文正言約將次手
置有樵林乙所坐址本鄉地方土名村裡山上至方山下至田
左至孔林田右至孟瓚山界四至明白本年將此大坵
樵仔統付叔祖孔廷雲霞到劉彩滴乙年物追明白侄
孫不敢祖番異說生端之理今欲有憑立付字乙紙為照
在見兄李官○
咸豐弍年七月　日立撮字侄孫李增

8-1-12-1　清咸豐二年七月黄李增立撮字

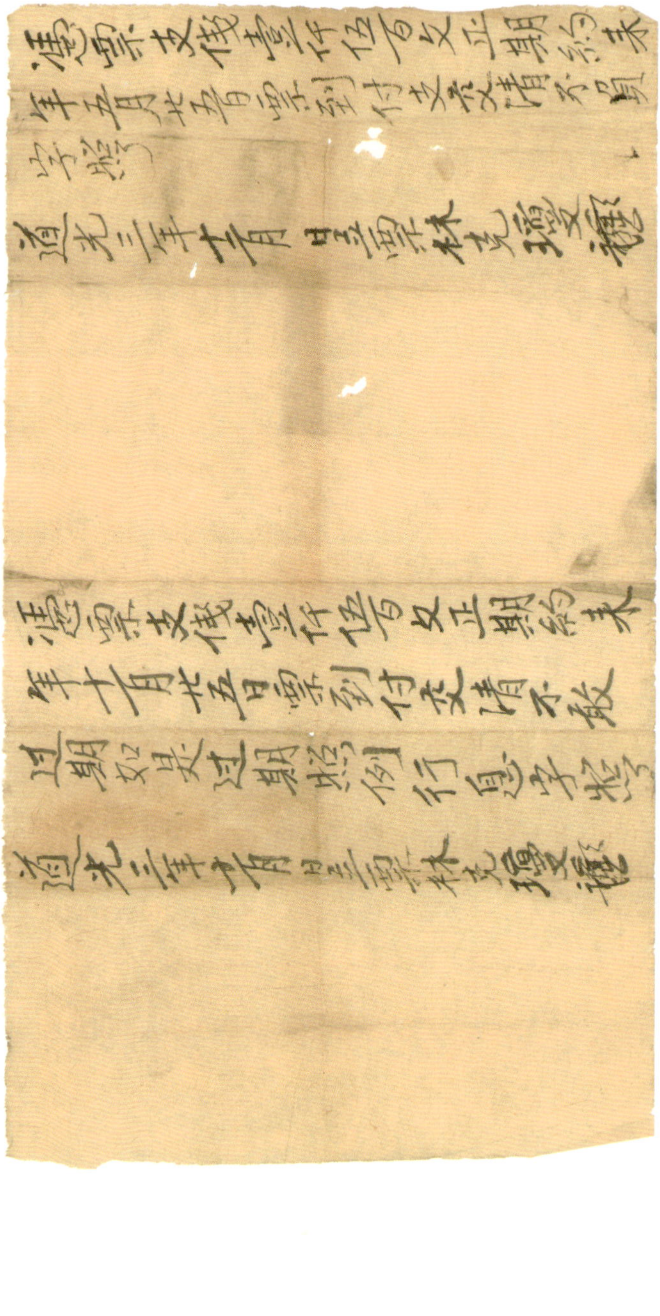

8–1–13–1　清道光三年十二月林克瓊立支錢憑票

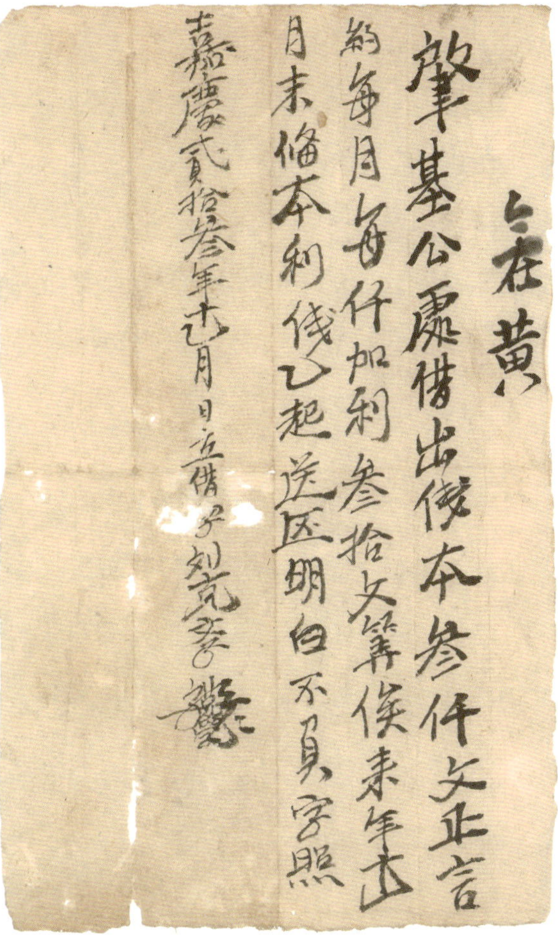
今在黃
肇基公處借出錢本叁仟文正言
約每月每仟加利叁拾文算俟來年十
月末備本利錢一起送還明白不負字照
嘉慶貳拾叁年十一月 日立借字劉克孝（押）

8-1-14-1 清嘉慶二十三年十一月劉克孝立借錢字

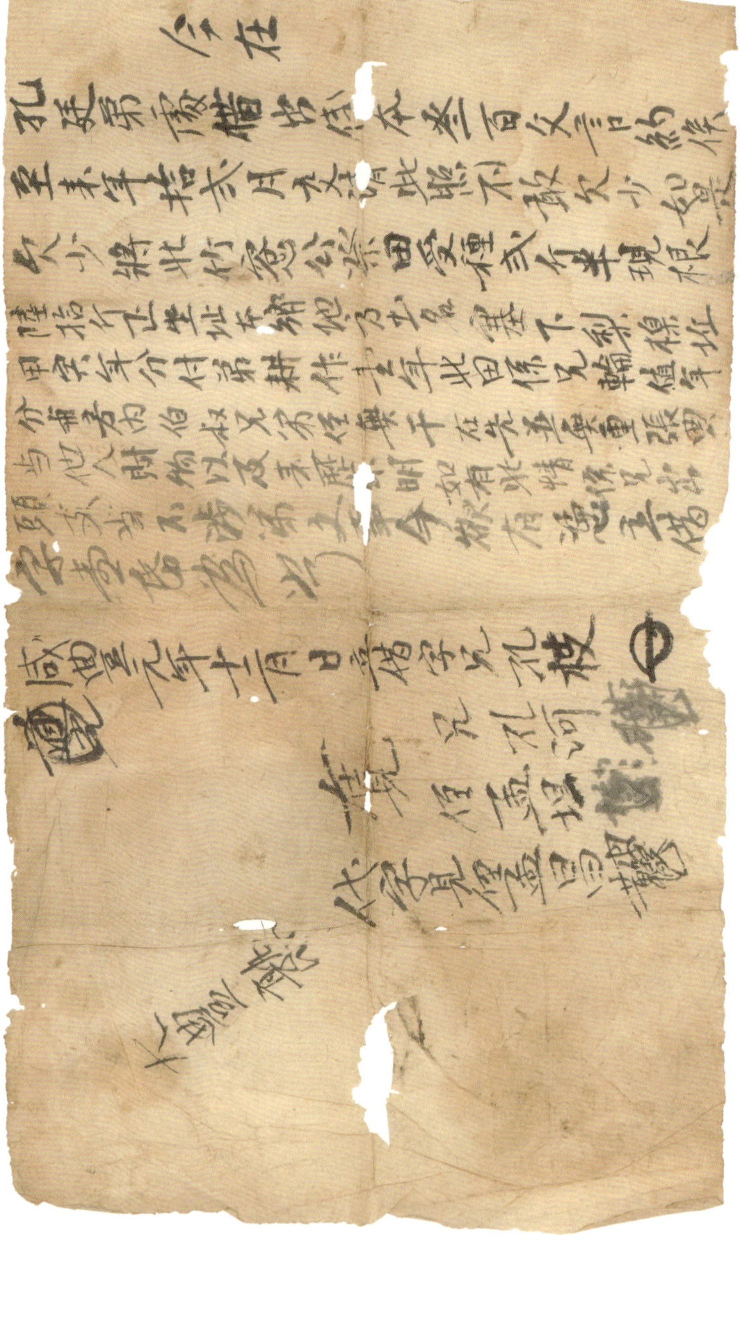

8-1-14-2　清咸豐元年十二月黃孔枝立借錢字

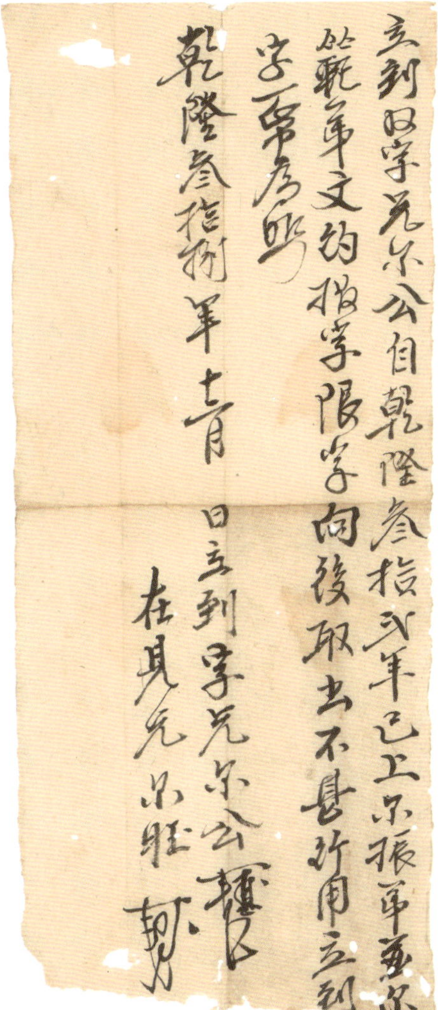

立到收字黄尔公自乾隆叁拾弍年已上尔振单并尔
然乾单文约批字限字向後取出不是行用立到
字存为照

乾隆叁拾捌年十二月　日立到字黄尔公（押）

在見兄尔旺（押）

8-1-15-1　清乾隆三十八年十二月黄尔公立到收字

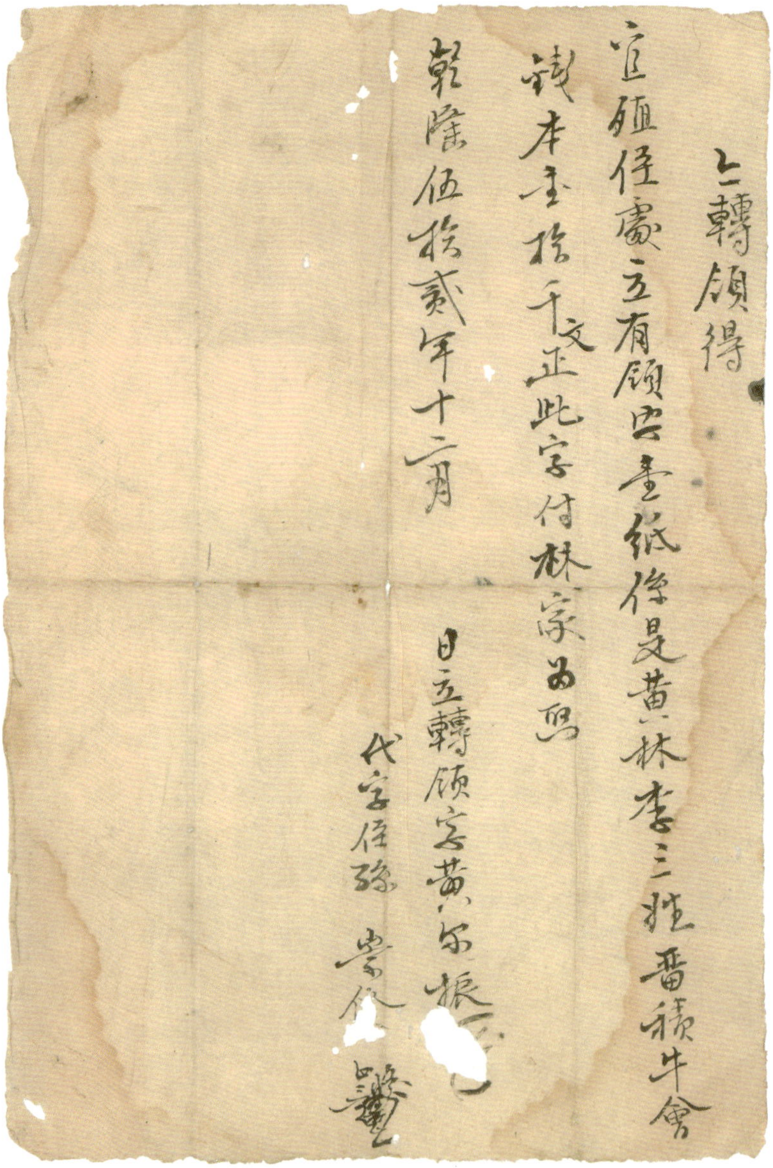
立轉領得
宜殖任處立有領字壹紙係是黃林李三姓番積牛會
錢本壹拾千文正此字付林家爲照
乾隆伍拾貳年十二月
日立轉領字黃爾振（押）
代字侄孫 崇儀 筆

8-1-15-2　清乾隆五十二年十二月黃尔振立轉領錢字

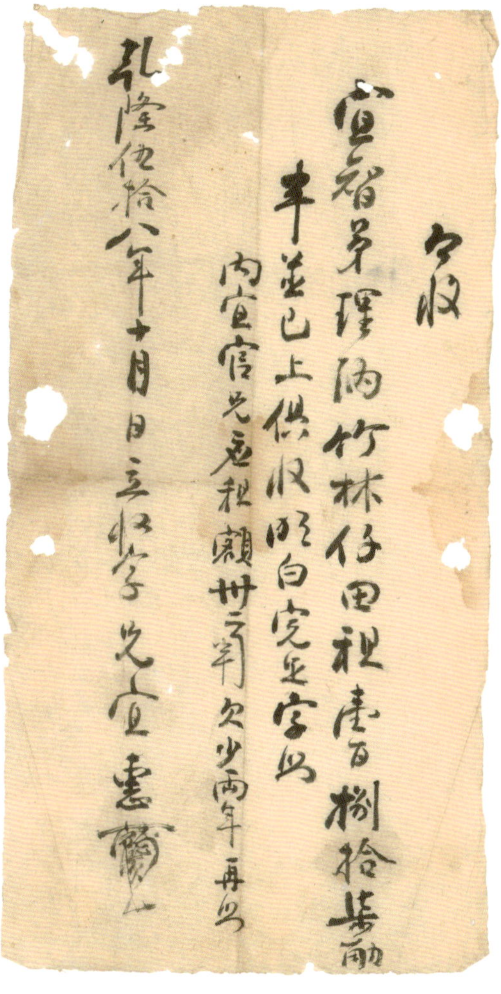

立收

宜宕弟理納竹林仔田租壹百捌拾斤觔

本並已上供收明白完足字照

內宜官兄應租額卅二觔欠少兩年再照

乾隆伍拾八年十月　日立收字兄宜惠（押）

8-1-15-3　清乾隆五十八年十月黃宜惠立收田租字

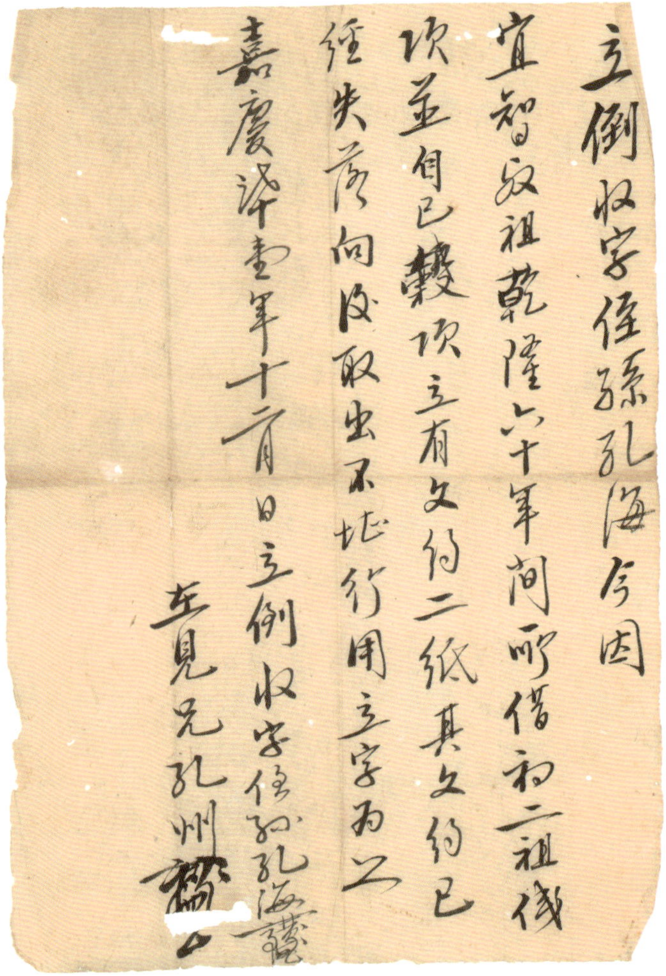
立倒收字侄孫孔海今因
宜智叔祖乾隆六十年間所借和二祖錢
項並自己穀項立有文約二紙其文約已
經失落向後取出不堪行用立字為照
嘉慶廿壹年十二月日立倒收字侄孫孔海（押）
在見兄孔州（押）

8-1-15-4　清嘉慶二十一年十二月黄孔海立倒收字

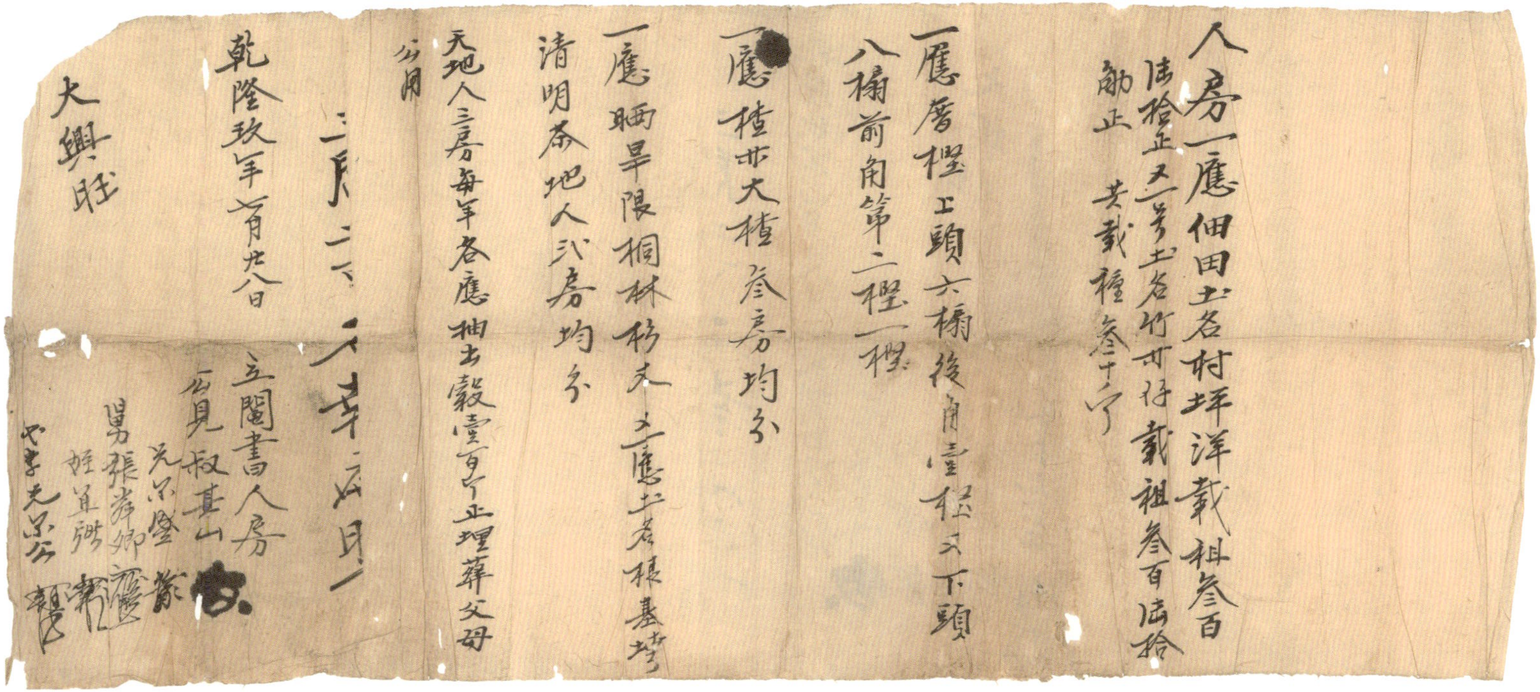

人房一應佃田土名村坪洋載租叁百
陆拾觔正　又一號土名竹廿仔載租叁百伍拾
觔正　共載租[illegible]
一應厝埕上頭六橺後角壹橺又下頭
八橺前角第二橺一橺
一應植廿大植叁房均分
一應晒旱限桐林杉木又一應土名根基墘
清明茶地人弍房均分
天地人三房每年各應抽出穀壹百斤正理葬父母
公用
[illegible]
乾隆玖年七月廿八日　立鬮書人房
在見叔其山
兄[illegible]
舅張[illegible]
姪[illegible]
代書兄[illegible]
大興旺

8-1-16-1　清乾隆九年七月人房鬮書

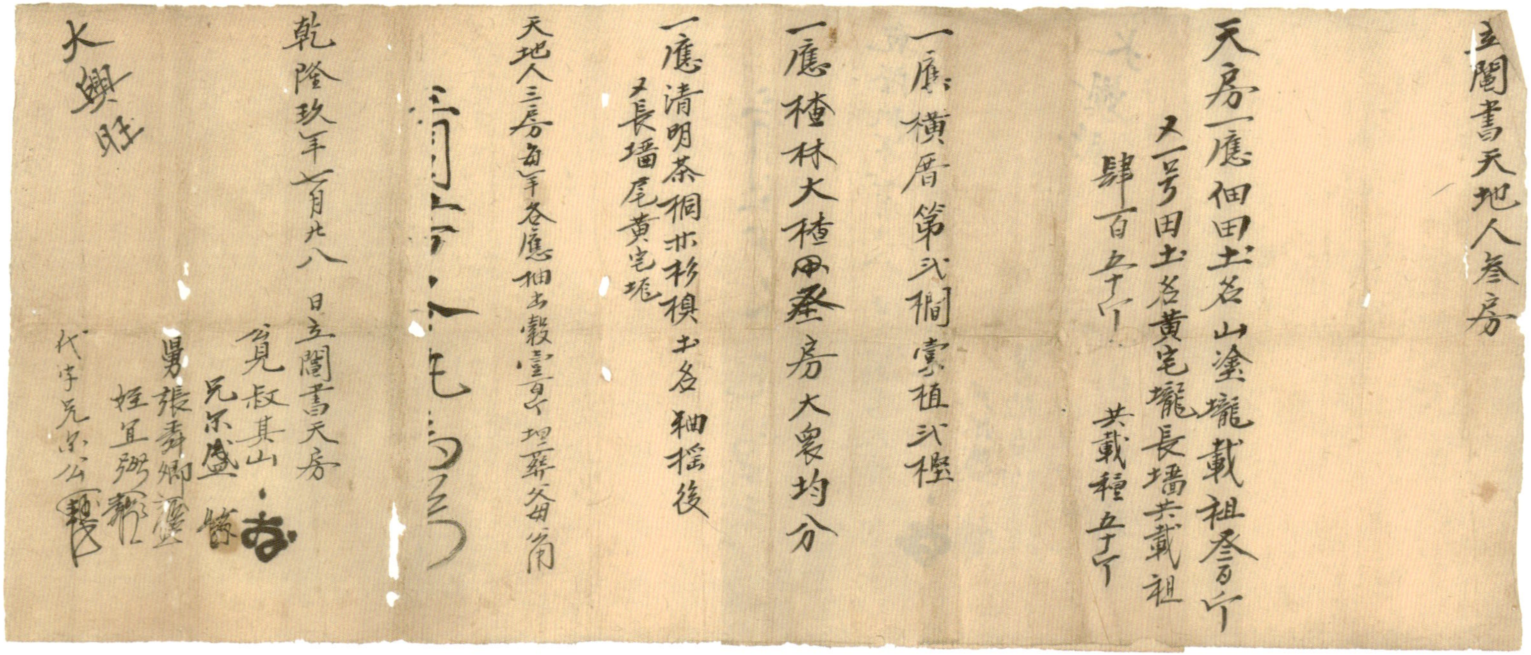
立鬮書天地人叁房
天房一應佃田土名山塗壠載租叁百斤
又一号田土名黃宅壠長墻共載租
肆百五十斤　共載種五十斤
一應橫厝第弍間實植弍柽
一應樝林大樝田叁房大衆均分
一應清明茶桐木杉模土名細搖後
又長墻尾黃宅坑
天地人三房每年各應佃土穀壹百斤埋葬分每角
[illegible]
乾隆玖年七月廿八日立鬮書天房
見叔其山
兄尔盛
男張壽卿
姪宜鄉
代字兄宗公
大興旺

8-1-16-2　清乾隆九年七月天房鬮書

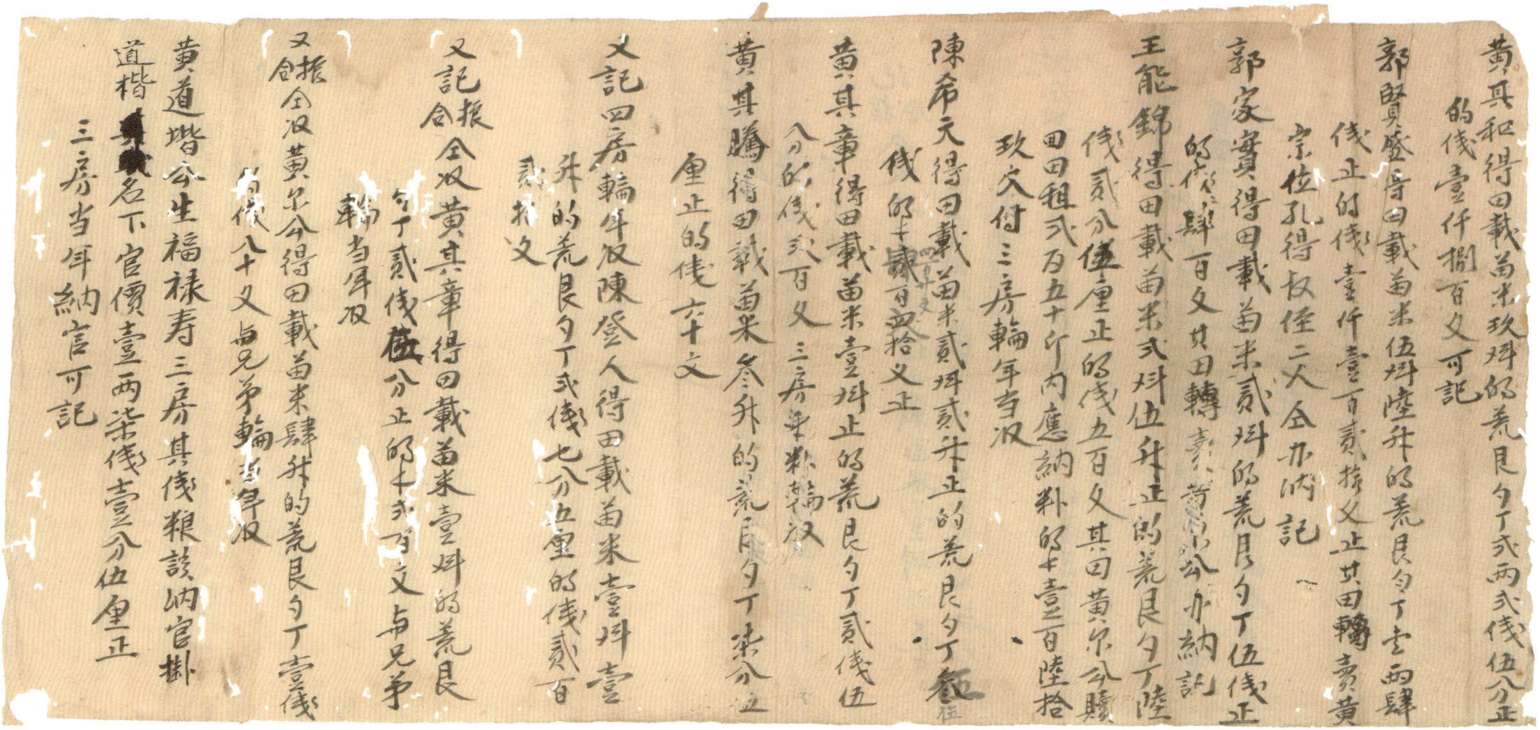
黄其和得田載苗米玖坪的荒艮夕丁弍两弍俴伍分正
的俴壹仟捌百文可記
郭賢盛得田載苗米伍坪陸升的荒艮夕丁壹两肆
俴正的俴壹仟壹百貳拾文正其田轉賣黄
宗位孔得叔侄二人仝亦納記
郭家賓得田載苗米貳坪的荒艮夕丁伍俴正
的俴肆百文其田轉賣黄宗位公亦納記
王能錦得田載苗米弍坪伍升正的荒艮夕丁陸
俴貳分伍厘正的俴五百文其田黄宗公騰
田田租弍石五十斤内應納料的十壹百陸拾
玖文付三房輪年當收
陳希天得田載苗米貳坪貳升正的荒艮夕丁叁俴
俴的十肆百四拾文正
黄其章得田載苗米壹坪止的荒艮夕丁貳俴伍
分的俴貳百文　三房年料輪收
黄其騰得田載苗米叁升的荒艮夕丁柒分五
厘正的俴六十文
又記四房輪年收陳登人得田載苗米壹坪壹
升的荒艮夕丁弍俴七分五厘的俴貳百
貳拾文
又記合根仝收黄其章得田載苗米壹坪的荒艮
夕丁貳俴伍分正的十弍百文与兄弟
輪當年收
又合根仝收黄宗公得田載苗米肆升的荒艮夕丁壹俴
伍俴八十文与兄弟輪當年收
黄道增公生福禄寿三房其俴粮該納官掛
道楷黄名下官價壹两柒俴壹分伍厘正
三房當年納官可記

8-1-17-1　晚清時期黃氏三房族產賬單

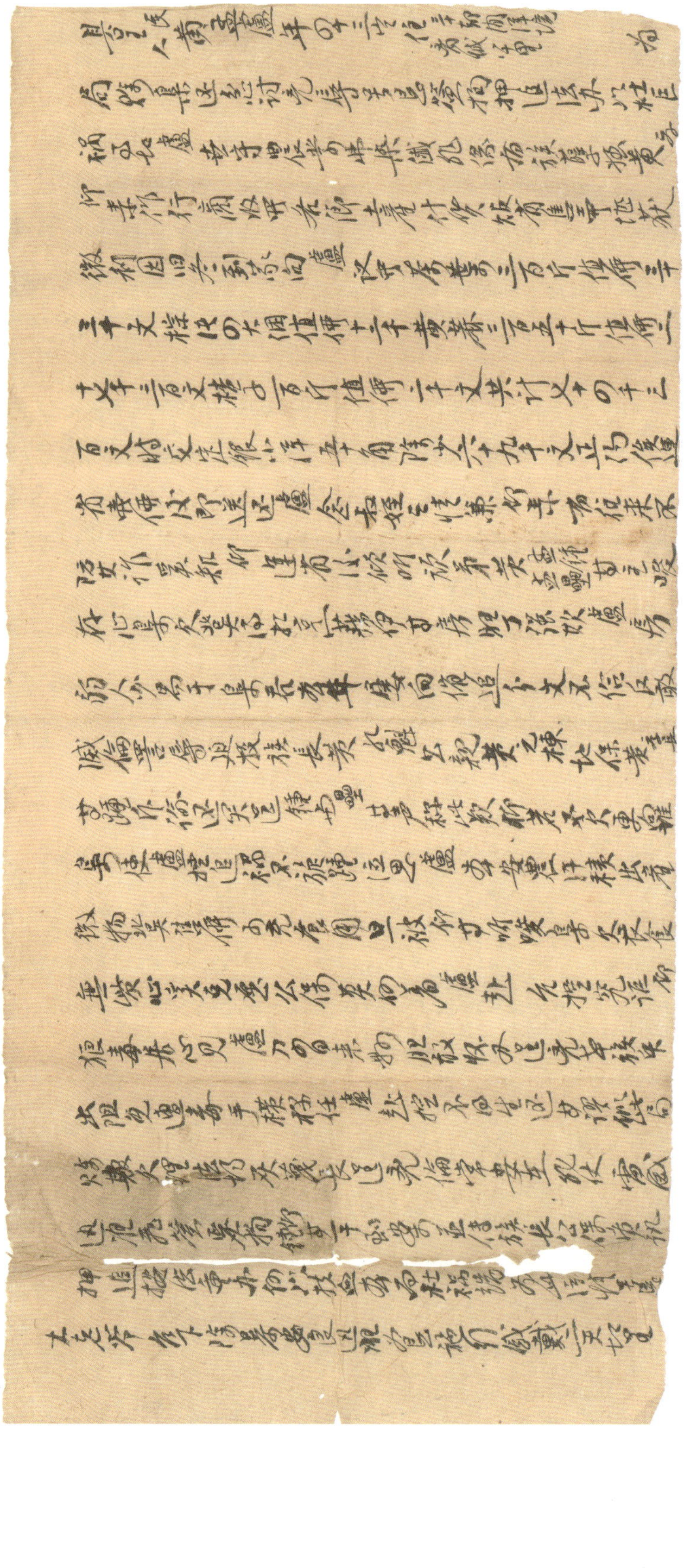

8-1-18-1　晚清時期黃孟廬具呈字

第二帙　積善堂

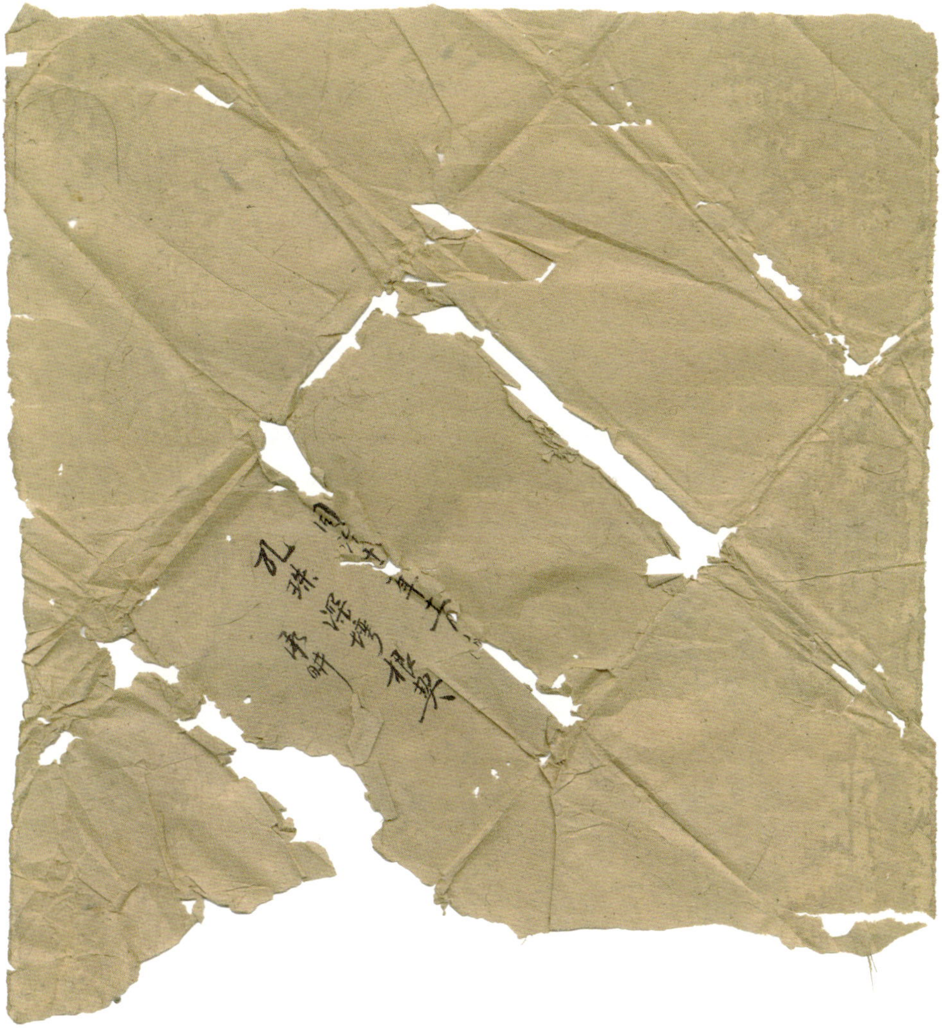

8-2-1-1　包契紙

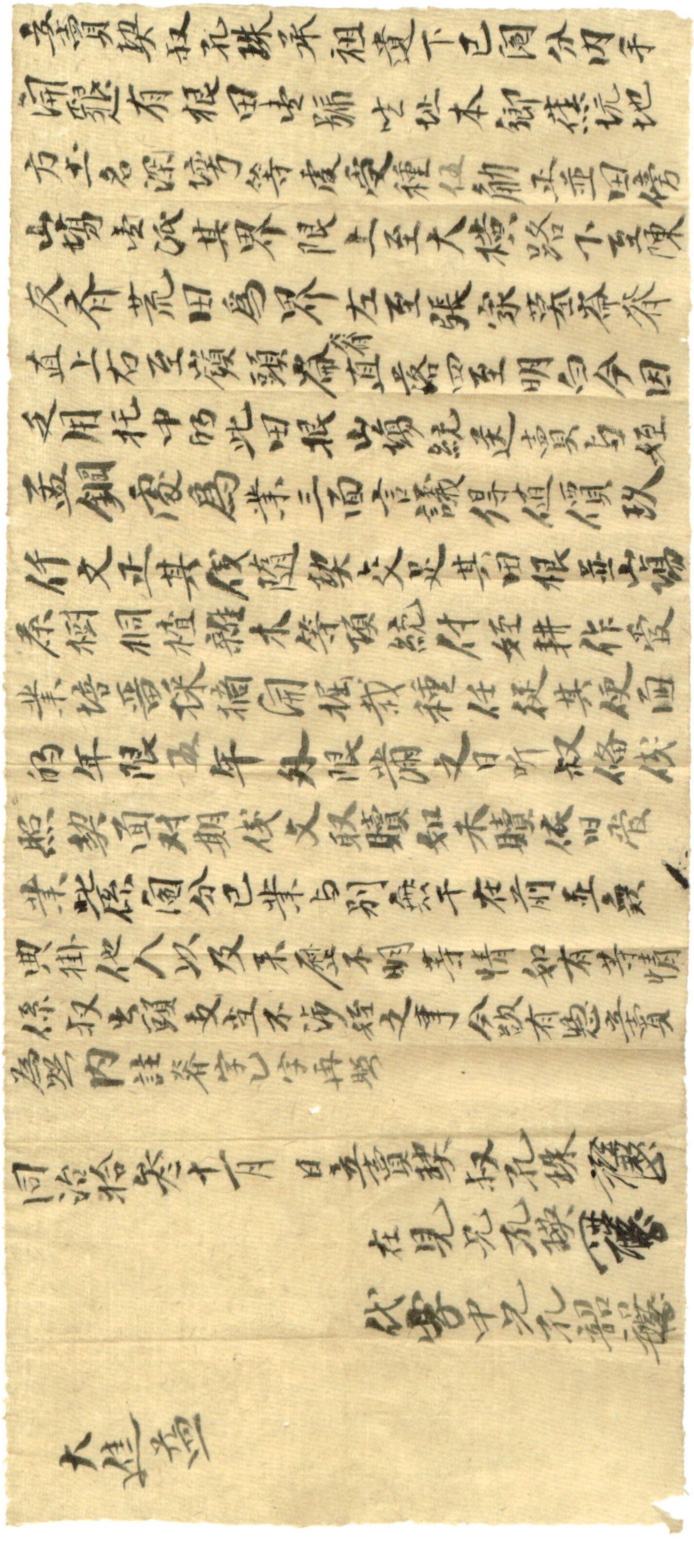
立賣契叔孔珠承祖遺下已闔分内手
開墾有根田坐址本鄉蕉坑地
方土名深窖等處受種伍觔正並田傍
山塲壹派其界限上至大横路下至陳
友脊荒田為界左至張家墓脊脊
直上右至嶺頭脊直落四至明白今因
乏用托中將此田根山塲統送賣與姪
孟鋼處為業三面言議得值價玖
仟文正其錢隨契交足其田根並山塲
茶樹桐植雜木等項統付姪耕作管
業培晋採摘開掘栽種任從其便面
約年限五年外限滿之日听叔備錢
照契面对期錢文取贖如未贖依旧管
業，此係闔分已業与别無干在前並無
典掛他人以及來歷不明等情如有等情
係叔出頭支当不涉姪之事今欲有憑立賣
為照　内註脊字乙字再照
同治拾叁年十一月　日立賣契叔孔珠
在見兄孔瑛
代字中兄孔詔
大進益

8-2-1-2　清同治十三年十一月黃孔珠立賣根田契

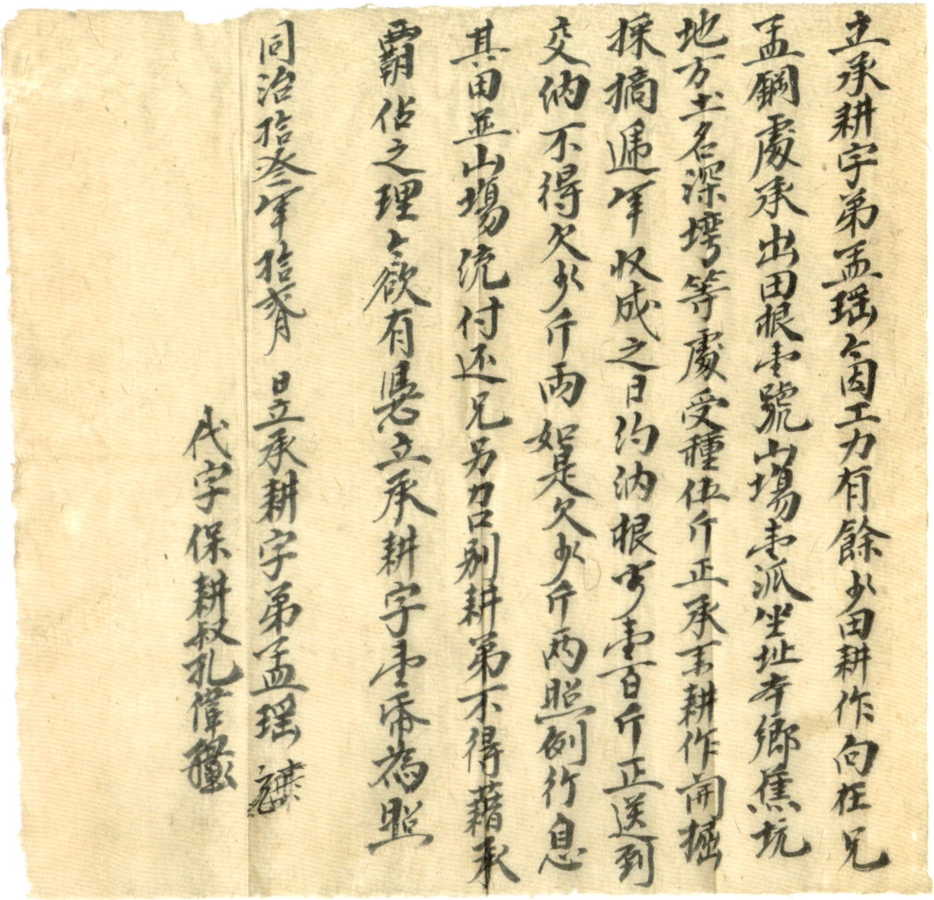

立承耕字弟孟瑶今因工力有餘少田耕作向在兄
孟鋼處承出田根壹號山塲壹派坐址本鄉焦坑
地方土名深墿等處受種伍斤正承去耕作開墾
採摘逐年收成之日约纳根租壹百斤正送到
交纳不得欠少斤两如是欠少斤两照例行息
其田並山塲流付还兄另召別耕弟不得藉称
霸佔之理今欲有憑立承耕字壹紙為照
同治拾叁年拾貳月　日立承耕字弟孟瑶（押）
代字保耕叔孔偉（押）

8-2-1-3　清同治十三年十二月黄孟瑶立承耕田根字

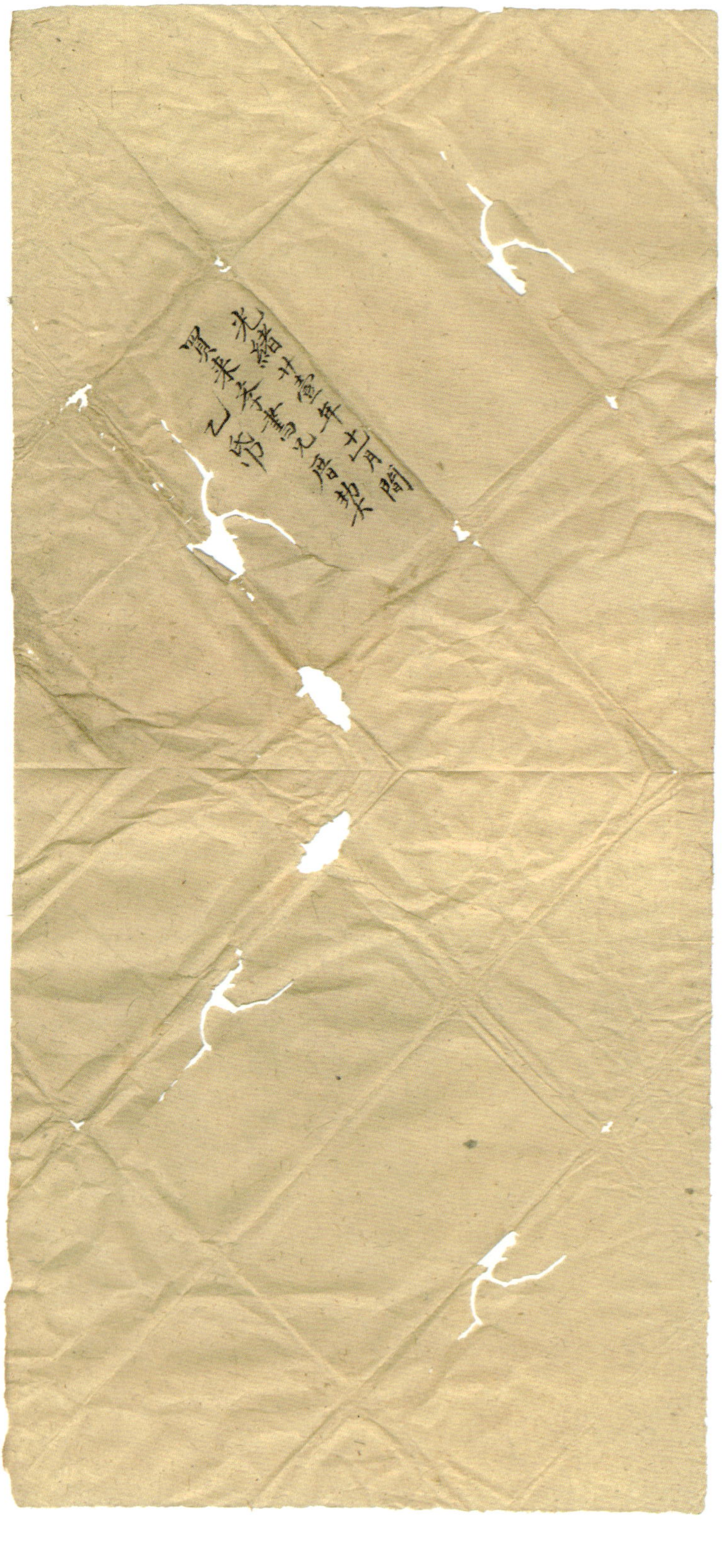

8-2-2-1　包契紙

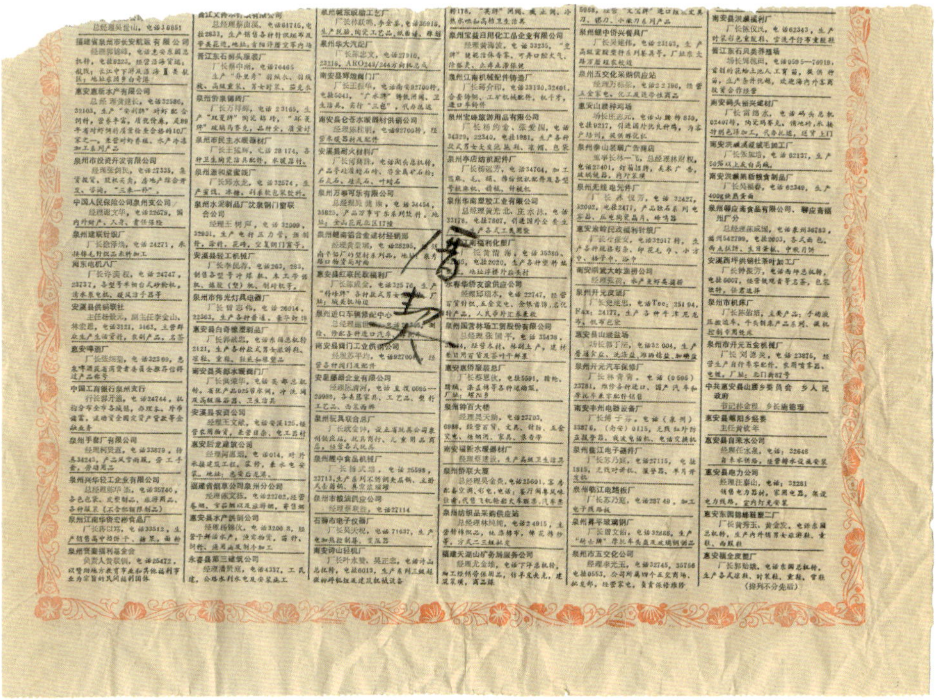

8-2-2-2　包契紙

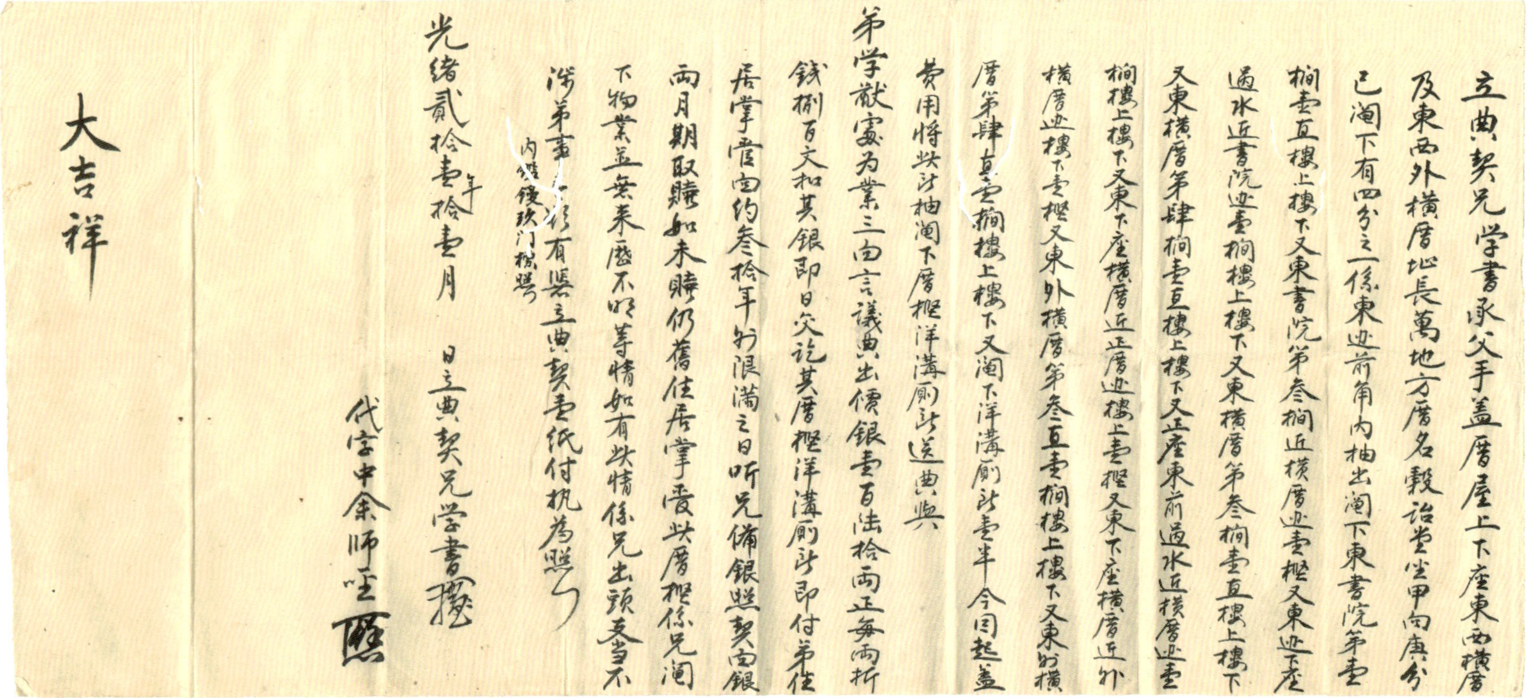
立典契兄学書承父手蓋厝屋上下座東西横厝
及東西外横厝坐長萬地方厝名毅詒堂坐甲向庚兼
已闔下有四分之一係東迎前角内抽出闔下東書院第壹
橺壹直樓上樓下又東書院第叁橺近横厝迎壹柽又東迎下座
過水近書院迎壹橺樓上樓下又東横厝第叁橺壹直樓上樓下
又東横厝第肆橺壹直樓上樓下又正座東前過水近横厝迎壹
橺樓上樓下又東下座横厝近正厝迎樓上壹柽又東下座横厝近外
横厝迎樓下壹柽又東外横厝第叁直壹橺樓上樓下又東外横
厝第肆直壹橺樓上樓下又闔下洋溝厠計壹半今因起蓋
费用將此計抽闔下厝柽洋溝厠計送典與
弟学猷處為業三面言議典出價銀壹百陆拾両正每両折
錢捌百文和其銀即日交訖其厝柽洋溝厠計即付弟住
居掌管面約叁拾年外限滿之日听兄備銀照契面銀
両月期取贖如未贖仍舊住居掌管此厝柽係兄闔
下物業並無来歷不明等情如有此情係兄出頭支当不
涉弟事[illegible]有憑立典契壹紙付執為照
内[illegible]鐵[illegible]门檻照
光緒貳拾壹年拾壹月　日立典契兄学書（押）
代字中余师[illegible]（押）
大吉祥

8-2-2-3　清光緒二十一年十一月黄學書立典厝屋契

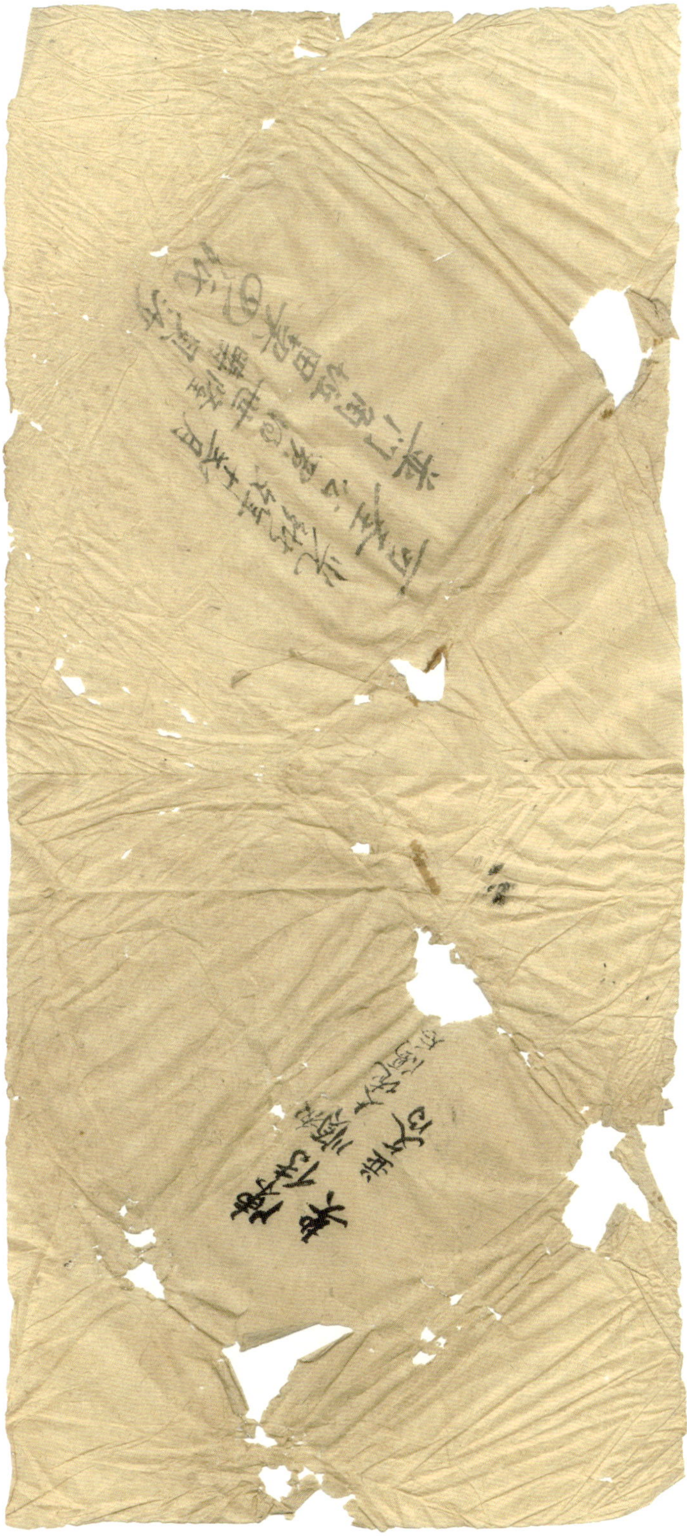

8-2-3-1　包契紙

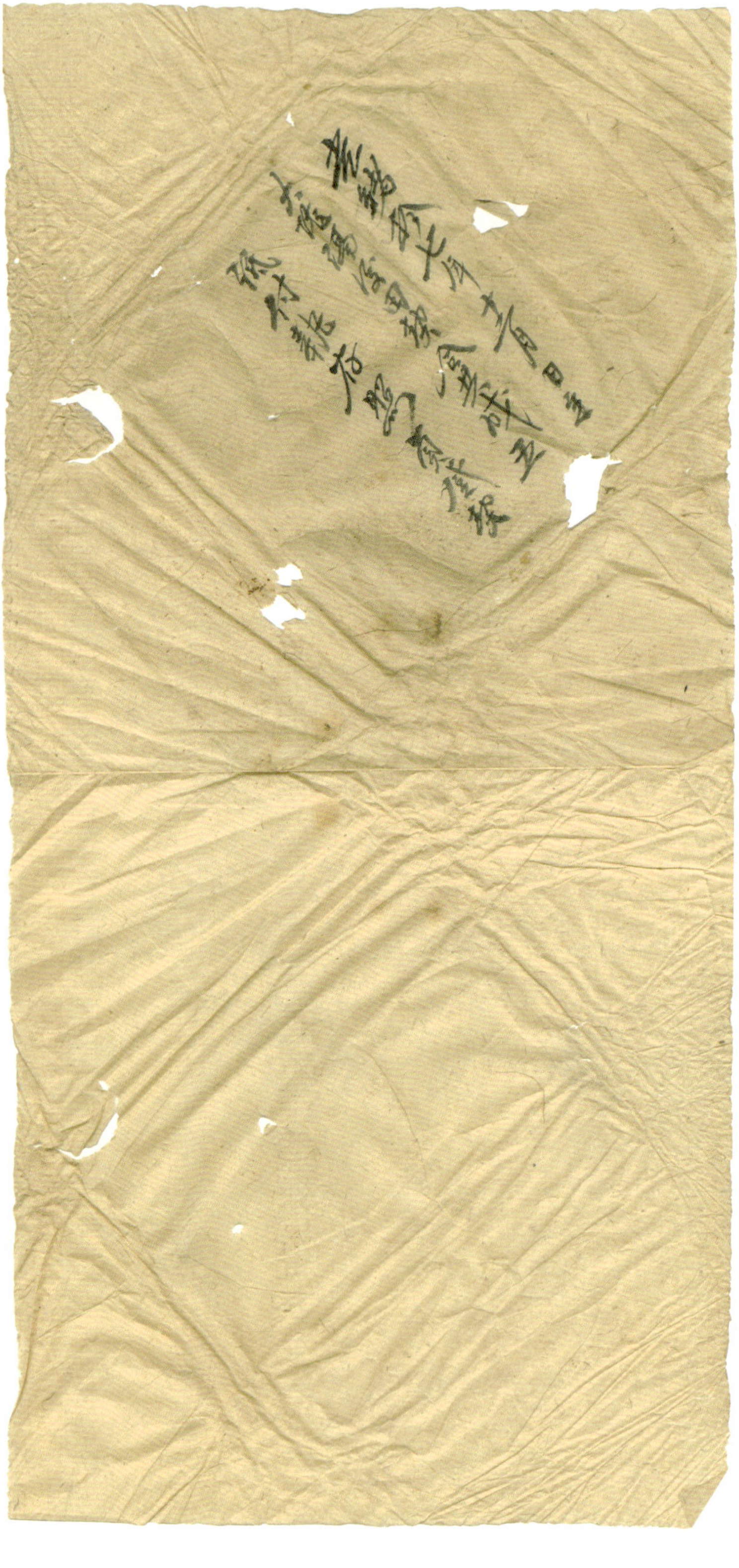

8-2-3-2 包契紙

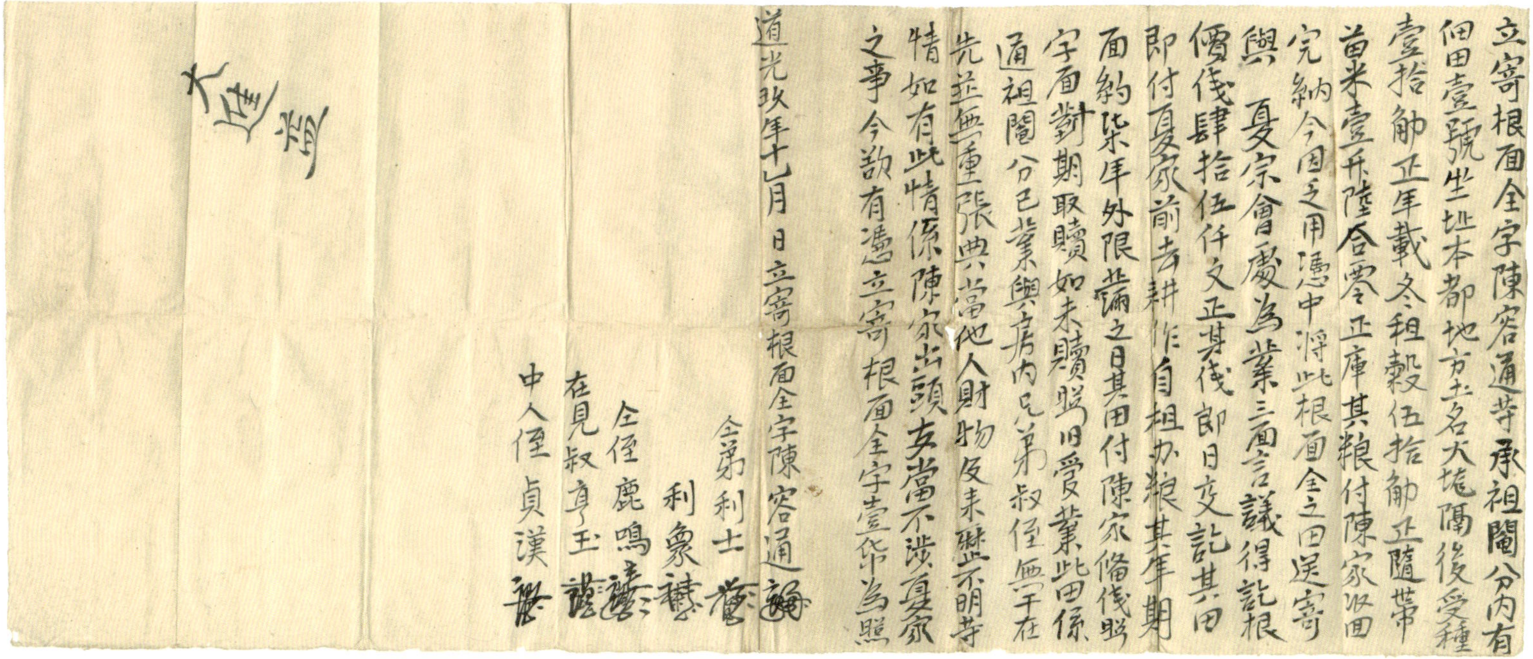
立寄根面全字陳容通等承祖閹分內有
佃田壹號坐址本都地方土名大垅隔後受種
壹拾觔正年載冬租穀伍拾觔正隨帶
苗米壹升陸合零正庫其粮付陳家收回
完納今因乏用憑中將此根面全立田送寄
與　夏宗會處為業三面言議得訖根
價錢肆拾伍仟文正其錢即日交訖其田
即付夏家前去耕作自相办粮其年期
面約柒年外限滿之日其田付陳家備錢照
字面對期取贖如未贖照旧管業此田係
通祖閹分已業與房內兄弟叔侄無干在
先並無重張典當他人財物及未歷不明等
情如有此情係陳家出頭支當不涉夏家
之事今欲有憑立寄根面全字壹帋為照
道光玖年十一月　日立寄根面全字陳容通（押）
仝弟　利士（押）
利象（押）
仝侄　鹿鳴（押）
在見叔　身玉（押）
中人侄　貞漢（押）

8-2-3-3　清道光九年十一月陳容通等立寄根面全佃田字

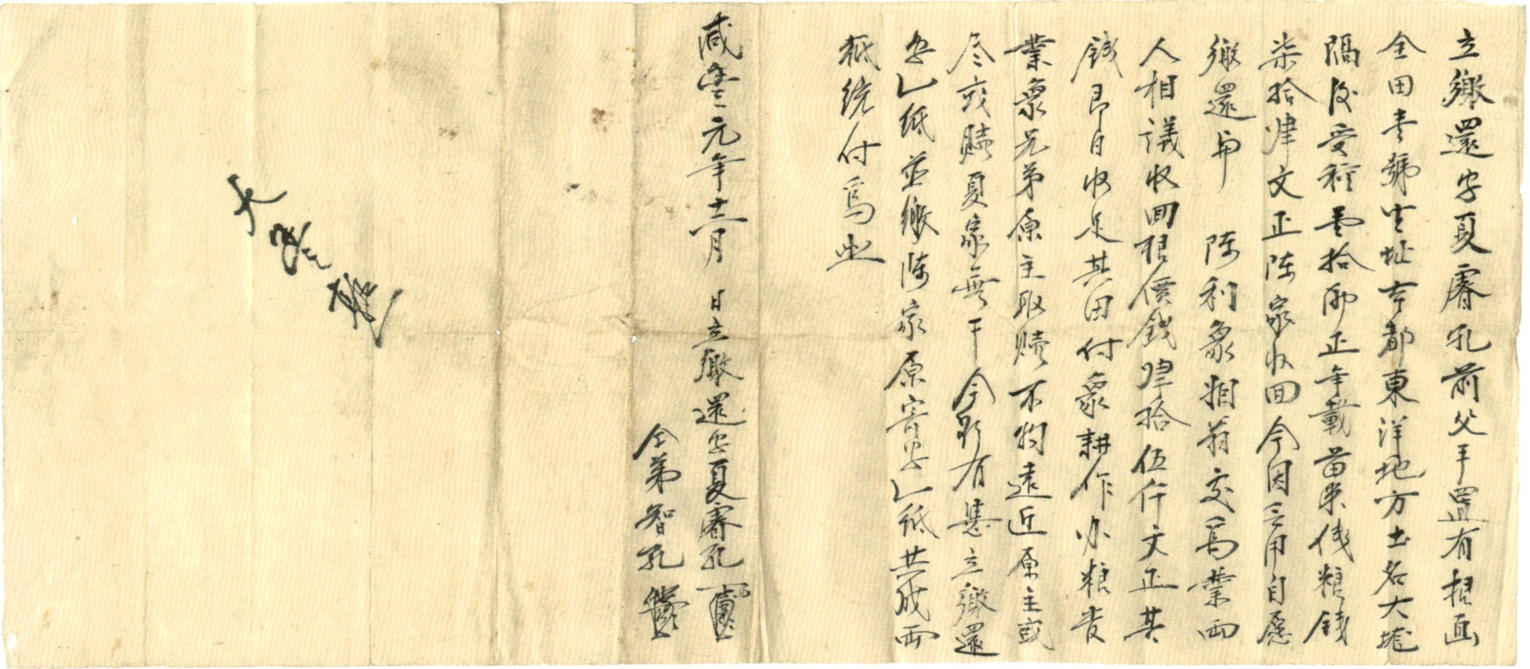

8-2-3-4　清咸豐元年十二月夏睿孔等立繳還根面全田字

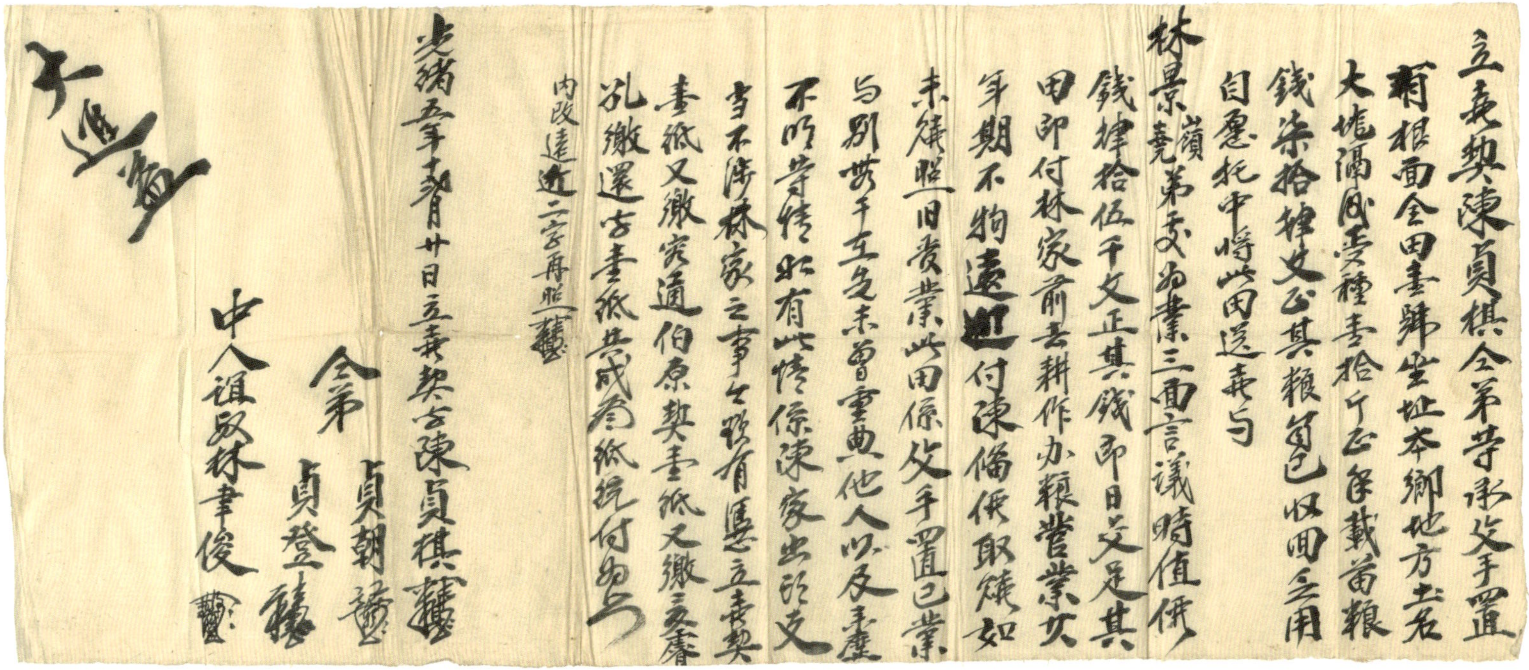

立賣契陳貞棋仝弟等承父手置
有根面全田壹號坐址本鄉地方土名
大垅洞歲受種壹拾斤正年載苗粮
錢柒拾肆文正其粮色收田三甲
自愿托中將此田送賣與
林景嶺亮弟兄為業三面言議時值價
錢肆拾伍千文正其錢即日交足其
田即付林家前去耕作办粮管業其
年期不拘遠近付陳備價取贖如
未贖照舊管業此田係父手置已業
與別房伯叔兄弟無干亦未曾重典他人以及來歷
不明等情如有此情係陳家出頭支
當不涉林家之事今欲有憑立賣契
壹紙又繳宗適伯原契壹紙又繳二房耆
孔繳還本壹紙共成叁紙批付為照
內改遠近二字再照（押）
光緒五年十二月廿日立賣契字陳貞棋（押）
仝弟　貞朝（押）　貞登（押）
中人祖叔林聿俊（押）
大進寶

8-2-3-5　清光緒五年十二月陳貞棋等立賣根面全田契

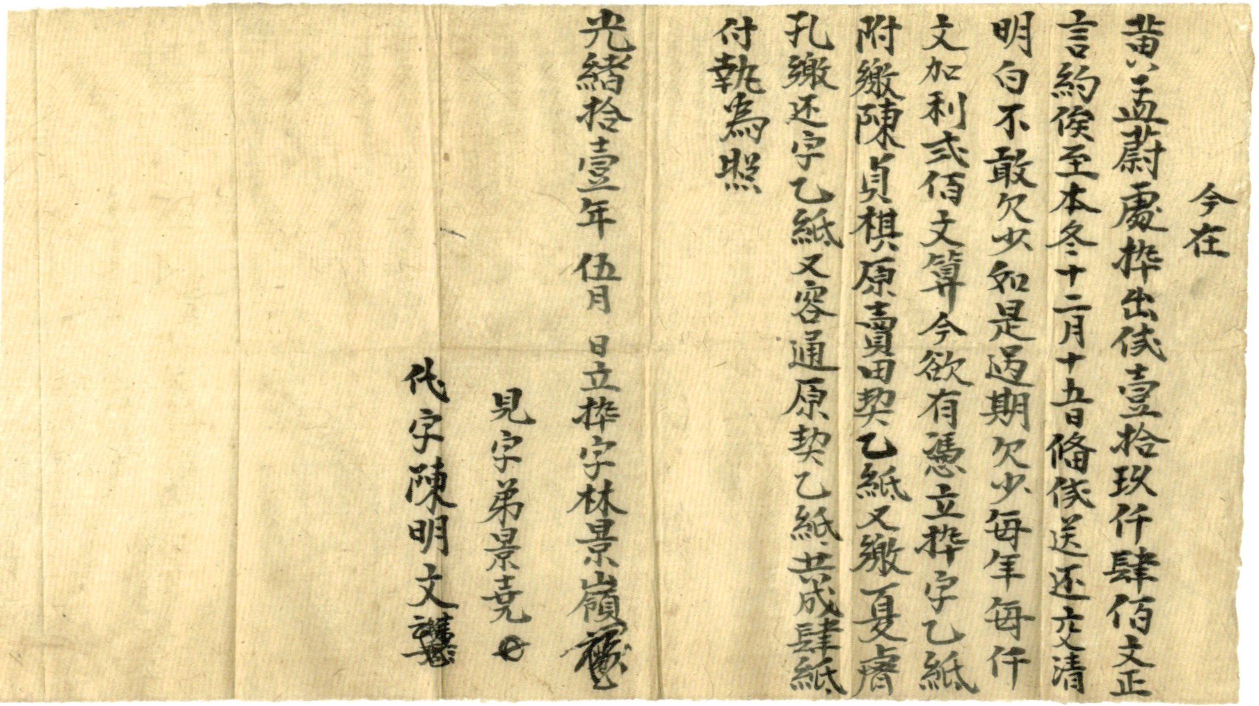

今在
黄〻孟蔚處撮出伏壹拾玖仟肆佰文正
言約俟至本冬十二月十五日備伏送还本文清
明白不敢欠少如是過期欠少每年每仟
文加利弍佰文算今欲有憑立撮字乙紙
附繳陳貞棋原買田契乙紙又繳夏膺
孔繳还字乙紙又容通原契乙紙共成肆紙
付執為照

光緒拾壹年 伍月 日立撮字林景嶺（押）
見字弟景竞（押）
代字陳明文（押）

8-2-3-6　清光緒十一年五月林景嶺立撮字

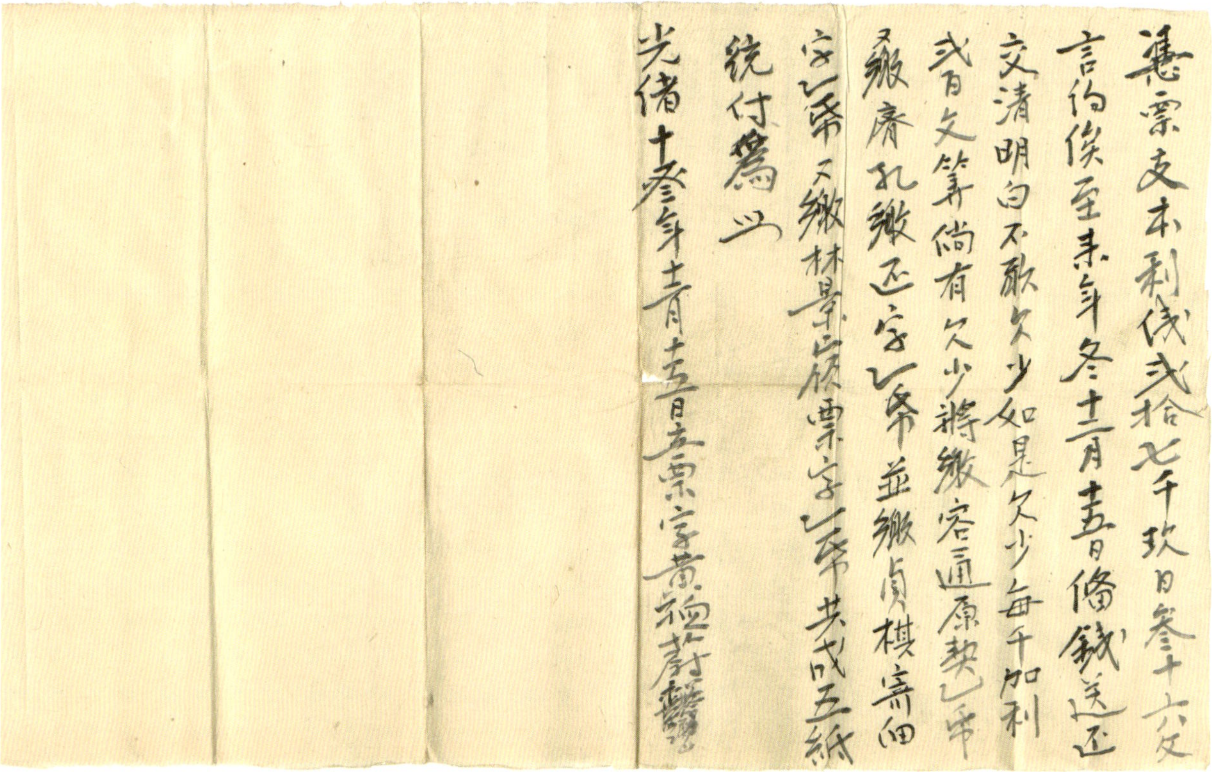
憑票支本利錢弍拾七千玖百叁十六文
言約候至未年冬十二月十五日備錢送還
交清明白不敢欠少如是欠少每千加利
弍百文筭尚有欠少將繳客通原契乙帋
又繳膺孔繳還字乙帋並繳貞棋壽田
字乙帋又繳林景山依票字乙帋共成五紙
統付爲照
光緒十叁年十二月十五日立票字黃禋蔚

8-2-3-7　清光緒十三年十二月黃孤蔚立支錢憑票

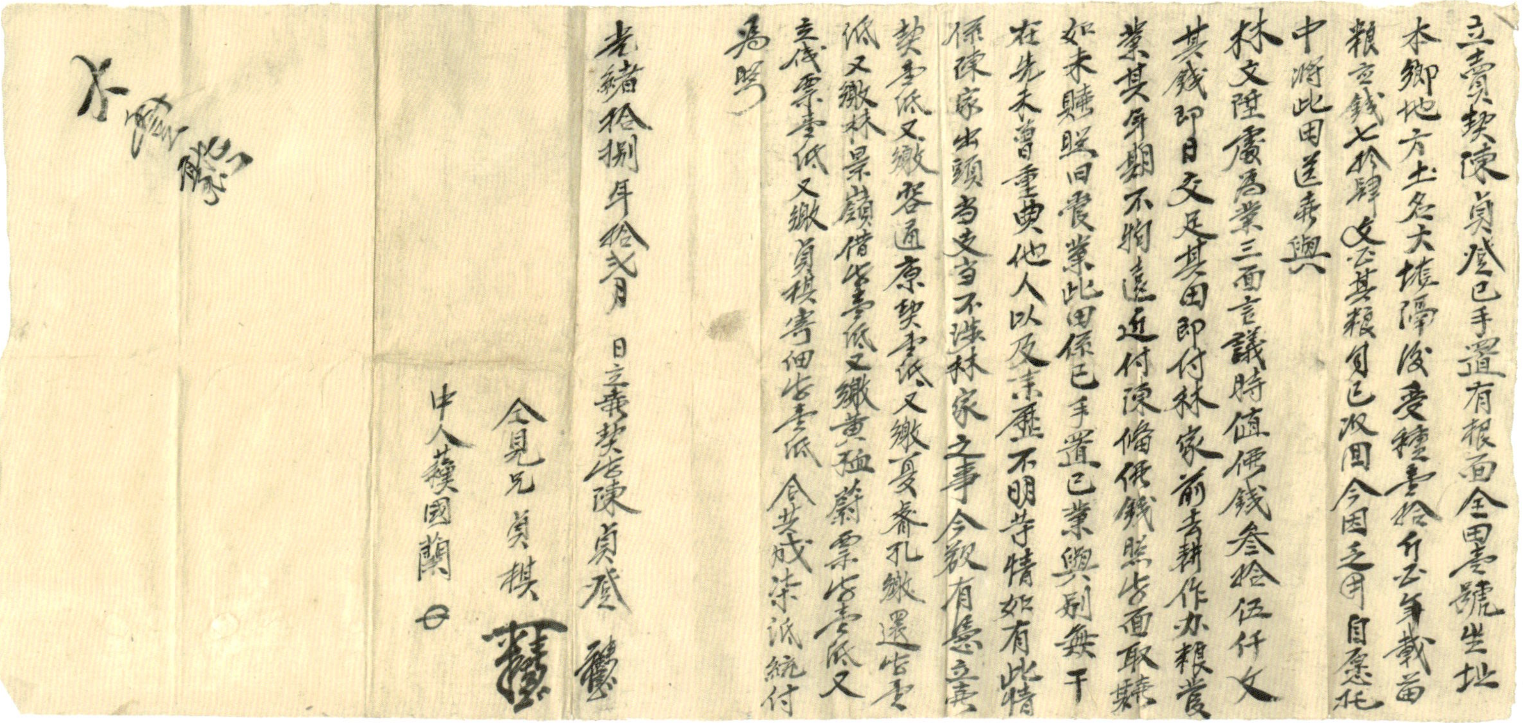
立賣契陳貞登，己手置有根面全田壹號，坐址
本鄉地方，土名大坵墿後，受種壹拾斤，年載苗
粮谷錢七拾肆文，其粮自己收用，今因乏用，自愿托
中將此田送賣與
林文陞處為業，三面言議時值價錢叁拾伍仟文，
其錢即日交足，其田即付林家前去耕作，办粮管
業，其年期不拘遠近，付陳備價錢照依面取贖，
如未贖照旧管業。此田係己手置，已業與別無干，
在先未曾重典他人，以及來歷不明等情，如有此情，
係陳家出頭當支，不涉林家之事。今欲有憑，立賣
契壹紙，又繳吝通京契壹紙，又繳夏畚孔繳還佔壹
紙，又繳林景嶺借佔壹紙，又繳黃伍蔚票佔壹紙，又
立佃票壹紙，又繳貞棋寄佃佔壹紙，合共成柒紙，統付
為照。

光緒拾捌年拾弍月　日立賣契陳貞登（押）
全見兄貞棋（押）
中人蘇國蘭（押）

8-2-3-8　清光緒十八年十二月陳貞登立賣根面全田契

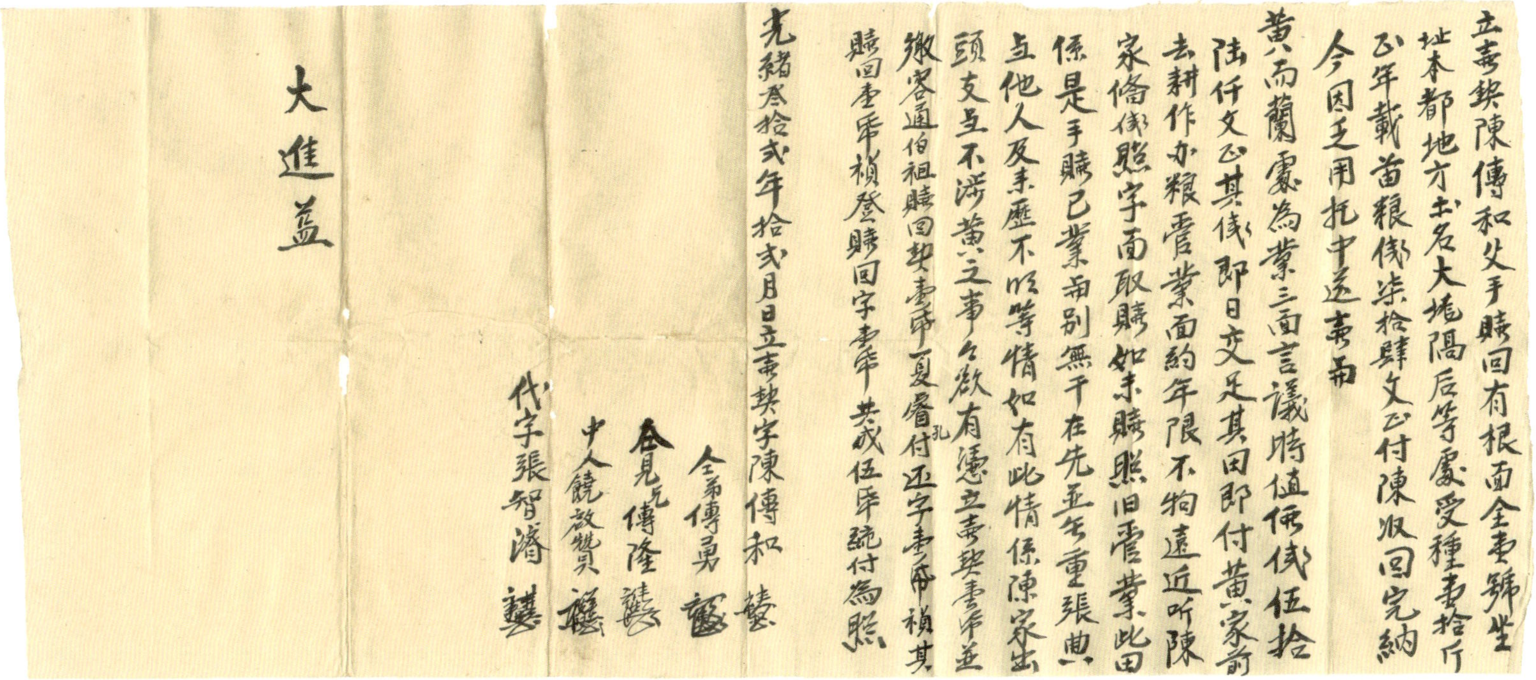

立賣契陳傳和父手贖回有根面全田壹號，坐
址本都地方土名大堤隔后等處，受種壹拾斤，
正年載苗粮仸柒拾肆文正，付陳吸回完納。
今因乏用，托中送賣與
黃而蘭處為業，三面言議時值價錢伍拾
陸仟文正，其錢即日交足，其田即付黃家前
去耕作，办粮管業，面約年限不拘遠近，聽陳
家備價照字面取贖，如未贖，照旧管業。此田
係是手贖已業，與別無干，在先並無重張典
與他人及來歷不明等情，如有此情，係陳家出
頭支當，不涉黃家之事。今欲有憑，立賣契壹紙並
繳客過伯祖贖回契壹紙、夏眷孔付退字壹紙、楨其
贖回壹紙、楨登贖回字壹紙，共成伍紙，付為照。

光緒叁拾貳年拾貳月　日立賣契字陳傳和
仝弟傳勇
仝見兄傳隆
中人饒啟贊
代字張智濟

大進益

8-2-3-9　清光緒三十二年十二月陳傳和等立賣根面全田契

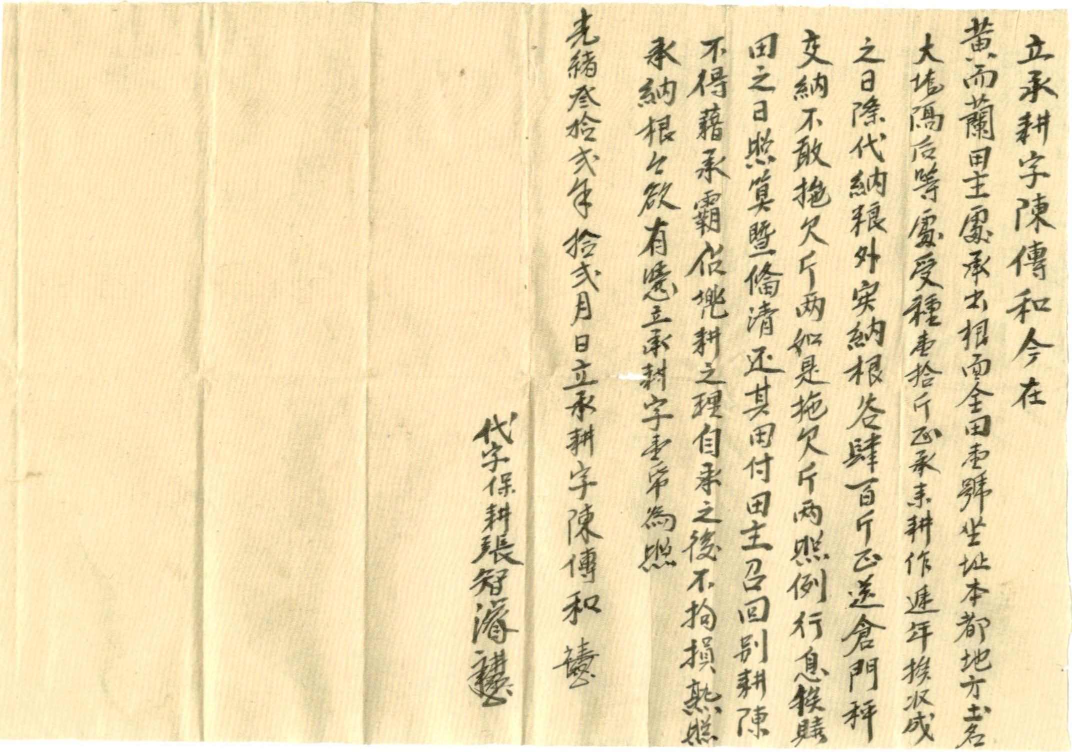

立承耕字陳傳和今在
黃而蘭田主處承出根面全田壹號坐址本都地方土名
大塢隔后等處受種壹拾斤正承去耕作逓年挨次成
之日除代納粮外實納根谷肆百斤正送倉門秤
交納不敢拖欠斤兩如是拖欠斤兩照例行息挨贖
田之日照算豎倫清還其田付田主召回別耕陳
不得藉承霸佔拋耕之理自承之後不拘損熟照
承納根谷欲有憑立承耕字壹紙為照
光緒叁拾弍年拾弍月日立承耕字陳傳和（押）
代字保耕張智滄（押）

8-2-3-10　清光緒三十二年十二月陳傳和立承耕根面全田字

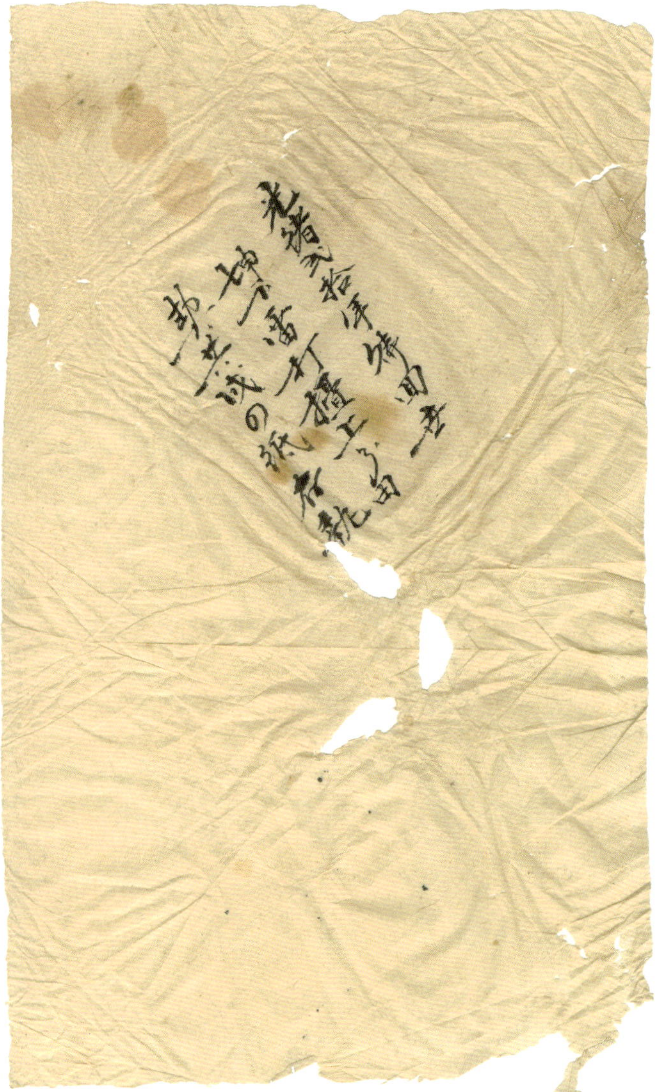

8-2-4-1　包契紙

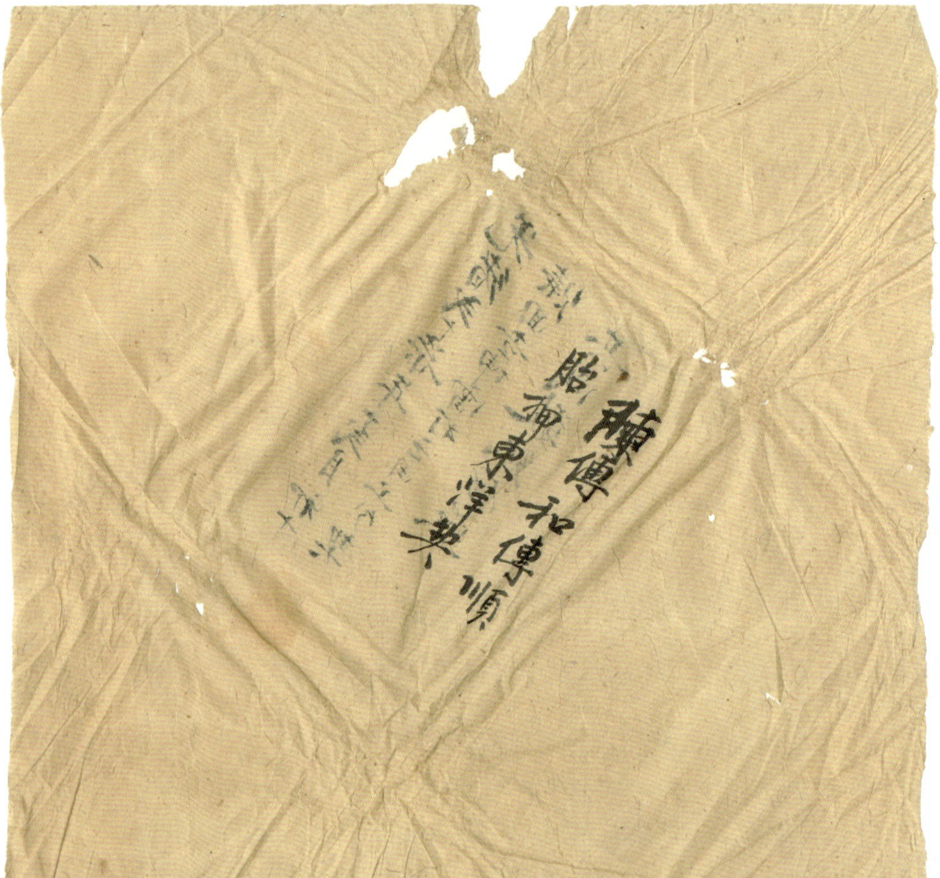

8-2-4-2　包契紙

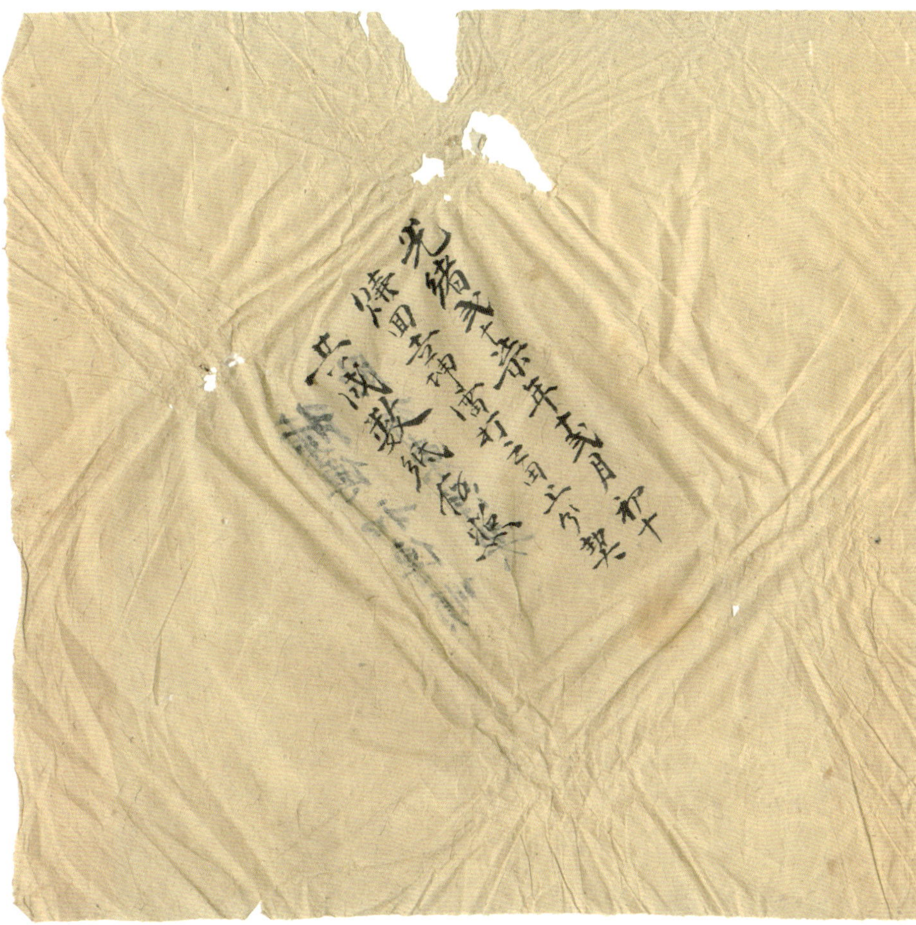

8-2-4-3　包契紙

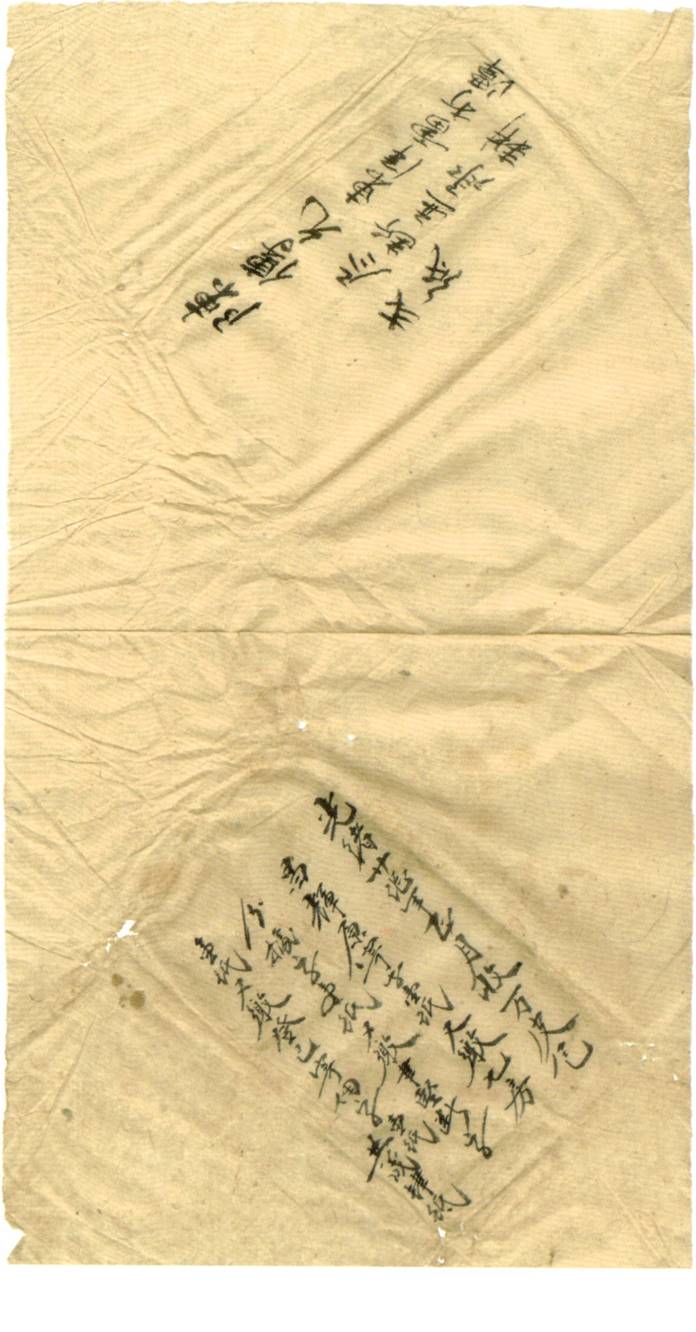

8-2-4-4　包契紙

8-2-4-5　包契紙

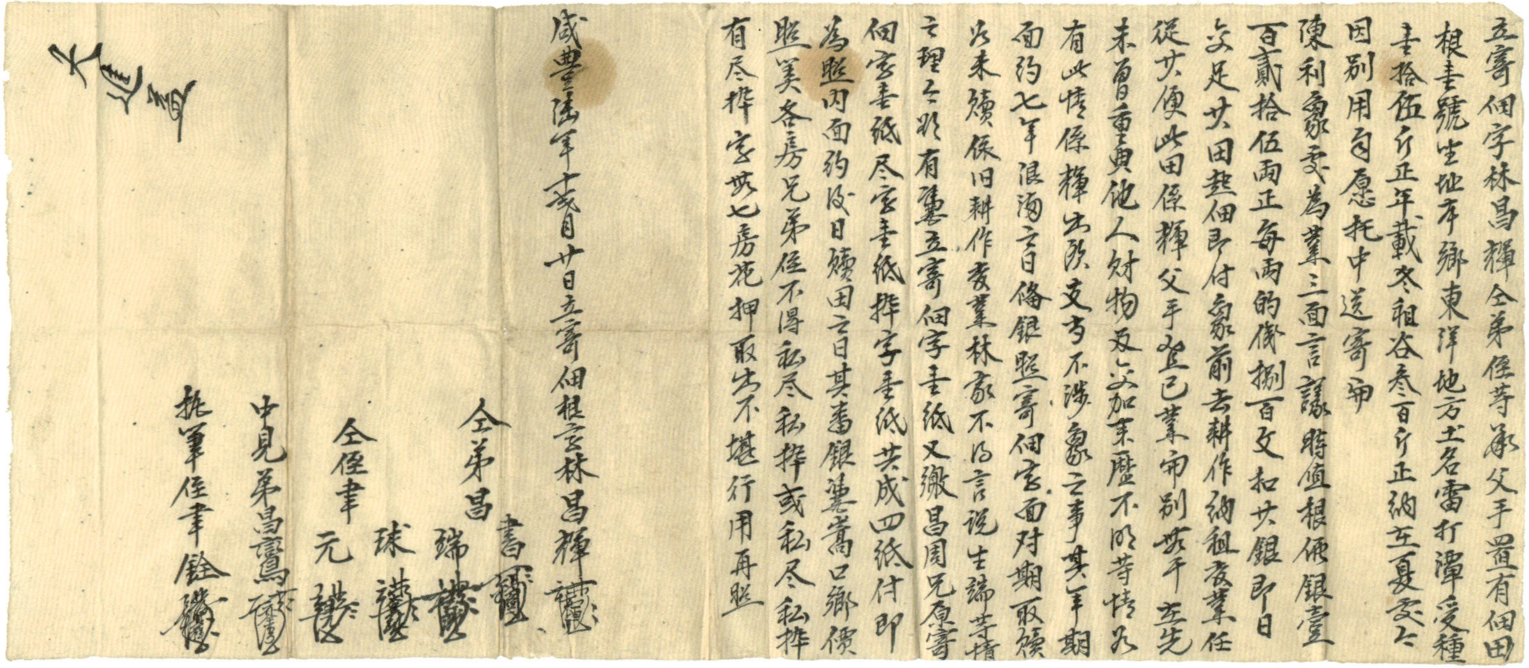
立寄佃字林昌輝仝弟侄等承父手置有佃田
根壹號坐址本鄉東洋地方土名雷打潭受種
壹拾伍斤正年載冬租谷叁百斤正納立夏交乙
因別用自愿托中送寄本
陳利象處為業三面言議時值根価銀壹
百貳拾伍兩正每兩的價捌百文和共銀即日
交足其田數佃即付象前去耕作納租為業任
從其便此田係輝父手置已業本別無干在先
未曾重典他人財物及亦加某歷不明等情及
有此情係輝出頭支當不涉象之事其年期
面約七年限滿之日備銀照寄佃字面對期取贖
如未贖依旧耕作為業林家不得言說生端等情
之理今欲有憑立寄佃字壹紙又繳昌周兄原寄
佃字壹紙盡字壹紙拼字壹紙共成四紙付即
為照　内面約依日贖田之日其番銀準嵩口鄉價
照算各房兄弟侄不得私盡私拼或私盡私拼
有盡拼字契乜房花押取出不堪行用再照

咸豐陆年十二月廿日立寄佃根字林昌輝（押）
書（押）
仝弟昌　端（押）
球（押）
仝侄韋　元（押）
中見弟昌鳳（押）
執筆侄韋銓（押）

大進宣

8-2-4-6　清咸豐六年十二月林昌輝等立寄佃田根字

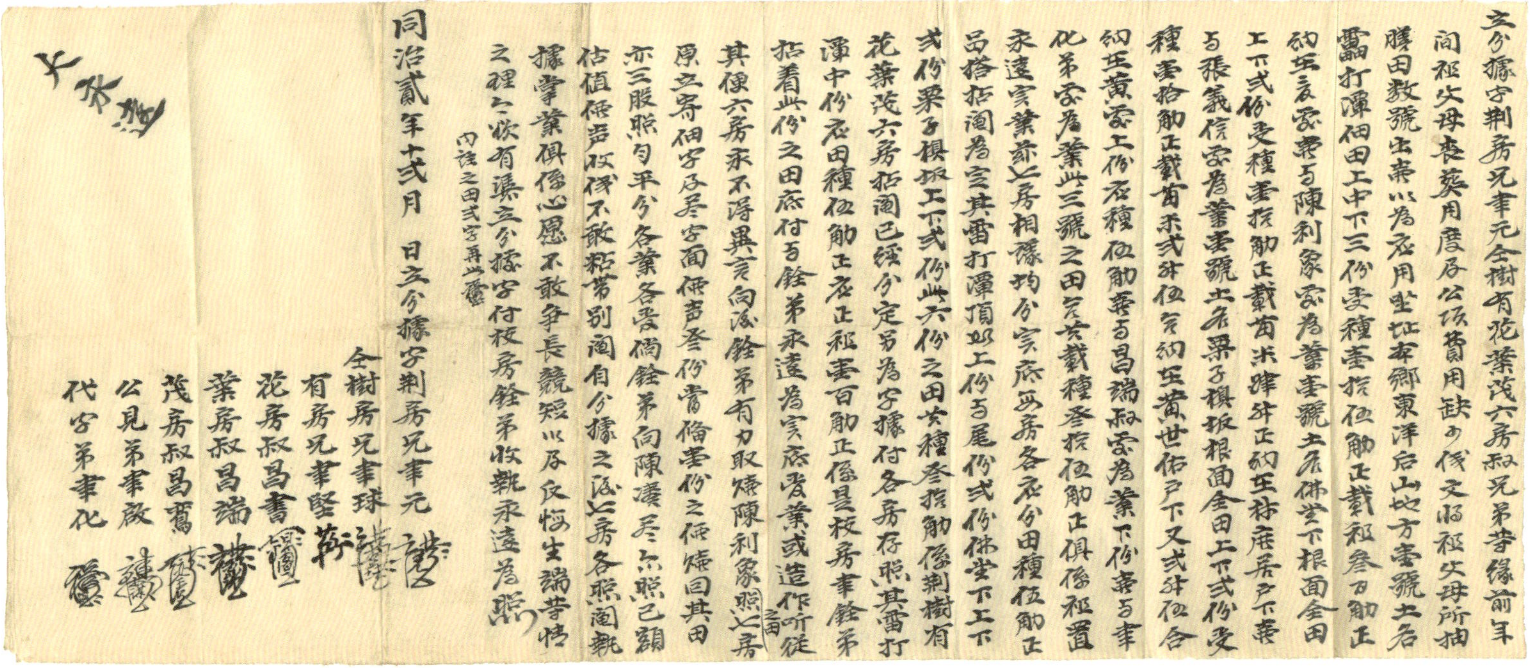

立分據字荆房兄聿元、全樹、有、花、葉、茂六房叔兄弟等，緣前年
間祖父母喪葬用度及公項費用缺乏，僉議將祖父母所抽
贍田數號出賣，以爲應用。坐址本鄉東洋后山地方壹號，土名
靈打潭佃田上中下三份，受種壹拾伍觔正，載租叁万觔正，
納在友家，賣与陳利家家爲業。壹號土名佛堂下根面全田
上下式份，受種壹拾伍觔正，載有米肆升正，納在林鹿居戶下，賣
与張義信家爲業。壹號土名梁子棋坂根面全田上下式份，受
種壹拾伍觔正，載有米式升伍合，納在黃世佑戶下，又式升伍合
納在黃家。上份應種伍觔，賣与昌瑞叔家爲業；下份賣与聿
化弟家爲業。此三號之田共載種叁拾伍觔正，俱係祖置
永遠字業，亦六房相承均分，字應六房各應分田種伍觔正，
另搭拈鬮爲定。其靈打潭頂坵上份与尾份式份、佛堂下上下
式份、梁子棋坂上下式份，此六份之田共種叁拾伍觔，係荆樹有
花葉茂六房拈鬮已經分定，另爲字據，付各房存照。其靈打
潭中份應田種伍觔正，應正租壹百觔正，係是枝房聿銓弟
拈着此份之田，應付与銓弟永遠爲寔，應管業或造作，聽從
其便，六房永不得異言。向后銓弟有力取贖陳利家，照六房
原立寄佃字及契字面價叁份壹倫壹份之價贖回其田，
亦三股照均平分，各業各管。倘銓弟向陳凑足六照已額
估值價声，杖價不敢私帶別鬮。自分據之后，六房各照鬮執
據掌業，俱係心愿，不敢爭長競短，以及反悔生端等情。
之理，亦欲有憑，立分據字付枝房銓弟收執，永遠爲照。

內註之田弍字再此（押）

同治貳年十弍月　日立分據字荆房兄聿元（押）

全樹房兄聿球（押）
有房兄聿堅（押）
花房叔昌書（押）
葉房叔昌瑞（押）
茂房叔昌鶯（押）
公見弟聿啟（押）
代字弟聿化（押）

8-2-4-7　清同治二年十二月林聿元等立分據字

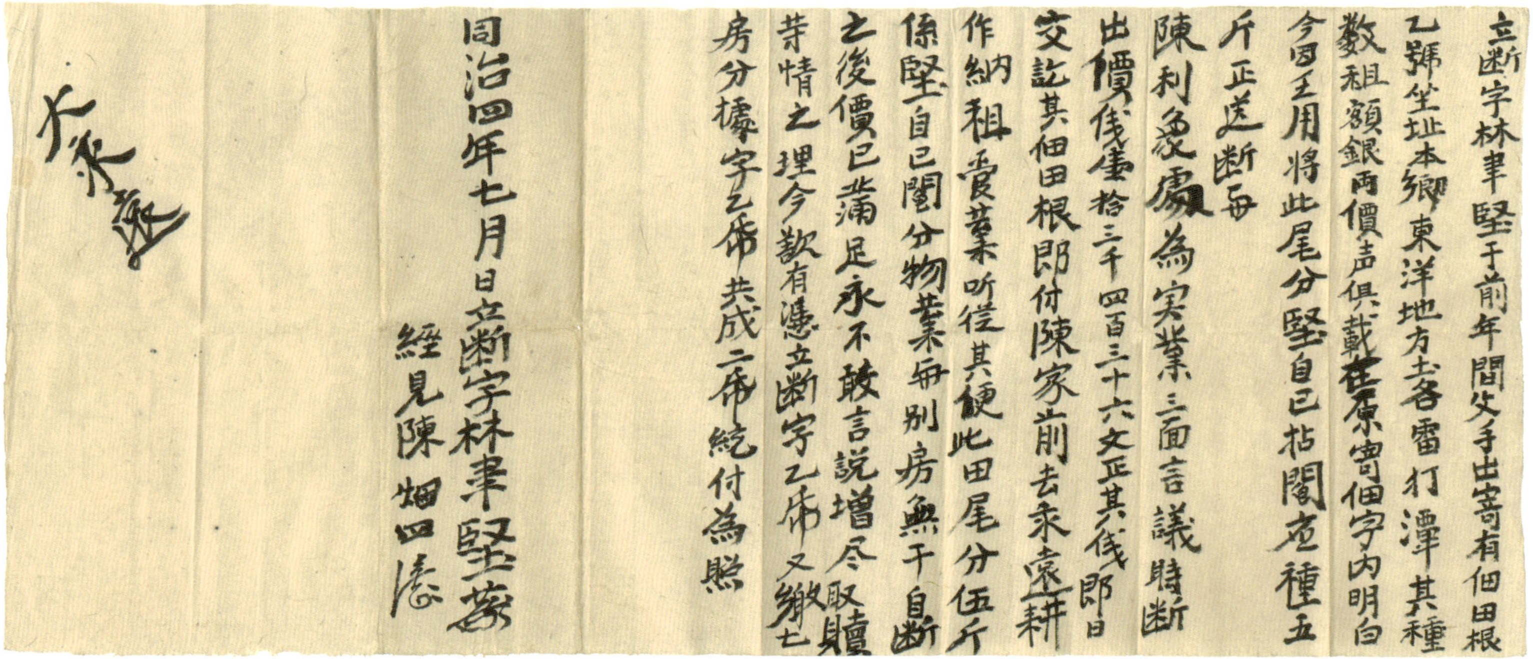
立斷字林聿堅于前年間父手出寄有佃田根
乙號坐址本鄉東洋地方土名雷打潭其種
數租額銀兩價声俱載在原寄佃字內明白
今因乏用將此尾分堅自己拈鬮應種五
斤正送斷与
陳利發處為實業三面言議時斷
出價錢壹拾三千四百三十六文正其錢即日
交訖其佃田根即付陳家前去永遠耕
作納租賣業听從其便此田尾分伍斤
係堅自己鬮分物業與別房無干自斷
之後價已滿足永不敢言說增盡取贖
等情之理今欲有憑立斷字乙紙又繳七
房分據字乙紙共成二紙統付為照
同治四年七月日立斷字林聿堅（押）
經見陳烟四（押）

8-2-4-8　清同治四年七月林聿堅立斷佃田根字

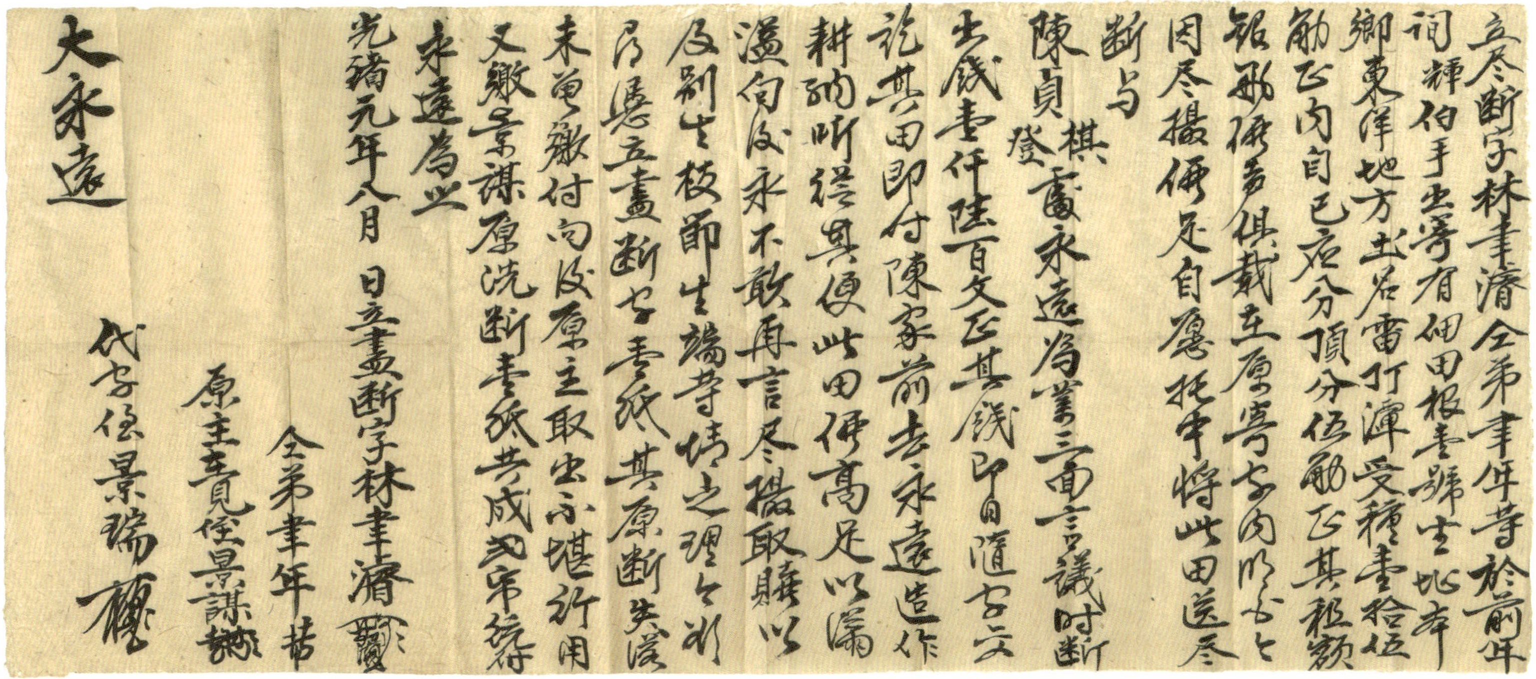
立盡斷字林聿濬仝弟聿年等，於前年
祠輝伯手出等有佃田根壹號，坐址本
鄉東洋地方，土名雷打潭，受種壹拾伍
觔正，內自己應分頂分伍觔正，其租額
銀兩係多俱載在原字內明白。今
因乏撮，併足自愿托中將此田送盡
斷與
陳貞棋、登處永遠為業。三面言議，時斷
出錢壹仟陸百文正，其錢即日隨字交
訖。其田即付陳家前去永遠管作
耕輸所得其便。此田併高足以滿
邁，向後永不敢再言盡撮取贖以
及別生枝節生端等情之理。今欲
有憑，立盡斷字壹紙，其原斷失落
未曾繳付，向後原主取出亦堪作用。
又繳景謀原洗斷壹紙，共成弍帋總
永遠為照。
光緒元年八月　日立盡斷字林聿濬（押）
仝弟聿年（押）
原主在見侄景謀（押）
代字侄景瑞（押）
大永遠

8-2-4-9　清光緒元年八月林聿濬等立盡斷佃田根字

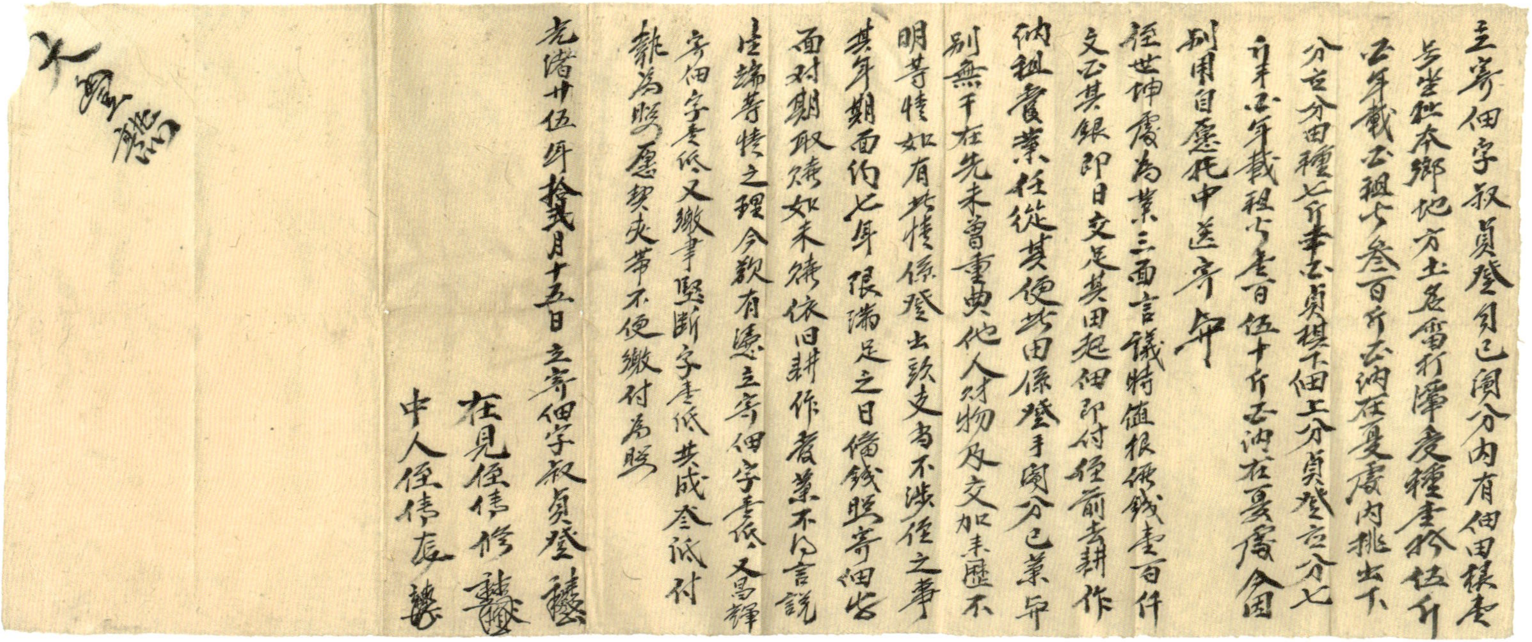
立寄佃字叔貞登自己闔分內有佃田根壹
号坐址本鄉地方土名雷打潭處種壹拾伍斤
正年載正租七叁百斤正納在夏處內挑出下
分之分田種七斤半正貞標下佃工分貞登之分七
斤半正年載租七壹百伍十斤正納在夏處會
別用自愿託中送寄與
侄世坤處為業三面言議時值根價錢壹百仟
文正其銀即日交足其田起佃即付侄前去耕作
納租管業任從其便此田係登手闔分己業與
別無干在先未曾重典他人財物及交加未歷不
明等情如有此情係登出頭支当不涉侄之事
其年期面約七年限滿足之日備錢照寄佃字
面対期取贖如未贖依旧耕作管業不得言說
生端等情之理今欲有憑立寄佃字壹紙又昌輝
寄佃字壹紙又繳串聯斷字壹紙共成叁紙付
執為照 愿契夾帶不便繳付為照
光緒廿伍年拾貳月十五日 立寄佃字叔貞登
在見侄偉修
中人侄偉辰

8-2-4-10　清光緒二十五年十二月陳貞登立寄佃田根字

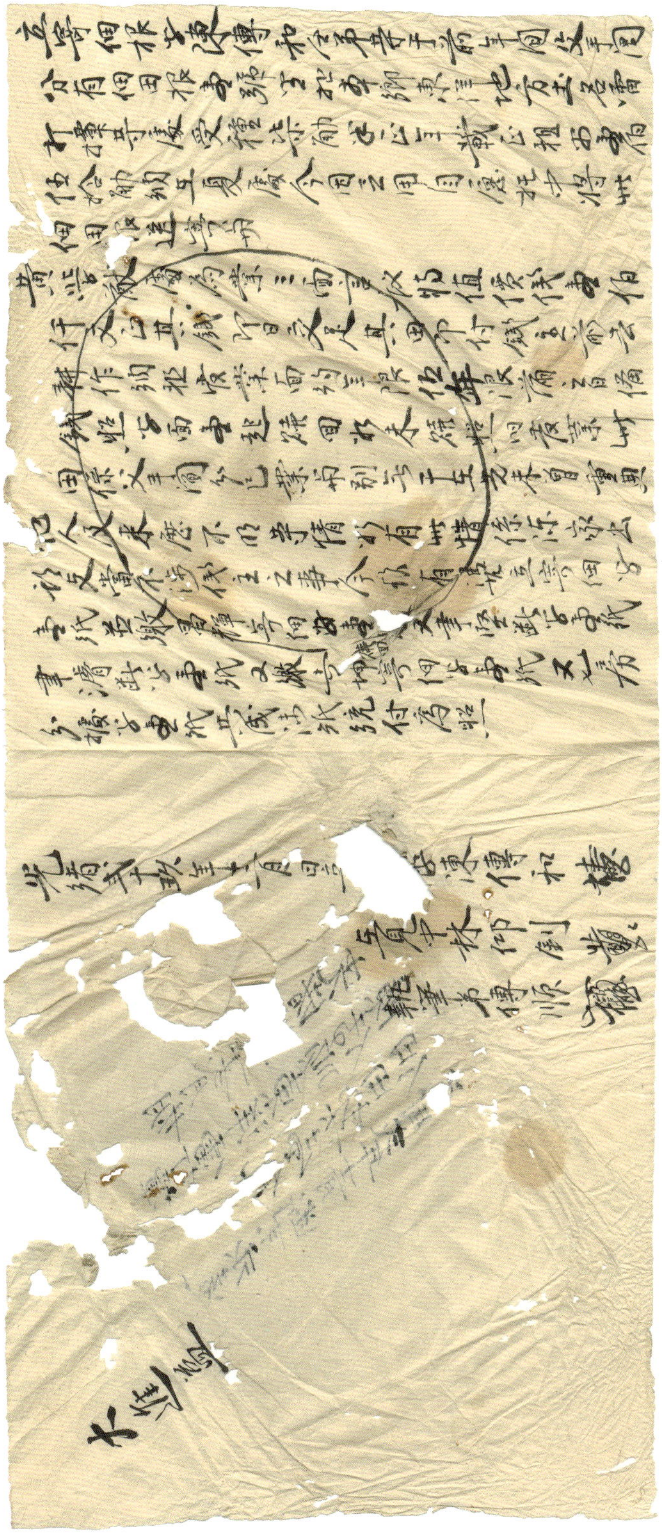

8-2-4-11　清光緒二十九年十二月陳傳和等立寄佃田根字（廢契）

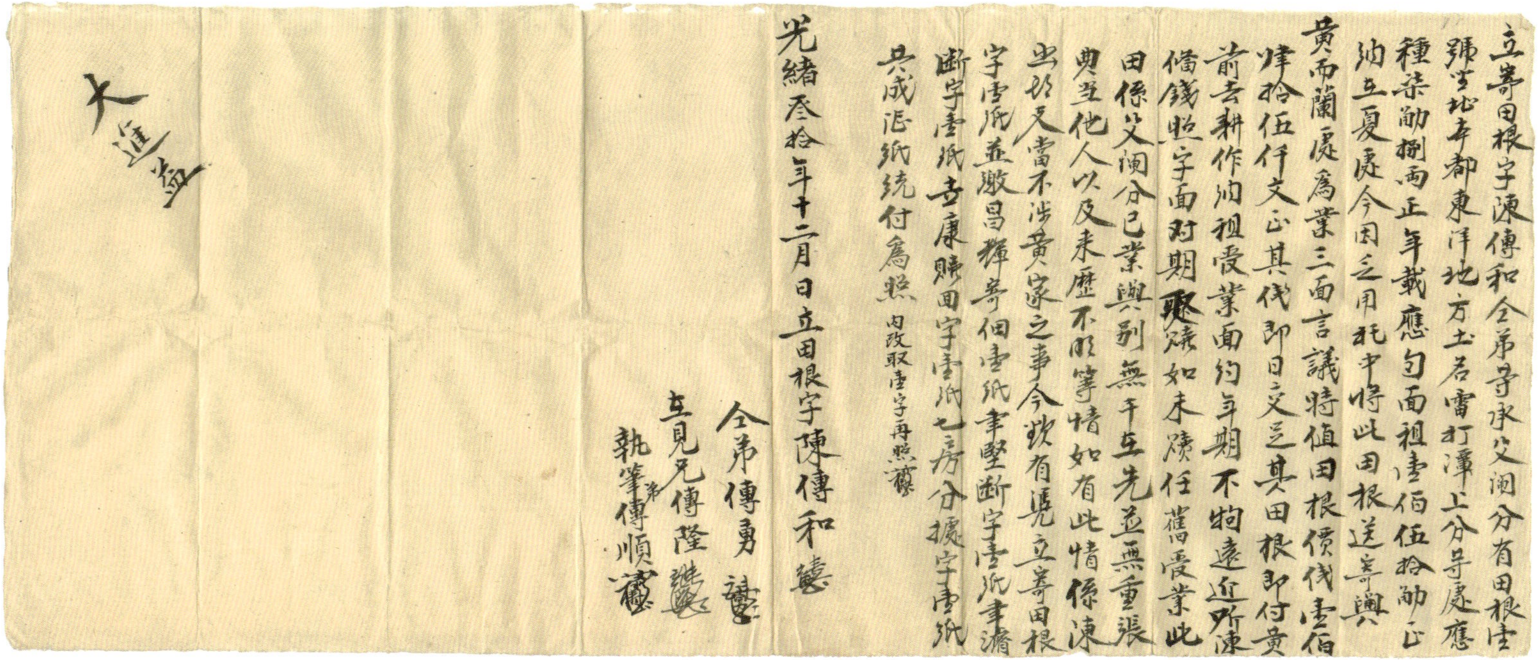

立寄田根字陳傳和仝弟等承父閹分有田根坐
踞廿九都東洋地方土名雷打潭上分寺處應
種柒勳捌兩正年載應甸面租壹佰伍拾勳正
納立夏處今因乏用託中將此田根送寄與
黄而蘭處為業三面言議時值田根價錢壹佰
肆拾伍仟文正其錢即日交乏其田根即付黄
前去耕作納租管業面約年期不拘遠近聽陳
備錢照字面對期取贖如未贖任舊管業此
田係父閹分已業與別無干立先並無重張
典並他人以及來歷不明等情如有此情係陳
出頭支當不涉黄家之事今欲有憑立寄田根
字壹紙並繳昌輝寄佃壹紙本堅斷字壹紙本濟
斷字壹紙本康贖田字壹紙乙房分據字壹紙
共成伍紙統付為照 内改取壹字再照
光緒叁拾年十二月日立田根字陳傳和
仝弟傳勇
立見兄傳隆
執筆弟傳順
大進益

8-2-4-12　清光緒三十年十二月陳傳和等立寄田根字

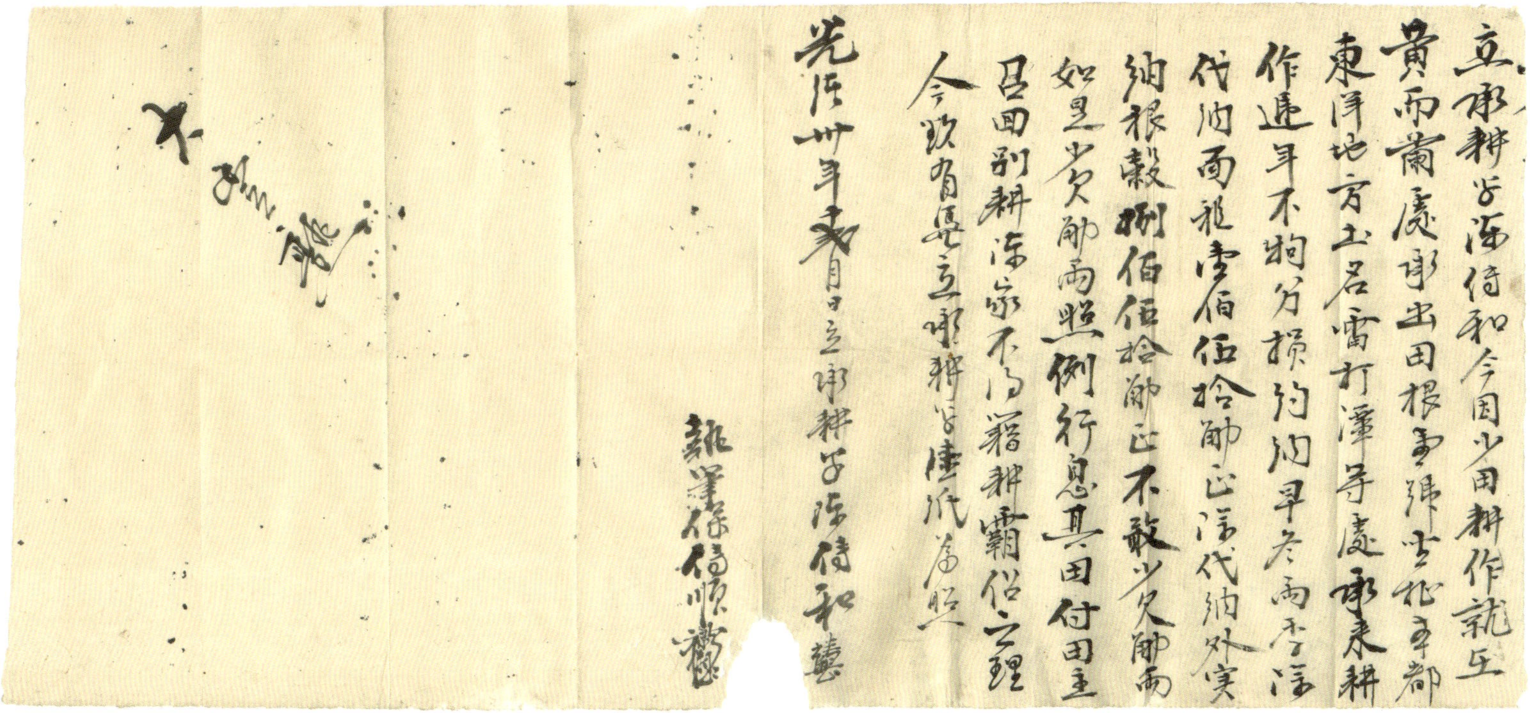

立承耕字陳傳和，今因少田耕作，就在
黃而蘭處承出田根壹號，坐址本都
東洋地方，土名雷打潭等處，承來耕
作。遞年不拘豐損(?)，約納早冬兩季送
代納兩租壹佰伍拾觔正，送代納外，實
納根穀捌佰伍拾觔正，不敢少欠觔兩，
如是少欠觔兩，照例行息，其田付田主
召田別耕，陳家不得霸耕霸佔之理。
今欲有憑，立承耕字陳傳和為照。

光緒卅年十二月　日立承耕字陳傳和（押）

執筆係信順(?)（押）

8-2-4-13　清光緒三十年十二月陳傳和立承耕田根字

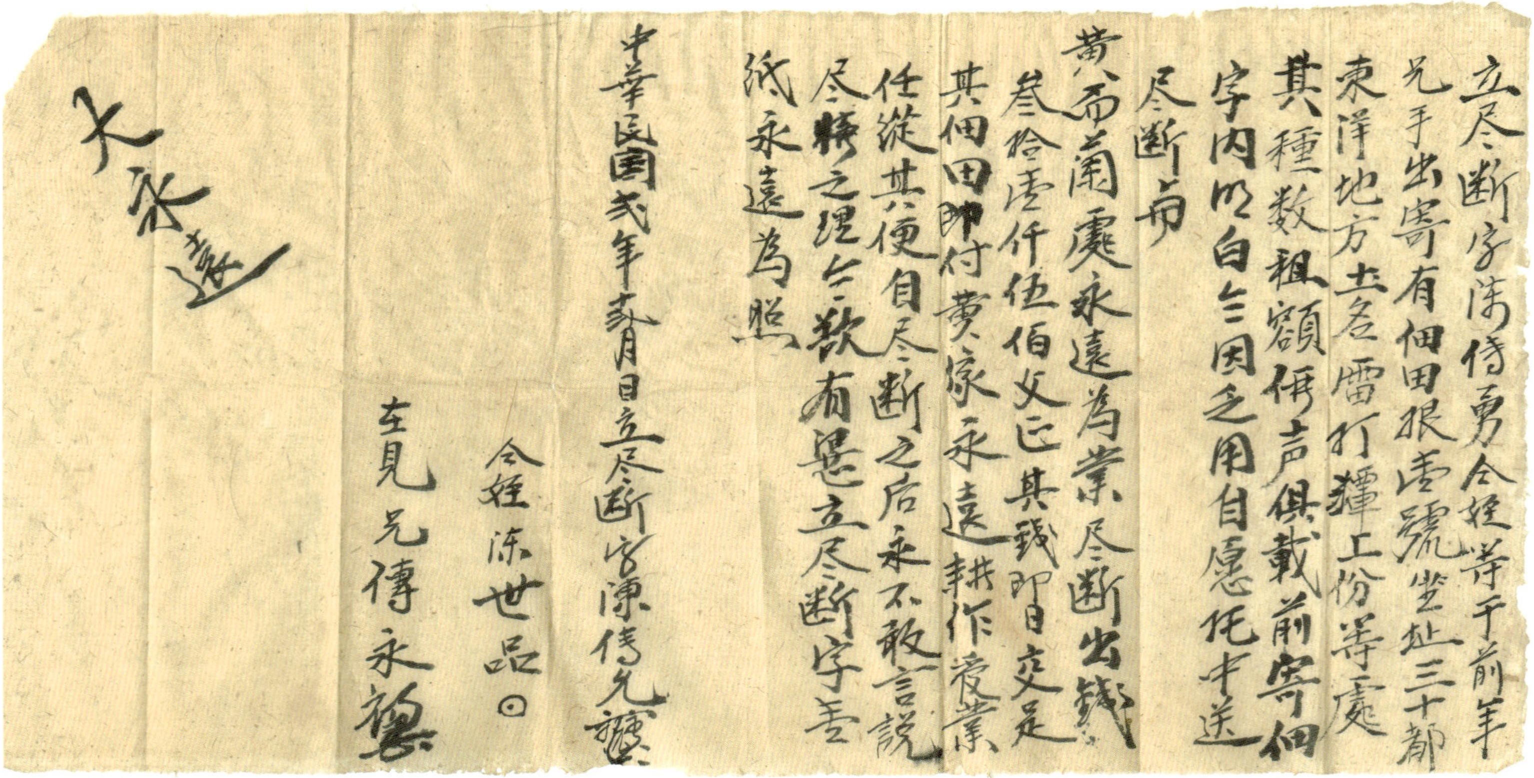
立盡斷字陳傳勇仝侄等于前年
允手出寄有佃田根壹號坐址三十都
東洋地方土名雷打擇工份等處
其種數租額俱聲俱載前寄佃
字內，今因乏用，自愿托中送
盡斷與
黃府蘭處永遠為業，盡斷出錢
叁拾壹仟伍佰文正，其錢即日交足
其佃田即付黃家永遠耕作管業
任從其便，自盡斷之后永不敢言說
盡贖之理，此係兩愿，立盡斷字壹
紙永遠為照。
中華民國弍年十二月　日立盡斷字陳傳允（押）
仝侄陳世品（押）
在見兄傳永（押）
大永遠

8-2-4-14　民國二年十二月陳傳允等立盡斷佃田根字

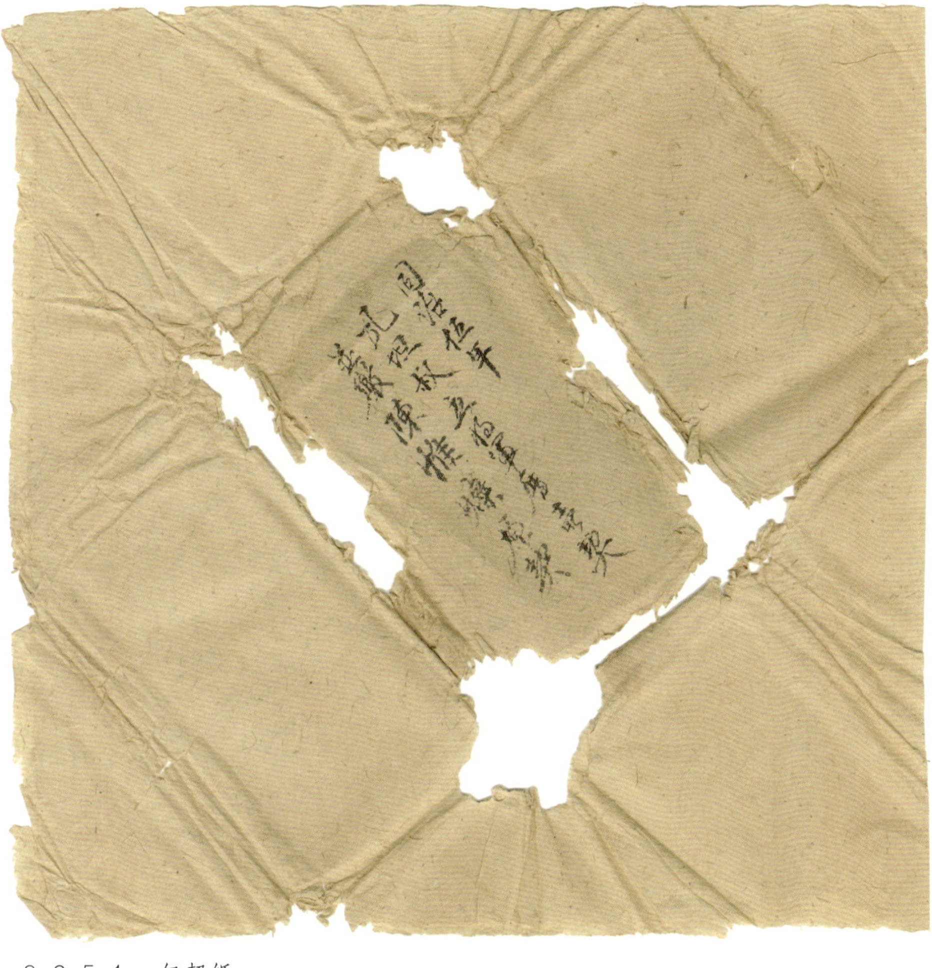

8-2-5-1　包契紙

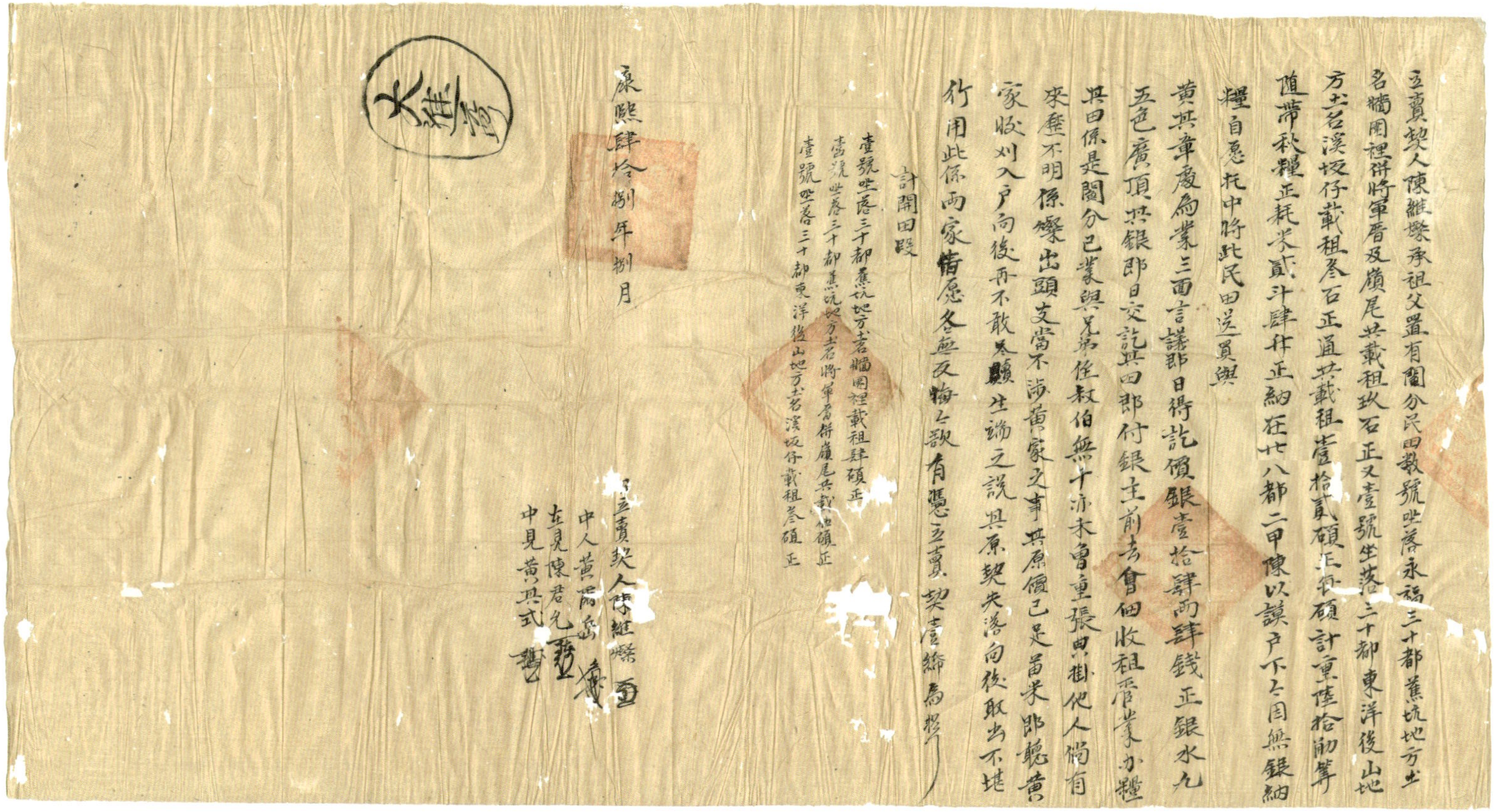
立賣契人陳維燦承祖父置有鬮分民田數號坐落永福三十都蕉坑地方土
名牆圍裡併將軍晉及嶺尾共載租玖石正又壹號坐落三十都東洋後山地
方土名溪坂仔載租叁石正通共載租壹拾貳碩正計重陸拾觔等
隨帶秋糧正耗米貳斗肆升正納在廿八都二甲陳以謨戶下‥因無銀納
糧自愿托中將此民田送賣與
黄共韋處爲業三面言議即日得訖價銀壹拾肆兩肆錢正銀水九
五色廣頂其銀即日交訖其田即付銀主前去會佃收租管業办糧
其田係是鬮分己業與兄弟侄叔伯無干亦未曾重張典掛他人倘有
來歷不明係燦出頭支當不涉黄家之事其原價已足白米即聽黄
家收入戶向後再不敢反悔生端之說其原契失落向後取出不堪
行用此係兩家甘愿各無反悔今欲有憑立賣契壹紙爲照

計開田段
壹號坐落三十都蕉坑地方土名牆圍裡載租肆碩正
壹號坐落三十都蕉坑地方土名將軍晉併嶺尾共載租伍碩正
壹號坐落三十都東洋後山地方土名溪坂仔載租叁碩正

康熙肆拾捌年捌月　日
立賣契人陳維燦（押）
中人黄爾岳（押）
在見陳君允（押）
中見黄共式（押）

8-2-5-2　清康熙四十八年八月陳維燦立賣民田契（紅契）

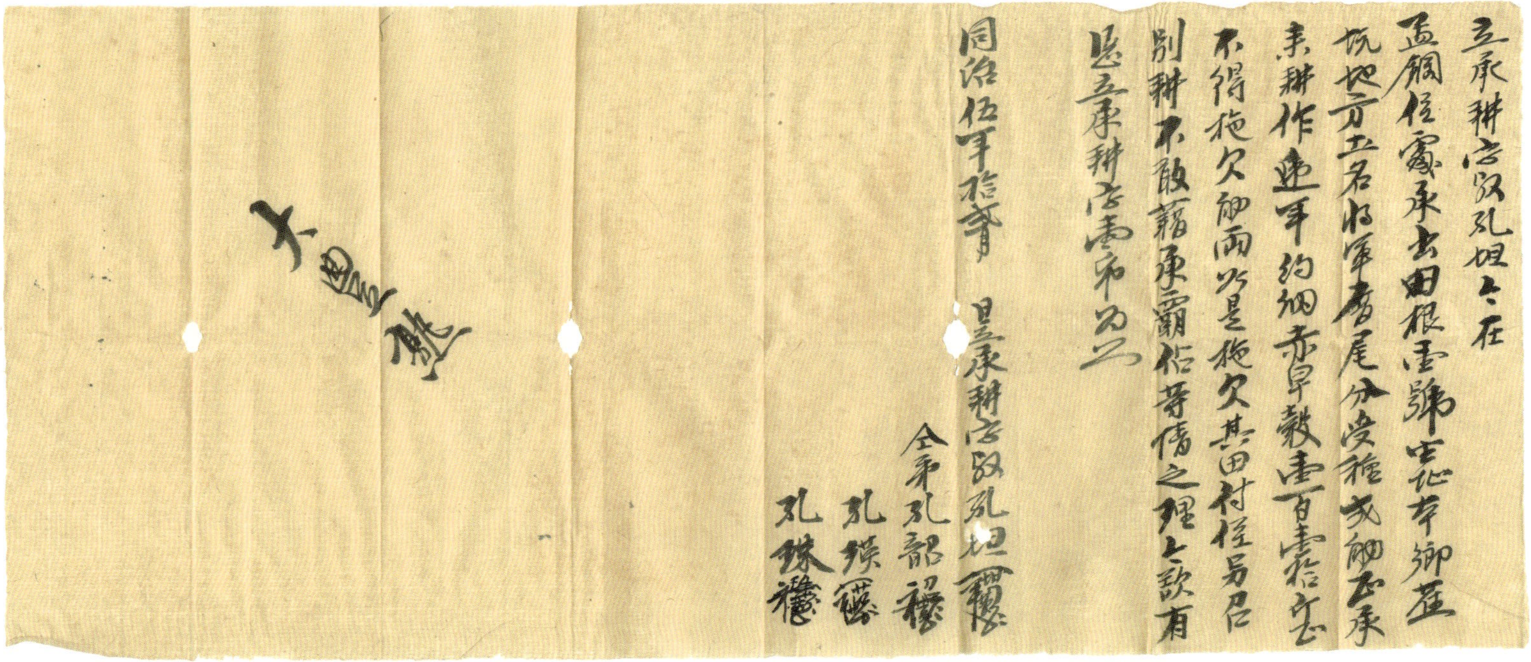

立承耕字人黄孔坦兄弟等，今在
孟綱佺處承出田根壹號，坐址本鄉丕
坑地方，土名後垱尾分段，種戈細丕承
來耕作，遞年約納赤早穀壹百壹拾斤
不得拖欠，如有此是拖欠，其田付佺另召
別耕，不敢藉東霸佔等情之理，今欲有
憑，立承耕字壹紙為照。

同治伍年拾貳月　日立承耕字人黄孔坦（押）
仝弟　孔韶（押）
孔瑛（押）
孔鍅（押）

8-2-5-3　清同治五年十二月黄孔坦等立承耕田根字

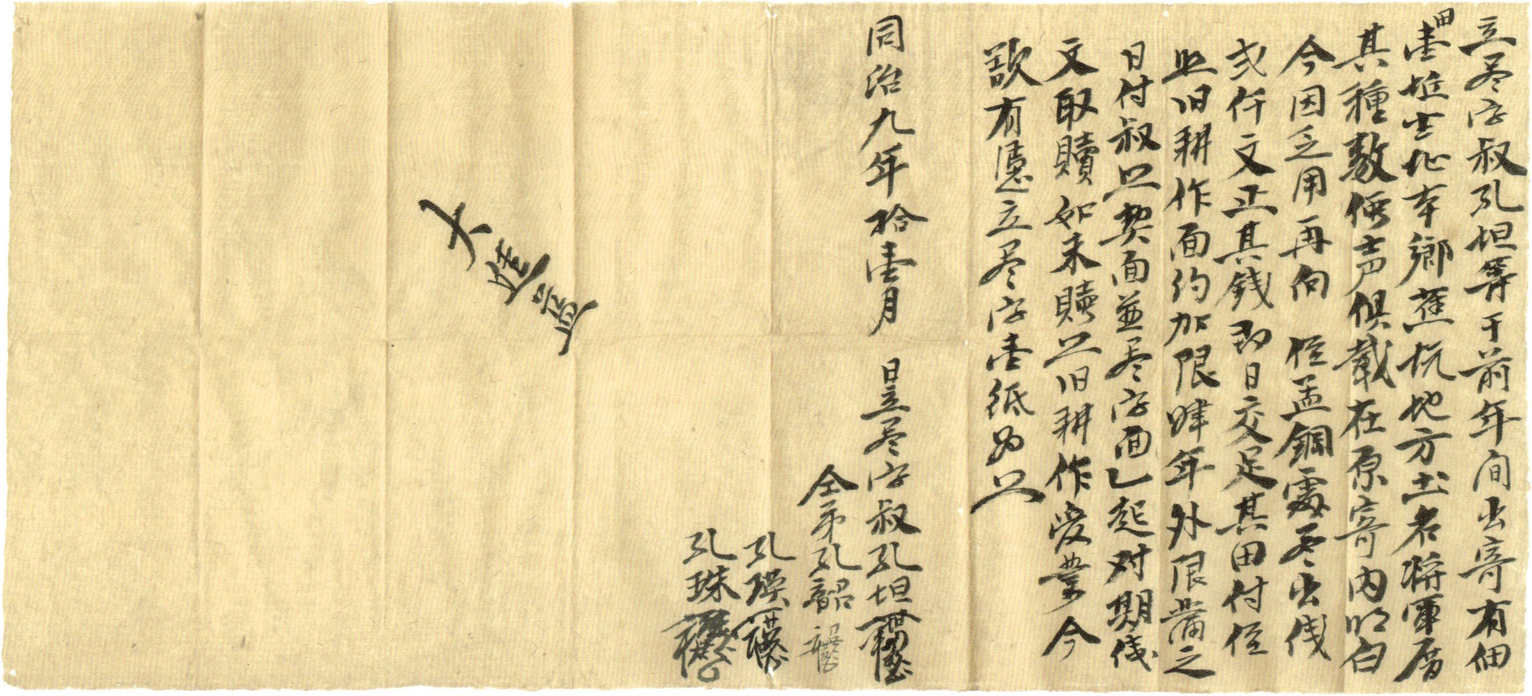
立盡佃叔孔坦等于前年間出膏有佃
田壹坵坐址本鄉蓮坑地方土名將軍厝
其種數併糧戶俱載在原膏內明白
今因乏用再向　侄孟銅盡出佃
貳仟文正其錢即日交足其田付侄
照舊耕作面約加限肆年外限滿之
日付叔照契面並盡佃面已起對期錢
文取贖如未贖照舊耕作無異今
欲有憑立盡佃壹紙為照

同治九年拾壹月　日立盡佃叔孔坦（押）
仝弟孔韶（押）
孔璵（押）
孔珠（押）

大[illegible]

8-2-5-4　清同治九年十一月黃孔坦等立盡佃田字

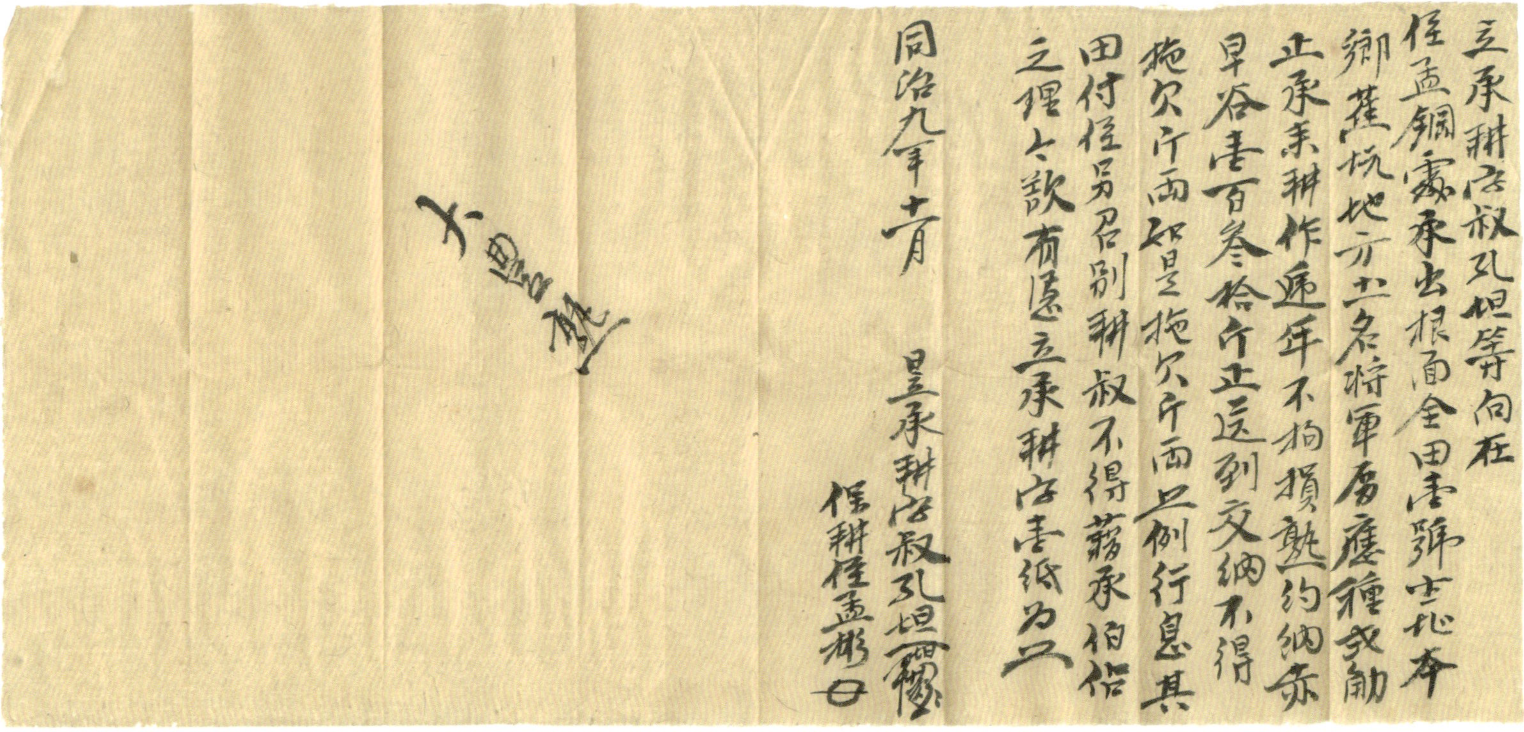
立承耕字叔孔坦等向在
侄孟鋼處承出根面全田壹號土坐本
鄉蕉坑地方土名將軍厝塍種弍畝
正承來耕作逓年不拘損熟約納赤
早谷壹百叁拾斤正送到交納不得
拖欠斤兩如是拖欠斤兩照例行息其
田付侄另召别耕叔不得霸承伯佔
之理今欲有憑立承耕字壹紙為照
同治九年十一月　立承耕字叔孔坦（押）
保耕侄孟彬（押）
十四號

8-2-5-5　清同治九年十一月黄孔坦立承耕根面全田字

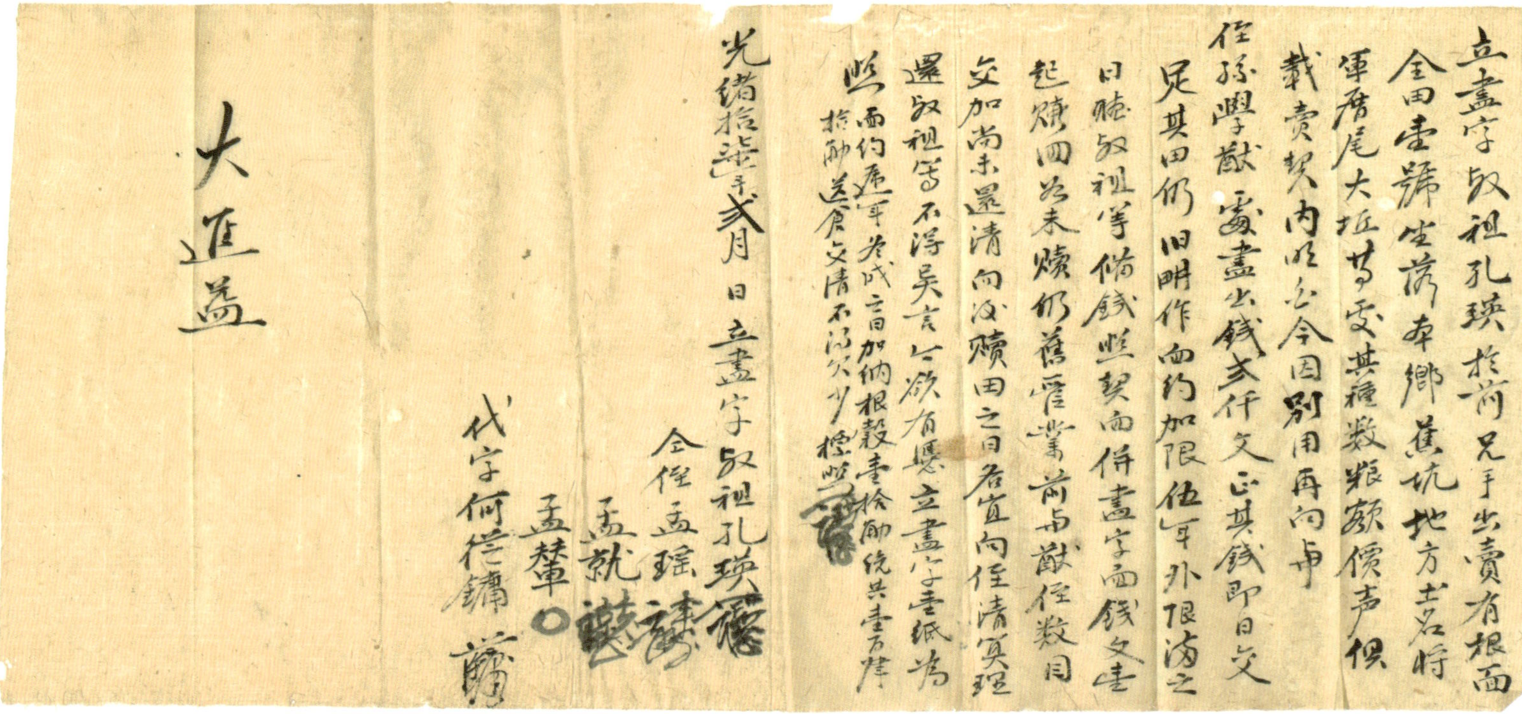
立盡字叔祖孔瑛於前兄手出賣有根面
全田壹號坐落本鄉蕉坑地方土名將
軍厝尾大坵，其田受種穀糧額價声俱
載賣契內明白，今因別用，再向卓
侄孫學献處盡出錢叁仟文正，其錢即日交
足，其田仍旧明作面約加限伍年，外限满之
日，聽叔祖等備錢照契面併盡字面錢文壹
起贖回，若未贖仍舊管業，前去獻侄數目
交加尚未還清，向後贖田之日，君宜向侄清算理
還，叔祖等不得異言。今欲有憑，立盡字壹紙為
照。
面約原運年冬成言白加納根穀壹拾觔，統共壹石肆
拾觔送倉交清，不得欠少，標照。

光緒拾柒年貳月　日　立盡字叔祖孔瑛
全侄孟瑶
孟就
孟輦
代字何從鏞

大進益

8-2-5-6　清光緒十七年二月黃孔瑛等立盡根面全田字

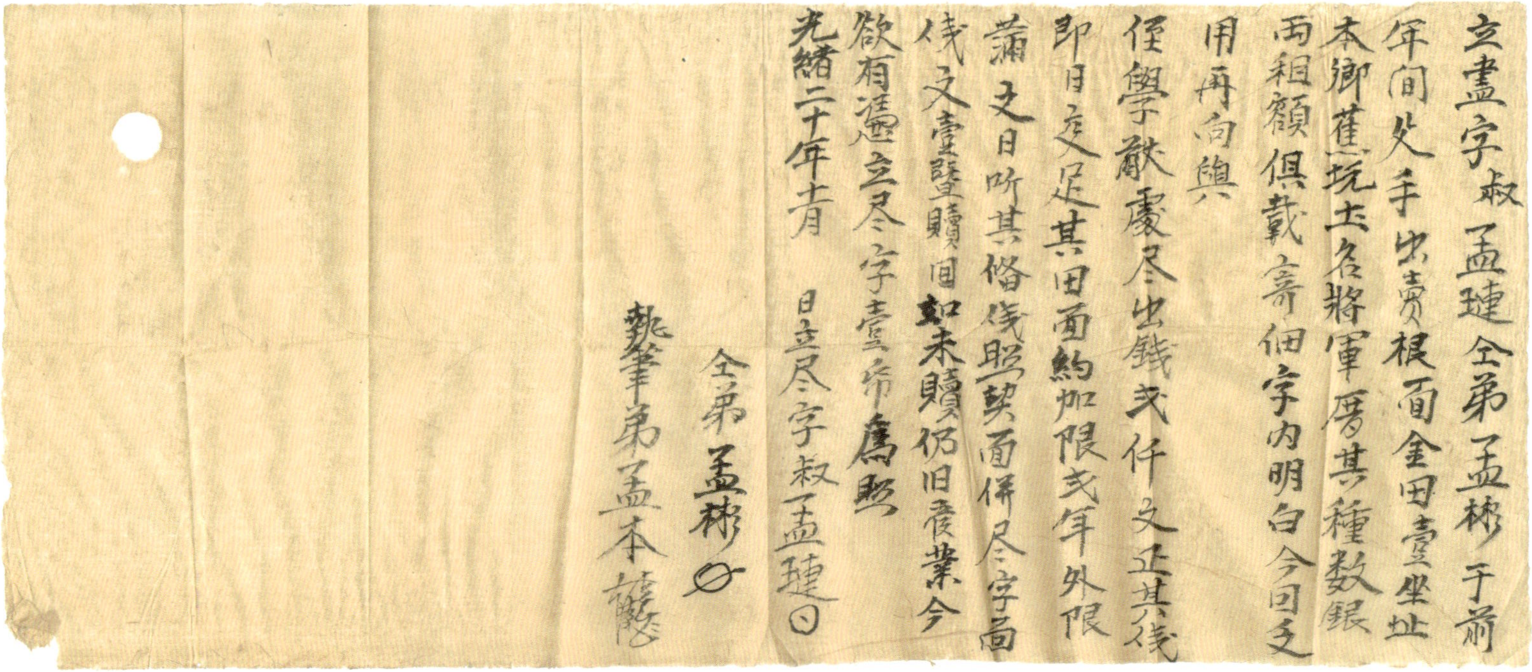
立盡字叔孟璉仝弟孟彬，于前
年間父手出賣根面全田壹坐址
本鄉蕉坑土名將軍厝，其種數、銀
兩、租額俱載賣佃字內明白。今因乏
用，再向與
侄學猷處盡出錢弍仟文，正其錢
即日交足，其田面約加限弍年外限
滿之日，听其備錢照契面併盡字面
錢文壹蹬贖回；如未贖，仍旧管業。今
欲有憑，立盡字壹紙為照。
光緒二十年十一月　日立盡字叔孟璉（押）
仝弟孟彬（押）
執筆弟孟本（押）

8-2-5-7　清光緒二十年十一月黃孟璉等立盡根面全田字

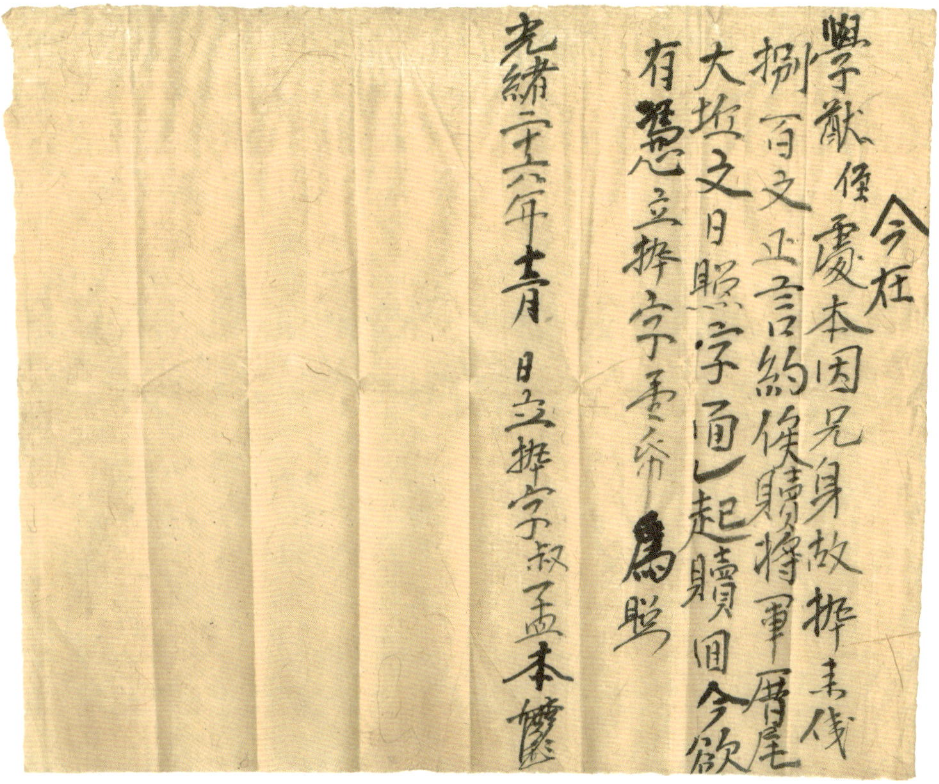

今在
學猷侄處本因兄身故撮去錢
捌百文正言約候贖將軍厝尾
大坵文日照字面起贖回今欲
有憑立撮字壹紙為照
光緒二十六年十二月　日立撮字叔孟本

8-2-5-8　清光緒二十六年十二月黄孟本立撮字

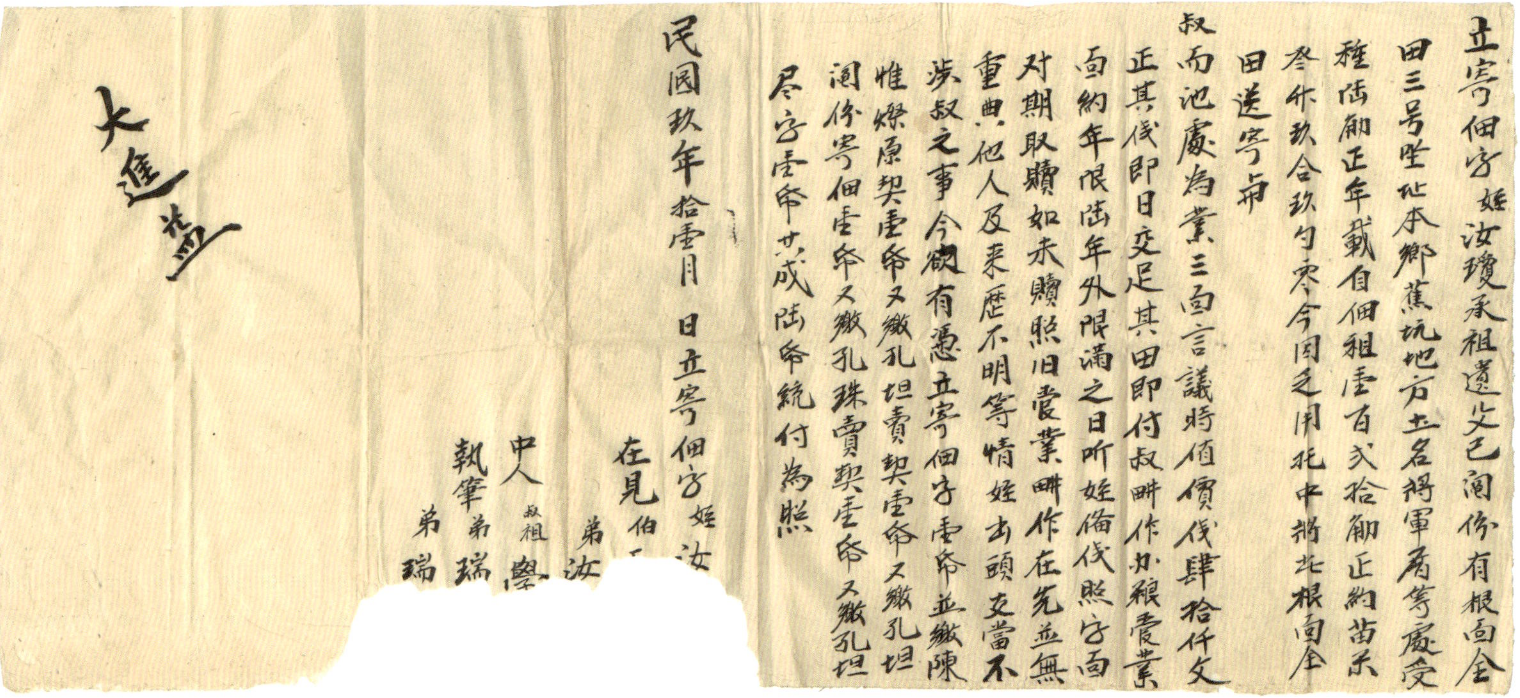

8-2-5-9　民國九年十一月黃汝瓊立寄佃根面全田字

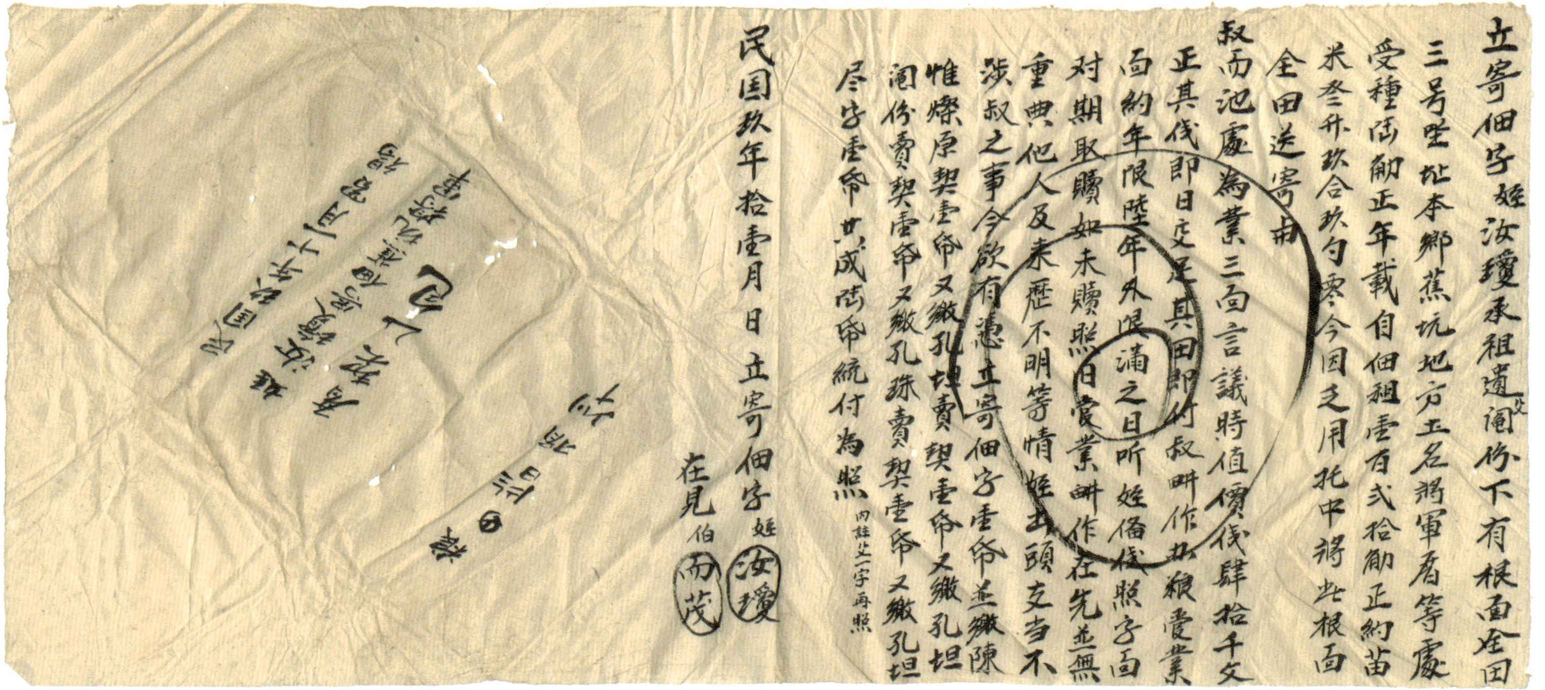
立寄佃字姪汝瓊承祖遺閫份下有根面全田
三号坐址本鄉蕉坑地方土名將軍厝等處
受種陸畝正年載自佃租壹石弍拾畝正納苗
米叁升玖合玖勺零今因乏用托中將此根面
全田送寄與
叔而泗處為業三面言議時值價伐肆拾千文
正其伐即日交足其田即付叔聆作扒粮管業
面約年限陸年外限满之日听姪備伐照字面
对期取贖如未贖照日管業聆作在先並無
重典他人及來歷不明等情姪出頭支当不
涉叔之事今欲有憑立寄佃字壹帋並繳陳
惟燦原契壹帋又繳孔坦賣契壹帋又繳孔坦
閫份賣契壹帋又繳孔珠賣契壹帋又繳孔坦
尽字壹帋共成陸帋統付為照 内註文一字再照
民国玖年拾壹月日 立寄佃字姪汝瓊
在見伯而茂

8-2-5-10　民國九年十一月黃汝瓊立寄佃根面全田字（廢契）

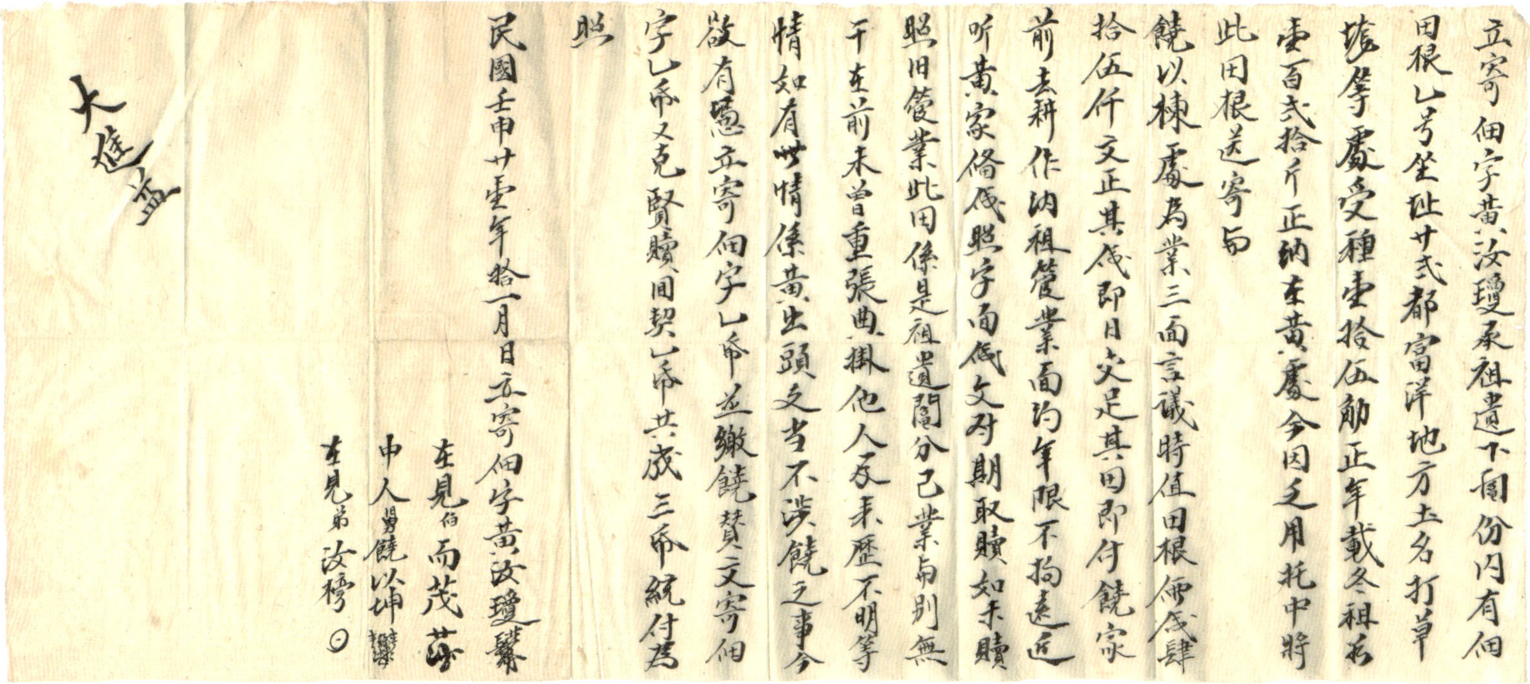

立寄佃字黃汝瓊承祖遺下閫份內有佃
田根山号坐址廿弍都富洋地方土名打草
壠等處受種壹拾伍觔正年載冬租谷
壹百弍拾斤正納本黃處今因乏用托中將
此田根送寄與
饒以棟處為業三面言議時值田根價錢肆
拾伍仟文正其錢即日交足其田即付饒家
前去耕作納租管業面約年限不拘遠近
聽黃家備錢照字面錢文對期取贖如未贖
照舊管業此田係是祖遺鬮分己業與別無
干在前未曾重張典掛他人家來歷不明等
情如有此情係黃出頭支當不涉饒之事今
欲有憑立寄佃字一帋並繳饒贊文寄佃
字一帋又克賢贖回契一帋共成三帋統付為
照

民國壬申廿壹年拾一月　日立寄佃字黃汝瓊（押）
在見伯　而茂（押）
中人舅　饒以坤（押）
在見弟　汝穆　〇

大進益

8-2-6-1　民國二十一年十一月黃汝瓊立寄佃田根字

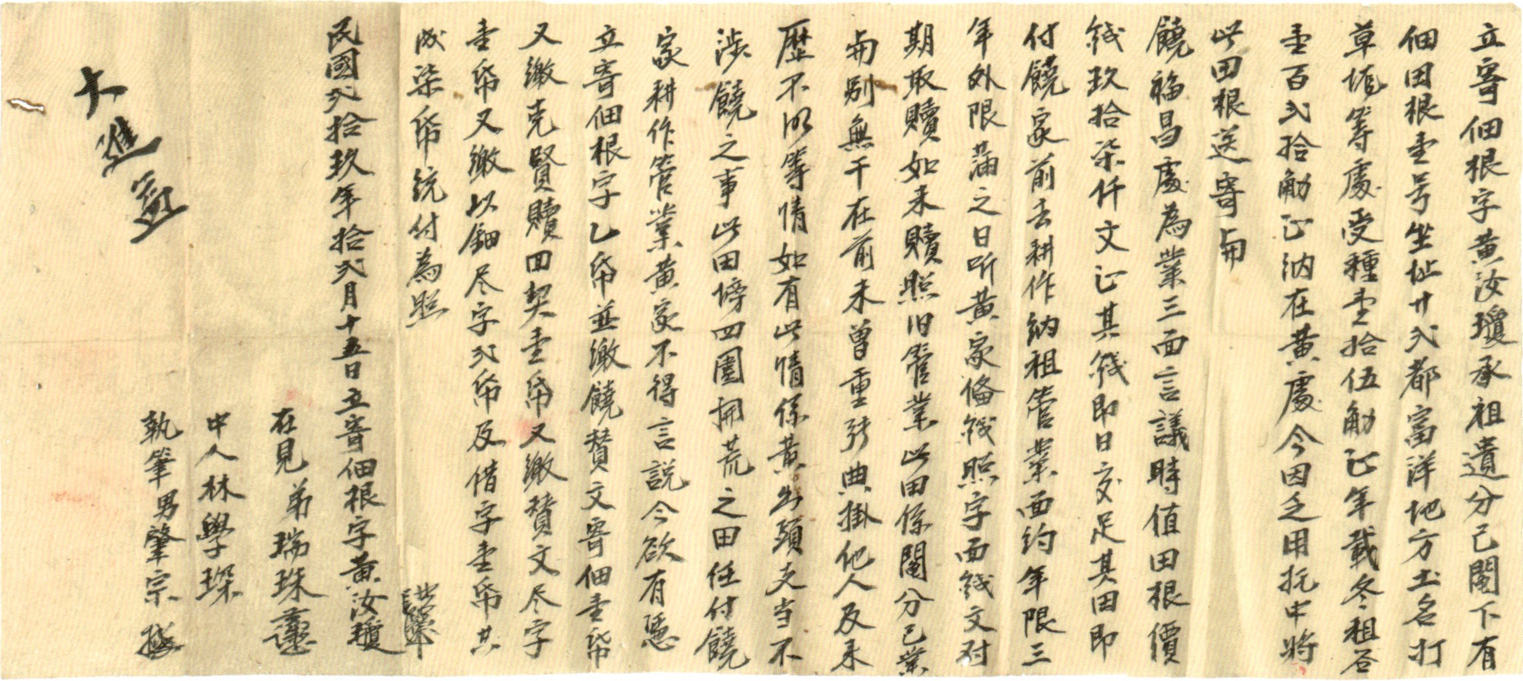
立寄佃根字黃汝瓊承祖遺分己閫下有
佃田根壹号坐址廿八都富洋地方土名打
草埕等處受種壹拾伍觔正年載冬租谷
壹百弍拾觔正納在黃處今因乏用托中將
此田根送寄與
饒福昌處為業三面言議時值田根價
錢玖拾柒仟文正其錢即日交足其田即
付饒家前去耕作納租管業面約年限三
年外限滿之日听黃家備錢照字面錢文对
期取贖如未贖照旧管業此田係閫分己業
與别無干在前未曾重張典掛他人及來
歷不明等情如有此情係黃出頭支当不
涉饒之事此田傍四圍掘荒之田任付饒
家耕作管業黃家不得言說今欲有憑
立寄佃根字乙帋並繳饒贊文寄佃壹帋
又繳克賢贖田契壹帋又繳贊文尽字
壹帋又繳以銅尽字弍帋及借字壹帋共
成柒帋統付為照
民國弍拾玖年拾弍月十五日立寄佃根字黃汝瓊
在見弟瑞珠
中人林學琛
執筆男肇宗
大進益

8-2-6-2　民國二十九年十二月黃汝瓊立寄佃田根字

8-2-7-1　包契紙

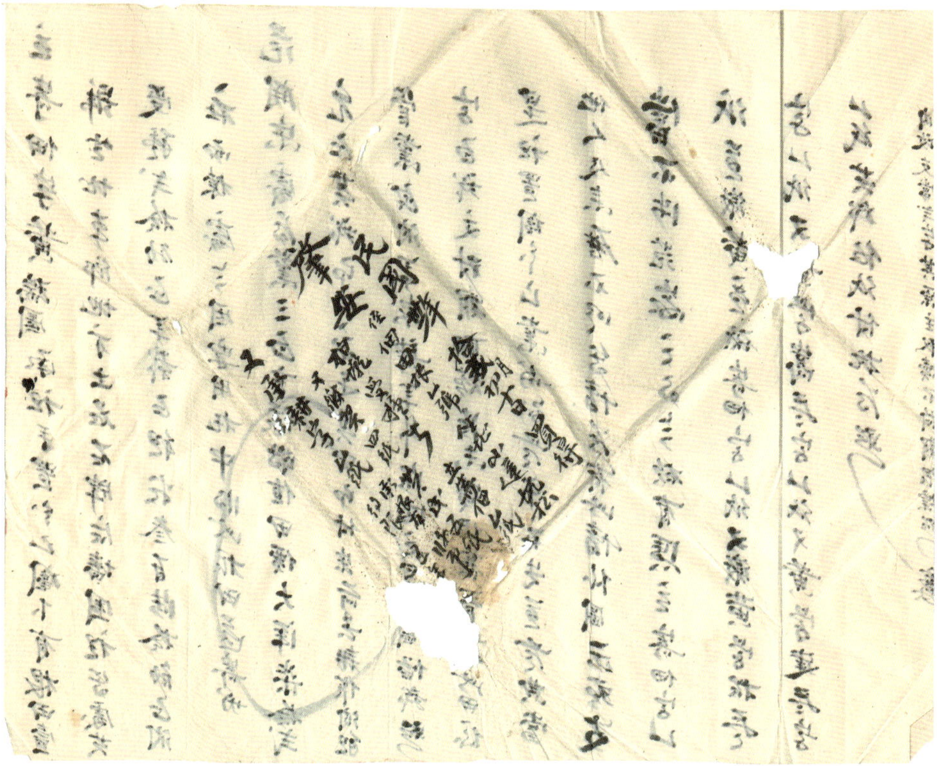

8-2-7-2　包契紙

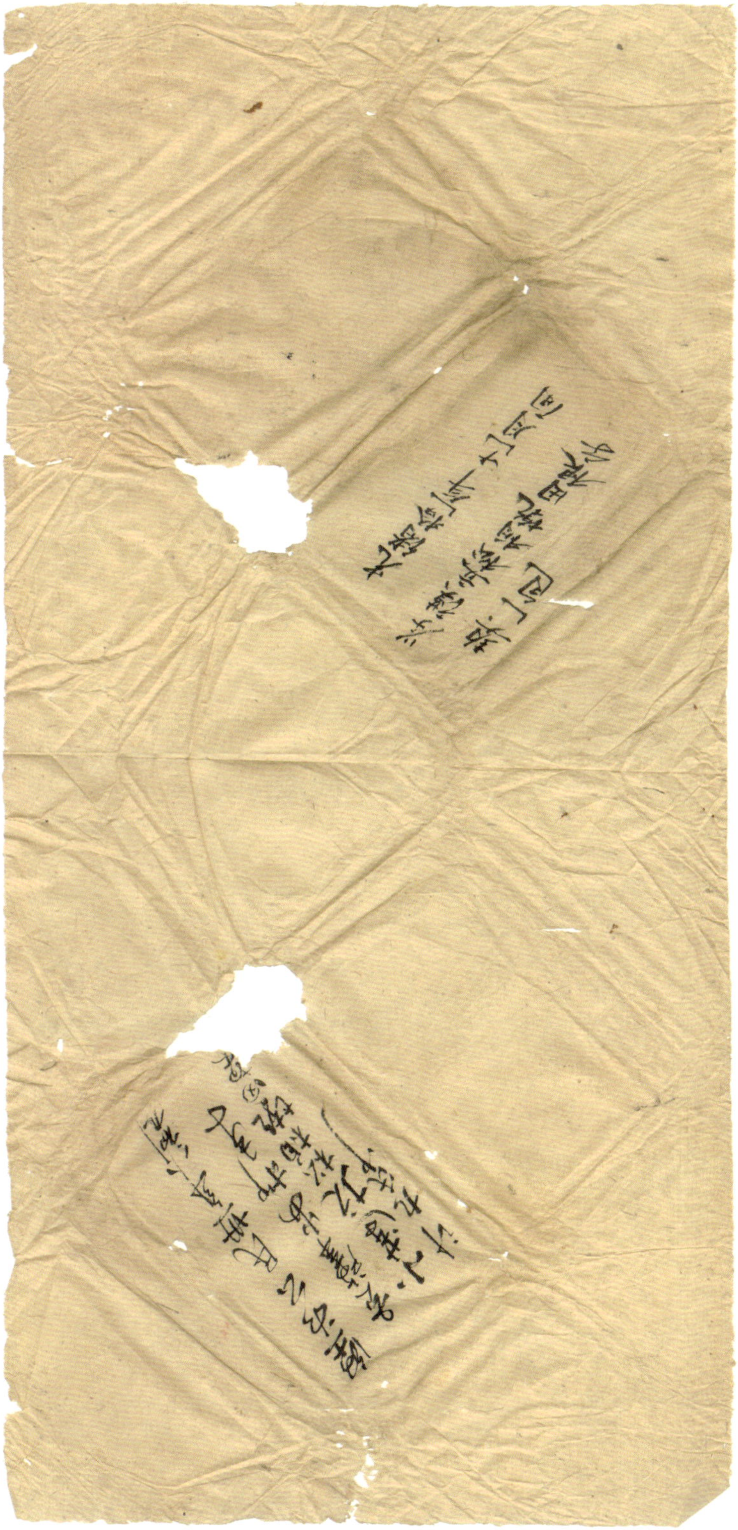

8-2-7-3　包契紙

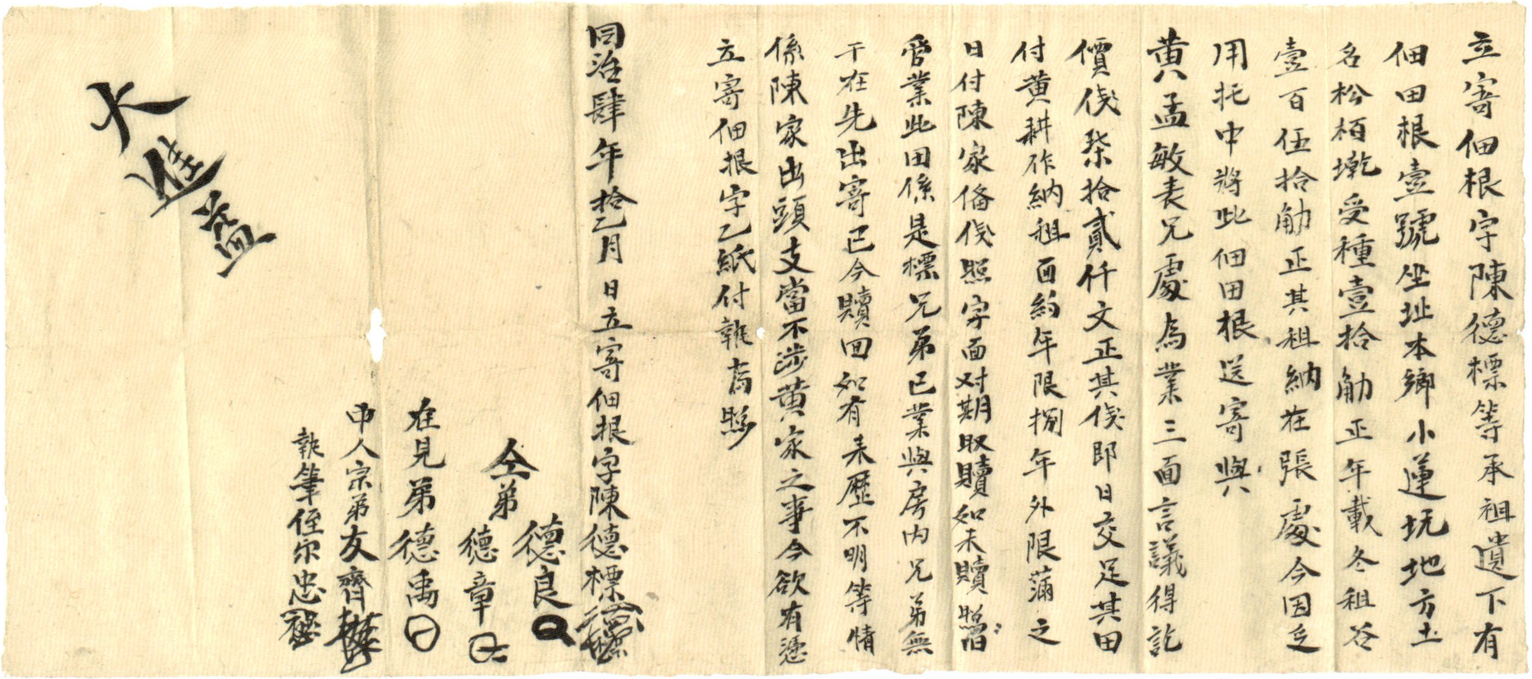
立寄佃根字陳德標等承祖遺下有
佃田根壹號坐址本鄉小蓮坑地方土
名柗栢墩受種壹拾觔正年載冬租谷
壹百伍拾觔正其租納在張慶今因乏
用托中將此佃田根送寄與
黃孟敏表兄處為業三面言議得訖
價錢柒拾貳仟文正其錢即日交足其田
付黃耕作納租面約年限捌年外限滿之
日付陳家備錢照字面对期取贖如未贖暫
管業此田係是標兄弟已業與房内兄弟無
干在先出寄已今贖回如有未歷不明等情
係陳家出頭支當不涉黃家之事今欲有憑
立寄佃根字乙紙付執為照

同治肆年拾乙月　日立寄佃根字陳德標（押）
德良（押）
仝弟　德章（押）
在見弟德禹（押）
中人宗弟友齊（押）
執筆侄宗忠（押）

大進寶

8-2-7-4　清同治四年十一月陳德標等立寄佃田根字

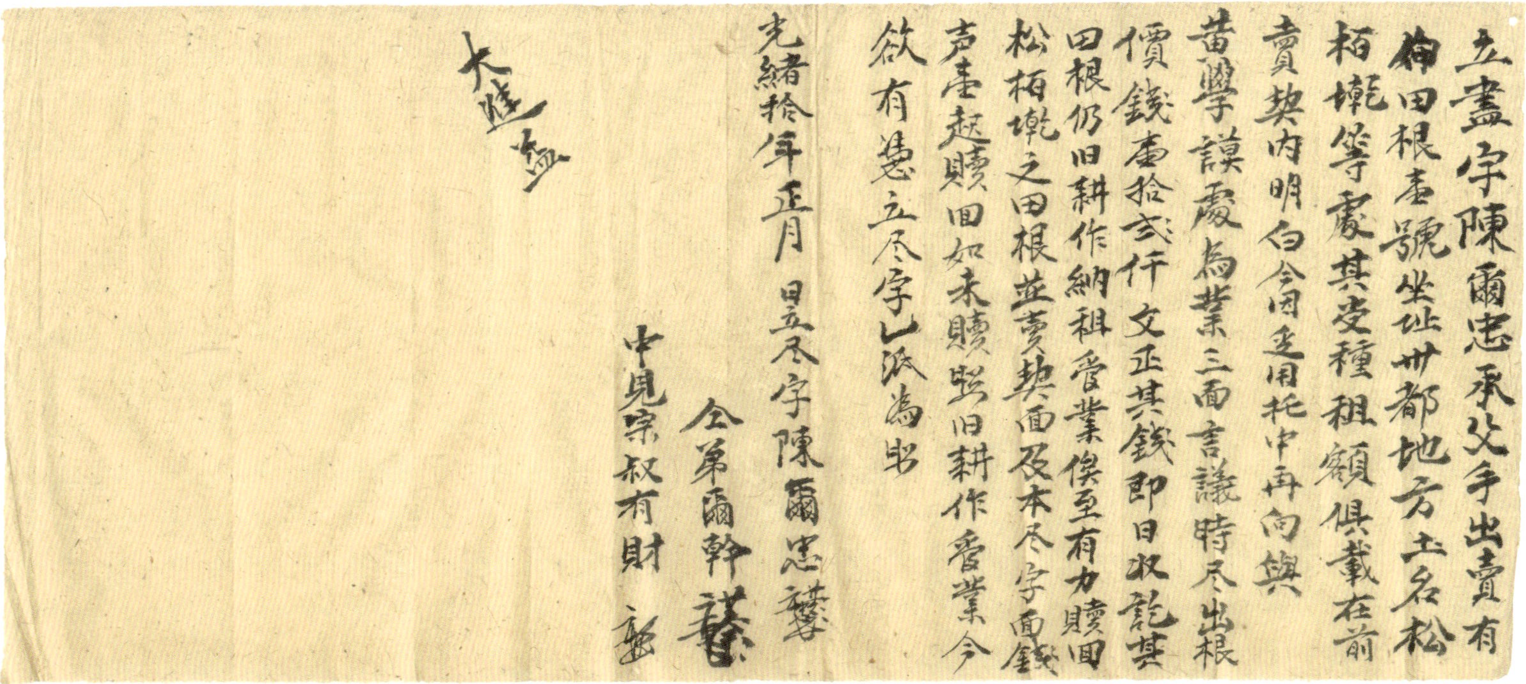
立盡字陳爾忠承父手出賣有
佃田根壹號坐址卅都地方土名松
栢墘等處其受種租額俱載在前
賣契內明白今因乏用托中再向與
黃學謨處為業三面言議時盡出根
價錢壹拾弍仟文正其錢即日收訖其
田根仍旧耕作納租管業倘至有力贖回
松栢墘之田根並賣契面及本盡字面錢
壹齊起贖回如未贖照旧耕作管業今
欲有憑立盡字山紙為照
光緒拾年正月 日立盡字陳爾忠（押）
仝弟爾幹（押）
中見宗叔有財（押）
大[illegible]

8-2-7-5　清光緒十年正月陳爾忠等立盡佃田根字

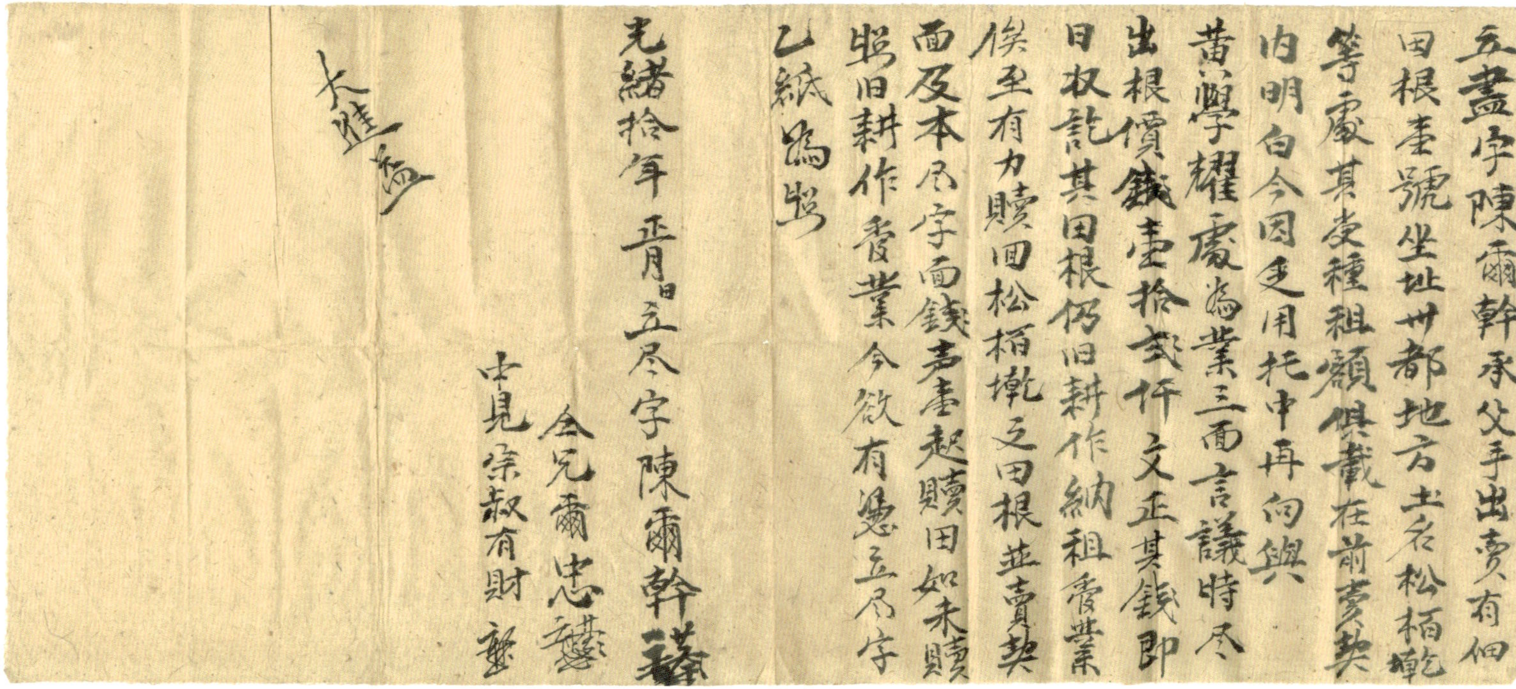
立盡字陳爾幹承父手出賣有佃
田根壹號坐址廿都地方土名松栢墘
等處其史種租額俱載在前賣契
内明白今因乏用托中再向與
黄學耀處爲業三面言議時盡
出根價錢壹拾式仟文正其錢即
日收訖其田根仍旧耕作納租管業
倘至有力贖回松栢墘之田根並賣契
面及本盡字面錢壹並起贖田如未贖
照旧耕作管業今欲有憑立盡字
一紙爲照

光緒拾年 正月 日 立盡字 陳爾幹（押）
仝兄 爾忠（押）
中見 宗叔 有財（押）

大進[illegible]

8-2-7-6　清光緒十年正月陳爾幹等立盡佃田根字

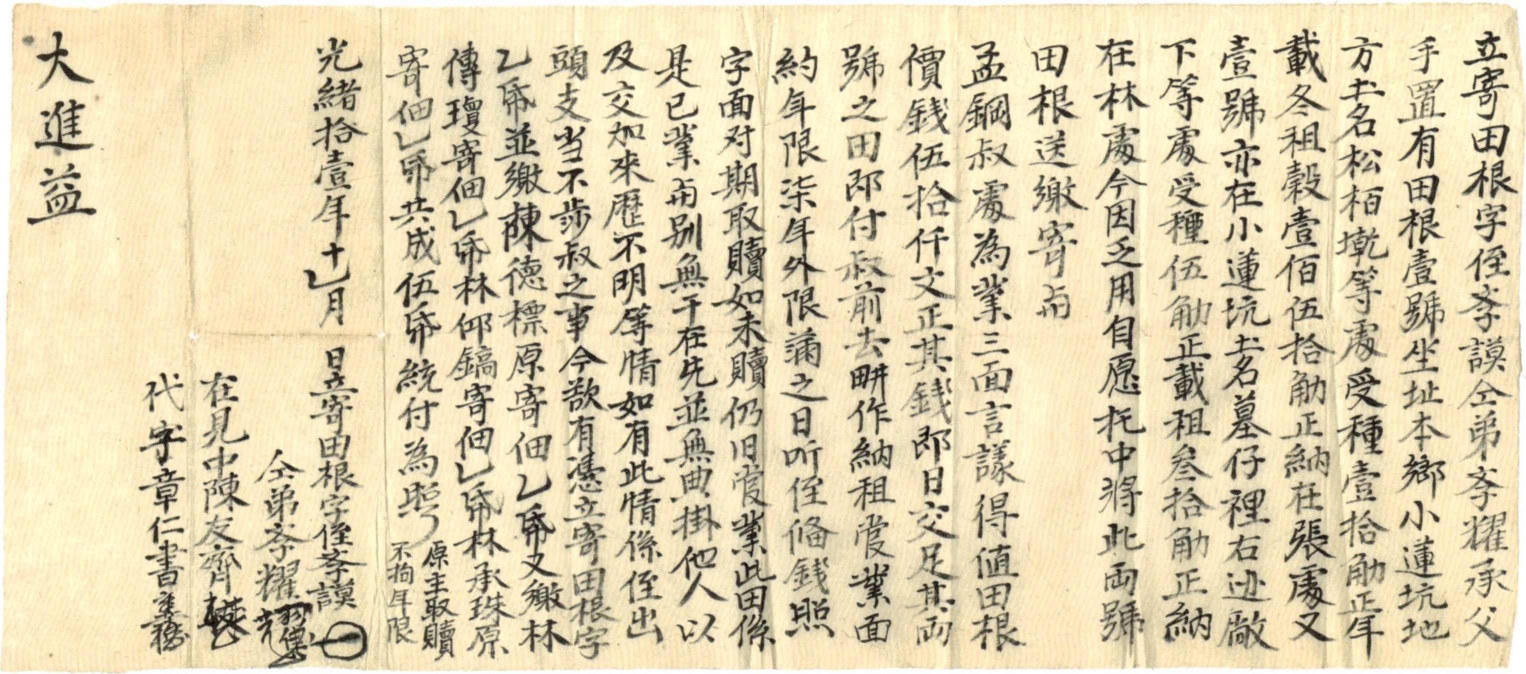
立寄田根字侄孝謨仝弟孝耀承父
手置有田根壹號坐址本鄉小蓮坑地
方土名松柏墘等處受種壹拾觔正年
載冬租穀壹佰伍拾觔正納在張處又
壹號亦在小蓮坑土名墓仔裡右边敞
下等處受種伍觔正載租叁拾觔正納
在林處今因乏用自愿托中將此兩號
田根送繳寄與
孟鋼叔處為業三面言議得值田根
價錢伍拾仟文正其錢即日交足其兩
號之田即付叔前去耕作納租管業面
約年限柒年外限滿之日听侄備錢照
字面对期取贖如未贖仍旧管業此田係
是已業與別無干在先並無典掛他人以
及交加來歷不明等情如有此情係侄出
頭支当不涉叔之事今欲有憑立寄田根字
乙紙並繳陳德標原寄佃乙紙又繳林
傳瓊寄佃乙紙林仰鎬寄佃乙紙林承珠原
寄佃乙紙共成伍紙統付為照　原主取贖不拘年限
光緒拾壹年十一月　日立寄田根字侄孝謨（押）
仝弟孝耀（押）
在見中陳友齊（押）
代字章仁書（押）
大進益

8-2-7-7　清光緒十一年十一月黃孝謨等立寄田根字

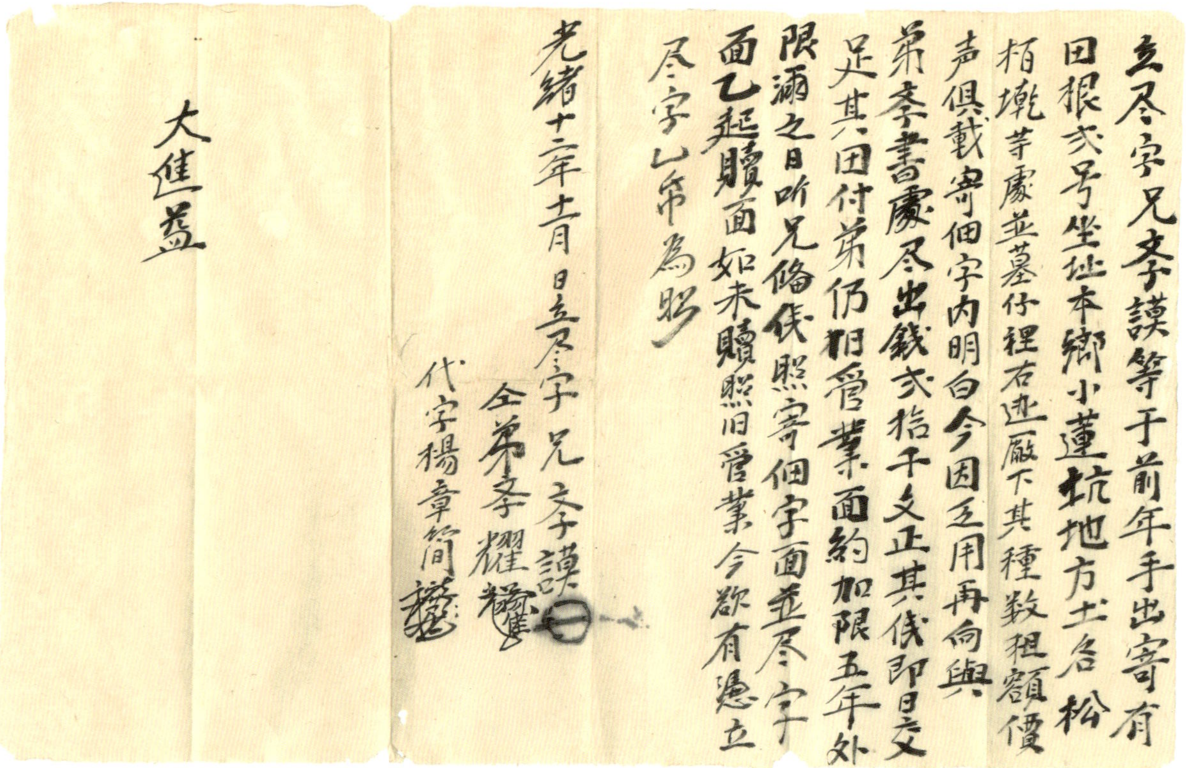

立尽字兄孝謨等于前年手出寄有
田根弍号坐址本鄉小蓮坑地方土名松
栢墈乾芋處並墓仔裡右辺廠下其種數租額價
声俱載寄佃字内明白今因乏用再向與
弟孝書處尽出錢弍拾千文正其錢即日交
足其田付弟仍相管業面約加限五年外
限滿之日听兄備錢照寄佃字面並尽字
面乙起贖面如未贖照旧管業今欲有憑立
尽字山帋為照

光緒十二年十一月　日立尽字兄孝謨
仝弟孝耀
代字楊章簡

大進益

8-2-7-8　清光緒十二年十一月黃孝謨等立盡田根字

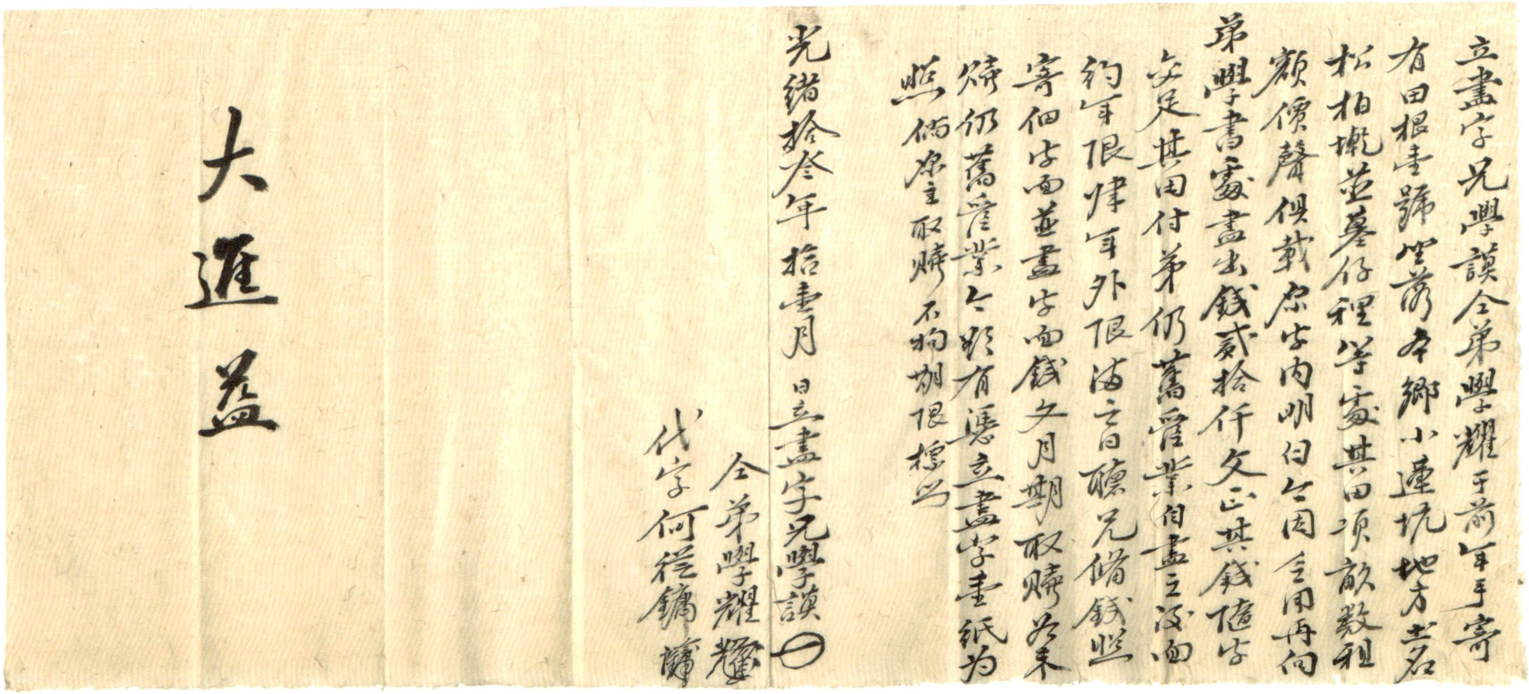
立盡字兄學謨仝弟學耀手前年手寄
有田根壹號坐落本鄉小運坑地方土名
松柏墩並墓仔裡等處其田頂畝數租
額價聲俱載原字內明白今因再向
弟學書處盡出錢貳拾仟文正其錢隨字
交足其田付弟仍舊管業自盡之後面
約年限肆年外限活贖兄備錢照
寄佃字面並盡字面錢文月期取贖兄來
燒仍舊管業今欲有憑立盡字壹紙為
照倘原主取贖不拘期限據此

光緒拾叁年拾壹月　日立盡字兄學謨（押）
仝弟學耀
代字何從鏞

大進益

8-2-7-9　清光緒十三年十一月黃學謨等立盡田根字

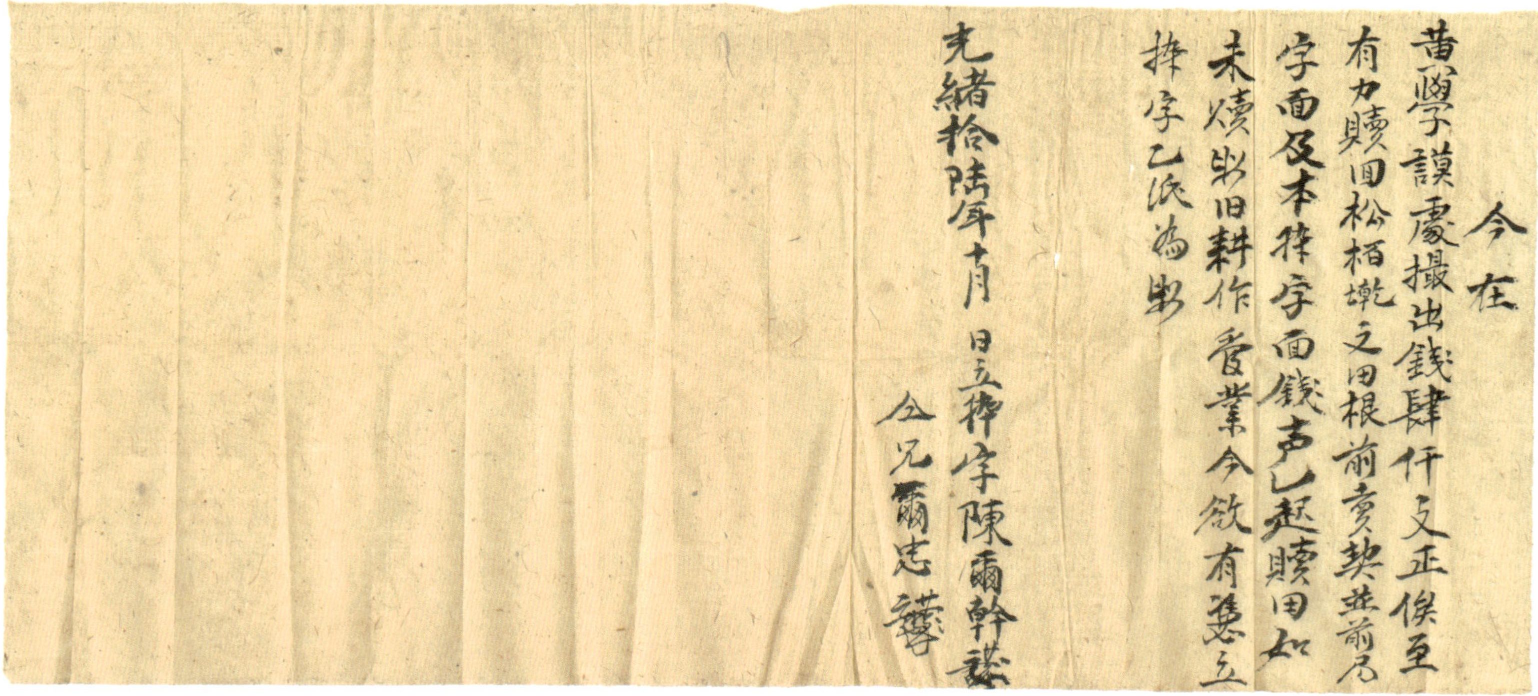

今在
黄學謨處撥出錢肆仟文正係至
有力贖回松栢墘之田根前賣契并前凡
字面及本摔字面錢声乚起贖田如
未贖出田耕作管業今欲有憑立
摔字乙紙為照

光緒拾陸年十月　日立摔字陳爾幹
仝兄爾忠

8-2-7-10　清光緒十六年十月陳爾幹等立撥字

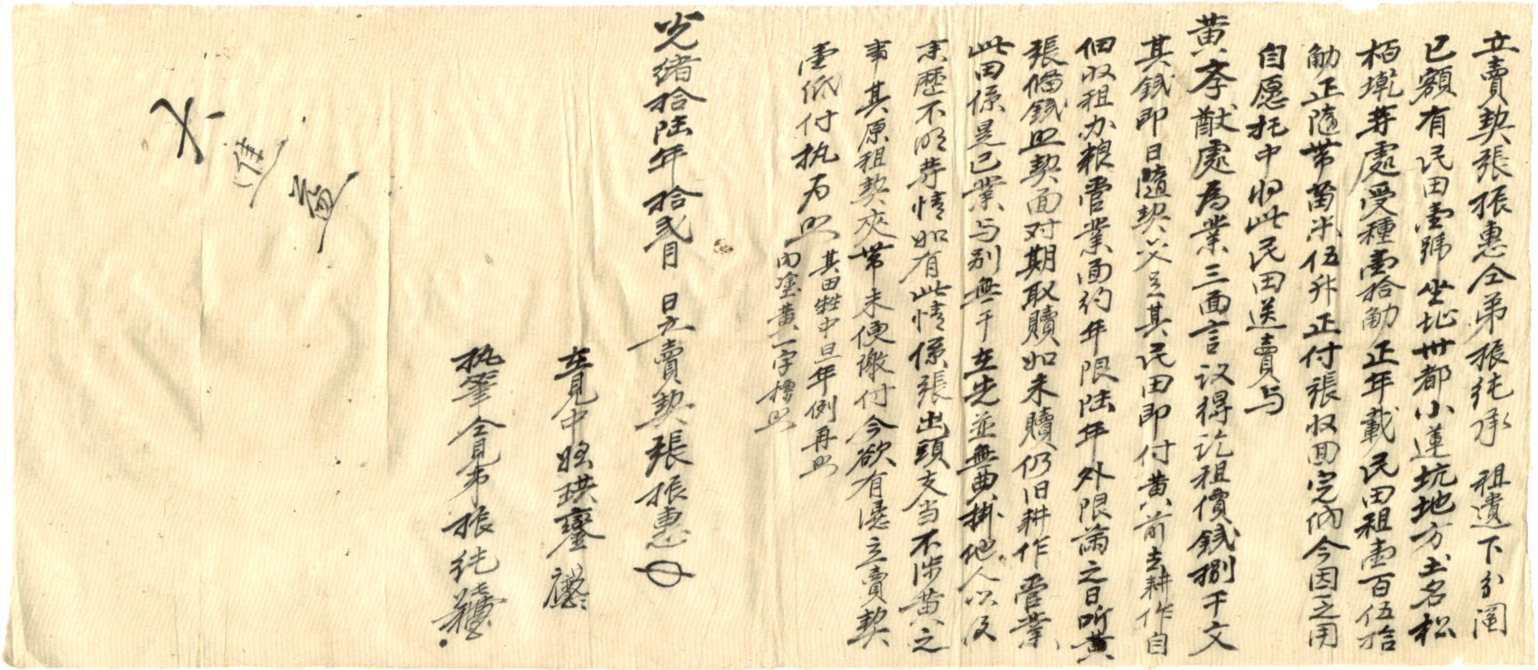

立賣契張振惠仝弟振純承　祖遺下分闔
己額有民田壹號，坐址卅都小蓮坑地方，土名松
柏墘等處，受種壹拾觔正，年載民田租壹百伍拾
觔正，隨帶𥺌米伍升正，付張收田完納。今因乏用，
自愿托中將此民田送賣與
黃孝獻處為業，三面言議得訖，租價錢捌千文，
其錢即日隨契交足，其民田即付黃前去耕作，自
佃收租辦粮管業。面約年限陸年，外限滿之日，聽黃
張備錢照契面对期取贖，如未贖，仍旧耕作管業。
此田係是己業，与別無干，並無重掛他人，以及
來歷不明等情，如有此情，係張出頭支当，不涉黃之
事。其原祖契交(?)未便繳付，今欲有憑，立賣契
壹紙付執為照。
其田雖中旦年例再照
內塗黃一字擡照

光緒拾陸年拾貳月　日立賣契張振惠
在見中　昭珙鏖
執筆仝弟　振純

8-2-7-11　清光緒十六年十二月張振惠等立賣民田契

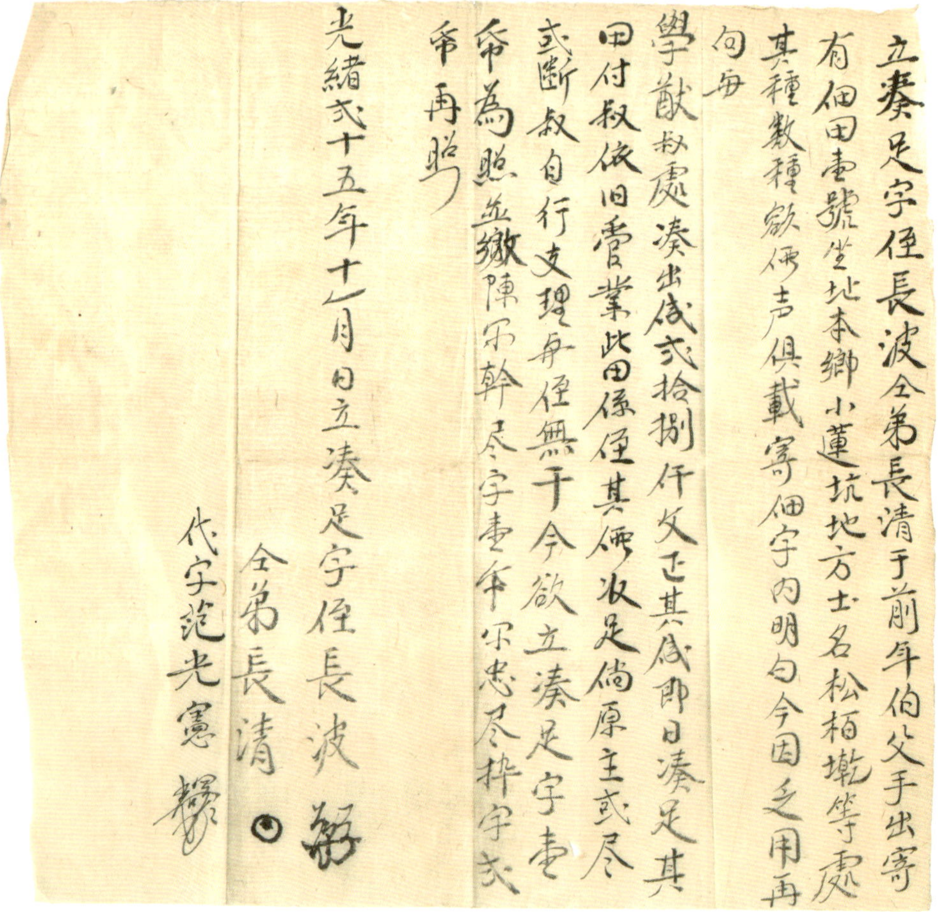

立湊足字侄長波仝弟長清于前年伯父手出寄
有佃田壹號坐址本鄉小蓮坑地方土名松栢墘等處
其種數種欲佃声俱載寄佃字內明白今因乏用再
向每
學猷叔處湊出錢弍拾捌仟文正其錢即日湊足其
田付叔依旧管業此田係侄其佃收足倘原主弍尽
弍斷叔自行支理身侄無干今欲立湊足字壹
帋為照並繳陳宗幹尽字壹帋宗忠尽找字弍
帋再照

光緒弍十五年十一月日立湊足字侄長波（押）
仝弟長清 ⊙
代字范光憲（押）

8-2-7-12　清光緒二十五年十一月黃長波等立湊足字

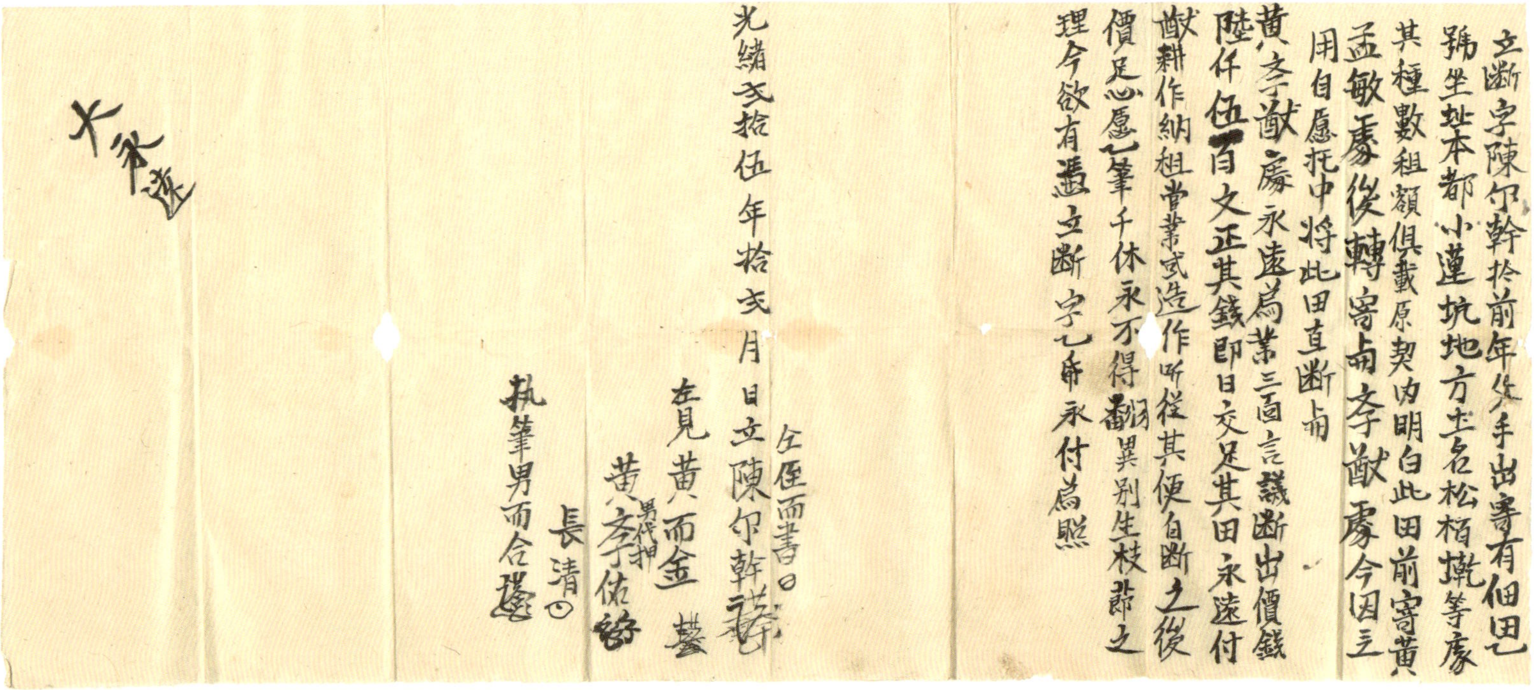
立斷字陳尔幹於前年仝手出寄有佃田乙
號坐址本都小蓮坑地方土名松栢墘等處
其種數租額俱載原契內明白此田前寄黃
孟敏處後轉寄甫孝猷處今因三
用自願托中將此田直斷甫
黃孝猷處永遠爲業三面言議斷出價錢
陸仟伍百文正其錢即日交足其田永遠付
猷耕作納租當業弍造作听從其便自斷之後
價足心愿乙筆千休永不得翻異別生枝節之
理今欲有憑立斷字乙帋永付爲照

光緒弍拾伍年拾弍月　日立陳尔幹（押）
仝侄而書（押）
在見黃而金（押）
黃孝依（男代押）
長清（押）
執筆男而合（押）

大余送

8-2-7-13　清光緒二十五年十二月陳尔幹等立斷佃田字

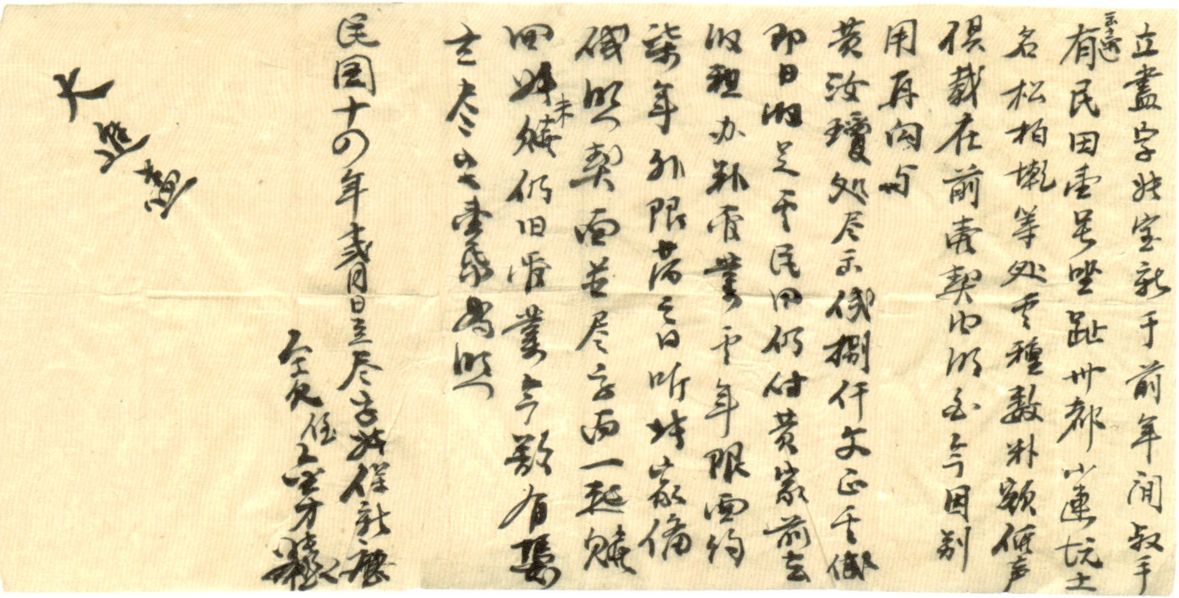
立盡字張宝新，于前年間叔手
有[illegible]民田壹号，坐址卅都[illegible]蓮坑土
名松柏墩等处，受種穀[illegible]，係户
俱載在前青契内，[illegible]今因[illegible]
用，再向与
黄汝瓚处盡出錢捌仟文正，其錢
即日收足，其民田仍付黄家前去
收租办納粮業，其年限面約
柒年外限滿之日，聽張家備
錢照契面並盡出錢一起贖
回，如未贖仍旧管業，今欲有憑，
立盡字為照。
民国十四年[illegible]月　日立盡字張保新
在見[illegible]
[illegible]

8-2-7-14　民國十四年十二月張保新立盡民田字

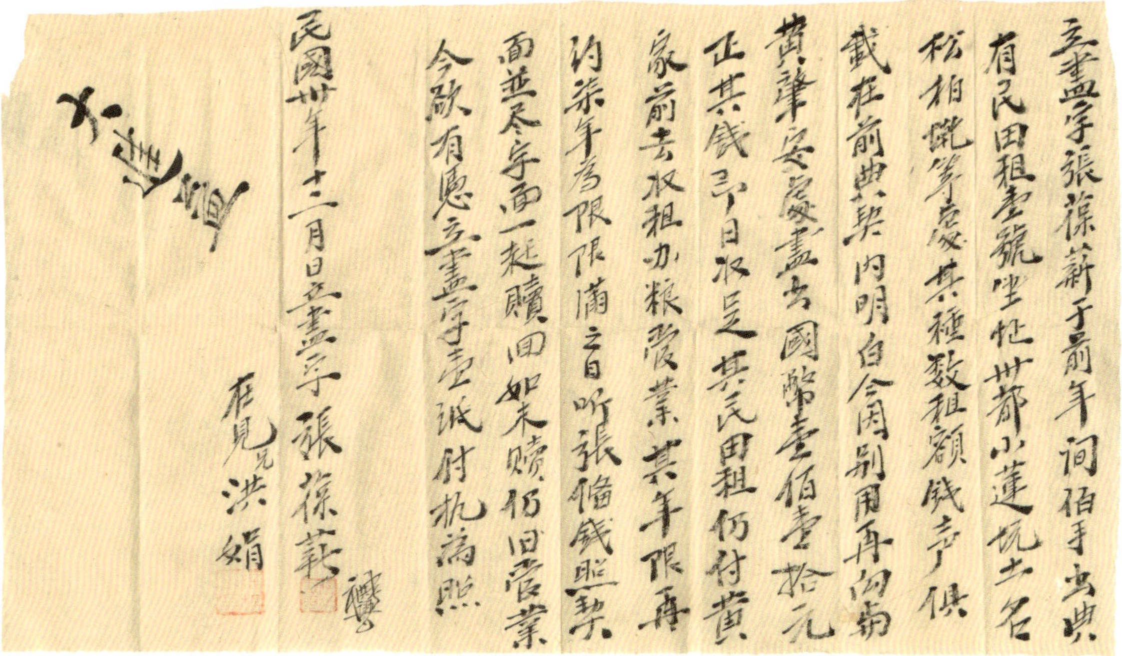

立盡字張葆薪，于前年間佰手出典有民田租壹號，坐址廿都小蓮坑，土名松柏跳等處，其種數、租額、錢產俱載在前典契內明白。今因別用，再向前黄肇安盡出國幣壹佰壹拾元正，其錢即日收足，其民田租仍付黄家前去收租办粮發業，其年限再約柒年為限，限滿之日，听張備錢照契面並盡字面一起贖回，如未贖仍旧管業。今欲有憑，立盡字壹紙，付執為照。

民國卅年十二月　日立盡字　張葆薪（押）

在見　洪娟

8-2-7-15　民國三十年十二月張葆薪立盡民田租字

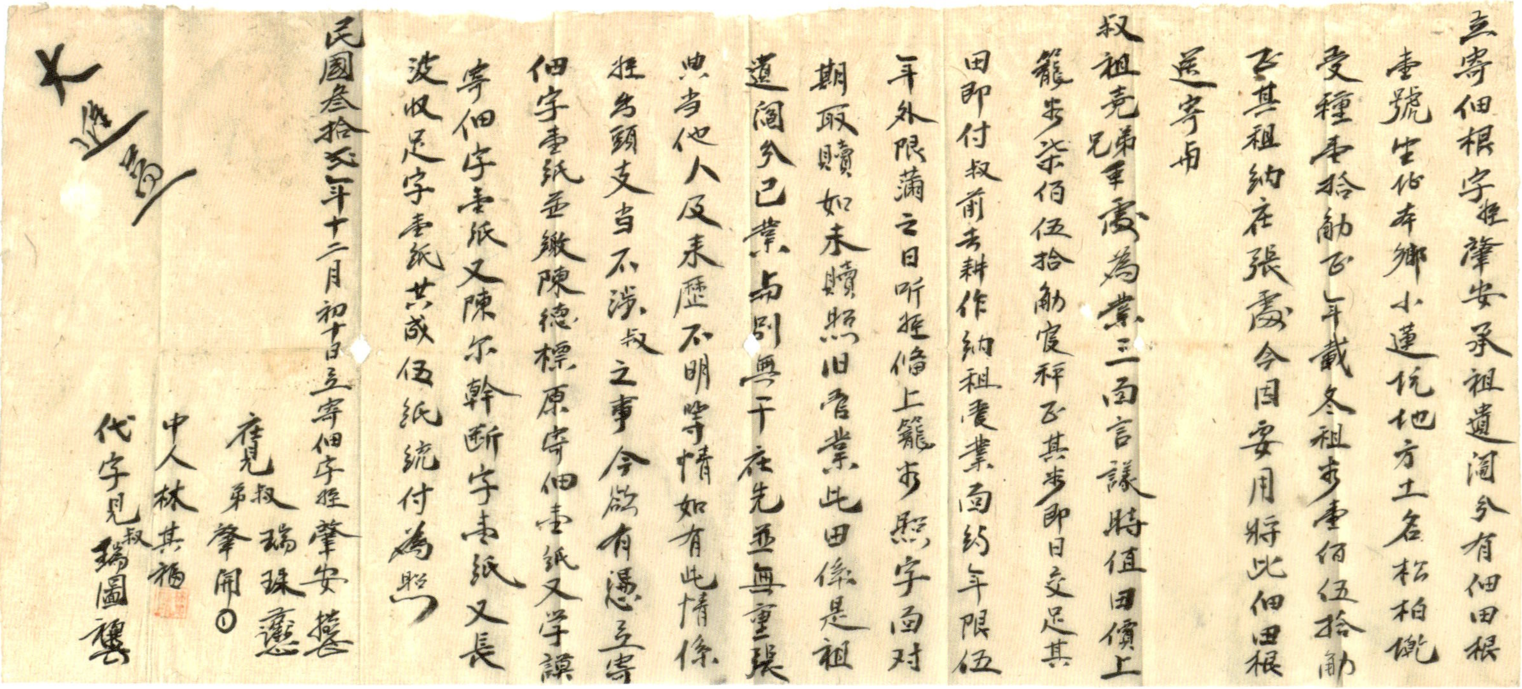
立寄佃根字侄肇安承祖遺闔分有佃田根
壹號坐伯本鄉小蓮坑地方土名松柏墘
受種壹拾觔正年載冬租步壹佰伍拾觔
正其租納在張處今因要用將此佃田根
送寄與
叔祖亮兄弟軍處為業三面言議時值田價上
籠步柒佰伍拾觔實秤正其步即日交足其
田即付叔前去耕作納租管業面約年限伍
年外限滿之日听侄備上籠步照字面对
期取贖如未贖照旧管業此田係是祖
遺闔分己業与別房無干在先並無重張
典当他人及來歷不明等情如有此情係
侄自頭支当不涉叔之事今欲有憑立寄
佃字壹紙並繳陳德標原寄佃壹紙又字譲
寄佃字壹紙又陳尔幹斷字壹紙又長
波收足字壹紙共成伍紙統付為照。
民國叁拾貳年十二月初十日立寄佃字侄肇安（押）
在見叔瑞珠（押）
弟肇開○
中人林其福（印）
代字見叔瑞圖（押）
大進

8-2-7-16　民國三十二年十二月黃肇安立寄佃田根字

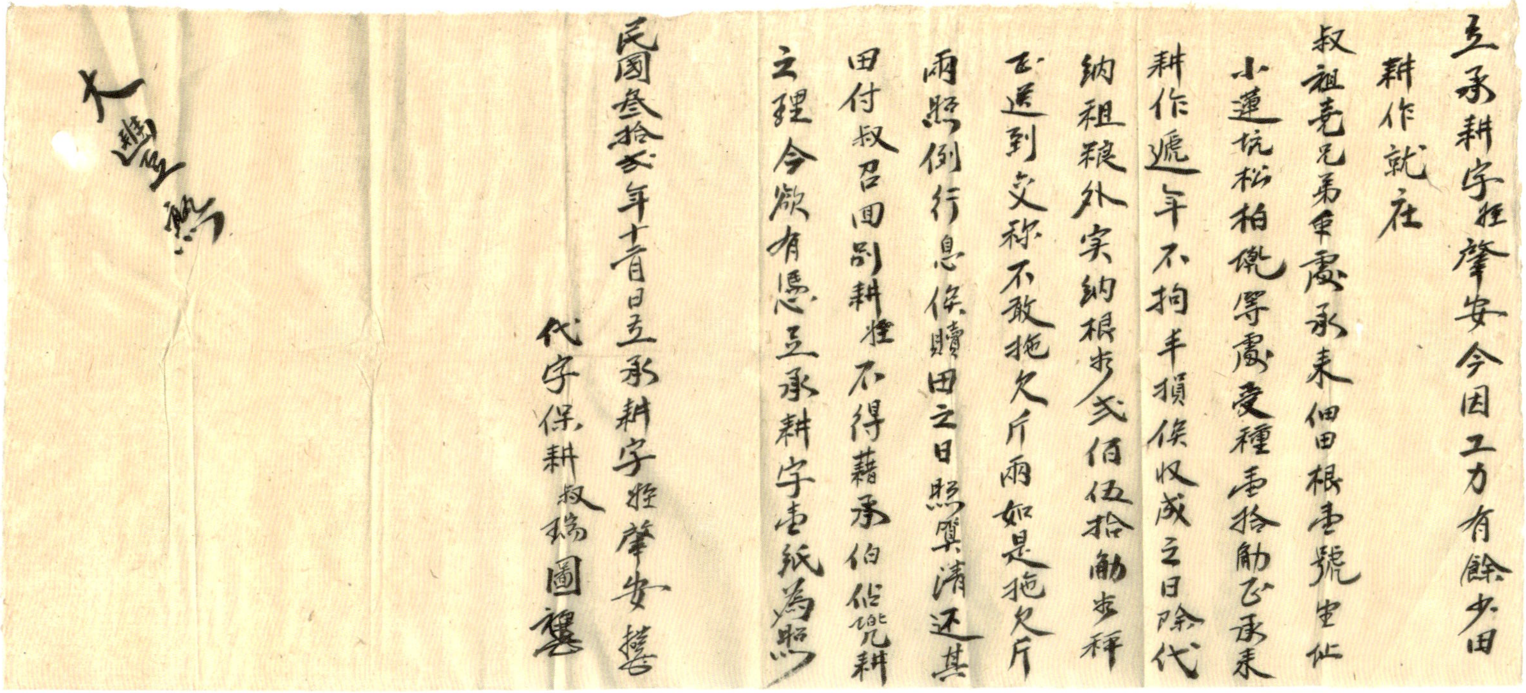
立承耕字侄肇安今因工力有餘少田
耕作就在
叔祖亮兄弟甲處承來佃田根壹號坐址
小蓮坑松柏兜等處受種壹拾觔正承來
耕作遞年不拘豐損候收成之日除代
納租粮外实納根谷弍佰伍拾觔市秤
正送到交秤不敢拖欠斤兩如是拖欠斤
兩照例行息候贖田之日照算清还其
田付叔召回別耕侄不得藉承佔恡耕
之理今欲有憑立承耕字壹紙為照
民國叁拾弍年十二月日立承耕字侄肇安
代字保耕叔瑞圖
大鑒

8-2-7-17　民國三十二年十二月黃肇安立承耕佃田根字

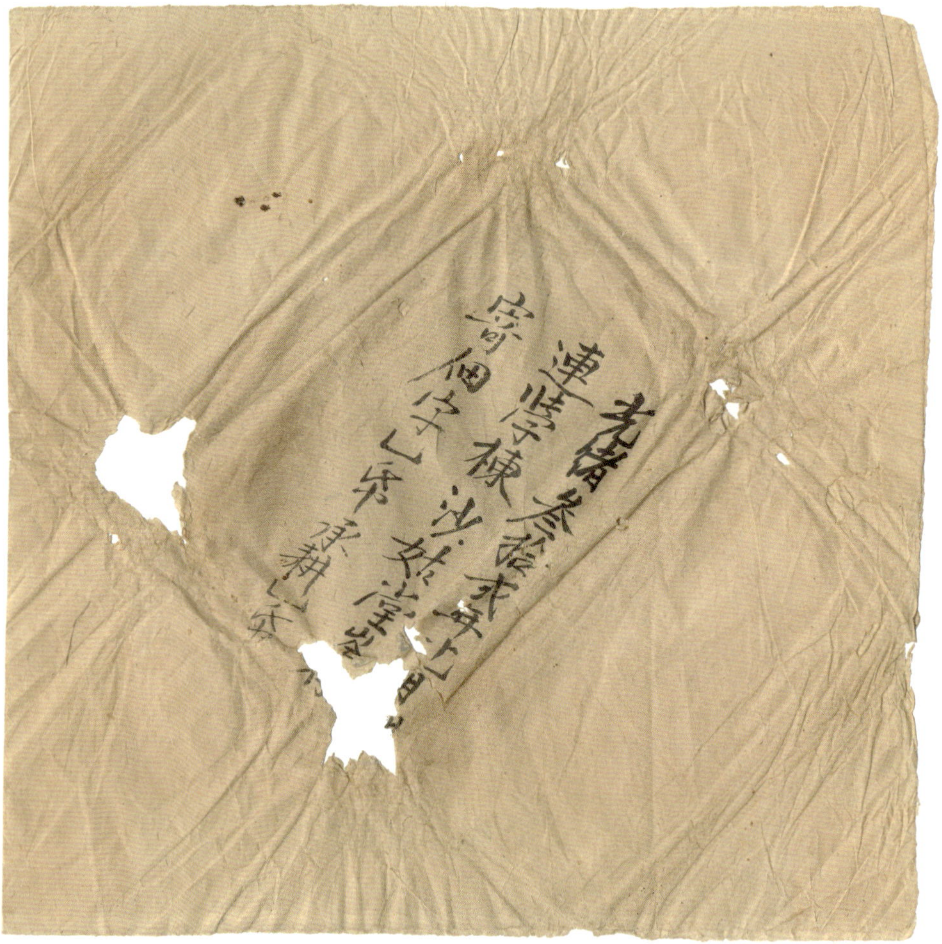
光緒叁拾弍年七月　日
連學棟　沙姑堂坐收
寄佃字乙紙　承耕乙紙

8-2-8-1　包契紙

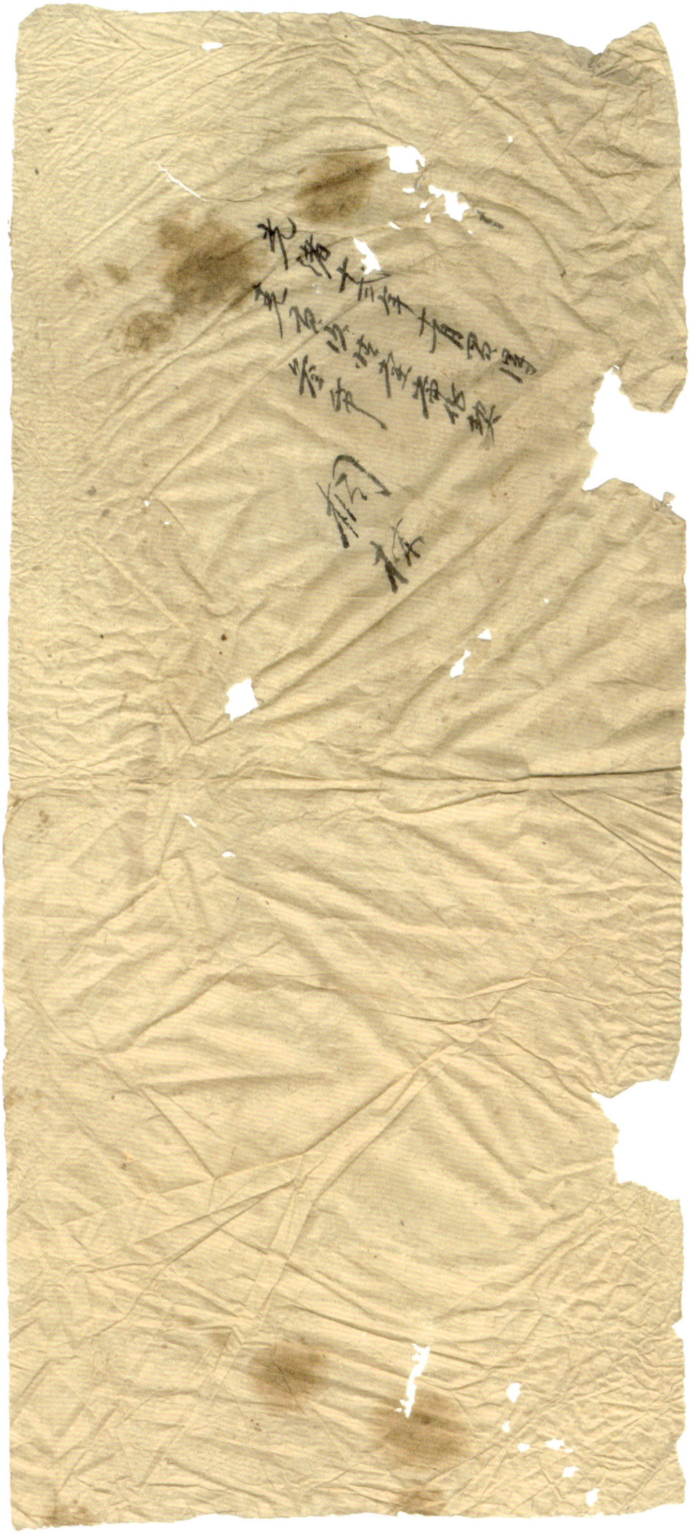

8-2-8-2　包契紙

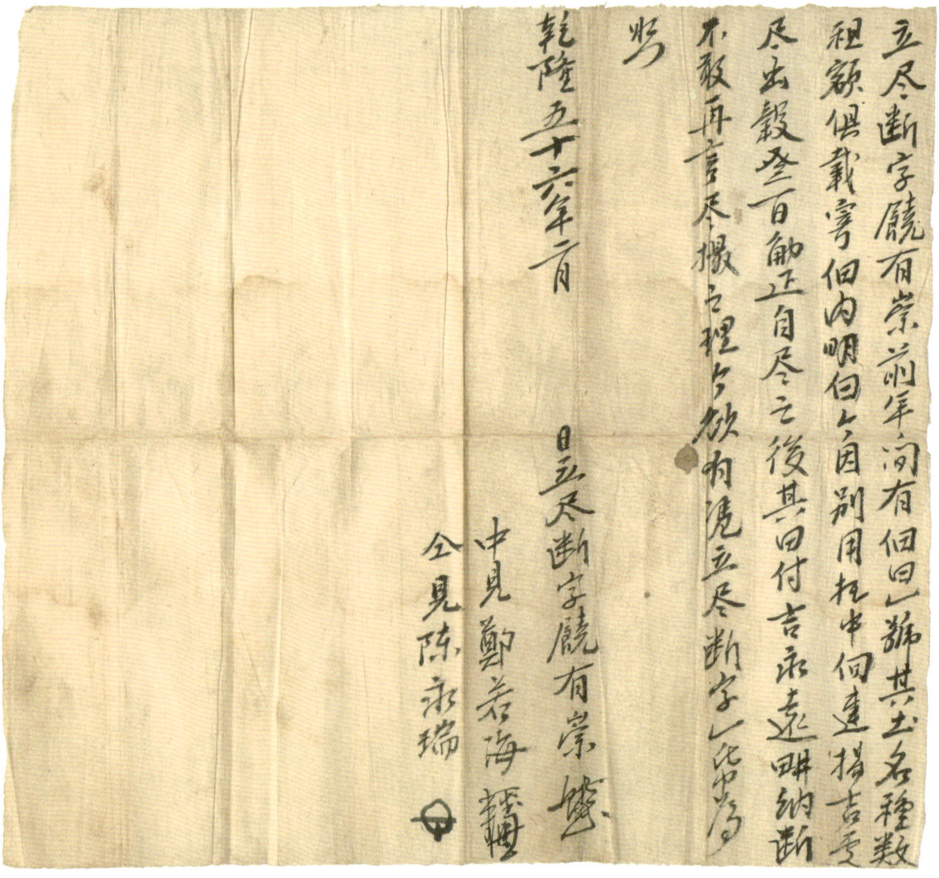

立盡斷字饒有崇前年間有佃田一號其土名種數
租額俱載字內明白今因自別用托中佃進楊吉受
盡出穀叁百觔正自盡之後其田付吉永遠耕納斷
不敢再言盡撮之理今欲有憑立盡斷字一紙付為
照
乾隆五十六年二月　日立盡斷字饒有崇（押）
中見鄭若海（押）
仝見陳永瑞（押）

8-2-8-3　清乾隆五十六年二月饒有崇立盡斷佃田字

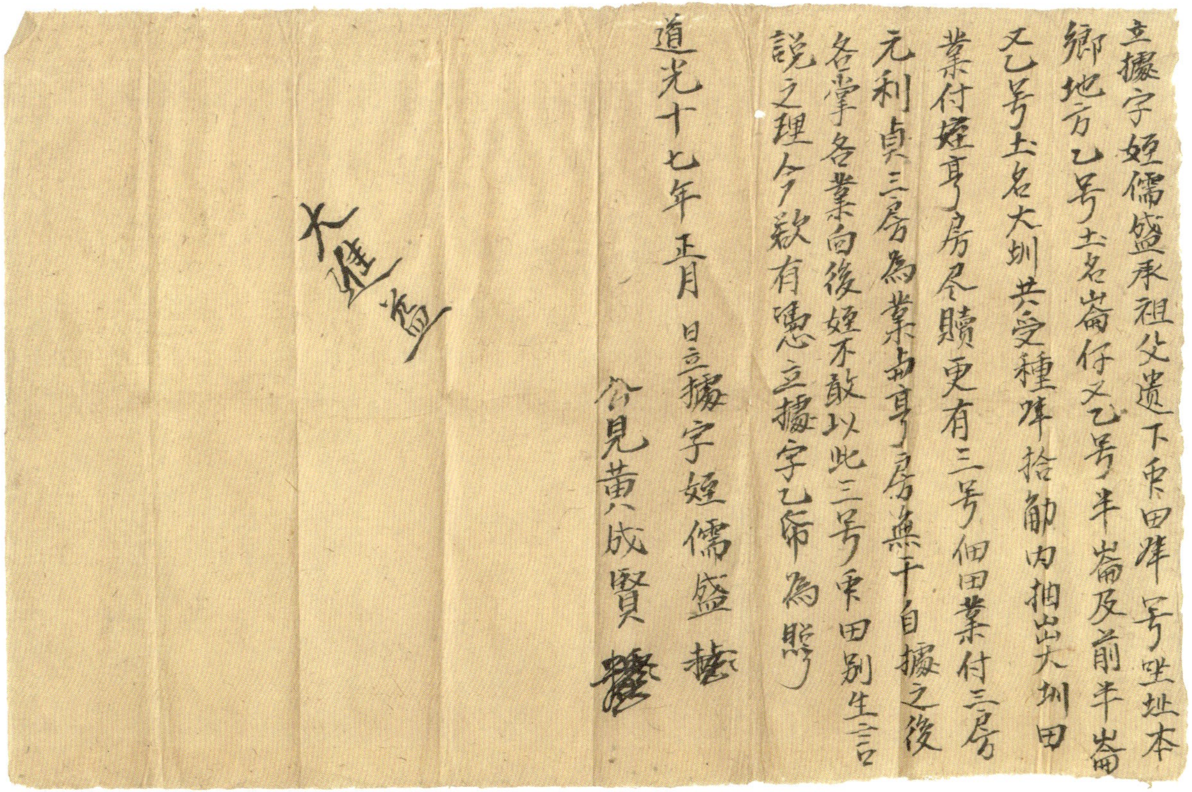
立據字姪儒盛承祖父遺下乘田坪号坐址本
鄉地方乙号土名崙仔又乙号半崙及前半崙
又乙号土名大圳共受種坪拾節內抽出大圳田
業付姪亨房尽贖更有三号佃田業付三房
元利貞三房為業亨房無干自據之後
各掌各業向後姪不敢以此三号乘田別生言
說之理今欲有憑立據字乙帋為照

道光十七年正月　日立據字姪儒盛（押）
公見黃成賢（押）

大進盛

8-2-8-4　清道光十七年正月連儒盛立據字

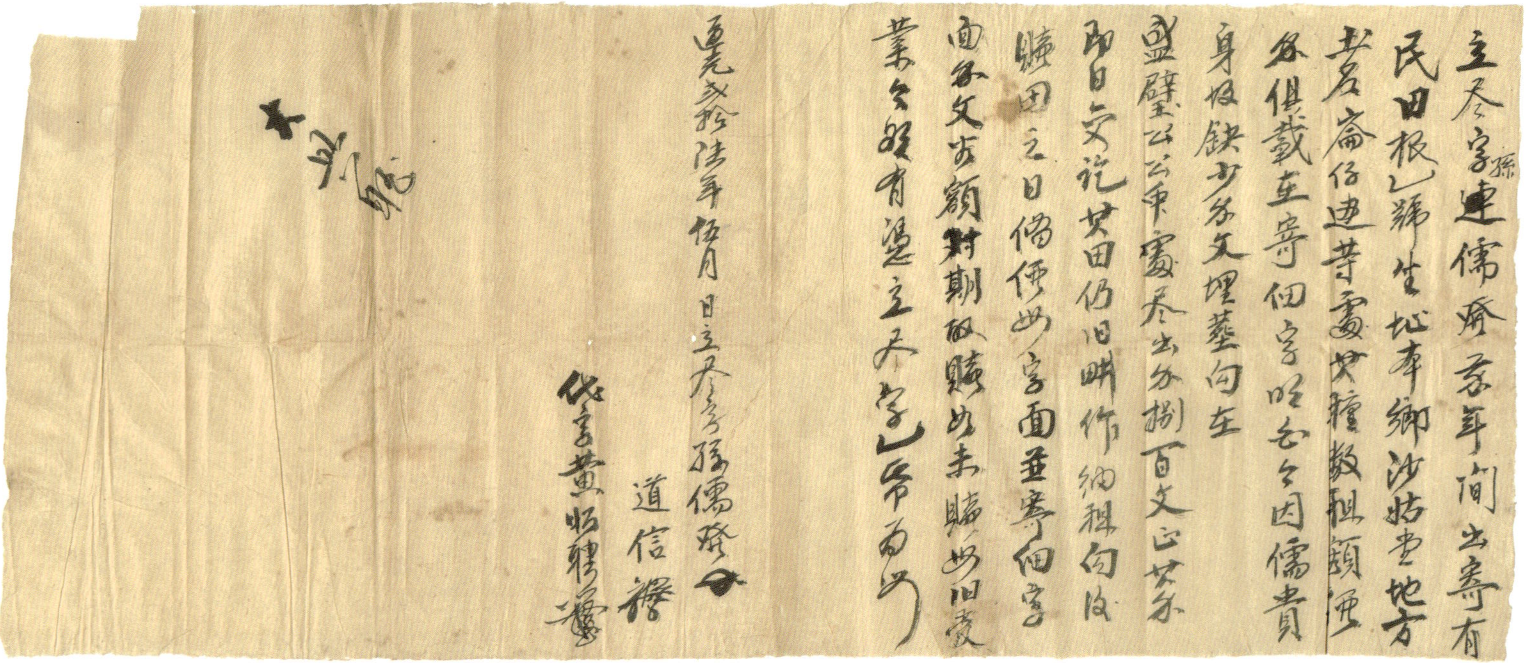

立尽字孫連儒發系年間出寄有
民田根一號坐址本鄉沙姑坐地方
耆倫仍連芽處其種數租額俱
各俱載在寄佃字明今因儒貴
身故缺少各文埋葬向在
盛璧公公衆處尽出錢捌百文正其錢
即日交訖其田仍旧照作納租向後
贖田之日備便照字面並寄佃字
面文書額對期取贖照未贖照旧交
業今欲有憑立尽字一帋爲照

道光貳拾陸年伍月　日立尽字孫儒發
道信
代字黄紹穗

8-2-8-5　清道光二十六年五月連儒發等立盡民田根字

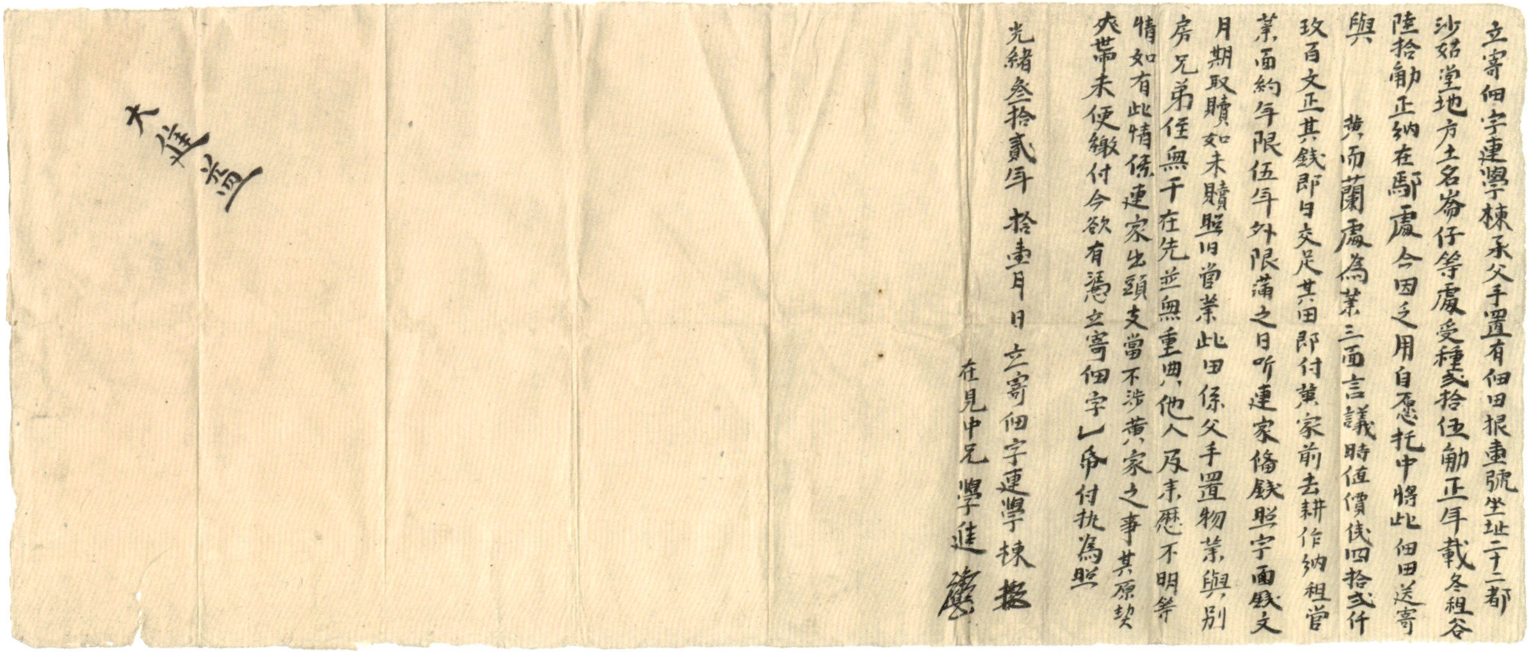
立寄佃字連學棟承父手置有佃田根壹號坐址二十二都
沙塔堂地方土名崙仔等處受種弍拾伍觔正年載冬租谷
陸拾觔正納在鄢處今因乏用自愿托中將此佃田送寄
與　黄而蘭處為業三面言議時值價錢四拾弍仟
玖百文正其錢即日交足其田即付黄家前去耕作納租管
業面約年限伍年外限滿之日听連家備缺照字面錢文
月期取贖如未贖照旧管業此田係父手置物業與別
房兄弟侄無干在先並無重典他人及來歷不明等
情如有此情係連家出頭支當不涉黄家之事其原契
失帶未便繳付今欲有憑立寄佃字一帋付执為照
光緒叁拾貳年　拾壹月　日　立寄佃字連學棟（押）
在見中兄　學進（押）
大進堂

8-2-8-6　清光緒三十二年十一月連學棟立寄佃田根字（一）

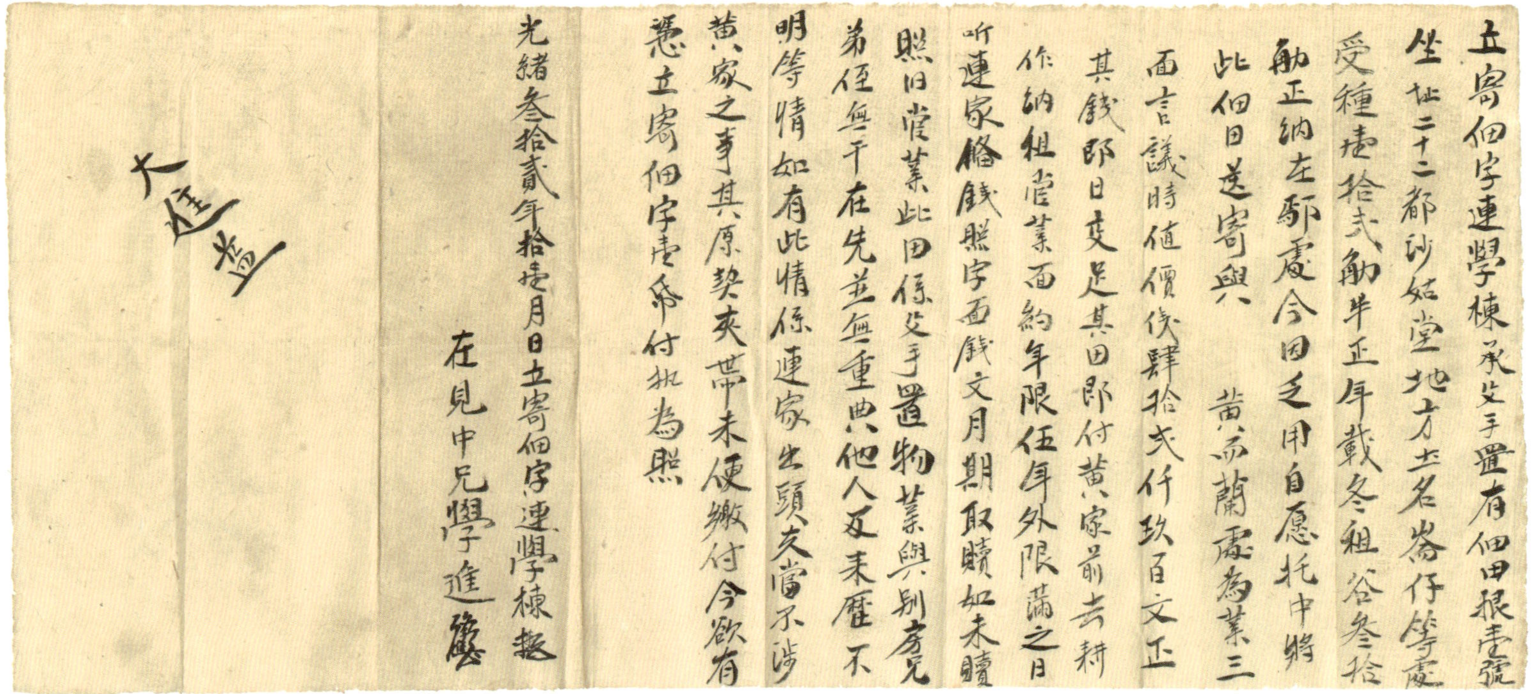
立寄佃字連學棟承父手置有佃田根壹號
坐址二十二都沙坵堂地方土名崙仔等處
受種壹拾弍畝半正年載冬租谷叁拾
觔正納左鄭處今因乏用自愿托中將
此佃田送寄與　黃亦蘭處為業三
面言議時值價錢肆拾弍仟玖百文正
其錢即日支足其田即付黃家前去耕
作納租管業面約年限伍年外限滿之日
听連家備錢照字面錢文月期取贖如未贖
照旧管業此田係父手置物業與別房兄
弟侄無干在先並無重典他人及未歷不
明等情如有此情係連家出頭支當不涉
黃家之事其原契夾帶未便繳付今欲有
憑立寄佃字壹紙付執為照
光緒叁拾貳年拾壹月日立寄佃字連學棟
在見中兄學進
大進[illegible]

8-2-8-7　清光緒三十二年十一月連學棟立寄佃田根字（二）

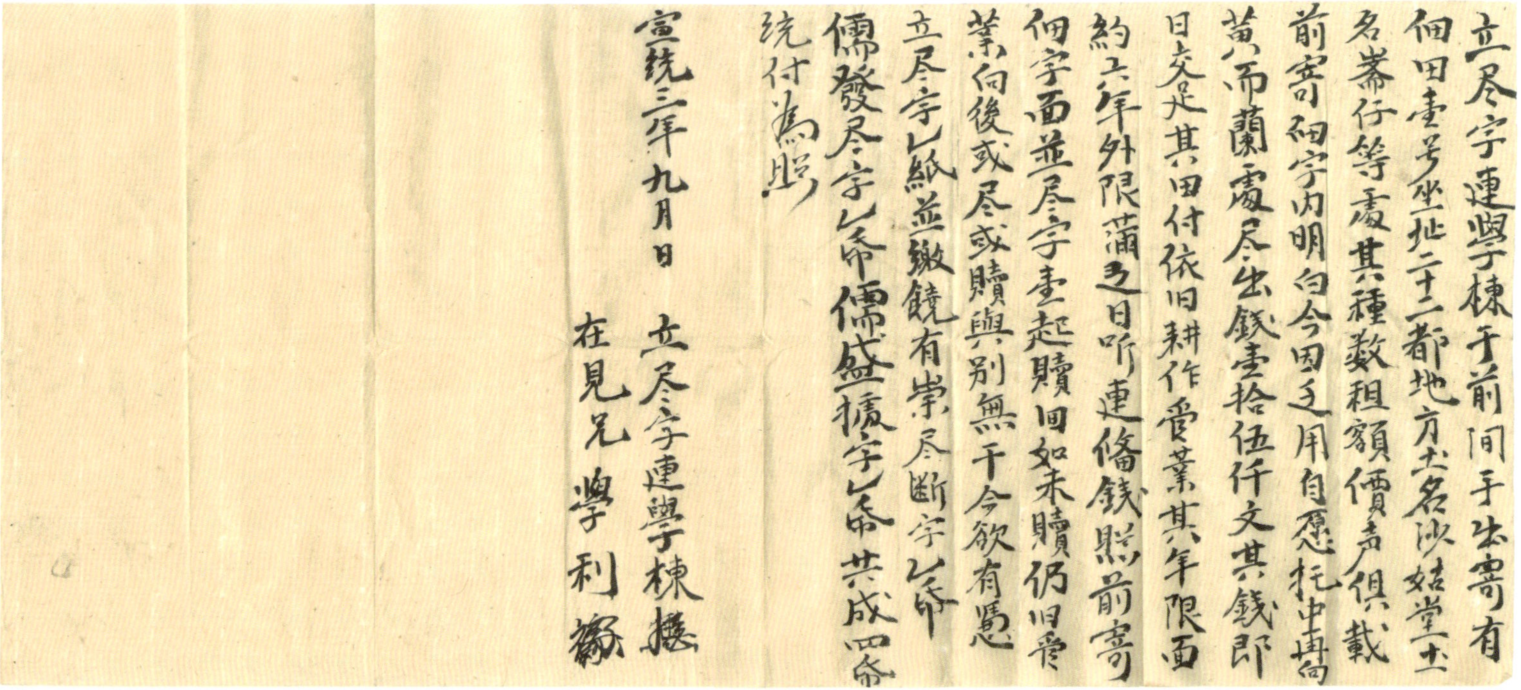
立尽字連學棟于前間手出寄有
佃田壹号坐址二十二都地方土名沙姑堂土
名蕃仔等處其種數租額價声俱載
前寄佃字内明白今因乏用自愿托中向
黄而蘭霞尽出錢壹拾伍仟文其錢即
日交足其田付依旧耕作管業其年限面
約六年外限滿之日听連備錢照前寄
佃字面並尽字壹起贖回如未贖仍旧管
業向後或尽或贖與别無干今欲有憑
立尽字乙紙並繳鐃有棠尽断字乙帋
傳發尽字乙帋傳盛撥字乙帋共成四帋
统付為照

宣统三年九月　日　立尽字連學棟押
在見兄學利押

8-2-8-8　清宣統三年九月連學棟立盡佃田字

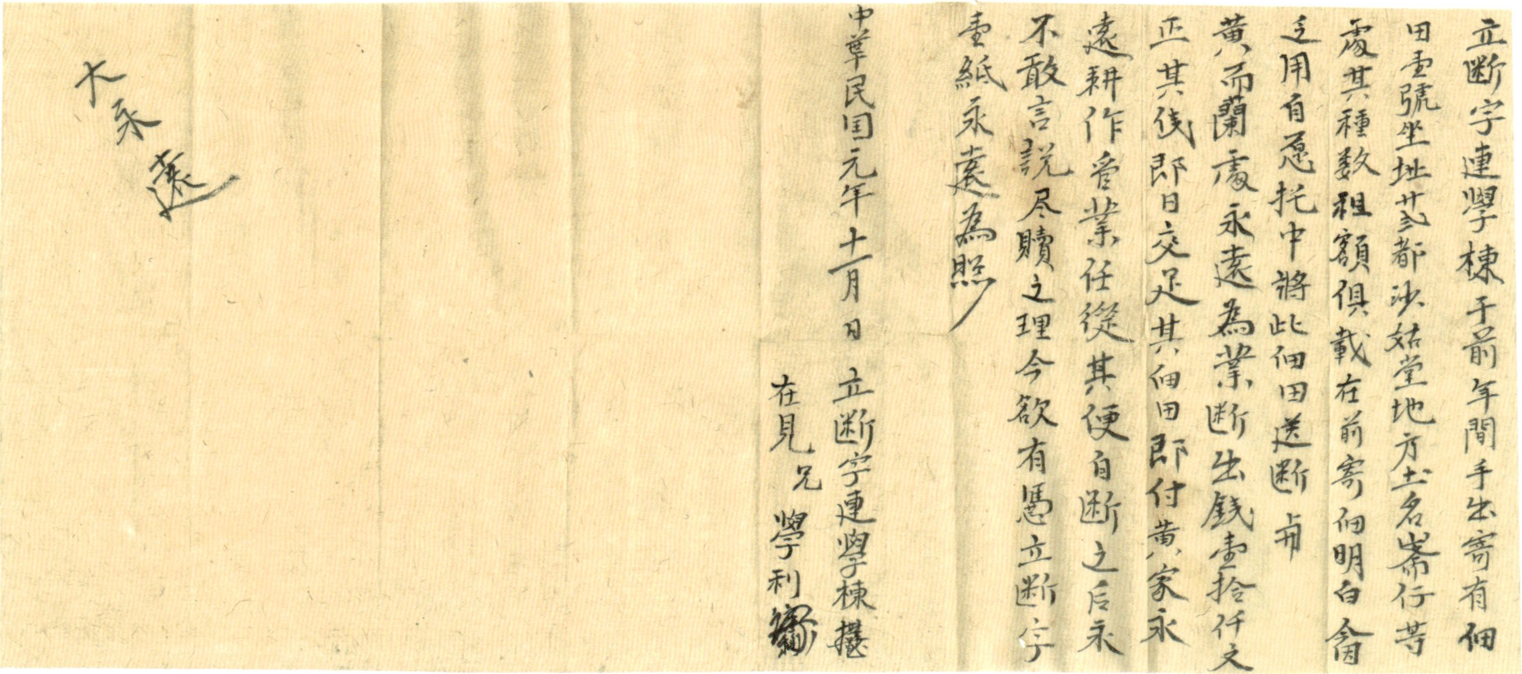
立斷字連學棟于前年間手出寄有佃
田壹號坐址芸都沙姑堂地方土名崇仔苛
處其種數租額俱載在前寄佃明白會
之用自愿托中將此佃田送斷
黄、而蘭處永遠為業，斷出錢壹拾仟文
正，其錢即日交足，其佃田即付黄、家永
遠耕作管業，任從其便，自斷之后，永
不敢言説尽贖之理，今欲有憑，立斷字
壹紙永遠為照。

中華民国元年十一月　日　立斷字連學棟（押）
在見兄　學利（押）

大吉永遠

8-2-8-9　民國元年十一月連學棟立斷佃田字

立賣斷字鄭秉嵩承祖遺分已閹下
有民田租壹號，坐址二十二都地方，
土名沙坵堂等處，丈量福字第八
拾段四拾弍號，新製畝數四畝壹
分，原載田租共叁拾斤正，評定納額
叁佰弍拾捌文正，付黄家自行完官。
今因要用，托中將此民田租賣斷與
黄肇安處永遠為業。三面言議，斷
出租價伐伍拾仟文正，其伐即日交足。
其租即付黄家永遠管業，或造作任
從其便。此租係是閹分已業，與別無
干，在先並無典掛不明等情。如有此情，
係鄭家出頭支當，不涉黄家之事。鄭
家自斷之後，永不敢異言別生枝節
之理。今欲有憑，立斷字壹帋，永付
為照。

民國叁拾弍年十弍月　日立賣斷字鄭秉嵩（押）

中見林其福

永遠

8-2-8-10　民國三十二年十二月鄭秉嵩立賣斷民田租字

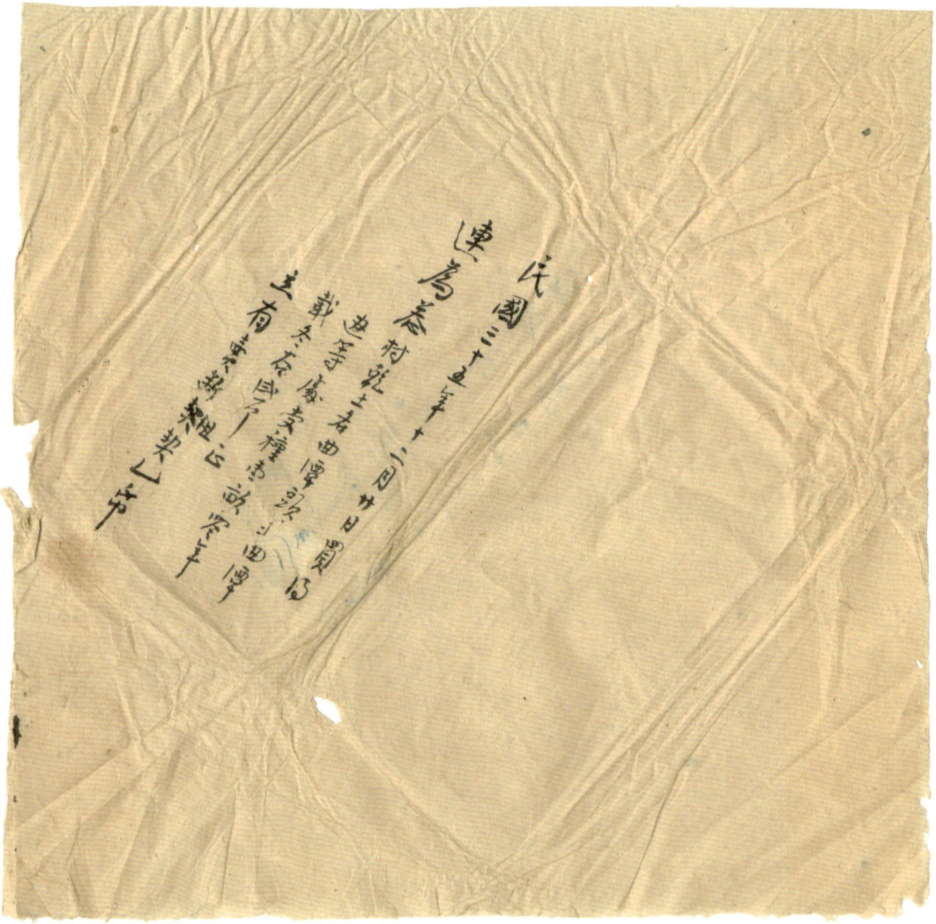

8-2-9-1　包契紙

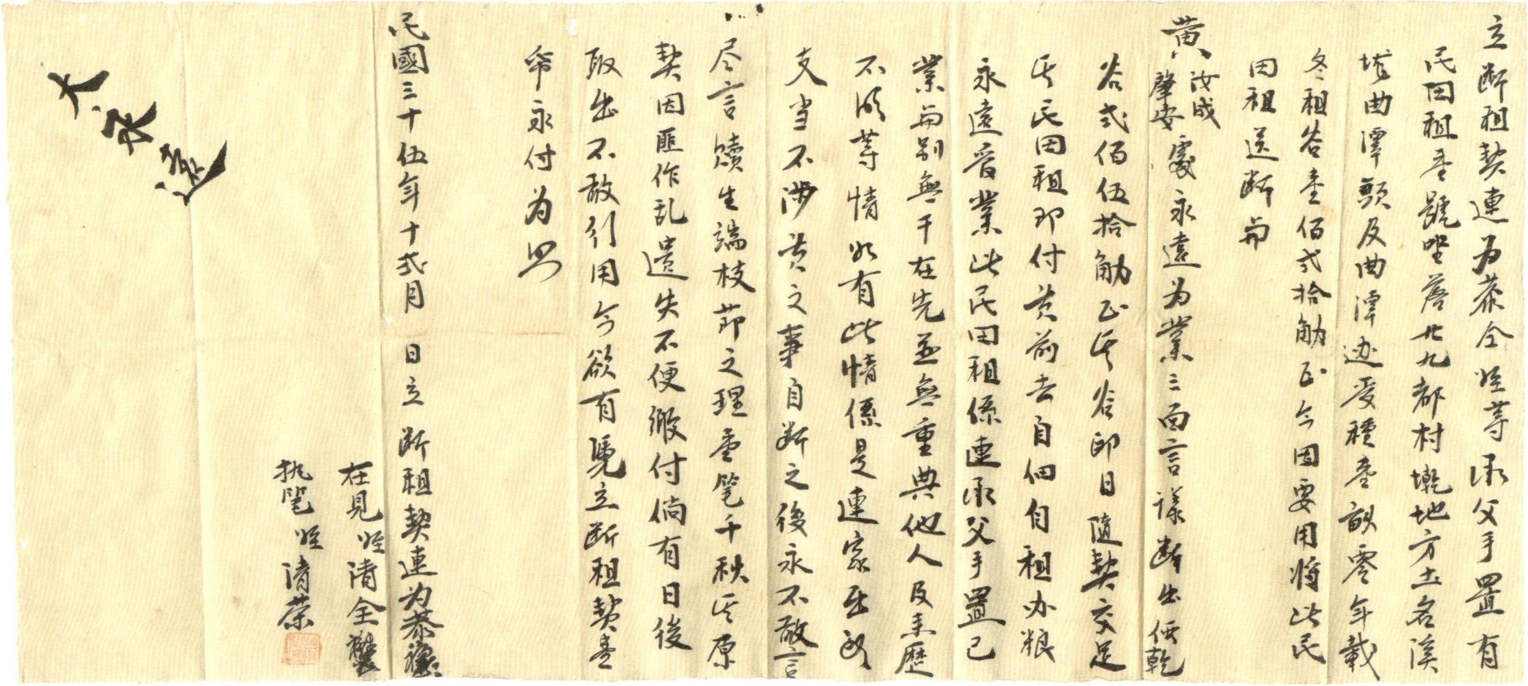
立断租契連为恭仝侄等承父手置有
民田租壹號坐落七九都村墘地方土名溪
坪曲潭頭及曲潭边受種壹畝零年載
冬租谷壹佰弍拾觔正今因要用將此民
田租送断為
黄汝成、肇安處永遠為業三面言議断出價乾
谷弍佰伍拾觔正其谷即日隨契交足
其民田租即付黄前去自佃自租办粮
永遠管業此民田租係連承父手置已
業与别無干在先並無重典他人及手歷
不明等情如有此情係是連家出頭
支当不涉黄之事自断之後永不敢言
尽言贖生端枝節之理壹筆千秋其原
契因匪作乱遺失不便繳付倘有日後
取出不敢行用今欲有憑立断租契壹
帋永付為照
民國三十伍年十弍月　日立　断租契連为恭
在見侄　清全
執筆侄　清荣
大·永遠

8-2-9-2　民國三十五年十二月連爲恭立斷民田租契

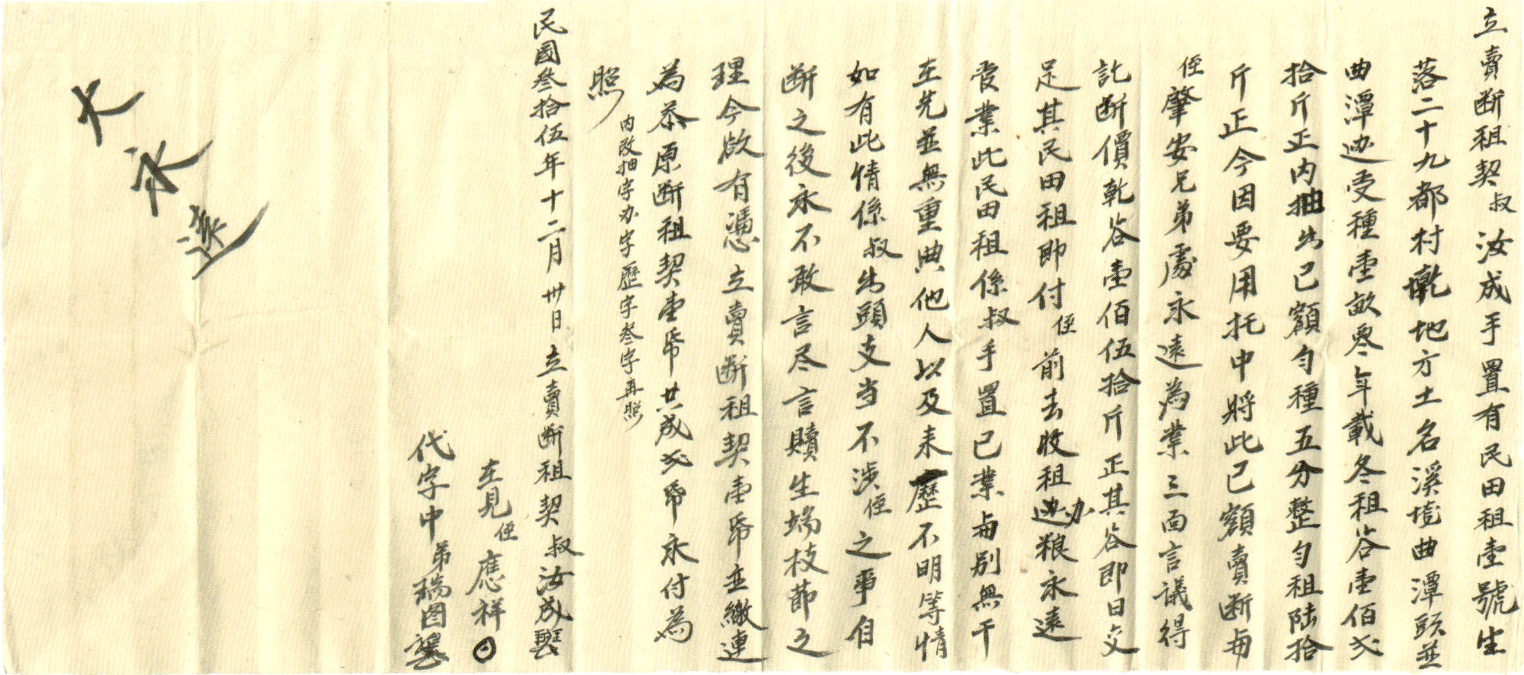

立賣斷租契叔汝成手置有民田租壹號坐
落二十九都村乾地方土名溪境曲潭跃并
曲潭边受種壹畝零年載冬租谷壹佰叁
拾斤正内抽出已額匀種五分整匀租陸拾
斤正今因要用托中將此已額賣斷與
侄肇安兄弟處永遠為業三面言議得
訖斷價乾谷壹佰伍拾斤正其谷即日交
足其民田租即付侄前去收租边办粮永遠
管業此民田租係叔手置已業與別無干
在先並無重典他人以及來歷不明等情
如有此情係叔出頭支当不涉侄之事自
斷之後永不敢言尽言贖生端枝節之
理今欲有憑立賣斷租契壹帋並繳連
為叁原斷租契壹帋共成叁帋永付為
照　内改抽字办字歷字叁字再照
民國叁拾伍年十二月卅日立賣斷租契叔汝成（押）
在見侄應祥（印）
代字中弟瑞图（押）
大永遠

8-2-9-3　民國三十五年十二月黃汝成立賣斷民田租契

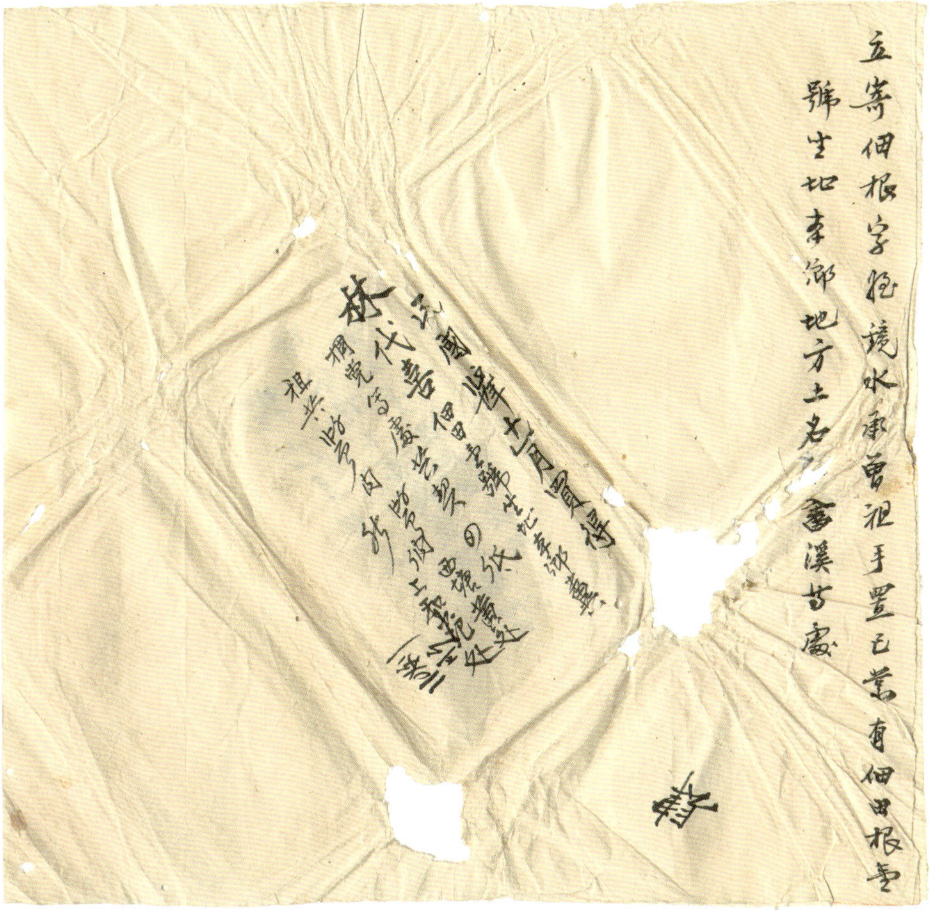
立寄佃根字□鏡水承曾祖手置已業有佃田根壹
號坐址本鄉地方土名□溪□處

8-2-10-1　包契紙

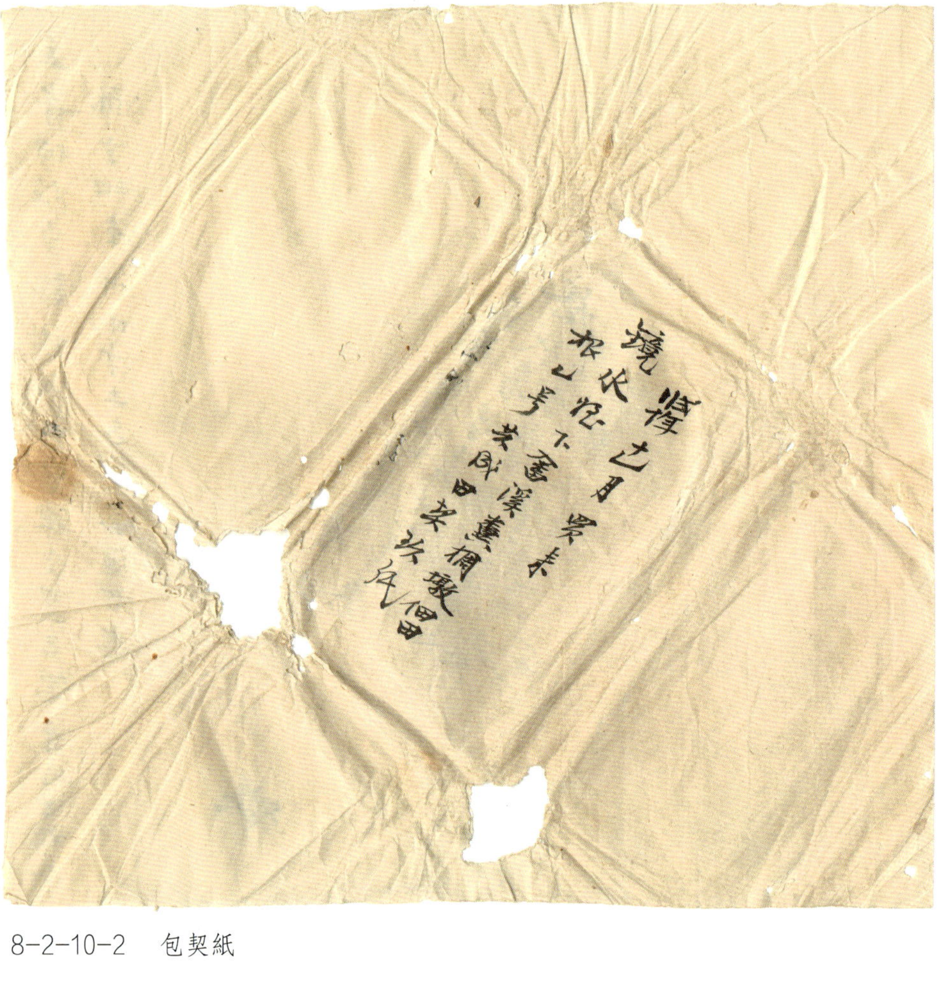

8-2-10-2　包契紙

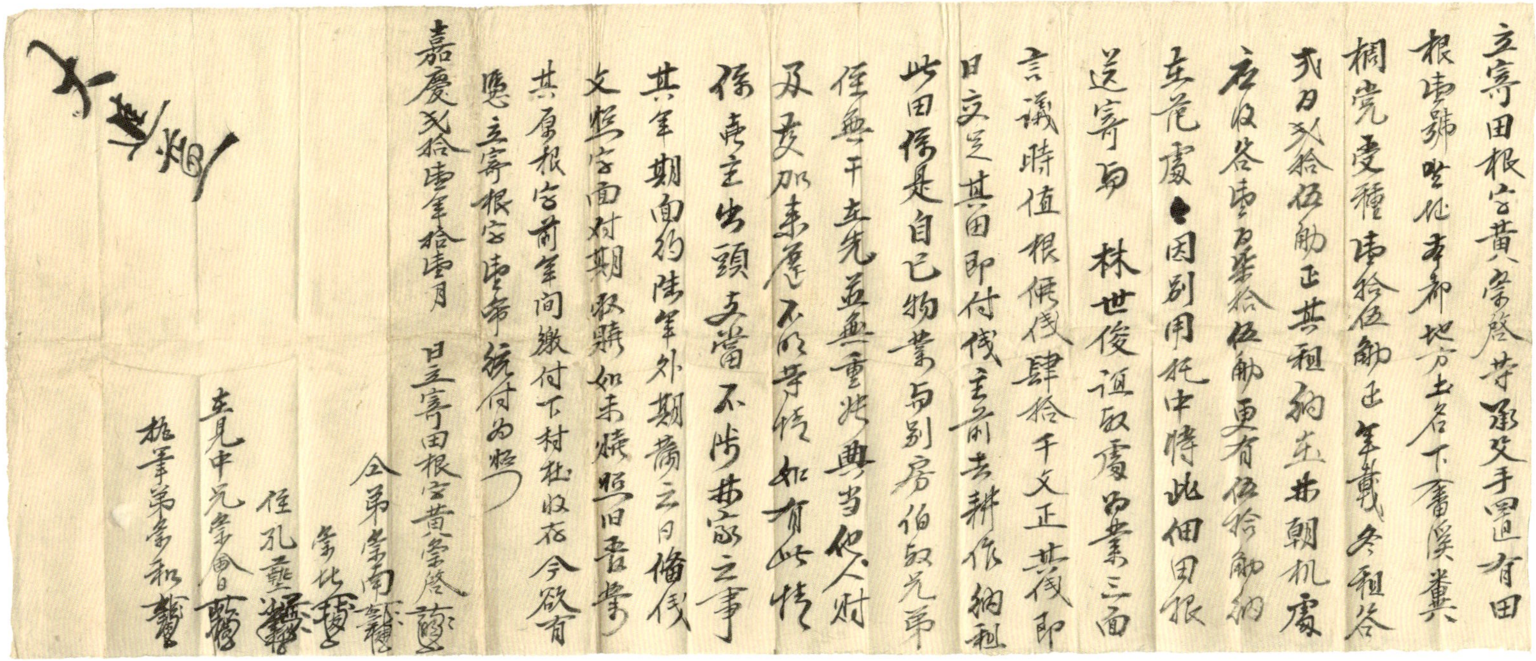

立寄田根字黃崇啓等，承父手置有田
根壹號，坐址本鄉地方，土名下番溪墘
桐窠，受種壹拾伍觔正，年載冬租谷
貳石貳拾伍觔正，其租納在林朝机處
應收，谷壹石柒拾伍觔，更有伍拾觔納
在花處。因別用，托中將此佃田根
送寄與林世俊邊取處爲業，三面
言議時值根價錢肆拾千文正，其錢即
日交足，其田即付錢主前去耕作納租。
此田係是自己物業，與別房伯叔兄弟
侄無干，並先並無重張典當他人財
及交加來歷不明等情，如有此情，
係寄主出頭支當，不涉典家之事。
其年期面約限年外，期滿之日，備錢
文照字面對期取贖，如未贖，照舊管業。
其原根字前年間繳付下村杜收存，今欲有
憑，立寄根字壹紙，付為照。
嘉慶貳拾壹年拾壹月　日立寄田根字黃崇啓
仝弟崇南
崇比
侄孔璽
在見中兄崇曾
執筆弟崇和

8-2-10-3　清嘉慶二十一年十一月黃崇啓等立寄田根字

立盡斷佃根字宗侄敬成于嘉慶年间祖手出寄有佃田
根壹號坐址本鄉地方土名下畲溪糞桶完等處其種數
租額俱載在原寄佃字內明白此佃田前係出寄黃宜嘉處
耕管今因乏用自愿托中相議直向與
宗叔克和處盡斷出錢壹拾陸仟伍百文正其錢即日隨字交
足其佃田根即付和前去永遠耕作納租管業自盡斷之
後一筆千休各無反悔今欲有憑立盡斷佃田根字壹紙
付執永遠為照
内註用字一字再照

同治元年叁月　日立盡斷佃根字宗姪敬成
中見叔君茂
在見黃清太
孔水
代字黃學豐

永遠

8-2-10-4　清同治元年三月黃敬成立盡斷佃田根字

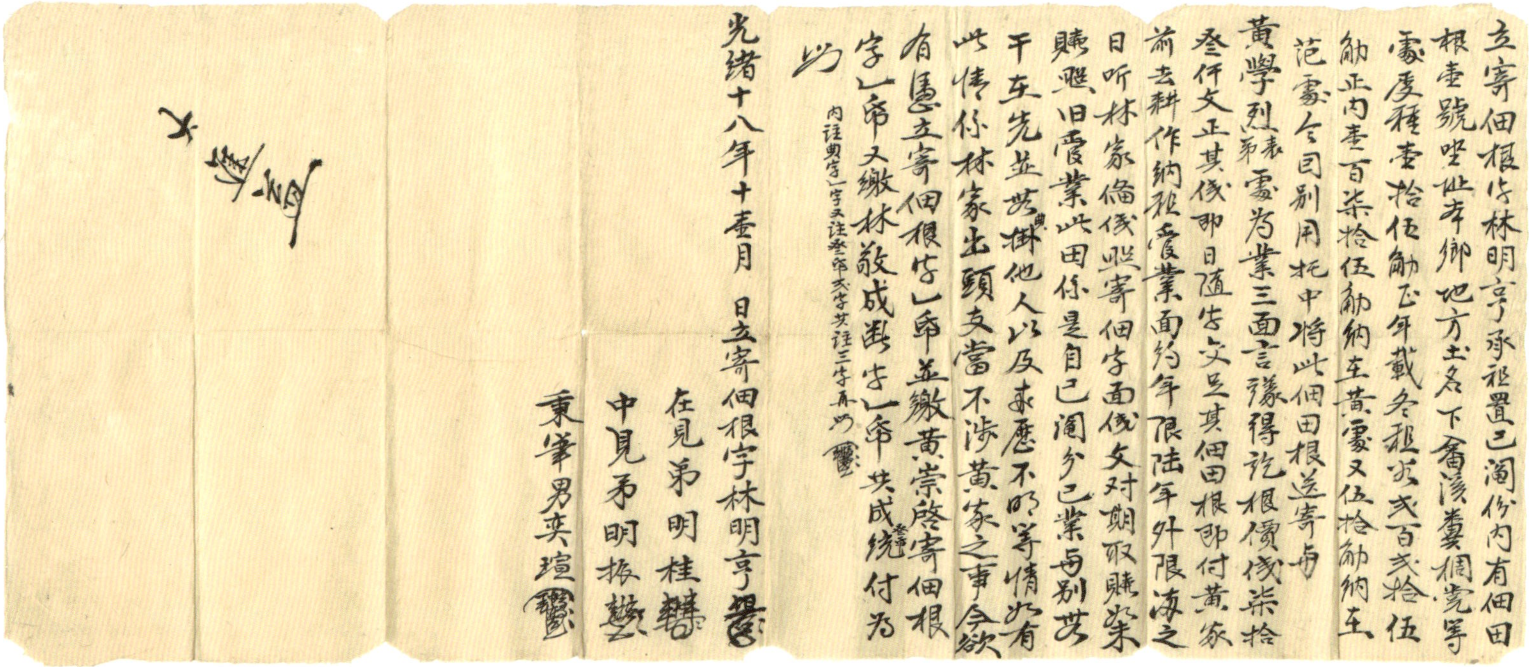

立寄佃根字林明亨承祖置已阄份内有佃田
根壹號坐此本鄉地方土名下畲後墓垌完等
處受種壹拾伍觔正年載冬租谷貳百貳拾伍
觔正内壹百柒拾伍觔納本黄處又伍拾觔納本
范處今因别用托中將此佃田根送寄與
黄學烈表弟處為業三面言議得訖根價錢柒拾
叁仟文正其錢即日随字交足其佃田根即付黄家
前去耕作納租管業面約年限陆年外限满之
日听林家備錢照寄佃字面錢文对朗取贖粜
贖照旧管業此田係是自己阄分已業與别房
干在先並無典掛他人以及來歷不明等情如有
此情係林家出頭支當不涉黄家之事今欲
有憑立寄佃根字一帋並繳黄崇啓寄佃根
字一帋又繳林敬成斷字一帋共成叁纸付為
照

内注典字一字又注叁帋二字共注三字再照

光緒十八年十壹月　日立寄佃根字林明亨（押）
在見弟明桂（押）
中見弟明振（押）
秉筆男英瑄（押）

8-2-10-5　清光緒十八年十一月林明亨立寄佃田根字

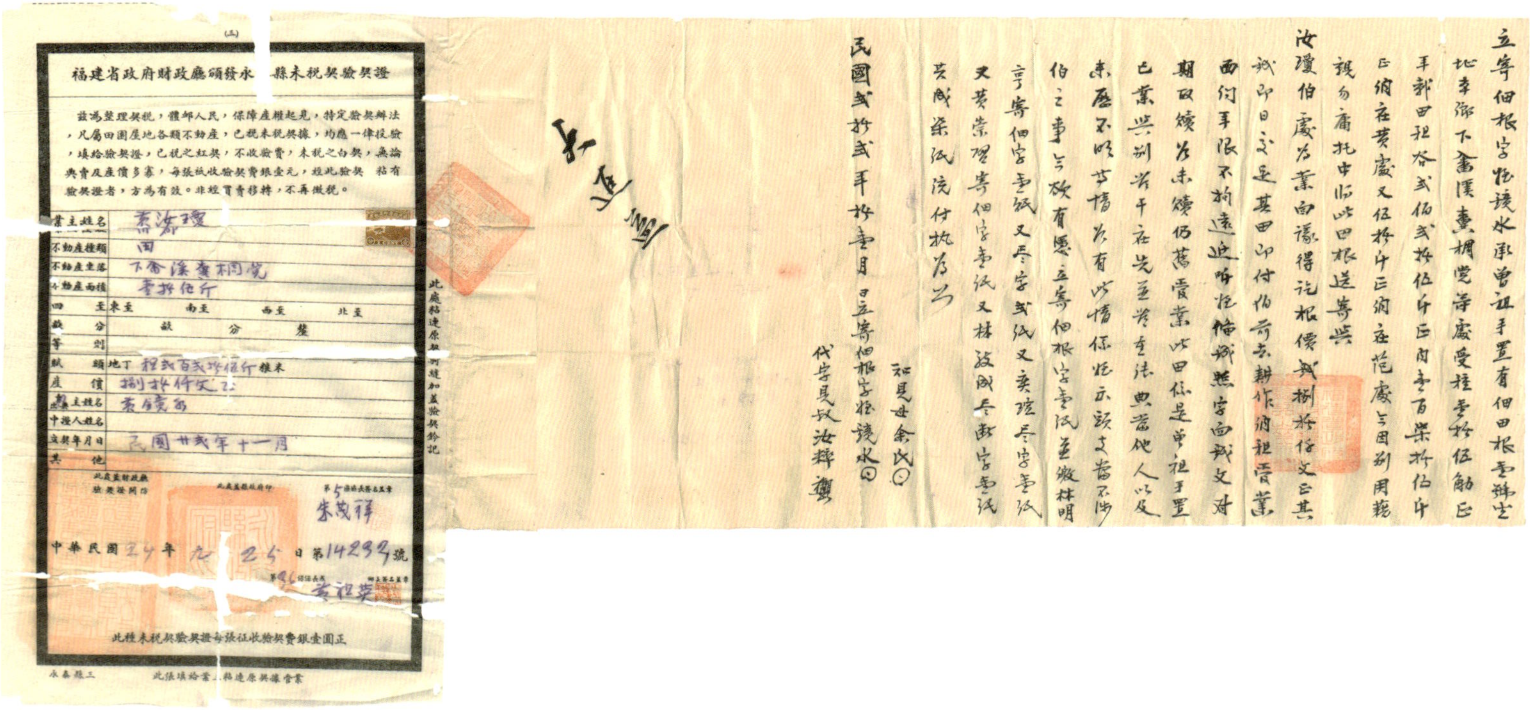

立寄佃根字人黃鏡水承曾祖手置有佃田根壹號坐
址本鄉下畬漢畫樹覺等處受種壹拾伍觔正
年新田租谷貳佰貳拾伍斤正內壹百柒拾伍斤
正納在黃處又伍拾斤正納在范處大田別用糕
視為庸托中向此田根送寄與
汝環伯處為業面議得記根價大洋拾伍文正其
銀即日交足其田即付伯前去耕作納租管業
西付手限不拘遠近將價備辦照字面贖文對
期取贖為本鏡仍舊管業此田係是曾祖手置
己業與別房兄弟無涉亦無典當他人以及
未歷不明等情如有此情係鏡水自理不涉
伯之事今欲有憑立寄佃根字壹紙並繳林明
亨寄佃字壹紙又長字壹紙又黃琮長字壹紙
又黃崇理寄佃字壹紙又林啟賊長字壹紙
共成柒紙流付執為照

知見母余氏○
民國貳拾貳年拾壹月　日立寄佃根字人黃鏡水○
代字見叔汝輝○

福建省政府財政廳頒發永　縣未稅契驗契證

8-2-10-6　民國二十二年十一月黃鏡水立寄佃田根字（紅契）

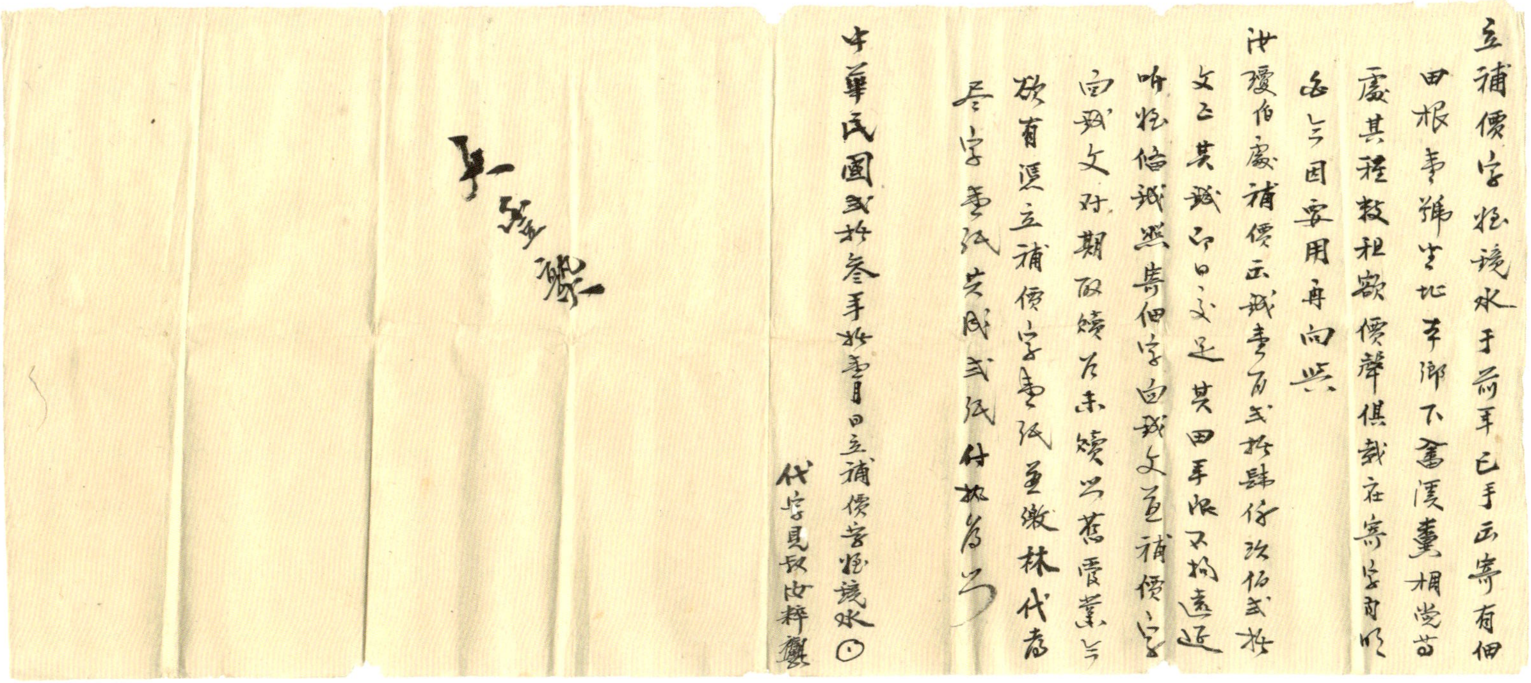

立補價字黄鏡水，于前年已手立賣有田
田根壹號，坐址本鄉下畬漈壟椆崗苗
處，其種穀租額價聲俱載在賣字內明
白。今因要用，再向與
洪瓊伯處補價正錢壹百貳拾肆仟玖佰貳拾
文正，其錢即日交足。其田年限不拘遠近，
聽從備錢照賣佃字內錢文並補價字
內錢文對期取贖，如未贖，以舊賣業字
收有憑。立補價字壹紙並繳林代書
賣字壹紙，共成貳紙，付執爲照。
中華民國貳拾叁年拾壹月　日立補價字黄鏡水（押）
代字見叔出梓鑾

8-2-10-7　民國二十三年十一月黄鏡水立補價字

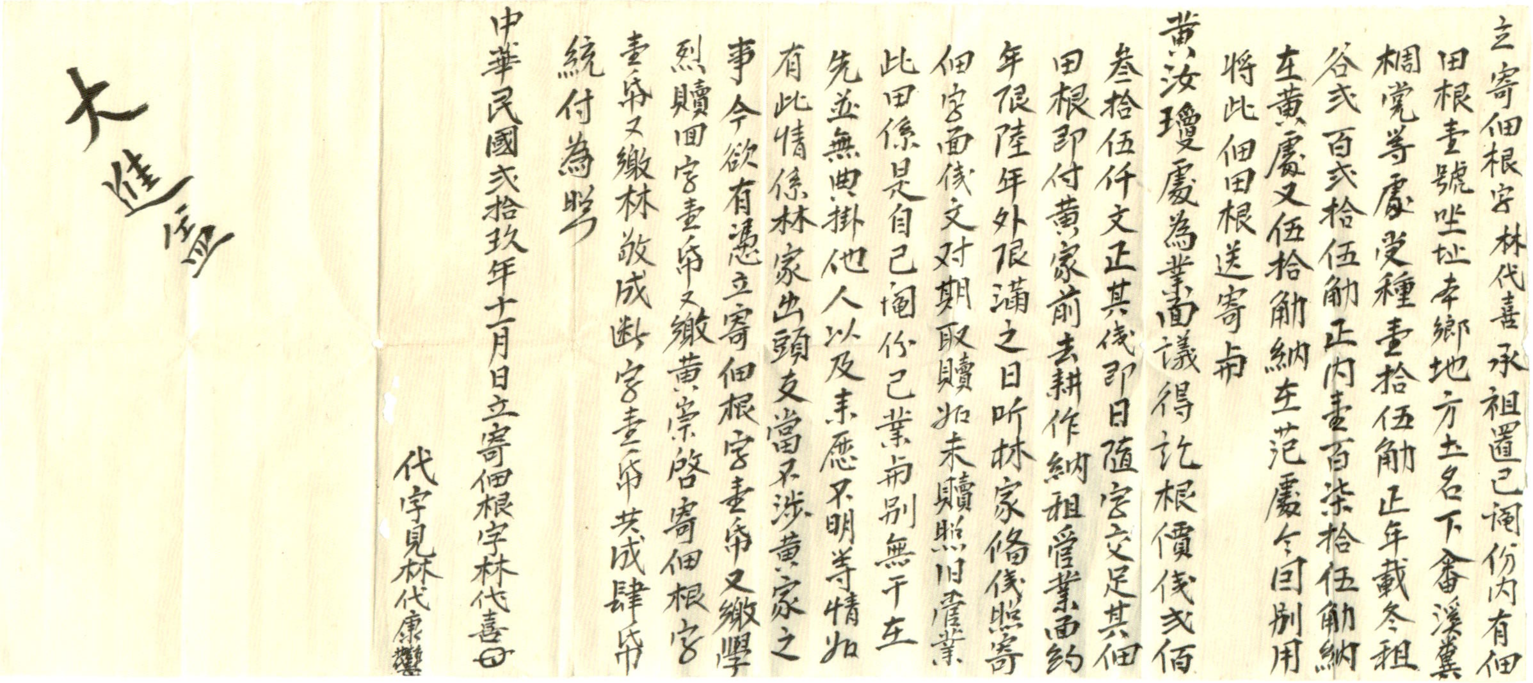

8-2-10-8　民國二十九年十一月林代喜立寄佃田根字

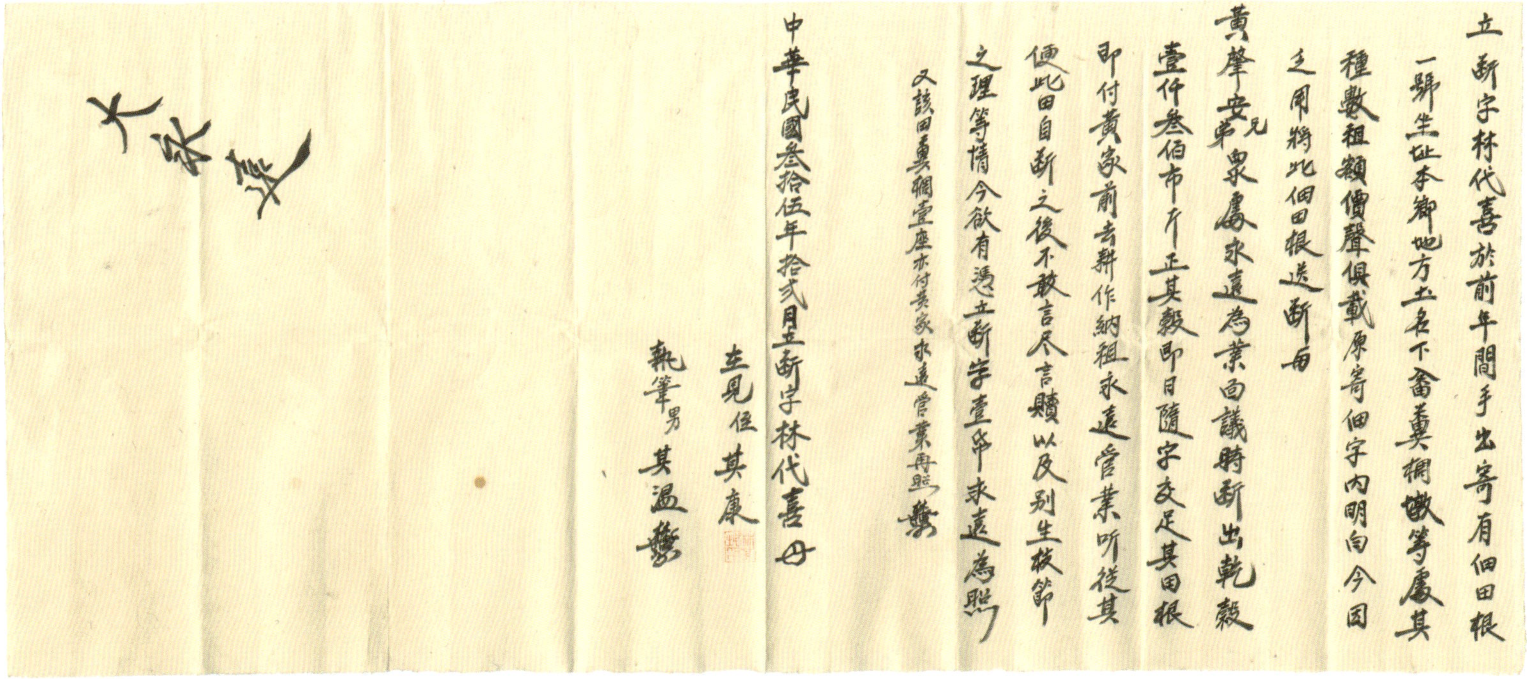
立斷字林代喜於前年間手出寄有佃田根
一號，坐址本鄉地方，土名下畬蕉櫥墘等處，其
種數、租額、價聲俱載原寄佃字內明白。今因
乏用，將此佃田根送斷與
黃肇安兄弟衆處承斷為業，面議時斷出乾穀
壹仟叁佰斤正，其穀即日隨字交足，其田根
即付黃家前去耕作納租，永遠管業，聽從其
便。此田自斷之後，不敢言盡言贖，以及別生枝節
之理等情。今欲有憑，立斷字壹紙，永遠為照。
又該田蕉櫥壹座亦付黃家永遠管業，再照。
中華民國叁拾伍年拾貳月　立斷字　林代喜（押）
在見侄　其康
執筆男　其溫

8-2-10-9　民國三十五年十二月林代喜立斷佃田根字

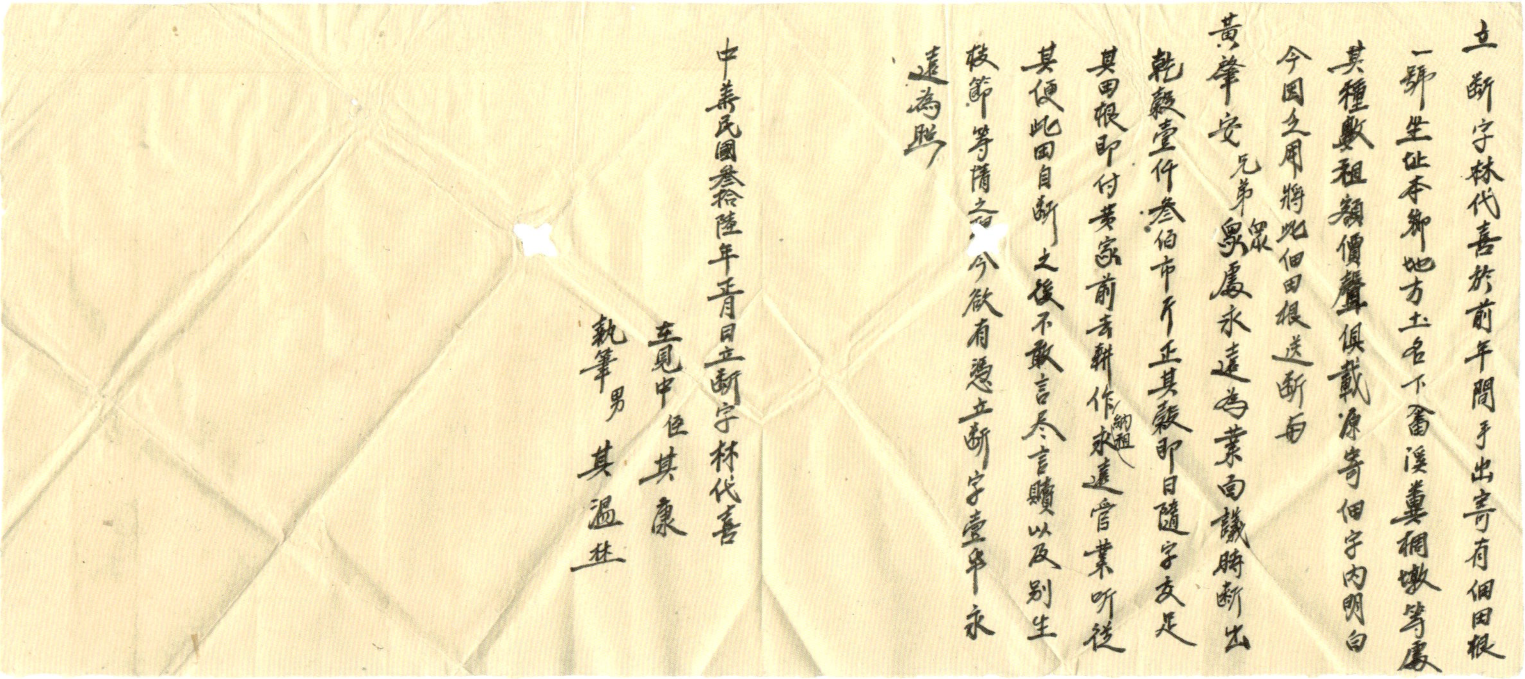
立斷字林代喜於前年間手出寄有佃田根
一號，坐址本鄉地方土名下畬溪墓桐墩等處，
其種數、租額、價聲俱載原寄佃字內明白。
今因乏用，將此佃田根送斷與
黃肇安兄弟衆處永遠為業。面議時斷出
乾穀壹仟叁佰市斤正，其穀即日隨字交足。
其田根即付黃家前去耕作納租，永遠管業，聽從
其便。此田自斷之後，不敢言尽言贖，以及別生
枝節等情。今欲有憑，立斷字壹紙，永
遠為照。

中華民國叁拾陸年正月　日立斷字林代喜
在見中侄其康
執筆男其溫

8-2-10-10　民國三十六年正月林代喜立斷佃田根字

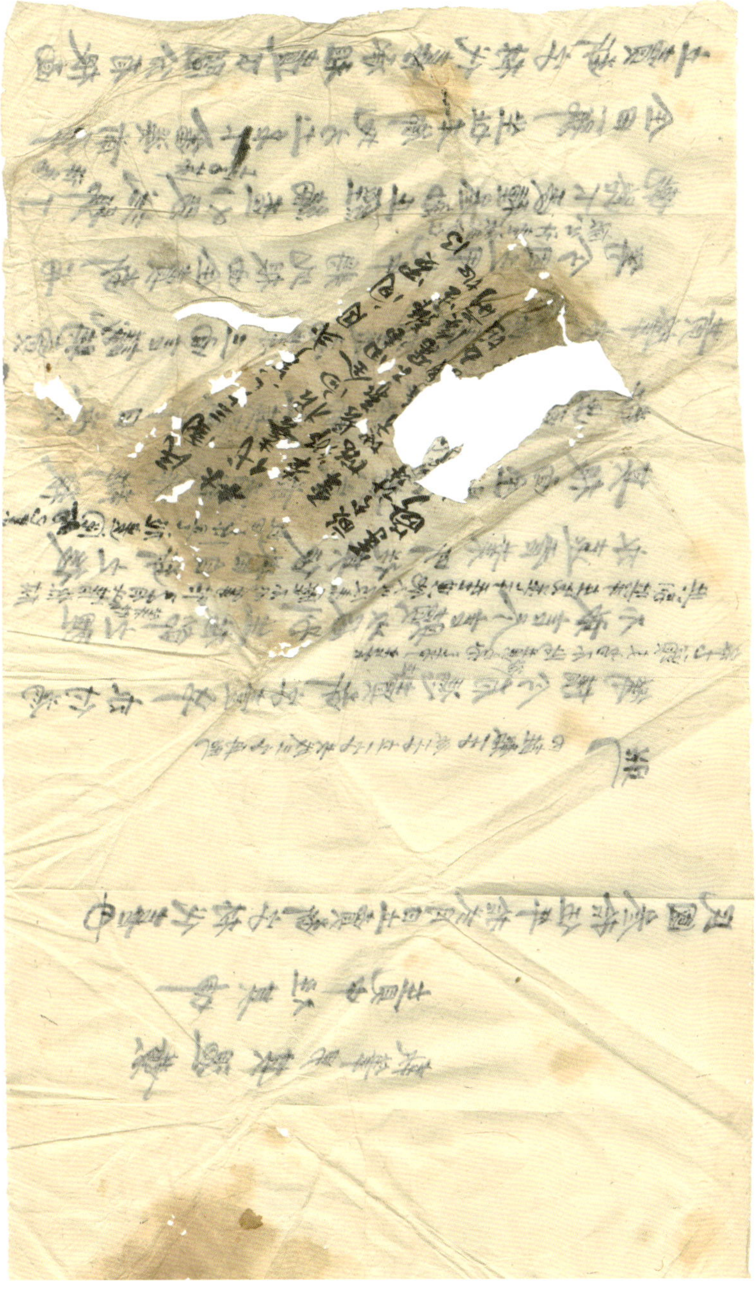

8-2-11-1　包契紙

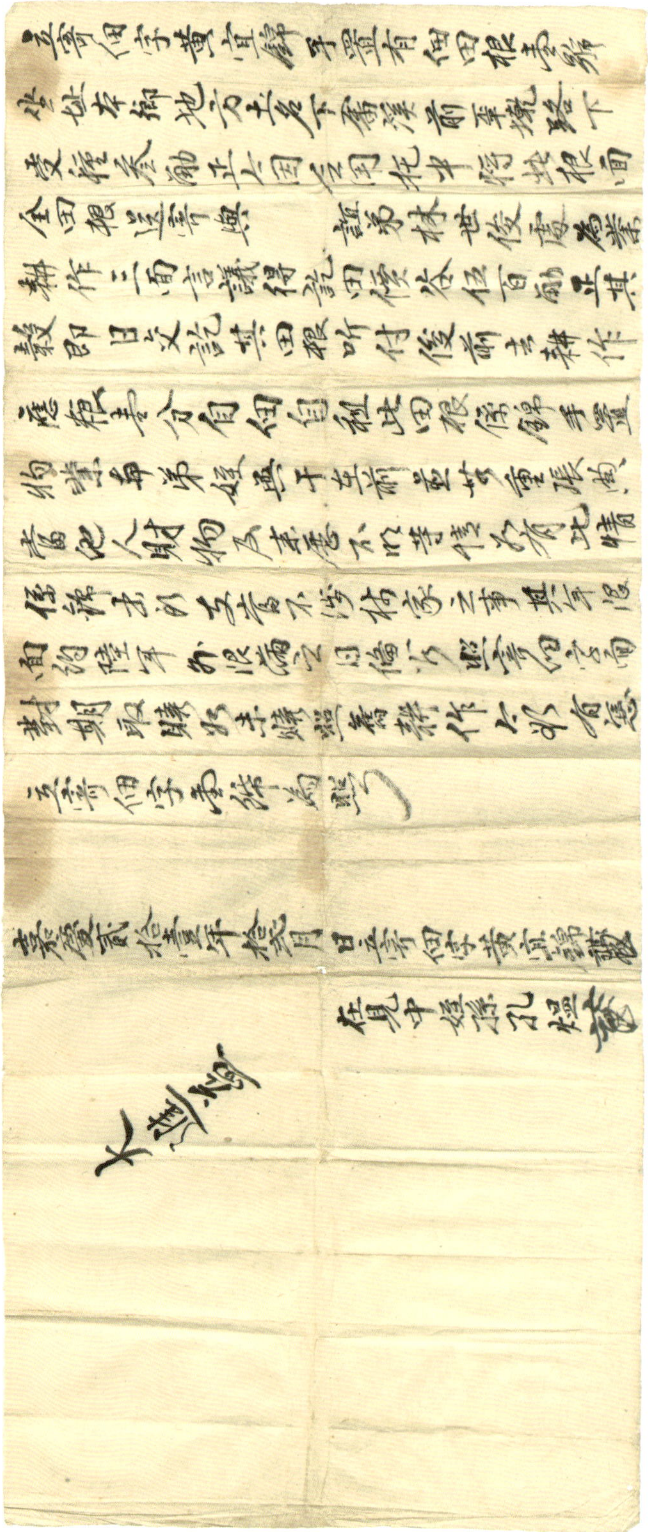
立寄佃字黃宜錦，手置有佃田根壹號，
坐址本鄉地方土名下番洋前[illegible]下
[illegible]受種叁畝正[illegible]
全田根送寄與　親弟林世俊處為業
耕作，三面言議，得訖田價銀叁拾伍兩正，其
銀即日交訖，其田根聽付俊前去耕作
[illegible]此田根係錦手置
[illegible]弟侄無干，[illegible]並無重張典[illegible]
[illegible]他人財物，及來歷不明等情，如有此情
[illegible]不涉佃家之事。其字限
[illegible]
[illegible]耕作[illegible]
立寄佃字壹紙為照。

嘉慶貳拾壹年拾貳月　日立寄佃字黃宜錦（押）
在見中[illegible]（押）
[illegible]

8-2-11-2　清嘉慶二十一年十二月黃宜錦立寄佃田根字

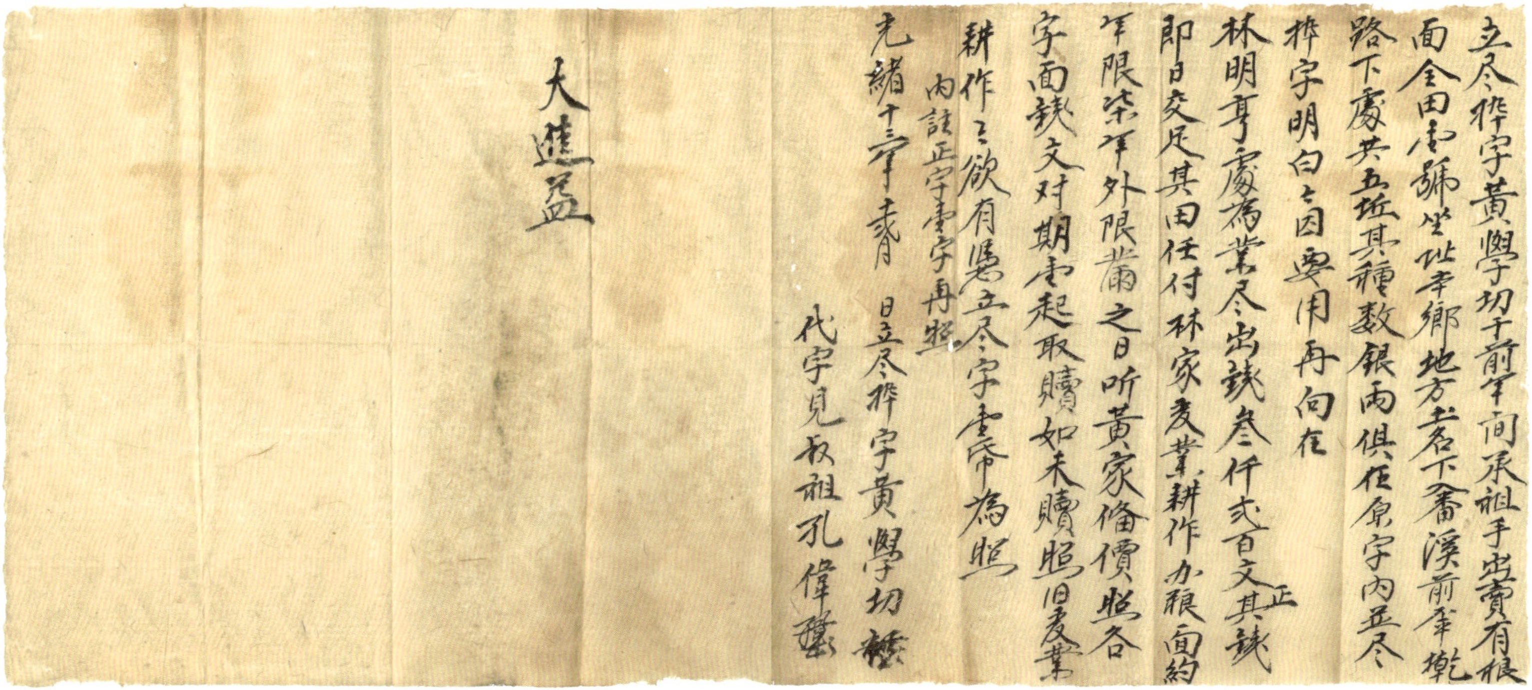

立盡挼字黃學切于前年間承祖手出賣有根
面全田壹號，坐址本鄉地方，土名下畬溪前年乾
路下處，共五坵，其種數銀兩俱在原字內並盡
挼字明白。今因要用，再向在
林明亨處爲業，盡出錢叁仟貳百文正，其錢
即日交足，其田任付林家爲業耕作，办粮面約
年限柒年，外限滿之日，听黃家備價照原
字面錢文对期壹起取贖，如未贖，照旧爲業
耕作。今欲有憑，立盡字壹紙爲照。
內註正字壹字再照
光緒十三年十二月　日立盡挼字黃學切（押）
代字見叔祖孔偉（押）

大進益

8-2-11-3　清光緒十三年十二月黃學切立盡撮字

8-2-11-4　民國三十五年十二月林代喜立賣斷根面全田字

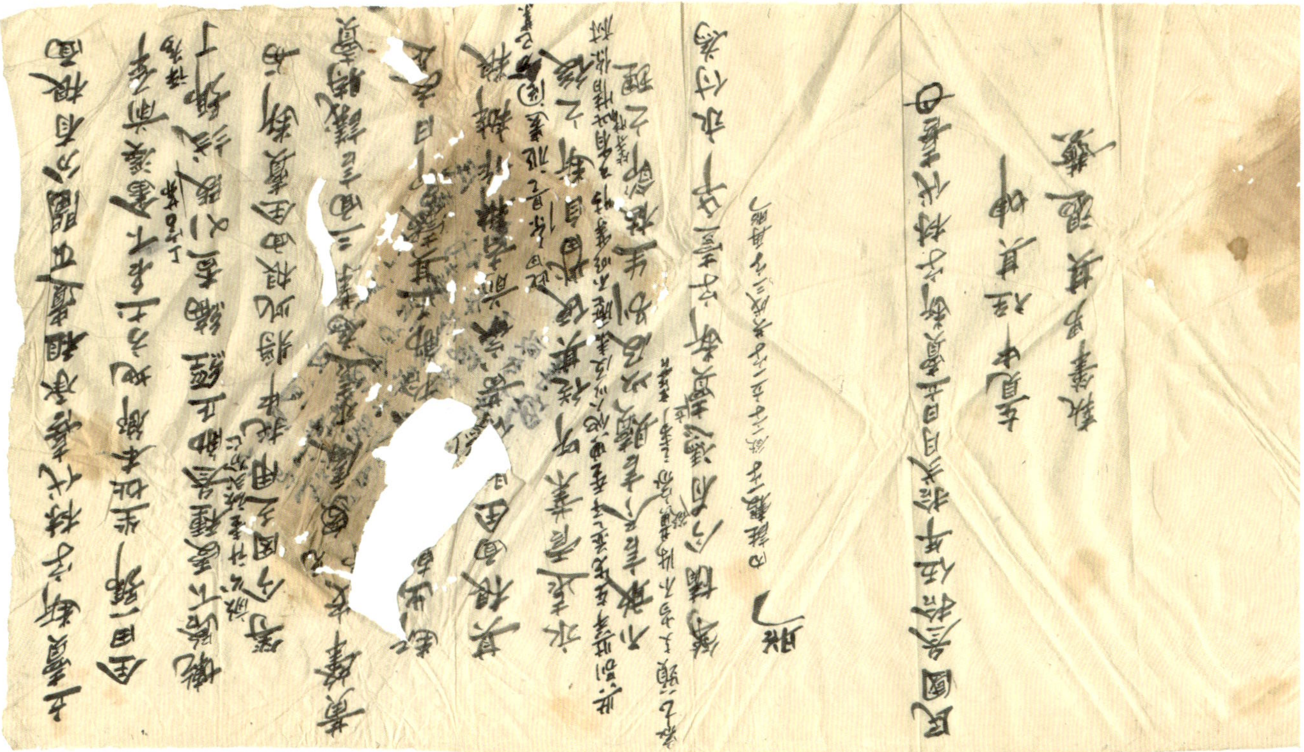
立賣斷字林代喜承祖遺下闔分有根面

民國叁拾伍年拾貳月　日立賣斷字林代喜

在見中

執筆男

立賣斷字林代喜承祖遺鬮分有根面全田
壹號坐址本鄉地方土名下畲溪前平坑路下
共伍坵經政府編查段號第乂段訓號評為丁等
畝分討柒分弍厘正今因乏用面議將此根面全田
賣斷與
黄肇安兄弟處永遠為業面議將賣斷出乾穀弍
佰叁拾市觔正其穀即日交足其根面全田付黄
家前去耕作辦粮管業听從其便此田係是祖
遺鬮分已業兩別無干在先并無重典他人以
及来歷不明等情如有此情係是林家出頭支當不涉
黄家之事喜自斷之後不敢言盡言贖以及別生
枝節之理今欲有憑立賣斷字壹紙又繳黄宜錦
原寄佃壹紙又繳學切盡字壹紙共成叁紙
統付為照

內註林乙字家乙字共成叁字再照（押）

民國叁拾陸年弍月日立賣斷字林代喜（押）
在見侄　其康（押）
執筆男　其溫（押）

大吉

8-2-11-5　民國三十六年二月林代喜立賣斷根面全田字

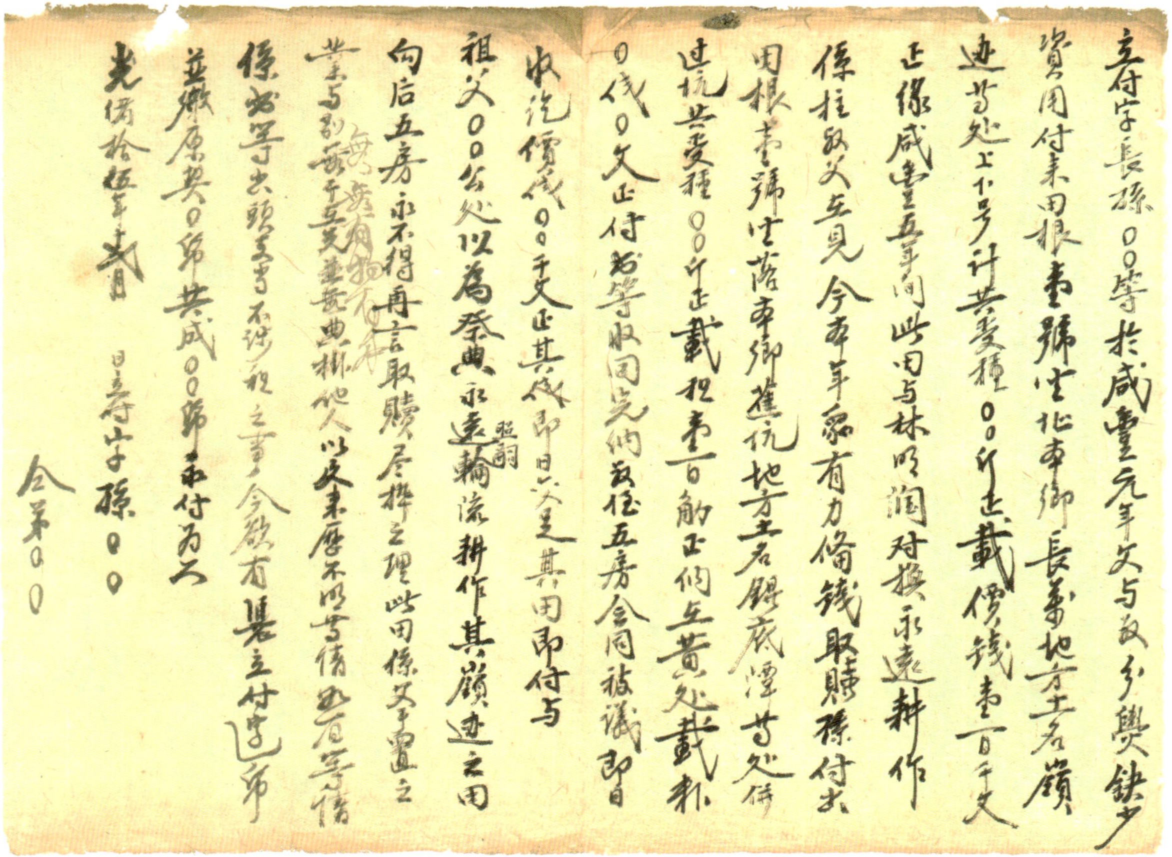
立付字長孫〇〇等，於咸豐元年父与叔乡樊缺少
資用，付来田根壹號，坐北車鄉，長第地方，土名嶺
边背处，工十号，計共麦種〇〇斤正，載價錢壹百千文
正。係咸豐五年間，此田与林明润对換，永遠耕作
係祖叔父左見。今本年家有力備錢取贖，孫付出
田根壹號，坐落車鄉蓮坑地方，土名鯉底潭背处，併
边坑共麦種〇〇斤正，載租壹百觔正，仍在黃处載耕
〇〇錢〇〇文正，付與等收回完納，叔在五房合同被議，即日
收訖價錢〇〇千文正，其錢即日六交足，其田即付与
祖父〇〇公處，以為祭典，永遠輪流耕作，其嶺边之田
向后五房永不得再言取贖，居拼之理，此田係父手置立
業，与别房無干，並無重典掛他人，以及來歷不明等情，如有等情
係出等出頭支當，不涉祀之事。今欲有憑立付字，远并
並繳原契〇紙，共成〇〇紙，付為照。
光緒拾伍年　月　日立付字孫〇〇
仝弟〇〇

8-2-12-1　清光緒十五年十二月黃氏等立付字（草契）

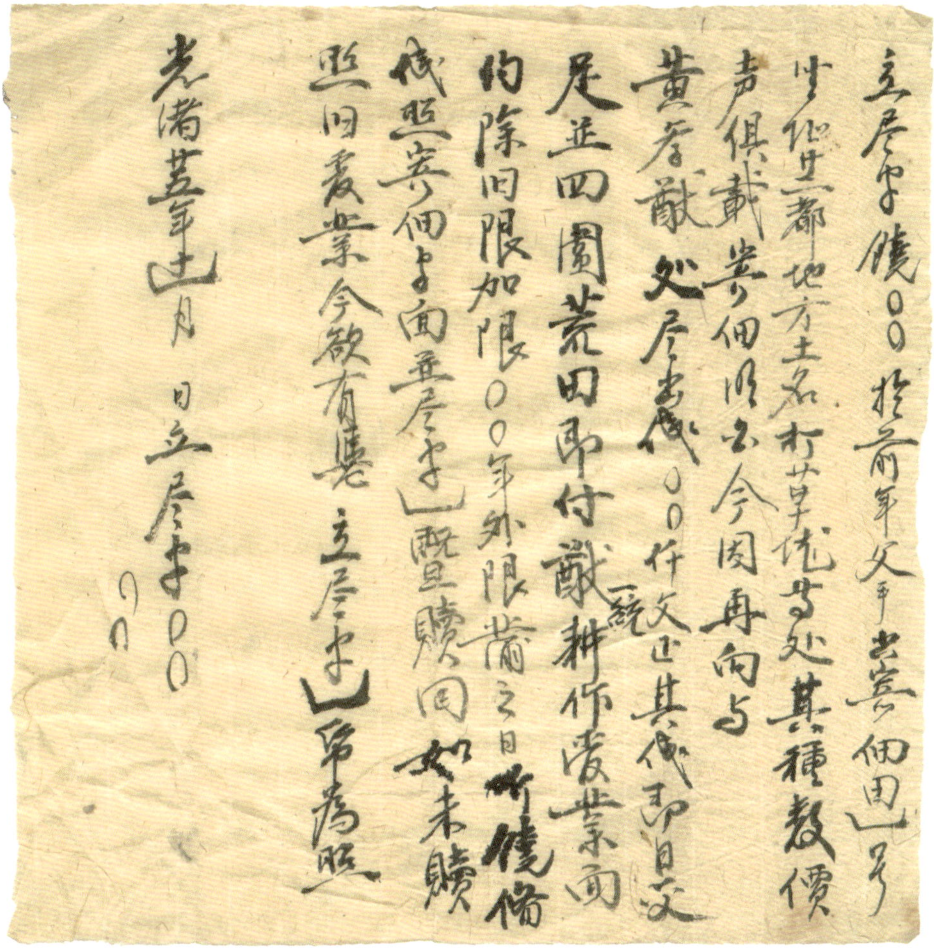
立盡字饒○○於前年父手出盡佃田乙号，坐址廿一都地方土名竹草坑等处，其種穀價声俱載盡佃明白，今因再向与黄孝獻處盡出○○仟文正，其價即日交足，並四圍荒田即付獻耕作管業，两約除旧限加限○○年外限滿之日，聽饒備價照字佃字面並盡字乙紙照贖，回如未贖照旧管業，今欲有憑，立盡字乙帋為照。
光緒廿五年十一月　日立盡字○○

8-2-12-2　清光緒二十五年十一月饒氏立盡佃田字（草契）

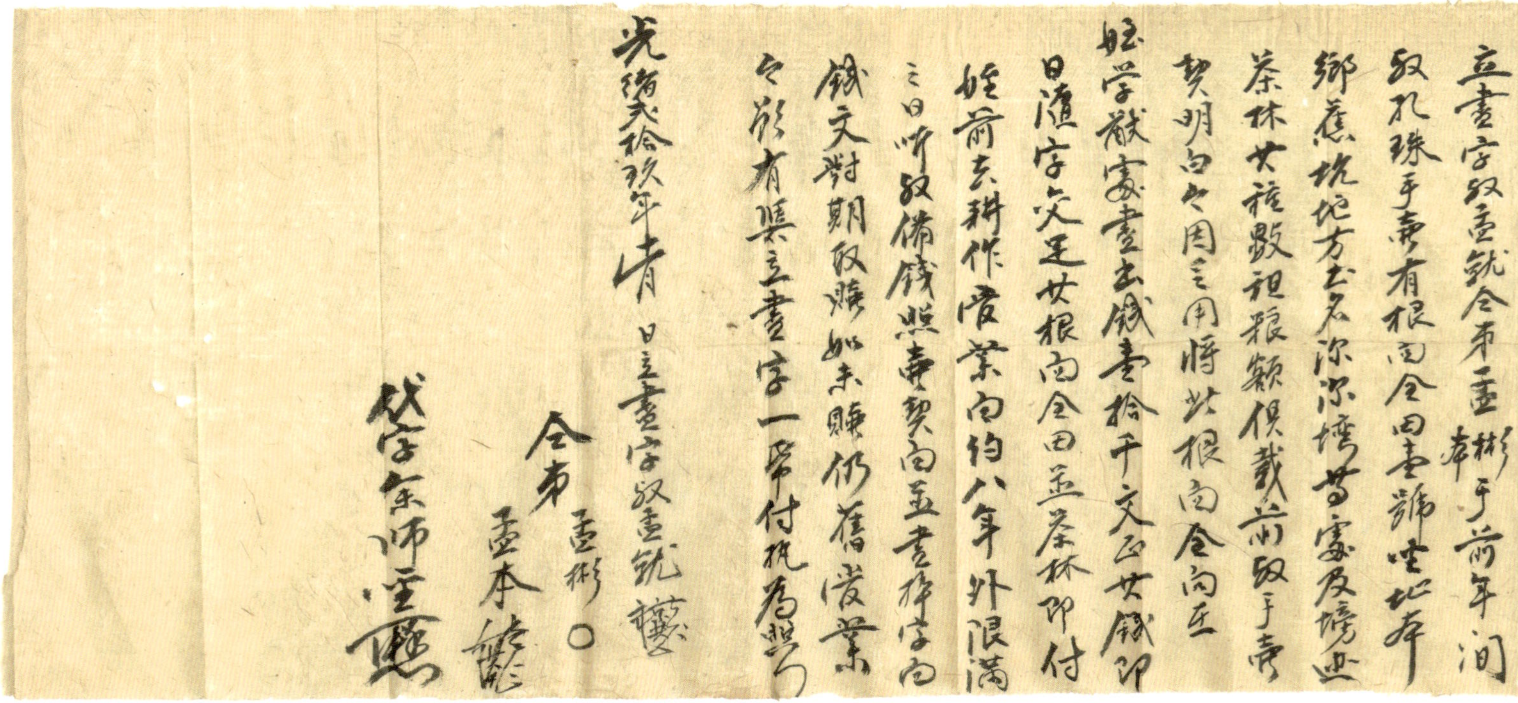

立盡字叔孟就全弟孟彬侄前年間
叔孔珠手裏有根面全田壹號坐址本
鄉蕉坑地方土名[illegible]壙及壙邊
茶林大種數租粮額俱載前叔手裏
契明白今因乏用將此根面全向與
姪学獻處盡出錢壹拾千文正其錢即
日隨字交足其根面全田並茶林即付
姪前去耕作管業面約八年外限滿
之日听叔備錢照契面並盡[illegible]字面
錢文對期取贖如未贖仍舊管業
今欲有憑立盡字一紙付執爲照
光緒弍拾玖年十一月 日立盡字叔孟就
全弟 孟彬 ○
孟本
代字 [illegible]師[illegible]

8-2-12-3　清光緒二十九年十一月黄孟就等立盡根面全田字

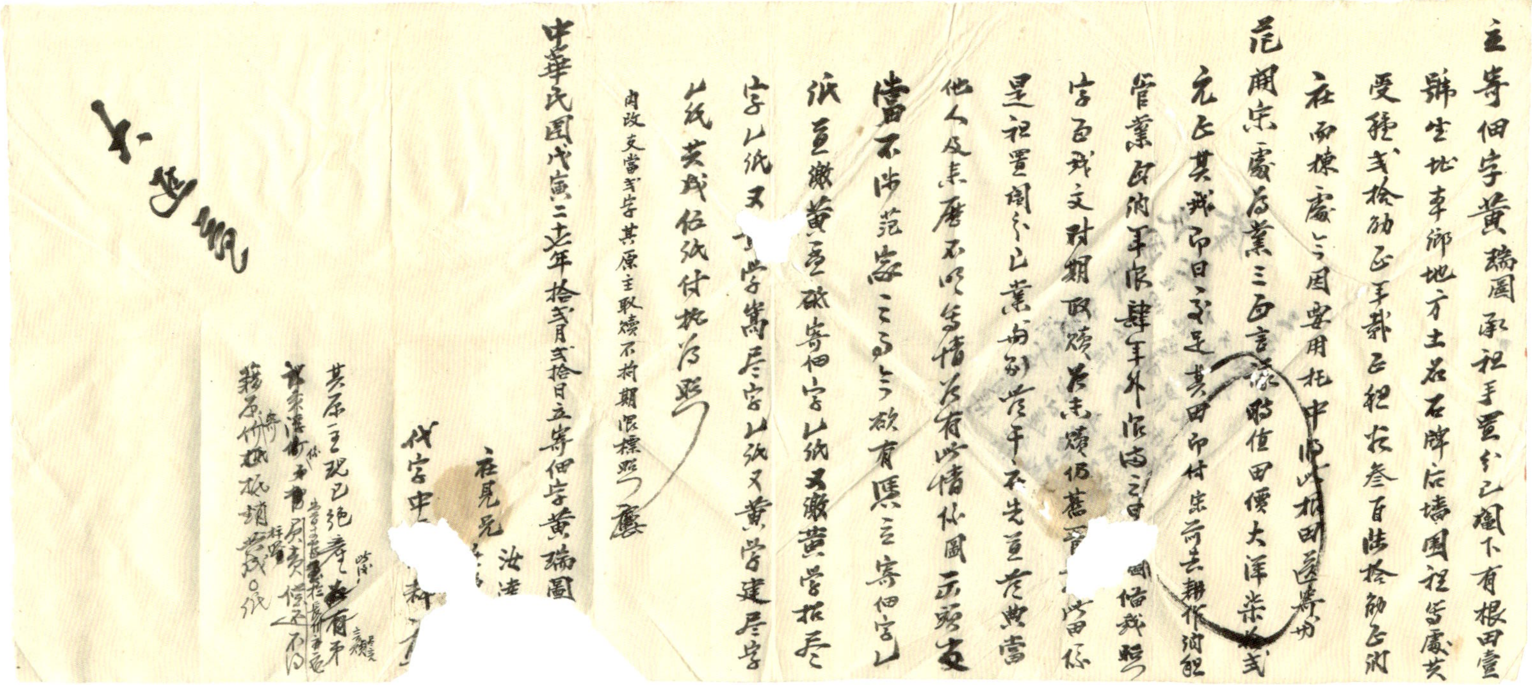

立寄佃字黃瑞圖承祖手置分己閹下有根田壹
號坐址本鄉地方土名石牌后墻園祖宮處共
受種弍拾觔正年載正租谷叁百陸拾觔正納
在西楝處　今因要用托中將此根田送寄
范開宗處爲業三面言議時值田價大洋柒拾弍
元正其銀即日交足其田即付宗前去耕作收租
管業自納年限肆年外依[illegible]備銀照
字面銀文對期取贖若未贖仍舊[illegible]當田係
是祖置閹分己業與別房[illegible]干不先[illegible]典當
他人及未曆不明等情若有此情係圖出頭支
當不涉范家之事　今欲有憑立寄佃字山
紙並繳黃[illegible]寄佃字山紙又繳黃學根居
字山紙又[illegible]學嵩居字山紙又黃學建居字
山紙共[illegible]伍紙付執爲照

內改支當弍字其原主取贖不拘期限標照　廢

中華民國戊寅二十七年拾弍月弍拾日立寄佃字黃瑞圖

在見兄　汝[illegible]

代字中　[illegible]

8-2-12-4　民國二十七年十二月黃瑞圖立寄佃根田字（廢契）

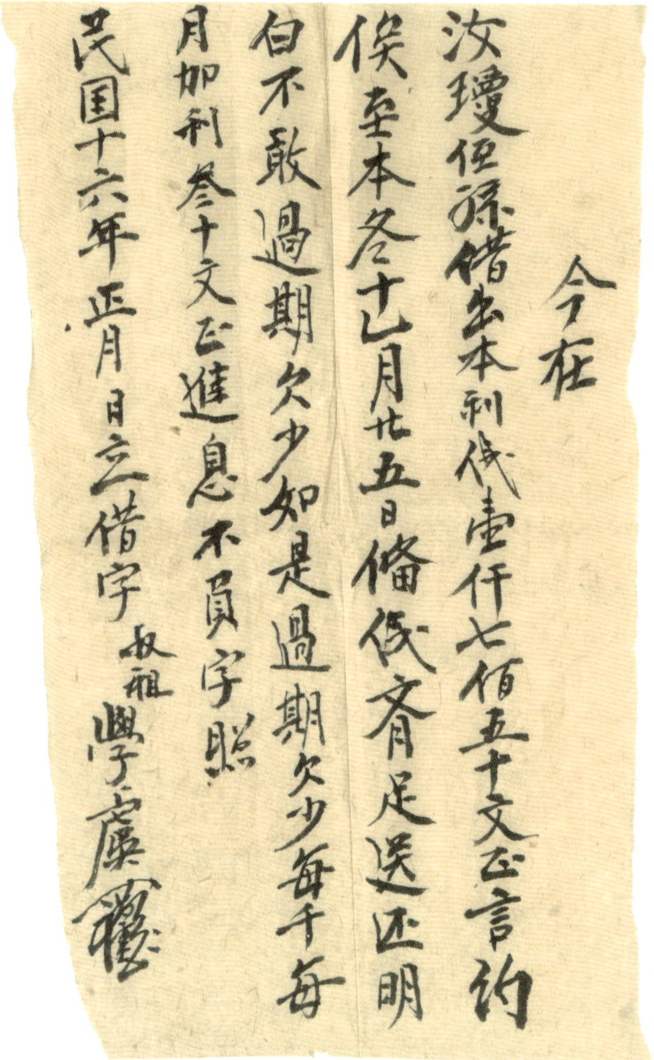
今在
汝瓊侄孫借出本利伐壹仟七佰五十文正言約
俟至本冬十乙月廿五日備伐齊足送还明
白不敢過期欠少如是過期欠少每千每
月加利叁十文正進息不負字照
民国十六年正月　日立借字 叔祖 學虞

8-2-13-1　民國十六年正月黄學虞立借錢字

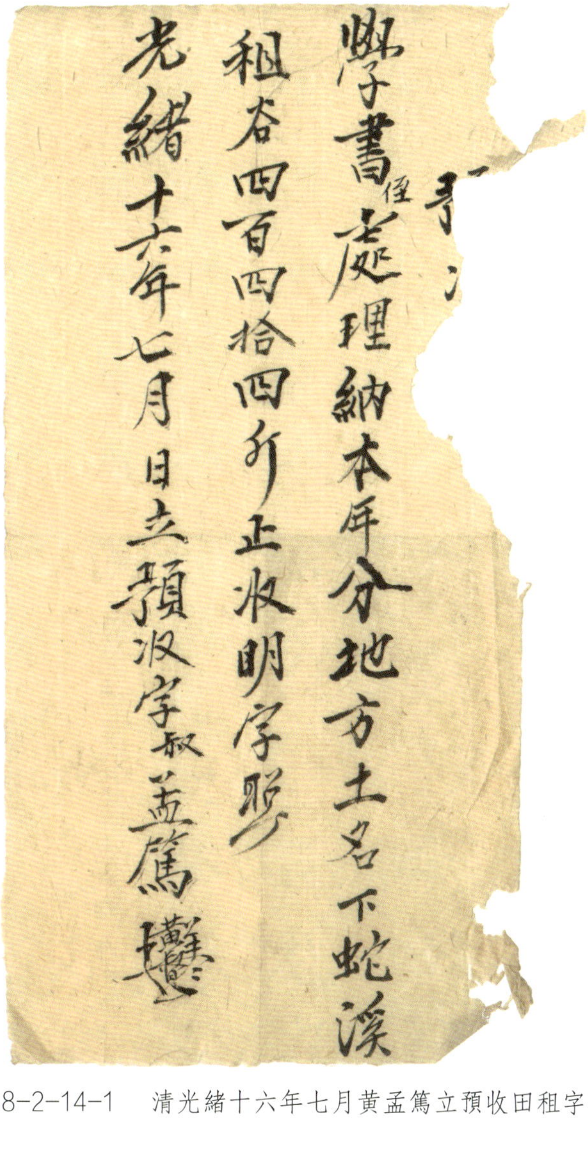
學書侄處理納本分地方土名下蛇溪
租谷四百四拾四斤正收明字照
光緒十六年七月 日立預收字叔孟篤 押

8-2-14-1　清光緒十六年七月黃孟篤立預收田租字

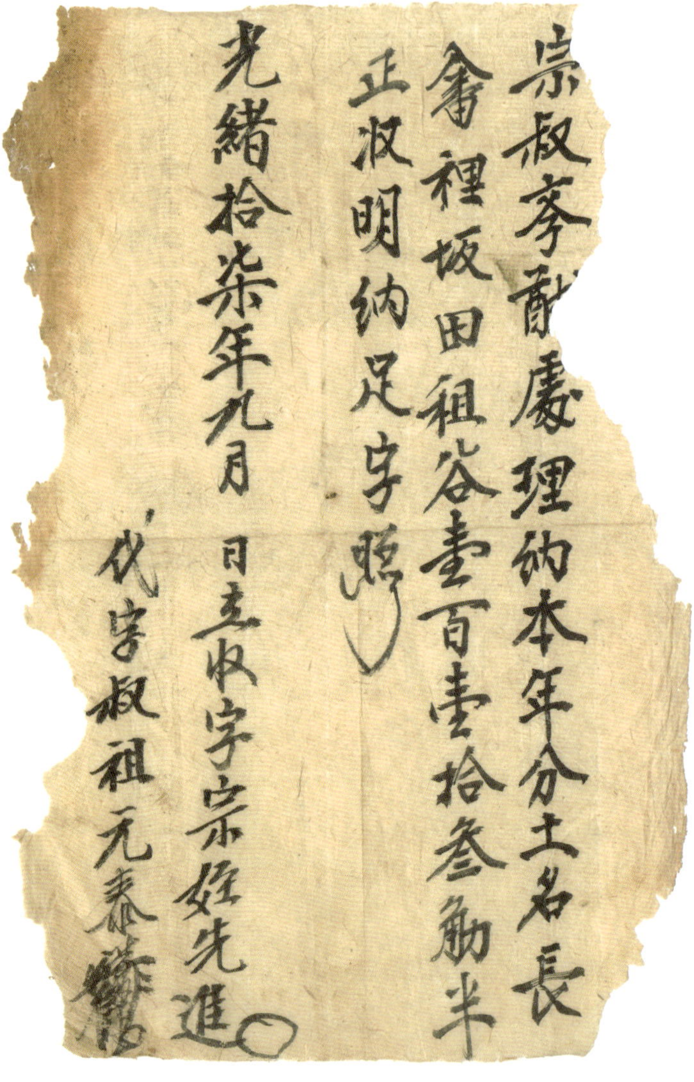
宗叔孝酌處理納本年分土名長
畲裡坂田租谷壹百壹拾叁觔半
正收明納足字照
光緒拾柒年九月　日立收字宗侄先進
代字叔祖元泰

8-2-14-2　清光緒十七年九月黃先進立收田租字

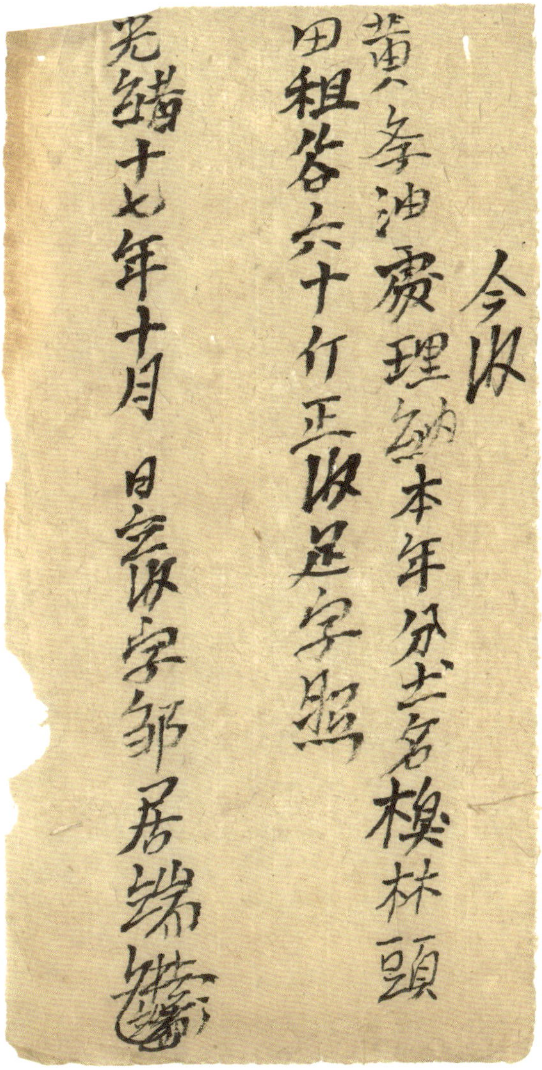
今收
黄八条油霞理納本年分土名樓林頭
田租谷六十斤正收足字照
光緒十七年十月　日立收字鄒居端（押）

8-2-14-3　清光緒十七年十月鄒居端立收田租字

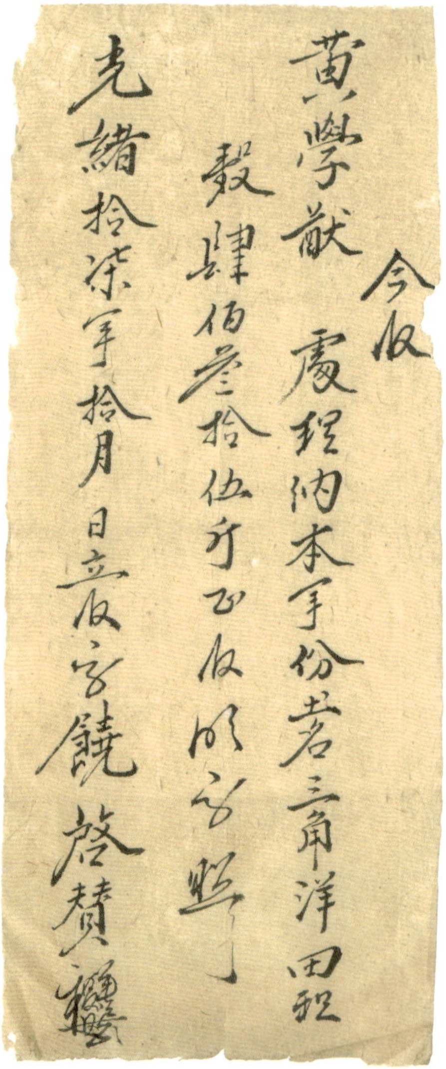

今收
黄學猷 處程納本年份若三角洋田租
穀肆佰叁拾伍斤正收明為照
光緒拾柒年拾月 日立收字饒啓贊

8-2-14-4　清光緒十七年十月饒啓贊立收田租字

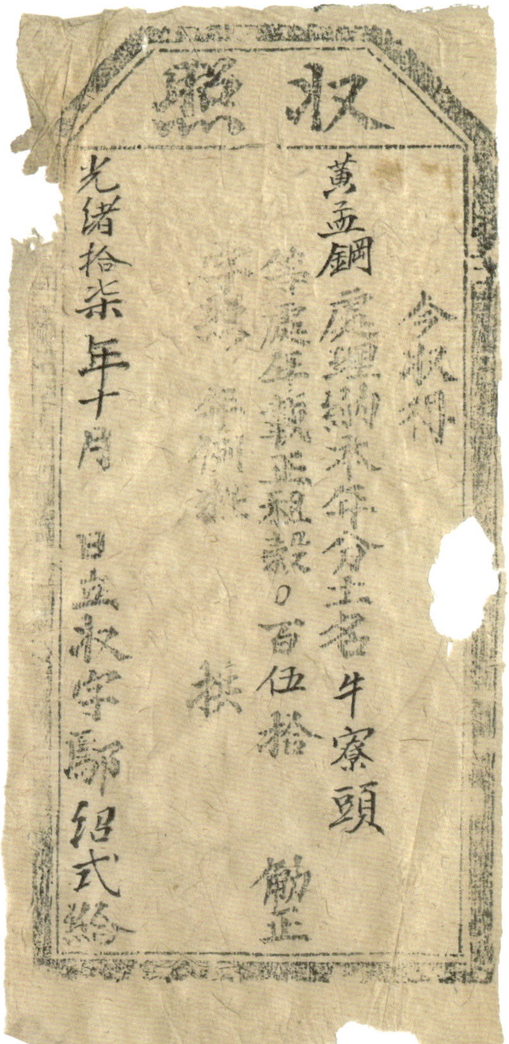
收照
今收得
萬孟鋼户理柳木坪分主名 牛寮頭
等處年額正租穀〇百伍拾 觔正
光緒拾柒年十月　日立收字鄭紹式 給

8-2-14-5　清光緒十七年十月鄭紹式立收正租字

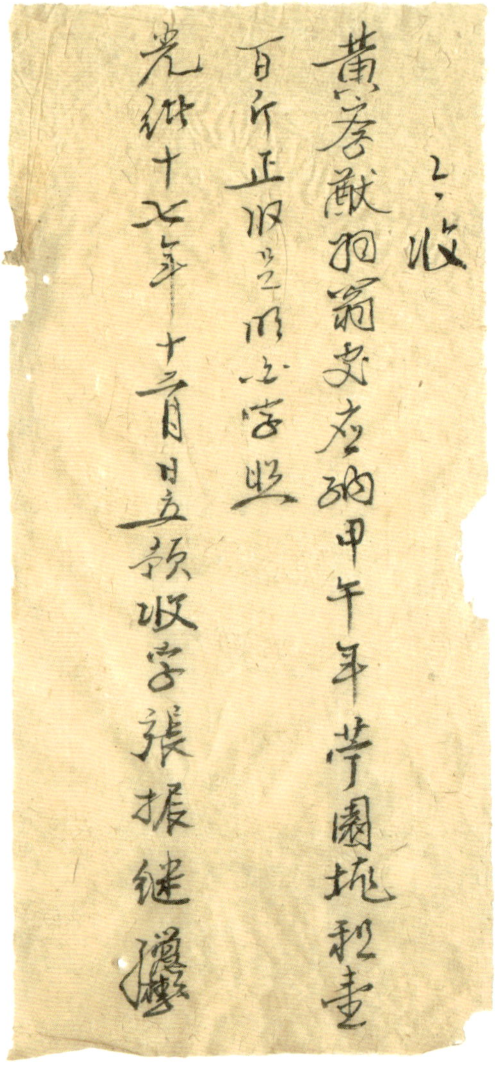
又收

黄宅獻相翁交來納甲午年芋園坵租壹

百斤正收足明白字照

光緒十七年十二月日立領收字張振繼（押）

8-2-14-6　清光緒十七年十二月張振繼立收田租字

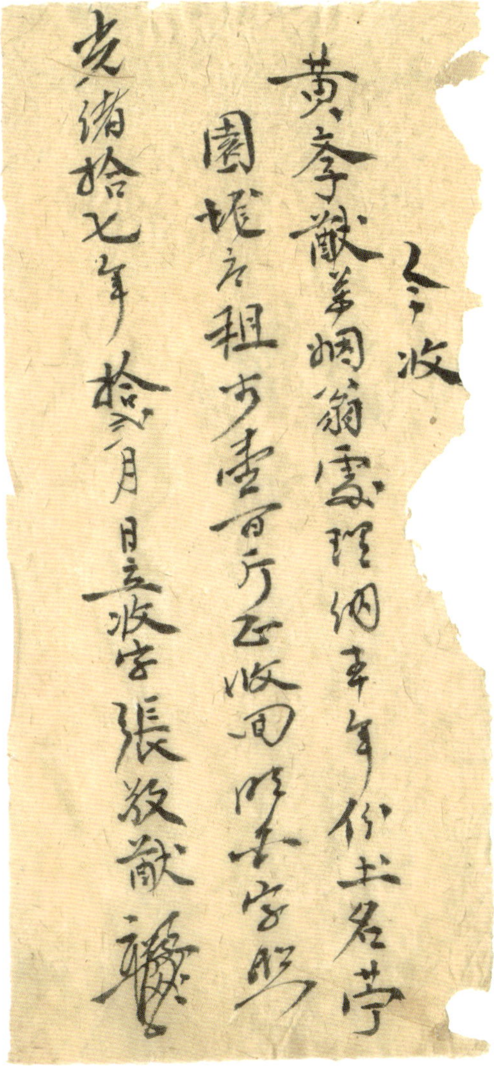

今收
黄孝猷等炯翁處理佃本年份土名亭
園墘厝租谷壹百斤正收回明水字照
光緒拾七年拾弍月　日立收字張敬猷（押）

8-2-14-7　清光緒十七年十二月張敬猷立收田租字

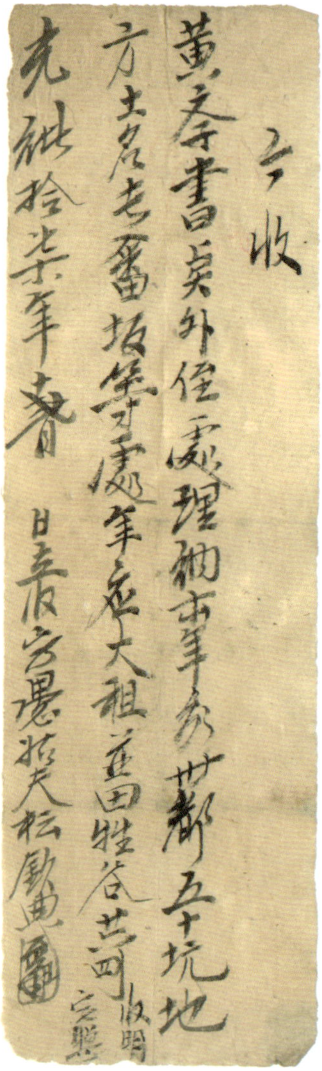

8-2-14-8　清光緒十七年十二月楊欽典立收大租等字

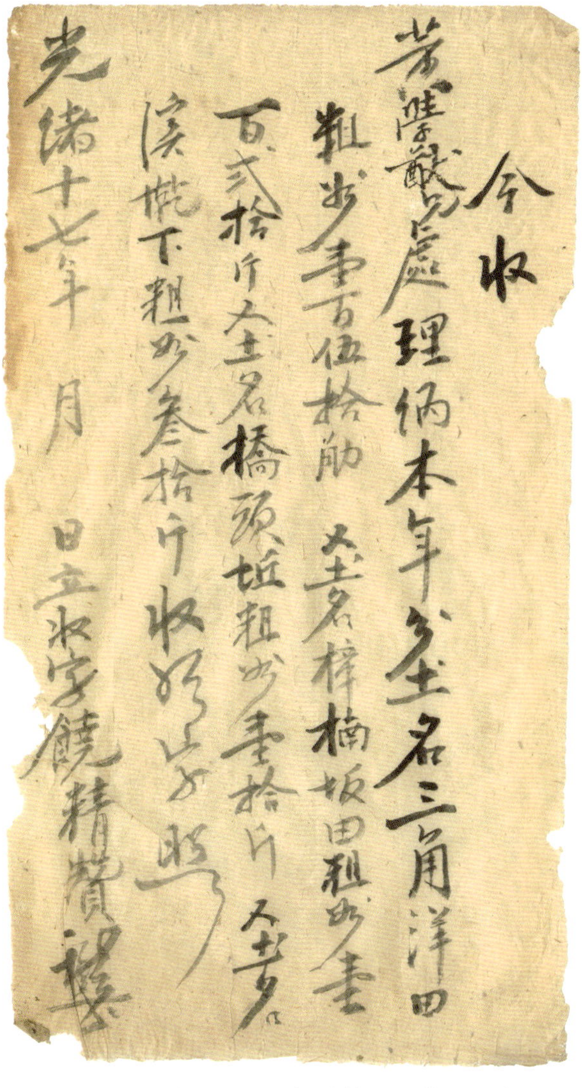
今收
芳[illegible]處理倆本年分土名三角洋田
租谷壹百伍拾觔　又土名梓楠坂田租谷壹
百貳拾斤又土名橋頭[illegible]租谷壹拾斤　又土名
溪墘下租谷叁拾斤收好此照
光緒十七年　月　日立收字饒精贊親筆

8-2-14-9　清光緒十七年饒精贊立收田租字

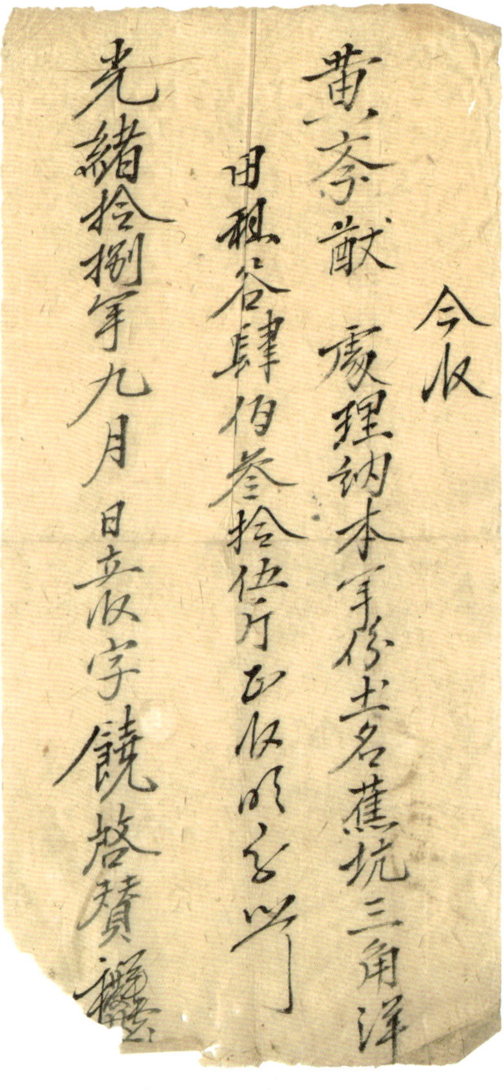

今收
黄奈歆 處理納本年份土名蕉坑三角洋
田租谷肆佰叁拾伍斤正收明足訖
光緒拾捌年九月 日立收字饒啓贊（押）

8-2-14-10　清光緒十八年九月饒啓贊立收田租字

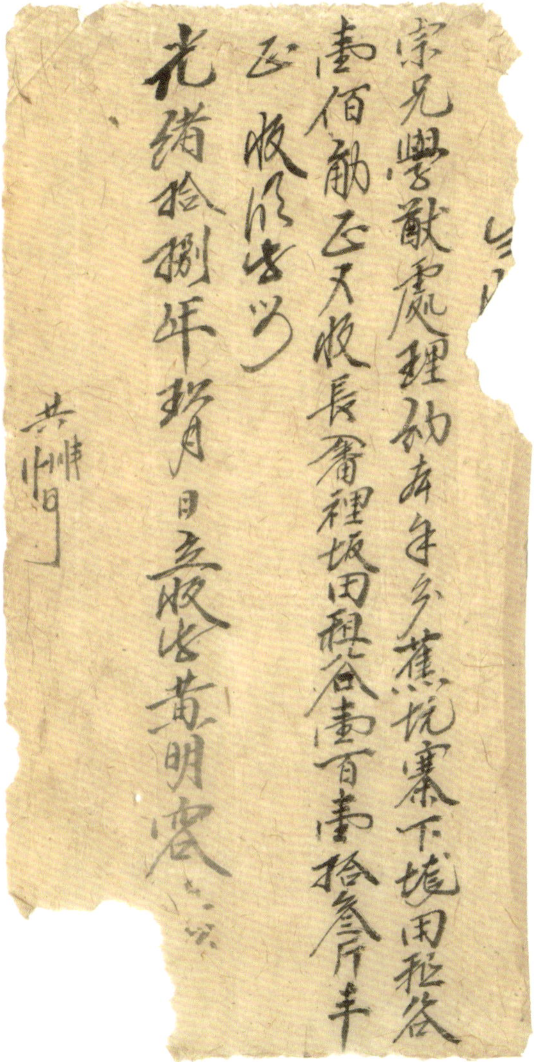
宗兄學獻處理幼本年分蕉坑寨下墘田租谷
壹佰觔正又收長簀裡坂田租谷壹百壹拾叁斤半
正收明當以
光緒拾捌年玖月　日立收字黄明容
共帖

8-2-14-11　清光緒十八年九月黄明容立收田租字

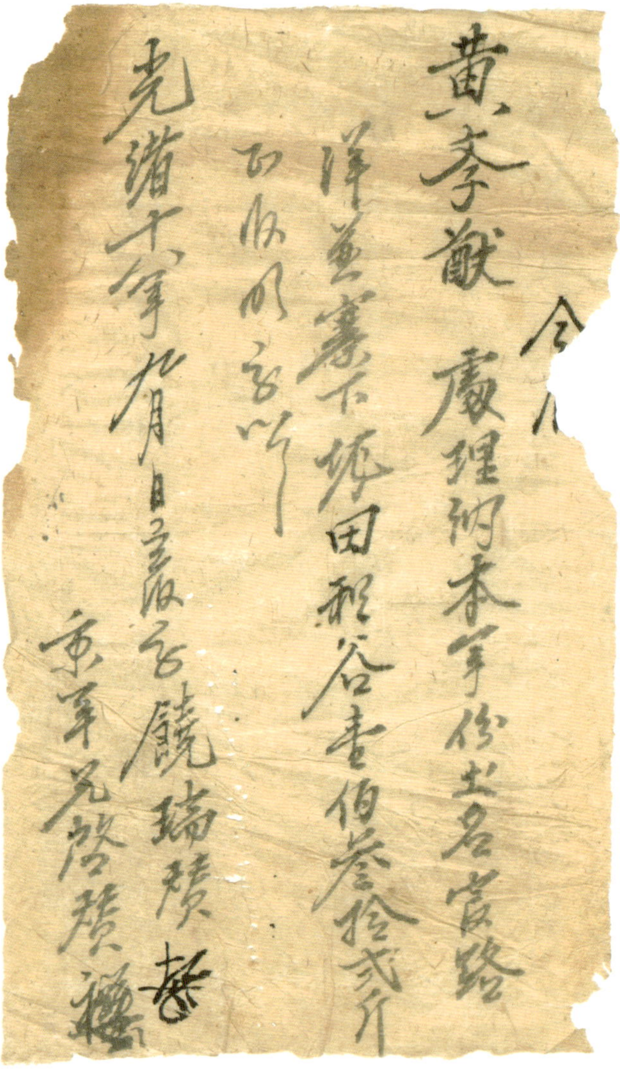
仝
黃孝猷處經收本年份土名宮路
洋並寨下坵田租谷壹伯叁拾弍斤
所收明白訖
光緒十八年九月　日立收字饒瑞贊（押）
秉筆兄啓贊（押）

8-2-14-12　清光緒十八年九月饒瑞贊立收田租字

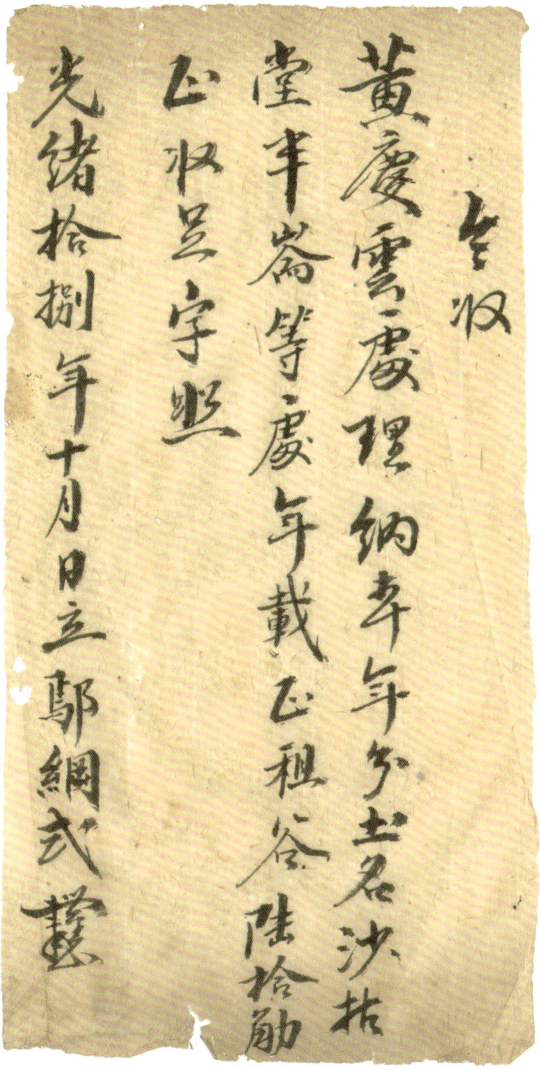
今收
黄慶雲慶理納本年分土名沙拈
堂半畚等處年載正租谷陸拾觔
正收足字照
光緒拾捌年十月日立鄭綱式

8-2-14-13　清光緒十八年十月鄭綱式立收正租字

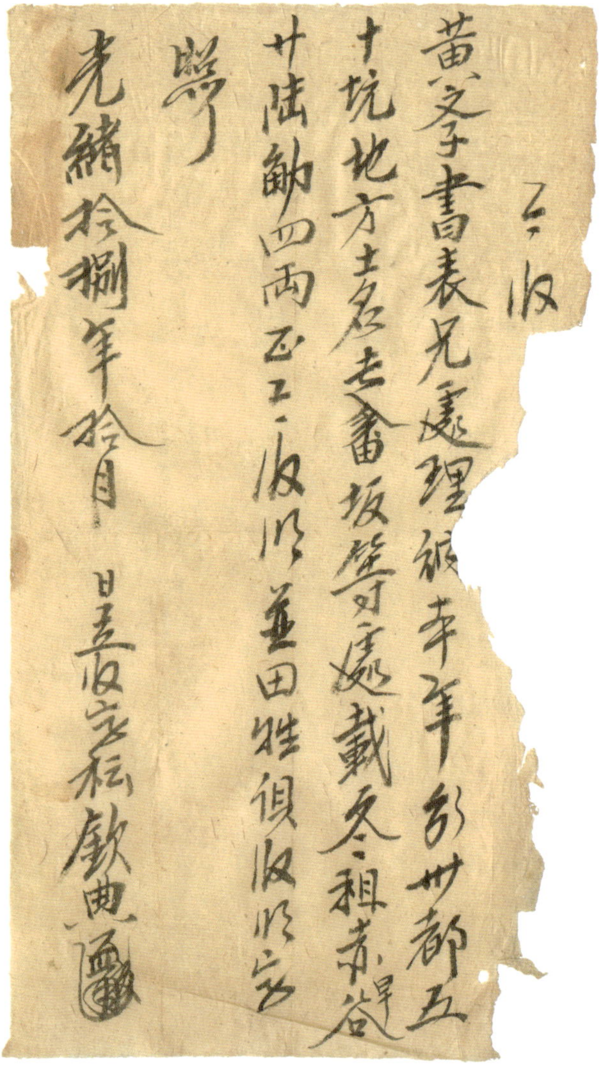
立收
黄孝書表兄處理被本年分廿都五
十坑地方土名屯畬坂等處載冬租赤谷早
廿陆觔四两正，其收明並田牲俱收明完
訖字
光緒拾捌年拾月
日立收字楊欽典（押）

8-2-14-14　清光緒十八年十月楊欽典立收冬租字

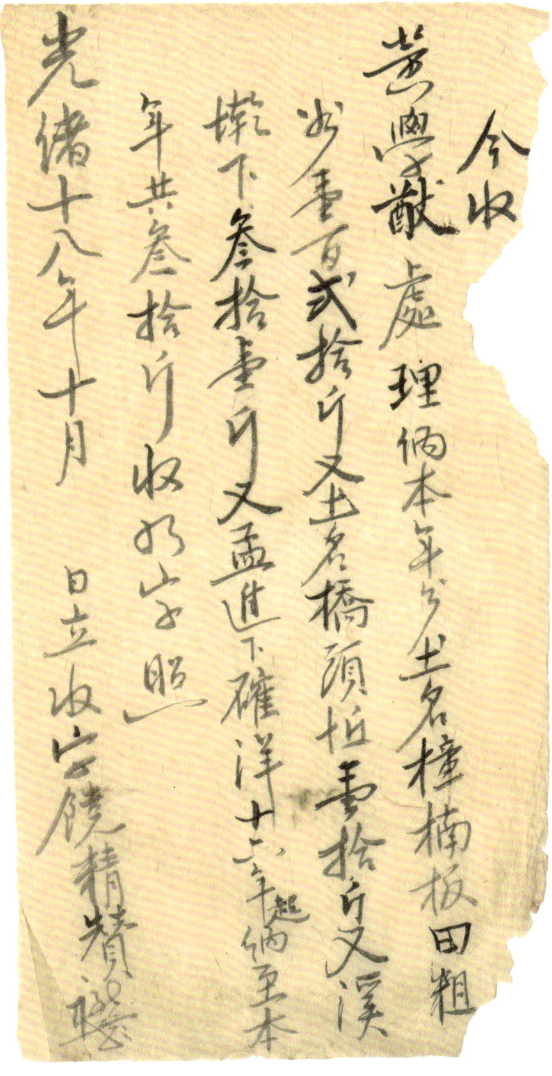
今收
黄興敵處理俩本年分土名樟楠板田租
谷壹百弍拾斤又土名橋頭垃壹拾斤又溪
墘下叁拾壹斤又孟進下確洋十六年起俩至本
年共叁拾斤收明山字照
光緒十八年十月 日立收字饒精贊

8-2-14-15　清光緒十八年十月饒精贊立收田租字（一）

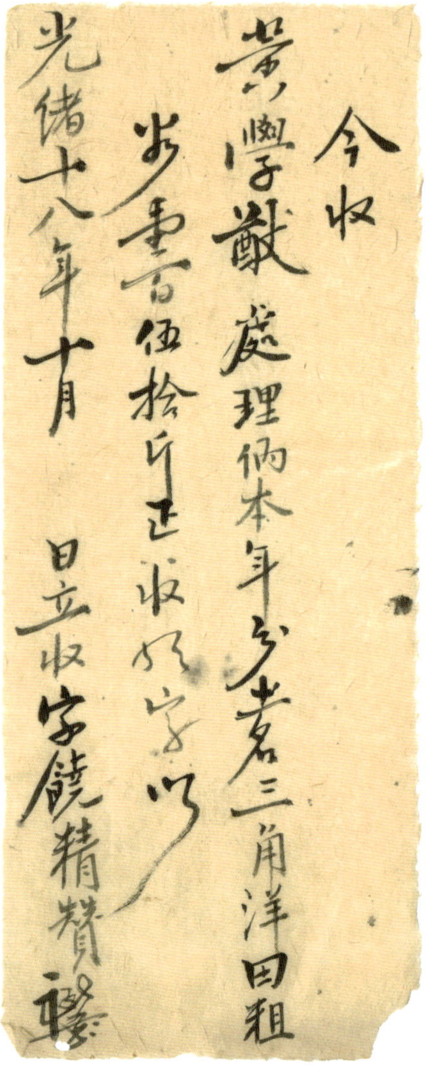
今收
黄學猷處理倆本年分者三角洋田租
谷壹百伍拾斤正收訖字以
光緒十八年十月　日立收字饒精贊

8-2-14-16　清光緒十八年十月饒精贊立收田租字（二）

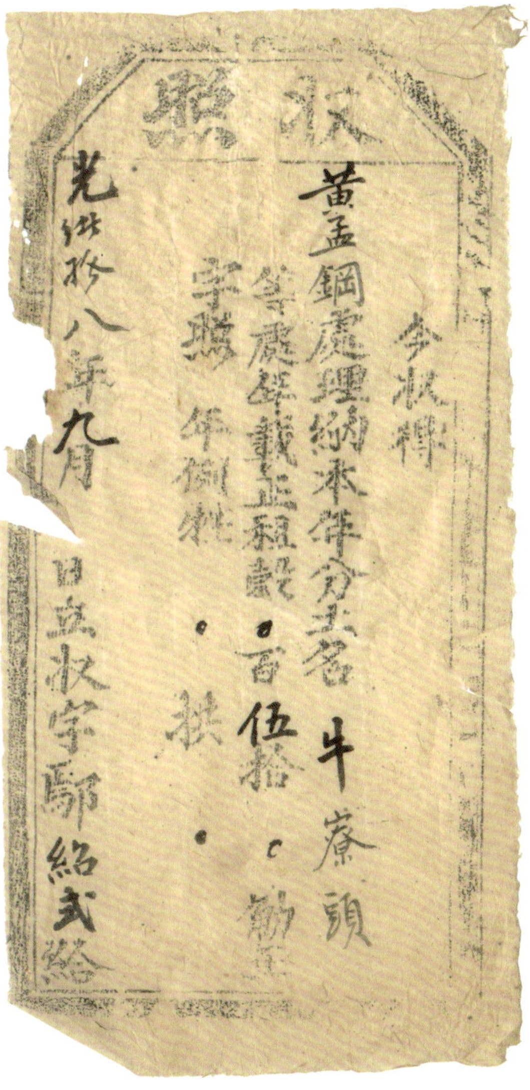

收照

今收得

黄孟鋼處理納本年分土名牛寮頭

等處年載正租穀一百伍拾觔正

字號年例挑担

光緒拾八年九月

日立收字鄭紹式給

8-2-14-17　清光緒十八年十月鄭紹式立收正租字

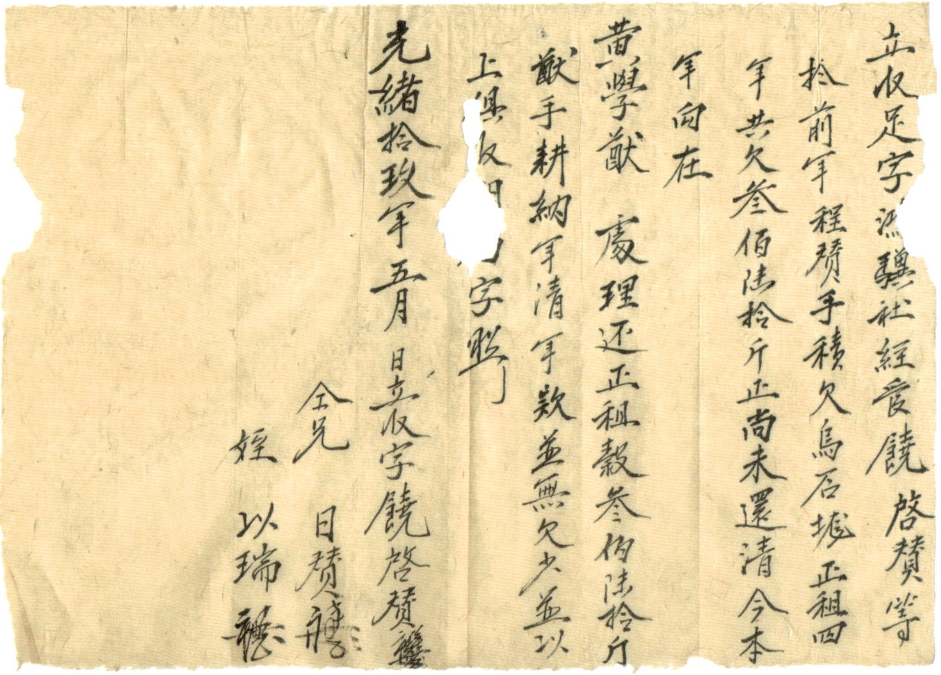
立收足字[illegible][illegible]社經管饒啓贊等
拾前年程贊手積欠烏石墘正租四
年共欠叁佰陆拾斤正尚未還清今本
年向在
黄學猷處理还正租穀叁佰陆拾斤
猷手耕納年清年款並無欠少並以
上俱收[illegible]字照
光緒拾玖年五月　日立收字饒啓贊(押)
仝兄　日贊(押)
姪　以瑞(押)

8-2-14-18　清光緒十九年五月饒啓贊等立收正租字

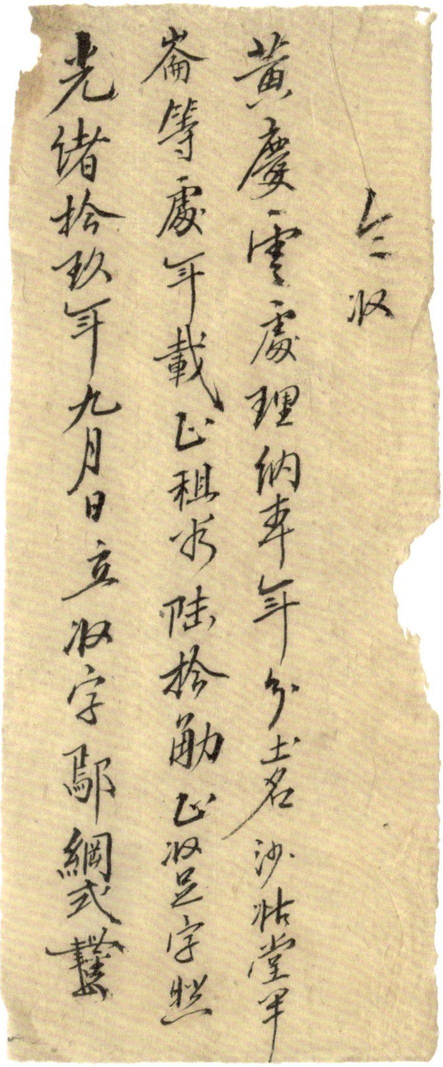
正收
黄慶雲處理納本年分土名沙坮堂早
崙等處本年載正租米陸拾觔正收足字照
光緒拾玖年九月日立收字鄢綱式書

8-2-14-19　清光緒十九年九月鄢綱式立收正租字

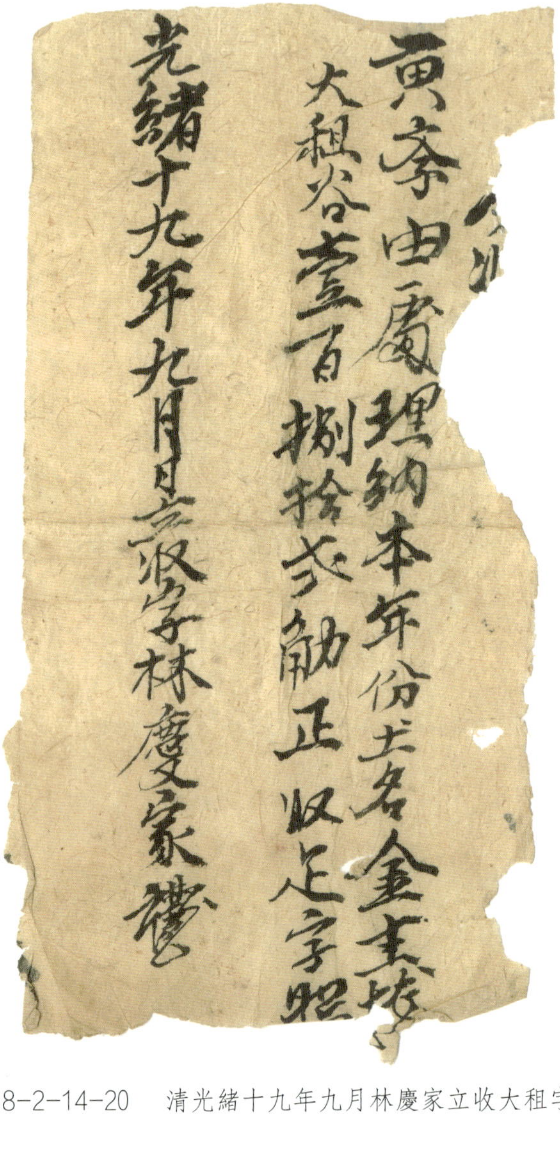

8-2-14-20　清光緒十九年九月林慶家立收大租字

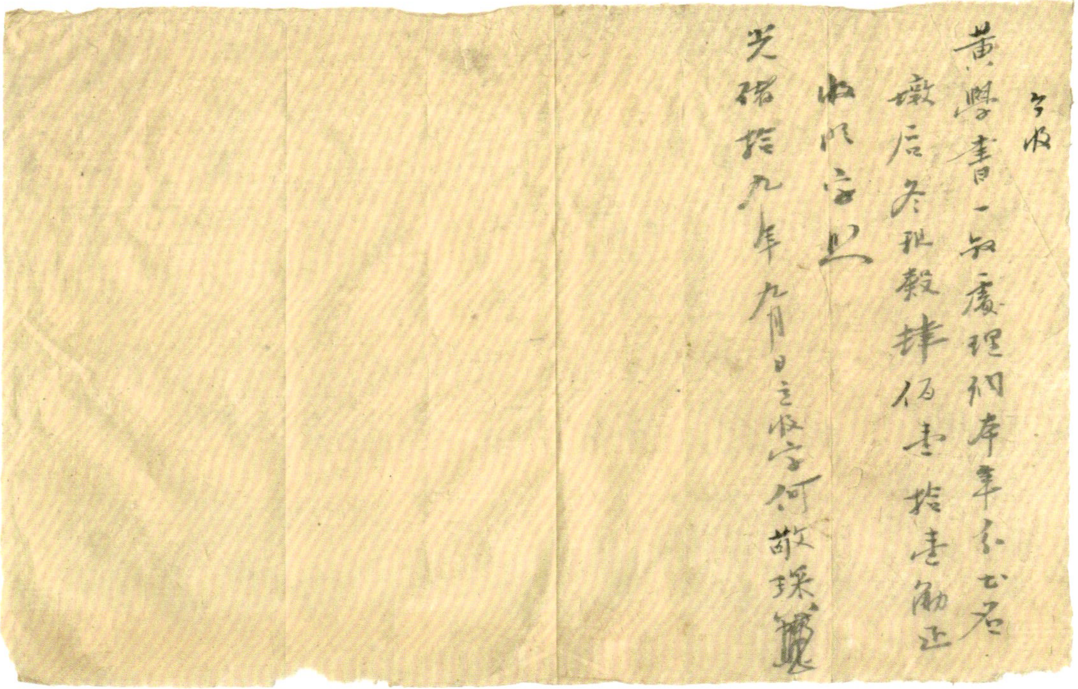
今收
黄賢書一知處理佃本年冬分七石
繳後冬租穀肆佰壹拾壹觔正
收明字照
光緒拾九年九月　日立收字何敬琛（押）

8-2-14-21　清光緒十九年九月何敬琛立收冬租字

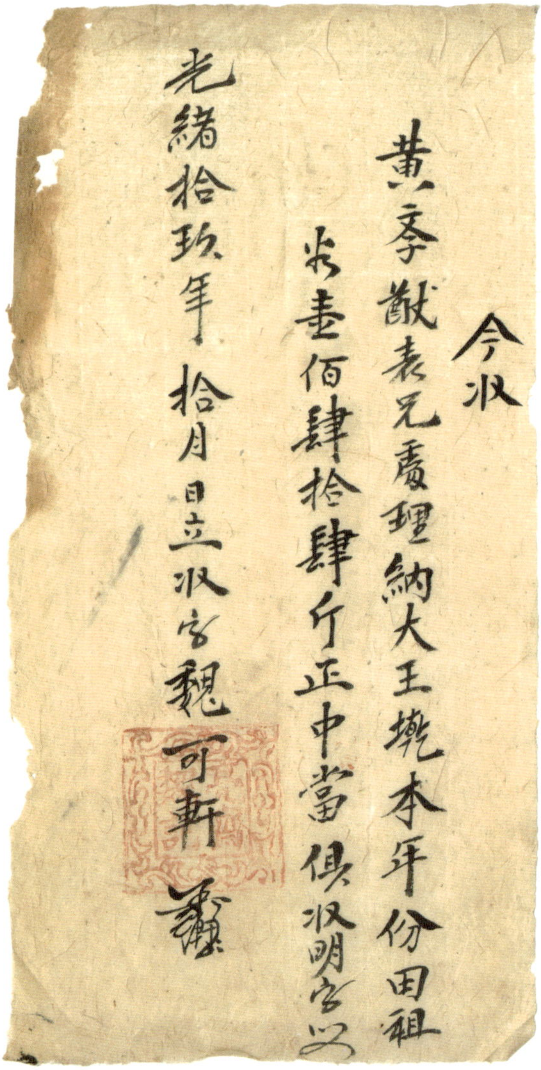

今收
黄季猷表兄處理納大王墩本年份田租
米壹佰肆拾肆斤正中當俱收明字以
光緒拾玖年拾月　日立收字魏可軒

8-2-14-22　清光緒十九年十月魏可軒立收田租字

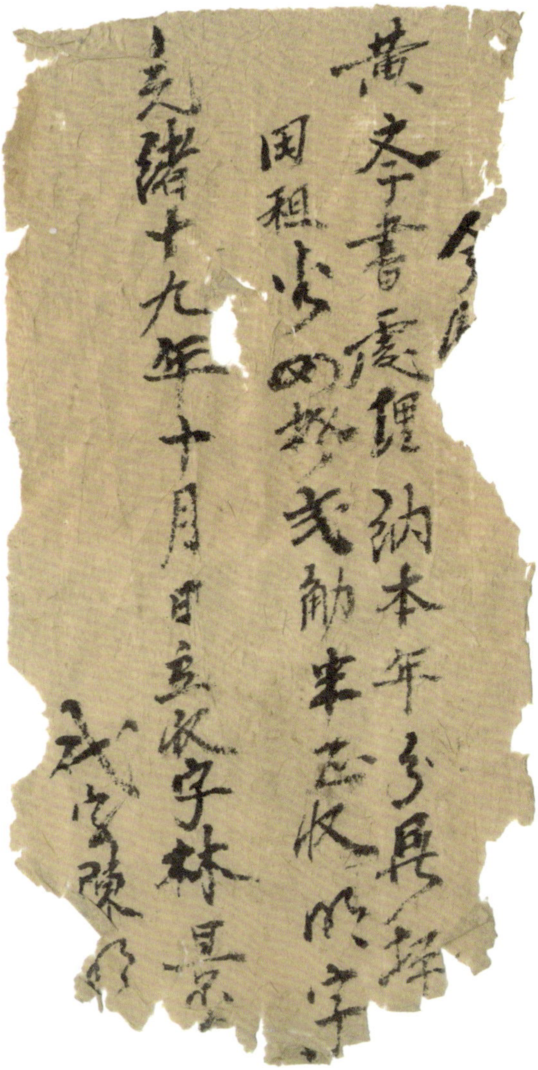

8-2-14-23　清光緒十九年十月林景□立收田租字

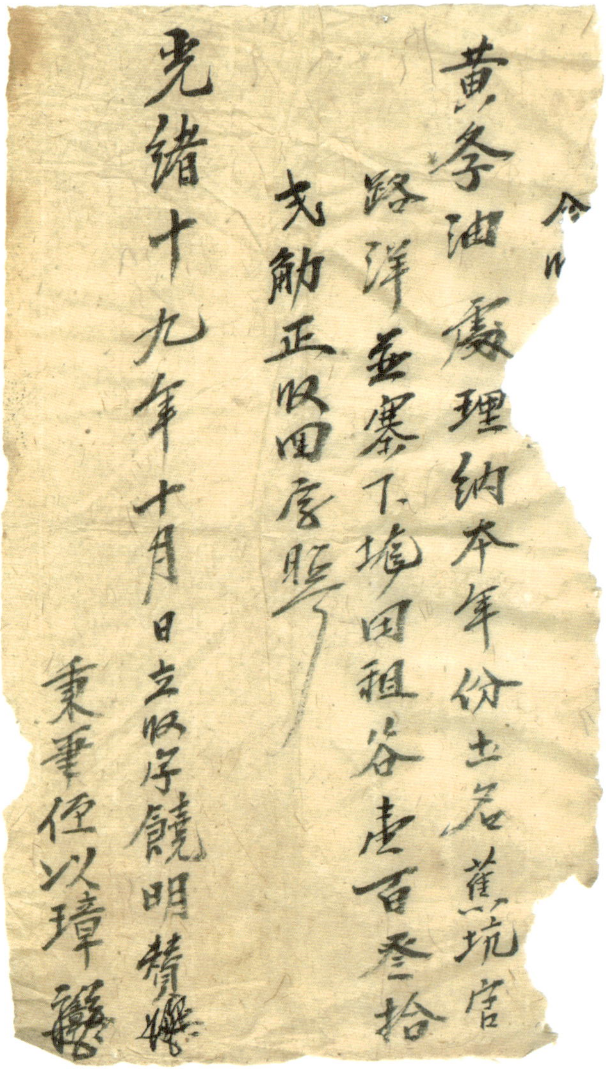
黄参油處理納本年份土名蕉坑宮
路洋亞寨下墘田租谷壹百叁拾
弍觔正收回字照
光緒十九年十月日立收字饒明贊押
秉筆侄以璋押

8-2-14-24　清光緒十九年十月饒明贊立收田租字

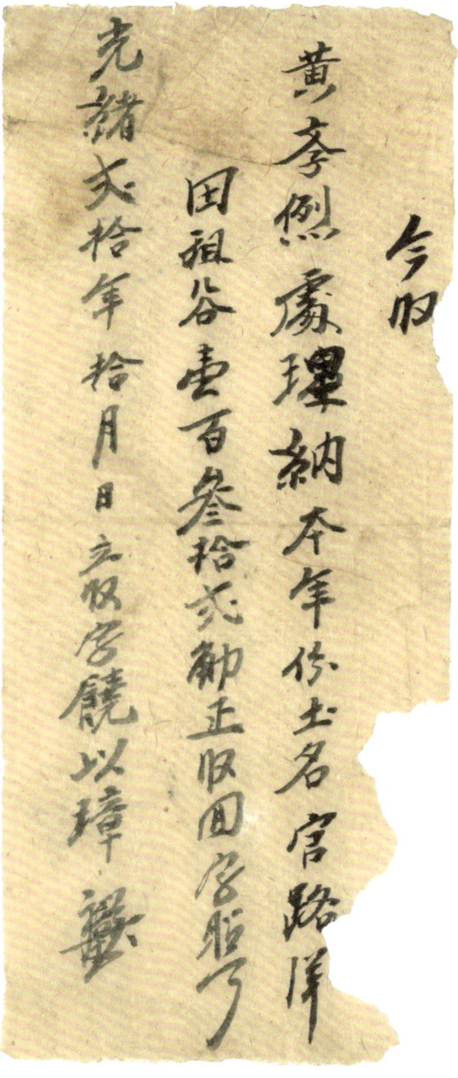

今收

黄孝烈處理納本年份土名宮路岸

田租谷壹百叁拾弍觔正收回字照乃

光緒弍拾年拾月　日立收字饒以璋（押）

8-2-14-25　清光緒二十年十月饒以璋立收田租字

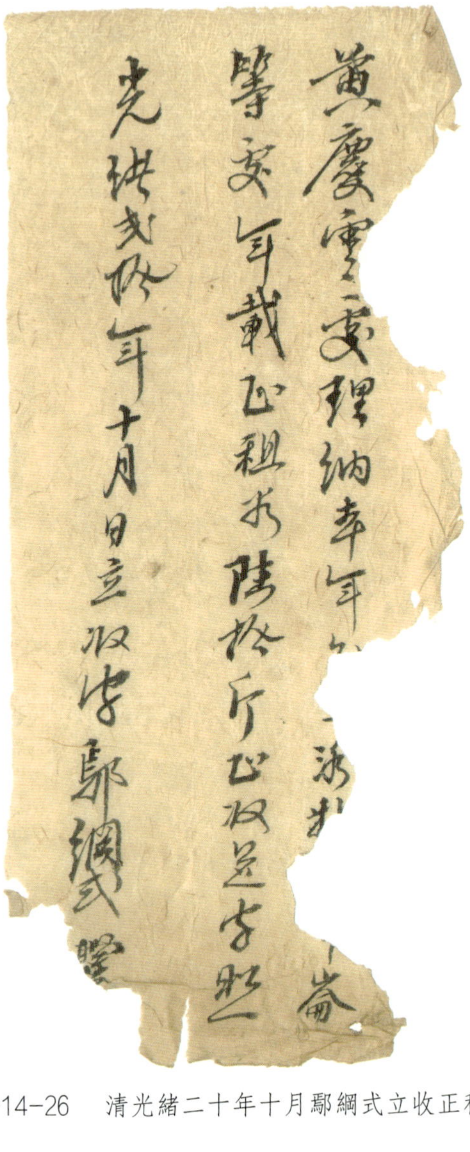

8-2-14-26　清光緒二十年十月鄭綱式立收正租字

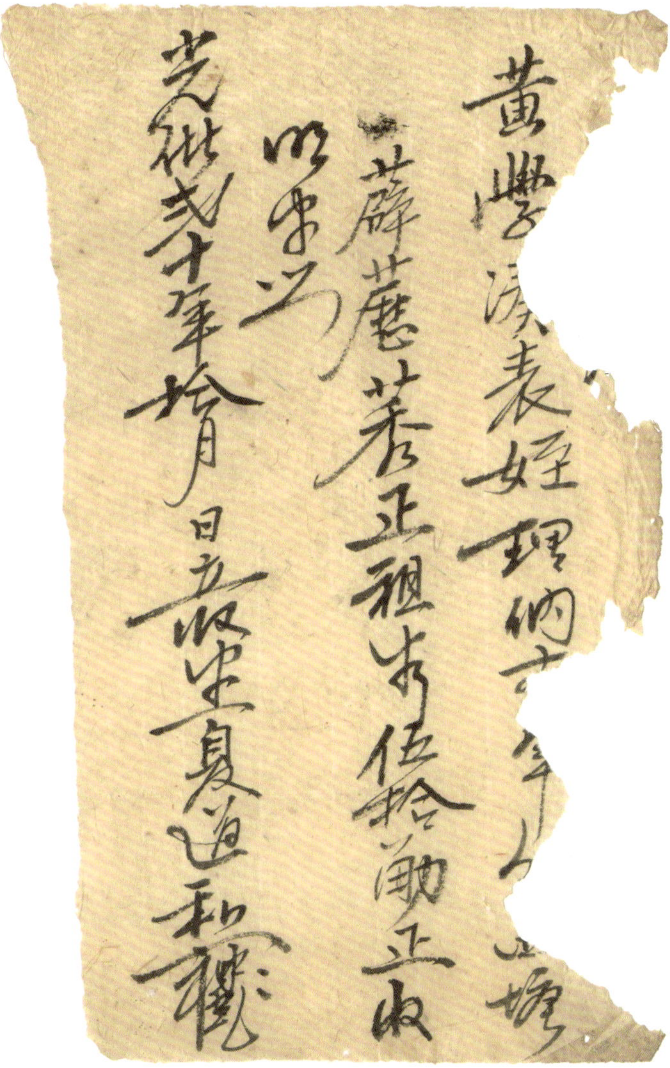
黄興溪表姪理納去年[illegible]正塘
一薛蘆落正租伍拾觔正收
明早以
光緒貳十年拾月日立收字夏道和親筆

8-2-14-27　清光緒二十年十月夏道和立收正租字

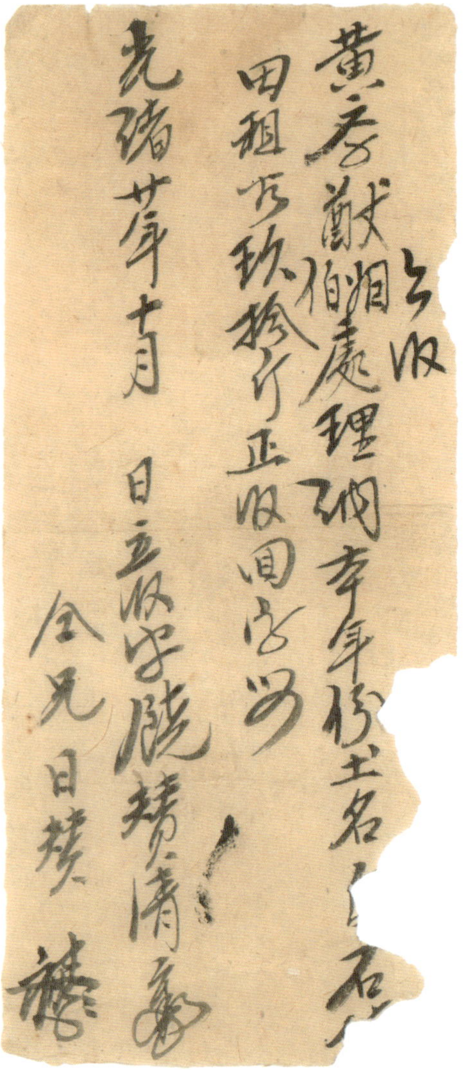
立收
黃孝猷伯姻處理納本年份土名□□石
田租谷玖拾斤正收回字□
光緒廿年十月　日立收字饒贊清（押）
全見日揆（押）

8-2-14-28　清光緒二十年十月饒贊清等立收田租字

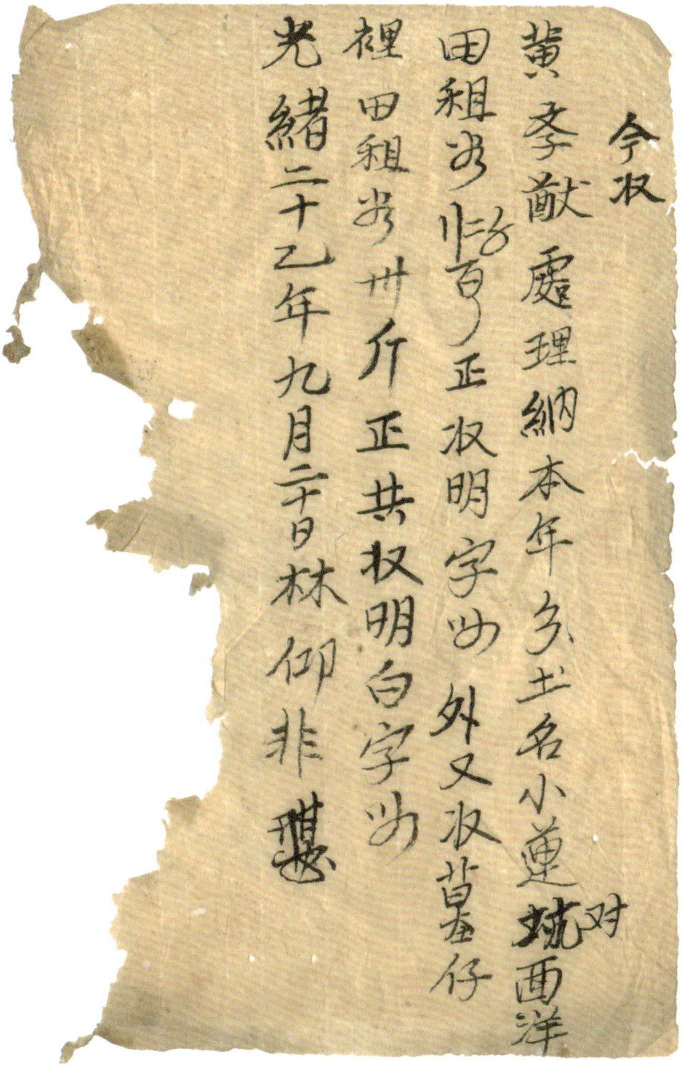

今收
黄孝猷處理納本年乡土名小蓮坑对面洋
田租谷陸百斤正收明字出外又收墓仔
裡田租谷卅斤正共收明白字出
光緒二十乙年九月二十日林仰非親

8-2-14-29　清光緒二十一年九月林仰非立收田租字

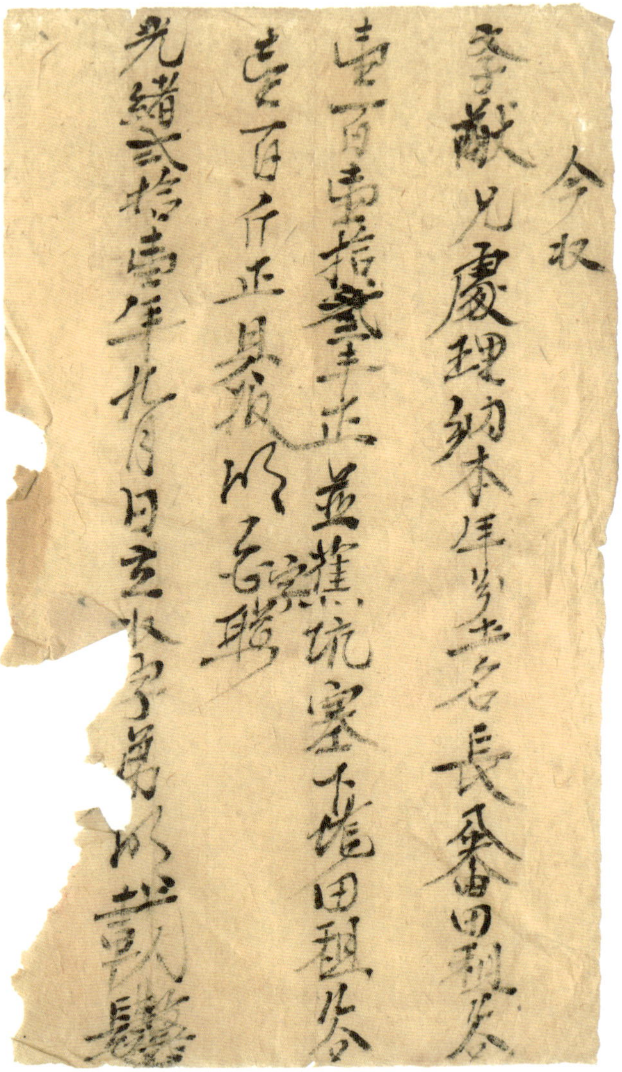
今收
李獻兄處理納本年分土名長峯田租谷
壹百壹拾叁斤正並蕉坑塞下莊田租谷
壹百斤正其谷收訖字照
光緒貳拾壹年九月日立收字黃以載

8-2-14-30　清光緒二十一年九月黃以載立收田租字

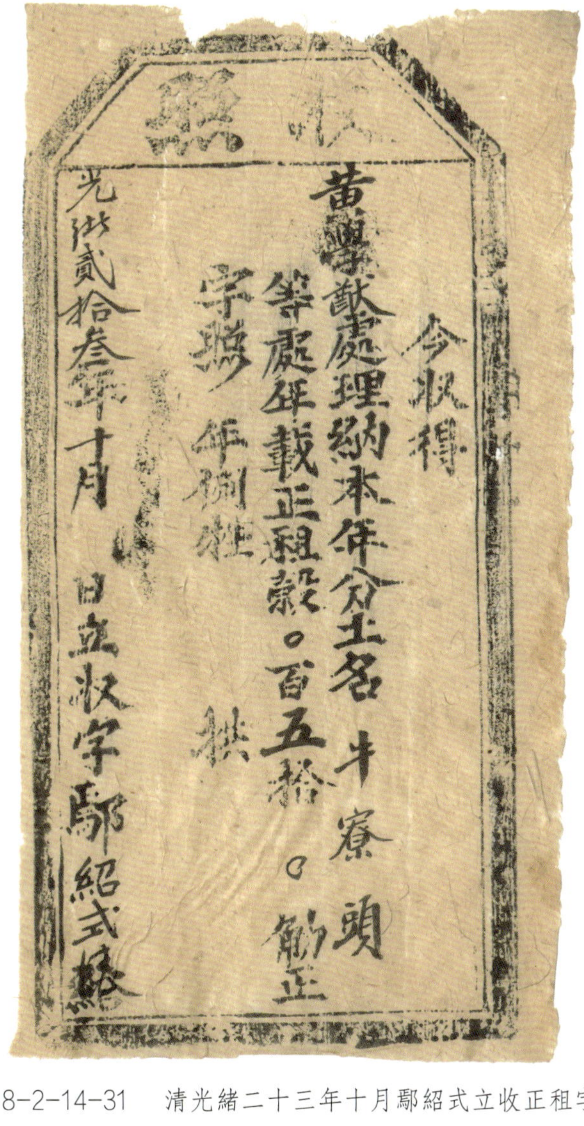

收照

今收得

黃學猷處理納本年分土名　牛寮頭

等處年載正租穀○百五拾○觔正

字號　年例粧　秩

光緒貳拾叁年　十月　日立收字鄢紹式照

8-2-14-31　清光緒二十三年十月鄢紹式立收正租字

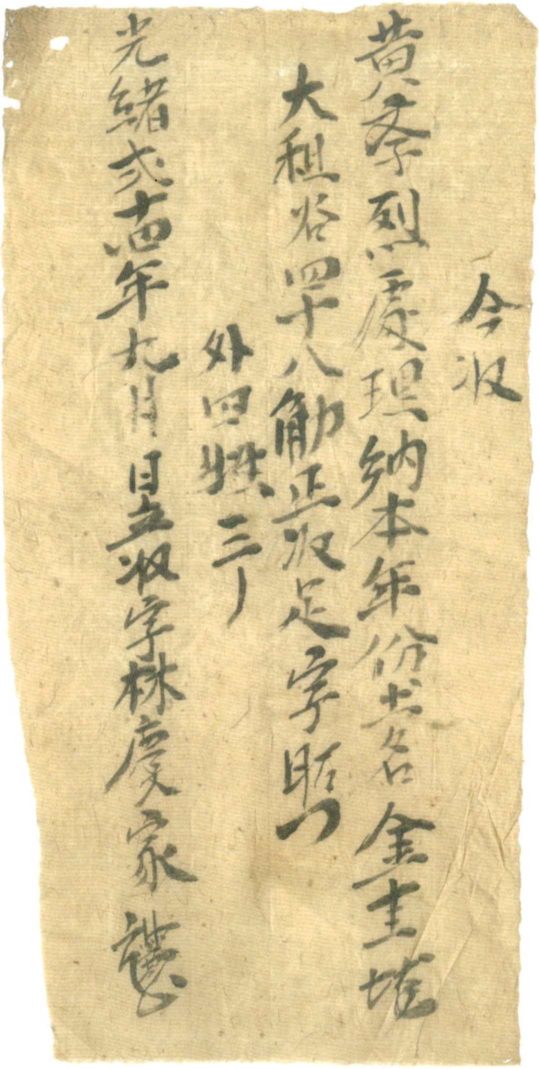
今收
黃秀烈慶瑝納本年份大名金圭堆
大租谷四十八觔正收足字照
外田税三丿
光緒式拾四年九月　日立收字林慶家（押）

8-2-14-32　清光緒二十四年九月林慶家立收大租字（一）

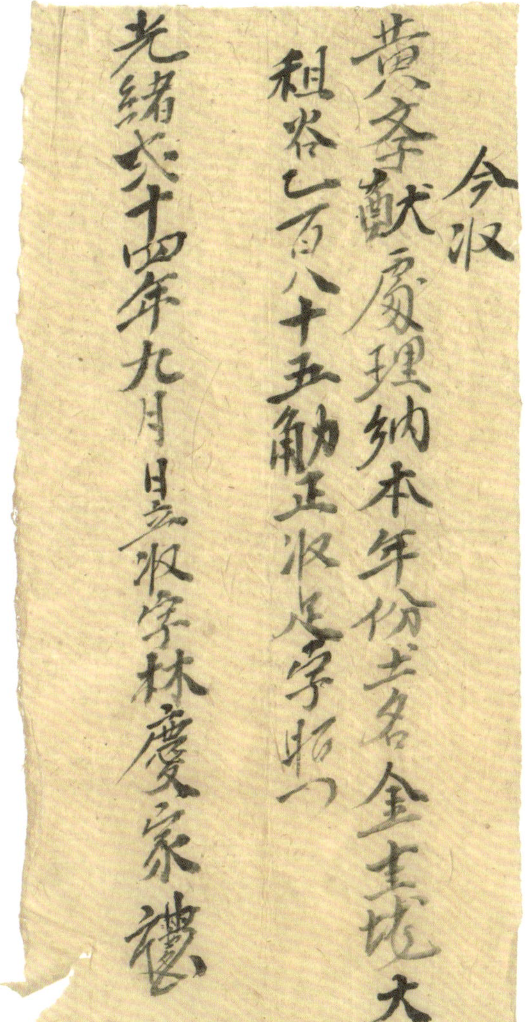
今收
黄李猷處理納本年份土名金圭坵大
租谷乙百八十五觔正收足字照
光緒弍十四年九月　日立收字林慶家禮

8-2-14-33　清光緒二十四年九月林慶家立收大租字（二）

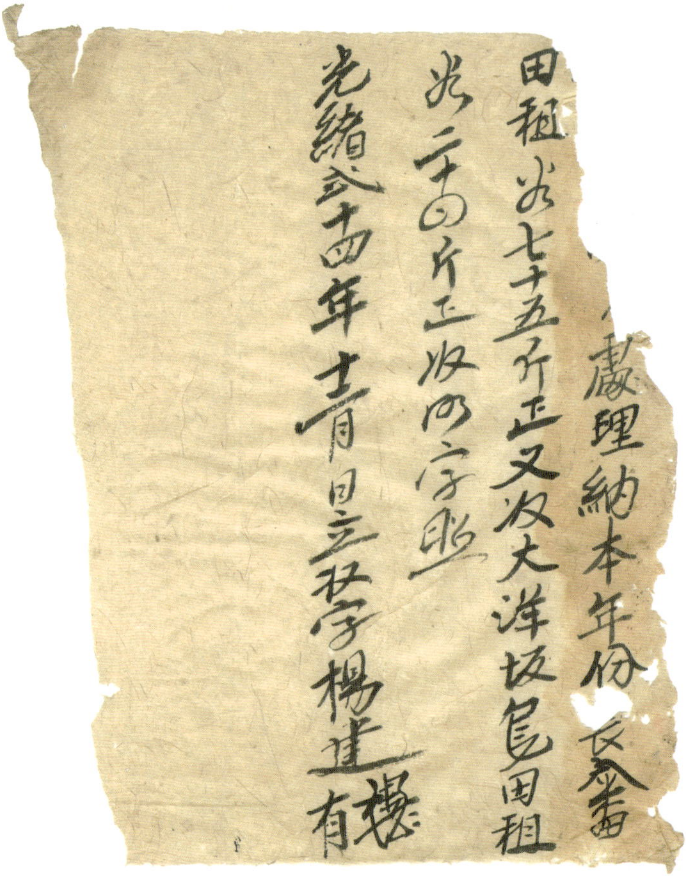

處理納本年份長畨
田租米七十五斤正又收大洋坂邑田租
米二十四斤正收明字照
光緒念十四年十二月日立收字楊建有

8-2-14-34　清光緒二十四年十二月楊建有立收田租字

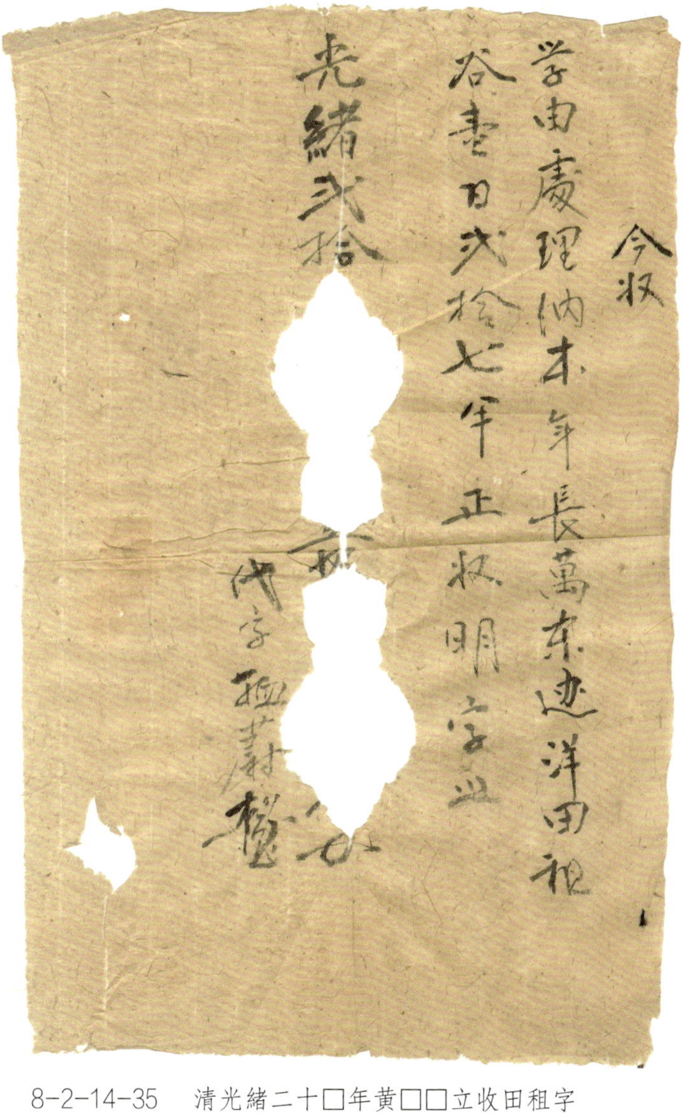
今收
由處理納本年長萬东迹洋田租
谷壹百弍拾七斤正收明字照
光緒弍拾

8-2-14-35　清光緒二十□年黄□□立收田租字

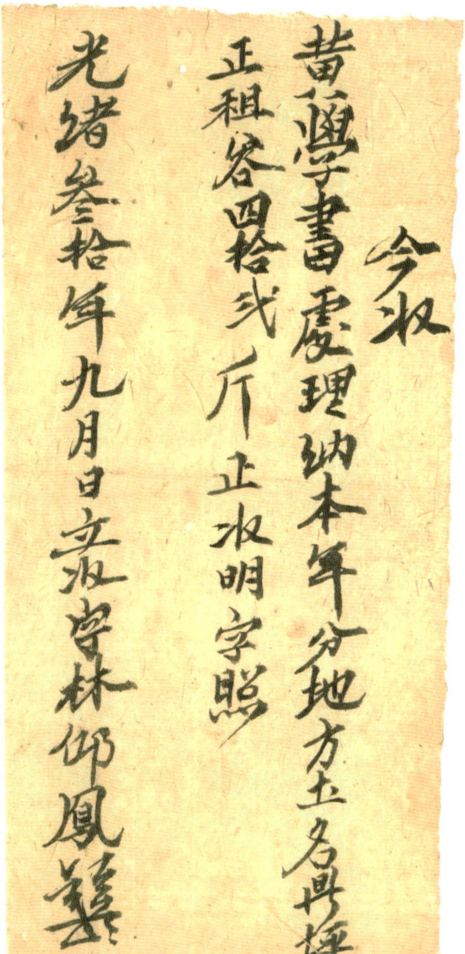

今收
黃與學書處理納本年分地方土名興坪
正租谷四拾弍斤正收明字照
光緒叁拾年九月日立收字林仰鳳親筆

8-2-14-36　清光緒三十年九月林仰鳳立收正租字

王孟亮義忠知今收伊[illegible]黄面蔺[illegible]納本年
份土名[illegible]墩哥租谷伍拾觔 物
[illegible]納[illegible] 年有認[illegible] 交正
戊午年九月 日義忠之孫錦鴻[illegible]字號

8-2-14-37　民國七年九月范錦鴻立收田租字

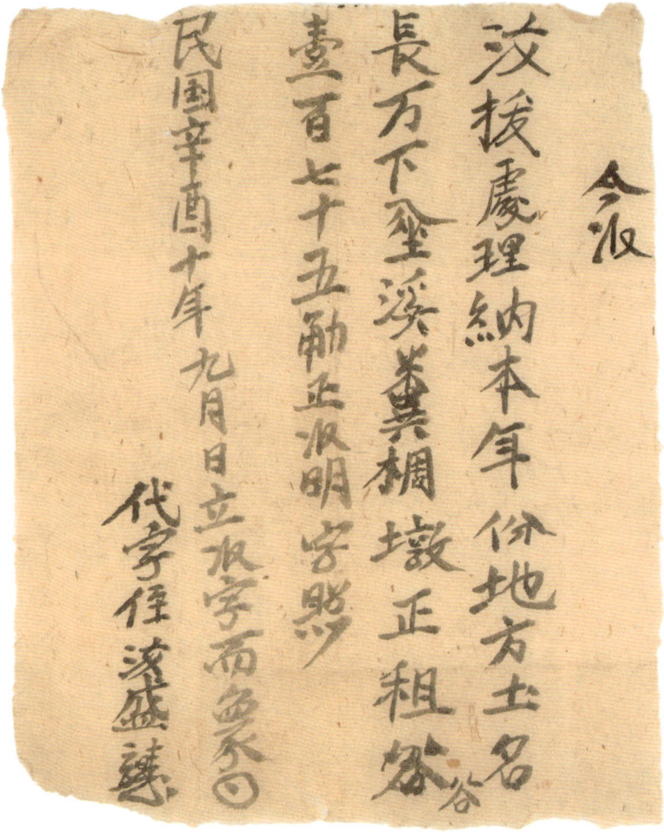
今收
汝援處理納本年份地方土名
長万下坌溪黄桐墩正租谷
壹百七十五觔正收明字照
民国辛酉十年九月日立收字而象（押）
代字侄淡盛筆

8-2-14-38　民國十年九月黄而象立收正租字

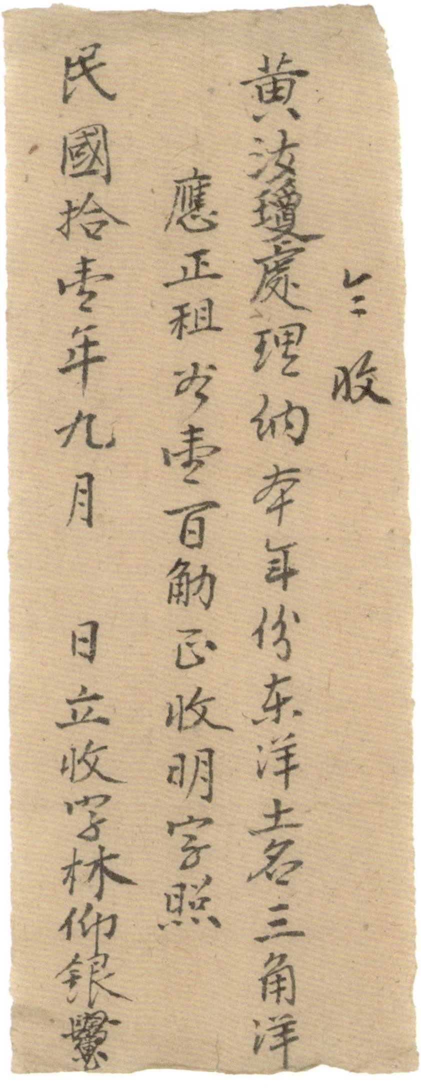
仝收
黄汝邊處理納本年份东洋土名三角洋
應正租谷壹百觔正收明字照
民國拾壹年九月　日立收字林仰銀（押）

8-2-14-39　民國十一年九月林仰銀立收正租字

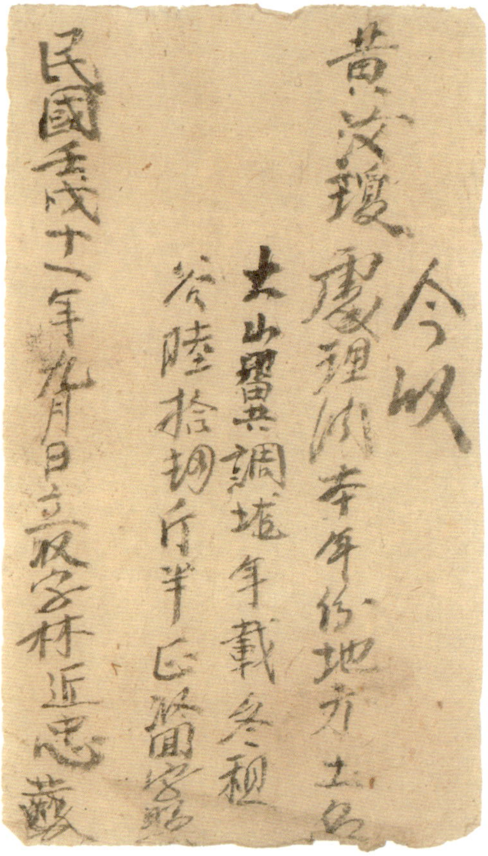

今收
黃茂鏝處理佃本年份地方土名
大山曆兵調堘年載冬租
谷陸拾捌斤半正收訖字照
民國壬戌十一年九月日立收字林近忠

8-2-14-40　民國十一年九月林近忠立收冬租字

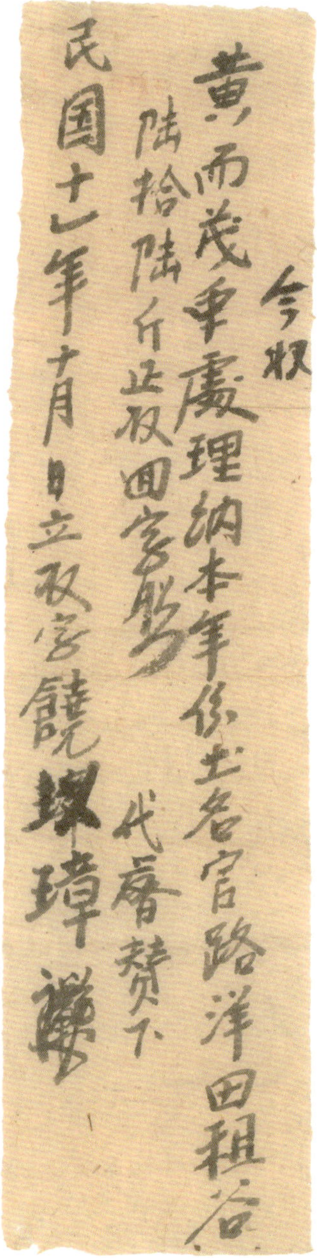

8-2-14-41　民國十一年十月饒以璋立收田租字

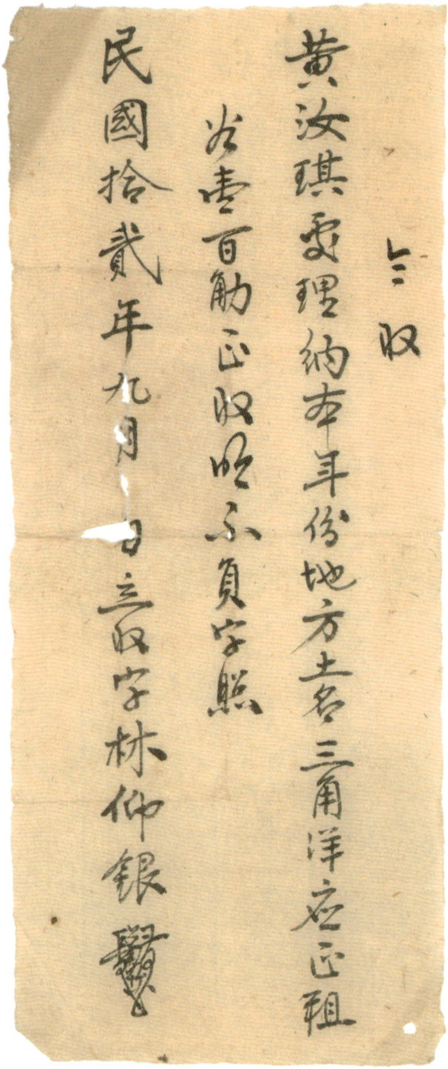

仝收

黄汝琪要理納本年份地方土名三角洋右正租

米壹百觔正收明不負字照

民國拾貳年九月　日　立收字林仰銀

8-2-14-42　民國十二年九月林仰銀立收正租字

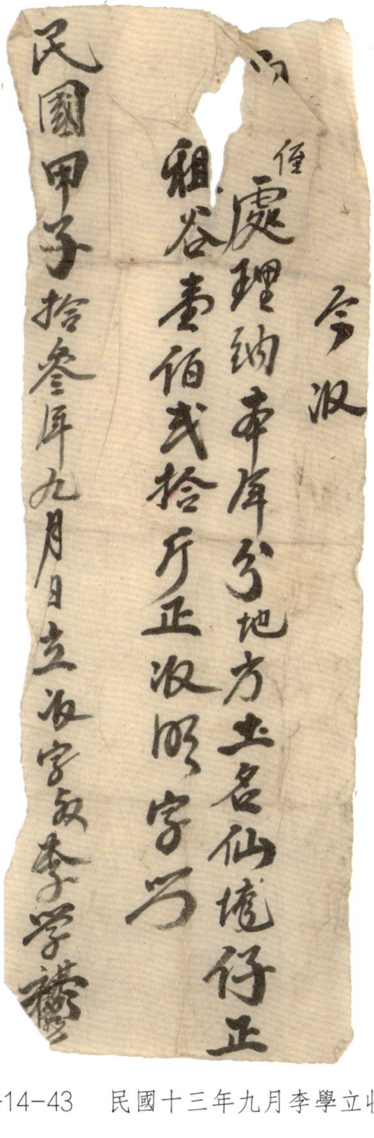

今收
侄處理納本年分地方土名仙墘仔正
租谷壹佰弍拾斤正收明字為
民國甲子拾叁年九月日立收字李学[illegible]

8-2-14-43　民國十三年九月李學立收正租字

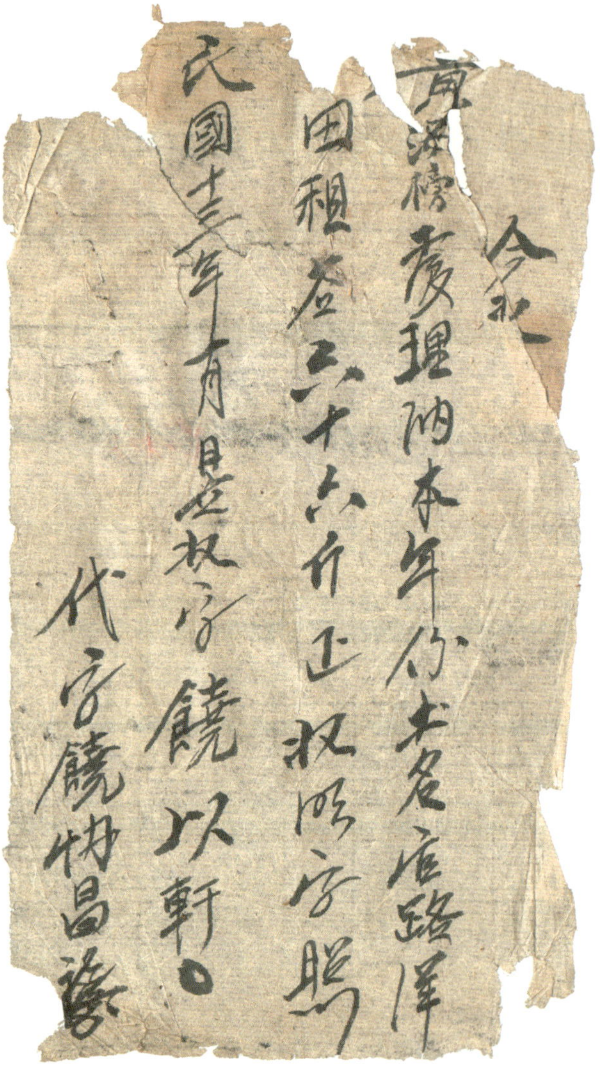
今收
黄深塝處理納本年份大名店路洋
田租谷三十六斤正收明字照
民國十三年十月　日立收字　饒以軒
代字饒協昌議

8-2-14-44　民國十三年十月饒以軒立收田租字

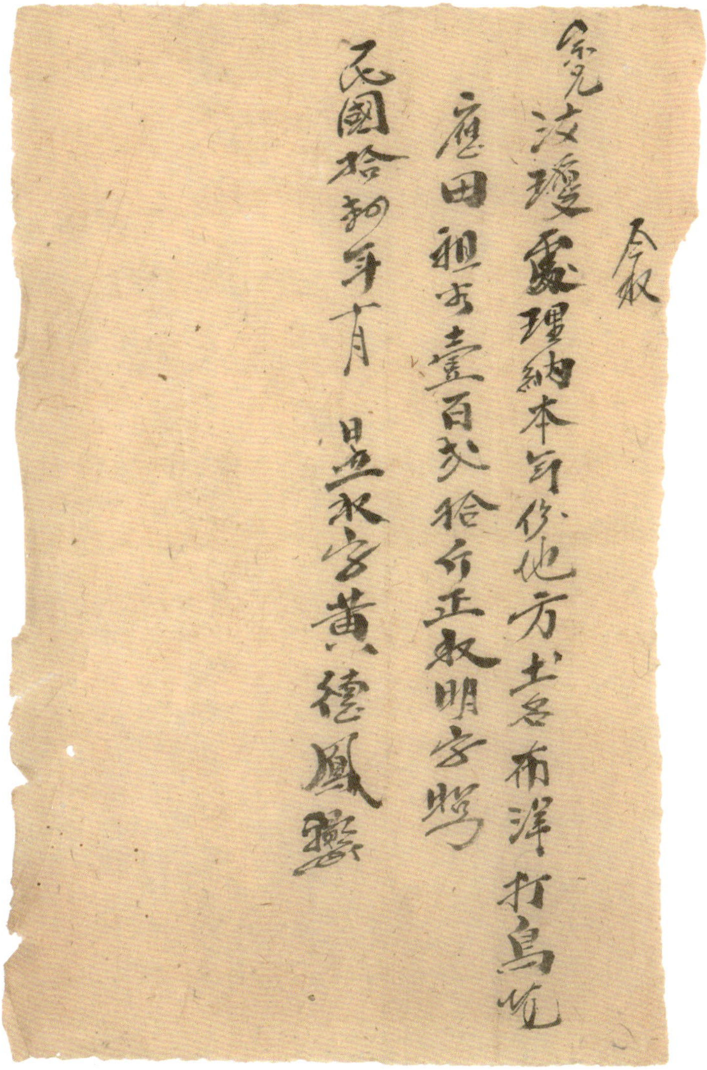
今收
兹汝瓊處理納本年份地方土名布洋打鳥坑
應田租谷壹百玖拾斤正收明字照
民國拾肆年十月　日立收字黃德鳳（押）

8-2-14-45　民國十四年十月黃德鳳立收田租字

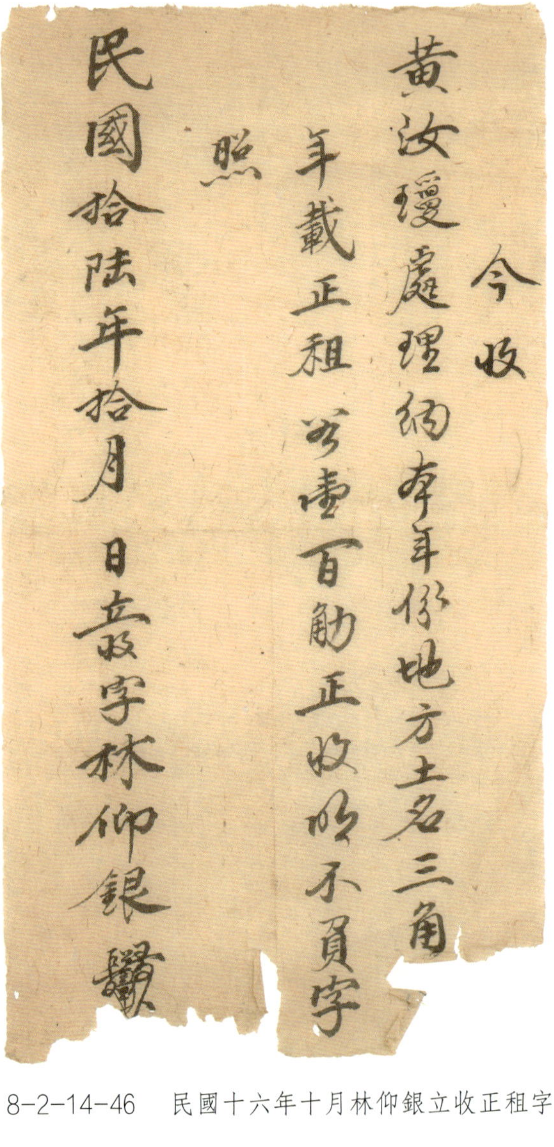
今收
黄汝瓊處理納本年份地方土名三角
年載正租谷壹百觔正收明不負字
照
民國拾陆年拾月　日立收字林仰銀

8-2-14-46　民國十六年十月林仰銀立收正租字

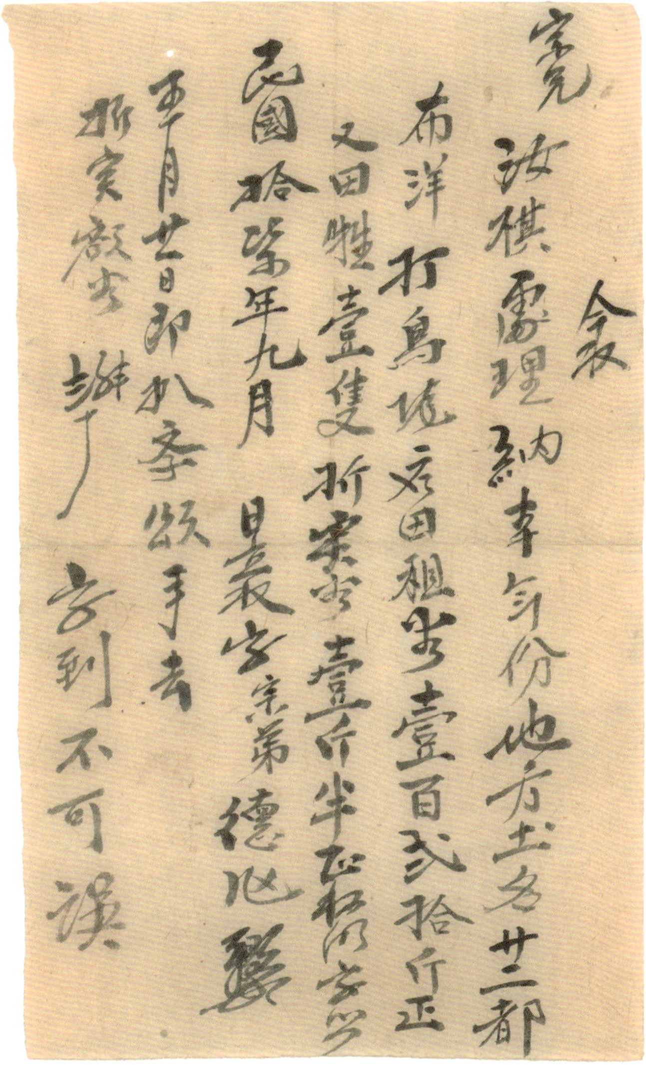

8-2-14-47　民國十七年九月黄德凣立收田租字

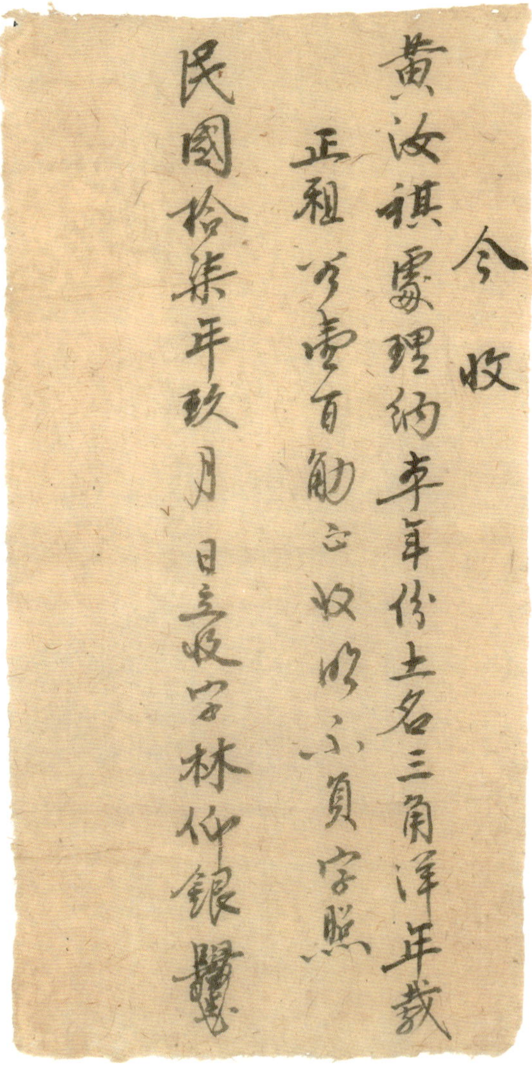
今收
黃汝祺處理納本年份土名三角洋年載
正租谷壹百觔正收明不負字照
民國拾柒年玖月 日立收字林仰銀

8-2-14-48　民國十七年九月林仰銀立收正租字

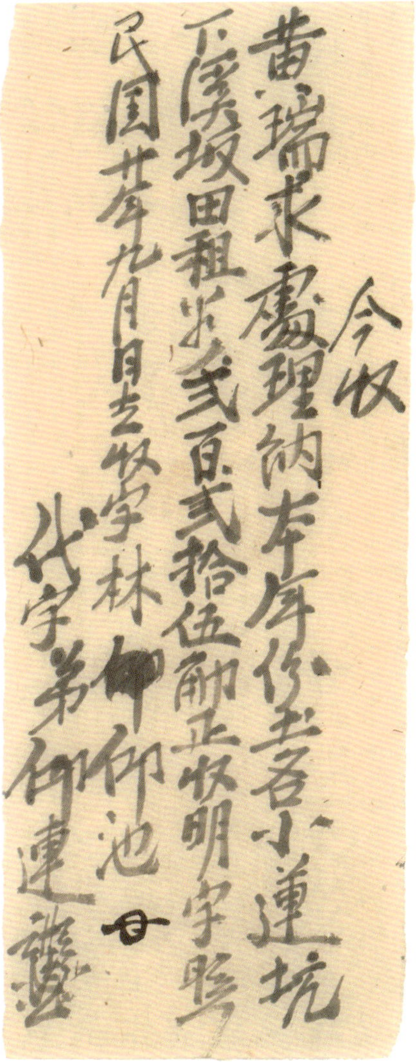
今收
黄瑞求處理納本年份土名小蓮坑
下溪坂田租米弍百弍拾伍觔正收明字照
民国廿年九月日立收字林仰池（押）
代字弟仰連筆

8-2-14-49　民國二十年九月林仰池立收田租字

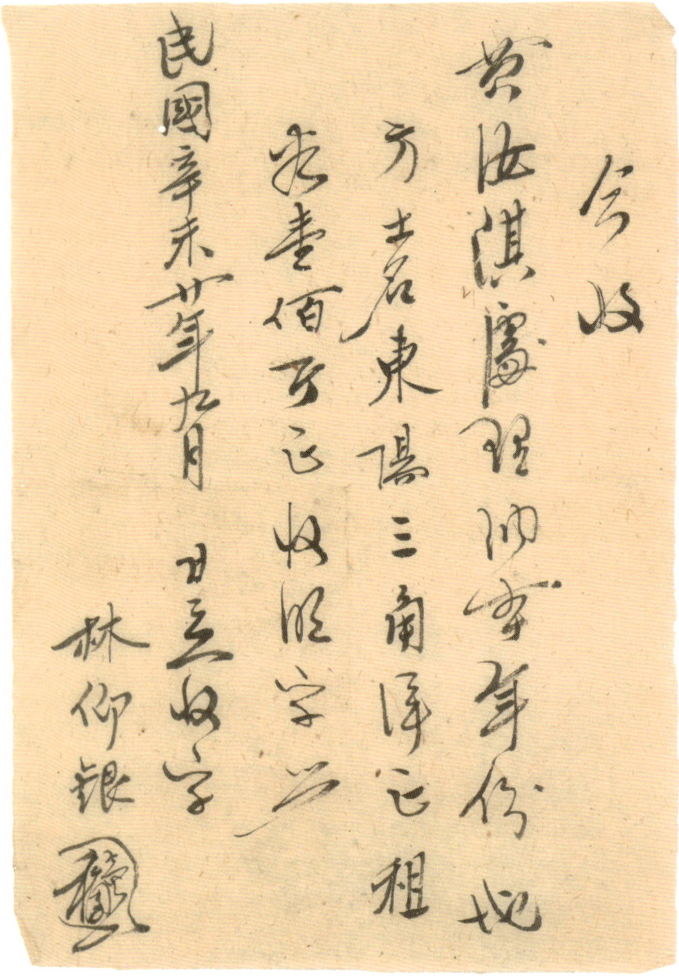

今收

黄汝淇處理沙字年份地

方土名東陽三角潭正租

米壹佰斤正收明字照

民國辛未廿年九月　日立收字

林仰銀

8-2-14-50　民國二十年九月林仰銀立收正租字

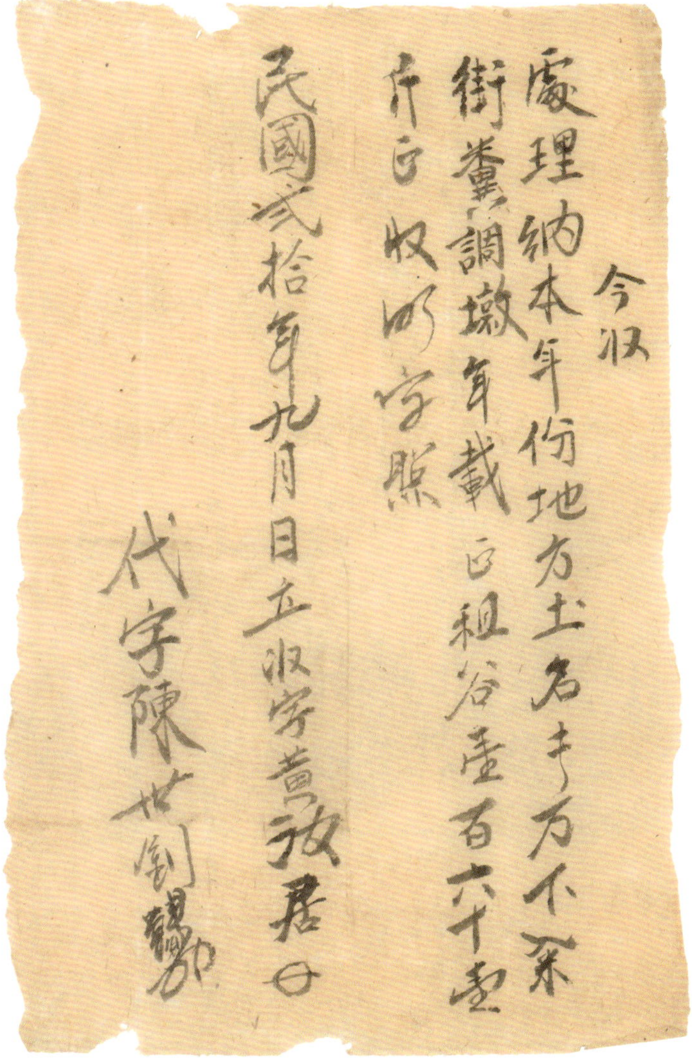
今收
處理納本年份地方土名丰方不案
街釐調墩年載正租谷壹百六十壹
斤正收明字照
民國貳拾年九月日立收字黃汝居(押)
代字陳世劉

8-2-14-51　民國二十年九月黄汝居立收正租字

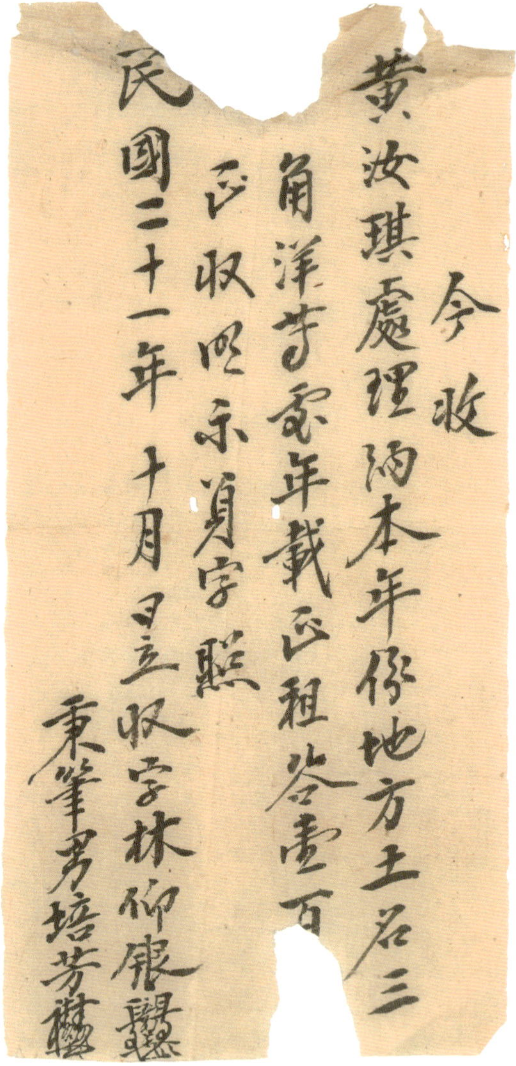

今收

黄汝琪處理納本年份地方土名三

角洋等處年載正租谷壹百

正收明示須字照

民國二十一年　十月　日立收字林仰銀（押）

秉筆男培芳（押）

8-2-14-52　民國二十一年十月林仰銀立收正租字

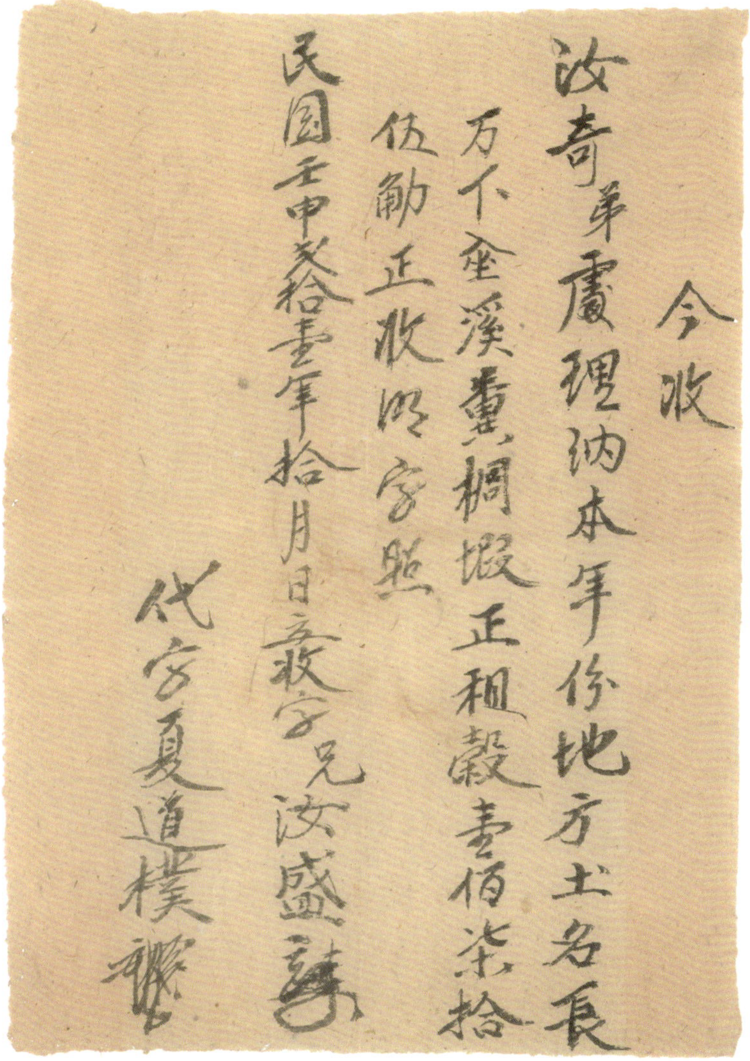

今收
汝奇弟處理納本年份地方土名長
万下金溪壹桐墩正租穀壹佰柒拾
伍觔正收明字照
民國壬申弍拾壹年拾月日立收字兄汝盛（押）
代字夏道樸（押）

8-2-14-53　民國二十一年十月黄汝盛立收正租字

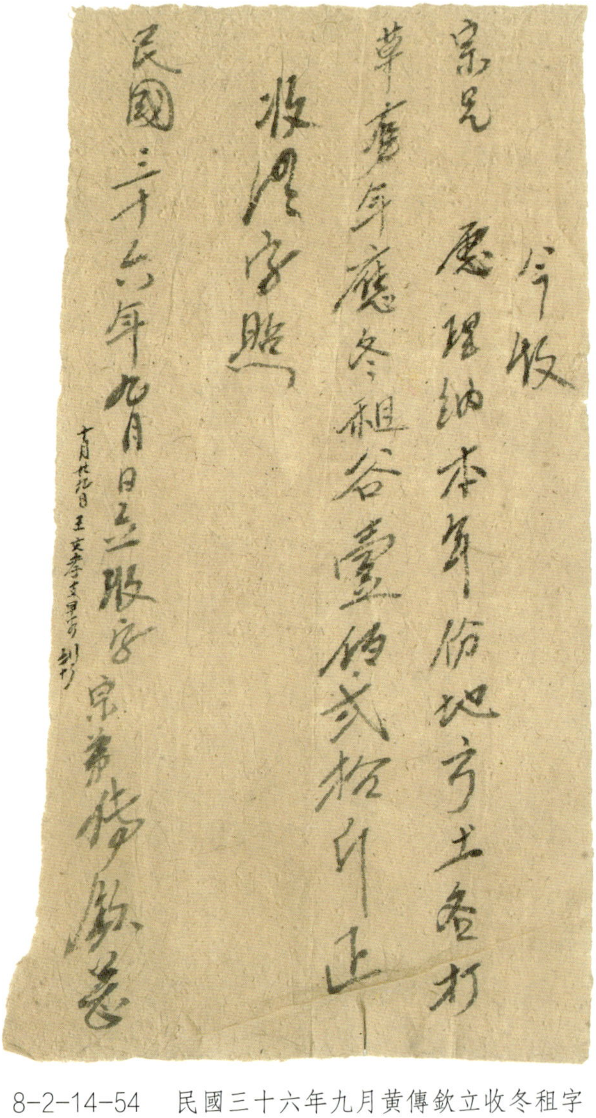
今收
宗兄應理納本年份地方土名打
草寮年應冬租谷壹佰弍拾斤正
收限字照
民國三十六年九月　日立收字　宗弟傳欽

十月廿九日　王交李亨文早谷　到訖

8-2-14-54　民國三十六年九月黃傳欽立收冬租字

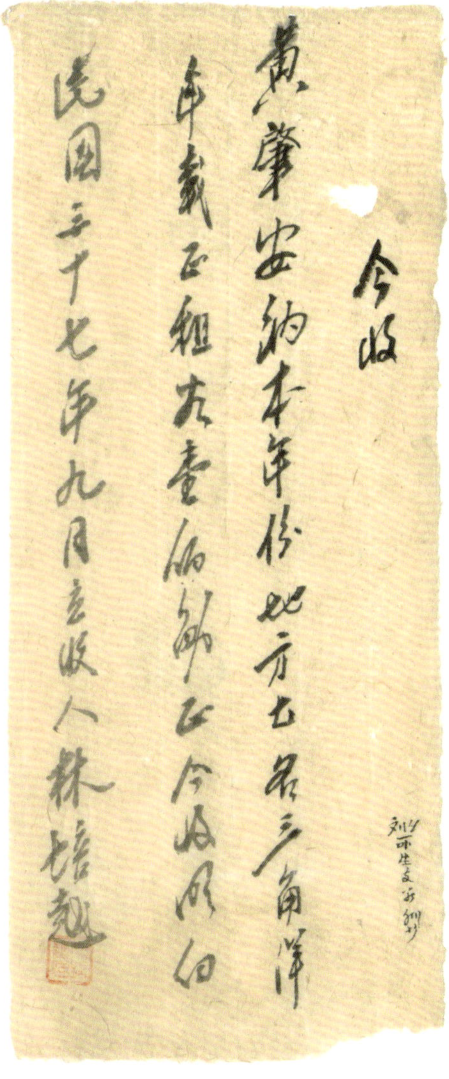
今收
黄肇安納本年份地方土名乡角洋
本年載正租谷壹佰觔正今收明白
民國三十七年九月立收人林培越

8-2-14-55　民國三十七年九月林培越立收正租字

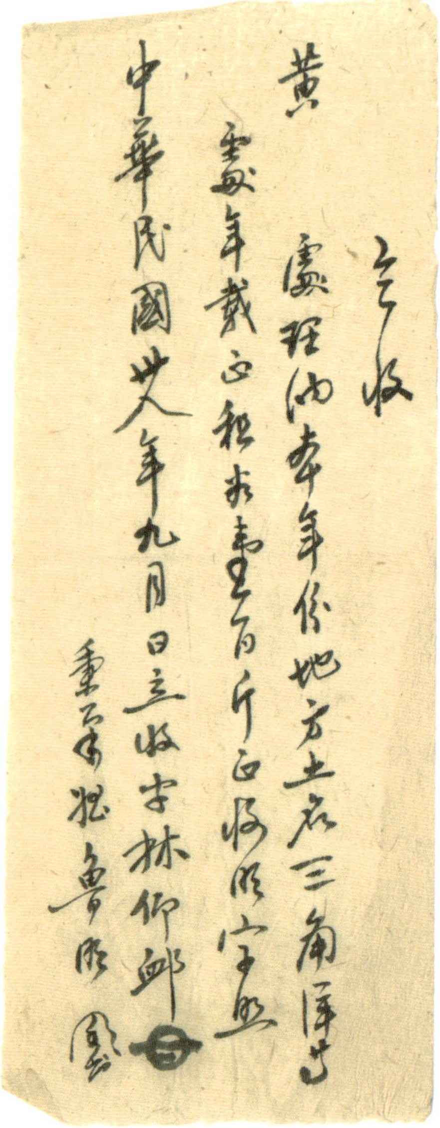
立收
黄 處現納本年份地方土名三角洋𡿨
壹年載正租谷壹百斤正收限字照
中華民國卅八年九月日立收字林仰邨
重筆批 魯照

8-2-14-56　民國三十八年九月林仰邨立收正租字

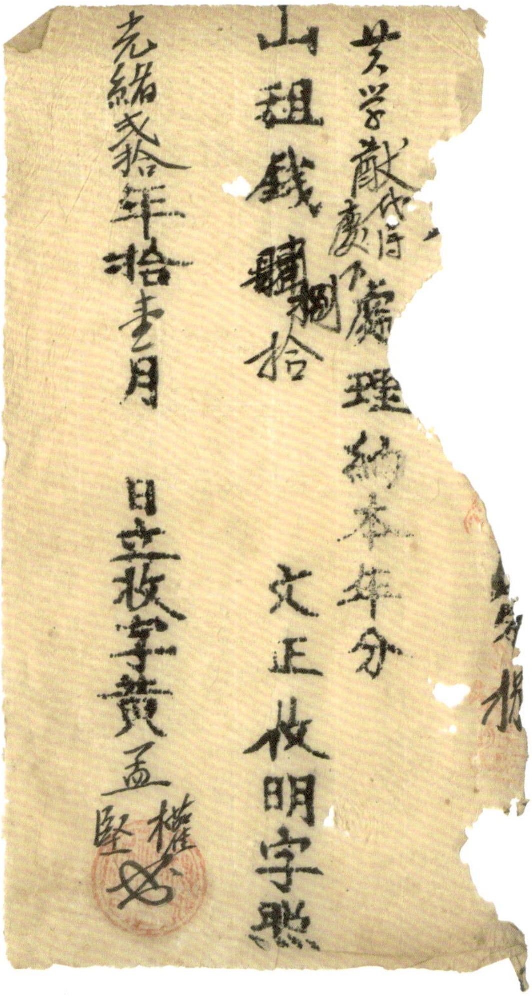
先字畝代同慶乃處理納本年分
山租錢肆拾 文正收明字照
光緒貳拾年拾壹月 日立收字黃孟權
堅

8-2-15-1　清光緒二十年十一月黃孟權等立收山租字

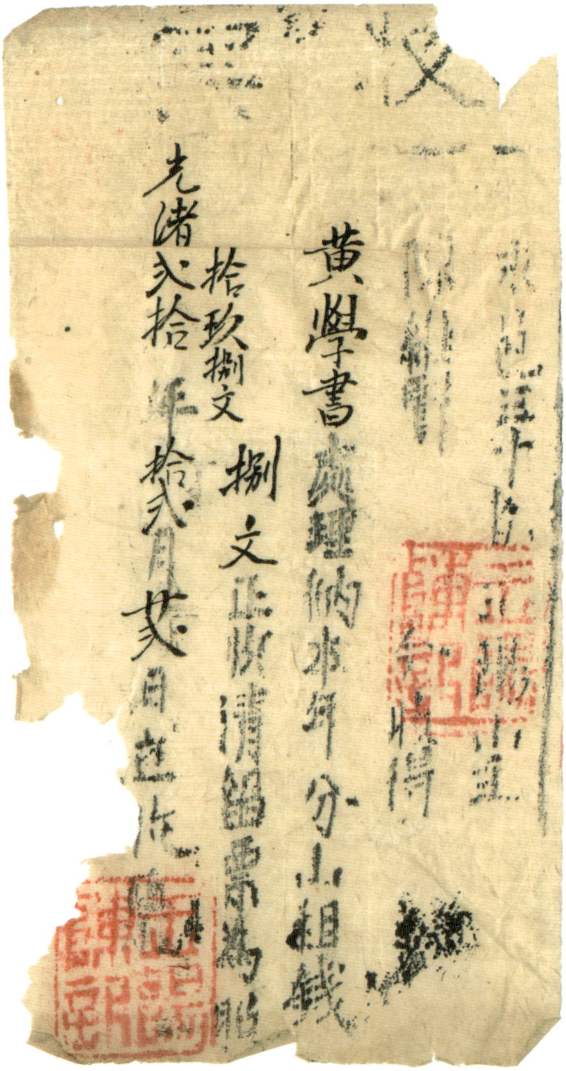

8-2-15-2　清光緒二十年十二月玉陽陳記立收山租字

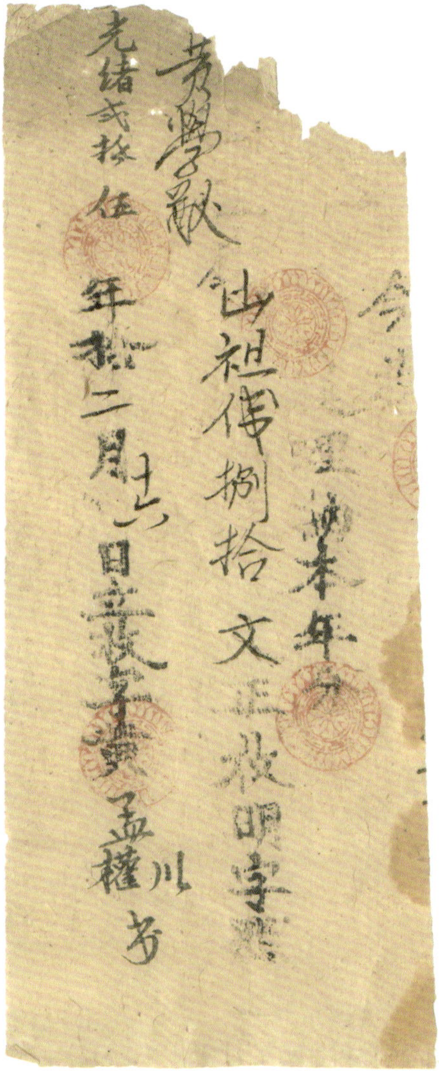

8-2-15-3 清光緒二十五年十二月黄孟權等立收山租字

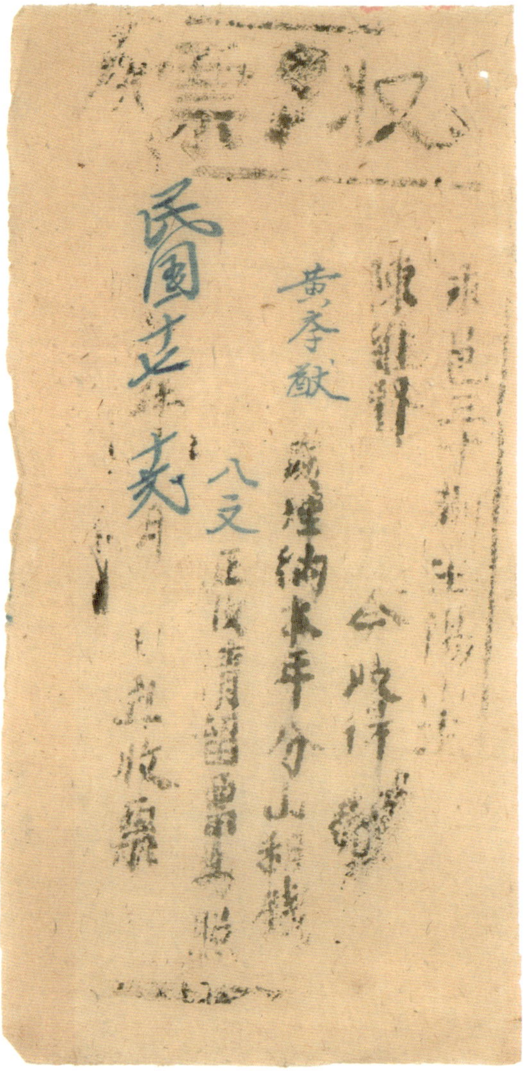

8-2-15-4　民國十七年十二月陳維賢立收山租票

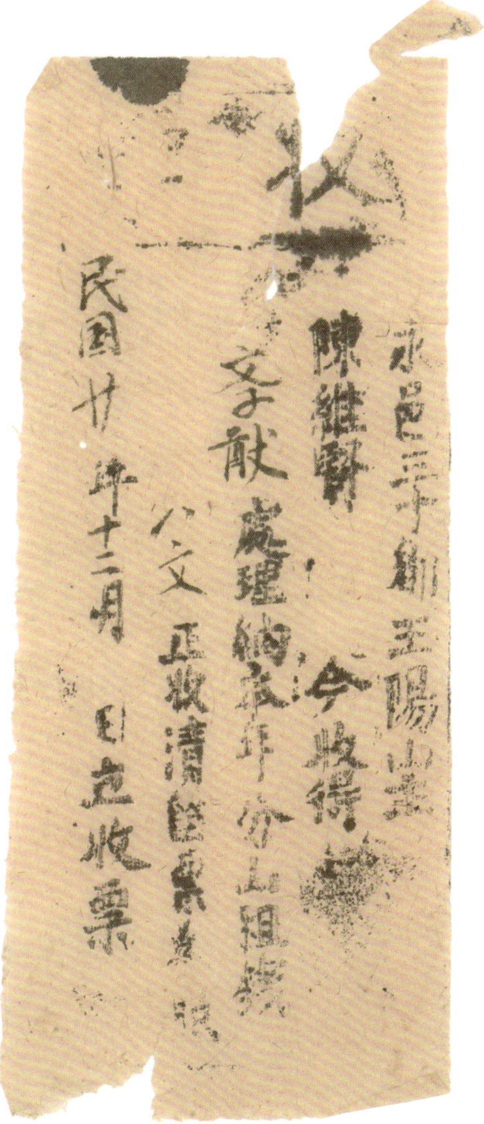
永邑二十一都王陽山業
陳維賢 今收得
李猷 處理納來年分山租錢
八文 正收清訖票照
民國廿 年十二月 日立收票

8-2-15-5　民國二十年十二月陳維賢立收山租票

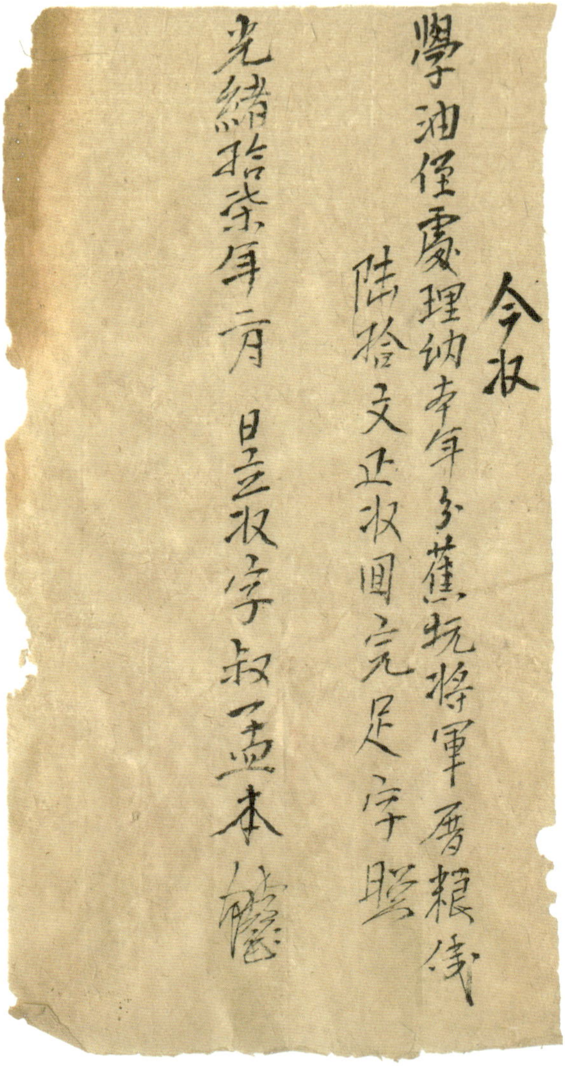
今收
學油保處理納本年分蕉坑將軍厝粮錢
陸拾文正收回完足字照
光緒拾柒年二月　日立收字叔黃孟本

8-2-16-1　清光緒十七年二月黃孟本立收糧錢字

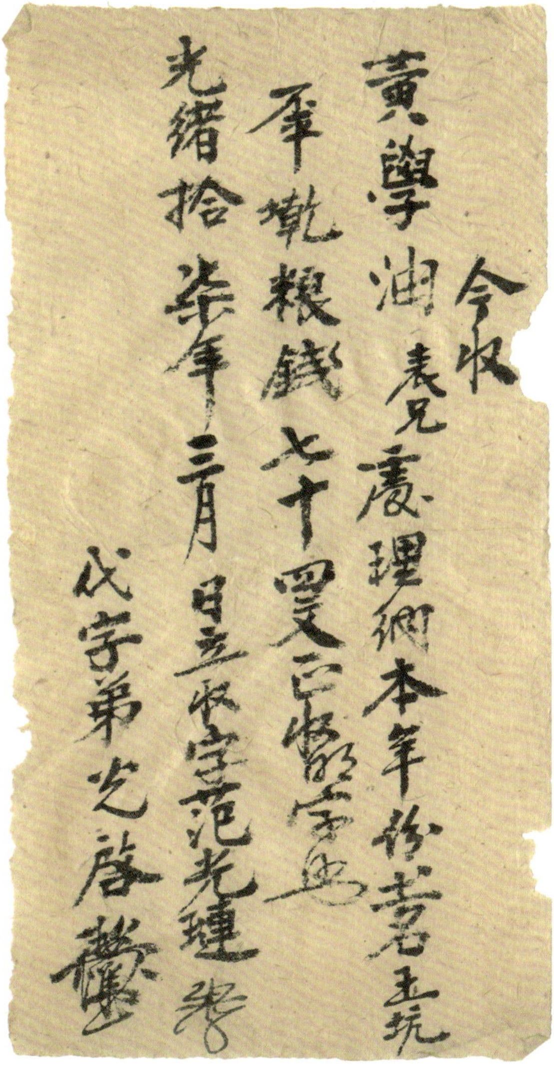

令收
黃學淵表兄處理納本年份著玉坑
坪墈糧錢七十四文正收訖完照
光緒拾柒年三月　日立收字范光璉（押）
代字弟光啓（押）

8-2-16-2　清光緒十七年三月范光璉立收糧錢字

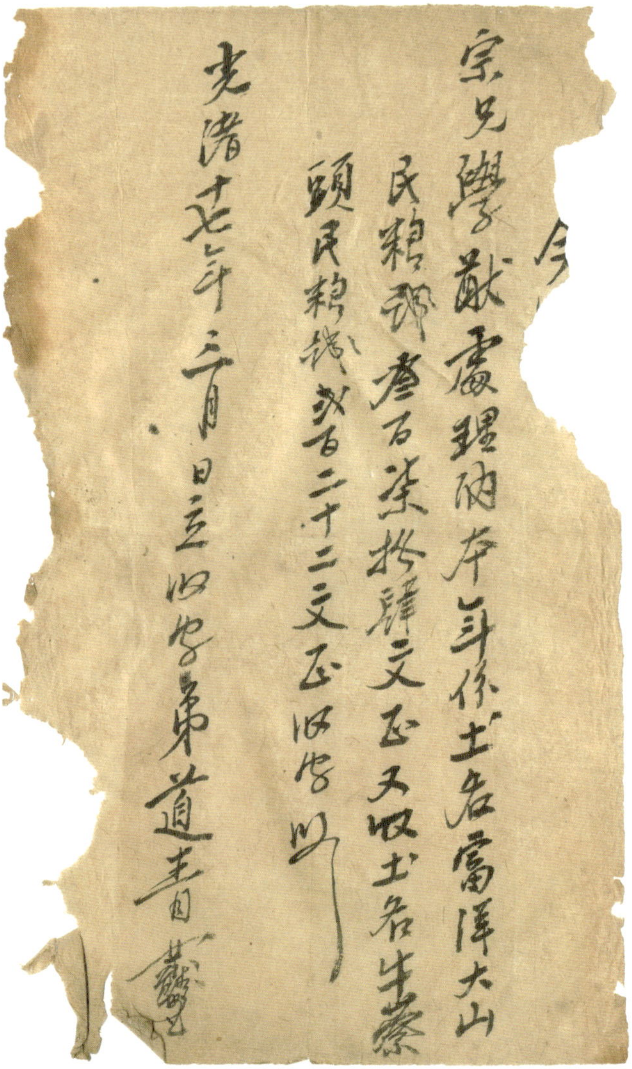

宗兄學獻處理納本年份土名富洋大山
民粮錢叁百柒拾肆文正又收土名牛蔡
頭民粮錢貳百二十二文正收字此
光緒十七年三月　日立收字弟黃道青

8-2-16-3　清光緒十七年三月黄道青立收民糧錢字

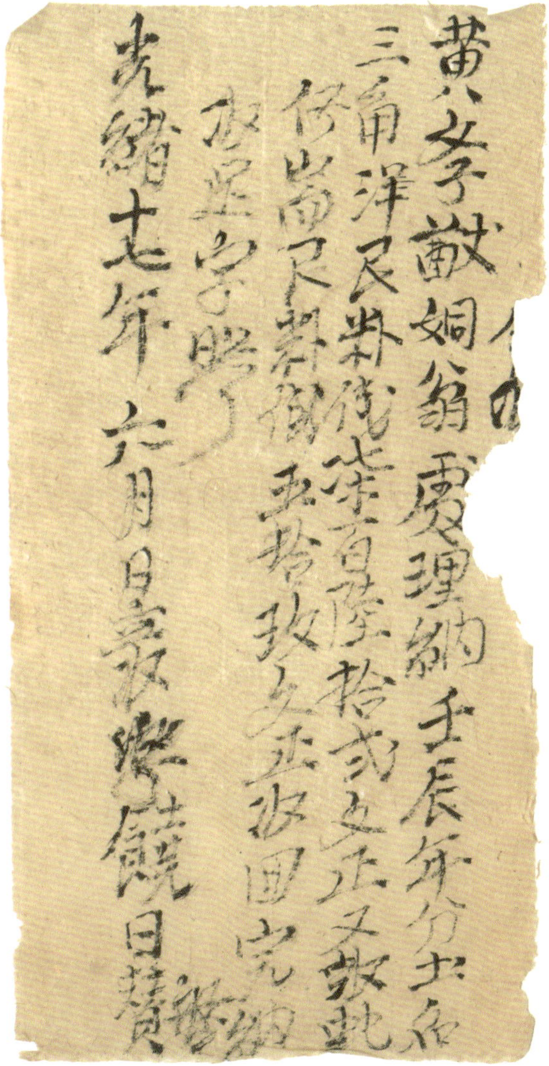

8-2-16-4　清光緒十七年六月饒日贊立收民糧錢字（一）

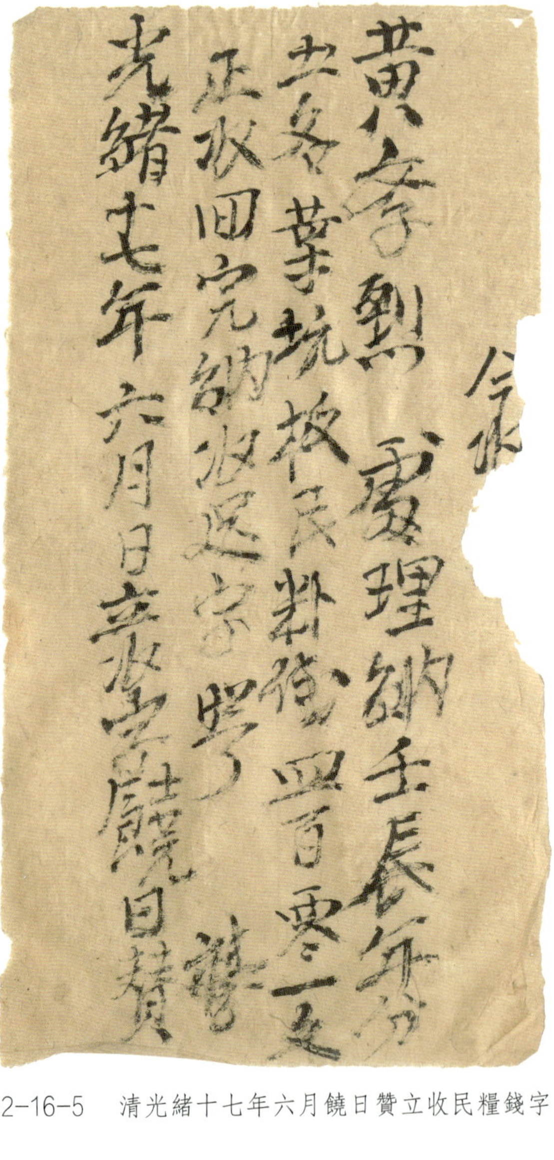

今收
黄八冬字劉處理納壬辰年分
土名葉坑坡下民粮錢四百零一文
正收回完納收足字照　贊
光緒十七年六月日立收字饒日贊

8-2-16-5　清光緒十七年六月饒日贊立收民糧錢字（二）

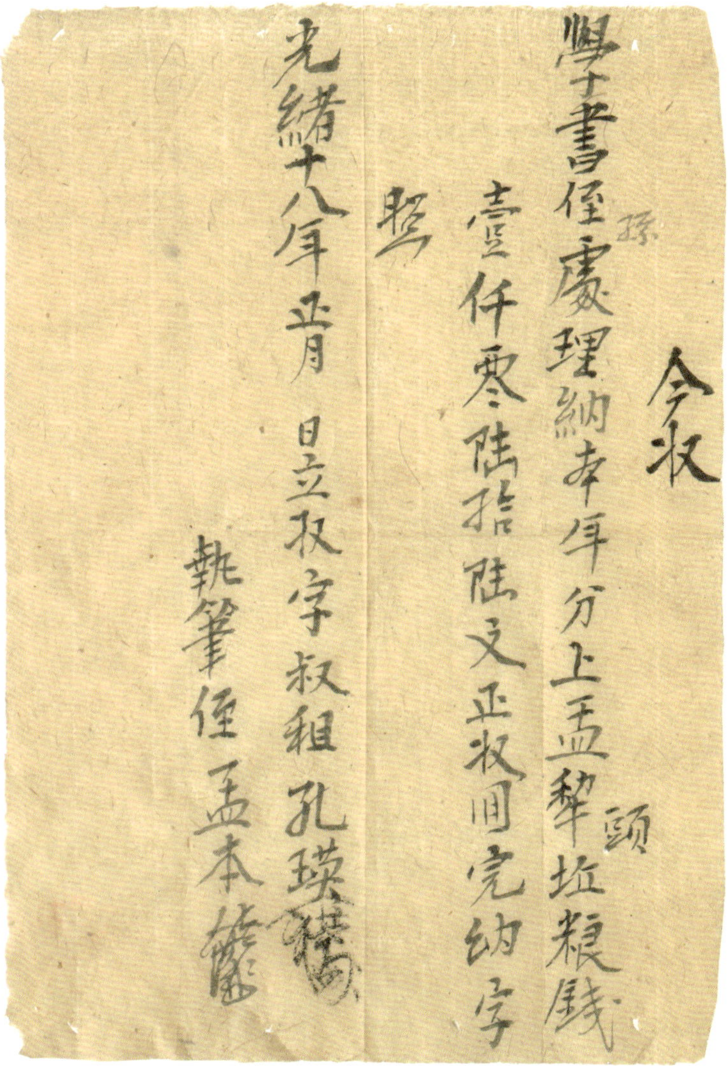
今收
學書侄孫處理納本年分上王孟犂頭垃糧錢
壹仟零陆拾陆文正收回完纳字
照
光緒十八年正月　日立收字叔祖孔瑛（押）
執筆侄王孟本（押）

8-2-16-6　清光緒十八年正月黃孔瑛立收糧錢字（一）

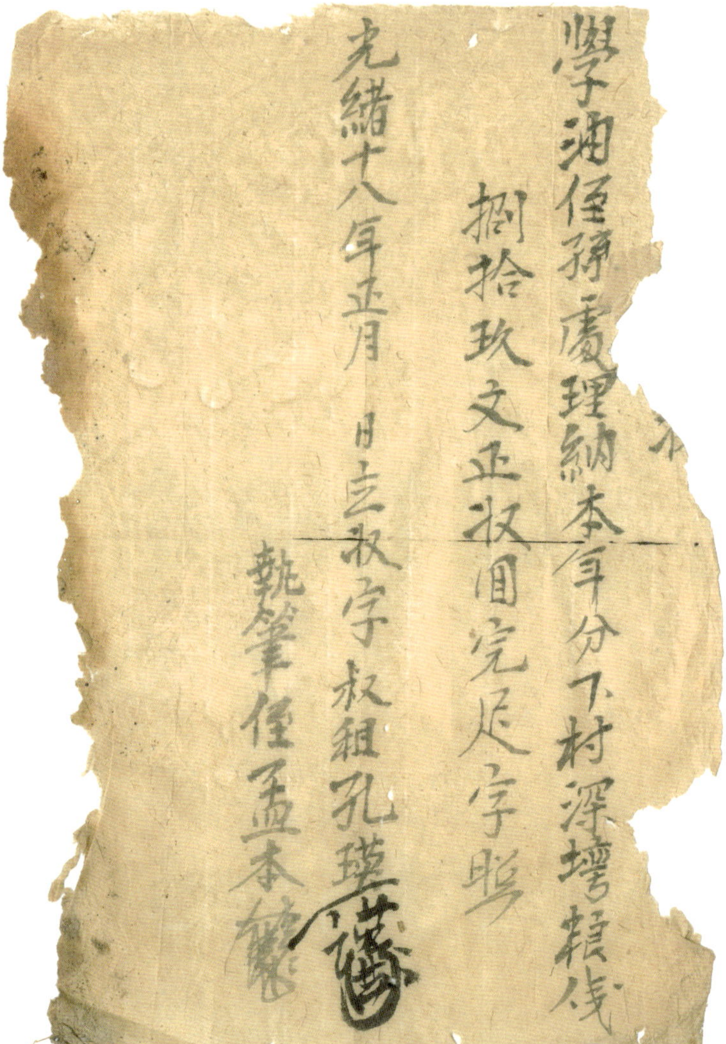

學湖侄孫處理納本年分下村深壋糧錢
捌拾玖文正收回完足字照
光緒十八年正月　日立收字叔祖孔瑛（押）
執筆侄孟本（押）

8-2-16-7　清光緒十八年正月黄孔瑛立收糧錢字（二）

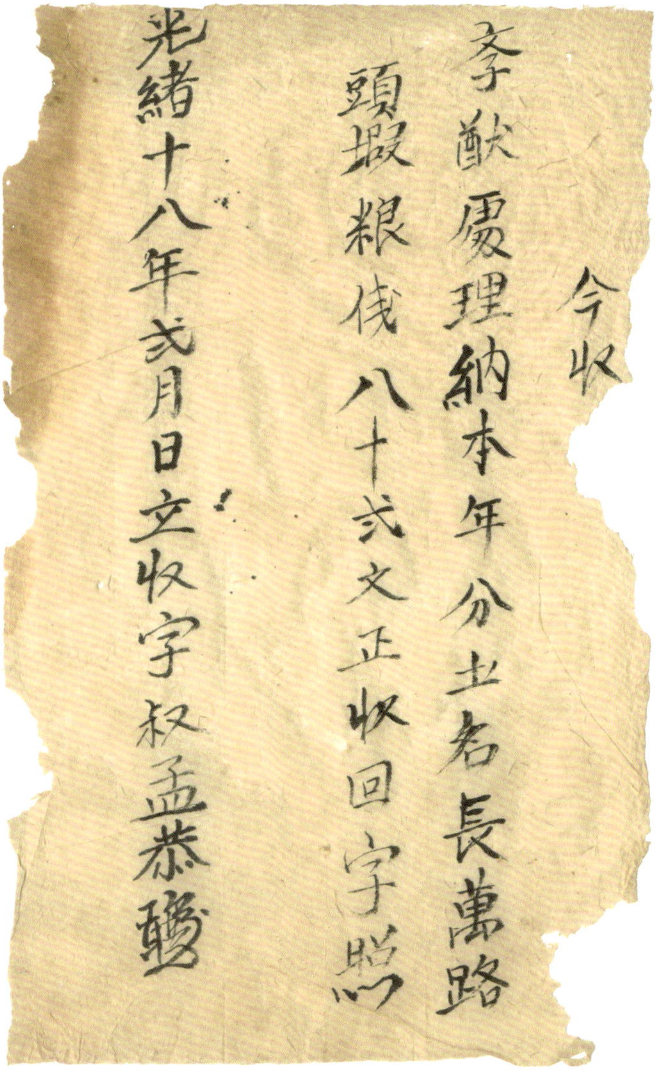

今收
李猷處理納本年分土名長萬路
頭塅粮伐八十弍文正收回字照
光緒十八年弍月日立收字叔孟恭押

8-2-16-8　清光緒十八年二月黄孟恭立收糧錢字

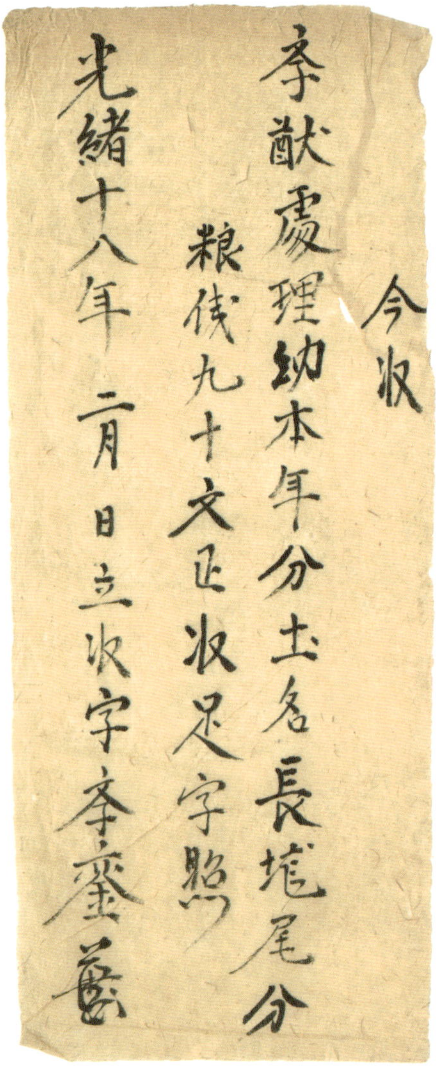

今收
李猷處理納本年分土名長垅尾分
粮錢九十文正收足字照
光緒十八年二月日立收字李銮藝

8-2-16-9　清光緒十八年二月黄李銮立收糧錢字

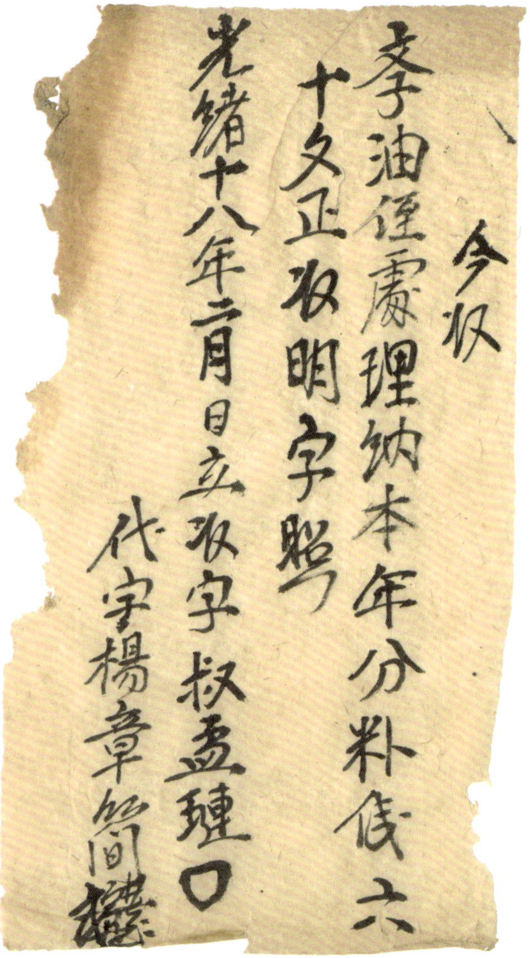

今收
李油侄處理納本年分粮錢六
十文正收明字照
光緒十八年二月　日立收字叔孟璉口
代字楊章爵[illegible]

8-2-16-10　清光緒十八年二月黃孟璉立收糧錢字

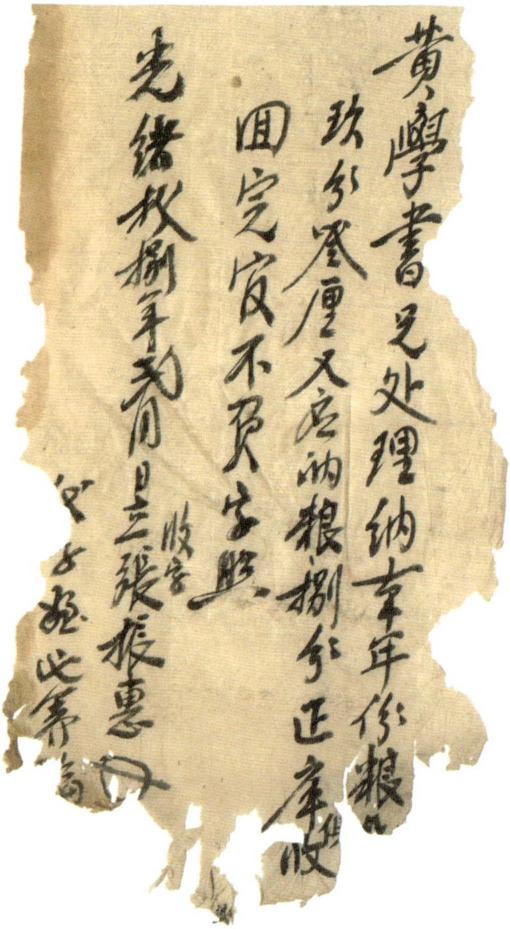

黃學書兄处理纳本年份粮
玖分叁厘又应納粮捌分正庠收
回完宜不負字照
光緒拾捌年貳月　日立收字張振惠

8-2-16-11　清光緒十八年二月張振惠立收糧錢字

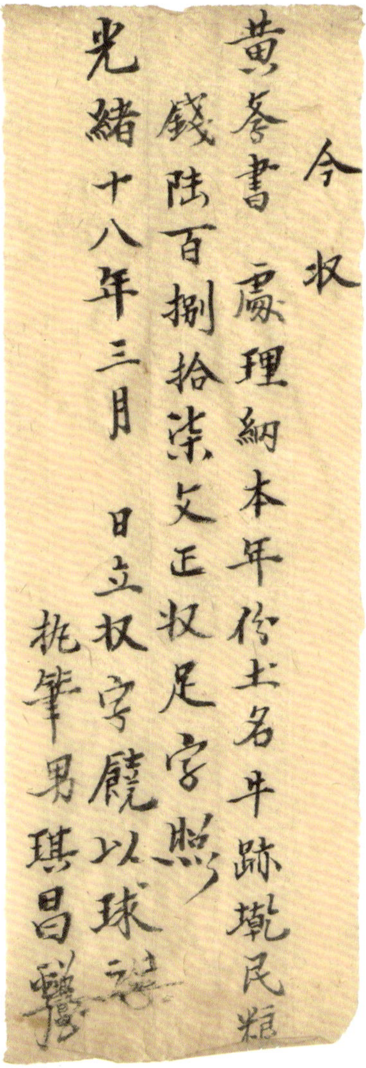

今收
黄叅書處理納本年作土名牛跡墘民粮
錢陸百捌拾柒文正收足字照
光緒十八年三月　日立收字饒以球（押）
批筆男琪昌（押）

8-2-16-12　清光緒十八年三月饒以球立收民糧錢字

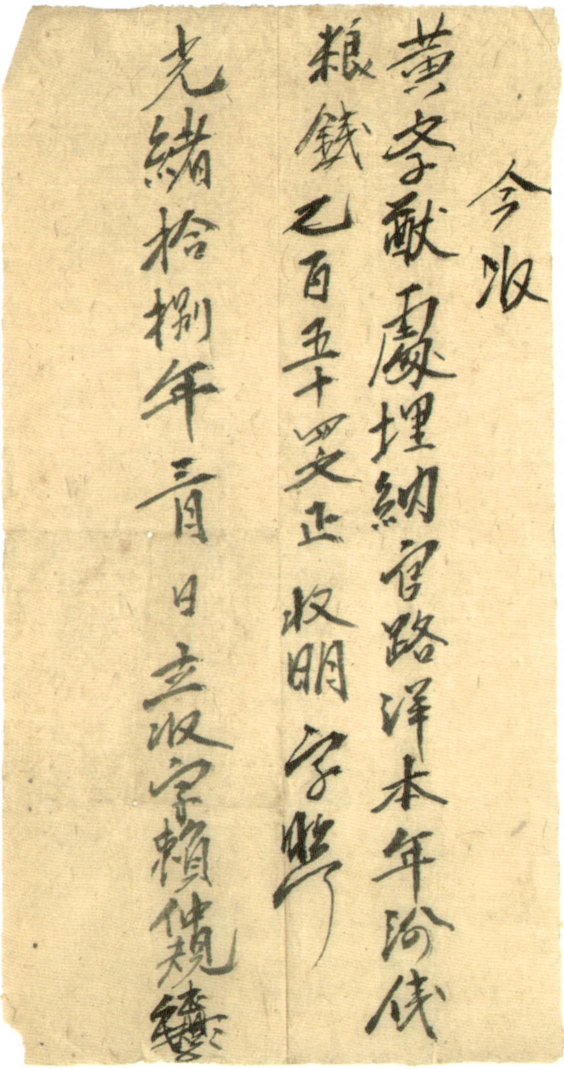
今收
黄孝猷處埋納官路洋本年份錢
粮錢乙百五十四文正 收明字照
光緒拾捌年三月 日 立收字賴仲規據

8-2-16-13　清光緒十八年三月賴仲規立收錢糧字

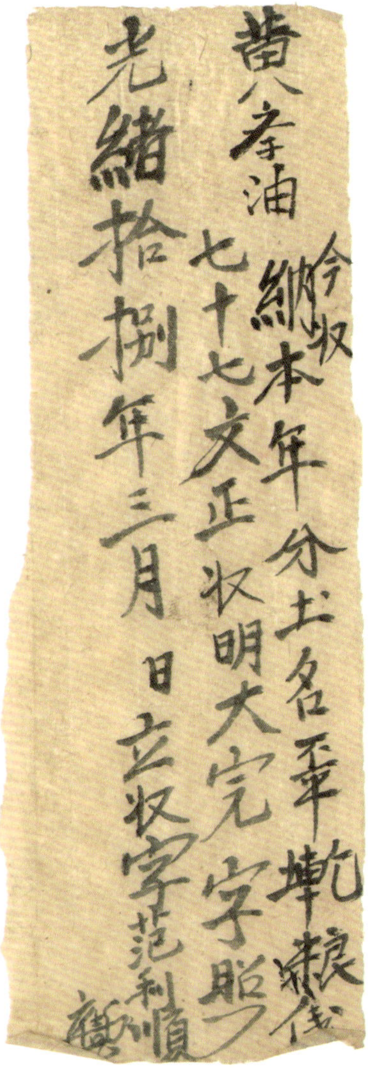

黄八孝油
今收納本年分土名丕平埠乾粮錢
七十七文正收明大完字照
光緒拾捌年三月 日立收字范利順

8-2-16-14 清光緒十八年三月范利順立收糧錢字

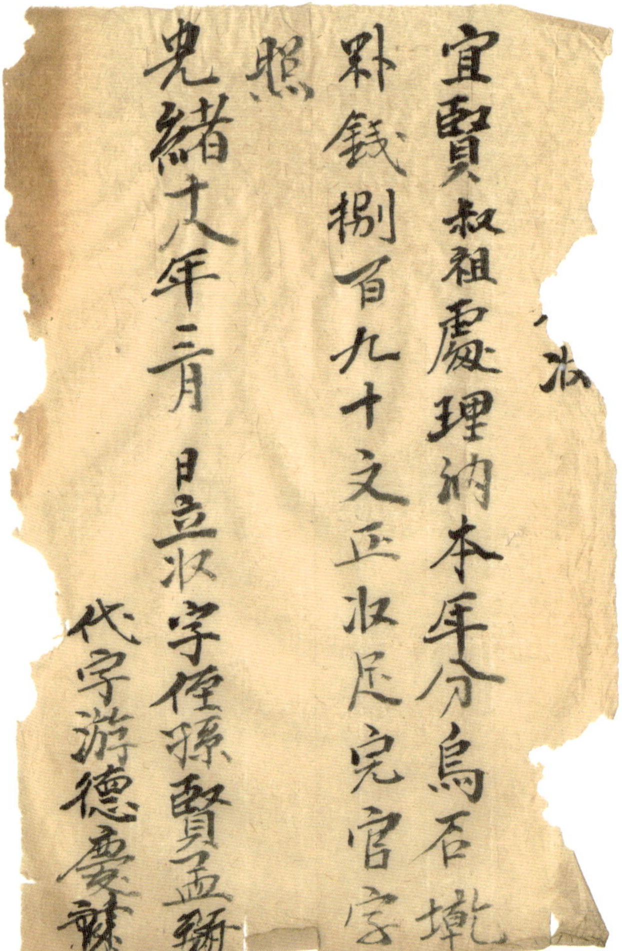
收
宜賢叔祖處理納本年分烏石墘
糧錢捌百九十文正收足完官字
照
光緒十八年三月　日立收字侄孫賢孟親
代字游德慶筆

8-2-16-15　清光緒十八年三月黃賢孟立收糧錢字

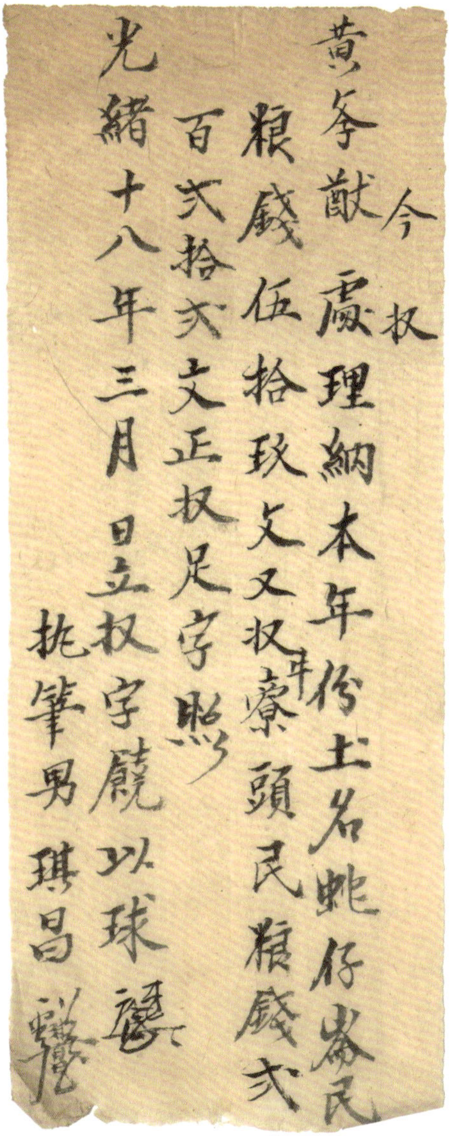
今收
黃岑畬處理納本年份土名蚱仔嵛民
糧錢伍拾玖文又收年寮頭民糧錢弍
百弍拾弍文正收足字照
光緒十八年三月　日立收字饒以球
執筆男　琪昌

8-2-16-16　清光緒十八年三月饒以球立收民糧錢字

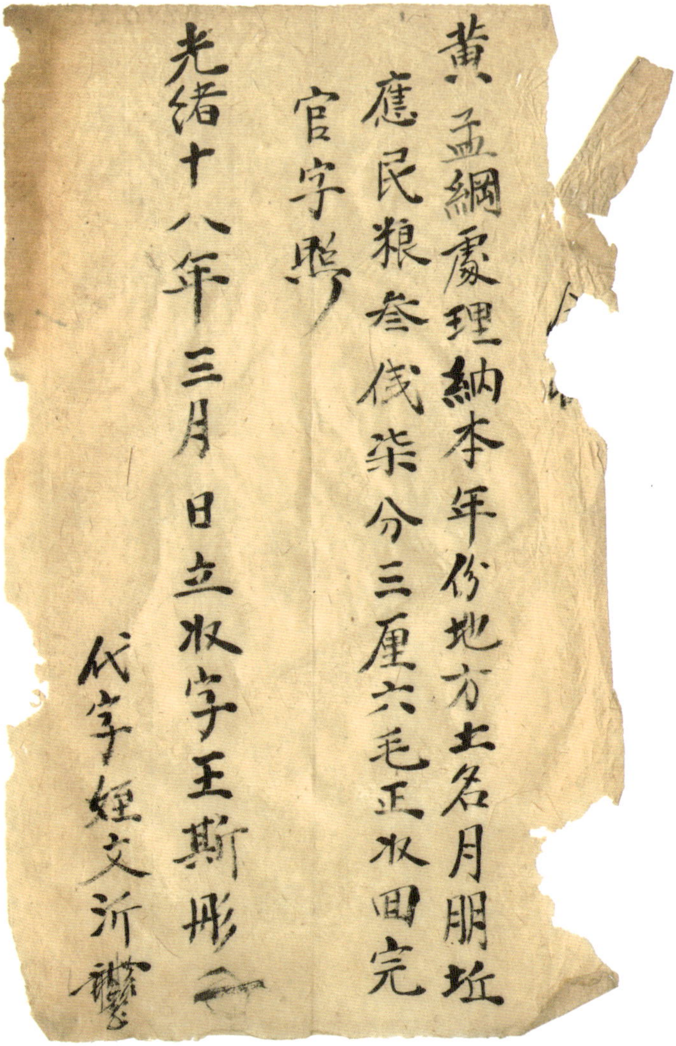
黃孟綱處理納本年份地方土名月朋垅
應民粮叁仟柒分三厘六毛正收回完
官字照
光緒十八年三月　日立收字王斯彤（押）
代字姪文沂（押）

8-2-16-17　清光緒十八年三月王斯彤立收民糧錢字

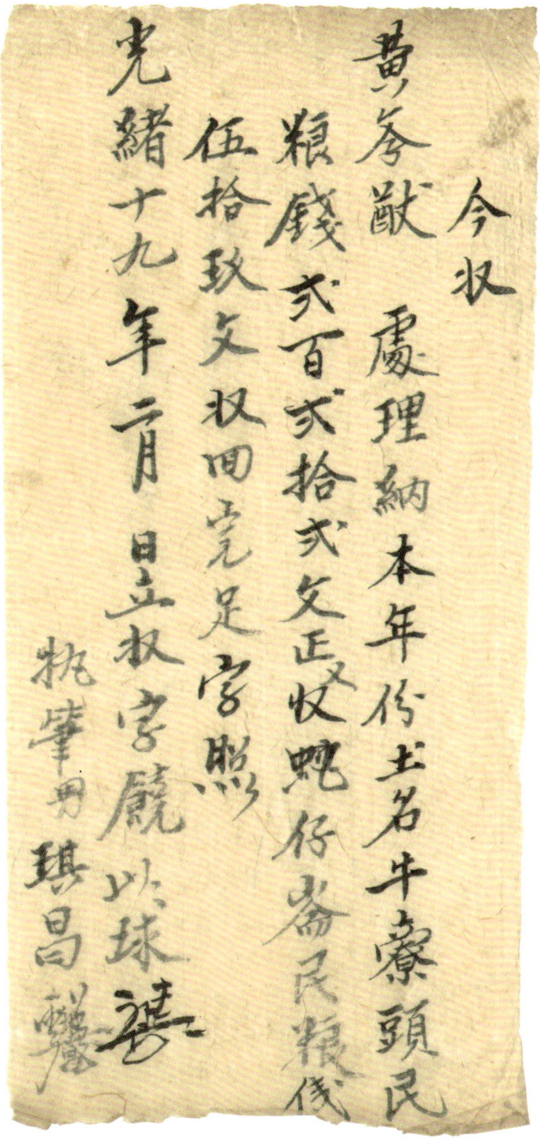
今收
黄夅猷 處理納本年份土名牛寮頭民
粮錢弍百弍拾弍文正收訖份崙民粮錢
伍拾玖文收回完足字照
光緒十九年二月 日立收字饒以球（押）
執筆男 琪昌（押）

8-2-16-18 清光緒十九年二月饒以球立收民糧錢字（一）

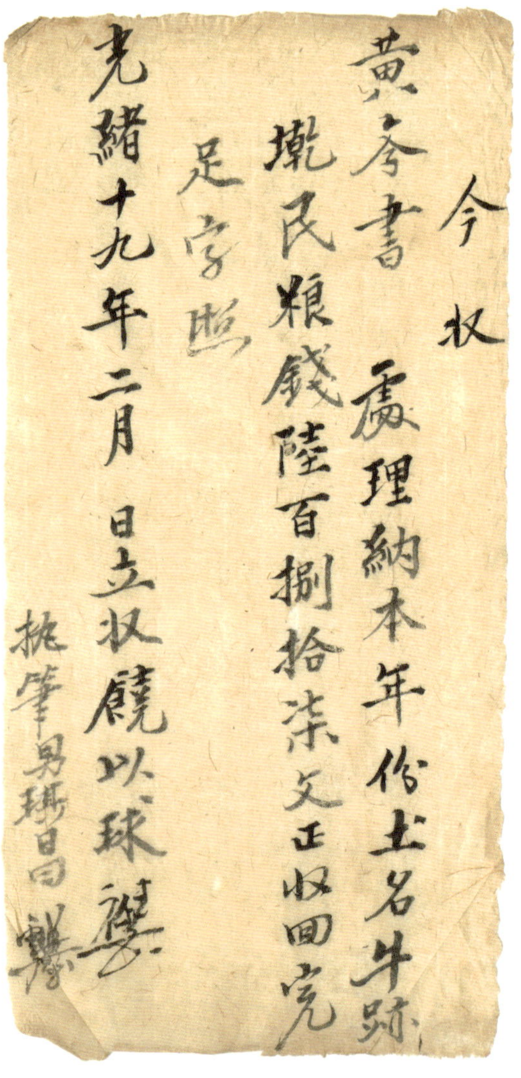

今收
黄秀書處理納本年份土名牛跡
墘民粮錢陸百捌拾柒文正收回完
足字照
光緒十九年二月　日立收饒以球（押）
執筆男瑞日（押）

8-2-16-19　清光緒十九年二月饒以球立收民糧錢字（二）

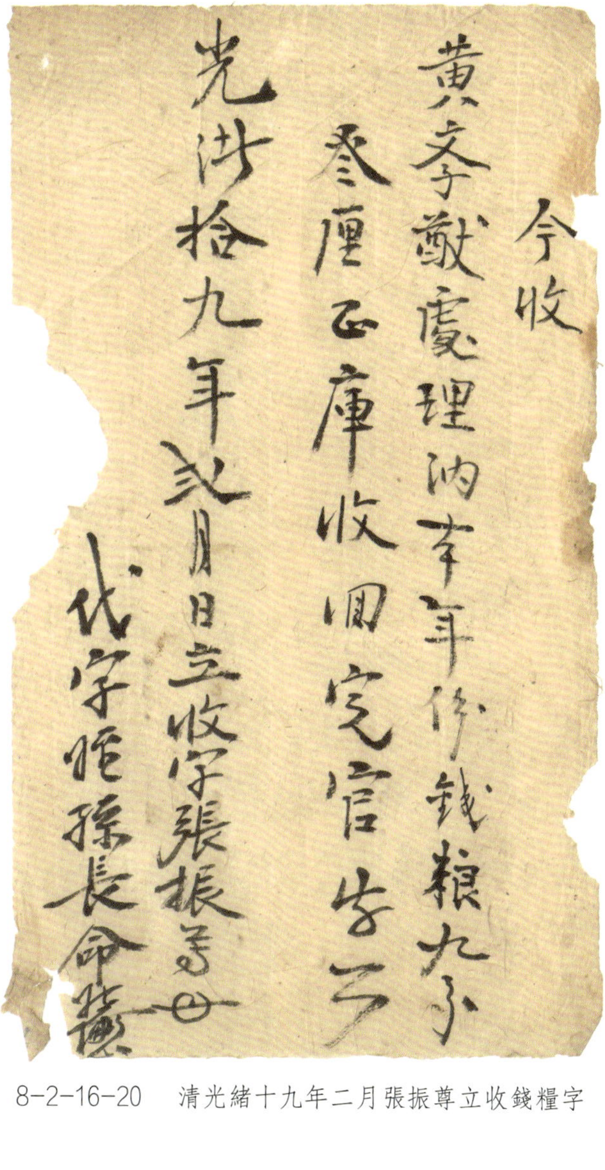

今收
黄孝猷處理納本年份錢粮九分
叁厘正庫收回完官字号
光緒拾九年二月日立收字張振尊（押）
代字姪孫長命筆

8-2-16-20　清光緒十九年二月張振尊立收錢糧字

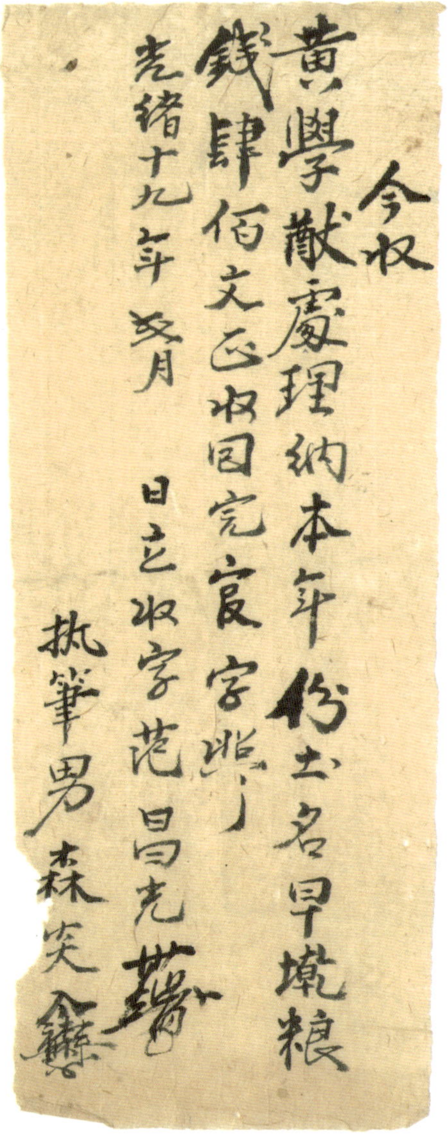

今收
黄學獻處理納本年份土名早墈粮
錢肆佰文正收回完官字照
光緒十九年二月　日立收字范昌光（押）
执筆男森实（押）

8-2-16-21　清光緒十九年二月范昌光立收糧錢字

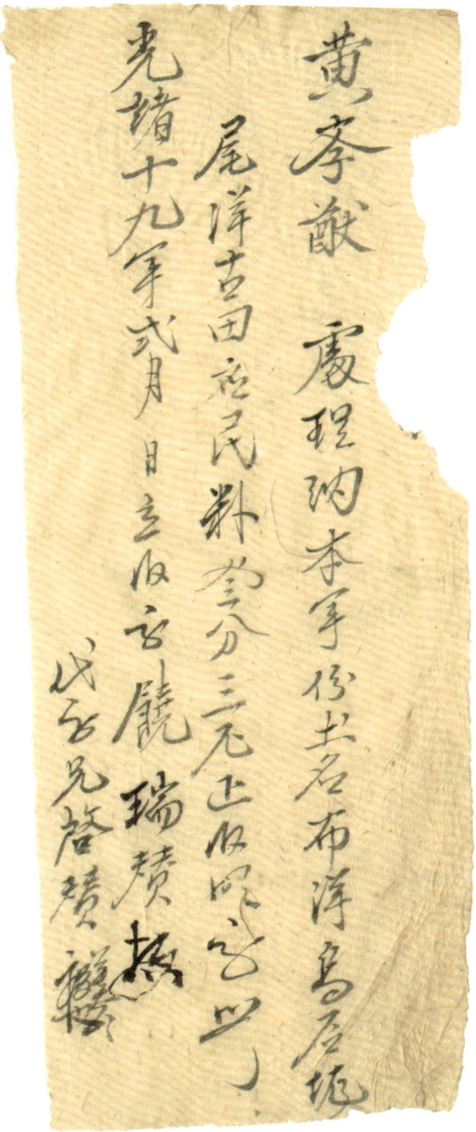

黄孝猷　處經納本年份土名布洋烏后垅
尾洋古田庄民粮叁分三厘正收訖以照
光緒十九年弍月　日立收字饒瑞贊（押）
代字兄啓贊（押）

8-2-16-22　清光緒十九年二月饒瑞贊立收民糧字

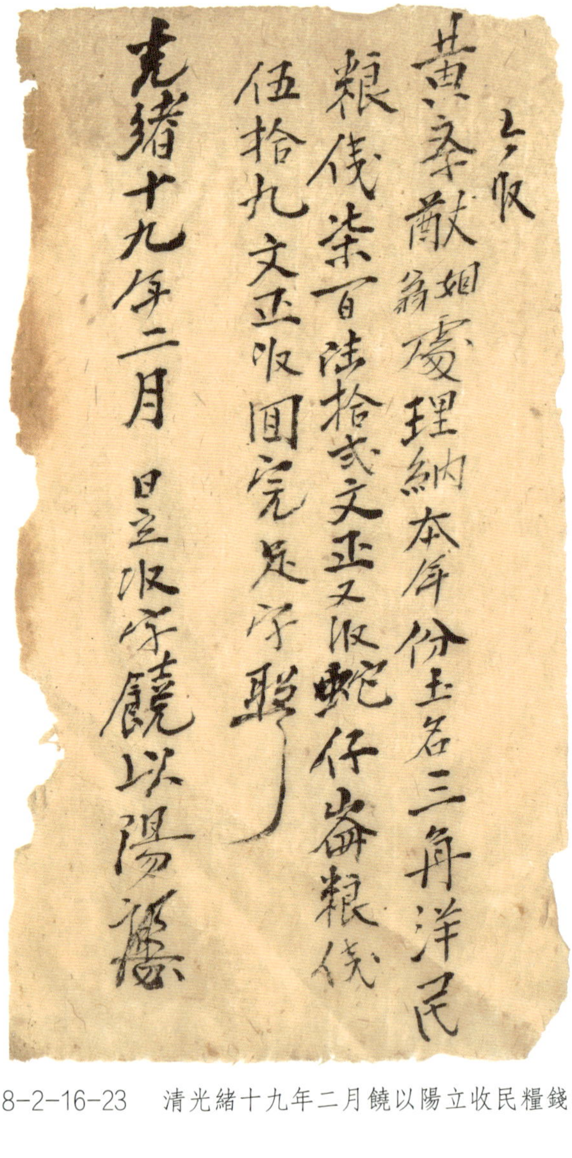
上收
黃峯献姻翁處理納本年份土名三角洋民
粮銭柒百陆拾弍文正又收蛇仔崙粮銭
伍拾九文正收回完足字照
光緒十九年二月　日立收字饒以陽押

8-2-16-23　清光緒十九年二月饒以陽立收民糧錢字

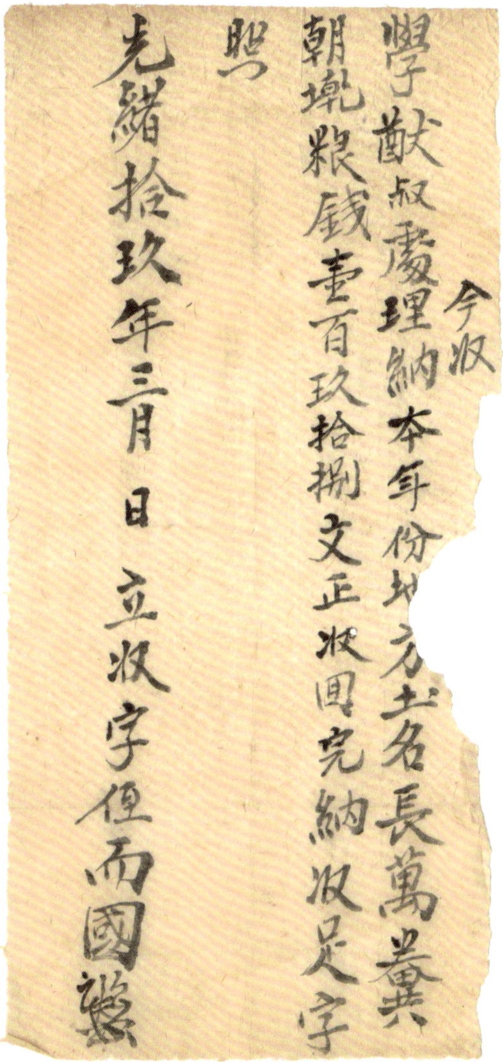
今收
學獻叔處理納本年份地方土名長萬壟共
朝埦糧錢壹百玖拾捌文正收回完納收足字
照
光緒拾玖年三月　日　立收字侄而國[illegible]

8-2-16-24　清光緒十九年三月黄而國立收糧錢字

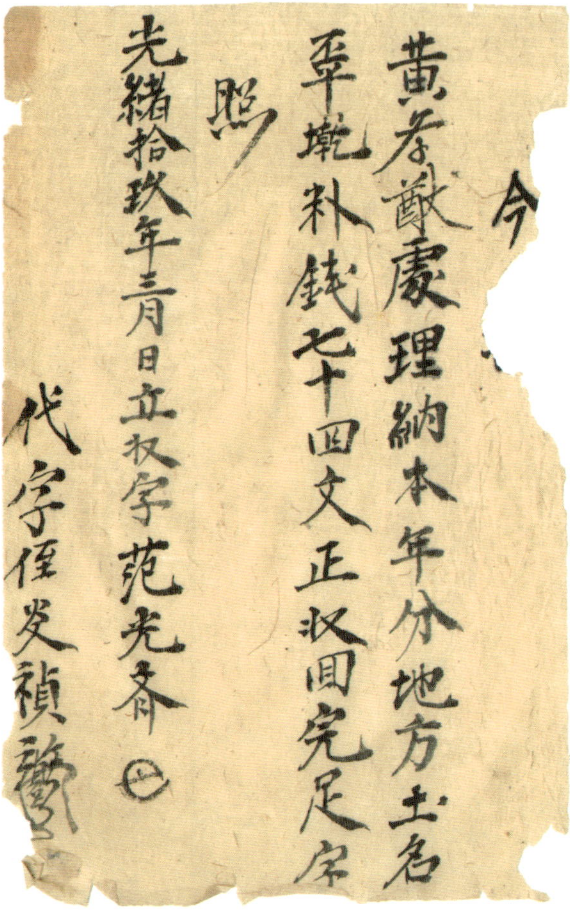

今
黄本畝處理納本年分地方土名
平墘朴錢七十四文正収回完足字
照
光緒拾玖年三月日立収字范光斉
代字侄炎禎

8-2-16-25　清光緒十九年三月范光齊立收糧錢字

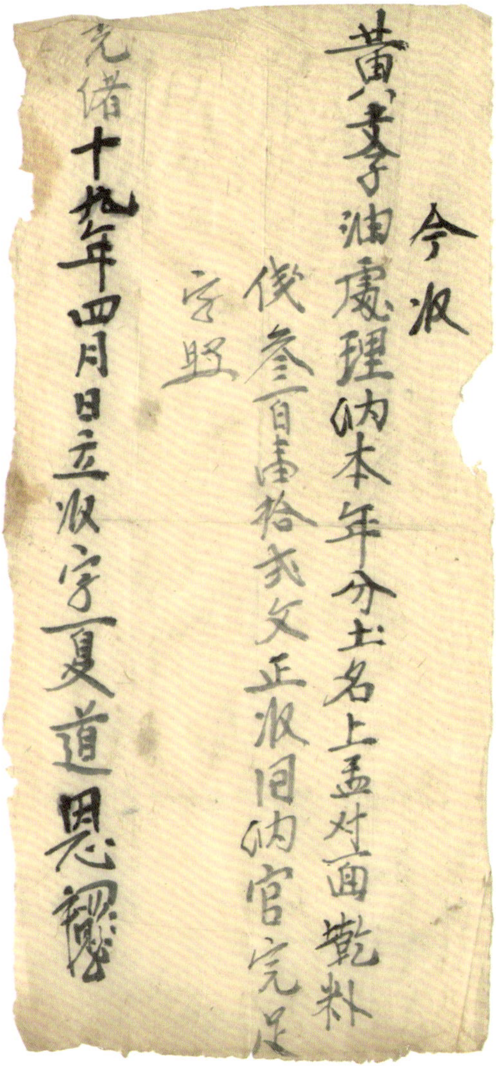
今收
黄八丈子油處理納本年分土名上孟対面乾料
價叁百陆拾贰文正收回納官完足
字照
光緒十九年四月日立收字夏道恩（押）

8-2-16-26　清光緒十九年四月夏道恩立收糧錢字

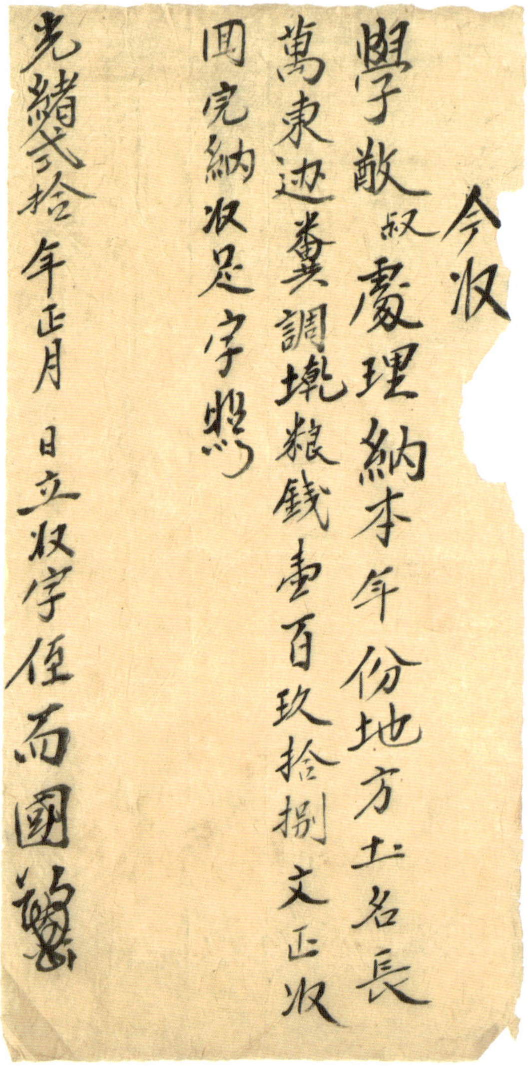

今收
學敞[叔]處理納本年份地方土名長
萬東辺糞調墈粮錢壹百玖拾捌文正收
回完納收足字照
光緒弍拾年正月　日立收字侄而國親筆

8-2-16-27　清光緒二十年正月黄而國立收糧錢字

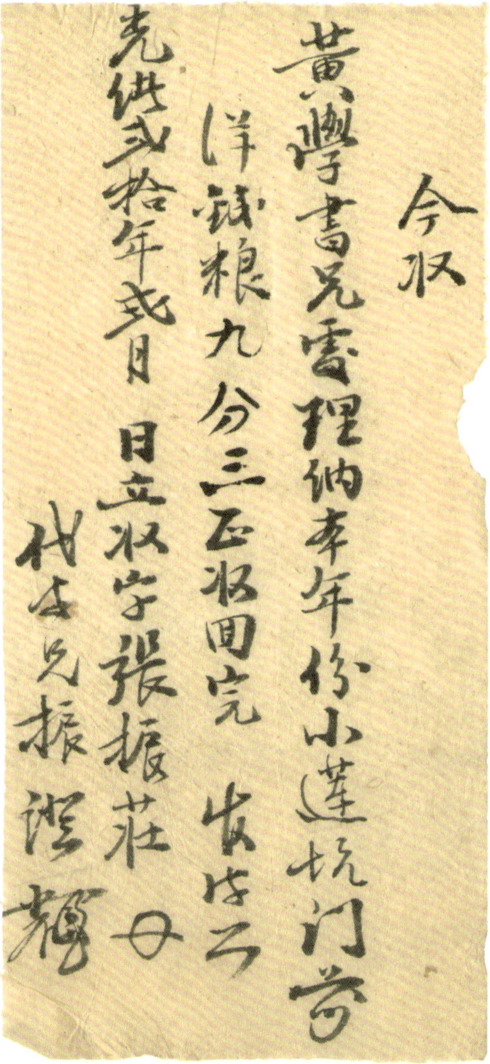
今收
黃學書兄壽理納本年份小蓮坑門前
洋錢粮九分三厘收回完 收付乙
光緒弍拾年弍月 日立收字張振莊 ⊕
代筆兄振澤耀

8-2-16-28　清光緒二十年二月張振莊立收錢糧字

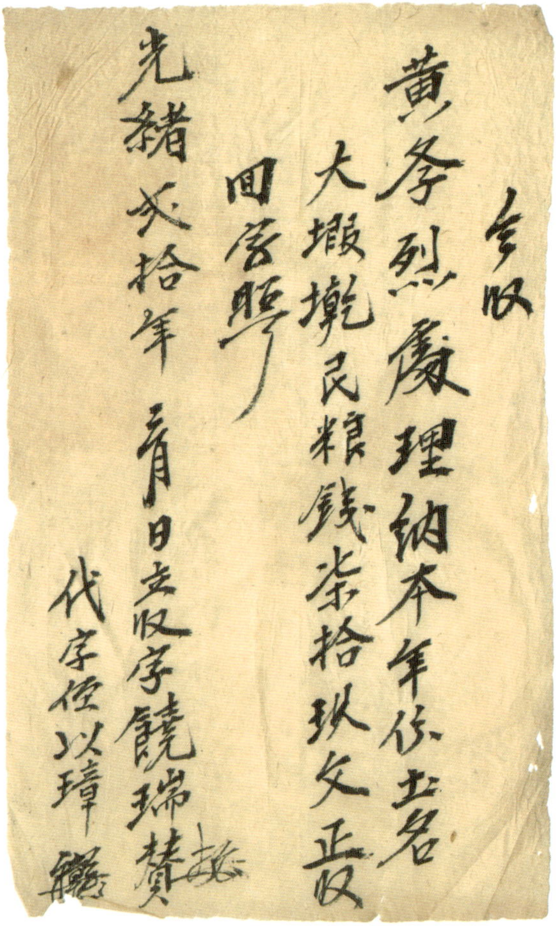
今收
黄孝烈處理納本年份土名
大墩墘民粮錢柒拾玖文正收
回當照
光緒弍拾年三月日立收字饒瑞贊（押）
代字侄以璋（押）

8-2-16-29　清光緒二十年三月饒瑞贊立收民糧錢字

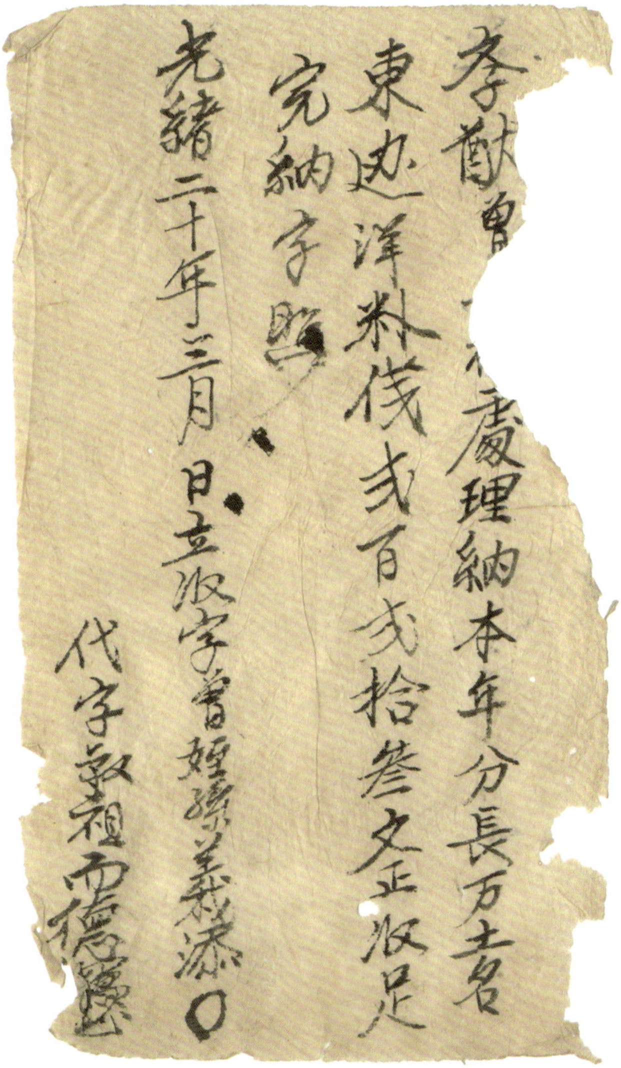
李猷曾[illegible]處理納本年分長万吉名
東边洋粮錢弍百弍拾叁文正收足
完納字照
光緒二十年三月 日立收字曾姪孫義添 ○
代字叔祖而德筆

8-2-16-30　清光緒二十年三月黄義添立收糧錢字

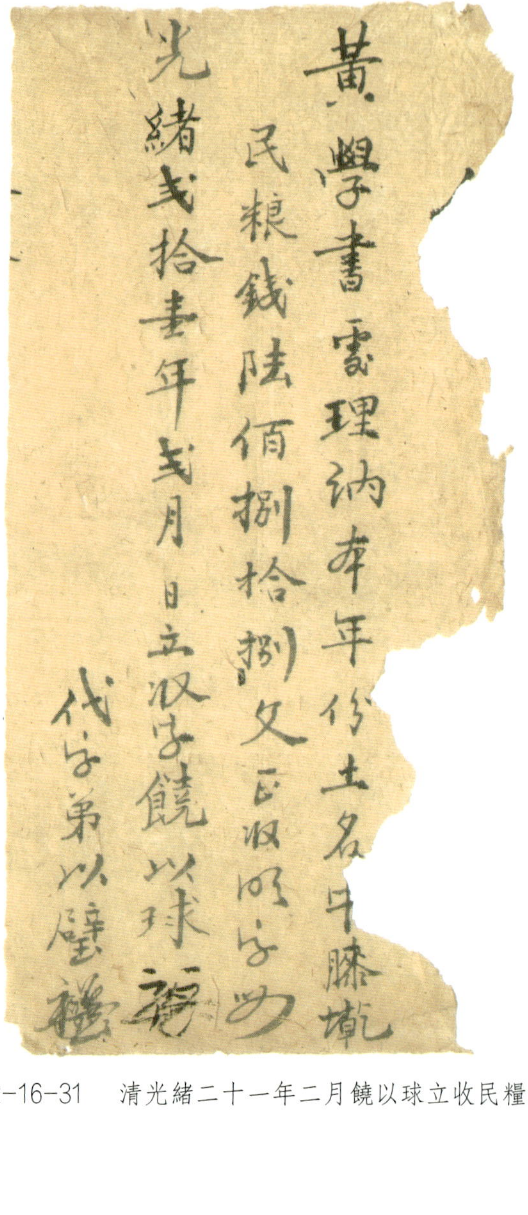
黄學書雲理納本年份土名牛膝墘
民粮錢陸佰捌拾捌文正收明字照
光緒弍拾壹年弍月　日立收字饒以球（押）
代字弟以鏸（押）

8-2-16-31　清光緒二十一年二月饒以球立收民糧錢字

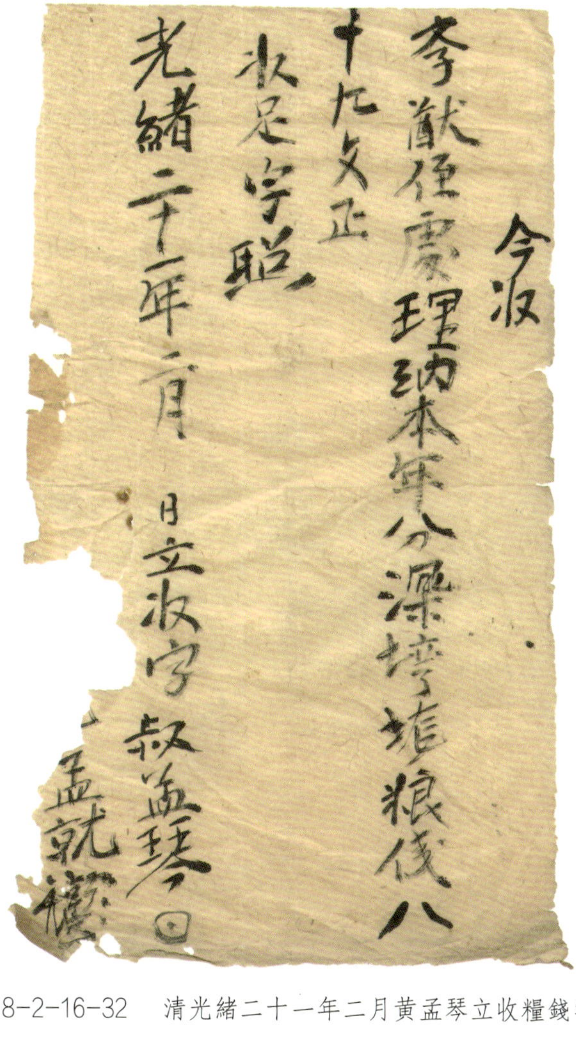
今收
李猷侄處理納本年分粱埣堆粮錢八
十九文正
收足字照
光緒二十一年二月　日立收字　叔孟琴（押）
孟就[illegible]

8-2-16-32　清光緒二十一年二月黃孟琴立收糧錢字

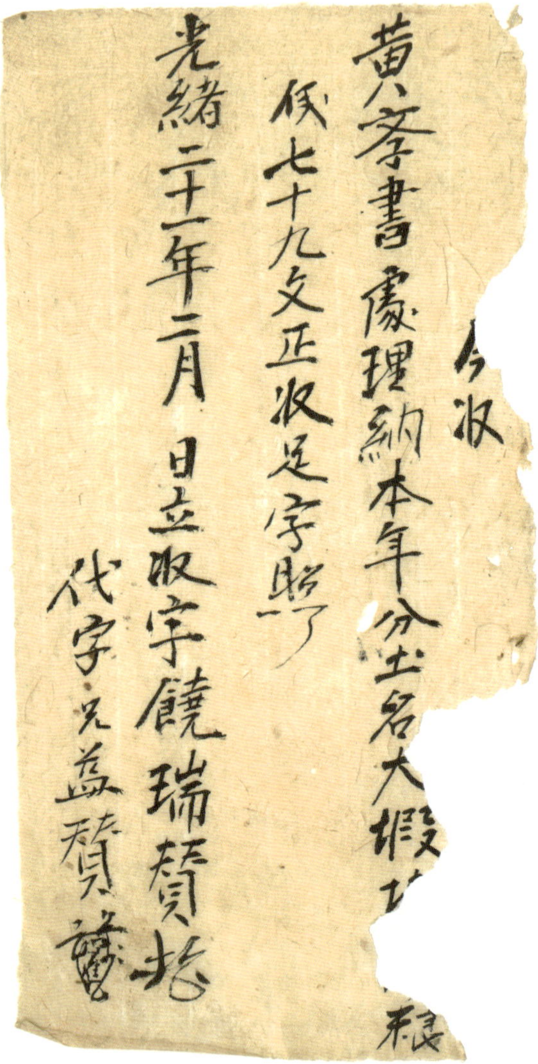

今收
黄八孝書處理納本年分土名大嘏坑糧
錢七十九文正收足字照了
光緒二十一年二月　日立收字饒瑞贊號
代字兄益贊號

8-2-16-33　清光緒二十一年二月饒瑞贊立收糧錢字

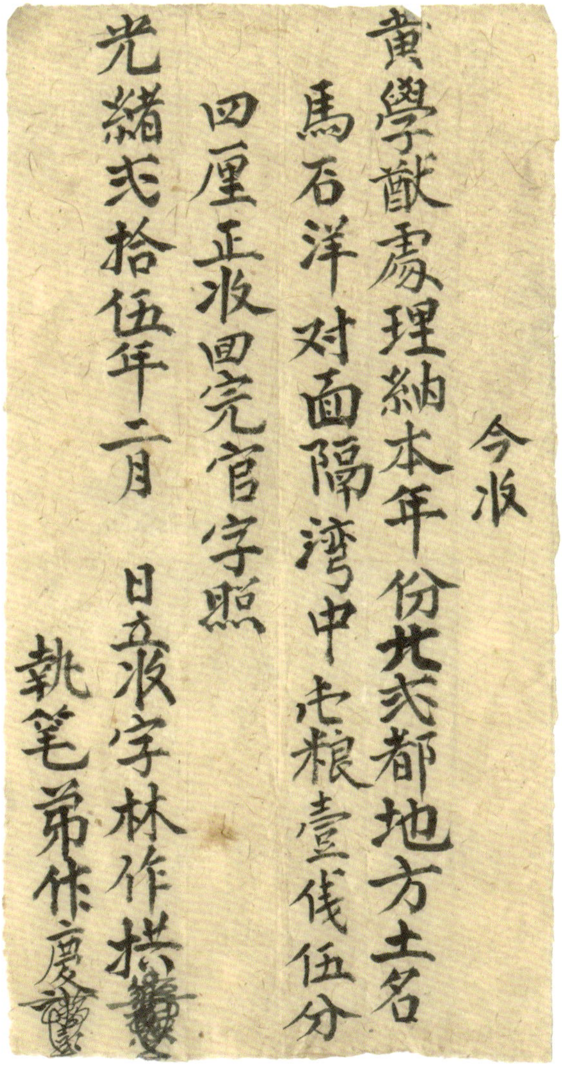

今收
黄學猷處理納本年份九弍都地方土名
馬石洋对面陽湾中屯粮壹伐伍分
四厘正收回完官字照
光緒弍拾伍年二月　日立收字林作拱
執笔弟作慶

8-2-16-34　清光緒二十五年二月林作拱立收屯糧字

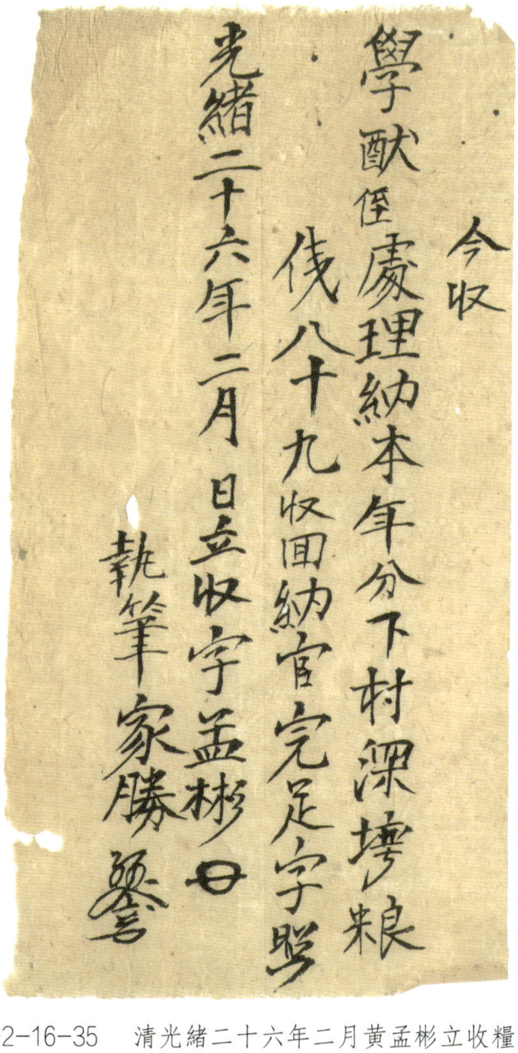

今收
學猷侄處理納本年分下村梁塆粮
錢八十九收回納官完足字照
光緒二十六年二月　日立收字孟彬（押）
執筆家勝（押）

8-2-16-35　清光緒二十六年二月黃孟彬立收糧錢字

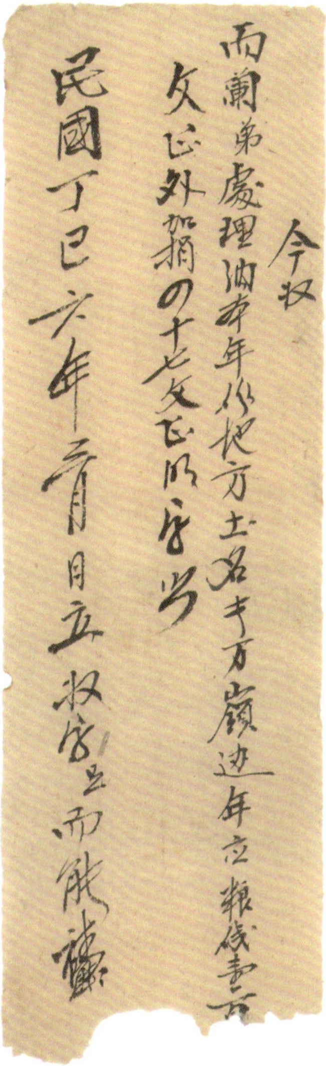

今收

而蘭弟處理納本年份杞方土名寺方嶺边年立粮钱壹百文正外加捐の十七文正収足訖

民國丁巳六年三月　日立收字兄而能（押）

8-2-16-36　民國六年三月黃而能立收糧錢字

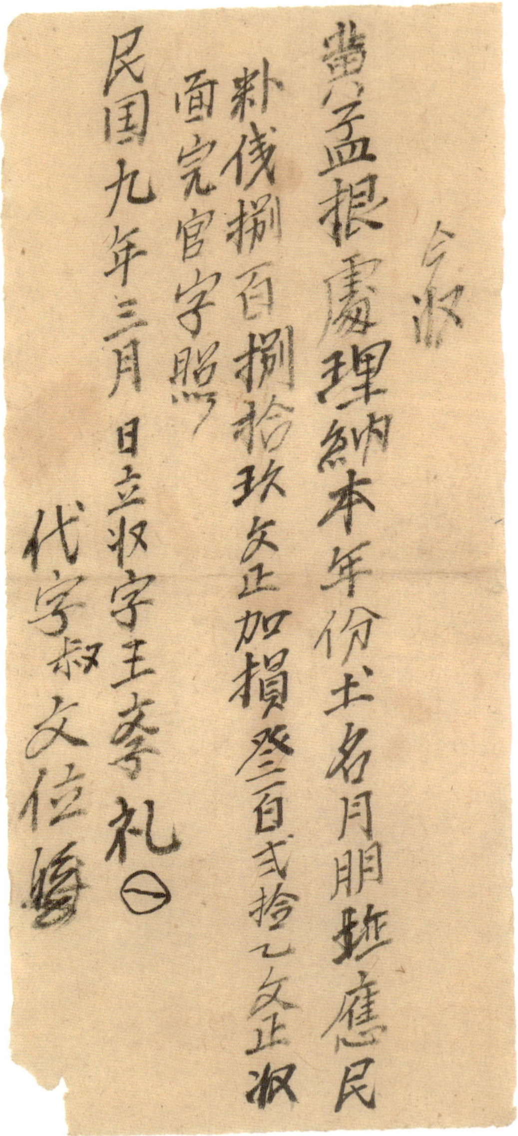

今收
當八子孟根處理納本年份土名月朋垅應民
粮錢捌百捌拾玖文正加損叁百弍拾乙文正收
面完官字照
民国九年三月　日立收字王李礼（押）
代字叔文位（押）

8-2-16-37　民國九年三月王孝礼立收民糧錢字

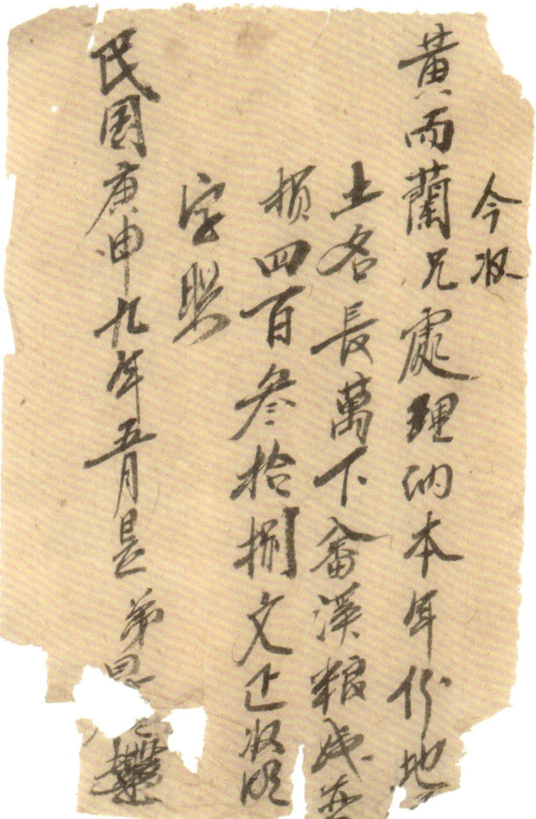

今收
黃丙蘭兄處理納本年作地
土名長萬下畬溪粮錢并
損四百叁拾捌文正收明
字照
民國庚申九年五月日　弟[illegible]筆

8-2-16-38　民國九年五月黃□□立收糧錢字

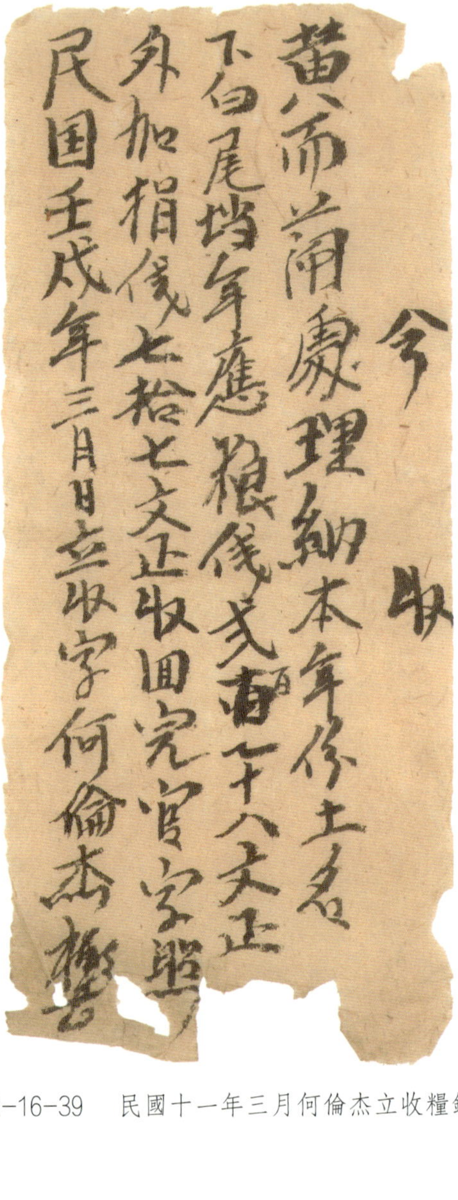
今收
黄八而蒲處理納本年份土名
下白尾垱年應粮銭式百一十八文正
外加捐銭七拾七文正收回完官字照
民国壬戌年三月日立收字何倫杰押

8-2-16-39　民國十一年三月何倫杰立收糧錢字

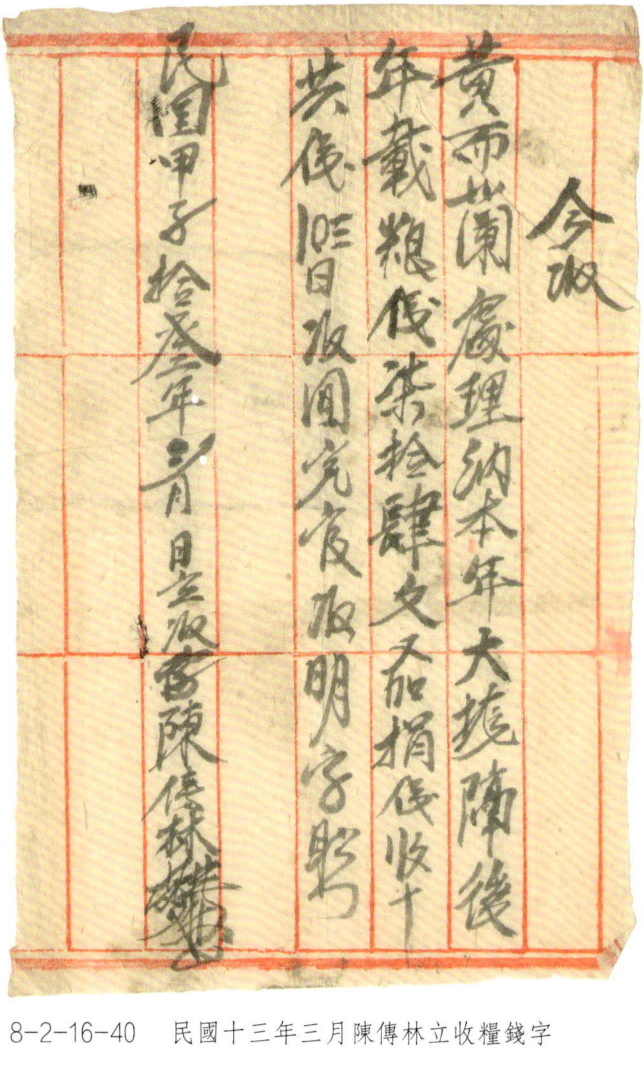

今收
黄[illegible]蘭處理納本年大坵陣後
年載粮錢柒拾肆文又加捐錢收十
共錢[illegible]日收回完後收明字照
民國甲子拾叁年三月日立收字陳傳林[illegible]

8-2-16-40　民國十三年三月陳傳林立收糧錢字

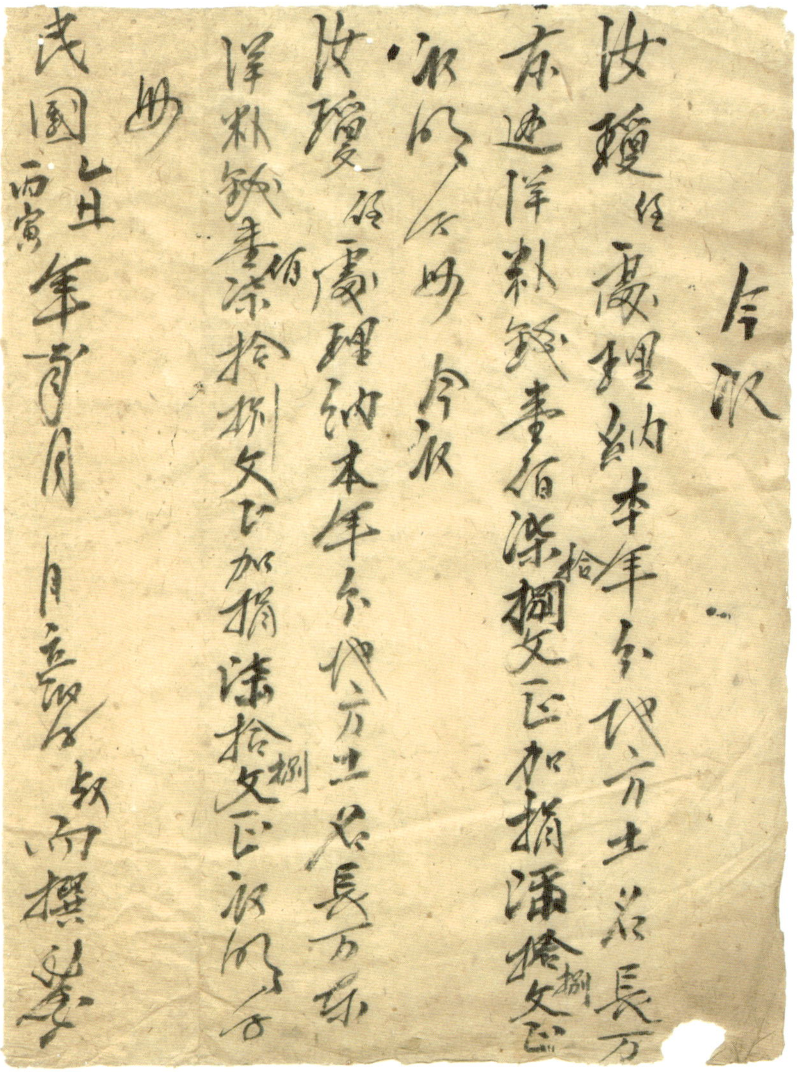

8-2-16-41　民國十四年三月黄而撰立收糧錢字

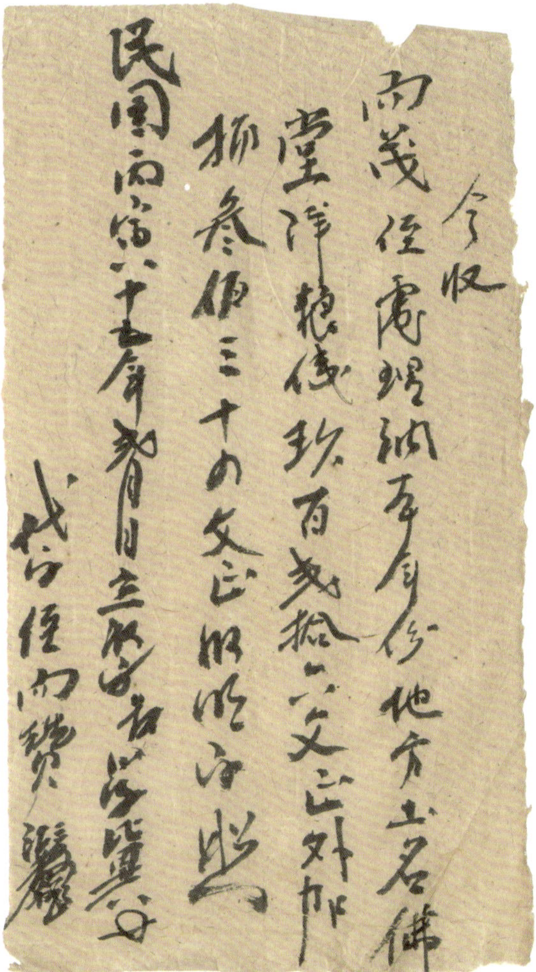
今收
尚茂侄處歸納本年份地方上名佛
堂津粮錢玖百叁拾六文正外加
捌叁佰三十四文正明收字照
民國丙寅十五年貳月日立收字人黄學冀（押）
代字侄尚贊（押）

8-2-16-42　民國十五年二月黄學冀立收糧錢字

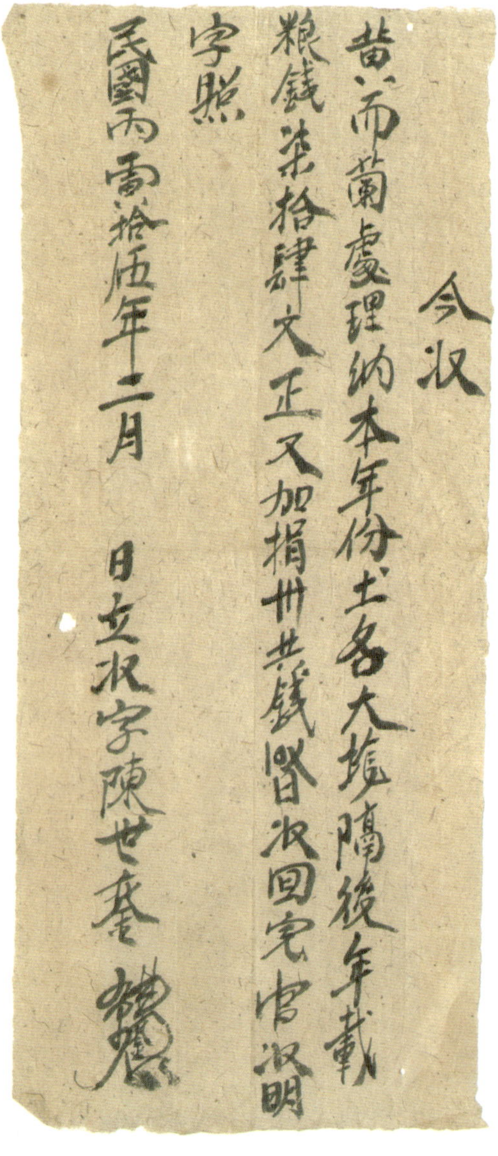
今收
黄〃而蘭處理納本年份土名大坵隔後年載
粮錢柒拾肆文正又加捐卌共錢[illegible]收回完訖收明
字照
民國丙寅拾伍年二月　日立收字陳世銮

8-2-16-43　民國十五年二月陳世銮立收糧錢字

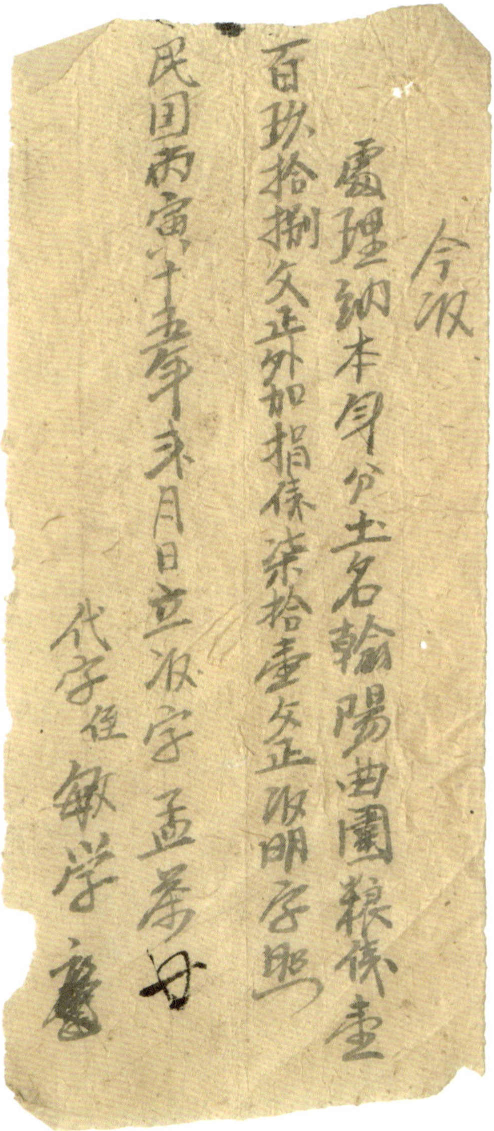

今收
處理納本身分土名輪陽曲園粮係壹
百玖拾捌文正外加捐係柒拾壹文正收明字照
民国丙寅十五年二月日立收字孟茶
代字侄敏学

8-2-16-44　民國十五年二月黄孟茶立收糧錢字

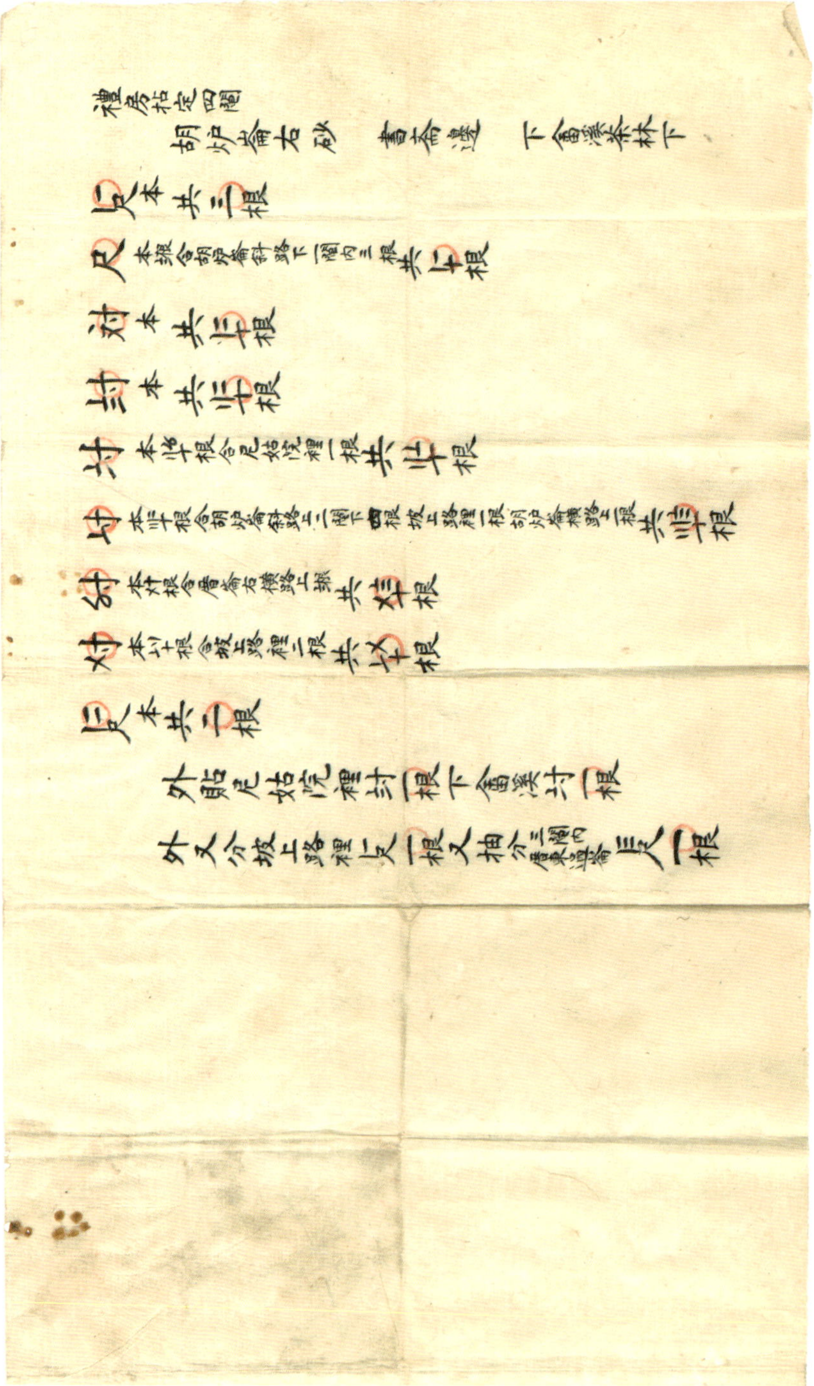
禮房拈定四鬮　胡炉崙右砂　書崙邊　下畬溪茶林下
尺本　共三根
尺本掘合胡炉崙斜路下一閣内三根　共　根
尺本　共　根
尺本　共　根
尺本　十根合尼姑院裡一根　共　根
尺本　十根合胡炉崙斜路上二閣下四根坡上路裡一根胡炉崙横路上一根　共　根
尺本　根合厝崙右横路上掘　共　根
尺本　十根合坡上路裡二根　共　根
尺本　共二根
外貼尼姑院裡尺一根下畬溪尺一根
外又分坡上路裡尺一根又抽分三閣内厝東過崙尺一根

8-2-17-1　晚清時期黃氏禮房鬮書

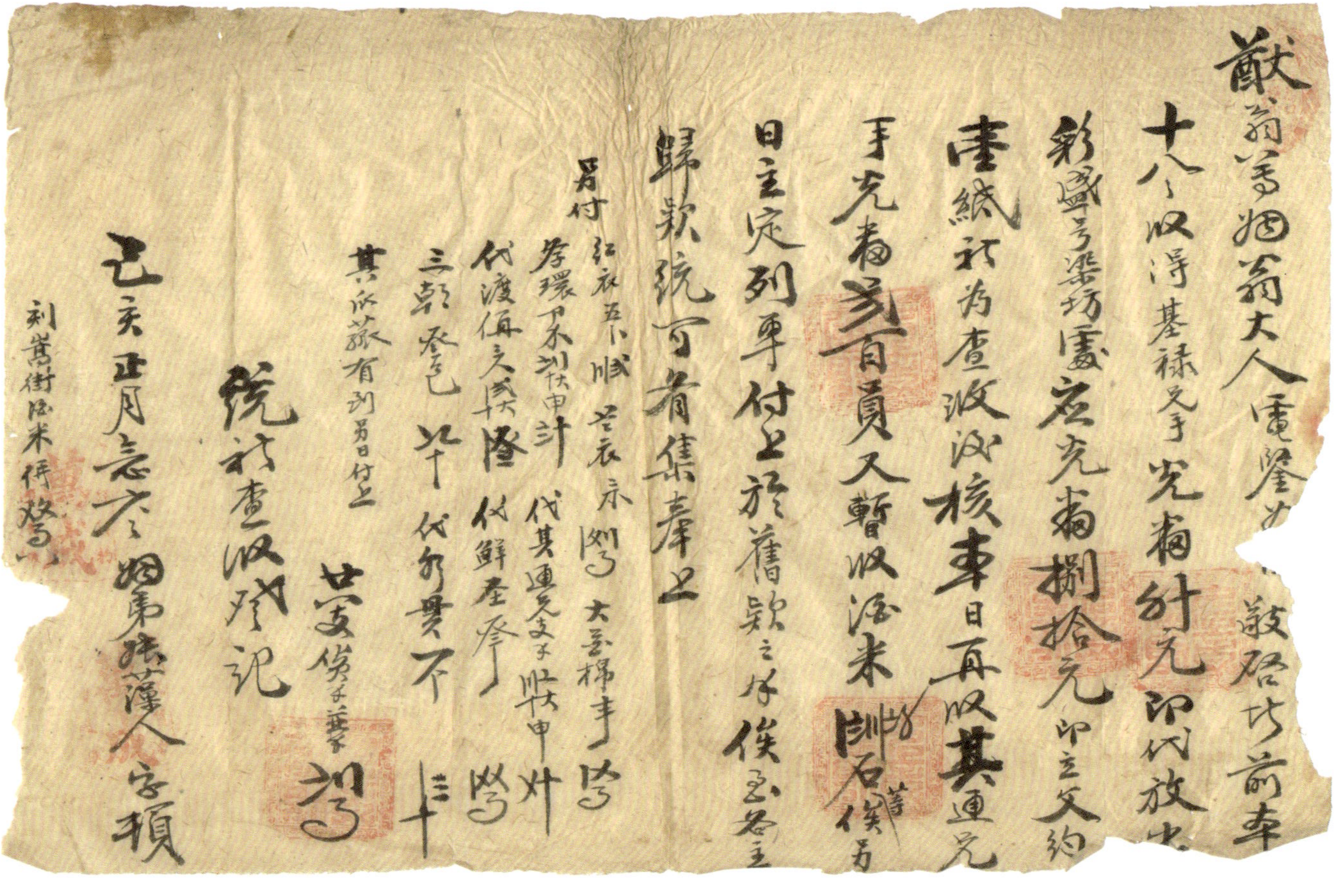

8-2-18-1　清光緒二十五年正月萬成號張藻人致黃學猷書信

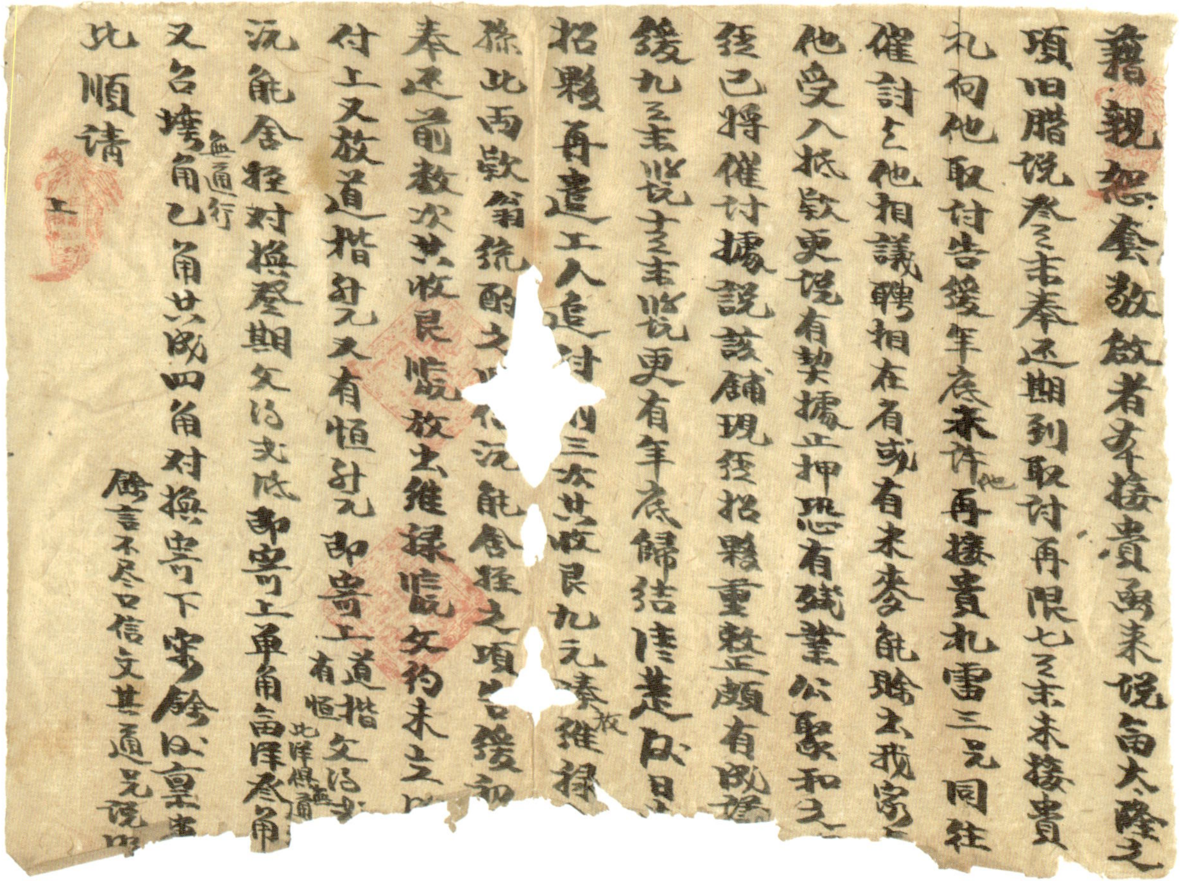

8-2-18-2　清中期黄其通書信

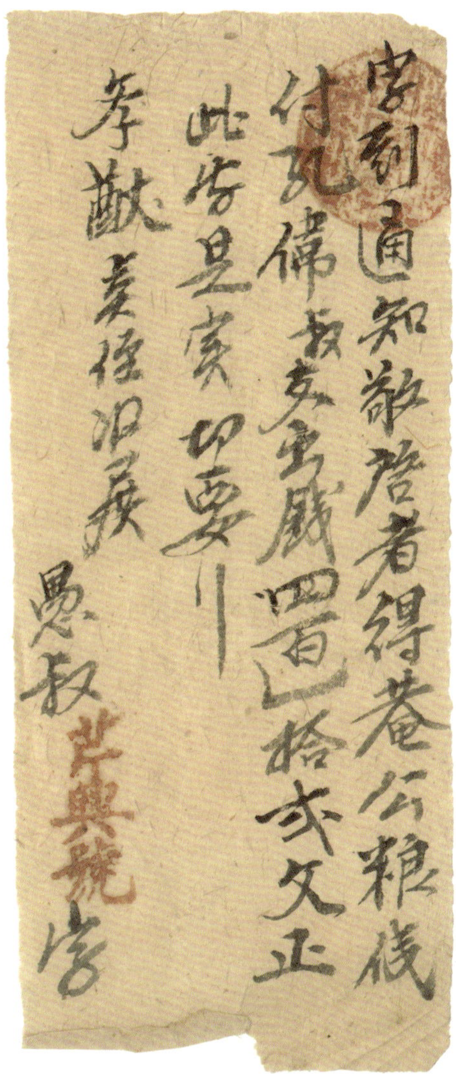
字到通知敬啓者得菴公粮錢
付孔佛叔支出戲四百拾弍文正
此字是实切要
孝猷表侄旧展
愚叔芹興號字

8-2-18-3　晚清時期芹興號致黃學猷書信

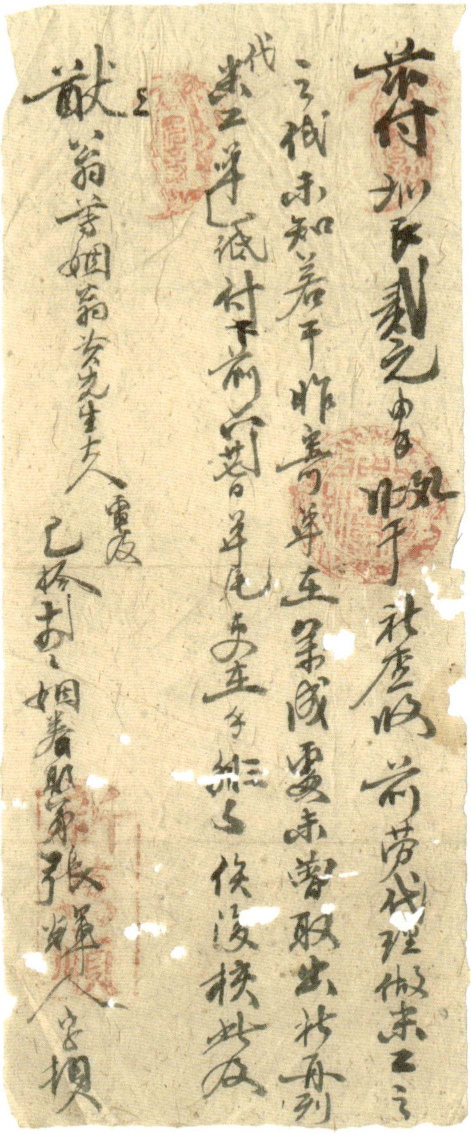

8-2-19-1　晚清時期新萬順號張輝人致黃學猷書信

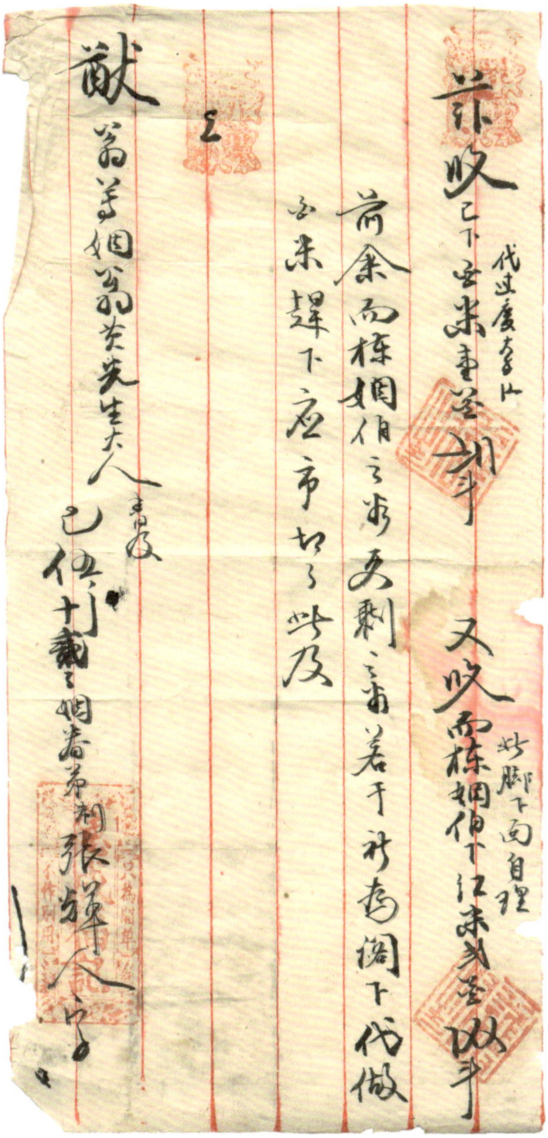

8-2-19-2　晚清時期德成福記張輝人致黄學猷書信

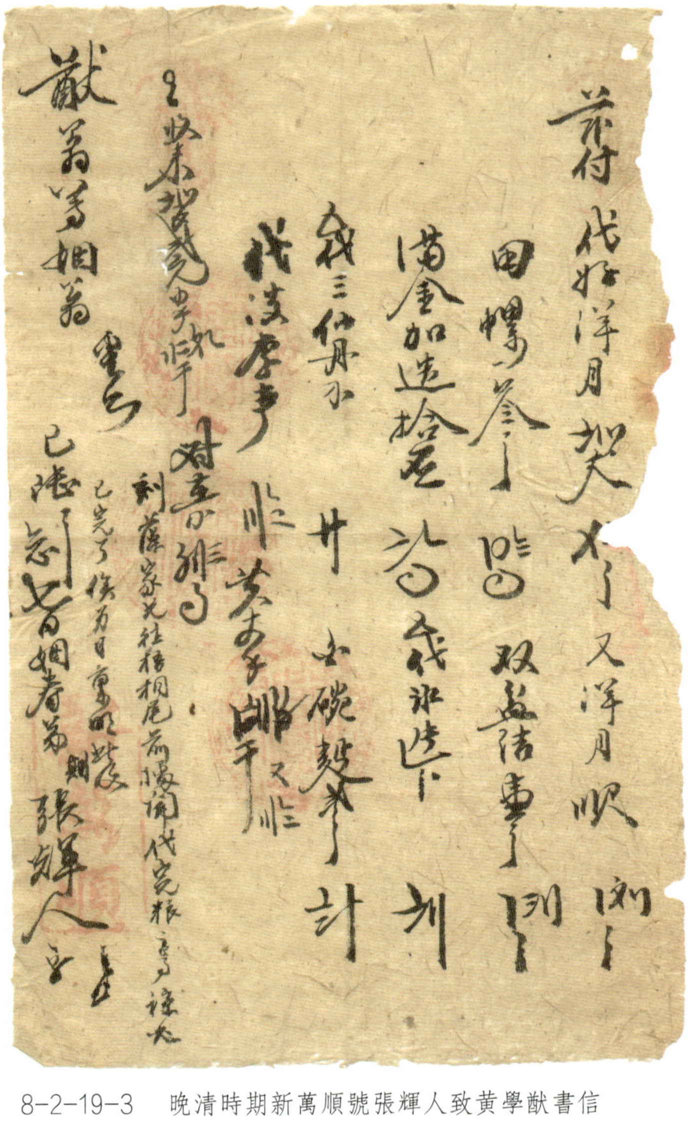

8-2-19-3　晚清時期新萬順號張輝人致黄學猷書信

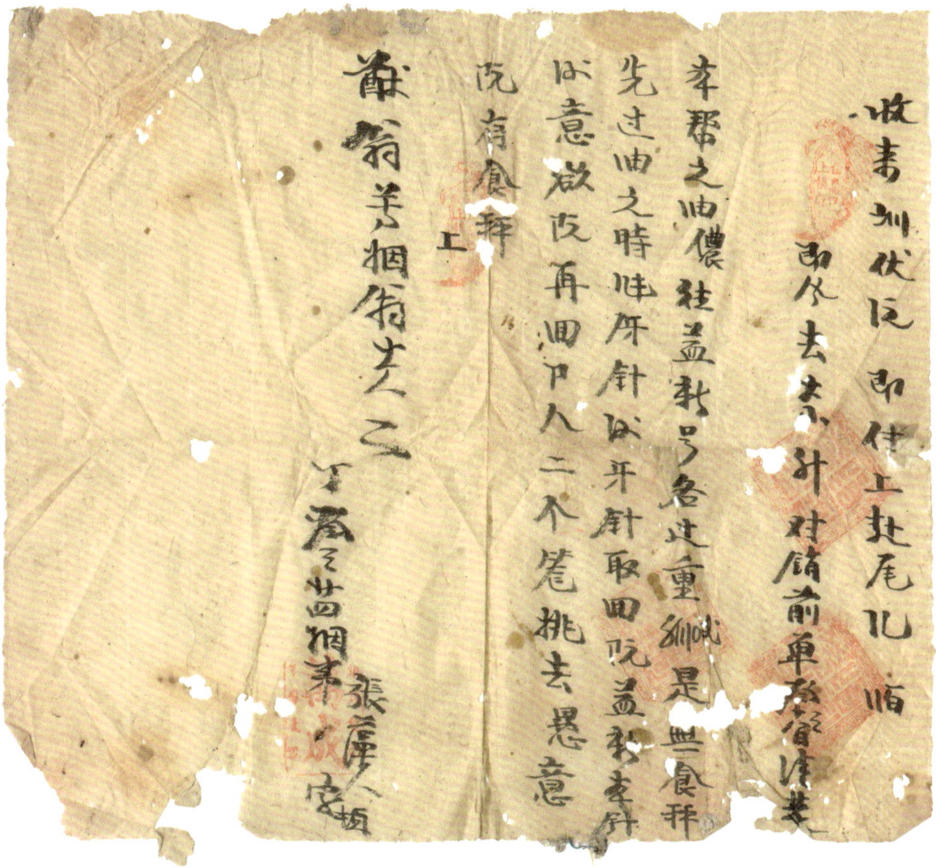

收書訓伏乞 即付上赴尾兄個
即外去[illegible]斗对領前单交[illegible]清楚
來帮之由儂往益新号各过重細是無食拜
先过由之時[illegible]所針以平針取回咗益新來[illegible]
以意欲咗再回卩人二个筐挑去愚意
咗有食拜 上
獻翁姜烟翁大人
下萬之芭烟茶 張藻人 字頓

8-2-19-4　晚清時期萬成號張藻人致黄學猷書信

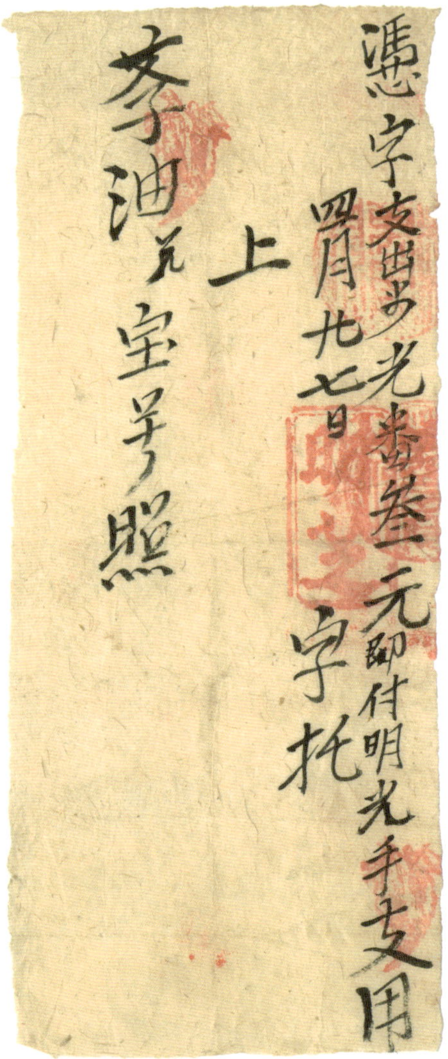
憑字支出光番叁一元即付明光手支用
四月九七日字托
上
李油芫宝号照

8-2-19-5　晚清時期明芝立支番憑字（一）

憑字支出析光番壹貫付與信支用
上
文孝、由宗侄照 三月廿九日 明芝字托

8-2-19-6　晚清時期明芝立支番憑字（二）

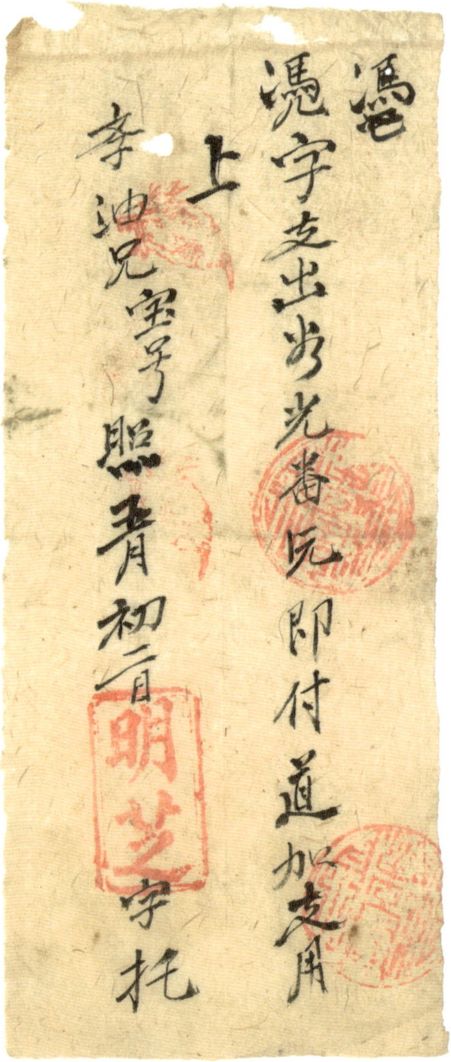

8-2-19-7　晚清時期明芝立支番憑字（三）

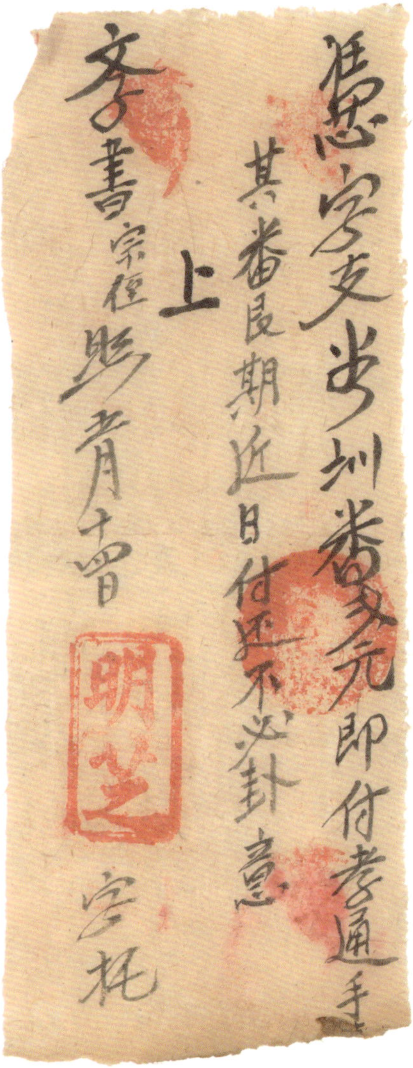

憑字支出圳番艮元即付孝通手
其番艮期近日付还不必卦意
上
孝書宗侄照
青月十四
明芝
字托

8-2-19-8　晚清時期明芝立支番憑字（四）

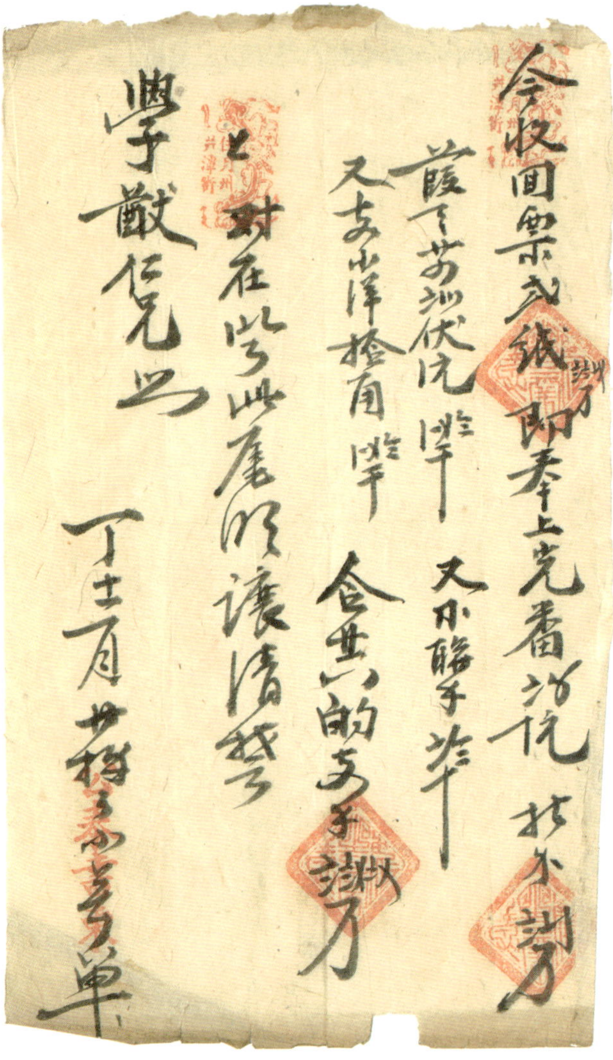

8-2-19-9　晚清時期公泰書東立收回票單

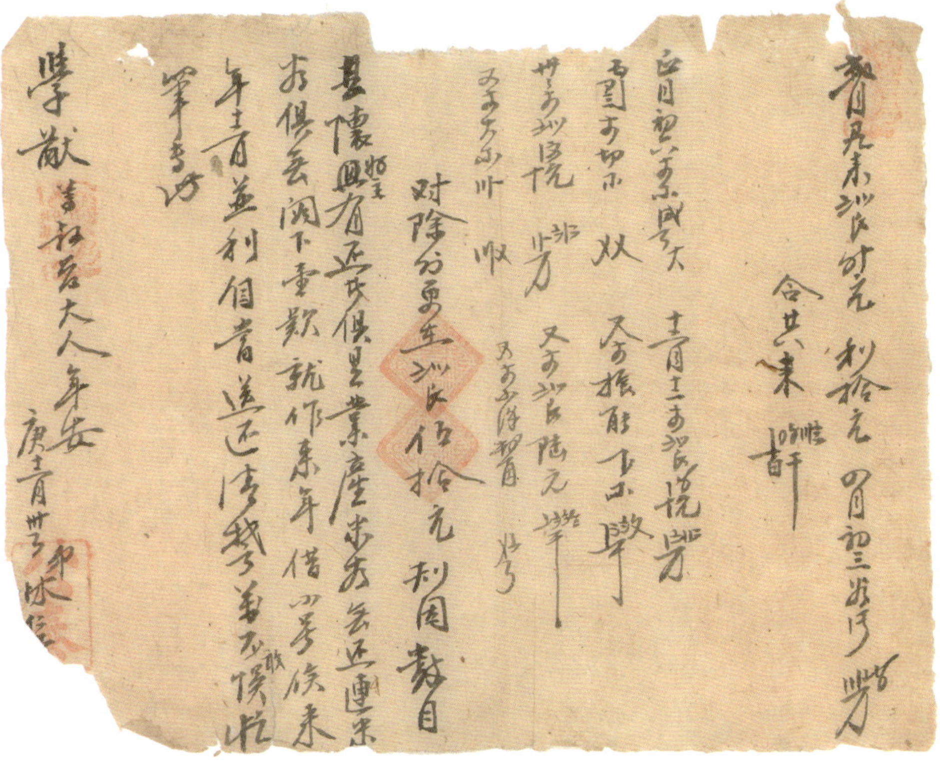

8-2-19-10　晚清時期公泰書東立收錢單

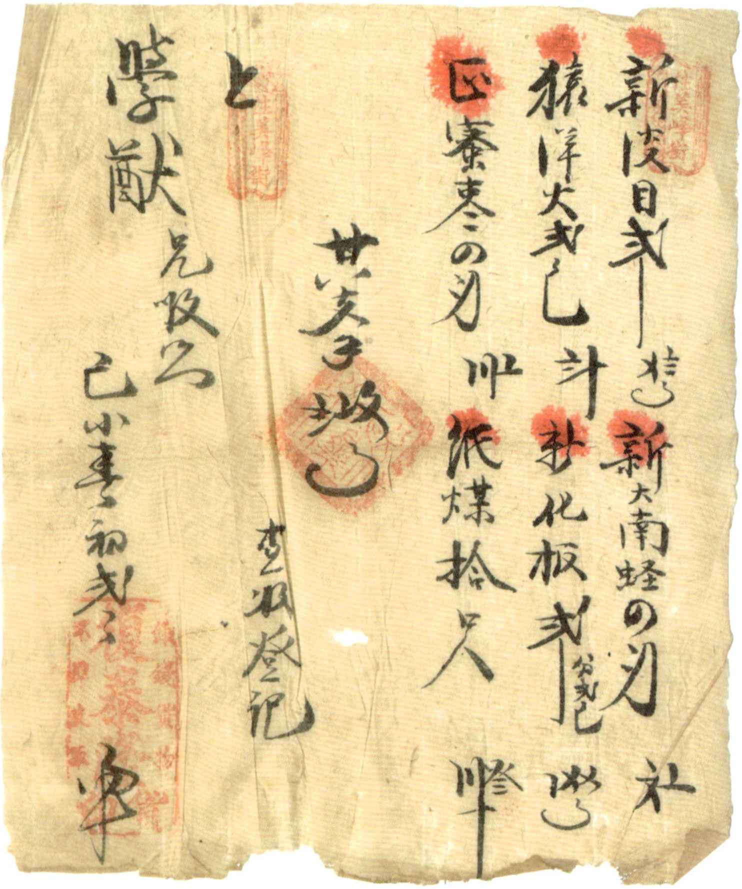

8-2-19-11　晚清時期復泰隆號立支貨單（一）

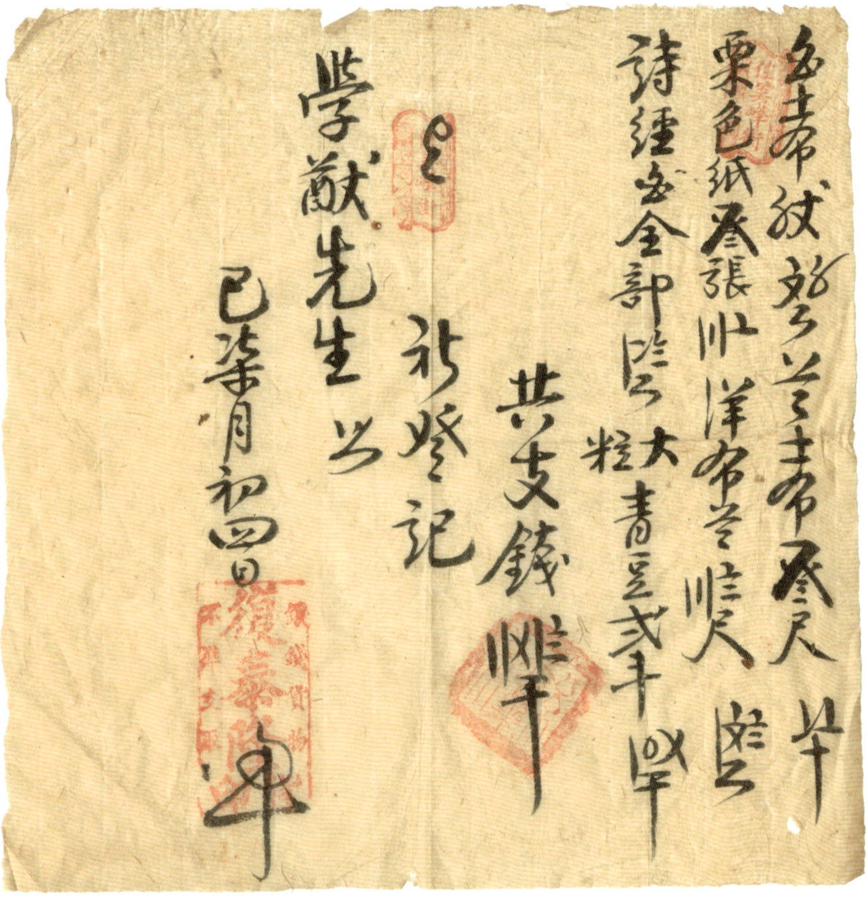

8-2-19-12　晚清時期復泰隆號立支貨單（二）

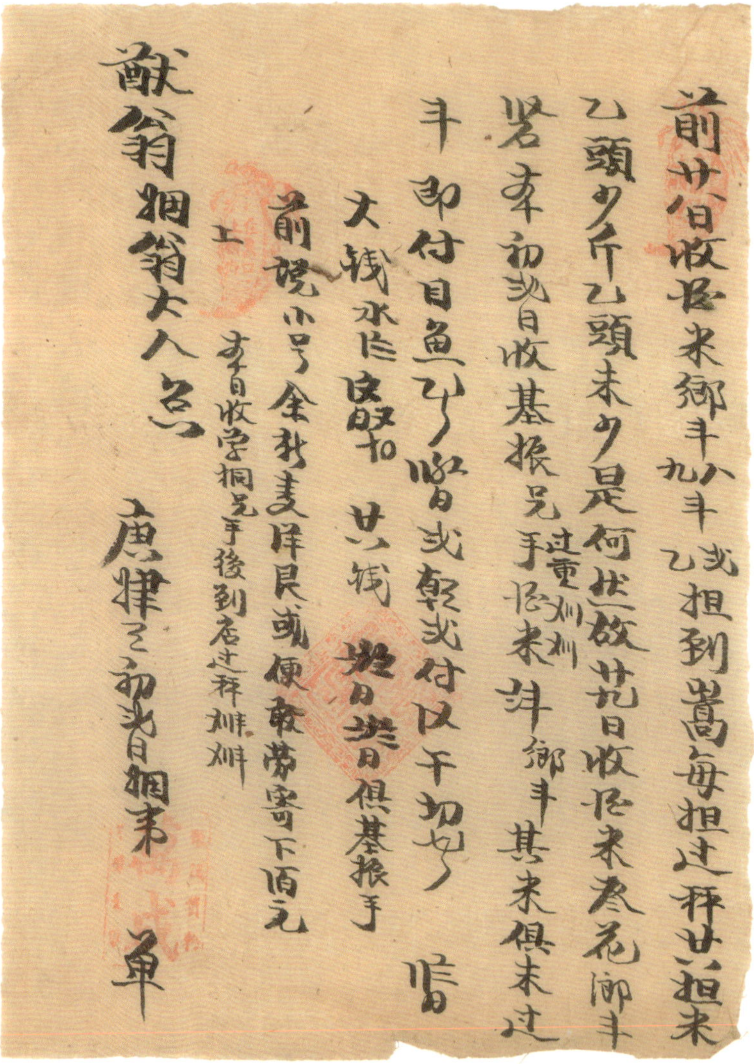

8-2-19-13　晚清時期萬成號立收米單

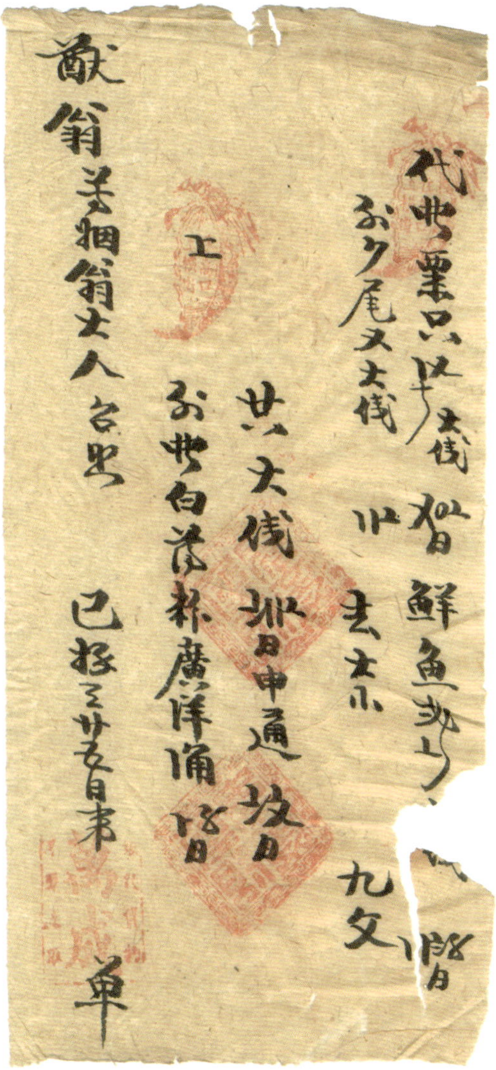

8-2-19-14　晚清時期萬成號立代買貨單

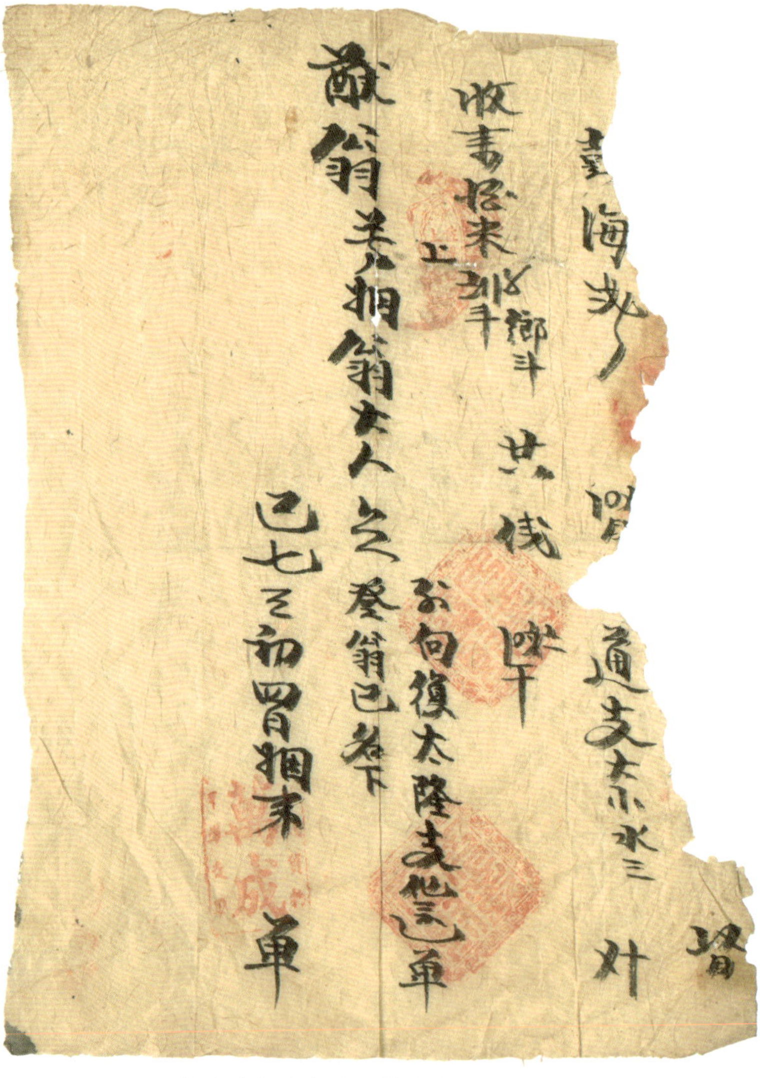

8-2-19-15　晚清時期萬成號立收貨單

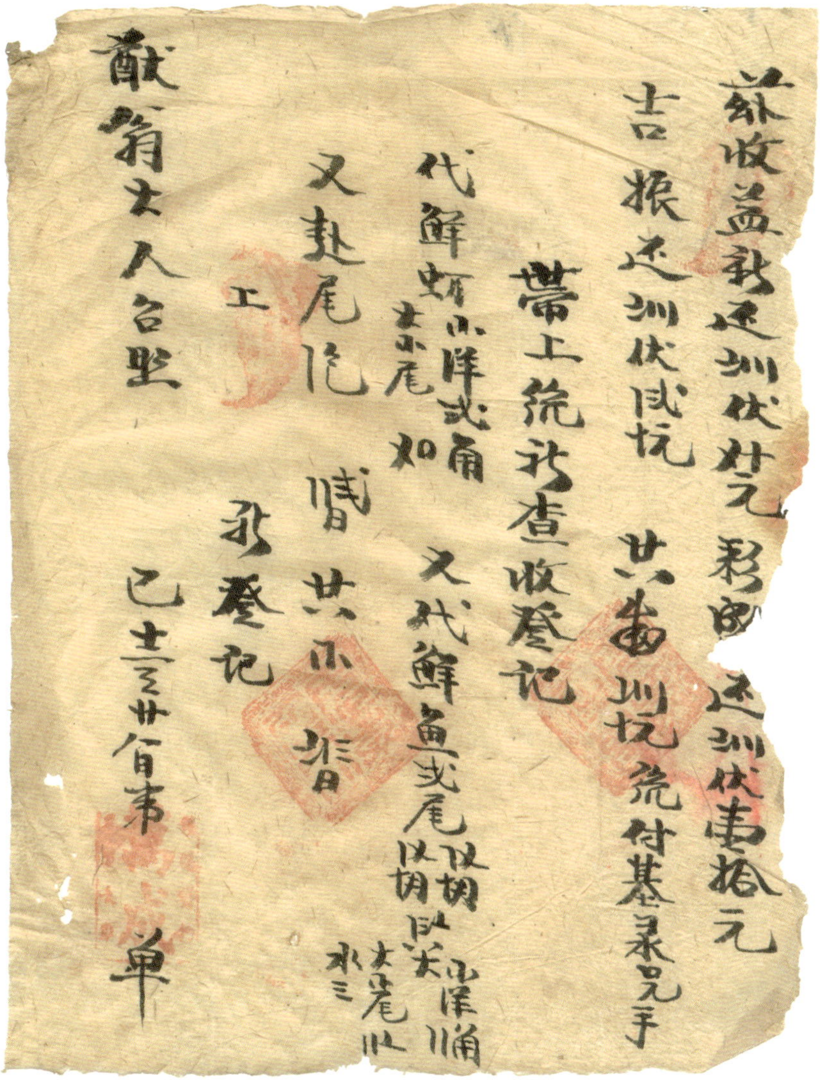

8-2-19-16　晚清時期萬成號立收錢單

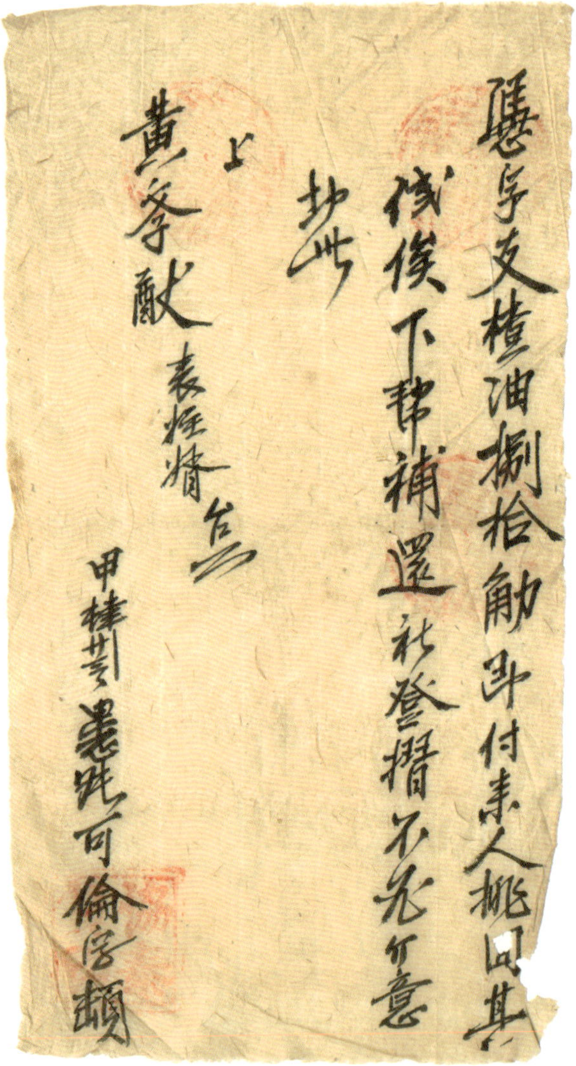
憑字支楂油捌拾觔，即付來人挑回，其
錢候下肆補還，於登摺不免介意，
特此

上
黄參猷表姪婿台照

甲辰桂月　張可倫字頓

8-2-19-17　晚清時期協泰貨號張可倫立支楂油憑字

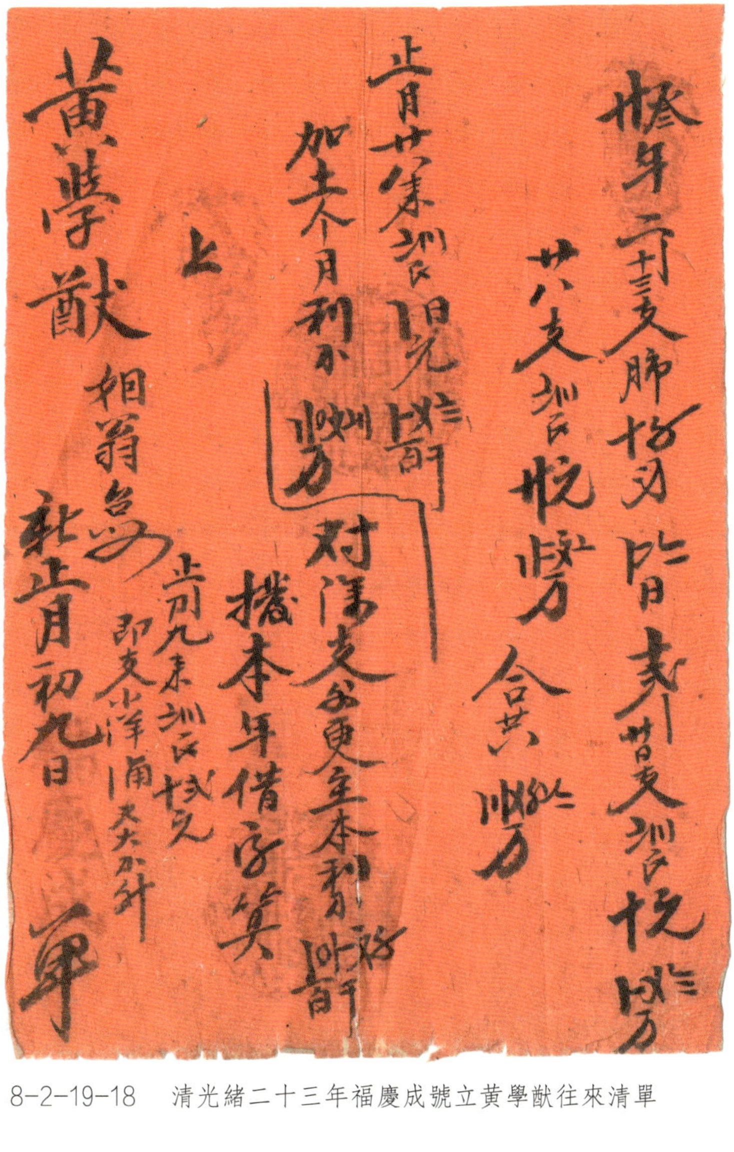

8-2-19-18　清光緒二十三年福慶成號立黄學猷往來清單

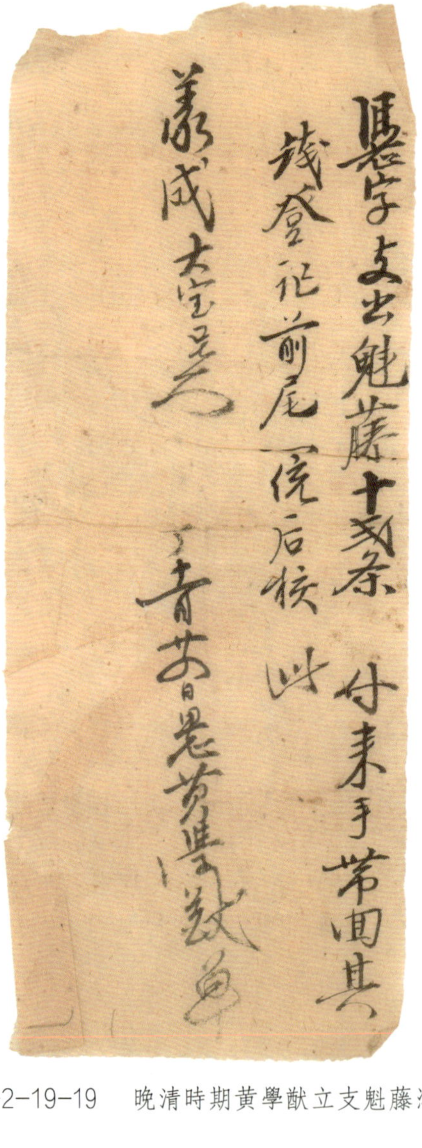
憑字支出魁藤十弍条付來手帯回其
錢叁佰前尾一侭后核此
義成大宝号
吉日黃學猷

8-2-19-19　晚清時期黄學猷立支魁藤憑字

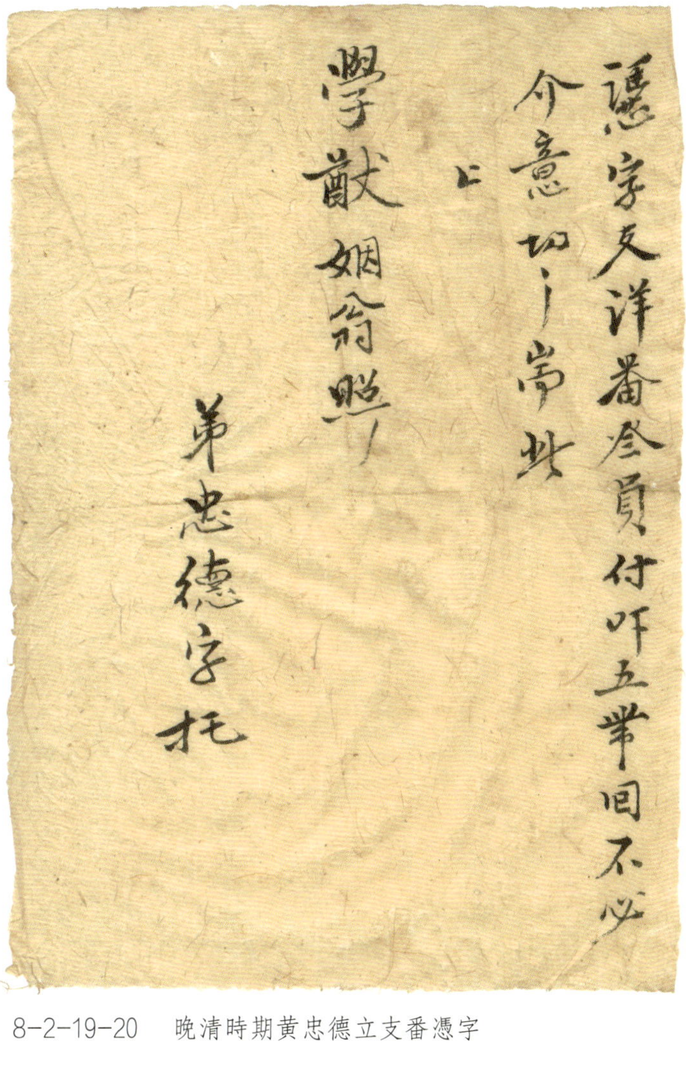
憑字支洋番叁員付下五常回不必
介意切〻常此
上
學猷姻翁照〻
弟忠德字托

8-2-19-20　晚清時期黃忠德立支番憑字

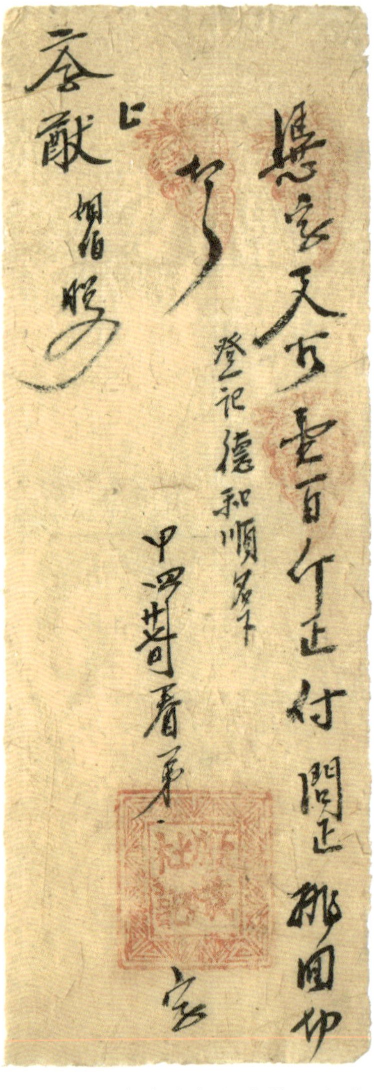

8-2-19-21　晚清時期順成杜記立支穀憑字

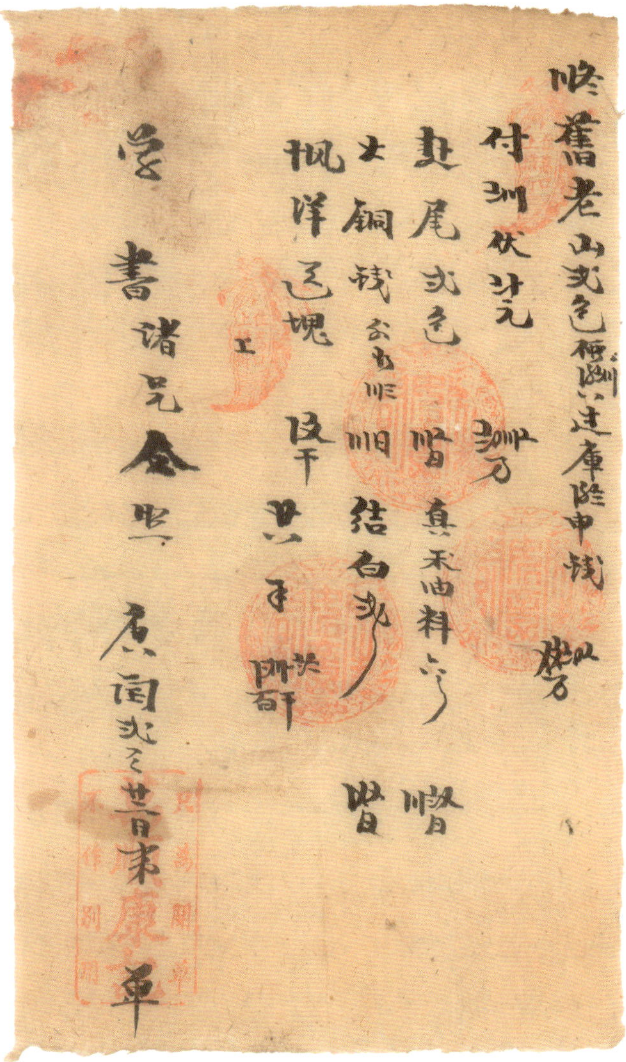

8-2-19-22　晚清時期萬順康記立付貨單

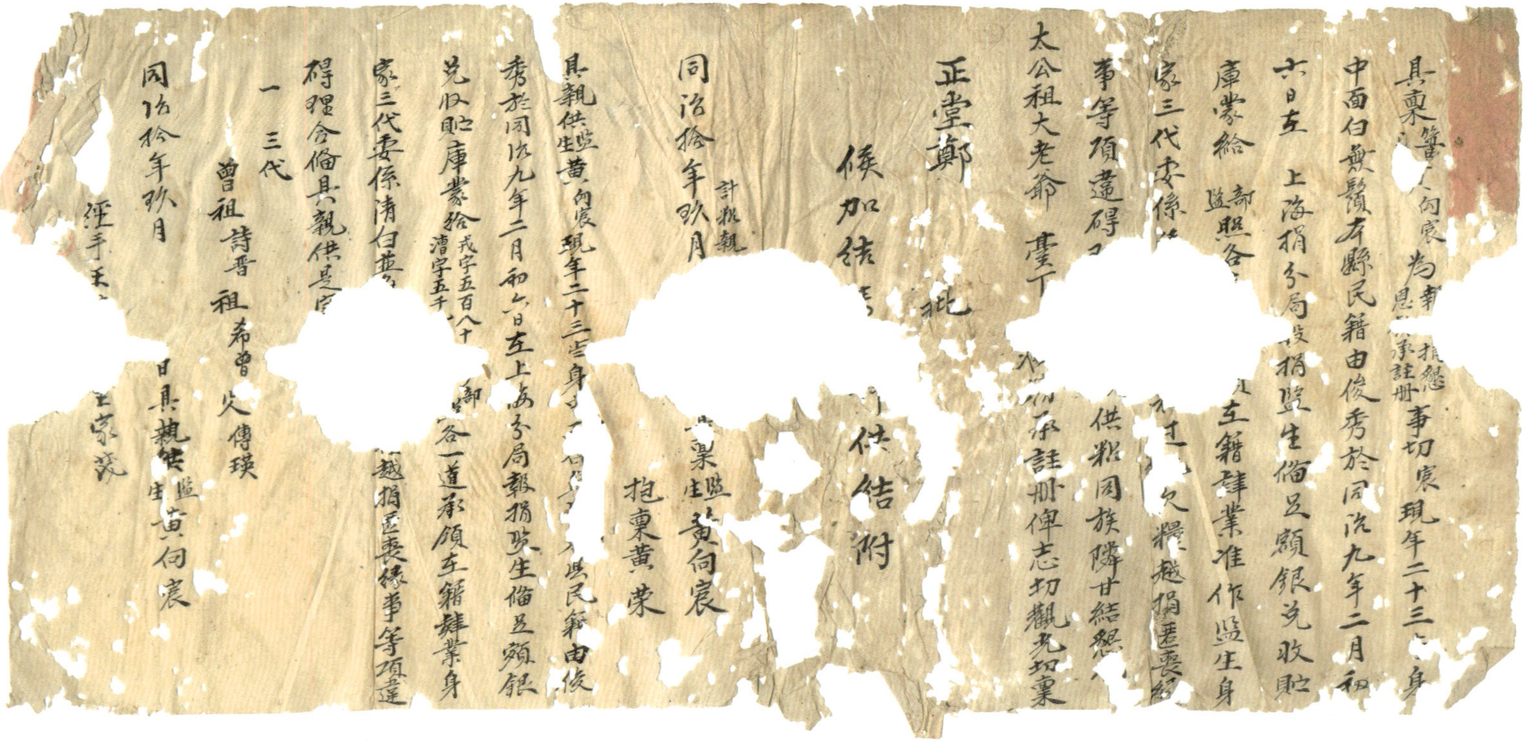

具稟監生黄向宸為懇恩承註冊事切宸現年二十三歲身
中面白無鬚本縣民籍由俊秀於同治九年二月初
六日在上海捐局投捐監生備足額銀先收貯
庫蒙給部監照各[illegible]在籍肄業准作監生身
家三代委係[illegible]冒籍越捐匿喪緣
事等項違礙[illegible]供狀同族鄰甘結懇
太公祖大老爺臺下[illegible]俯承註冊俾志切攄免切稟
正堂鄭 批
候加結[illegible]供結附
同治拾年玖月 計粘親[illegible] 具稟監生黄向宸
抱稟黄榮

具親供監生黄向宸現年二十三歲身[illegible]民籍由俊
秀於同治九年二月初六日在上海局報捐監生備足額銀
先收貯庫蒙給戊字五百八十[illegible]漕字五千[illegible]部照各一道承領在籍肄業身
家三代委係清白並無[illegible]越捐匿喪緣事等項違
礙理合備具親供是實
一 三代 曾祖詩晋 祖希曾 父傳瑛
同治拾年玖月 日具親供監生黄向宸
經手[illegible]

8-2-20-1　清同治十年九月黄向宸具稟

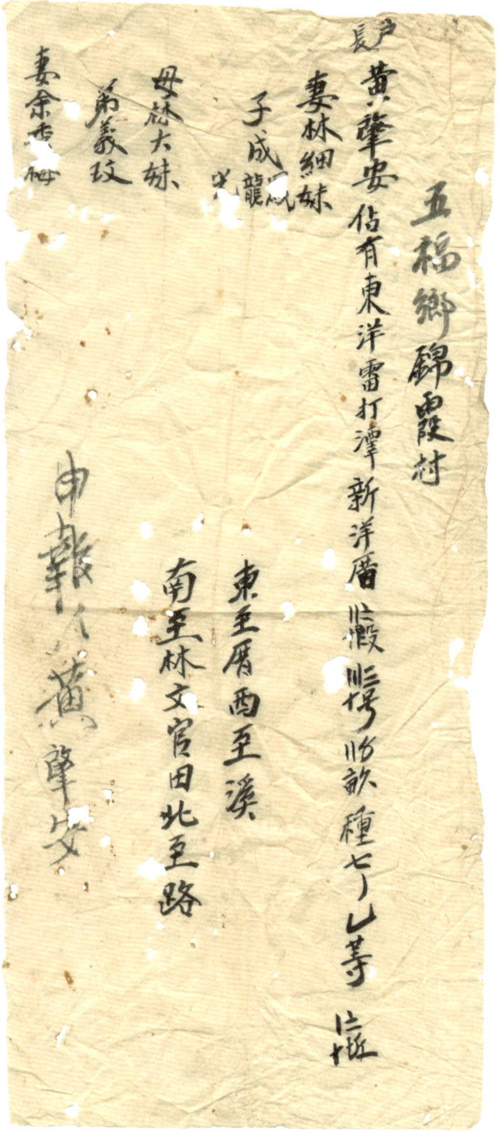
五福鄉錦霞村
戶長黃肇安佔有東洋雷打潭 新洋厝 山段 山埒 山坎 種七丿山等 山址
東至厝西至溪
南至林文官田北至路
妻林細妹
子成龍
母林大妹、
弟義玟
妻余秀梅
申報人黃肇安

8-2-21-1　民國時期黃肇安立申報單

8-2-22-1　清乾隆三十四年黄氏禄房阄書（一）

□思父子主恩願獲同堂之美兄弟
□好須懷大被之風然九世同居自
古惟張君藝即終身永合昔時僅見
因真竊念幼而聚首長而分居焉兄
弟着例應如斯也念我當年同妻鄒氏
計□兄弟六人分得父業一股起基

8-2-22-2　清乾隆三十四年黄氏禄房鬮書（二）

有門蘊蓄未多於是勞心焦慮不辭
胼胝之艱寸積尺累幸獲羨餘之裕
多增山林田地多蓋屋宇土堡々者
子孫蔚起家口浩繁天心有應幸見
爲祖而孫抱見人願適符于焉見
家而弟成法恩吾年衰邁家政倦

8-2-22-3　清乾隆三十四年黄氏禄房鬮書（三）

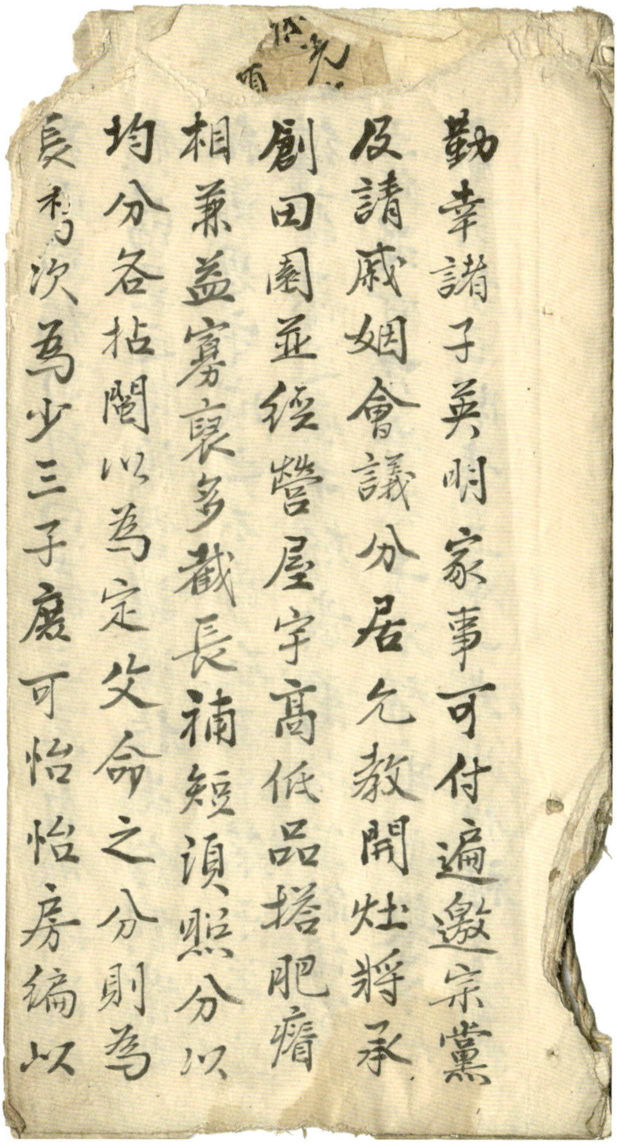
勤幸諸子英明家事可付遍邀宗黨
及請戚姻會議分居允教開灶將承
創田園並經營屋宇高低品搭肥瘠
相兼益寡裒多截長補短須照分以
均分各拈鬮以為定父命之分則為
長禄次為少三子庚可怡怡房編以

8-2-22-4　清乾隆三十四年黄氏禄房鬮書（四）

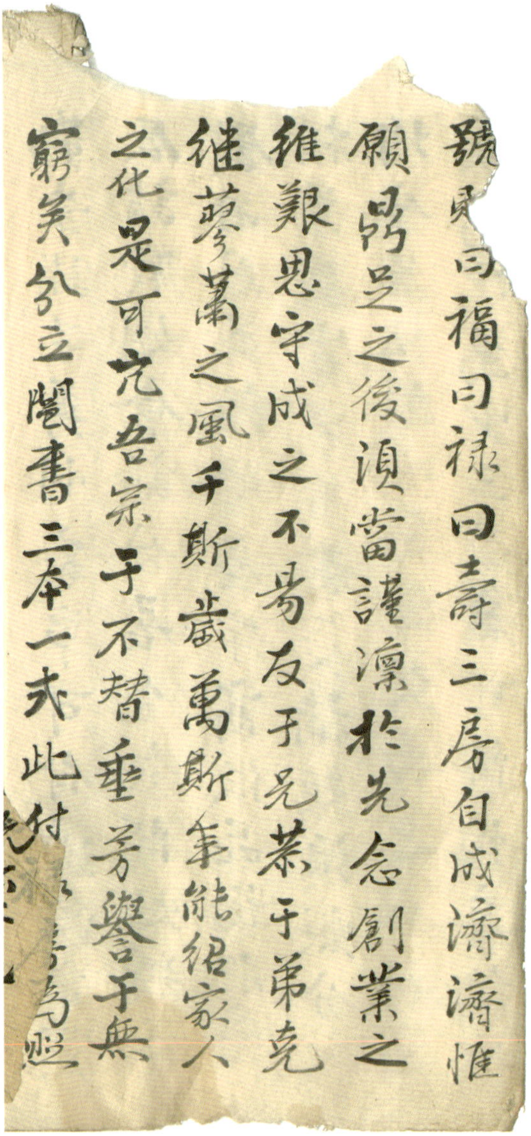
號曰福曰祿曰壽三房自成濟濟惟
願鼎足之後須當謹凜於先念創業之
維艱思守成之不易友于兄恭于弟克
繼蓼莪之風千斯歲萬斯年能紹家人
之化是可光吾宗于不替垂芳譽于無
窮矣分立鬮書三本一式此付祿房為照

8-2-22-5　清乾隆三十四年黄氏禄房鬮書（五）

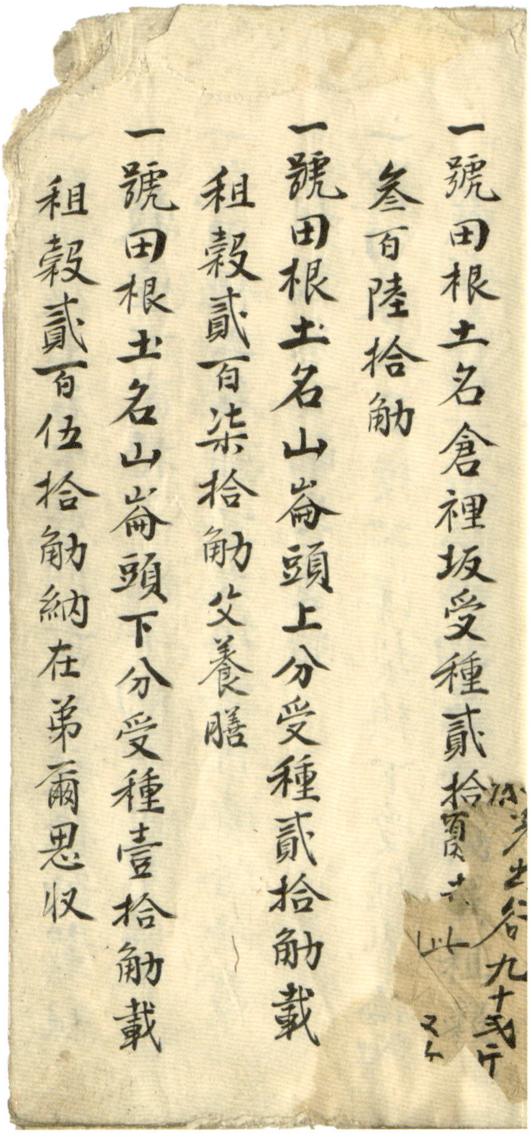
一號田根土名倉裡坂受種貳拾
出谷九十貳斤
叁百陸拾觔
一號田根土名山崙頭上分受種貳拾觔載
租穀貳百柒拾觔又養膳
一號田根土名山崙頭下分受種壹拾觔載
租穀貳百伍拾觔納在弟爾思收

8-2-22-6　清乾隆三十四年黄氏禄房鬮書（六）

一號田根土名下厝門前受種伍觔載租
穀壹百貳拾柒觔半納在弟爾思收
一號田根土名郭宅大坵受種壹拾觔載
租穀叁百觔交養膳
一號田根土名梗下洋梨模下受種貳拾觔
載租穀肆百捌拾觔納在弟爾思收

8-2-22-7　清乾隆三十四年黄氏禄房鬮書（七）

一號田根土名南墘墩面壹坵載租穀貳拾觔
納在弟爾思收
一抽出田根一號土名長萬垄墘共叁塅受種
貳拾伍觔載租穀叁百陸拾觔內納弟
爾簡陸拾觔又崇經收陸拾觔又貳百肆
拾觔父自己養贍言議此根貼禄房湊梨模
下田根價

8-2-22-8　清乾隆三十四年黄氏禄房鬮書（八）

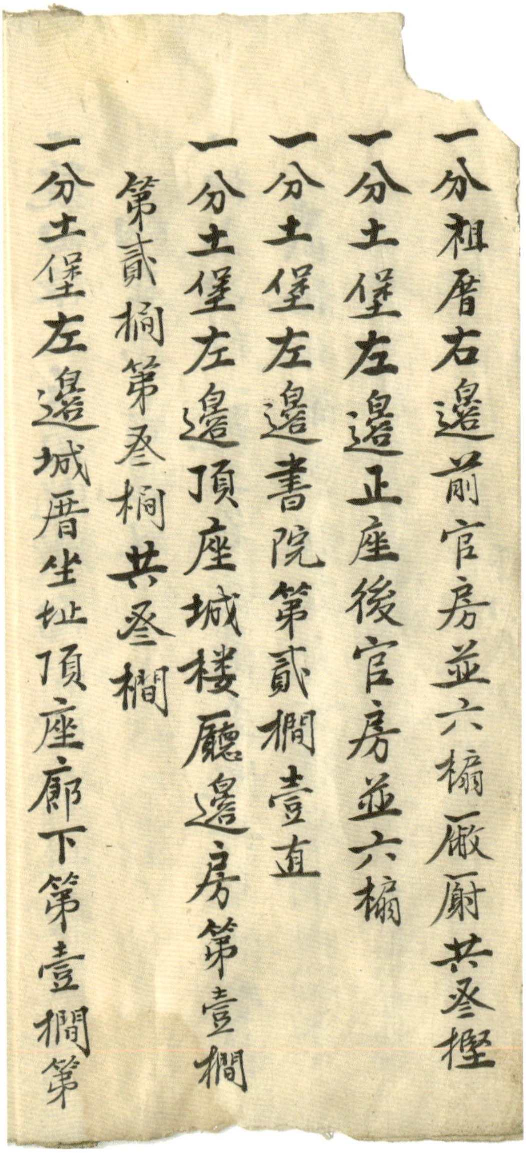
一分祖厝右邊前官房並六扇廠廚共叁擥
一分土堡左邊正座後官房並六扇
一分土堡左邊書院第貳橺壹直
一分土堡左邊頂座城樓廳邊房第壹橺
第貳橺第叁橺共叁橺
一分土堡左邊城厝坐址頂座廊下第壹橺第

8-2-22-9　清乾隆三十四年黄氏禄房鬮書（九）

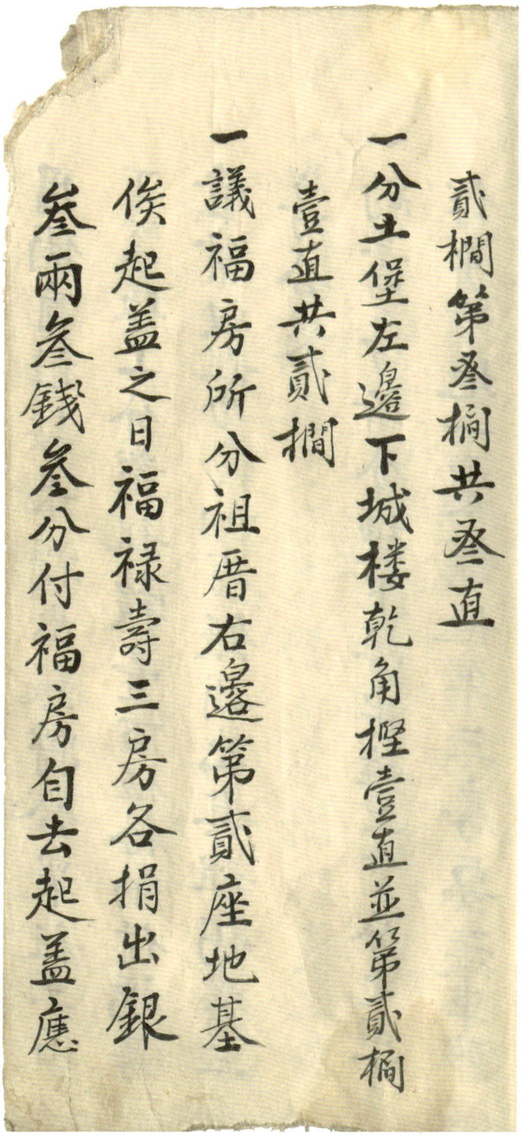
貳橺第叁桐共叁直
一分土堡左邊下城樓乾角桯壹直並第貳桐
壹直共貳橺
一議福房所分祖厝右邊第貳座地基
俟起蓋之日福禄壽三房各捐出銀
叁兩叁錢叁分付福房自去起蓋應

8-2-22-10　清乾隆三十四年黄氏禄房鬮書（一〇）

用倘有推諉未捐出銀將公衆租土名
下溪坂上分載租穀壹百伍拾觔付福房
管業收租办粮如有銀捐出其租仍舊三
房公衆
一約壽房所分梗下洋車碓上下分之田可
作車碓地一處俟他年三房要張車碓

8-2-22-11　清乾隆三十四年黄氏禄房鬮書（一一）

迤年共貼出穀肆拾貳觔每房應納壹
拾肆觔准爲碓地租壽房不得言說
一議四圍城厝更有未脩周密福祿壽三房
共進脩理明白如是推諉將公衆租穀取出
脩整周全各房不得言說
一輸陽舊寨坐址右邊正厝廊下第一櫊壹直

8-2-22-12　清乾隆三十四年黄氏禄房鬮書（一二）

上下共肆樫並廳分正座左邊與東西房公
衆未分定着福禄壽三房共分
一杉模林並竹林土名南墘中溝直上至崙頂
止前至烏石頭新開水溝直上為界福房
掌管其餘中溝裡直上並石頭水溝外杉
木竹樹係禄壽兩房掌管

8-2-22-13　清乾隆三十四年黄氏禄房鬮書（一三）

一分植林在本堡小門口下至寨嶺裡新開水
溝爲界内竹樹亦付禄房培植
一與壽房共分清明茶坐地祖厝對向厝埕並
墩面及南墘杉槙林邉又尾㙷路下寮山
其各項樹木禄壽兩房共分
一杉槙林土名桶壿茶竹林壹所並尾㙷壹所

8-2-22-14　清乾隆三十四年黄氏禄房鬮書（一四）

及本堡大門口下福壽二房植林頭壹所福
禄壽三房共分不得私砍
一分民田土名倉裡坂載租穀叁百陸拾觔載
苗壹斗貳升納本户自佃
一分屯田土名長萬下斜溪載租穀肆百捌拾觔
載苗壹斗陸升餉屯料官價貳錢陸分肆

8-2-22-15　清乾隆三十四年黄氏禄房鬮書（一五）

厘的钱並串钱共貳百陸拾陸文花道章收
應收租穀貳百肆拾觔應納朴的钱壹百叁
拾叁文更剩租貳百肆拾觔付福房收佃
崇位承現耕爾紳
一分民田土名後坑裡上洋並書斎山嶺仔下共
載租穀捌百陸拾觔載苗貳斗捌升

8-2-22-16　清乾隆三十四年黄氏禄房鬮書（一六）

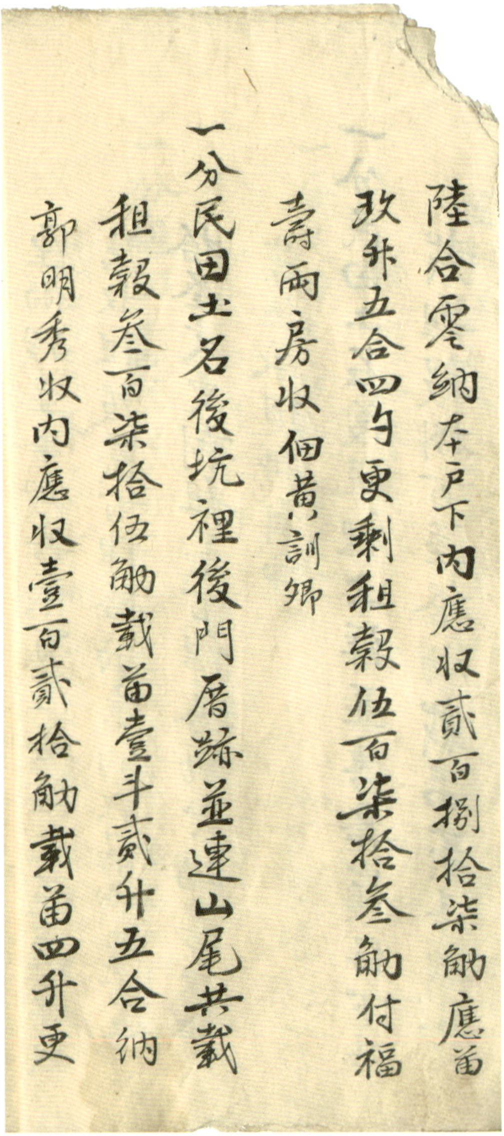
陸合零納本戶下內應收貳百捌拾柒觔應苗
玖升五合四勺更剩租穀伍百柒拾叁觔付福
壽兩房收佃黄訓鄉
一分民田土名後坑裡後門厝跡並連山尾共載
租穀叁百柒拾伍觔載苗壹斗貳升五合納
郭明秀收內應收壹百貳拾觔載苗四升更

8-2-22-17　清乾隆三十四年黄氏禄房鬮書（一七）

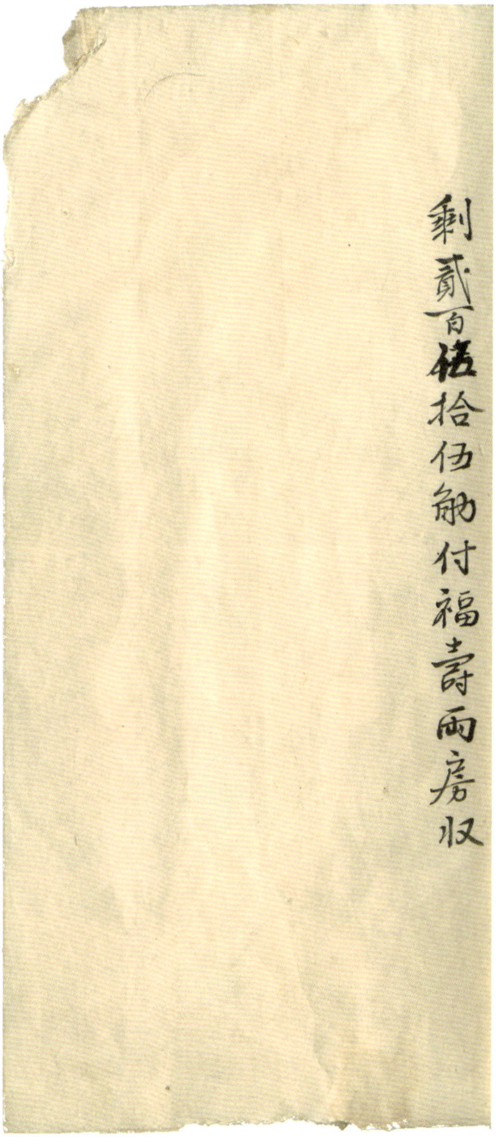

剩貳百伍拾伍觔付福壽兩房收

8-2-22-18　清乾隆三十四年黄氏禄房鬮書（一八）

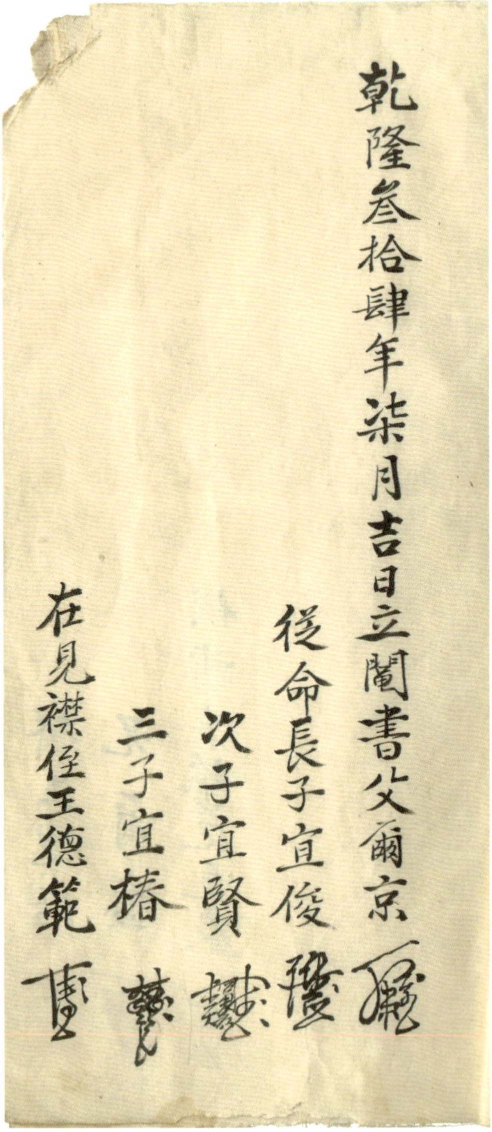
乾隆叁拾肆年柒月吉日立鬮書父爾京
從命長子宜俊
次子宜賢
三子宜椿
在見襟侄王德範

8-2-22-19　清乾隆三十四年黄氏禄房鬮書（一九）

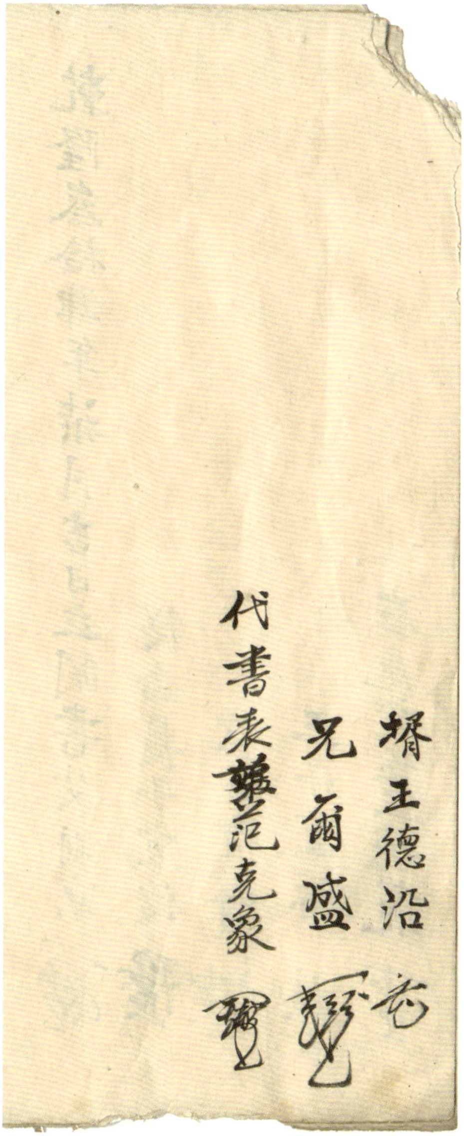
壻王德沿
兄爾盛
代書表姪范克象

8-2-22-20　清乾隆三十四年黄氏禄房鬮書（二〇）

伇拈盧竹坂載租谷叁百觔 粁納季相

又拈東北橋載租谷肆百式拾觔 粁納宜砥

賢拈下厝池載租谷叁拾五觔粁納名亨 佃宜砥 又拈上盂高墘民

田應收租谷四拾七觔 粁納季相 佃從長 又拈佛堂洋民田租谷壹百

陸拾觔 佃宜和 又拈佛堂洋民田租三百觔又変田民田租壹

百玖拾式觔 粁納家吉 佃宜歸年例田牲乚年乚隻

春拈下村車碓墘租谷叁百六拾觔 粁納季相 現耕邀亮牲乚年半隻 又尾暇并叙垭井

載租谷三百觔 粁納尔舜 佃宜寔 葛藤坪路上載根租谷五拾觔 現耕尔礼

8-2-22-21　清乾隆三十四年黄氏禄房鬮書（二一）

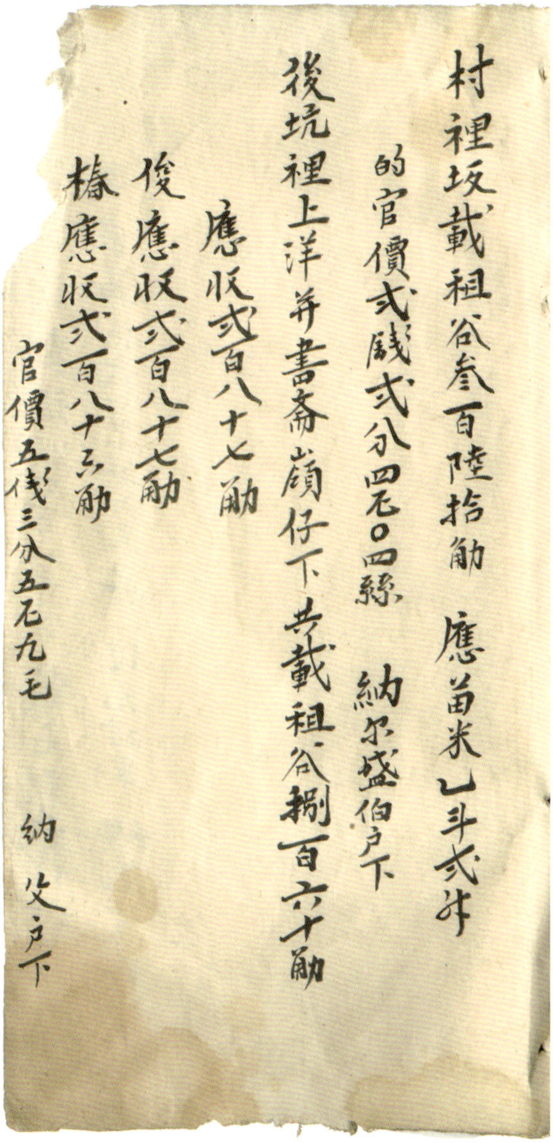
村裡坂載租谷叁百陸拾觔　應苗米乚斗弍升
的官價弍錢弍分四乇〇四絲　納尔盛伯户下
後坑裡上洋并書斋嶺仔下共載租谷捌百六十觔
應収弍百八十七觔
俊應収弍百八十七觔
椿應収弍百八十六觔
官價五錢三分五乇九毛　納爻户下

8-2-22-22　清乾隆三十四年黄氏禄房鬮書（二二）

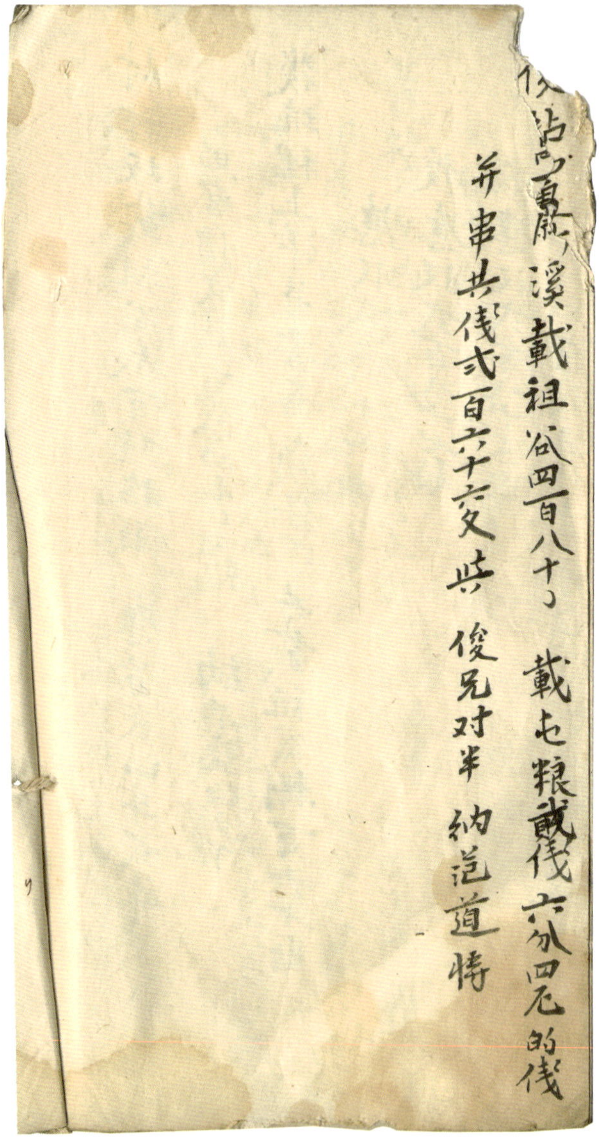

俊[illegible]前溪 載租谷四百八十 載屯粮貳钱六分四厘的钱

并串共钱弍百六十文足 俊兄对半 納迄道情

8-2-22-23　清乾隆三十四年黄氏禄房鬮書（二三）

8-2-22-24　清乾隆三十四年黄氏禄房鬮書（二四）

8-2-23-1　清嘉慶二十三年黄氏乾房鬮書（一）

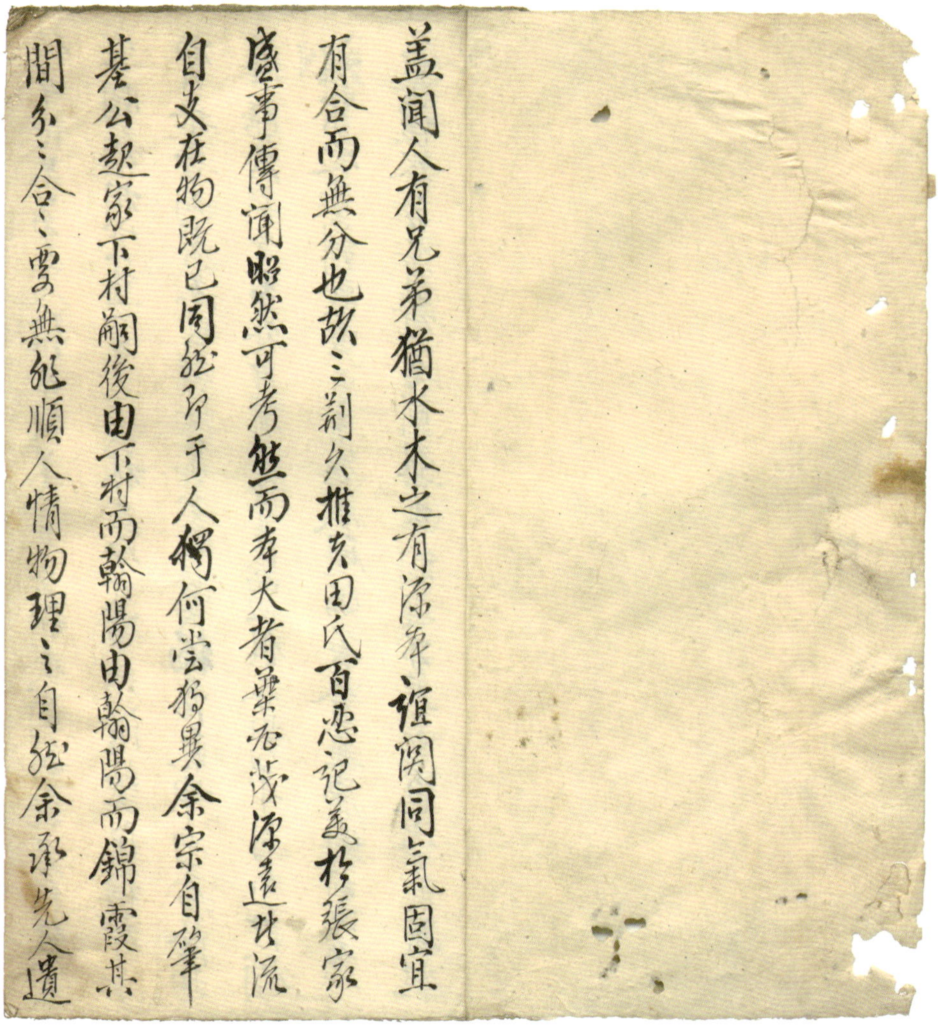
盖闻人有兄弟猶水木之有源本誼関同氣固宜
有合而無分也故三荆久推美田氏百忍記美於張家
盛事傳聞昭然可考然而本大者葉茂源遠者流
自支在物既已同然即于人獨何嘗獨異余宗自肇
基公起遷家下村嗣後由下村而翰陽由翰陽而錦霞其
間分分合合雖無能順人情物理之自然余承先人遺

8-2-23-2　清嘉慶二十三年黃氏乾房鬮書（二）

俾生汝兄弟二人雖未能義方無訓使爾利就名成然室
家頗稱相宜孫曾又復林立今其事務滋繁即精神多
費乘吾兩老在世將汝兄弟析爨編為乾坤兩房除抽
養膳及長子分外所有產業器皿俱各對半均分所願
（守）祖宗之至訓敦孝友之家風硯敵書倉無庸割裂康
泉讓水若著聲名則梨棗相推不亞薛包之義姜肥
不擇直追許武之仁是予兩人所厚幸也亦我宗祖所深
期也是合者何必不分分者何嘗非合也是為序

8-2-23-3　清嘉慶二十三年黄氏乾房鬮書（三）

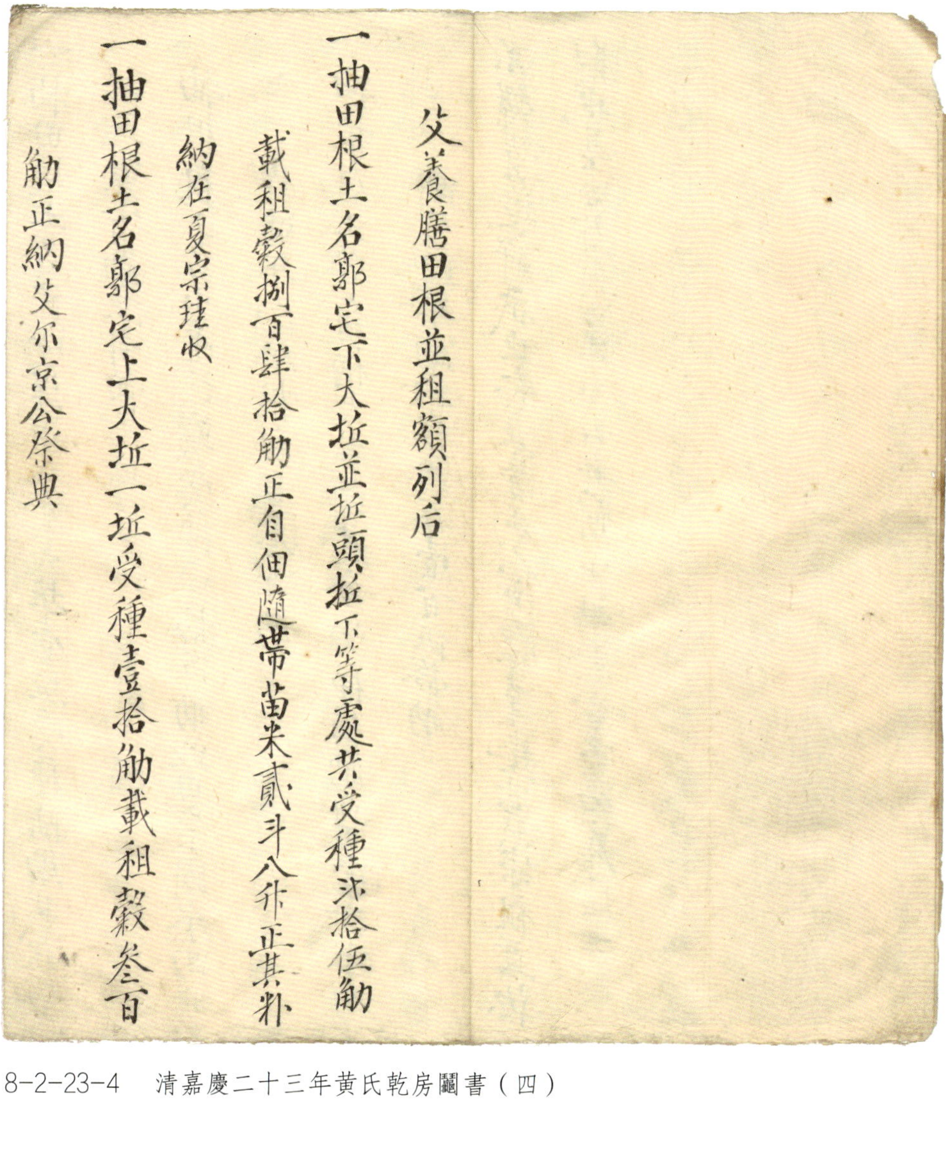

父養膳田根並租額列后

一抽田根土名郭宅下大坵並坵頭坵下等處共受種子拾伍觔

載租穀捌百肆拾觔正自佃隨帶苗米貳斗八升正其米

納在夏宗璉收

一抽田根土名郭宅上大坵一坵受種壹拾觔載租穀叁百

觔正納父尓京公祭典

8-2-23-4　清嘉慶二十三年黄氏乾房鬮書（四）

一抽田根土名佛堂洋中分尾大坵壹坵受種陆觔載租谷
叁百觔正自佃
一抽根租土名小蓮坑頭受種壹拾伍觔此田崇國承田耕
作遞年約納根租谷叁百觔
一抽根租土名嶺柄大墘頭尾分受種伍觔此田崇直承田
耕作遞年約納根租谷壹百伍拾觔
一抽民田土名長萬下斜溪載租谷叁百陆拾觔載民米壹
錢九分八厘柒毫五絲納自己名下現耕崇魁孔忠發
一抽民田土名下村山崙頭載租谷叁百觔載米一錢五分九
厘納宜春名下佃孔發
一抽民田土名雉圭墘載租谷貳百叁拾貳觔半載苗米七
升七合零納孔嚴叔佃宜茂

8-2-23-5　清嘉慶二十三年黄氏乾房鬮書（五）

佃内田根乾房應分叁拾觔更有叁拾觔係分坤房

一號田根土名寮山上分並下垅尾共受種貳拾觔載租谷叁百貳拾陆觔半内崇位應収七十五觔更有貳百八十七觔半納在伯尔舜公収

一號田根土名寮山新樓下受種貳拾觔載租谷貳百肆拾觔自佃

一號田根土名下垅東北橋並松栢墘共受種貳拾伍觔載租谷伍百貳拾伍觔内竹窓公應収貳百壹拾觔更有叁百壹拾伍觔自佃

一號田根土名下垅對面坂受種叁拾觔載租谷陆百玖拾觔内其和公應収壹百八十觔更有伍百壹拾觔納在鄢王處

一號田根土名翰陽寨頭上分並書齋坪等處共受種貳

8-2-23-6　清嘉慶二十三年黄氏乾房鬮書（六）

拾伍觔載租谷貳百八十觔內其勗公應収貳百肆拾觔
宜弼應収叁拾觔更有壹拾觔納初二祖収
一號田根土名翰陽寨頭下分受種壹拾觔載租谷貳百伍
拾觔內崇玉應収壹百觔更有壹百伍拾觔納崇馥収
一號田根土名翰陽下厝對面受種伍觔載租谷壹百貳拾
柒觔半納崇寶収
一號田根土名嶺柄大垅頭中分受種貳拾觔載租谷貳百
肆拾陸觔納崇寶収
一號田根土名梨模下受種貳拾觔載租谷肆百八十觔自佃
內田根乾房應分第一坵第二坵並梅模下坵仔等坵更有
尾分二坵係分坤房
一號田根土名墩面大坵並坵仔共受種叁觔載租谷貳拾觔

8-2-23-7　清嘉慶二十三年黄氏乾房鬮書（七）

自佃

一號田根土名水井邊壹坵受種貳觔載租谷貳拾觔納其
儀公祭典此田向後公衆或起横厝坤房照一半子粒補
還乾房乾房亦不得藉閫伯佔

一號田根土名下溪坂壹坵此田向後公衆或欲要用之日坤房
亦照一半子粒對換補還乾房

一號田根土名南墘大壙植林下第一坵一坵載租谷壹拾伍
觔納一田公收

8-2-23-8　清嘉慶二十三年黄氏乾房鬮書（八）

乾房租額

一號民田土名佛堂洋中分載租谷叁百觔正載苗米壹斗

其料納宜餘收現畊崇祥

一號民田土名村坪洋載租谷叁百肆拾伍觔載苗米壹斗壹

升零五合其料納孔余收現畊崇蒜

一號民田土名墘南墩後載租谷貳百零柒觔載苗米陸升

8-2-23-9　清嘉慶二十三年黄氏乾房鬮書（九）

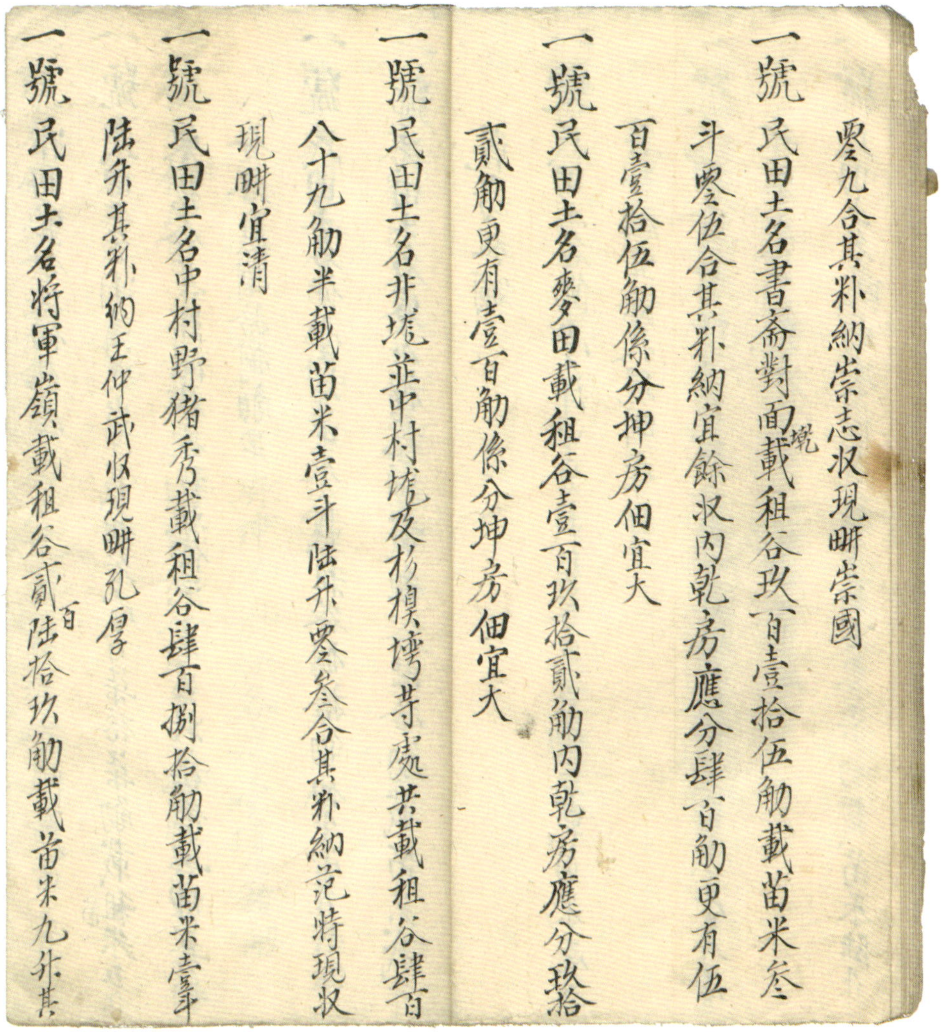
零九合其粮納崇志叔現畊崇國
一號民田土名書斎對面墘載租谷玖百壹拾伍觔載苗米叄
斗零伍合其粮納宜餘叔內乾房應分肆百觔更有伍
百壹拾伍觔係分坤房佃宜大
一號民田土名麥田載租谷壹百玖拾貳觔內乾房應分玖拾
貳觔更有壹百觔係分坤房佃宜大
一號民田土名非塆並中村塆及杉樸塆等處共載租谷肆百
八十九觔半載苗米壹斗陸升零叄合其粮納范特現叔
現畊宜清
一號民田土名中村野猪秀載租谷肆百捌拾觔載苗米壹
陸升其粮納王仲武收現畊孔厚
一號民田土名將軍嶺載租谷貳百陸拾玖觔載苗米九升其

8-2-23-10　清嘉慶二十三年黃氏乾房鬮書（一〇）

其粮納宜嘉收此租與坤房對分各應叁百觔
一號自佃民田土名下垅松栢墘載租谷叁百壹拾伍觔載苗米
壹斗零伍合其粮納崇匀收
一號自佃民田土名寮山新樓下載租谷貳百肆拾觔載苗米捌
升其粮納崇志收
一號自佃民田土名梨模下載租谷肆百捌拾觔載苗米壹斗陸
升其粮納宜余收此租與坤房對分各應貳百肆拾觔
一號自佃民田土名墩面載租谷貳拾觔載苗米陸合零其粮
納宜余收
一號鄭堯桂應納厝地租柒拾伍觔
一號崇泰耕逗頭根租谷陸百觔内乾房應分貳百觔叓
有肆百觔係分坤房

8-2-23-11　清嘉慶二十三年黄氏乾房鬮書（一一）

一號崇美耕村裡溪頭根租谷貳百觔

抽長子分田根列后

一抽田根土名俥碓後並俥碓前共受種壹拾觔載租谷叁百觔納官殖收

一抽崇直畊糊窯垅根租谷叁百觔付乾房收以補長子分田根納租

8-2-23-12　清嘉慶二十三年黄氏乾房鬮書（一二）

乾房屋宇山林列后

一分祖厝正座右边前角六楄撇榭並過水

一分上樓貳橺與坤房對分各應壹橺

一分上堂正座左邊後官房壹橺樓上並樓下

一分頂座廳邊房左邊第一橺第二橺第叁橺共叁橺

一分尾樓左邊樓角第二橺壹橺

8-2-23-13　清嘉慶二十三年黄氏乾房鬮書（一三）

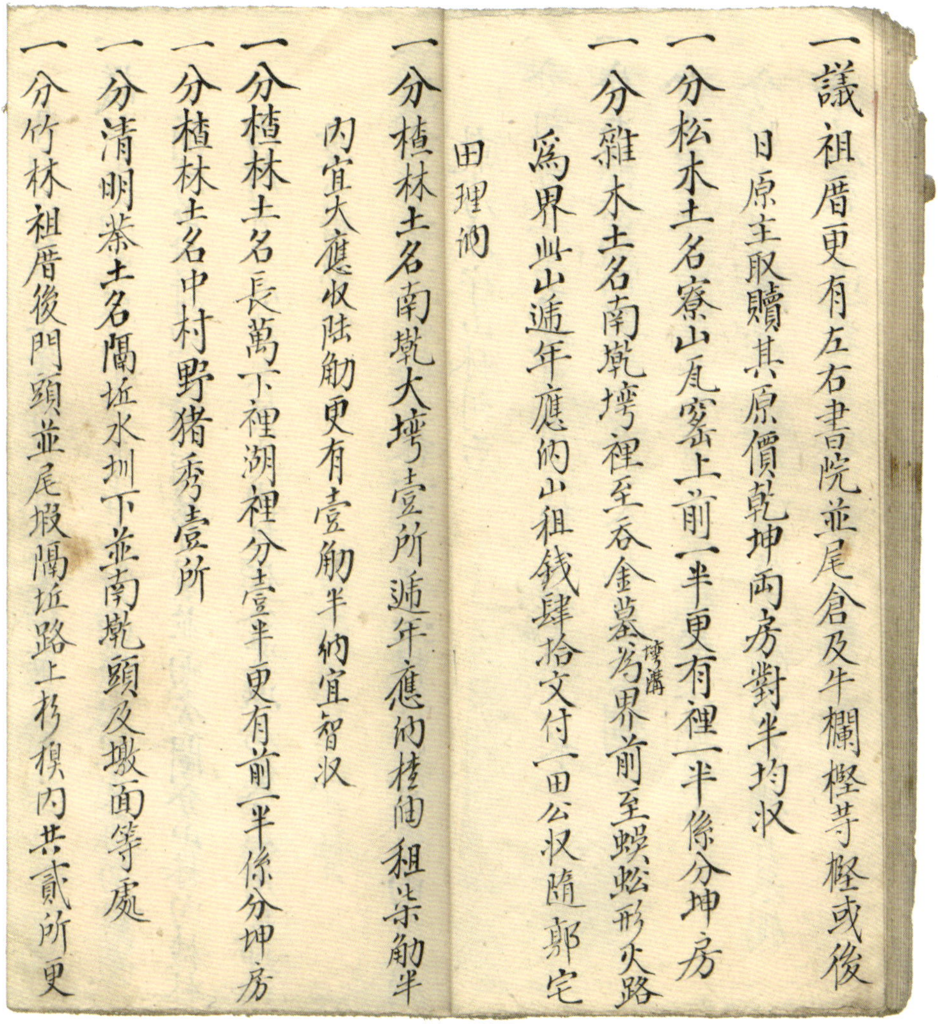
一議祖厝更有左右書院並尾倉及牛欄樫芎樫或後
日原主取贖其原價乾坤兩房對半均收
一分松木土名寮山瓦窯上前一半更有裡一半係分坤房
一分雜木土名南墘塆裡至吞金墓為（塆溝）界前至蜈蚣形大路
爲界此山遞年應納山租錢肆拾文付一田公收隨鄭宅
田理納
一分植林土名南墘大塆壹所遞年應納桂甸租柒觔半
内宜大應收陸觔更有壹觔半納宜智收
一分植林土名長萬下裡湖裡分壹半更有前一半係分坤房
一分植林土名中村野猪秀壹所
一分清明茶土名闖垅水圳下並南墘頭及墈面等處
一分竹林祖厝後門頭並尾墈闖垅路上杉樸内共貳所更

8-2-23-14　清嘉慶二十三年黄氏乾房鬮書（一四）

有南墘石碑上蔞竹林係公衆培畨

一議杉木南墘寮山下村並書斋對面佛堂裡及嶺柄對面桶墘中村村裡後門頭等處並兩房鬮分山林内植林内所有大小杉木俱是抽起作公衆以為後日公用乾坤兩房不得私砍

一議柿模土耳下一根錦霞林二根石碑上三根共伍根俱係兩房公摘

嘉慶貳拾叁年歲次戊寅柒月吉日

立鬮書父宜賢

從命長子崇禄

次子崇善

在見侄崇修

代書侄崇馥

8-2-23-15　清嘉慶二十三年黄氏乾房鬮書（一五）

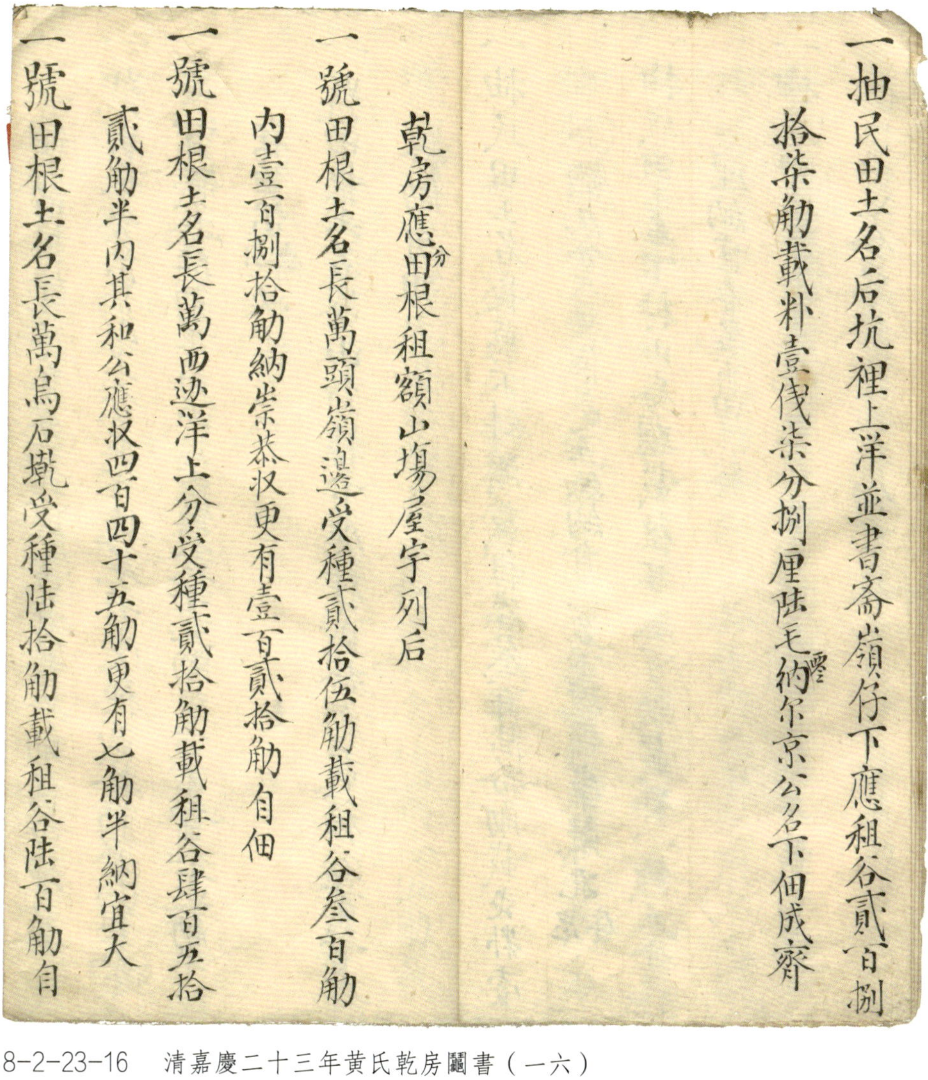
一抽民田土名后抗裡上洋並書斎嶺仔下應租谷貳百捌
拾柒觔載粁壹伐柒分捌厘陸毛曇納尔京公名下佃成齊

乾房應分田根租額山場屋宇列后
一號田根土名長萬頭嶺邊受種貳拾伍觔載租谷叁百觔
内壹百捌拾觔納崇恭収更有壹百貳拾觔自佃
一號田根土名長萬西逬洋上分受種貳拾觔載租谷肆百五拾
貳觔半内其和公應収四百四十五觔更有七觔半納宜大
一號田根土名長萬烏石墘受種陸拾觔載租谷陸百觔自

8-2-23-16　清嘉慶二十三年黃氏乾房鬮書（一六）

計納宜余收佃孔學
一號民田土名陶清廷山洋載租谷壹百柒拾柒觔載租（苗）米五升
零捌合其計納林昌致收佃池堯盛此租係與坤房對
分各應捌拾捌觔半
一號民田土名佛堂洋中分載租谷捌拾觔佃崇寶
一號民田土名寮山裡墘頭載租谷陸拾觔載苗米貳升
其計納孔聚收佃林世登
一號民田土名中村墘載租谷叁百觔載苗米壹斗其計納
宜苑收佃崇志此租係與坤房對分各應壹百伍拾觔
一號自佃民田土名長萬嶺边載租谷壹百貳拾觔載苗米肆
升其計納孔聚收
一號自佃民田土名長萬烏石墘載租谷陸百觔載苗米貳斗

8-2-23-17　清嘉慶二十三年黄氏乾房鬮書（一七）

8-2-23-18　清嘉慶二十三年黄氏乾房鬮書（一八）

8-2-24-1　清光緒十九年黄氏仁義禮智四房鬮書（一）

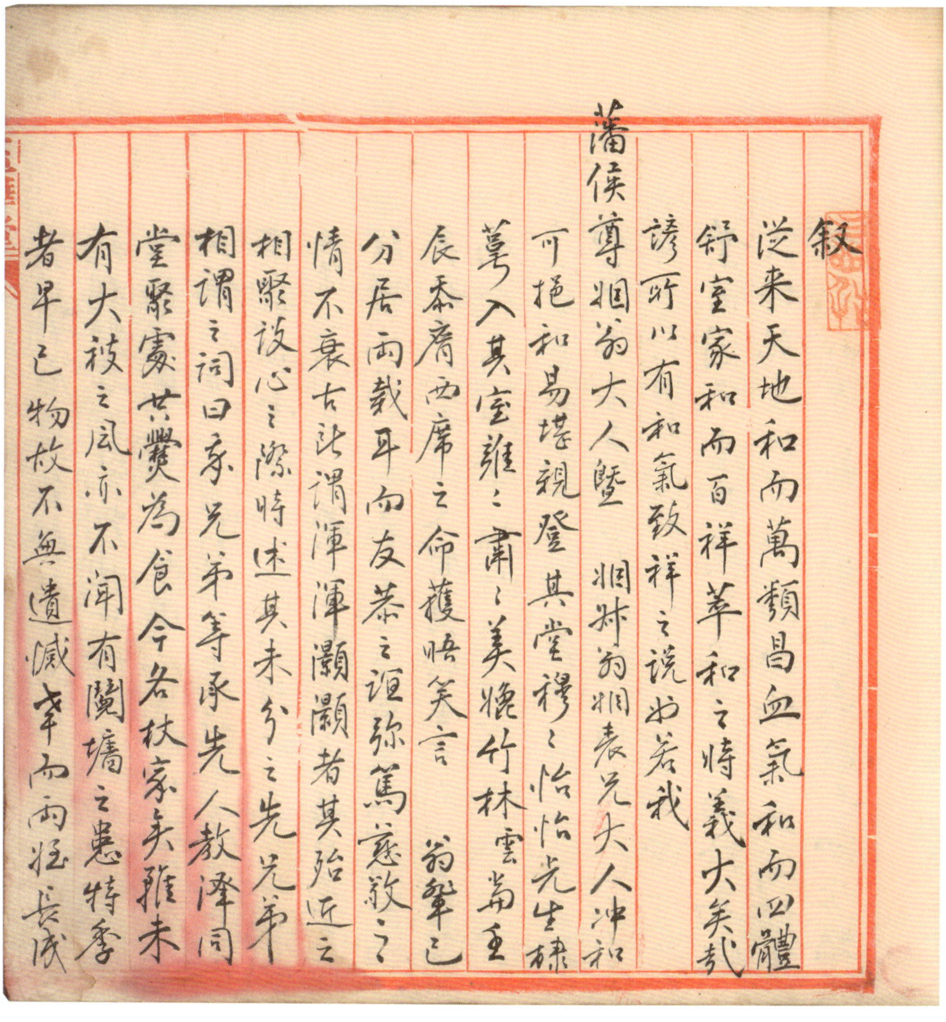

敘

從来天地和而萬類昌血氣和而四體舒室家和而百祥萃和之時義大矣哉諺所以有和氣致祥之説也若我

藩侯尊姻翁大人暨　姻姊翁姻表兄大人冲和可挹和易堪親登其堂穆穆怡怡先生棣萼入其室雍雍肅肅美饒竹林雲崗重辰忝膺西席之命獲晤笑言　翁肇已分居兩載耳而友恭之誼弥篤慈教之情不衰古所謂渾渾灝灝者其殆近之相聚設心之際時述其未分之先兄弟相謂之詞曰我兄弟等承先人教澤同堂聚處共爨為食今各枝家矣雖未有大被之風亦不聞有鬩墻之悪特季者早已物故不無遺憾幸而兩姪長成

8-2-24-2　清光緒十九年黄氏仁義禮智四房鬮書（二）

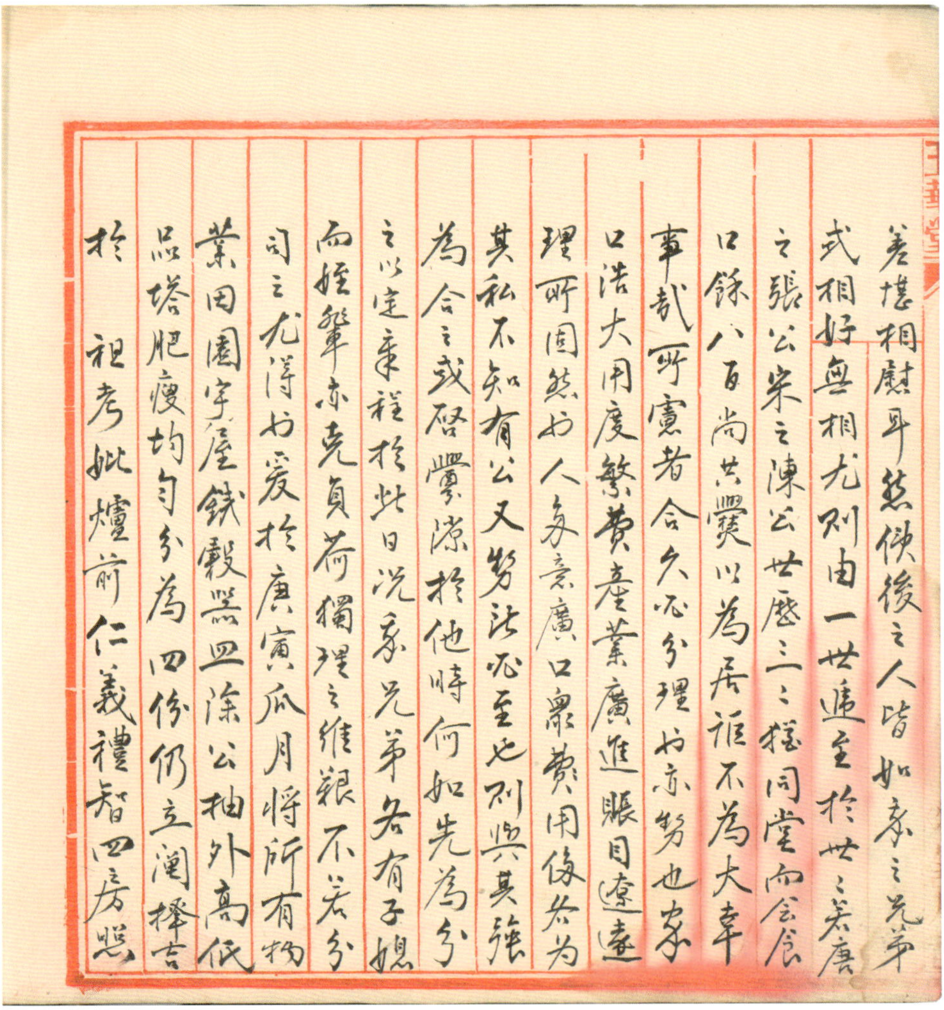
差堪相慰耳茲俾後之人皆如家之兄弟
式相好無相尤則由一世遞至於世々矣唐
之張公宋之陳公世歷三之猶同堂而食
口餘八百尚共爨以為居祖不為大幸
事哉所慮者合久必分理亦勢也家
口浩大用度繁費產業廣進賬目遼遠
理所固然也人多意廣口衆費用條分為
其私不知有公又勢該必至也則與其強
為合之或啓釁端於他時何如先為分
之以定章程於此日況家兄弟各有子媳
而姪輩亦克負荷獨理之維艱不若分
司之尤得也爰於庚寅瓜月將所有物
業田園字屋錢穀器皿除公抽外高低
品搭肥瘦均勻分為四份仍立鬮擇吉
於 祖考妣爐前 仁義禮智四房照

8-2-24-3　清光緒十九年黃氏仁義禮智四房鬮書（三）

房指定遂同室而分居各依閫而掌業
雲澗之不禁慨然曰於戲其斟酌於事
不亦善乎而綿延和氣豈有既哉歲次
癸巳 詒翁胞弟翁出其草閫示雲命雲
繕寫簿正雲因取其得業簿細為校閱
而 詒翁亦為之分別指示自始至終毫髮
不爽由小及大心目了然蓋惟其端之也久
故其知之也詳亦惟其持之也公故其言之
如悉雲見其分寡適均肥瘠允當既無些
盈而彼歉自必有讓而無爭又慨然曰
夫世之人因財而傷和順因分而乖和睦
往往然也若 藩翁之兄弟姪既不隘
財而失和亦不以和而忘財是誠為善理
財者也是誠為善處和者也故其家之氣象
各蒸蒸焉有日上之勢雲乃益信和氣

8-2-24-4　清光緒十九年黄氏仁義禮智四房鬮書（四）

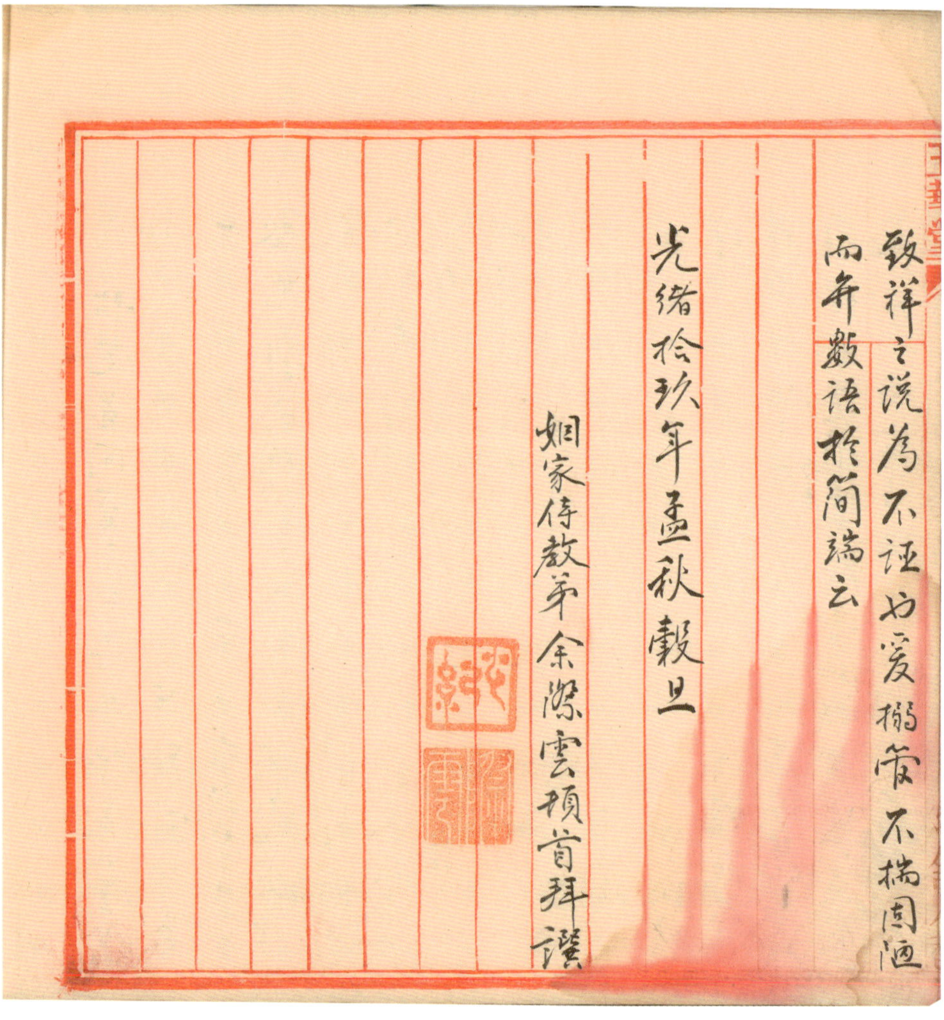

致祥之說爲不誣也爰撮筆不揣固陋

而弁數語於簡端云

光緒拾玖年孟秋穀旦

姻家侍教弟余際雲頓首拜譔

8-2-24-5　清光緒十九年黃氏仁義禮智四房鬮書（五）

仁義禮智四房公抽田畝物業開列於后

一抽得本都地方土名牛膝墘上下份根面全受種陸拾觔正年載粮五錢七分八厘庫納饒處

一抽得本都中村地方土名石頭墘各等處根面全受種肆拾貳觔半正年載苗米一斗一升六合零納孔提處又七升六合零納孔潤處

一抽得本都東洋地方土名鏇坪地根面全並根受種肆拾觔正年載苗米一斗四升八合七勺正納李本處冬租穀肆拾弍觔納林處

一抽得本都地方土名下裡湖根面全並根受種貳拾五觔正年載苗米三升正納崇善處租乙百八拾觔納孔海公處又九十觔納孔李處

一抽得本都地方上孟土名下祖厝門首曲坵大坵根面全受種貳拾觔正年應苗米弍斗四升正納崇魁處

一抽得本都中村地方土名厝埕上份大坵根面全受種柒觔半正年載苗米三升零納孟堂處

一抽得本都蕉坑地方土名石牌坵根面全受種柒觔半正年載粮錢貳百五十文正納饒處

8-2-24-6　清光緒十九年黄氏仁義禮智四房鬮書（六）

一抽得本都蕉坑地方土名溪尾墘石馬潭苎園垅民田
壹號年載冬租壹千壹百壹拾弍觔正随帶粮六錢弍分叁厘庫納張處
一抽得念二都下白地方土名月朋坵根面全受種貳拾觔
正年載粮叁錢七分叁厘四毛庫納王處
一抽得念一都蒼霞地方土名上墩后佃田根受種叁畝
柒升五合正年應租四百四十一觔納何處
一抽得梅邑八都玉水地方土名高洋中根面全受種壹
拾觔正年應苗米七升五合納刘清良户下
一抽得本都蕉坑地方土名洋尾油杭全座及杭内各
等項家私器具
一抽得本都隔坵頭厝左边第二重横樓頂頭棡壹棡
一抽得本都錦霞地方土名慶令居契買左官房後
櫥樓上樓下弍樫
一抽得本厝門墻外頂頭園坪叁塯以為公用
一抽得本厝后門山本身龍及左右龍虎砂樹木留為遮

8-2-24-7　清光緒十九年黄氏仁義禮智四房鬮書（七）

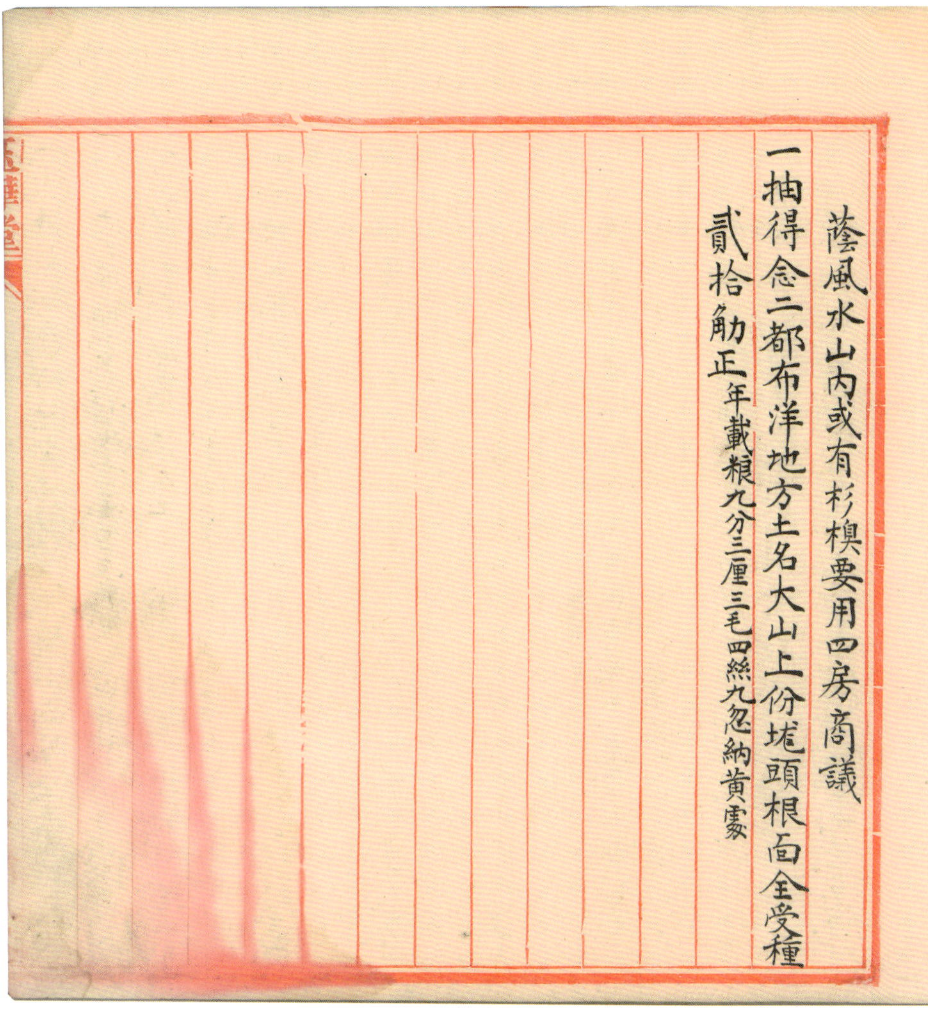

蔭風水山内或有杉樅要用四房商議
一抽得念二都布洋地方土名大山上份垅頭根面全受種
貳拾觔正 年載粮九分三厘三毛四絲九忽納黄雾

8-2-24-8　清光緒十九年黄氏仁義禮智四房鬮書（八）

禮房拈定阄分下田畝物業開列於后
一分得本都地方土名牛藔頭路下根面全受種叁拾觔正年載粮壹錢陆分五厘庫納饒處
一分得本都蕉坑地方土名三角洋根面全並根受種叁拾觔正年載粮叁錢弍分叁厘叁毫庫 租四百叁拾五觔正 俱納饒處
一分得念二都下白地方土名尾墩宫根面全受種壹拾觔正年應苗米四升九合正納何處
一分得本都長萬地方土名東边洋根面全並根受種五觔半正年應苗米五升正納李睽處 租乙十六觔納孟韓處
一分得本都蕉坑地方土名楓模墘下份垅尾根面全受種五觔正年應粮叁分叁厘七毛庫
一分得本都長萬地方土名東边洋上份根面全並根受種壹拾弍觔正年載粮三分四厘五毛叁絲庫納孟棟處 租乙百六十六觔納其儀公處
一分得本都蕉坑地方土名寨下垅佃田根受種壹拾觔正年應租壹百觔納黃處

8-2-24-9　清光緒十九年黄氏仁義禮智四房鬮書（九）

一分得本都長斜地方土名后門嶺並頂份過坂根面全並
根両號共受種肆拾五觔正年應苗米乙斗三升三合三勺零租乙百陸拾觔俱納魏處
一分得本都蕉坑地方土名深墝佃田根受種五觔正田
傍山墝附
一分得本都小蓮坑地方土名雷打墓下水堖糞桐墘佃田根
受種貳拾觔正年應租四百六十六觔納李才處
一分得本都西塘地方土名土門下分糞桐頭根面全受種
貳拾觔正年應苗米乙斗正納孔慈處
一分得本都大厝堀地方土名槙林頭佃田根受種壹拾
肆觔正年共應租陸拾觔納鄒處 又陳端典應貼納乙十五觔 内章子恩貼納乙十弍觔
一分得念二都富洋地方土名烏石垅上下份両號根面全
並根共受種叁拾叁觔正年載粮六分弍厘弍毛庫納饒處租九十觔納鴻禩社處
一分得念二都富洋地方土名大堳墘根面全受種壹
拾觔正年載粮叁分叁厘庫納饒處
一分得本都上盂地方土名陳墘坂根面全受種捌觔

8-2-24-10　清光緒十九年黄氏仁義禮智四房鬮書（一〇）

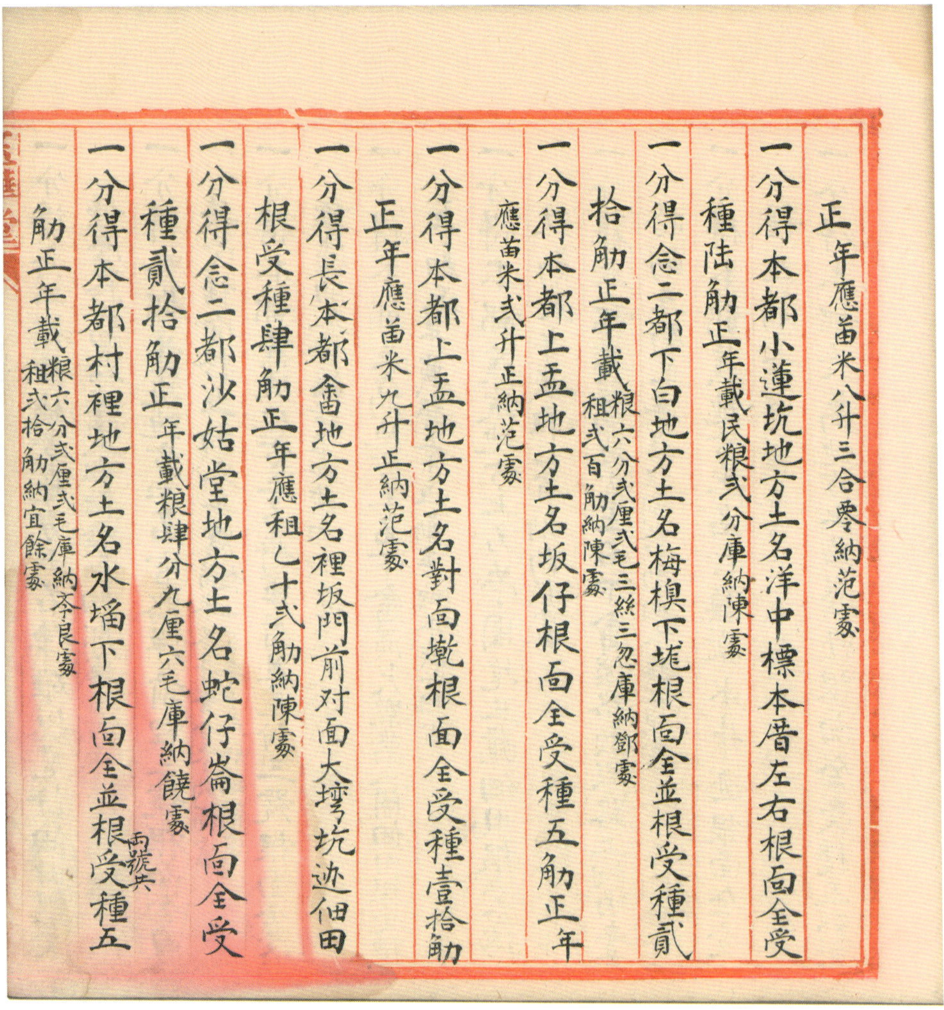

正年應苗米八升三合零納范處
一分得本都小蓮坑地方土名洋中標本厝左右根面全受
種陸觔正年載民粮弍分庫納陳處
一分得念二都下白地方土名梅槇下坵根面全並根受種貳
拾觔正年載粮六分弍厘弍毛三絲三忽庫納鄧處
租弍百觔納陳處
應苗米弍升正納范處
一分得本都上盂地方土名坂仔根面全受種五觔正年
正年應苗米九升正納范處
一分得本都上盂地方土名對面墘根面全受種壹拾觔
一分得長本都畬地方土名裡坂門前对面大壠坑迹佃田
根受種肆觔正年應租乙十弍觔納陳處
一分得念二都沙姑堂地方土名蛇仔崙根面全受
種貳拾觔正年載粮肆分九厘六毛庫納饒處
一分得本都村裡地方土名水堖下根面全並根受種五兩號共
觔正年載粮六分弍厘弍毛庫納李良處
租弍拾觔納宜餘處

8-2-24-11　清光緒十九年黄氏仁義禮智四房鬮書（一一）

一分得念二都沙姑堂地方土名倬碓坂尾份佃田根受
種壹拾觔正 年載租陸拾觔納鄢家
一分得本都蕉坑地方土名官路洋前裡三號根面全並根
共受種壹拾五觔正年應苗米叁升叁合零納賴家 租乙百叁十弍觔納饒家
一分得本都蕉坑地方土名將軍厝並尾份三號根面全共受
種陸觔正 年應苗米四升正
一分得本都長萬地方土名下畬溪大墘第二閘佃田根受種
五觔正 年載租五十五觔半納本族一祖家
一分得本都蕉坑地方土名苧園坵三號佃田共根受種
玖觔正 年載租乙百觔納張家
一分得本都長萬地方土名下畬溪路頭堀路上佃田壹根受種
拾觔五觔正 年應租捌拾觔納本族二祖家
一分得本都蕉地方土名杉槙墘水井迹根面全受
種五觔正
一分得本都長萬地方土名嶺迹根面全受種五觔正

8-2-24-12　清光緒十九年黄氏仁義禮智四房鬮書（一二）

年載粮錢乙百貳拾文納丙能處

一分得本都長萬地方土名烏石墈（墘）佃田根受種柒觔半

正 年應租貳（柒拾）百弍拾弍觔納孟久處

一分得念二都福長前地方土名橫牌高堘下份根向全受

種貳拾觔正 年載粮弍錢零五厘弍毛庫納王處

一分得本都上盂地方土名林下罕墘佃田根受種壹拾

觔正 年應租乙百五十觔納黃處 載粮錢七十四文納范處

一分得本都上盂地方土名祖厝門前墻下佃田根受種壹

拾觔正 年應租叁百叁拾觔納其儀公處

一分得本都牛簝頭地方土名路頭墘佃田根受種壹拾

貳觔正 年應租五拾觔納鄢處

一分得本都西塘地方土名車碓頭根向全受種伍觔

正 年載粮錢乙百四十七文納范處

一分得本都長斜地方土名裡坂門兜並墳頭及有仔槙下

兩號佃田根共受種壹拾八觔正 年應租乙百叁乙十三觔納黃處又弍拾六觔四兩又叁拾五觔俱納柸處

8-2-24-13　清光緒十九年黄氏仁義禮智四房鬮書（一三）

一分得本都下村地方土名坑裡垱根面全受種壹拾觔正年
應苗米弍升正納孔坦處

一分得本都上盂地方土名頂頭圳下对面墘根面全受
種壹拾觔正年應苗米七升正納夏處

一分得本都上盂地方土名白風隔下份根面全受種乙
拾五觔正年應苗米乙斗弍升正納范處

一分得本都上盂地方土名丈地嶺尾份根面全受種
五觔正年應苗米叁升六合零納范處

一分得本都小蓮坑地方土名松柏墘墓仔裡佃田根受種
壹拾五觔正年應租乙百五十觔納張處又墓仔裡租叁拾觔納林處

一分得念二都富洋地方土名坑頭裡坂上下份根面全受
種五觔正年載粮五分五釐庫納饒處

一分得念二都富洋地方土名裡垅根面全受種壹拾觔
五種觔正年應粮壹錢壹分庫納饒處

一分得念二都富洋地方土名打草垅根面全受種壹拾

8-2-24-14　清光緒十九年黄氏仁義禮智四房鬮書（一四）

五觔正　年載粮七分四厘四毛四絲庫納明達處
一分得本都長萬地方土名路頭堀根面全受種壹拾觔
正　年應苗米錢捌拾弍文正納孟恭處
一分得本都地方蕉坑土名葉坑滌平滓水塯墘仔佃田根
受種壹拾觔正　年應租乙十觔納本族處
一分得本都地方土名布洋山墓下佃田根受種壹拾五
觔正　年應租叁百觔納本族處
一分得本都蕉坑地方土名坑門裡炭窯尾根面全受種
肆觔正　年載粮五厘庫納昌孟處
一分得本都長萬地方土名東迹洋糞棡墘根面全並根
受種柒觔半正　年載苗米四升四合四勺納李丰處　租乙十六觔四兩納李泗處受種
一分得本都下村地方土名長墘尾份根面全壹拾五觔
正　年應苗米弍升正納李鑾處
一分得本都錦霞地方土名尾堀大路石頭前裡根面全並
根受種捌觔正　年載苗米乙升正納孔煥處　租叁拾觔納煥處

8-2-24-15　清光緒十九年黄氏仁義禮智四房鬮書（一五）

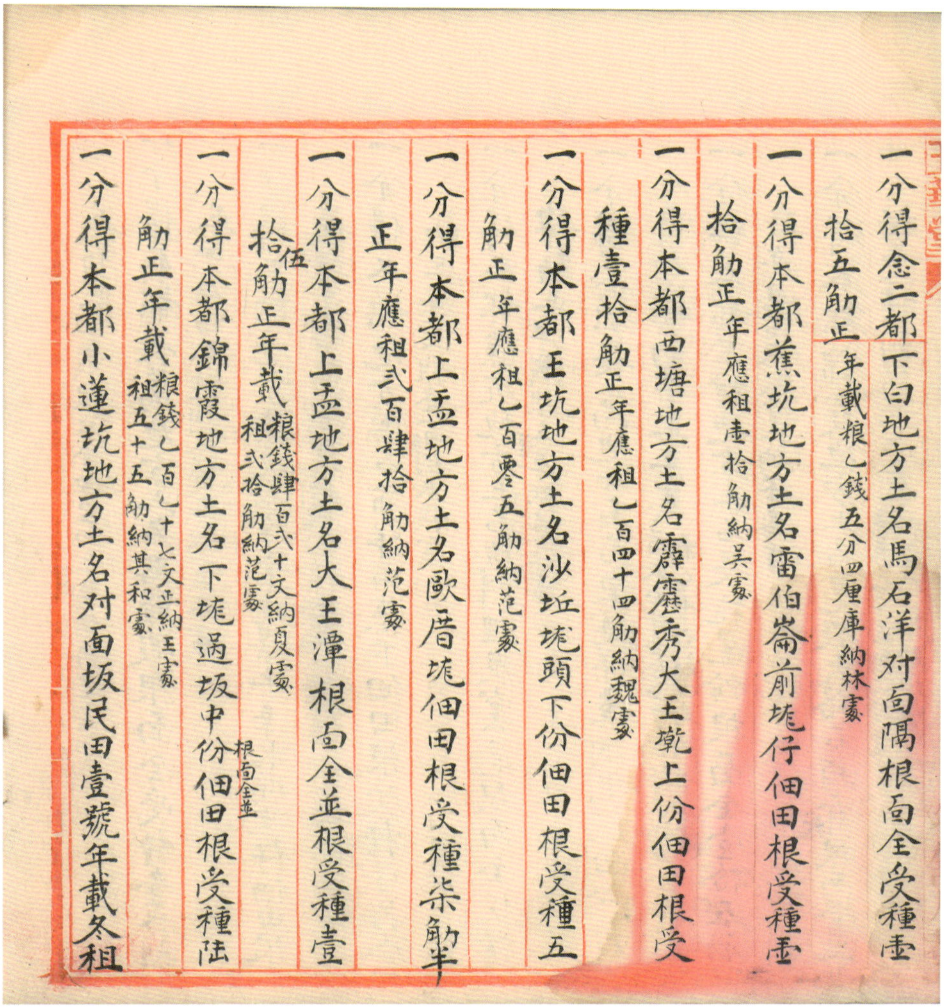
一分得念二都下白地方土名馬石洋对面隔根面全受種壹拾五斛正年載粮乙錢五分四厘庫納林處

一分得本都蕉坑地方土名雷伯崙前垅仔佃田根受種壹拾斛正年應租壹拾斛納吴處

一分得本都西塘地方土名霹靂秀大王墘上份佃田根受種壹拾斛正年應租乙百四十四斛納魏處

一分得本都王坑地方土名沙坵垅頭下份佃田根受種五斛正年應租乙百零五斛納范處

一分得本都上盂地方土名歐厝垅佃田根受種柒斛半正年應租弍百肆拾斛納范處

一分得本都上盂地方土名大王潭根面全並根受種壹拾伍斛正年載粮錢肆百弍十文納夏處
租弍拾斛納范處

一分得本都錦霞地方土名下垅過坂中份佃田根受種陸斛正年載粮錢乙百乙十七文並納王處
租五十五斛納其和處
根面全並

一分得本都小蓮坑地方土名对面坂民田壹號年載冬租

8-2-24-16　清光緒十九年黄氏仁義禮智四房鬮書（一六）

穀伍百觔正 随帶粮苗米乙斗十六升伍合正納孟冬英處

一分得本都翰陽地方土名龍臂坑民田壹號年載冬租

穀叁百觔正 随帶苗米乙斗正納李良處 現佃孟悦

一分得本都小蓮坑地方土名陳厝門前外洋民田壹號年載冬

租穀壹百伍拾觔正 随帶粮九分三厘庫納張處 現佃孔長

一分得本都錦霞地方土名將軍嶺民田壹號年載冬租穀

貳百叁拾玖觔 随帶粮乙錢四分八厘六毛庫係貼納五美戶下

一分得本都長萬地方土名嶺边民田壹號年載冬租穀八

拾觔正 現佃林奕成

一分得本都長萬地方土名牟墘等處楂林山場一派

一分得本都下溪地方土名垻潭后等處楂林山場一派

一與仁義智房仝分得本都長萬地方土名下畬溪佃田根受

種貳拾觔正 年應租貳百弍拾弍觔納本族一祖處

一與仁義智房仝分得本都長萬地方土名对面坂佃田根受

種壹拾觔正 年應租肆拾觔納孔日處

8-2-24-17　清光緒十九年黄氏仁義禮智四房鬮書（一七）

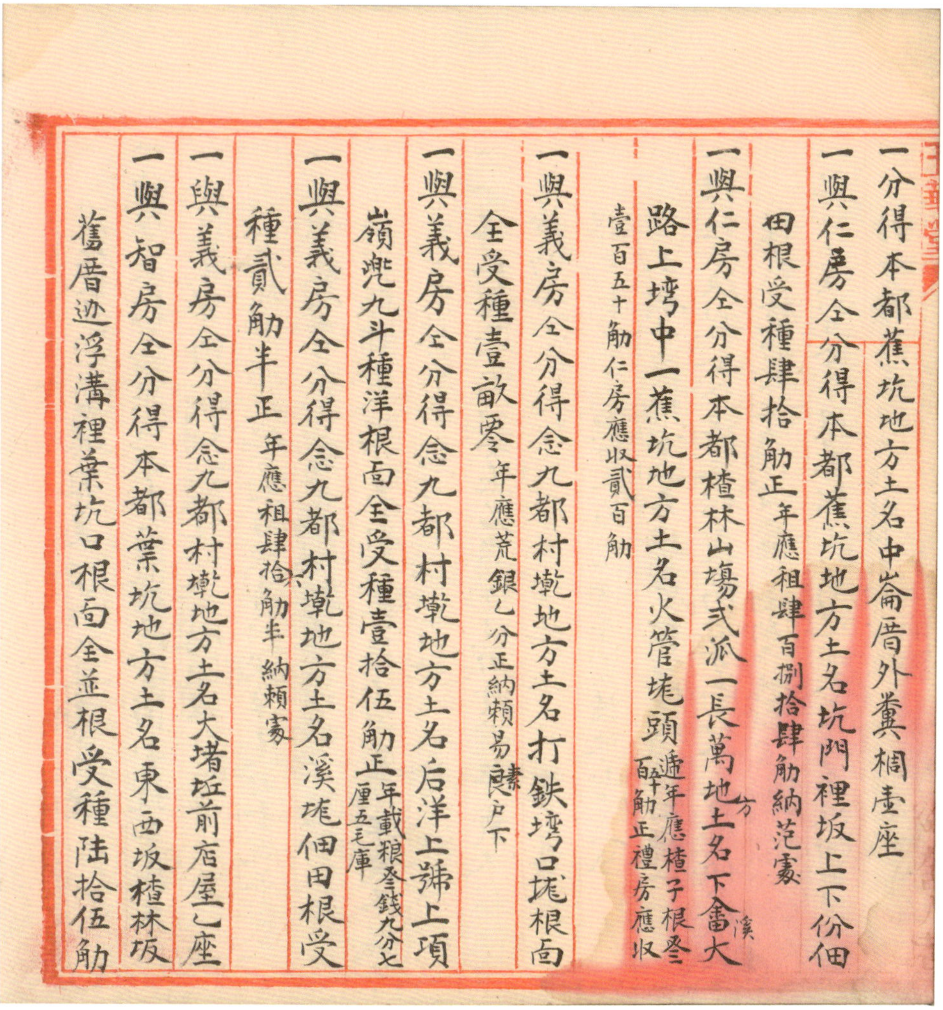
一分得本都蕉坑地方土名中崙厝外糞桐壹座
一與仁房仝分得本都蕉坑地方土名坑門裡坂上下份佃
田根受種肆拾觔正 年應租肆百捌拾肆觔納范家
一與仁房仝分得本都楂林山塲弍派一長萬地方土名下畲大溪
路上塆中一蕉坑地方土名火管坵頭 遞年應楂子根叄百斤觔正禮房應收
壹百五十觔仁房應收貳百觔
一與義房仝分得念九都村墘地方土名打鉄塆口坵根面
全受種壹畝零 年應荒銀乙分正納賴易隸户下
一與義房仝分得念九都村墘地方土名后洋上㘵上項
嶺兜九斗種洋根面全受種壹拾伍觔正 年載粮叄錢九分七厘五毛庫
一與義房仝分得念九都村墘地方土名溪坵佃田根受
種貳觔半正 年應租肆拾六觔半納賴家
一與義房仝分得念九都村墘地方土名大堵坵前店屋乙座
一與智房仝分得本都葉坑地方土名東西坂楂林坂
舊厝迹浮溝裡葉坑口根面全並根受種陸拾伍觔

8-2-24-18　清光緒十九年黄氏仁義禮智四房鬮書（一八）

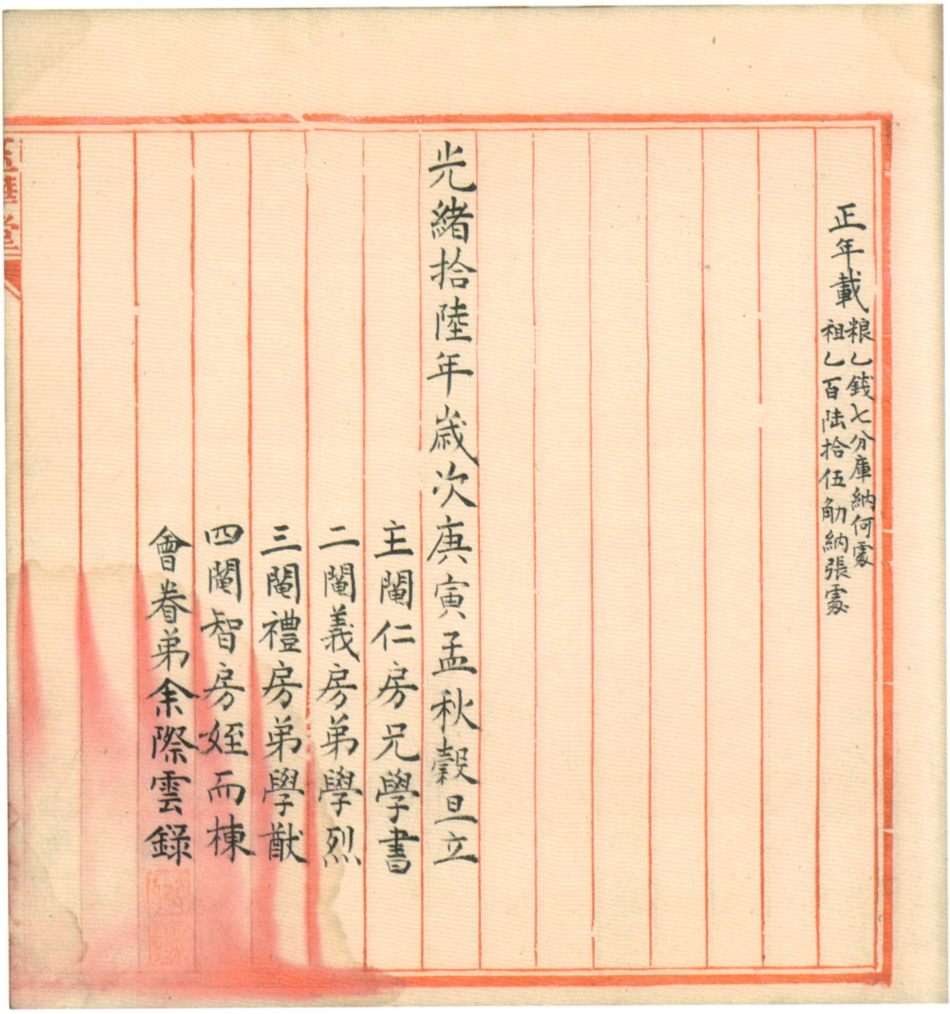
正年載糧乙錢七分庫納何處
租乙百陸拾伍觔納張處

光緒拾陸年歲次庚寅孟秋穀旦立

主鬮仁房兄學書

二鬮義房弟學烈

三鬮禮房弟學猷

四鬮智房姪而棟

會眷弟余際雲錄

8-2-24-19　清光緒十九年黄氏仁義禮智四房鬮書（一九）

附錄仁房長子份並拈定閹下田畝物業於后

一長子份抽得本都蕉坑地方土名耳墘嶺根面全受種叁拾

觔正　年戽粮弍伐乚分七厘八毛庫𤾉林處

一長子份抽得本都蕉坑地方土名耳墘嶺六坵田佃田根受種壹

拾觔正　年戽租乚百七十五觔𤾉林處

一長子份抽得本都錦霞地方土名俥碓𡵓並梗下坡下两號佃

田根廿六受種壹拾肆觔正　年戽租叁百觔𤾉崇滔處

一仁房分得本都蕉坑地方土名牛𡾦頭上墘過坑佃田根受種

叁拾觔正　年戽租乚百觔𤾉黄處

一分得本都陽坵頭地方土名蓆草池前陽墓迹墘上下份两號根

面全並根廿六受種叁拾七觔正　年戽租七十觔𤾉范處　根弍伐四分弍厘四毛庫𤾉賴處

一分得本都（獲坑）地方土名深壙根面全受種五觔正　田傍山壙附

一分得念二都富洋地方土名天崙下墩沙堂姑下號佃田根受

種貳拾五觔正　年戽租乚百觔𤾉黄處又𤾉拾觔𤾉饒處

一仁房分得本都地方土名寮山中墩油杭（壙）下份佃田根受種七觔半正

8-2-24-20　清光緒十九年黄氏仁義禮智四房鬮書（二〇）

年庄租法十五觔納尔公舜處

一仁房分得本都蕉坑地方土名嵩口路下垅柿模埄根田全受種

律觔正

一分得本都蕉坑地方土名將軍厝兩墘根田全共受種律觔正

年庄苗米六合六勺

一分得本都蕉地方土名倉厝前坑仔坵佃田根受種五觔正年庄

租法十觔納黃處

一分得本都長萬地方土名本厝下下分佃田根受種五觔正年庄租

五十五觔半納本族一祖處

一分得本都西塘地方土名丈地嶺荒田垅根田全受種五觔正年庄

苗米乙升正納李章處

一分得本都蕉坑地方土名坑門裡橋仔頭及桐林下溪乾三墘佃

田根共受種壹拾律觔正年庄租乙百七十五觔納張處

一分得本都蕉坑地方土名上坑嶺脚三墘根田全共受種貳

拾五觔正年庄粮三錢四分弍厘八毛庫納四德之下

8-2-24-21　清光緒十九年黄氏仁義禮智四房鬮書（二一）

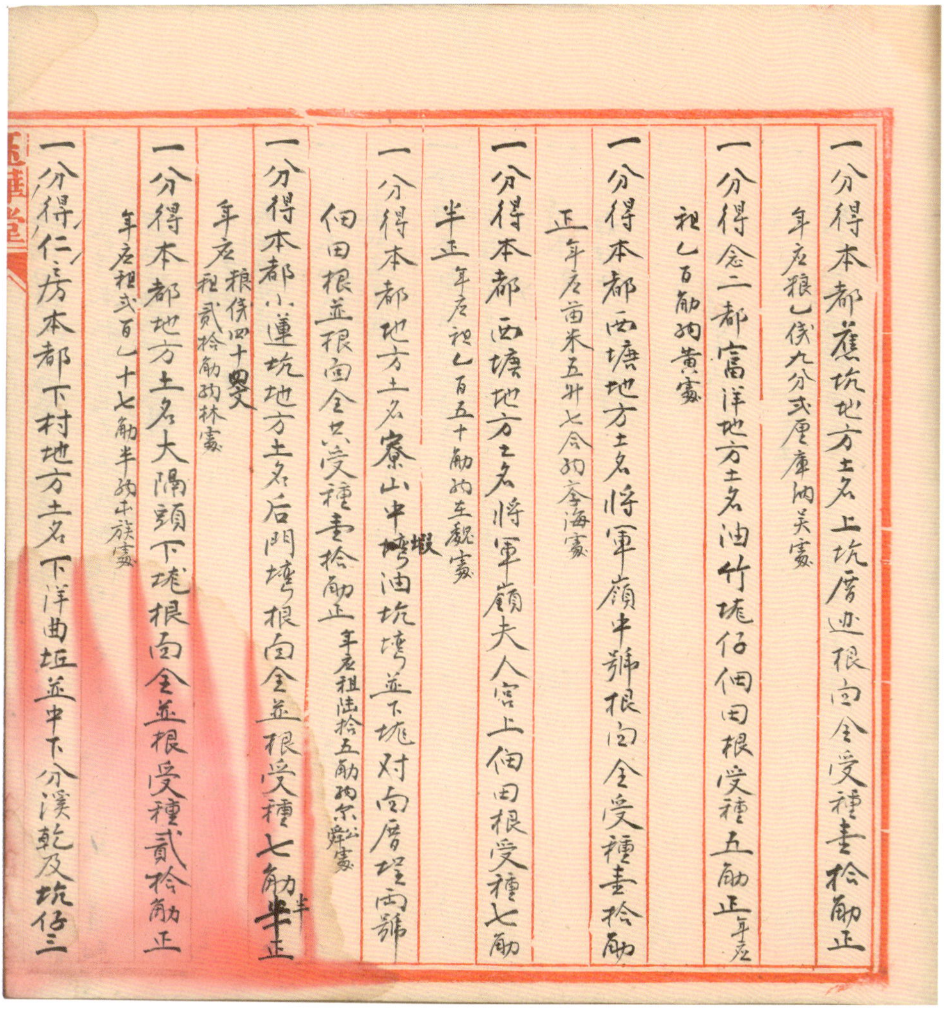

一分得本都蕉坑地方土名上坑厝边根面全受種壹拾觔正
年庄粮乙倂九分弍厘庫納吴處
一分得念二都富洋地方土名油竹垅仔佃田根受種五觔正年庄
租乙百觔納黄處
一分得本都西塘地方土名將軍嶺中鋪根面全受種壹拾觔
正年庄苗米五升七合納李海處
一分得本都西壙地方土名將軍嶺夫人宮上佃田根受種七觔
半正年庄租乙百五十觔納左觀處
一分得本都地方土名寮山中壋（墩）油坑壋並下垅對面厝埕兩鋪
佃田根並根面全共受種壹拾觔正年庄租陸拾五觔納宗公舜處
一分得本都小蓮坑地方土名后門壋根面全並根受種七觔半正
年庄粮倂四十四文
租貳拾觔納林處
一分得本都地方土名大陽頭下垅根面全並根受種貳拾觔正
年庄租弍百乙十七觔半納本族處
一分得仁房本都下村地方土名下洋曲坵並中下分溪乾及坑仔三

8-2-24-22　清光緒十九年黄氏仁義禮智四房鬮書（二二）

號佃田根共受種壹拾觔正　年應租式百七十觔的崇浴處
一仁房分得本都地方土名牛𡼏頭佃田根受種壹拾叁觔正　年應租乙
百五十觔的鴻模社處
一分得本都錦霞地方土名裡耀佃田根受種律觔正　年應租九十六
觔的孔金處
一分得本都翰陽地方土名大墩頭佃田根受種五觔正　年應租陸拾
一觔的孟亨處
一分得本都后墟地方土名糞桐前根面全受種壹拾七觔正　年
應粮四分九厘五毛五絲庫的鐃處
一分得本都下溪地方土名蔗坑陽尾份佃田根受種律觔正　年應
租肆十九觔的賴處
一分得本都下溪地方土名橋頭路下佃田根受種五觔正　年應租
五觔的楊處　又捌觔的孟佬處
一分得本都蔗坑地方土名雷伯崙中份根面全受種陆觔拾
式两正　年應粮乙伕乙分三厘零庫的孔韶處

8-2-24-23　清光緒十九年黄氏仁義禮智四房鬮書（二三）

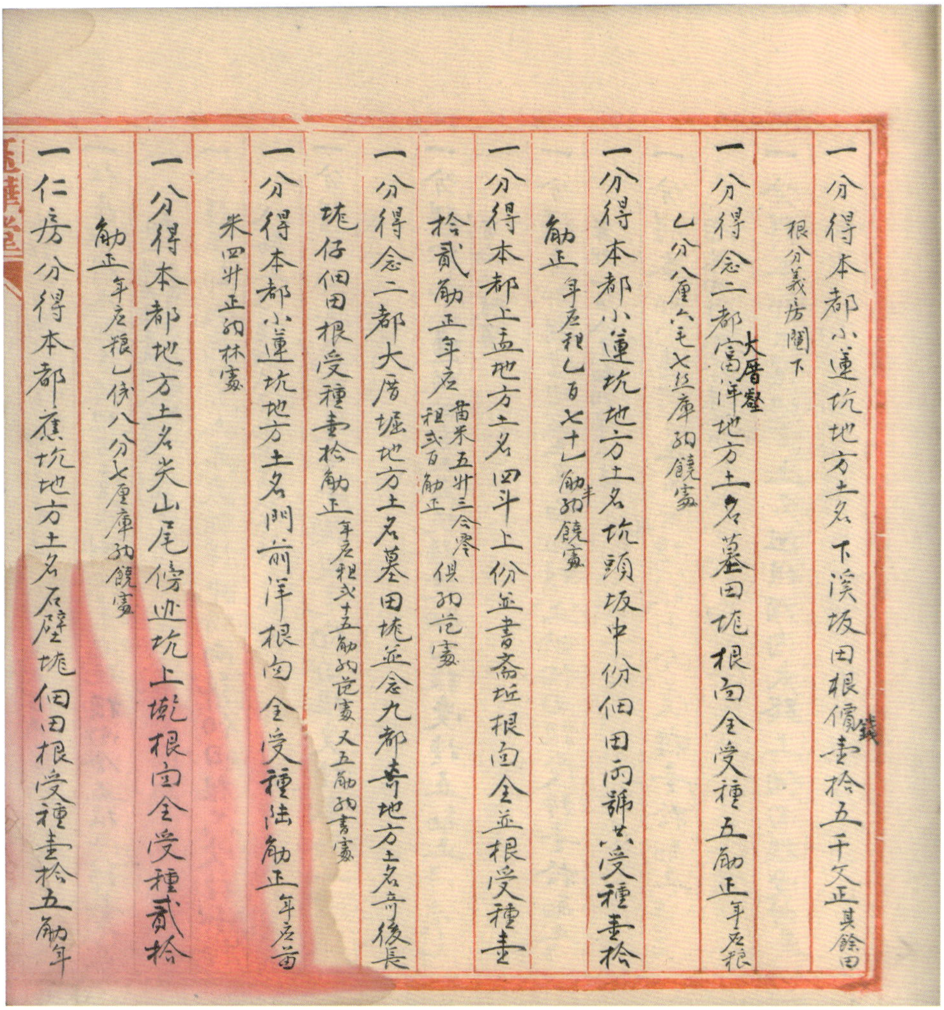
一分得本都小蓮坑地方土名下溪坂田根價錢壹拾五千文正其餘田
根分義房閹下
一分得念二都富洋大厝壂地方土名墓田堘根面全受種五觔正年名粮
山分八厘六毛七絲庫納饒處
一分得本都小蓮坑地方土名坑頭坂中份佃田兩課共受種壹拾
觔正年應租乙百七十乙觔半納饒處
一分得本都上盂地方土名四斗上份並書齋埕根面全並根受種壹
拾貳觔正年應租貳百觔正苗米五升三合零俱納范處
一分得念二都大厝壢地方土名墓田堘並念九都竒地方土名竒後長
堘仔佃田根受種壹拾觔正年應租弍十五觔納范處又五觔納書處
一分得本都小蓮坑地方土名門前洋根面全受種陸觔正年應苗
米四升正納林處
一分得本都地方土名尖山尾傍边坑上墘根面全受種貳拾
觔正年應粮乙錢八分七厘庫納饒處
一仁房分得本都蕉坑地方土名石壁堘佃田根受種壹拾五觔年

8-2-24-24　清光緒十九年黄氏仁義禮智四房鬮書（二四）

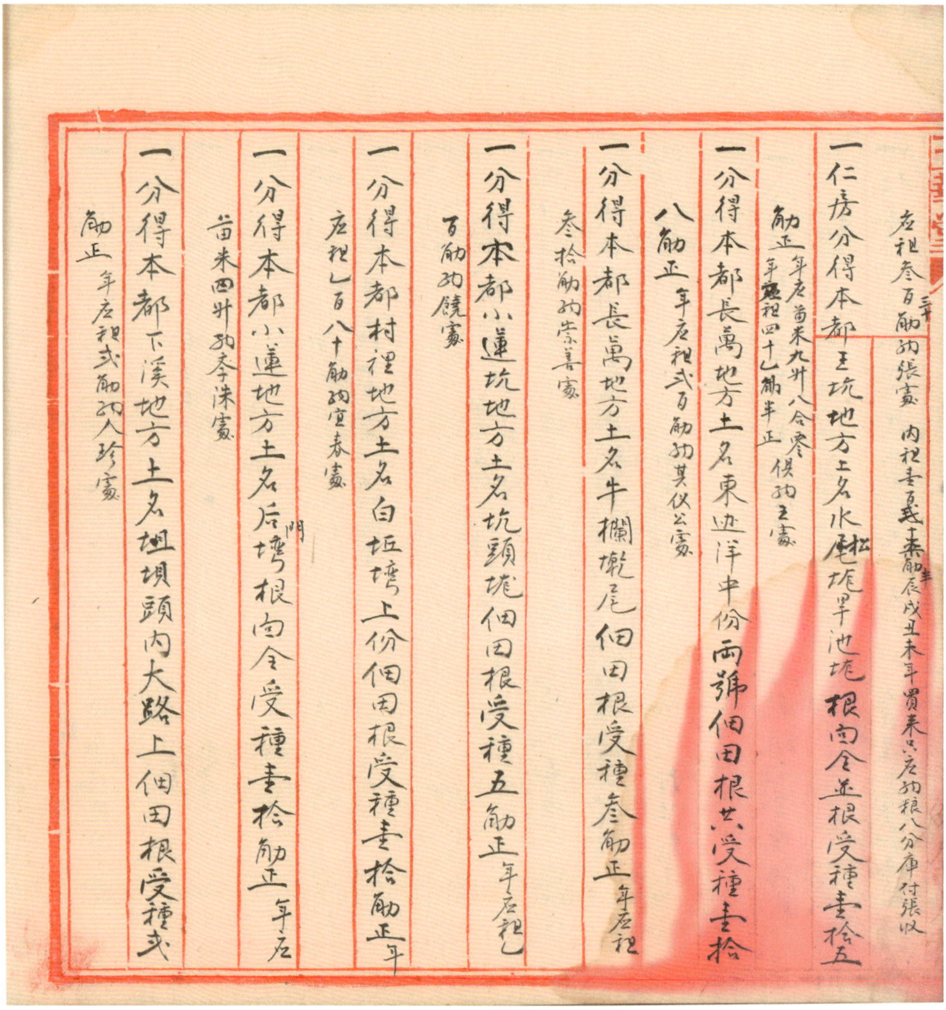
庄租叁百斤扣張家　内租壹百弍十六斤辰戌丑未年買來只庄扣根八分庫付張收

一仁房分得本都王坑地方土名水尾松垅旱池垅根面全並根受種壹拾五

斤正　年庄苗米九升八合零　年庄租四十五斤半正　俱扣王家

一分得本都長萬地方土名東边洋中份両㘭佃田根共受種壹拾

八斤正　年庄租弍百斤扣其仪公家

一分得本都長萬地方土名牛欄墘尾佃田根受種叁斤正　年庄租

叁拾斤扣崇善家

一分得本都小蓮坑地方土名坑頭垅佃田根受種五斤正　年庄租

百斤扣饒家

一分得本都村裡地方土名白垢墘上份佃田根受種壹拾斤正　年

庄租乚百八十斤扣宜春家

一分得本都小蓮地方土名后門墘根面全受種壹拾斤正　年庄

苗米四升扣李洙家

一分得本都下溪地方土名垭垻頭内大路上佃田根受種弍

斤正　年庄租弍斤扣人珍家

8-2-24-25　清光緒十九年黄氏仁義禮智四房鬮書（二五）

一分得本都蔗坑地方土名上坑根面全受種貳拾觔正年庄
苗米貳斗叁合三勺零纳孔禹處
一分得本都長萬地方土名前壙上份佃田根受種壹拾觔正
年庄租五十觔纳孔發處
一分得本都地方土名大陽頭厝前上下闇佃田根受種貳拾
觔正年庄租弍百弍拾觔纳本族處
一分得本都長萬地方土名壙仔佃田根受種壹拾觔正年庄租
五十五觔纳本族一祖處
一分得念二都后官裡地方土名運山洋上份根面全並根受種五
觔正年庄租四十八觔纳曾鑑處
一分得本都上盂地方土名下祖厝門前俥碓坵高墘根面全壹拾捌
觔正年庄苗米五升正纳范處　又四升六合零纳黄處
一分得本都上盂地方土名湅墘尾对面墘中圳根面全受種叁
拾觔正年庄苗米乙斗三升三合三勺纳范處
一仁房分得本都西塘地方土名嶺兜洋根面全受種五觔

8-2-24-26　清光緒十九年黄氏仁義禮智四房鬮書（二六）

正年后苗米四升四合零的李洲處

一仁房本分得本都蕉坑地方土名大嶺水壩上堘佑堘裡根面全受

種壹拾五觔正 年后苗米弍升五合正的李華處

一分得本都下村地方土名新厝角佃田根受種壹拾觔正 年后租乙

百九十五觔的王處

一分得本都下溪地方土名光本厝左迎堘厝下佃田根受種貳拾

觔正 年后租乙十觔的張處

一分得本都輪陽地方土名茂髖坑佃田根受種壹拾五觔正 年后

弍百八十三觔半的范處

一分得本都將軍嶺地方土名山林墘根面全受種壹拾觔正

年后苗米四升正的余岳處

一分得本都下溪地方土名光本厝門前埕佃田根受種五觔

正年后租乙十觔的楊處

一分得念二都后官裡地方土名大堘第二份根面全受種壹

拾觔正 年后粮六分六厘庠的

8-2-24-27　清光緒十九年黄氏仁義禮智四房鬮書（二七）

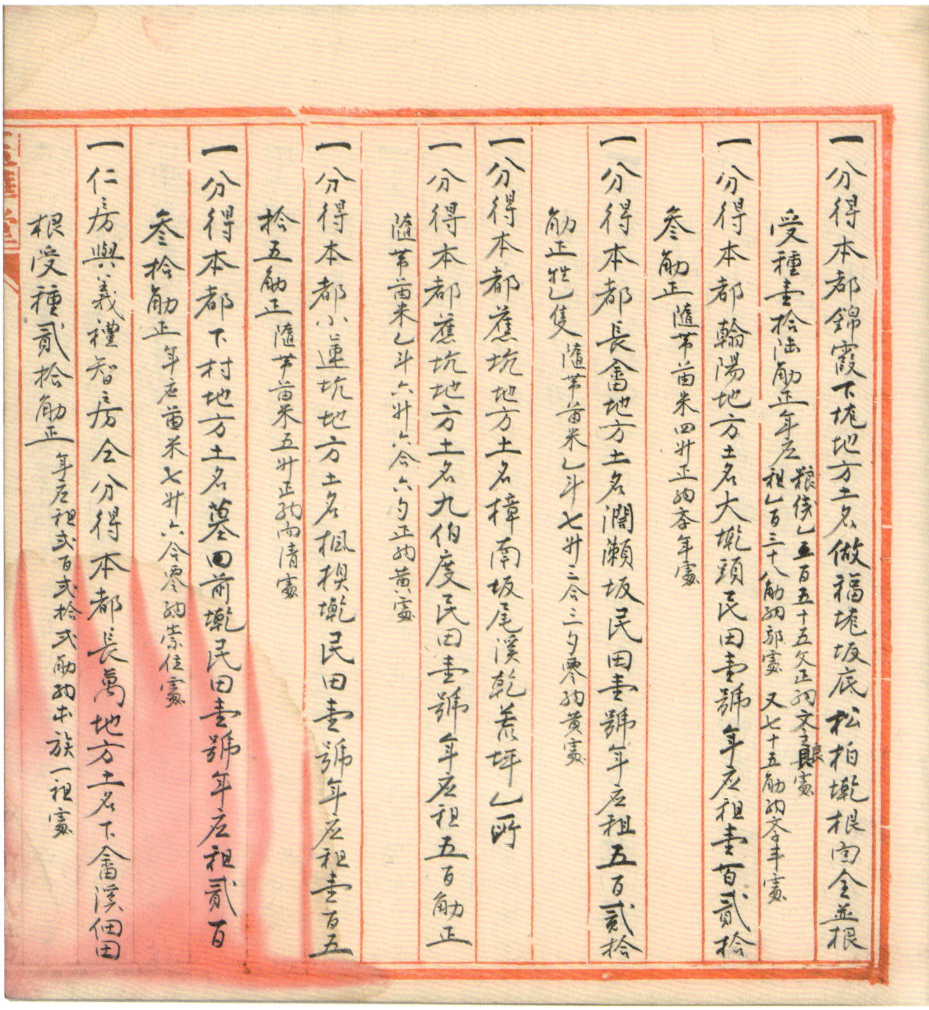

一分得本都錦霞下垅地方土名僦福垅坂底松柏墘根內仝並根
受種壹拾伍觔正年應糧併乙五百五十五文正納文良處 租乙百三十八觔納郭處 又七十五觔納李丰處
一分得本都翰陽地方土名大墘頭民田壹號年應租壹百貳拾
叁觔正 隨苐苗米四升正納李年處
一分得本都長畬地方土名澗瀨坂民田壹號年應租五百貳拾
觔正牲乙隻 隨苐苗米乙斗七升三合三勺零納黃處
一分得本都蕉坑地方土名樟南坂尾溪乾荒坪乙所
一分得本都蕉坑地方土名九伯度民田壹號年應租五百觔正
隨苐苗米乙斗六升六合六勺正納黃處
一分得本都小蓮坑地方土名楓樸墘民田壹號年應租壹百五
拾五觔正 隨苐苗米五升正納向清處
一分得本都下村地方土名墓田前墘民田壹號年應租貳百
叁拾觔正 年應苗米七升六合零納崇住處
一仁房興義禮智四房仝分得本都長畬地方土名下畬溪佃田
根受種貳拾觔正 年應租式百式拾式觔納本族一祖處

8-2-24-28　清光緒十九年黄氏仁義禮智四房鬮書（二八）

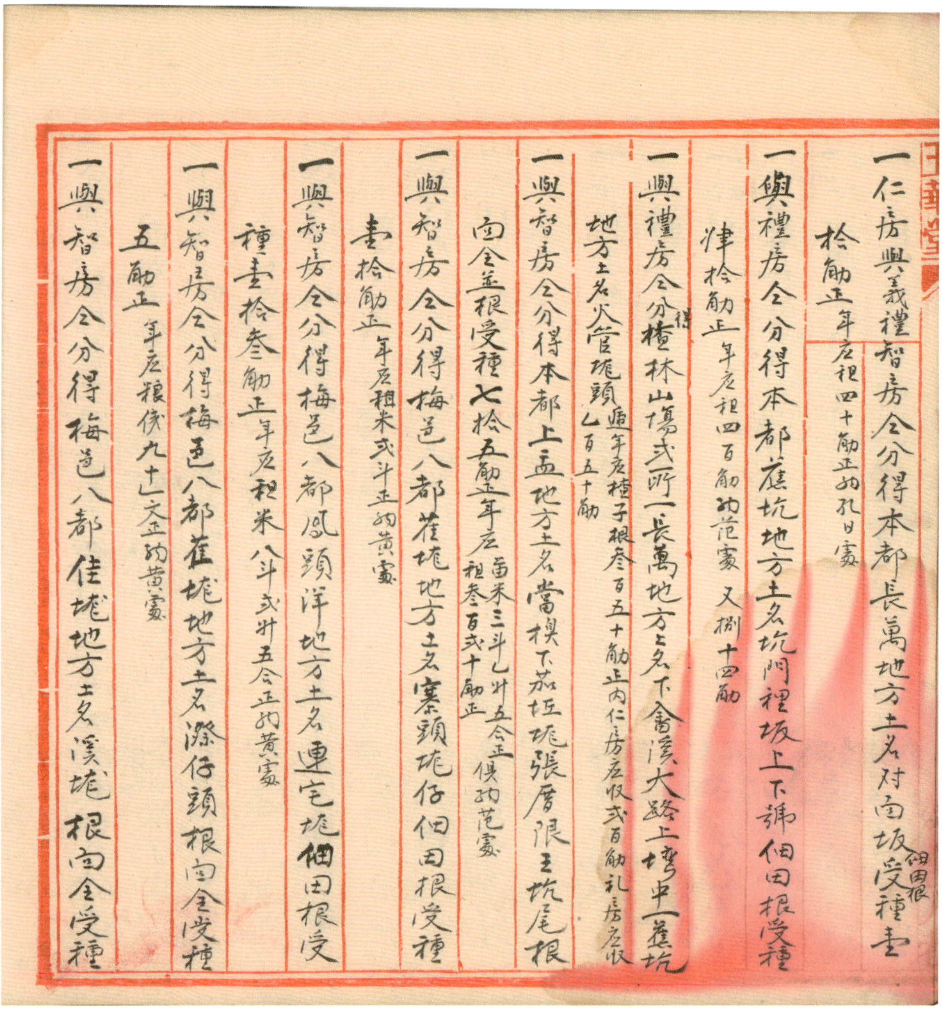

一仁房與義禮智房仝分得本都長萬地方土名对面坂受種壹（佃田根）拾斛正 年庒租四十斛正均孔日處
一與禮房仝分得本都崨坑地方土名坑門裡坂上下鄉佃田根受種律拾斛正 年庒租四百斛均范處 又揿十四斛
一與禮房仝分得檀林山場弍所一長萬地方土名下畬溪大路上墘中一崨坑地方土名火管垅頭乙百五十斛 通年庒檀子根叁百五十斛正内仁房庒收弍百斛礼房庒收
一與智房仝分得本都上盂地方土名當楔下茄坵垅張厝限王坑尾根面仝並根受種七拾五斛正年庒面米三斗乙升五合正 租叁百弍十斛正 俱均范處
一與智房仝分得梅邑八都崔垅地方土名寨頭垅仔佃田根受種壹拾斛正 年庒租米弍斗正均黄處
一與智房仝分得梅邑八都風頭洋地方土名連宅垅佃田根受種壹拾叁斛正年庒租米八斗弍升五合正均黄處
一與智房仝分得梅邑八都崔垅地方土名潒仔頭根面仝受種五斛正 年庒粮俵九十乚文正均黄處
一與智房仝分得梅邑八都佳垅地方土名溪垅根面仝受種

8-2-24-29　清光緒十九年黄氏仁義禮智四房鬮書（二九）

肆觔正年庒苗粮乙錢正納吳家

8-2-24-30　清光緒十九年黄氏仁義禮智四房鬮書（三〇）

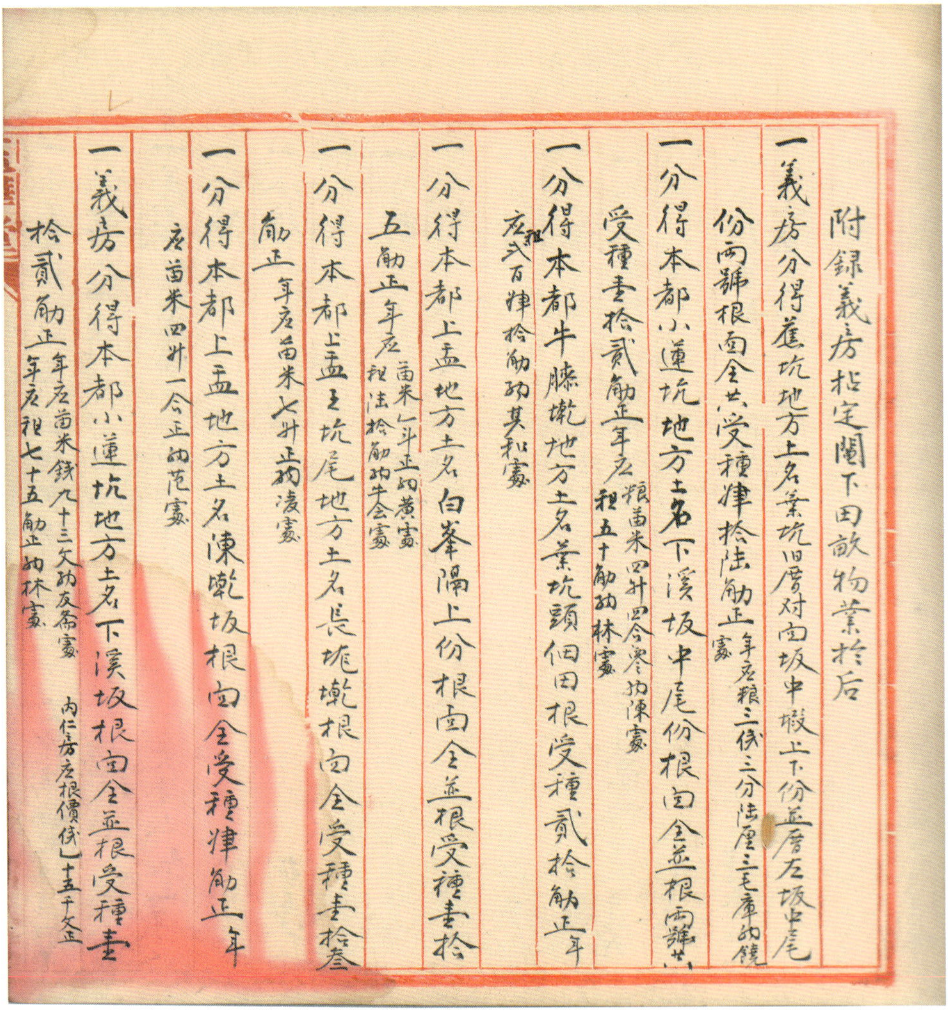
附録義房拈定阄下田畝物業於后

一義房分得崔坑地方土名葉坑旧厝对面坂中墘上下份並厝左坂中尾

份兩號根面全共受種肆拾陸觔正處 年庄粮三錢三分陸厘三毛庫紋銀

一分得本都小蓮坑地方土名下溪坂中尾份根面全並根兩號共

受種壹拾貳觔正年庄粮苗米四升四合零納陳處 租五十觔納林處

一分得本都牛膝墘地方土名葉坑頭佃田根受種貳拾觔正年

庄租弍百肆拾觔納莫私處

一分得本都上盂地方土名白峯隔上份根面全並根受種壹拾

五觔正年庄苗米一斗正納黄處 租陸拾觔納牛会處

一分得本都上盂王坑尾地方土名長墘墘根面全受種壹拾叁

觔正年庄苗米七升正納凌處

一分得本都上盂地方土名陳墘坂根面全受種肆觔正年

庄苗米四升一合正納范處

一義房分得本都小蓮坑地方土名下溪坂根面全並根受種壹

拾貳觔正年庄苗米錢九十三文納友斋處 年庄租七十五觔正納林處 內仁房庄根價錢一十五千文正

8-2-24-31　清光緒十九年黄氏仁義禮智四房鬮書（三一）

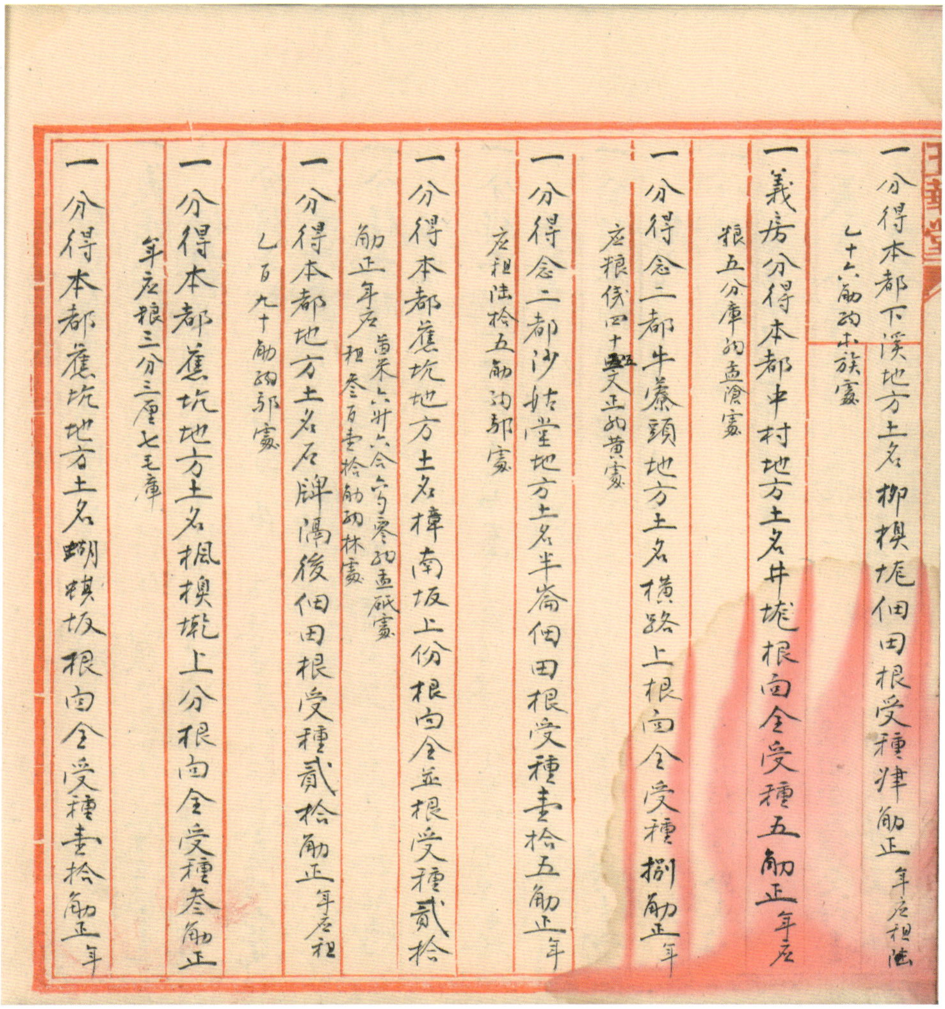

一分得本都下溪地方土名柳模垅佃田根受種肆畝正年庄租陆
乙十六觔納本族處
一義房分得本都中村地方土名井垅根面全受種五畝正年庄
粮五分庫納孟滄處
一分得念二都牛嶚頭地方土名横路上根面全受種捌畝正年
庄粮钱四十五文正納黄處
一分得念二都沙姑堂地方土名半崙佃田根受種壹拾五畝正年
庄租陆拾五觔納郭處
一分得本都崔坑地方土名樟南坂上份根面全並根受種貳拾
畝正年庄苗米六升六合六勺零納孟砥處
租叁百壹拾觔納林處
一分得本都地方土名石牌漈後佃田根受種貳拾畝正年庄租
乙百九十觔納郭處
一分得本都崔坑地方土名楓模垅上分根面全受種叁畝正
年庄粮三分三厘七毛庫
一分得本都崔坑地方土名蝴模坂根面全受種壹拾畝正年

8-2-24-32　清光緒十九年黄氏仁義禮智四房鬮書（三二）

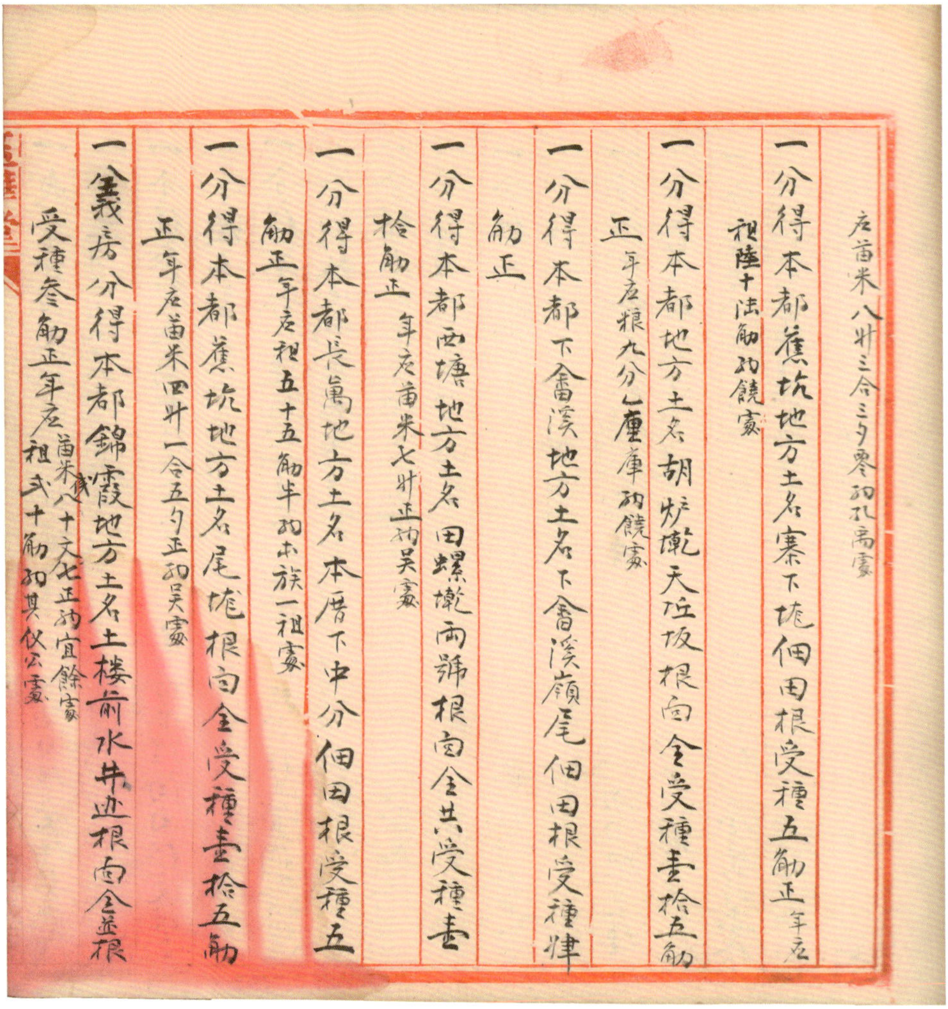
应苗米八升三合三勺零納孔高家
一分得本都蕉坑地方土名寨下墘佃田根受種五觔正年应
祖陸十柒觔納饒家
一分得本都地方土名胡炉墘天位坂根面全受種壹拾五觔
正年应根九分乙厘庫納饒家
一分得本都下畲溪地方土名下畲溪嶺尾佃田根受種肆
觔正
一分得本都西塘地方土名田螺墘兩踊根面全共受種壹
拾觔正年应苗米七升正納吳家
一分得本都長萬地方土名本厝下中分佃田根受種五
觔正年应租五十五觔半納本族一祖家
一分得本都蕉坑地方土名尾墘根面全受種壹拾五觔
正年应苗米四升一合五勺正納吳家
一義房分得本都錦霞地方土名土楼前水井边根面全並根
受種叁觔正年应苗米貳八十文七正納宜餘家祖貳十觔納其仪公家

8-2-24-33　清光緒十九年黄氏仁義禮智四房鬮書（三三）

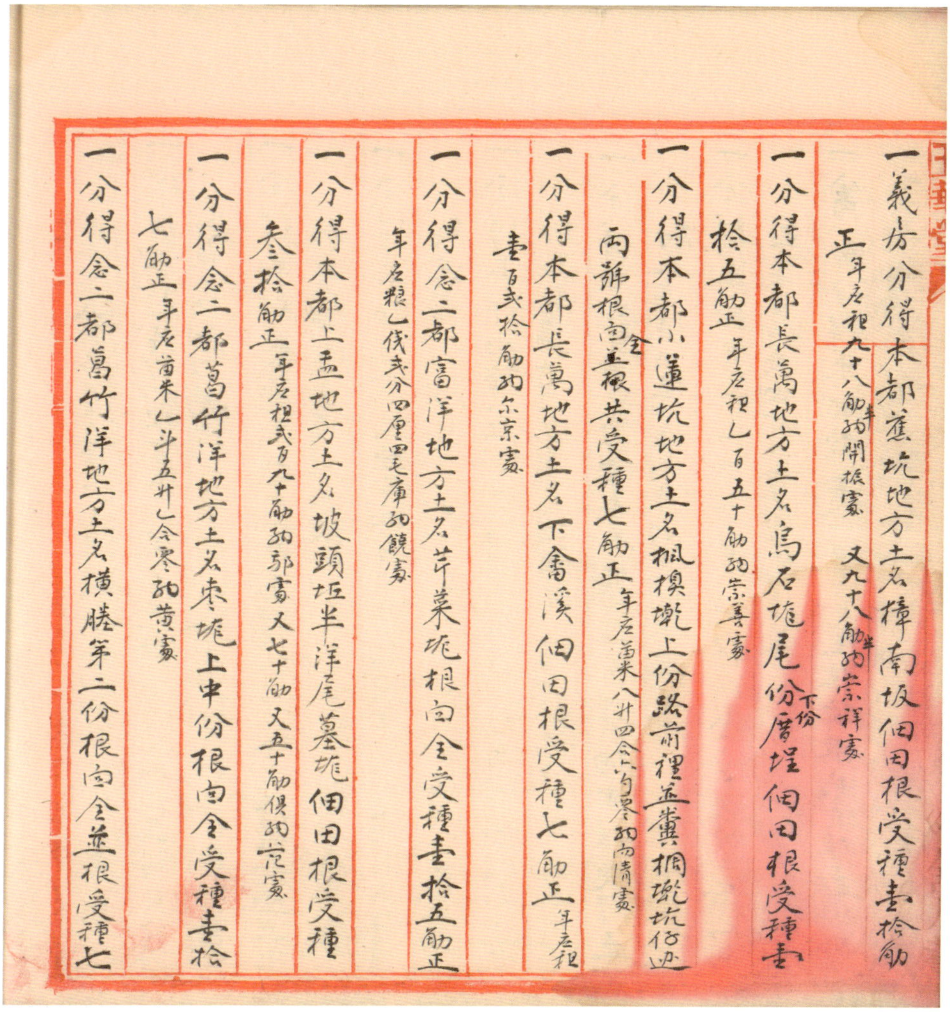
一義房分得本都蕉坑地方土名樟南坂佃田根受種壹拾觔
正　年庄租九十八觔半納開振家　又九十八觔半納崇祥家
一分得本都長萬地方土名烏石垅尾份下份層埕佃田根受種壹
拾五觔正　年庄租乙百五十觔納崇善家
一分得本都小蓮坑地方土名楓樸墩上份路前裡並糞桐墩坑仔迠
两畔根面全並根共受種七觔正　年庄苗米八升四合六勺零納尚清家
一分得本都長萬地方土名下畲溪佃田根受種七觔正　年庄租
壹百贰拾觔納尔京家
一分得念二都富洋地方土名芹菜垅根面全受種壹拾五觔正
年庄粮乙伐贰分四厘四毛庫納饒家
一分得本都上盂地方土名坡頭垭半洋尾墓垅佃田根受種
叁拾觔正　年庄租贰百九十觔納鄭家　又七十觔　又五十觔俱納芃家
一分得念二都葛竹洋地方土名枣垅上中份根面全受種壹拾
七觔正　年庄苗米乙斗五升乙合零納黄家
一分得念二都葛竹洋地方土名横塍第二份根面全並根受種七

8-2-24-34　清光緒十九年黄氏仁義禮智四房鬮書（三四）

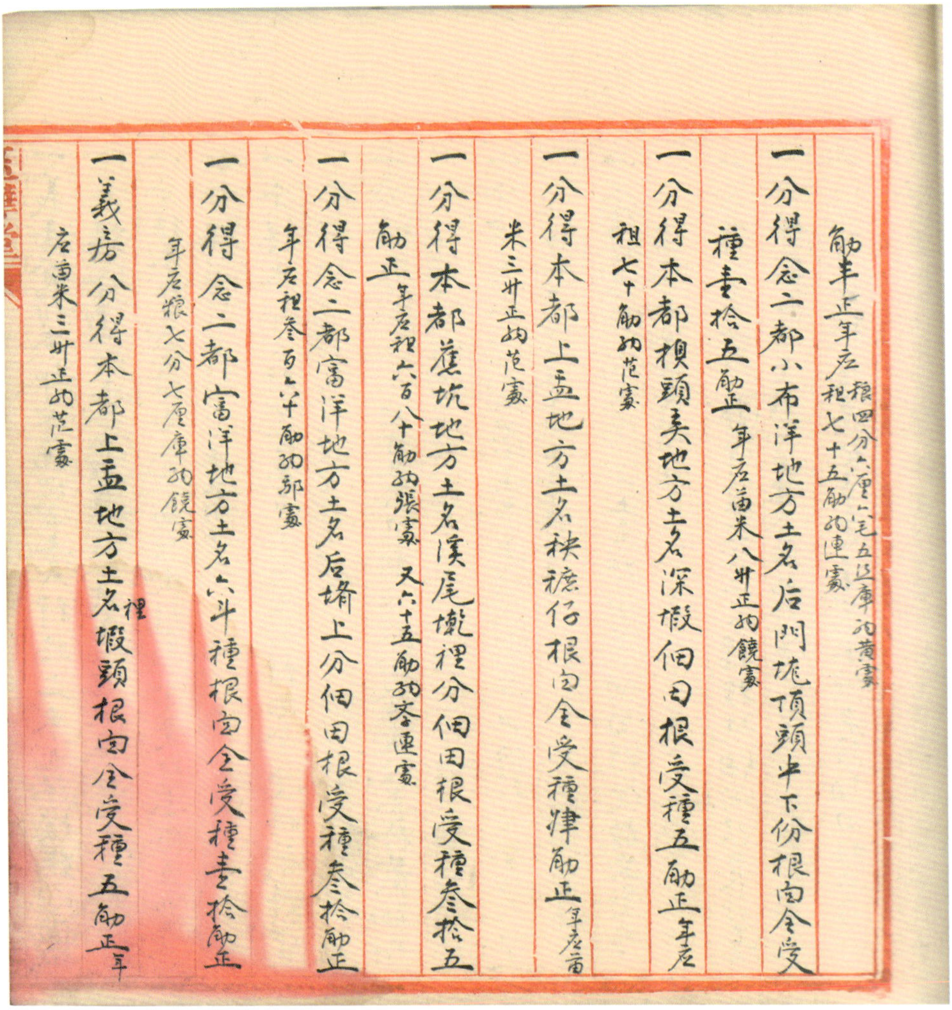
觔半正年应粮四分六厘六毛五丝庫納黄處
租七十五觔納連處
一分得念二都小布洋地方土名后門垅頂頭中下份根面全受
種壹拾五觔正 年应苗米八卅正納饒處
一分得本都楾頭美地方土名深墈佃田根受種五觔正年应
租七十觔納范處
一分得本都上盂地方土名秧穗佺根面全受種肆觔正年应苗
米三卅正納范處
一分得本都蔗坑地方土名溪尾墩裡分佃田根受種叁拾五
觔正 年应租六百八十觔納張處 又六十五觔納李連處
一分得念二都富洋地方土名后墻上分佃田根受種叁拾觔正
年应租叁百六十觔納鄧處
一分得念二都富洋地方土名六斗種根面全受種壹拾觔正
年应粮七分七厘庫納饒處
一義房分得本都上盂地方土名裡墈頭根面全受種五觔正年
应苗米三卅正納范處

8-2-24-35　清光緒十九年黄氏仁義禮智四房鬮書（三五）

一義房分得本都長萬地方土名行路上東迎洋溪乾墻佃田根受種法觔正　年庄租乙百乙十八觔半納吳私處

一分得本都嶺坑地方土名扁担墘坵根內全受種壹拾五觔正　年庄苗米六升六合六勺零納饒處

一分得本都下村地方土名長坵上份根內全受種貳拾觔正　年庄粮錢四百六十九文正納內能處

一分得本都上盂地方土名月朋坵根內全受種壹拾貳觔半正　年庄苗米乙斗正納范處

一分得本都小蓮坑地方土名上厝門前洋中份根內全受種五觔正　年庄苗米弍升五合正納李洙處

一分得本都小蓮坑地方土名對面洋佃田根受種弍觔正　年庄苗租米叁拾觔納林處

一分得念二都許洋裡地方土名橋模垅佃田根受種壹拾觔正　年庄租乙百零八觔納林處

一分得本都長萬地方土名牽墘水墻中份佃田根受種貳

8-2-24-36　清光緒十九年黄氏仁義禮智四房鬮書（三六）

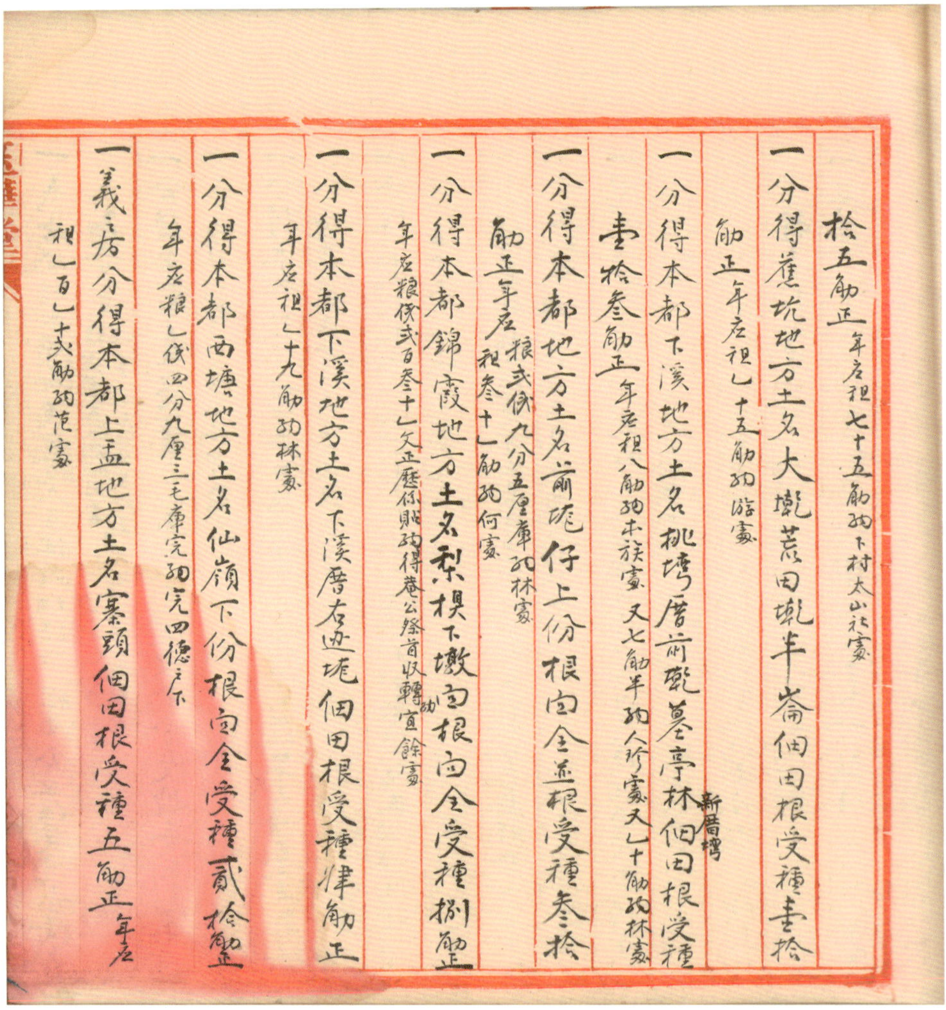
拾五觔正　年底租七十五觔助下村太山社處
一分得蔗坑地方土名大墘荒田墘半崙佃田根受種壹拾
觔正　年底租乙十五觔助游處
一分得本都下溪地方土名桃塆厝前墘墓亭林新厝塆佃田根受種
壹拾叁觔正　年底租八觔助本族處，又七觔半助人珍處，又乙十觔助林處
一分得本都地方土名前垅仔上份根向全並根受種叁拾
觔正　年底粮弍伐九分五厘庫助林處，租叁十乙觔助何處
一分得本都錦霞地方土名梨模下墩向根向全受種捌觔正
年底粮伐弍百叁十乙文正歷係貼助得菴公祭首收轉助宜餘處
一分得本都下溪地方土名下溪厝右迹垅佃田根受種肆觔正
年底租乙十九觔助林處
一分得本都西塘地方土名仙嶺下份根向全受種貳拾觔正
年底粮乙伐四分九厘三毛庫完助完四德之下
一義房分得本都上盂地方土名寨頭佃田根受種五觔正　年底
租乙百乙十弍觔助范處

8-2-24-37　清光緒十九年黄氏仁義禮智四房鬮書（三七）

一義房分得本都長萬地方土名俥碓坂路前根面全並根受種壹拾五
觔正年應　粮錢四十五文納內能處
租乙百乙十三觔納某和處　又七十三觔納崇恭處
一分得念二都霞拔地方土名半嶺尾墘根面全受種壹拾觔正年
應粮五分五厘庫納春字之下
一分得本都翰陽地方土名斋書对面民田兩號年應租共叁百觔正
隨帶粮乙錢八分六厘七毛庫納五美之下
一分得本都東北橋民田壹號年應租壹百零七觔正　隨帶苗米三升
五合六勺零納內能處
一分得本都翰陽地方土名倉坪洋民田壹號年應租叁百律拾
五觔正　隨帶粮錢五百乙十乙文正納孔科處
一與仁禮智房全分得本都長萬地方土名下倉溪佃田根受種貳
拾觔正　年應租貳百貳拾貳觔納朱族一祖處
一與仁禮智房全分得本都長萬地方土名对面坂佃田根受
種壹拾觔正　年應租律十觔納孔日處
一與禮之房全分得念九都村墘地方土名打鉄塆口墘根面全

8-2-24-38　清光緒十九年黄氏仁義禮智四房鬮書（三八）

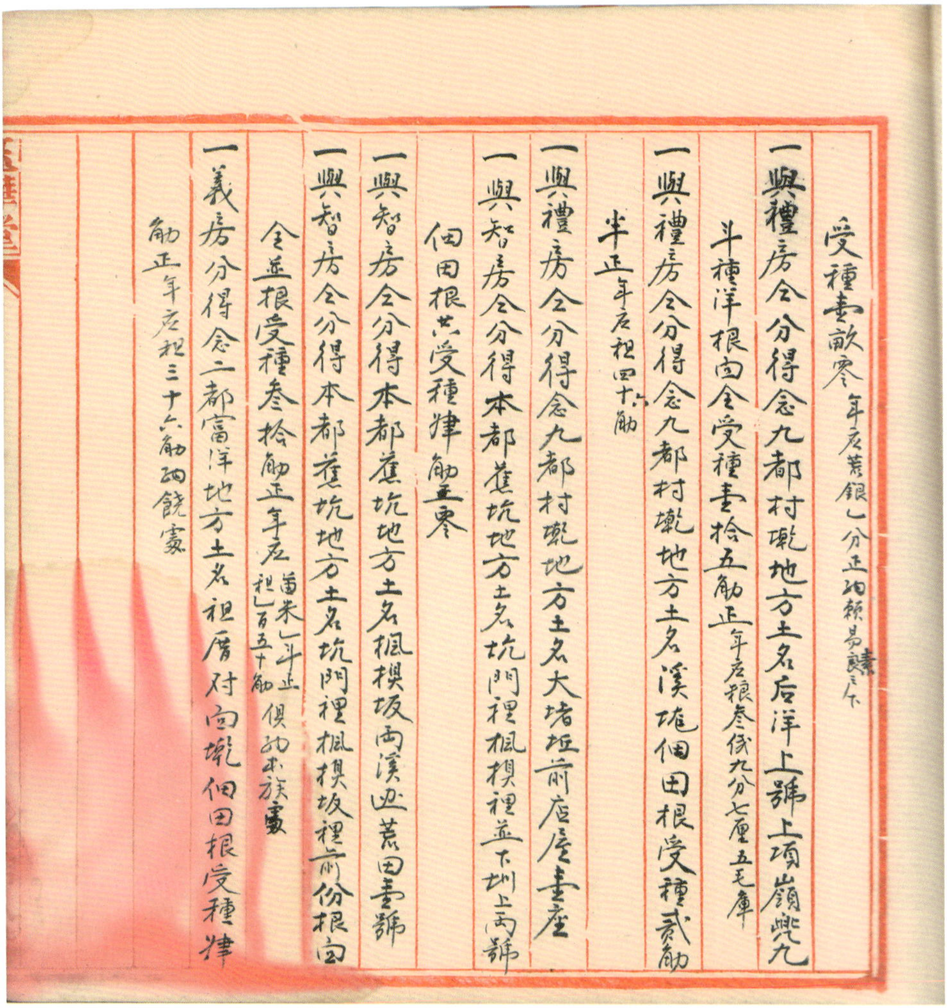

受種壹畝零　年應蕉銀乙分正納顏易隸之下
一與禮房仝分得念九都村墘地方土名后洋上埒上項嶺兜九
斗種洋根內仝受種壹拾五觔正　年應粮叁錢九分七厘五毛庫
一與禮房仝分得念九都村墘地方土名溪墘佃田根受種貳觔
半正　年應租四十六觔
一與禮房仝分得念九都村墘地方土名大堵垣前店屋壹座
一與智房仝分得本都蕉坑地方土名坑門裡楓樸裡并下圳上丙埒
佃田根共受種肆觔五零
一與智房仝分得本都蕉坑地方土名楓樸坂丙溪邊荒田壹埒
一與智房仝分得本都蕉坑地方土名坑門裡楓樸坂裡前份根內
仝并根受種叁拾觔正　年應租乙百五十觔　苗米乙斗正　俱納本族處
一義房分得念二都富洋地方土名祖厝对面墘佃田根受種肆
觔正　年應租三十六觔納饒處

8-2-24-39　清光緒十九年黄氏仁義禮智四房鬮書（三九）

附録智房長孫份並拈定鬮下田畝物業於后

一長孫份抽得本都蕉坑地方土名坑門裡過溪根面全受種壹拾觔正 年应粮乚錢乚分九厘三毛庫納李暎處

一智房分得本都長萬地方土名西边洋佃田根受種貳拾觔正 年应租叁百三十三觔納其和處

一分得本都西塘地方土名降頭洋世祥下根面全受種肆拾壹觔零十乚兩 年应苗米乚斗四升六合零納李洙處

一分得本都蕉坑地方土名樟楠坂上下份兩號佃田根共受種壹拾五觔正 年应租弍百乚十觔納本族處 又乚十觔納饒處

一分得本都蕉坑地方土名樟楠坂中份並厝埕兩號佃田根共受種壹拾觔正 年应租弍百四十觔納饒處

一分得本都下垅地方土名做福垅根面全受種五觔正 年应苗米三升三合零納孔茂處

一智房分得本都長萬地方土名前墘仔佃田根受種叁觔正 年应

8-2-24-40　清光緒十九年黄氏仁義禮智四房鬮書（四〇）

一智房分得本都下垅地方土名宗岳墓下根面全受種五觔正
年定苗米弍廿八合正納崇匀處
一分得本都小蓮坑地方土名梭羅鈴佃田根受種七觔半正年定
租乙百五十四觔四两納孟和處
一分得本都蕉坑地方土名坑門裡尾坂並枫樸溪边兩鼻根面全
共受種七觔正田傍山塲附
一分得本都蕉坑地方土名菖蒲瀨業坑漈墘尾佃田根受種
貳拾叁觔正年定租弍十觔納陳處
一分得本都上盂地方土名大王潭猪栂垅佃田根受種貳拾
五觔正年定租米乙石法斗正納文昌閣處
一分得本都業坑地方土名尾坂張家墓下根面全受種壹
拾觔正年定粮三分三厘庫納饒處
一分得本都長畬地方土名舊厝坂洋尾上下份佃田根受
種貳拾觔正年定租叁十弍觔納楊處
一分得本都上盂地方土名大王潭溪边根面全受種

8-2-24-41　清光緒十九年黄氏仁義禮智四房鬮書（四一）

壹拾觔正的年应苗米六升六合零的夏處
一分得本都長萬地方土名崙頭根面全受種壹拾觔正年
应苗粮係八十三文正的昌盃福處
一分得本都下裡湖地方土名石頭鼓等處佃田根受種叁
拾五觔正年应租七十觔的明祥處
一分得本都葉坑地方土名尾坂坂頭並中份兩鄰根面全
廿六受種貳拾觔正年应粮六分六厘庫的饒處
一分得本都小蓮坑地方土名長萬坵下份佃田根受種七觔
正年应租乙百弍十八觔十一兩的孟堅處
一分得念二都富洋地方土名坤墘並中份兩鄰根面全廿六受
種叁拾五觔正年应粮乙係四分四厘七毛庫的饒處
一分得念二都南陽地方土名洘田墘仑頭根面全並根受種
貳拾肆觔正年应粮係乙百四十八文正的章處
租七十觔的運處
一智房分得念二都南陽地方土名水尾墘上下闇根面全受
種壹拾八觔正年应粮係乙百弍十文正的章卑處

8-2-24-42　清光緒十九年黄氏仁義禮智四房鬮書（四二）

一智房分得念二都后官裡地方土名塅仔墘佃田根受種壹拾壟
年庄租乙百五十觔納成斉處
一分得念二都后官裡地方土名北公墘下份佃田根受種壹拾觔
正年庄租乙百弍拾觔納黄處
一分得本都五十坑長畲地方土名大洋下份根面全受種壹畝
正年庄粮乙條乙分庫納張處
一分得本都蕉坑地方土名官路洋根面全並根受種壹拾五
觔正年庄租弍十弍觔半納饒處 苗九升二合七勺納盂貢處
一分得本都上盂地方土名牛興野猪墘尾過坑墘根面全受
種壹拾五觔正 年庄苗米九升正納范處
一分得本都下村地方土名大墘頭下份佃田根受種壹拾五
觔正年庄租七十五觔納鄧處
一分得本都葉坑地方土名坂尾根面全受種壹拾五觔正
年庄粮伐四百零乙文正納饒處
一分得本都王坑地方土名石埔路白臘模坑乾新厝洋門前根面

8-2-24-43　清光緒十九年黄氏仁義禮智四房鬮書（四三）

全並根受種貳拾觔正年应粮伕乚百文正又租五十觔納本族處租乚百叁十觔納王處

一分得本都翰陽地方土名山垄垅上份佃田根受種五觔正年应租五十觔納其日處

一分得念二都后官裡地方土名牛厝墘左边根面全受種柒觔正年应粮四分五厘八毛三丝庫納開宗三介

一分得小蓮坑地方土名程犬壠佃田根受種壹拾叁觔正年应租乚百五十八觔半納饒處

一分得本都蕉坑地方土名書斋埕下溪乾佃田根受種壹拾觔正年应租乚百八拾五觔納黄處

一分得本都蕉坑地方土名葉坑滌佃田根受種五觔正年应租六十觔納本族二祖處

一分得念二都大厝壑地方土名墩仔下中垅根面全受種法觔正年应苗米九合零納章處

一智房分得長畲本都地方土名舊厝洋坂尾佃田根受種壹拾觔正年应租乚十六觔納楊處

8-2-24-44　清光緒十九年黄氏仁義禮智四房鬮書（四四）

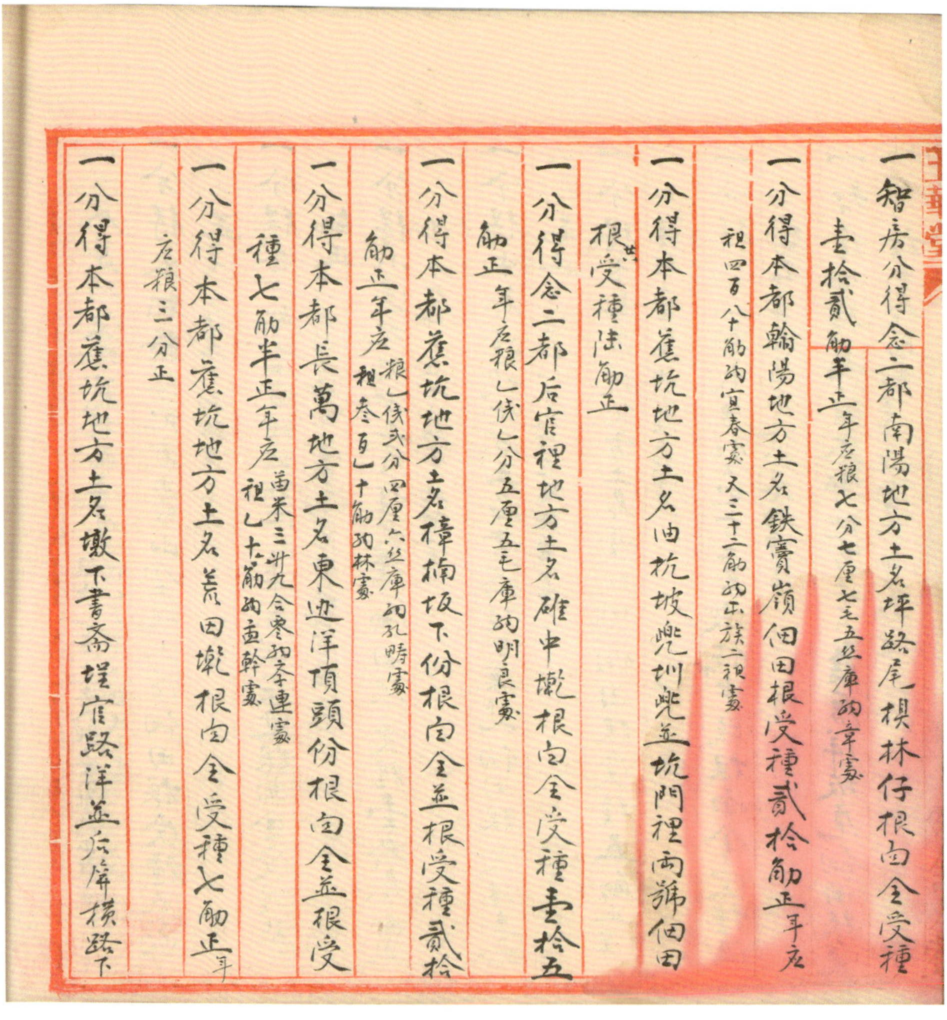

一智房分得念二都南陽地方土名坪路尾槙林仔根面全受種
壹拾貳觔半正年應粮七分七厘七毛五丝庫納章處
一分得本都輸陽地方土名鉄竇嶺佃田根受種貳拾觔正年應
租四百八十觔納宜春處又三十二觔納本族二祖處
一分得本都蕉坑地方土名由杭坡兜圳兜並坑門裡兩瓣佃田
根共受種陸觔正
一分得念二都后官裡地方土名碓中墘根面全受種壹拾五
觔正年應粮乙伐乙分五厘五毛庫納明良處
一分得本都蕉坑地方土名樟楠坂下份根面全並根受種貳拾
觔正年應粮乙伐貳分四厘六丝庫納孔曉處
租叁百乙十觔納林處
一分得本都長萬地方土名東边洋頂頭份根面全並根受
種七觔半正年應苗米三升九合零納李連處
租乙七觔納孟幹處
一分得本都蕉坑地方土名荒田墘根面全受種七觔正年
應粮三分正
一分得本都蕉坑地方土名墩下書斋埕官路洋並后崙横路下

8-2-24-45　清光緒十九年黄氏仁義禮智四房鬮書（四五）

両號佃田根共受種九斛半正 年應租五十五斛納崇徑家

一分得本都長萬地方土名下畲溪大墘佃田根受種五斛正

年應租五十五斛半納本族一祖家

一分得本都小蓮坑地方土名对面洋根面全並根受種貳拾

斛正年應 苗米七升三合零 租弍百肆十七斛

一分得本都蕉坑地方土名獅公壋並胡蜞坂両號佃田根

共受種陸斛正

一分得本都蕉坑地方土名宮后壋並坑門裡將軍路下両

號佃田根共受種五斛正 年應租弍斛

一分得本都蕉坑地方土名油杭垃杭边根面全並根受種

壹拾五斛正年應 苗米五升正納饒家 租乙百五十斛納張家

一分得本都蕉坑地方土名楓樹下溪边佃田根受種貳斛正

一分得本都下堀地方土名坡兜佃田根受種陸斛正年應

租乙百四十斛納鄧家

一智房分得本都村裡地方土名大洩下洩佃根面全受種壹

8-2-24-46　清光緒十九年黄氏仁義禮智四房鬮書（四六）

一智房分得本都小蓮坑地方土名上厝門前洋下份根面全受

拾觔正　年庄粮係五十九文正納壵英處

種五觔正　年庄苗米弍升五合零納李題處

一分得本都下村地方土名逆堆下份佃田根受種壹拾八觔正

年庄租叁百觔納尔恩處

一分得本都王坑地方土名前堆仔民田壹號年庄租叁拾壹觔半

正隨亩粮係四十七文正納何處

一分得本都小蓮坑地方土名前坂民田壹號年庄租叁百觔

正隨亩苗米乙斗正納孔偉處

一分得本都蕉坑地方土名園墻裡並寨下堆两號民田年共庄

租肆百捌拾觔正隨亩粮乙係四分九厘三毛五丝庫
苗米八升正納崇魁處

一分得念二都下白地方土名裡墘民田壹號年庄租貳百觔正

年庄苗米六升六合六勺零納鄧處

一分得本都小蓮坑地方土名水尾口直堆仔茶林山場一派

一與仁義禮房仝分得本都長葛地方土名下畲溪佃田根受

8-2-24-47　清光緒十九年黄氏仁義禮智四房鬮書（四七）

種貳拾觔正　年応租贰百贰十贰觔納本族一祖處

一與仁義禮房仝分得本都長萬地方土名対面坂佃田根受

種壹拾觔正　年応租四十觔納孔日處

一與仁房仝分得本都上盂地方土名當模下荒垃垅張厝限王坑根

面仝並根受種七拾五觔正　年応苗米三斗乚廾五合正　租叁百觔又贰十觔正　俱納范處

一與仁房仝分得梅邑八都鳳頭洋地方土名連宅垅佃田根受

種壹拾叁觔正　年応租米八斗贰廾五合正納黃處

一與仁房仝分得梅邑八都萑垅地方土名寨頭垅仔佃田根受種

壹拾觔正　年応租米贰斗正納黃處

一與仁房仝分得梅邑八都萑垅地方土名湥仔頭根面仝受種五

觔正　年応粮伕九十乚文正納黃處

一與仁房仝分得梅邑八都佳垅地方土名溪垅根面仝受種肆

觔正　年応粮乚伕正納吴處

一與智房與義房仝分得本都雈坑地方土名坑門裡楓模坂裡前份

根面仝並根受種叁拾觔正　年応苗米乚斗正　租乚百觔正　俱納本族家

8-2-24-48　清光緒十九年黃氏仁義禮智四房鬮書（四八）

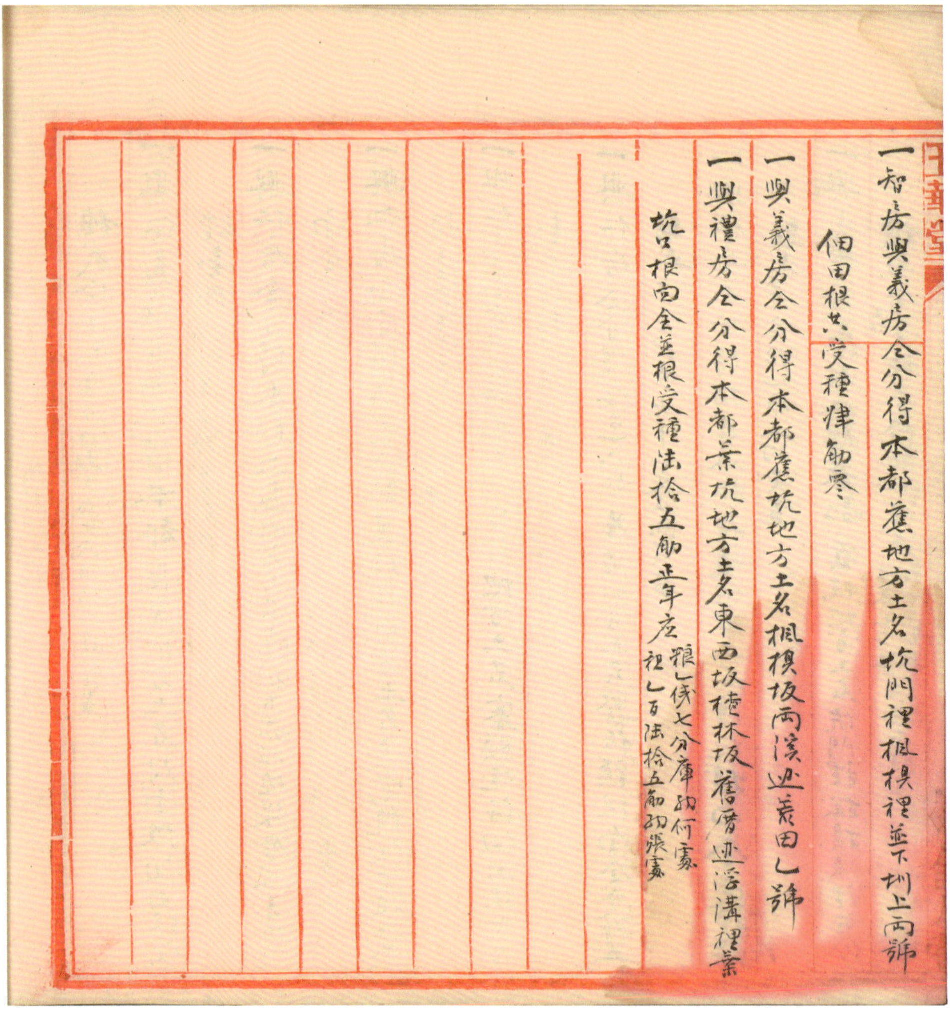
一智房與義房仝分得本都蕉地方土名坑門裡楓樸裡並下圳上兩號
佃田根共受種肆斗零
一與義房仝分得本都蕉坑地方土名楓樸坂兩溪边崀田乙號
一與禮房仝分得本都棠坑地方土名東西坂樓林坂舊厝边浮溝裡棠
坑口根面全並根受種法拾五斗正年應
糧乙錢七分庫砝何處
租乙百法拾五斗砝張處

8-2-24-49　清光緒十九年黄氏仁義禮智四房鬮書（四九）

8-2-24-50　清光緒十九年黄氏仁義禮智四房鬮書（五〇）

8-2-25-1　晚清時期黃氏商房鬮書（一）

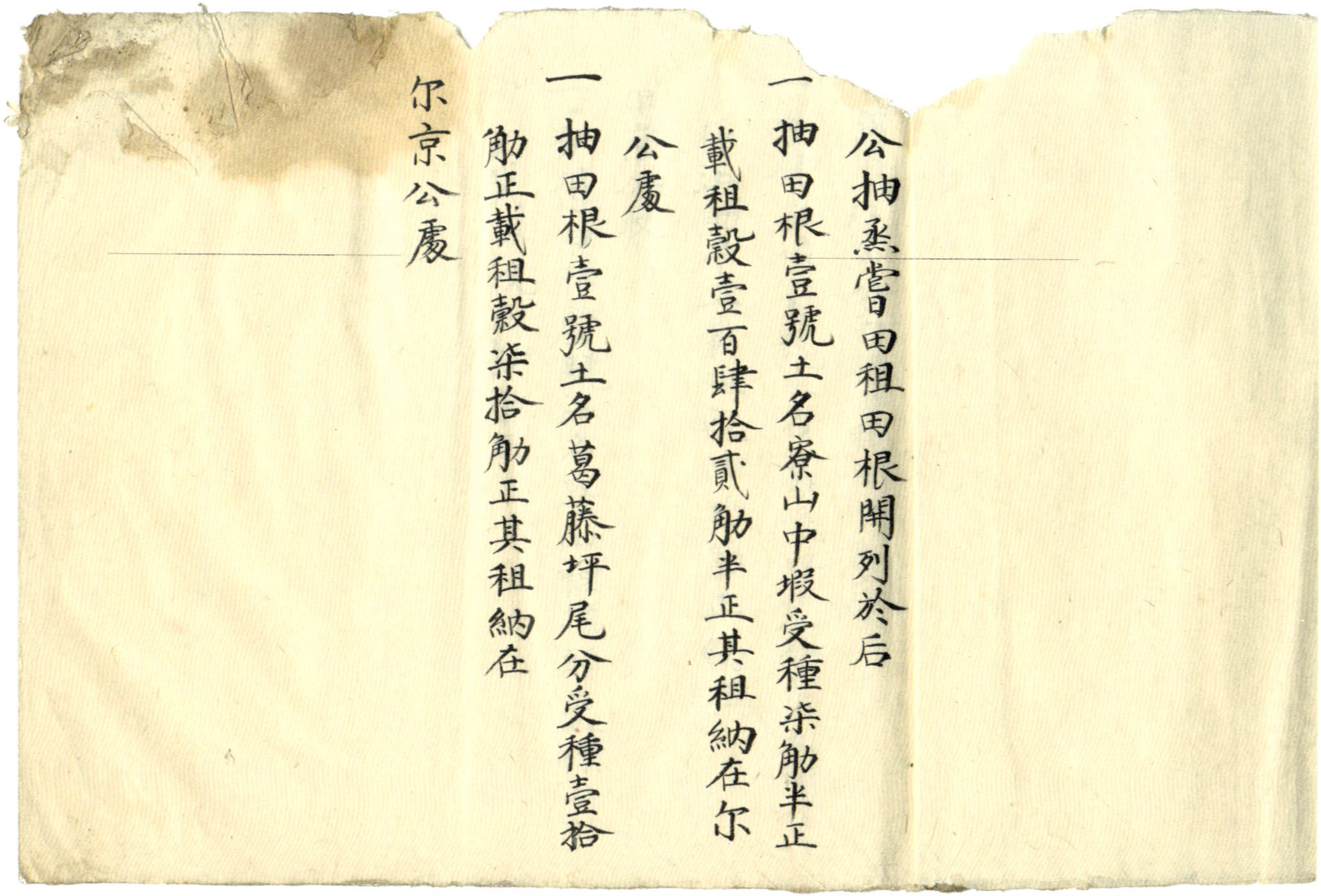

公抽烝嘗田租田根開列於后
一抽田根壹號土名寮山中塅受種柒觔半正
載租穀壹百肆拾貳觔半正其租納在尔
公處
一抽田根壹號土名葛藤坪尾分受種壹拾
觔正載租穀柒拾觔正其租納在
尔京公處

8-2-25-2　晚清時期黄氏商房鬮書（二）

商房閭分田根田租開列於后

一分得田根壹號土名葛藤坪尾分崇本項受種柒觔半正載租穀陸拾觔正納在

尔京公收

一分得田根壹號土名寮山裡壠頭受種五觔正載租穀五拾觔正

8-2-25-3　晚清時期黄氏商房鬮書（三）

附錄官房抽份長子長孫份田根田租列后

一官房抽得田根壹號土名錦霞拔下並傳祖前

共實種壹拾觔正載租穀叁百觔正納在官租收

一官房抽得

附錄官房鬮分田根田租開列於后

房分得田根壹號土名葛藤坪尾分崇本項

實種柒觔半正載租穀陸拾觔正納　尔京公收

一官房分得田根壹號土名碧山裡墘頭實種五觔

正載租穀五拾觔正

8-2-25-4　晚清時期黃氏商房鬮書（四）

附録角房鬮分田根田租開列於后
一角房分得下壠對面坂田根壹號受種柒觔正載租穀
壹百肆拾觔正納在王處
一角房分得田根壹號土名寮山伸碓坂上分受種
五觔正載租穀陸拾五觔正納在尓舜公収
一角房分得叔孔翰應納下壠東北橋根租穀陸
拾觔正

8-2-25-5　晚清時期黃氏商房鬮書（五）

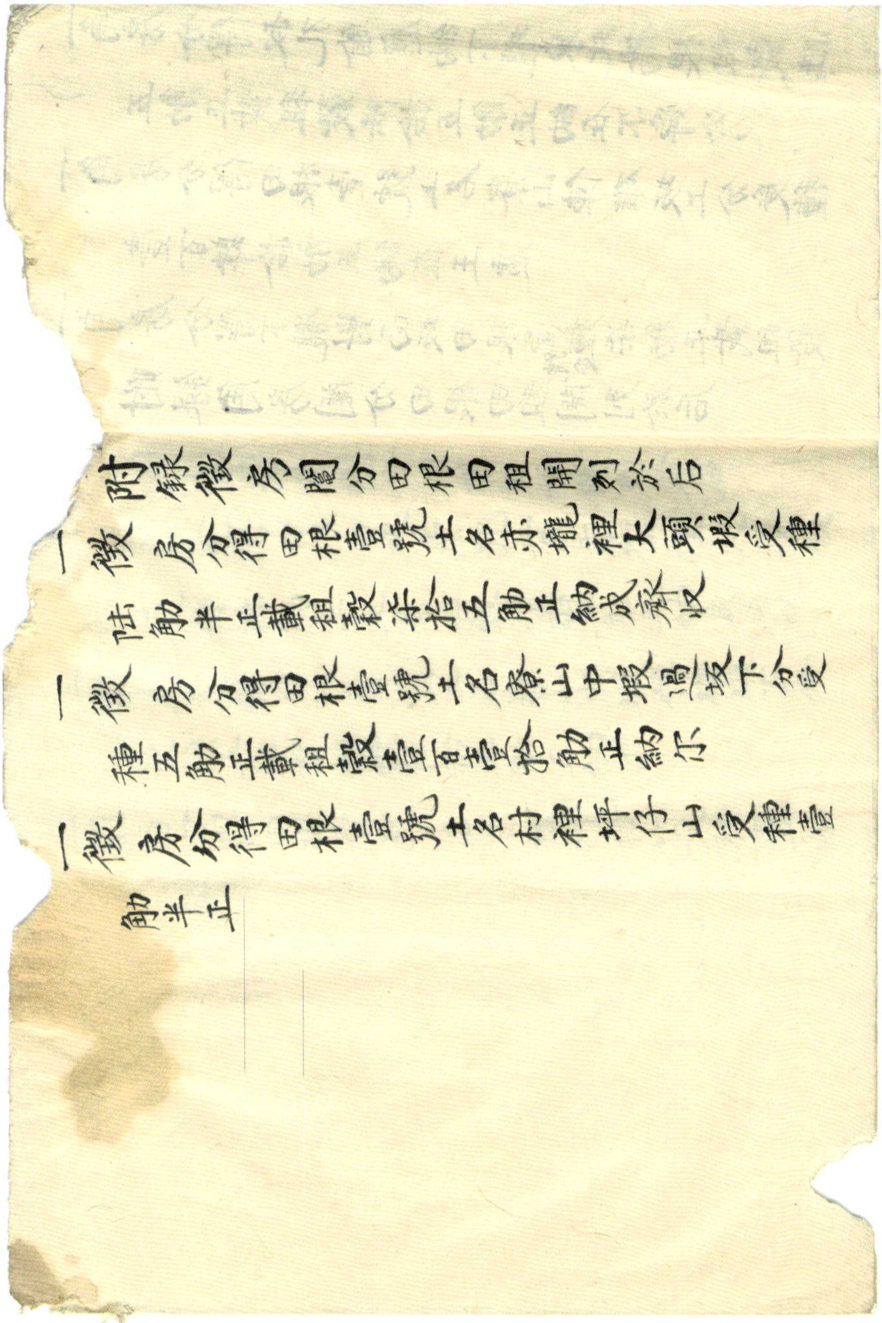

附録徵房鬮分田根田租開列於后
一徵房分得田根壹號土名赤壠裡大頭墘安種
陸觔半正載租穀柒拾五觔正納戍新收
一徵房分得田根壹號土名寮山中搬過坂下分安
種五觔正載租穀壹百壹拾觔正納仔
一徵房分得田根壹號土名村裡坪仔山安種壹
觔半正

8-2-25-6　晚清時期黃氏商房鬮書（六）

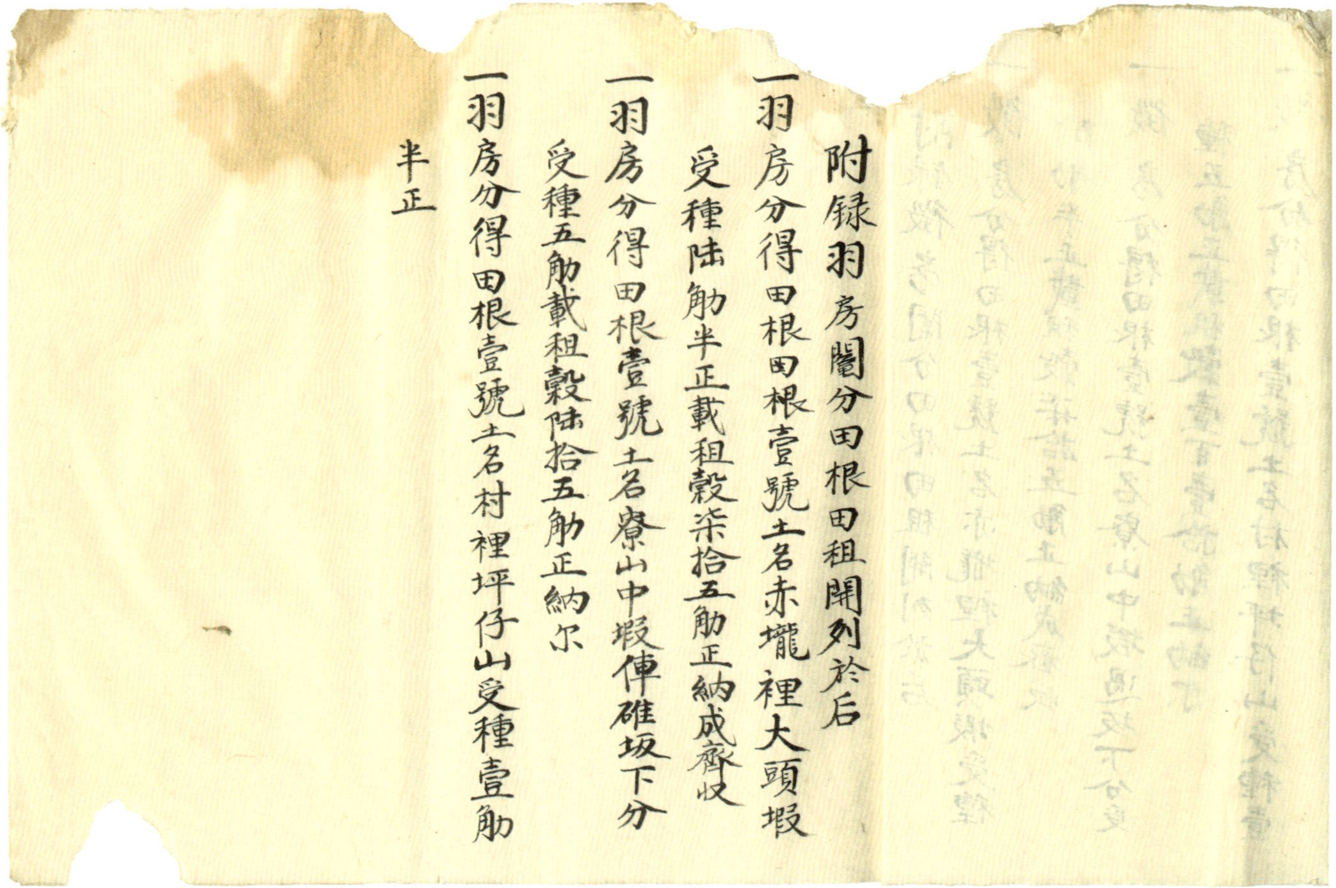

8-2-25-7　晚清時期黄氏商房鬮書（七）

晚清時期黄氏商房鬮書（八）

8-2-25-8

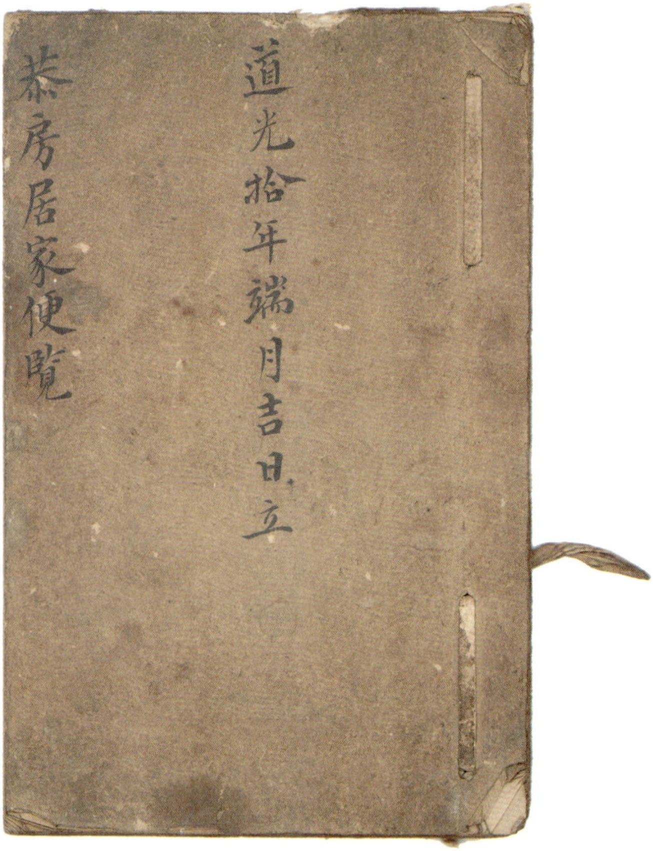

8-2-26-1　清道光十年黄氏恭房居家便覽（一）

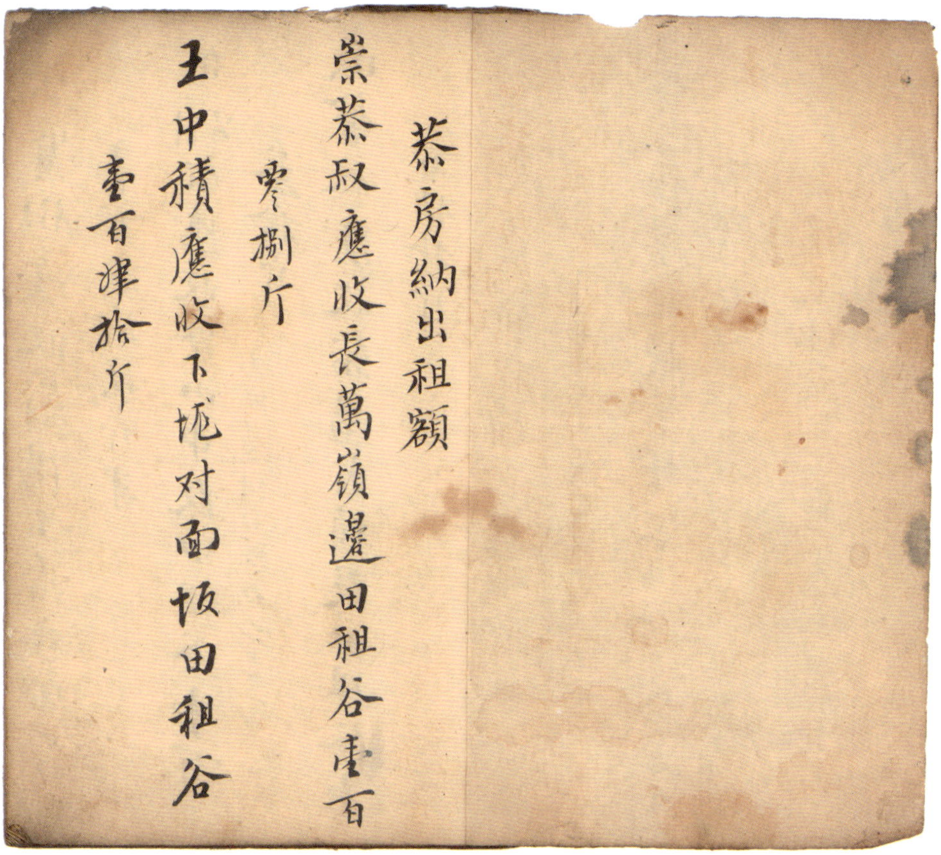
恭房納出租額
崇恭叔應收長萬嶺邊田租谷壹百
零捌斤
王中積應收下垅对面坂田租谷
壹百肆拾斤

8-2-26-2　清道光十年黄氏恭房居家便覽（二）

崇寶伯應收翰陽下厝对面田租谷壹百貳拾柒斤半

尔璘公應收寮山中段田租谷壹百叁拾斤 又應收過坑田租谷百廿一斤

成會叔應收翰陽大頭段田租谷壹百伍拾斤

饒良欽應收布洋池頭垣田租谷伍拾斤 此谷係道光十五年冬徽與兄程

孟馨侄應收將軍嶺田租谷捌拾壹斤 此租係道光十年冬馨賣來自佃 和贖回

亨孔弟應收俥雄后田租谷貳百伍拾斤 内扣青家應納廿七斤

又應收下村租谷五十五斤

8-2-26-3　清道光十年黄氏恭房居家便覽（三）

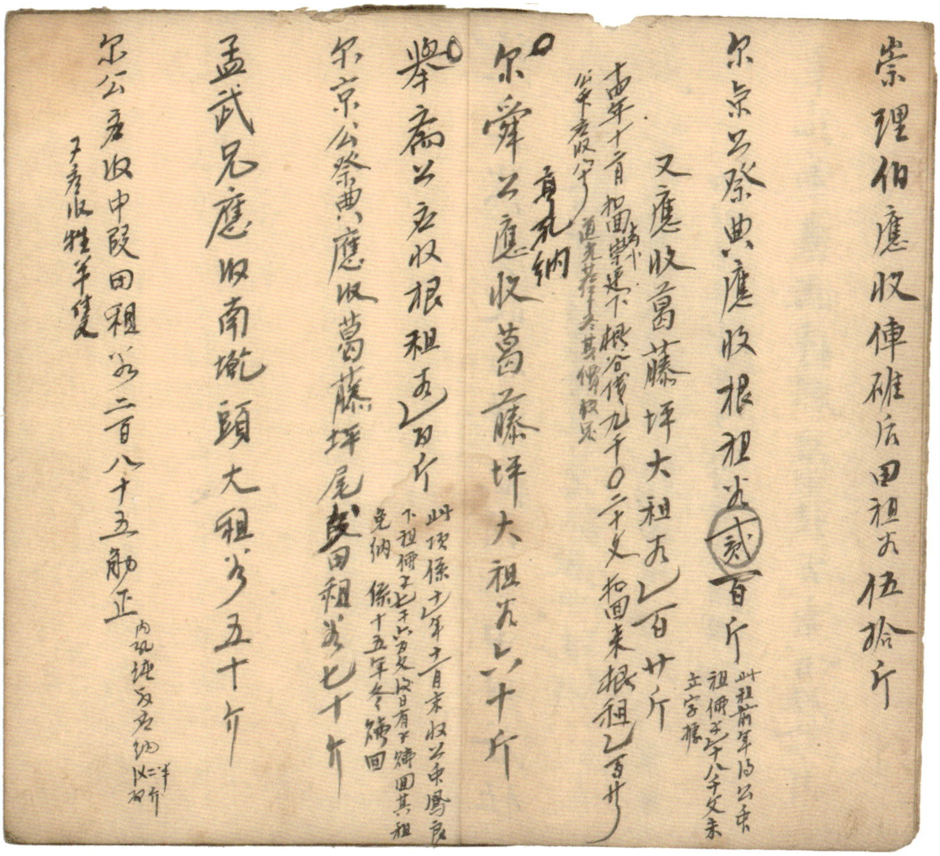

崇理伯應收俾碓宕田租谷伍拾斤

宗京公祭典應收根租谷貳百斤

此租前年乃公宗祖佛子出八千文來立字據

又應收葛藤坪大租谷乙百廿斤

丙申年十月初面嘗是不根谷價九千〇二十文初回來根租乙百廿

公年應收谷 道光廿二年兌其價收訖

宗舜公應收葛藤坪大租谷六十斤

甫允納

舉齋公應收根租谷乙百斤

此項係十二年十月京收公東馬良下租佛子七千六百文收日有下贖回其租免納

宗京公祭典應收葛藤坪尾段田租谷七十斤

係十五年冬贖回

孟武兄應收南墘頭大租谷五十斤

宗公應收中段田租谷二百八十五觔正

丁應收牲羊隻

內租現收訖以二十斤

8-2-26-4　清道光十年黄氏恭房居家便覽（四）

收田大租並根租額

崇恭叔應納倉坪洋田租谷壹百柒拾貳斤半

○又應納下裡湖田租谷壹百捌拾斤

孟和侄應納將軍嶺田租谷玖拾斤

又應納將軍嶺上分田租米捌拾九斤半

8-2-26-5　清道光十年黄氏恭房居家便覽（五）

孟侄應納將軍嵌田租谷捌拾玖斤半

又應納將軍嵌上分根租谷柒百叁拾斤

崇敬伯應納書斎對面墘田租谷壹百斤

現耕崇美

崇玉叔應納村裡溪頭田租谷壹百

貳拾斤

孔翰應納下墘東北橋頭田租谷壹百

零伍斤

又應納根租谷捌拾捌斤 六斗斤

又應補對面坂租谷參斗

孟端侄應納下溪坂田租谷壹百伍拾斤

孟桂侄應納南墘頭根租谷伍拾斤

8-2-26-6　清道光十年黄氏恭房居家便覽（六）

孟植侄應納南墘頭根租谷伍拾斤

孔嚴兄應納村裡下池仔根租谷肆百斤

又應納大祖谷肆拾斤

宜智叔祖應納大頭段田根谷柒百斤 道光十二年十月此田寄來現耕 內除谷叁百斤

又應納下厝对面田根谷貳百叁拾斤 內除谷

鐃克節應納布洋池頭垅田根谷壹百

崇本叔應納葛藤坪根租谷陸百伍拾斤 道光十一年十月此田寄來現耕，次承田耕作，逐年仍納根谷九百斤，限約五年

孟馨侄應納長萬嶺边田根谷捌百斤

8-2-26-7　清道光十年黄氏恭房居家便覽（七）

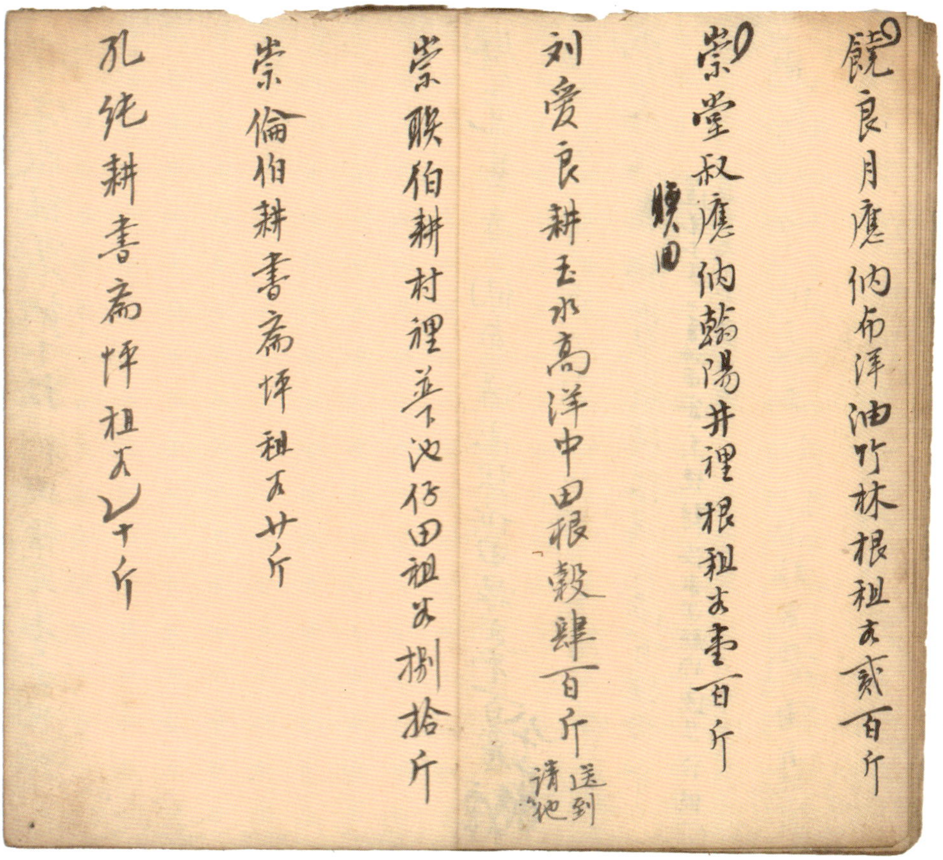
饒良月應納布洋油竹林根租大貳百斤
崇堂叔應納蘙陽井裡根租大壹百斤
贖回
刘爱良耕玉水高洋中田根穀肆百斤
送到請他
崇賧伯耕村裡苧池仔田租大捌拾斤
崇倫伯耕書齋坪租大廿斤
孔纯耕書齋坪租大七十斤

8-2-26-8　清道光十年黄氏恭房居家便覽（八）

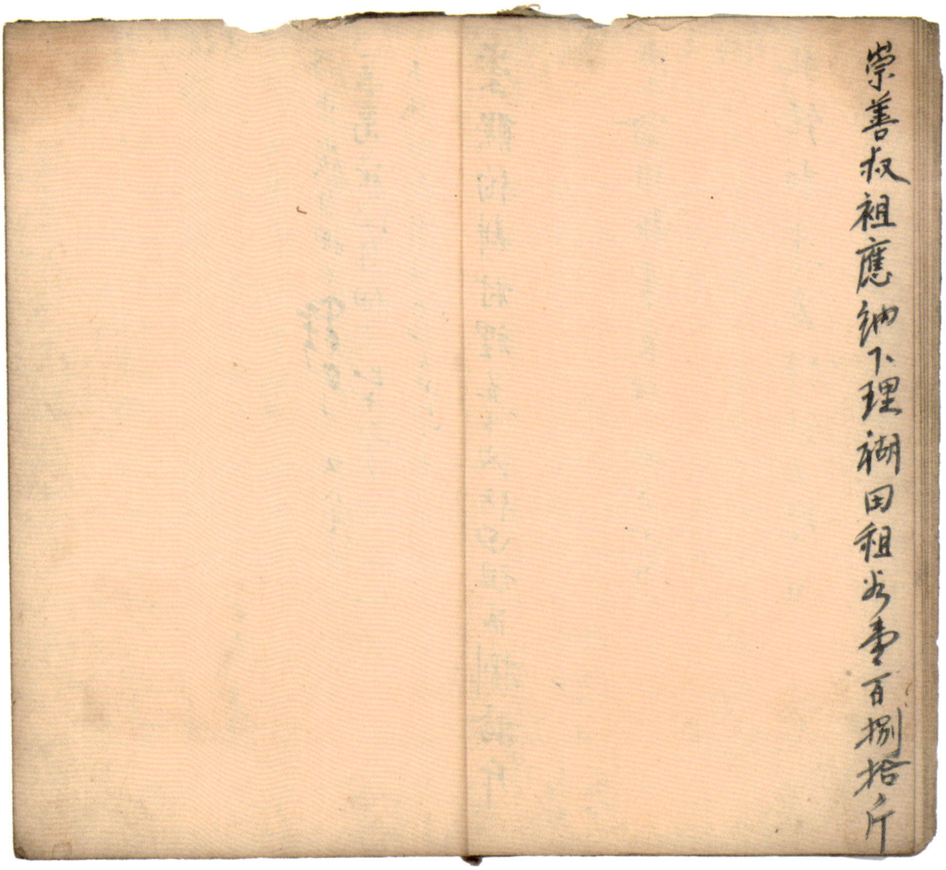
崇善叔祖應納下理湖田租米壹百捌拾斤

8-2-26-9　清道光十年黄氏恭房居家便覽（九）

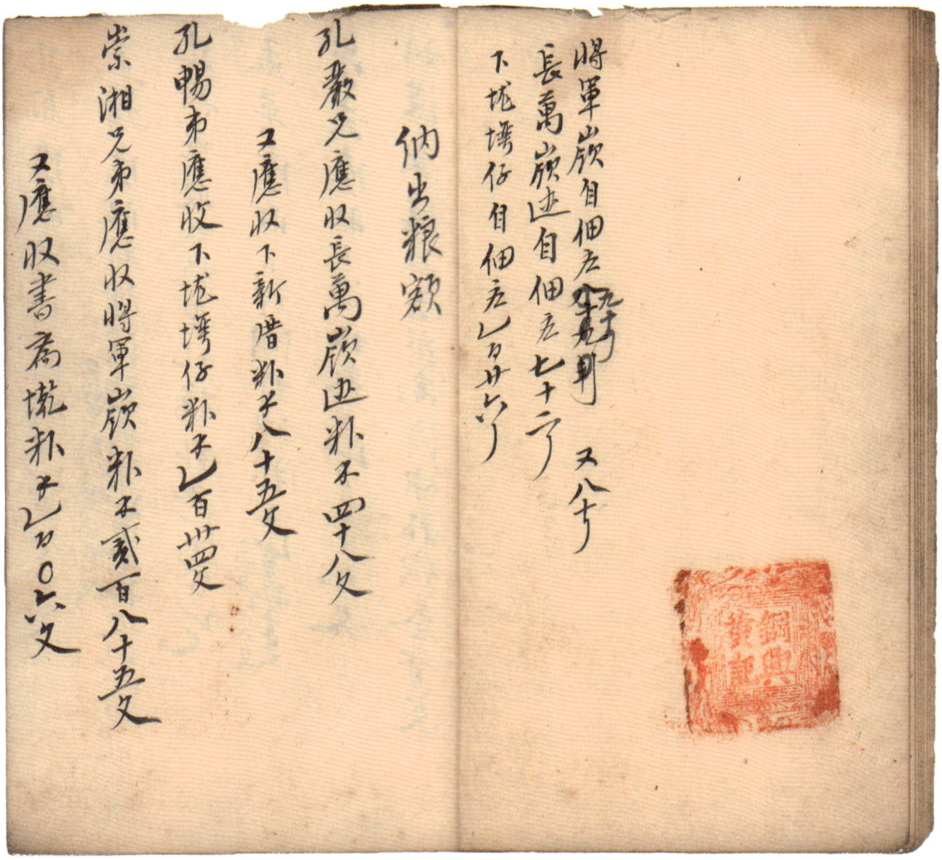
將軍山嵌自佃庄九十九觔 又八斤
長萬嵌边自佃庄七十斤
下坵墘仔自佃庄乙百廿六斤

納出粮欵
孔叔兄應收長萬嵌边料米四十八文
又應收下新厝料米八十五文
孔暢弟應收下坵墘仔料米乙百卌四文
崇湘兄弟應收將軍山嵌料米貳百八十五文
又應收書齋墘料米乙百〇六文

8-2-26-10　清道光十年黄氏恭房居家便覽（一〇）

孔余應收扁坪洋粿米乙百八十三文

孟馨應收村裡溪頭粿米乙百廿七文

孔興應收下垅東北橋粿米乙百乙十乙文

孟英應收下裡湖村裡粿米三百乙十八文

崇志應收下溪坂粿米乙百五十九文

刘漢良應收玉水高洋中粿錢叁百文

孔思應收翰陽大頭段粿錢六十文

8-2-26-11　清道光十年黄氏恭房居家便覽（一一）

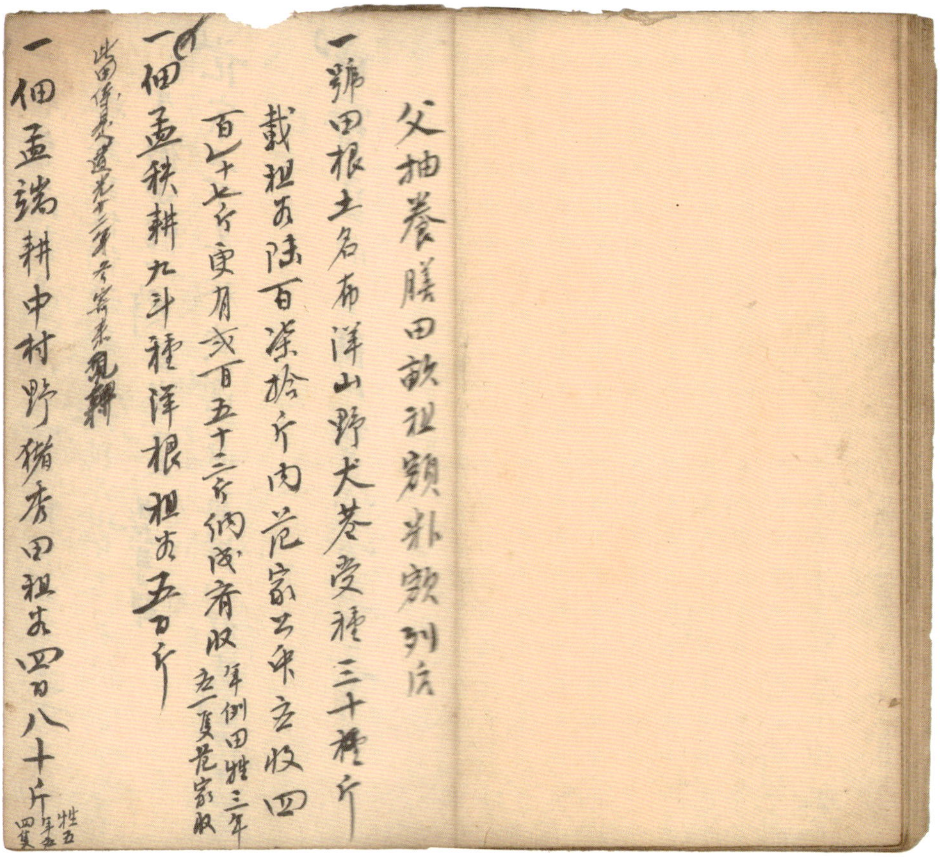

8-2-26-12　清道光十年黄氏恭房居家便覽（一二）

父抽養膳田畝租額并款列后

一號田根土名布洋山野犬巷受種三十種斤載租谷陸百柒拾斤內苊家出米交收四百七十七斤實月弍百五十二斤納戊齊收　年例田牲三年交一隻苊家收

一佃孟秩耕九斗種洋根租谷五百斤

此田係長房道光十二年分寄來兎耕

一佃孟端耕中村野猪房田租谷四百八十斤　牲五年交四隻

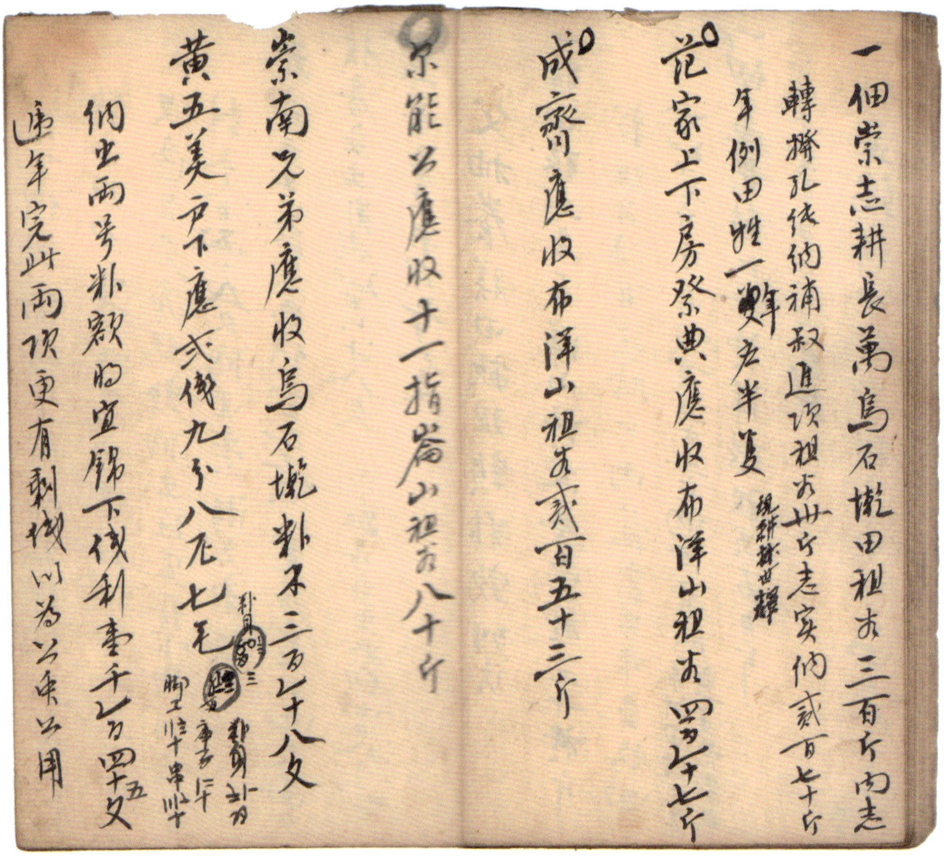
一佃崇志耕長萬烏石墘田租穀三百斤，內志
轉撥孔依納補叔進坎租穀卅斤，志實納貳百七十斤
年例田牲一對，應半隻　現耕孫世輝
范家上下房祭典應收布洋山租穀四百七十七斤
成齋應收布洋山租穀貳百五十三斤
宗能公應收十一指崙山租穀八十斤
崇南兄弟應收烏石墘粿不三百七十八文
黃五美戶下應式錢九分八厘七毛
納出兩季粿款的宜歸下錢利壹千七百四十五文
逐年完此兩坎更有剩錢以為公家公用

8-2-26-13　清道光十年黃氏恭房居家便覽（一三）

宜錦下候利係將宜餘伯祖理納五房共得

餘田租壹千貳百廿九斤應料錢壹千三百零三

文匯年各房照額納出除宜錦下候利項更

剩壹百五十八文納田崇湘兄弟收

恭房應出宜餘下料錢三百九十文　寬房應出料錢四百八十四文

信房應出料錢二百六十八文　致房應出料錢四百八十二文

惠房應出料錢七十八文

8-2-26-14　清道光十年黄氏恭房居家便覽（一四）

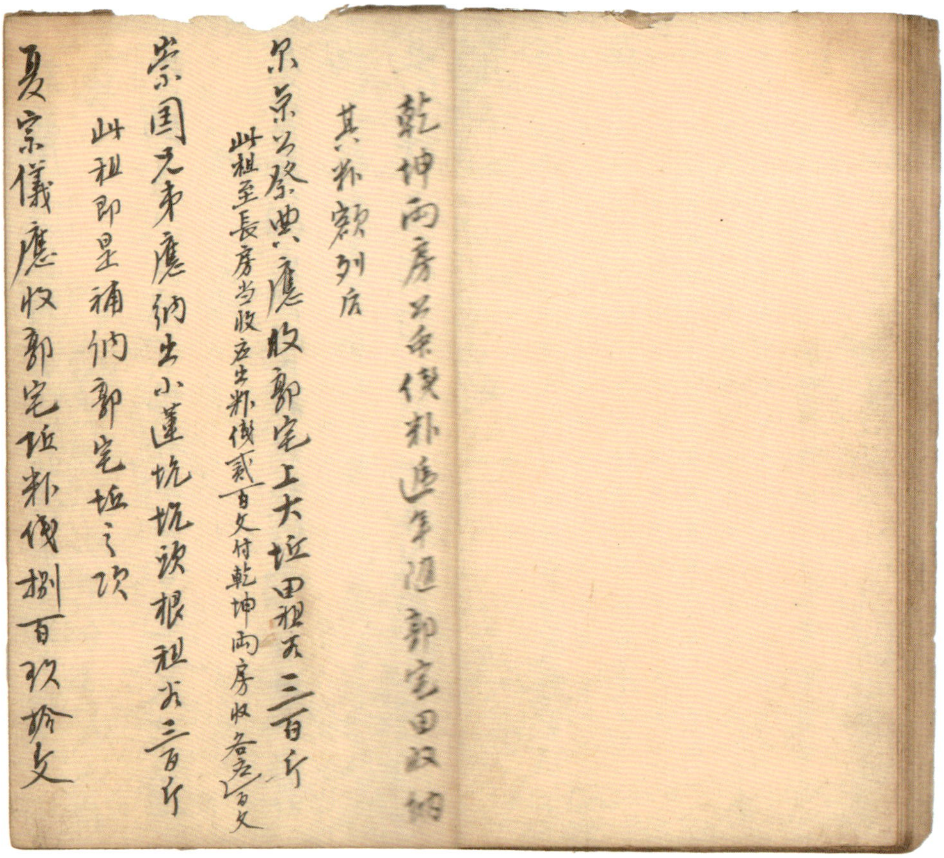
乾坤兩房公众俵朴逐年進鄭宅田政納
其粿額列后
宗榮公祭典應收鄭宅上大垣田租谷三百斤
此租至長房當收出粿俵貳百文付乾坤兩房收各壹百文
崇國公第應納出小蓮坑坑頭根租谷三百斤
此租即是補納鄭宅垣之項
夏宗儀應收鄭宅垣粿俵捌百玖拾文

8-2-26-15　清道光十年黄氏恭房居家便覽（一五）

孔嚴應收雜圭地米錢壹百五十五文

崇瑞應納出雜圭地米錢貳百四十七文此米轉

撥崇善納

崇宇應納出皮官裡租米錢叁百卅[illegible]文此米

轉撥崇善納

崇祥應納貼納官項米錢壹百廿四文 加年共踏

成齋應納出皮官裡租米錢叁百零五文

此米遞年撥崇志收志轉撥孔佬納補

宗宗公當年祭首應納出米錢柒百文

孔林應納出上盂高墘租米錢五十文

納官二串

8-2-26-16　清道光十年黄氏恭房居家便覽（一六）

宗京公户下應五錢叁分五厘九毛
串半 庫壹半 腳半 共
隨郭宅田納

宜賢公户下應貳錢陸分五厘
串半 庫壹古 腳半 共
隨郭宅田納

道楷公應收南嶽山租錢四十文 隨郭宅田理納

林聿成應收洵清廷山洋粉錢壹百八十八文 隨郭宅田納

張良科應納出洵清廷山洋粉錢二百八十八文 隨郭宅田收

樣聿親應收小蓮塘粉錢貳百七十八文

孔暢应收下塘做福塘粉錢二百〇六文

王中斗应收翰陽書齋對面粉錢三百廿八文

亨孔应收錦霞洋粉錢二百七十文

孔良应收錦霞洋粉錢二百七十文

8-2-26-17　清道光十年黄氏恭房居家便覽（一七）

8-2-26-18　清道光十年黄氏恭房居家便覽（一八）

8-2-27-1　清道光年間黄氏爾京公祭典便覽（一）

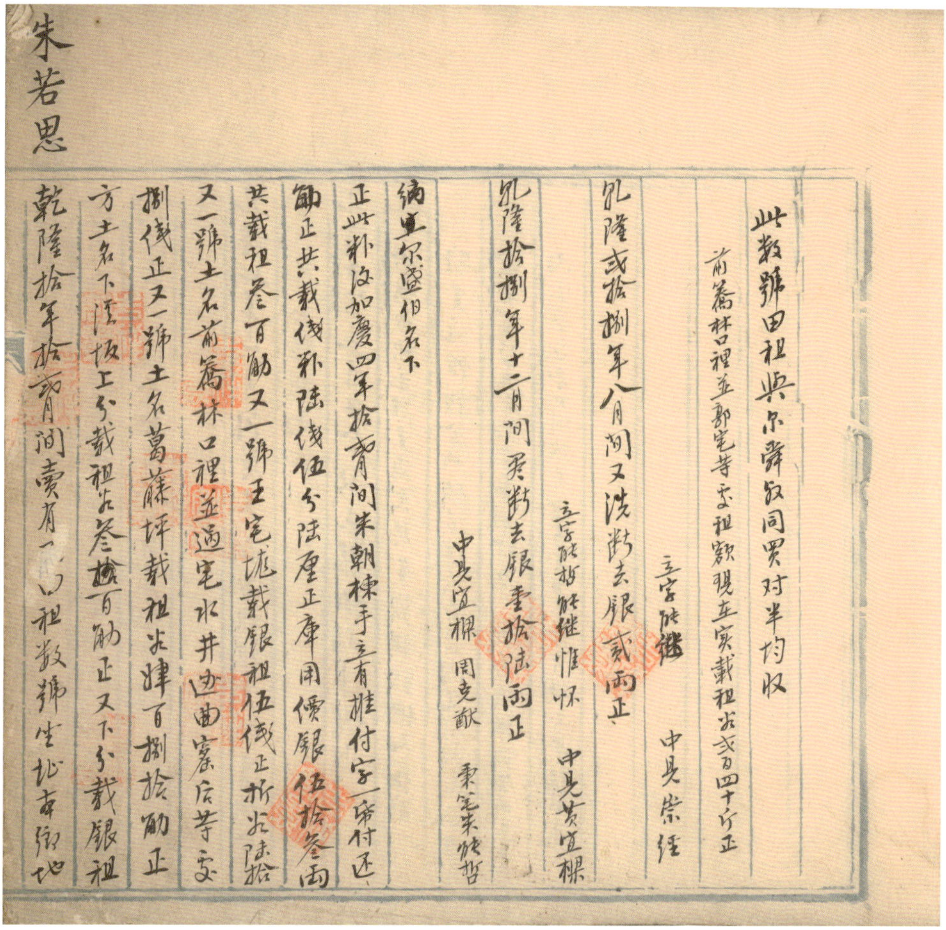
朱若思

此數號田租與京舜叔同買對半均收
前簙林口裡並郭宅等處租歀現在實載租谷弍百四十斤正
立字陳繼 中見宗經
乾隆弍拾捌年八月間又洗斷去銀弍兩正
立字陳掞陳繼惟懷 中見黄宜根
乾隆拾捌年十二月間買斷去銀壹拾陸兩正
中見宜根 周克猷 秉筆朱姓哲
納畢爾盛伯名下
正此批後加慶四年拾貳月間朱朝棟手立有推付字一帋付还
觔正共載伐（錢）邦陸伐伍分陸厘正庫用價銀伍拾叁兩
共載租叁百觔又一號王宅坵載銀租伍伐正折出陸拾
又一號土名前簙林口裡並過宅水井边曲寮后等處
捌伐正又一號土名葛藤坪載租谷肆百捌拾觔正
方土名下溪坂上分載租谷叁拾百觔正又下分載銀租
乾隆拾年拾貳月間賣有一山租數號坐址本鄉地

8-2-27-2　清道光年間黄氏爾京公祭典便覽（二）

宜標兄

雍正陸年五月間買有民田弍号土名逕頭
橮下洋栽租米壹仟三百斤正用價銀叁拾兩正
內逕頭應分租米三百斤正佃宜珠

乾隆七年六月間買去長菴頭雜圭垅逕頭合共
買去銀捌兩正
乾隆十年五月又合斷去銀伍兩肆錢正
此長菴頭並雜圭垅原契多載租穀他人存抱
雜圭垅租穀合共伍百肆拾斤正內父祭典應七十五斤
更有四百六十五斤與宜春弟對應　長菴頭租穀合共三百斤
內宜春應壹百捌拾斤　更有壹百弍拾斤現分崇祿分下

8-2-27-3　清道光年間黄氏爾京公祭典便覽（三）

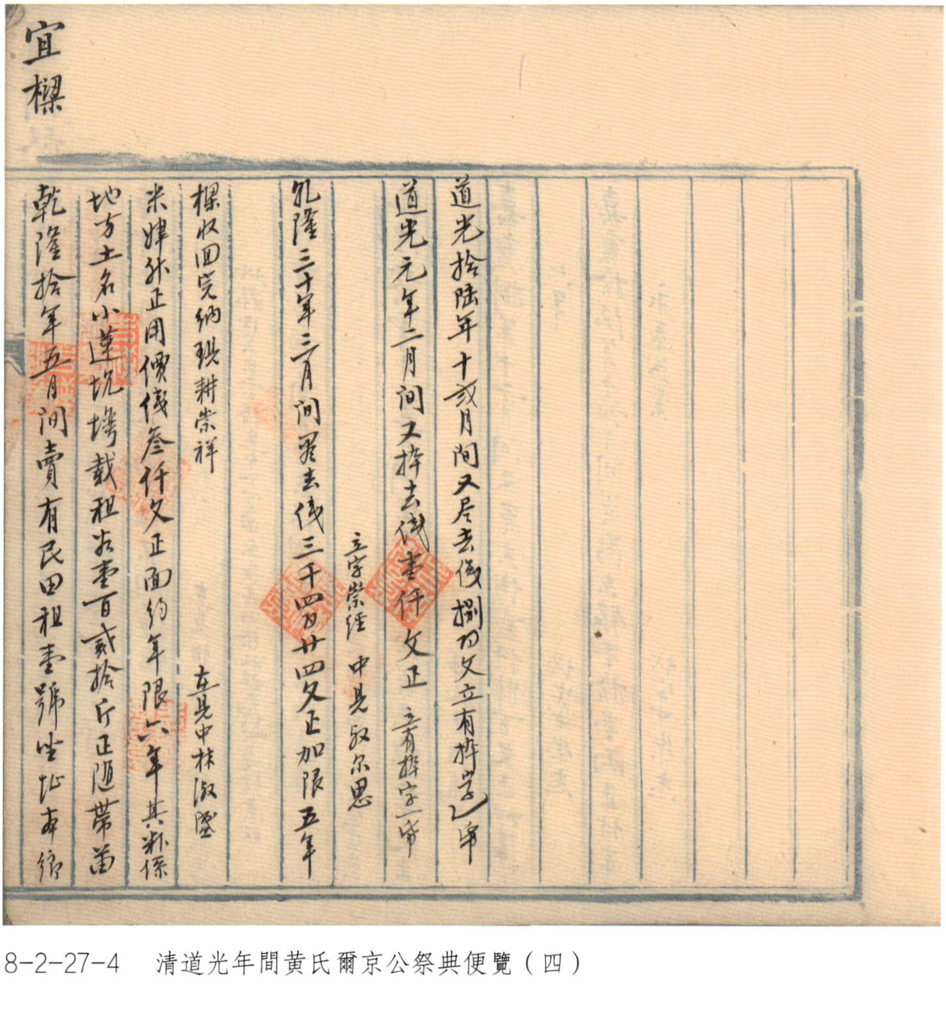

8-2-27-4　清道光年間黄氏爾京公祭典便覽（四）

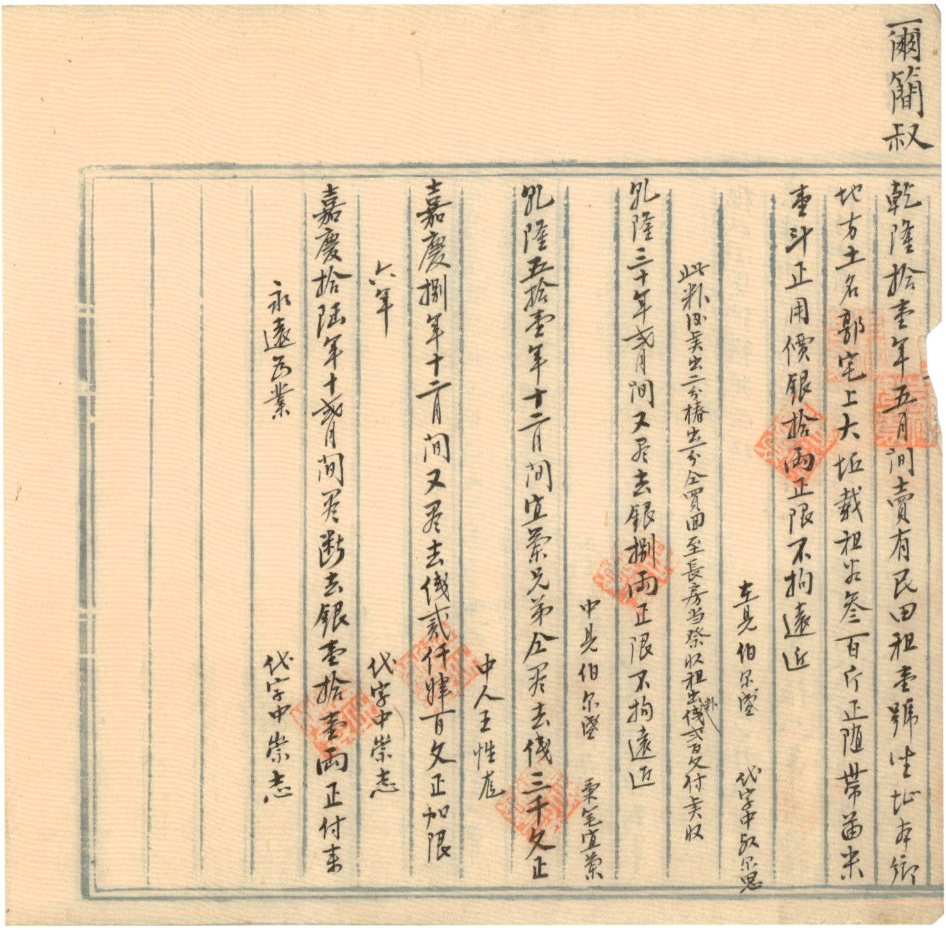

一爾簡叔

乾隆拾壹年五月間賣有民田租壹號坐址本都

址方土名鄗宅上大坵載租谷叁百斤正隨帶苗米

壹斗正用價銀拾兩正限不拘遠近

在見伯尔壂　代字中叔尔思

此業因吳出二分椿出一分仝買回至長房当祭收租出俵弍百文付吳收

乾隆三十年九月間又盡去銀捌兩正限不拘遠近

中見伯尔壂　秉筆宜榮

乾隆五拾壹年十二月間宜榮兄弟仝盡去俵三千文正

中人王性尨

嘉慶捌年十二月間又盡去俵貳仟肆百文正加限

六年　代字中崇志

嘉慶拾陸年十一月間盡斷去銀壹拾壹兩正付吳

代字中崇志

永遠為業

8-2-27-5　清道光年間黄氏爾京公祭典便覽（五）

崇修

嘉慶二十三年十貳月間又買去早谷壹百斤正

在見崇泰

拾文正限不拘遠近佃宜春

苗米弍斗正其粮係修收田契納用價錢貳仟捌百捌

本俗地方土名村裡桂林下載租谷陸拾觔正隨帶

乾隆五拾柒年捌月間賣有民田租壹號坐地

8-2-27-6　清道光年間黄氏爾京公祭典便覽（六）

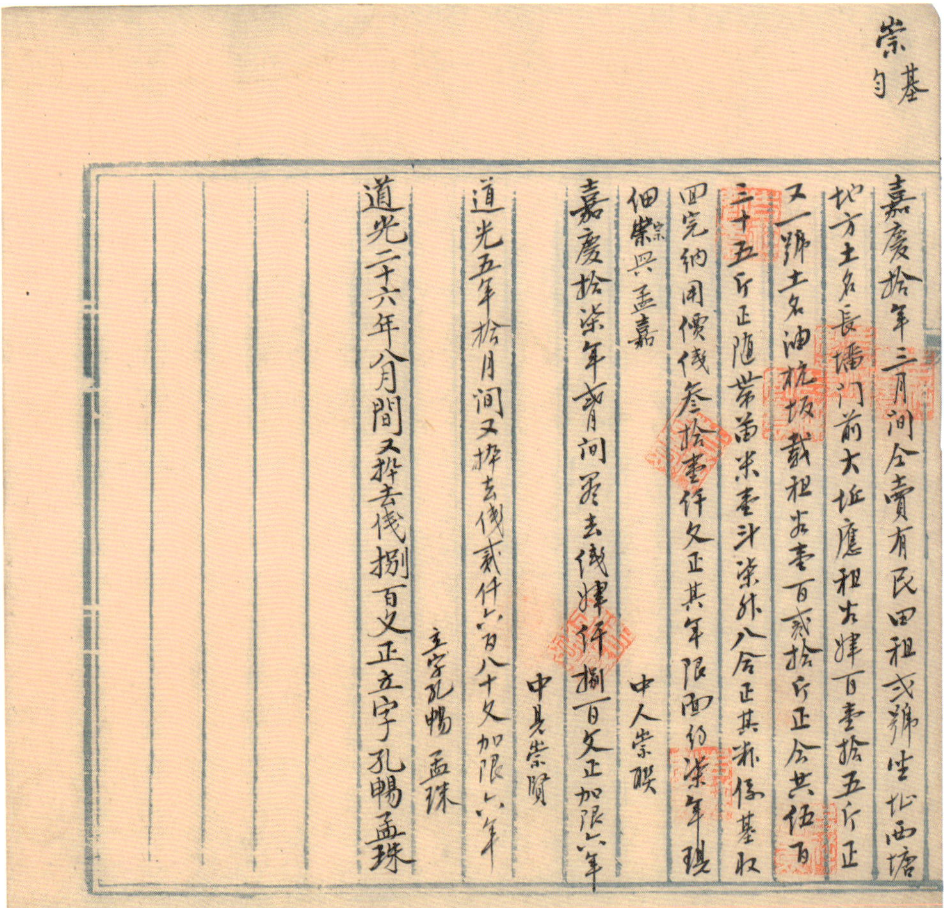
崇基

嘉慶拾年三月間仝賣有民田租弍𥝱坐北西塘

北方土名長墻門前大坵應租出肆百壹拾五斤正

又一𥝱土名油柿坂載租出壹百弍拾斤正仝共伍百

三十五斤正隨帶苗米壹斗柒升八合正其糧係基收

回完納用價錢叁拾壹仟文正其年限面約柒年現

佃崇興孟嘉

嘉慶拾柒年三月間又找去錢肆仟捌百文正加限六年

中人崇騤

道光五年拾月間又找去錢貳仟六百八十文加限六年

中見崇賢

立字孔暢 孟珠

道光二十六年八月間又找去錢捌百文正立字孔暢孟珠

8-2-27-7　清道光年間黄氏爾京公祭典便覽（七）

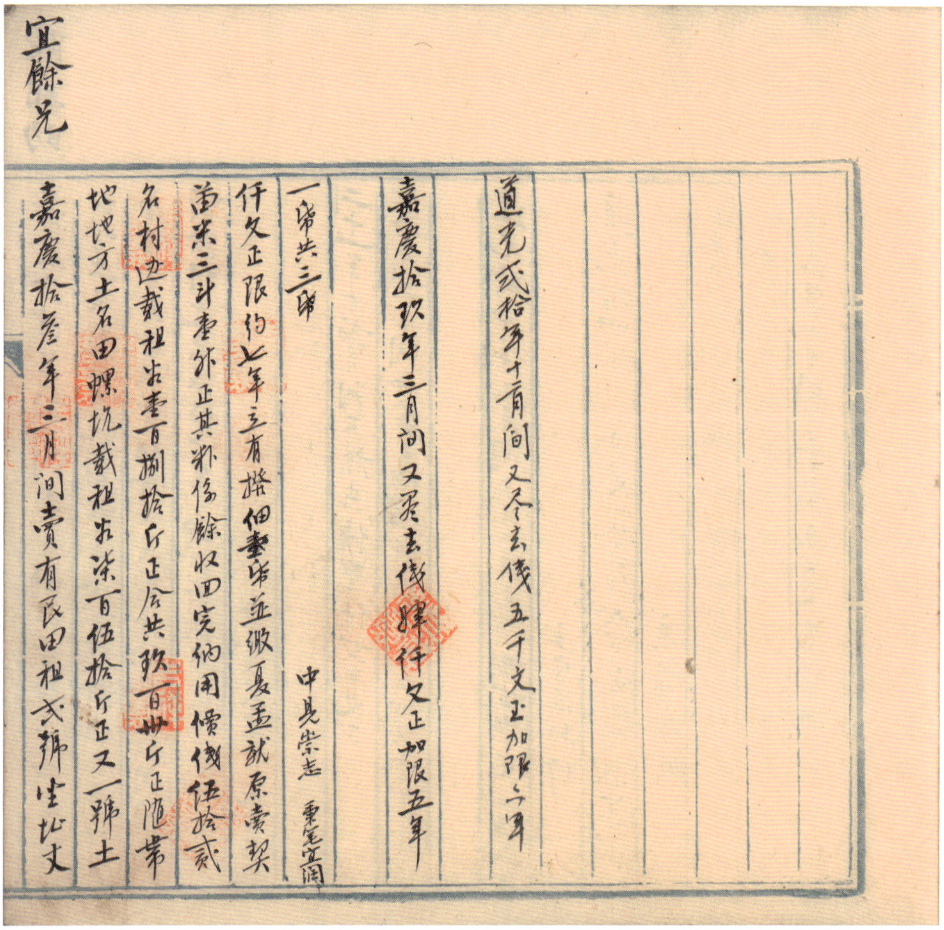
宜餘光

道光貳拾年十二月間又添去錢五千文正加限六年

嘉慶拾玖年三月間又添去錢肆仟文正加限五年

一帋共三帋

中見崇志　秉筆宜開

仟文正限約七年之有搭佃壹帋並繳夏孟就原賣契

苗米三斗壹外正其粉係餘收田完納用價錢伍拾貳

名村边載租谷壹百捌拾斤正今共玖百卅斤正隨帯

地地方土名田螺坑載租谷柒百伍拾斤正又一號土

嘉慶拾叁年三月間賣有民田租貳號坐址丈

8-2-27-8　清道光年間黄氏爾京公祭典便覽（八）

陳邦助

嘉慶拾肆年弍月間賣有田租壹號坐址本鄉地方土名龍臂坑載租米叁百肆拾伍斤正隨帶苗米壹斗壹升零伍合正其粮係納孔則收用價錢貳拾仟文正限約十年佃祖其儀公

中人陈家義　代字家鵬

二十一年十弍月間又撮去錢叁仟弍百文正

廿五年弍月間合盡去錢伍仟陆百文正加限十年

道光拾壹年三月間又尽撡去錢捌百五十文加限五年

立字陈邦修

道光拾四年十二月又撮去錢八百文加限陆年

立字陳邦修

道光廿六年五月又撮去錢八百文加限七年　立字邦修

廿八年十二月又撡去錢乙百文

道光卅年十月間又尽去錢五百文　立字而海

8-2-27-9　清道光年間黄氏爾京公祭典便覽（九）

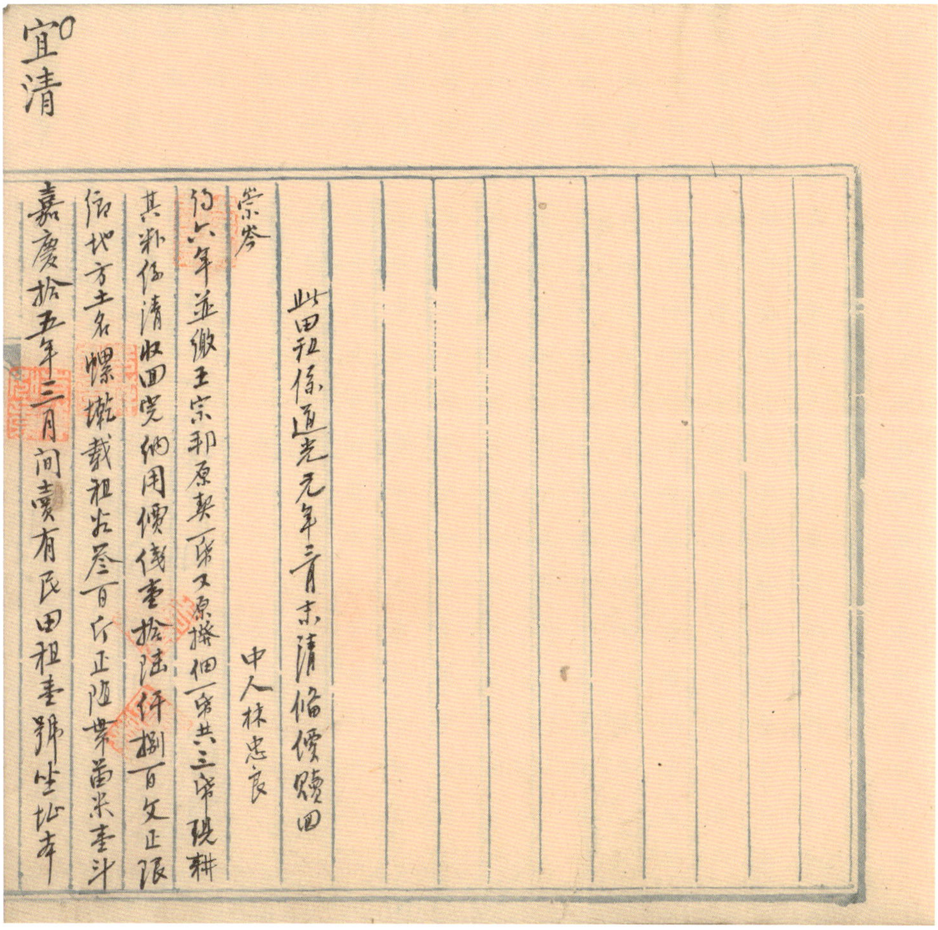
宜清

嘉慶拾五年三月間賣有民田租壹號坐址本
佃地方土名螺蛳載租谷叁百斤正隨業苗米壹斗
其粮係清收田價納用價錢壹拾陸仟捌百文正限
仍六年並繳王宗邦原契一帋又原據佃一帋共三帋限耕
宗參
中人林忠良
此田租係道光元年三月未清偹價贖回

8-2-27-10　清道光年間黄氏爾京公祭典便覽（一〇）

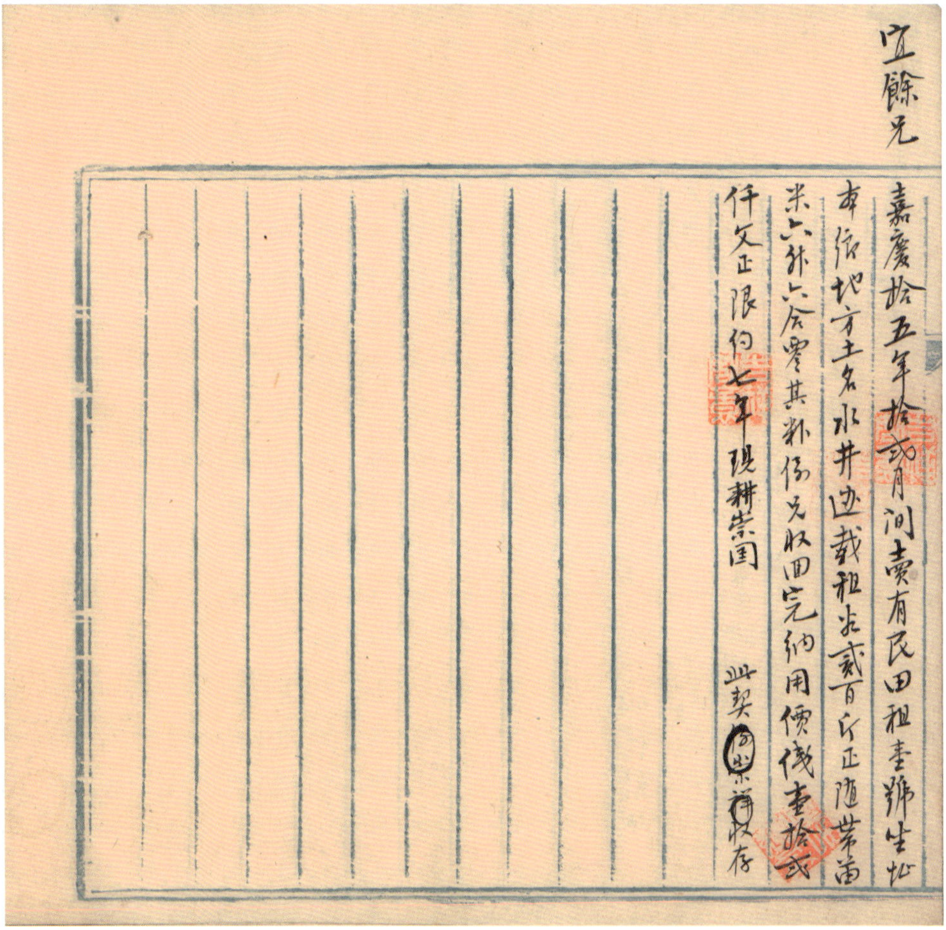

立餘兄

嘉慶拾五年拾弍月間賣有民田租壹號坐址

本保地方土名水井迹載租米弍百斤正隨帶苗

米六升六合零其租係兄收田完納用價銭壹拾弍

仟文正限約七年現耕崇国

此契祥收存

8-2-27-11　清道光年間黄氏爾京公祭典便覽（一一）

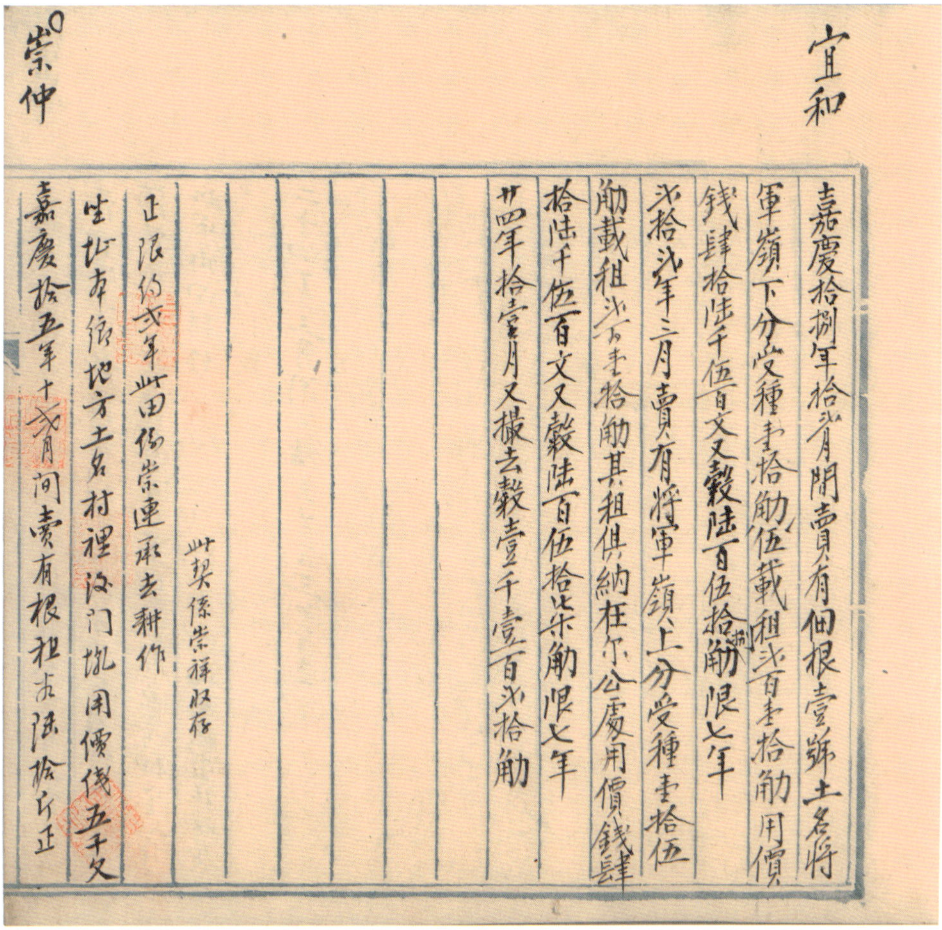

宜和

嘉慶拾捌年拾弍月間賣有佃根壹號土名將
軍嶺下分受種壹拾觔伍載租弍百壹拾觔用價
錢肆拾陸千伍百文又穀陸百伍拾捌觔限七年
弍拾弍年三月賣有將軍嶺上分受種壹拾伍
觔載租弍百壹拾觔其租俱納在爾公處用價錢肆
拾陸千伍百文又穀陸百伍拾柒觔限七年
廿四年拾壹月又撥去穀壹千壹百弍拾觔

此契係崇祥收存

正限約弍年此田係崇連承去耕作
生地本係地方土名村裡後门塅用價錢五千文
嘉慶拾五年十弍月间賣有根租去陆拾斤正

崇仲

8-2-27-12　清道光年間黄氏爾京公祭典便覽（一二）

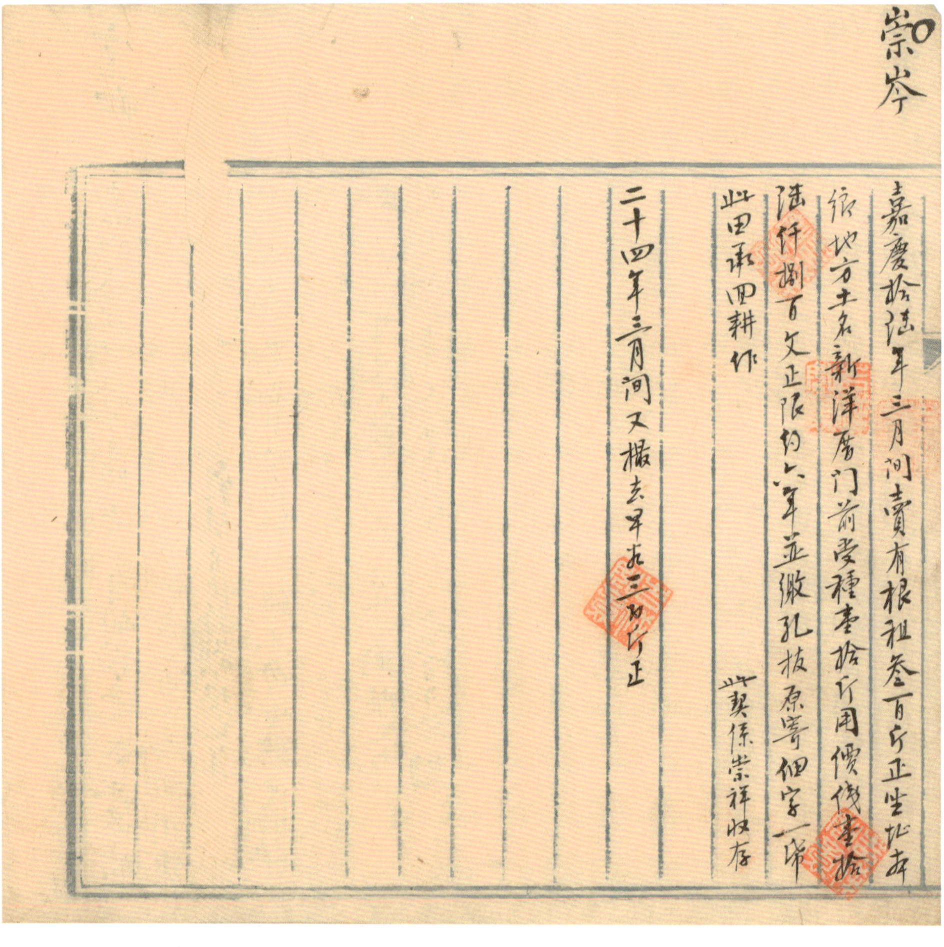

崇岑

嘉慶拾陆年三月间賣有根租叁百斤正坐址本
鄉地方土名新洋厝门前受種壹拾斤用價錢壹拾
陆仟捌百文正限約六年並繳孔拔原寄佃字一帋
此田承佃耕作　　此契係崇祥收存
二十四年三月间又根去早租三百斤正

8-2-27-13　清道光年間黃氏爾京公祭典便覽（一三）

伍百文

道光十陆年十二月孔可取去嘉慶十六年尽字錢

道光十二年十二月崇興盡去錢八百文在見孔可

立字宜珠　秉筆崇家

道光元年正月間拚去錢壹仟貳百文

中見崇泰　秉筆崇泥

文正限約三年　立有拚佃二帋　佃崇敦孔瑜

苗米伍升八合零其租係珠收田完納用價錢壹拾壹仟

塗坵載租谷柒拾伍斤正合共壹百柒拾伍斤正隨帶

本都地方土名溪坪載租谷壹百斤正又一號土名山

嘉慶拾柒年拾貳月間賣有民田租谷貳號坐址

宜珠

8-2-27-14　清道光年間黃氏爾京公祭典便覽（一四）

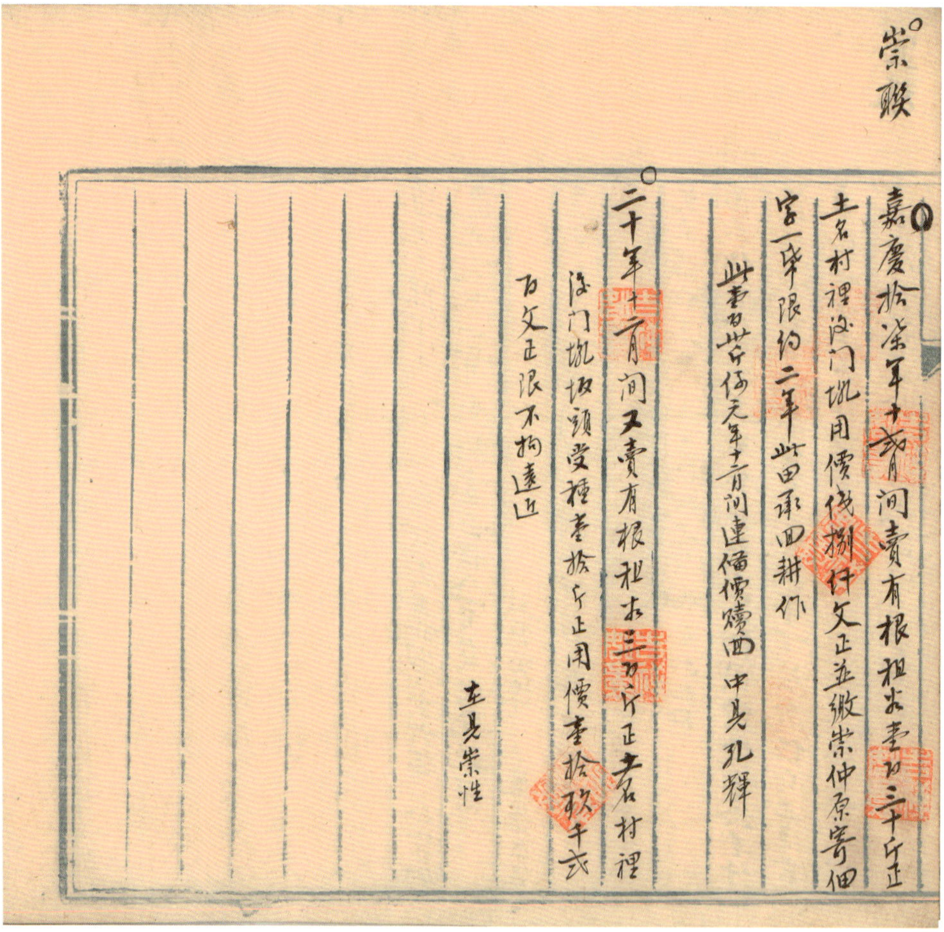
崇聯

嘉慶拾柒年十弍月間賣有根租米壹百三十斤正
土名村裡後门垅用價銀捌仟文正並繳崇仲原寄佃
字一帋限約二年此田承回耕作
此壹百斤係元年十月間連佃價贖回中見孔輝
二十年十二月間又賣有根租米三百斤正土名村裡
後门垅圳頭受種壹拾斤正用價壹拾玖千弍
百文正限不拘遠近
立見崇性

8-2-27-15　清道光年間黃氏爾京公祭典便覽（一五）

有擇堂乙坵

道光拾陸年拾貳月又辦去錢一仟文正加限一年正

限陸年

道光玖年貳月又盡去錢壹仟貳伯肆拾文正加

中見崇昌

道光元年三月間又再去錢壹千柒百文正再加限六年

中人崇善　代字崇美

約七年　立有擇佃一紙佃崇泰

七外正其粟係芝收回完納用價錢壹拾貳仟文正限

經地方土名小嶺尾載租古貳百壹拾斤正隨帶糞米

嘉慶拾玖年三月間賣有民田租一號坐址本

崇芝

8-2-27-16　清道光年間黃氏爾京公祭典便覽（一六）

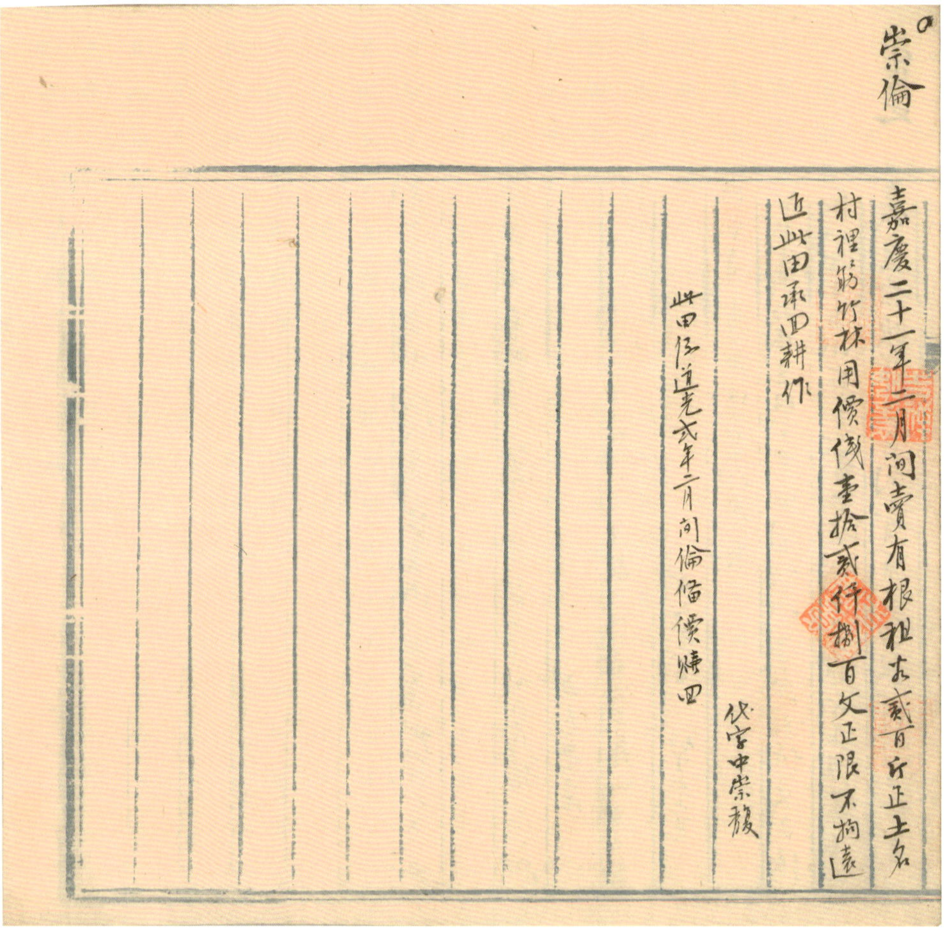

崇倫

嘉慶二十一年二月間賣有根租大貳百斤正土名

村裡筋竹林用價錢壹拾貳仟捌百文正限不拘遠

近此田承回耕作

代字中崇馥

此田于道光弍年二月間倫備價贖回

8-2-27-17　清道光年間黄氏爾京公祭典便覽（一七）

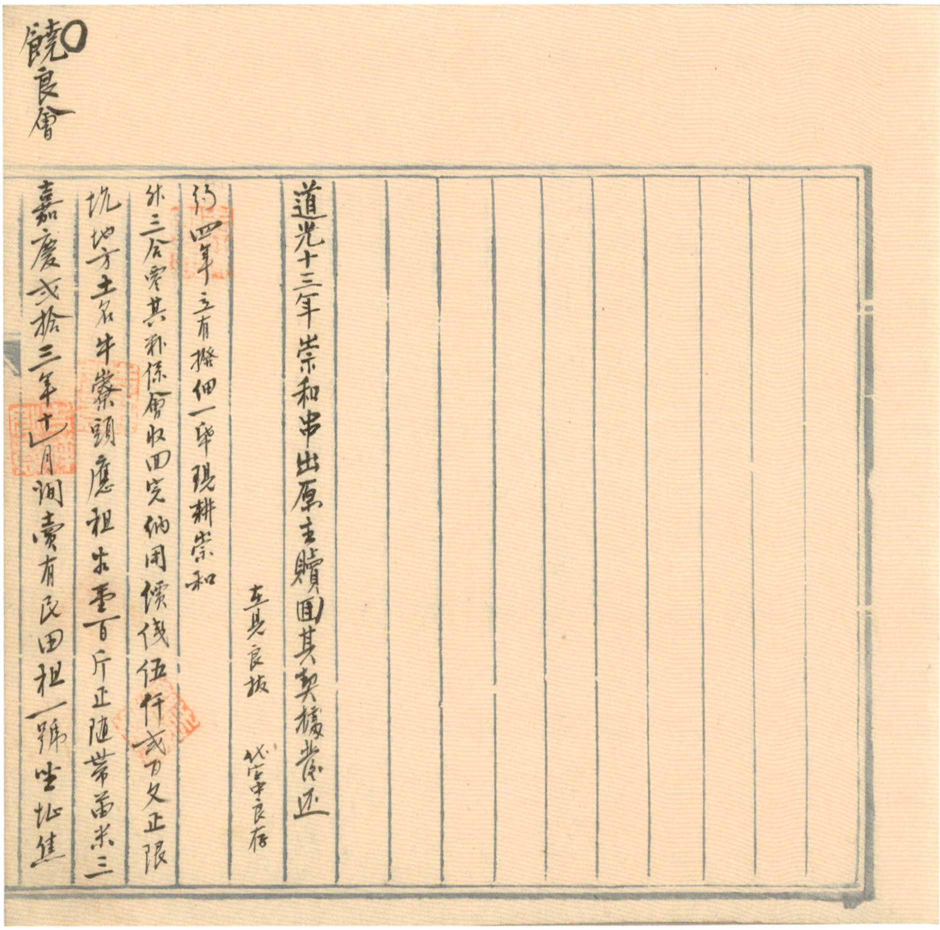
〇饒良會

道光十三年崇和串出原主贖回其契據崇还

在見良拔　代字良存

约四年立有撥佃一紙現耕崇和

外三合零其租係會收回完納用價錢伍仟貳百文正限

坑地方土名牛欄頭應租米壹百斤正隨帶苗米三

嘉慶貳拾三年十二月間買有民田租一號坐址建

8-2-27-18　清道光年間黄氏爾京公祭典便覽（一八）

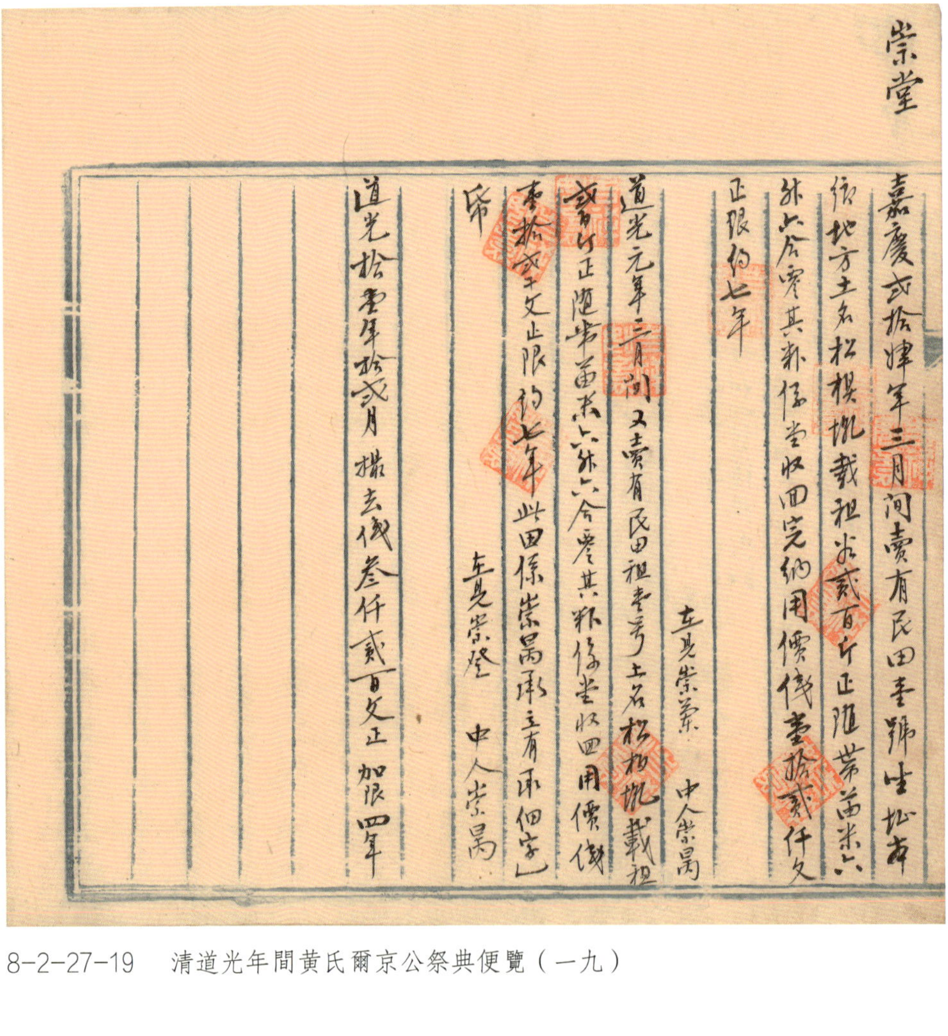
崇堂

嘉慶貳拾肆年三月間賣有民田壹號坐址本縣北方土名松樹坵載租谷貳百斤正隨帶苗米六升六合零其租係堂收回完納用價錢壹拾貳仟文正限約七年

在見崇棻　中人崇昺

道光元年三月間又賣有民田租壹號土名松樹坵載租貳百斤正隨帶苗米六升六合零其租係堂收回用價錢壹拾貳仟文正限約七年此田係崇昺承主有承佃字乙帋

在見崇登　中人崇昺

道光拾壹年拾貳月　掛去錢叁仟貳百文正　加限四年

8-2-27-19　清道光年間黄氏爾京公祭典便覽（一九）

百斤勸加限四年
廿六年十二月孔順手又畫去錢七十斤文正又加納根租谷
在見崇柴　中人崇吉　代字孔可
共弍印此田係理承回耕作逐年約納根租五百斤正
價錢肆拾仟文正限約拾年並繳尔孔原字契字
藤坪大路下坎分受種壹拾斤載租谷陸拾斤正用
道光元年三月間賣有根面全田根一号土名萵
崇理

8-2-27-20　清道光年間黄氏爾京公祭典便覽（二〇）

林朝朕

因太莿道光叁年十二月間賣有民田一号，坐址蕉坑九佃壋地方，載租玖百叁拾斤正，随带苗米叁斗零壹升，係生林家收回完納，用價銀玖拾兩正。其年限面約八年之内，立有撥佃字一帋，現佃饒家帝君。

咸豐七年十二月間盡去錢壹拾陸仟文正，限捌年。

在見朝光　中人昌明

立字昌豐立

光緒廿陸年春月林景武贖回

8-2-27-21　清道光年間黄氏爾京公祭典便覽（二一）

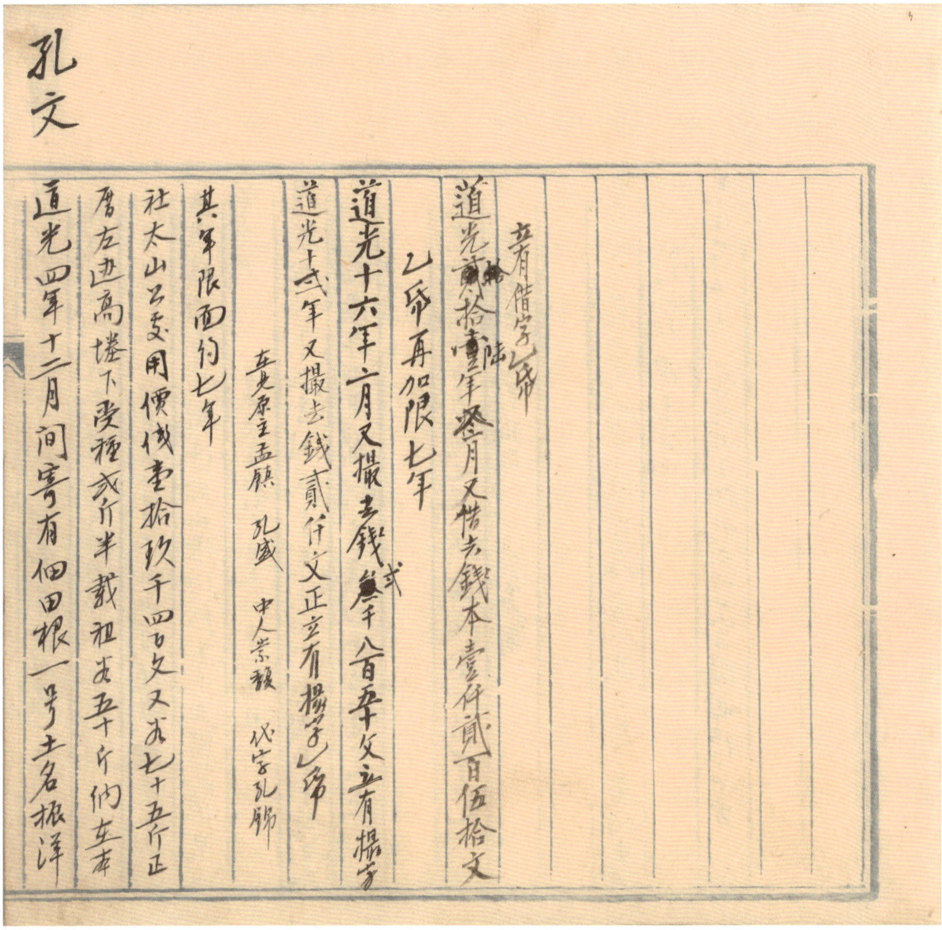
孔文

立有借字乙紙
道光貳拾壹年叁月又借去錢本壹仟貳百伍拾文
乙紙再加限七年
道光十六年十二月又撮去錢貳千八百五十文立有撮字
道光十貳年又撮去錢貳仟文正立有撮字乙紙
立兑京主孟麒　孔盛　中人崇駿　代字孔錦
其年限面約七年
社太山公處用價錢壹拾玖千四百文又米七十五斤正
厝左邊高墘下受種弍斤半載租粟五十斤納在本
道光四年十二月間寄有佃田根一號土名振洋

8-2-27-22　清道光年間黄氏爾京公祭典便覽（二二）

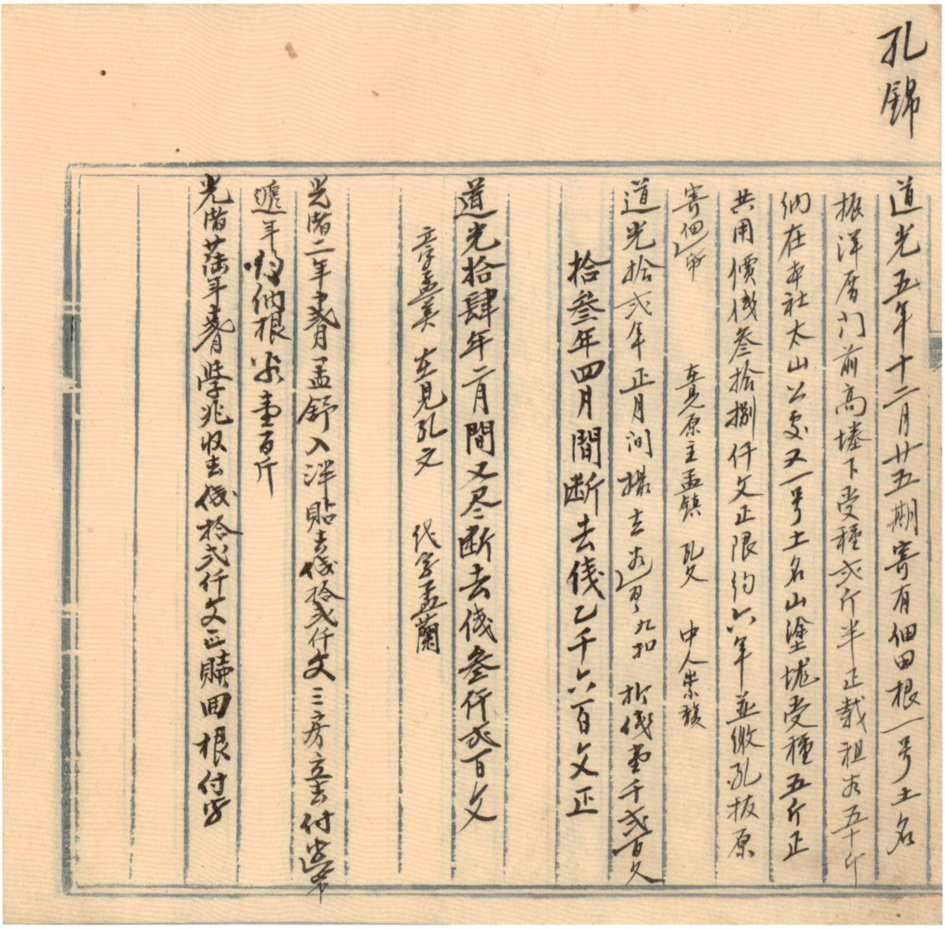

孔錦

道光五年十二月廿五期寄有佃田根一号土名

根洋厝门前高墘下受種弍斤半正載租谷五十斤

納在本社太山公处又一号土名山塗墘受種五斤正

共用價錢叁拾捌仟文正限約六年並繳孔拔原

寄佃之帋　在見原主孟鎮　孔文　中人宗稜

道光拾弍年正月间撥去谷乙号九扣　折錢壹千弍百文

拾叁年四月間断去錢乙千六百文正

道光拾肆年六月間又尽断去錢叁仟弍百文

在場孟美　在見孔文　代字孟蘭

光緒二年十二月孟舒入洋貼去錢拾弍仟文　三房立字付照

逓年收納根谷壹百斤

光緒拾弍年十二月學兆收去錢拾弍仟文正贖回田根付字

8-2-27-23　清道光年間黄氏爾京公祭典便覽（二三）

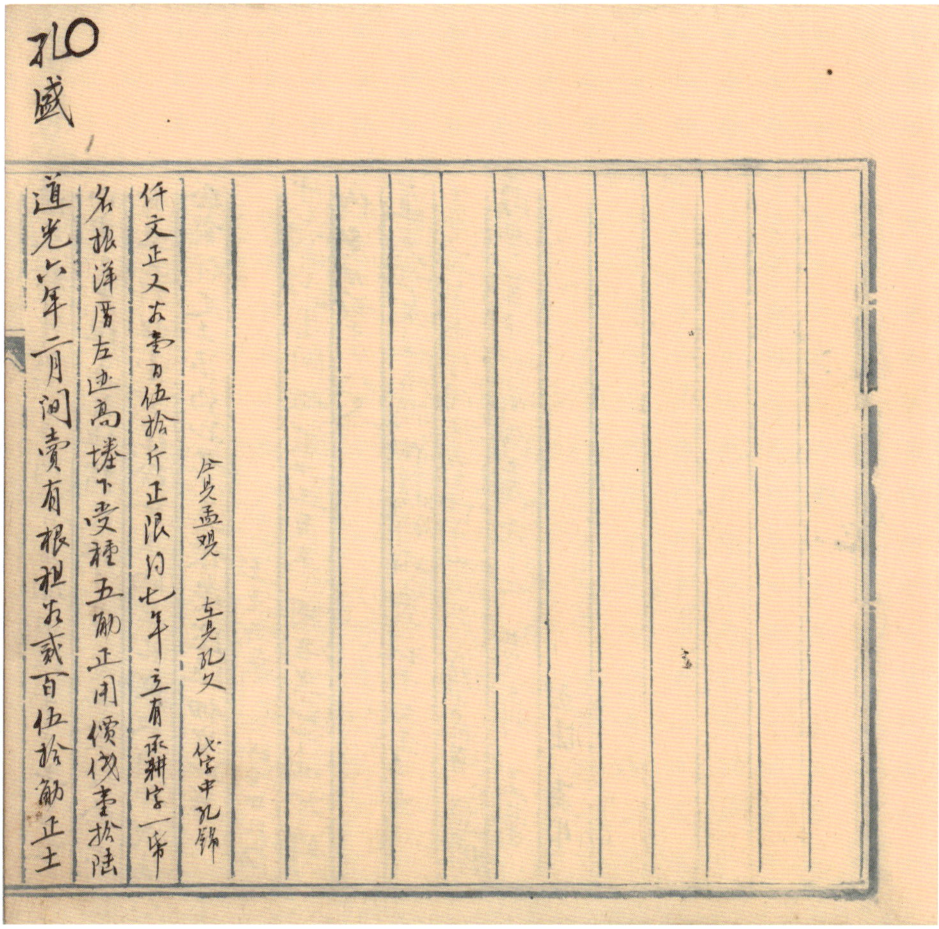
孔盛

仝見孟瑛　在見孔文　代字中孔錦

仟文正，又谷壹百伍拾斤正，限約七年，立有承耕字一紙。

名振洋厝左邊高墘下，受種五觔正，用價錢壹拾陸

道光六年二月間，賣有根租谷貳百伍拾觔正，土

8-2-27-24　清道光年間黄氏爾京公祭典便覽（二四）

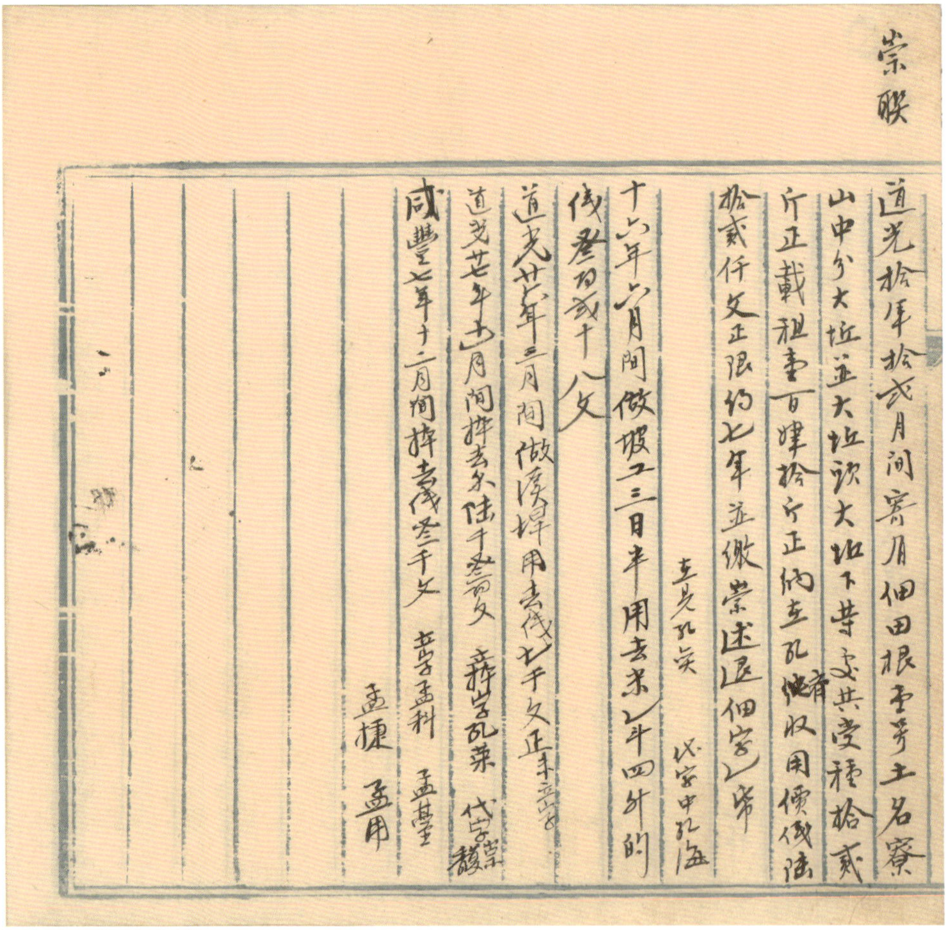

崇睽

道光拾年拾弍月間賓月佃田根壹號土名寮

山中分大坵並大坵頭大坵下井受共受種拾貳

斤正載租壹百肆拾斤正納本孔滄收用價錢陸

拾貳仟文正限約七年並繳崇述退佃字一帋

本房孔俟　代字中孔海

十六年六月間做陂三日半用去米一斗四升的

錢叁百貳十八文

道光廿六年三月間做陂埤用去錢七千文正

道光廿七年十一月間拌去米陸千叁百文　本房孔萊　代字馥

咸豐七年十二月間拌去錢叁千文　本房孟科　孟基　孟棟　孟用

8-2-27-25　清道光年間黄氏爾京公祭典便覽（二五）

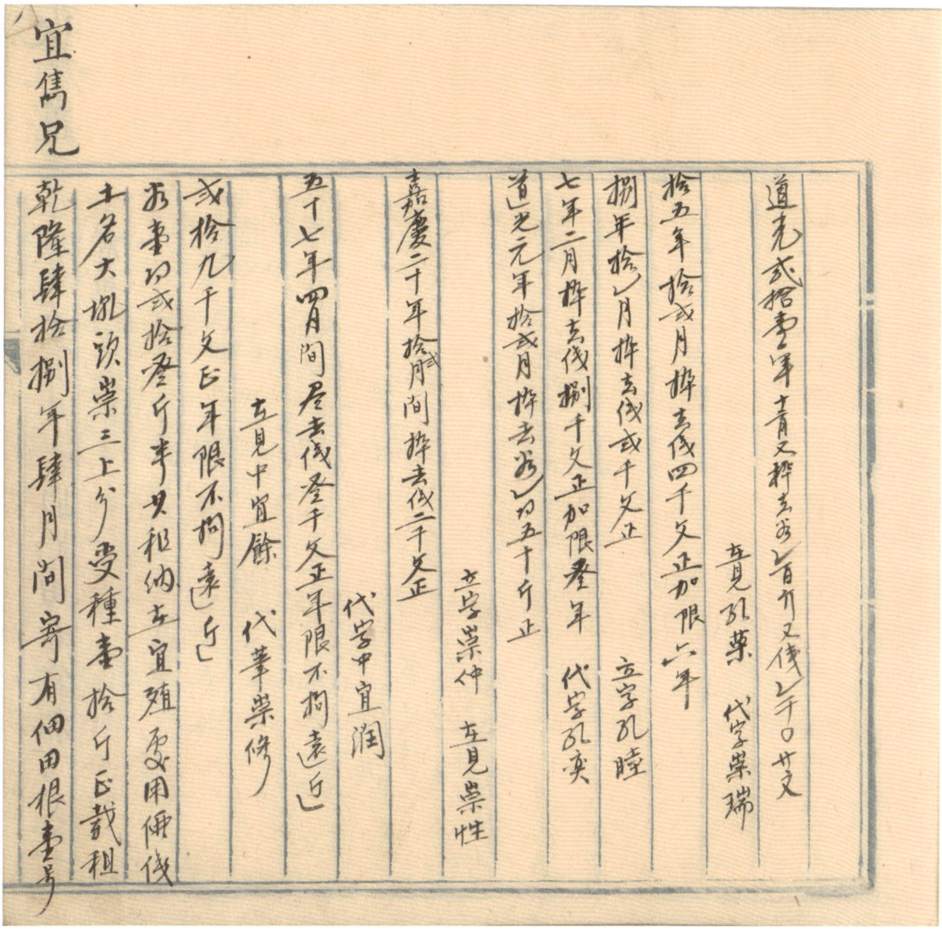
宜儁兄

道光貳拾壹年十二月又撥去錢乙百廿文錢乙千〇廿文
在見孔業　代字崇瑞
拾五年拾貳月撥去錢四千文正加限六年
捌年拾乙月撥去錢貳千文正　立字孔睦
七年二月撥去錢捌千文正加限叁年　代字孔奕
道光元年拾貳月撥去穀乙百五十斤正
立字崇仲　在見崇性
嘉慶二十年拾貳月間撥去錢二千文正
代字中宜潤
五十七年四月間居去錢叁千文正年限不拘遠近
在見中宜餘　代筆崇修
貳拾九千文正年限不拘遠近
共壹百貳拾叁斤半又租納在宜殖處用価錢
土名大垻頭崇三上分受種壹拾斤正載租
乾隆肆拾捌年肆月間寄有佃田根壹号

8-2-27-26　清道光年間黃氏爾京公祭典便覽（二六）

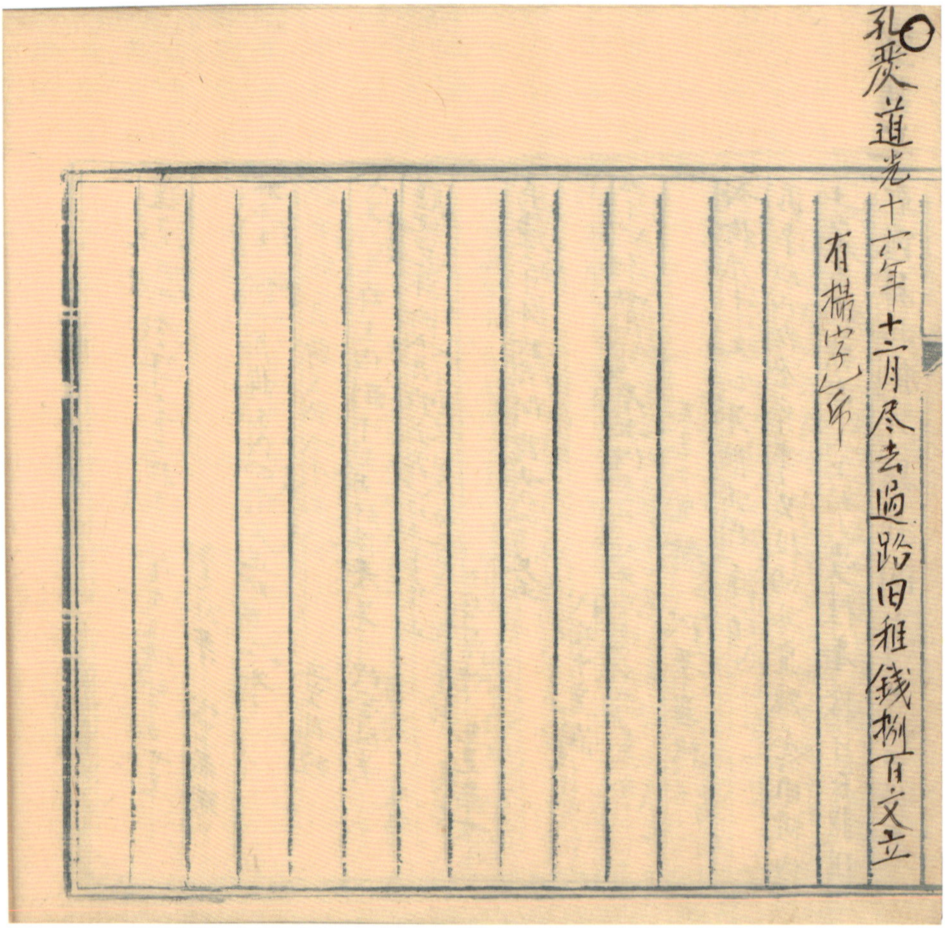

孔爱道光十六年十二月尽去過路田租錢捌百文立
有据字乙帋

8-2-27-27　清道光年間黄氏爾京公祭典便覽（二七）

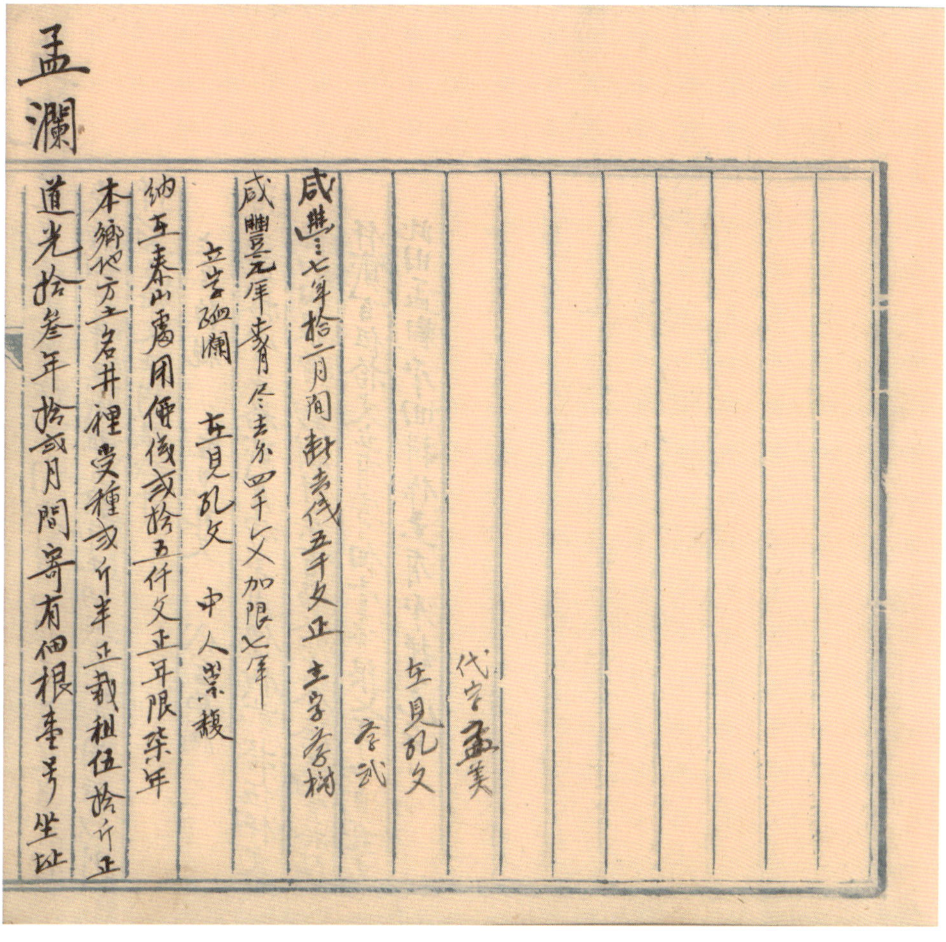

孟瀾

道光拾叁年拾貳月間寄有佃根壹号坐址

本鄉地方土名井裡受種貳斤半正載租伍拾斤正

納在泰山處用價錢貳拾五仟文正年限柒年

立字孟瀾　在見乳文　中人榮馥

咸豐元年壹月冬去錢四千文加限七年

咸豐七年拾二月間載去錢五千文正　主字孝樹

亨武

在見乳文

代字孟美

8-2-27-28　清道光年間黃氏爾京公祭典便覽（二八）

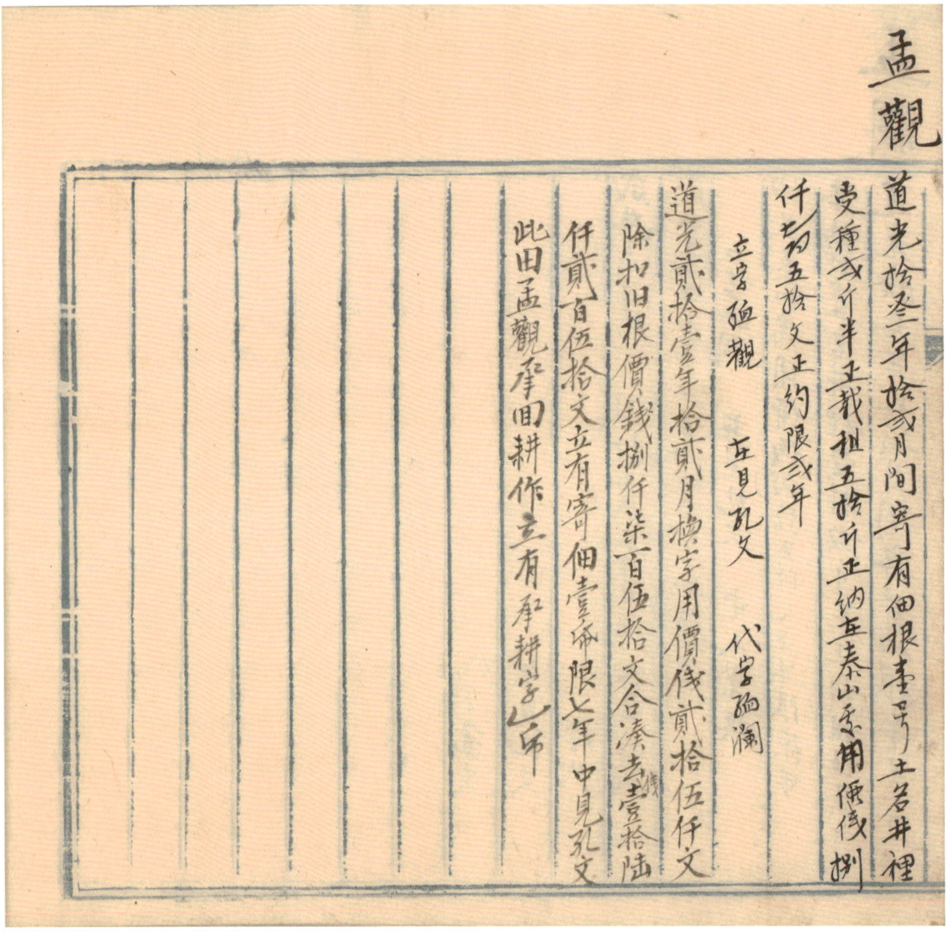
孟觀
道光拾叁年拾弍月間寄有佃根壹号土名井裡
受種弍斤半正栽租五拾斤正納在泰山季用價錢捌
仟肆百五拾文正約限弍年
立字孟觀　在見孔文　代字孟瀾
道光貳拾壹年拾貳月換字用價錢貳拾伍仟文
除扣旧根價錢捌仟柒百伍拾文合湊去錢壹拾陸
仟貳百伍拾文立有寄佃壹帋限七年　中見孔文
此田孟觀承佃耕作立有承耕字乙帋

8-2-27-29　清道光年間黄氏爾京公祭典便覽（二九）

照字面號四

迪尾第弍椆城樓上下弍櫃付公衆掌管後日有力之日

道光拾陆年弍月間挥去銭弍仟弍刀文正將寨右

孔翼

8-2-27-30　清道光年間黃氏爾京公祭典便覽（三〇）

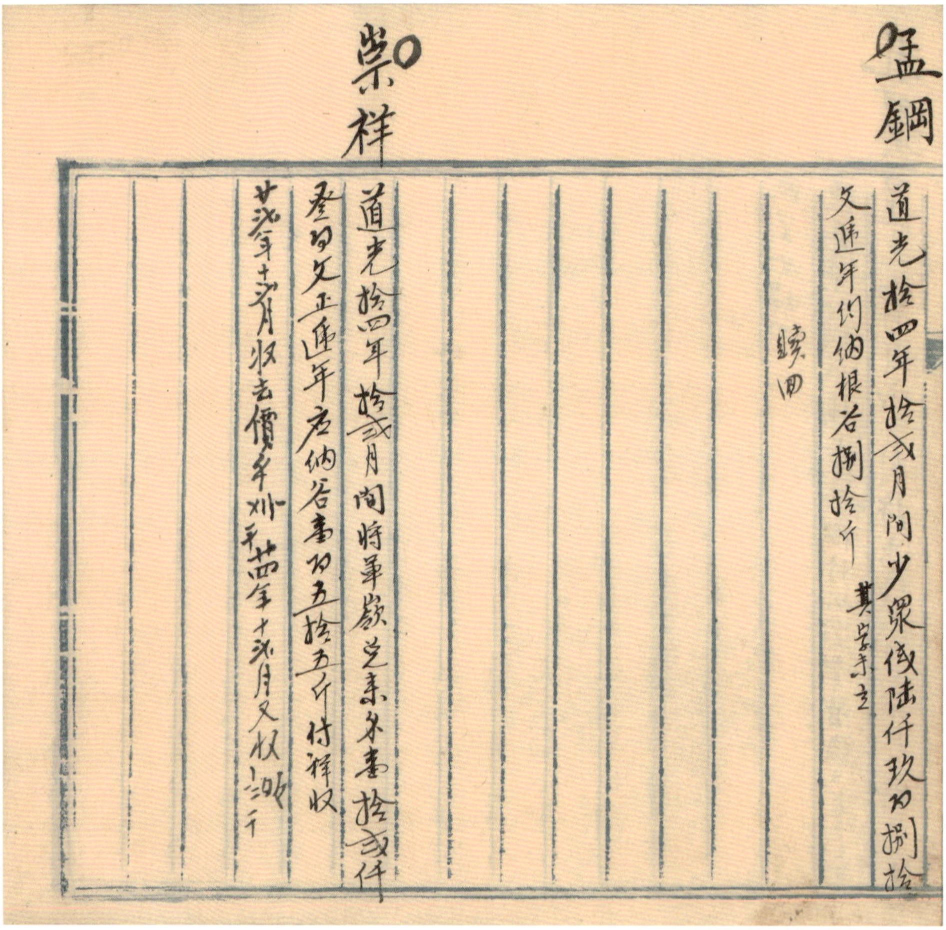
孟鋼

道光拾四年拾貳月間少衆借陸仟玖百捌拾

文，遞年約納根谷捌拾斤　其字存立

贖回

崇祥

道光拾四年拾貳月間將華嶺芝未各典拾貳仟

叁百文，正遞年應納谷壹百五拾五斤，付祥收

廿九年十二月收去價銀卅元，廿四年十二月又收一洋一元

8-2-27-31　清道光年間黄氏爾京公祭典便覽（三一）

孟旭

中人 兄孟川
立見侄 學棠 押
立寄佃字 孟旭

乚弟共收税弍石又承耕乚弟载根 收明 旭本衙收根粹
文正面約年限六年立寄佃乚弟俱繳林礼俊原寄佃
和收更有弍百弍拾五斤俩鄭家用價錢拾捌仟
五斤正年载冬祖米叁百壹拾伍斤正内玖拾斤俩其
佃田乚号坐址本鄉中村地方土名下徬等处受種拾
光緒弍拾柒年十二月间買得

8-2-27-32　清道光年間黄氏爾京公祭典便覽（三二）

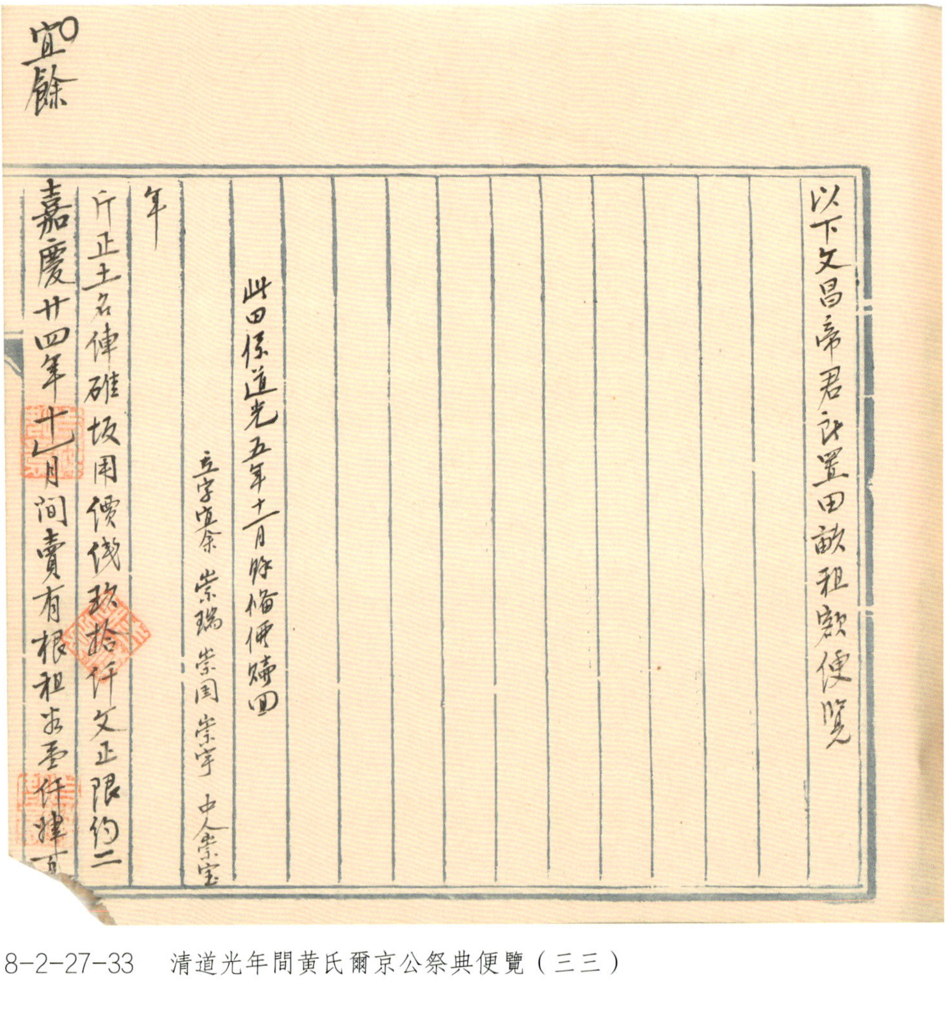
宜餘

以下文昌帝君祀置田畝租穀便覽

此田係道光五年十一月將偹便贖回

立字宜余　崇瑞　崇国　崇字　中人崇宝

年

斤正土名俥碓坂用價錢玖拾仟文正限約二

嘉慶廿四年十二月間賣有根租谷壹仟肆

8-2-27-33　清道光年間黄氏爾京公祭典便覽（三三）

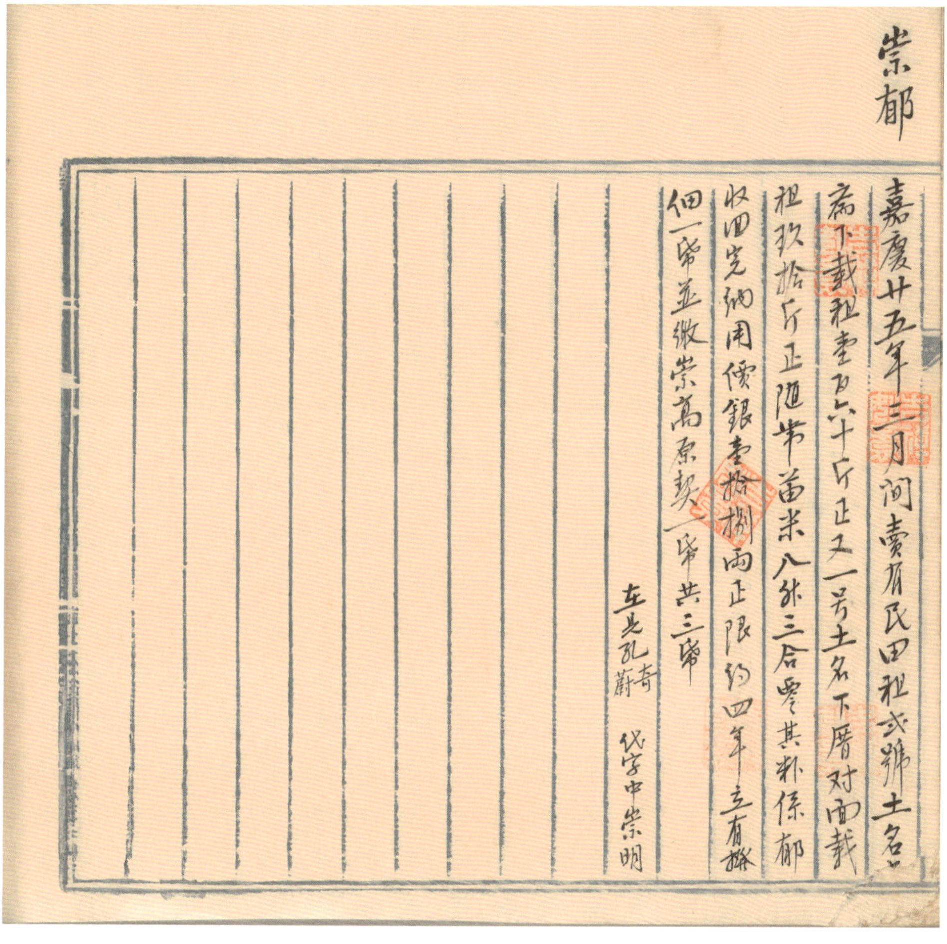

崇郁
嘉慶廿五年三月間賣盾民田租弍籮土名
肩下載租壹百六十斤正又一号土名下厝对面載
租玖拾斤正隨帯苗米八升三合零其米係郁
收田完納用價銀壹拾捌兩正限約四年立有撥
佃一帋並繳崇高原契一帋共三帋
在見叔 奇蔚
代字中 崇明

8-2-27-34　清道光年間黄氏爾京公祭典便覽（三四）

孟秩

道光五年拾壹月期賣有根租谷陸百斤正
土名林口裡受種壹拾斤正用價錢肆拾仟文
限約七年孟繳孔本原寄佃〻帋又立承耕字〻帋
立先孟受　中人孟之

8-2-27-35　清道光年間黄氏爾京公祭典便覽（三五）

孔發

道光六年三月間賣有根租谷叁百觔正坐址本營
地方土名下溪坂下前分受種伍觔正用價錢貳拾千
文正限仍七年

中人孔海　　代字吳孟元

8-2-27-36　清道光年間黃氏爾京公祭典便覽（三六）

在見孔發　中人宗馥

字一坵　承耕字一坵　碩字一坵　共五坵

正限伯七年並繳孔本原寄佃乙坵又繳孔茶原梓

霹靂秀受種來拾伍觔用價錢叁拾叁仟四百文

道光六年三月间賣有根租谷伍百觔正土名

孟元

8-2-27-37　清道光年間黃氏爾京公祭典便覽（三七）

8-2-27-38　清道光年間黄氏爾京公祭典便覽（三八）

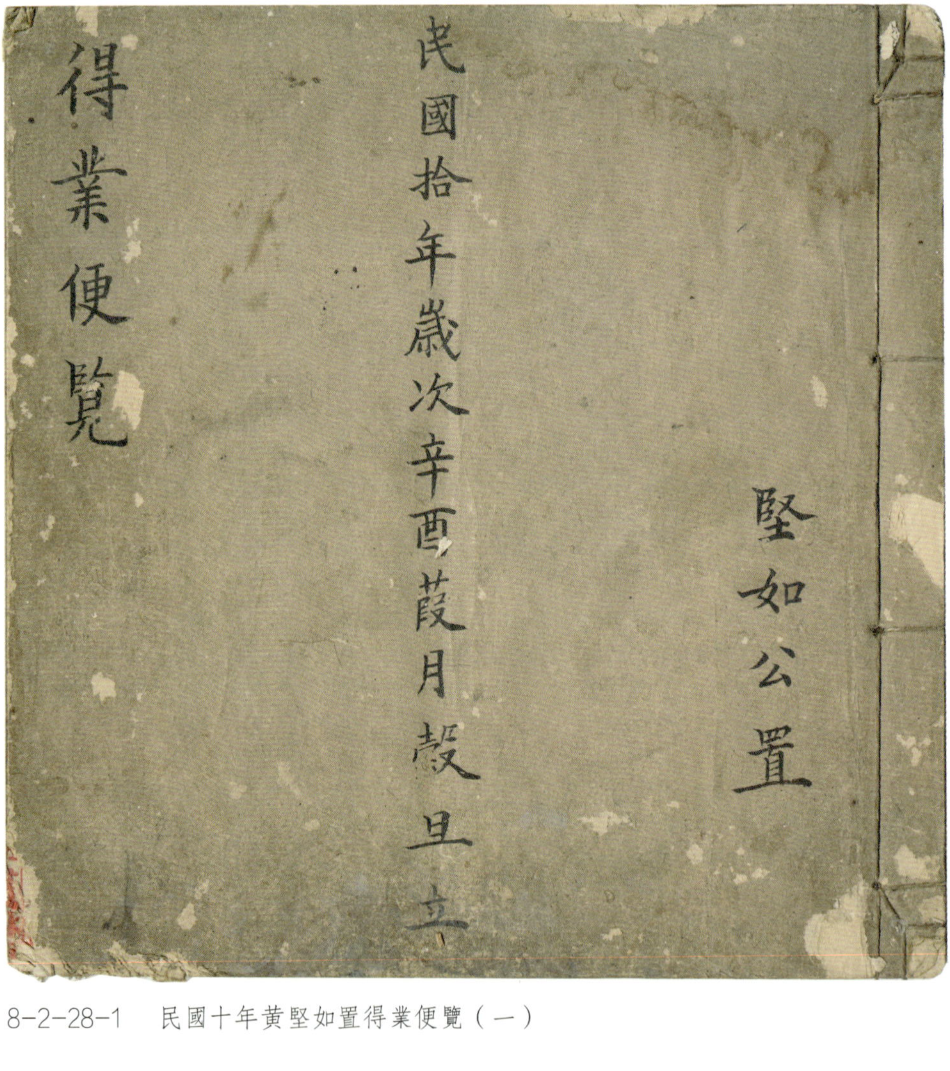
堅如公置

民國拾年歲次辛酉葭月穀旦立

得業便覽

8-2-28-1　民國十年黃堅如置得業便覽（一）

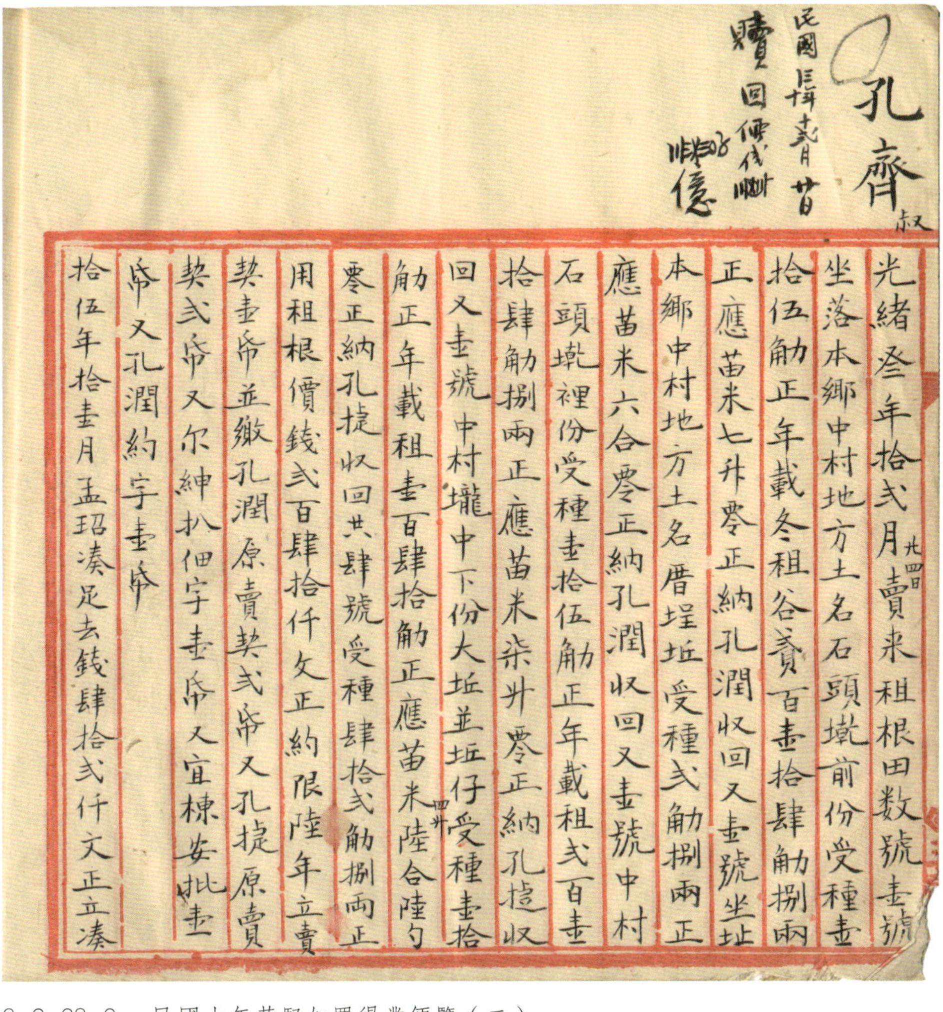

孔齊叔

民國卅壹年十二月廿

贖回便代

億

光緒叁年拾弍月九四賣來租根田数號壹號
坐落本鄉中村地方土名石頭墘前份受種壹
拾伍觔正年載冬租谷叁百壹拾肆觔捌兩
正應苗米七升零正納孔潤收回又壹號坐址
本鄉中村地方土名厝埕坵受種弍觔捌兩正
應苗米六合零正納孔潤收回又壹號中村
石頭墘裡份受種壹拾伍觔正年載租弍百壹
拾肆觔捌兩正應苗米柒升零正納孔揁收
回又壹號中村壠中下份大坵並坵仔受種壹拾
觔正年載租壹百肆拾觔正應苗米四升陸合陸勺
零正納孔揁收回共肆號受種肆拾弍觔捌兩正
用租根價錢弍百肆拾仟文正約限陸年立賣
契壹帋並繳孔潤原賣契弍帋又孔揁原賣
契弍帋又尔紳扒佃字壹帋又宜棟安批壹
帋又孔潤約字壹帋
拾伍年拾壹月孟珸湊足去錢肆拾弍仟文正立湊

8-2-28-2　民國十年黄堅如置得業便覽（二）

足字壹帋原主或尽赎自行支理与瑶無干
拾柒年捌月捽去錢壹仟陸百文正 孟滄立捽字一帋
弍拾捌年拾弍月尽去錢捌仟零叁拾陸文正原主孔美立
尽字壹帋加限七年 在見學喜
叁拾弍年拾弍月借去錢本〔〕千 加弍算宣統元年冬止本利錢〔〕 观孟立借字 在見星孔
宣統叁年拾壹月尽去錢壹拾肆仟文正 原主学喜立尽字加限七年 在見观孟徽崇會断字、
民國伍年伍月尽去錢陸仟文正 立尽字学命代字見学喜加限陸年
補民国元年〔〕月尽去錢〔〕千 立尽字观孟

8-2-28-3　民國十年黄堅如置得業便覽（三）

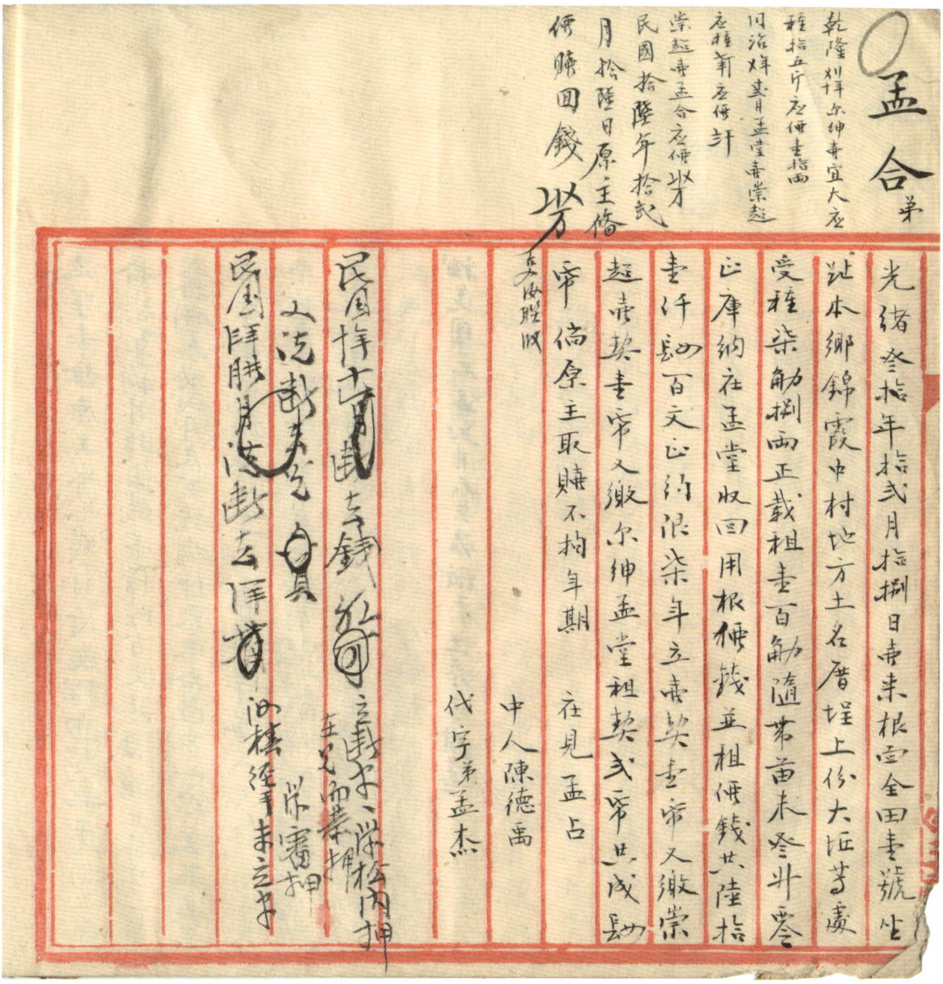

孟合弟

乾隆卅年尔绅弟宜大应
种拾五斤应便壹拾两
同治肆年卖与孟堂弟崇起
应种斛应便卅
崇起弟孟合应便卅
民国拾陆年拾贰
月拾陆日原主备
便赎回钱卅

光绪叁拾年拾贰月拾捌日弟来根应全田壹號坐
址本乡锦霞中村地方土名厝埕上份大坵等處
受种柒觔捌两正载租壹百觔随带苗米叁升零
正库纳在孟堂收回用根便钱並祖便钱卅陆拾
壹仟肆百文正约限柒年立弟契壹帋又缴崇
起弟契壹帋又缴尔绅孟堂祖契贰帋共成肆
帋備原主取赎不拘年期　在见孟占
中人陈德禹
代字弟孟杰

民国拾年

民国拾年十二月　日立字人……押
文泛
民国……

8-2-28-4　民國十年黃堅如置得業便覽（四）

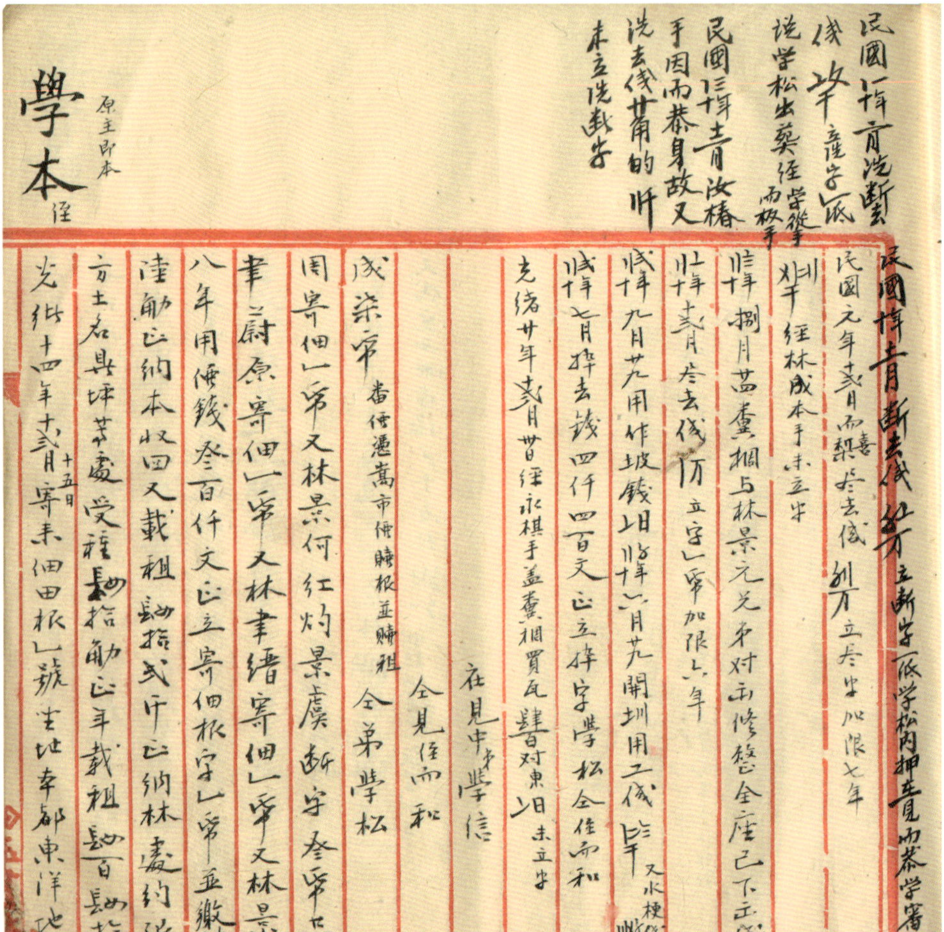

8-2-28-5　民國十年黃堅如置得業便覽（五）

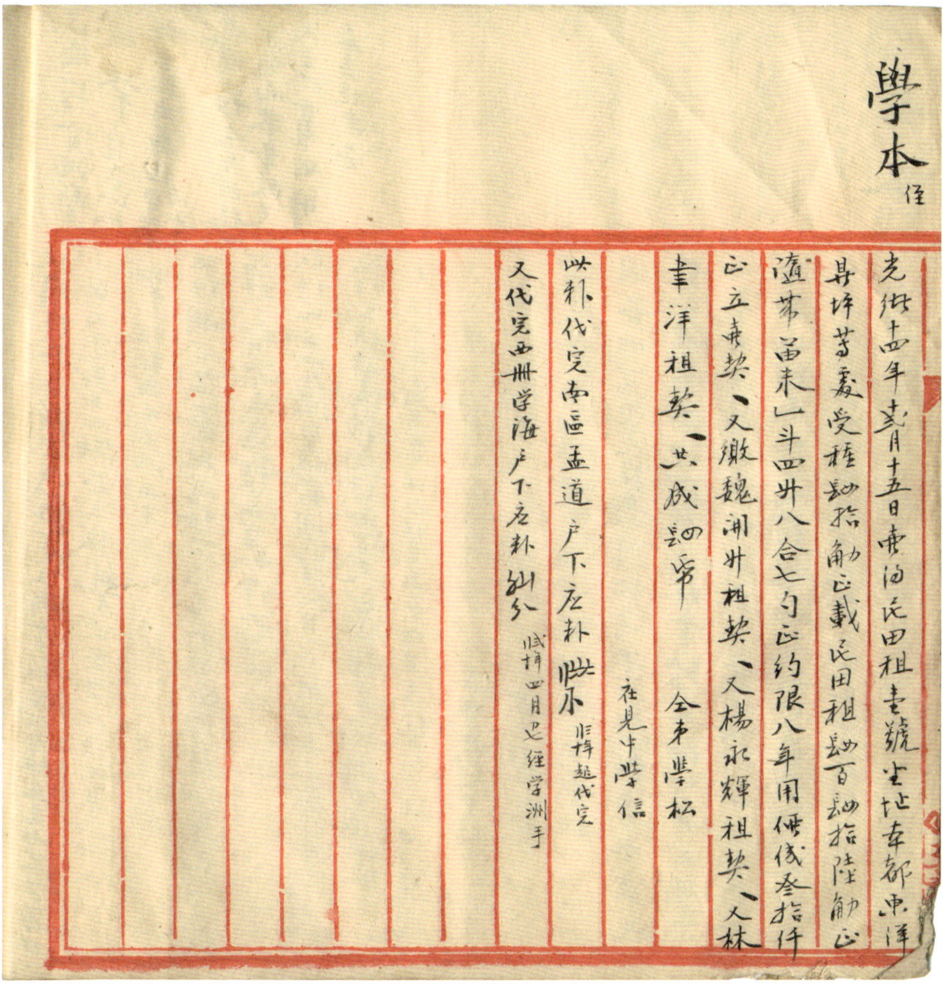
學本　侄

光緒十四年叁月十五日黄泊民田租壹號坐址本都東洋
崗坪茅霞受種斗捌角正載民田租斗百斗捌陸角正
遺苐苗米一斗四升八合七勺正約限八年開價伐叁拾仟
正立來契、又徽魏湖升祖契、又楊永輝祖契、又林
聿洋祖契、共成四帋　　仝本學松
在見中學信
此朴代完南區孟道户下應朴　非棹趙代完
又代完西冊学海户下應朴　民拾四月退經学洲手

8-2-28-6　民國十年黄堅如置得業便覽（六）

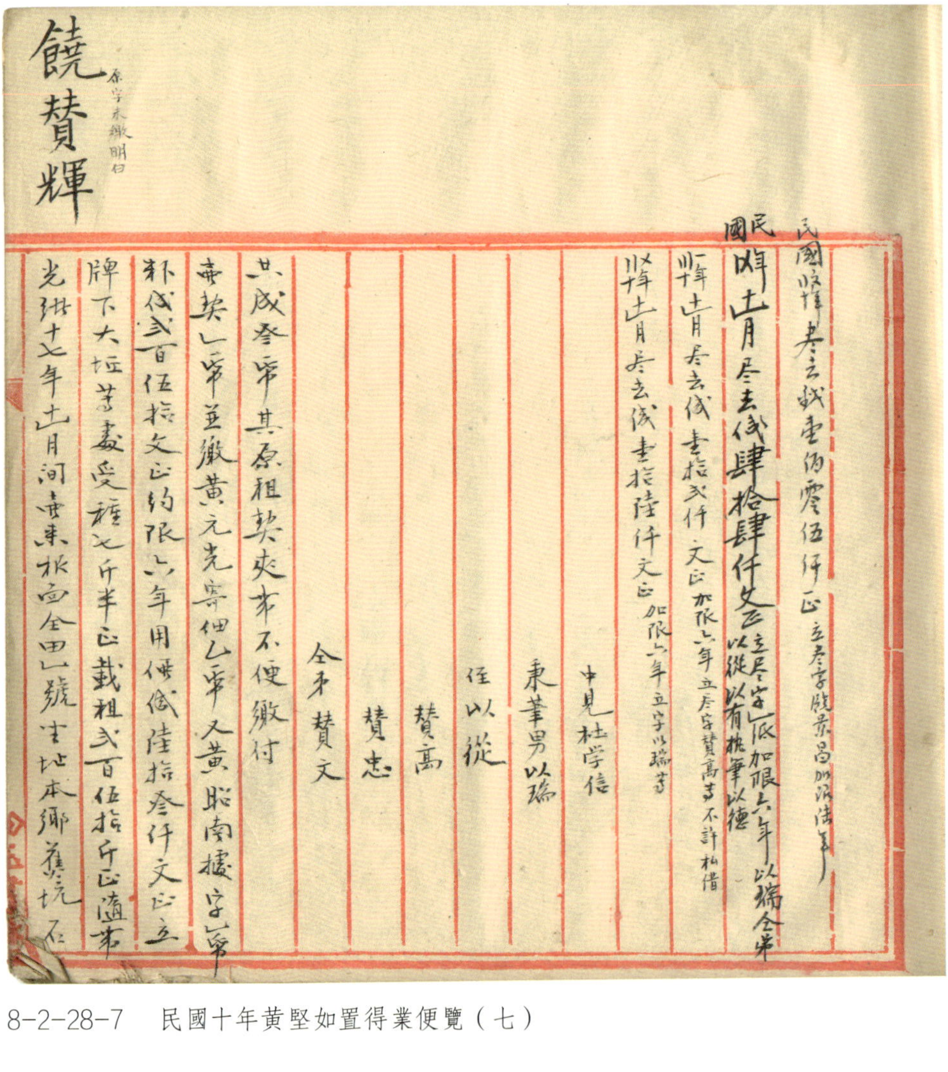

饒賛輝 原字未繳明白

民國陸年叁月去錢壹佰零伍仟正 立叁字號景昌加派洪牙

民國肆年十一月尽去錢肆拾肆仟文正 立尽字號張加限六年 以瑞全弟以從以有執筆以德

一年十一月尽去錢壹拾貳仟文正 加限六年 立尽字賛高等不許私借

肆年十一月尽去錢壹拾陸仟文正 加限六年 立字以瑞等

中見 杜学信

秉筆男 以璐

侄 以從

賛高

賛忠

全弟 賛文

共成叁帋 其原租契夾帯不便繳付

每契一帋並繳黃元光寄佃山帋又黃聡南據字一帋

朴錢貳百伍拾文正約限六年用價錢陸拾叁仟文正立

牌下大坵等處受種七斤半正載租貳百伍拾斤正遞年

光緒十七年十一月間黃來旺向全田一號坐址本鄉蕉坑石

8-2-28-7　民國十年黃堅如置得業便覽（七）

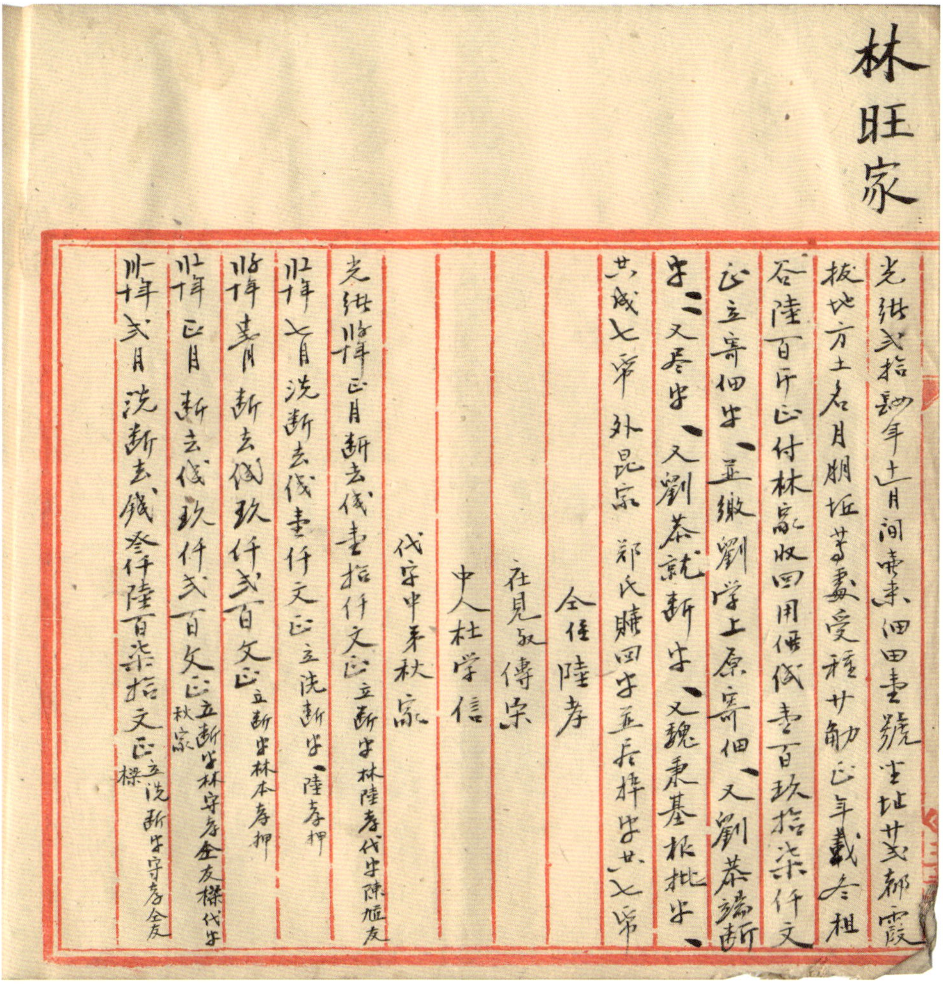

林旺家

光緒弍拾肆年十二月間，将來田田壹號，坐址廿弍都霞
拔地方，土名月棚垅等處，受種廿觔正，年載谷租
陸百斤正，付林家收回，用價錢壹百玖拾柒仟文
正。立寄佃字一，並繳劉學上原寄佃一，又劉恭端斷
字二，又恭字一，又劉恭就斷字一，又魏秉基根批字一，
共成七帋。外昆宗　鄭氏贖田字並兵捭字廿七帋

仝侄　陸孝
在見叔　傳宗
中人　杜學信
代字中弟　秋家

光緒廿四年正月斷去錢壹拾仟文正　立斷字林陸孝　代字陳旭友
廿四年十月洗斷去錢壹仟文正　立洗斷字　陸孝押
廿四年十二月斷去錢玖仟弍百文正　立斷字林本孝押
卅年正月斷去錢玖仟弍百文正　立斷字林守孝仝友樑　代字秋家
卅年弍月洗斷去錢叁仟陸百柒拾文正　立洗斷字守孝仝友樑

8-2-28-8　民國十年黃堅如置得業便覽（八）

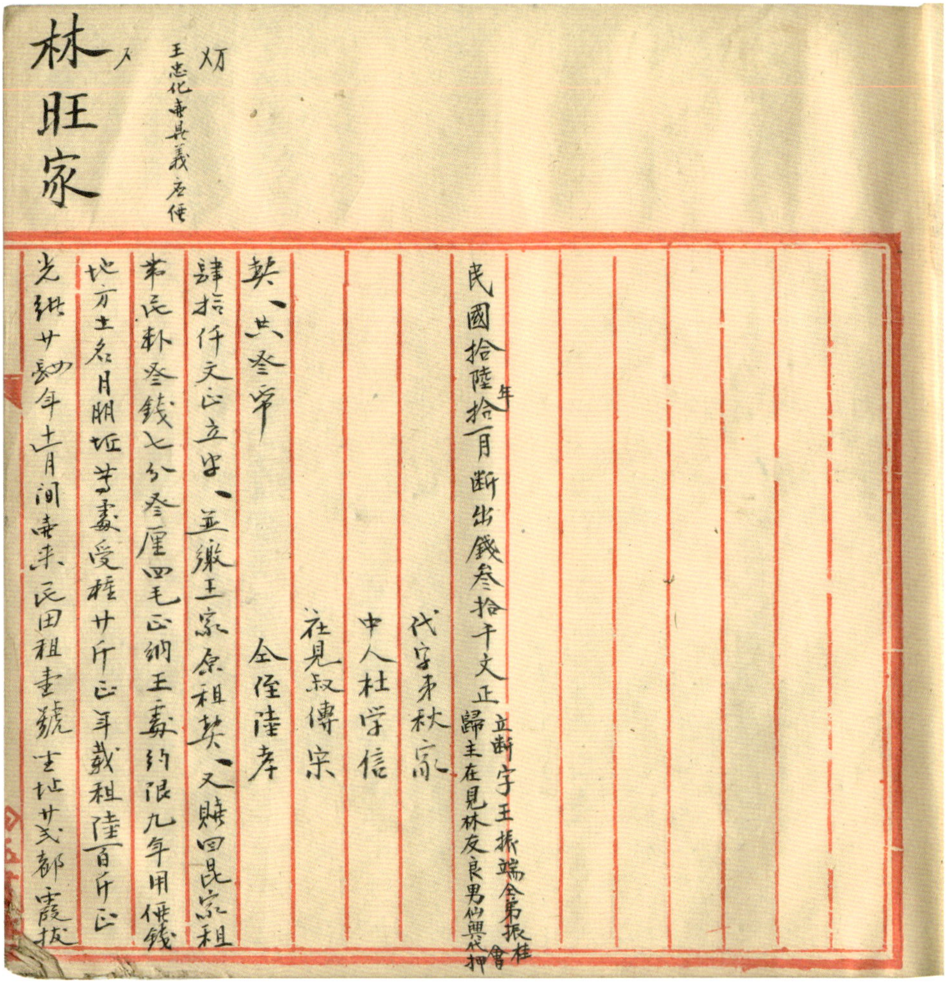

林旺家　人
炟
王忠化垂長義居住

民國拾陸年拾一月斷出錢叁拾千文正
立斷字王振端仝弟振桂會
歸主在見林友良男仙興代押
代字弟秋家
中人杜学信
在見叔傳宗
仝侄陸孝
契一共叁帋
肆拾仟文正立字一並繳王家原祖契一又贖回昆宗祖
苐民朴叁錢七分叁厘四毛正納王處約限九年用價錢
地方土名月明坵茅處受種廿斤正年载租陸百斤正
光緒廿四年十一月間垂來民田租壹號坐址廿弍都霞拔

8-2-28-9　民國十年黄堅如置得業便覽（九）

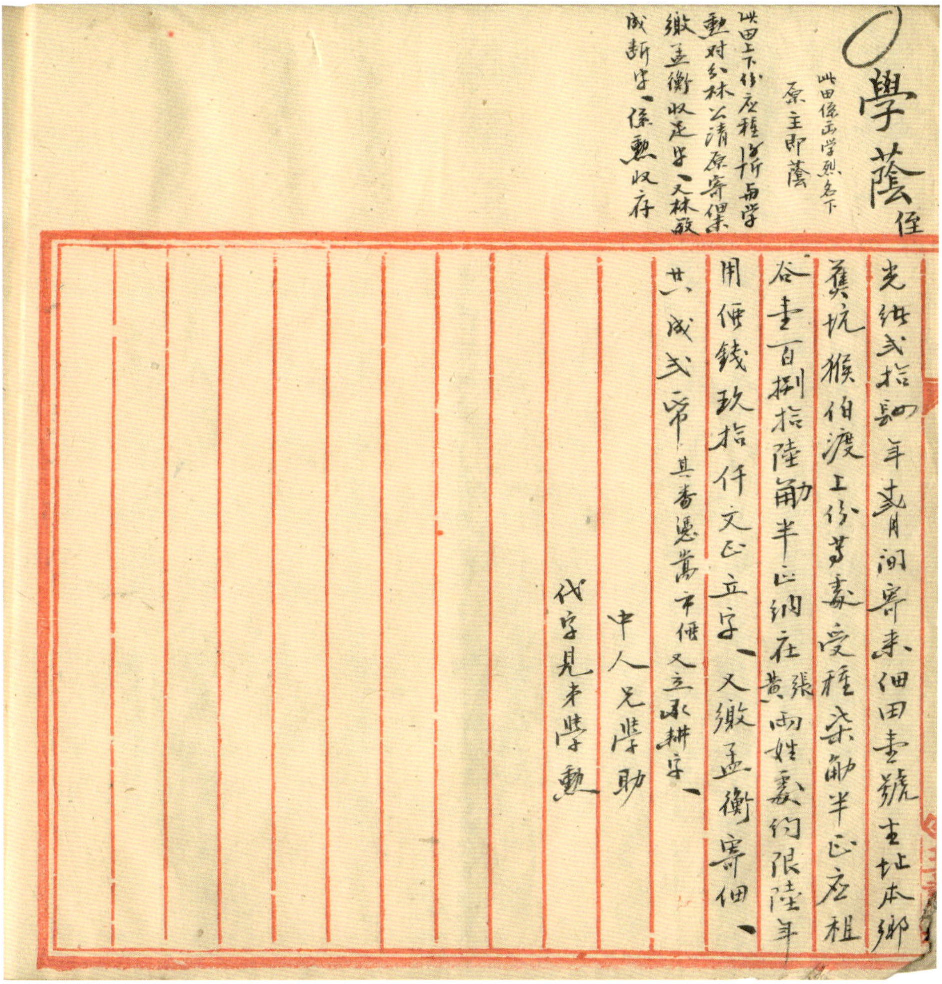

8-2-28-10　民國十年黃堅如置得業便覽（一〇）

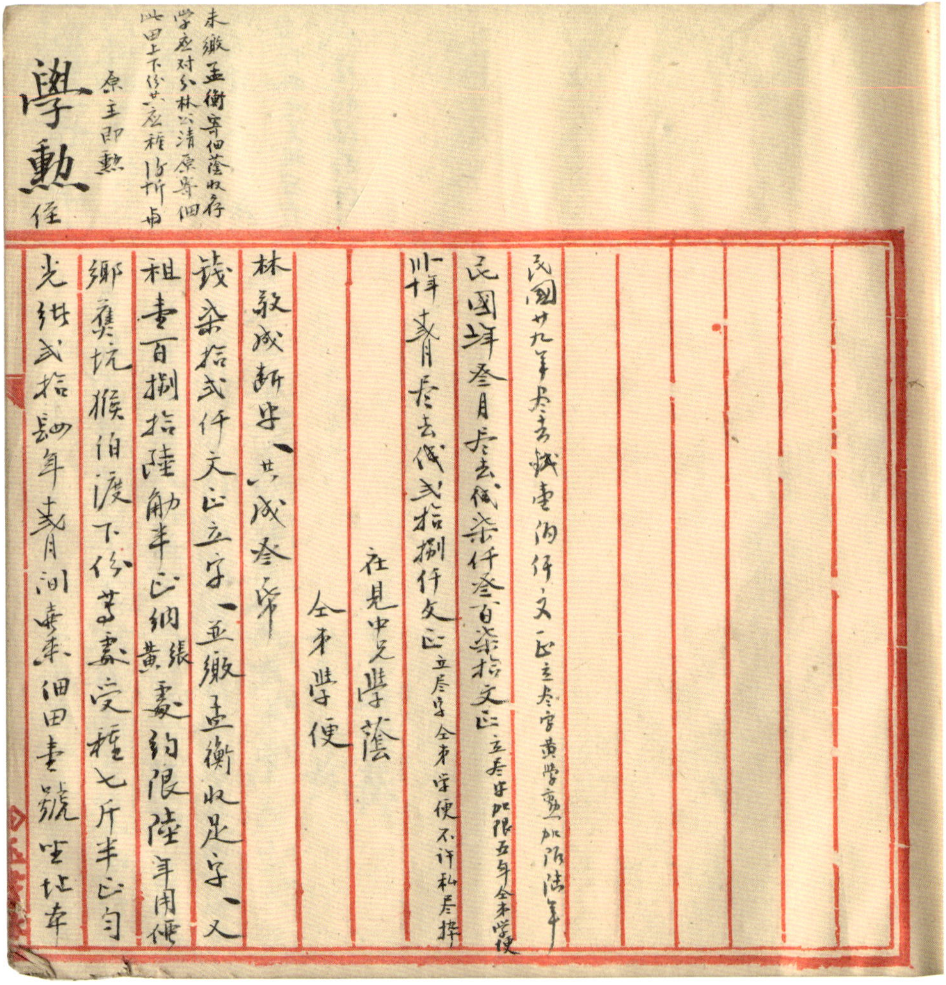

8-2-28-11　民國十年黃堅如置得業便覽（一一）

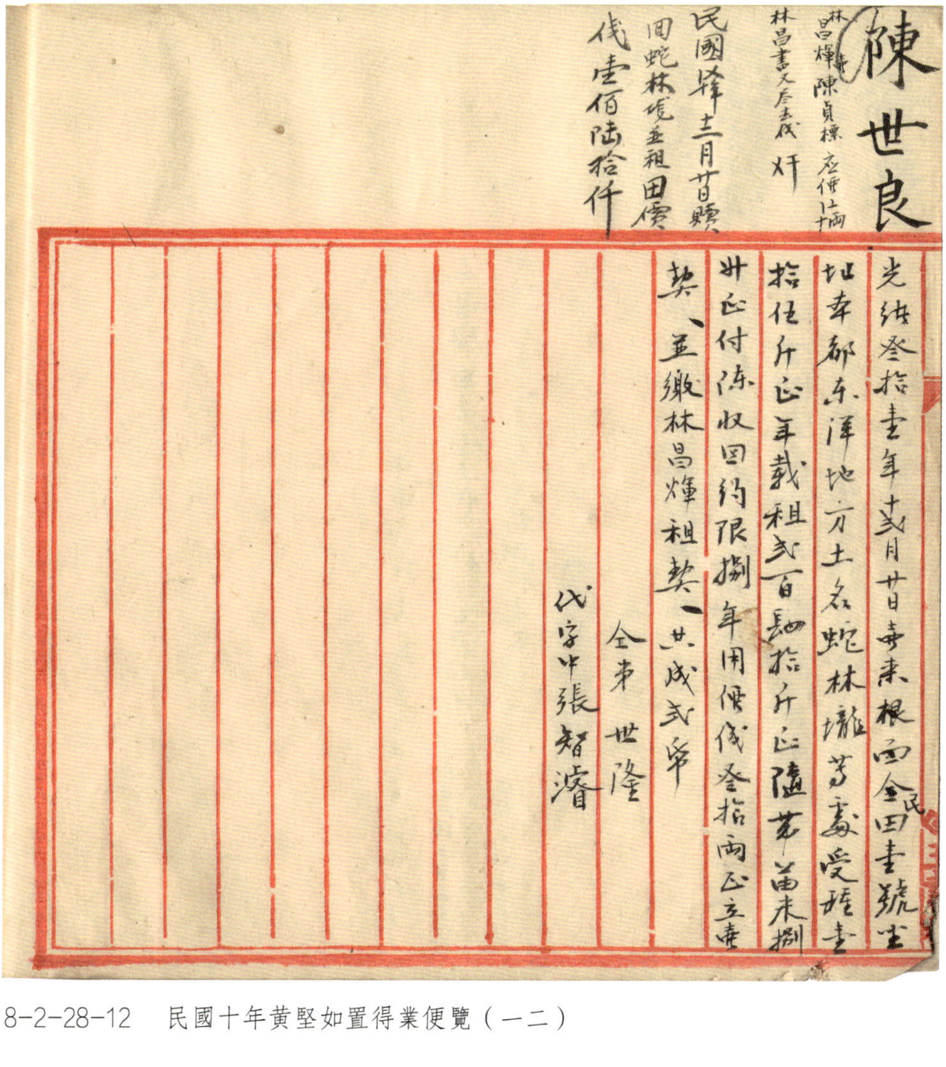

陳世良

林昌煇、陳貞標應便仁兩

林昌書又存去伐仟

民國拾年十二月廿日贖回蛇林墘並租田價

伐壹佰陸拾仟

光緒叁拾壹年十弍月廿日當來根面全田壹號坐

址本都東洋地方土名蛇林壠，第壹受種壹

拾伍斤正，年載租弍百肆拾斤正，隨業苗米捌

卅正，付陳收回，約限捌年，用價伐叁拾兩正，立當

契、並繳林昌煇租契，一共成弍帋。

仝弟 世隆

代字中 張智濬

8-2-28-12　民國十年黃堅如置得業便覽（一二）

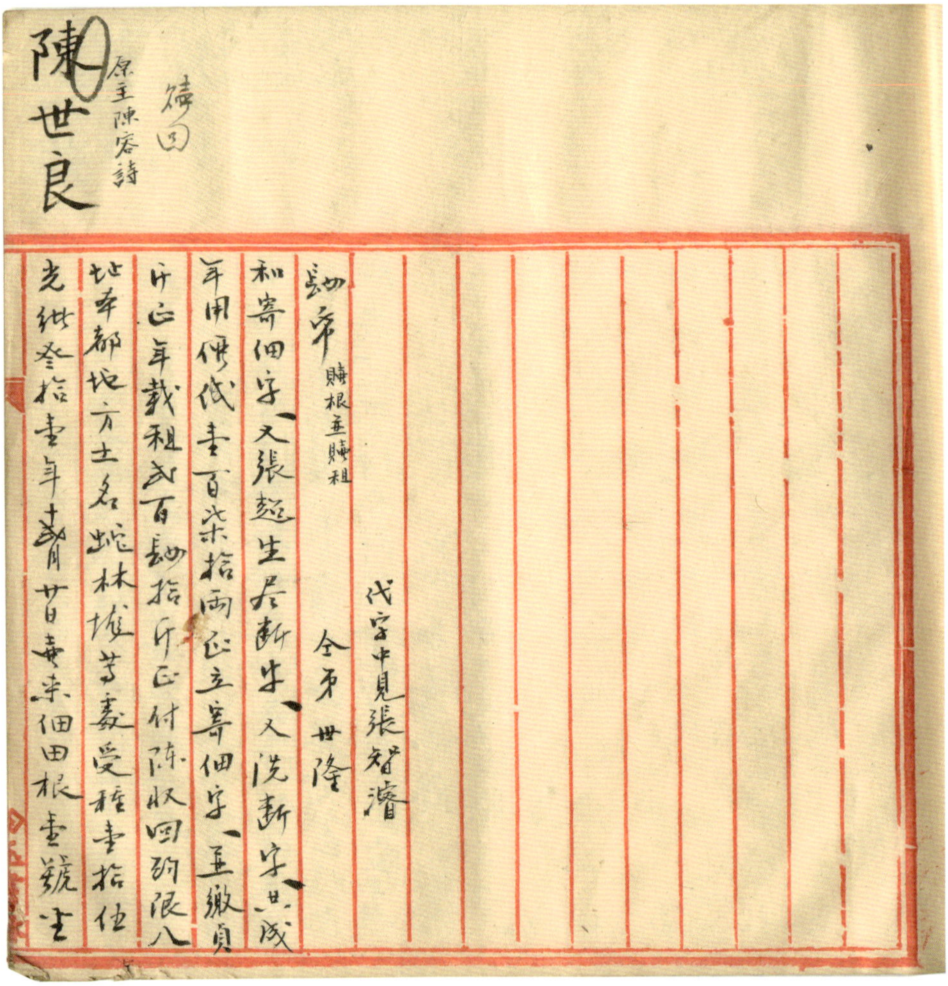
陳世良
原主陳容詩
稗田

代字中見張智濬
捌弟 贖根並贖租
仝弟世隆
和寄佃字一，又張超生居斷字一，又洗斷字一，共成
年用價錢壹百柒拾兩正，立寄佃字一，並繳負
斤正，年載租貳百捌拾斤正，付陳收回，夠限八
址本都地方，土名蛇林坡等處，受種壹拾伍
光緒叁拾壹年十弍月廿日黄來佃田根壹號，坐

8-2-28-13　民國十年黄堅如置得業便覽（一三）

汝煇 垂孫
原主即煇
待回

民國弍年十二月初十無承佃田根壹號坐址本鄉
㮚坑地方土名橋墩垢大斎垟等處受種壹
拾斤正又壹號土名斎垟上份受種壹拾斤正共
栽租捌百捌拾斤正付煇收回面約年限不拘
用價錢壹百叁拾仟文正立寄佃字一並繳
盡徊無斷契一又面清無斷契一又盡情原
斷契一又字切原斷契一共成伍帋又立承耕一
在見叔向沫
代字中見兄汝聯

8-2-28-14　民國十年黄堅如置得業便覽（一四）

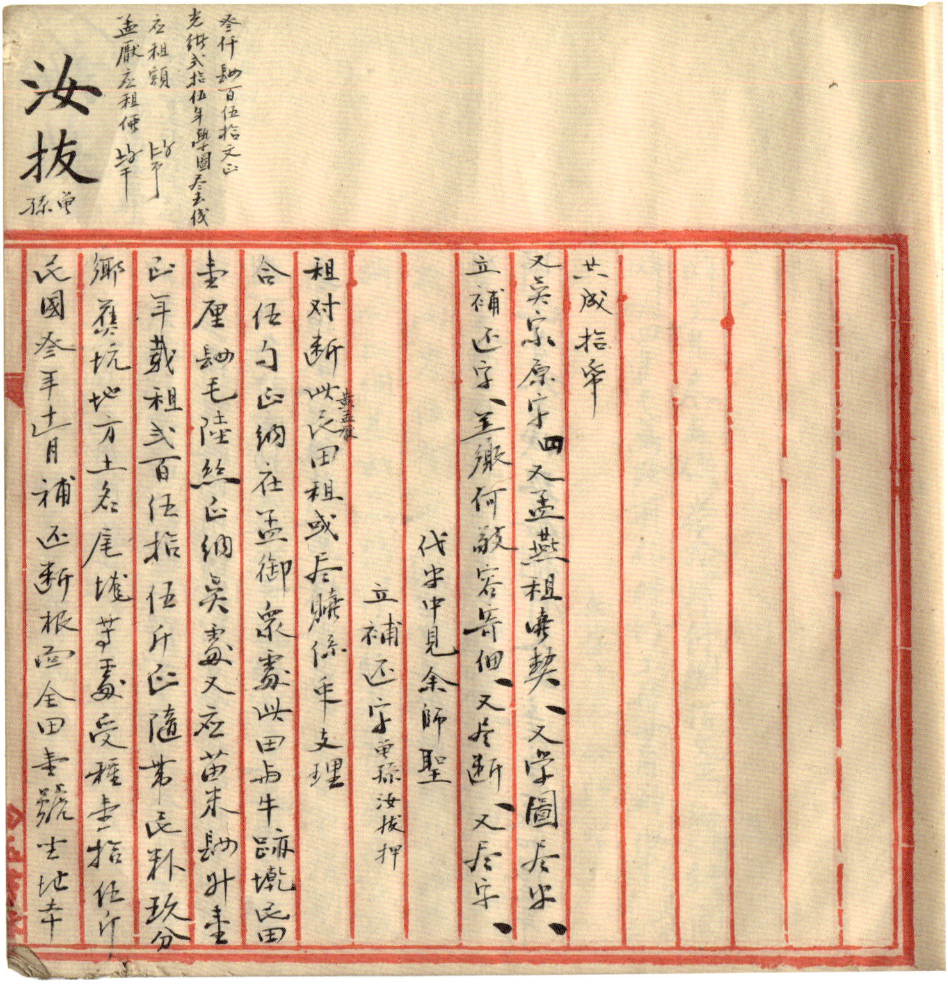

汝拔 曾孫

應租額 孟廠應租便

叁仟貳百伍拾文正
光緒貳拾伍年與圖應去找

共成指帋

又吳宗原字四、又孟燕祖典契、又字圖應字、

立補找字、王繖何敍客寄佃、又應斷、又應字、

代字中見余師聖

立補找字曾孫汝拔押

租对断此民田租或應贖係本支理

合伍勺正納在孟御衆處此田與牛蹄墘民田

壹厘貳毛陸絲正納吳處又應苗米貳升壹

正年載租貳百伍拾伍斤正隨帶民秋玖分

鄉蕉坑地方土名尾墘等處受種壹拾伍斤

民國叁年十一月補找斷根田全田壹號坐址本

8-2-28-15　民國十年黃堅如置得業便覽（一五）

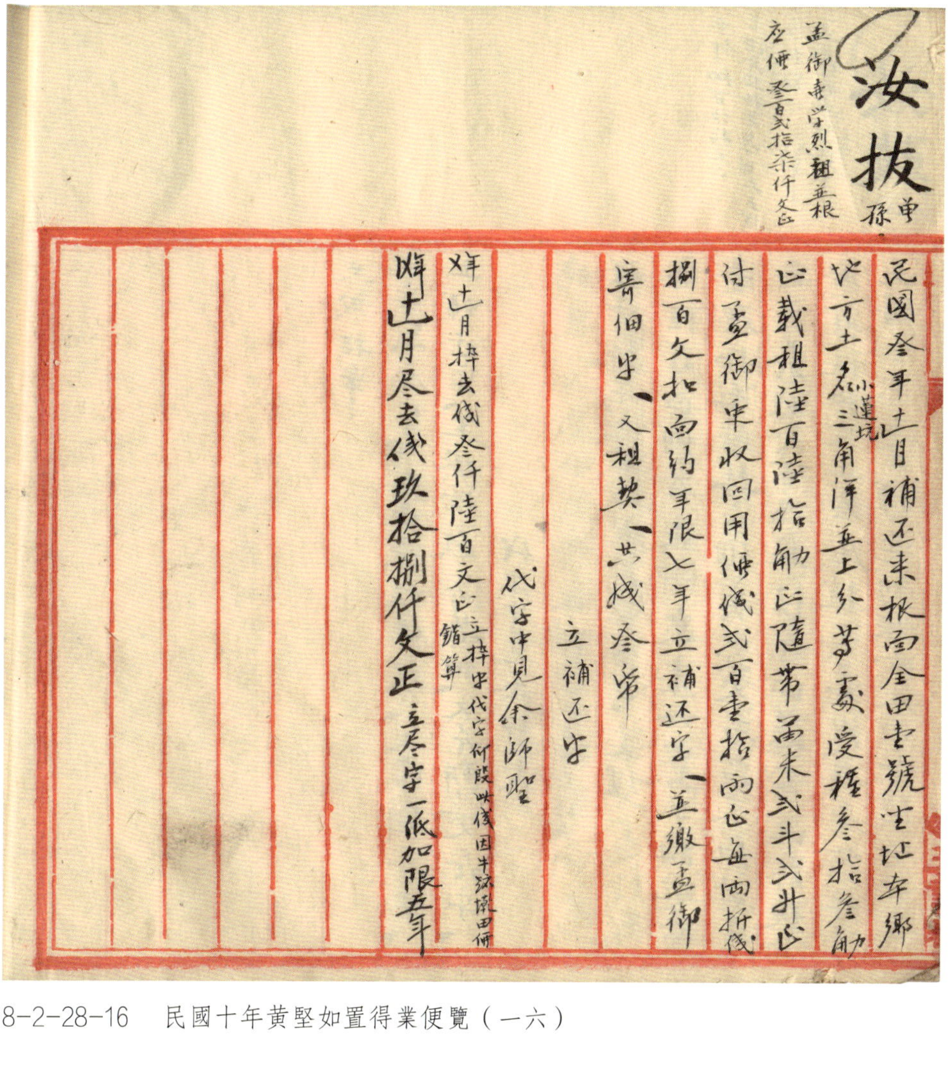

汝拔 單孫

盖御喜字烈祖並根
座價叄百弍拾柒仟文正

民國叄年十二月補还未根面全田壹號坐址本鄉
地方土名小蓮坑三角洋並上分第壹處受種叄拾叄觔
正載租陸百陸拾觔正隨帶苗米弍斗弍升正
付與御卑收回用價錢弍百壹拾兩正每兩折錢
捌百文扣面約年限七年立補还字一並繳盖御
當佃字一 又租契一 共錢叄帋
立補还字
代字中見余錫聖
丙年十二月捽去錢叄仟陸百文正 立捽字代字何啟耿 錢因年限田價錯算
丙年十二月尽去錢玖拾捌仟文正 立尽字一張加限五年

8-2-28-16　民國十年黃堅如置得業便覽（一六）

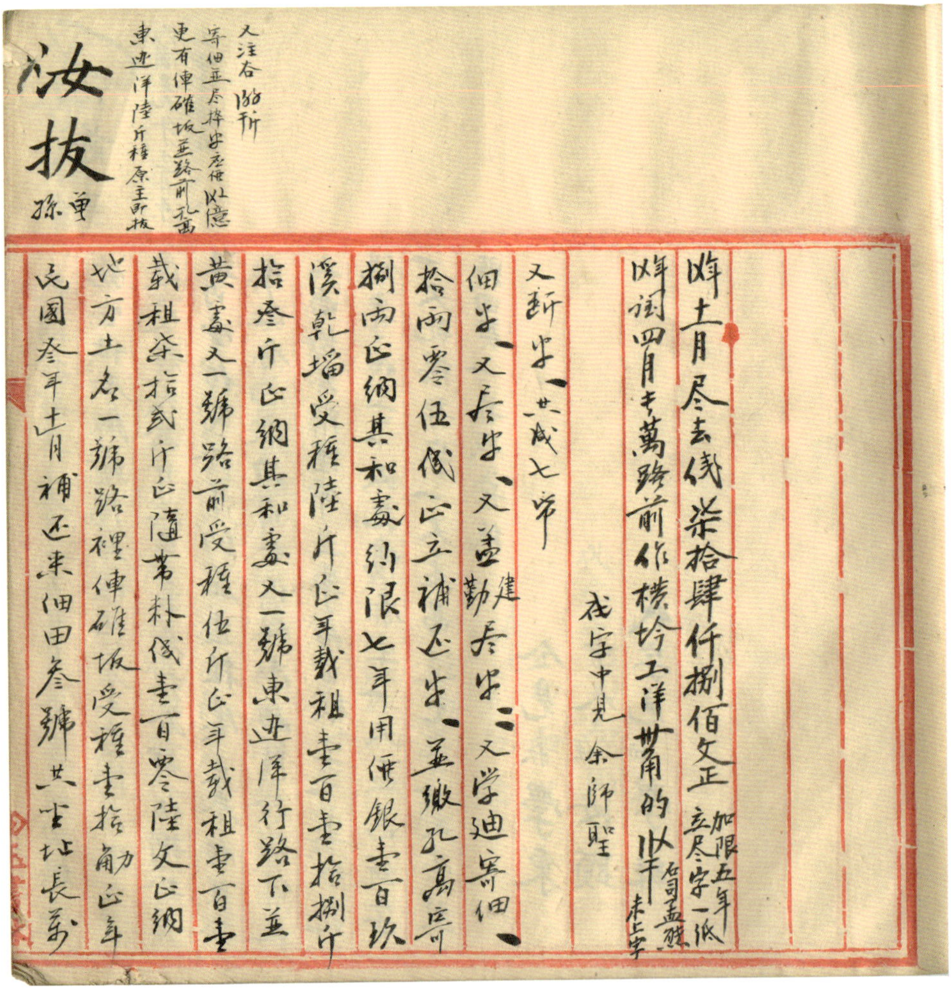

以年十一月尽去钱柒拾肆仟捌佰文正　加限五年　立尽字一纸
以年閏四月由萬路前作横坽工洋卅角的收　旬壹號　未上字
代字中見　余師聖
又断字一　共成七条
佃字一、又尽字、又並勤尽字三　又学迪寄佃一
拾两零伍代立補还字一並繳孔高字寄
捌两正納其和畝約限七年用佛銀壹百玖
溪乾墙受種陸斤正年載租壹百壹拾捌斤
拾叁斤正納其和畝又一號東边洋行路下並
黄畝又一號路前受種伍斤正年載租壹百壹
載租柒拾貳斤正隨帶朴錢壹百零陸文正納
地方土名一號路裡俥碓坂受種壹拾角正年
民國叁年十二月補还来佃田叁號共坐址長箬

又注名　寄佃並尽拚字在册以隐　更有俥碓坂並路前孔高　東边洋陸斤種原主斷拔

汝拔

孫　曾

8-2-28-17　民國十年黄堅如置得業便覽（一七）

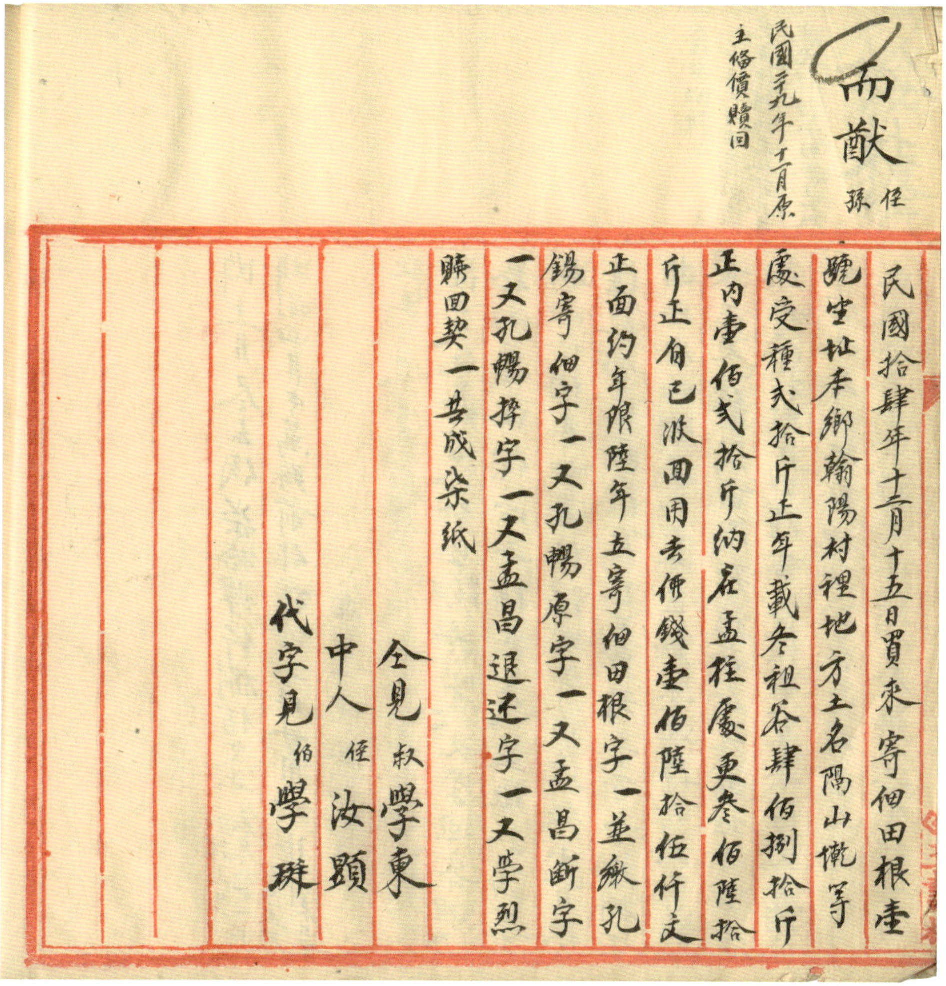
侄孫而猷

民國廿九年十二月原主備價贖回

民國拾肆年十二月十五日買來寄佃田根壹
號坐址本鄉翰陽村裡地方土名陽山墘等
處受種弍拾斤正年載冬租谷肆佰捌拾斤
正內壹佰弍拾斤納庄孟柱處更叁佰陸拾
斤正自己收回用去價錢壹佰陸拾伍仟文
正面約年限陸年立寄佃田根字一並繳孔
錫寄佃字一又孔暢原字一又孟昌斷字
一又孔暢撑字一又孟昌退送字一又學烈
贖回契一共成柒紙

仝見 叔 學東

中人 侄 汝顯

代字見 伯 學琎

8-2-28-18　民國十年黄堅如置得業便覽（一八）

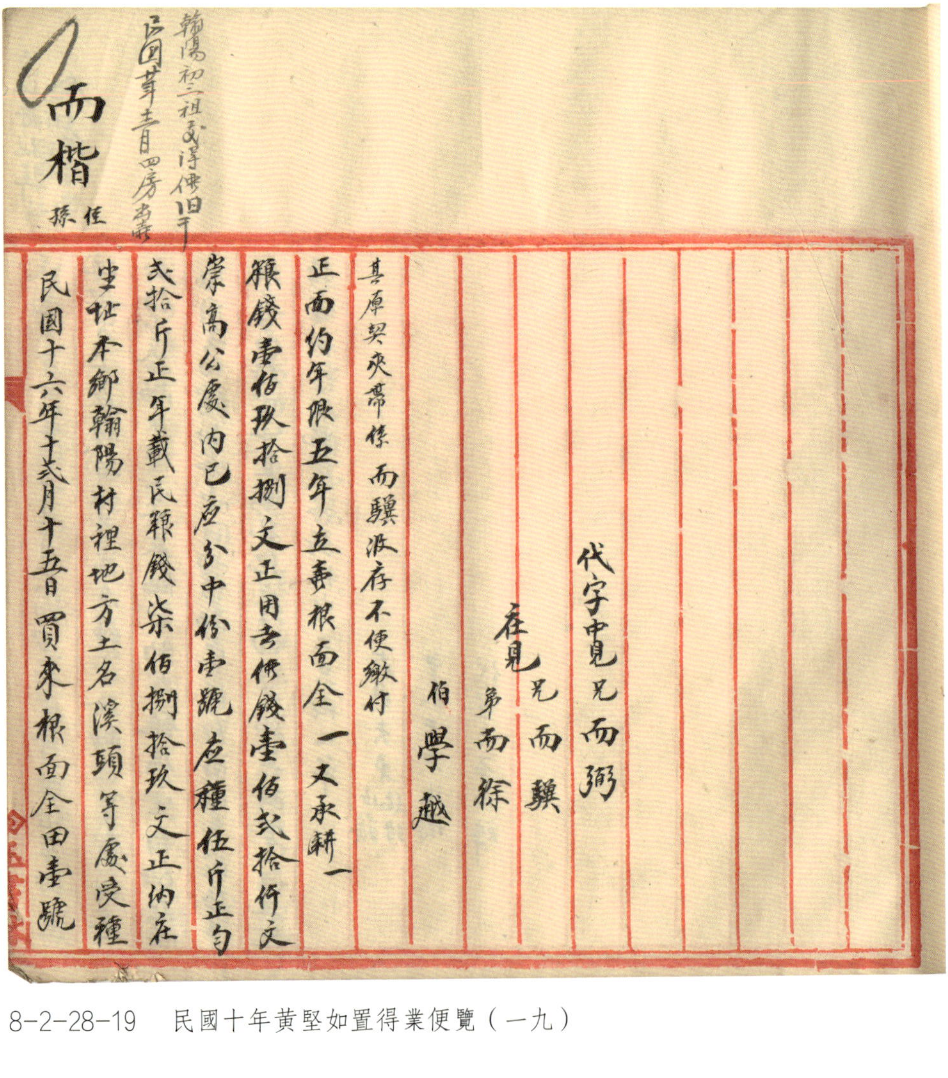
代字中見兄而鄉
在見兄而驥
弟而徐
伯學趣
其原契夾帶係而驥收存不便繳付
正面約年限五年立壹根面全一丈承耕一
糧錢壹佰玖拾捌文正用去價錢壹佰弍拾仵文
崇高公處內已應分中份壹號應種伍斤正句
弍拾斤正年載民糧錢柒佰捌拾玖文正納在
坐址本鄉翰陽村裡地方土名溪頭等處受種
民國十六年十弍月十五日買來根面全田壹號
翰陽初三祖㕛得價旧平
民國廿年十二月四房出賣
而楷
孫侄

8-2-28-19　民國十年黃堅如置得業便覽（一九）

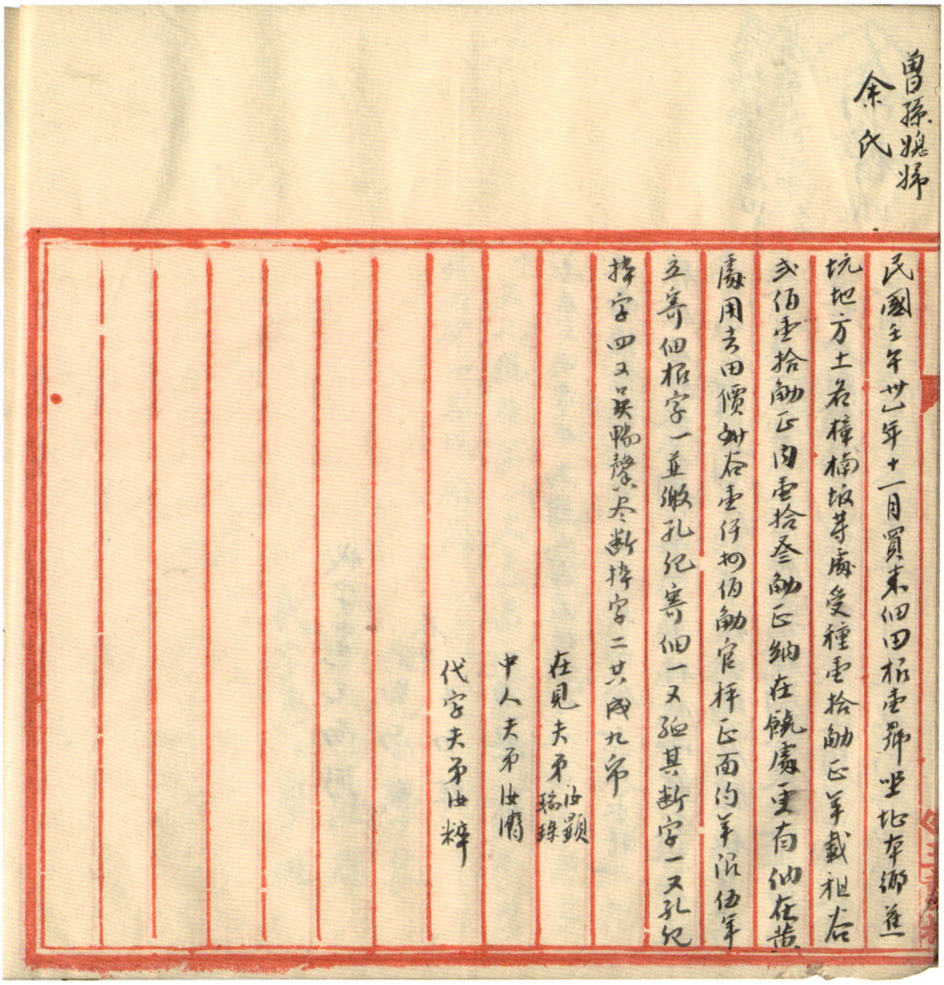

曾孫媳婦
余氏

民國壬午卅一年十一月買來佃田租壹節坐址本鄉並
坑地方土名樟楠坂芽處受種壹拾觔正年載租谷
弍佰壹拾觔正內壹拾叁觔正納在饒處重有仙在黃
處用去田價艮谷壹仟捌佰觔官秤正面約年限伍年
立寄佃租字一並繳孔紀寄佃一又賠其斷字一又孔紀
推字四又只典贌契又斷推字二共成九帋
在見 夫弟 汝顯 瑞琳
中人 夫弟 汝濟
代字 夫弟 汝梓

8-2-28-20　民國十年黃堅如置得業便覽（二〇）

瑞圖
曾孫

送外安梓侄耕瑞珠
外立來承耕山第過年除代納租粮外實納田租谷肆
中人兄海梓又收兩國字事等寄佃數字共字共五第
又向伯法立來寄佃字山第合係可觀 在見兄瑞珠 海梓
山辨庄種庄租庄粮用田價錢法仍作文
卅年十二月十五期買得長鄰東邊洋黃桐塅等處佃

8-2-28-21　民國十年黃堅如置得業便覽（二一）

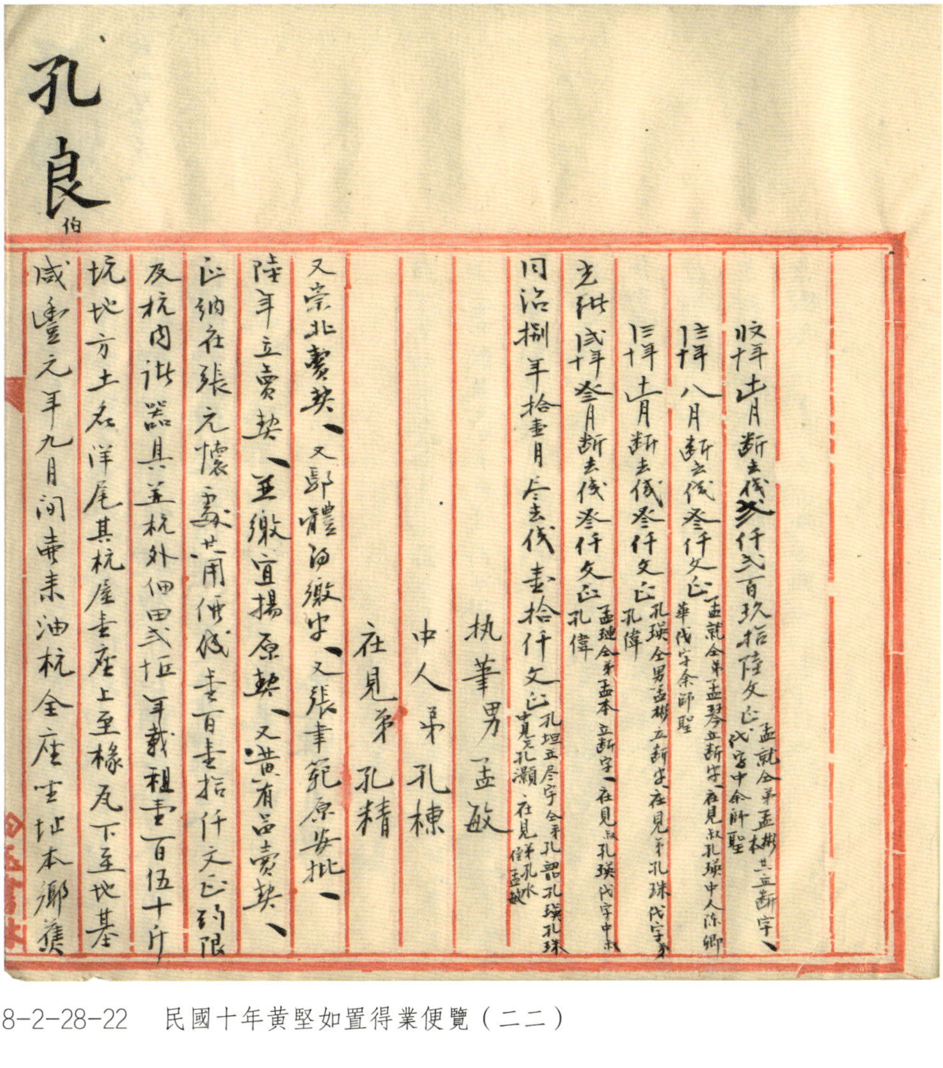
孔良伯

拾年十二月斷去價參仟貳百玖拾陸文正 孟就仝弟孟彬共立斷字、代字中余師聖
拾壹年八月斷去價叁仟文正 孟就仝弟孟琴立斷字、在見叔孔瑛 中人陳鄉華 代字余師聖
拾壹年十二月斷去價叁仟文正孔偉 孔瑛仝男孟彬立斷字、在見弟孔珠 代字
又拾貳年叁月斷去價叁仟文正孔偉 孟璉仝弟孟本立斷字、在見叔孔瑛 代字中叔
同治捌年拾壹月合去價壹拾仟文正 孔垣立尽字仝弟孔詔孔瑛孔珠 中見叔孔灝、在見弟孔水 侄孟敏

執筆男孟敏
中人弟孔棟
在見弟孔精

又崇北賣契、又鄭體陶繳字、又張聿範原安批、
陸年立賣契、並繳宜揚原契、又黃有品賣契、
正納在張元懷處。共用價錢壹百壹拾仟文正，約限
及杭內諸器具，並杭外佃田貳坵，年載租壹百伍十斤
坑坵方土名洋尾，其杭屋壹座，上至椽瓦，下至地基
咸豐元年九月間再來油杭全座，坐址本鄉獲

8-2-28-22　民國十年黃堅如置得業便覽（二二）

孟典 弟

原主即典

仁義礼智四房仝

光緒十弍年十弍月昔寄来佃田根壹號坐地本

鄉去茅地方土名下畲溪对面坂茅壹受種

壹拾觔正年載租麵拾斤正納在孔日壹用便

伐捌拾弍仟文正約限七年立寄田根字、

在見侄 学山

中人陳有興

8-2-28-23　民國十年黄堅如置得業便覽（二三）

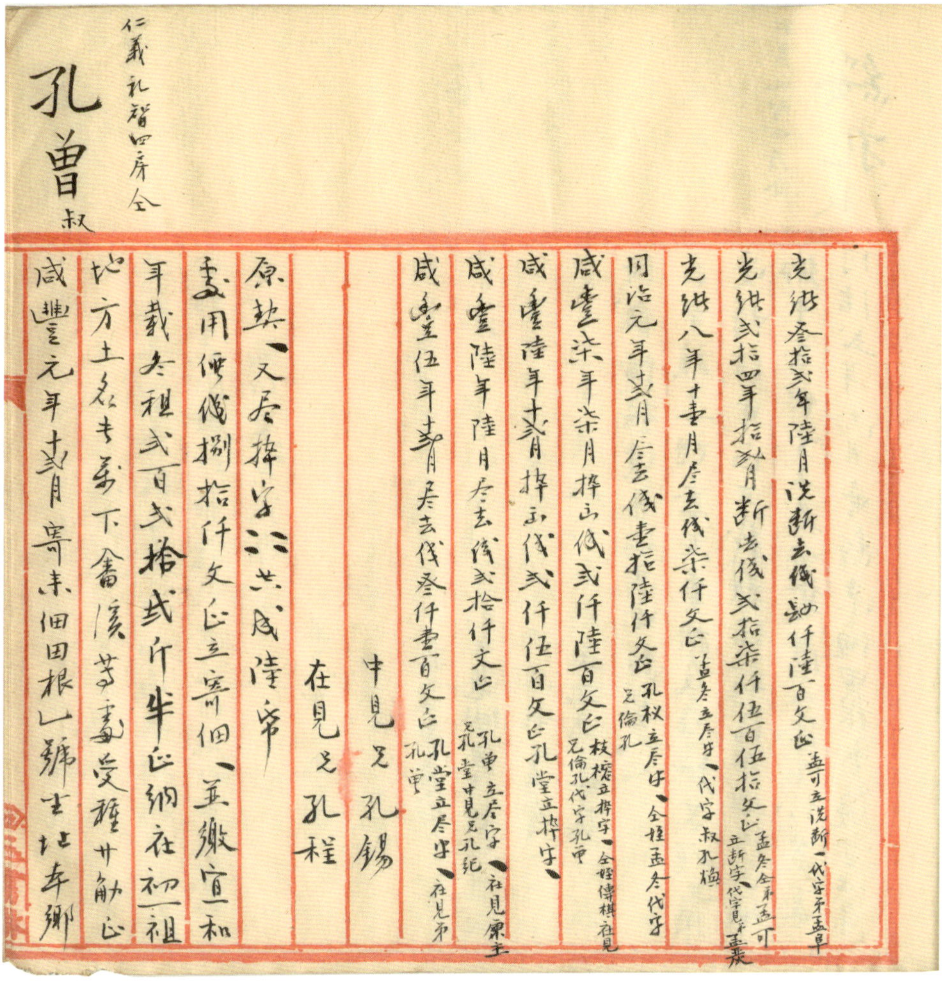

孔曽叔　仁義禮智四房仝

光緒叁拾弍年陸月洗斷去錢卌仟陸百文正　孟可立洗斷一代字弟孟阜
光緒弍拾四年拾弍月斷去錢弍拾柒仟伍百伍拾文正　孟冬仝弟孟可立斷字一代字見弟孟炎
光緒八年十弍月又去錢柒仟文正　孟冬立又字一代字叔孔楨
同治元年十弍月又去錢壹拾陸仟文正　孔杈立又字一仝侄孟冬代字　兄倫孔
咸豐柒年柒月找去錢弍仟陸百文正　枝楻立找字一仝姪傳棋在見　兄倫孔代字孔甲
咸豐陸年十弍月找去錢弍仟伍百文正孔堂立找字一
咸豐陸年陸月又去錢弍拾仟文正　孔甲立又字一在見康主　兄孔堂中見兄孔紀
咸豐伍年十弍月又去錢叁仟壹百文正　孔堂立又字一在見弟孔甲
中見兄孔錫
在見兄孔程
原契一又又找字二共成陸帋
委用便借捌拾仟文正立寄佃一並繳宜和
年載冬租弍百弍拾弍斤半正納在初一祖
地方土名屯底下倉溪等處受種廿觔正
咸豐元年十弍月寄佃田根山歸出坵本鄉

8-2-28-24　民國十年黄堅如置得業便覽（二四）

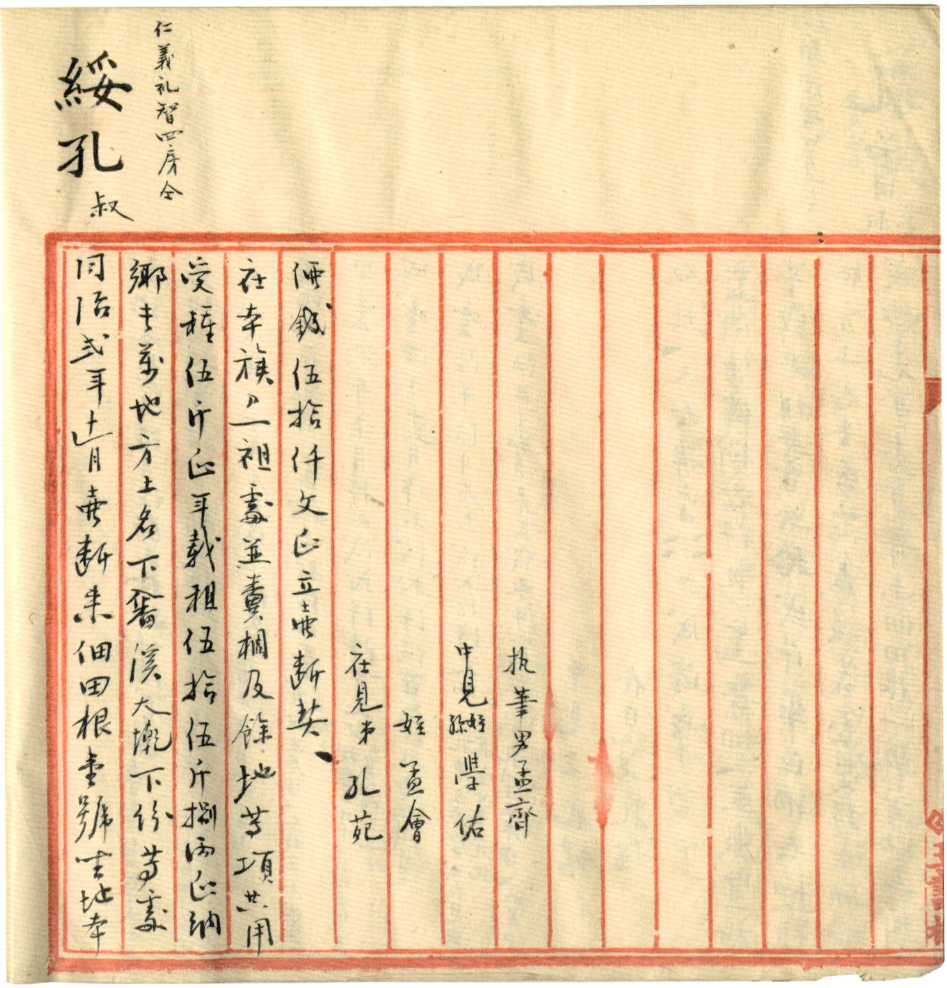
執筆男孟齊
中見孫姪學佑
姪孟會
在見弟孔苑
價錢伍拾仟文正立賣斷契
在本族人祖齋並黃桐及餘地等項共用
受租伍斤正年載租伍拾伍斤捌兩正納
鄉土名地方土名下畬溪大坑下竹茅家
同治弍年十二月黃斷來佃田根壹號坐址本
綏孔叔
仁義禮智四房仝

8-2-28-25　民國十年黃堅如置得業便覽（二五）

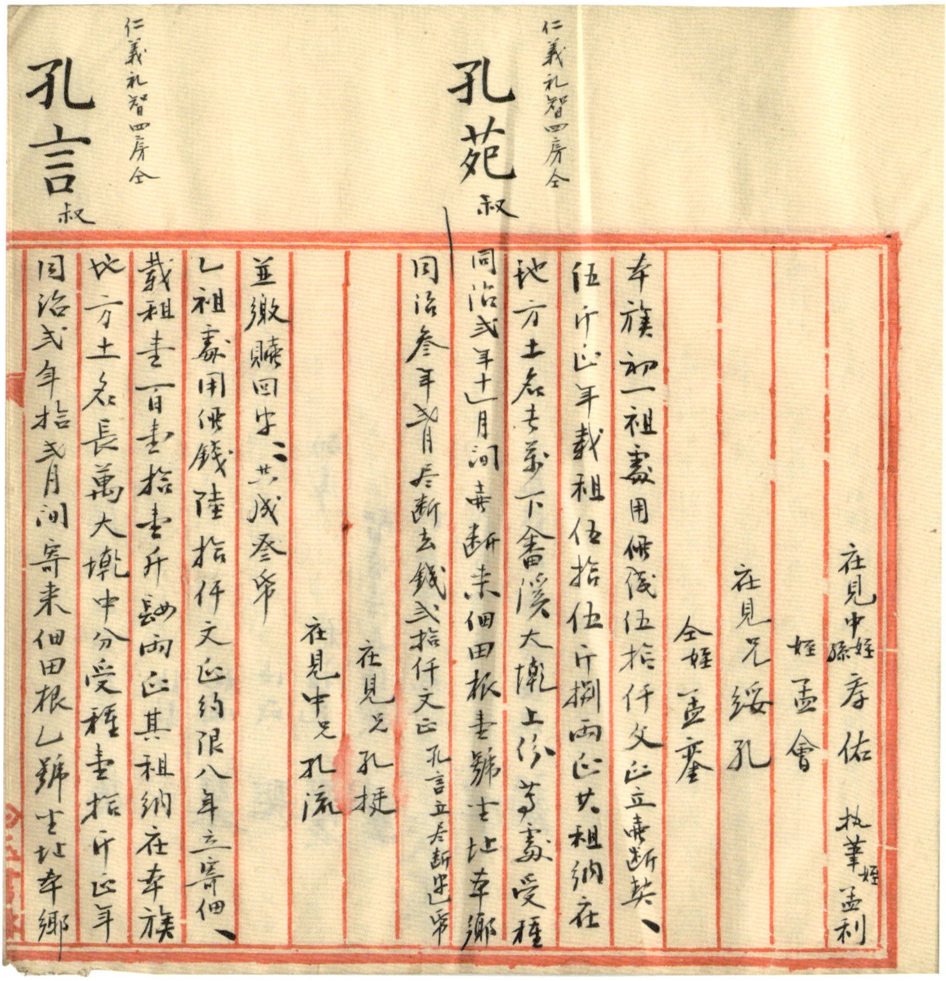
仁義礼智四房仝 孔苑叔
仁義礼智四房仝 孔言叔

在見中孫姪 彦佑 執筆姪 孟利
姪 孟會
在見兄 綏孔
仝姪 孟鑾
本族初一祖處用價錢伍拾仟文正立賣斷契、
伍斤正年載租伍拾伍斤捌兩正其租納在
地方土名吉第下畬溪大墘上份第處受種
同治弍年十二月間賣斷來佃田根壹號坐址本鄉
同治叁年十二月吞斷去錢弍拾仟文正 孔言立吞斷字乙帋
在見兄 孔提
在見中兄 孔流
並繳贌回字二共成叁帋
乙祖處用價錢陸拾仟文正約限八年立寄佃、
載租壹百壹拾壹斤陆兩正其租納在本族
地方土名長萬大墘中分受種壹拾斤正年
同治弍年拾弍月間寄來佃田根乙號坐址本鄉

8-2-28-26　民國十年黃堅如置得業便覽（二六）

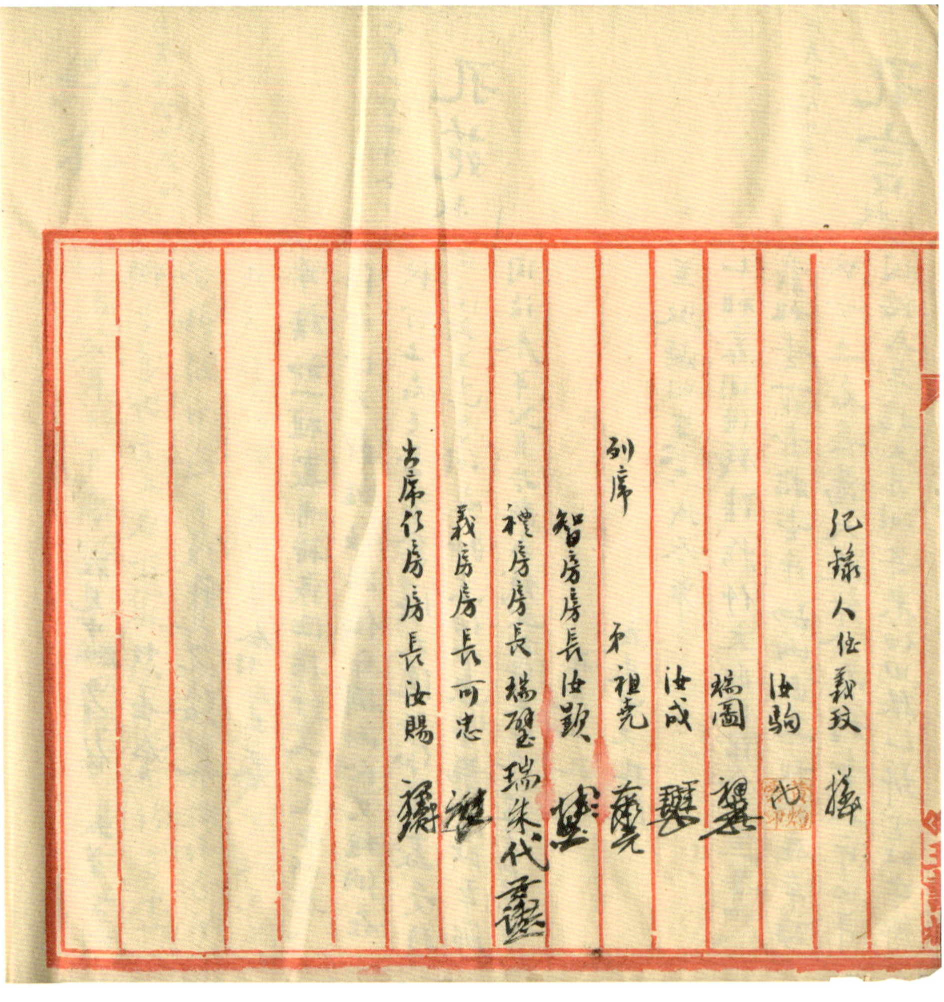

仝孫人 侄義玫
汝駒
福圖
汝成
列席 弟 祖尭
智房房長 汝歎
禮房房長 瑞璽 瑞朱代
義房房長 可忠
出席仁房房長 汝賜

8-2-28-27　民國十年黄堅如置得業便覽（二七）

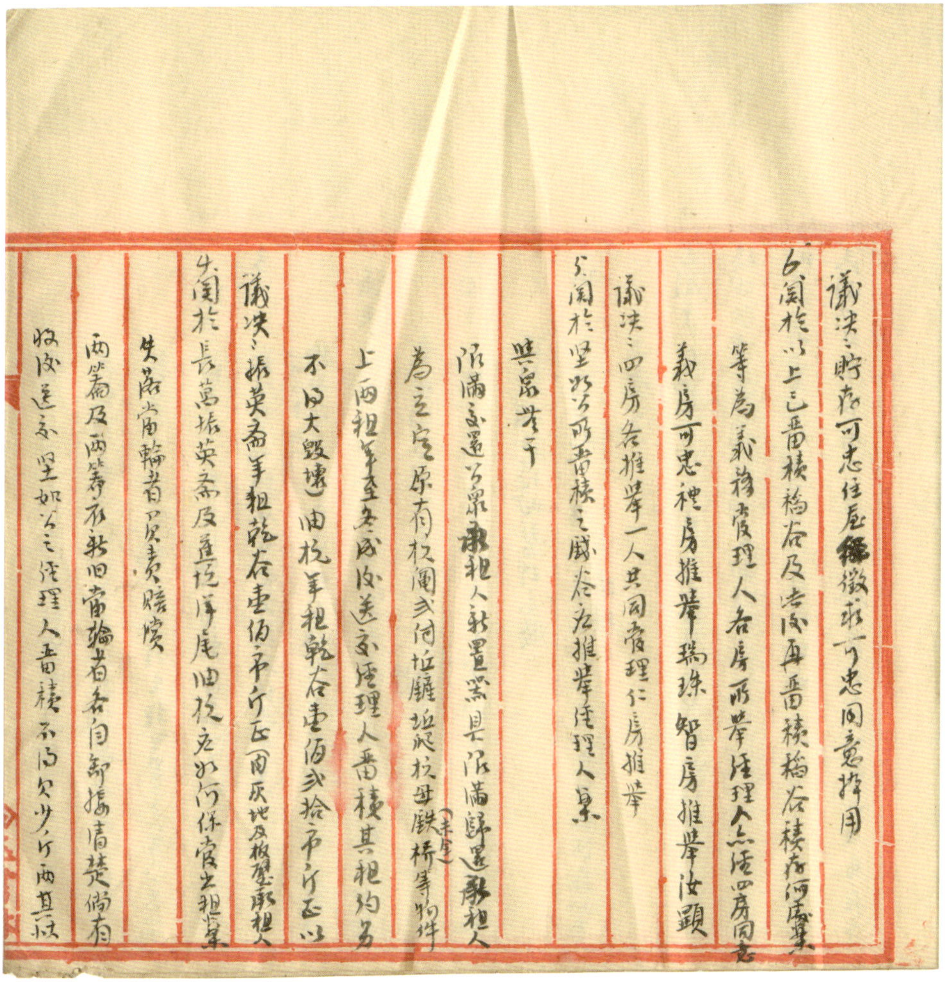
議決：時應可忠住居舊徵收，可忠同意採用
六、關於以上已番積稱谷及法收再番積稱谷積存何處案
等為義務管理人，各房所舉經理人亦經四房同意
義房可忠，禮房推舉瑞珠，智房推舉汝顯
議決：四房各推舉一人共同管理，仁房推舉
七、關於堅如公所番積之厭谷應推舉經理人案

照衆業予
限滿或選出衆承租人新置器具，限滿歸還承租人
為之，宅原有杉閣弍付垃圾垃圾杉母鐵橋等物件（未全）
上面租谷至冬成收並送交經理人番積，其租均為
不得大毀壞，由於年租乾谷壹佰弍拾市斤正，以
議決：張英斋年租乾谷壹佰市斤正（因灰地及板壓承租人
八、關於長萬張英斋及蓮垤岸尾曲枝應如何保管出租案

失落當輪者負責賠償
兩箱及兩等衣新旧當輪者各自鄉據清楚，倘有
收後送交堅如公之經理人番積，不得欠少斤兩，其秤

8-2-28-28　民國十年黄堅如置得業便覽（二八）

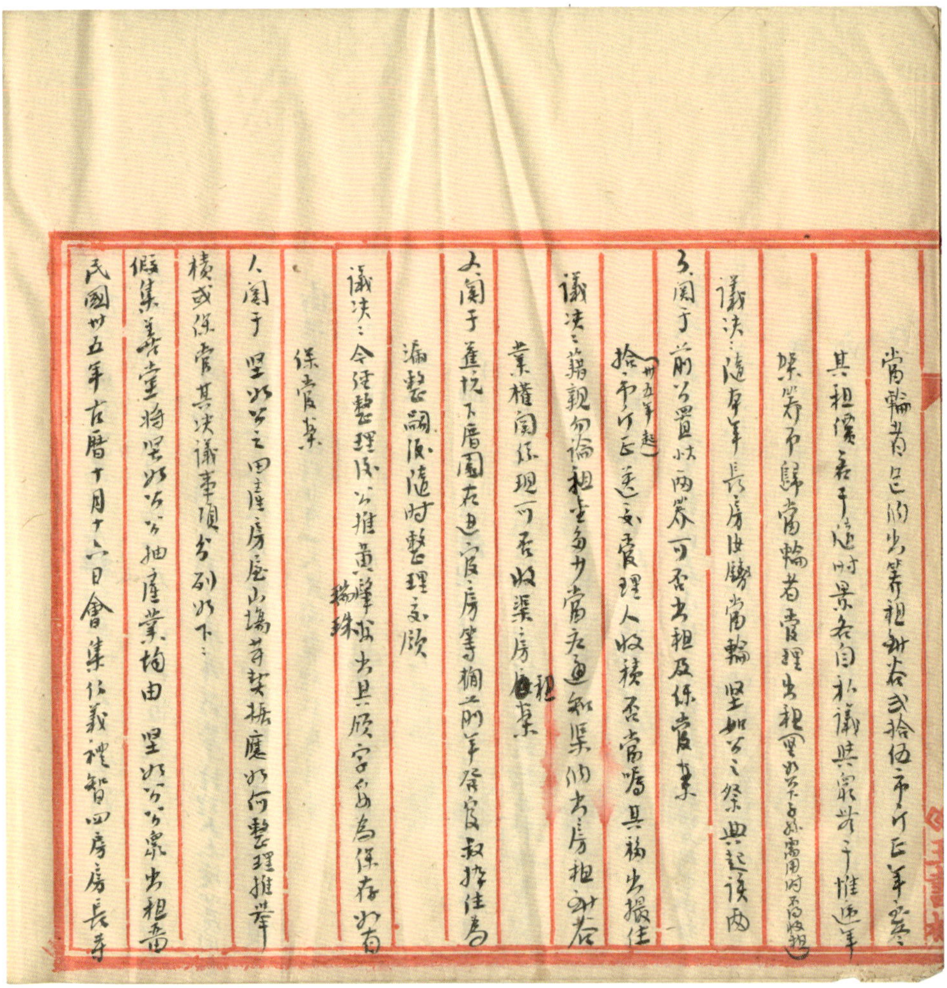

當輪者照所出等租新谷貳拾伍市斤正每年交
其租價若干隨時異各自私議與衆無干惟每年
祭等節歸當輪者管理出租（堅如公之孫當用時不得收租）
議決：隨本年長房按當輪 堅如公之祭典起該兩
五、關于前公置收兩祭可否出租及保管案
拾市斤正（卅五年起）送交管理人收積否當嗜其福出擬佳
議決：藉親分論租金多少當交通知渠所出房租新谷
業權關係現可否收渠房租案
六、關于蓮坑下厝園在迪宦房等捐之所年發宦叔擇住為
漏整嗣後隨時整理交厥
議決：今後整理係公推黃肇璿瑞珠出具收字由為保存以省
保管案
七、關于堅如公之田產房屋山場等契據應如何整理推舉
積或保管其決議事項分列如下：
假集善堂將堅如公公抽產業揭由 堅如公公衆出租番
民國卅五年古曆十月十六日會集仁義禮智四房房長等

8-2-28-29　民國十年黃堅如置得業便覽（二九）

8-2-28-30　民國十年黃堅如置得業便覽（三〇）

8-2-29-1　民國十年賬簿（一）

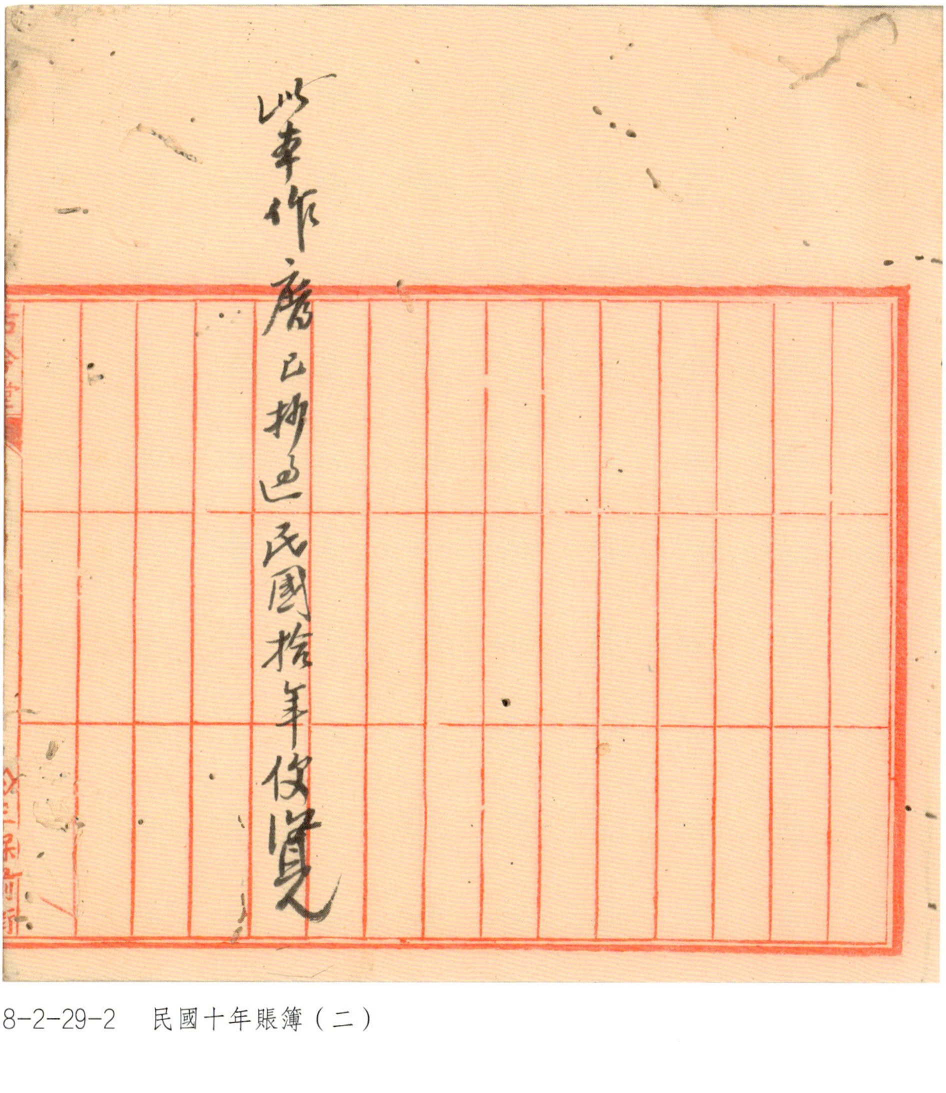

以本作廢已抄過民國拾年伙賬

8-2-29-2　民國十年賬簿（二）

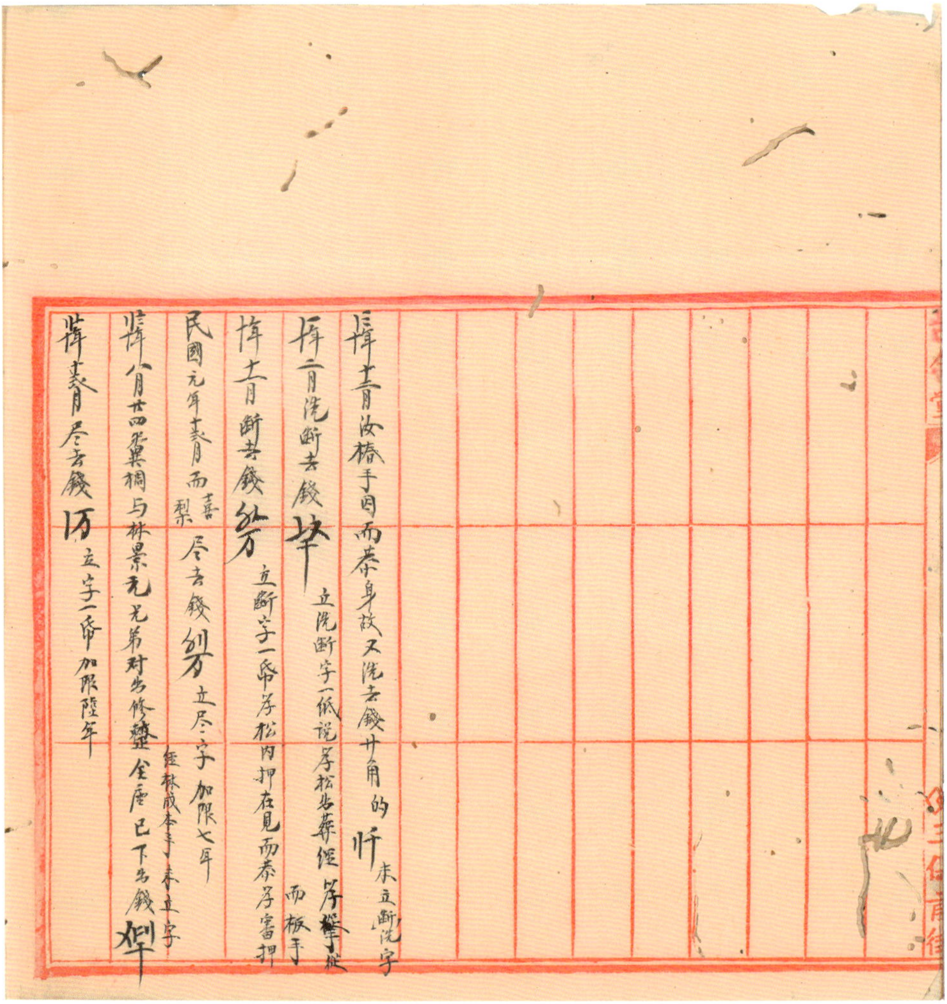

[illegible]年十二月汝椿手因而泰身故又洗去錢廿角的[illegible] 未立斷洗字

[illegible]年二月洗斷去錢[illegible] 立洗斷字一紙說孝松出葬從孝[illegible] 而板手

[illegible]年十二月斷去錢[illegible] 立斷字一紙孝松內押在見而泰孝富押

民國元年十二月而喜梨 盡去錢[illegible] 立盡字 加限七年

[illegible]年八月廿四[illegible]巢桐与林景元兄弟对出修整全厝已下出錢[illegible] 經林成本手 未立字

[illegible]年十二月盡去錢[illegible] 立字一紙 加限陸年

8-2-29-3　民國十年賬簿（三）

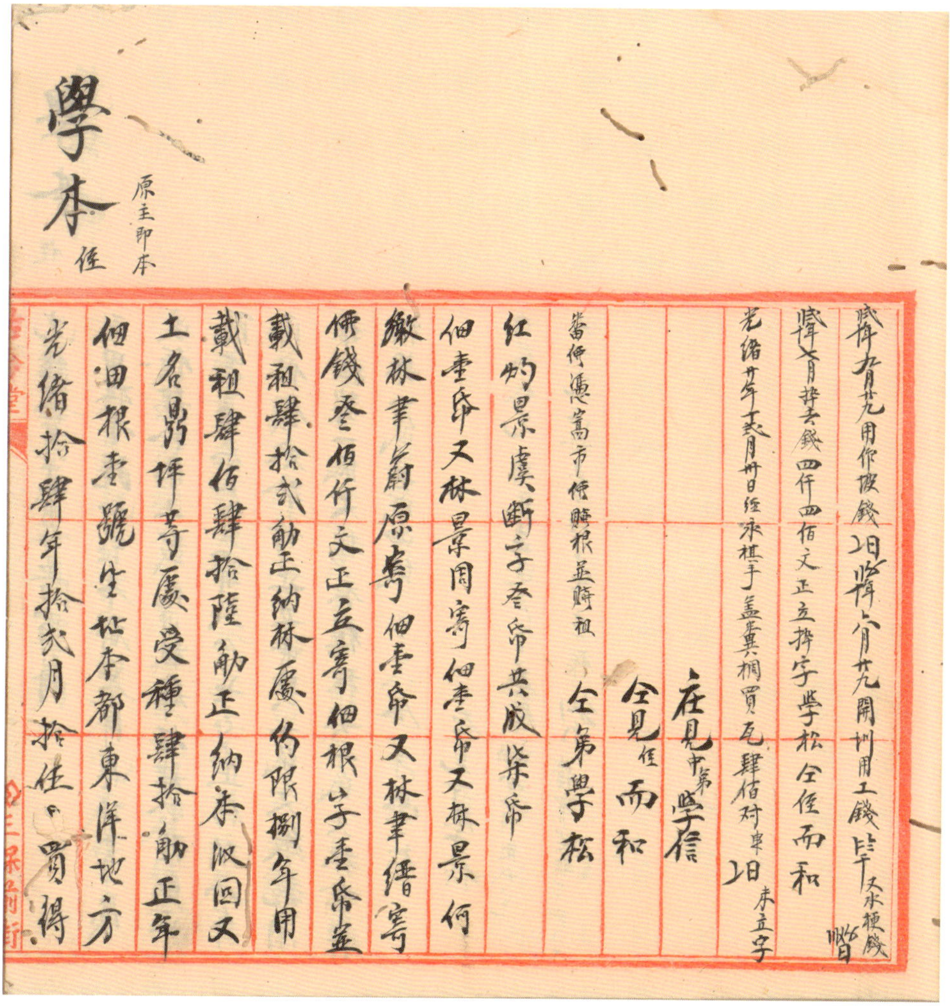

學本侄　原主即本

貳拾九月廿九用作坡錢〢日貳拾六月廿九開圳用工錢〢千文水埂錢嘗
貳拾七月拾壹錢四仟四佰文正立拼字學松仝侄而和
光緒廿年十弍月卅日經承祖手益寅桐買瓦肆佰对東〢日本立字
庄見中弟學信
仝見侄而和
當付憑嵩市佃贌根並時租　仝弟學松
紅物景虞斷字叁帋共成柒帋
佃壹帋又林景周寄佃壹帋又林景何
繳林聿蔚原寄佃壹帋又林聿縉寄
價錢叁佰仟文正立寄佃根字壹帋並
載租肆拾弍觔正納林處仍限捌年用
載租肆佰肆拾陸觔正納本派回又
土名影坪等處受種肆拾觔正年
佃田根壹號坐址本都東洋地方
光緒拾肆年拾弍月拾住日買得

8-2-29-4　民國十年賬簿（四）

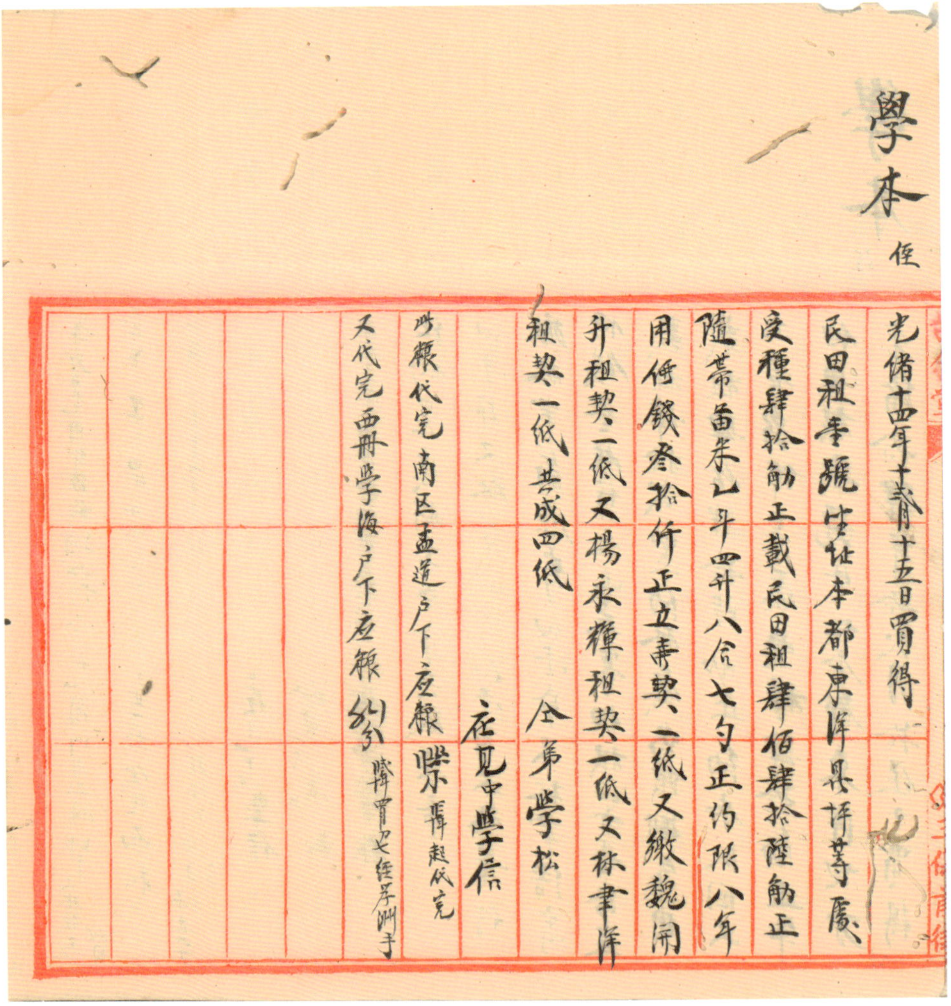

學本

侄

光緒十四年十二月十五日買得

民田租壹號坐址本都東洋吳坪等處

受種肆拾觔正載民田租肆佰肆拾陸觔正

隨帶番米山斗四升八合七勺正約限八年

用價錢叁拾仟正立壽契一紙又繳魏開

升租契一紙又楊永輝租契一紙又林聿洋

租契一紙 共成四紙 仝弟學松

在見中學信

此粮代完南区孟道户下应粮柴 壽起代完

又代完西册學海户下应粮糾 壽實已交侄孚洲手

8-2-29-5　民國十年賬簿（五）

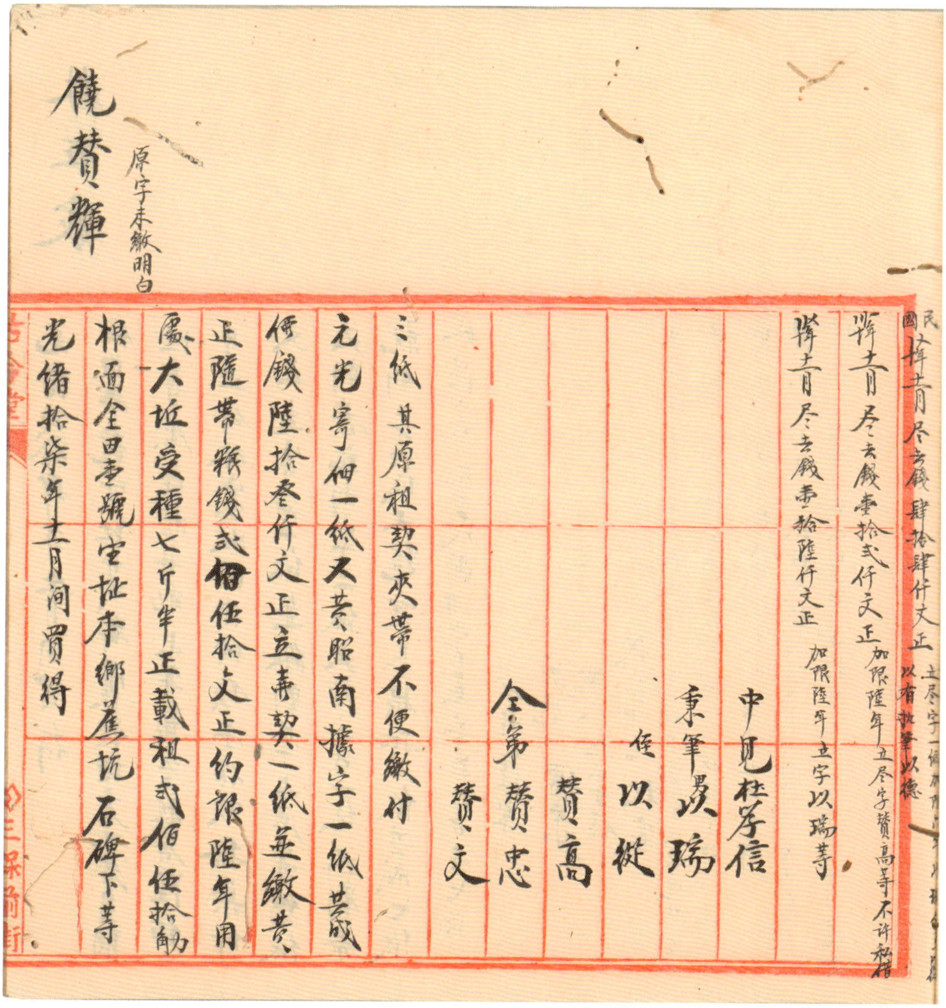

民國拾年十二月尽去錢肆拾肆仟文正 以有執筆以德

拾年十二月尽去錢壹拾弍仟文正 加限陸年 立尽字贊高等不許私措

拾年十二月尽去錢壹拾陸仟文正 加限陸年 立字以瑞等

中見杜孚信

秉筆男以瑞

侄以縦

贊高

仝弟贊忠

贊文

三紙 其原祖契夾帶不便繳付

元光寄佃一紙又黃昭南據字一紙共藏

佃錢陸拾叁仟文正立尽契一紙並繳黃

正隨帶粿錢弍佰伍拾文正 約限陸年用

處大坵受種七斤半正載租弍佰伍拾觔

根面全田壹號坐址本鄉蘆坑石碑下等

光緒拾柒年十一月間買得

饒贊輝 原字未繳明白

8-2-29-6　民國十年賬簿（六）

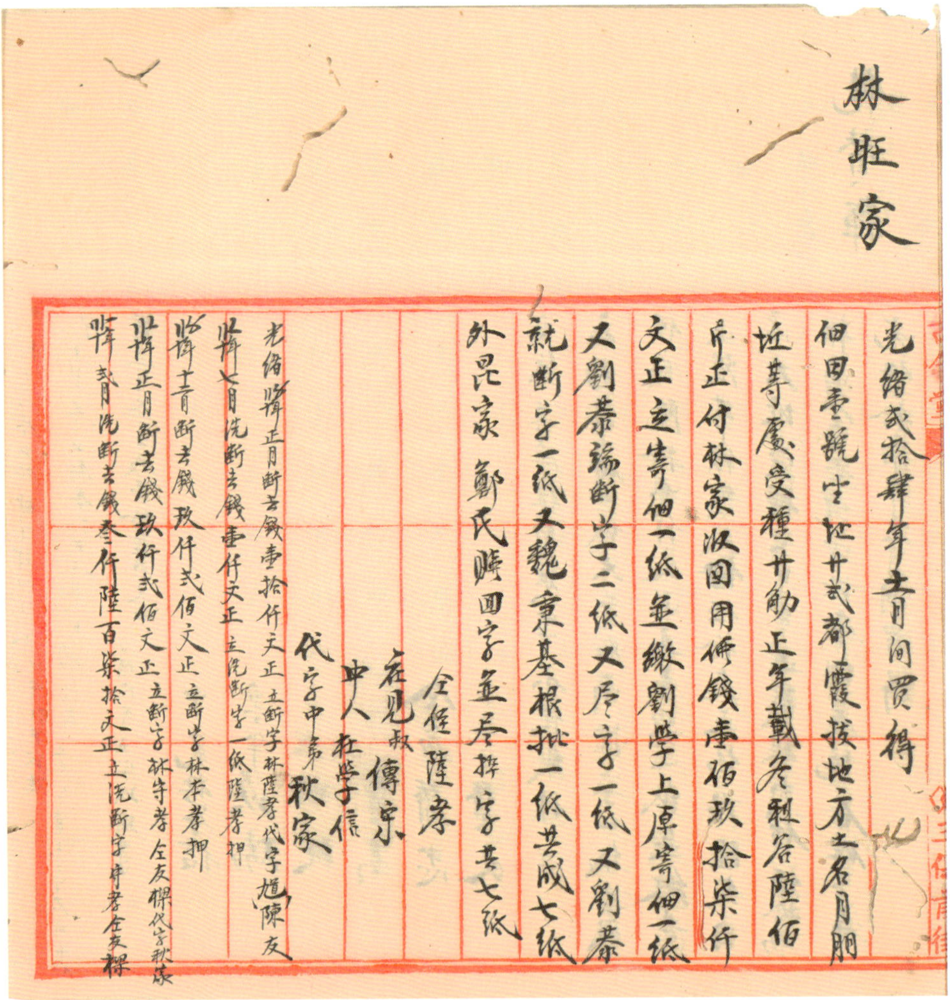
林旺家

光緒貳拾肆年十二月間買得
佃田壹號坐址廿貳都霞拔地方土名月朋
坵壽慶受種廿畝正年載冬租谷陸佰
斤正付林家收回用價錢壹佰玖拾柒仟
文正 立壽佃一紙並繳劉學上原壽佃一紙
又劉恭端斷字二紙 又戶字一紙 又劉恭
執斷字一紙 又魏東基根批一紙共成七紙
外昆家 鄭氏賠回字並另拚字共七紙
仝侄 陞孝
在見叔 傳宗
中人 在學信
代字中弟 秋家
光緒肆年正月斷去錢壹拾仟文正 立斷字林陞孝代字媽陳友
肆年十月洗斷去錢壹仟文正 立洗斷字一紙陞孝押
肆年十二月斷去錢玖仟貳佰文正 立斷字林本孝押
肆年正月斷去錢玖仟貳佰文正 立斷字林守孝仝友㮚代字秋家
肆年貳月洗斷去錢叁仟陸佰柒拾文正 立洗斷字守孝仝友㮚

8-2-29-7　民國十年賬簿（七）

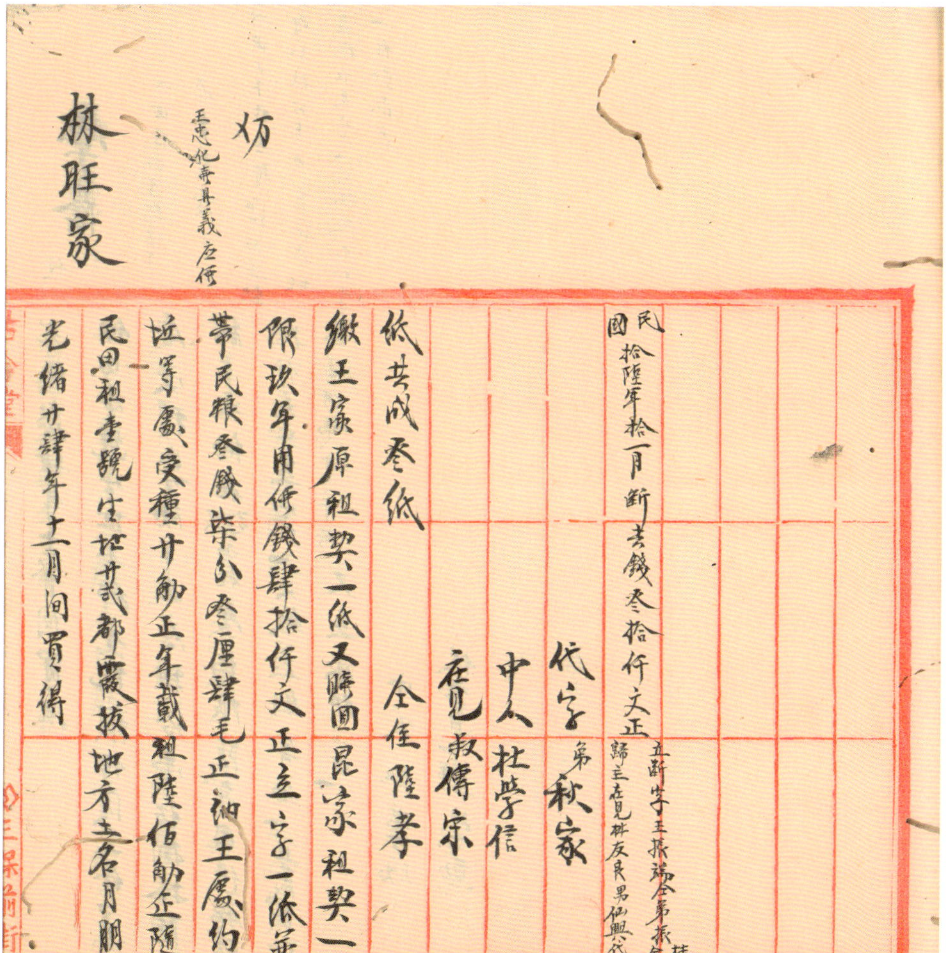

民國拾陸年拾一月斷去錢叁拾仟文正
立斷字王振端仝弟振桂、振曾
歸主在見林友良　男仙興代押
代字　弟秋家
中人杜學信
在見叔傳宗
紙共成叁紙　仝侄隆孝
繳王家原租契一紙，又將回昆家租契一
限玖年用價錢肆拾仟文正，立字一紙，並
帶民粮叁錢柒分叁厘肆毛正，細王處約
坵等處，受種廿觔正，年載租陸佰觔正，隨
民田租壹號，坐址廿貳都霞拔地方，土名月朋
光緒廿肆年十一月間買得

炘
壬忠化壽具義应使
林旺家

8-2-29-8　民國十年賬簿（八）

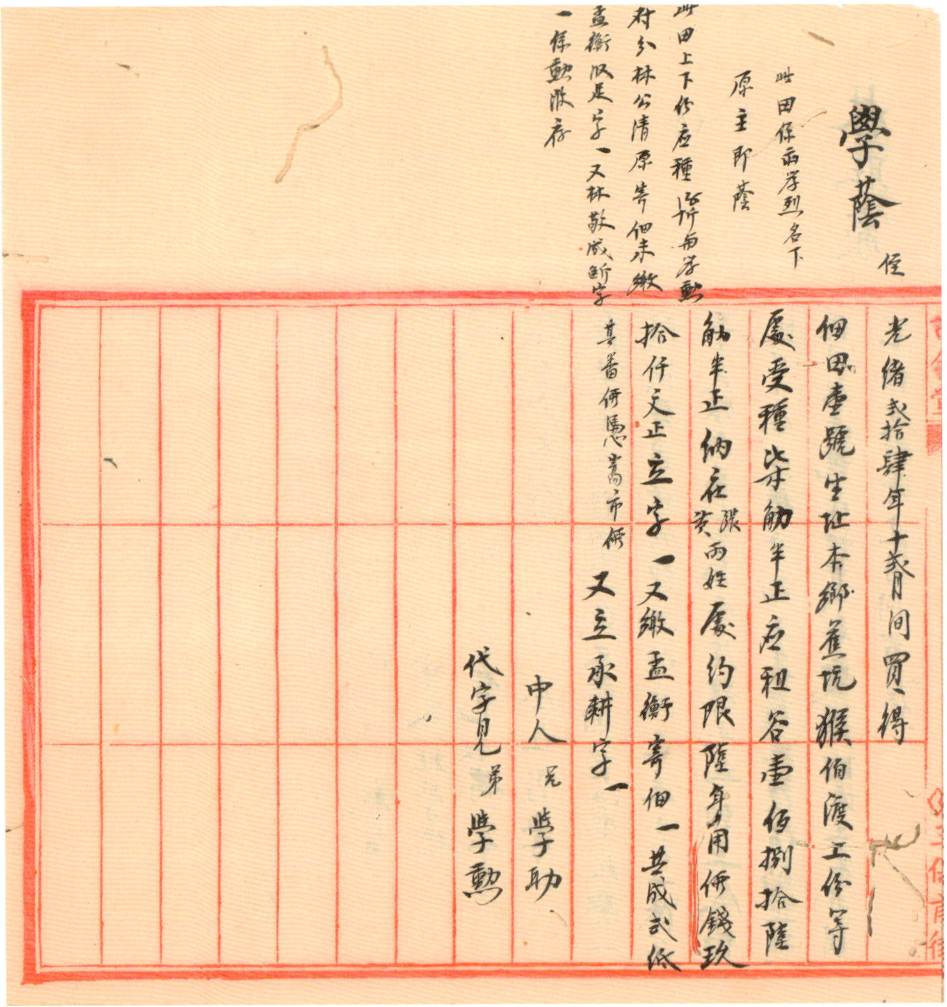

學蔭 侄

此田係兩房烈名下

原主即蔭

此田上下份庄種 拆兩房學勳

村仔林公清原寄佃未繳

盍衡收足字一又林敬成斷字

一係勳收存

光緒貳拾肆年十叁月間買得

佃田壹號坐址本鄉蕉坑猴佰渡工份等

處受種柒觔半正庄租谷壹份捌拾陸

觔半正納在張黄兩姓處約限陸年用價錢玖

拾仟文正立字一又繳盍衡寄佃一共成貳紙

其當價憑高市價 又立承耕字一

中人 兄 學助

代字 兄弟 學勳

8-2-29-9　民國十年賬簿（九）

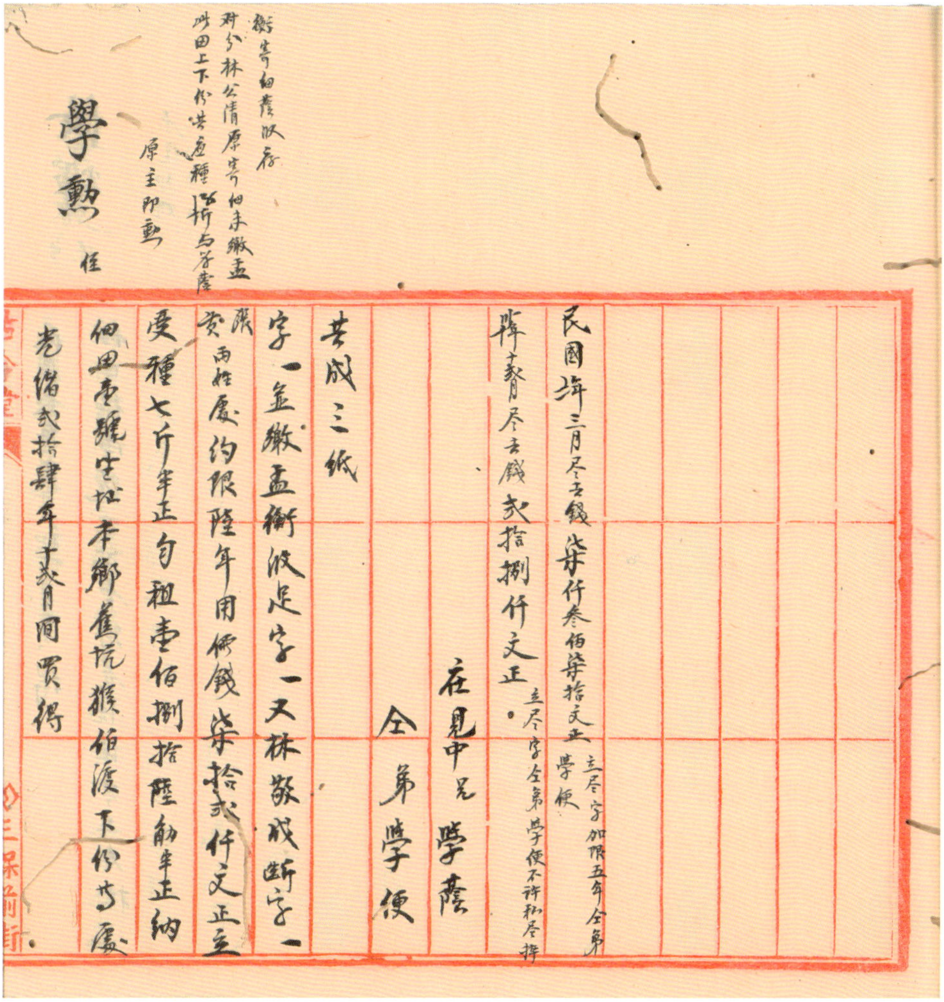
民國卅年三月尽去錢柒仟叁佰柒拾文正 立尽字加限五年仝弟學便
卅年十二月尽去錢弍拾捌仟文正。 立尽字仝弟學便不許私尽擗
在見中兄 學蔭
仝弟 學便
共成三紙
字一並繳盂衛波足字一又林敬成斷字一
張 交两姓處約限陸年用價錢柒拾弍仟文正立
受種七斤半正 每租壹佰捌拾陸觔半正納
佃田壹號坐址本鄉舊坑猴伯渡下份芍處
光緒弍拾肆年十二月間買得
衛寄佃蔭收存
对今林公清原寄佃未繳盂
此田上下份共受種拾斤與弟蔭
原主印勳
學勳 侄

8-2-29-10　民國十年賬簿（一〇）

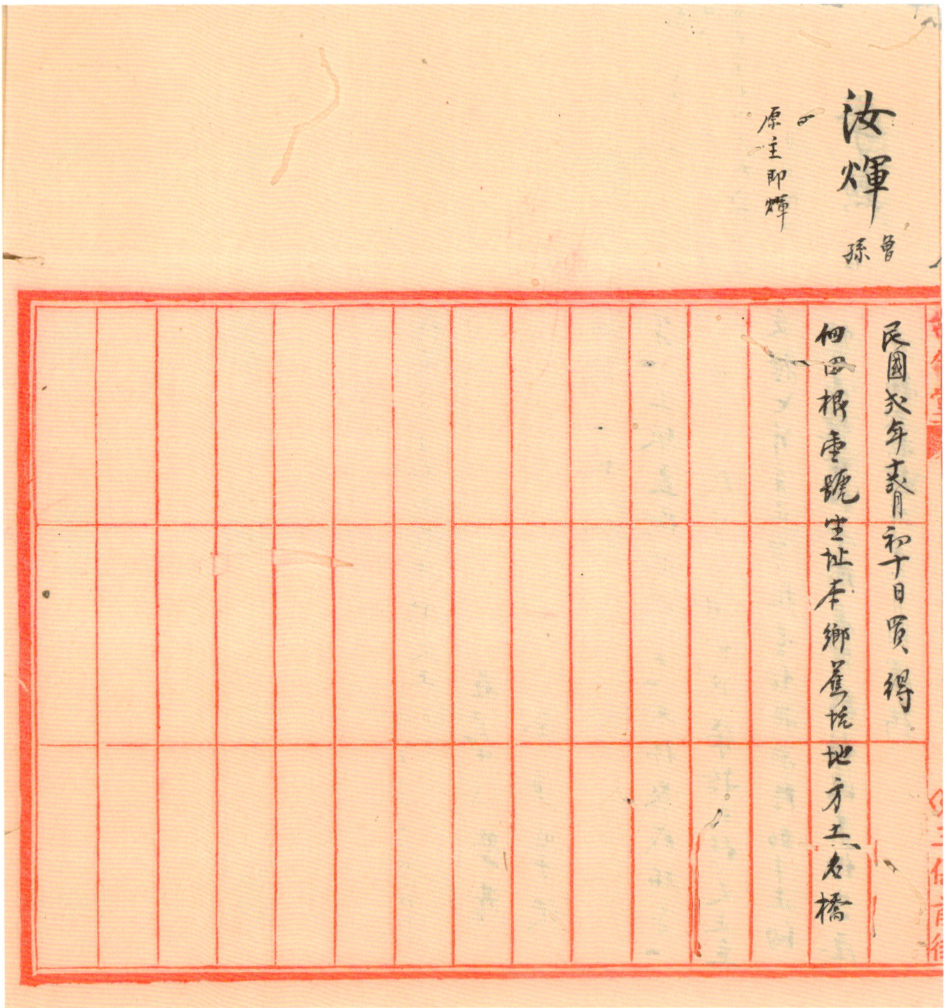

汝輝 曾孫

原主即輝

民國癸年十二月初十日買得

佃田根壹號坐址本鄉舊坵地方土名橋

8-2-29-11　民國十年賬簿（一一）

叁仟肆佰伍拾文正
光緒貳拾伍年劣園尽字錢
庄租穀 管
孟厰庄租併 管
汝拔 曾孫

共計拾紙
又吴家原字四 又孟燕租常契一 又學園尽字一
立補还字一 並繳付敦寄寄佃一 又尽斷一 又尽字一

代字中見 余師聖
立補还字 曾孫 汝拔押
斷此黄孟厰民田租貳尽繳係東支理
正納在孟衖家處此田向来踏撥民田租对
陛出正納吴處又庄苗米肆升壹合伍勺
佰伍拾伍斤正隨帶民粮玖分壹厘肆毛
尾墈坮履受種壹拾伍斤正年載租貳
斷補面全田壹號坐址本鄉蕉坑地方土名
民國叁年十一月 補还

8-2-29-12 民國十年賬簿（一二）

8-2-29-13　民國十年賬簿（一三）

八閩文庫

專題彙編

第二種

福建民間契約文書

36

廈門大學民間歷史文獻研究中心　編

鄭振滿　主編

海峽出版發行集團
THE STRAITS PUBLISHING & DISTRIBUTING GROUP
福建人民出版社

本册目録

第八卷 永泰縣霞拔鄉錦安村契約文書（二）

第二帙 積善堂

第八卷　永泰縣霞拔鄉錦安村契約文書（二）

本卷主編　周煜翔

第二帙　積善堂

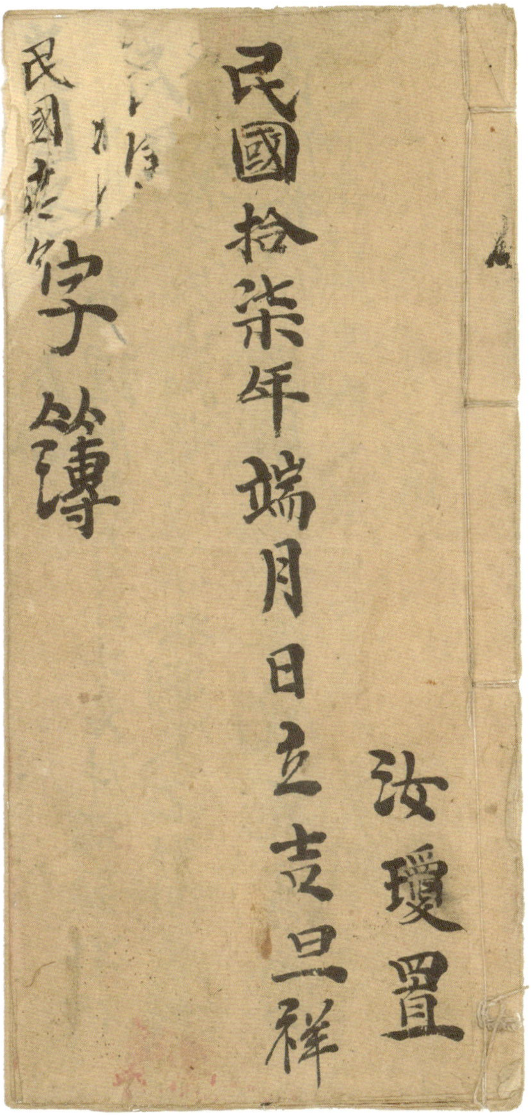

8-2-30-1　民國十七年黄汝瓊立收字簿（一）

今收
霧理納本年份出名仟墻頭粘代
弍佰弍拾弍文正如捐代柒拾捌文正收回字照
民国拾七年叁月日立收字簿乾昌號

今收
黄瑞球霧理納本年份出名下骨溪粘代弍
佰六十七文正如捐代玖拾叁文正收回字照
民国十七年叁月日立收字簿乾昌號

民國十七年

8-2-30-2　民國十七年黄汝瓊立收字簿（二）

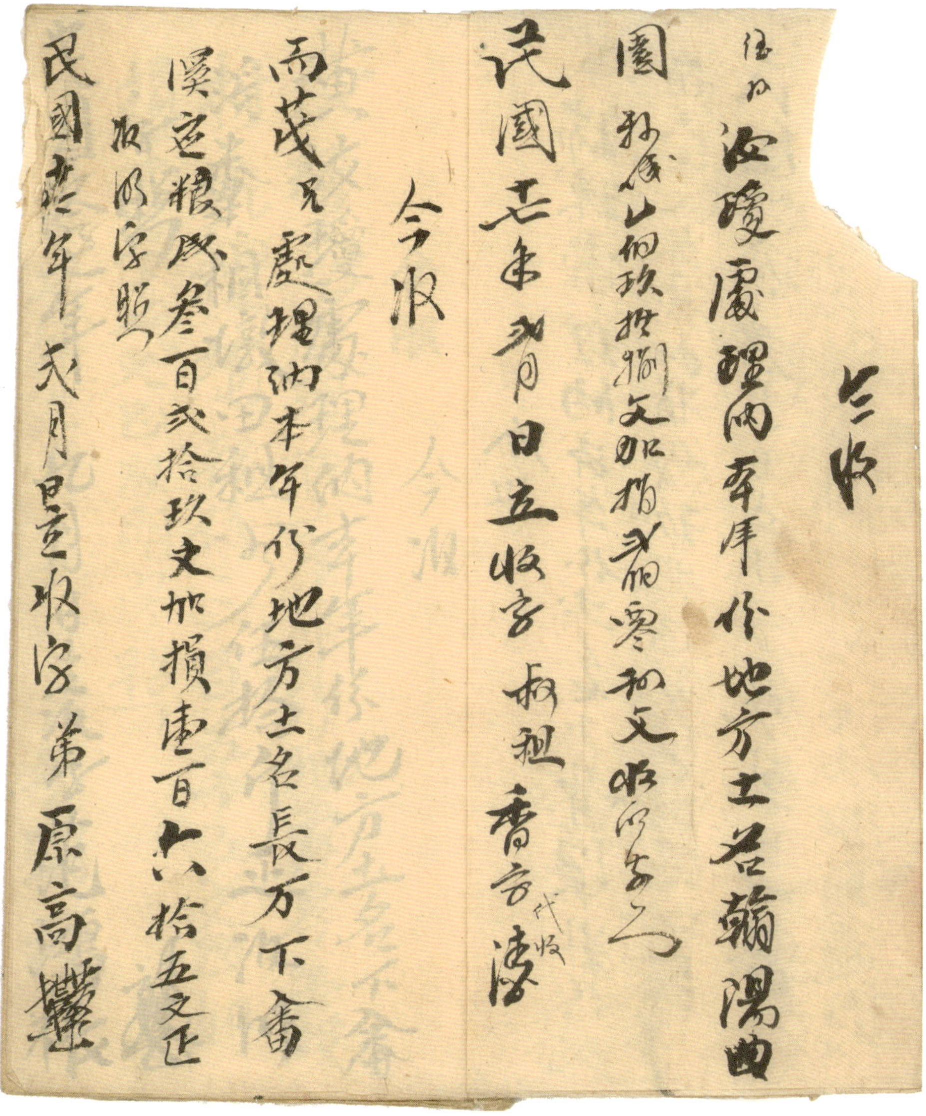
立收
經手汝瓊處理納本年作地方土名嶺陽曲
園糧戥山價玖拾捌文加損弍佰零捌文收訖字照
民國十七年弍月 日立收字叔祖香方代收溱
今收
而茂兄處理納本年作地方土名長方下畲
溪邊糧戥叁百弍拾玖文加損壹百六拾五文正
收訖字照
民國十七年弍月 日立收字弟原高攀

8-2-30-3　民國十七年黄汝瓊立收字簿（三）

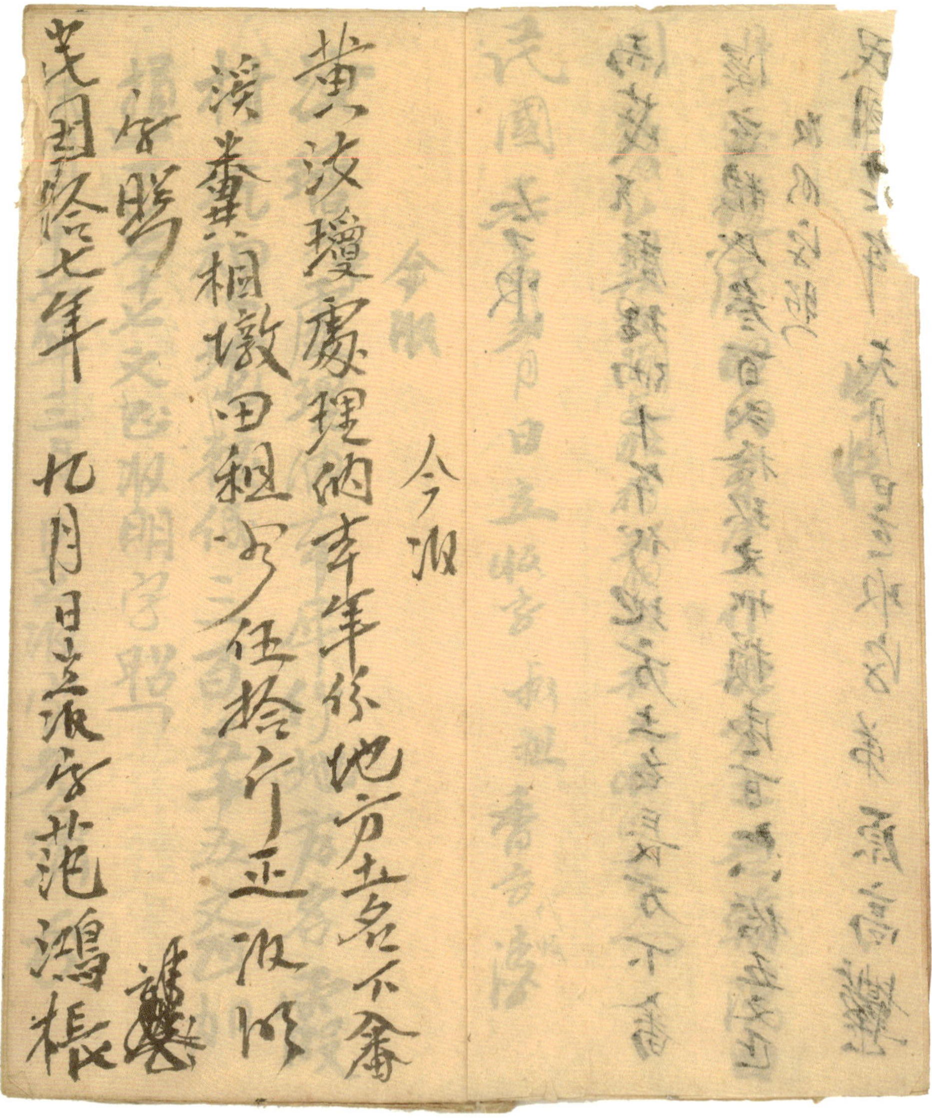

今收
黄汝瓊處理納本年份地方土名不齋
溪養桐墩田租谷伍拾斤正收訖
付照
民國拾七年 九月 日立收字范鴻標 親筆

8-2-30-4　民國十七年黄汝瓊立收字簿（四）

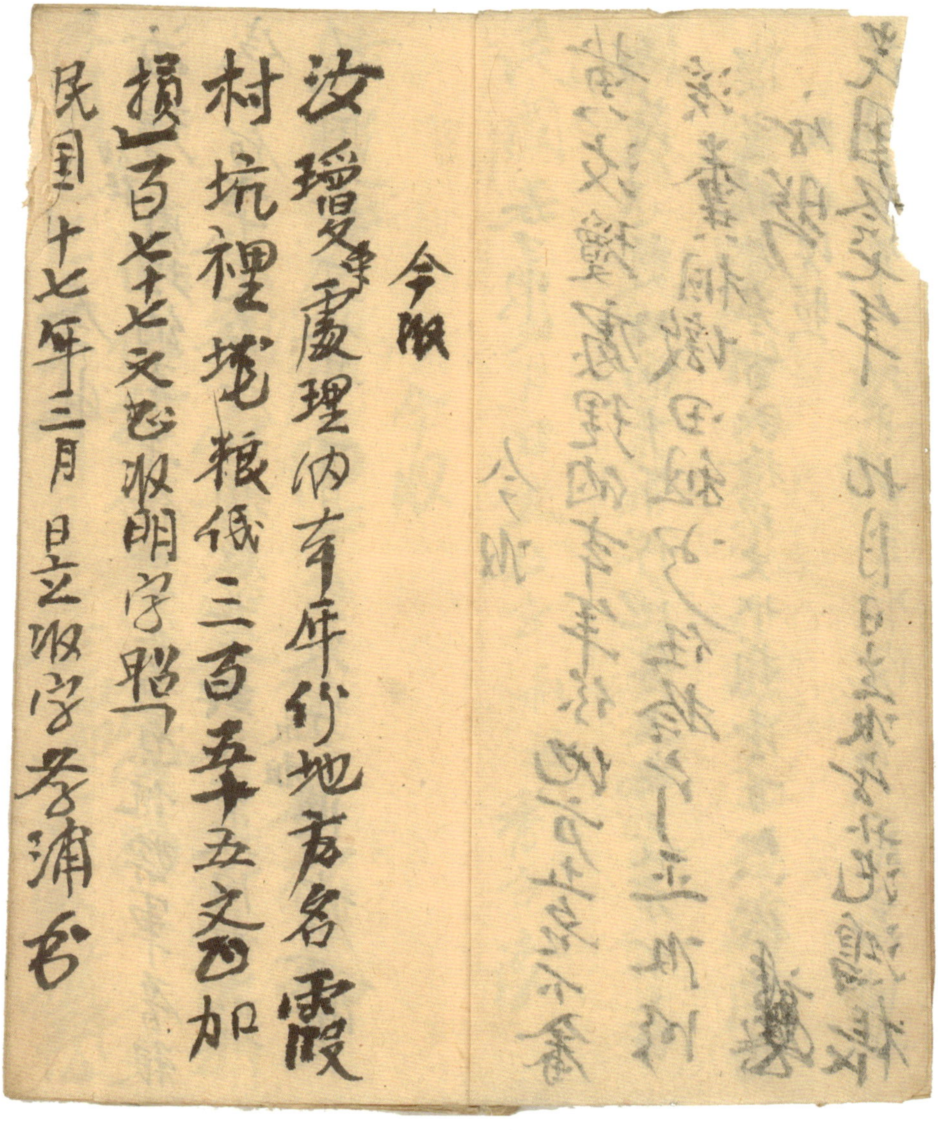

今收
汝瓊叔處理內本年份地方名霞
村坑裡地粮銀三百五十五文加
損一百七十七文正收明字照
民國十七年三月　日立收字孝浦　号

8-2-30-5　民國十七年黃汝瓊立收字簿（五）

今收
汝瓊侄孫處理納本年份地方土名蕉坑對軍香粮
錢乙佰七十八文正外加捐錢九十四文正收完字照
民国己巳十八年二月　日立收字叔祖學虞押

今收
汝瓊侄處理納本年份土名松光山
粮錢壹百壹拾壹文正外加捐
錢伍拾柒文正收完字照
民国己巳十八年五月　日立收字叔祖蘇謙押

8-2-30-6　民國十七年黃汝瓊立收字簿（六）

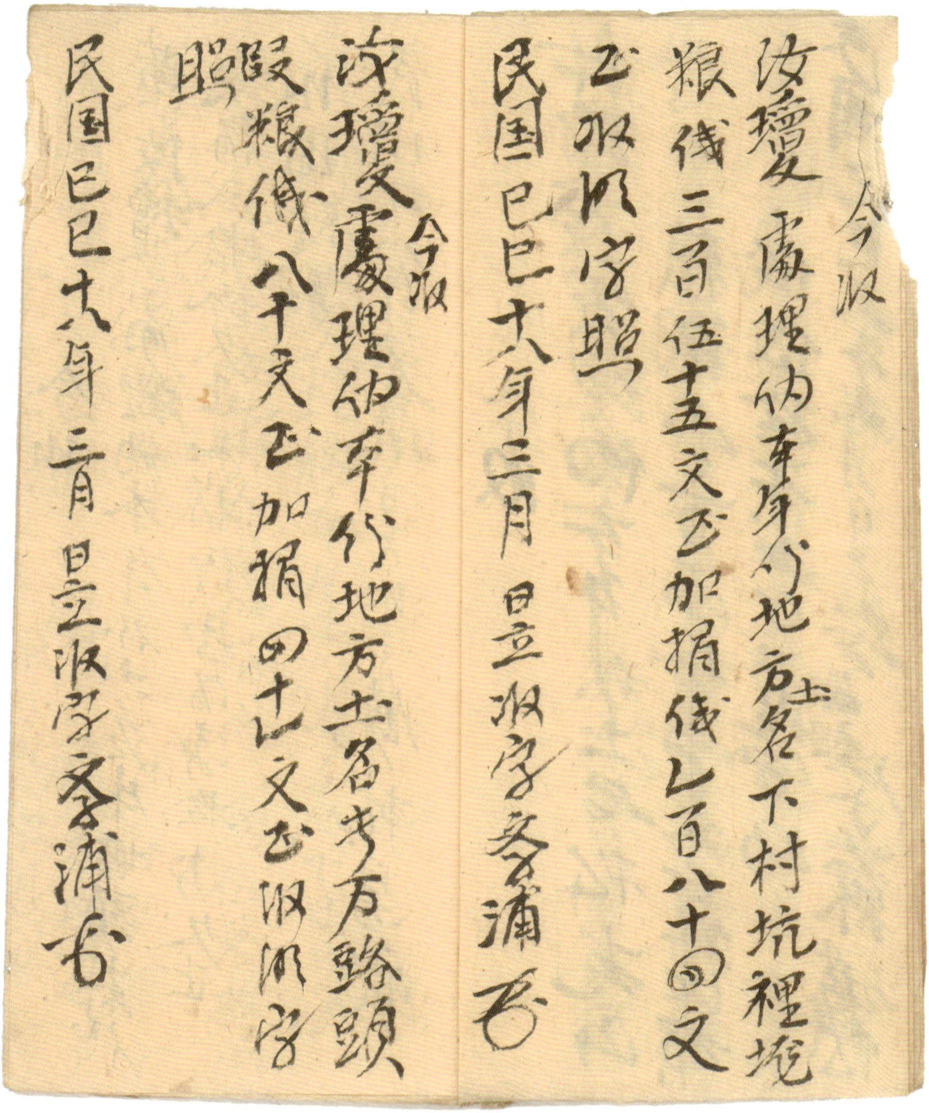
今收
汝瓊處理納本年份地方土名下村坑裡墘
粮錢三百伍十五文又加捐錢乙百八十四文
又收收字照
民国己巳十八年三月　日立收字參浦（押）

今收
汝瓊處理納本年份地方土名考方路頭
段粮錢八十文又加捐四十乙文又收收字
照
民国己巳十八年三月　日立收字參浦（押）

8-2-30-7　民國十七年黄汝瓊立收字簿（七）

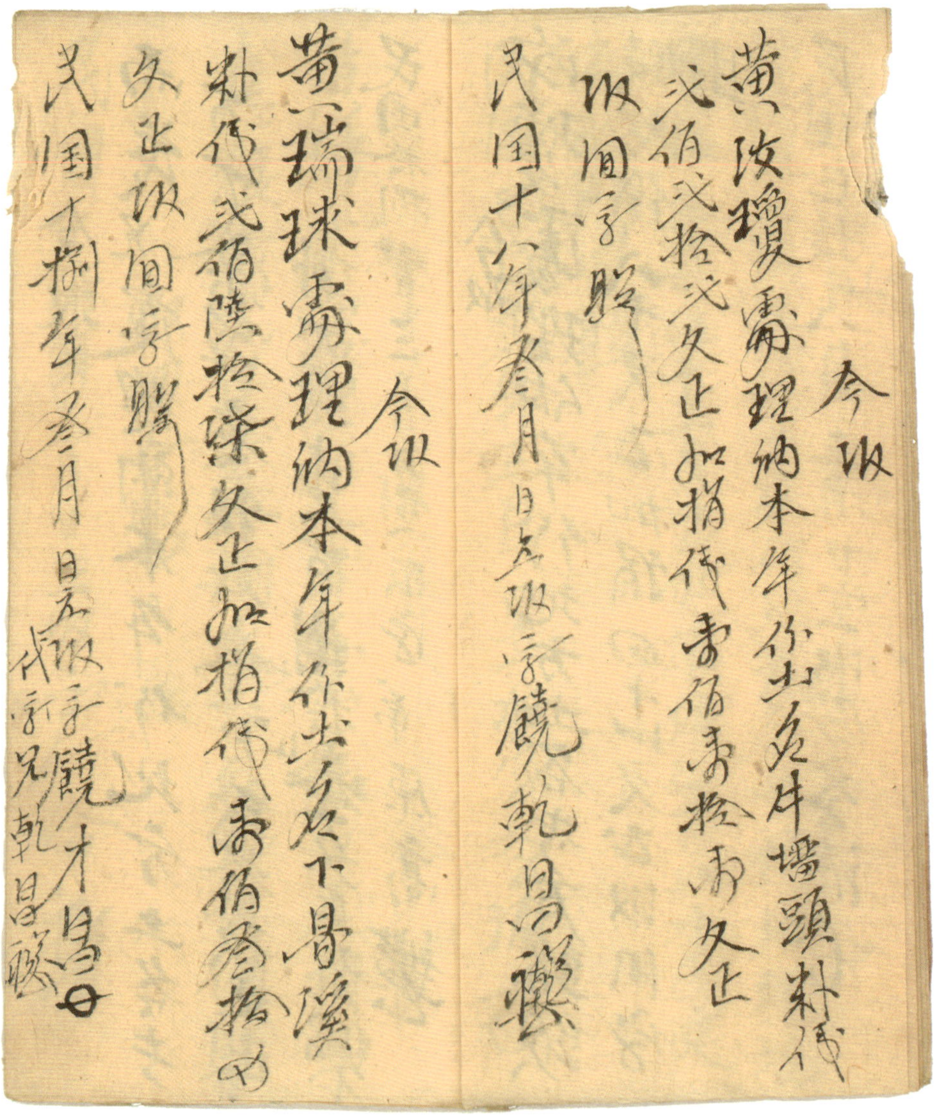

今收
黄汝瓊霧理納本年份出名牛墻頭糾代
弍佰弍拾弍文正扣捐代壹佰壹拾兩文正
收回字照
民国十八年叁月　日立收字饒乾昌號

今收
黄瑞球霧理納本年份出名下骨溪
糾代弍佰陸拾弍文正扣捐代壹佰叁拾也
文正收回字照
民国十捌年叁月　日立收字饒才昌
代字兄乾昌號

8-2-30-8　民國十七年黄汝瓊立收字簿（八）

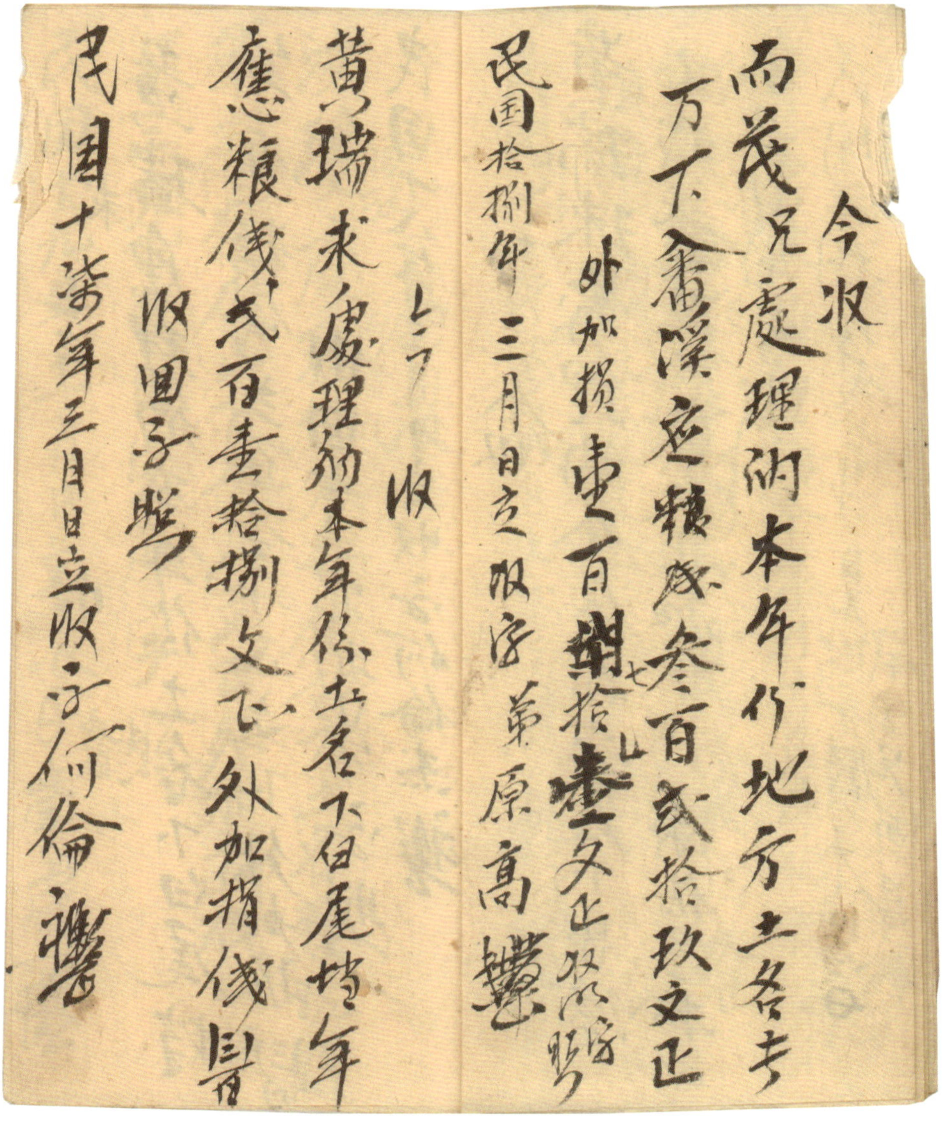

今收
黃瑞求處理納本年份土名下伯尾坑年
應粮錢弍百壹拾捌文正 外加損錢肆
收回字照
民国十柒年三月日立收字何倫鑾

今收
而茂兄處理納本年份地方土名寺
下下畲溪庄粮錢叁百弍拾玖文正
外加損錢壹百捌拾壹文正 收訖照
民国拾捌年 三月日立收字 葉原高鑾

8-2-30-9　民國十七年黃汝瓊立收字簿（九）

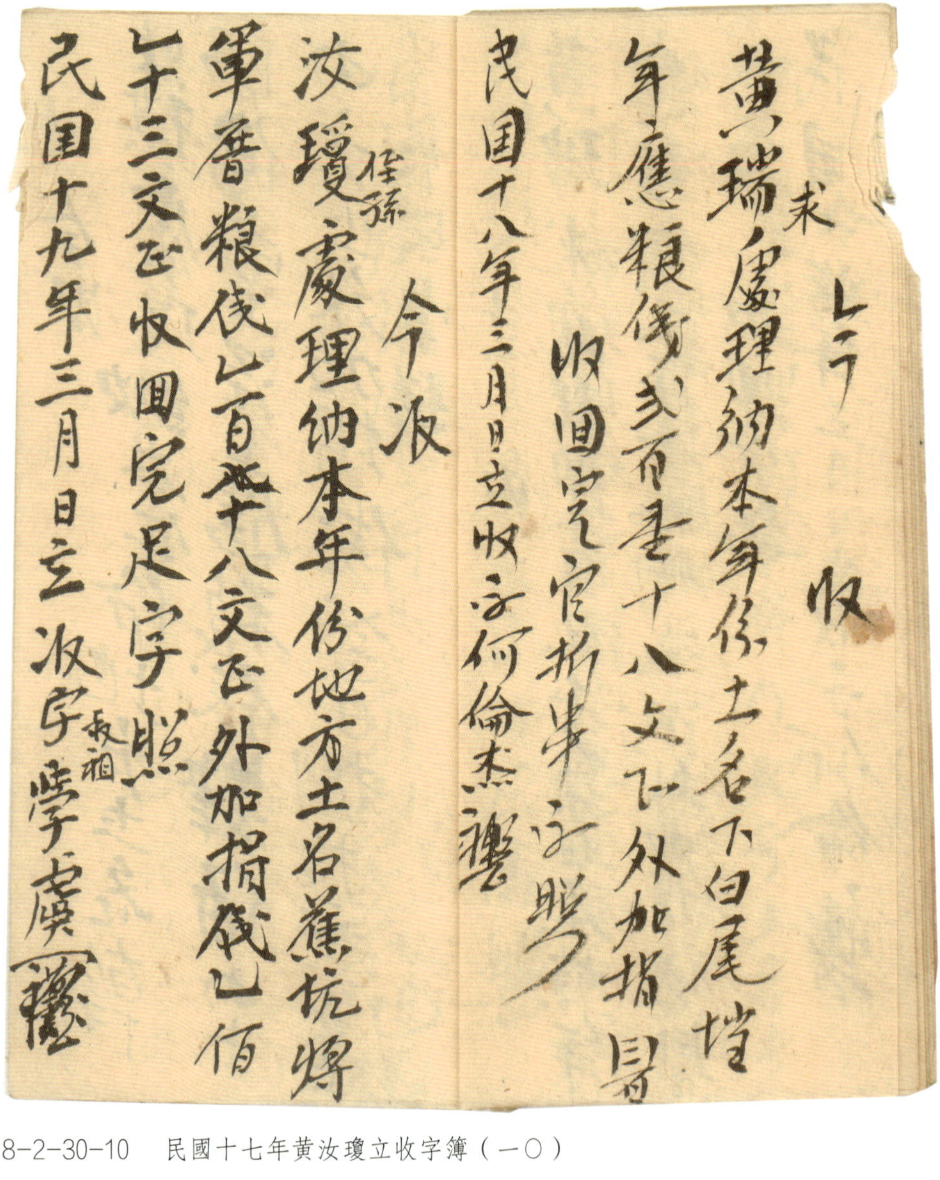

今收
黄瑞求處理納本年份土名下白尾垱
年應糧錢弍百壹十八文正外加捐昜
收回完官折米字照
民国十八年三月日立收字何倫杰（押）

今收
汝瓊侄孫處理納本年份地方土名蕉坑埒
單層糧錢一百五十八文正外加捐錢一佰
一十三文正收回完足字照
民国十九年三月日立收字叔祖學廣（押）

8-2-30-10　民國十七年黄汝瓊立收字簿（一〇）

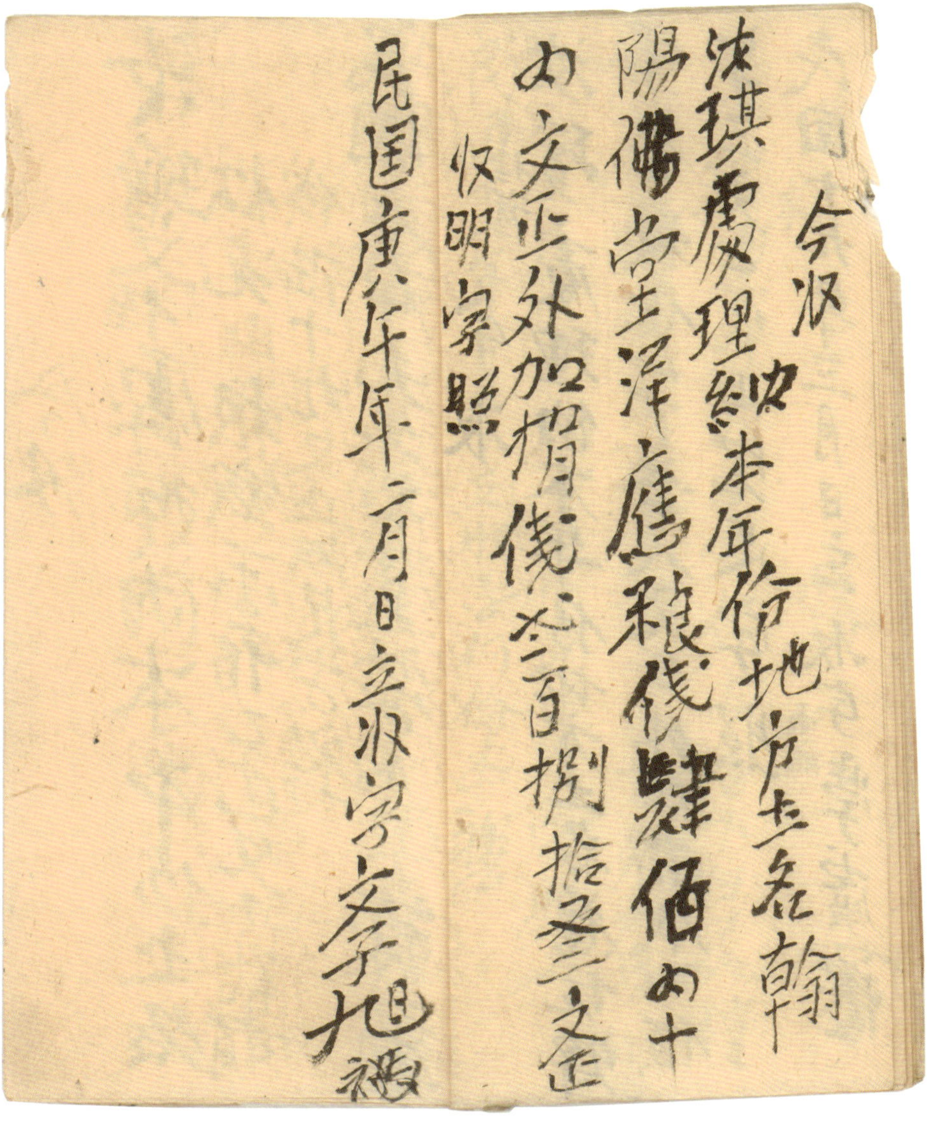
今收
汝琪處理約內本年份地方上名翰
陽儲堂洋應糧錢肆佰〇十
〇文正外加捐錢〇叁百捌拾叁文正
收明字照
民國庚午年二月日立收字字旭祿

8-2-30-11　民國十七年黃汝瓊立收字簿（一一）

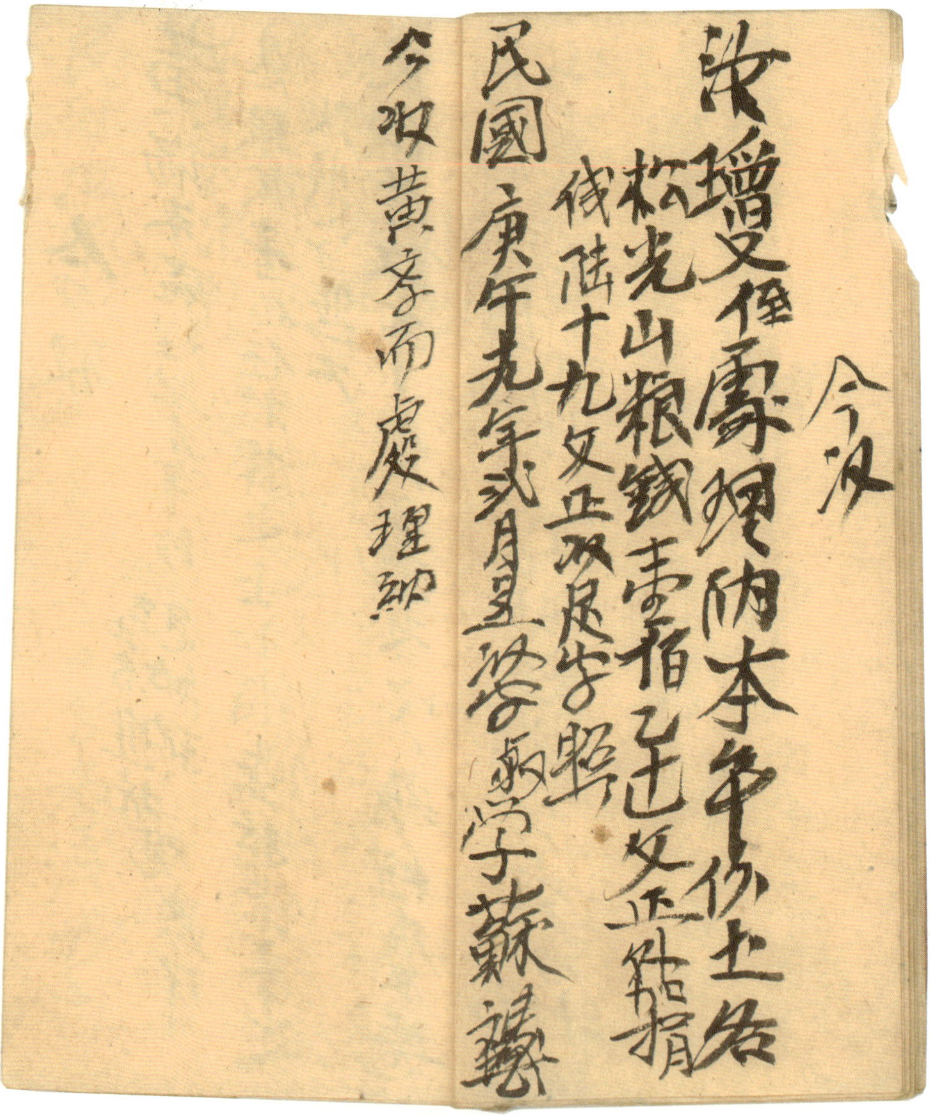
今收
汝瓊叔侄處理納本年份上倉
松光山粮錢壹佰乙拾文正貼捐
錢陸十九文正收足字照
民國庚午光年弍月立登取字蘇[illegible]
今收黄孝而處理納

8-2-30-12　民國十七年黄汝瓊立收字簿（一二）

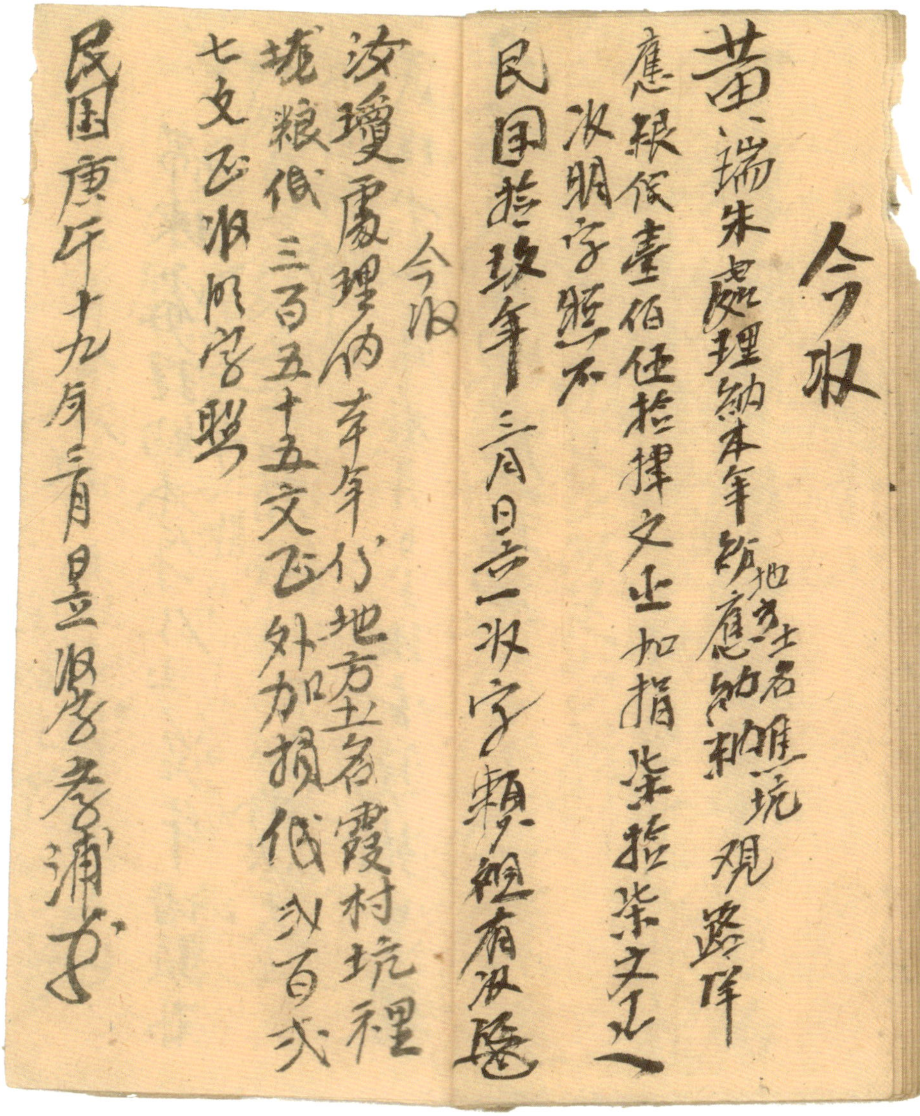
今收
黄、瑞朱處理納本年份地方土名雅坑觀路垟
應粮代壹佰伍拾肆文止加損柒拾柒文止
收明字照不一
民国拾玖年三月日立一收字賴經甫收照

今收
汝瓊處理納本年份地方土名霞村坑裡
粮代三百五十五文外加損代一百弍
七文正收明字照
民国庚午十九年三月日立收字賴經甫書

8-2-30-13　民國十七年黄汝瓊立收字簿（一三）

今收

黄瑞球户理纳本年份土名牛墦头林

代弍佰弍拾弍文正如捐代壹佰叁拾叁文正

收回字照

民国十九年叁月日立收字饒乾昌

今收

黄瑞球户理纳本年份土名下畧溪林

代弍佰六十七文正如捐代壹佰六十文正

收回字照

民国十九年叁月日立收字饒才昌㊀

代字兄乾昌

8-2-30-14　民國十七年黄汝瓊立收字簿（一四）

今收
汝瓊侄孫儀理納本年份地方土名搯陽曲
園年載民粮銀壹佰玖拾捌文
正外加捐壹佰叁拾貳文正收回字照
民國拾柒年捌月日立收字叔祖新学㊞
代字侄雨僑

今收
宗兄
汝瓊處理納本年份地方土名布洋村鳥
坑苗載田租米壹百弍拾斤正收明字照
外粮一斗又折實米壹斤
民國拾柒年九月日立收字宗兄德鳳

8-2-30-15　民國十七年黄汝瓊立收字簿（一五）

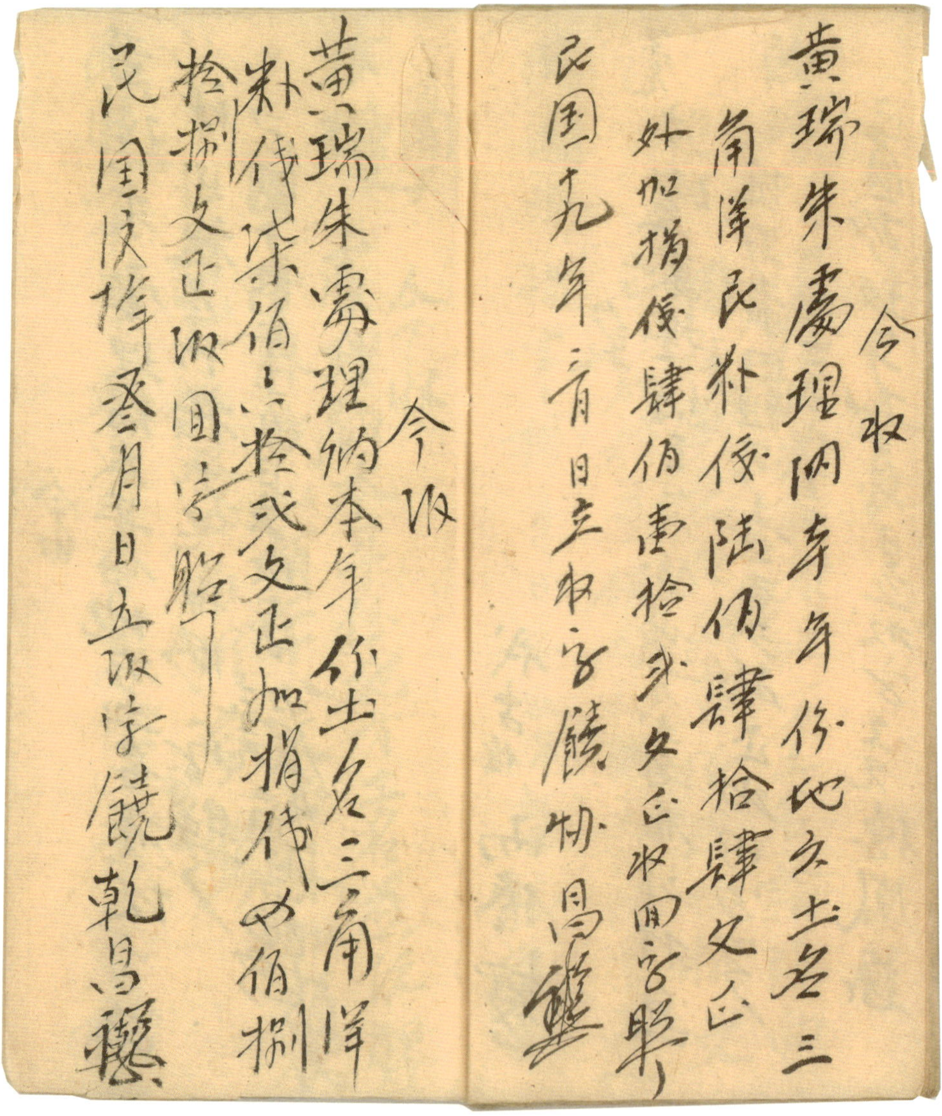

今收
黄瑞朱處理兩季年份地六十名三
角洋民粉伍陸佰肆拾肆文正
外加捐伍肆佰壹拾弍文正收回字照
民国十九年二月日立收字饒協昌

今收
黄瑞朱處理納本年份出名三角洋
粉伍柒佰六拾弍文正加捐伍也佰捌
拾捌文正收回字照
民国戊辰年叁月日立收字饒乾昌

8-2-30-16　民國十七年黄汝瓊立收字簿（一六）

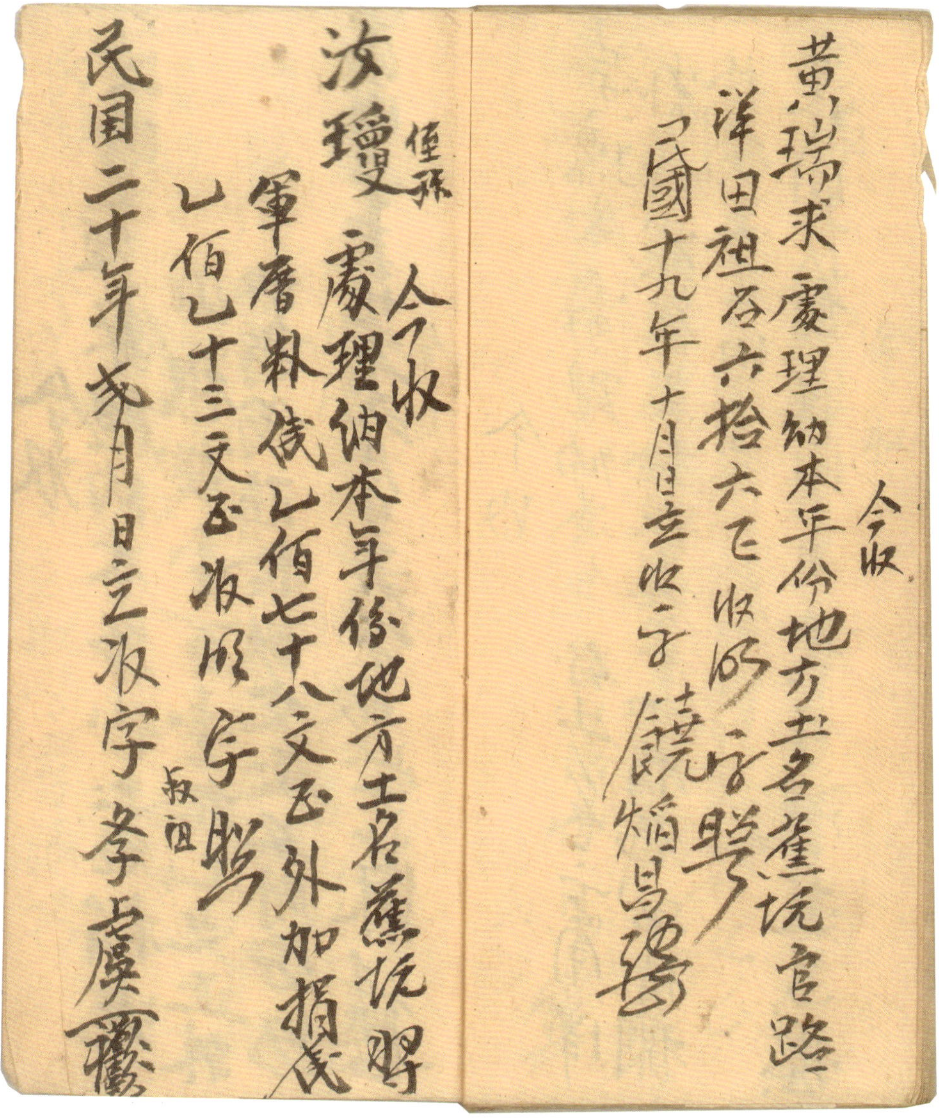
今收
黄瑞求處理納本年份地方土名蕉坑官路
洋田租谷六拾六斤收明字照
民國十九年十月日立收字 饒焰昌號

今收
侄孫
汝瓊處理納本年份地方土名蕉坑野
軍層料錢乚佰七十八文正外加捐錢
乚佰乚十三文正收明字照
叔祖
民國二十年 月 日立收字 李廣鑾

8-2-30-17　民國十七年黄汝瓊立收字簿（一七）

今收

汝瓊侄處理納本年份土名松光山粮錢壹百壹拾乙文正外加捐俄陸拾玖文正以明字為憑

民国辛未廿年弍月日義學叔學蘇謹

今收

汝瓊處理納辛年份地方土名下村坑裡墘粮俄叁百五十五文正外加捐俄弍百弍十七文正收明字照

民国辛未廿年二月 立收字 孝浦[illegible]

8-2-30-18　民國十七年黄汝瓊立收字簿（一八）

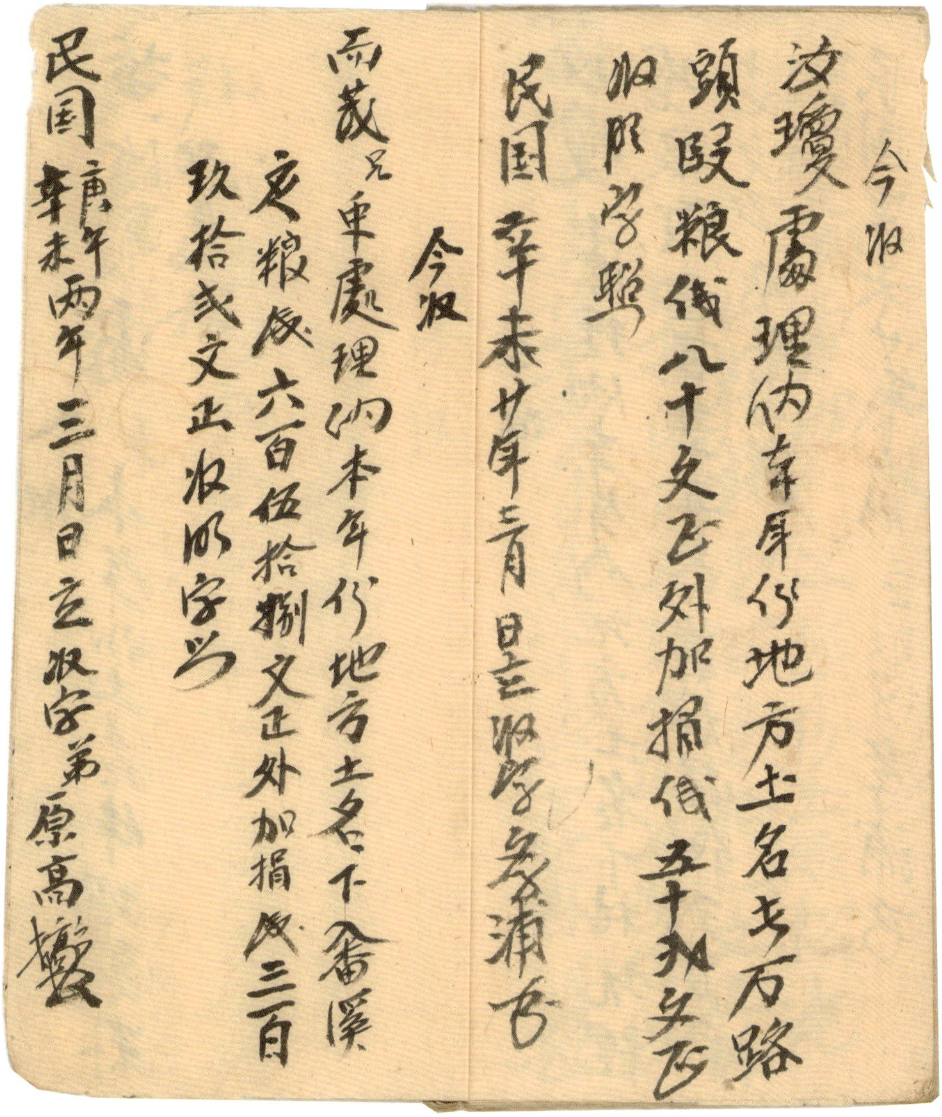
今收
汝瓊處理內本年份地方土名七方路
頭陂粮錢八十文正外加捐錢五十九文正
收照字照
民國辛未廿年十二月日立收字吳清香

今收
而義兄车處理內本年份地方土名下畬溪
之粮錢六百伍拾捌文正外加捐錢三百
玖拾弍文正收照字照
民國庚午辛未兩年三月日立收字弟原高攀

8-2-30-19　民國十七年黃汝瓊立收字簿（一九）

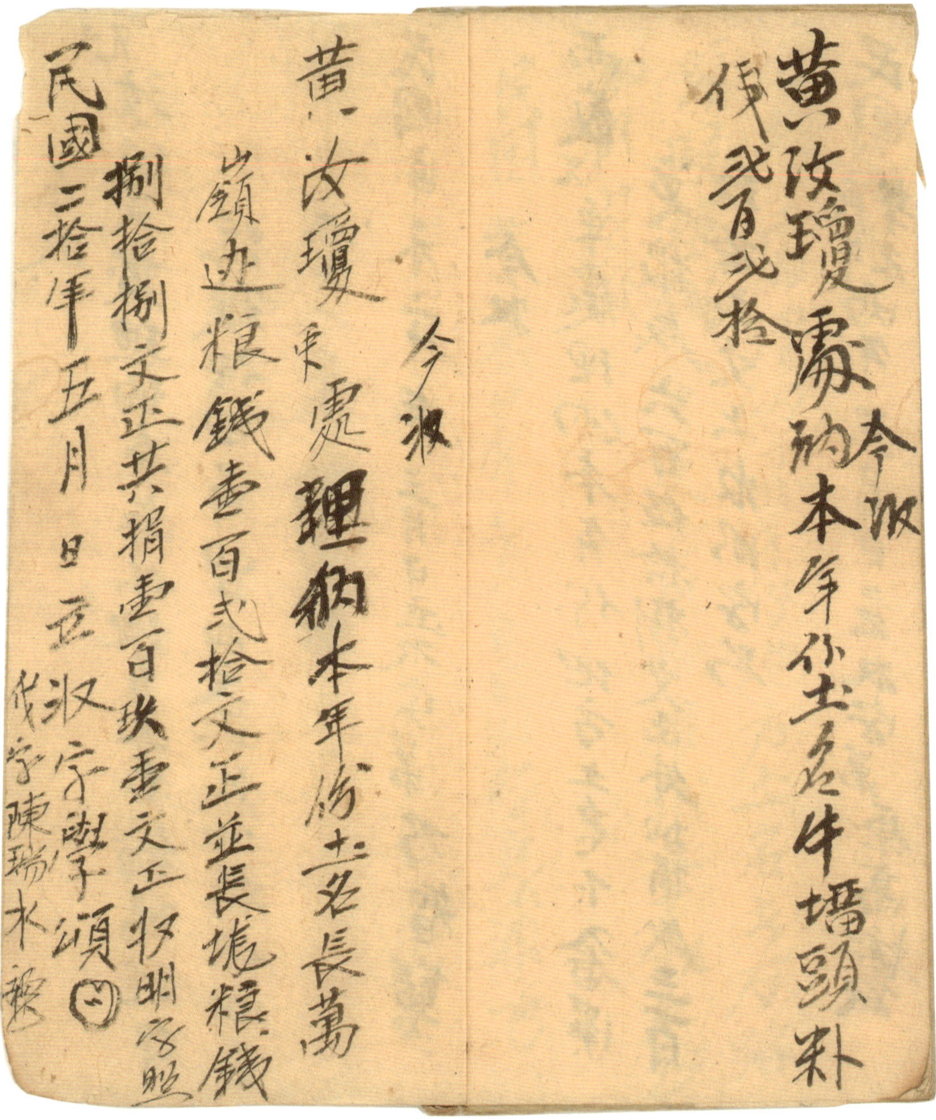
黄汝瓊處納本年份土名牛墻頭料
錢弍百弍拾
今收
今收
黄汝瓊來處理納本年份土名長萬
山嶺边粮錢壹百弍拾文正並長塊粮錢
捌拾捌文正共捐壹百玖壹文正收明字照
民國二拾年五月　日立收字謝學頌（印）
代字陳瑞水（押）

8-2-30-20　民國十七年黄汝瓊立收字簿（二〇）

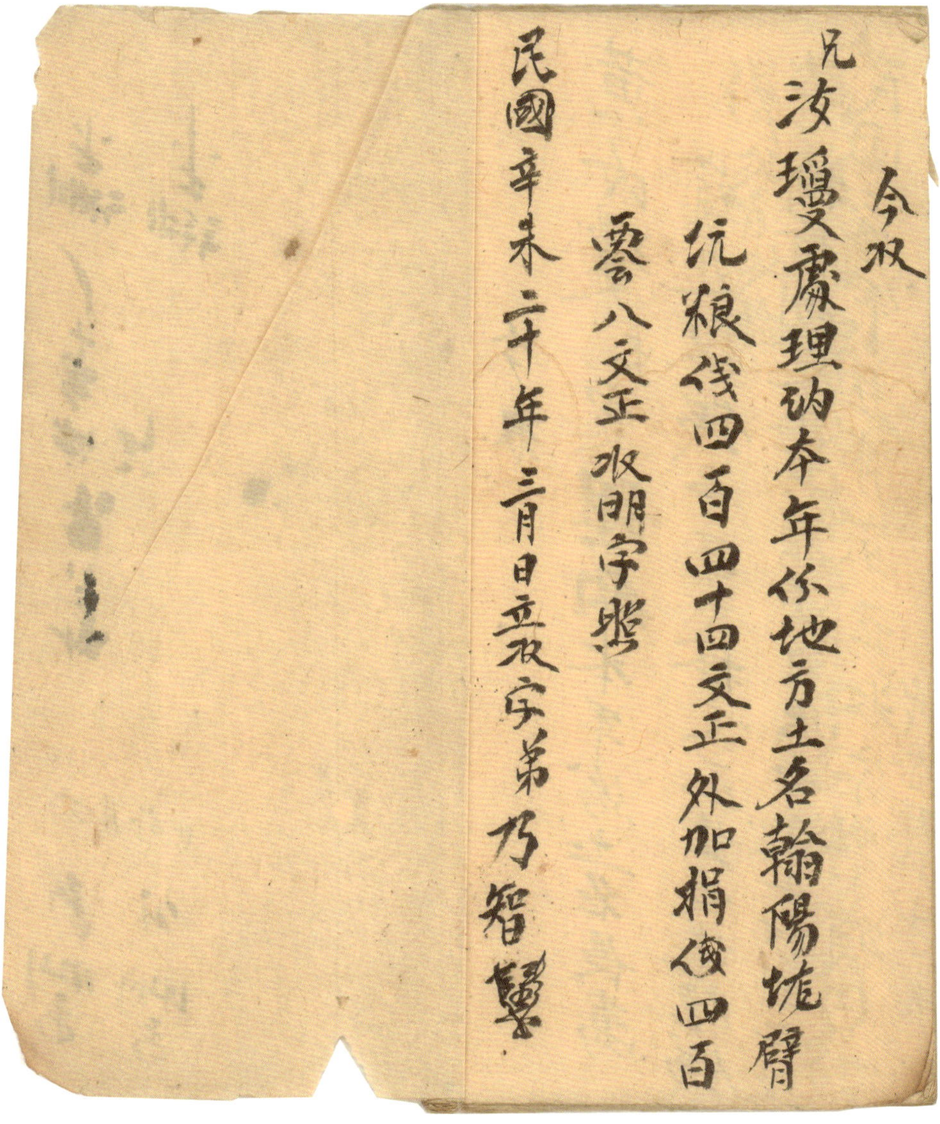

今收

兄汝瓊處理納本年份地方土名翰陽垅臂

伉粮錢四百四十四文正外加捐錢四百

零八文正收明字照

民國辛未二十年　三月日立收字弟　乃智

8-2-30-21　民國十七年黄汝瓊立收字簿（二一）

8-2-30-22　民國十七年黄汝瓊立收字簿（二二）

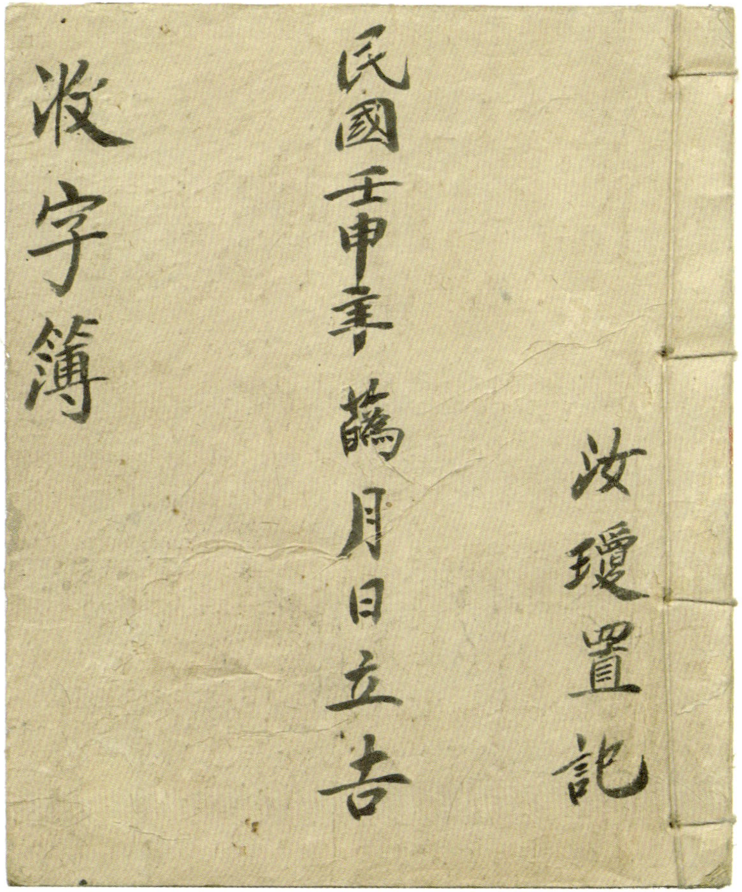

8-2-31-1　民國二十一年黄汝瓊立收字簿（一）

8-2-31-2　民國二十一年黃汝瓊立收字簿（二）

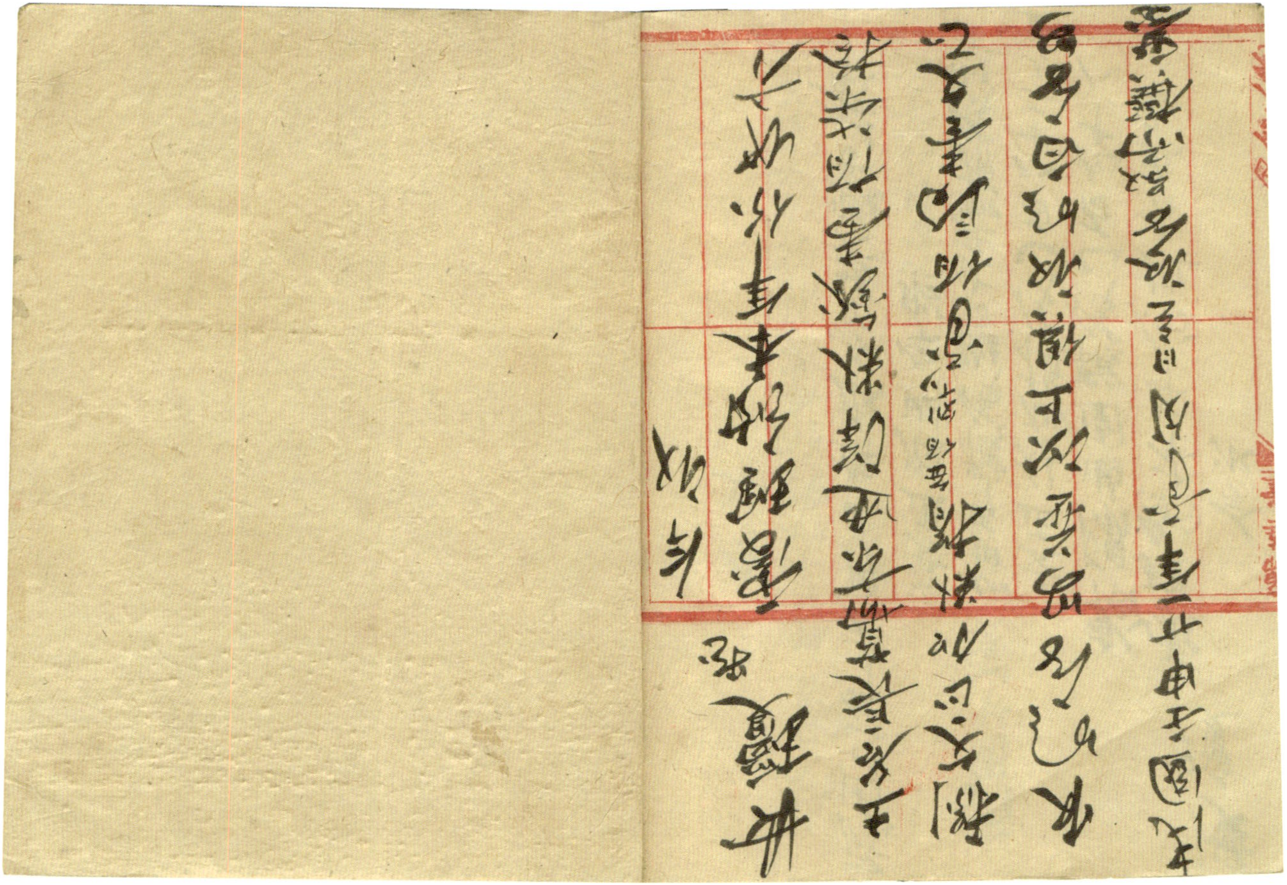

汝瓊

今収
處理納本年份地方土名
翰陽曲圍粮伐乙百九十八
文正外加捐伐乙百八十二文正
加旧年粮伐随旧文正加捐伐例旧
之正収明字照
民国廿一年元月　日立収字英學簽

汝瓊

今収
侄孫處理納本年份地方土名蒸坑
將軍厝粮伐乙佰七十八文正外
加捐伐乙佰乙十二文正収收字照
民國廿二年二月　日立収字　叔祖　與學字　處

8-2-31-3　民國二十一年黄汝瓊立收字簿（三）

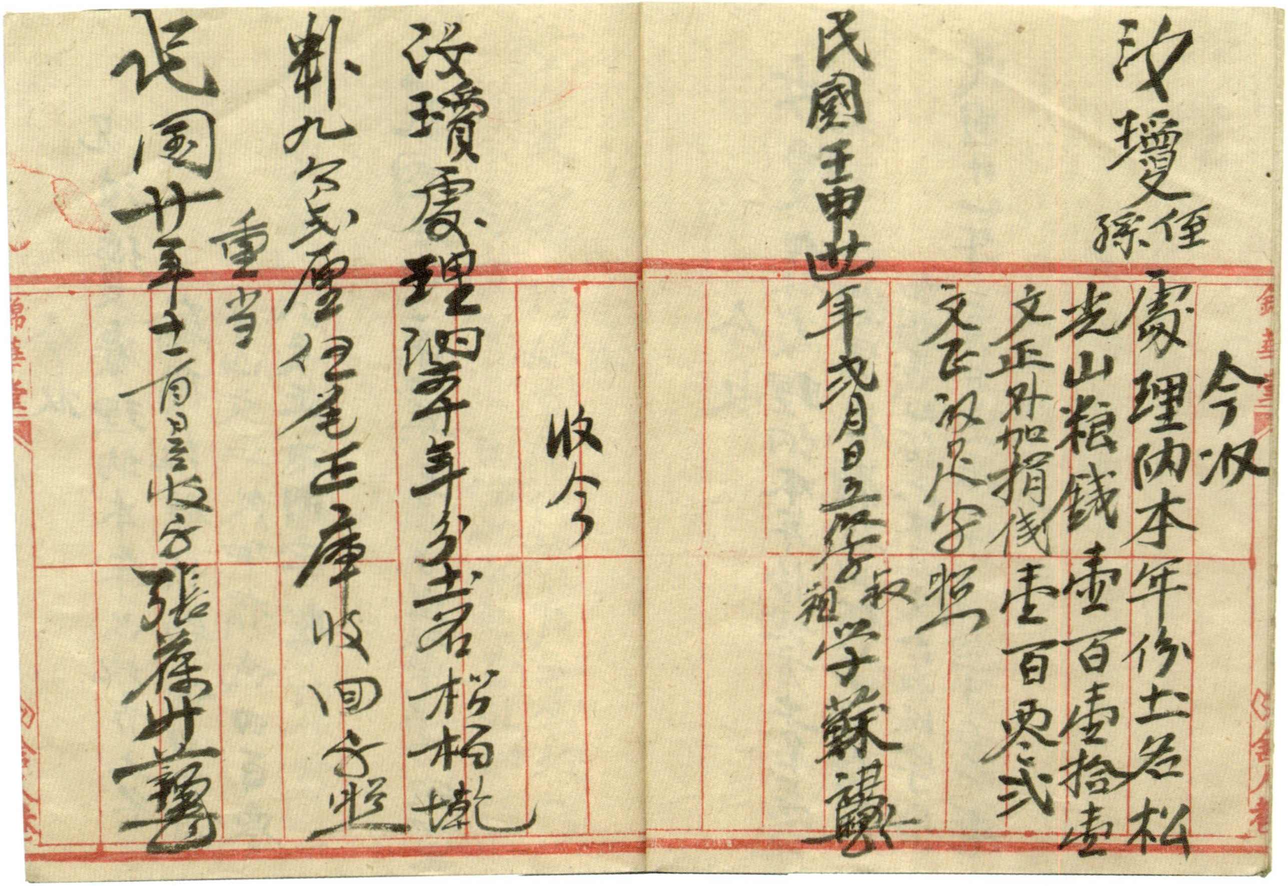

今收
汝瓊叔侄孫處理納本年份土名松
光山粮錢壹百壹拾壹
文正外加捐錢壹百零弍
文正收足字照
民國壬申廿一年　月　日立收字叔祖学蘇謹

收今
汝瓊處理四季年分土名松楊墩
料九分弍厘但毛正庫收回字照
重当
民國廿一年十二月　日收字張篠廿立

8-2-31-4　民國二十一年黃汝瓊立收字簿（四）

今收
兄汝瓊處理納本年份地方土名
翰陽墟辟坑糧錢四百四
十四文正外加捐錢四百零
八文正收明字照
民國壬申二十一年三月　日立收字弟乃焰鑒

今收
汝瓊處理仍本年份地方土名坑裡
境糧錢三百伍十五文正外加捐
錢三百式十六文正收明字照
民國壬申廿一年三月　日立收字　李浦書

8-2-31-5　民國二十一年黃汝瓊立收字簿（五）

8-2-31-6　民國二十一年黃汝瓊立收字簿（六）

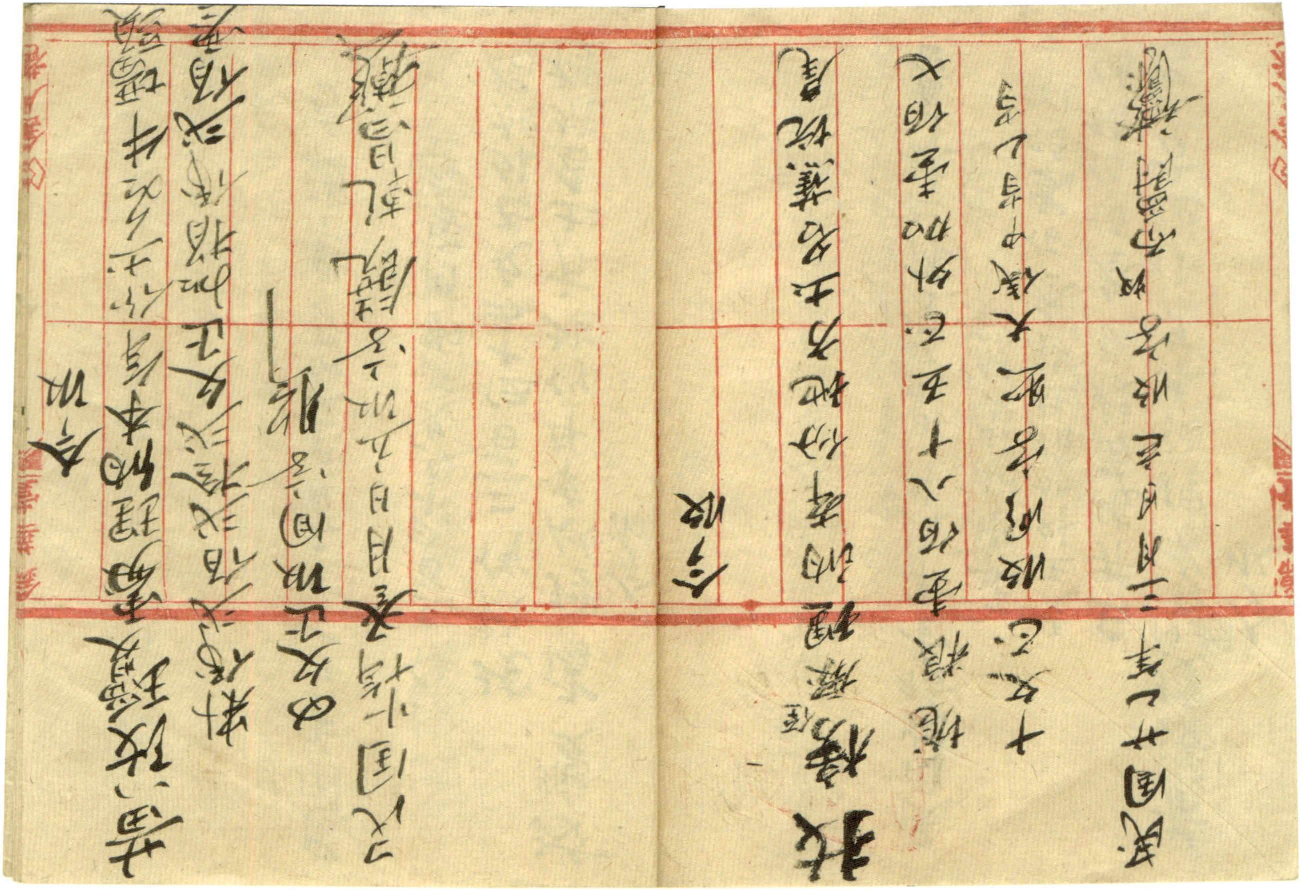

今收
黃汝瓊伯姆翁處理納本年份地方土名后井墘苗粮錢叁佰伍拾陸文正，外加捐征錢叁佰叁拾捌文正，收明字照。
民国弍拾壹年八月　日立收字林仁棣（押）

今收
汝瓊侄處理納本年份土名翰陽佛堂洋粮錢四佰四拾四文，正加捐四佰零八文正，收明字照。
民國壬申年八月　日立收字叔而鎏（押）

8-2-31-7　民國二十一年黃汝瓊立收字簿（七）

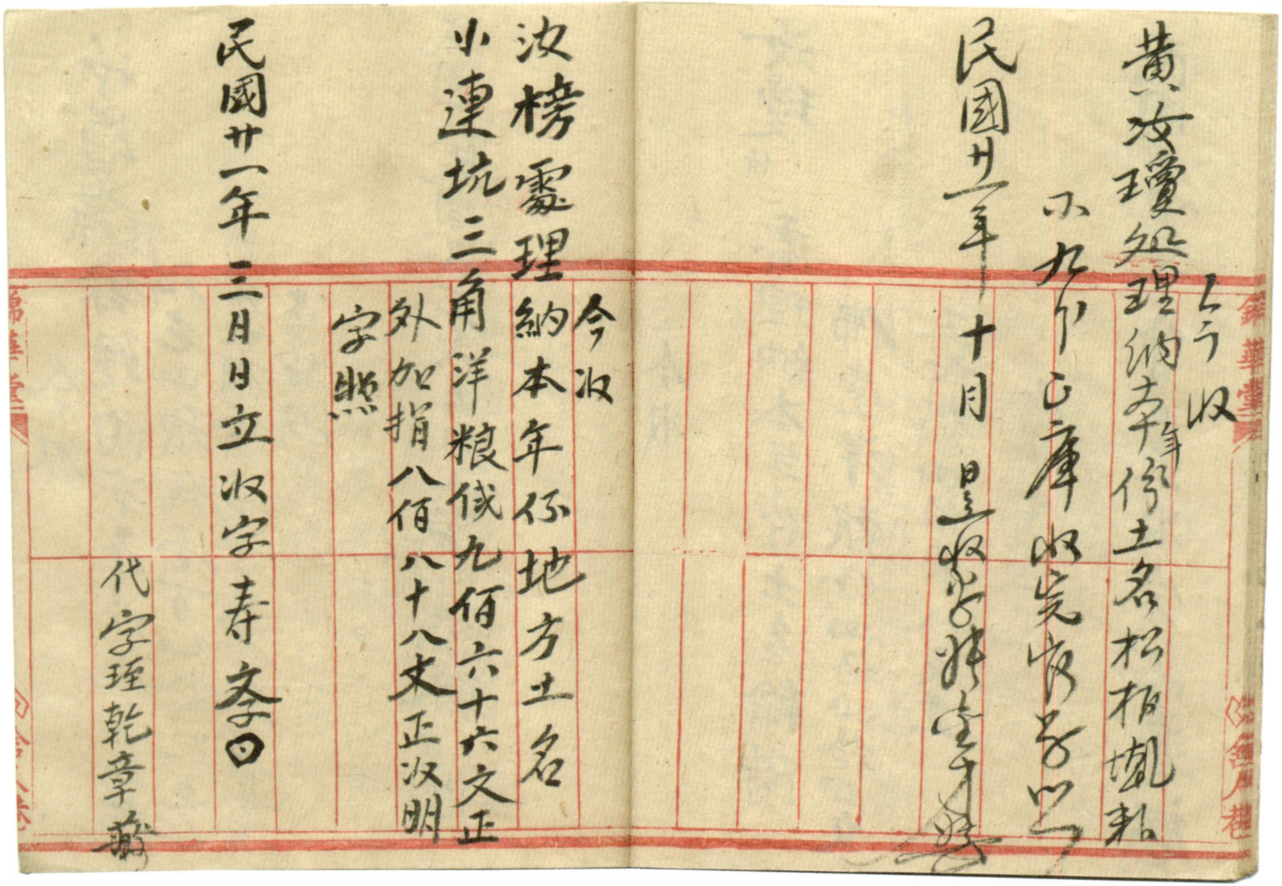

8-2-31-8　民國二十一年黃汝瓊立收字簿（八）

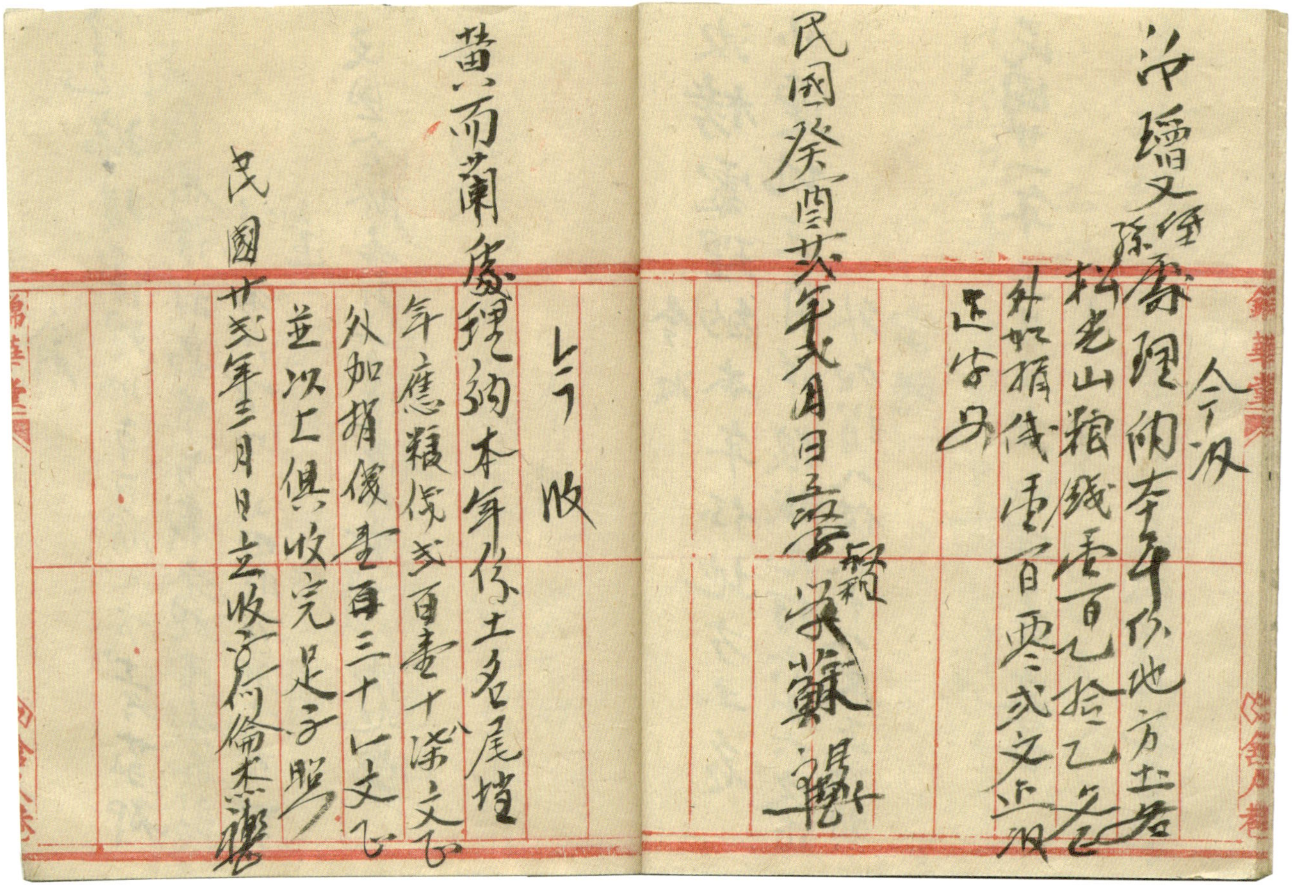
今收
汝瓊叉侄孫房
理納本年份地方土名
松光山粮錢壹百乙拾乙文，
外加捐錢壹百零弍文，足訖，
收字為照。
民國癸酉廿二年七月日立收字蘇[illegible]

今收
黃而蘭房理納本年份土名尾垱
年應粮錢弍百壹十柒文，
外加捐錢壹百三十乚文，
並以上俱收完足，收字為照。
民國廿弍年三月日立收字何倫杰[illegible]

8-2-31-9　民國二十一年黃汝瓊立收字簿（九）

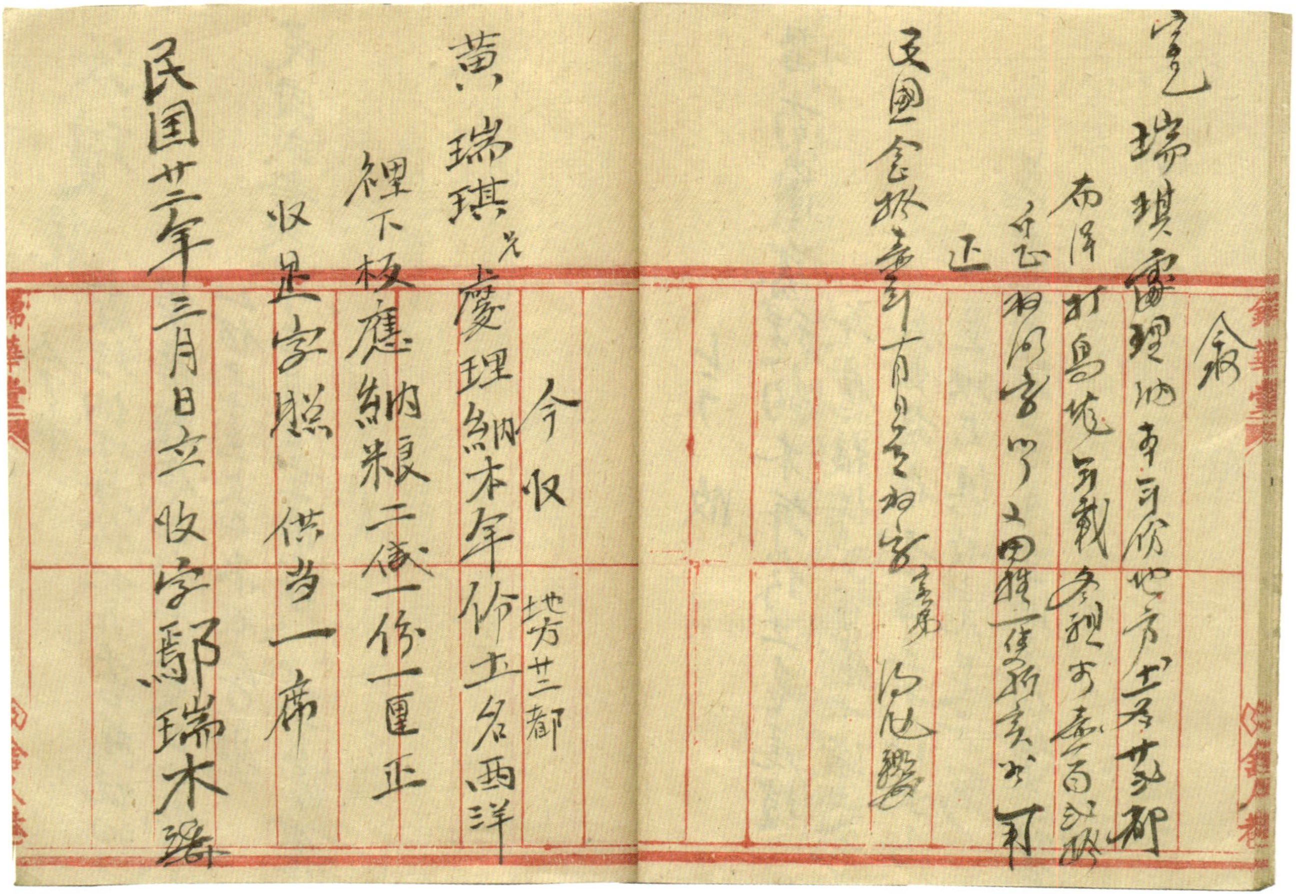

8-2-31-10　民國二十一年黄汝瓊立收字簿（一〇）

汝瓊 任孫
今收
處理納本年份地方吉蕉坑烟
單番粮價山佰七十七文正加捐代
山佰六十三文正 收明字照
民國弍拾弍年三月日立收字 叔祖 李長庚

黃汝瓊
今收
處理納本年份土名蕉坑三一
角洋料代洋伯陸拾弍文正加
捐代洋伯零文正收回字照
民国廿年叁月日立收字 饒乾昌

8-2-31-11 民國二十一年黄汝瓊立收字簿（一一）

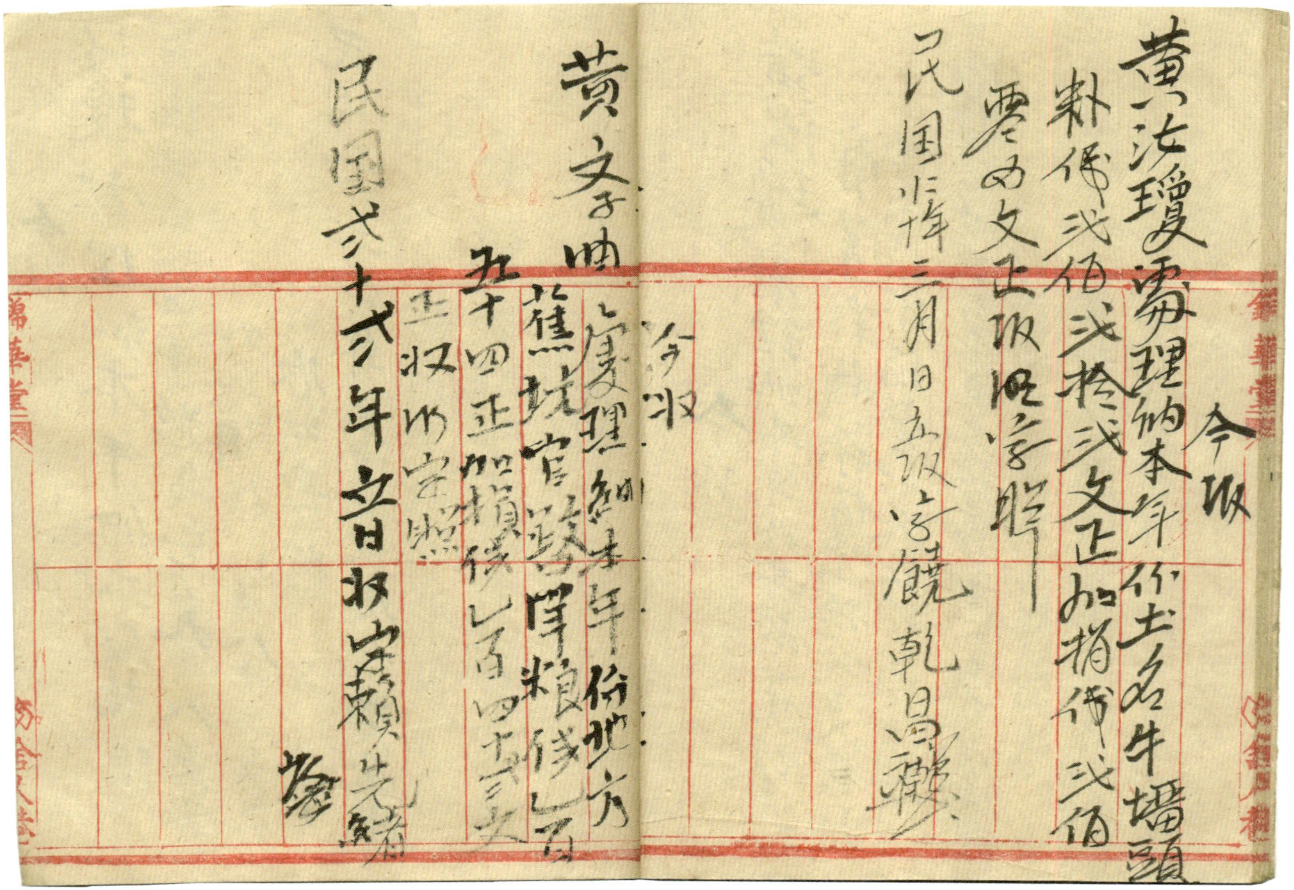
今收
黃汝瓊處承理納本年份土名牛壚頭
料伍伍伍拾伍文正加捐伍伍佰
零四文正收訖字照
民國廿一年三月日五收字號乾昌號

今收
黃文子曲處承理納本年份坑邊
蕉坑官路岸糧錢七百
五十四正加捐伍七百四十六文
正收訖字照
民國二十一年　日收字賴興緒　押

8-2-31-12　民國二十一年黃汝瓊立收字簿（一二）

今收
汝瓊家理納本年伵地方土名翰陽
由園粮銭一百九十八文正
外加捐銭一百八十二文正
收明字照
民国二十二年三月日立收字英学押

今收
汝瓊處理納本年伵地方土名翰
陽塘臂坑粮銭四百四十四
文正外加捐銭四百零八文正
收明字照
民國癸酉二十二年三月日立收字乃稻押

8-2-31-13　民國二十一年黄汝瓊立收字簿（一三）

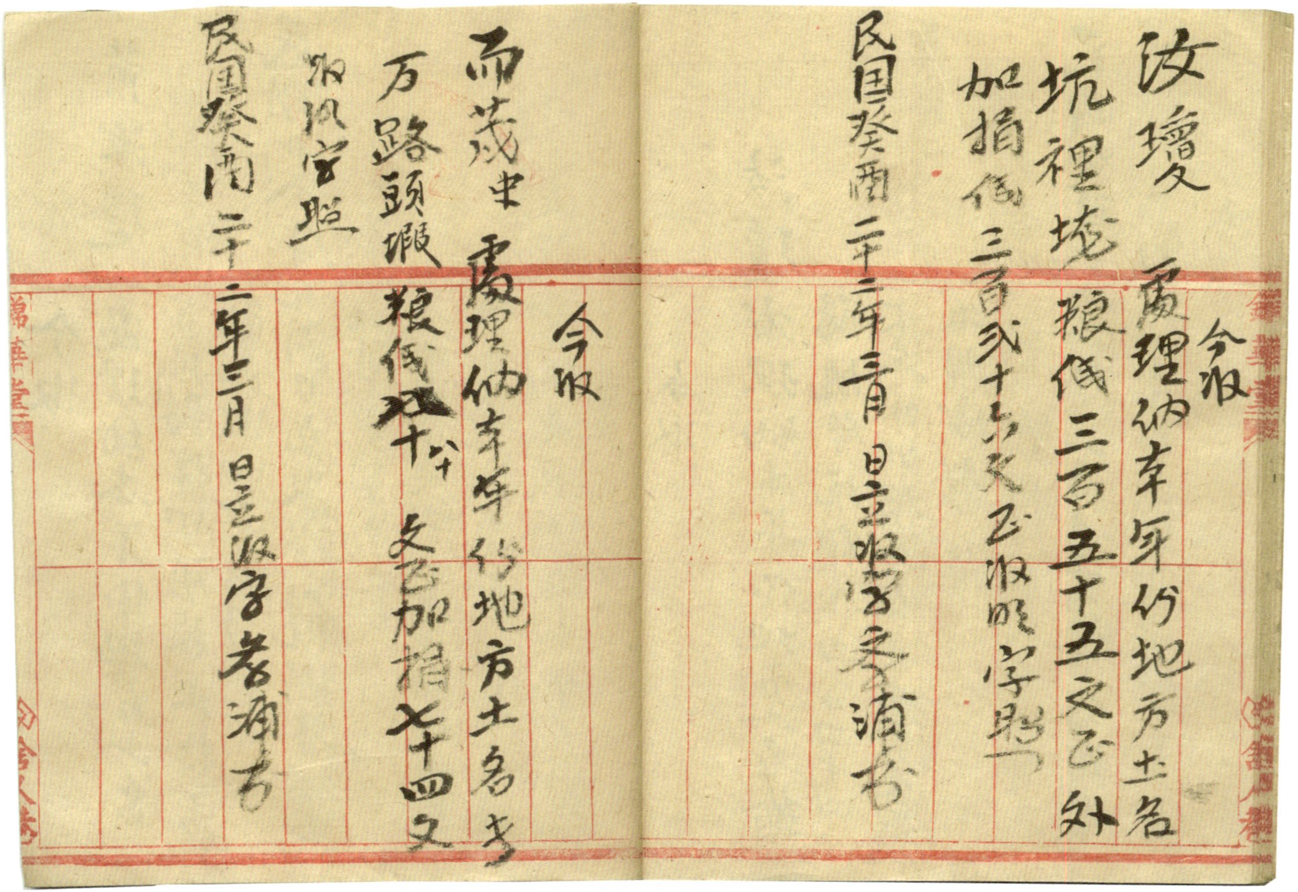
汝瓊
今收
坑裡墘 處理納本年份地方土名
粮伐三百五十五文正外
加捐伐三百弍十七文正收明字照
民国癸酉二十二年三月 日立收字者浦右

今收
而茂屯 處理納本年份地方土名屯
万路頭墩 粮伐五十六文正加捐七十四文
收訖字照
民国癸酉二十二年三月 日立收字者浦右

8-2-31-14　民國二十一年黃汝瓊立收字簿（一四）

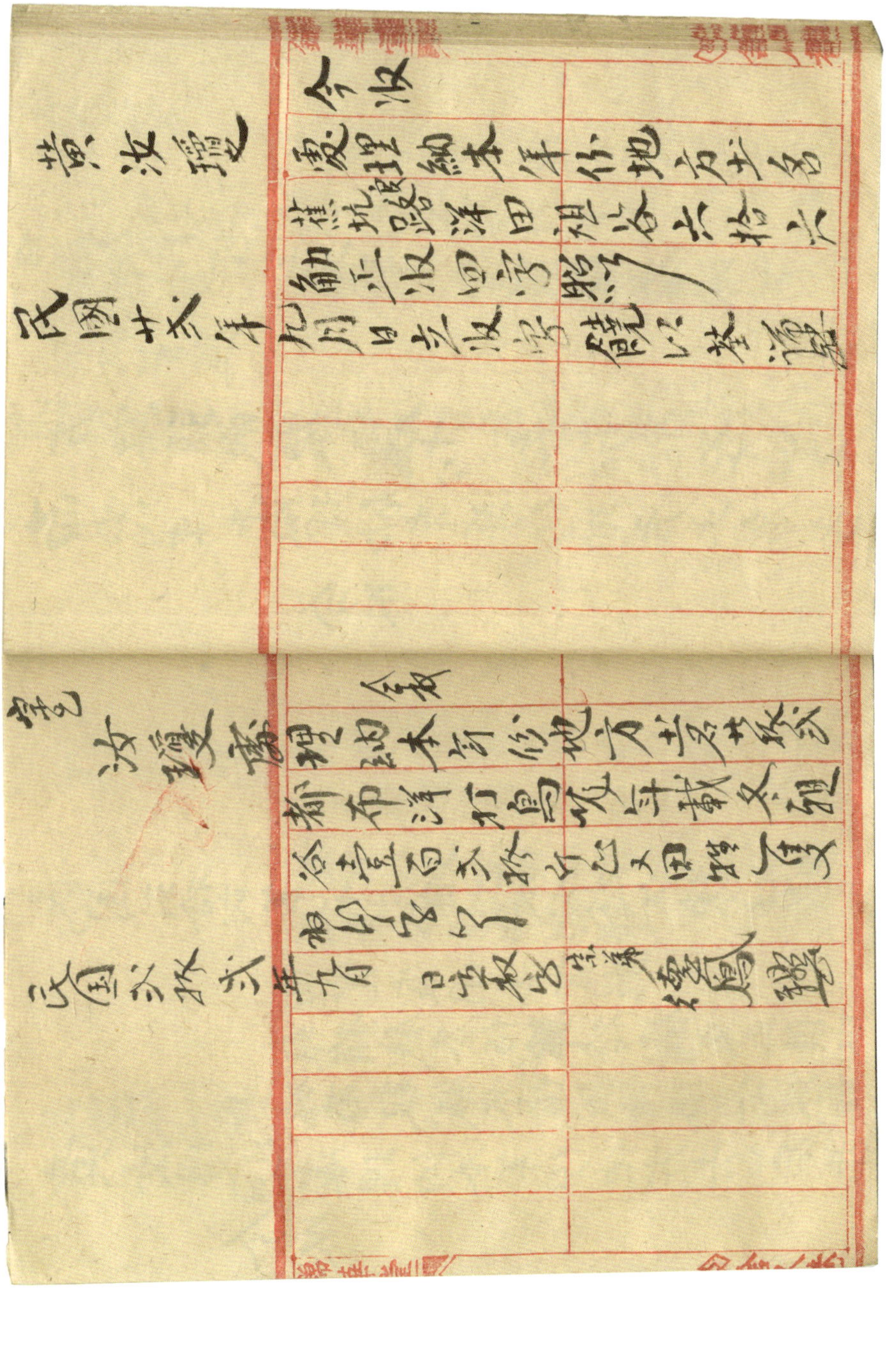

8-2-31-15　民國二十一年黄汝瓊立收字簿（一五）

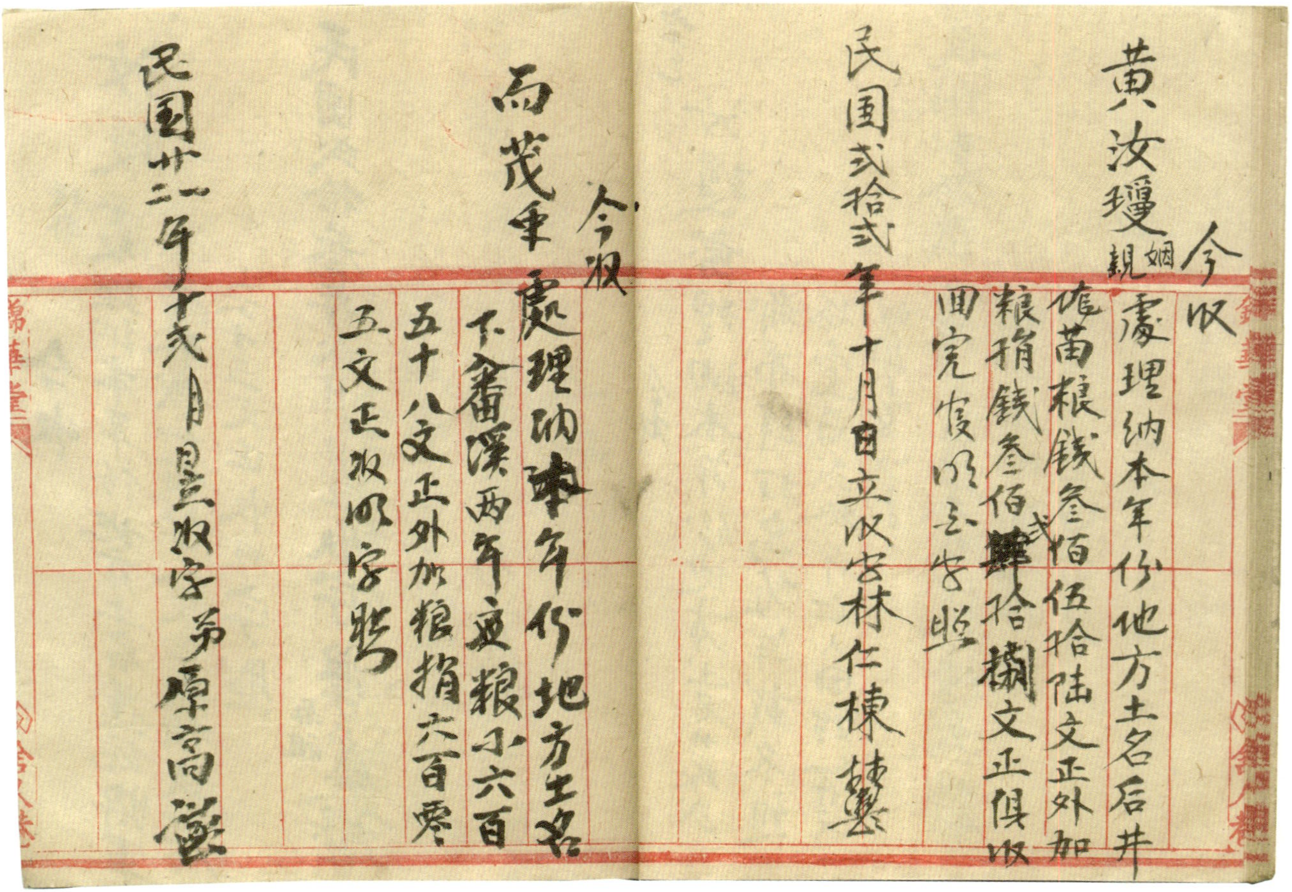

今收

黃汝瓊姻親處理納本年份他方土名石井

雇苗粮錢叁佰伍拾陸文正外加

粮捐錢叁佰肆拾捌文正俱收

回完俟收立字照

民国弍拾弍年十月日立收字林仁棟

今收

而茂乘處理納本年份地方土名

下畬溪西年應粮小六百

五十八文正外加粮捐六百零

五文正收收字照

民国廿二年十弍月日立收字弟原高

8-2-31-16　民國二十一年黃汝瓊立收字簿（一六）

今收

汝瓊侄孫處理納本年修地方土名蕉坑將軍厝秋錢乙佰七十八文正加捐錢乙佰六十三文正收經字照

民国弍拾叁年弍月　日立收字學虞叔祖親筆

今收

汝瓊侄孫處理納本年份土名松光山糧錢壹佰壹拾壹文正外加捐錢壹佰零弍文正汉明字照

民國弍拾叁年弍月　日立收學叔祖以字蘇　親筆

8-2-31-17　民國二十一年黄汝瓊立收字簿（一七）

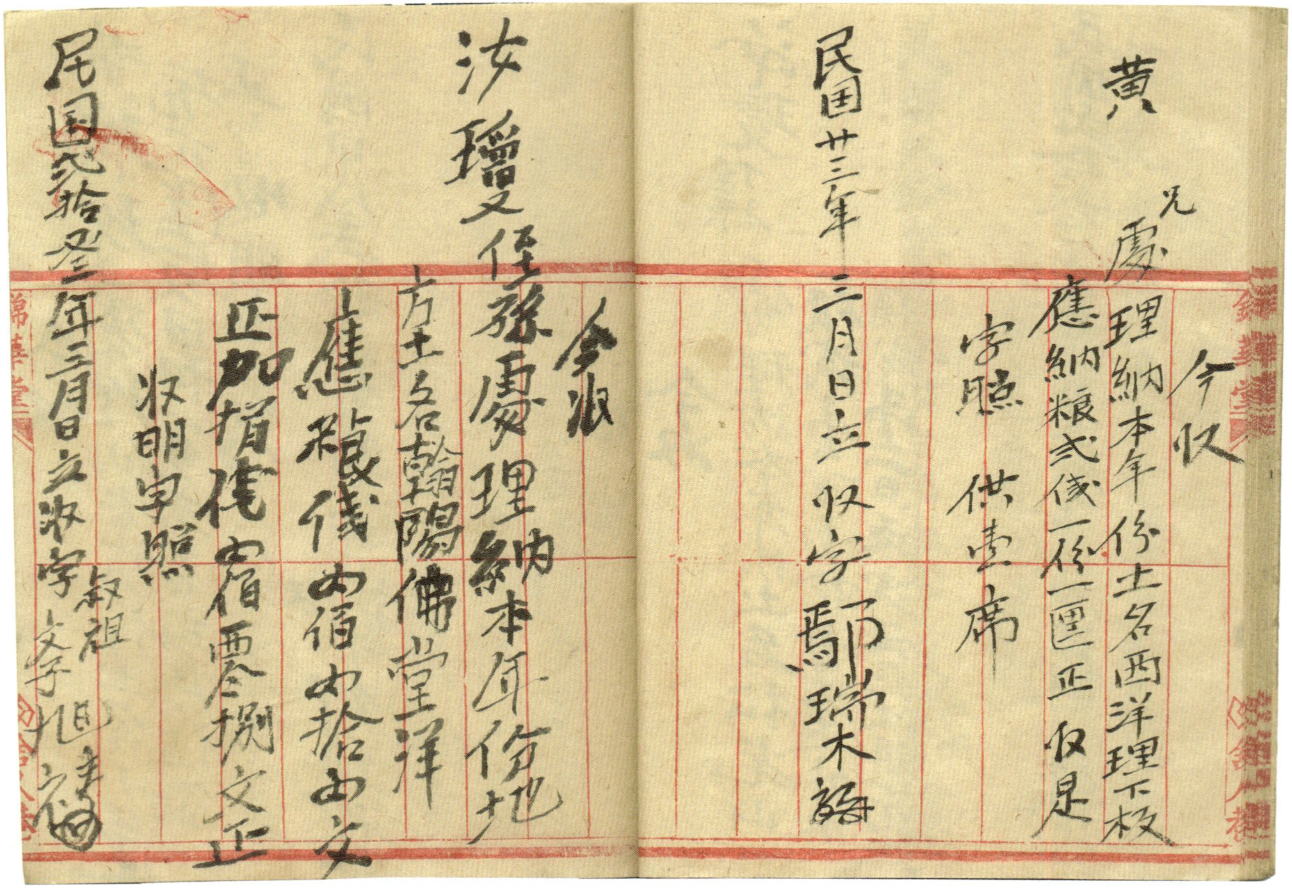

8-2-31-18　民國二十一年黄汝瓊立收字簿（一八）

今收
黄瑞珠處理納本年作土名小蓮
坑下溪坂田租谷弍百弍拾伍觔
正收明字照
民國甲戌弍拾三年四月日立收字廿柳建鑾

今收
黄瑞球肇昌處理納本年分地
土名在西塘洋中西洋尾應粮
錢壹拾伍文正外加捐壹拾
四文正並以上俱收明白字
照
民國甲戌二十三年三月日立收字葉垄合
代字陳和蔭

8-2-31-19　民國二十一年黄汝瓊立收字簿（一九）

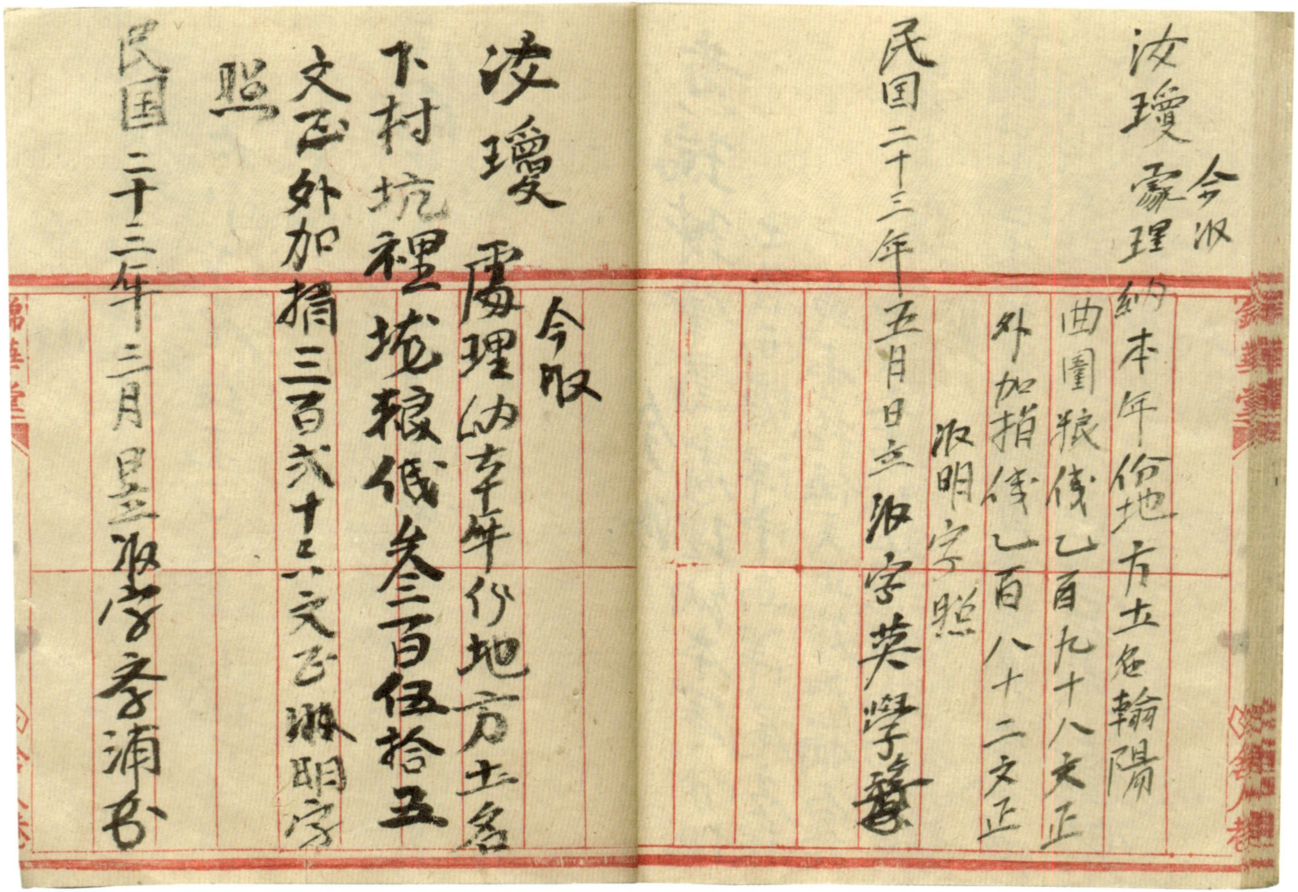
汝瓊 令收
家理納本年份地方土名輪陽
曲圍粮錢乙百九十八文正
外加捐錢乙百八十二文正
收明字照
民国二十三年五月日立收字英學聲

汝瓊 令收
處理納本年份地方土名
下村坑裡坵粮錢叁百伍拾五
文正外加捐三百弍十八文正收明字
照
民国二十三年三月日立收字李浦台

8-2-31-20　民國二十一年黃汝瓊立收字簿（二〇）

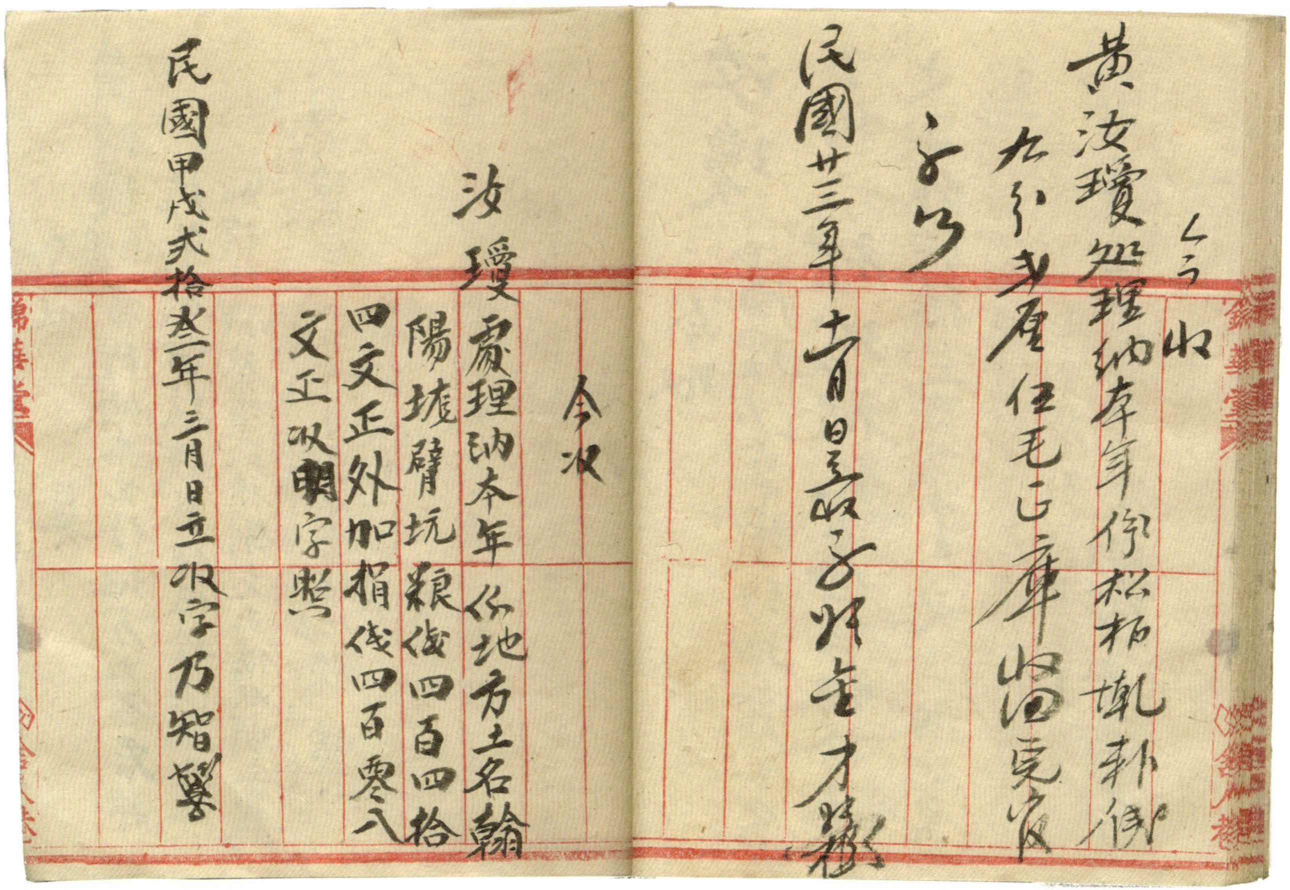

8-2-31-21　民國二十一年黃汝瓊立收字簿（二一）

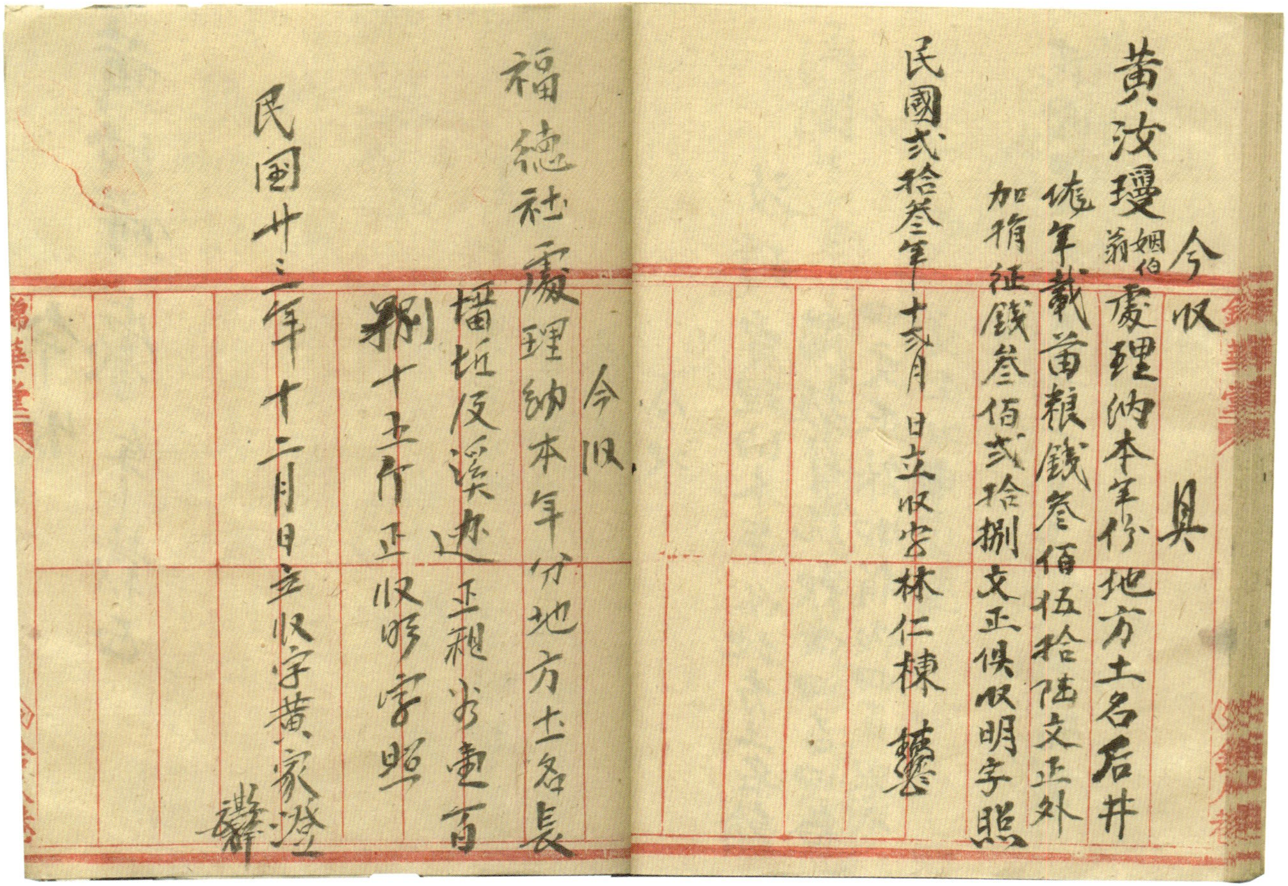
今收 具
黃汝瓊姻伯翁處理納本年份地方土名石井
遞年載苗粮錢叁佰伍拾陸文正外
加稍征錢叁佰弍拾捌文正俱收明字照
民國弍拾叁年十弍月　日立收字林仁棟（花押）
今收
福德社處理納本年分地方土名長
播坵仔溪邊正租穀壹百
捌十五斤正收明字照
民國廿三年十二月　日立收字黃家澄（花押）

8-2-31-22　民國二十一年黃汝瓊立收字簿（二二）

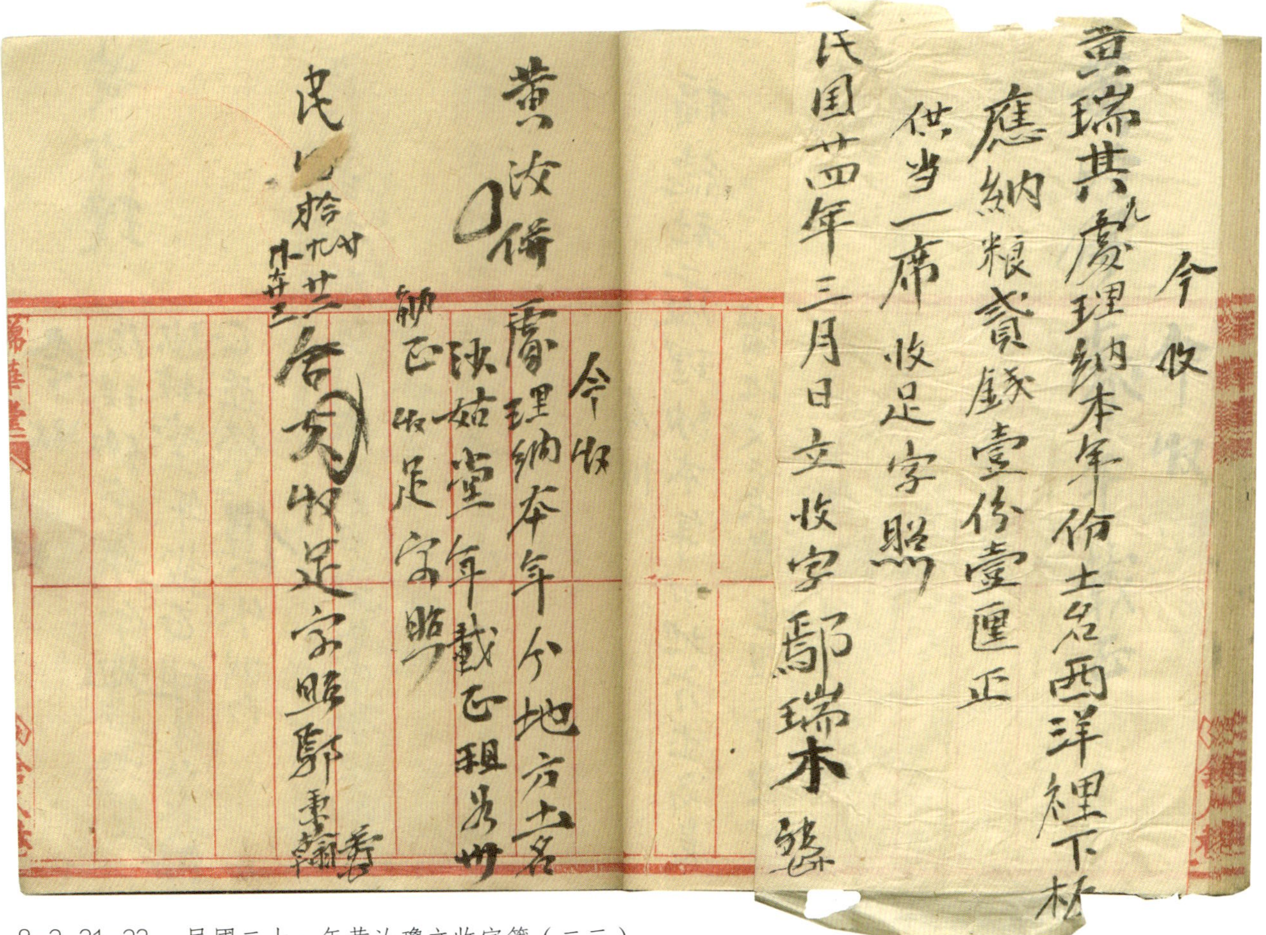

8-2-31-23　民國二十一年黃汝瓊立收字簿（二三）

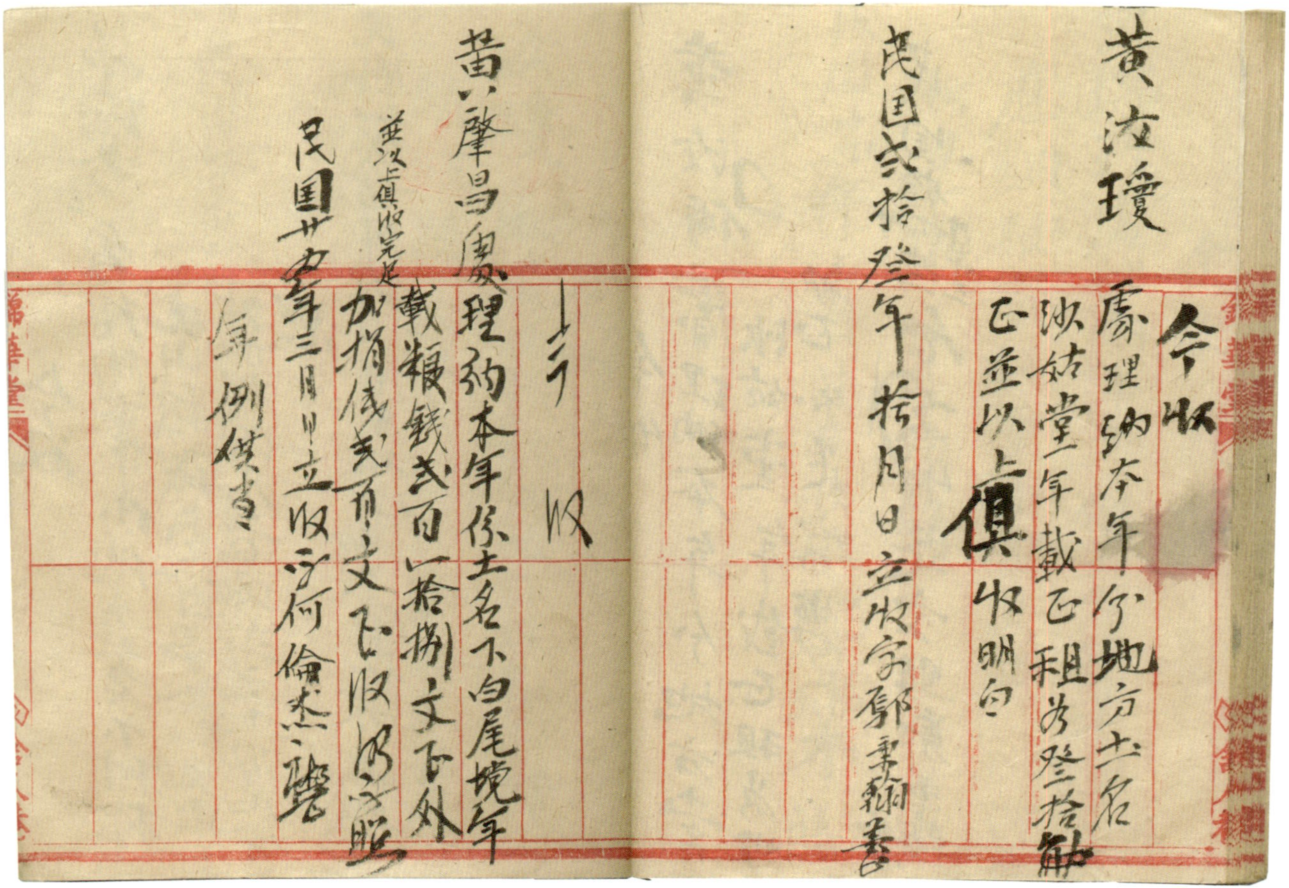
今收
黄汝瓊
處理納本年份地方土名
洑姑堂年載正租為叁拾觔
正並以上俱收明白
民国式拾叁年拾月日立收字鄭秉[illegible]書

黄以馨昌處理納本年係土名下白尾坑年
載糧錢式百一拾捌文下外
加捐錢式百文正收明白
並以上俱收完足
上完　收
民国廿四年三月廿立收字何倫杰筆
每例供書

8-2-31-24　民國二十一年黄汝瓊立收字簿（二四）

今收
汝瓊叟侄處理納本年分地方土名下村松
光山糧錢壹百壹拾乙文正
外加捐錢壹百零弍文正汲足字
照
民國乙亥廿四年弍月　日立收字叔利字蘇謀　號

今收
汝瓊叟處理納本年分地方土名下村
坑裡墘民糧錢三百五十五文正外
加捐錢三百四十七文正收訖存照
民国乙亥廿四年三月　日立收字李浦書

8-2-31-25　民國二十一年黄汝瓊立收字簿（二五）

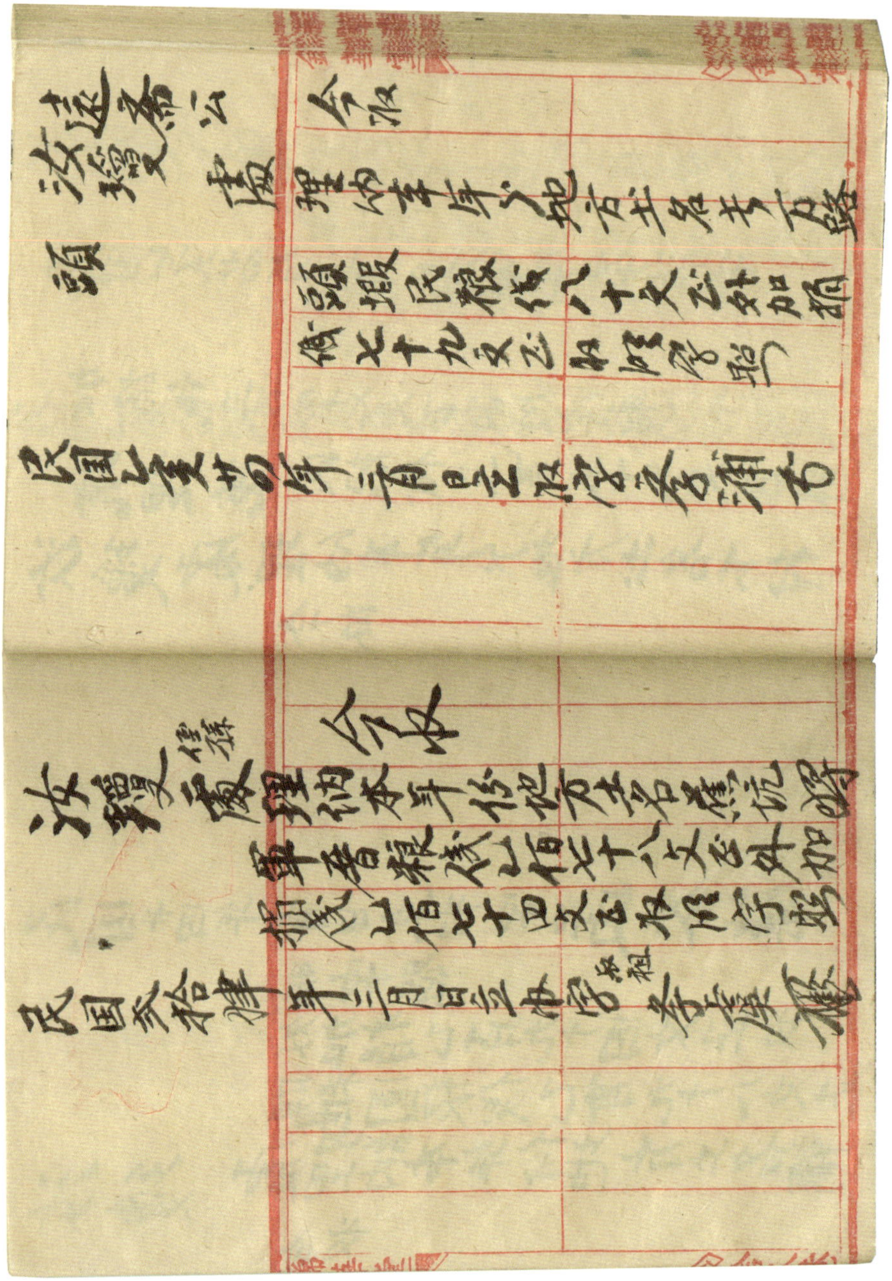

8-2-31-26　民國二十一年黃汝瓊立收字簿（二六）

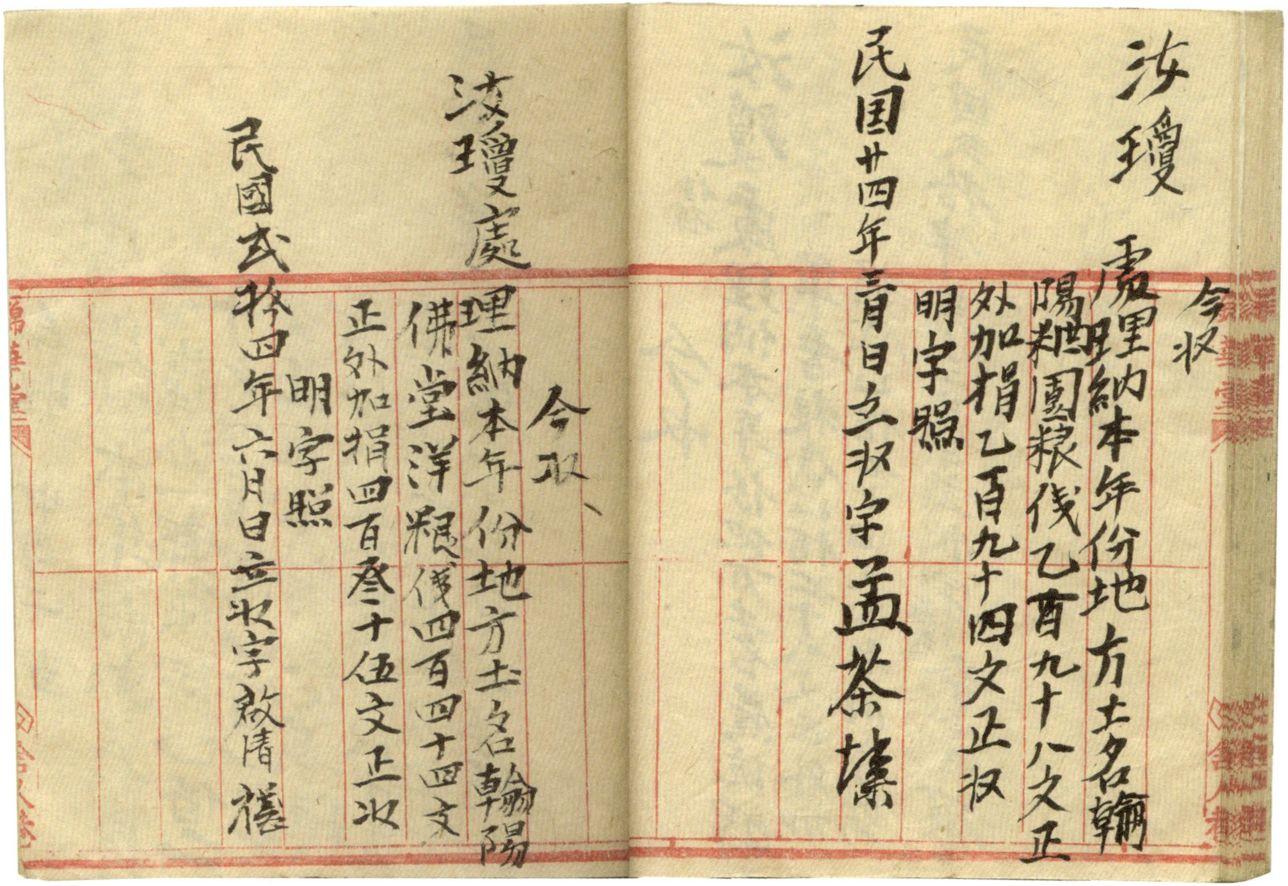

今收
汝瓊處
理納本年份地方土名輸
陽坵園粮伐乙百九十八文正
外加捐乙百九十四文正收
明字照
民国廿四年三月日立收字孟茶據

今收
汝瓊處
理納本年份地方土名輸陽
佛堂洋粮伐四百四十四文
正外加捐四百叁十伍文正收
明字照
民國式拾四年六月日立收字敘倩據

8-2-31-27　民國二十一年黄汝瓊立收字簿（二七）

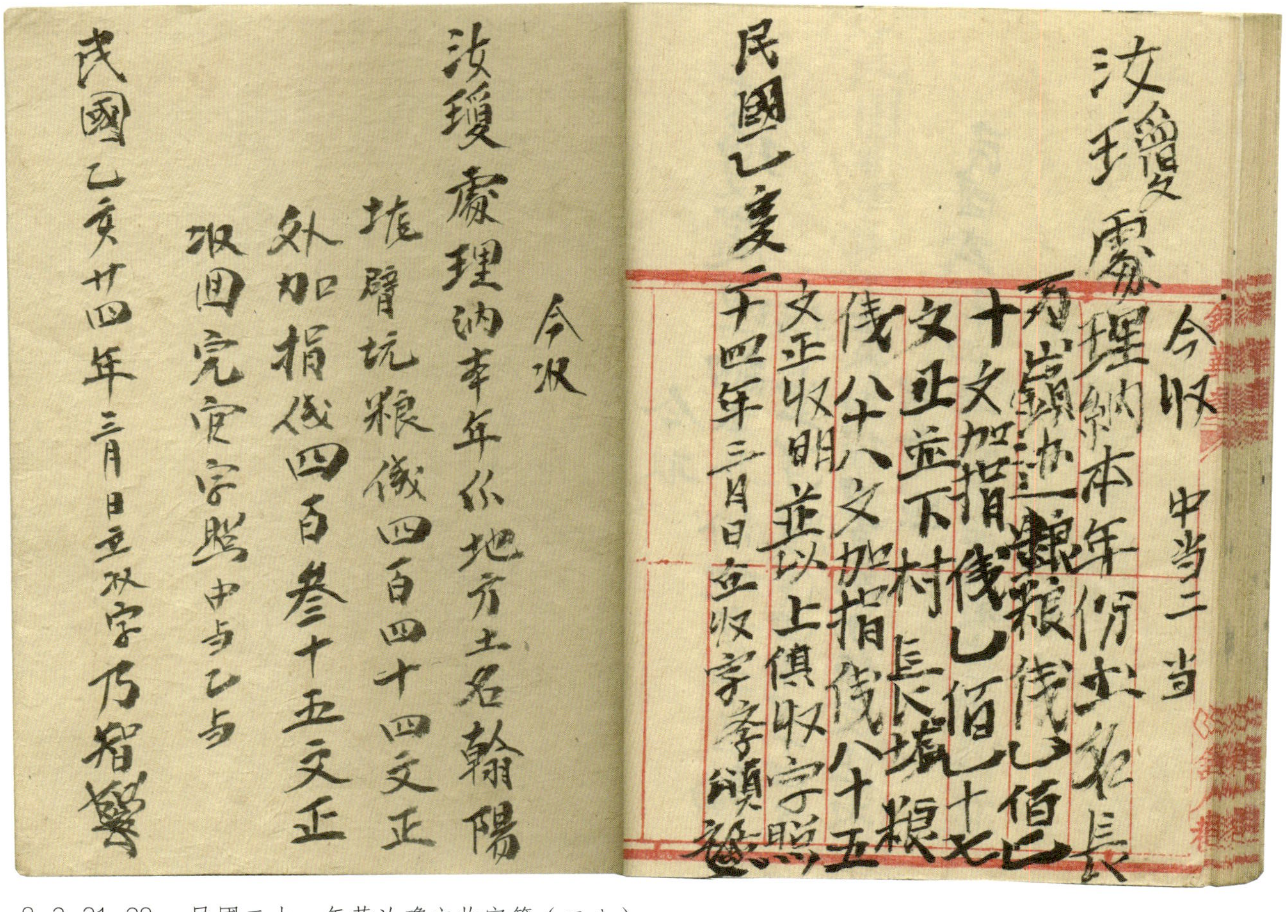

8-2-31-28　民國二十一年黃汝瓊立收字簿（二八）

8-2-31-29　民國二十一年黃汝瓊立收字簿（二九）

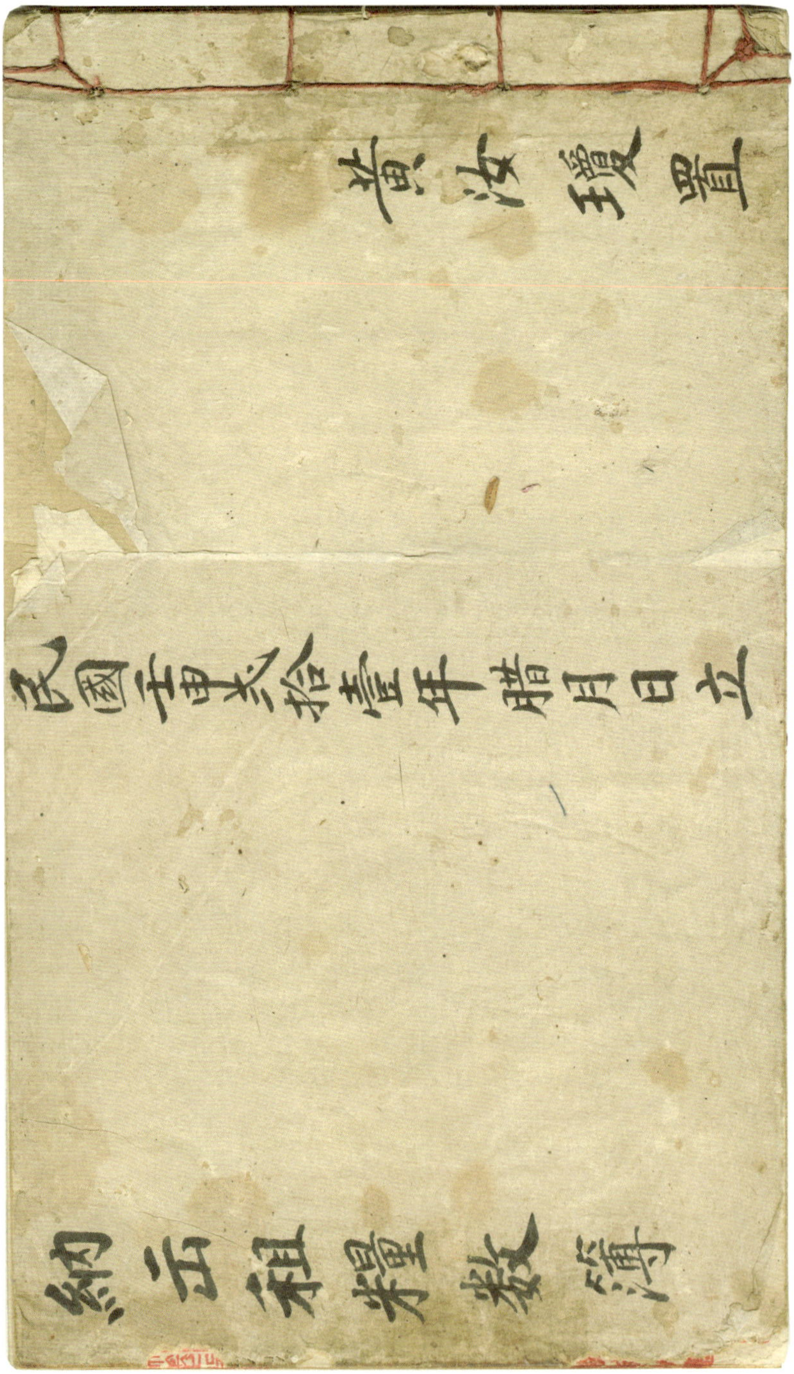

8-2-32-1　民國二十一年黃汝瓊立納出租糧數簿（一）

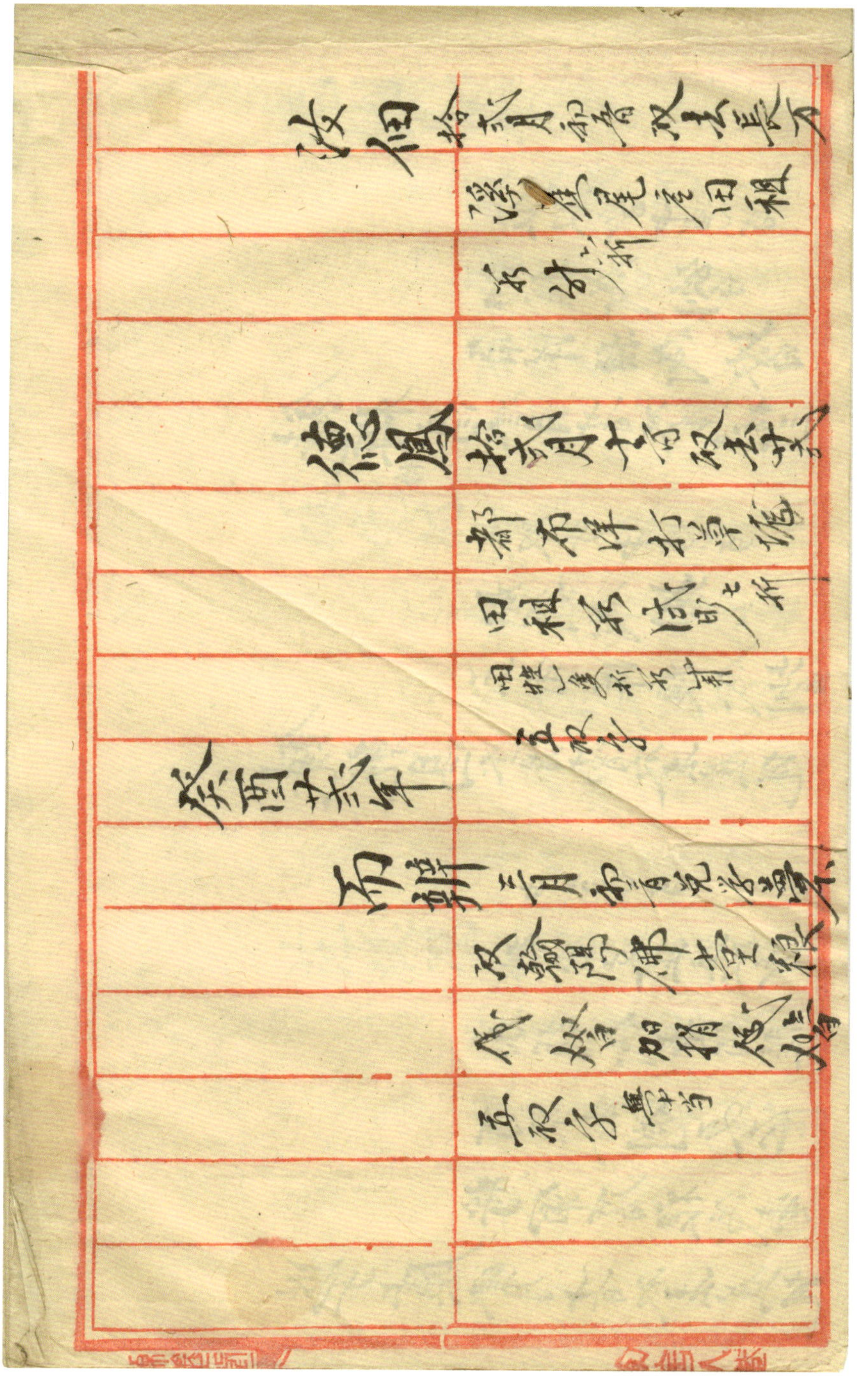

8-2-32-2　民國二十一年黃汝瓊立納出租糧數簿（二）

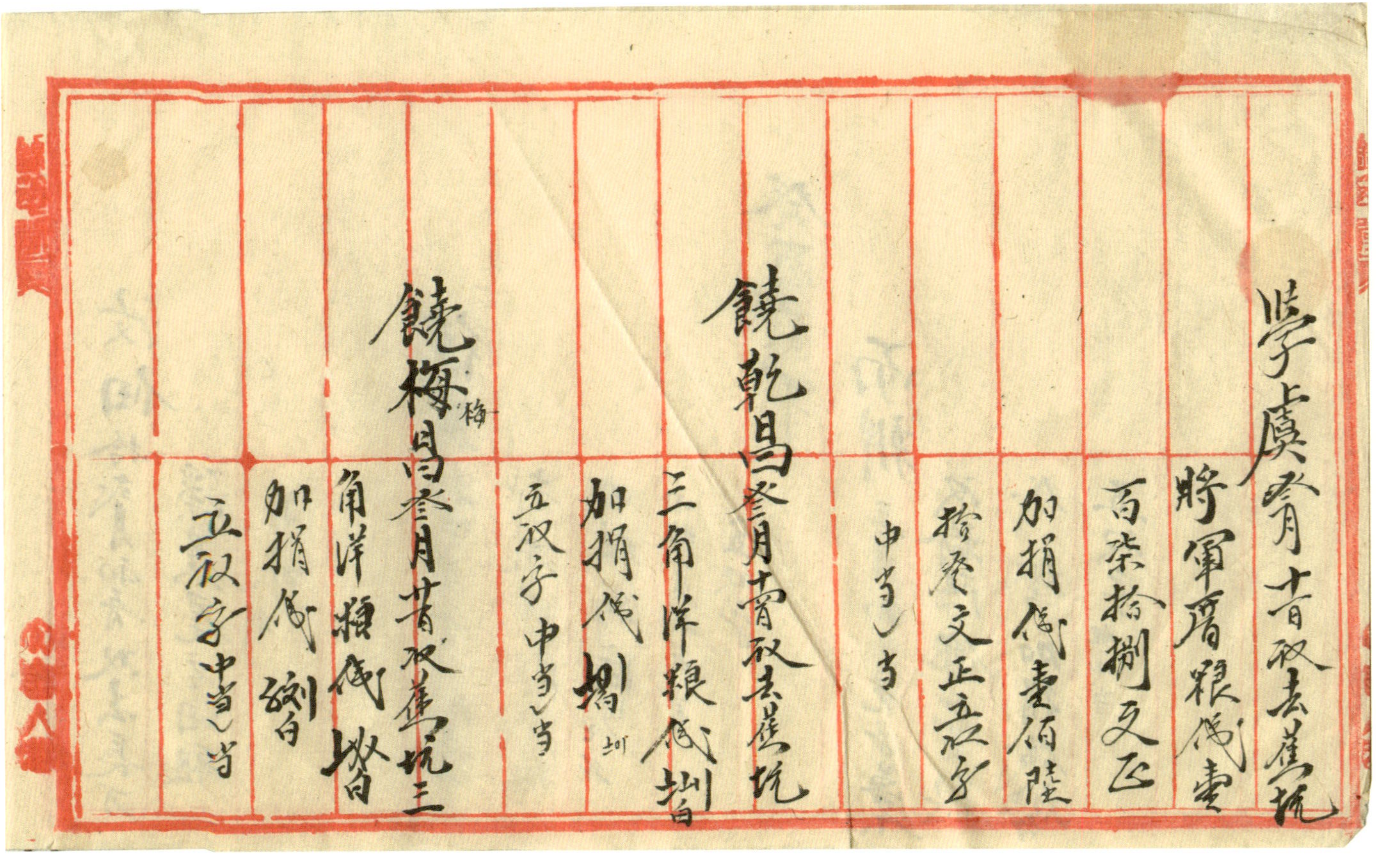

學上廣 叁月十一日收去崔坑
將軍厝粮穀壹
百柒拾捌文正
加捐穀壹佰陸
拾叁文正五收字
中当乙当

饒乾昌 叁月十一日收去崔坑
三角洋粮穀捌
加捐穀捌
五收字中当乙当

饒梅（梅）昌 叁月十一日收去崔坑三
角洋粮穀捌
加捐穀捌
五收字中当乙当

8-2-32-3　民國二十一年黄汝瓊立納出租糧數簿（三）

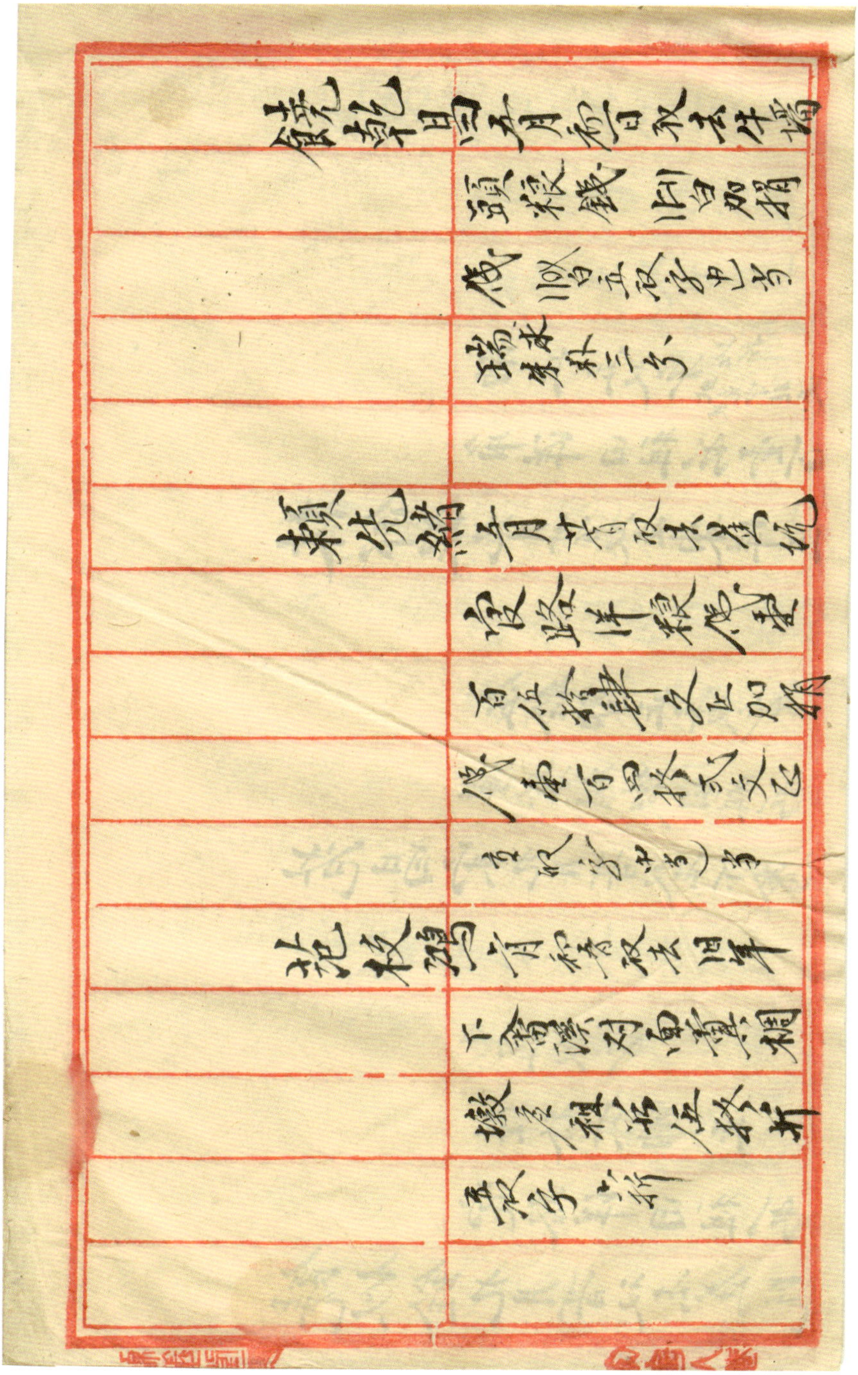

8-2-32-4　民國二十一年黃汝瓊立納出租糧數簿（四）

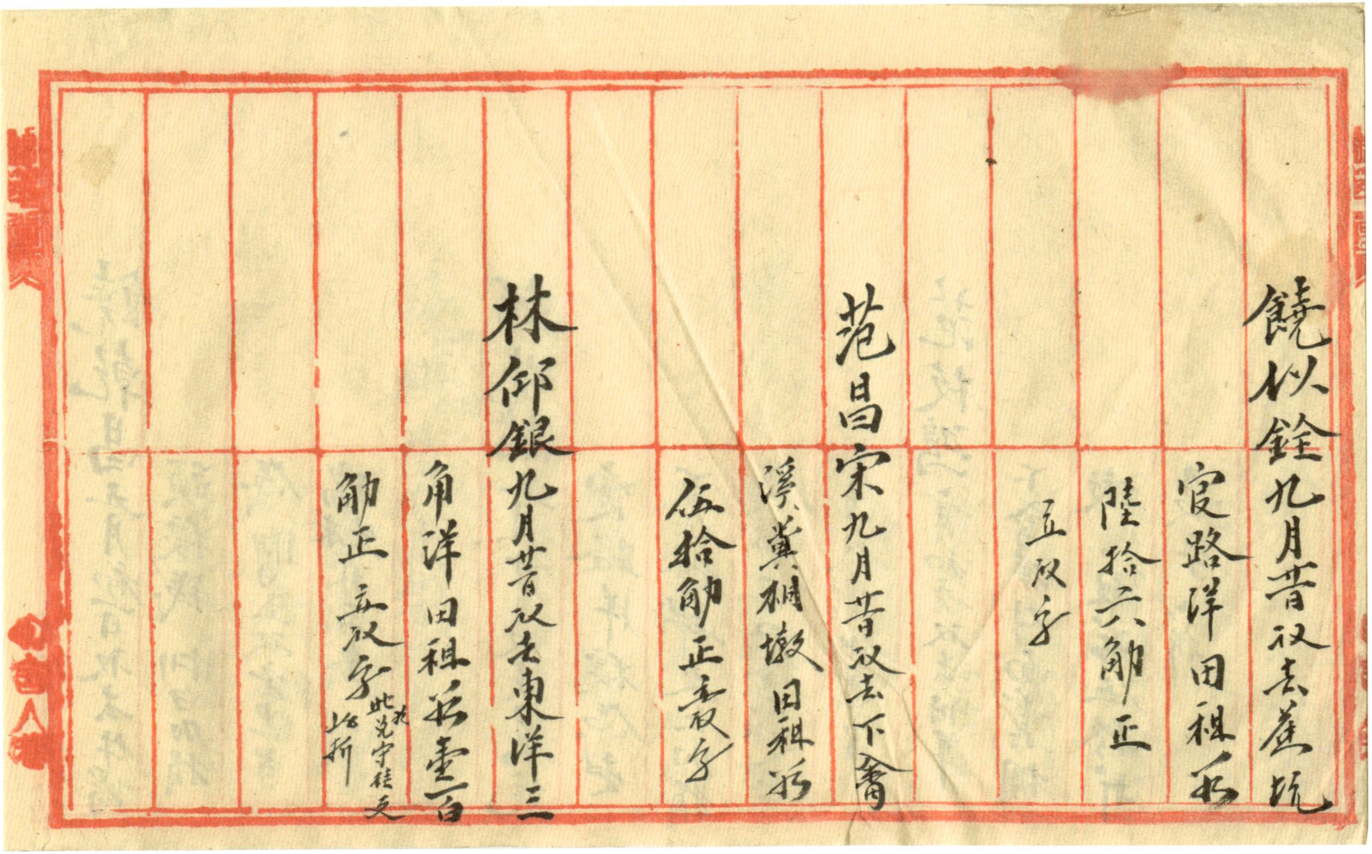

饒以銓九月廿叔去蓮坑
官路洋田租谷
陸拾六觔正
五収字

范昌宋九月廿叔去下會
溪墘桐墩田租谷
伍拾觔正末収字

林仰銀九月廿叔去東洋三
角洋田租谷壹百
觔正 五収字 此九先字往交 收折

8-2-32-5　民國二十一年黃汝瓊立納出租糧數簿（五）

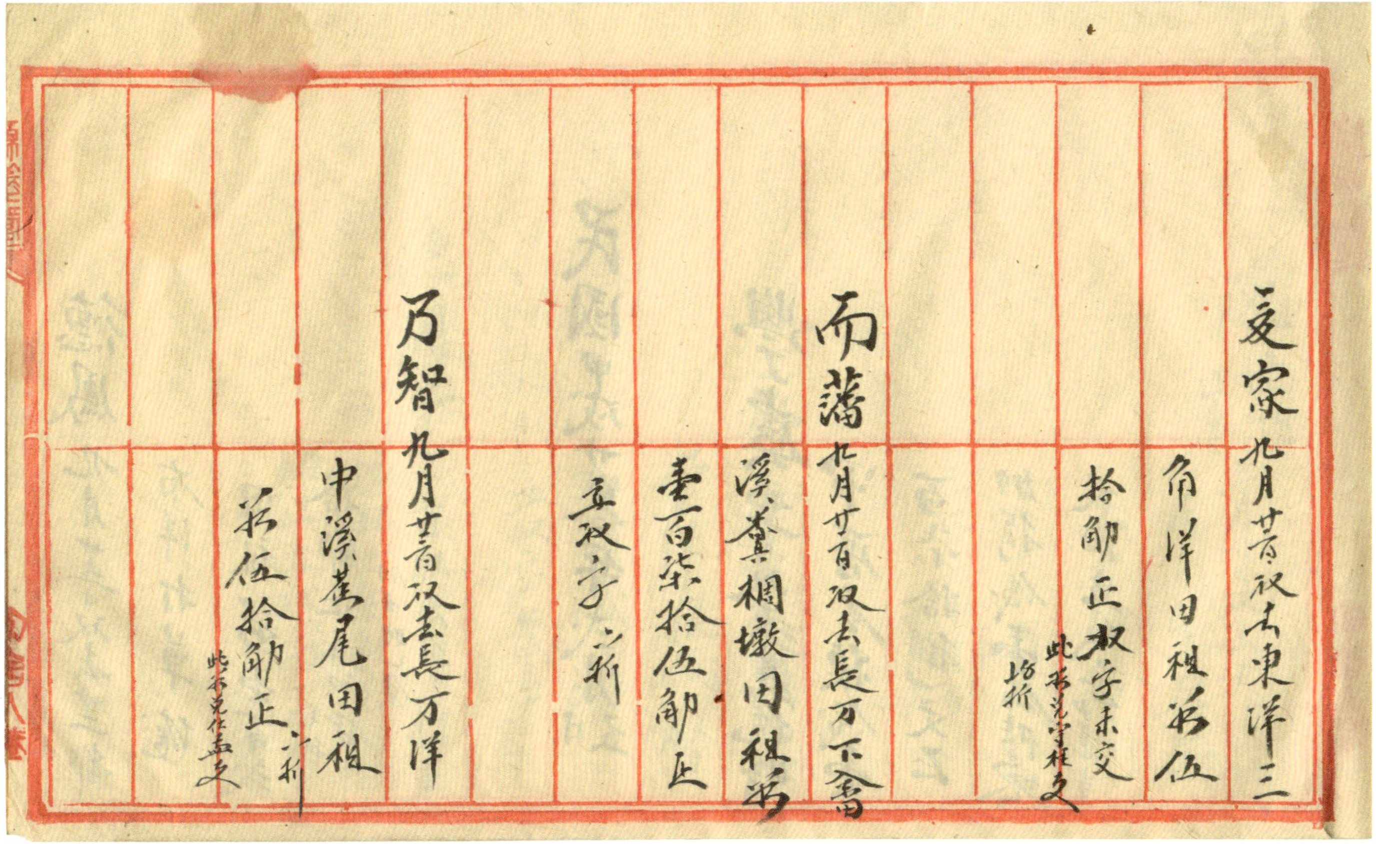

8-2-32-6　民國二十一年黃汝瓊立納出租糧數簿（六）

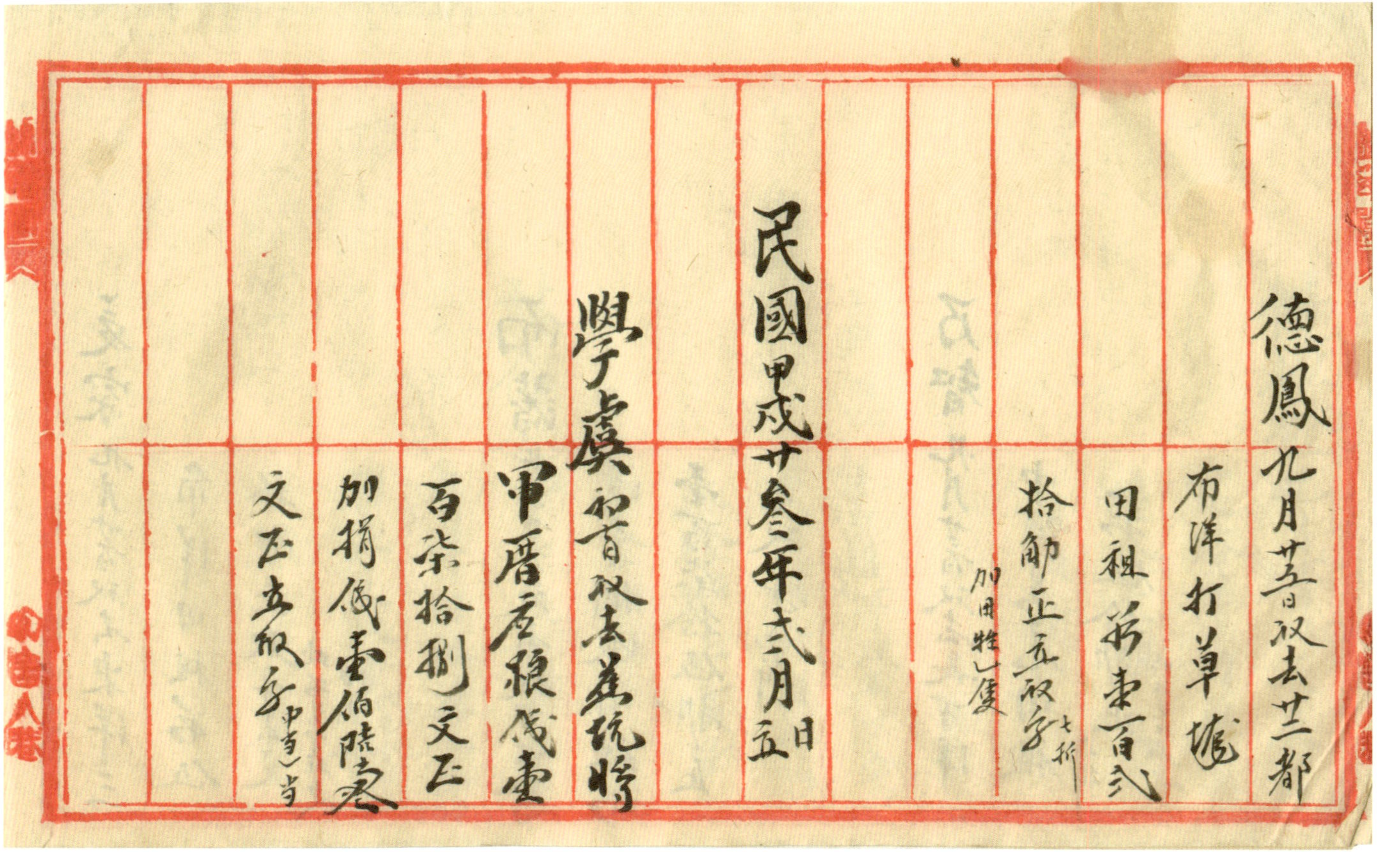
德鳳 九月廿五日收去廿二都
布洋打草墟
田租谷壹百弍
拾節正五收谷 七折
加田牲一隻
民國甲戌廿叁年弍月五日
學虞 初十日收去義統將
軍曆在糧錢壹
百柒拾捌文正
加捐錢壹佰陸拾叁
文正五收谷 中当一当

8-2-32-7　民國二十一年黃汝瓊立納出租糧數簿（七）

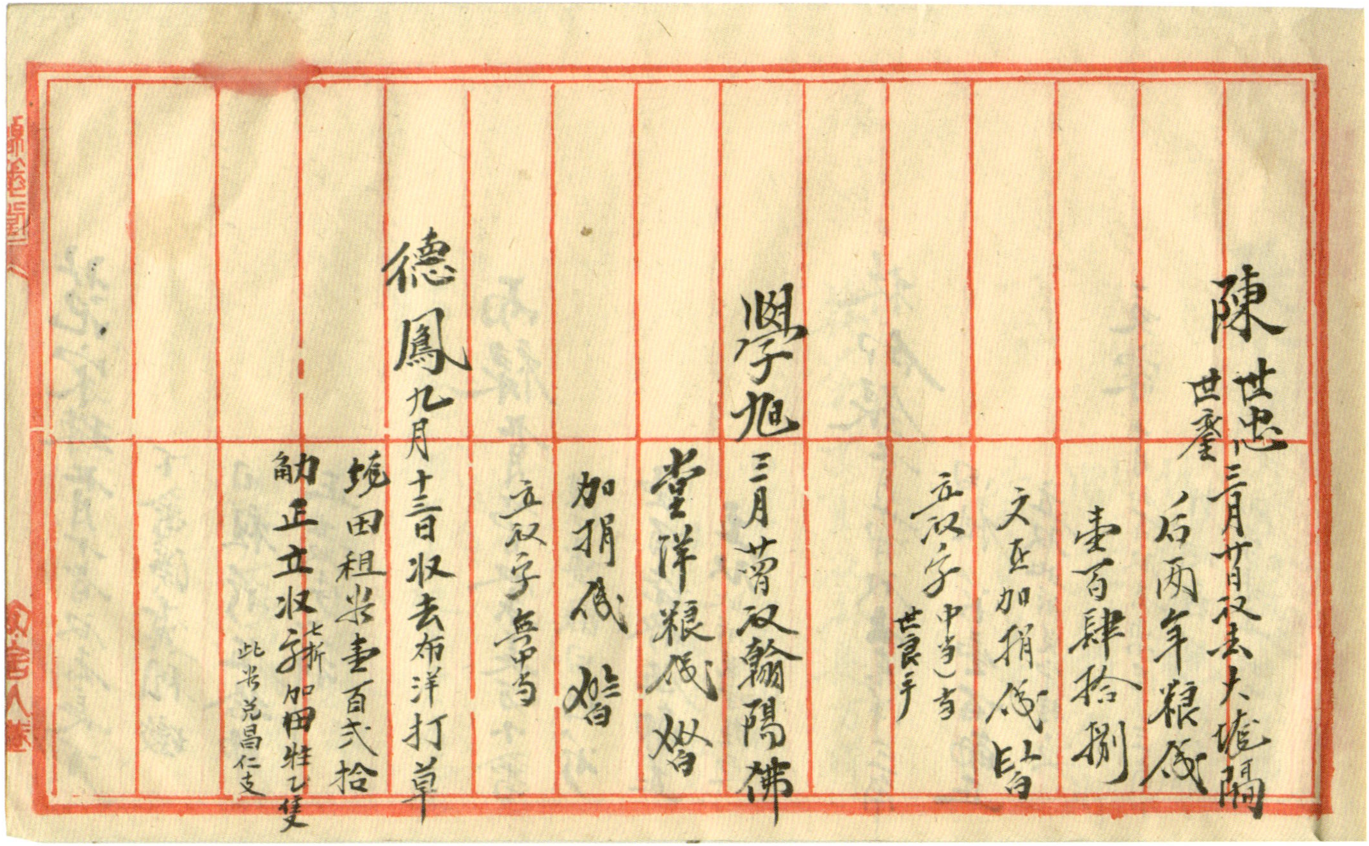
陳世忠
世鏖　三月廿日收去大埕隔
后丙年糧價
壹百肆拾捌
又在加捐價訖
立收字　中当　吉
世良手
學旭　三月廿日收去翰陽佛
堂洋糧價訖
加捐價訖
立收字與中当
德鳳　九月十三日收去布洋打草
垱田租米壹百弍拾
觔正　立收字　七折加田牲乙隻
此米交昌仁支

8-2-32-8　民國二十一年黃汝瓊立納出租糧數簿（八）

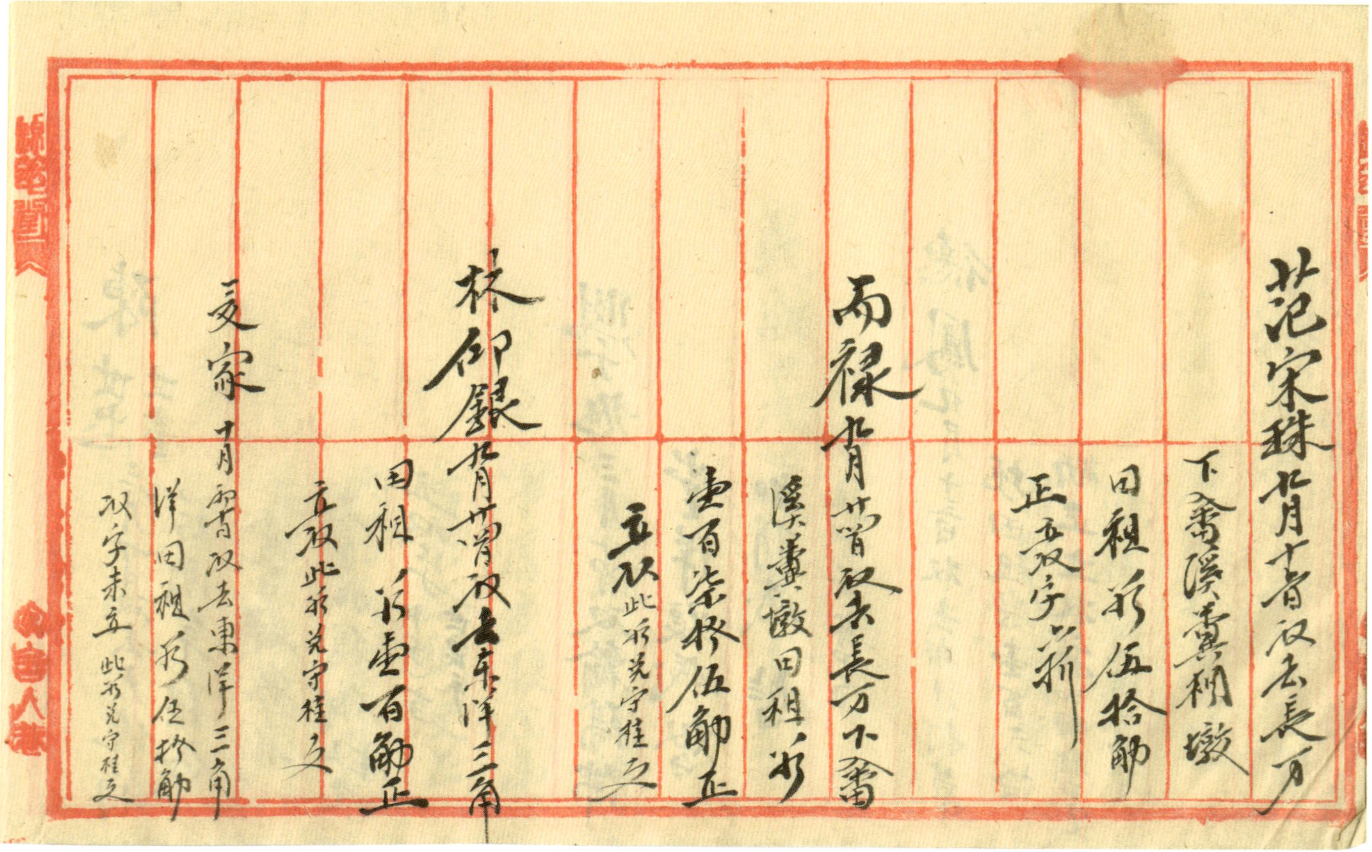
范宋珠 廿月十二日收去長万 下畲溪黃栮墩 田租谷伍拾觔 正五收字一訖

丙禄 廿月廿二日收去長万下畲溪黃墩田租谷壹百柒拾伍觔正 立收此谷完字挂之

林仰銀 廿月廿二日收去東洋三角田租谷壹百觔正 立收此谷完字挂之

文家 十月初二日收去東洋三角洋田租谷伍拾觔 收字未立 此谷完字挂之

8-2-32-9　民國二十一年黄汝瓊立納出租糧數簿（九）

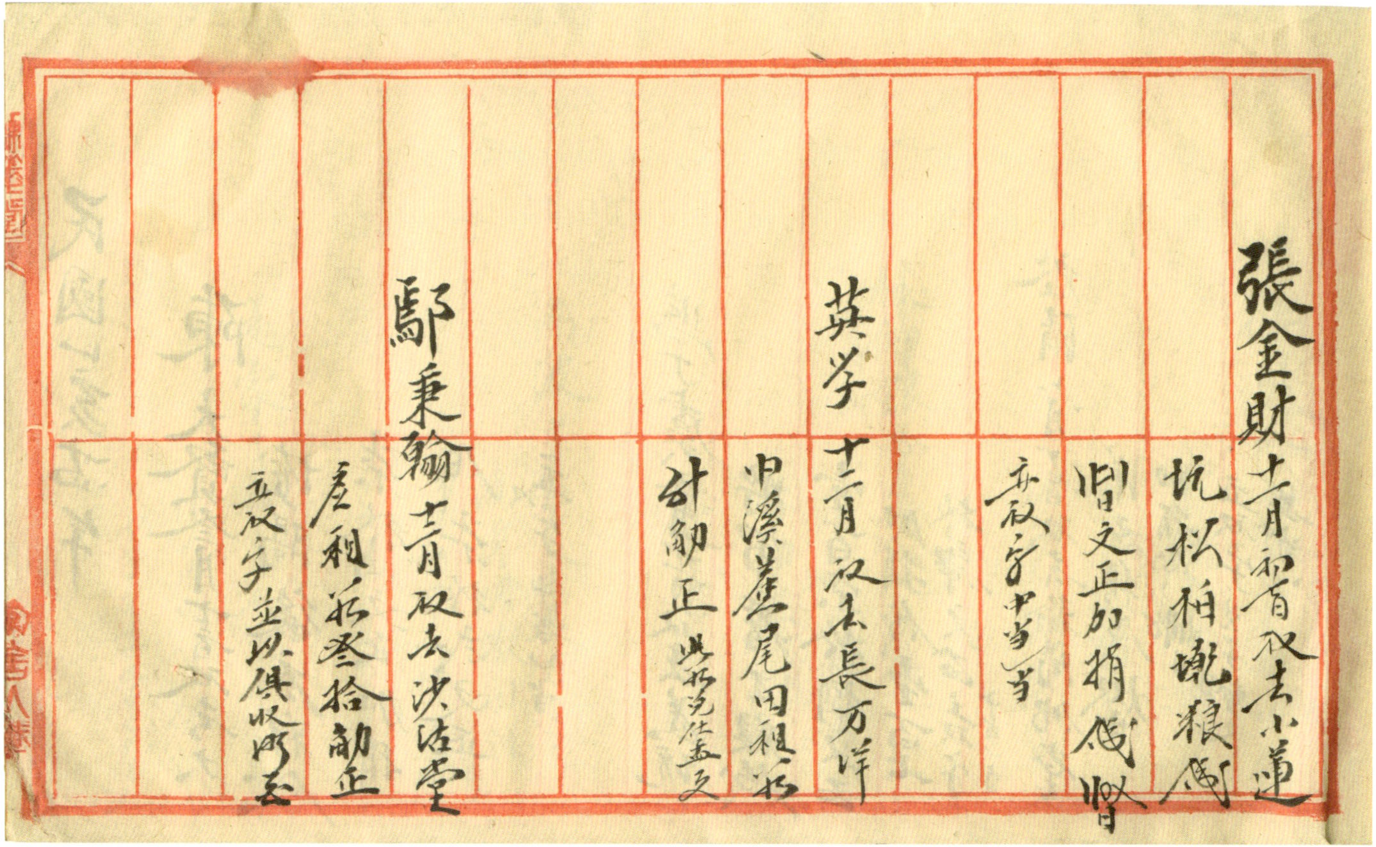
張金財十一月初旬收去小道
坑松柏墘粮谷
旧文正加捐谷贤
亦收字中当当
英学十二月收去長万洋
中溪蕉尾田租谷
計卸正 以后照此例
鄢秉輪十二月收去洑沽堂
產租谷叁拾卸正
亦收字並以俱收明矣

8-2-32-10　民國二十一年黃汝瓊立納出租糧數簿（一〇）

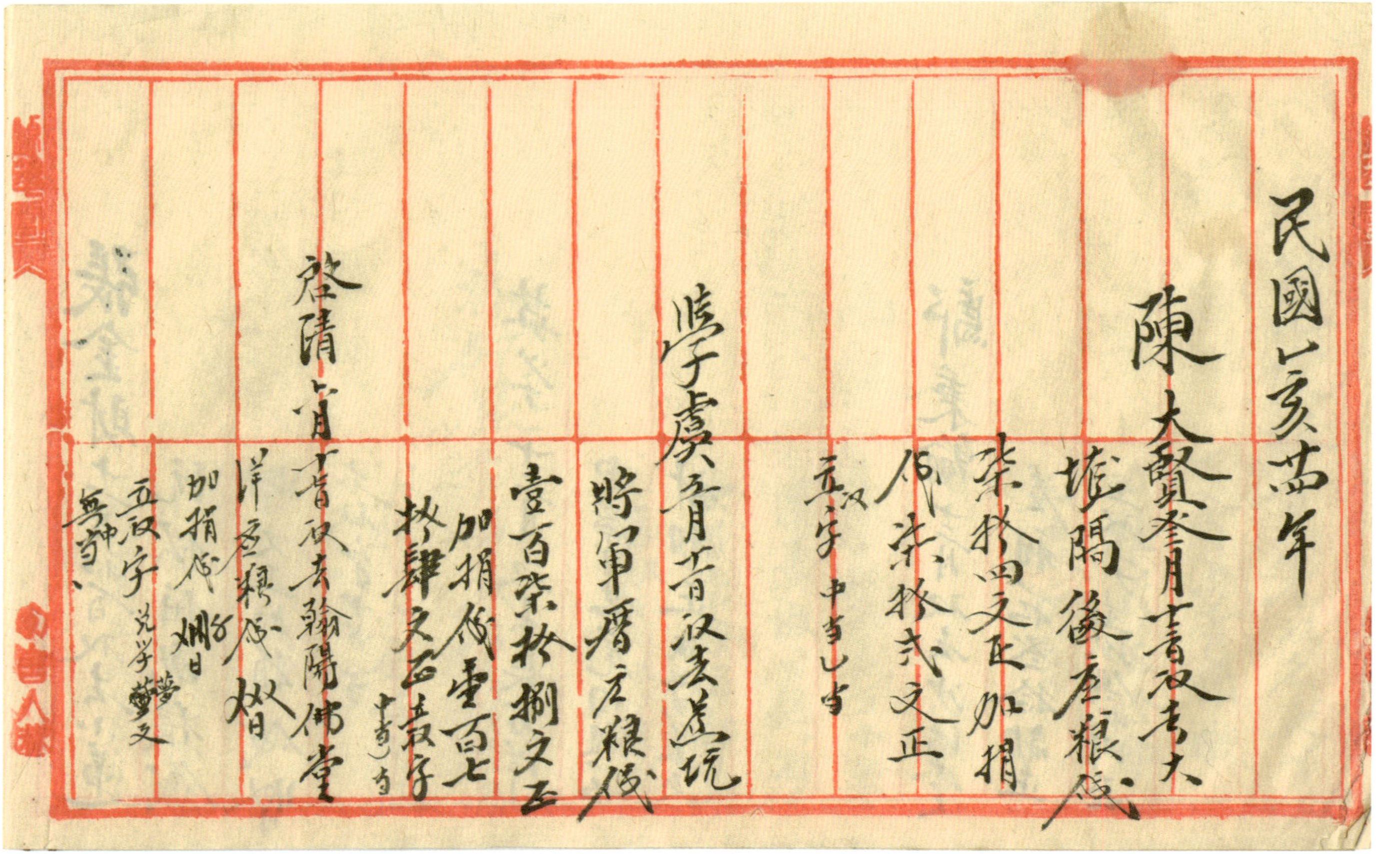

8-2-32-11　民國二十一年黃汝瓊立納出租糧數簿（一一）

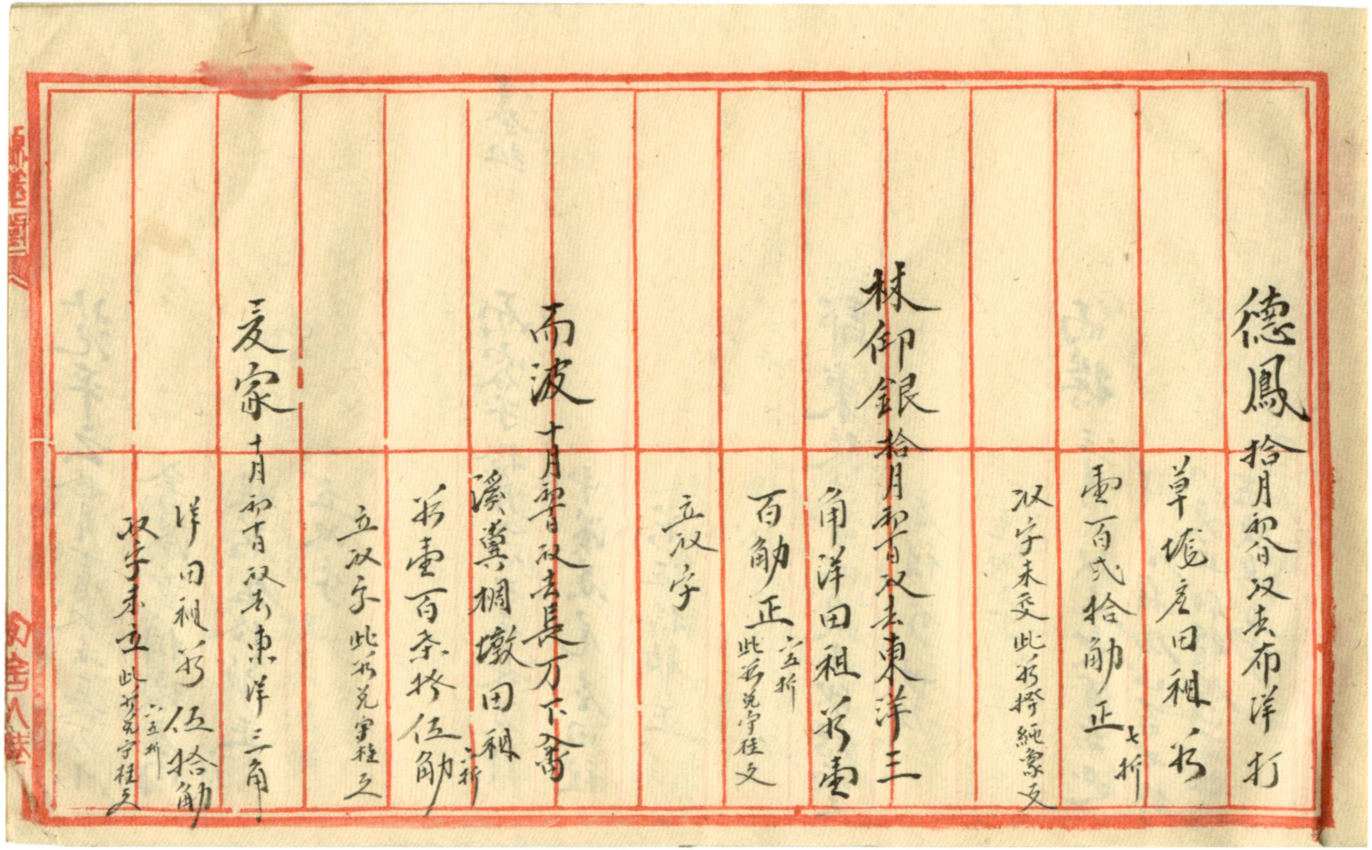

8-2-32-12　民國二十一年黃汝瓊立納出租糧數簿（一二）

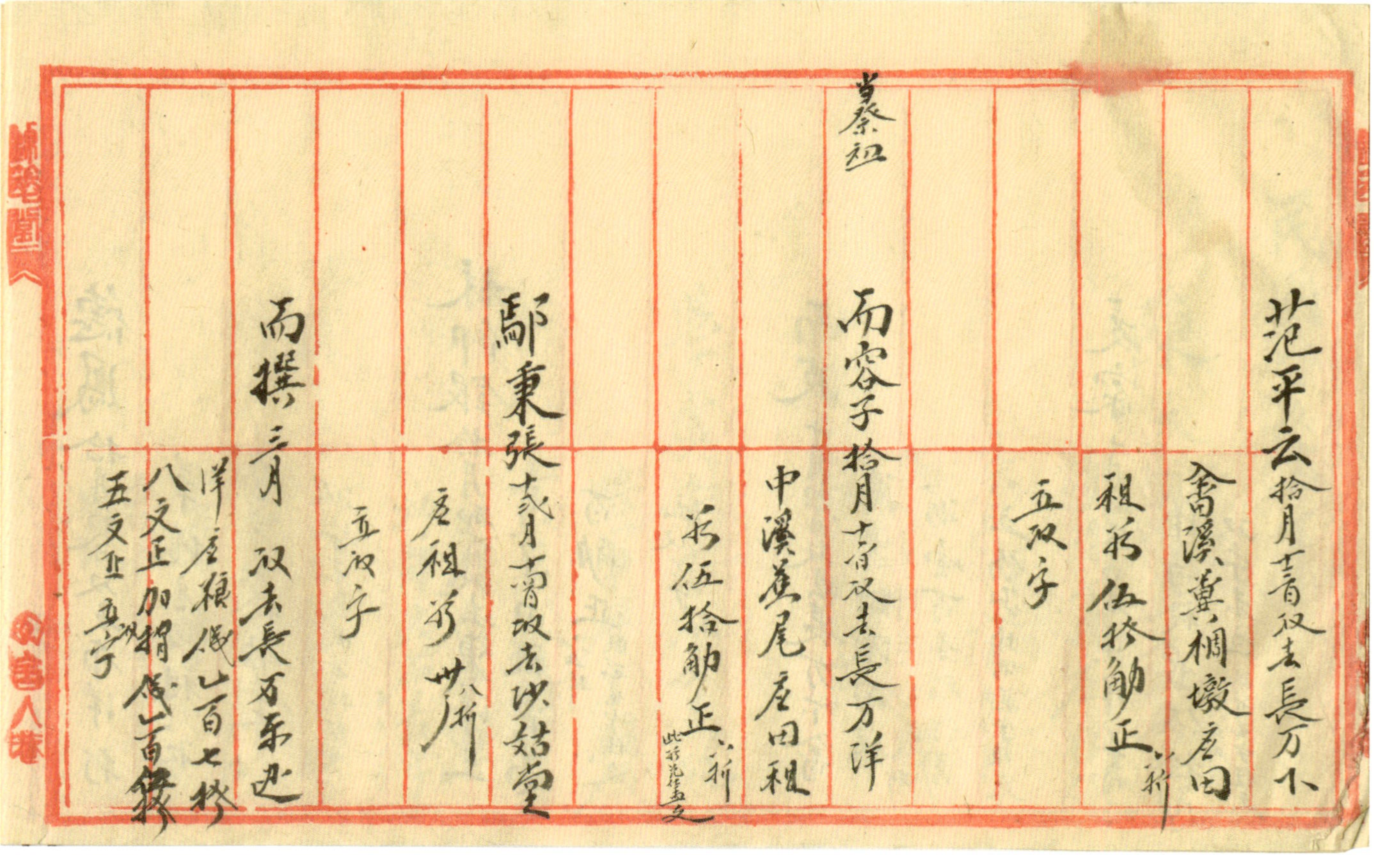

8-2-32-13　民國二十一年黃汝瓊立納出租糧數簿（一三）

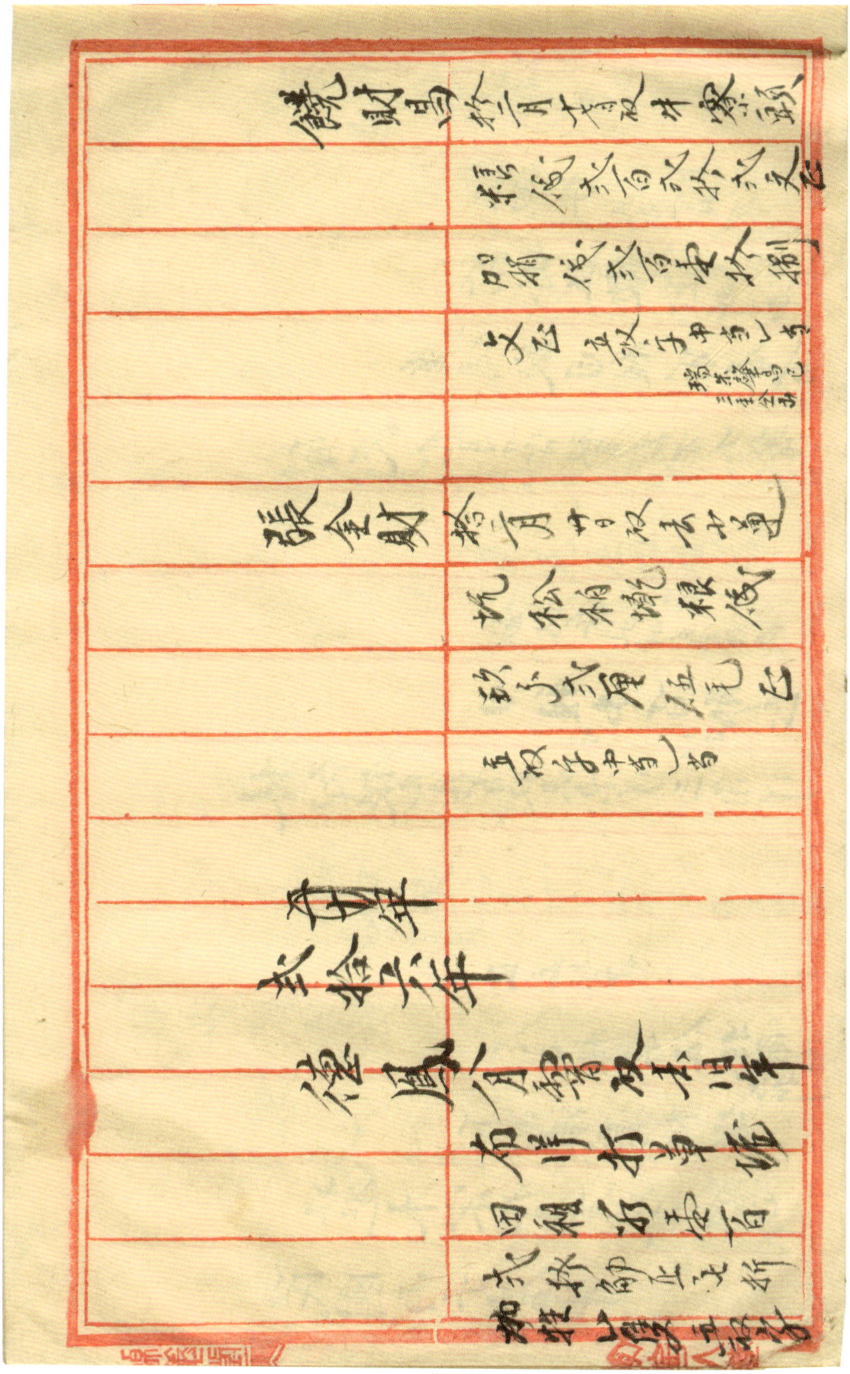

8-2-32-14　民國二十一年黄汝瓊立納出租糧數簿（一四）

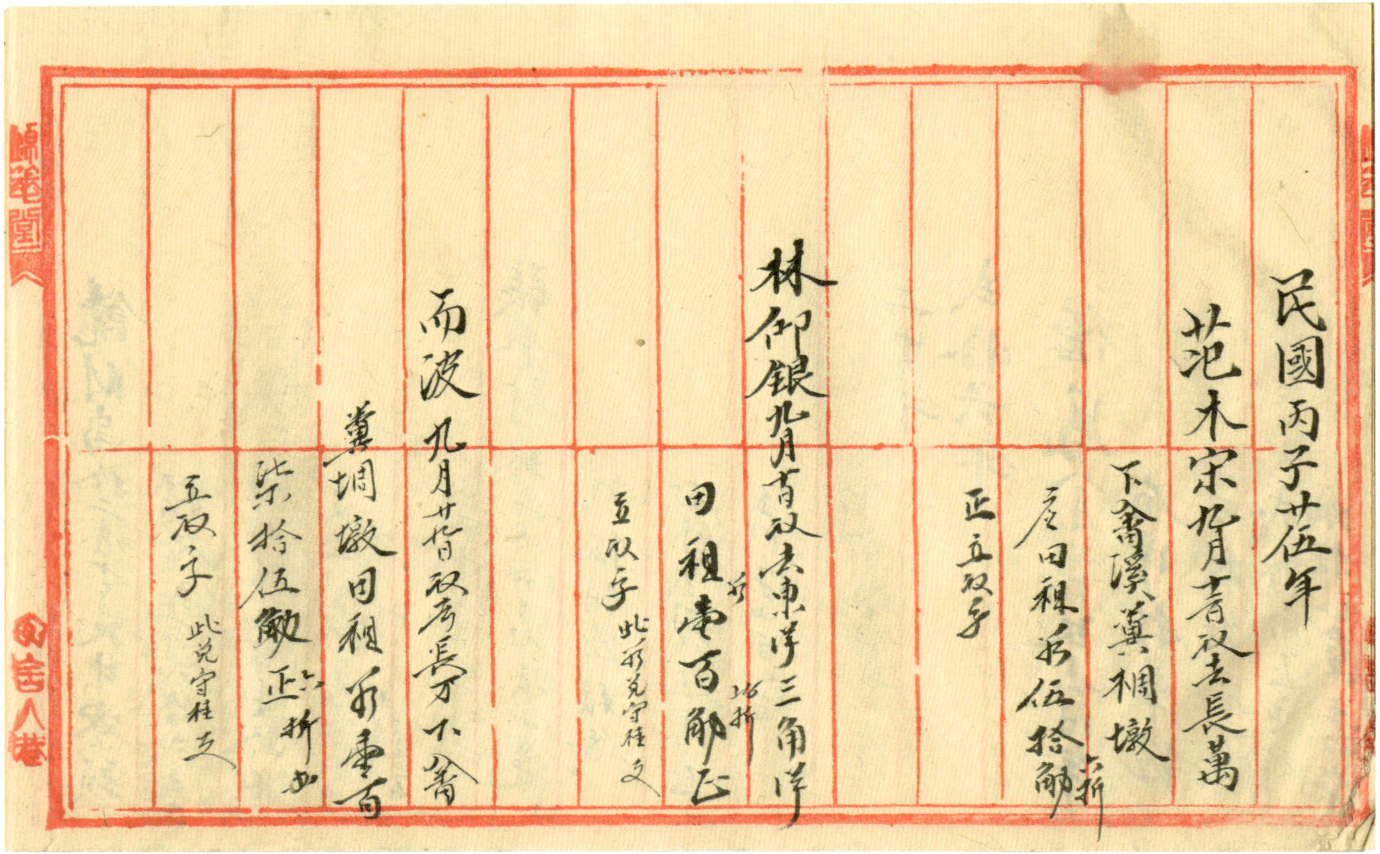
民國丙子廿伍年
范木宋拾月十一日收去長萬
下畲溪墘硐墩
尾田租谷伍拾觔六折
正立收字
林仰銀九月十一日收去本洋三角洋
田租谷壹百觔正六折
立收字此谷兑守柱交
丙波九月廿四日收去長万不畲
墘硐墩田租谷壹百
柒拾伍觔正六折也
立收字此谷兑守柱交

8-2-32-15　民國二十一年黃汝瓊立納出租糧數簿（一五）

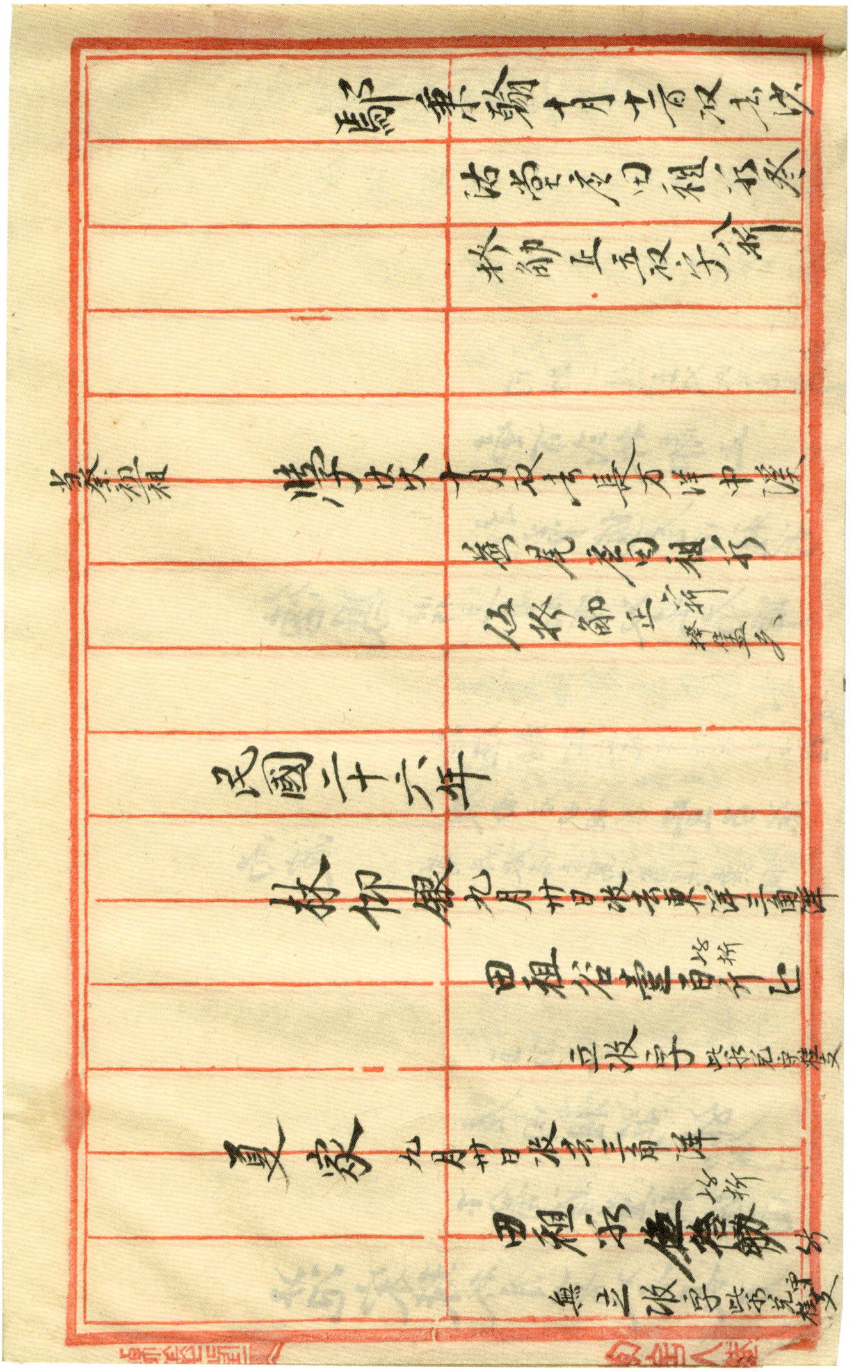
鄔秉翰 十二月十一日收去洋
諸堂厝田租一石叁
捌角正 立收字 八折
苎[illegible]租
學坎 十月收去長方洋中洋
蕉尾厝田租行
伍拾角正 六折
民國二十六年
林仰銀 九月廿日收去東洋三角洋
田租谷壹百斤七 八折
立收字 此[illegible]
夏家 九月廿日收去三角洋
田租永[illegible] 八折
無立收字 此[illegible]

8-2-32-16　民國二十一年黃汝瓊立納出租糧數簿（一六）

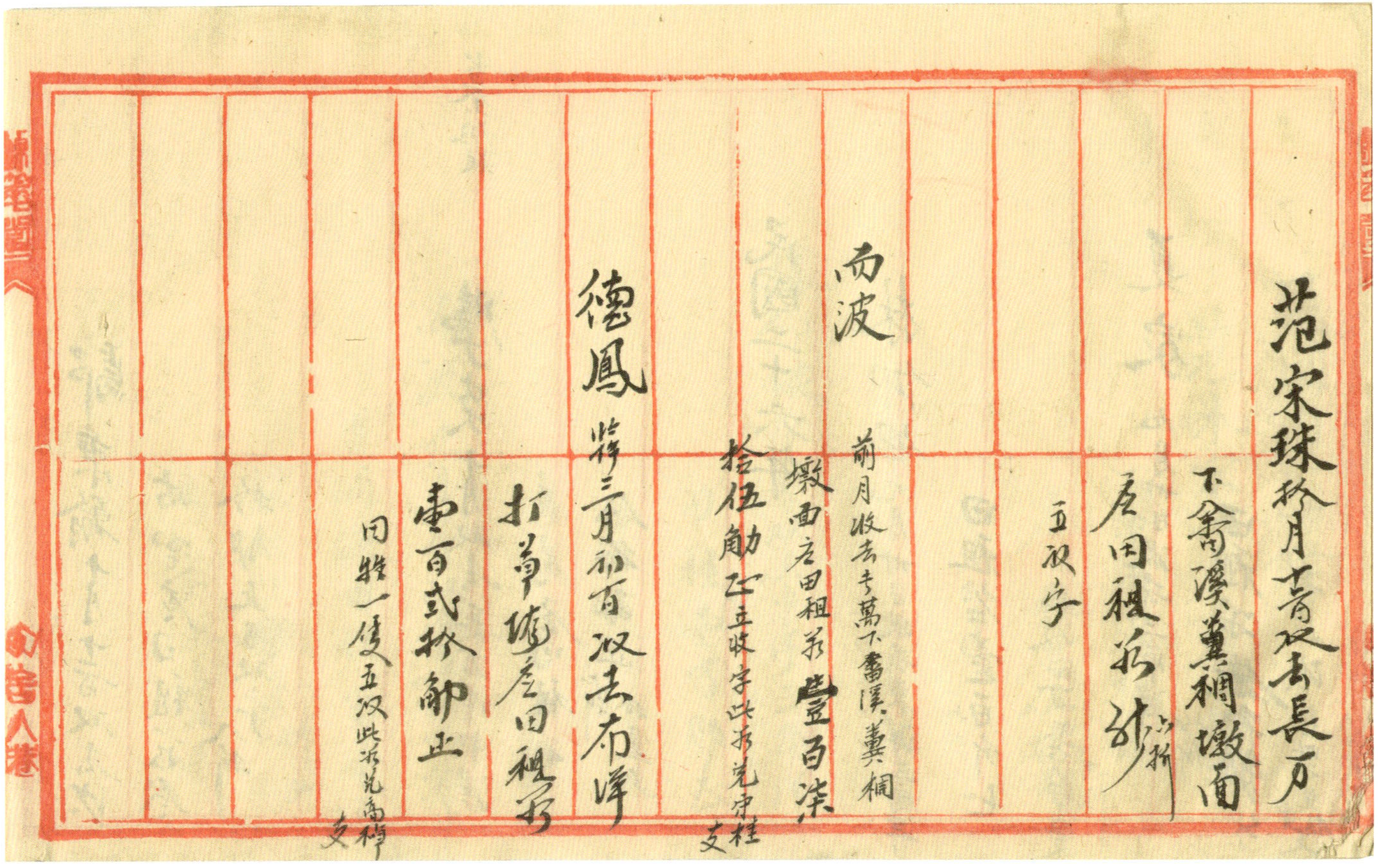

8-2-32-17　民國二十一年黄汝瓊立納出租糧數簿（一七）

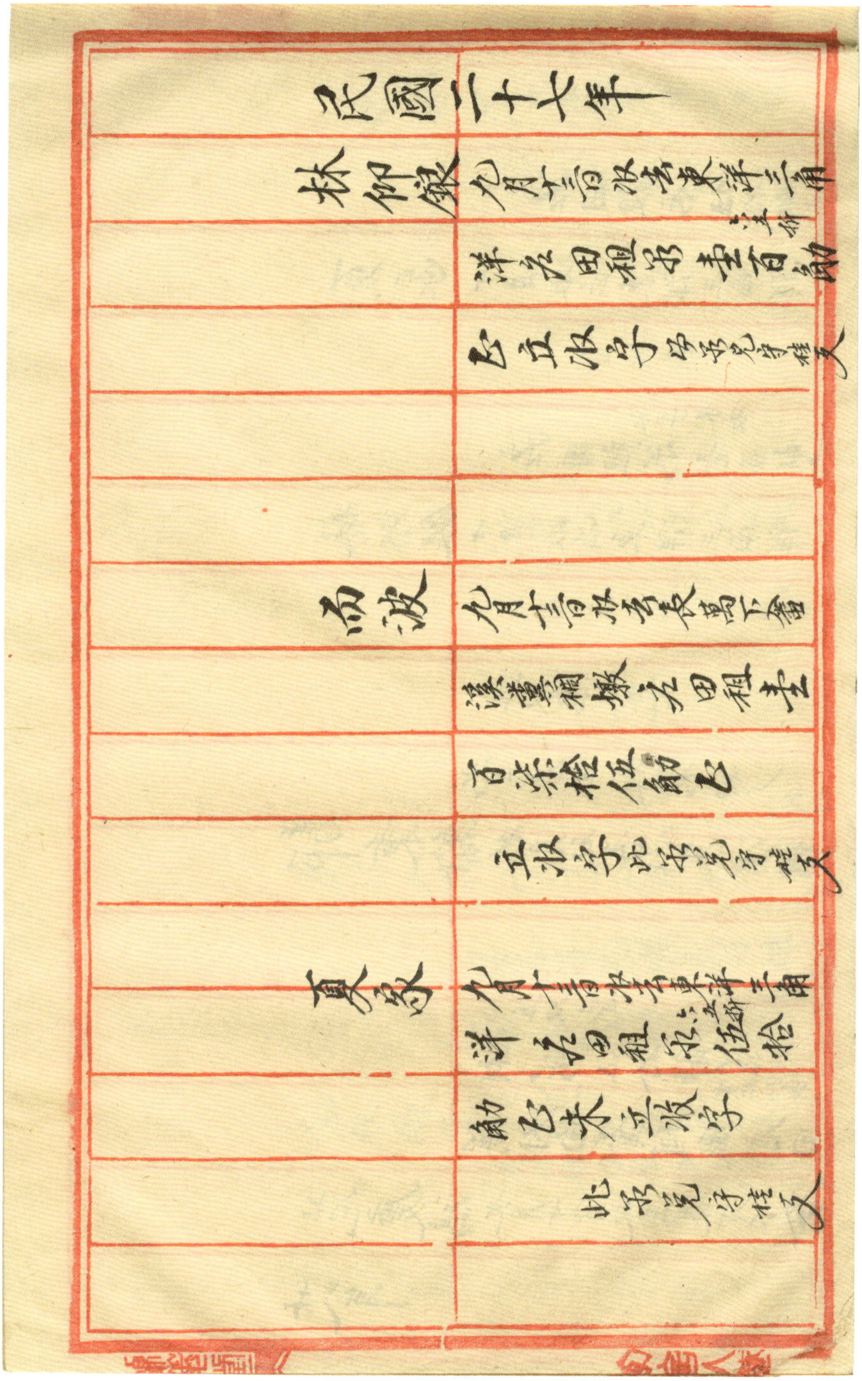
民國二十七年
林仰銀　九月十三日收去東洋三角
洋次田租收去壹百[illegible]
已立收字[illegible]人
西波　九月十三日收去[illegible]
[illegible]次田租去
百[illegible]拾伍斤已
立收字[illegible]人
夏發　九月十三日收去東洋三角
洋次田租收去伍拾
斤已未立收字
此[illegible]人

8-2-32-18　民國二十一年黃汝瓊立納出租糧數簿（一八）

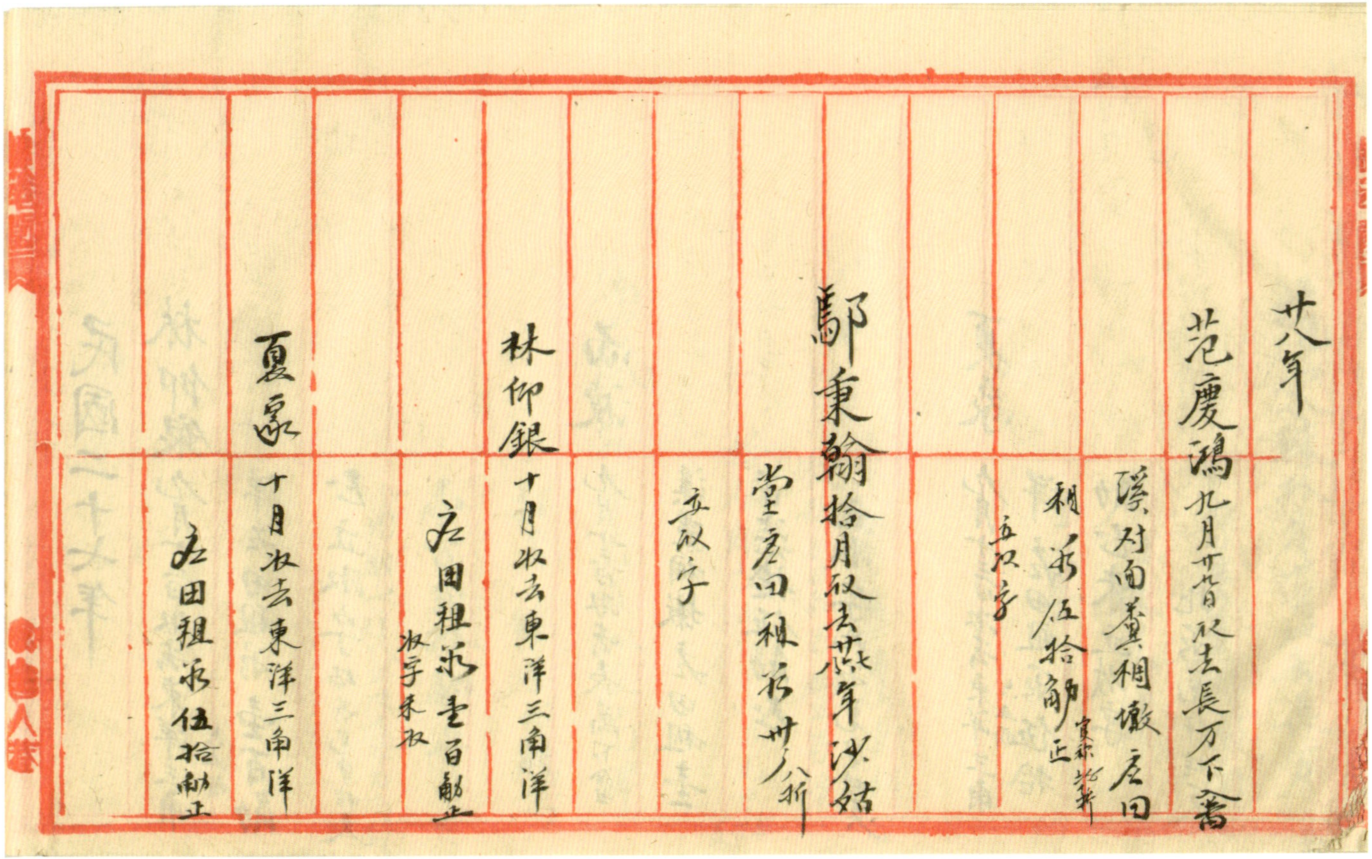
廿八年

范慶鴻 九月廿四日收去長万下窩溪对面黄相墩庄田租谷伍拾觔（官秤比斤）正 立収字

鄭秉翰 拾月收去燕年沙姑堂庄田租谷卅八觔 立収字

林仰銀 十月收去東洋三角洋庄田租谷壹百觔正 收字未取

夏家 十月收去東洋三角洋庄田租谷伍拾觔正

8-2-32-19　民國二十一年黄汝瓊立納出租糧數簿（一九）

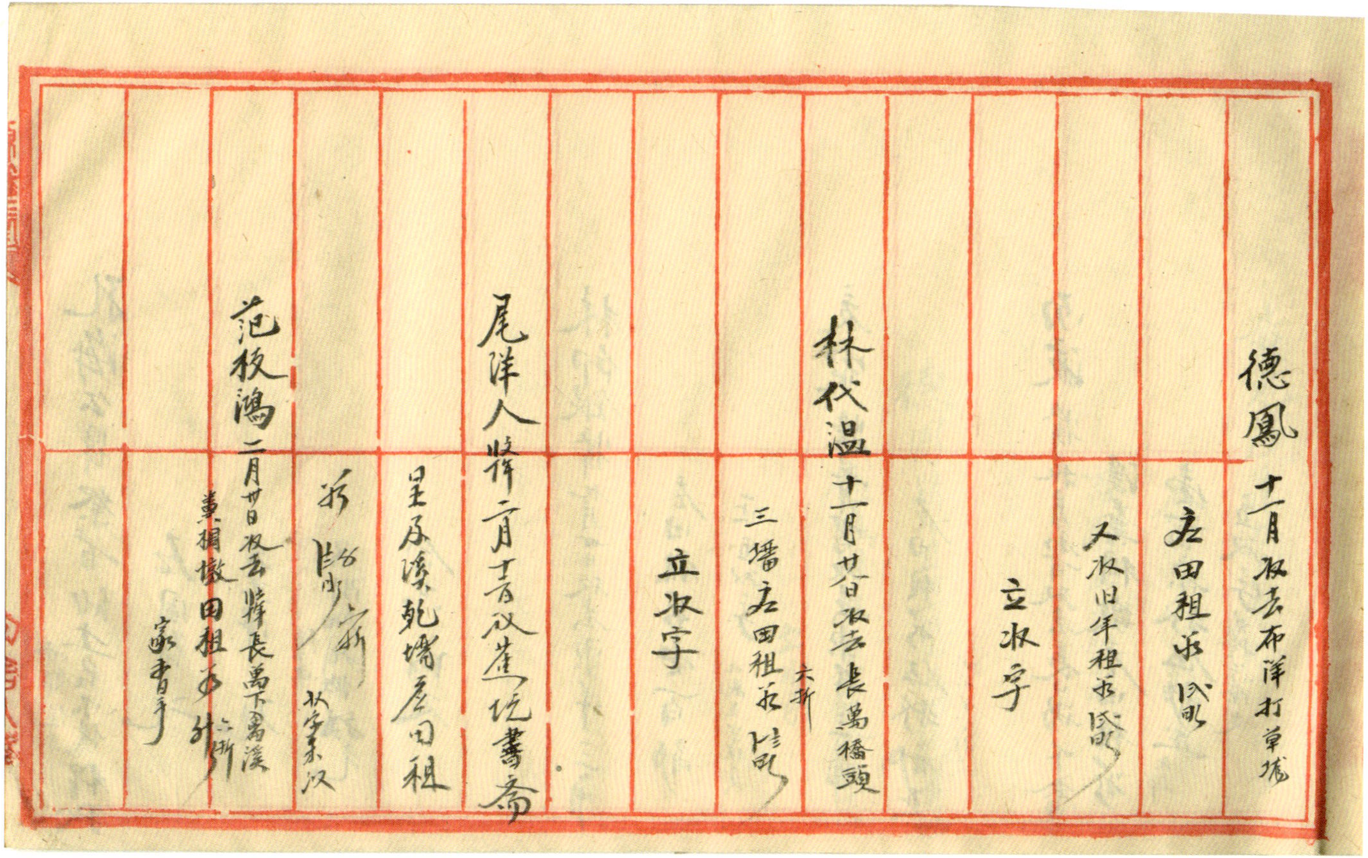

8-2-32-20　民國二十一年黃汝瓊立納出租糧數簿（二〇）

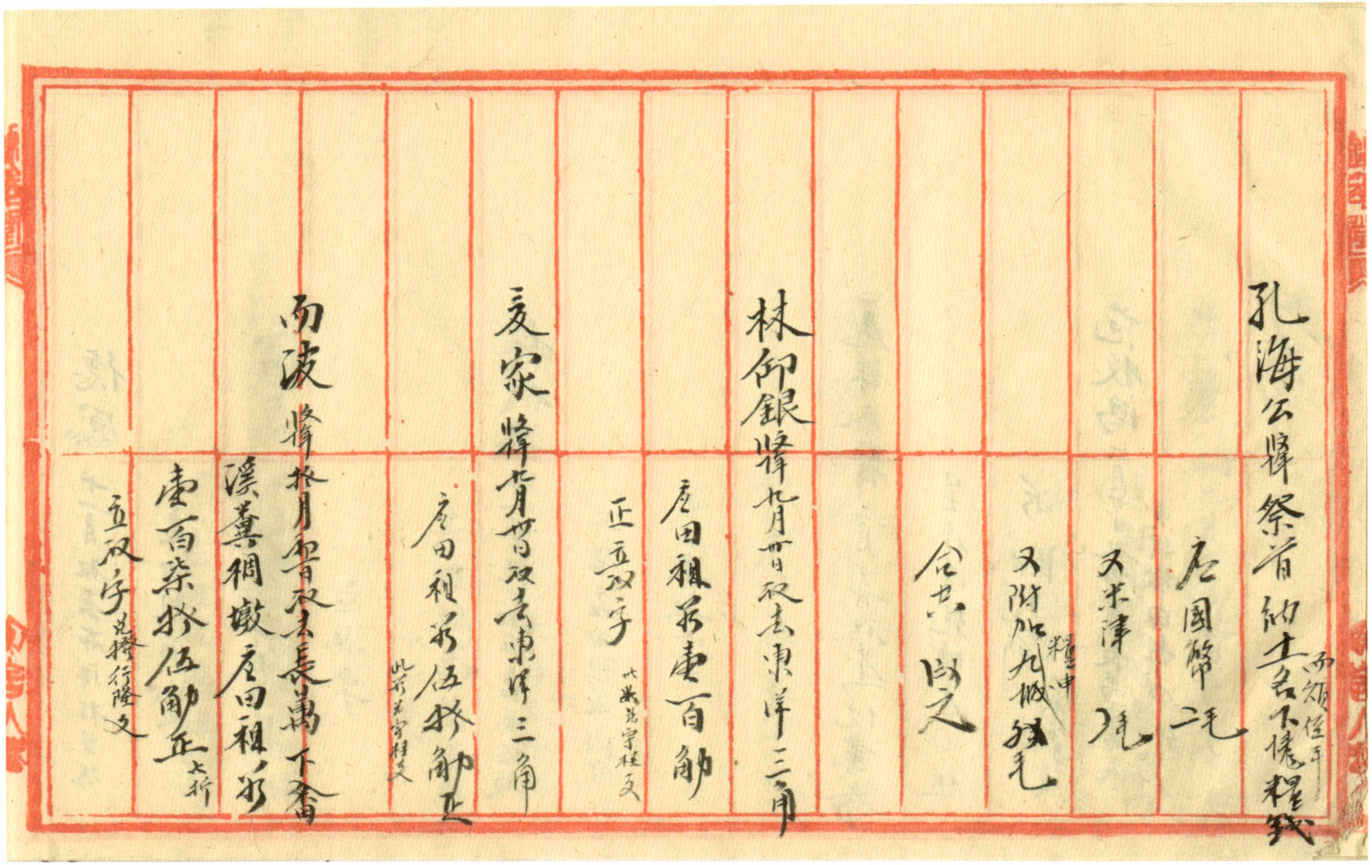
孔海公嘗祭首納土名下墘糧錢 分炤佳手
唐國幣二毛
又米津八毛
又附加九折糧串錢一毛
合共[illegible]之
林仰銀嘗九月廿四收去東洋三角
唐田租壹百觔
正五收字 此米兄字杜文
友家嘗九月廿四收去東洋三角
唐田租貳伍拾觔正 此米兄字杜文
丙波嘗拾月廿四收去長萬下畬
溪墘稠墩唐田租貳
壹百柒拾伍觔正 大折
五收字 兄據行隆文

8-2-32-21　民國二十一年黃汝瓊立納出租糧數簿（二一）

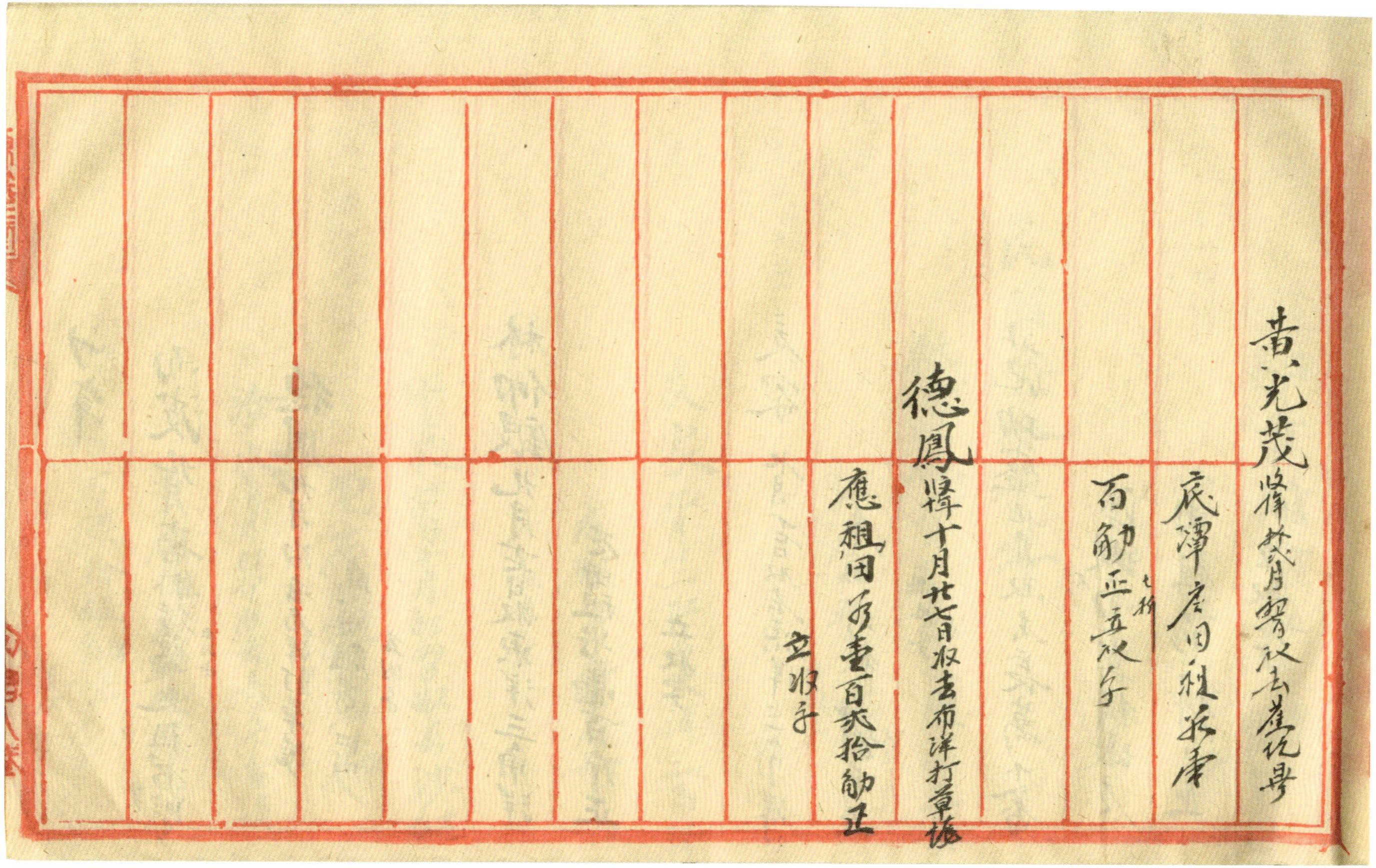

8-2-32-22　民國二十一年黃汝瓊立納出租糧數簿（二二）

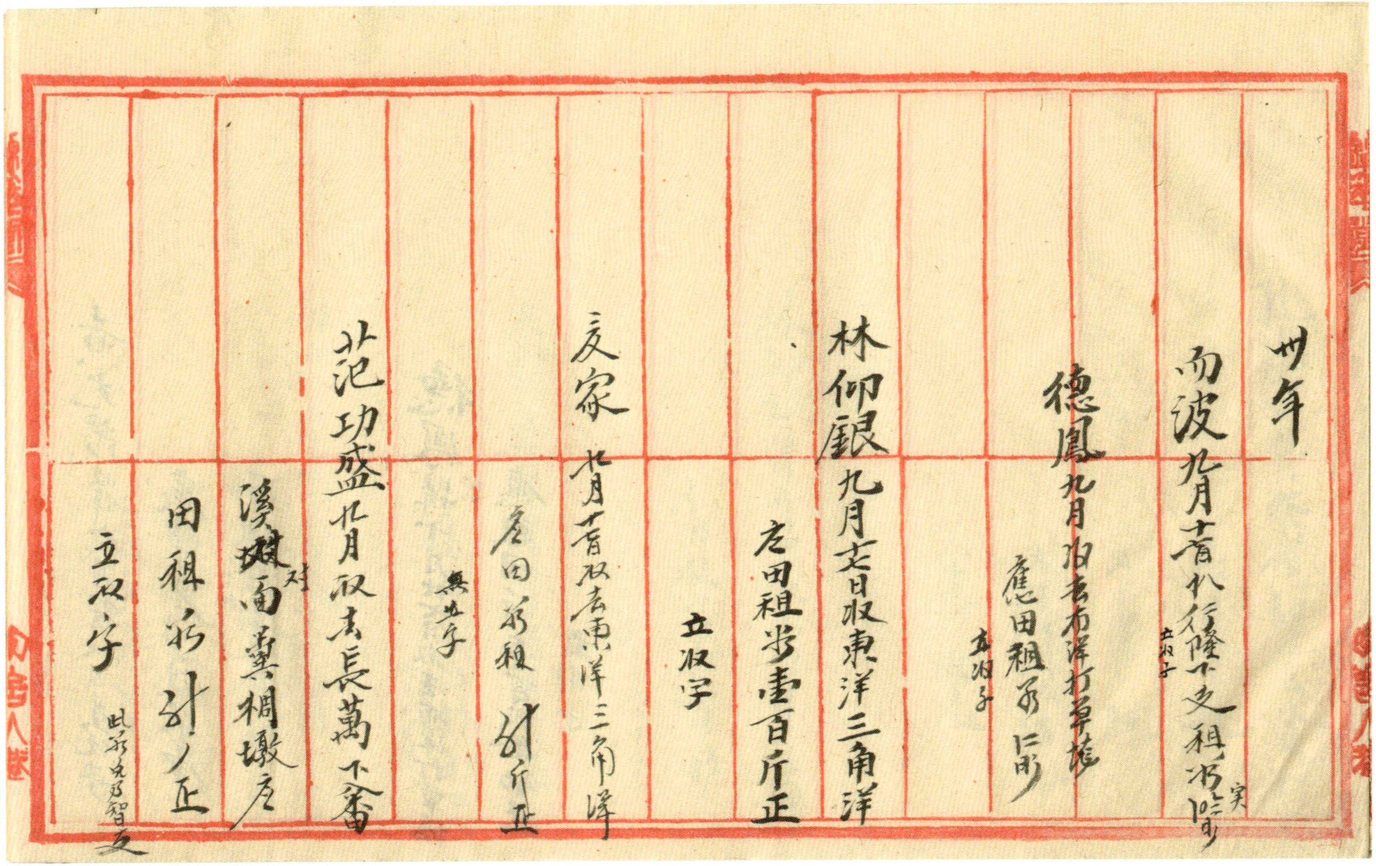
廿年
而波 九月十二日收行隆下丈租谷[illegible] 实
立收字
德鳳 九月廿日收去布洋打草旗
鹿田租谷[illegible]
立收字
林仰銀 九月廿三日收東洋三角洋
左田租谷壹百斤正
立收字
友家 九月十二日收去東洋三角洋
左田谷租[illegible]斤正
無立字
范功盛 九月收去長萬下畲
溪墘面糞桐墩左 对
田租谷[illegible]正
立收字 [illegible]

8-2-32-23　民國二十一年黃汝瓊立納出租糧數簿（二三）

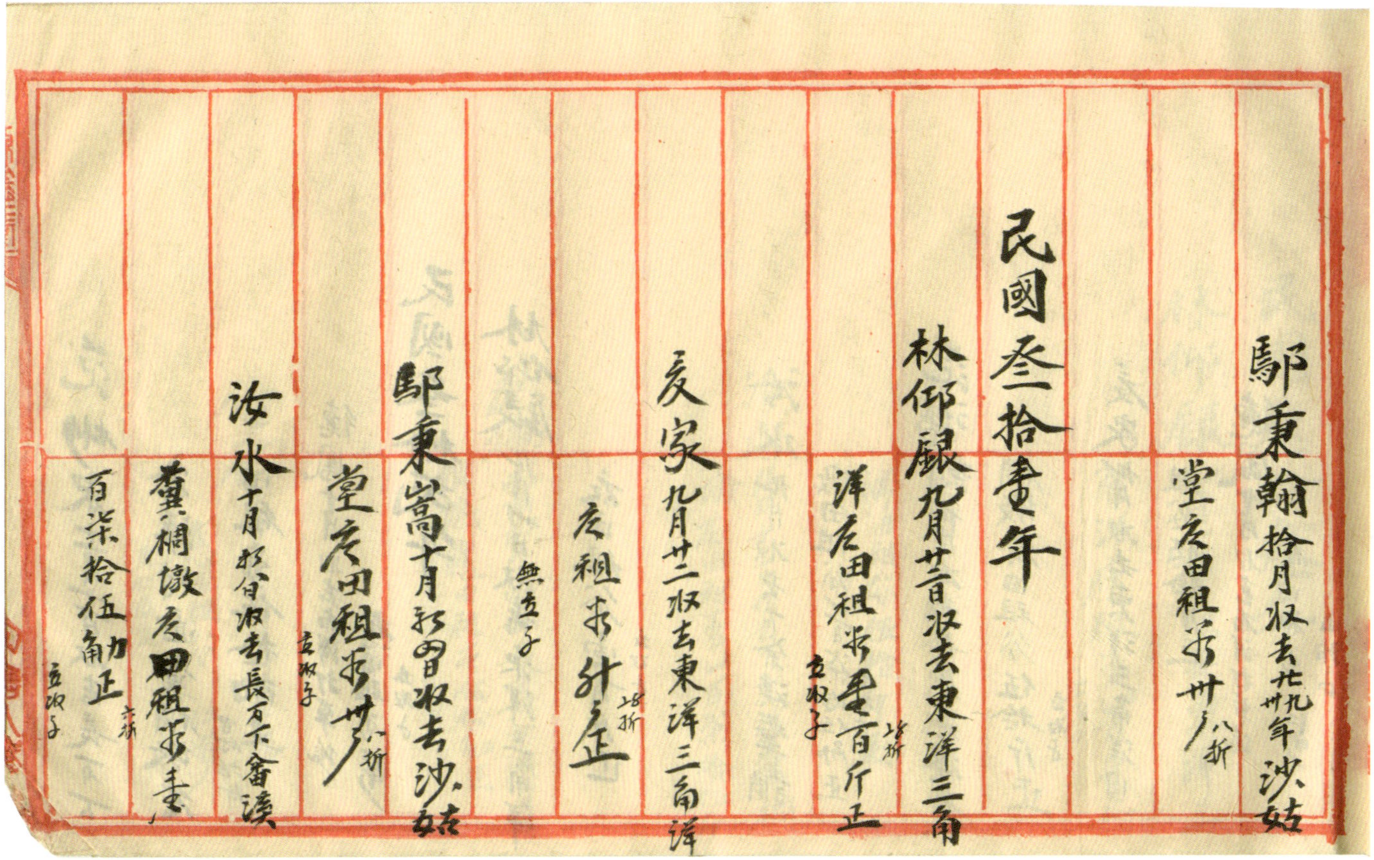
鄢東翰拾月收去廿九年沙姑堂皮田租谷卅八　八折

民國叁拾壹年

林仰麒九月廿三日收去東洋三角洋皮田租谷壹百斤正　八折　立收字

亥家九月廿二收去東洋三角洋皮租谷升正　八折　無立字

鄢東富十月初四日收去沙姑堂皮田租谷卅八　八折　立收字

汝水十月初六日收去長万下畲溪墘桐墩皮田租谷壹百柒拾伍角正　六折　立收字

8-2-32-24　民國二十一年黃汝瓊立納出租糧數簿（二四）

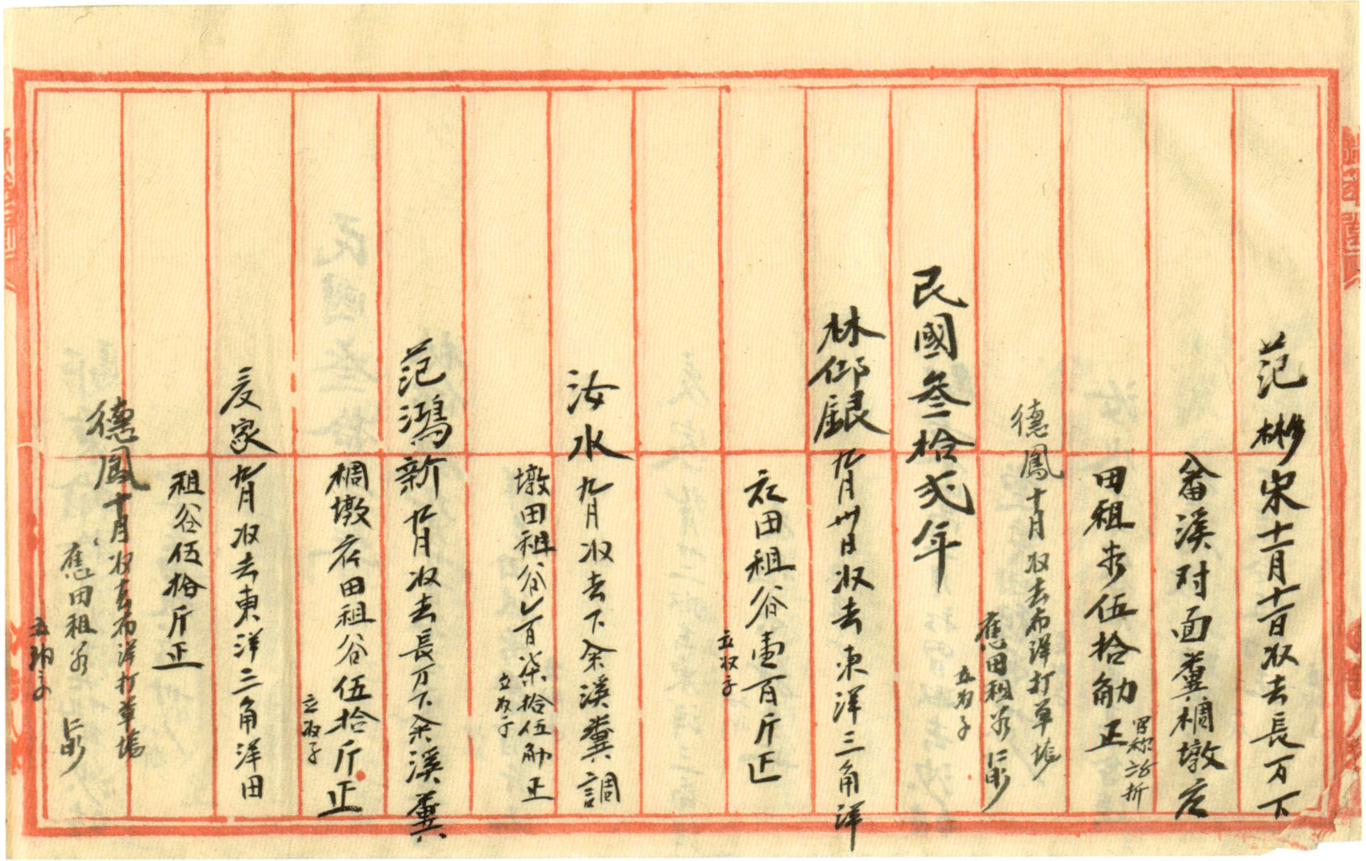
范彬宋十一月十一日收去長万下
畲溪对面葉桐墩石
田租步伍拾觔正 冒叔汝折
德鳳十月收去布洋打草坑 應田租谷 仁爹 立力子
民國叁拾弍年
林仰銀九月廿日收去東洋三角洋
衣田租谷壹百斤正 立收子
汝水九月收去下余溪葉調
墩田租谷七百念拾伍觔正 立收子
范鴻新九月收去長万下余溪葉
桐墩衣田租谷伍拾斤正 立收子
友家九月收去東洋三角洋田
租谷伍拾斤正
德鳳十月收去布洋打草坑 應田租谷 仁爹 立收子

8-2-32-25　民國二十一年黃汝瓊立納出租糧數簿（二五）

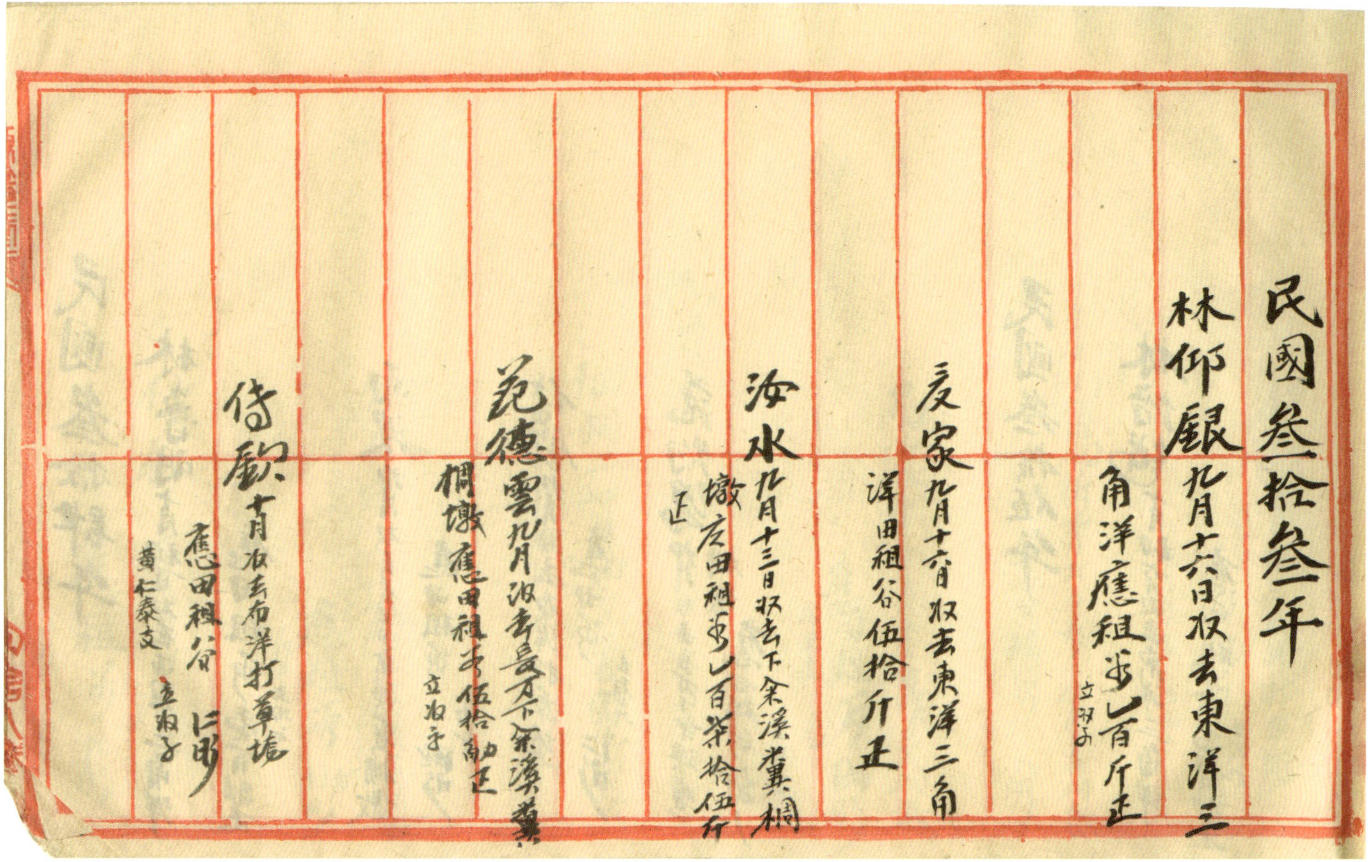

8-2-32-26　民國二十一年黃汝瓊立納出租糧數簿（二六）

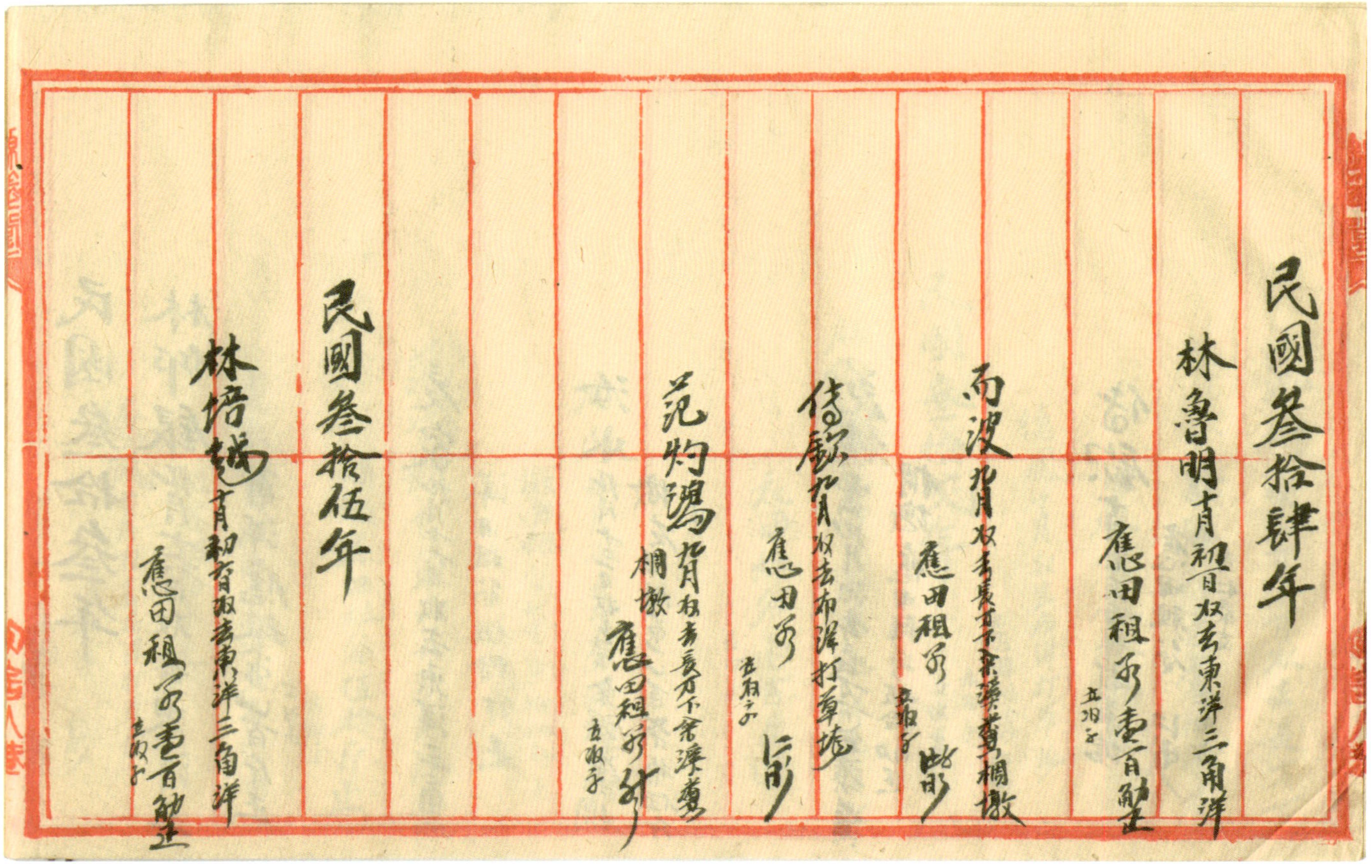
民國叁拾肆年
林魯明 十月初一日収去東洋三角洋 應田租谷壹百觔正 五旧子
而波 九月収去長方不金洋壹桐撽 應田租谷 五旧子
倍鈜 九月収去布洋打草垅 應田谷 五旧子
范灼鴻 九月収去長方不金洋壹 桐撽 應田租谷 五旧子
民國叁拾伍年
林倍鍼 十月初一日収去東洋三角洋 應田租谷壹百觔正 五旧子

8-2-32-27　民國二十一年黃汝瓊立納出租糧數簿（二七）

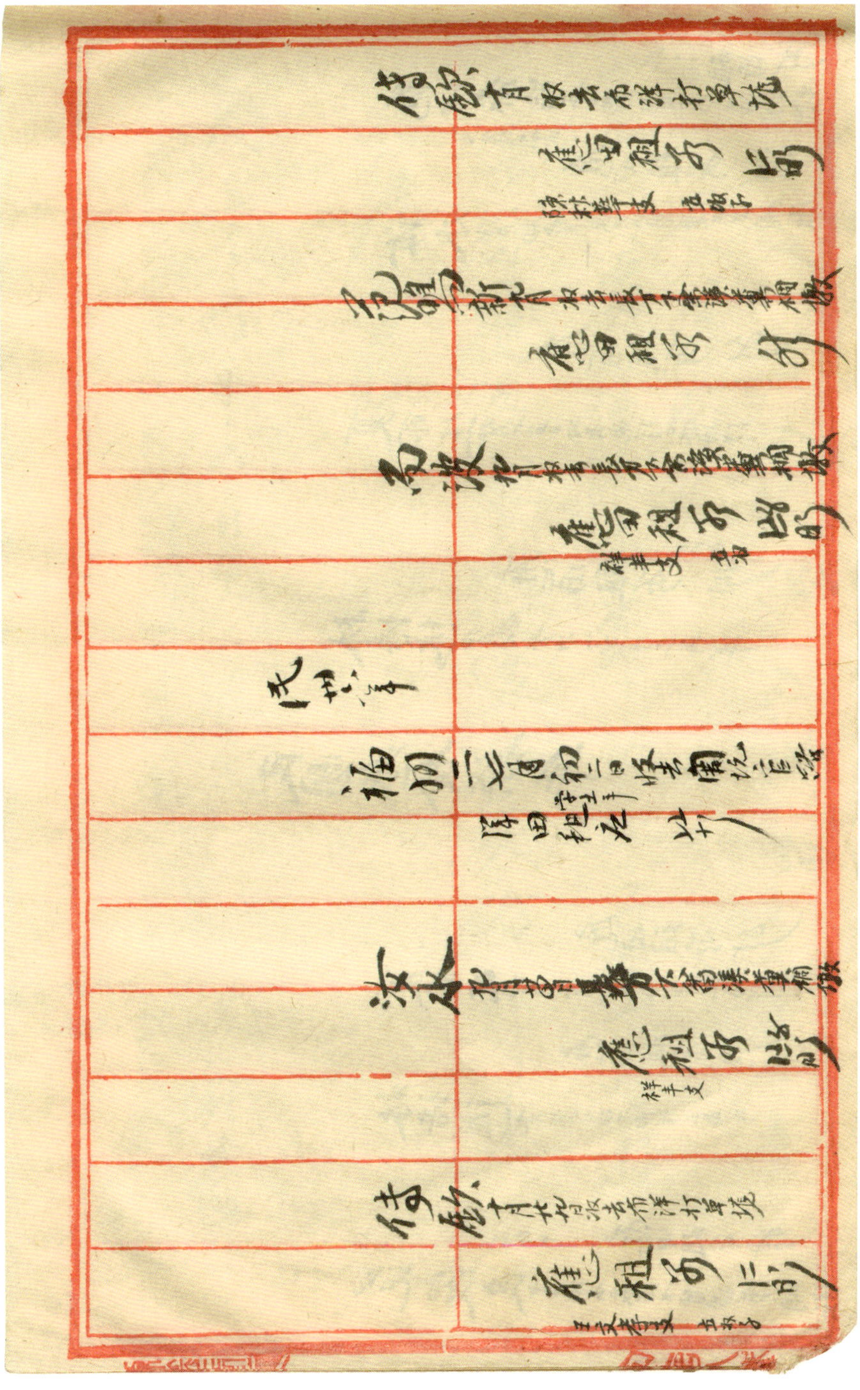

8-2-32-28　民國二十一年黃汝瓊立納出租糧數簿（二八）

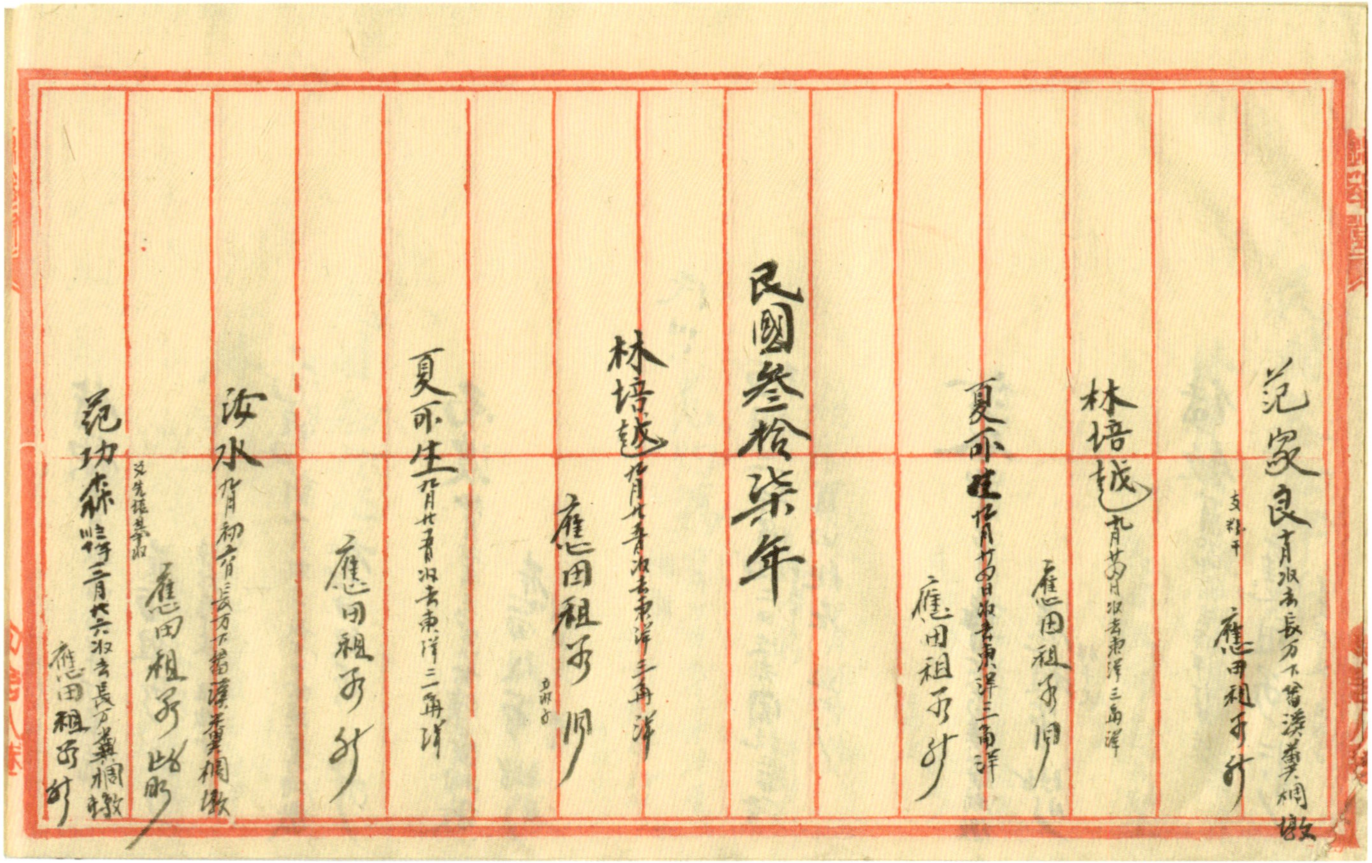
范家良 十月收去長方下留溪葉炯徵
應田租
林培越 九月收去東洋三角洋
應田租
夏亦生 九月收去東洋三角洋
應田租
民國叁拾柒年
林培越 九月收去東洋三角洋
應田租
夏亦生 九月收去東洋三角洋
應田租
汝水 九月初旬長方下留溪葉炯徵
應田租
范功森 十二月收去長方葉炯徵
應田租

8-2-32-29　民國二十一年黃汝瓊立納出租糧數簿（二九）

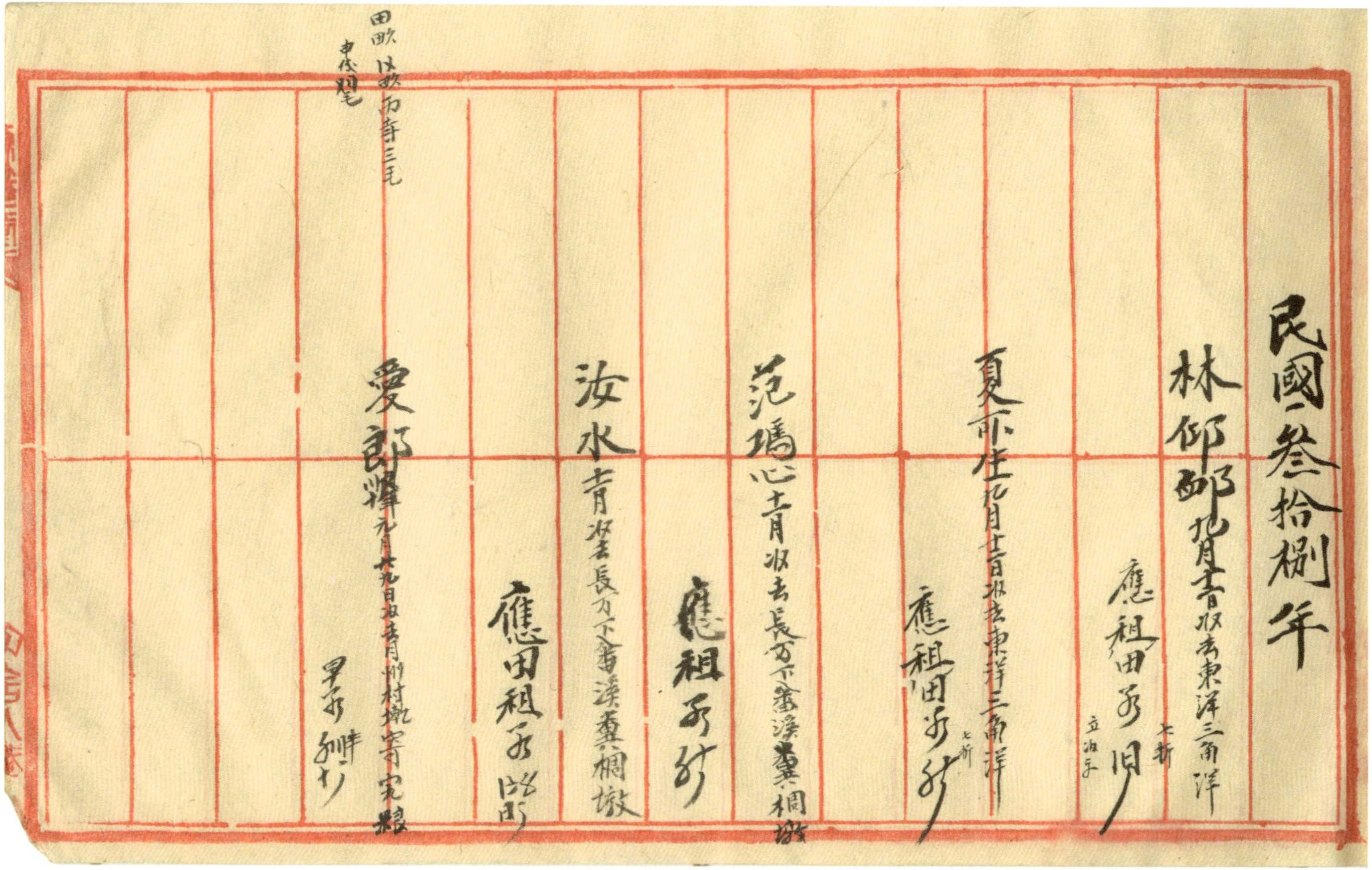

8-2-32-30　民國二十一年黃汝瓊立納出租糧數簿（三〇）

8-2-32-31　民國二十一年黃汝瓊立納出租糧數簿（三一）

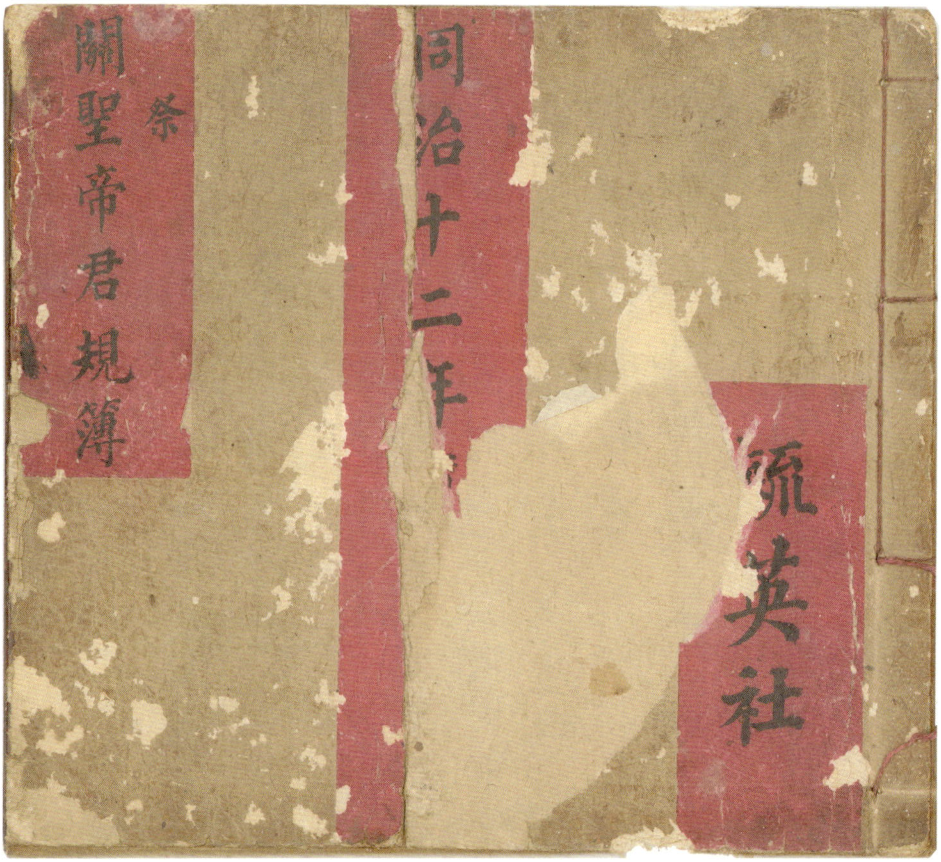

8-2-33-1　清同治十二年毓英社立祭關聖帝君規簿（一）

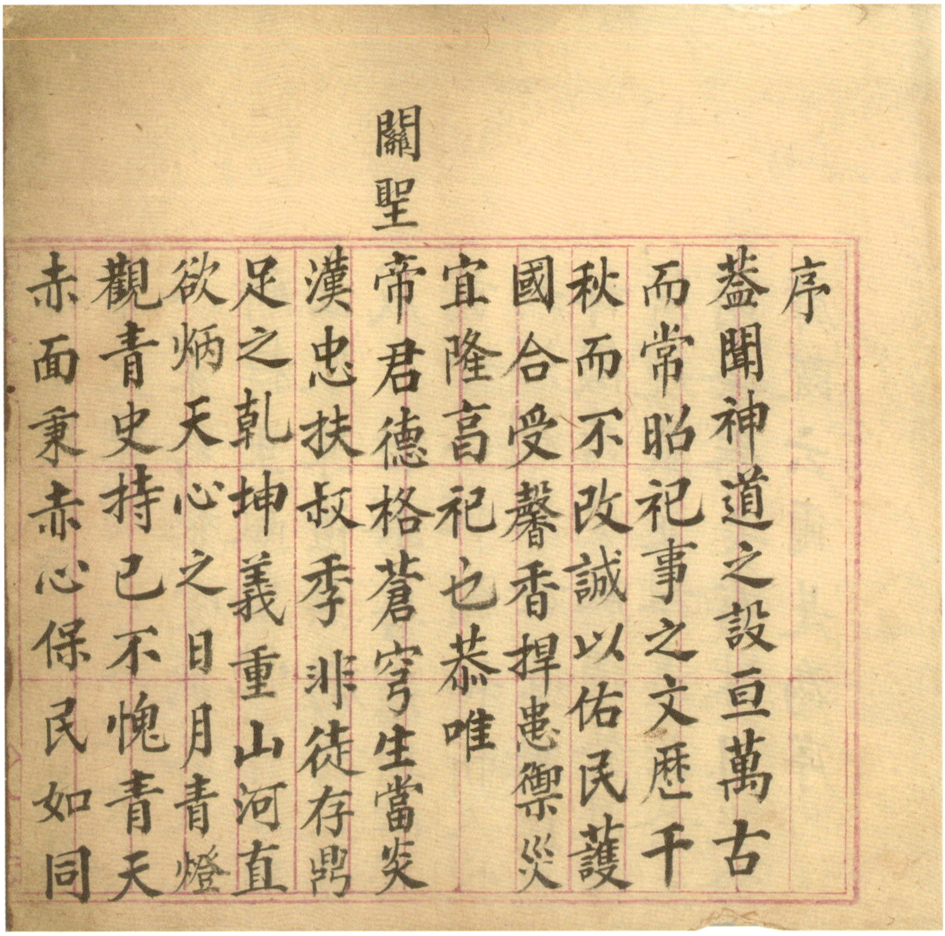
序
蓋聞神道之設亘萬古
而常昭祀事之文歷千
秋而不改誠以佑民護
國合受馨香捍患禦災
宜隆享祀也恭唯
關聖
帝君德格蒼穹生當炎
漢忠扶叔季非徒存咼
足之乾坤義重山河直
欲炳天心之日月青燈
觀青史持己不愧青天
赤面秉赤心保民如同

8-2-33-2　清同治十二年毓英社立祭關聖帝君規簿（二）

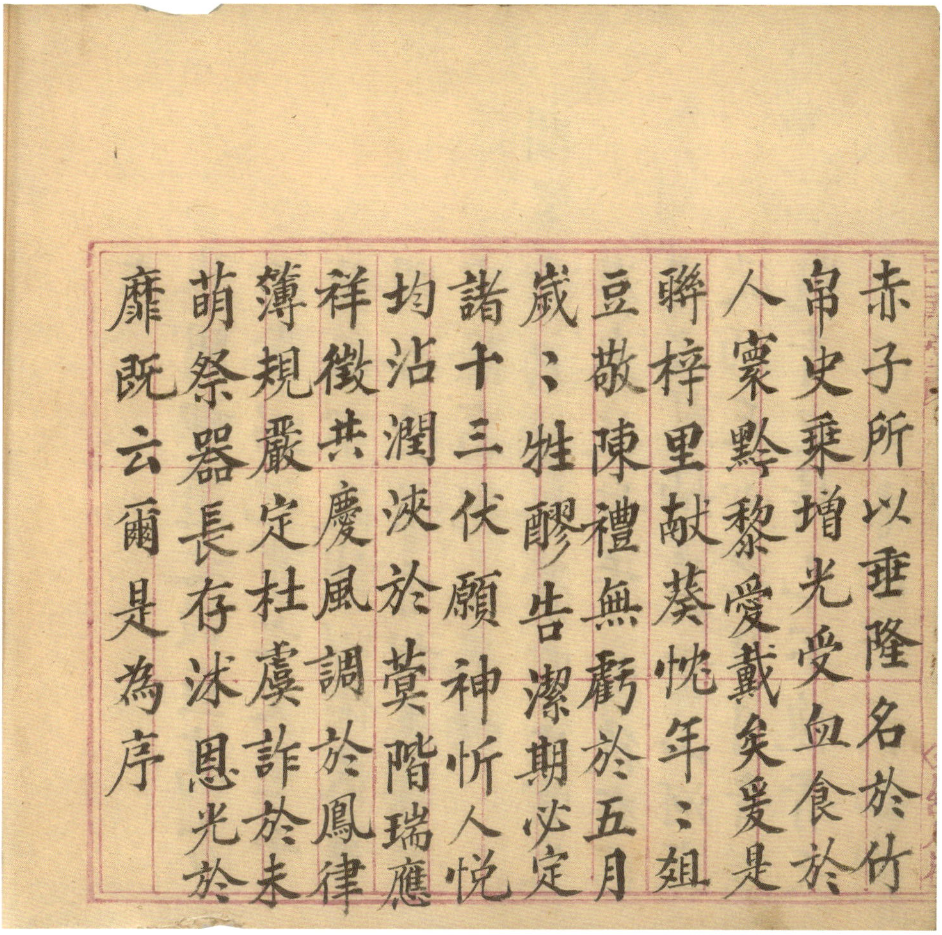

赤子所以垂隆名於竹帛史乘增光受血食於人寰黔黎愛戴矣爰是聯梓里獻葵忱年〻俎豆敬陳禮無虧於五月歲〻牲醪告潔期必定諸十三伏願神忻人悦均沾潤浹於蓂階瑞應祥徵共慶風調於鳳律簿規嚴定杜虞詐於未萌祭器長存沐恩光於靡既云爾是為序

8-2-33-3　清同治十二年毓英社立祭關聖帝君規簿（三）

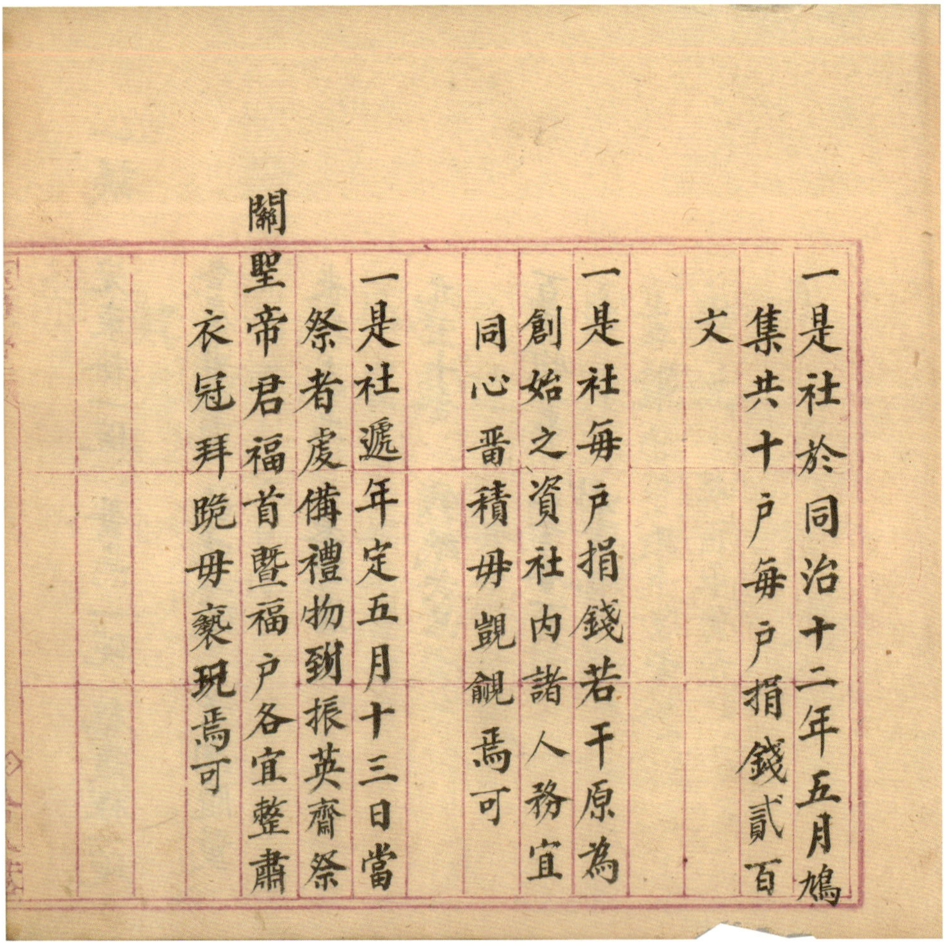

一是社於同治十二年五月鳩
集共十戶每戶捐錢貳百
文

一是社每戶捐錢若干原為
創始之資社內諸人務宜
同心晋積毋覬覦焉可

一是社遞年定五月十三日當
祭者虔備禮物到振英齋祭
關聖帝君福首暨福戶各宜整肅
衣冠拜跪毋褻玩焉可

8-2-33-4　清同治十二年毓英社立祭關聖帝君規簿（四）

一議
定東粉一碗　蛋燕一碗　鷄腹裡一碗
各户出米弍管　乾味一碗　老酒隨量
米粉壺出　冬米粿滿良
元宝十合　錢紙弍只
百子炮一串　三垒香一只
抄下

8-2-33-5　清同治十二年毓英社立祭關聖帝君規簿（五）

孟悦 癸酉年當祭 三

孟讓 甲戌年當祭 退出

孟芹 乙亥年當祭 五

榮官 丙子年當祭 八

孟達 丁丑年當祭 退出

學屏 戊寅年當祭 七

仰宸 己卯年當祭 六

啟祥 庚辰年當祭 四

向宸 辛巳年當祭 一

孟勸 壬午年當祭 二

建屏

8-2-33-6　清同治十二年毓英社立祭關聖帝君規簿（六）

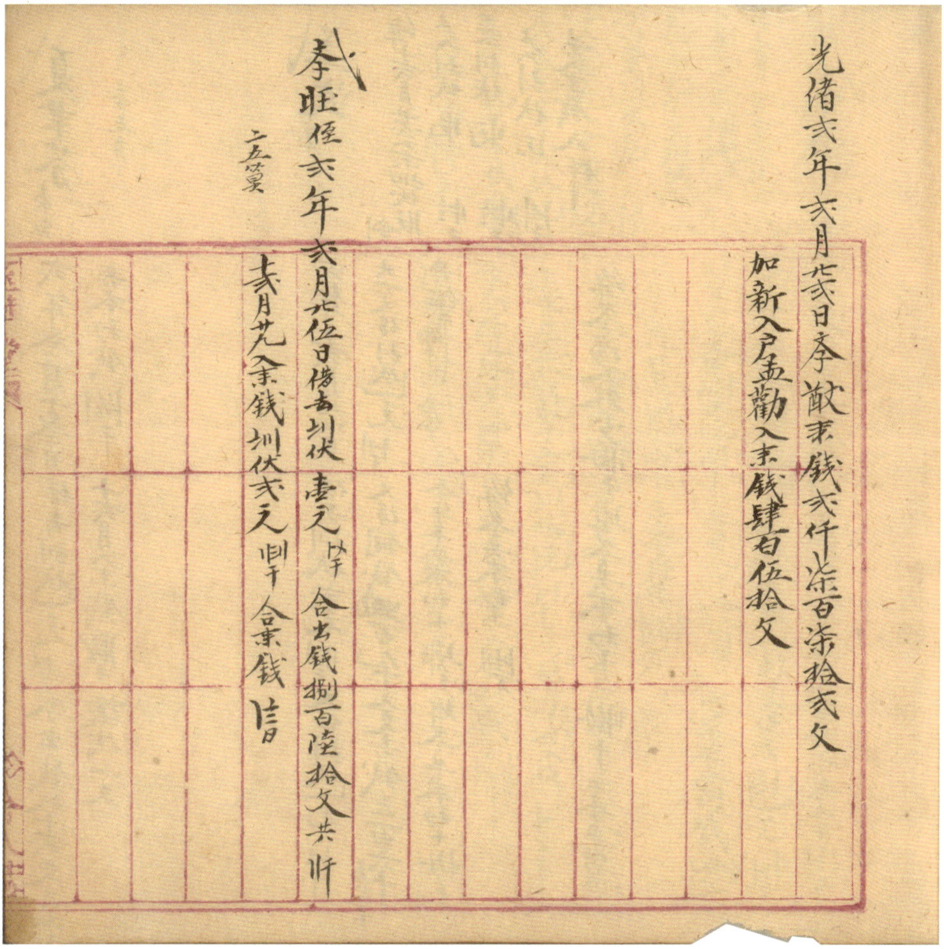
光緒弍年弍月廿弍日李歆来錢弍仟柒百柒拾弍文
加新入戶孟勸入来錢肆百伍拾文
李旺侄弍年弍月廿伍日借去圳伏壹元 合出錢捌百陸拾文共忻
二五算
弍月廿八入来錢圳伏弍元 合来錢 旨

8-2-33-7 清同治十二年毓英社立祭關聖帝君規簿（七）

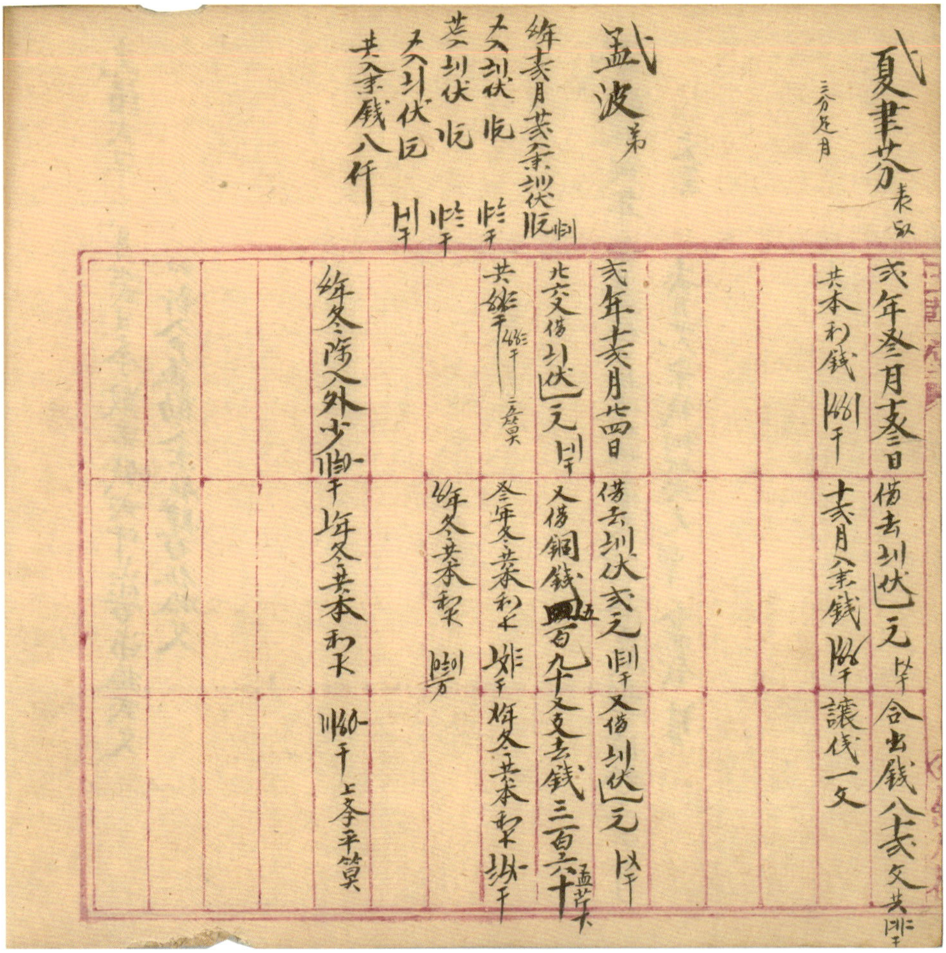
戍 夏聿芬表叔 三分足月

孟波弟

卄年十二月共余洋伏厄 〦〡

又又洋伏厄 〦〤千

廿一年洋伏厄 〦〤千

又廿一年洋伏厄 〡〢千

共余钱八仟

弍年叁月十三日	借去洋伏元 〡〢千	合出钱八十文 共〡〢千	弍年十二月廿四日	借去洋伏弍元 〦〢千	又借洋伏元 〡〢千	
共本利钱 〥〩千	十二月入余钱 〥〦千	讓伐一文	北交借洋伏元 〡〢千	又借铜钱五百九十文	又支去钱三百六十文 孟芹大	
共〤〨千 〤〨〦千 二年莫	叁年冬共本利 〤〨千	〤年冬共本利 〤〨〡千		〤年冬共本利 〦〩方		
〤年冬除入外少〡〤〦千	〤年冬共本利	〡〥〇千 上冬平算				

8-2-33-8　清同治十二年毓英社立祭關聖帝君規簿（八）

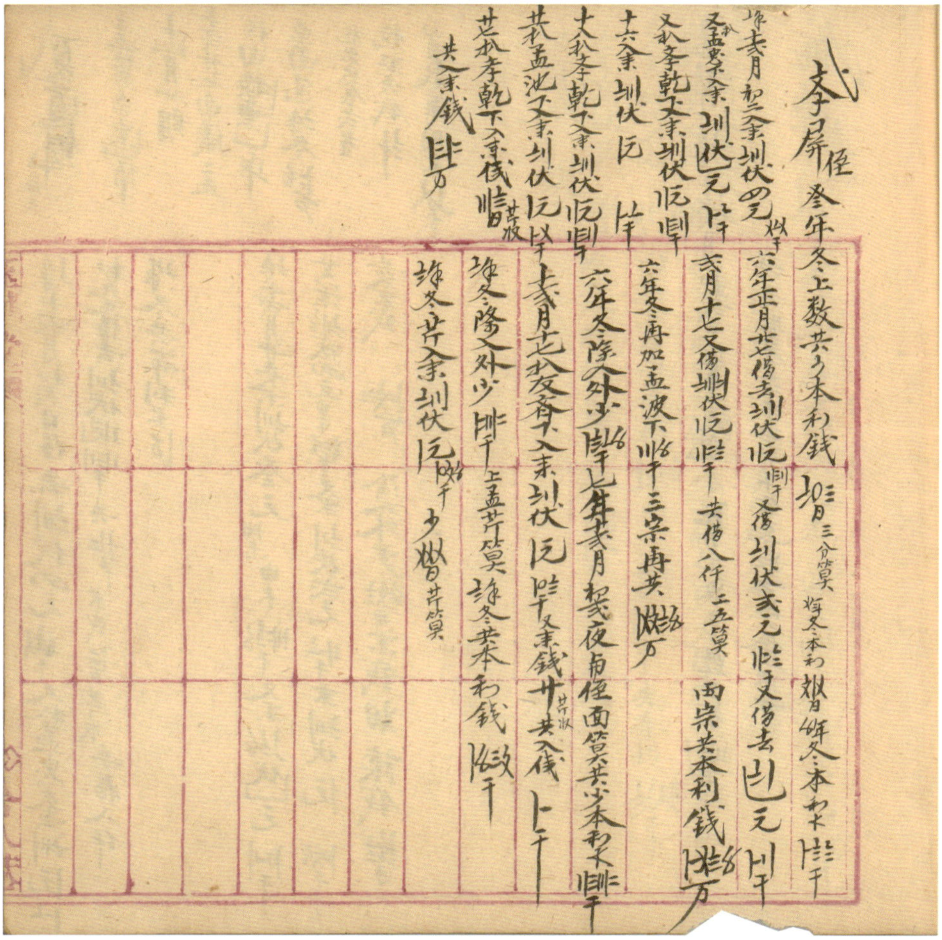

8-2-33-9　清同治十二年毓英社立祭關聖帝君規簿（九）

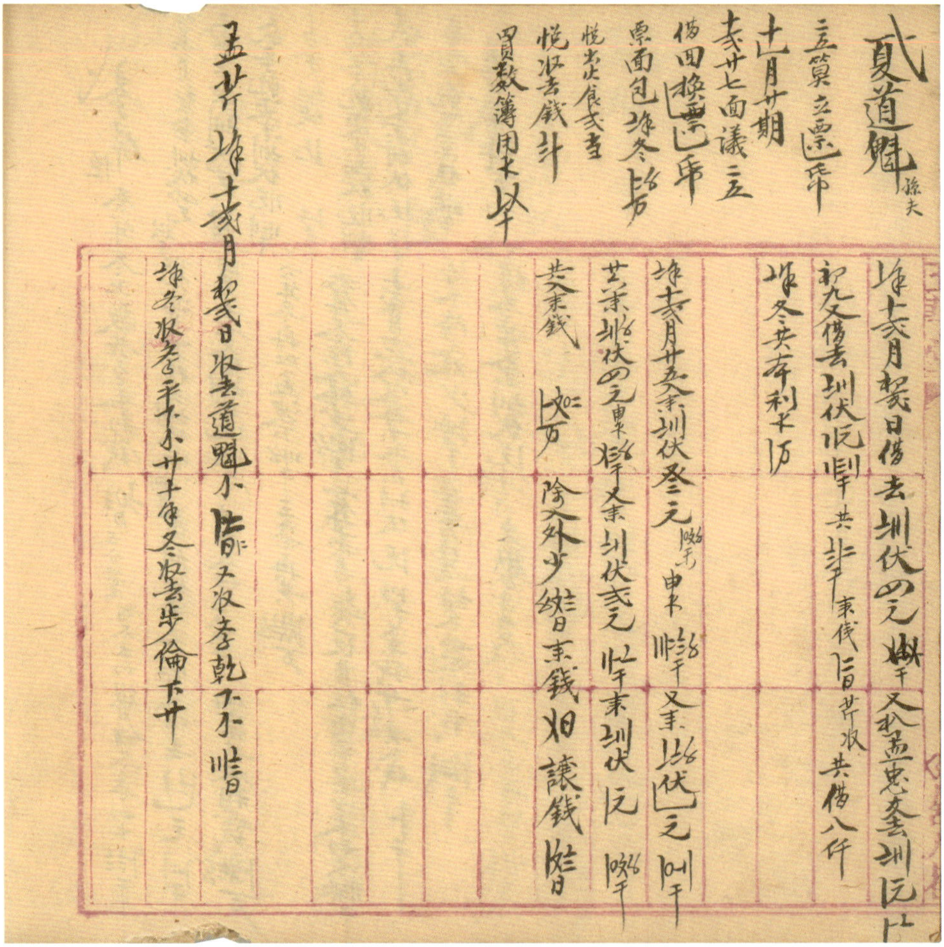

8-2-33-10　清同治十二年毓英社立祭關聖帝君規簿（一〇）

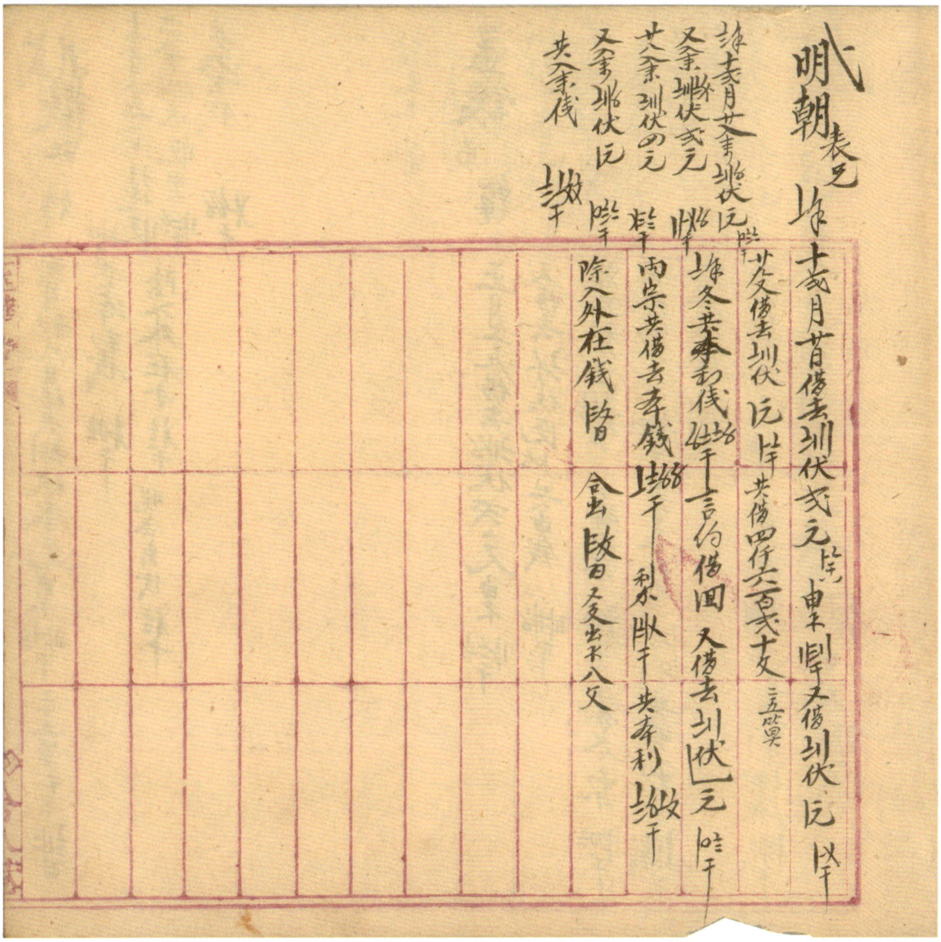

8-2-33-11　清同治十二年毓英社立祭關聖帝君規簿（一一）

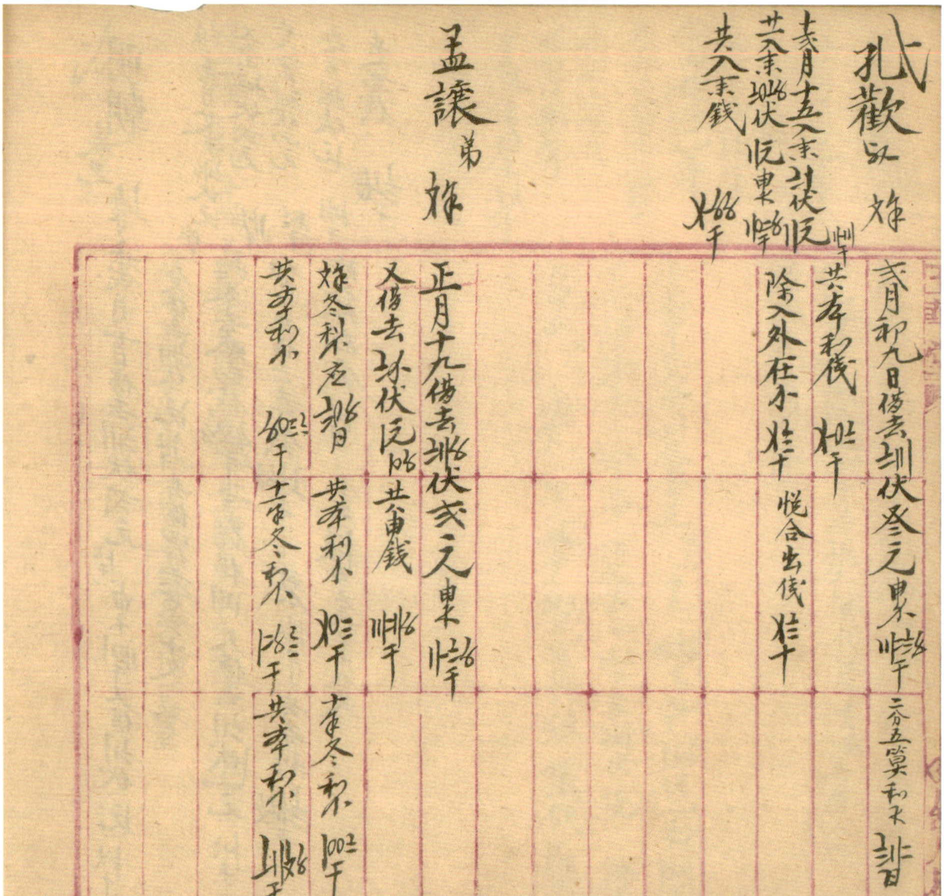

孔歡 叔 妹

貳月十五入來

共入來

共入來錢

孟讓 弟 妹

貳月初九日借去圳伏叁元東

二分五厘利不

共本利錢

除入外在本 悦合出錢

正月十九借去 伏貳元東

又借去 伏 共本錢

妹冬利應 共本利 本冬利

共本利 本冬利 共本利

8-2-33-12　清同治十二年毓英社立祭關聖帝君規簿（一二）

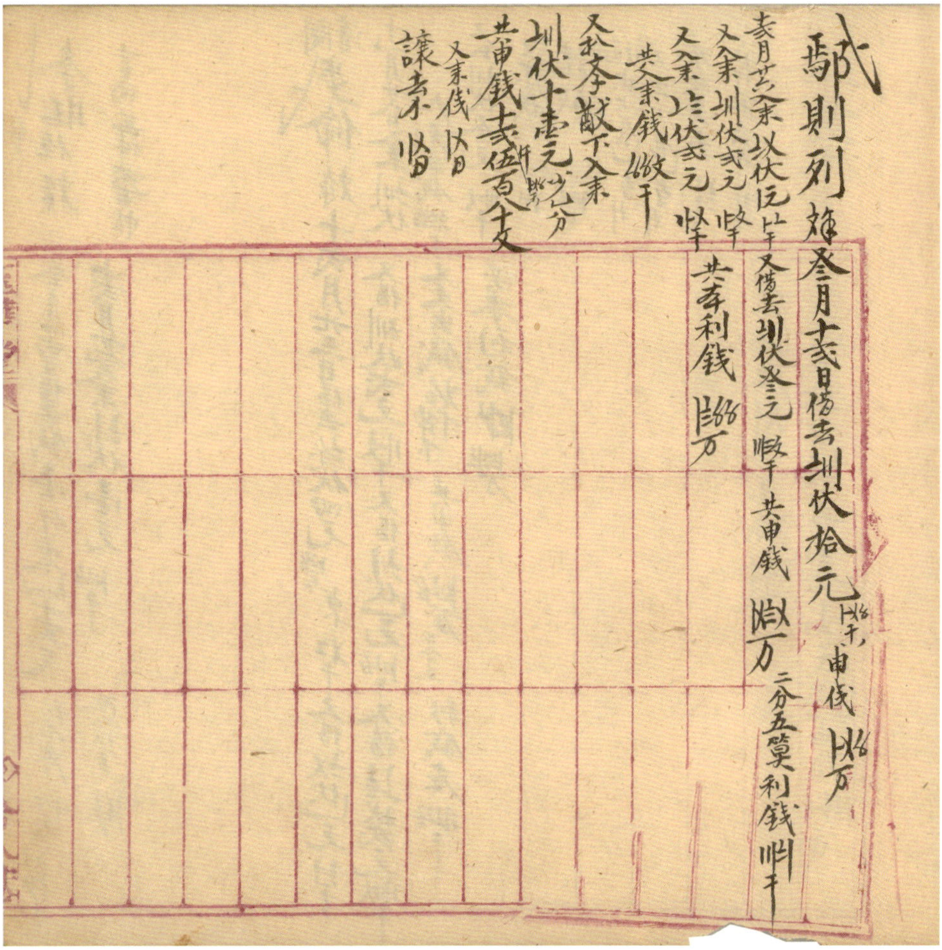
式
鄭則列雄叁月十弍日借去圳伏拾元　申伐　万
弍月廿二收来圳伏　又借去圳伏叁元　共申錢　万　二分五莫利錢　千
又收来圳伏弍元
又收来　伏弍元　共本利錢　万
共来錢　千
又收本　畝下又来
圳伏十壹元　分
共申錢十弍伍百　文
又来伐
讓去来

8-2-33-13　清同治十二年毓英社立祭關聖帝君規簿（一三）

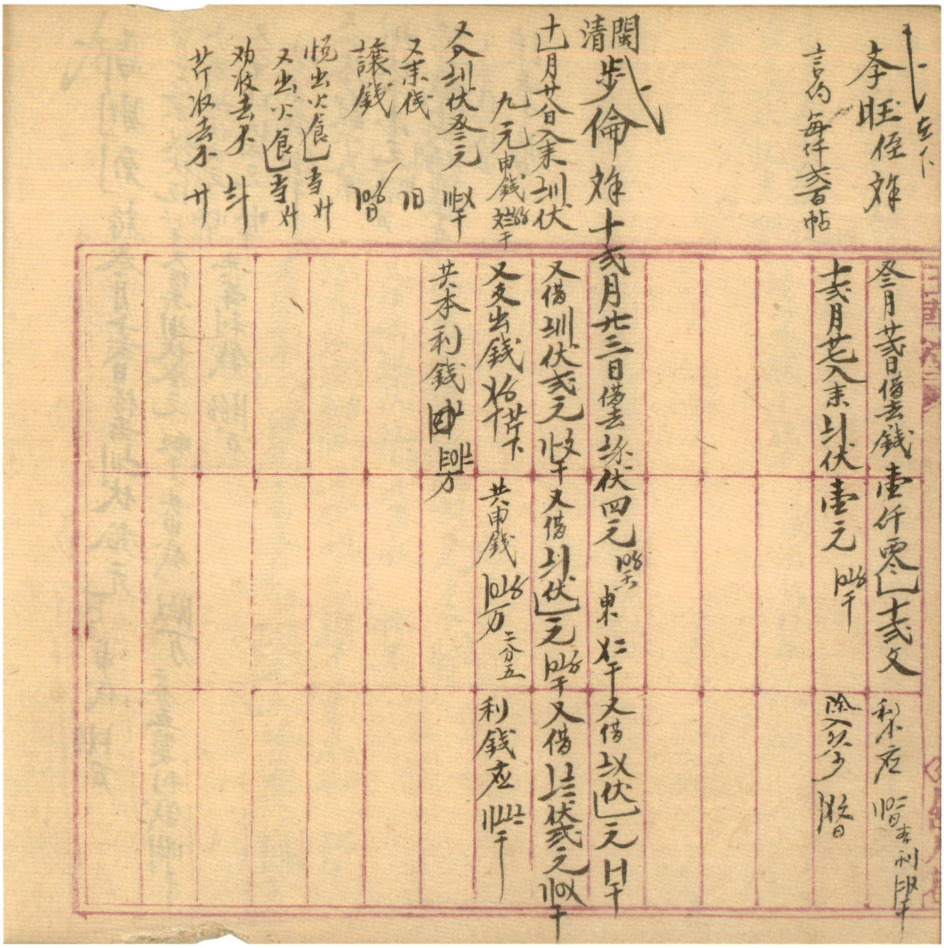

8-2-33-14　清同治十二年毓英社立祭關聖帝君規簿（一四）

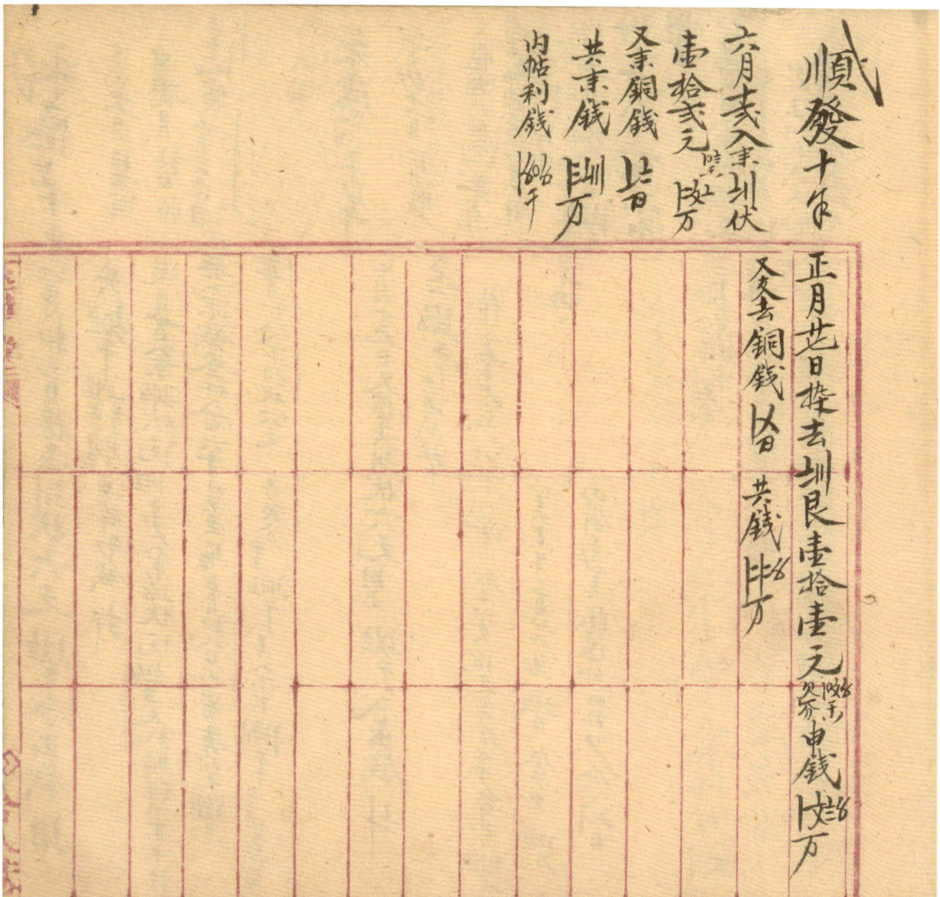

咸
順發十年
六月廿弍入來圳伏壹拾弍元
又來銅錢
共來錢
内船利錢
正月廿日揆去圳良壹拾壹元
又分申錢
又支去銅錢
共錢

8-2-33-15　清同治十二年毓英社立祭關聖帝君規簿（一五）

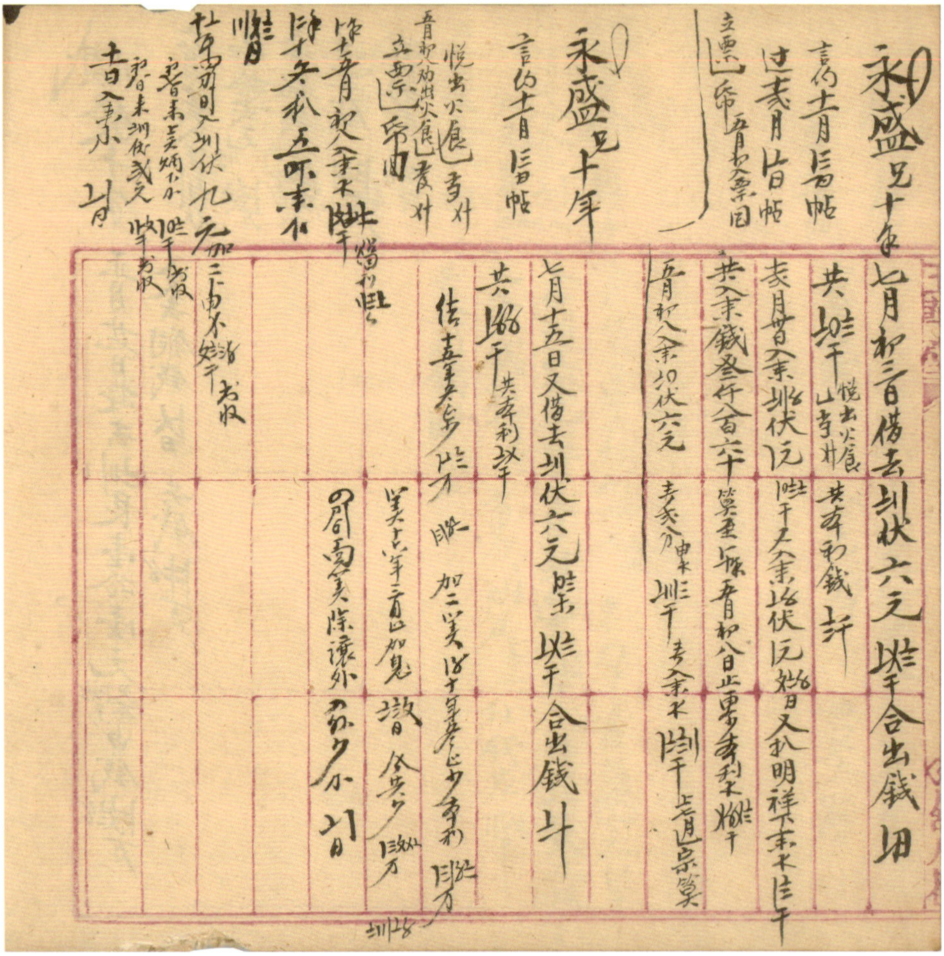

8-2-33-16　清同治十二年毓英社立祭關聖帝君規簿（一六）

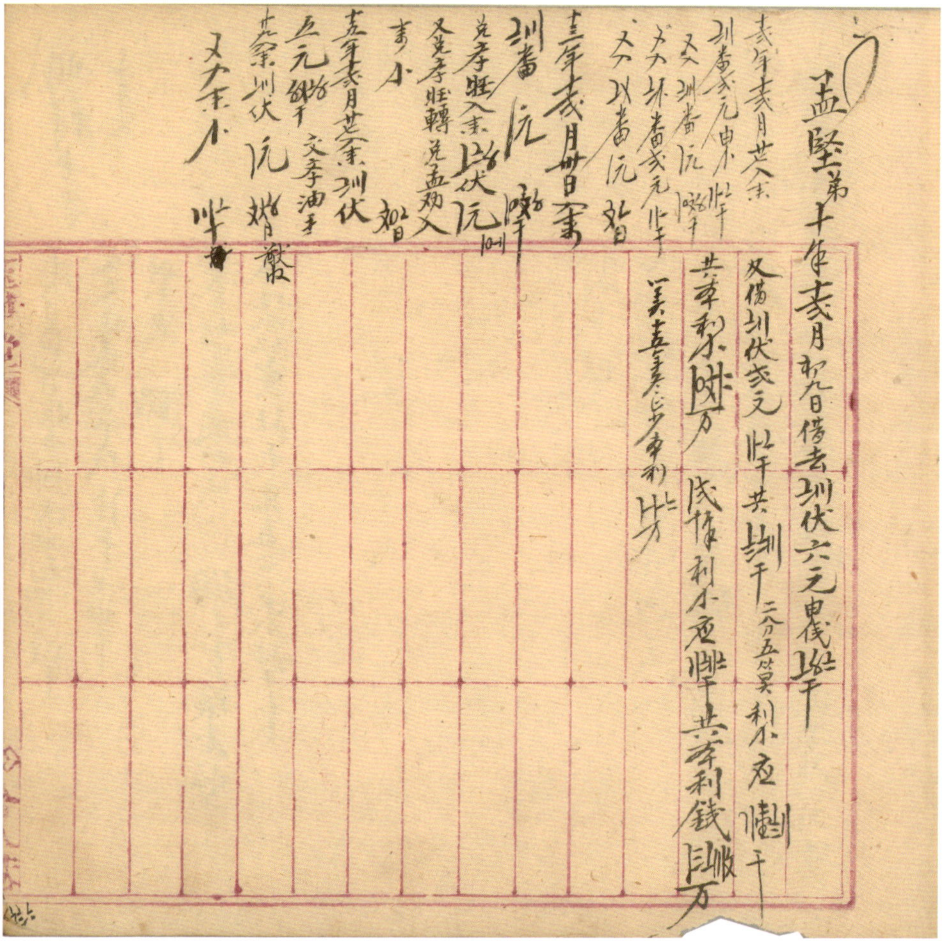

8-2-33-17　清同治十二年毓英社立祭關聖帝君規簿（一七）

明祥十年

二合五莫

十二月廿日借去訓伏四元[illegible] [illegible]千

又支去永盛下钱 [illegible]千 共[illegible]千

利不應 [illegible]千

十二月初四面算共來利钱 [illegible]千 讓[illegible]千

除讓外實 [illegible]千 尚[illegible]千

8-2-33-18　清同治十二年毓英社立祭關聖帝君規簿（一八）

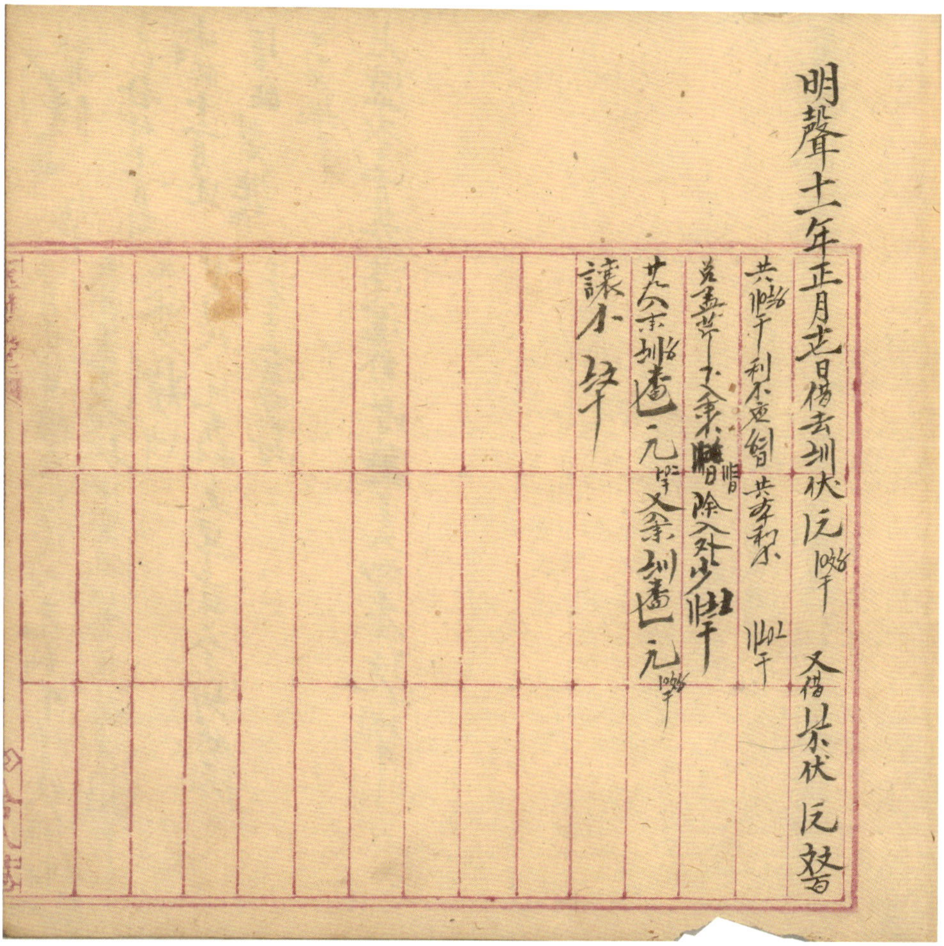

8-2-33-19　清同治十二年毓英社立祭關聖帝君規簿（一九）

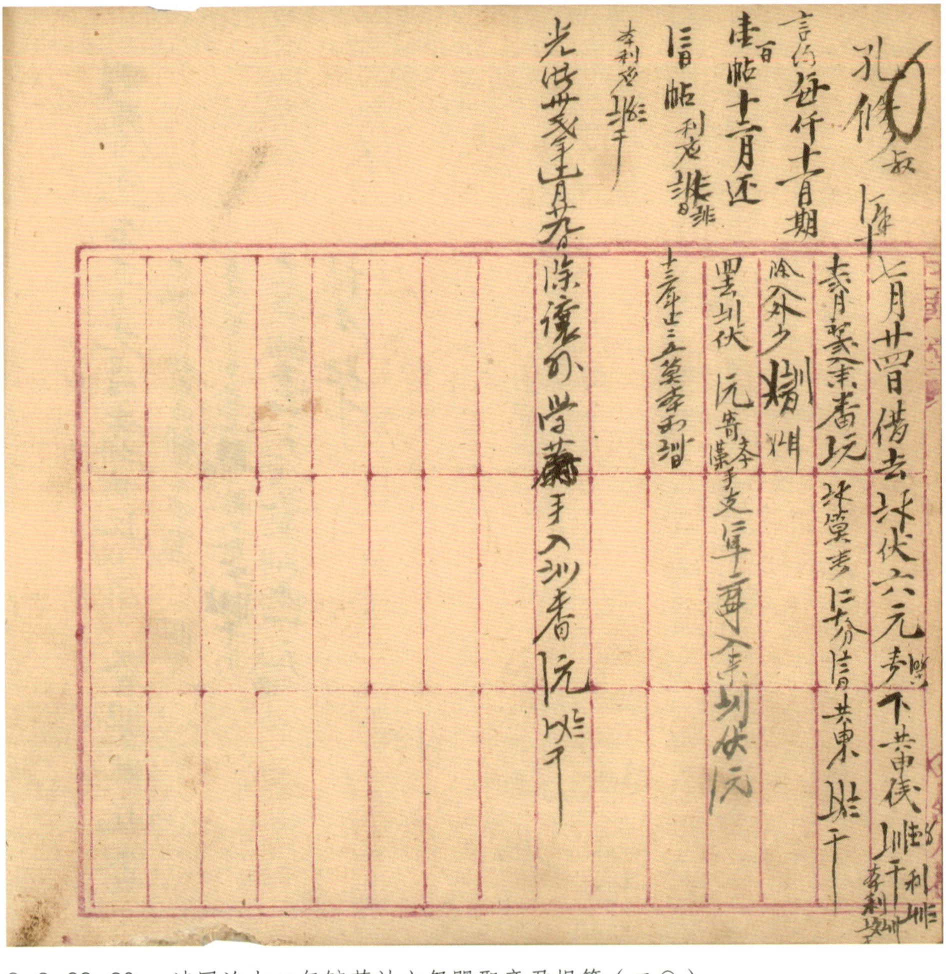

8-2-33-20　清同治十二年毓英社立祭關聖帝君規簿（二〇）

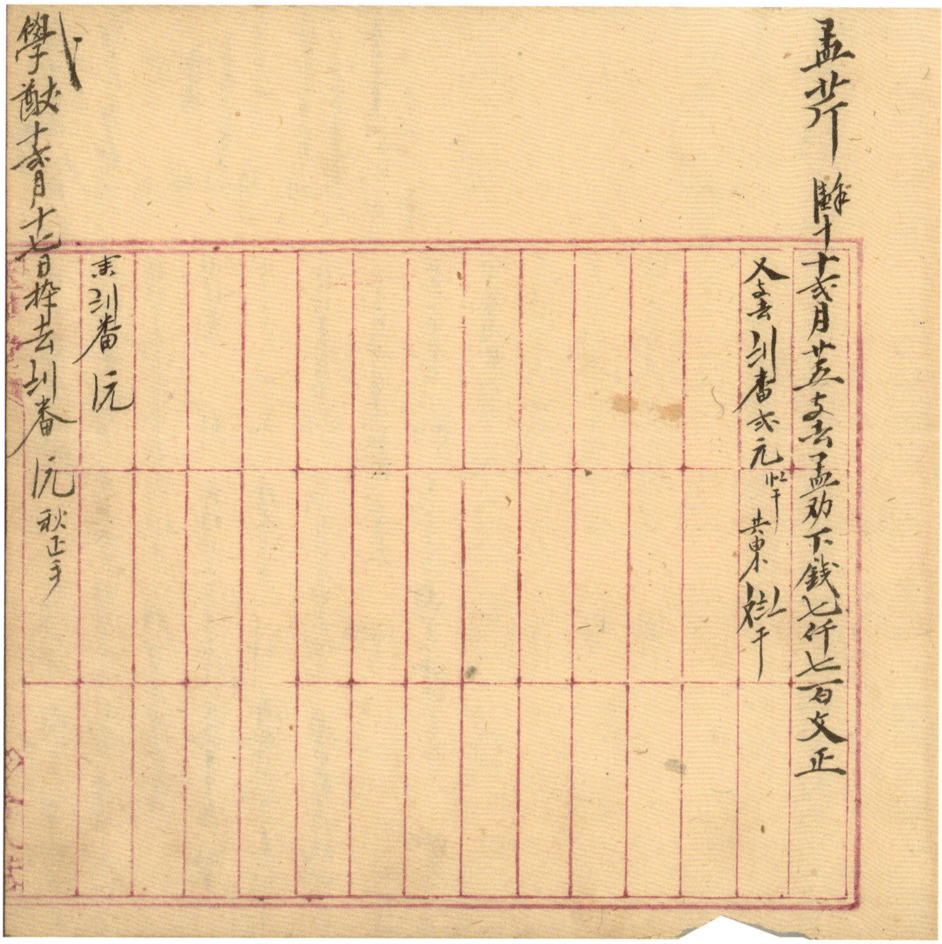
孟芹 賬 十弍月廿五交出孟劝下錢七仟七百文正

又交出到番弍元 共東

出到番 元

學猷 十弍月十七日拚去到番 元 秋正手

8-2-33-21　清同治十二年毓英社立祭關聖帝君規簿（二一）

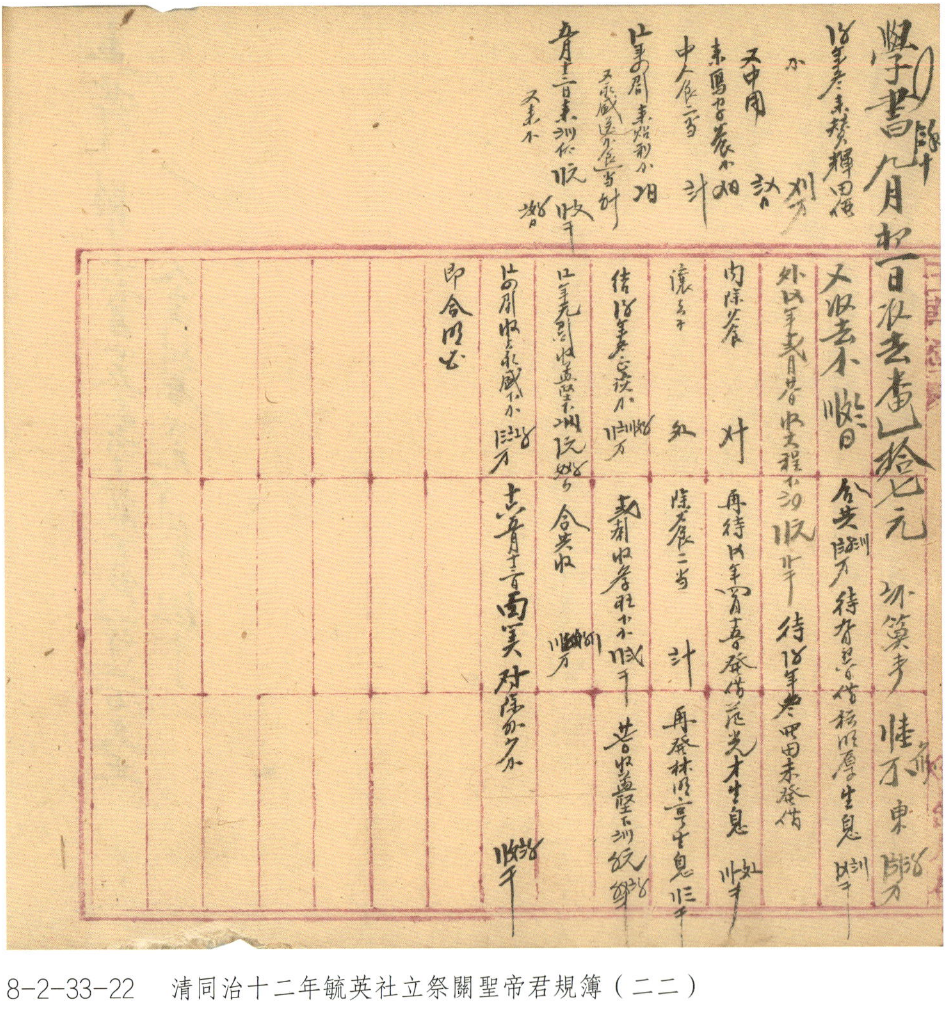

8-2-33-22　清同治十二年毓英社立祭關聖帝君規簿（二二）

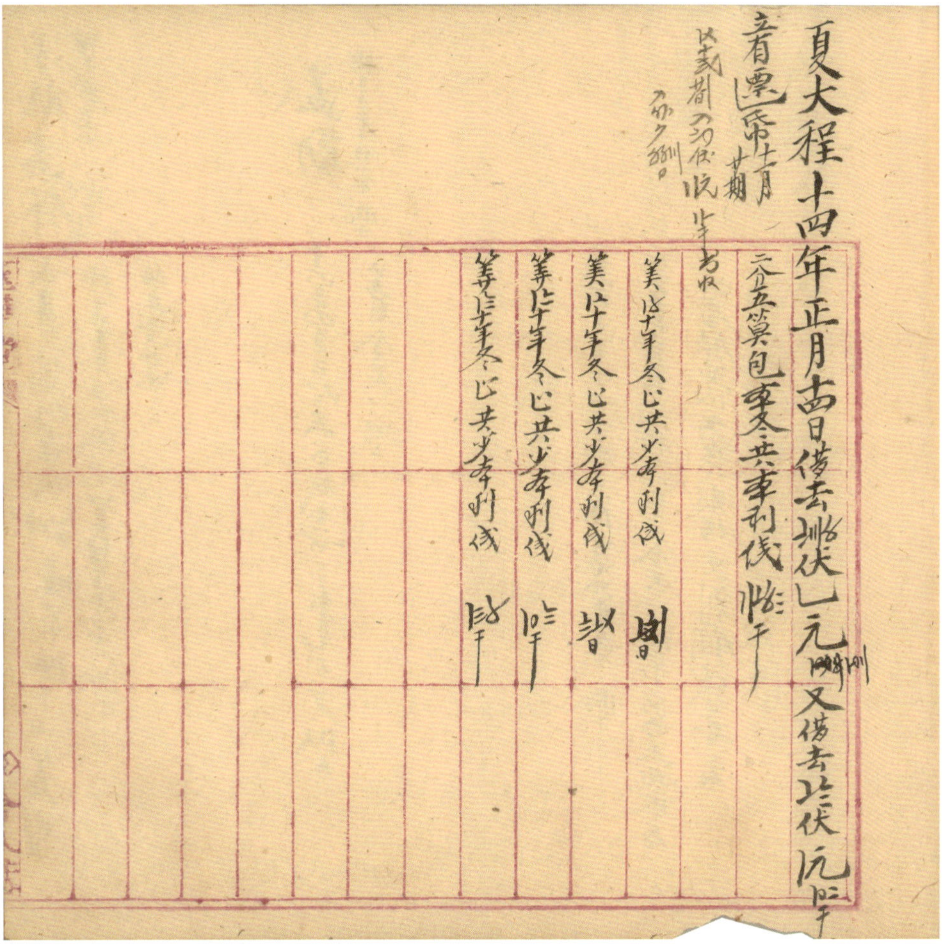

8-2-33-23　清同治十二年毓英社立祭關聖帝君規簿（二三）

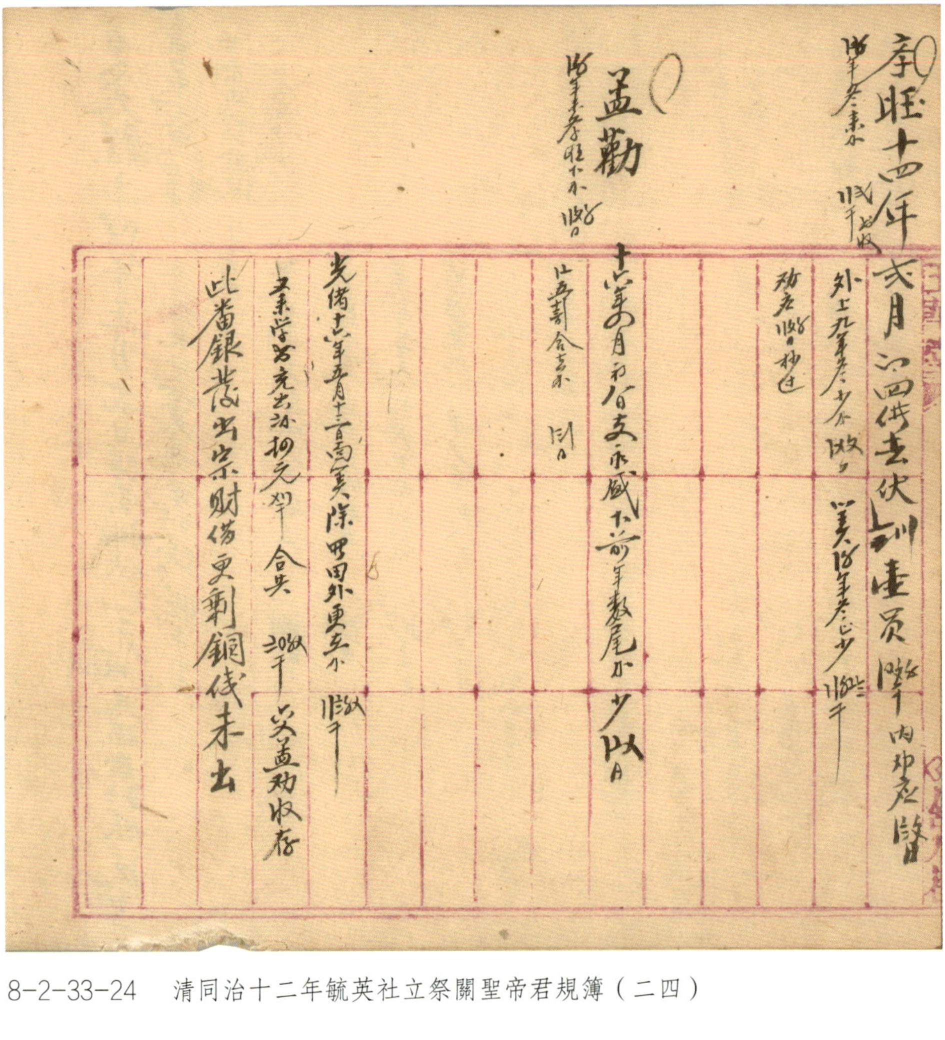

李旺十四年弍月初四借去

孟勤

十六年 月初六日支示

光緒十六年五月十三日

此番銀数出宗財借更剩銅錢未出

8-2-33-24　清同治十二年毓英社立祭關聖帝君規簿（二四）

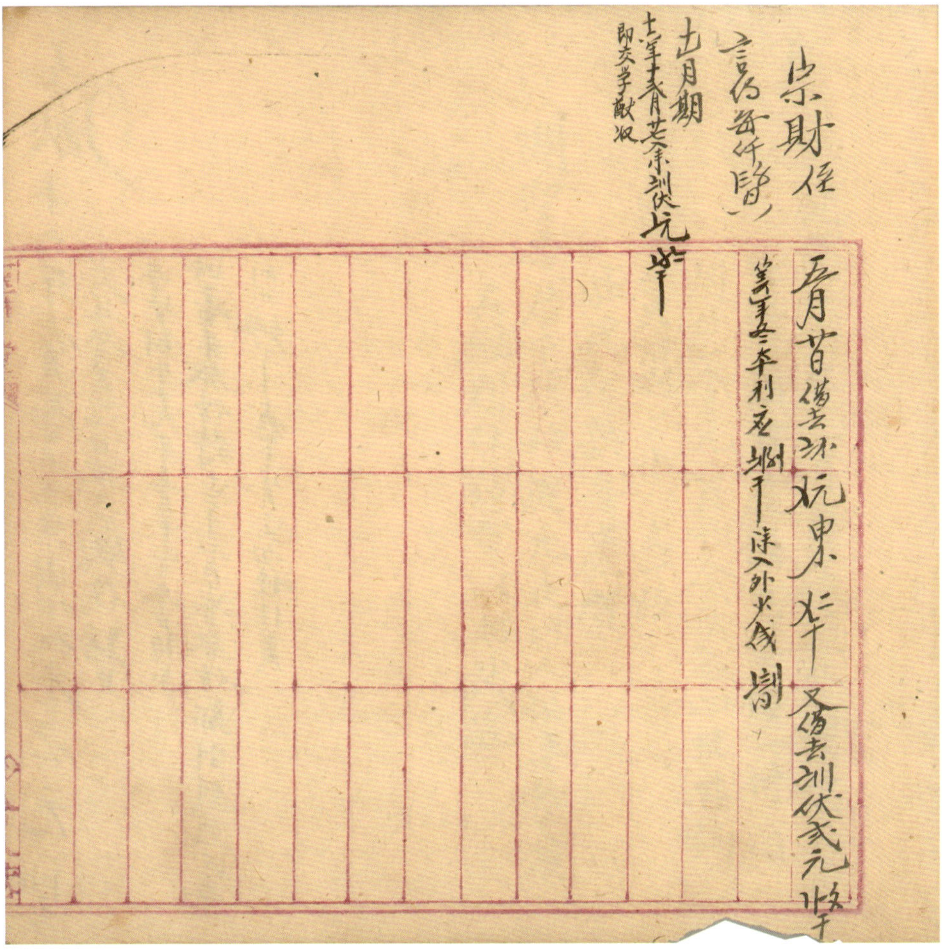

8-2-33-25　清同治十二年毓英社立祭關聖帝君規簿（二五）

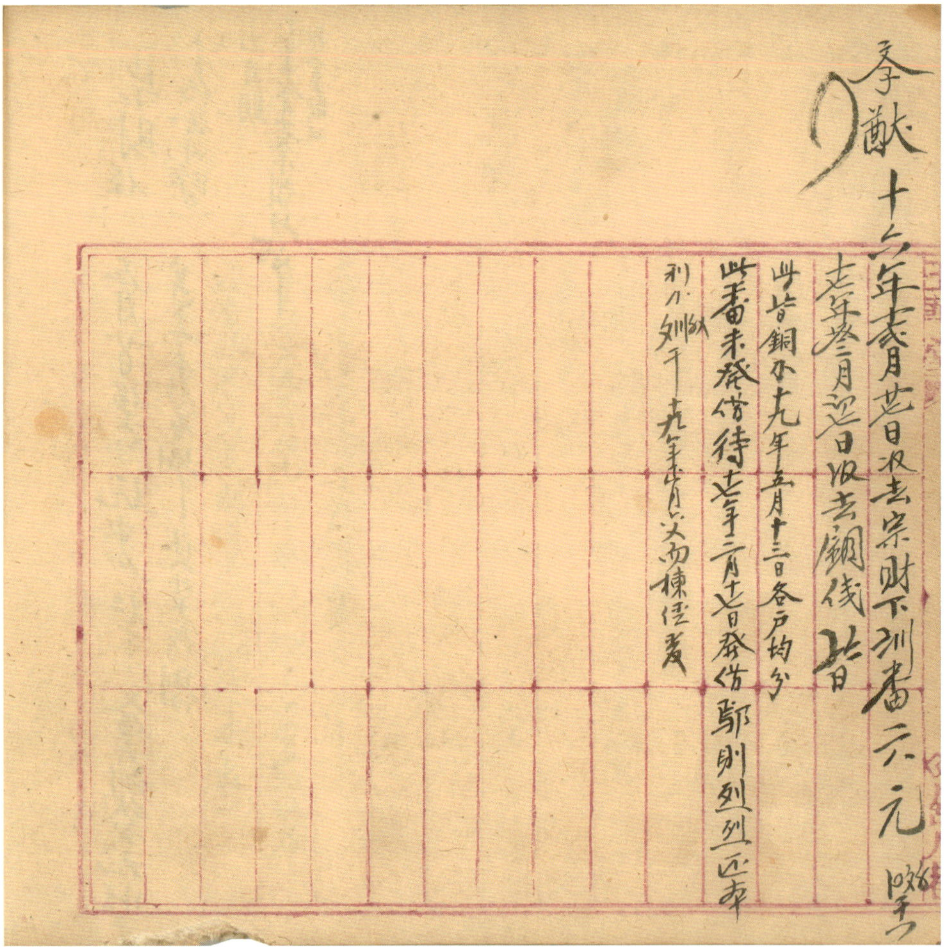

8-2-33-26　清同治十二年毓英社立祭關聖帝君規簿（二六）

光緒十六年二月再議逓年朔定五月
十三日福首虔備三味禮一付酒
燭仔一合元寶廿合錢紙四只其楠
一只佰剌二串 文一張
恭就振英齋慶賀
關聖帝君千秋神誕凡我同人俱要整肅
衣冠到社拈香以昭誠敬

8-2-33-27　清同治十二年毓英社立祭關聖帝君規簿（二七）

一

議遞年五月十三午團叙神餕福首

办席一席　定鷄貳斤熟　肉貳斤熟

三仙一碗　洋燕一碗　馬蹄片一碗

東粉一碗　南鎮一碗內品冬菜二月

燕餐一碗　鷄腹裡一碗　猪腹裡一碗

點心粉一出　糕一出　粿一出　酒隨量

香下半斤　熟仕半斤

稱定穀詒堂秤仔兩花称

8-2-33-28　清同治十二年毓英社立祭關聖帝君規簿（二八）

輪值祭首花名開后　向後依此交互輪流不得爭執

光緒庚寅年福首學猷

辛卯年福首孟勸

壬辰年福首孟悅

癸巳年福首丙震

甲午年福首孟芹

乙未年福首學烈

丙申年福首學平

丁酉年福首丙棟

戊戌年福首丙棟　輪起

己亥年福首學平

庚子年福首學烈

辛丑年福首孟芹

壬寅年福首丙震

癸卯年福首孟悅

8-2-33-29　清同治十二年毓英社立祭關聖帝君規簿（二九）

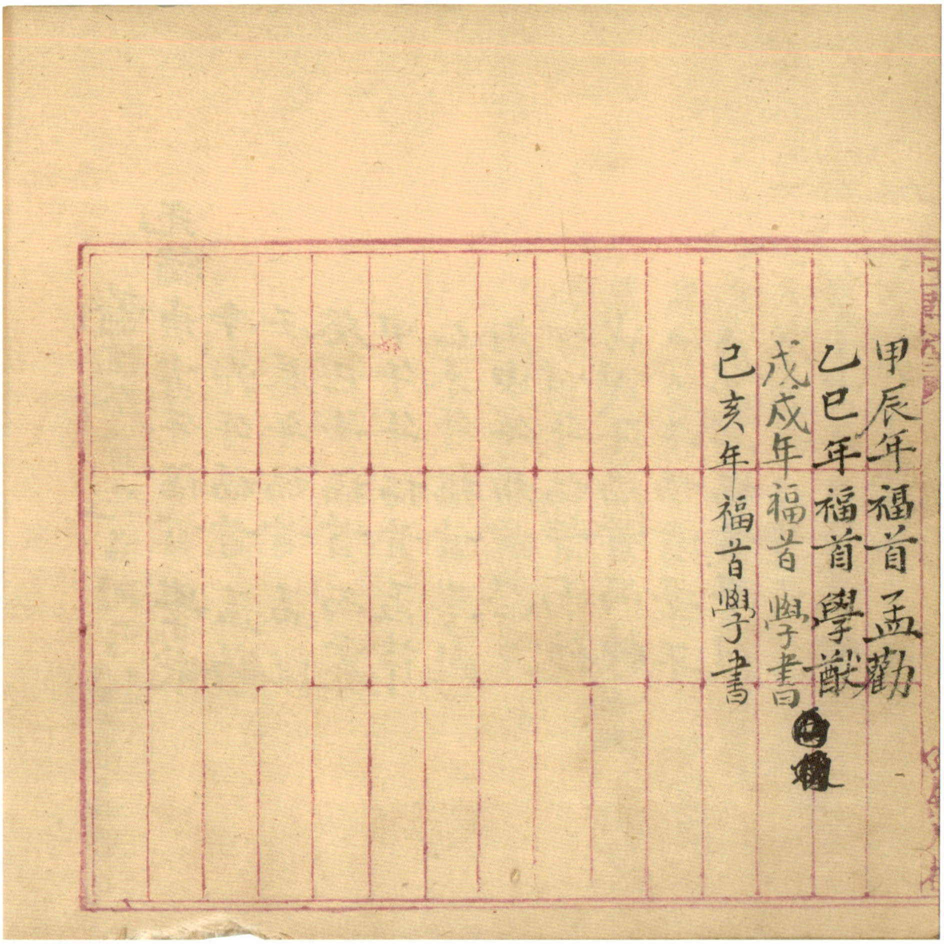

甲辰年福首孟勸
乙巳年福首學猷
戊戌年福首學書
己亥年福首學書

8-2-33-30　清同治十二年毓英社立祭關聖帝君規簿（三〇）

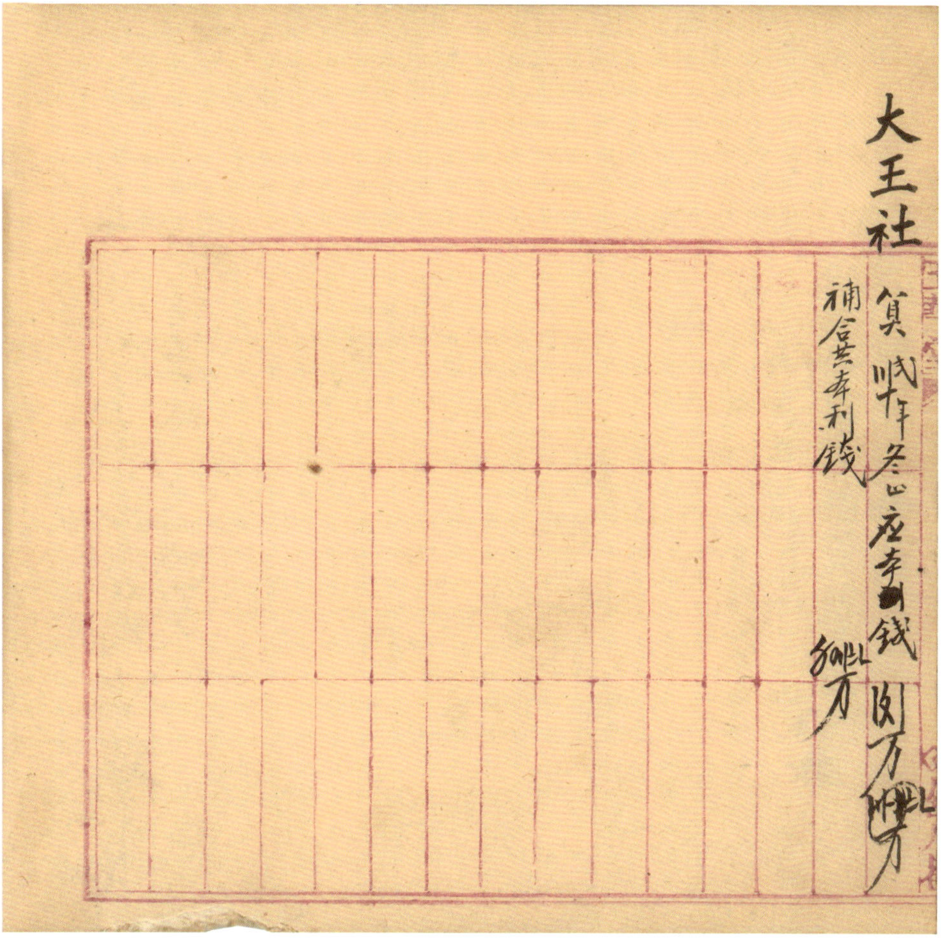
大王社
算戊年冬座本利錢
補会共本利錢

8-2-33-31　清同治十二年毓英社立祭關聖帝君規簿（三一）

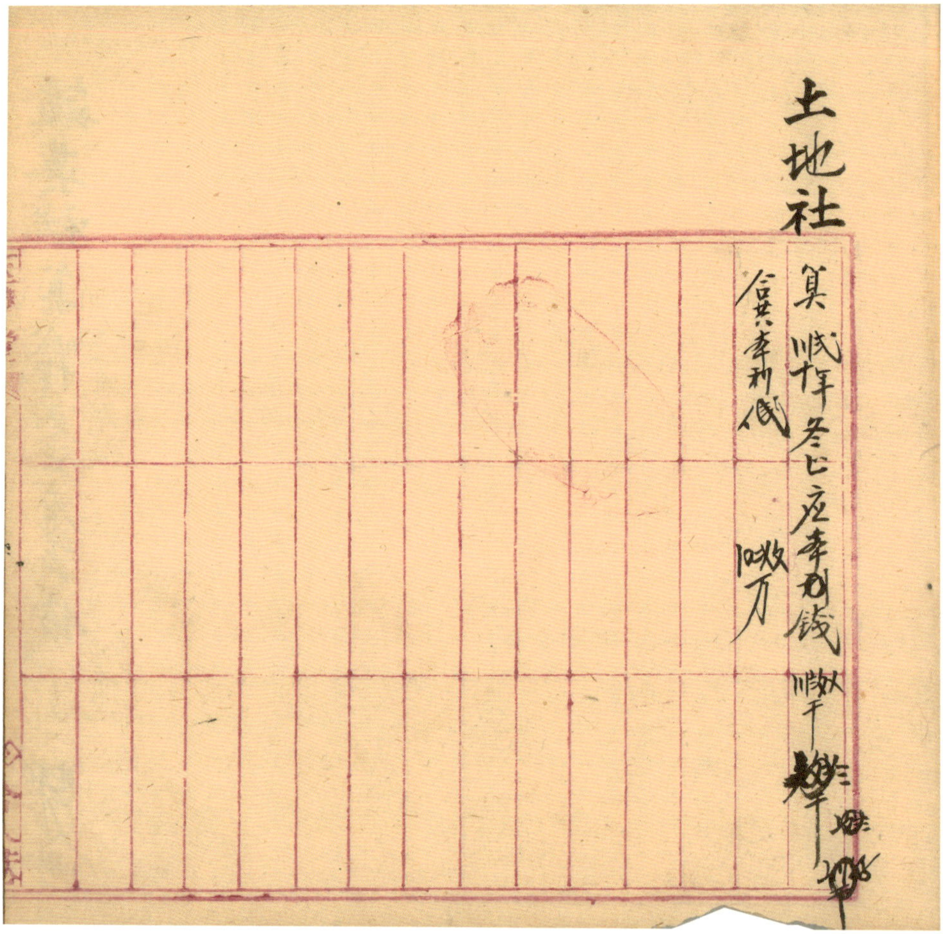

8-2-33-32　清同治十二年毓英社立祭關聖帝君規簿（三二）

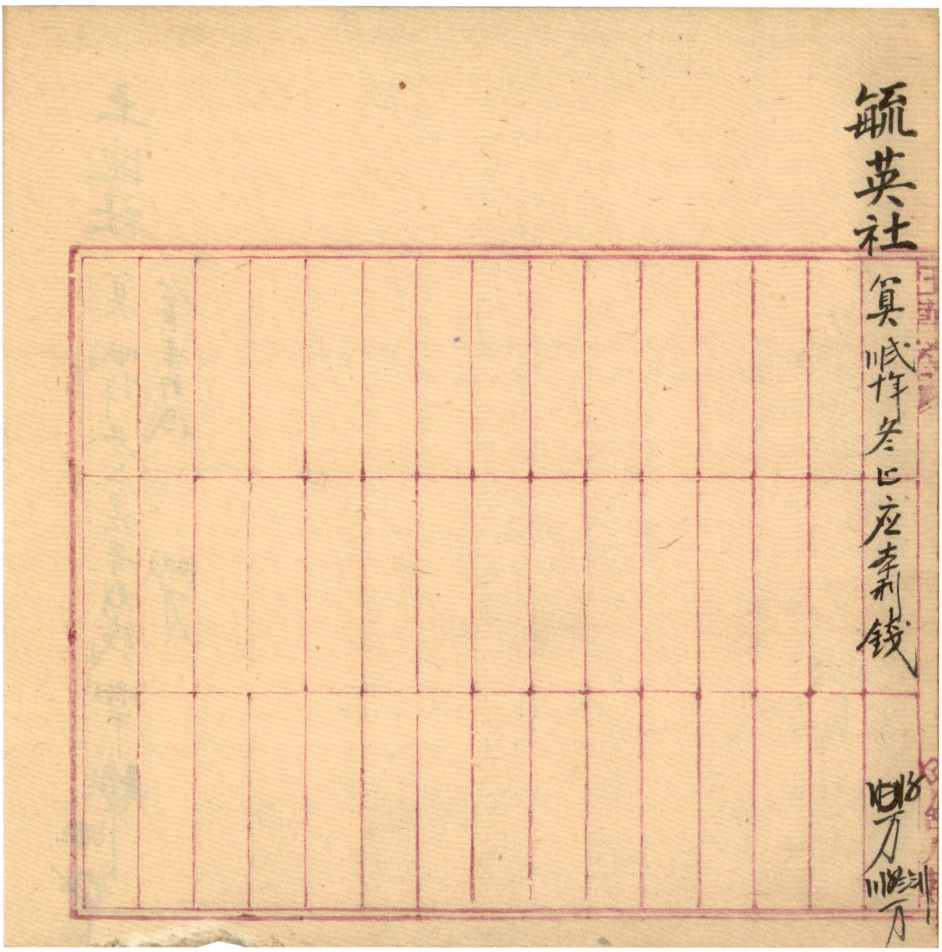

8-2-33-33　清同治十二年毓英社立祭關聖帝君規簿（三三）

8-2-33-34　清同治十二年毓英社立祭關聖帝君規簿（三四）

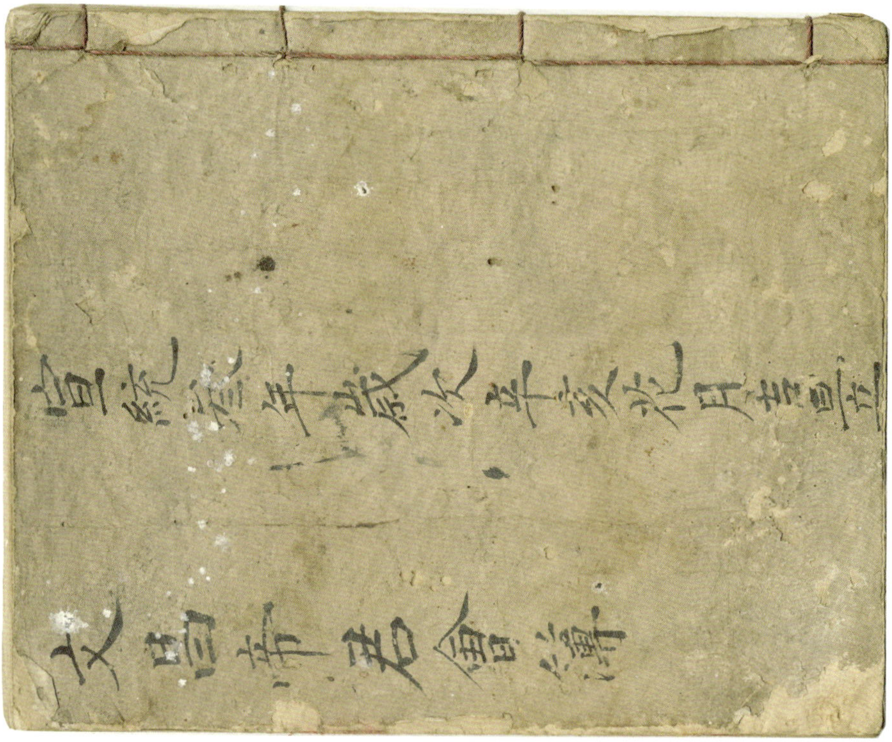

8-2-34-1　清宣統三年文昌帝君會簿（一）

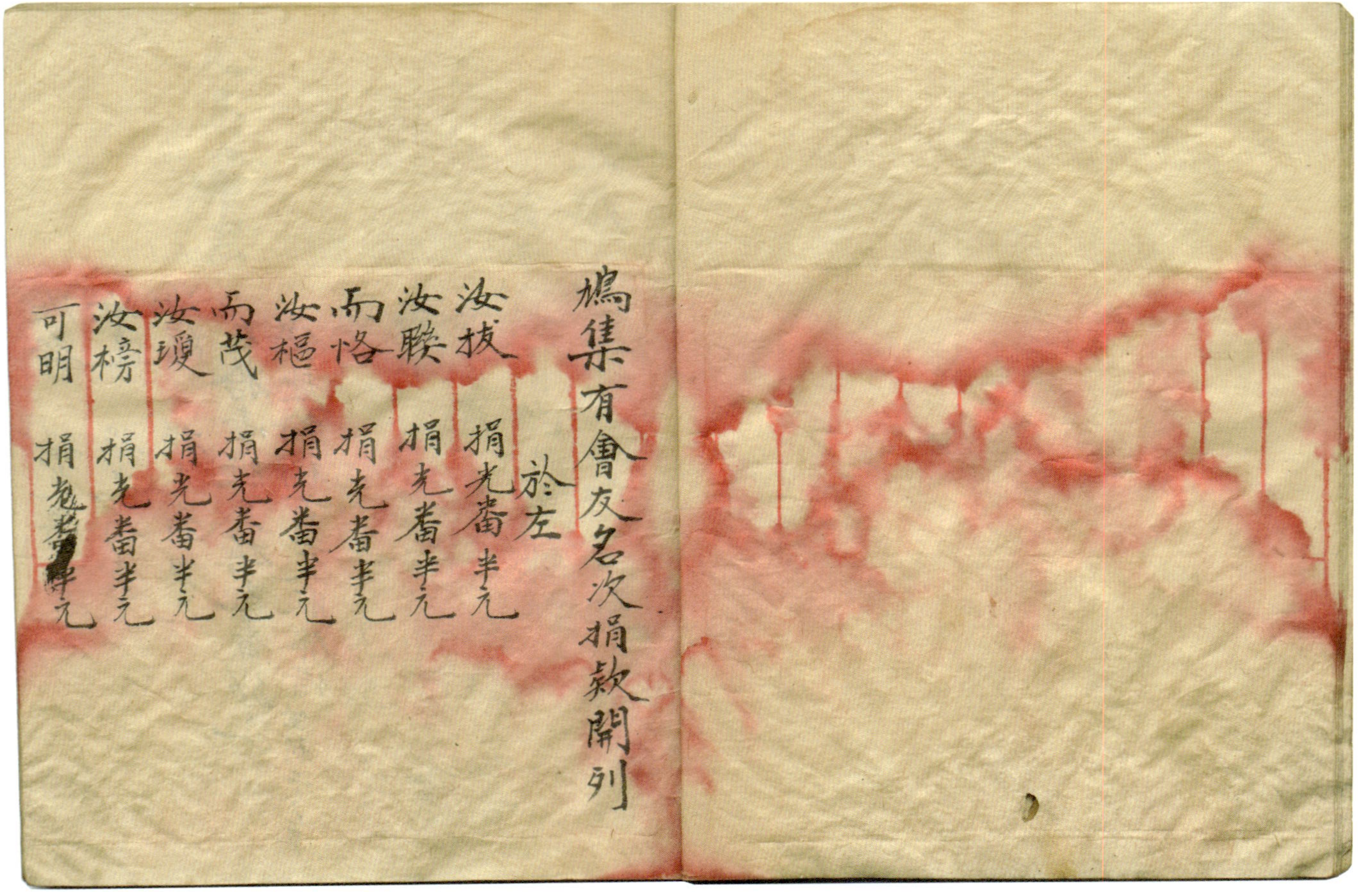

鳩集有會友名次捐款開列
於左
汝拔　捐光番半元
汝聯　捐光番半元
而恪　捐光番半元
汝樞　捐光番半元
而茂　捐光番半元
汝瓊　捐光番半元
汝榜　捐光番半元
可明　捐光番半元

8-2-34-2　清宣統三年文昌帝君會簿（二）

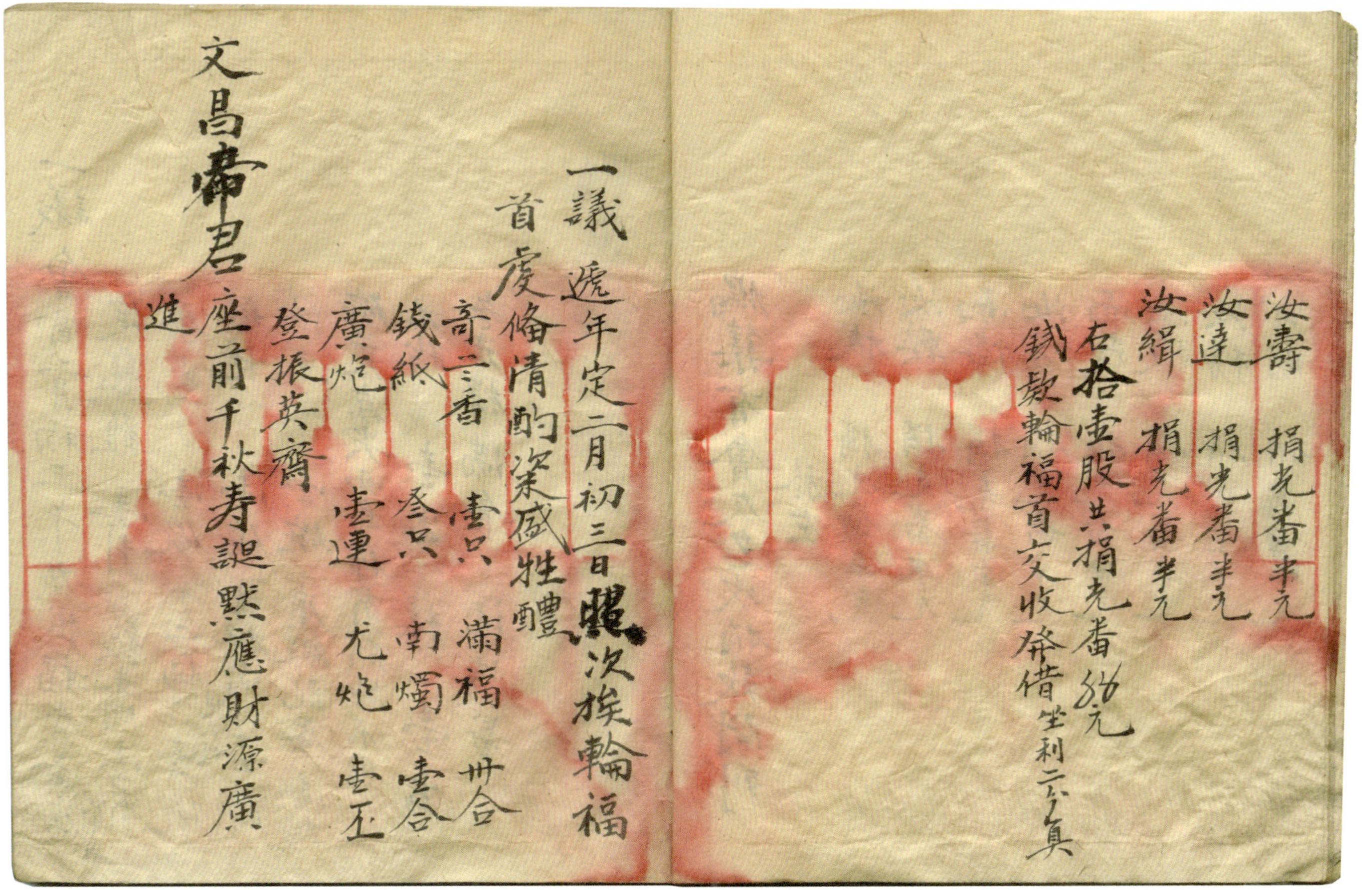

汝壽　捐光番半元
汝達　捐光番半元
汝緝　捐光番半元
右拾壹股共捐光番陸元
錢數輪福首交收發借生利二八息

文昌帝君
一議遞年定二月初三日照次挨輪福
首慶備清酌粢盛牲醴
高三香　壹只　滿福　卅合
錢紙　叁只　南燭　壹合
廣炮　壹連　尤炮　壹丕
登振英齋
進　文昌帝君座前千秋寿誕熙應財源廣

8-2-34-3　清宣統三年文昌帝君會簿（三）

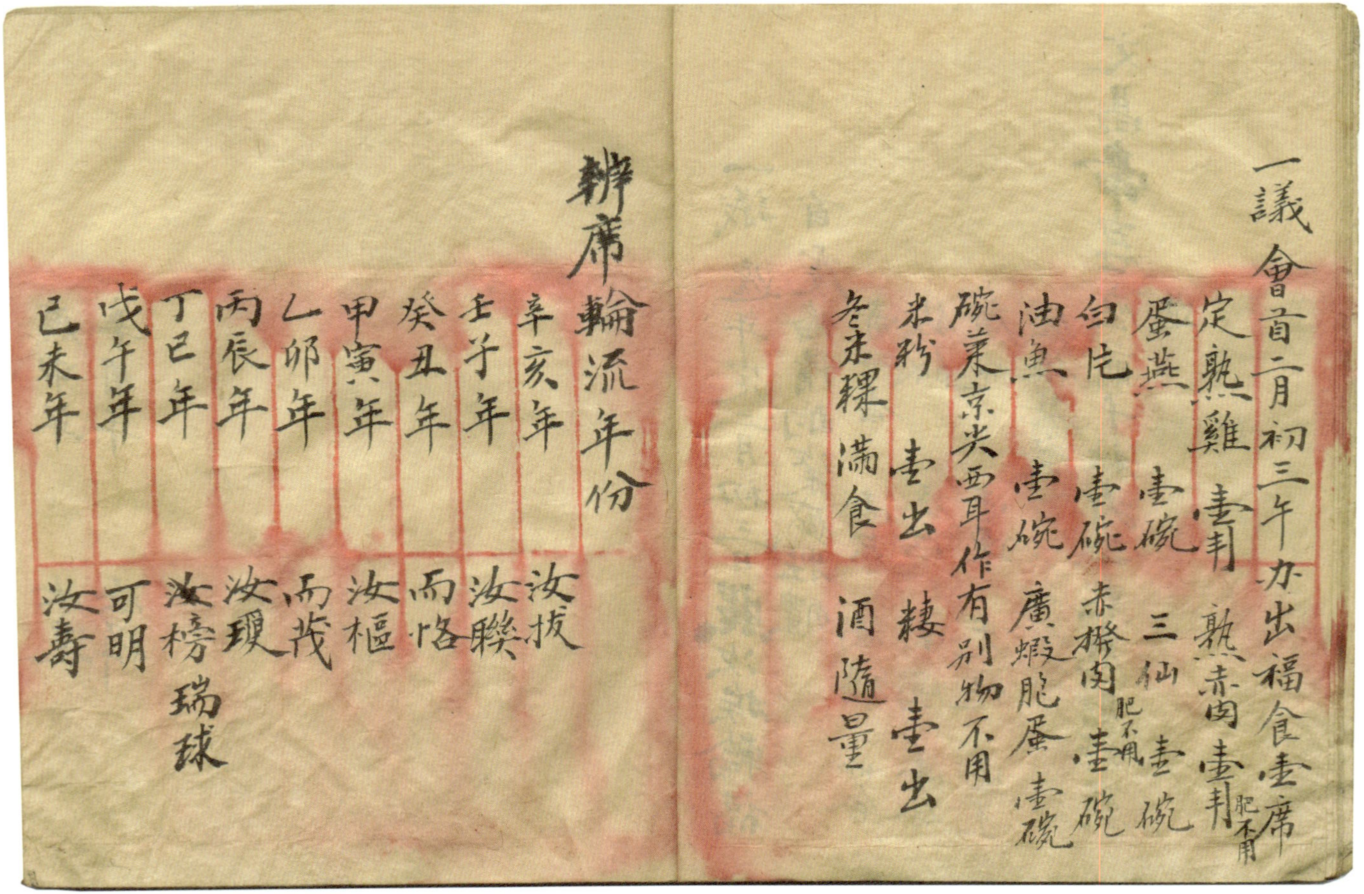

一議會首二月初三午办出福食壹席
定熟雞壹背　熟赤肉壹背（肥不用）
蛋燕壹碗　三仙壹碗
白饨壹碗　赤猪肉（肥不用）壹碗
油魚壹碗　廣蝦肥蛋壹碗
碗菜京尖西耳作有别物不用
米粉壹出　㮊壹出
冬米粿滿食　酒隨量

辦席輪流年份
辛亥年　汝拔
壬子年　汝滕
癸丑年　丙恪
甲寅年　汝樞
乙卯年　丙茂
丙辰年　汝現
丁巳年　汝榜　瑞球
戊午年　可明
己未年　汝壽

8-2-34-4　清宣統三年文昌帝君會簿（四）

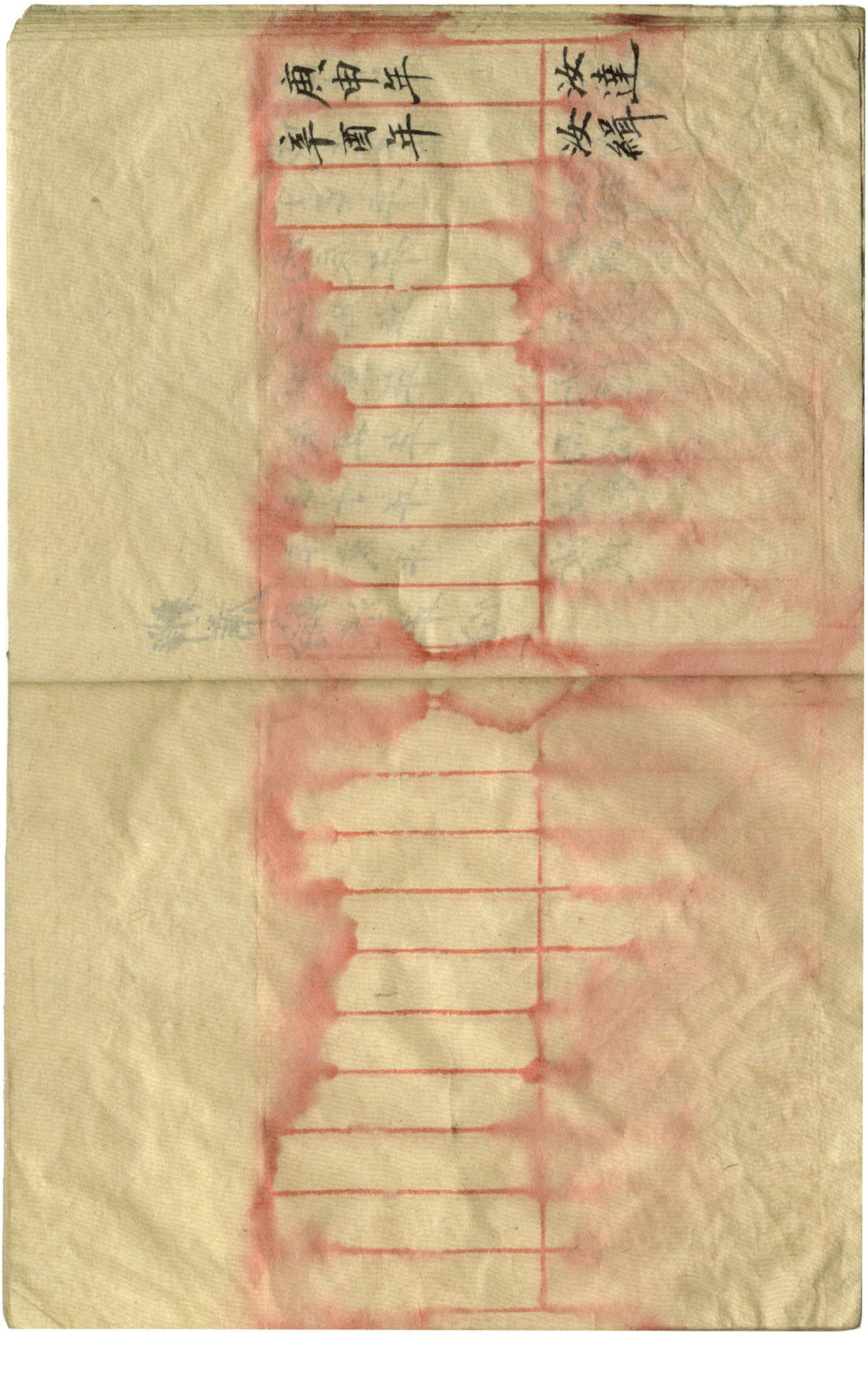
庚申年 汝達
辛酉年 汝緝

8-2-34-5 清宣統三年文昌帝君會簿（五）

8-2-34-6　清宣統三年文昌帝君會簿（六）

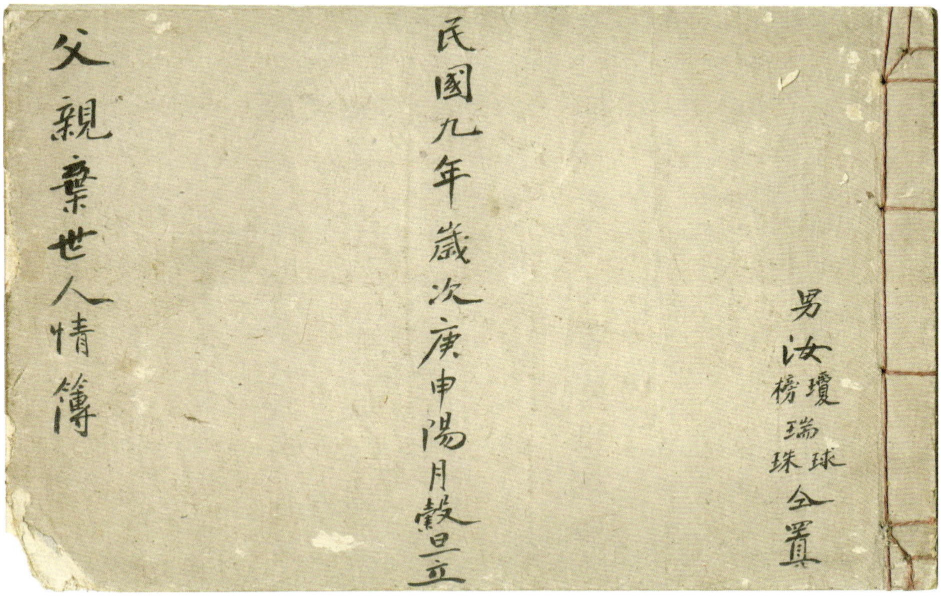

男汝瓊
榜
瑞
球
珠
仝置

民國九年歲次庚申陽月穀旦立

父親棄世人情簿

8-2-35-1　民國九年黄汝瓊等立黄而蘭棄世人情簿（一）

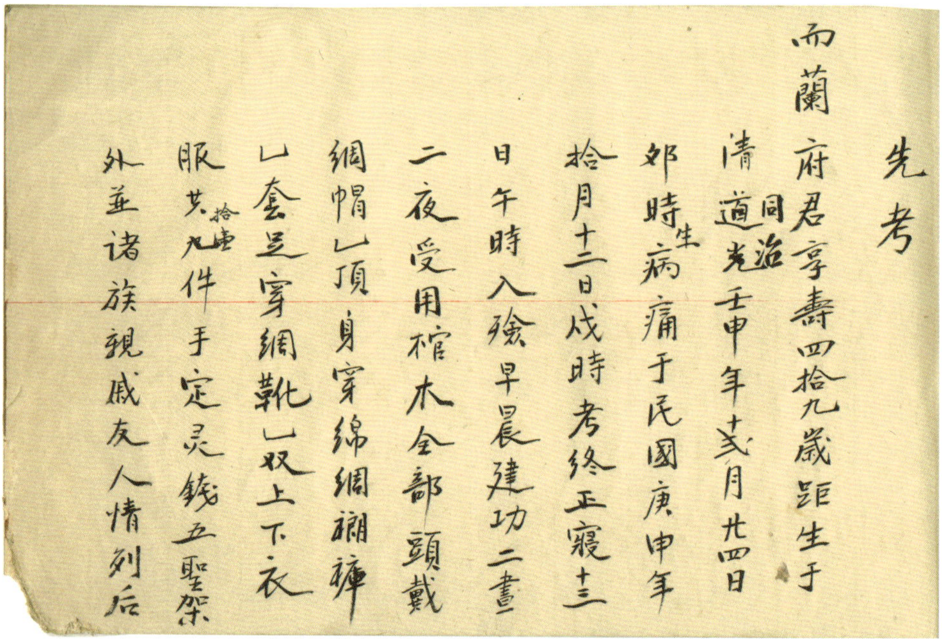
先考
而蘭府君享壽四拾九歲距生于
清道光〔同治〕壬申年十弍月廿四日
郊時生病痛于民國庚申年
拾月十二日戌時考終正寢十三
日午時入殮早晨建功二晝
二夜受用棺木全部頭戴
綢帽乙頂身穿綿綢襉褲
乙套足穿綢靴乙双上下衣
服共九〔拾壹〕件手定灵錢五聖架
外並諸族親戚友人情列后

8-2-35-2　民國九年黄汝瓊等立黄而蘭棄世人情簿（二）

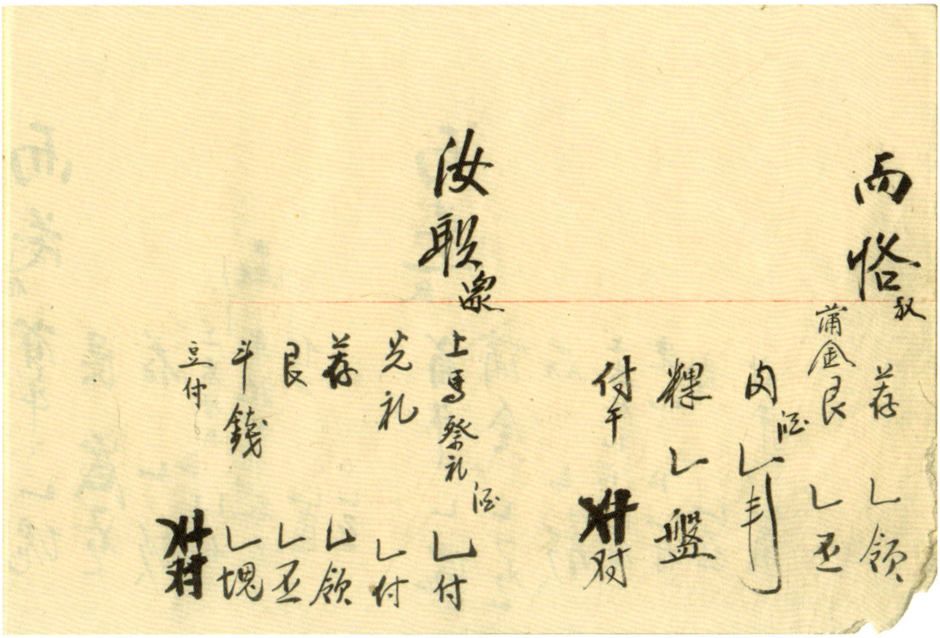

8-2-35-3　民國九年黄汝瓊等立黄而蘭棄世人情簿（三）

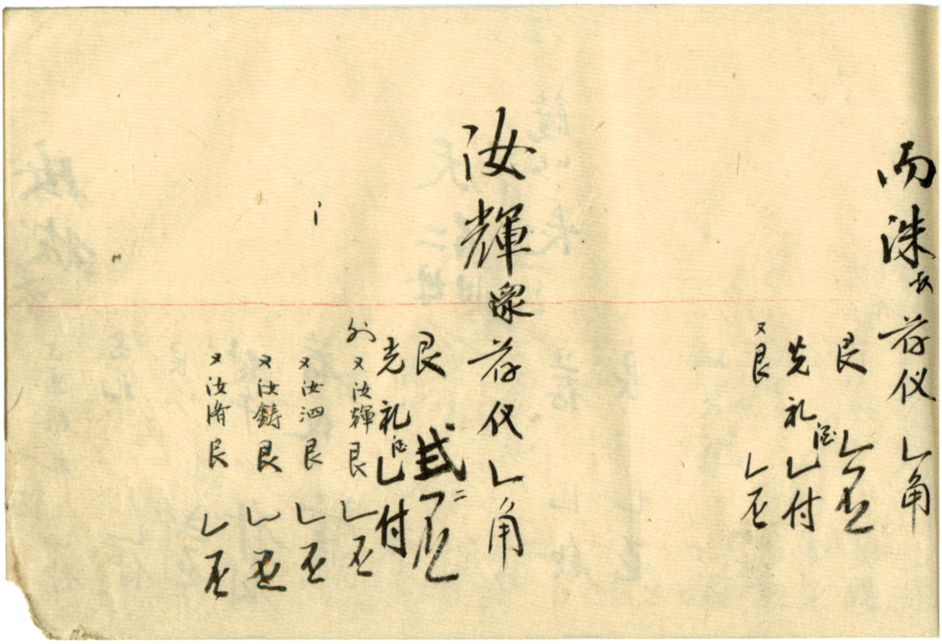

8-2-35-4　民國九年黄汝瓊等立黄而蘭棄世人情簿（四）

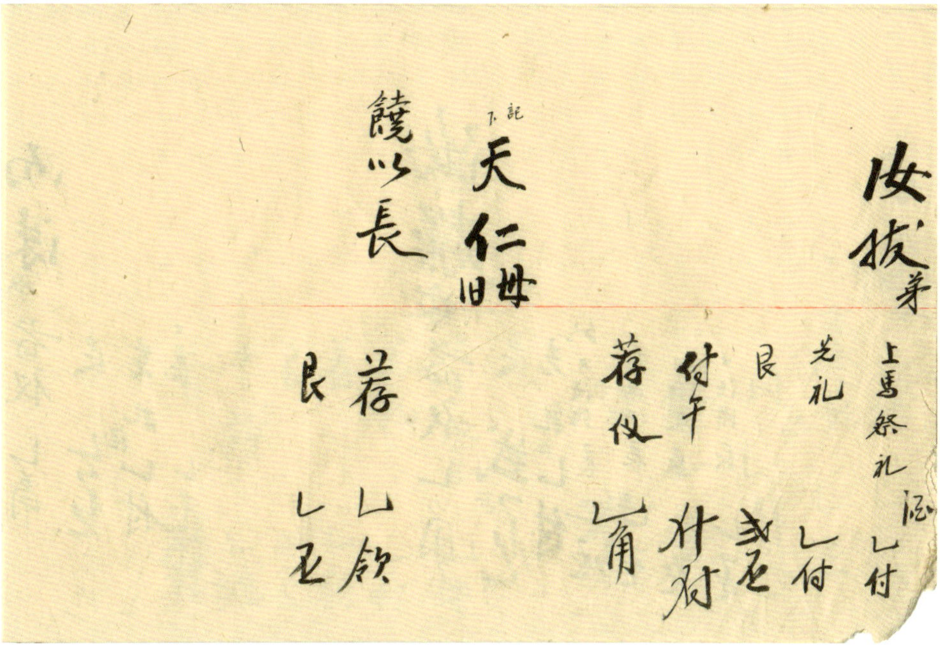
汝拔弟
上馬祭礼洋 乚付
光礼 乚付
艮 弍百
付午 廾材
荐仪 乚角
下記
天仁母 旧
饒以長
荐 乚欽
艮 乚玉

8-2-35-5　民國九年黄汝瓊等立黄而蘭棄世人情簿（五）

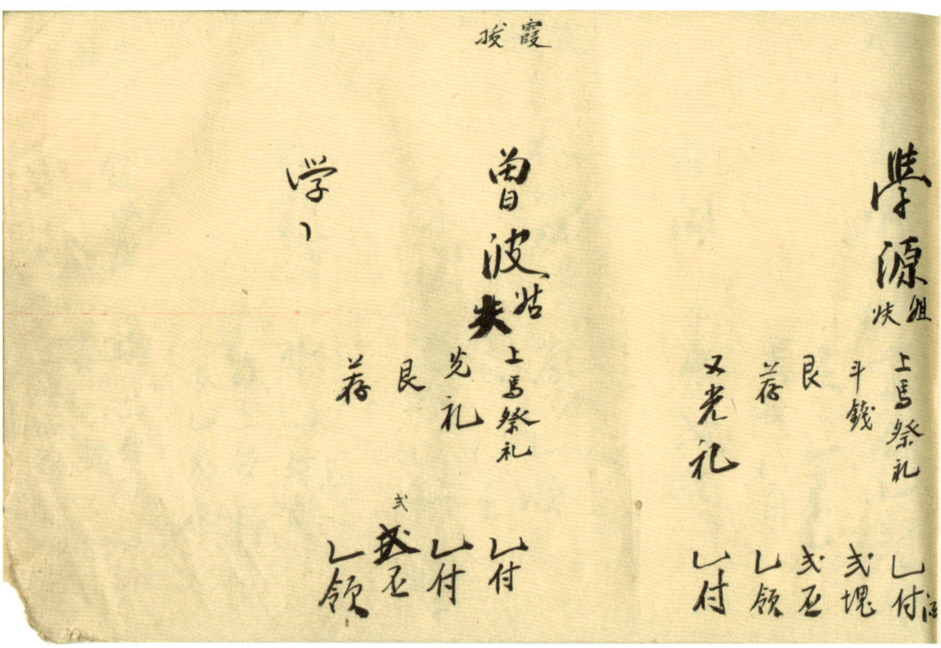

8-2-35-6　民國九年黃汝瓊等立黃而蘭棄世人情簿（六）

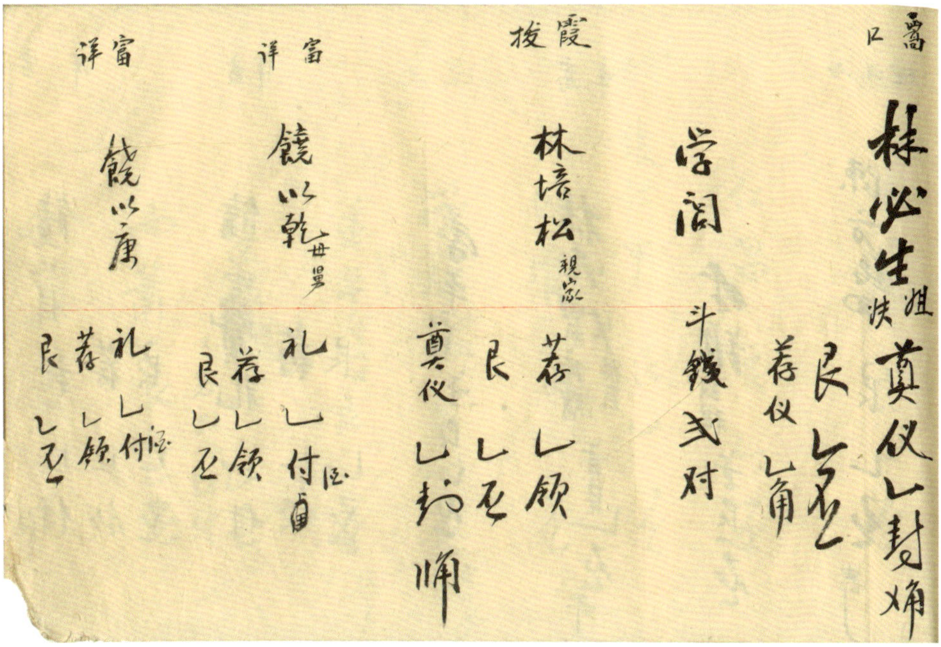

霞口 林必生 姐夫 奠仪乚封

良乚毛

荐仪乚角

学閣 斗钱弍对

霞拔 林培松 親家 荐乚领

良乚毛

奠仪乚封

富详 饒以乾 母舅 礼乚付

荐乚领

良乚毛

富详 饒以庚 礼乚付

荐乚领

良乚毛

8-2-35-7　民國九年黄汝瓊等立黄而蘭棄世人情簿（七）

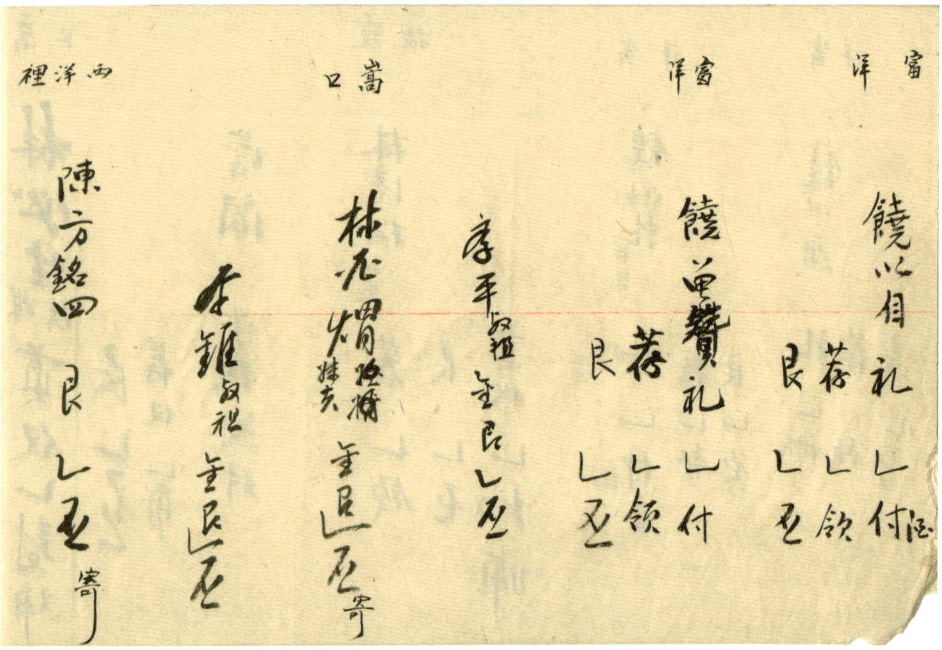

富洋 饒以自 礼〻付
苕〻領
艮〻正
富洋 饒單贊 礼〻付
苕〻領
艮〻正
李平叔祖 全艮〻正
富口 林水燗 姪婿 妹夫 全艮〻正 寄
李雄叔祖 全艮〻正
西洋裡 陳方銘 四 艮〻正 寄

8-2-35-8　民國九年黄汝瓊等立黄而蘭棄世人情簿（八）

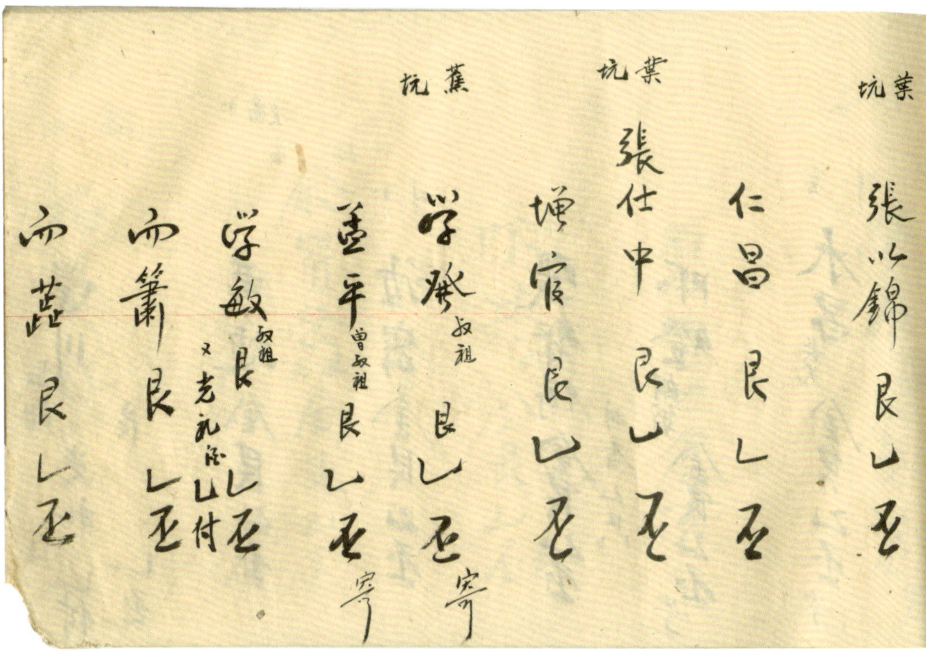

8-2-35-9　民國九年黄汝瓊等立黄而蘭棄世人情簿（九）

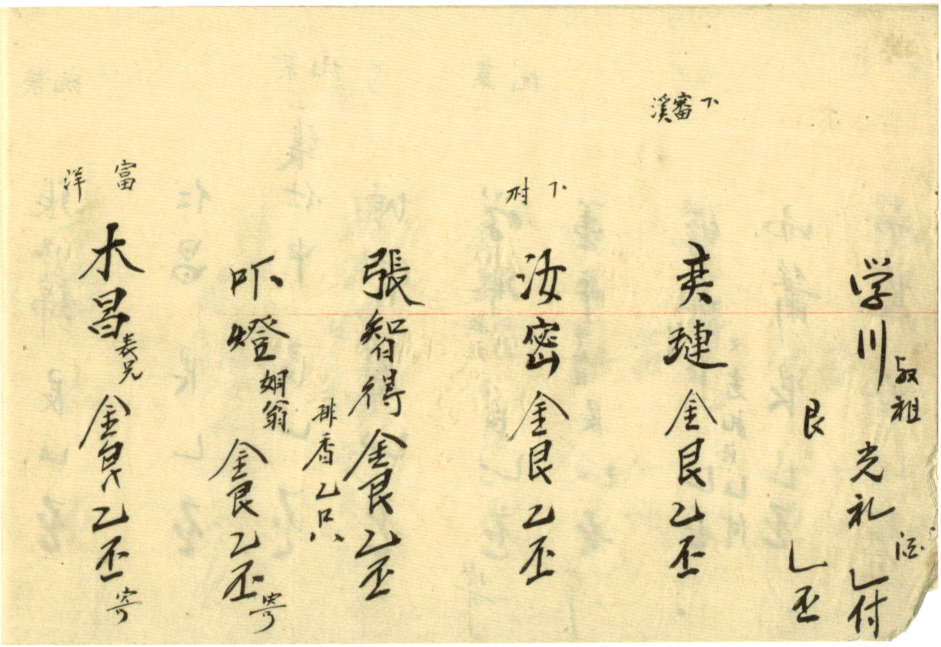
学川叔祖
光禮洋付
良乙丞
下審溪
夷建金良乙丞
下村
汝密金良乙丞
張智得金良乙丞
排香山只
吓燈姻翁金良乙丞寄
富洋
木昌表兄金良乙丞寄

8-2-35-10　民國九年黄汝瓊等立黄而蘭棄世人情簿（一〇）

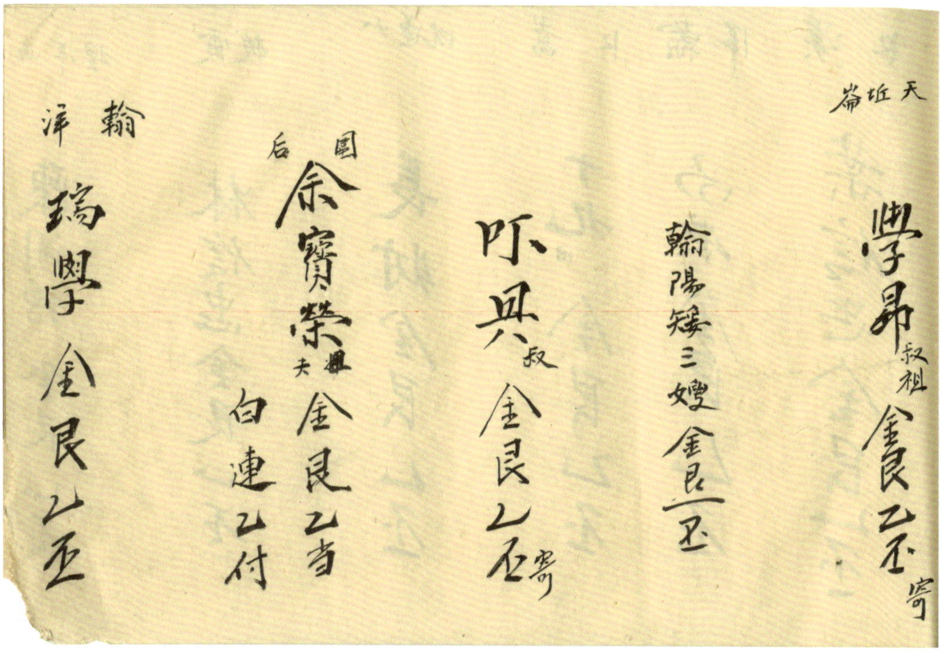
天坵崙
學昂叔祖 金艮乙元寄
輸陽姆三嫂 金艮一元
吓興叔 金艮乙元寄
國后 余寶榮姐夫 金艮乙角
白連乙付
輸洋 瑞學 金艮乙元

8-2-35-11　民國九年黄汝瓊等立黄而蘭棄世人情簿（一一）

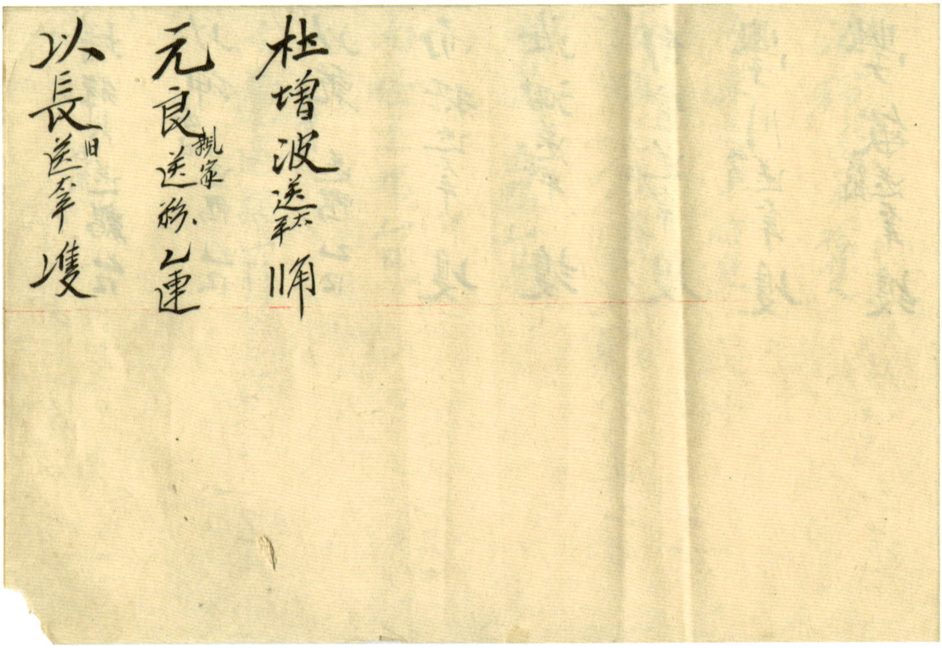
杜增波送太平〢角

元良送粉、挑家〡連

以長送太平旧〡㬅

8-2-35-12　民國九年黄汝瓊等立黄而蘭棄世人情簿（一二）

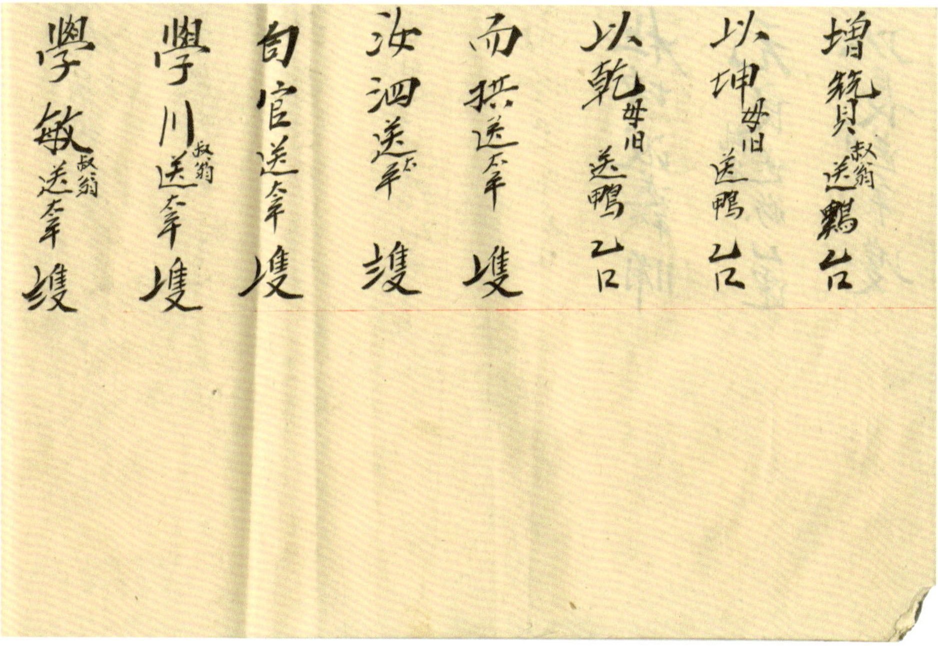
增貌貝叔翁送鵝一只
以坤母舅送鴨一只
以乾母舅送鴨一只
而拱送大傘一隻
汝泗送大傘一隻
旬官送大傘一隻
學川叔翁送大傘一隻
學敏叔翁送大傘一隻

8-2-35-13　民國九年黄汝瓊等立黄而蘭棄世人情簿（一三）

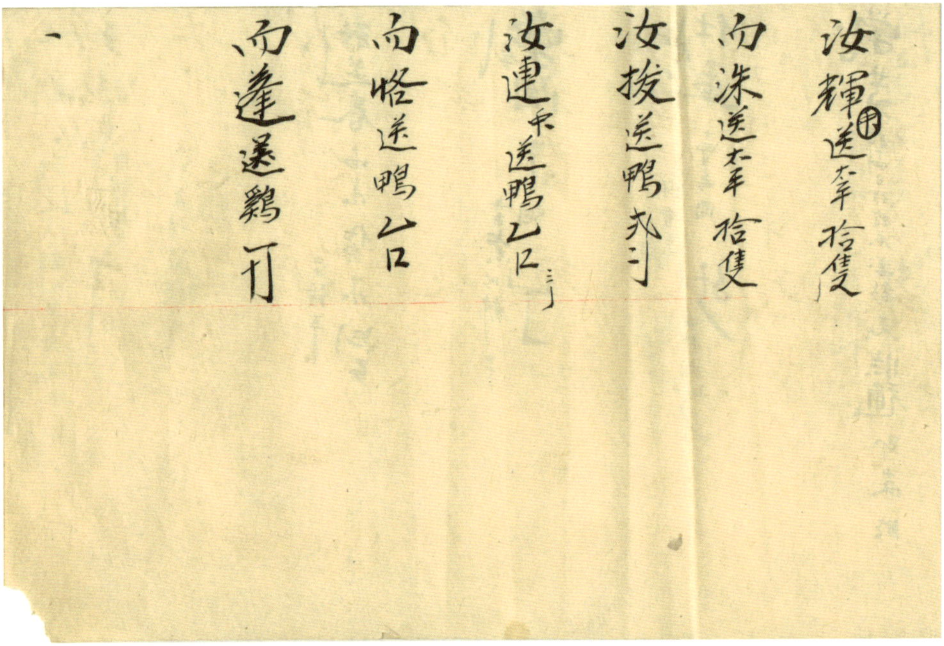
汝輝送大羊拾隻
而洙送大羊拾隻
汝拔送鴨弍只
汝連送鴨乙只
而恪送鴨乙只
而逢送鷄乙只

8-2-35-14　民國九年黄汝瓊等立黄而蘭棄世人情簿（一四）

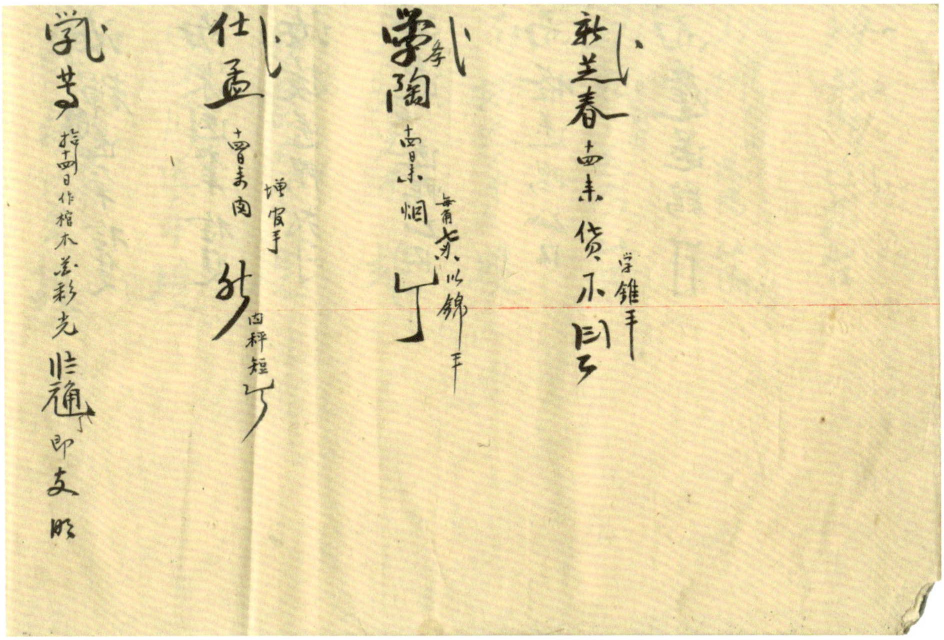

8-2-35-15　民國九年黃汝瓊等立黃而蘭棄世人情簿（一五）

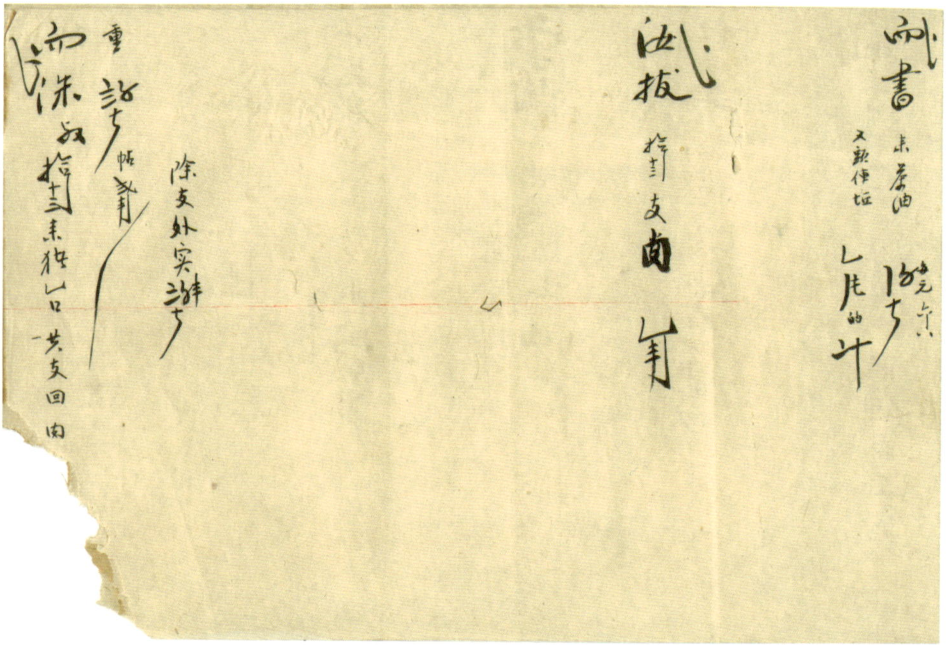

8-2-35-16　民國九年黄汝瓊等立黄而蘭棄世人情簿（一六）

8-2-35-17　民國九年黄汝瓊等立黄而蘭棄世人情簿（一七）

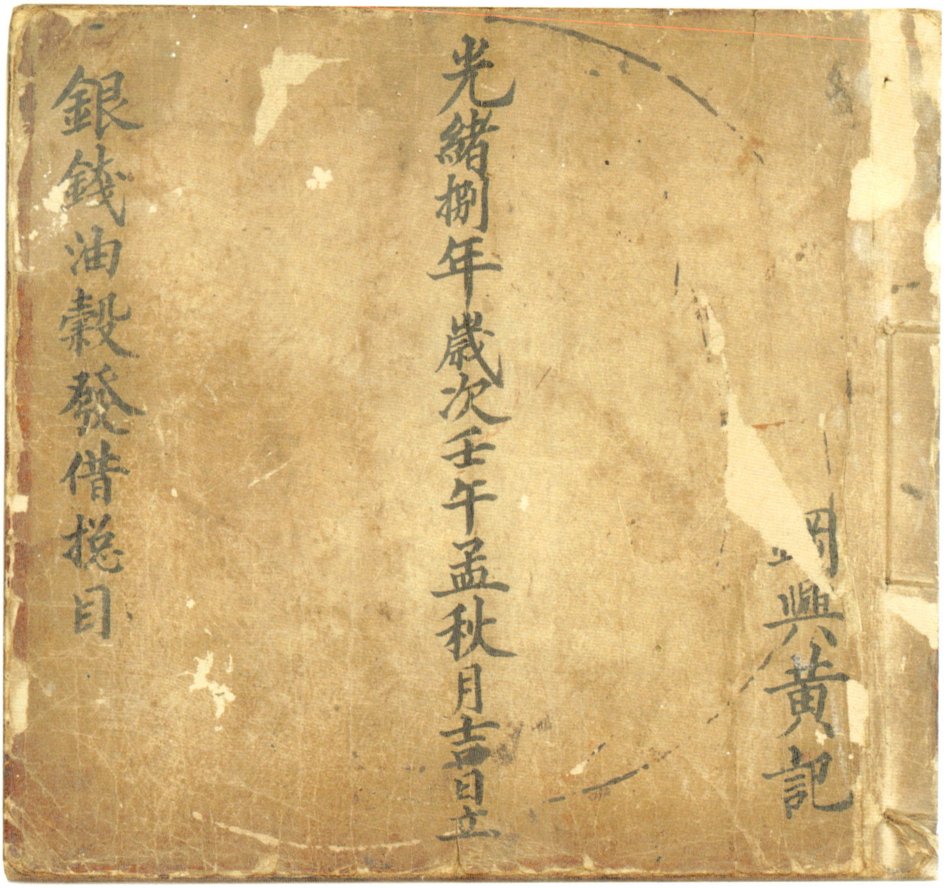

8-2-36-1　清光緒八年鋼興黄記銀錢油穀發借總目（一）

8-2-36-2　清光緒八年鋼興黄記銀錢油穀發借總目（二）

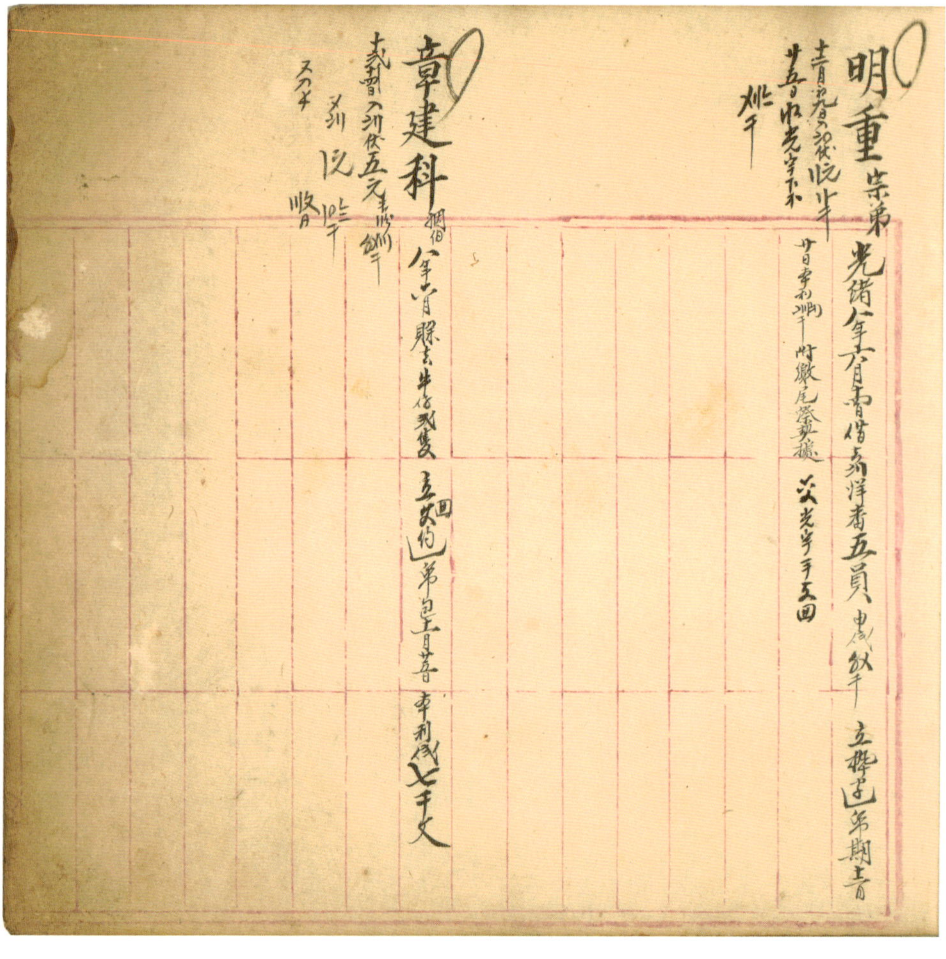

8-2-36-3　清光緒八年鋼興黄記銀錢油穀發借總目（三）

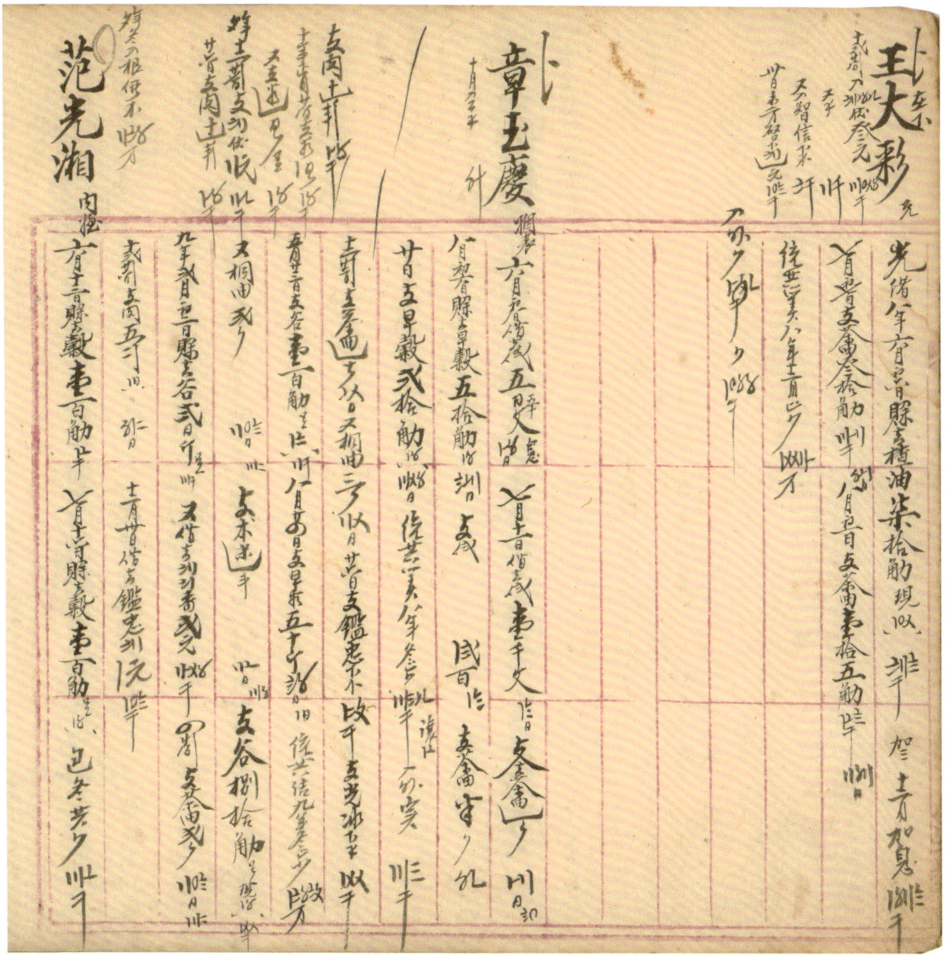

8-2-36-4　清光緒八年鋼興黄記銀錢油穀發借總目（四）

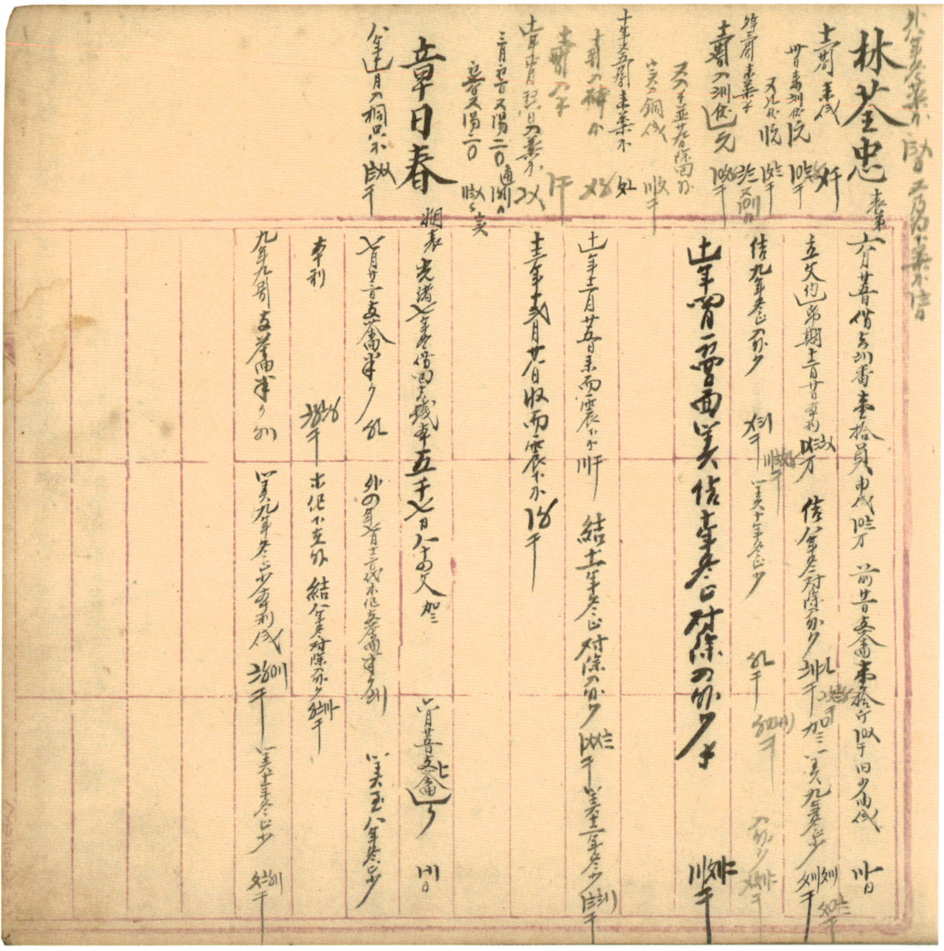

8-2-36-5　清光緒八年鋼興黄記銀錢油穀發借總目（五）

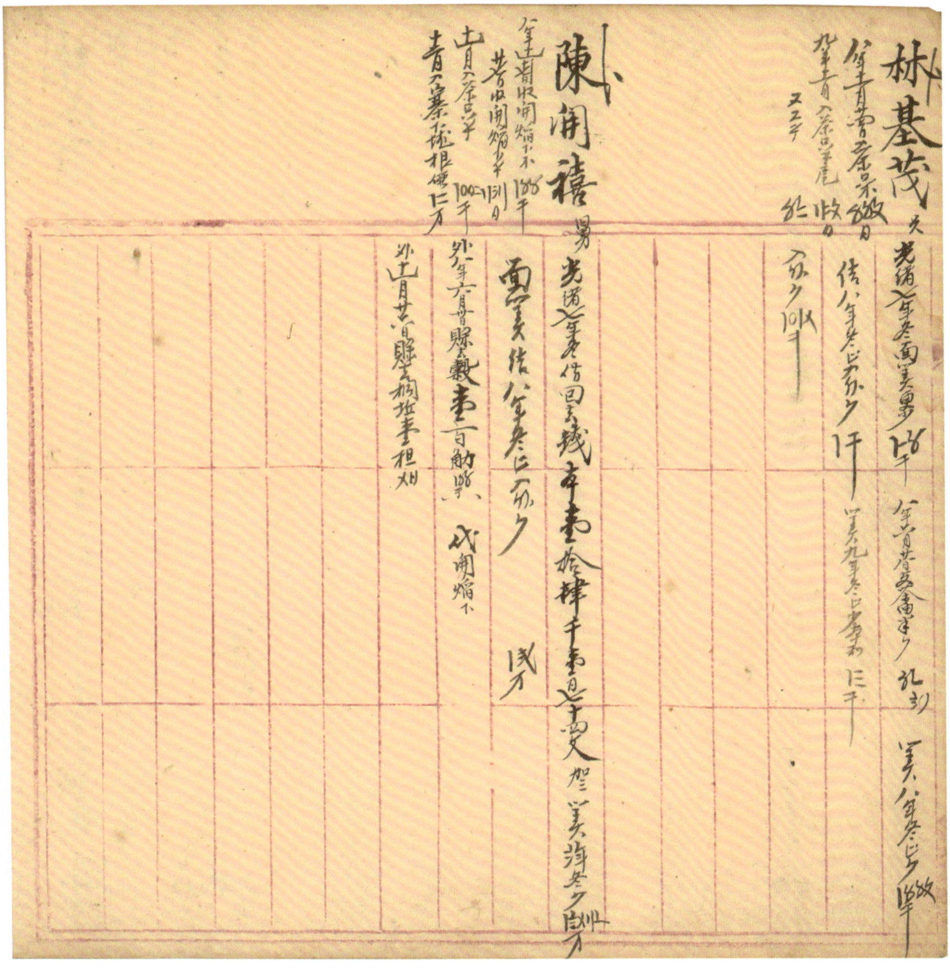

8-2-36-6　清光緒八年鋼興黃記銀錢油穀發借總目（六）

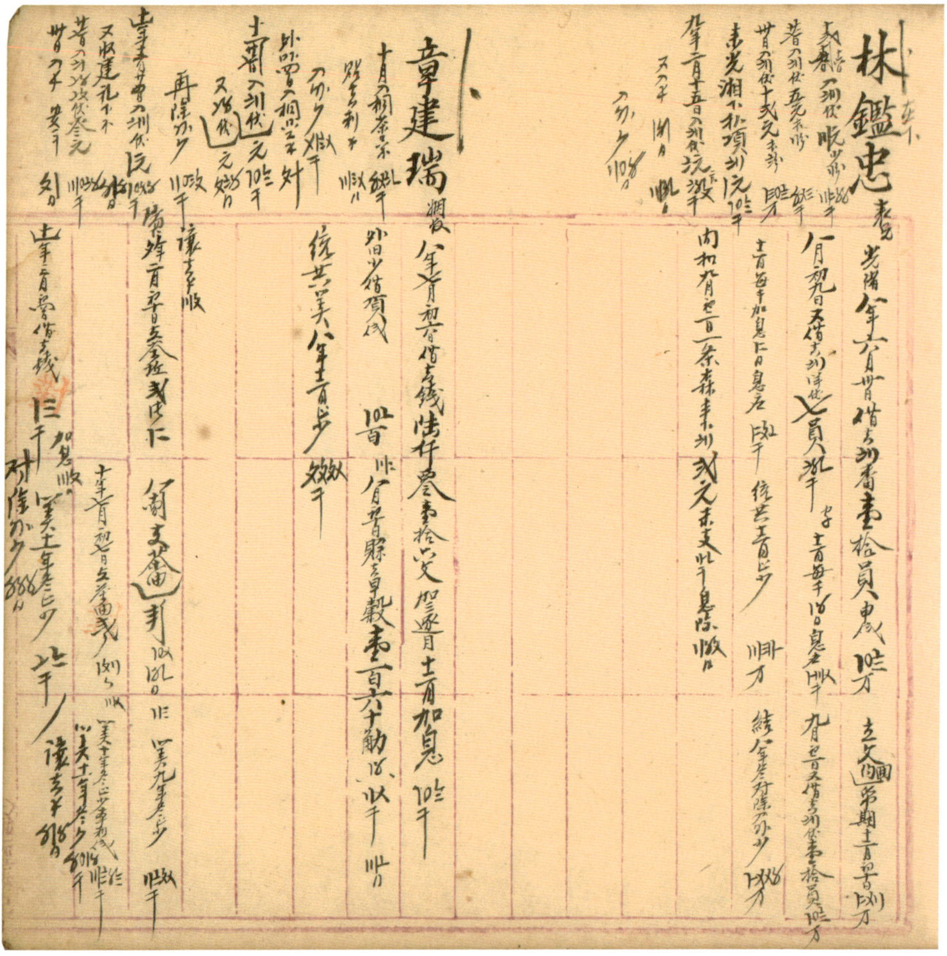

8-2-36-7　清光緒八年鋼興黄記銀錢油穀發借總目（七）

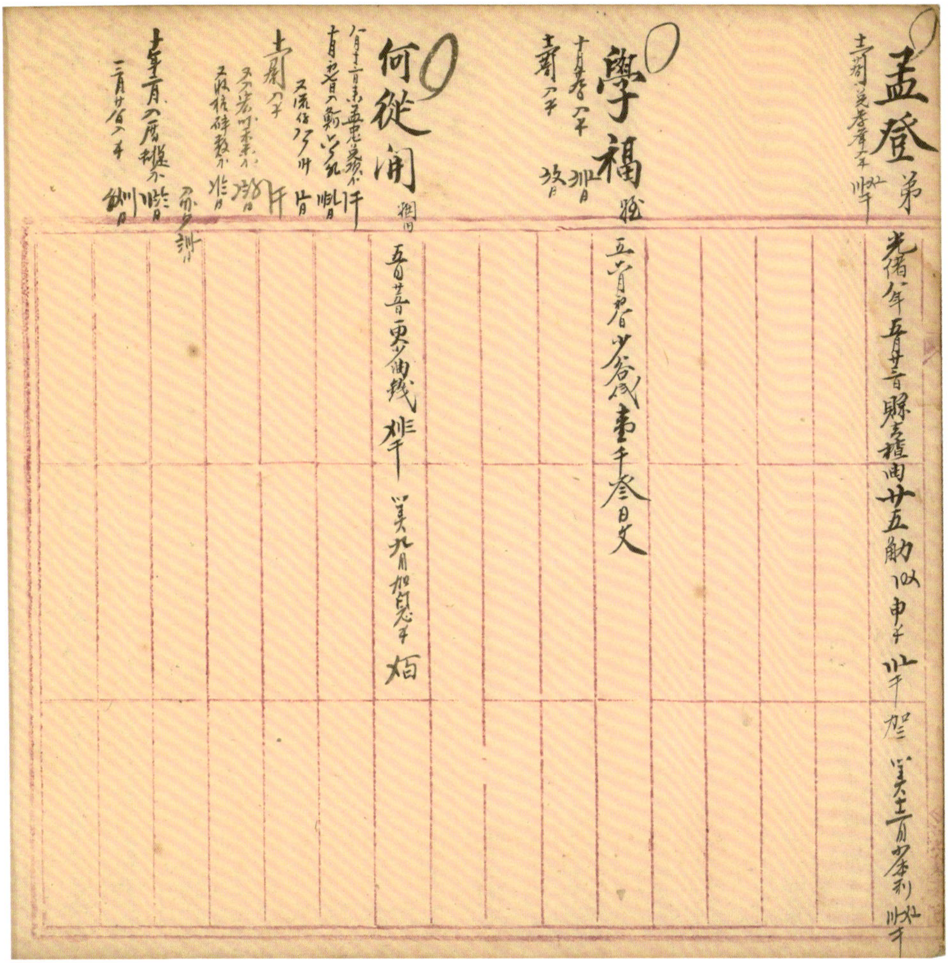

8-2-36-8　清光緒八年鋼興黄記銀錢油穀發借總目（八）

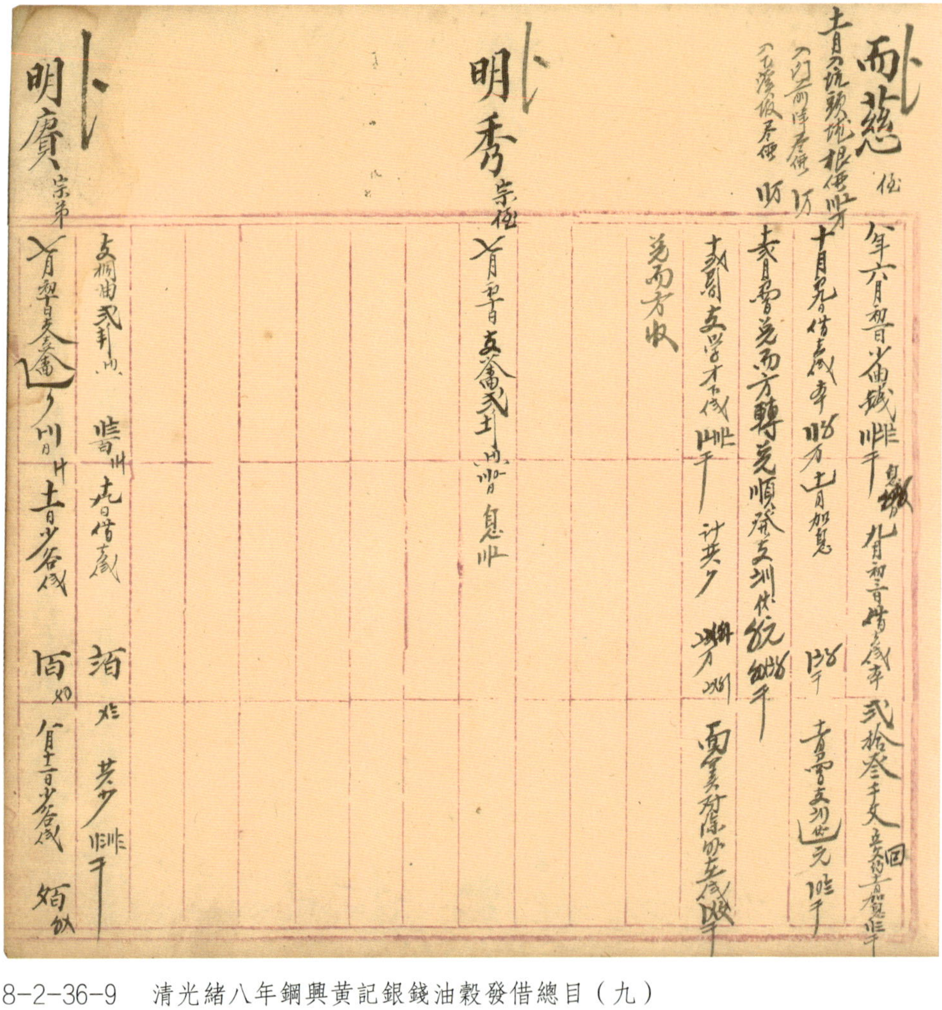
而慈 侄

明秀 宗侄

明廣 宗弟

8-2-36-9　清光緒八年鋼興黄記銀錢油穀發借總目（九）

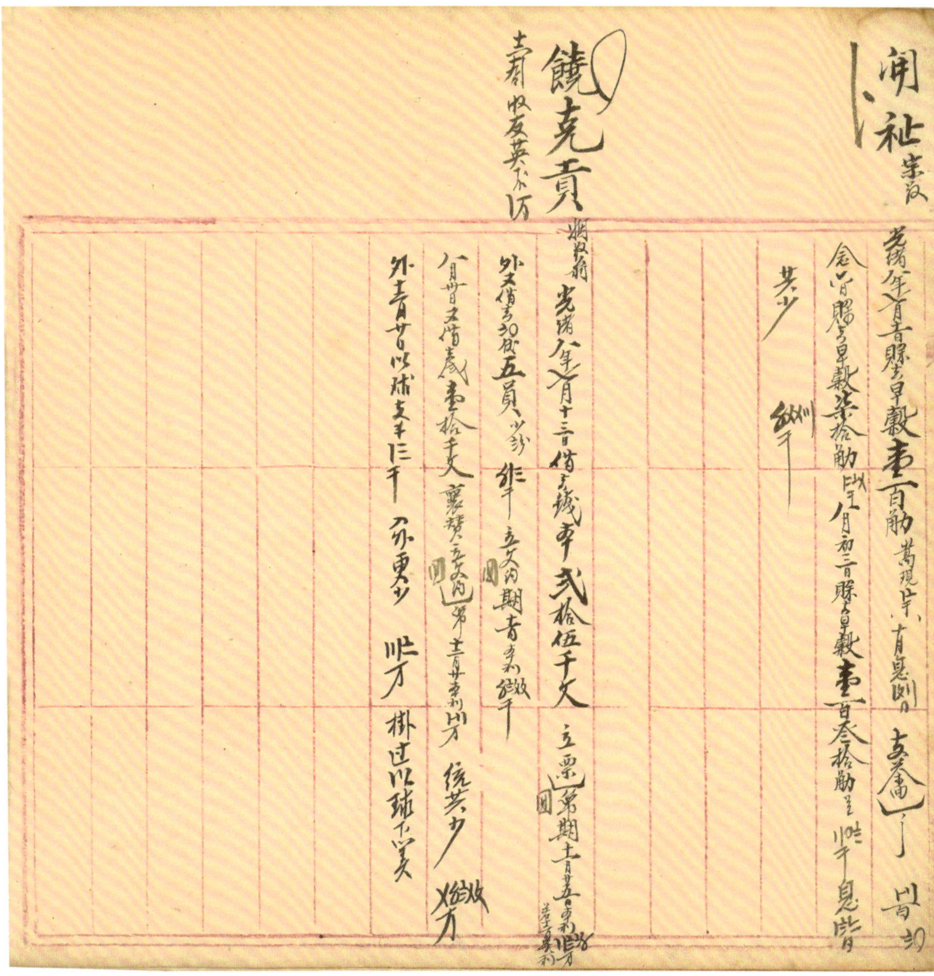

8-2-36-10　清光緒八年鋼興黃記銀錢油穀發借總目（一〇）

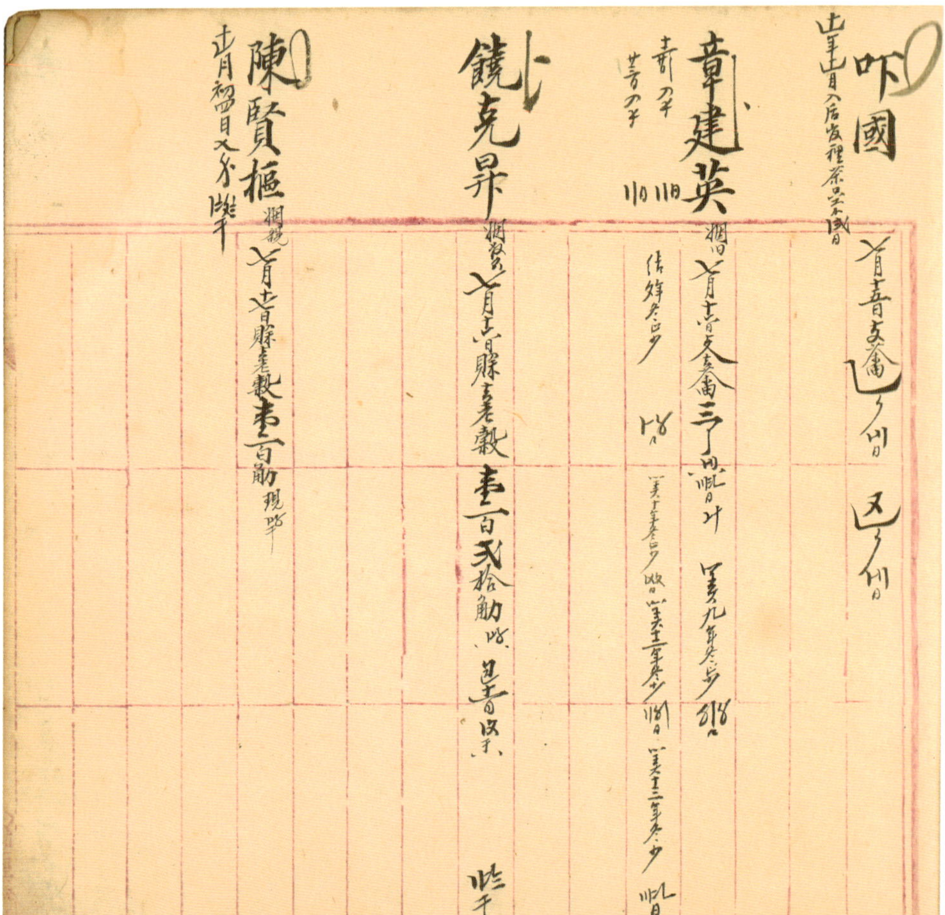

8-2-36-11　清光緒八年鋼興黄記銀錢油穀發借總目（一一）

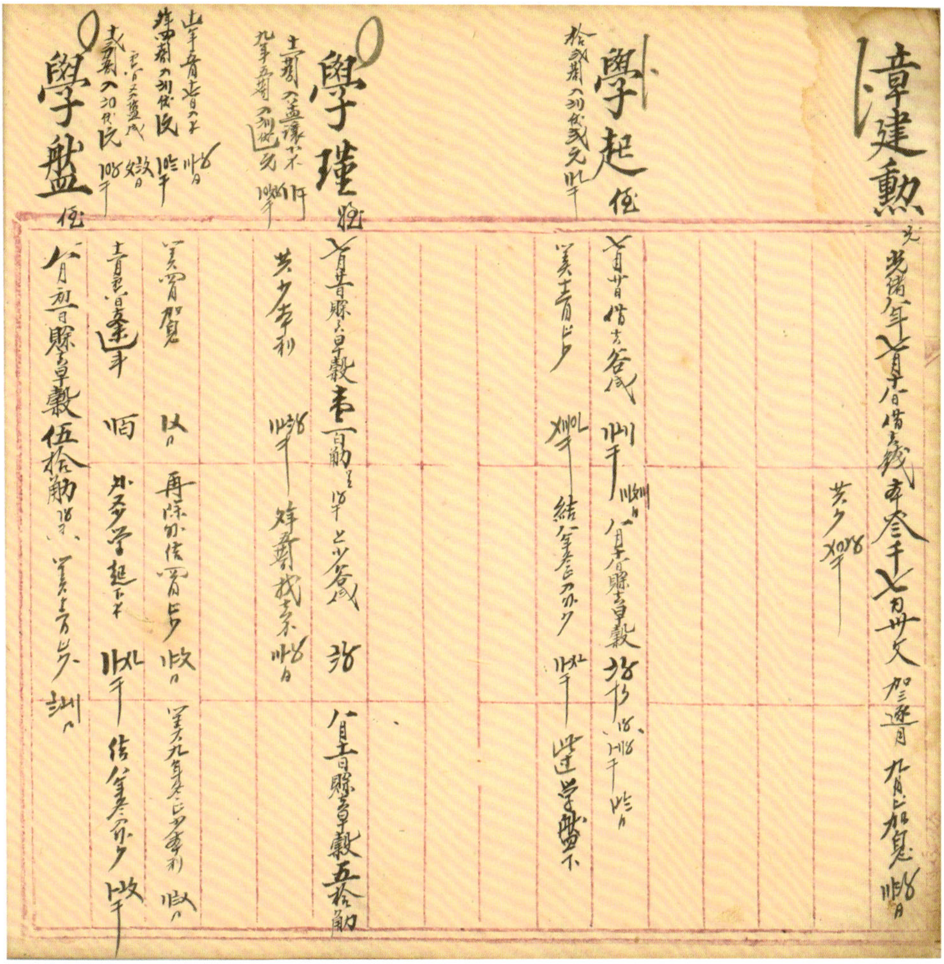

8-2-36-12　清光緒八年鋼興黄記銀錢油穀發借總目（一二）

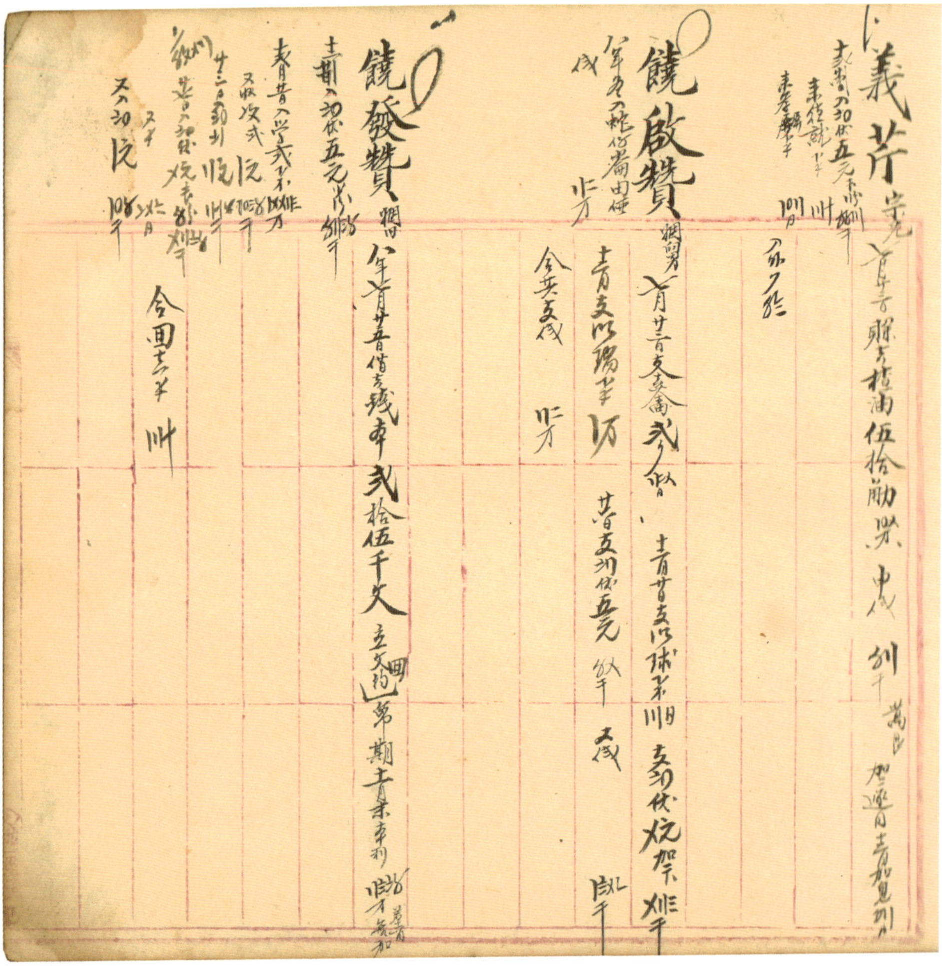

8-2-36-13　清光緒八年鋼興黃記銀錢油穀發借總目（一三）

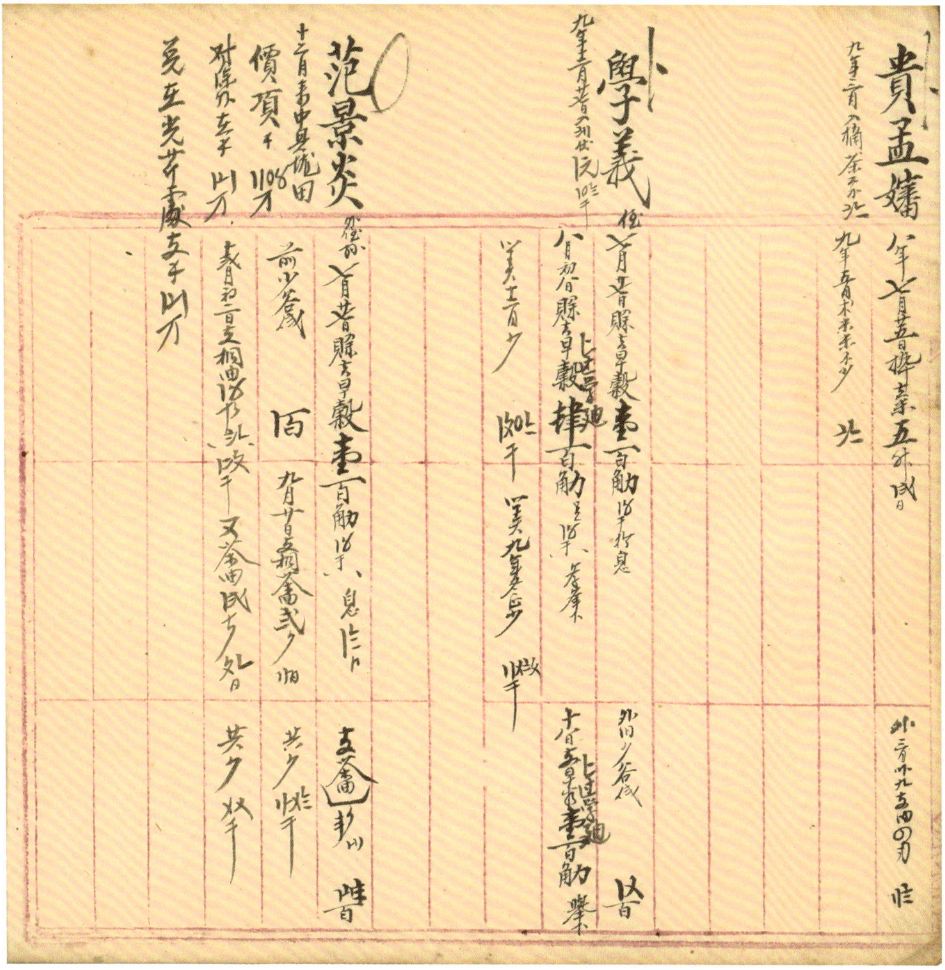

8-2-36-14　清光緒八年鋼興黄記銀錢油穀發借總目（一四）

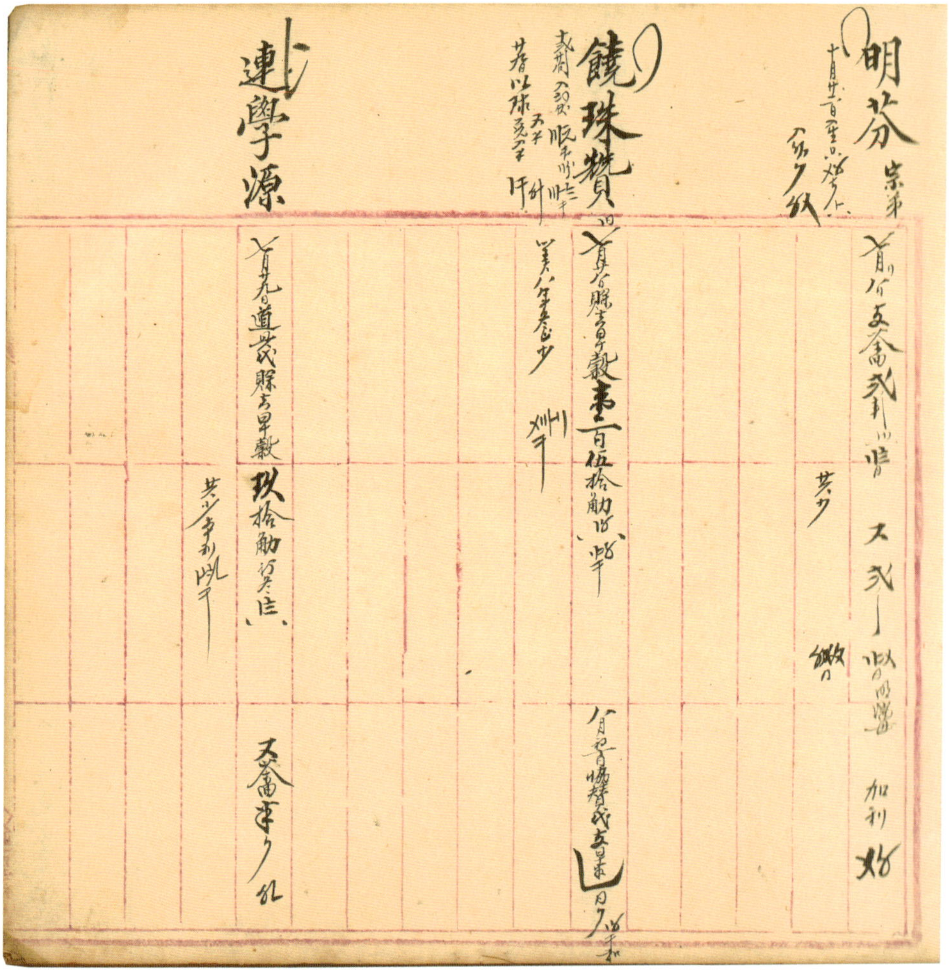

8-2-36-15　清光緒八年鋼興黃記銀錢油穀發借總目（一五）

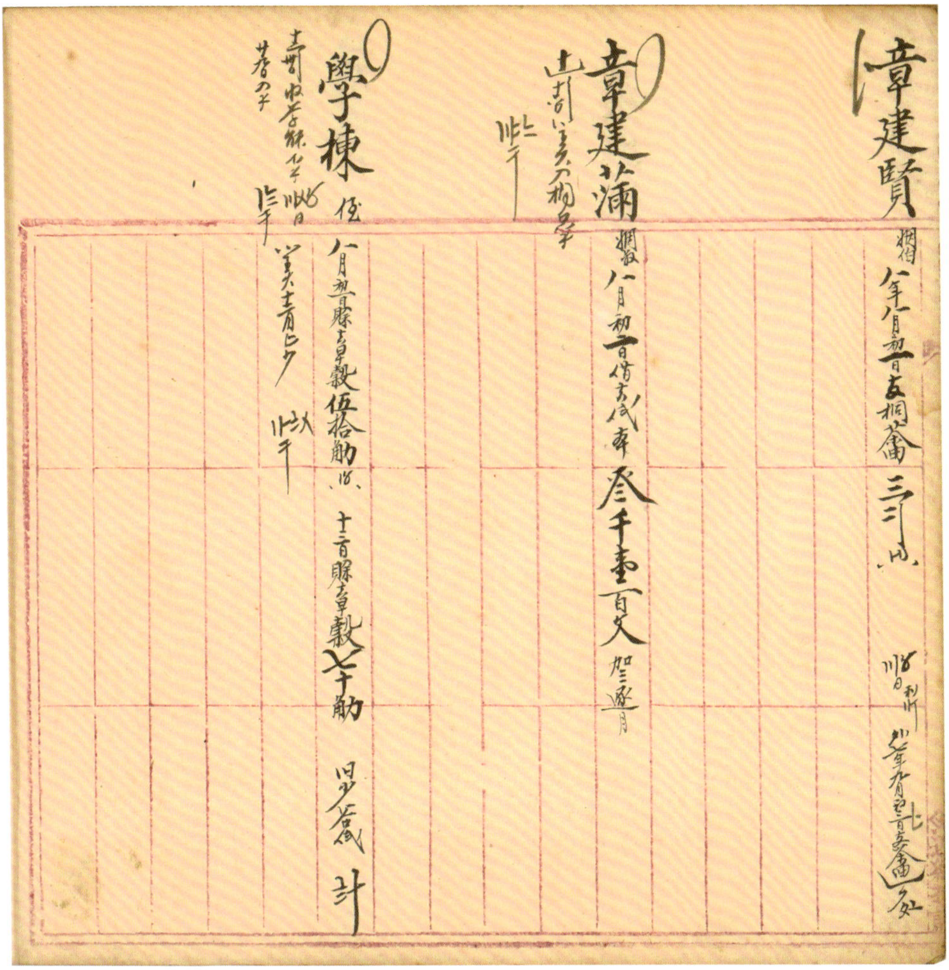

8-2-36-16　清光緒八年鋼興黄記銀錢油穀發借總目（一六）

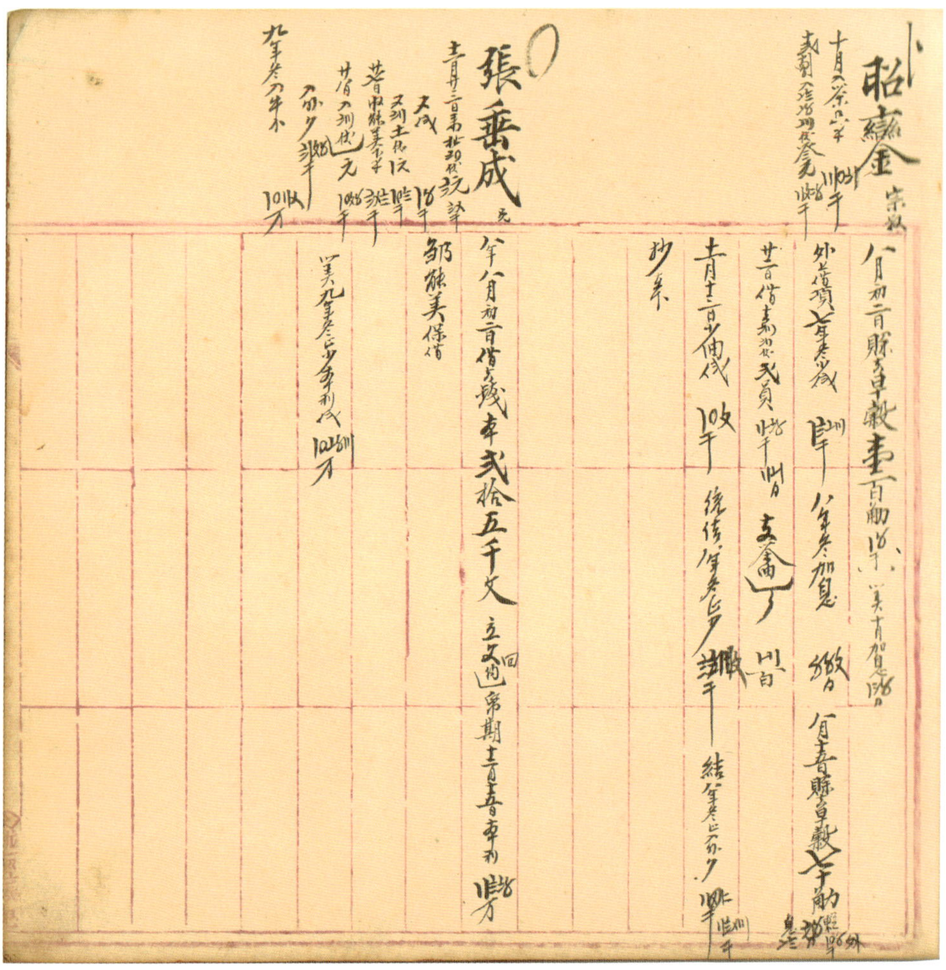

8-2-36-17　清光緒八年鋼興黄記銀錢油穀發借總目（一七）

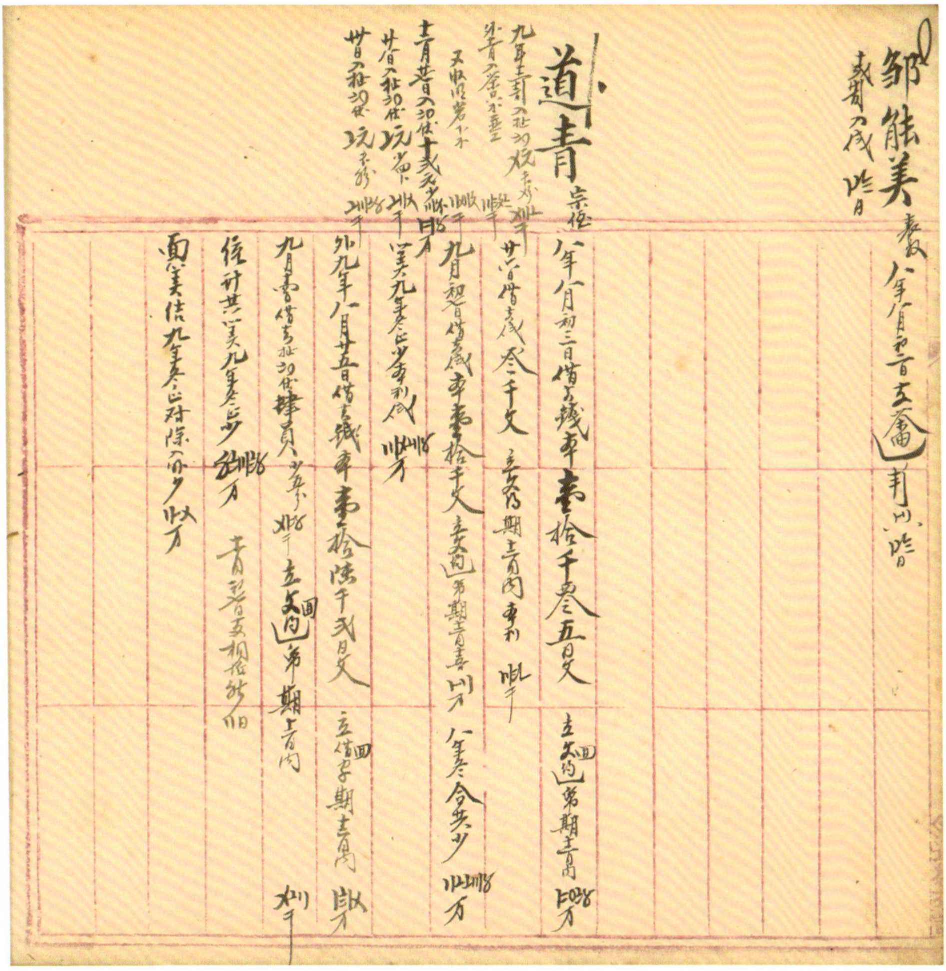

8-2-36-18　清光緒八年鋼興黃記銀錢油穀發借總目（一八）

饒以仲 八月初二日賒大早穀壹百斤 十月加息

饒以奎 八月初三日支番四 十二日賒早穀壹百斤

饒鳳贊 八月初二日支番 加息作

饒品祖 八月初二日支番 加息

8-2-36-19　清光緒八年鋼興黄記銀錢油穀發借總目（一九）

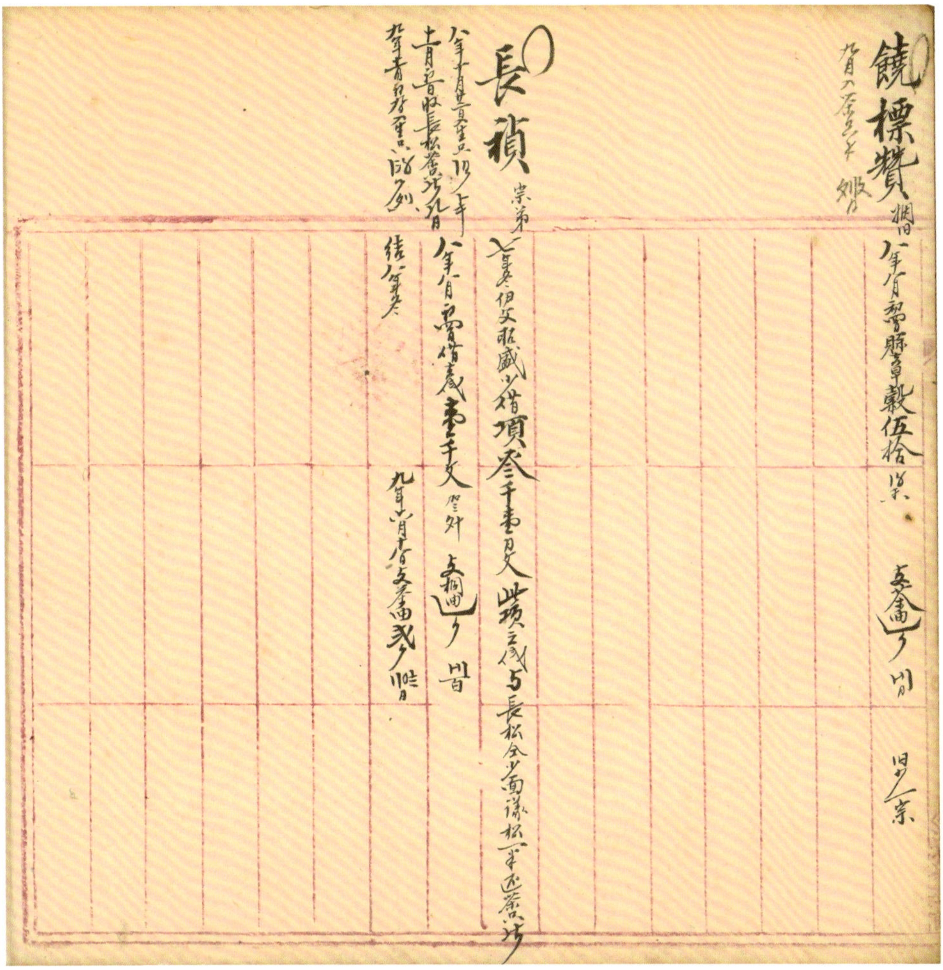
鐃標贊

長積

8-2-36-20　清光緒八年鋼興黃記銀錢油穀發借總目（二〇）

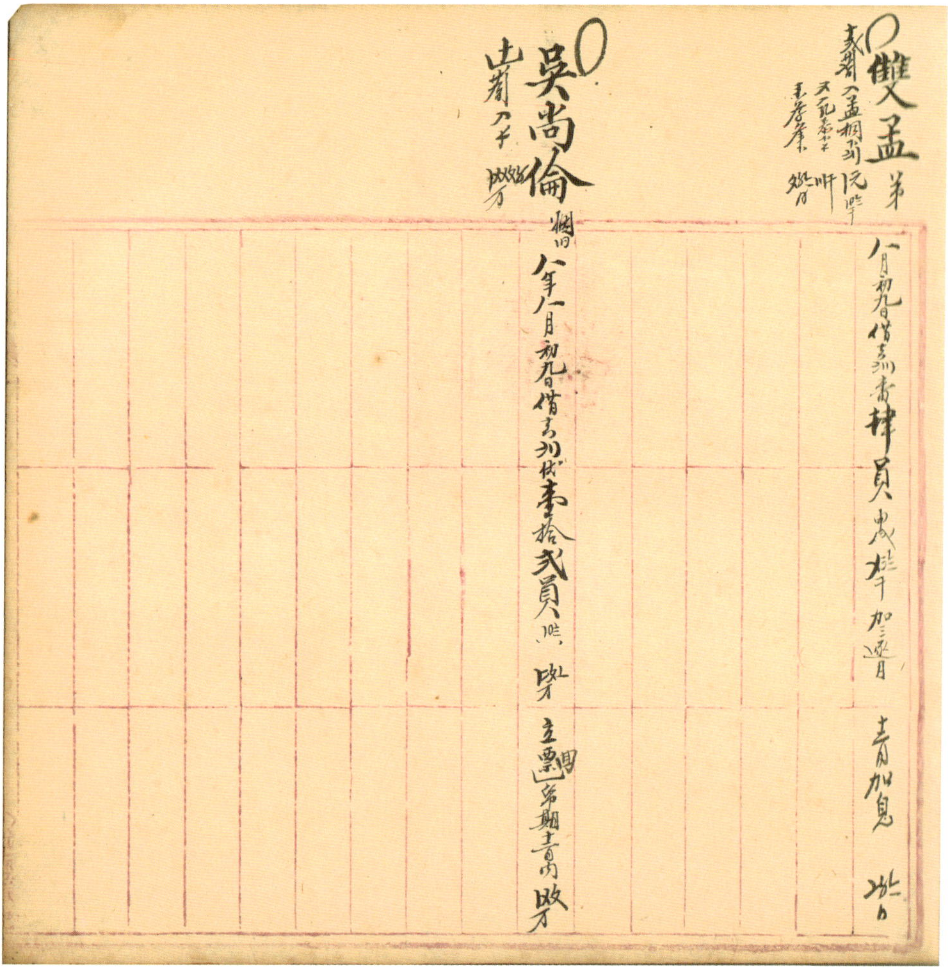

8-2-36-21　清光緒八年鋼興黄記銀錢油穀發借總目（二一）

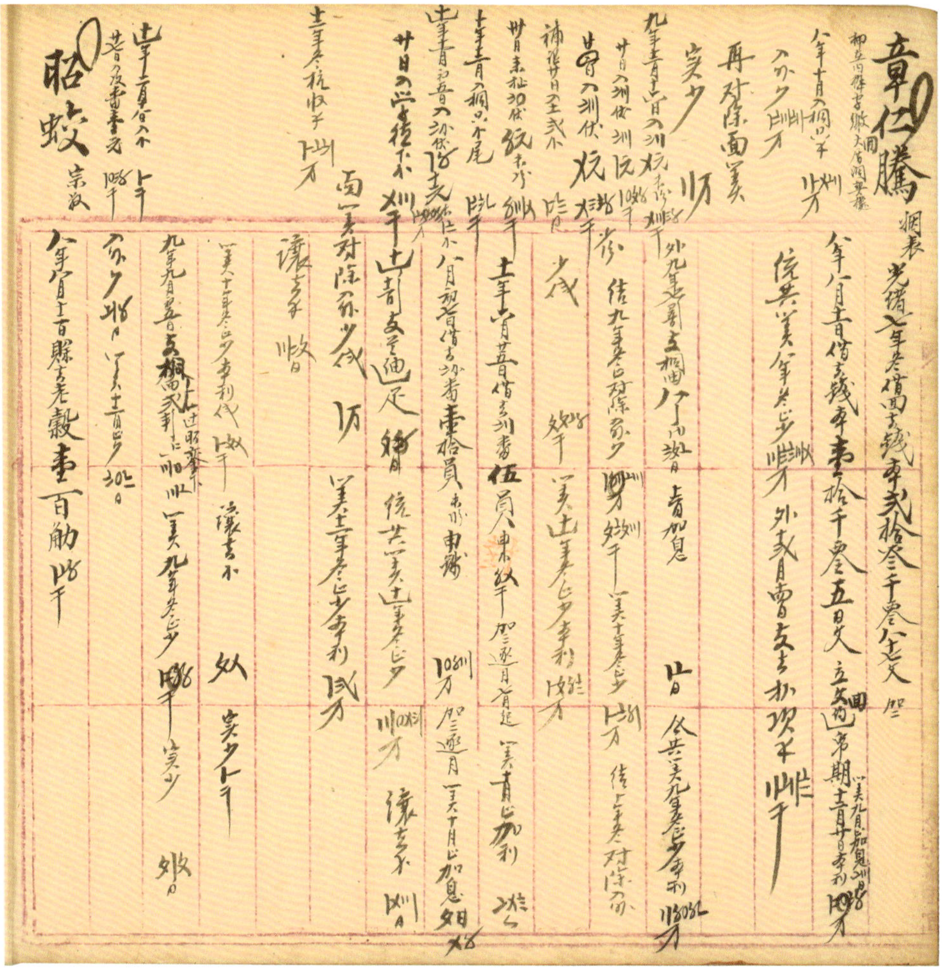

8-2-36-22　清光緒八年鋼興黃記銀錢油穀發借總目（二二）

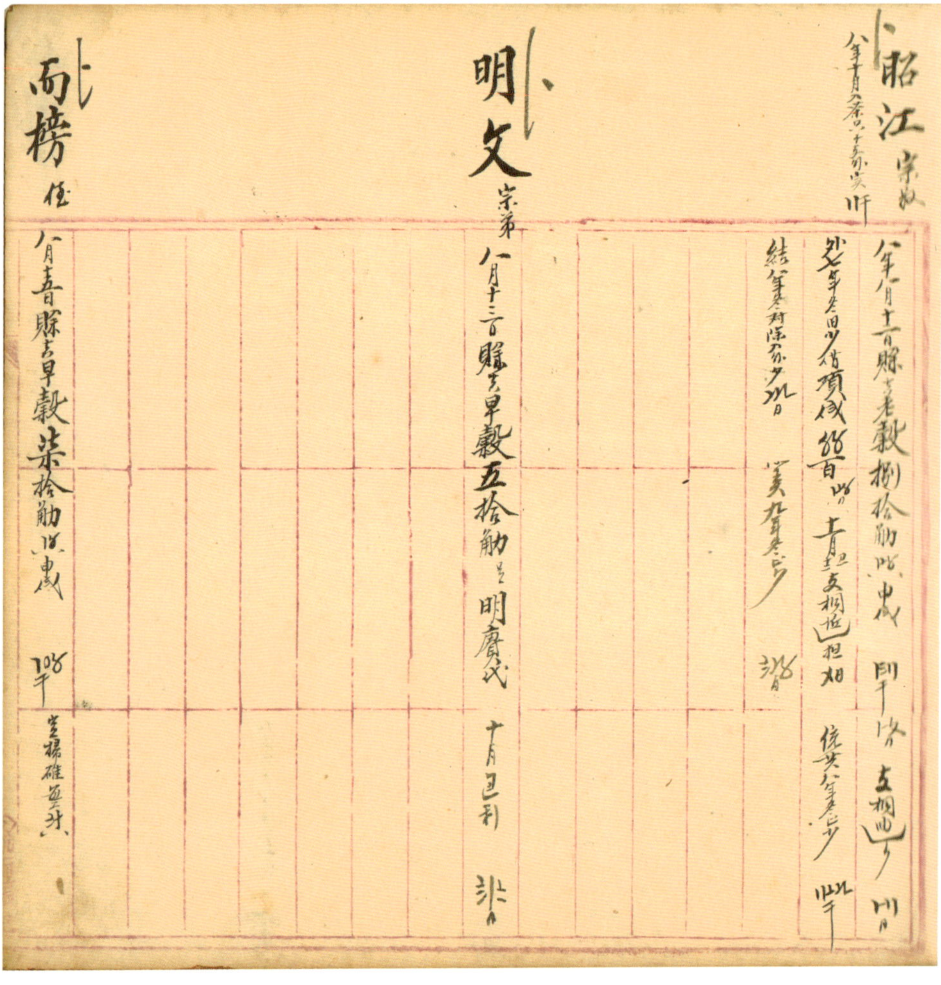

8-2-36-23　清光緒八年鋼興黄記銀錢油穀發借總目（二三）

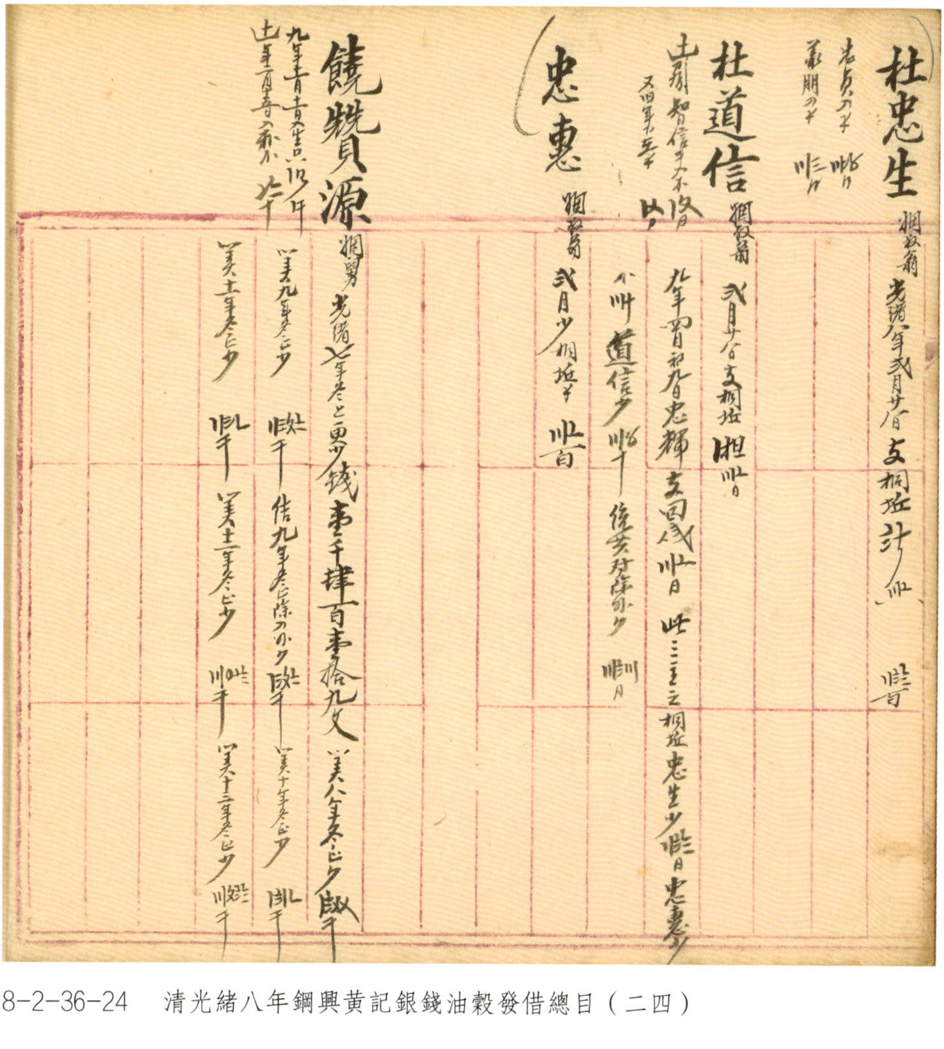

8-2-36-24　清光緒八年鋼興黃記銀錢油穀發借總目（二四）

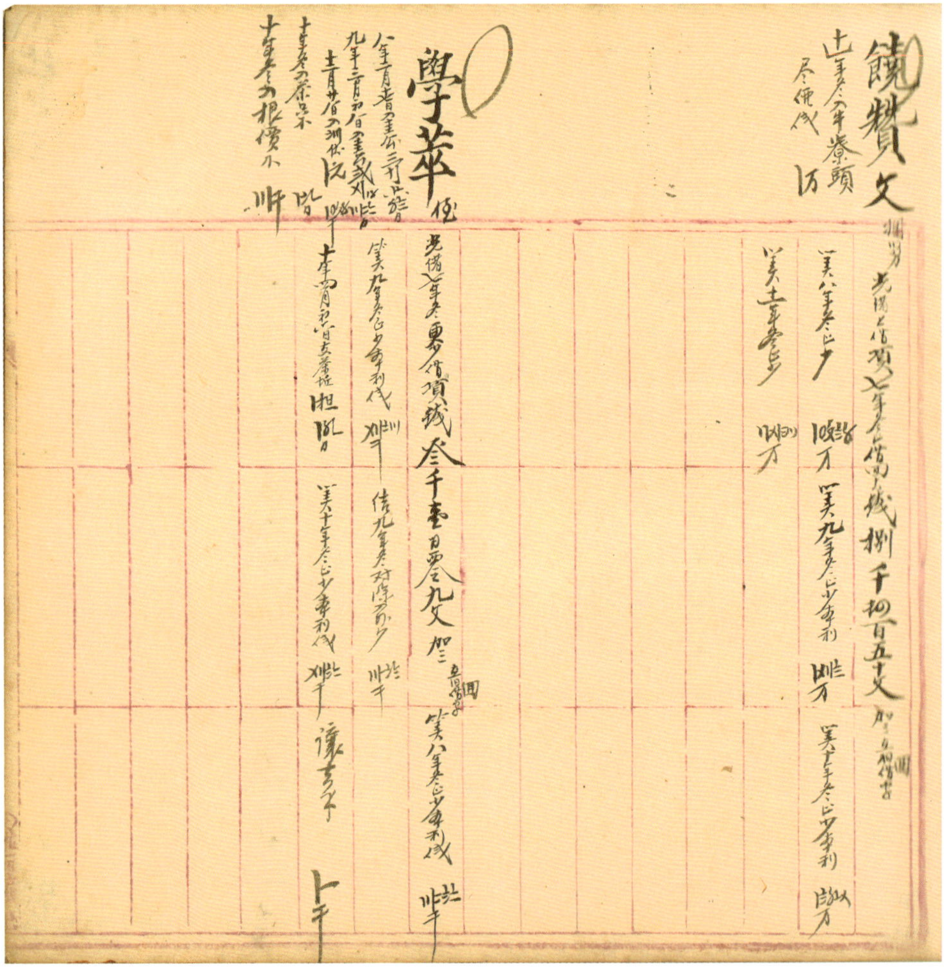

8-2-36-25　清光緒八年鋼興黄記銀錢油穀發借總目（二五）

章建淵 胞叔

光緒七年冬更借項錢貳千〡□卅文 贖票

八年冬十二月 收

九年冬十二月本利 收

十一年冬十二月本利 收

九年冬又付桂樹枕栗科

十一年冬又天造坂厝使

錢 收

更少先讓去

章建茂 胞叔

光緒七年冬更借項錢貳千叁百文 加三

八年冬十二月 收

九年冬十二月本利 收

8-2-36-26　清光緒八年鋼興黄記銀錢油穀發借總目（二六）

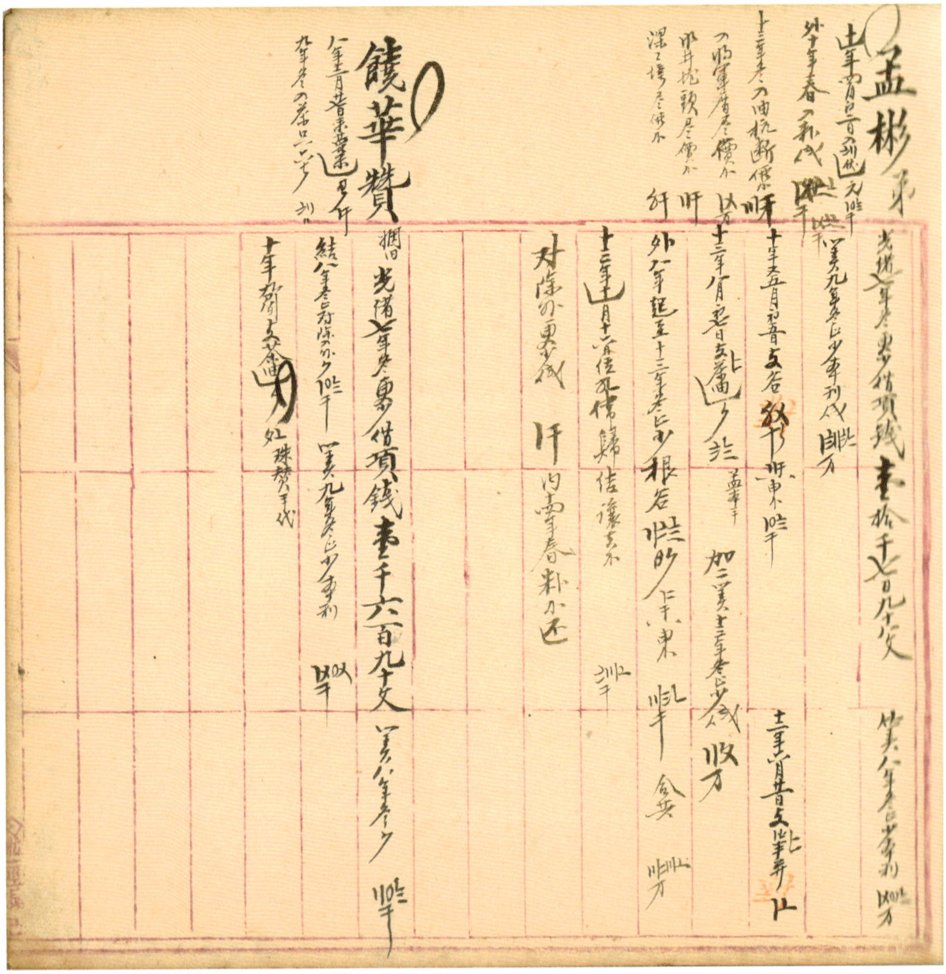

8-2-36-27　清光緒八年鋼興黃記銀錢油穀發借總目（二七）

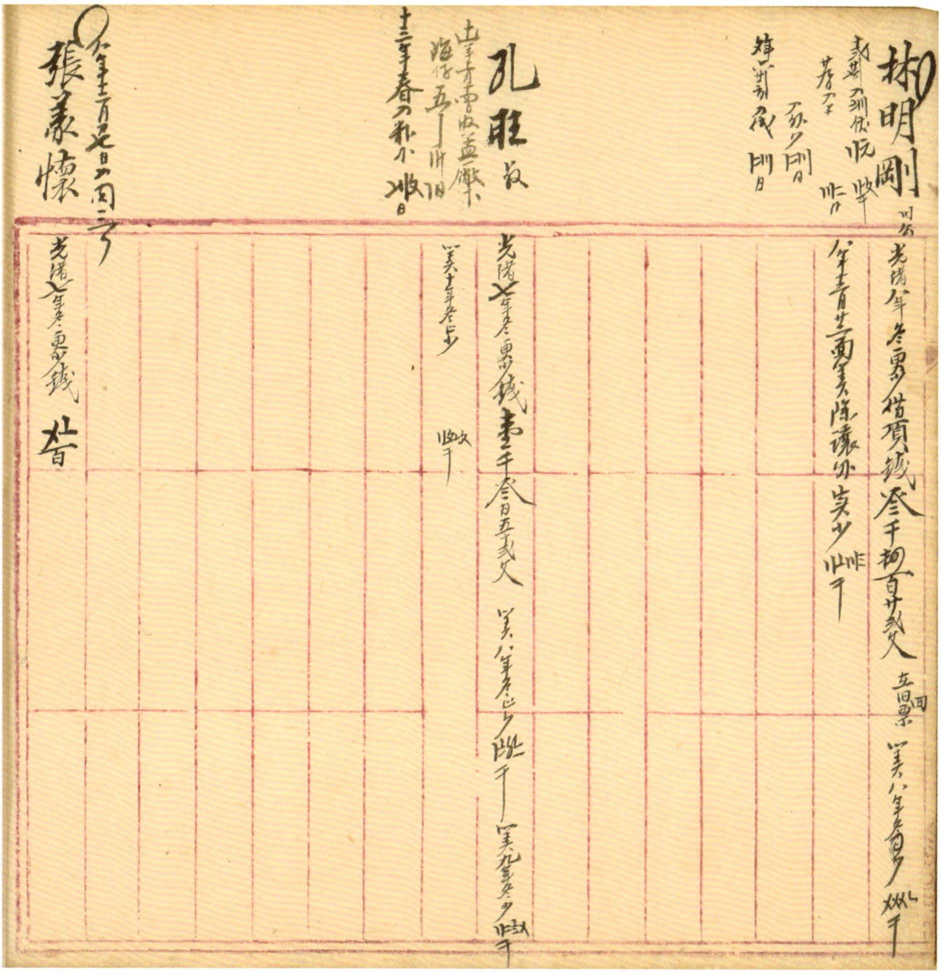
林明剛
光緒八年冬月借貸錢叁千捌百廿弍文
孔莊
光緒八年冬月錢壹千叁百五弍文
張蒹懷
光緒八年冬月錢

8-2-36-28　清光緒八年鋼興黄記銀錢油穀發借總目（二八）

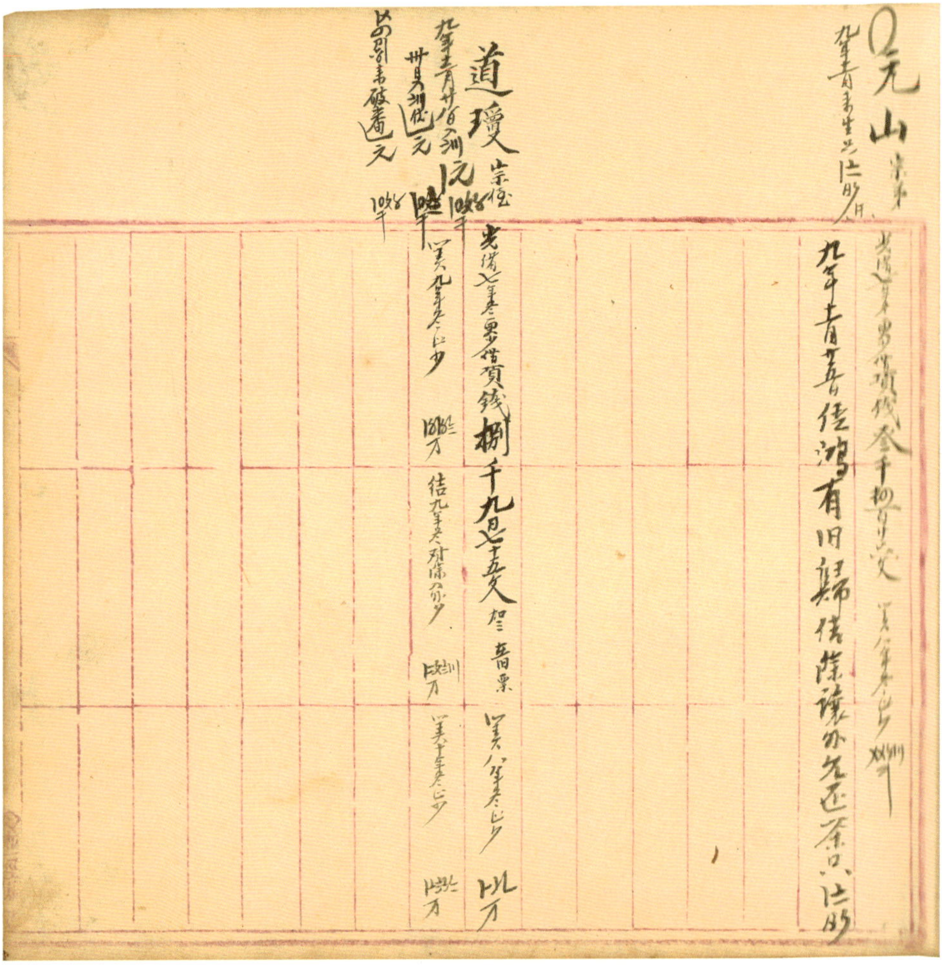

8-2-36-29　清光緒八年鋼興黄記銀錢油穀發借總目（二九）

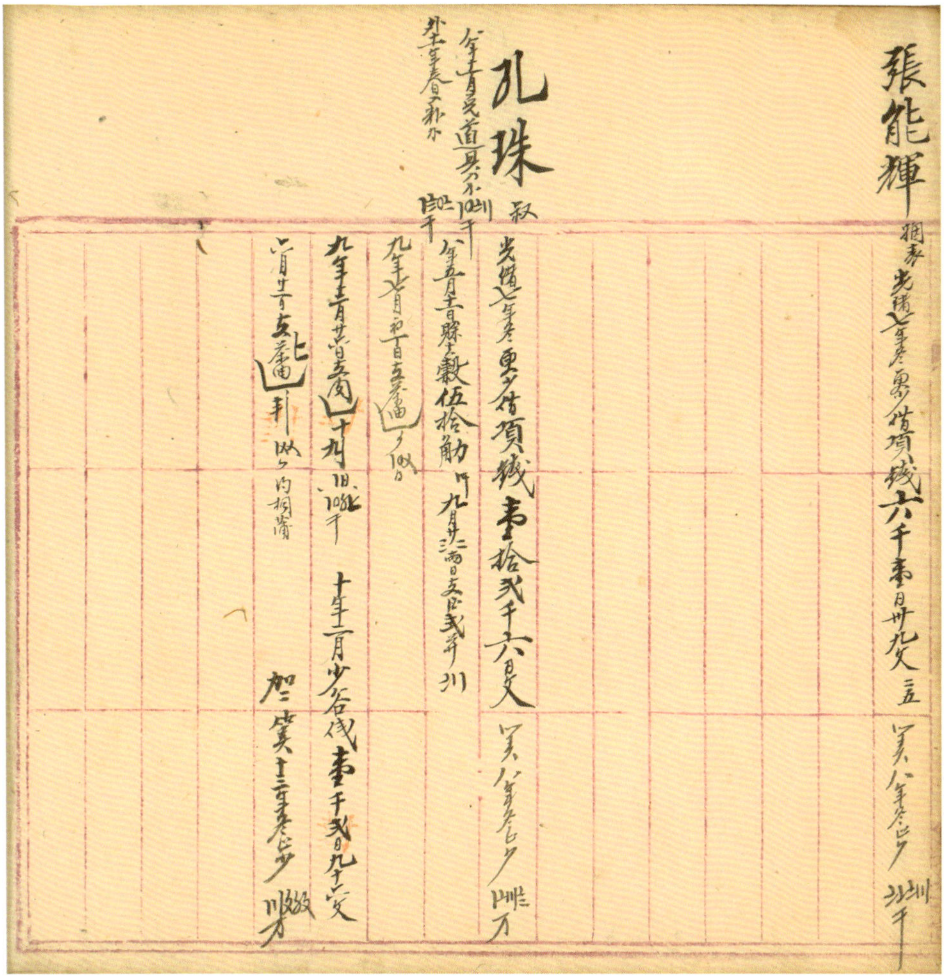

張能輝
捆秀 光緒七年冬[illegible]借項錢六千壹百卅九文 [illegible]
[illegible]八年冬[illegible]

孔珠 叔
光緒七年冬[illegible]借項錢壹拾貳千六百文
[illegible]八年冬[illegible]
八年五月十一日賒去穀伍拾觔 [illegible] 九月廿二日支[illegible]
九年七月初十日支英洋[illegible]
九年十二月廿[illegible]日支英洋[illegible]
十年十一月少谷錢壹千貳百九十六文
[illegible]月廿一日支英洋[illegible] 內捆[illegible]
加實[illegible]

8-2-36-30　清光緒八年鋼興黃記銀錢油穀發借總目（三〇）

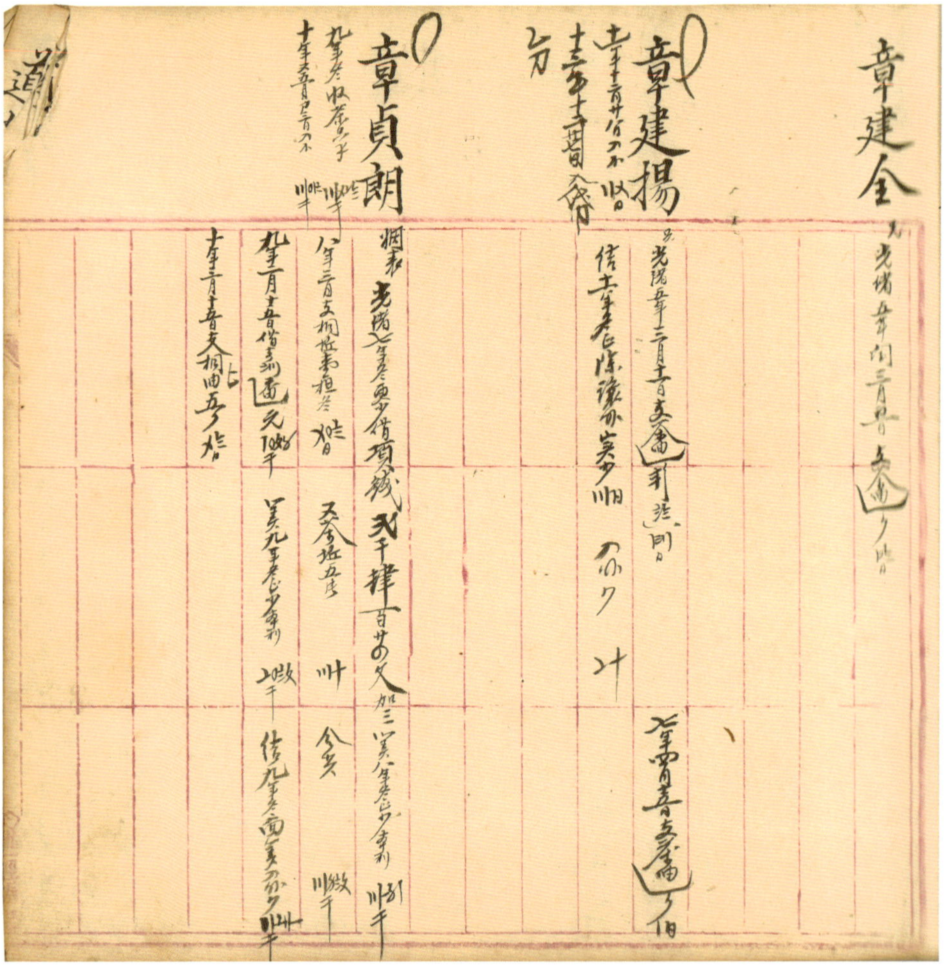
章建全
章建揚
章貞朗

8-2-36-31　清光緒八年鋼興黃記銀錢油穀發借總目（三一）

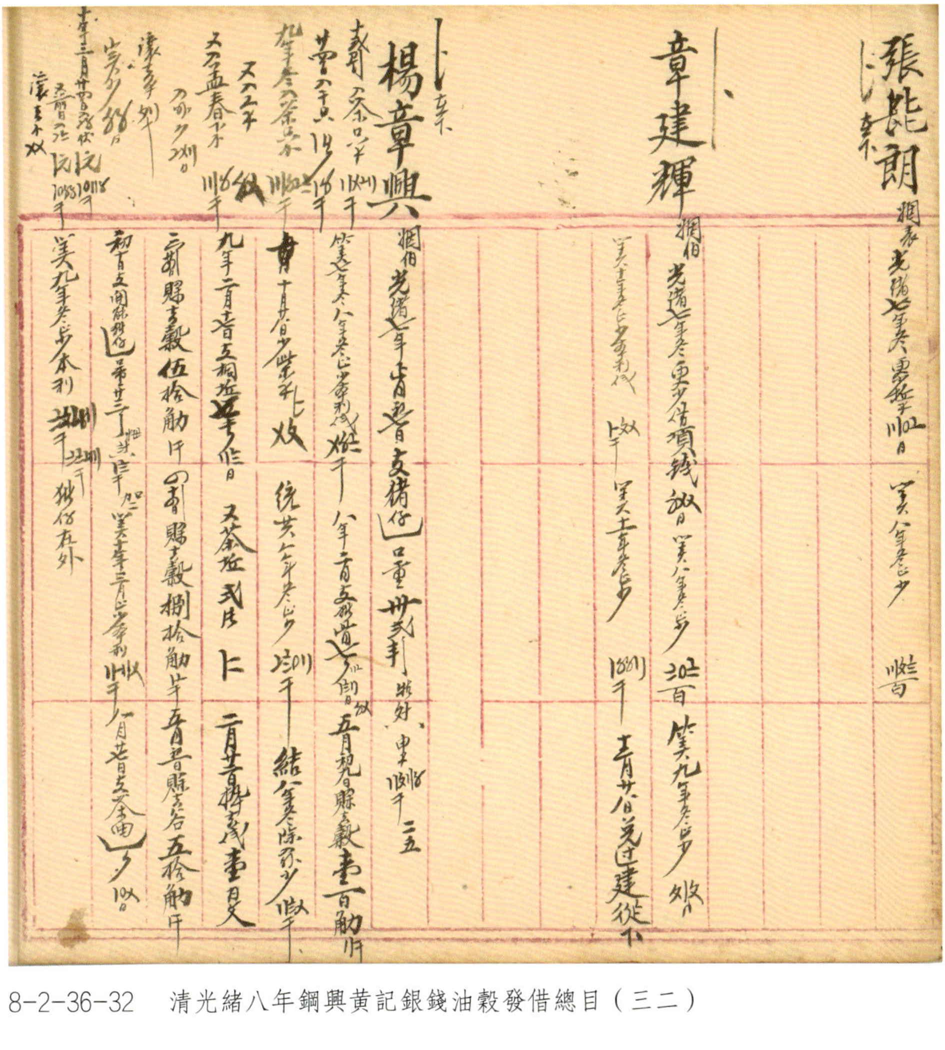

8-2-36-32　清光緒八年鋼興黄記銀錢油穀發借總目（三二）

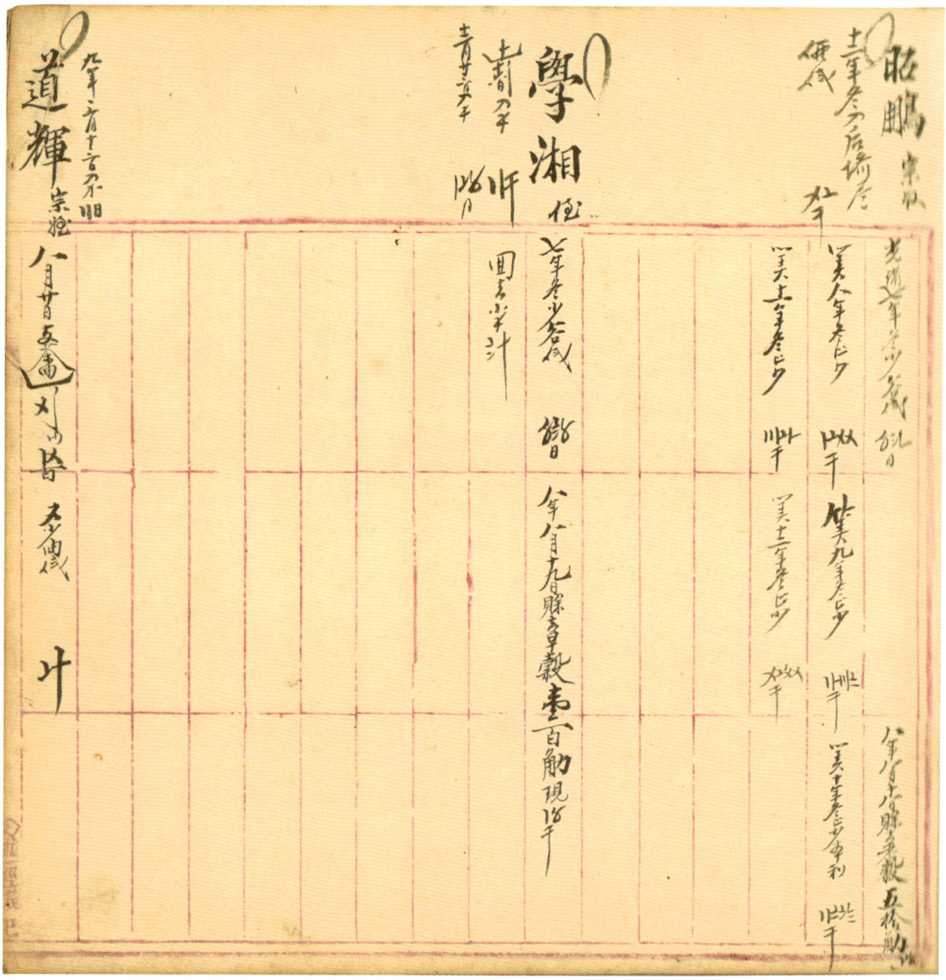

8-2-36-33　清光緒八年鋼興黃記銀錢油穀發借總目（三三）

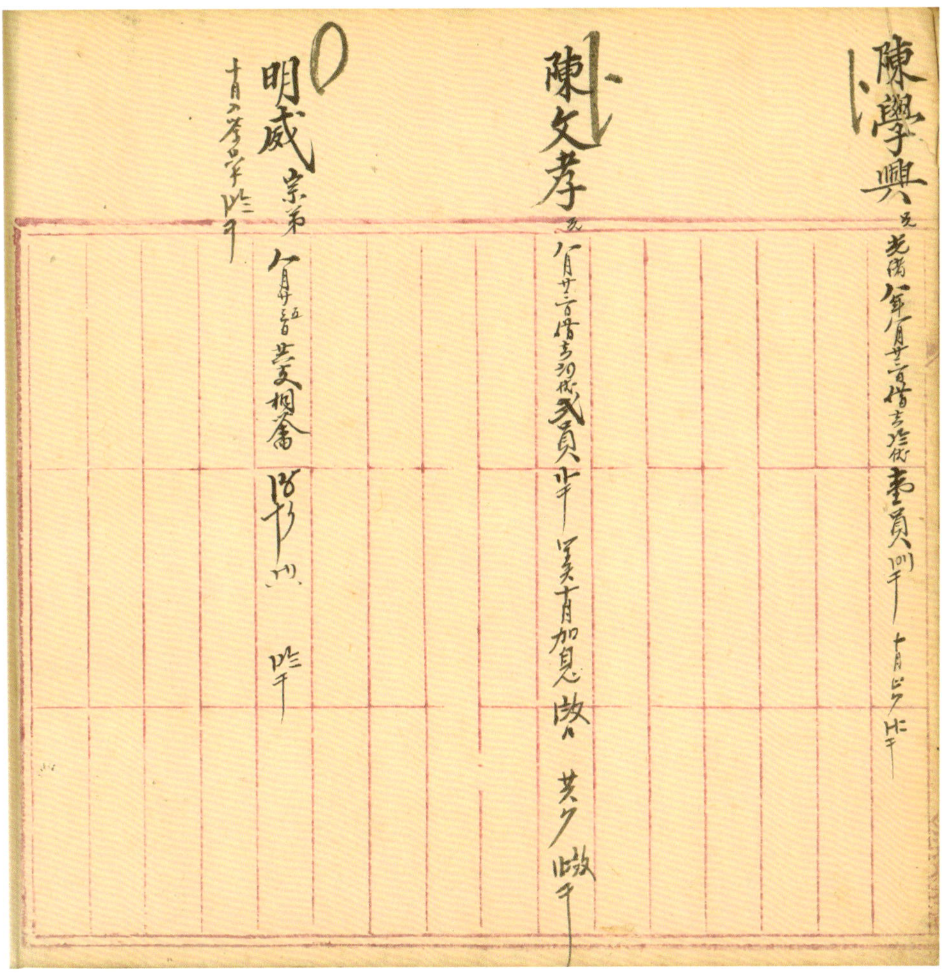

8-2-36-34　清光緒八年鋼興黄記銀錢油穀發借總目（三四）

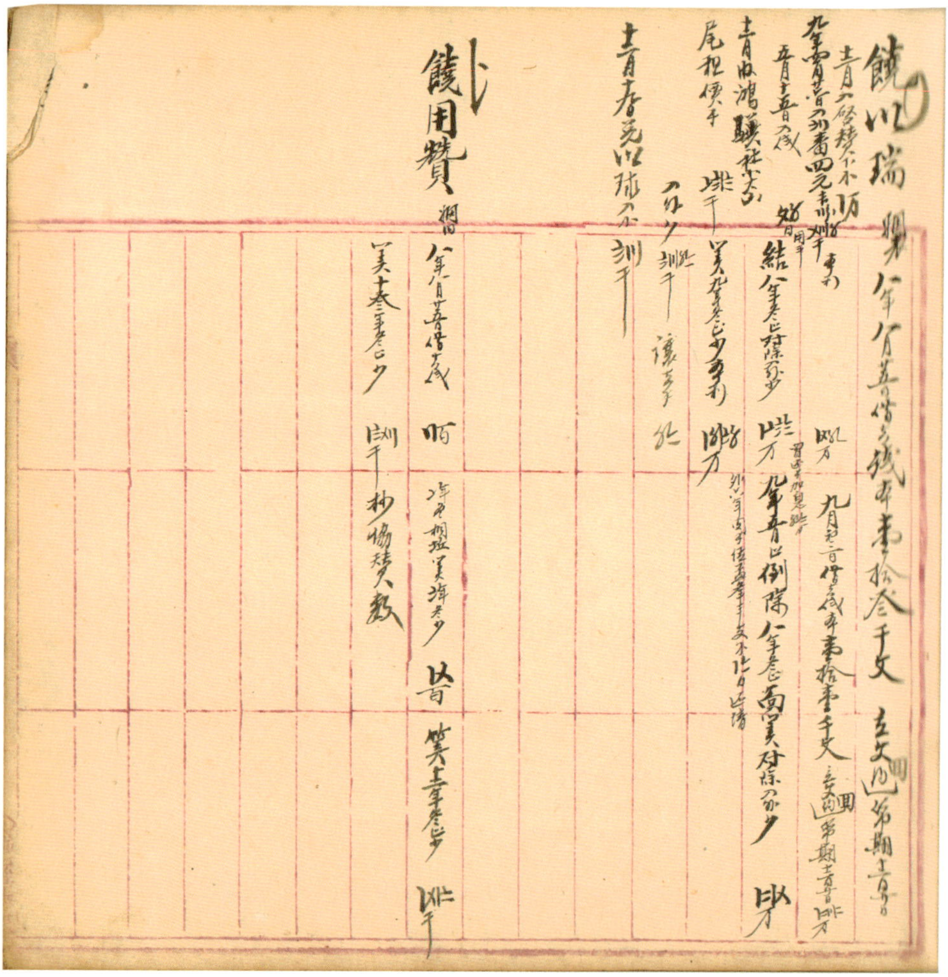

8-2-36-35　清光緒八年鋼興黄記銀錢油穀發借總目（三五）

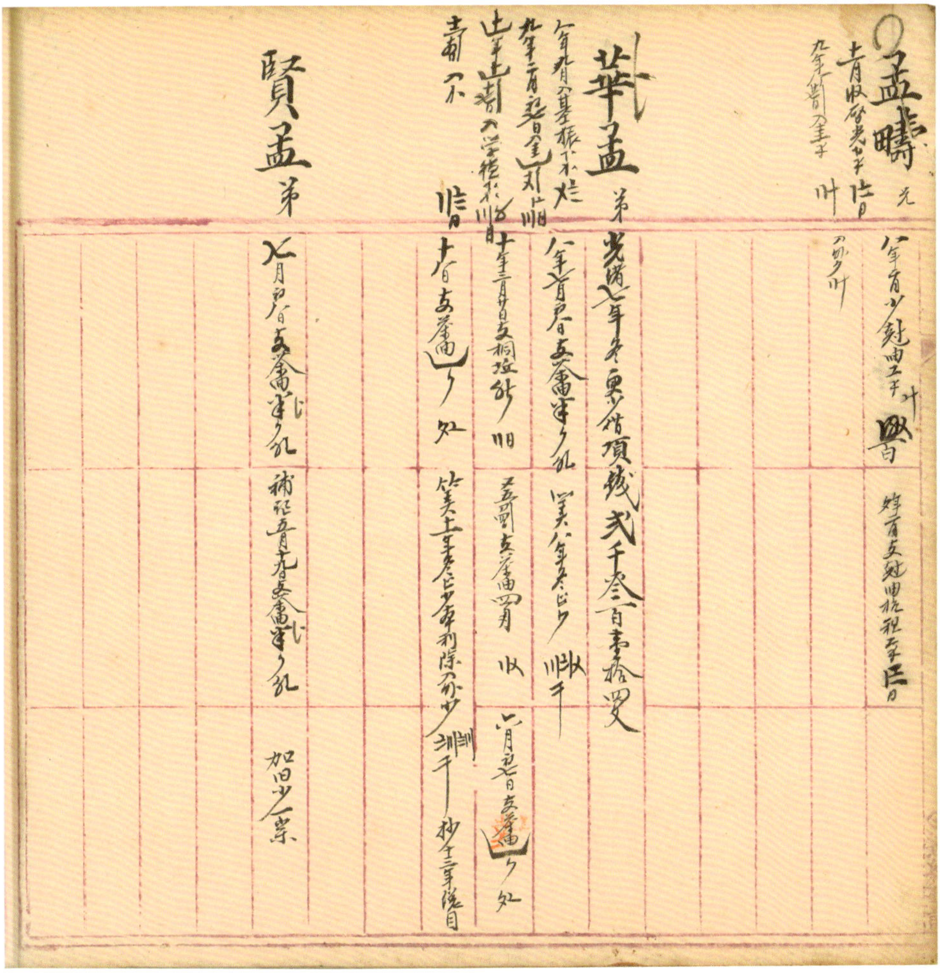

8-2-36-36　清光緒八年鋼興黃記銀錢油穀發借總目（三六）

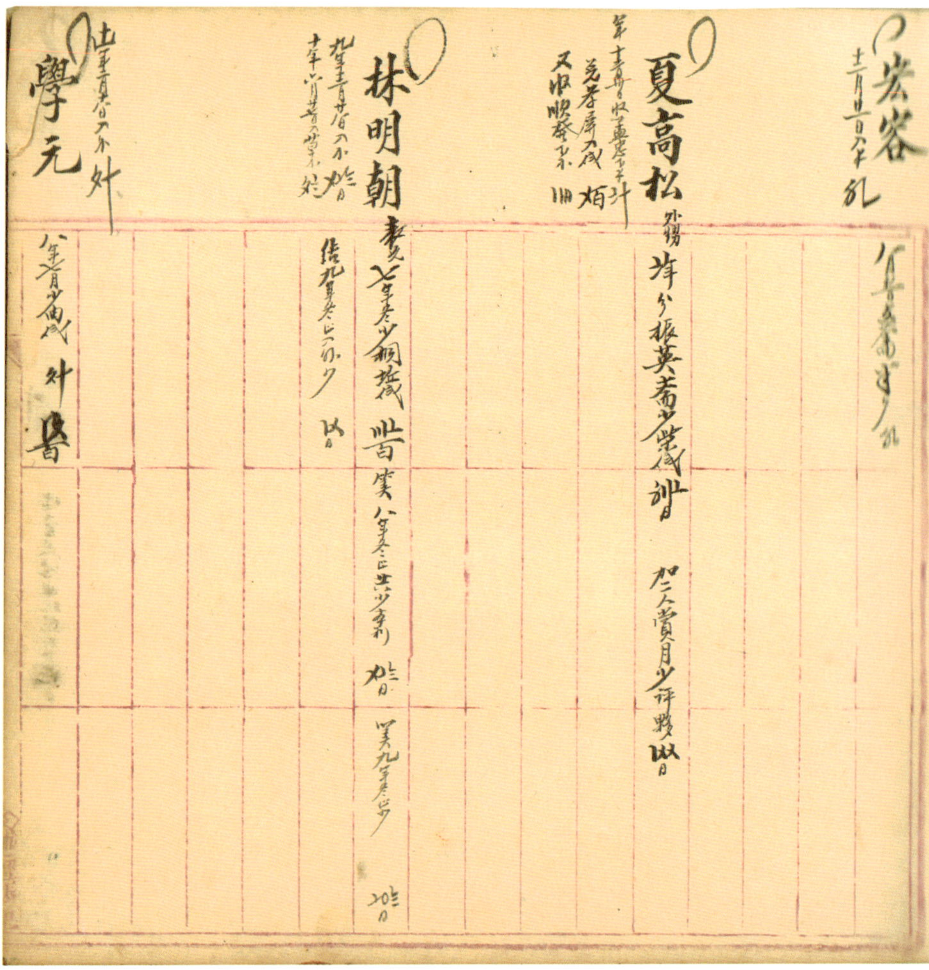

8-2-36-37　清光緒八年鋼興黃記銀錢油穀發借總目（三七）

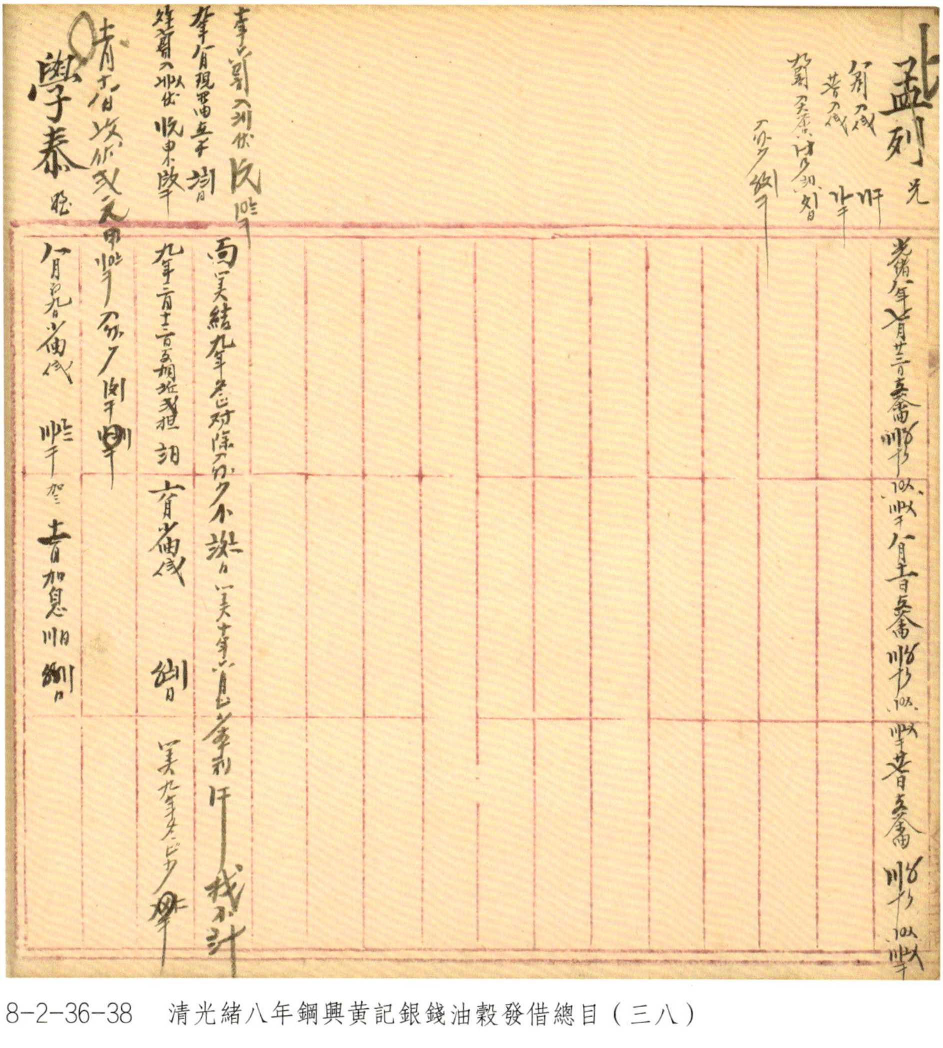

8-2-36-38　清光緒八年鋼興黃記銀錢油穀發借總目（三八）

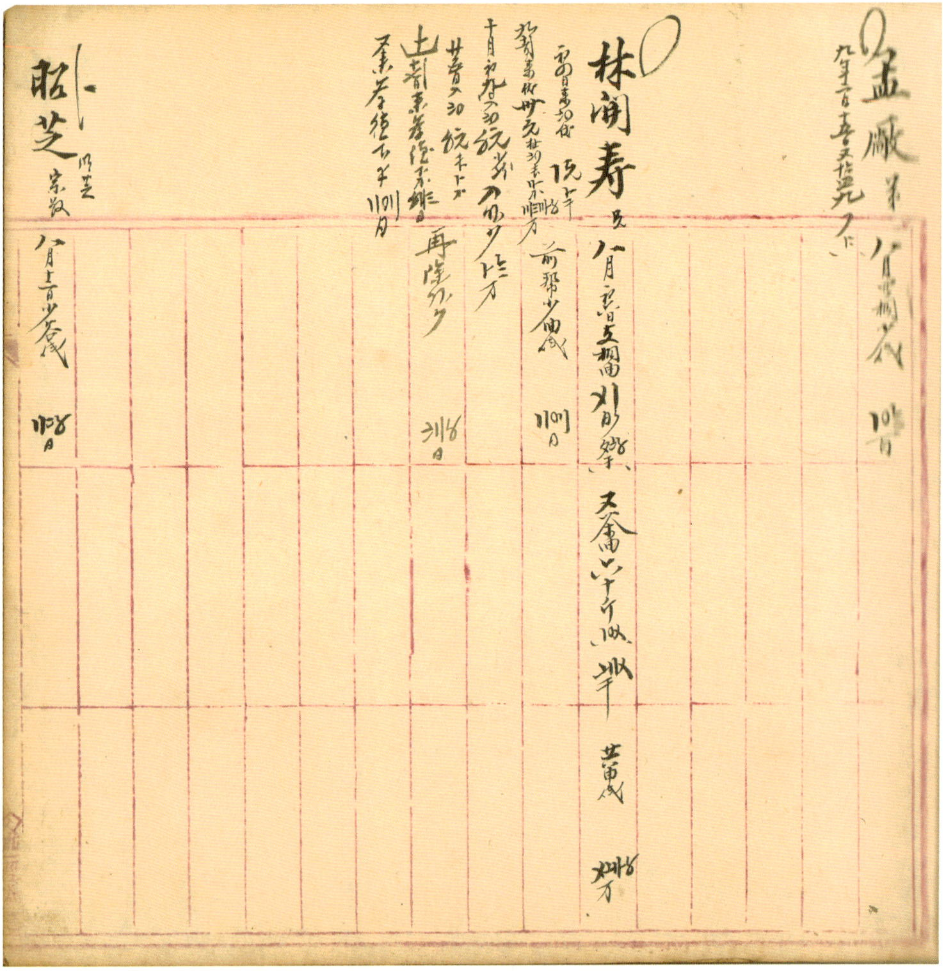

8-2-36-39　清光緒八年鋼興黄記銀錢油穀發借總目（三九）

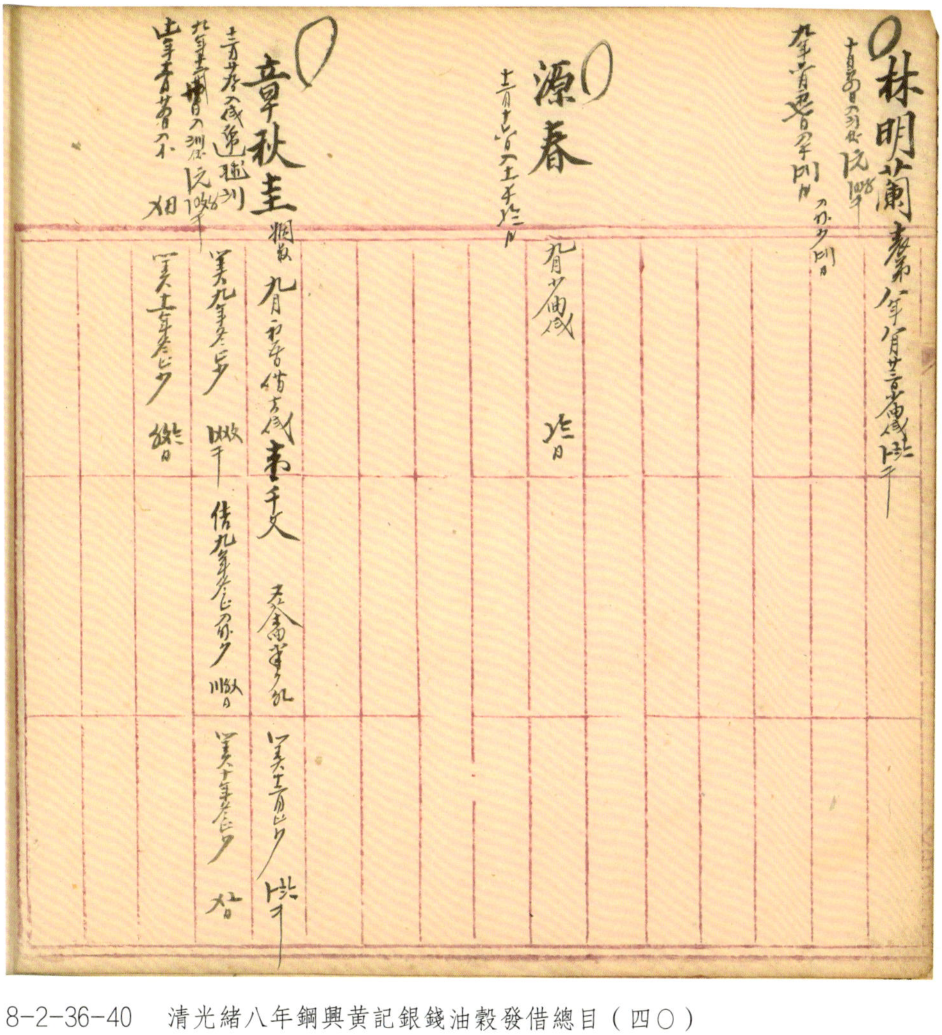

8-2-36-40　清光緒八年鋼興黃記銀錢油穀發借總目（四〇）

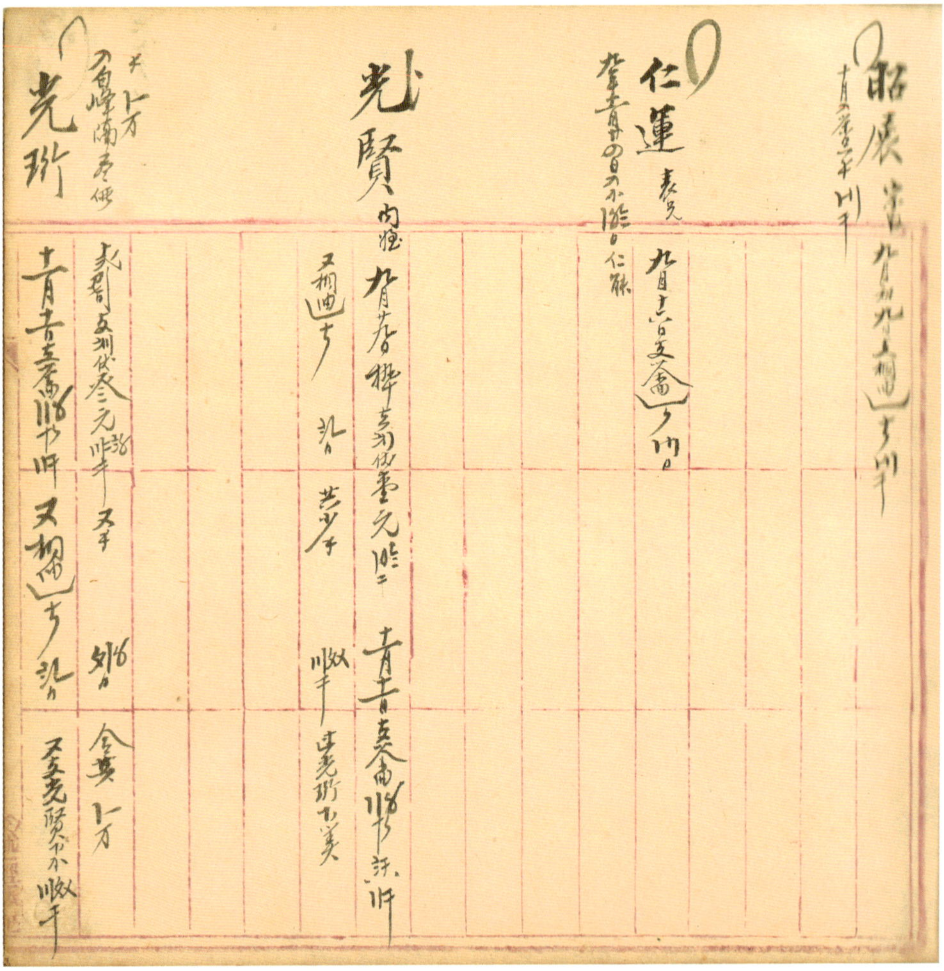

8-2-36-41　清光緒八年鋼興黄記銀錢油穀發借總目（四一）

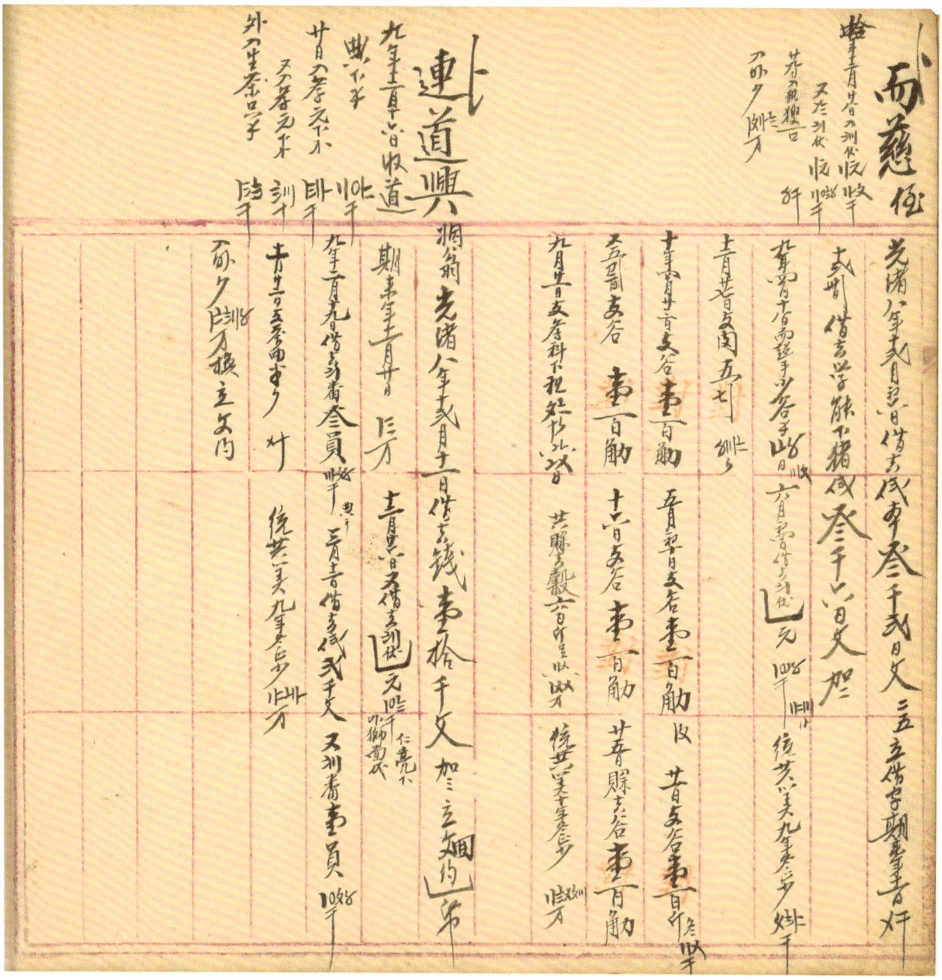

8-2-36-42　清光緒八年鋼興黄記銀錢油穀發借總目（四二）

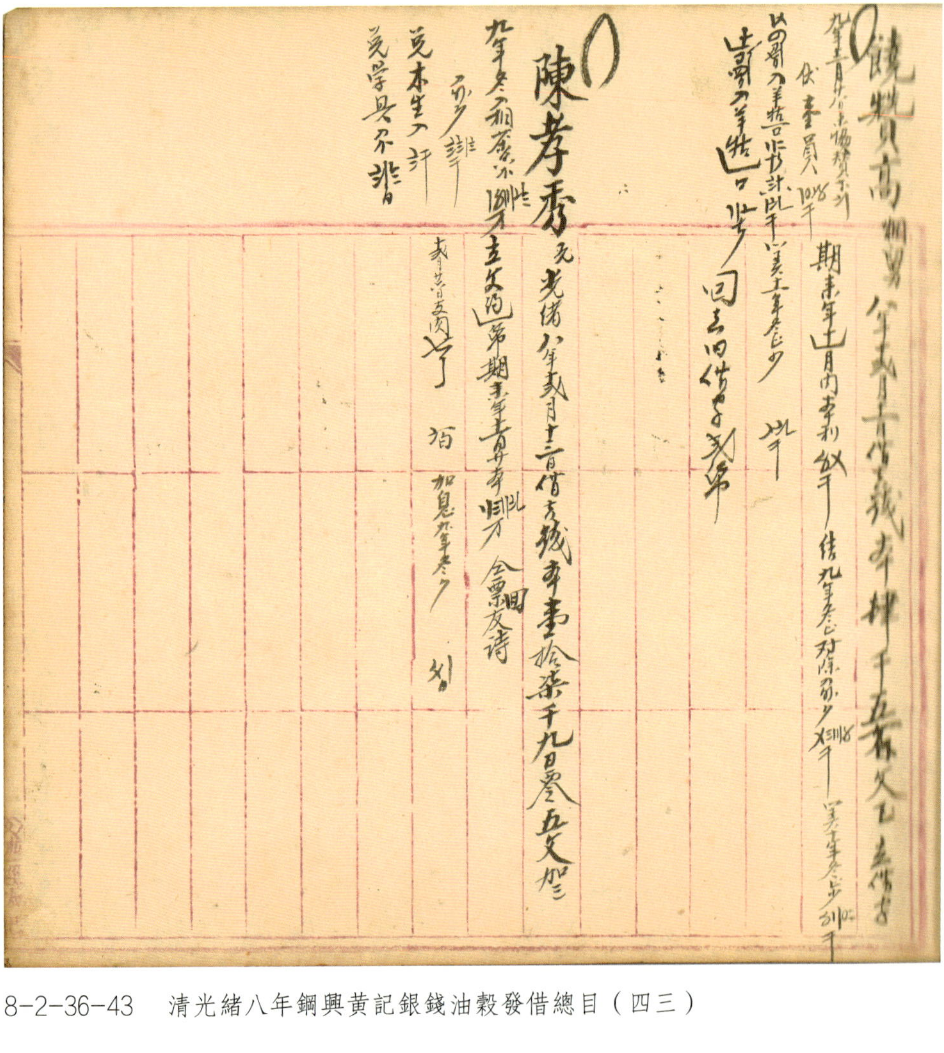

8-2-36-43　清光緒八年鋼興黄記銀錢油穀發借總目（四三）

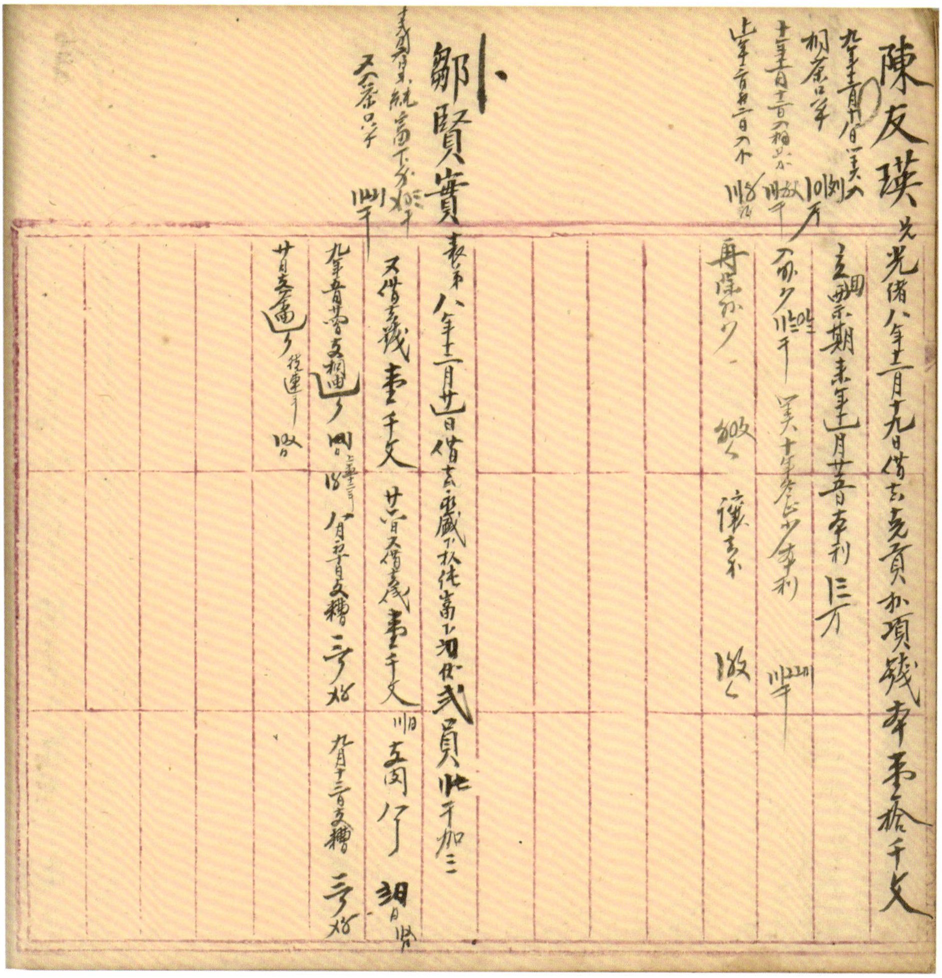
陳友瑛 光緒八年十二月九日借去
鄒賢賓

8-2-36-44　清光緒八年鋼興黄記銀錢油穀發借總目（四四）

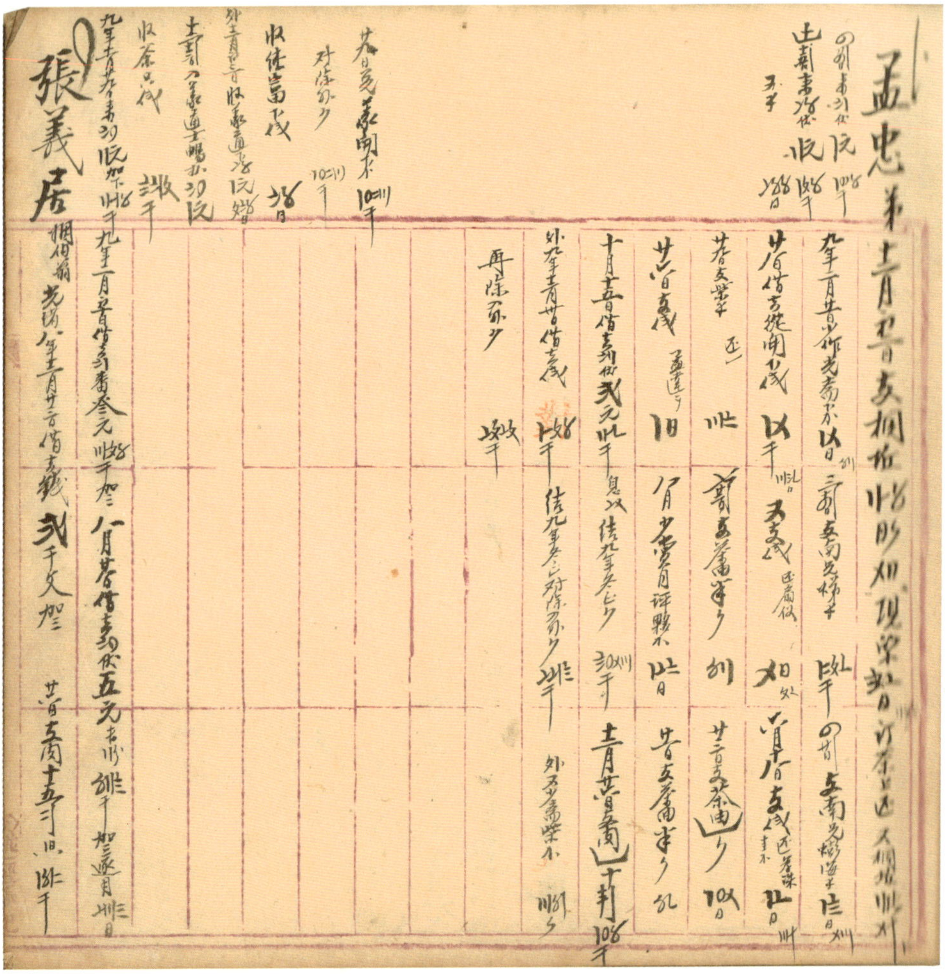

8-2-36-45　清光緒八年鋼興黄記銀錢油穀發借總目（四五）

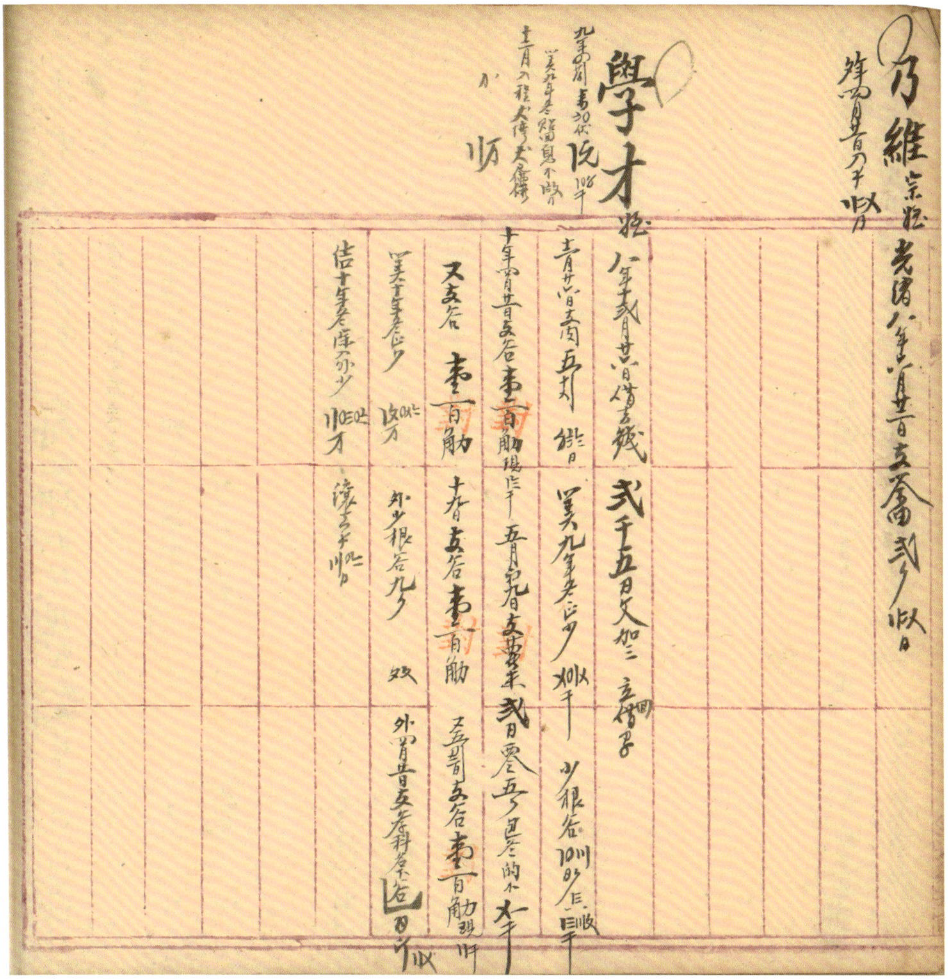

8-2-36-46　清光緒八年鋼興黄記銀錢油穀發借總目（四六）

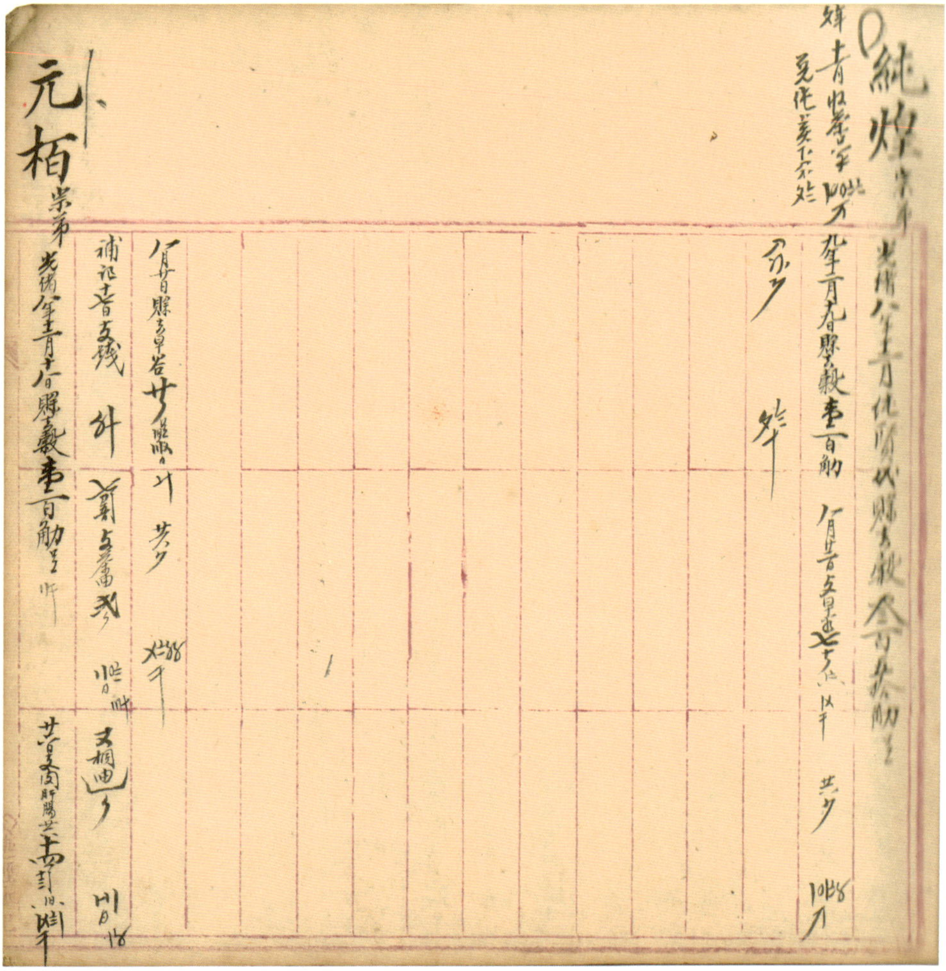

8-2-36-47　清光緒八年鋼興黄記銀錢油穀發借總目（四七）

8-2-36-48　清光緒八年鋼興黄記銀錢油穀發借總目（四八）

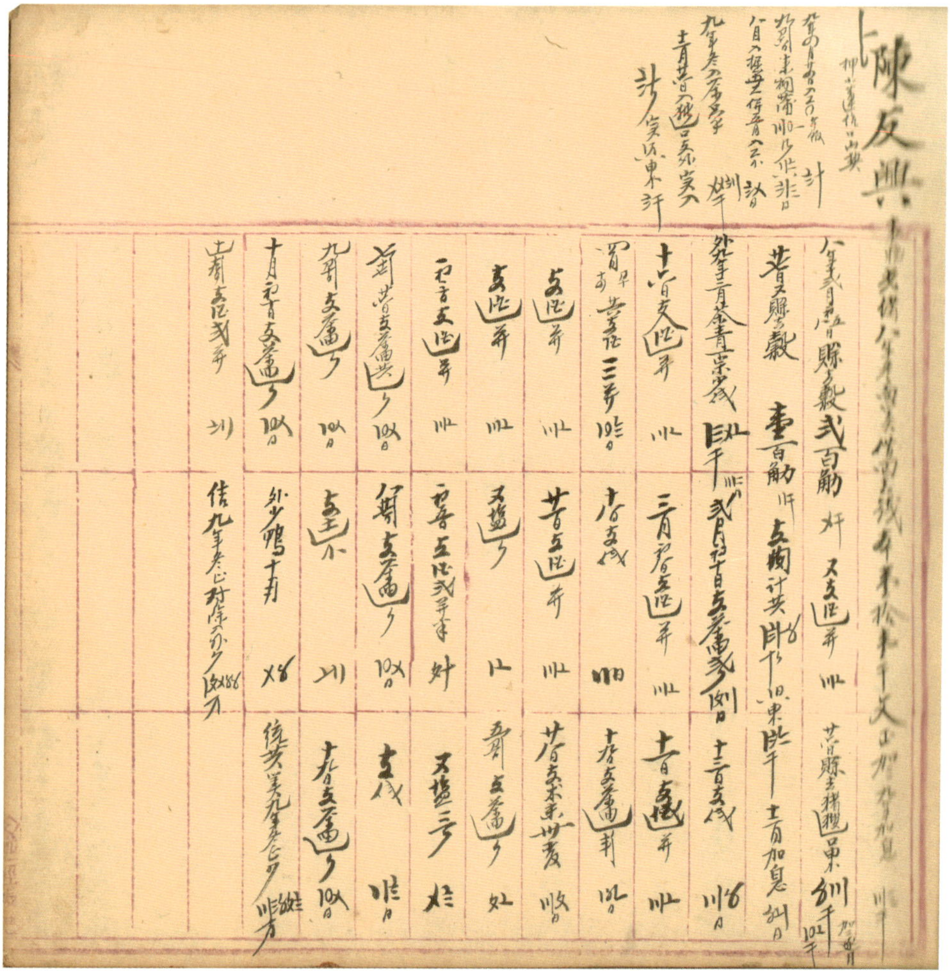

8-2-36-49　清光緒八年鋼興黄記銀錢油穀發借總目（四九）

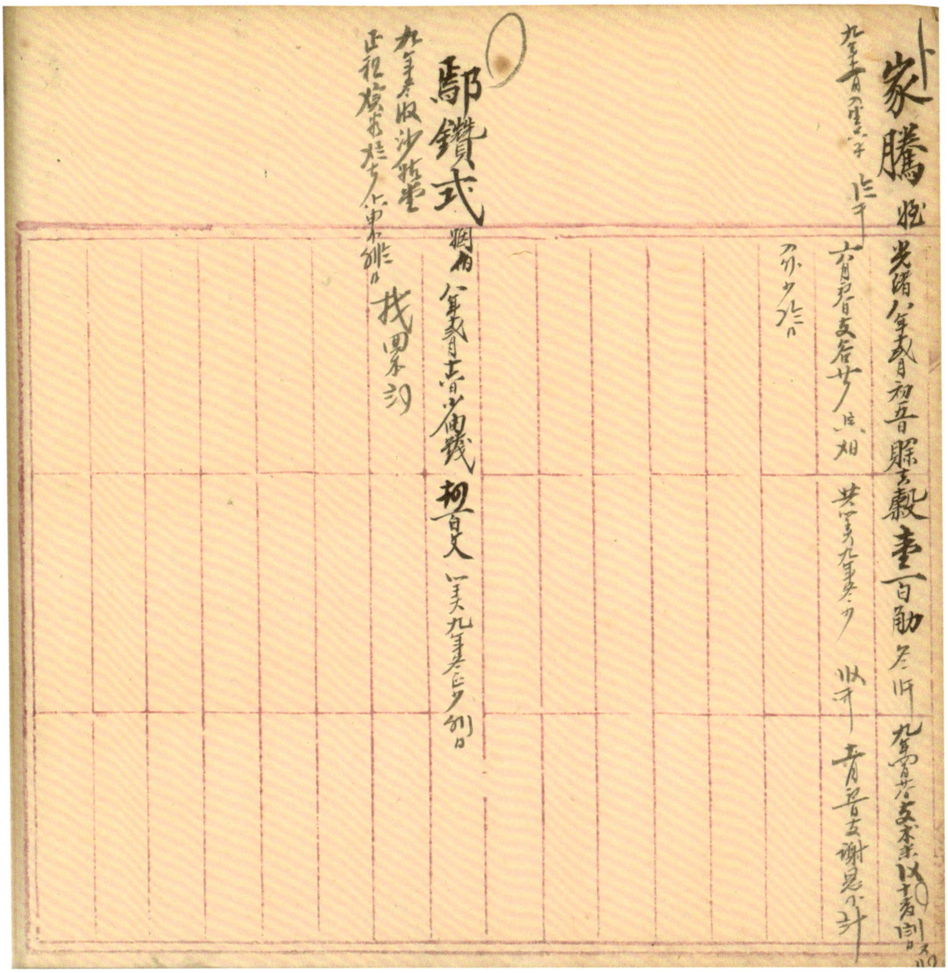
劉家騰
光緒八年十二月初五日賬去穀壹百觔
鄭鑽式
八年十二月十二日去番錢捌百文

8-2-36-50　清光緒八年鋼興黄記銀錢油穀發借總目（五〇）

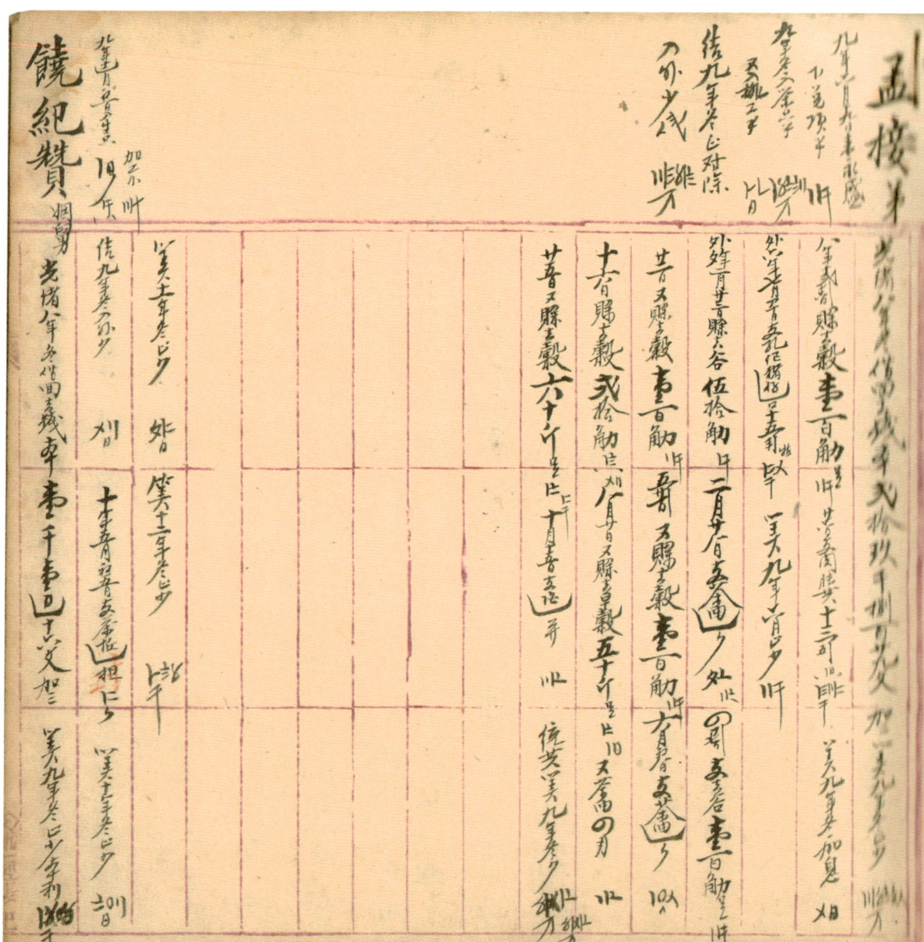

8-2-36-51　清光緒八年鋼興黄記銀錢油穀發借總目（五一）

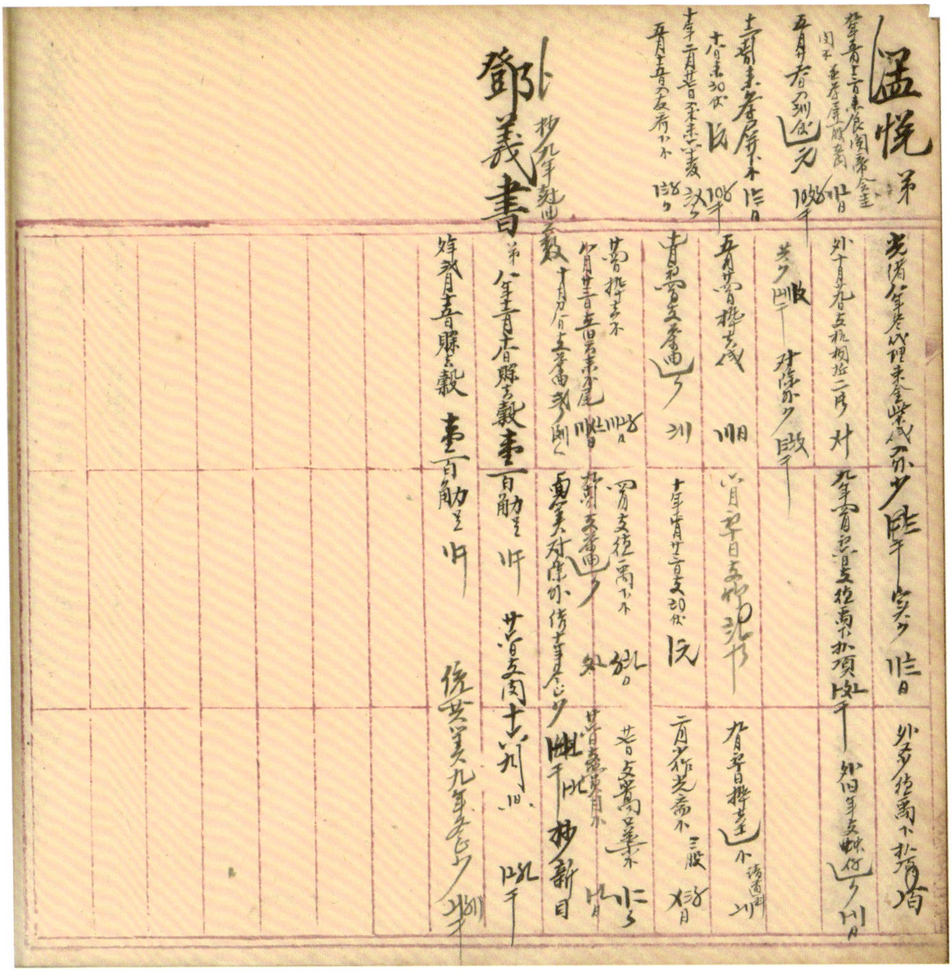

8-2-36-52　清光緒八年鋼興黄記銀錢油穀發借總目（五二）

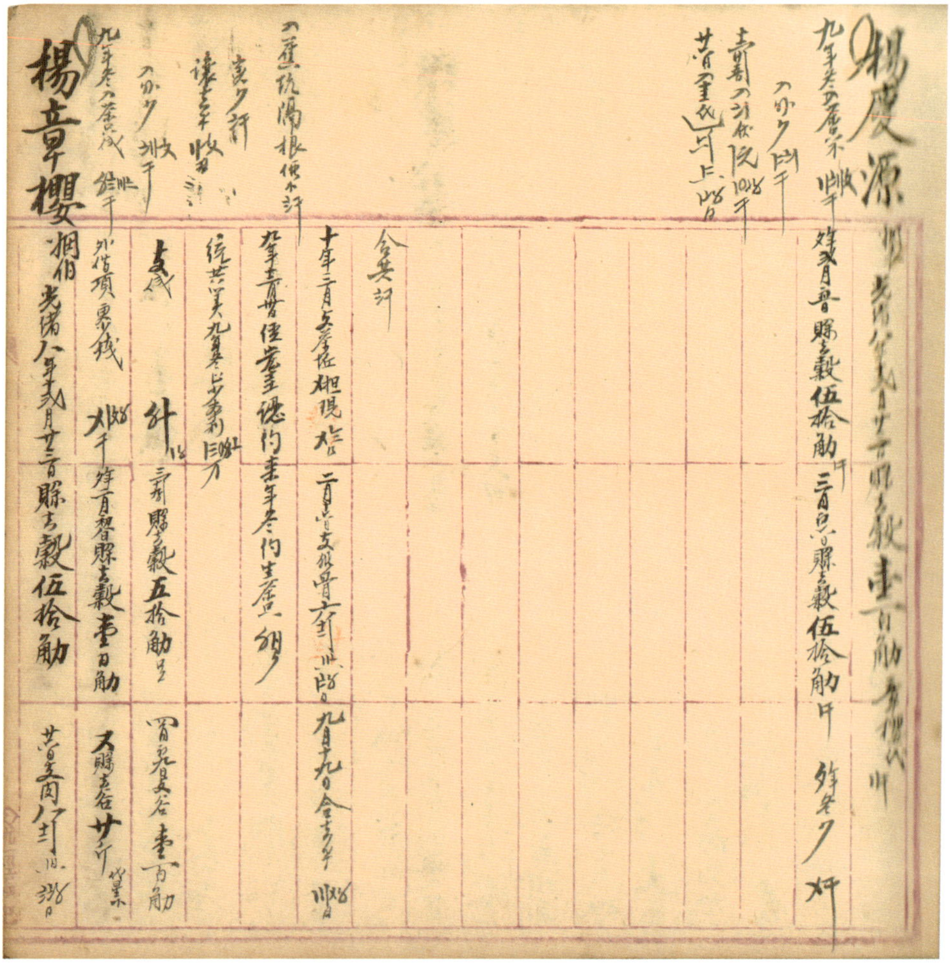

8-2-36-53　清光緒八年鋼興黄記銀錢油穀發借總目（五三）

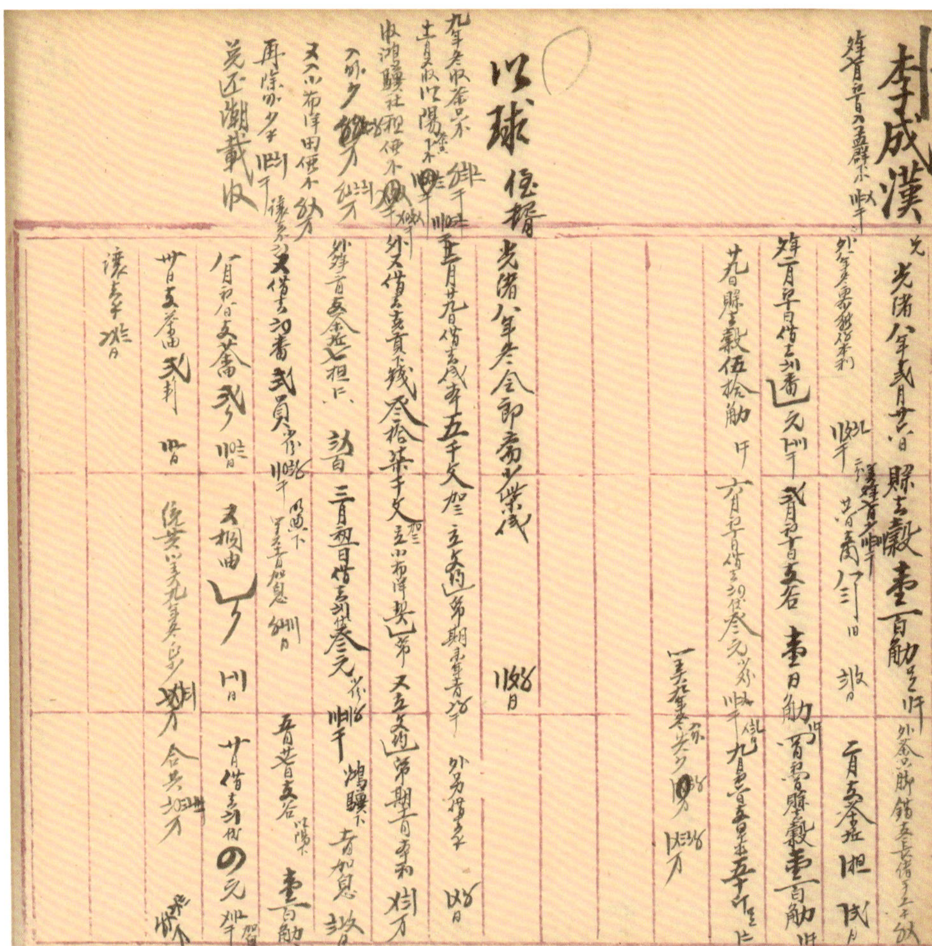

8-2-36-54　清光緒八年鋼興黄記銀錢油穀發借總目（五四）

8-2-36-55　清光緒八年鋼興黄記銀錢油穀發借總目（五五）

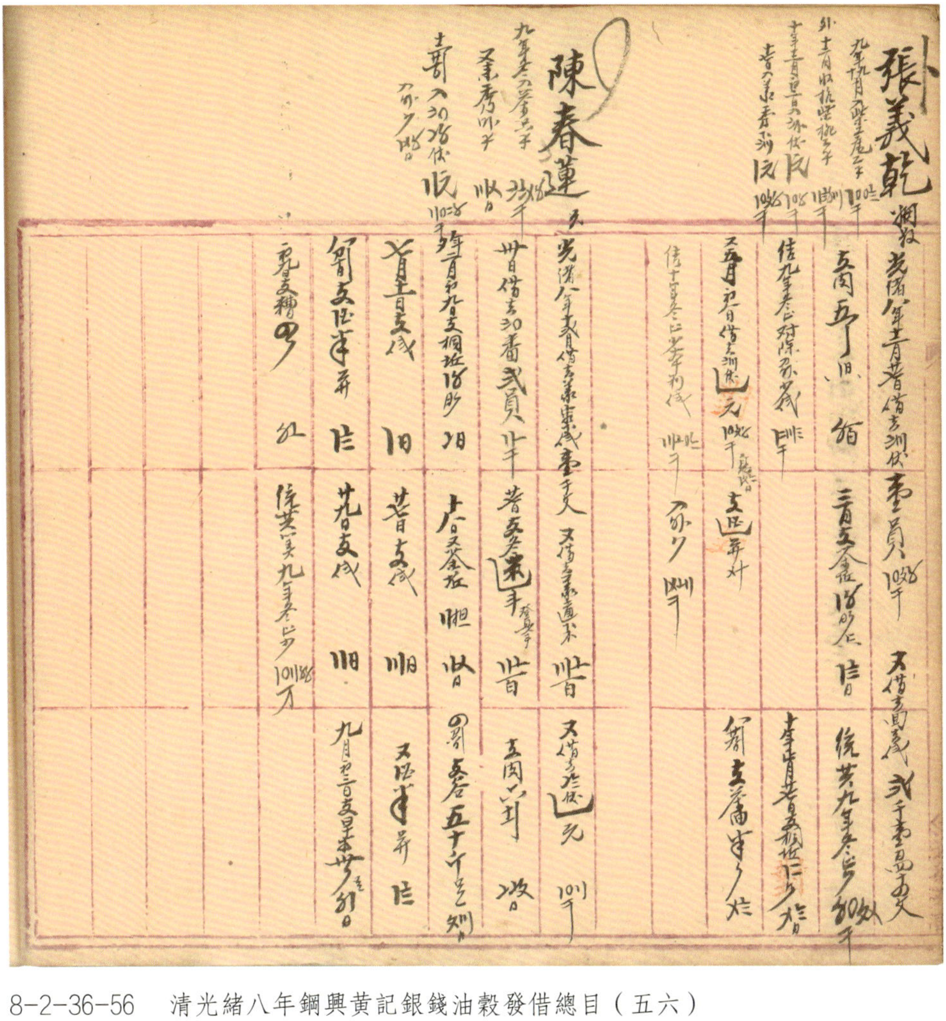

8-2-36-56　清光緒八年鋼興黃記銀錢油穀發借總目（五六）

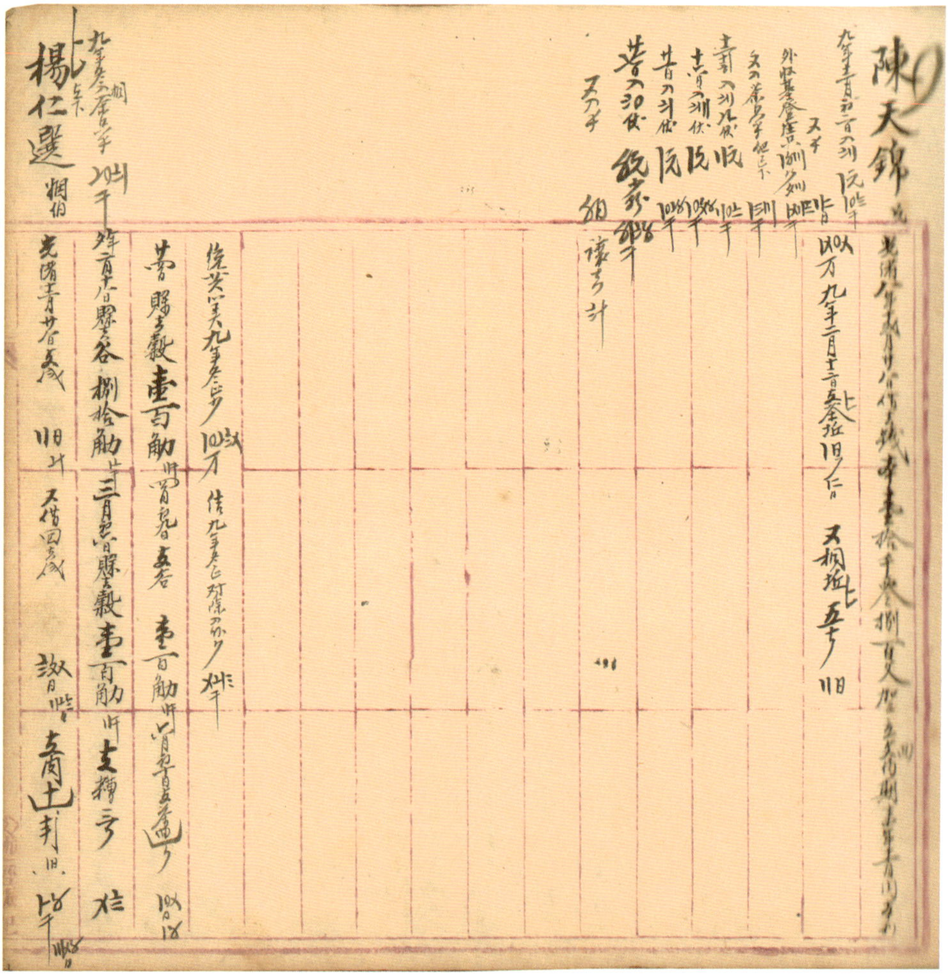

8-2-36-57　清光緒八年鋼興黄記銀錢油穀發借總目（五七）

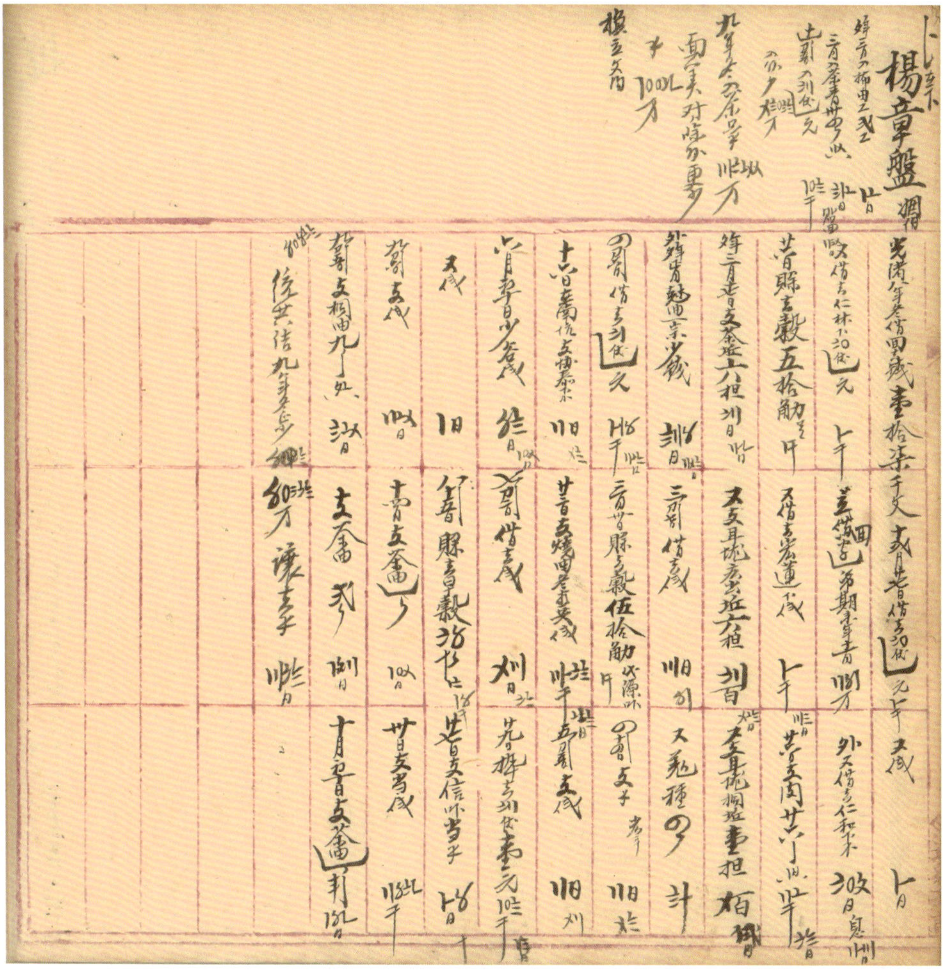

8-2-36-58　清光緒八年鋼興黃記銀錢油穀發借總目（五八）

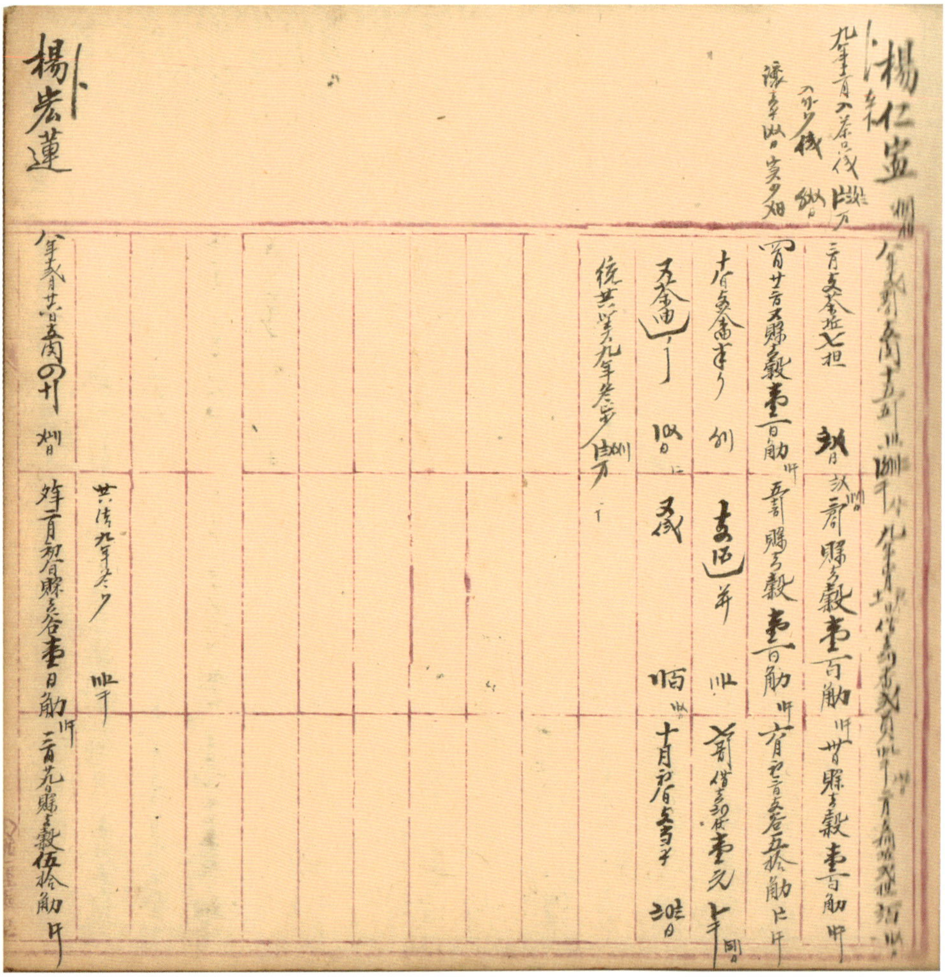

8-2-36-59　清光緒八年鋼興黄記銀錢油穀發借總目（五九）

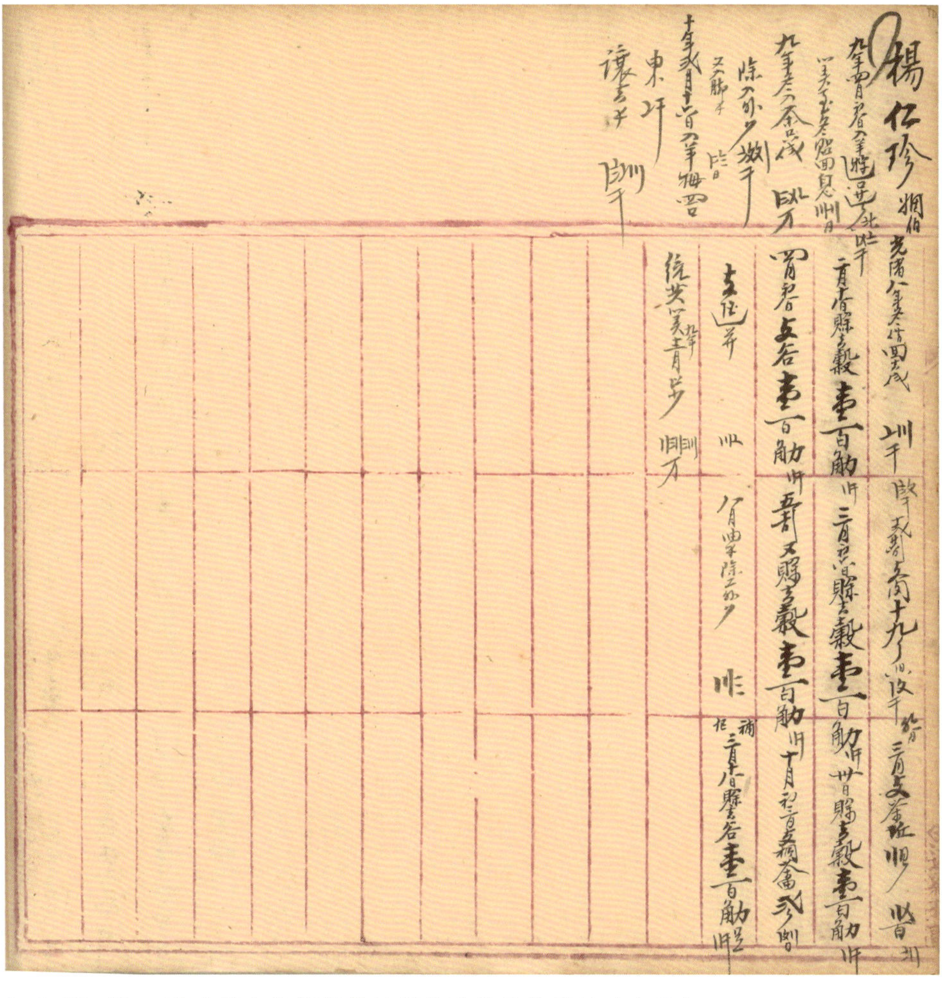

8-2-36-60　清光緒八年鋼興黃記銀錢油穀發借總目（六〇）

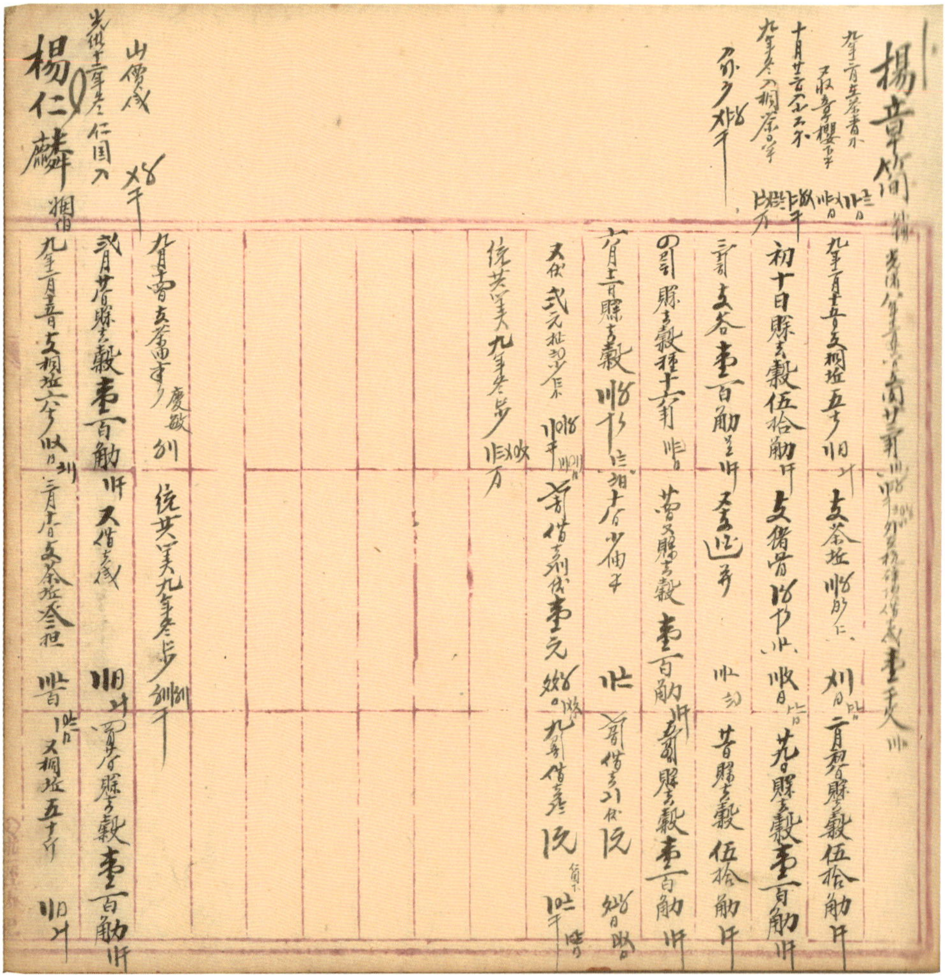

8-2-36-61　清光緒八年鋼興黄記銀錢油穀發借總目（六一）

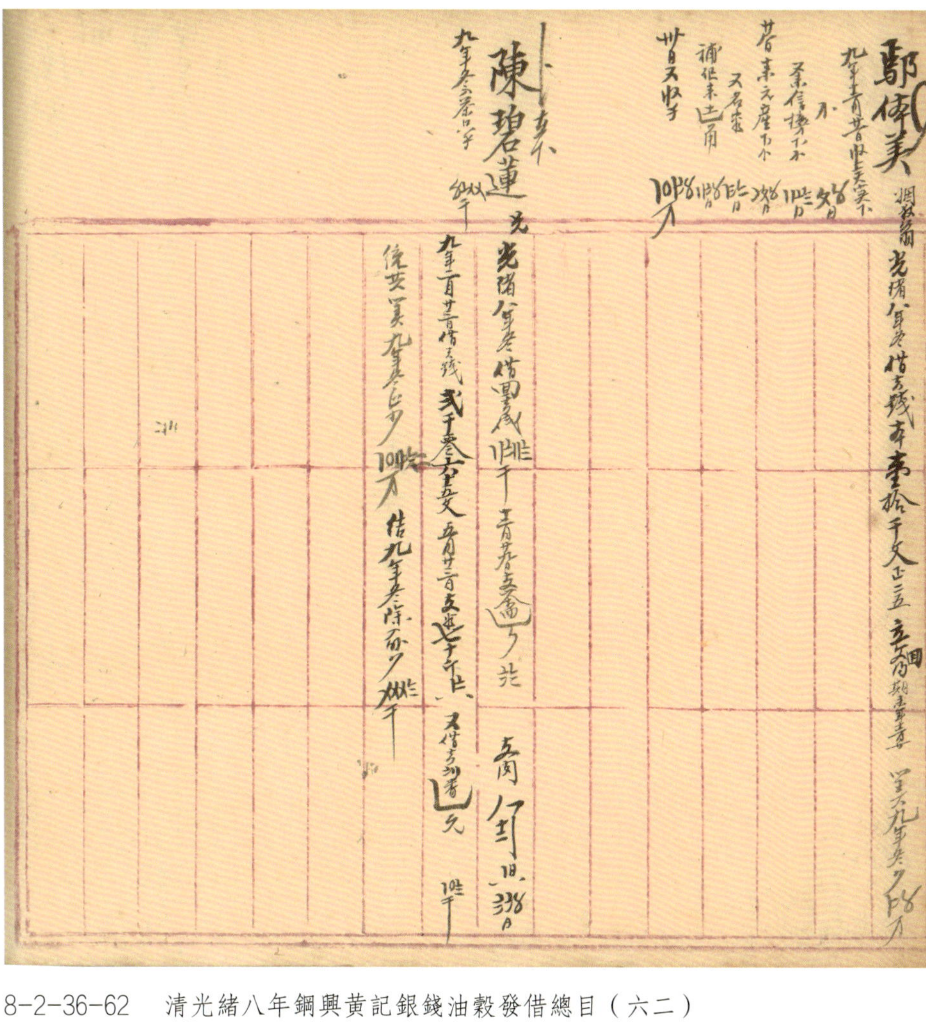

8-2-36-62　清光緒八年鋼興黃記銀錢油穀發借總目（六二）

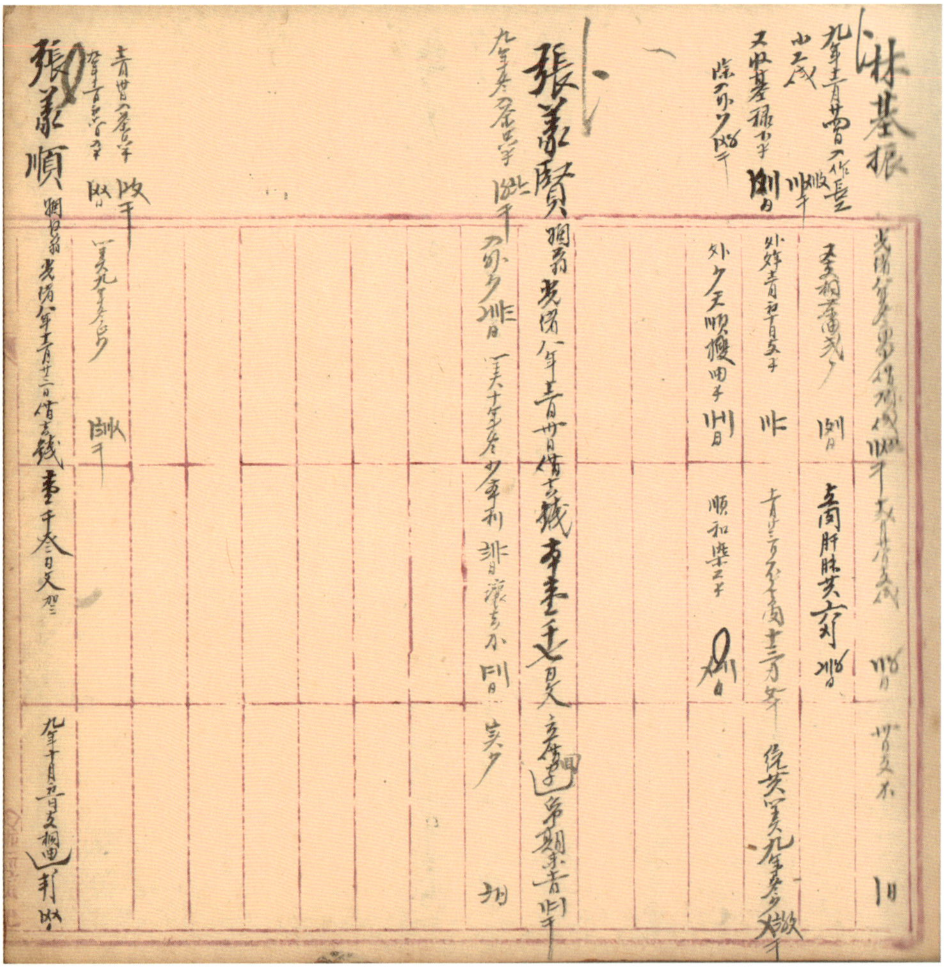

8-2-36-63　清光緒八年鋼興黄記銀錢油穀發借總目（六三）

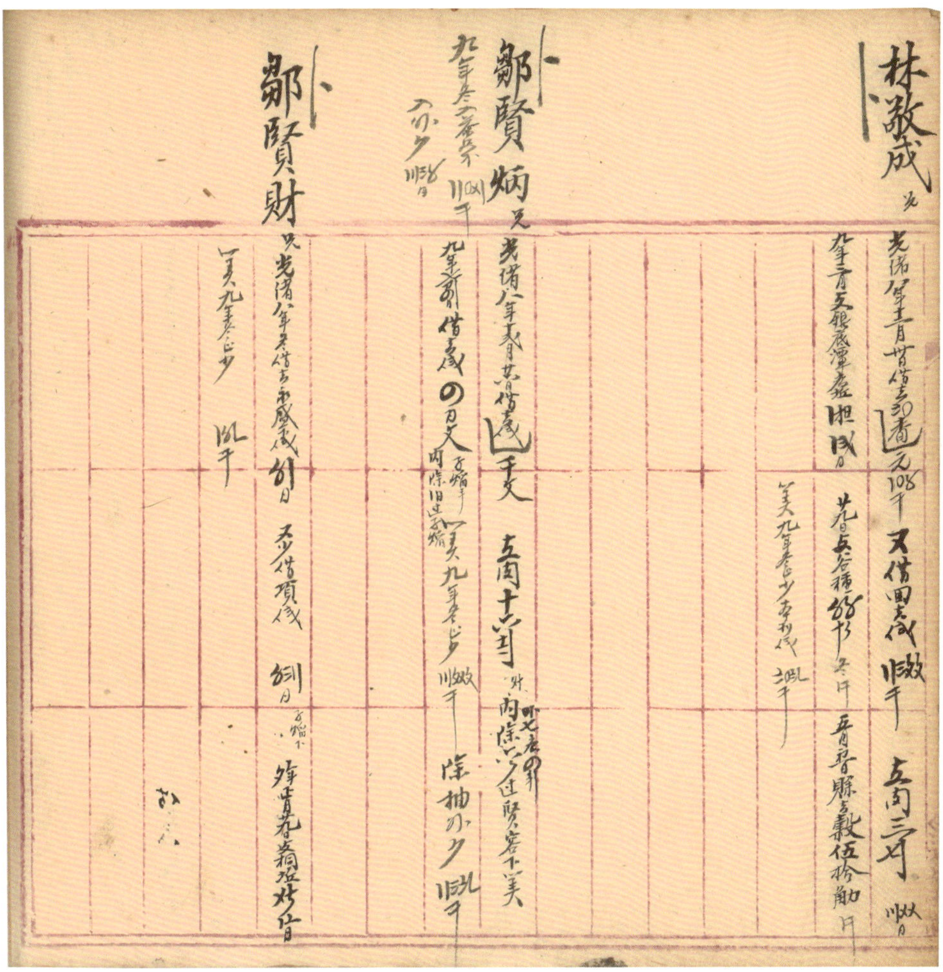
林敬成

鄭賢炳

鄭賢財

8-2-36-64　清光緒八年鋼興黄記銀錢油穀發借總目（六四）

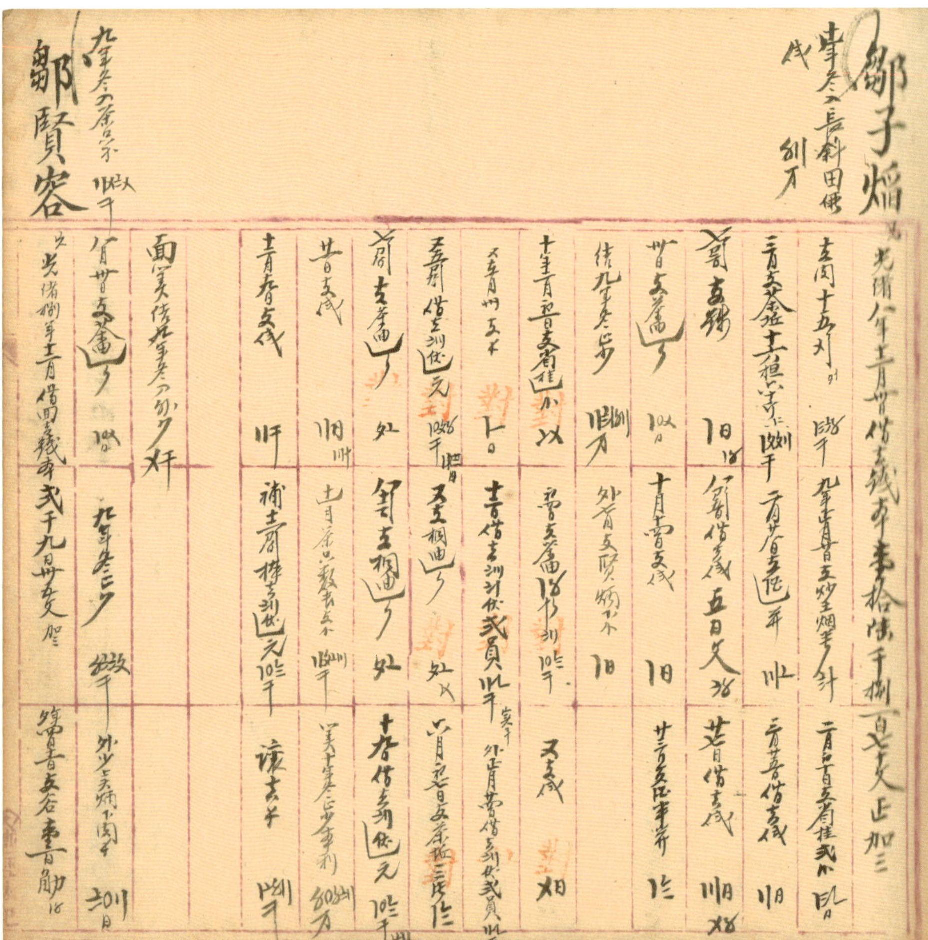

8-2-36-65　清光緒八年鋼興黄記銀錢油穀發借總目（六五）

岳啟光

岳先茂

塔下

8-2-36-66　清光緒八年鋼興黃記銀錢油穀發借總目（六六）

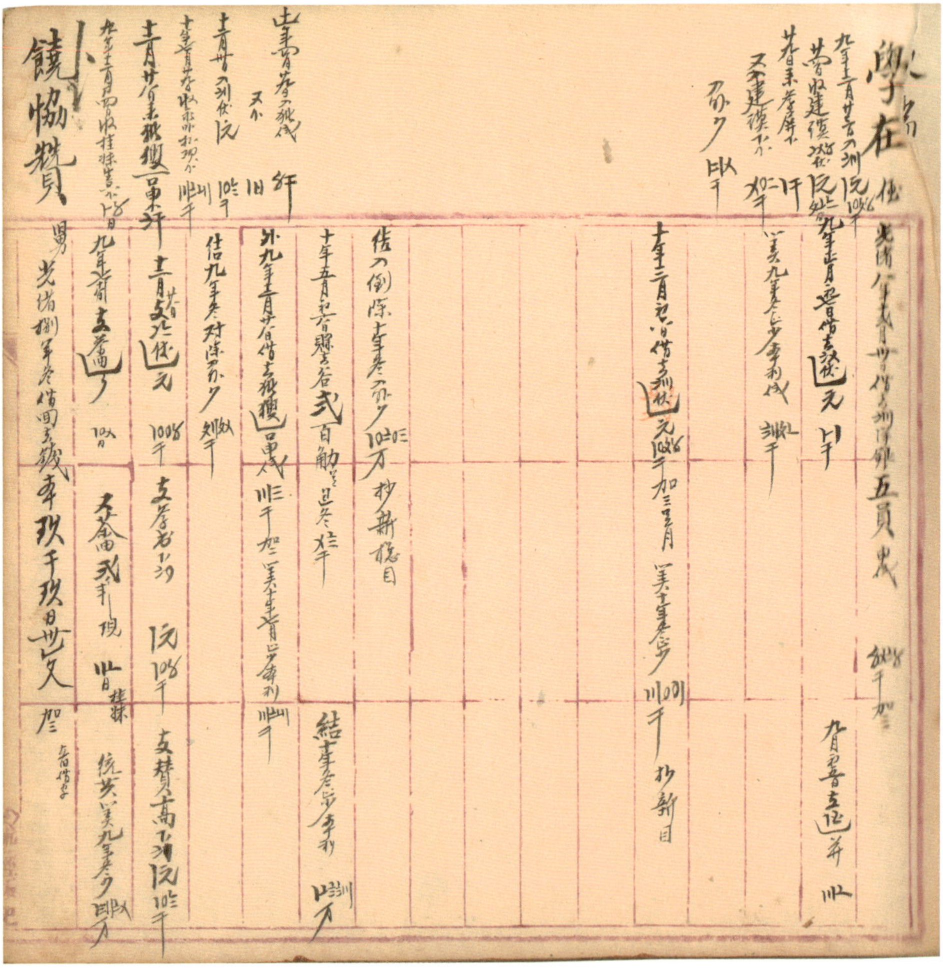

8-2-36-67　清光緒八年鋼興黄記銀錢油穀發借總目（六七）

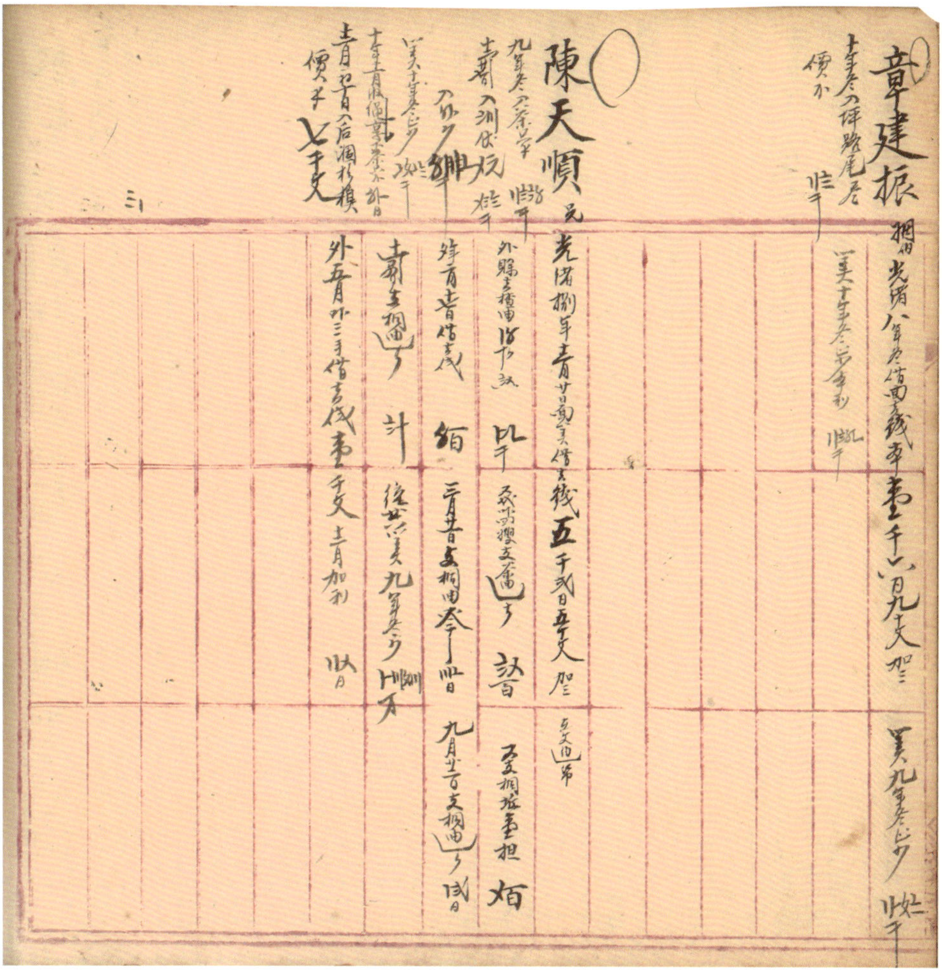

8-2-36-68　清光緒八年鋼興黄記銀錢油穀發借總目（六八）

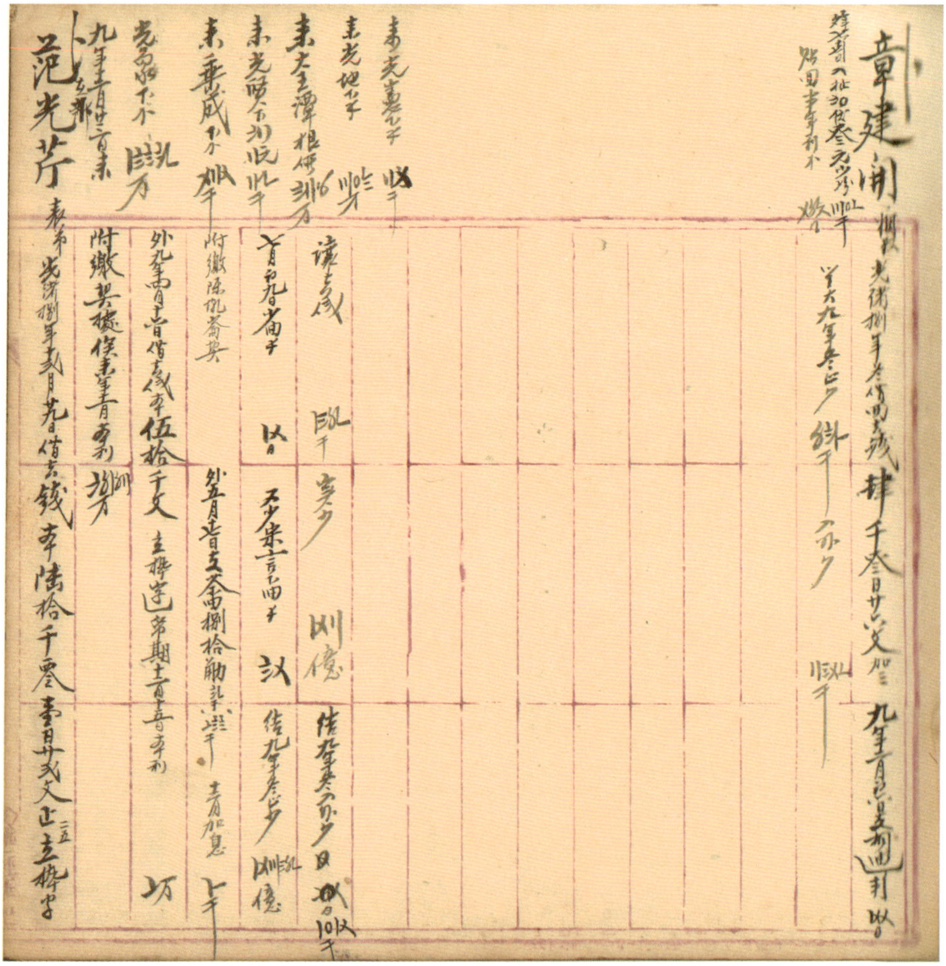

8-2-36-69　清光緒八年鋼興黄記銀錢油穀發借總目（六九）

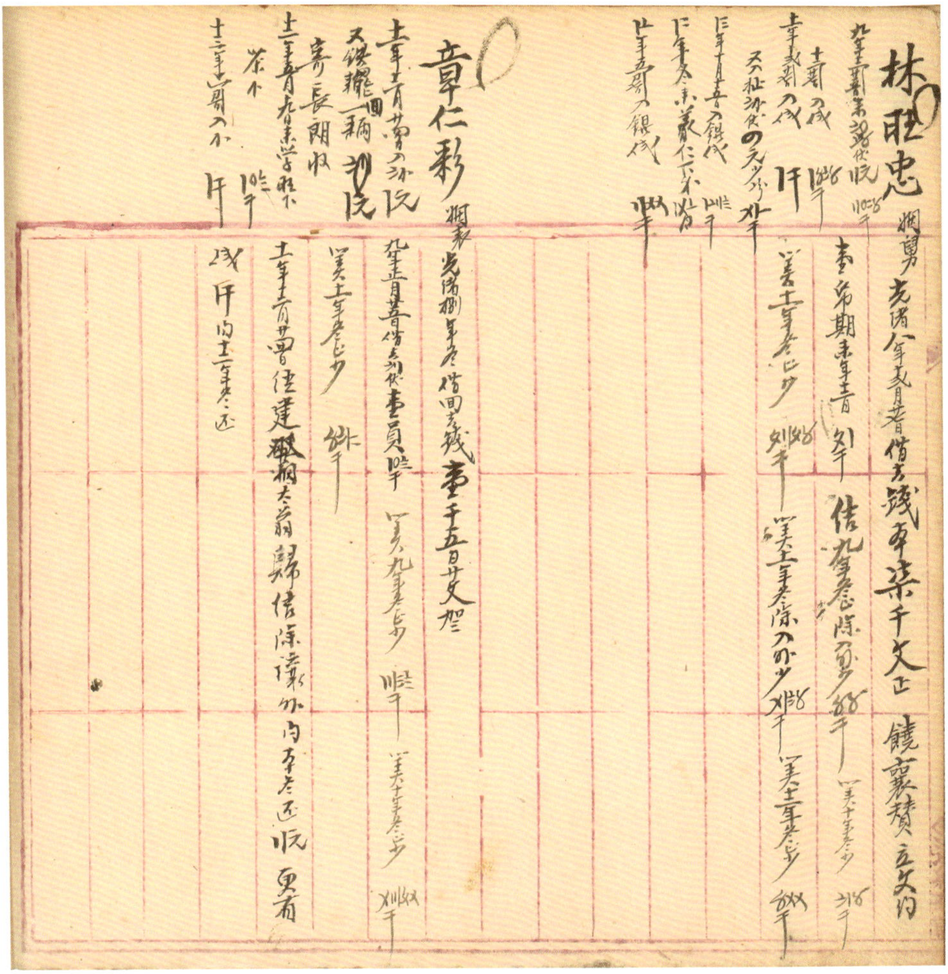

8-2-36-70　清光緒八年鋼興黃記銀錢油穀發借總目（七〇）

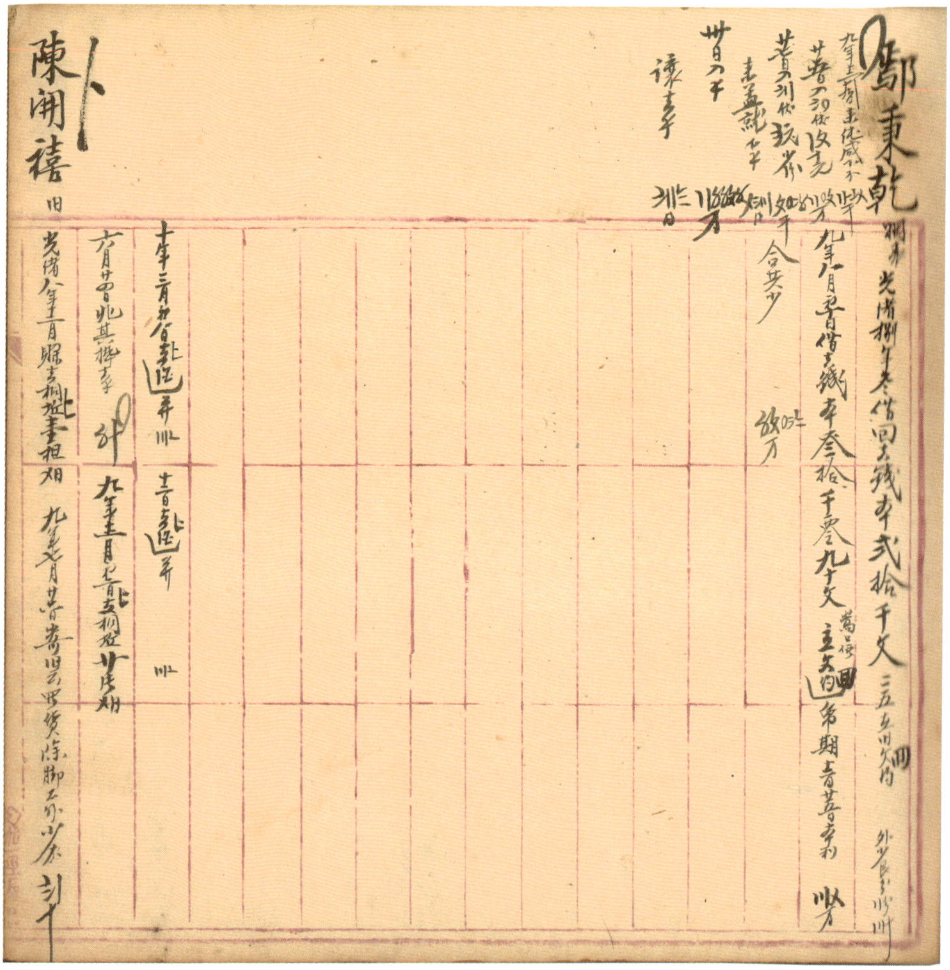

鄭秉乾

光緒捌年冬借回大錢本貳拾千文

九年八月廿四日借大錢本叁拾千零九十文

陳開禧

8-2-36-71　清光緒八年鋼興黄記銀錢油穀發借總目（七一）

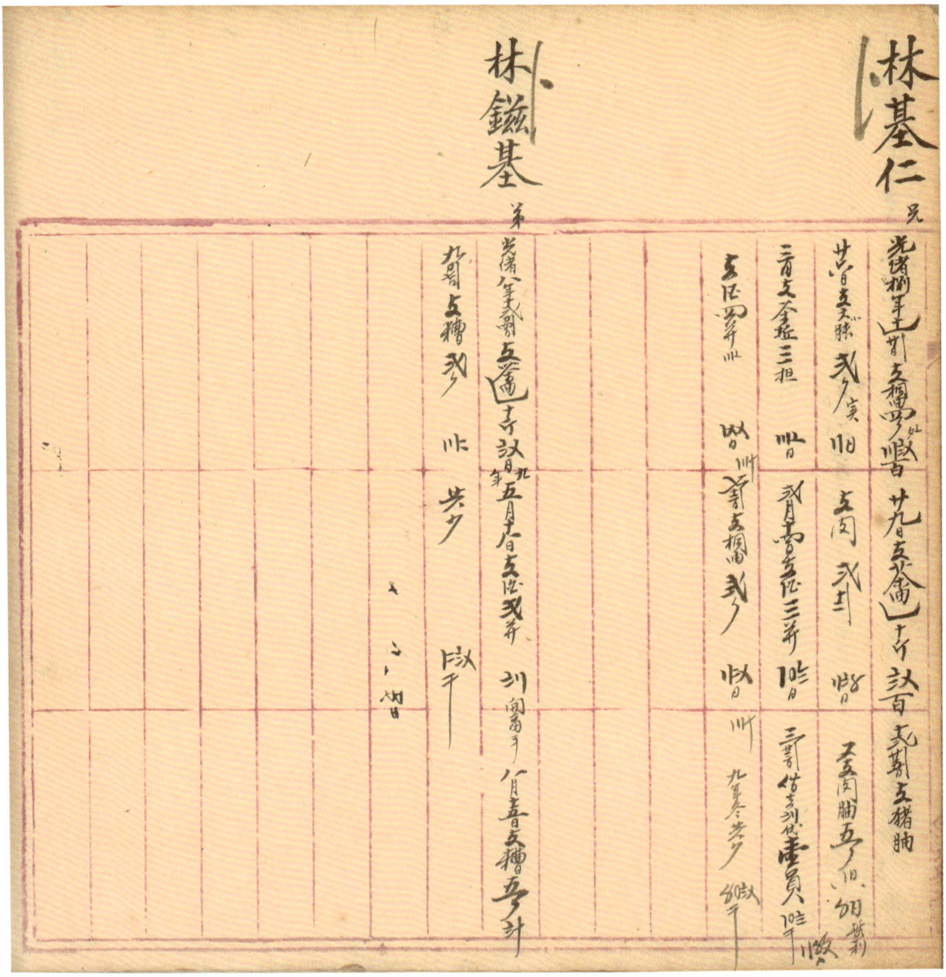
林基仁

林鎰基

8-2-36-72　清光緒八年鋼興黄記銀錢油穀發借總目（七二）

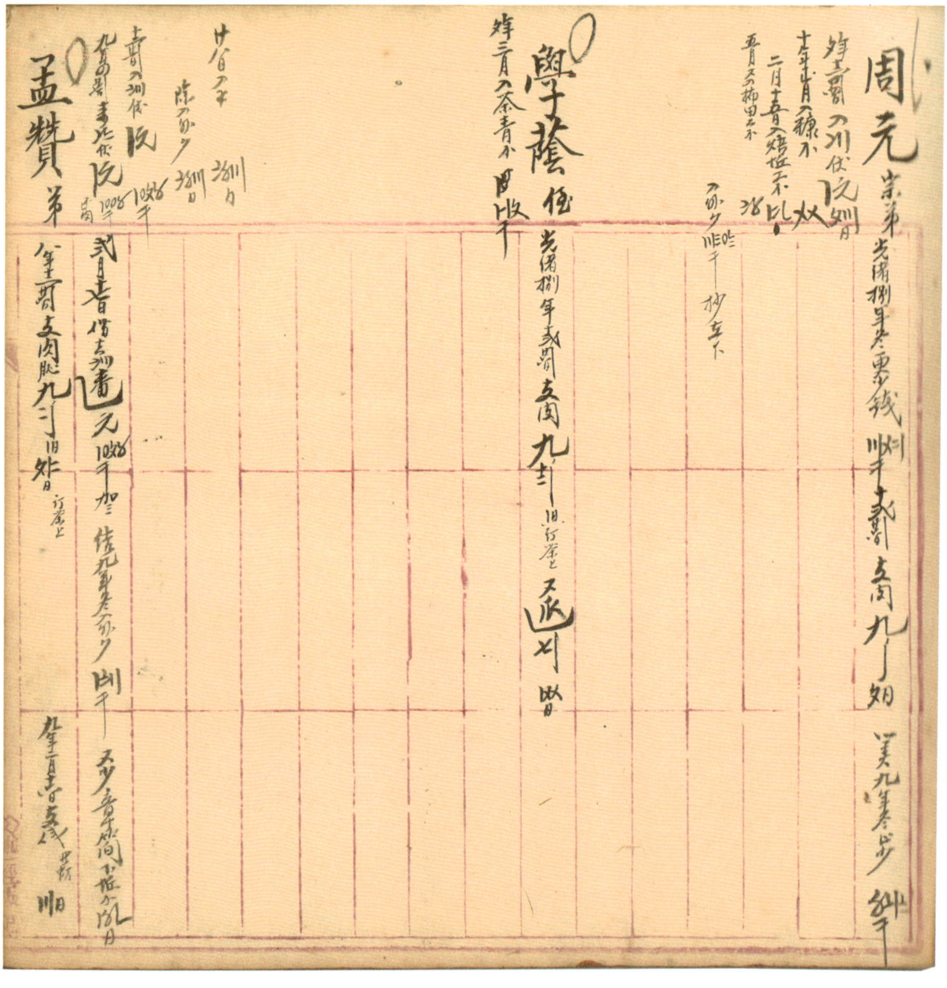

8-2-36-73　清光緒八年鋼興黄記銀錢油穀發借總目（七三）

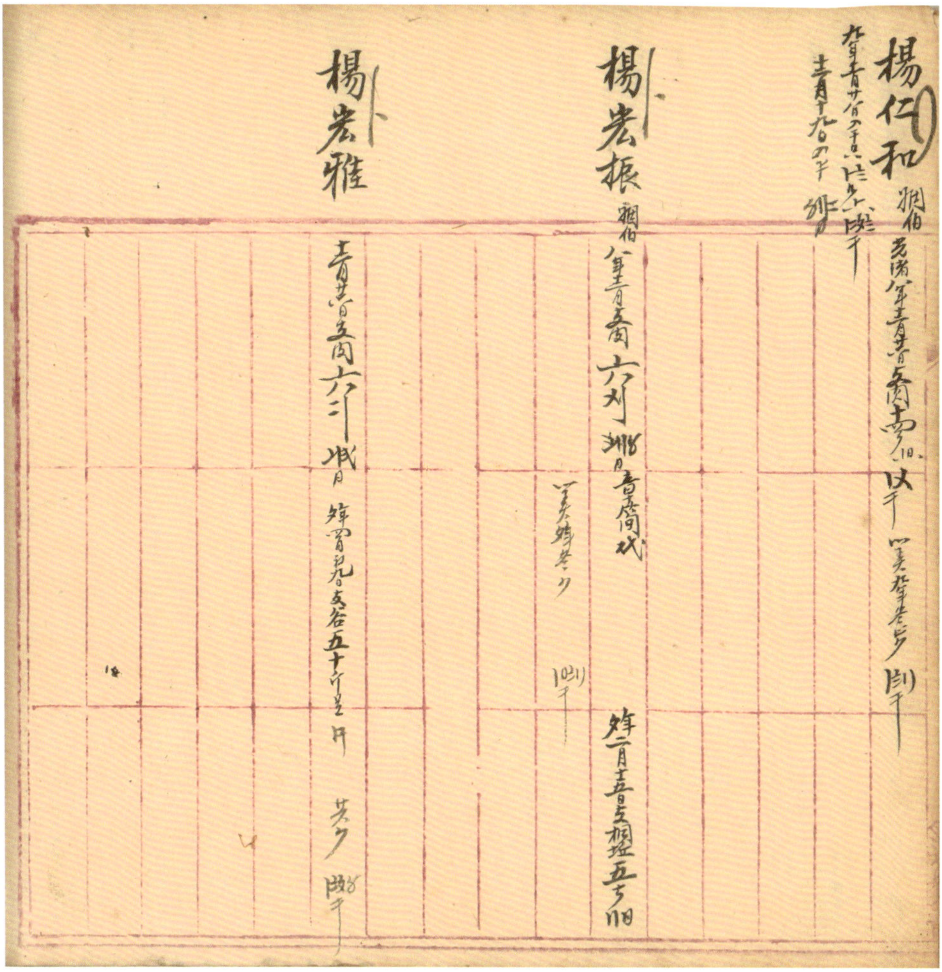

楊仁和

楊宏振

楊宏雅

8-2-36-74　清光緒八年鋼興黃記銀錢油穀發借總目（七四）

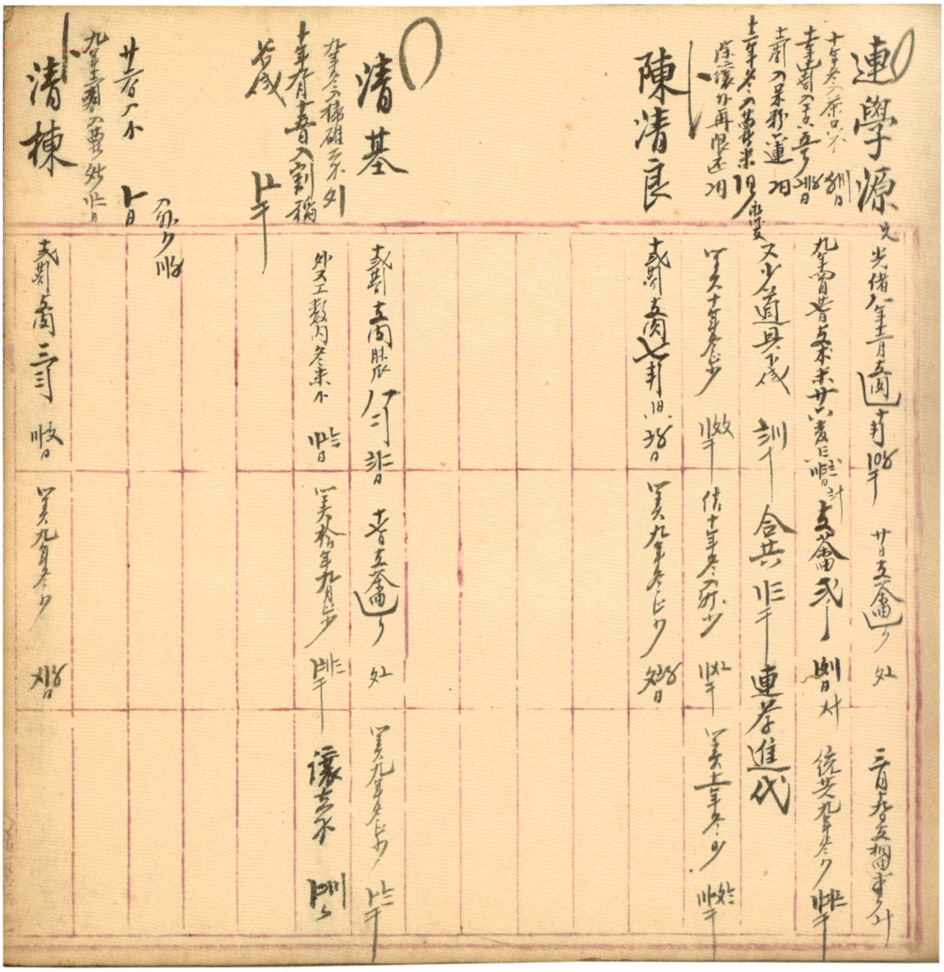

8-2-36-75　清光緒八年鋼興黃記銀錢油穀發借總目（七五）

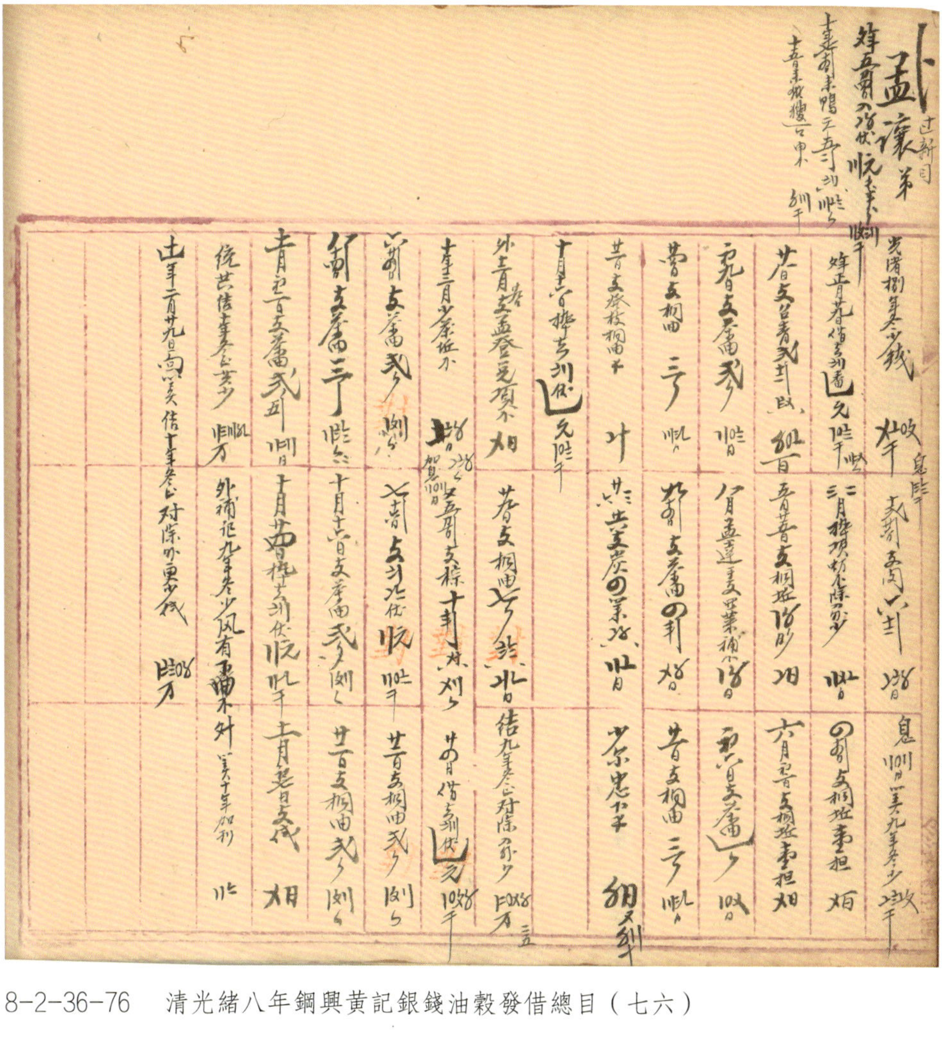

8-2-36-76　清光緒八年鋼興黃記銀錢油穀發借總目（七六）

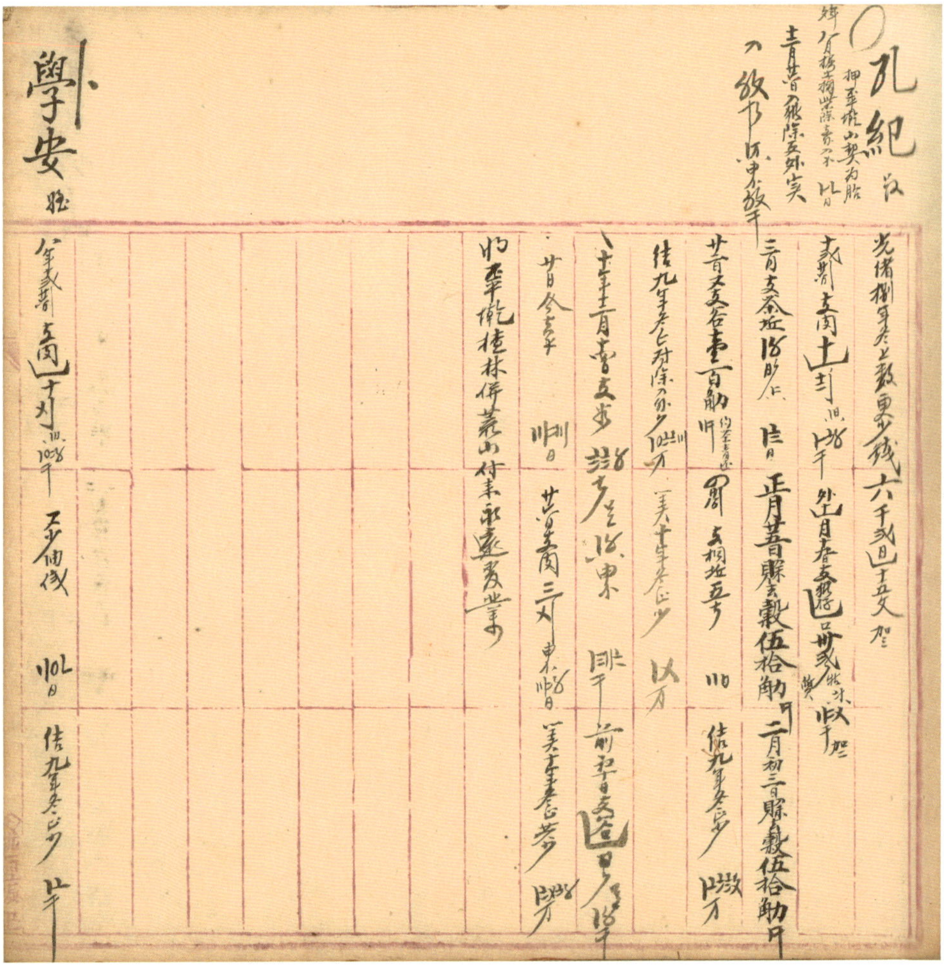

8-2-36-77　清光緒八年鋼興黄記銀錢油穀發借總目（七七）

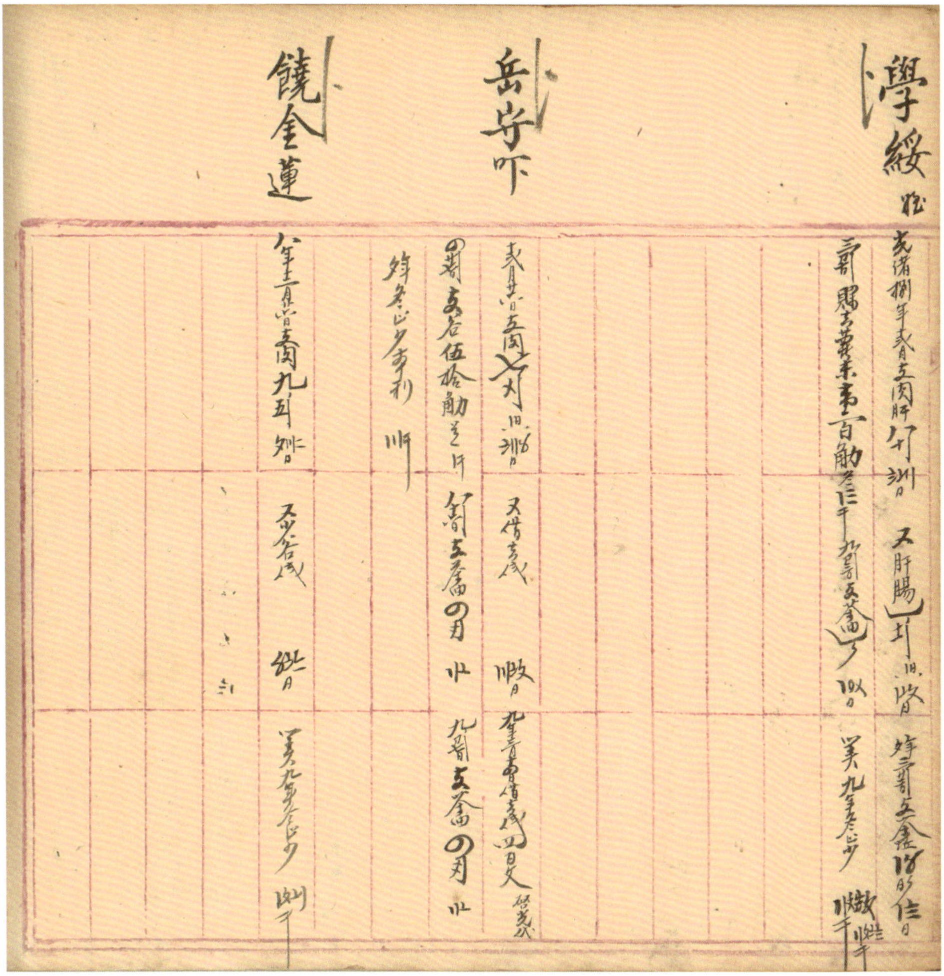

8-2-36-78　清光緒八年鋼興黄記銀錢油穀發借總目（七八）

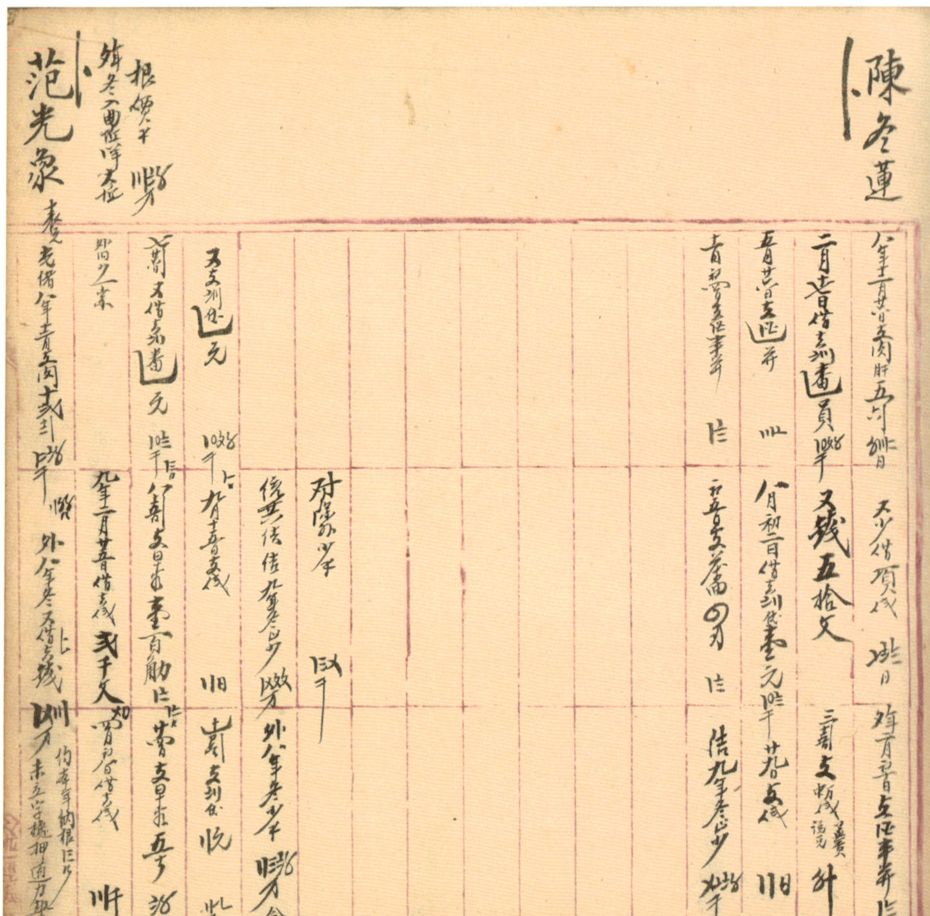

8-2-36-79 清光緒八年鋼興黄記銀錢油穀發借總目（七九）

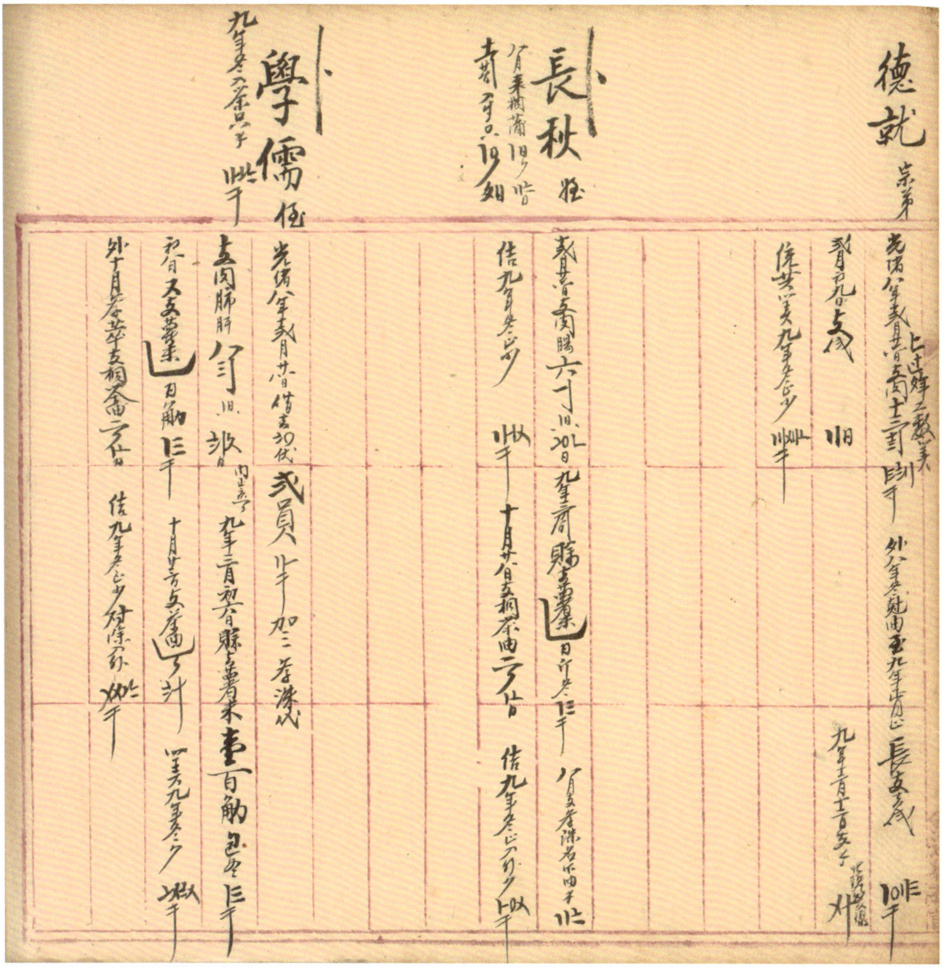
德就
長秋
學儒

8-2-36-80　清光緒八年鋼興黄記銀錢油穀發借總目（八〇）

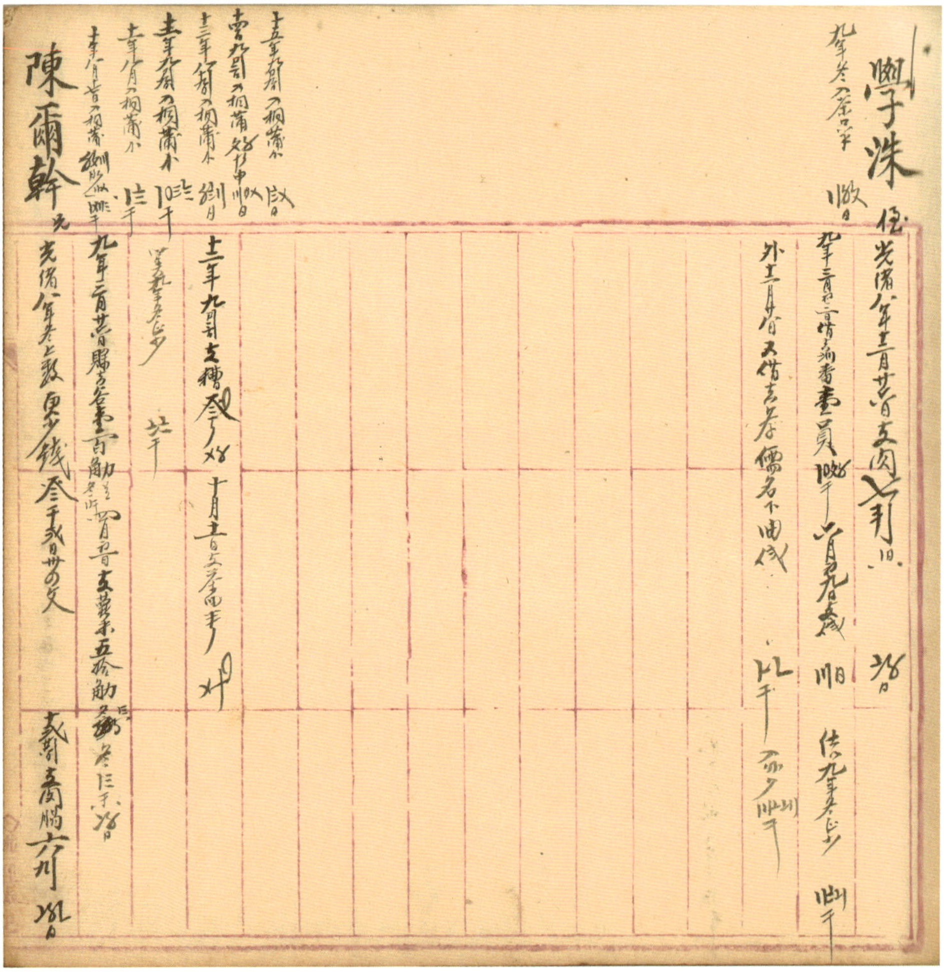

8-2-36-81　清光緒八年鋼興黄記銀錢油穀發借總目（八一）

8-2-36-82　清光緒八年鋼興黄記銀錢油穀發借總目（八二）

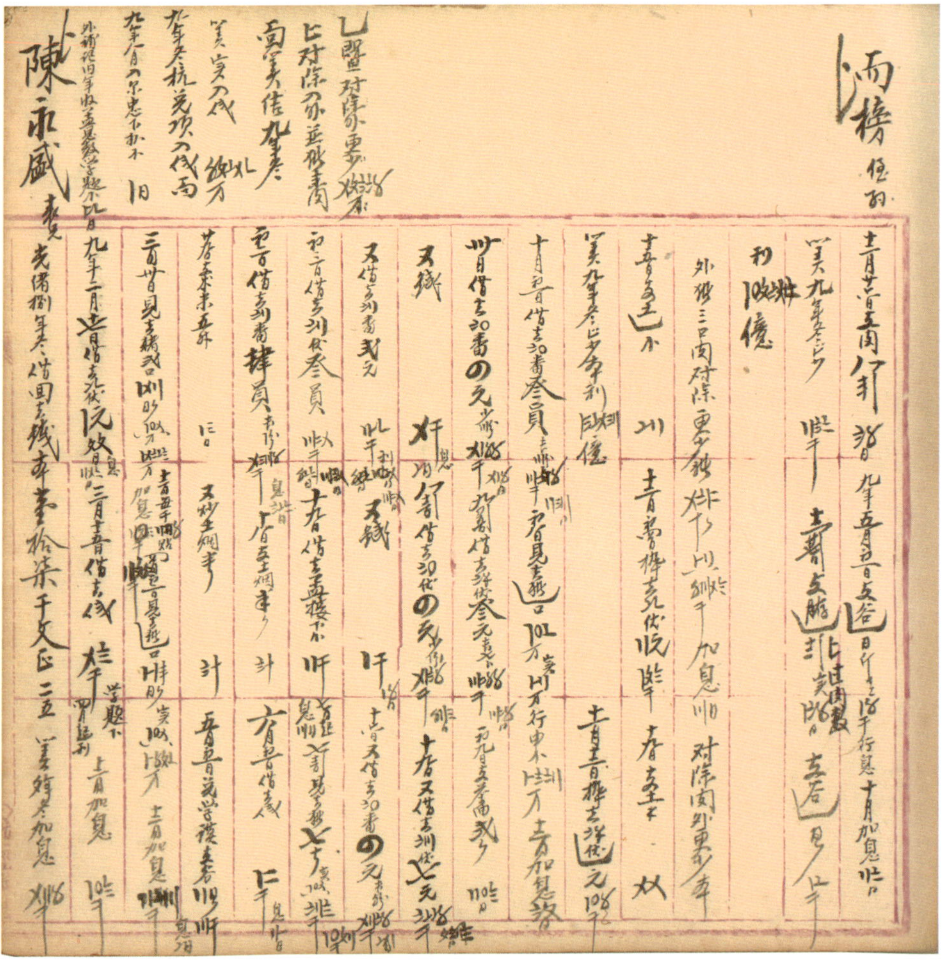

8-2-36-83　清光緒八年鋼興黄記銀錢油穀發借總目（八三）

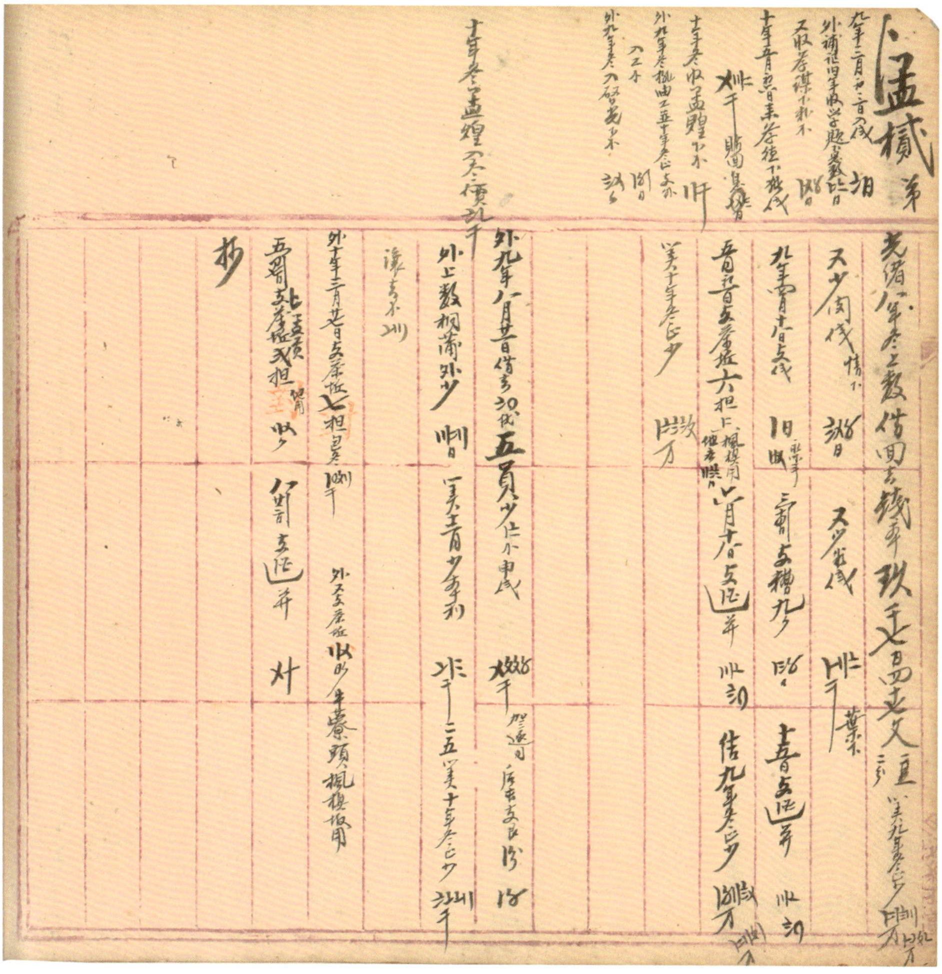

8-2-36-84　清光緒八年鋼興黄記銀錢油穀發借總目（八四）

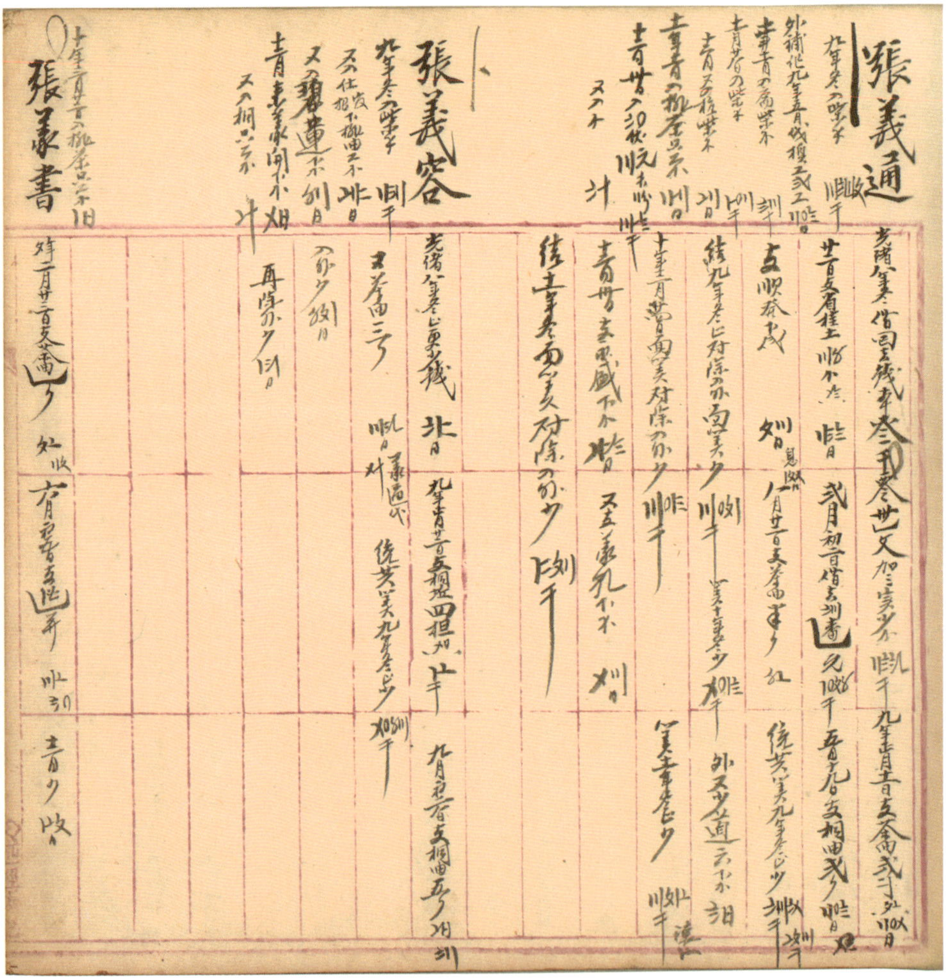

8-2-36-85　清光緒八年鋼興黃記銀錢油穀發借總目（八五）

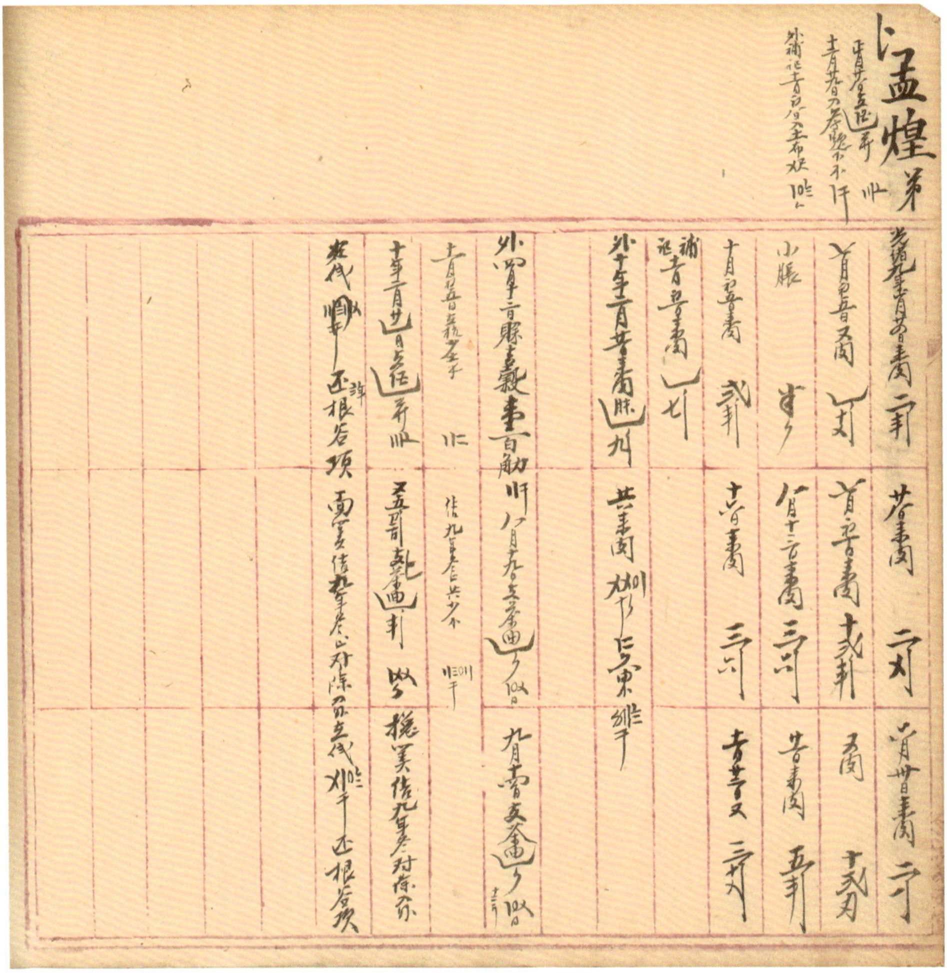

8-2-36-86　清光緒八年鋼興黃記銀錢油穀發借總目（八六）

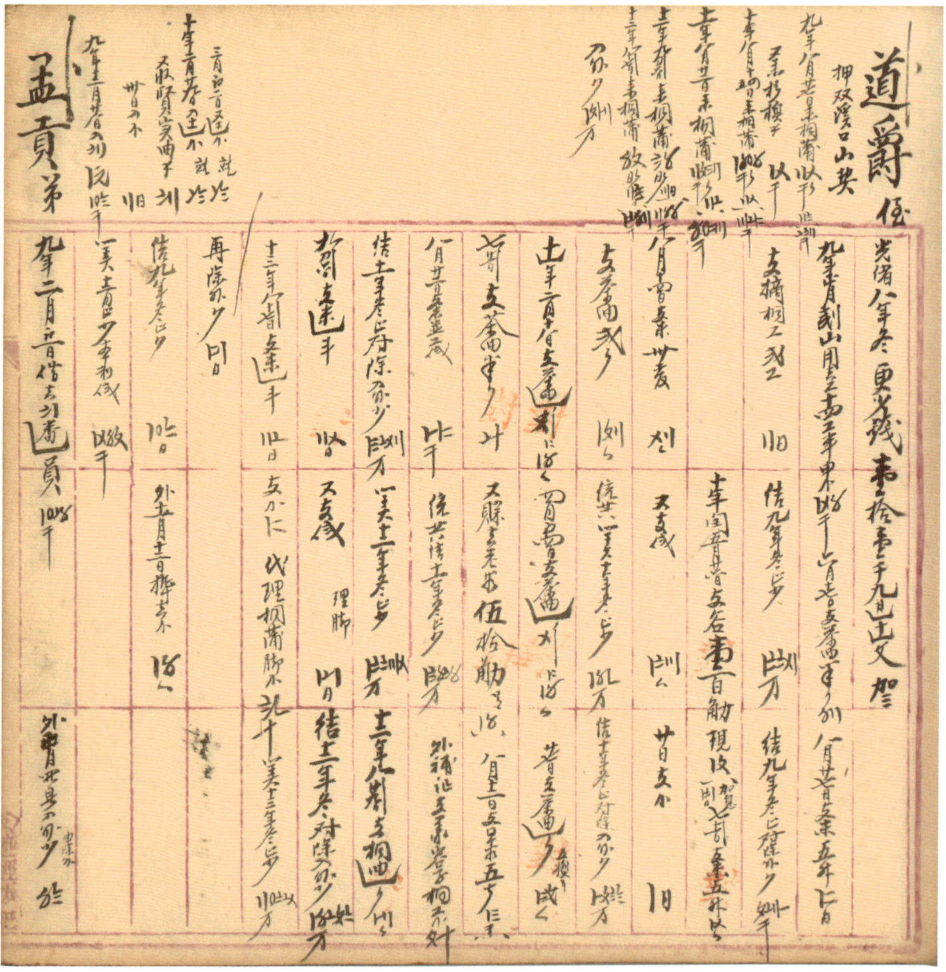

8-2-36-87　清光緒八年鋼興黄記銀錢油穀發借總目（八七）

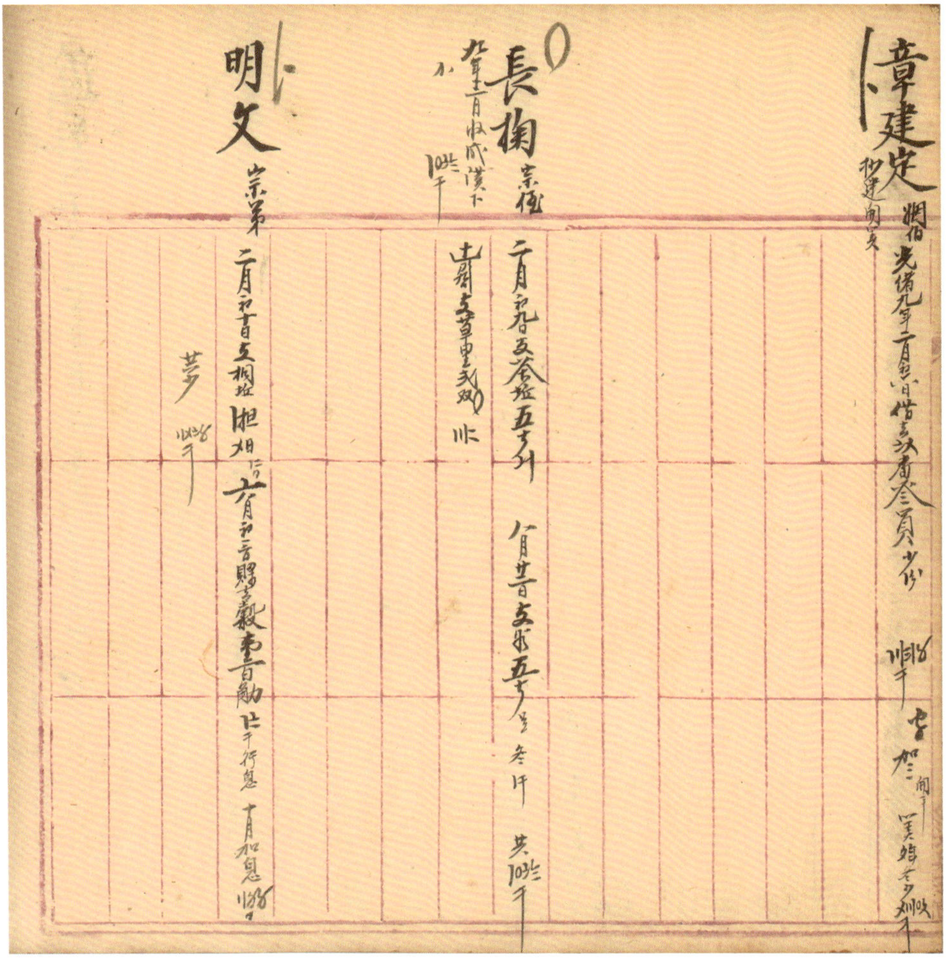

章建定

長掏

明文

8-2-36-88　清光緒八年鋼興黄記銀錢油穀發借總目（八八）

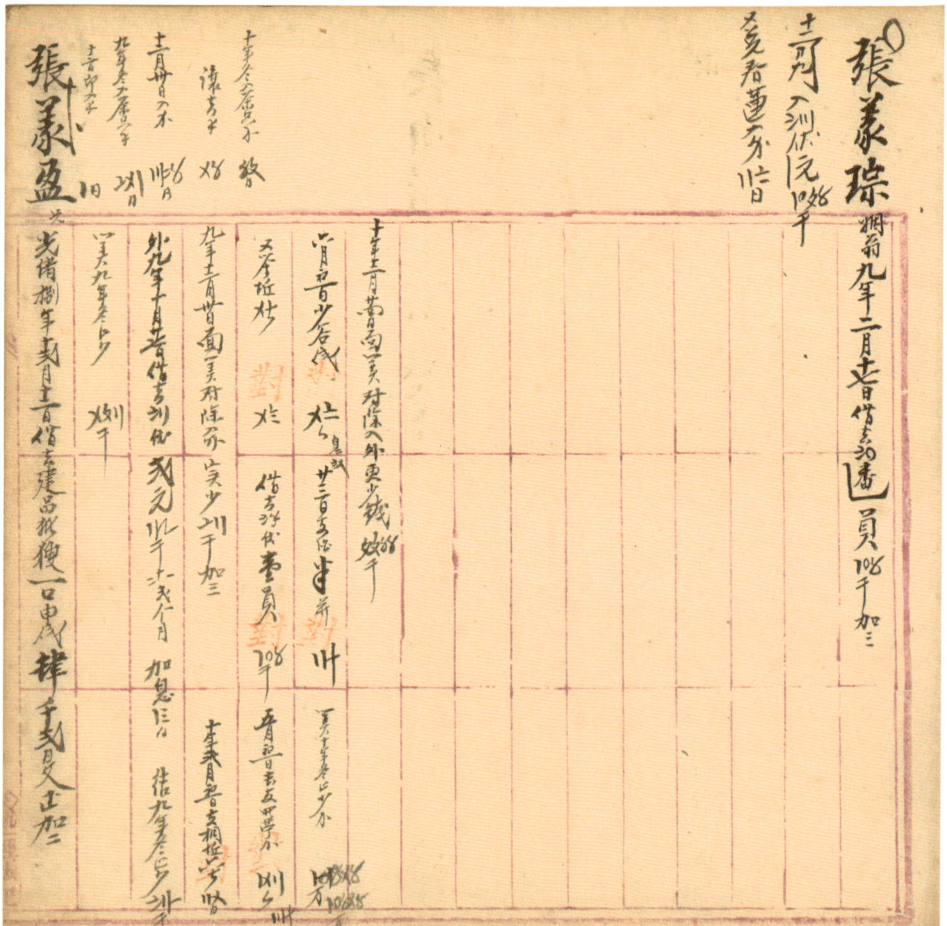

8-2-36-89　清光緒八年鋼興黃記銀錢油穀發借總目（八九）

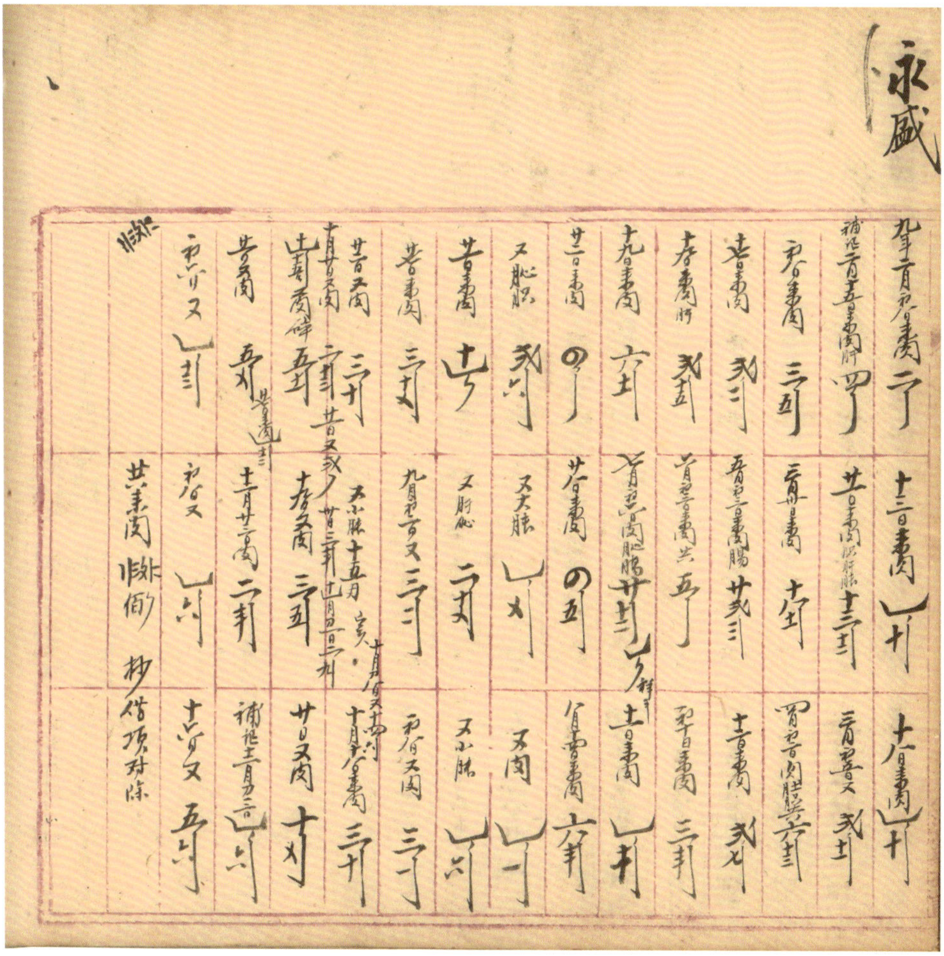

8-2-36-90　清光緒八年鋼興黄記銀錢油穀發借總目（九〇）

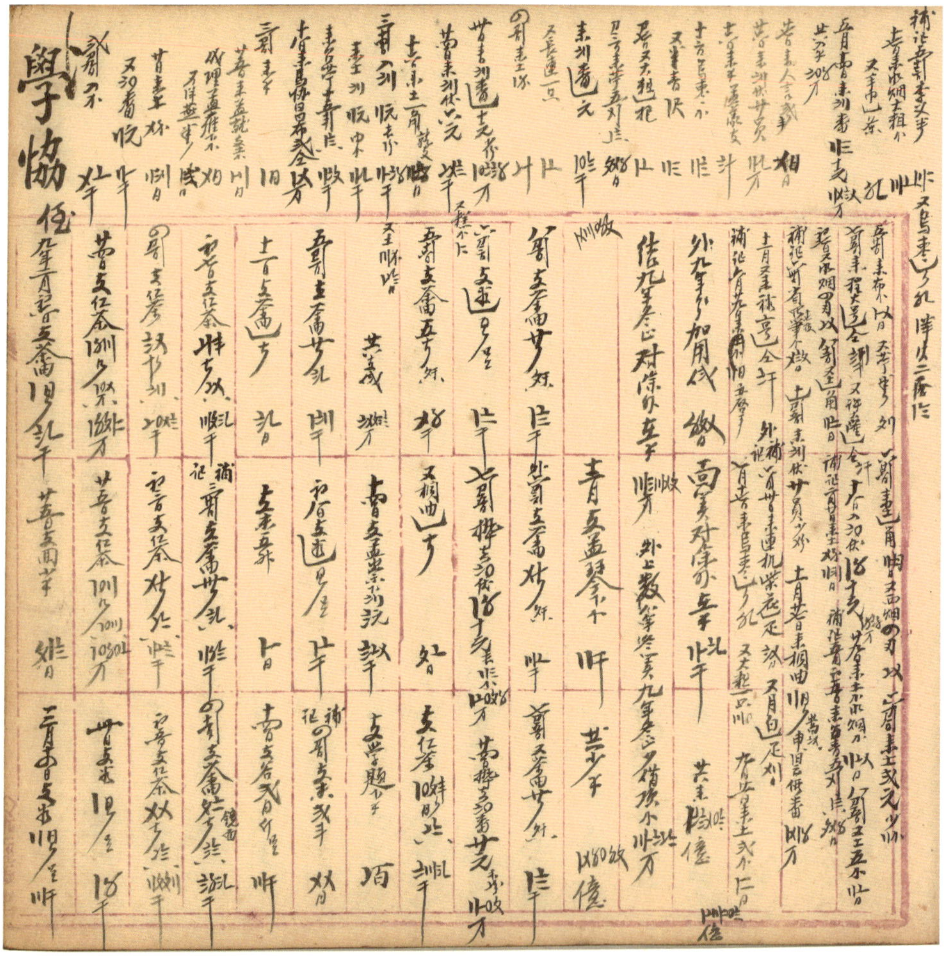

8-2-36-91　清光緒八年鋼興黄記銀錢油穀發借總目（九一）

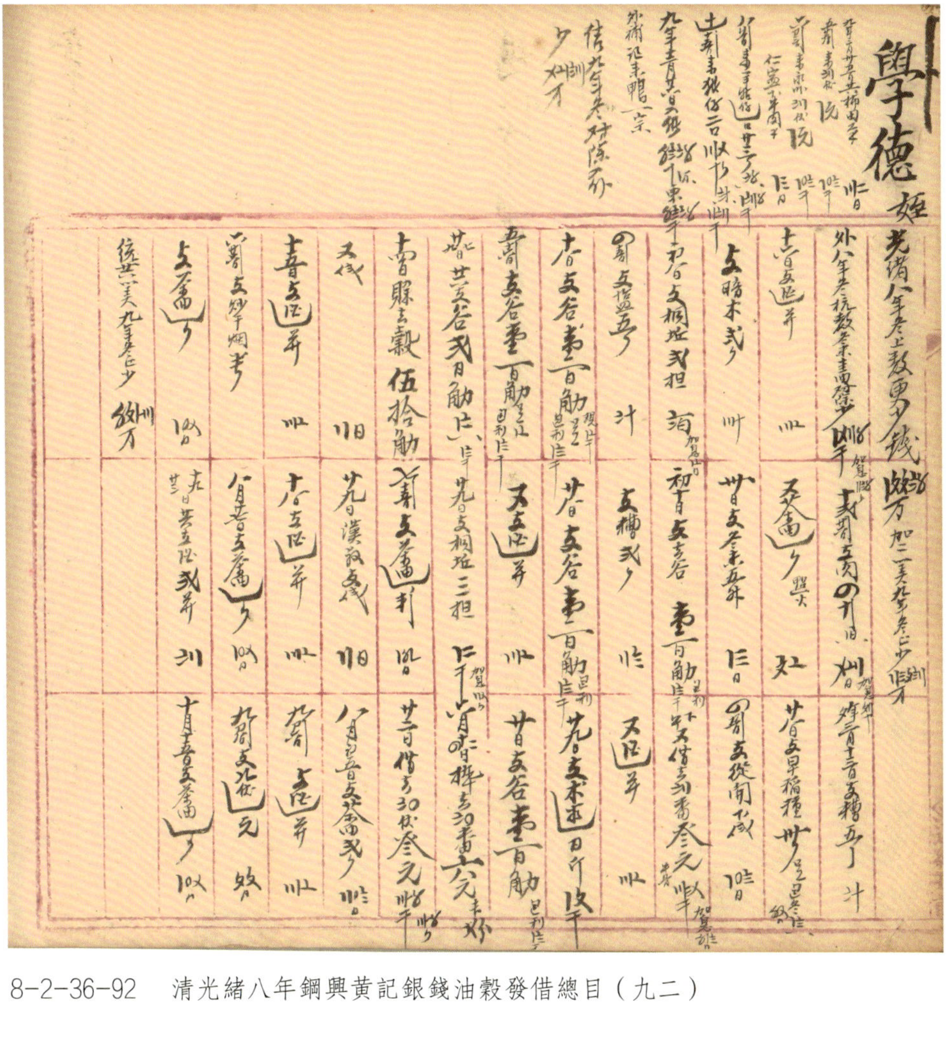

8-2-36-92　清光緒八年鋼興黃記銀錢油穀發借總目（九二）

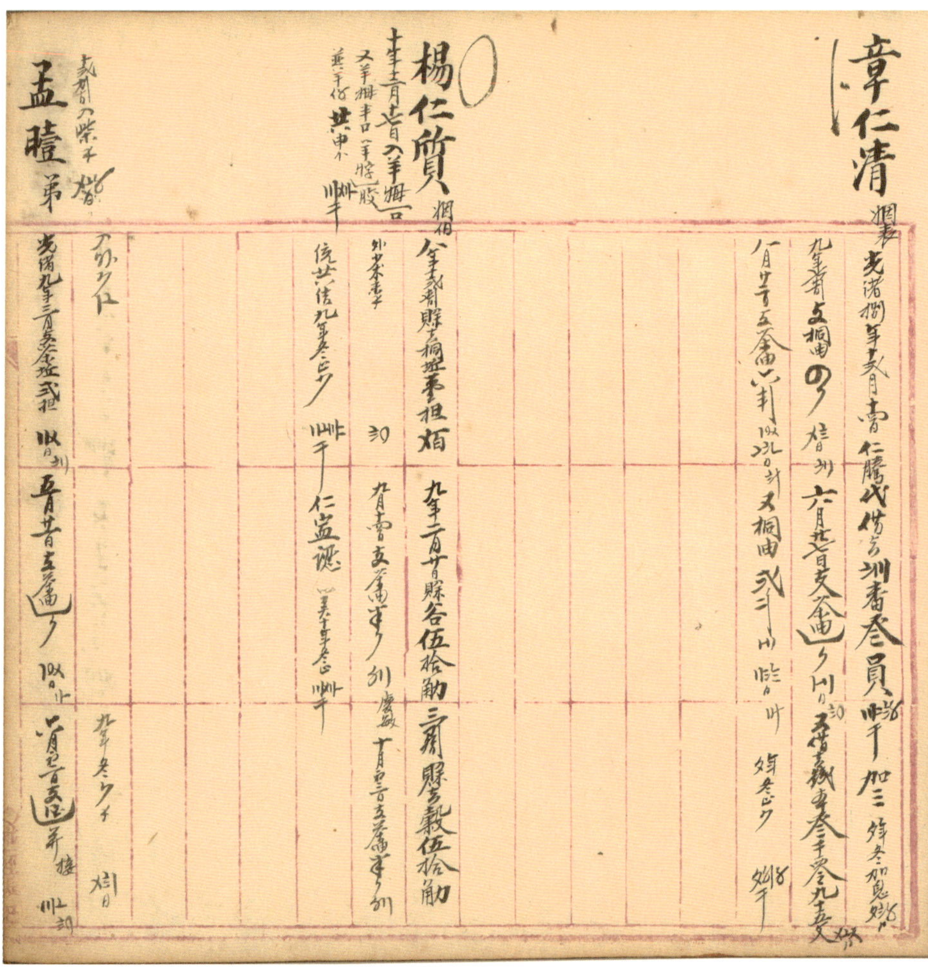

8-2-36-93　清光緒八年鋼興黄記銀錢油穀發借總目（九三）

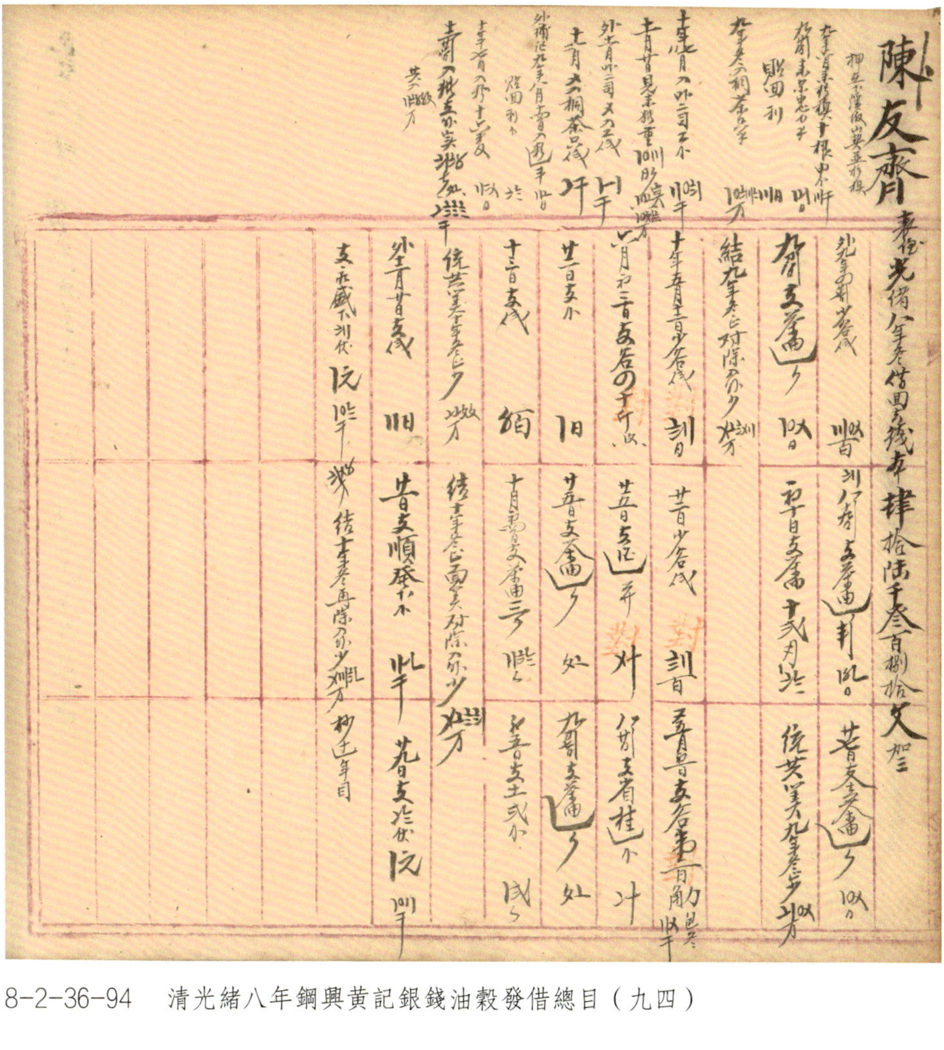
陳友齊

8-2-36-94　清光緒八年鋼興黄記銀錢油穀發借總目（九四）

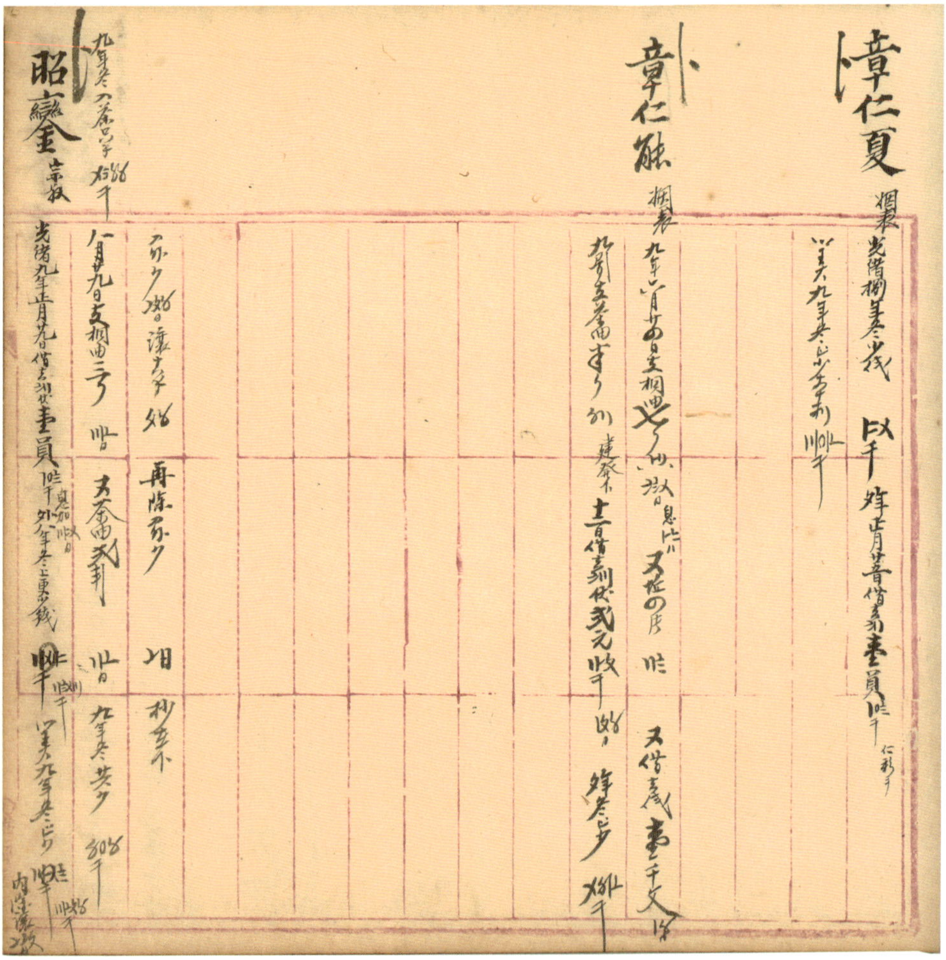

8-2-36-95　清光緒八年鋼興黄記銀錢油穀發借總目（九五）

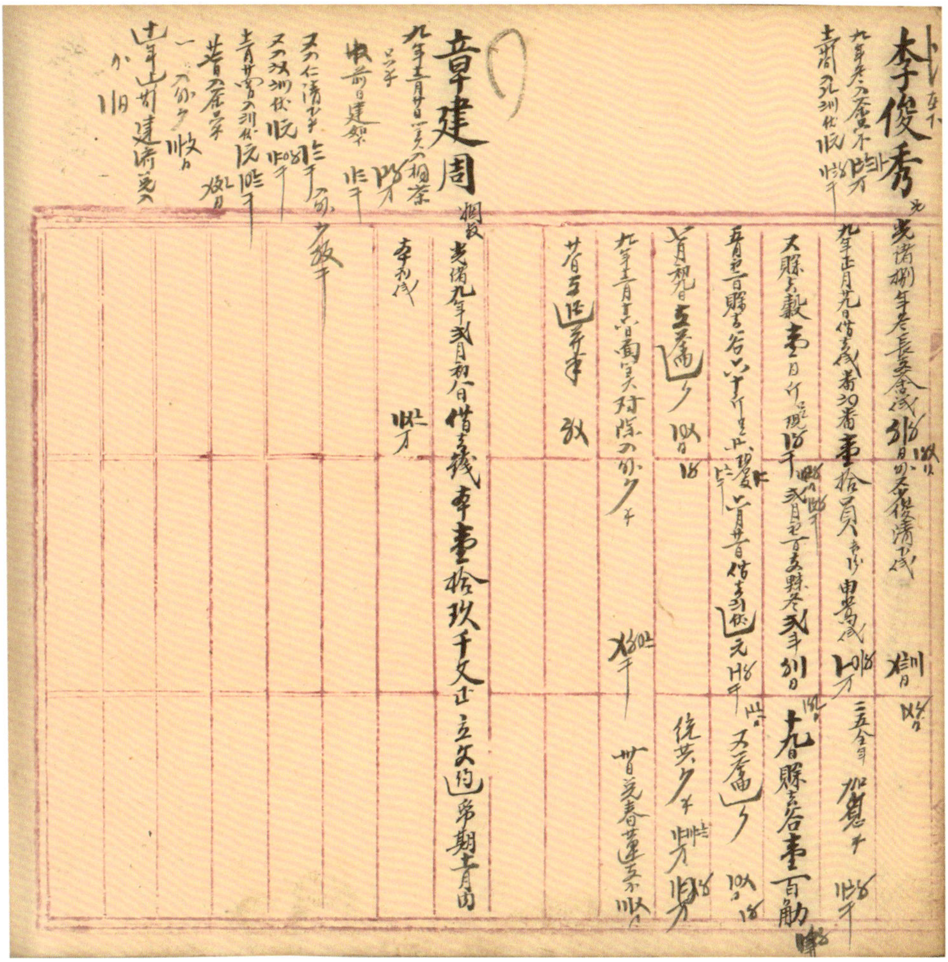

8-2-36-96　清光緒八年鋼興黃記銀錢油穀發借總目（九六）

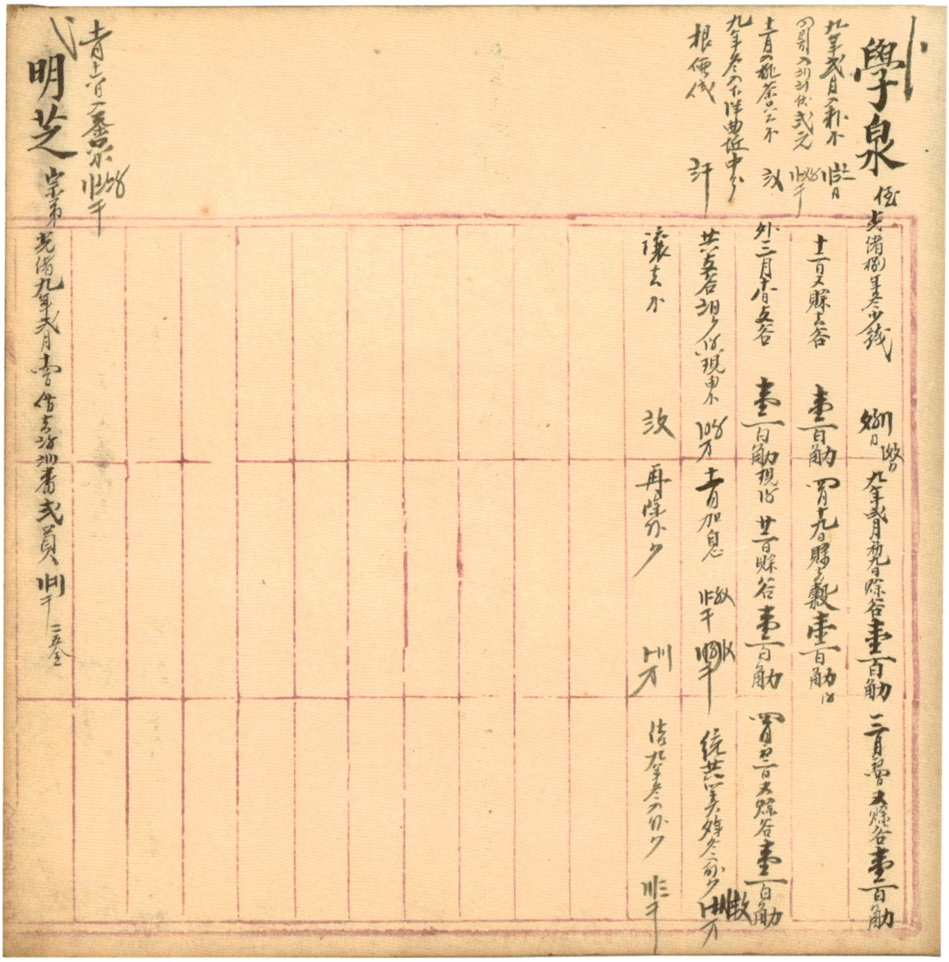

8-2-36-97　清光緒八年鋼興黄記銀錢油穀發借總目（九七）

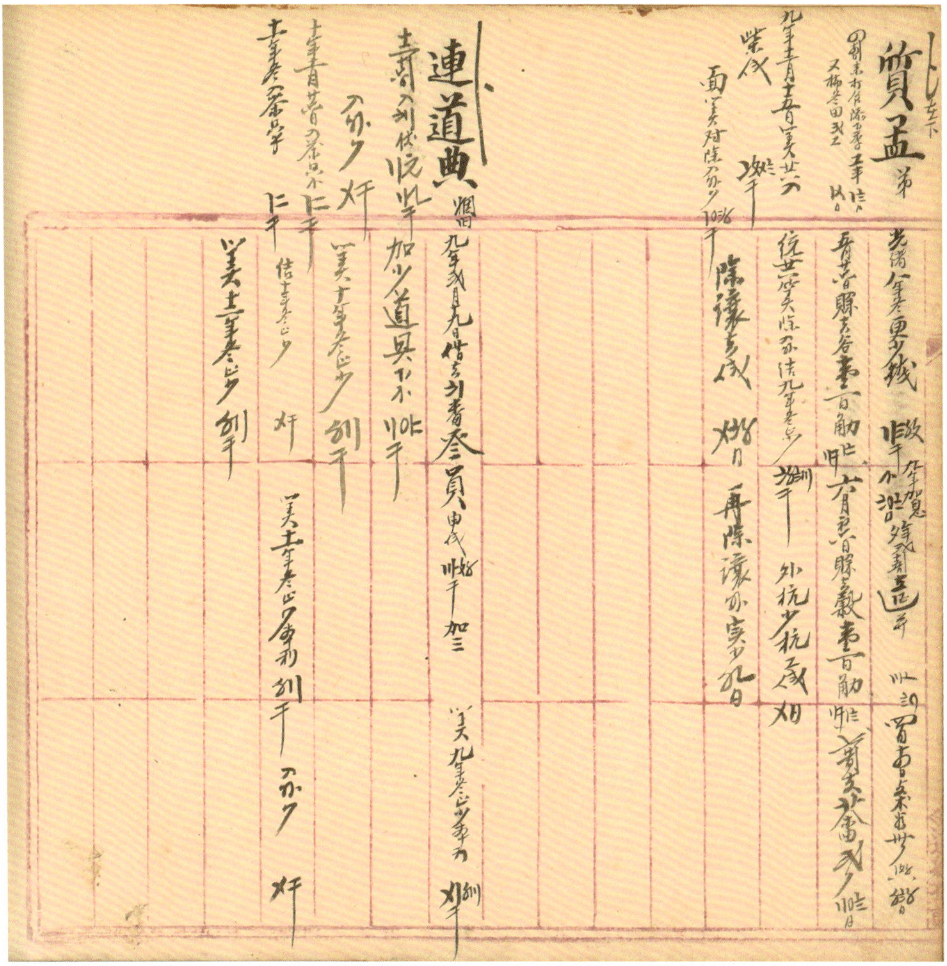

8-2-36-98　清光緒八年鋼興黃記銀錢油穀發借總目（九八）

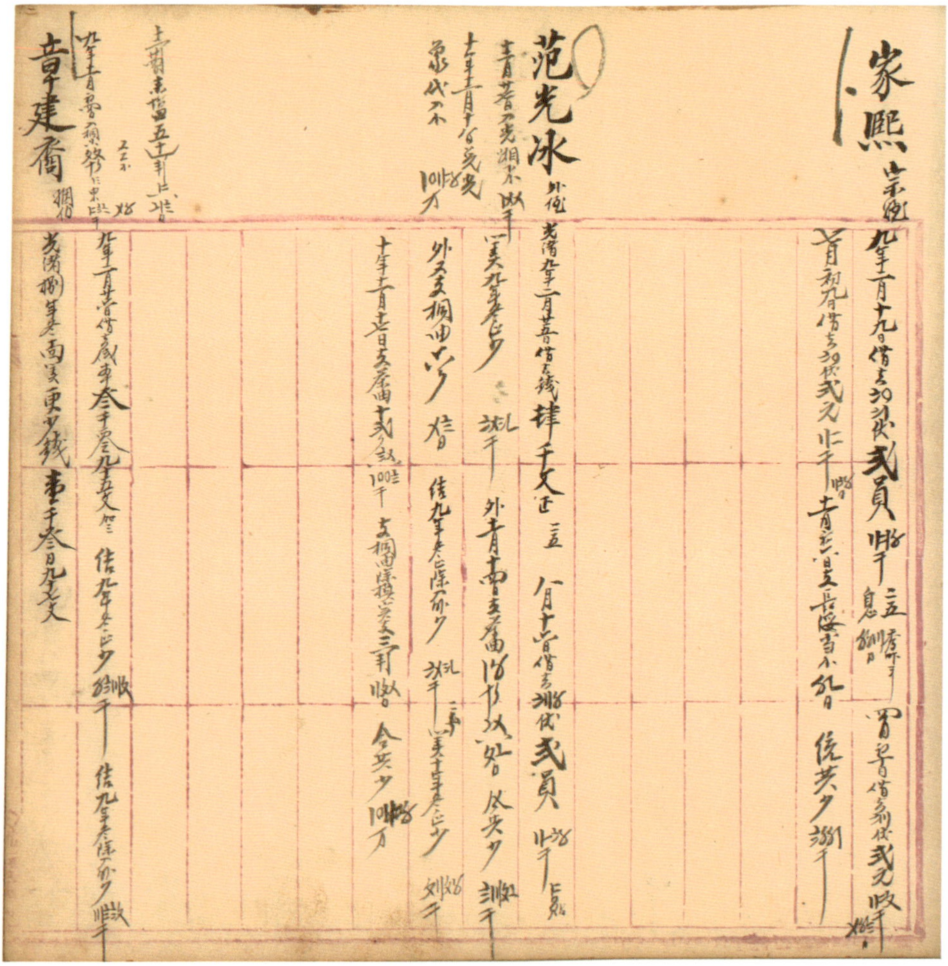

8-2-36-99　清光緒八年鋼興黄記銀錢油穀發借總目（九九）

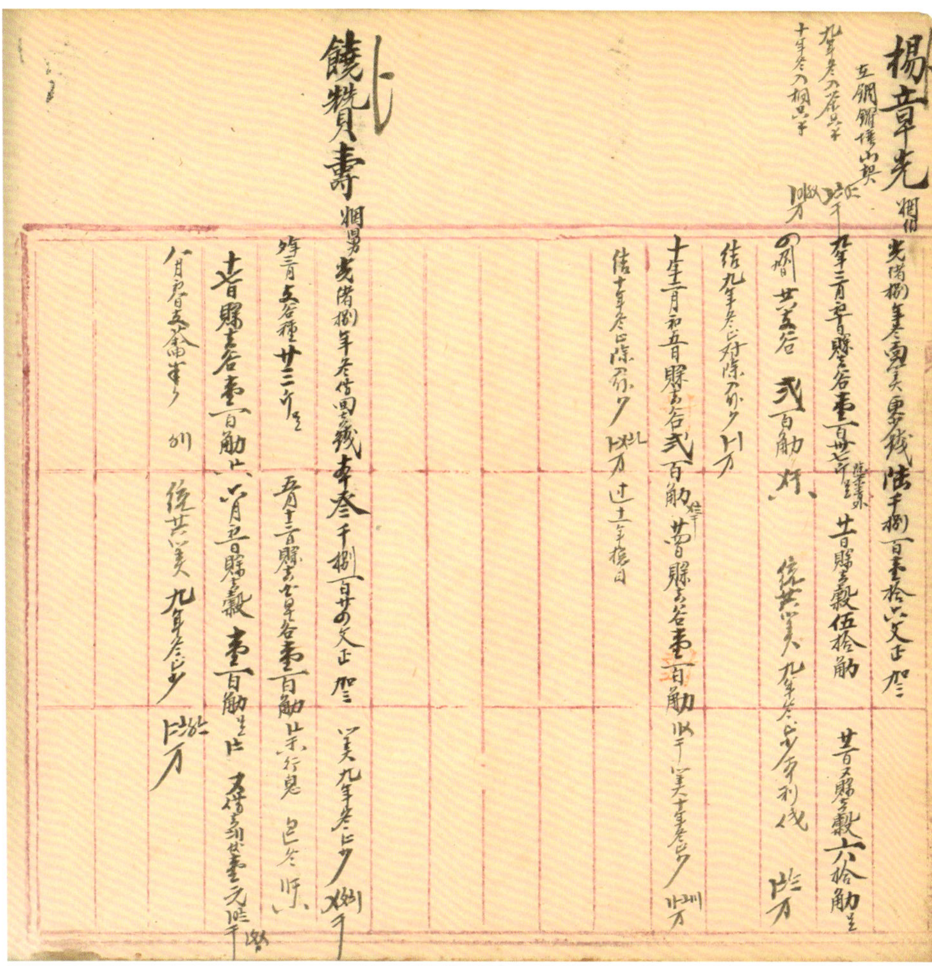

8-2-36-100　清光緒八年鋼興黃記銀錢油穀發借總目（一〇〇）

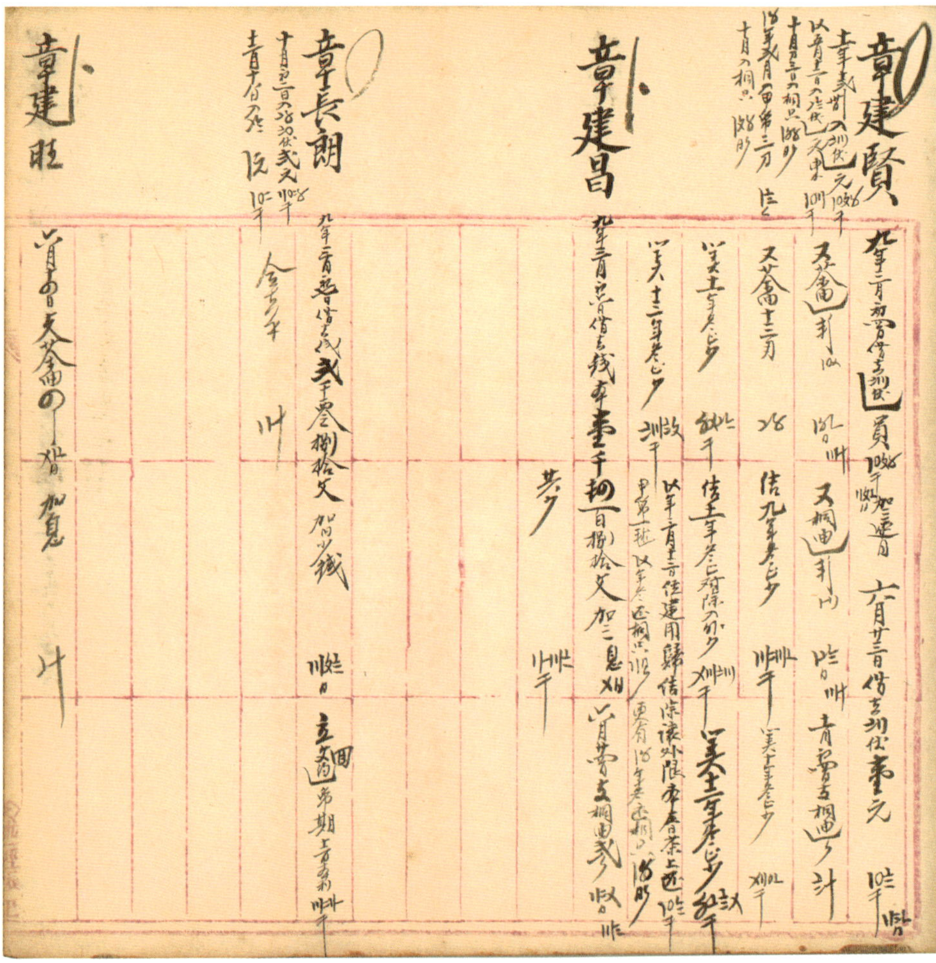

8-2-36-101　清光緒八年鋼興黄記銀錢油穀發借總目（一〇一）

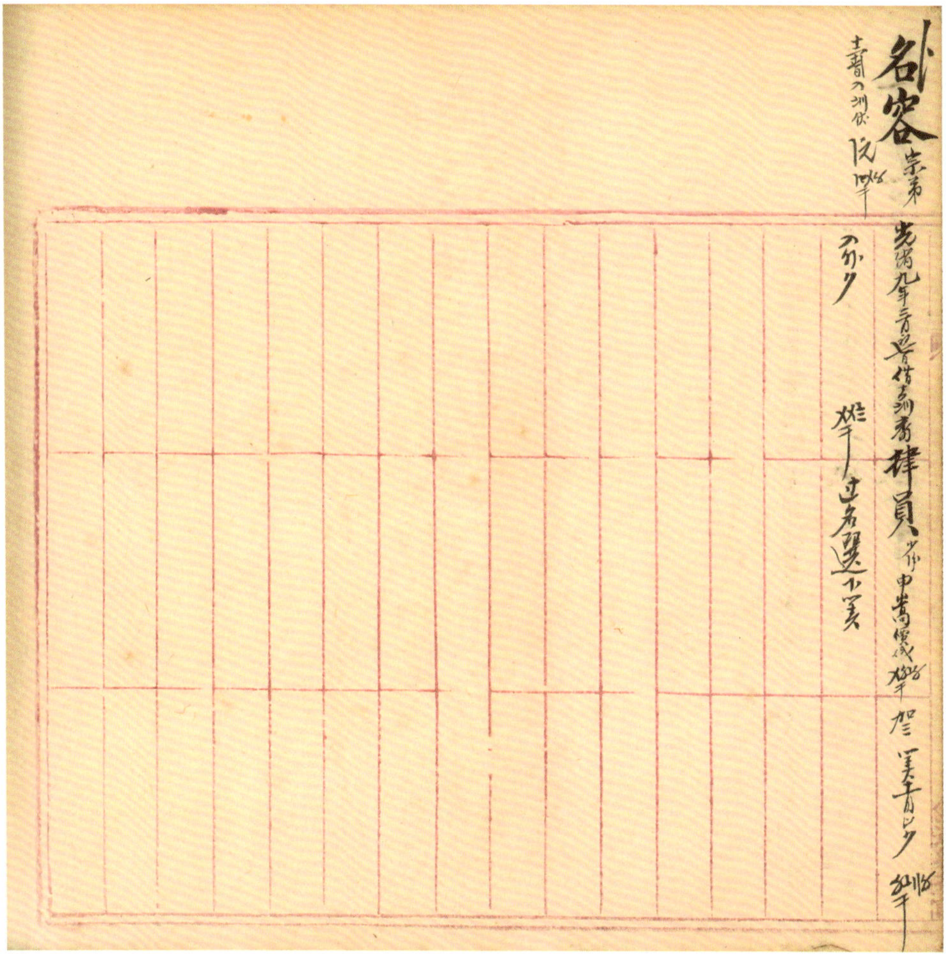

8-2-36-102　清光緒八年鋼興黄記銀錢油穀發借總目（一〇二）

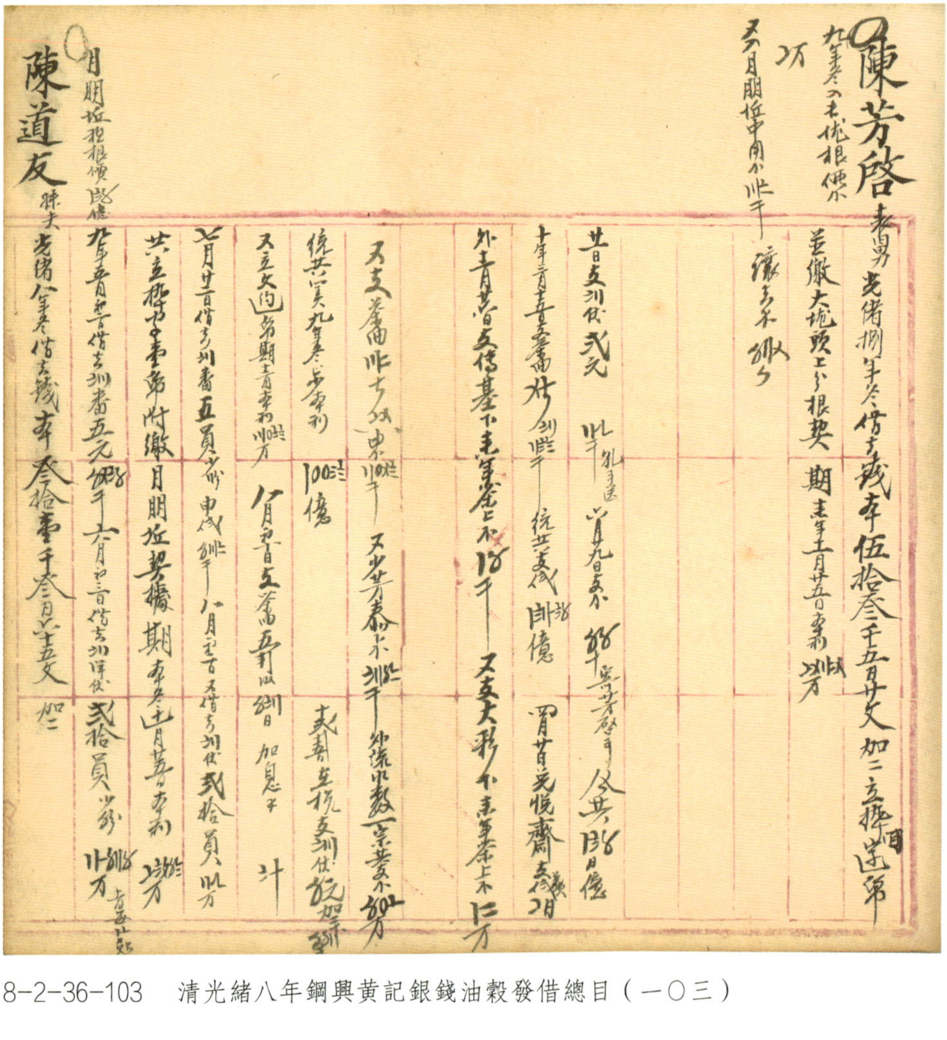

8-2-36-103　清光緒八年鋼興黄記銀錢油穀發借總目（一〇三）

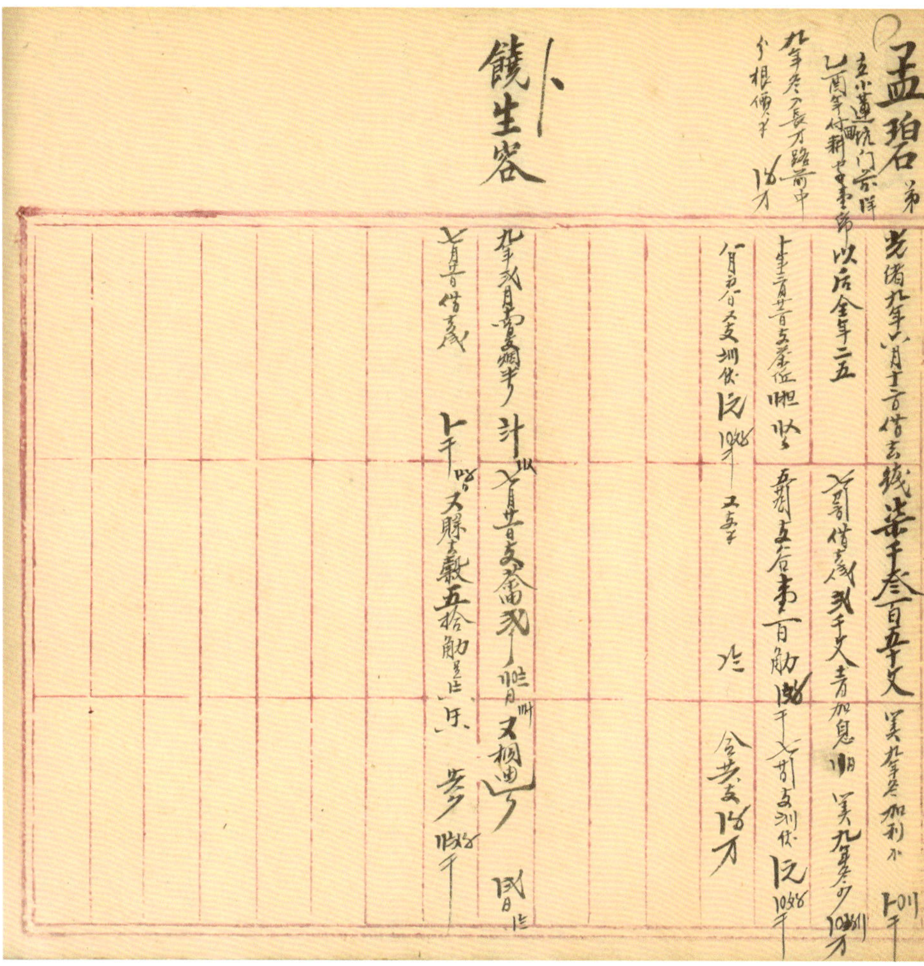
孟珀石 弟
光緒九年六月十二日借去錢柒千叁百五十文
錢卜生容

8-2-36-104　清光緒八年鋼興黃記銀錢油穀發借總目（一〇四）

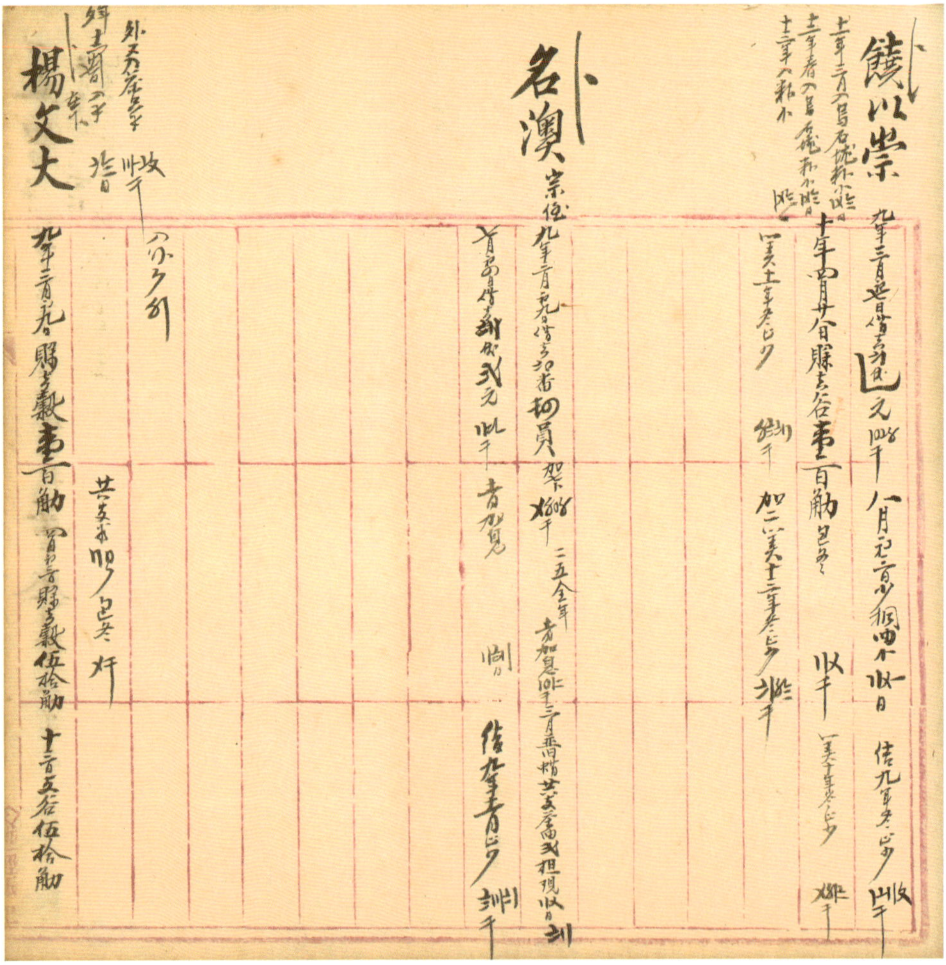

8-2-36-105　清光緒八年鋼興黃記銀錢油穀發借總目（一〇五）

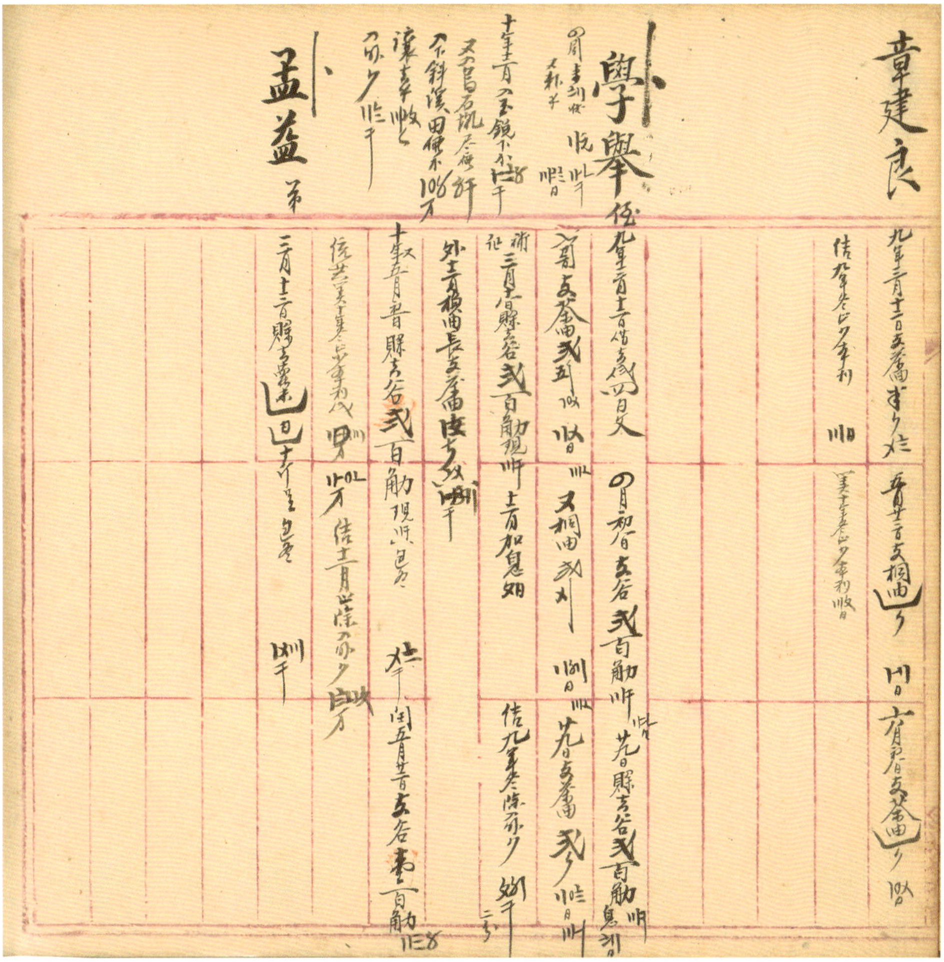

8-2-36-106　清光緒八年鋼興黄記銀錢油穀發借總目（一〇六）

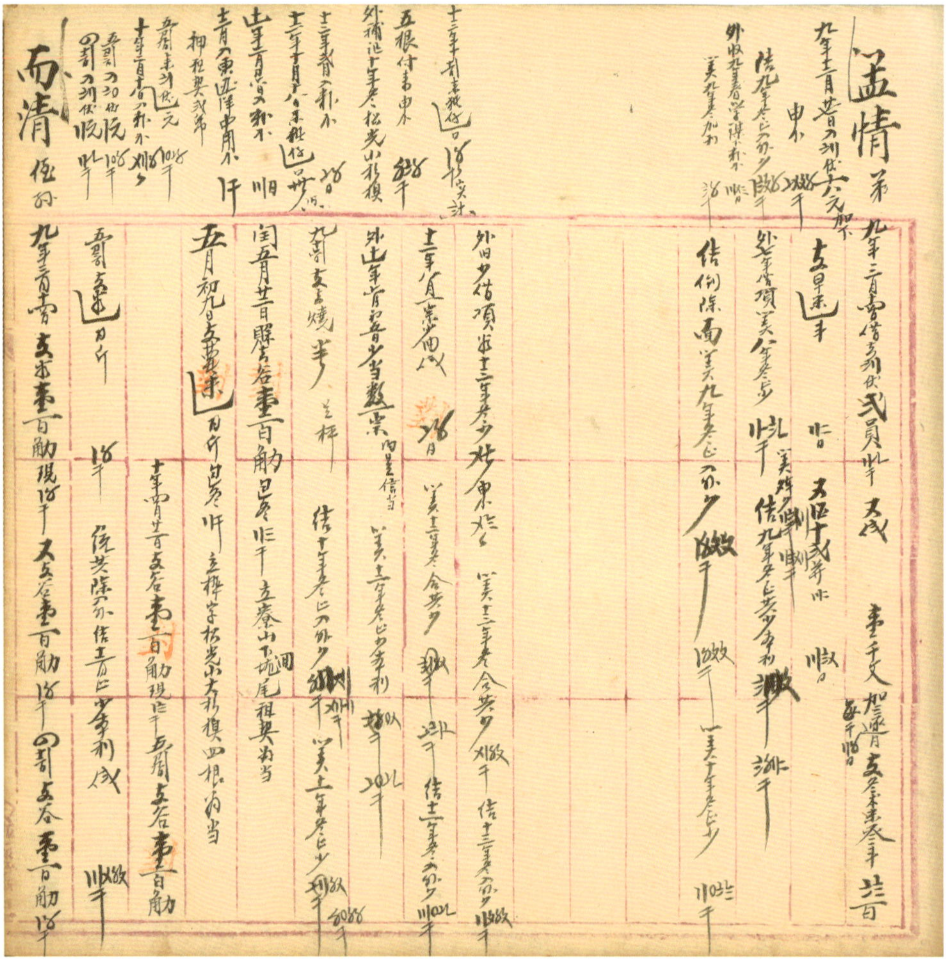

8-2-36-107　清光緒八年鋼興黄記銀錢油穀發借總目（一〇七）

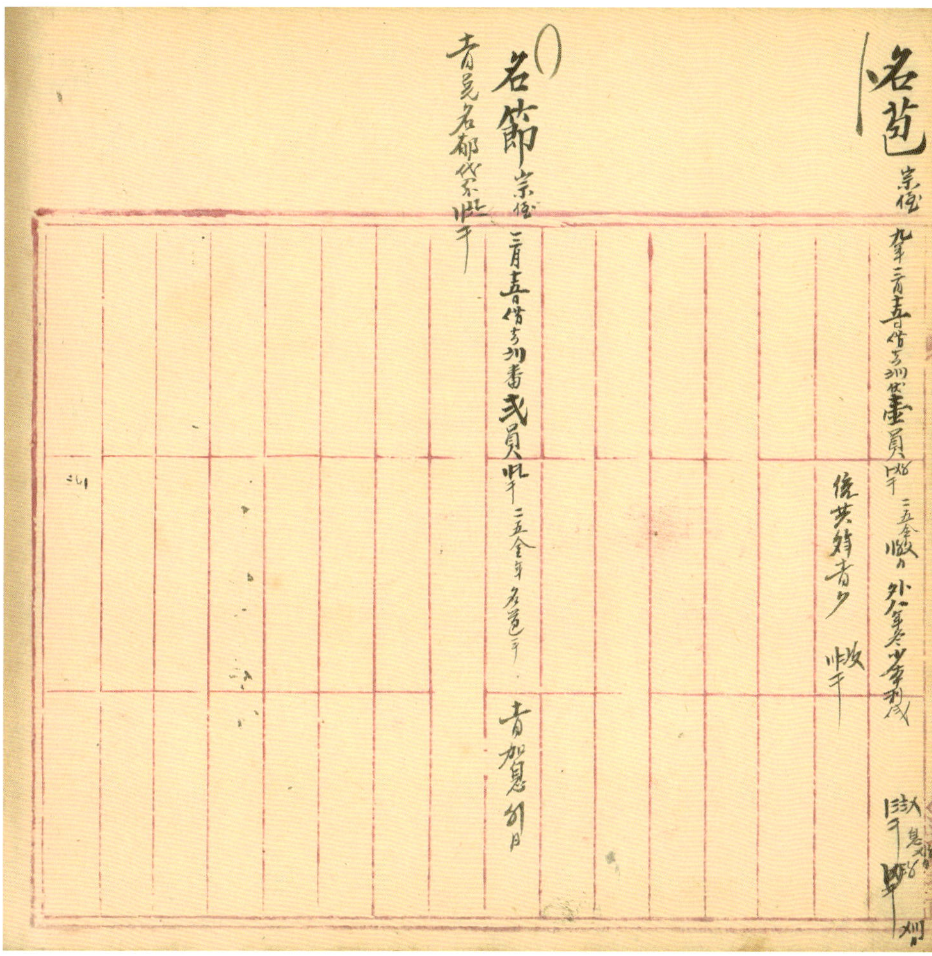

8-2-36-108　清光緒八年鋼興黄記銀錢油穀發借總目（一〇八）

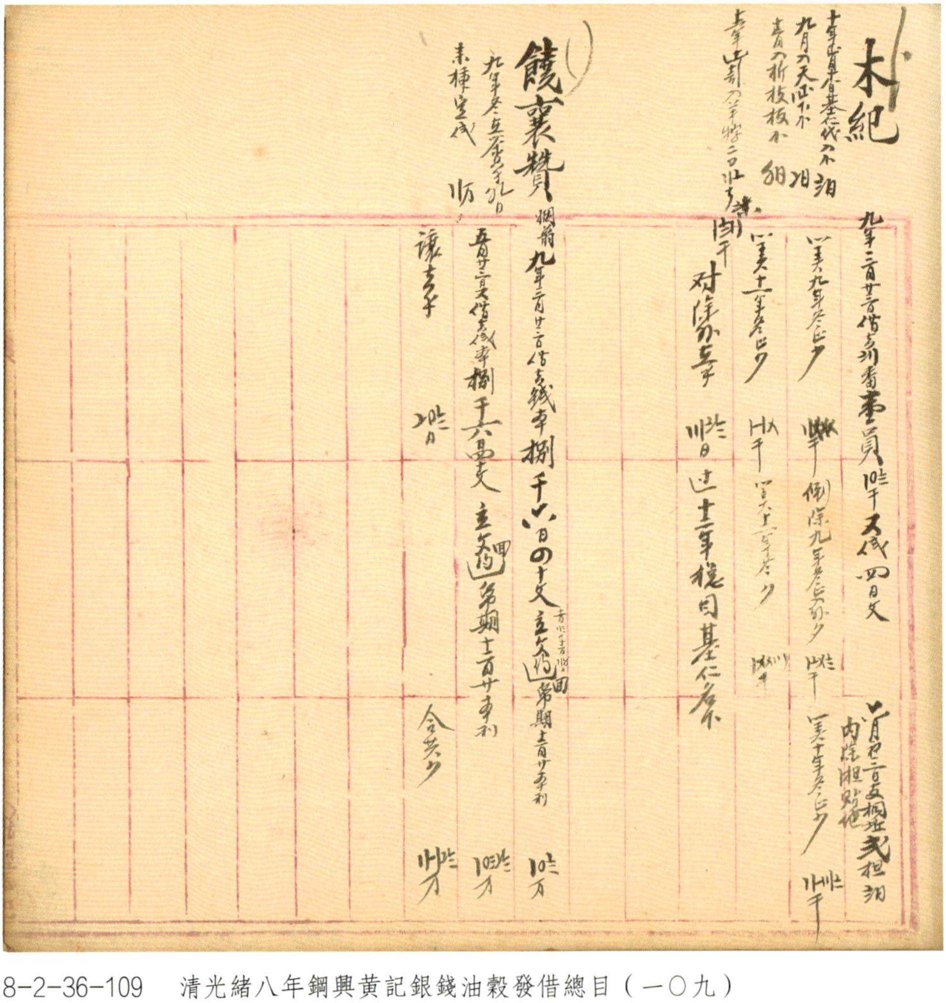

8-2-36-109　清光緒八年鋼興黄記銀錢油穀發借總目（一〇九）

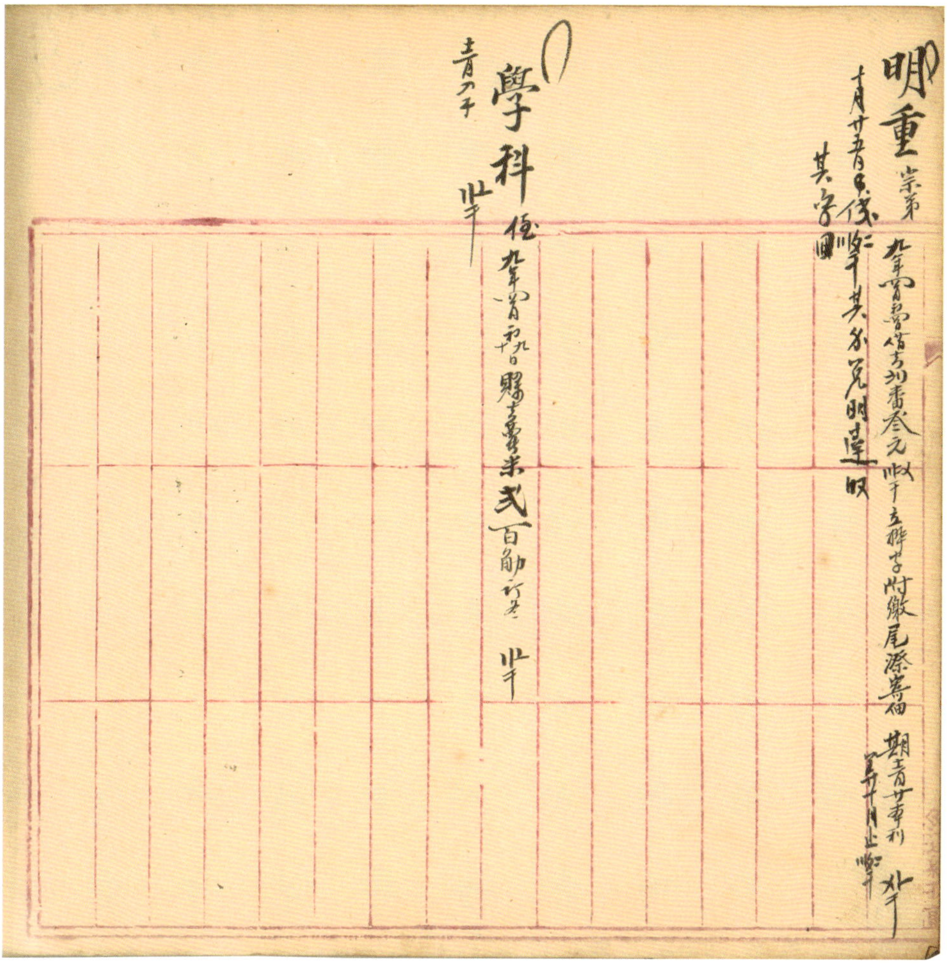

明重 宗弟 九年二月□日借去加番叁元 [illegible] 立撥字付徽尾溪寄佃 期十二月廿□利 [illegible]

十月廿五日收 [illegible] 其外覓明達收 其字[illegible]

學科 侄 九年十一月初九日賒去穀米弍百觔 [illegible]

十二月□□ [illegible]

8-2-36-110　清光緒八年鋼興黄記銀錢油穀發借總目（一一〇）

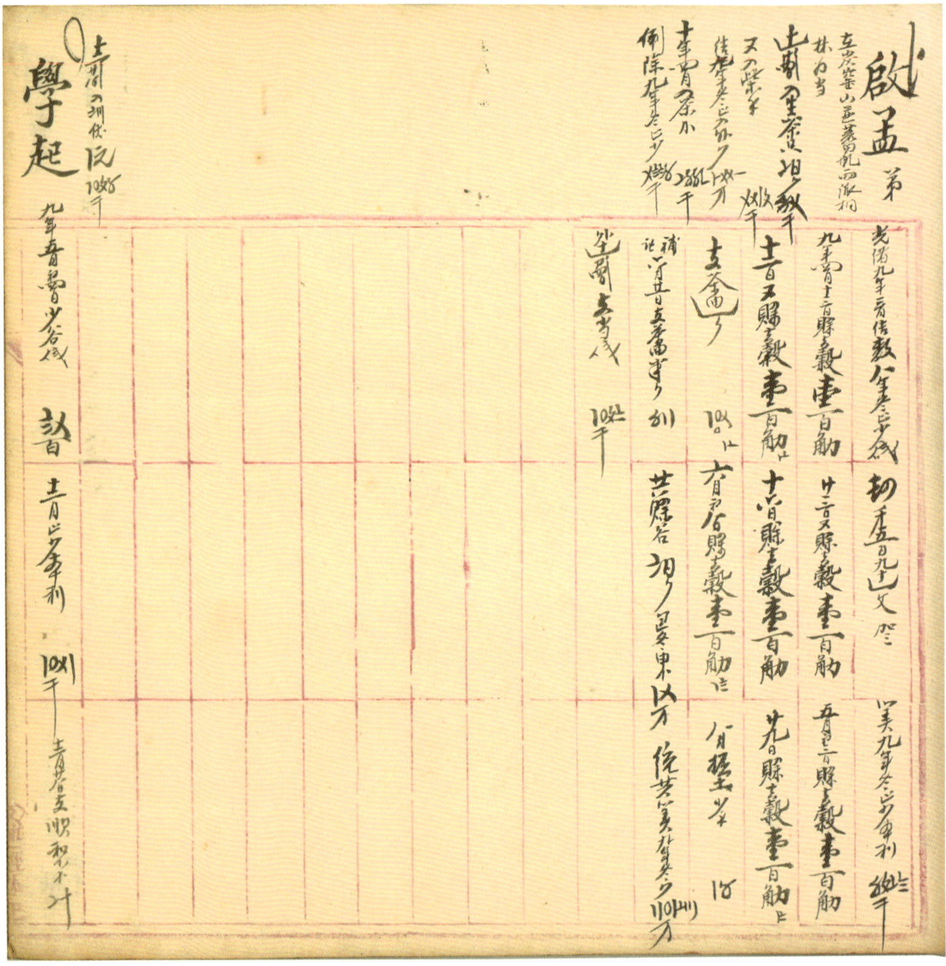

8-2-36-111　清光緒八年鋼興黄記銀錢油穀發借總目（一一一）

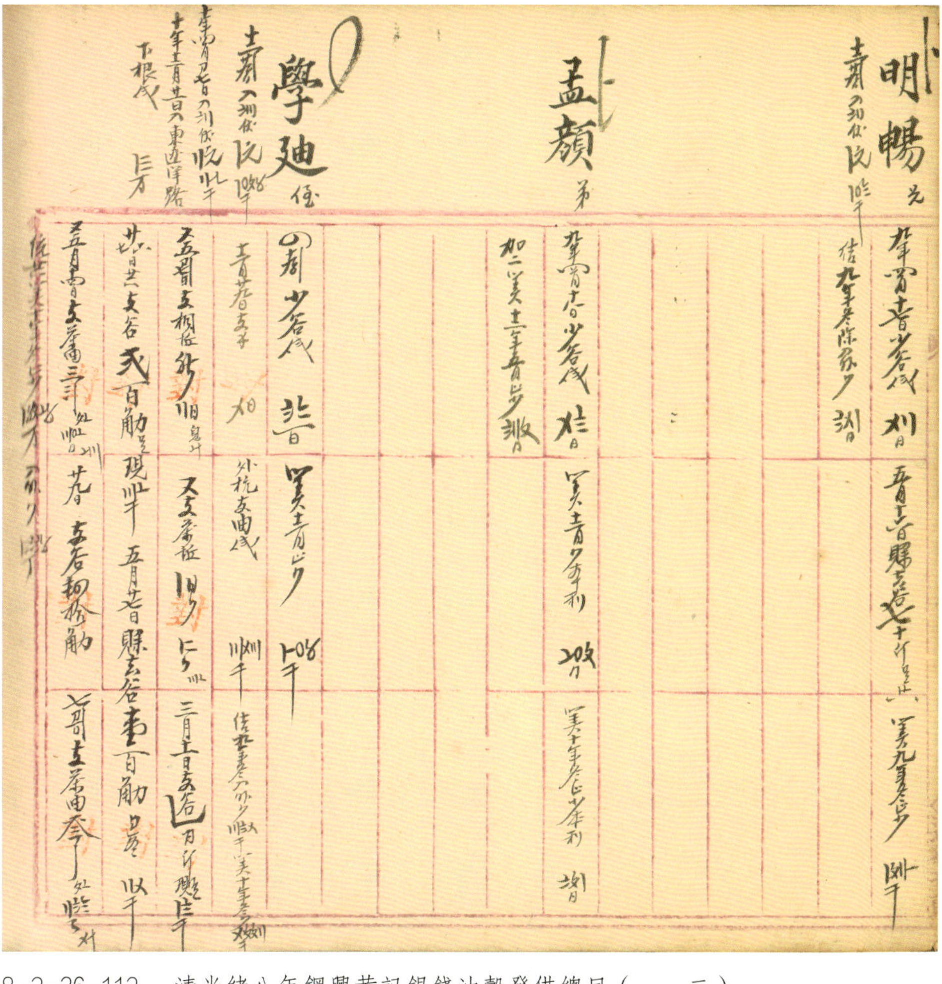

8-2-36-112　清光緒八年鋼興黃記銀錢油穀發借總目（一一二）

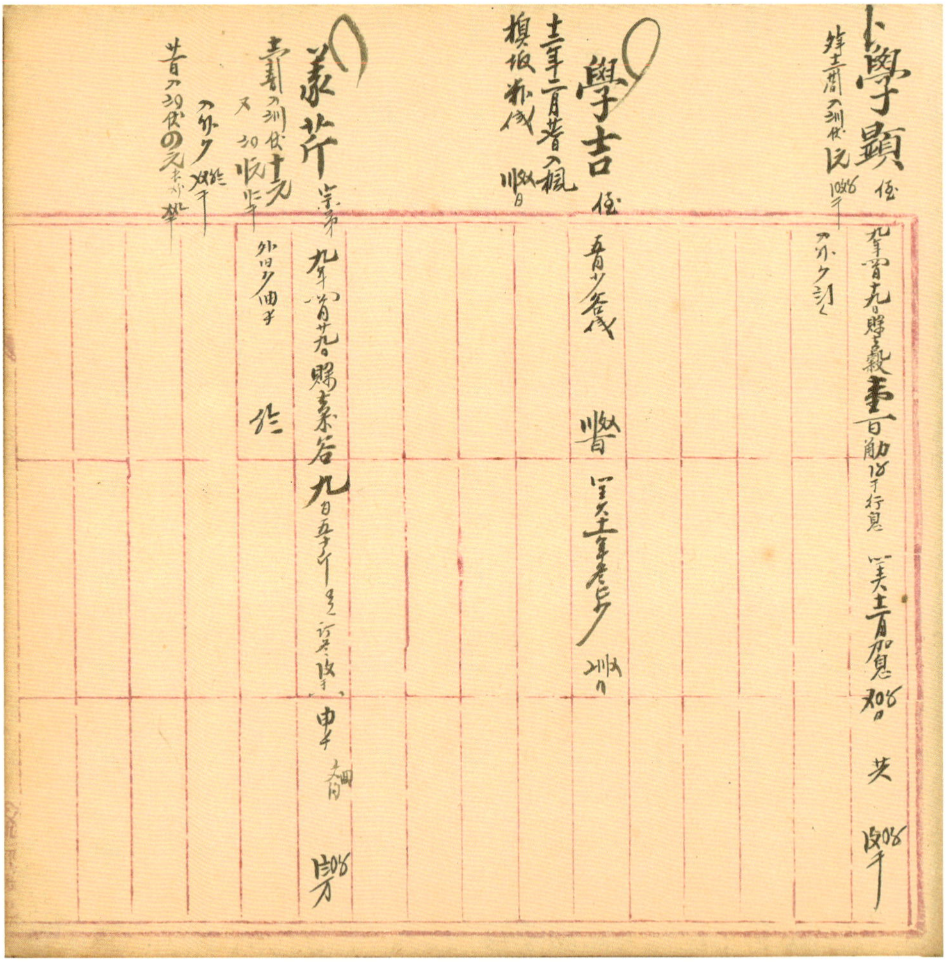

8-2-36-113　清光緒八年鋼興黄記銀錢油穀發借總目（一一三）

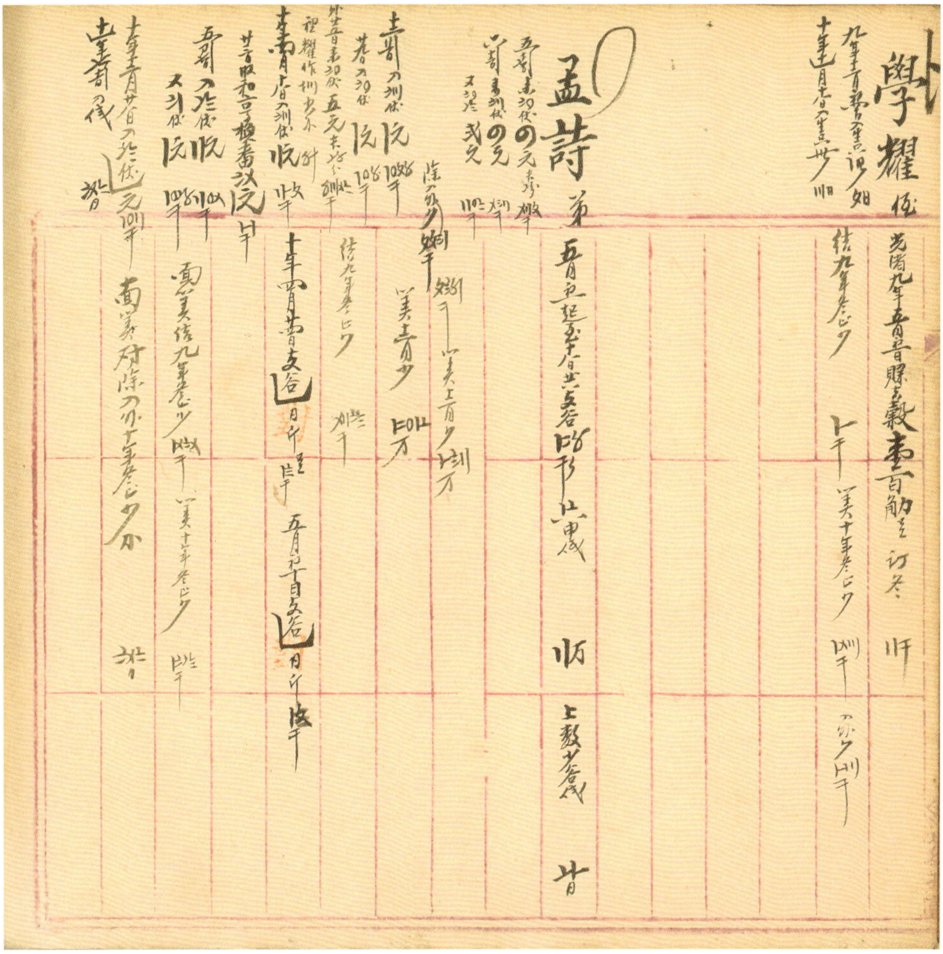

8-2-36-114　清光緒八年鋼興黄記銀錢油穀發借總目（一一四）

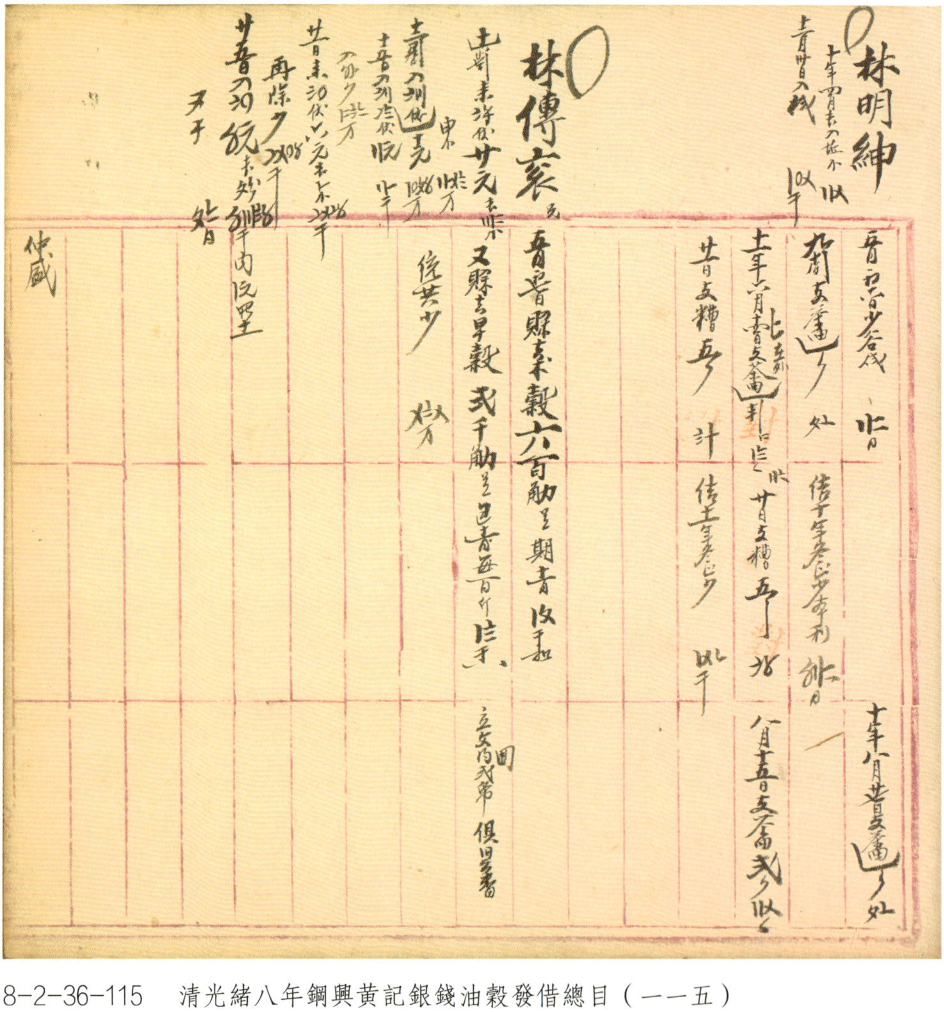
林明紳

林傳褒

8-2-36-115　清光緒八年鋼興黄記銀錢油穀發借總目（一一五）

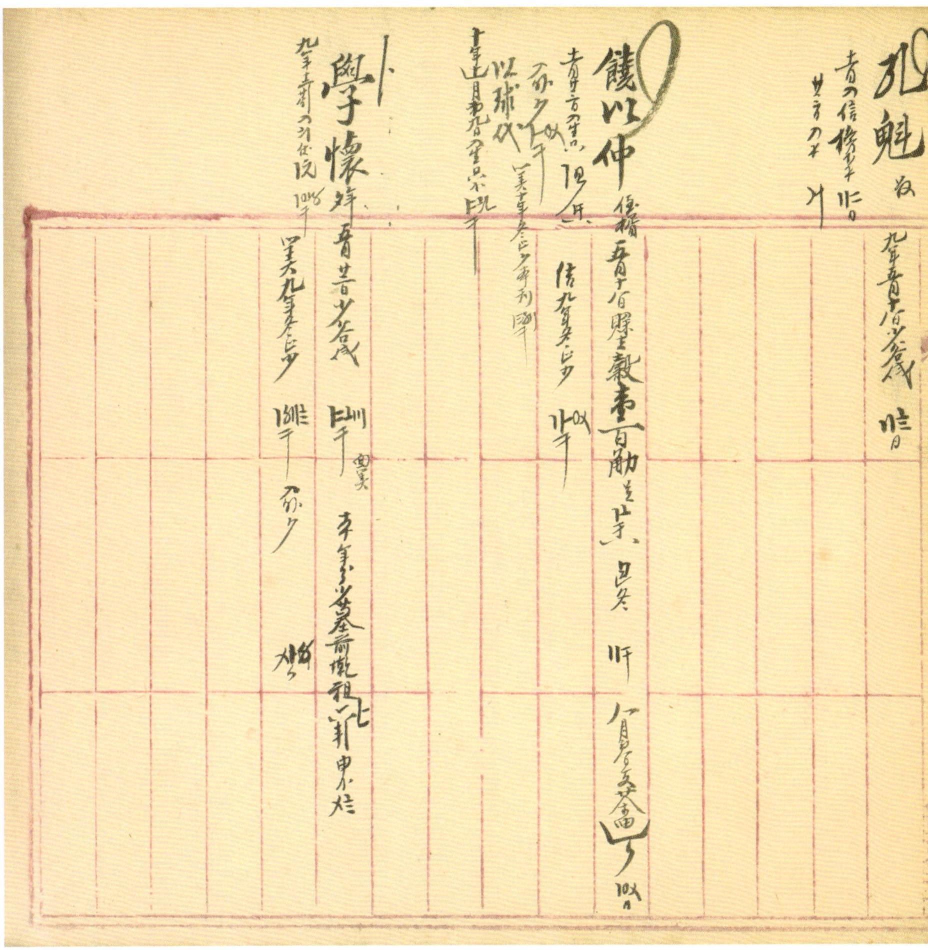

8-2-36-116　清光緒八年鋼興黄記銀錢油穀發借總目（一一六）

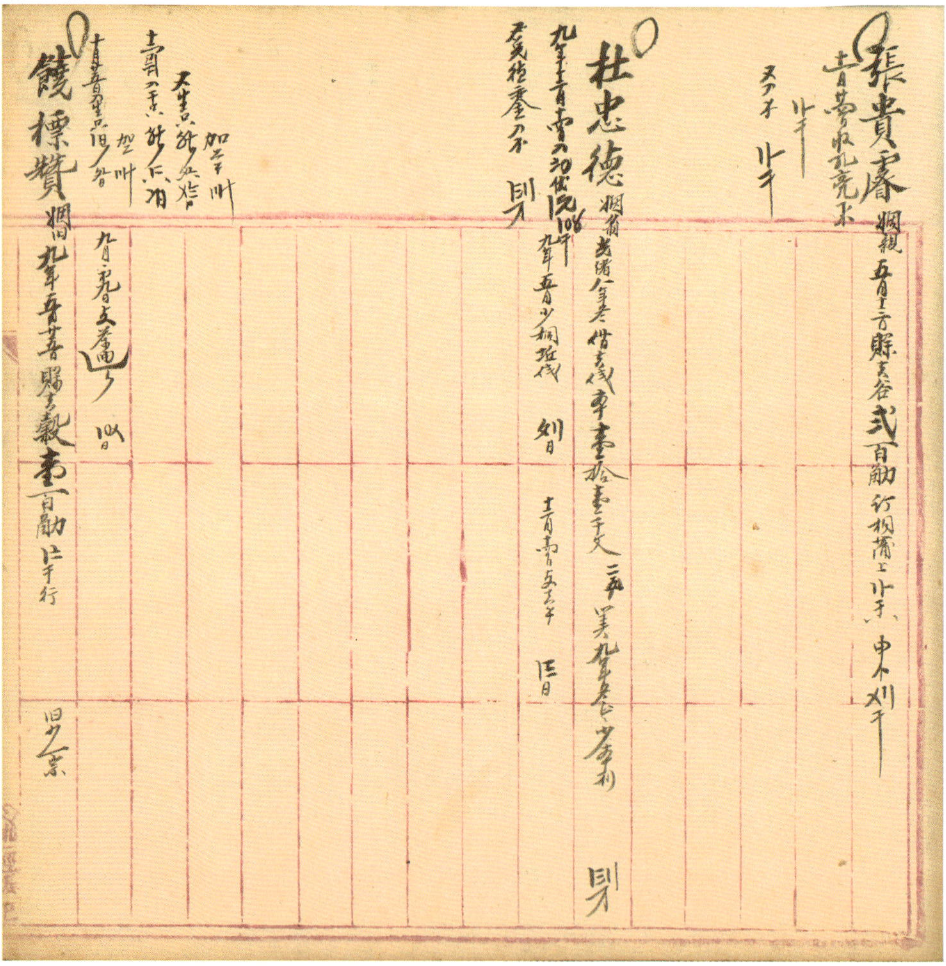

8-2-36-117　清光緒八年鋼興黃記銀錢油穀發借總目（一一七）

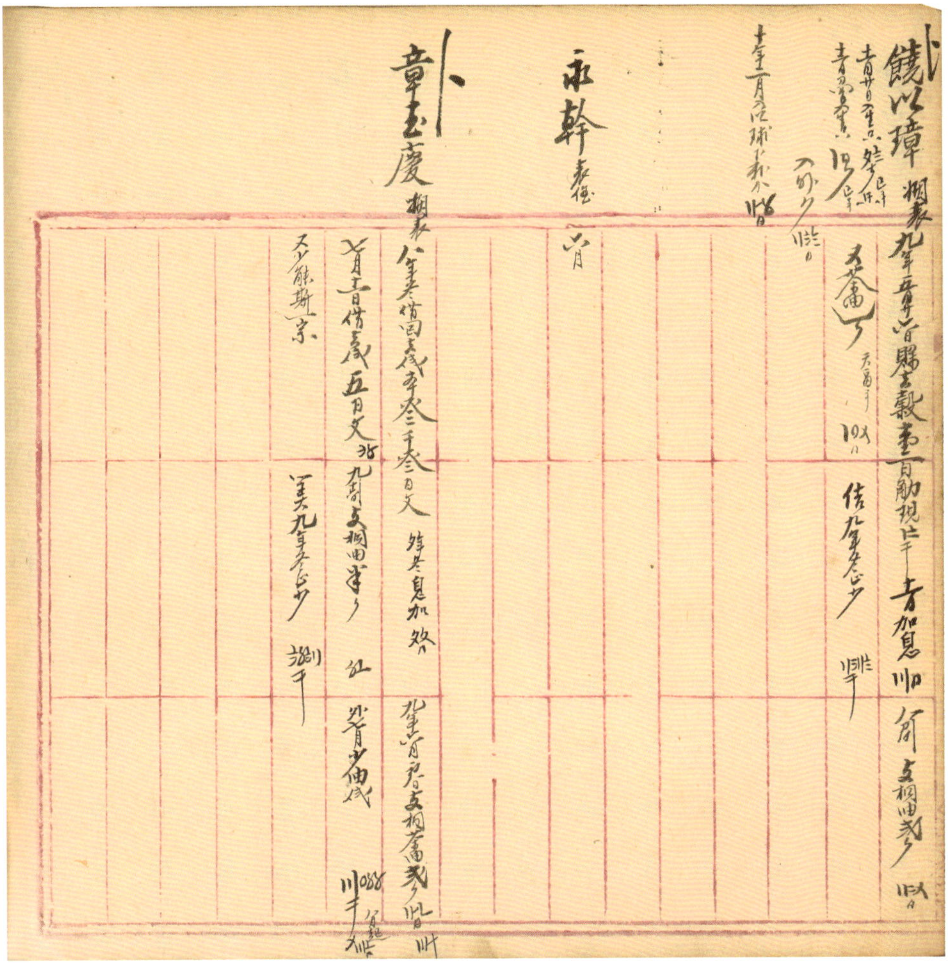

8-2-36-118　清光緒八年鋼興黃記銀錢油穀發借總目（一一八）

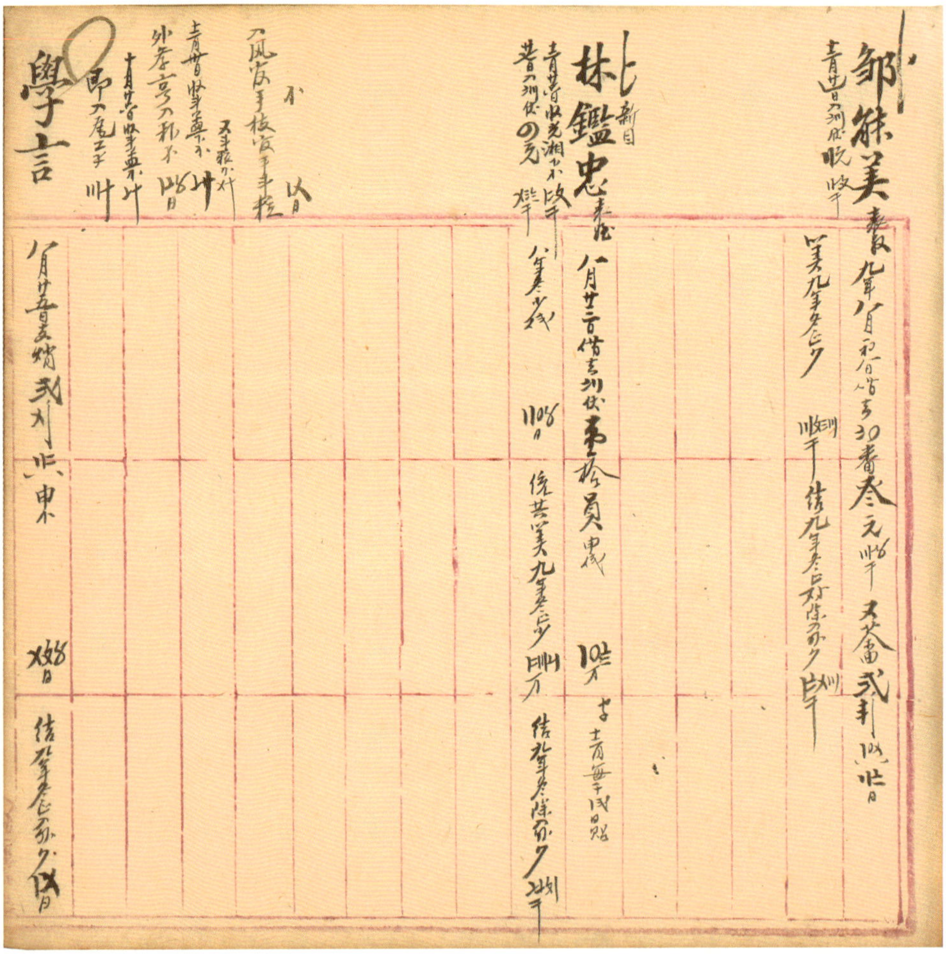

8-2-36-119　清光緒八年鋼興黃記銀錢油穀發借總目（一一九）

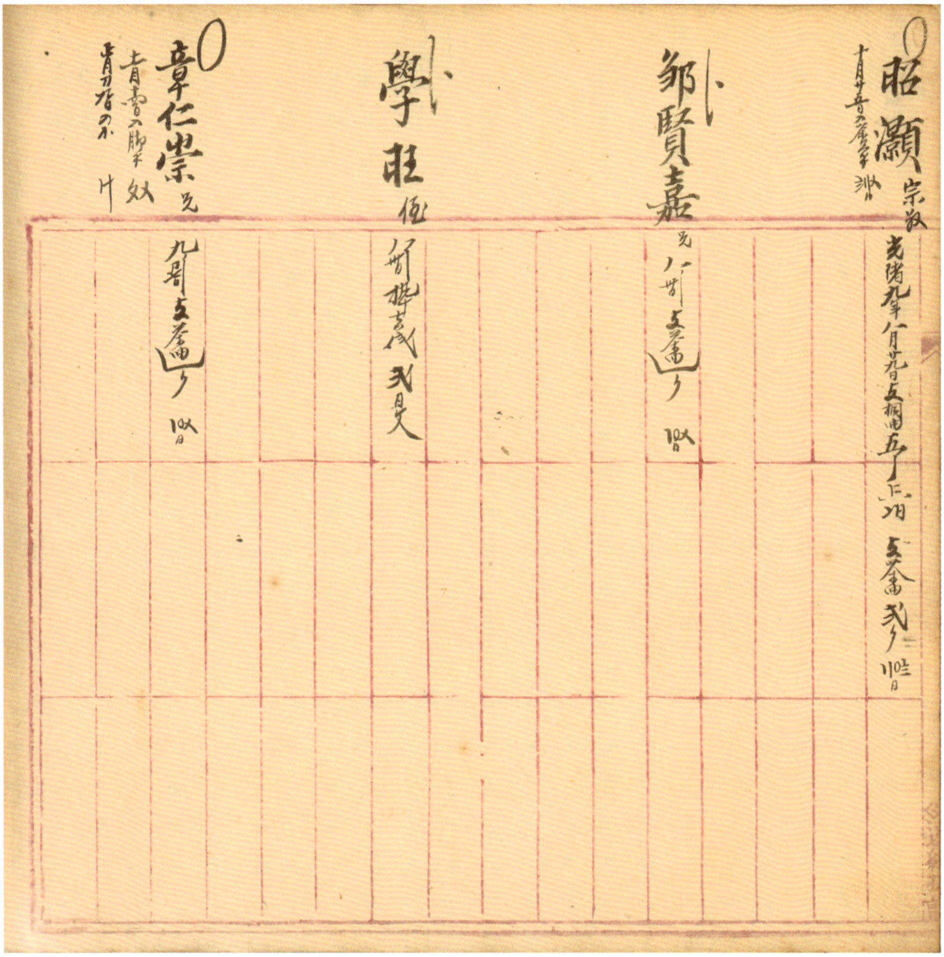
昭灝 宗敘
鄉賢嘉
學莊
章仁崇

8-2-36-120　清光緒八年鋼興黄記銀錢油穀發借總目（一二〇）

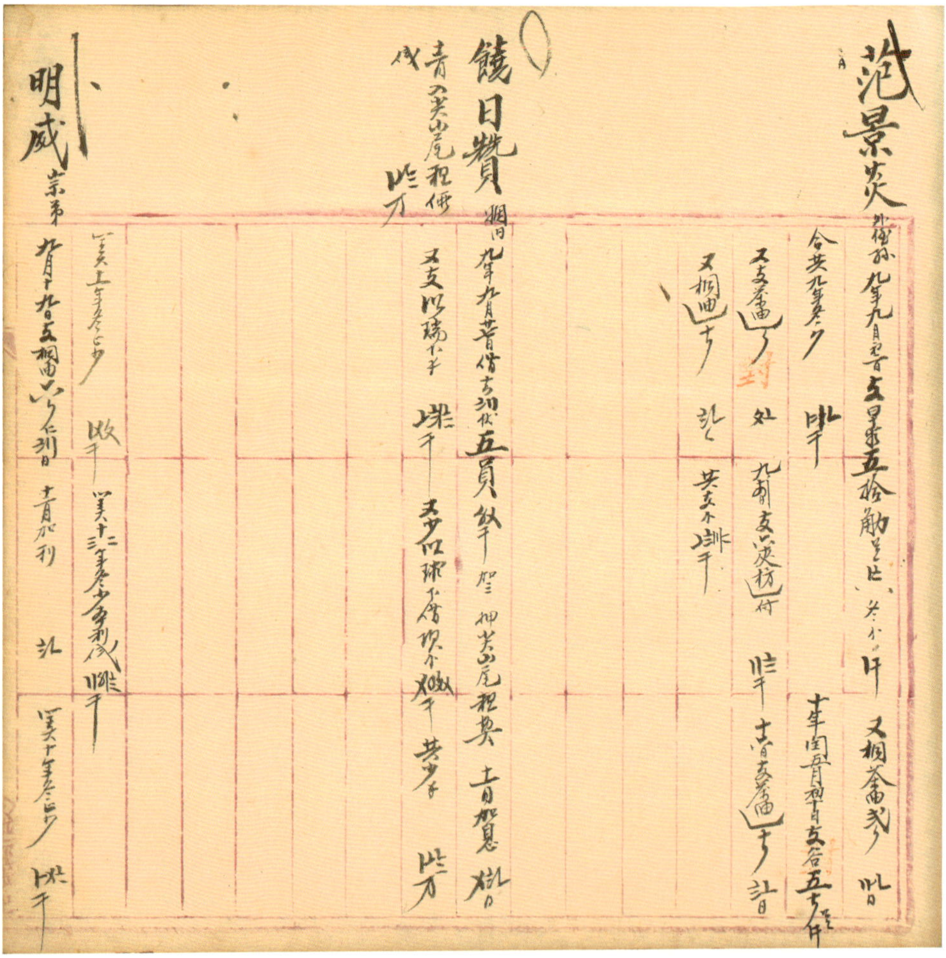

8-2-36-121　清光緒八年鋼興黄記銀錢油穀發借總目（一二一）

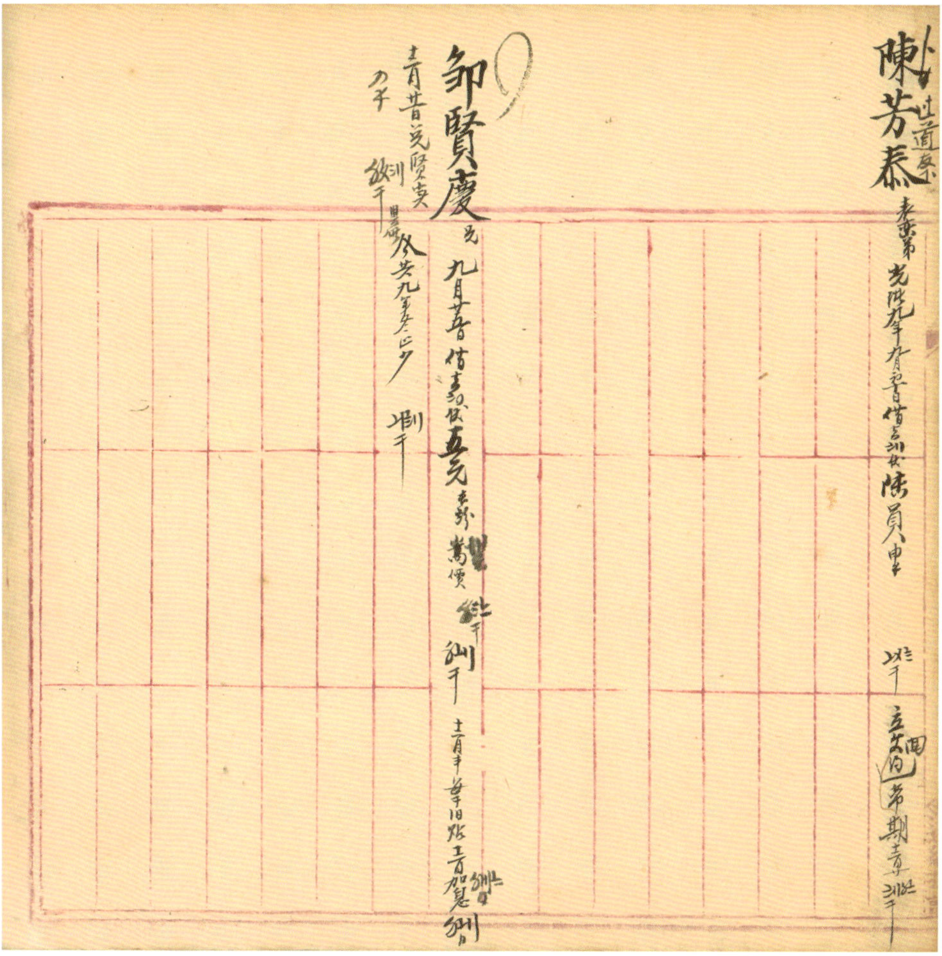

8-2-36-122　清光緒八年鋼興黄記銀錢油穀發借總目（一二二）

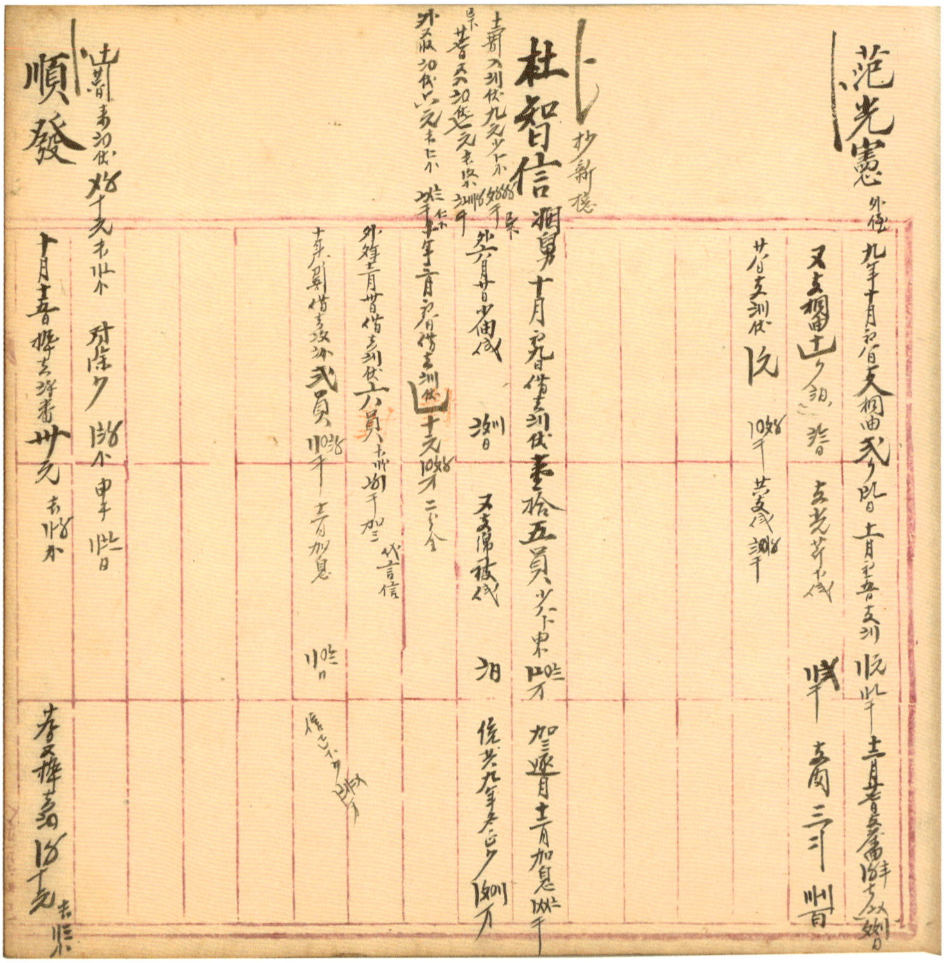

8-2-36-123　清光緒八年鋼興黄記銀錢油穀發借總目（一二三）

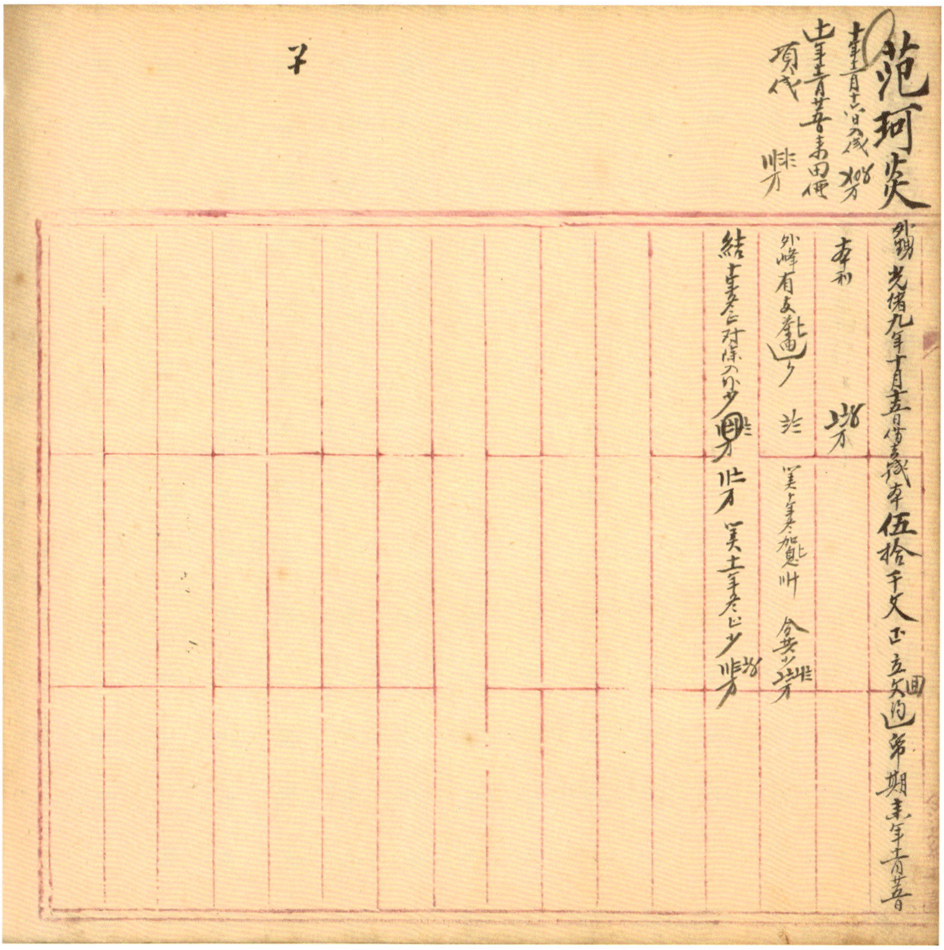

8-2-36-124　清光緒八年鋼興黃記銀錢油穀發借總目（一二四）

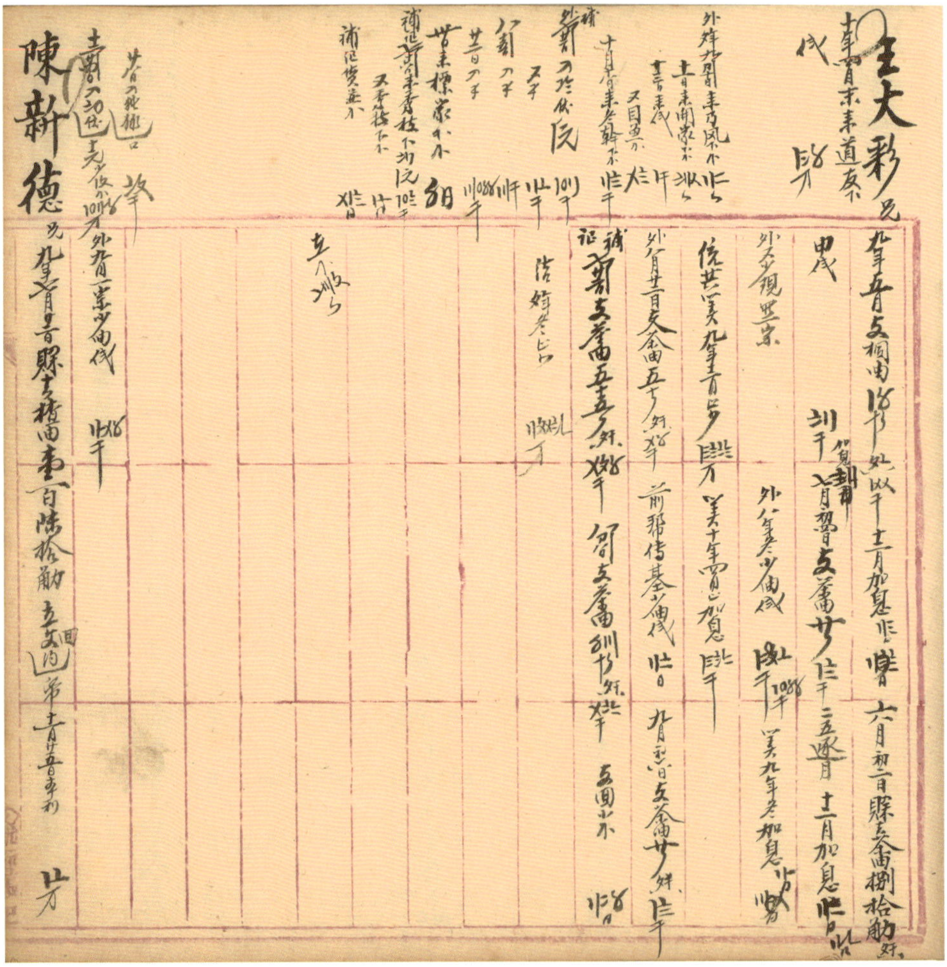

王大彩

陳新德

8-2-36-125　清光緒八年鋼興黃記銀錢油穀發借總目（一二五）

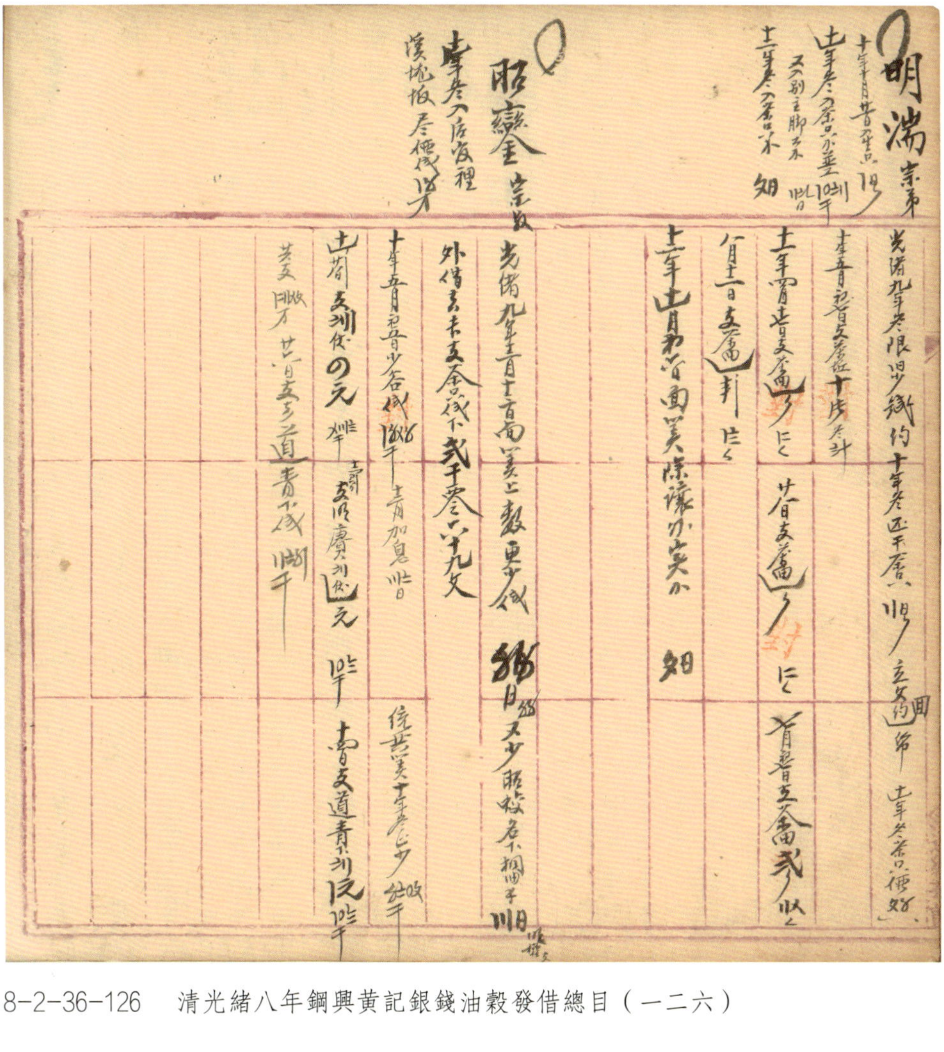

8-2-36-126　清光緒八年鋼興黃記銀錢油穀發借總目（一二六）

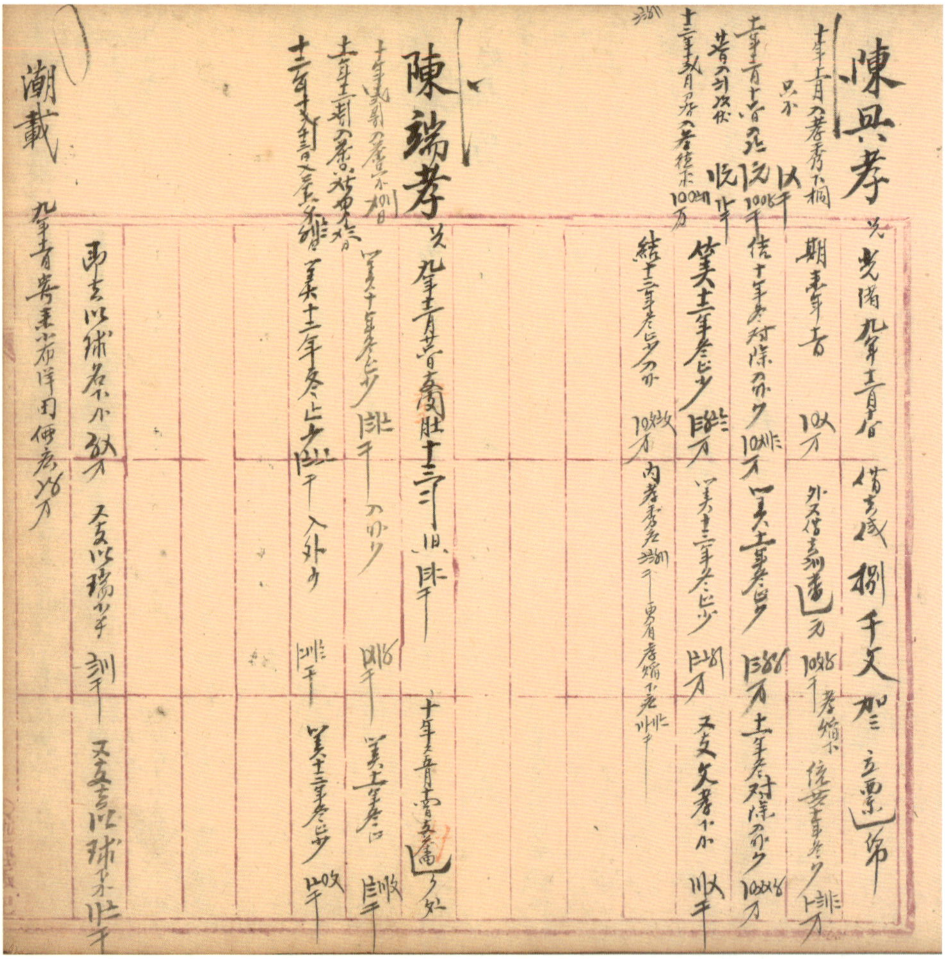

8-2-36-127　清光緒八年鋼興黄記銀錢油穀發借總目（一二七）

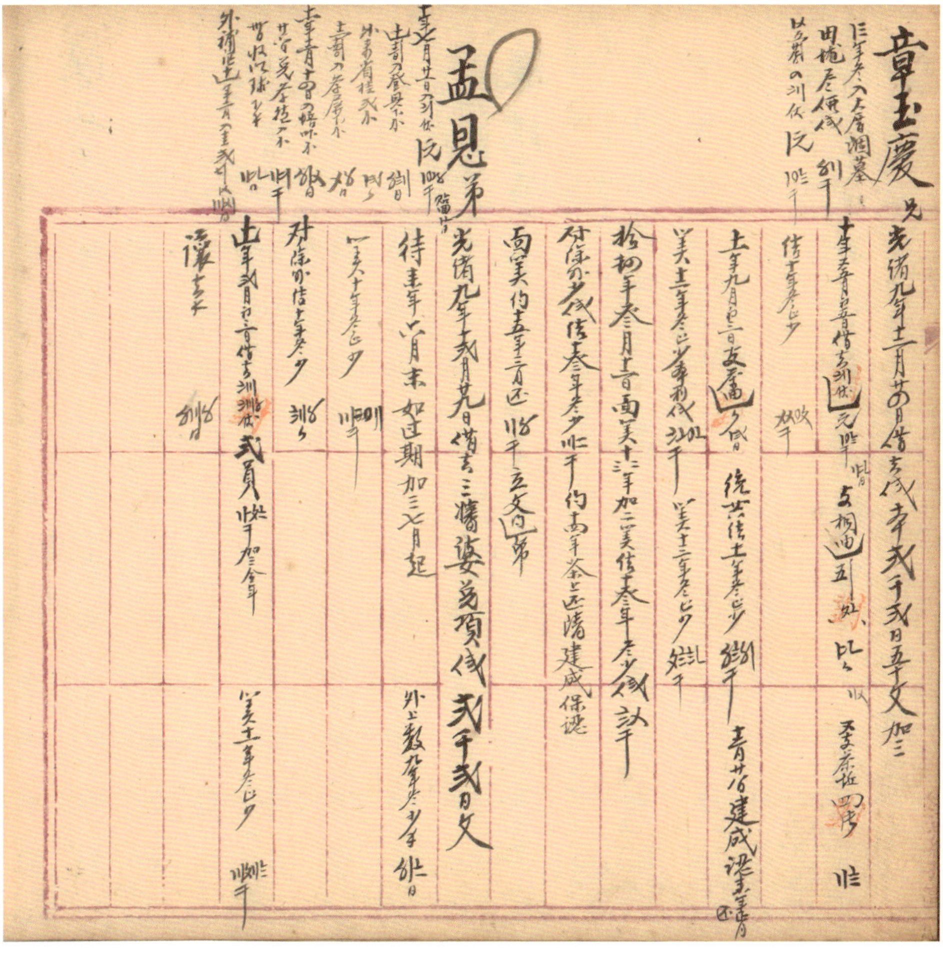

8-2-36-128　清光緒八年鋼興黄記銀錢油穀發借總目（一二八）

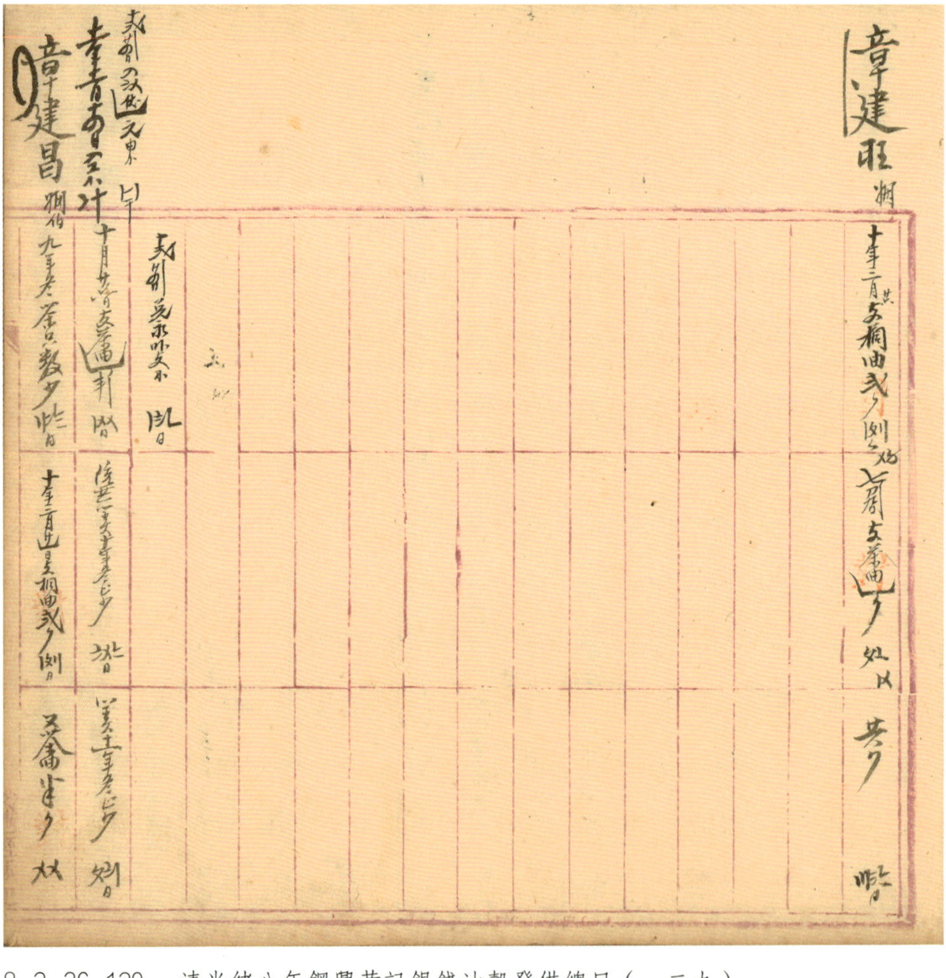

8-2-36-129　清光緒八年鋼興黄記銀錢油穀發借總目（一二九）

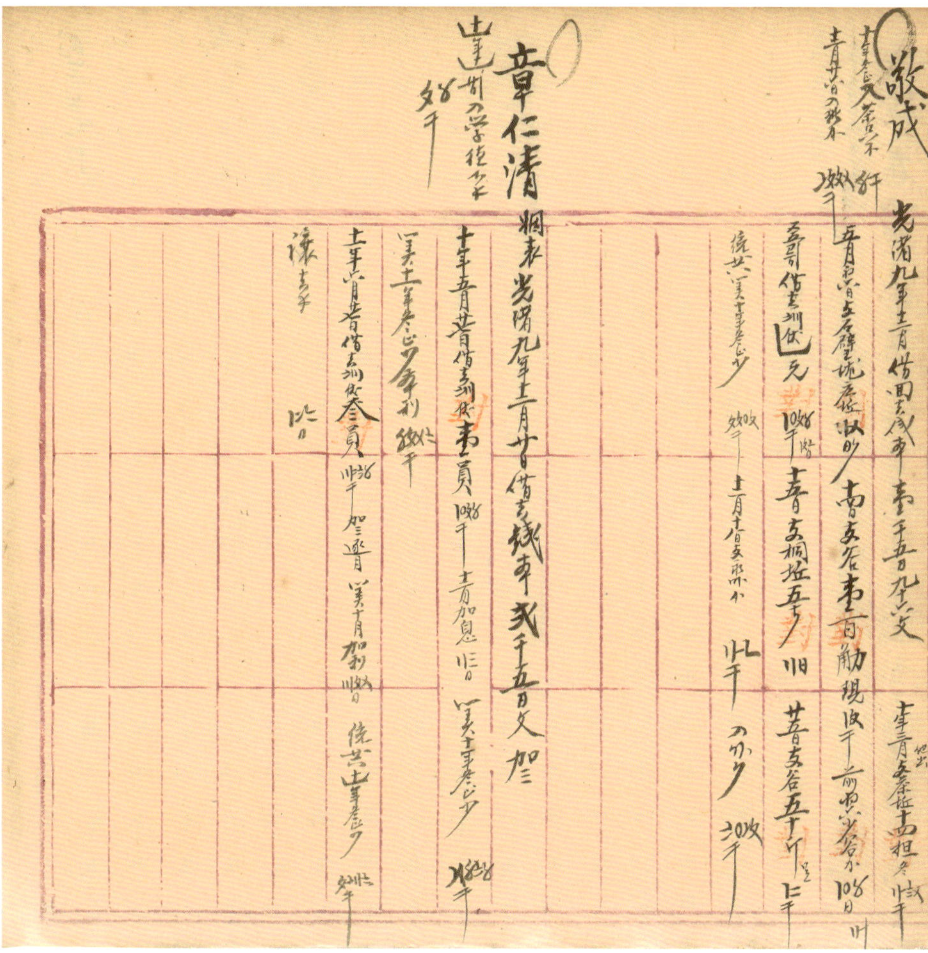

8-2-36-130　清光緒八年鋼興黃記銀錢油穀發借總目（一三〇）

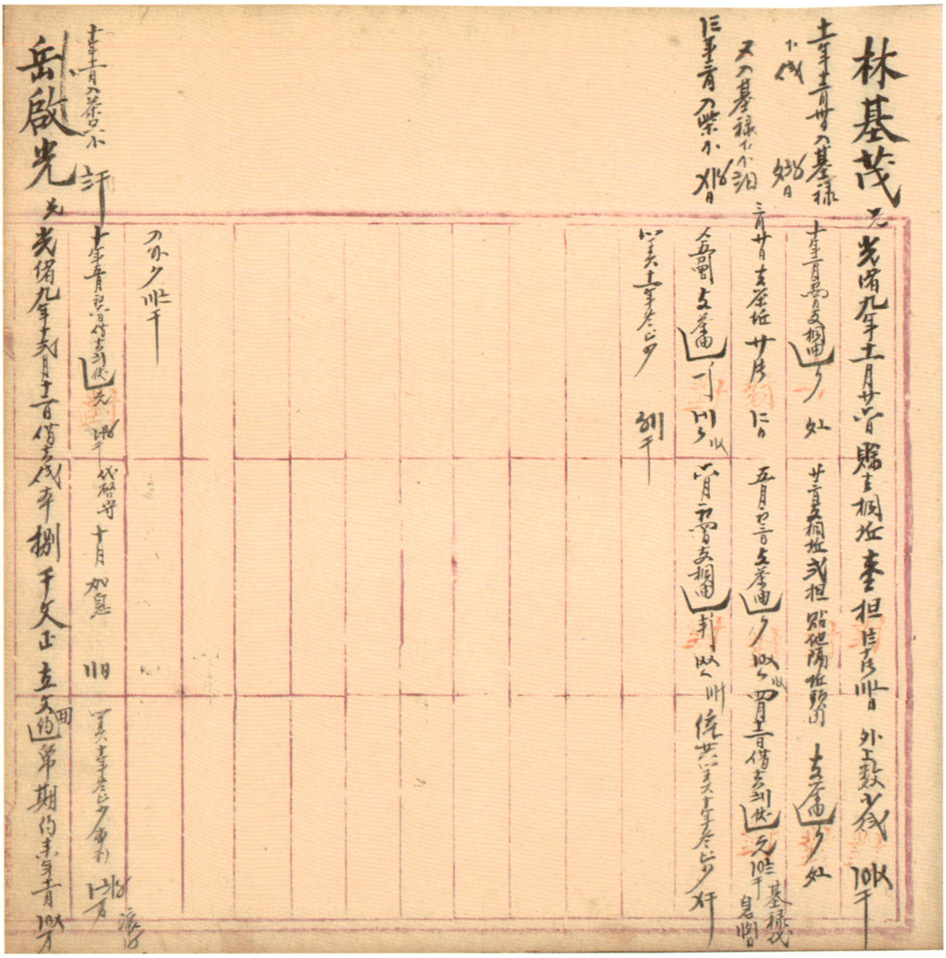

8-2-36-131　清光緒八年鋼興黃記銀錢油穀發借總目（一三一）

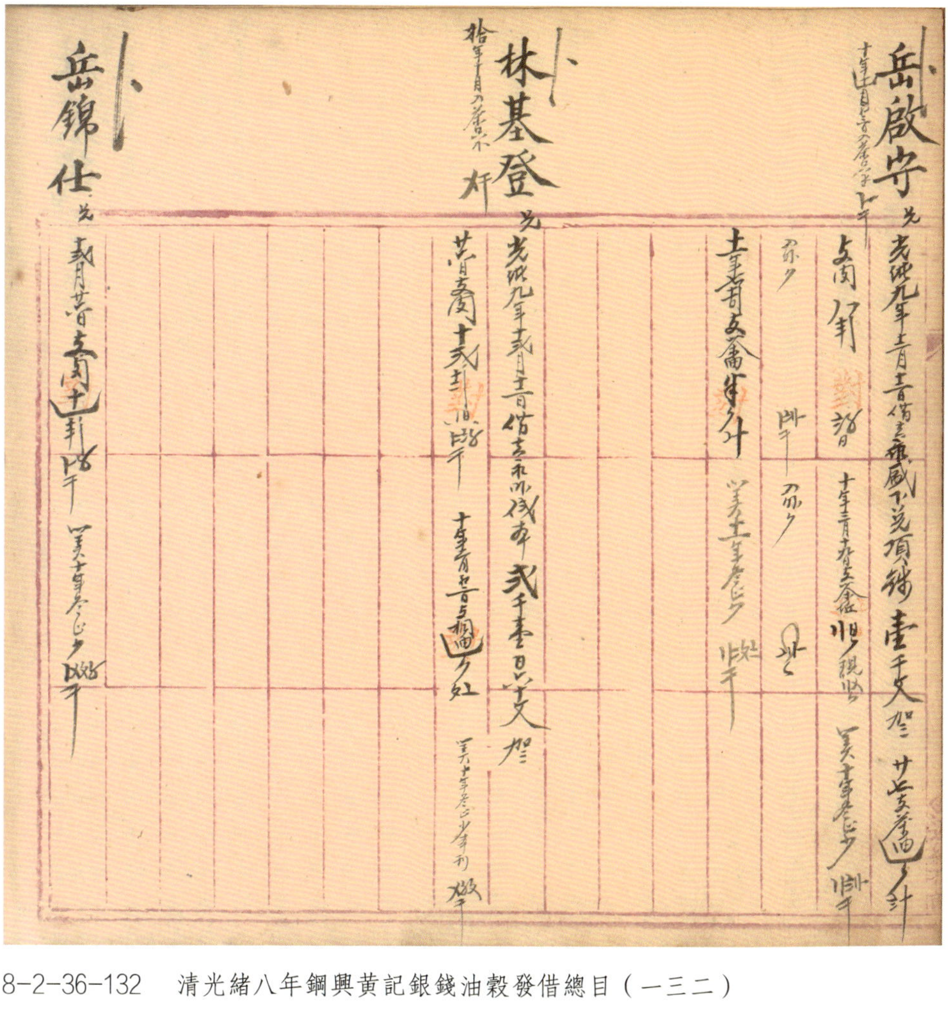
岳啟安
林基登
岳錦仕

8-2-36-132　清光緒八年鋼興黃記銀錢油穀發借總目（一三二）

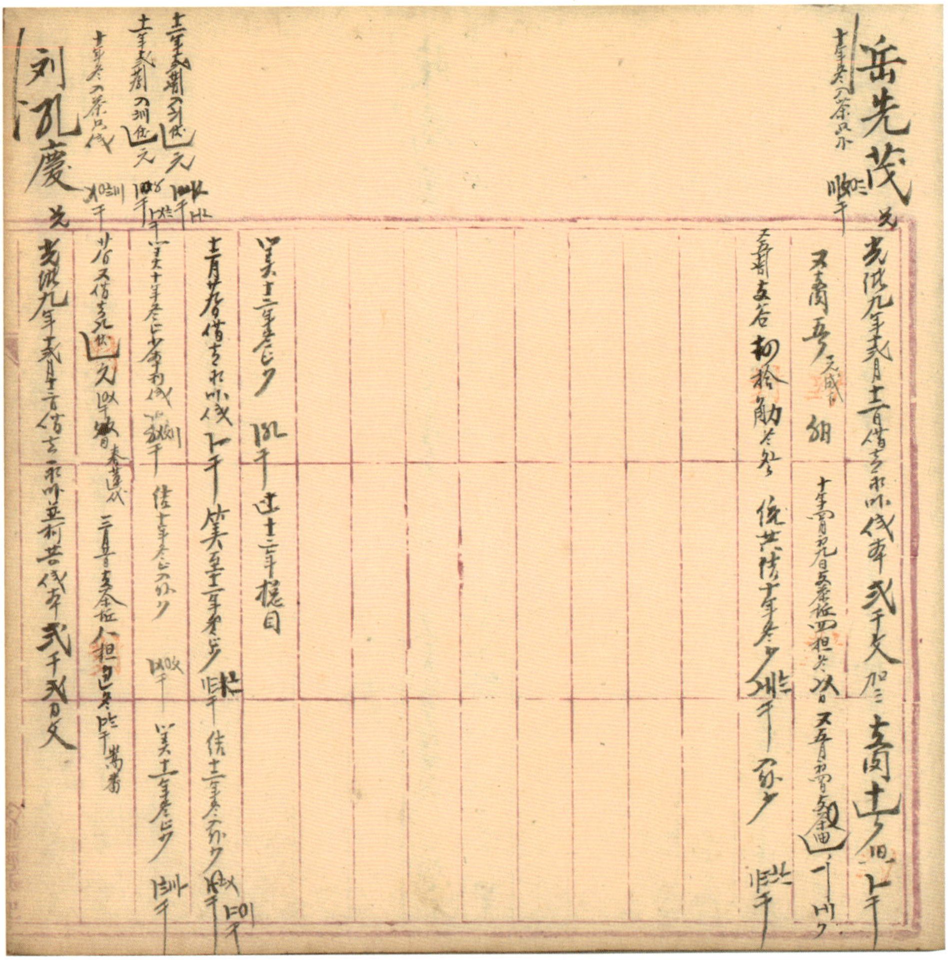

8-2-36-133　清光緒八年鋼興黄記銀錢油穀發借總目（一三三）

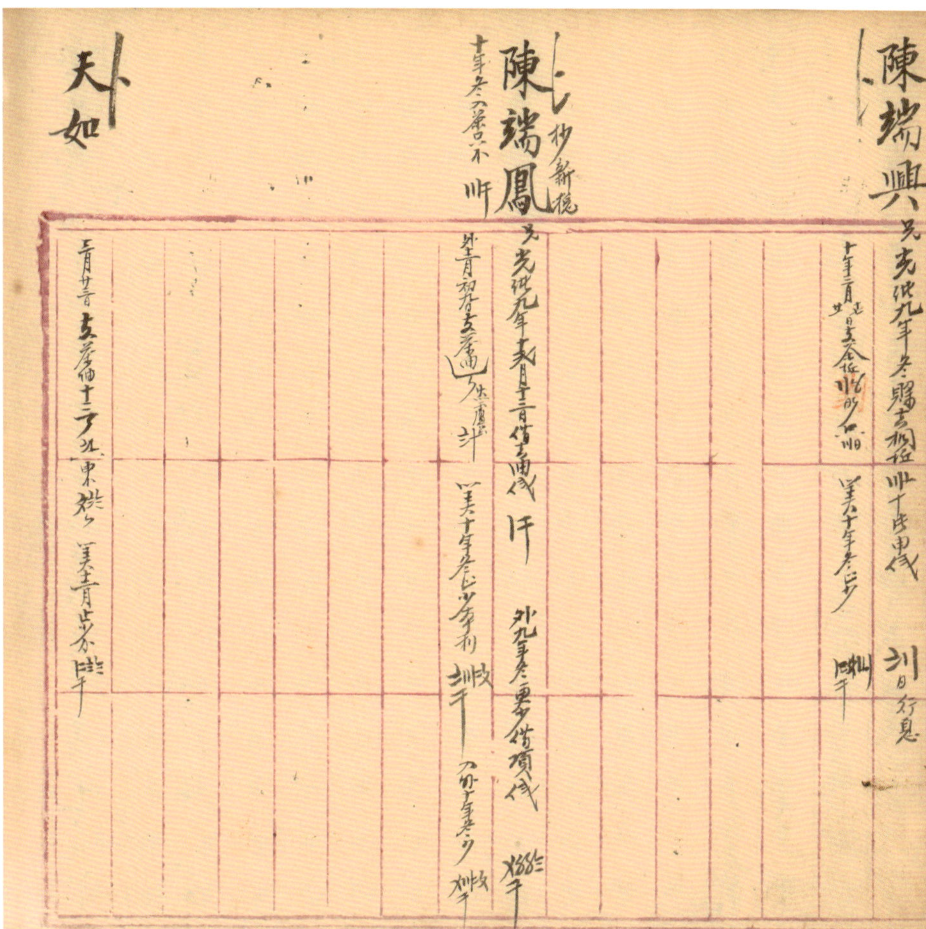
陳端興
陳端鳳
天如

8-2-36-134　清光緒八年鋼興黃記銀錢油穀發借總目（一三四）

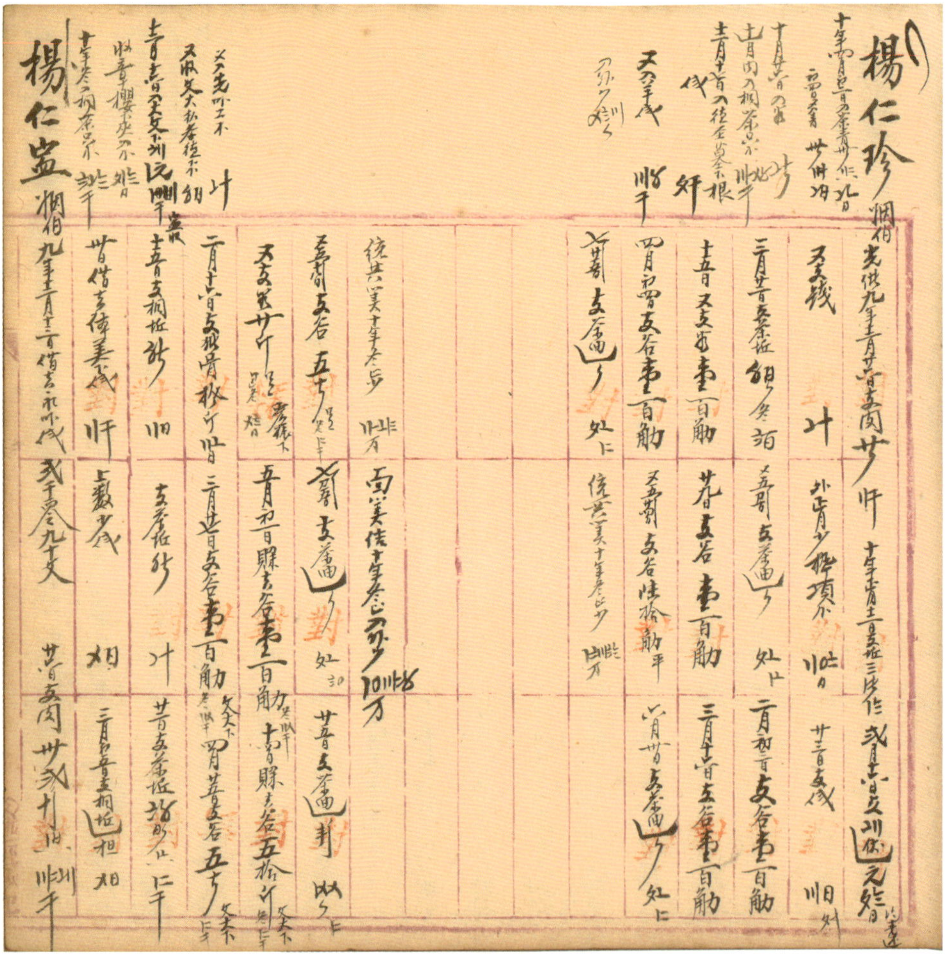

8-2-36-135　清光緒八年鋼興黄記銀錢油穀發借總目（一三五）

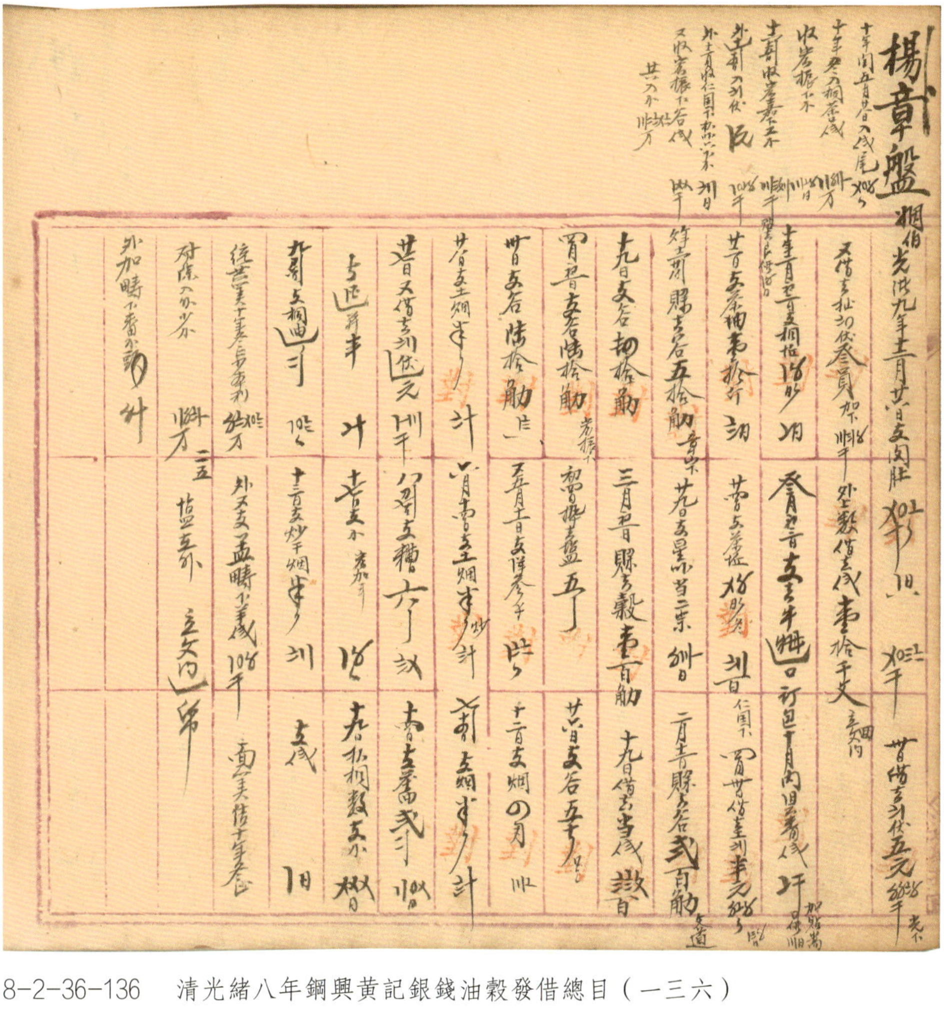

8-2-36-136　清光緒八年鋼興黄記銀錢油穀發借總目（一三六）

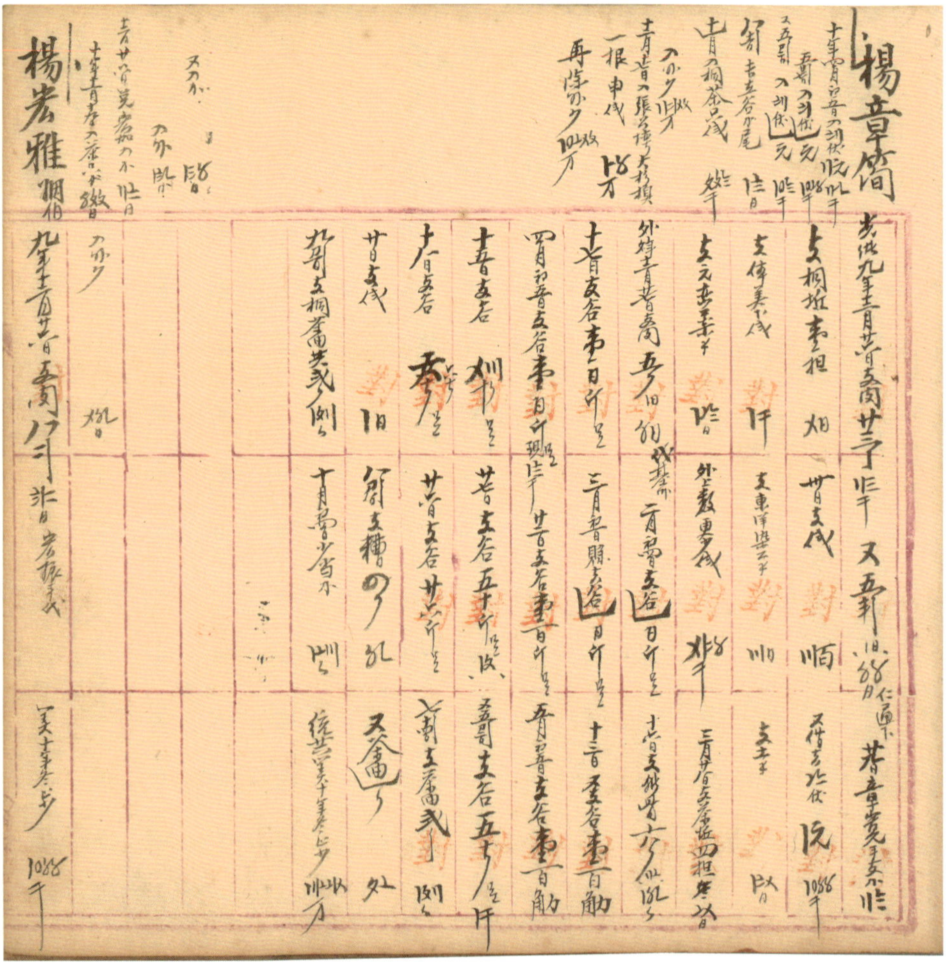

8-2-36-137　清光緒八年鋼興黄記銀錢油穀發借總目（一三七）

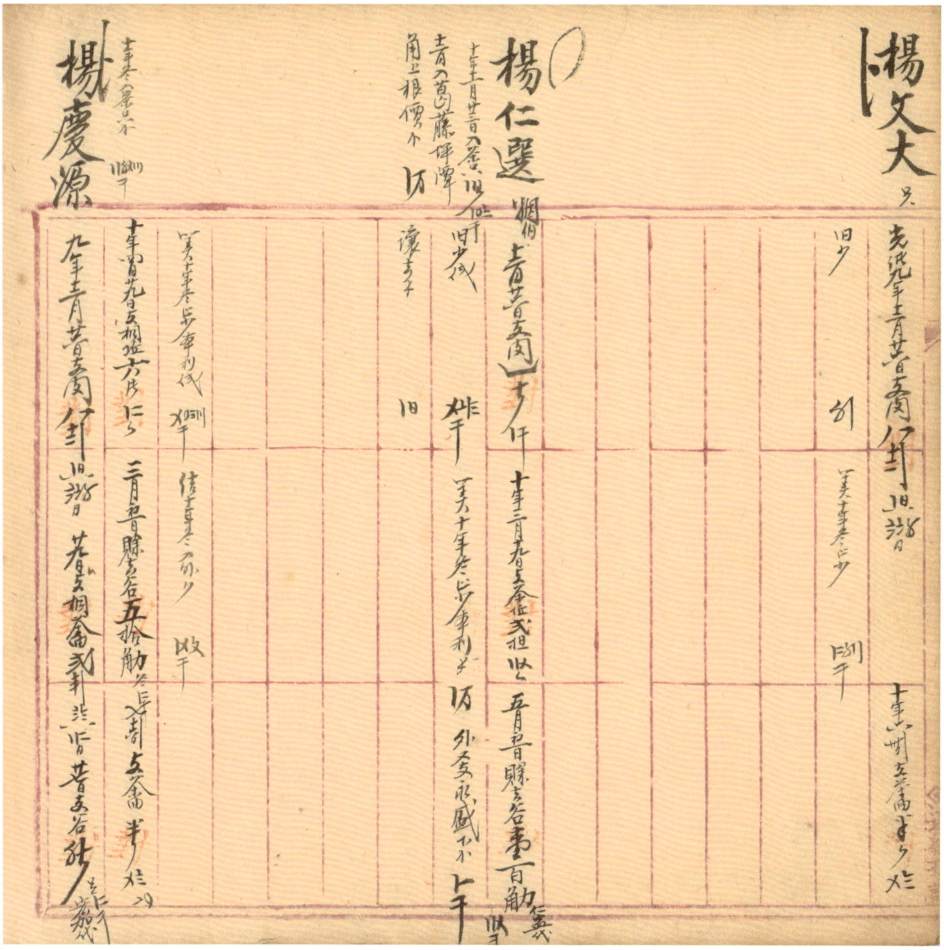

8-2-36-138　清光緒八年鋼興黄記銀錢油穀發借總目（一三八）

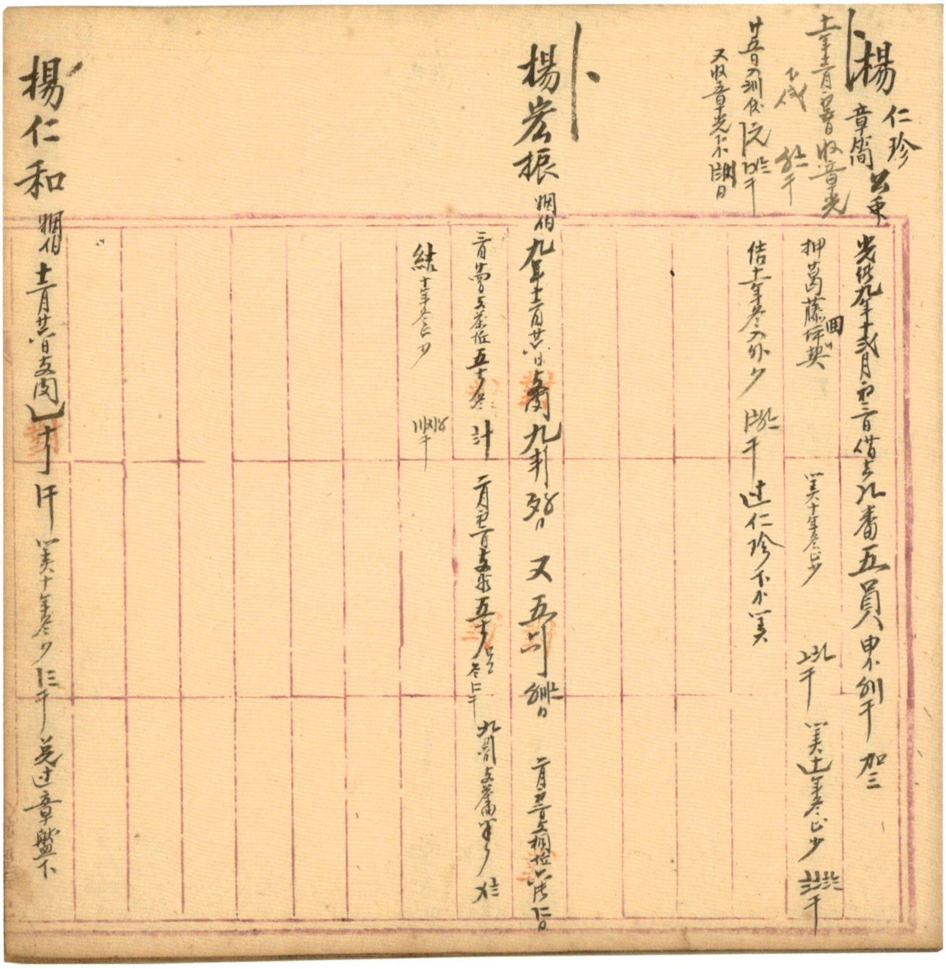

楊仁珍

楊崑振

楊仁和

8-2-36-139　清光緒八年鋼興黄記銀錢油穀發借總目（一三九）

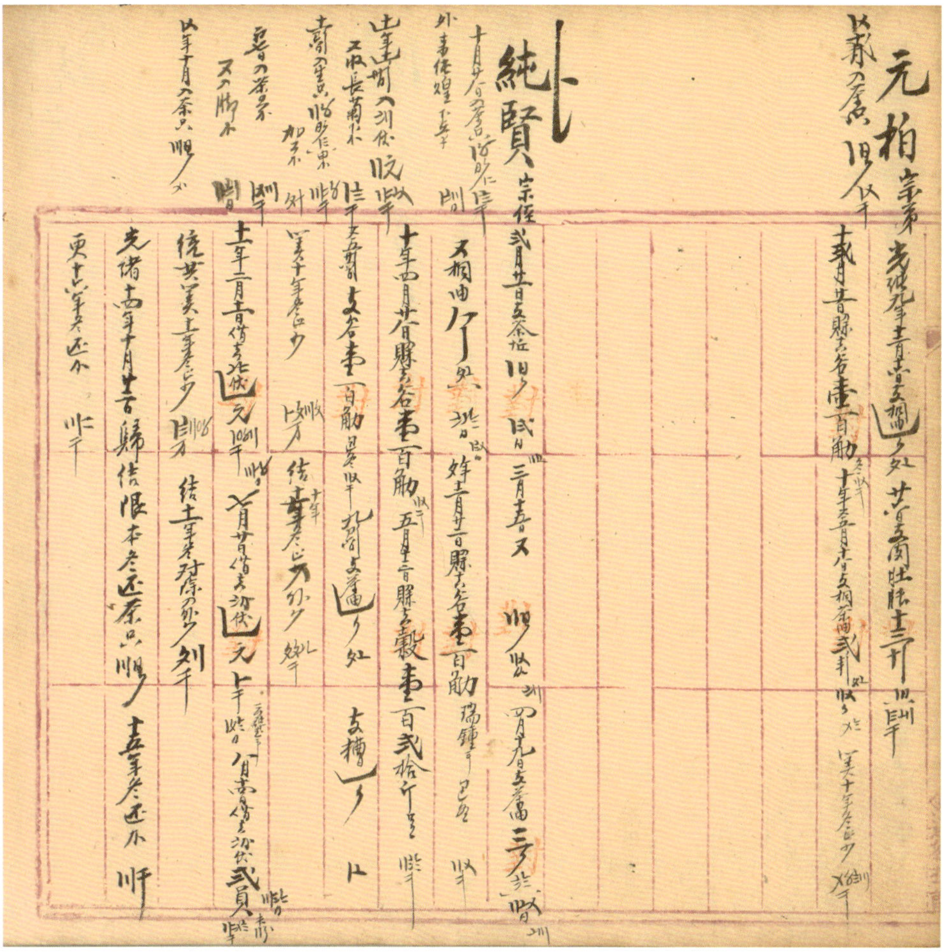

元柏

純賢

8-2-36-140　清光緒八年鋼興黄記銀錢油穀發借總目（一四〇）

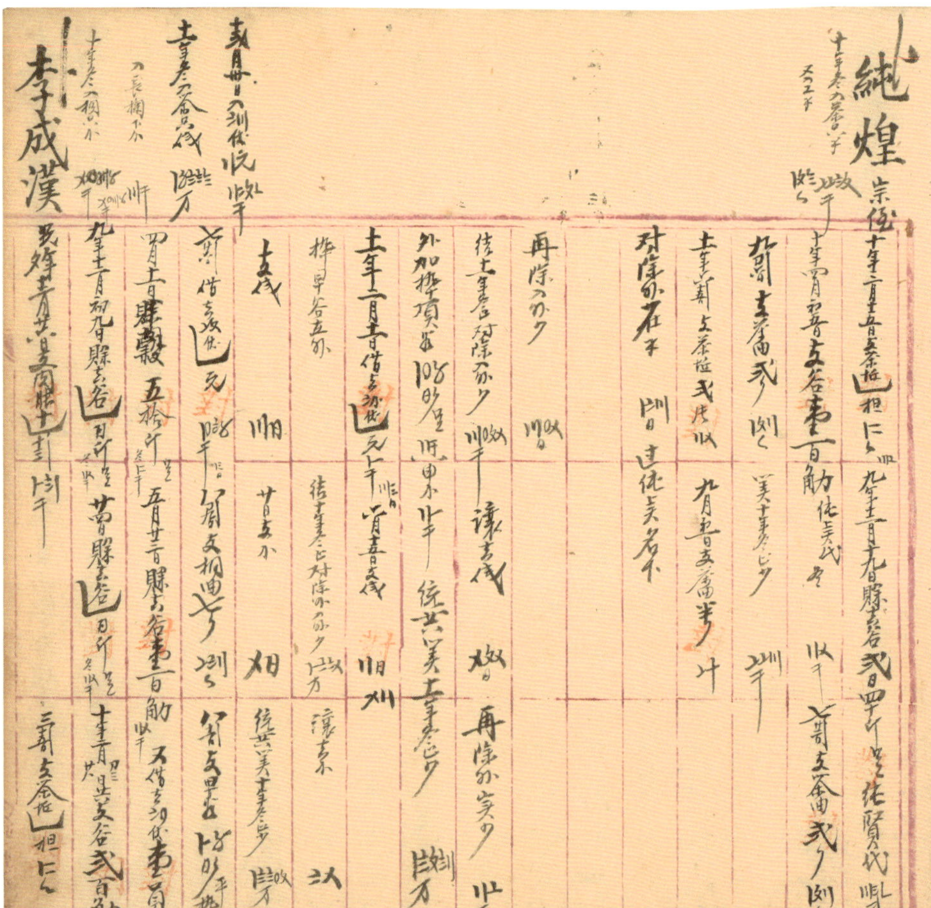

8-2-36-141　清光緒八年鋼興黃記銀錢油穀發借總目（一四一）

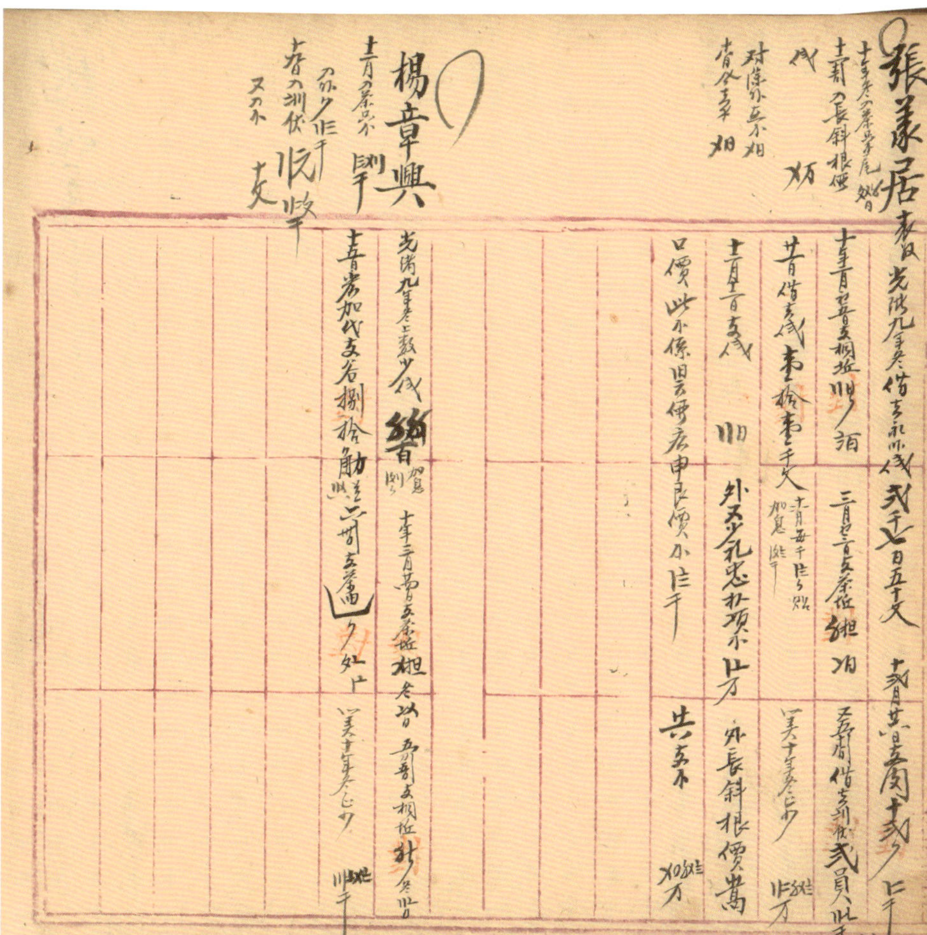

8-2-36-142　清光緒八年鋼興黄記銀錢油穀發借總目（一四二）

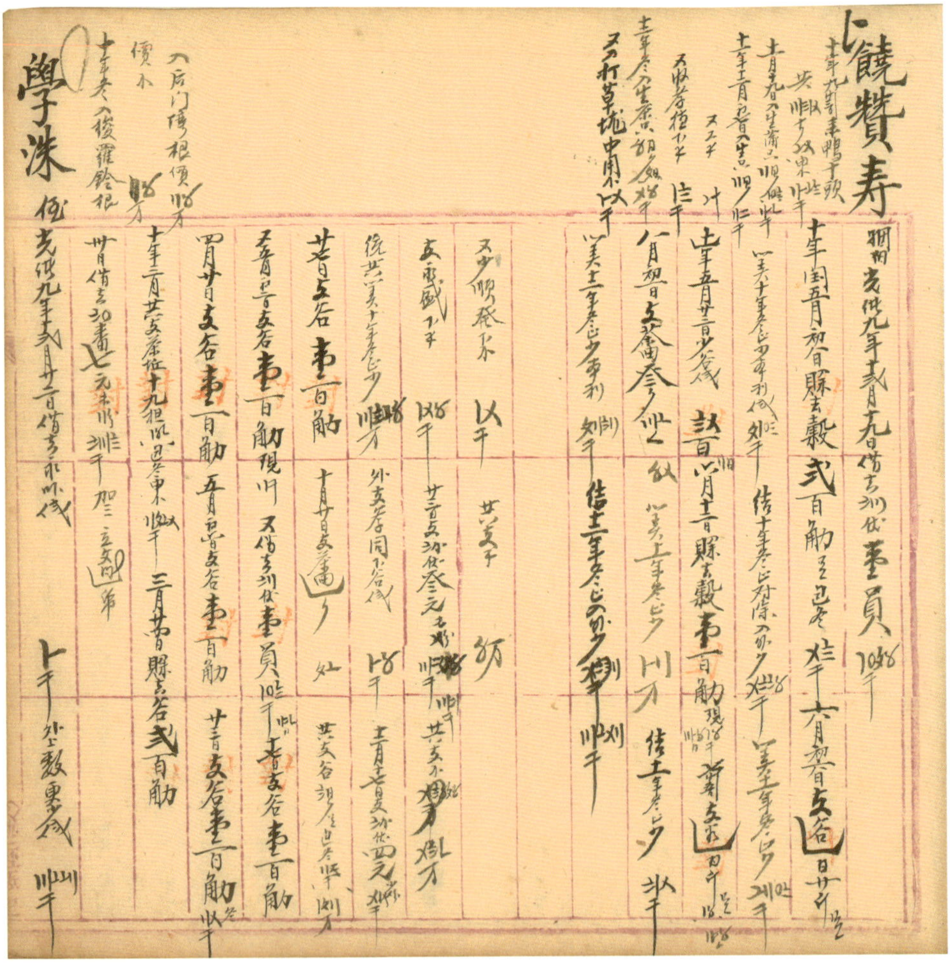

8-2-36-143　清光緒八年鋼興黄記銀錢油穀發借總目（一四三）

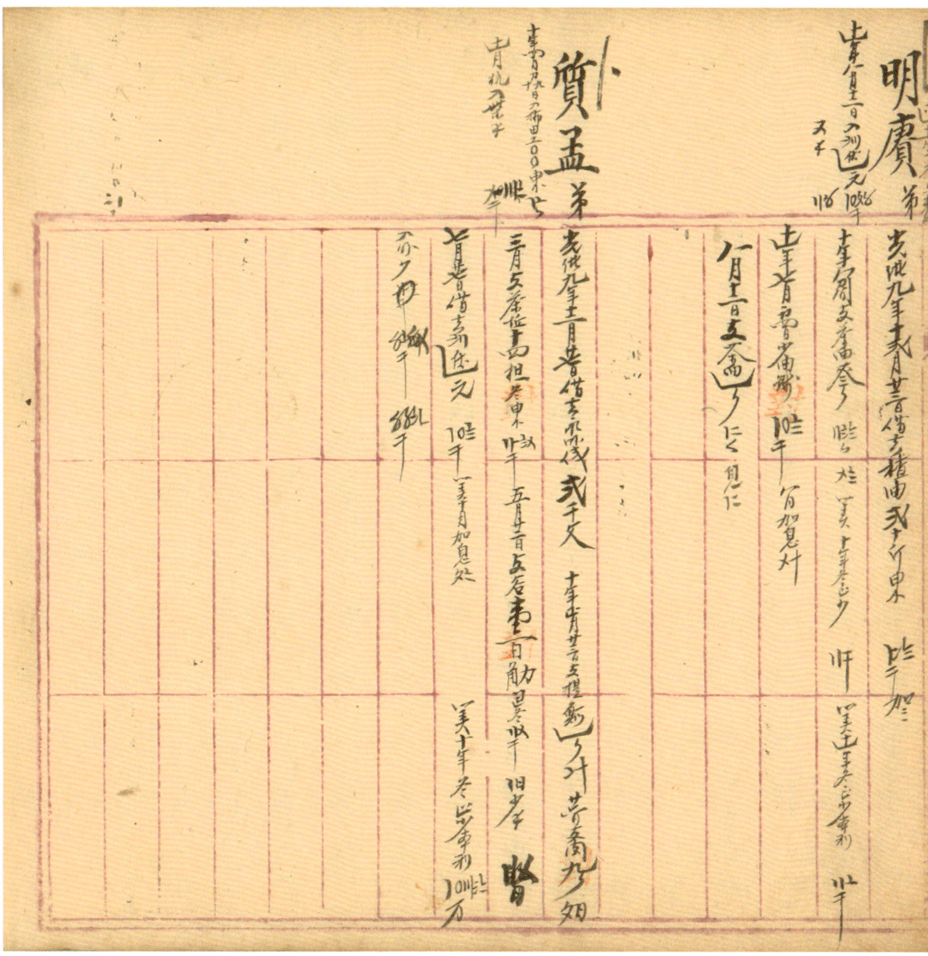

8-2-36-144　清光緒八年鋼興黄記銀錢油穀發借總目（一四四）

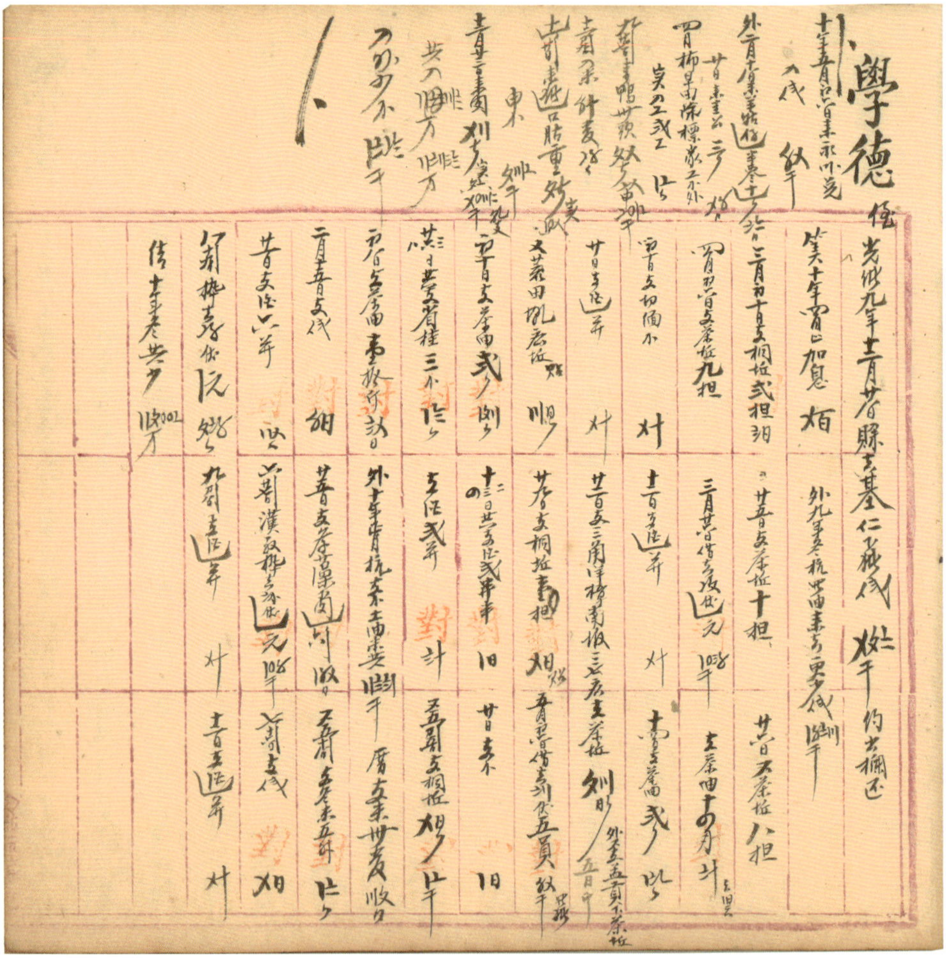

8-2-36-145　清光緒八年鋼興黄記銀錢油穀發借總目（一四五）

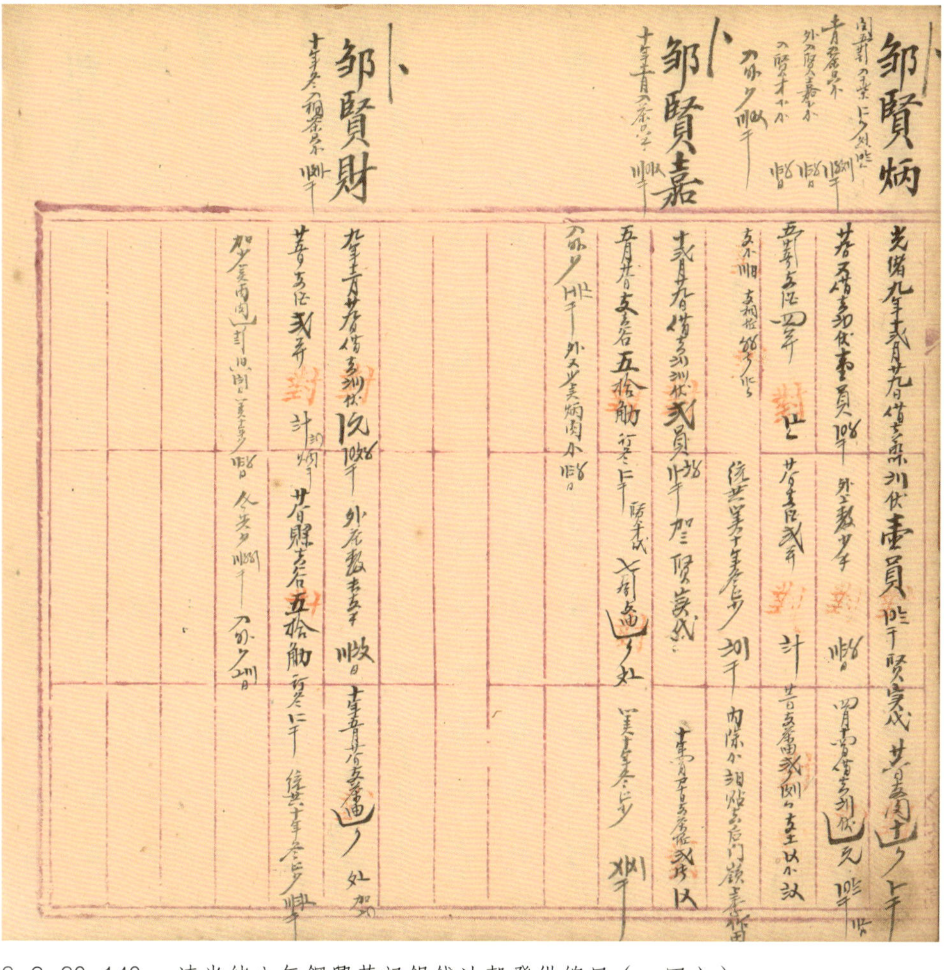

鄒賢炳

鄒賢嘉

鄒賢財

8-2-36-146　清光緒八年鋼興黃記銀錢油穀發借總目（一四六）

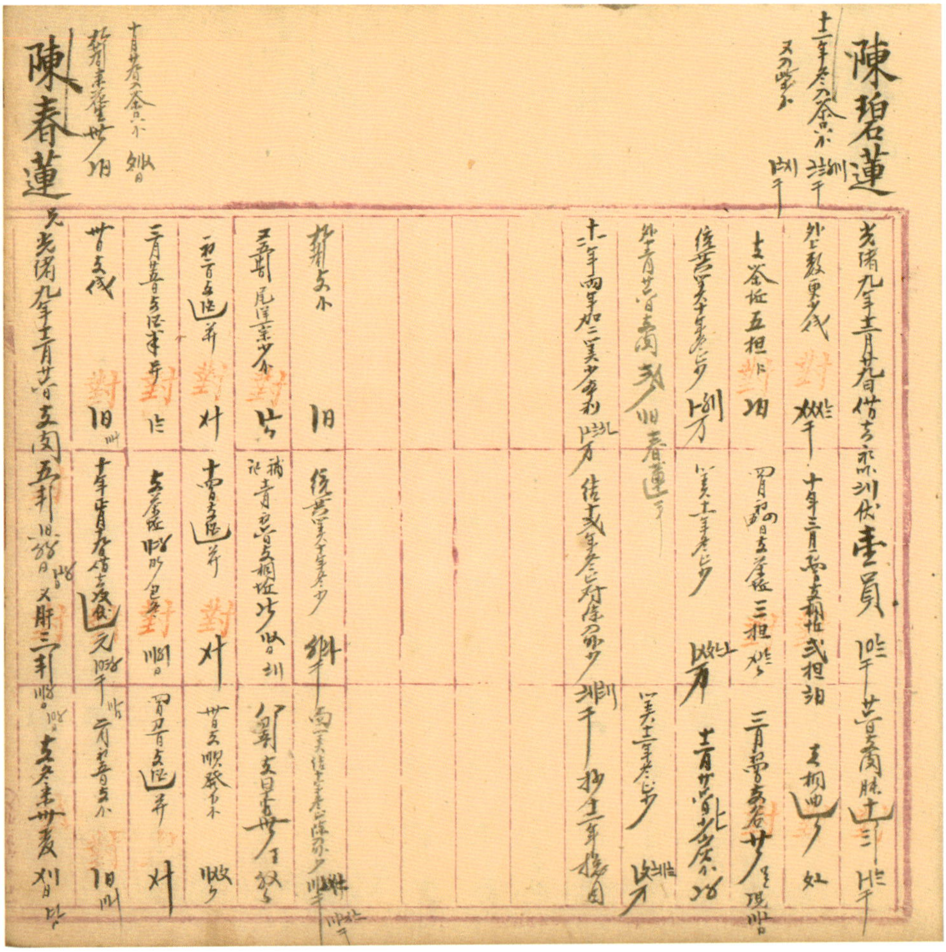

8-2-36-147　清光緒八年鋼興黄記銀錢油穀發借總目（一四七）

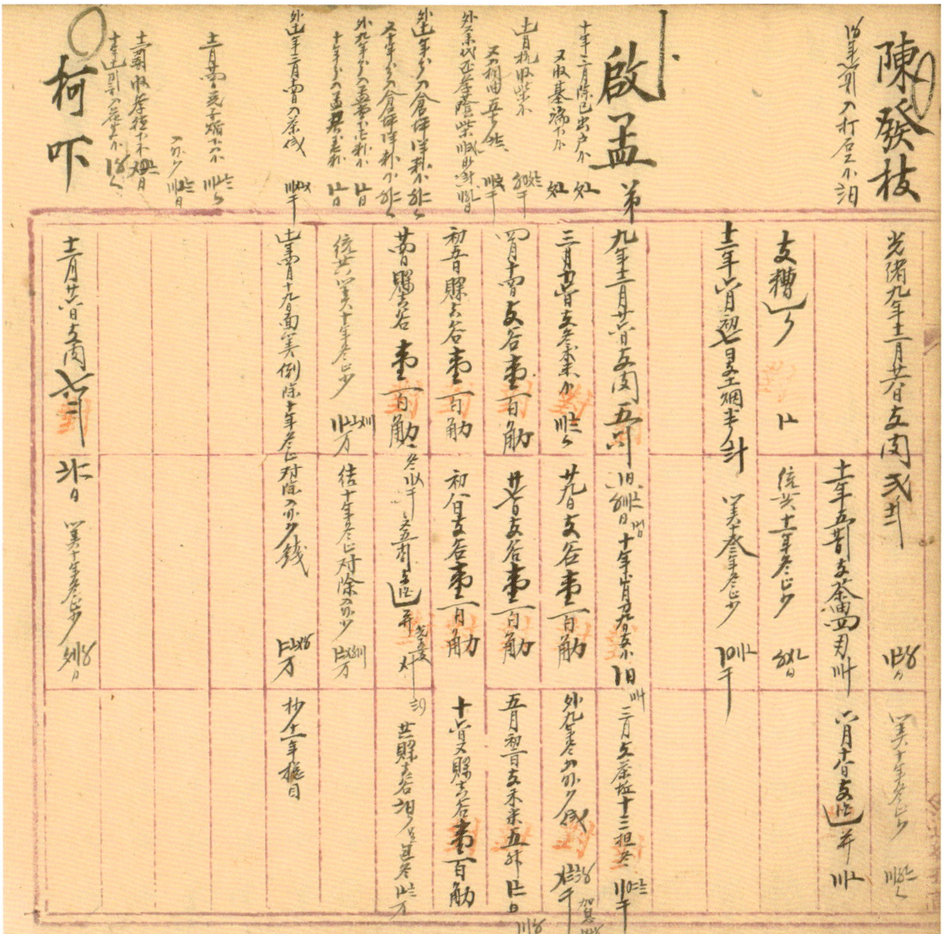

8-2-36-148　清光緒八年鋼興黄記銀錢油穀發借總目（一四八）

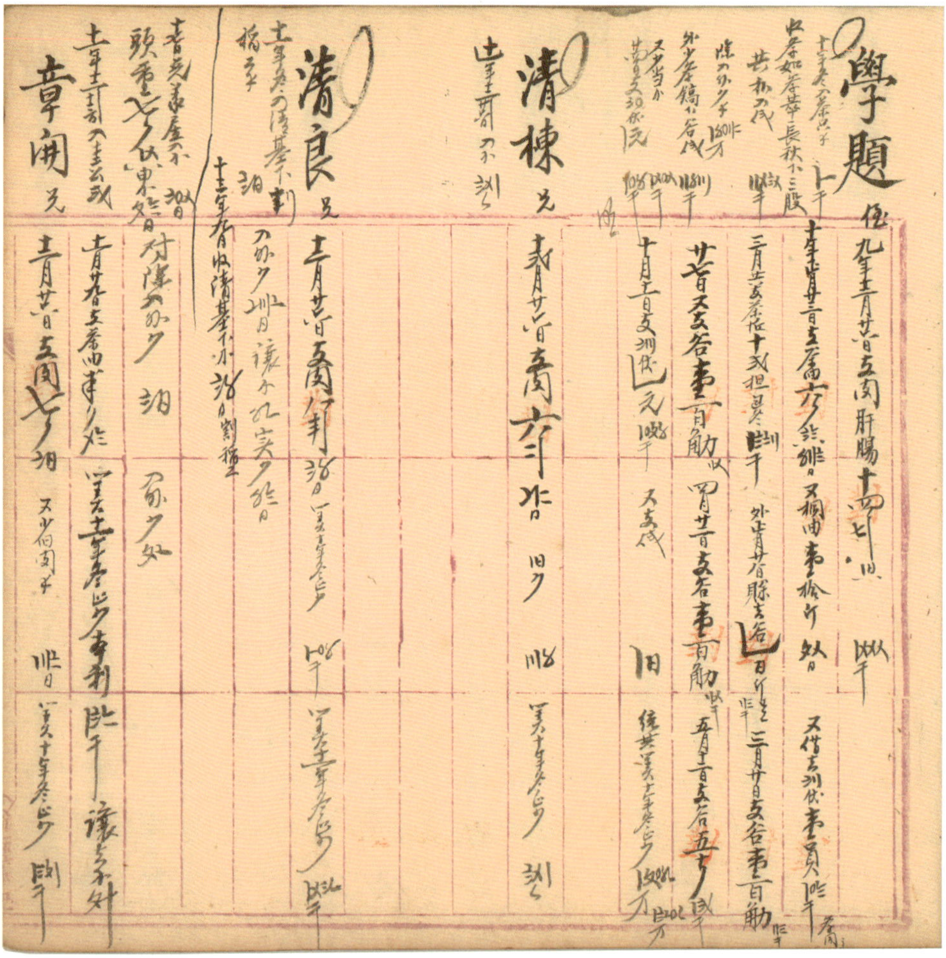

8-2-36-149　清光緒八年鋼興黄記銀錢油穀發借總目（一四九）

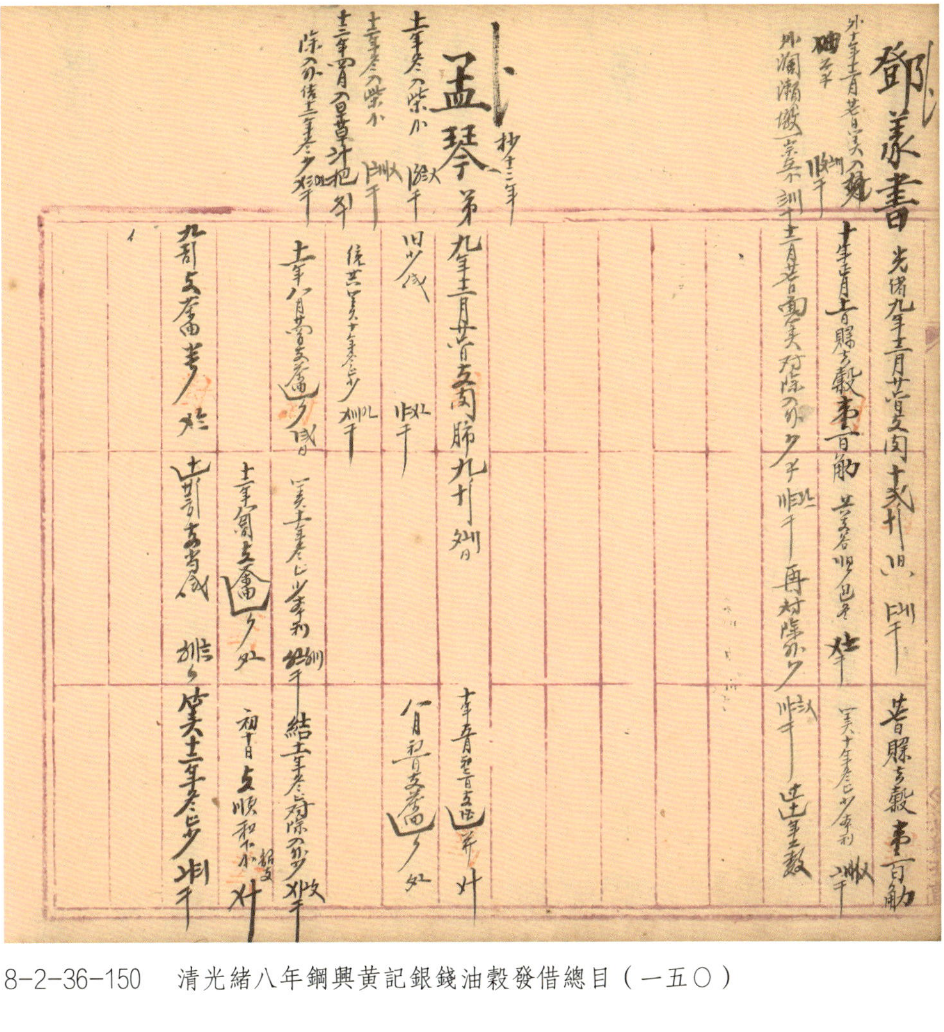

8-2-36-150　清光緒八年鋼興黄記銀錢油穀發借總目（一五〇）

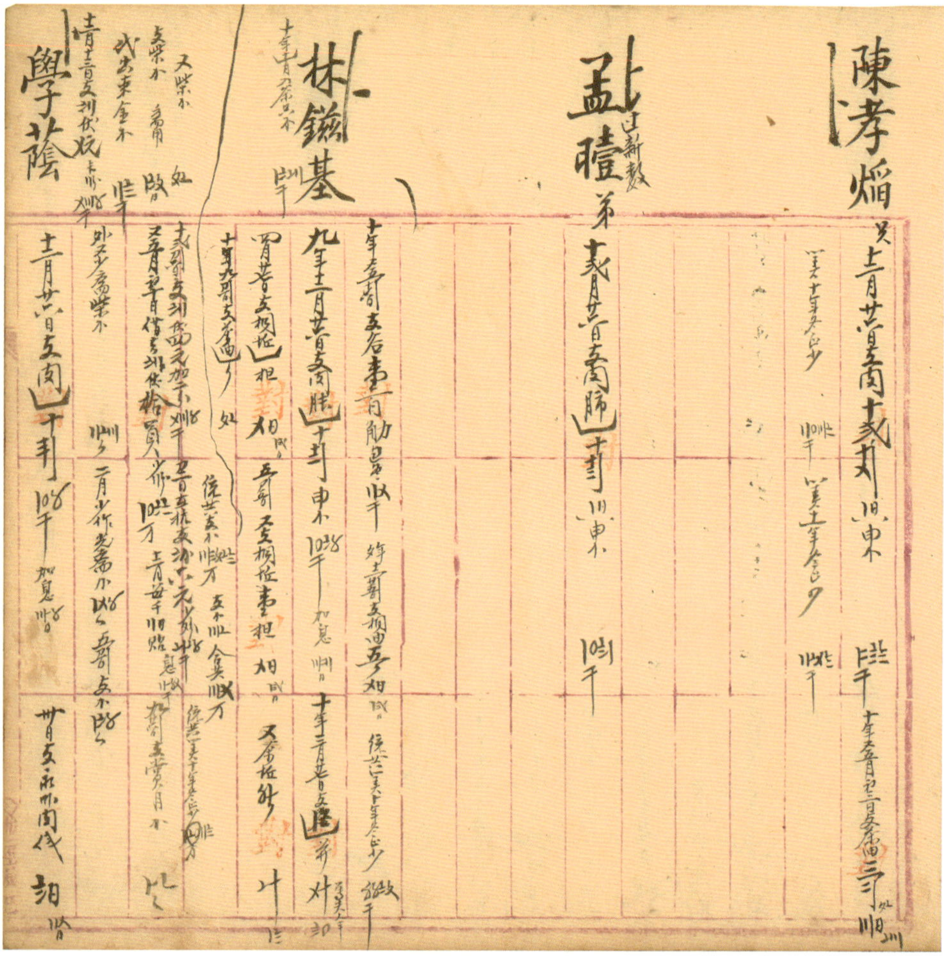

8-2-36-151　清光緒八年鋼興黃記銀錢油穀發借總目（一五一）

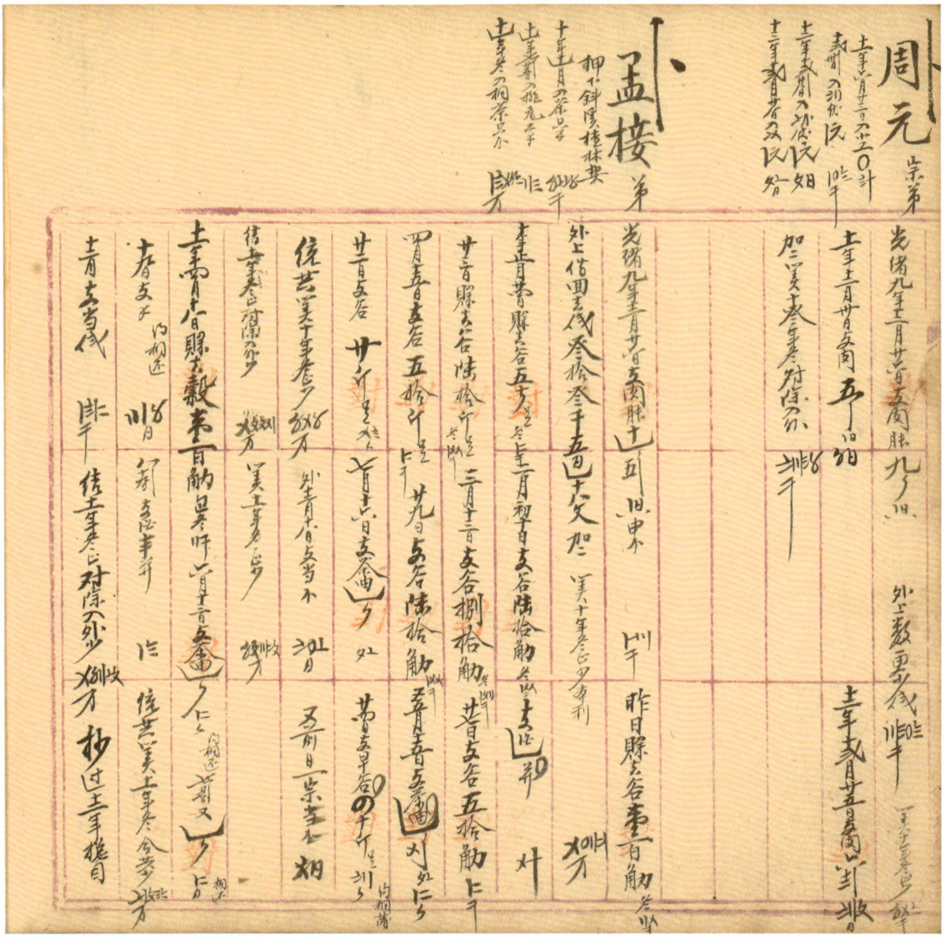

8-2-36-152　清光緒八年鋼興黃記銀錢油穀發借總目（一五二）

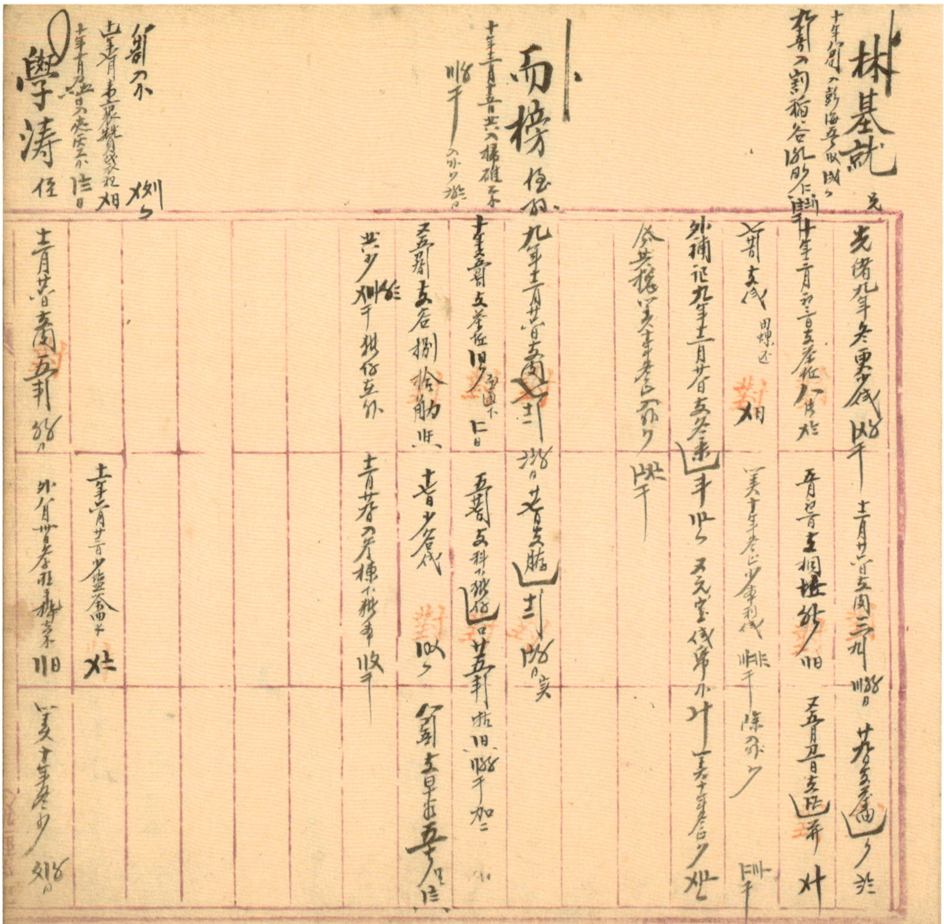

8-2-36-153　清光緒八年鋼興黄記銀錢油穀發借總目（一五三）

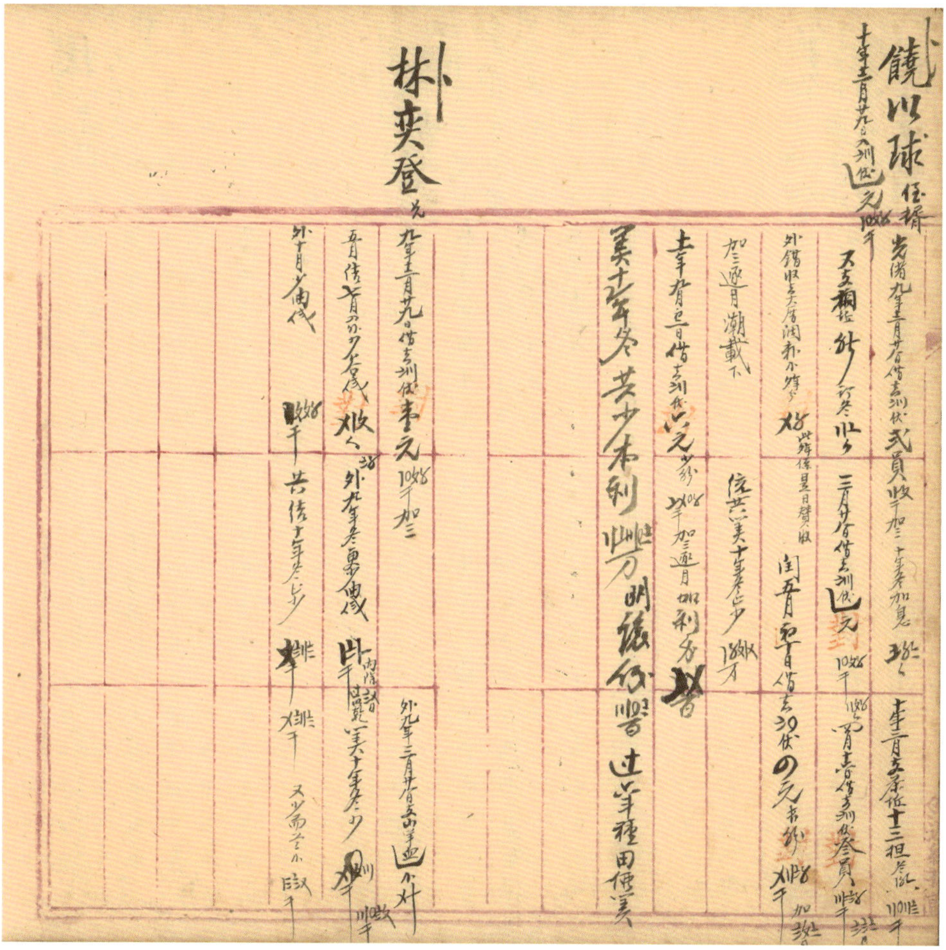

8-2-36-154　清光緒八年鋼興黃記銀錢油穀發借總目（一五四）

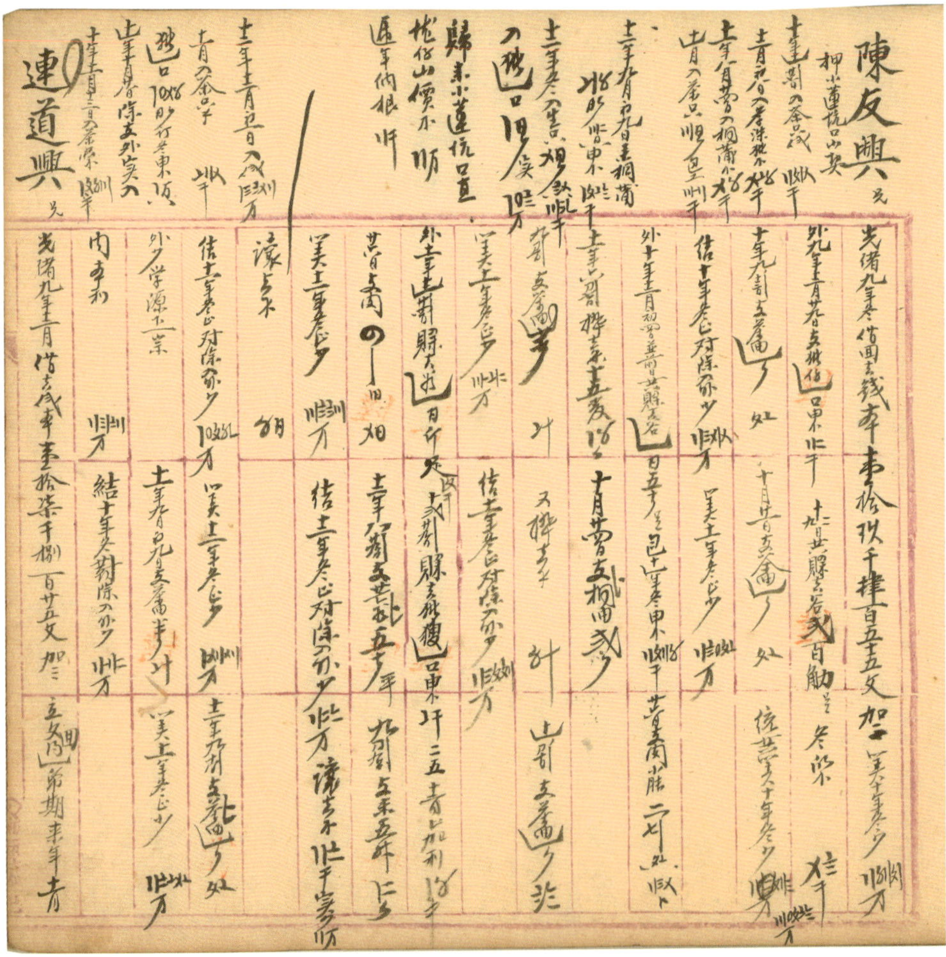

8-2-36-155　清光緒八年鋼興黄記銀錢油穀發借總目（一五五）

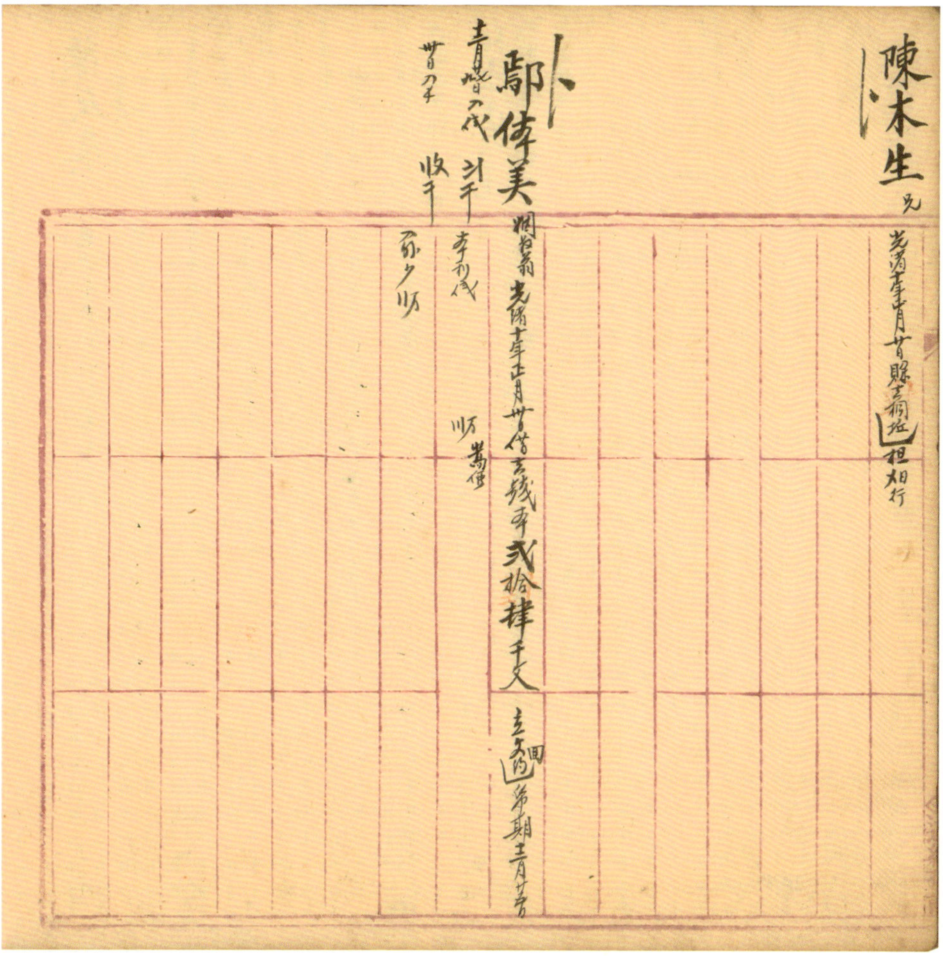

陳沐生

鄢倖美

借去錢平貳拾肆千文

8-2-36-156　清光緒八年鋼興黄記銀錢油穀發借總目（一五六）

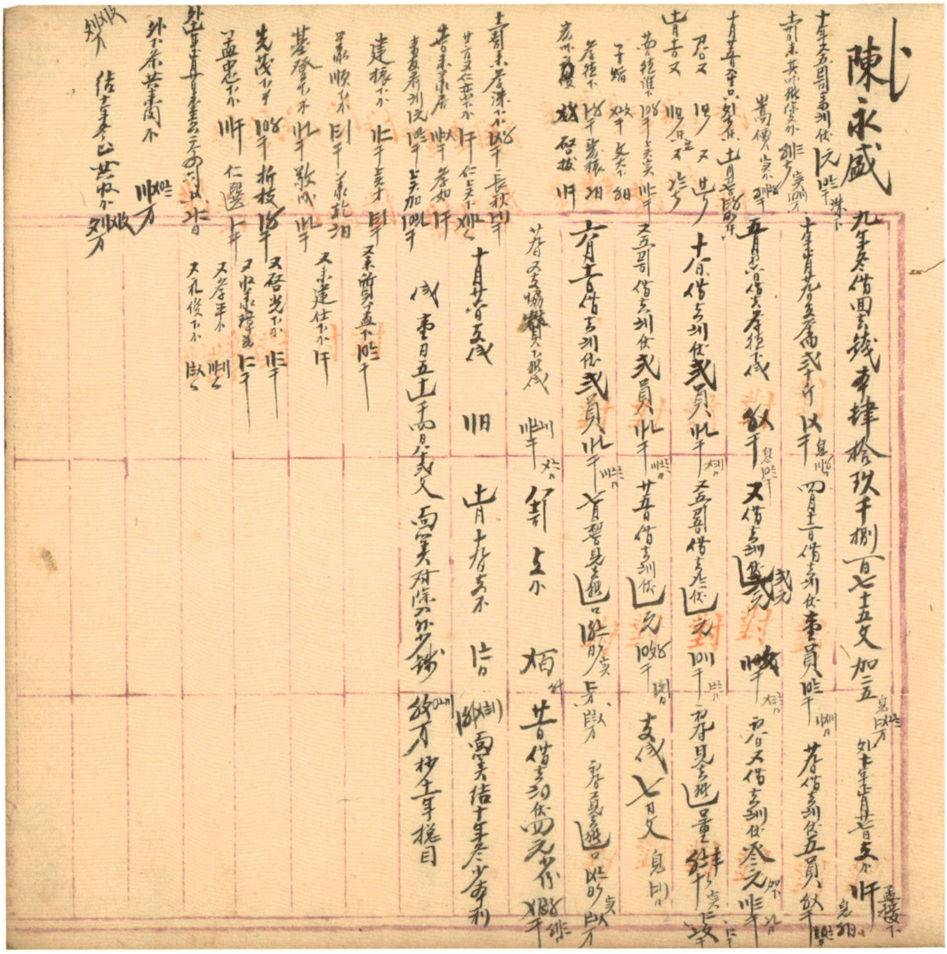

陳永盛

8-2-36-157　清光緒八年鋼興黃記銀錢油穀發借總目（一五七）

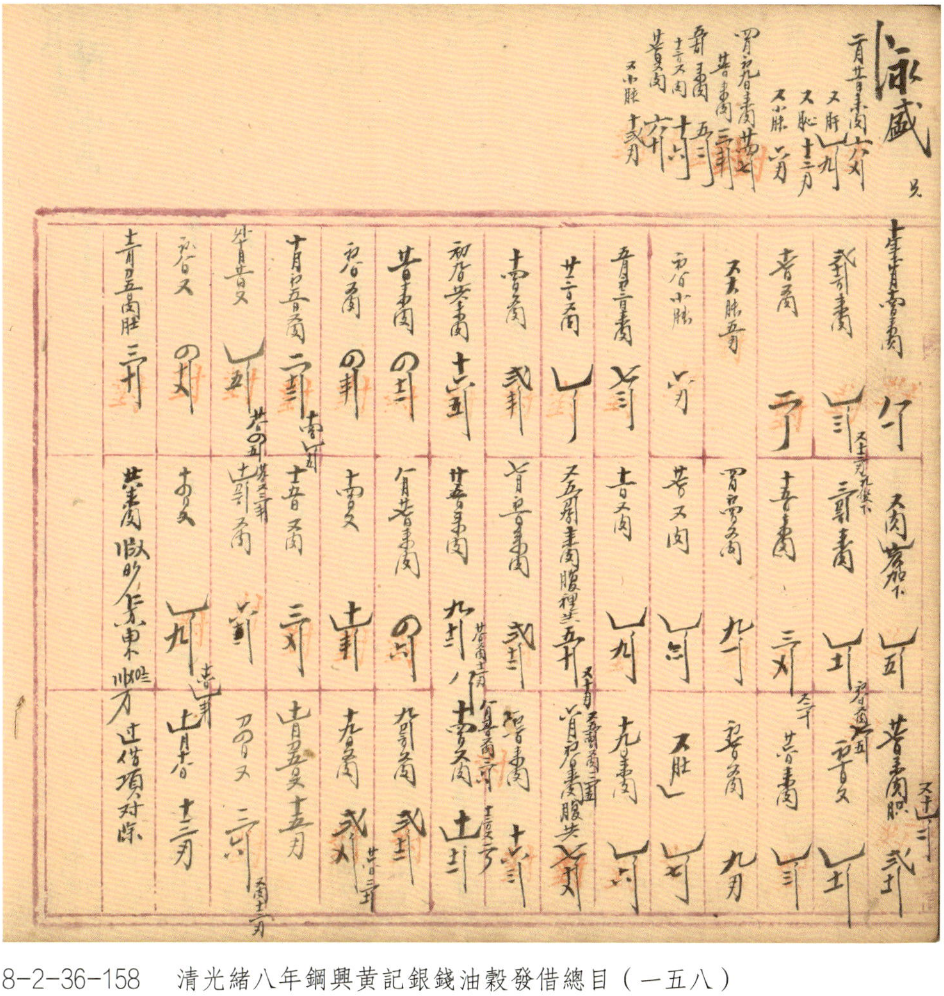

8-2-36-158　清光緒八年鋼興黃記銀錢油穀發借總目（一五八）

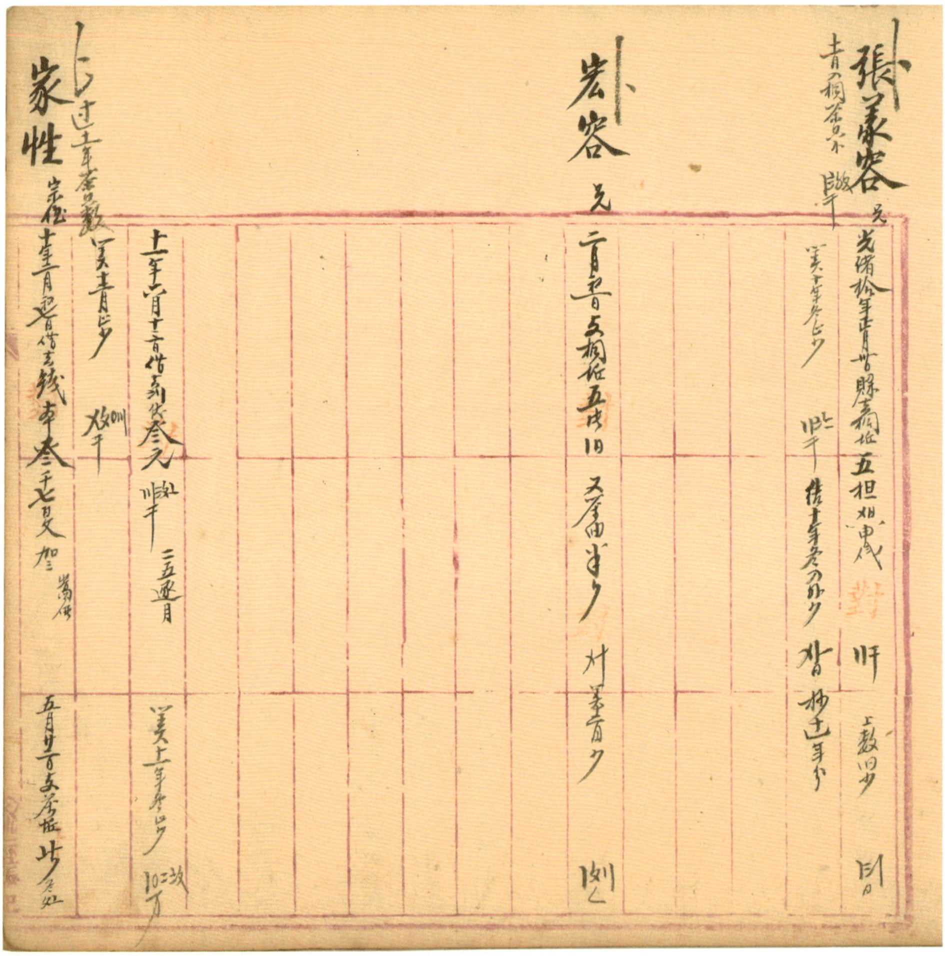

8-2-36-159　清光緒八年鋼興黃記銀錢油穀發借總目（一五九）

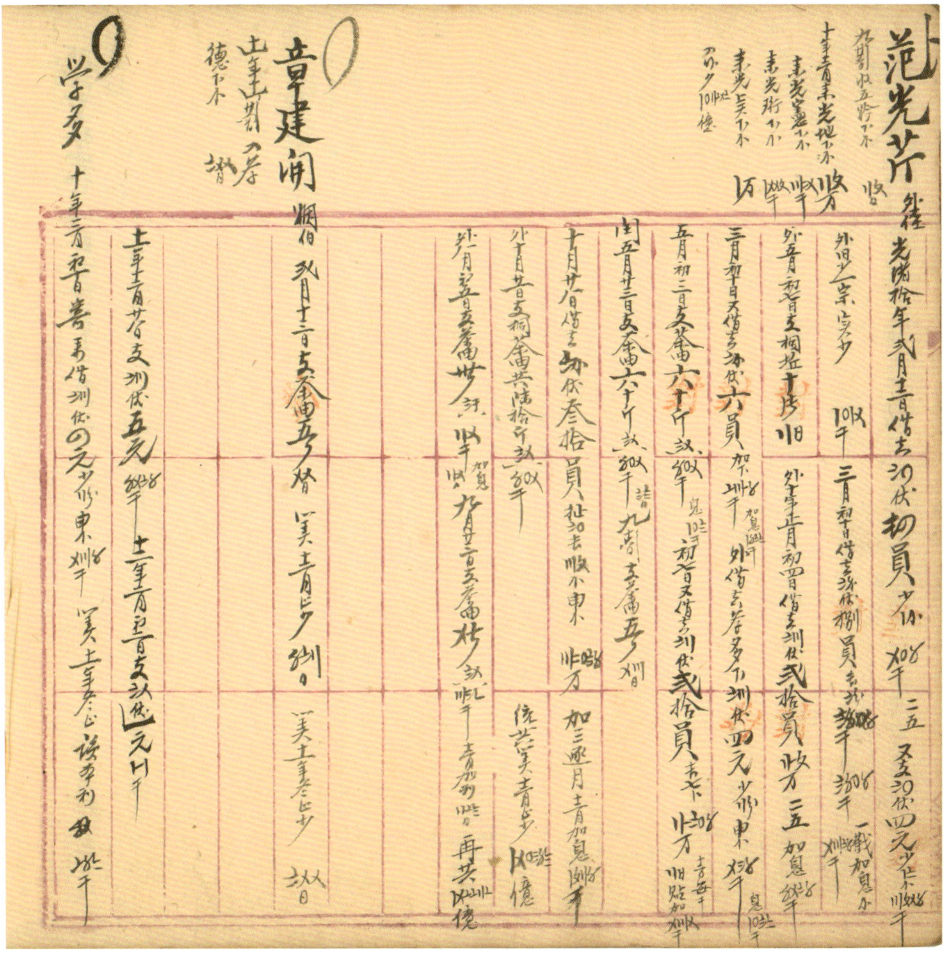

8-2-36-160　清光緒八年鋼興黄記銀錢油穀發借總目（一六〇）

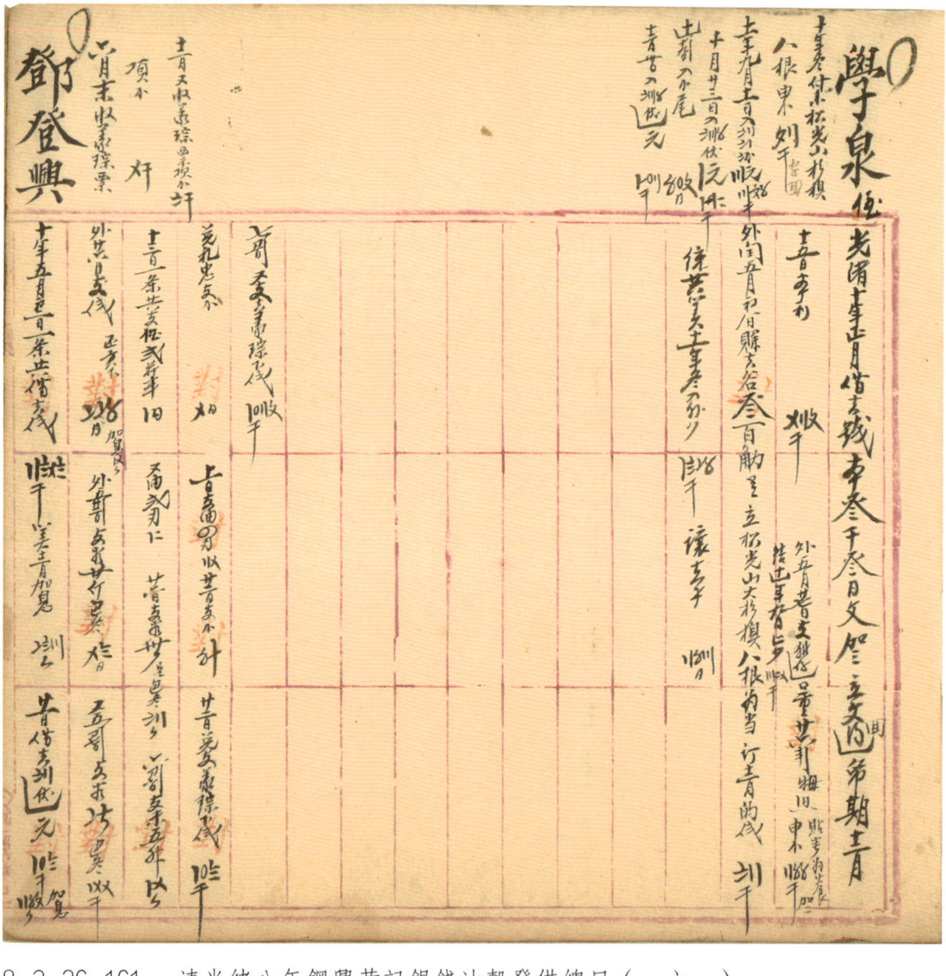

8-2-36-161　清光緒八年鋼興黄記銀錢油穀發借總目（一六一）

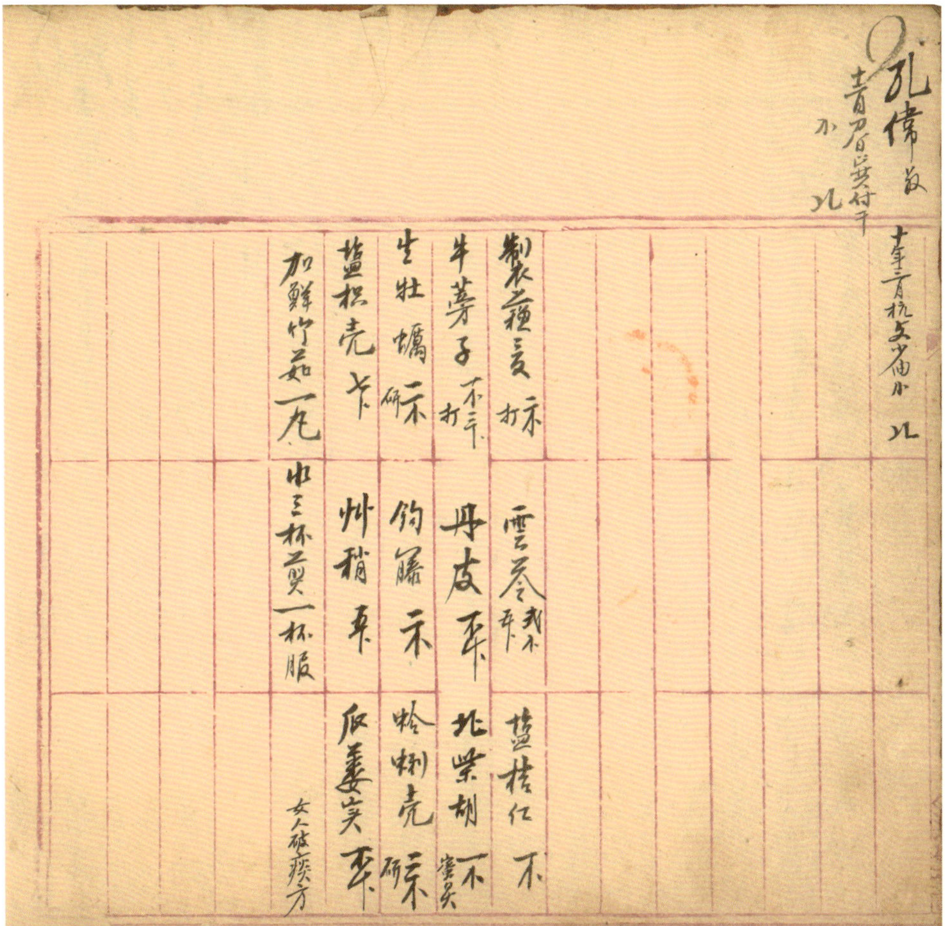

8-2-36-162　清光緒八年鋼興黄記銀錢油穀發借總目（一六二）

8-2-36-163　清光緒八年鋼興黄記銀錢油穀發借總目（一六三）

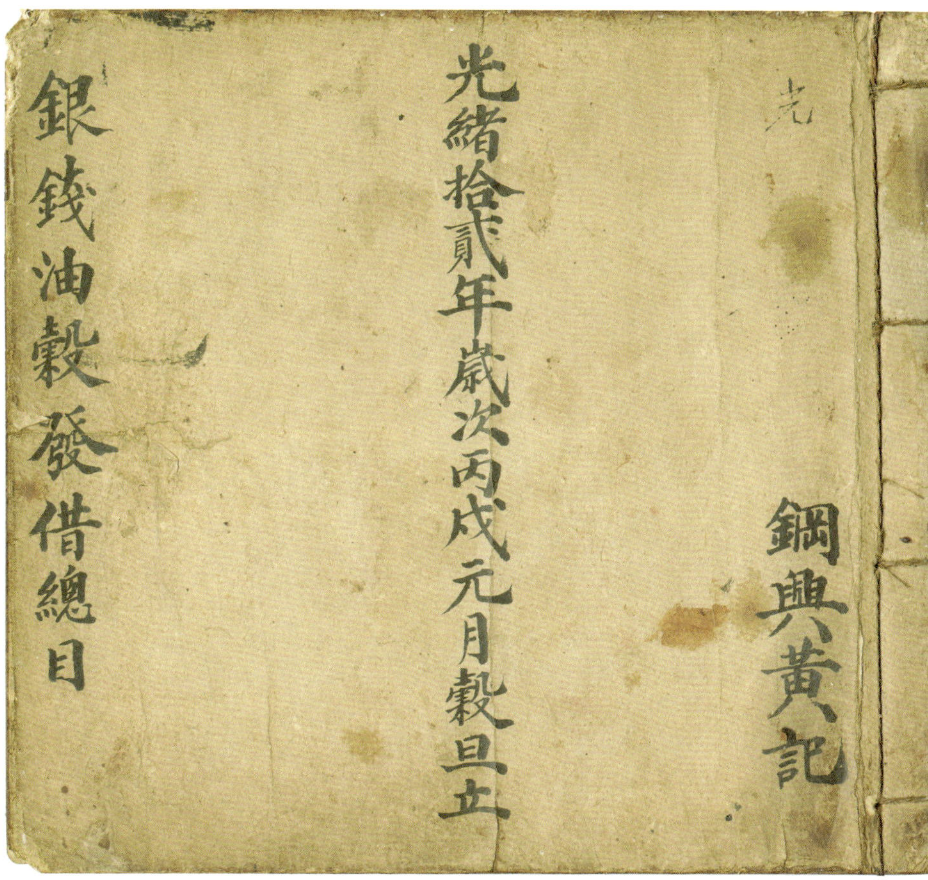

光

鋼興黄記

光緒拾貳年歲次丙戌元月穀旦立

銀錢油穀發借總目

8-2-37-1　清光緒十二年鋼興黄記銀錢油穀發借總目（一）

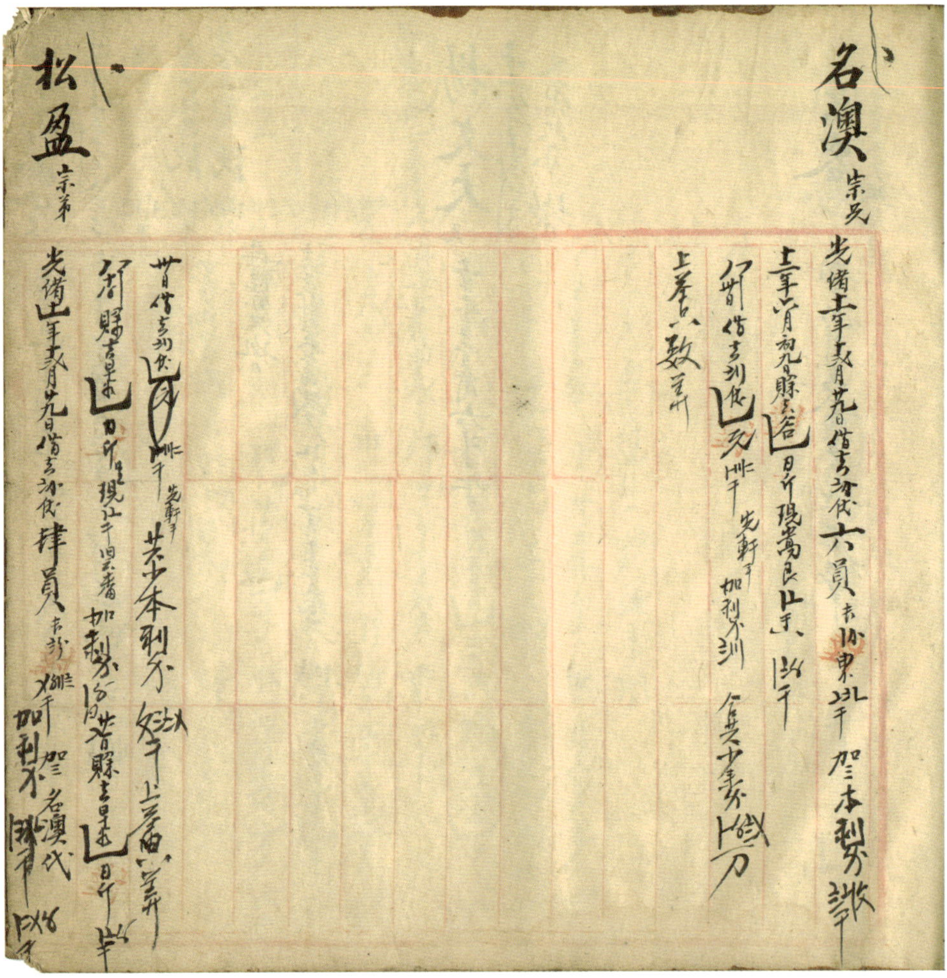

名漢 宗兄

光緒十二年五月廿九日借去洋銀六員

松盈 宗弟

光緒十二年五月廿九日借去洋銀肆員

8-2-37-2　清光緒十二年鋼興黄記銀錢油穀發借總目（二）

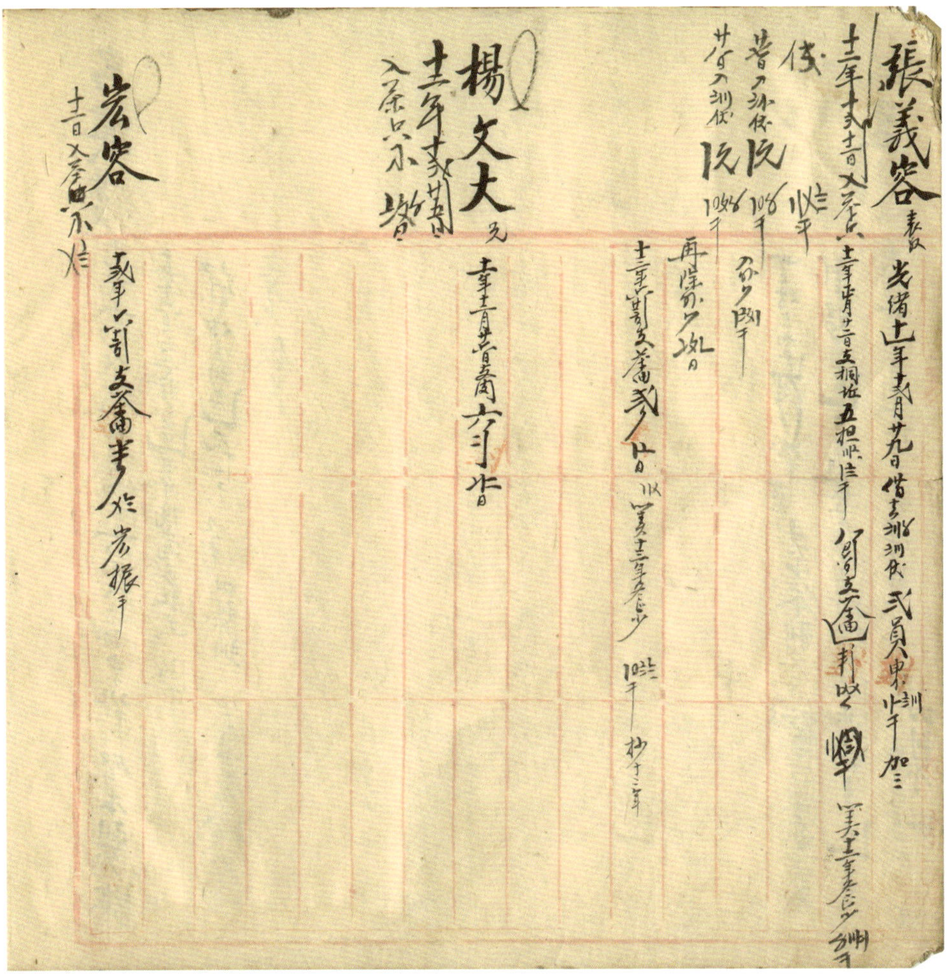

張義容

光緒十二年十月廿九日借

楊文大

岩容

8-2-37-3　清光緒十二年鋼興黄記銀錢油穀發借總目（三）

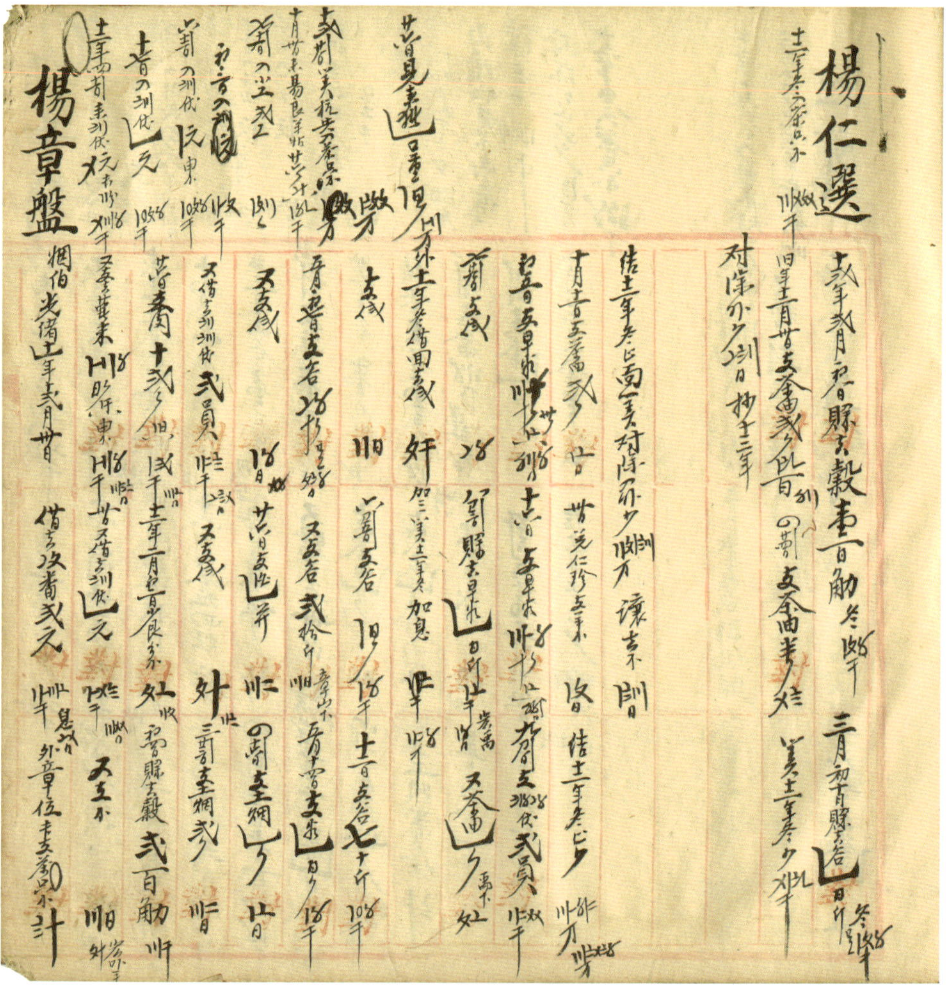

8-2-37-4　清光緒十二年鋼興黄記銀錢油穀發借總目（四）

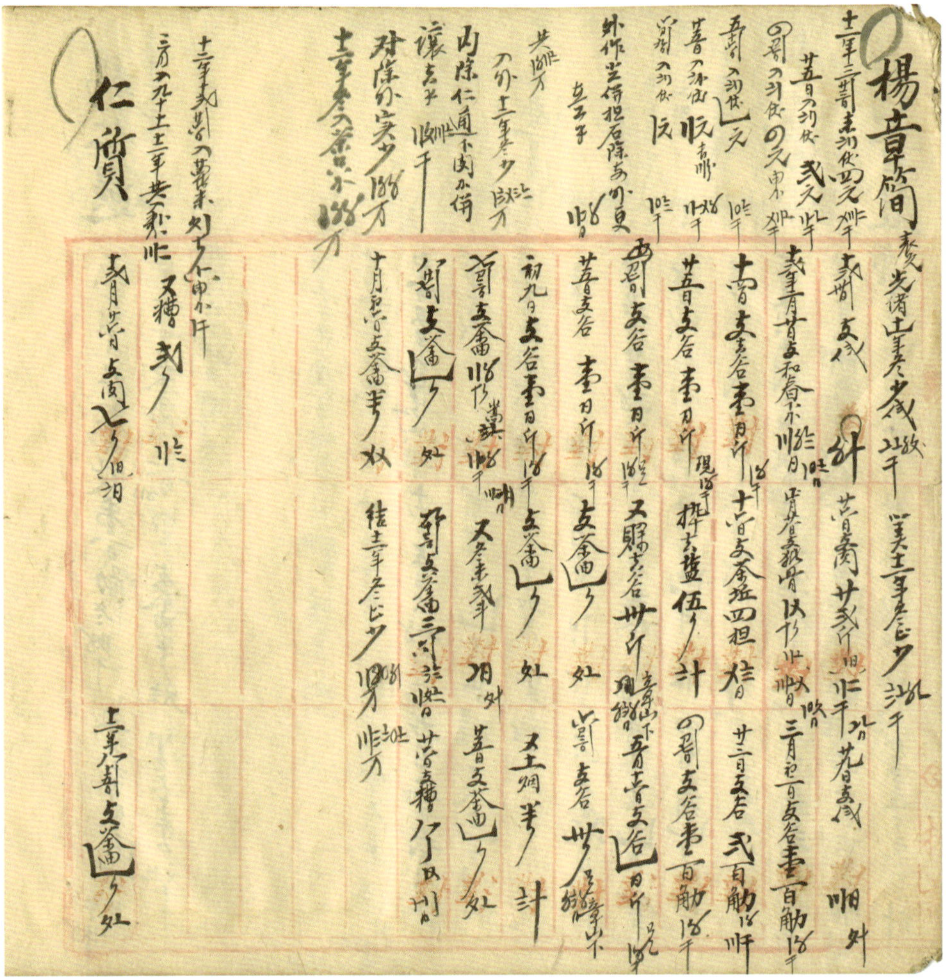

8-2-37-5　清光緒十二年鋼興黄記銀錢油穀發借總目（五）

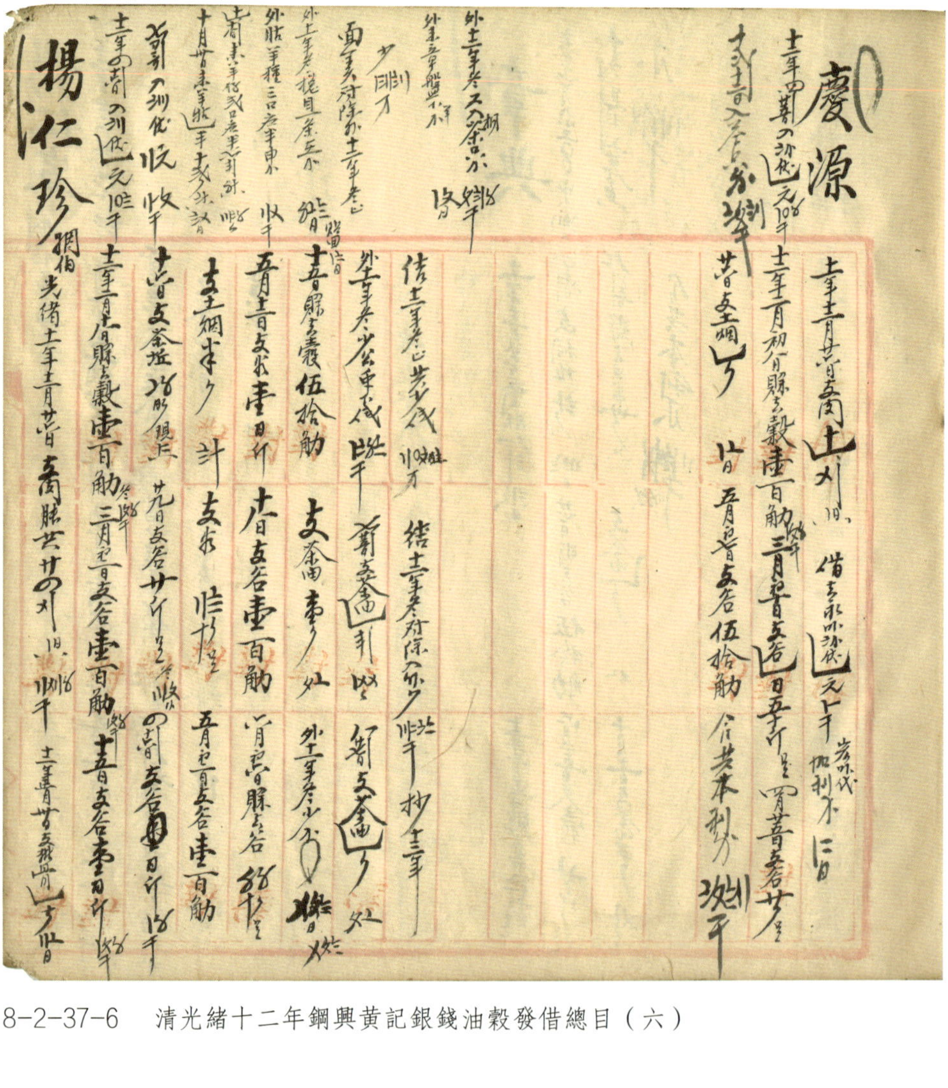

8-2-37-6　清光緒十二年鋼興黄記銀錢油穀發借總目（六）

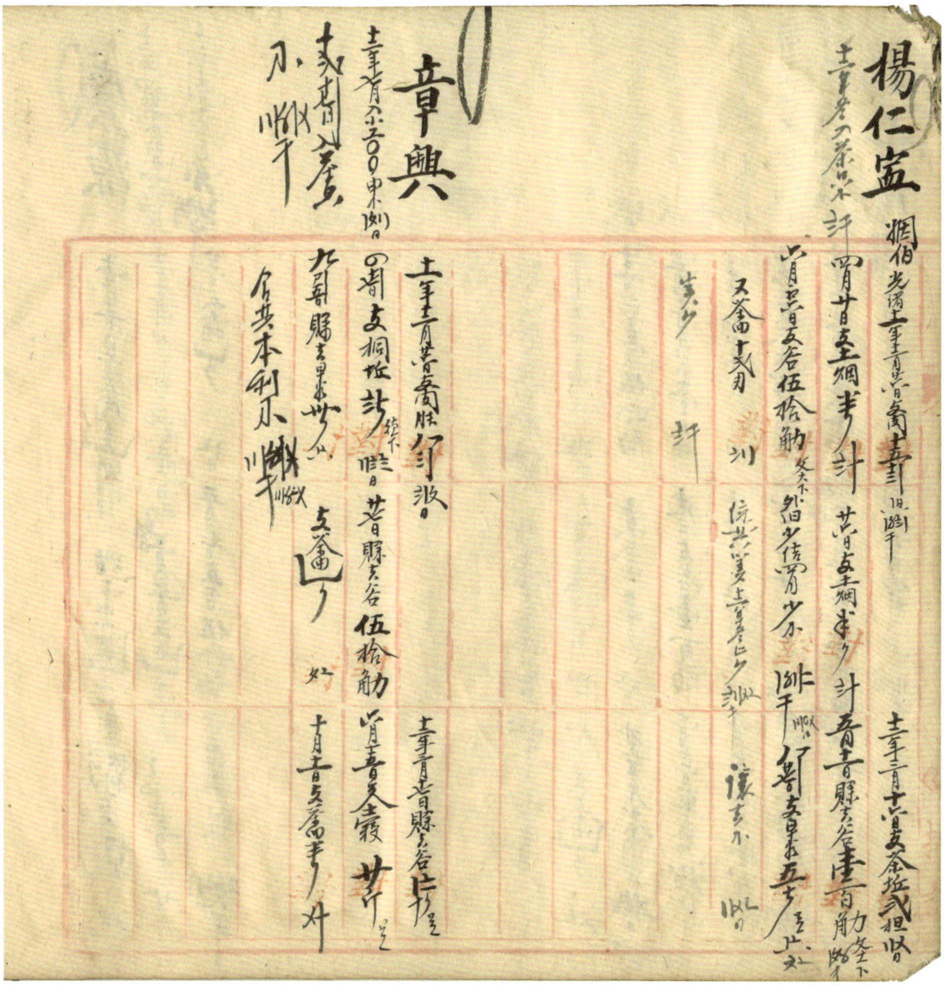

8-2-37-7　清光緒十二年鋼興黄記銀錢油穀發借總目（七）

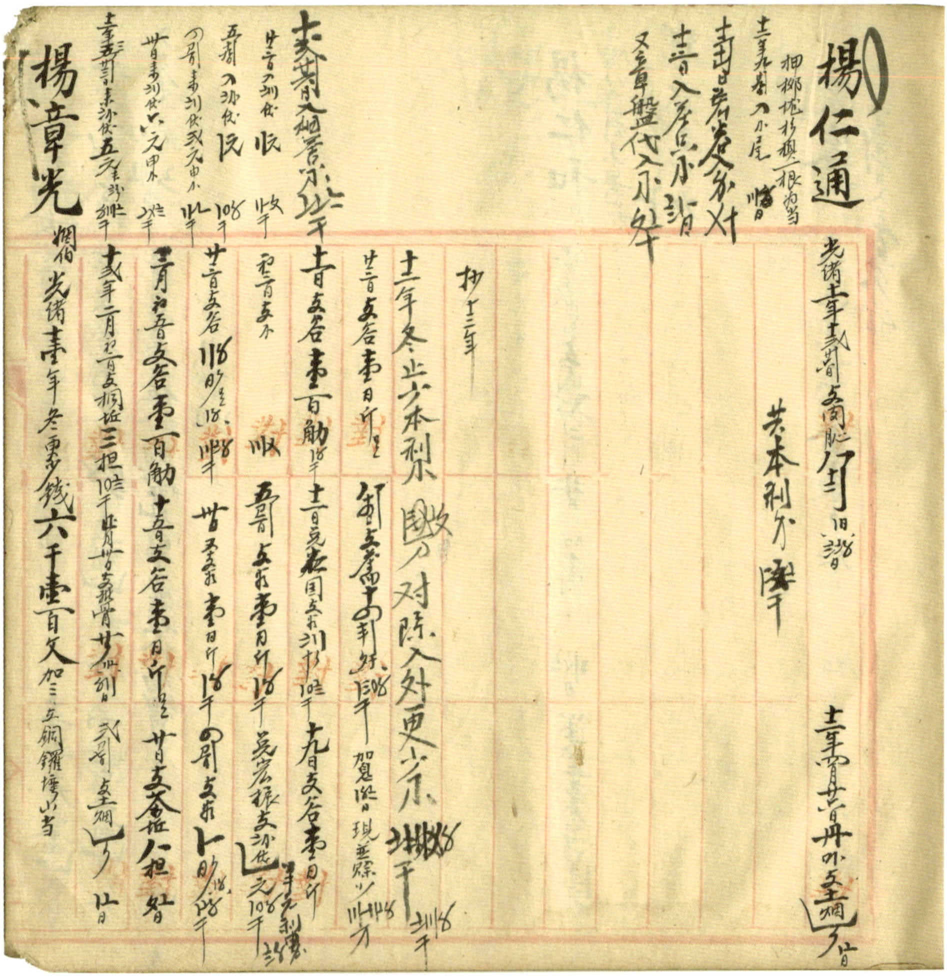

楊仁通

楊章光

8-2-37-8　清光緒十二年鋼興黄記銀錢油穀發借總目（八）

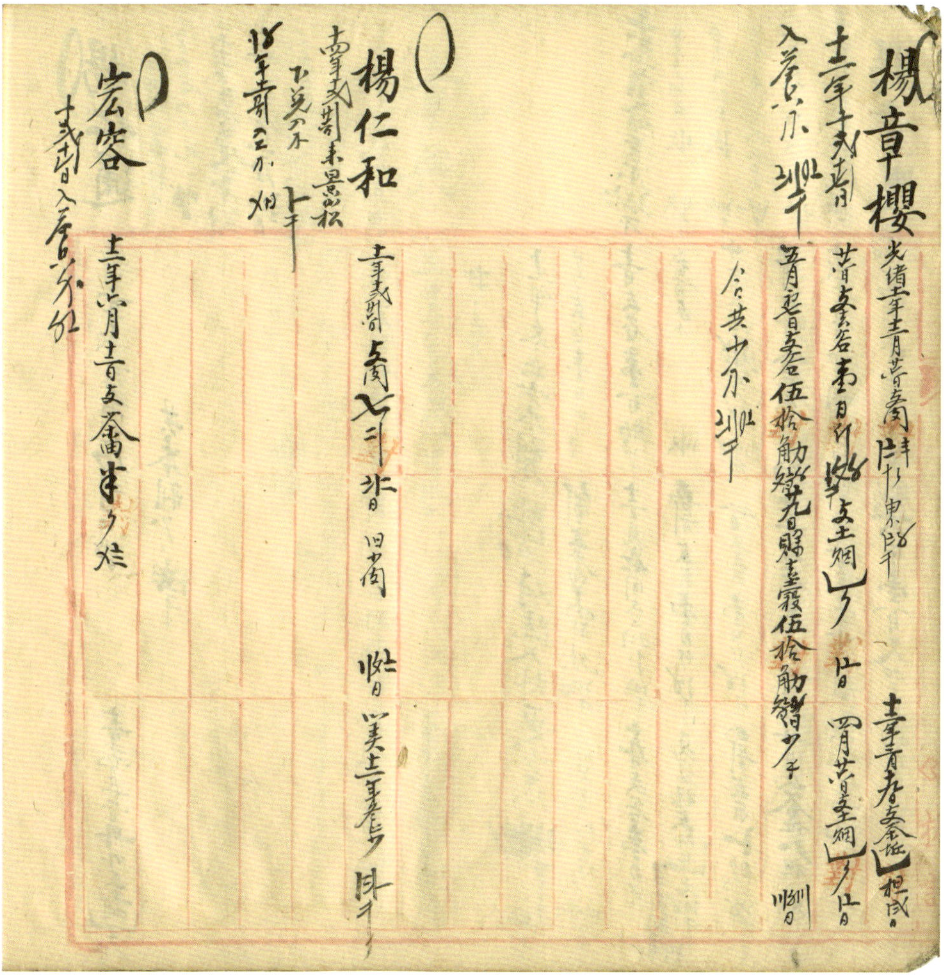

楊章櫻

合共

楊仁和

宏容

8-2-37-9　清光緒十二年鋼興黄記銀錢油穀發借總目（九）

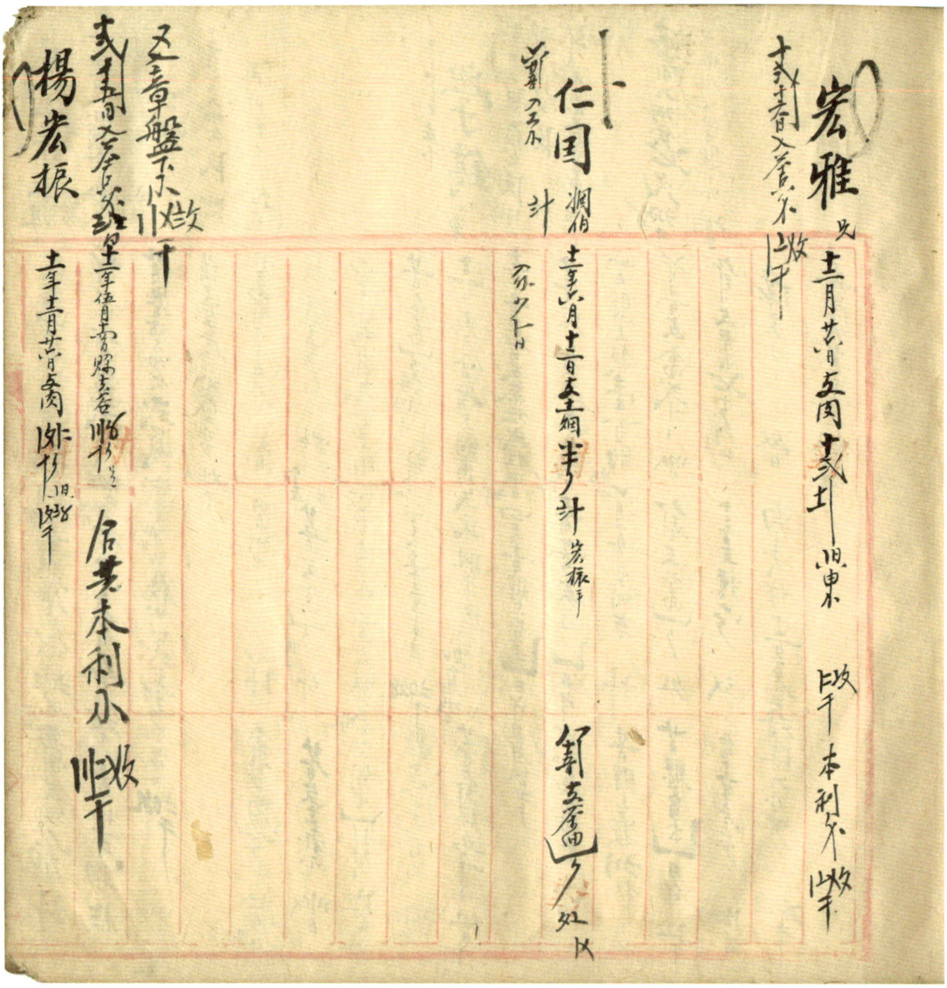

8-2-37-10　清光緒十二年鋼興黄記銀錢油穀發借總目（一〇）

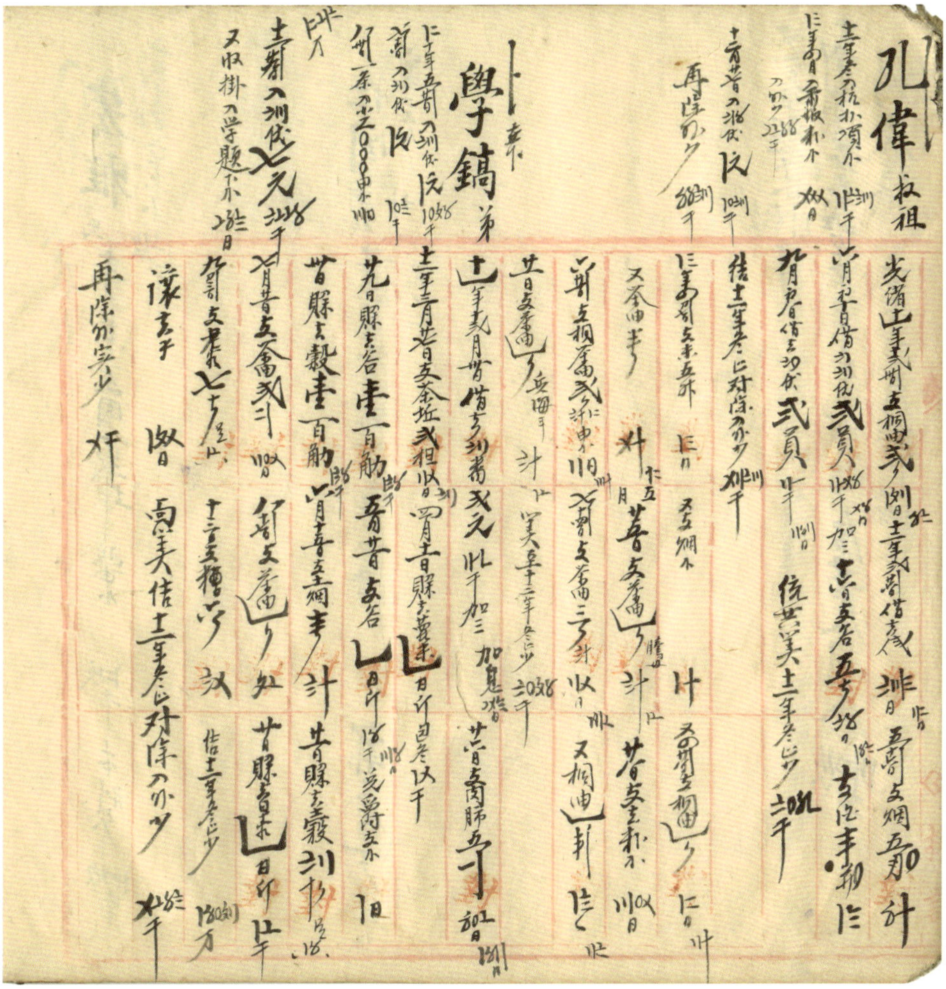

8-2-37-11　清光緒十二年鋼興黄記銀錢油穀發借總目（一一）

林敬成

光緒十二年五月廿四日借去錢本壹拾肆千叁百[illegible]十三文 加三

五月廿八日支桐油壹担 [illegible] 十二年冬[illegible]利錢 [illegible]

九月 支錢 [illegible] 十二月支錢 [illegible]

十一月十二日支[illegible]伍拾元 [illegible]

十二年五月廿四日[illegible]美利保[illegible] 外[illegible]

十三年正月[illegible]支[illegible]十斤 [illegible]

十二年十二月[illegible]支[illegible]八担 [illegible] 五月[illegible]

[illegible]支[illegible]五十[illegible] 十二年冬[illegible]利錢 [illegible]

[illegible]支[illegible]廿四日美利保[illegible]

十二月[illegible]桐油[illegible] 十二月[illegible]桐油[illegible] 十二年[illegible]桐油[illegible] 押小蓮[illegible]山契

8-2-37-12　清光緒十二年鋼興黄記銀錢油穀發借總目（一二）

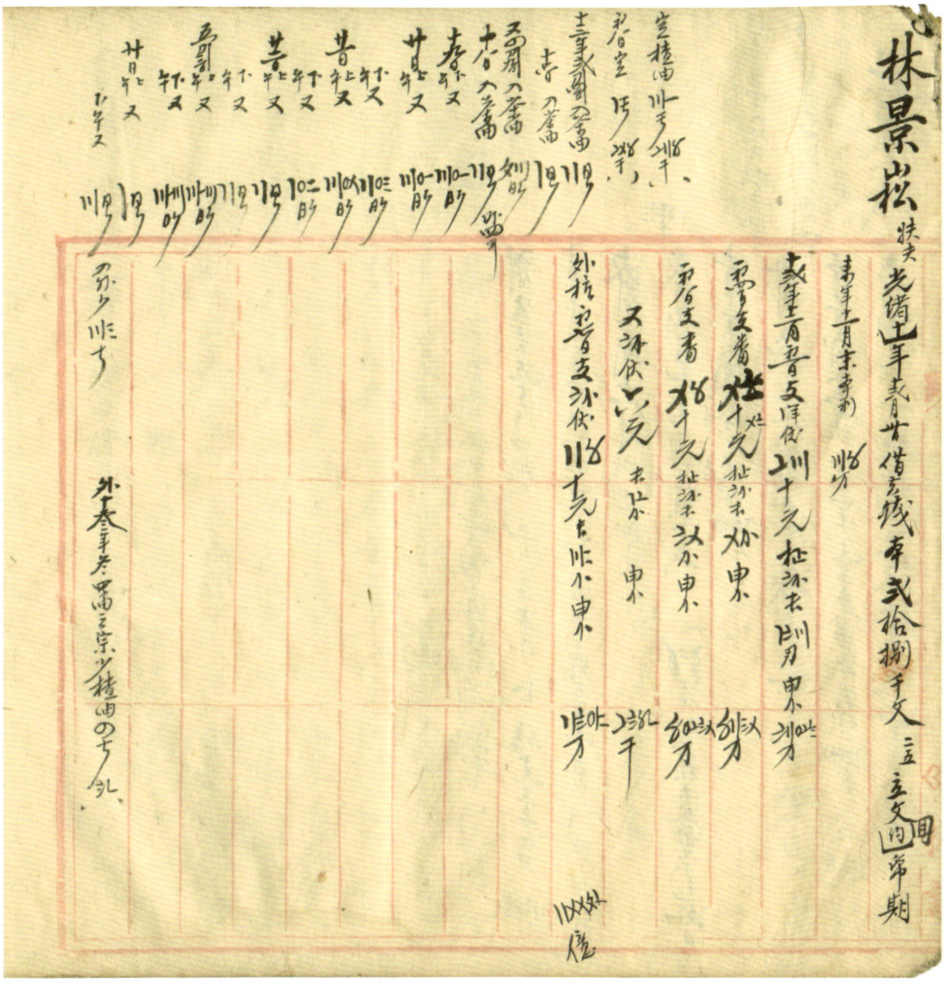

8-2-37-13　清光緒十二年鋼興黃記銀錢油穀發借總目（一三）

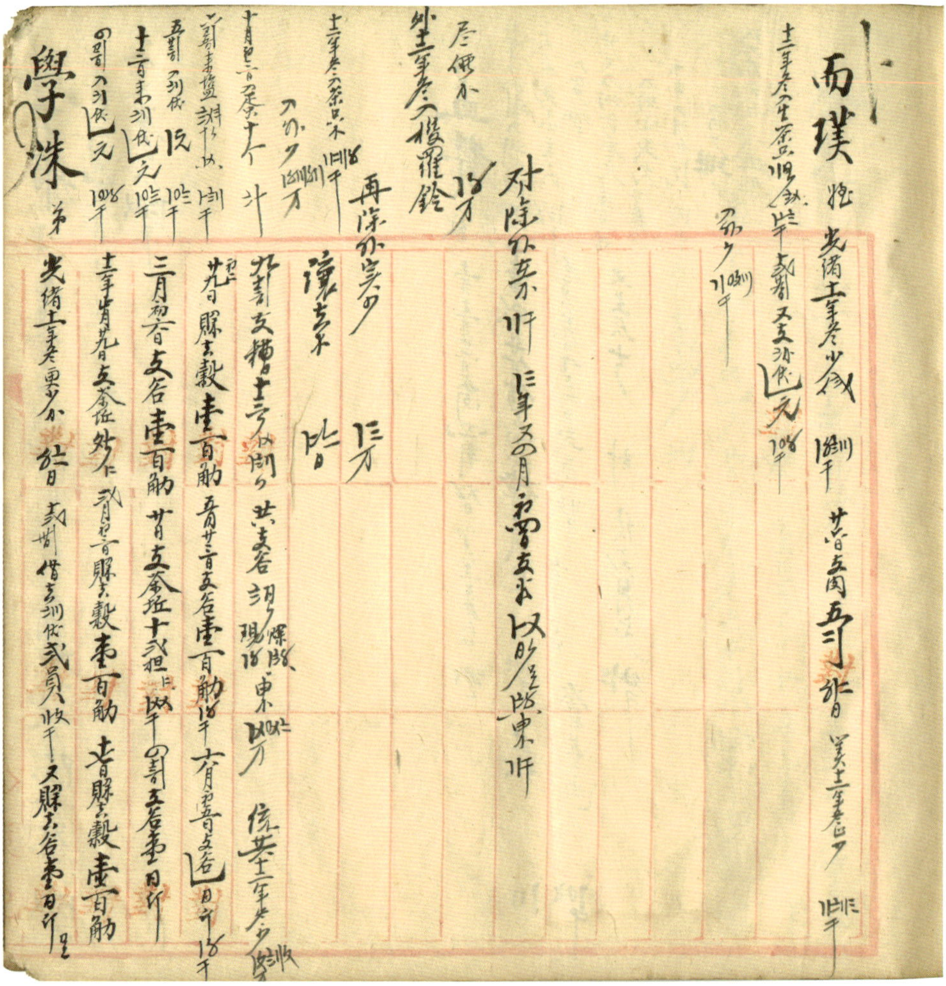

8-2-37-14　清光緒十二年鋼興黄記銀錢油穀發借總目（一四）

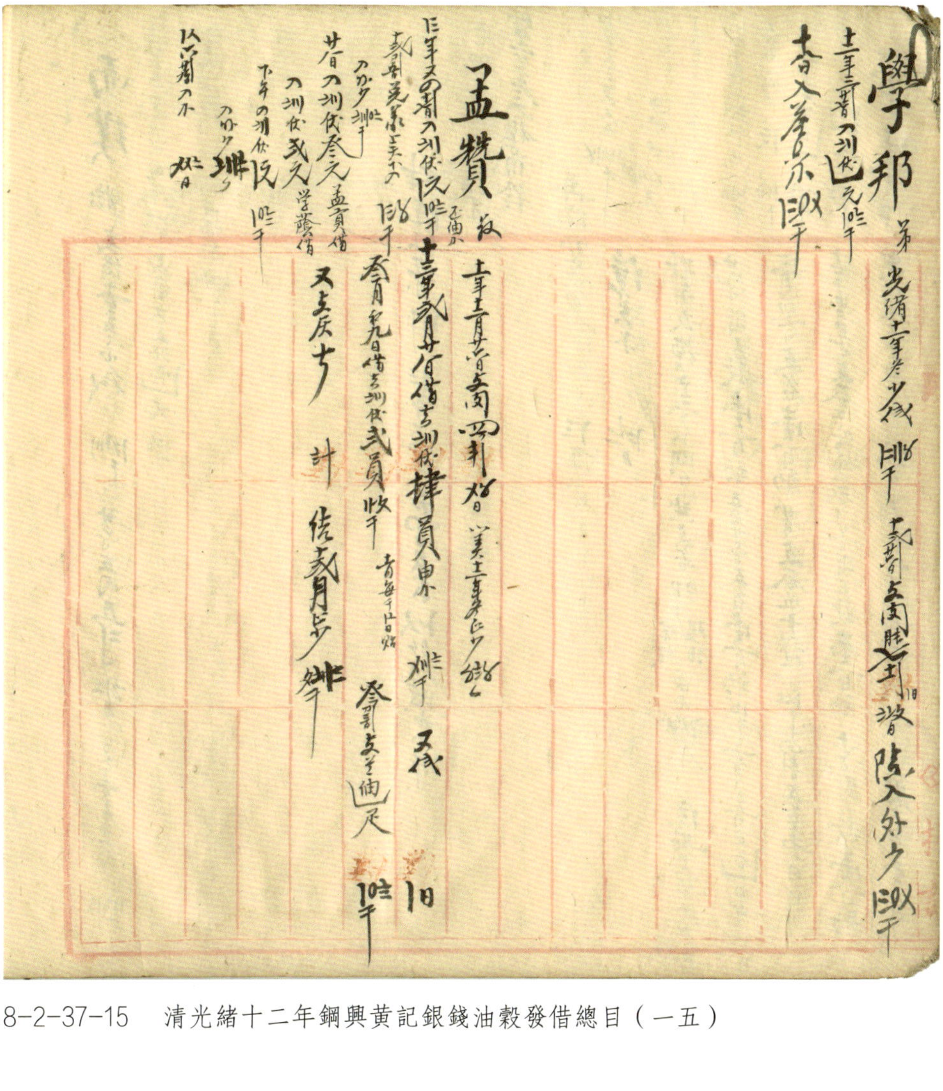

8-2-37-15　清光緒十二年鋼興黃記銀錢油穀發借總目（一五）

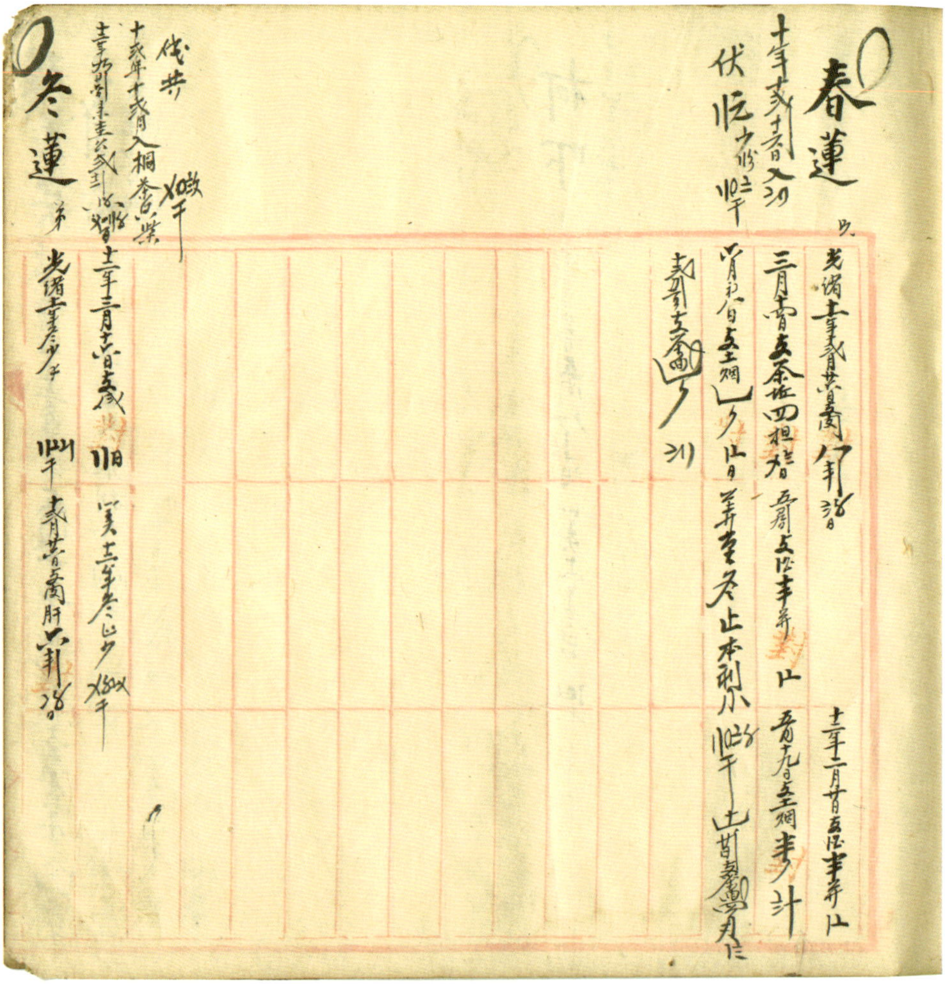

8-2-37-16　清光緒十二年鋼興黄記銀錢油穀發借總目（一六）

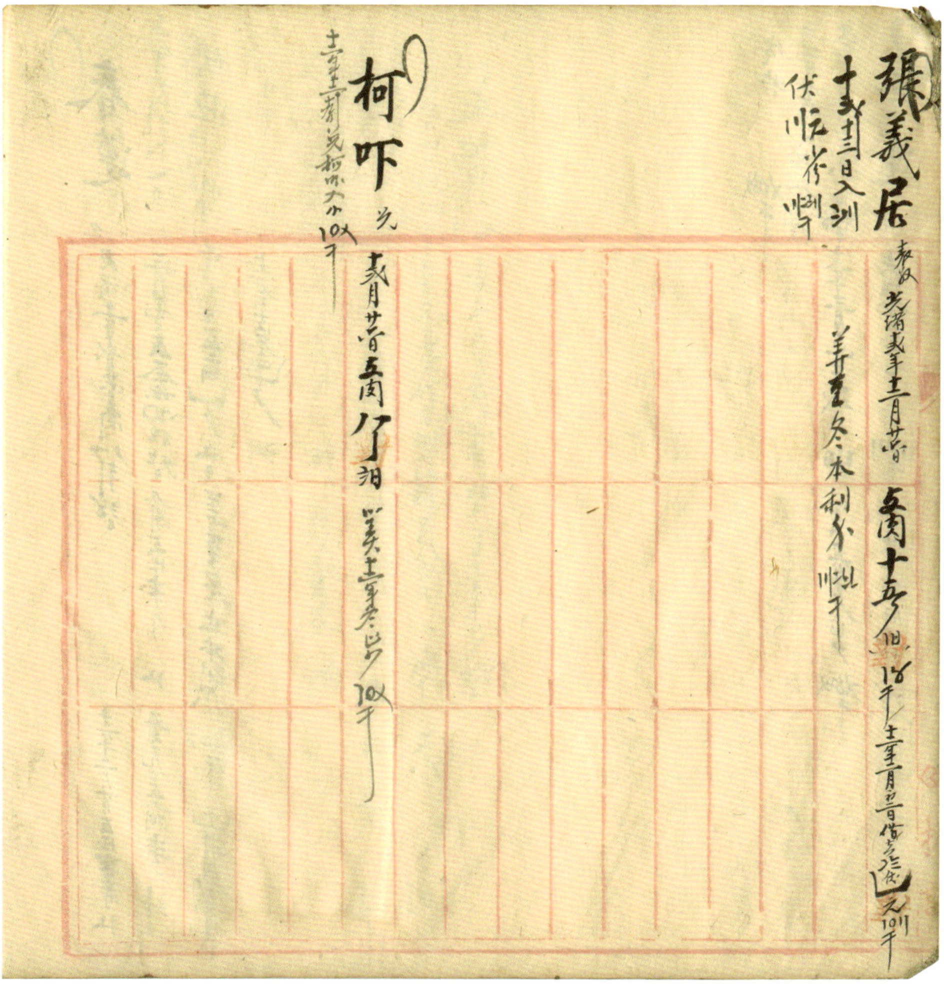

張義居

柯吓

8-2-37-17　清光緒十二年鋼興黃記銀錢油穀發借總目（一七）

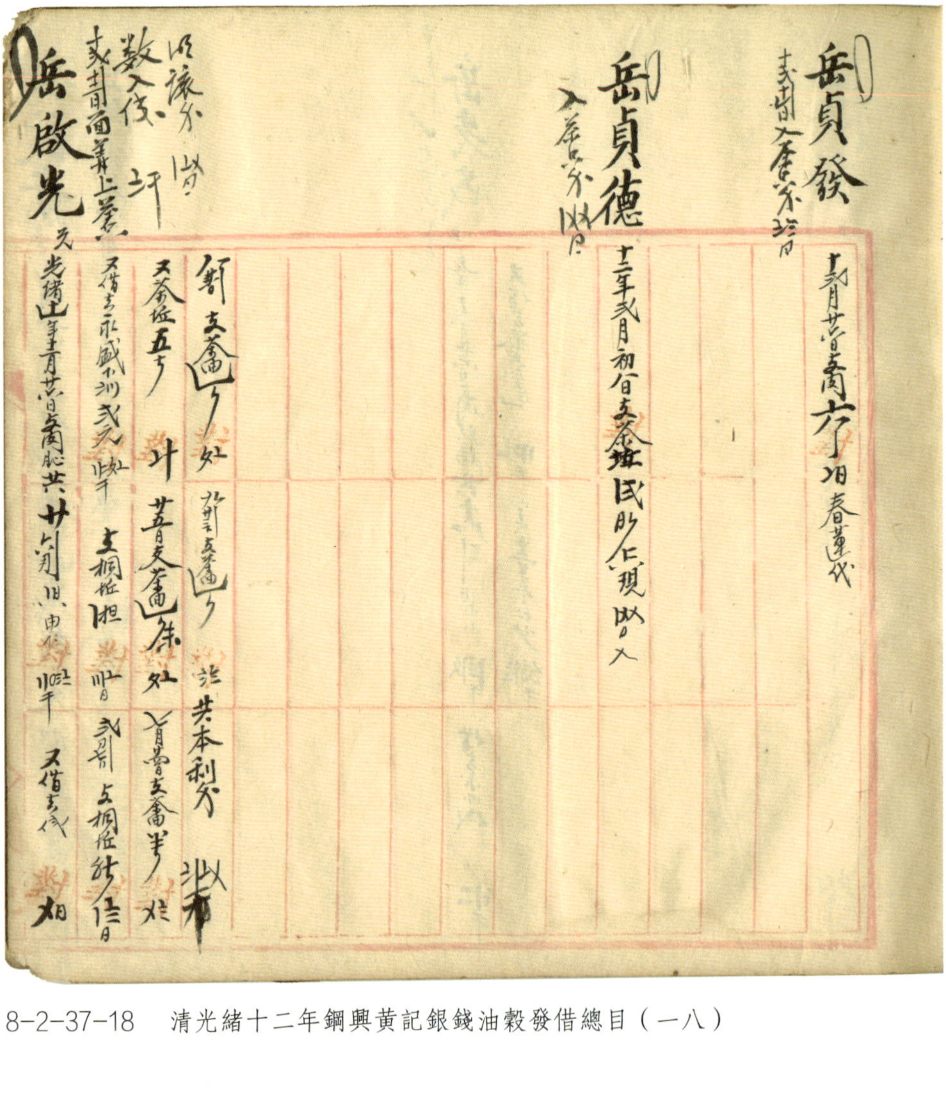
岳貞發

岳貞德

岳啟光

8-2-37-18　清光緒十二年鋼興黄記銀錢油穀發借總目（一八）

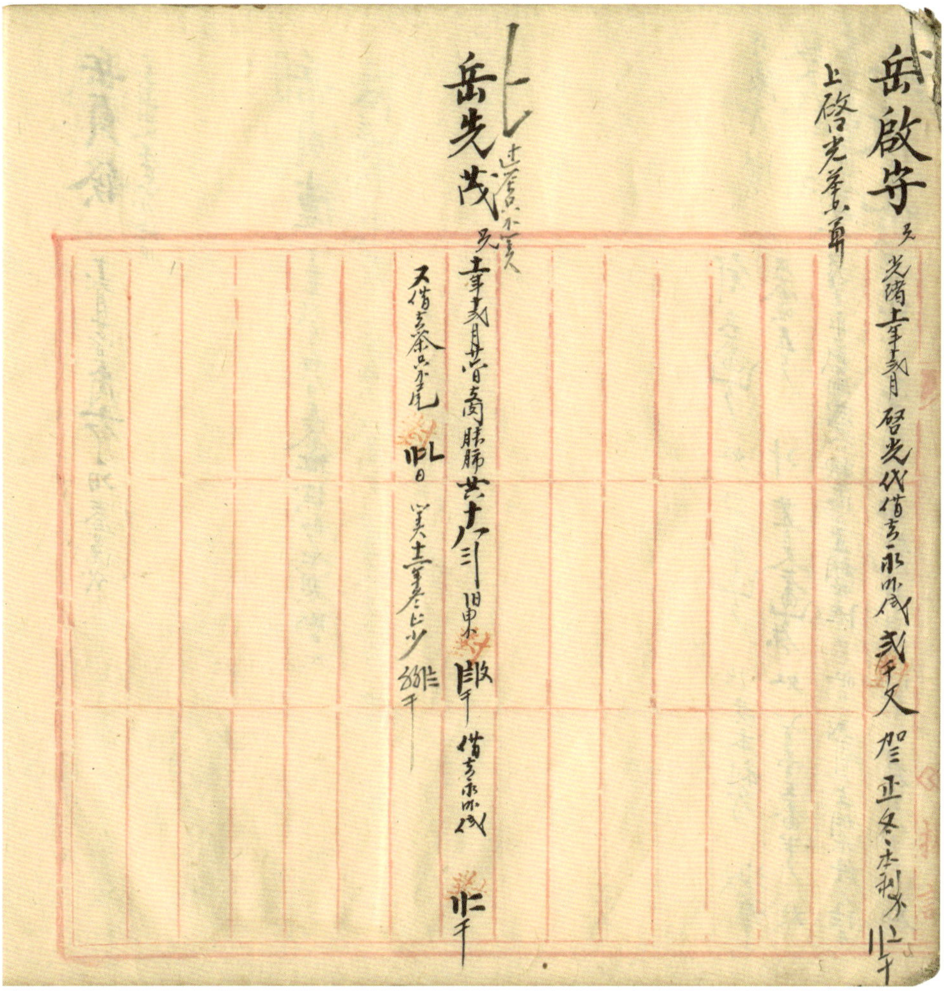

8-2-37-19　清光緒十二年鋼興黄記銀錢油穀發借總目（一九）

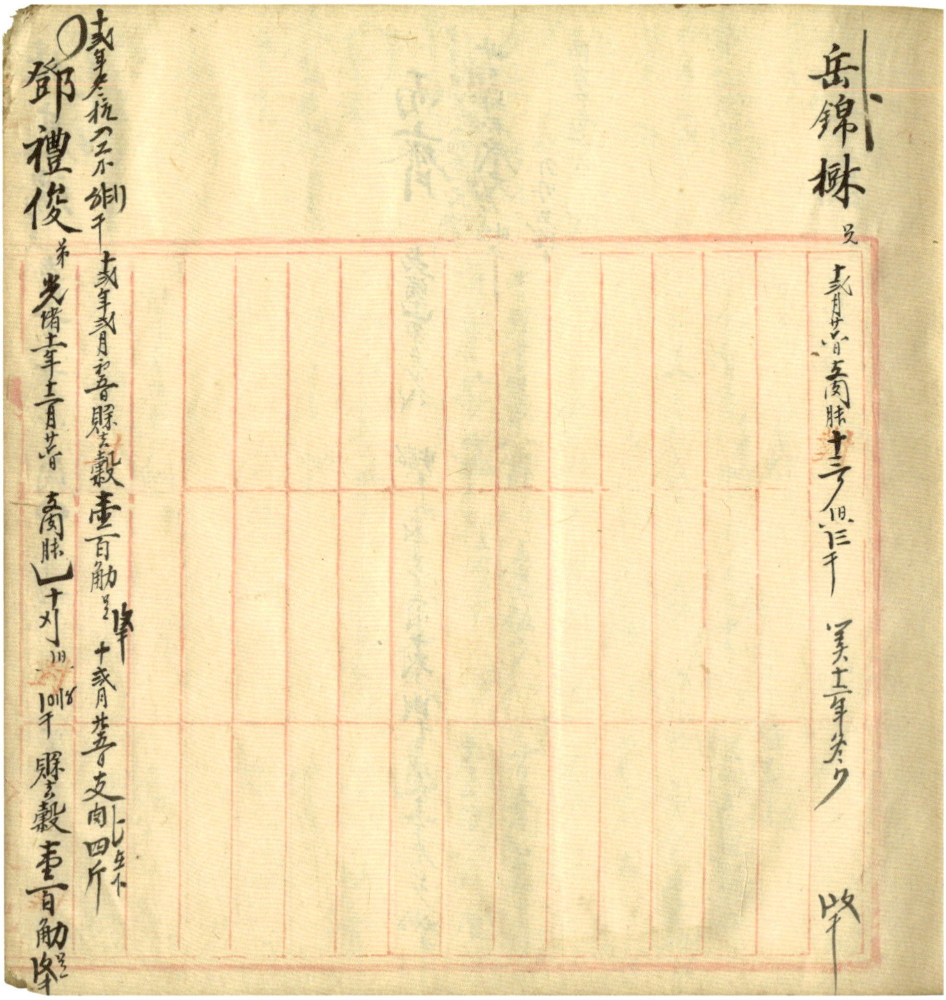

岳錦棟 兄

十二月廿六日 去肉肫 [illegible]

[illegible] 畢

鄧禮俊 弟

光緒十二年十二月廿四日 去肉肫 [illegible] 賒去穀壹百觔 畢

十三年二月初五日 賒去穀壹百觔 [illegible] 畢

十三年二月廿五日 支肉四斤 [illegible]

8-2-37-20　清光緒十二年鋼興黄記銀錢油穀發借總目（二〇）

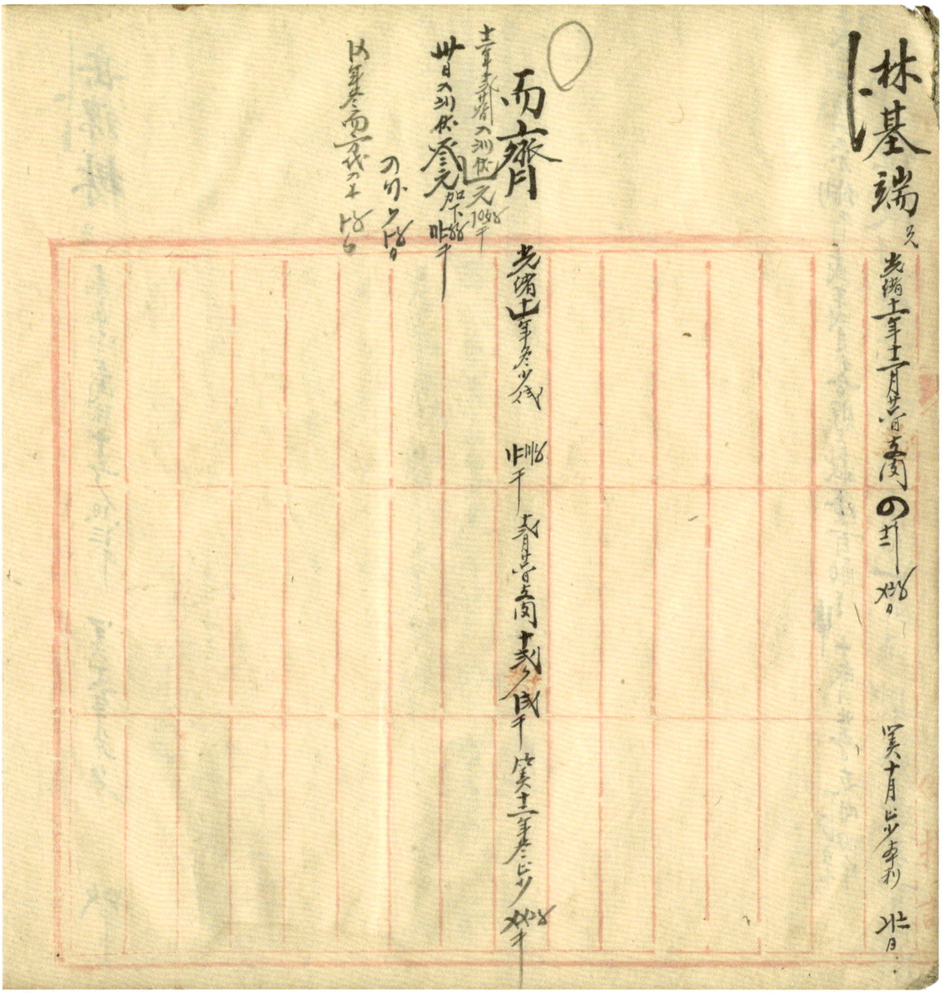
林基端
丙齊

8-2-37-21　清光緒十二年鋼興黃記銀錢油穀發借總目（二一）

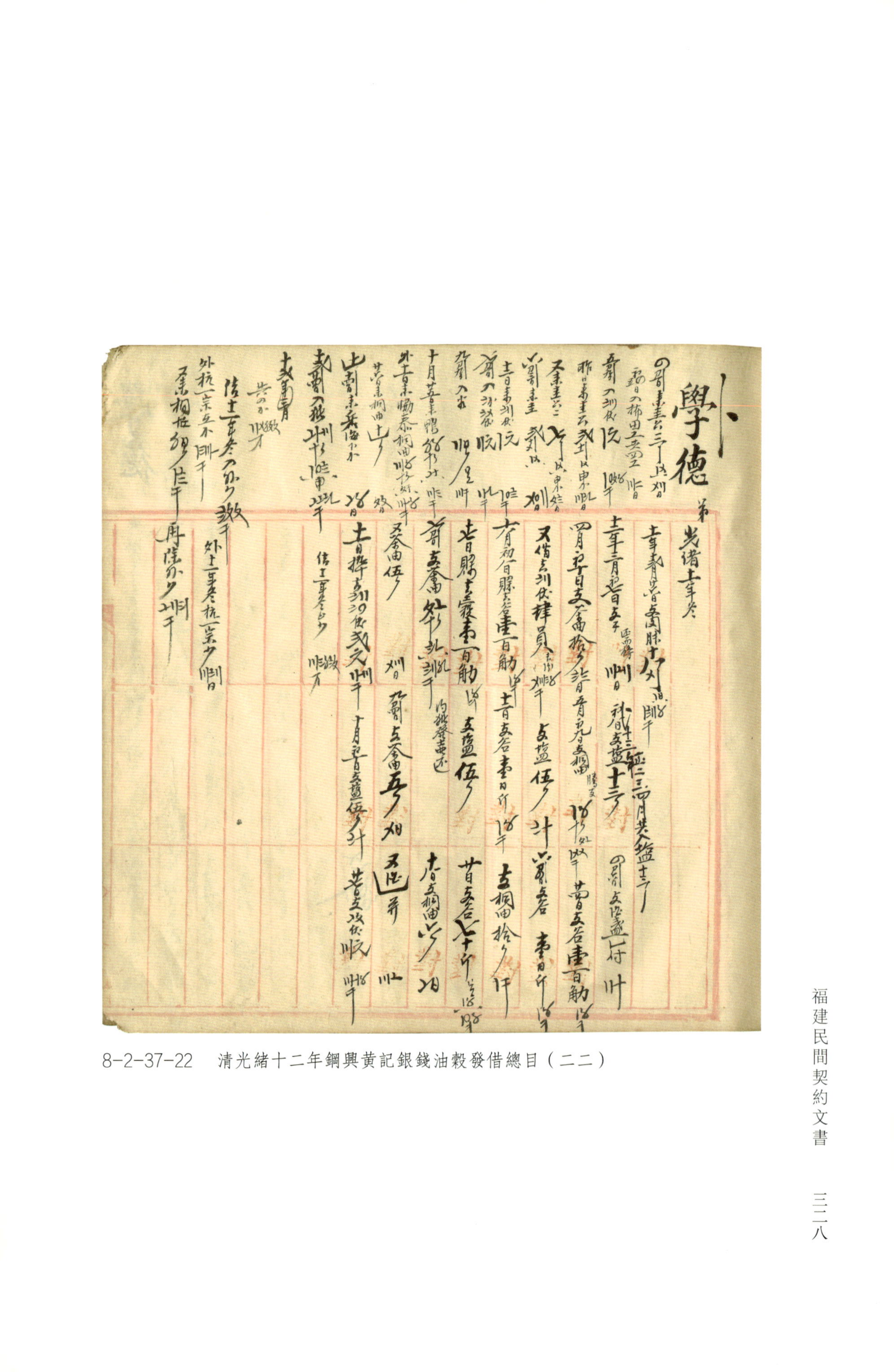

學德

光緒十二年冬

8-2-37-22　清光緒十二年鋼興黃記銀錢油穀發借總目（二二）

學德

8-2-37-23　清光緒十二年鋼興黄記銀錢油穀發借總目（二三）

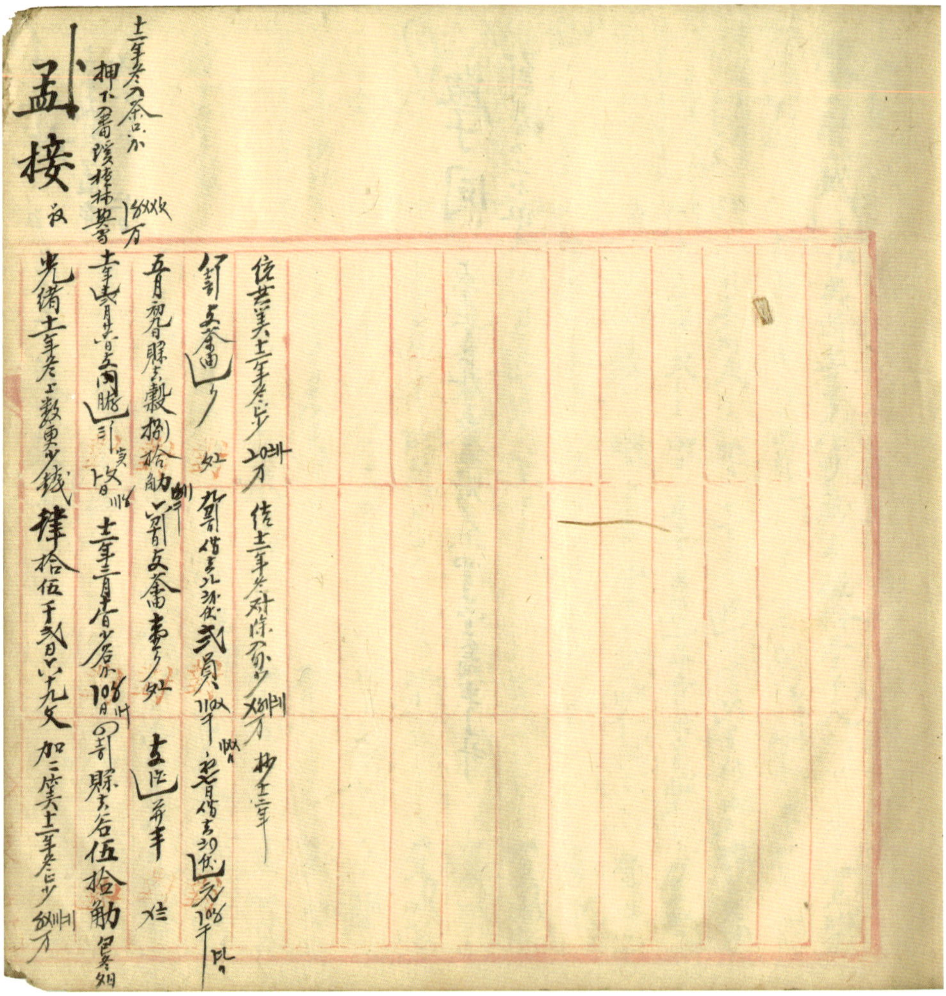
光緒十二年冬止數更少錢肆拾伍千弍百六十九文

8-2-37-24　清光緒十二年鋼興黄記銀錢油穀發借總目（二四）

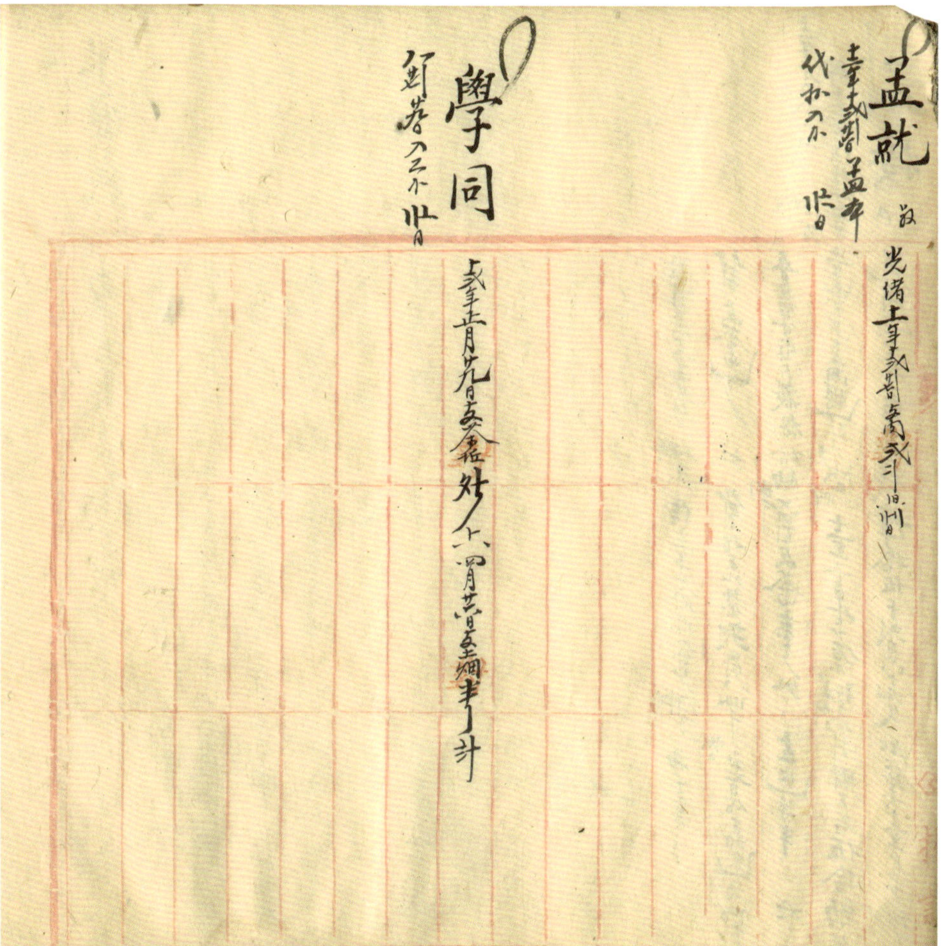

8-2-37-25　清光緒十二年鋼興黄記銀錢油穀發借總目（二五）

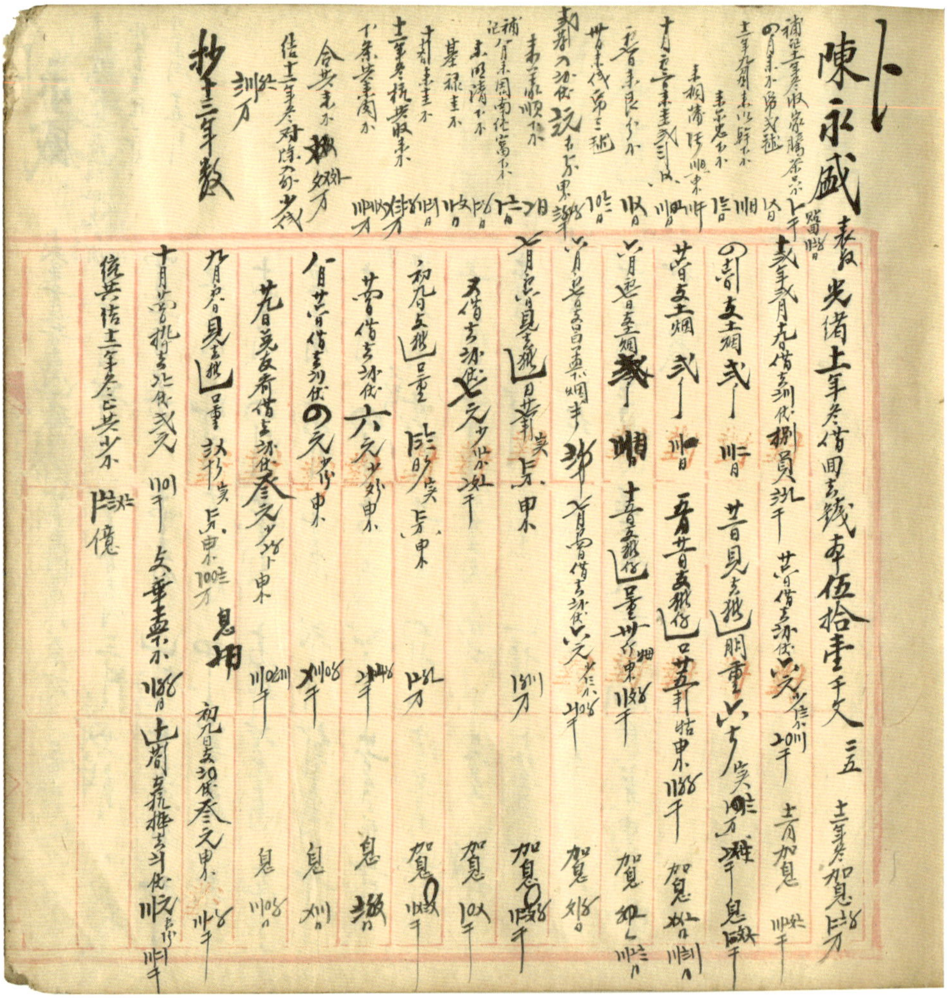

8-2-37-26　清光緒十二年鋼興黄記銀錢油穀發借總目（二六）

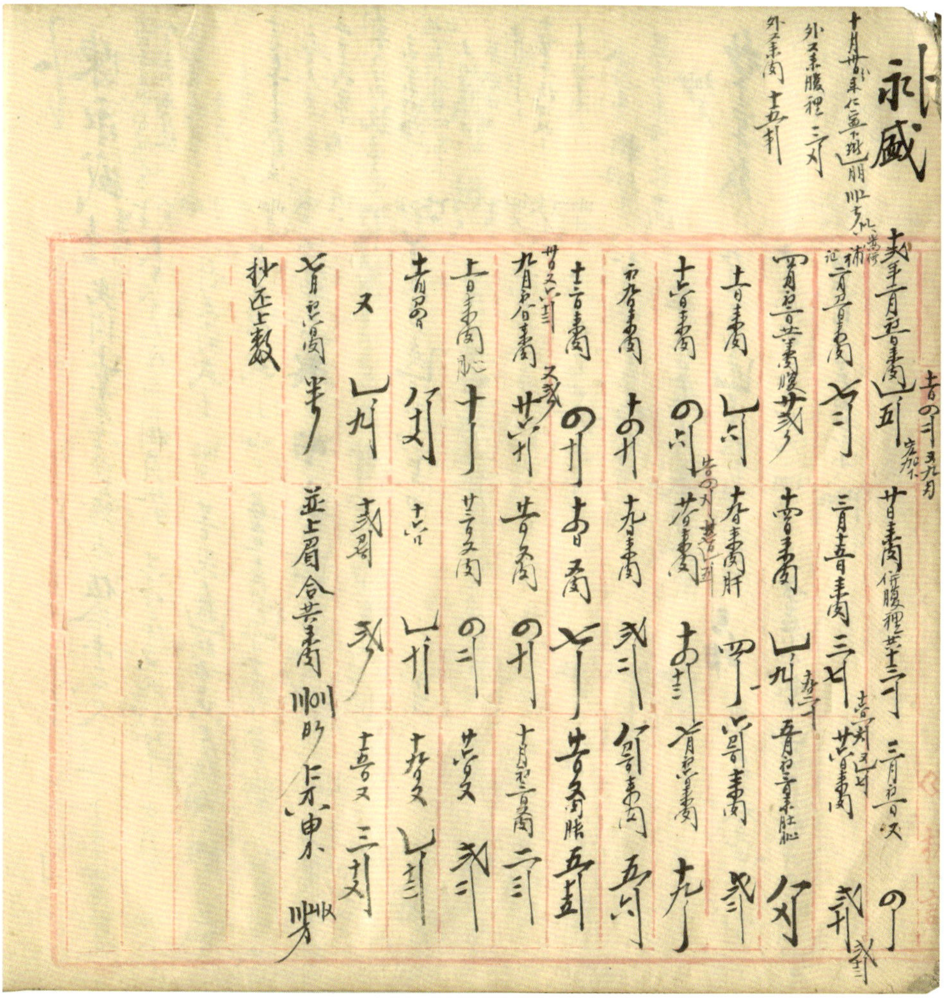

8-2-37-27　清光緒十二年鋼興黃記銀錢油穀發借總目（二七）

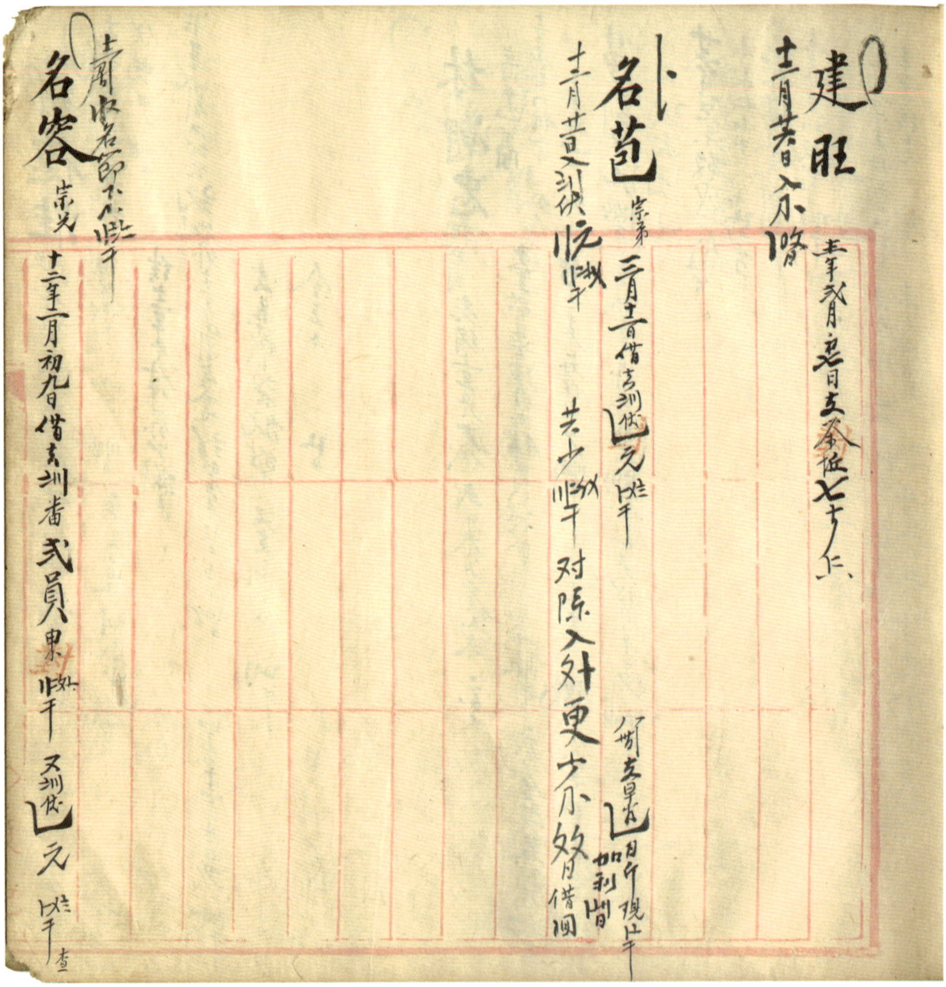

建旺

十二年貳月廿三日支銅錢柒拾七千

卜名苞 宗弟

十二月十一日借去訓佐

名容 宗光

十二年十一月初九日借去訓番弍員八東

又訓佐

8-2-37-28　清光緒十二年鋼興黄記銀錢油穀發借總目（二八）

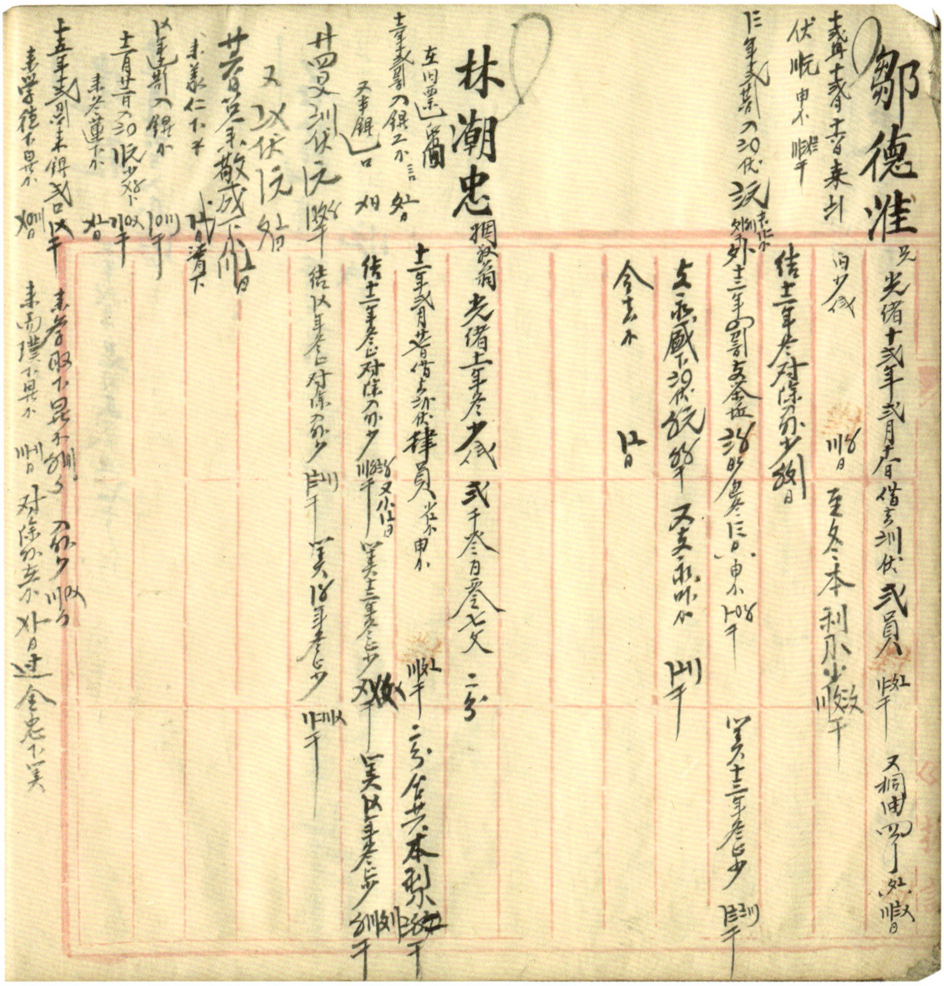

8-2-37-29　清光緒十二年鋼興黃記銀錢油穀發借總目（二九）

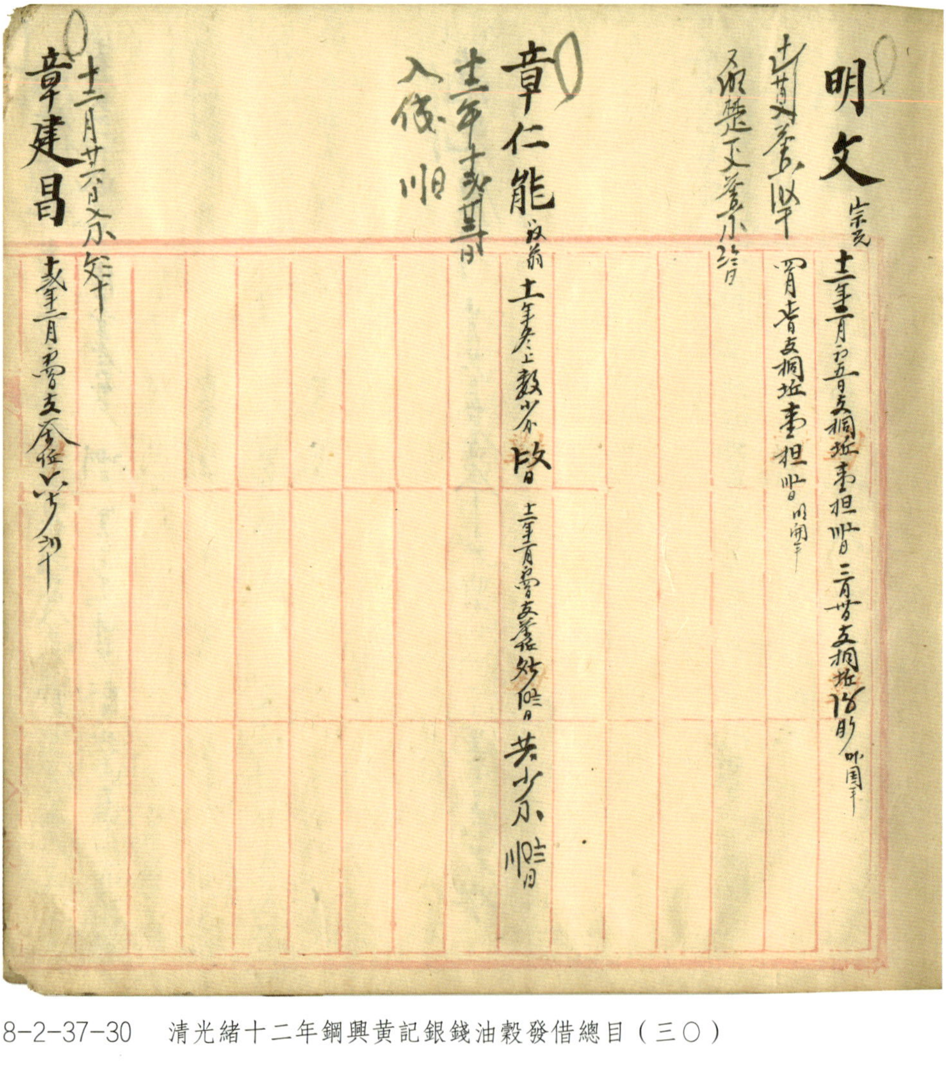

明文

章仁能

入借相

章建昌

8-2-37-30　清光緒十二年鋼興黃記銀錢油穀發借總目（三〇）

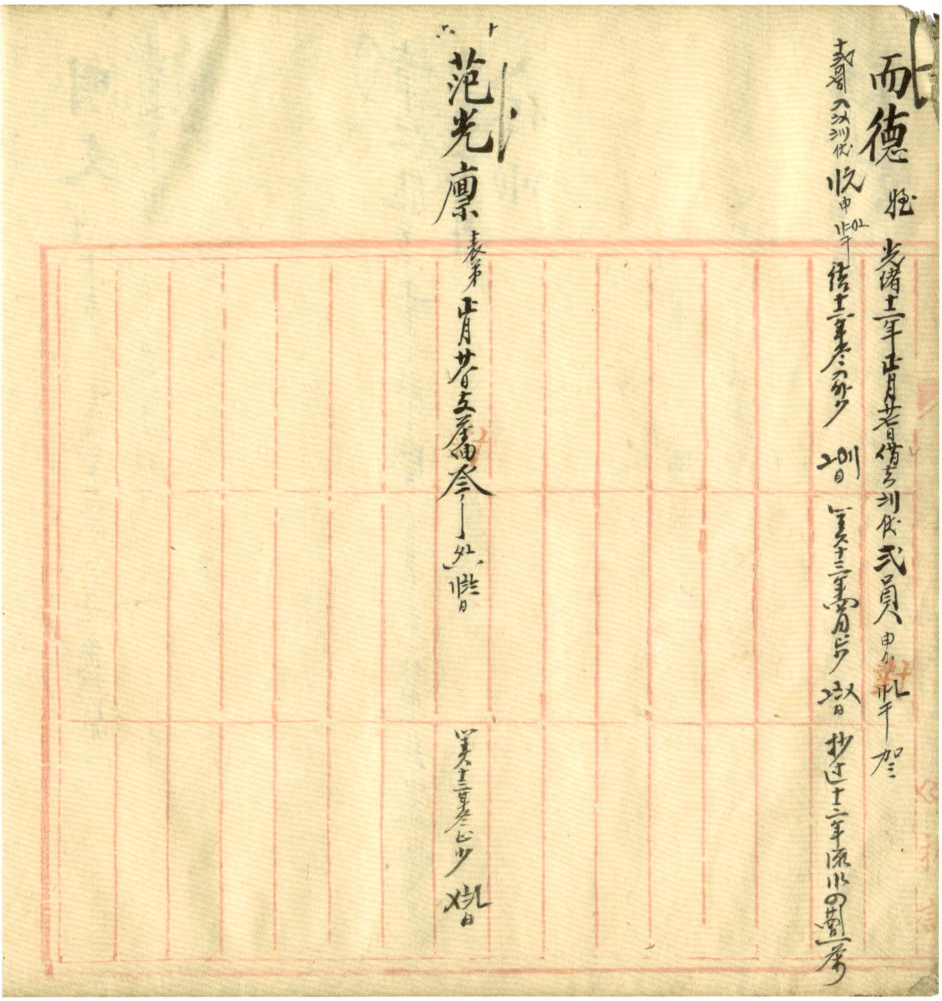

8-2-37-31　清光緒十二年鋼興黄記銀錢油穀發借總目（三一）

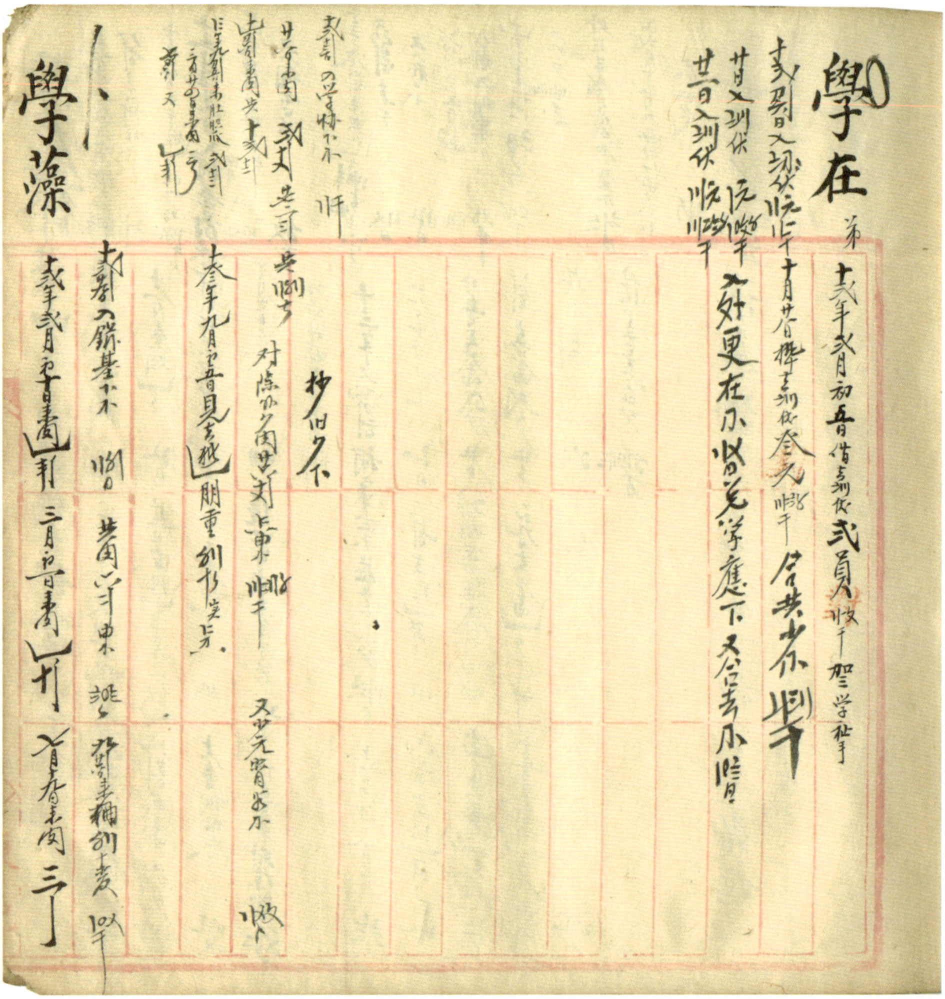
學在

學藻

8-2-37-32　清光緒十二年鋼興黄記銀錢油穀發借總目（三二）

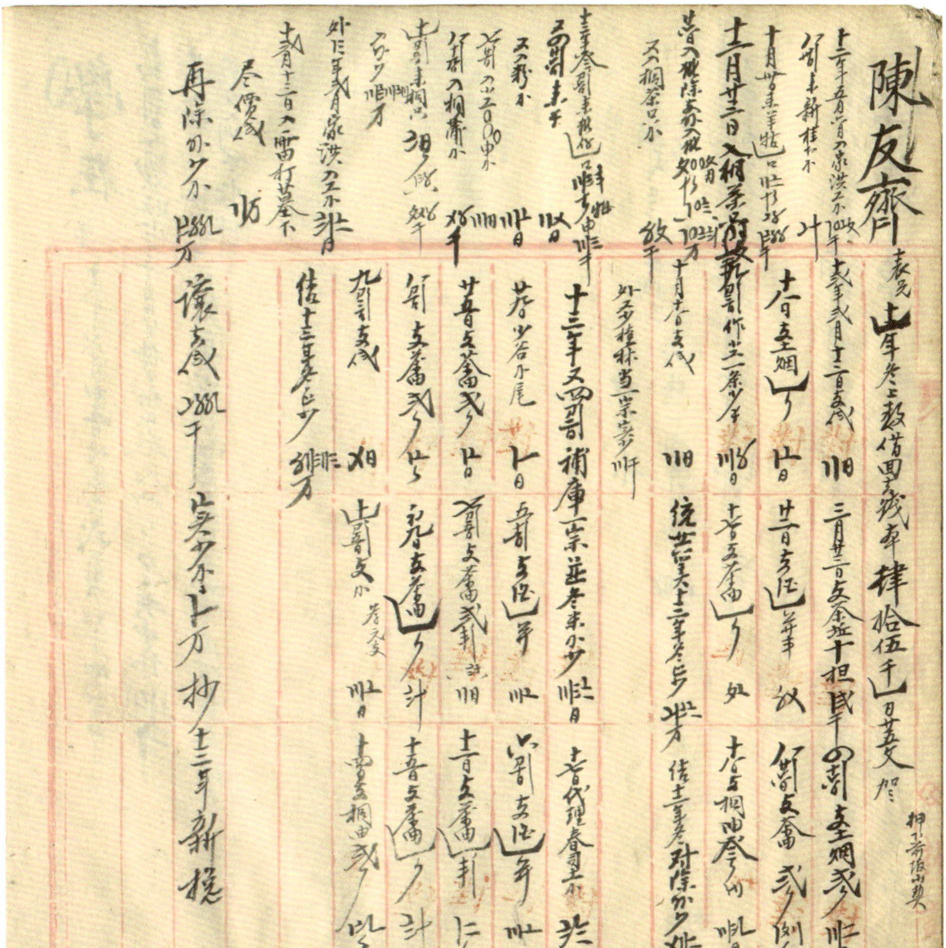

8-2-37-33　清光緒十二年鋼興黄記銀錢油穀發借總目（三三）

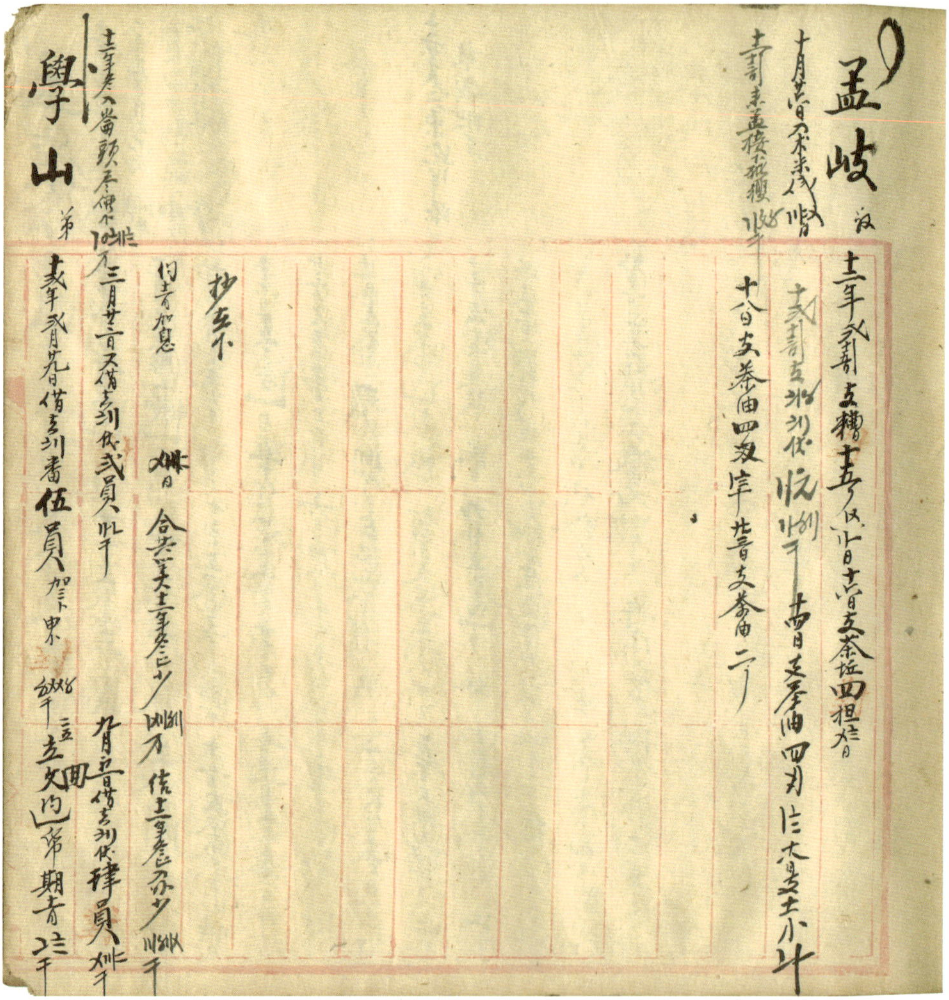

8-2-37-34　清光緒十二年鋼興黃記銀錢油穀發借總目（三四）

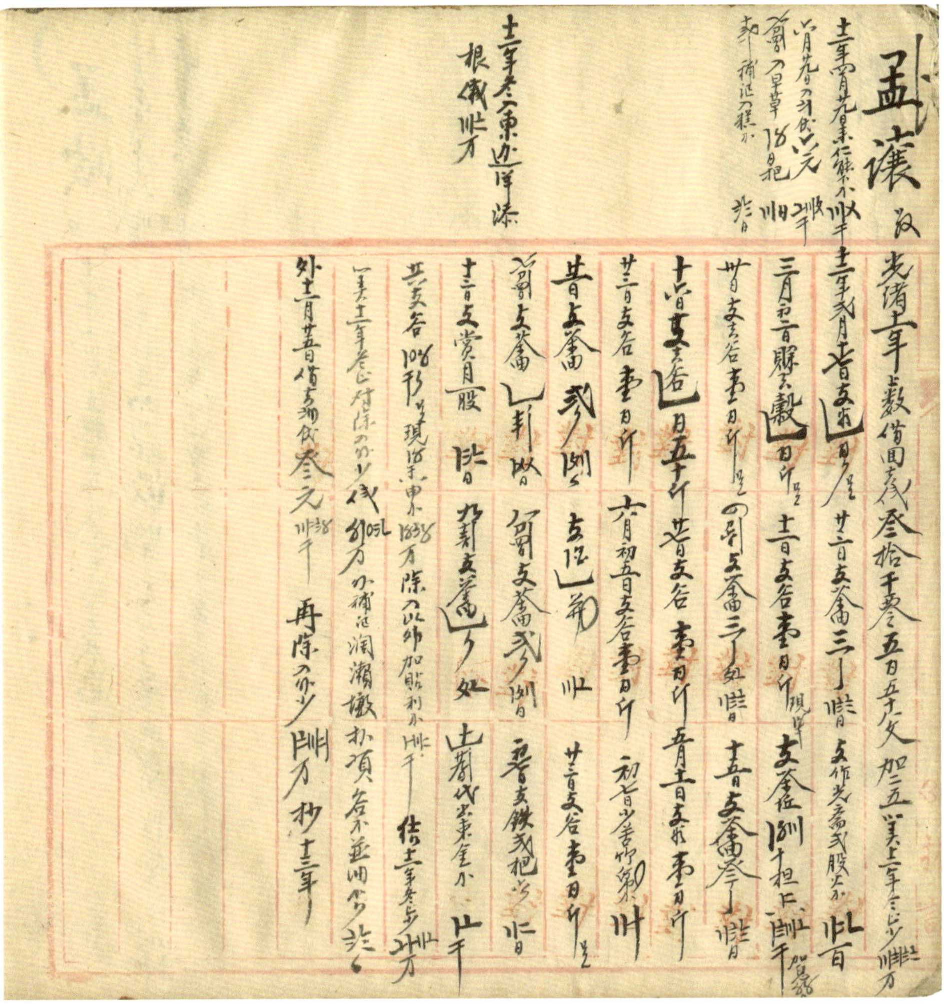

8-2-37-35　清光緒十二年鋼興黄記銀錢油穀發借總目（三五）

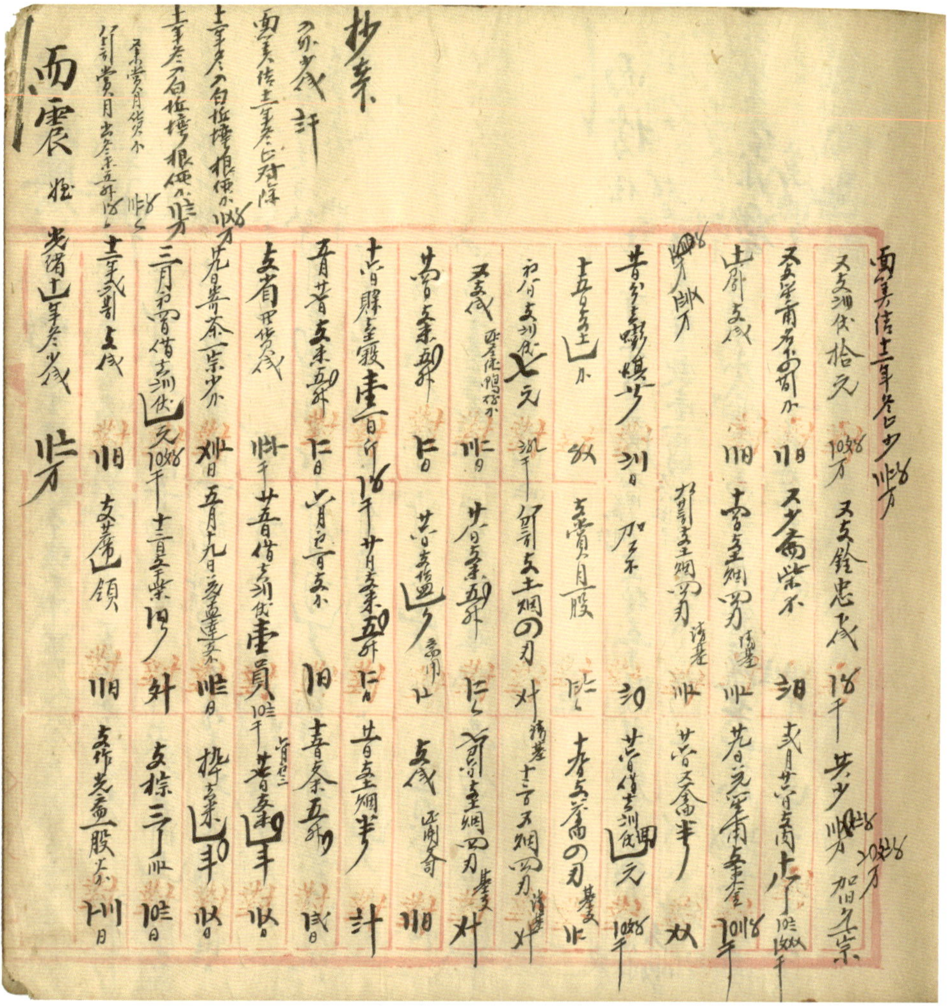

8-2-37-36　清光緒十二年鋼興黄記銀錢油穀發借總目（三六）

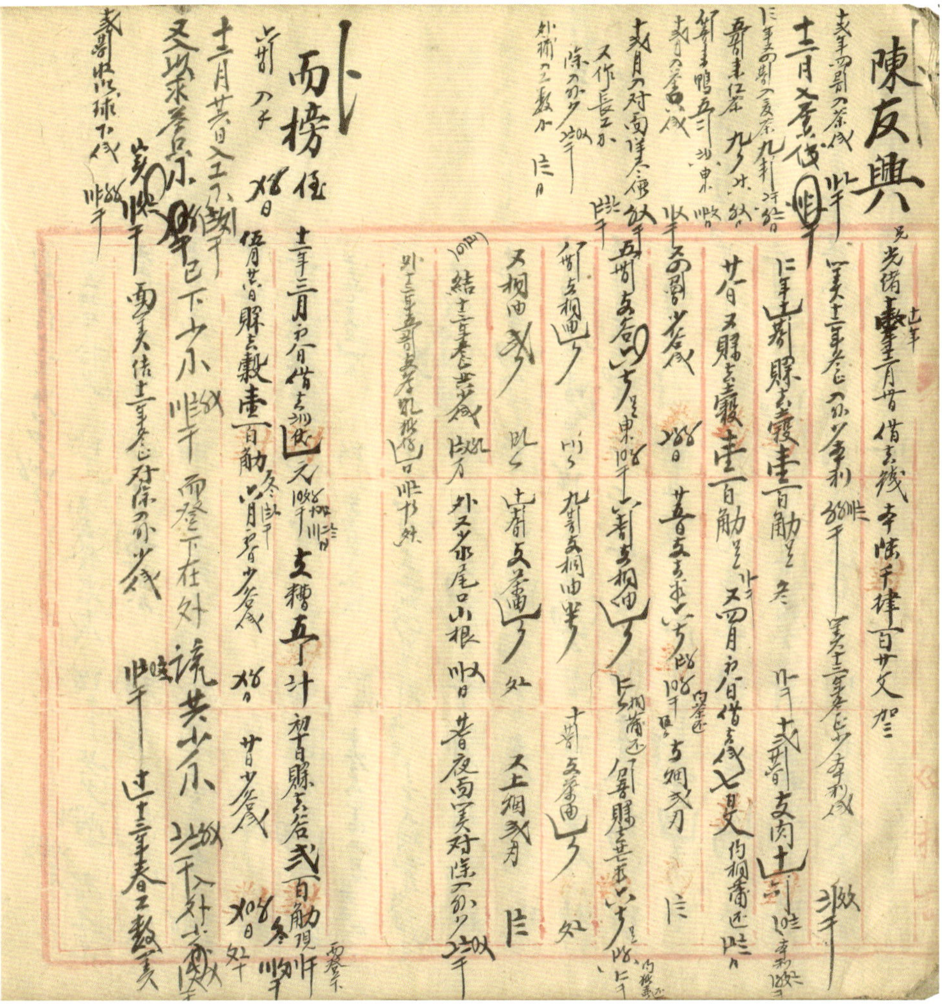

8-2-37-37　清光緒十二年鋼興黄記銀錢油穀發借總目（三七）

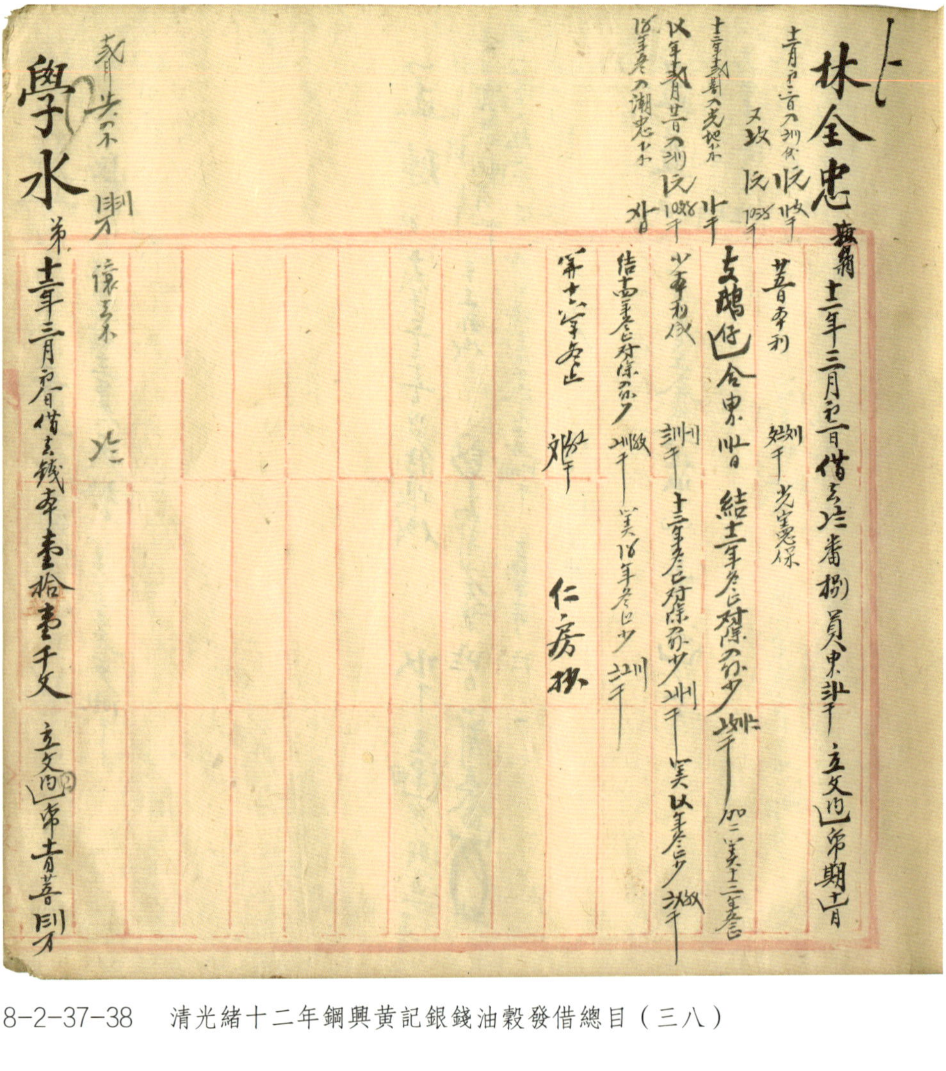

8-2-37-38　清光緒十二年鋼興黃記銀錢油穀發借總目（三八）

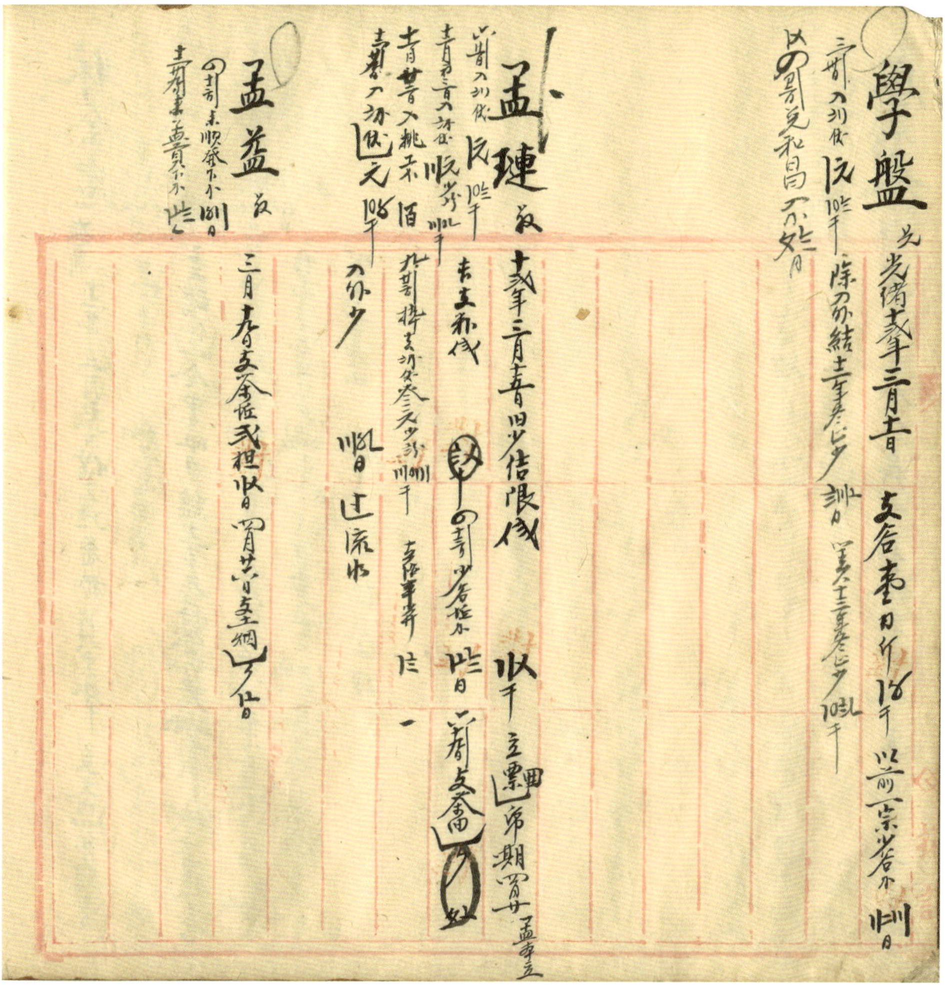

8-2-37-39　清光緒十二年鋼興黄記銀錢油穀發借總目（三九）

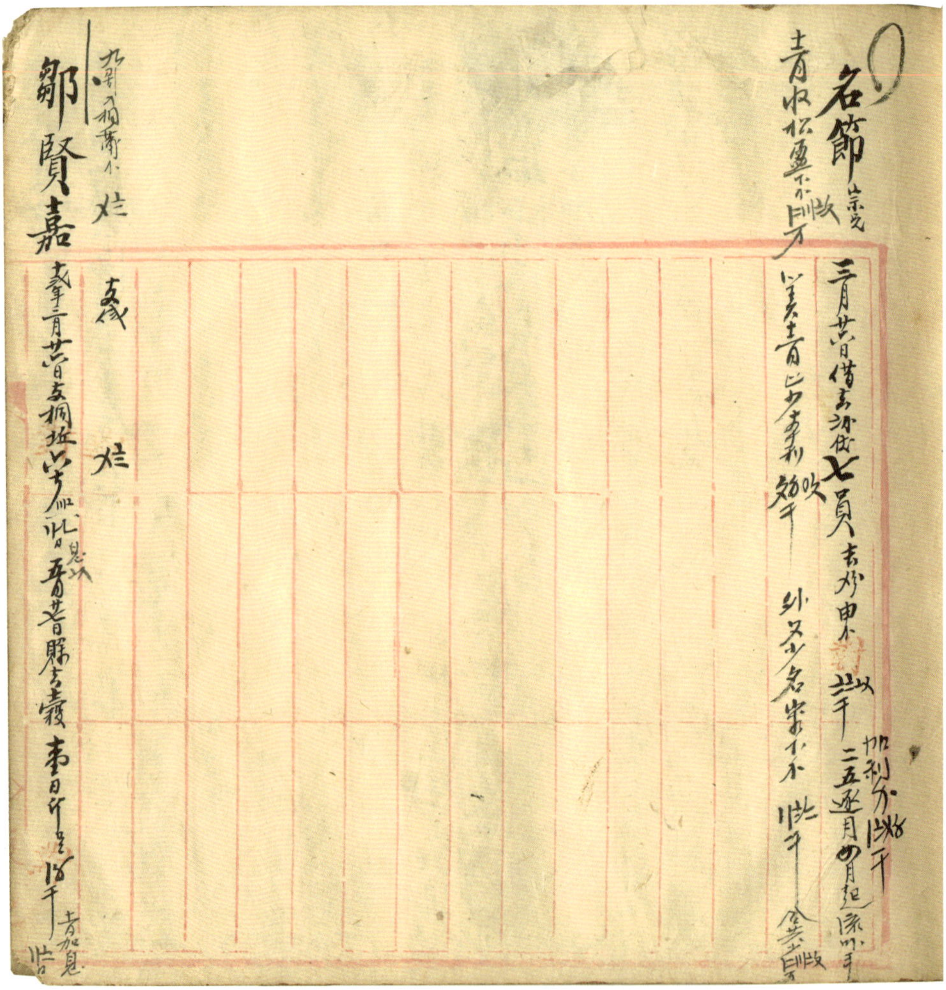
名節

鄭賢嘉

8-2-37-40　清光緒十二年鋼興黄記銀錢油穀發借總目（四〇）

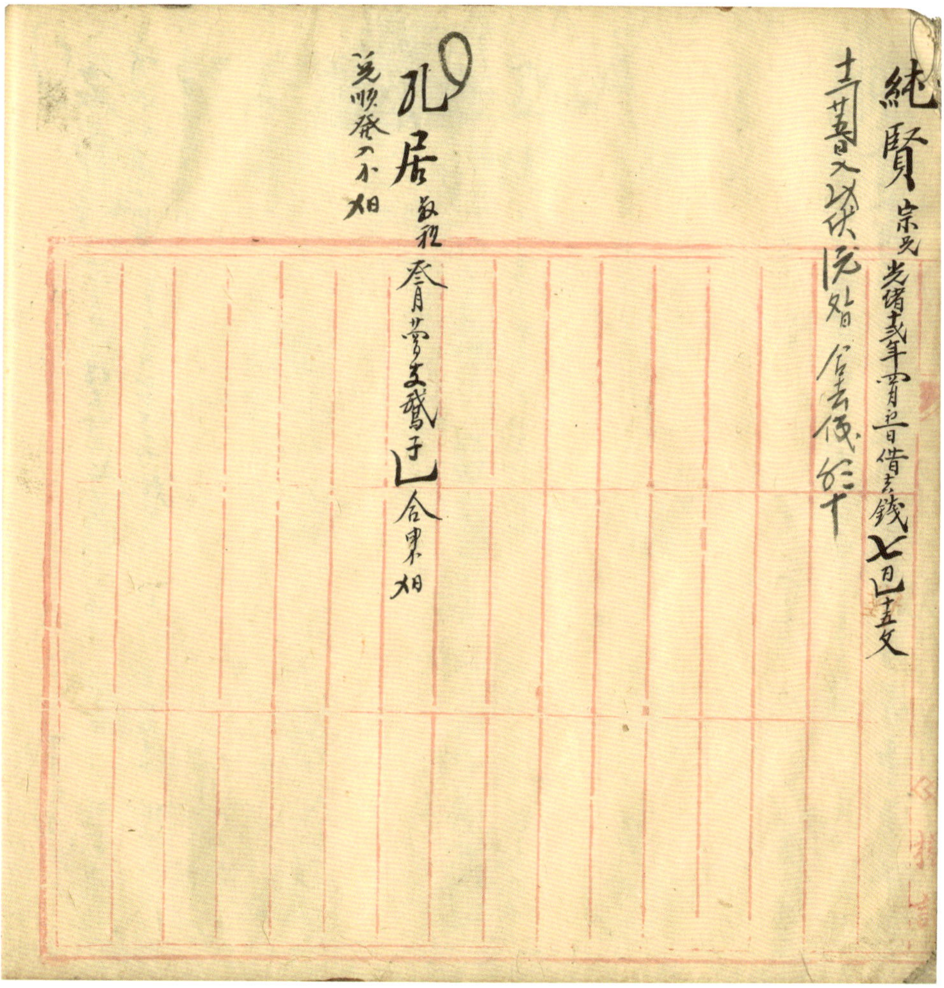

純賢 宗旦 光緒貳年十一月廿日借去錢七百六十文
十一月廿七日入錢□除訖 仍去錢六十

孔居 敬祖 叁月廿四日支戥子一 合■不相
乾順發□不相

8-2-37-41　清光緒十二年鋼興黃記銀錢油穀發借總目（四一）

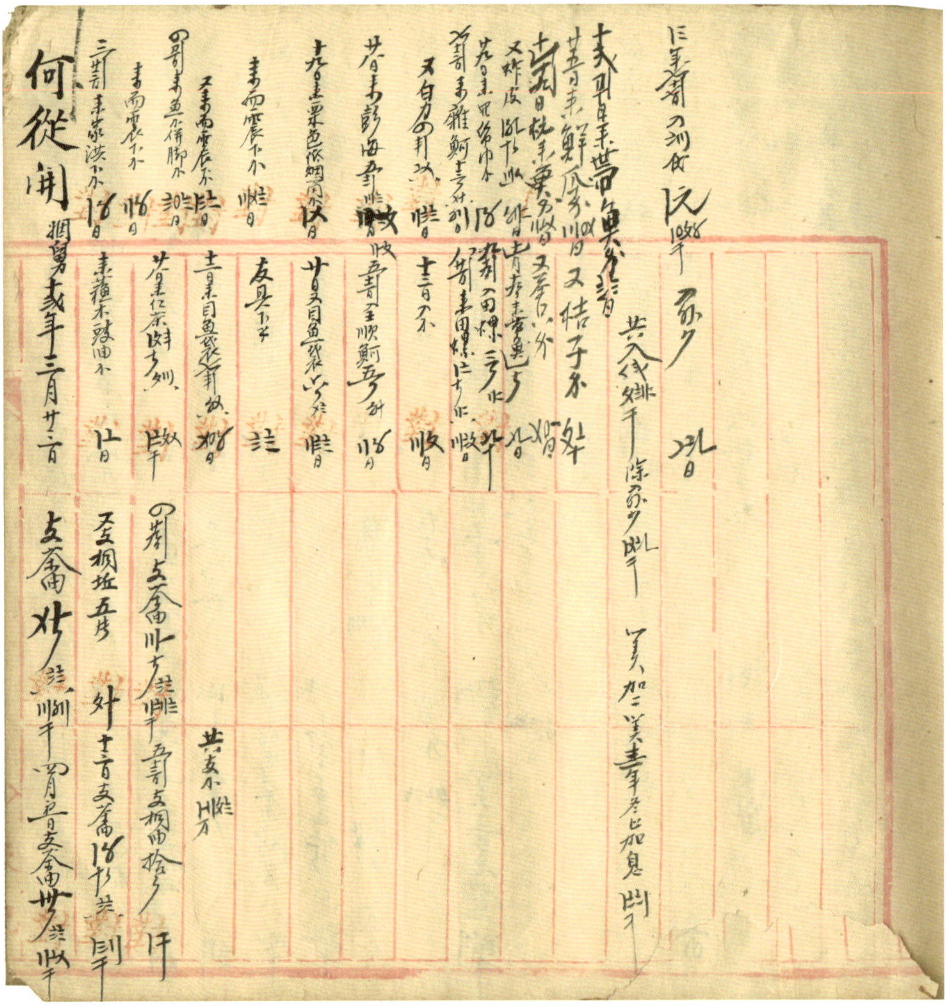

8-2-37-42　清光緒十二年鋼興黄記銀錢油穀發借總目（四二）

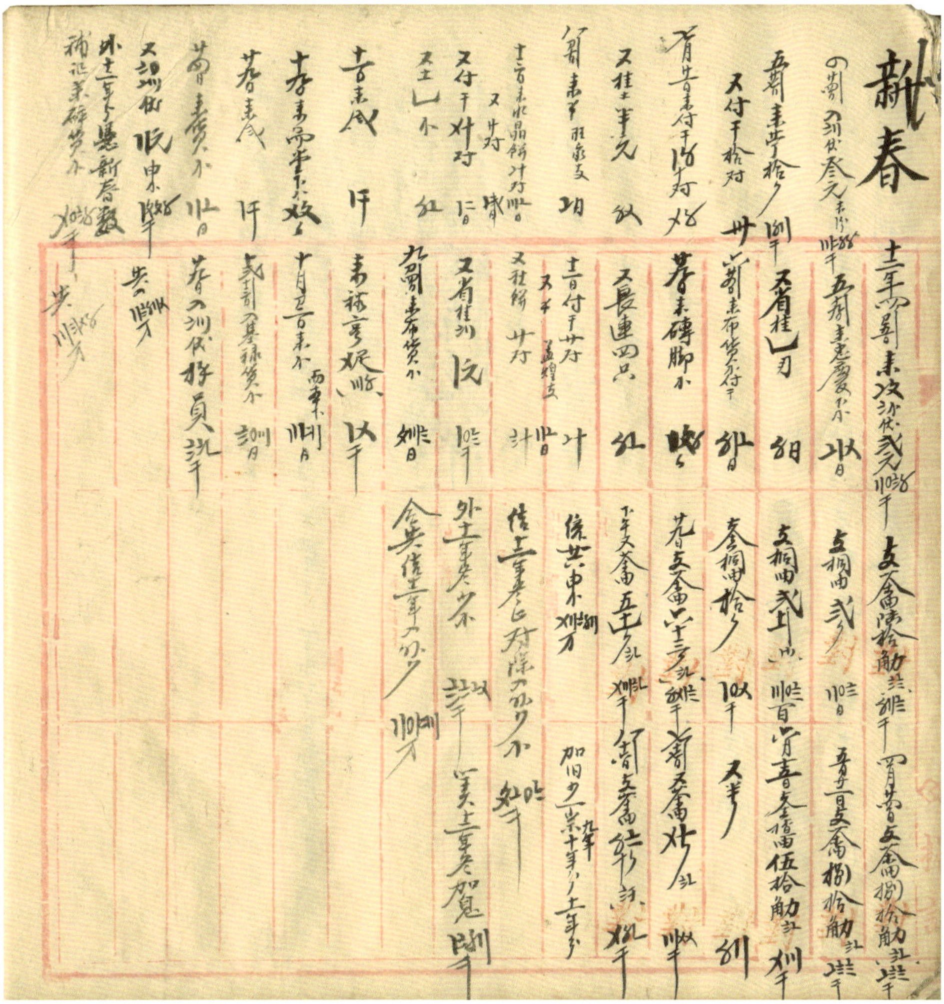

8-2-37-43　清光緒十二年鋼興黄記銀錢油穀發借總目（四三）

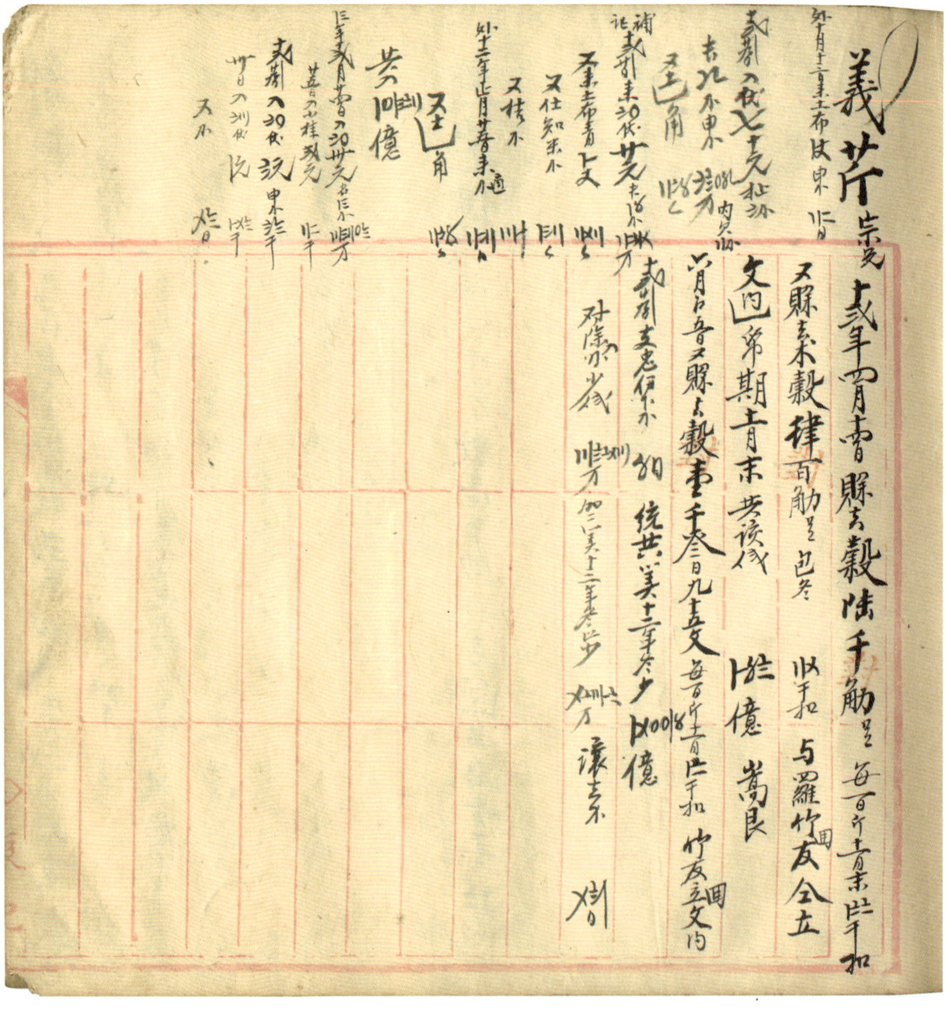

8-2-37-44　清光緒十二年鋼興黄記銀錢油穀發借總目（四四）

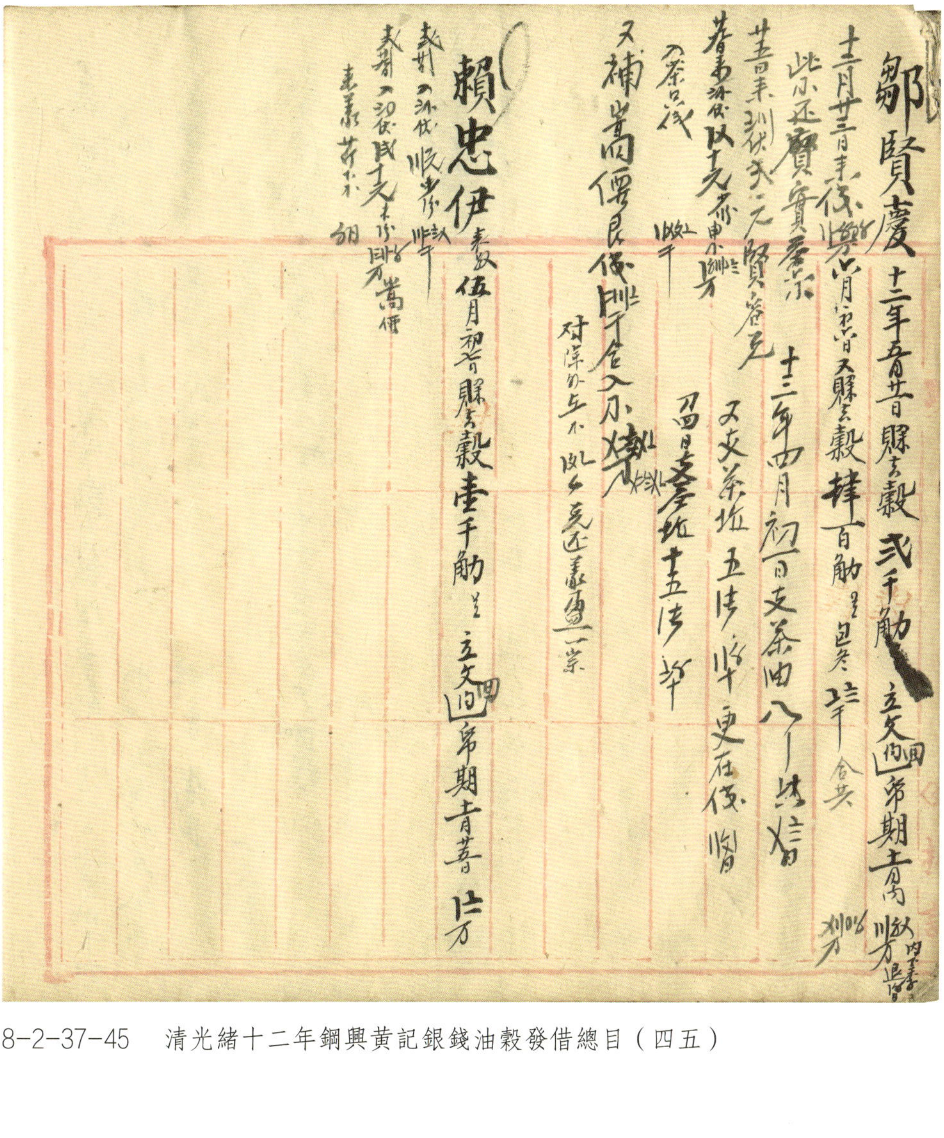

8-2-37-45　清光緒十二年鋼興黄記銀錢油穀發借總目（四五）

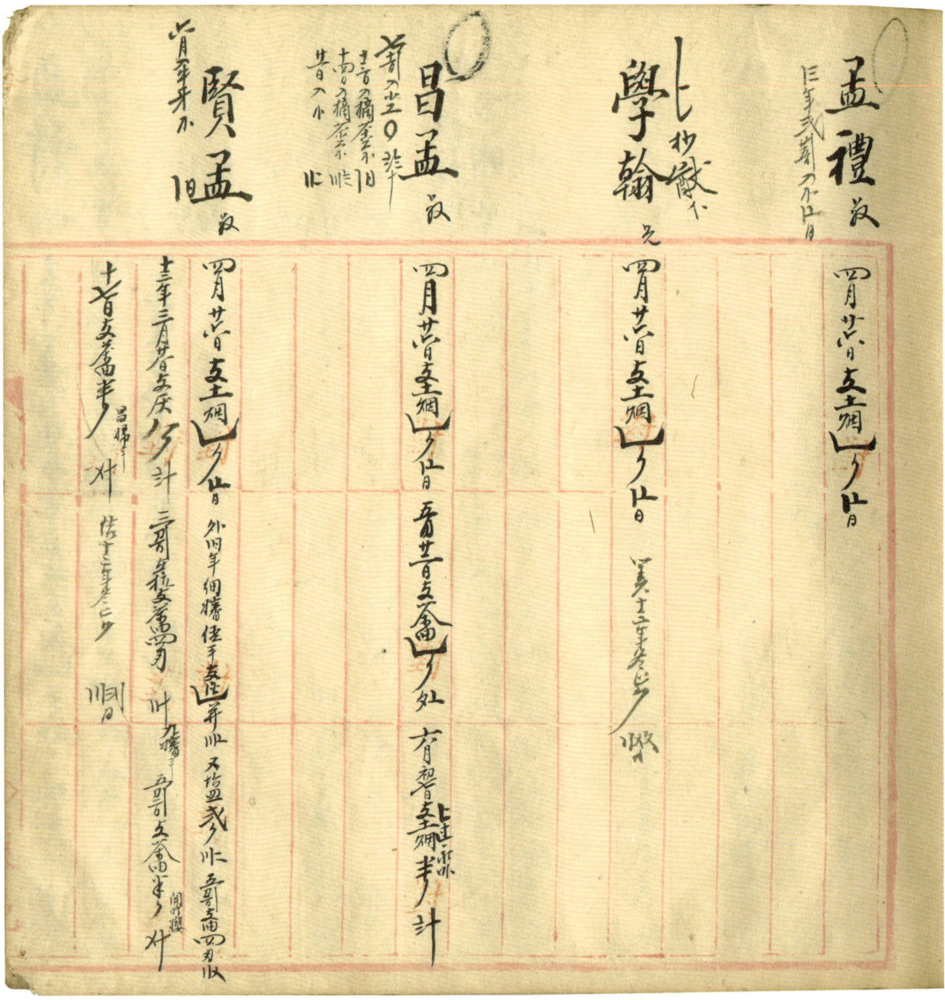

8-2-37-46　清光緒十二年鋼興黄記銀錢油穀發借總目（四六）

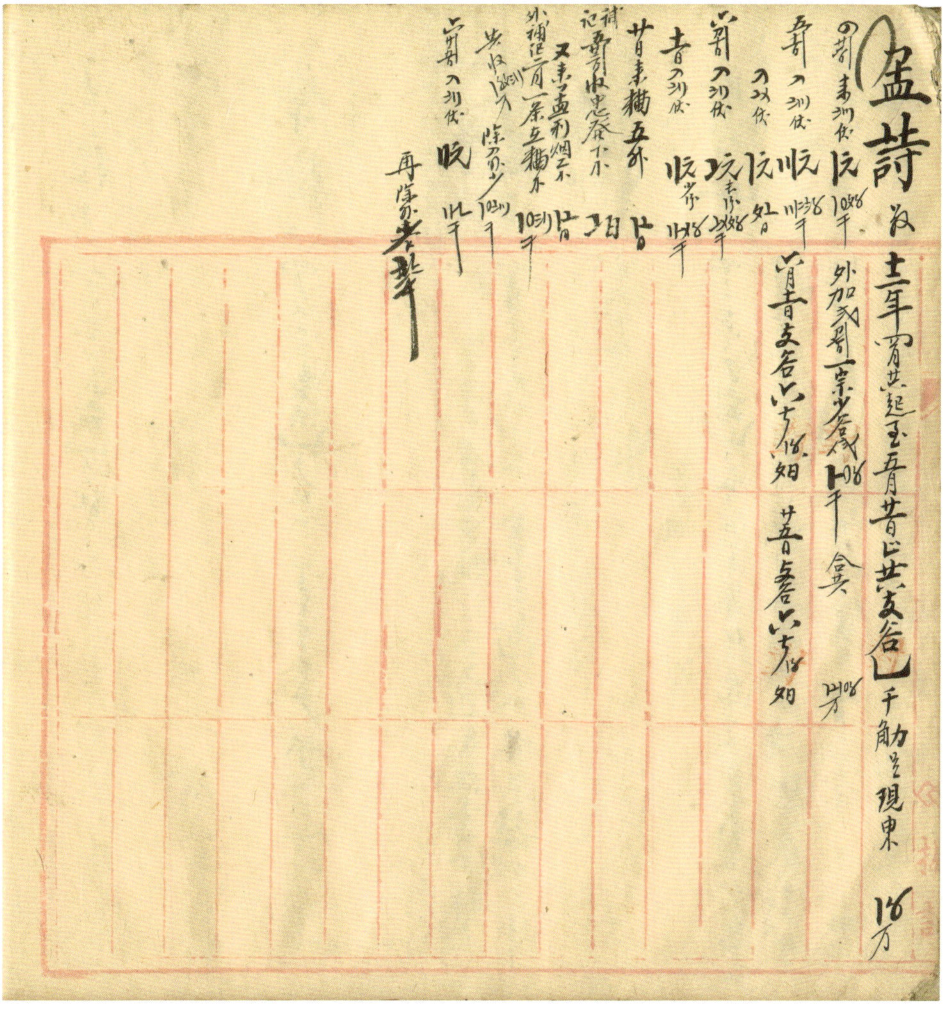

8-2-37-47　清光緒十二年鋼興黃記銀錢油穀發借總目（四七）

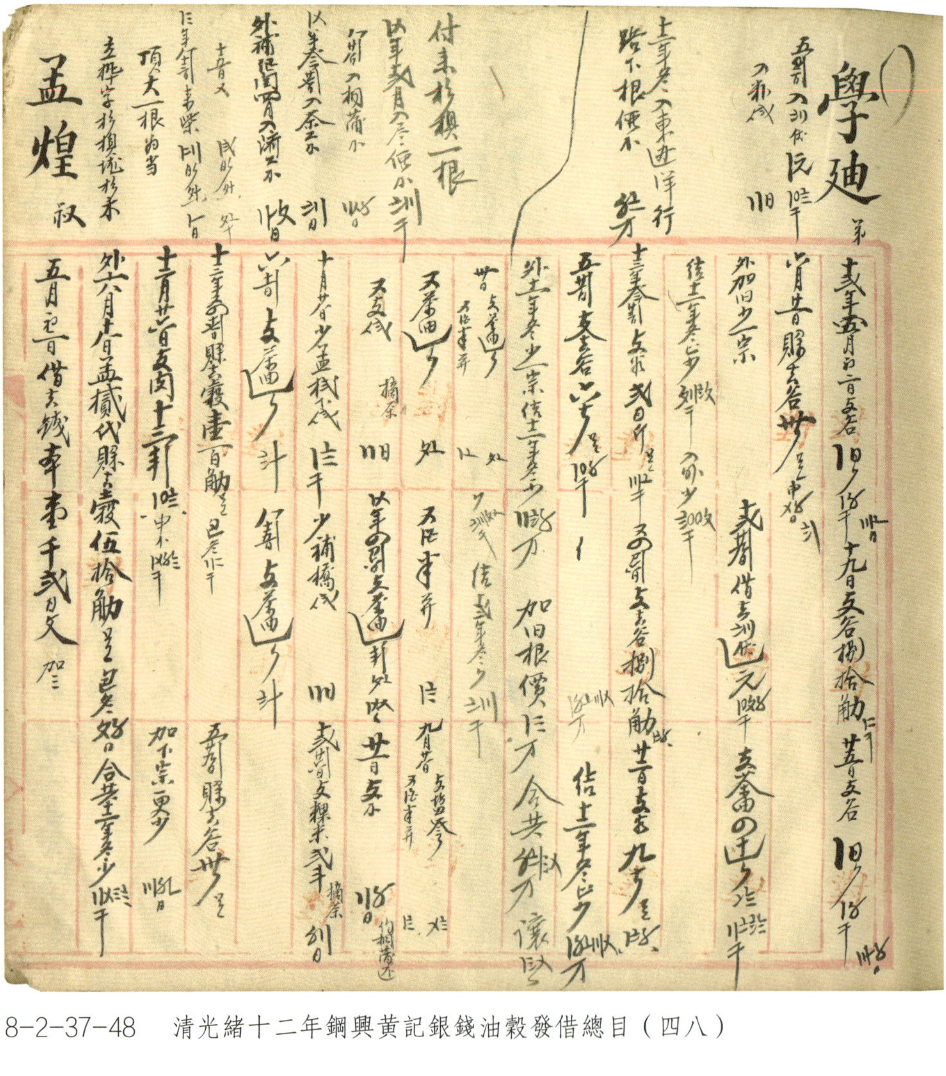

8-2-37-48　清光緒十二年鋼興黄記銀錢油穀發借總目（四八）

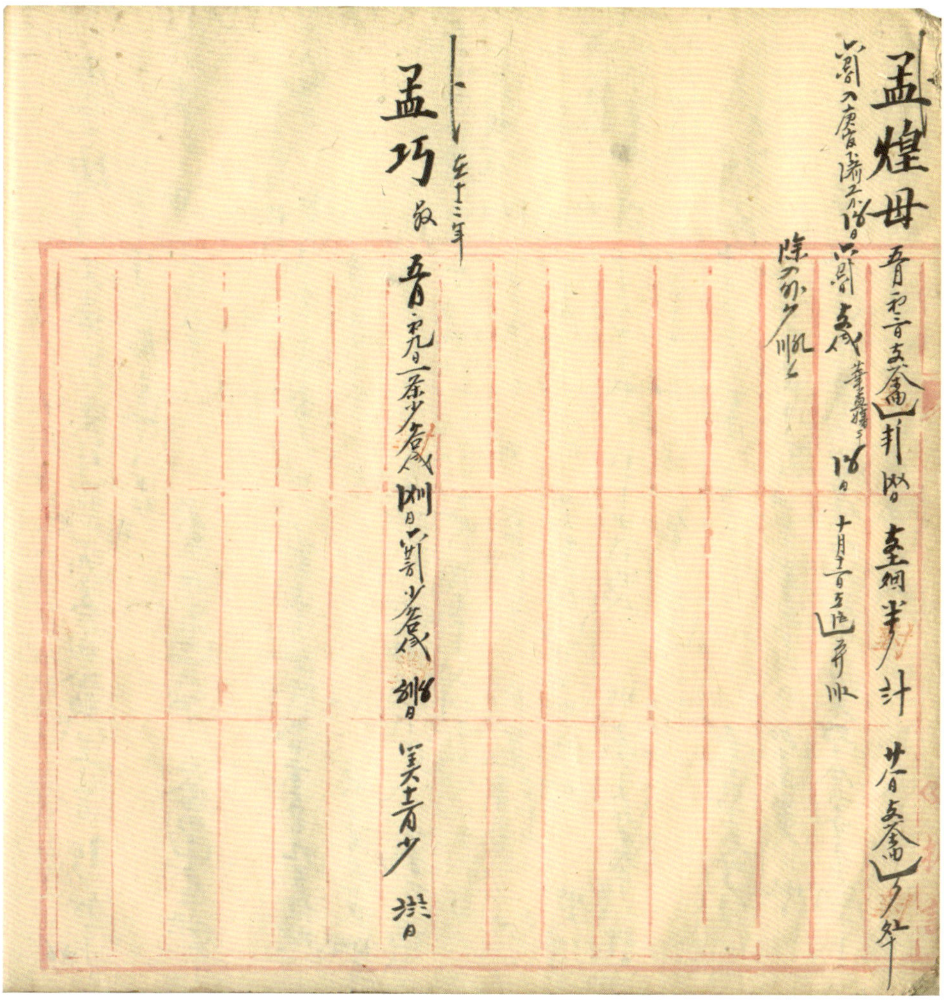

8-2-37-49　清光緒十二年鋼興黄記銀錢油穀發借總目（四九）

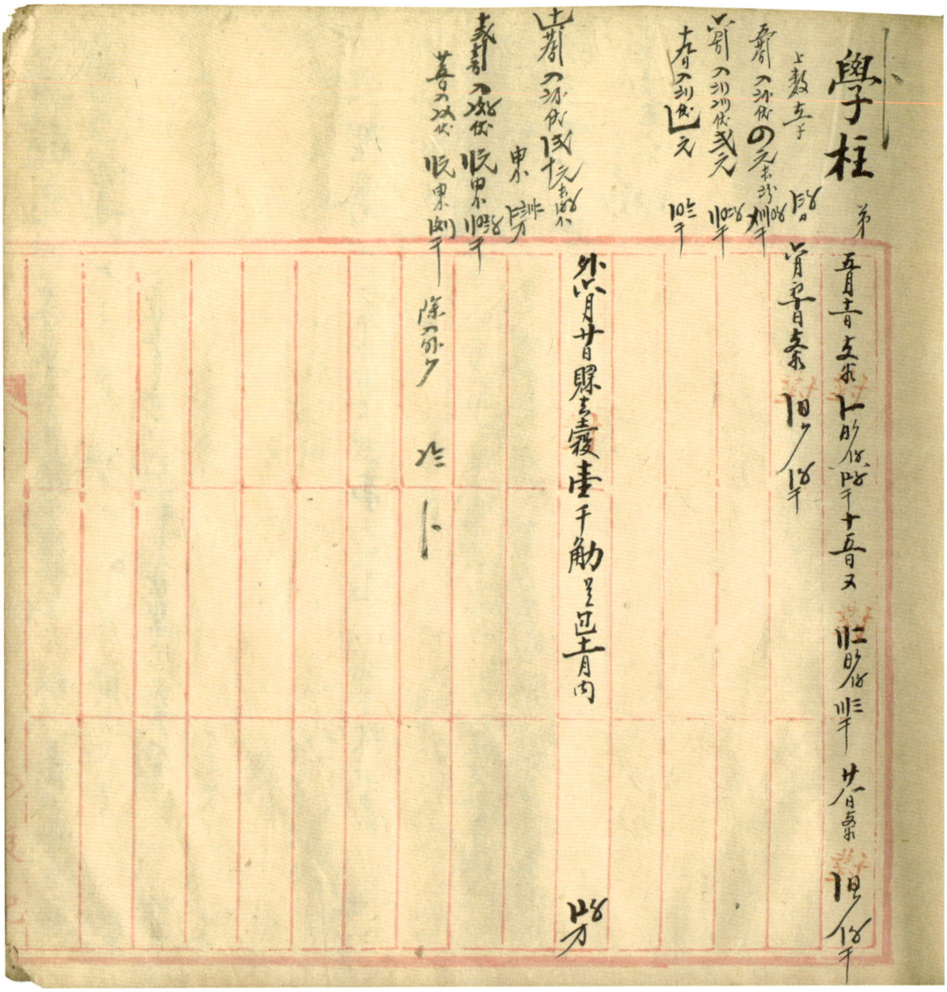

8-2-37-50　清光緒十二年鋼興黄記銀錢油穀發借總目（五〇）

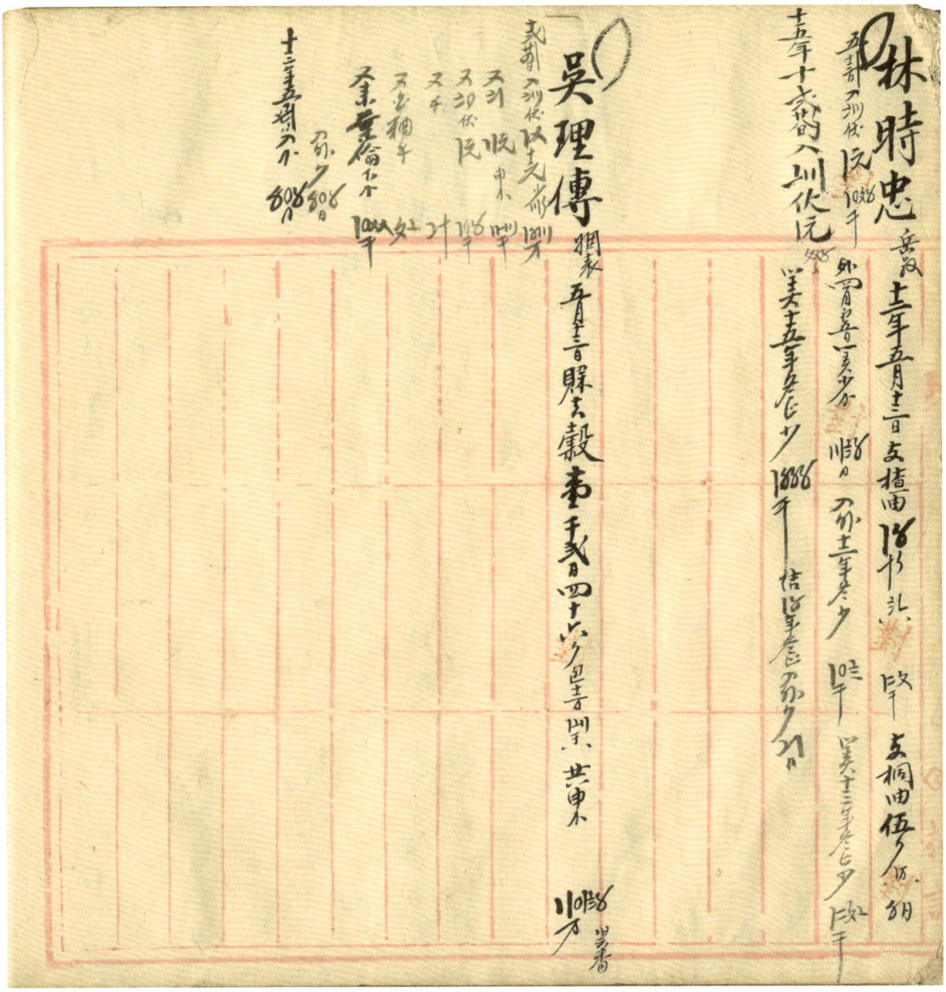

林時忠

吳理傳

8-2-37-51　清光緒十二年鋼興黃記銀錢油穀發借總目（五一）

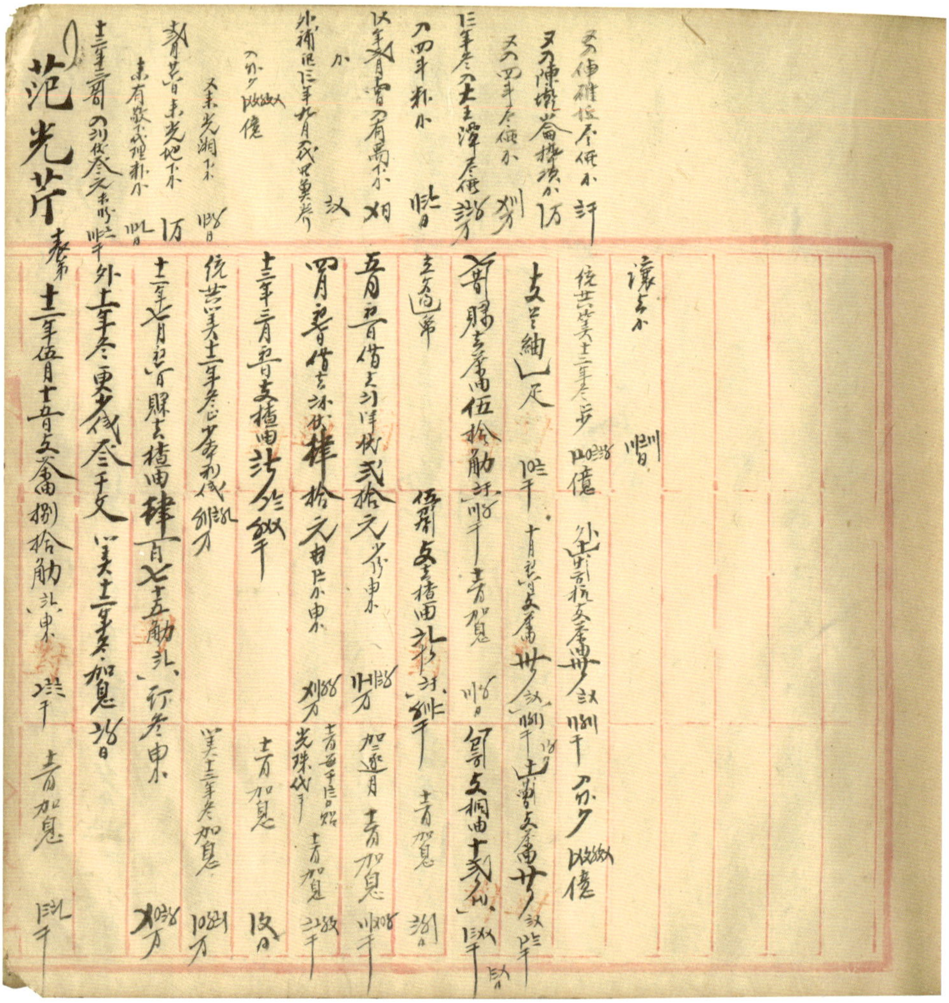

8-2-37-52　清光緒十二年鋼興黄記銀錢油穀發借總目（五二）

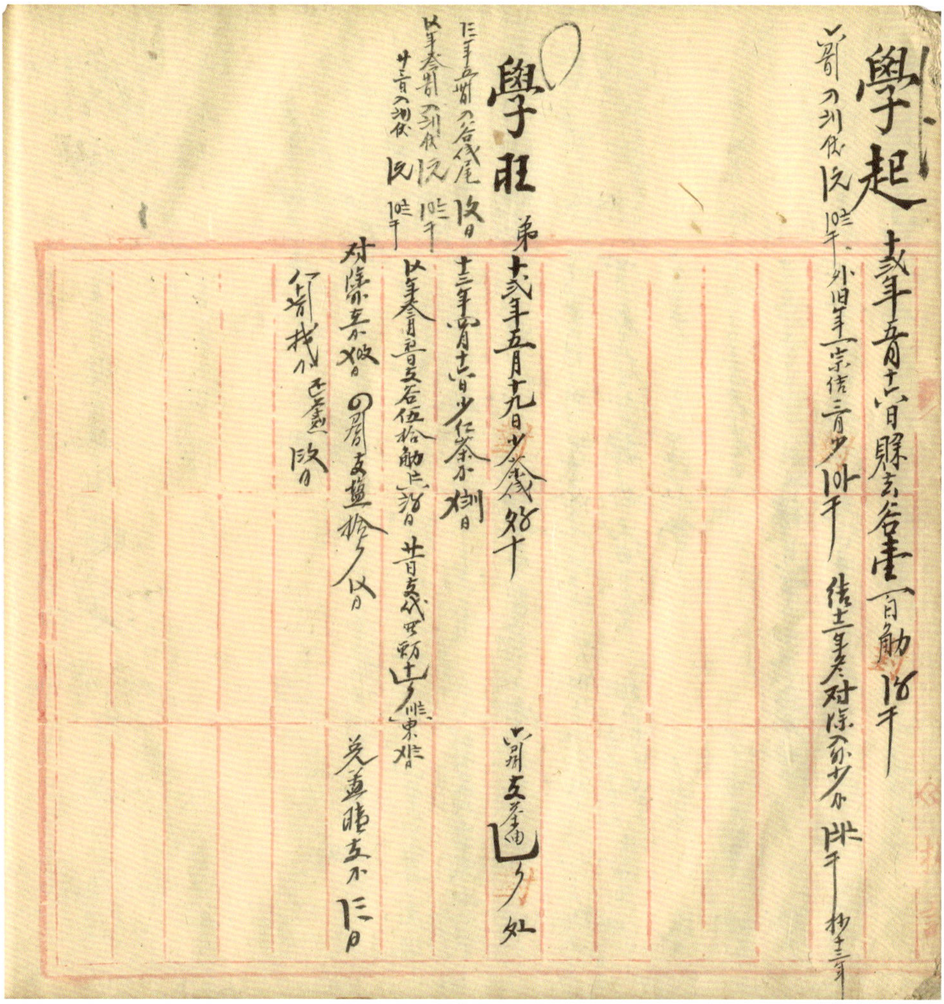

8-2-37-53　清光緒十二年鋼興黄記銀錢油穀發借總目（五三）

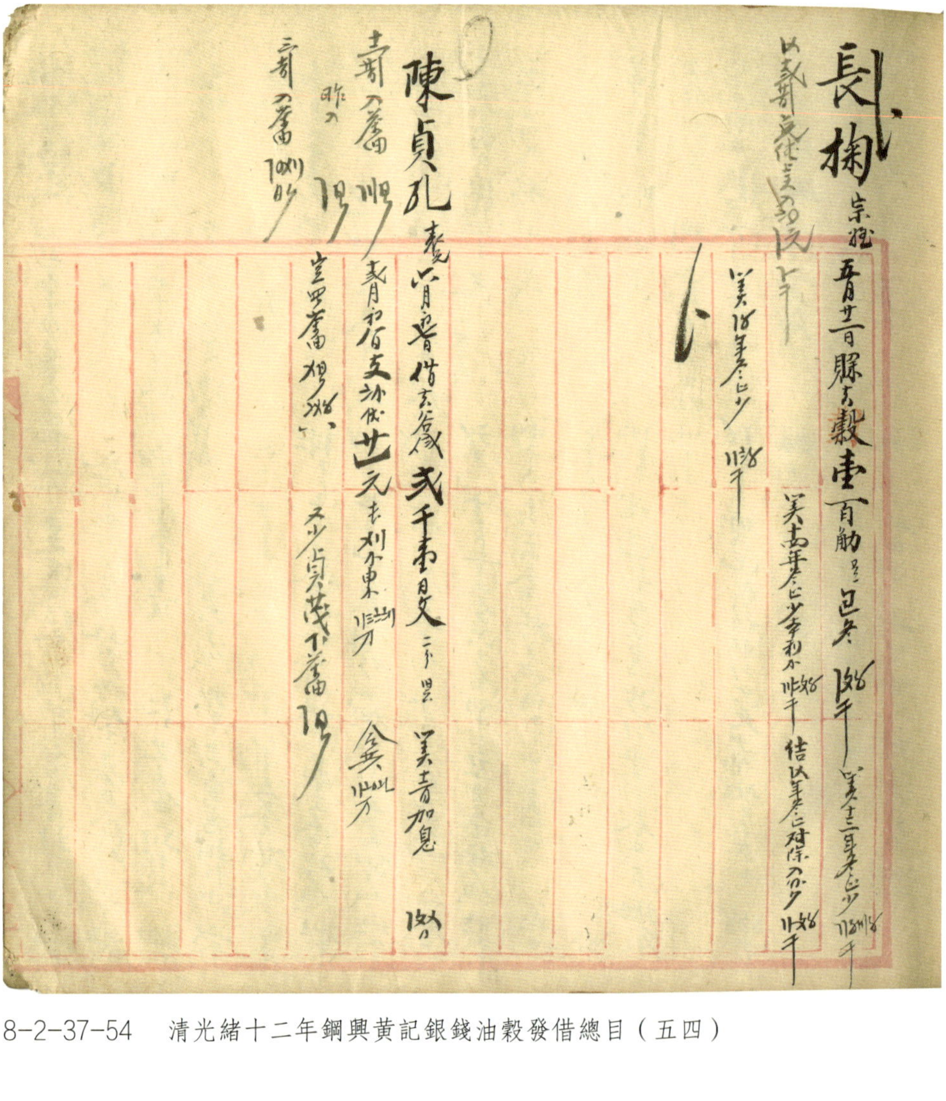

8-2-37-54　清光緒十二年鋼興黄記銀錢油穀發借總目（五四）

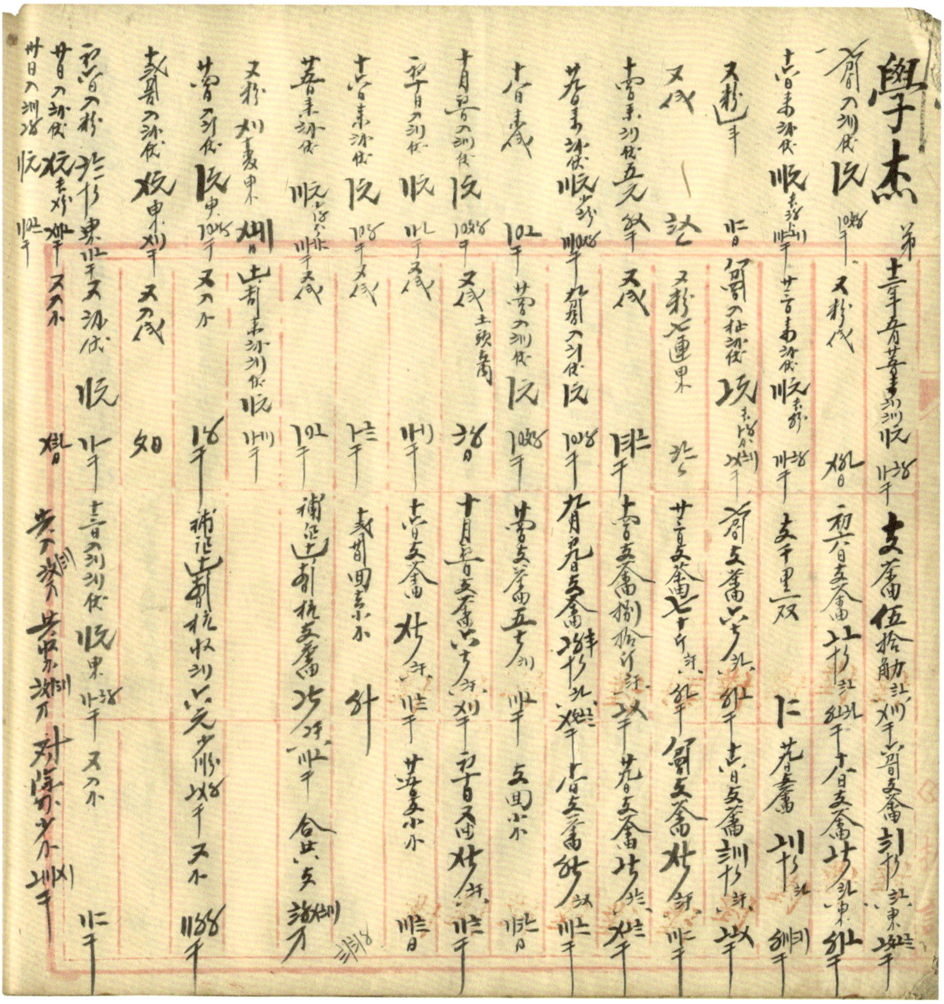
學杰

8-2-37-55　清光緒十二年鋼興黃記銀錢油穀發借總目（五五）

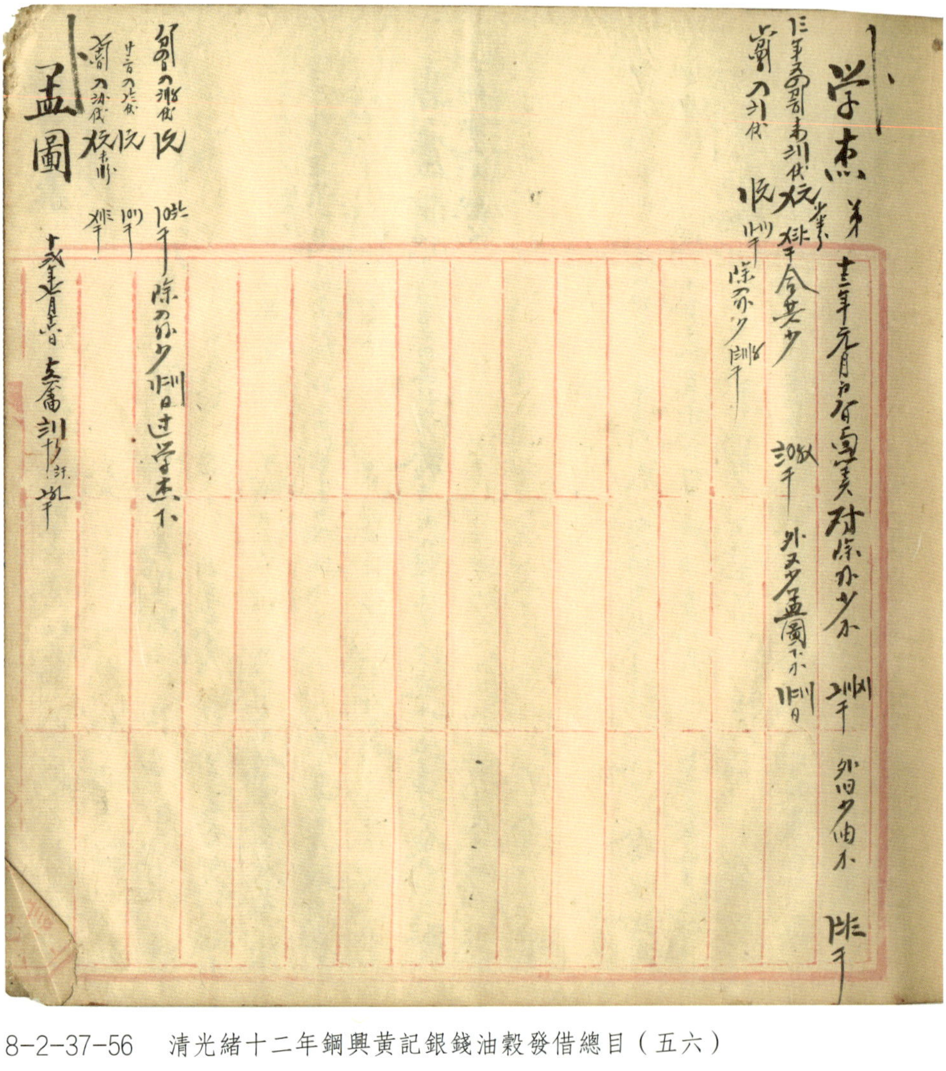

8-2-37-56　清光緒十二年鋼興黄記銀錢油穀發借總目（五六）

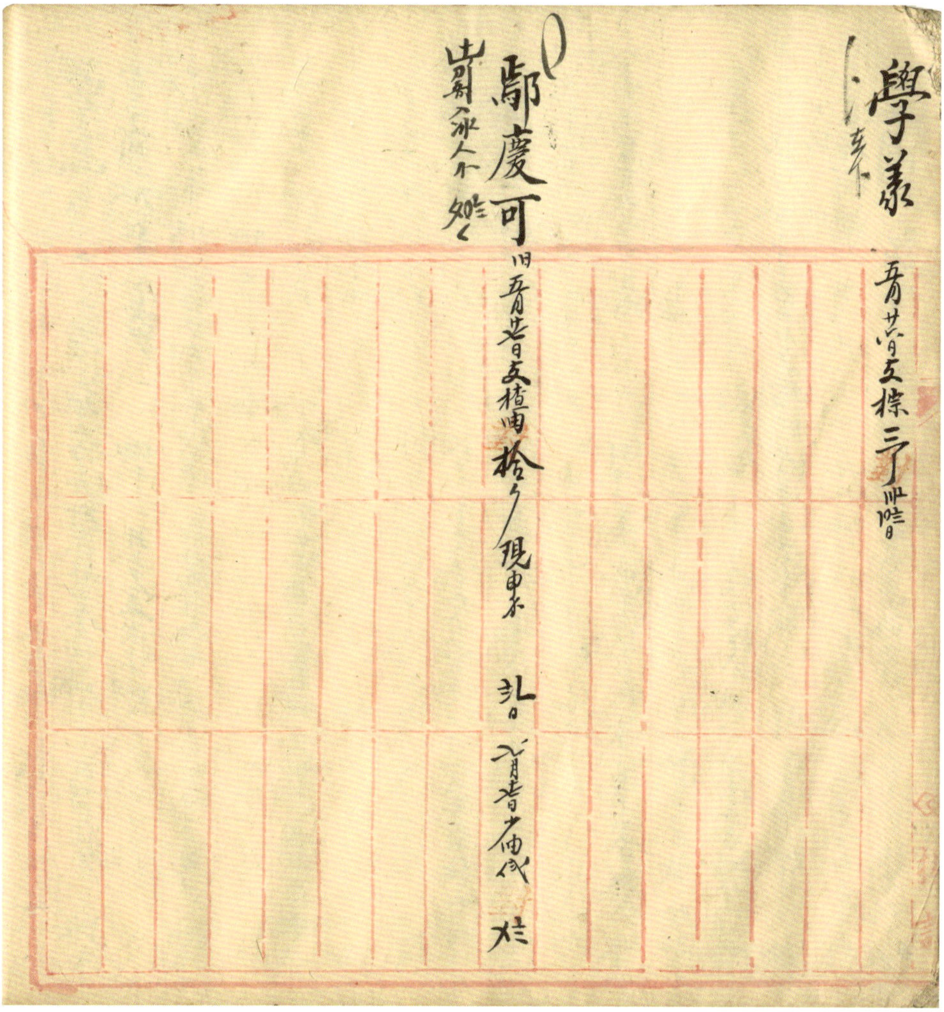
學義
鄭慶可

8-2-37-57　清光緒十二年鋼興黃記銀錢油穀發借總目（五七）

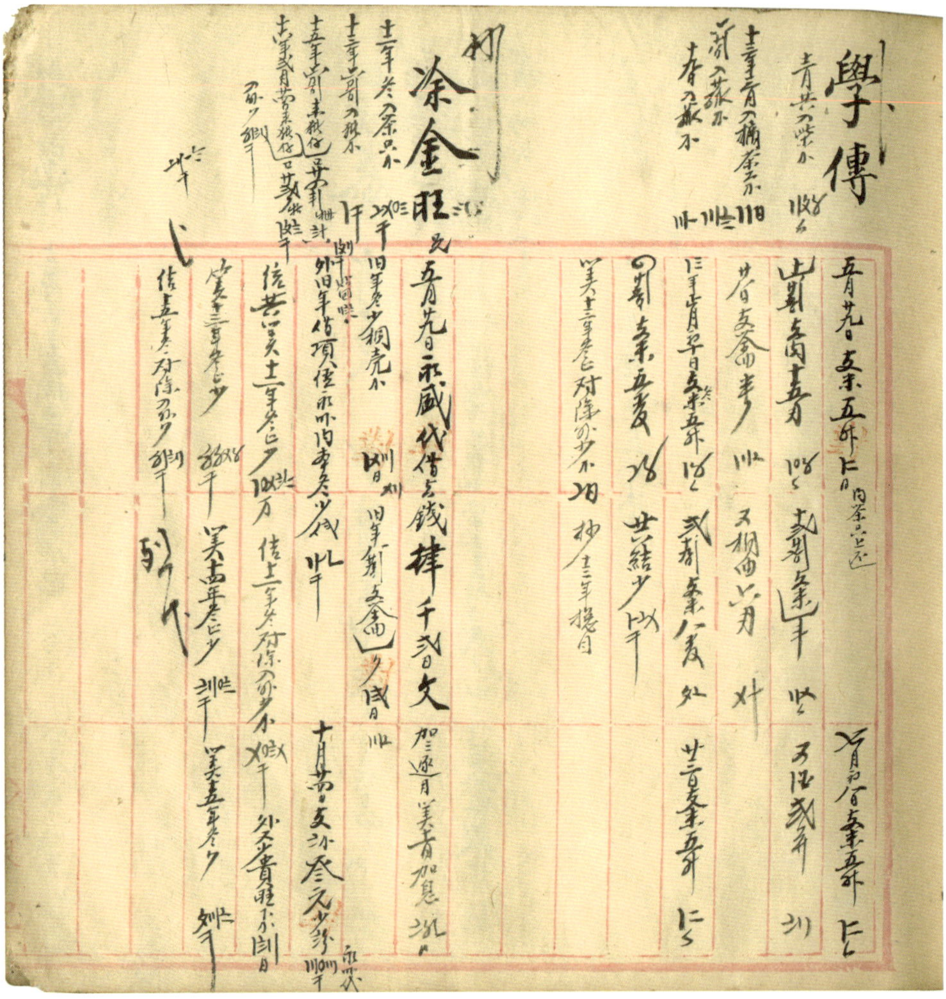

8-2-37-58　清光緒十二年鋼興黄記銀錢油穀發借總目（五八）

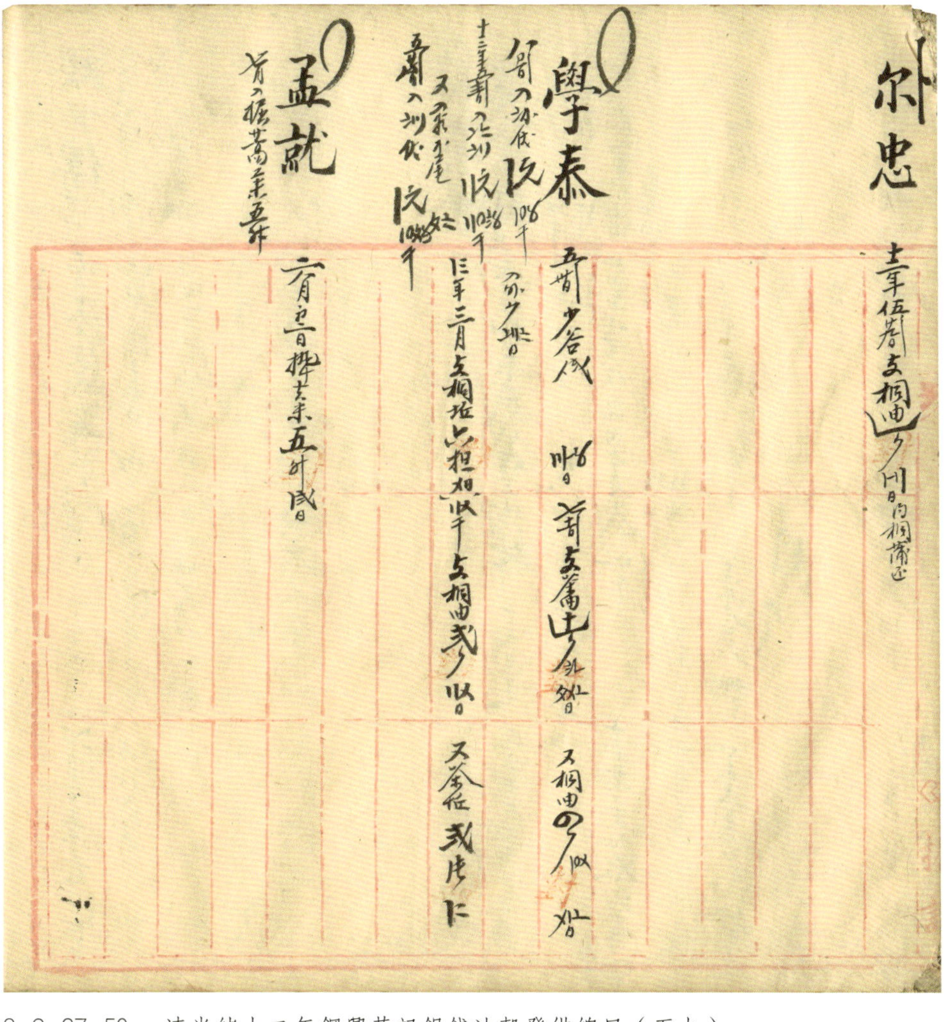

8-2-37-59　清光緒十二年鋼興黄記銀錢油穀發借總目（五九）

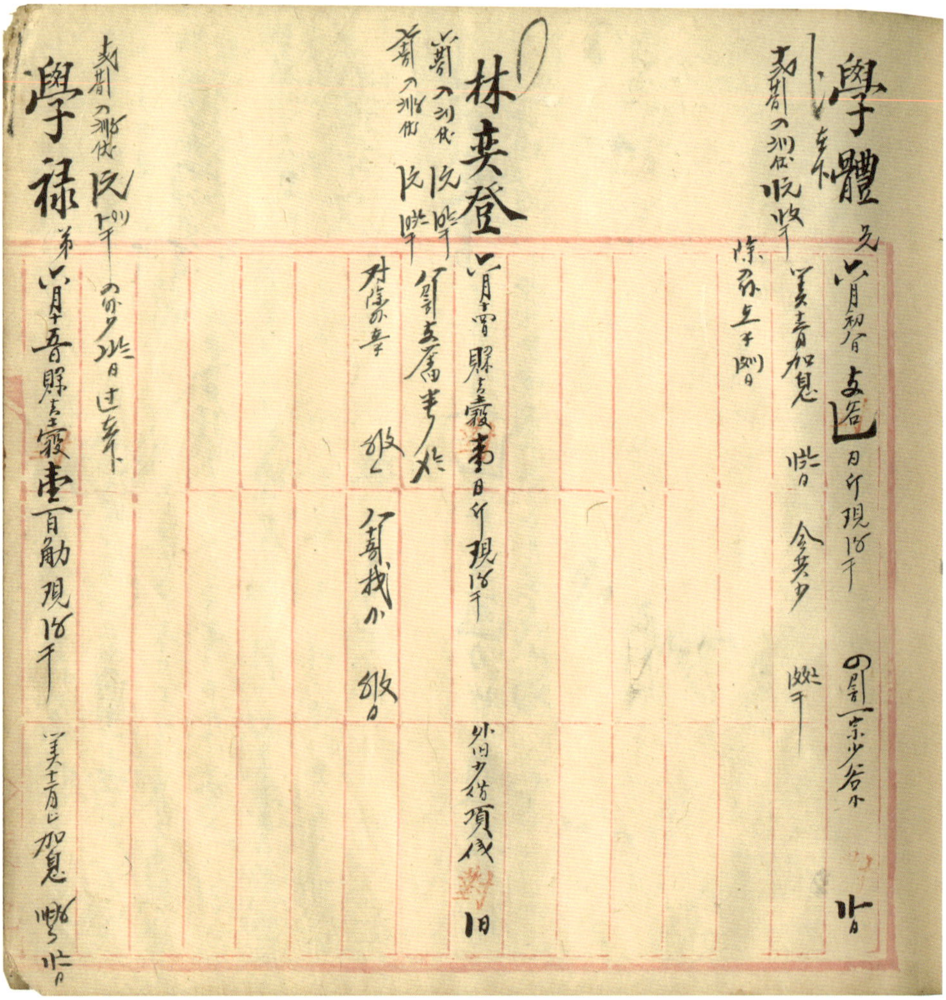

8-2-37-60　清光緒十二年鋼興黄記銀錢油穀發借總目（六〇）

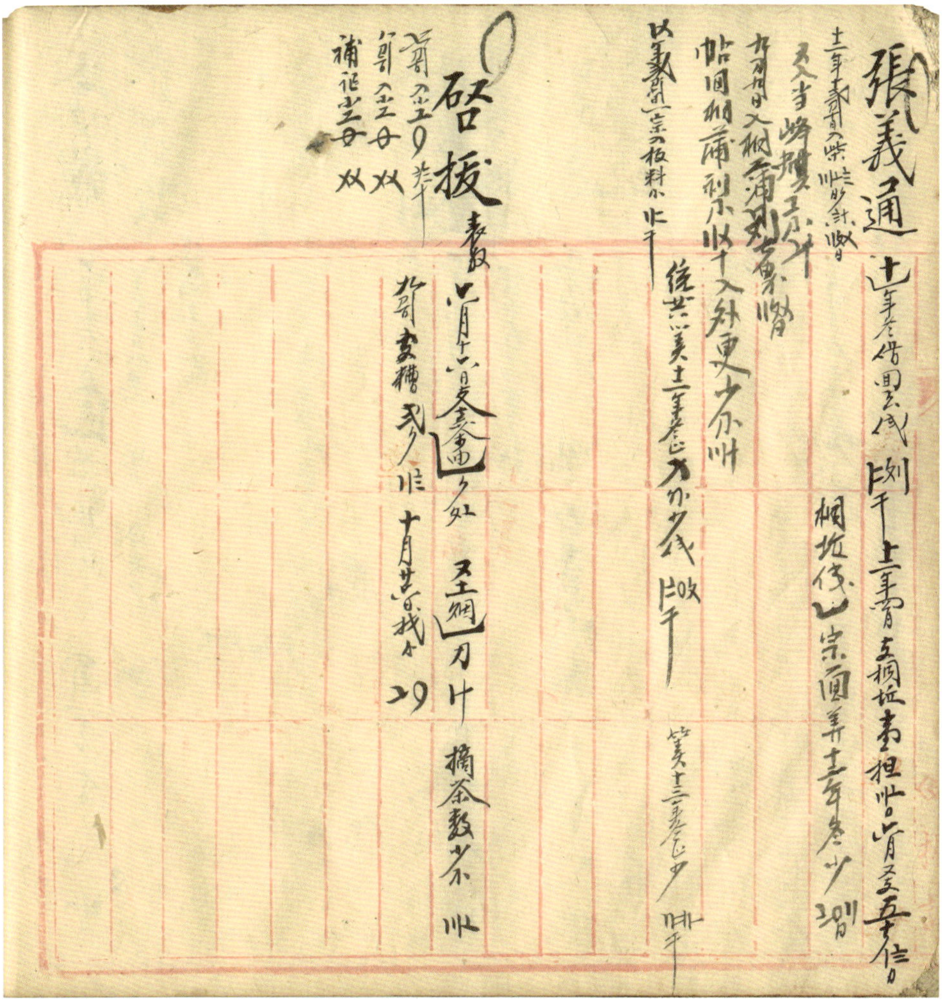
張義通
啓拔

8-2-37-61　清光緒十二年鋼興黃記銀錢油穀發借總目（六一）

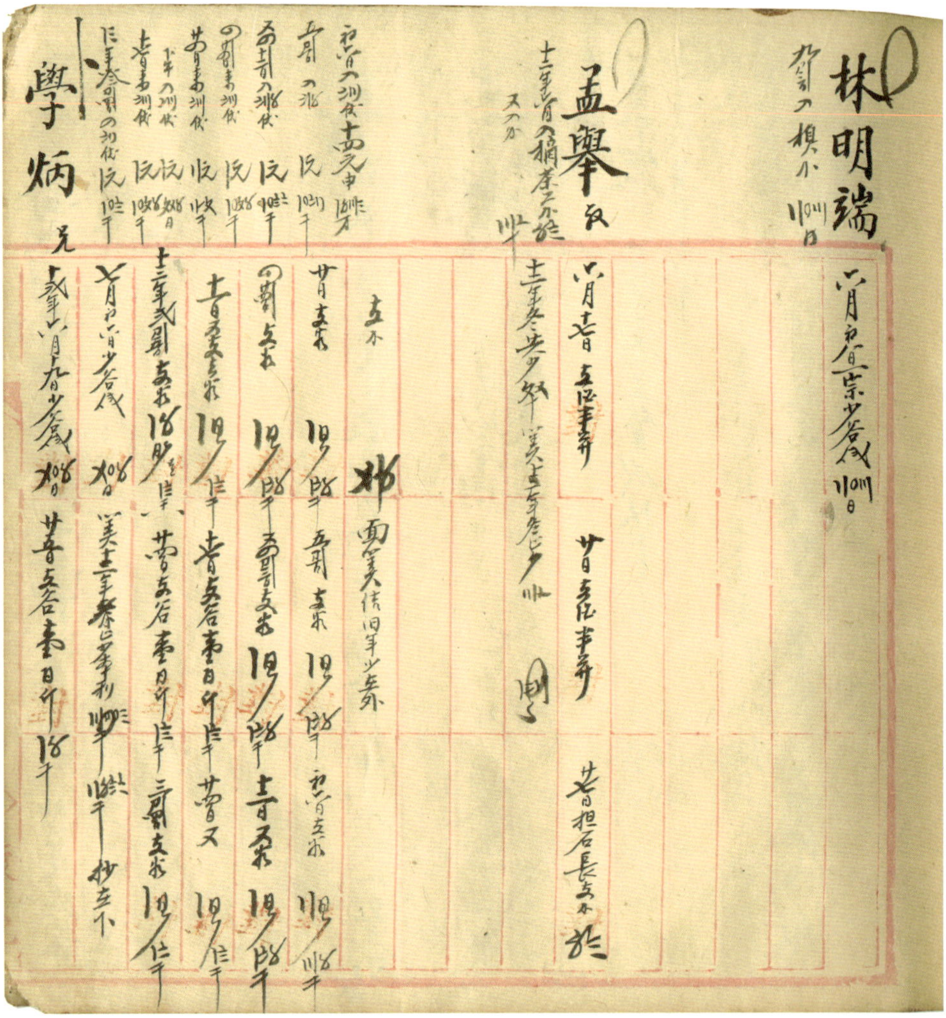
林明端

孟舉

學炳

8-2-37-62　清光緒十二年鋼興黃記銀錢油穀發借總目（六二）

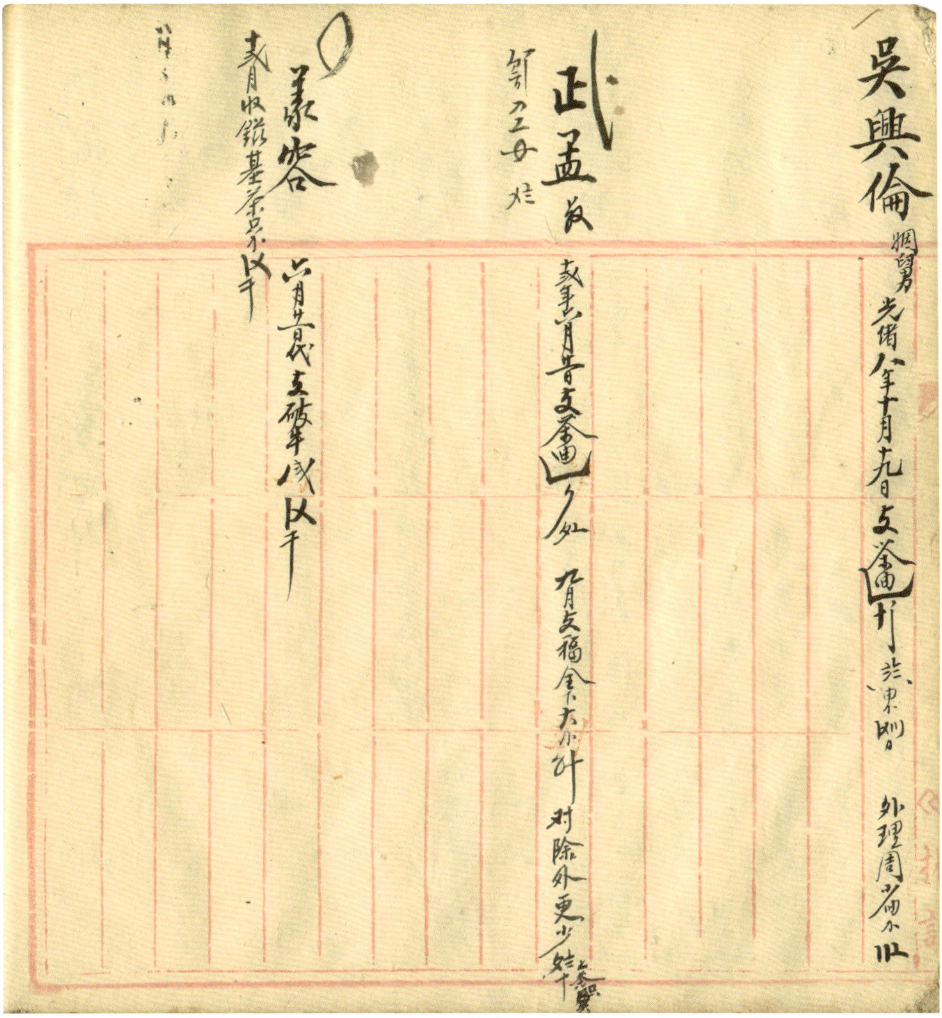
吴興倫

武孟

兼容

8-2-37-63　清光緒十二年鋼興黄記銀錢油穀發借總目（六三）

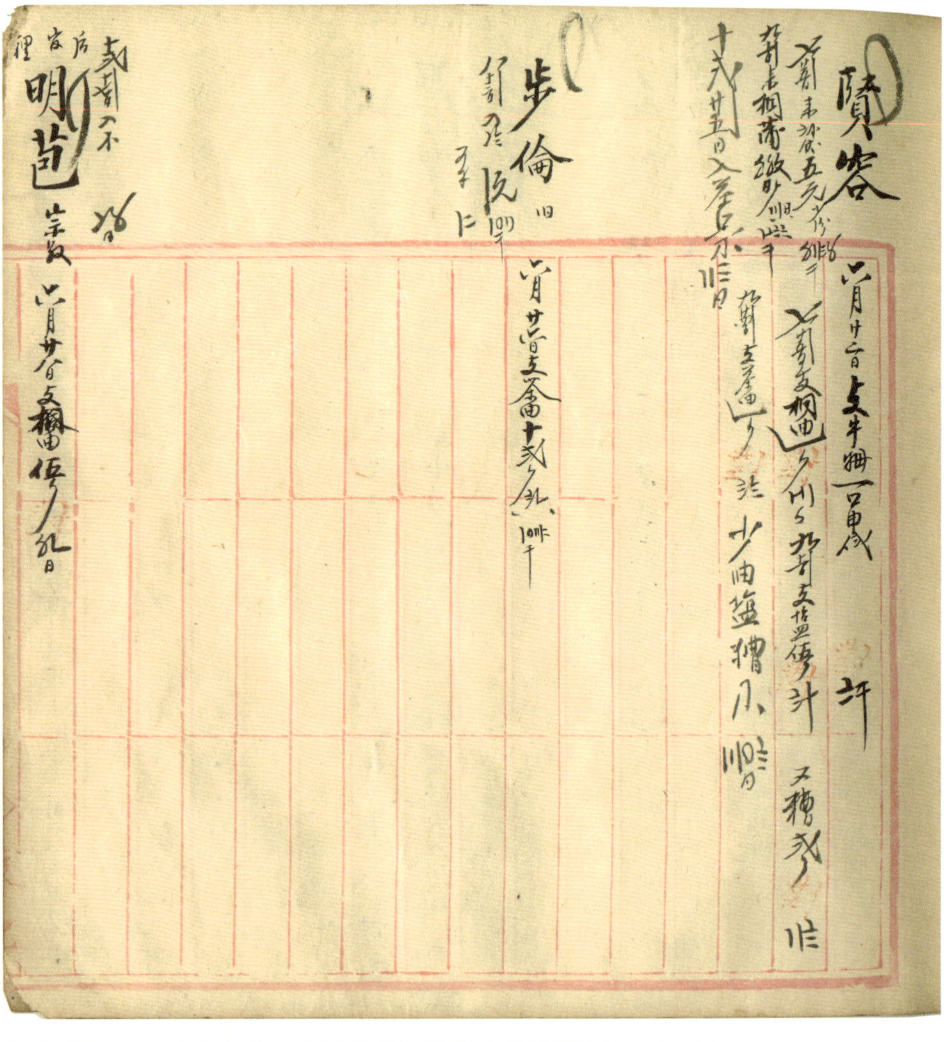

8-2-37-64　清光緒十二年鋼興黄記銀錢油穀發借總目（六四）

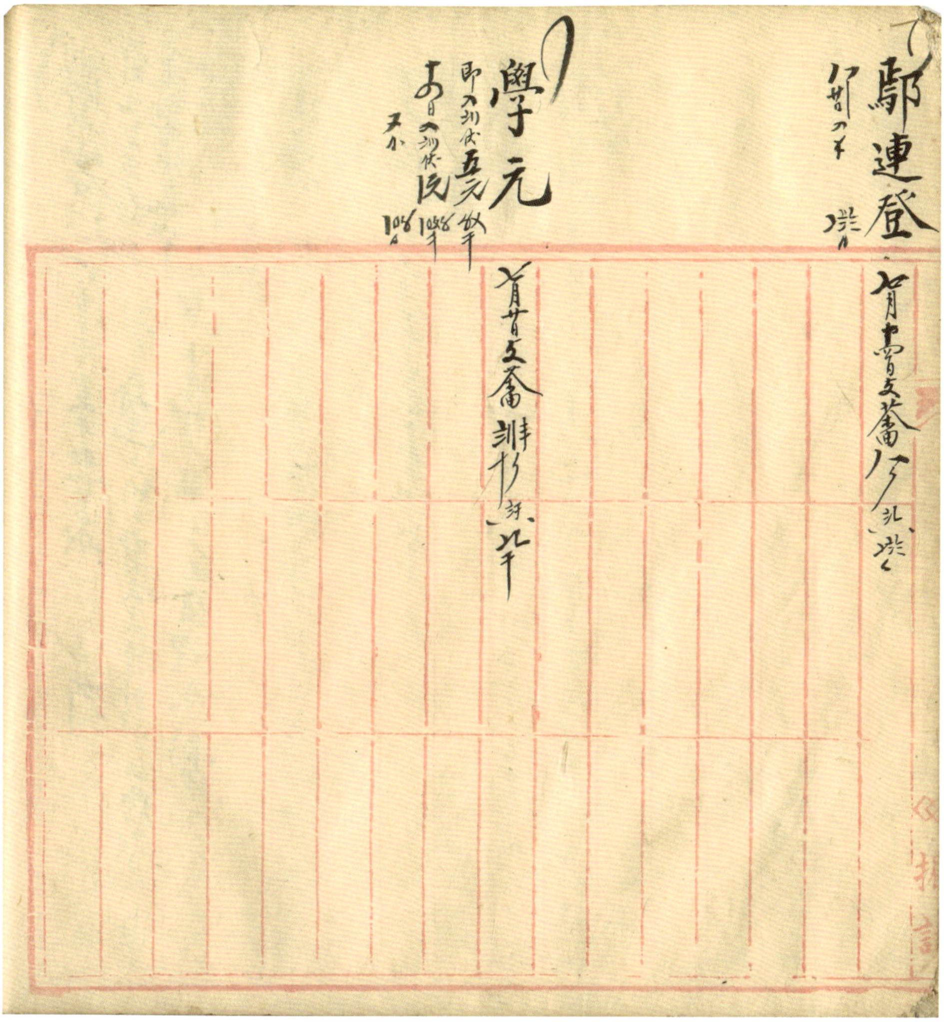
鄭連登
七月十二日交蕃

學元
即入利谷五元
七月廿日交蕃

8-2-37-65　清光緒十二年鋼興黃記銀錢油穀發借總目（六五）

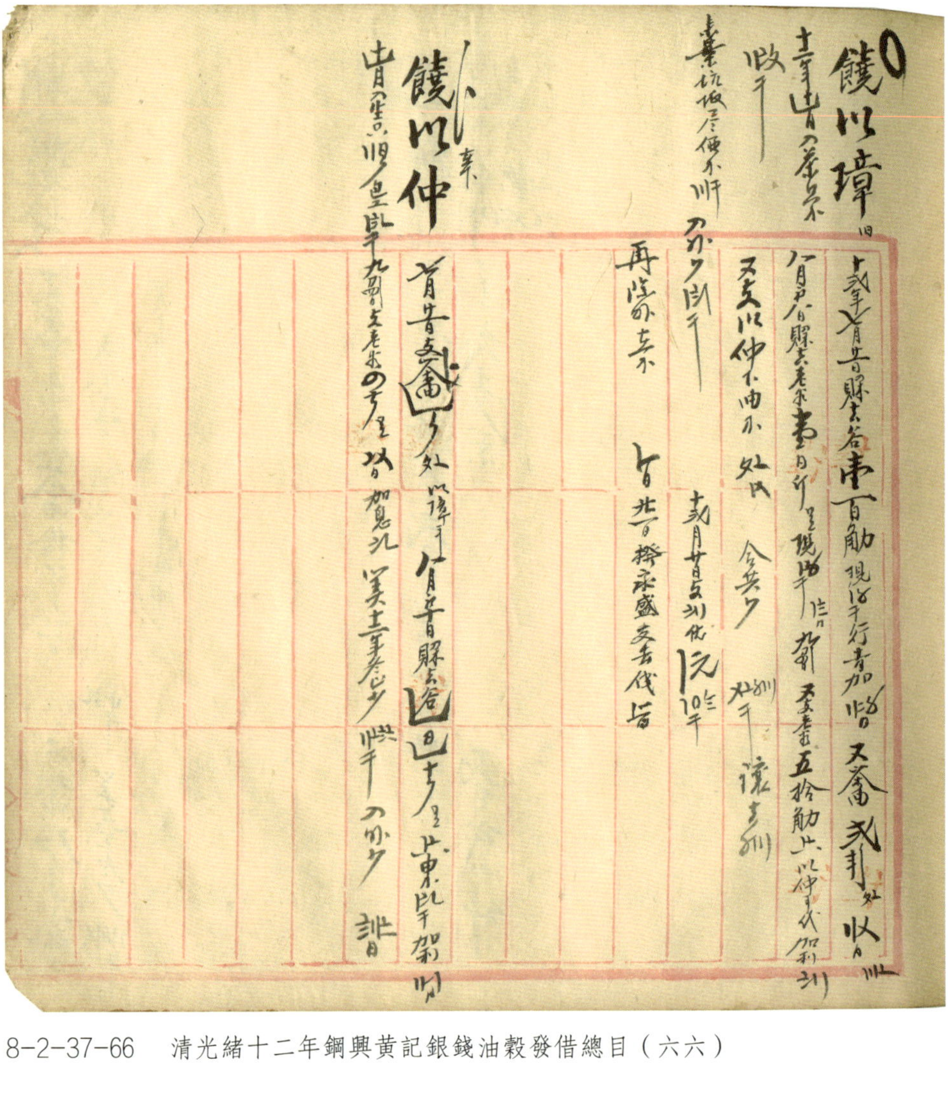

8-2-37-66　清光緒十二年鋼興黄記銀錢油穀發借總目（六六）

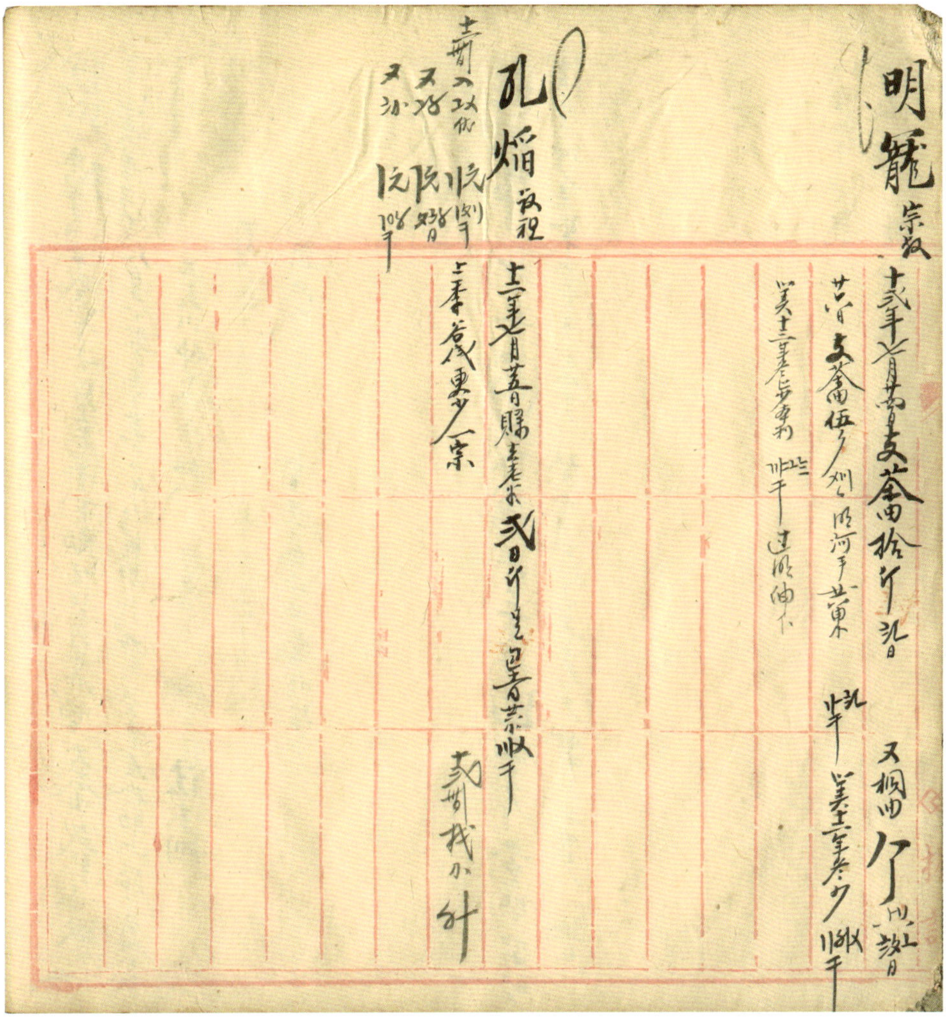

8-2-37-67　清光緒十二年鋼興黄記銀錢油穀發借總目（六七）

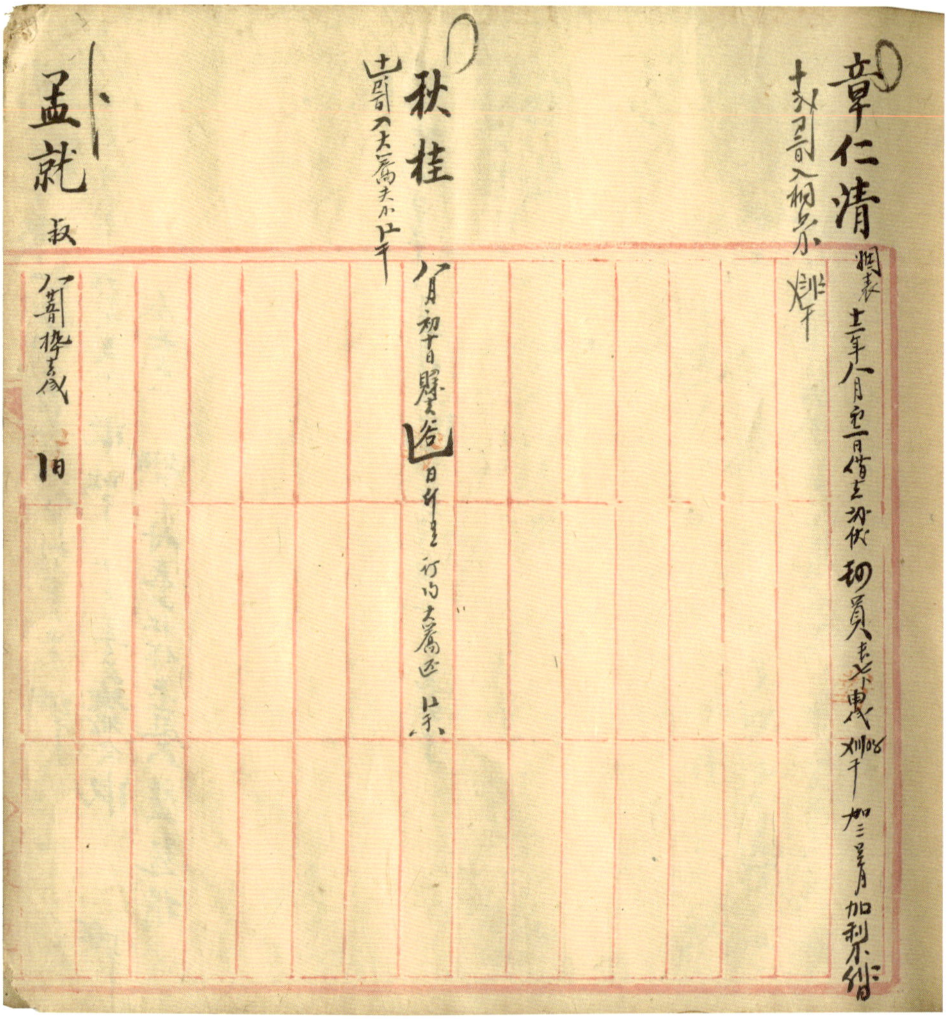

8-2-37-68　清光緒十二年鋼興黄記銀錢油穀發借總目（六八）

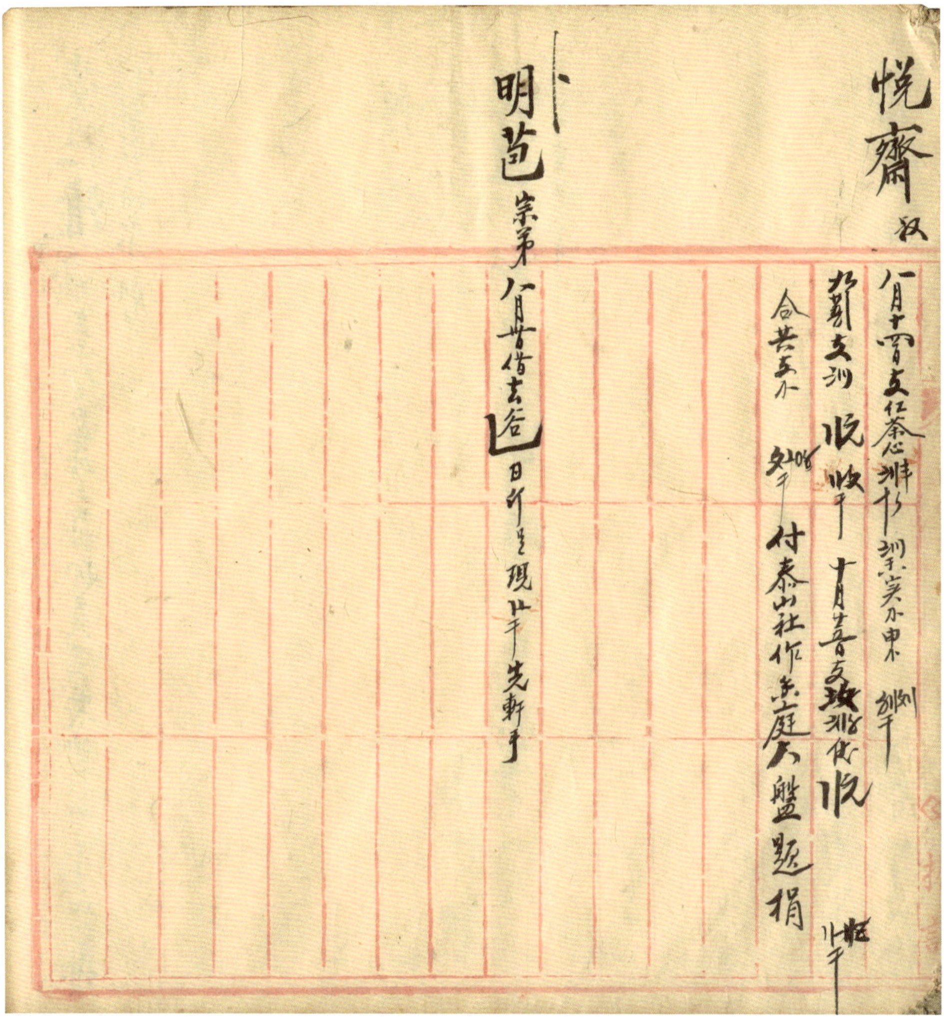

8-2-37-69　清光緒十二年鋼興黃記銀錢油穀發借總目（六九）

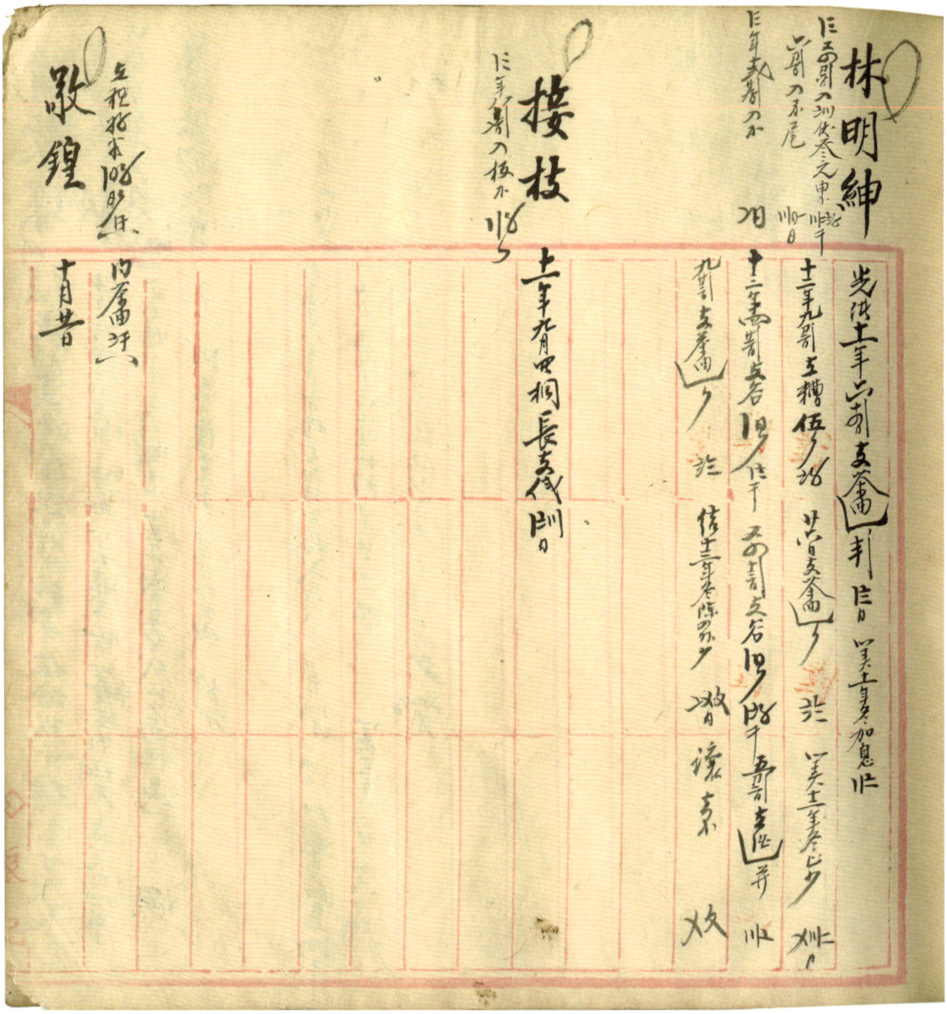
林明紳

接枝

敦鍠

8-2-37-70　清光緒十二年鋼興黄記銀錢油穀發借總目（七〇）

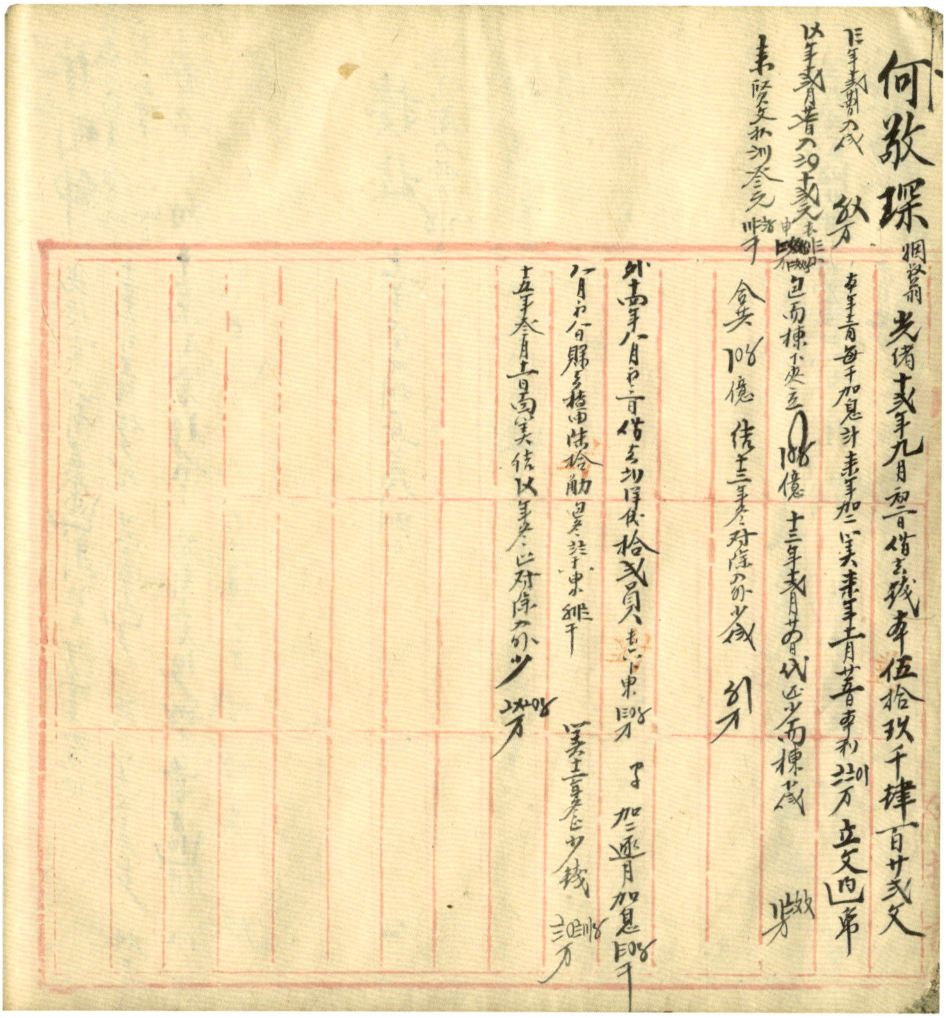

8-2-37-71　清光緒十二年鋼興黄記銀錢油穀發借總目（七一）

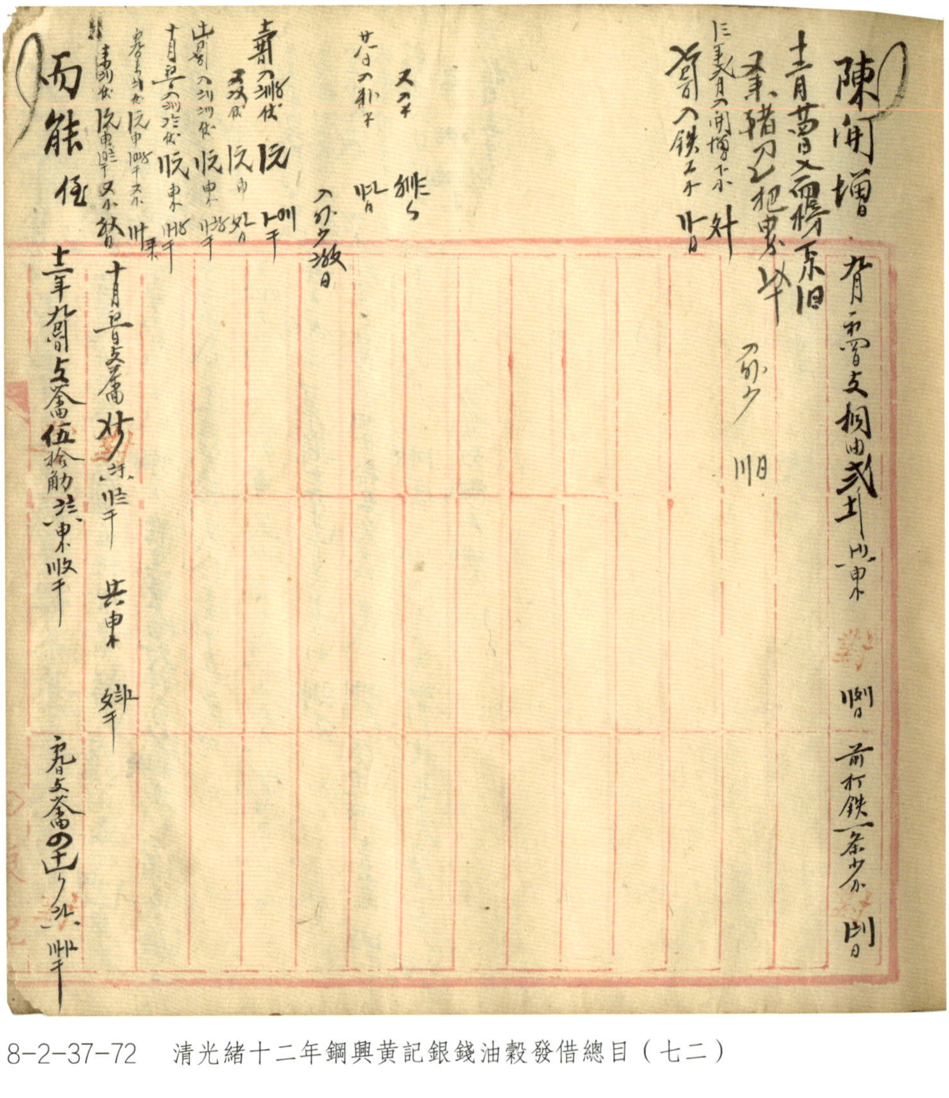

8-2-37-72　清光緒十二年鋼興黄記銀錢油穀發借總目（七二）

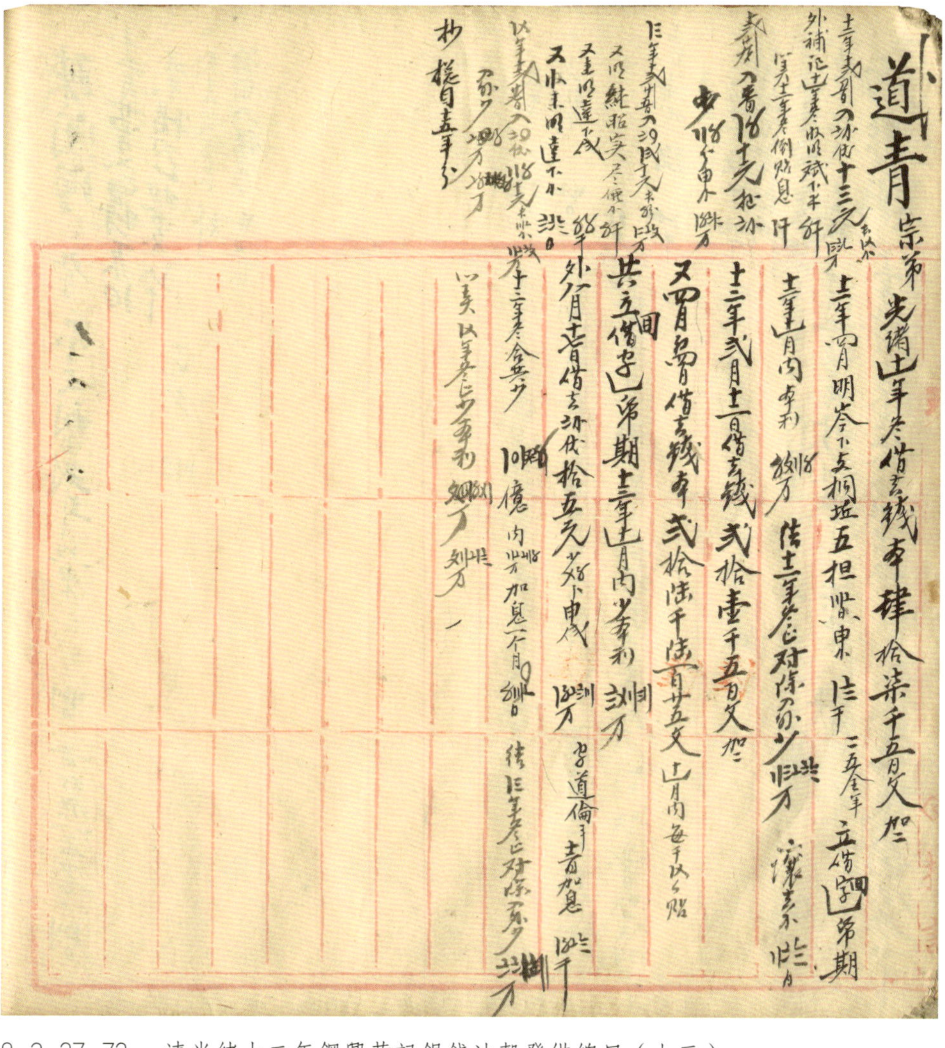

8-2-37-73　清光緒十二年鋼興黄記銀錢油穀發借總目（七三）

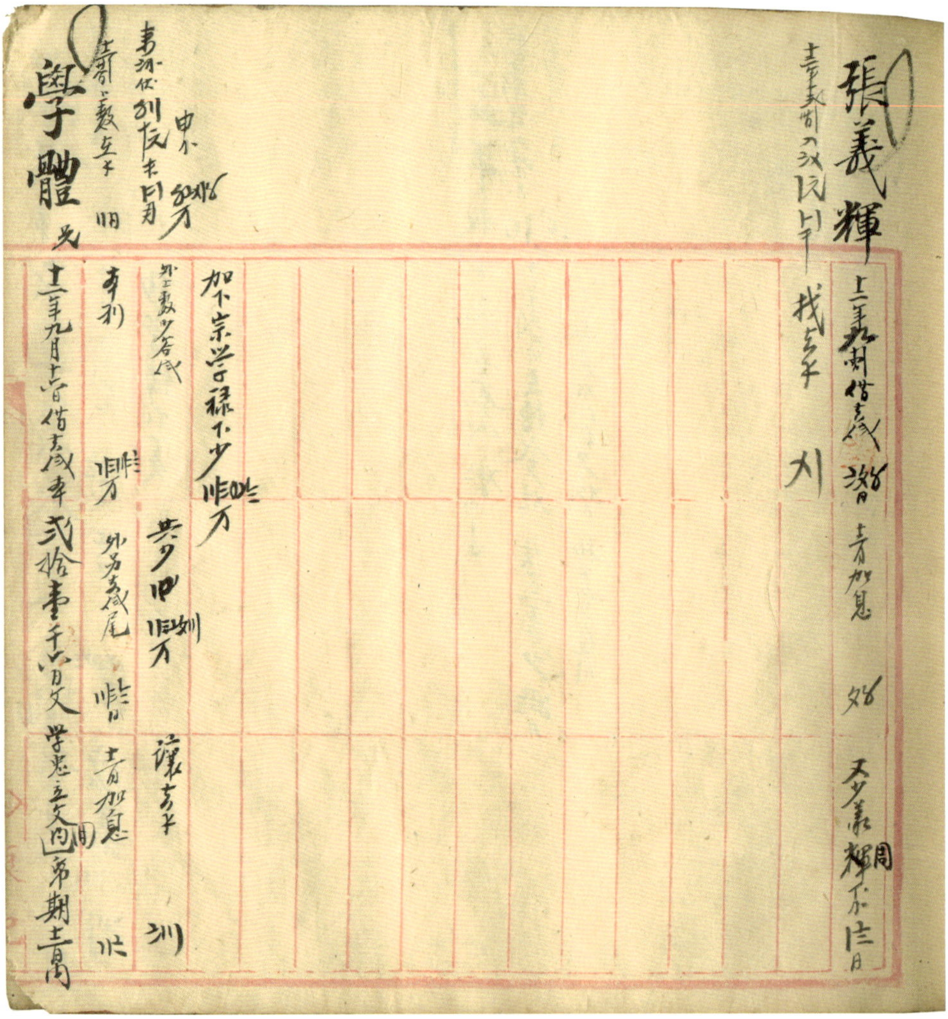
張義輝

學體

十二年九月十六借去本

式拾壹千六百文

8-2-37-74　清光緒十二年鋼興黃記銀錢油穀發借總目（七四）

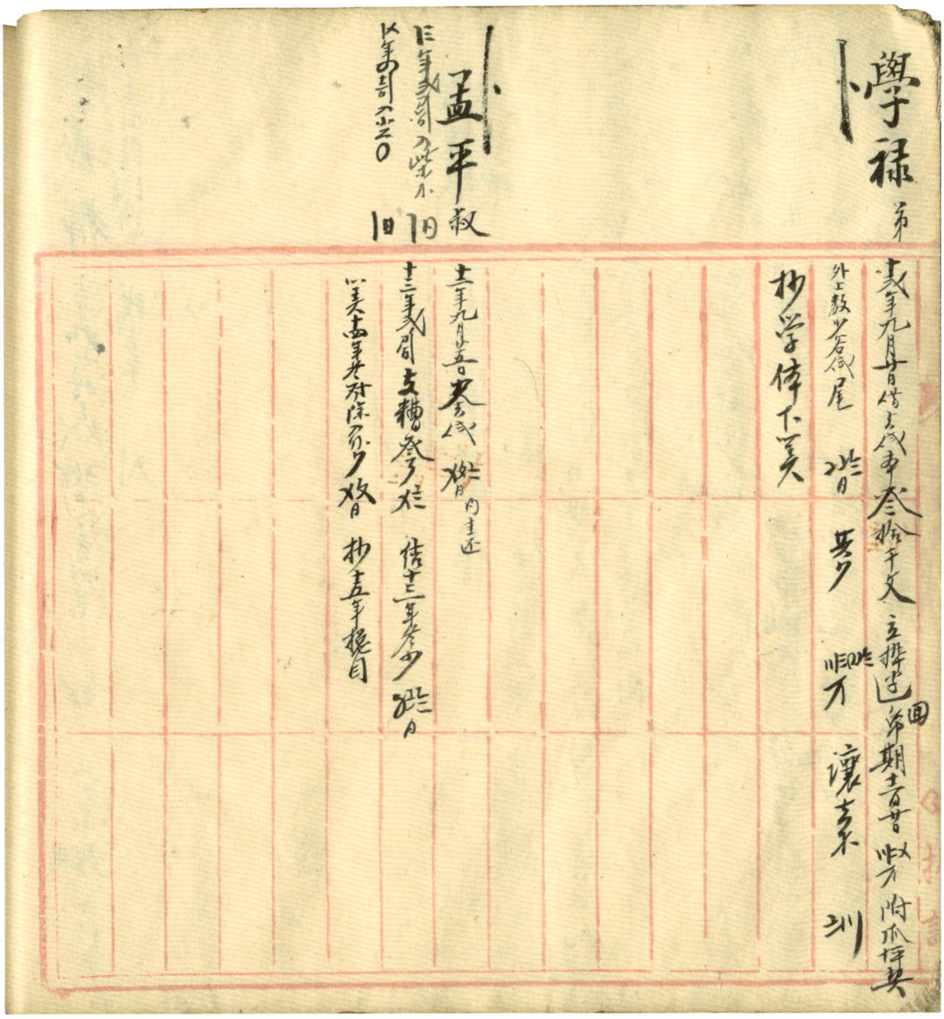
學禄
孟平叔

8-2-37-75　清光緒十二年鋼興黄記銀錢油穀發借總目（七五）

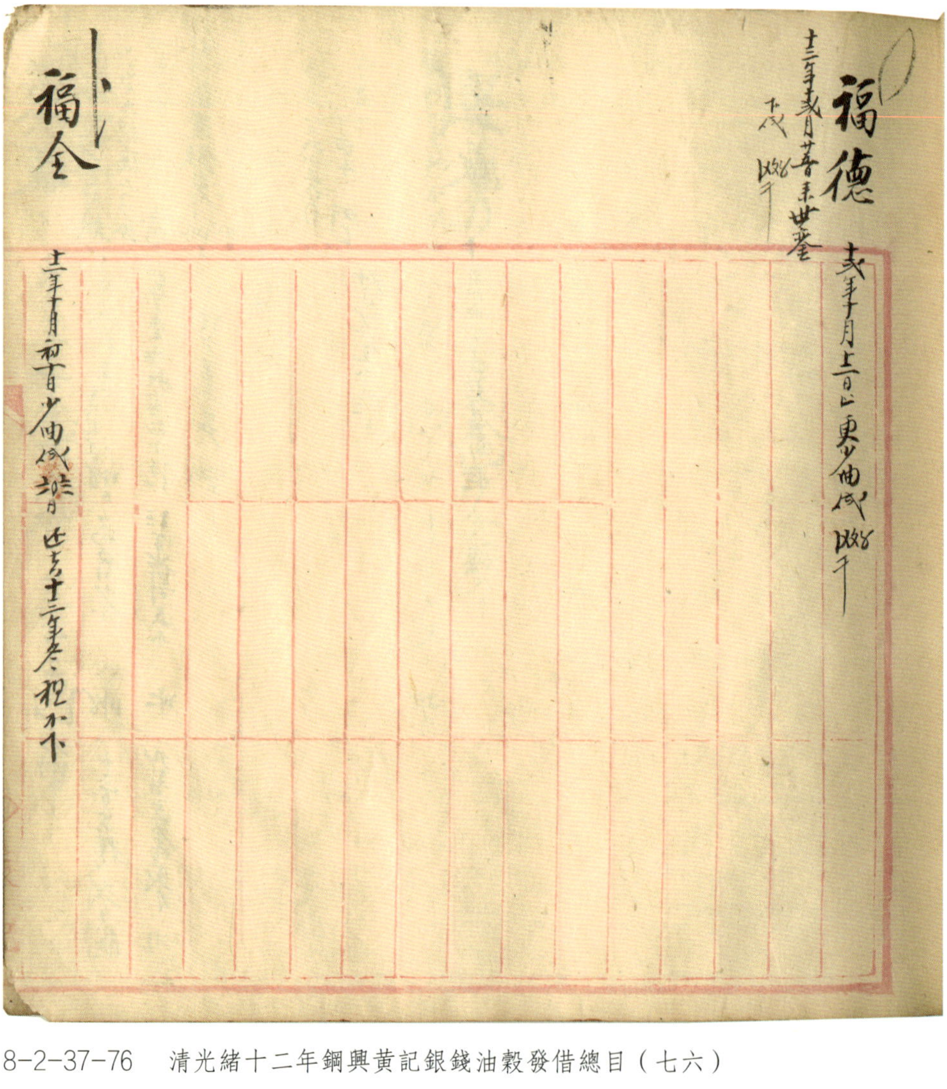

福德

十二年弍月廿五日來 世墨

大代 [illegible]千

弍年十月上旬 叓少曲代 [illegible]千

福全

十二年十月初十日 少曲代 [illegible] 此去十二年冬租不下

8-2-37-76　清光緒十二年鋼興黃記銀錢油穀發借總目（七六）

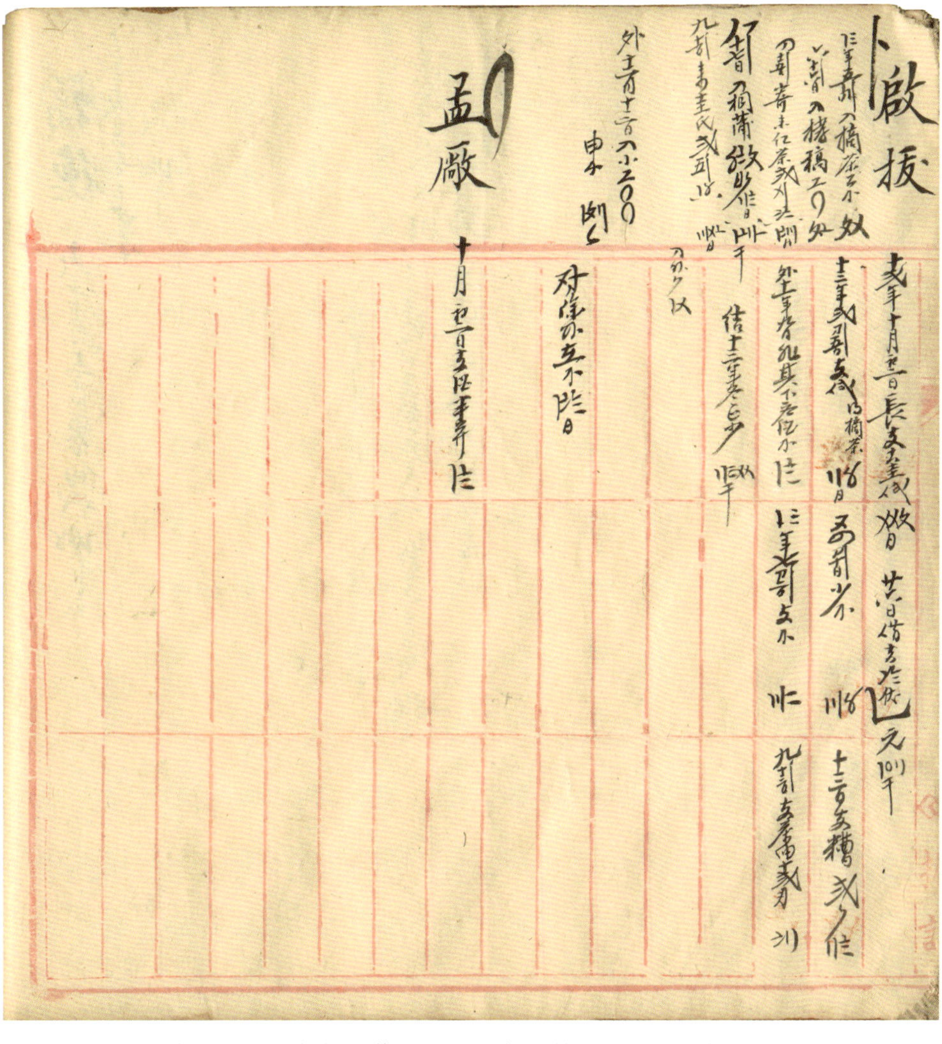

8-2-37-77　清光緒十二年鋼興黄記銀錢油穀發借總目（七七）

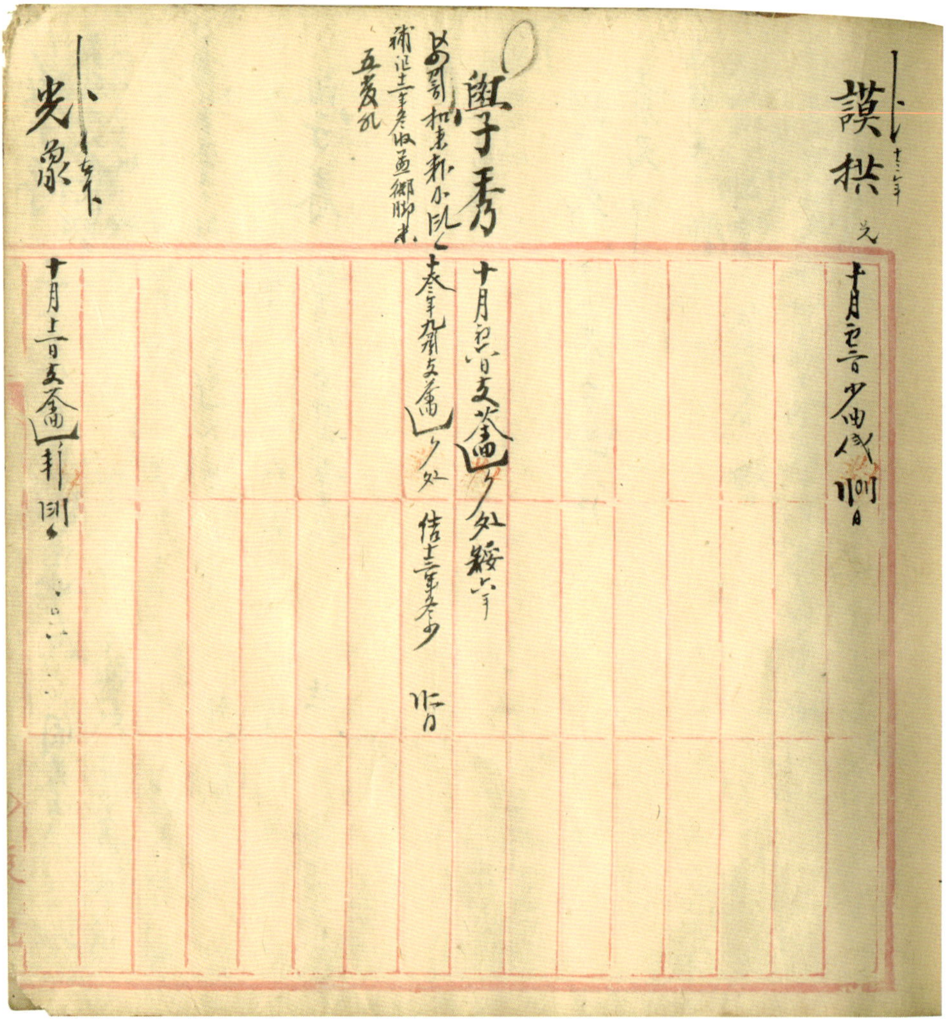

8-2-37-78　清光緒十二年鋼興黄記銀錢油穀發借總目（七八）

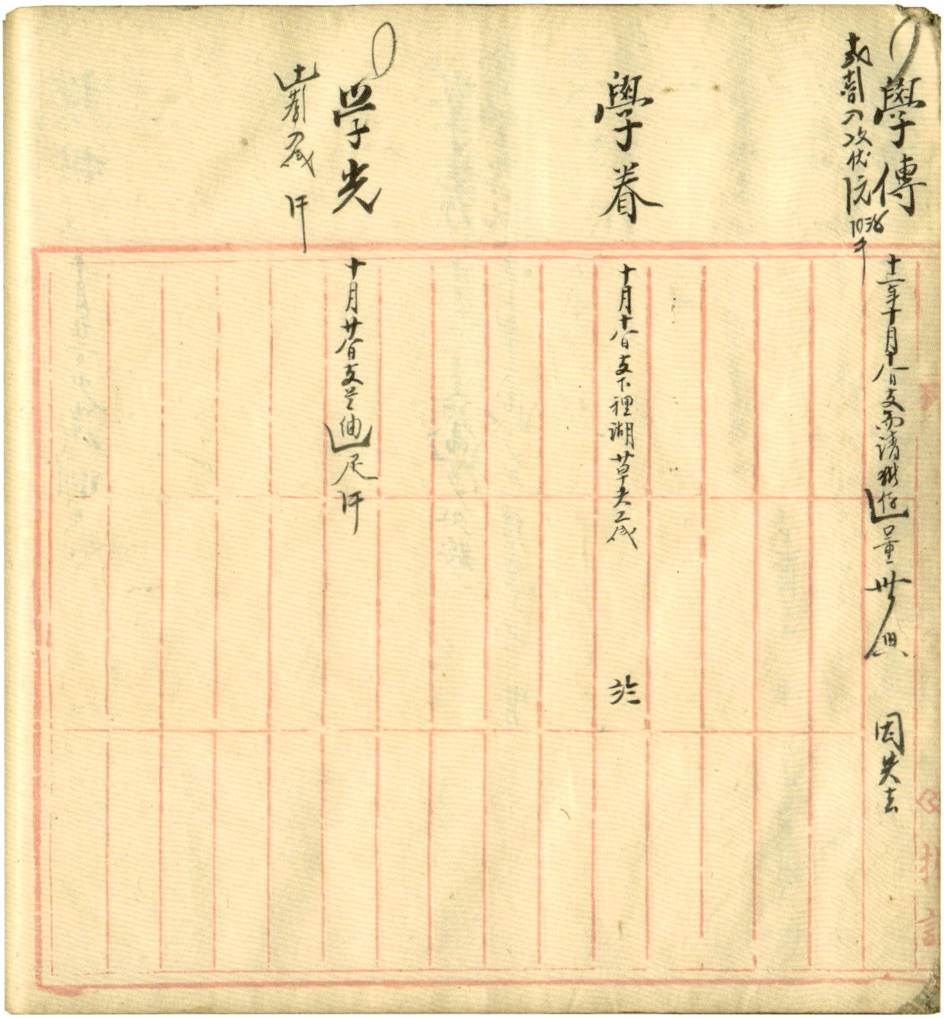

8-2-37-79　清光緒十二年鋼興黃記銀錢油穀發借總目（七九）

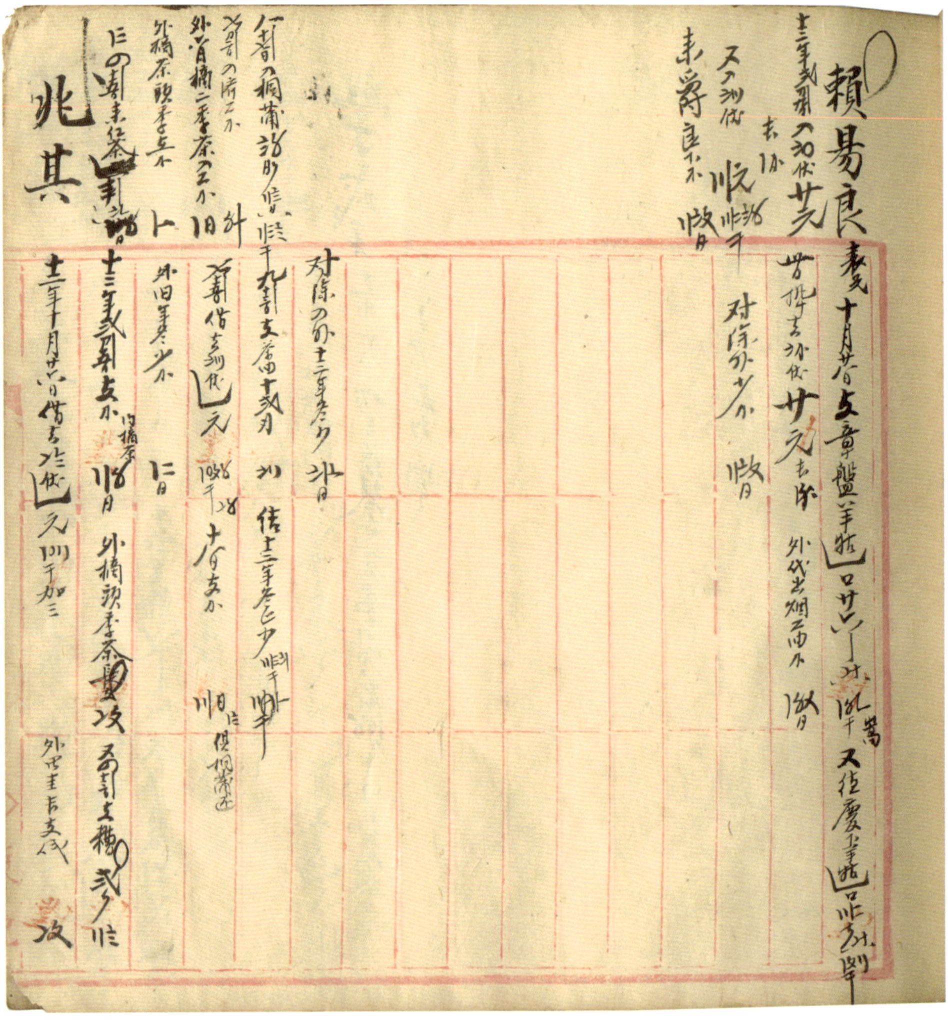

8-2-37-80　清光緒十二年鋼興黄記銀錢油穀發借總目（八〇）

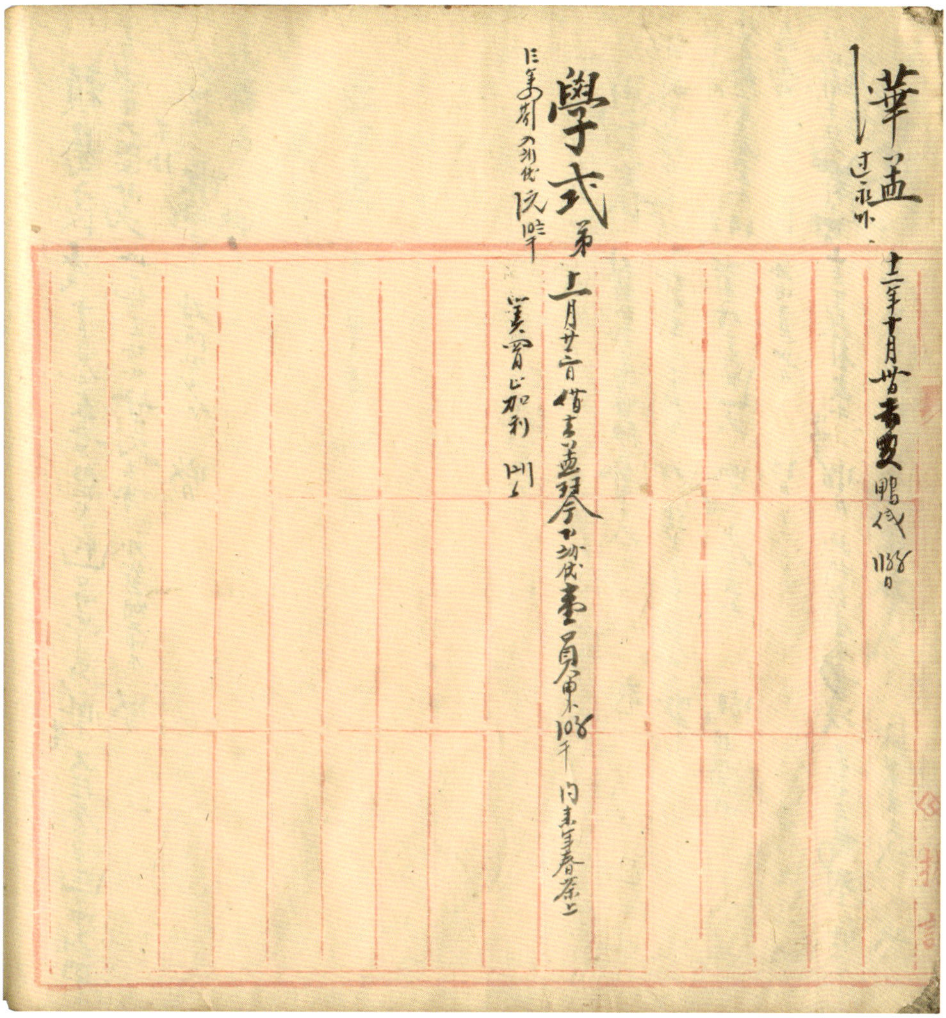

8-2-37-81　清光緒十二年鋼興黃記銀錢油穀發借總目（八一）

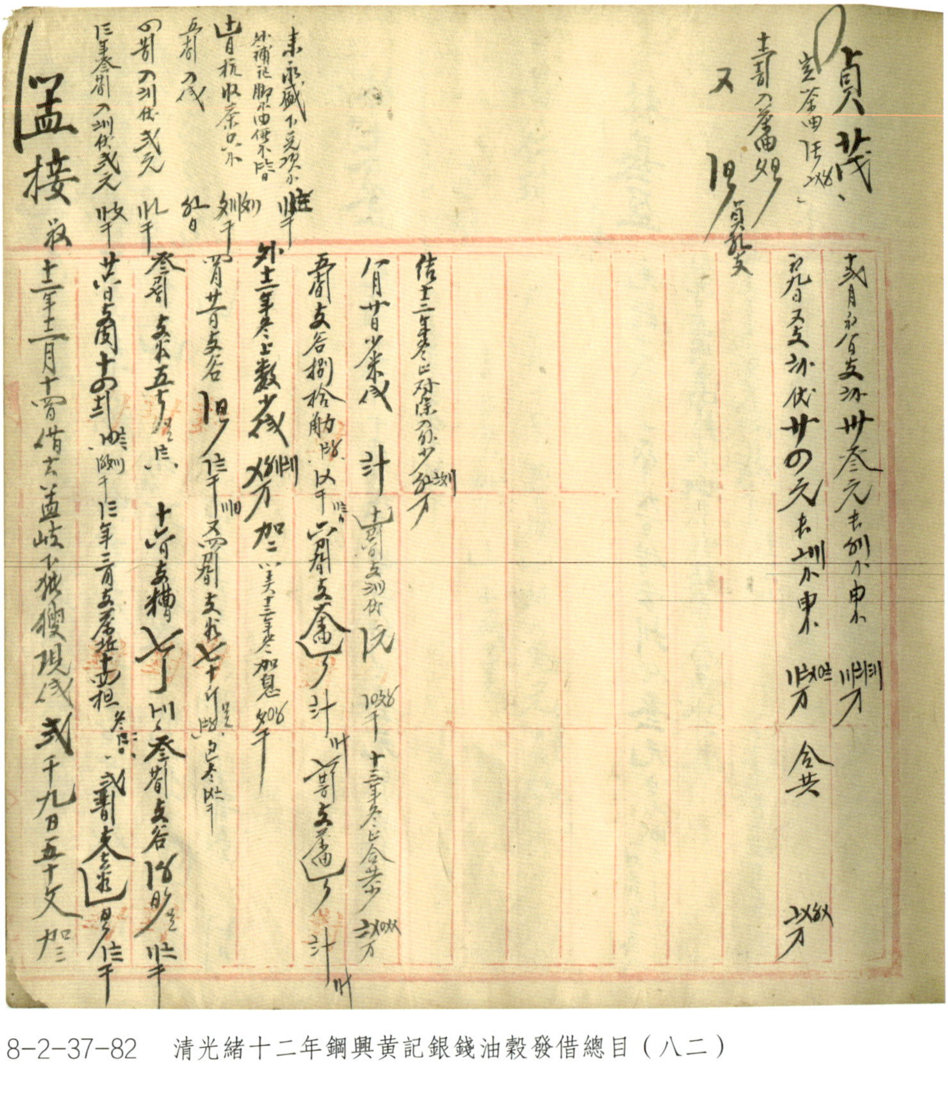

8-2-37-82　清光緒十二年鋼興黄記銀錢油穀發借總目（八二）

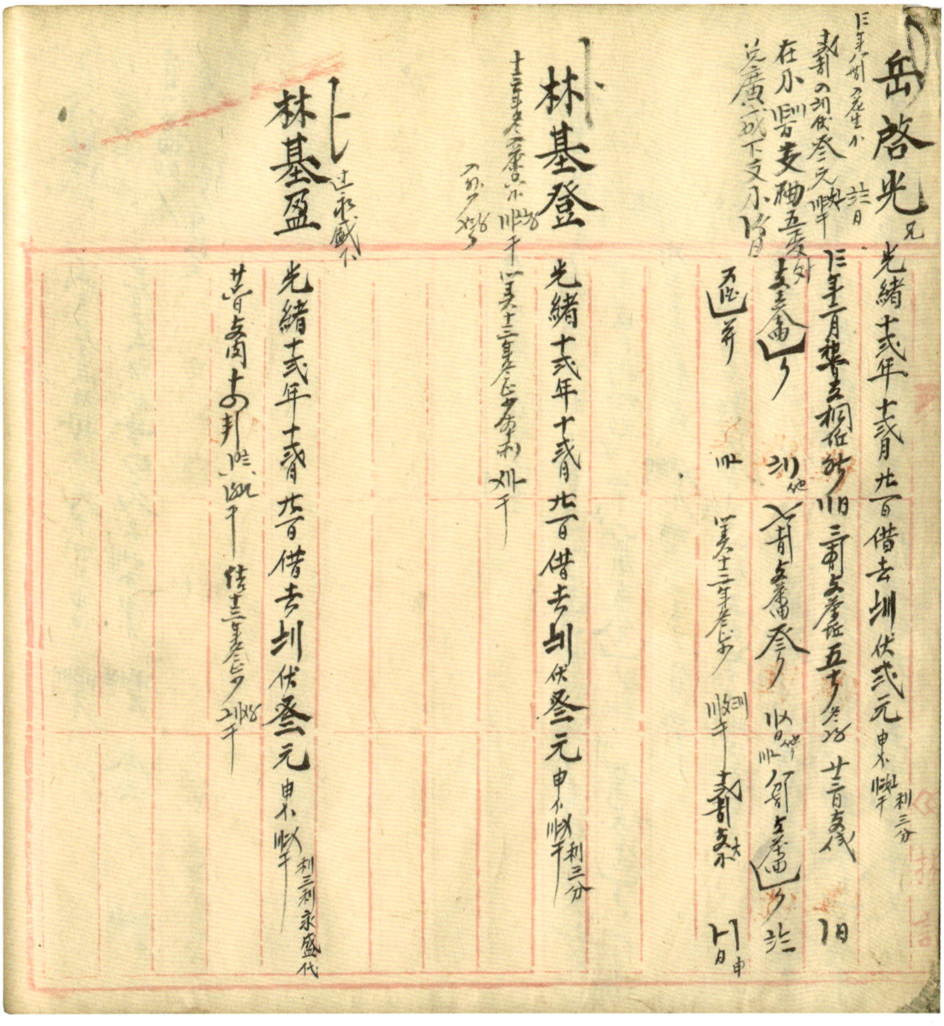

岳啓光 兄

光緒十弍年十弍月廿九日借去圳伏弍元 利三分

林基登

光緒十弍年十弍月廿九日借去圳伏叁元 利三分

林基盈

光緒十弍年十弍月廿九日借去圳伏叁元 利三利永盛代

8-2-37-83　清光緒十二年鋼興黄記銀錢油穀發借總目（八三）

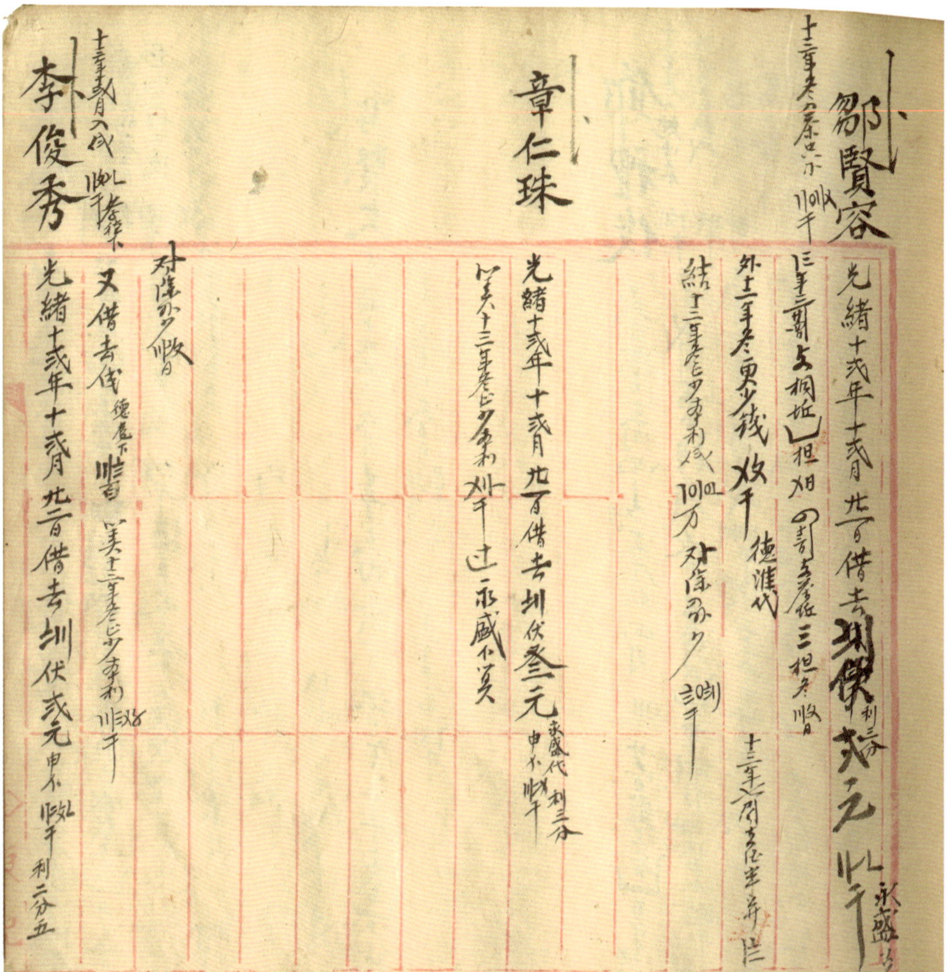

鄒賢容

光緒十弍年十弍月廿一日借去圳伏弍元 利三分 永盛代

徳淮代

章仁珠

光緒十弍年十弍月廿一日借去圳伏叁元 永盛代 利三分

李俊秀

光緒十弍年十弍月廿一日借去圳伏弍元 利二分五

又借去伏

8-2-37-84　清光緒十二年鋼興黄記銀錢油穀發借總目（八四）

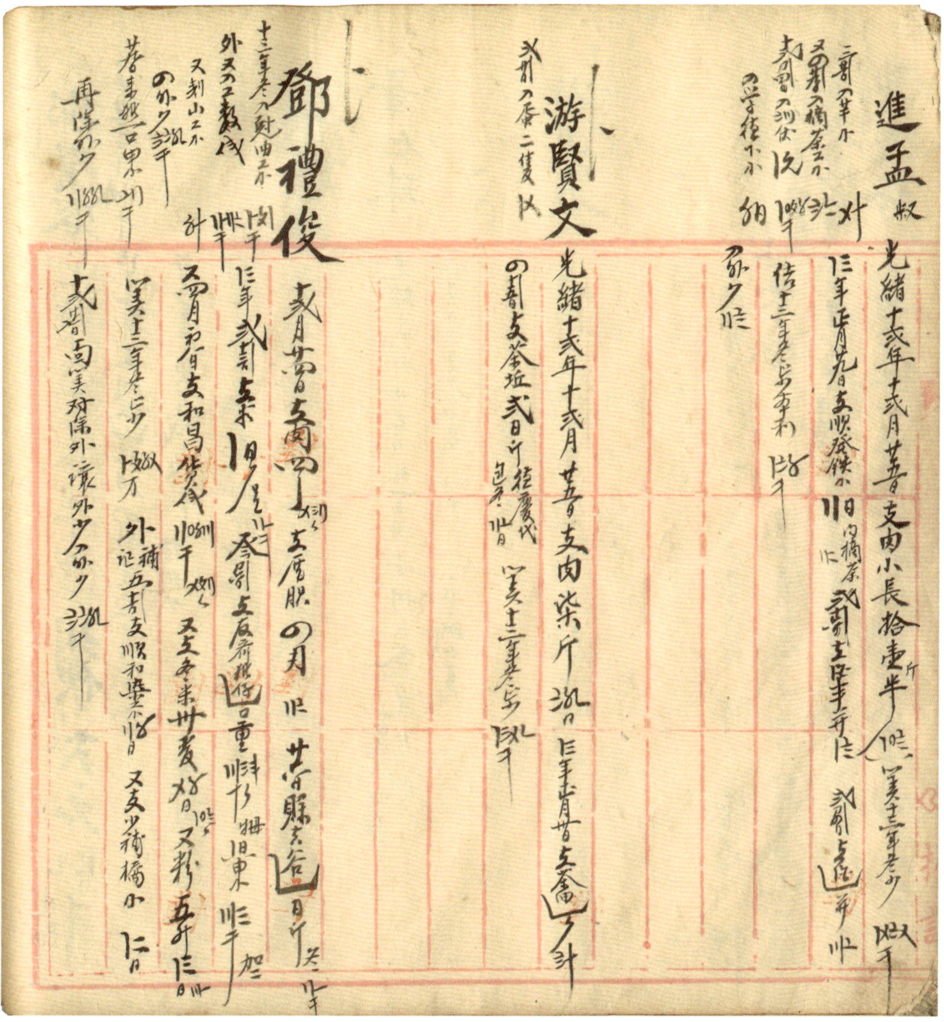

8-2-37-85　清光緒十二年鋼興黄記銀錢油穀發借總目（八五）

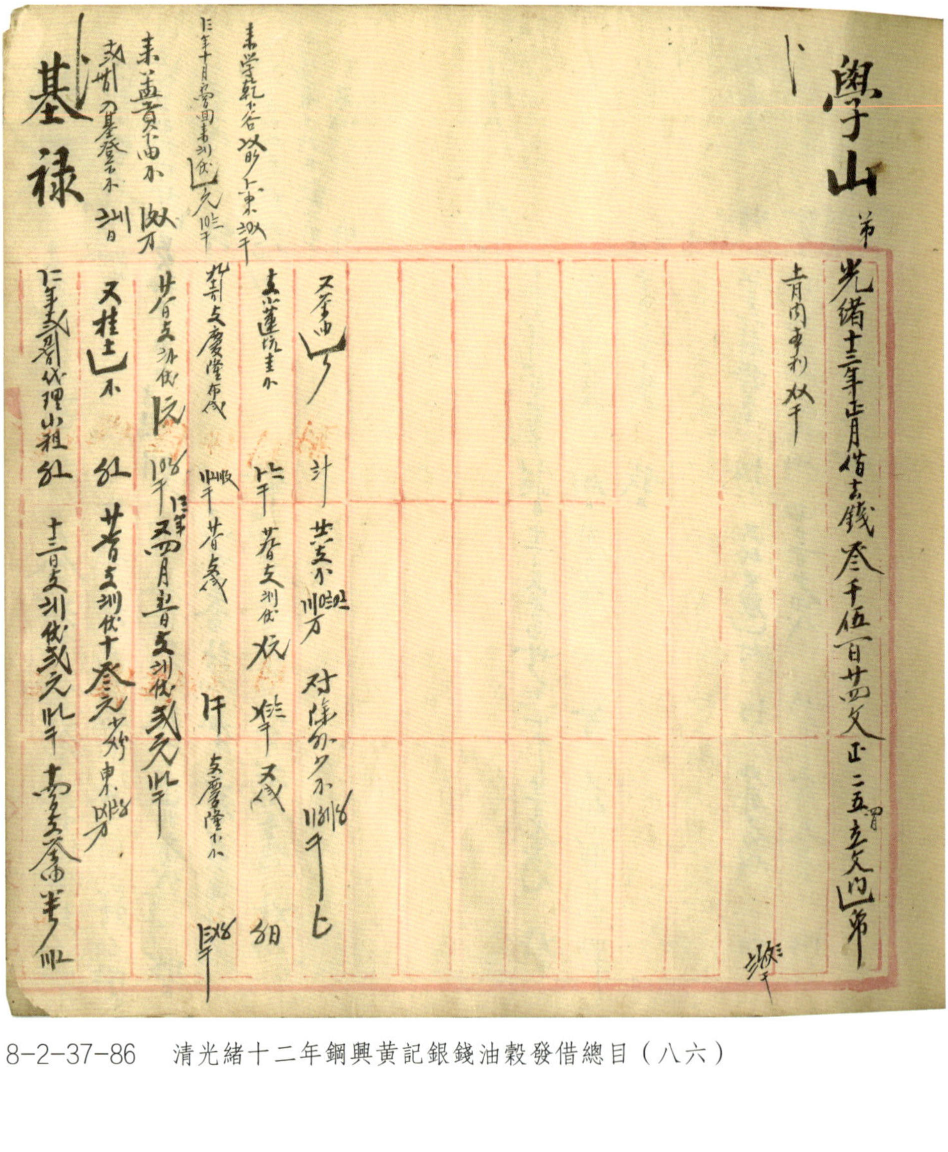

8-2-37-86　清光緒十二年鋼興黄記銀錢油穀發借總目（八六）

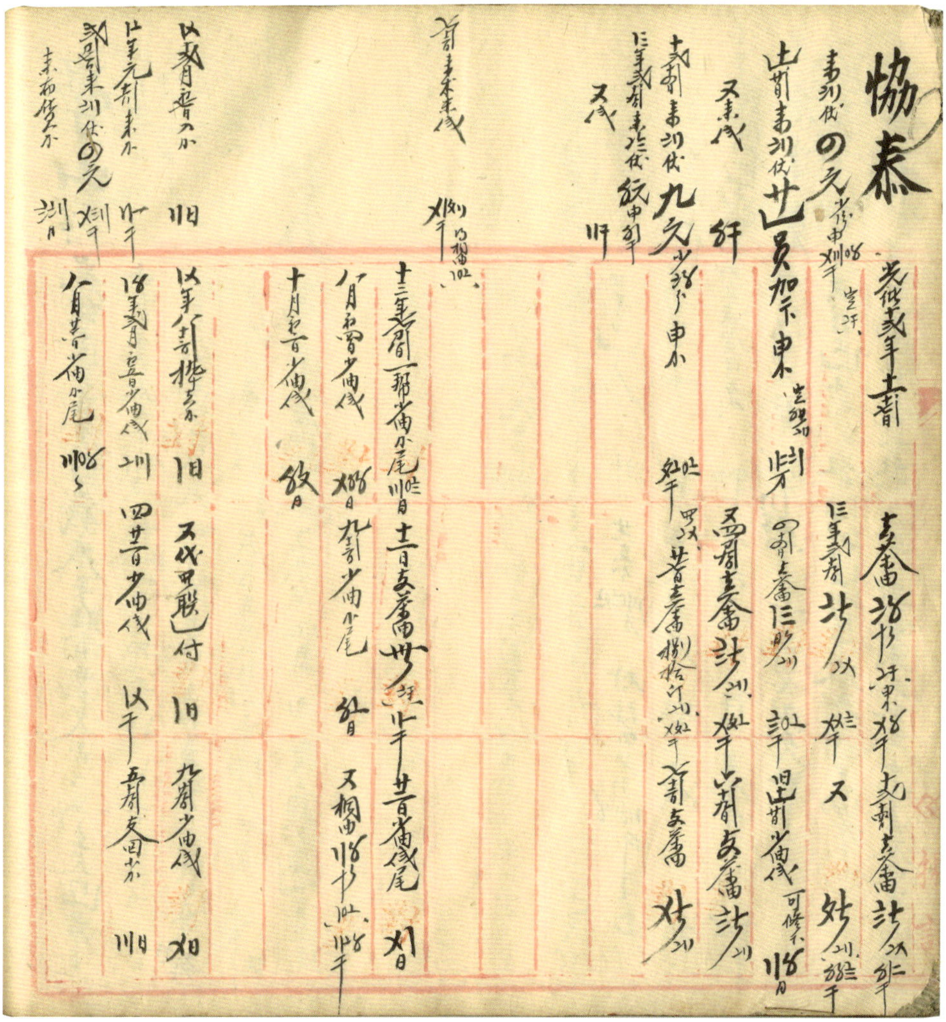
協泰

8-2-37-87　清光緒十二年鋼興黄記銀錢油穀發借總目（八七）

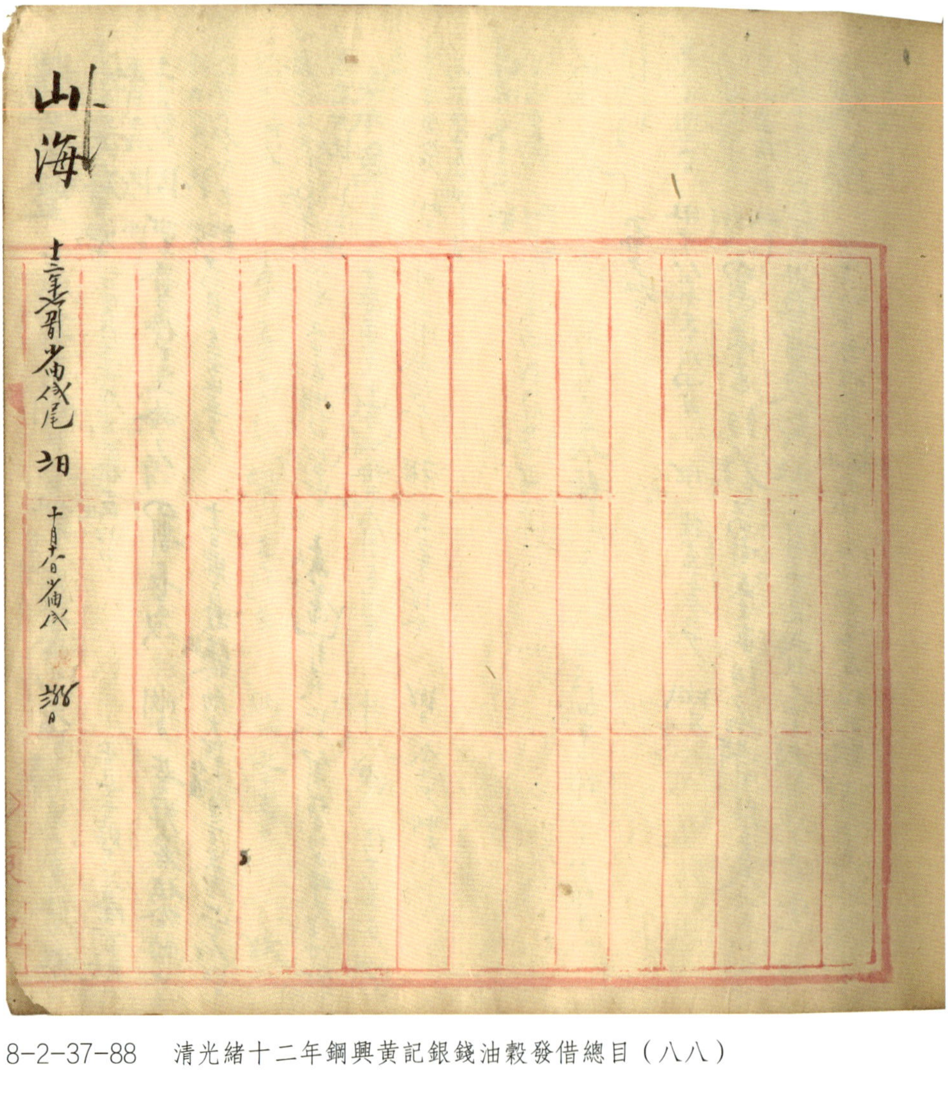

8-2-37-88　清光緒十二年鋼興黄記銀錢油穀發借總目（八八）

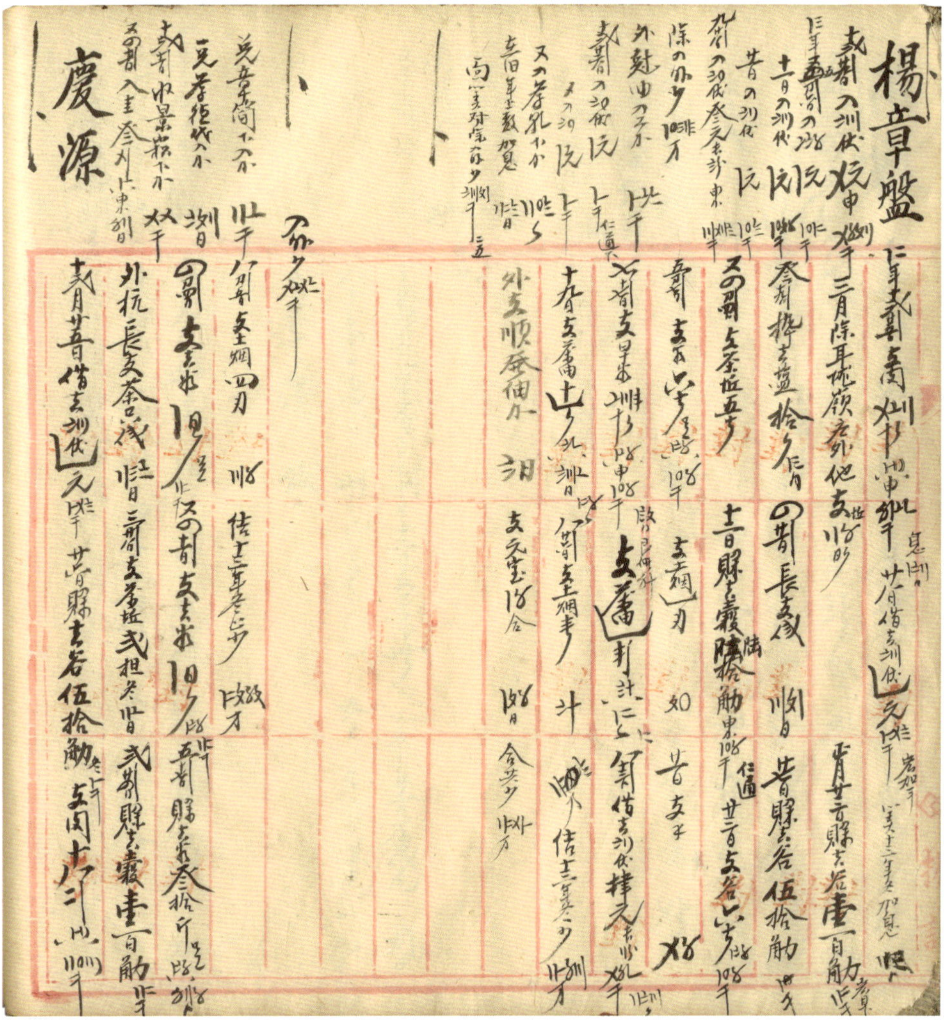
楊章盤
慶源

8-2-37-89　清光緒十二年鋼興黃記銀錢油穀發借總目（八九）

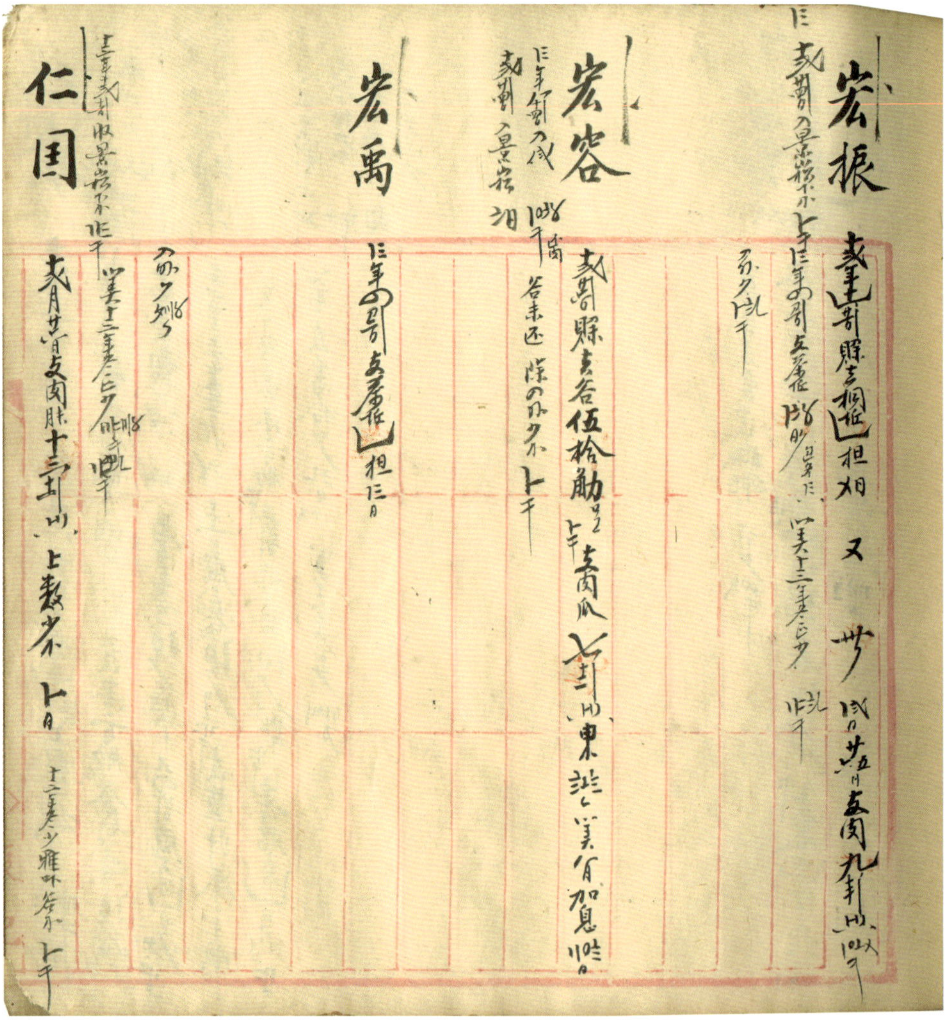

宏振

宏容

宏禹

仁国

8-2-37-90　清光緒十二年鋼興黄記銀錢油穀發借總目（九〇）

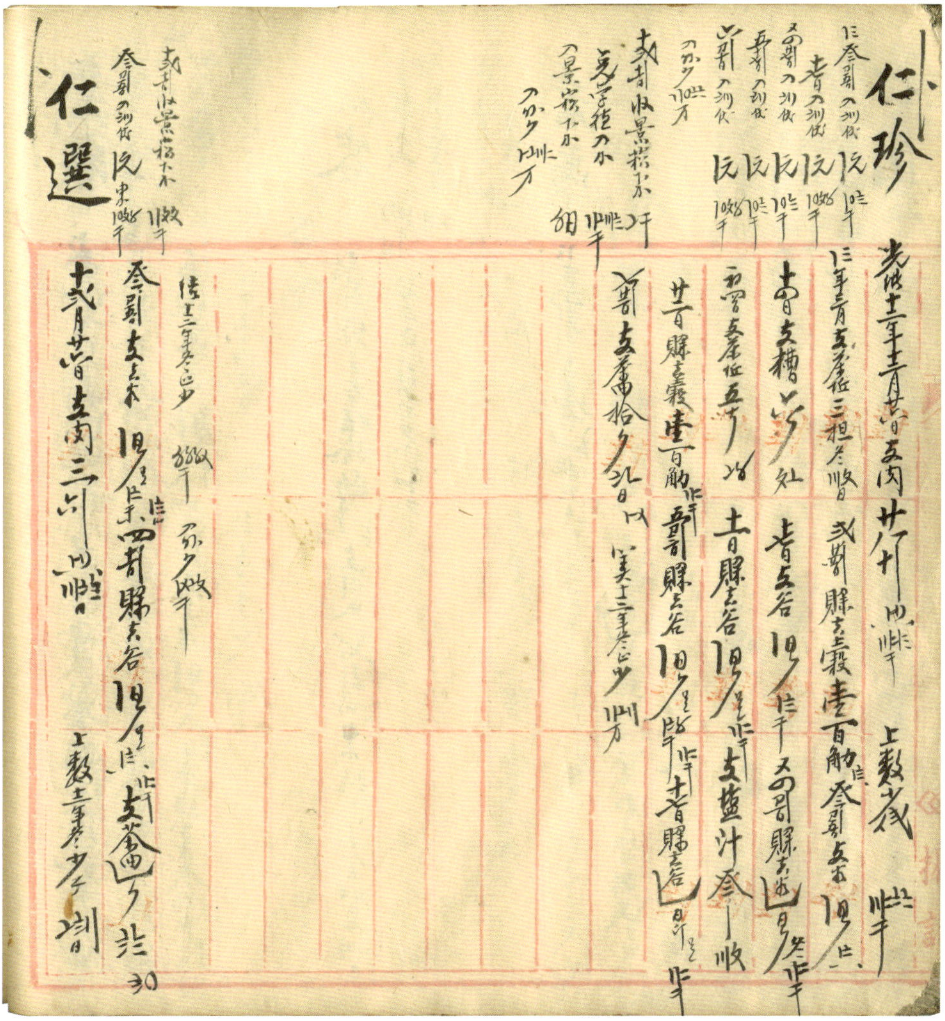
仁珍

仁選

8-2-37-91　清光緒十二年鋼興黃記銀錢油穀發借總目（九一）

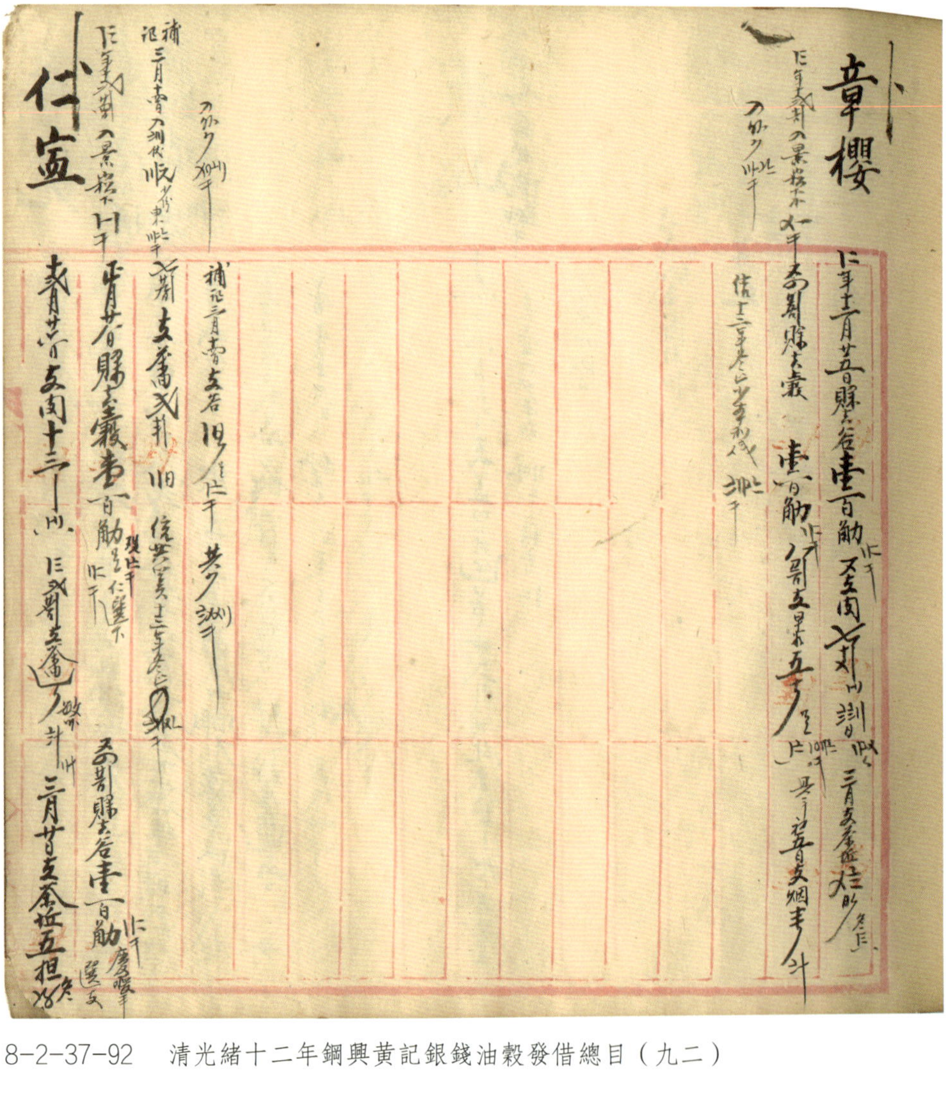

8-2-37-92　清光緒十二年鋼興黄記銀錢油穀發借總目（九二）

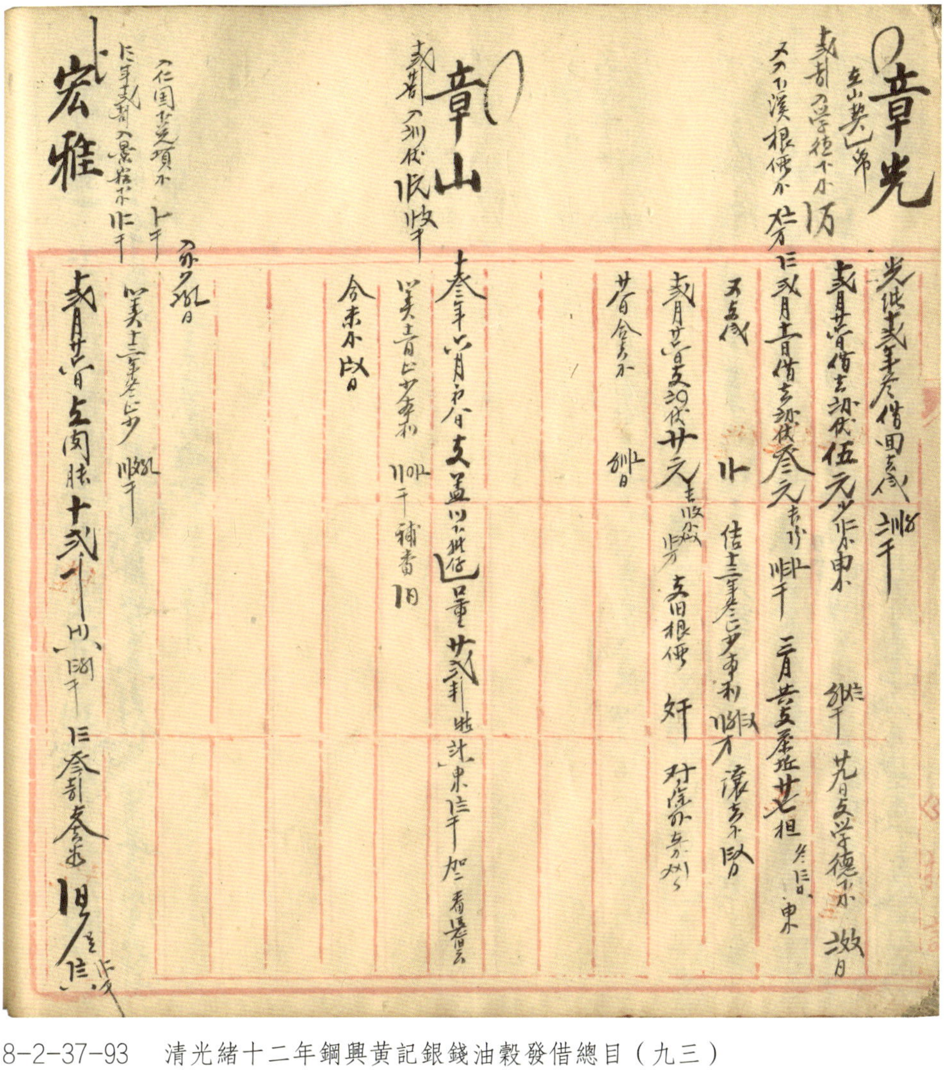

8-2-37-93　清光緒十二年鋼興黄記銀錢油穀發借總目（九三）

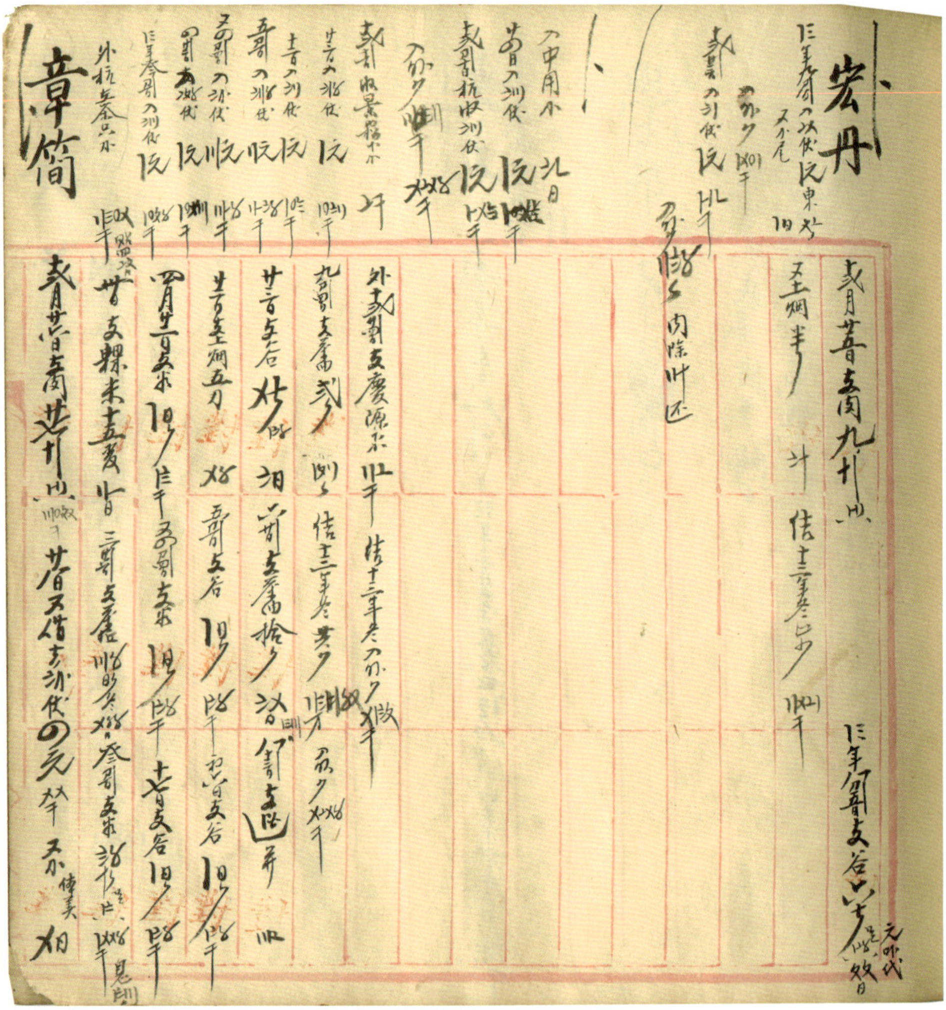

8-2-37-94　清光緒十二年鋼興黃記銀錢油穀發借總目（九四）

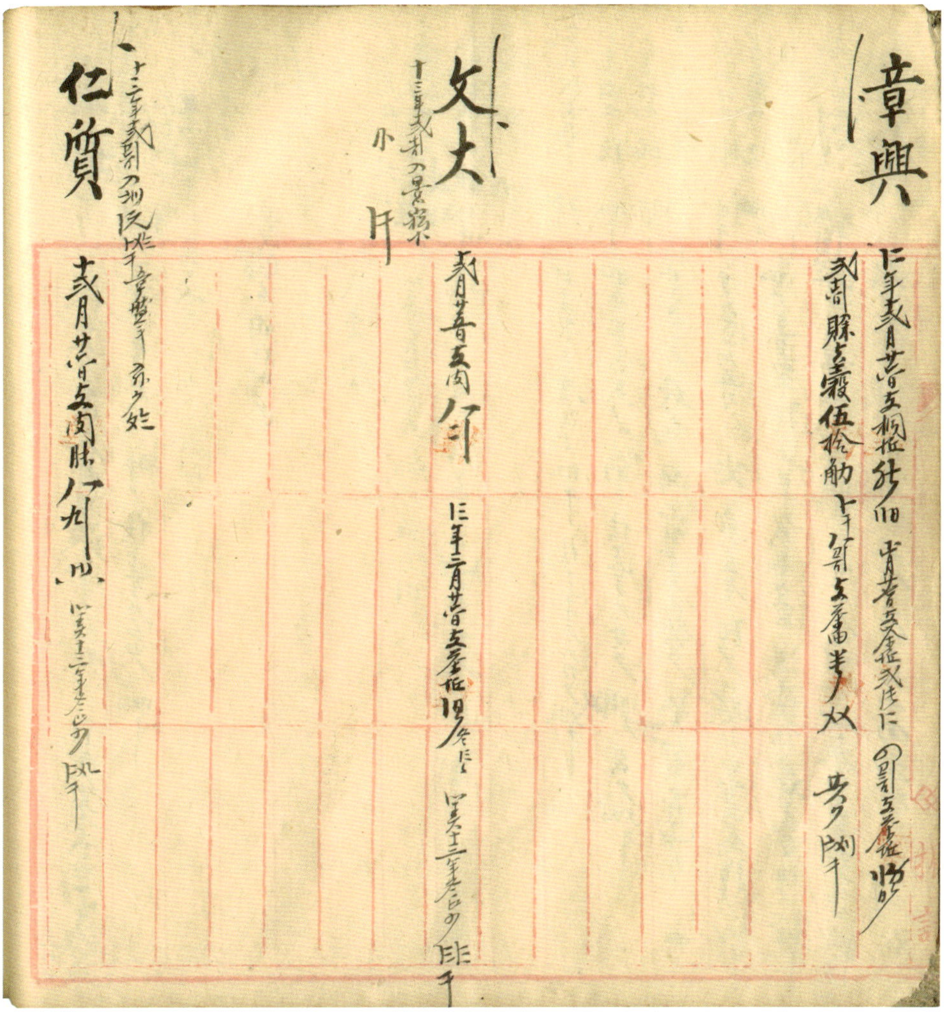
漳興

文大

仁質

8-2-37-95　清光緒十二年鋼興黃記銀錢油穀發借總目（九五）

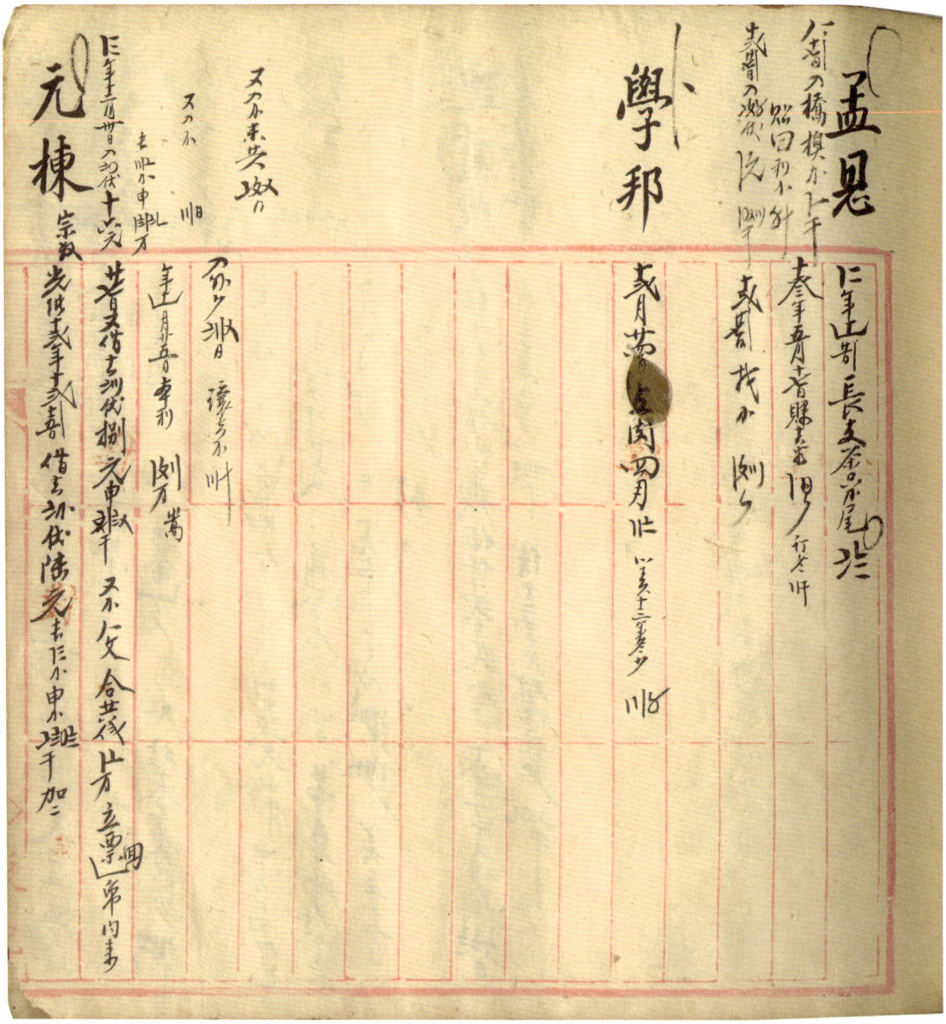

8-2-37-96　清光緒十二年鋼興黄記銀錢油穀發借總目（九六）

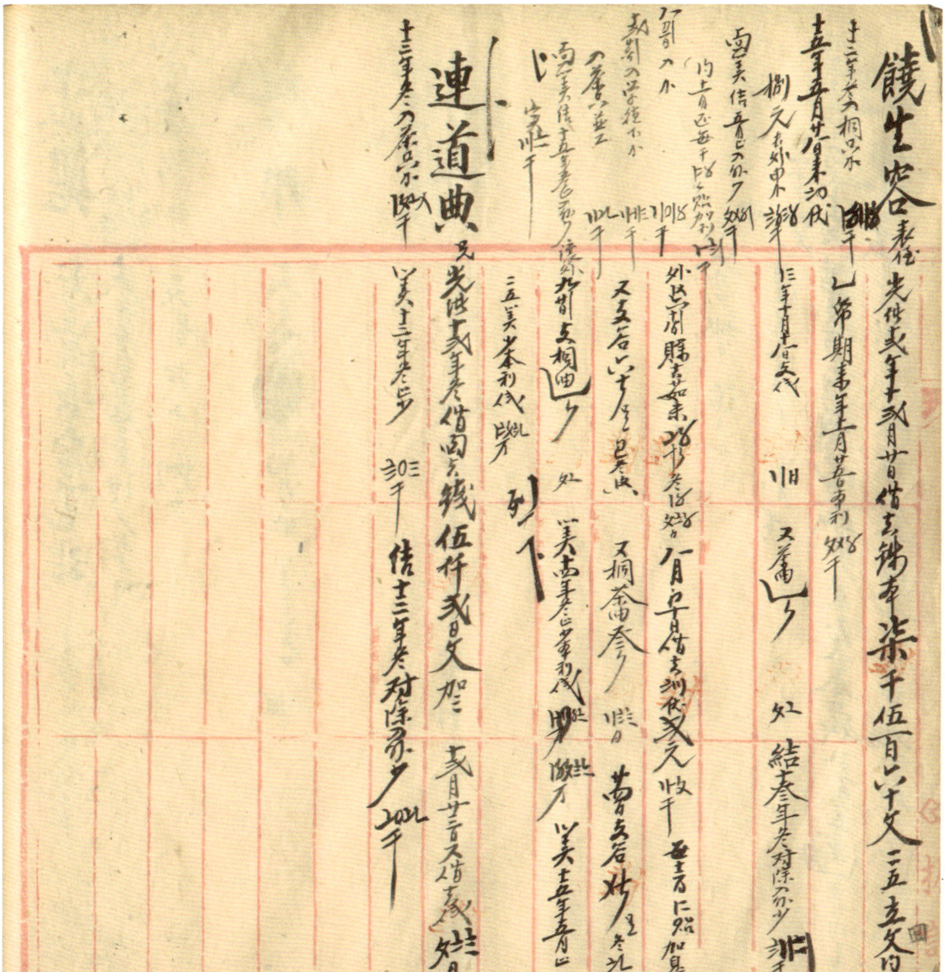

8-2-37-97　清光緒十二年鋼興黄記銀錢油穀發借總目（九七）

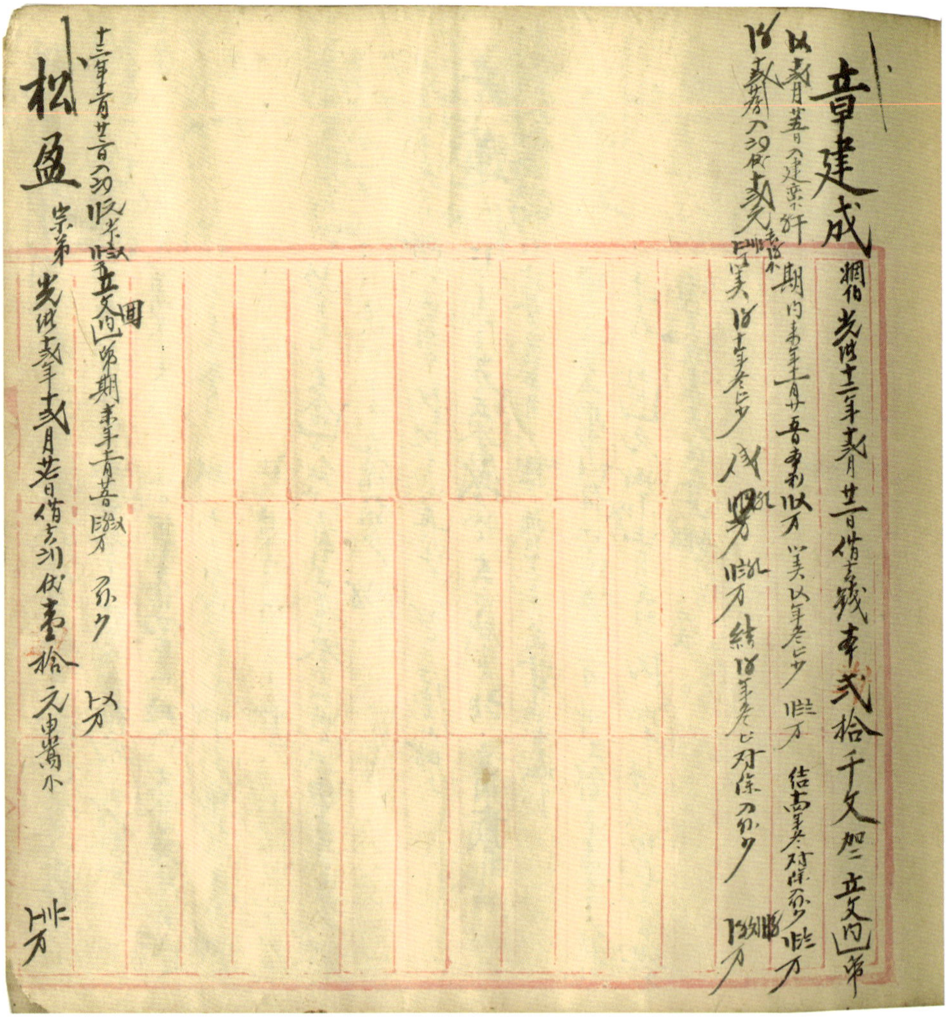

8-2-37-98　清光緒十二年鋼興黄記銀錢油穀發借總目（九八）

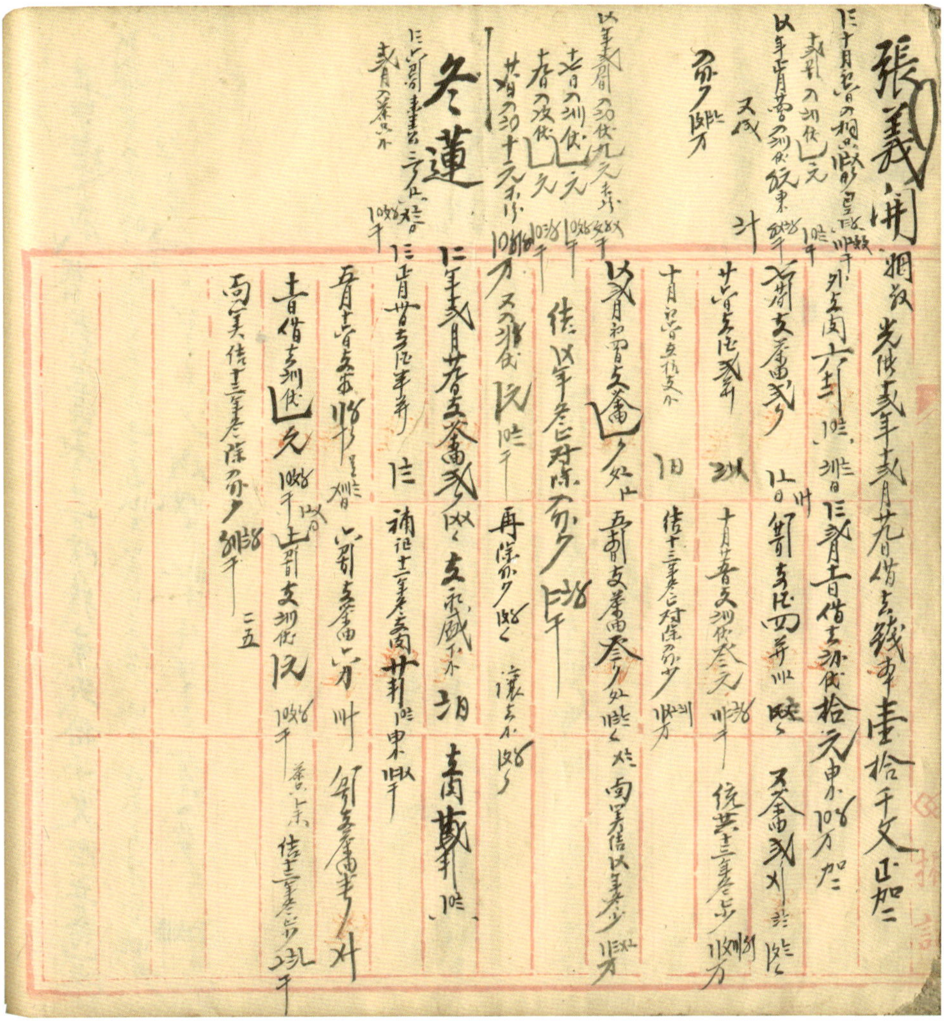

8-2-37-99　清光緒十二年鋼興黄記銀錢油穀發借總目（九九）

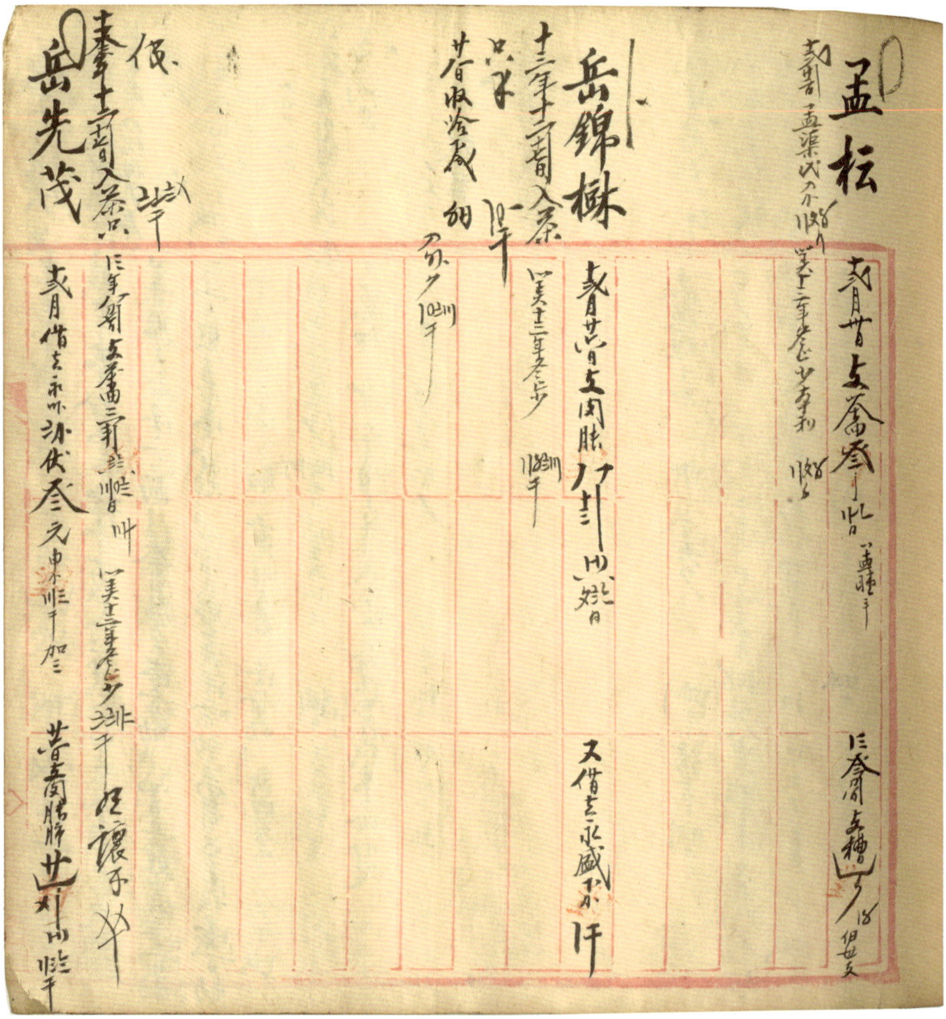

8-2-37-100　清光緒十二年鋼興黄記銀錢油穀發借總目（一〇〇）

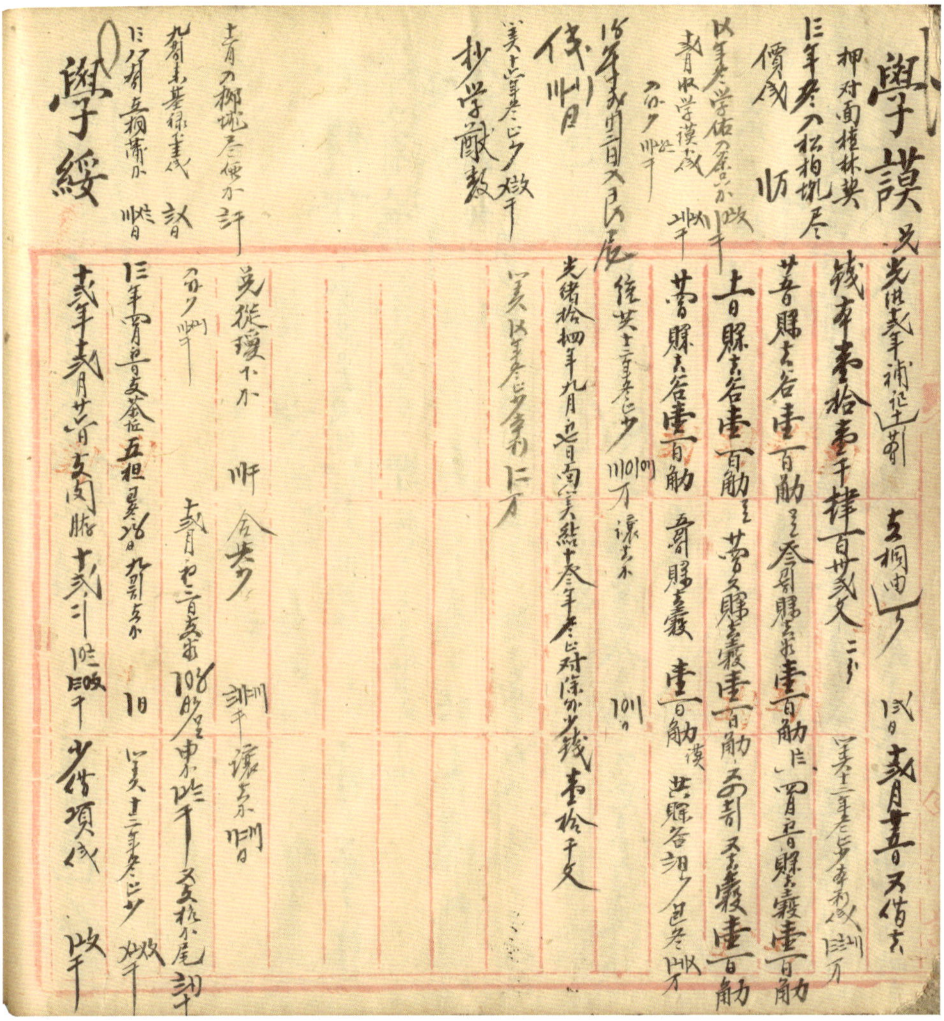

8-2-37-101　清光緒十二年鋼興黄記銀錢油穀發借總目（一〇一）

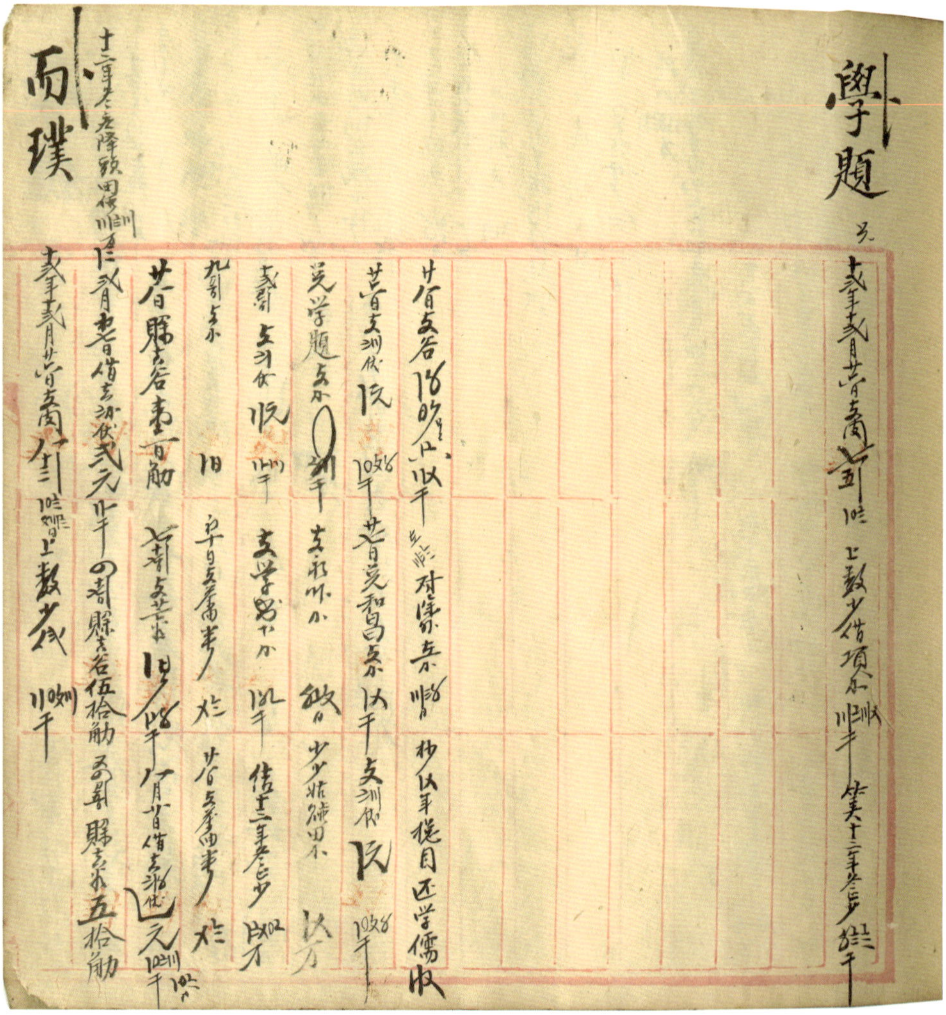

8-2-37-102　清光緒十二年鋼興黃記銀錢油穀發借總目（一〇二）

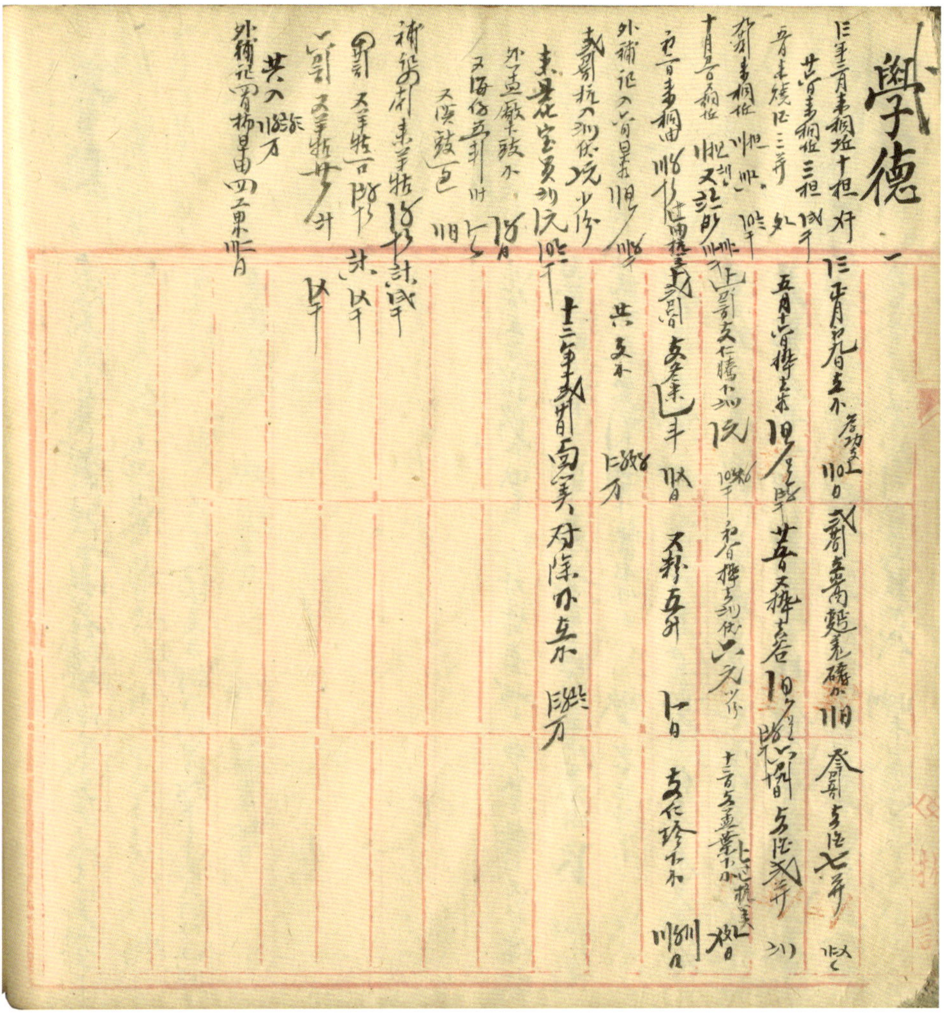
學德

8-2-37-103　清光緒十二年鋼興黄記銀錢油穀發借總目（一〇三）

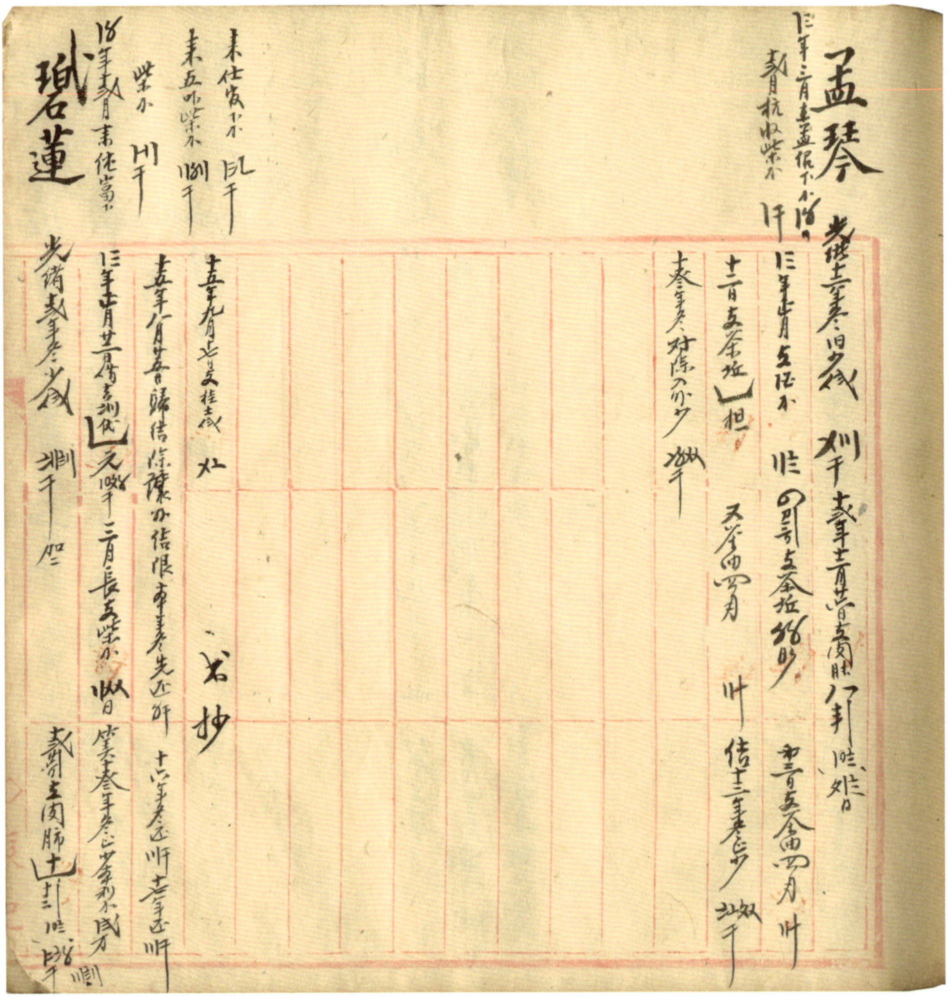

8-2-37-104　清光緒十二年鋼興黄記銀錢油穀發借總目（一〇四）

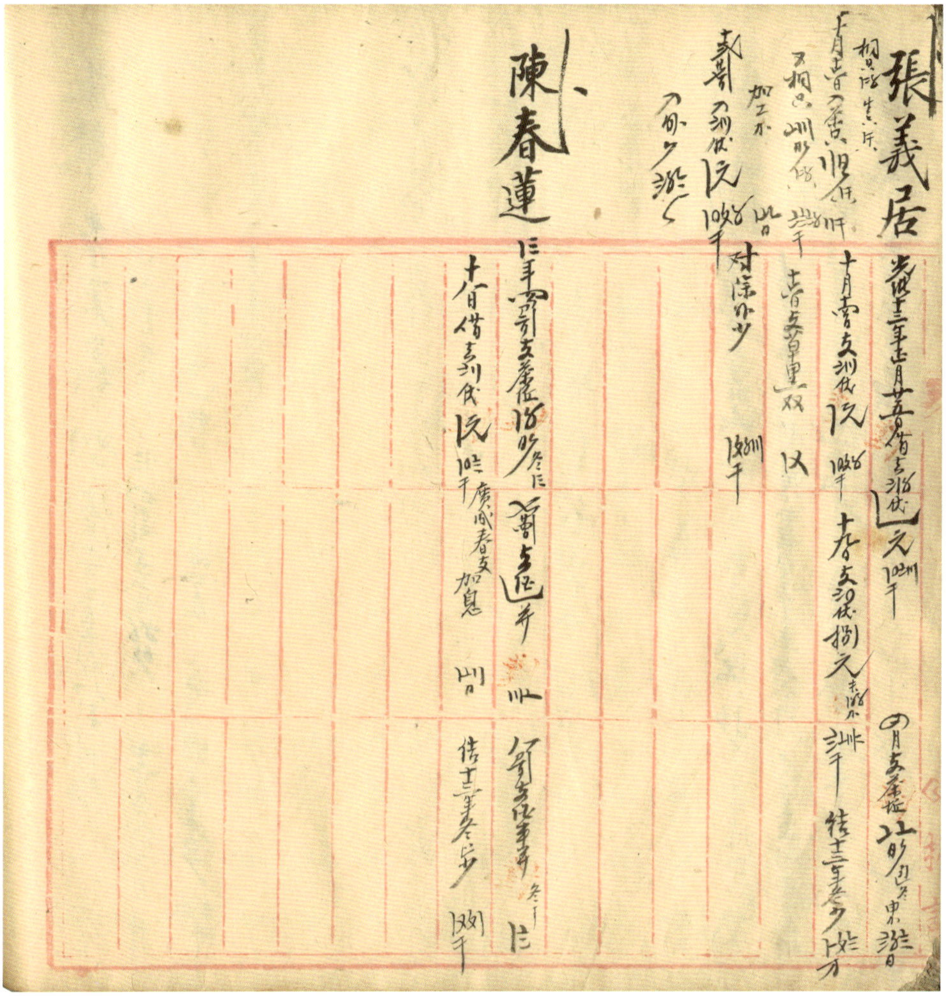
張義居

陳春蓮

8-2-37-105　清光緒十二年鋼興黄記銀錢油穀發借總目（一〇五）

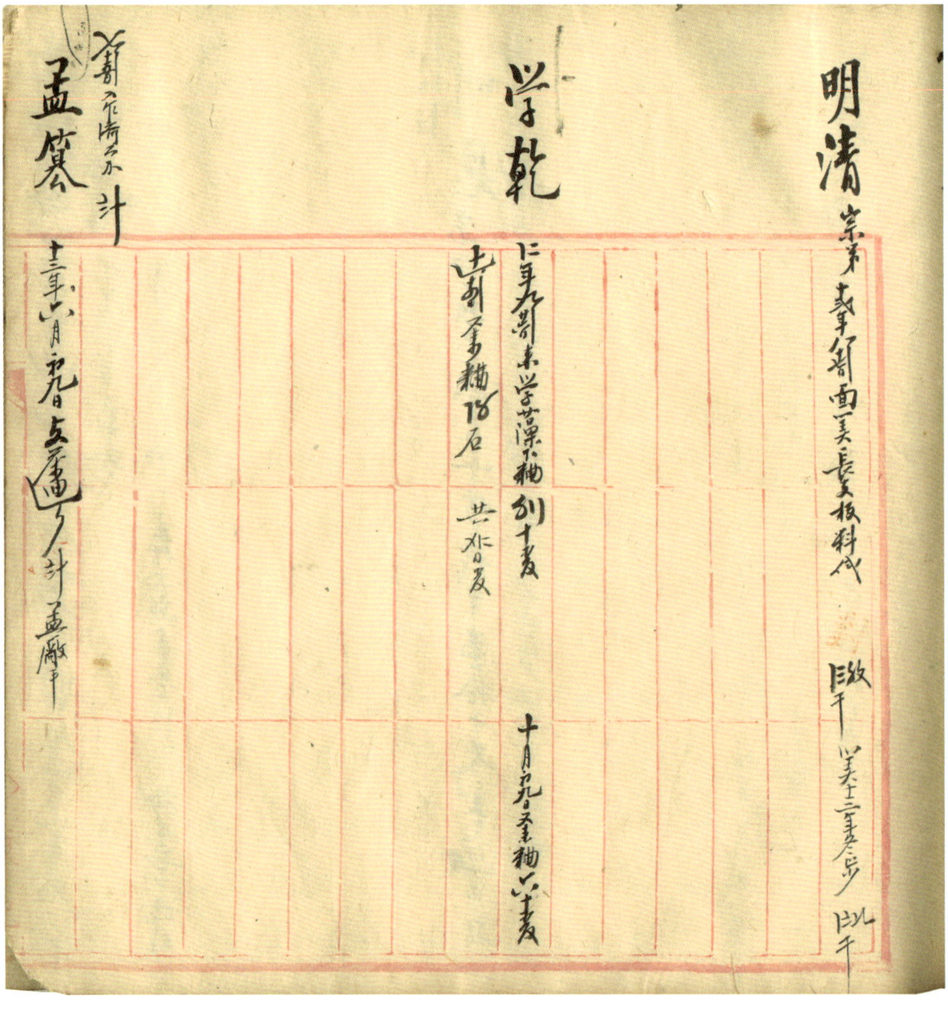

8-2-37-106　清光緒十二年鋼興黄記銀錢油穀發借總目（一〇六）

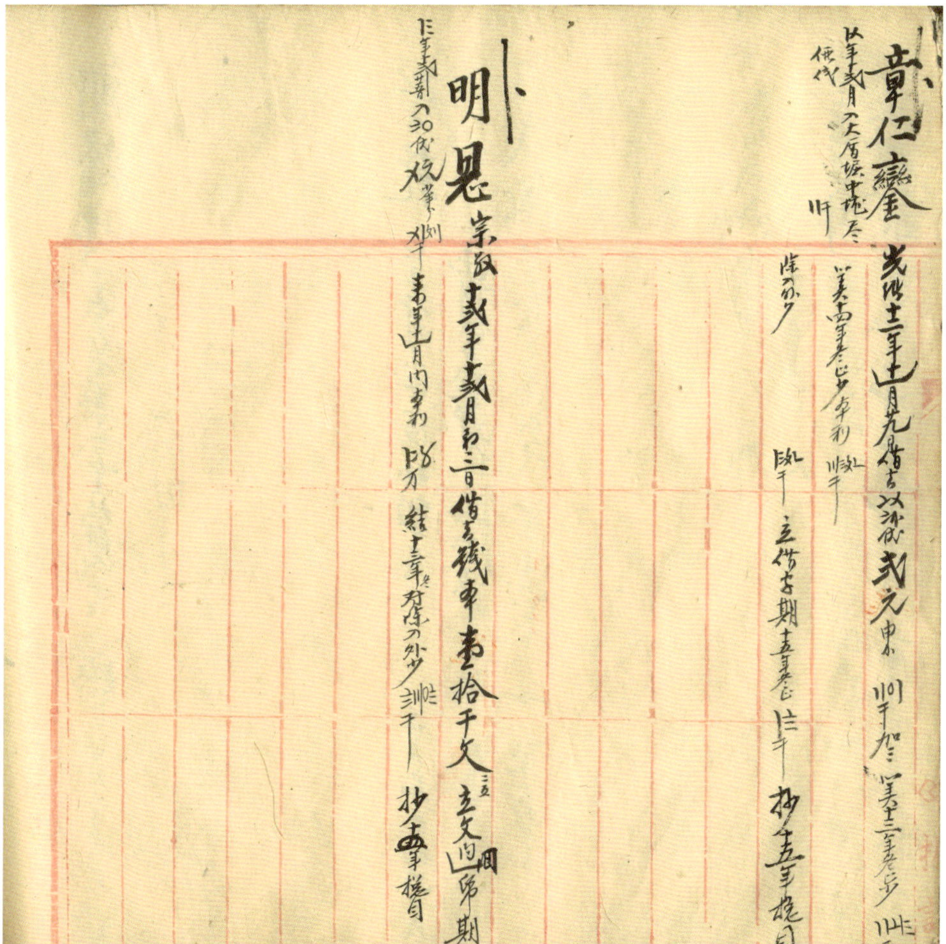
章仁鑾 光緒十二年十二月九日借去洋銀貳元

明晃 宗啟 貳年貳月初二日借去錢車壹拾千文

8-2-37-107　清光緒十二年鋼興黄記銀錢油穀發借總目（一〇七）

鄧賢財
光緒貳年十一月□賬去穀壹百觔

林明馥
十二年十一月□日借去錢本壹拾伍千文 加二 立字 第期内

8-2-37-108　清光緒十二年鋼興黄記銀錢油穀發借總目（一〇八）

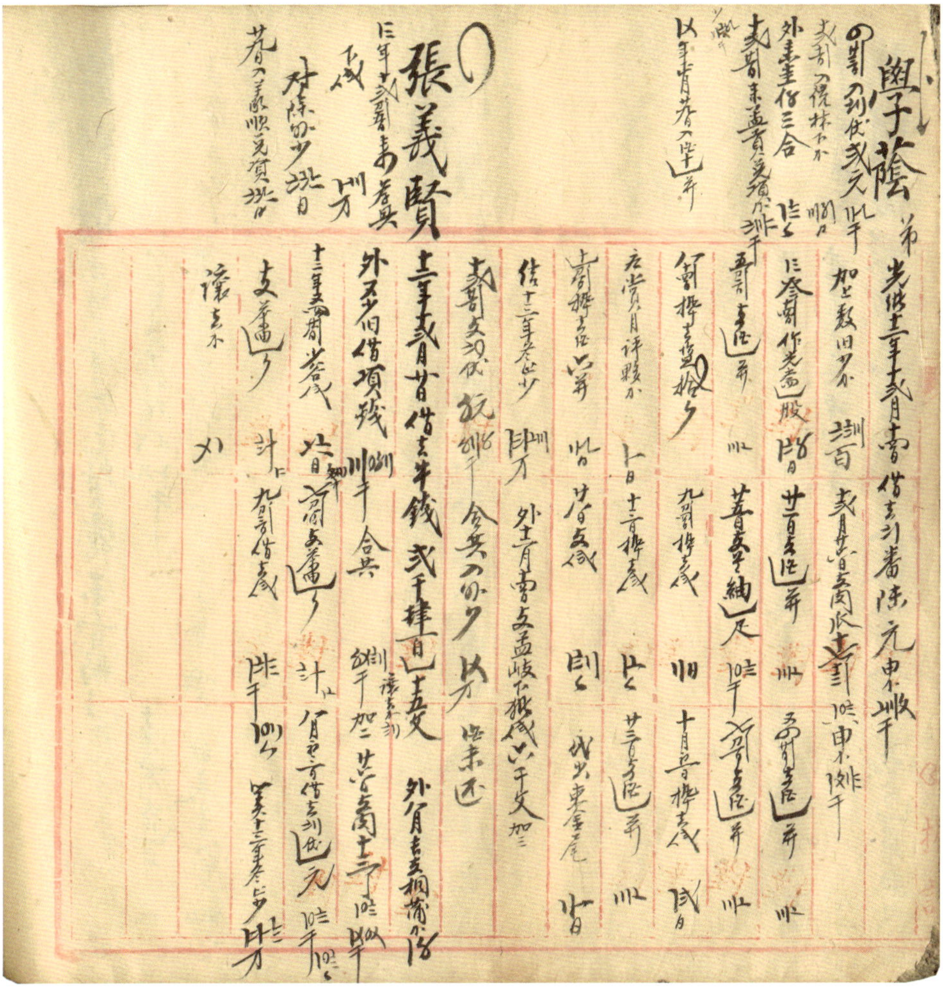

8-2-37-109　清光緒十二年鋼興黃記銀錢油穀發借總目（一〇九）

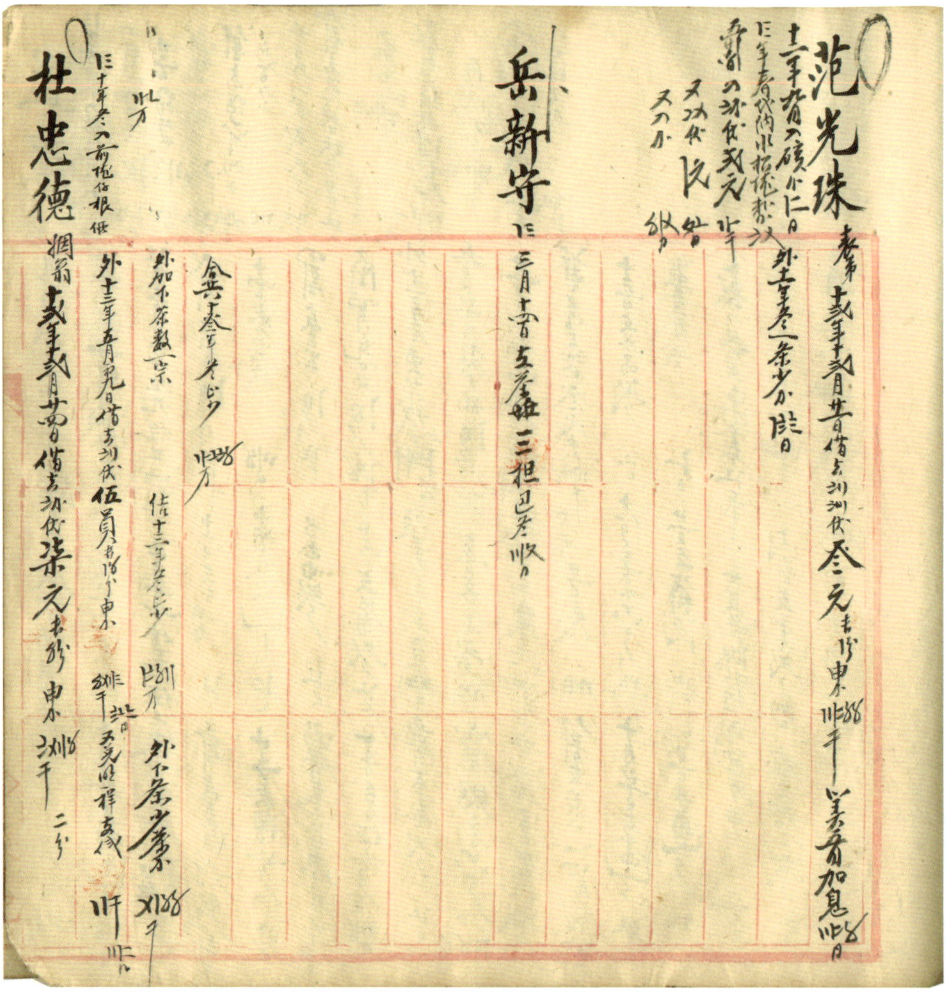

8-2-37-110　清光緒十二年鋼興黄記銀錢油穀發借總目（一一〇）

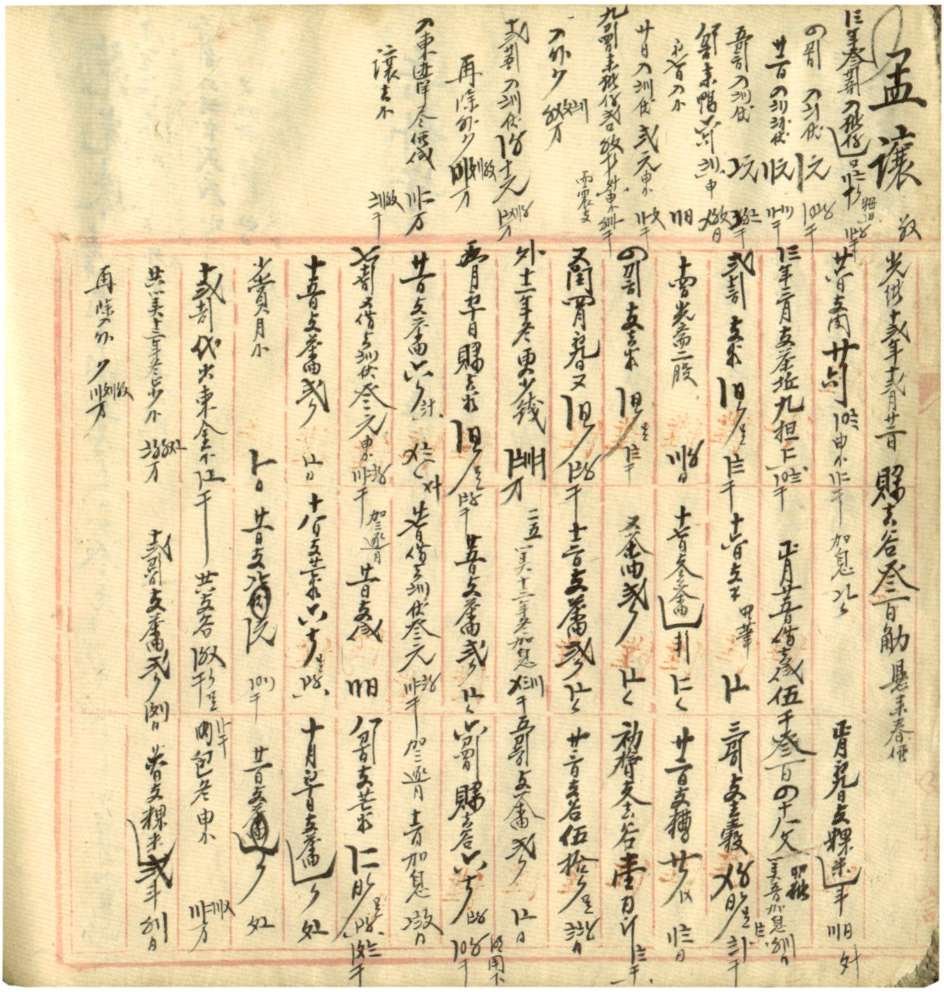

8-2-37-111　清光緒十二年鋼興黄記銀錢油穀發借總目（一一一）

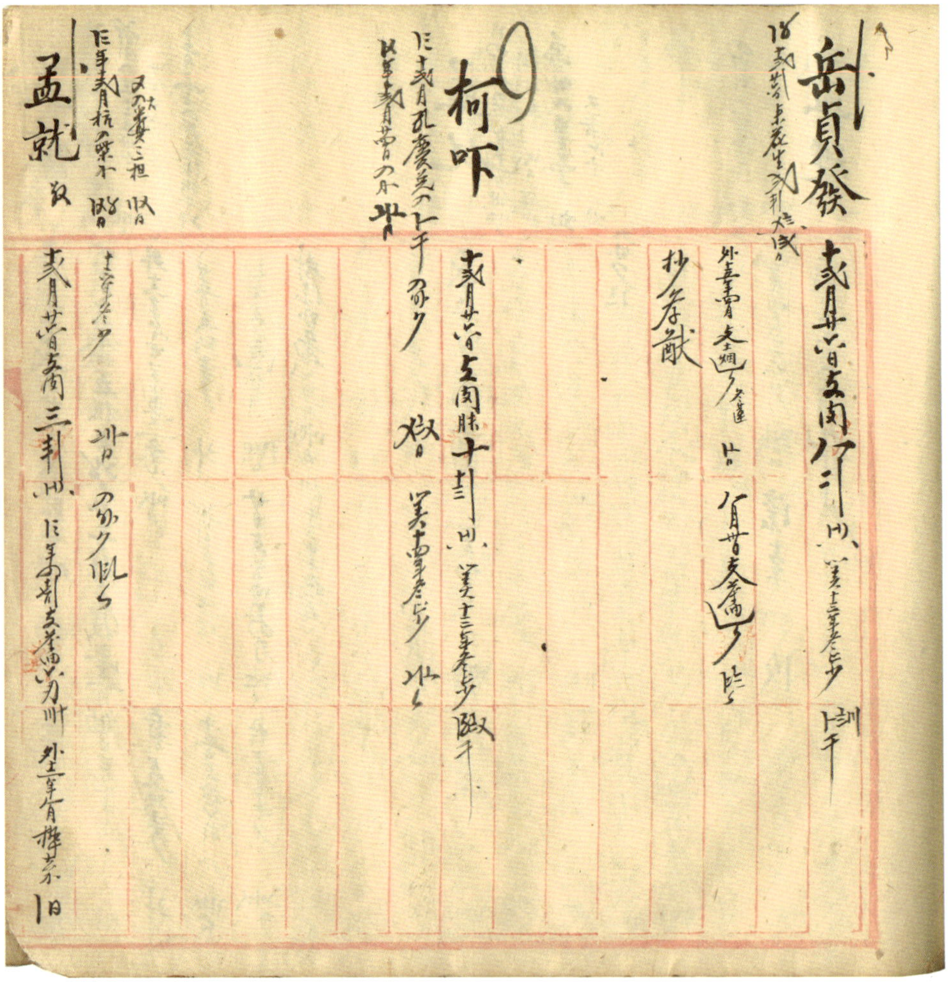

8-2-37-112　清光緒十二年鋼興黄記銀錢油穀發借總目（一一二）

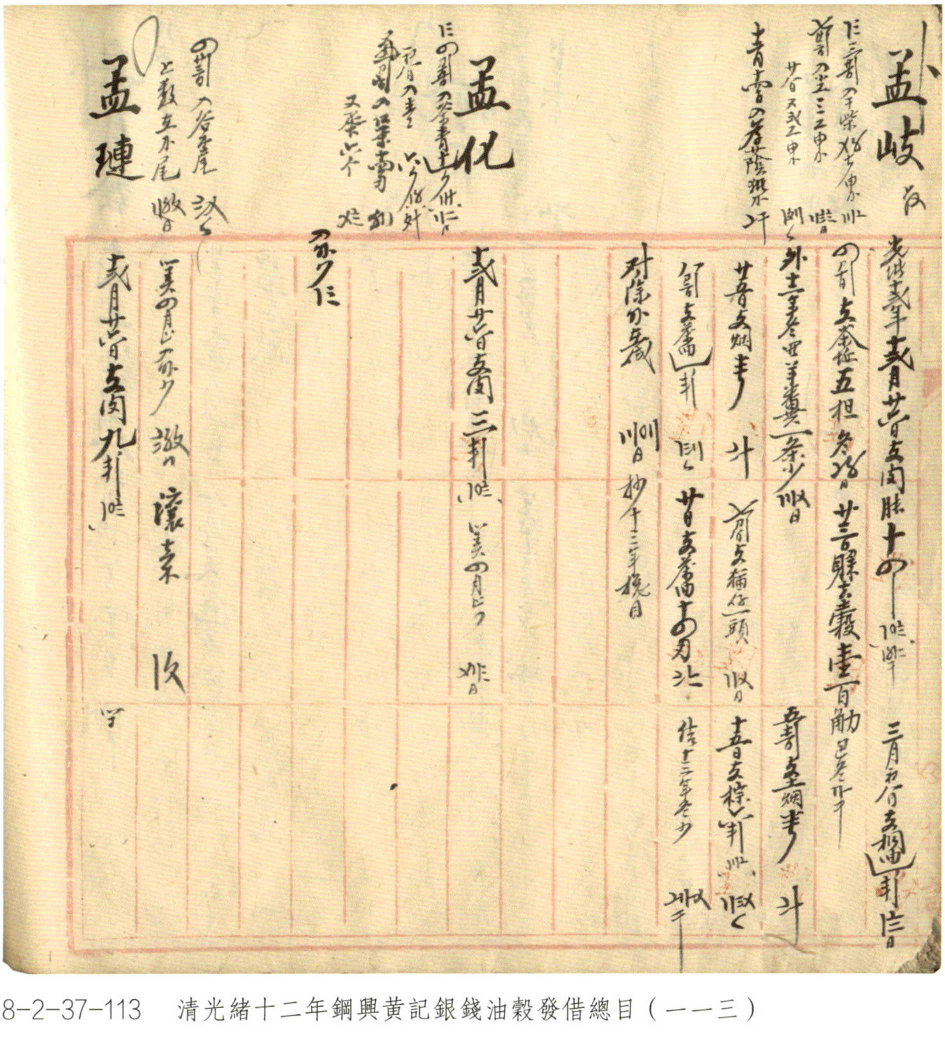

8-2-37-113　清光緒十二年鋼興黄記銀錢油穀發借總目（一一三）

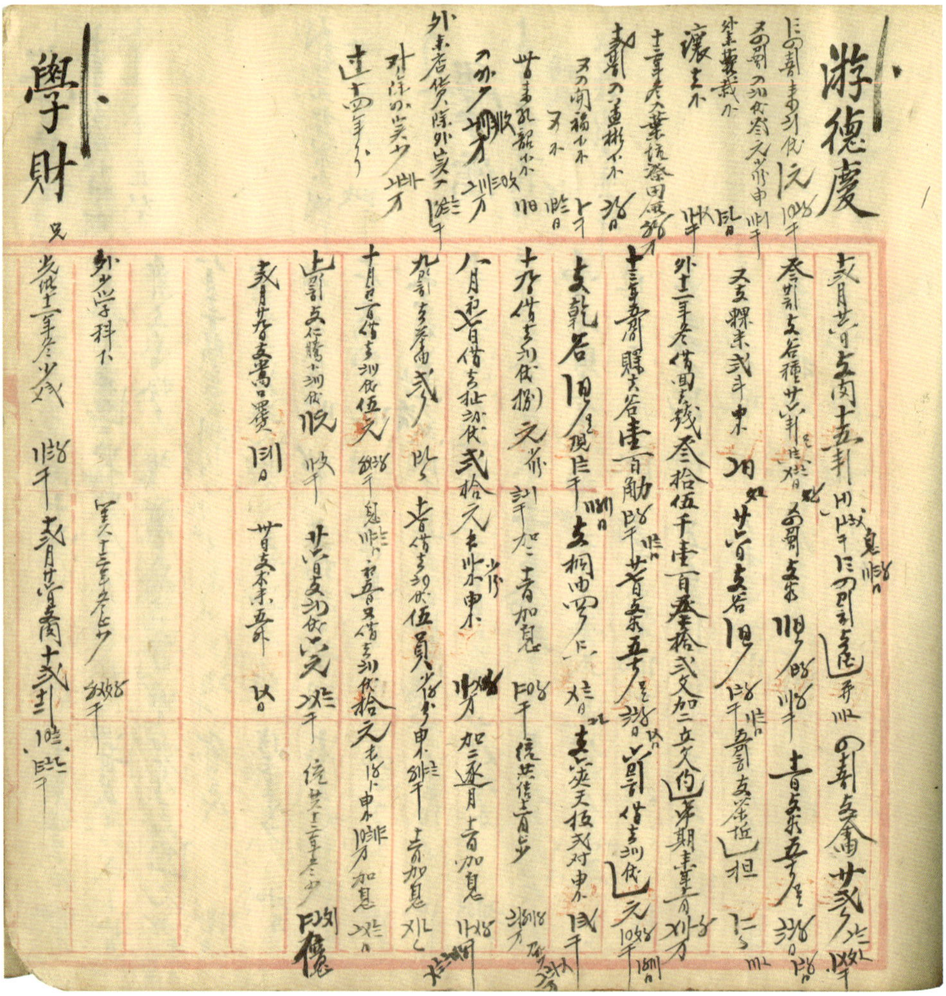

游德慶

學財

8-2-37-114　清光緒十二年鋼興黄記銀錢油穀發借總目（一一四）

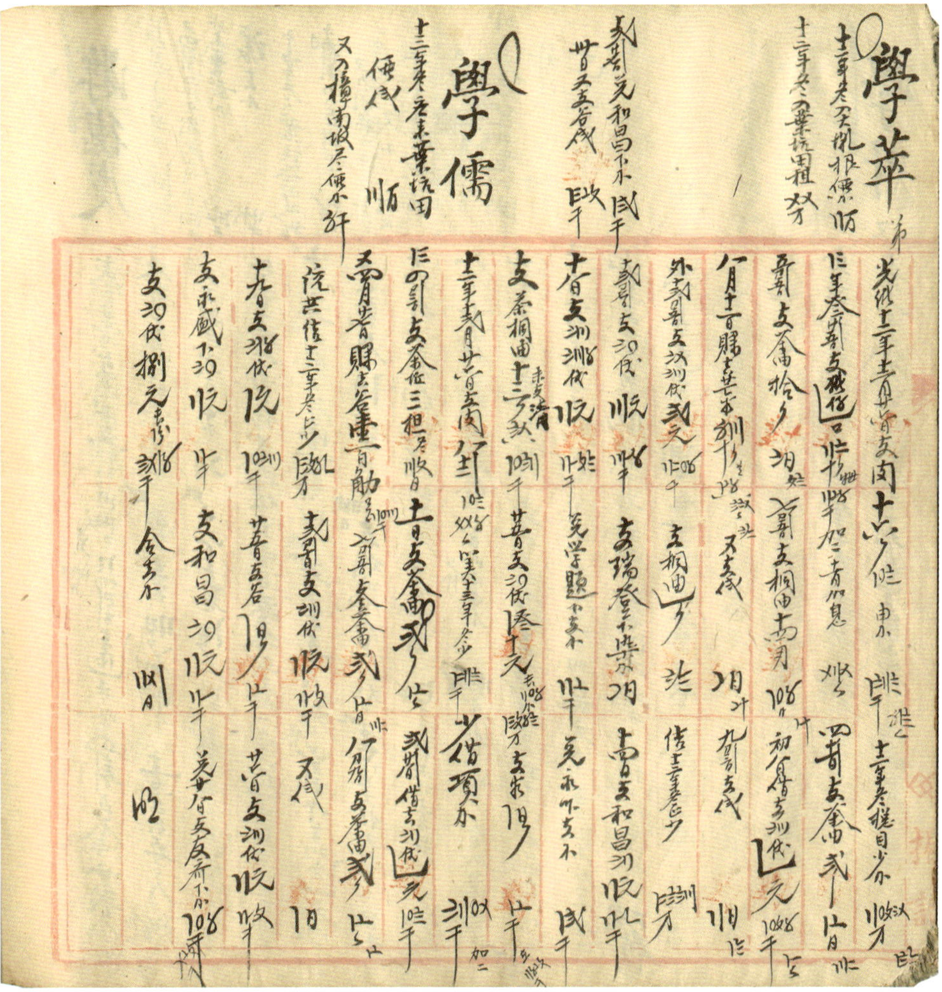

8-2-37-115　清光緒十二年鋼興黃記銀錢油穀發借總目（一一五）

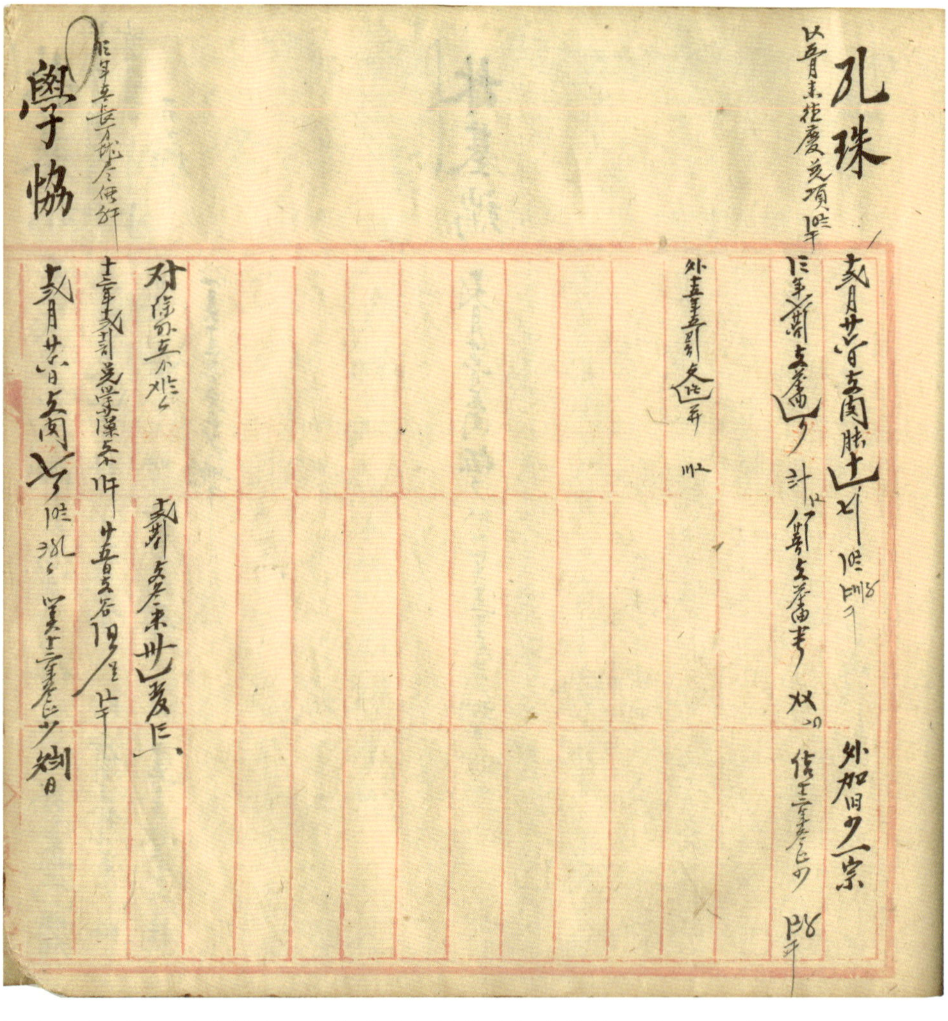

8-2-37-116　清光緒十二年鋼興黃記銀錢油穀發借總目（一一六）

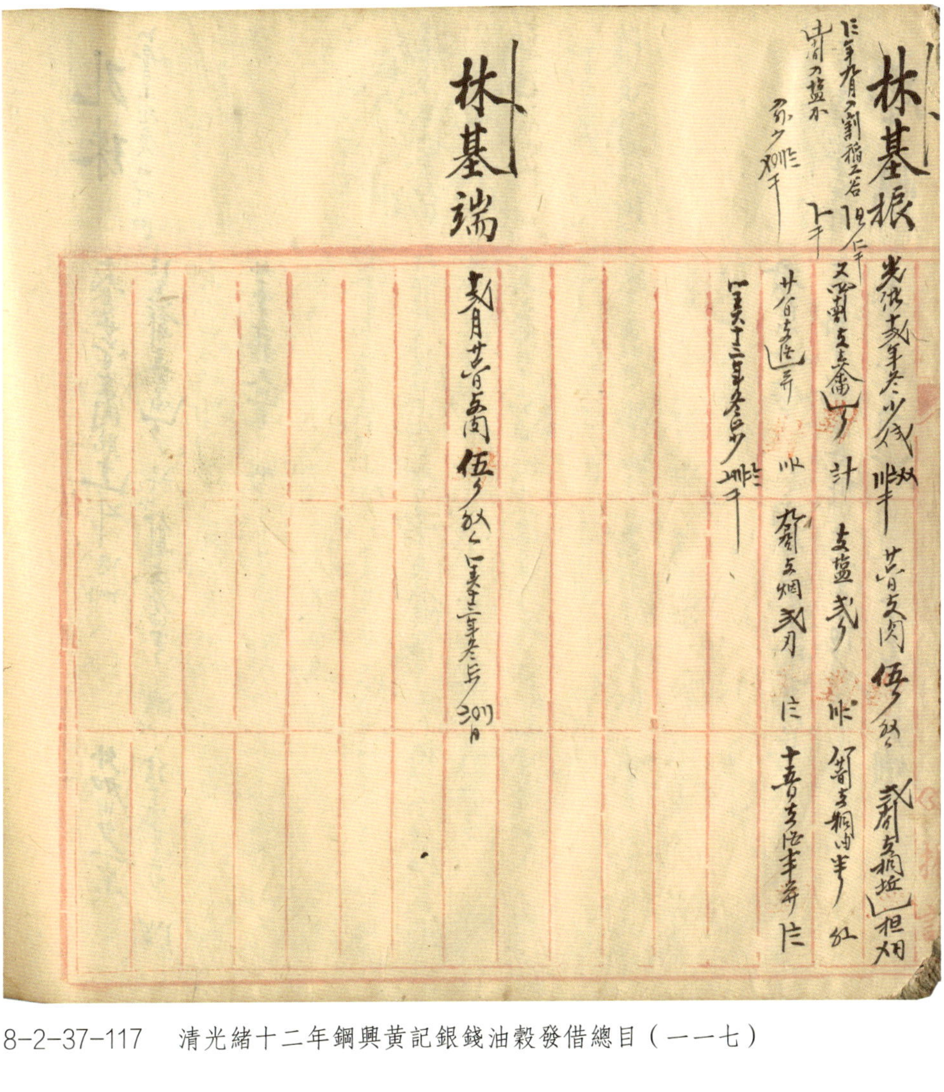
林基振

林基端

8-2-37-117　清光緒十二年鋼興黄記銀錢油穀發借總目（一一七）

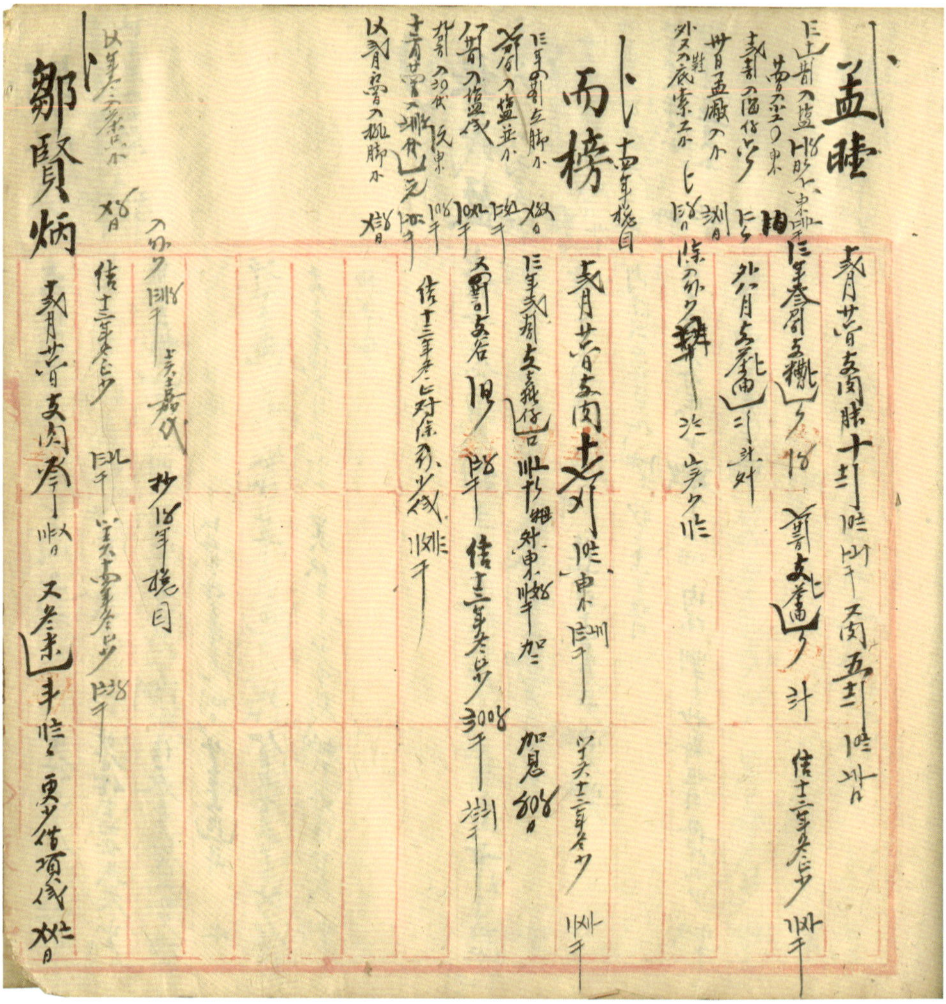

8-2-37-118　清光緒十二年鋼興黄記銀錢油穀發借總目（一一八）

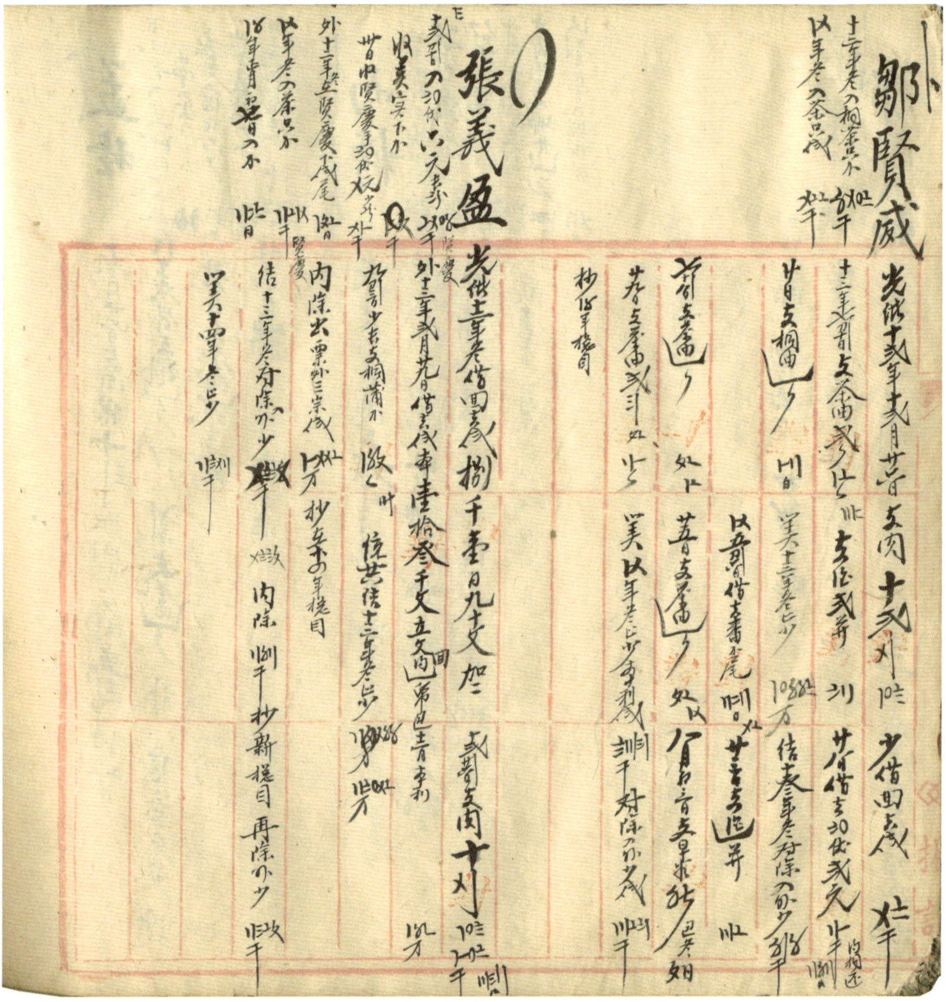

8-2-37-119　清光緒十二年鋼興黃記銀錢油穀發借總目（一一九）

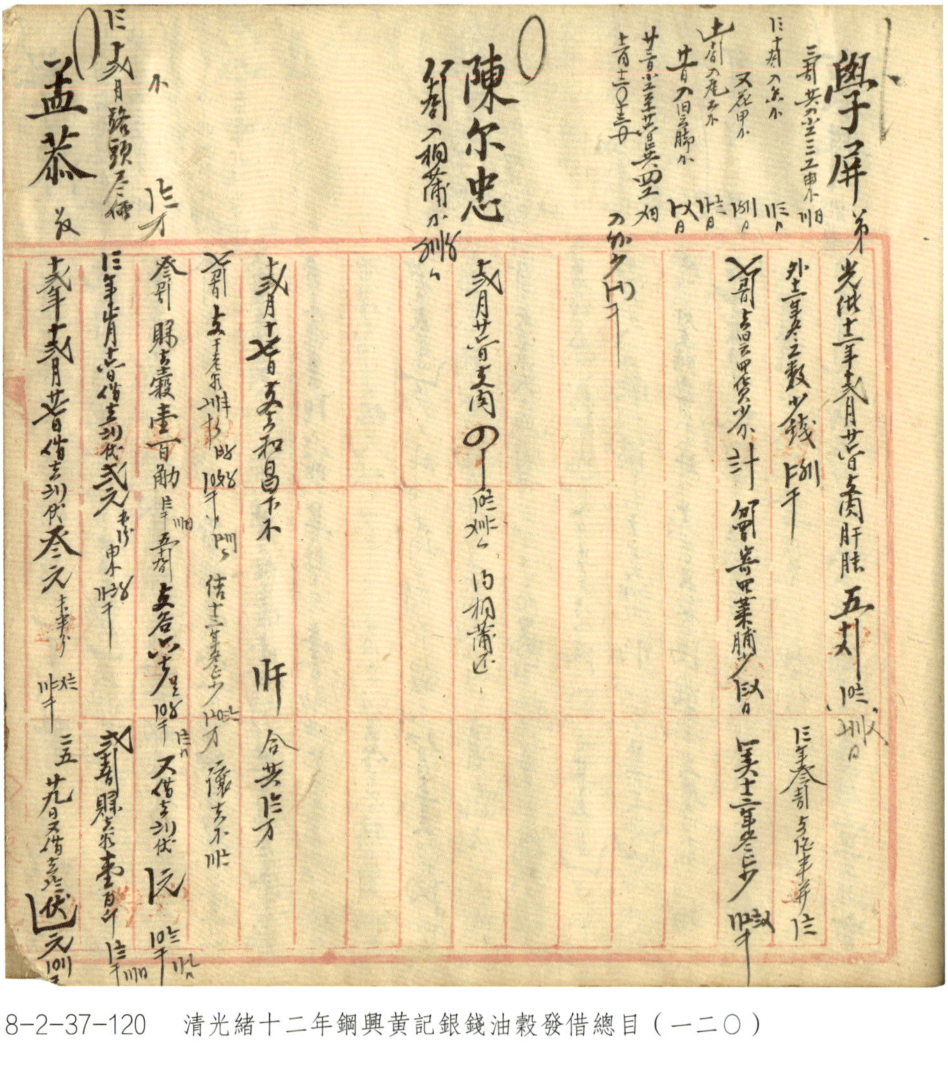

8-2-37-120　清光緒十二年鋼興黄記銀錢油穀發借總目（一二〇）

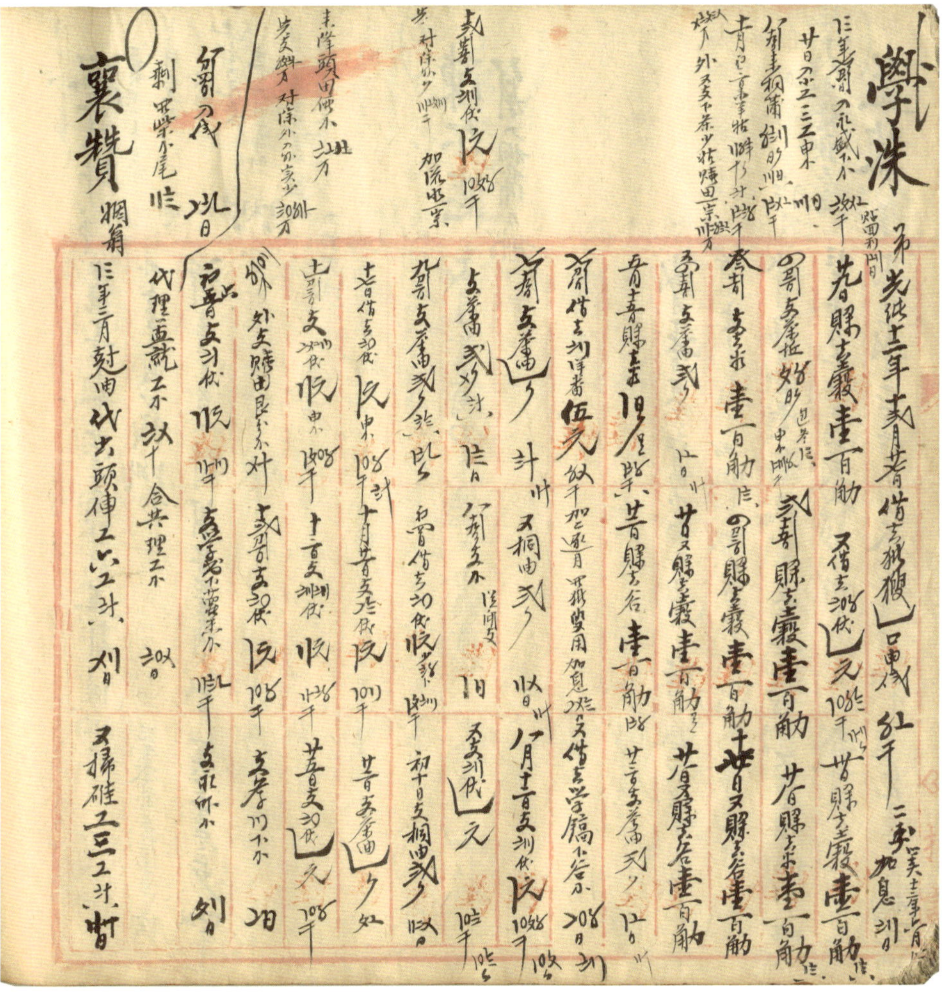

8-2-37-121　清光緒十二年鋼興黃記銀錢油穀發借總目（一二一）

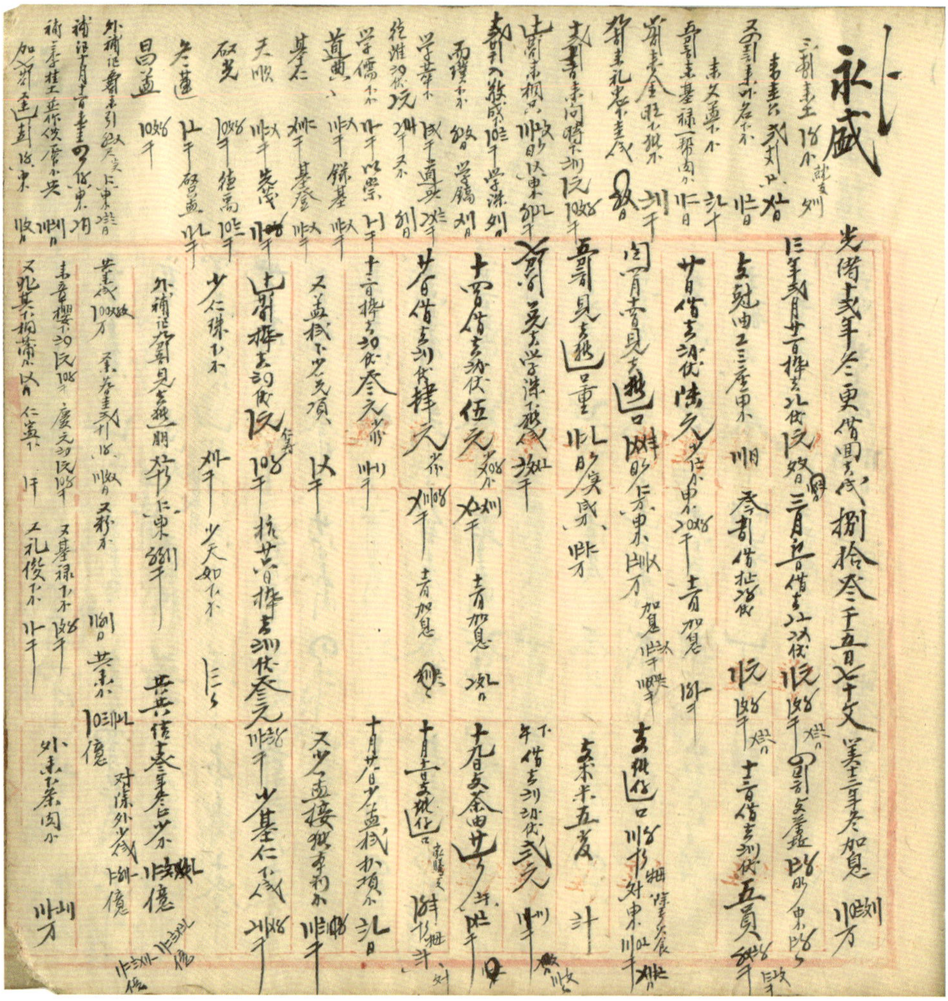

8-2-37-122　清光緒十二年鋼興黃記銀錢油穀發借總目（一二二）

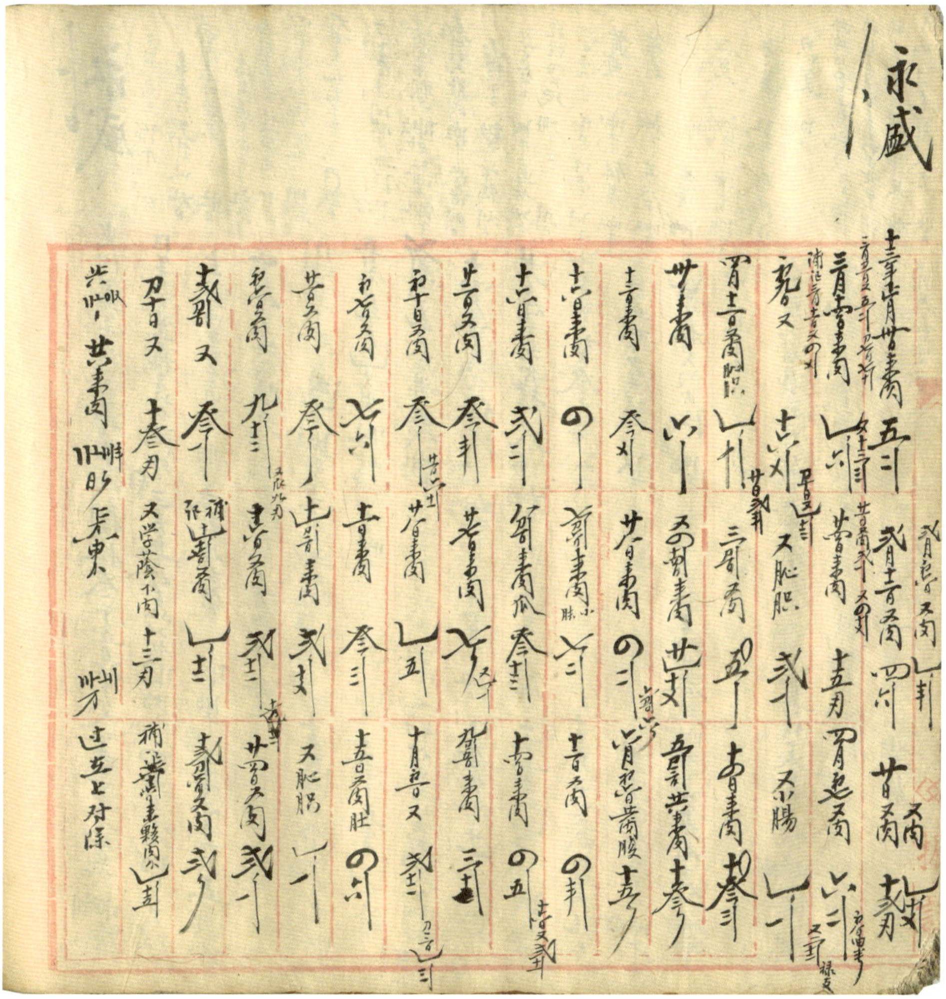

8-2-37-123　清光緒十二年鋼興黃記銀錢油穀發借總目（一二三）

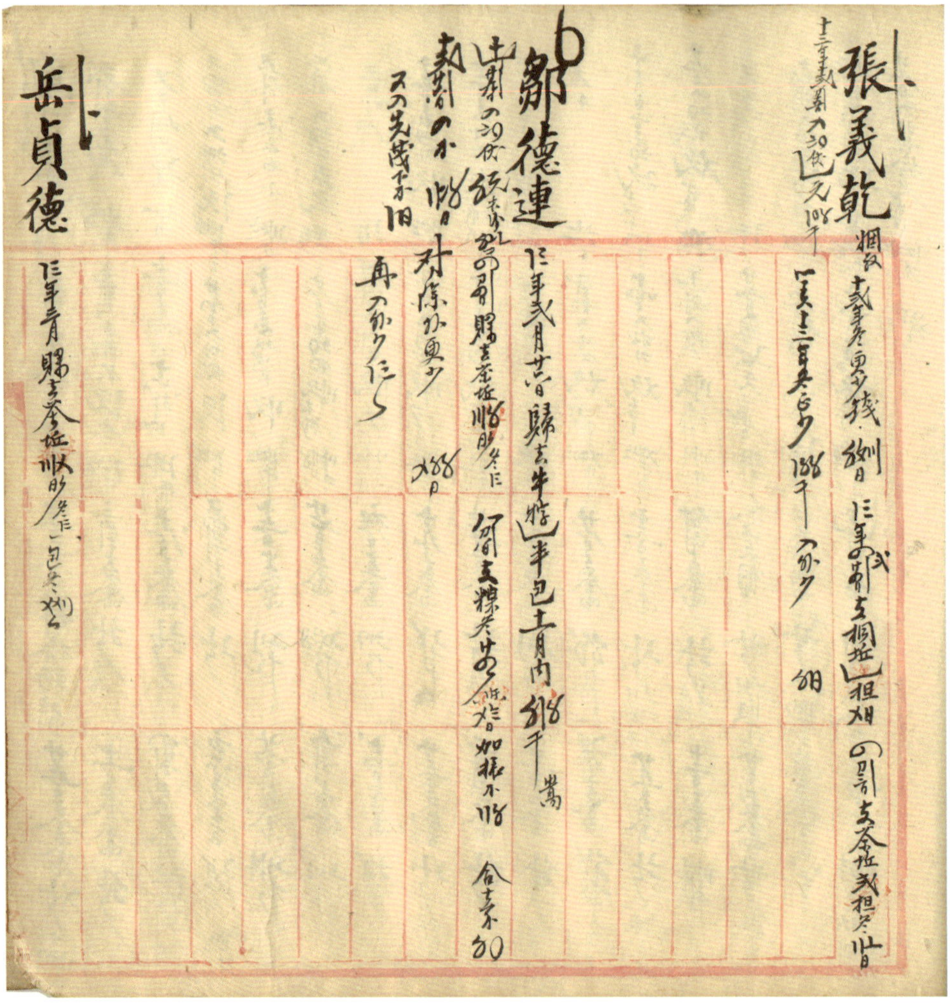

張義乾

鄒德連

岳貞德

8-2-37-124　清光緒十二年鋼興黄記銀錢油穀發借總目（一二四）

學杰

8-2-37-125　清光緒十二年鋼興黃記銀錢油穀發借總目（一二五）

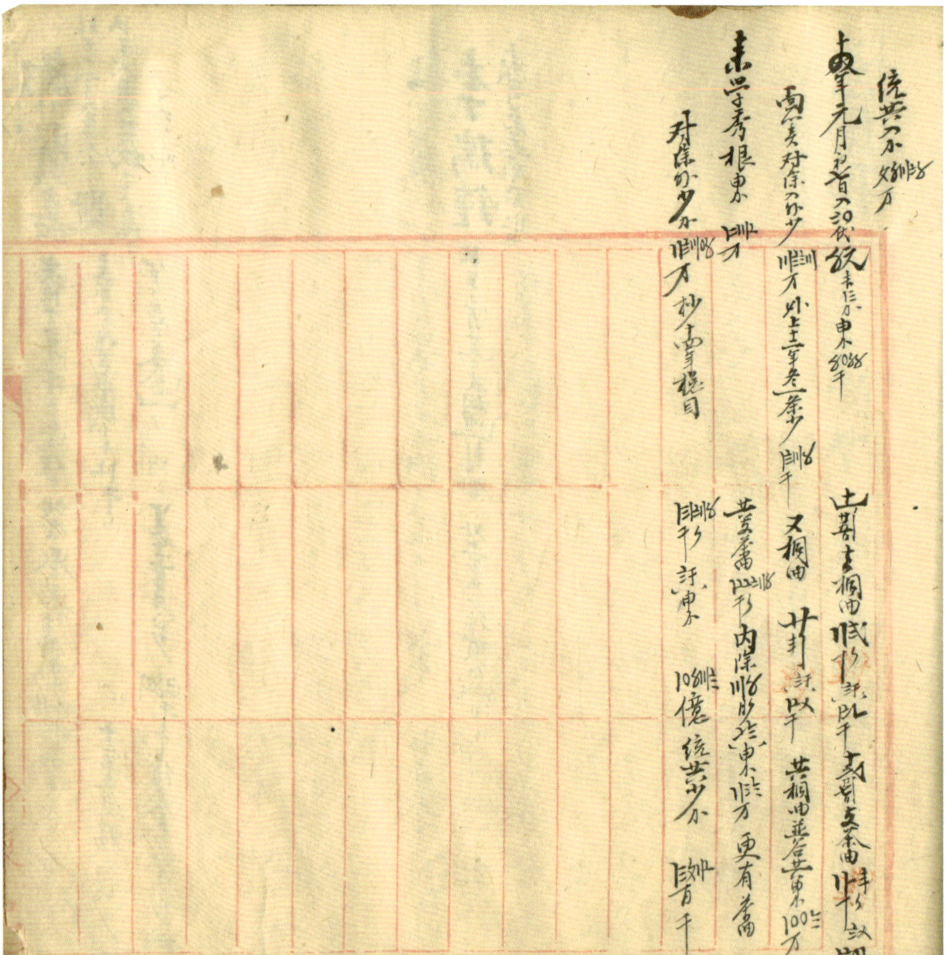

8-2-37-126　清光緒十二年鋼興黃記銀錢油穀發借總目（一二六）

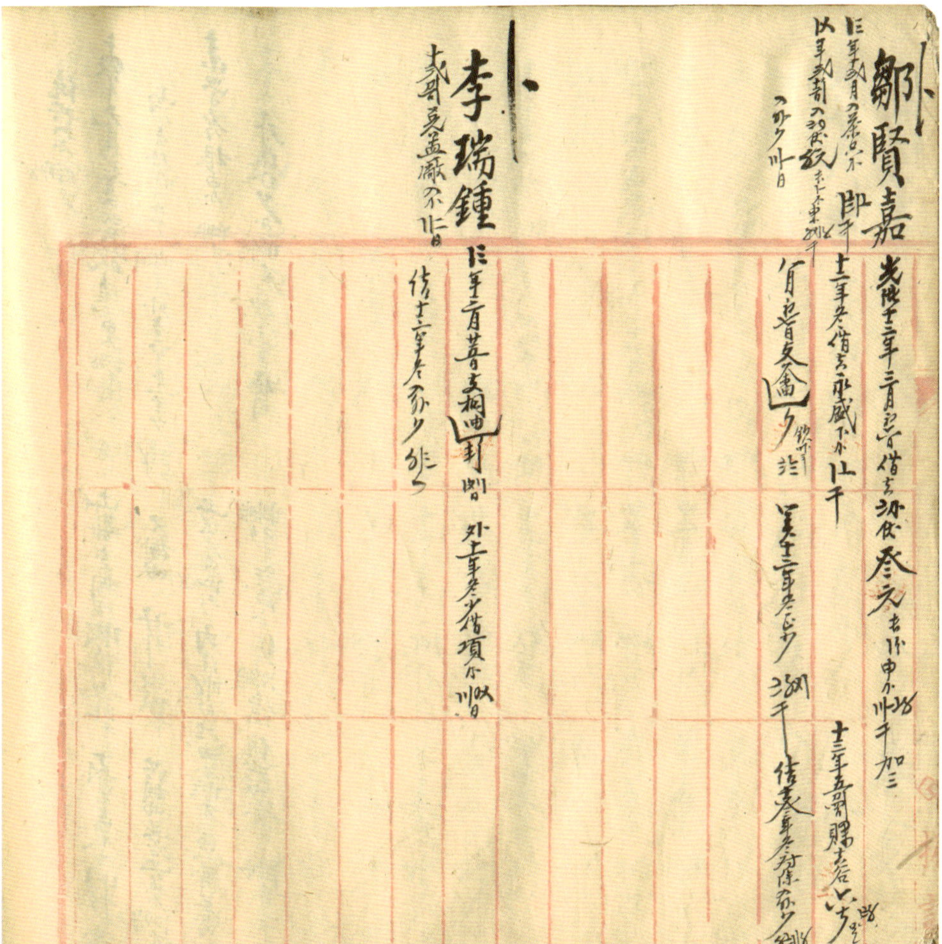
鄭賢嘉
李瑞鍾

8-2-37-127　清光緒十二年鋼興黄記銀錢油穀發借總目（一二七）

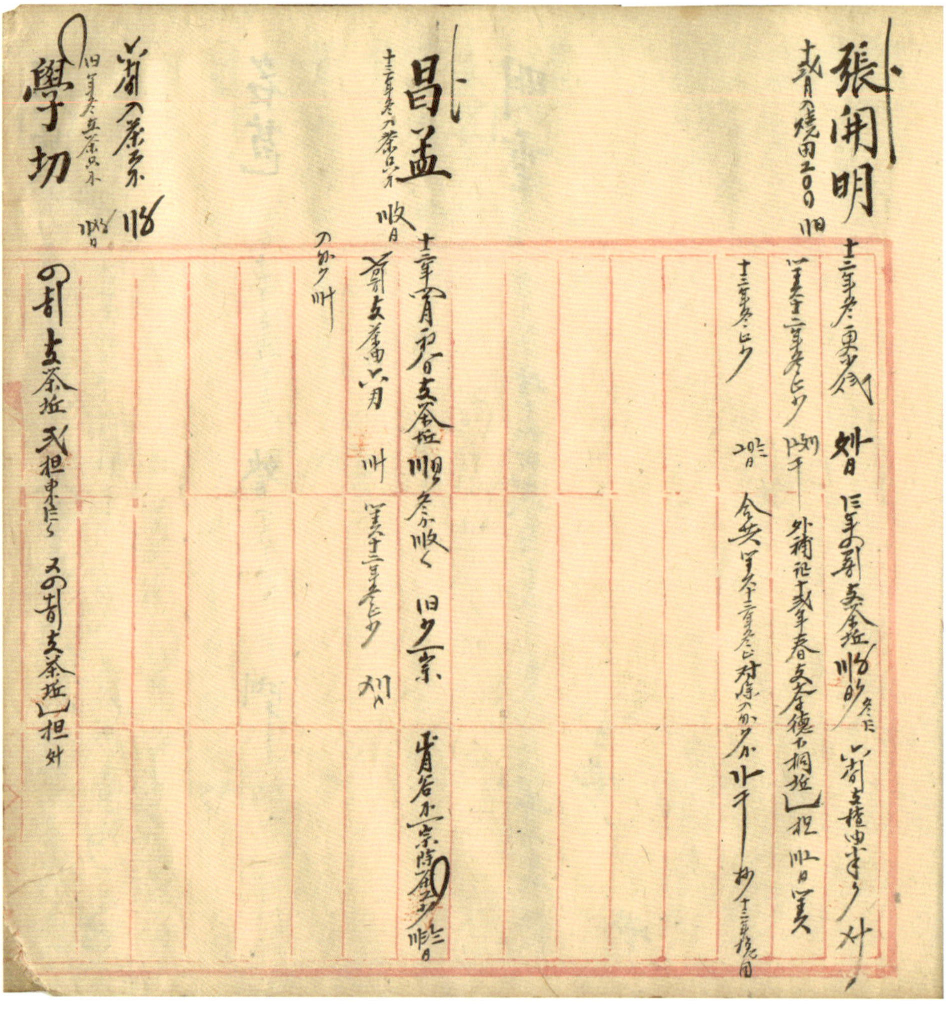
張開明

昌盃

學切

8-2-37-128　清光緒十二年鋼興黄記銀錢油穀發借總目（一二八）

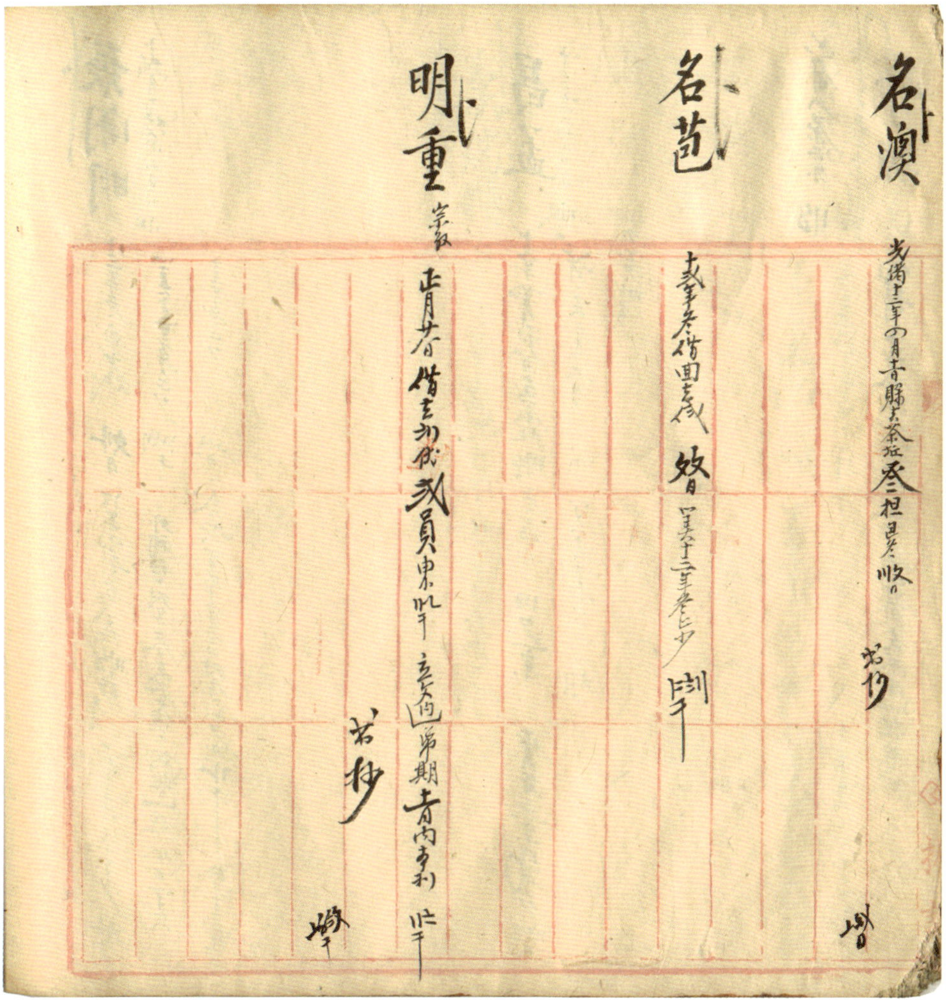

8-2-37-129　清光緒十二年鋼興黃記銀錢油穀發借總目（一二九）

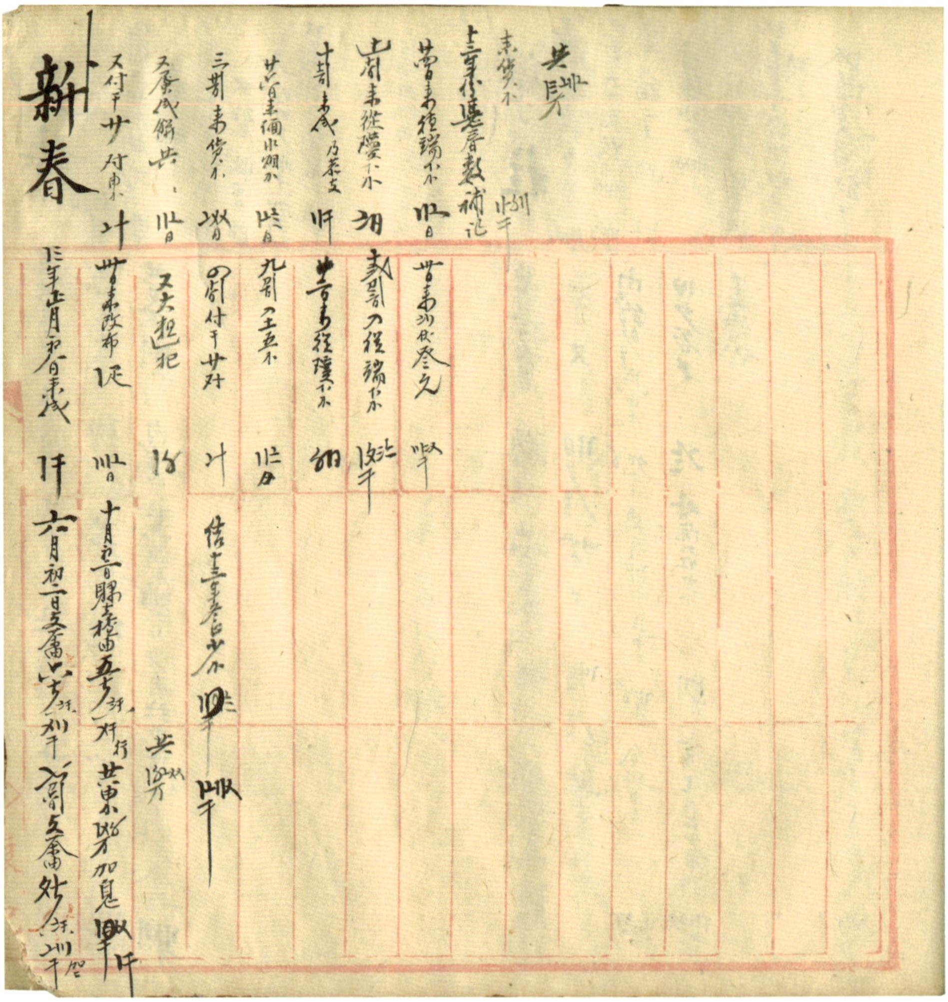

8-2-37-130　清光緒十二年鋼興黄記銀錢油穀發借總目（一三〇）

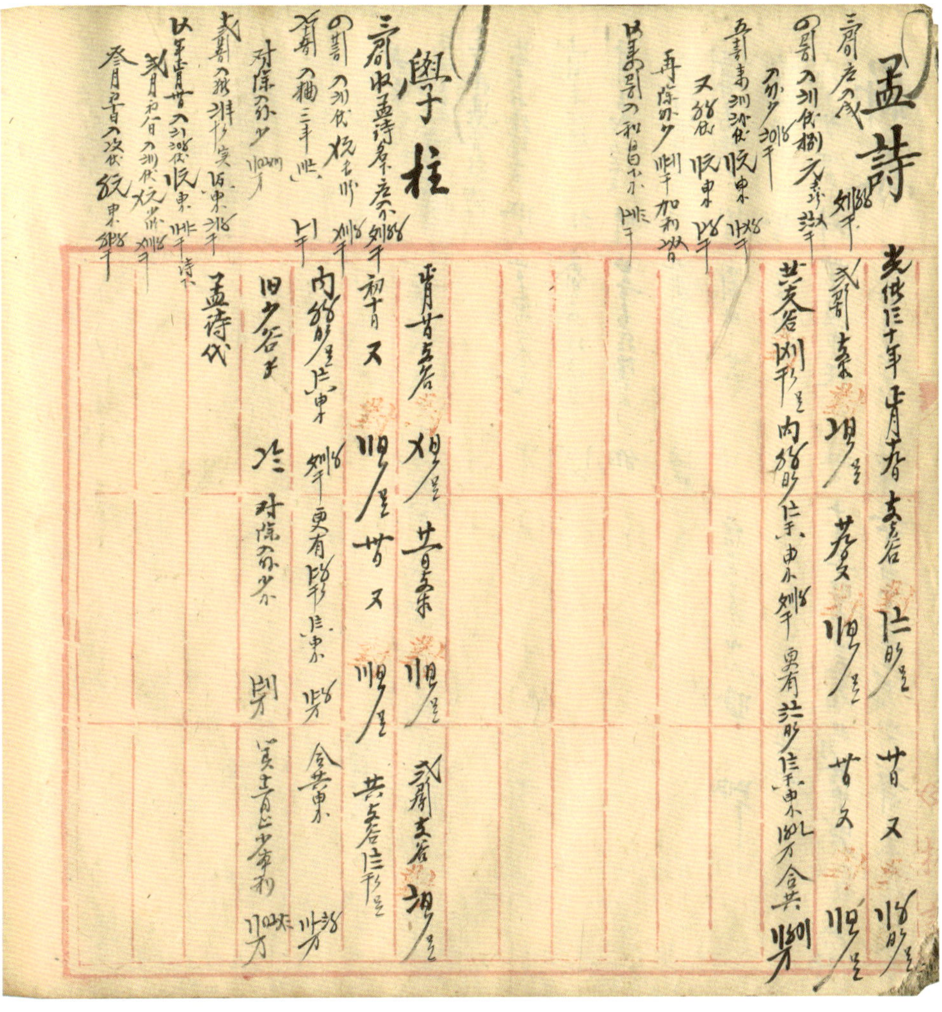

8-2-37-131　清光緒十二年鋼興黃記銀錢油穀發借總目（一三一）

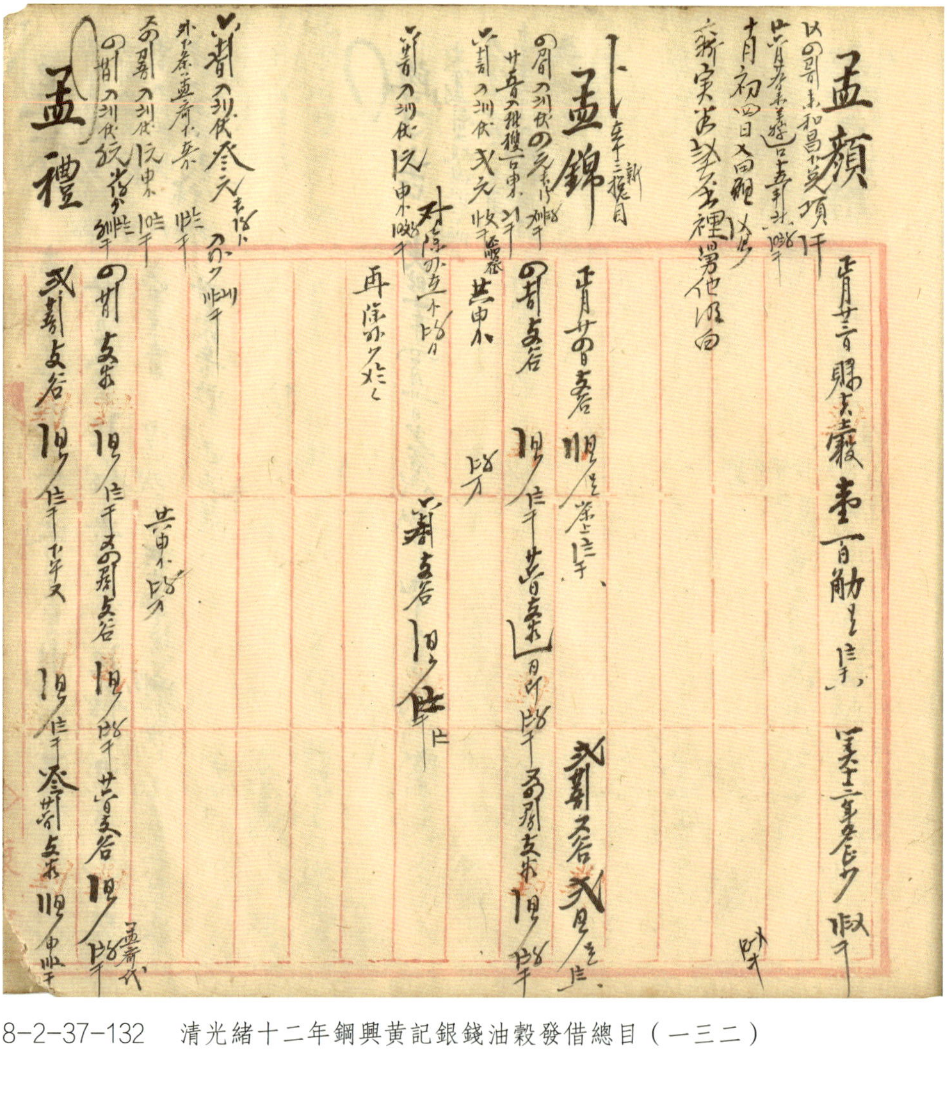

8-2-37-132　清光緒十二年鋼興黄記銀錢油榖發借總目（一三二）

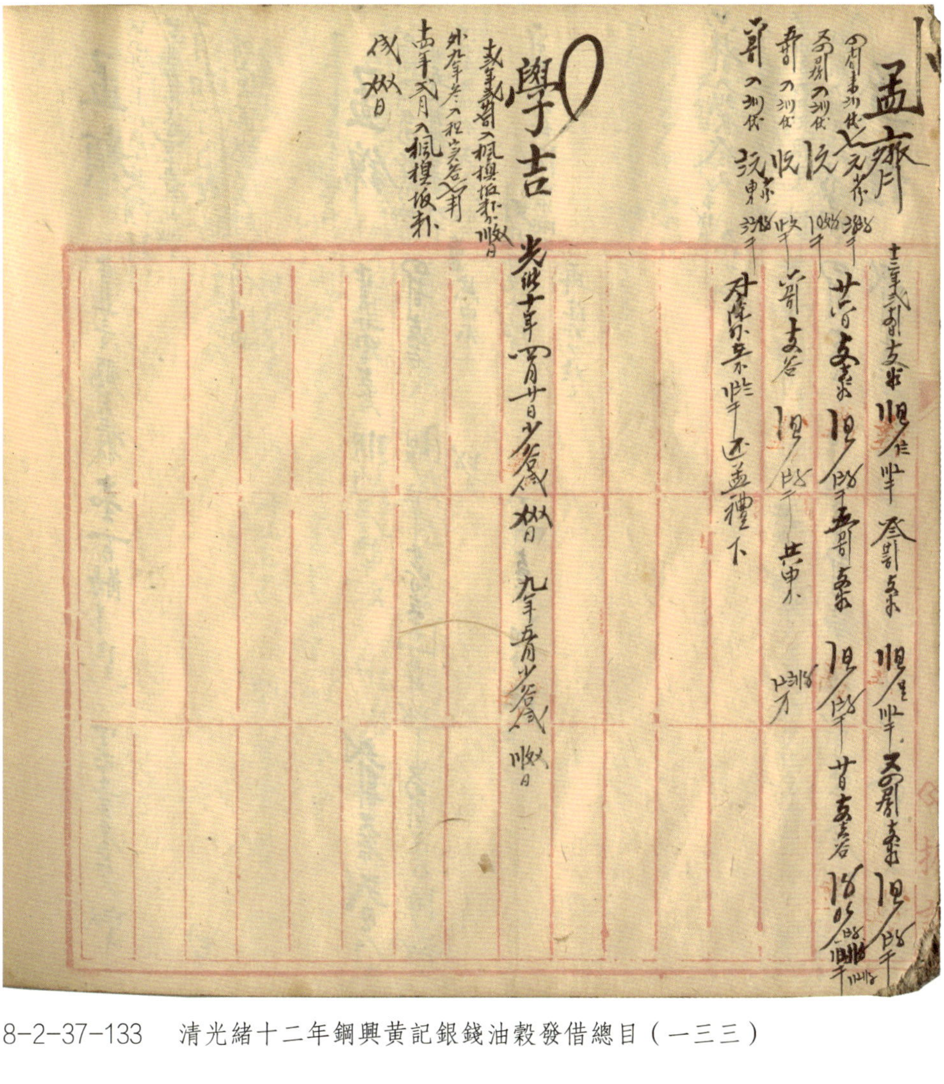

8-2-37-133　清光緒十二年鋼興黄記銀錢油穀發借總目（一三三）

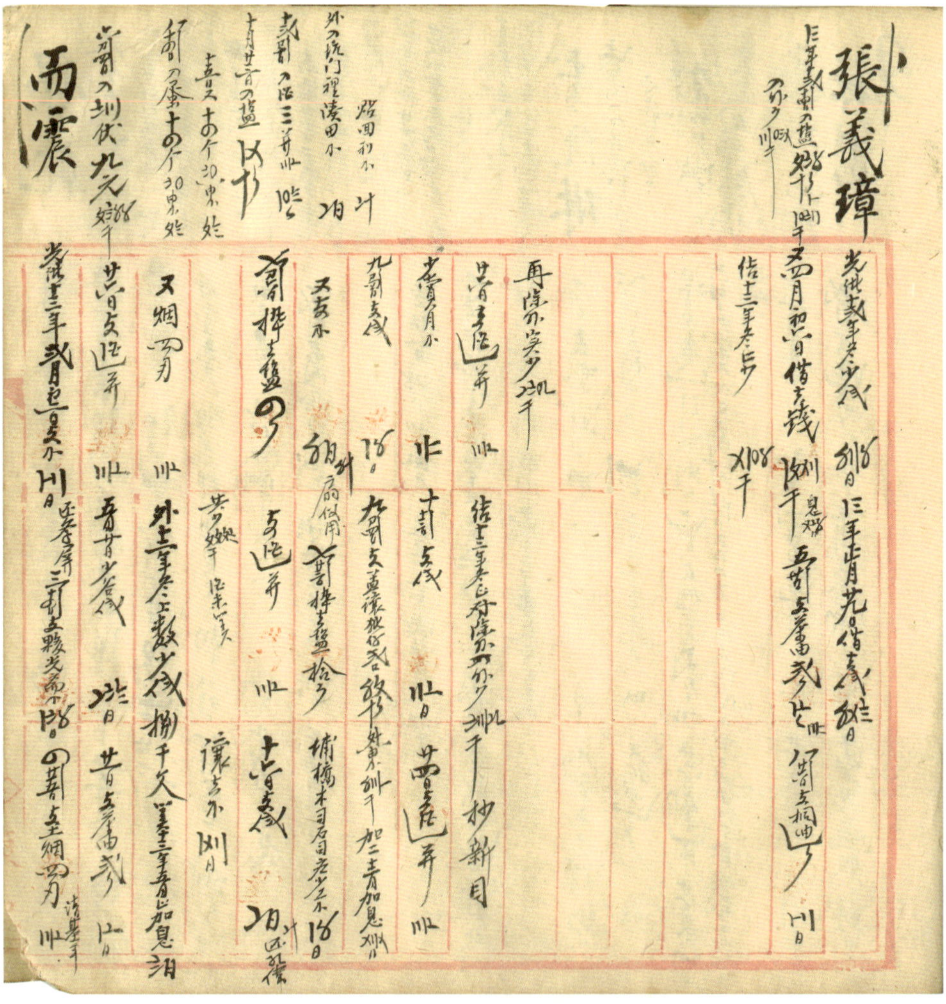

8-2-37-134　清光緒十二年鋼興黄記銀錢油穀發借總目（一三四）

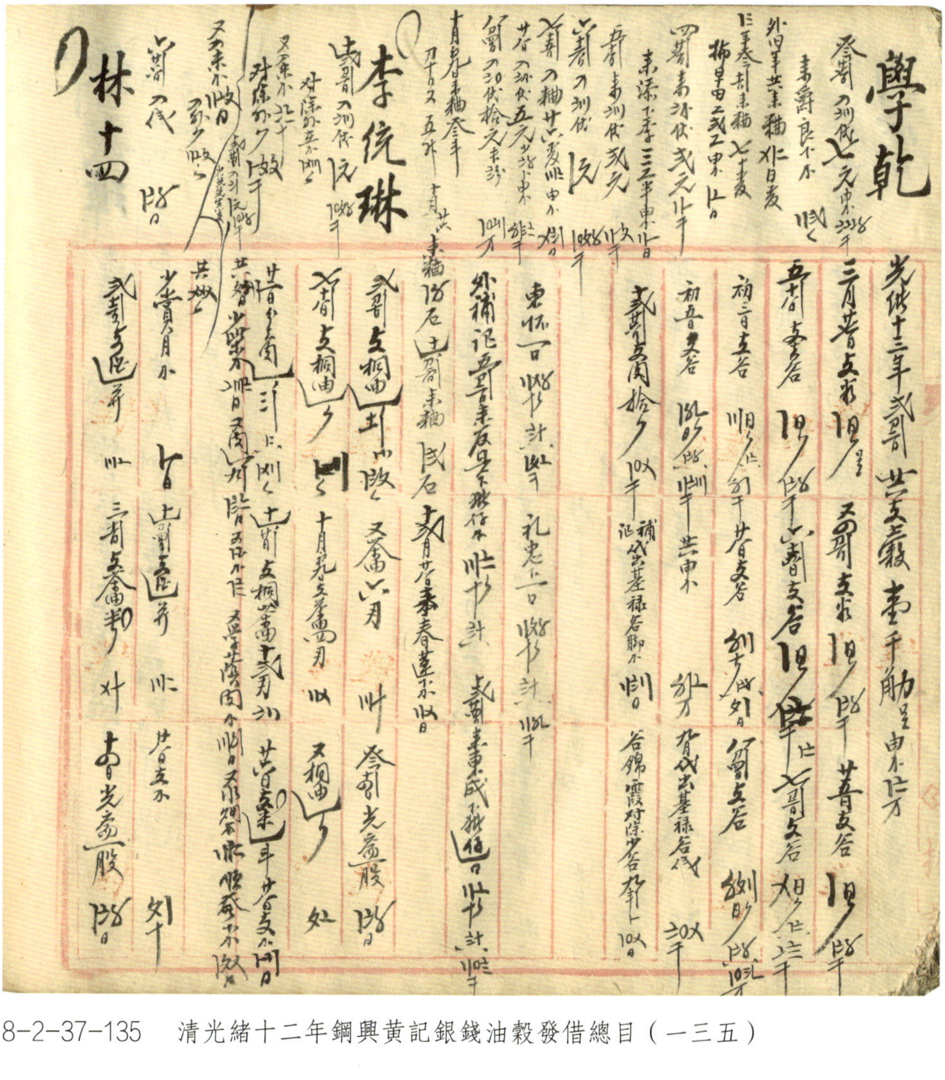
光緒十二年弍月

學乾

李侁琳

林十四

8-2-37-135 清光緒十二年鋼興黄記銀錢油穀發借總目（一三五）

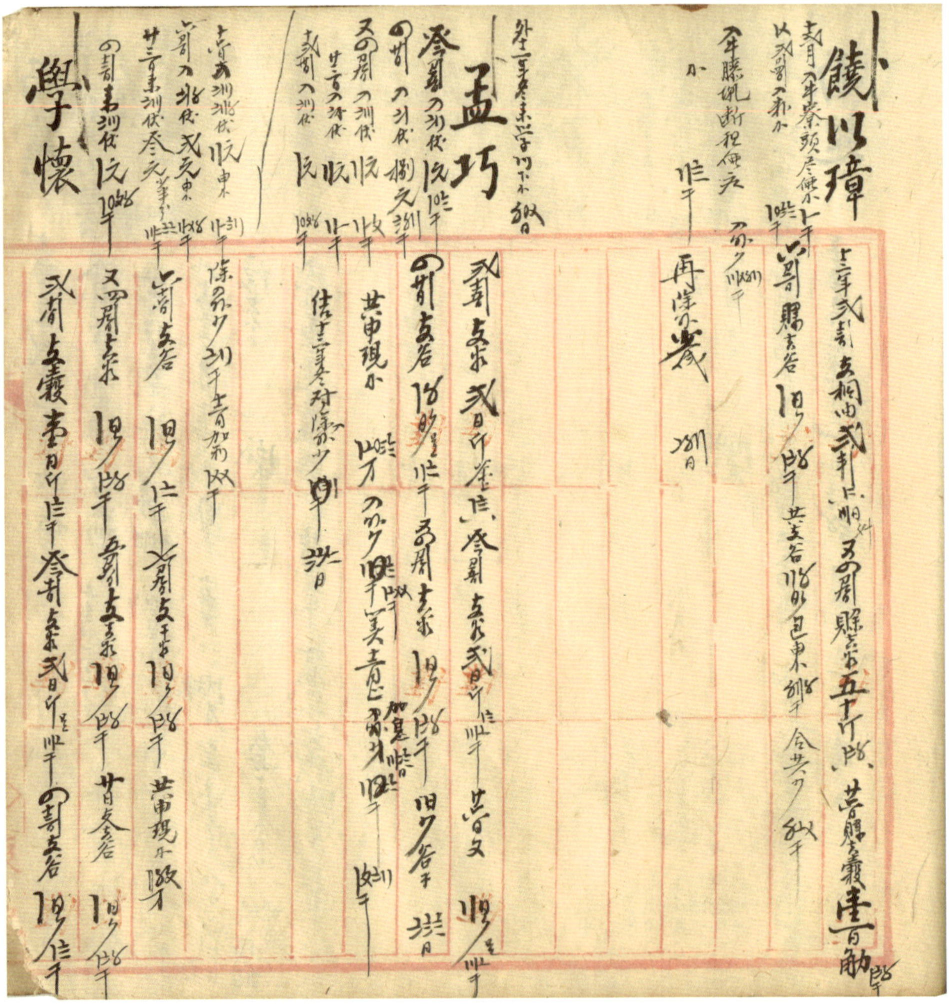
錢以璋

孟巧

學懷

8-2-37-136　清光緒十二年鋼興黄記銀錢油穀發借總目（一三六）

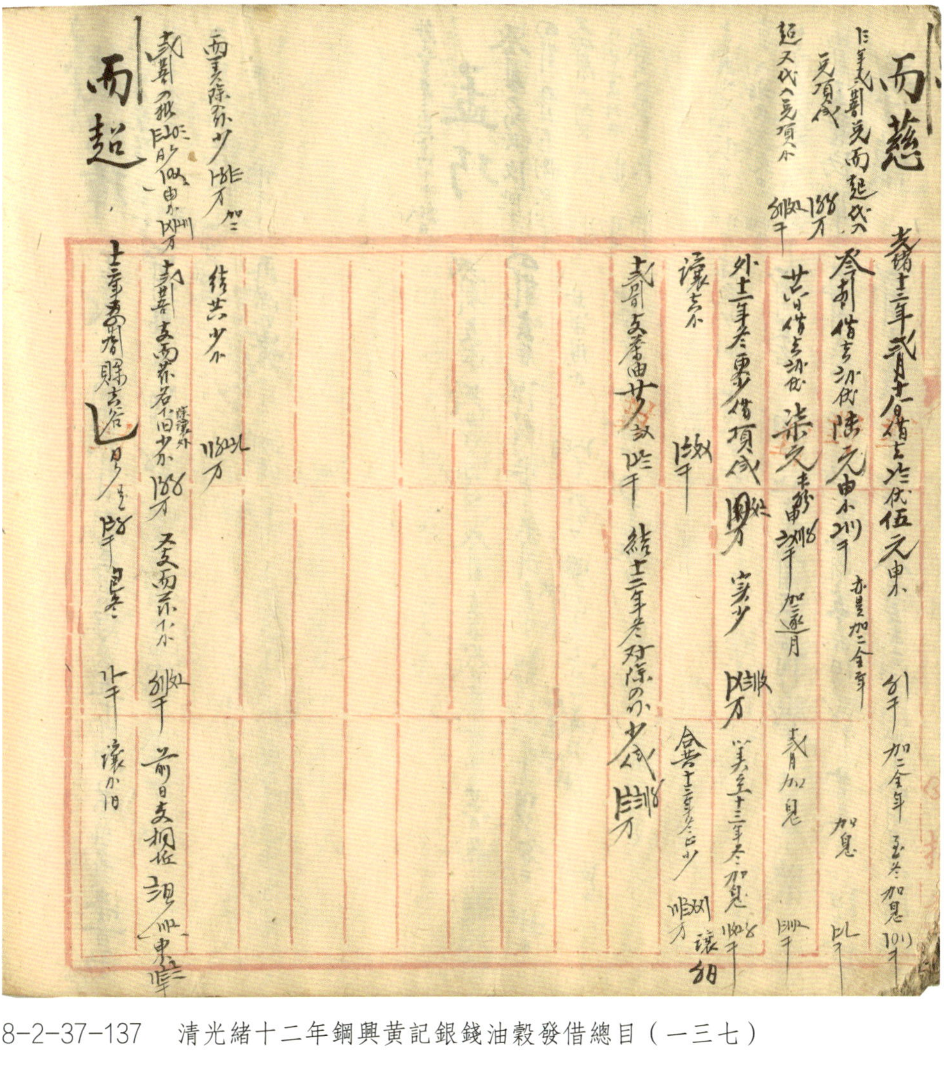

8-2-37-137　清光緒十二年鋼興黄記銀錢油穀發借總目（一三七）

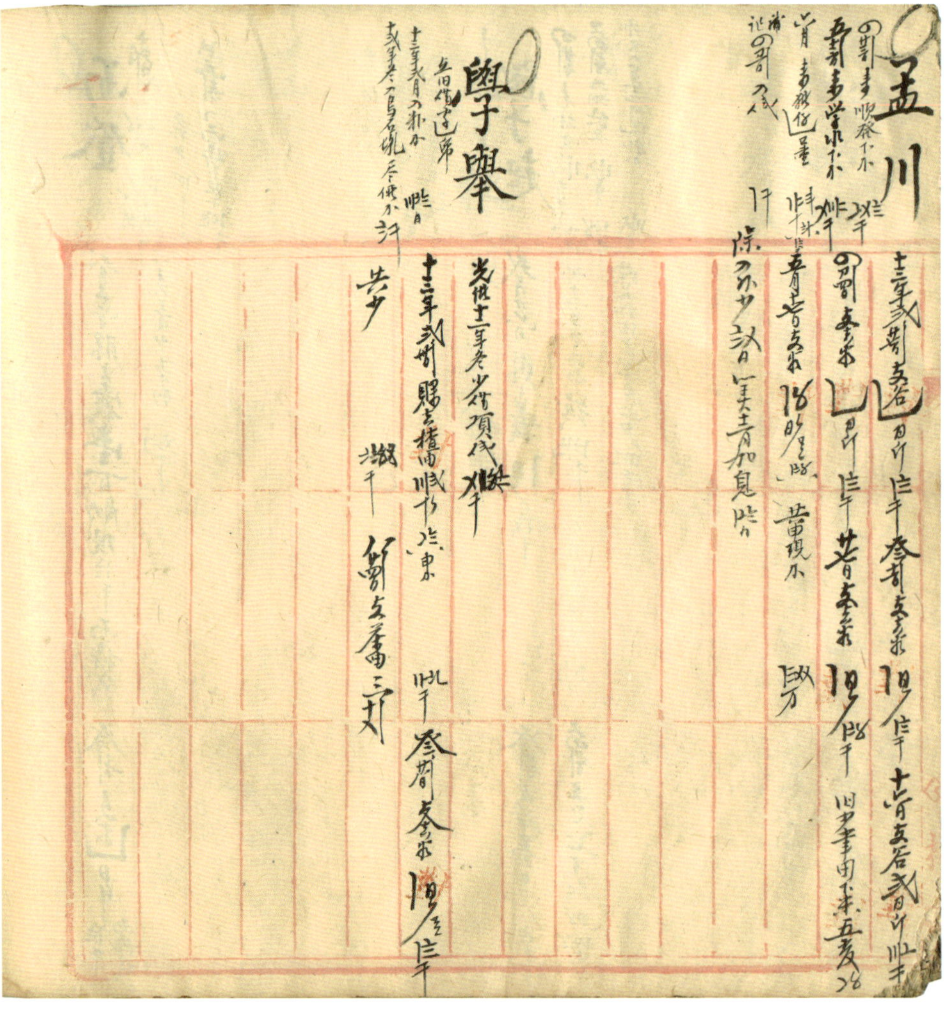

8-2-37-138　清光緒十二年鋼興黄記銀錢油穀發借總目（一三八）

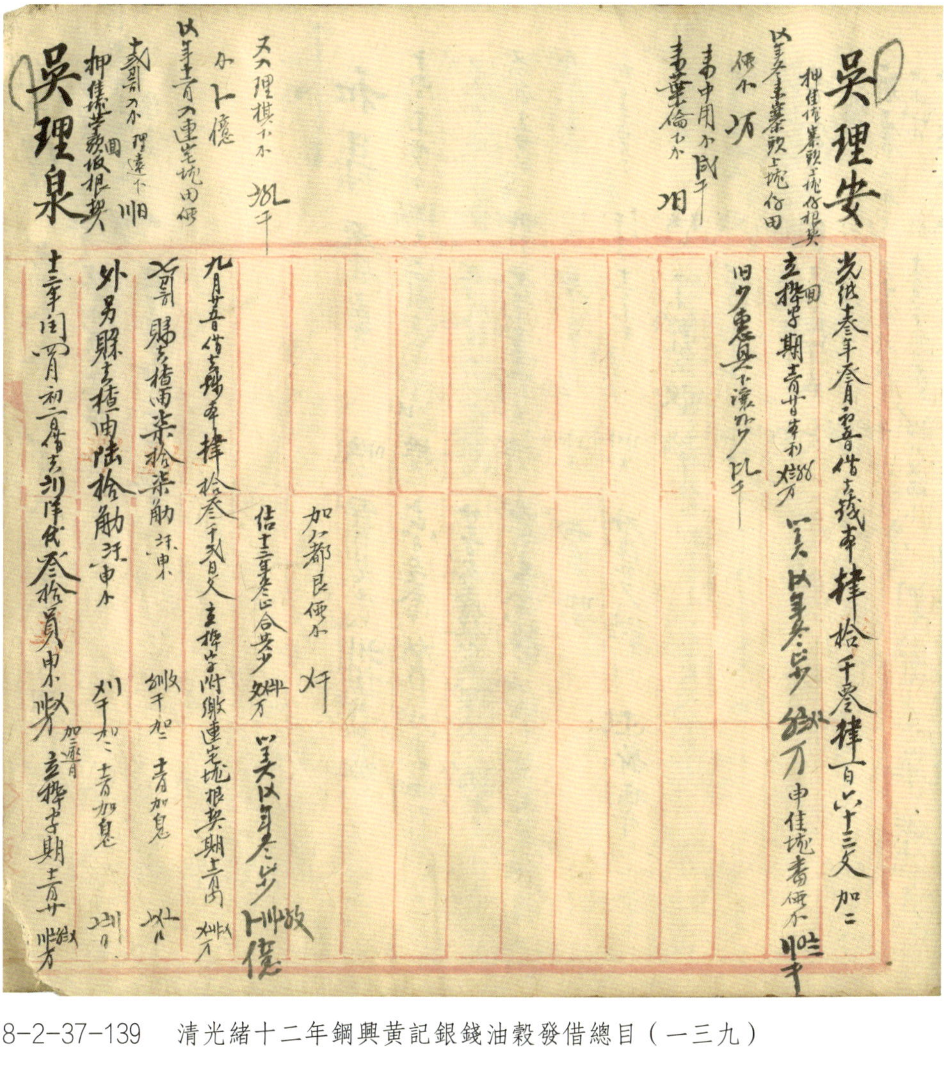

8-2-37-139　清光緒十二年鋼興黄記銀錢油穀發借總目（一三九）

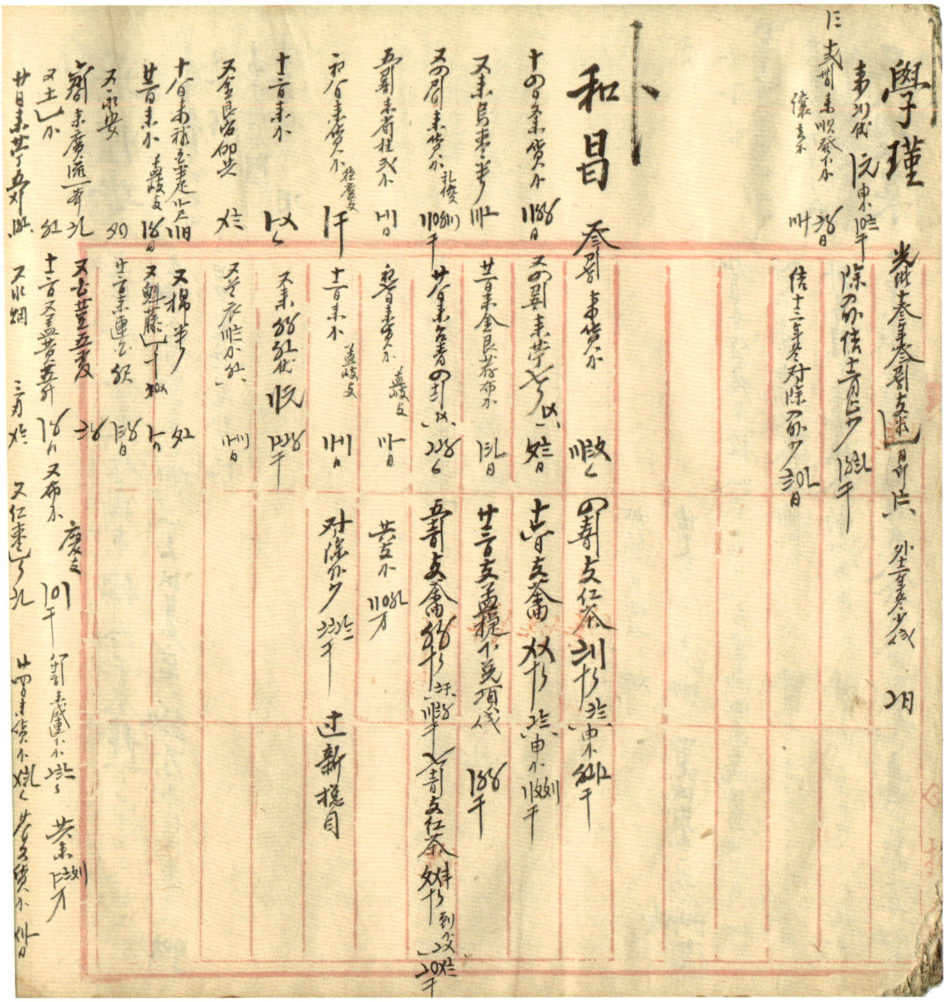

8-2-37-140　清光緒十二年鋼興黄記銀錢油穀發借總目（一四〇）

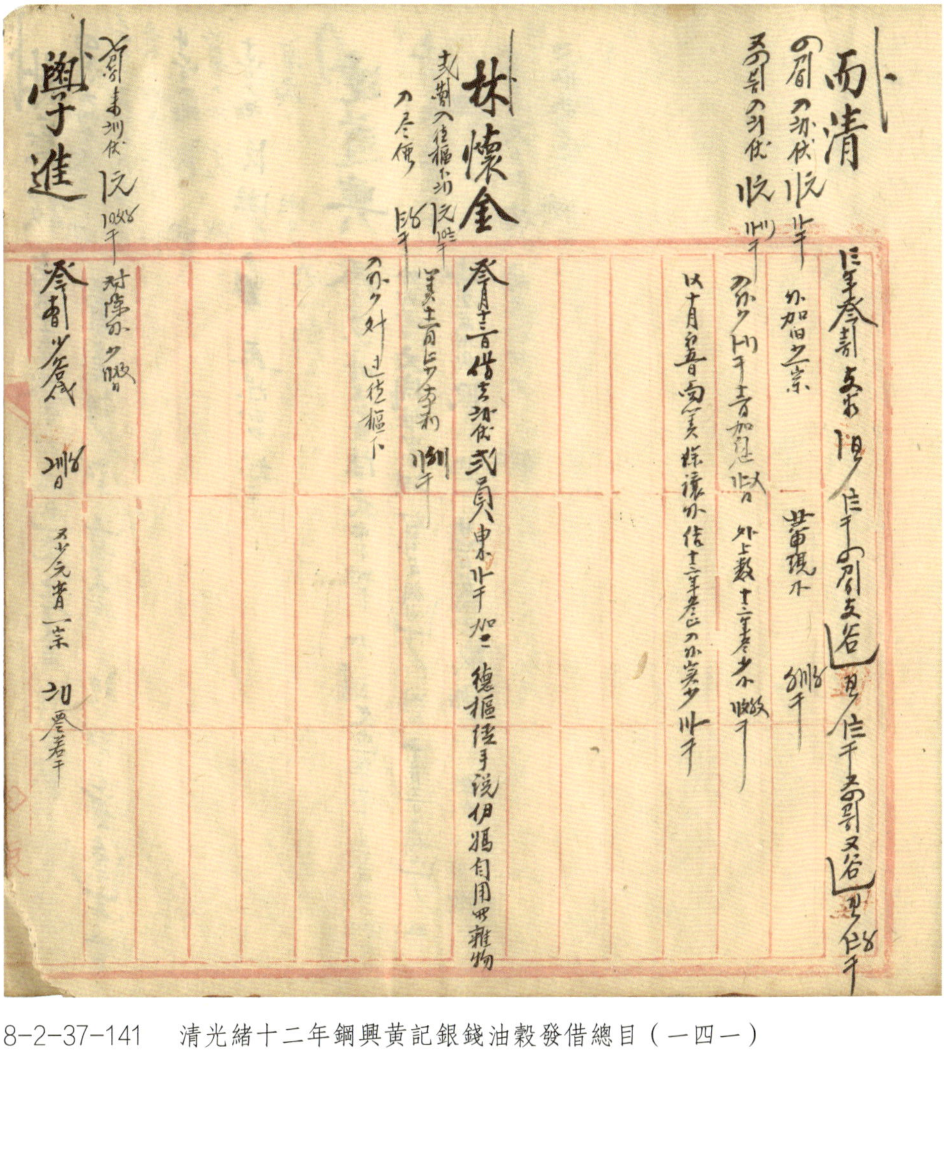

8-2-37-141　清光緒十二年鋼興黃記銀錢油穀發借總目（一四一）

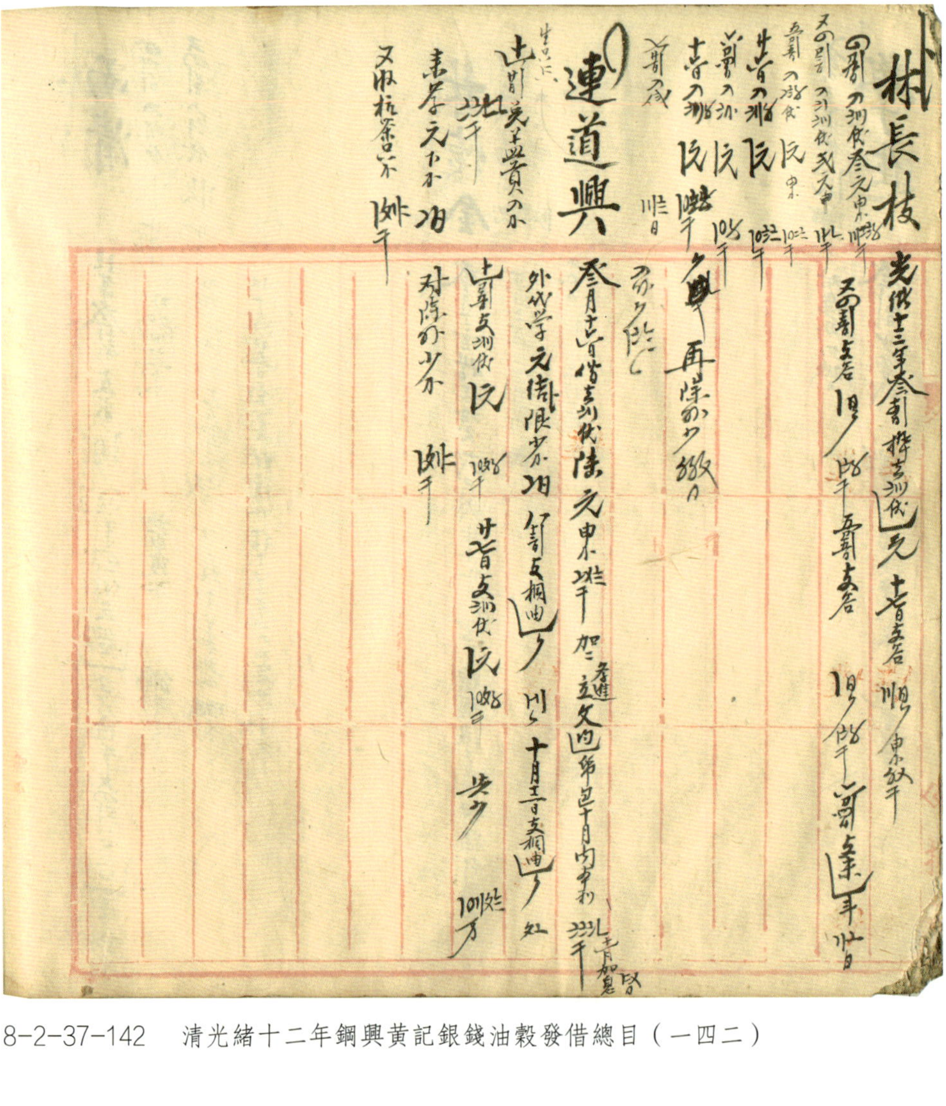
林長枝
光緒十二年
連道興

8-2-37-142　清光緒十二年鋼興黄記銀錢油穀發借總目（一四二）

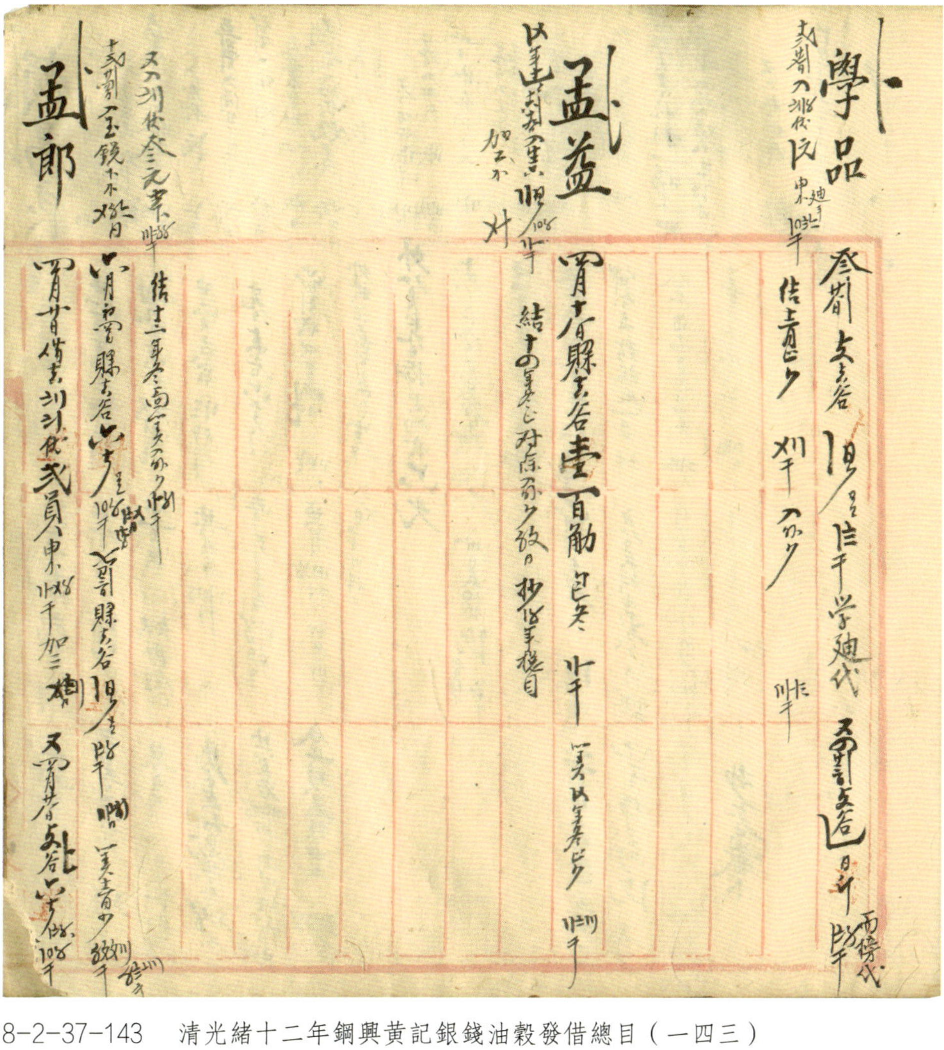

8-2-37-143　清光緒十二年鋼興黄記銀錢油穀發借總目（一四三）

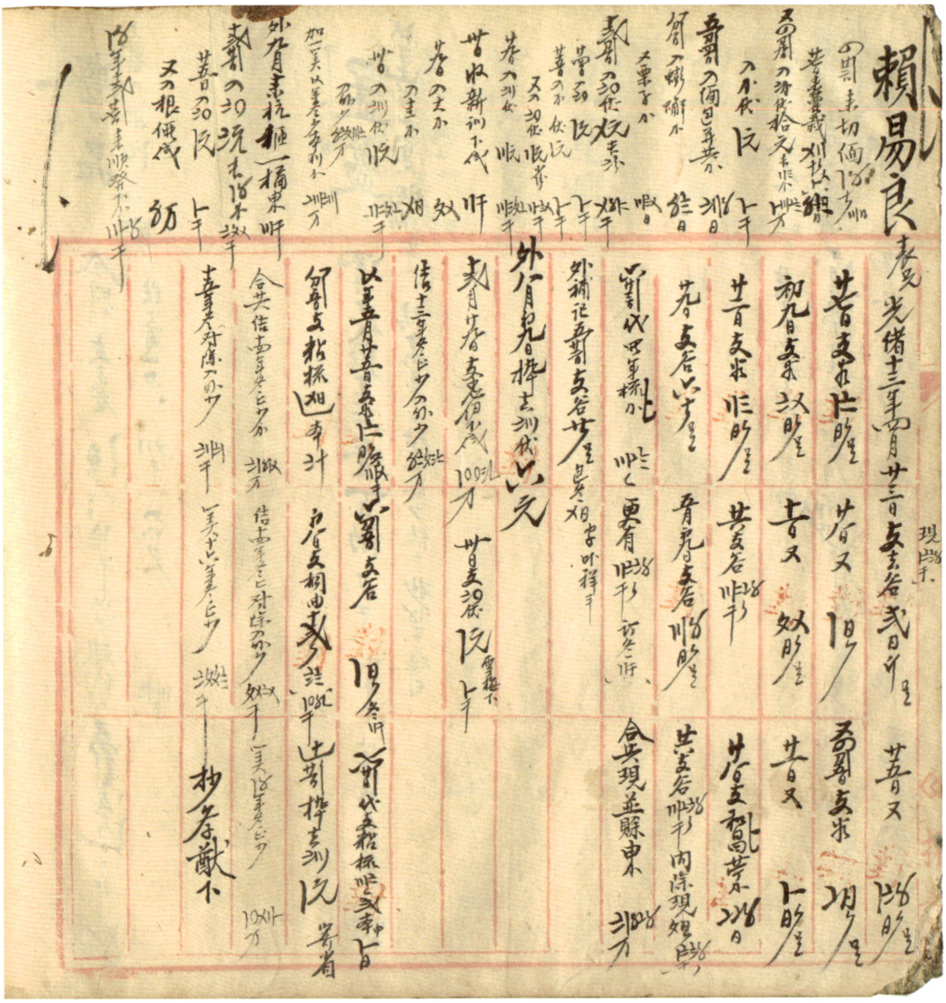

8-2-37-144　清光緒十二年鋼興黃記銀錢油穀發借總目（一四四）

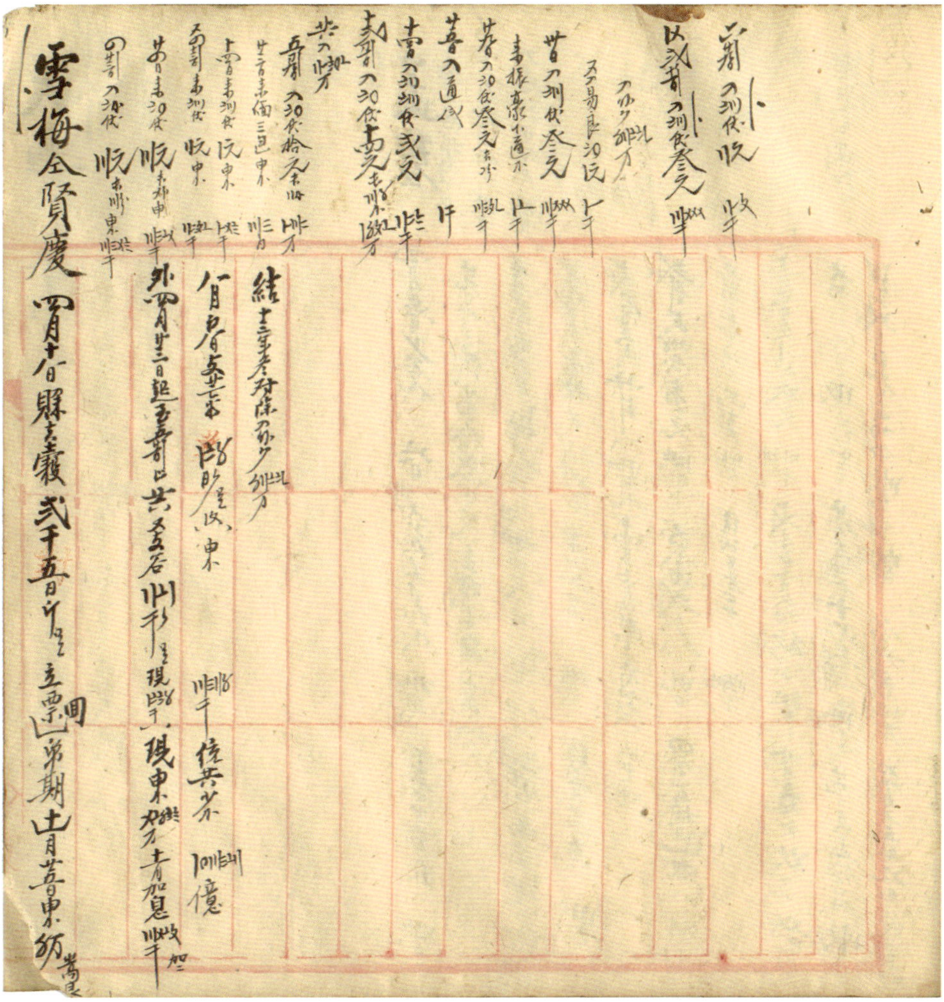

8-2-37-145　清光緒十二年鋼興黄記銀錢油穀發借總目（一四五）

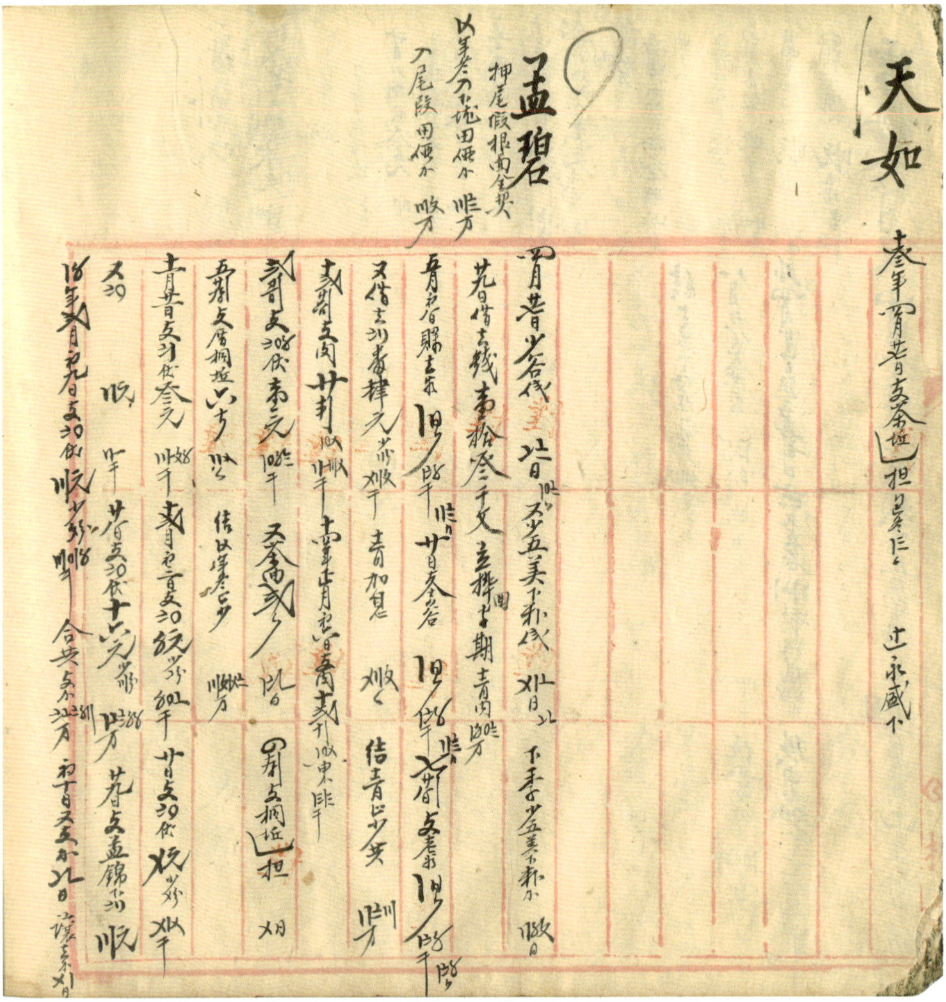

8-2-37-146　清光緒十二年鋼興黄記銀錢油穀發借總目（一四六）

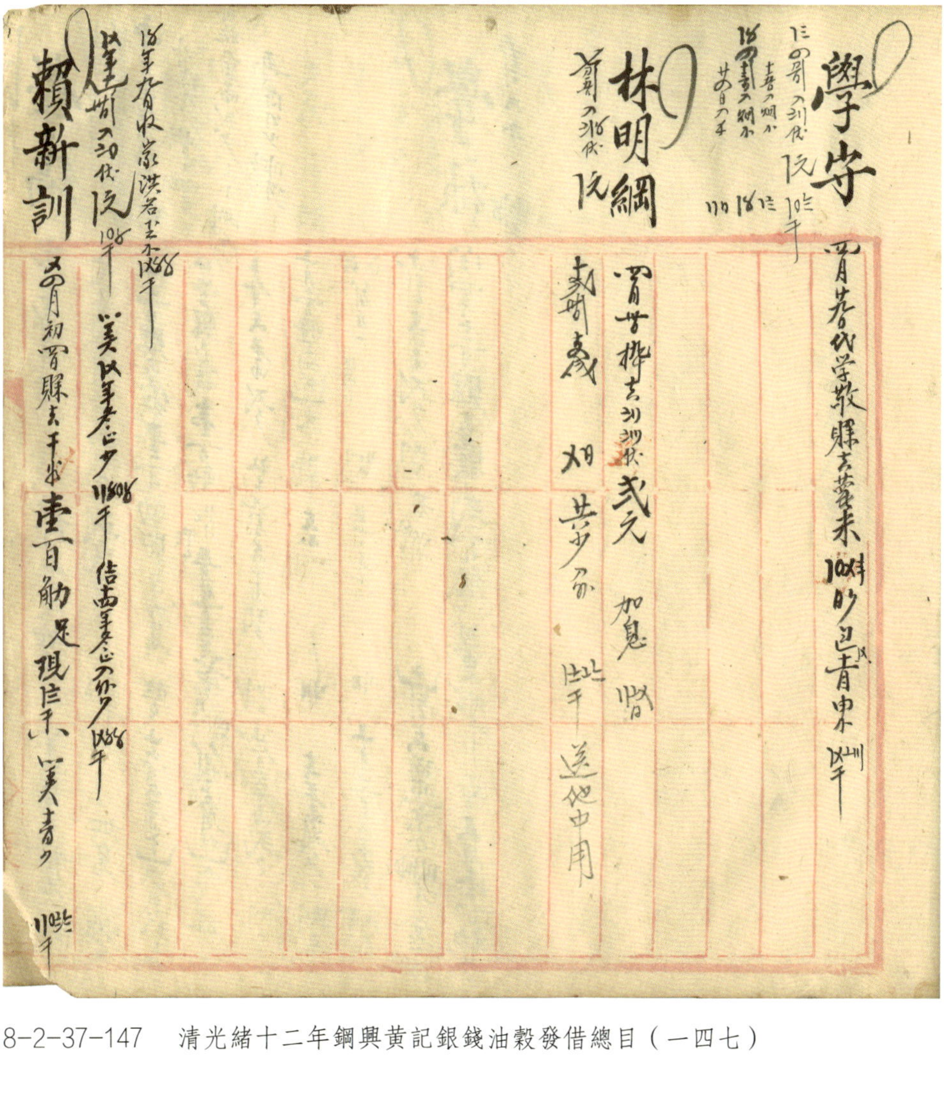

8-2-37-147　清光緒十二年鋼興黄記銀錢油穀發借總目（一四七）

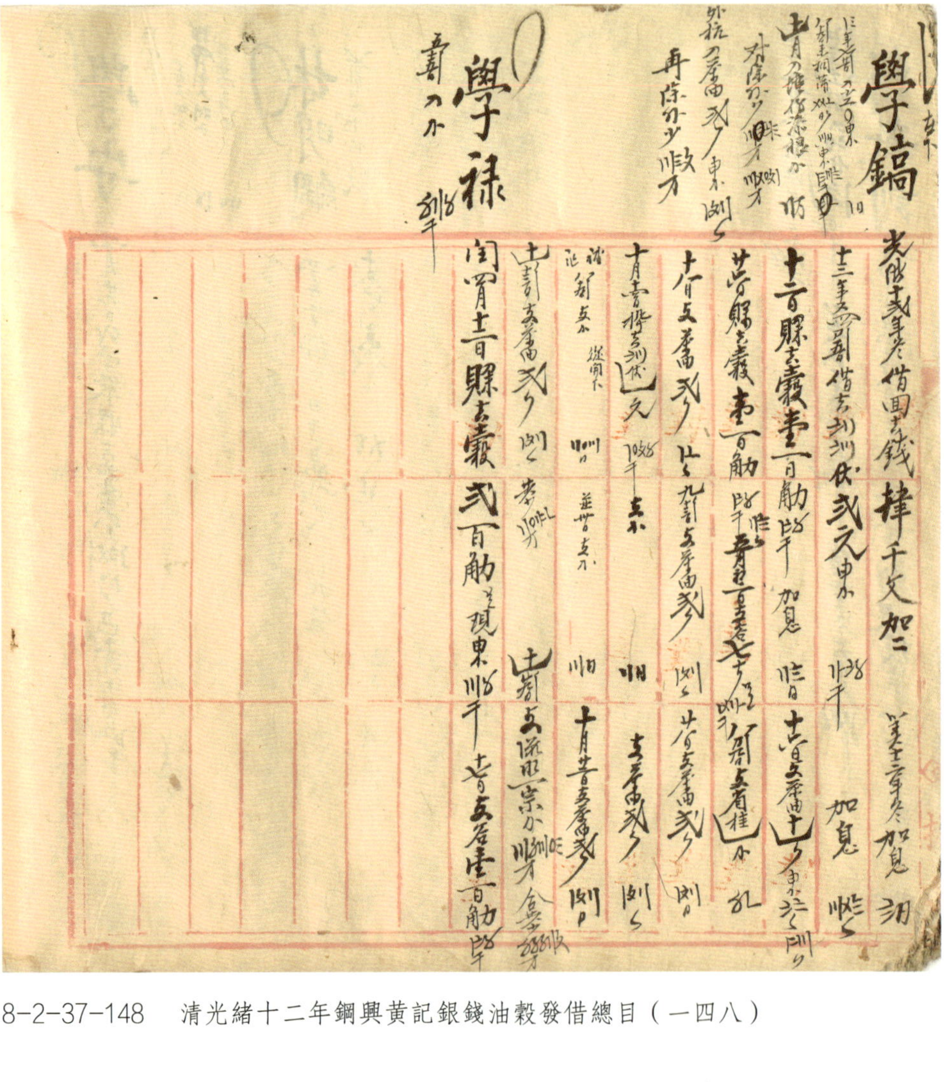

8-2-37-148　清光緒十二年鋼興黄記銀錢油穀發借總目（一四八）

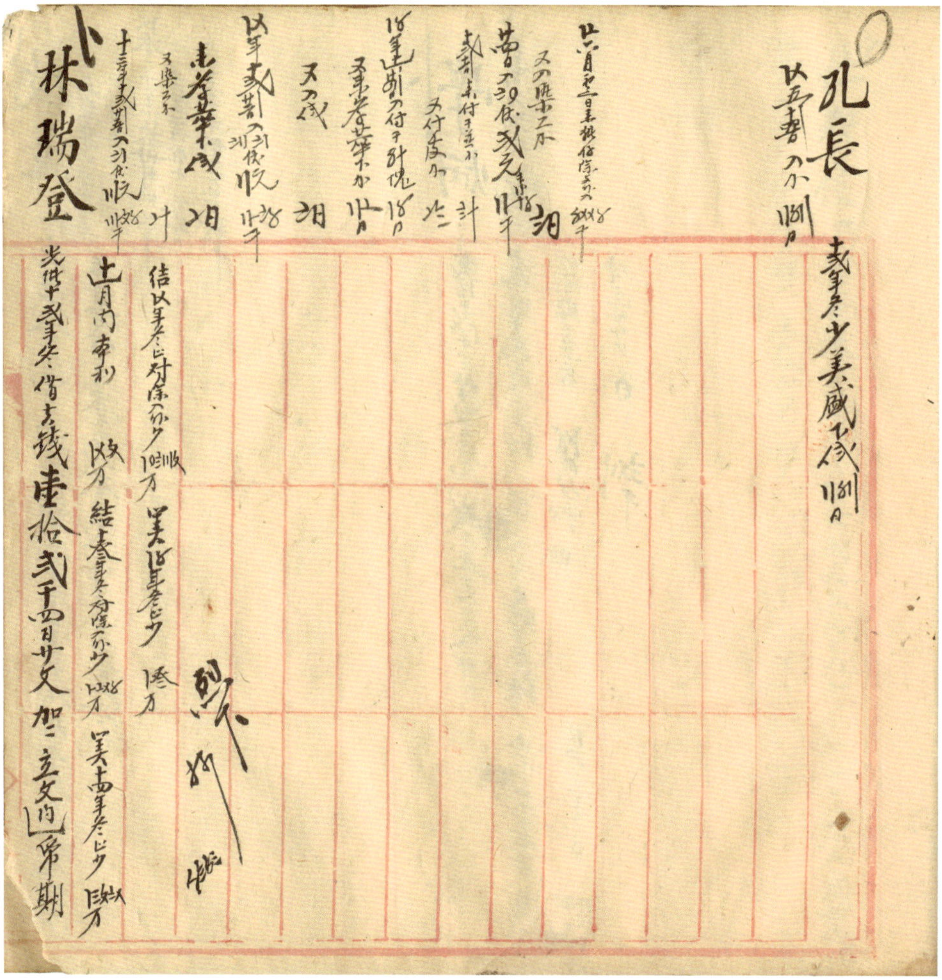

8-2-37-149　清光緒十二年鋼興黄記銀錢油穀發借總目（一四九）

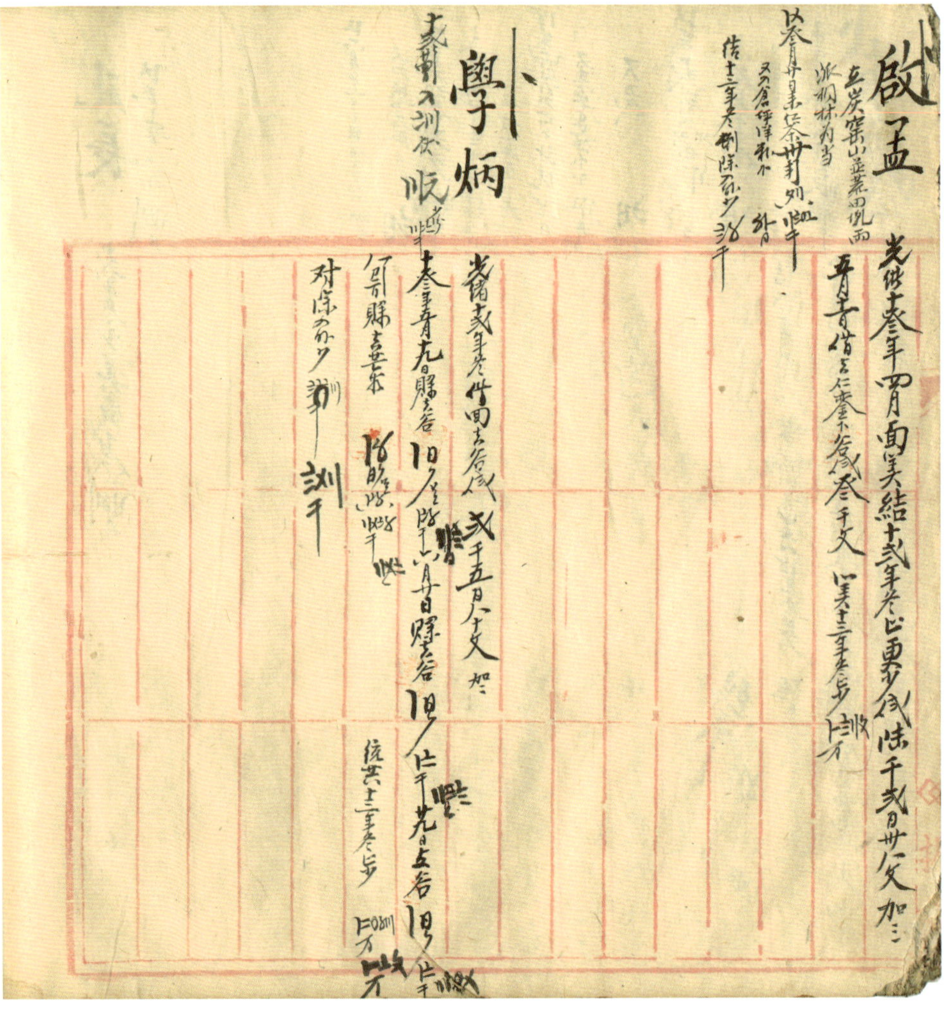

8-2-37-150　清光緒十二年鋼興黄記銀錢油穀發借總目（一五〇）

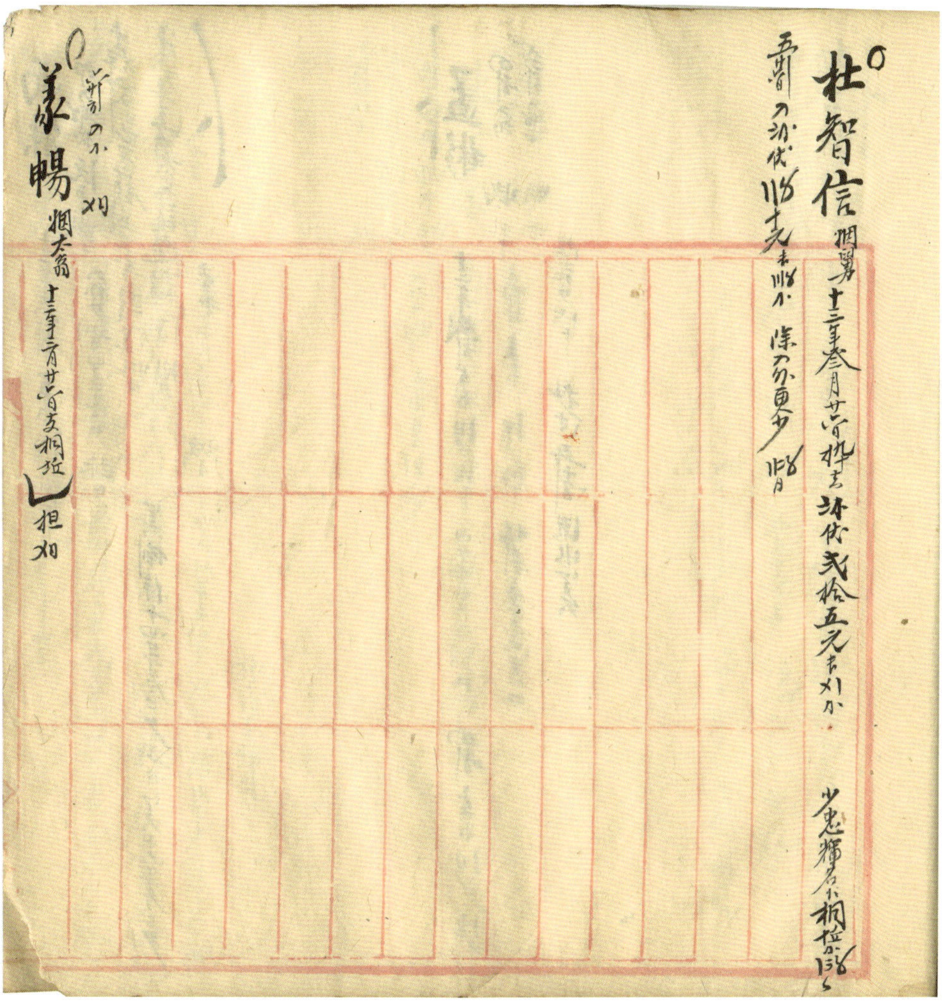

8-2-37-151　清光緒十二年鋼興黄記銀錢油穀發借總目（一五一）

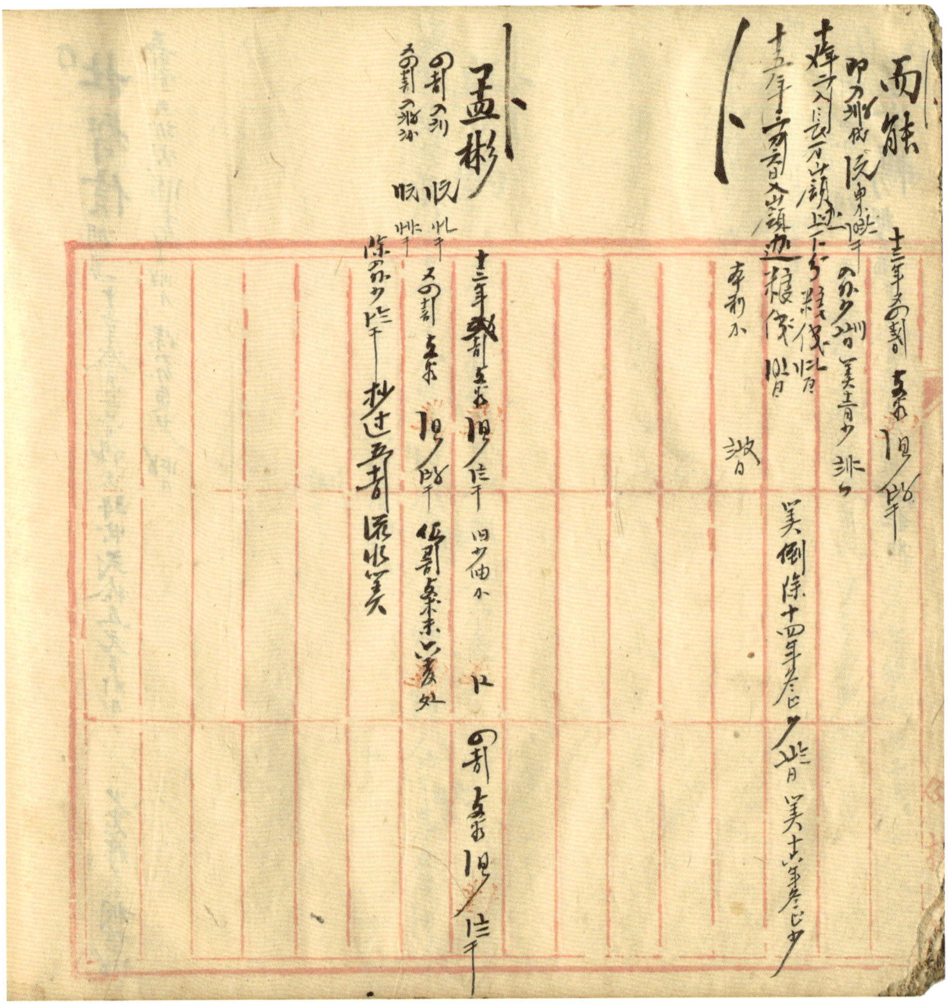

8-2-37-152　清光緒十二年鋼興黄記銀錢油穀發借總目（一五二）

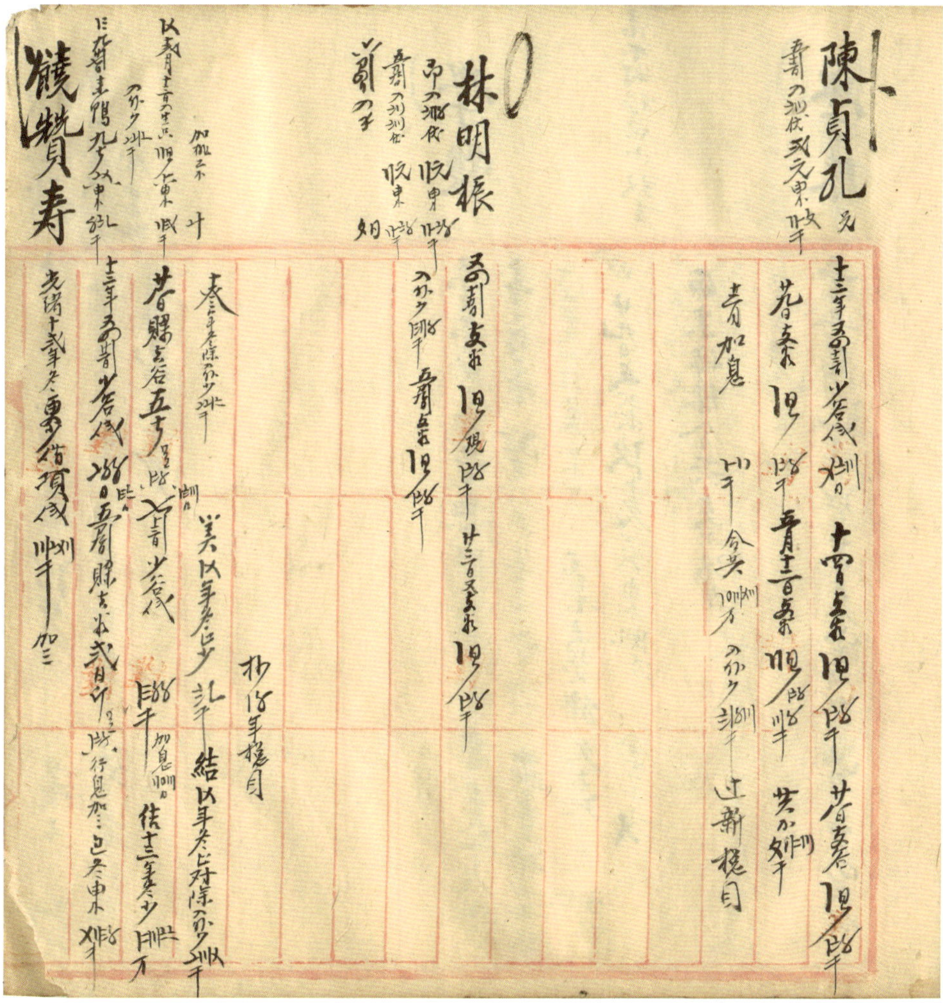

8-2-37-153　清光緒十二年鋼興黄記銀錢油穀發借總目（一五三）

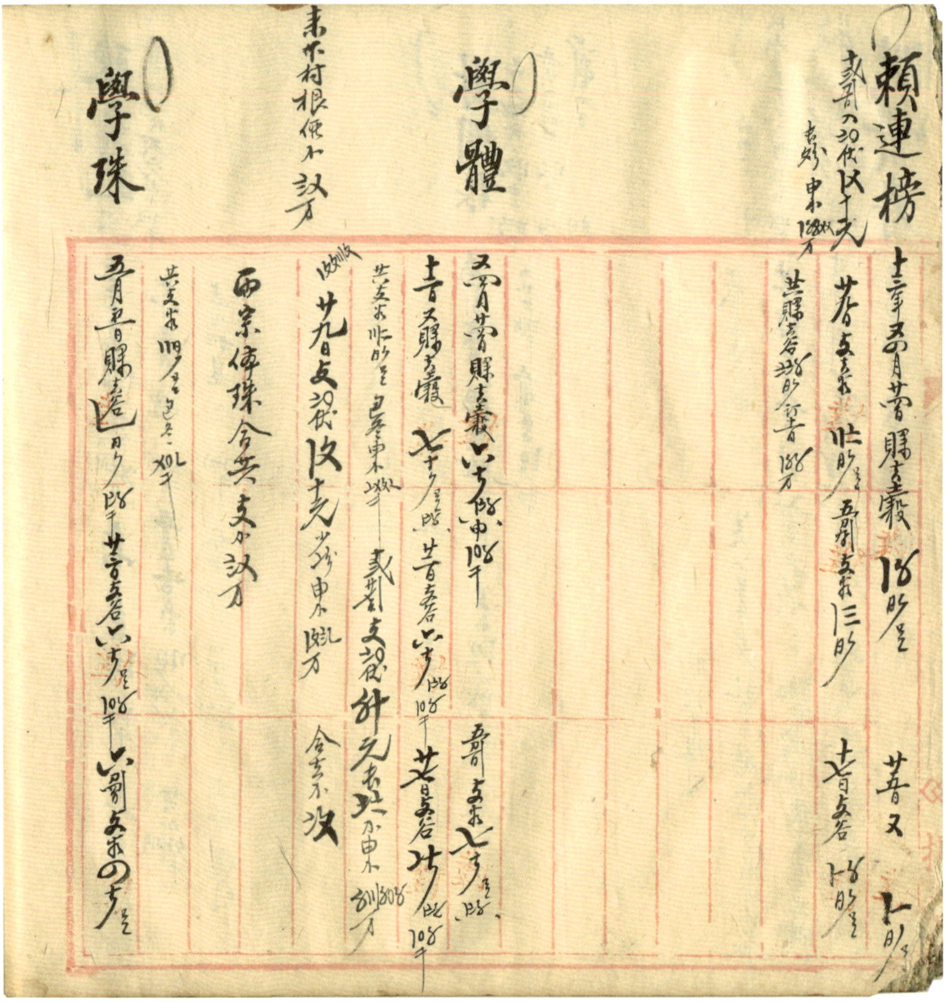

8-2-37-154　清光緒十二年鋼興黄記銀錢油穀發借總目（一五四）

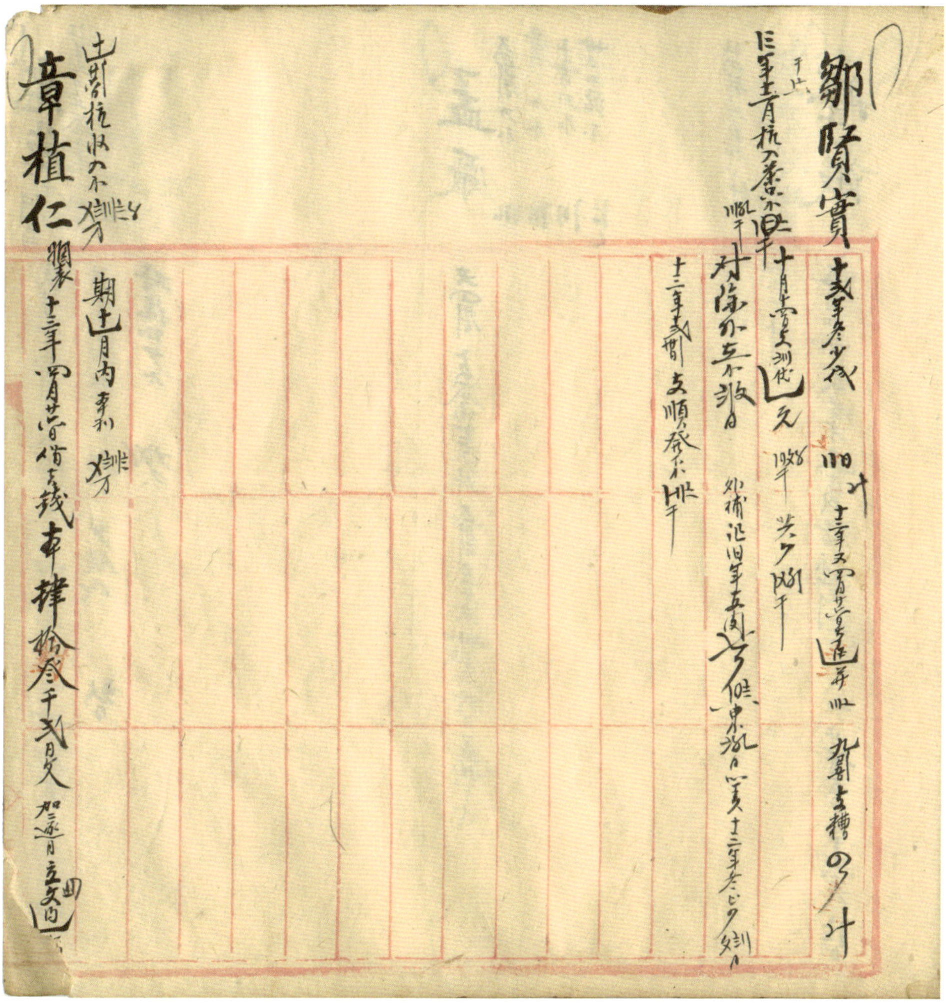

8-2-37-155　清光緒十二年鋼興黄記銀錢油穀發借總目（一五五）

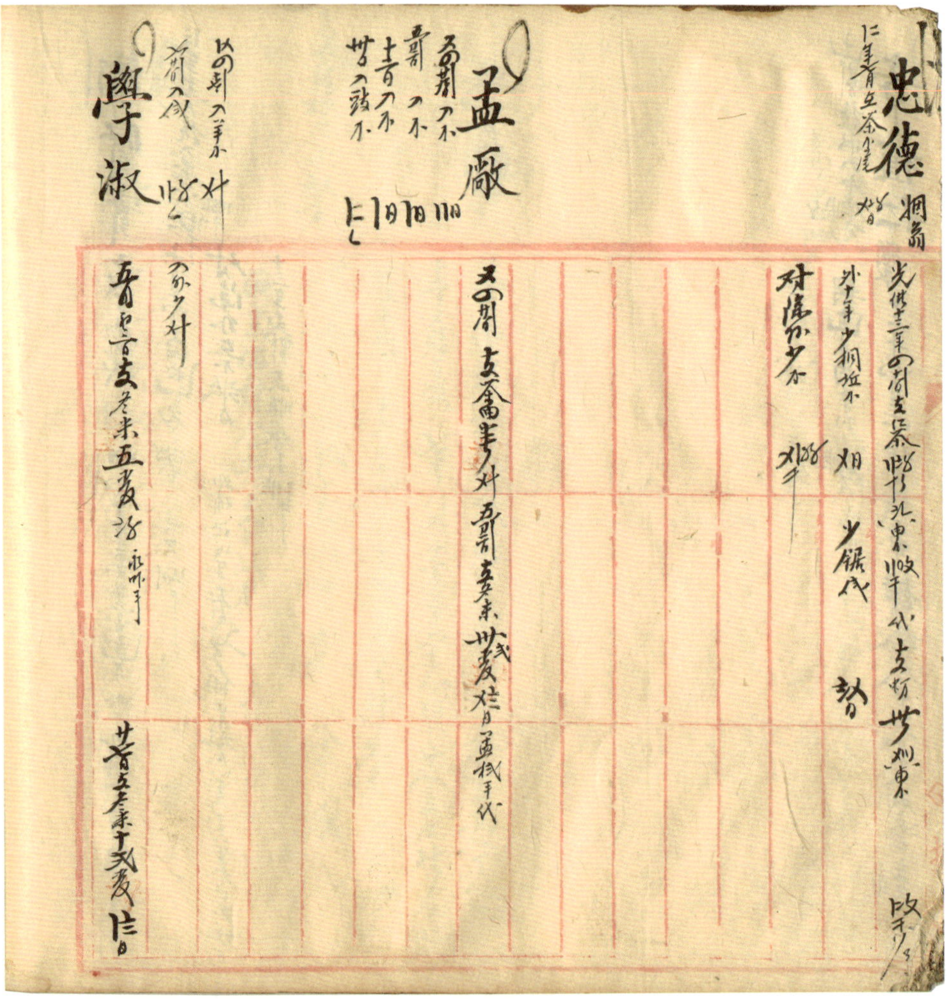

忠德

孟廠

學淑

8-2-37-156　清光緒十二年鋼興黃記銀錢油穀發借總目（一五六）

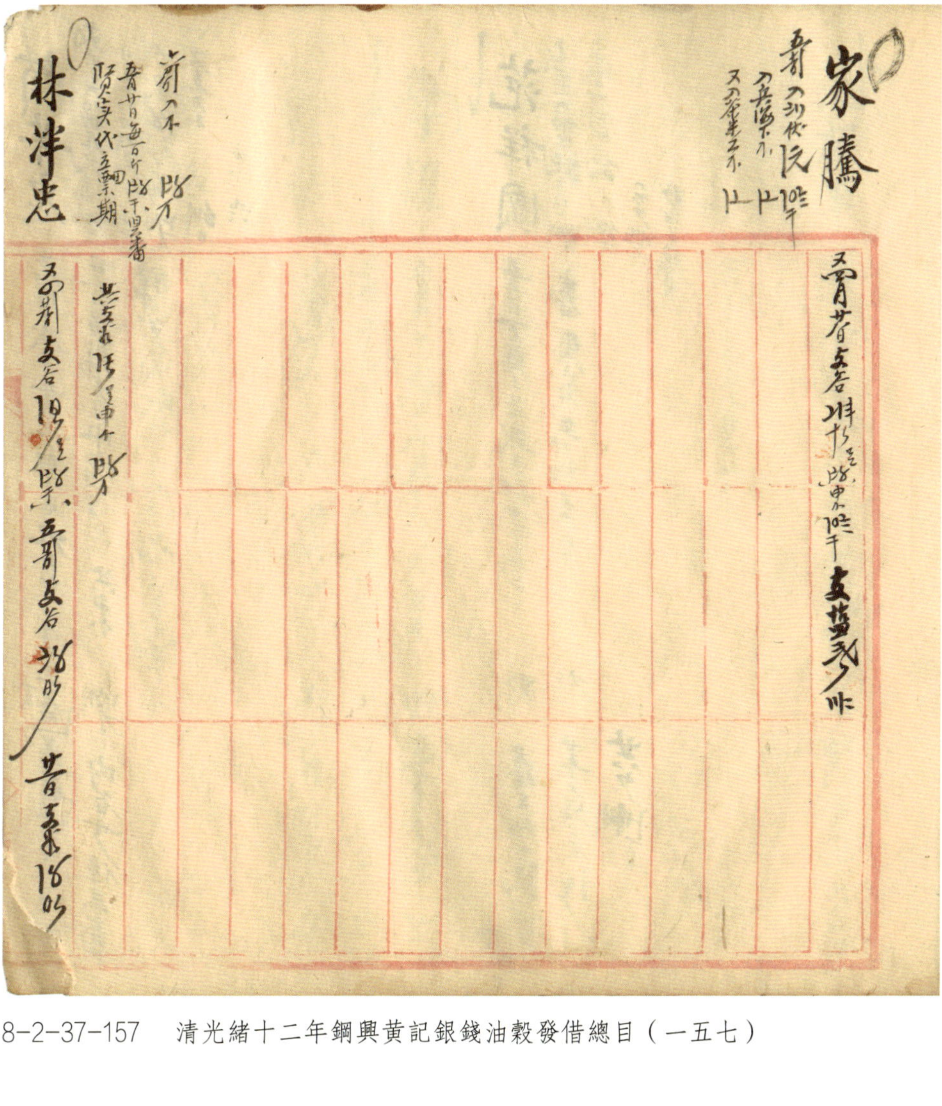

8-2-37-157　清光緒十二年鋼興黄記銀錢油穀發借總目（一五七）

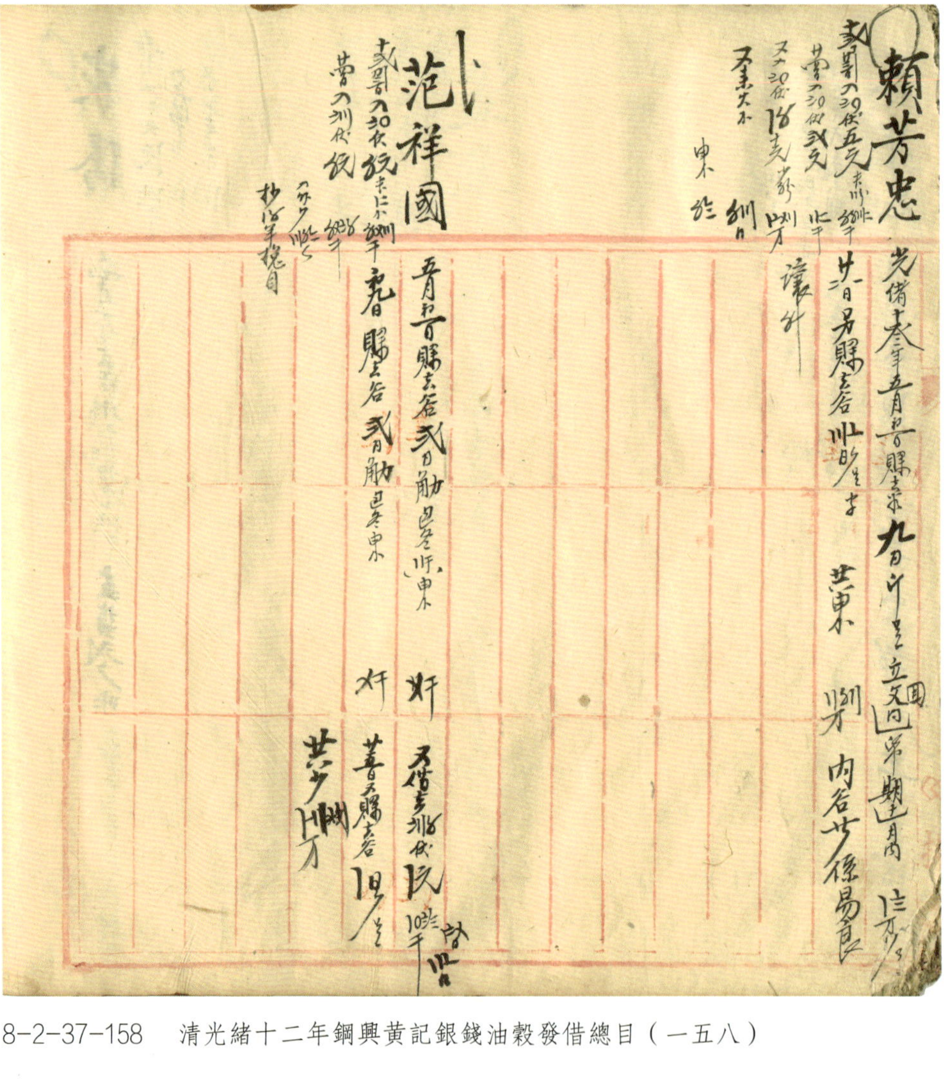

8-2-37-158　清光緒十二年鋼興黃記銀錢油穀發借總目（一五八）

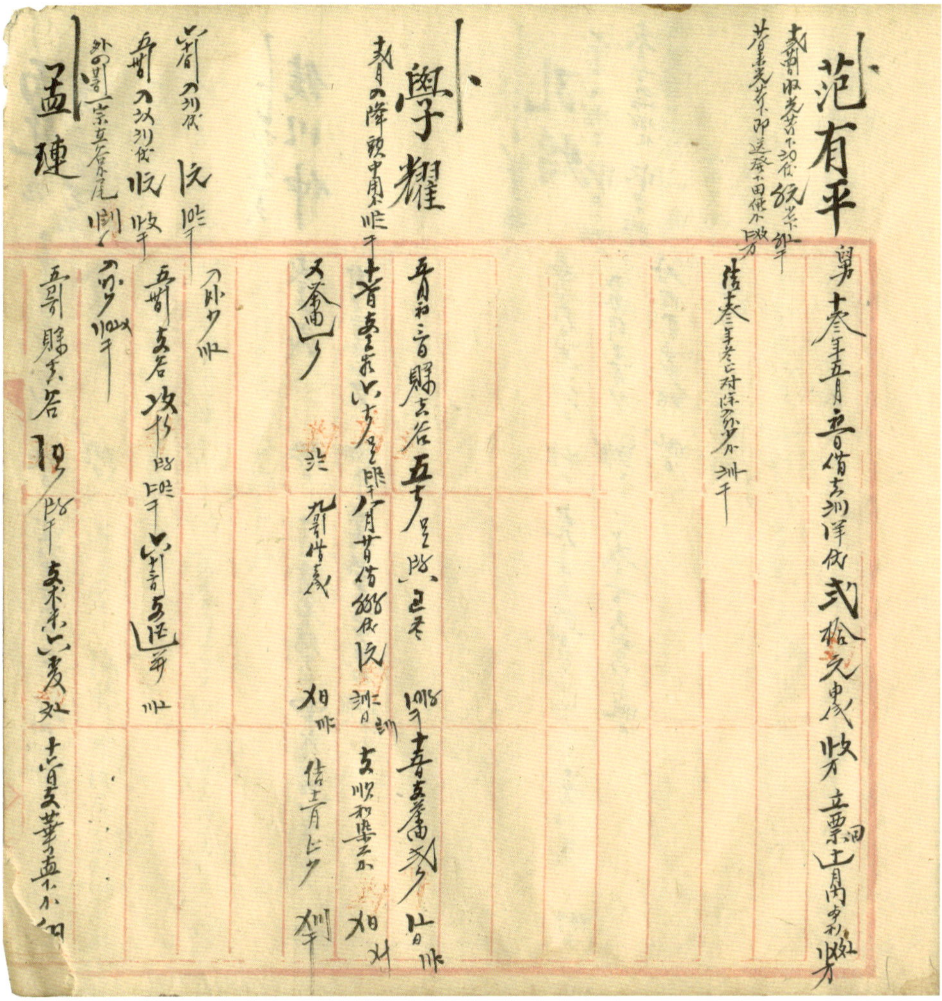

8-2-37-159　清光緒十二年鋼興黃記銀錢油穀發借總目（一五九）

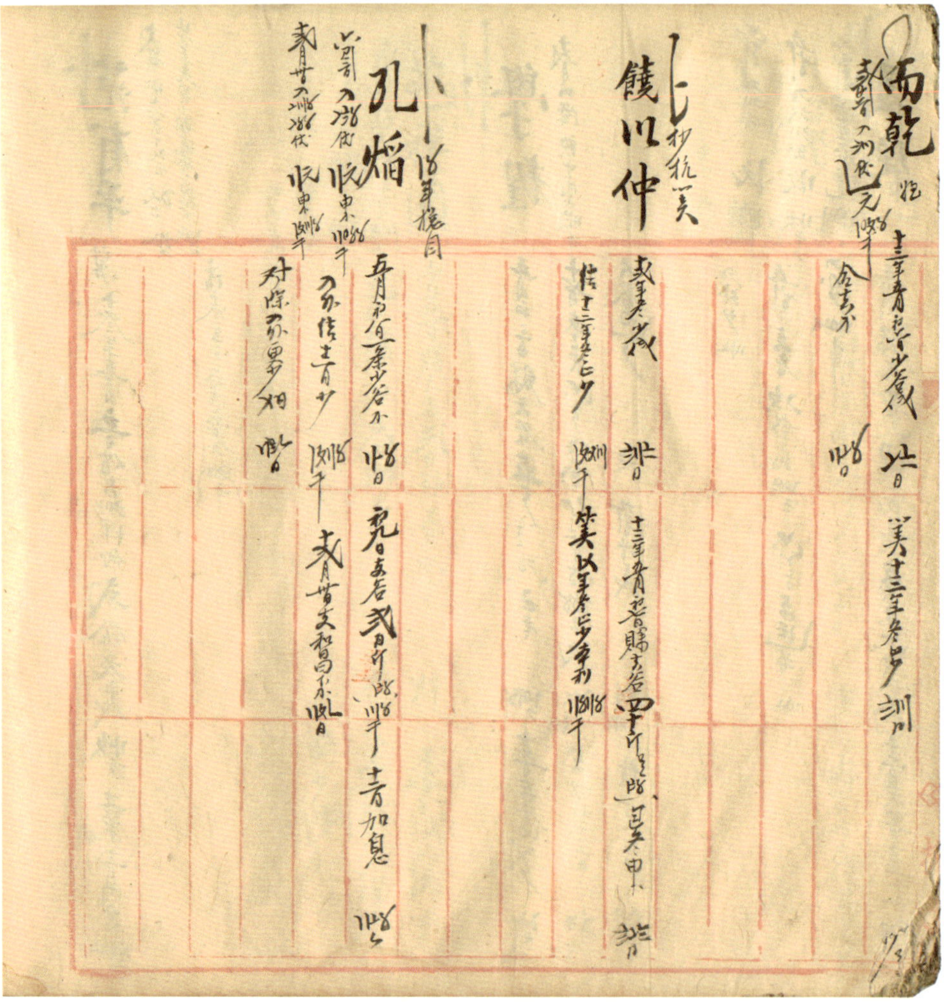

8-2-37-160　清光緒十二年鋼興黄記銀錢油穀發借總目（一六〇）

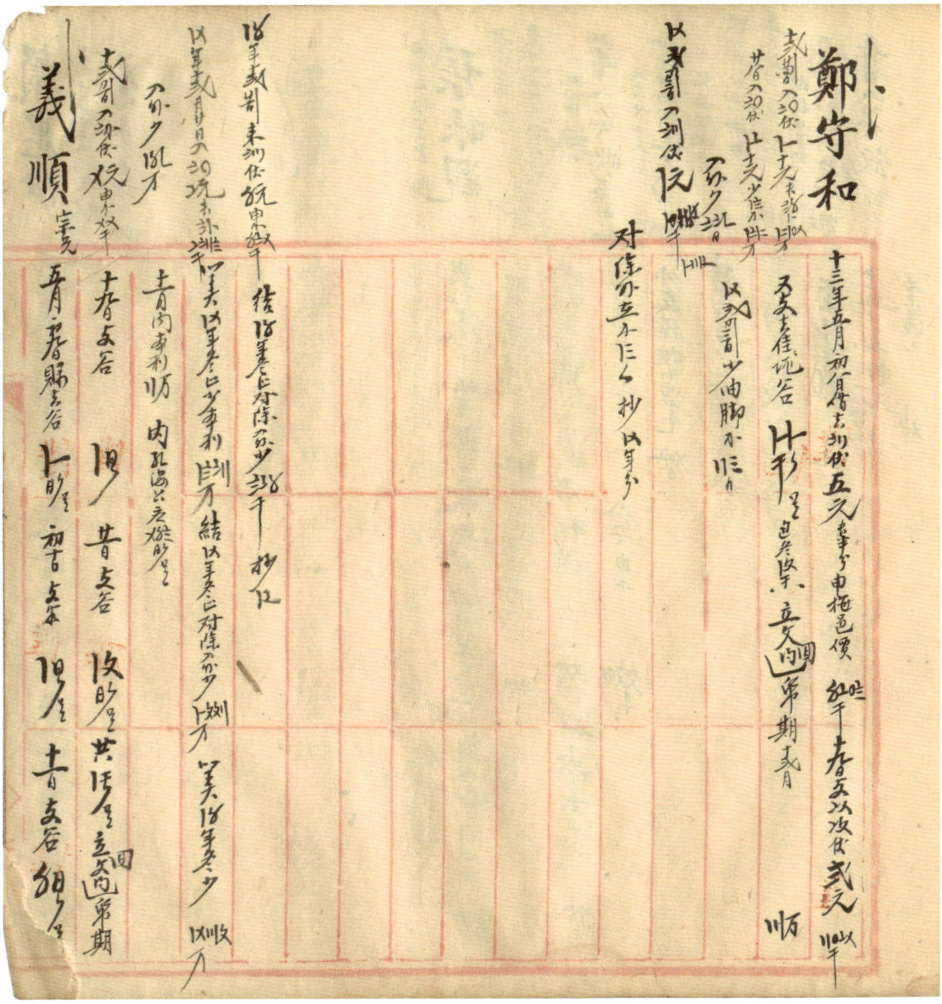

8-2-37-161　清光緒十二年鋼興黄記銀錢油穀發借總目（一六一）

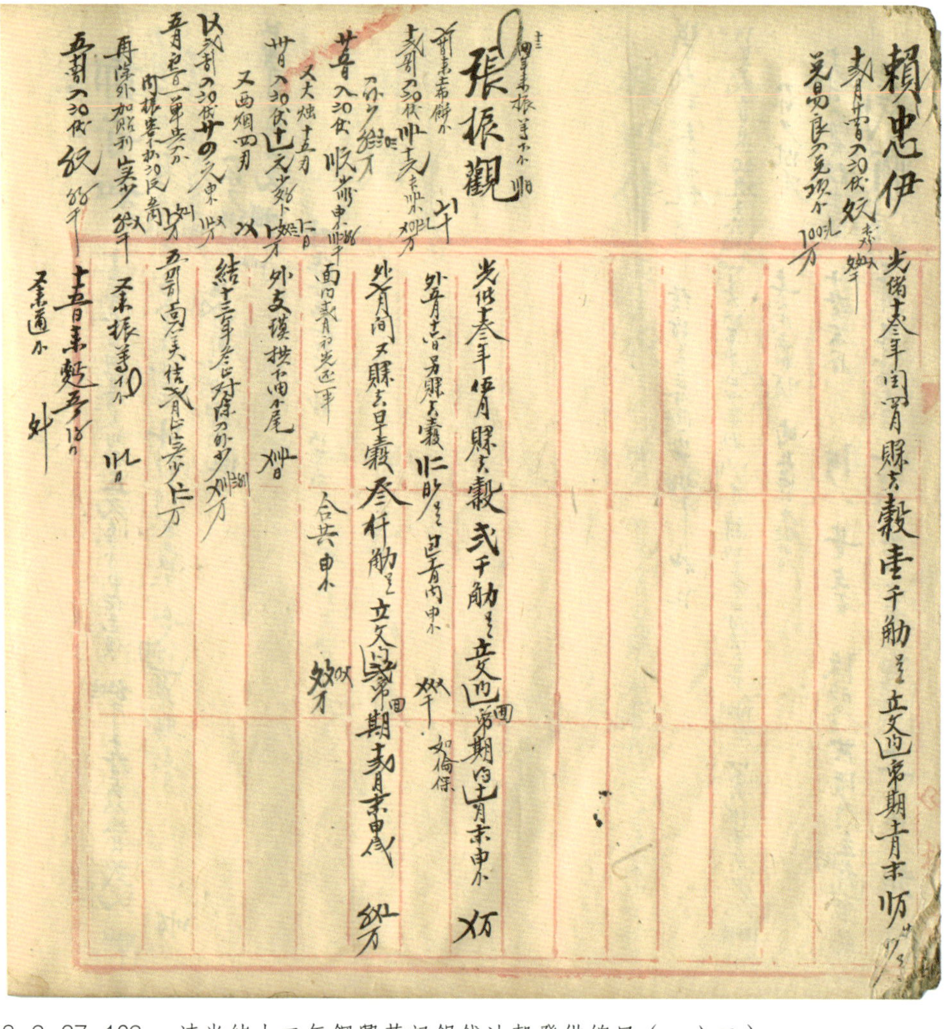

8-2-37-162　清光緒十二年鋼興黄記銀錢油穀發借總目（一六二）

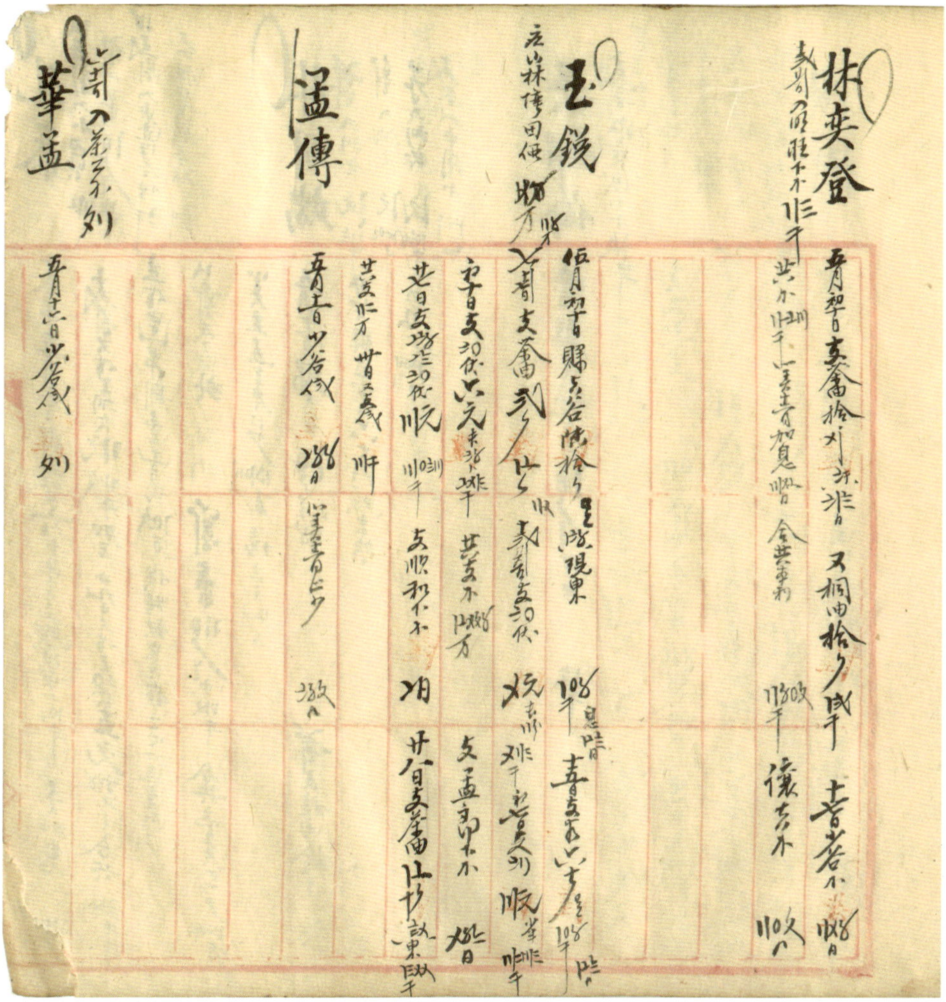

8-2-37-163　清光緒十二年鋼興黄記銀錢油穀發借總目（一六三）

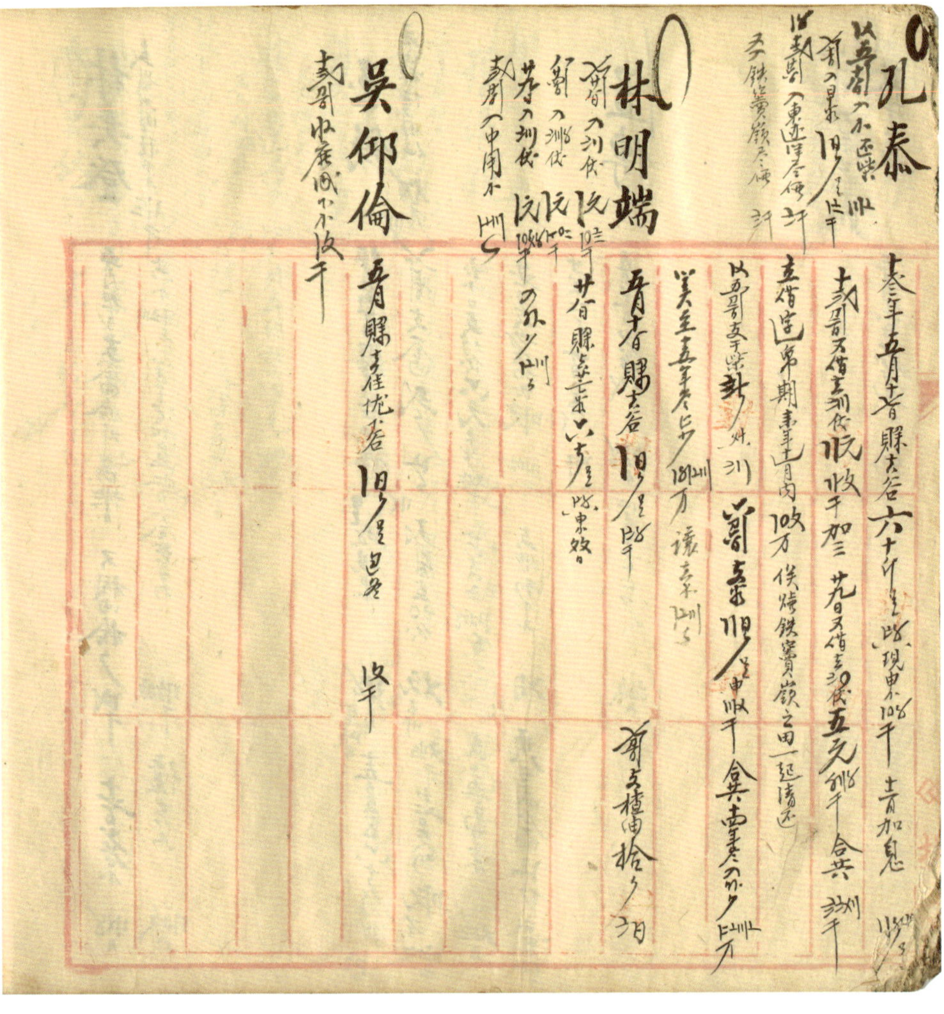

8-2-37-164　清光緒十二年鋼興黄記銀錢油穀發借總目（一六四）

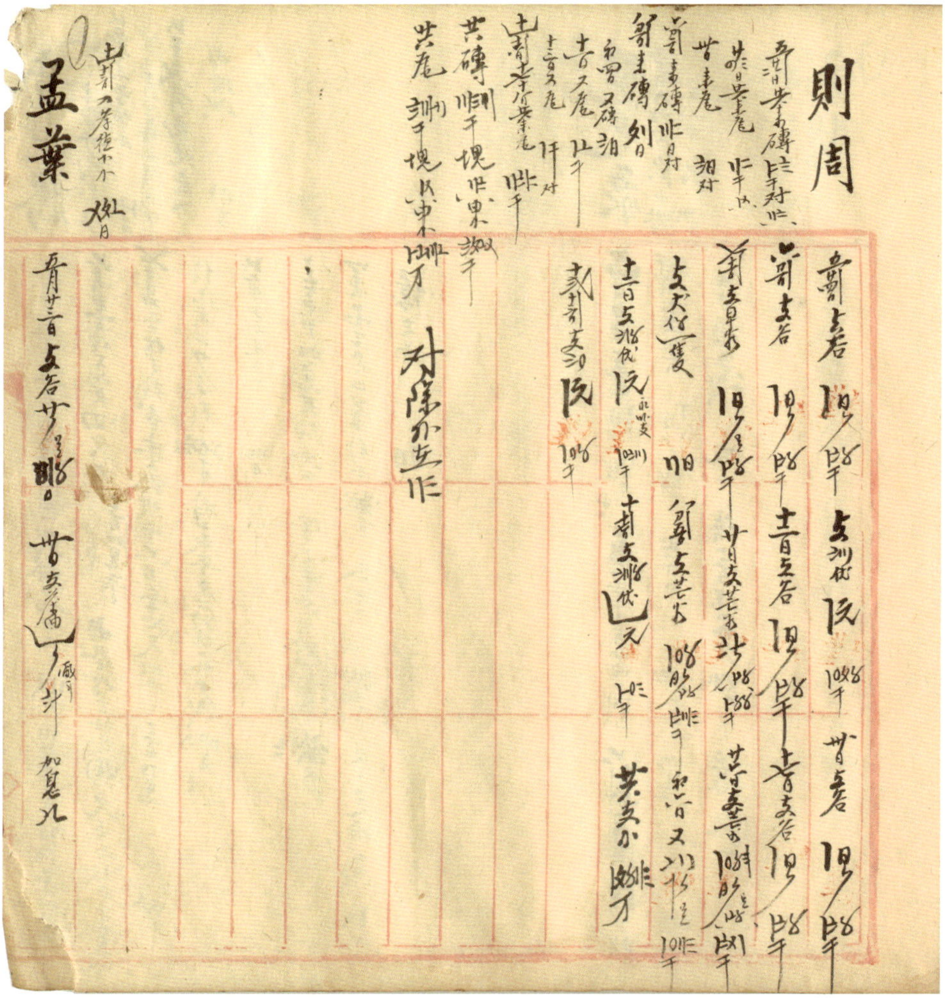
則周
孟葉

8-2-37-165　清光緒十二年鋼興黃記銀錢油穀發借總目（一六五）

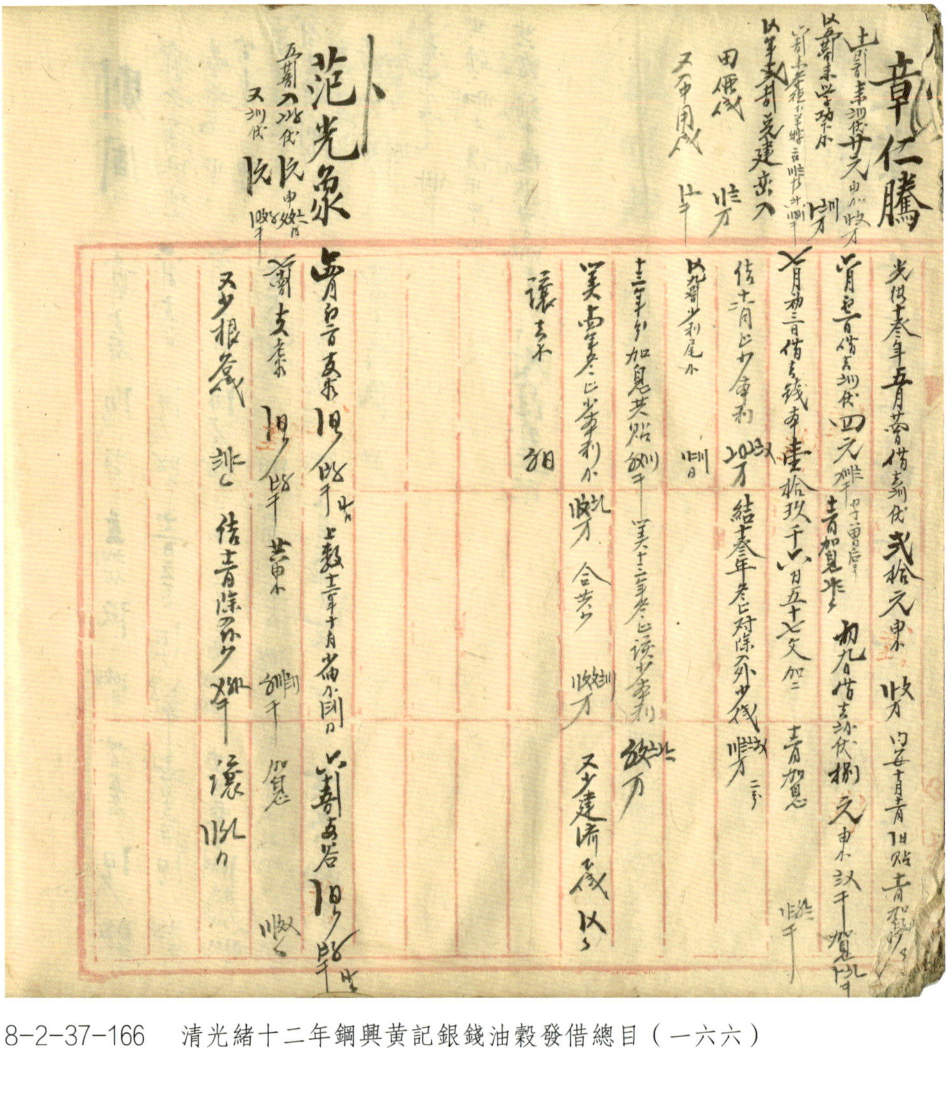
章仁騰

范光泉

8-2-37-166　清光緒十二年鋼興黃記銀錢油穀發借總目（一六六）

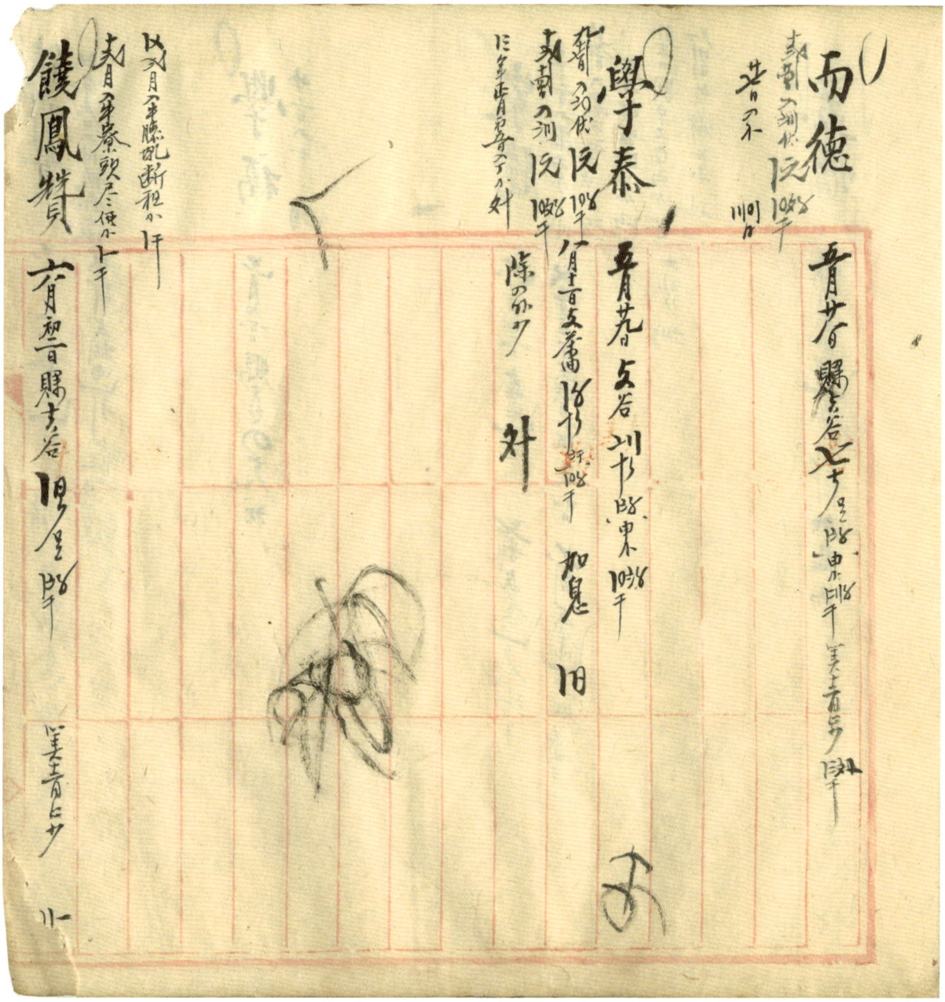

8-2-37-167　清光緒十二年鋼興黃記銀錢油穀發借總目（一六七）

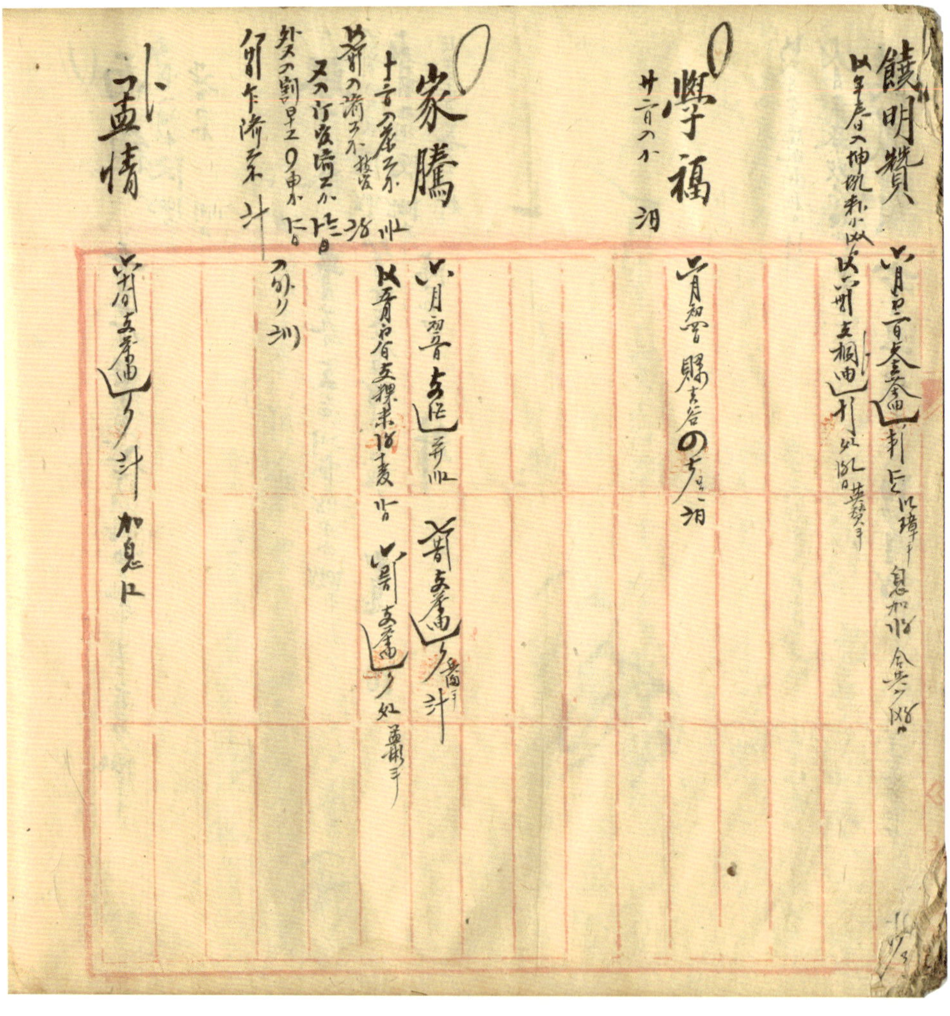

8-2-37-168　清光緒十二年鋼興黄記銀錢油穀發借總目（一六八）

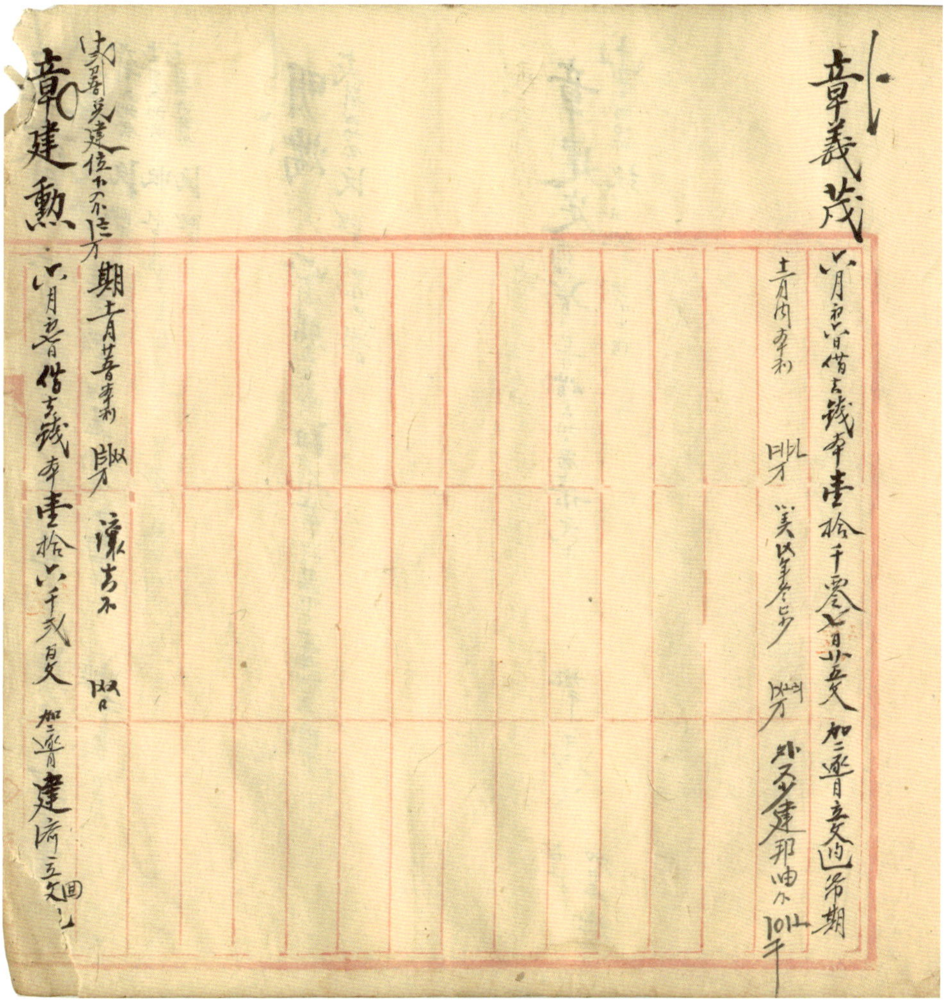

8-2-37-169　清光緒十二年鋼興黄記銀錢油穀發借總目（一六九）

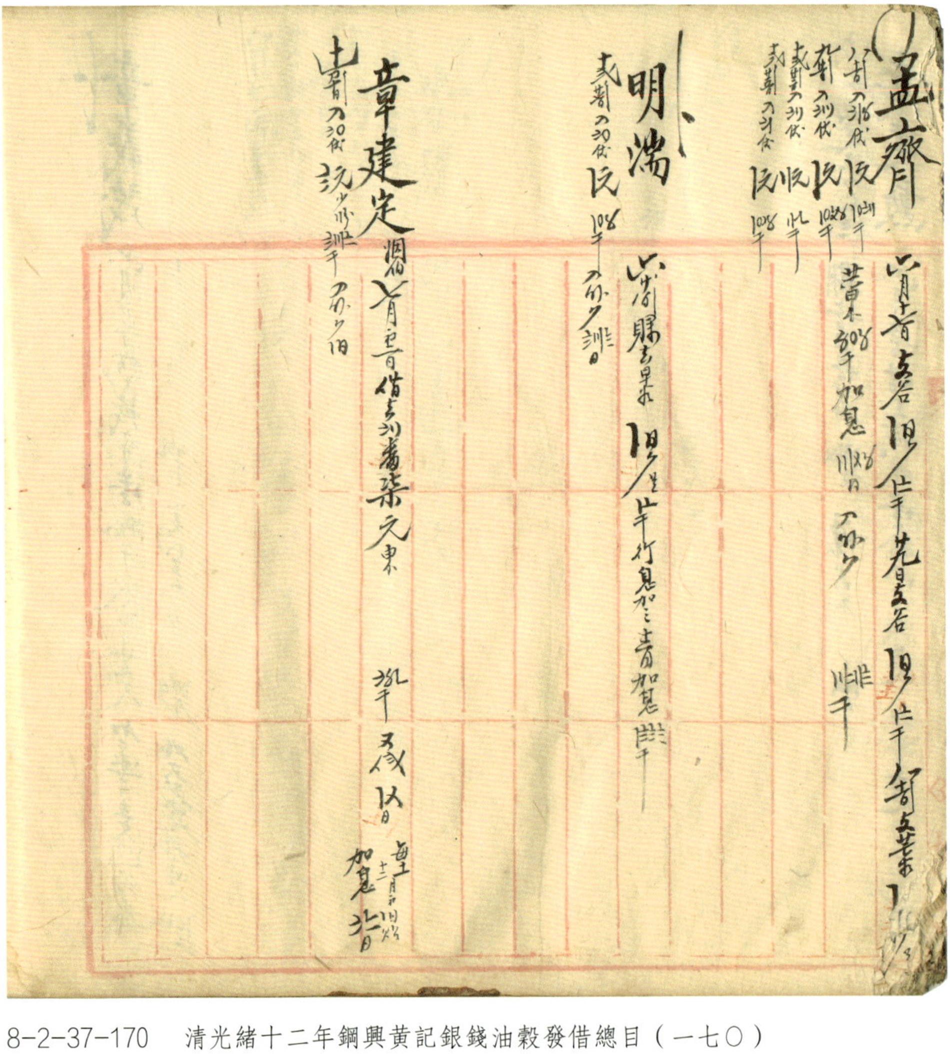

8-2-37-170　清光緒十二年鋼興黃記銀錢油穀發借總目（一七〇）

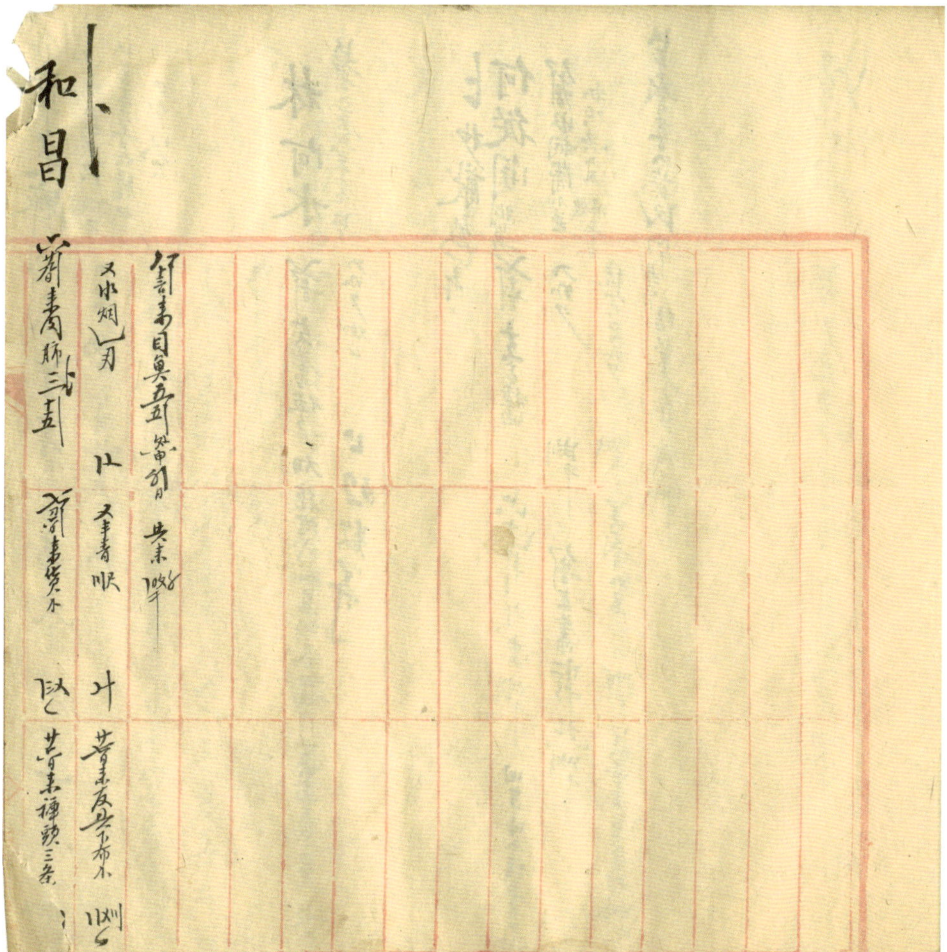

8-2-37-171　清光緒十二年鋼興黄記銀錢油穀發借總目（一七一）

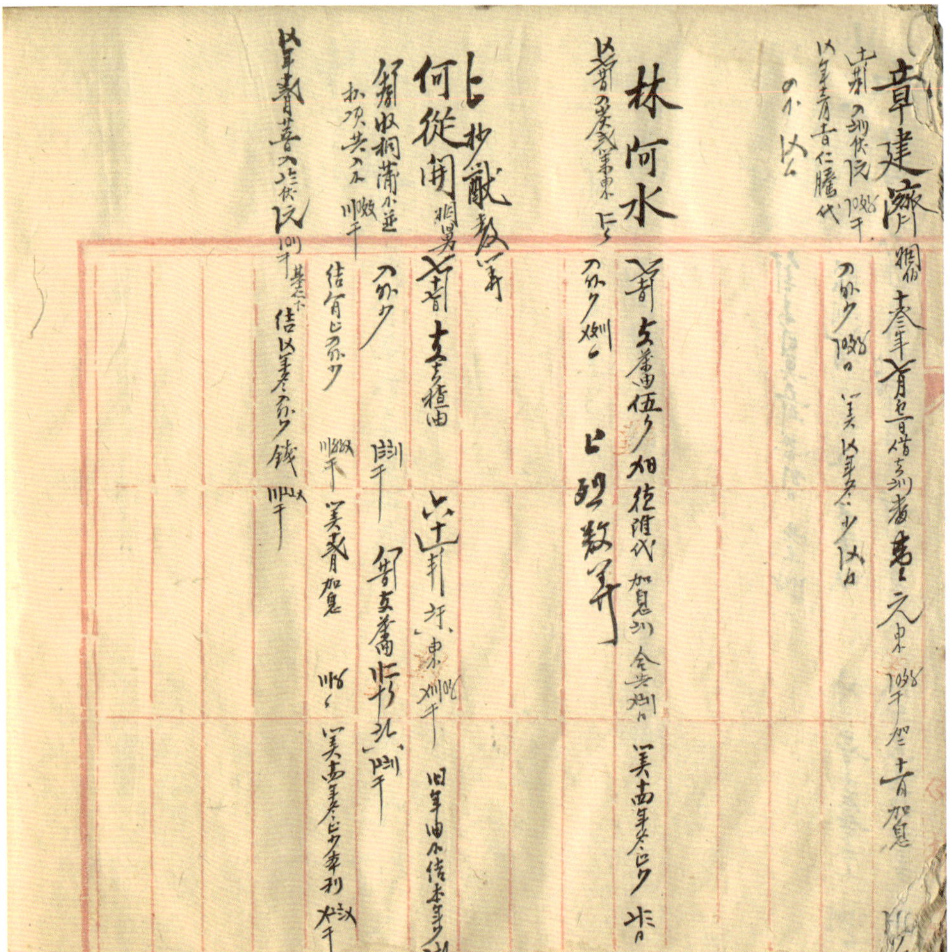

8-2-37-172　清光緒十二年鋼興黄記銀錢油穀發借總目（一七二）

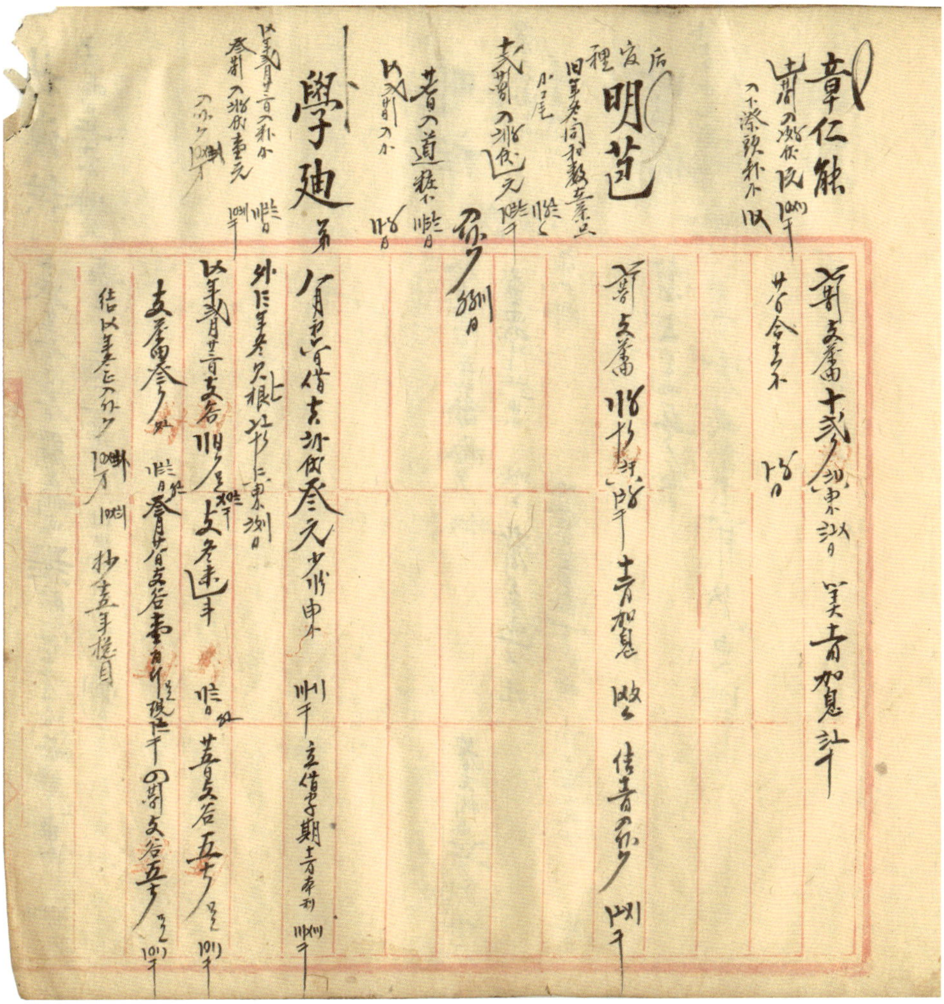

8-2-37-173　清光緒十二年鋼興黄記銀錢油穀發借總目（一七三）

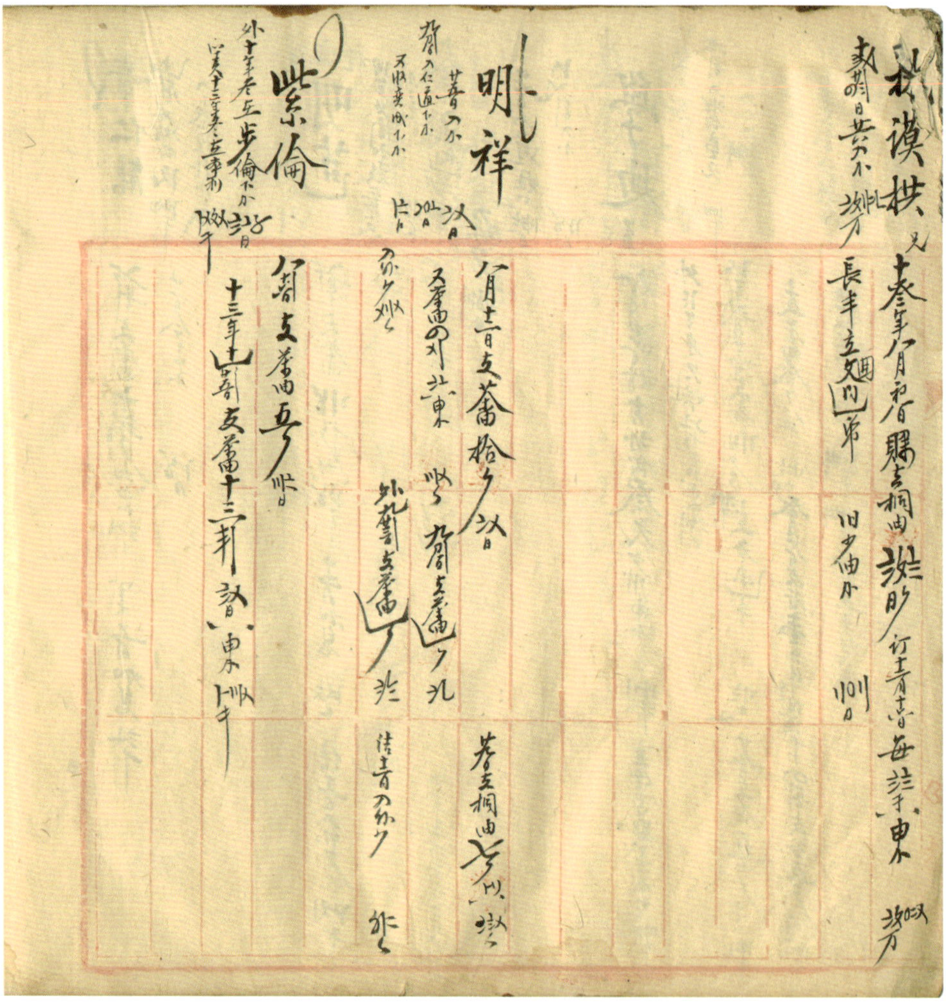

8-2-37-174　清光緒十二年鋼興黄記銀錢油穀發借總目（一七四）

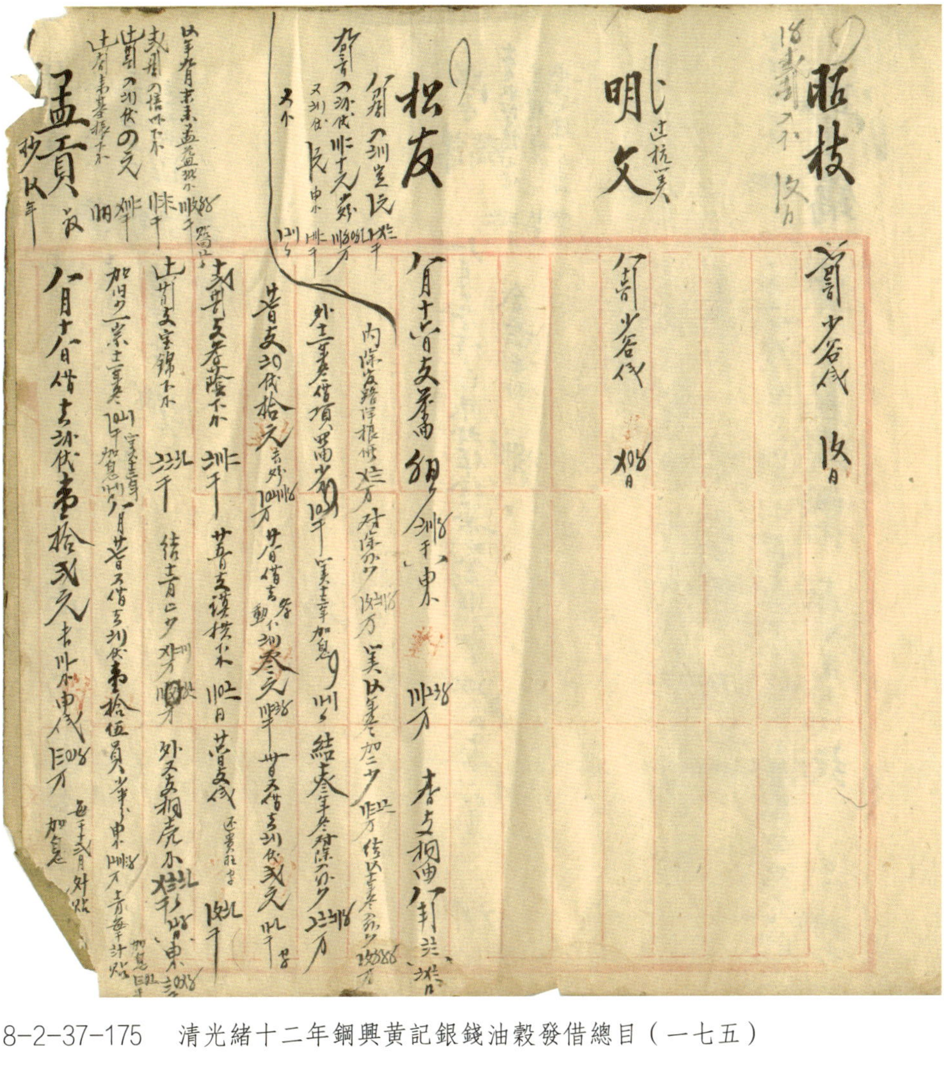

8-2-37-175　清光緒十二年鋼興黄記銀錢油穀發借總目（一七五）

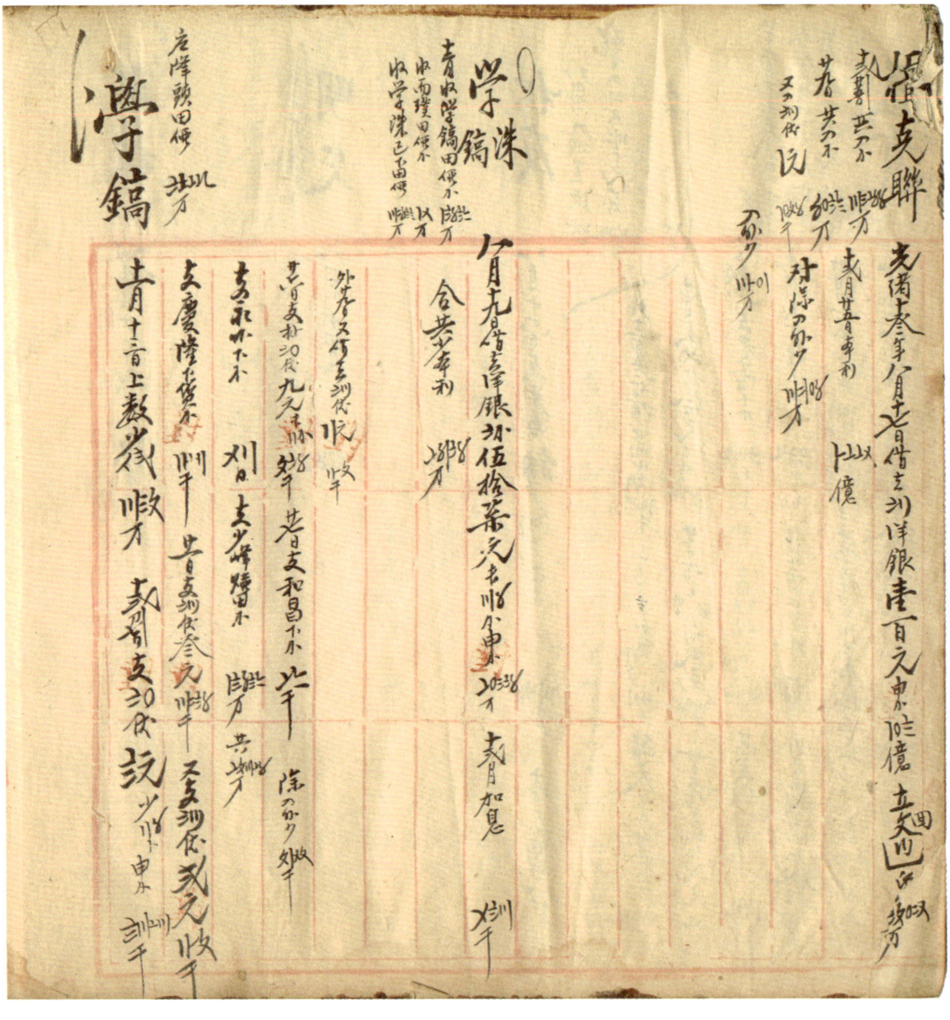

8-2-37-176　清光緒十二年鋼興黃記銀錢油穀發借總目（一七六）

福建民間契約文書

廈門大學民間歷史文獻研究中心 編
鄭振滿 主編

38

八閩文庫
專題彙編
第二種

海峽出版發行集團
THE STRAITS PUBLISHING & DISTRIBUTING GROUP
福建人民出版社

本册目録

第八卷　永泰縣霞拔鄉錦安村契約文書（四）

第二帙　積善堂

第八卷　永泰縣霞拔鄉錦安村契約文書（四）

本卷主編　周煜翔

第二帙　積善堂

8-2-41-1　清光緒十八年銀錢油穀發借總目（一）

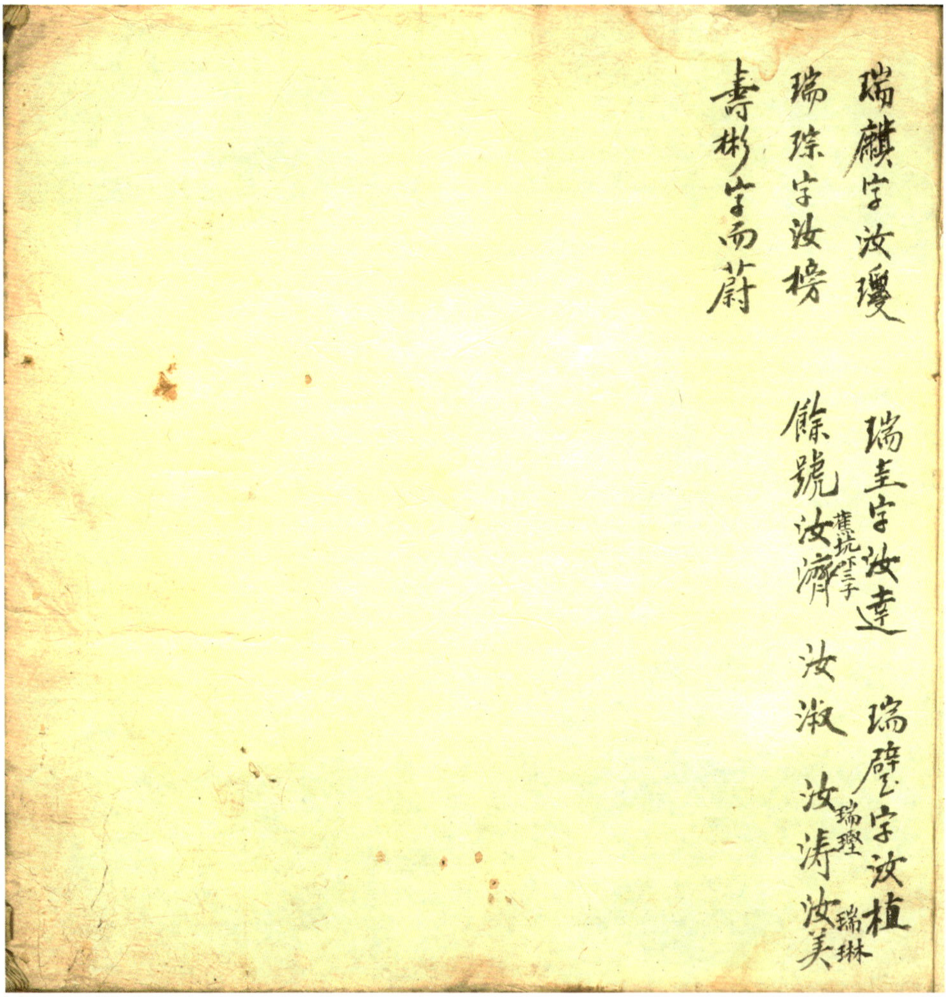

瑞麒字汝瓔
瑞琮字汝榜
壽彬字雨蔚

瑞圭字汝逵
餘號汝濟 蕉坑下三子
瑞璧字汝植
汝淑
汝涛 瑞璗
汝美 瑞琳

8-2-41-2　清光緒十八年銀錢油穀發借總目（二）

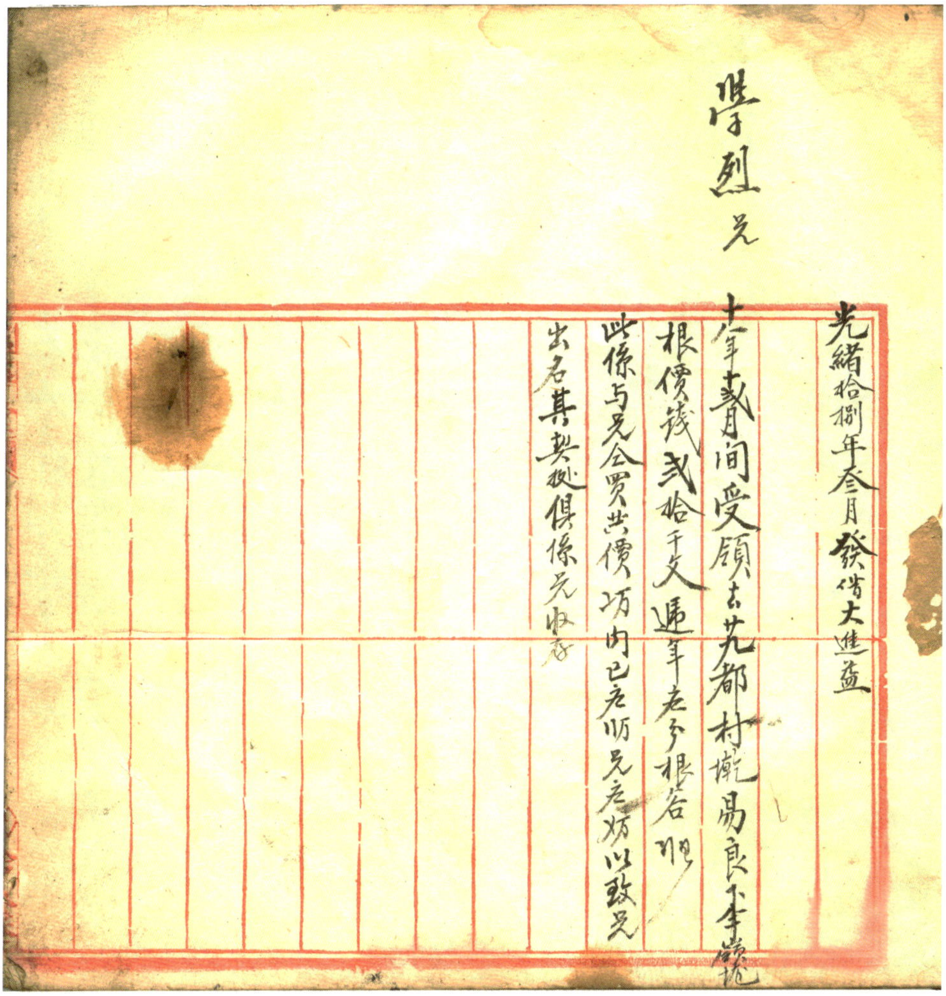
光緒拾捌年叁月發借大進益
學烈兄十年貳月間受領去芄都村壠易良下李嶺墘
根價錢貳拾千文逓年左多根谷𣍐
此係与兄公買出價坊内已𠂊叨兄左坊以致兄
出名其契據俱係兄收存

8-2-41-3　清光緒十八年銀錢油穀發借總目（三）

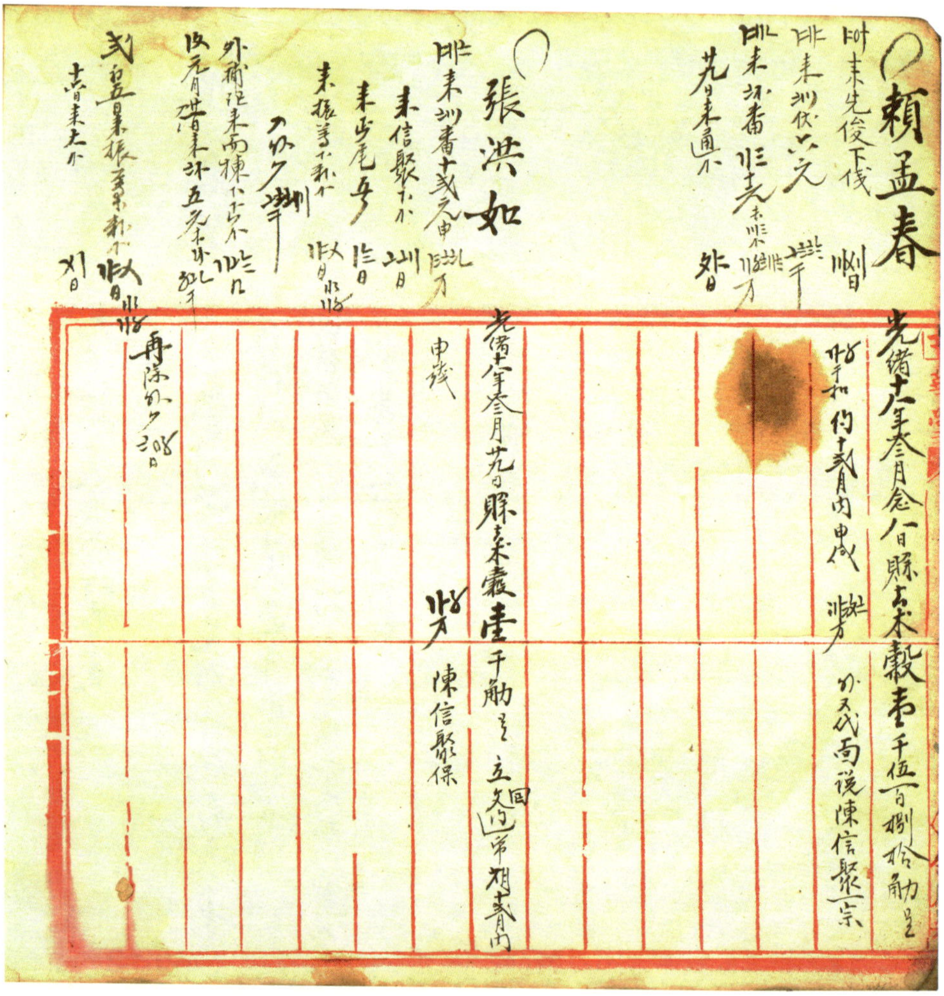
光緒十八年叁月念八日賒去木穀壹千伍百捌拾觔

光緒十八年叁月廿九日賒去木穀壹千觔

8-2-41-4　清光緒十八年銀錢油穀發借總目（四）

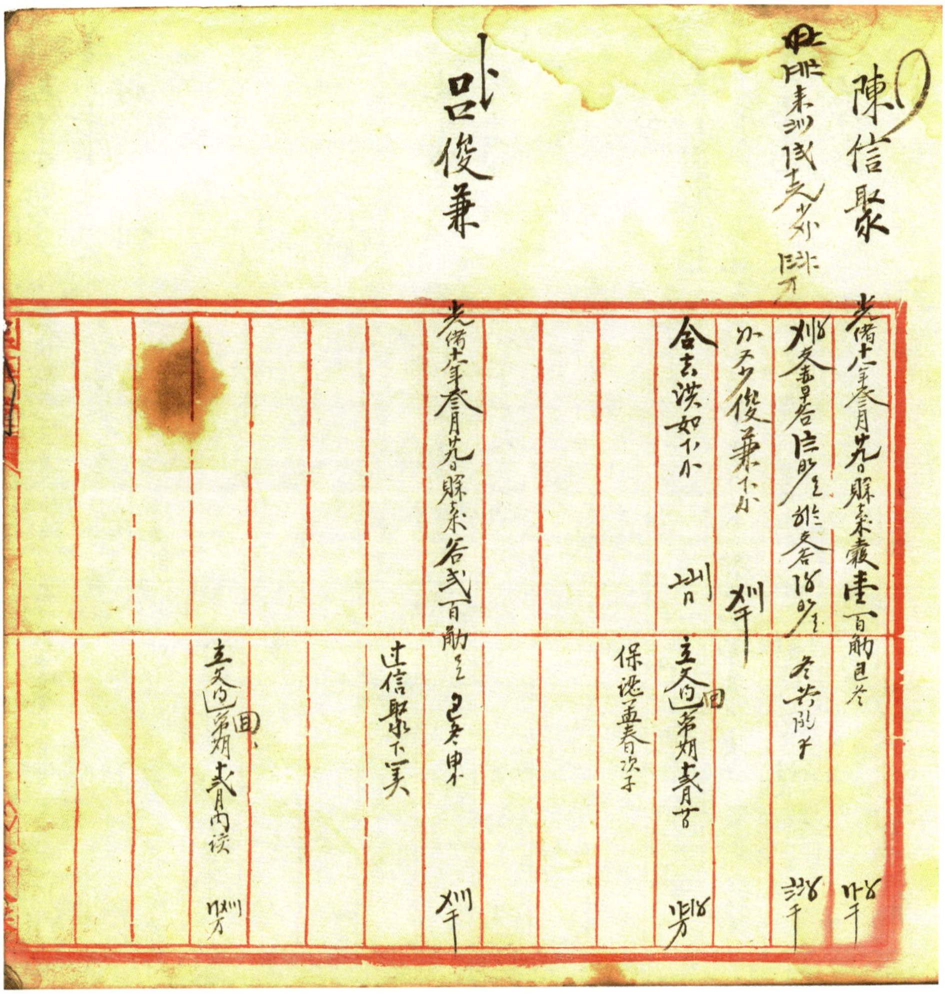

8-2-41-5　清光緒十八年銀錢油穀發借總目（五）

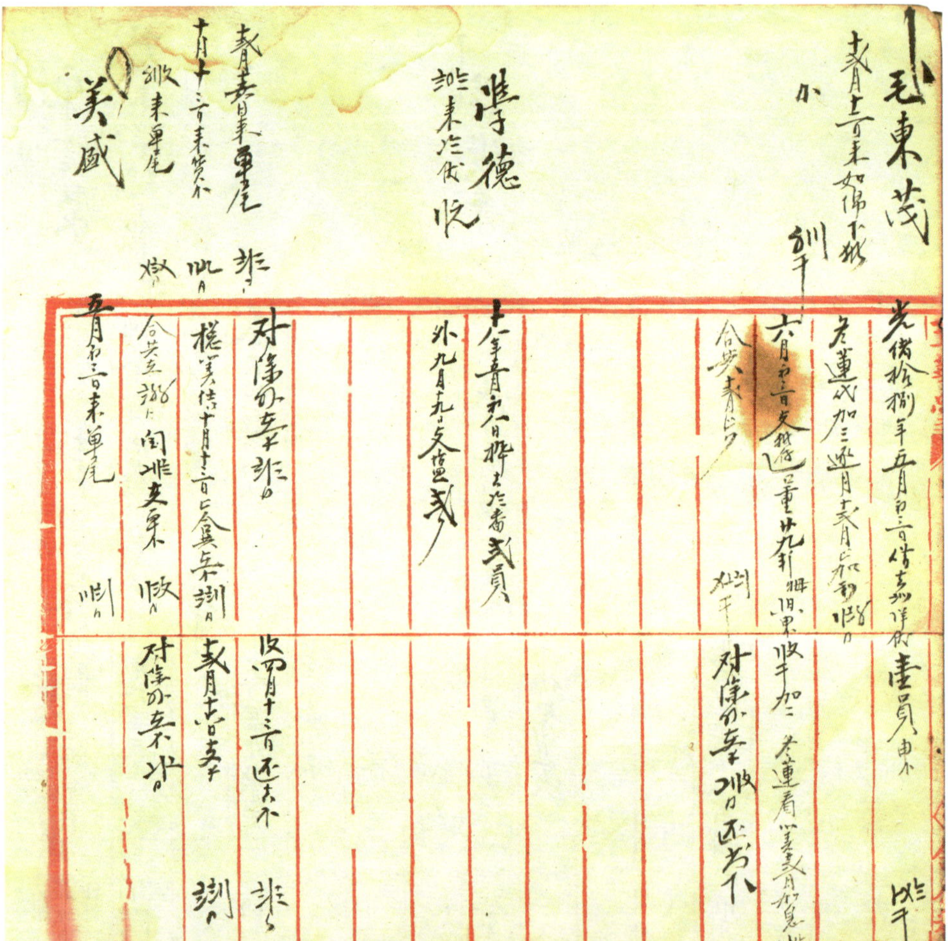

8-2-41-6　清光緒十八年銀錢油穀發借總目（六）

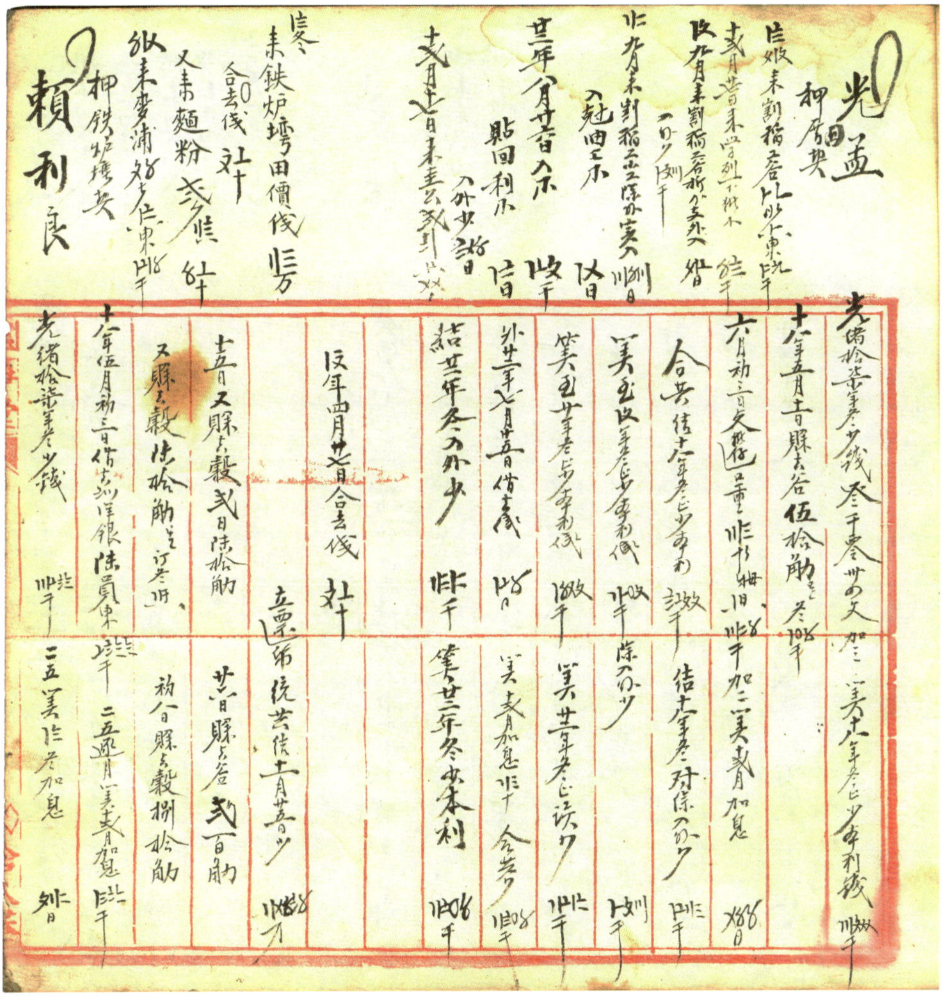

8-2-41-7　清光緒十八年銀錢油穀發借總目（七）

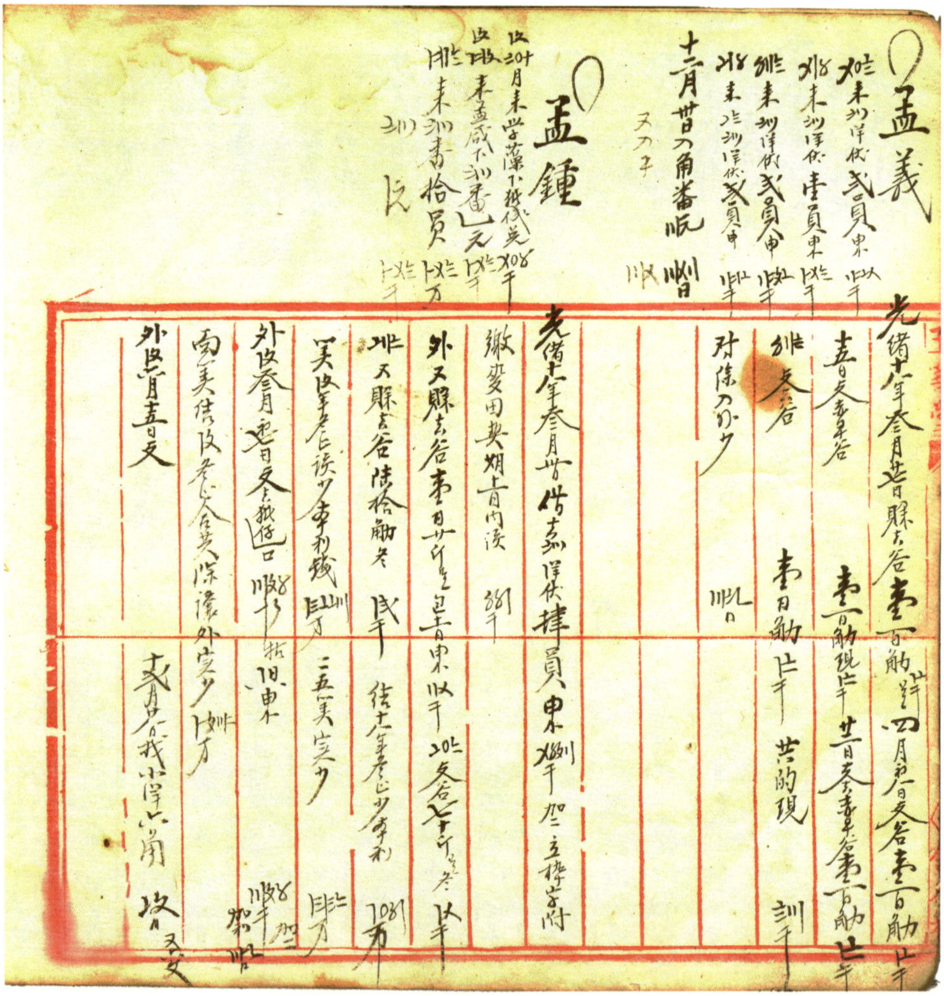

孟義

孟鍾

光緒十八年叁月廿四日縣去谷壹百觔

光緒十八年叁月廿四借去洋伏肆員東

繳交田契壹紙

8-2-41-8　清光緒十八年銀錢油穀發借總目（八）

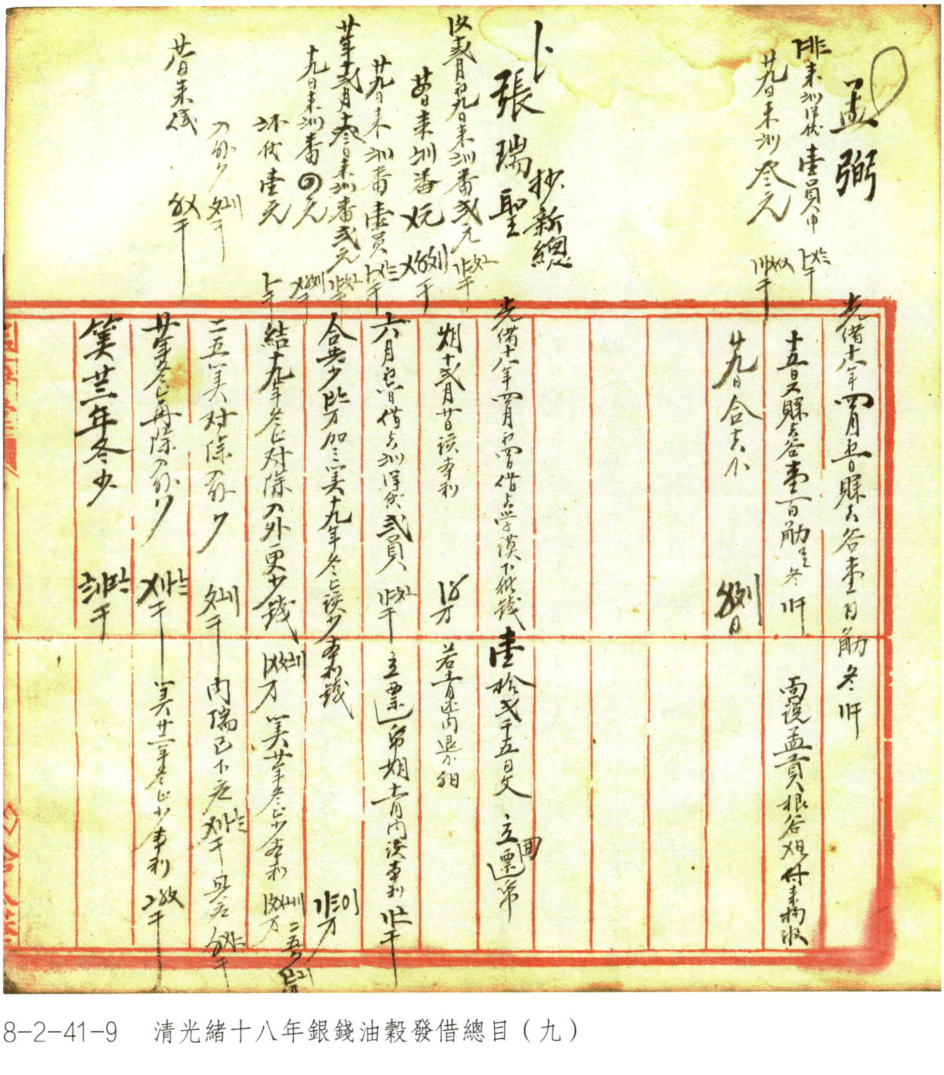

8-2-41-9　清光緒十八年銀錢油穀發借總目（九）

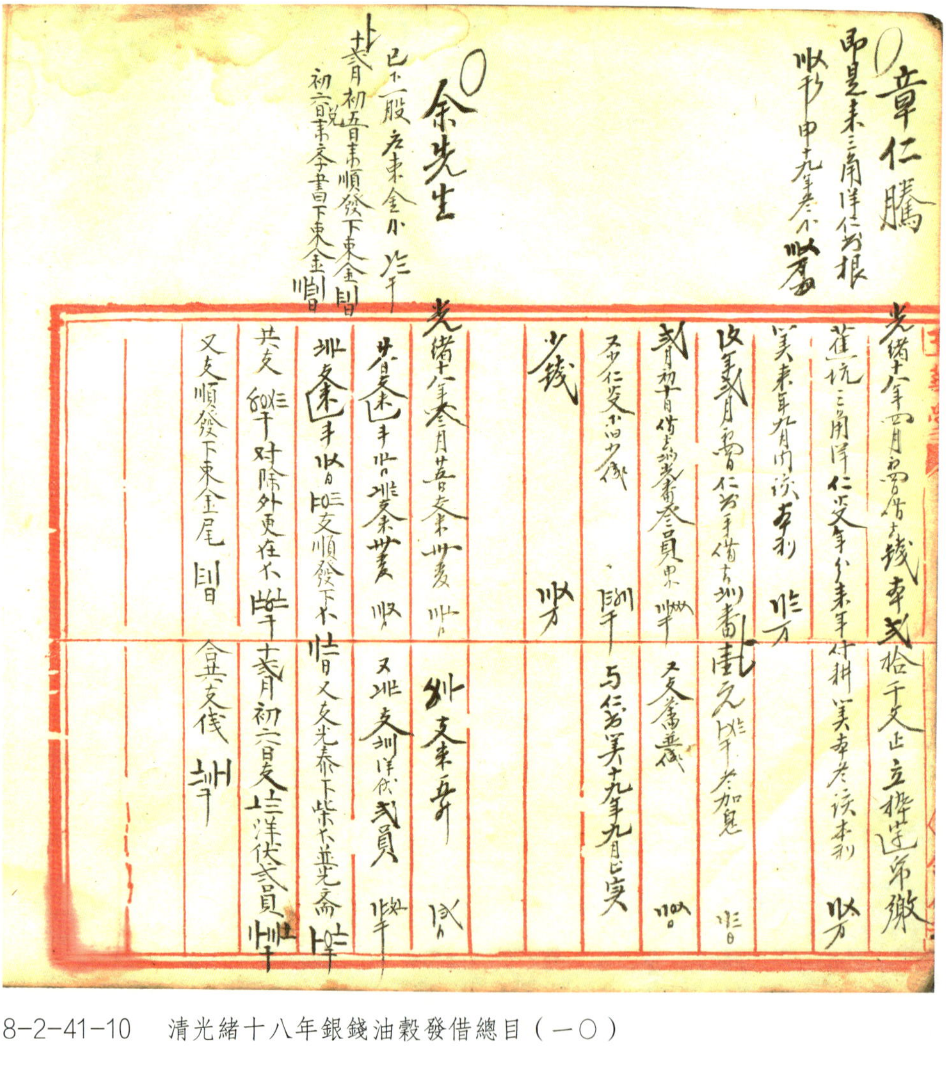

8-2-41-10　清光緒十八年銀錢油穀發借總目（一〇）

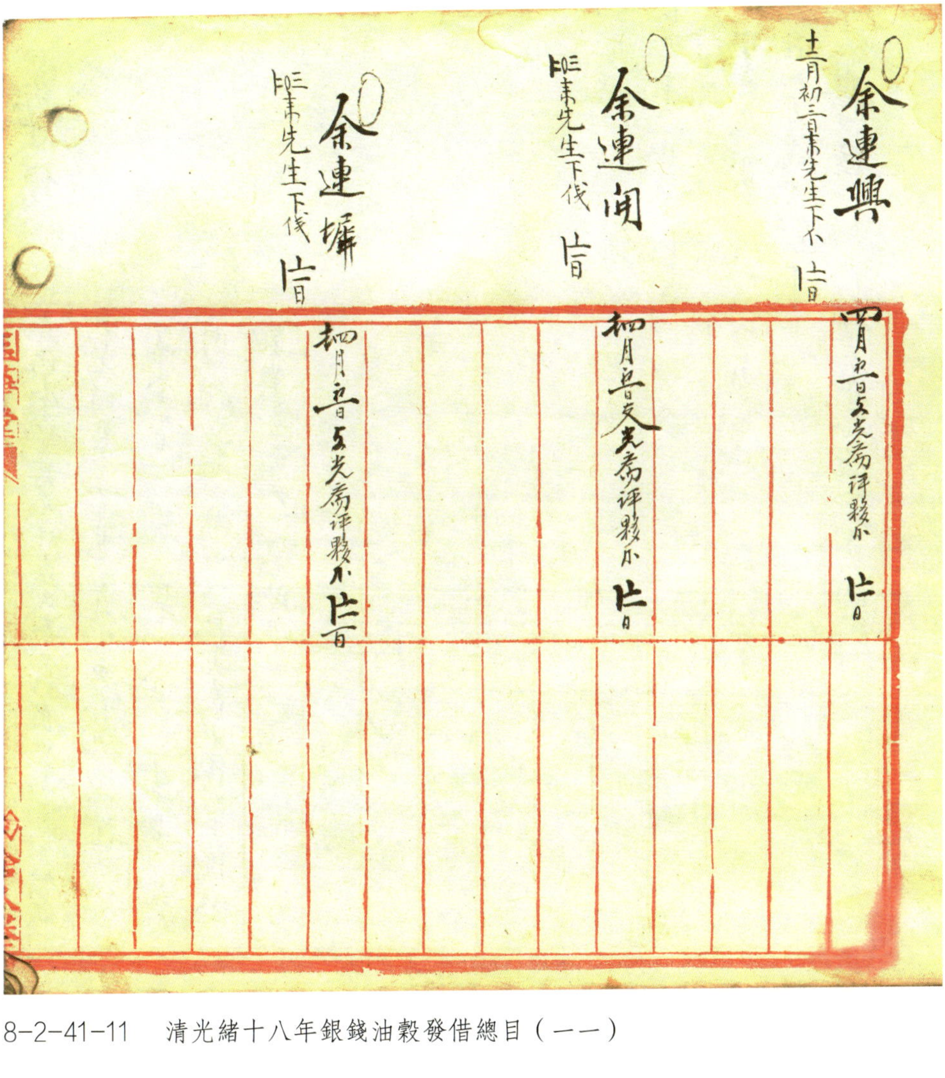

8-2-41-11　清光緒十八年銀錢油穀發借總目（一一）

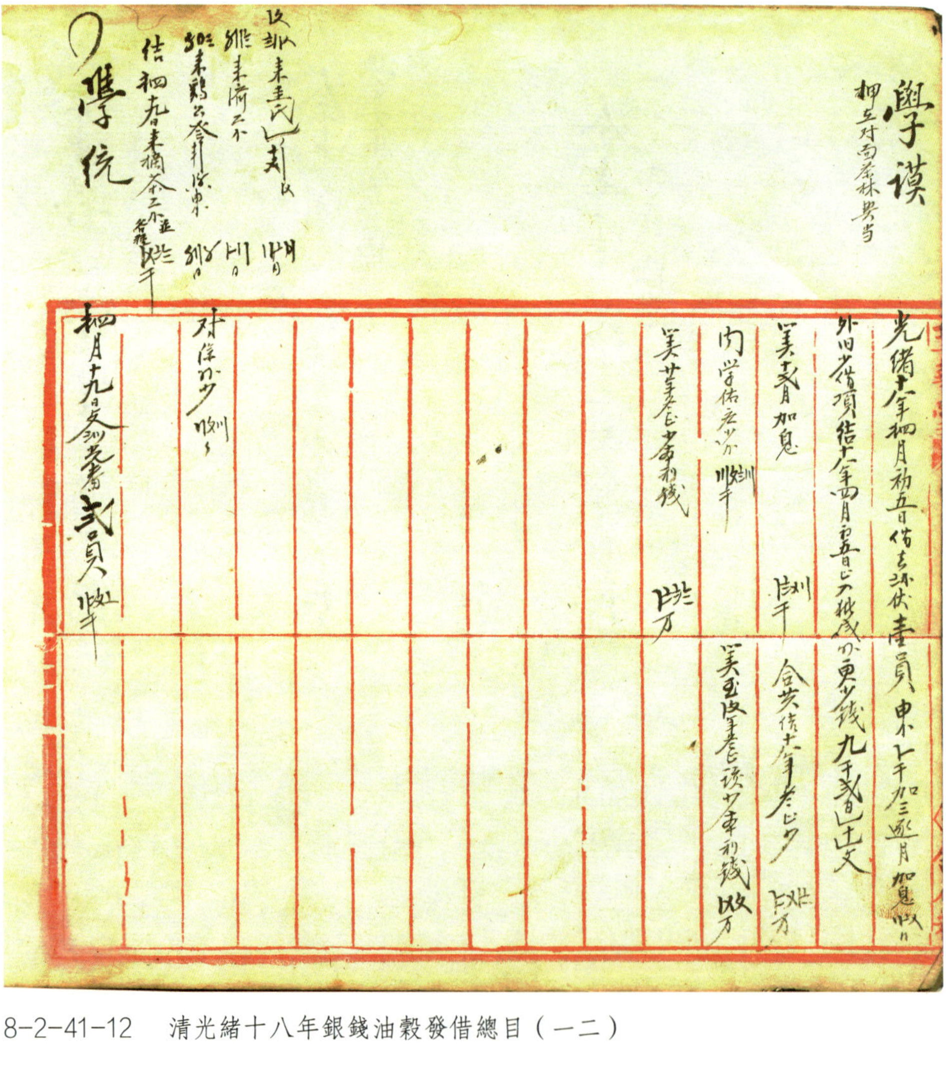

8-2-41-12　清光緒十八年銀錢油穀發借總目（一二）

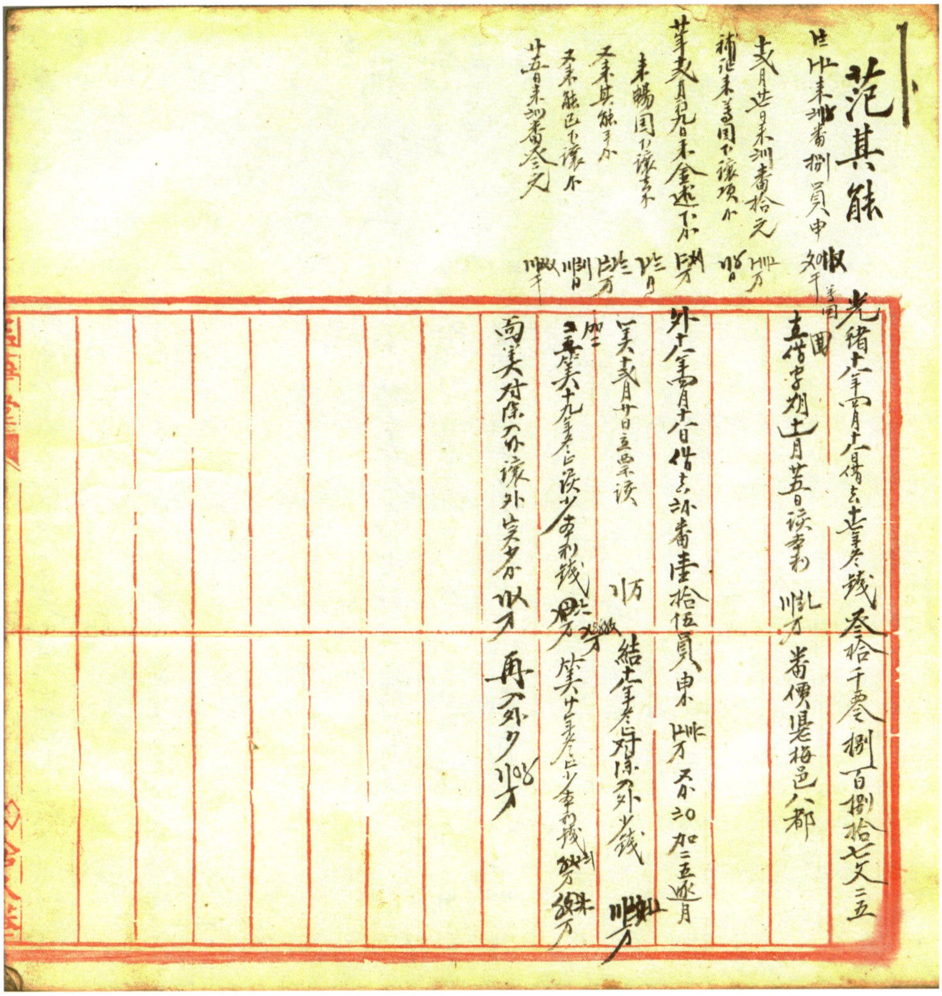

8-2-41-13　清光緒十八年銀錢油穀發借總目（一三）

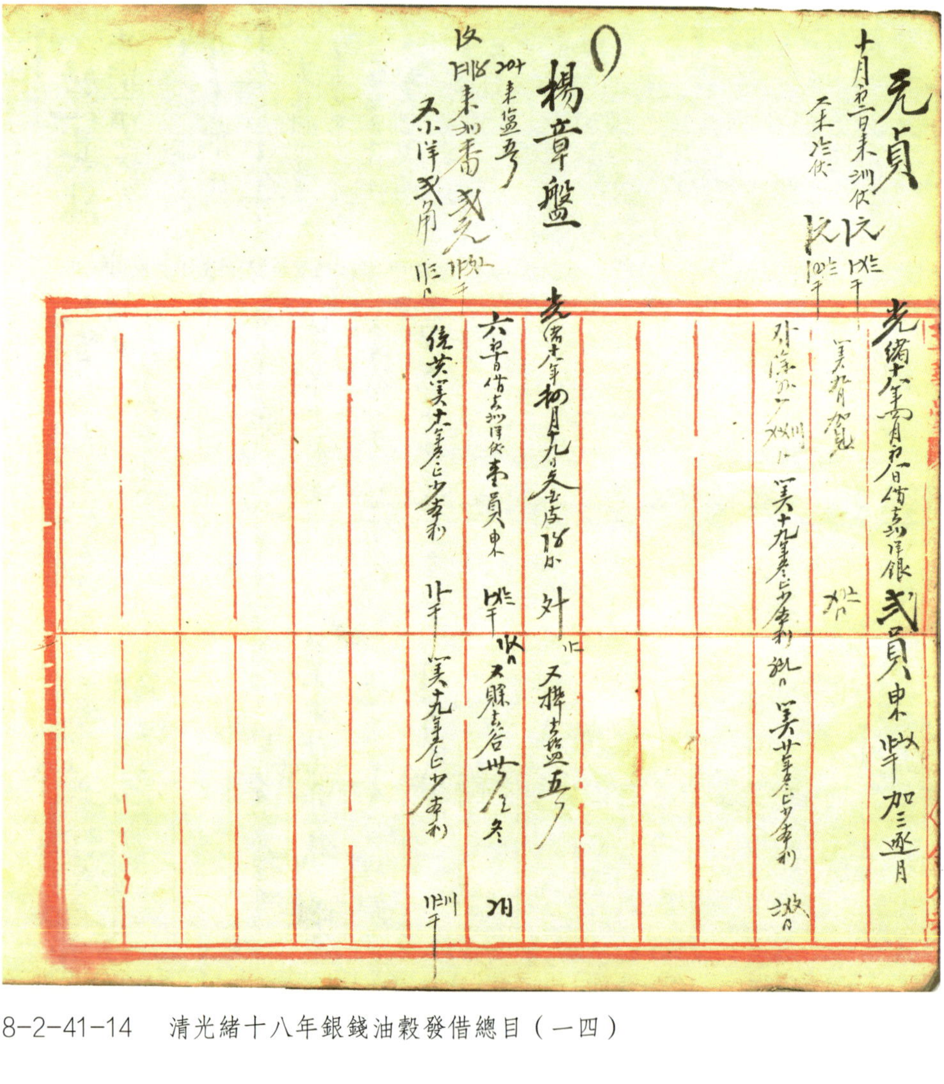

元貞

光緒十八年四月廿八日借去洋銀弍員

楊章盤

8-2-41-14　清光緒十八年銀錢油穀發借總目（一四）

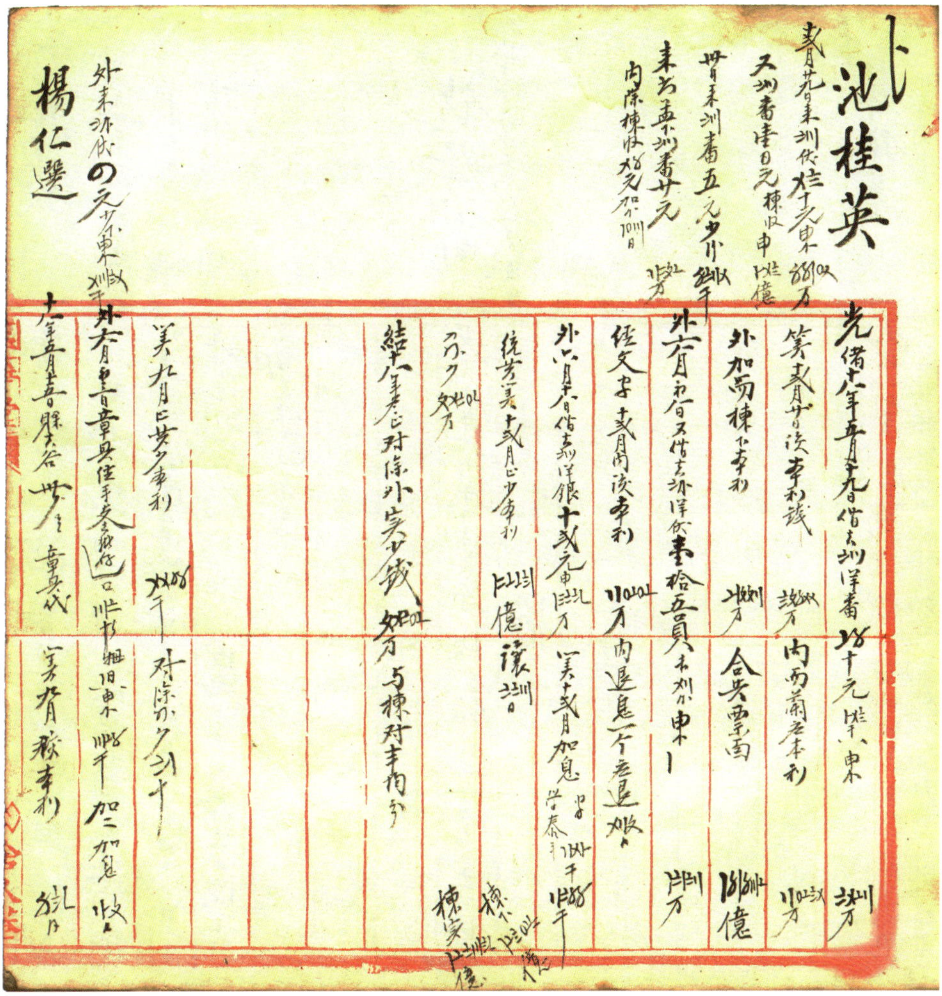

8-2-41-15　清光緒十八年銀錢油穀發借總目（一五）

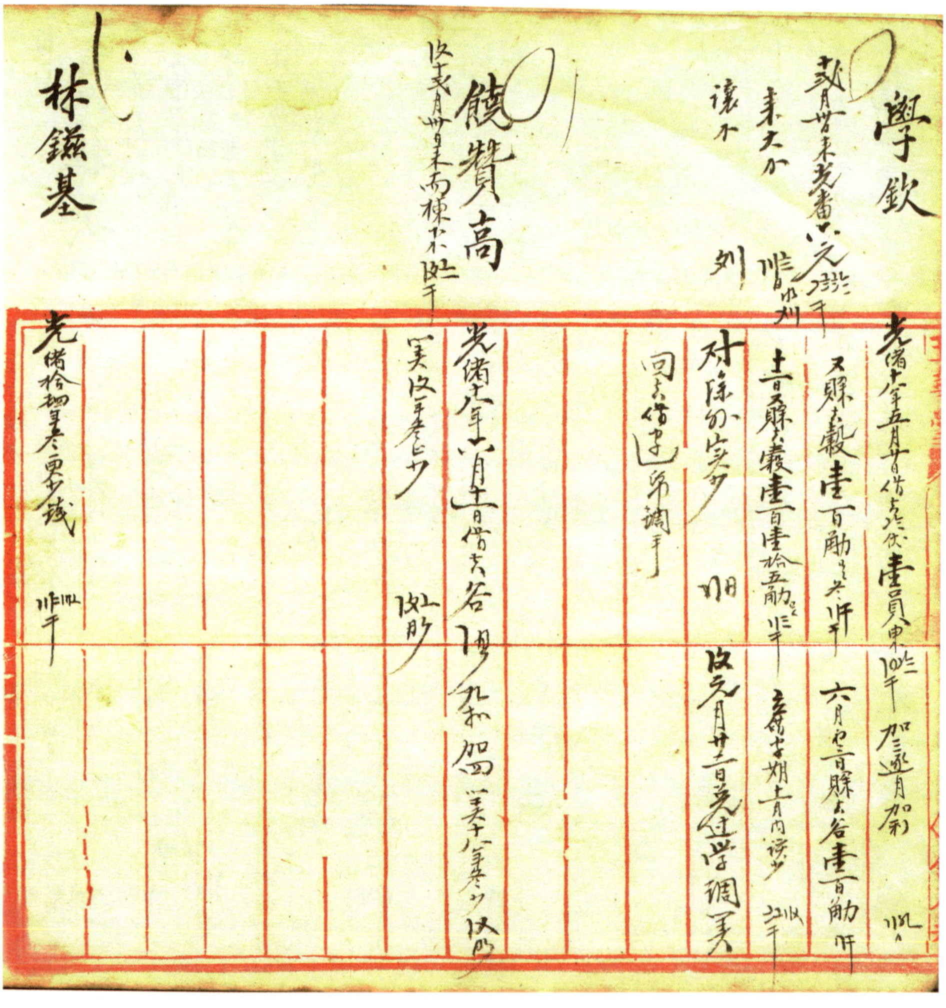

8-2-41-16　清光緒十八年銀錢油穀發借總目（一六）

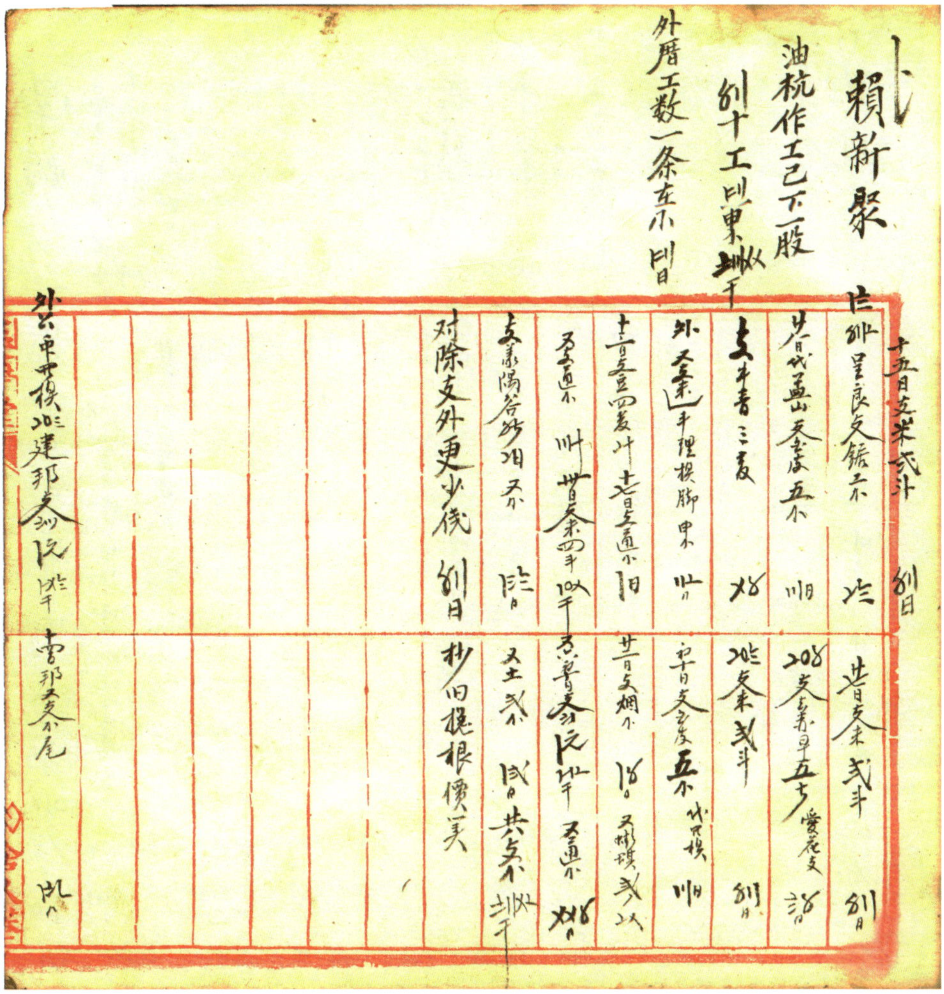

8-2-41-17　清光緒十八年銀錢油穀發借總目（一七）

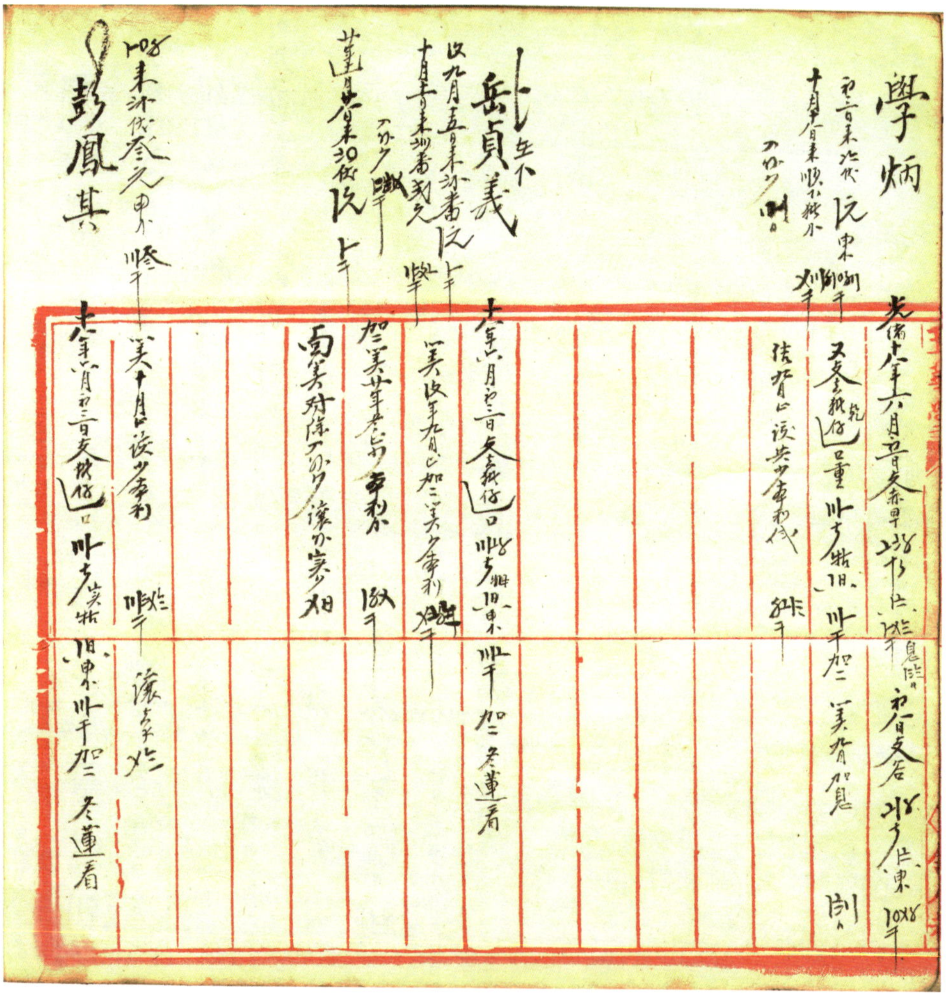

8-2-41-18　清光緒十八年銀錢油穀發借總目（一八）

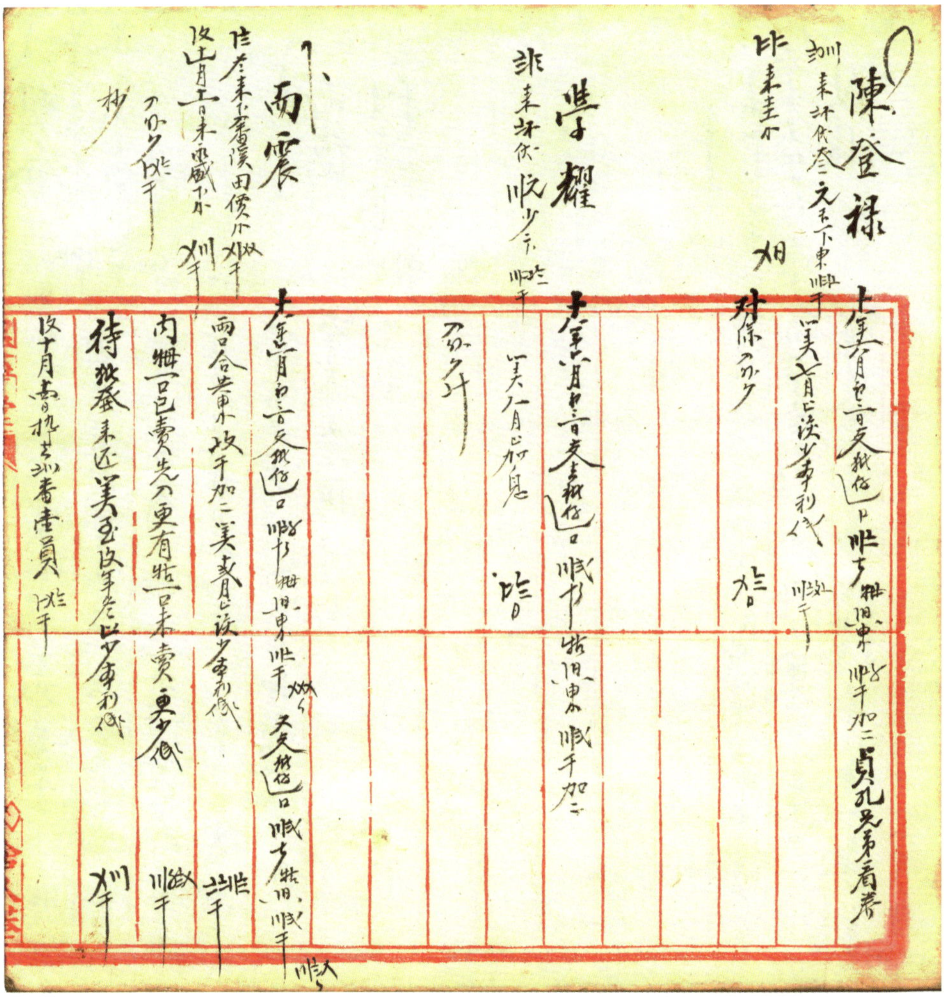

8-2-41-19　清光緒十八年銀錢油穀發借總目（一九）

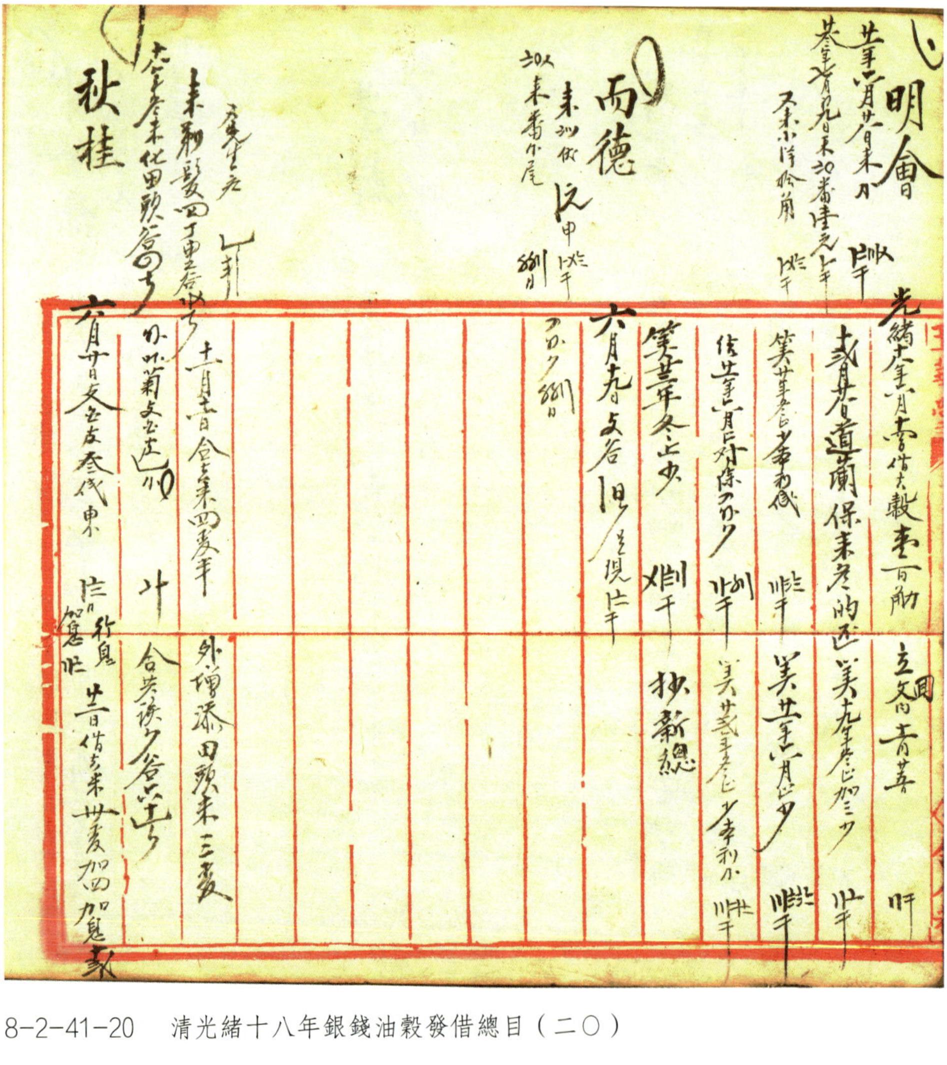

8-2-41-20　清光緒十八年銀錢油穀發借總目（二〇）

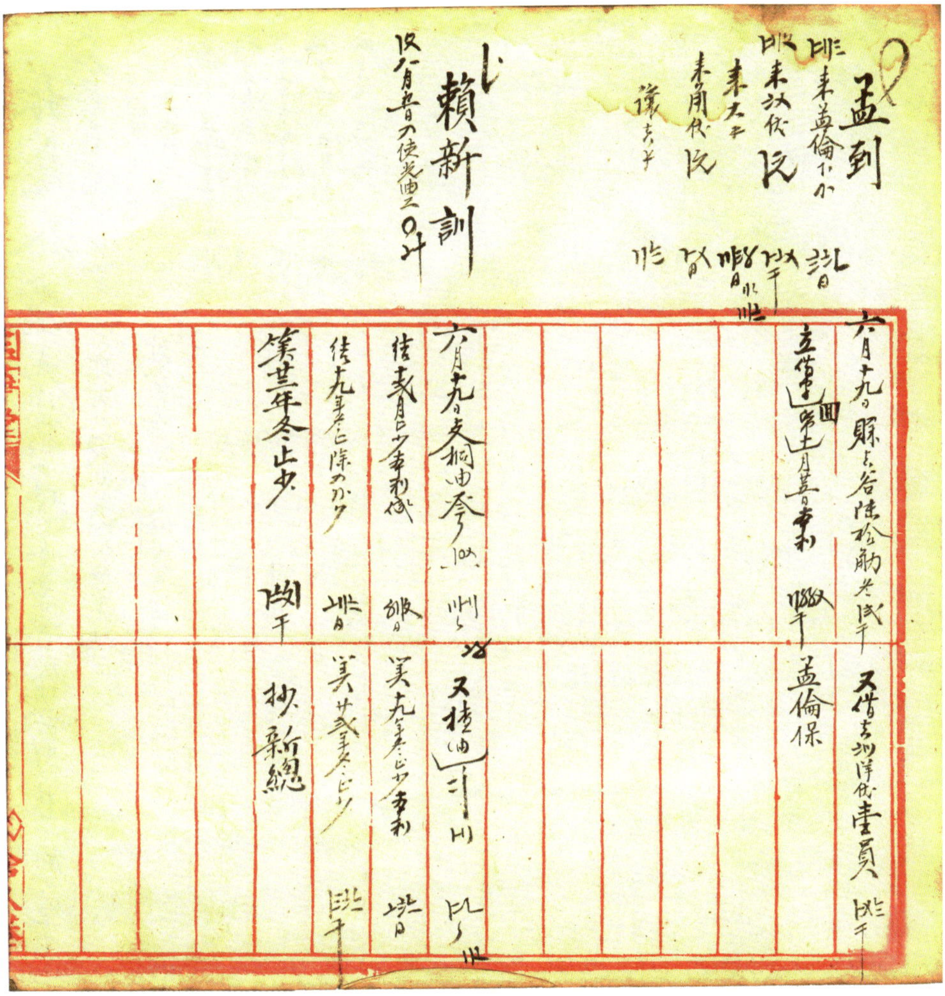

8-2-41-21　清光緒十八年銀錢油穀發借總目（二一）

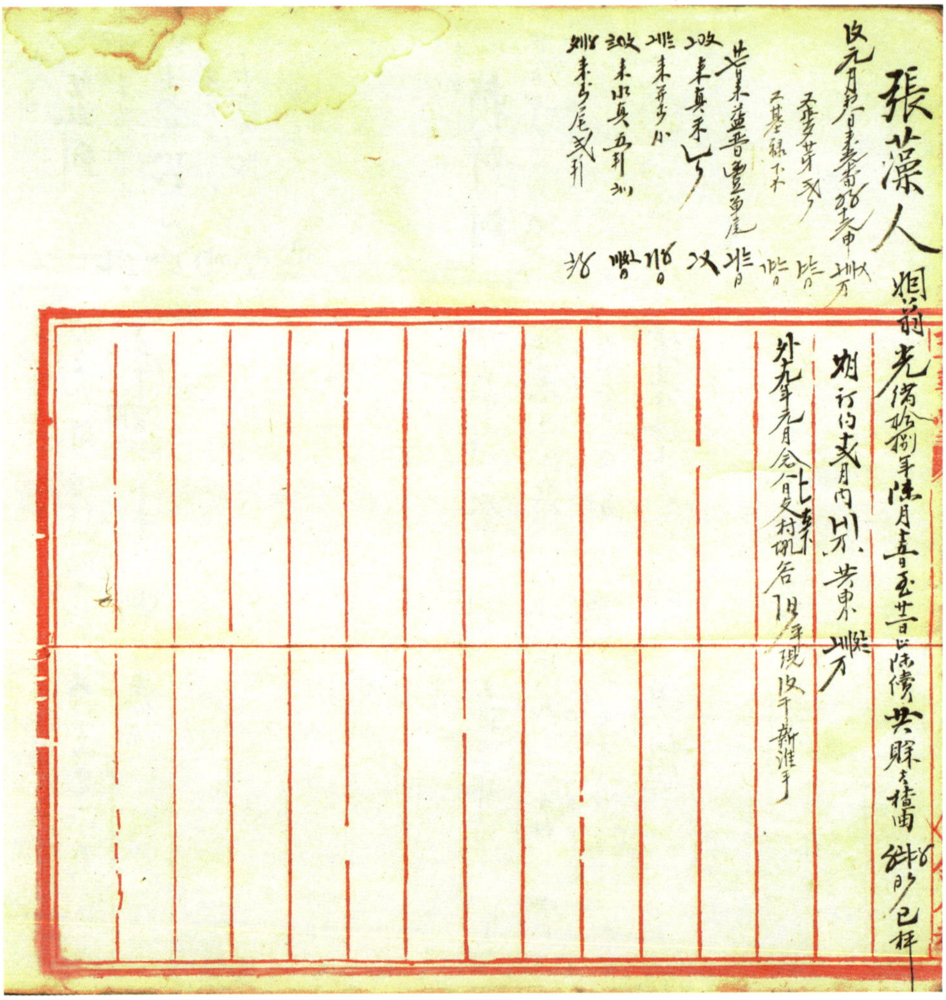
張藻人

8-2-41-22　清光緒十八年銀錢油穀發借總目（二二）

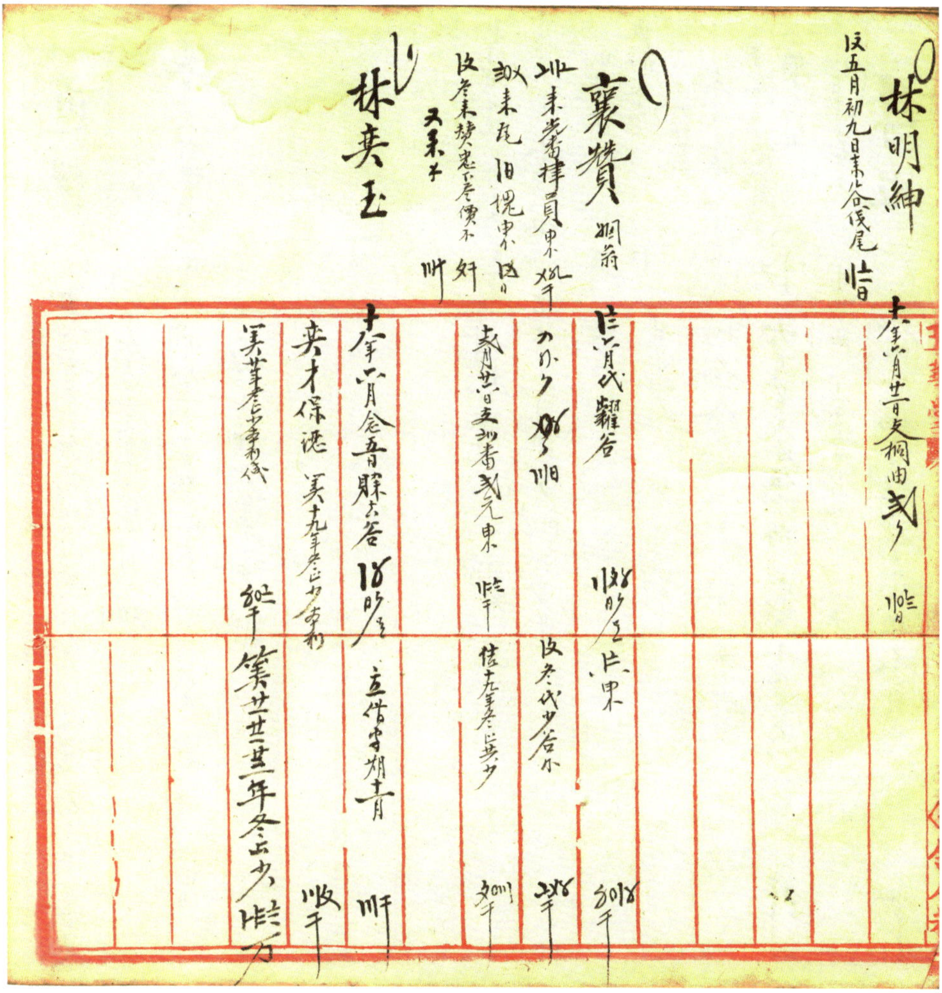

8-2-41-23　清光緒十八年銀錢油穀發借總目（二三）

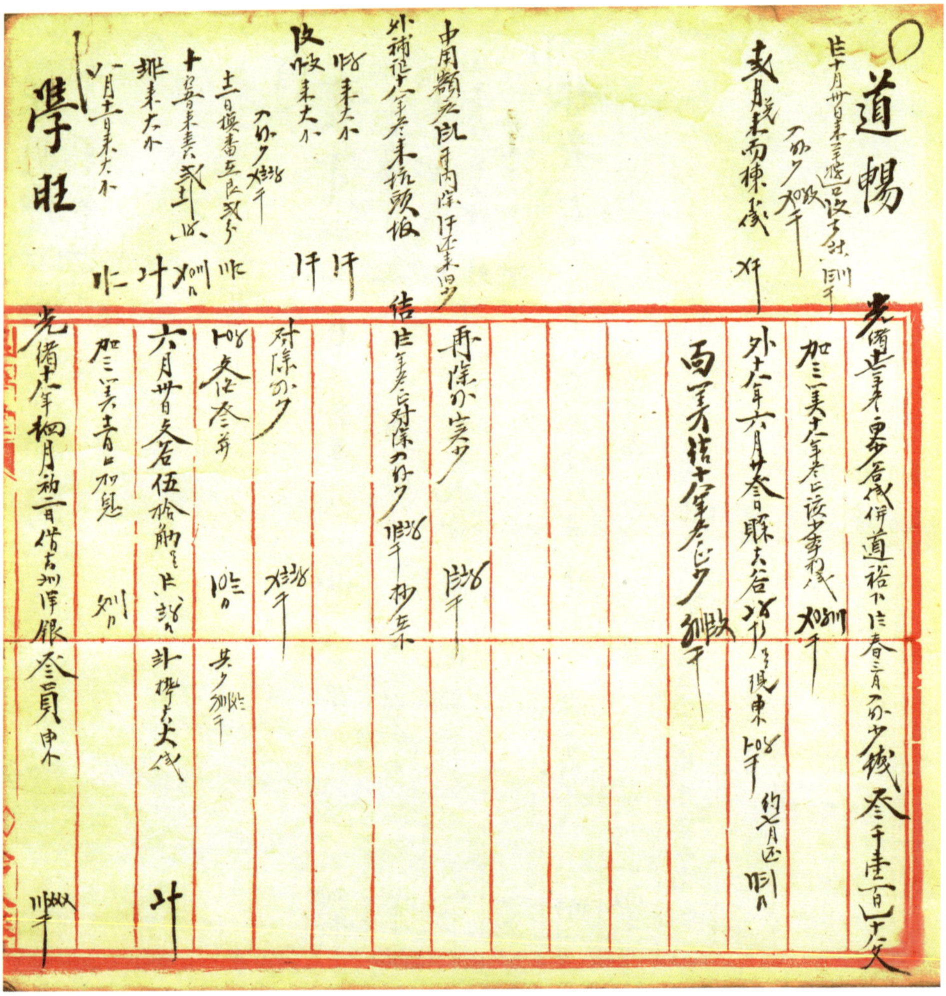

8-2-41-24　清光緒十八年銀錢油穀發借總目（二四）

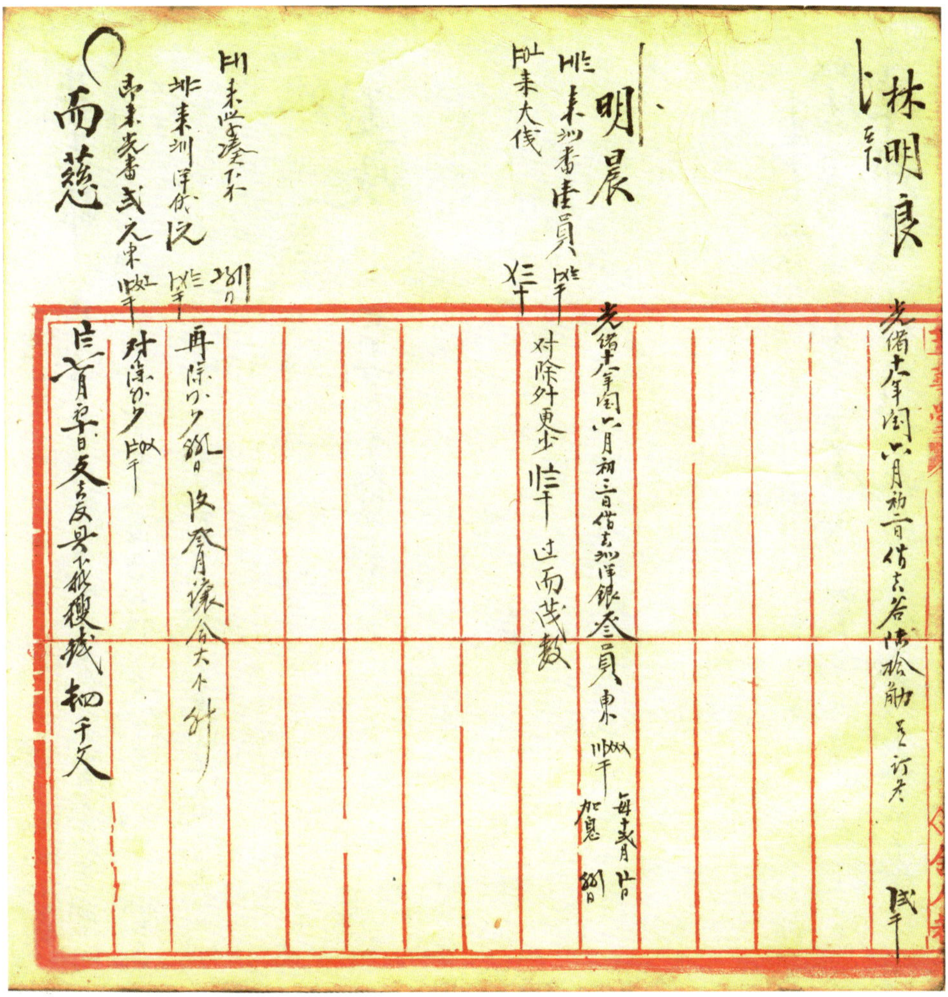

8-2-41-25　清光緒十八年銀錢油穀發借總目（二五）

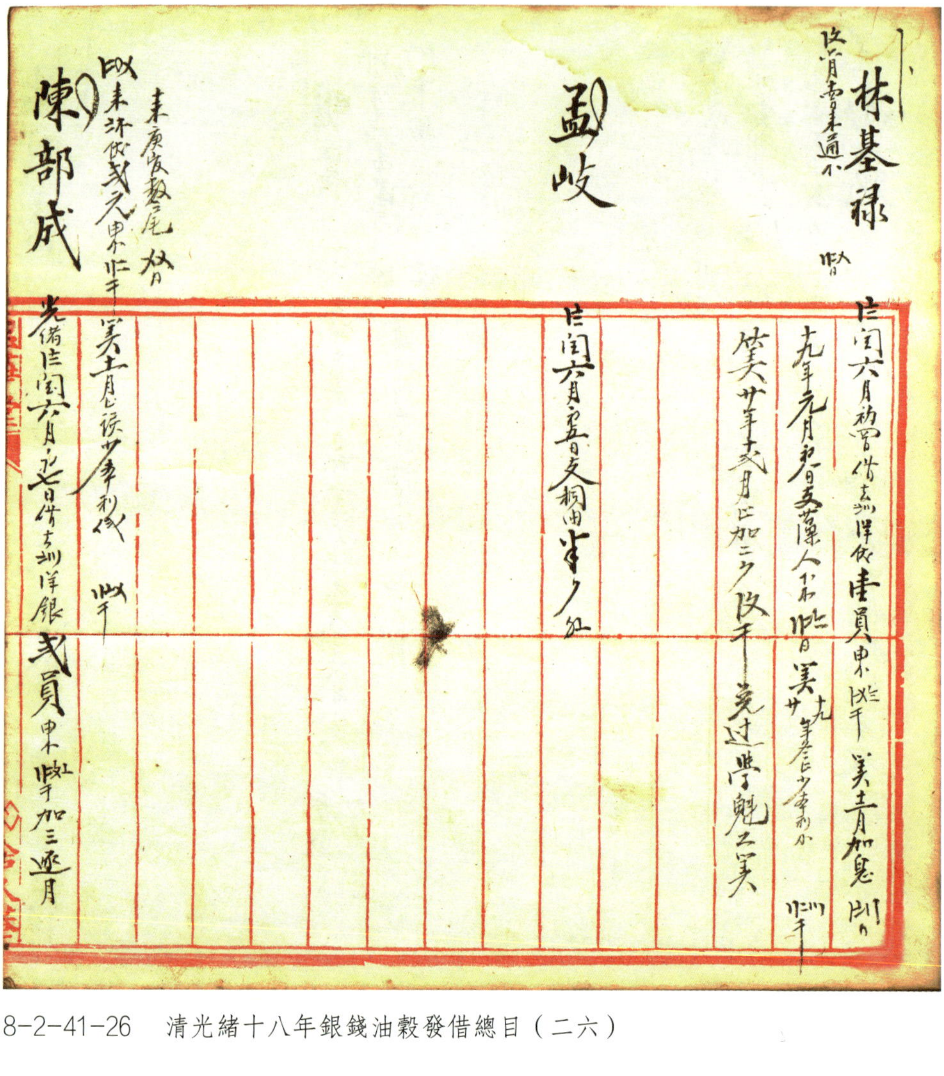

8-2-41-26　清光緒十八年銀錢油穀發借總目（二六）

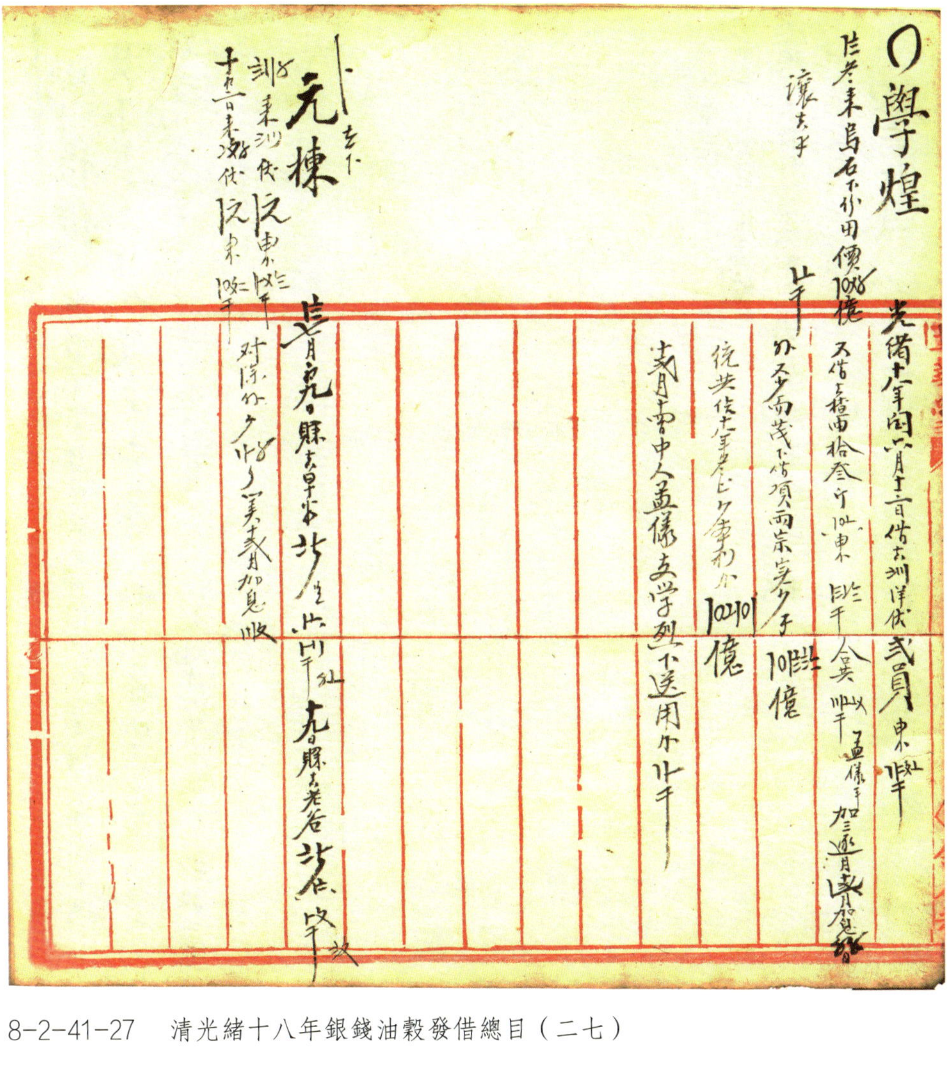

8-2-41-27　清光緒十八年銀錢油穀發借總目（二七）

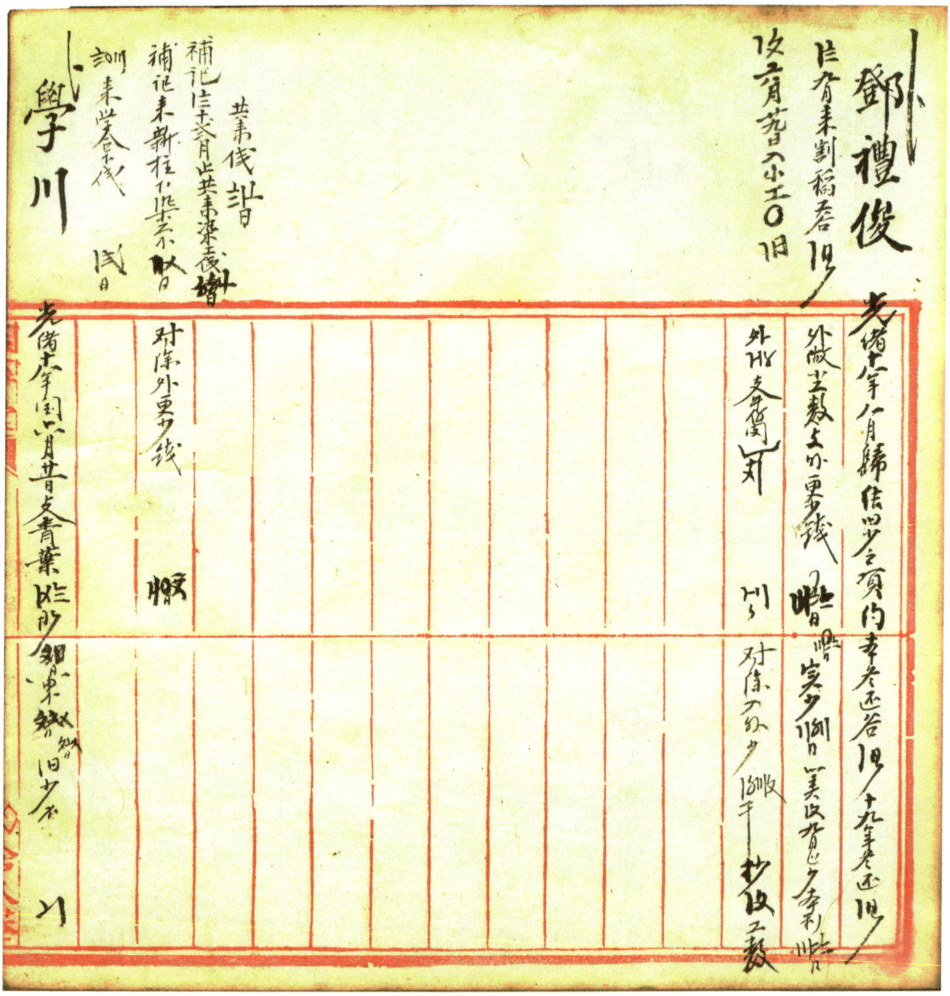
鄧禮俊
光緒十八年八月歸佳四少二頁內
學川
光緒十八年閏六月廿五支青葉

8-2-41-28　清光緒十八年銀錢油穀發借總目（二八）

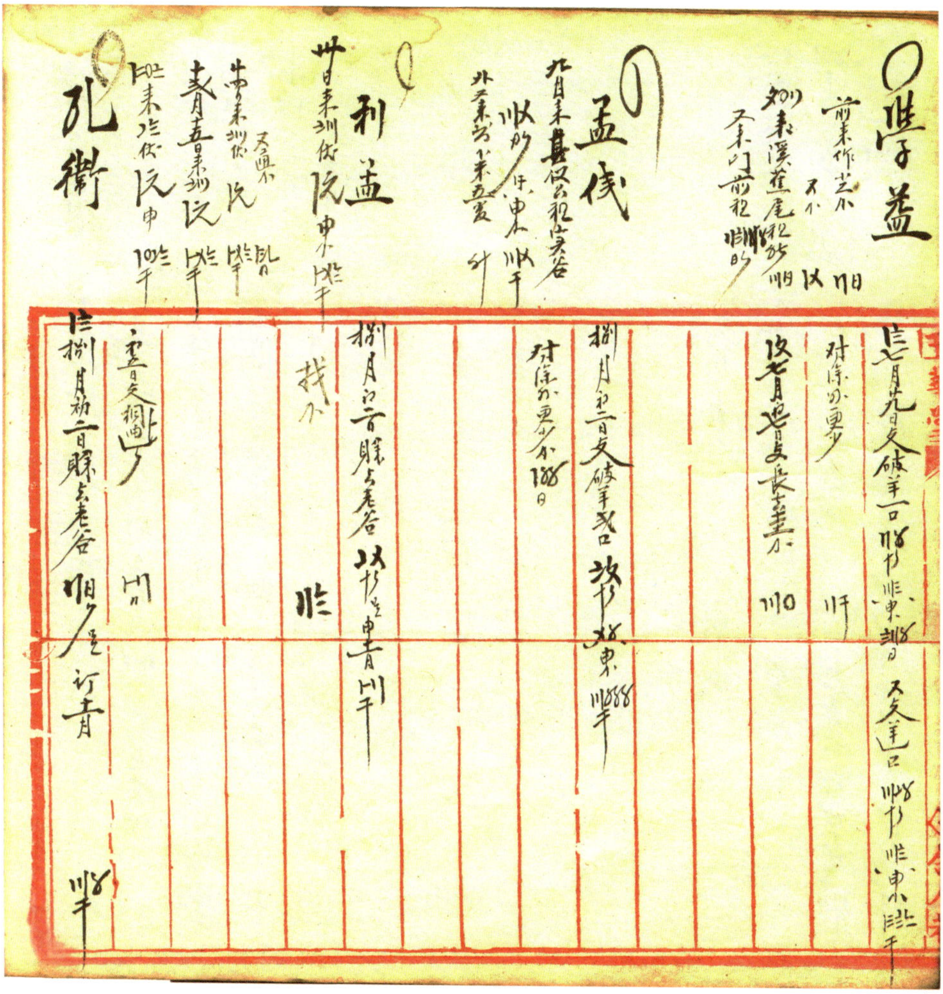

8-2-41-29　清光緒十八年銀錢油穀發借總目（二九）

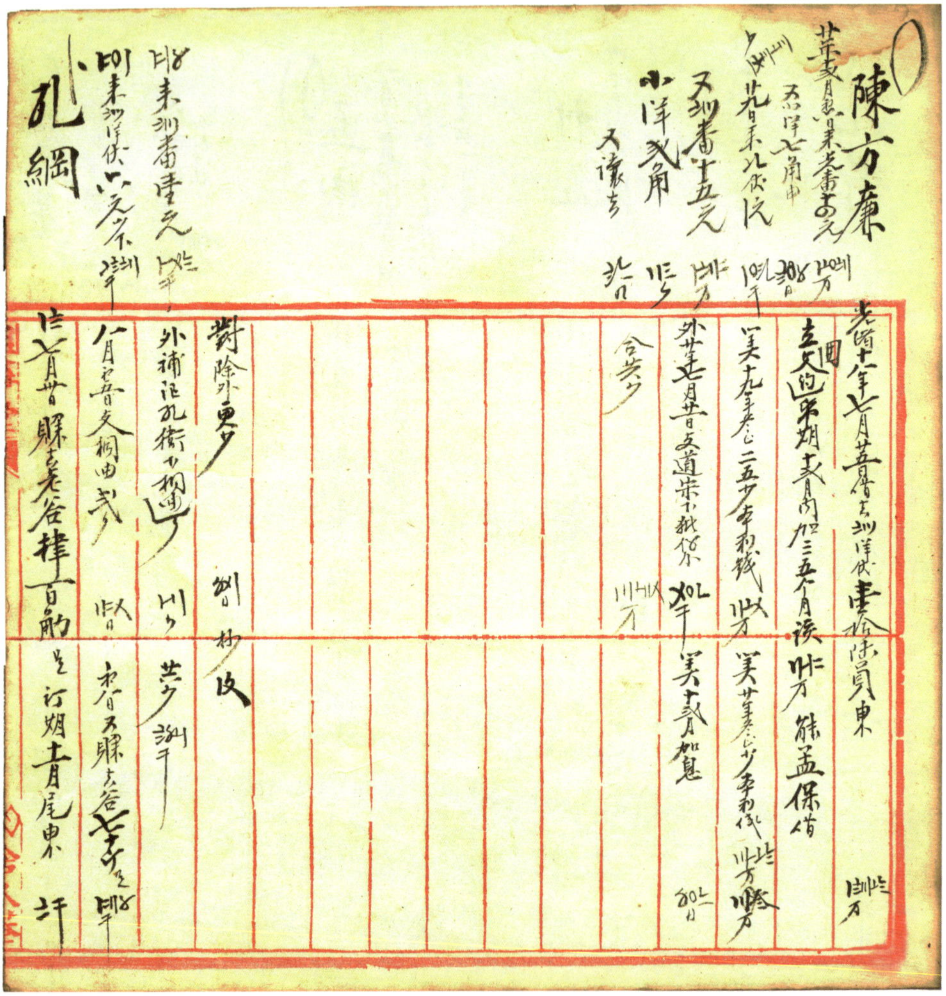

8-2-41-30　清光緒十八年銀錢油穀發借總目（三〇）

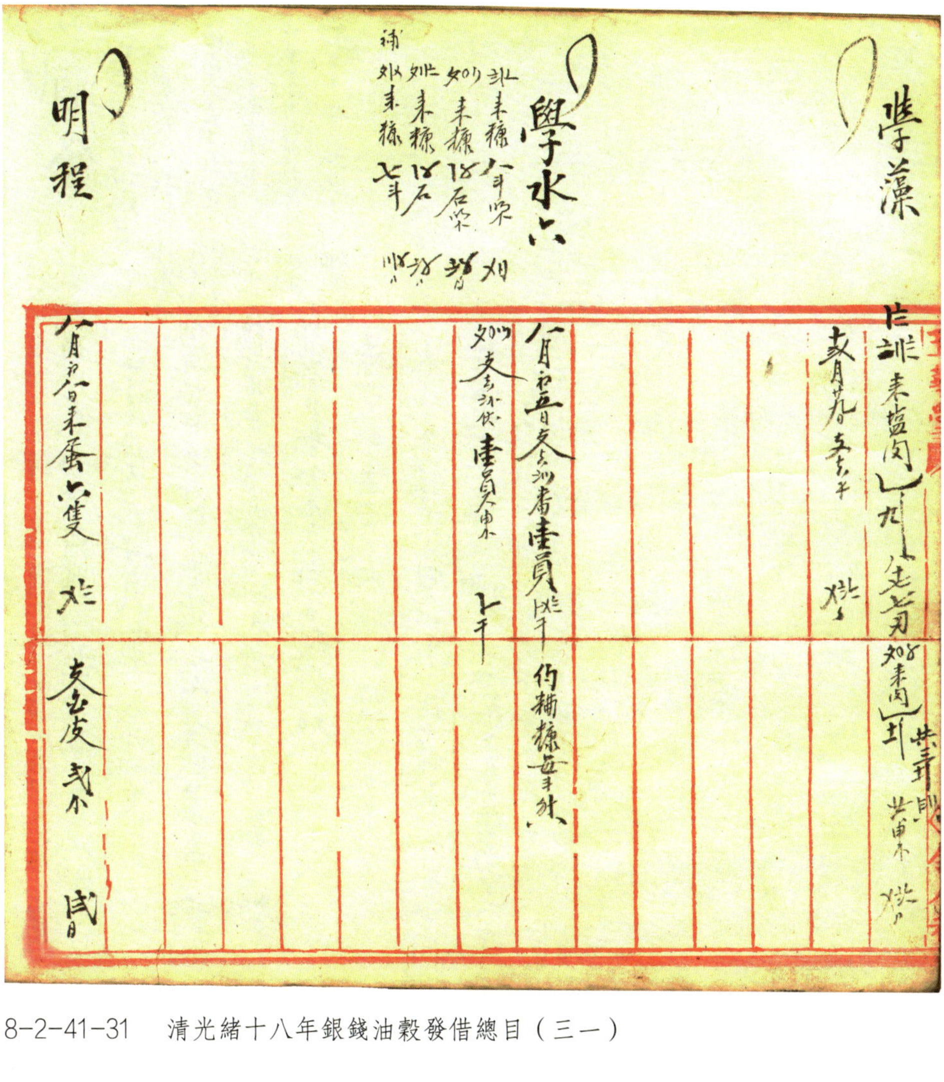

8-2-41-31　清光緒十八年銀錢油穀發借總目（三一）

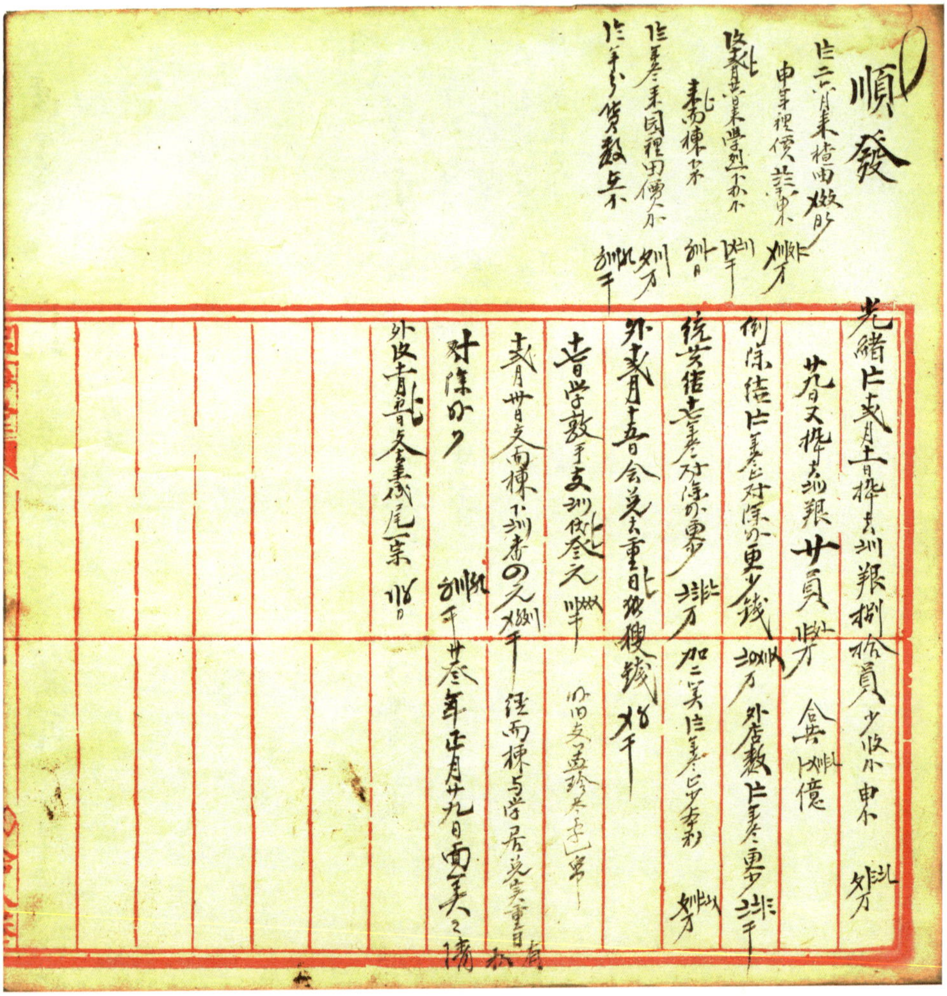

8-2-41-32　清光緒十八年銀錢油穀發借總目（三二）

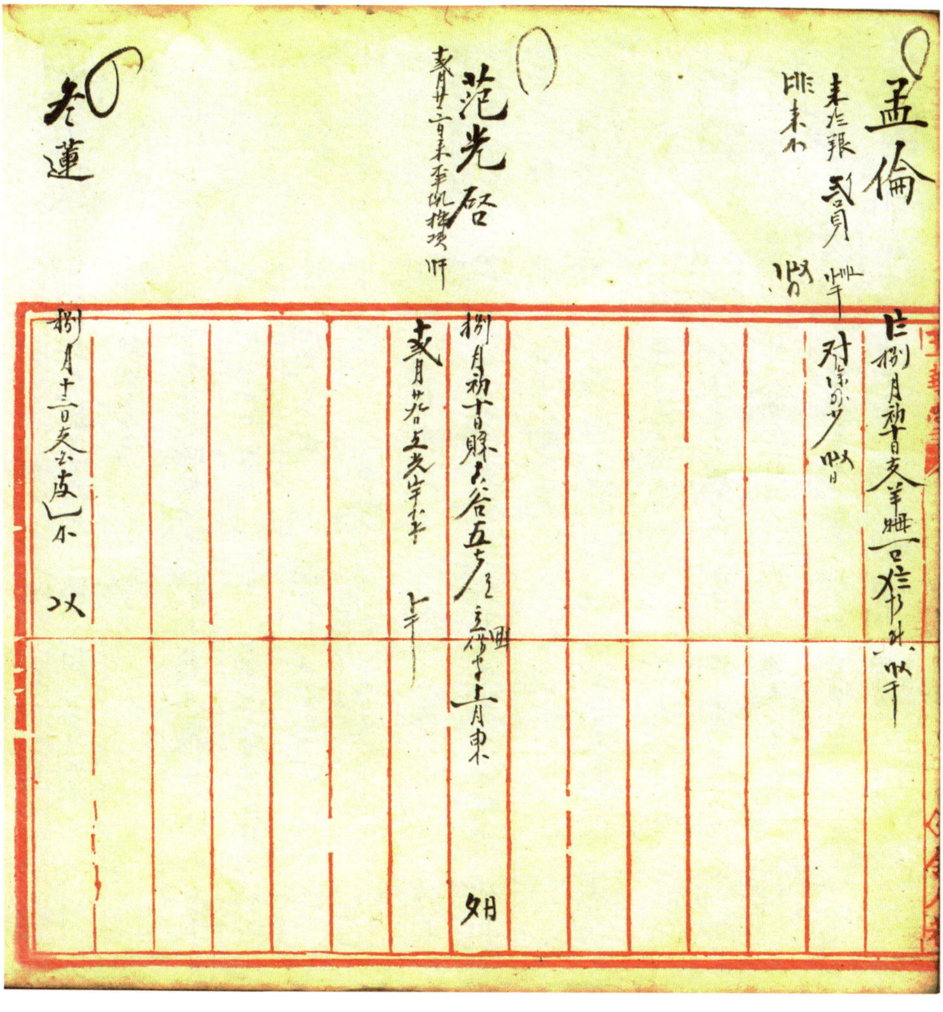

8-2-41-33　清光緒十八年銀錢油穀發借總目（三三）

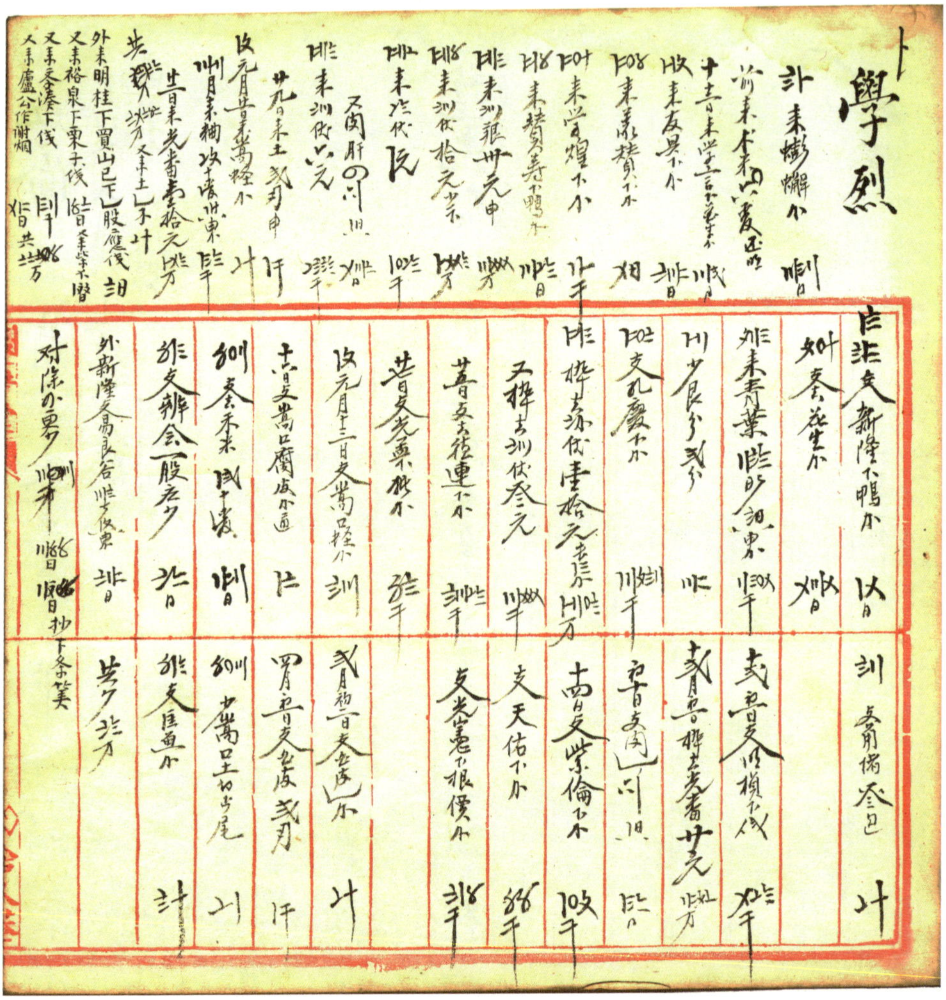

8-2-41-34　清光緒十八年銀錢油穀發借總目（三四）

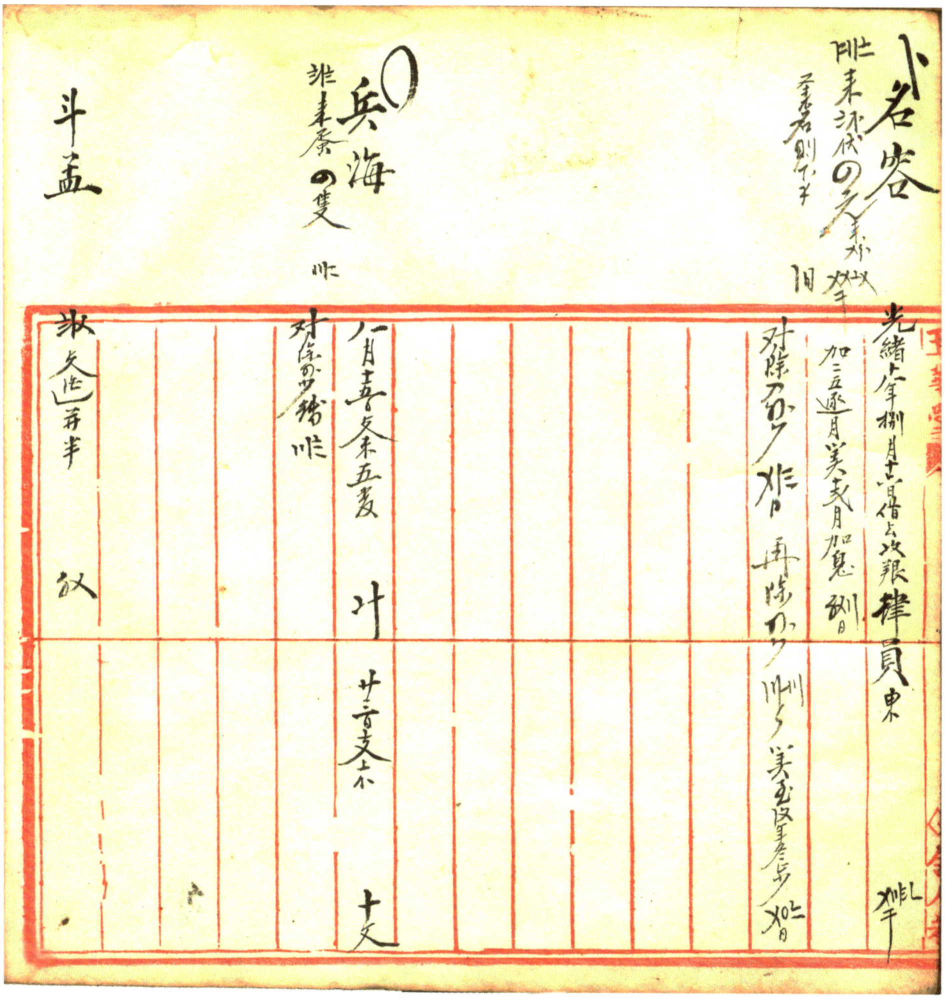

8-2-41-35　清光緒十八年銀錢油穀發借總目（三五）

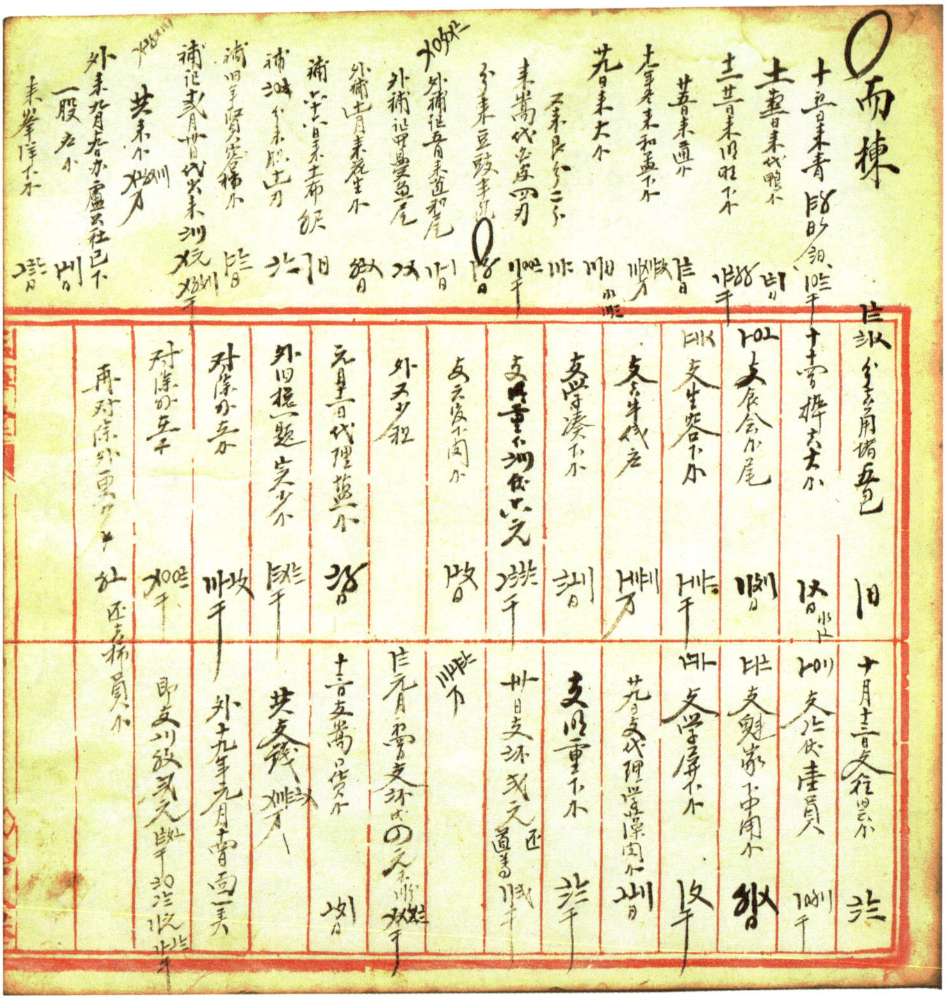

8-2-41-36　清光緒十八年銀錢油穀發借總目（三六）

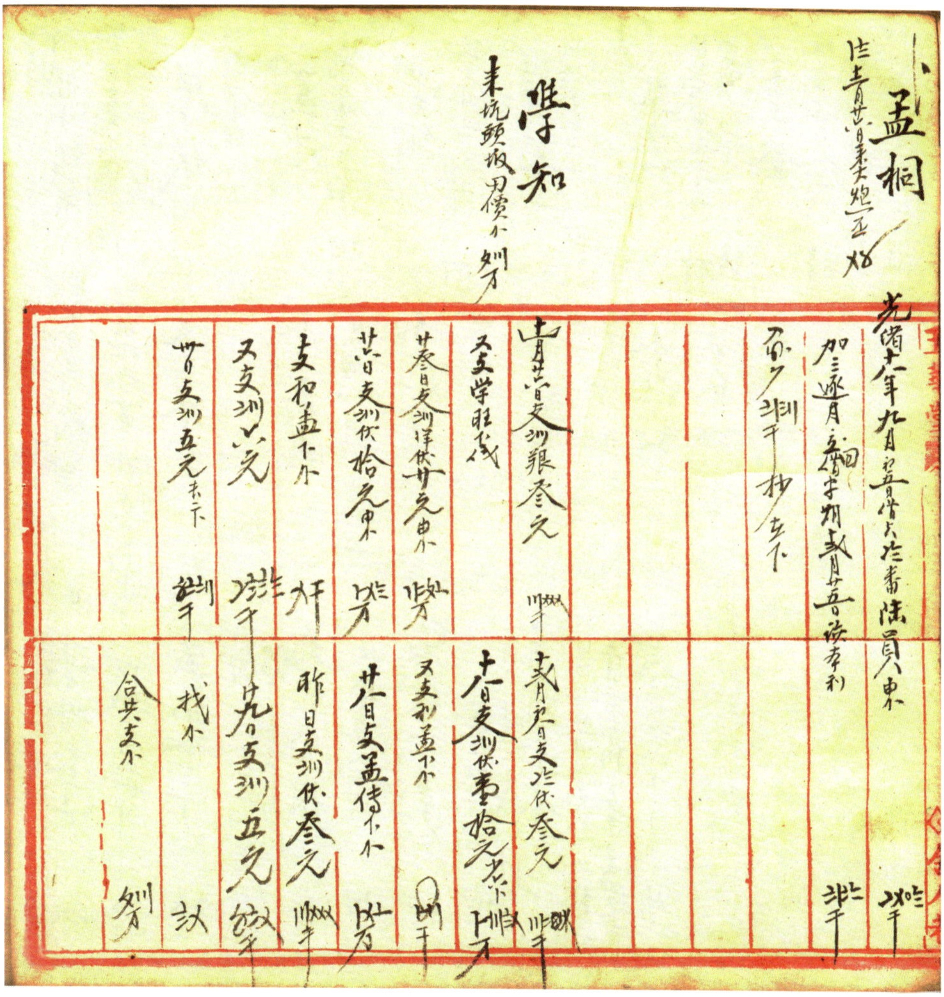

8-2-41-37　清光緒十八年銀錢油穀發借總目（三七）

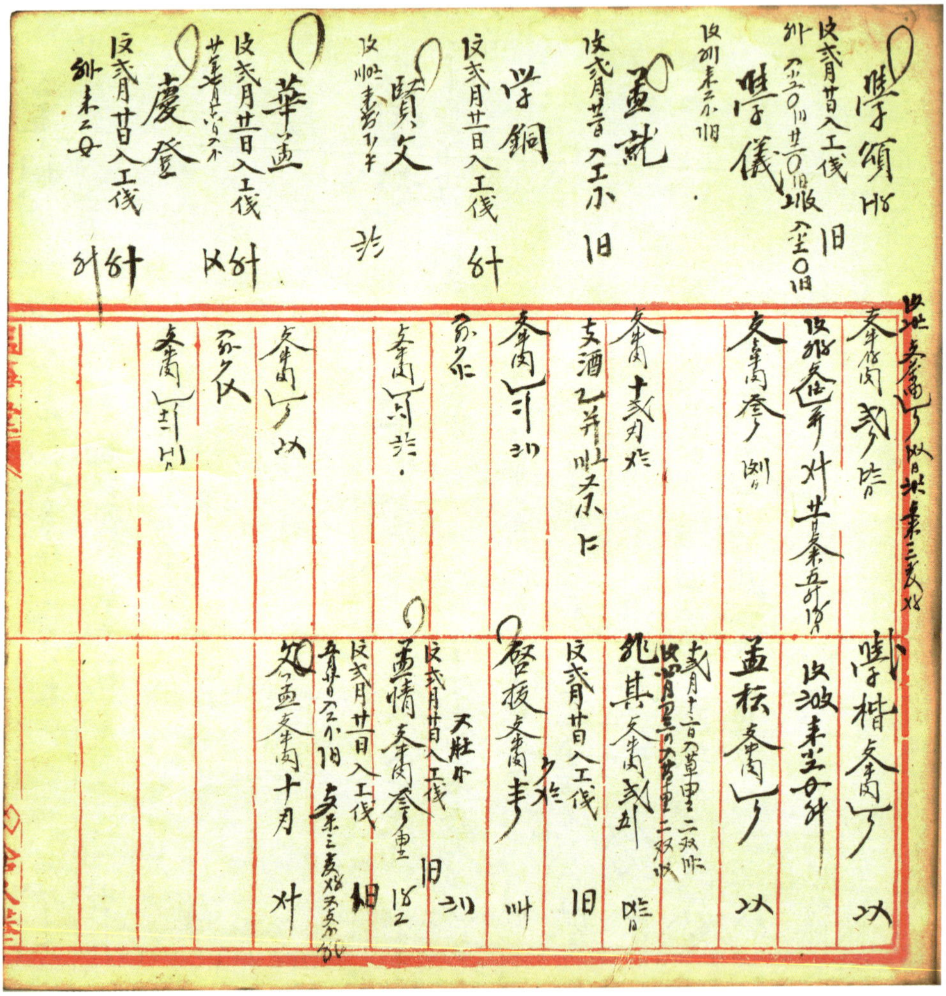

8-2-41-38　清光緒十八年銀錢油穀發借總目（三八）

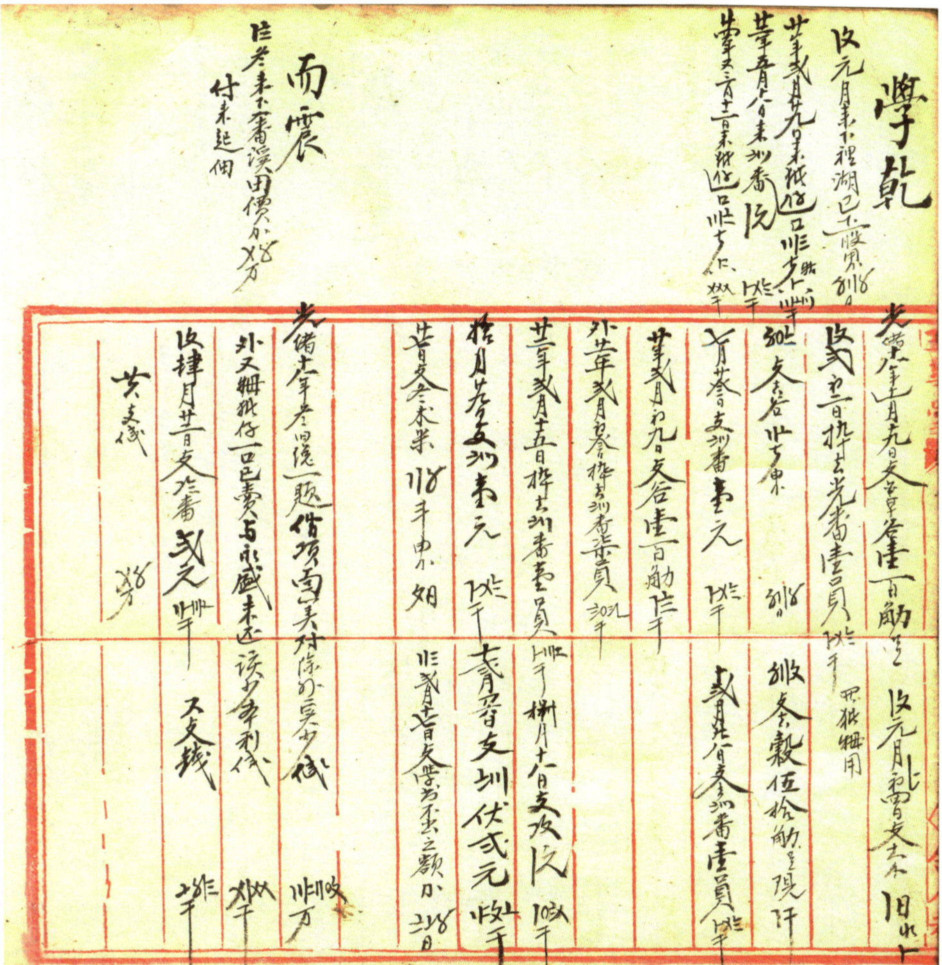

8-2-41-39　清光緒十八年銀錢油穀發借總目（三九）

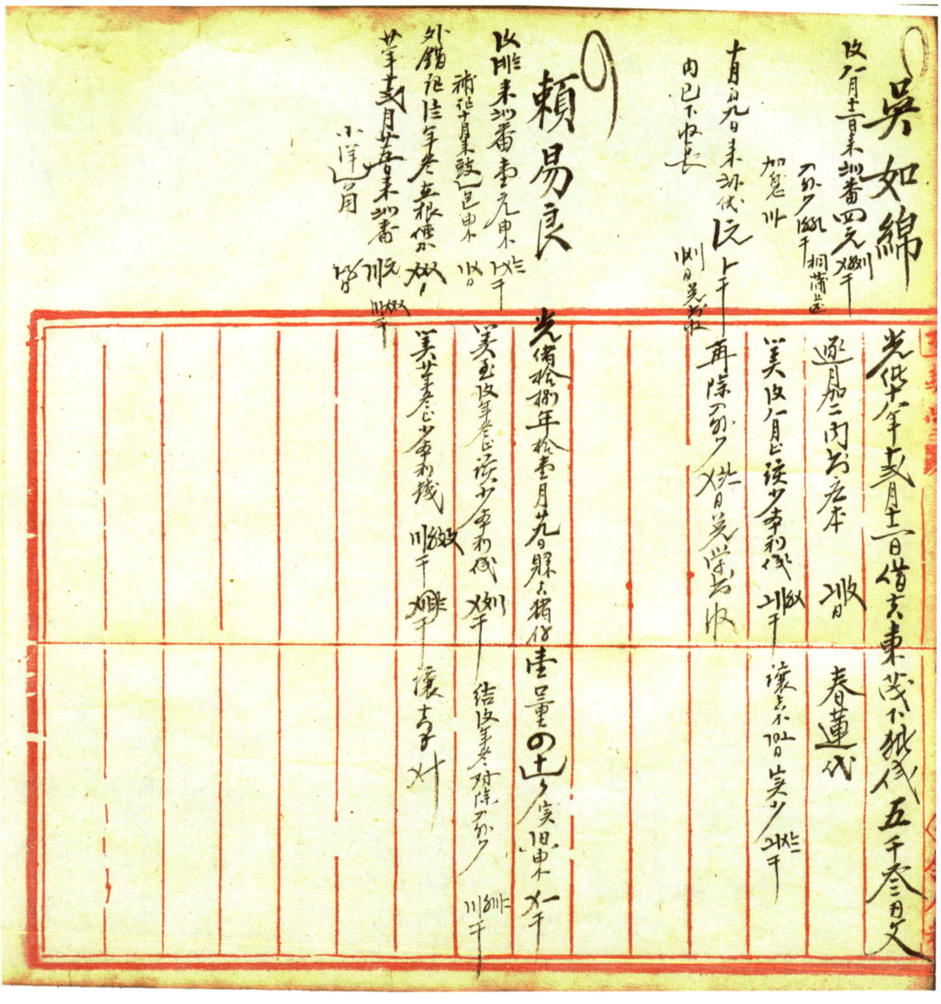

8-2-41-40　清光緒十八年銀錢油穀發借總目（四〇）

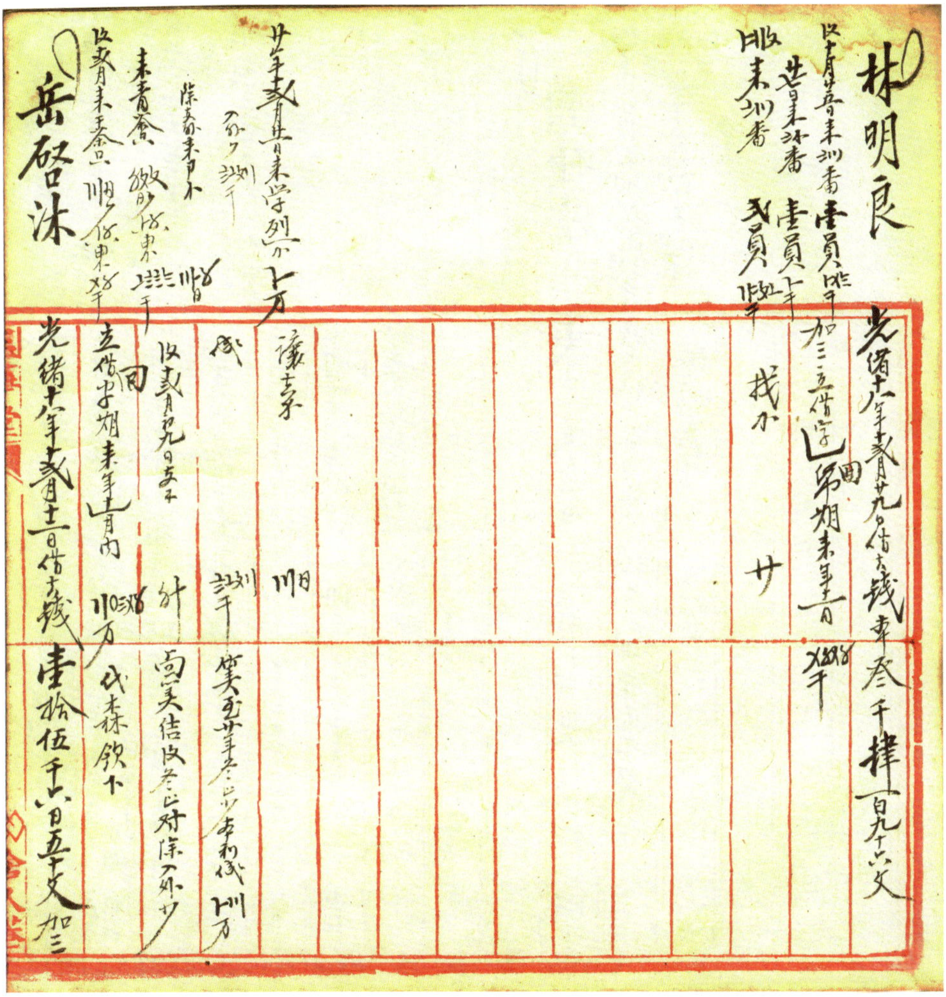

林明良

光緒十八年貳月廿九日借去錢叁千肆百九十六文

岳啓沐

光緒十八年貳月十二日借去錢壹拾伍千六百五十文 加三

8-2-41-41　清光緒十八年銀錢油穀發借總目（四一）

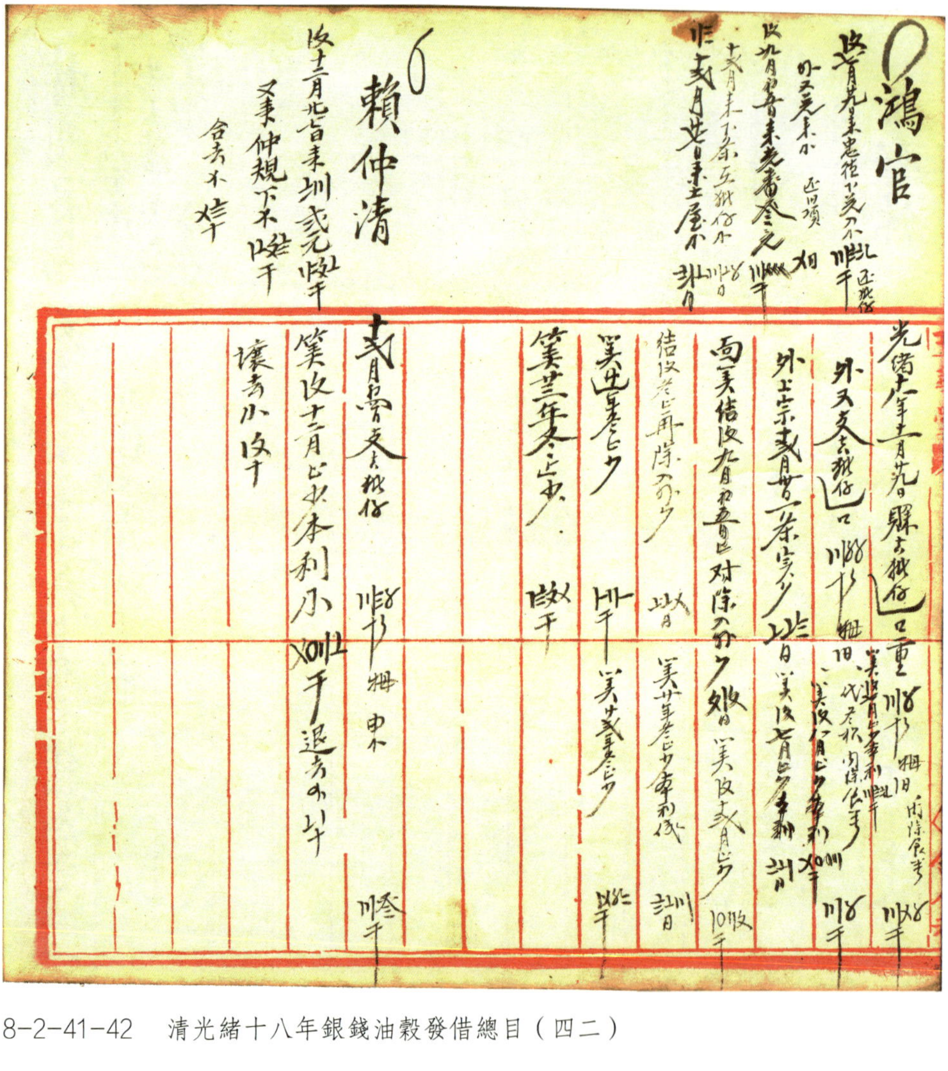

8-2-41-42　清光緒十八年銀錢油穀發借總目（四二）

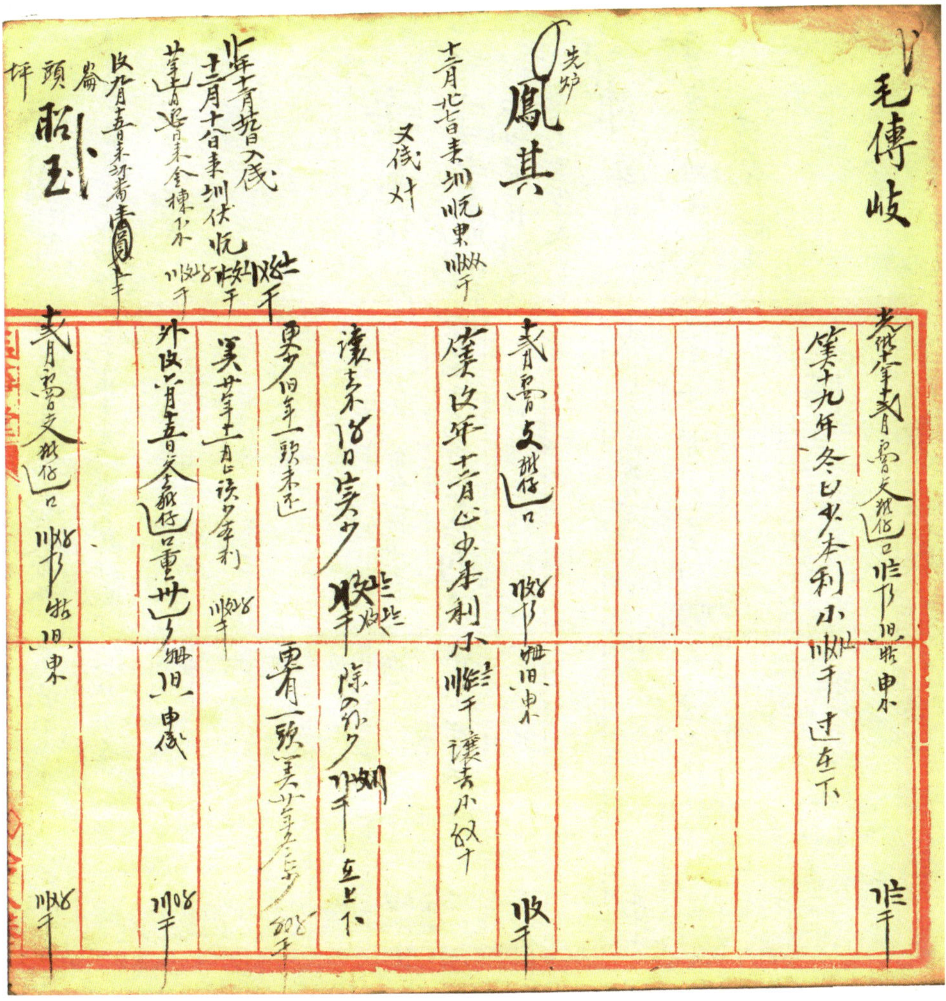

8-2-41-43　清光緒十八年銀錢油穀發借總目（四三）

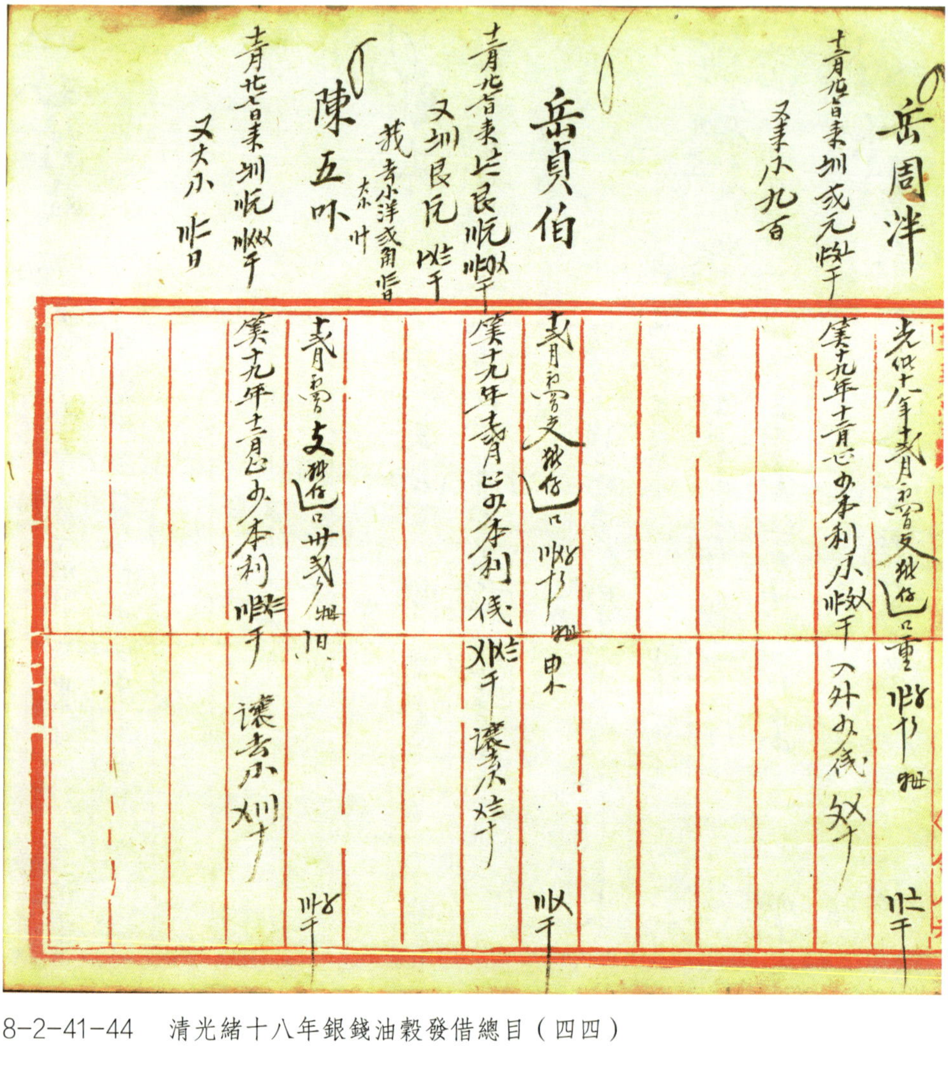

8-2-41-44　清光緒十八年銀錢油穀發借總目（四四）

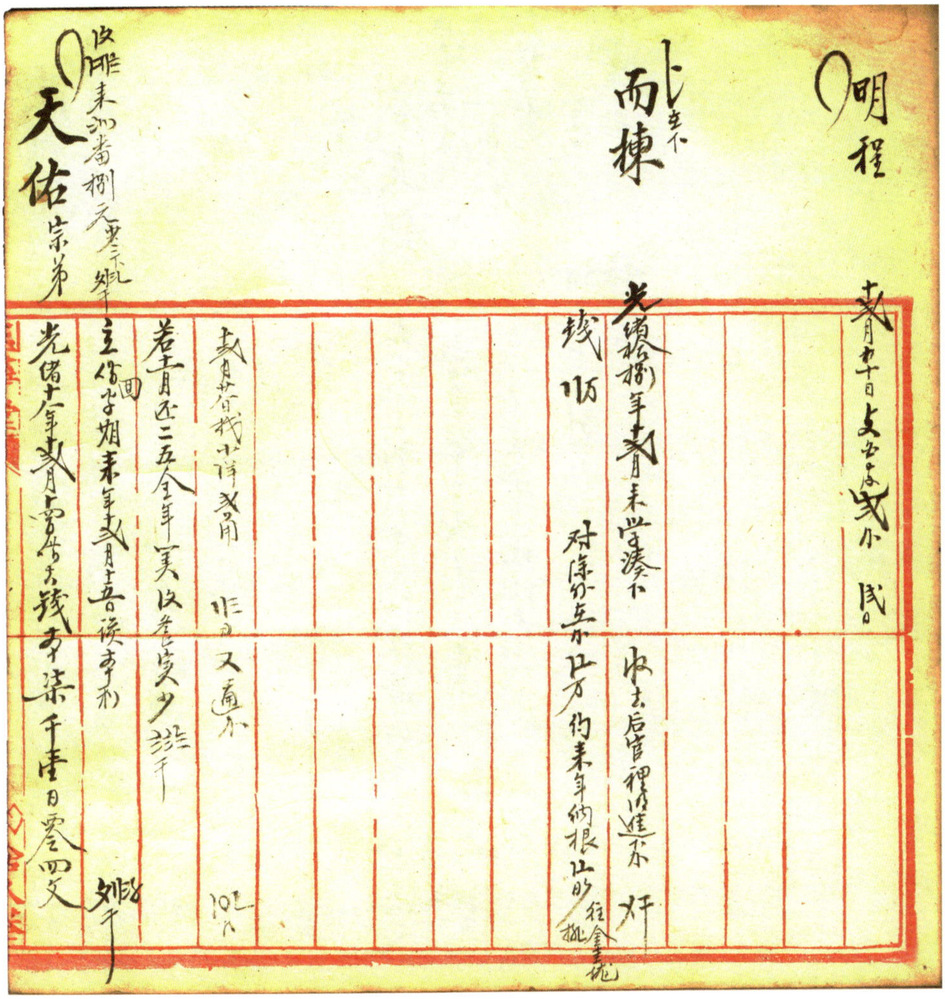

8-2-41-45　清光緒十八年銀錢油穀發借總目（四五）

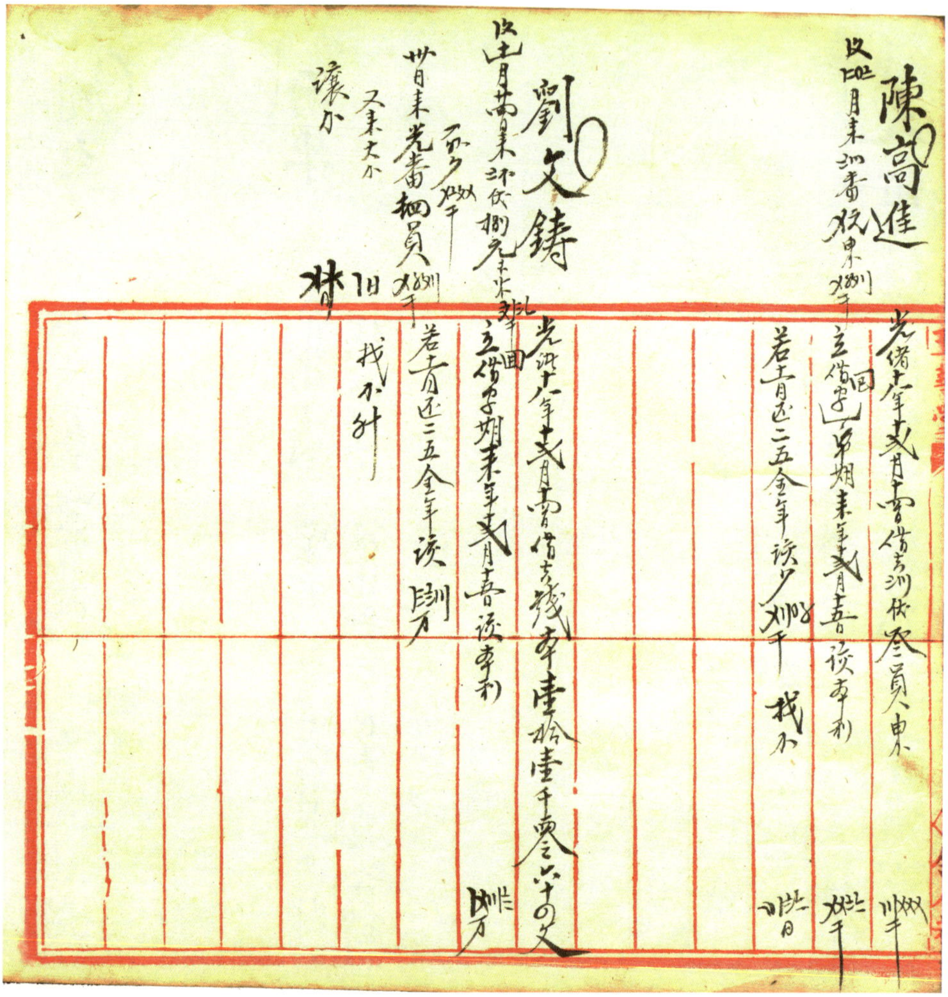

8-2-41-46　清光緒十八年銀錢油穀發借總目（四六）

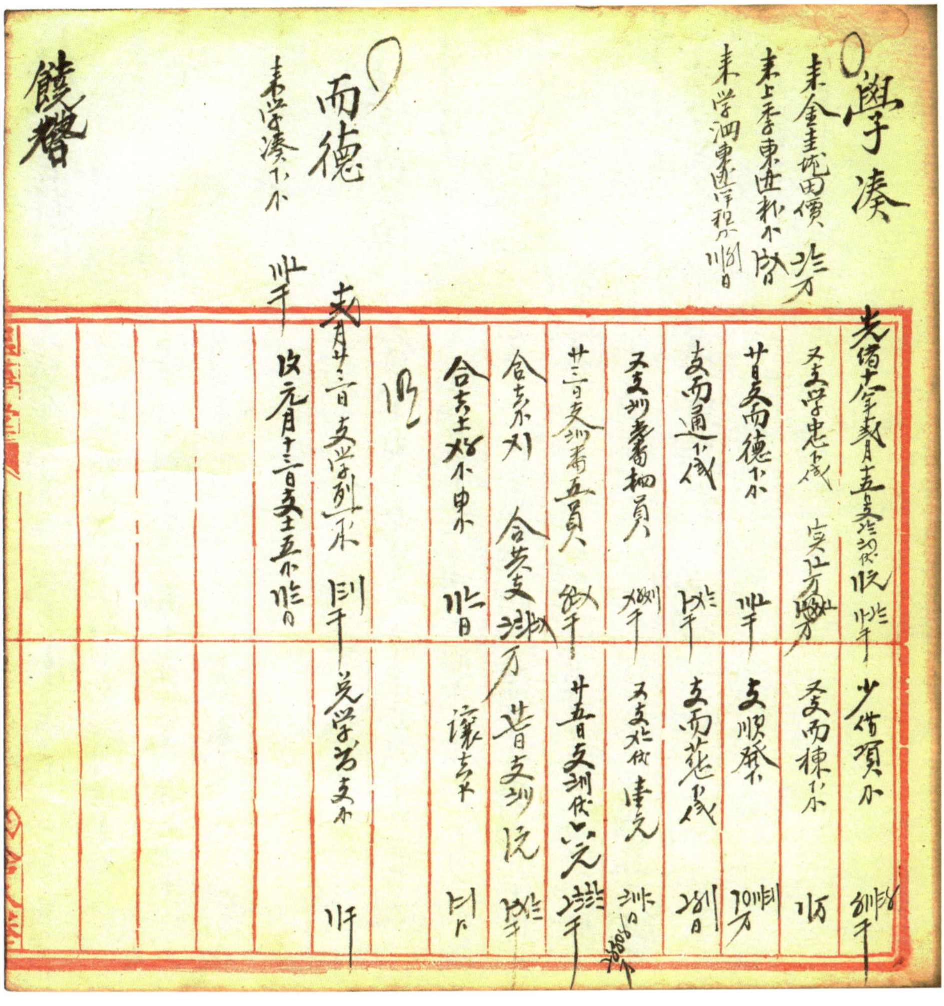

8-2-41-47　清光緒十八年銀錢油穀發借總目（四七）

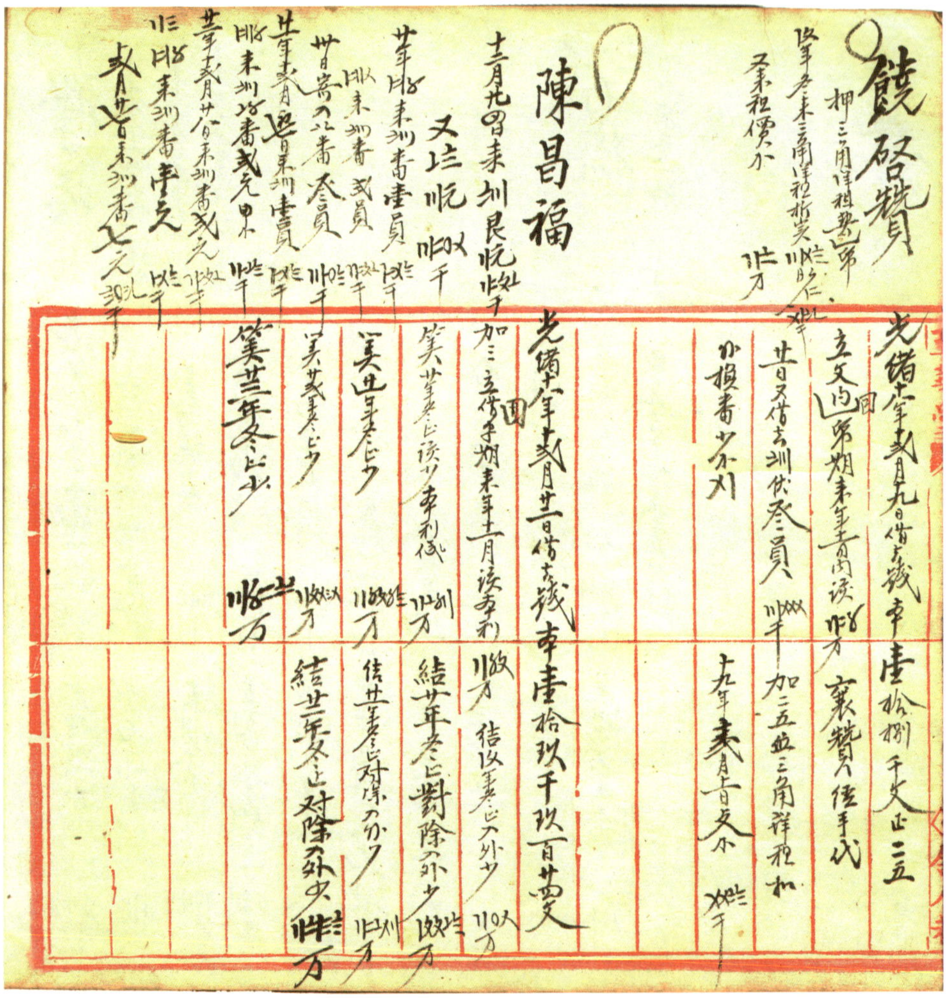

8-2-41-48　清光緒十八年銀錢油穀發借總目（四八）

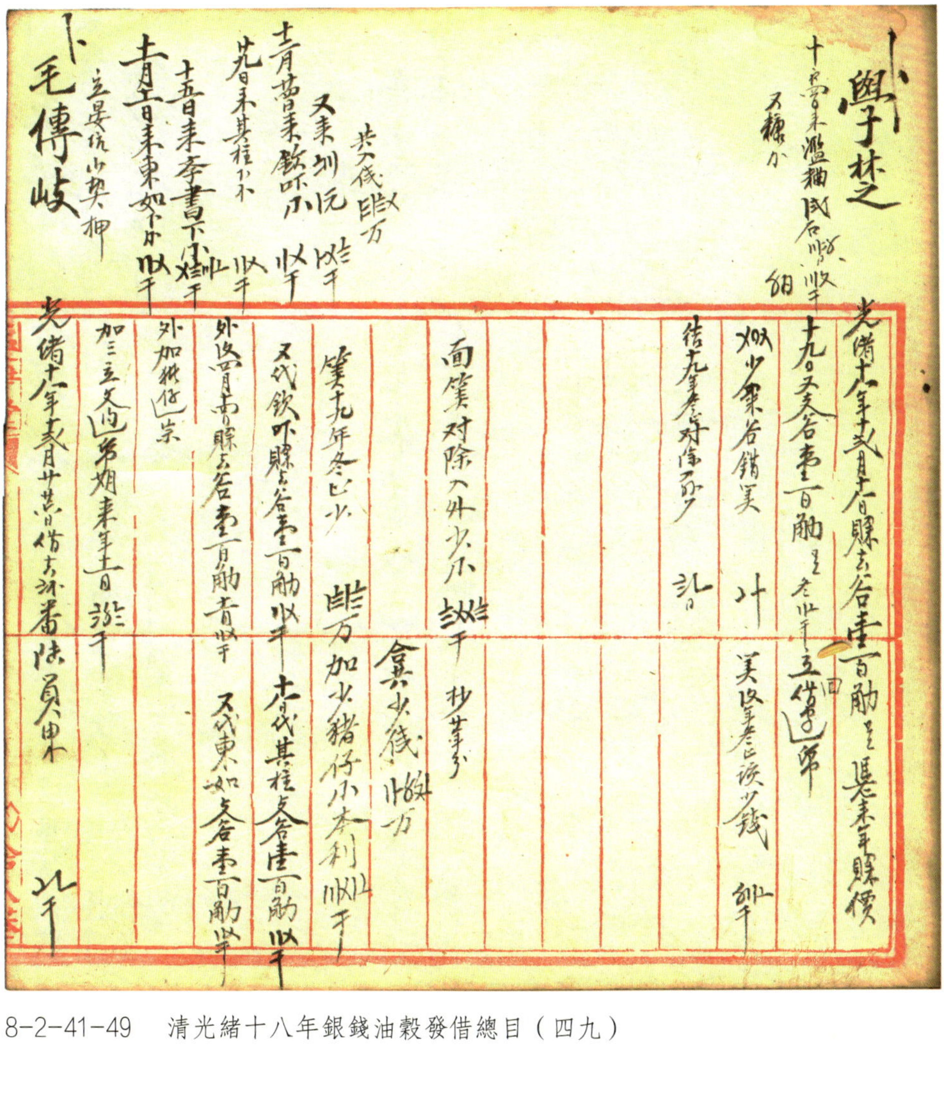

8-2-41-49　清光緒十八年銀錢油穀發借總目（四九）

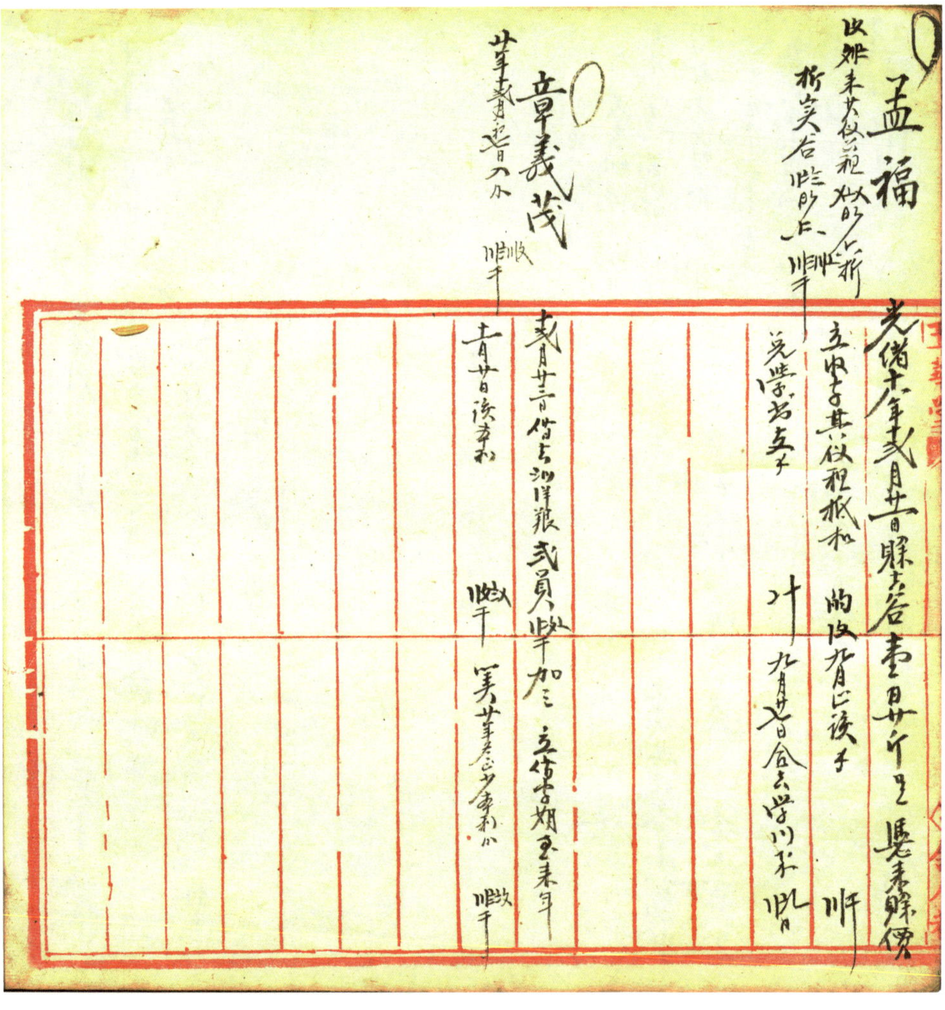

8-2-41-50　清光緒十八年銀錢油穀發借總目（五〇）

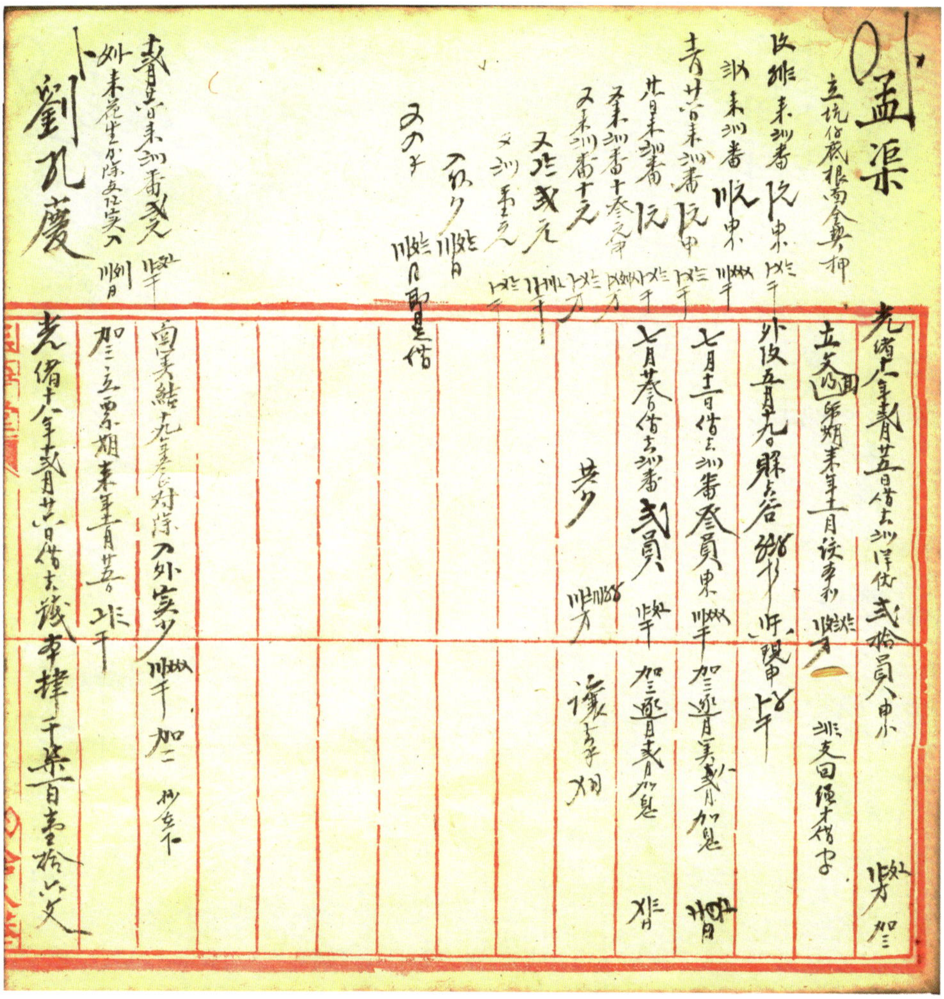

8-2-41-51　清光緒十八年銀錢油穀發借總目（五一）

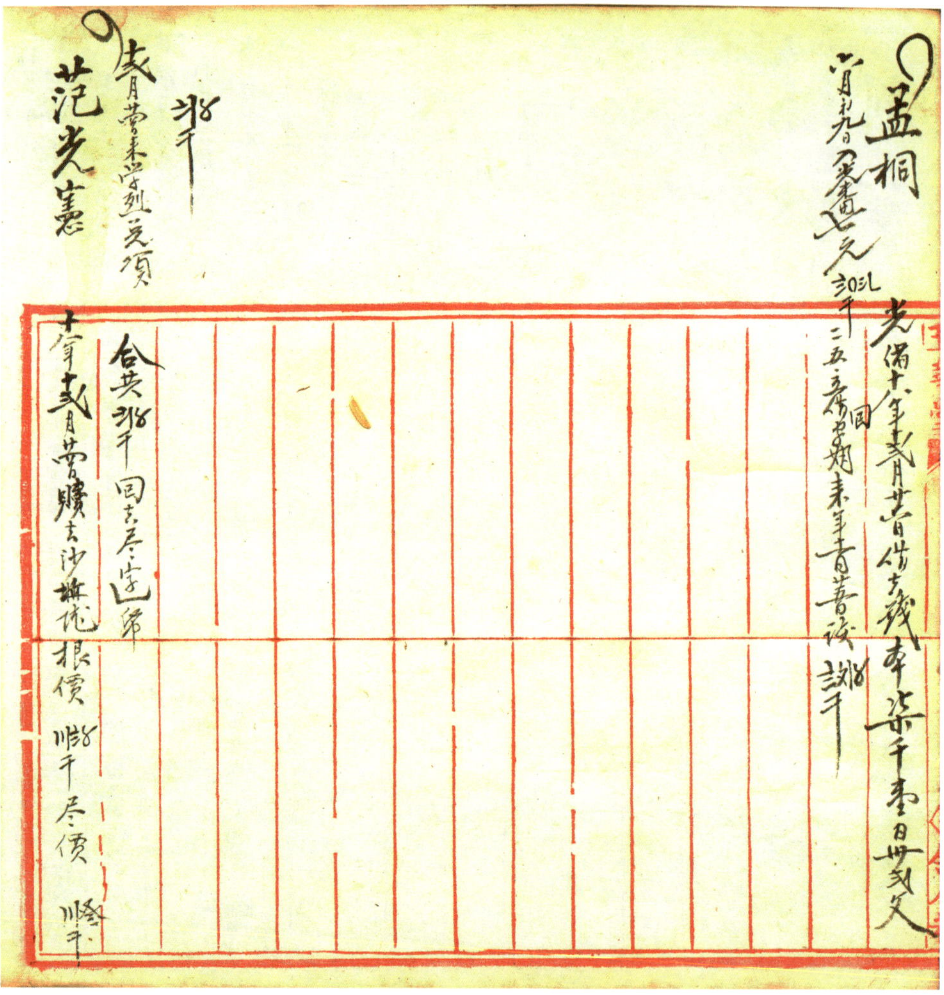

8-2-41-52　清光緒十八年銀錢油穀發借總目（五二）

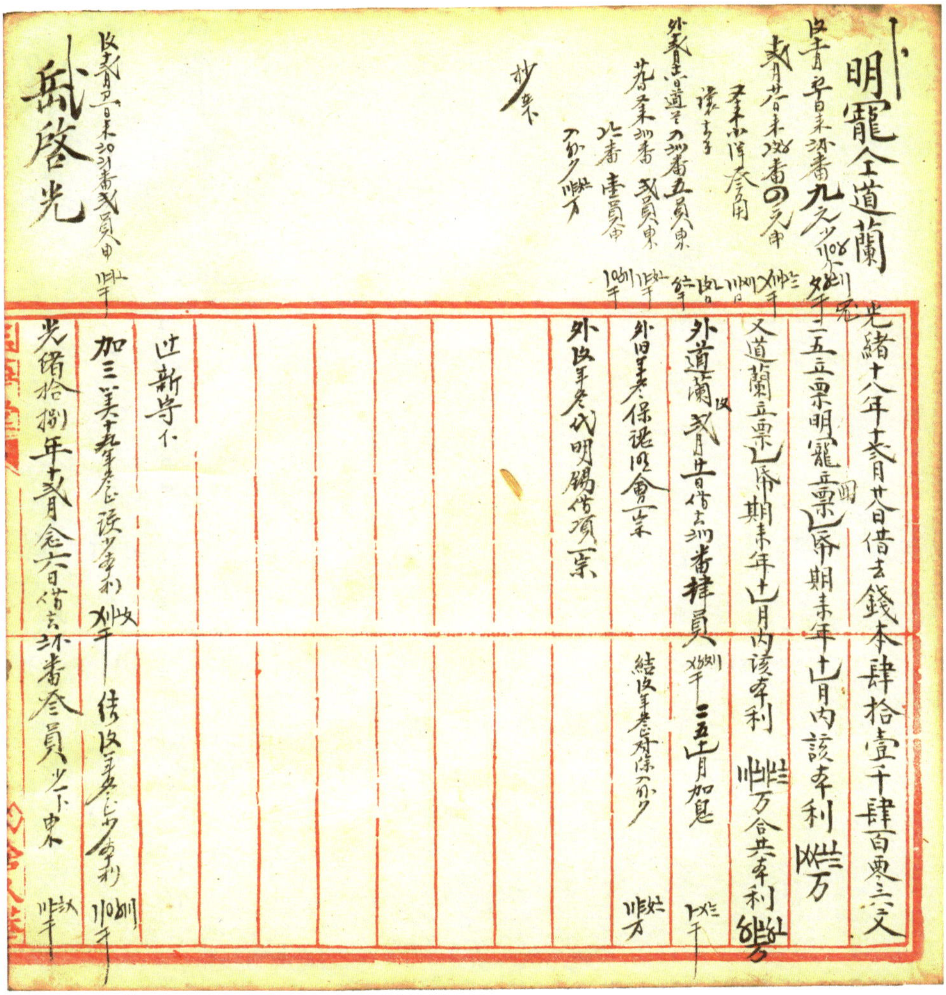

明寵仝道蘭

光緒十八年十一月廿二日借去錢本肆拾壹千肆百零六文

外收壬辰年保證冋會一宗

外收壬辰年代明錫借項一宗

过新寄下

光緒拾捌年十二月念六日借去洋番叁員

8-2-41-53　清光緒十八年銀錢油穀發借總目（五三）

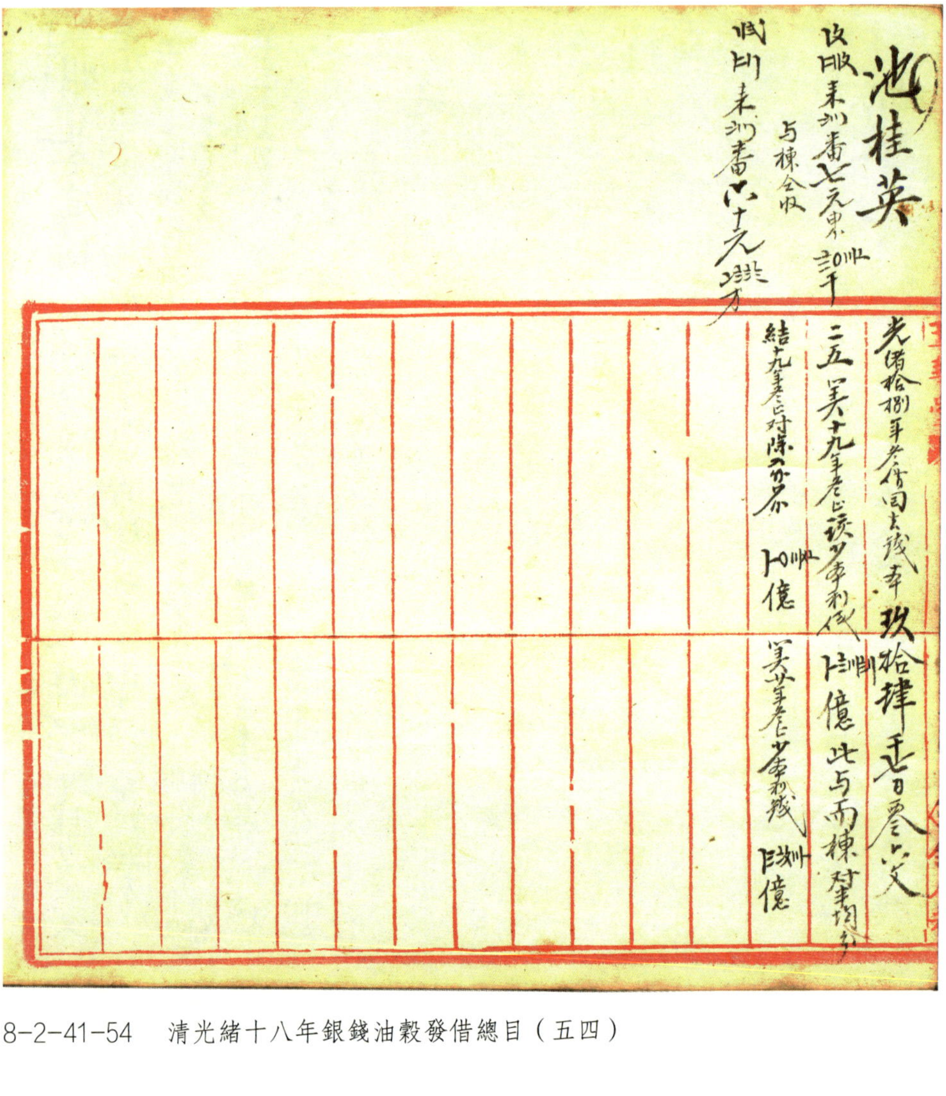

8-2-41-54　清光緒十八年銀錢油穀發借總目（五四）

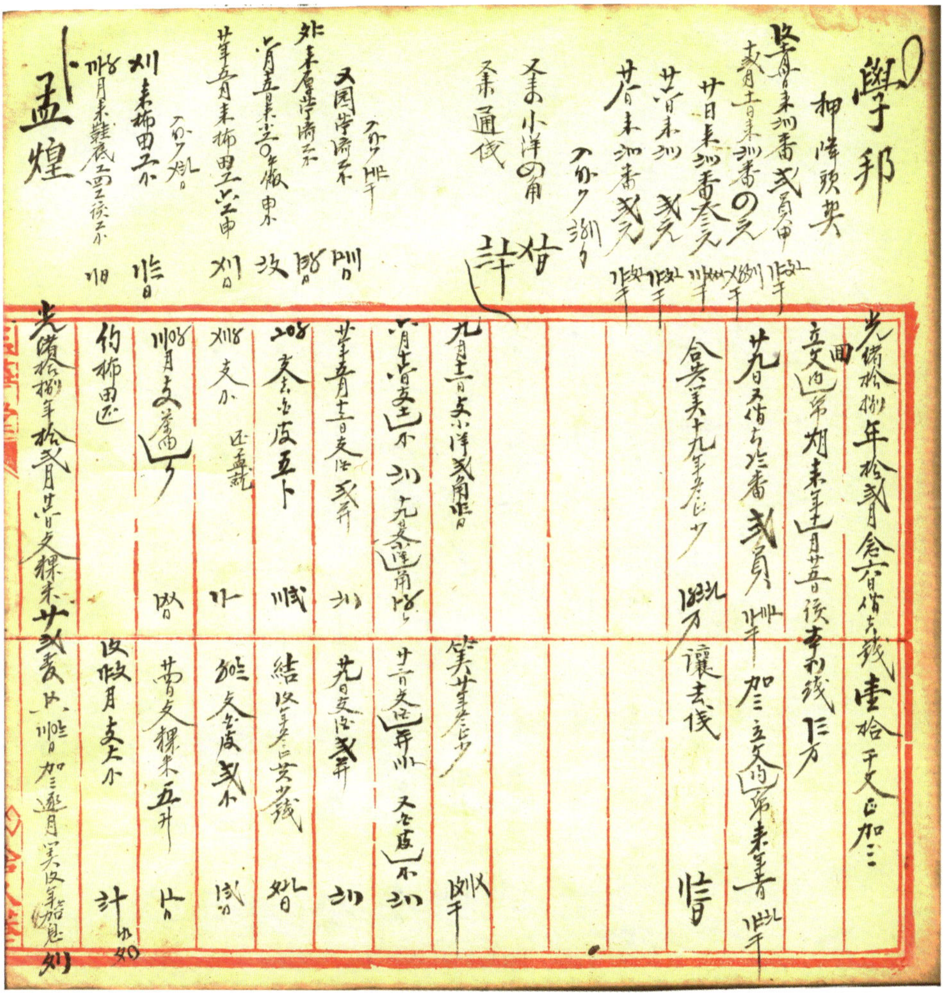

8-2-41-55　清光緒十八年銀錢油穀發借總目（五五）

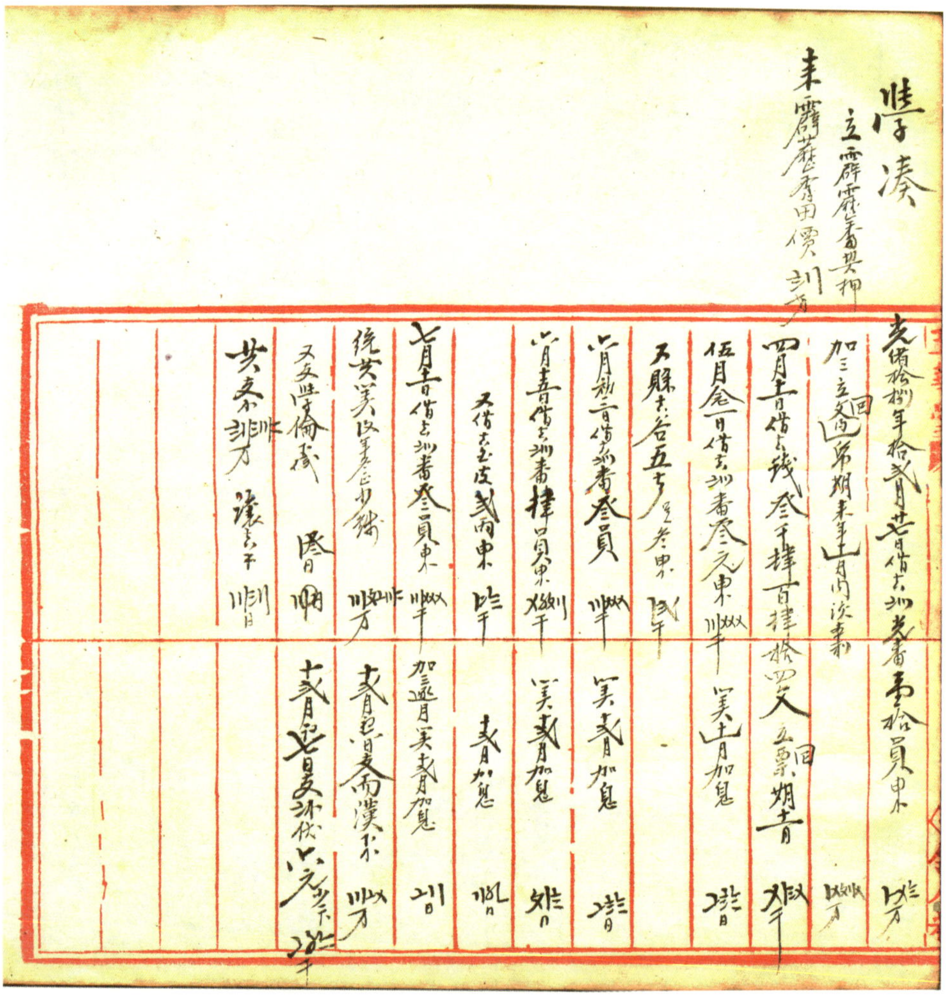

8-2-41-56　清光緒十八年銀錢油穀發借總目（五六）

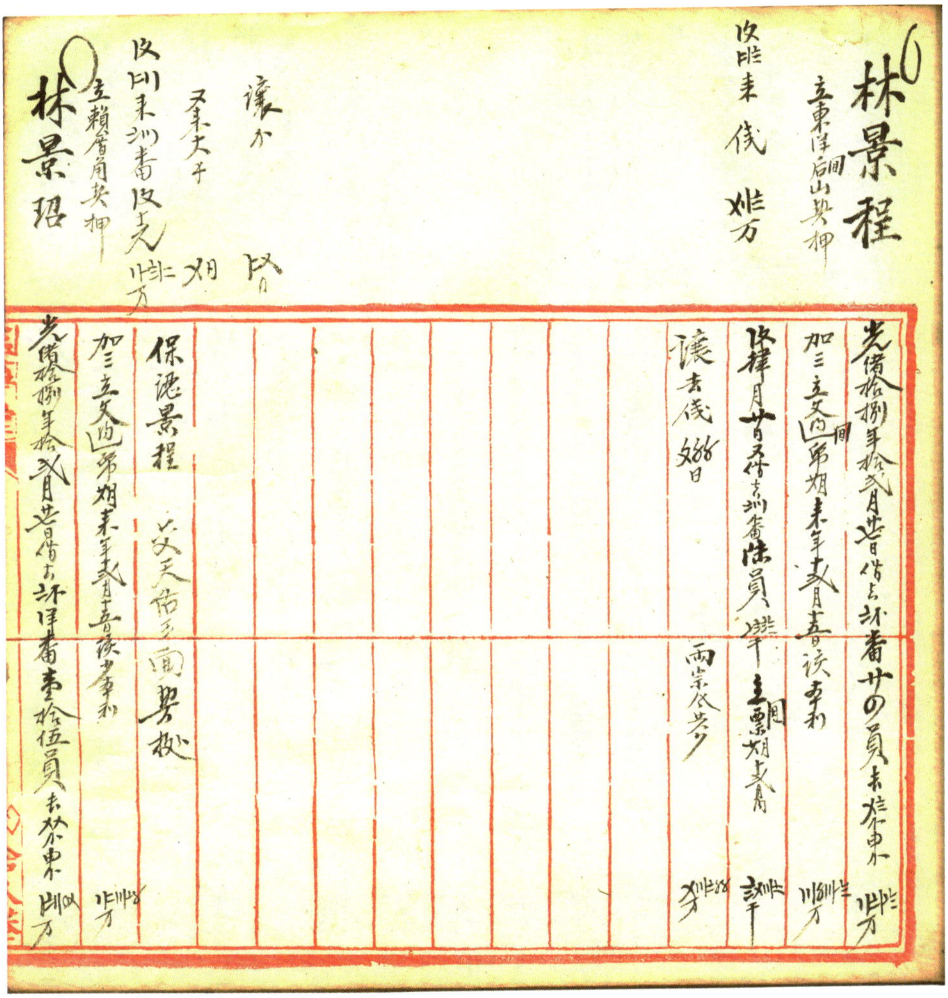

8-2-41-57　清光緒十八年銀錢油穀發借總目（五七）

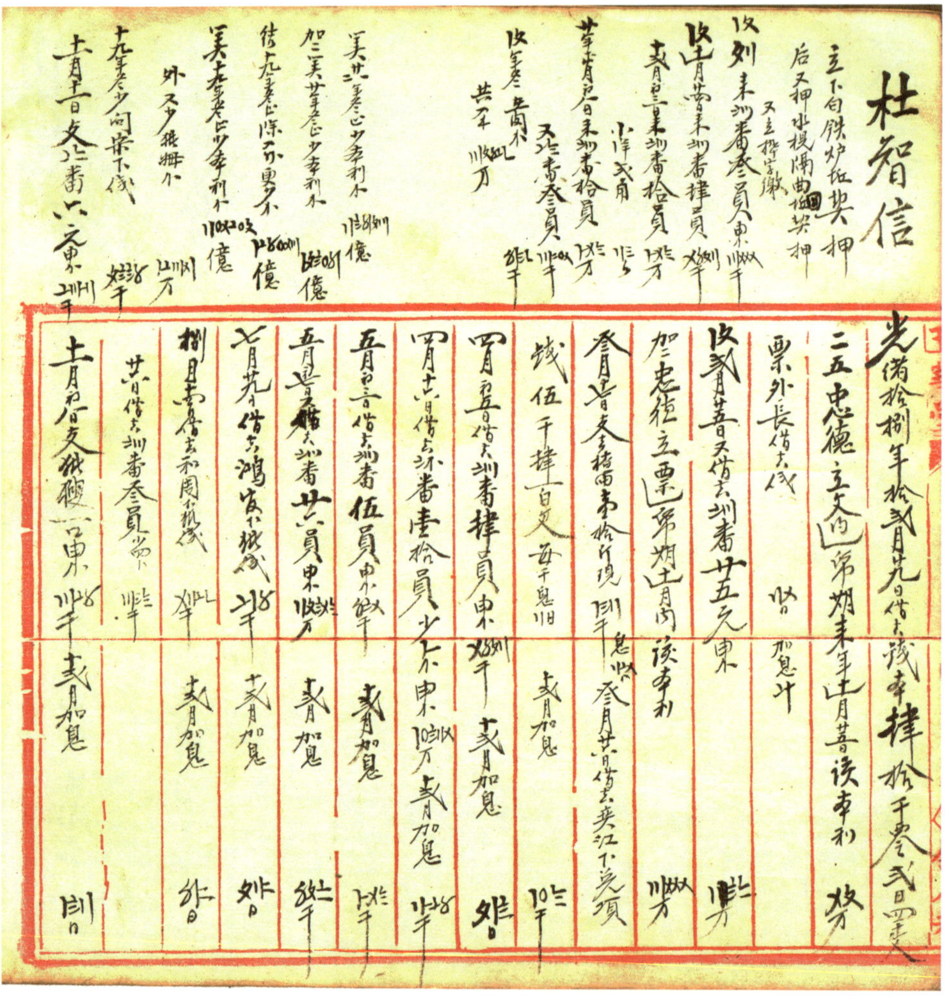

8-2-41-58　清光緒十八年銀錢油穀發借總目（五八）

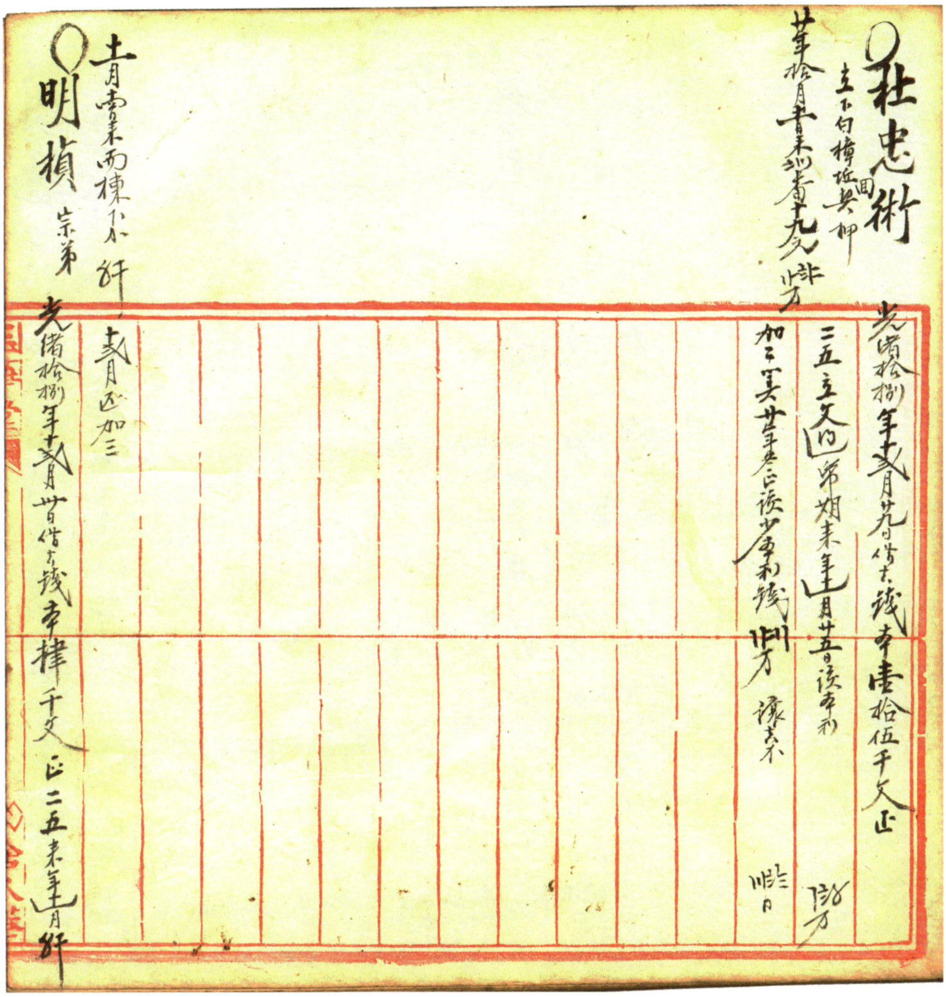
杜忠術
光緒拾捌年貳月廿九日借去錢本壹拾伍千文正
明楨 宗弟
光緒拾捌年貳月廿日借去錢本肆千文 正

8-2-41-59　清光緒十八年銀錢油穀發借總目（五九）

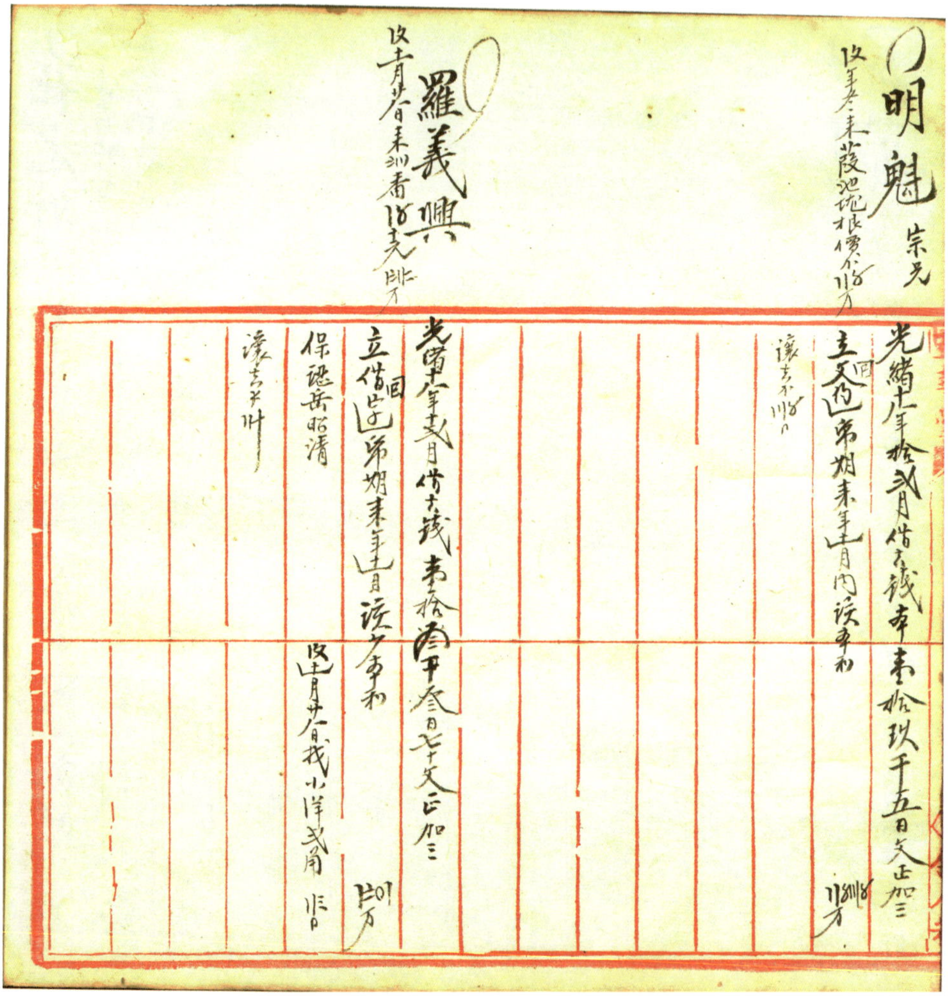

8-2-41-60　清光緒十八年銀錢油穀發借總目（六〇）

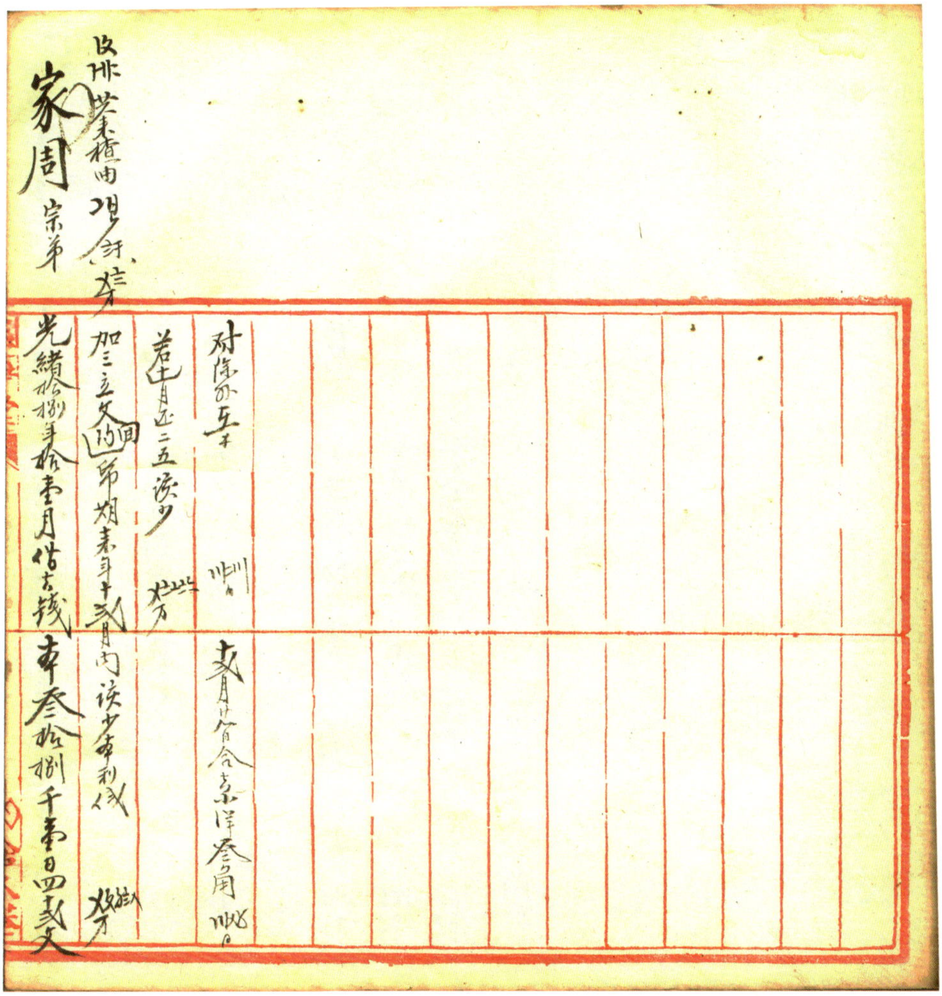

8-2-41-61　清光緒十八年銀錢油穀發借總目（六一）

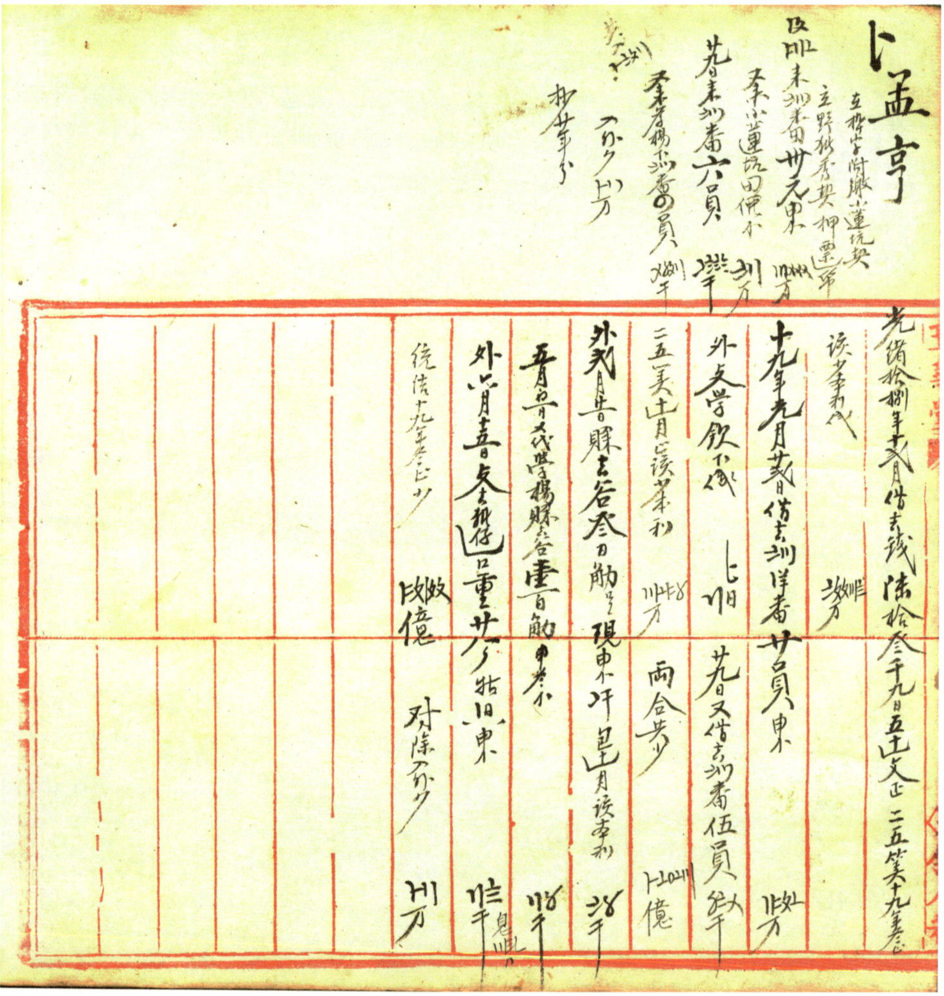

8-2-41-62　清光緒十八年銀錢油穀發借總目（六二）

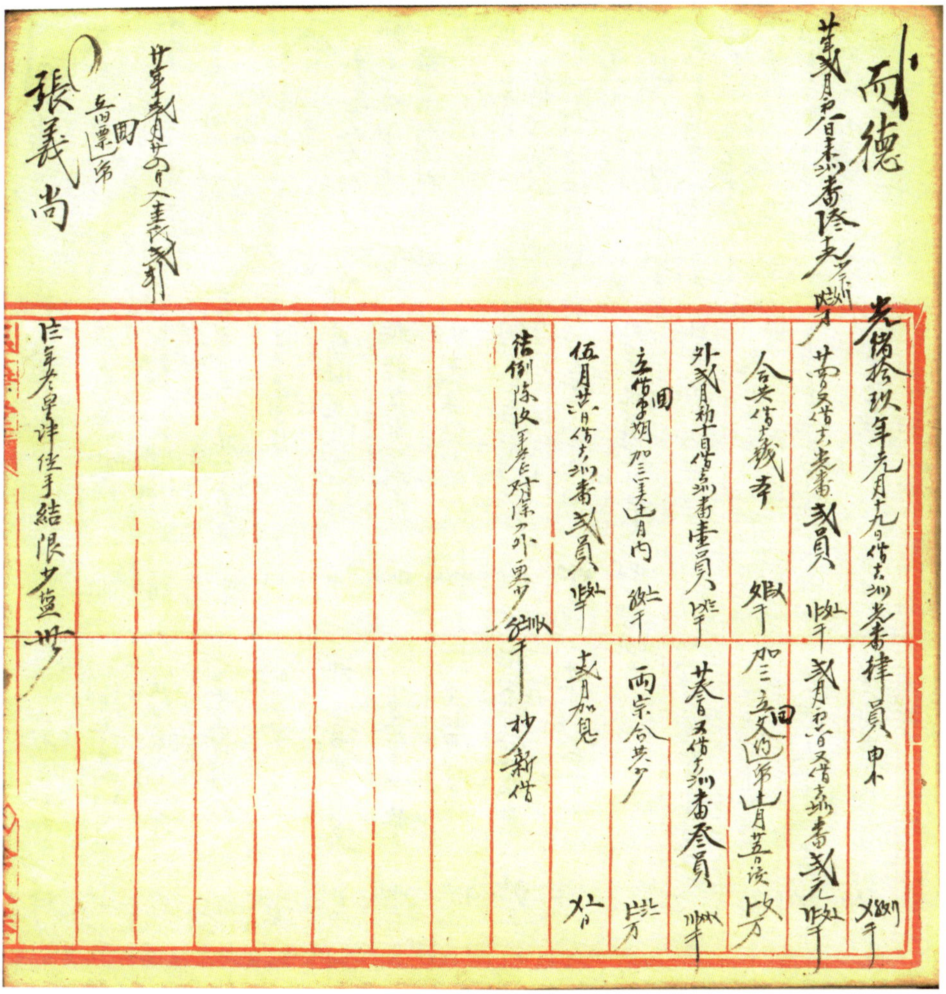

8-2-41-63　清光緒十八年銀錢油穀發借總目（六三）

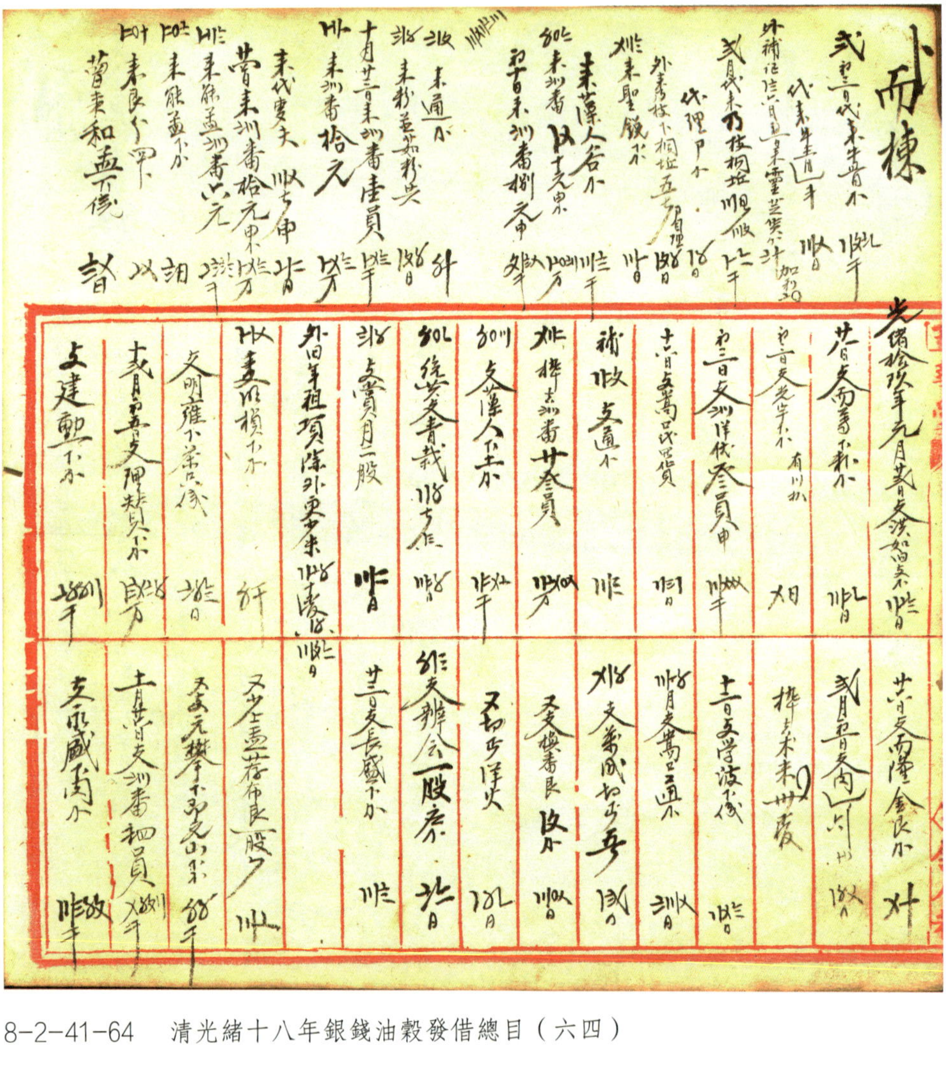

8-2-41-64　清光緒十八年銀錢油穀發借總目（六四）

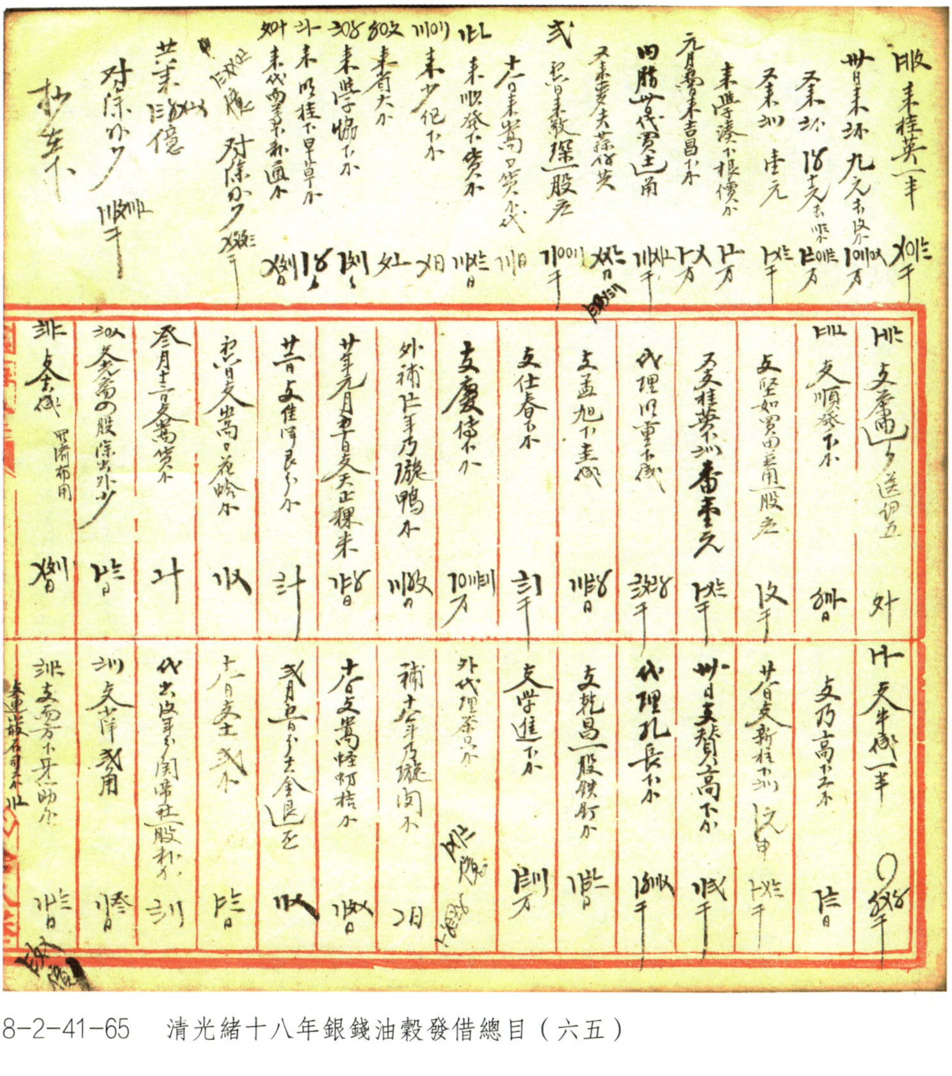

8-2-41-65　清光緒十八年銀錢油穀發借總目（六五）

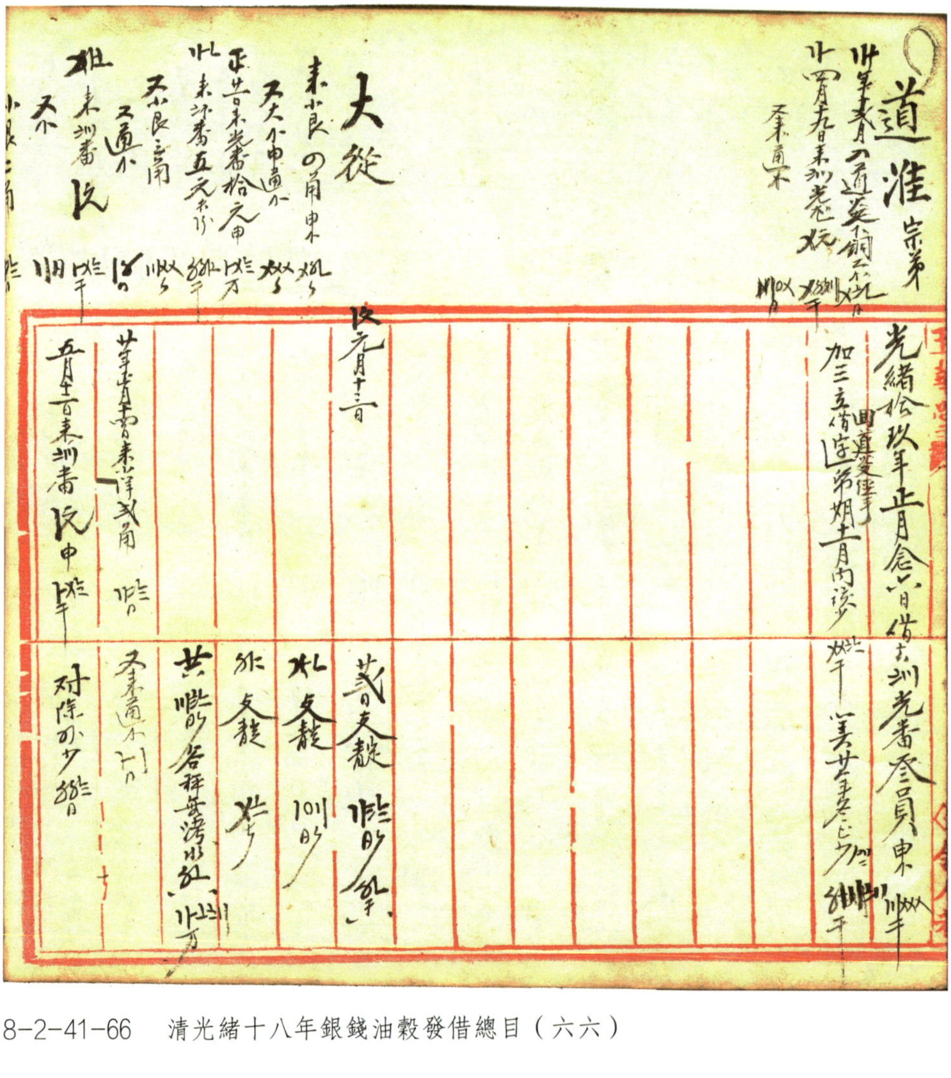

道淮 宗弟

光緒拾玖年正月念六日借去訓光番叁員 東

田道英經手

加三五借 定迯弟期十月內送

大從

8-2-41-66　清光緒十八年銀錢油穀發借總目（六六）

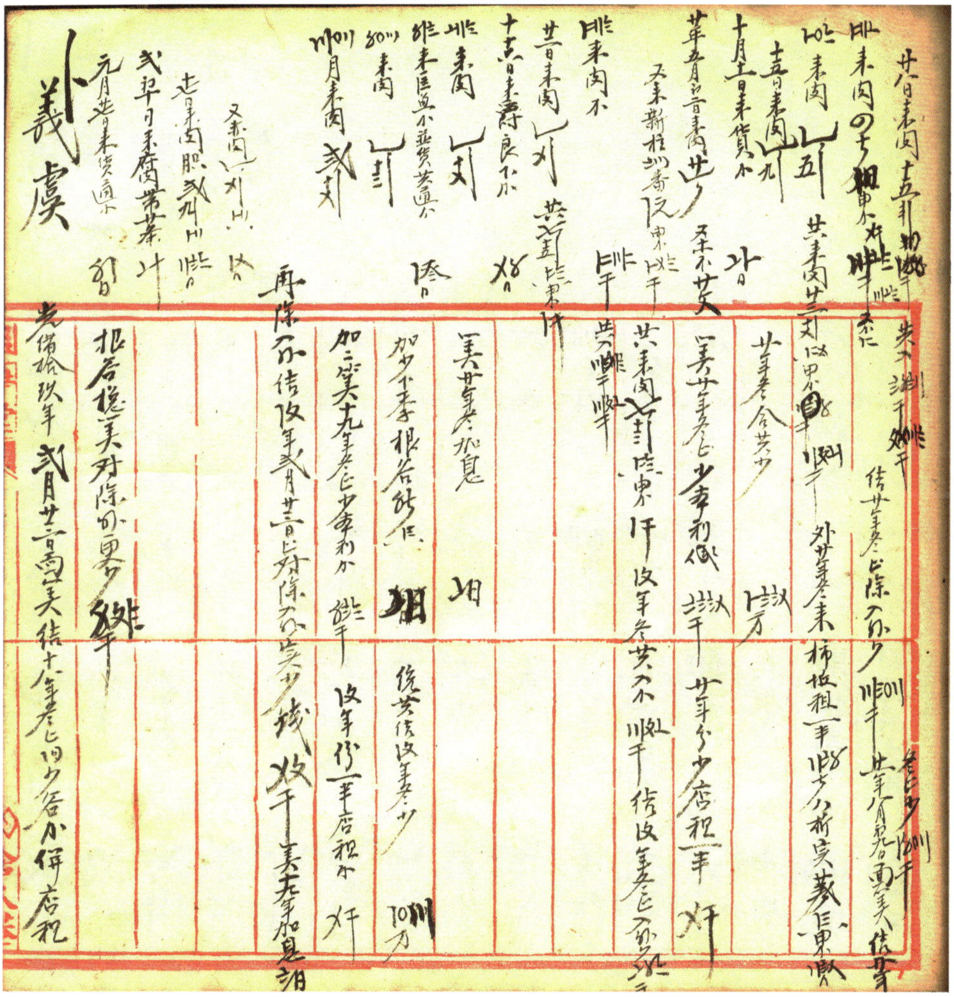

8-2-41-67　清光緒十八年銀錢油穀發借總目（六七）

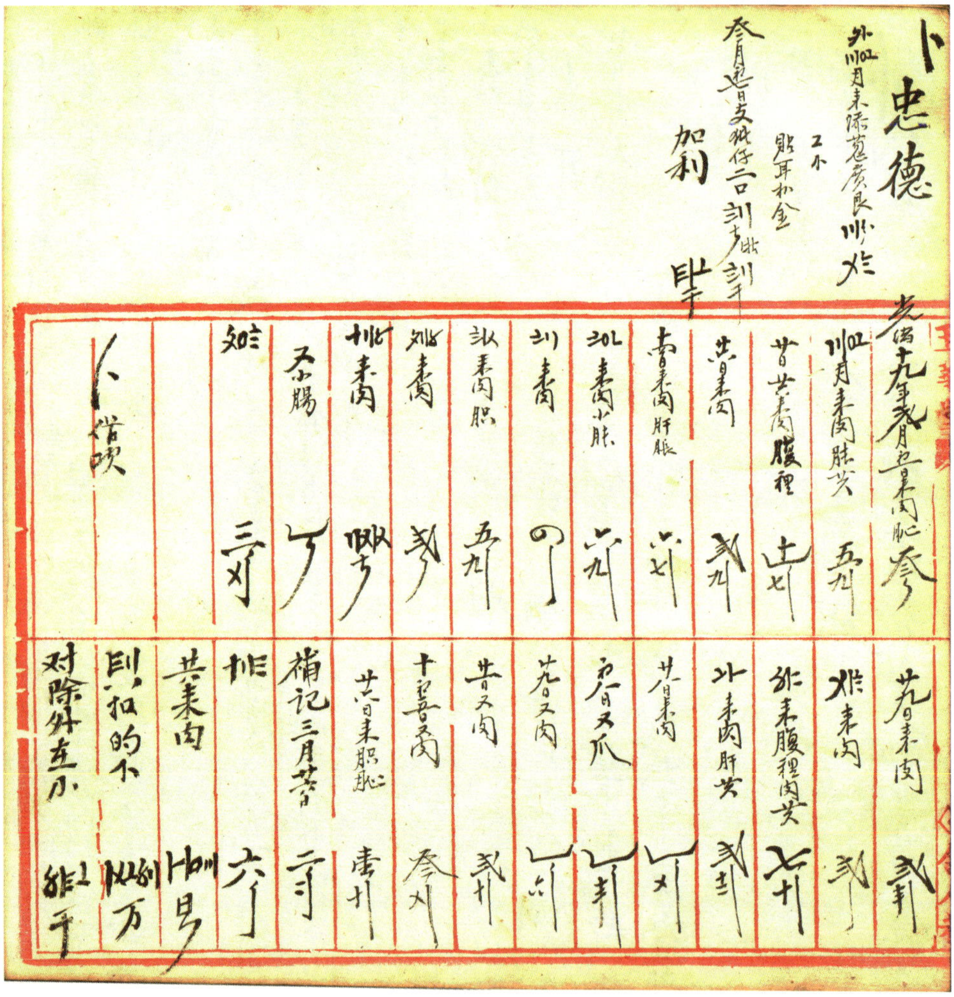

8-2-41-68　清光緒十八年銀錢油穀發借總目（六八）

卜

賴易良

光緒十八年冬支秉虞小根谷五弔

8-2-41-69　清光緒十八年銀錢油穀發借總目（六九）

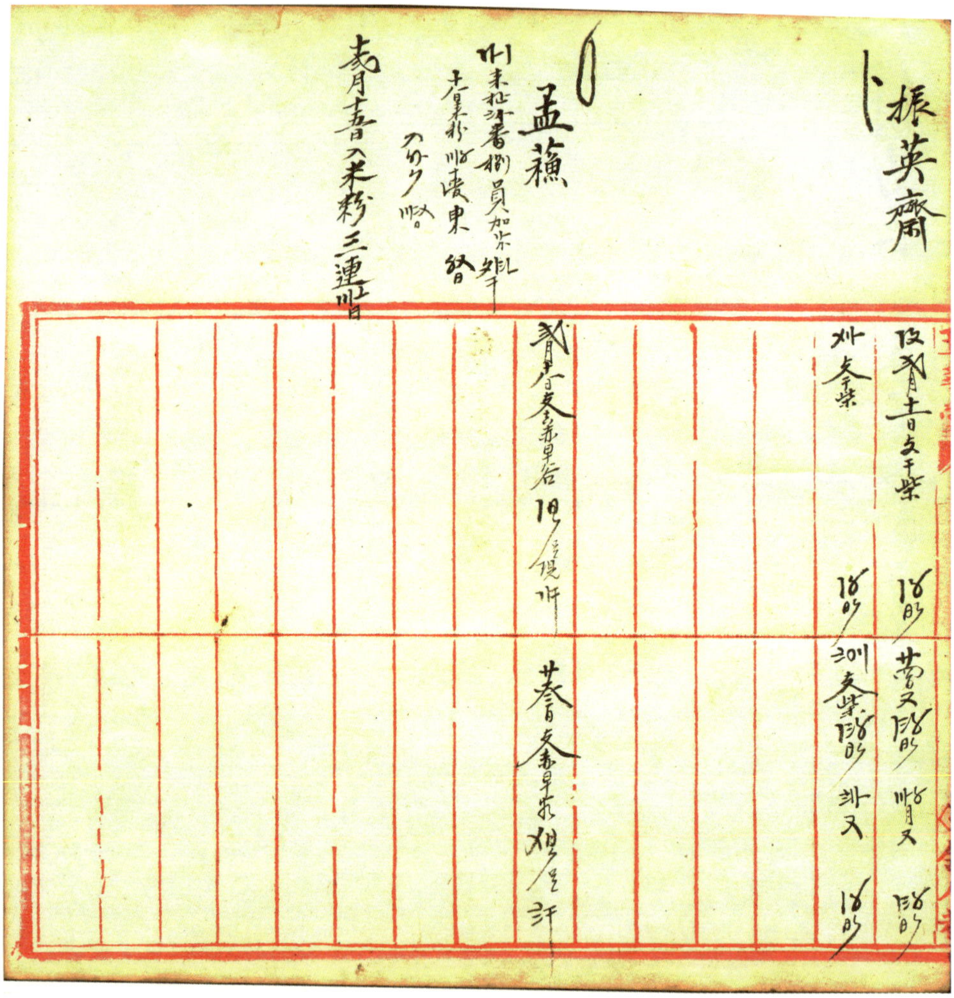

8-2-41-70　清光緒十八年銀錢油穀發借總目（七〇）

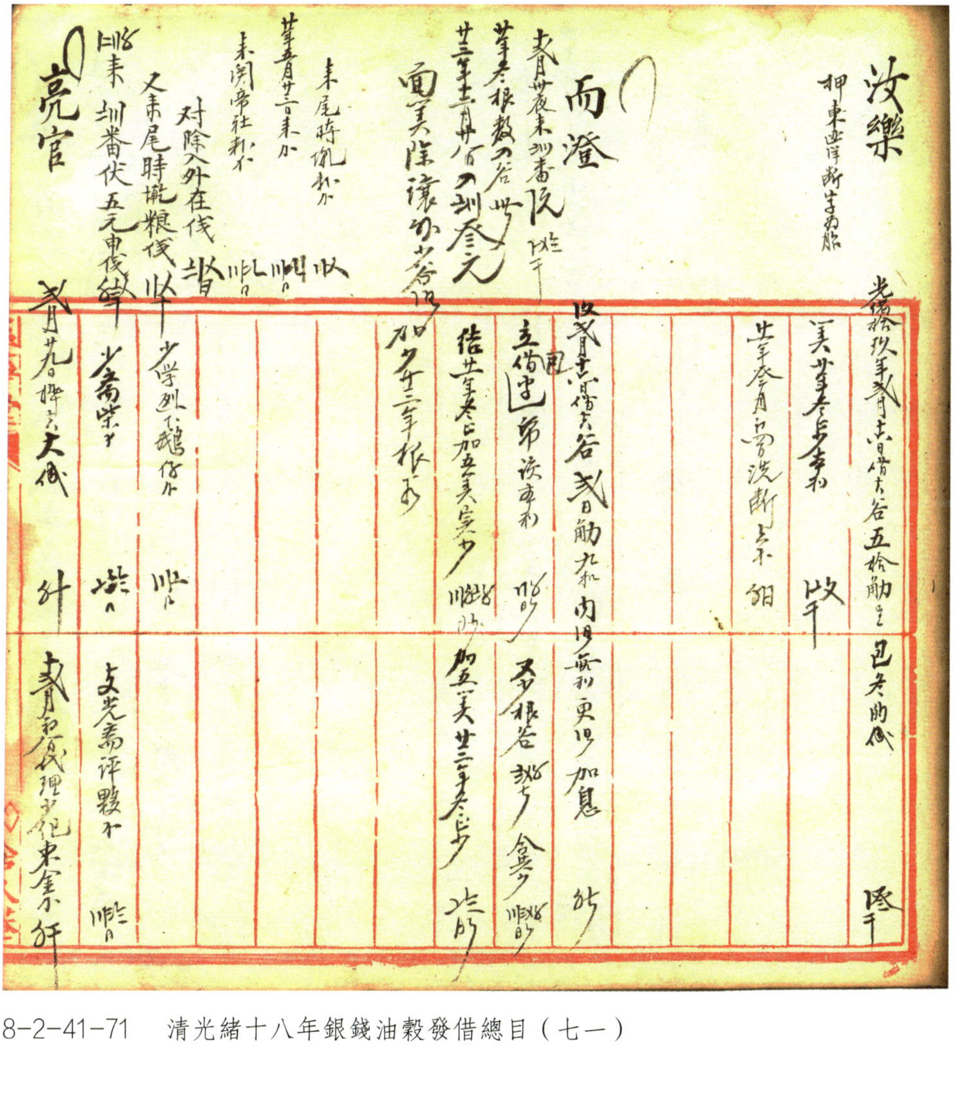

8-2-41-71　清光緒十八年銀錢油穀發借總目（七一）

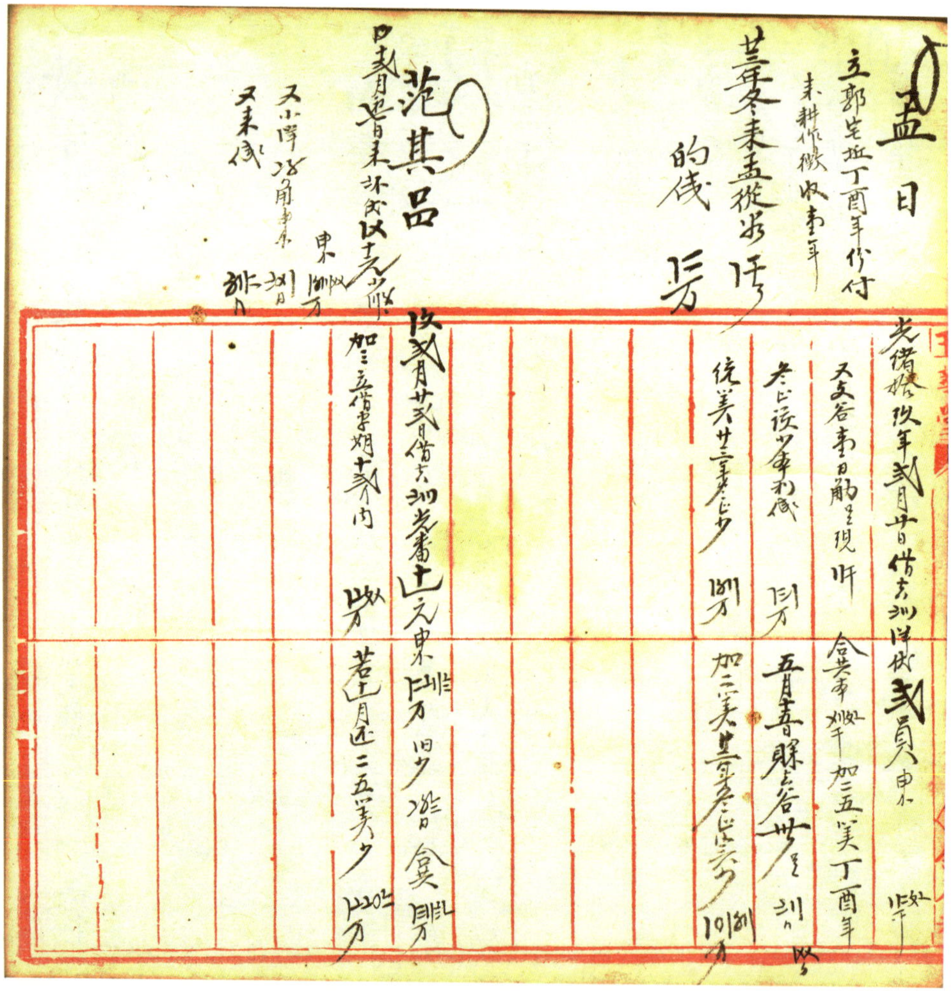

8-2-41-72　清光緒十八年銀錢油穀發借總目（七二）

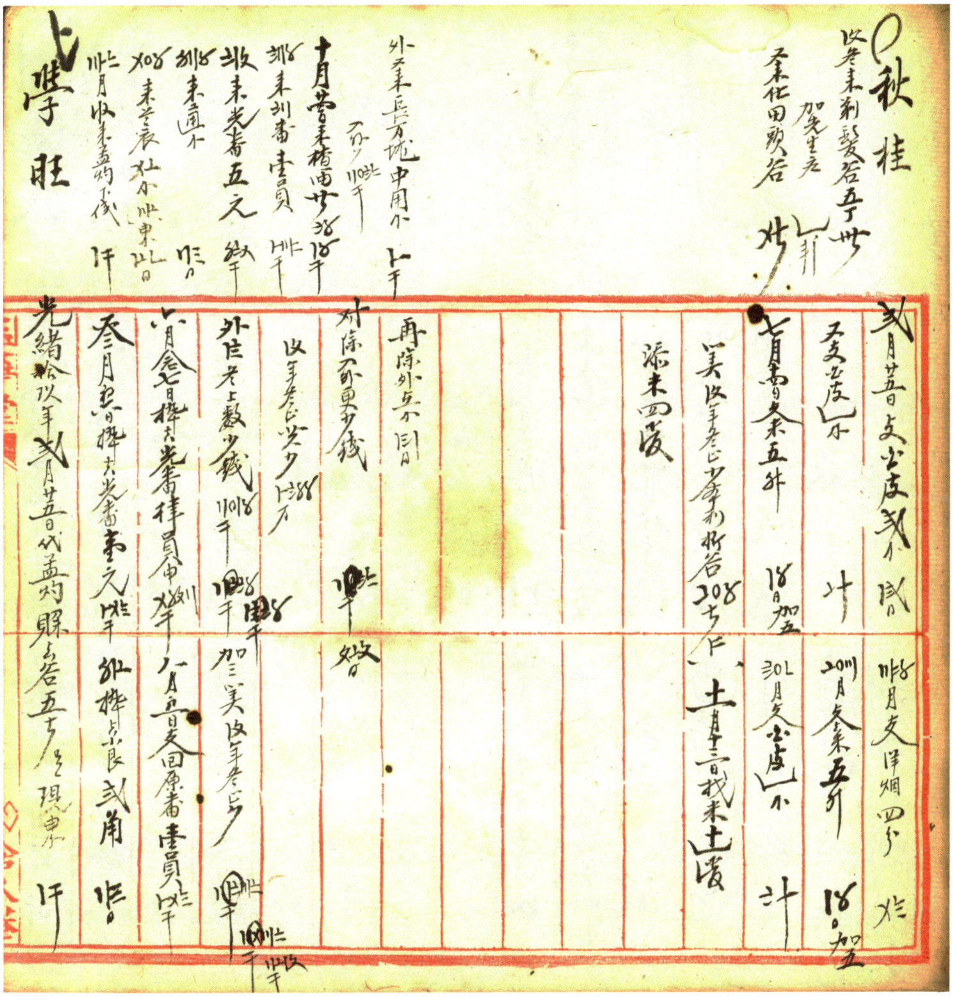

8-2-41-73　清光緒十八年銀錢油穀發借總目（七三）

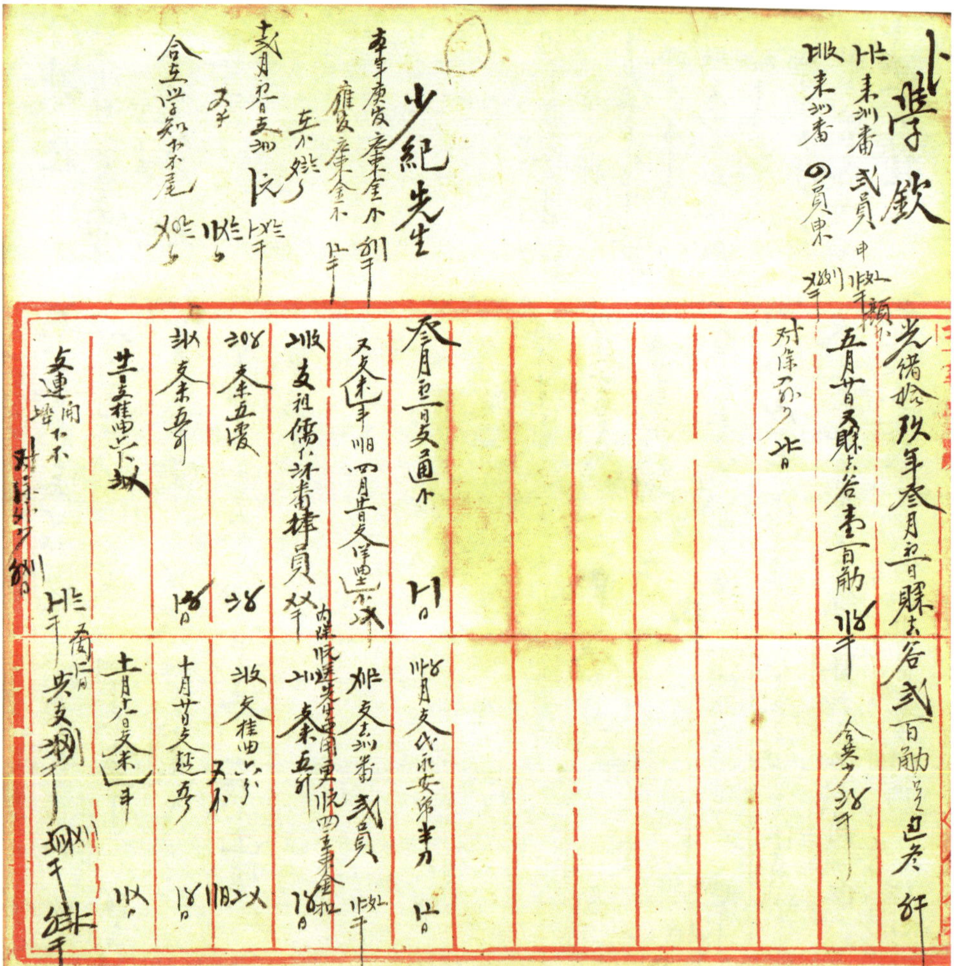

8-2-41-74　清光緒十八年銀錢油穀發借總目（七四）

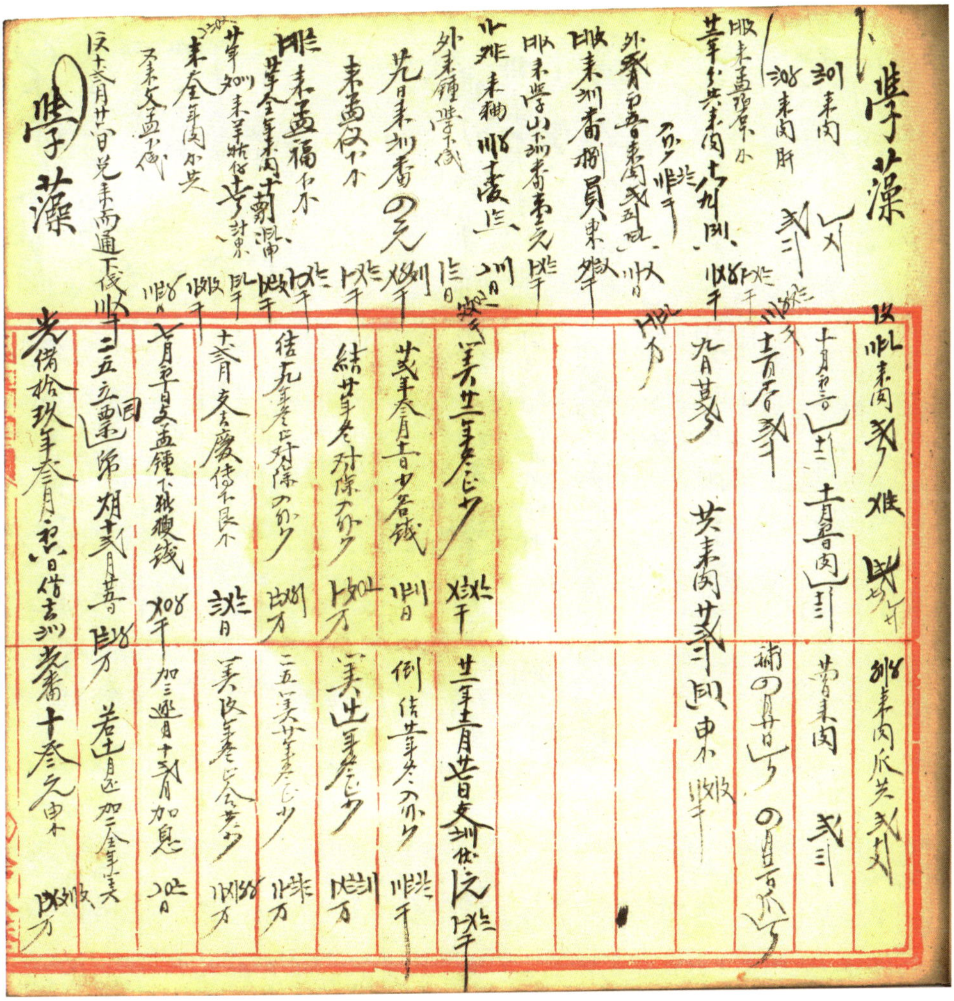

8-2-41-75　清光緒十八年銀錢油穀發借總目（七五）

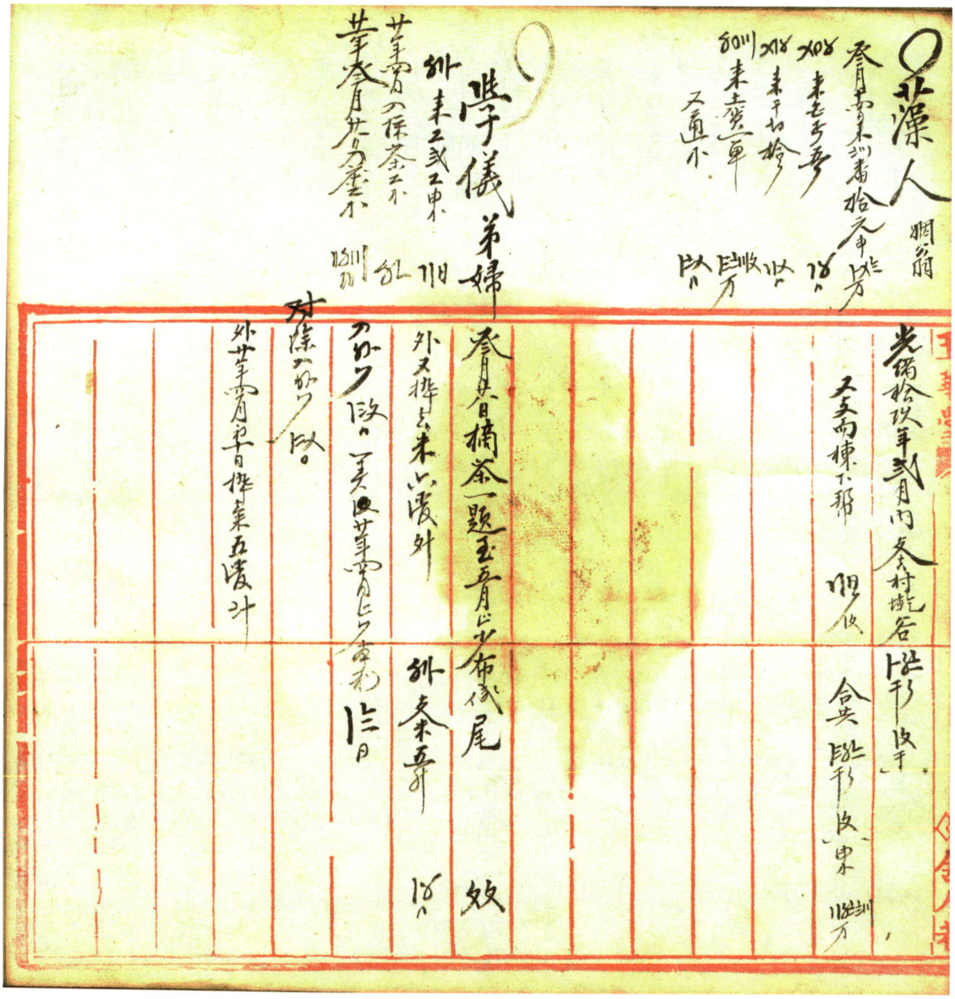

8-2-41-76　清光緒十八年銀錢油穀發借總目（七六）

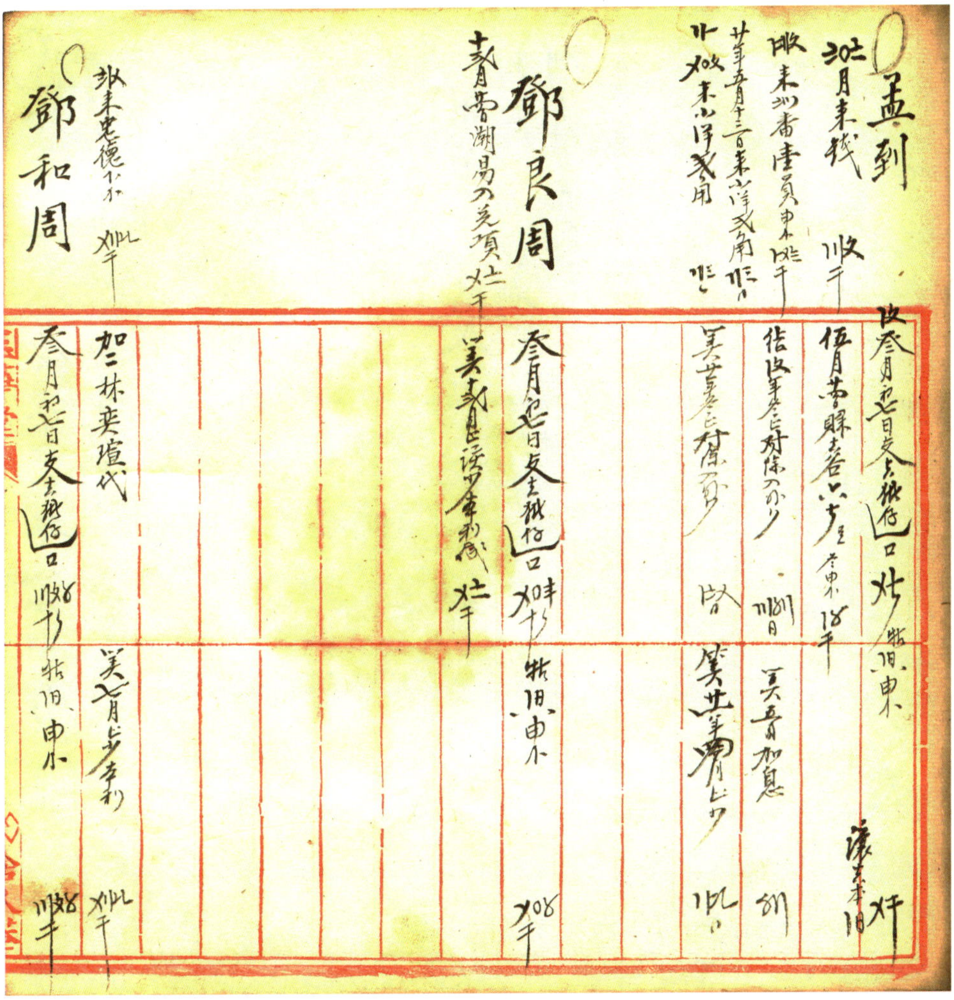

8-2-41-77　清光緒十八年銀錢油穀發借總目（七七）

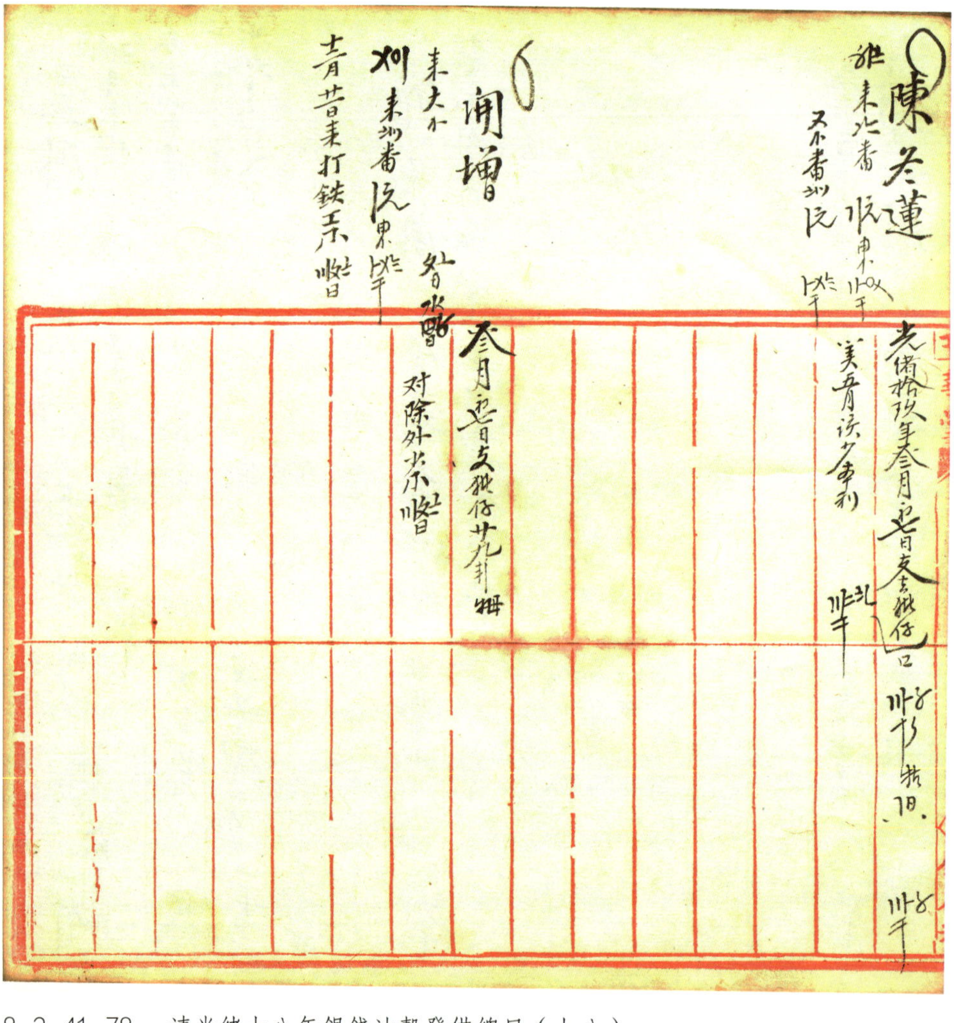

8-2-41-78　清光緒十八年銀錢油穀發借總目（七八）

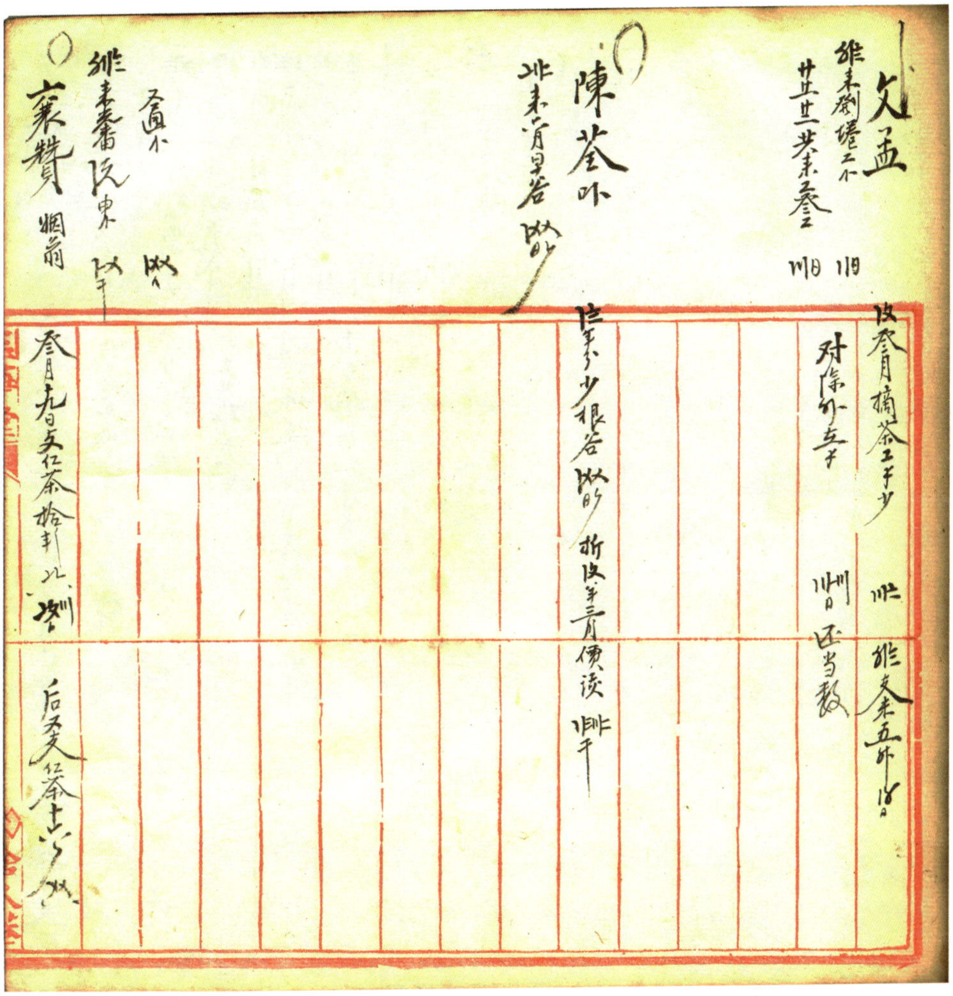

8-2-41-79　清光緒十八年銀錢油穀發借總目（七九）

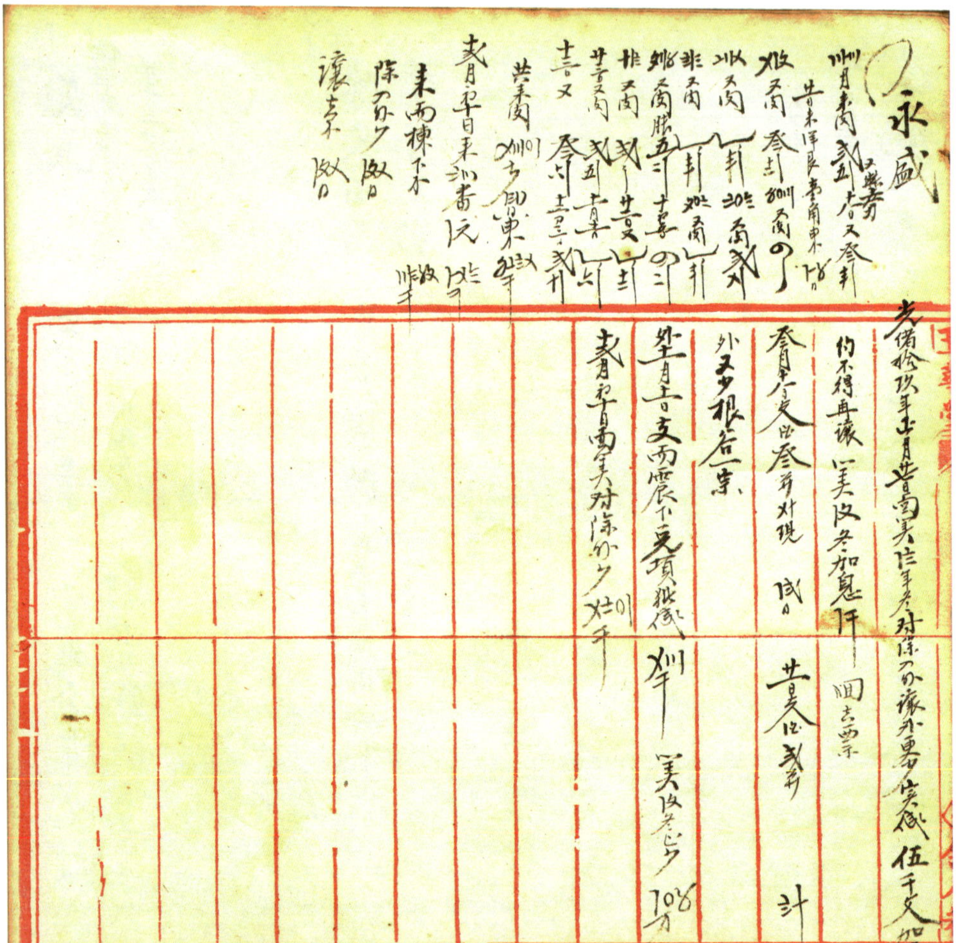

8-2-41-80　清光緒十八年銀錢油穀發借總目（八〇）

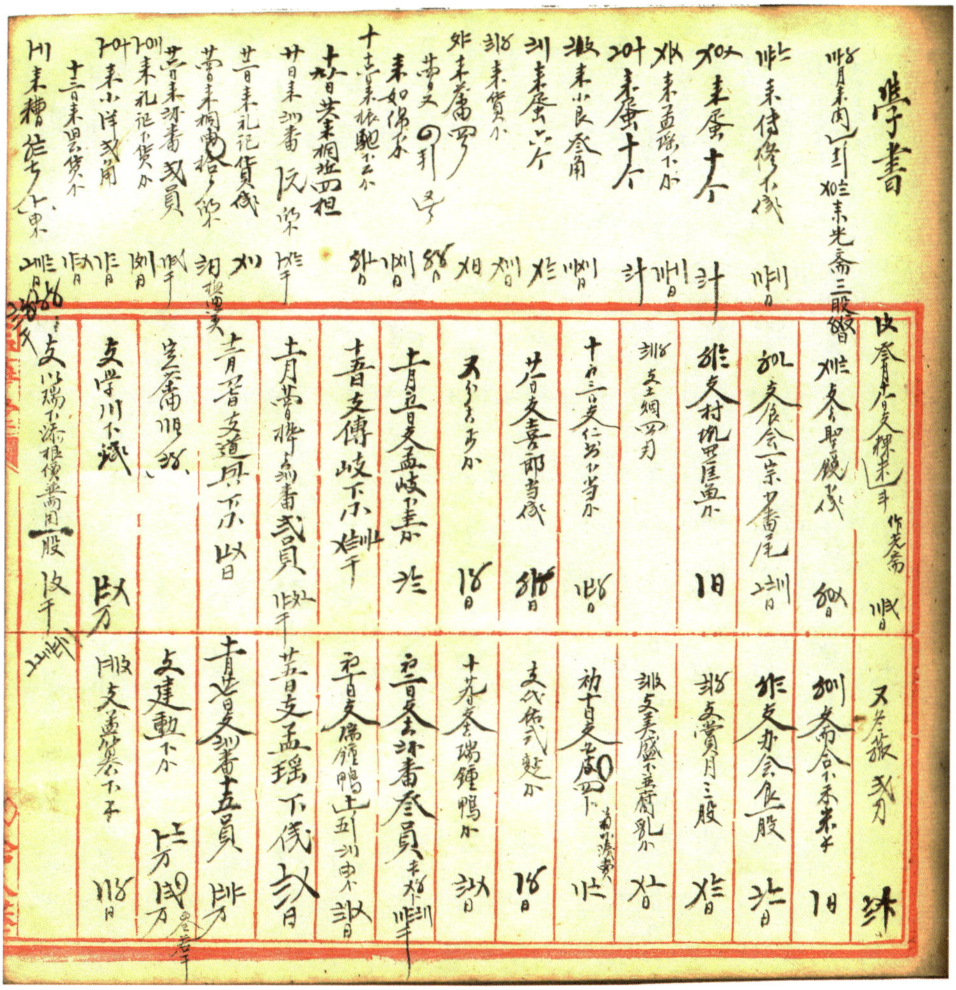

8-2-41-81　清光緒十八年銀錢油穀發借總目（八一）

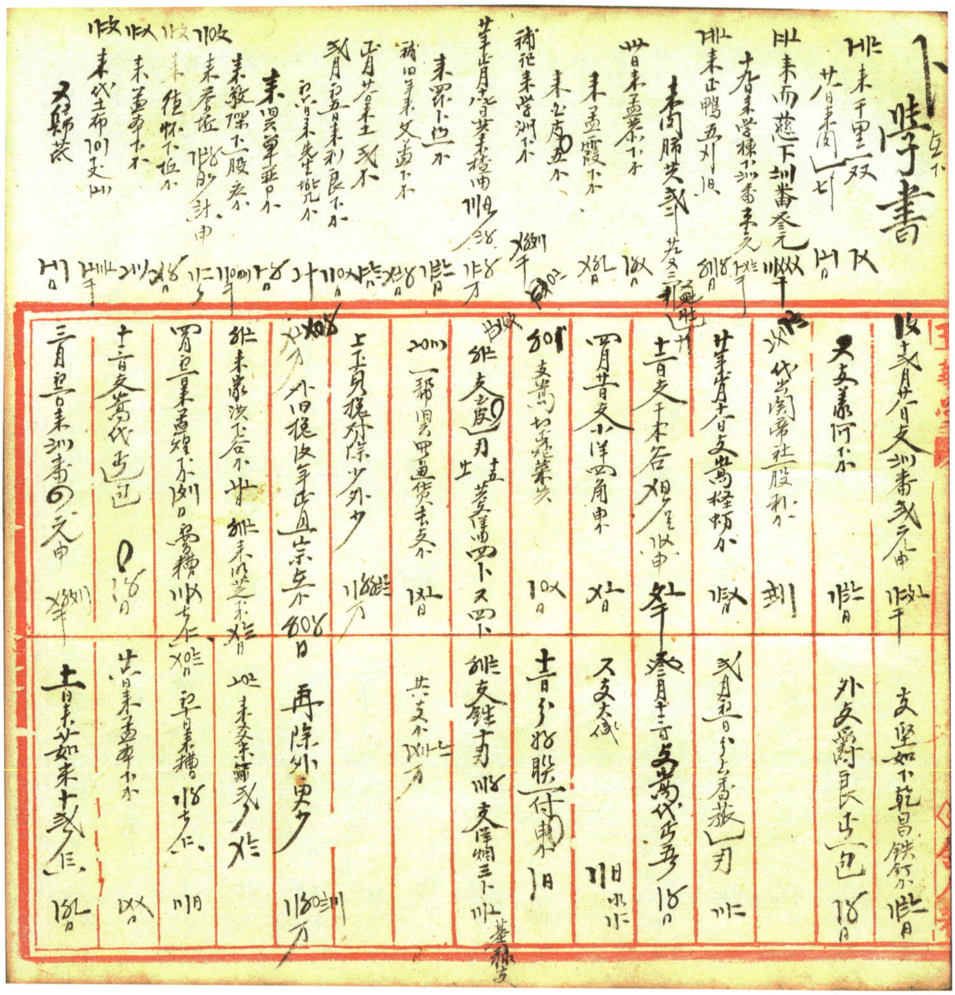

8-2-41-82　清光緒十八年銀錢油穀發借總目（八二）

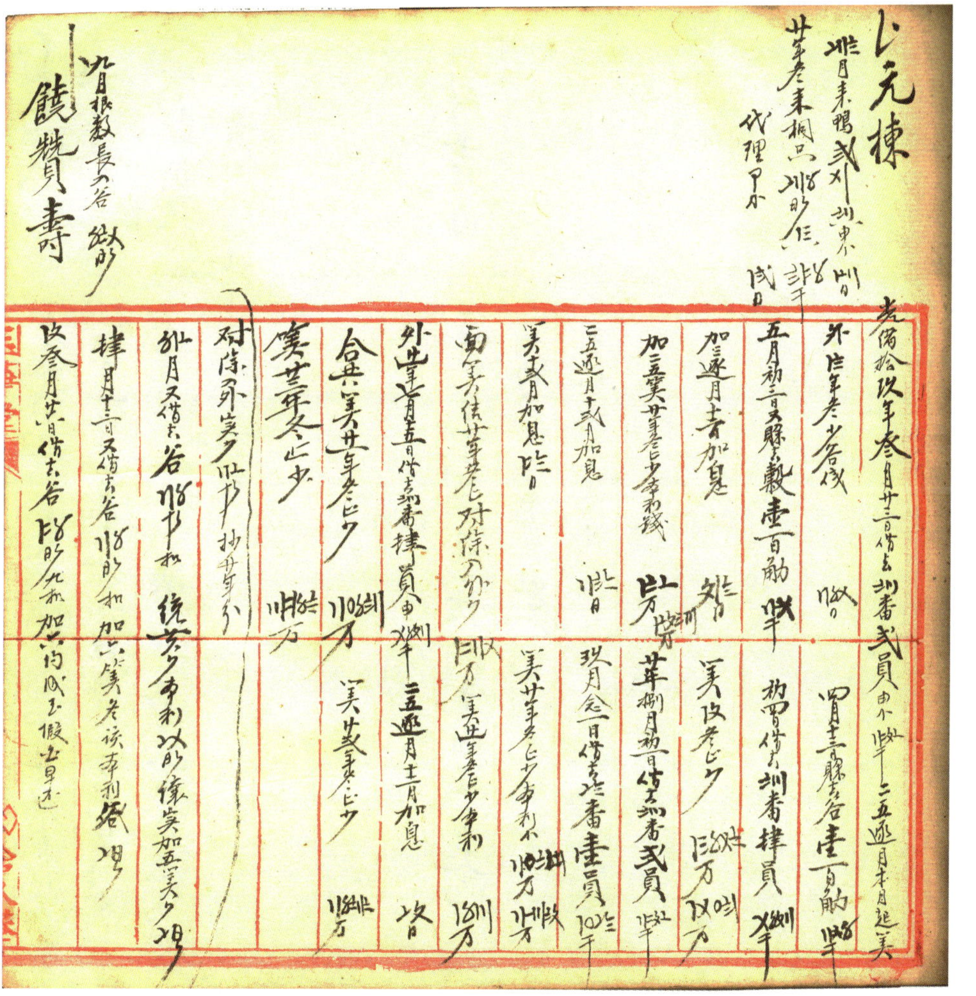

8-2-41-83　清光緒十八年銀錢油穀發借總目（八三）

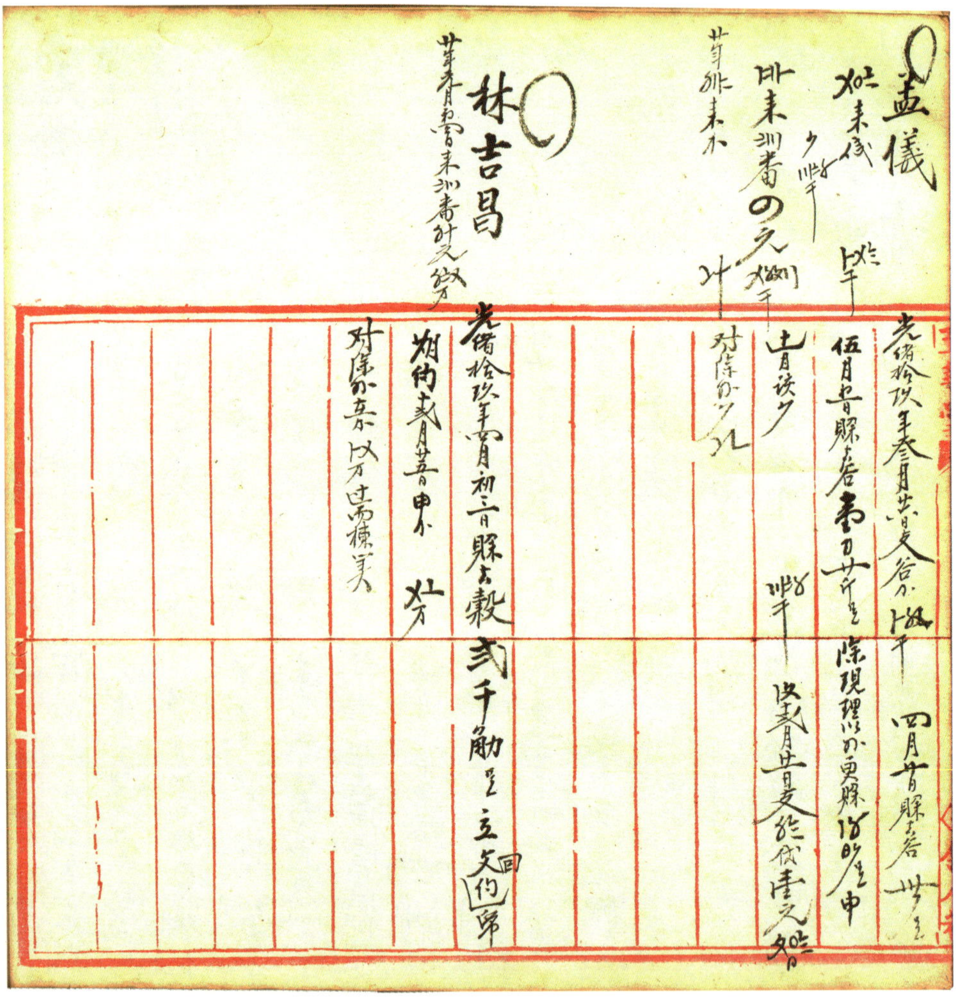

8-2-41-84　清光緒十八年銀錢油穀發借總目（八四）

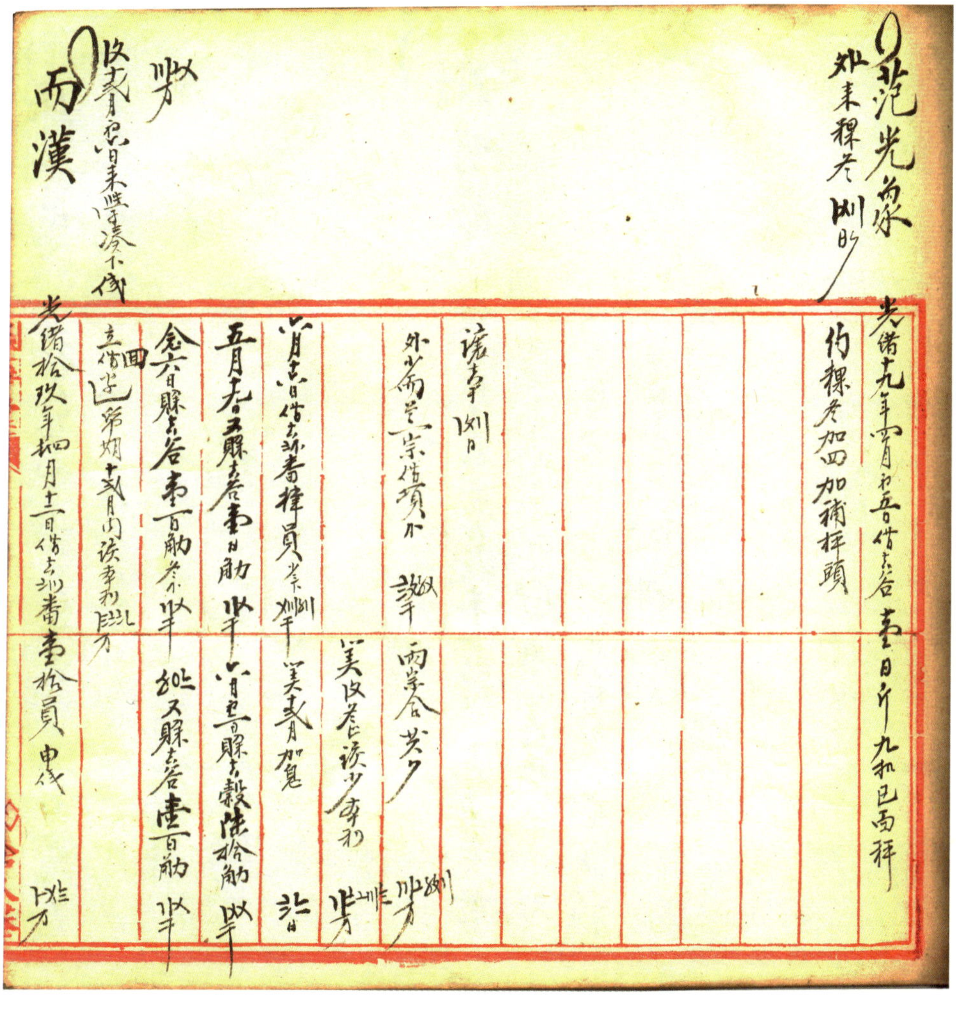

8-2-41-85　清光緒十八年銀錢油穀發借總目（八五）

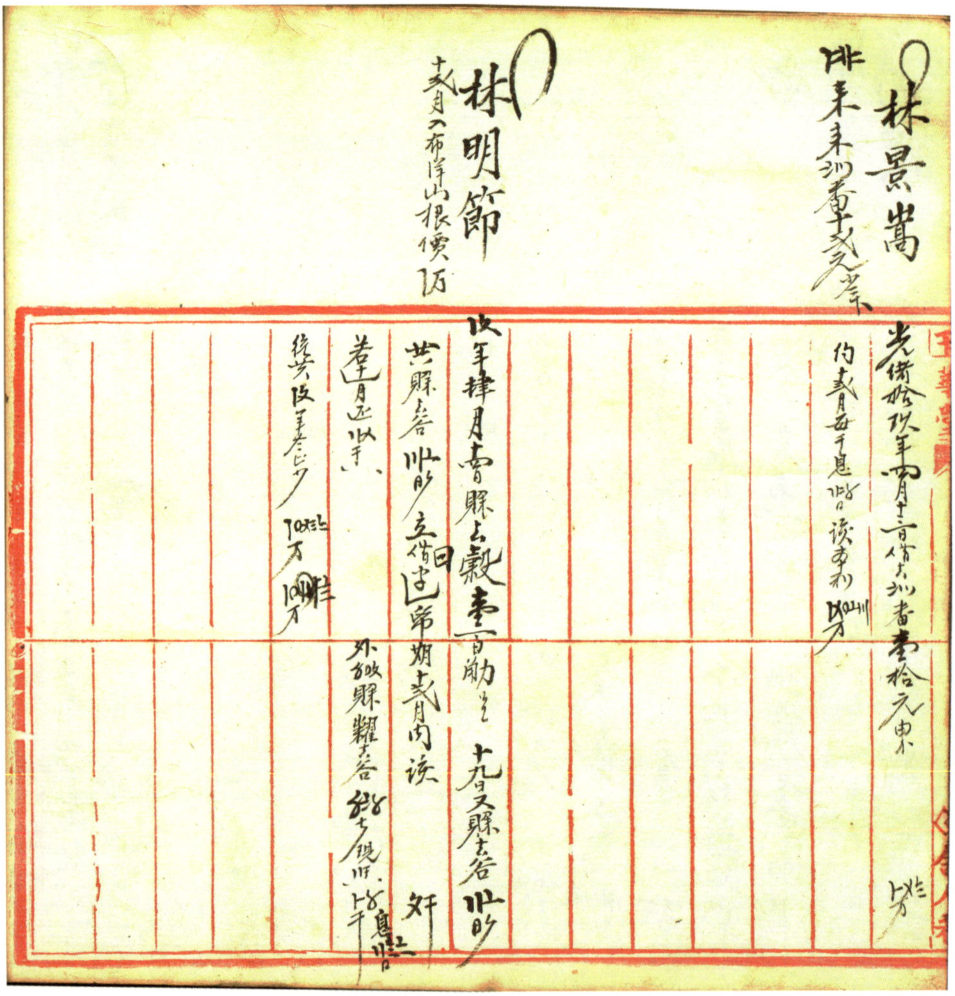

8-2-41-86　清光緒十八年銀錢油穀發借總目（八六）

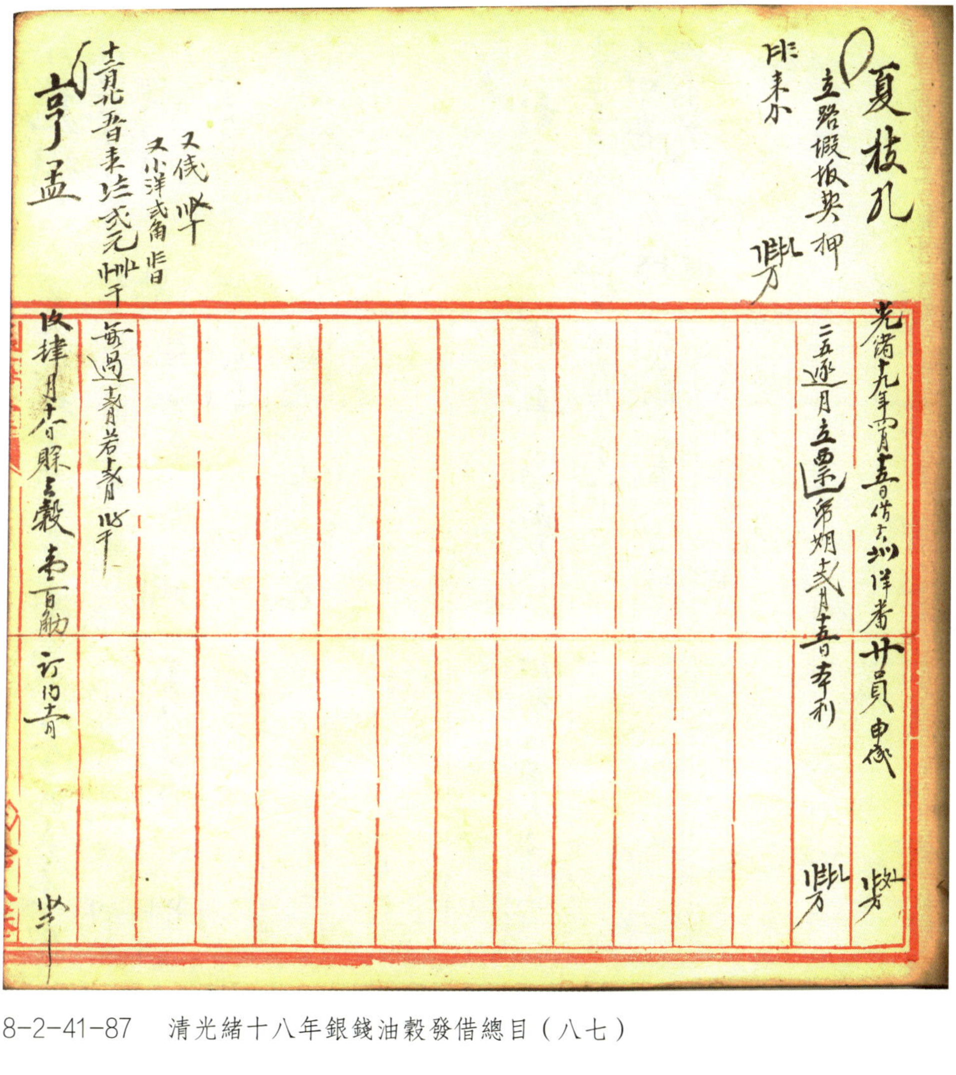

8-2-41-87　清光緒十八年銀錢油穀發借總目（八七）

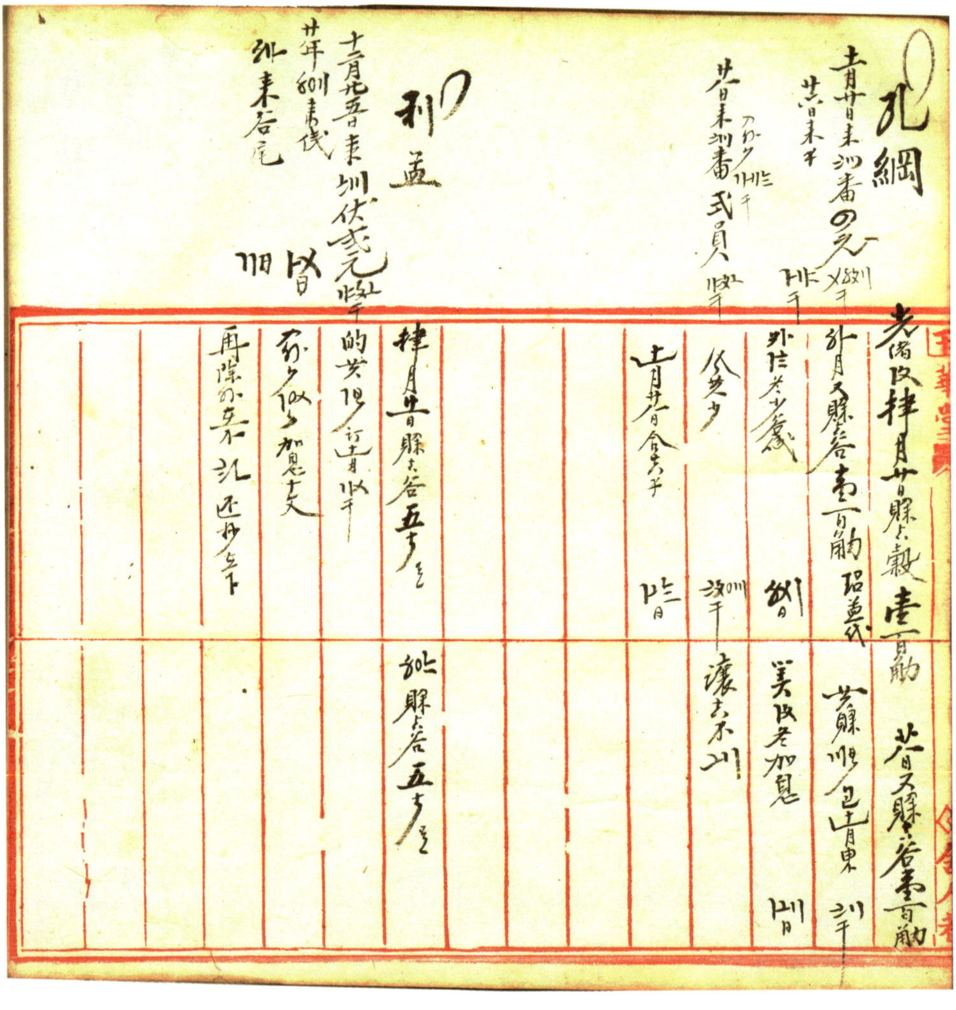

8-2-41-88　清光緒十八年銀錢油穀發借總目（八八）

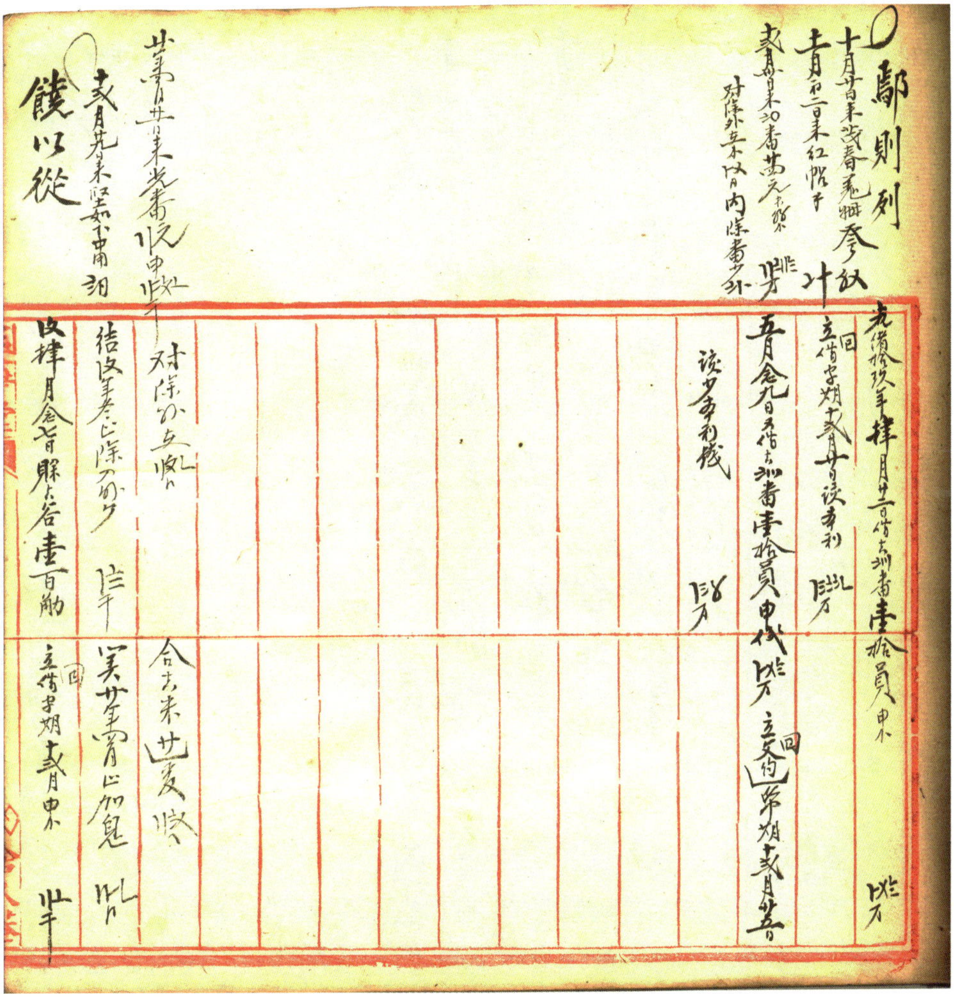

鄭則列

錢以從

8-2-41-89　清光緒十八年銀錢油穀發借總目（八九）

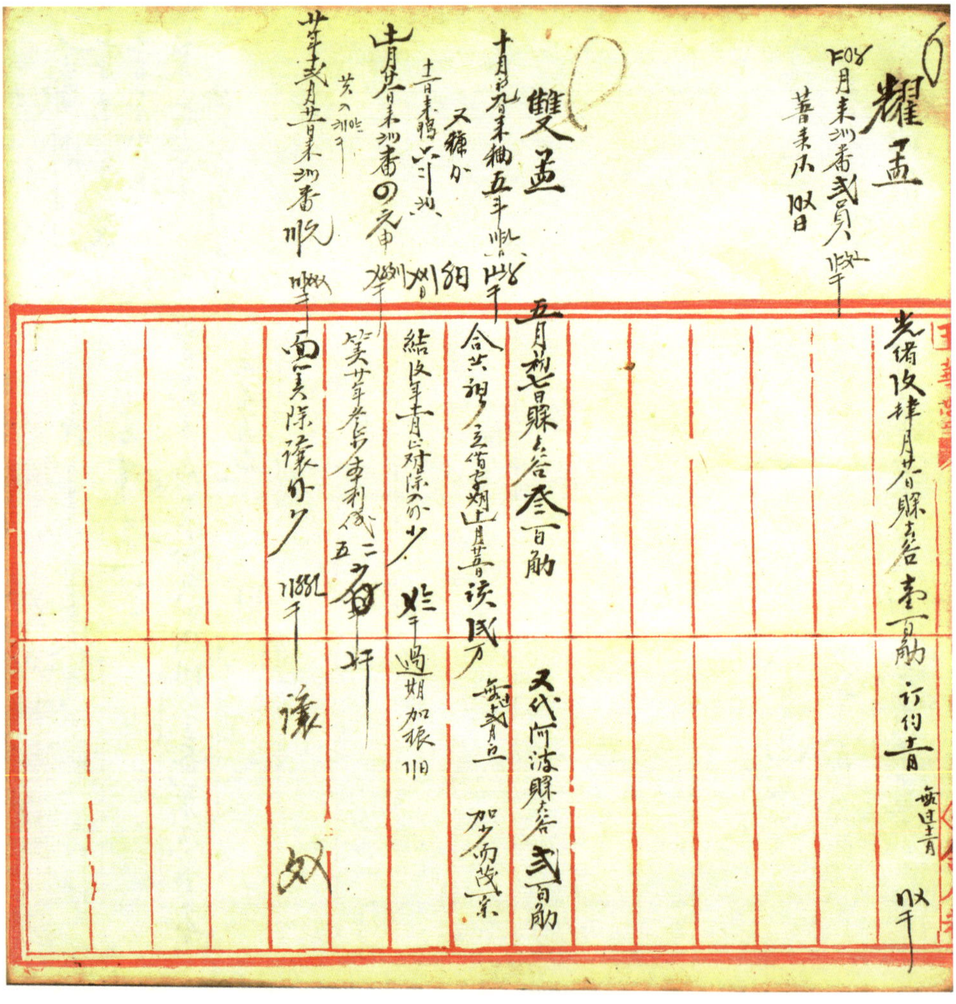

8-2-41-90　清光緒十八年銀錢油穀發借總目（九〇）

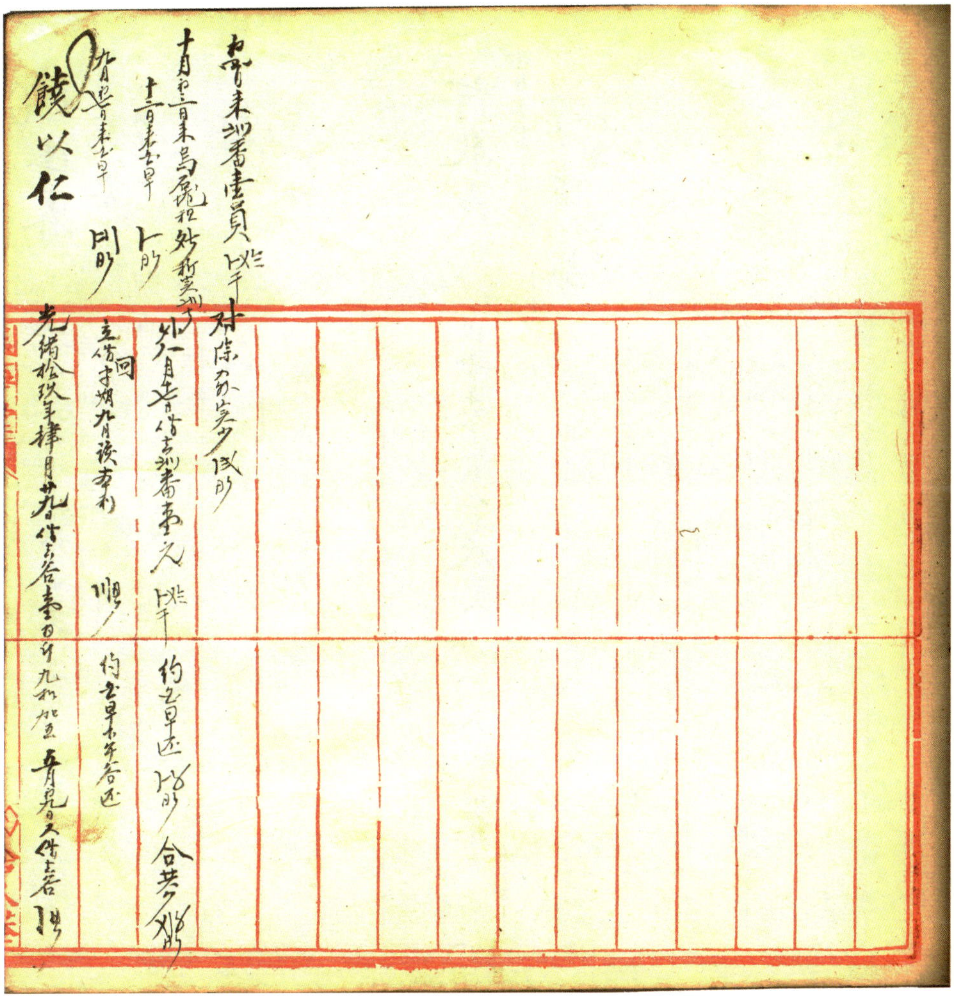
錢以仁

8-2-41-91　清光緒十八年銀錢油穀發借總目（九一）

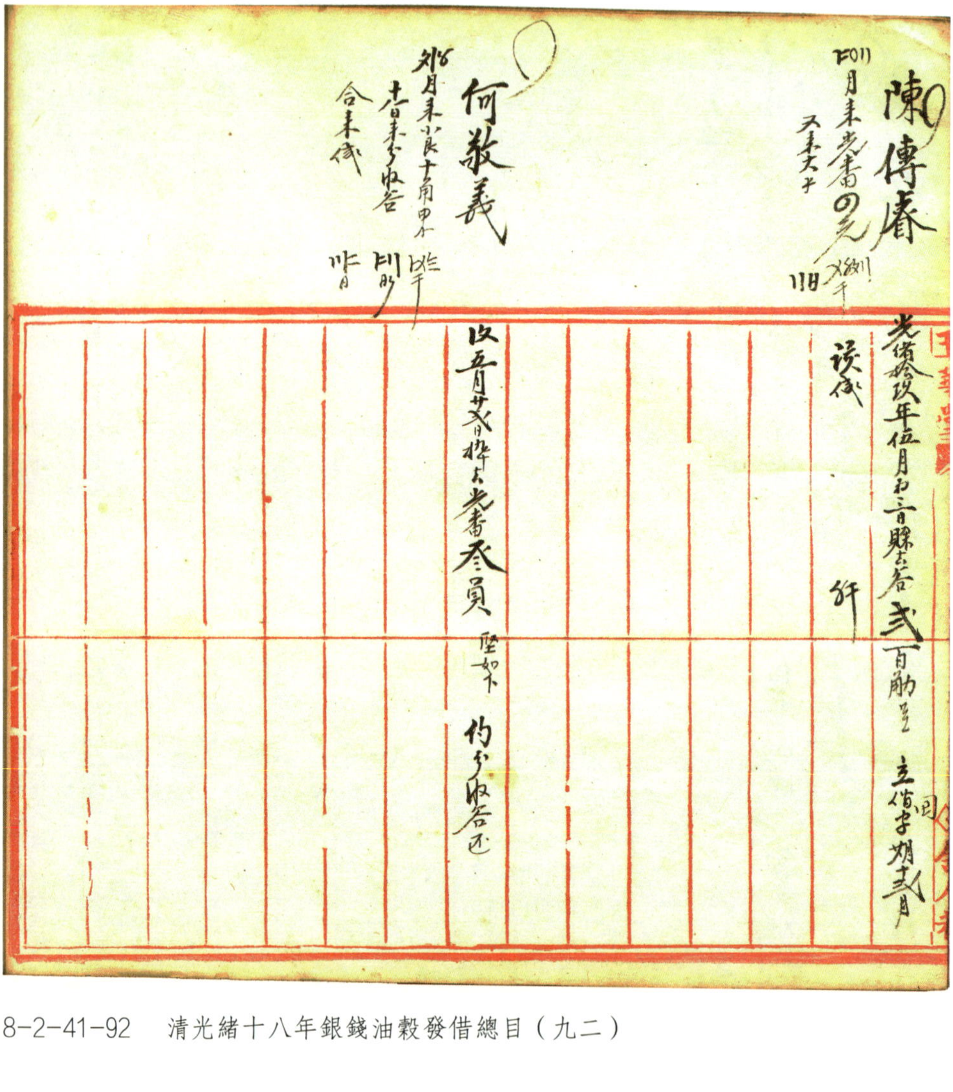

8-2-41-92　清光緒十八年銀錢油穀發借總目（九二）

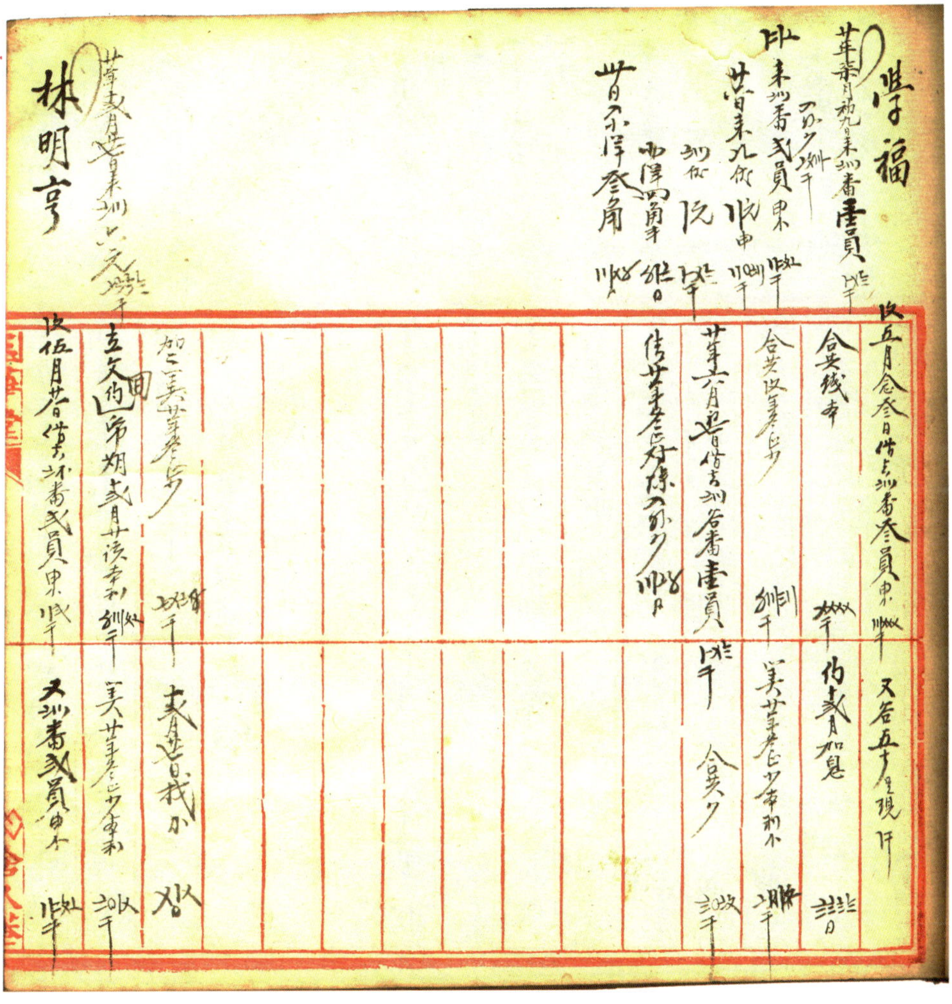

8-2-41-93　清光緒十八年銀錢油穀發借總目（九三）

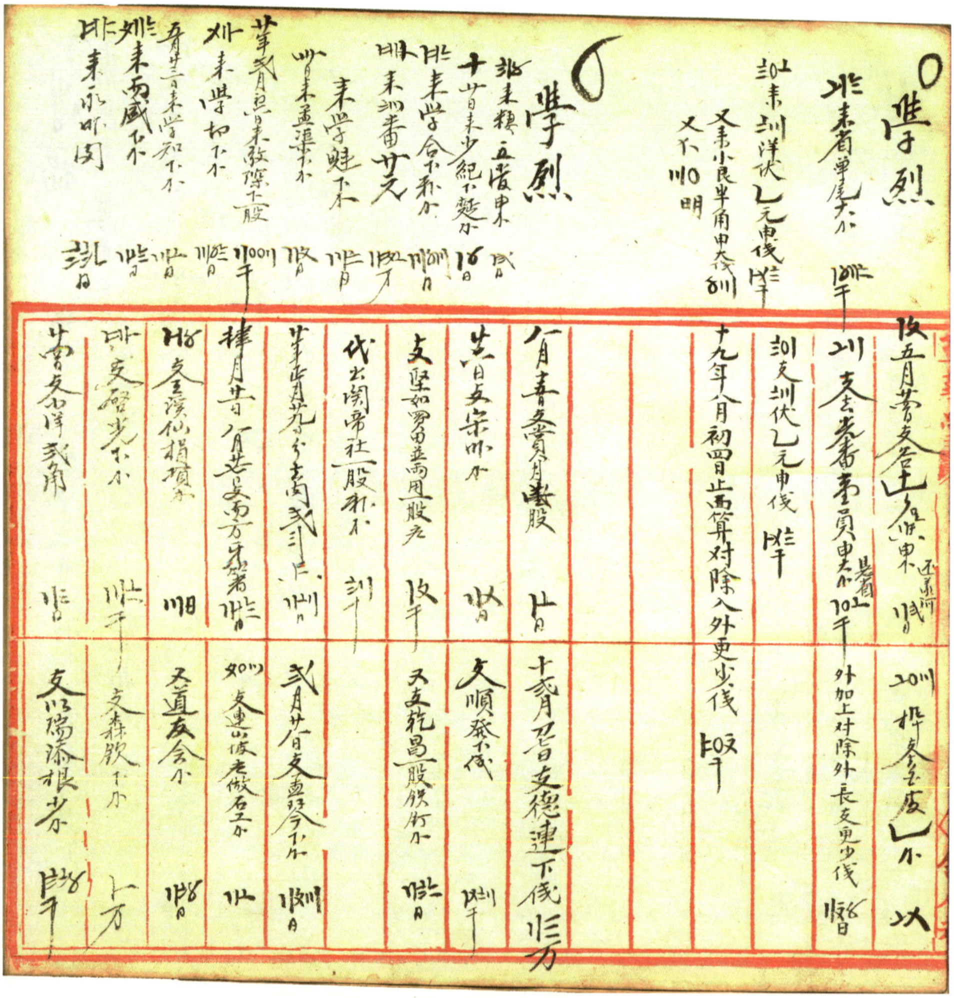

8-2-41-94　清光緒十八年銀錢油穀發借總目（九四）

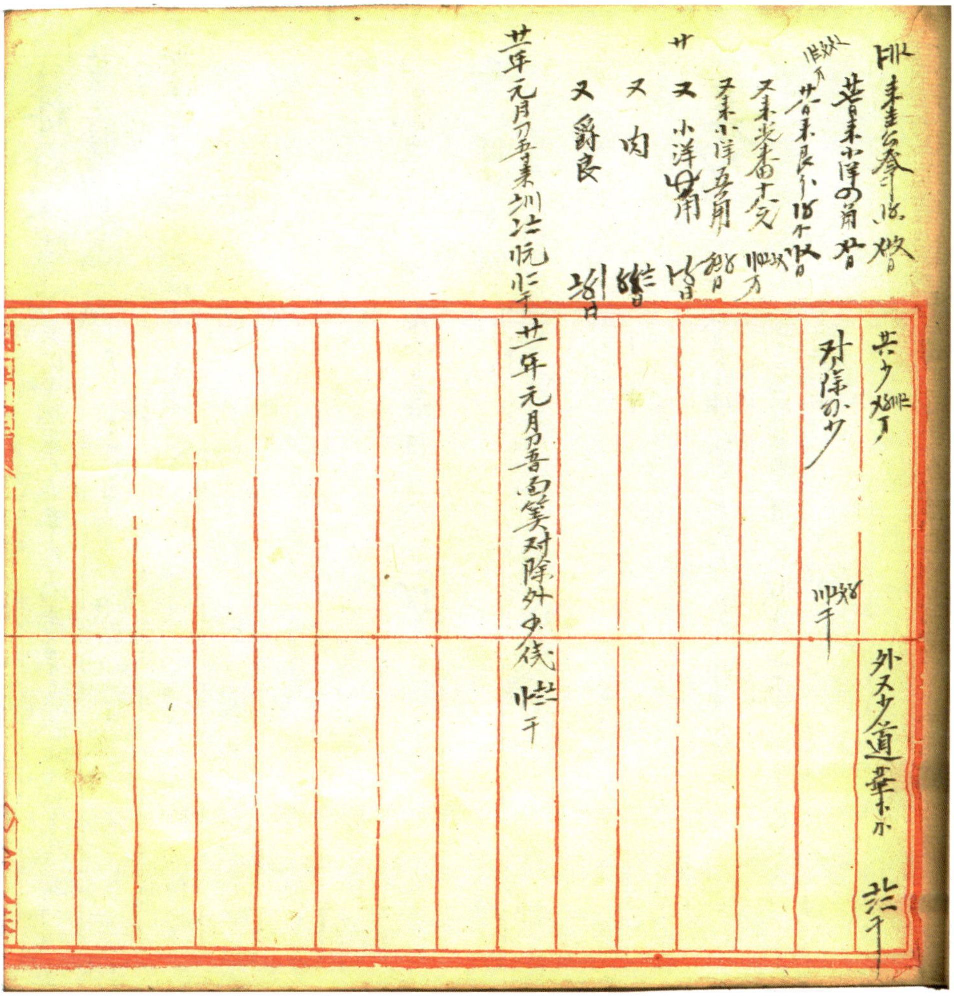

8-2-41-95　清光緒十八年銀錢油穀發借總目（九五）

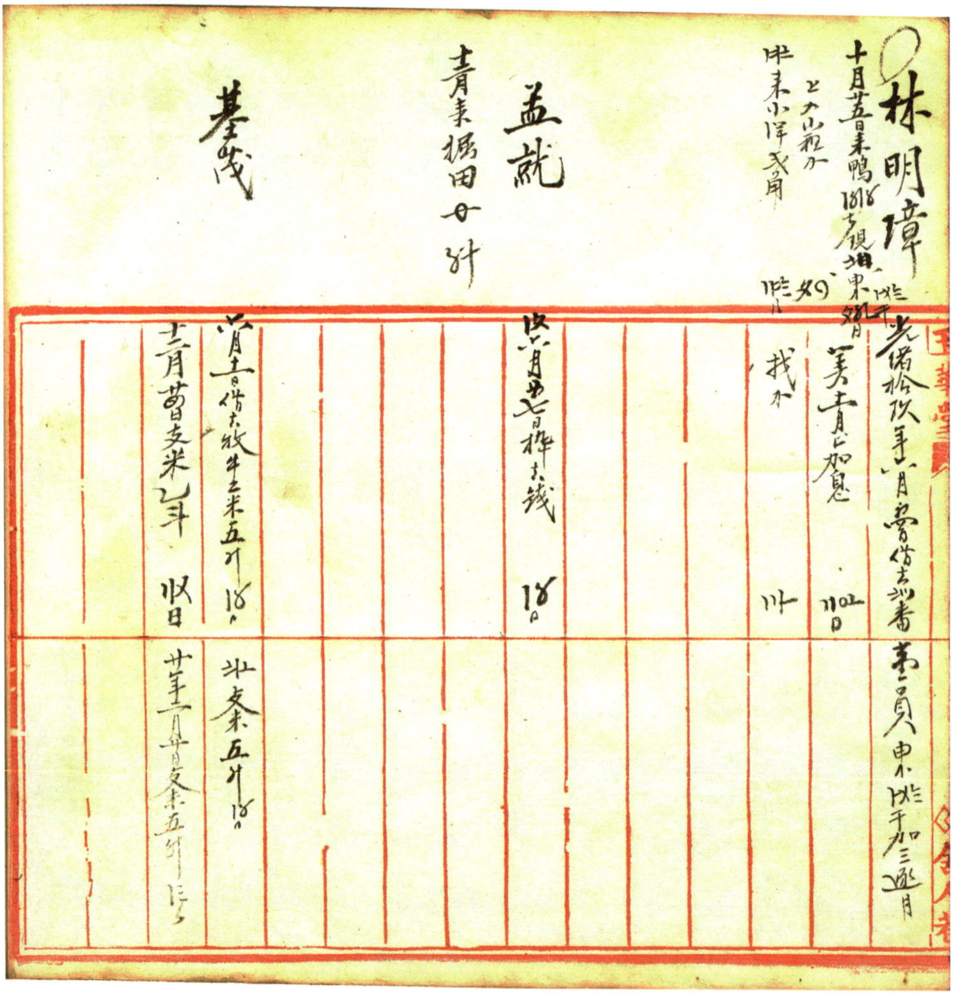

8-2-41-96　清光緒十八年銀錢油穀發借總目（九六）

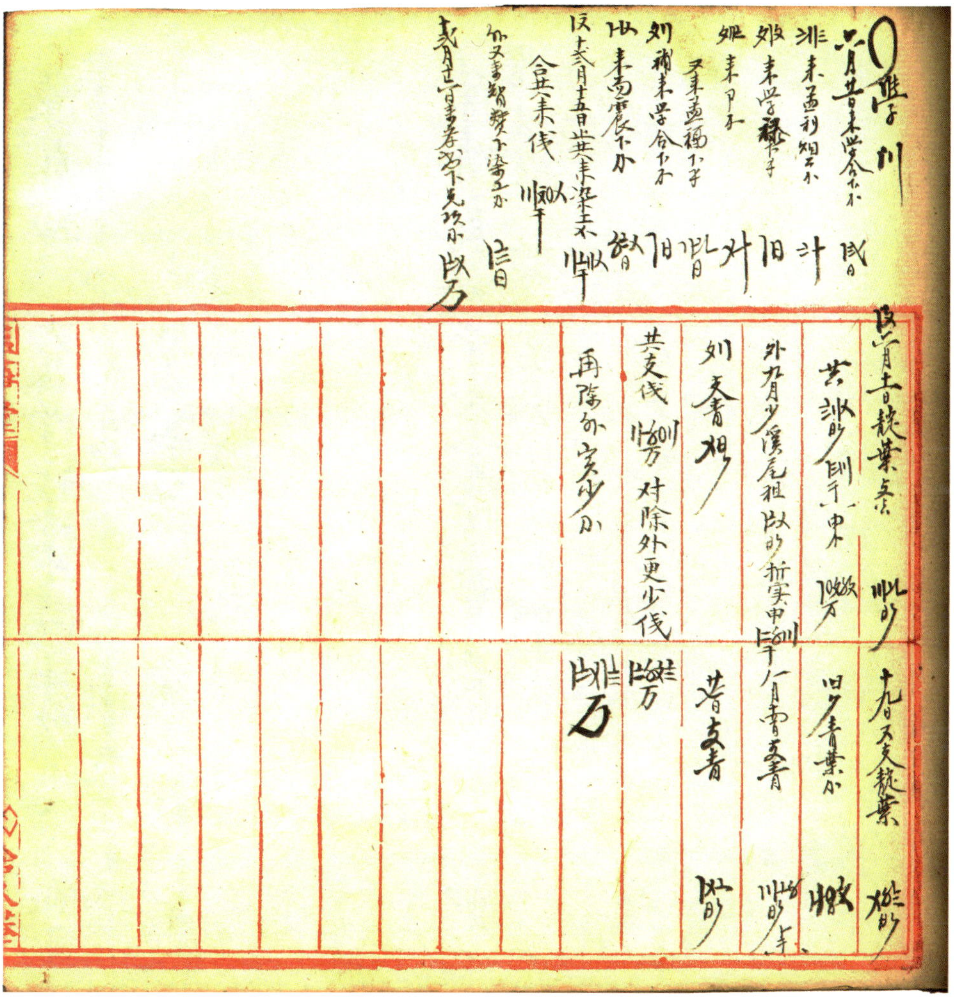

8-2-41-97　清光緒十八年銀錢油穀發借總目（九七）

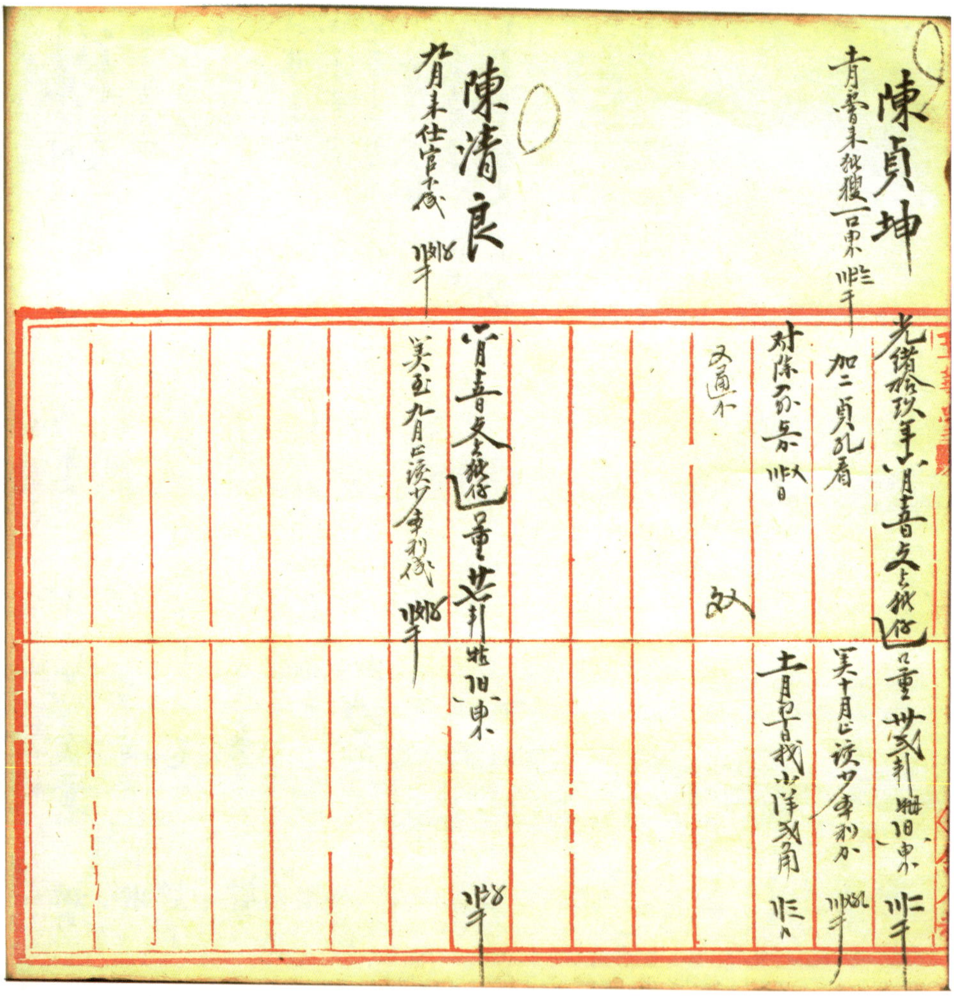

8-2-41-98　清光緒十八年銀錢油穀發借總目（九八）

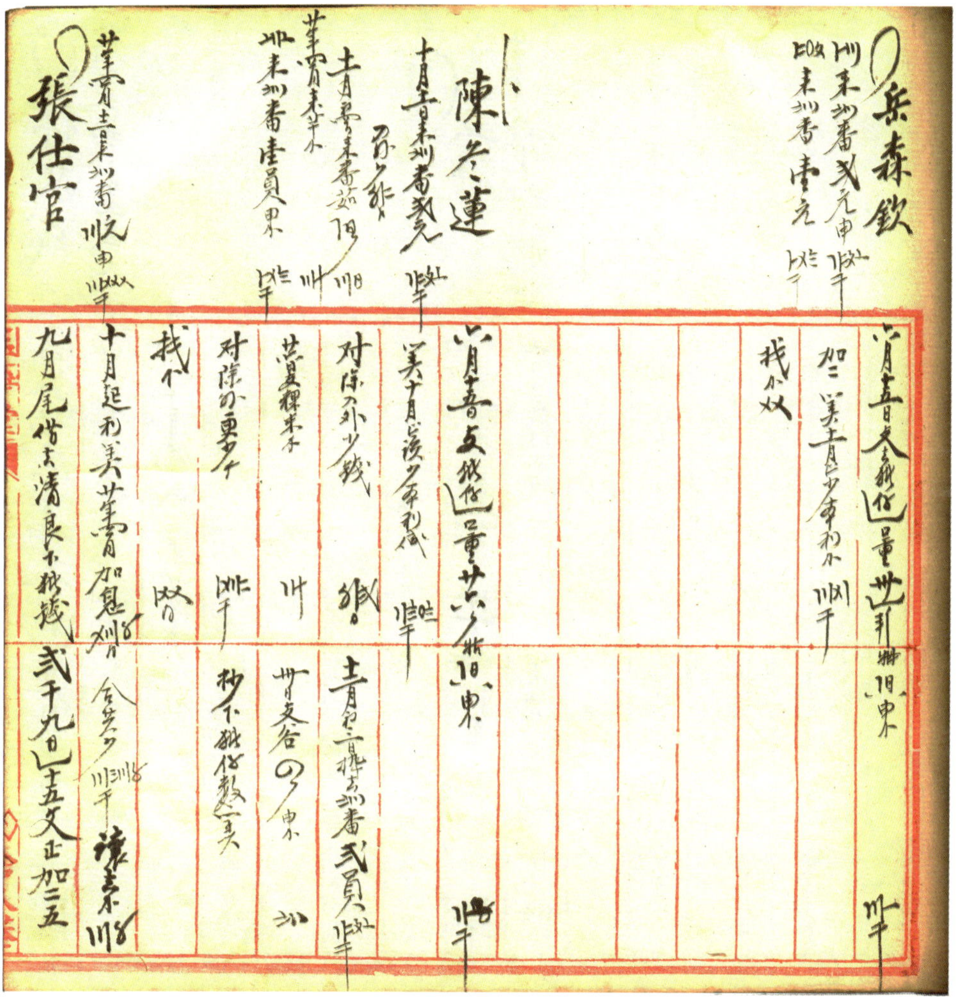

8-2-41-99　清光緒十八年銀錢油穀發借總目（九九）

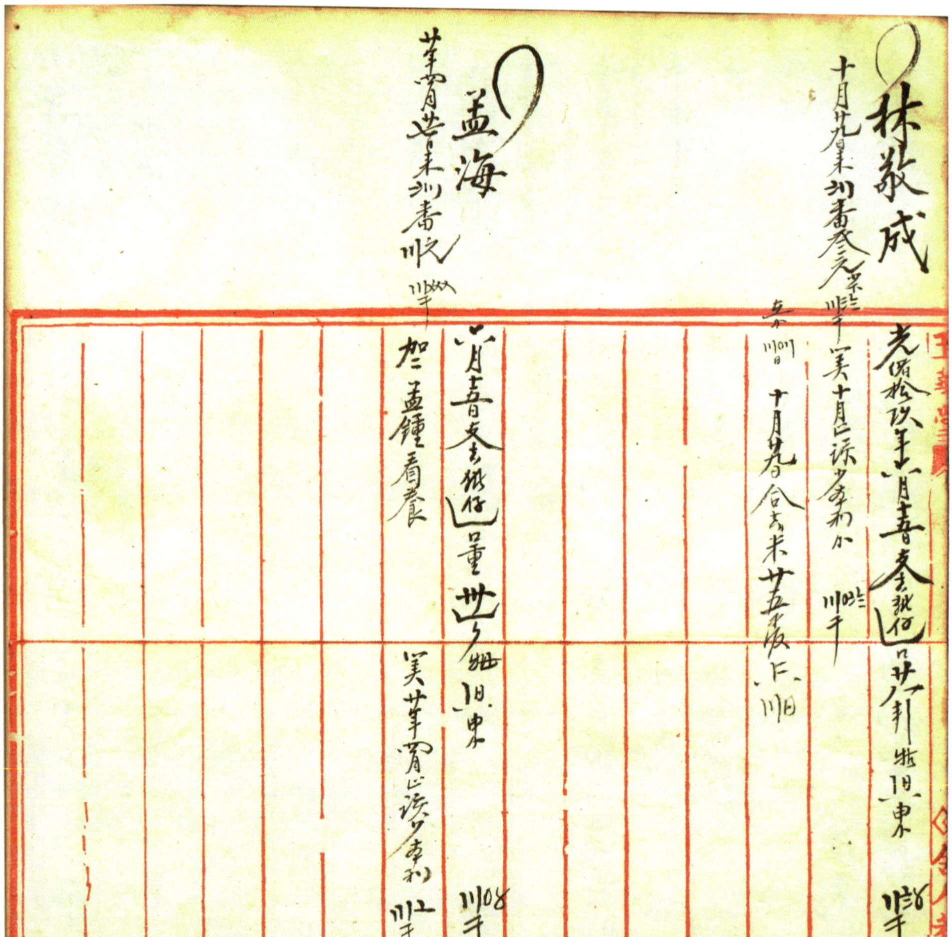

8-2-41-100　清光緒十八年銀錢油穀發借總目（一〇〇）

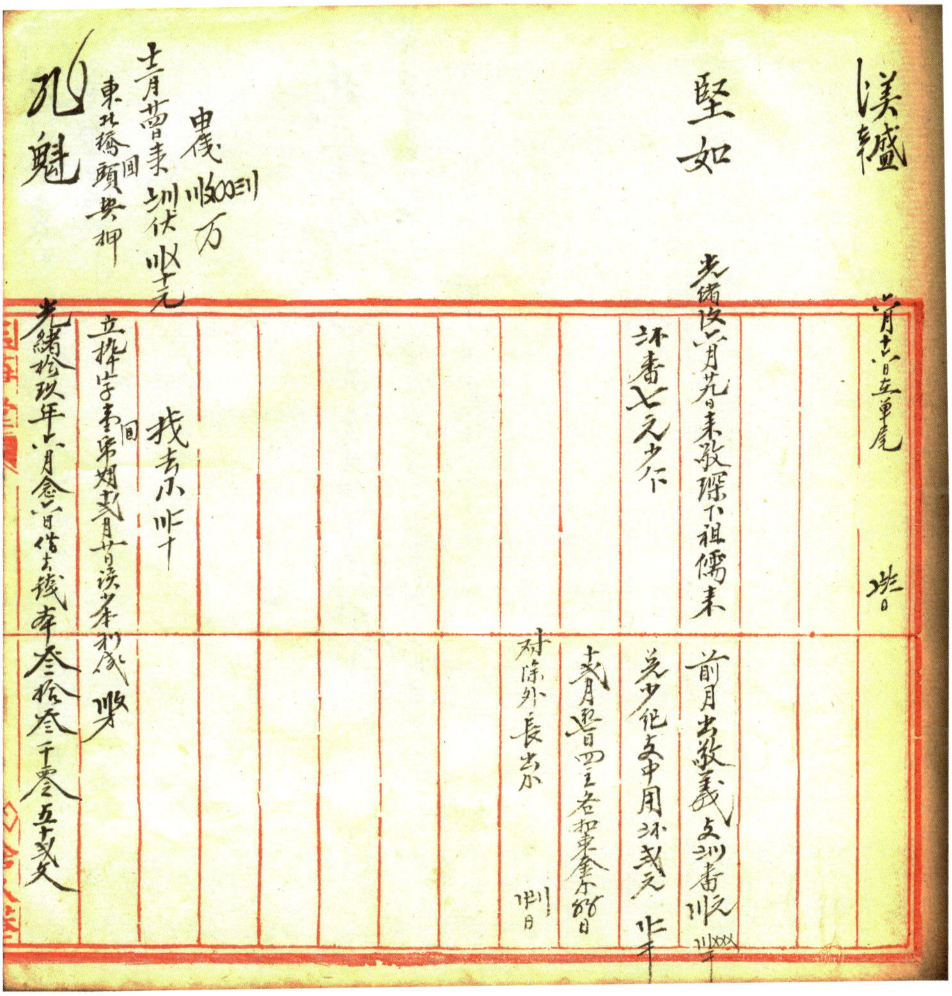

8-2-41-101　清光緒十八年銀錢油穀發借總目（一〇一）

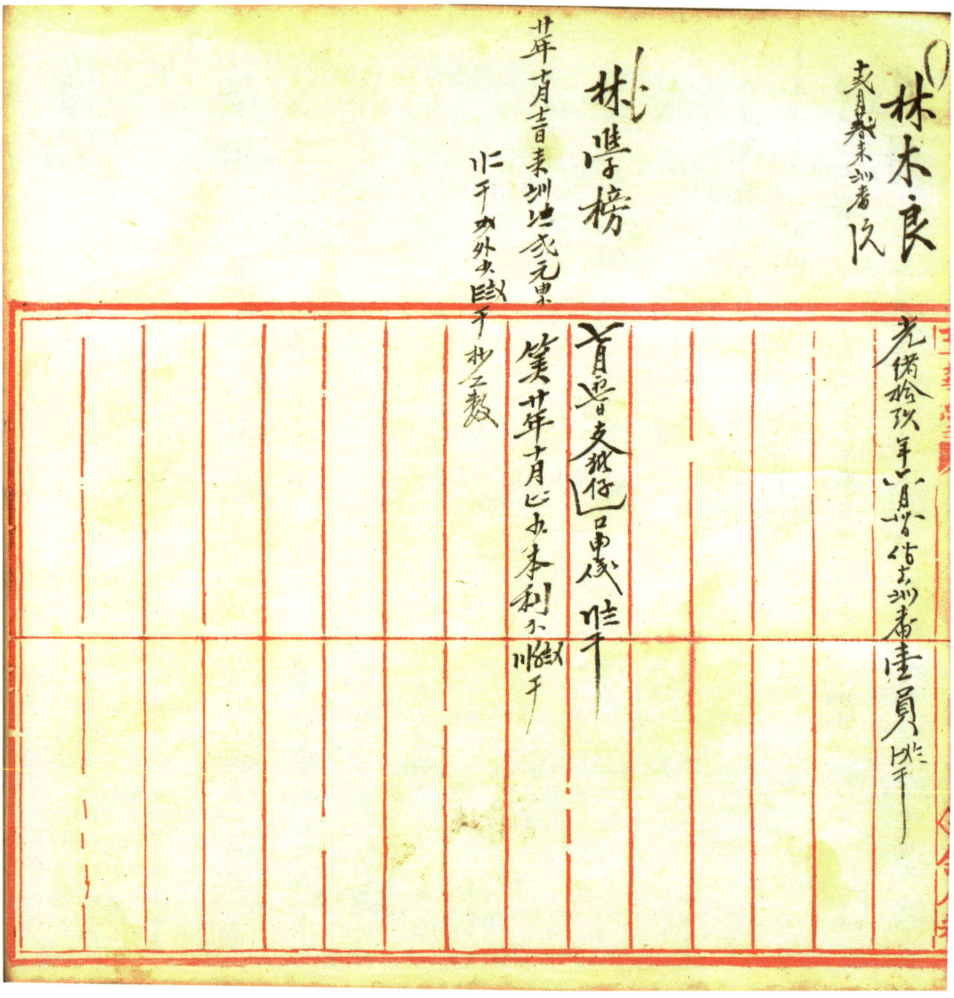

林木良

光緒拾玖年

林學榜

8-2-41-102　清光緒十八年銀錢油穀發借總目（一〇二）

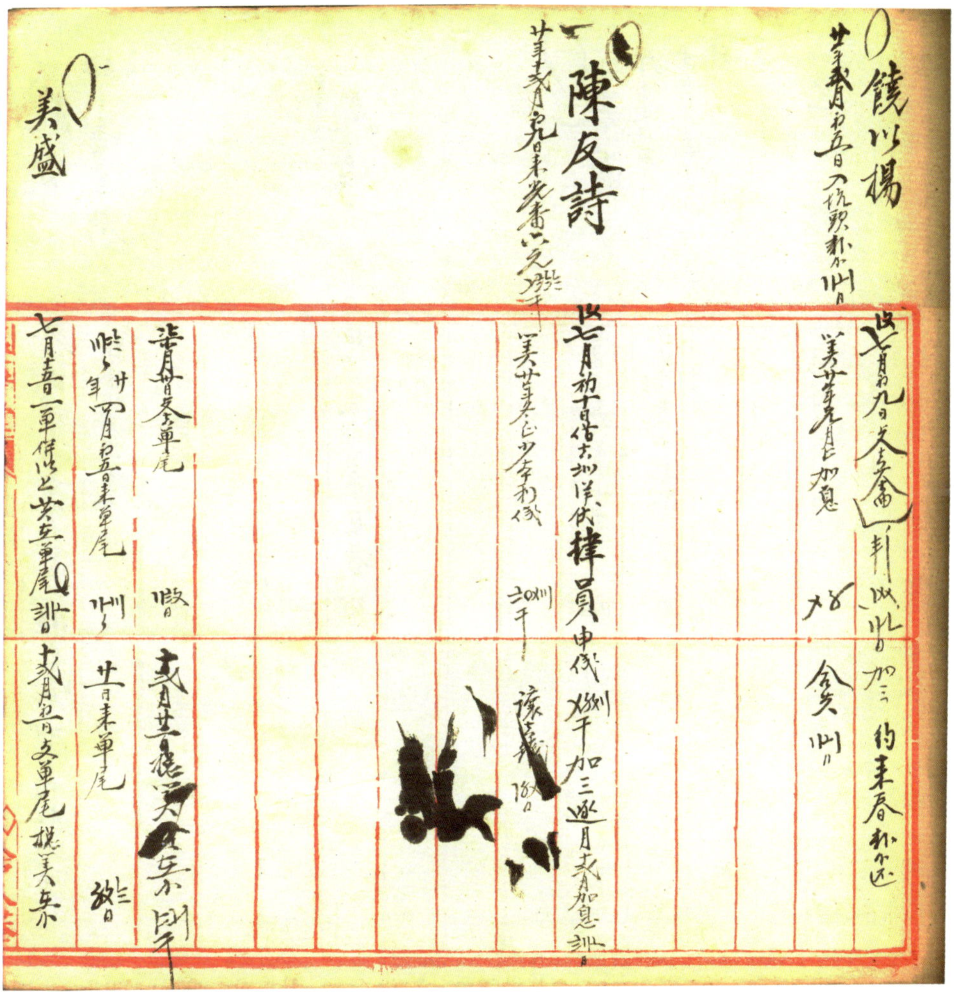

8-2-41-103　清光緒十八年銀錢油穀發借總目（一〇三）

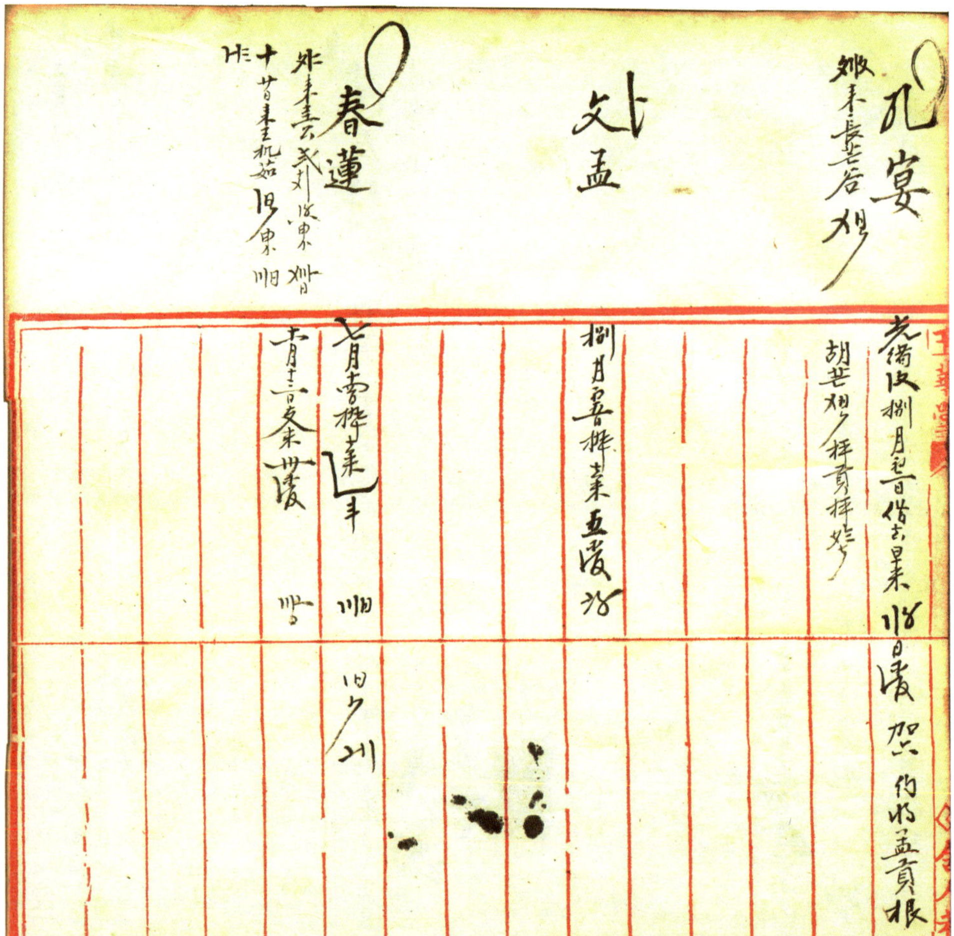

8-2-41-104　清光緒十八年銀錢油穀發借總目（一〇四）

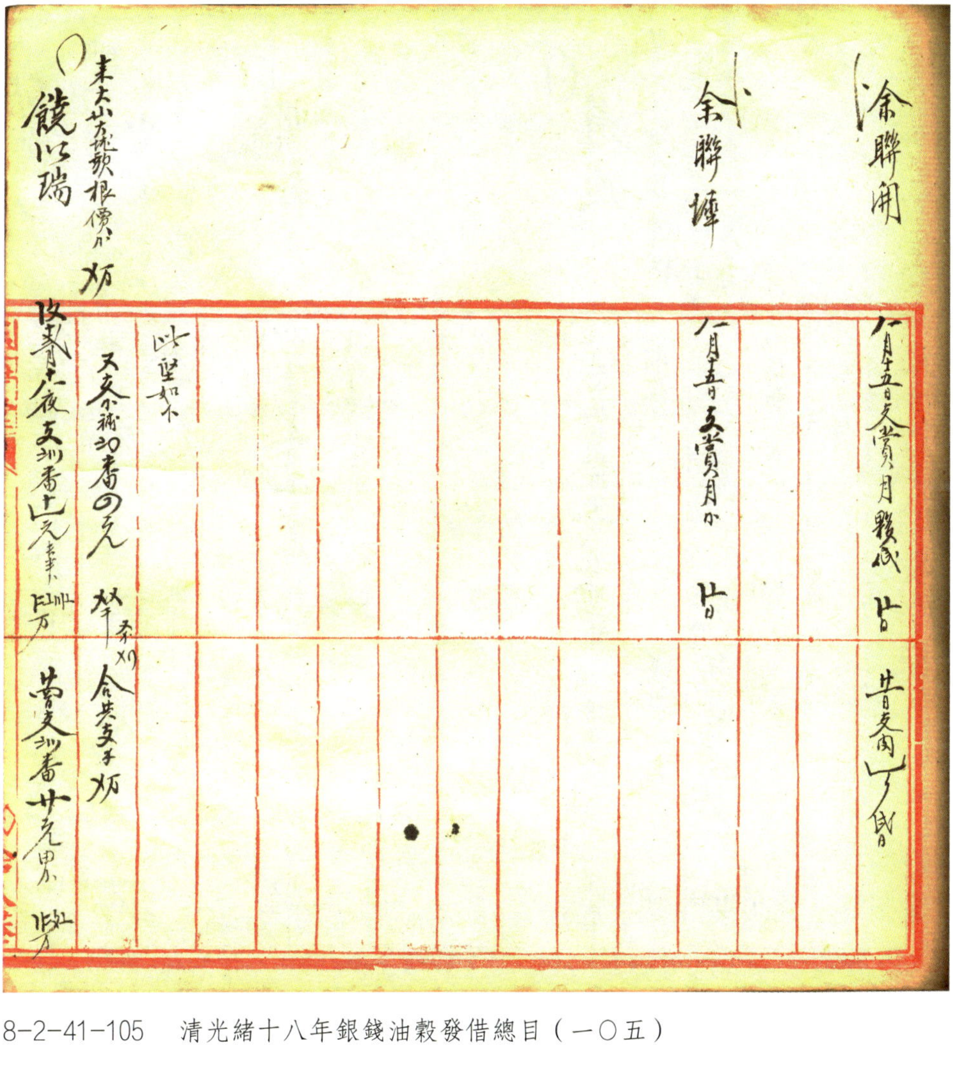

8-2-41-105　清光緒十八年銀錢油穀發借總目（一〇五）

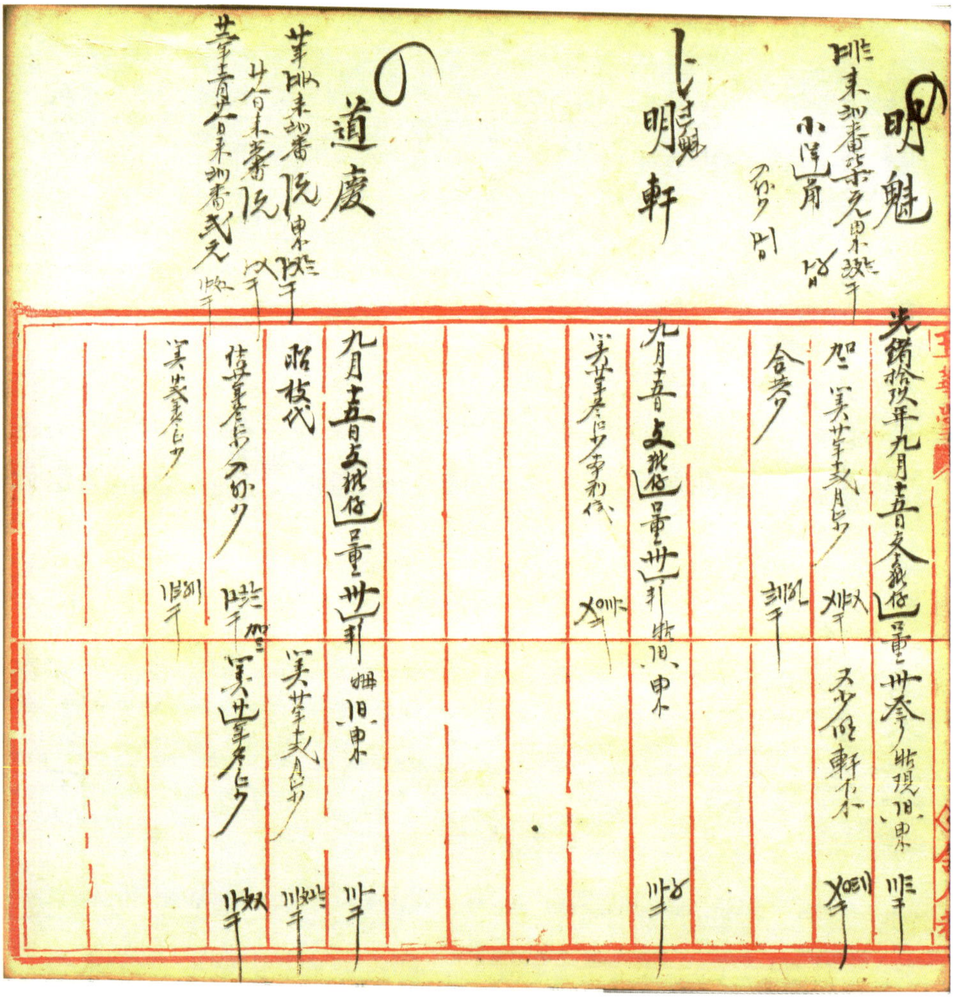

8-2-41-106　清光緒十八年銀錢油穀發借總目（一〇六）

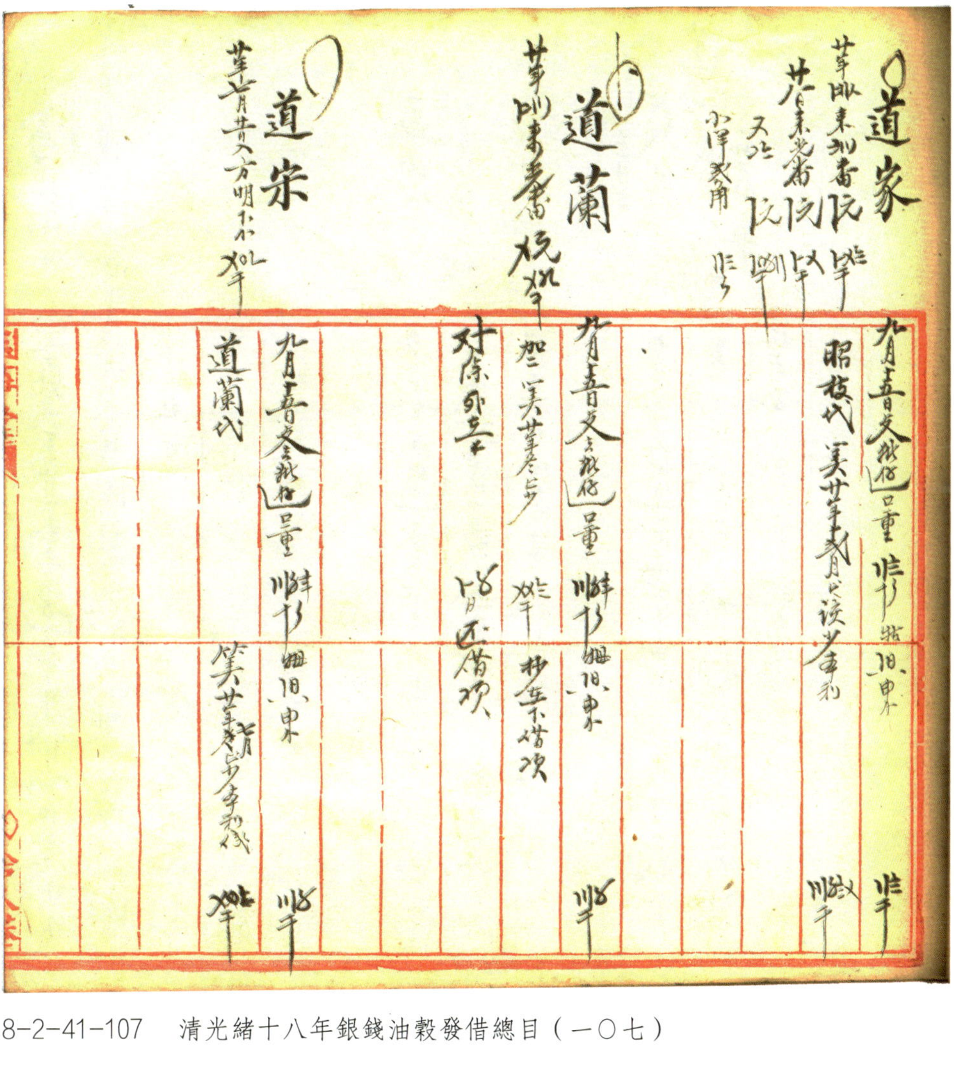

道家

道蘭

道宗

8-2-41-107　清光緒十八年銀錢油穀發借總目（一〇七）

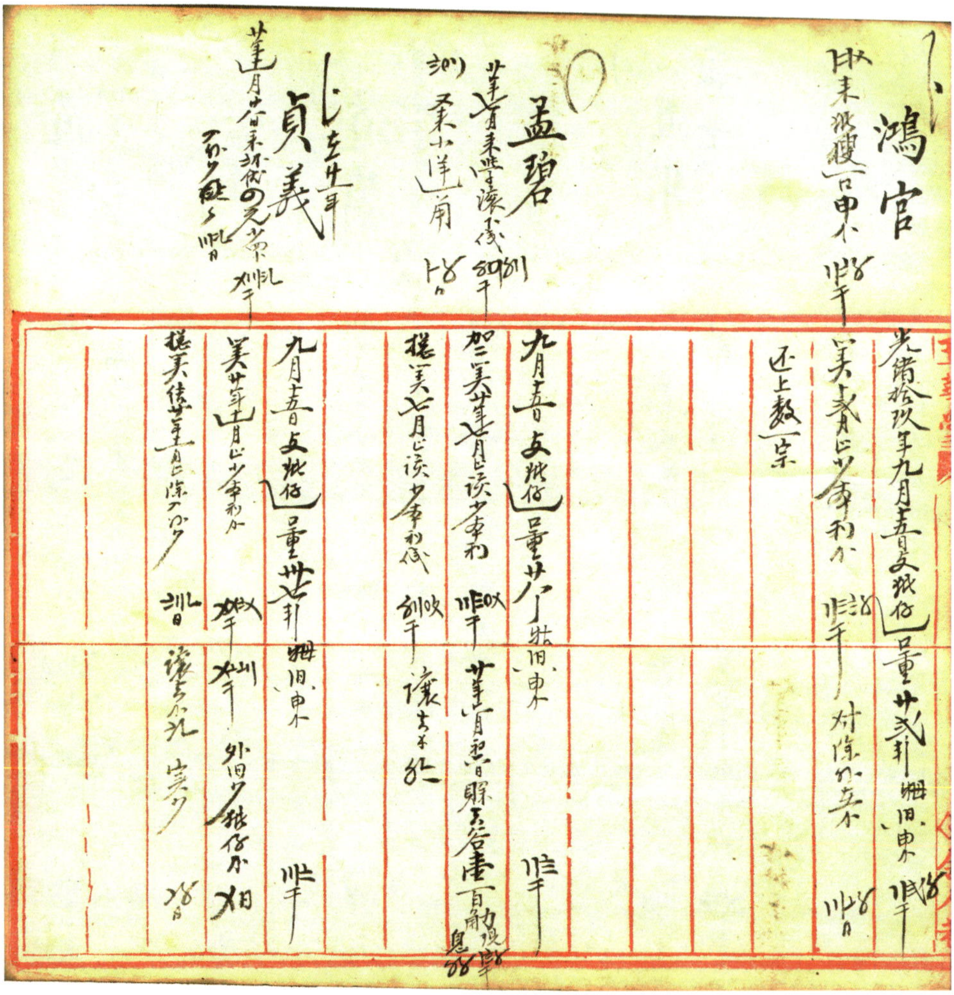

8-2-41-108　清光緒十八年銀錢油穀發借總目（一〇八）

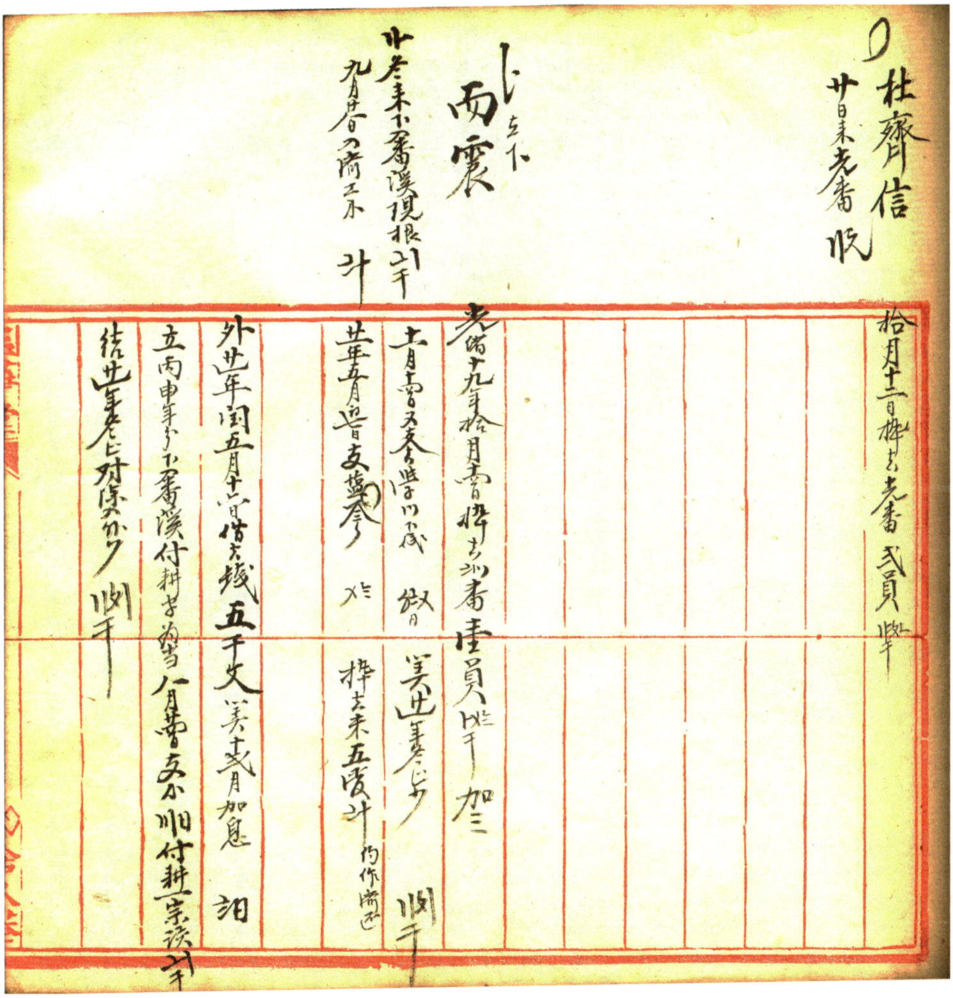

8-2-41-109　清光緒十八年銀錢油穀發借總目（一〇九）

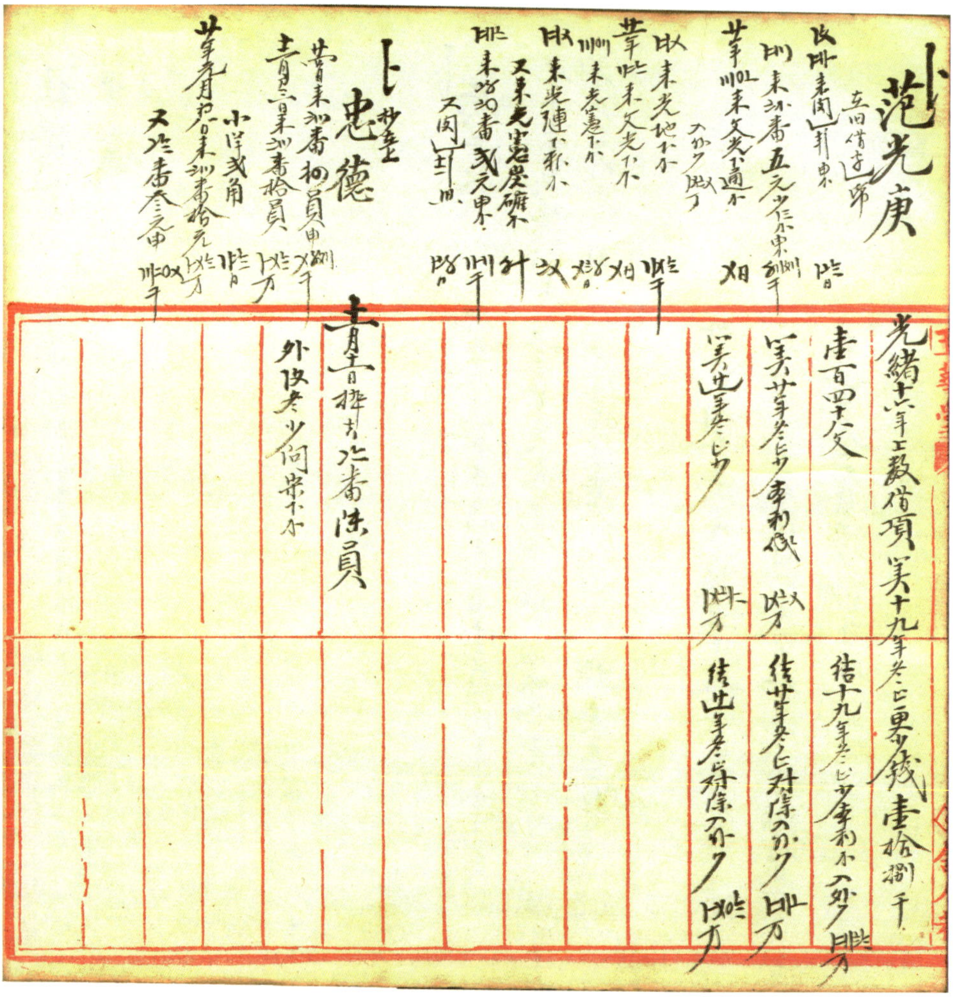

8-2-41-110　清光緒十八年銀錢油穀發借總目（一一〇）

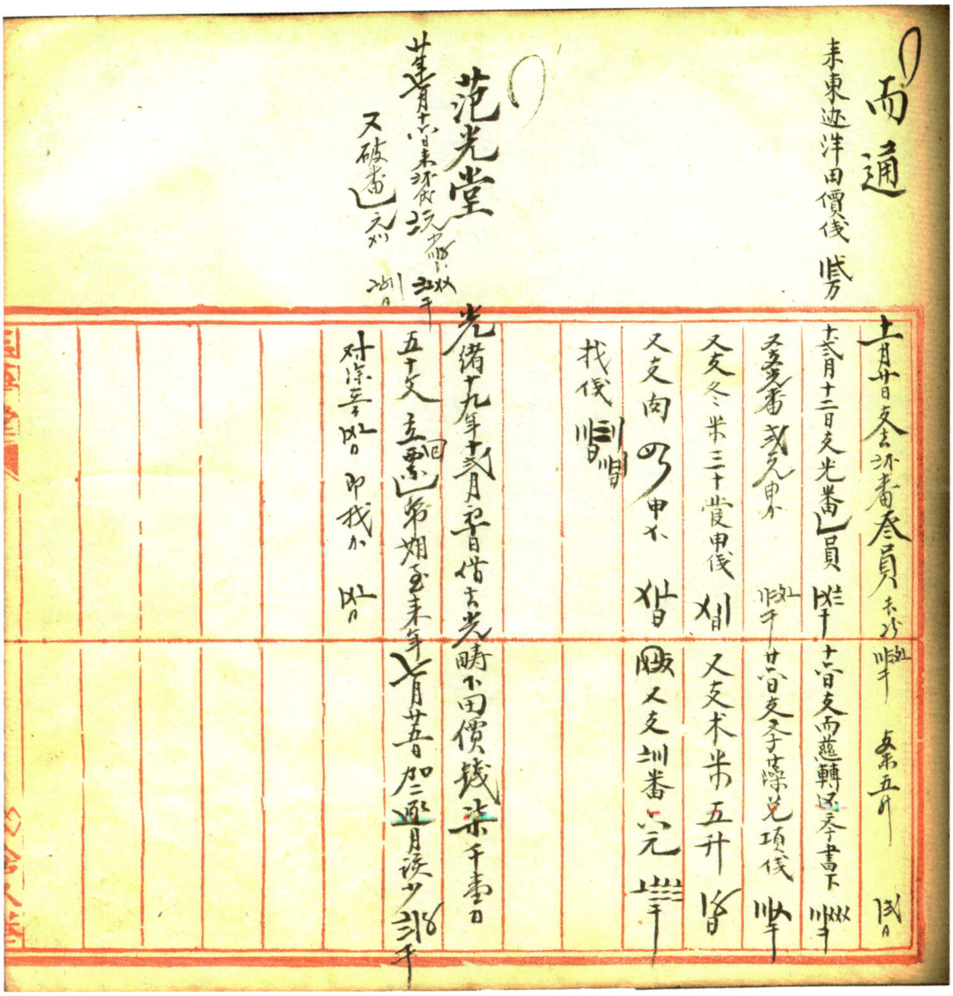

8-2-41-111　清光緒十八年銀錢油穀發借總目（一一一）

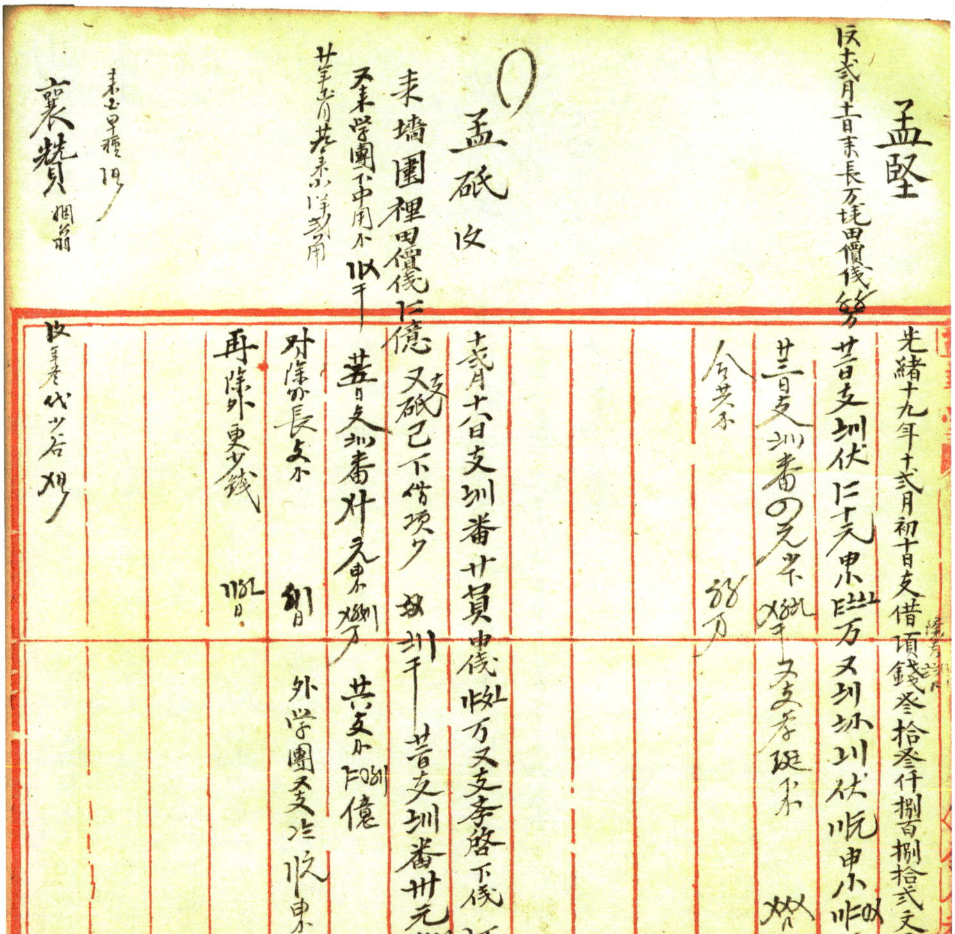

8-2-41-112　清光緒十八年銀錢油穀發借總目（一一二）

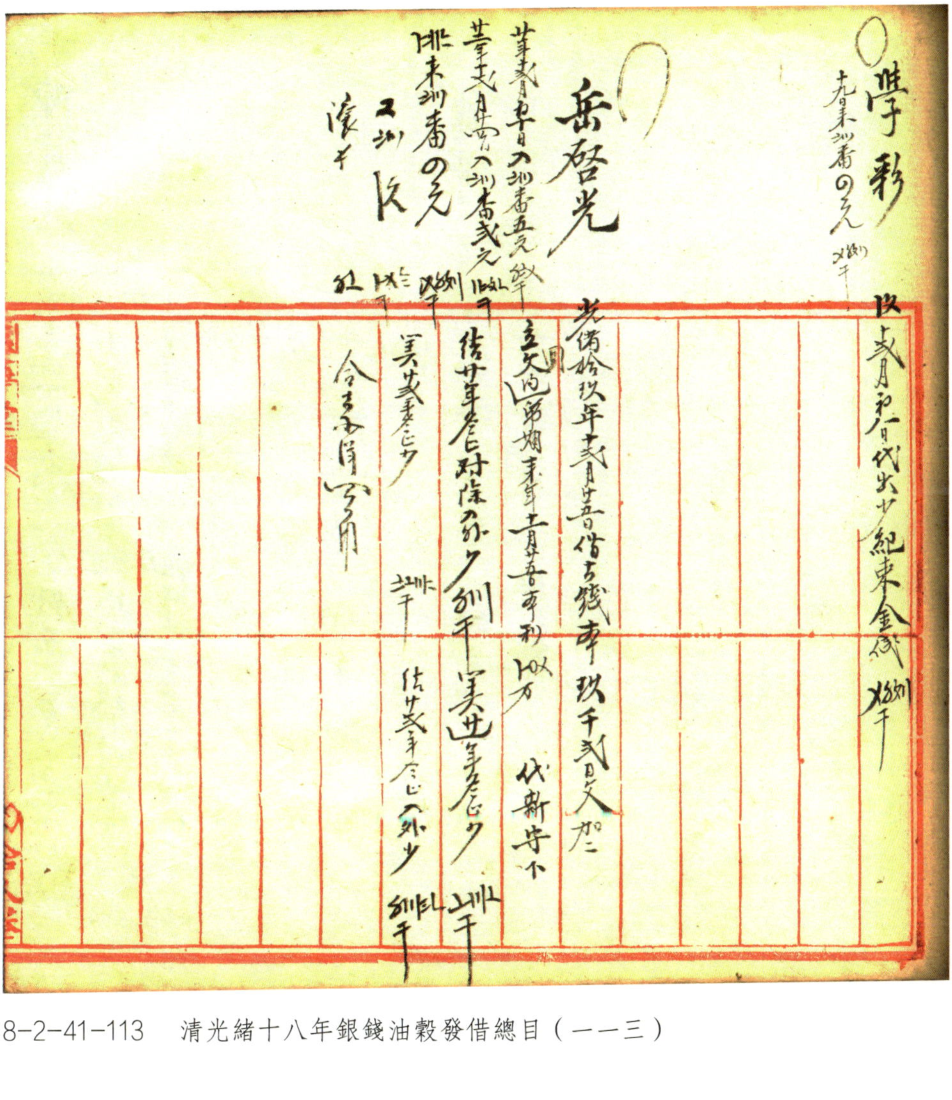

學彩

岳啓光

光緒拾玖年十二月廿五日借去錢壹玖千貳百文

代新安

8-2-41-113　清光緒十八年銀錢油穀發借總目（一一三）

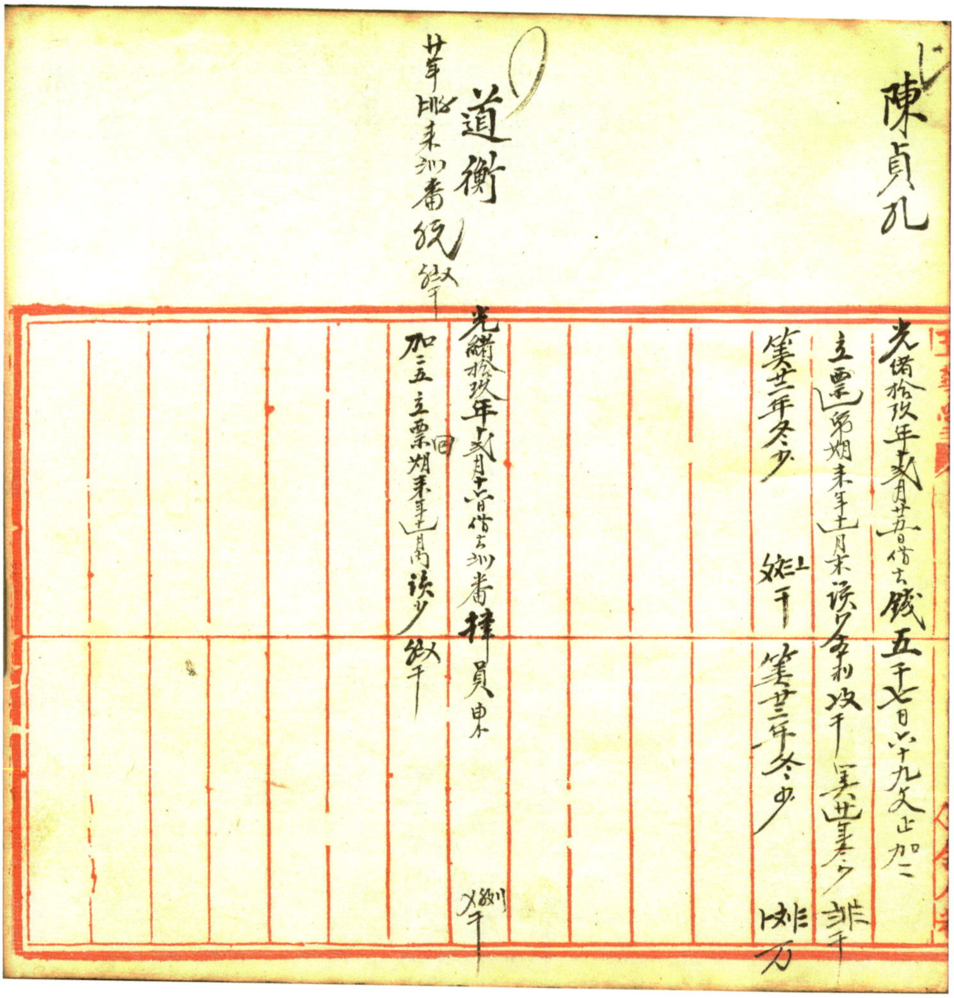
陳貞九
光緒拾玖年貳月廿五借去錢五千七百六十九文正加二
立票過第烟來年十一月末該
道衡
光緒拾玖年貳月十六日借去油番員
加二五立票烟來年十一月內該

8-2-41-114　清光緒十八年銀錢油穀發借總目（一一四）

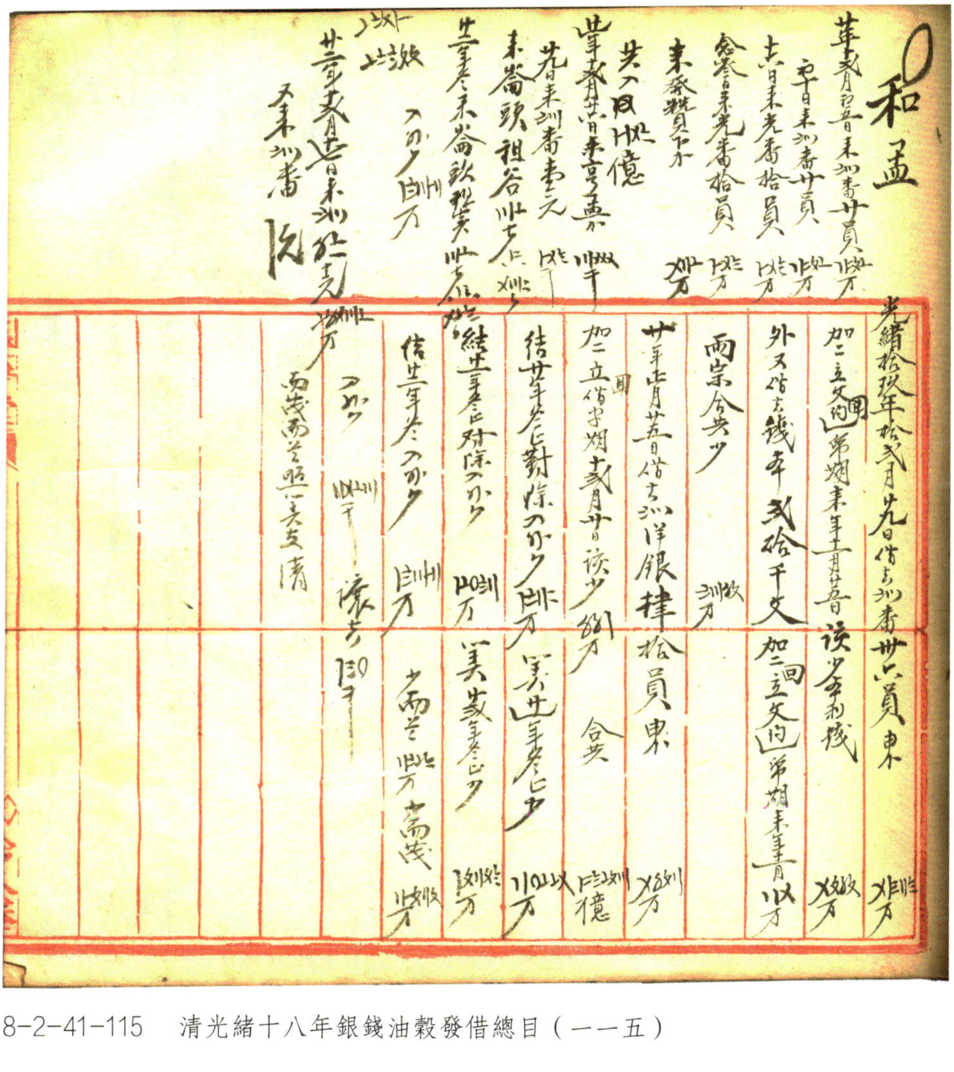

8-2-41-115　清光緒十八年銀錢油穀發借總目（一一五）

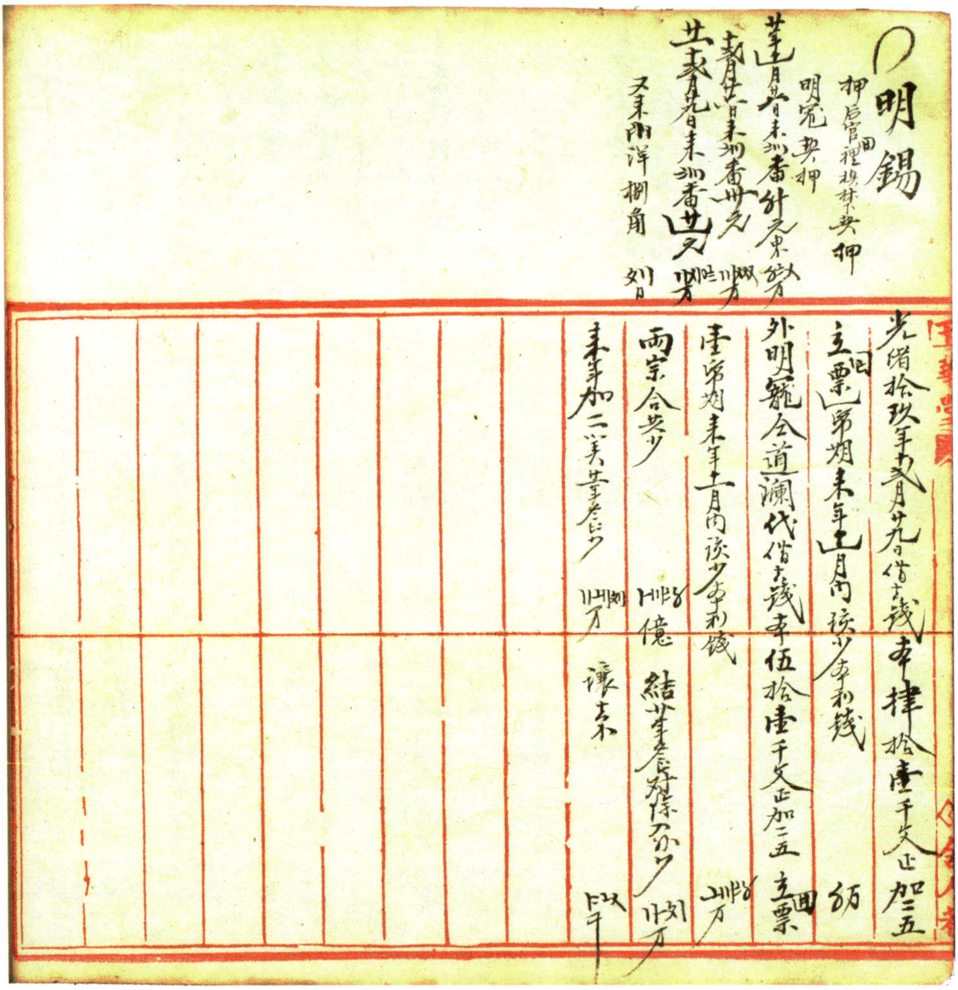
明錫
柳店官田裡橫林下契押
明寬契押
光緒拾玖年十二月廿九日借去錢本肆拾壹千文正加二五
立票回
立票弟炳來年十二月內該少本利錢 紡
外明龍仝道瀾代借去錢本伍拾壹千文正加二五 立票回
壹弟炳來年十二月內該少本利錢
兩宗合共少 億 結廿年冬存對條欠少
來年加二美廿年冬已少 讓去

8-2-41-116　清光緒十八年銀錢油穀發借總目（一一六）

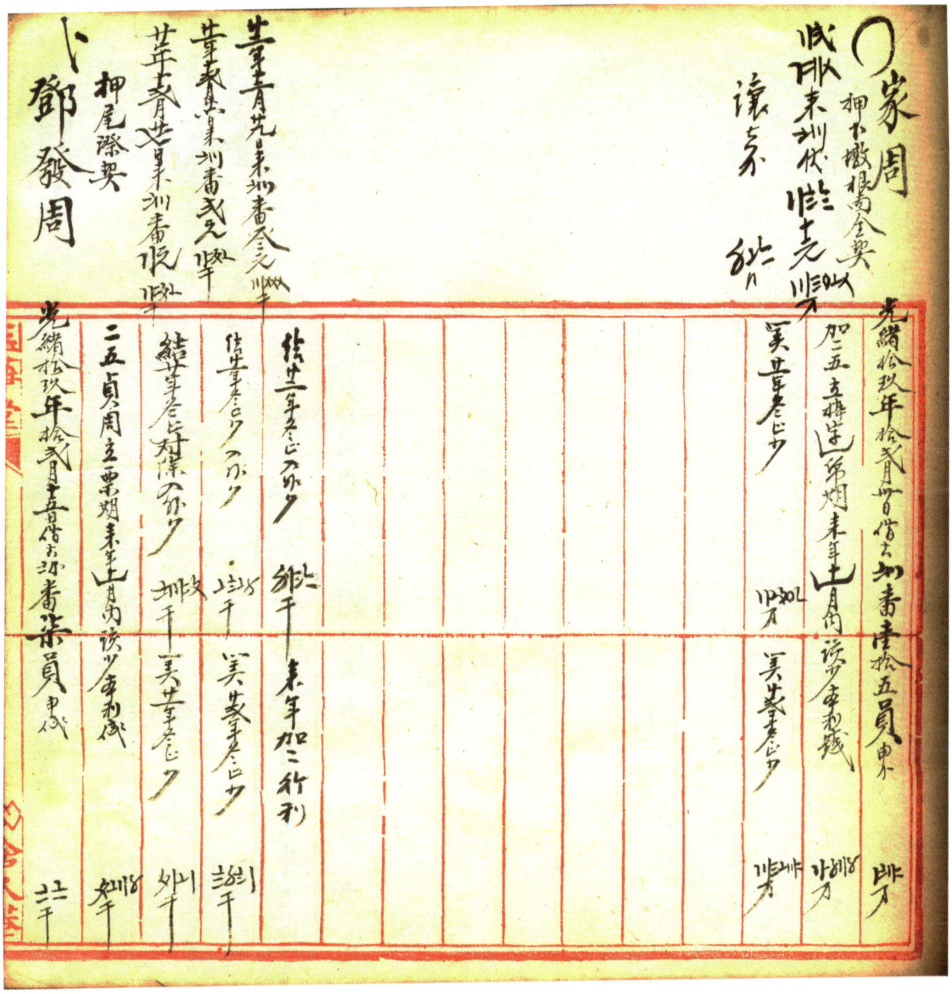

8-2-41-117　清光緒十八年銀錢油穀發借總目（一一七）

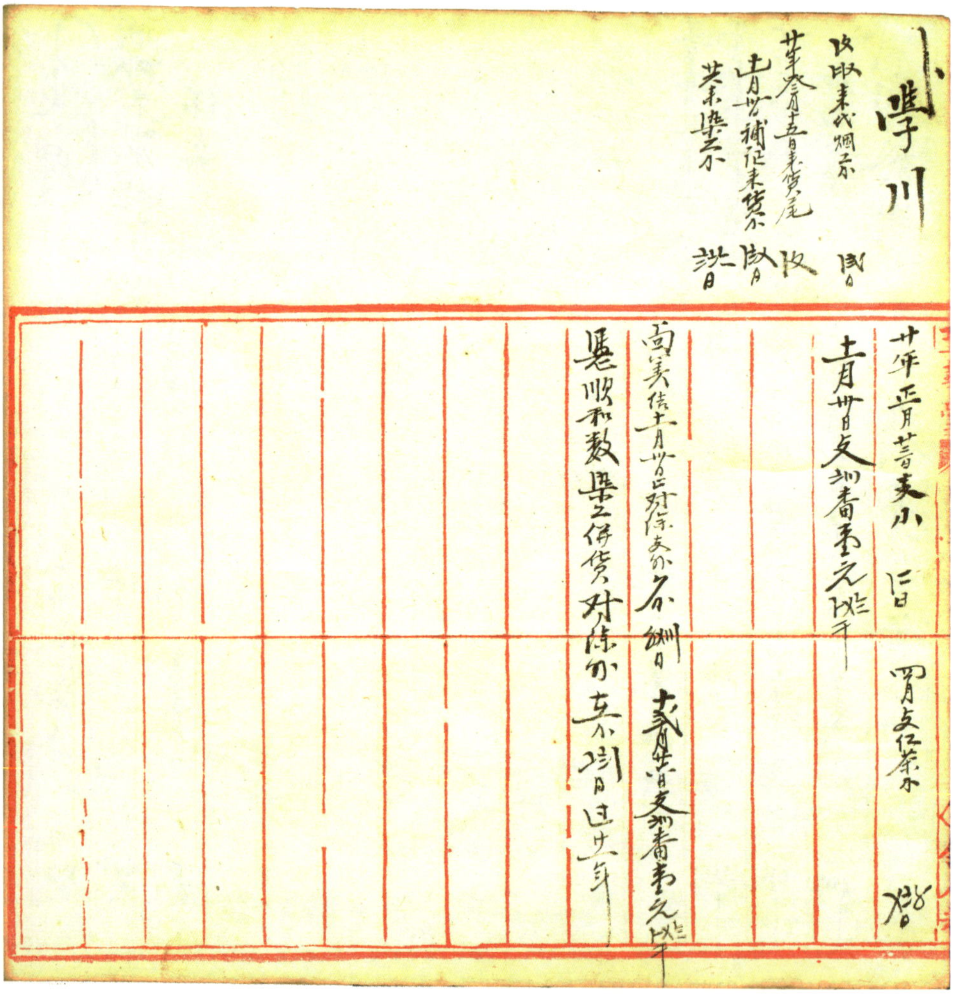

8-2-41-118　清光緒十八年銀錢油穀發借總目（一一八）

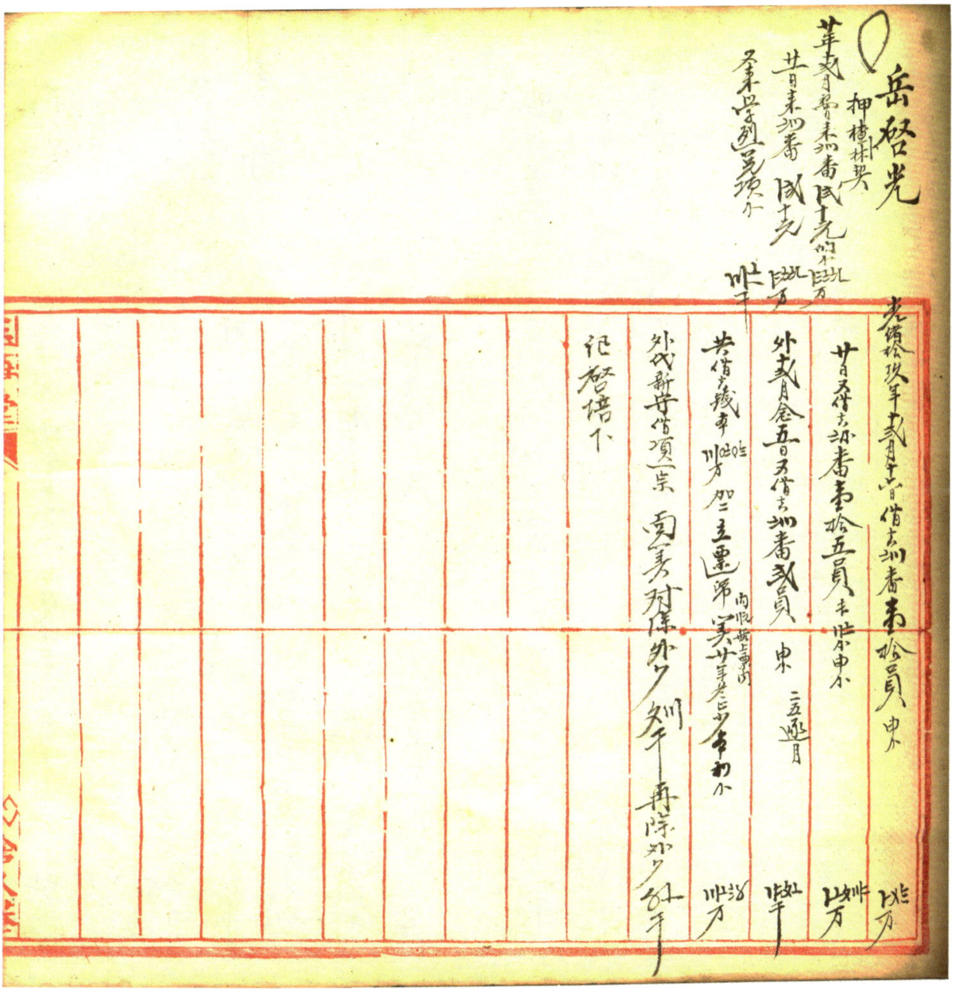

8-2-41-119　清光緒十八年銀錢油穀發借總目（一一九）

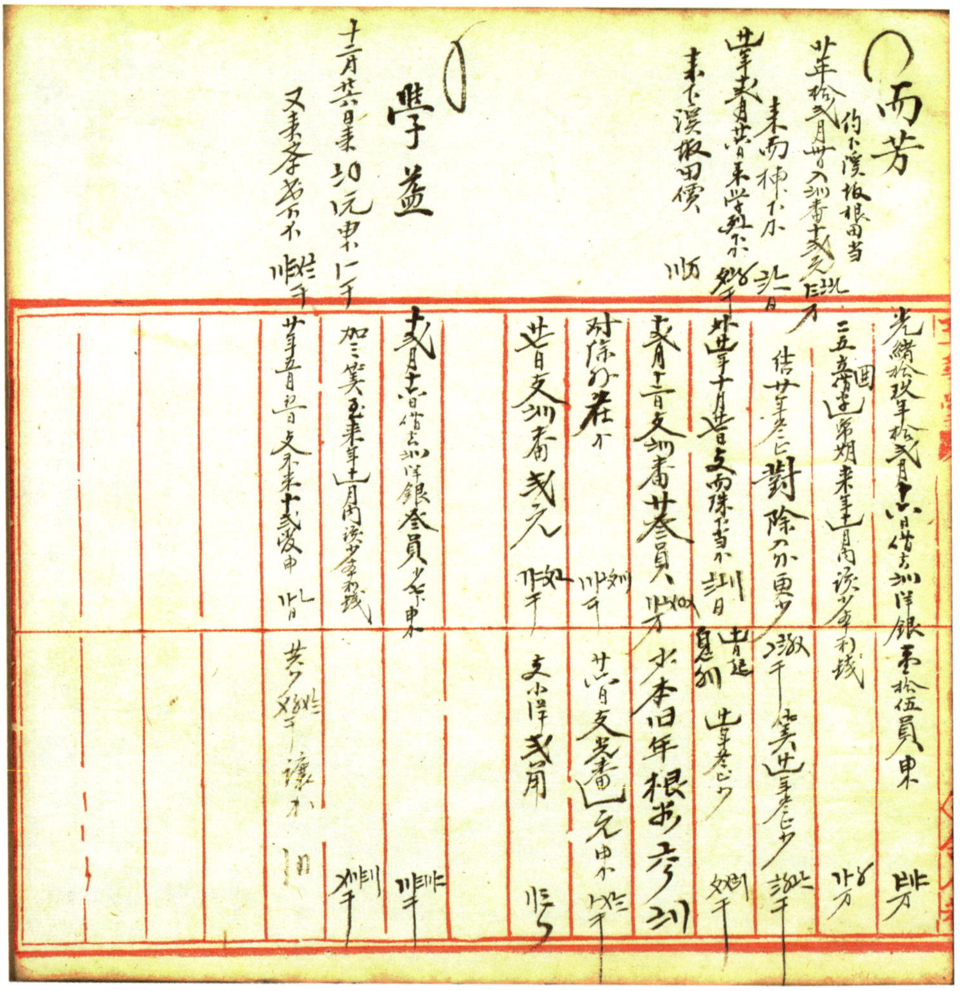

8-2-41-120　清光緒十八年銀錢油穀發借總目（一二〇）

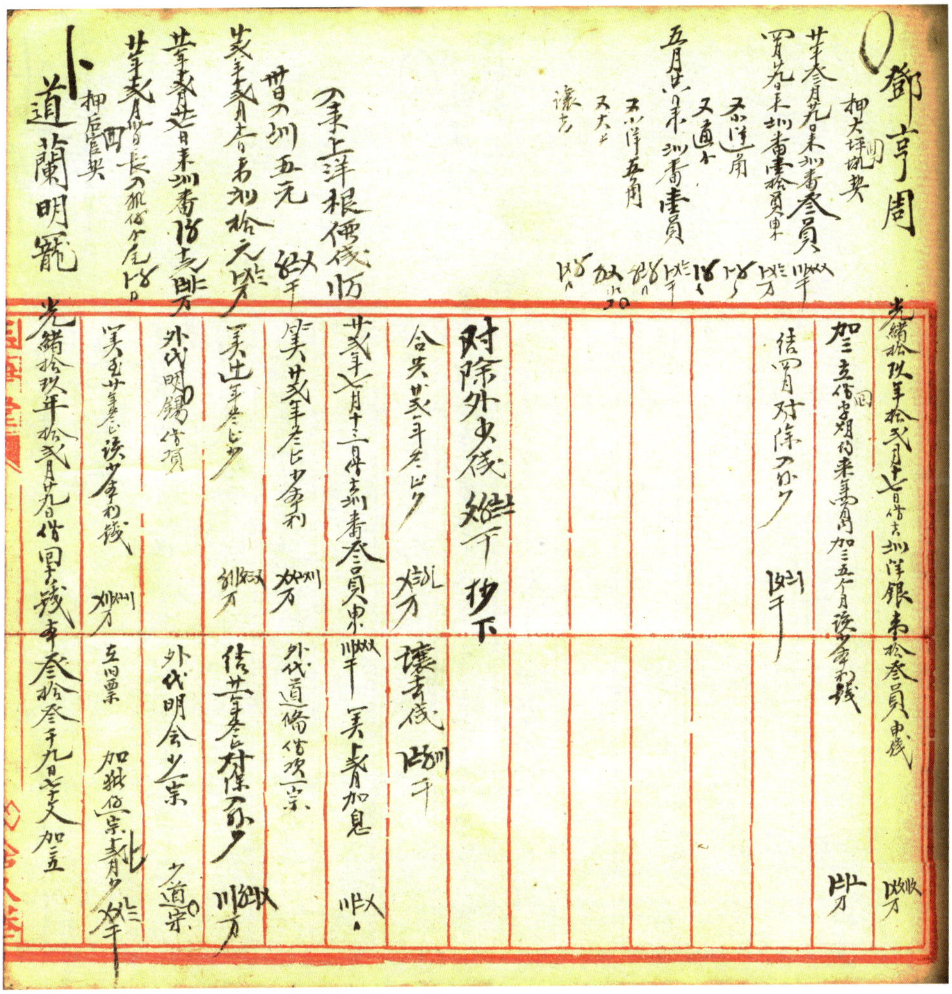

8-2-41-121　清光緒十八年銀錢油穀發借總目（一二一）

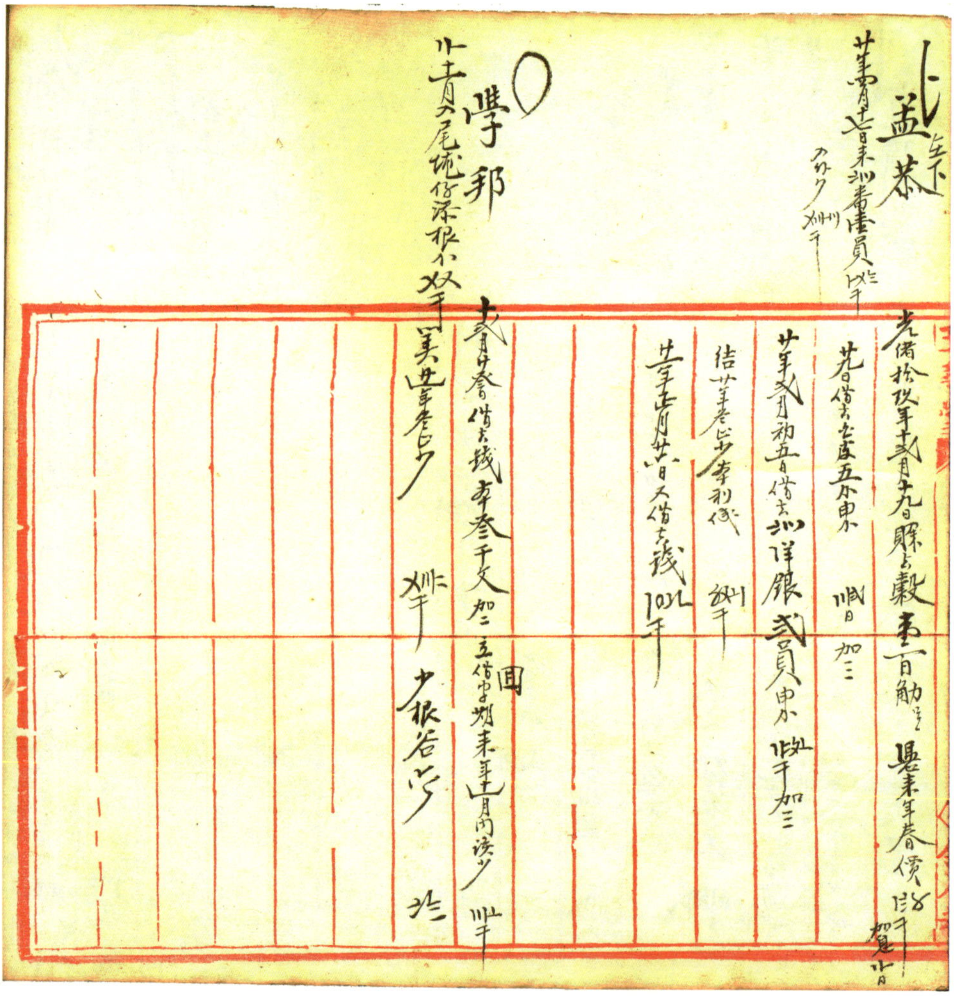

8-2-41-122　清光緒十八年銀錢油穀發借總目（一二二）

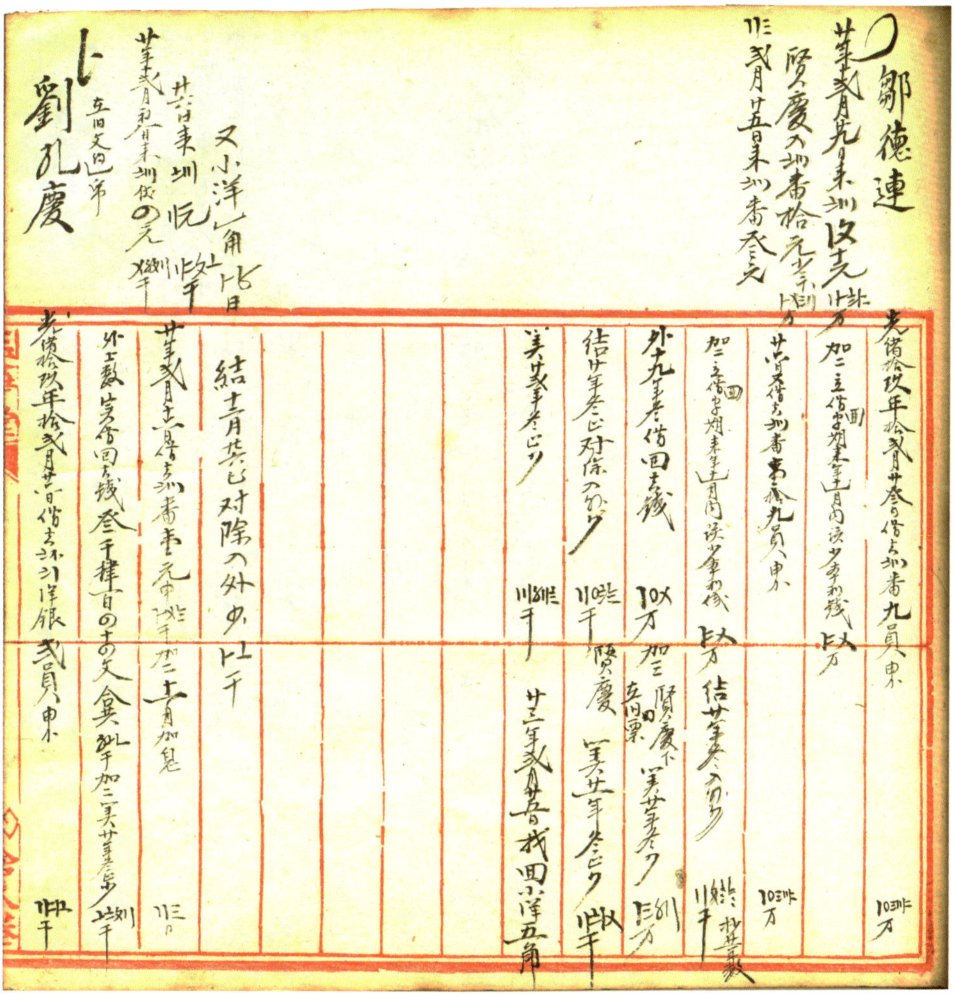

8-2-41-123　清光緒十八年銀錢油穀發借總目（一二三）

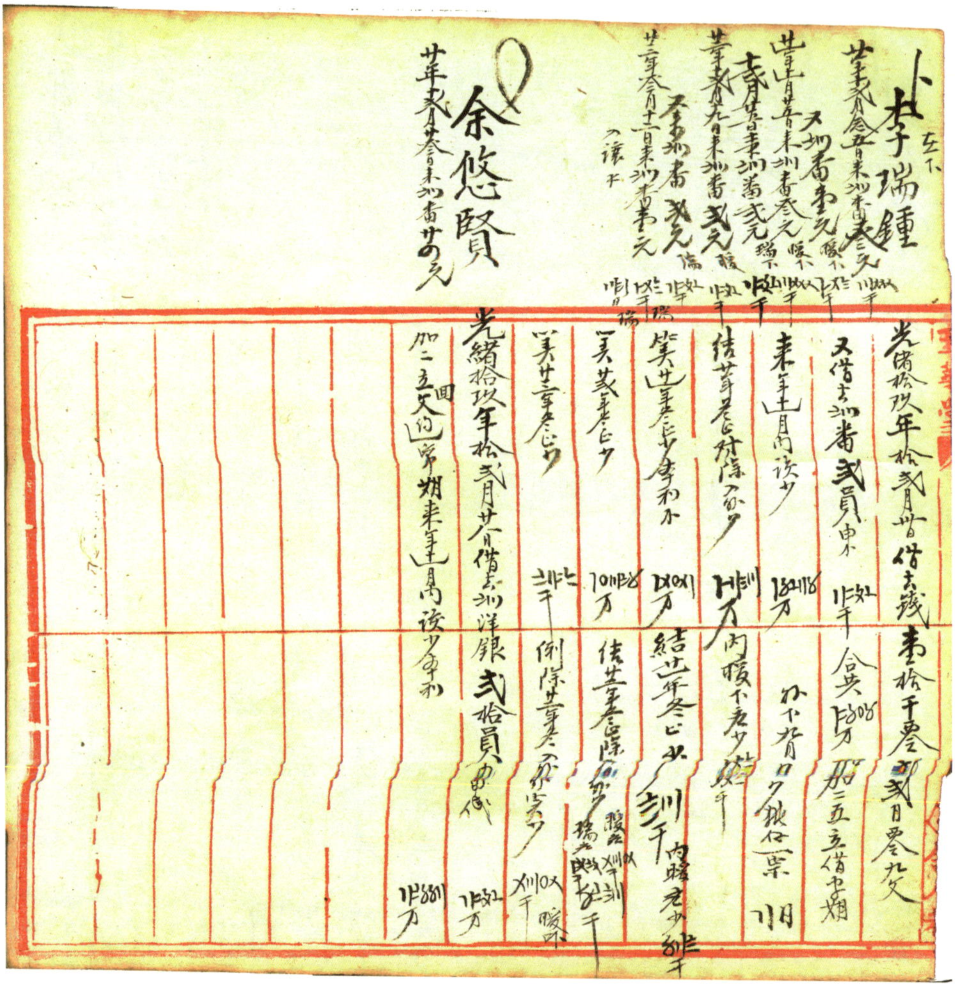

8-2-41-124　清光緒十八年銀錢油穀發借總目（一二四）

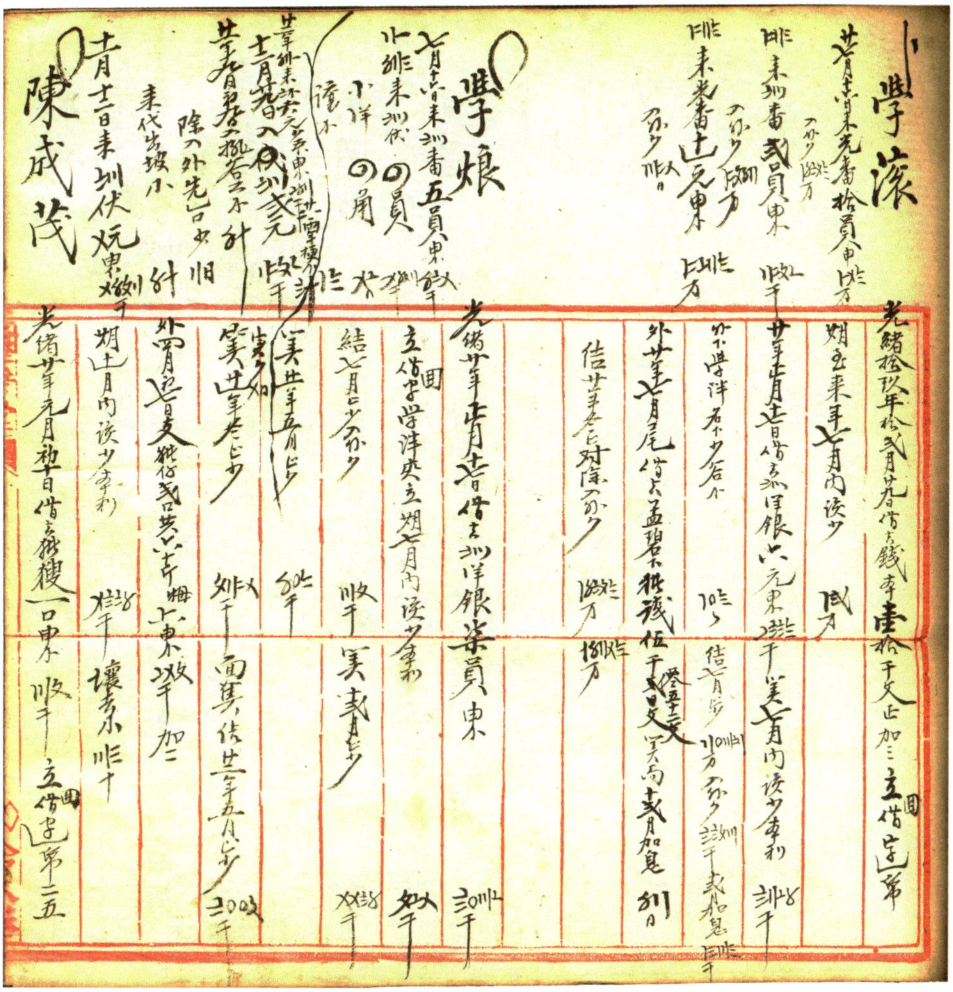

8-2-41-125　清光緒十八年銀錢油穀發借總目（一二五）

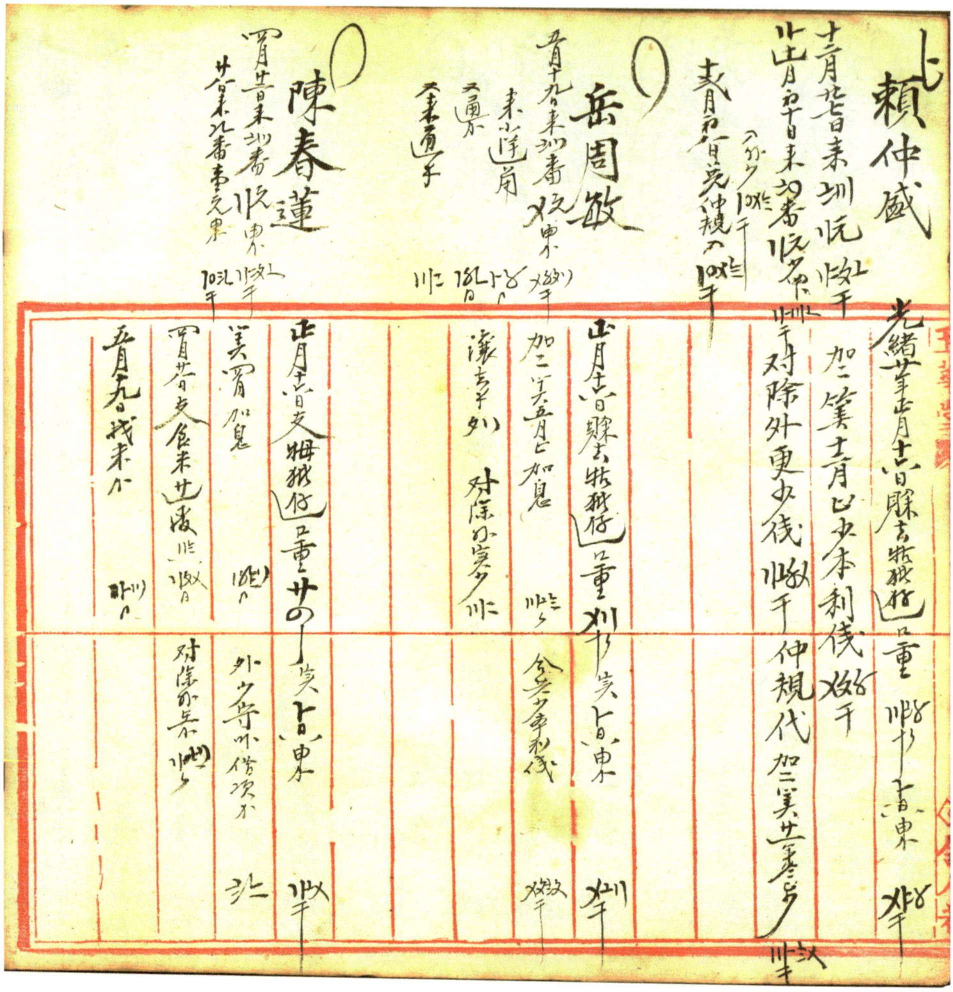

8-2-41-126　清光緒十八年銀錢油穀發借總目（一二六）

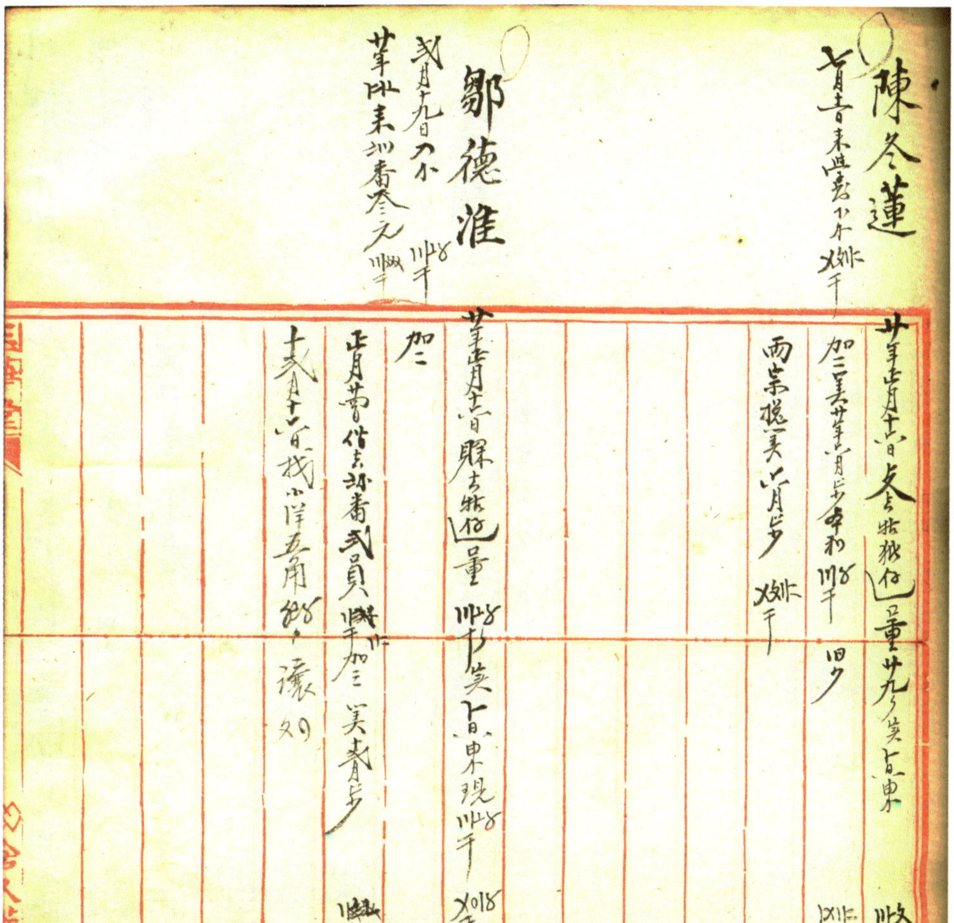

8-2-41-127　清光緒十八年銀錢油穀發借總目（一二七）

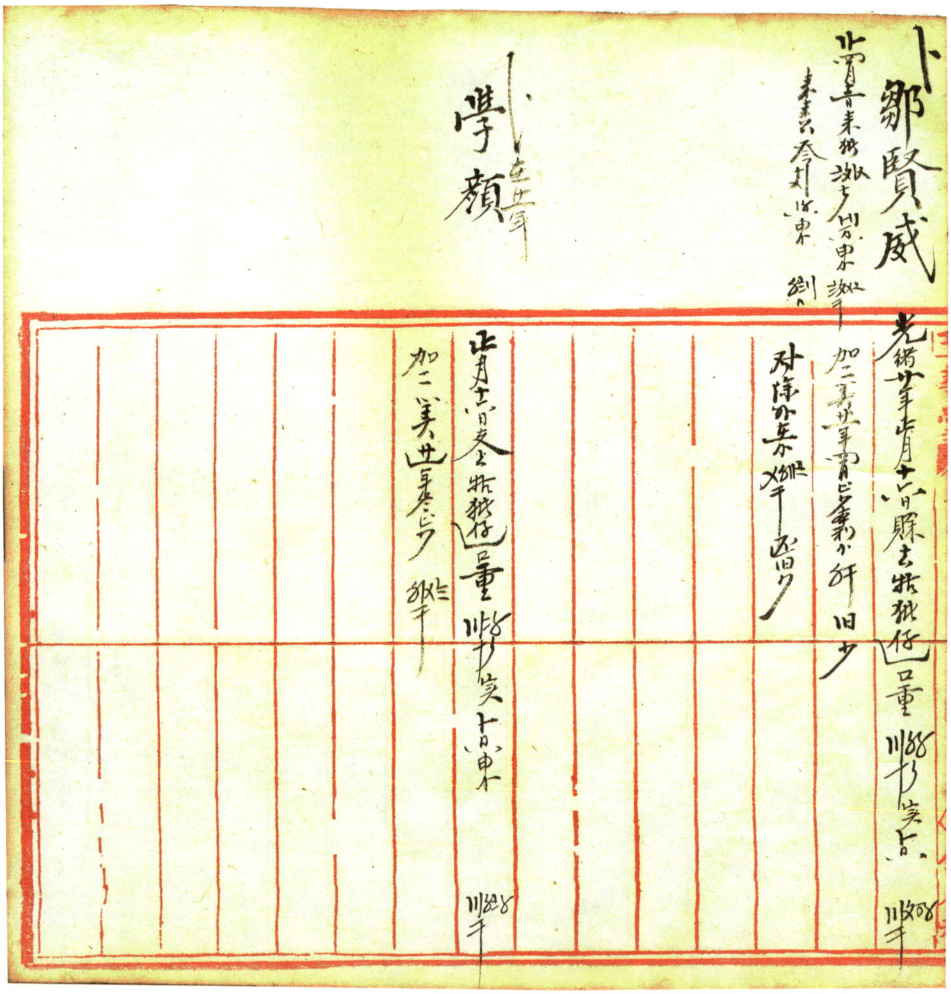

8-2-41-128　清光緒十八年銀錢油穀發借總目（一二八）

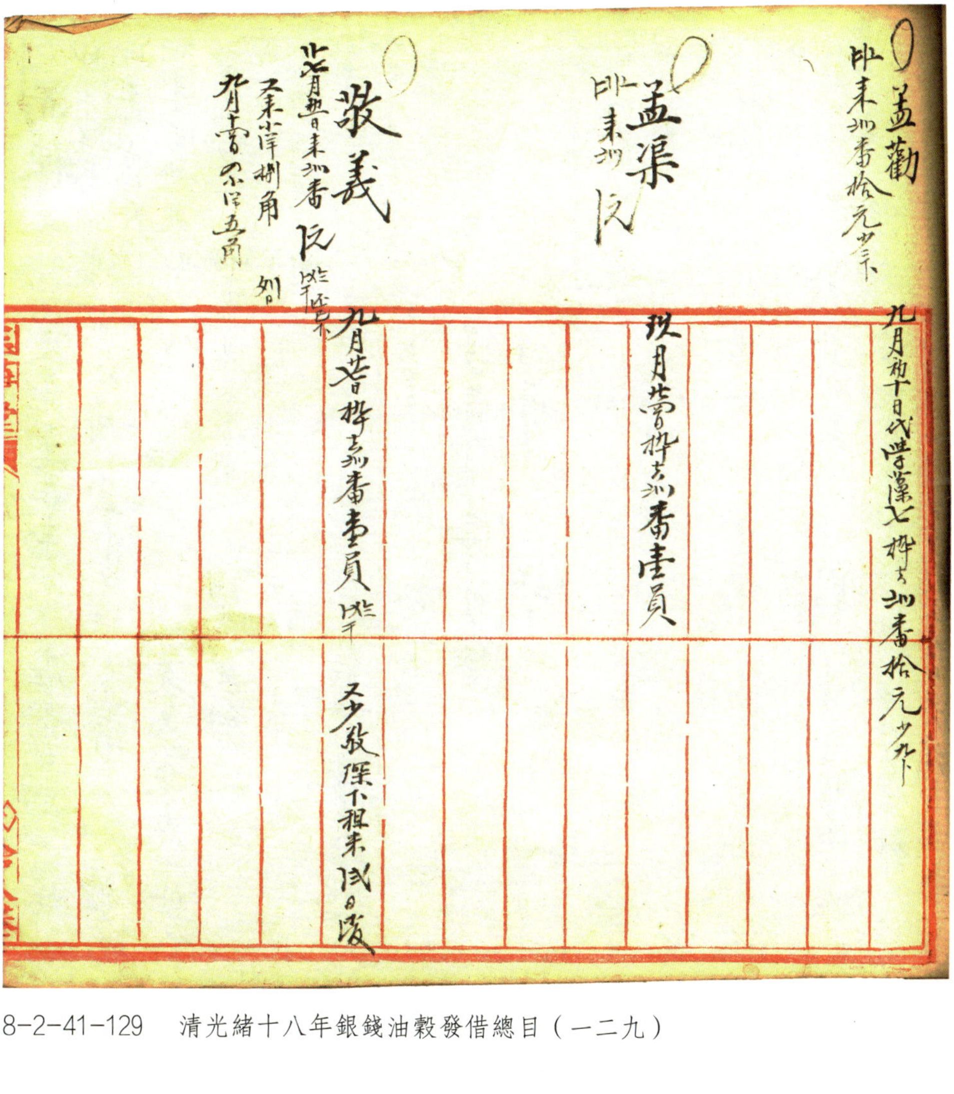

8-2-41-129　清光緒十八年銀錢油穀發借總目（一二九）

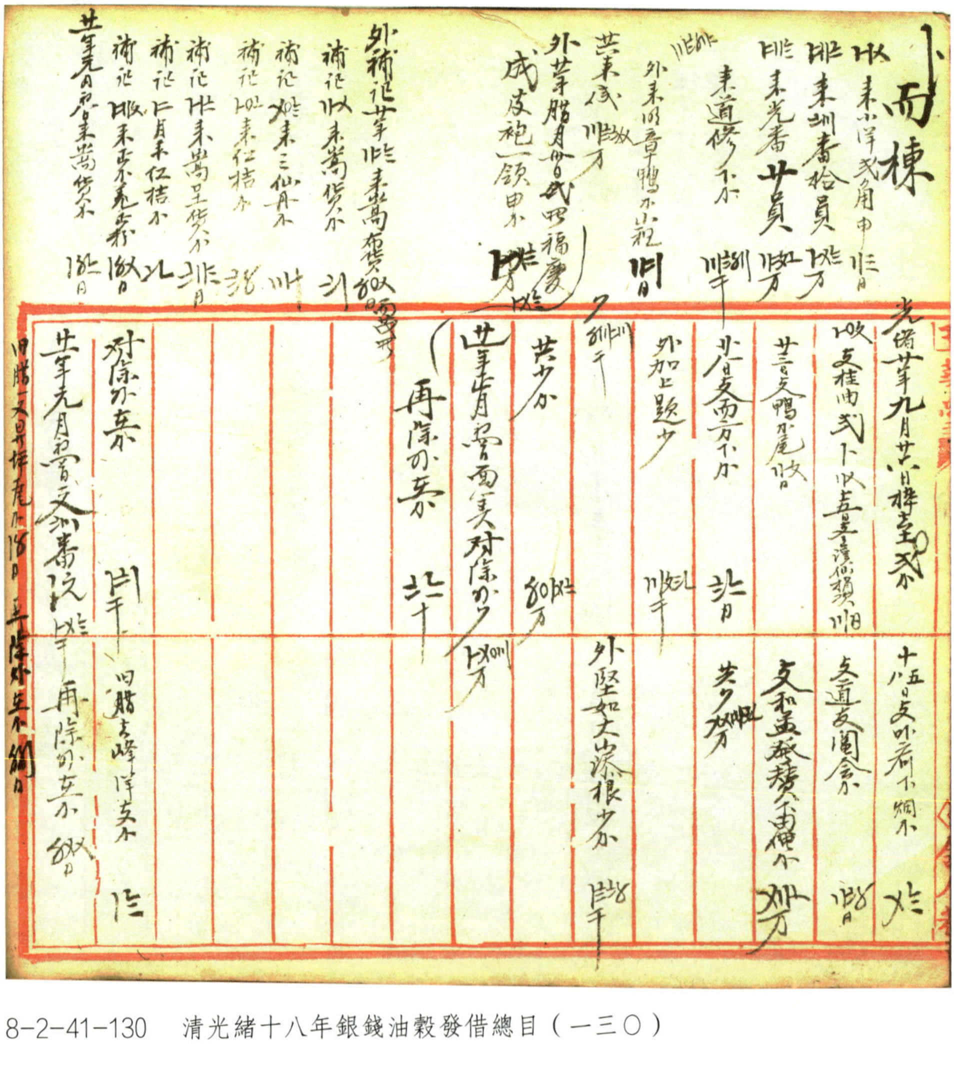

8-2-41-130　清光緒十八年銀錢油穀發借總目（一三〇）

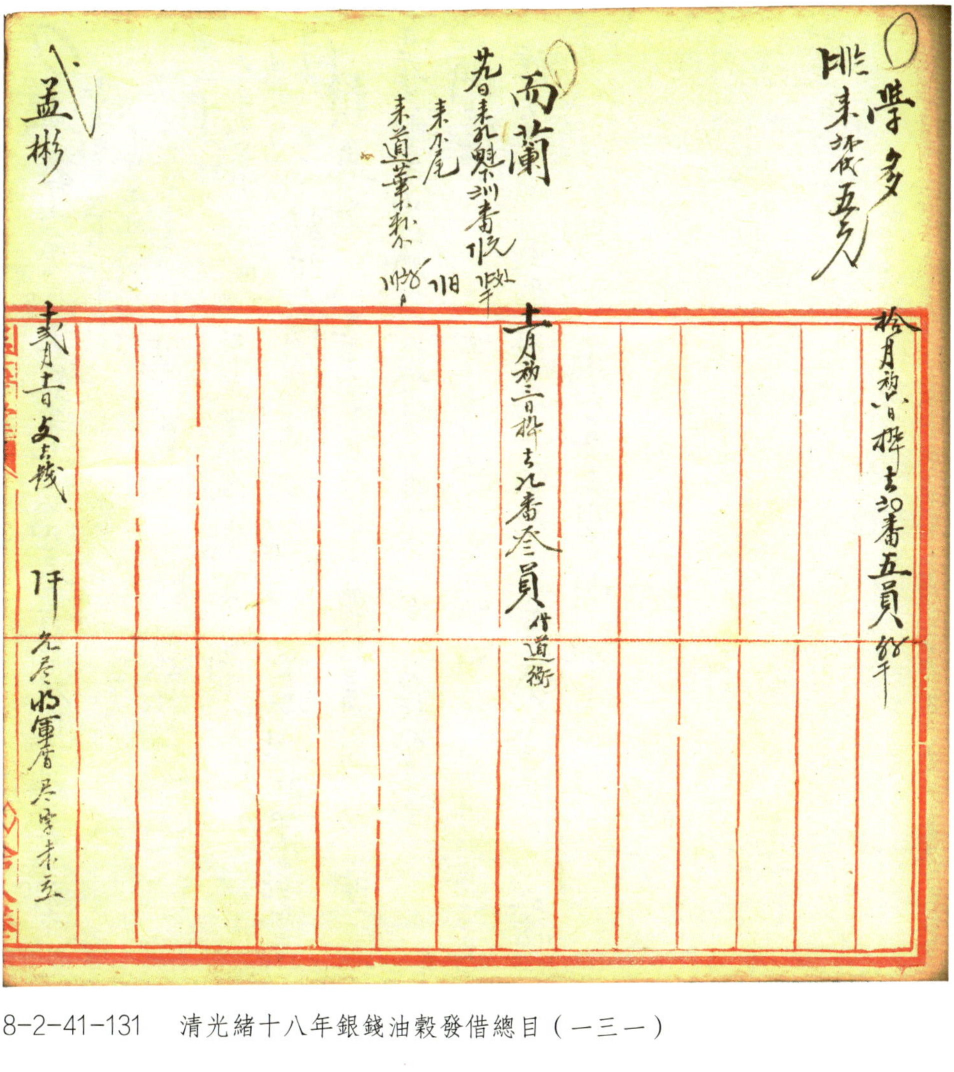

8-2-41-131　清光緒十八年銀錢油穀發借總目（一三一）

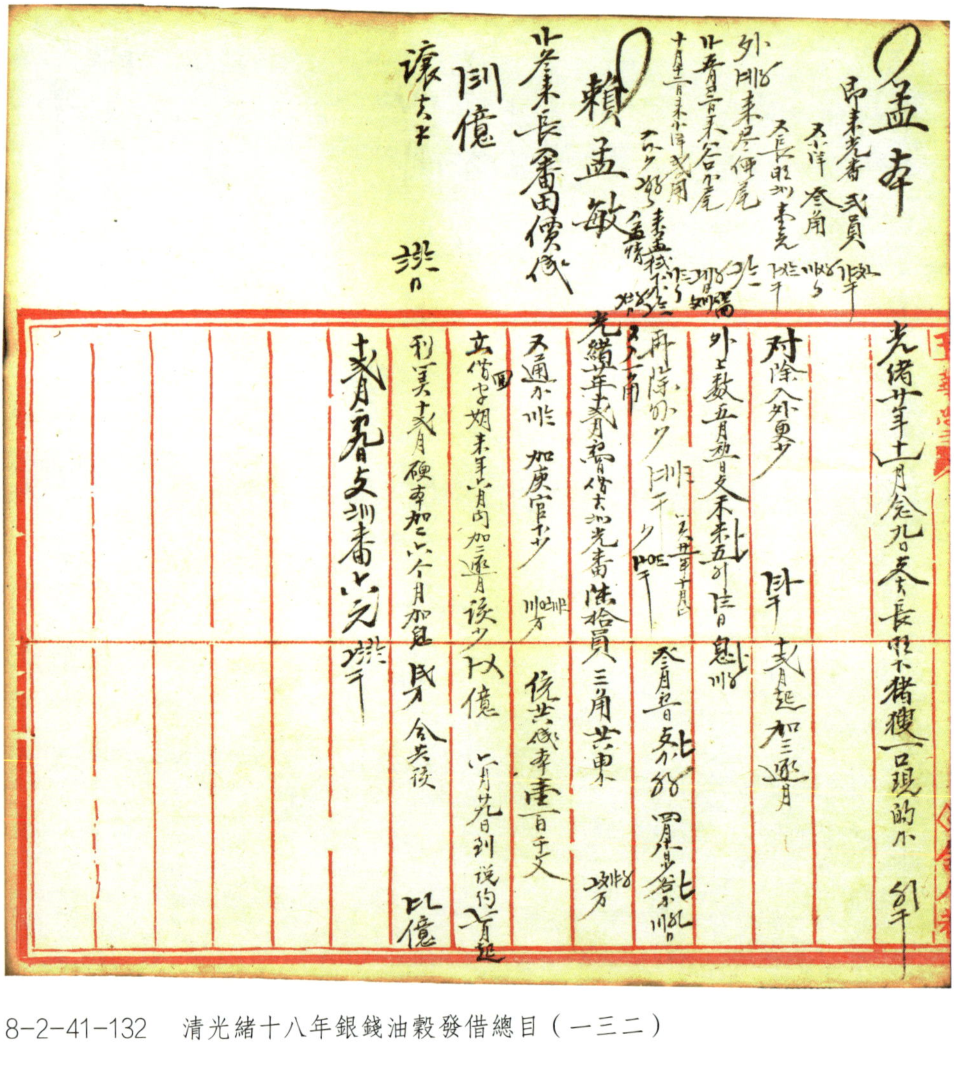

8-2-41-132　清光緒十八年銀錢油穀發借總目（一三二）

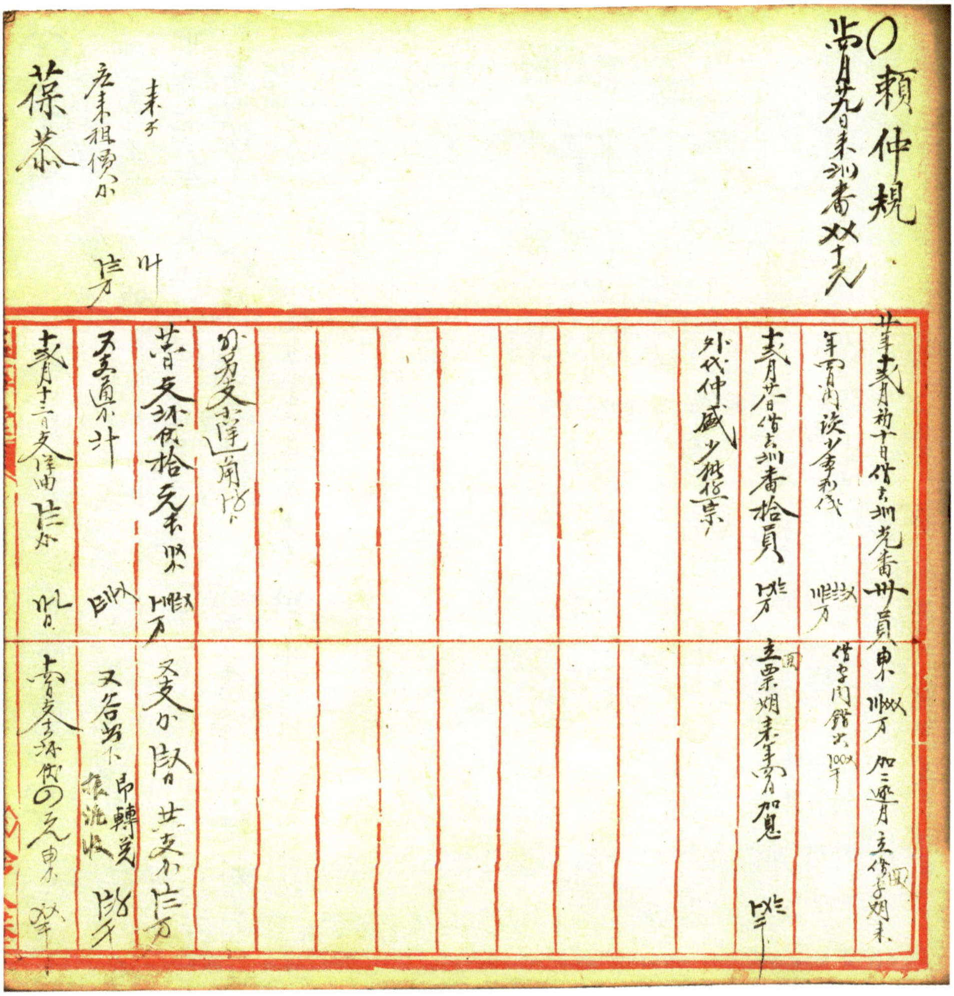

8-2-41-133　清光緒十八年銀錢油穀發借總目（一三三）

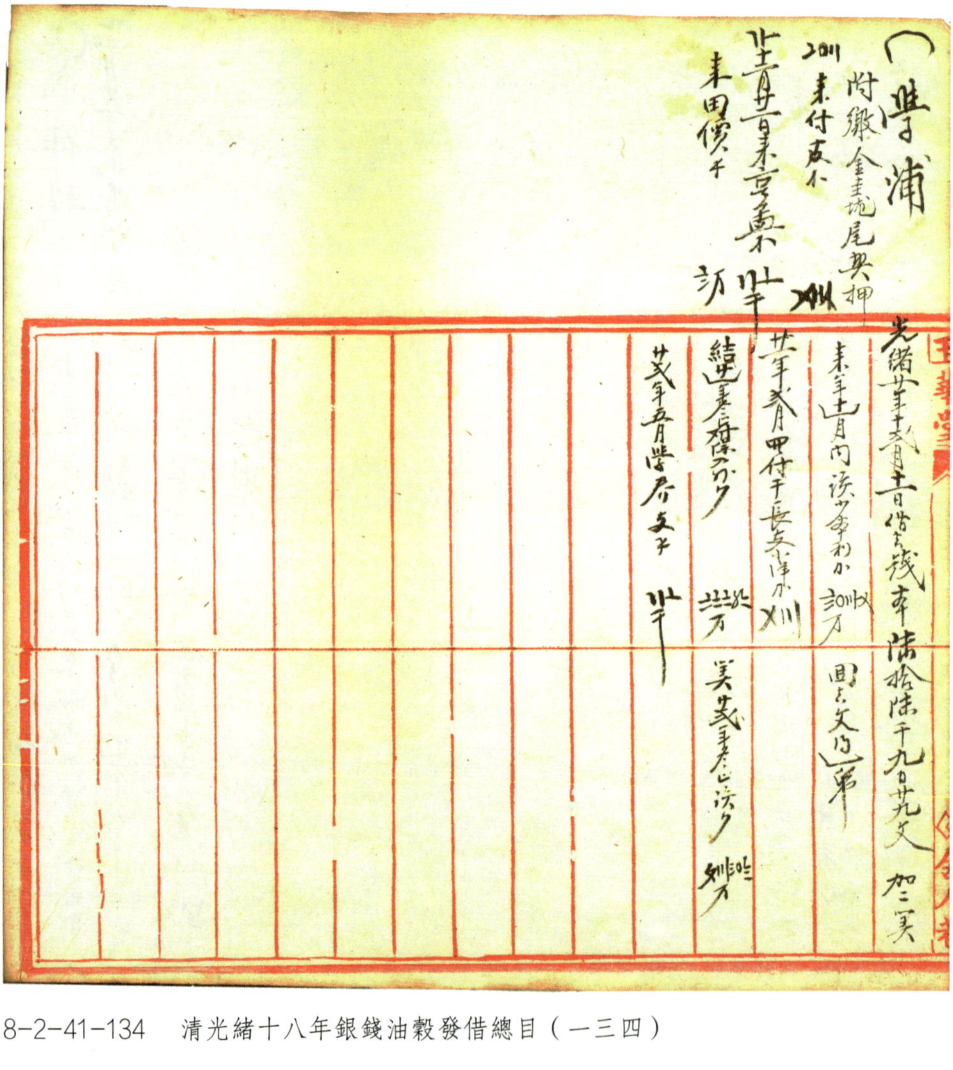

8-2-41-134　清光緒十八年銀錢油穀發借總目（一三四）

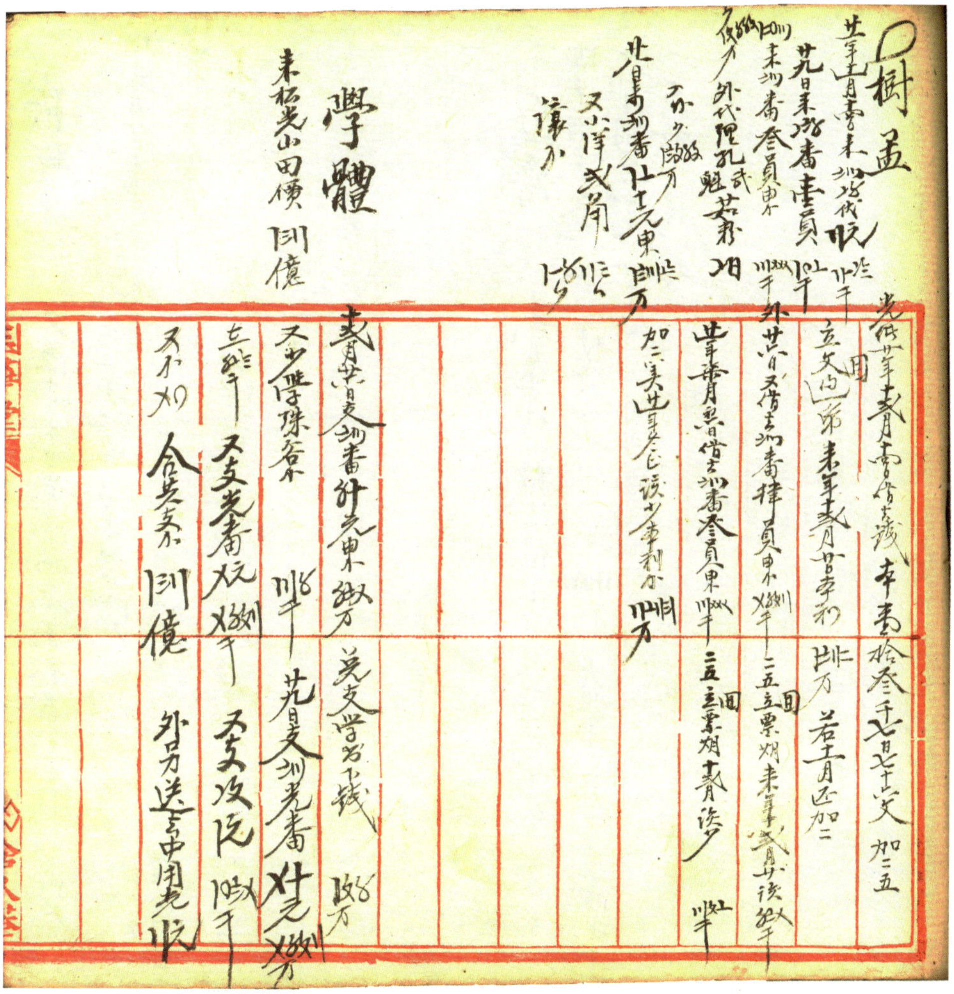

8-2-41-135　清光緒十八年銀錢油穀發借總目（一三五）

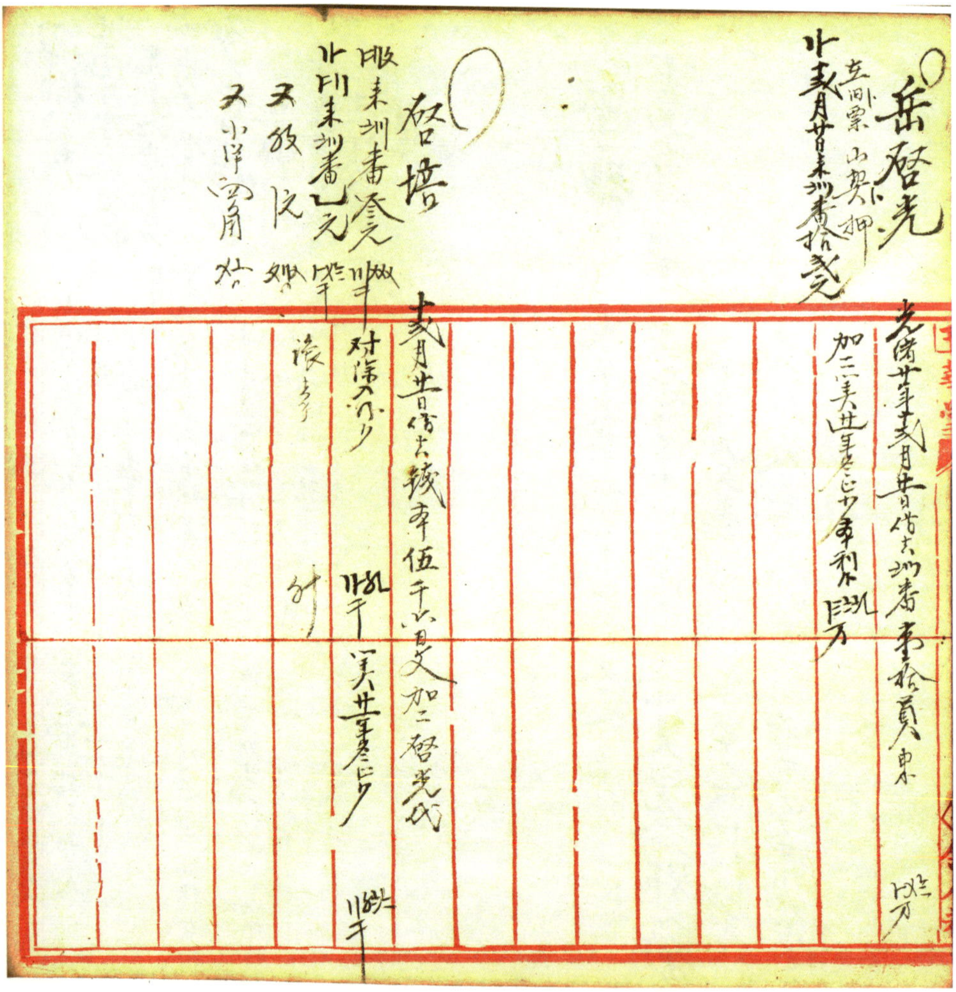

8-2-41-136　清光緒十八年銀錢油穀發借總目（一三六）

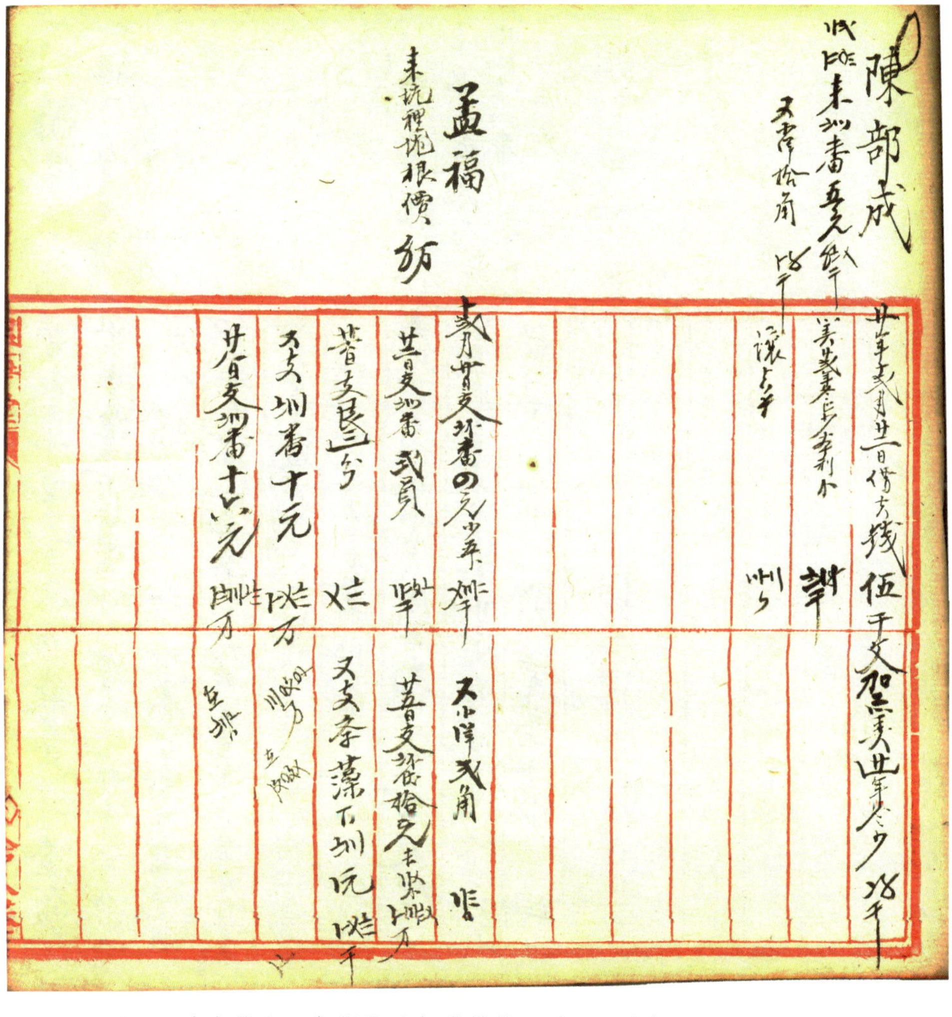

陳部成

孟福

8-2-41-137　清光緒十八年銀錢油穀發借總目（一三七）

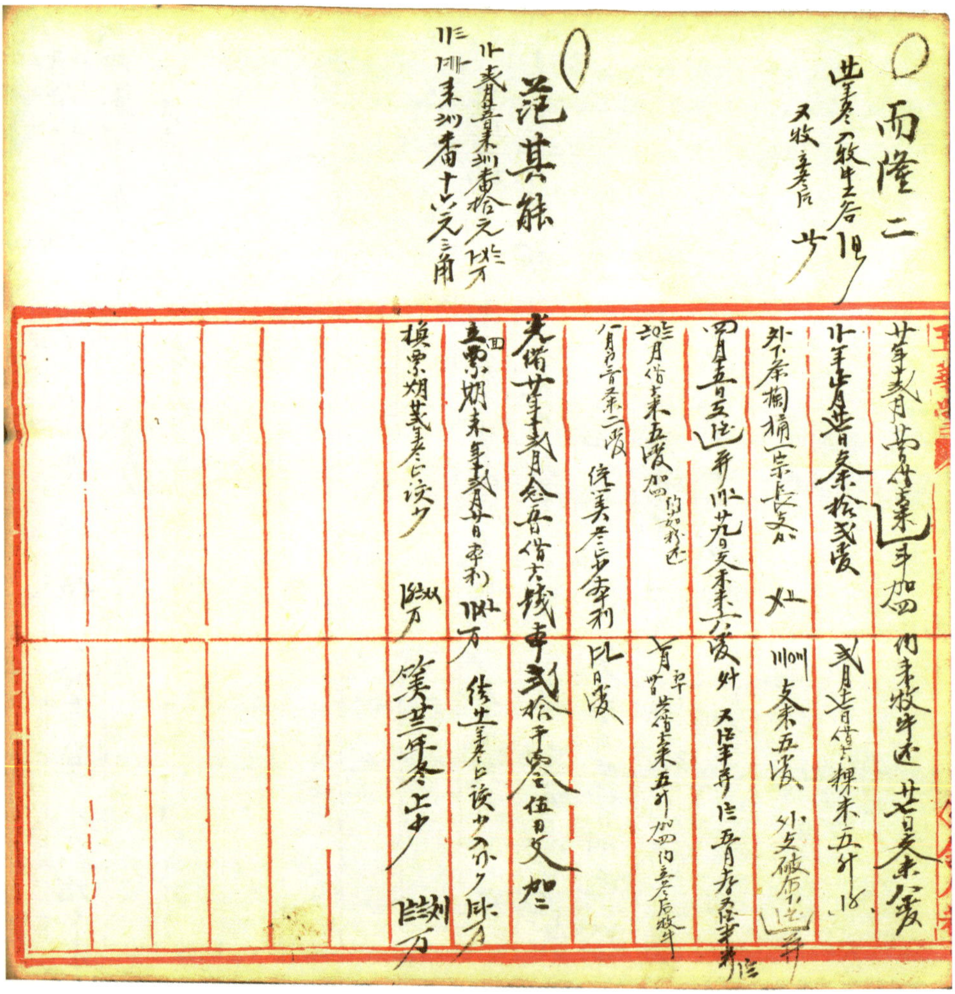

8-2-41-138　清光緒十八年銀錢油穀發借總目（一三八）

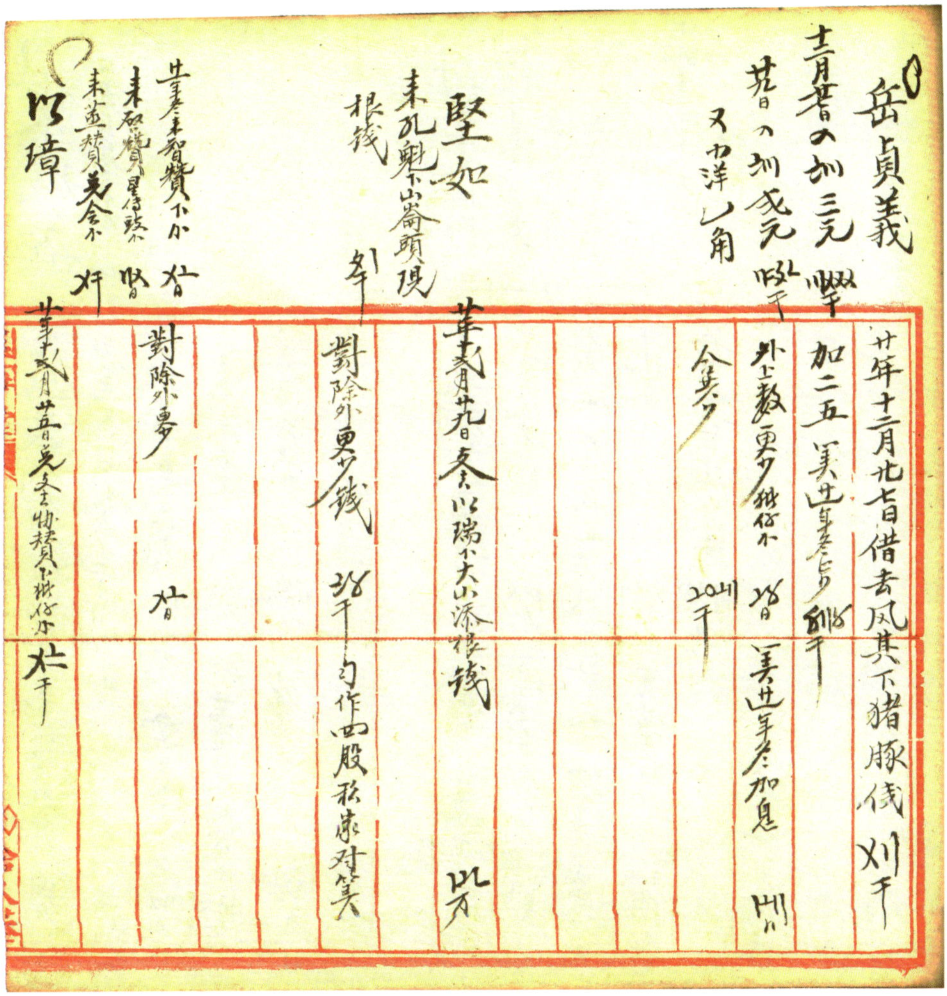

8-2-41-139　清光緒十八年銀錢油穀發借總目（一三九）

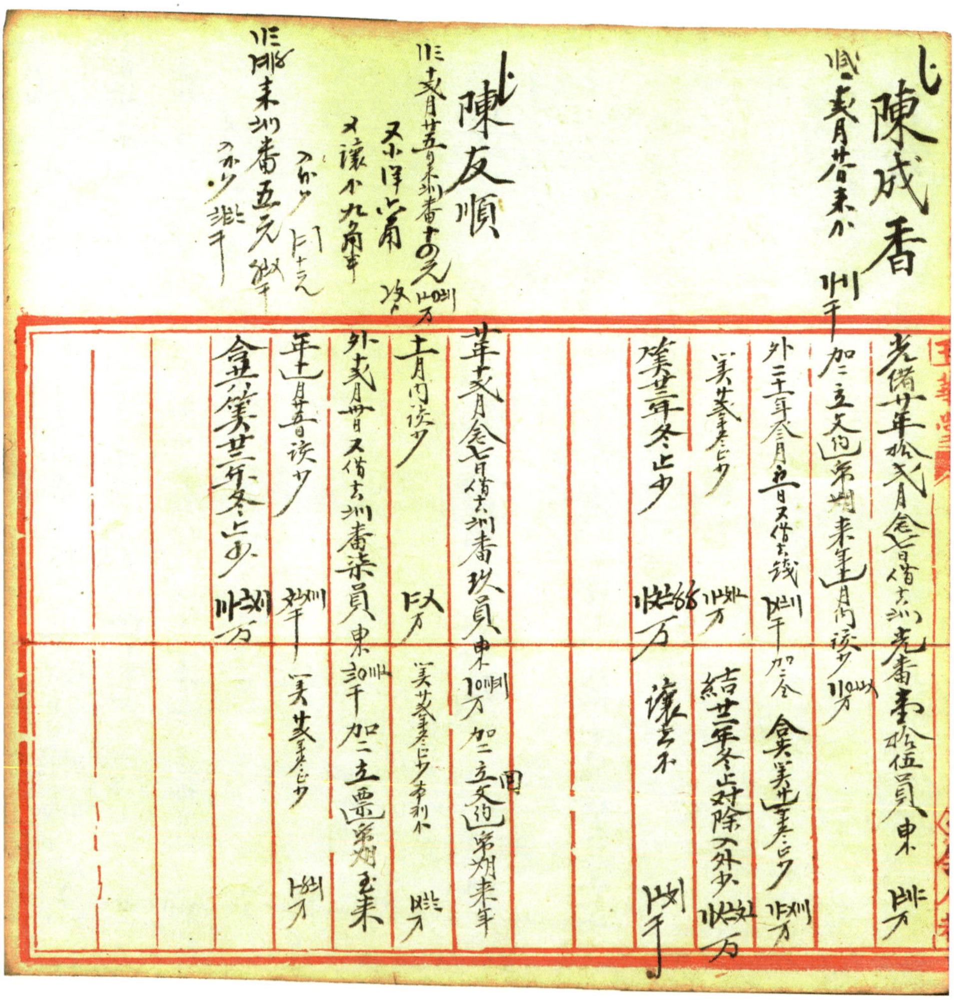

8-2-41-140　清光緒十八年銀錢油穀發借總目（一四〇）

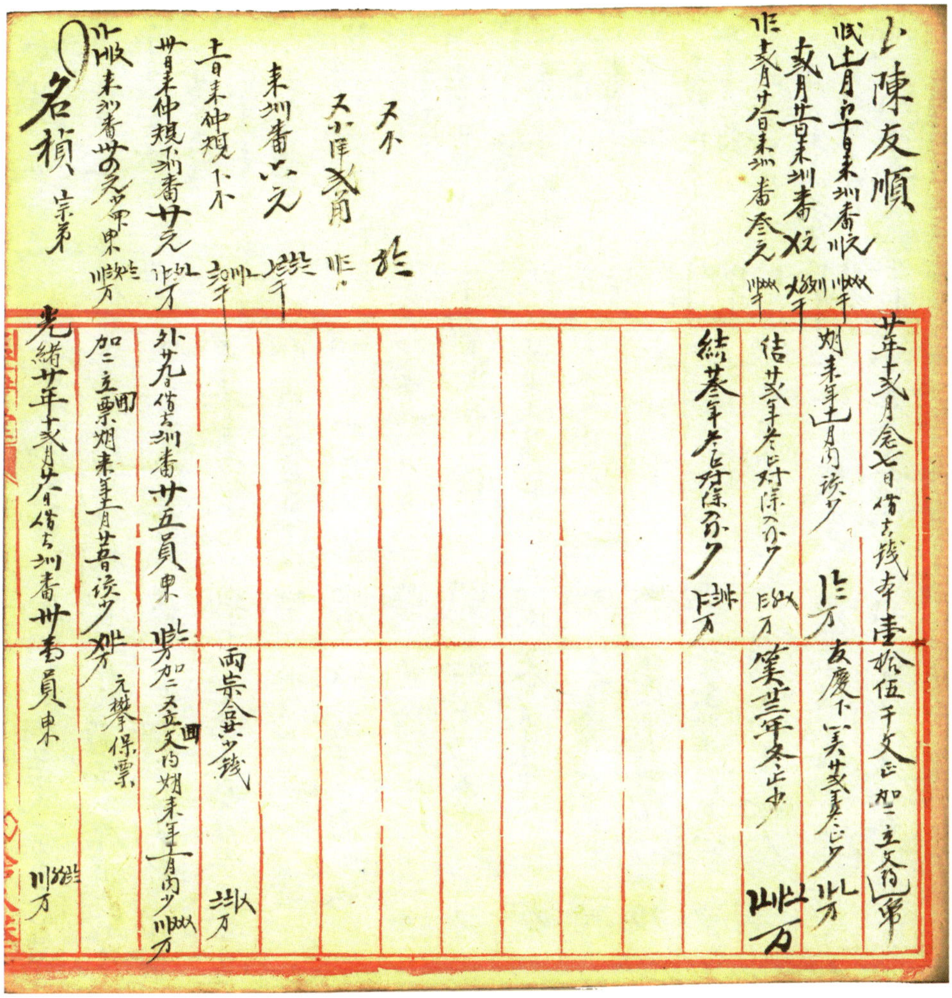
陳友順
名積 宗弟
兩宗合共錢
元攀保票

8-2-41-141　清光緒十八年銀錢油穀發借總目（一四一）

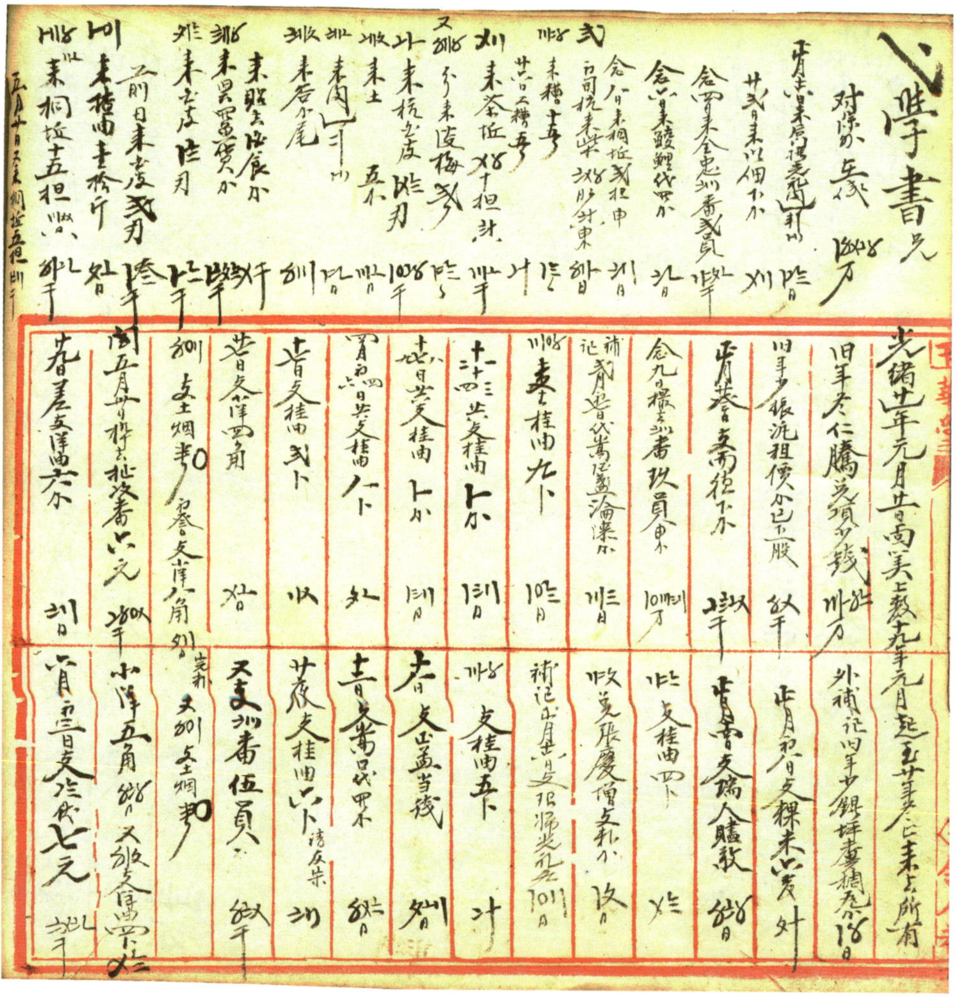

8-2-41-142　清光緒十八年銀錢油穀發借總目（一四二）

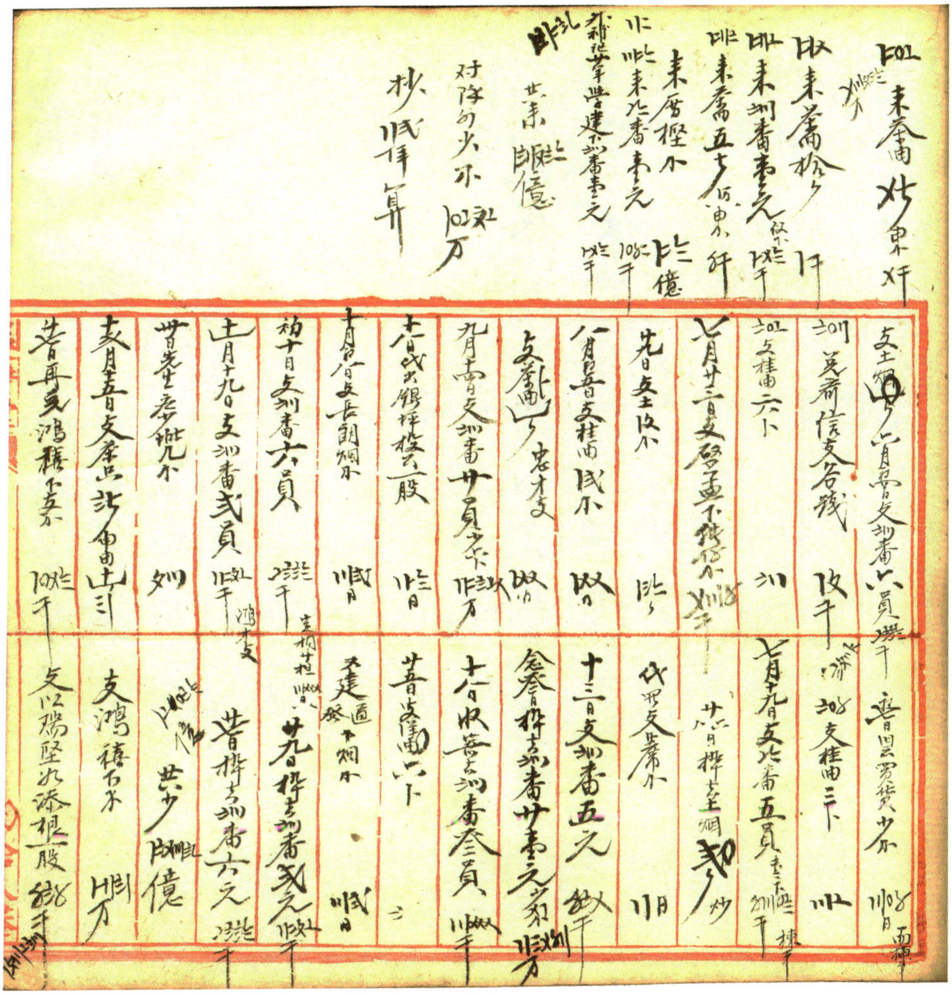

8-2-41-143　清光緒十八年銀錢油穀發借總目（一四三）

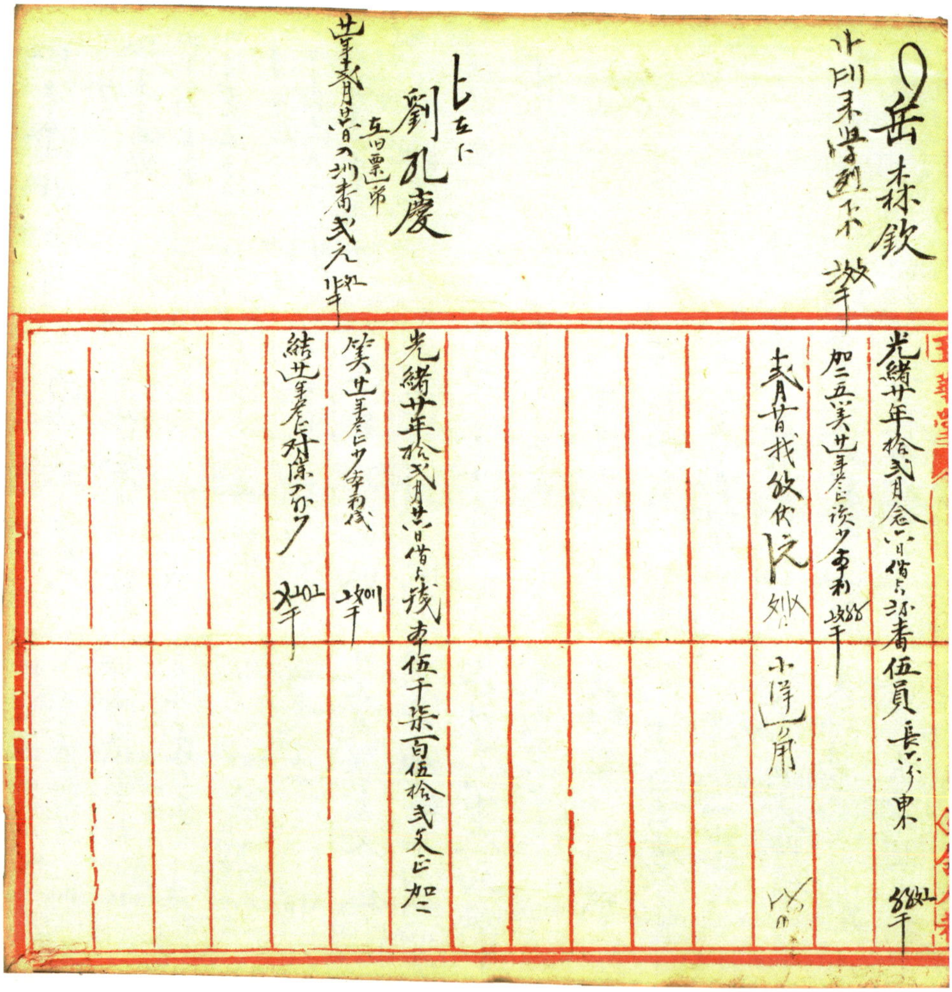

岳森欽

光緒廿年拾弍月念六日借去洋(?)銀伍員 長六分東木

劉孔慶

光緒廿年拾弍月廿日借去錢本伍千柒百伍拾弍文正 加二

8-2-41-144　清光緒十八年銀錢油穀發借總目（一四四）

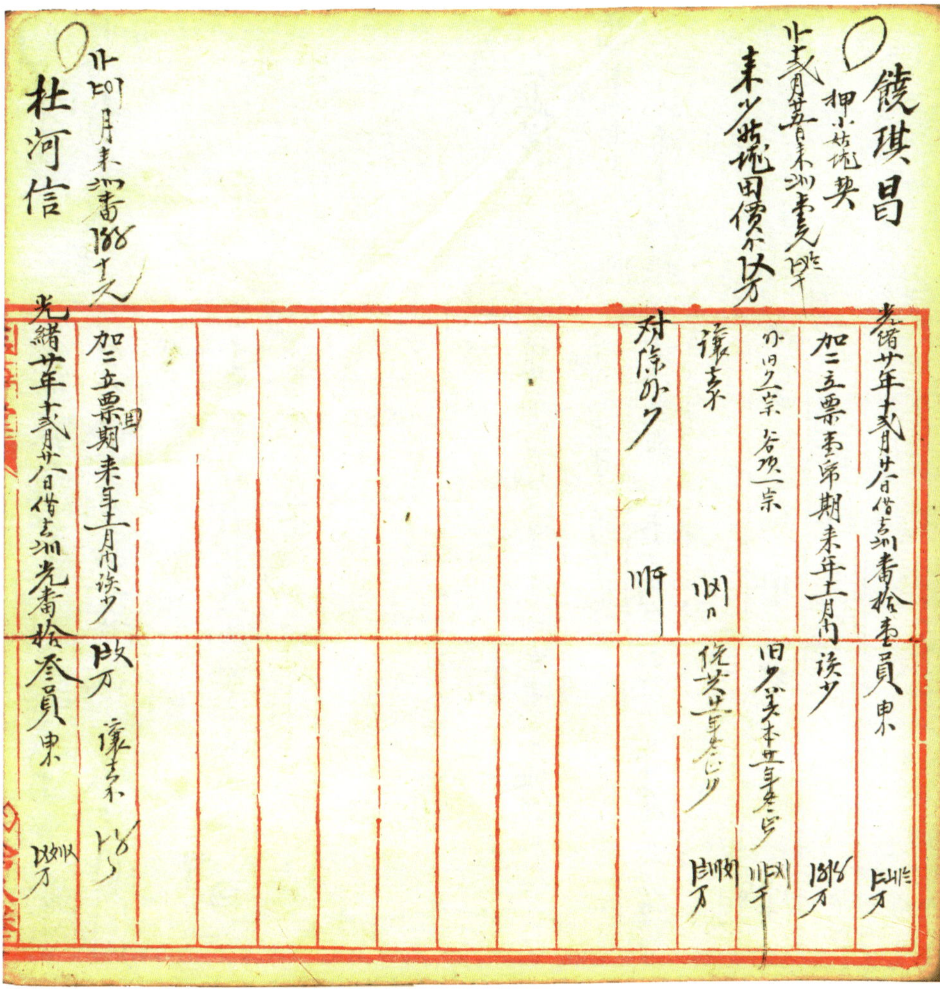

8-2-41-145　清光緒十八年銀錢油穀發借總目（一四五）

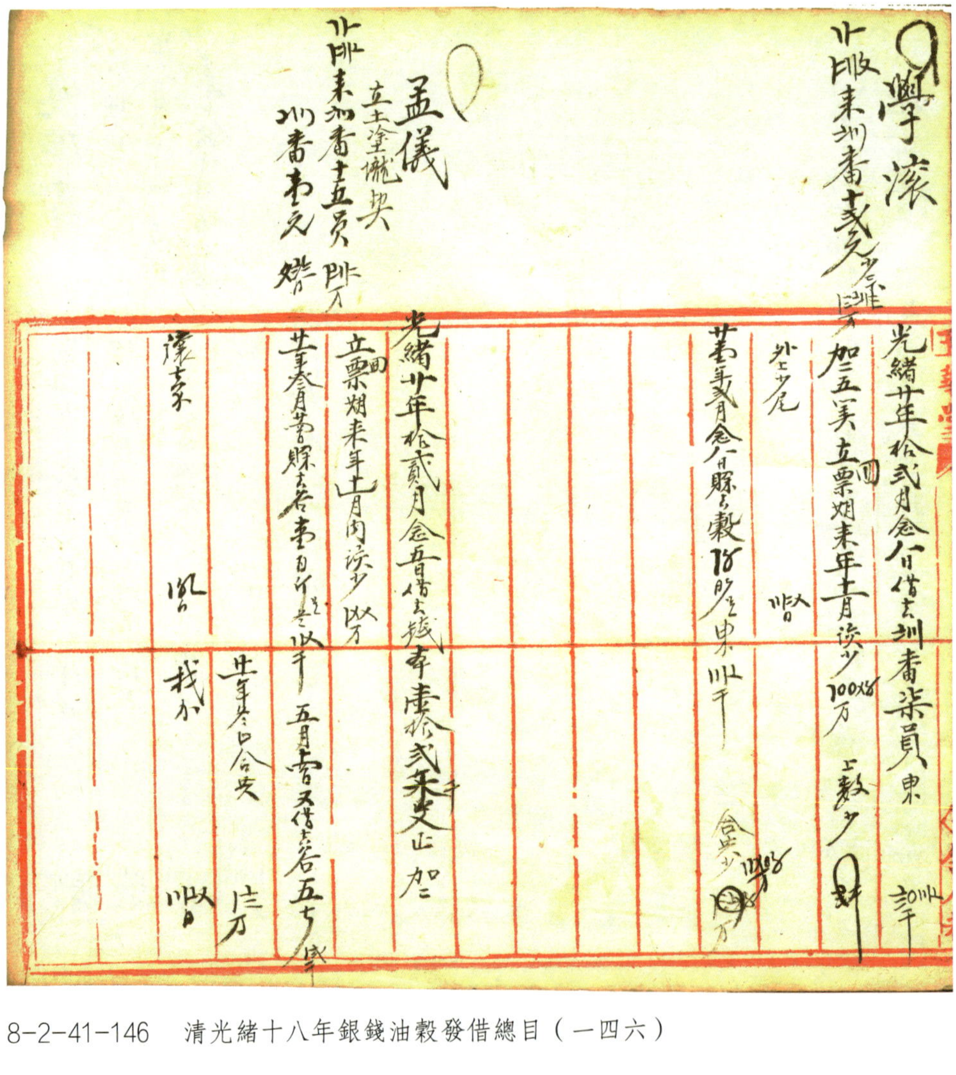

8-2-41-146　清光緒十八年銀錢油穀發借總目（一四六）

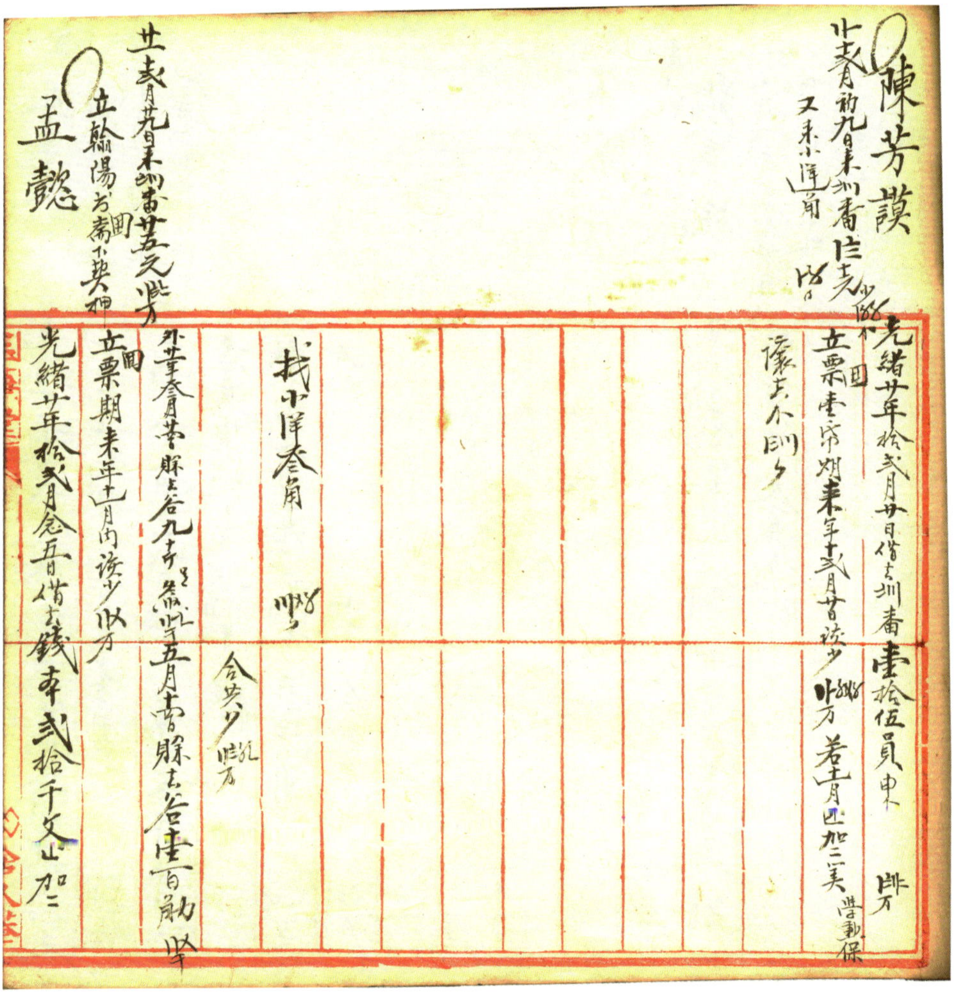

陳芳謨

廿一年弍月初九日來圳番伍元 少收

又來小洋 角 收

光緒廿年拾弍月廿日借去圳番壹拾伍員 中人 收方

立票壹帋約來年十弍月廿日送 收方 若十一月還加二美 當面保

孟懿

廿一年弍月廿四日來圳番廿五元收方

立驗陽方 應 契押

光緒廿年拾弍月念五日借去錢壹弍拾千文正 加二

立票期來年十二月內送 收方

廿一年叁月廿四日 谷九十 五月 谷壹百觔

找小洋叁角 收

合共少 收方

8-2-41-147　清光緒十八年銀錢油穀發借總目（一四七）

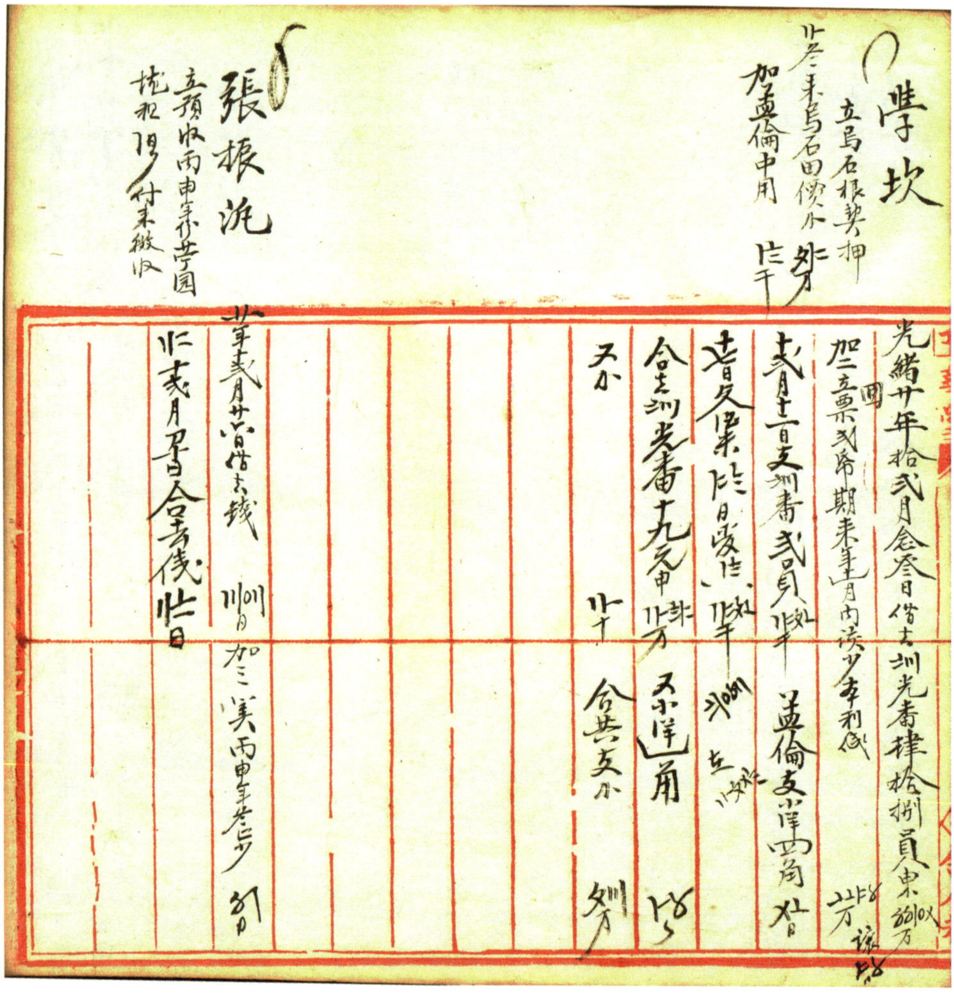

8-2-41-148　清光緒十八年銀錢油穀發借總目（一四八）

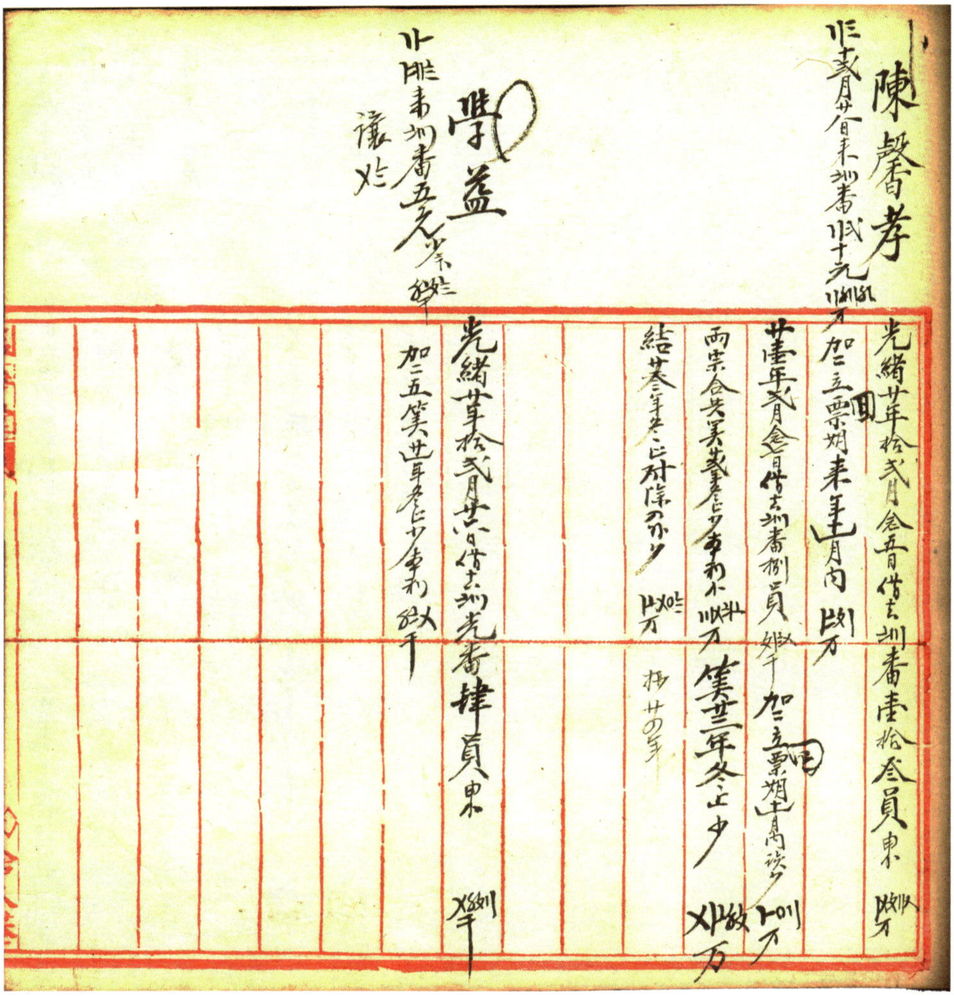

8-2-41-149　清光緒十八年銀錢油穀發借總目（一四九）

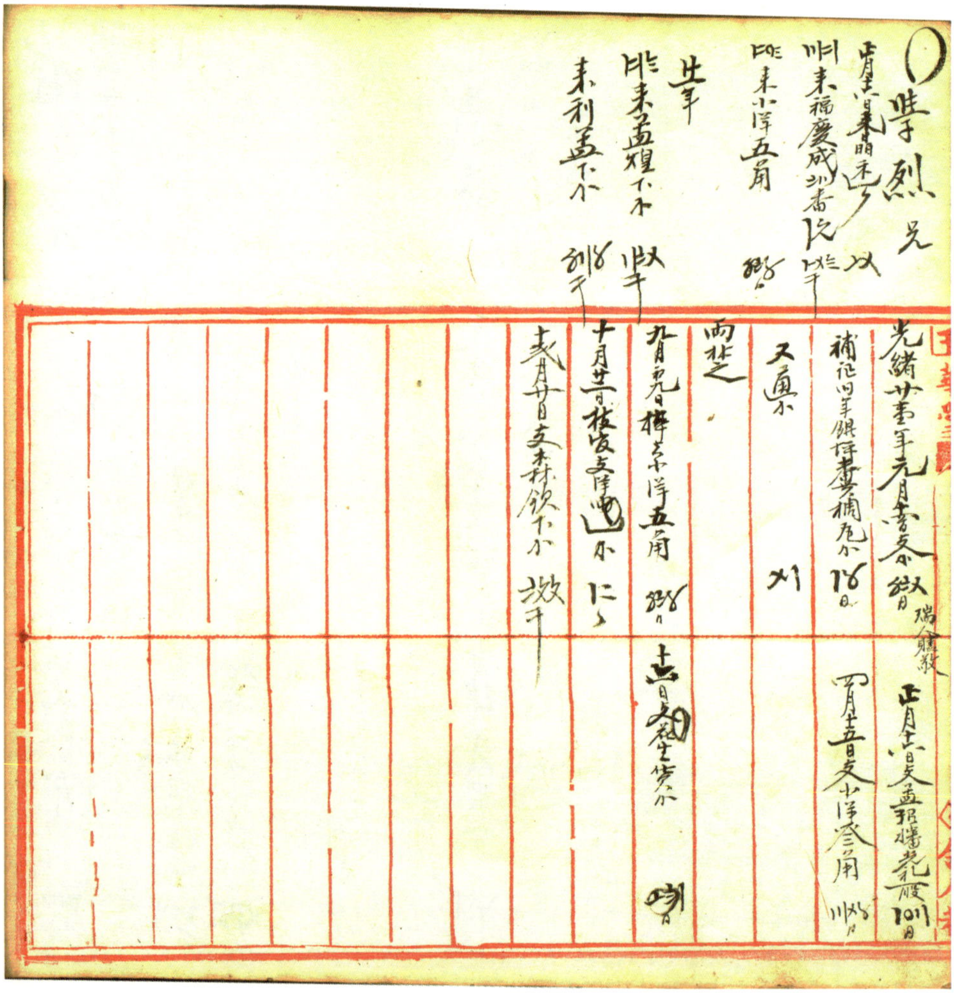

8-2-41-150　清光緒十八年銀錢油穀發借總目（一五〇）

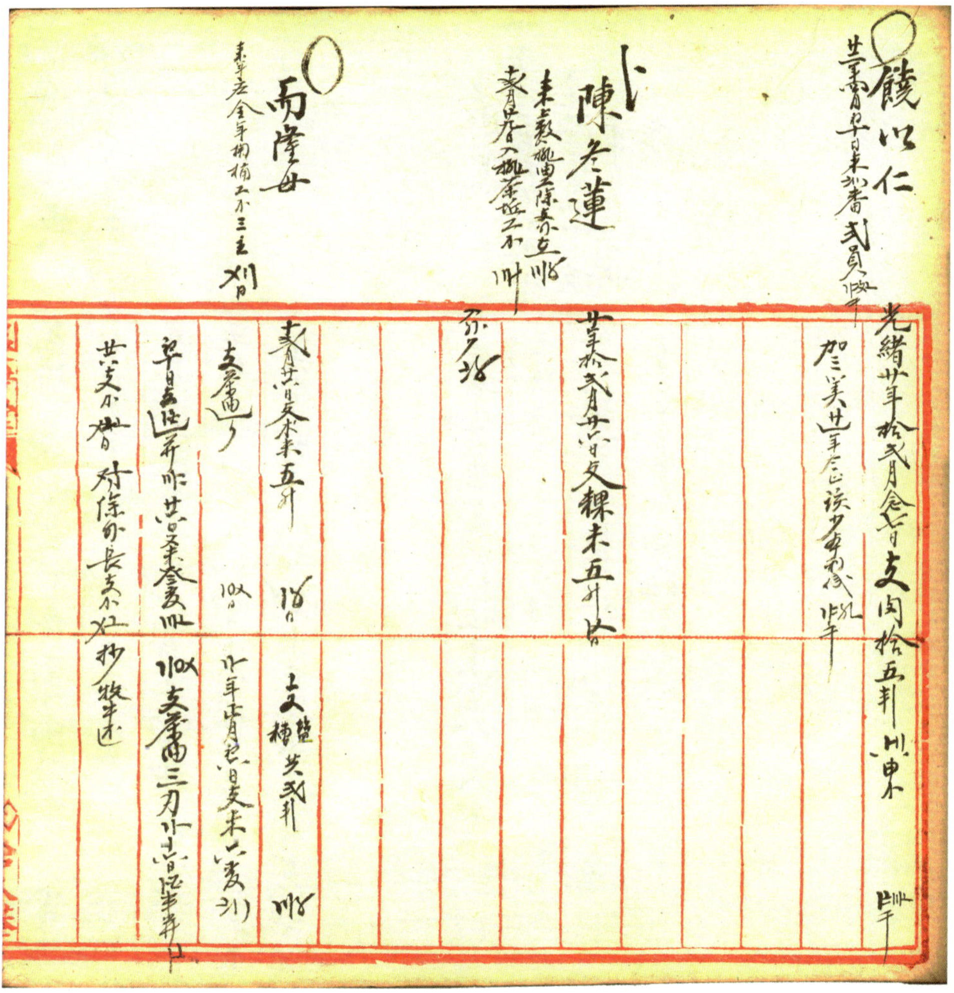

8-2-41-151　清光緒十八年銀錢油穀發借總目（一五一）

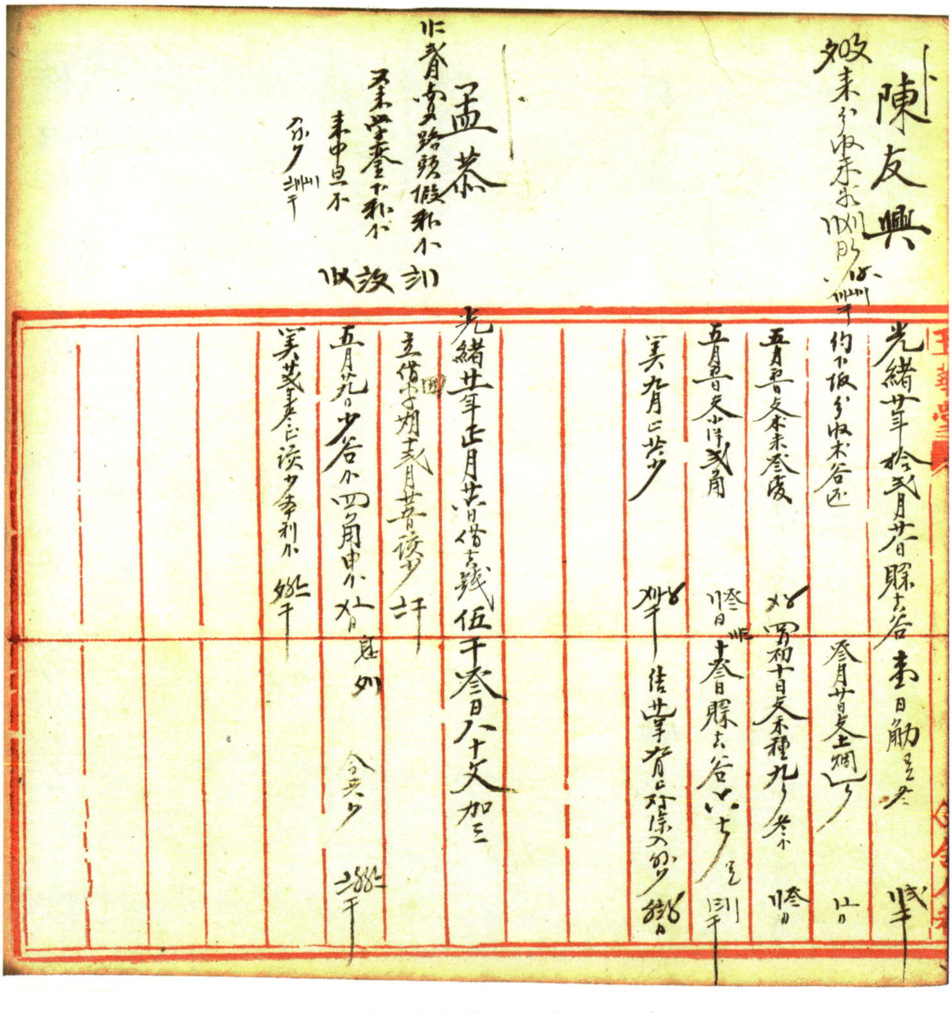

陳友興

光緒廿年拾弍月廿四日賒去谷

孟恭

光緒廿年正月廿日借去錢伍千叁百八十文

8-2-41-152　清光緒十八年銀錢油穀發借總目（一五二）

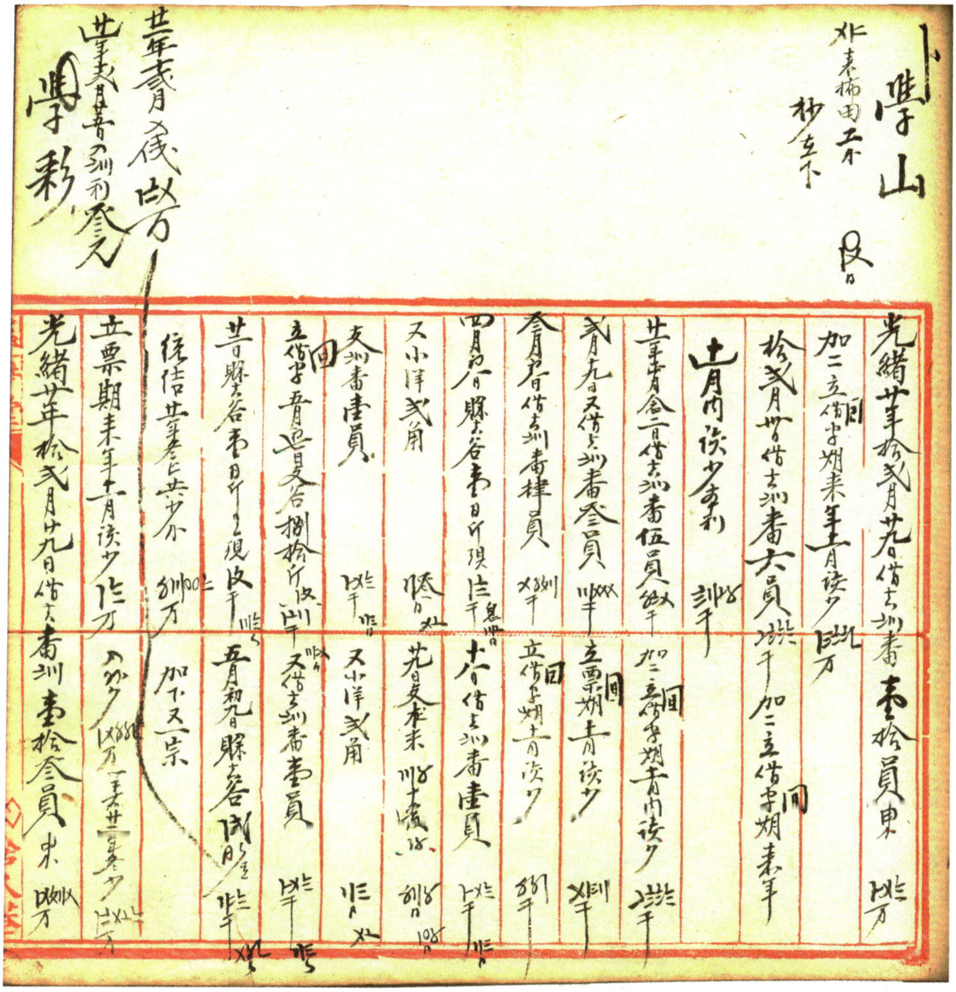
小學山
北来柄田五石
抄五斗
光緒十八年拾弍月廿八日借去洋番壹拾員
加二立借字約來年十月清了
拾弍月廿四日借去洋番大員 加二立借字約來年
十月內清了本利
廿年十月念二日借去洋番伍員 加二立借字約十一月內清了
弍月廿六日又借去洋番叁員 立票約十一月清了
叁月廿四日借去洋番肆員 立借字約十一月清了
四月廿八日賑去谷壹百斤現 十月廿一日借去洋番壹員
又小洋弍角
弍洋番壹員 又小洋弍角
立借字五月廿一日又谷捌拾斤 又借去洋番壹員
廿四日賑去谷壹百斤現 五月初九日賑去谷
結信廿年叁月廿六日 加下又一宗
立票期來年十一月清了
光緒廿年拾弍月廿九日借去洋番壹拾叁員
學彩

8-2-41-153　清光緒十八年銀錢油穀發借總目（一五三）

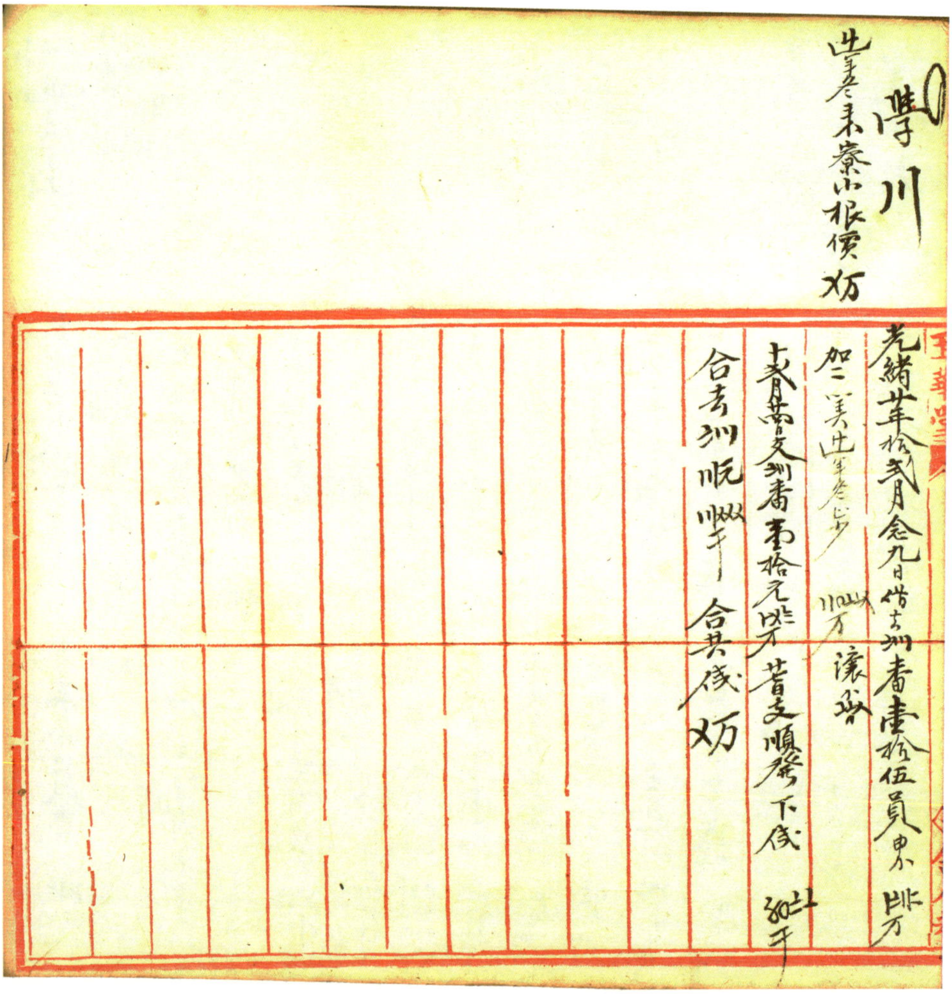

8-2-41-154　清光緒十八年銀錢油穀發借總目（一五四）

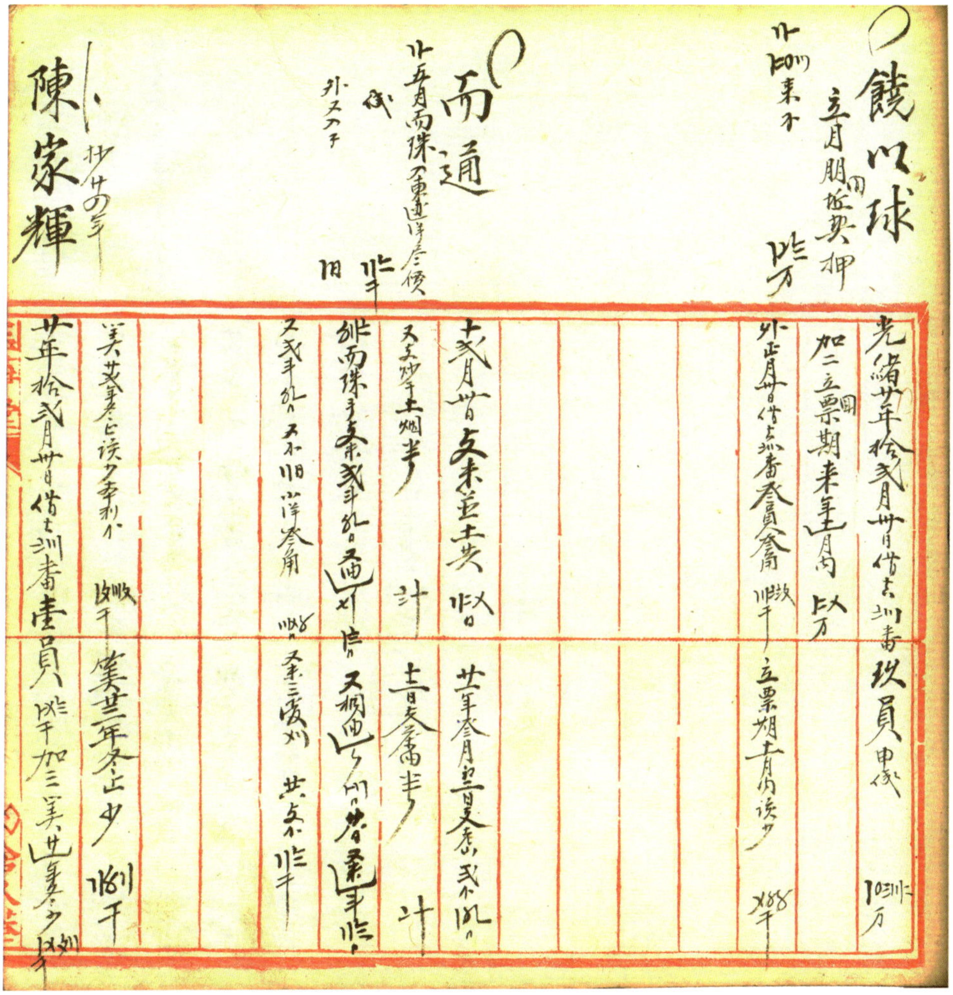

8-2-41-155　清光緒十八年銀錢油穀發借總目（一五五）

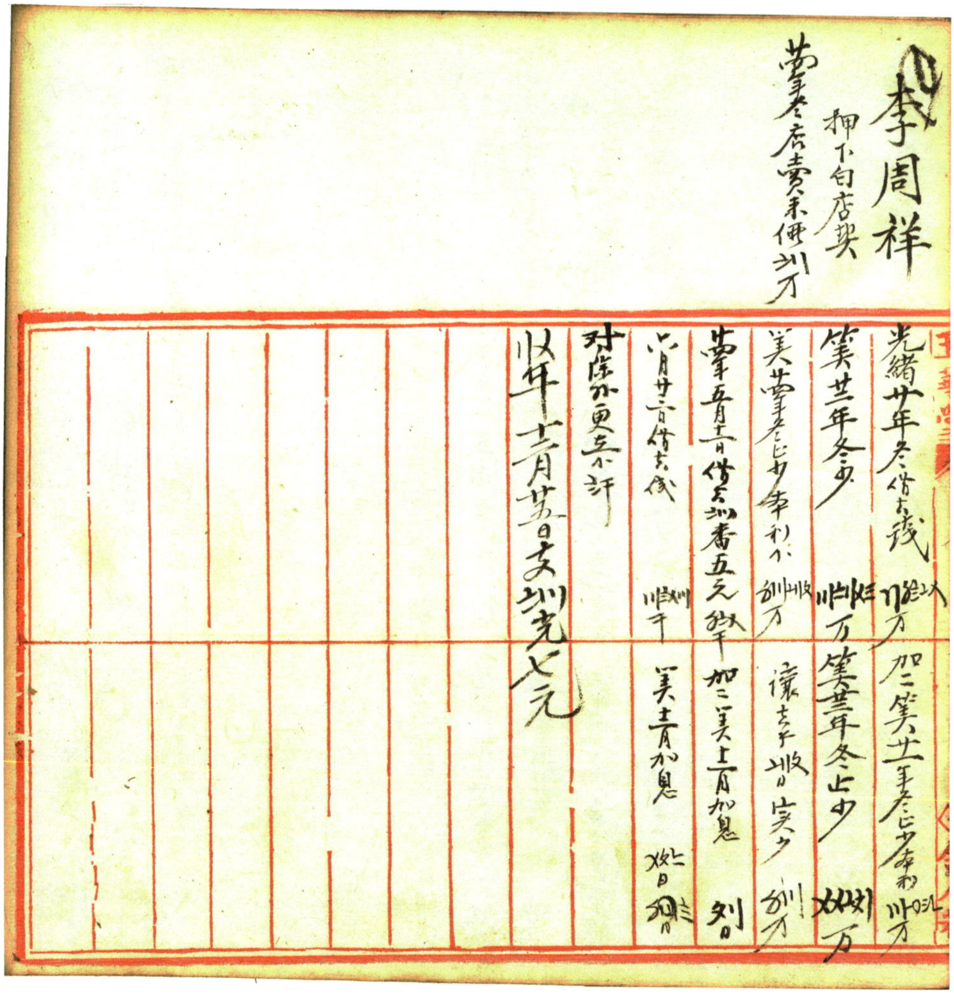

8-2-41-156　清光緒十八年銀錢油穀發借總目（一五六）

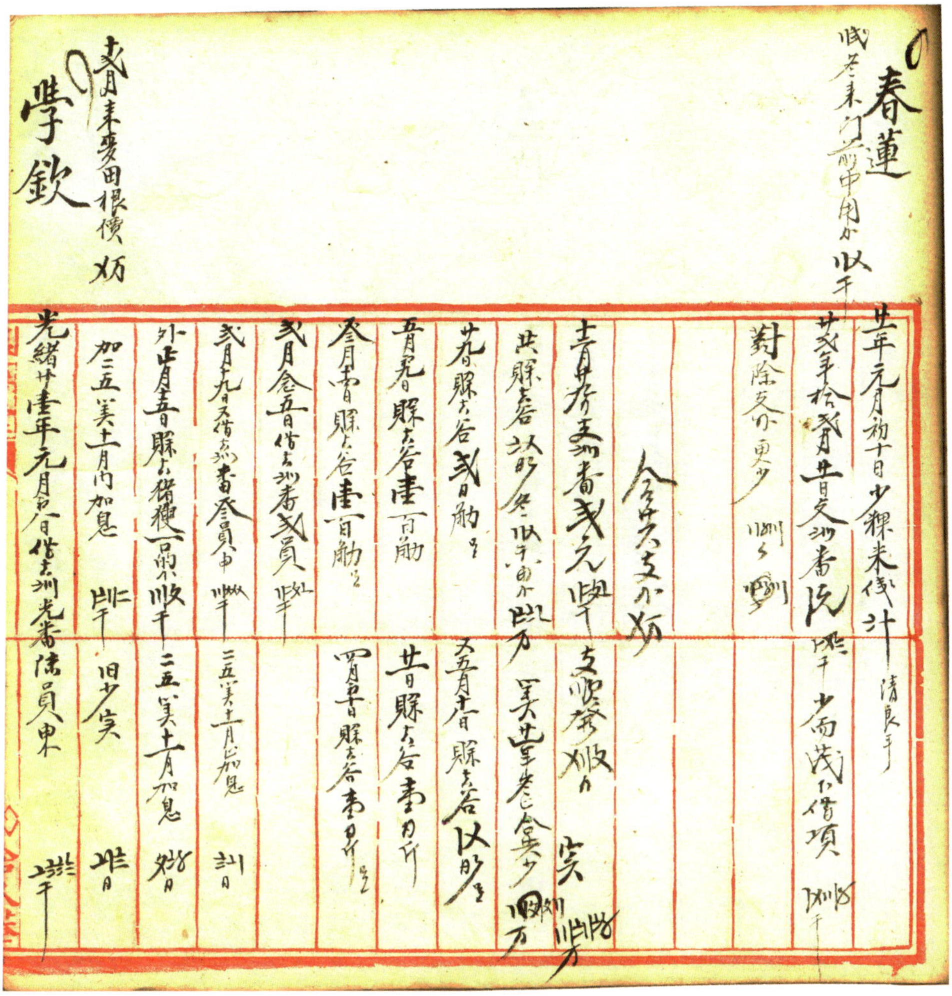

8-2-41-157　清光緒十八年銀錢油穀發借總目（一五七）

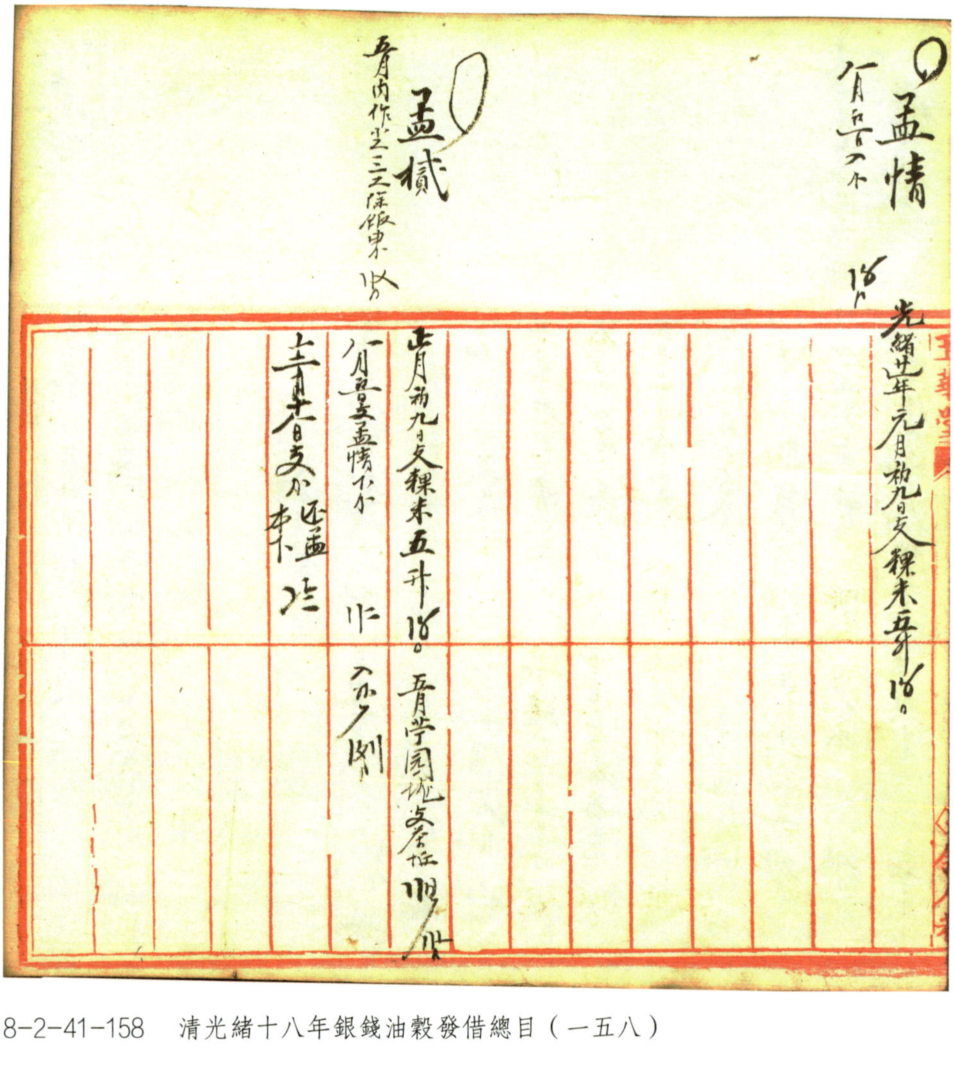

8-2-41-158　清光緒十八年銀錢油穀發借總目（一五八）

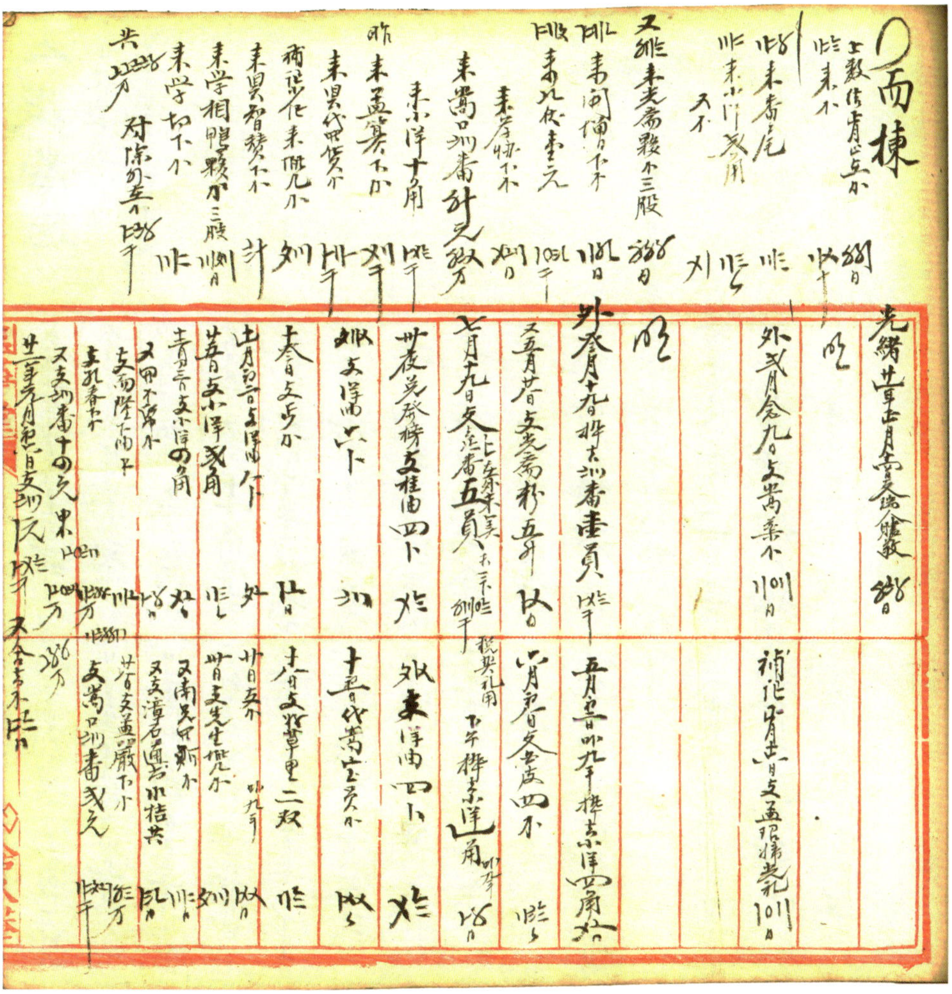

8-2-41-159　清光緒十八年銀錢油穀發借總目（一五九）

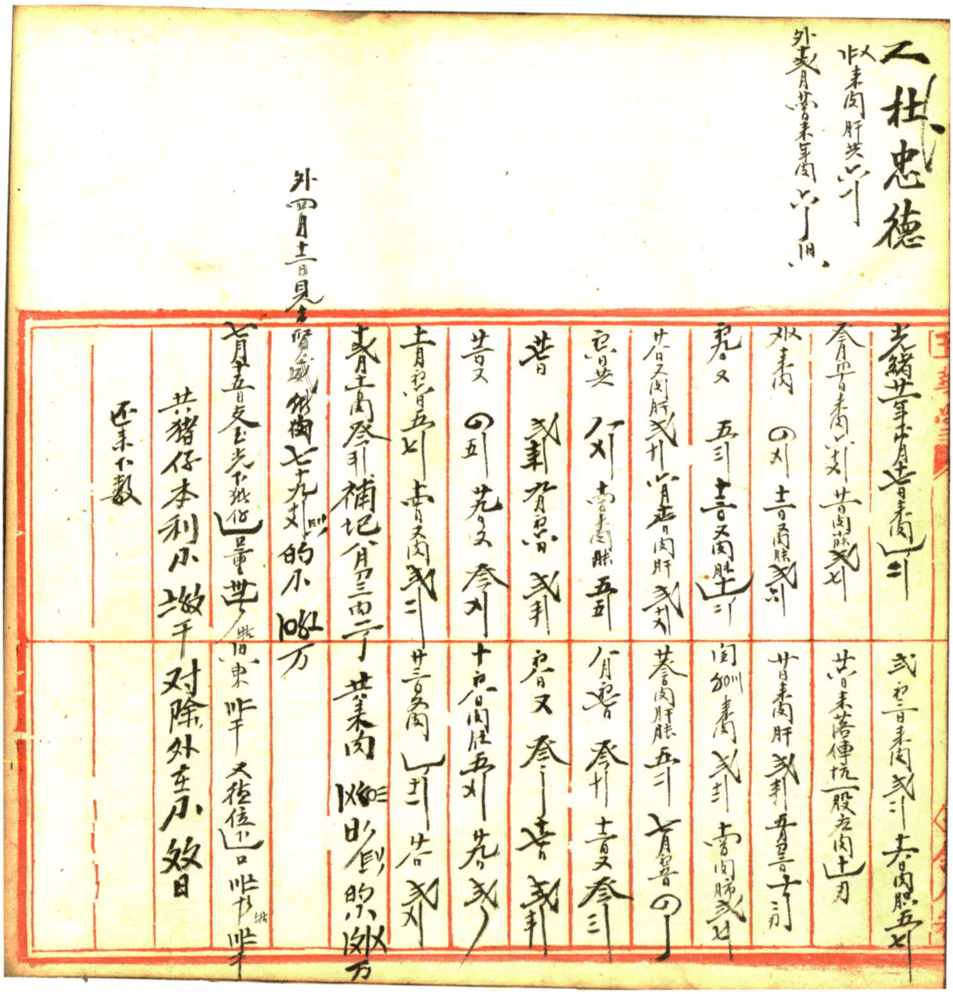

8-2-41-160　清光緒十八年銀錢油穀發借總目（一六〇）

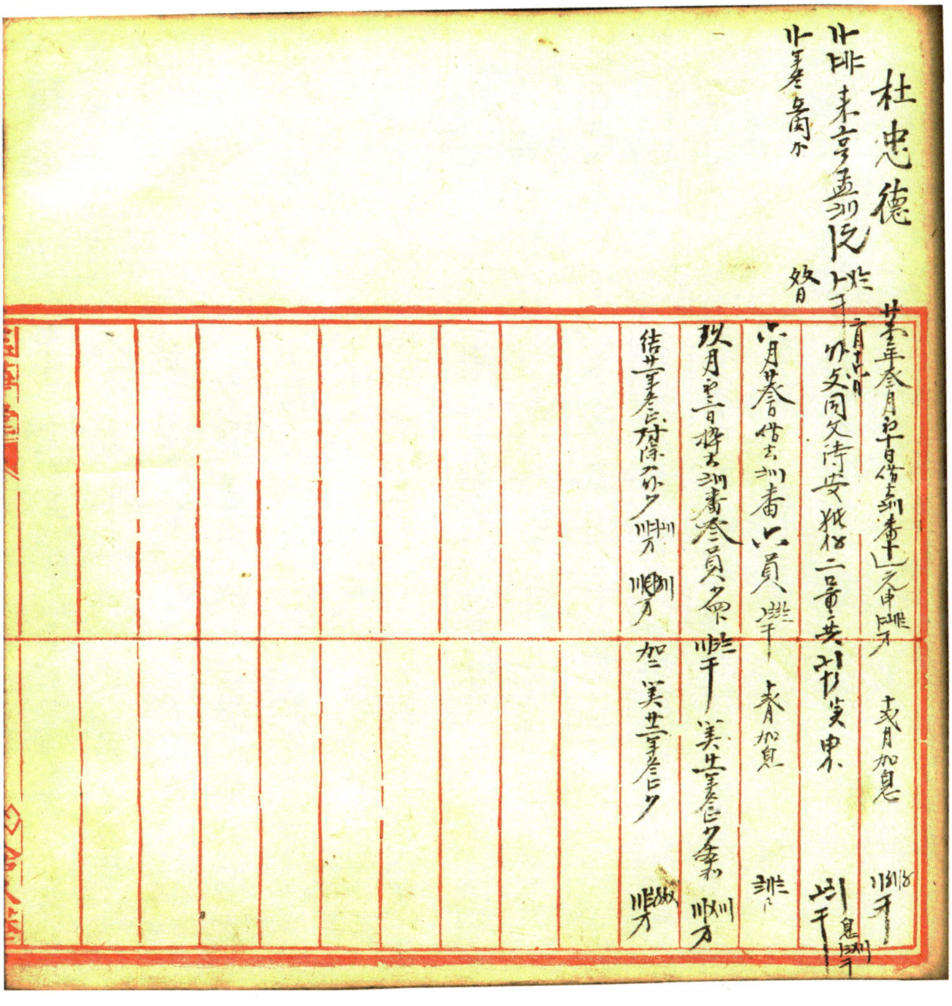

8-2-41-161　清光緒十八年銀錢油穀發借總目（一六一）

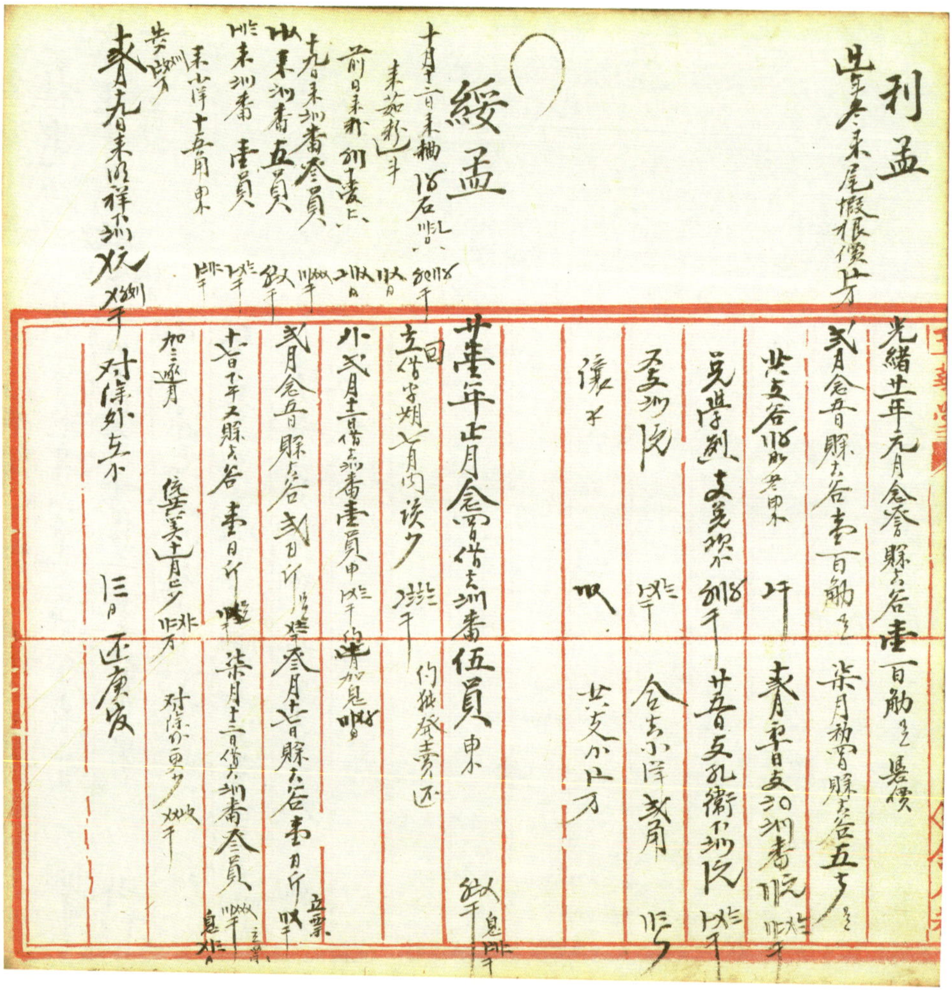

8-2-41-162　清光緒十八年銀錢油穀發借總目（一六二）

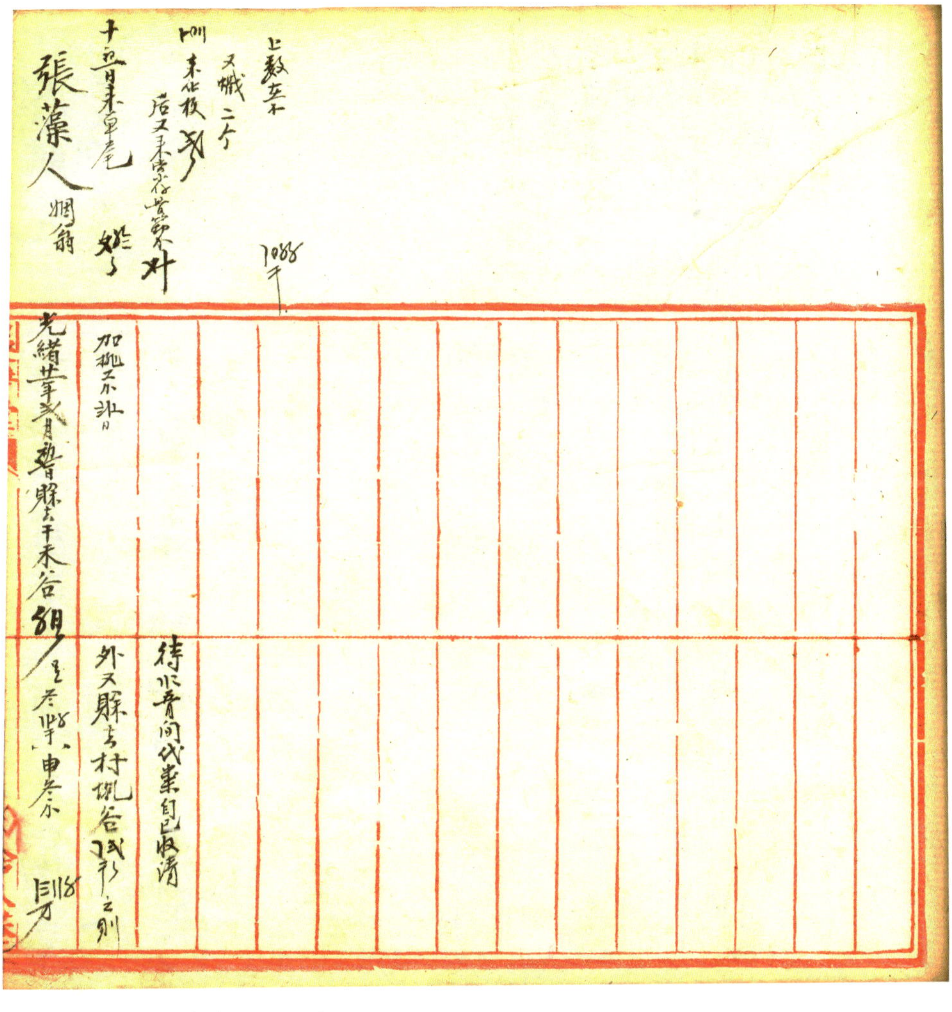

8-2-41-163　清光緒十八年銀錢油穀發借總目（一六三）

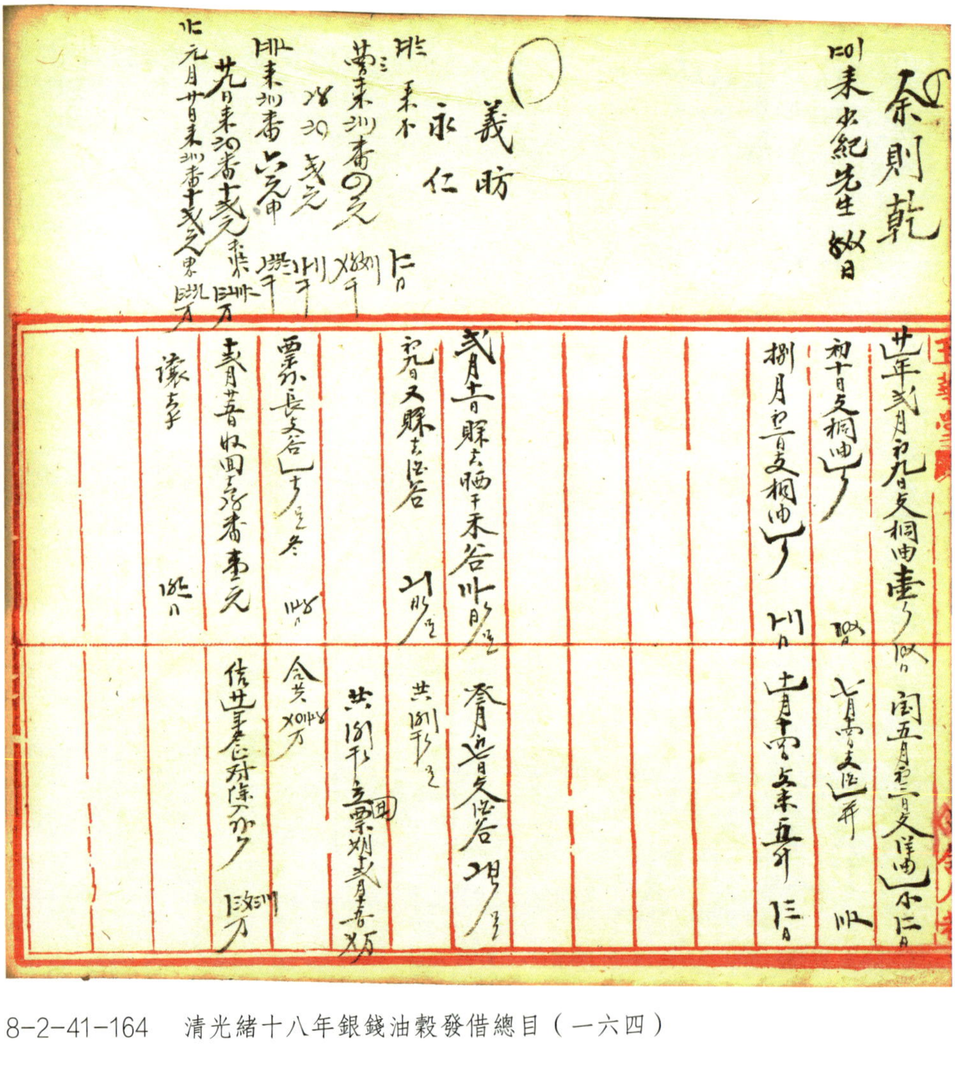

8-2-41-164　清光緒十八年銀錢油穀發借總目（一六四）

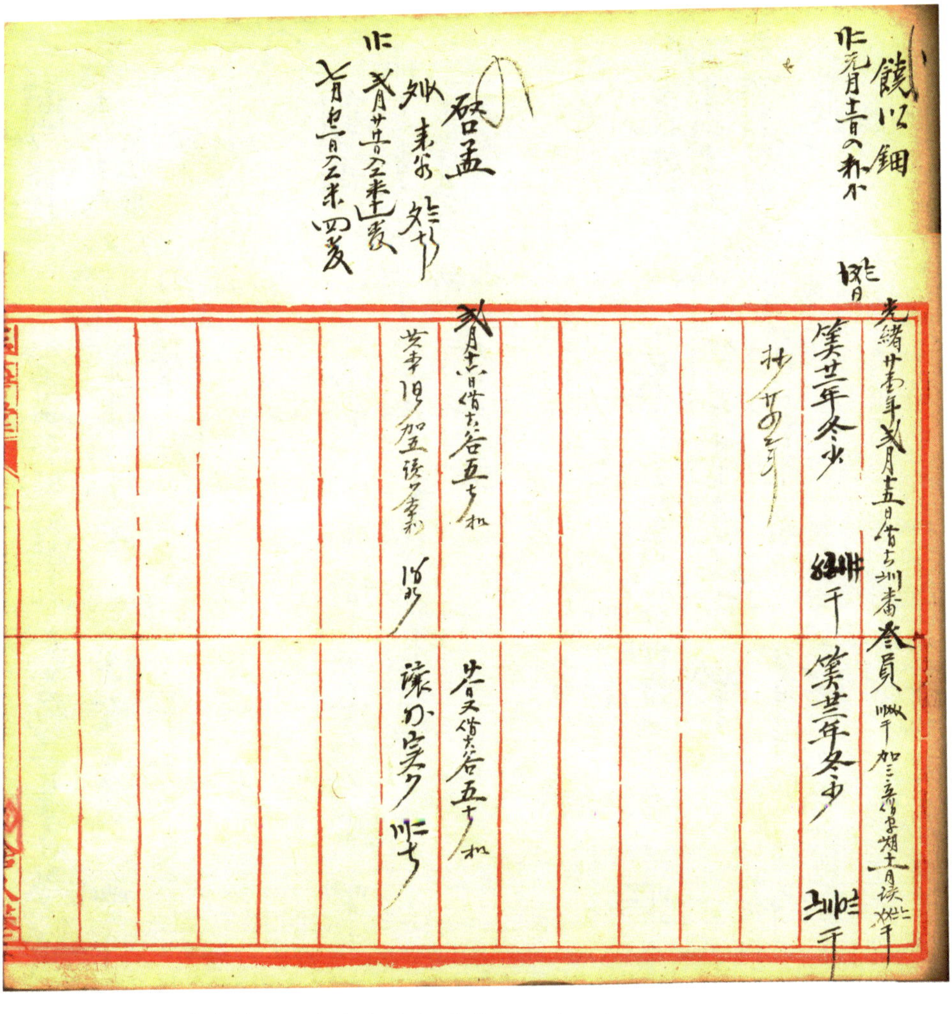

8-2-41-165　清光緒十八年銀錢油穀發借總目（一六五）

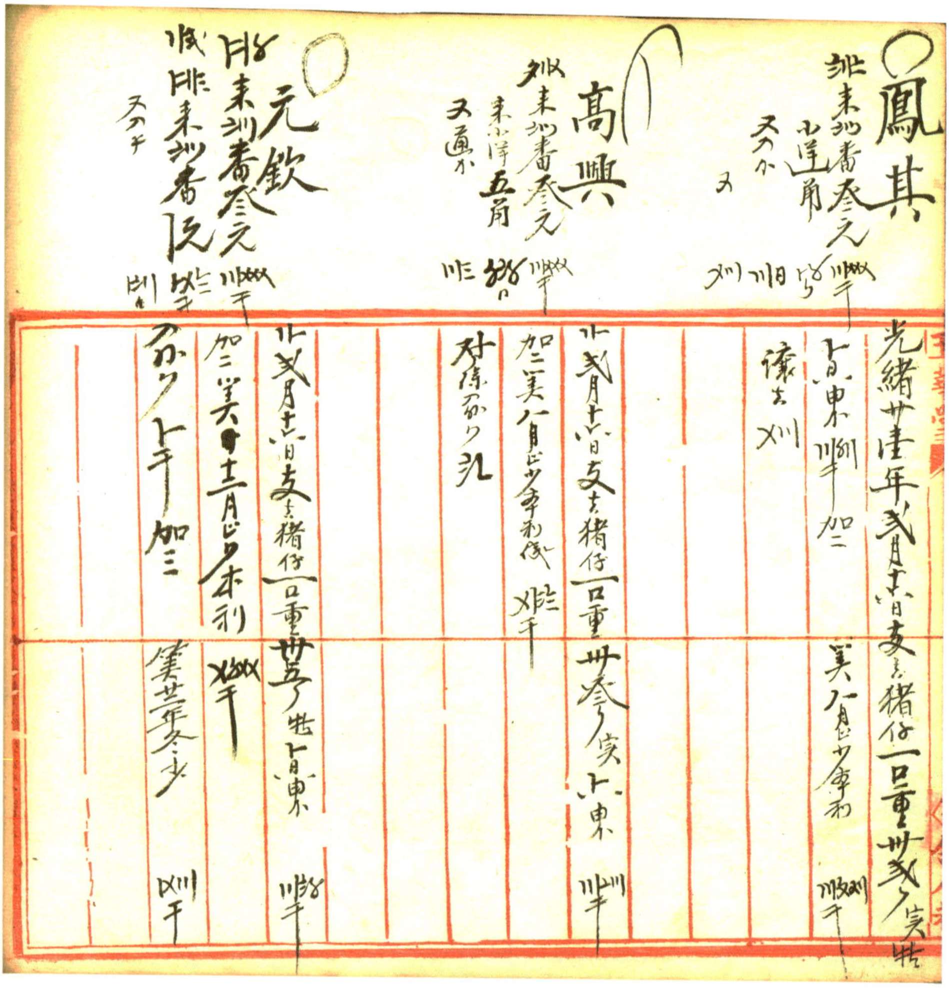

8-2-41-166　清光緒十八年銀錢油穀發借總目（一六六）

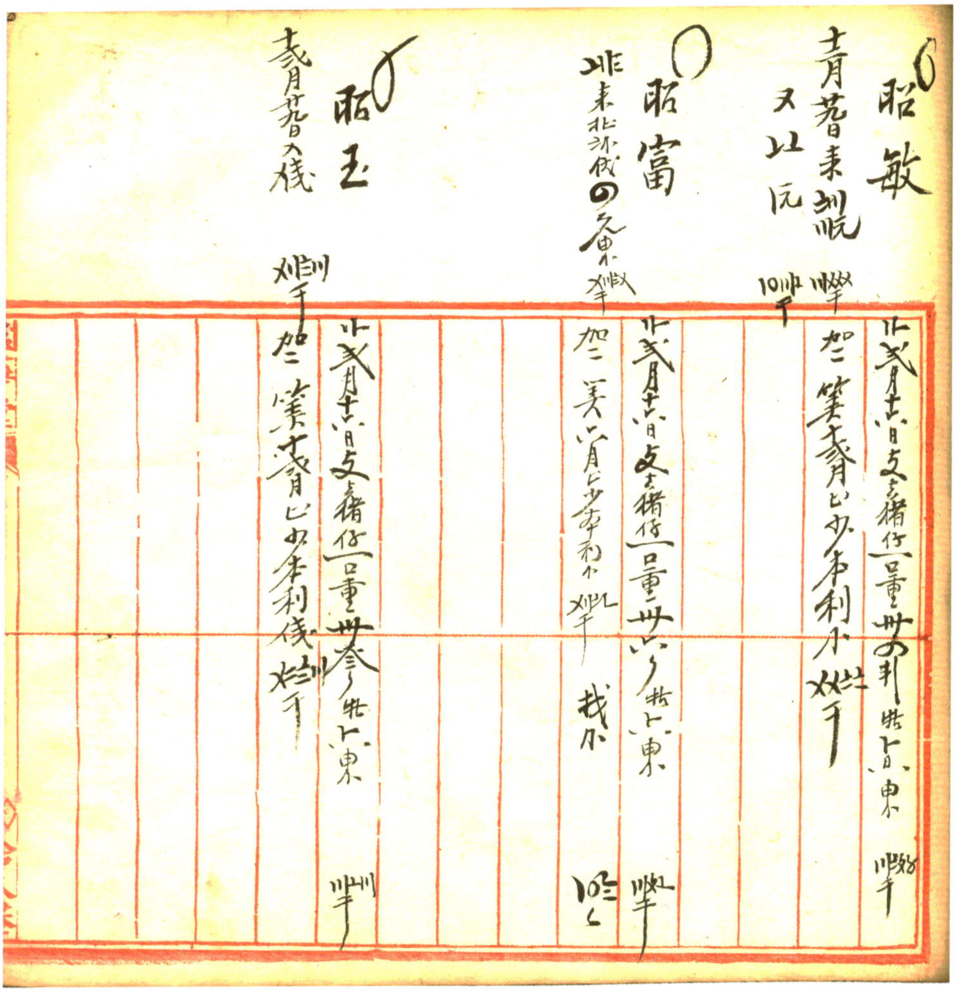

昭敏

昭富

昭玉

8-2-41-167　清光緒十八年銀錢油穀發借總目（一六七）

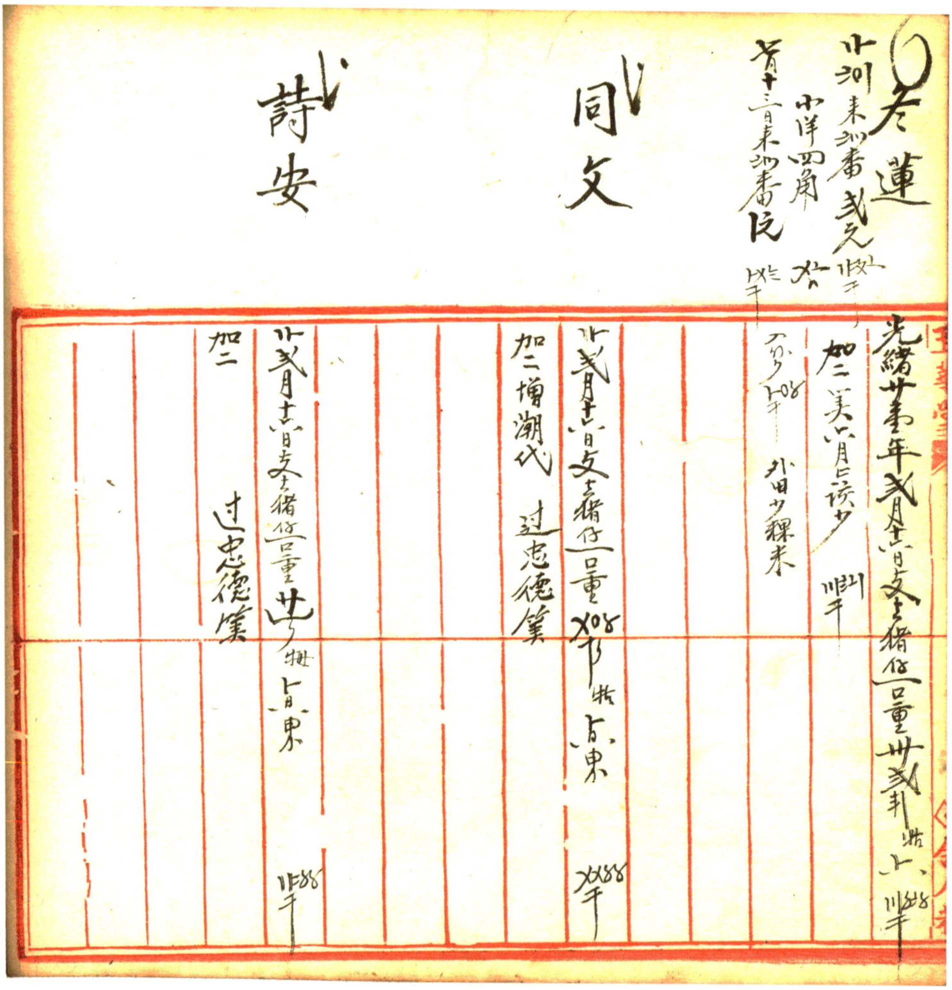
吉蓮
同文
詩安
光緒廿壹年貳月十六日支去猪仔一口重廿貳
廿貳月十六日支去猪仔一口重
加二增湖代 过忠德筭
廿貳月十六日支去猪仔一口重
加二 过忠德筭

8-2-41-168　清光緒十八年銀錢油穀發借總目（一六八）

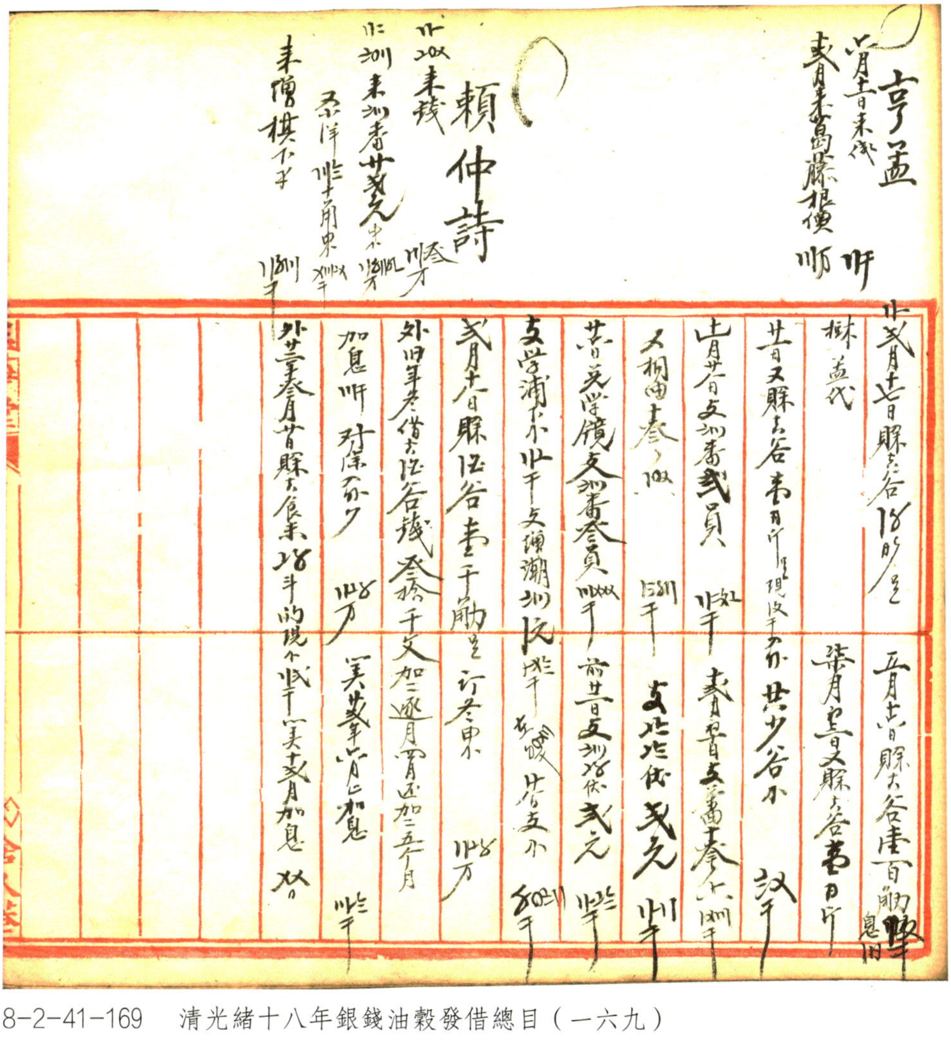

8-2-41-169　清光緒十八年銀錢油穀發借總目（一六九）

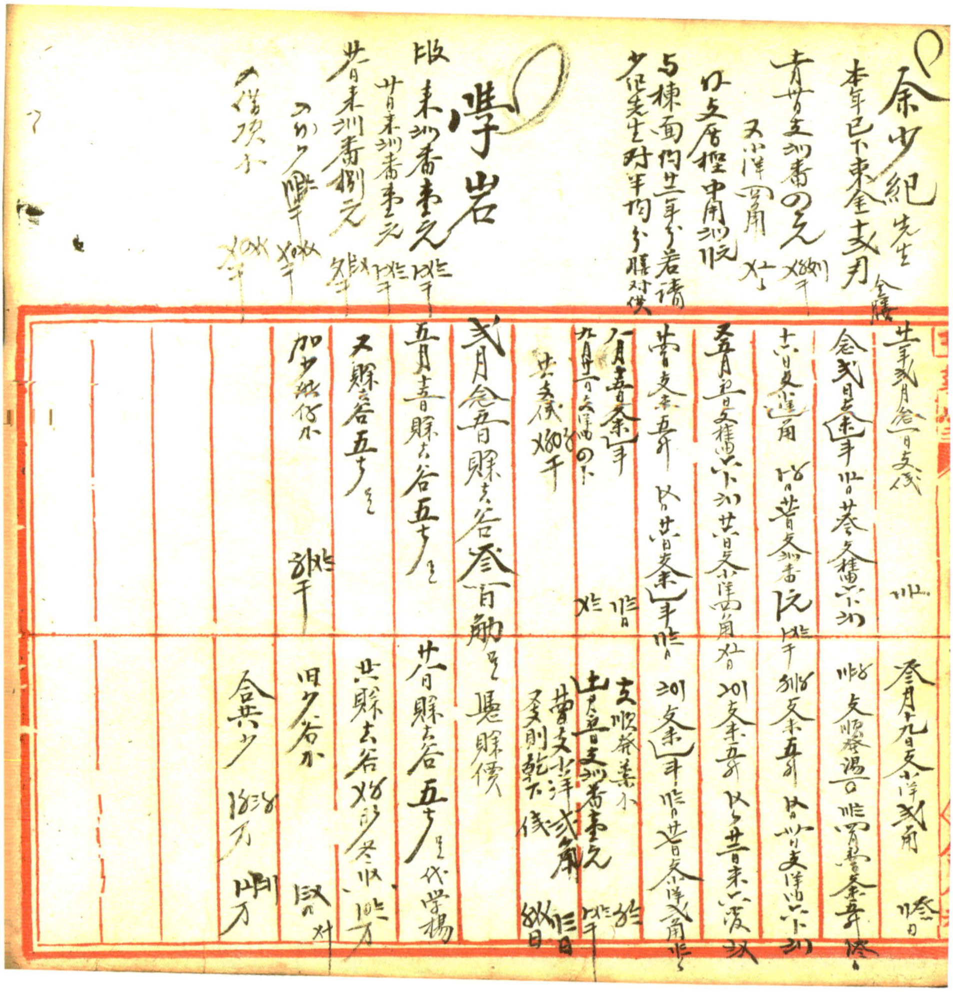

8-2-41-170　清光緒十八年銀錢油穀發借總目（一七〇）

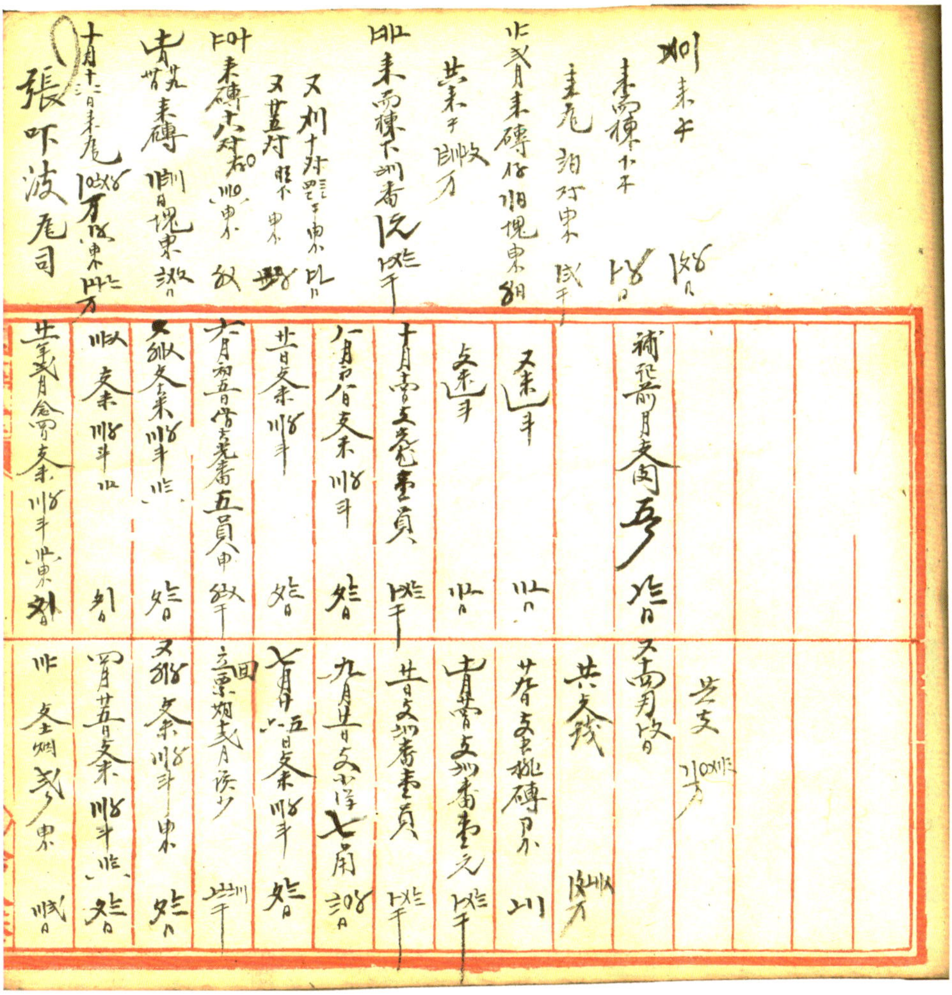

8-2-41-171　清光緒十八年銀錢油穀發借總目（一七一）

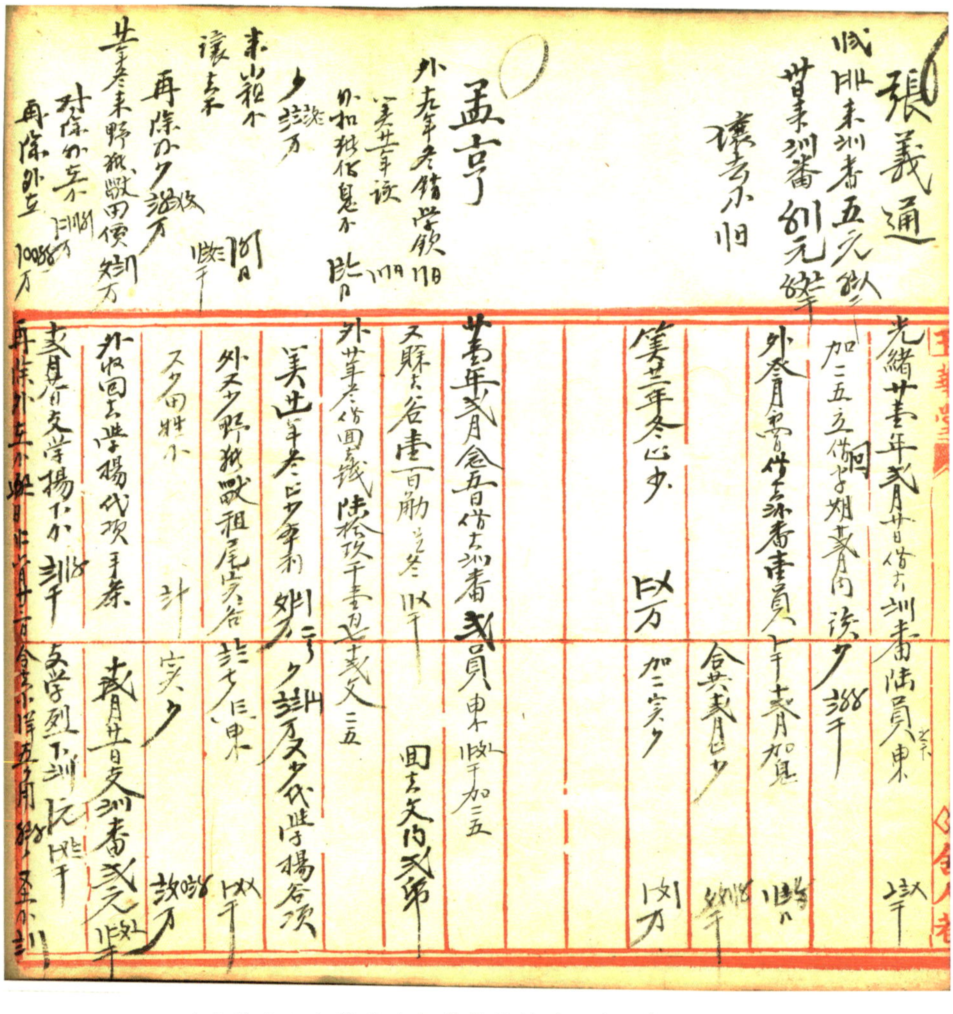

張義通

懷古小佃

孟亨

光緒廿壹年貳月廿日借去訓番陸員

8-2-41-172　清光緒十八年銀錢油穀發借總目（一七二）

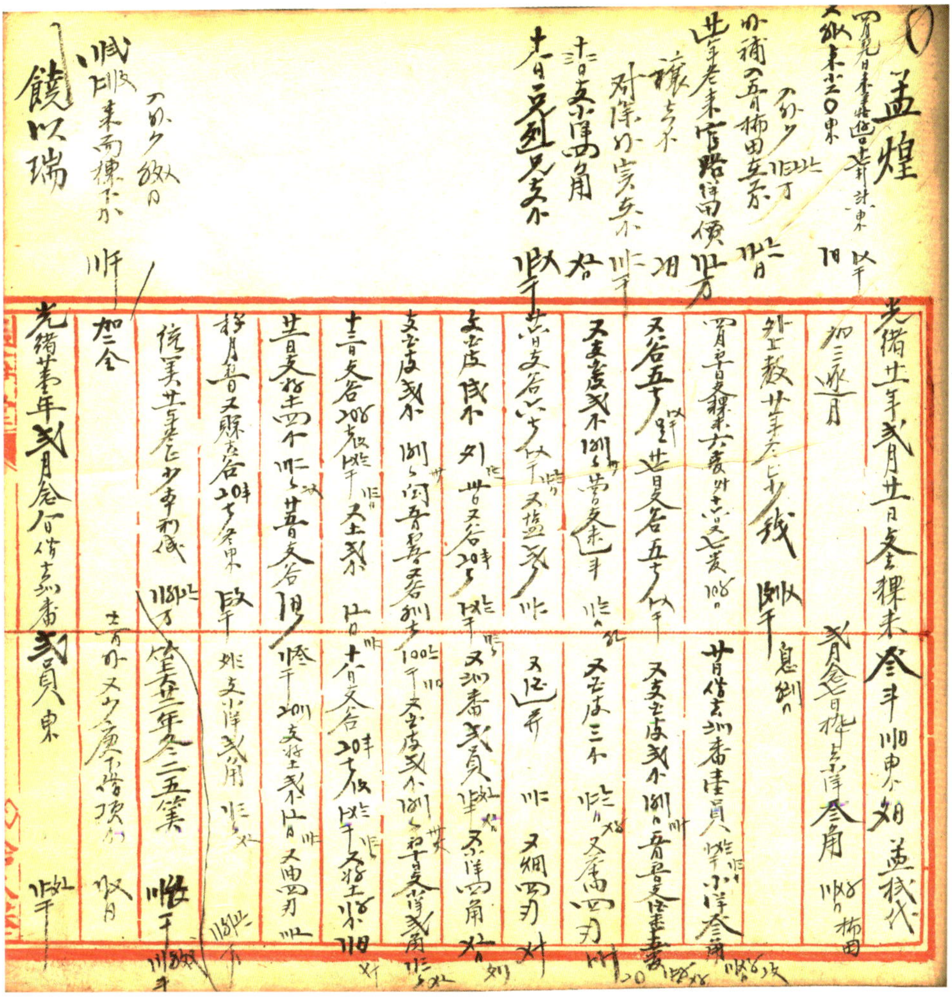

8-2-41-173　清光緒十八年銀錢油穀發借總目（一七三）

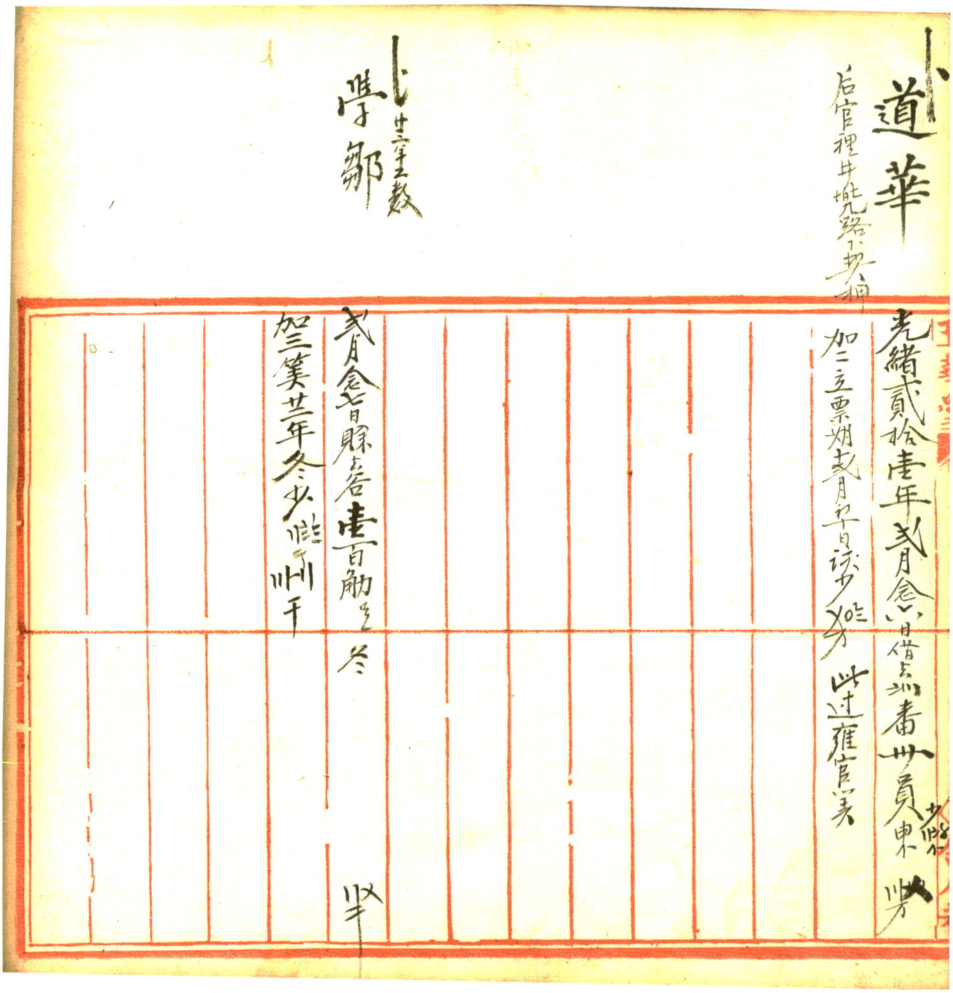

8-2-41-174　清光緒十八年銀錢油穀發借總目（一七四）

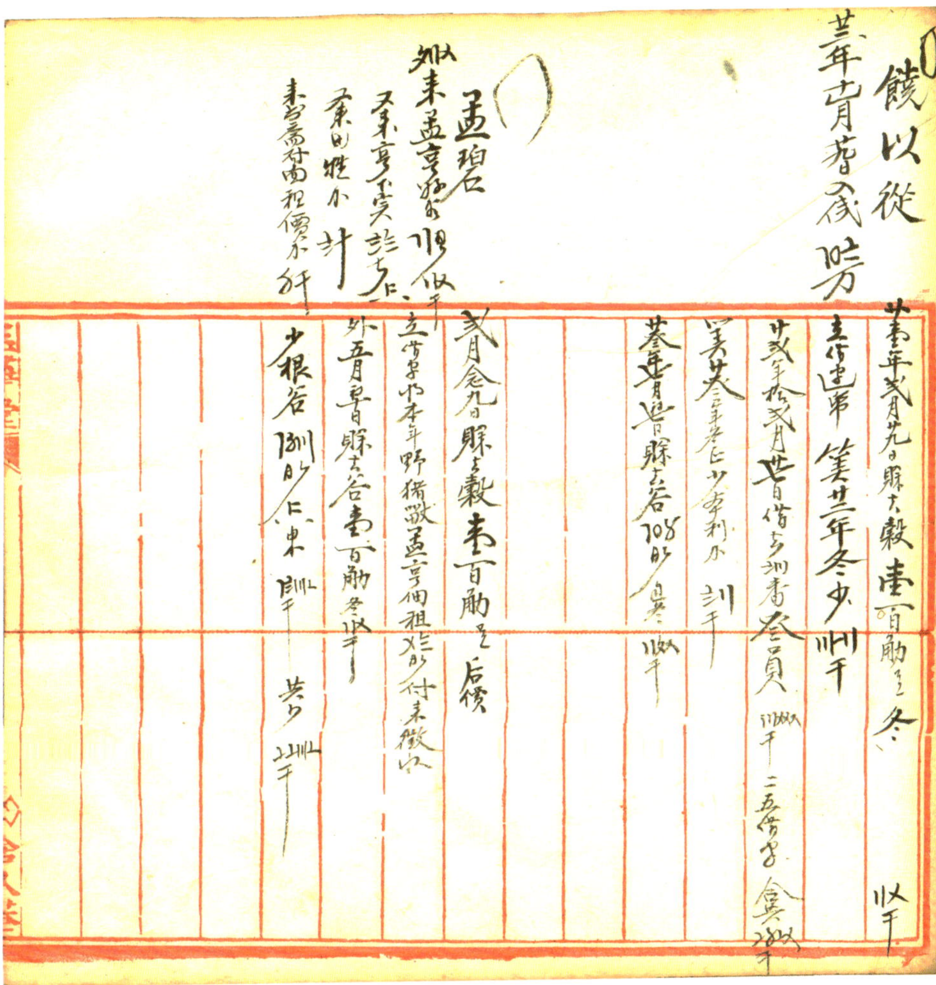

8-2-41-175　清光緒十八年銀錢油穀發借總目（一七五）

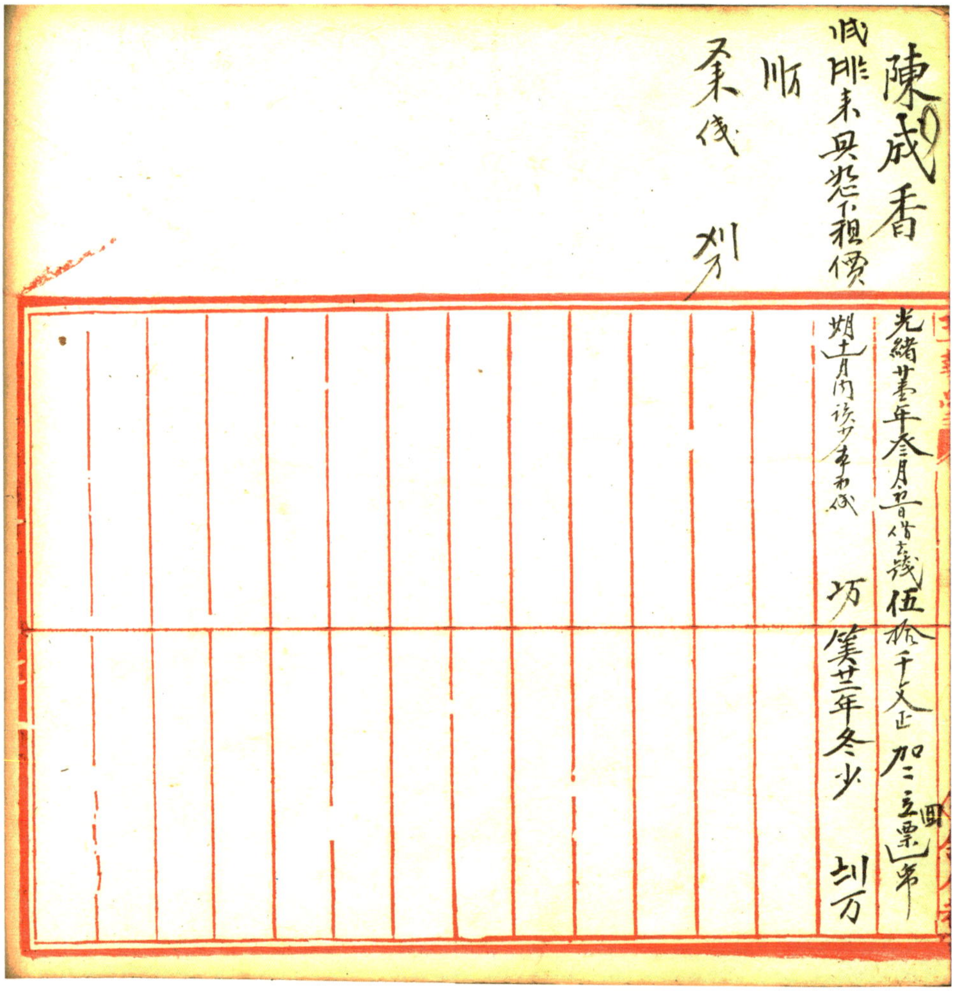

8-2-41-176　清光緒十八年銀錢油穀發借總目（一七六）

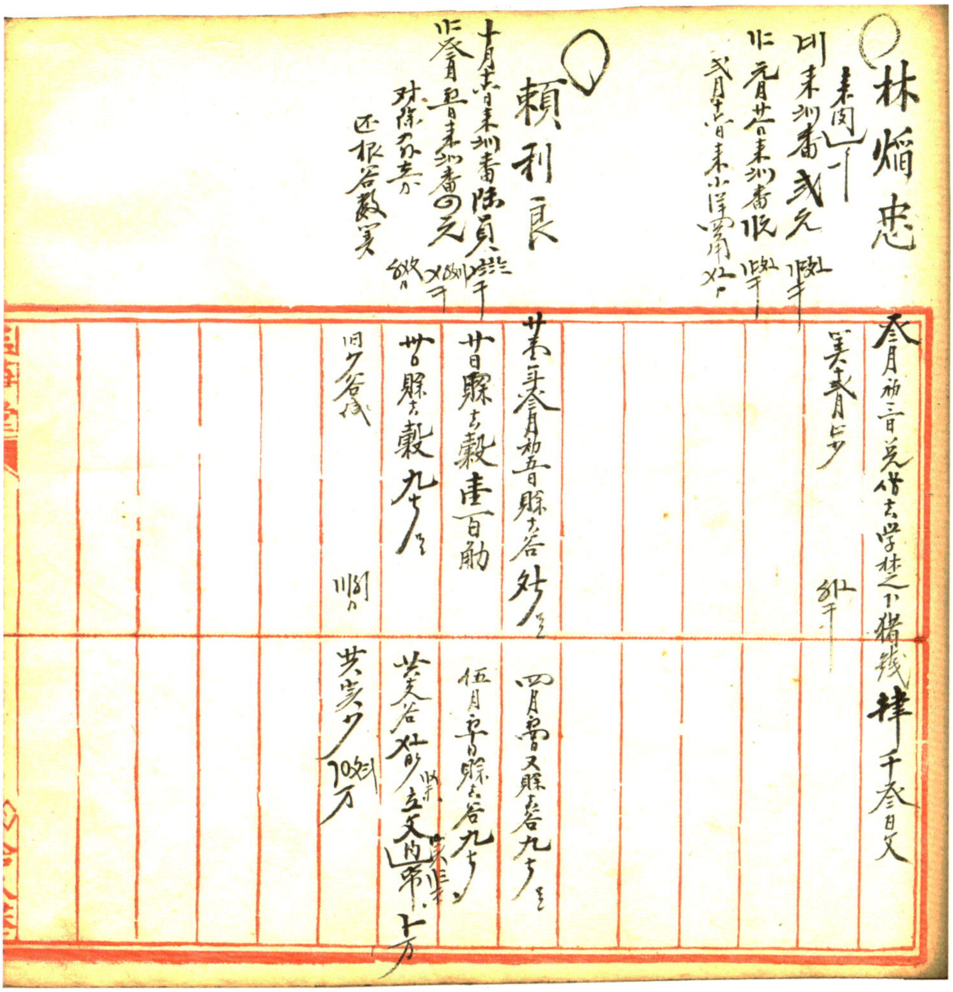

8-2-41-177　清光緒十八年銀錢油穀發借總目（一七七）

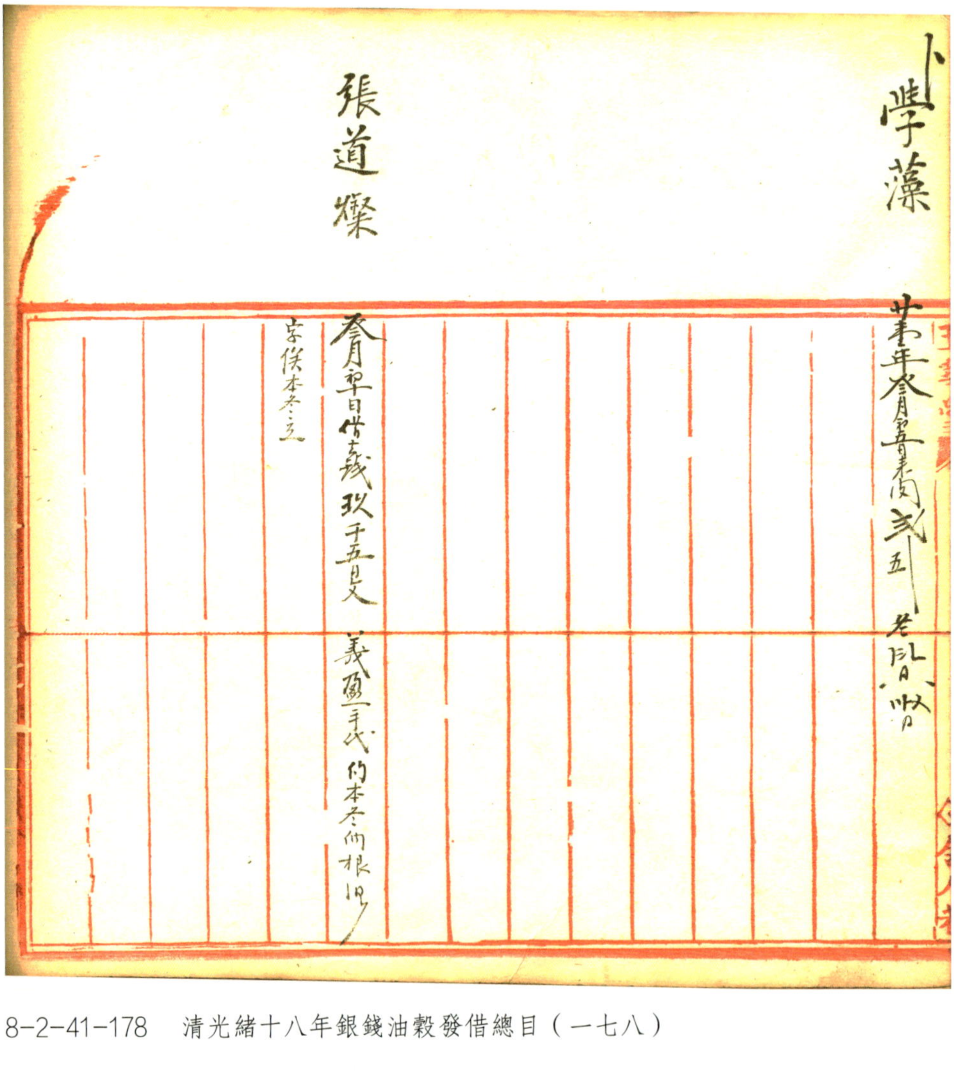

卜學藻

張道爍

8-2-41-178　清光緒十八年銀錢油穀發借總目（一七八）

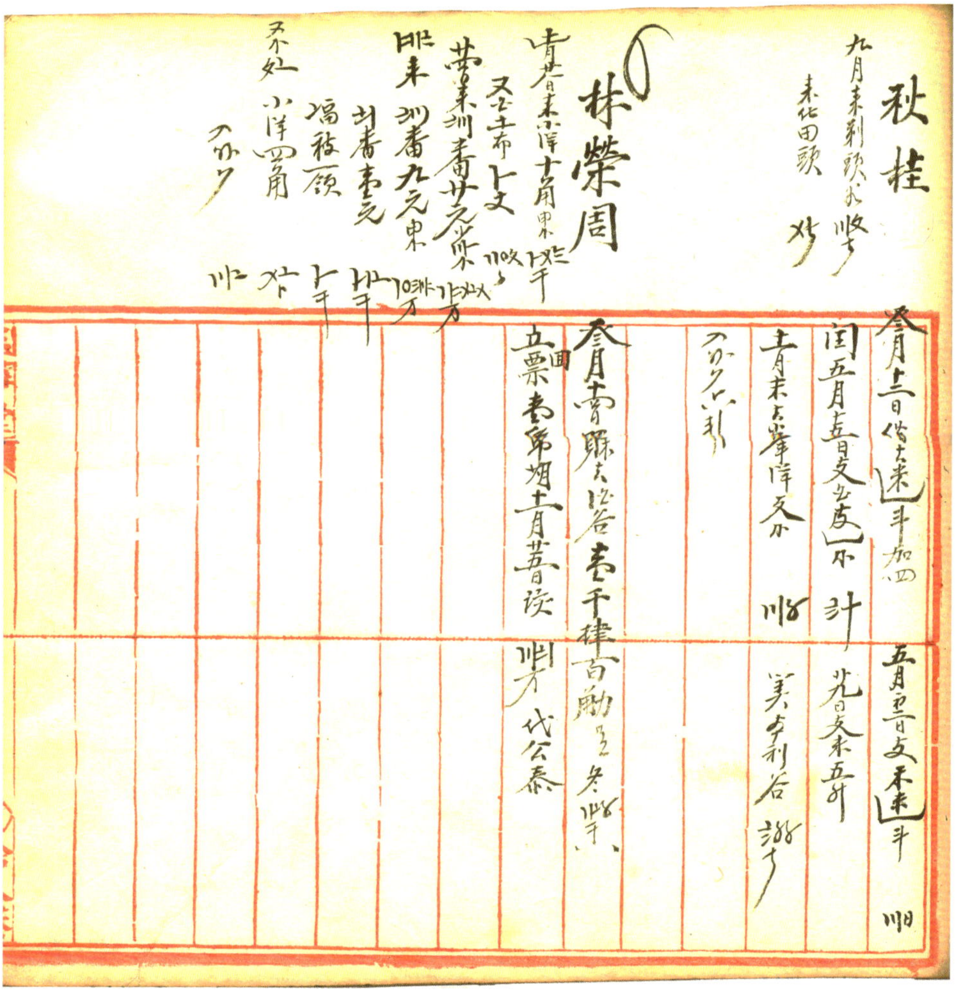

8-2-41-179　清光緒十八年銀錢油穀發借總目（一七九）

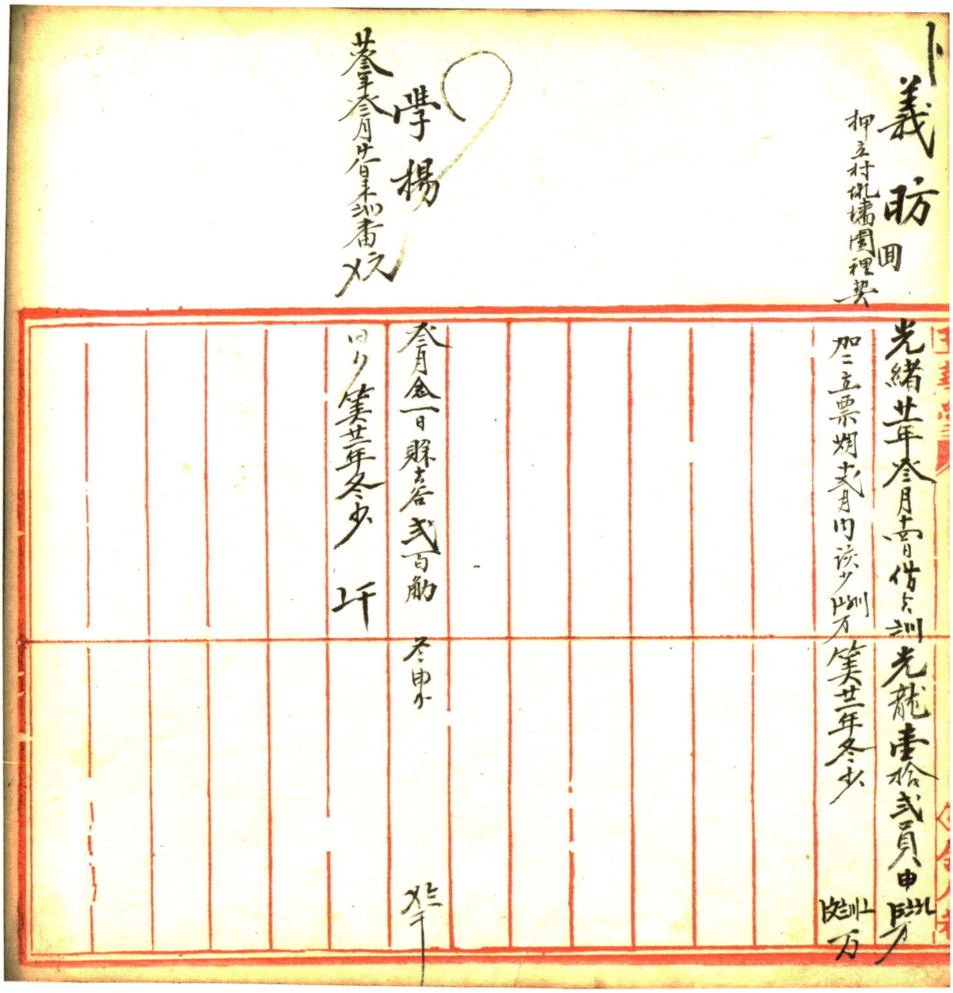

卜義昉
柳立村圳墻園裡契 圃
光緒廿年叁月十四日借去訓光龍壹拾弍員
加二五票炯十弍月内該少卅万 筭廿年冬止
學楊
叁月念一日縣去谷弍百觔
筭廿年冬止

8-2-41-180　清光緒十八年銀錢油穀發借總目（一八〇）

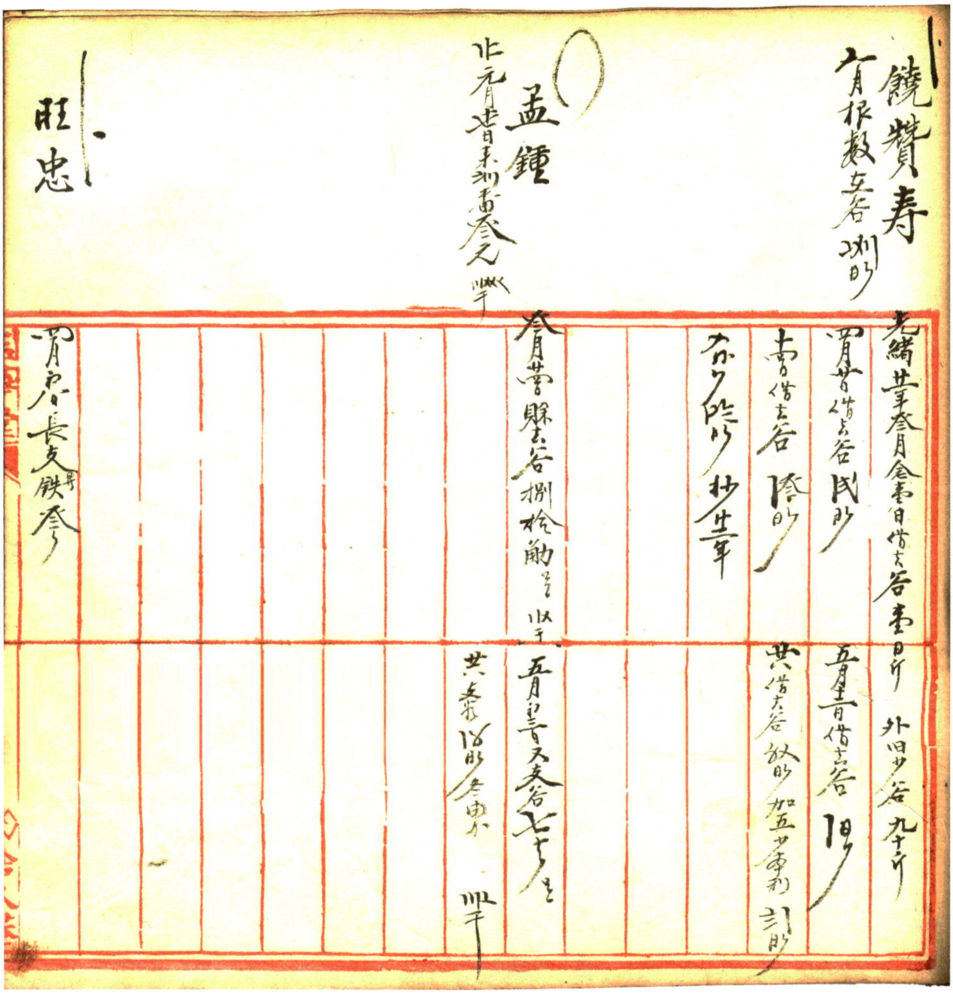

饒贊寿

六月根數去谷[illegible]斤

光緒廿年叁月念壹日借去谷壹[illegible]斤　外田少谷九十斤

四月廿[illegible]借去谷[illegible]斤

五月十一日借去谷[illegible]斤

十[illegible]借去谷陸斤

共借去谷[illegible]斤　加五少谷利[illegible]斤

[illegible]斤　[illegible]

孟鍾

[illegible]月廿四日去利谷叁元[illegible]

叁月[illegible]去谷[illegible]斤[illegible]

五月初[illegible]日又去谷七十斤[illegible]

共去[illegible]斤[illegible]

旺忠

四月[illegible]日長支鉄叁[illegible]

8-2-41-181　清光緒十八年銀錢油穀發借總目（一八一）

第八卷　永泰縣霞拔鄉錦安村契約文書　第二帙　積善堂

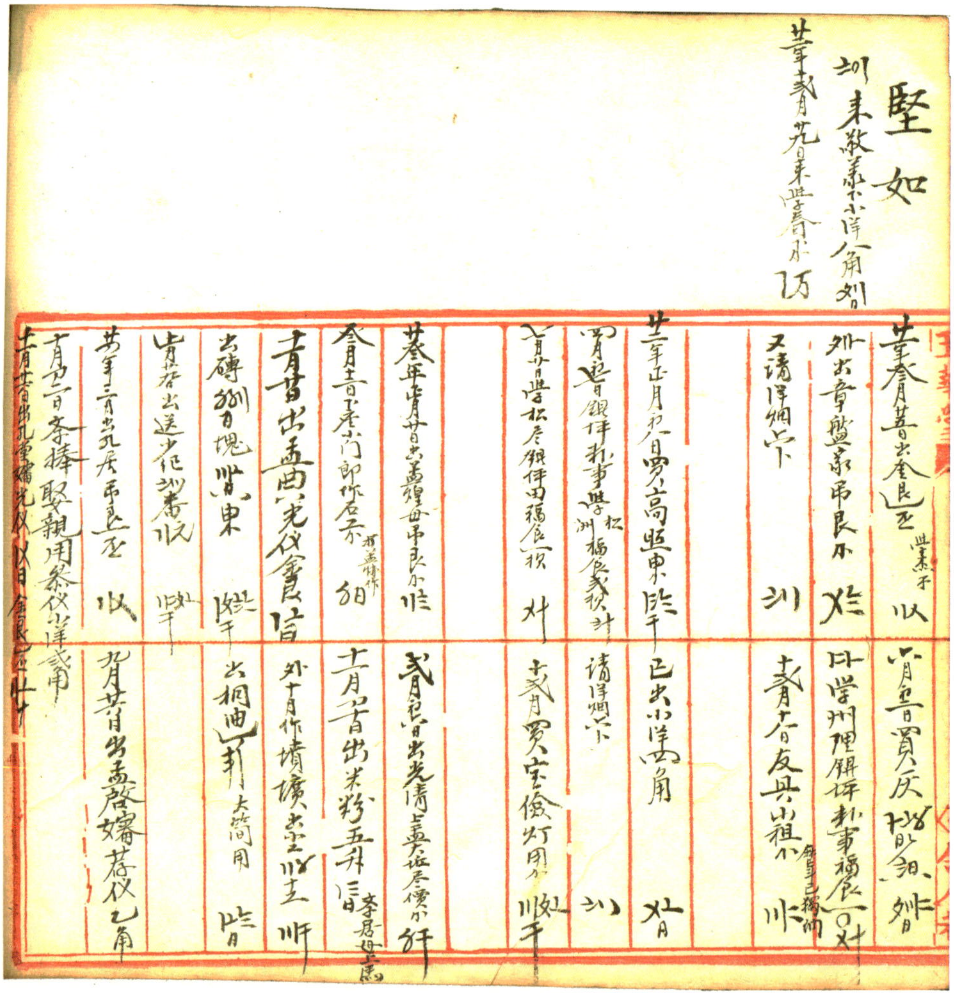

8-2-41-182　清光緒十八年銀錢油穀發借總目（一八二）

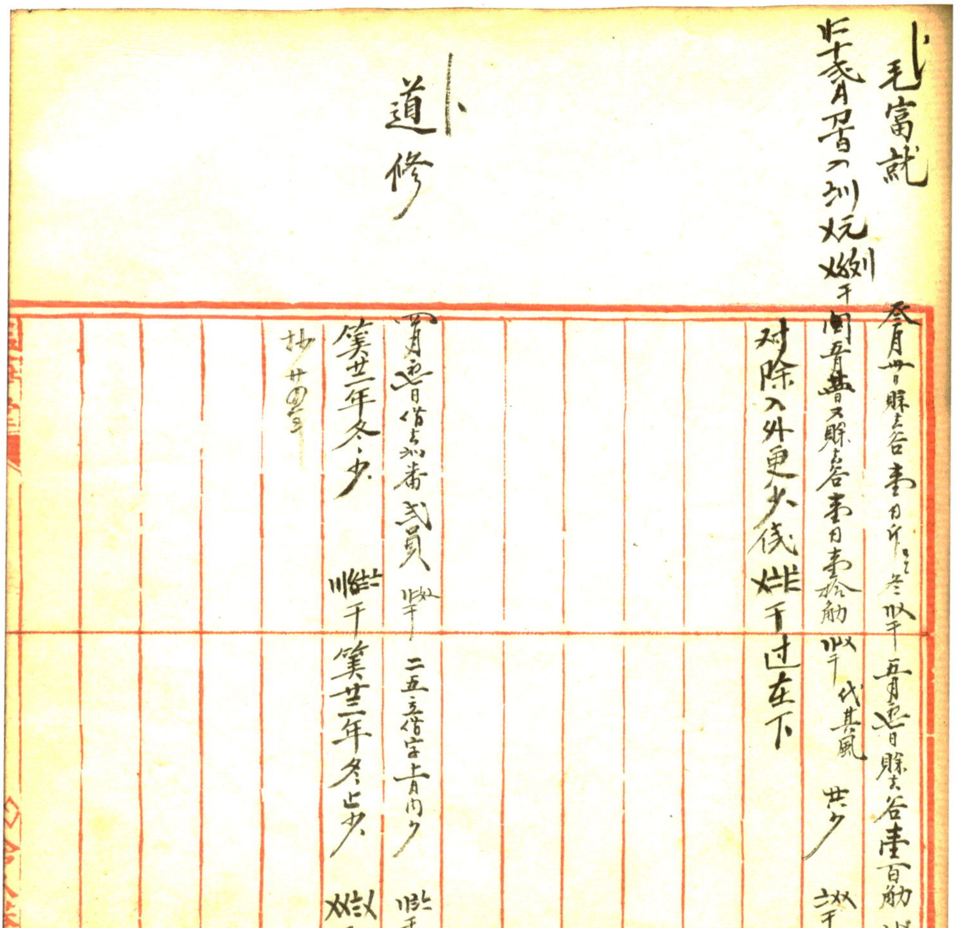

8-2-41-183　清光緒十八年銀錢油穀發借總目（一八三）

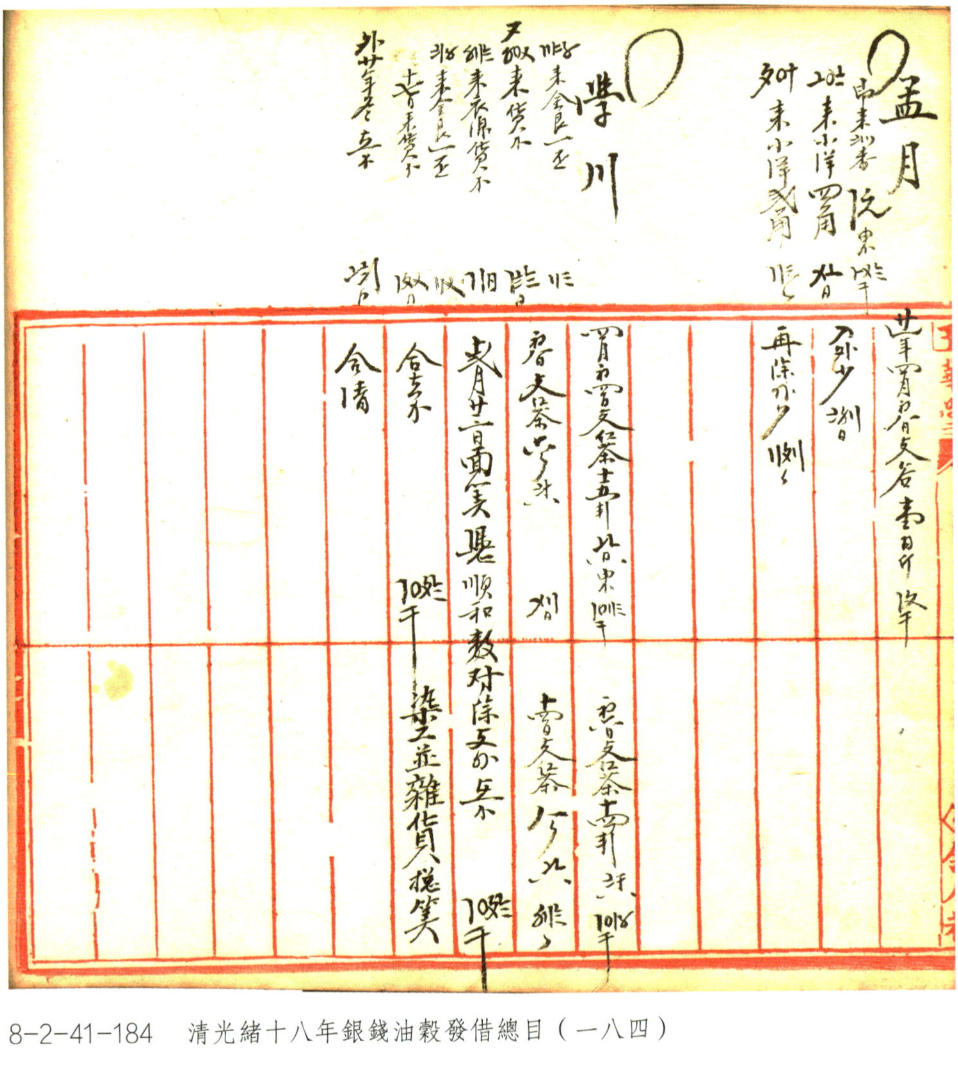

8-2-41-184　清光緒十八年銀錢油穀發借總目（一八四）

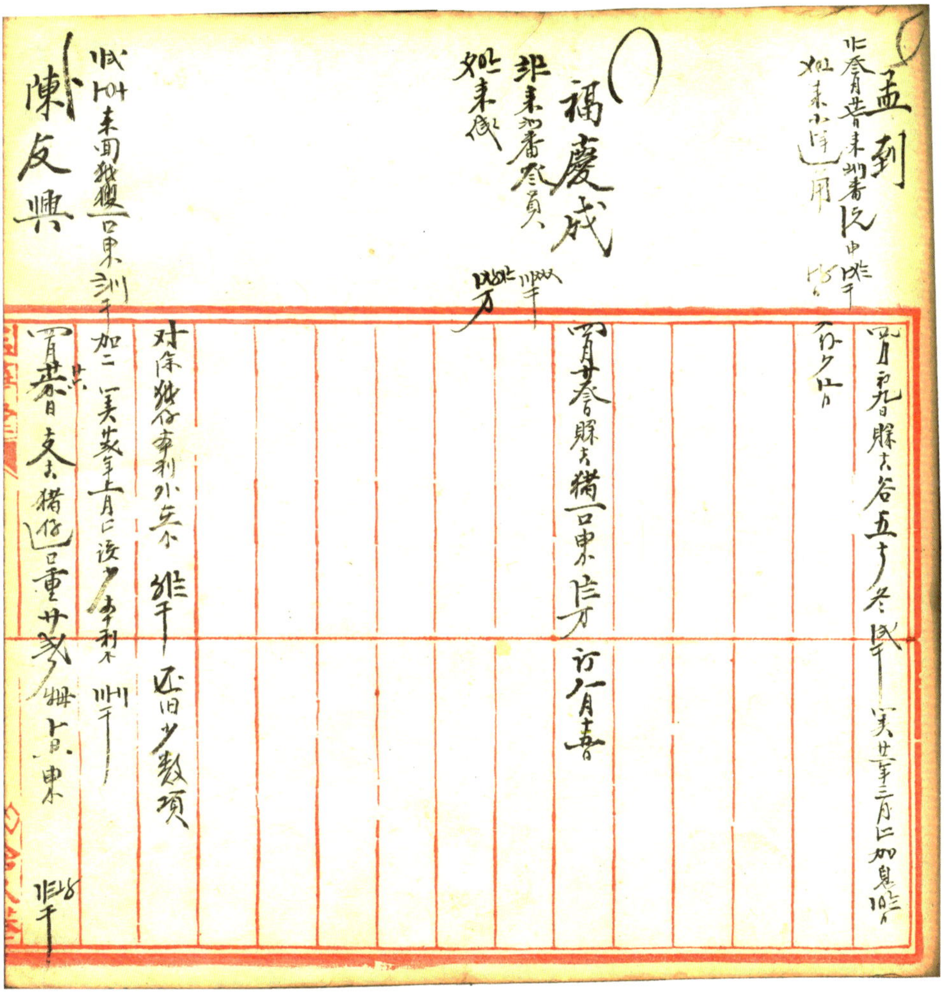

8-2-41-185　清光緒十八年銀錢油穀發借總目（一八五）

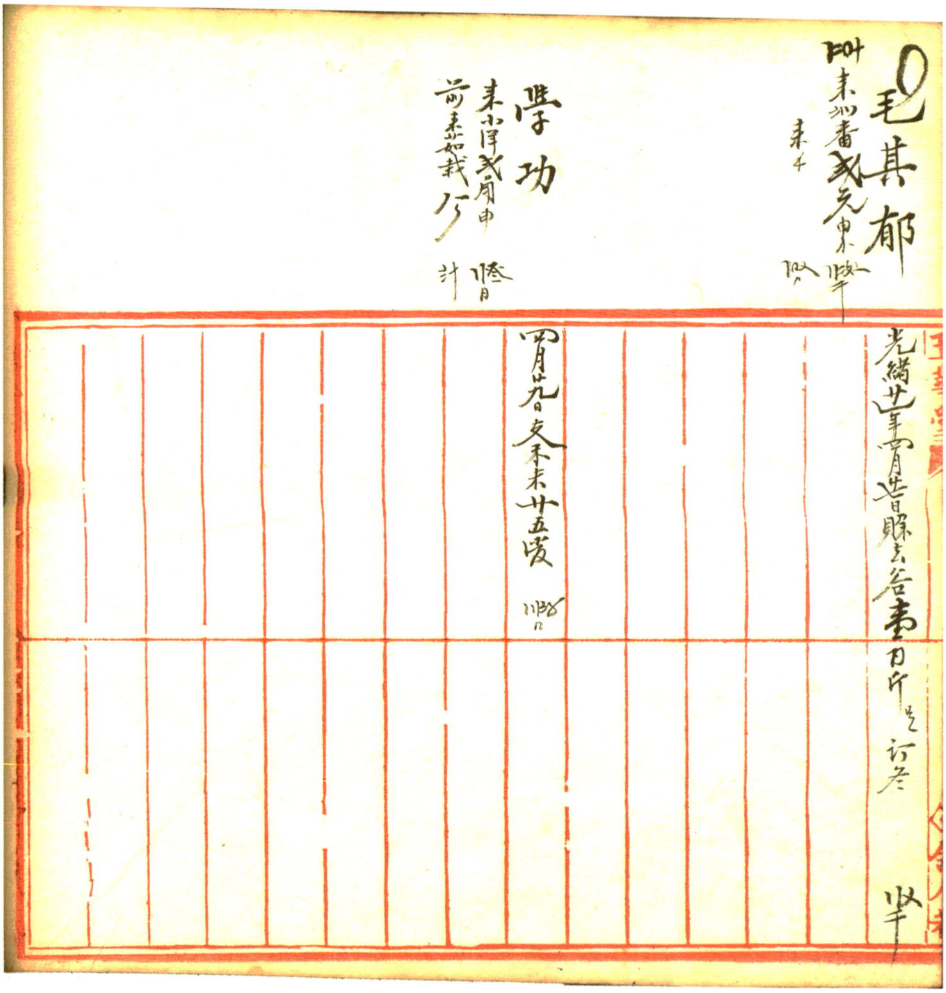
毛其郁
學功

8-2-41-186　清光緒十八年銀錢油穀發借總目（一八六）

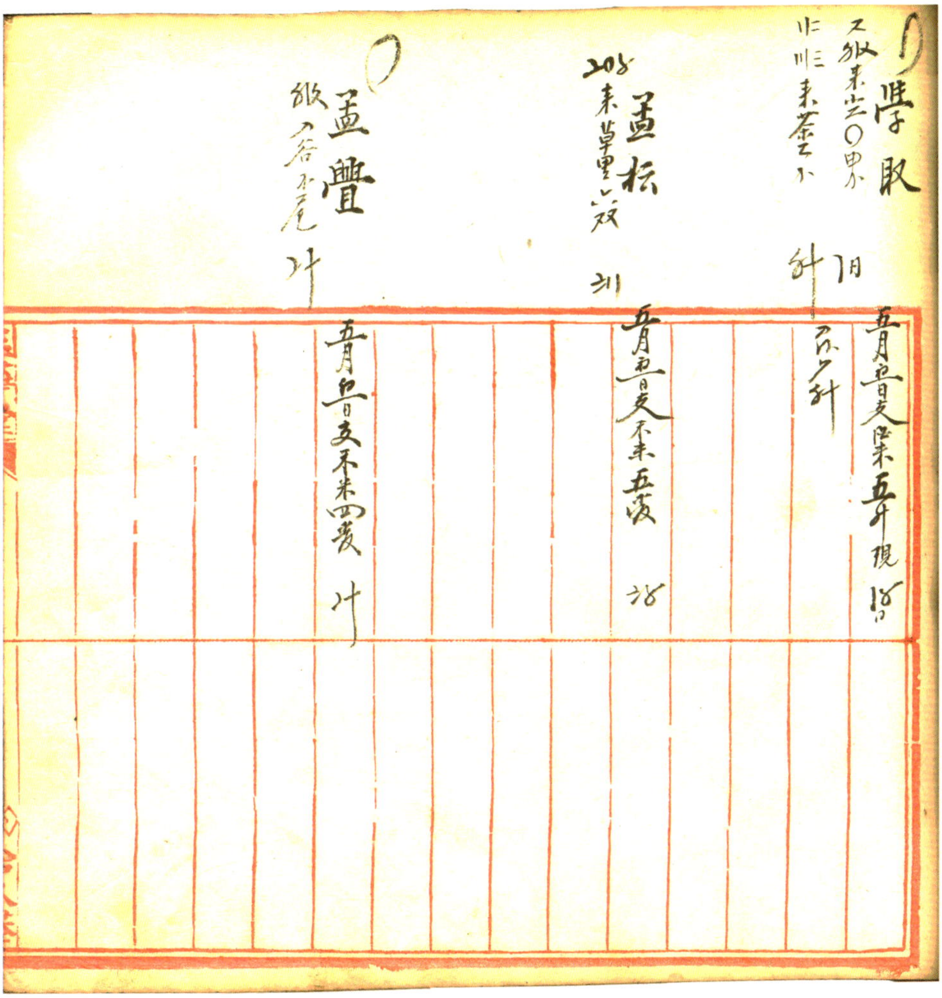

8-2-41-187　清光緒十八年銀錢油穀發借總目（一八七）

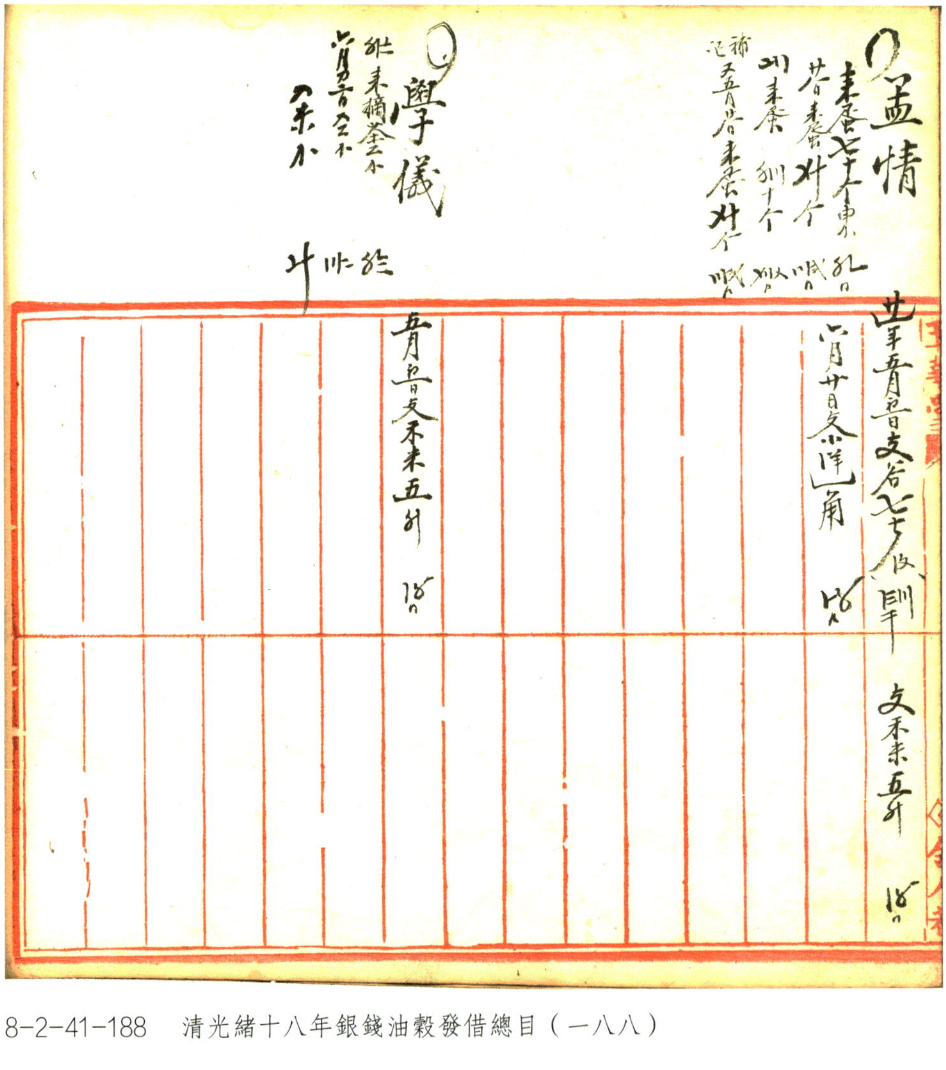

孟情

廿年五月四日支谷七十 則

六月廿日支小洋 角

五月四日支禾米五斤

學儀

五月四日支禾米五斤

8-2-41-188　清光緒十八年銀錢油穀發借總目（一八八）

聯組
又收未草里一双
計未草甲二双 收
五月初一日少本未个 收

美盛店
又五月初十日还去钱 收
五月初十日来单尾侨旧年欠 收

孟萬
四月来老花院中收
收来小洋の角分
五月廿日支谷捌拾觔 收
又加多捌百加息
计 合共多
若找小 以 收

8-2-41-189　清光緒十八年銀錢油穀發借總目（一八九）

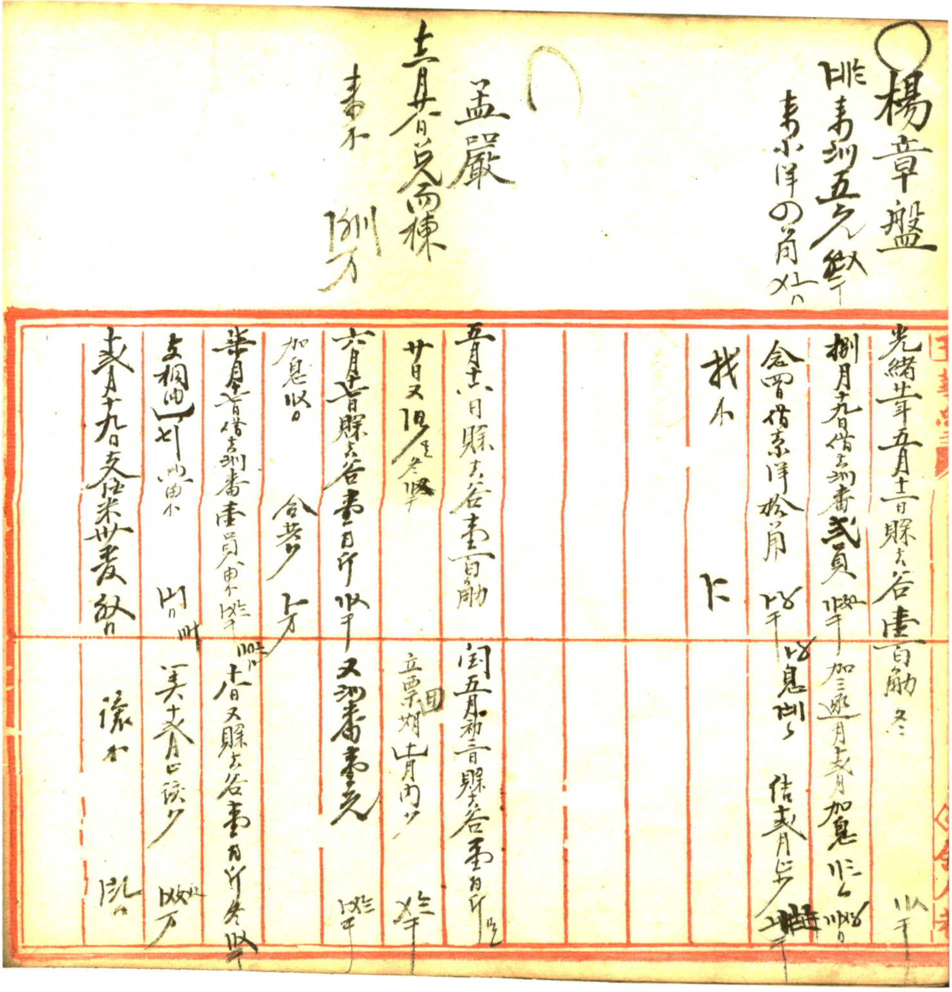

8-2-41-190　清光緒十八年銀錢油穀發借總目（一九〇）

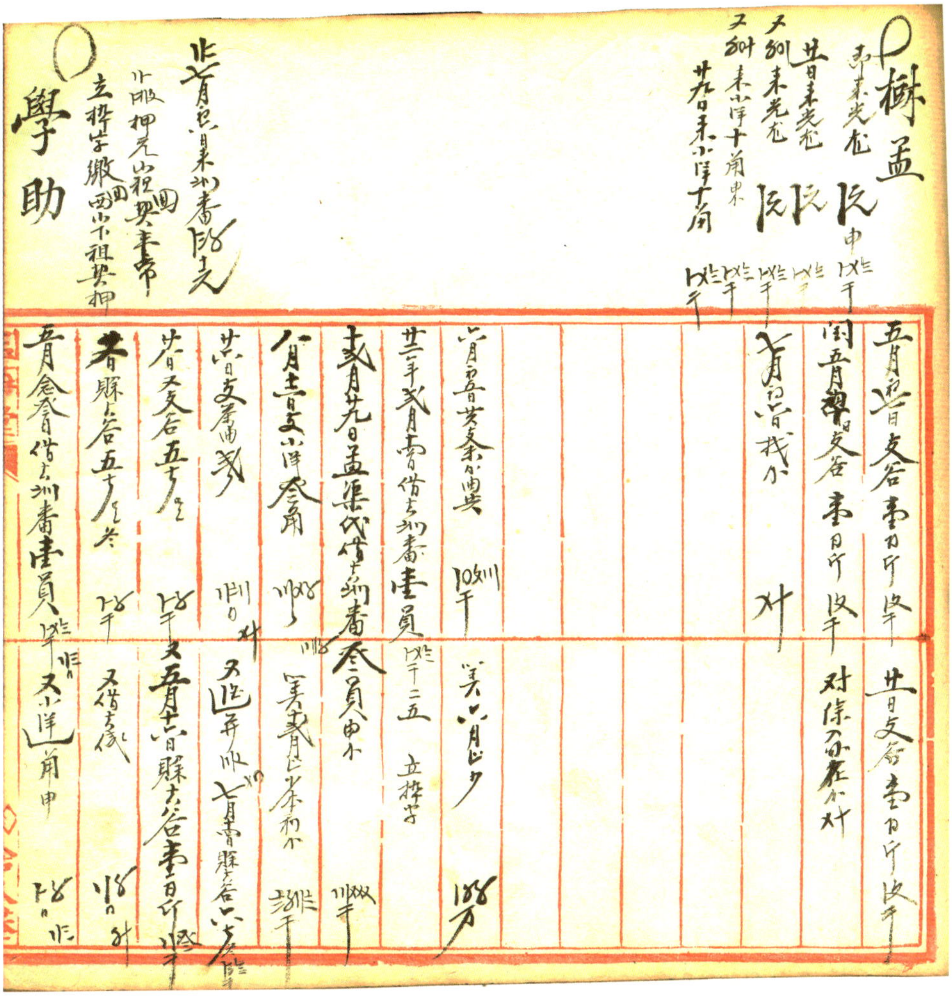

8-2-41-191　清光緒十八年銀錢油穀發借總目（一九一）

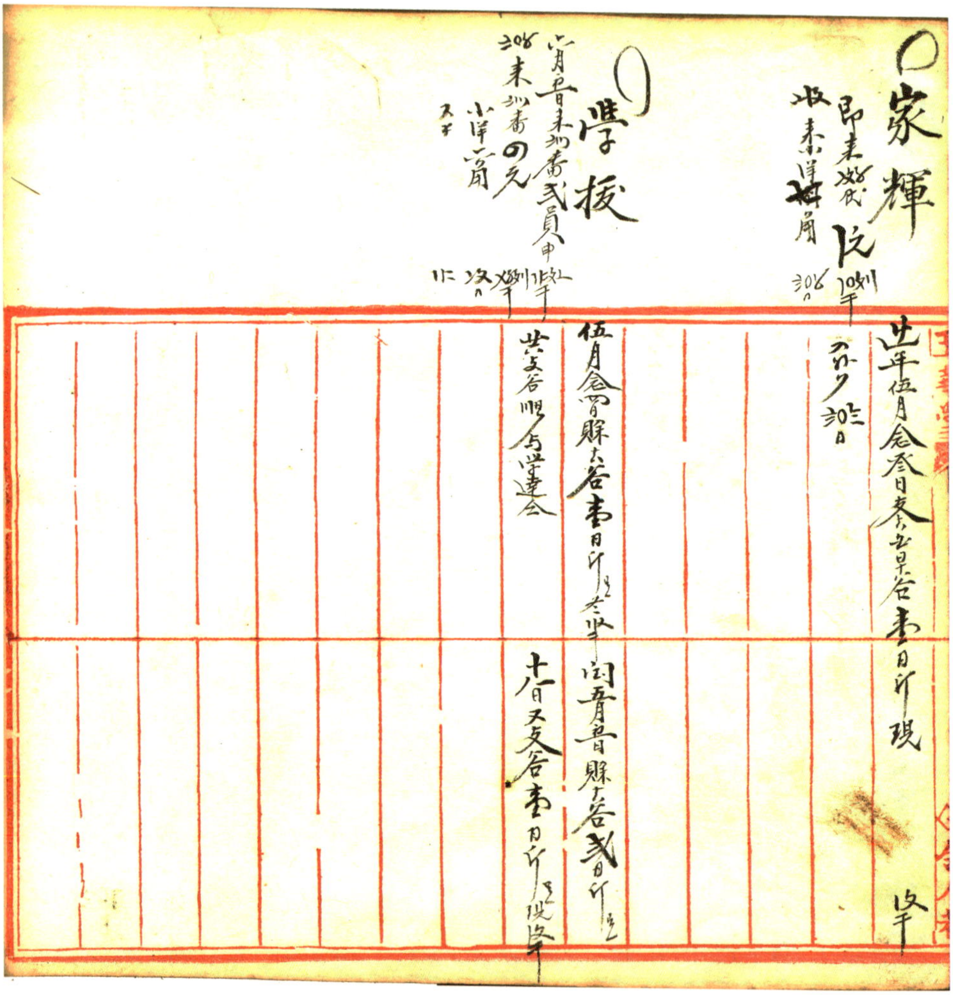

8-2-41-192　清光緒十八年銀錢油穀發借總目（一九二）

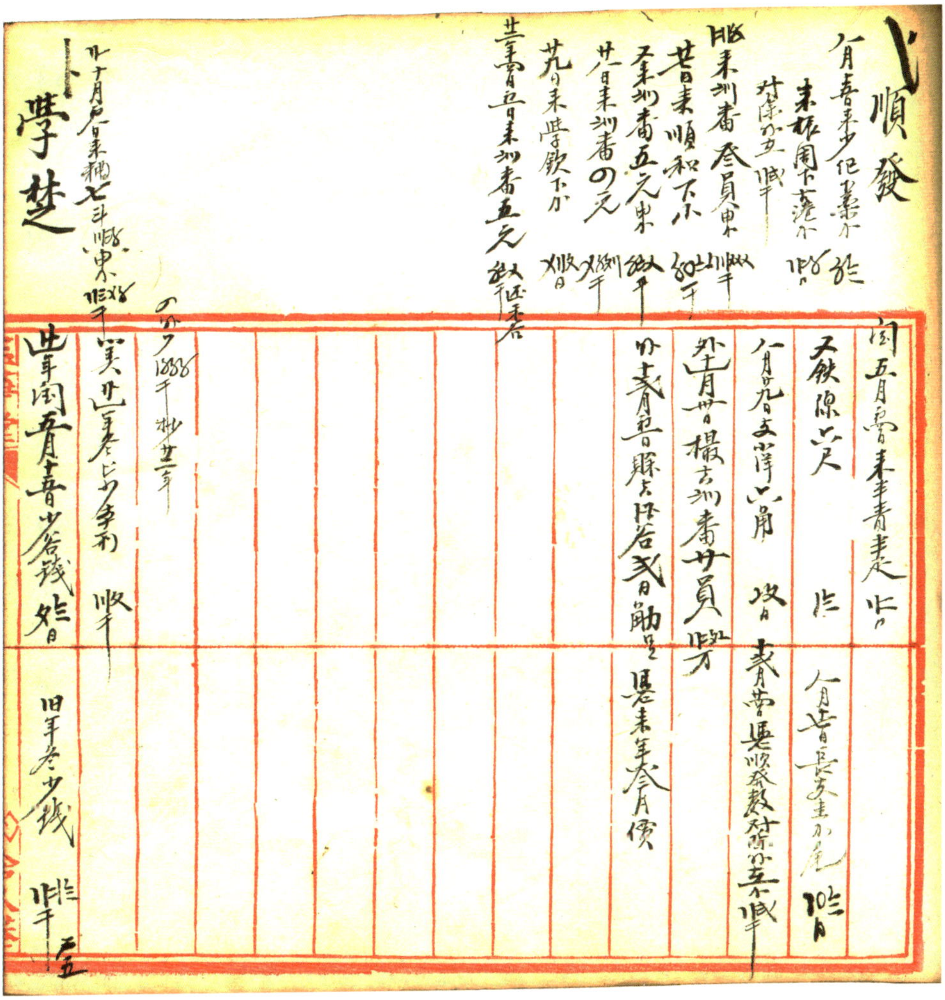

8-2-41-193　清光緒十八年銀錢油穀發借總目（一九三）

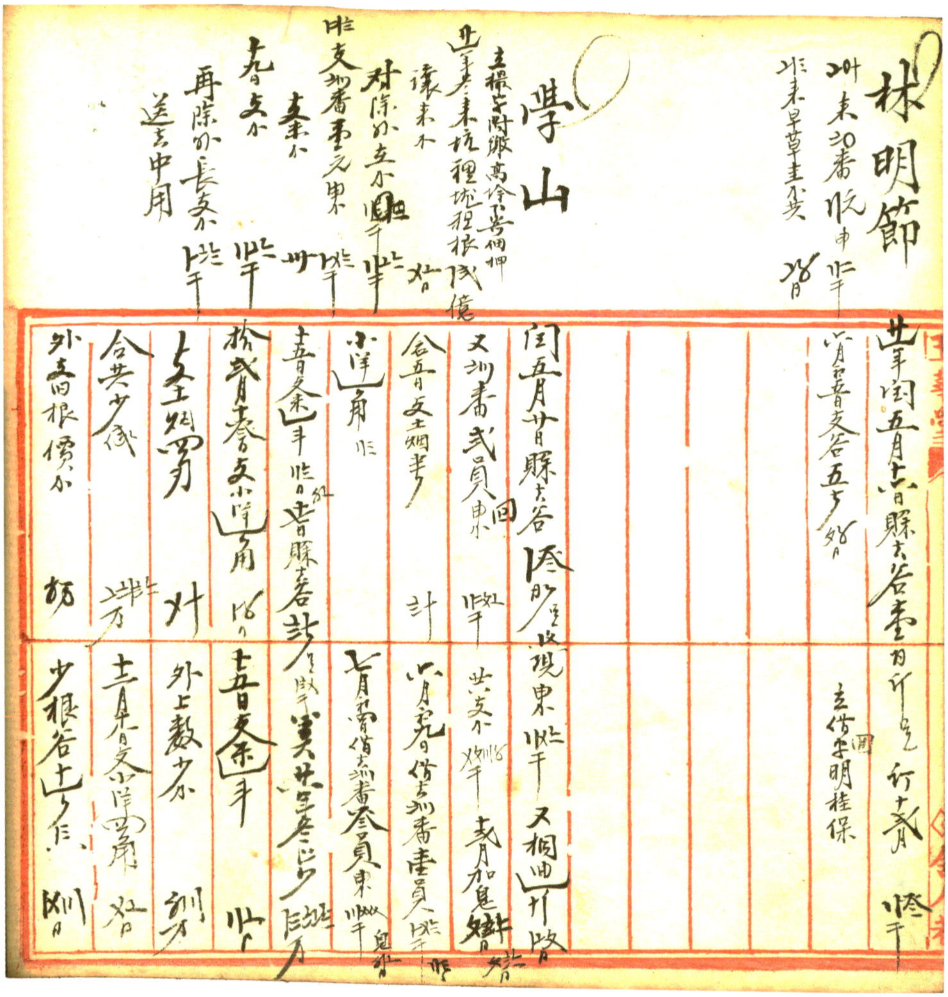

8-2-41-194　清光緒十八年銀錢油穀發借總目（一九四）

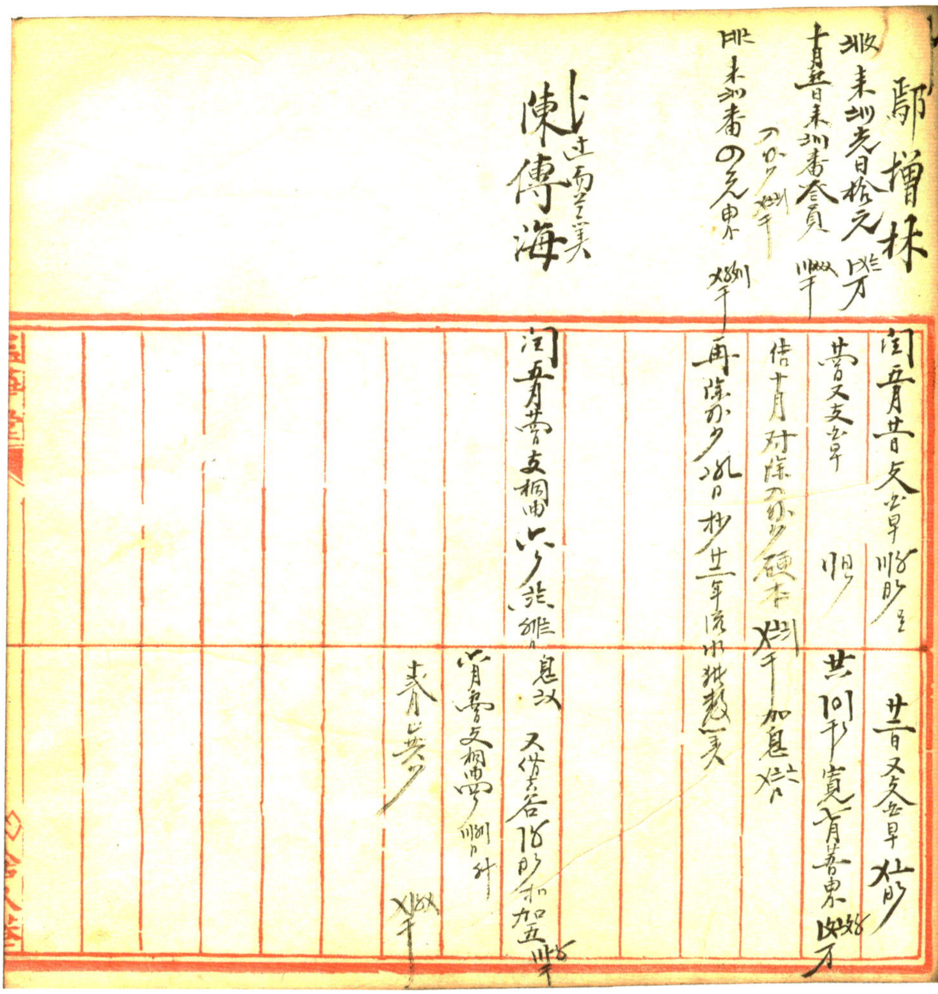

8-2-41-195　清光緒十八年銀錢油穀發借總目（一九五）

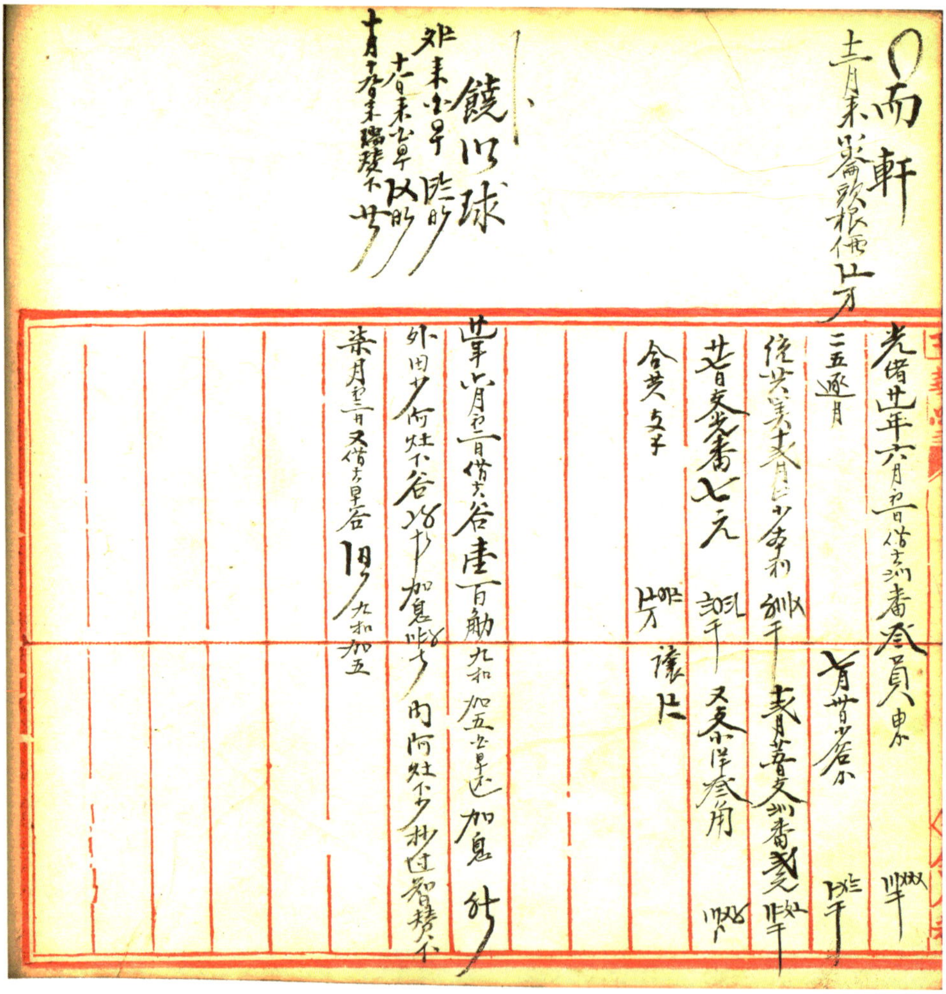

8-2-41-196　清光緒十八年銀錢油穀發借總目（一九六）

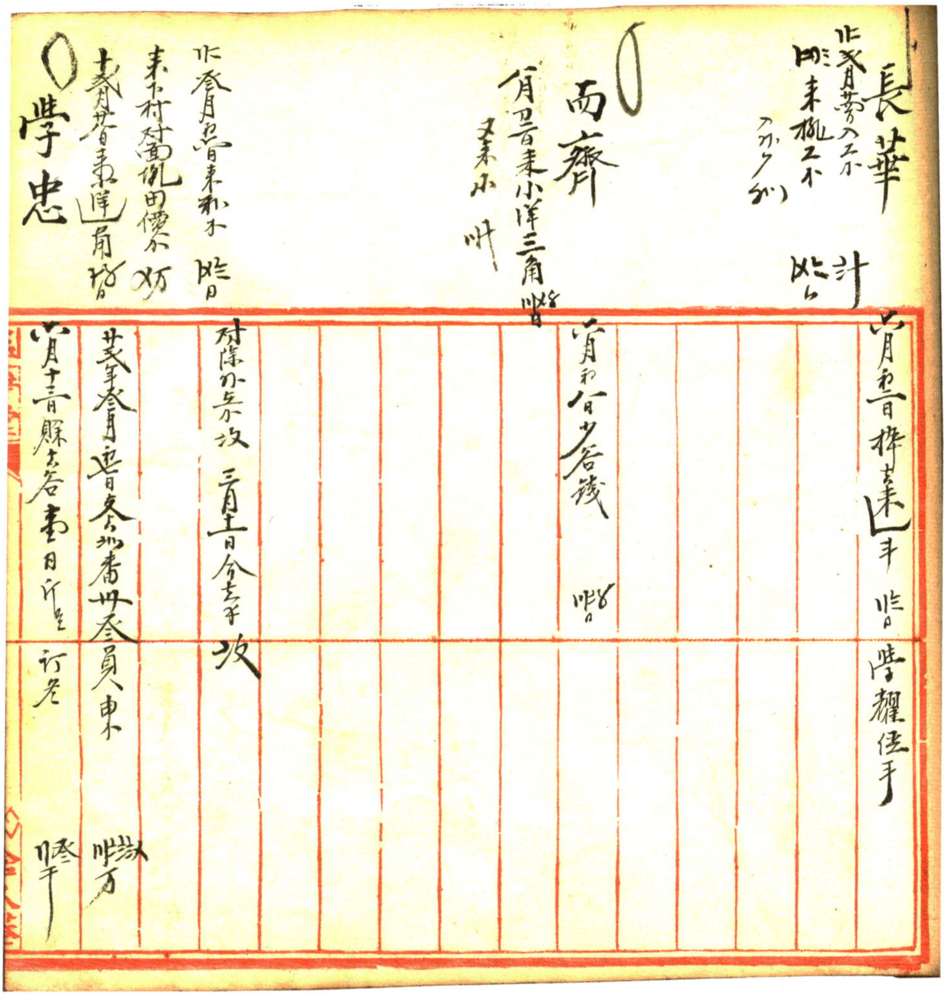

8-2-41-197　清光緒十八年銀錢油穀發借總目（一九七）

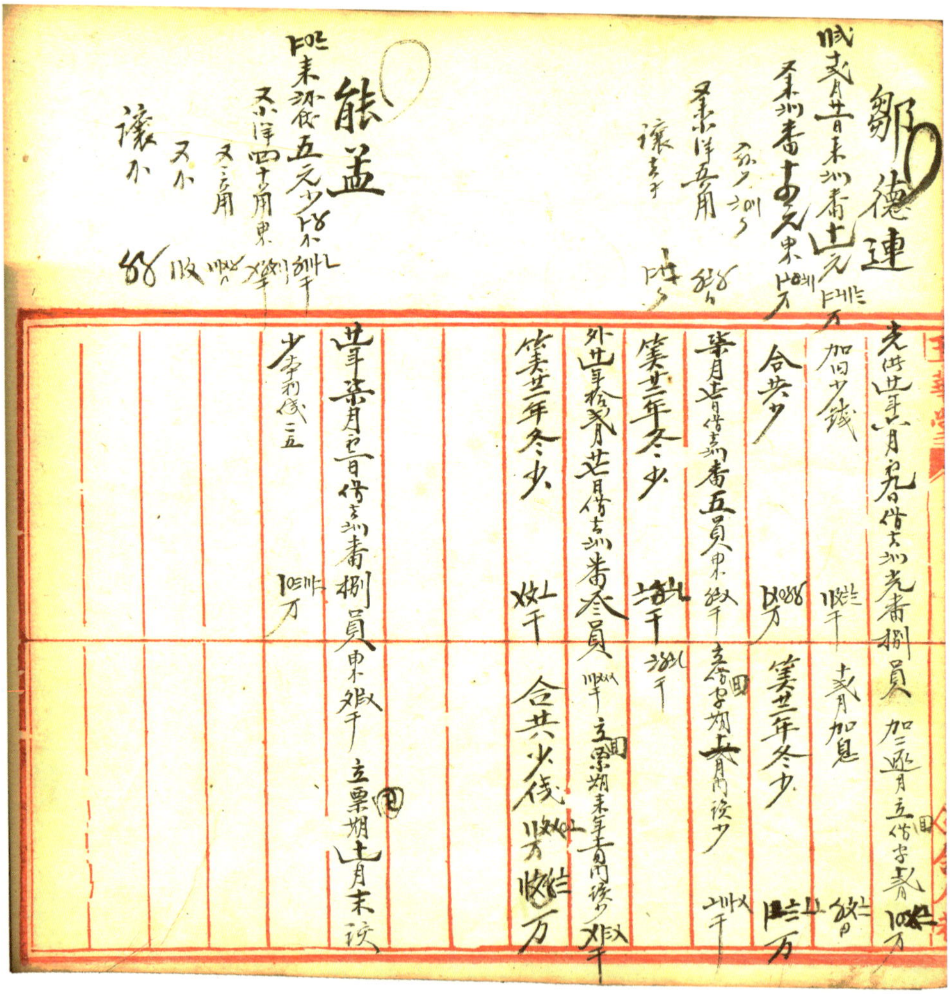

8-2-41-198　清光緒十八年銀錢油穀發借總目（一九八）

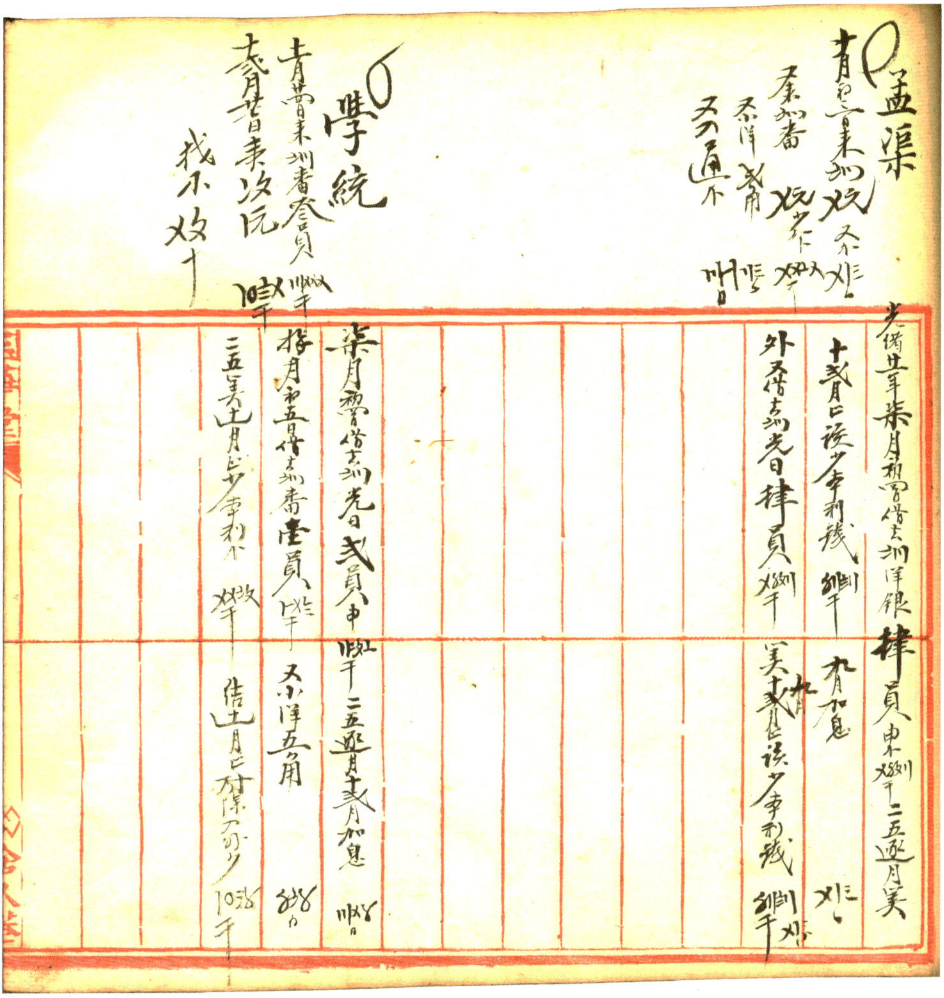

8-2-41-199　清光緒十八年銀錢油穀發借總目（一九九）

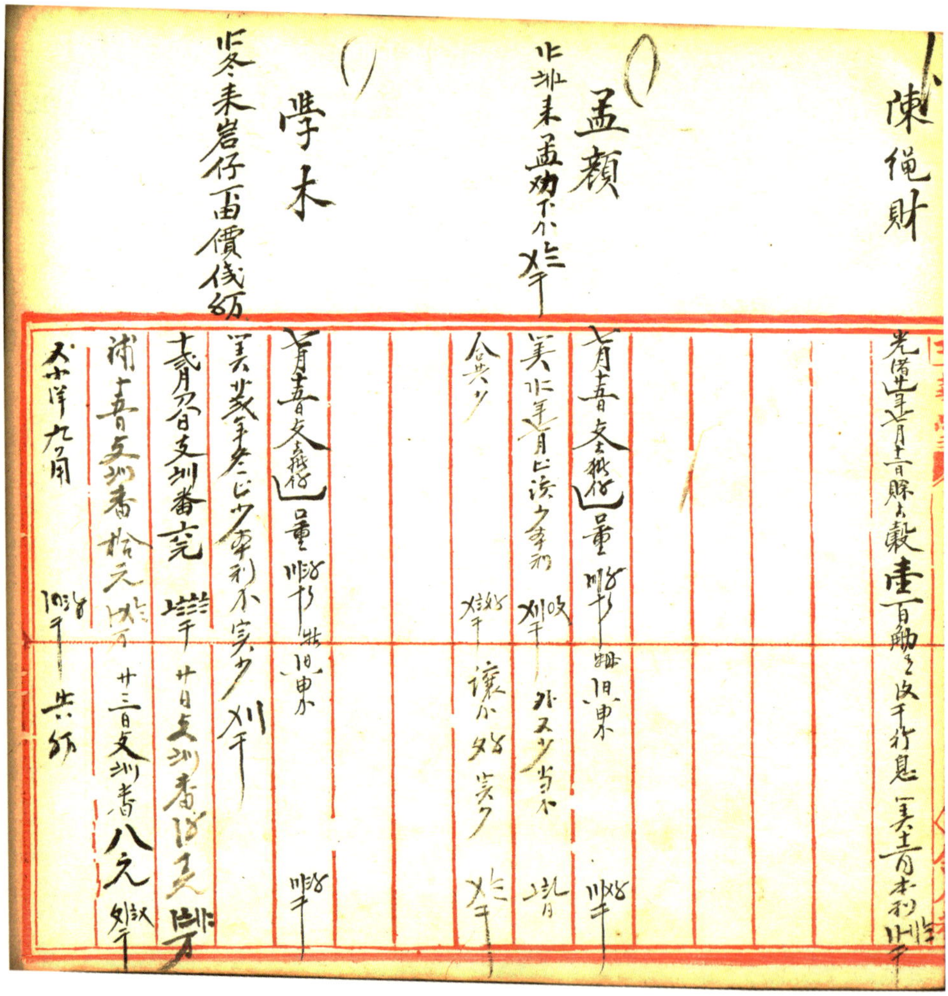

8-2-41-200　清光緒十八年銀錢油穀發借總目（二〇〇）

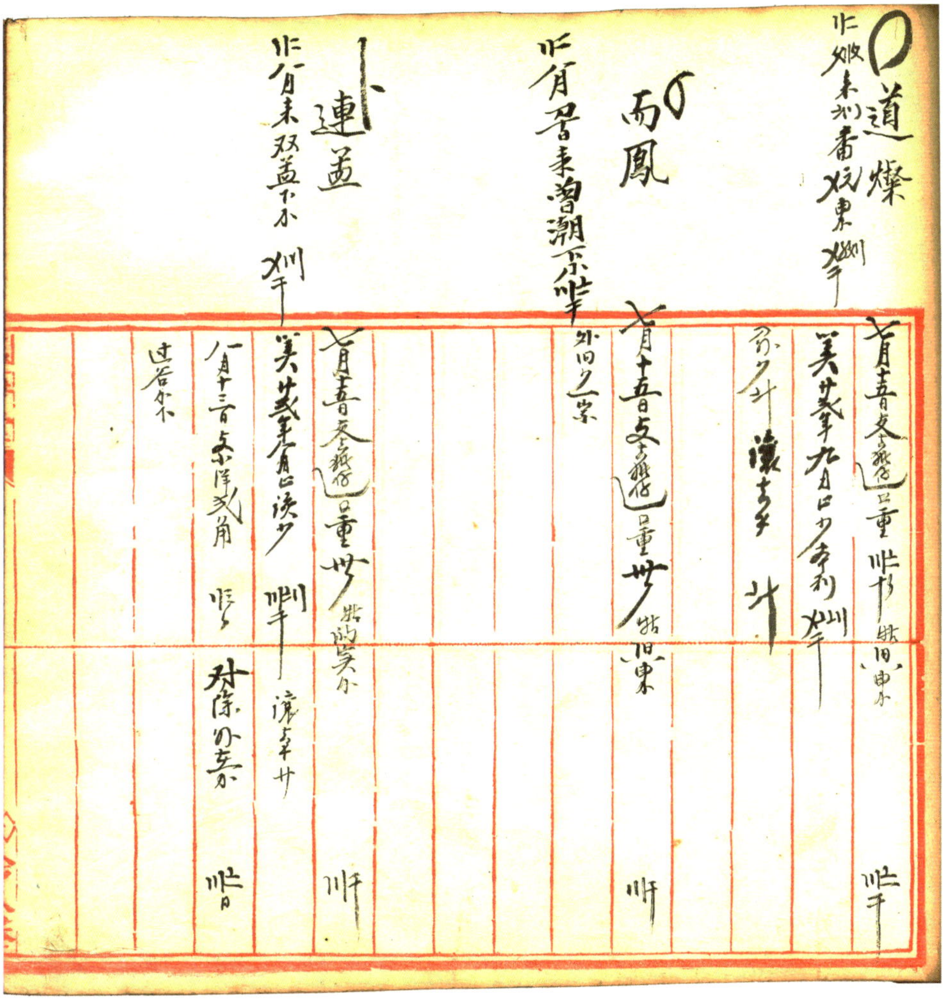

8-2-41-201　清光緒十八年銀錢油穀發借總目（二〇一）

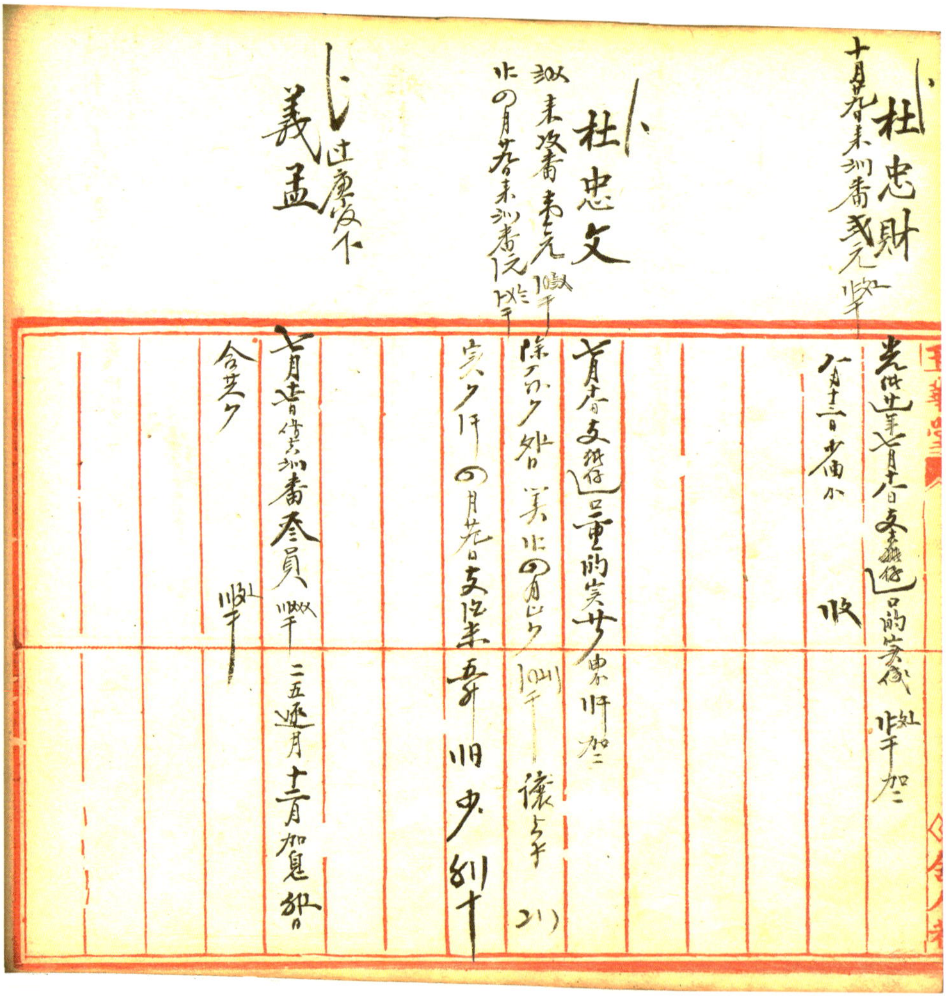

8-2-41-202　清光緒十八年銀錢油穀發借總目（二〇二）

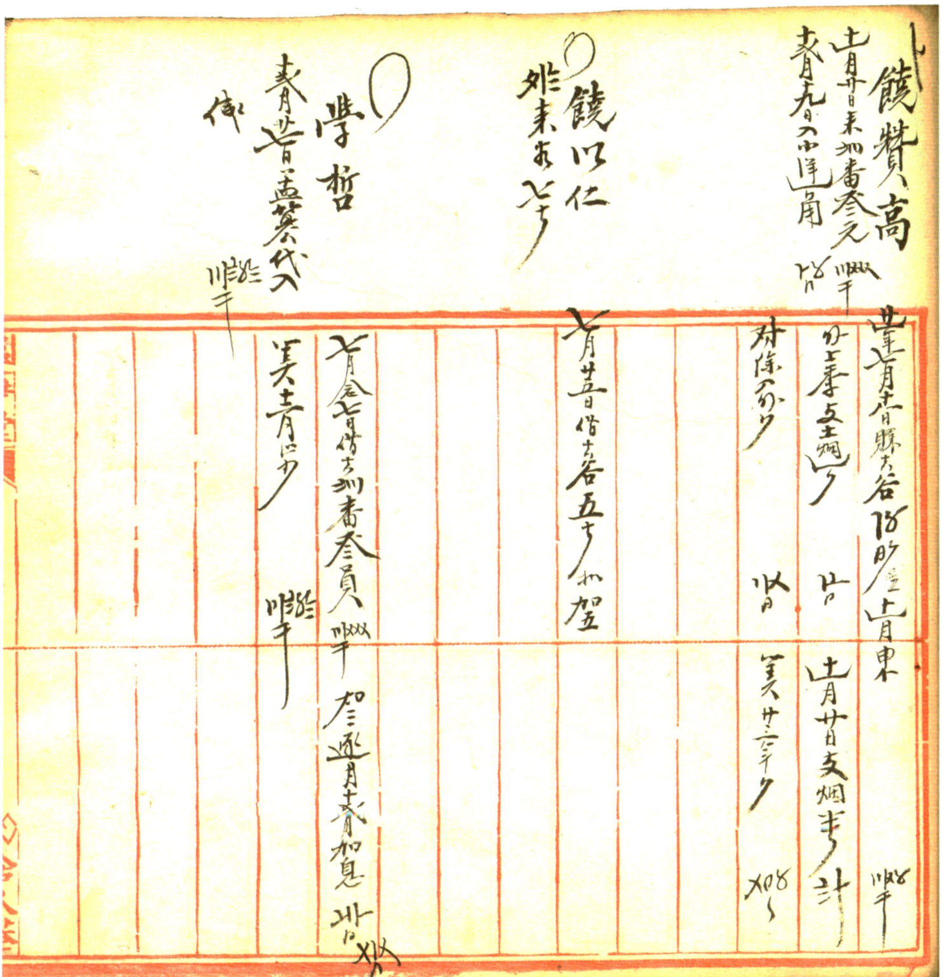

8-2-41-203　清光緒十八年銀錢油穀發借總目（二〇三）

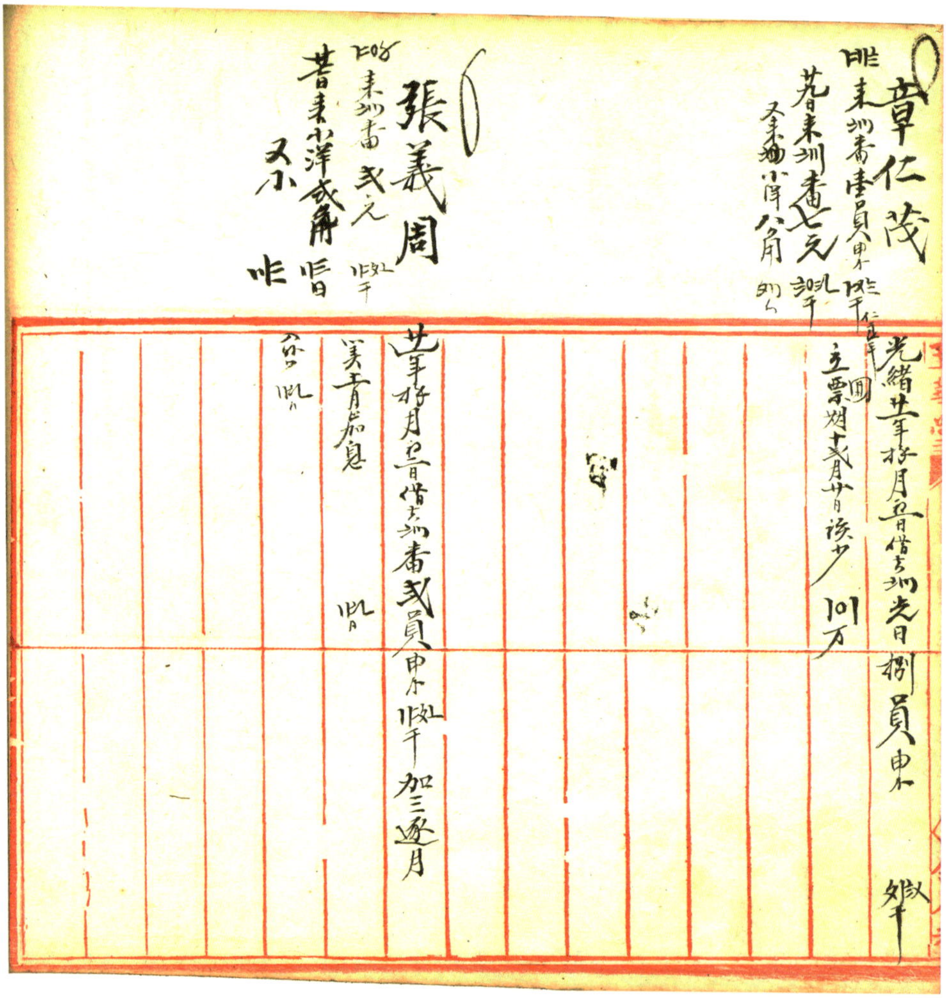

8-2-41-204　清光緒十八年銀錢油穀發借總目（二〇四）

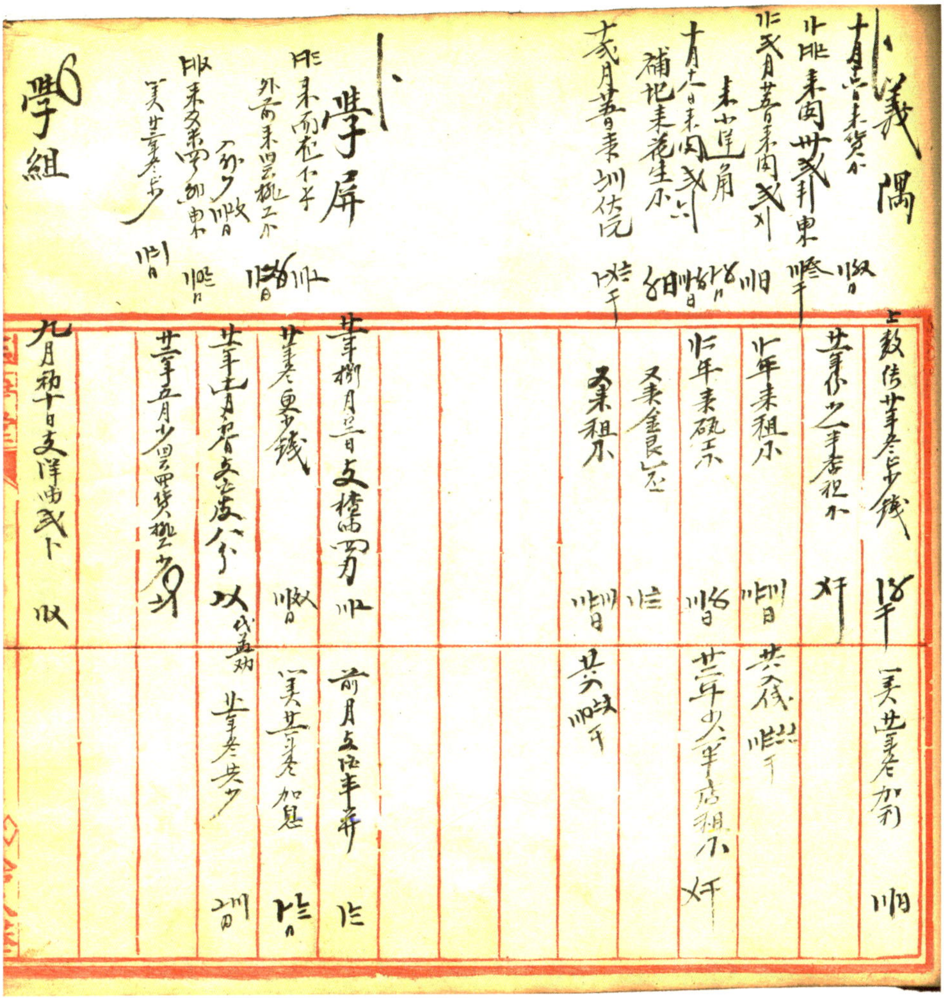

8-2-41-205　清光緒十八年銀錢油穀發借總目（二〇五）

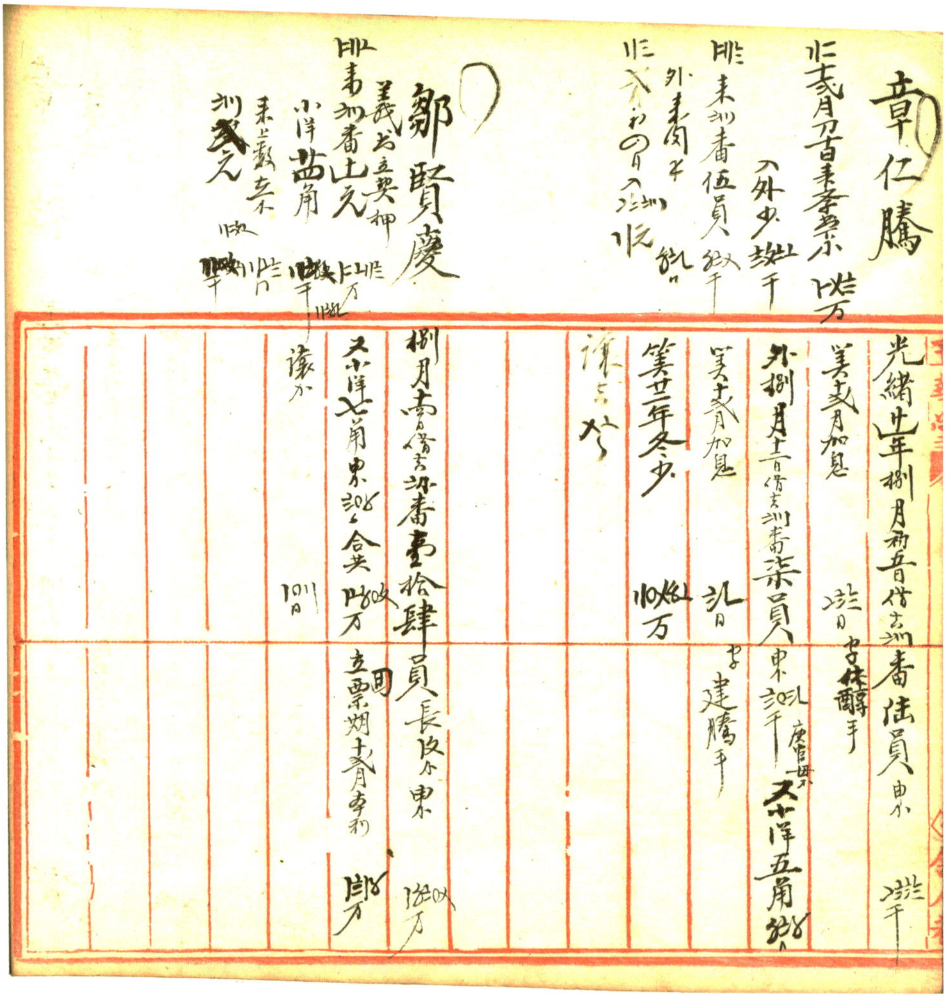
章仁騰
鄒賢慶
光緒廿年

8-2-41-206　清光緒十八年銀錢油穀發借總目（二〇六）

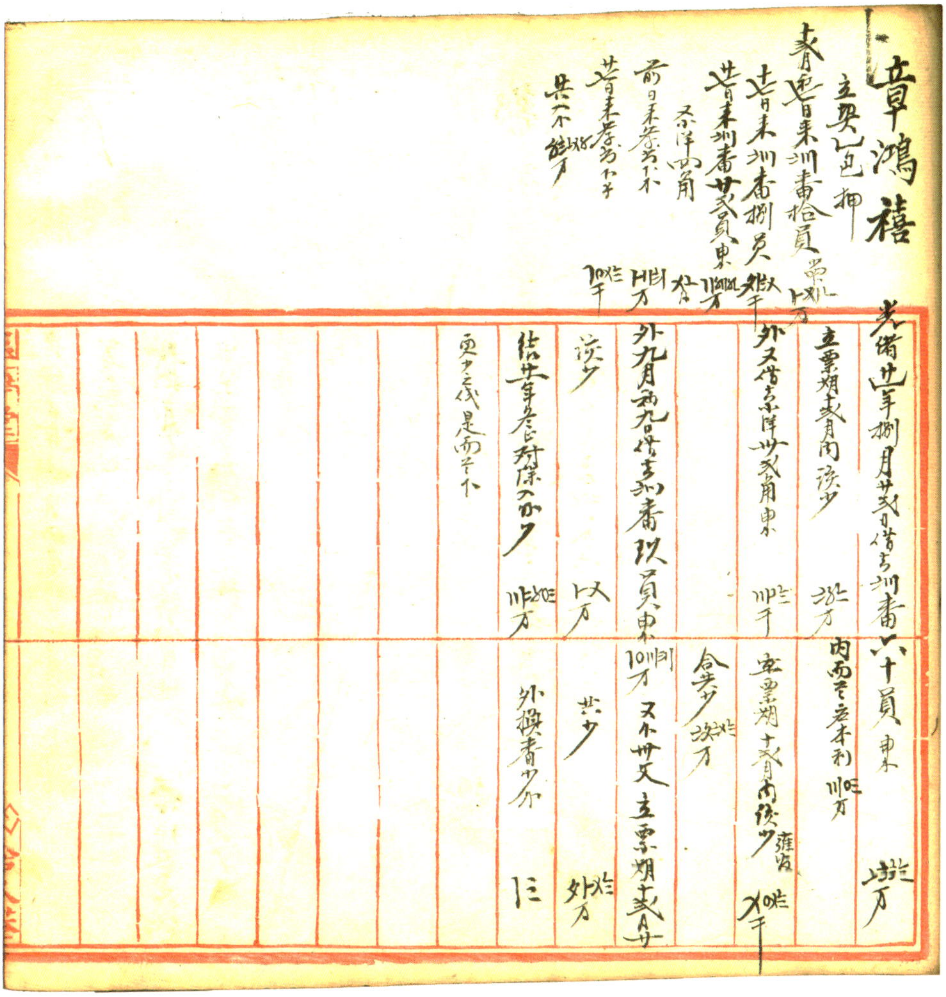
章鴻禧
立契山包押
光緒廿年捌月廿貳日借去洲番六十員 東
立票明貳月內
外又借去洋卅貳角 東
外九月初九日借去洲番玖員 東

8-2-41-207　清光緒十八年銀錢油穀發借總目（二〇七）

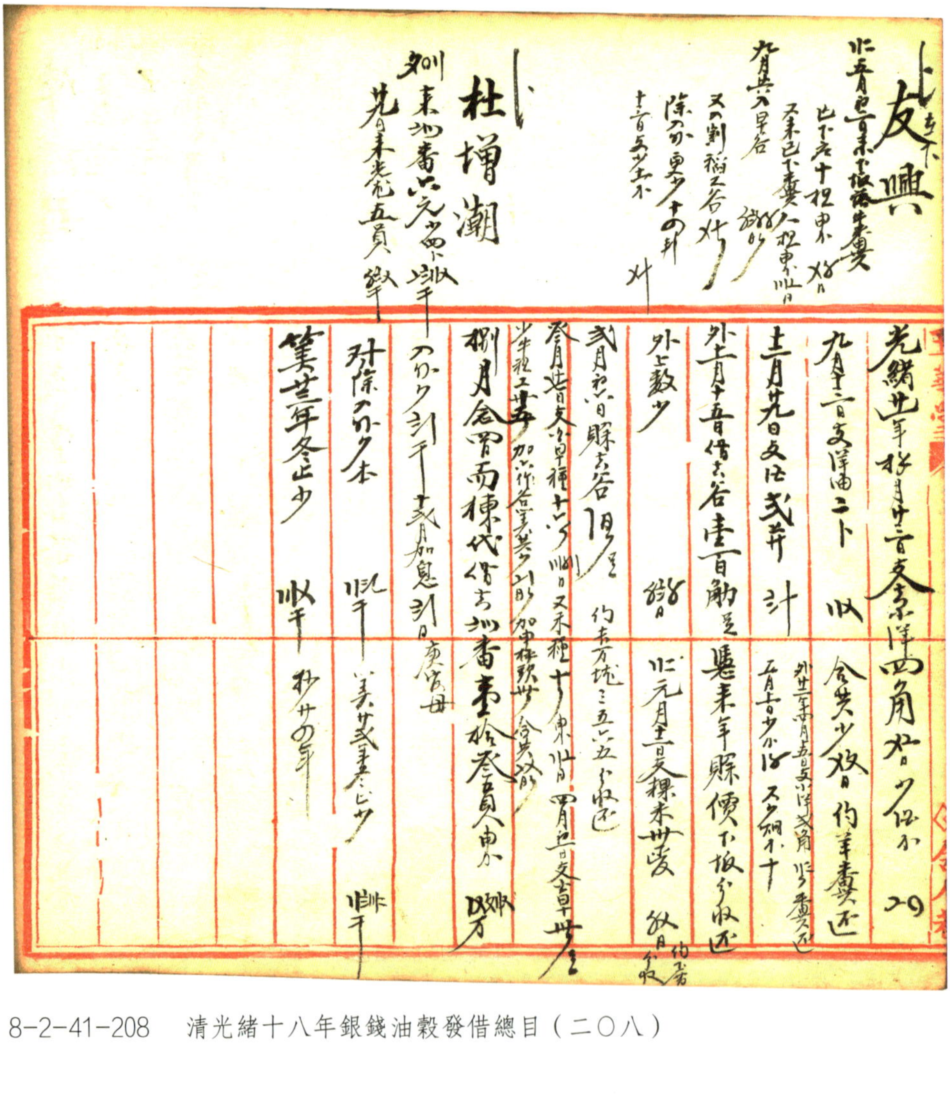

8-2-41-208　清光緒十八年銀錢油穀發借總目（二〇八）

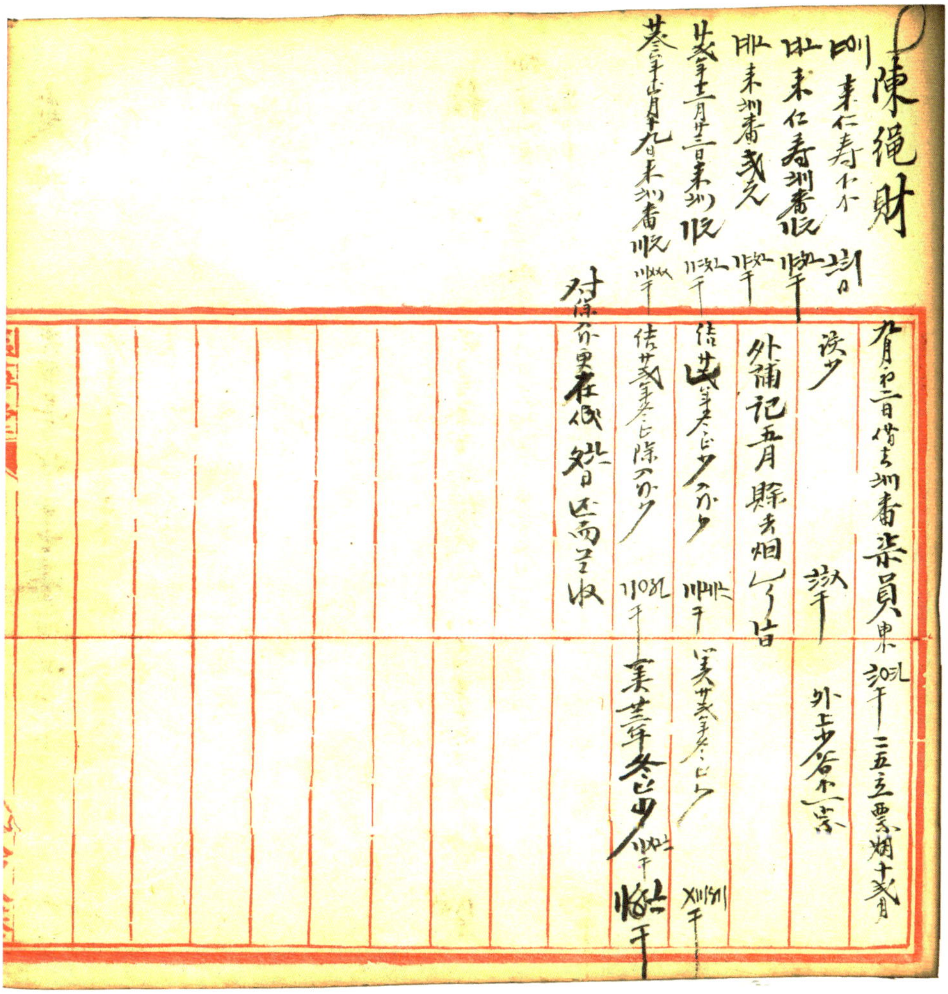

8-2-41-209　清光緒十八年銀錢油穀發借總目（二〇九）

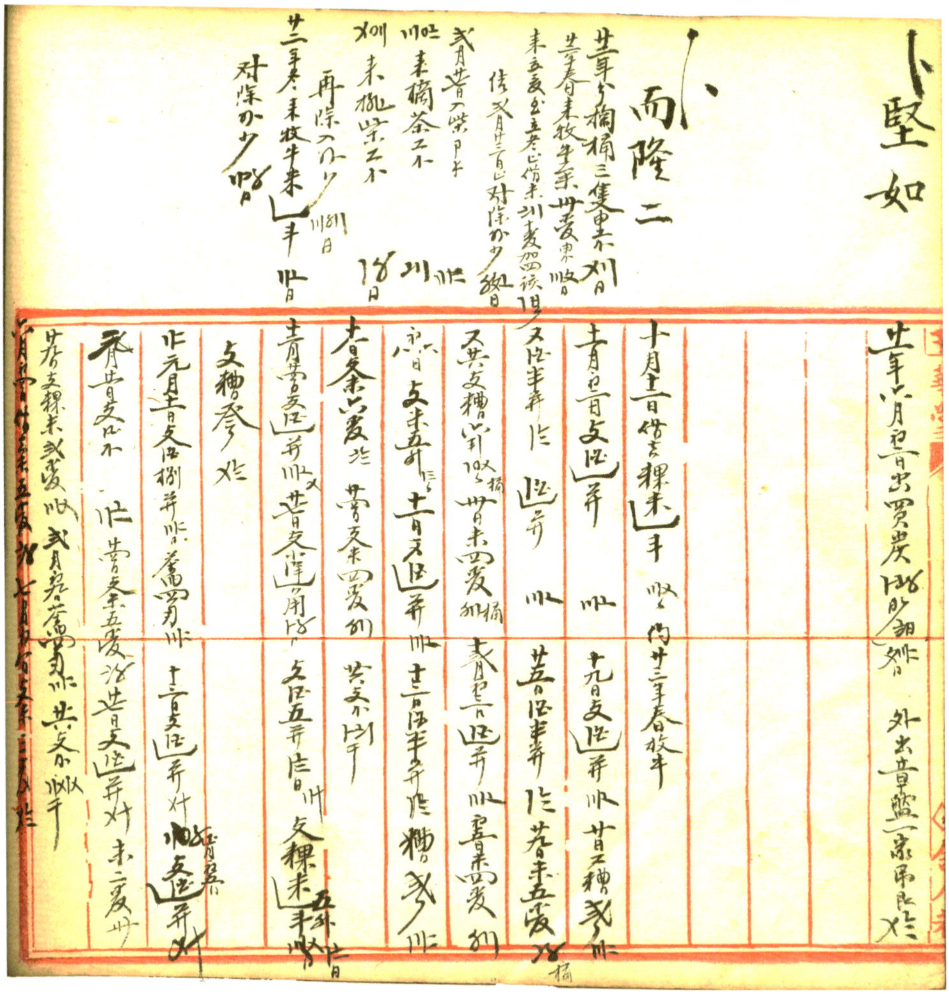

8-2-41-210　清光緒十八年銀錢油穀發借總目（二一〇）

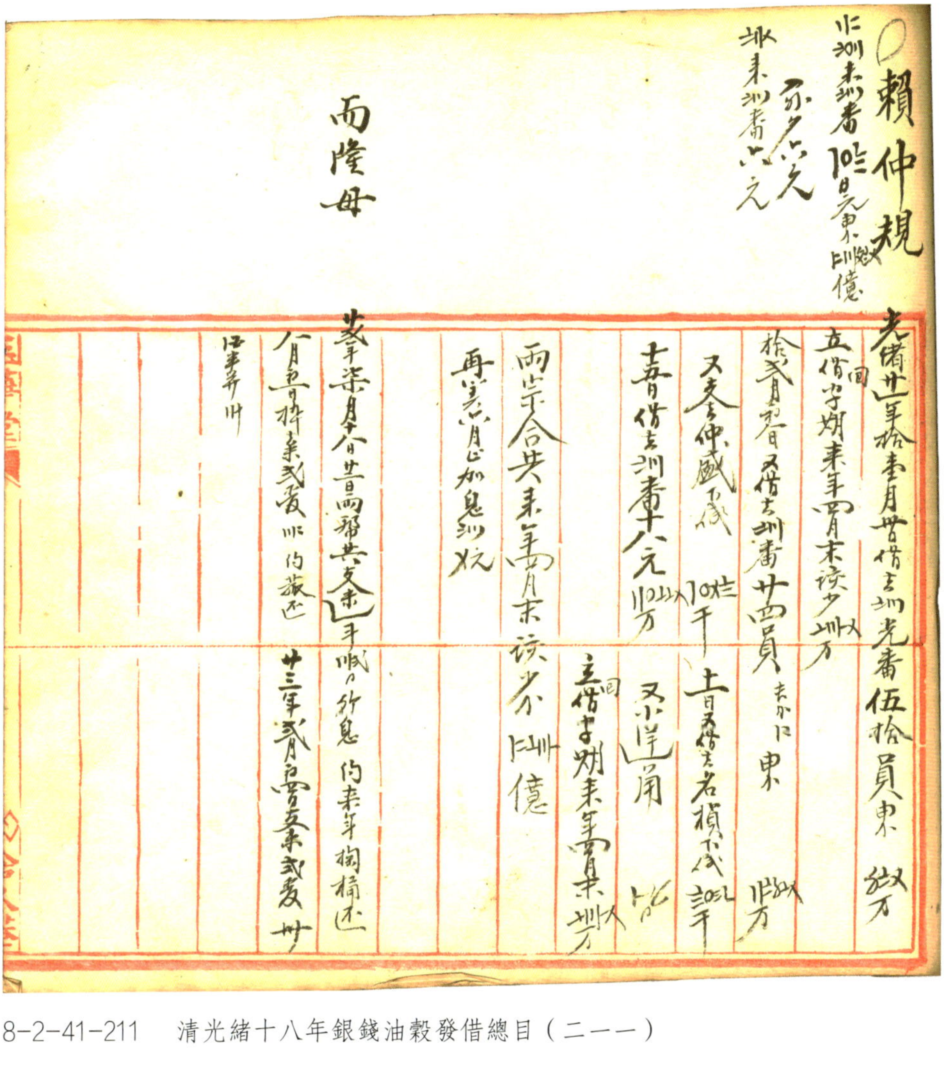

8-2-41-211　清光緒十八年銀錢油穀發借總目（二一一）

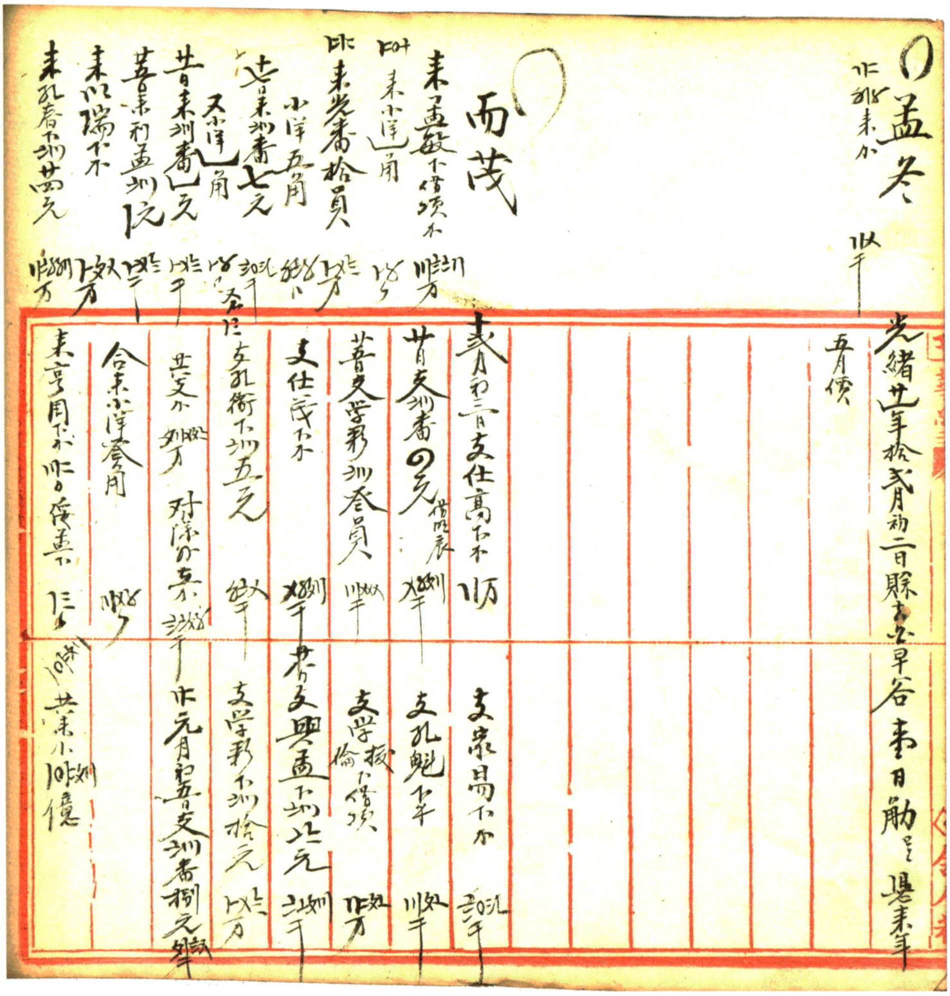

8-2-41-212　清光緒十八年銀錢油穀發借總目（二一二）

の孟從

〻〻來孟意〻錢 收〻

〻〻 收〻

來〻來〻葛藤坪田價〻收〻

〻〻

光緒廿年拾弍月〻日借去洋番捌員〻 收〻

立揭字朔來年十二月內 〻〻 附繳葛藤坪契

光〻又借去洋番叁員〻 〻〻 立票朔來年十二月〻 〻〻

廿二年叁月十二日賒去穀壹百觔 收〻 十二月賒去谷壹百觔 代孟意〻現收〻

伍月初三日賒去穀伍拾觔 〻〻 廿三日賒去穀壹百觔 收〻

共〻 〻〻

の羅義興

〻〻來利番廿〻元

光緒廿壹年拾弍月初九日借去洋番弍拾員〻 〻〻

加二五 立借字朔來年十弍月內送〻年利錢 〻〻

廿三年十二月還加二

8-2-41-213　清光緒十八年銀錢油穀發借總目（二一三）

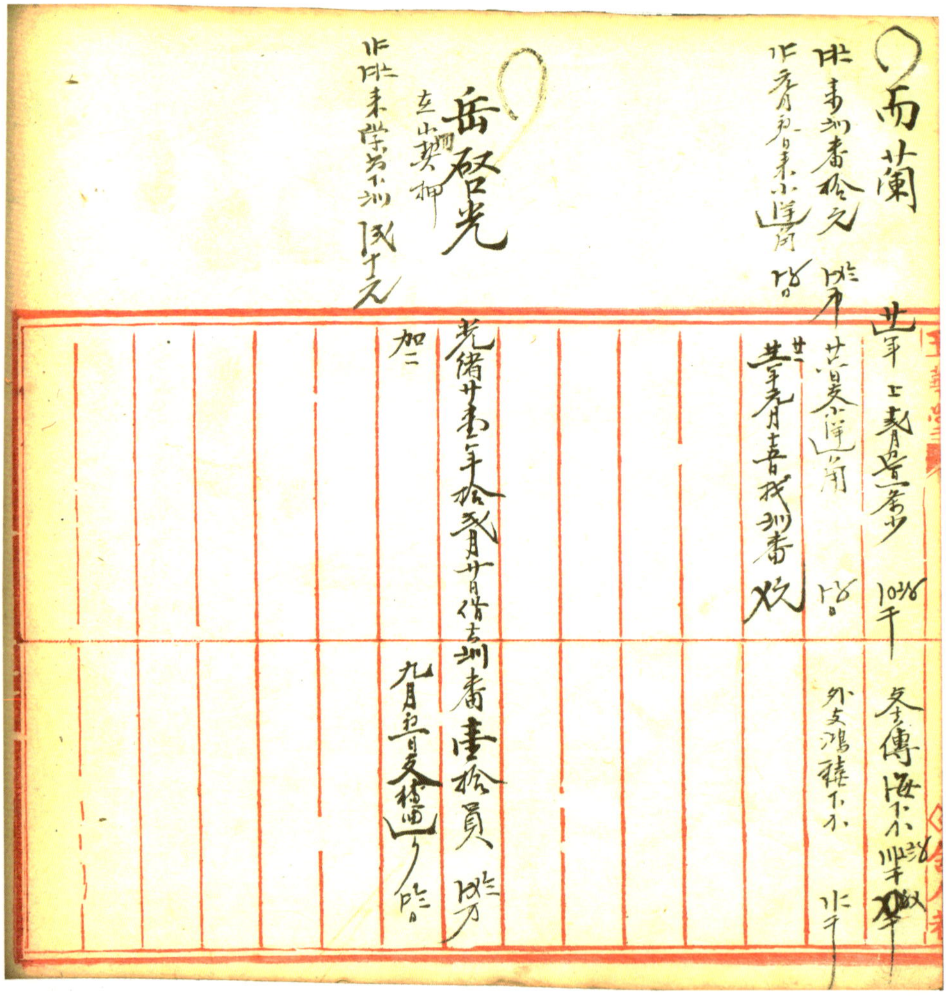

8-2-41-214　清光緒十八年銀錢油穀發借總目（二一四）

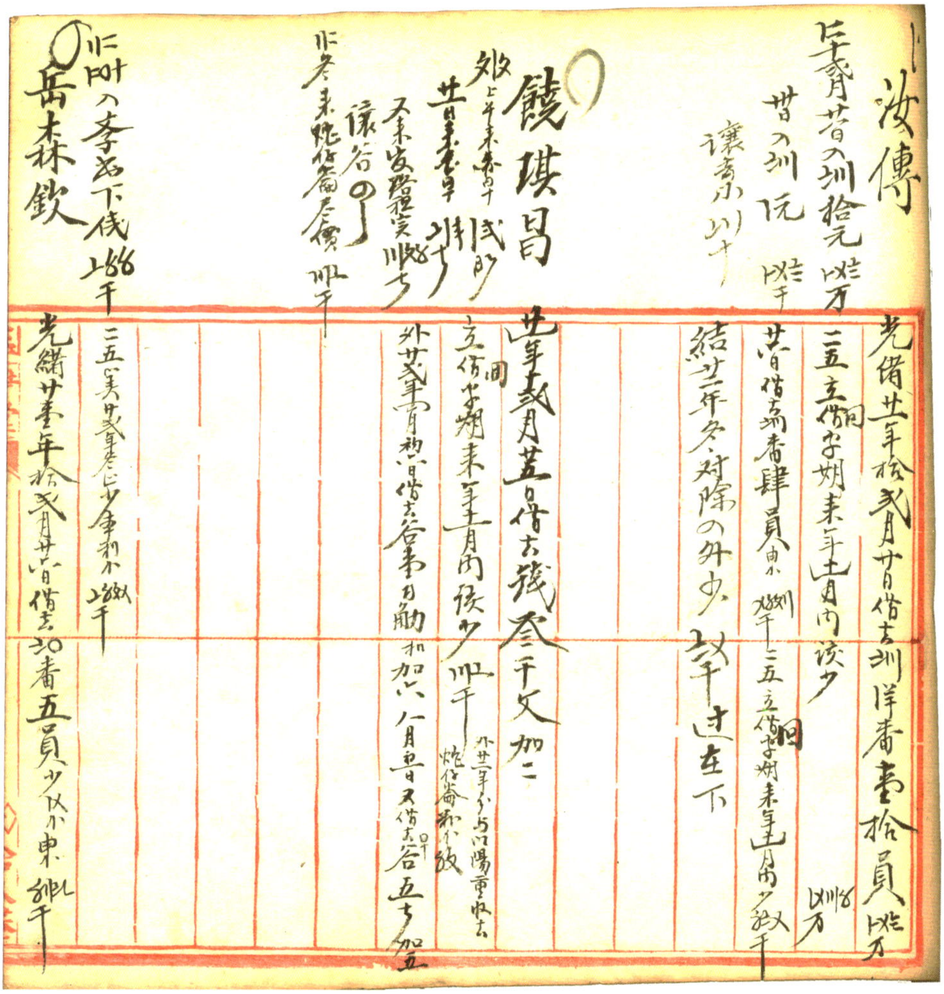

8-2-41-215　清光緒十八年銀錢油穀發借總目（二一五）

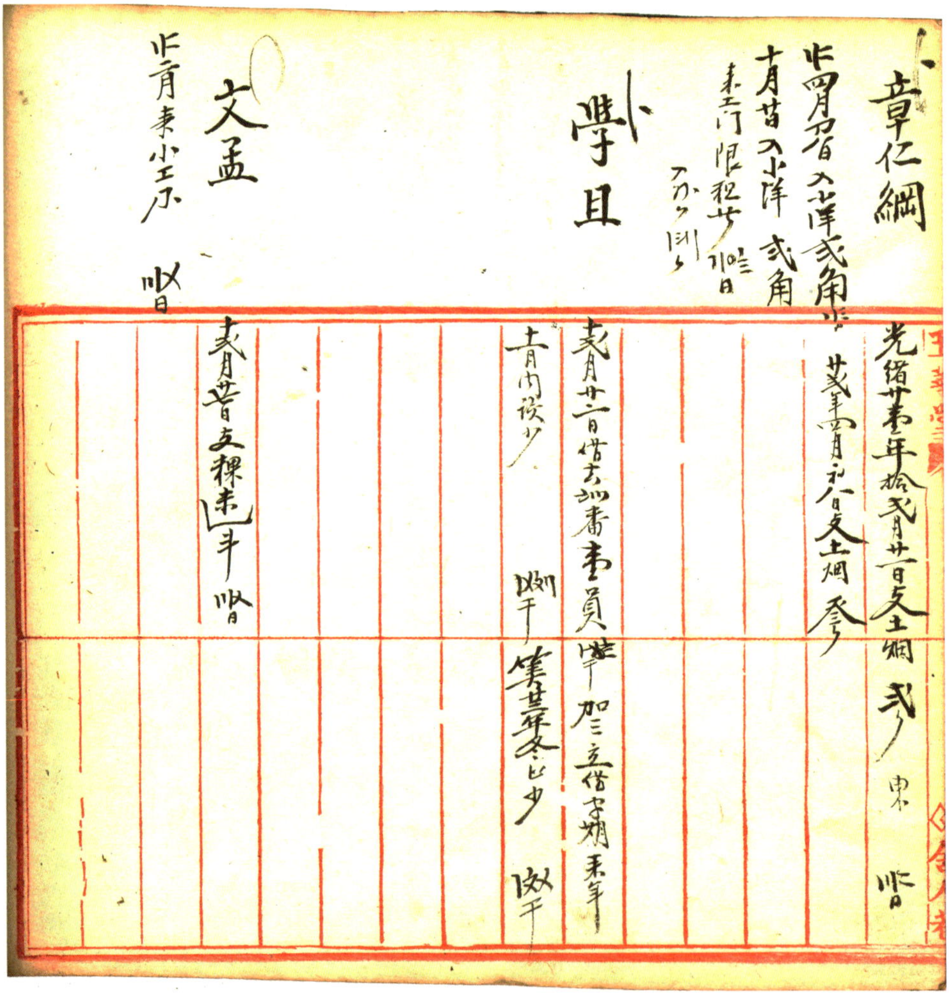
章仁綱
十月廿日入小洋弍角
學且
文孟
光緒廿壹年拾弍月廿一日支土烟
廿弍年四月初八日支土烟
月廿二日借去訓書壹員 加三 立借字一紙

8-2-41-216　清光緒十八年銀錢油穀發借總目（二一六）

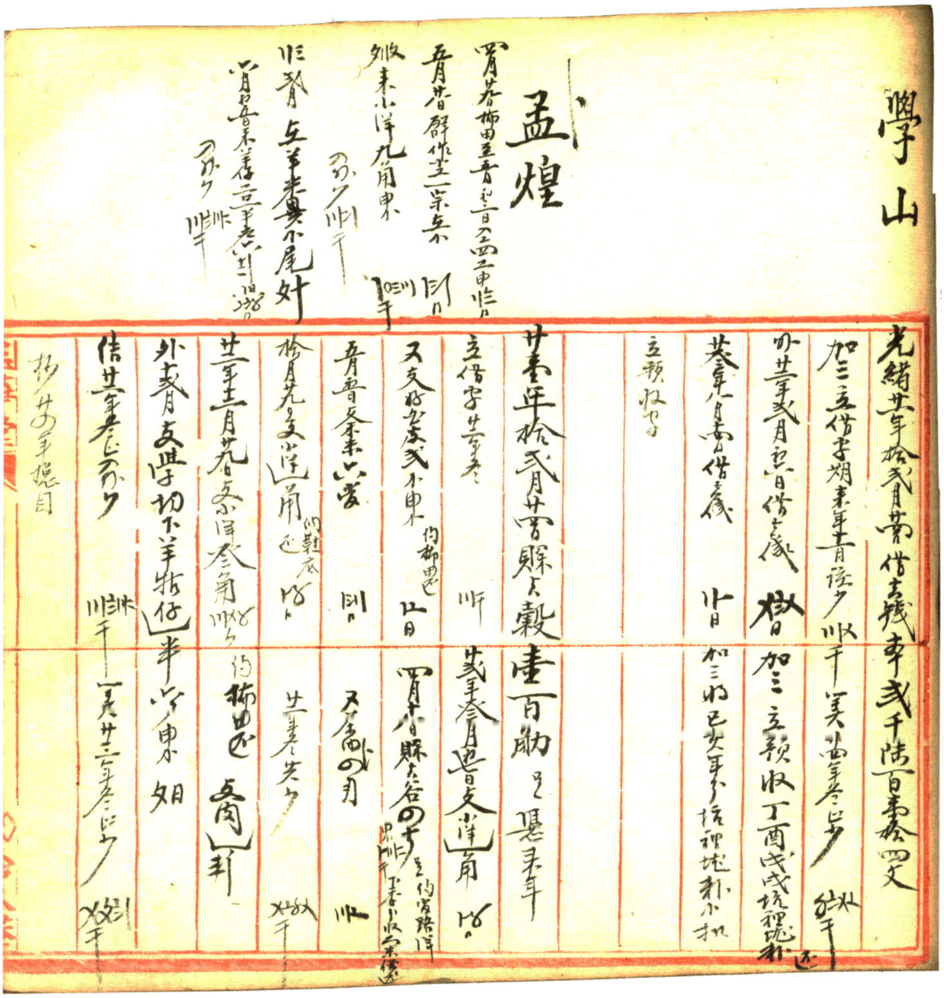
學山

孟煌

8-2-41-217　清光緒十八年銀錢油穀發借總目（二一七）

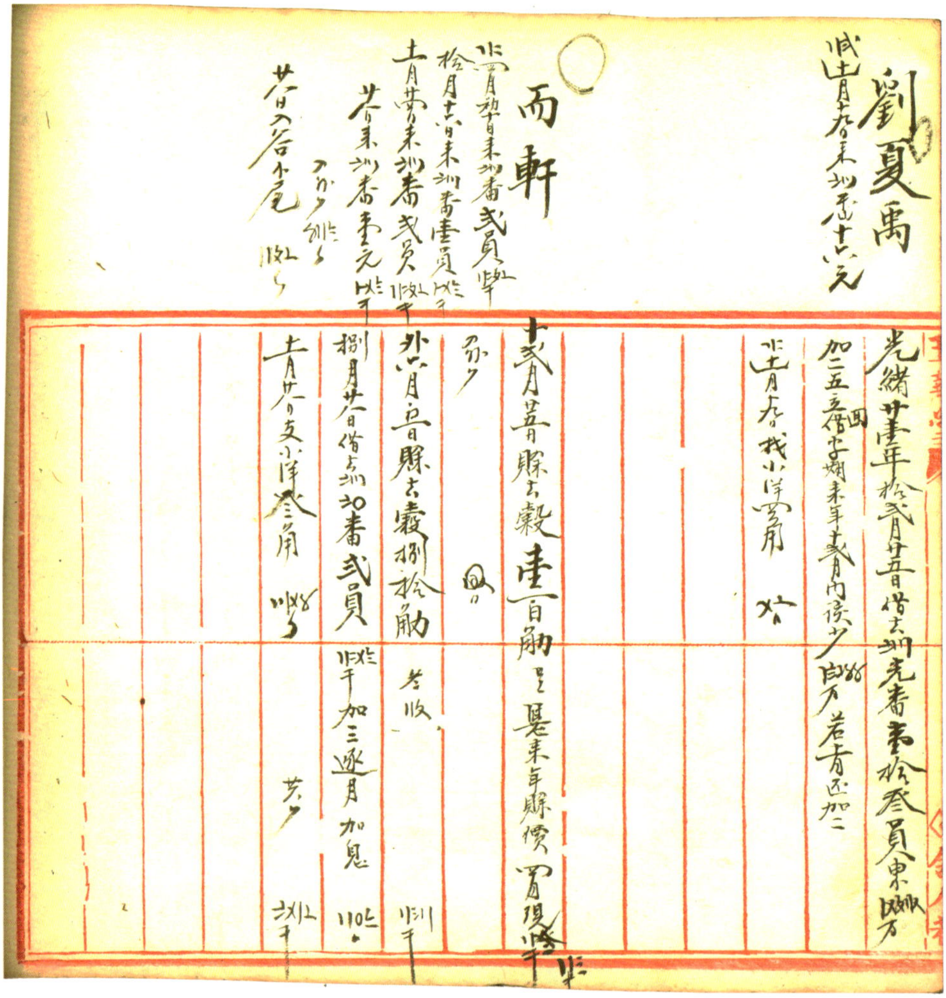
劉夏禹
光緒廿壹年拾貳月廿五日借去洋光番壹拾叁員
而軒
十貳月廿日賒去穀壹百觔
十二月廿日賒去穀捌拾觔
捌月廿八日借去洋光番貳員

8-2-41-218　清光緒十八年銀錢油穀發借總目（二一八）

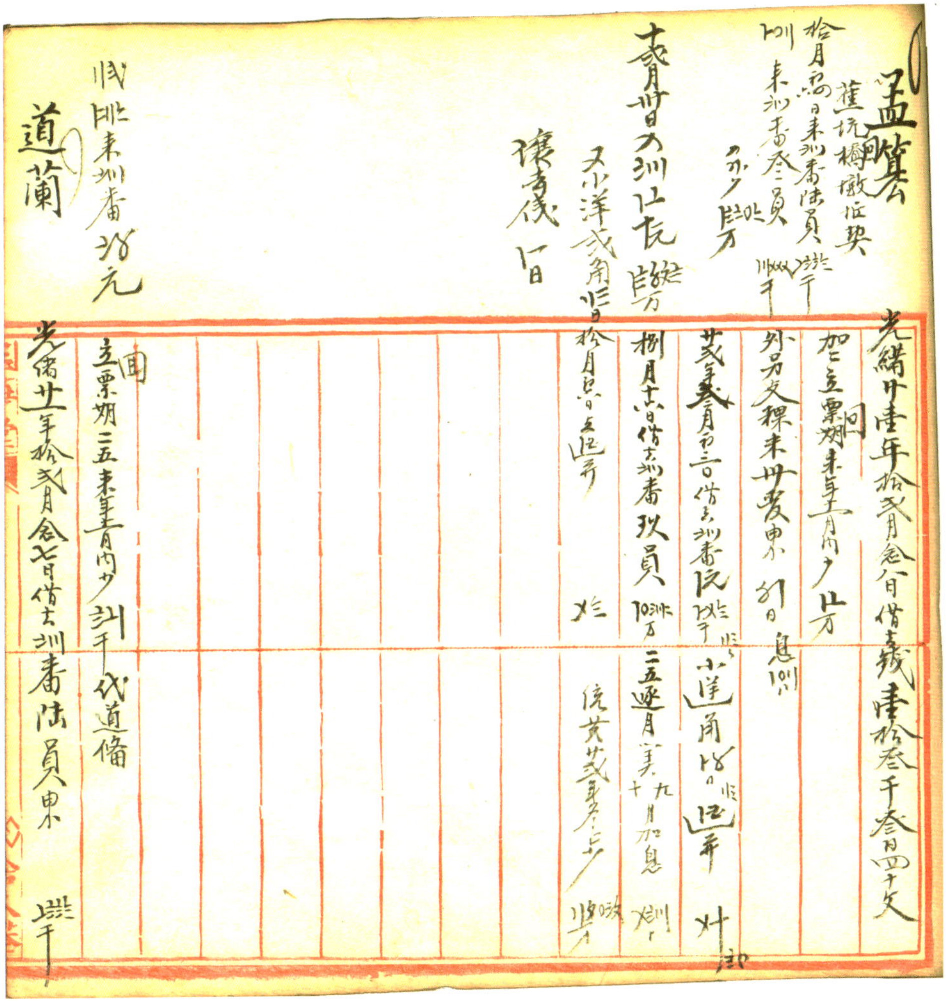

8-2-41-219　清光緒十八年銀錢油穀發借總目（二一九）

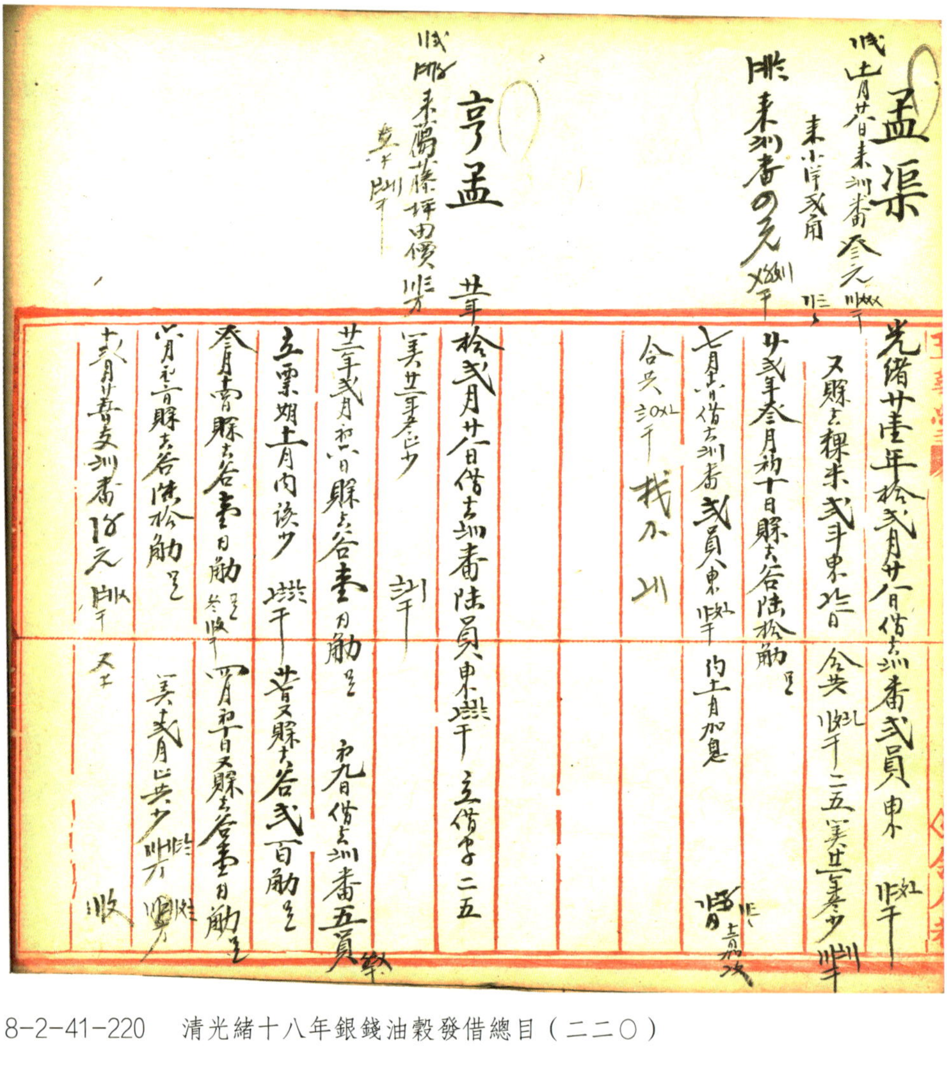

8-2-41-220　清光緒十八年銀錢油穀發借總目（二二〇）

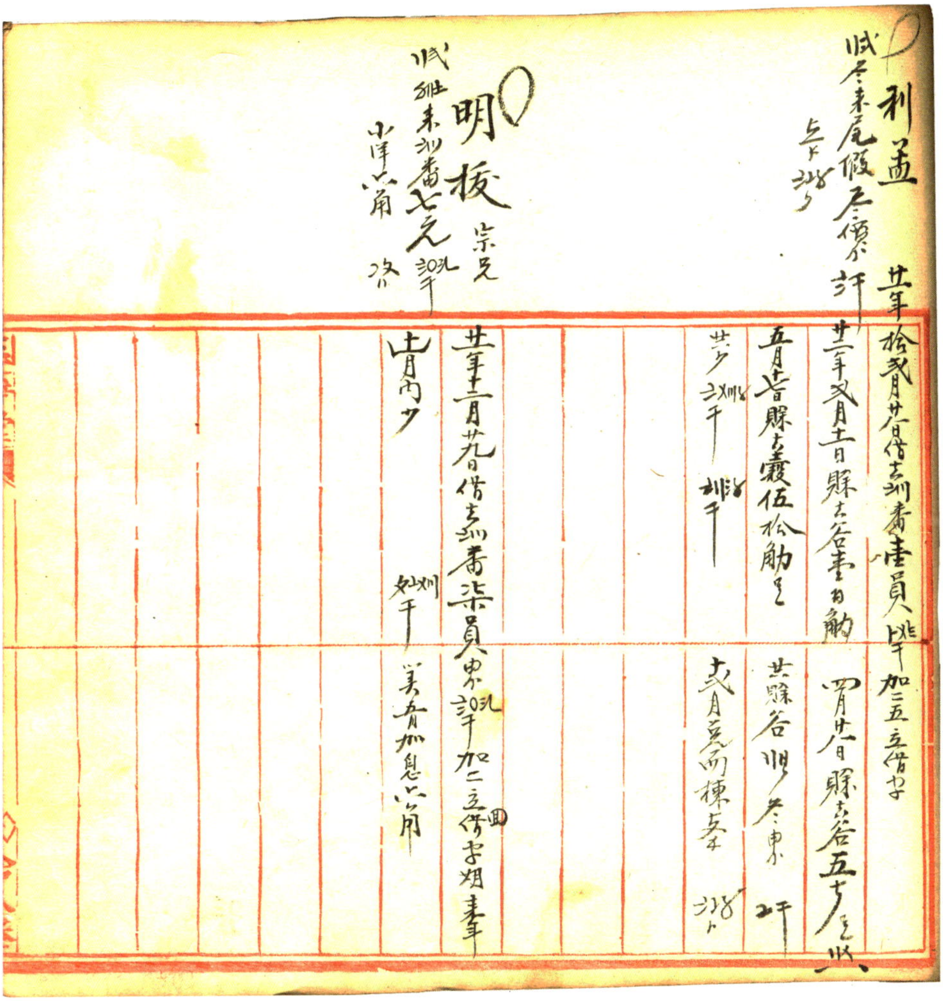

8-2-41-221　清光緒十八年銀錢油穀發借總目（二二一）

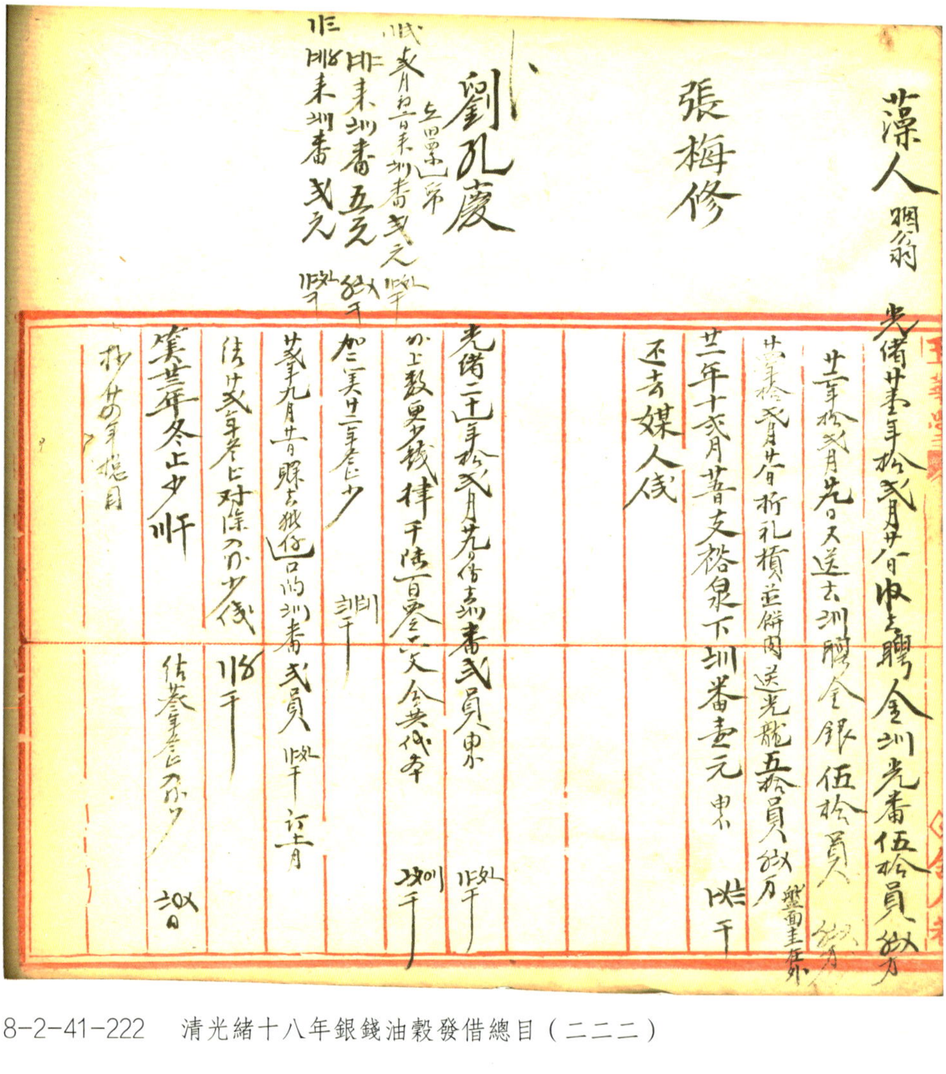

廿藻人

張梅修

劉孔慶

光緒廿叁年拾弍月廿八日收去鷹金圳光番伍拾員

廿一年拾弍月先日又送去圳鷹金銀伍拾員

廿四年拾弍月廿八日折礼積並併肉送光龍五拾員

廿二年十弍月廿四日支裕泉下圳番壹元

还去媒人錢

光緒二十二年拾弍月先借去番弍員

加上數田多錢肆千陸百叁十文全共代本

弍年九月廿日賒去粮谷圳番弍員

算廿三年冬止少

抄廿四年總目

8-2-41-222　清光緒十八年銀錢油穀發借總目（二二二）

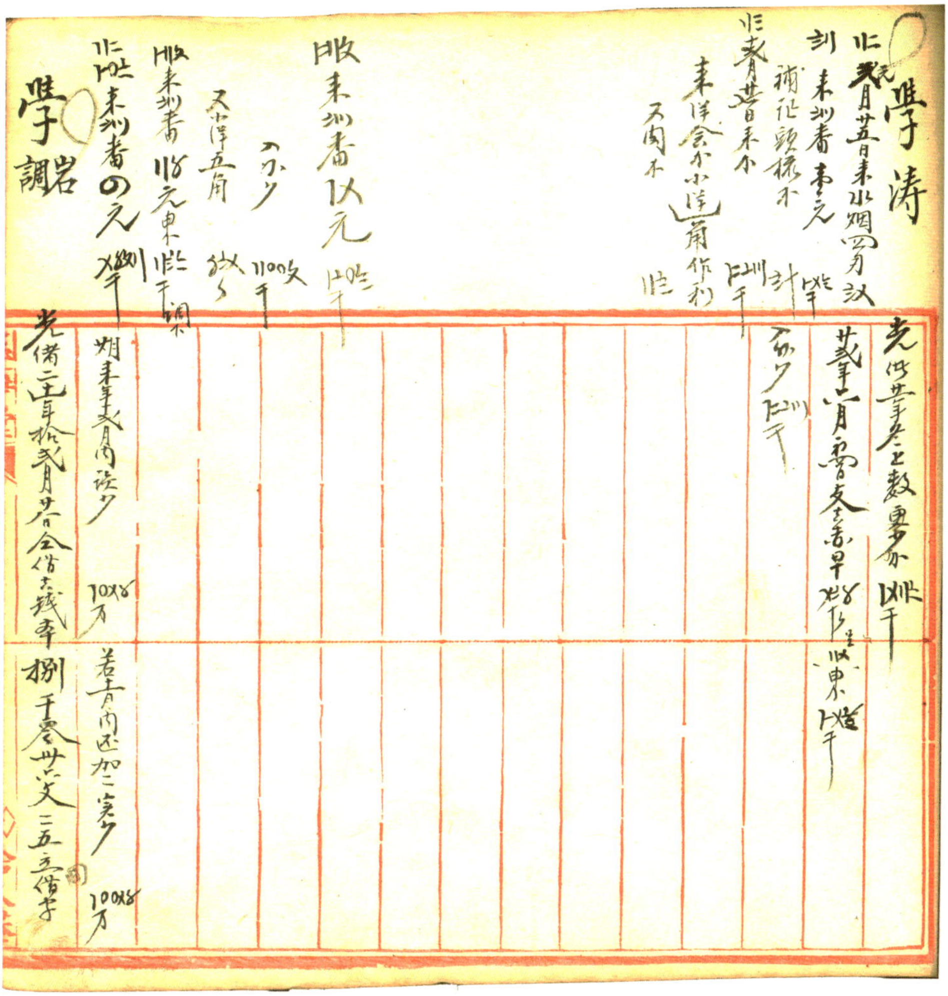

8-2-41-223　清光緒十八年銀錢油穀發借總目（二二三）

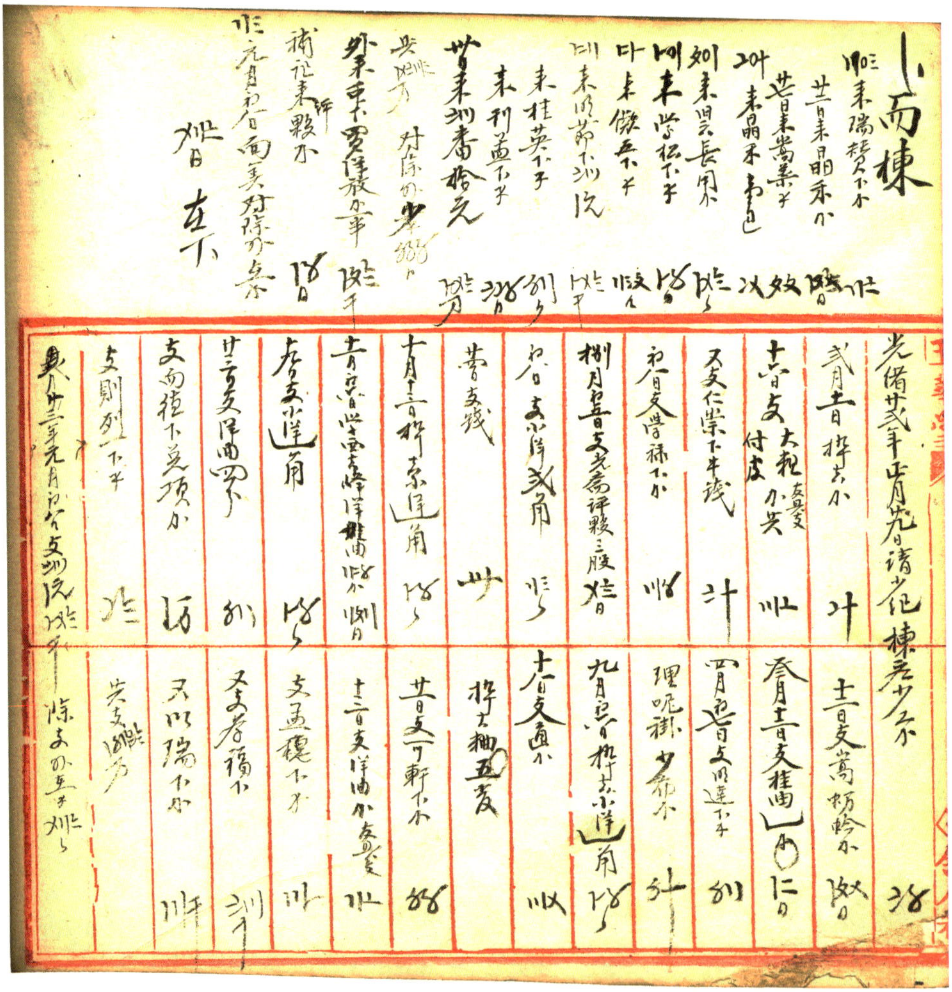

8-2-41-224　清光緒十八年銀錢油穀發借總目（二二四）

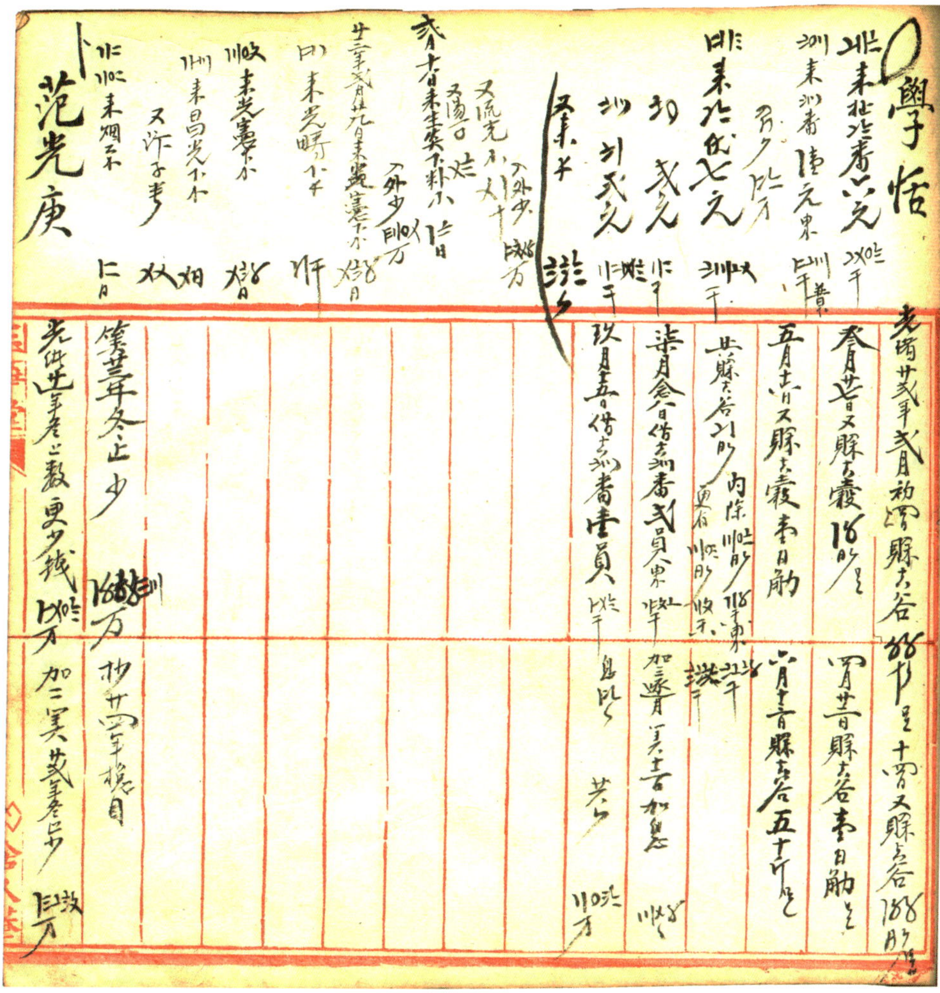

8-2-41-225　清光緒十八年銀錢油穀發借總目（二二五）

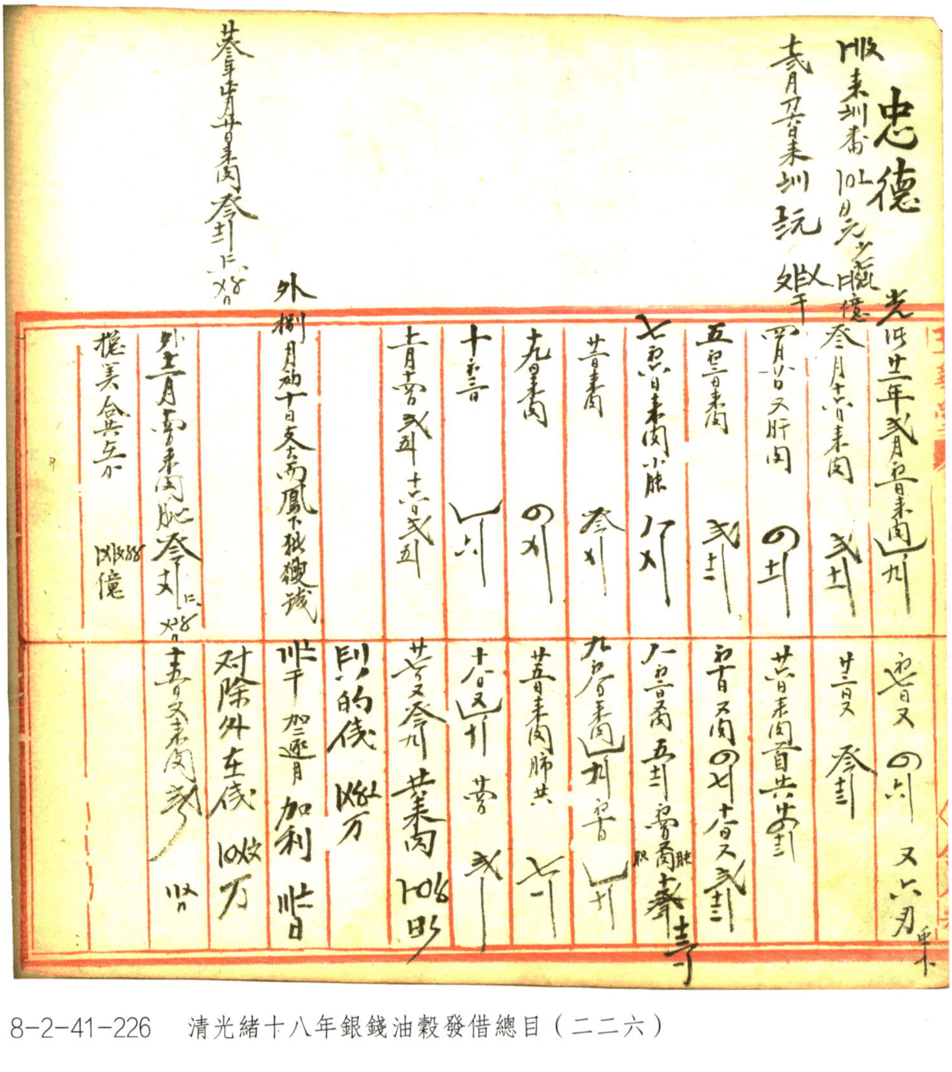

8-2-41-226　清光緒十八年銀錢油穀發借總目（二二六）

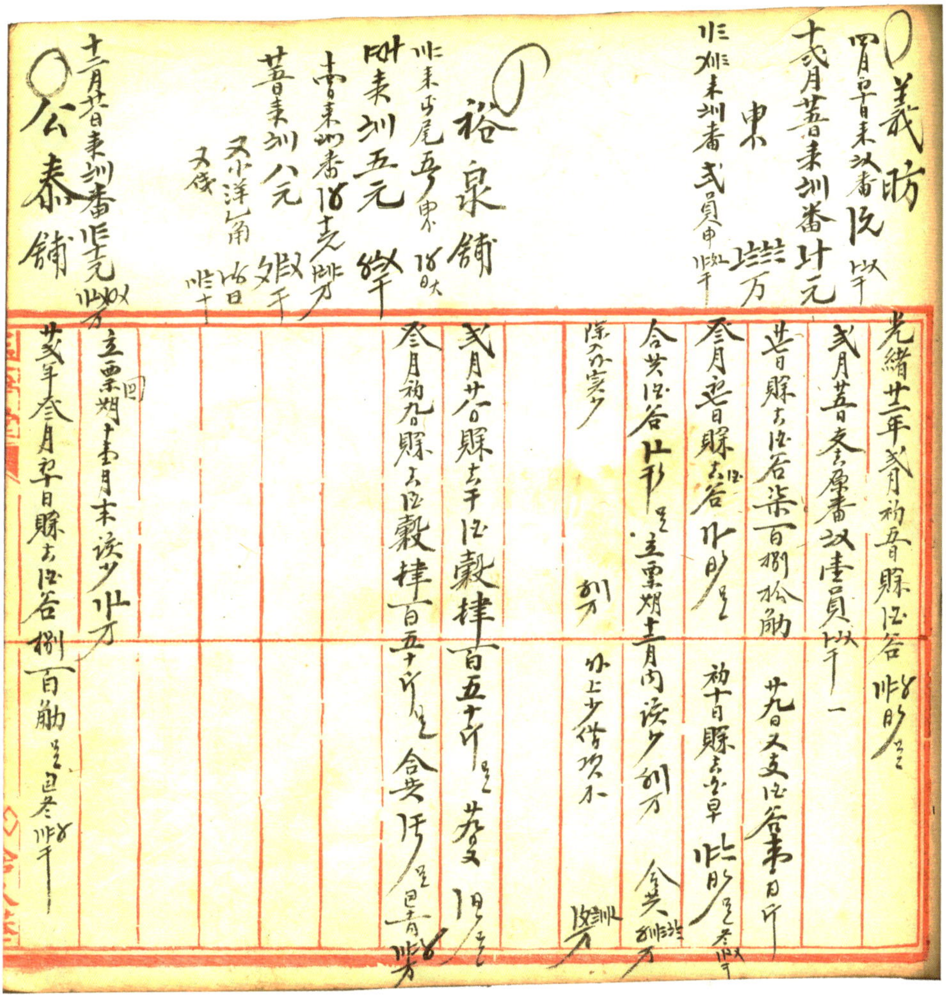

8-2-41-227　清光緒十八年銀錢油穀發借總目（二二七）

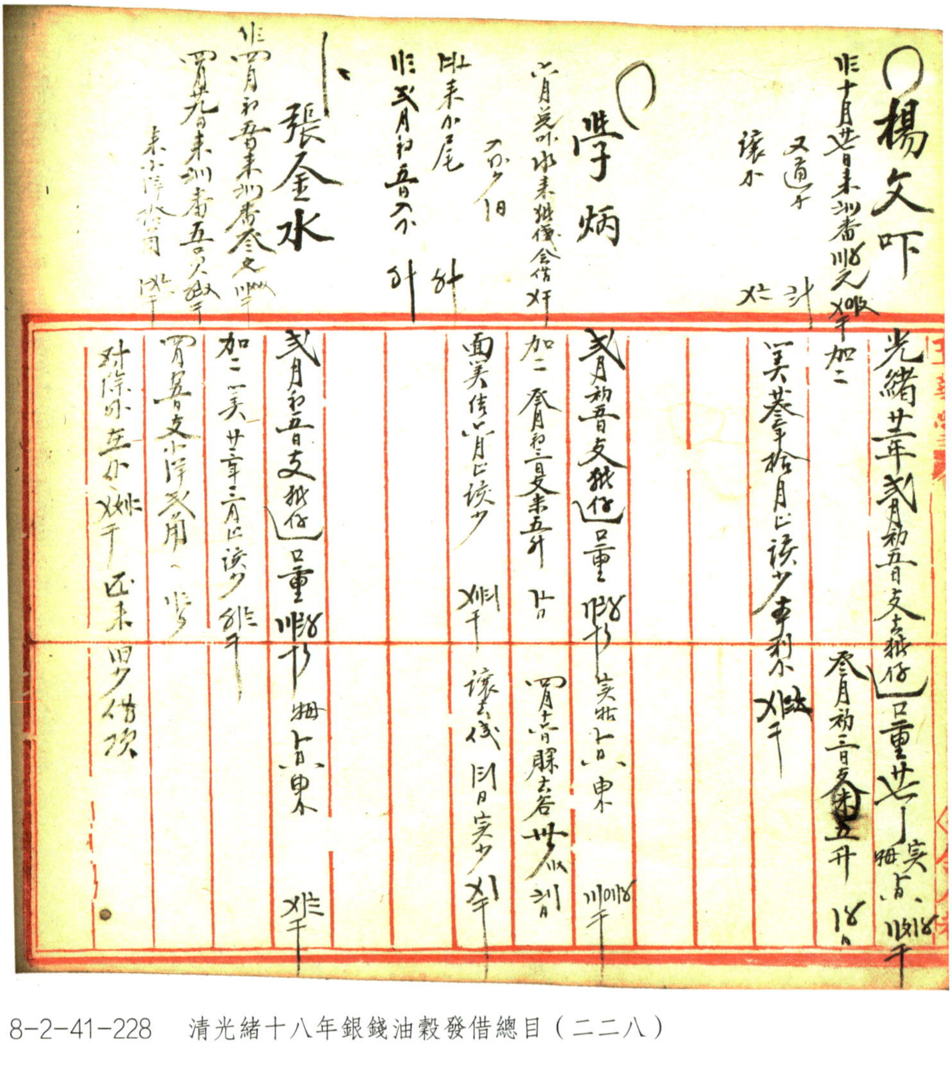

8-2-41-228　清光緒十八年銀錢油穀發借總目（二二八）

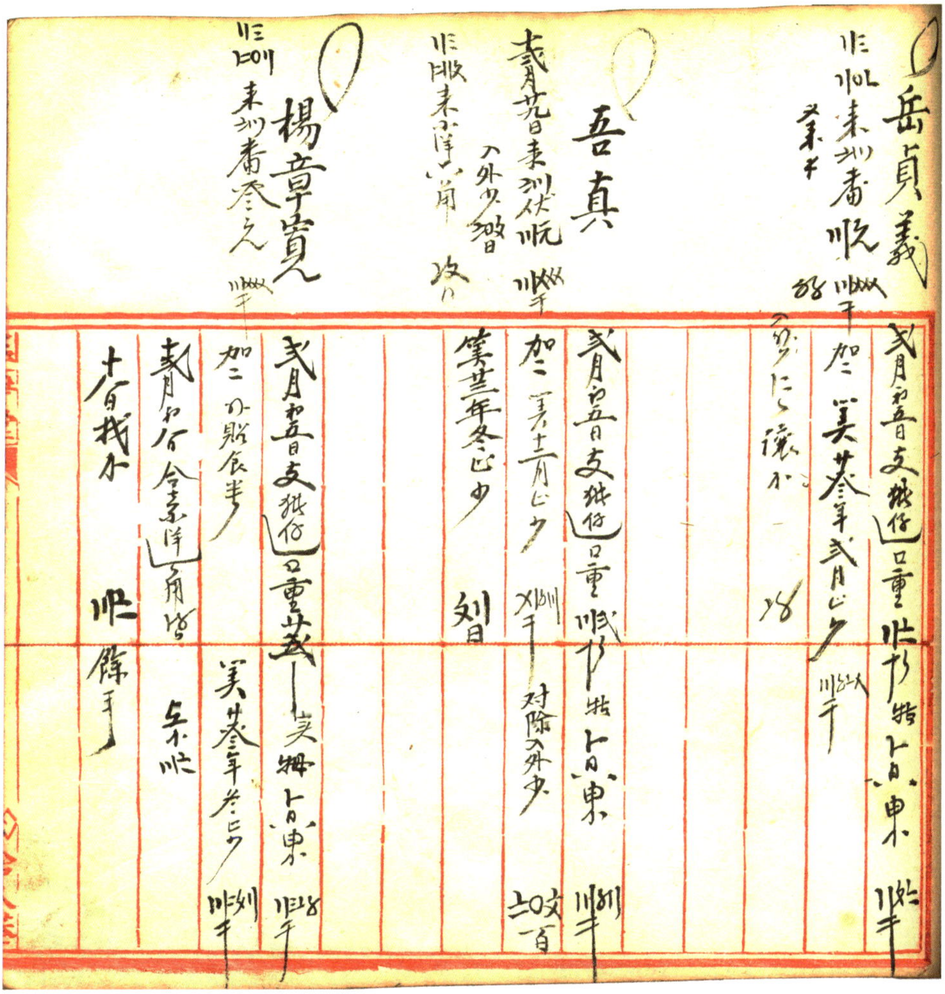

8-2-41-229　清光緒十八年銀錢油穀發借總目（二二九）

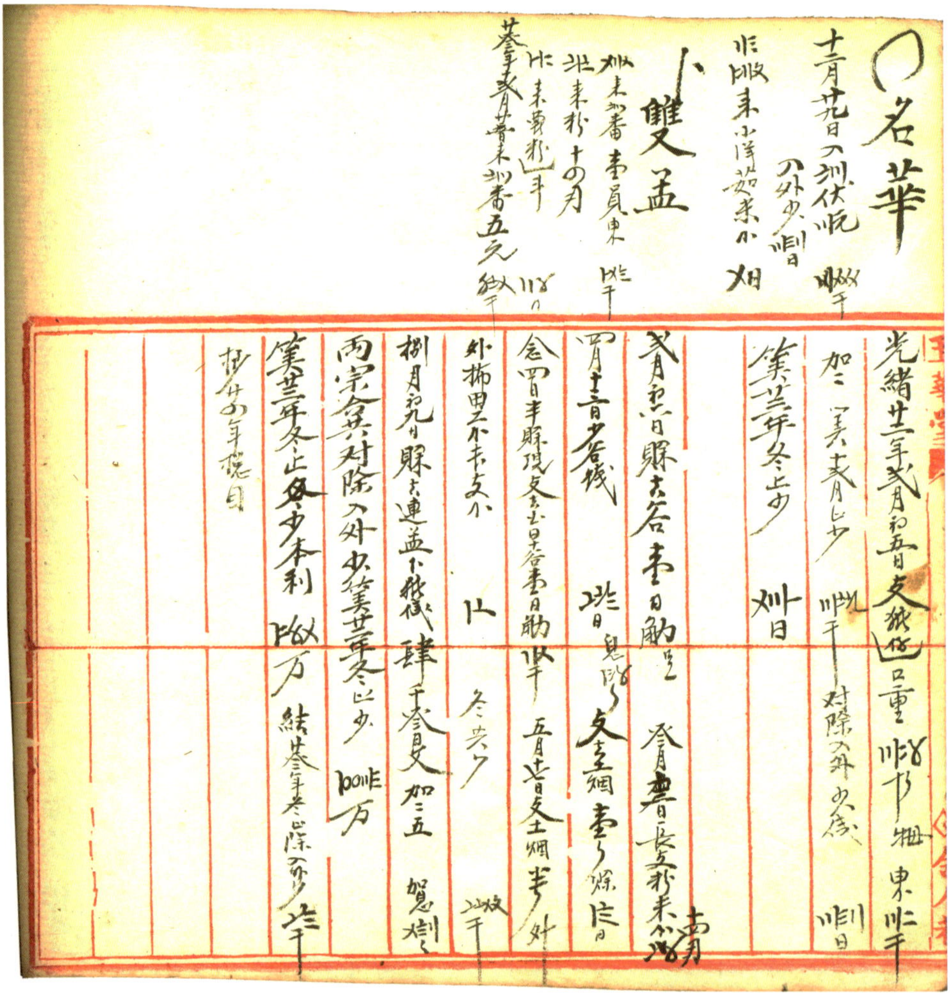

8-2-41-230　清光緒十八年銀錢油穀發借總目（二三〇）

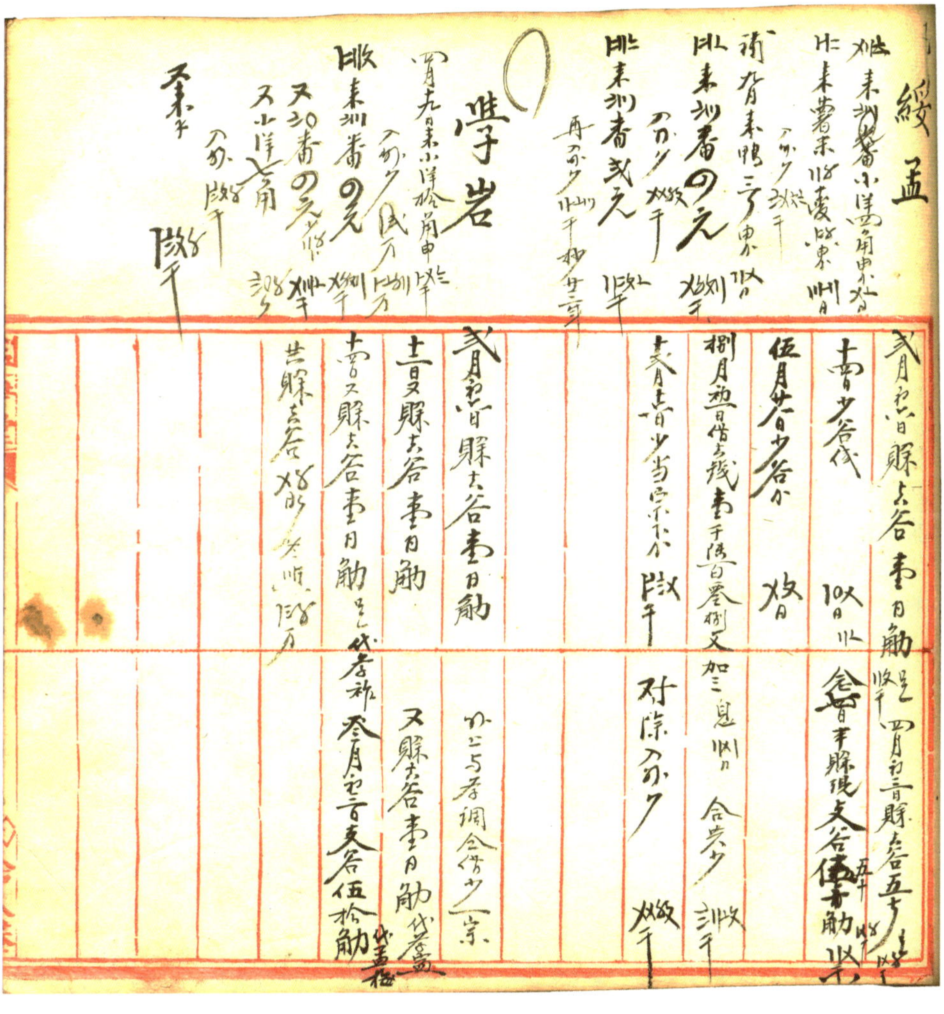

綬孟

學岩

貳月初六日賒去谷壹百觔

十貳月少谷代

伍月廿日少谷

捌月廿日借去錢壹千 加三息

貳月初八日賒去谷壹百觔

十一日又賒去谷壹百觔

十二日又賒去谷壹百觔

又賒去谷壹百觔

叁月初三日去谷伍拾觔

8-2-41-231　清光緒十八年銀錢油穀發借總目（二三一）

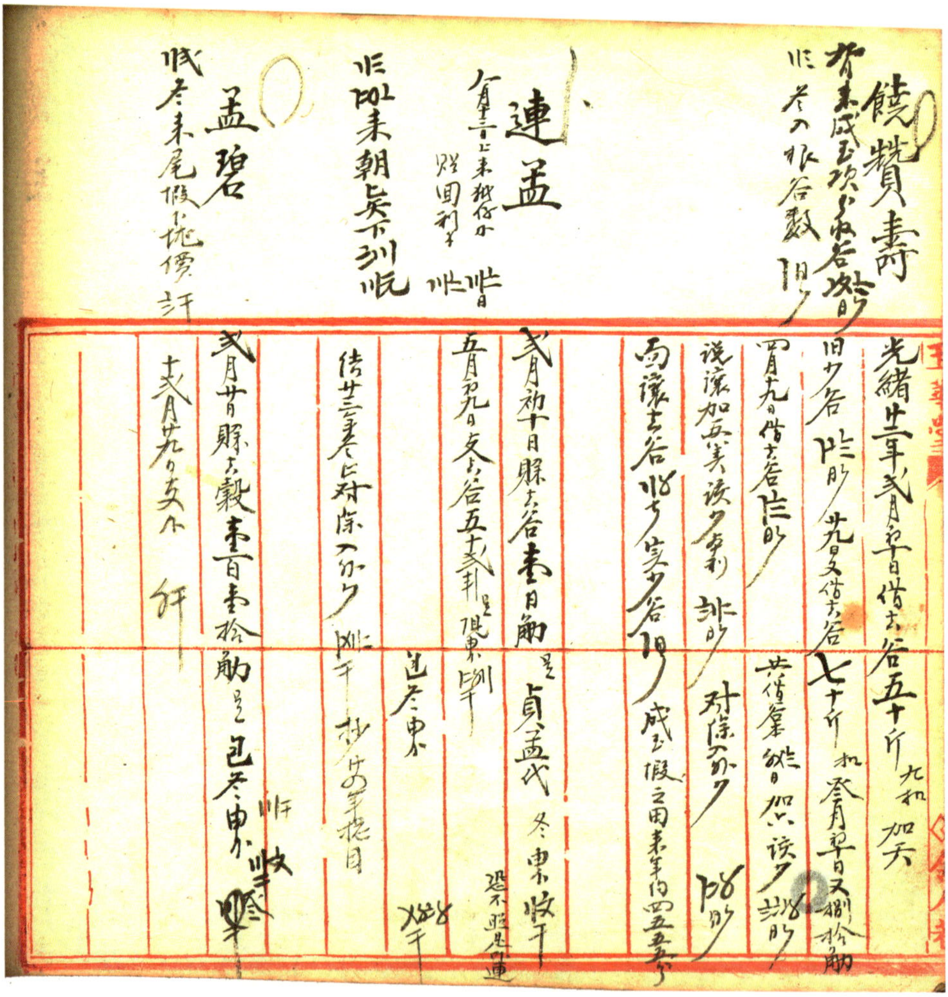

8-2-41-232　清光緒十八年銀錢油穀發借總目（二三二）

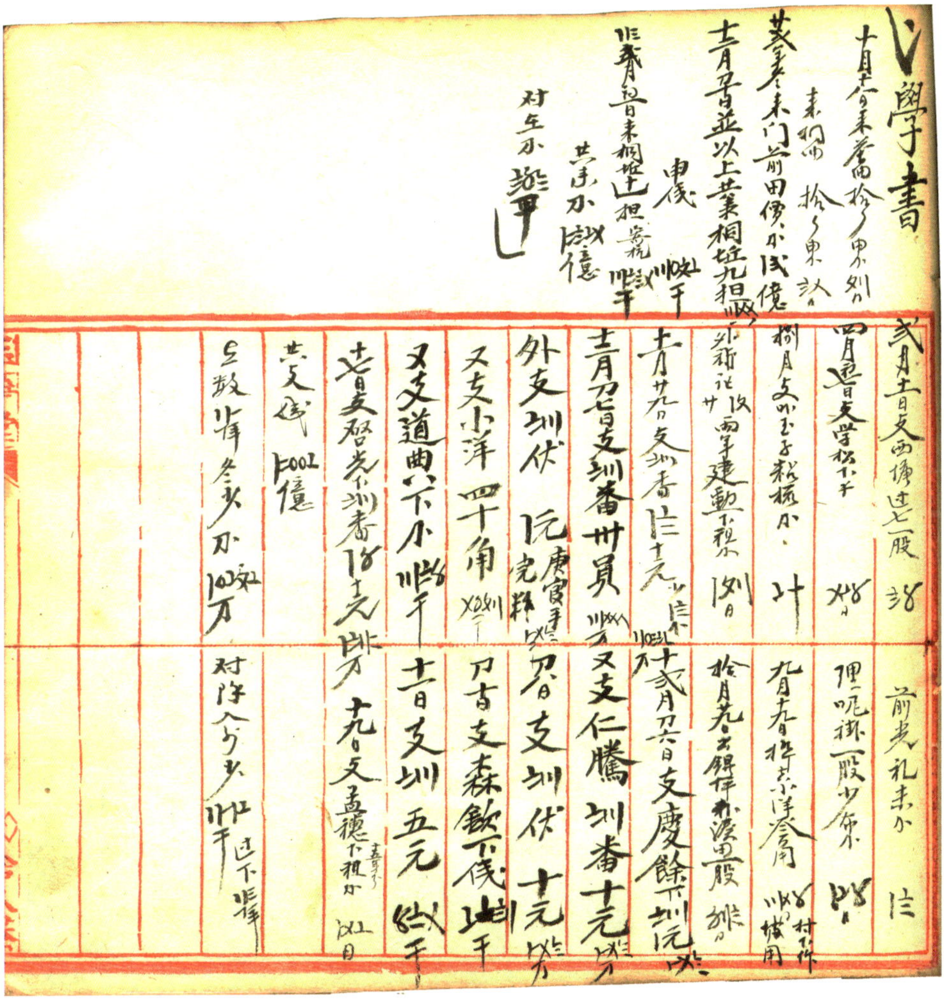

8-2-41-233　清光緒十八年銀錢油穀發借總目（二三三）

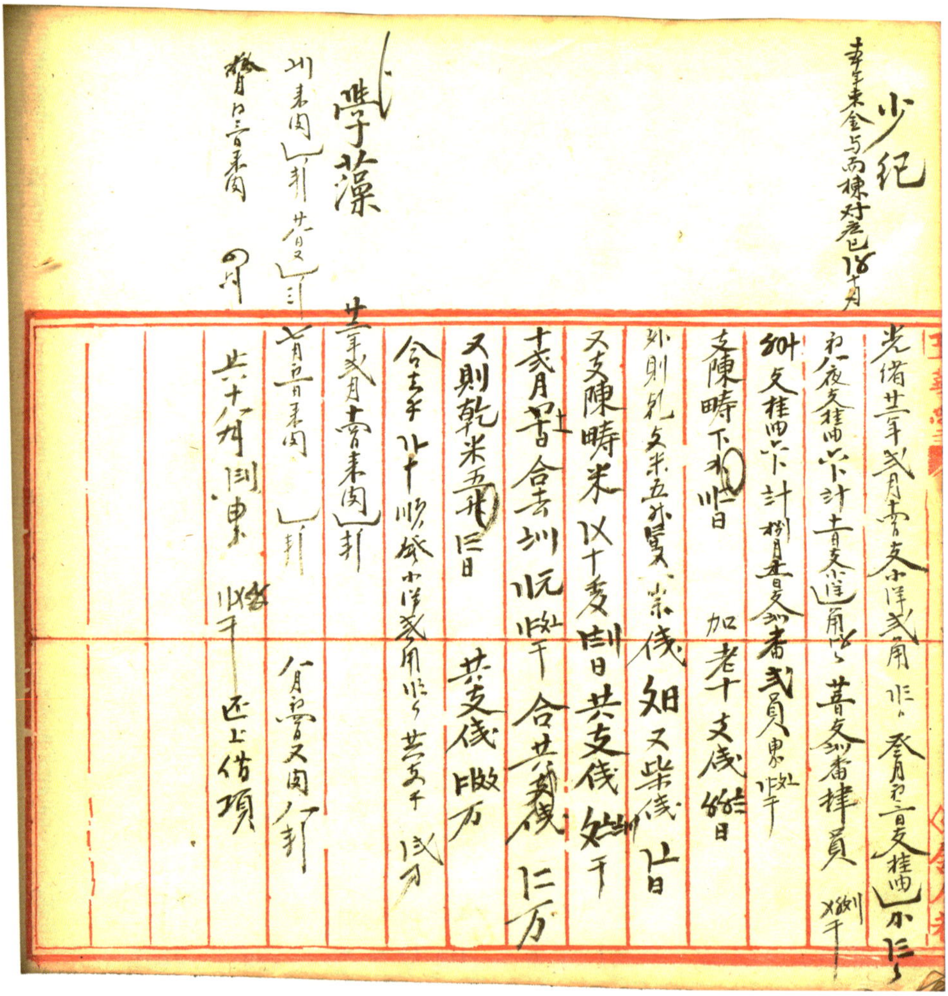

8-2-41-234　清光緒十八年銀錢油穀發借總目（二三四）

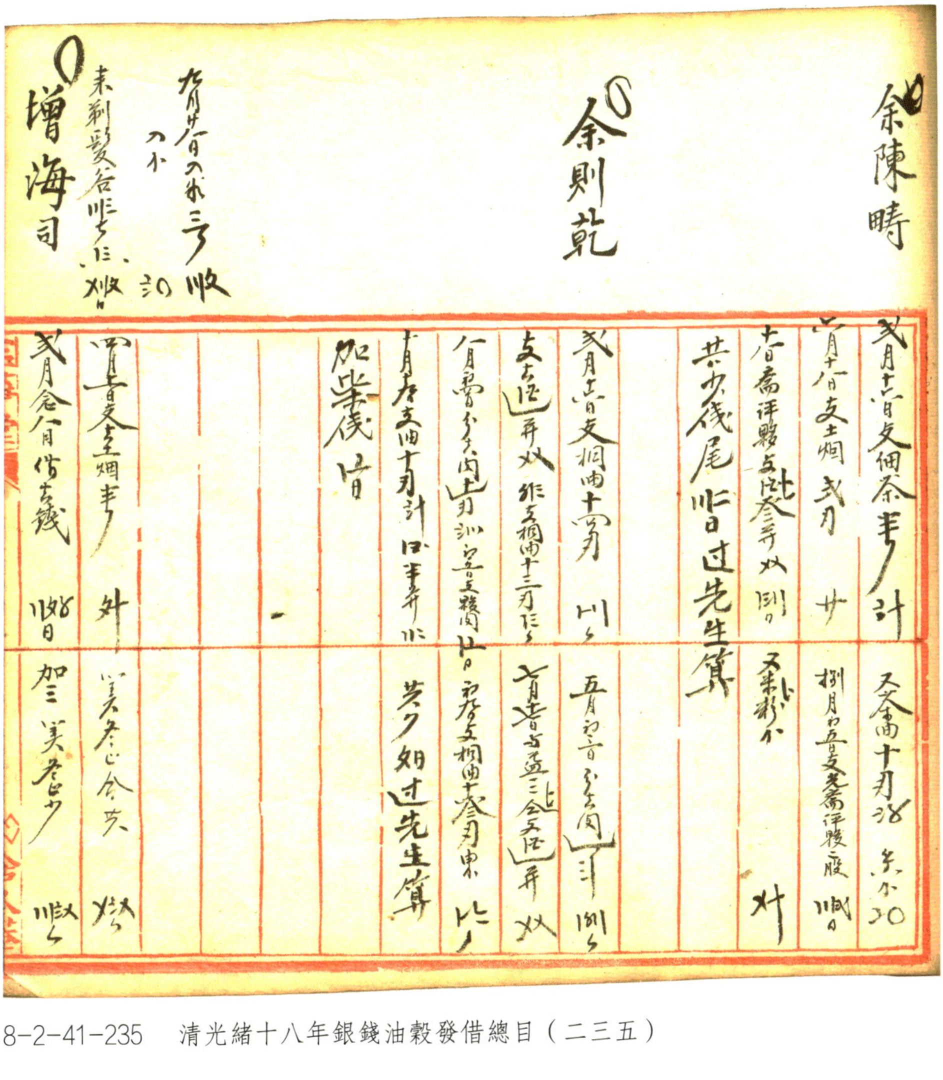

8-2-41-235　清光緒十八年銀錢油穀發借總目（二三五）

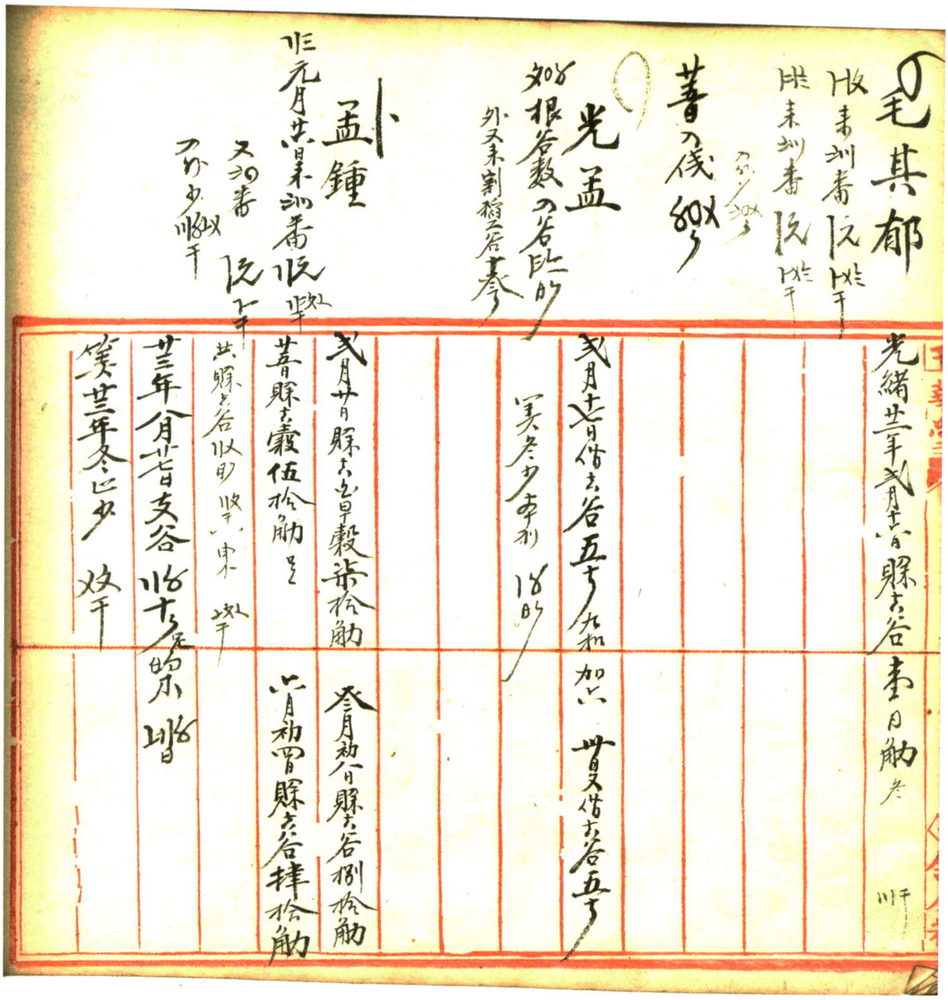

8-2-41-236　清光緒十八年銀錢油穀發借總目（二三六）

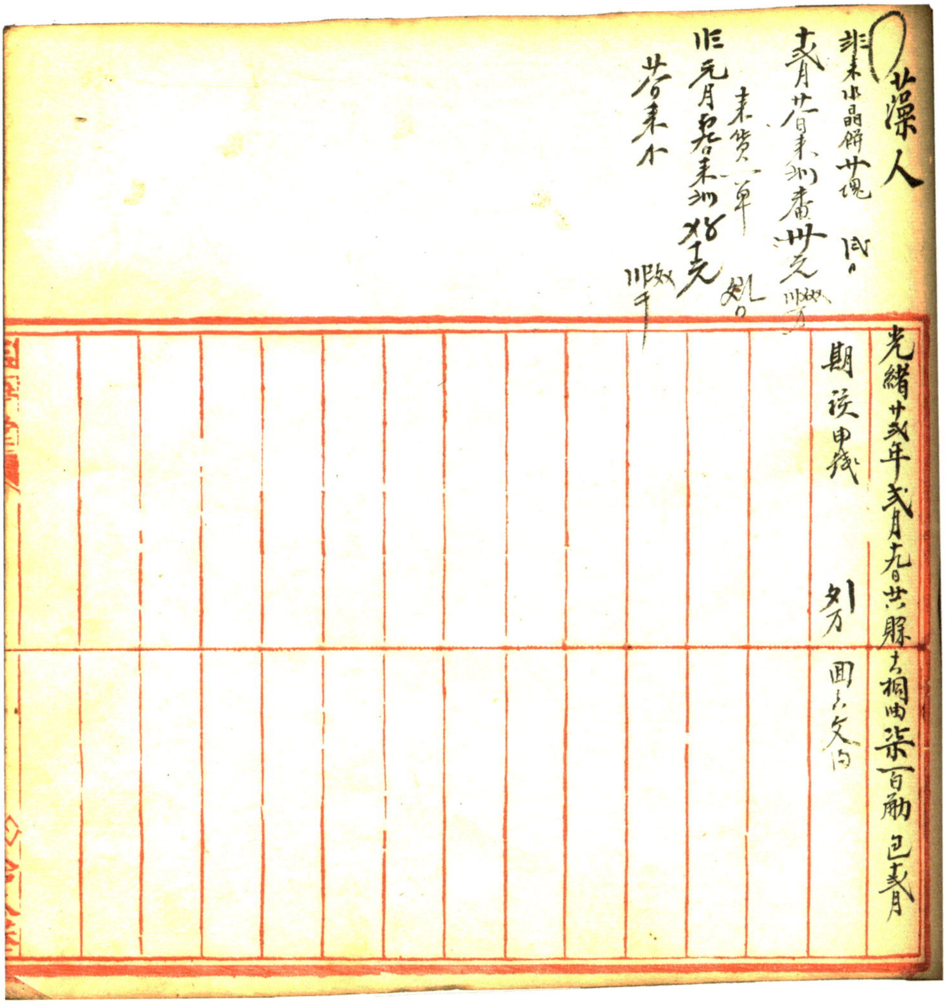

8-2-41-237　清光緒十八年銀錢油穀發借總目（二三七）

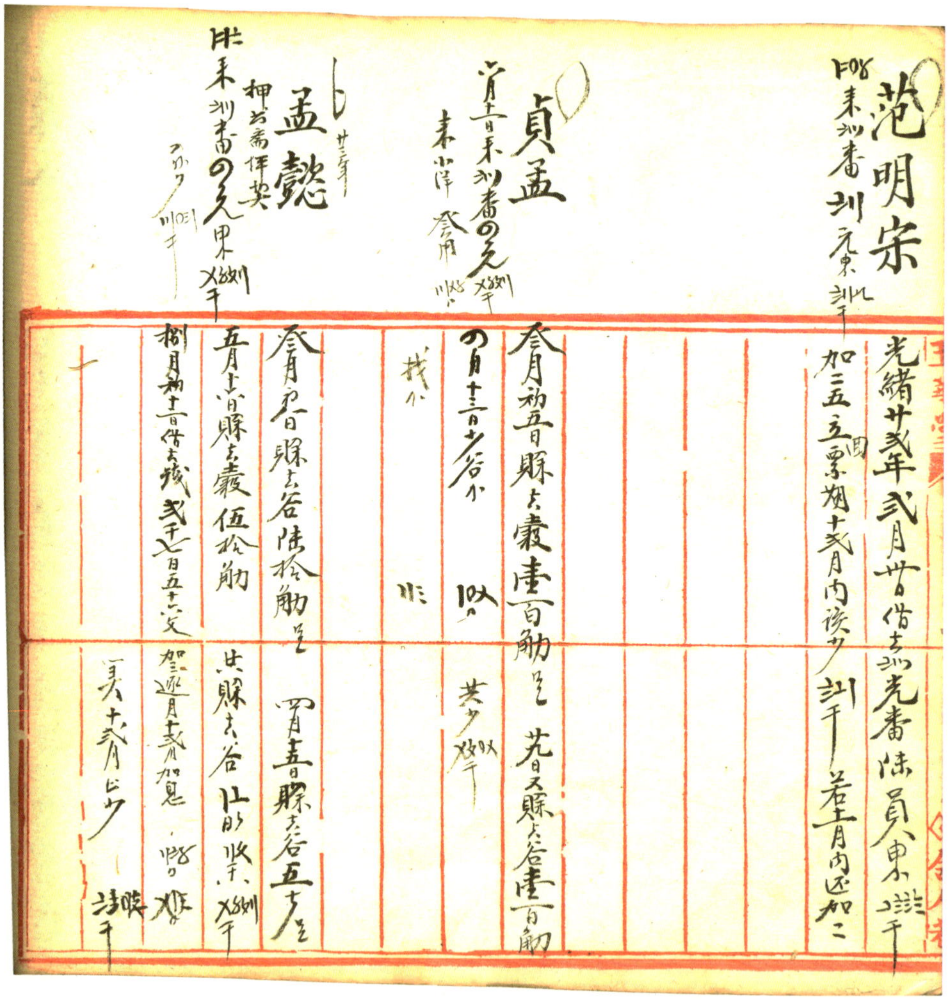

8-2-41-238　清光緒十八年銀錢油穀發借總目（二三八）

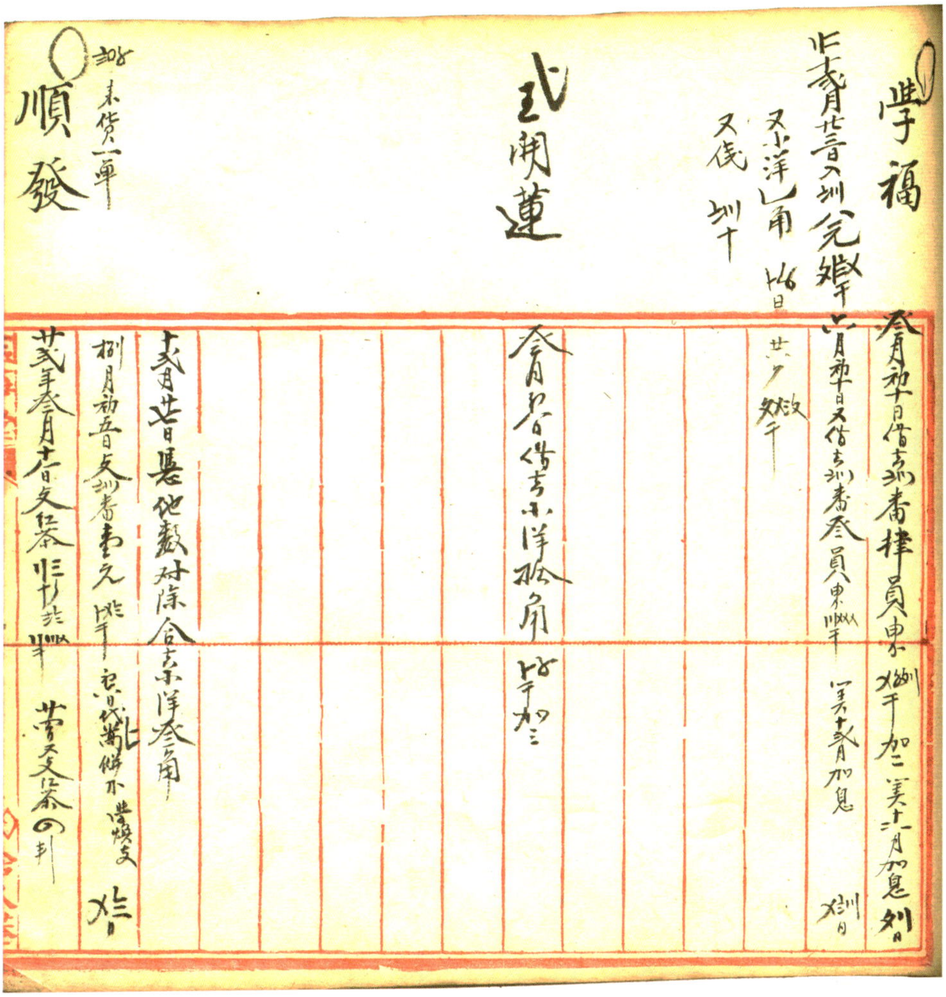

8-2-41-239　清光緒十八年銀錢油穀發借總目（二三九）

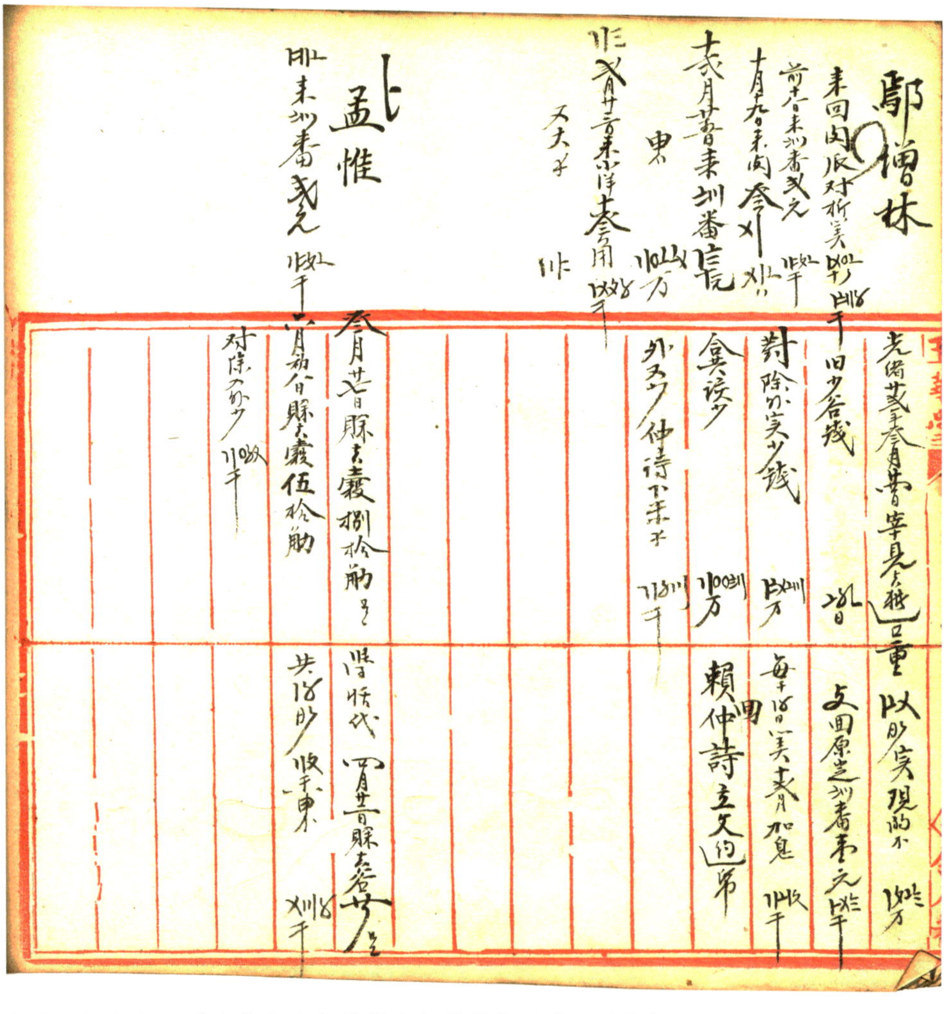

8-2-41-240　清光緒十八年銀錢油穀發借總目（二四〇）

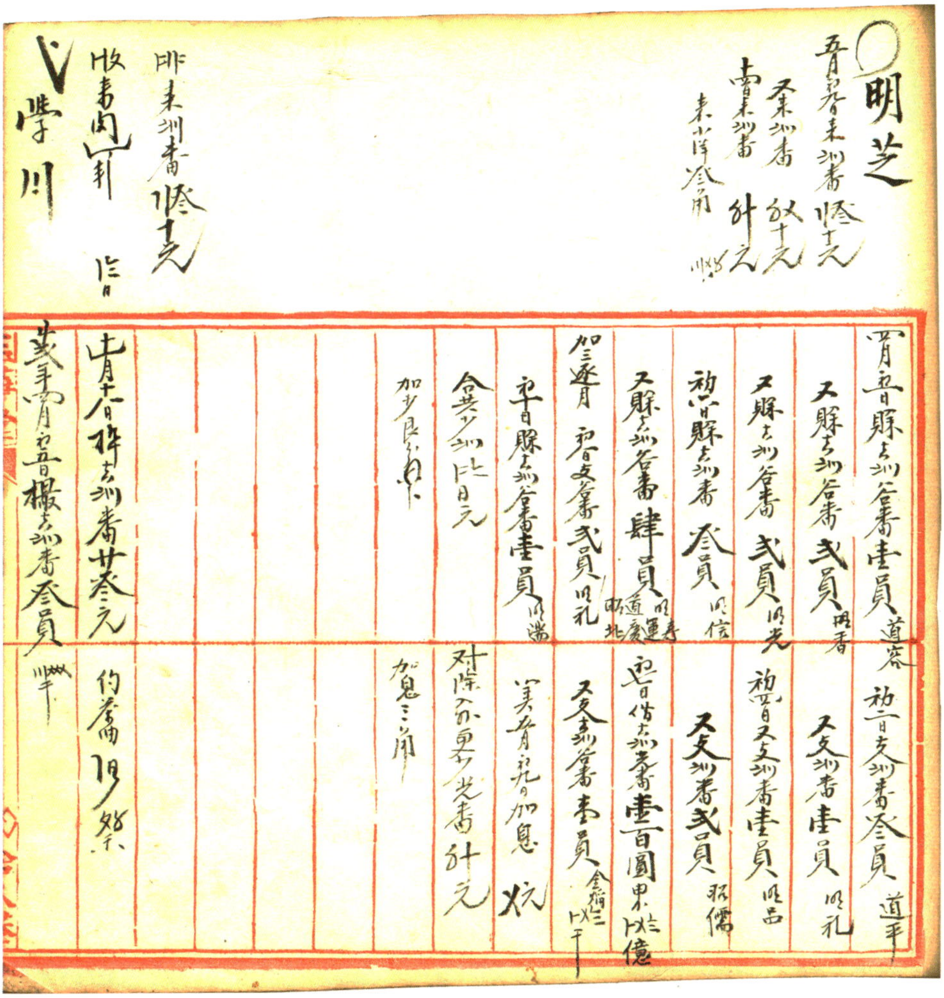

8-2-41-241　清光緒十八年銀錢油穀發借總目（二四一）

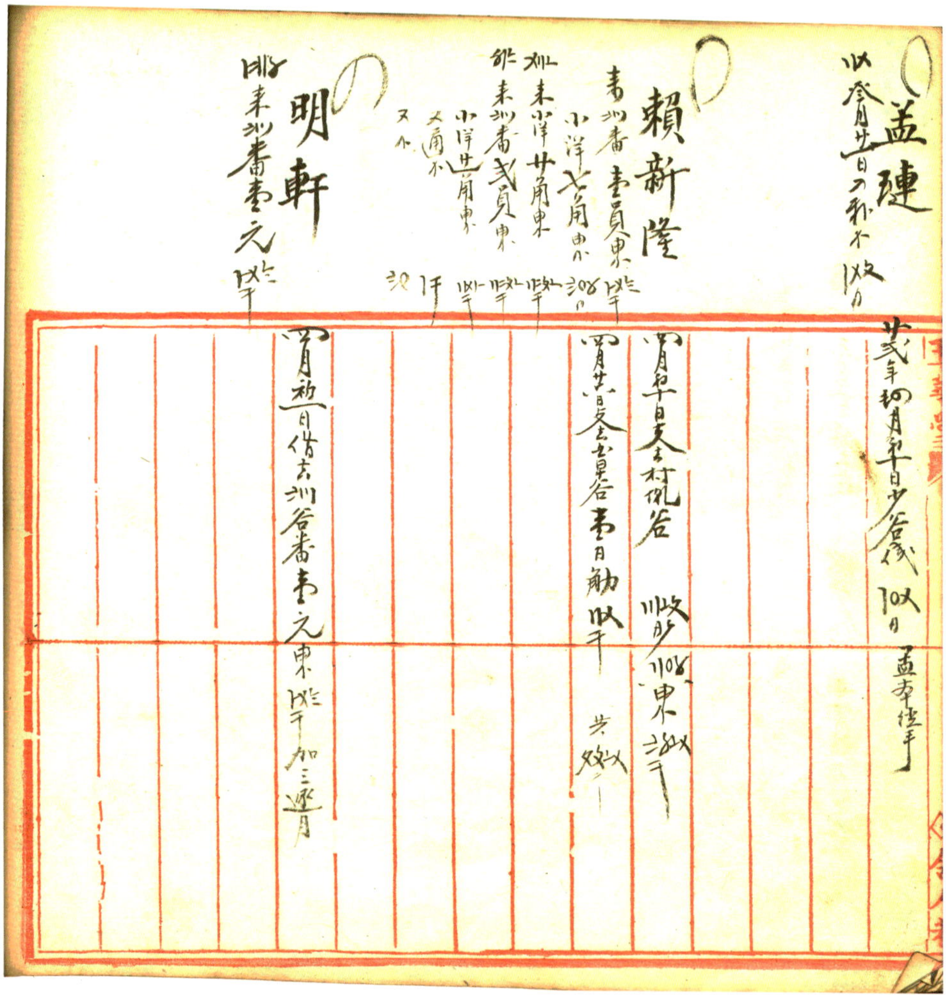

8-2-41-242　清光緒十八年銀錢油穀發借總目（二四二）

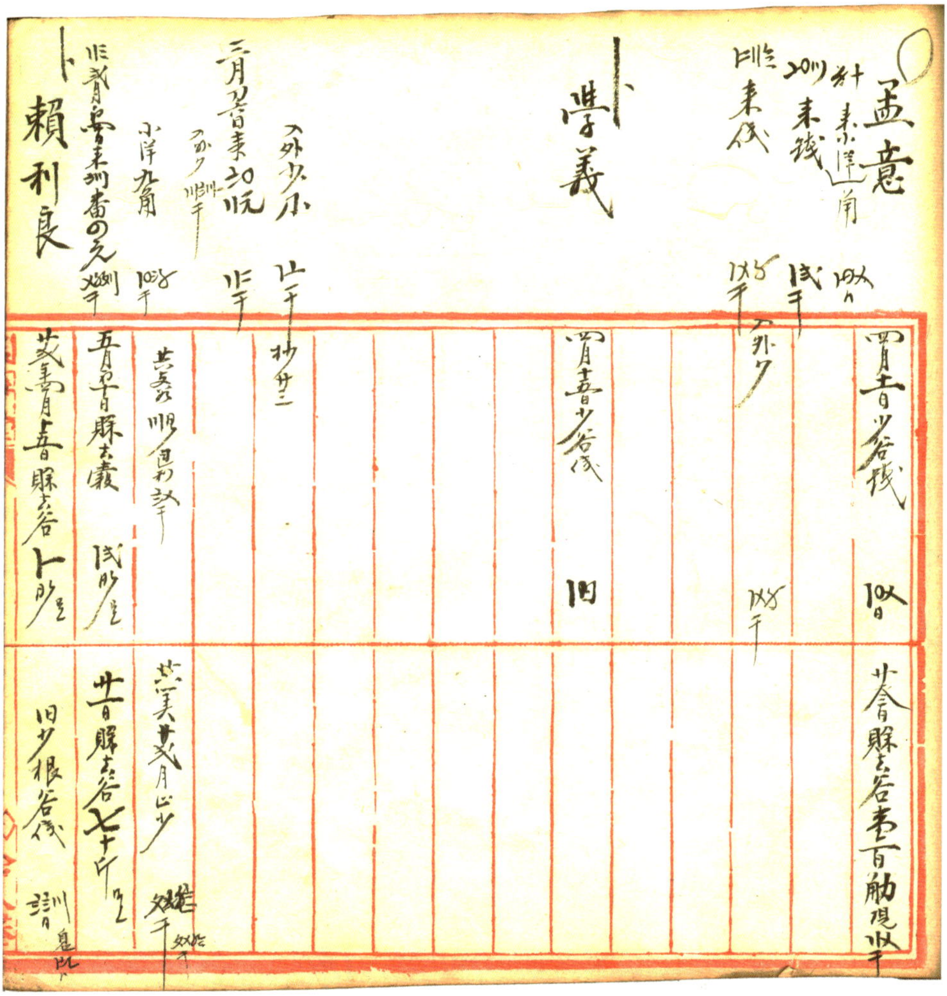

8-2-41-243　清光緒十八年銀錢油穀發借總目（二四三）

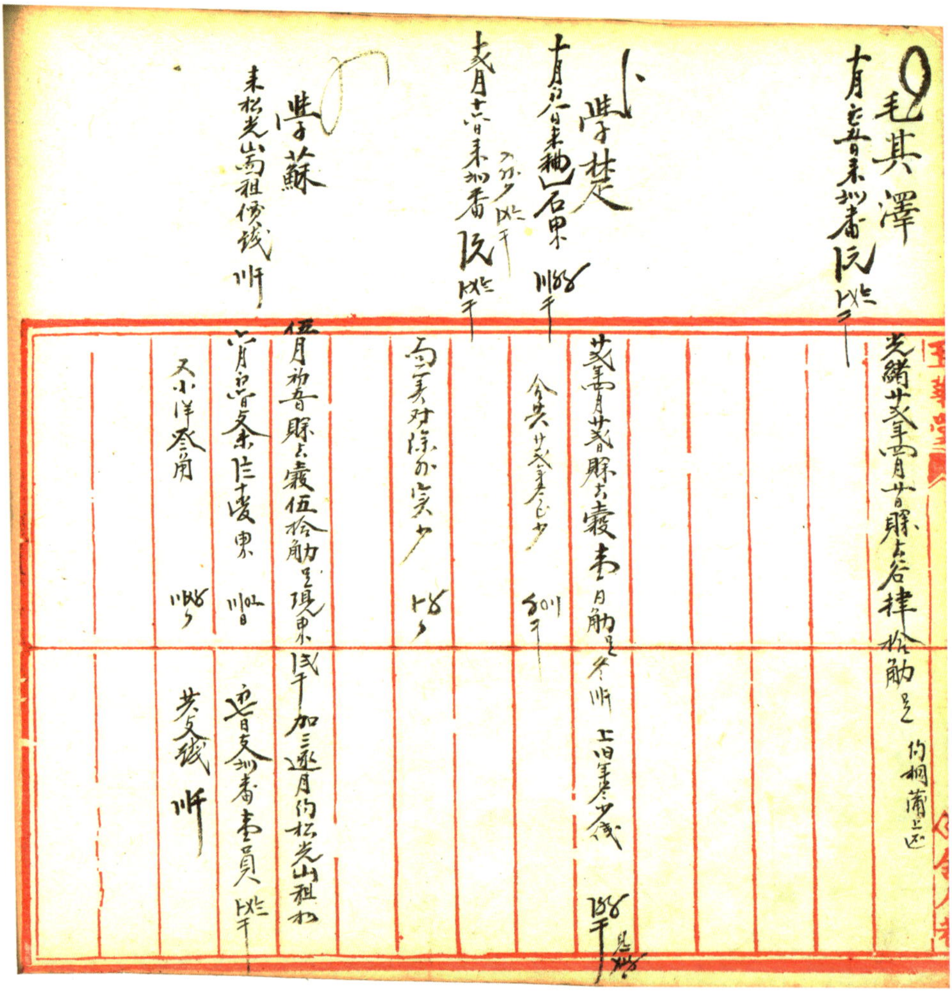

8-2-41-244　清光緒十八年銀錢油穀發借總目（二四四）

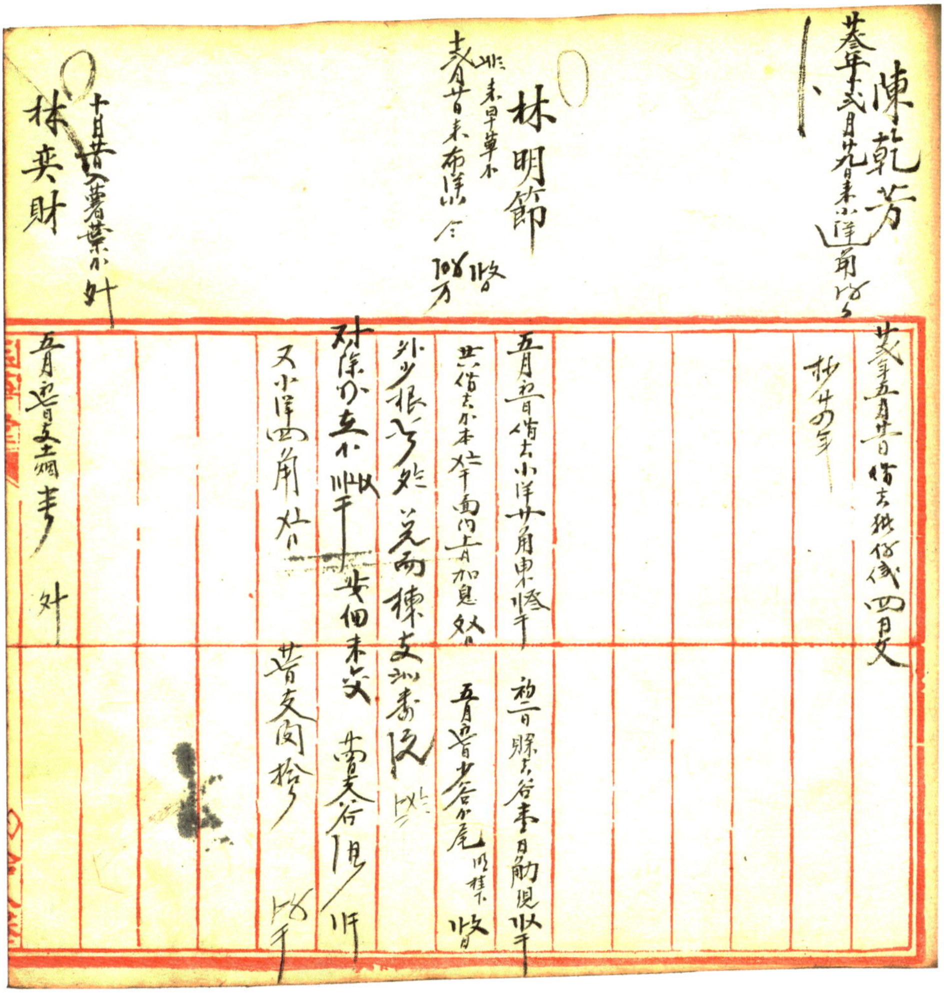

8-2-41-245　清光緒十八年銀錢油穀發借總目（二四五）

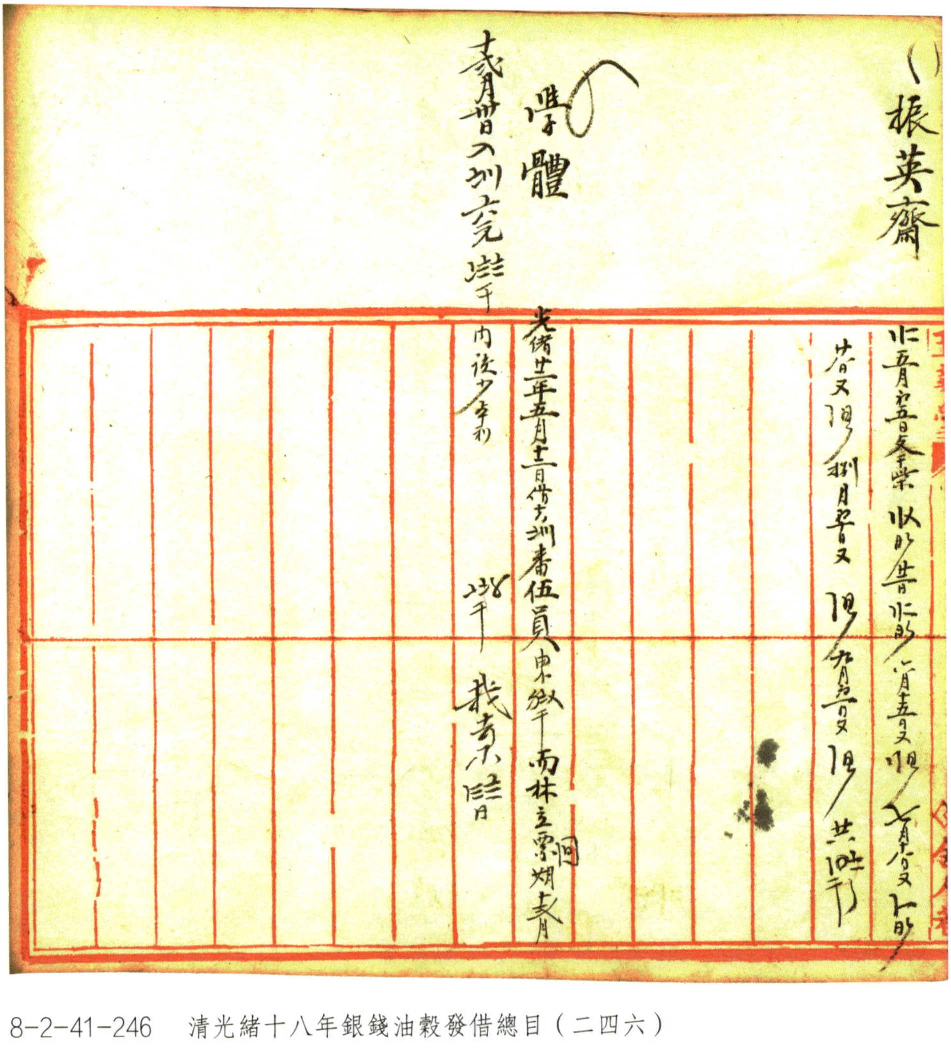
振英齋
學體

8-2-41-246　清光緒十八年銀錢油穀發借總目（二四六）

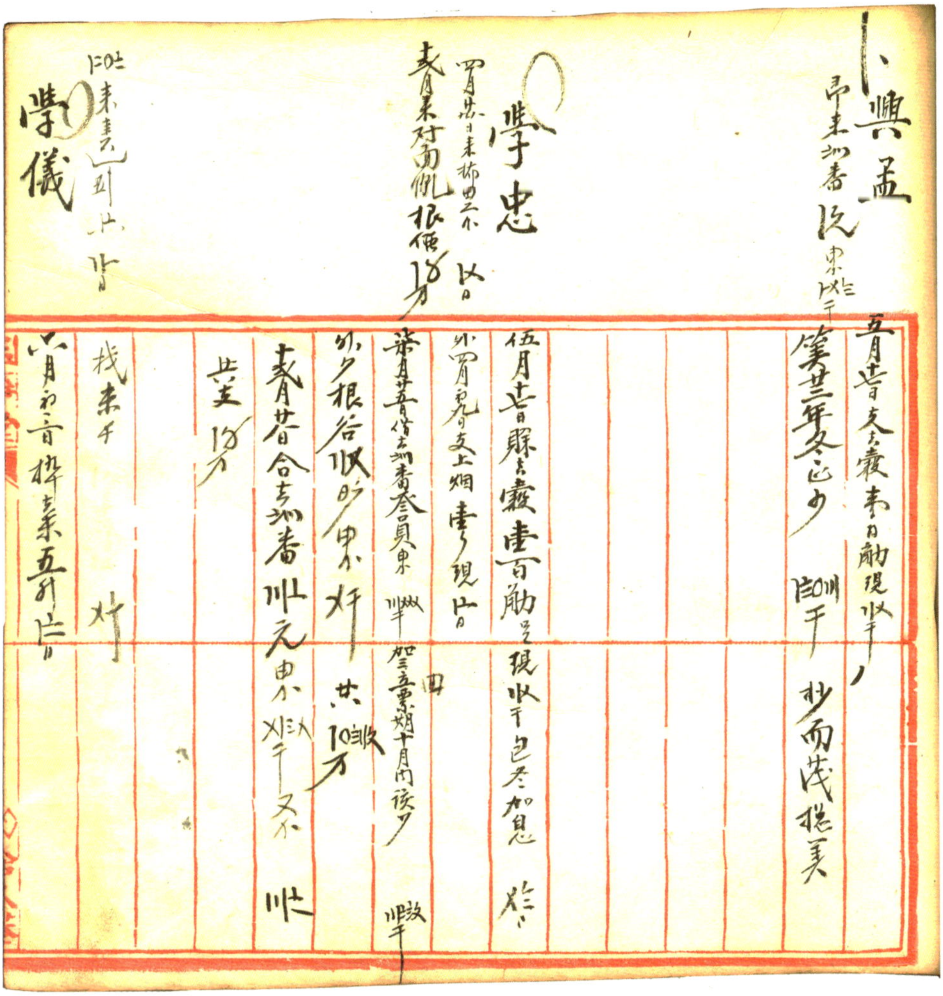

8-2-41-247　清光緒十八年銀錢油穀發借總目（二四七）

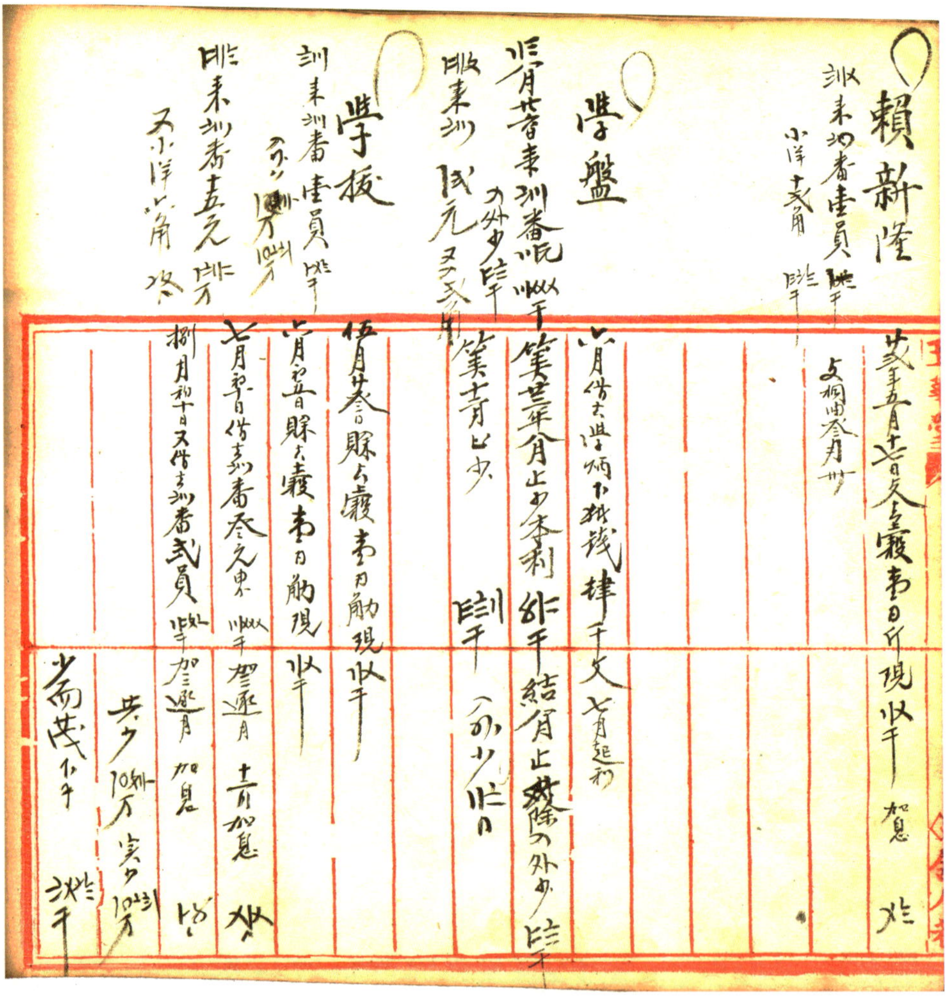

8-2-41-248　清光緒十八年銀錢油穀發借總目（二四八）

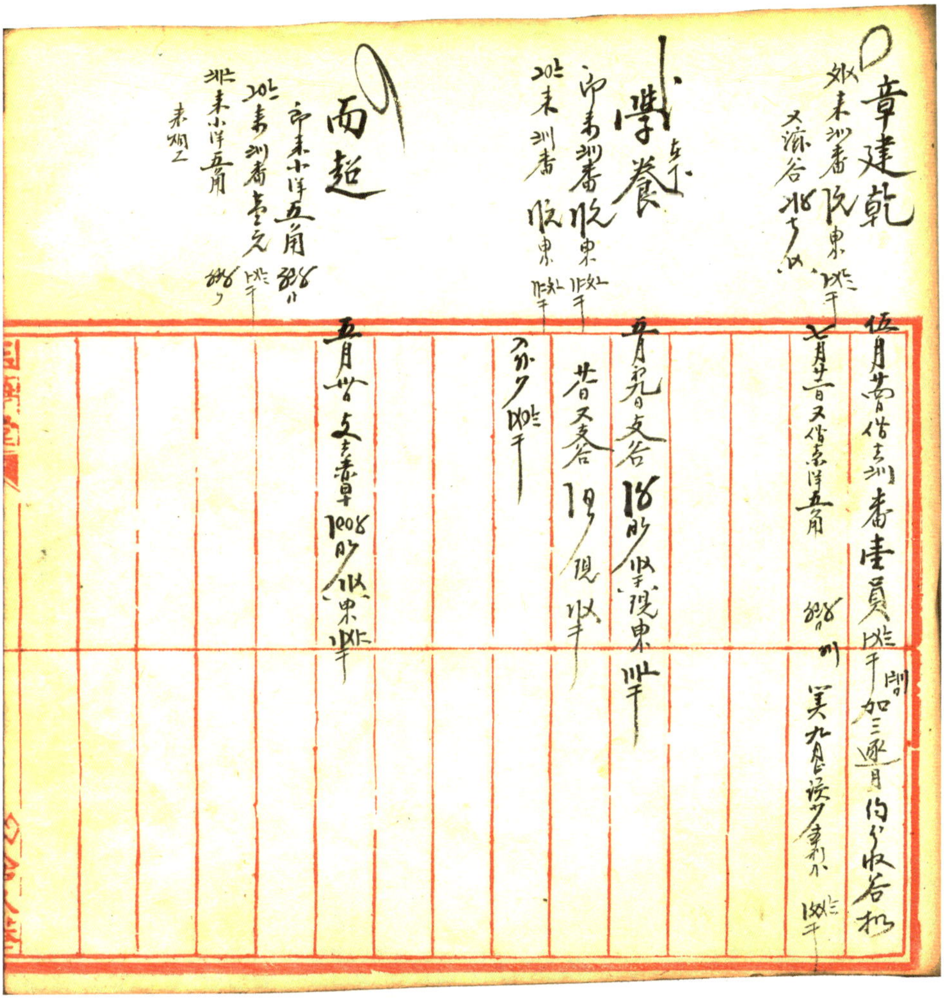

8-2-41-249　清光緒十八年銀錢油穀發借總目（二四九）

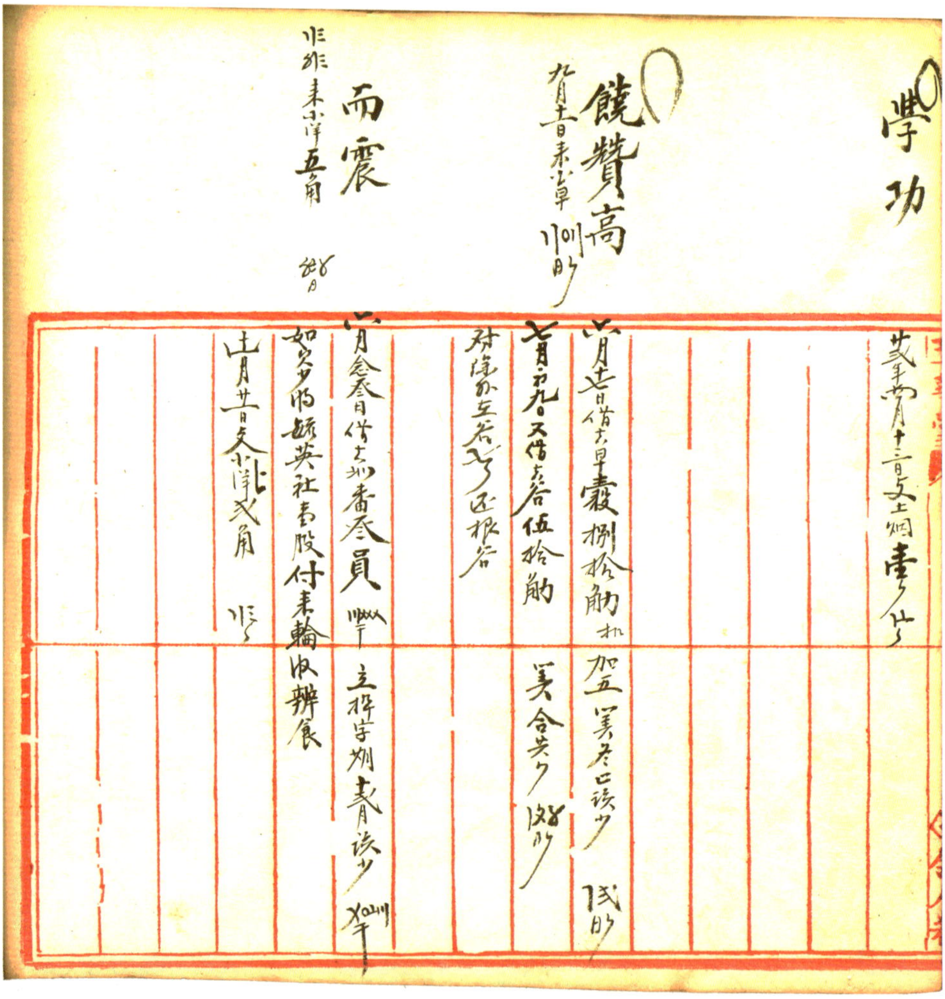

8-2-41-250　清光緒十八年銀錢油穀發借總目（二五〇）

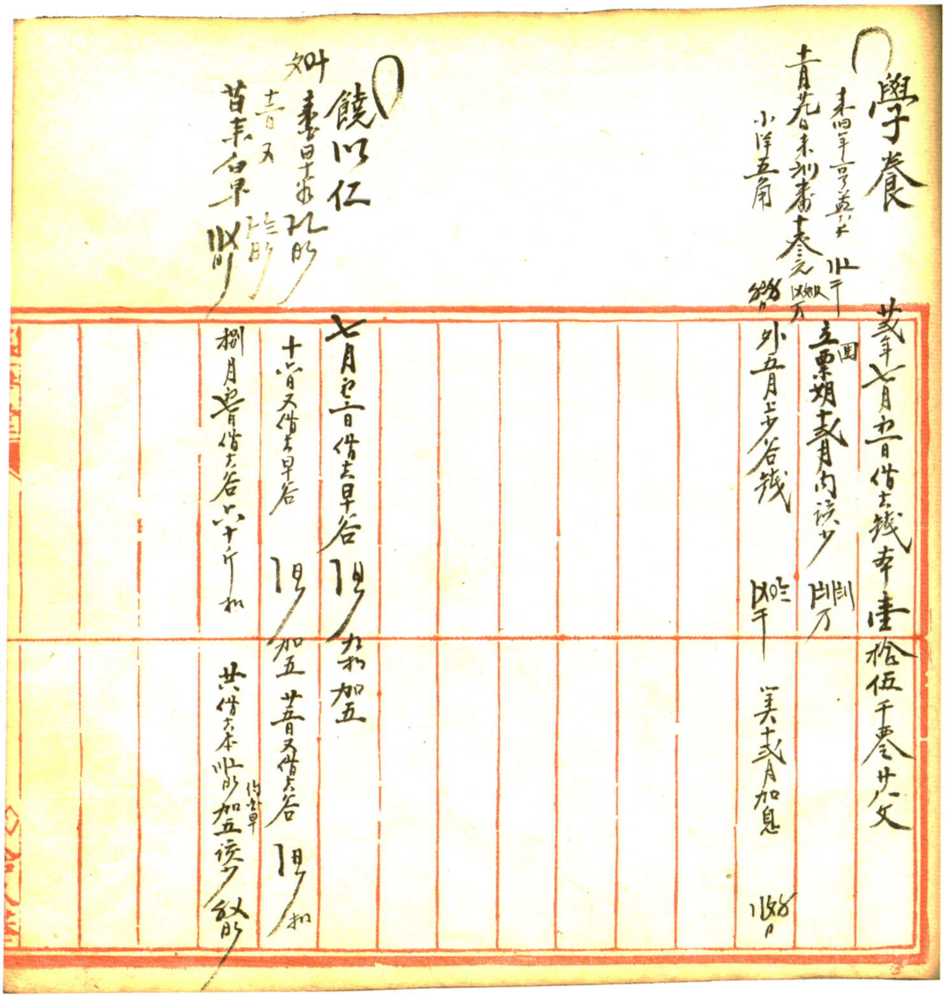

8-2-41-251　清光緒十八年銀錢油穀發借總目（二五一）

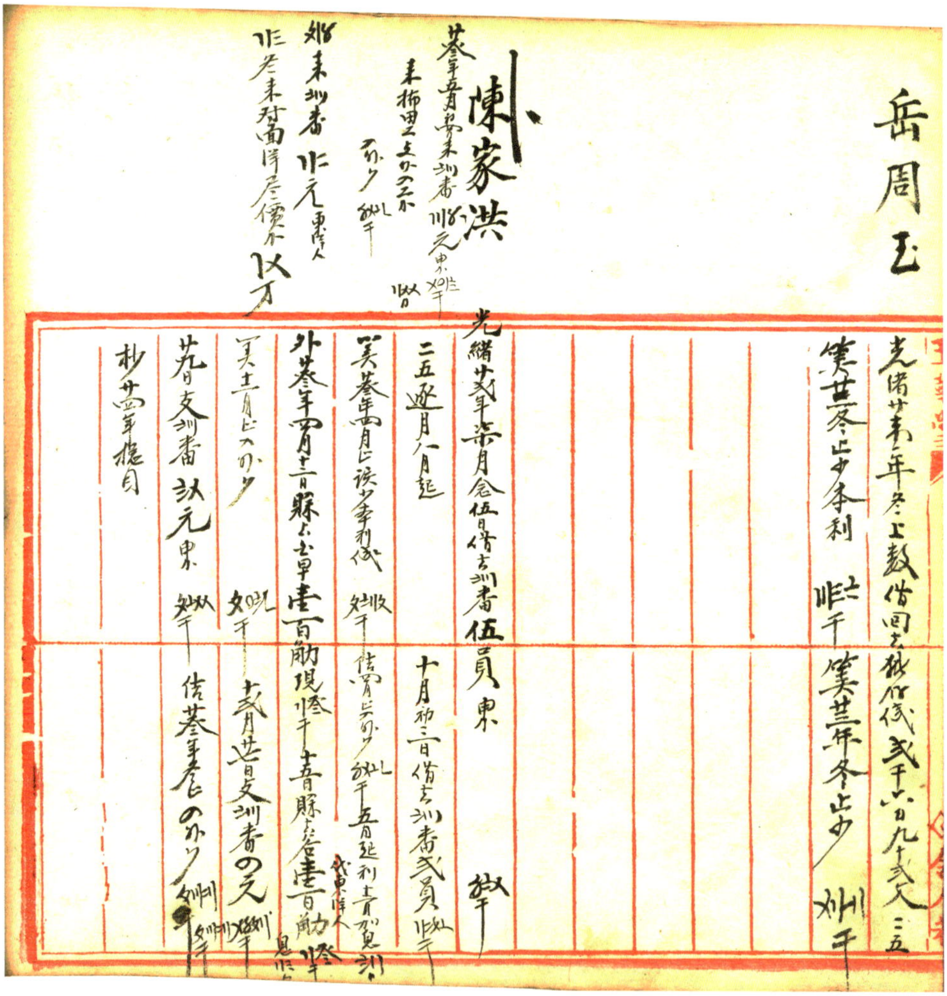
岳周玉

陳家洪

8-2-41-252　清光緒十八年銀錢油穀發借總目（二五二）

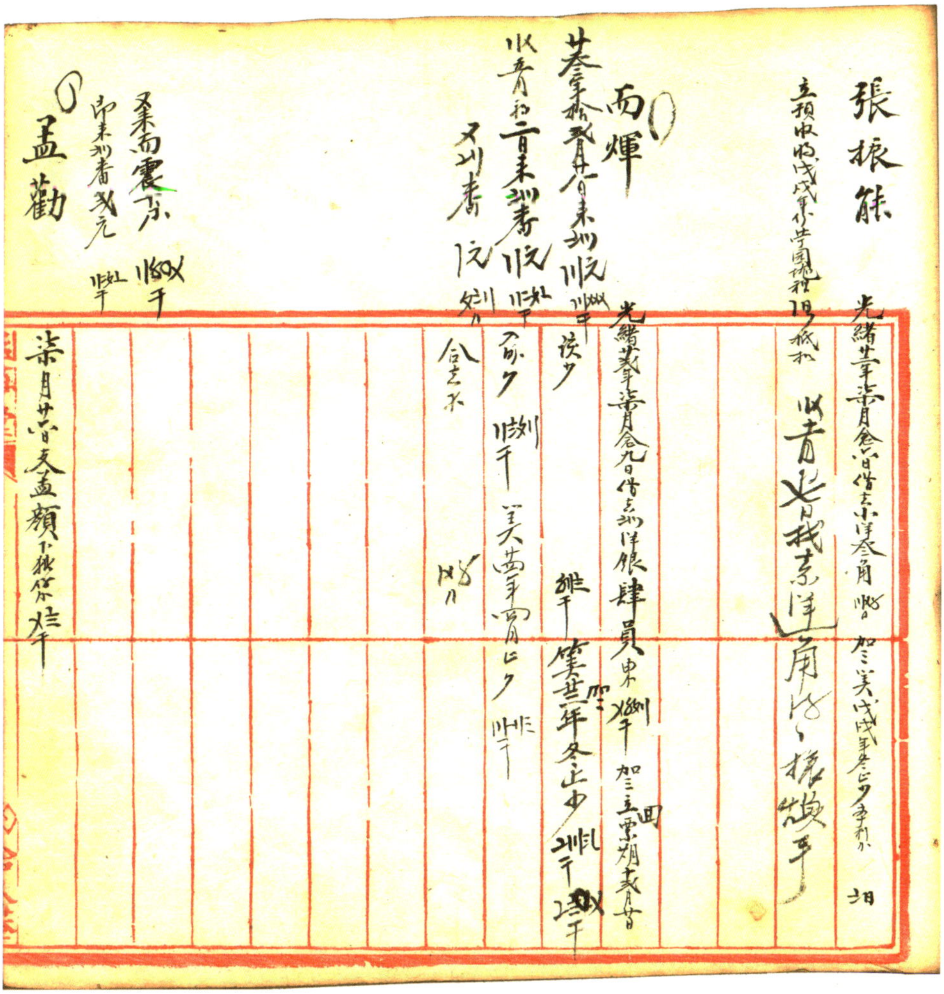

8-2-41-253　清光緒十八年銀錢油穀發借總目（二五三）

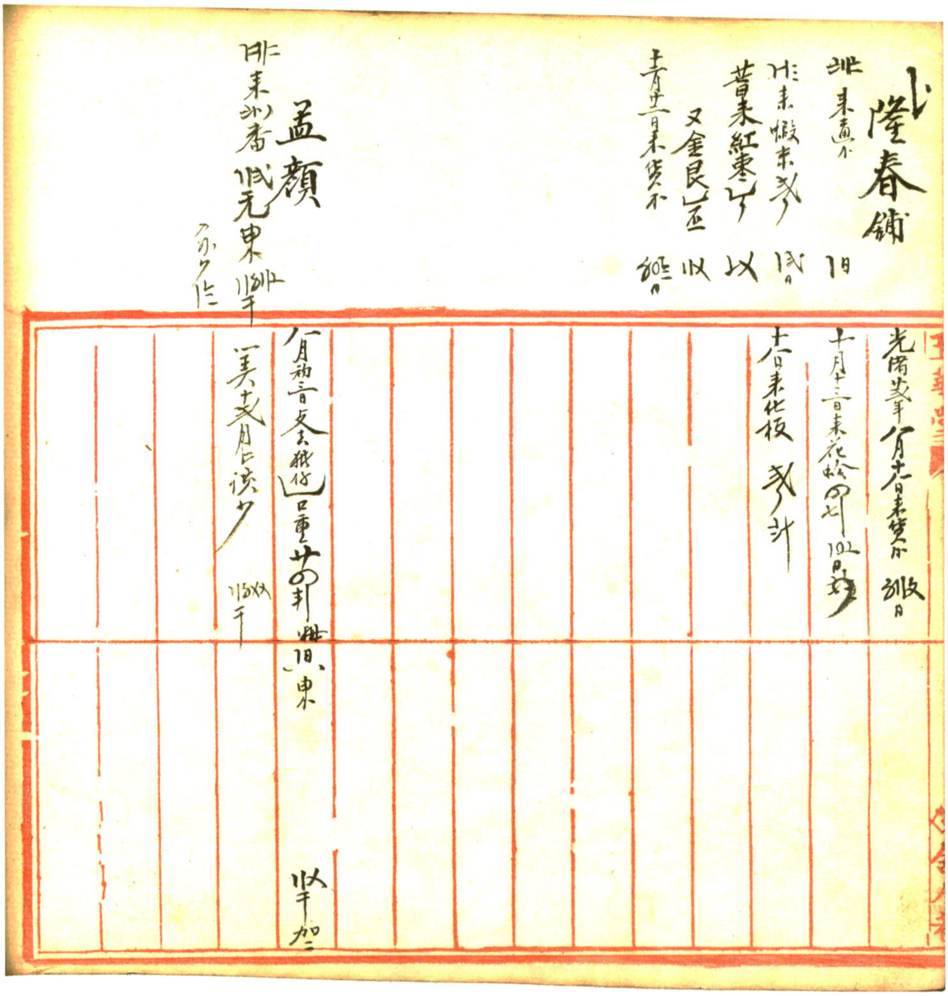
隆春鋪

益顏

8-2-41-254　清光緒十八年銀錢油穀發借總目（二五四）

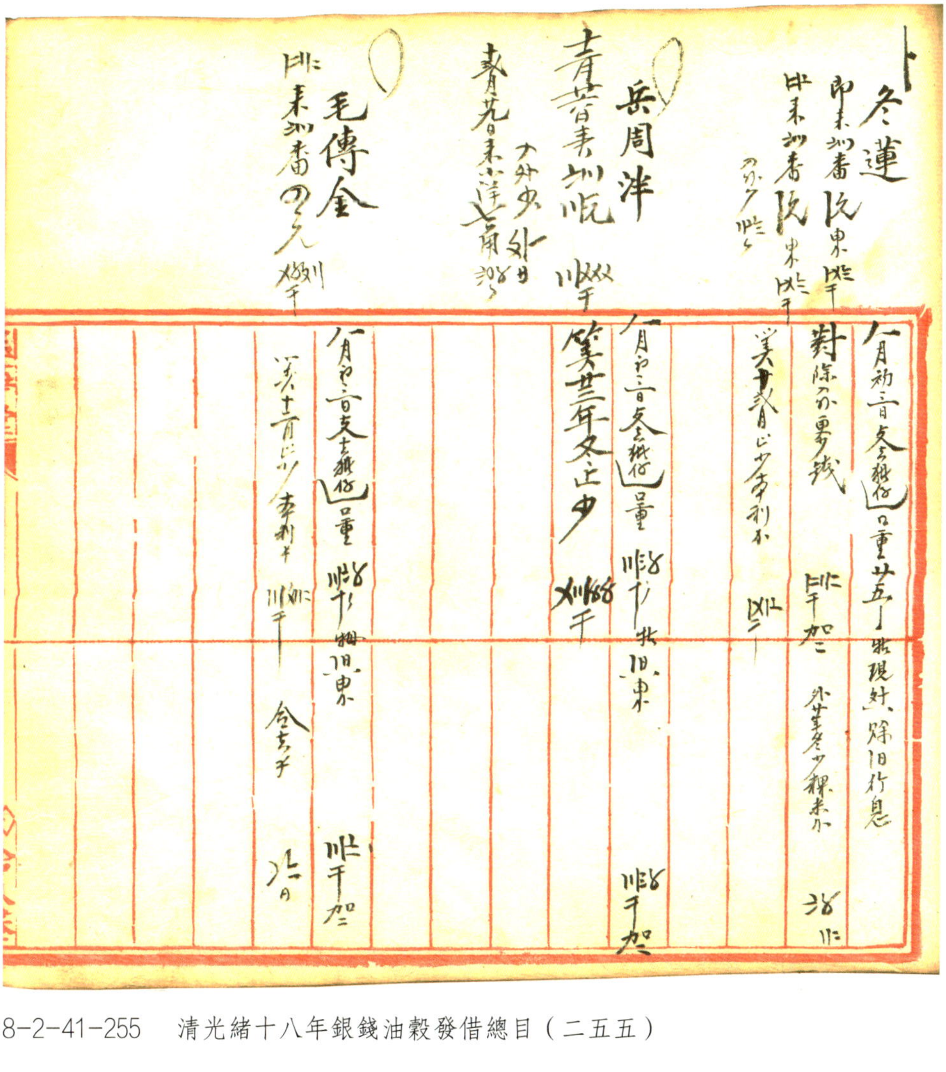

8-2-41-255　清光緒十八年銀錢油穀發借總目（二五五）

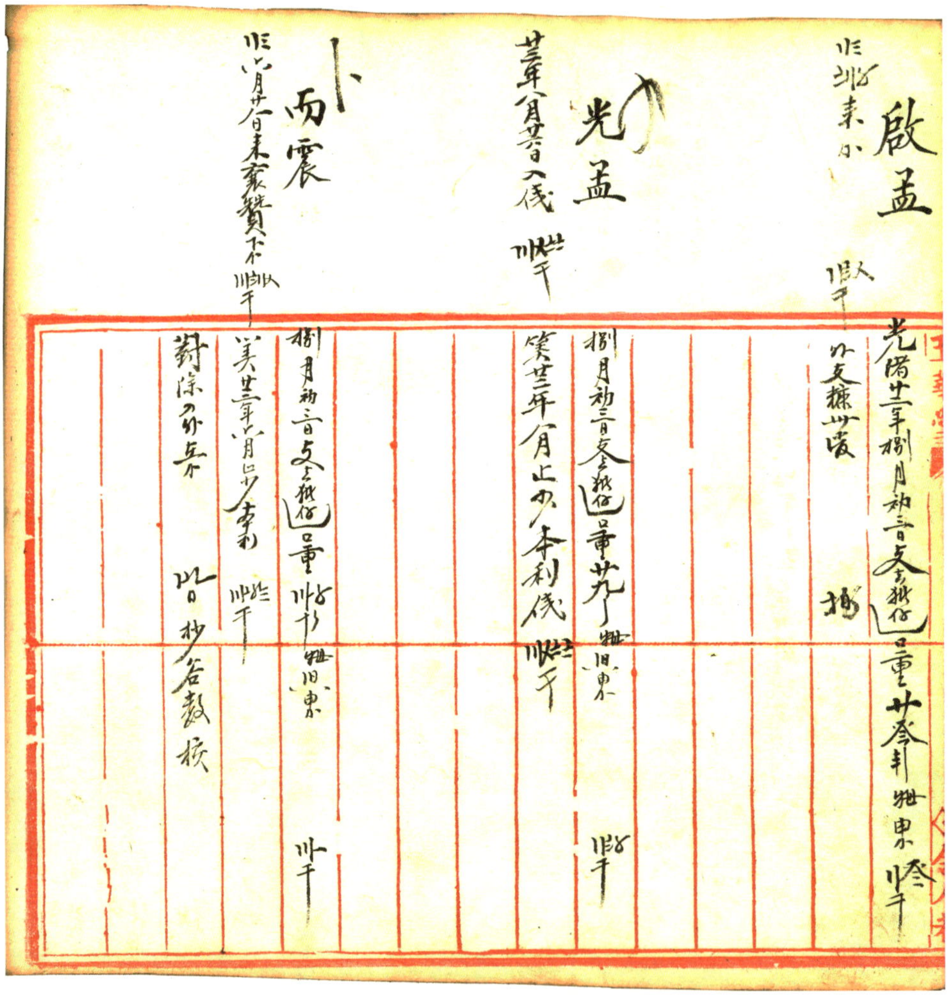

8-2-41-256　清光緒十八年銀錢油穀發借總目（二五六）

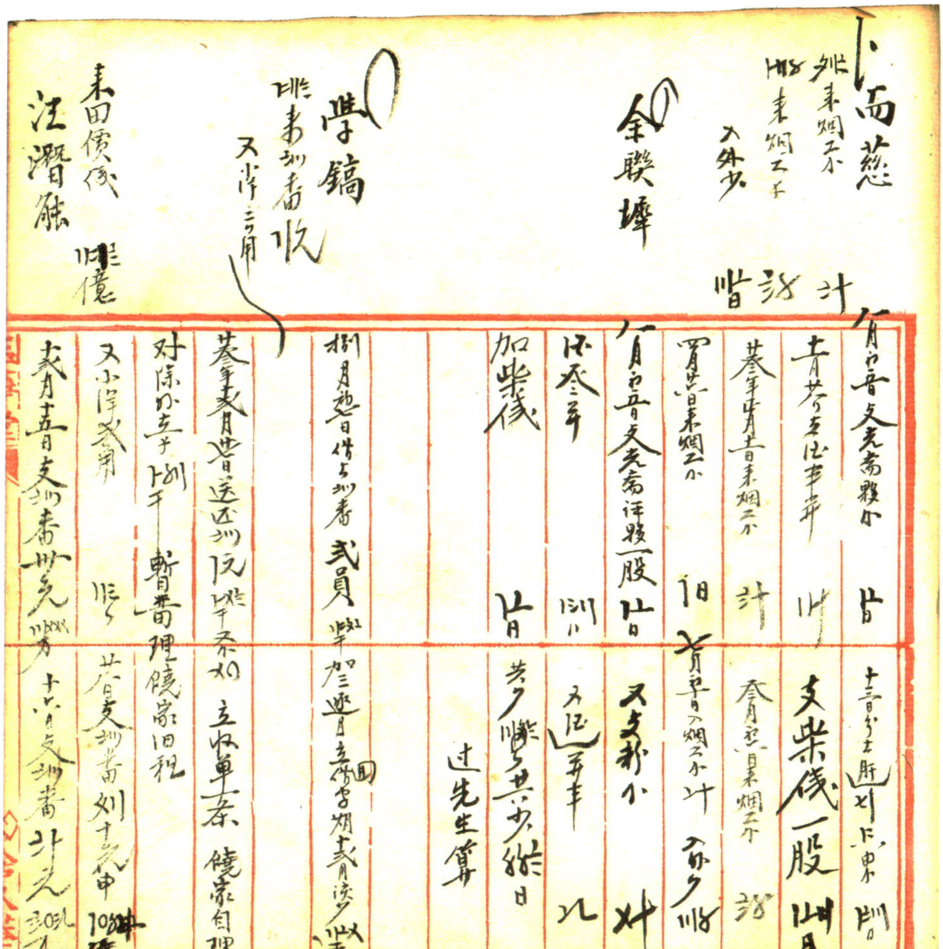

8-2-41-257　清光緒十八年銀錢油穀發借總目（二五七）

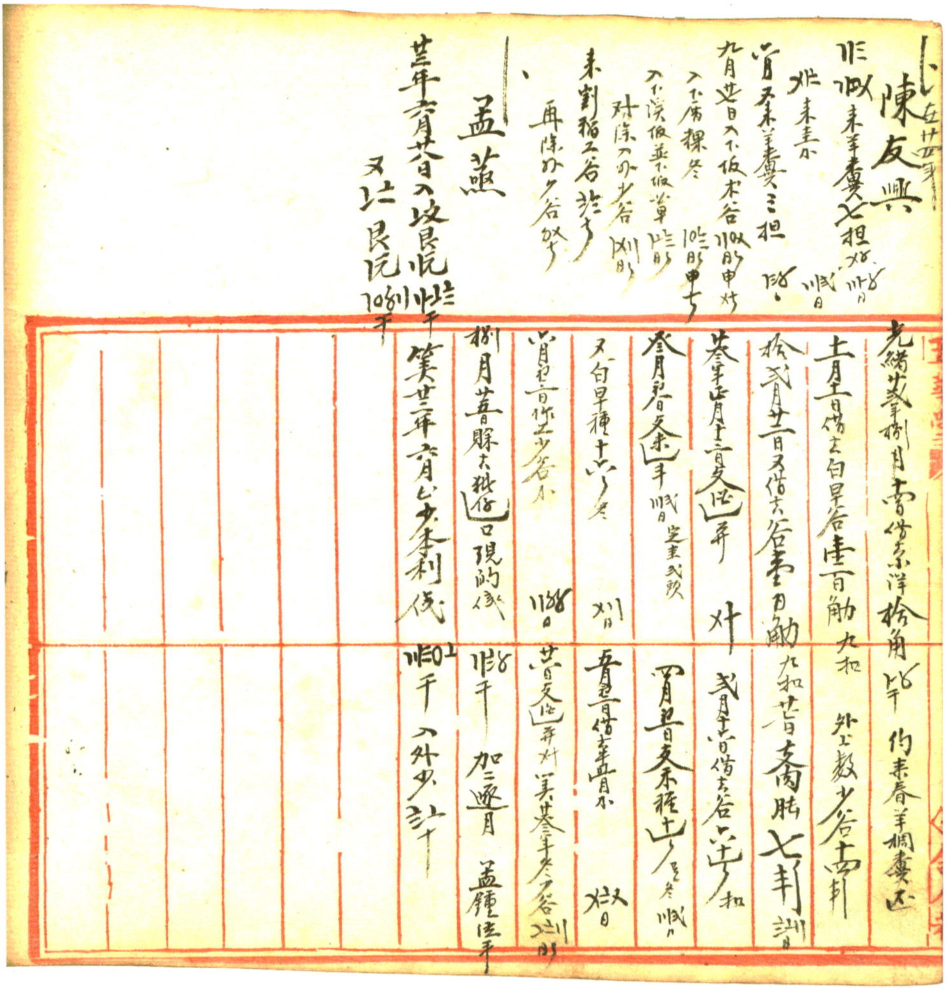

8-2-41-258　清光緒十八年銀錢油穀發借總目（二五八）

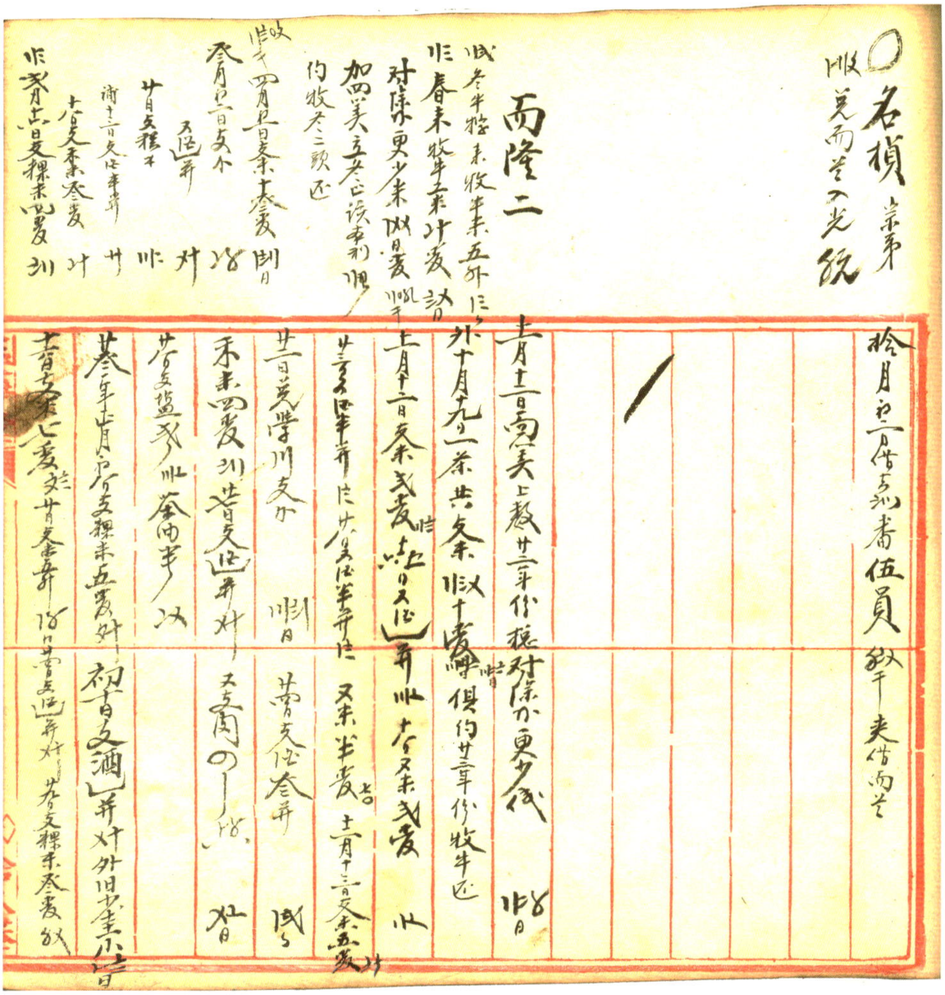

8-2-41-259　清光緒十八年銀錢油穀發借總目（二五九）

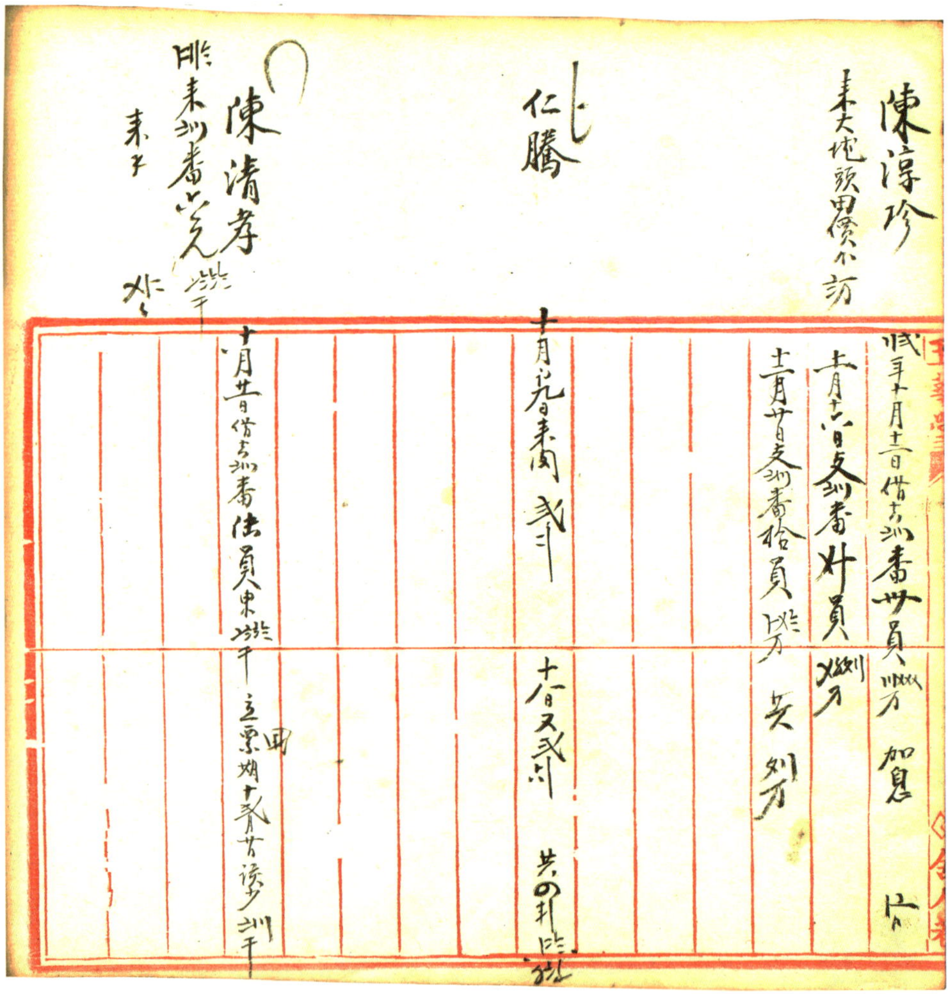

8-2-41-260　清光緒十八年銀錢油穀發借總目（二六〇）

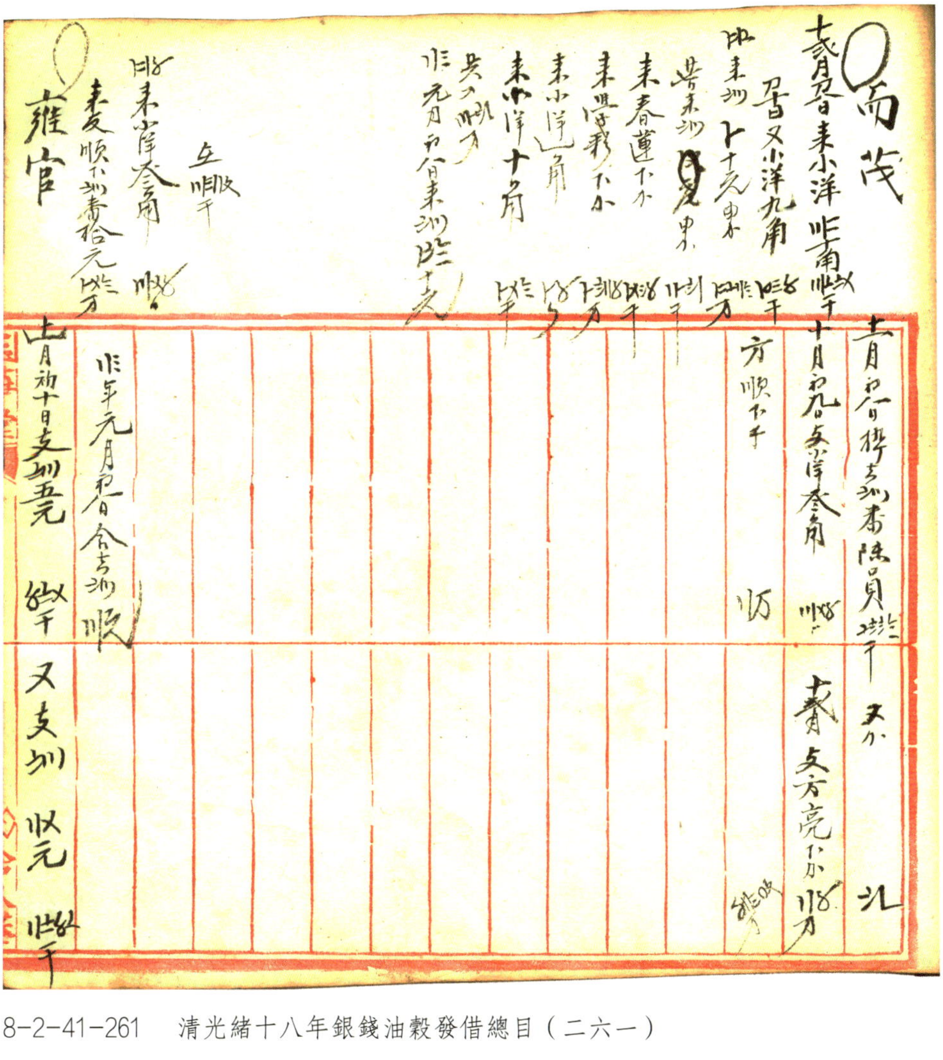

8-2-41-261　清光緒十八年銀錢油穀發借總目（二六一）

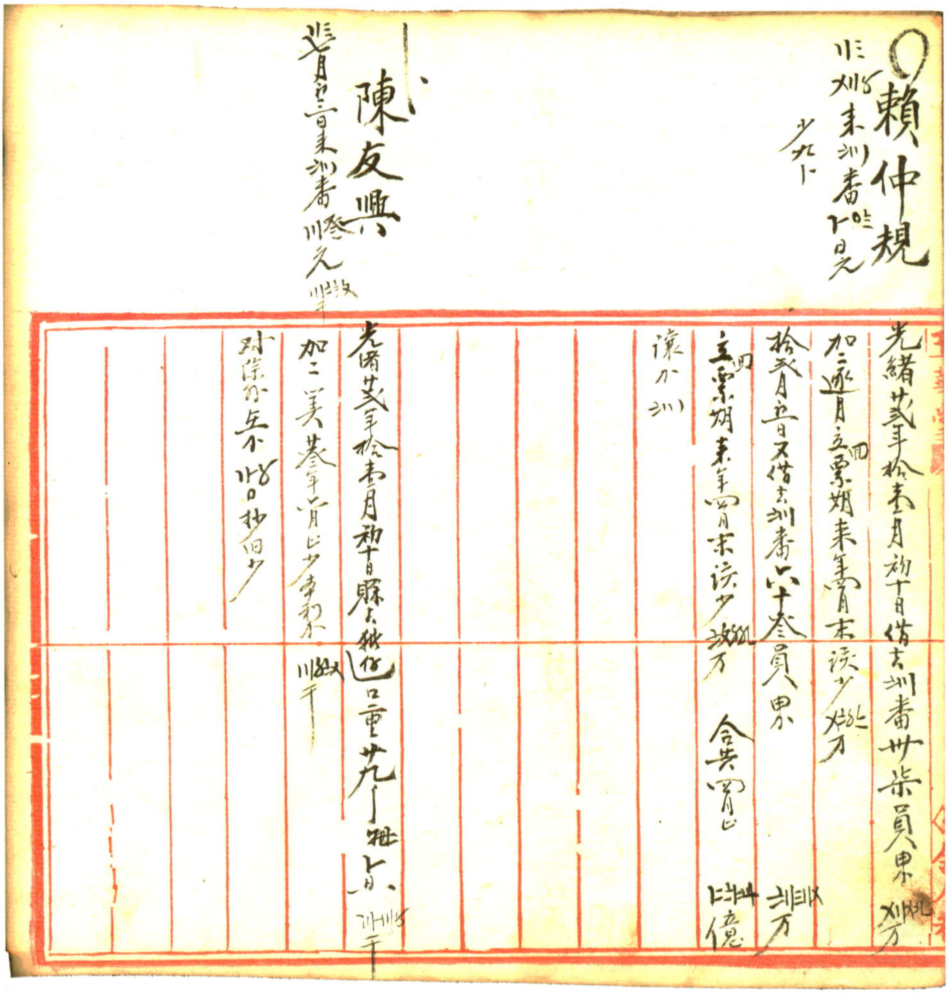
賴仲規

陳友興

光緒廿貳年拾壹月初十日借去訓番廿柒員八里

加二逐月立票胡來年

拾貳月五日又借去訓番六十叁員八里分

立票胡來年四月

讓分訓

光緒廿貳年拾壹月初十日

8-2-41-262　清光緒十八年銀錢油穀發借總目（二六二）

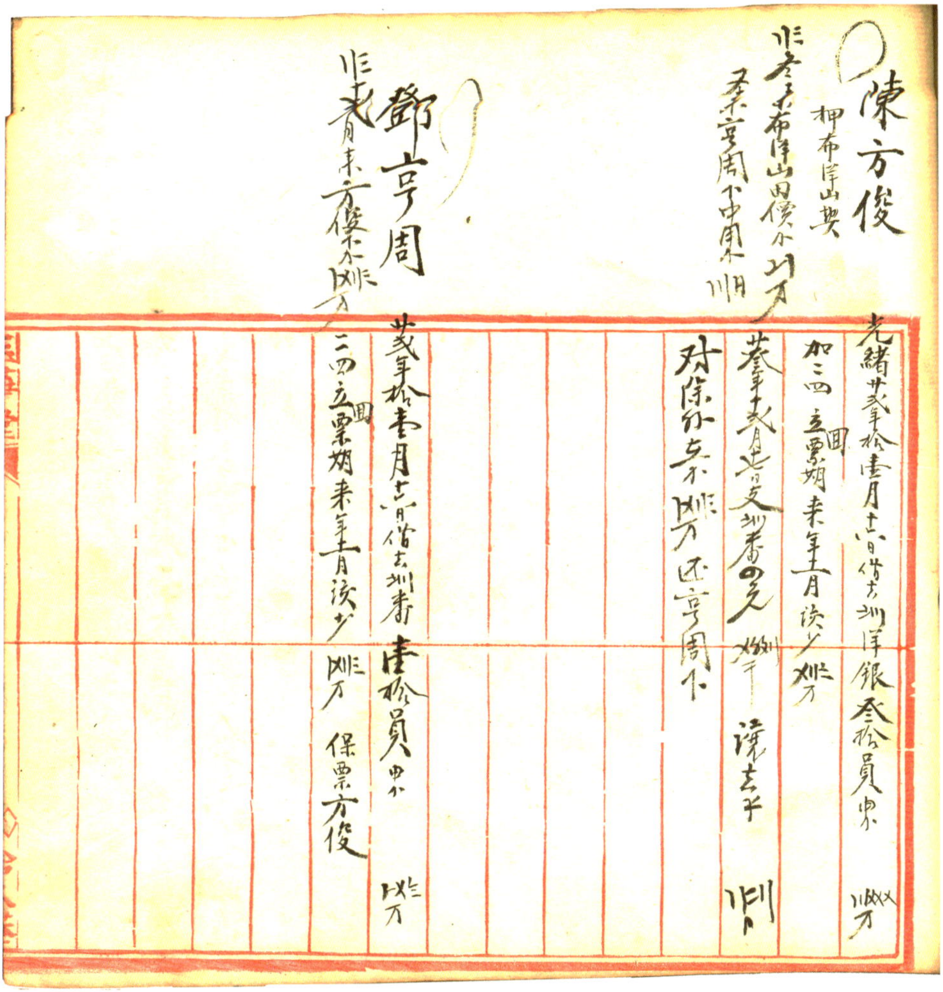

8-2-41-263　清光緒十八年銀錢油穀發借總目（二六三）

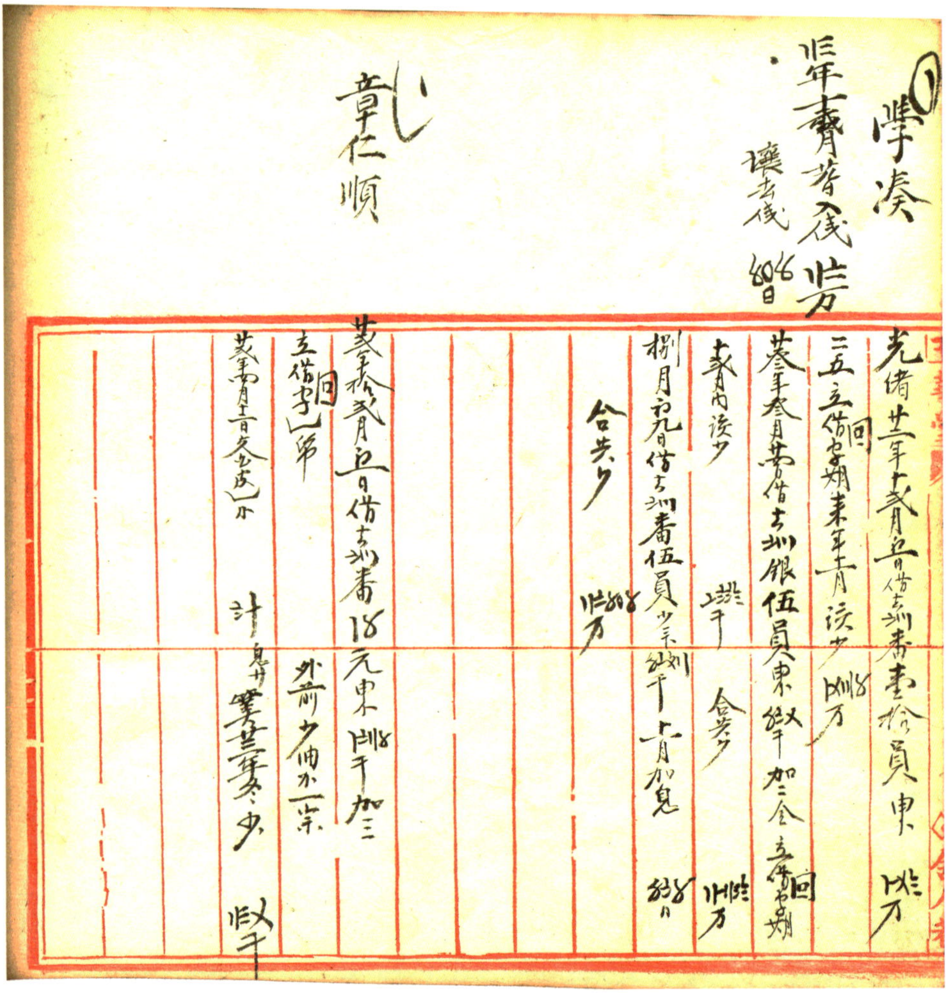

學湊

年壹月廿八入錢 [illegible]

讓去錢 [illegible]

乾

章仁順

光緒廿一年十二月五日借去洋番壹拾員，東 [illegible]

二五立借字壹紙，來年十月送少 [illegible]

廿三年叁月廿八日借去洋銀伍員，東 [illegible] 加二合 立借字一紙 回

十一月內送少 [illegible] 合少

捌月初九日借去洋番伍員，少示 [illegible] 十一月加息 [illegible]

合共少 [illegible]

廿三年拾貳月五日借去洋番18元，東 [illegible] 加三

立借字一紙 回 外前少佃谷一宗

廿四年四月十二日交谷皮 [illegible] 計息廿 [illegible]

8-2-41-264　清光緒十八年銀錢油穀發借總目（二六四）

毛富就

作貳月廿日來洋番五元 [illegible]

來縄能小洋叁角 [illegible]

來學煌下 [illegible]

共小洋叁角 [illegible]

共來小洋叁角 [illegible]

共□來番小洋一角 [illegible]

又小洋一角 [illegible]

又來李煌下小 [illegible]

又道典下伐 [illegible]

又來借海伐 [illegible]

來縄能下伐 [illegible]

共利洋 [illegible]

而蘭

光緒貳拾貳年十貳月廿四日借去錢本 [illegible]

二五立借字期來年十二月该歩 [illegible]

讓去 [illegible]

作元月初八日合去利 [illegible]

对保內去 [illegible]

支仁燈下 [illegible]

貳月廿四日支光番十一元 [illegible] 另暑支利伏 [illegible]

8-2-41-265　清光緒十八年銀錢油穀發借總目（二六五）

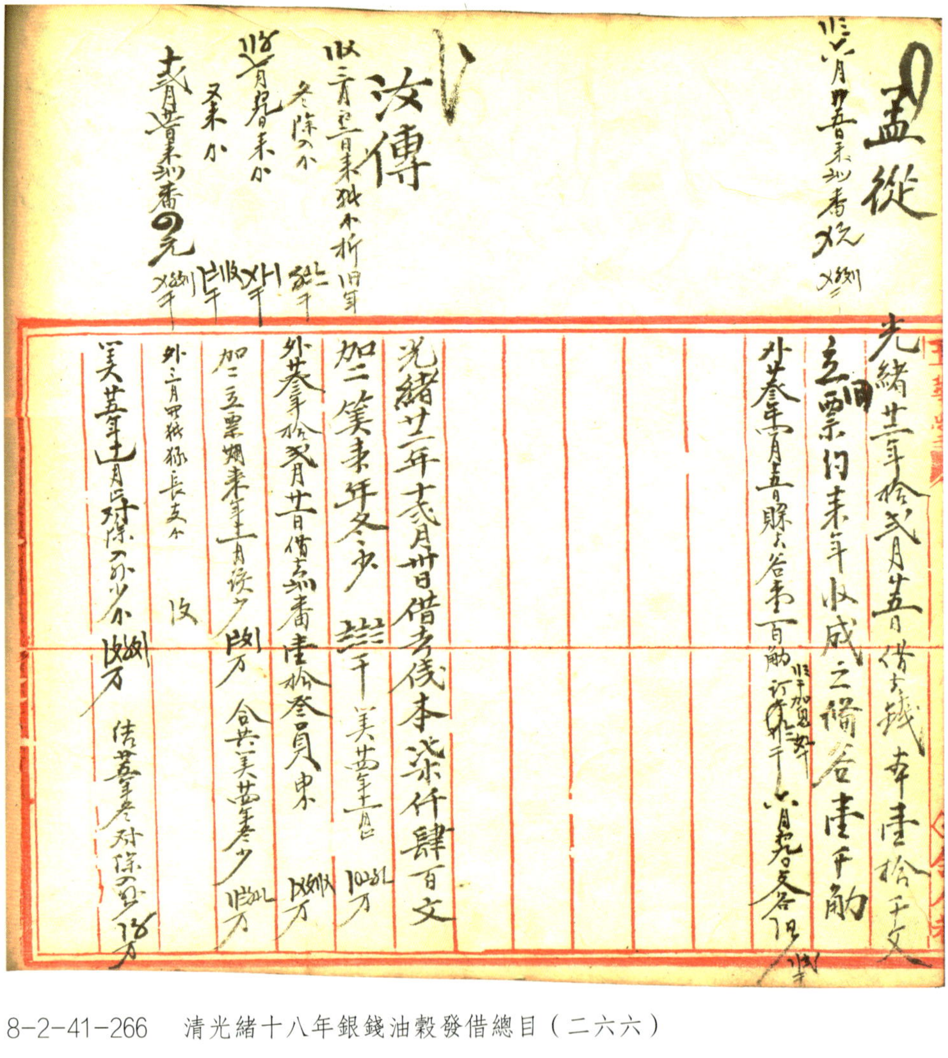

8-2-41-266　清光緒十八年銀錢油穀發借總目（二六六）

8-2-41-267　清光緒十八年銀錢油穀發借總目（二六七）

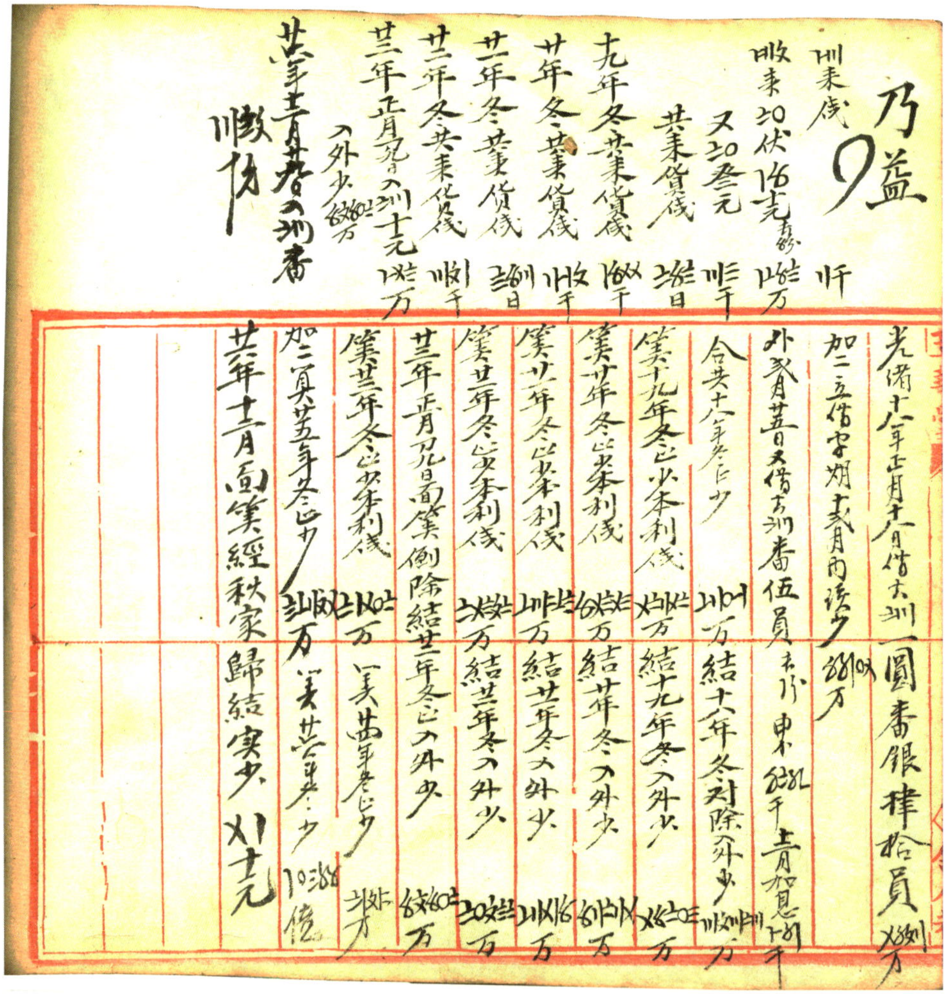

8-2-41-268　清光緒十八年銀錢油穀發借總目（二六八）

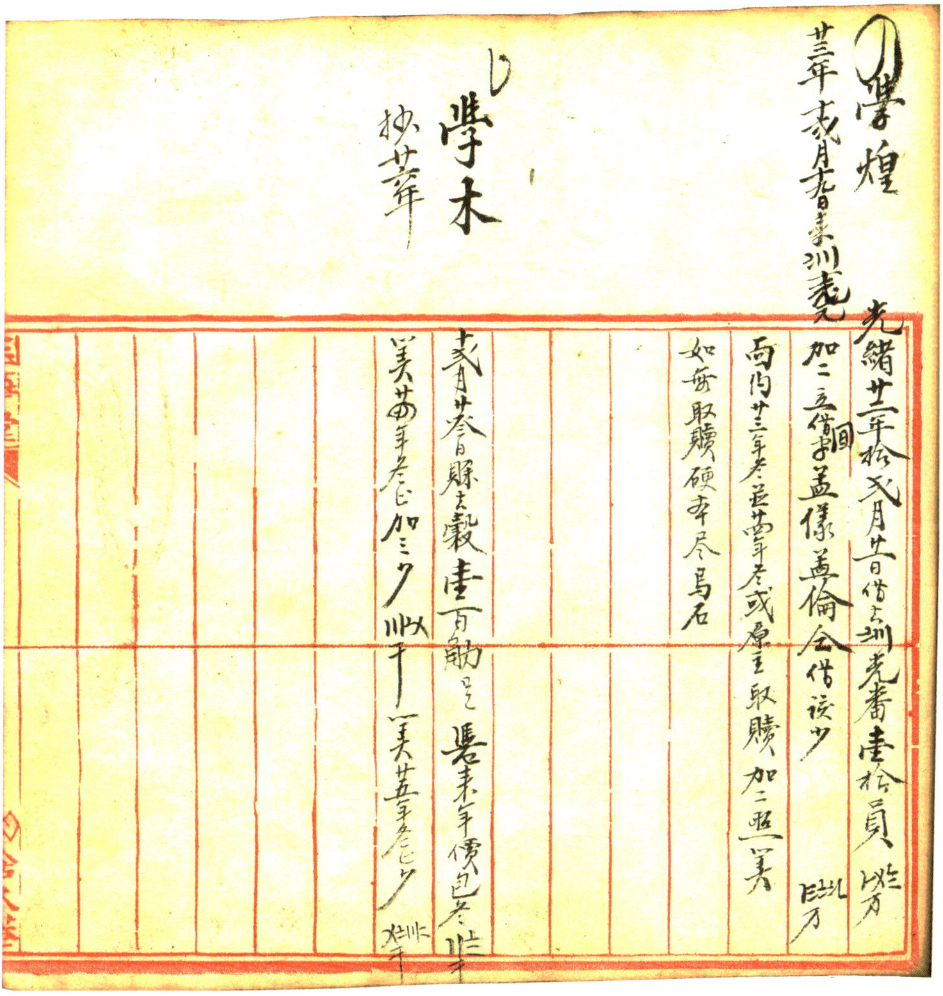

8-2-41-269　清光緒十八年銀錢油穀發借總目（二六九）

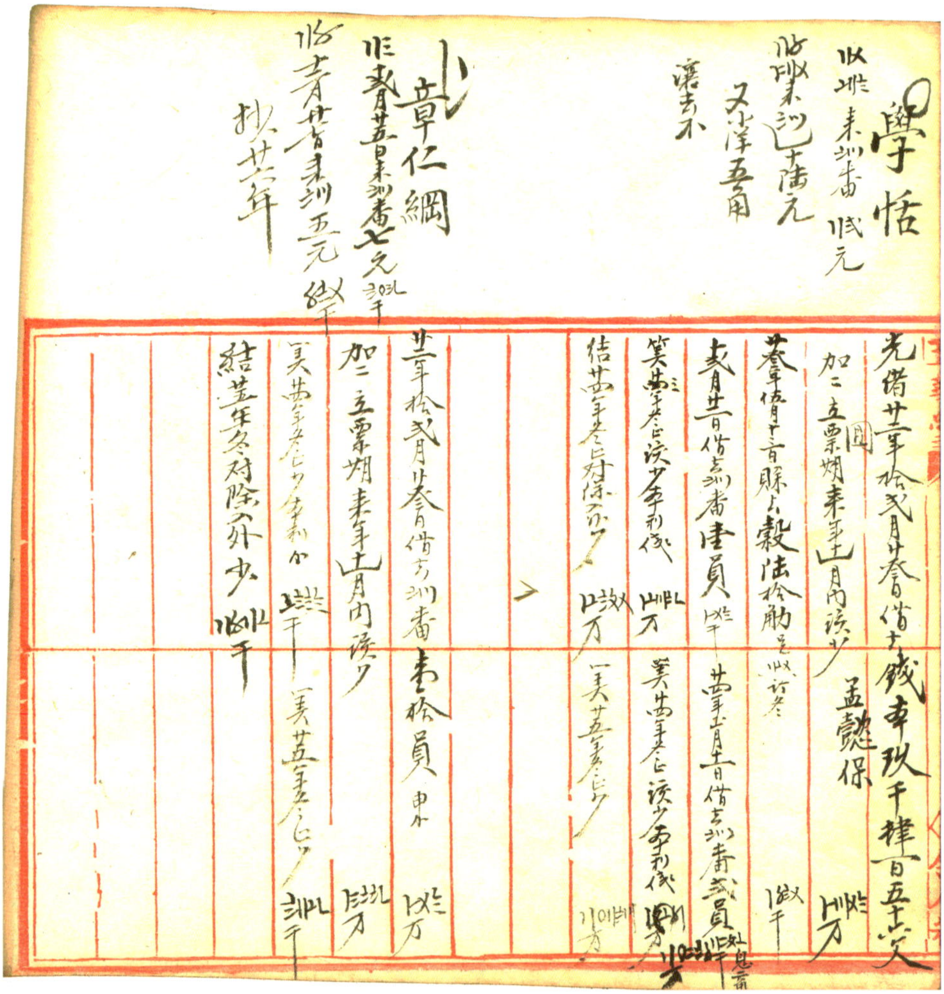

8-2-41-270　清光緒十八年銀錢油穀發借總目（二七〇）

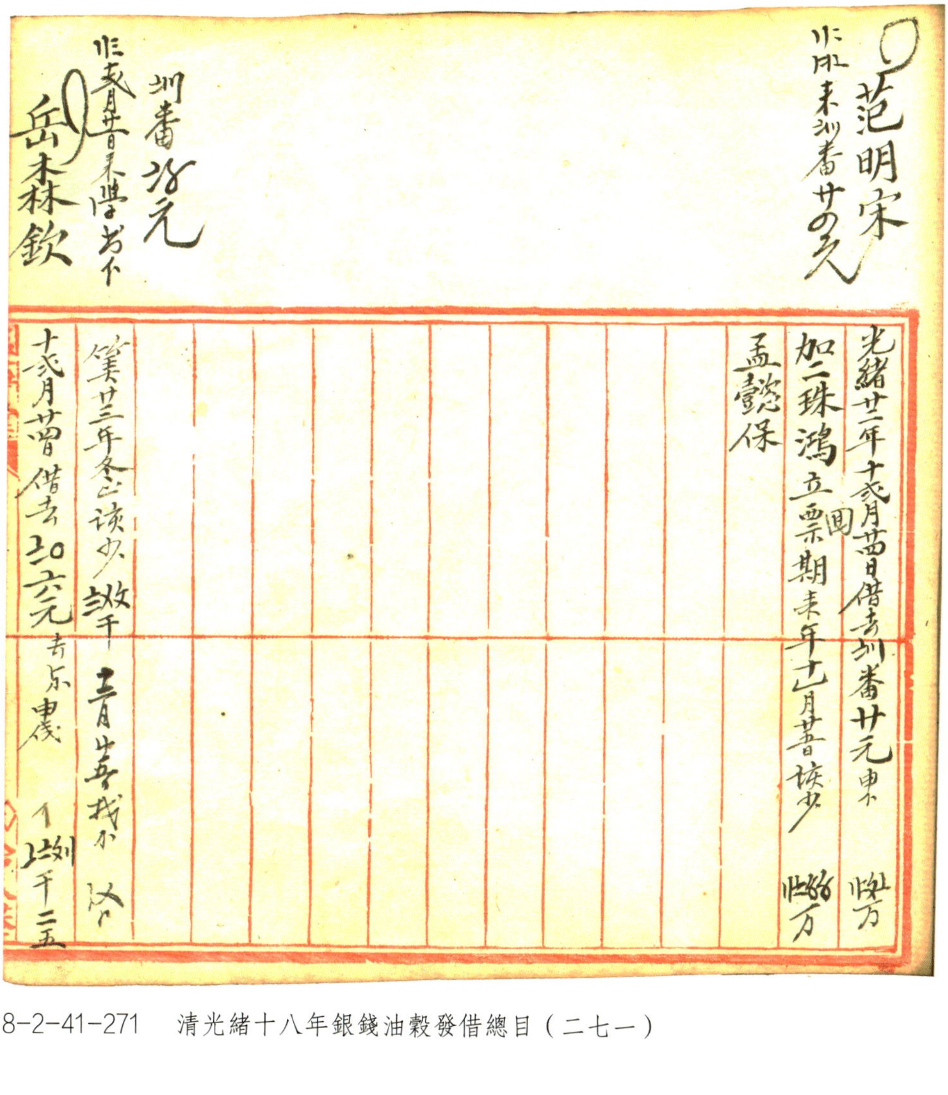

8-2-41-271　清光緒十八年銀錢油穀發借總目（二七一）

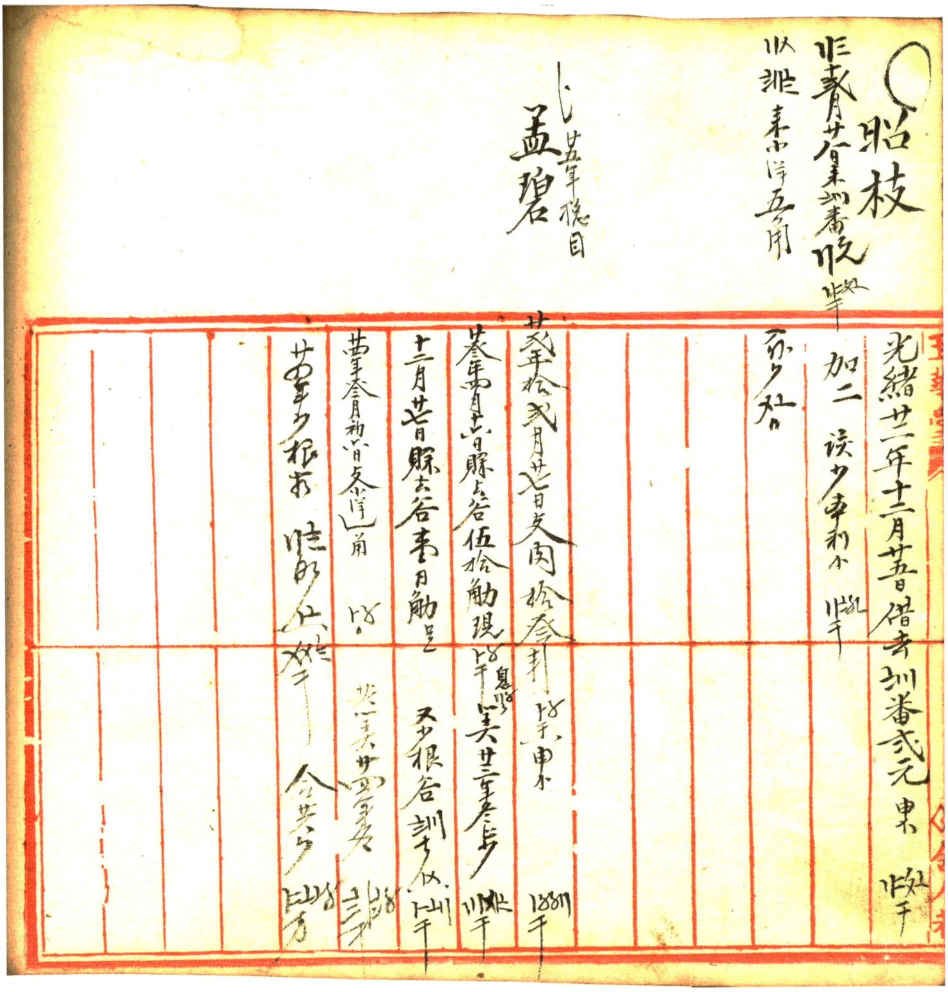
光緒廿一年十二月廿五日借去訓番弍元
加二
昭枝
孟碧

8-2-41-272　清光緒十八年銀錢油穀發借總目（二七二）

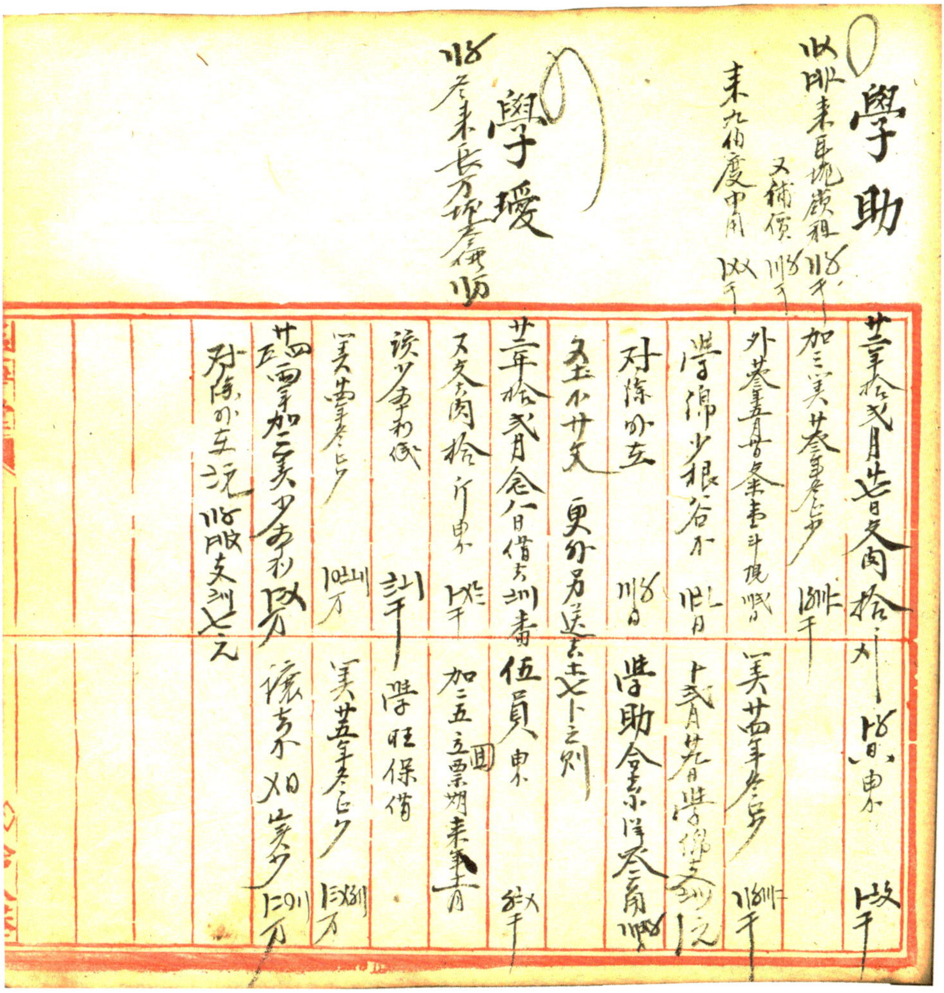

學助

廿三年拾弍月廿七日支肉拾斤

加二美叁年冬

外叁五月廿日支米壹斗

學錦少根谷

对除外在

至小廿文　更外另送去七十之則

廿三年拾弍月念八日借去洲書伍員

又支去肉拾斤

十弍月廿九日學錦支洋

學助合共洋叁元

加二五立票明年五月

學旺保借

對除外在

學壜

8-2-41-273　清光緒十八年銀錢油穀發借總目（二七三）

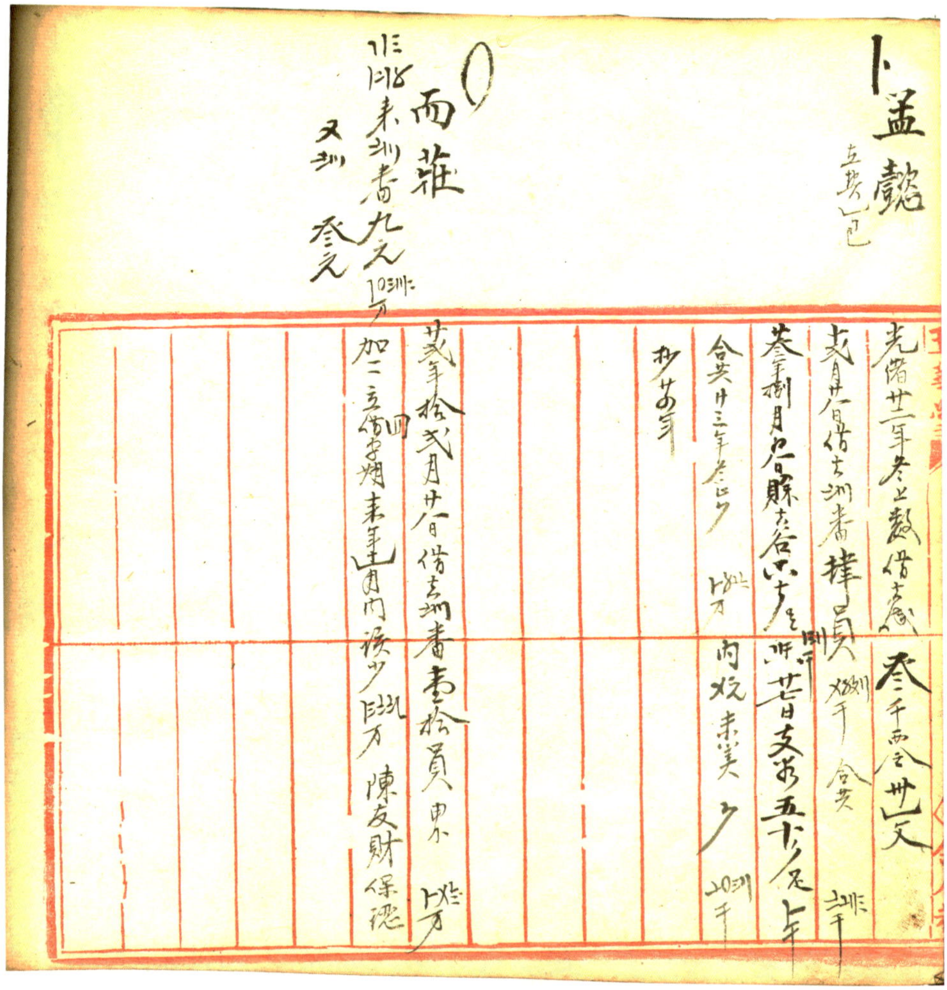

8-2-41-274　清光緒十八年銀錢油穀發借總目（二七四）

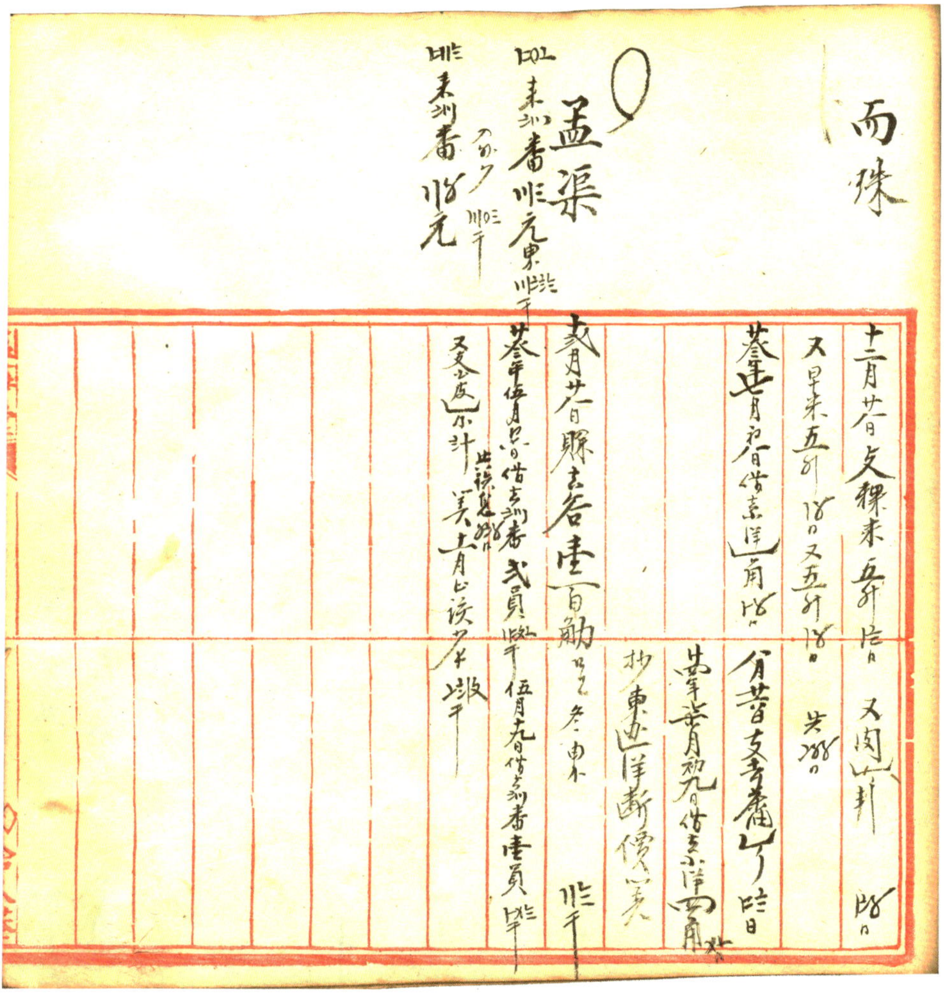

8-2-41-275　清光緒十八年銀錢油穀發借總目（二七五）

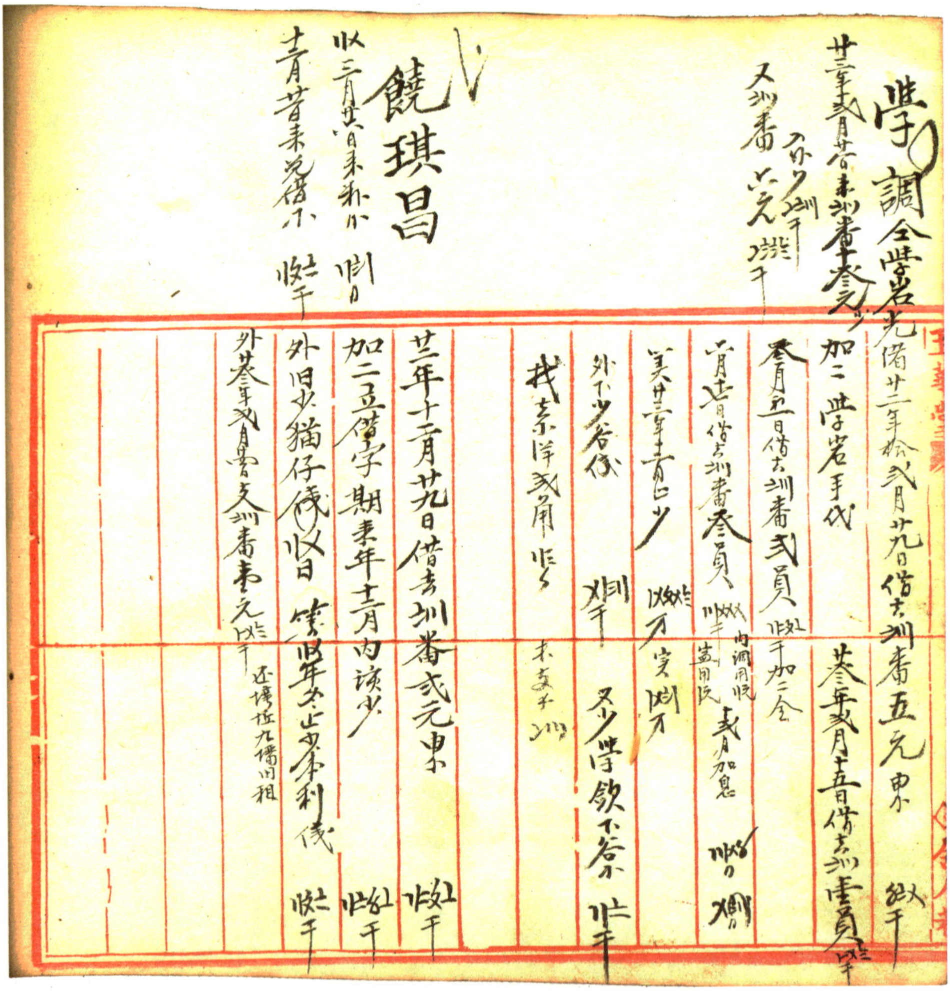

學調仝學岩

廿二年式月廿六日來訓番十叁元

又訓番

饒琪昌

收三月廿六日來利

十二月廿日來光借

光緒廿二年拾弍月廿九日借去訓番五元東

加二 學岩手代

廿三年式月十五日借去訓番壹員

叁月五日借去訓番式員 加二仝

六月廿日借去訓番叁員 式月加息

又廿三年十二月

外下少谷仔 又少學欽下叁

找素洋式角

廿年十二月廿九日借去訓番式元東

加二五借字期來年十二月內該少

外旧少豬仔錢 收旧 利錢

外叁年式月 文訓番

8-2-41-276　清光緒十八年銀錢油穀發借總目（二七六）

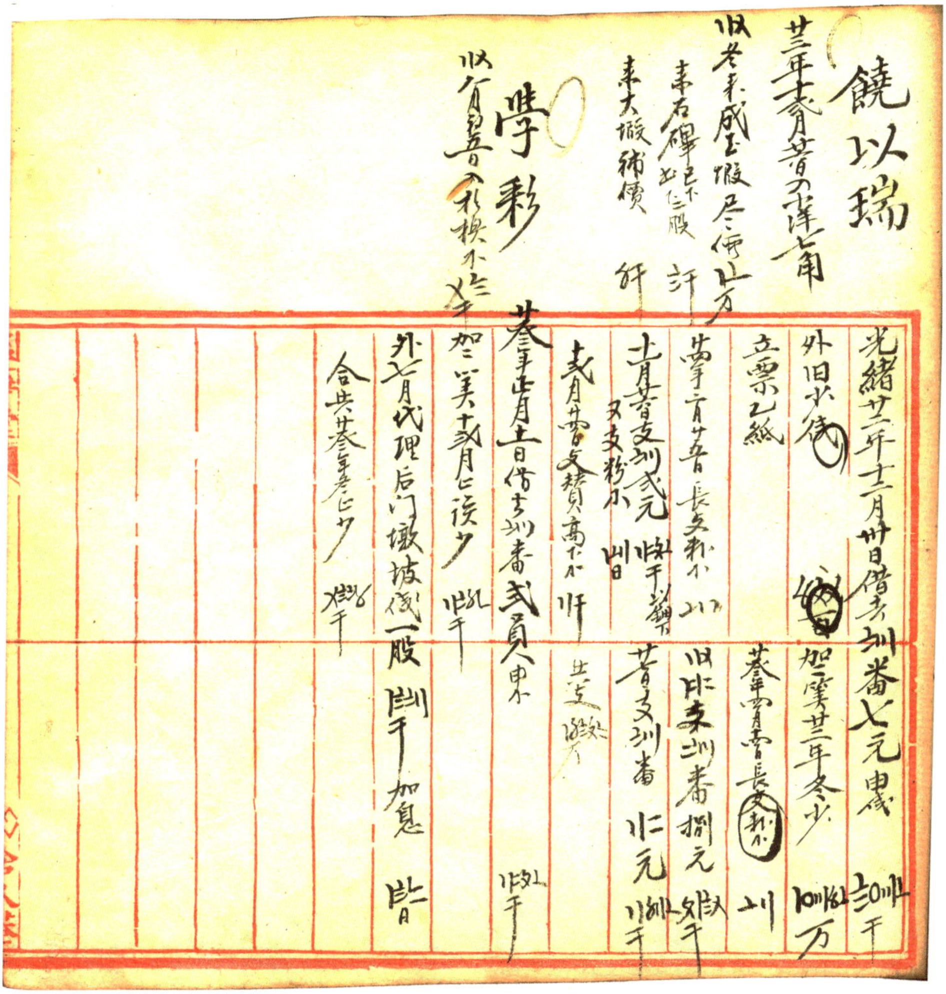

8-2-41-277　清光緒十八年銀錢油穀發借總目（二七七）

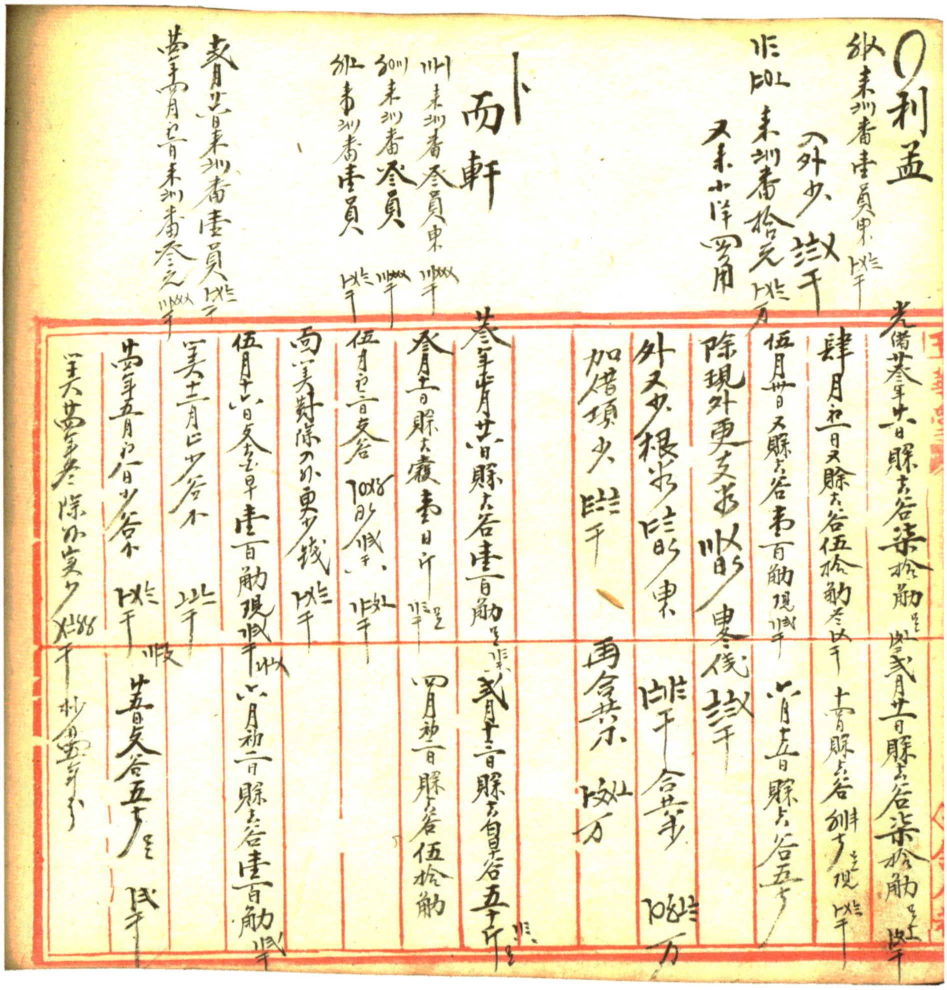

8-2-41-278　清光緒十八年銀錢油穀發借總目（二七八）

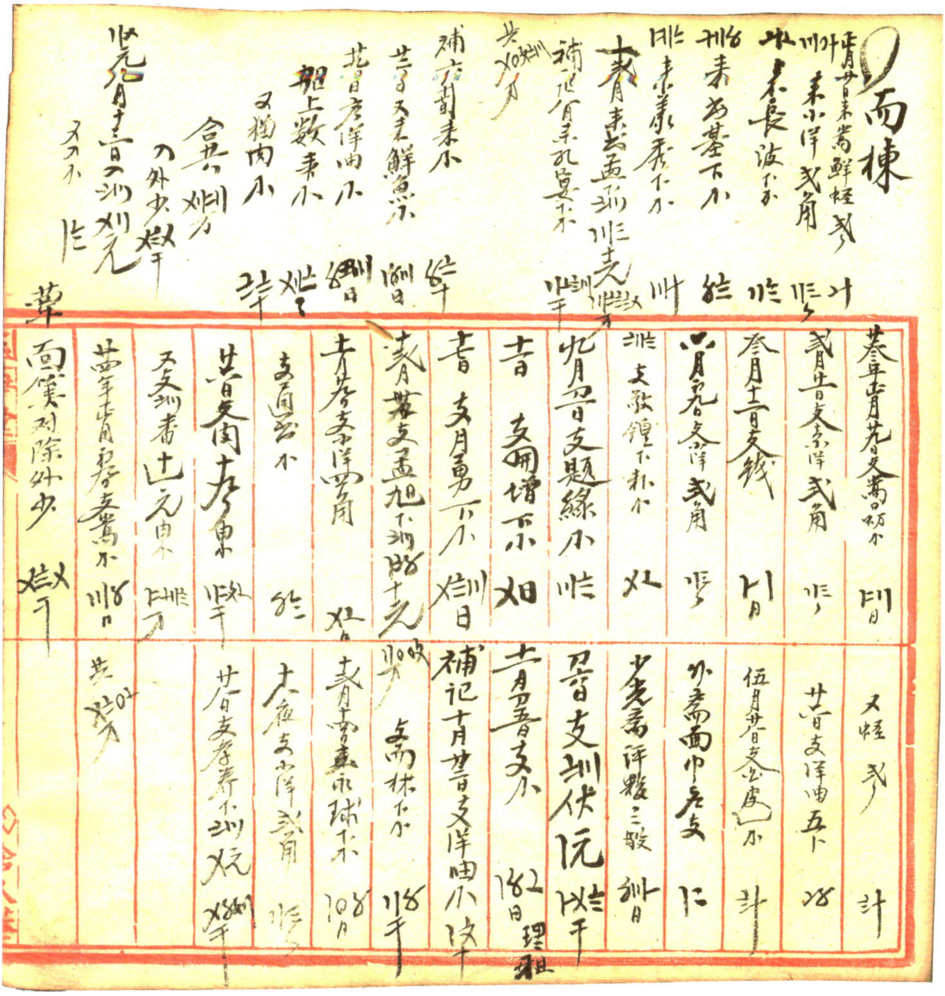

8-2-41-279　清光緒十八年銀錢油穀發借總目（二七九）

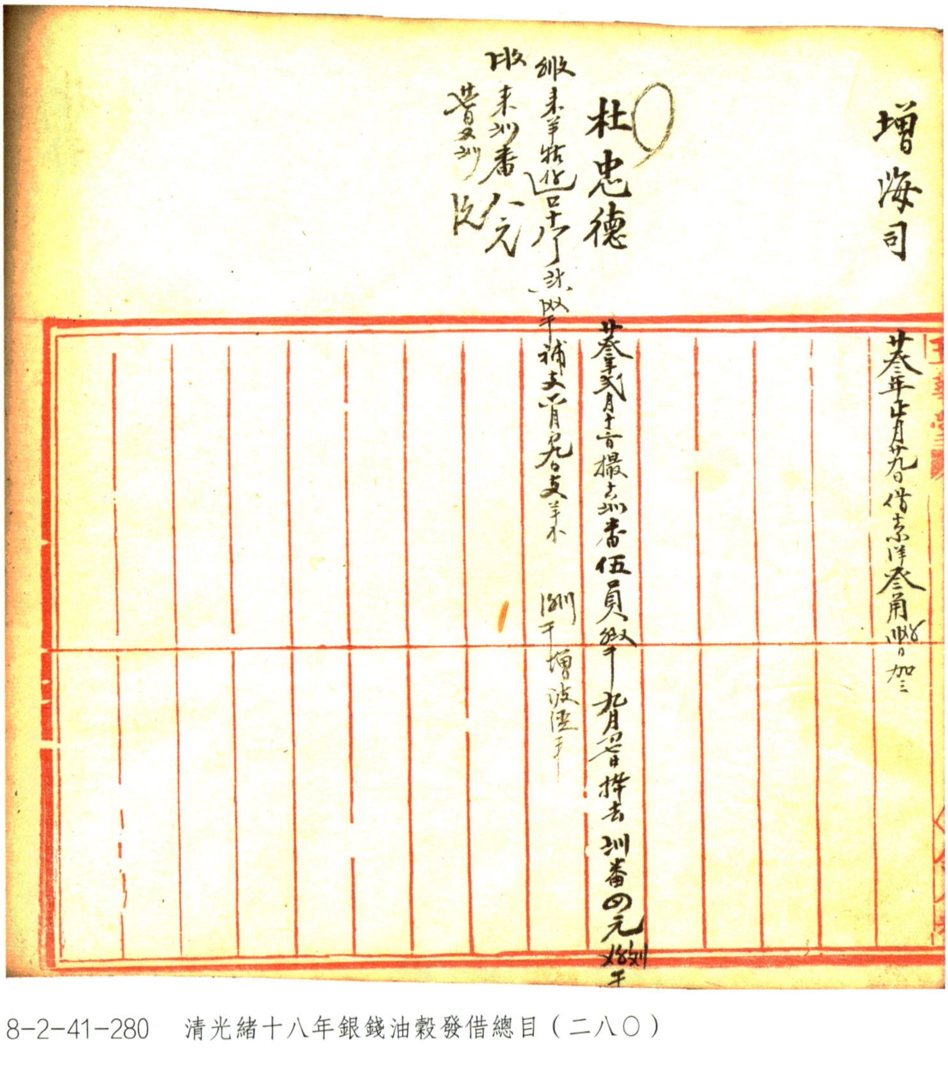

8-2-41-280　清光緒十八年銀錢油穀發借總目（二八〇）

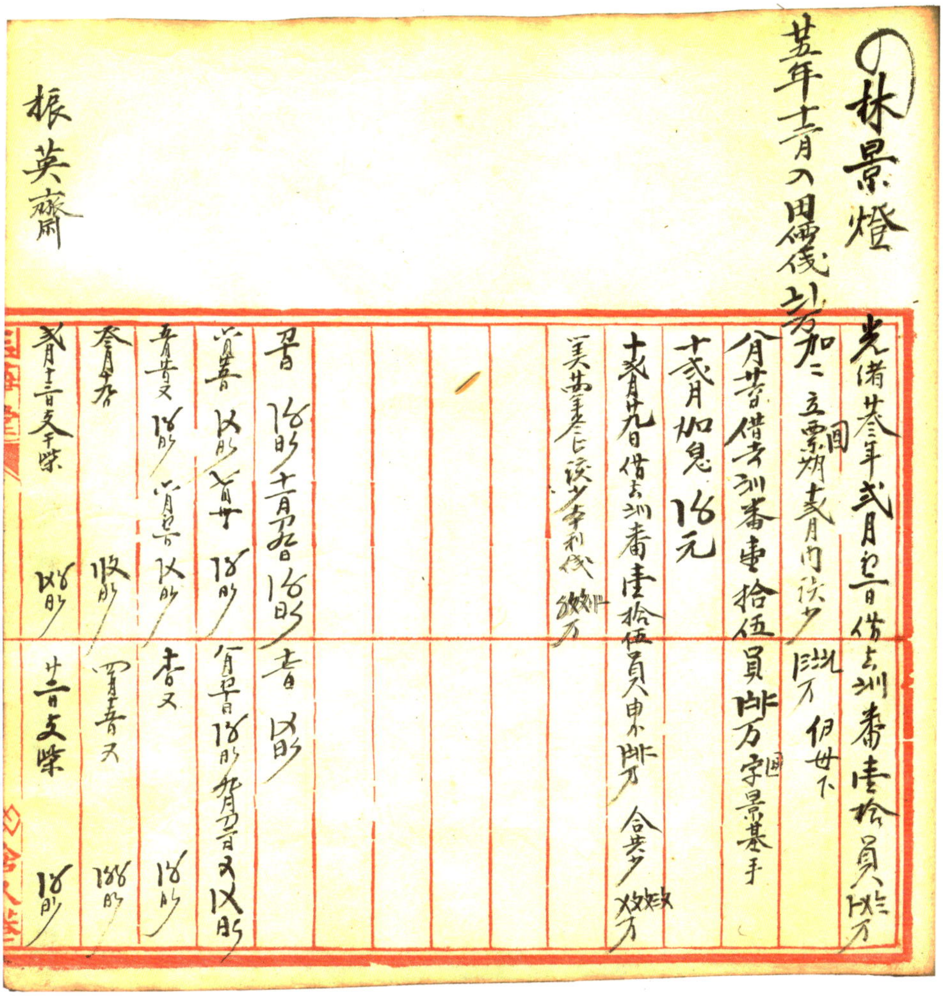
林景燈
光緒叁拾年貳月廿一日借去洋番壹拾員
十貳月加息
根英齋

8-2-41-281　清光緒十八年銀錢油穀發借總目（二八一）

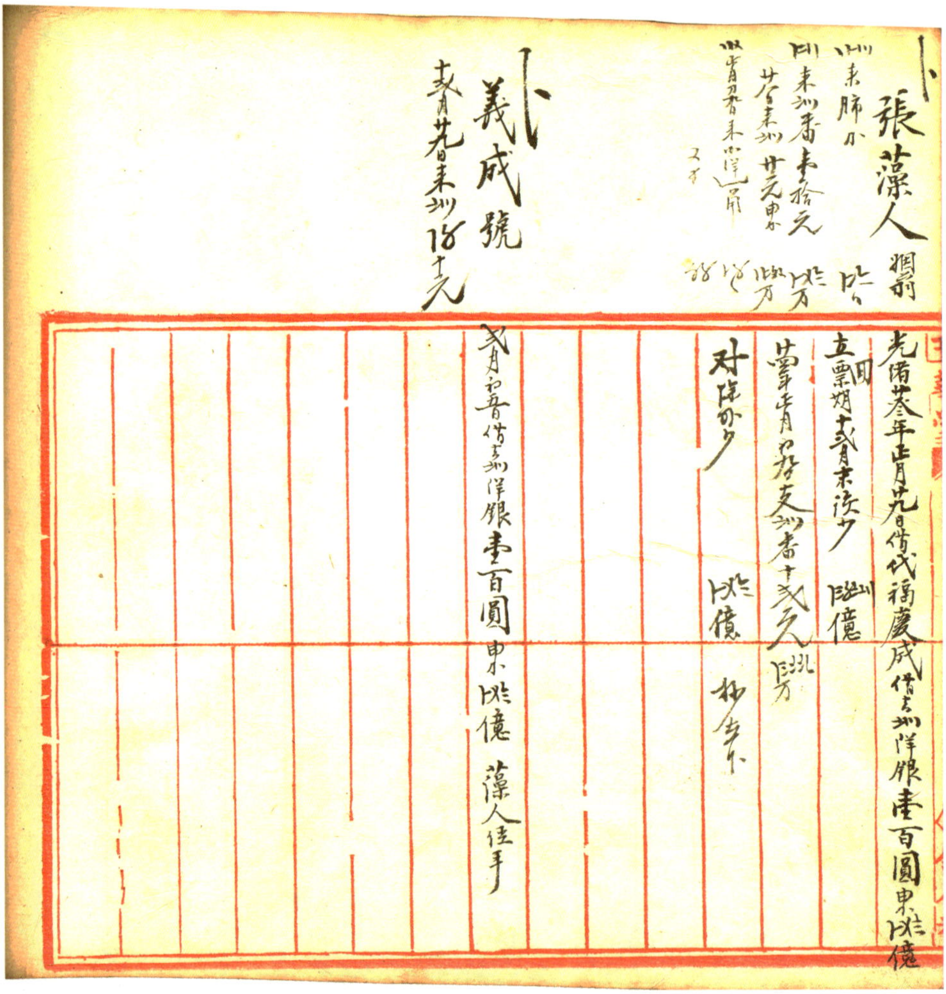
卜 張藻人
光緒拾捌年正月廿九日借代福慶成借去洋銀壹百圓
立票明十貳月末汶
卜 義成號
十二月廿六日來
十月初八日借去洋銀壹百圓 藻人佳手

8-2-41-282　清光緒十八年銀錢油穀發借總目（二八二）

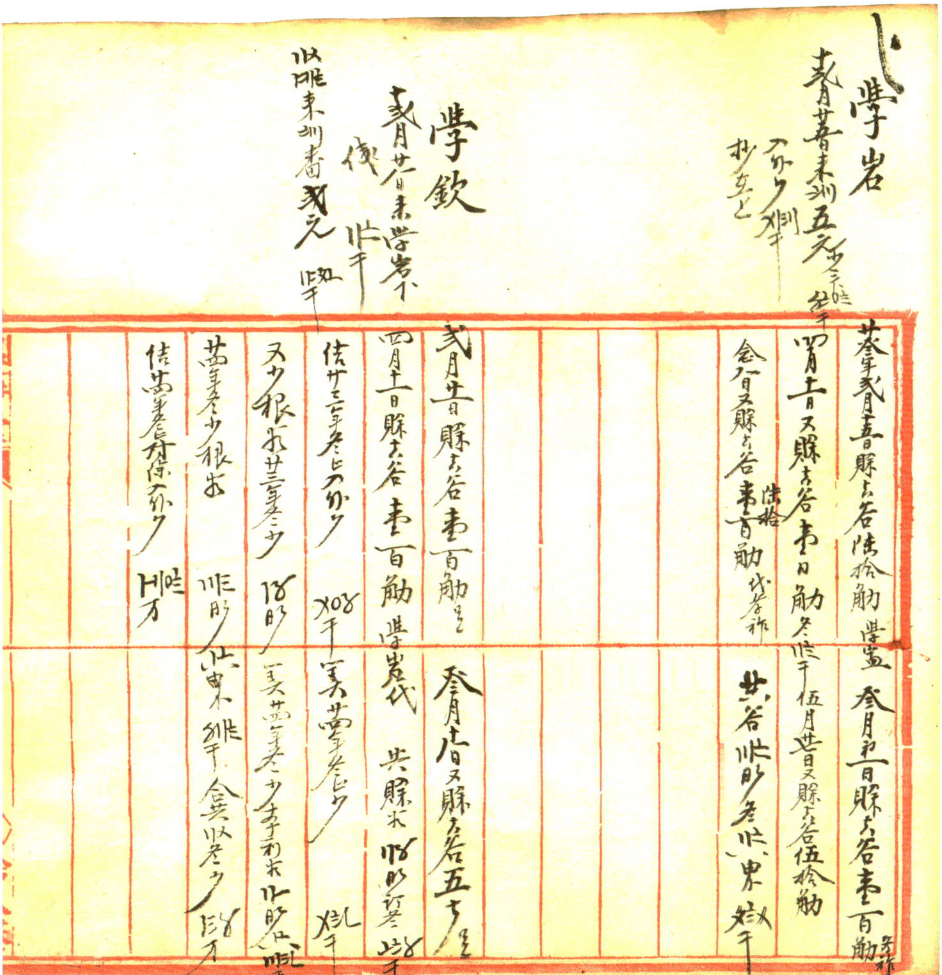

8-2-41-283　清光緒十八年銀錢油穀發借總目（二八三）

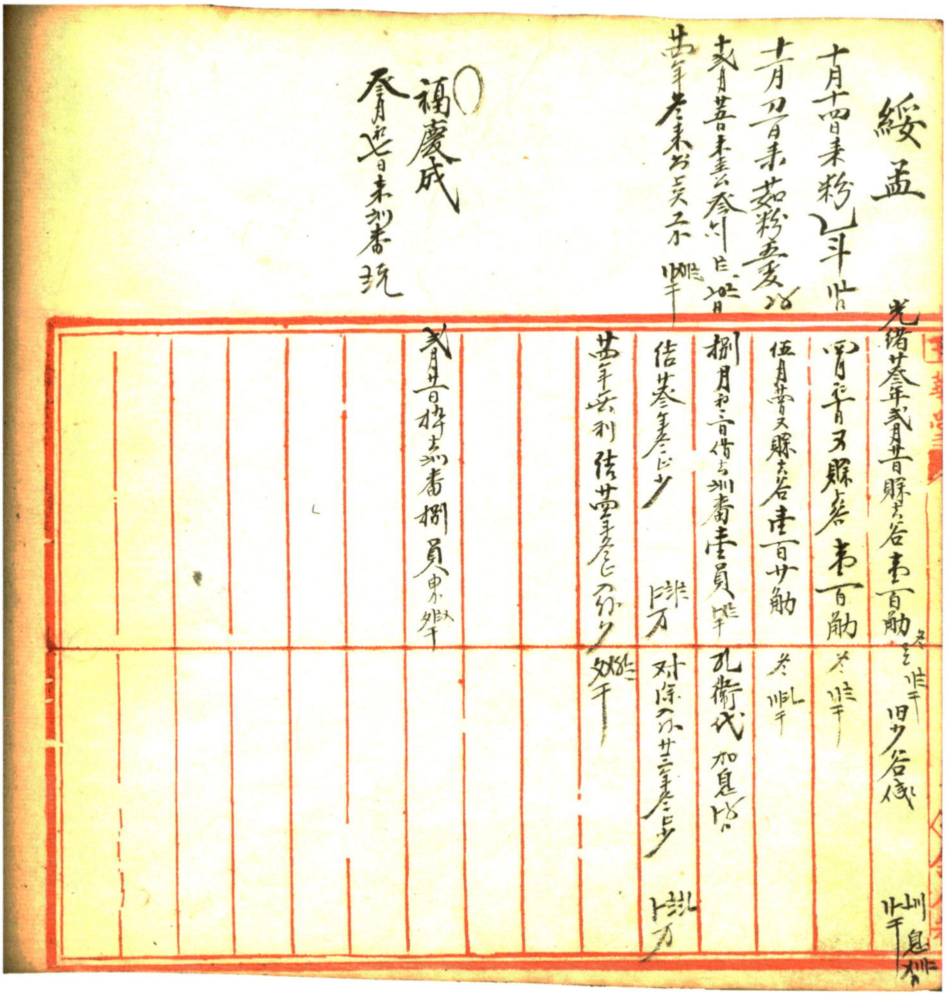

8-2-41-284　清光緒十八年銀錢油穀發借總目（二八四）

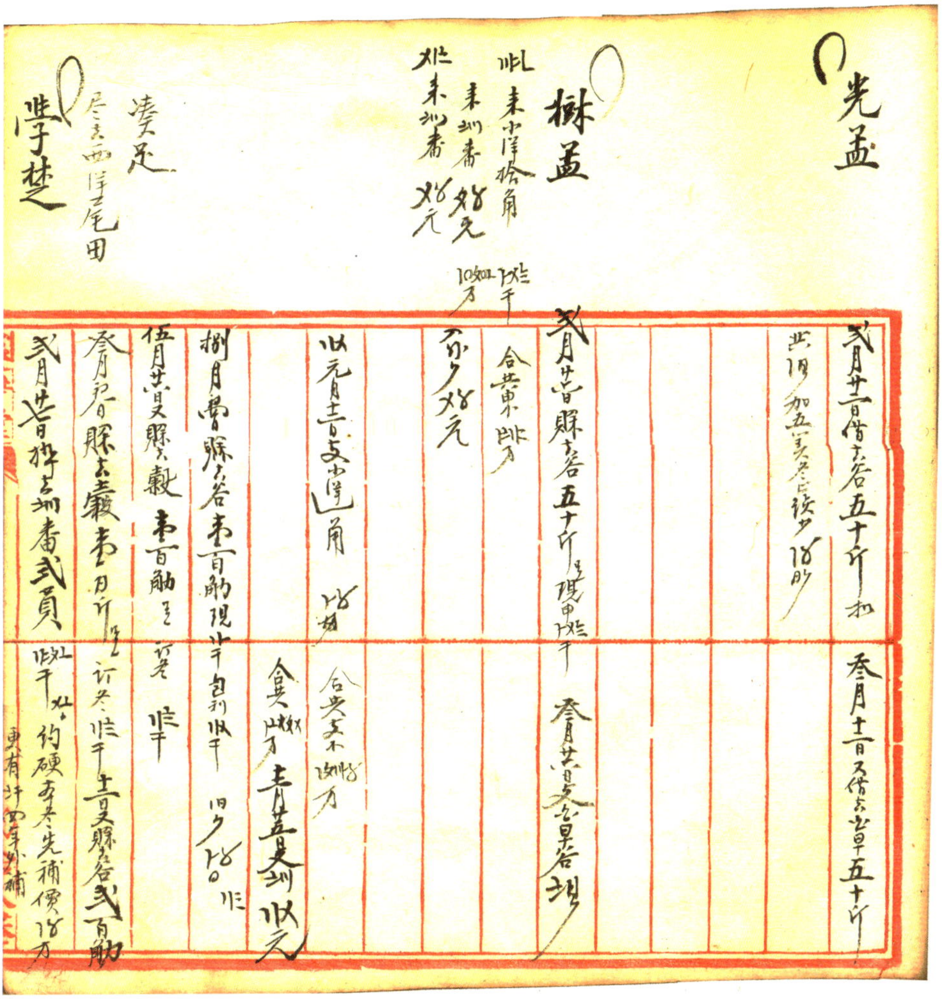

8-2-41-285　清光緒十八年銀錢油穀發借總目（二八五）

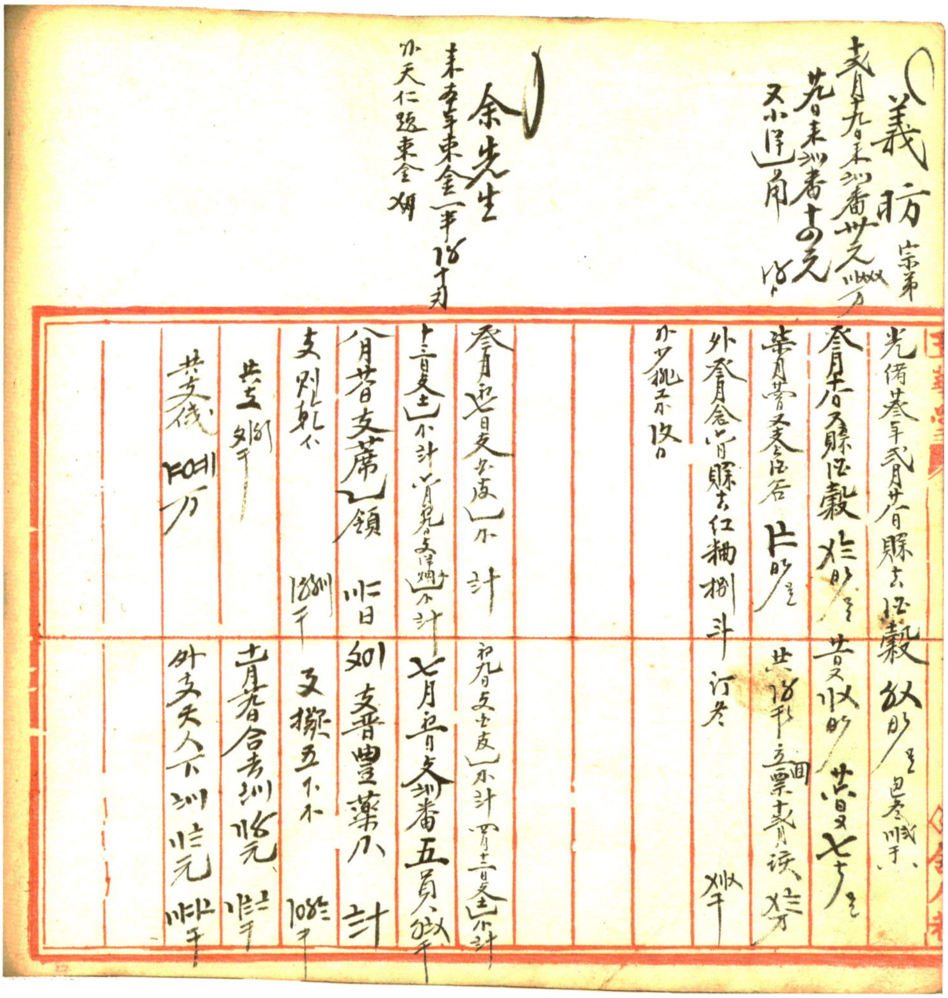

義房

余先生

光緒叁年弍月廿八日賒去油穀

8-2-41-286　清光緒十八年銀錢油穀發借總目（二八六）

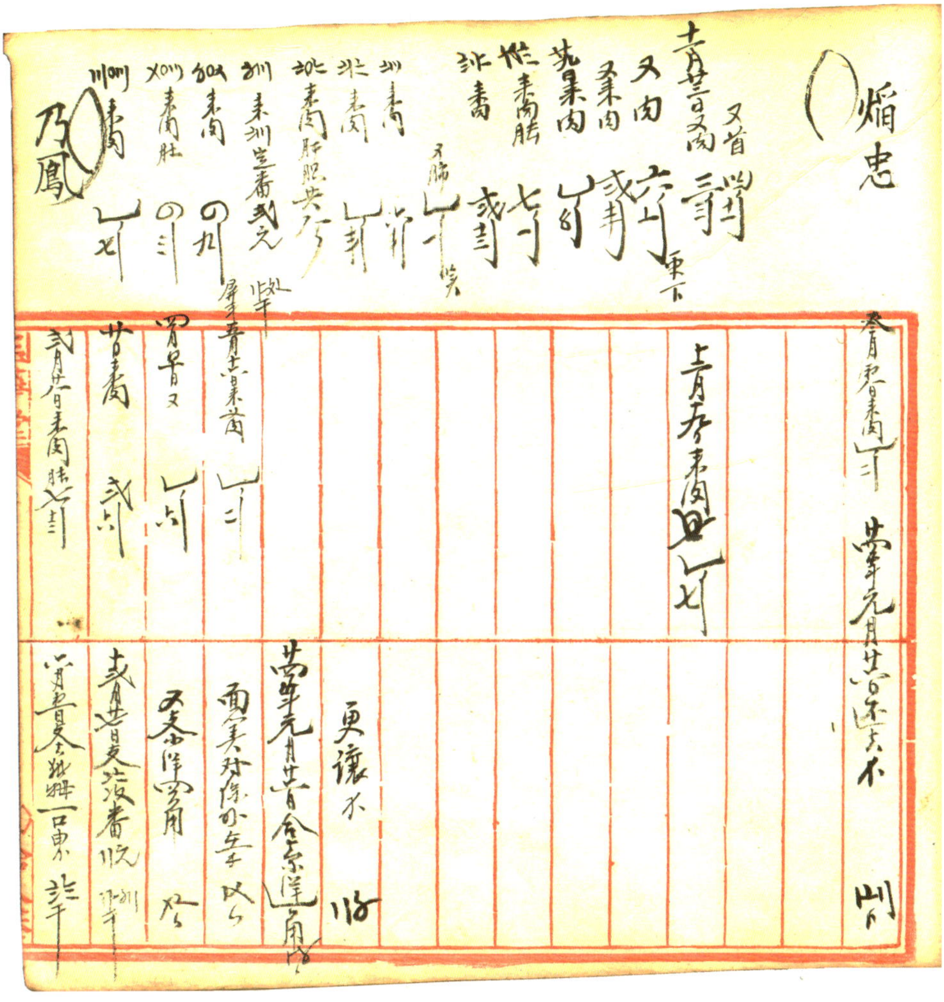

8-2-41-287　清光緒十八年銀錢油穀發借總目（二八七）

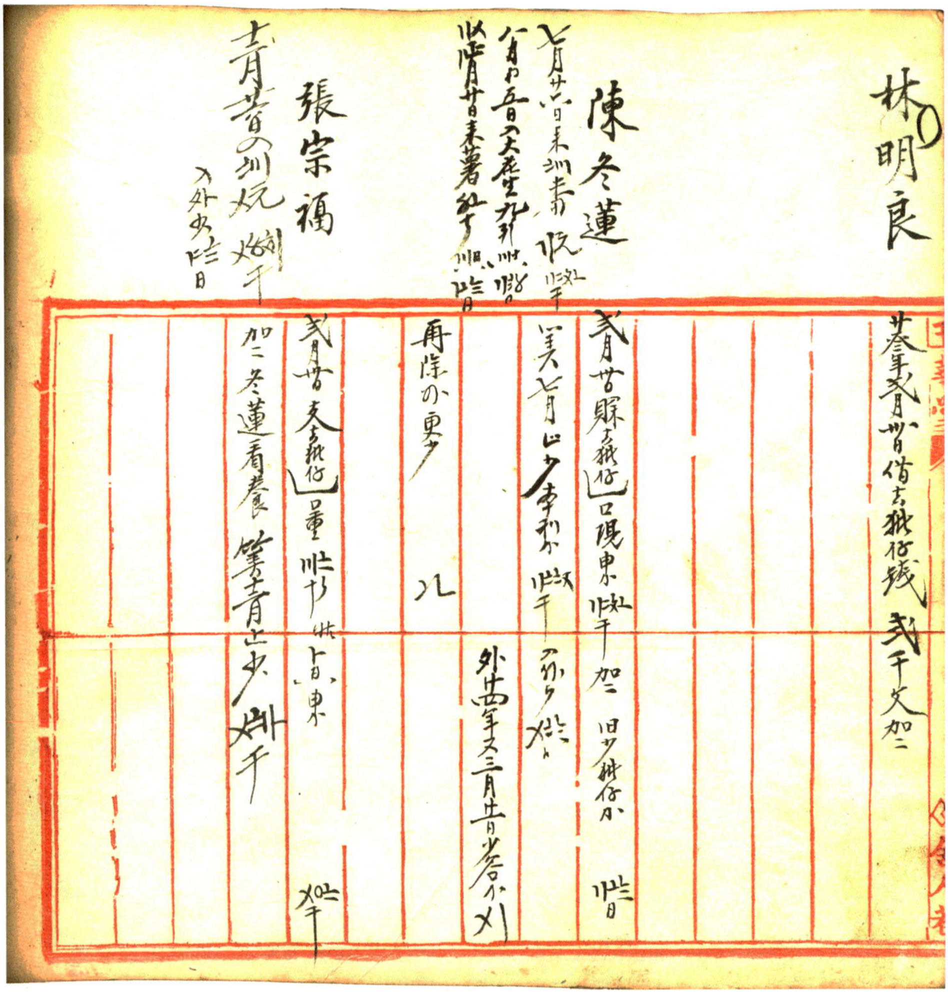

8-2-41-288　清光緒十八年銀錢油穀發借總目（二八八）

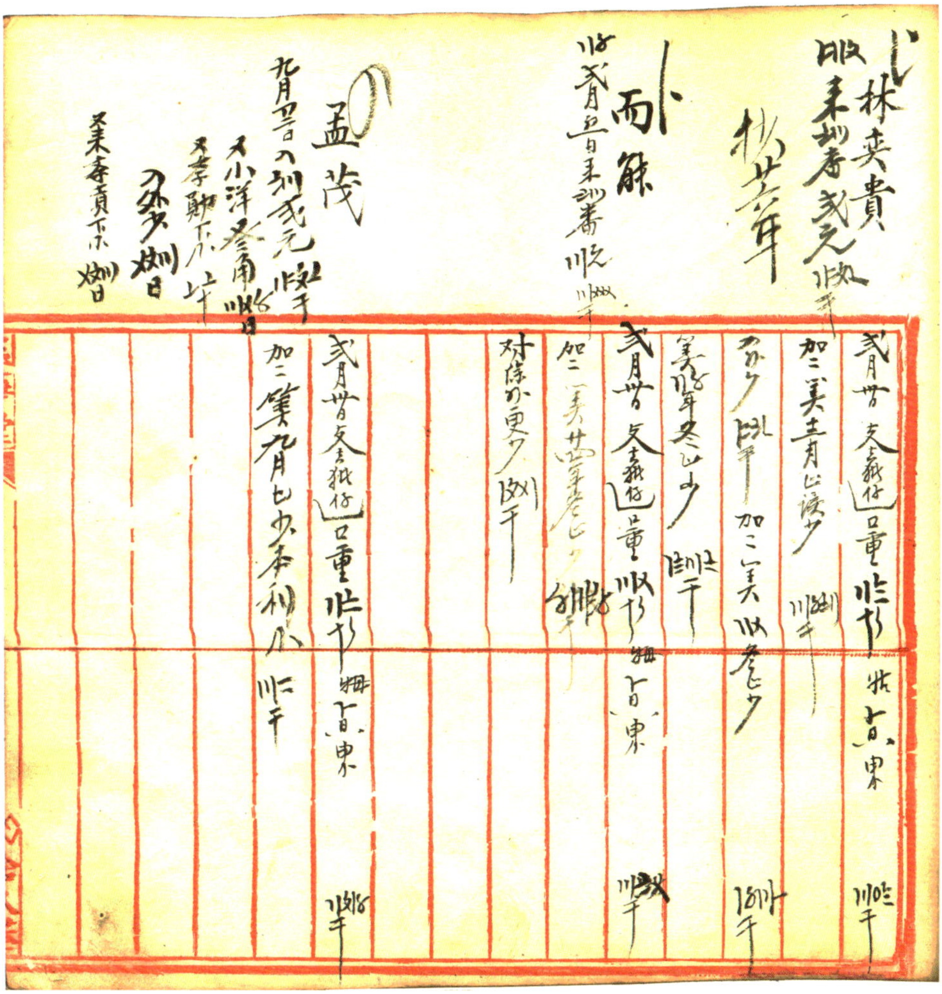

8-2-41-289　清光緒十八年銀錢油穀發借總目（二八九）

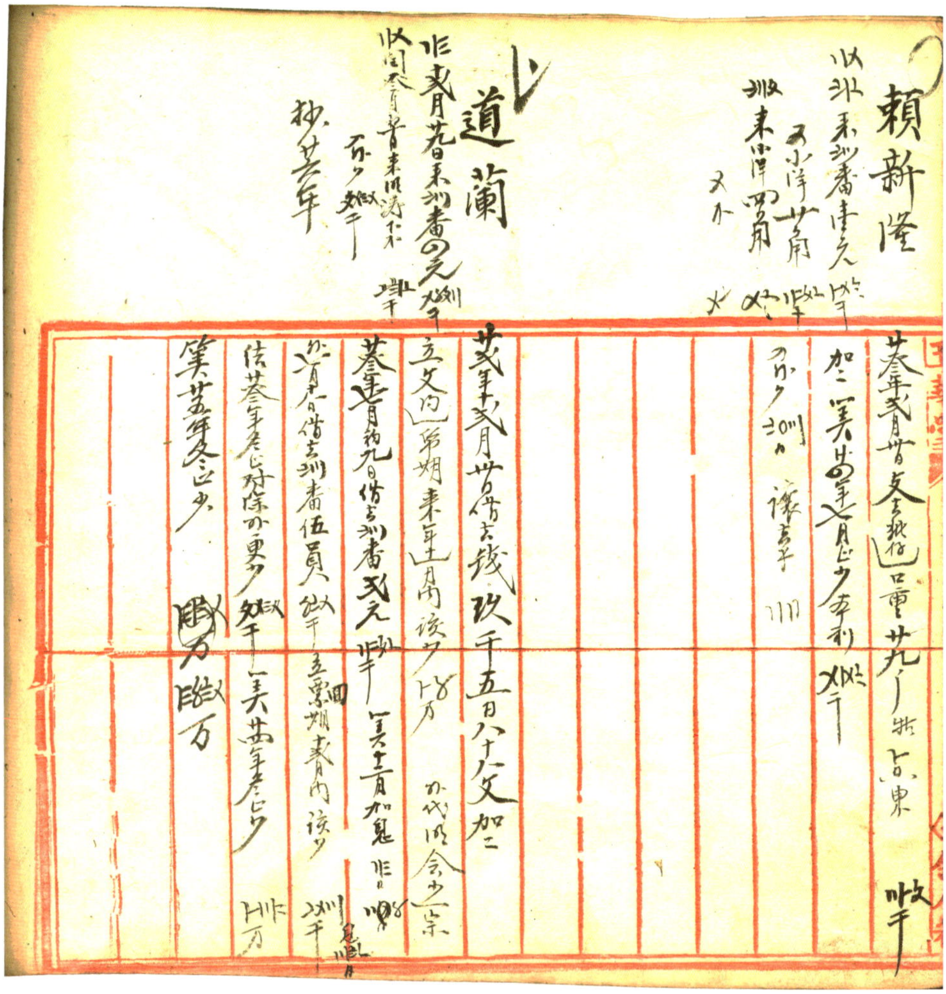

8-2-41-290　清光緒十八年銀錢油穀發借總目（二九〇）

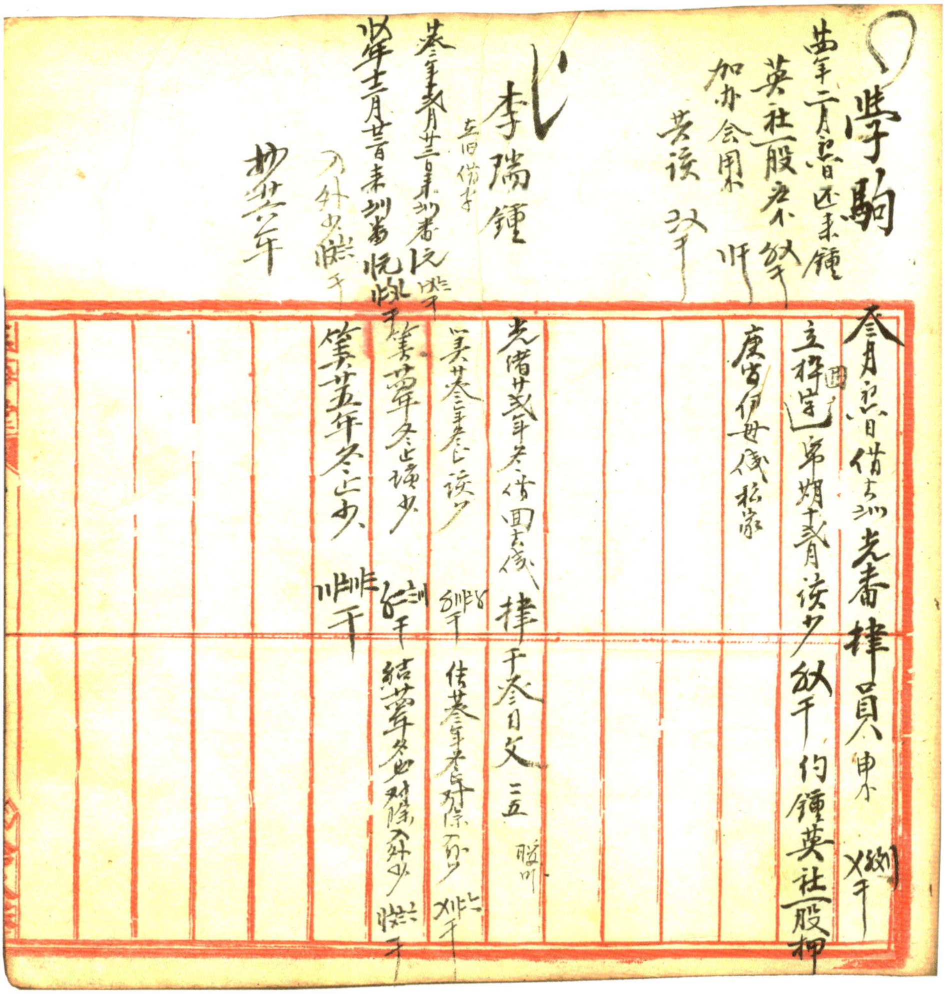

8-2-41-291　清光緒十八年銀錢油穀發借總目（二九一）

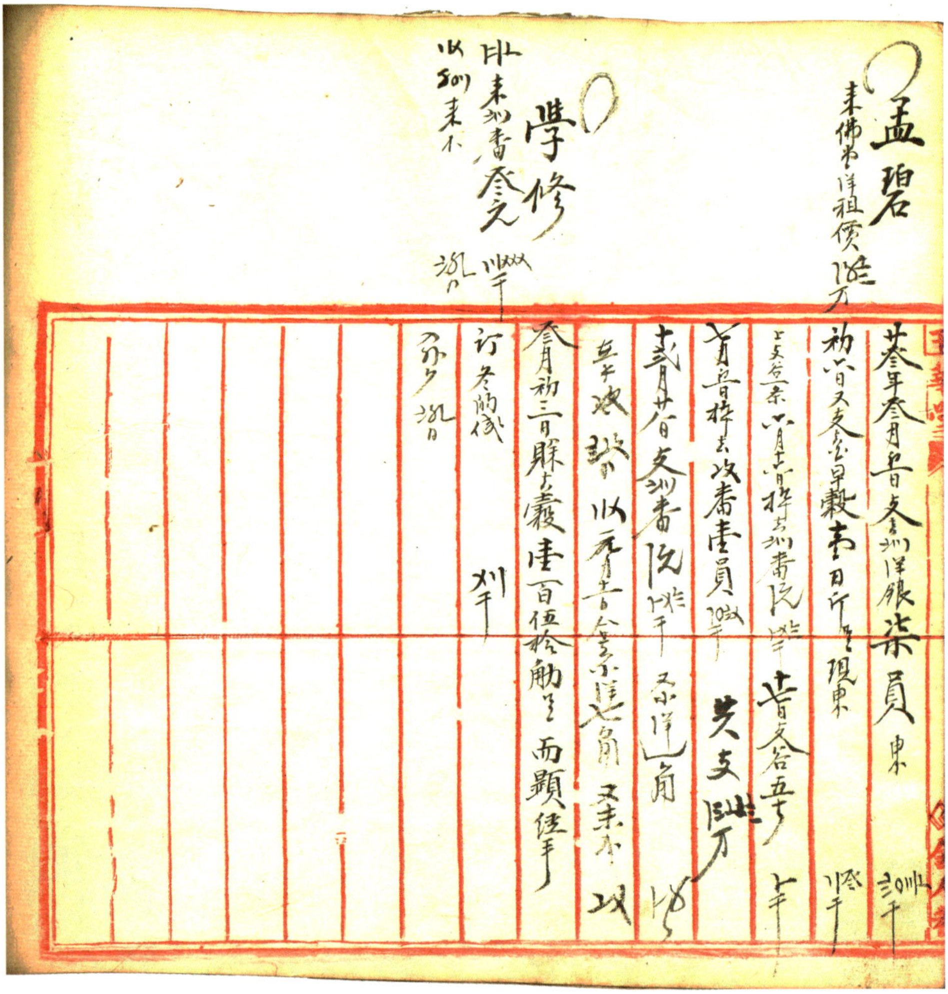

8-2-41-292　清光緒十八年銀錢油穀發借總目（二九二）

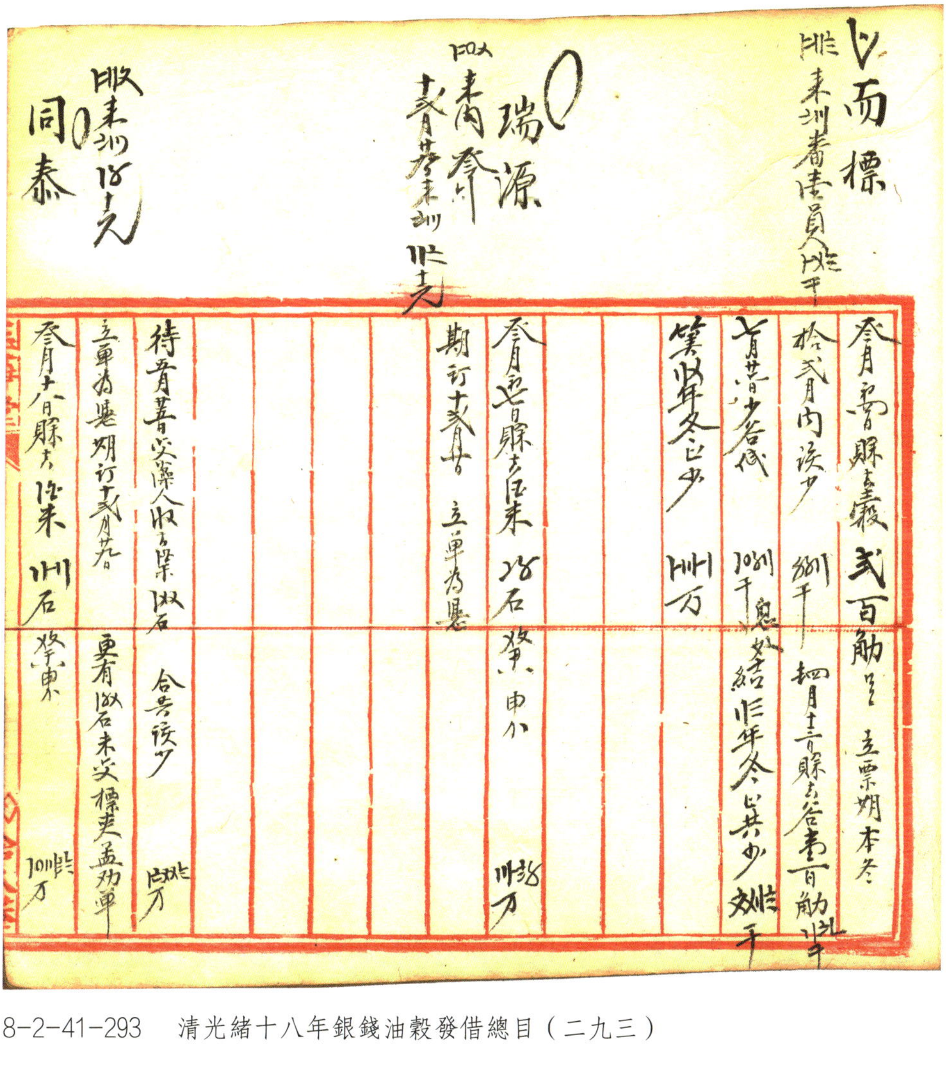

8-2-41-293　清光緒十八年銀錢油穀發借總目（二九三）

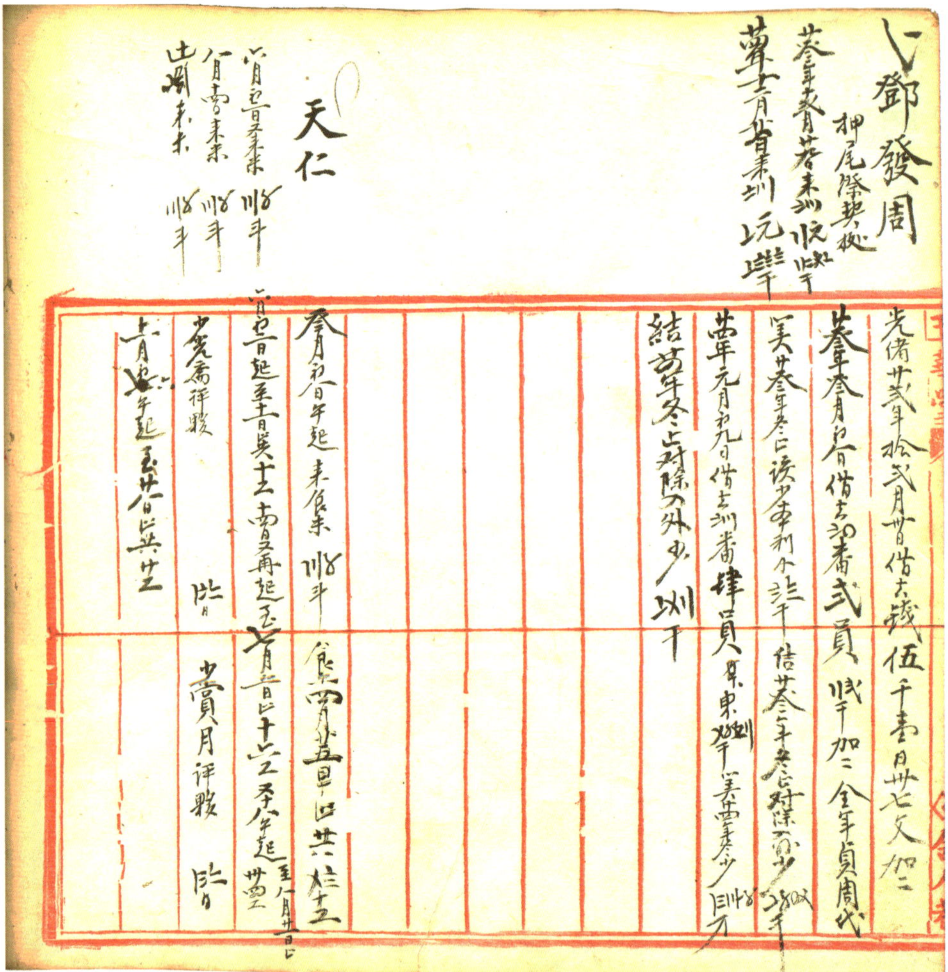
鄧發周
天仁
光緒廿弍年拾弍月廿日借去錢伍千壹百廿七文加二

8-2-41-294　清光緒十八年銀錢油穀發借總目（二九四）

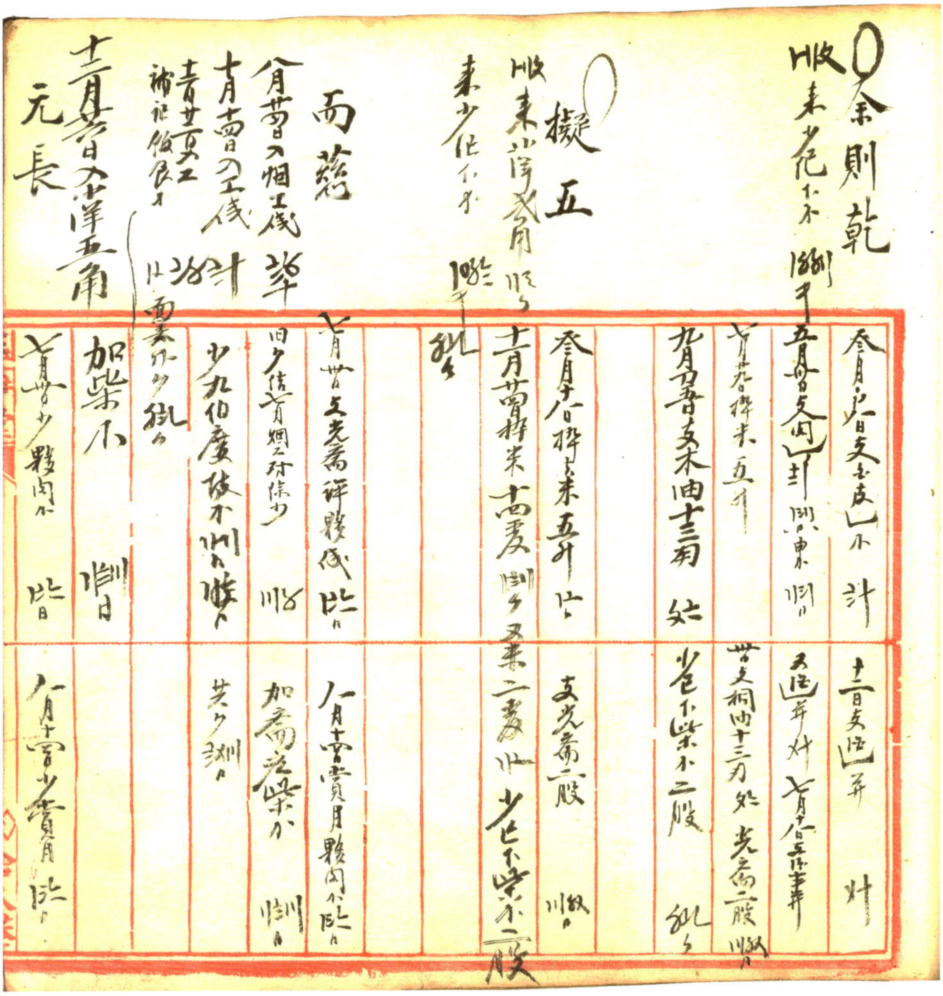

8-2-41-295　清光緒十八年銀錢油穀發借總目（二九五）

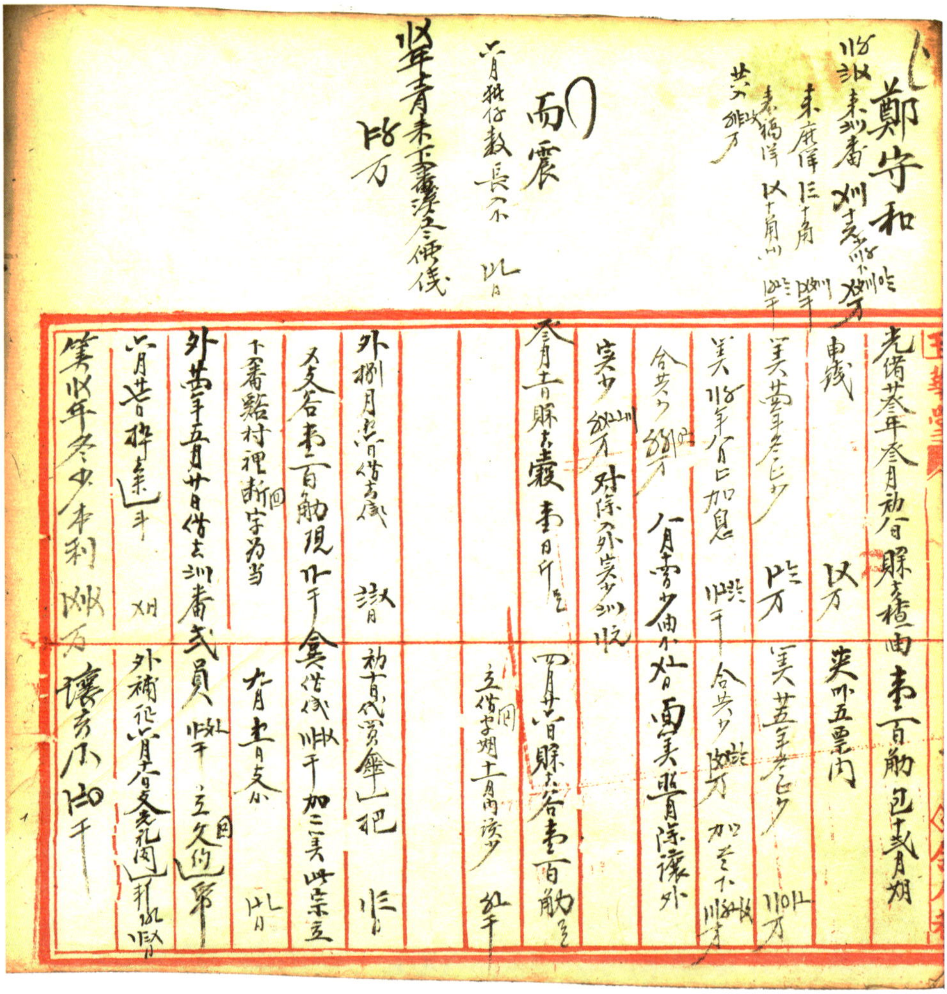

8-2-41-296　清光緒十八年銀錢油穀發借總目（二九六）

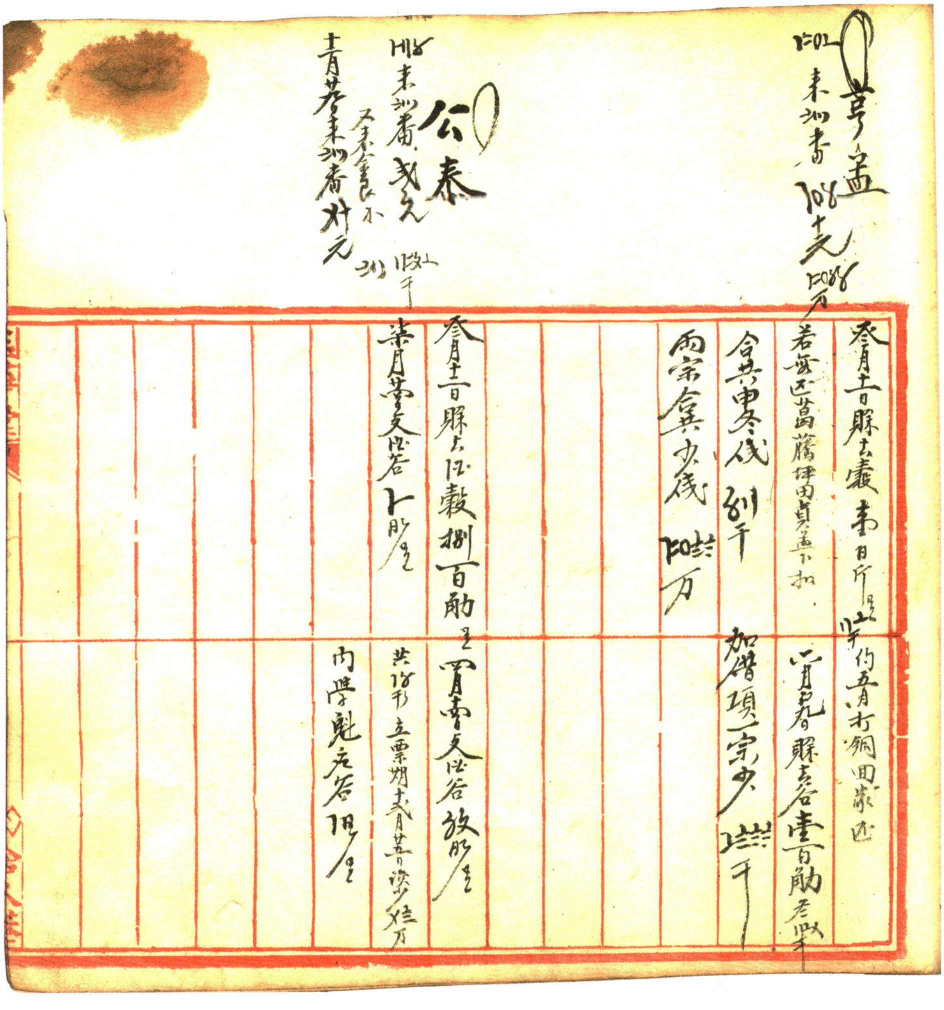

8-2-41-297　清光緒十八年銀錢油穀發借總目（二九七）

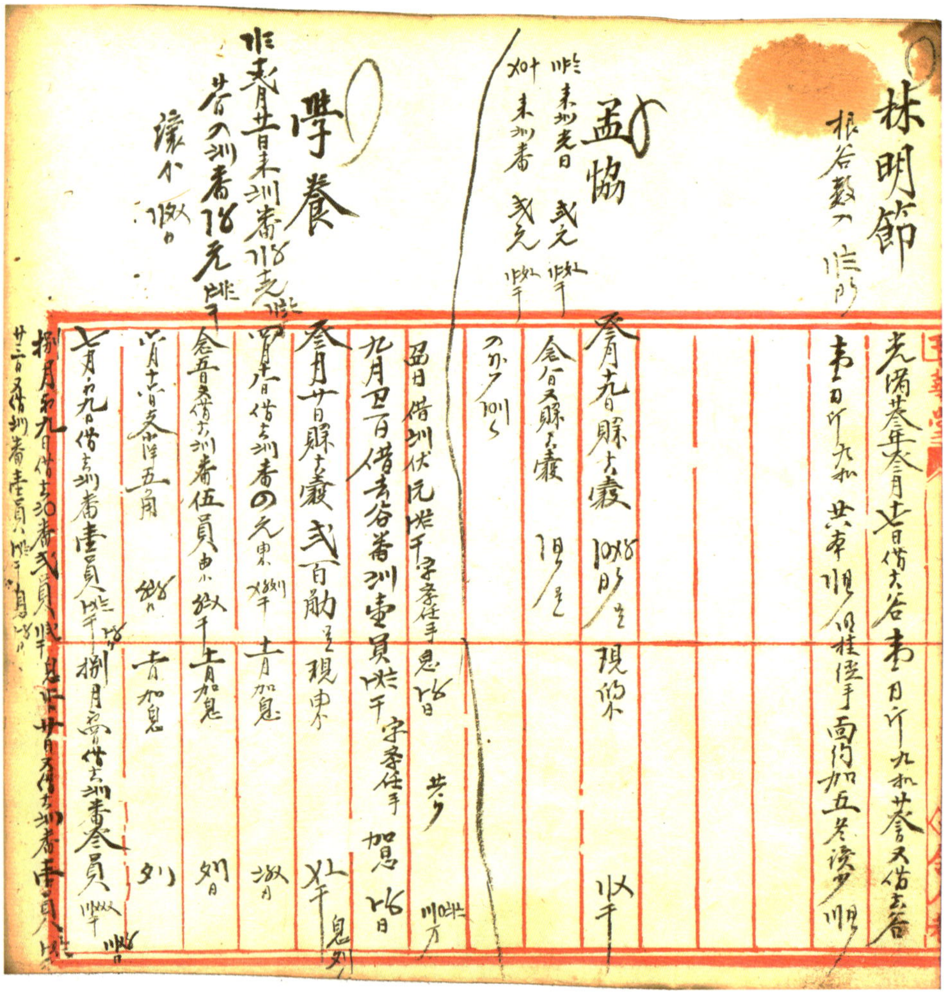

8-2-41-298　清光緒十八年銀錢油穀發借總目（二九八）

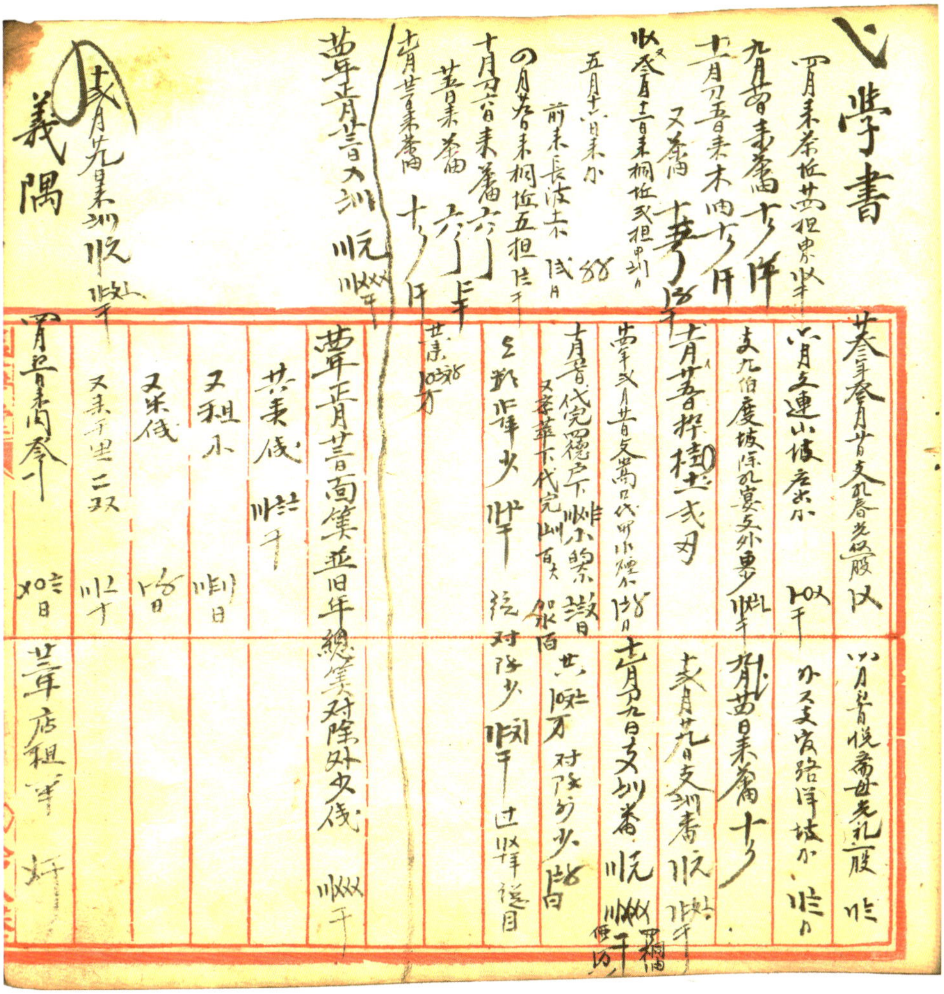

8-2-41-299　清光緒十八年銀錢油穀發借總目（二九九）

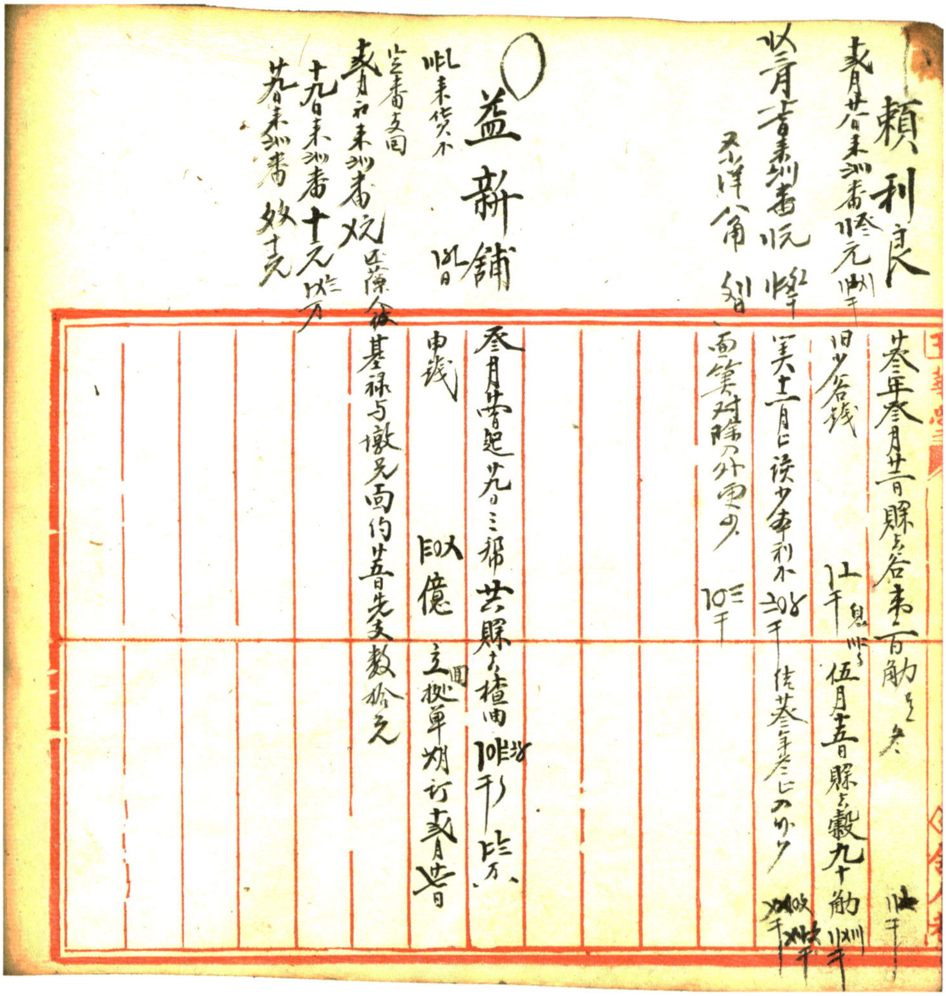

8-2-41-300　清光緒十八年銀錢油穀發借總目（三〇〇）

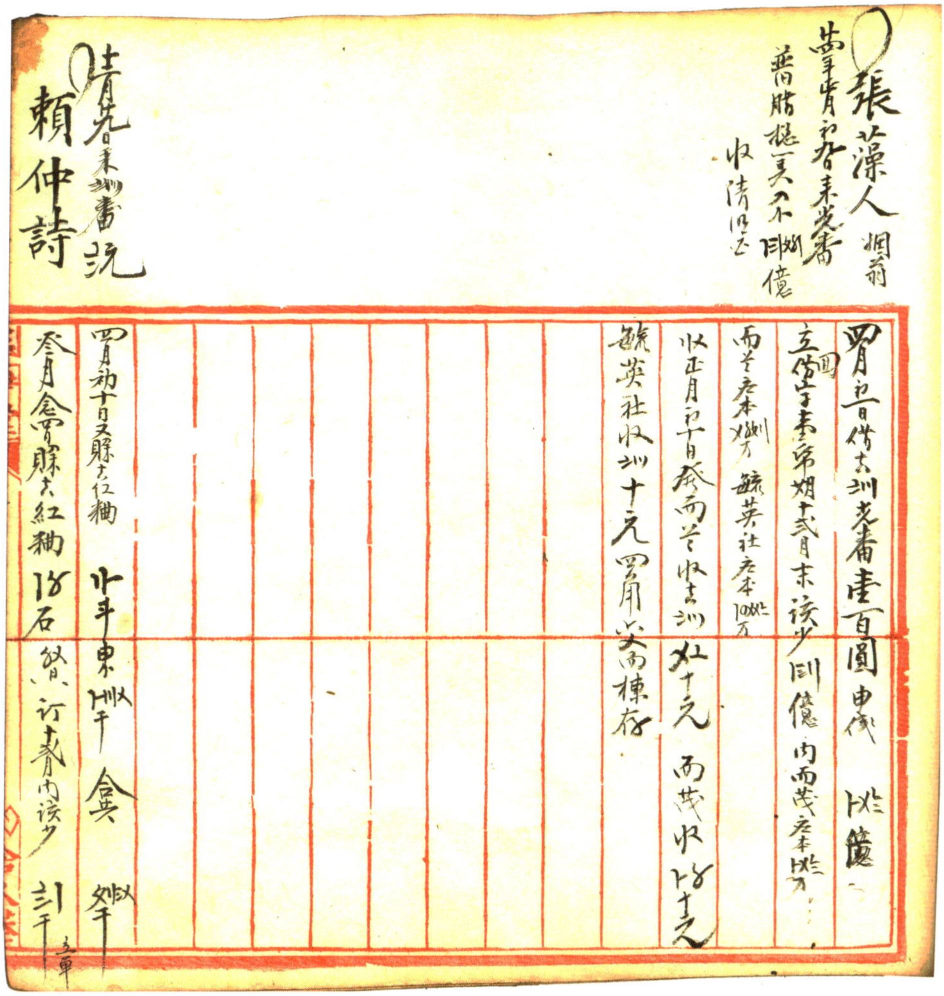

8-2-41-301　清光緒十八年銀錢油穀發借總目（三〇一）

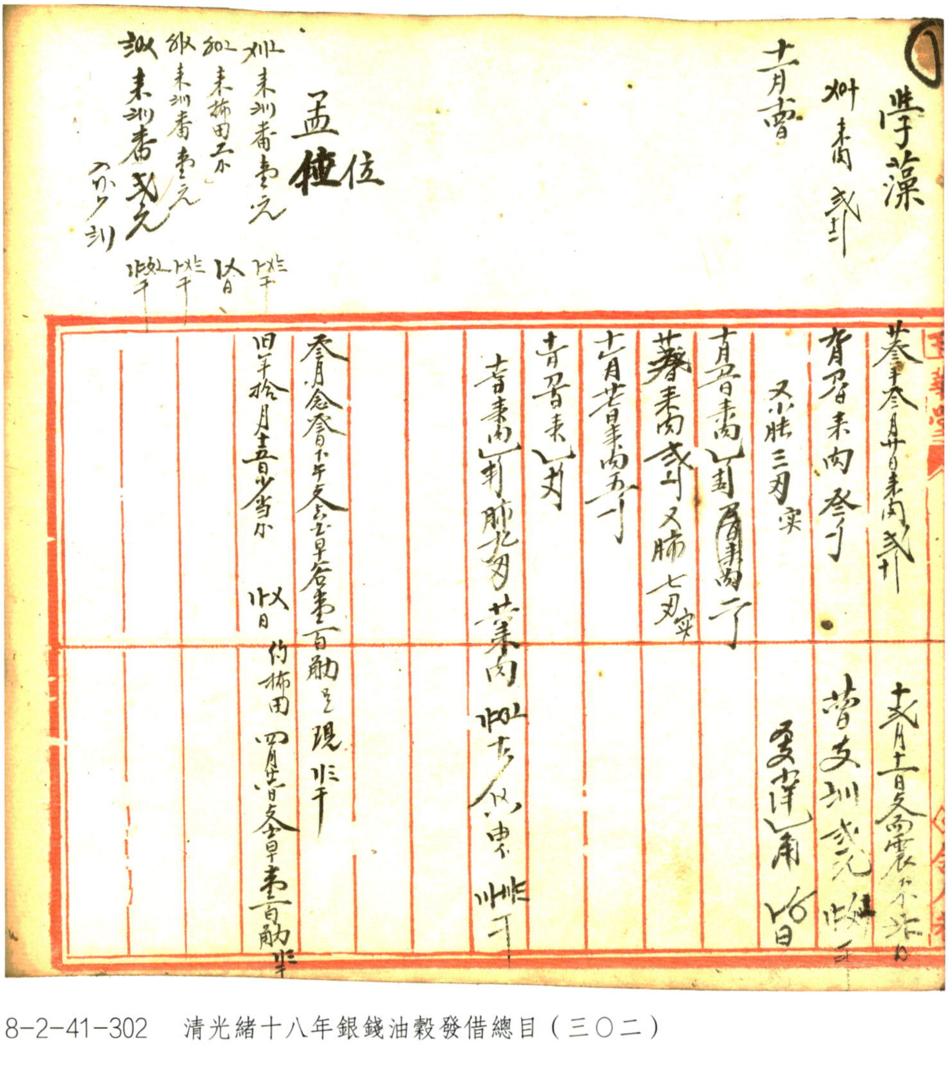

8-2-41-302　清光緒十八年銀錢油穀發借總目（三〇二）

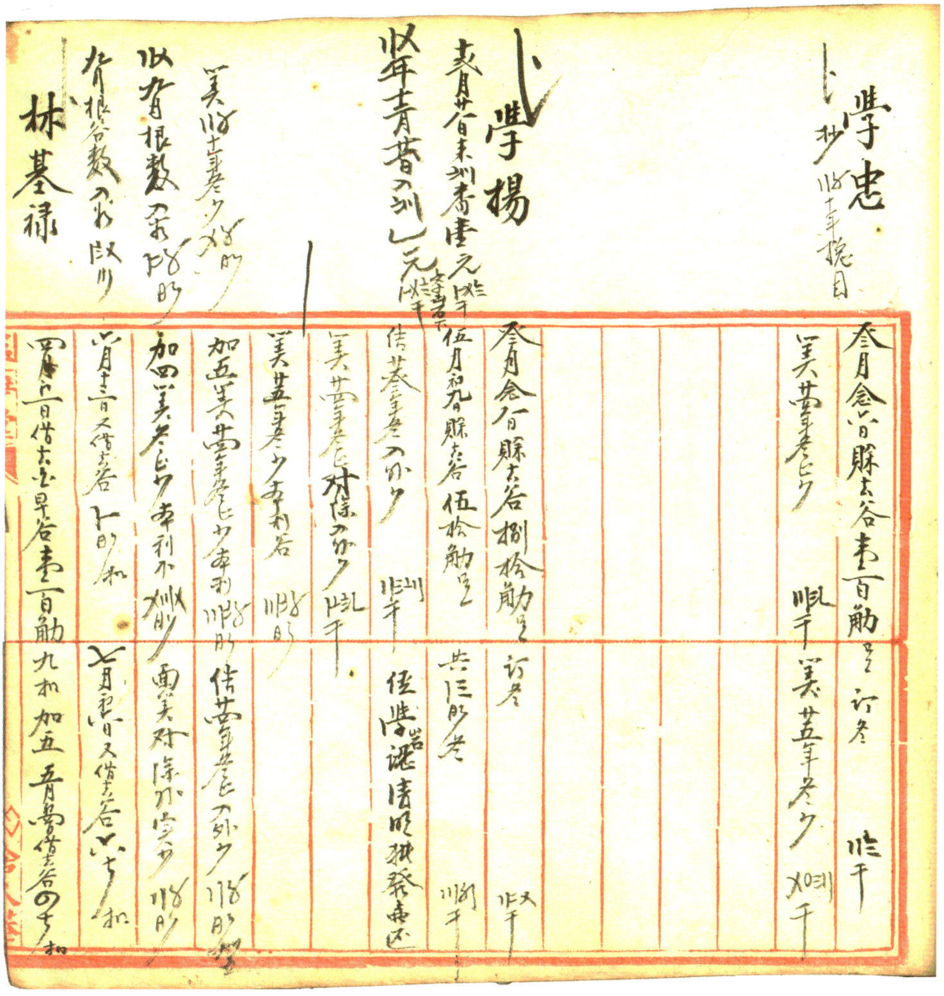

8-2-41-303　清光緒十八年銀錢油穀發借總目（三〇三）

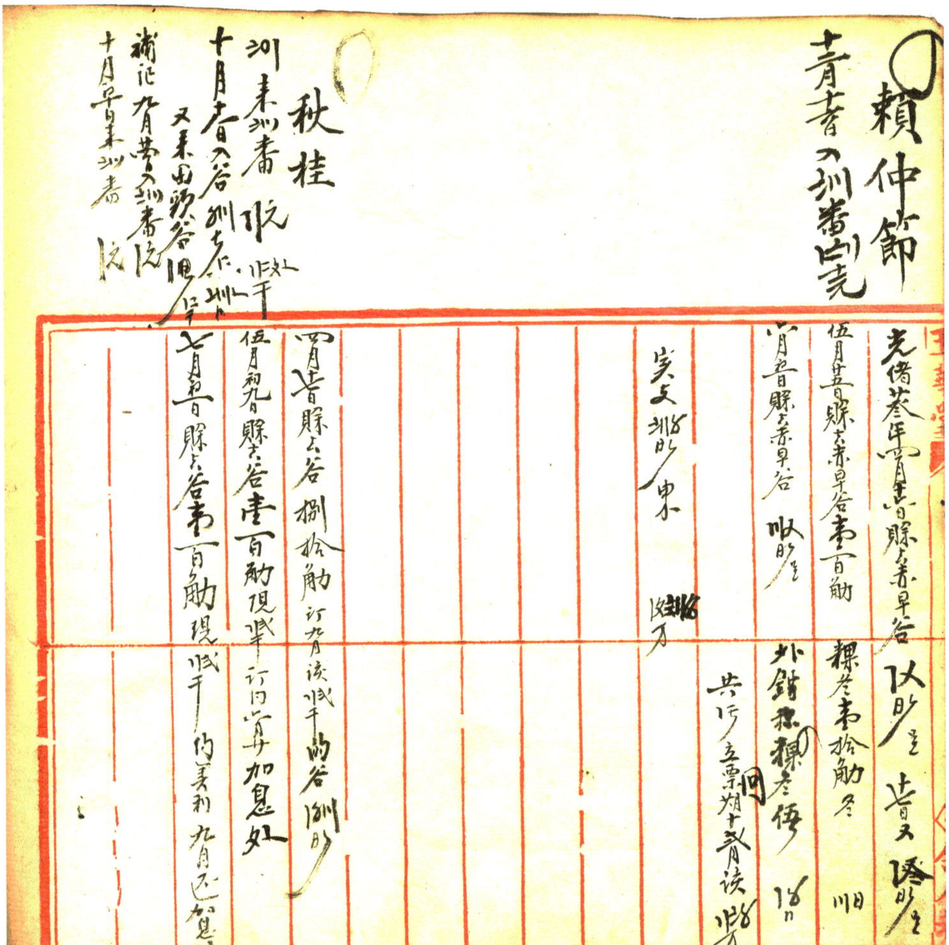

8-2-41-304　清光緒十八年銀錢油穀發借總目（三〇四）

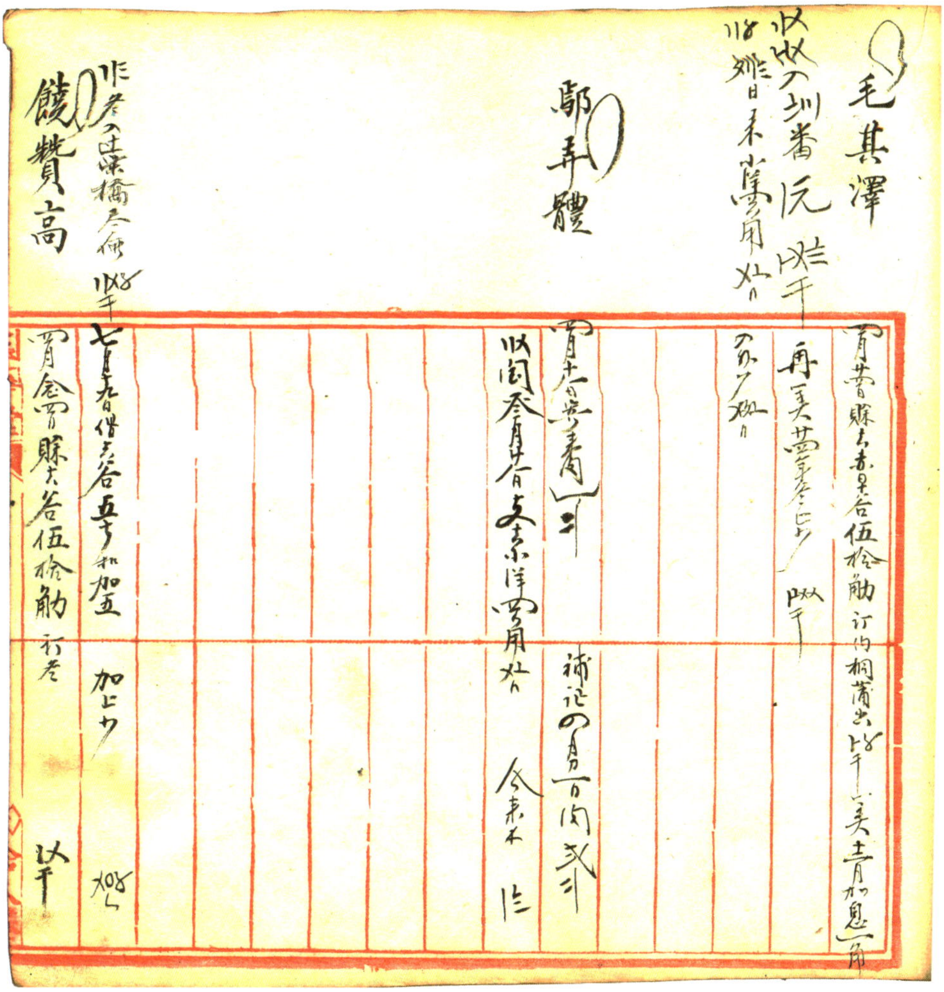
毛其澤
鄭弄體
饒贊高

8-2-41-305　清光緒十八年銀錢油穀發借總目（三〇五）

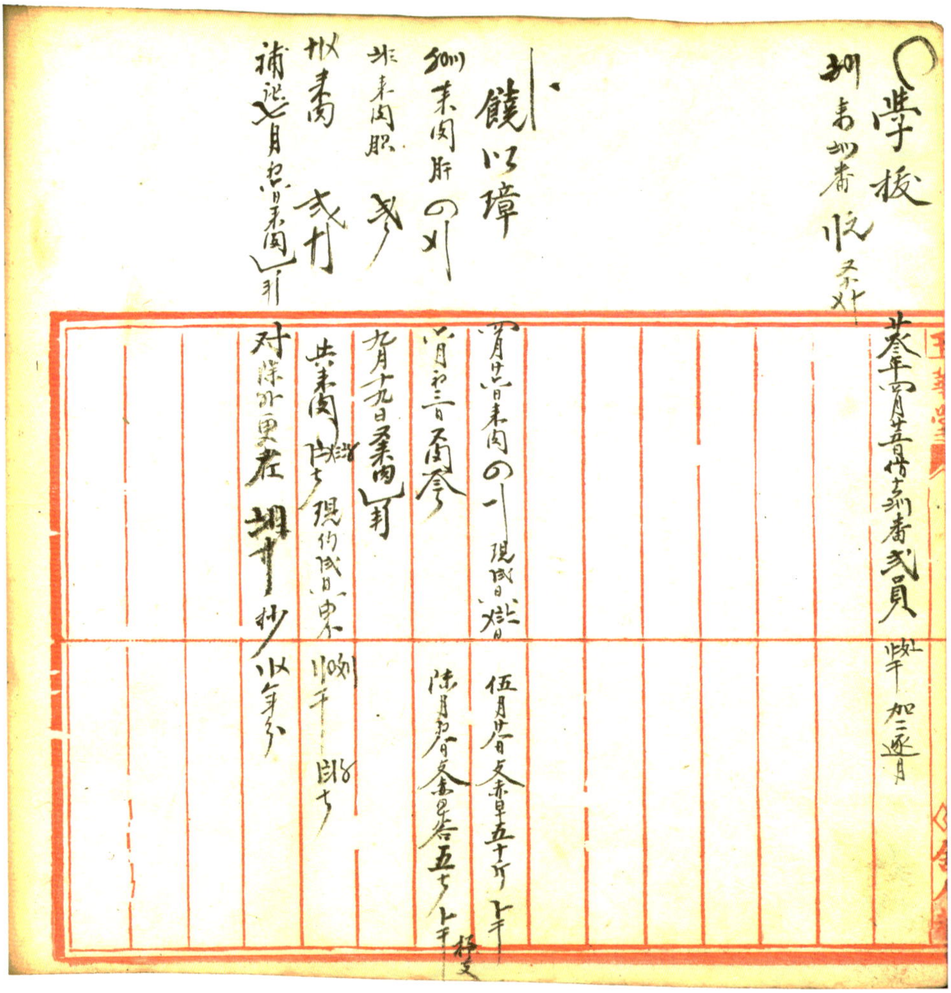

8-2-41-306　清光緒十八年銀錢油穀發借總目（三〇六）

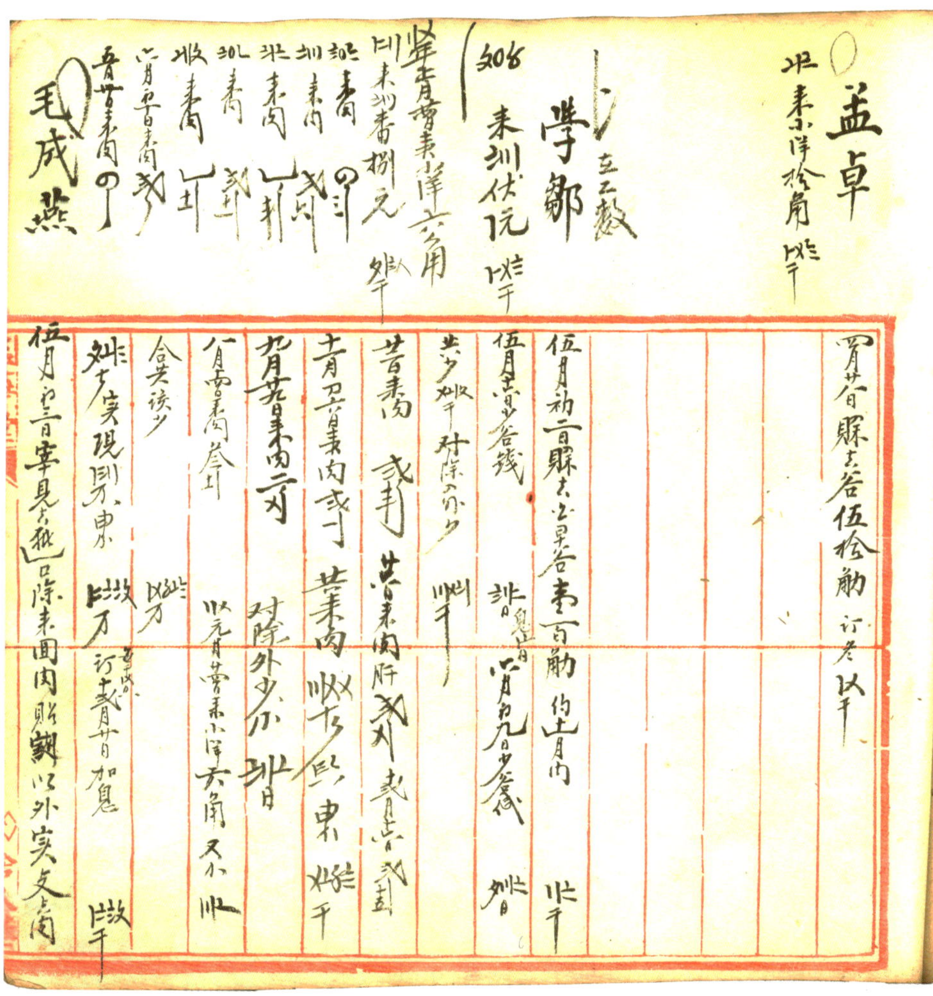

8-2-41-307　清光緒十八年銀錢油穀發借總目（三〇七）

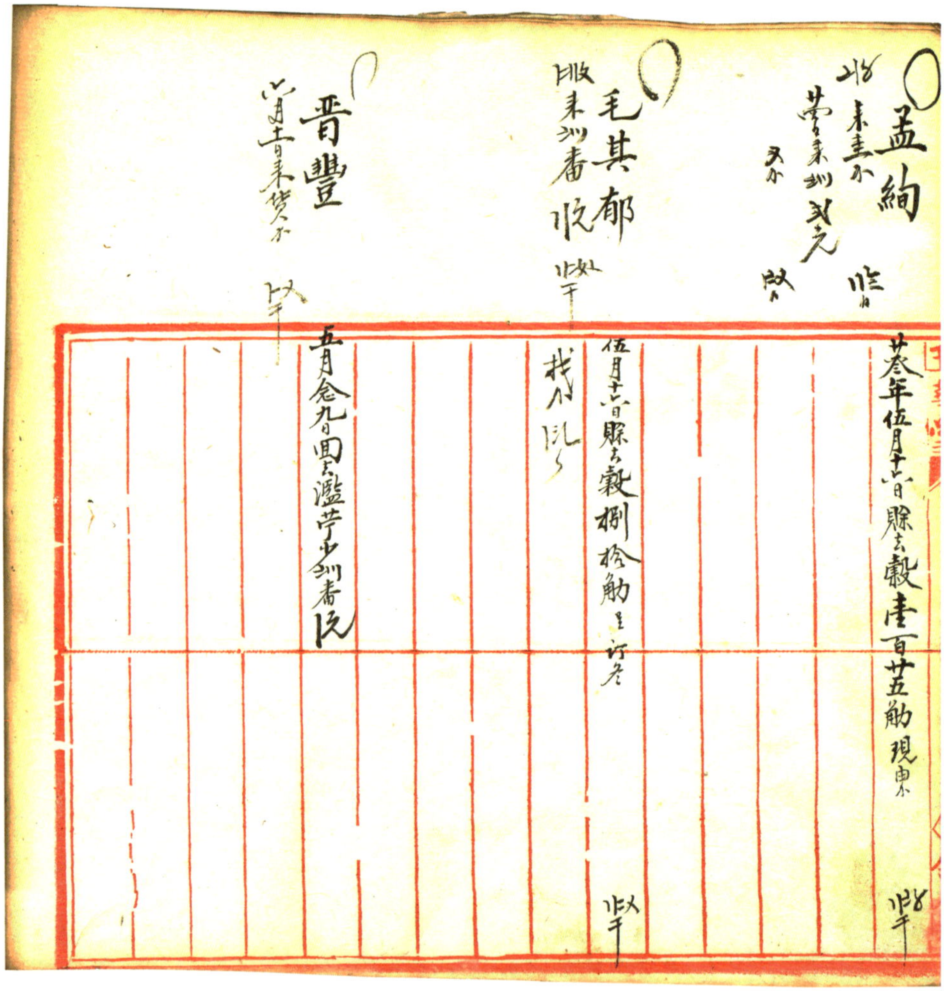

孟絢

廿叁年伍月十六日賒去穀壹百廿五觔

毛其郁

伍月十六日賒去穀捌拾觔

晋豐

8-2-41-308　清光緒十八年銀錢油穀發借總目（三〇八）

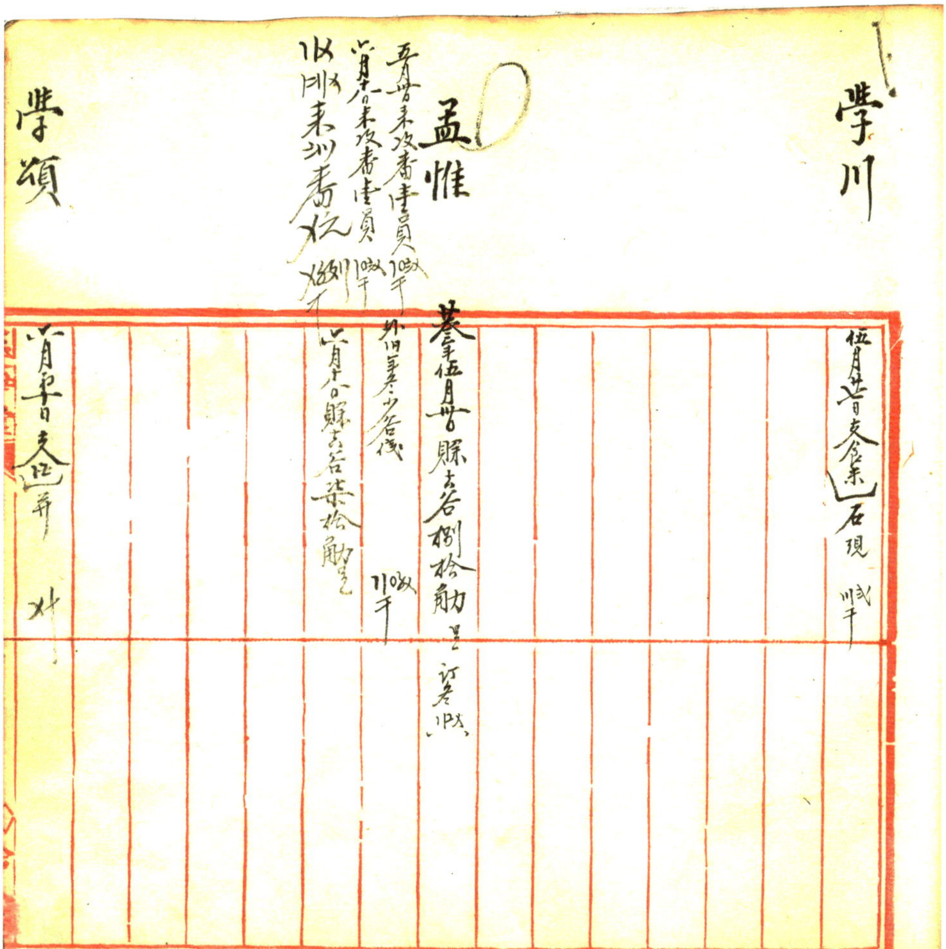

學川

孟惟

學頎

8-2-41-309　清光緒十八年銀錢油穀發借總目（三〇九）

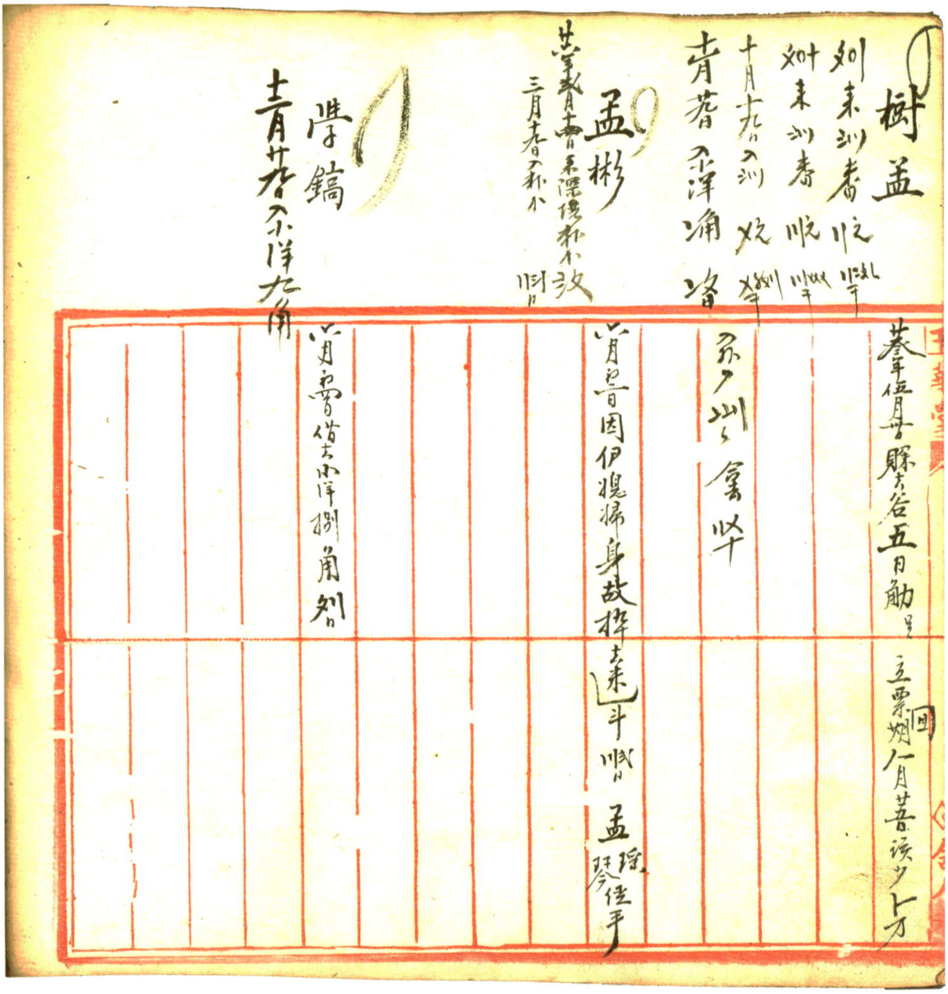

8-2-41-310　清光緒十八年銀錢油穀發借總目（三一〇）

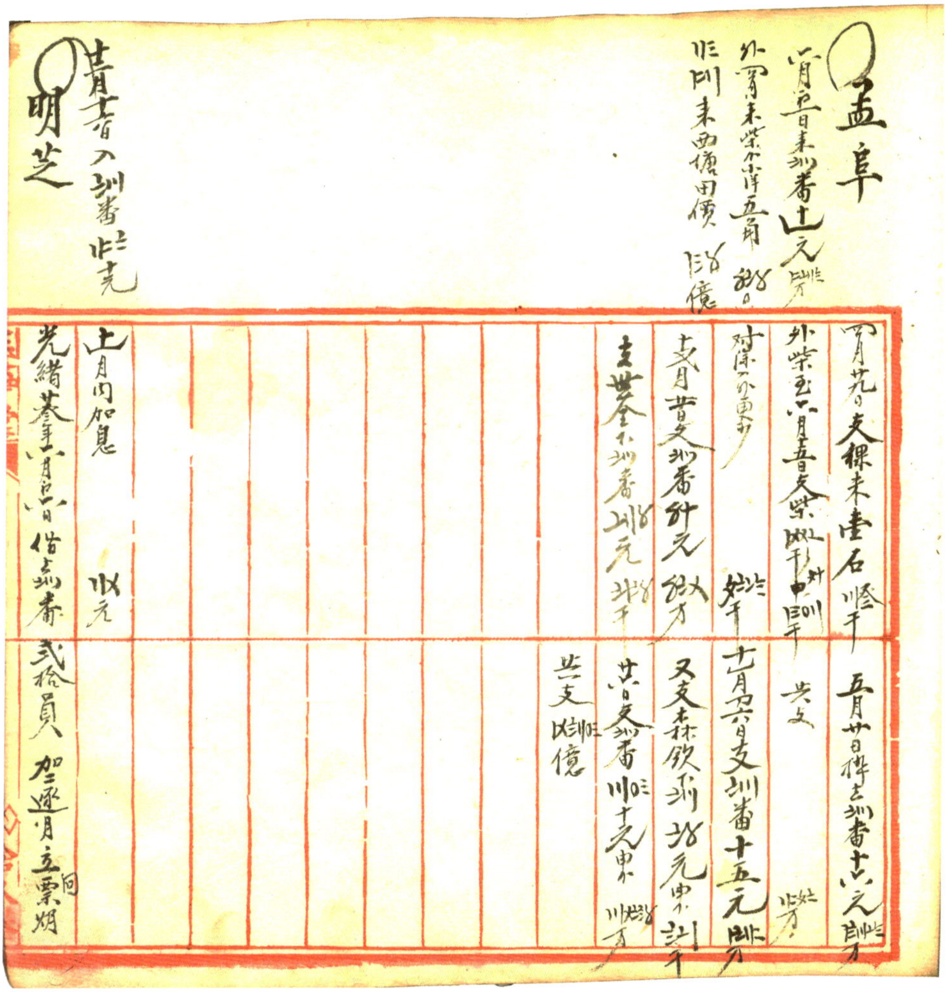

8-2-41-311　清光緒十八年銀錢油穀發借總目（三一一）

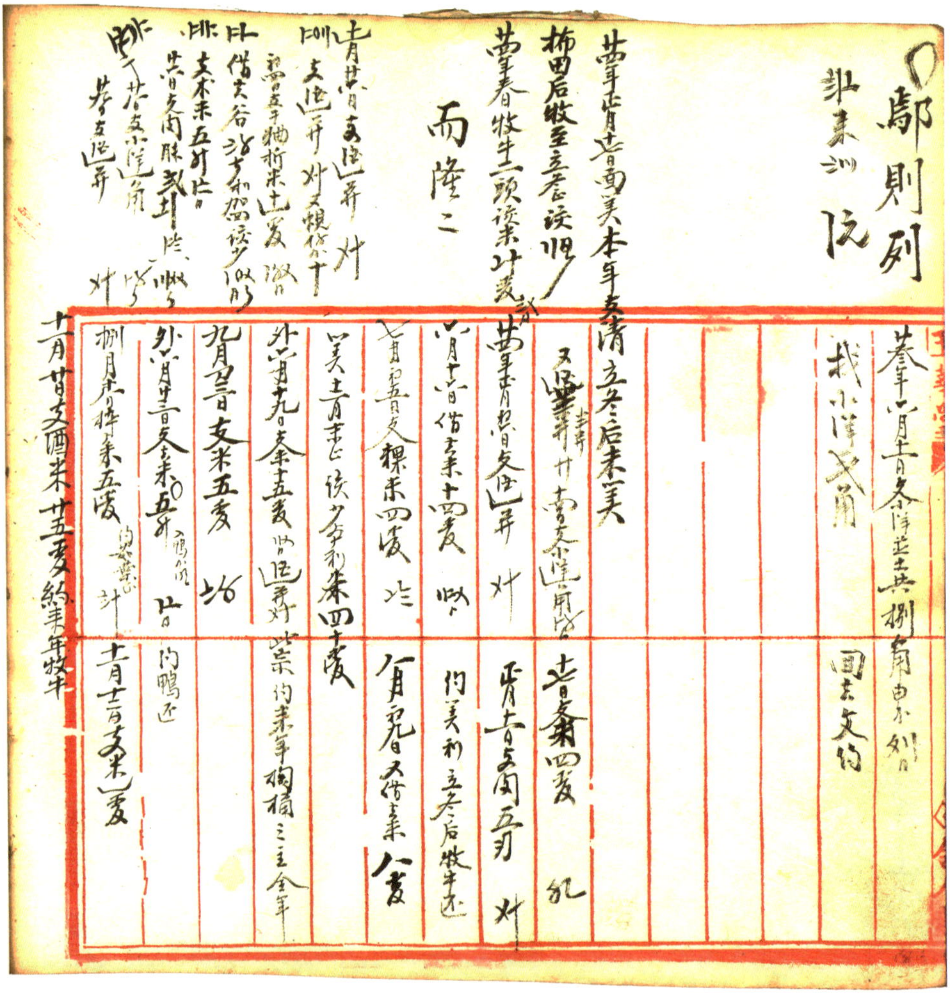

8-2-41-312　清光緒十八年銀錢油穀發借總目（三一二）

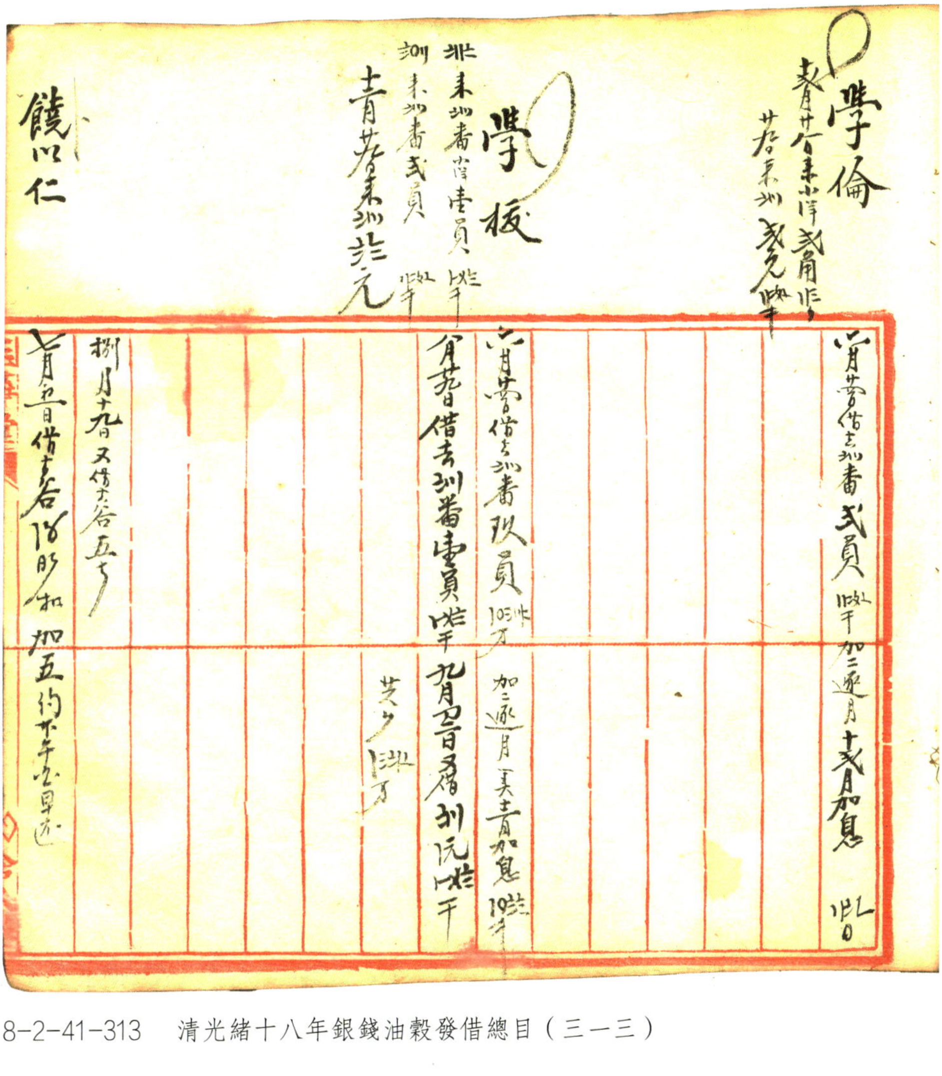
學倫

學梭

饒以仁

8-2-41-313　清光緒十八年銀錢油穀發借總目（三一三）

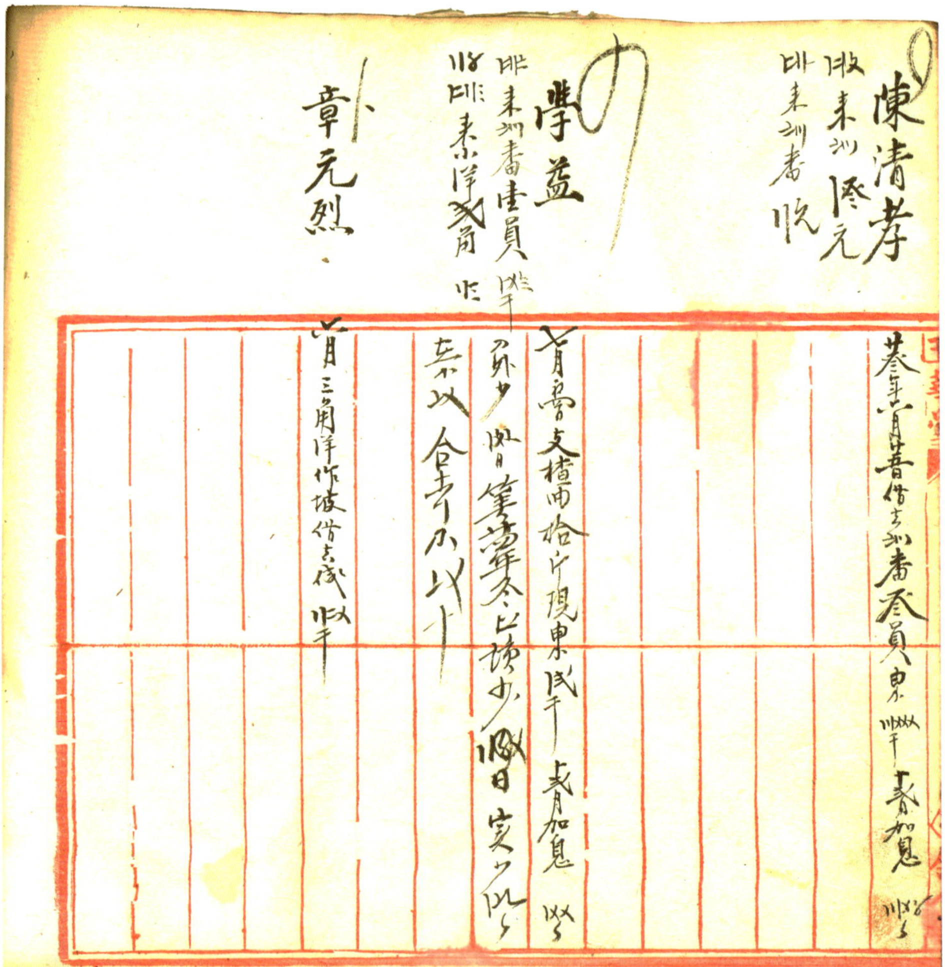

8-2-41-314　清光緒十八年銀錢油穀發借總目（三一四）

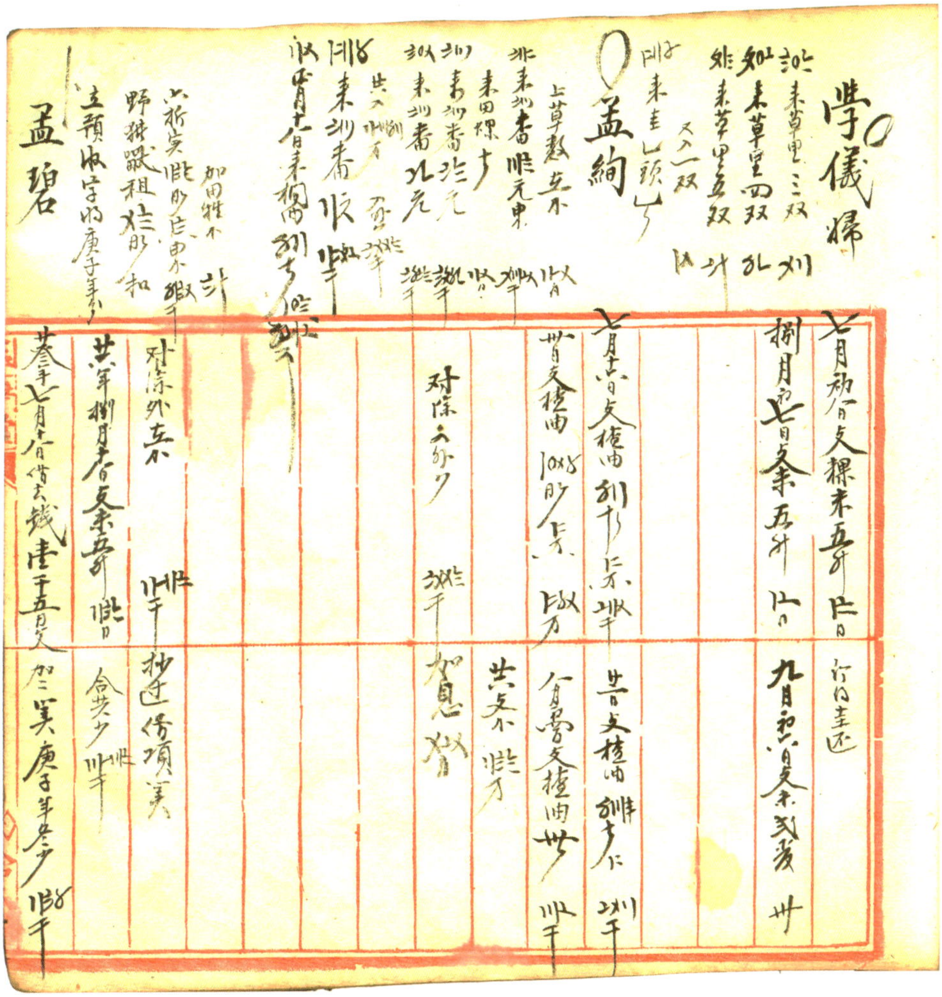

8-2-41-315　清光緒十八年銀錢油穀發借總目（三一五）

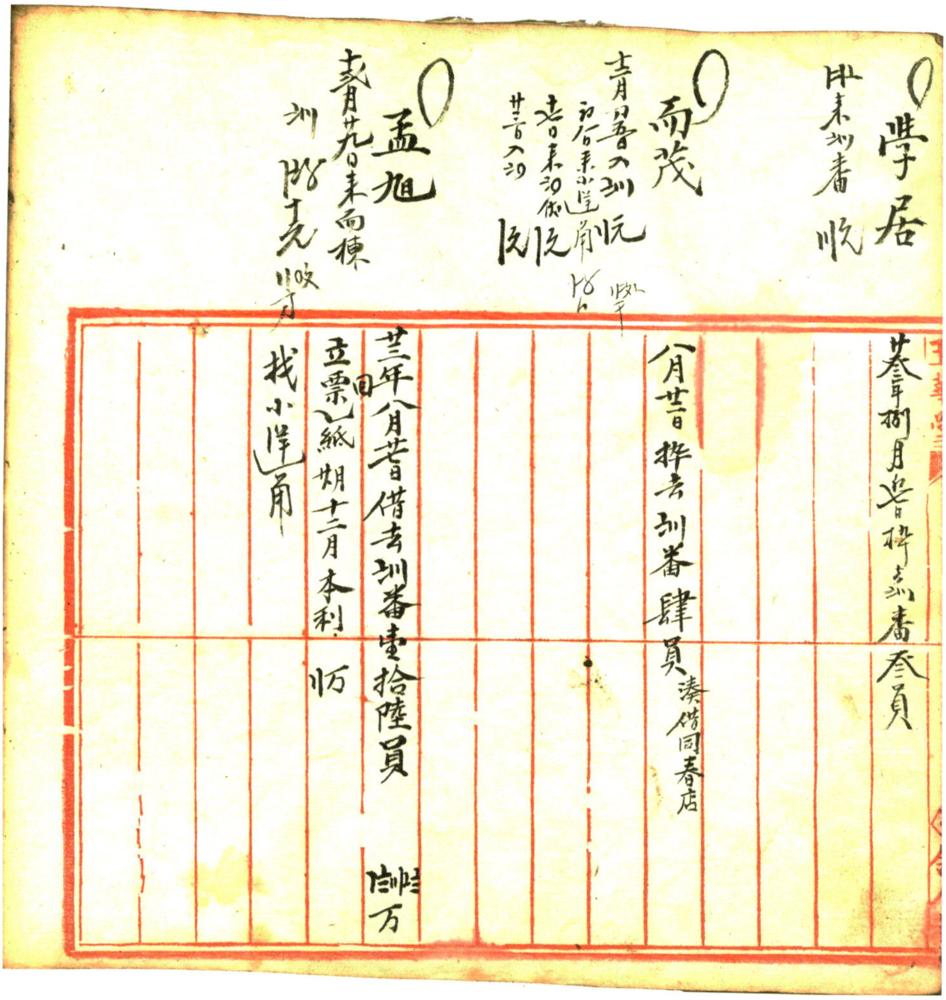

8-2-41-316　清光緒十八年銀錢油穀發借總目（三一六）

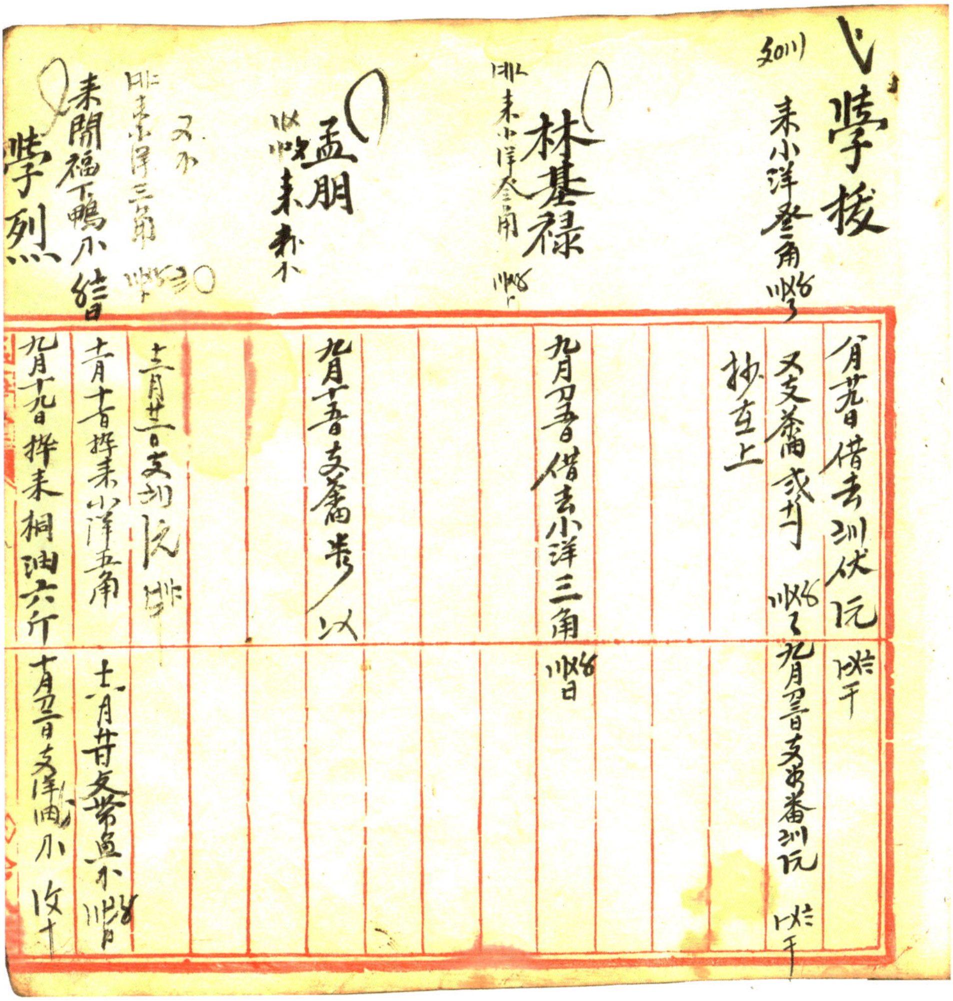
學拔
來小洋叁角
又支番
抄查上
林基祿
來小洋叁角
九月初四日借去小洋三角
孟朋
來米
學列
來閒福下鴨一只
來小洋三角
十一月十一日挵來小洋五角
九月十九日挵來桐油六斤

8-2-41-317　清光緒十八年銀錢油穀發借總目（三一七）

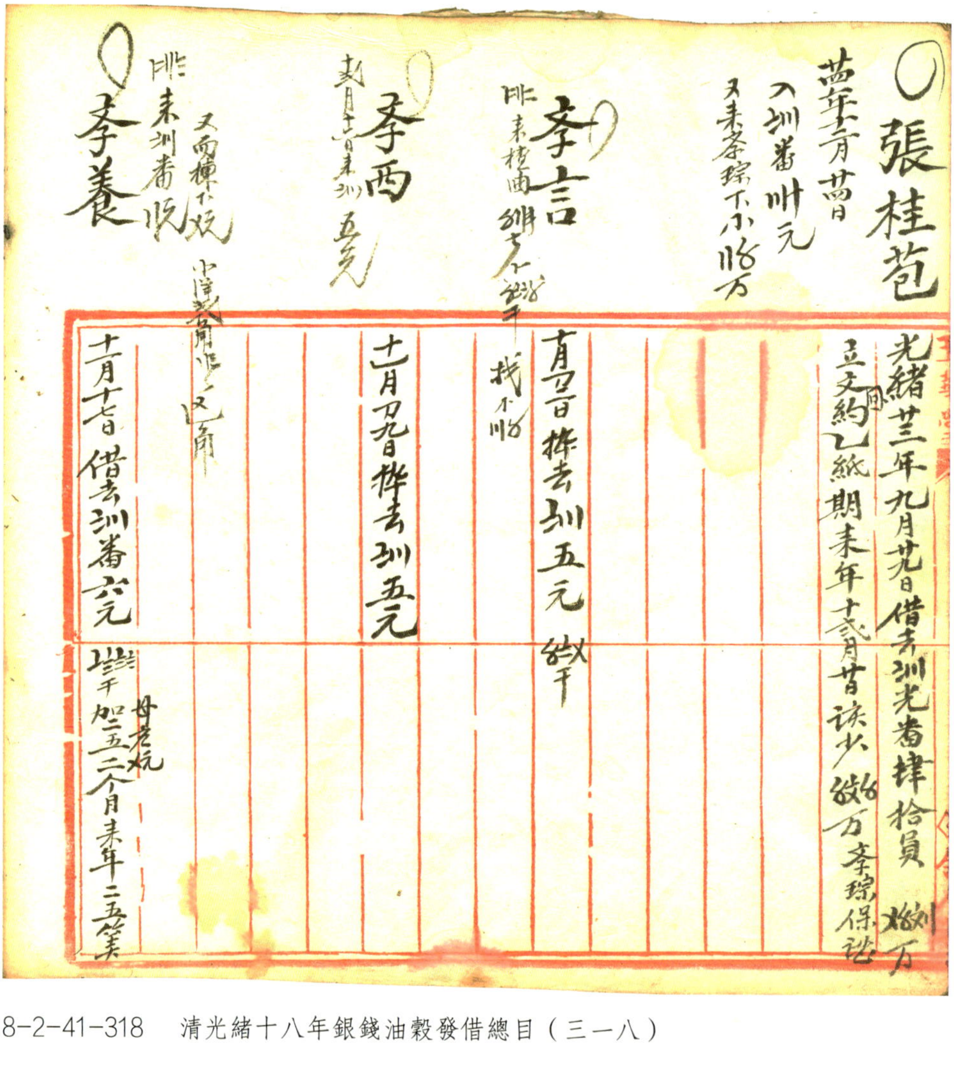

張桂苞
光緒廿三年九月廿九日借去洲光番肆拾員
立文約乙紙期來年十二月廿日……李琮保認
李言
十二月廿四日撥去洲五元
李西
十一月廿九日撥去洲五元
李養
十一月十七日借去洲番六元

8-2-41-318　清光緒十八年銀錢油穀發借總目（三一八）

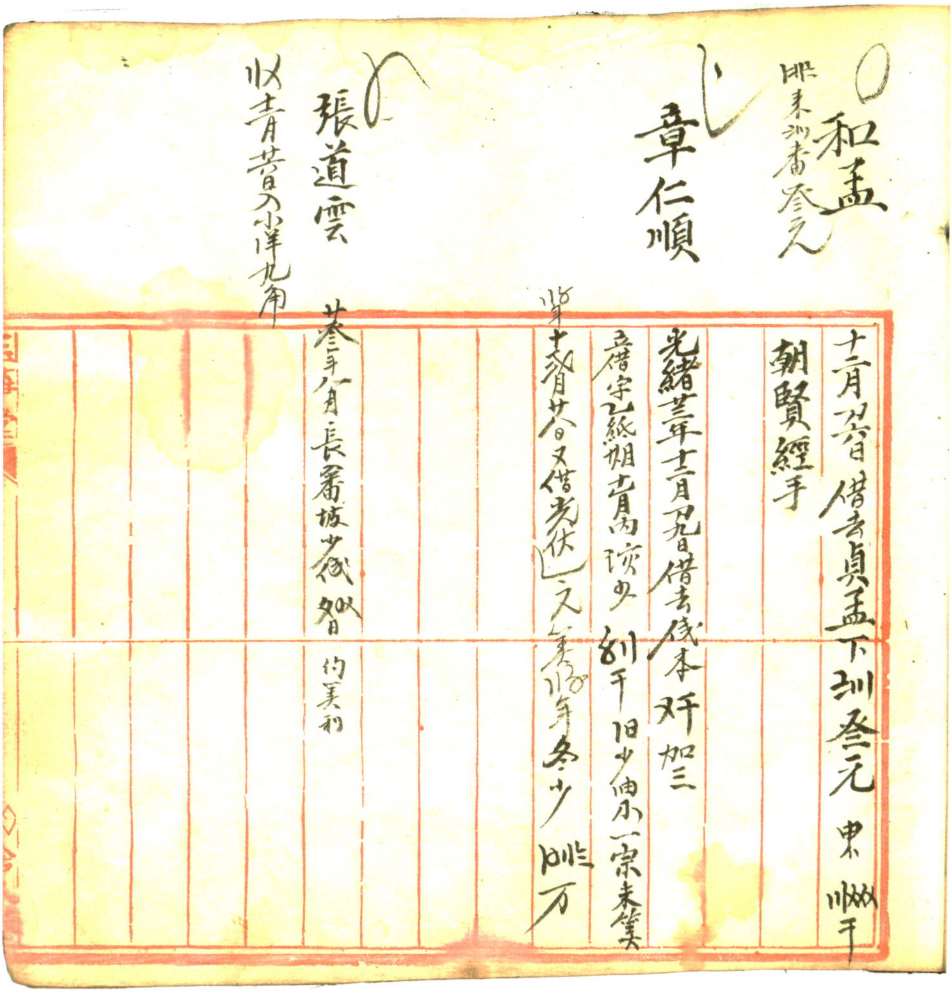
○ 和孟

收來訓番叁元

十二月廿四日借去貞孟下訓叁元 東 〢〨千

朝賢經手

㇄ 章仁順

光緒十八年十二月廿九日借去錢本〤千 加三

有借字一紙 明十一月内認少 刹千 旧少佃不一宗未筭

十九年十一月廿六日又借光伏 文 又本年 条少 〦〦万

㇄ 張道雲

廿三年八月 長春拔光 栽 〤日 約美利

收十二月廿三日入小洋九角

8-2-41-319　清光緒十八年銀錢油穀發借總目（三一九）

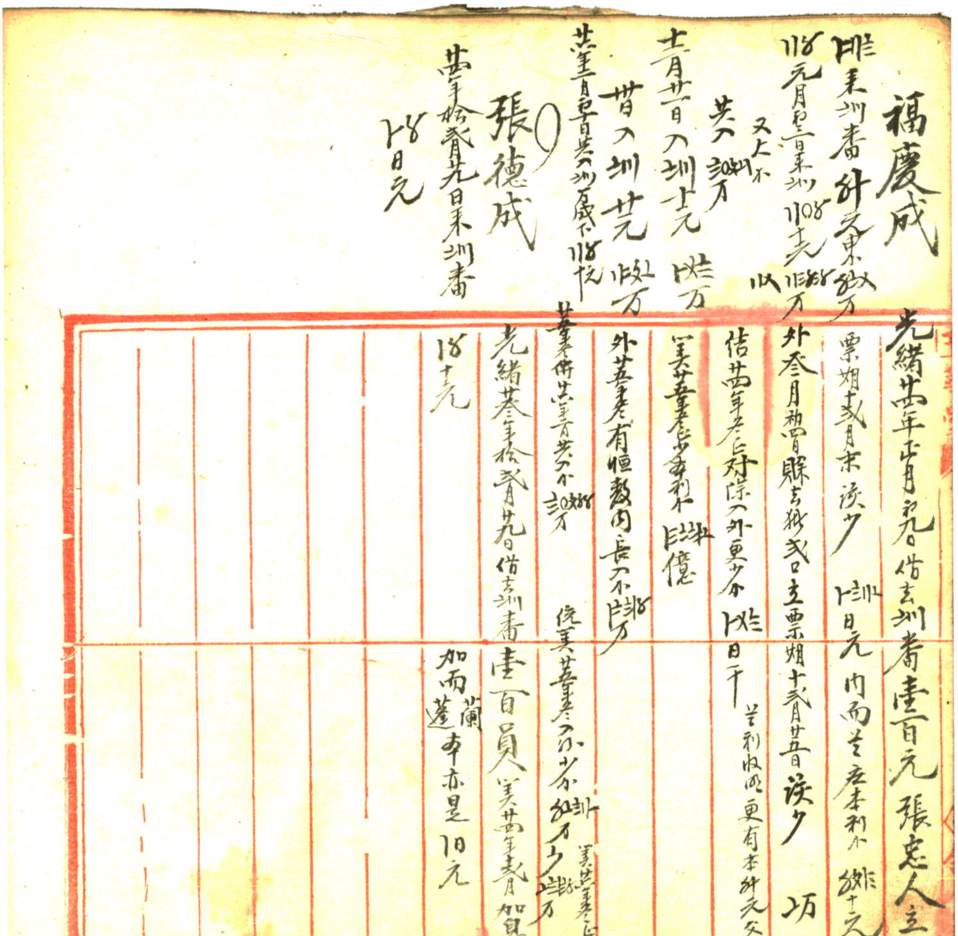

8-2-41-320　清光緒十八年銀錢油穀發借總目（三二〇）

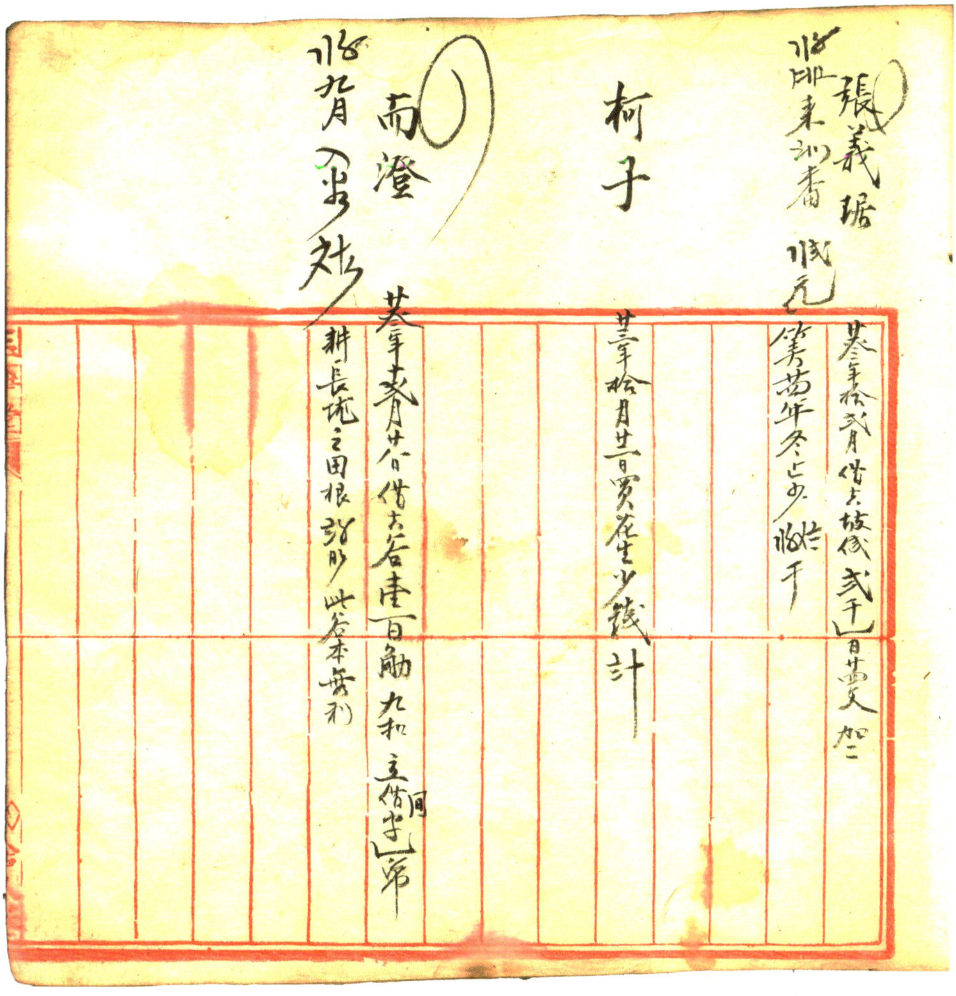
張義据　收 卯來糾番　收訖
癸巳年拾弍月借去拔伐弍千　日廿四文　加二
算廿四年冬止　收清千

柯子
廿三年拾月廿一日買花生少錢計

南澄　收九月入歩秋
廿五年春月廿八日借去谷壹百觔　九和　立借字　同第
耕長坵之田根　此谷本無利

8-2-41-321　清光緒十八年銀錢油穀發借總目（三二一）

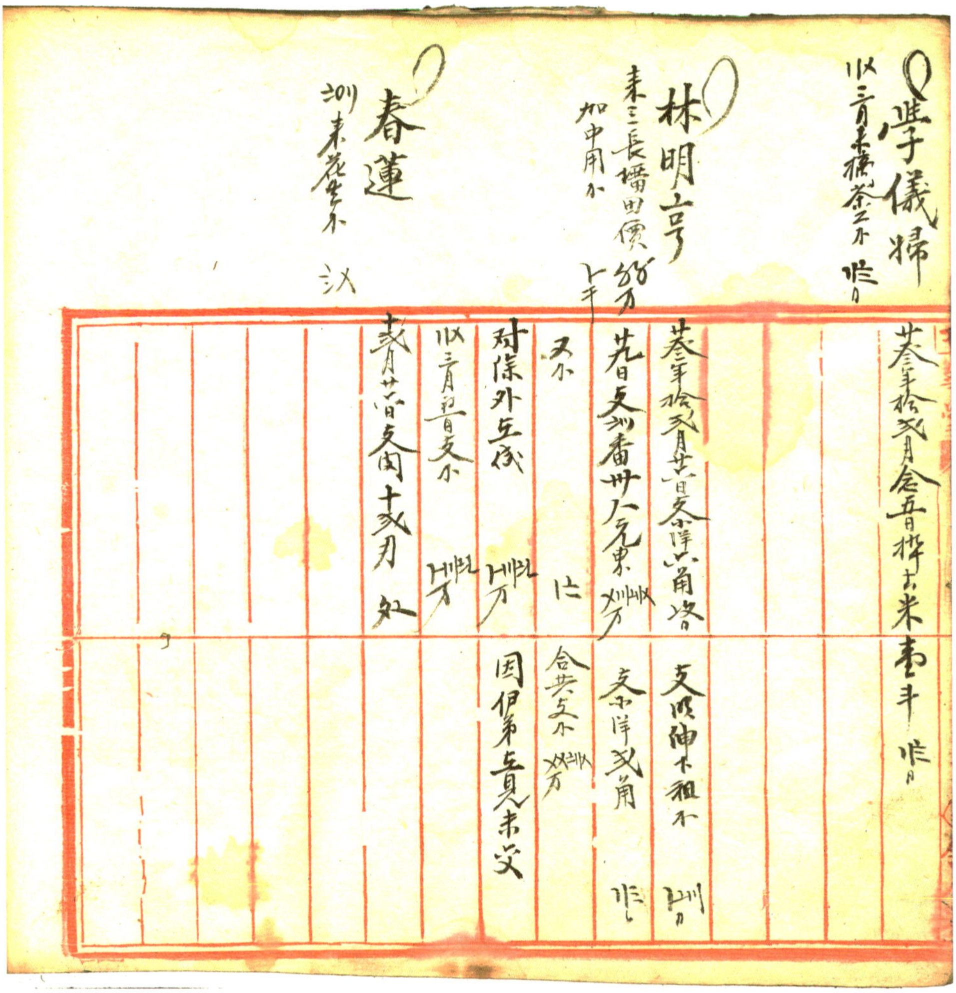

8-2-41-322　清光緒十八年銀錢油穀發借總目（三二二）

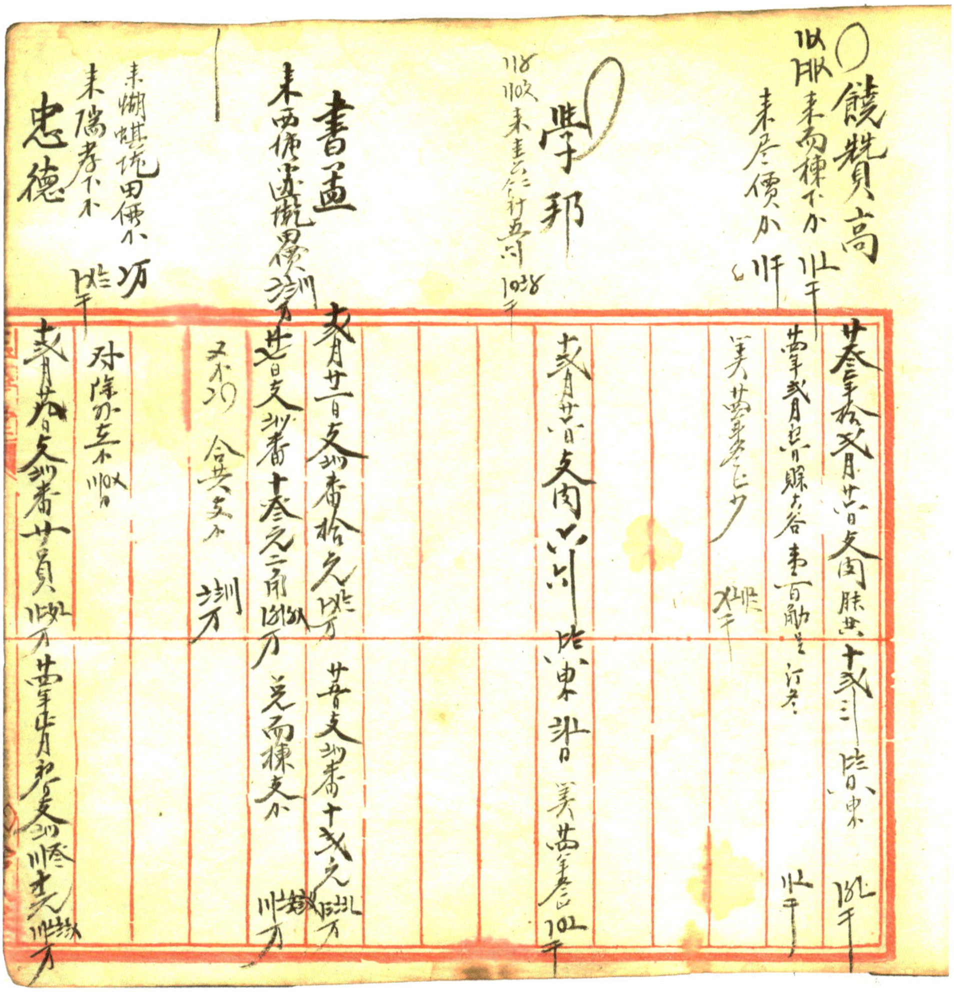

饒贊高

學邦

書益

忠德

8-2-41-323　清光緒十八年銀錢油穀發借總目（三二三）

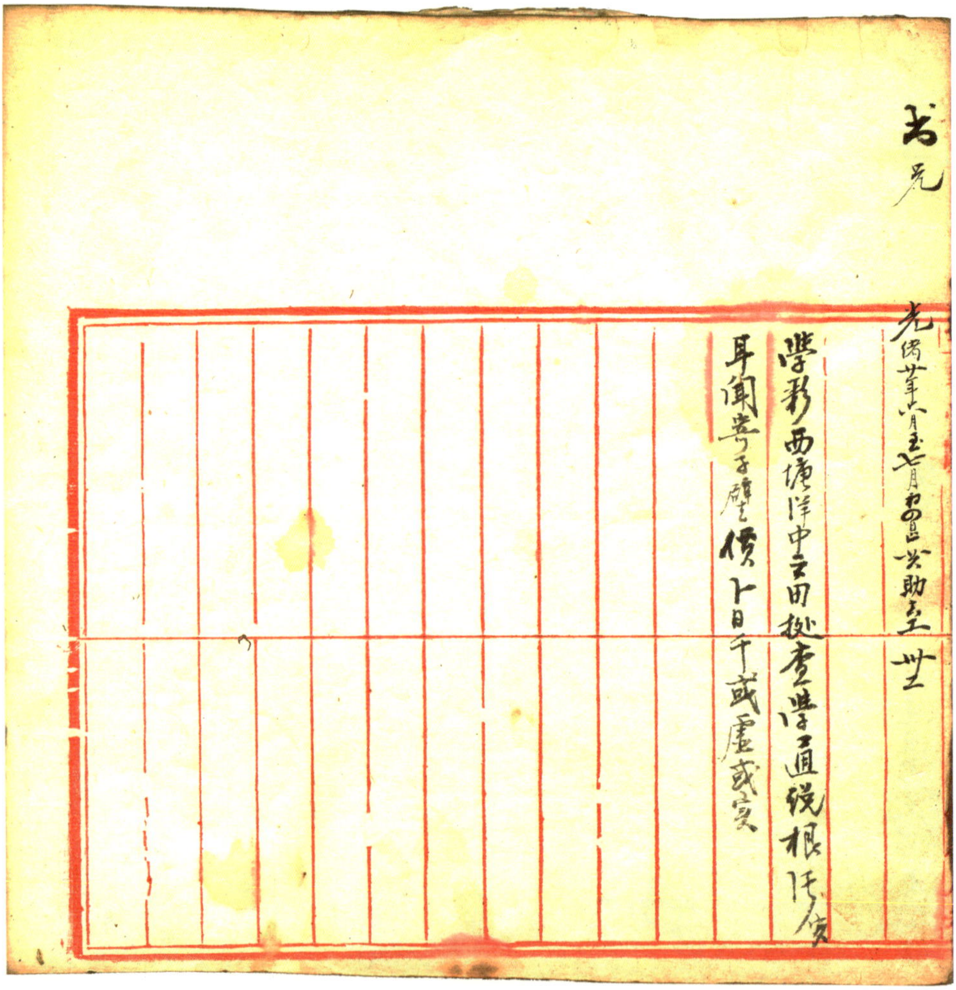

书

光

光緒廿年六月十五七月初四日兴助去 廿二

學彩西塘洋中六田坵壹學通税根佃交

耳聞寄子牌價下日千貳佰貳分

8-2-41-324　清光緒十八年銀錢油穀發借總目（三二四）

8-2-41-325　清光緒十八年銀錢油穀發借總目（三二五）

8-2-42-1　清光緒二十六年錢穀總目（一）

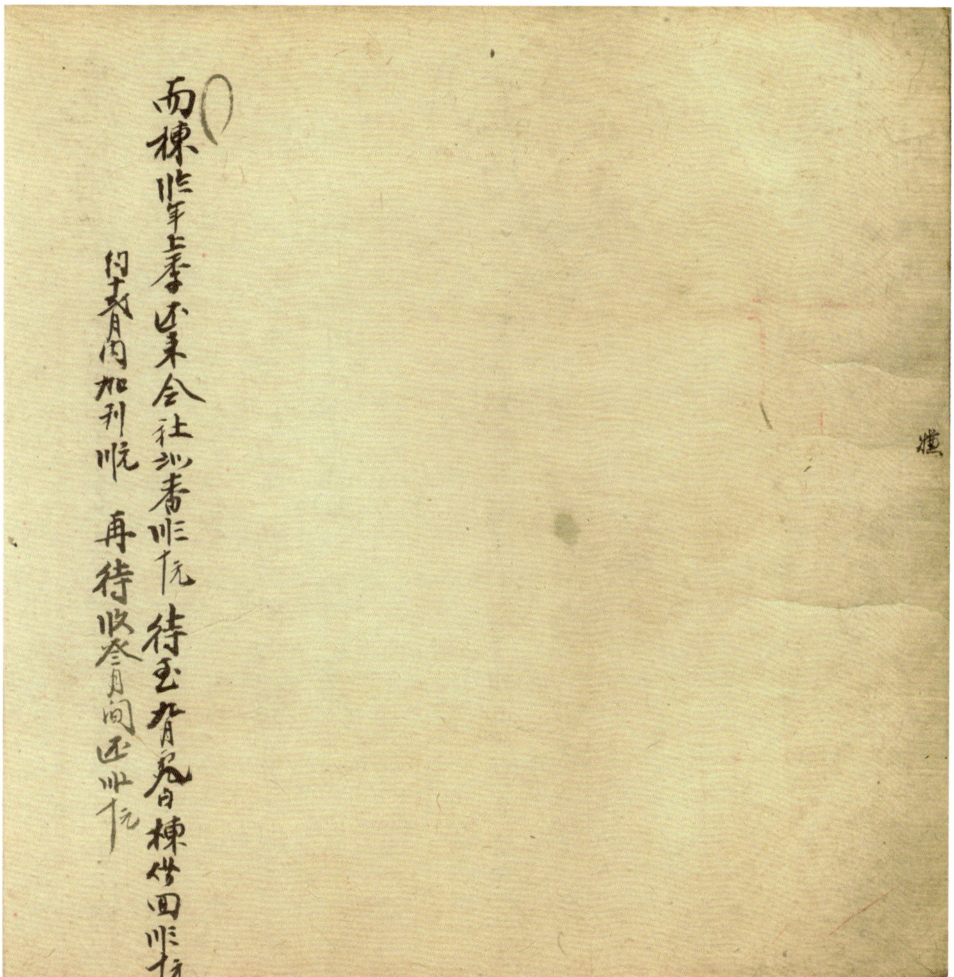

丙棟[illegible]年上季还来会社[illegible]香[illegible]　待玉[illegible]棟[illegible]田[illegible]

[illegible]月内加利[illegible]　再待收叁月间还[illegible]

8-2-42-2　清光緒二十六年錢穀總目（二）

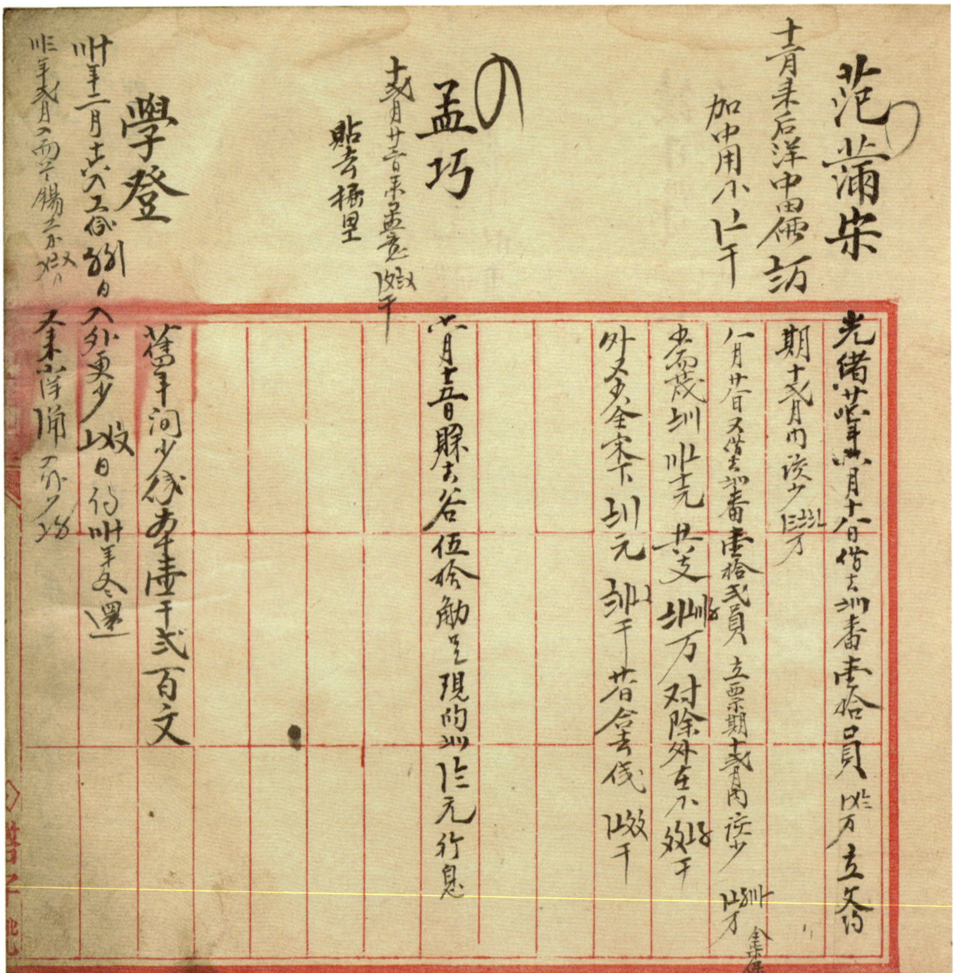

8-2-42-3　清光緒二十六年錢穀總目（三）

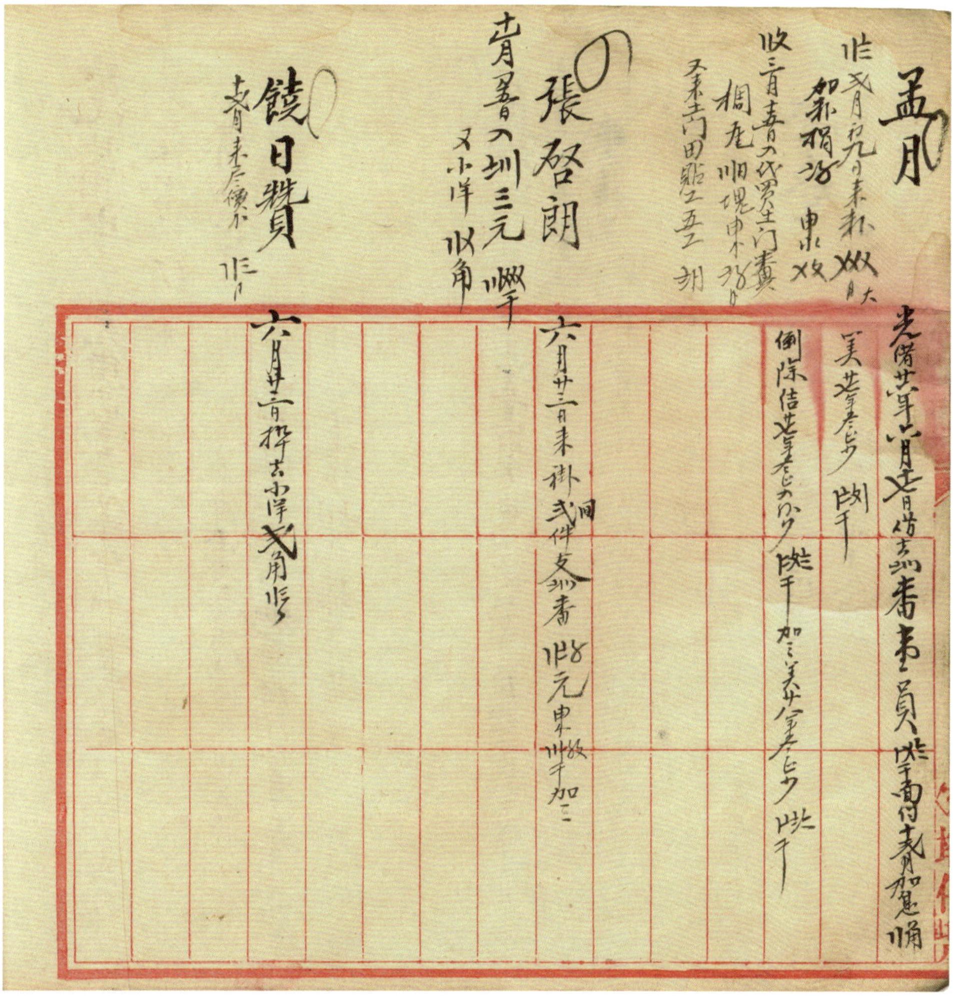

8-2-42-4　清光緒二十六年錢穀總目（四）

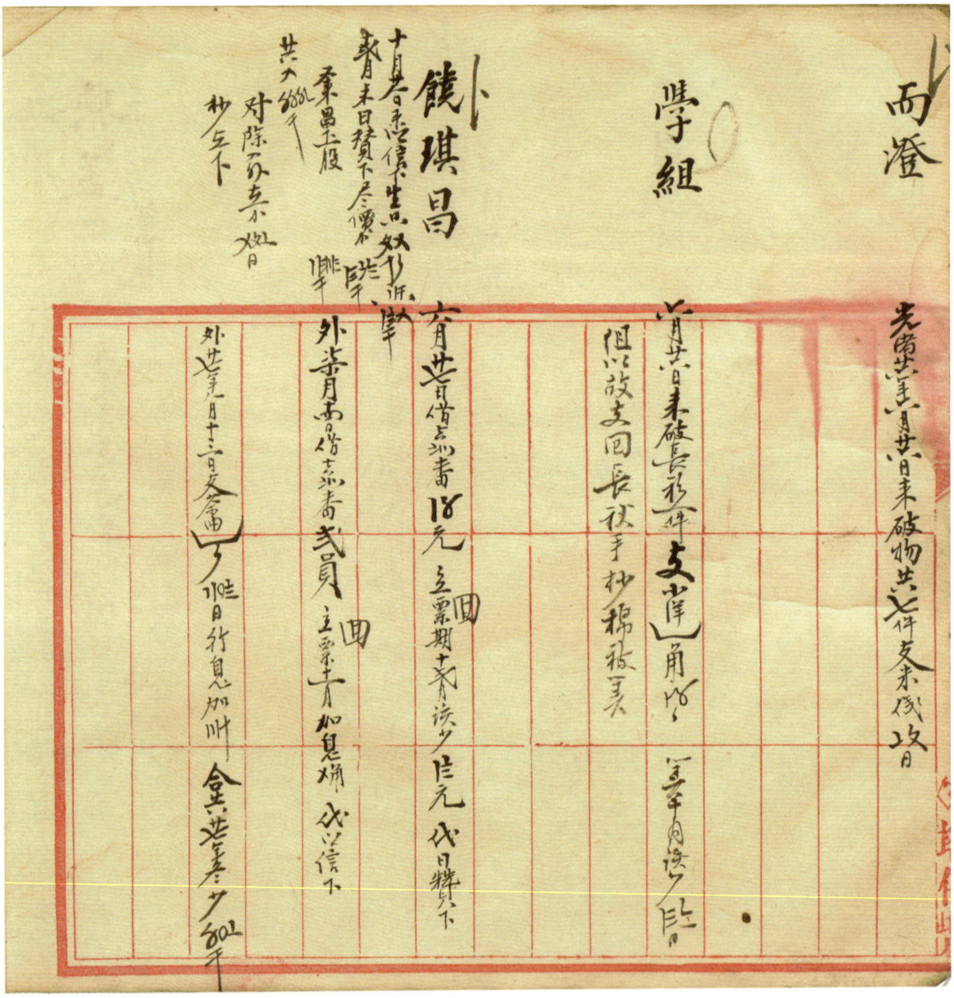

8-2-42-5　清光緒二十六年錢穀總目（五）

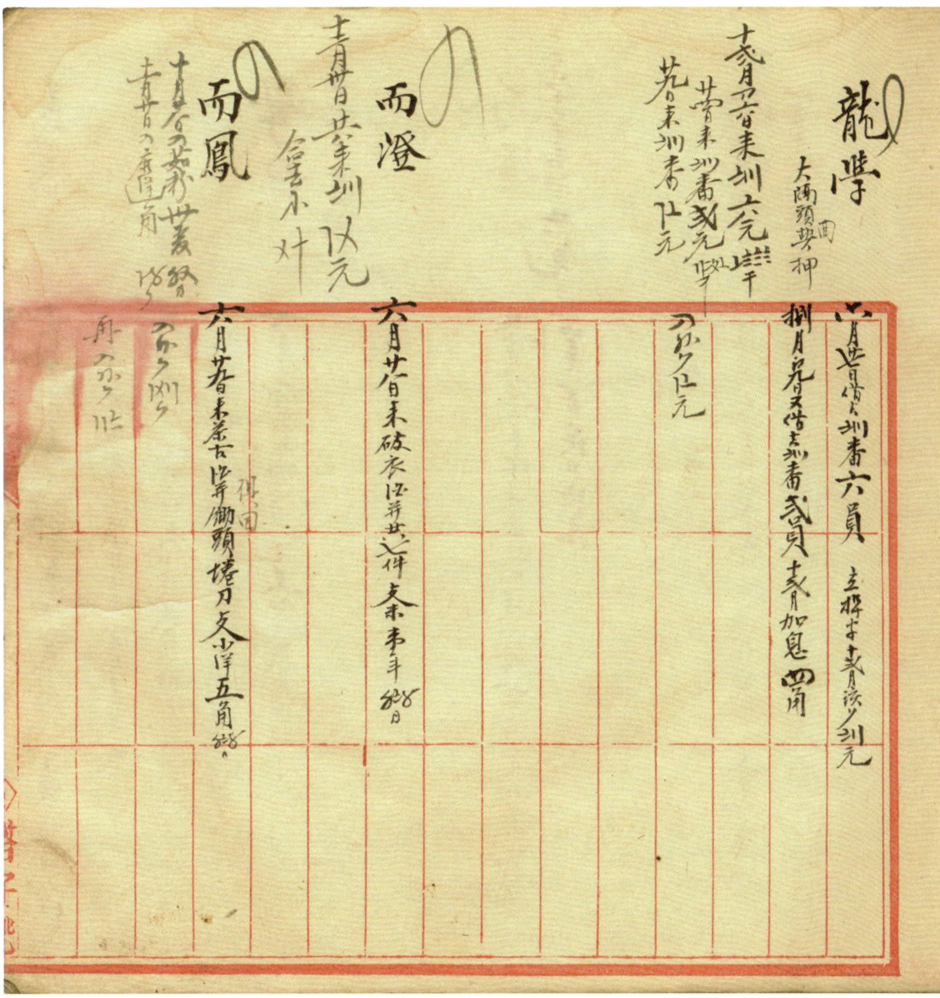

8-2-42-6　清光緒二十六年錢穀總目（六）

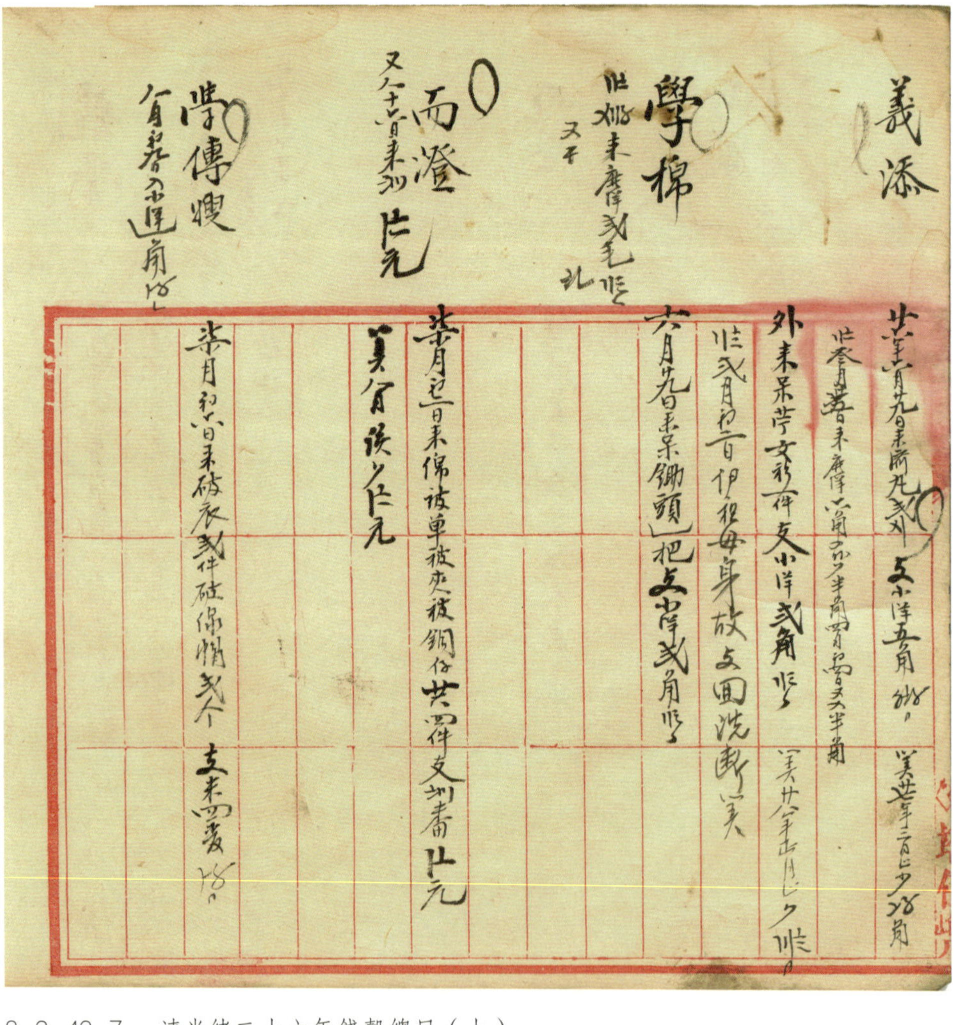

義添

壹月廿九日來府九弍刈 支小洋五角 〡〢〨

叁月廿三日來庫洋 [illegible] 半角 [illegible] 半角

〤〡〤〦年 [illegible] 角

外來呆苧文彩件 支小洋弍角 作〩

弍月初二日伊租每身故 支田洗斷 〤〡〤〦年 [illegible] 作〩

學棉

此对來庫洋弍毛作 又千 扎

六月廿九日來呆鋤頭一把 支小洋弍角作〩

兩澄

又念十六日來刈 壹元

柒月廿二日來佛被單被夾被銅仔共四件 支刈番壹元

〤〡〤 年 [illegible] 壹元

學傳嫂

八月初一日來 [illegible] 角〩〢

柒月初六日來破衣弍件破綿帽弍个 支來四麥 〡〨

8-2-42-7　清光緒二十六年錢穀總目（七）

學養

廿一月廿七日未根債二十一方

廿六年柒月廿五日借去圳番柒員，東[illegible]千，立揆字期去

十一月內該少[illegible]千，外柒月廿九日借去圳番柒員，面付加息改元

廿四日借去圳番肆員，[illegible]千，十一月加息論，至十二月廿二日止，[illegible]方

十二月十九日支圳[illegible]元[illegible]千，又廣洋六角，皆，又福洋四角，[illegible]日

廿四日支圳番四元[illegible]千，支秀枝[illegible]元[illegible]千，少根谷廿[illegible]

廿四日借去圳番拾元[illegible]方，支乃枝[illegible]元[illegible]千

廿日支圳番[illegible]元，東[illegible]方

廿六年柒月廿六日借去圳番壹拾壹員，立揆字期，同未年

五月內該少[illegible]方

范溥炎

柳岩峰隔契

廿年五月廿三日圳番[illegible]元[illegible]方

又廣洋六角 皆

又福洋三角 皆

找去[illegible]日

8-2-42-8　清光緒二十六年錢穀總目（八）

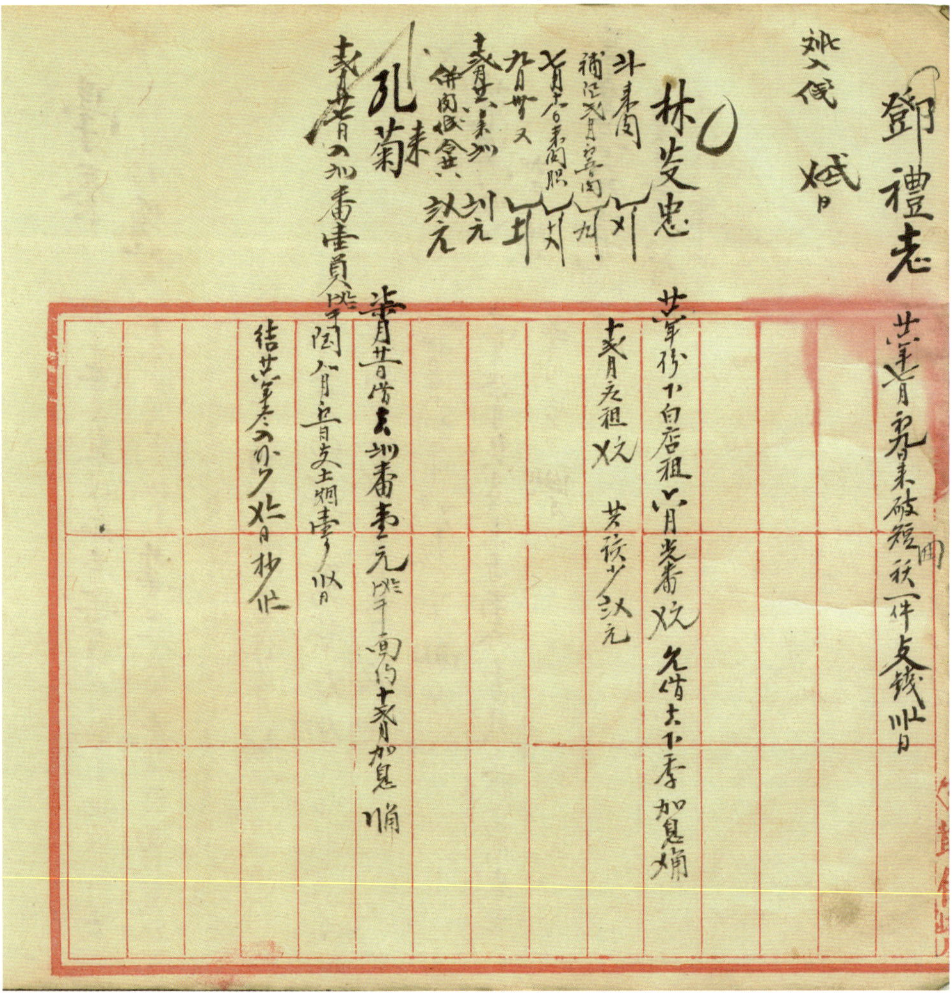
鄧禮志

林友忠

孔菊

8-2-42-9　清光緒二十六年錢穀總目（九）

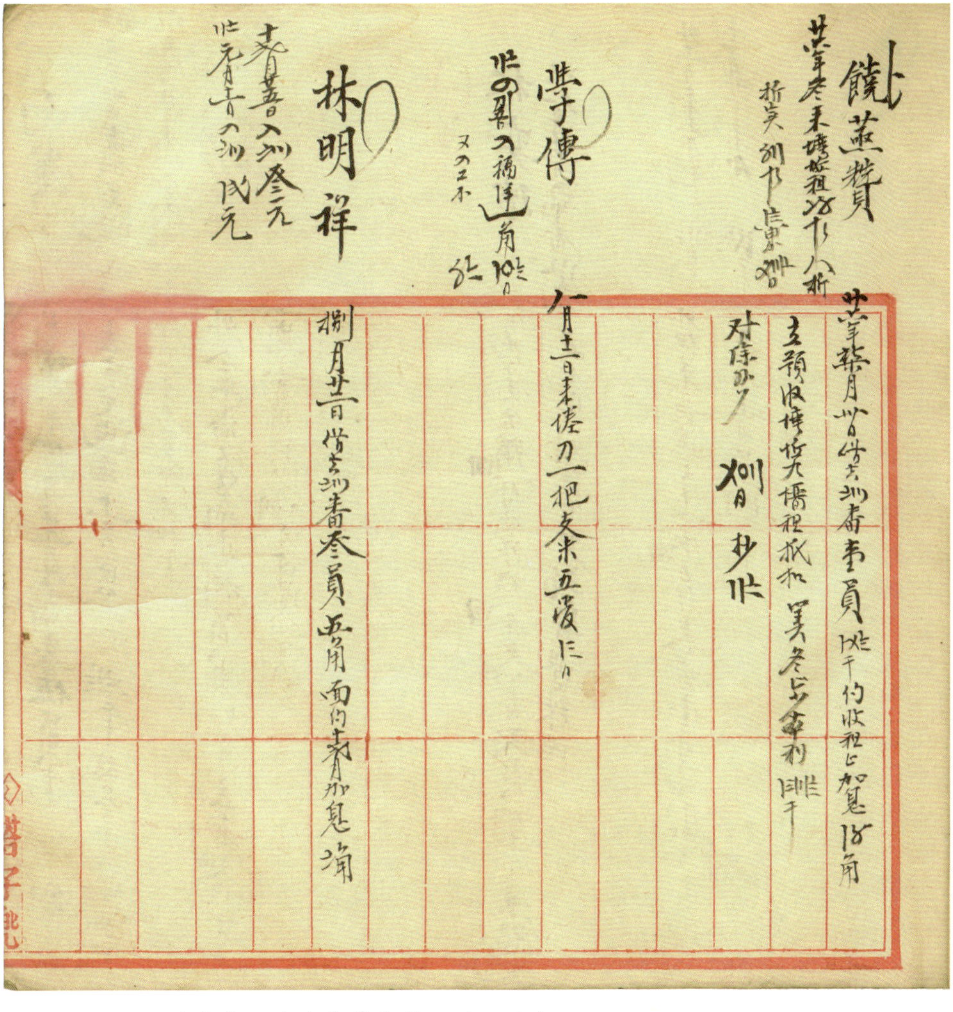

8-2-42-10　清光緒二十六年錢穀總目（一〇）

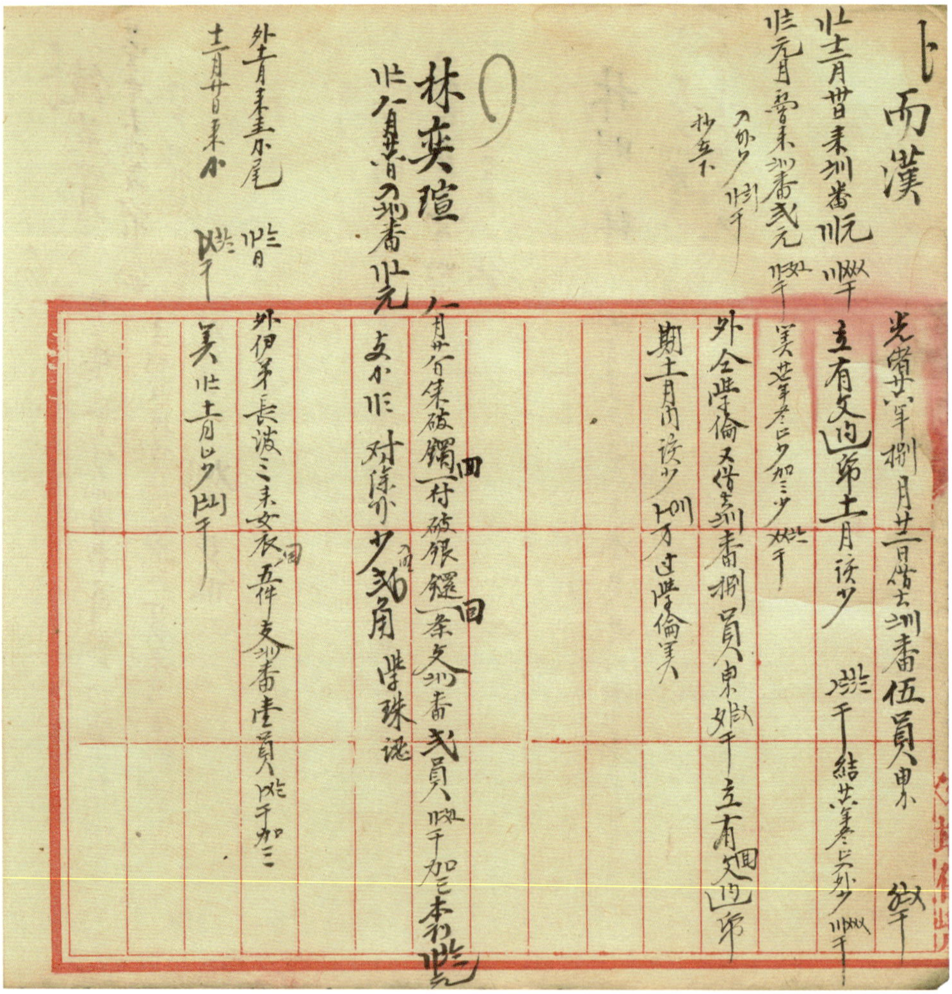

8-2-42-11　清光緒二十六年錢穀總目（一一）

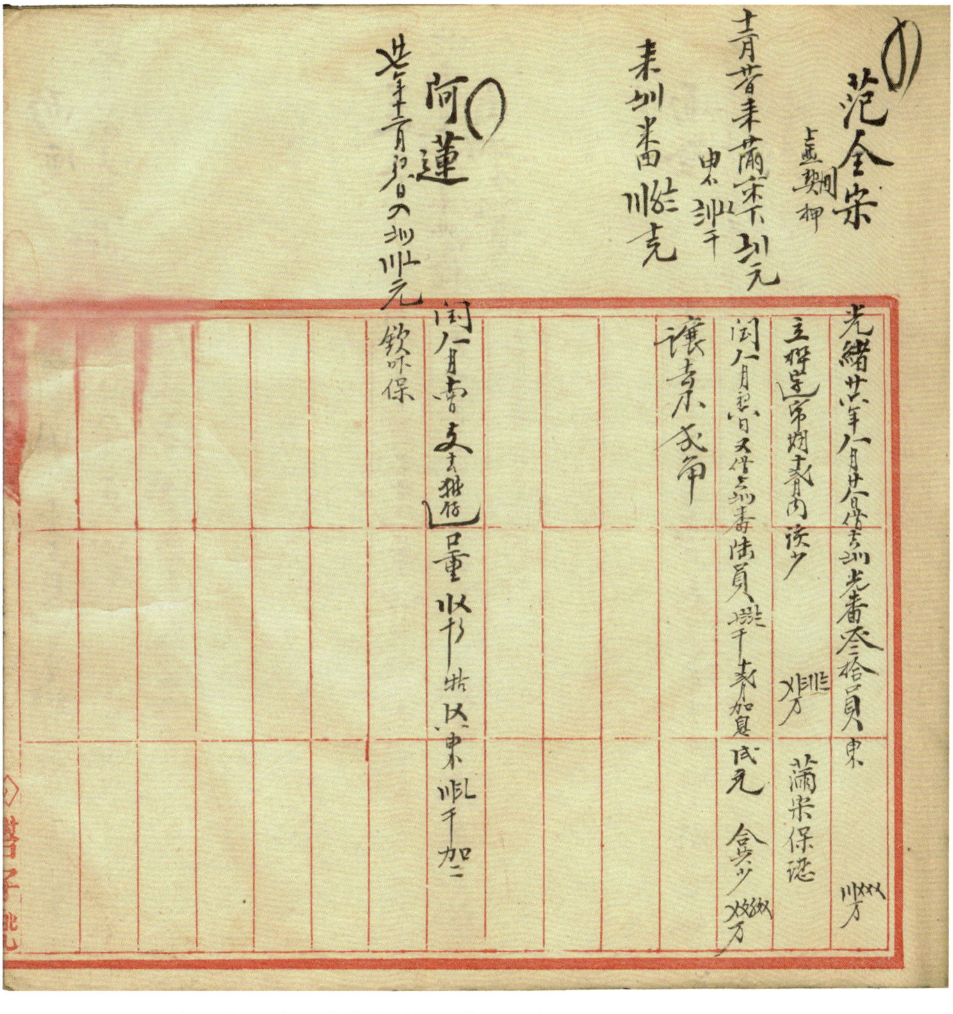

8-2-42-12　清光緒二十六年錢穀總目（一二）

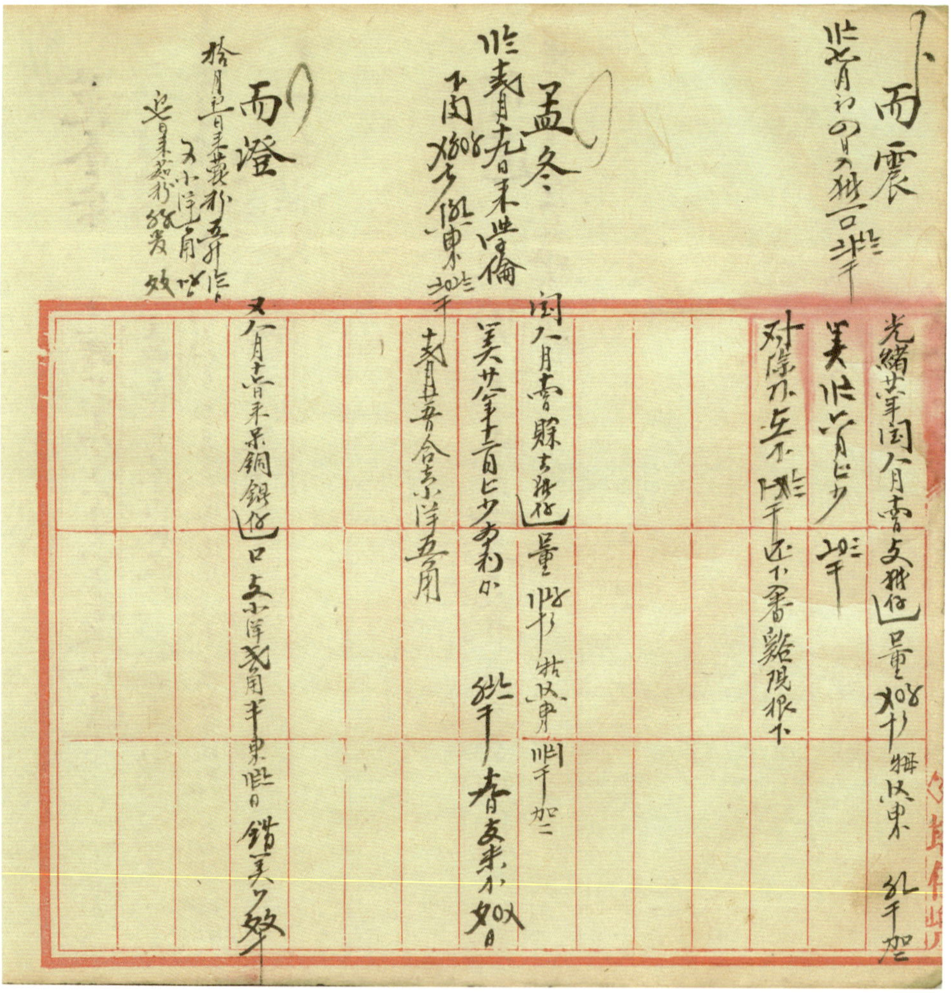

8-2-42-13　清光緒二十六年錢穀總目（一三）

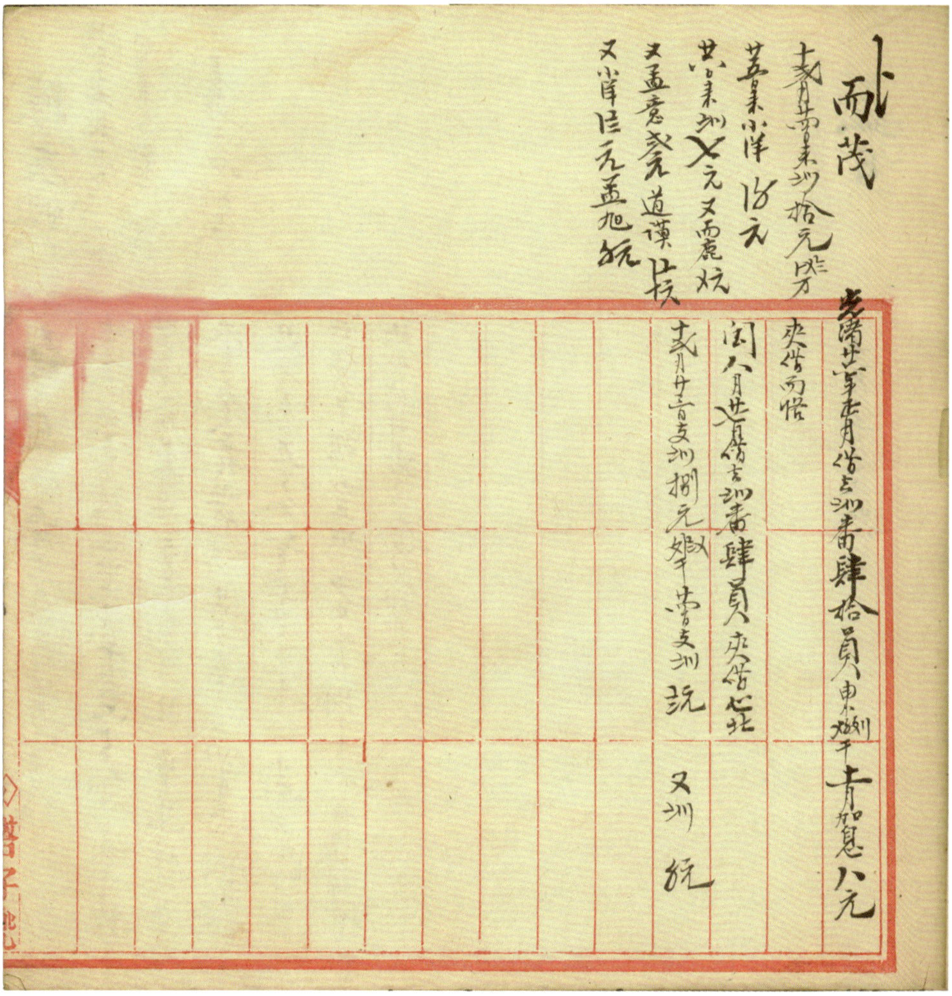

8-2-42-14　清光緒二十六年錢穀總目（一四）

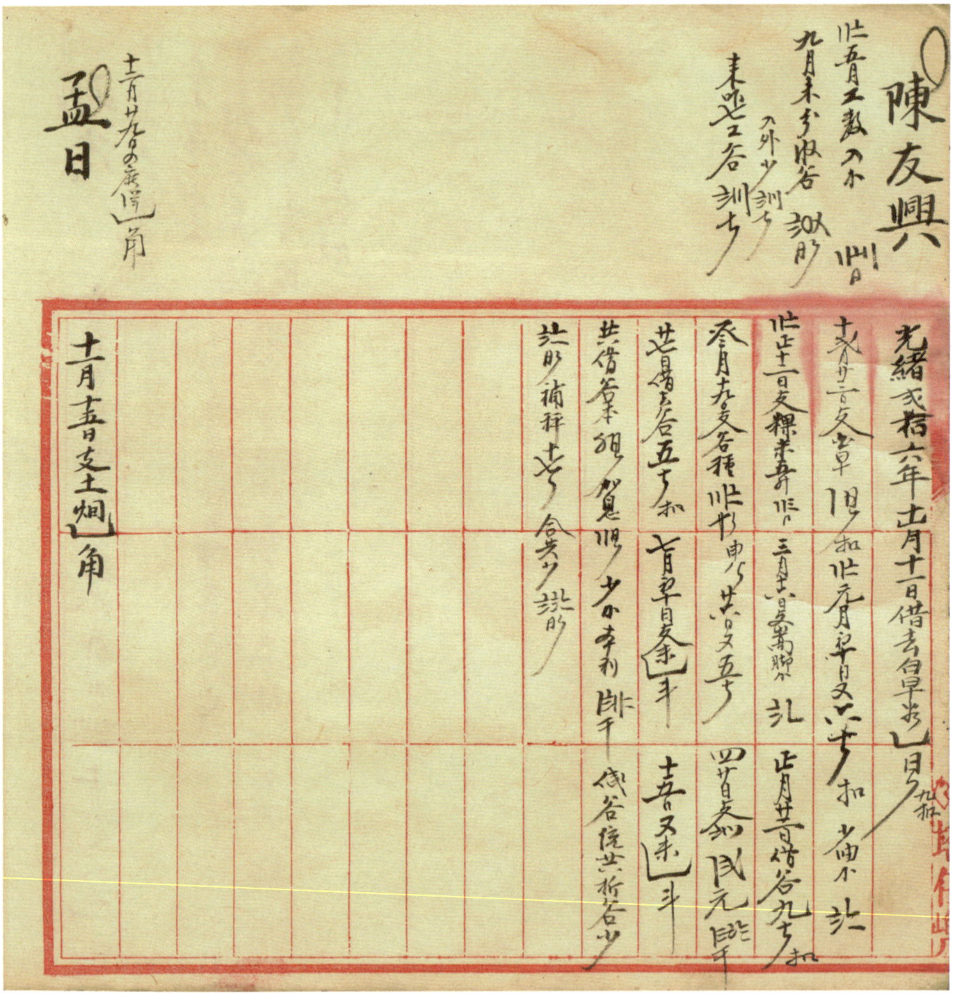
陳友興
光緒貳拾六年十二月十一日借去白早米

8-2-42-15　清光緒二十六年錢穀總目（一五）

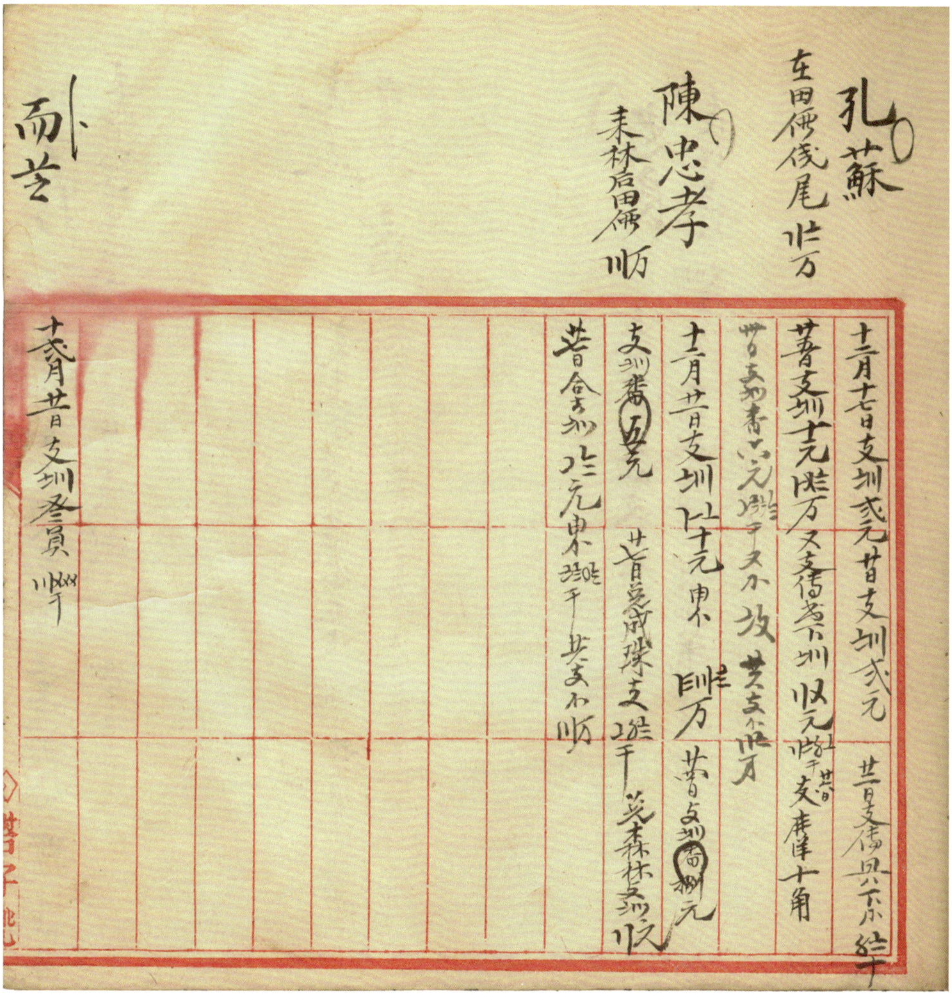

8-2-42-16　清光緒二十六年錢穀總目（一六）

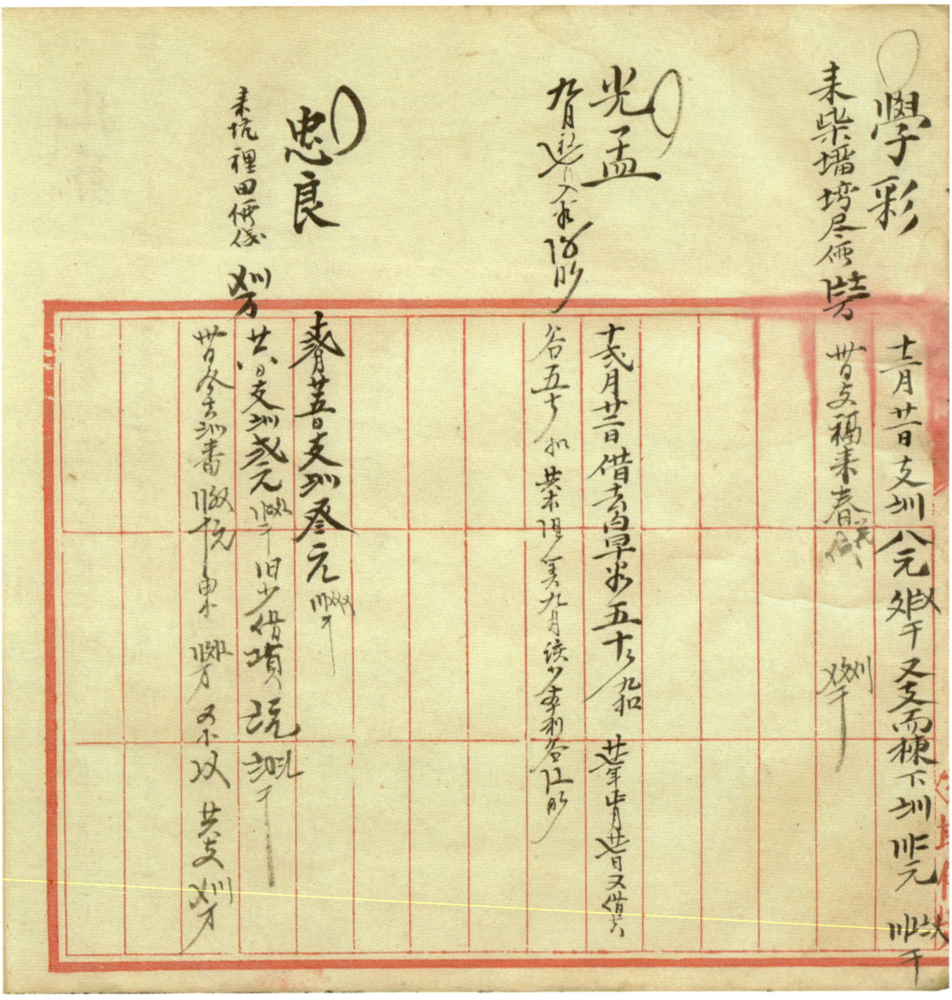

8-2-42-17　清光緒二十六年錢穀總目（一七）

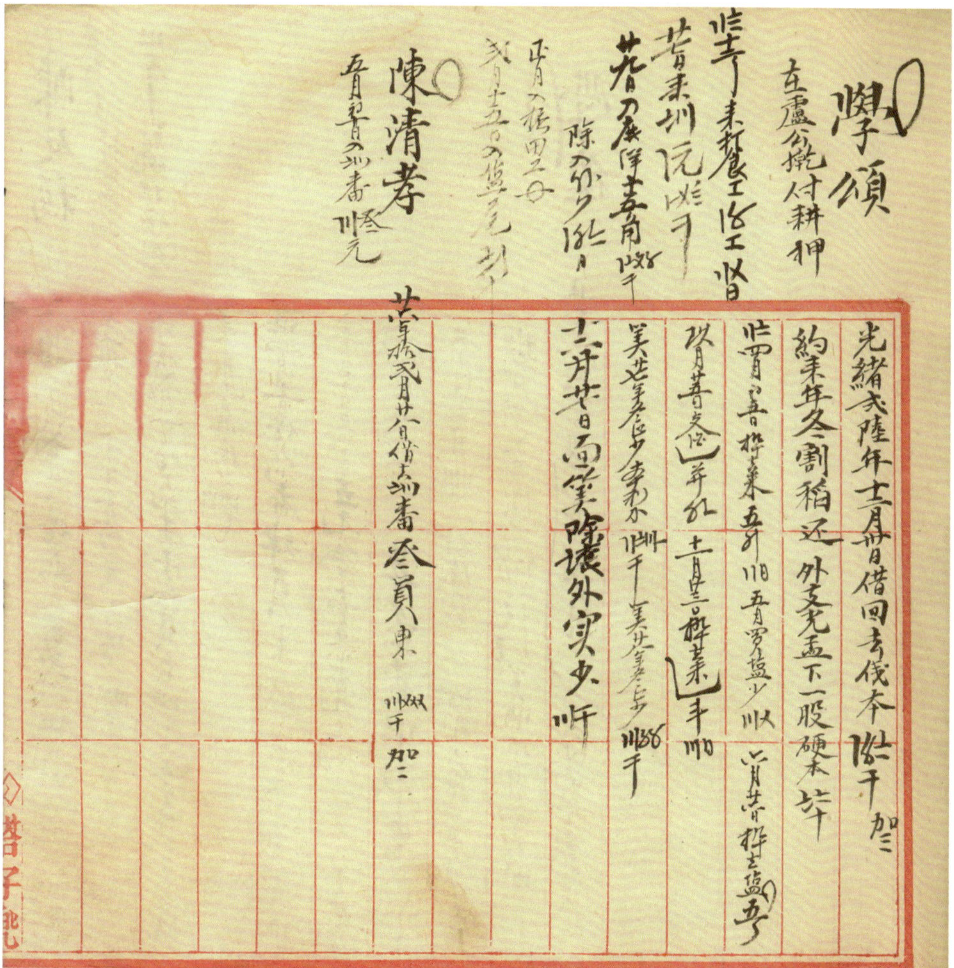

8-2-42-18　清光緒二十六年錢穀總目（一八）

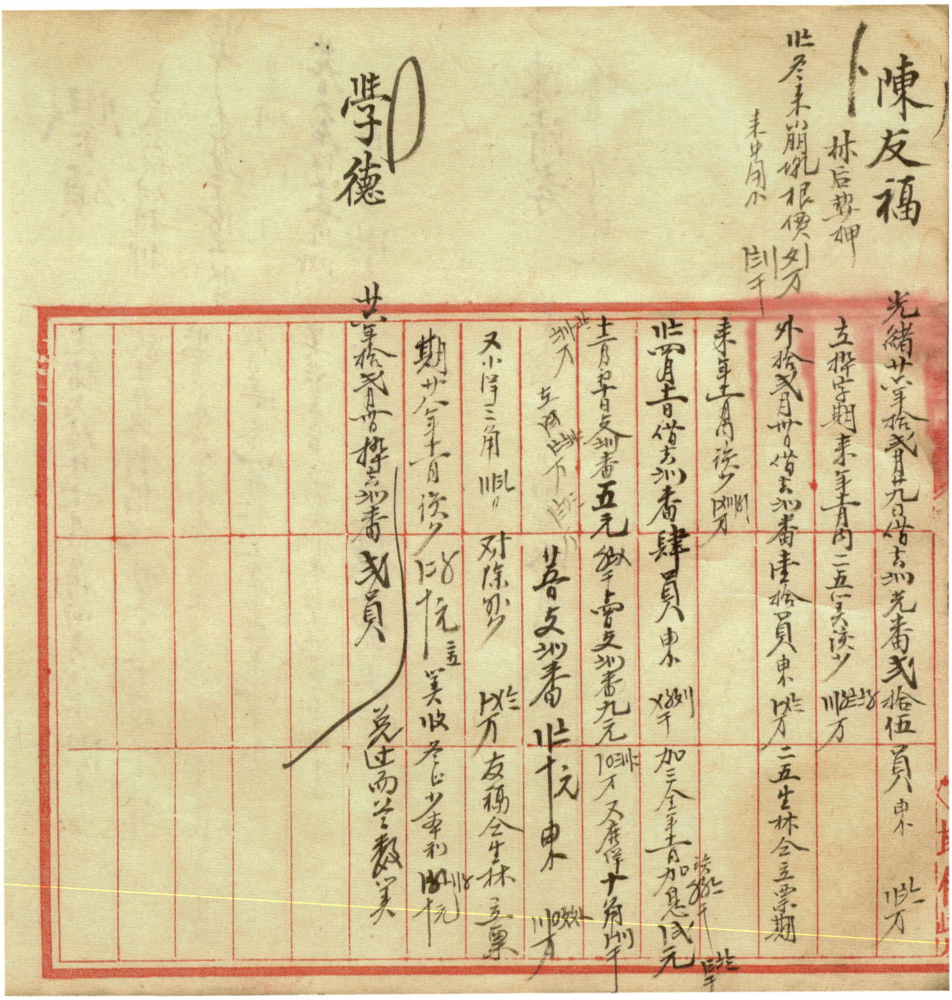

陳友福
林启彭押
此冬来崩坑根價
光緒廿六年拾弍月廿九日借去洋番弍拾伍員
立撈字期来年二月内二五交清
外拾弍月廿日借去洋番壹拾員　二五生林仝立票期
来年十二月内交清
此四月十二日借去洋番肆員　加三仝年十二月加息弍元
十一月初十日交洋番五元　又交洋番九元　又唐洋十角
又交洋番廿元
又小洋三角　对除外　友福仝生林立票
期廿八年十二月交清　实收谷少重
廿一年拾弍月廿日撈去洋番弍員　是仕两笔数实

學德

8-2-42-19　清光緒二十六年錢穀總目（一九）

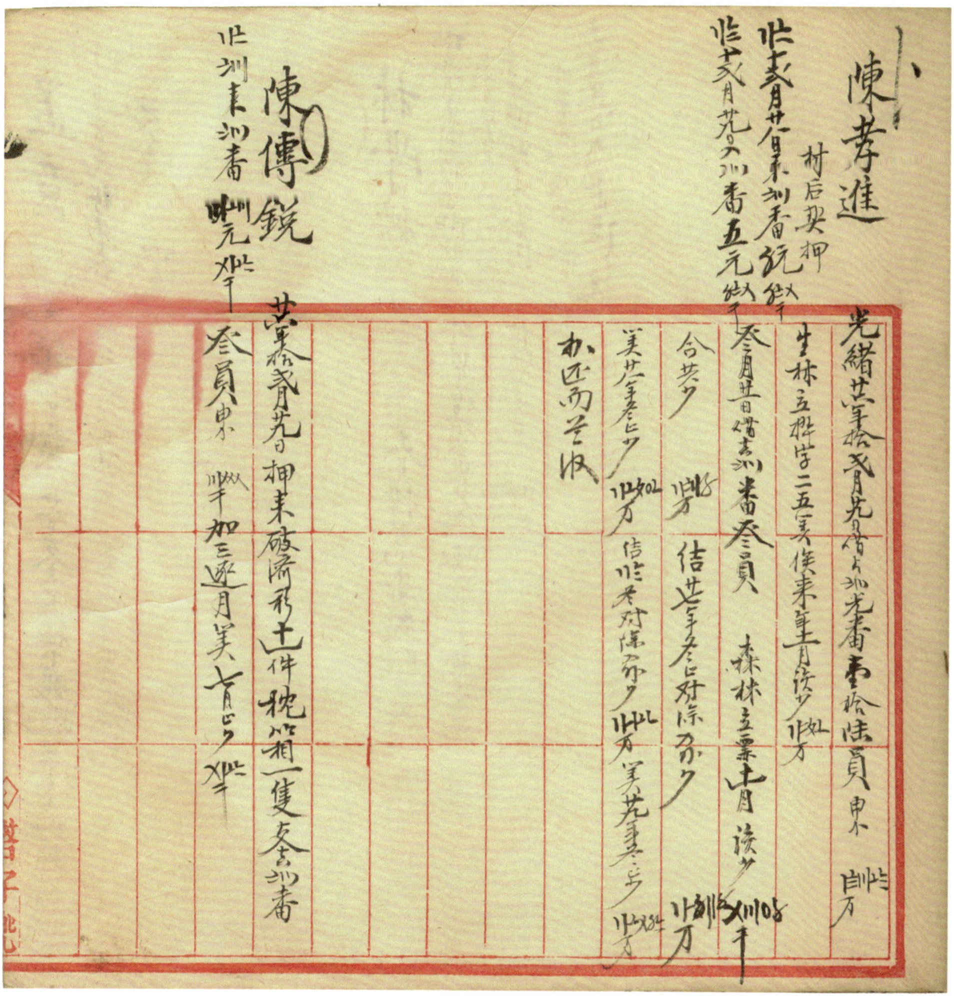

陳孝進
村后契押
光緒廿六年拾貳月廿[illegible]日借去洋番壹拾陸員
叁月廿日借去洋番叁員
合共
加还洋番收
陳傳銳
廿六年拾貳月廿[illegible]日押來破[illegible]土件枕箱一隻

8-2-42-20　清光緒二十六年錢穀總目（二〇）

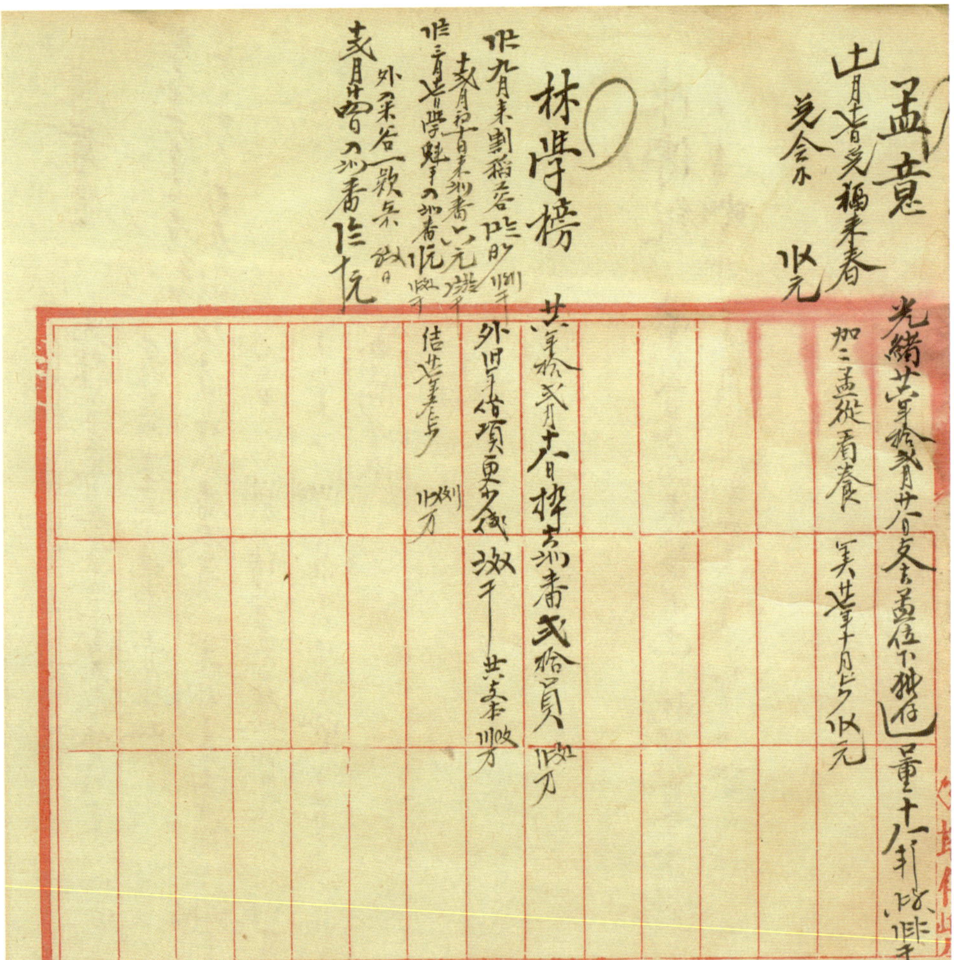

8-2-42-21　清光緒二十六年錢穀總目（二一）

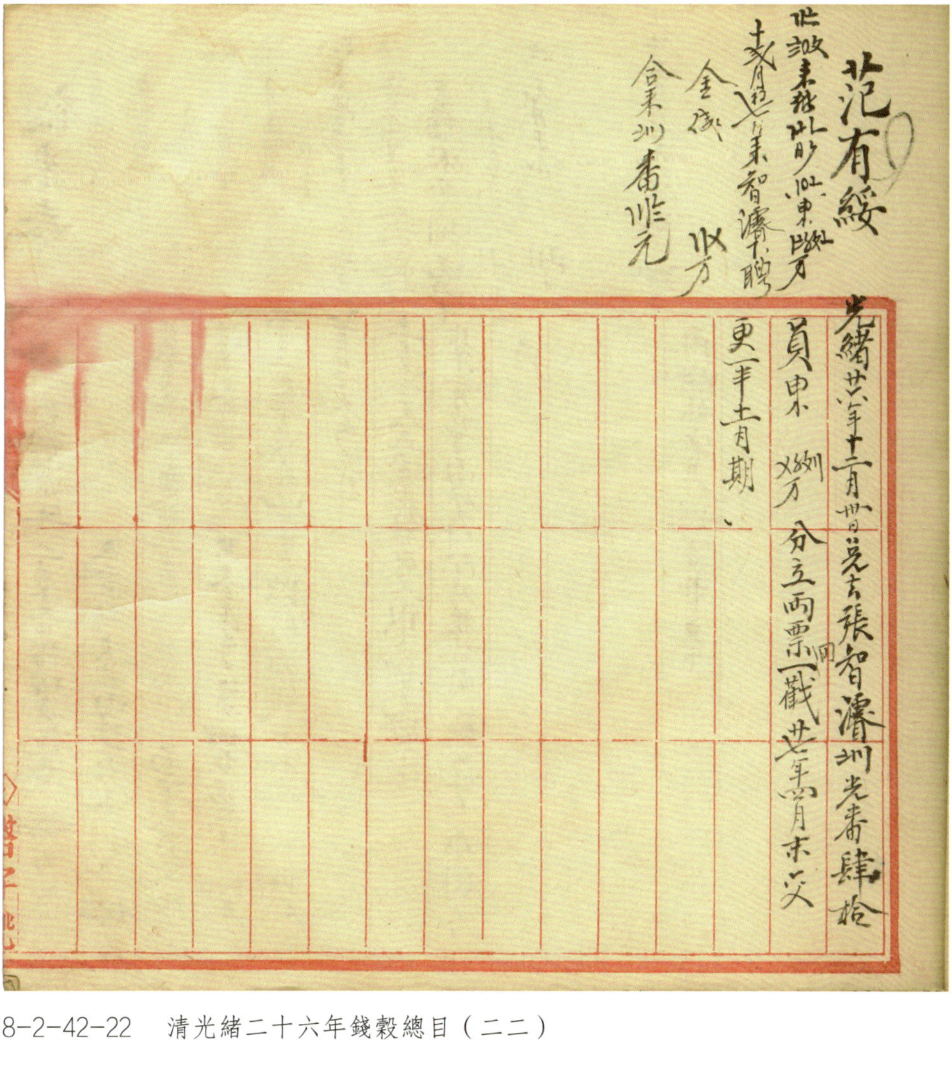
范有綏

光緒廿六年十二月卅日交吉張智濬圳光番肆拾

員東 分立兩票一戳廿七年四月末交

更一半十一月期、

8-2-42-22　清光緒二十六年錢穀總目（二二）

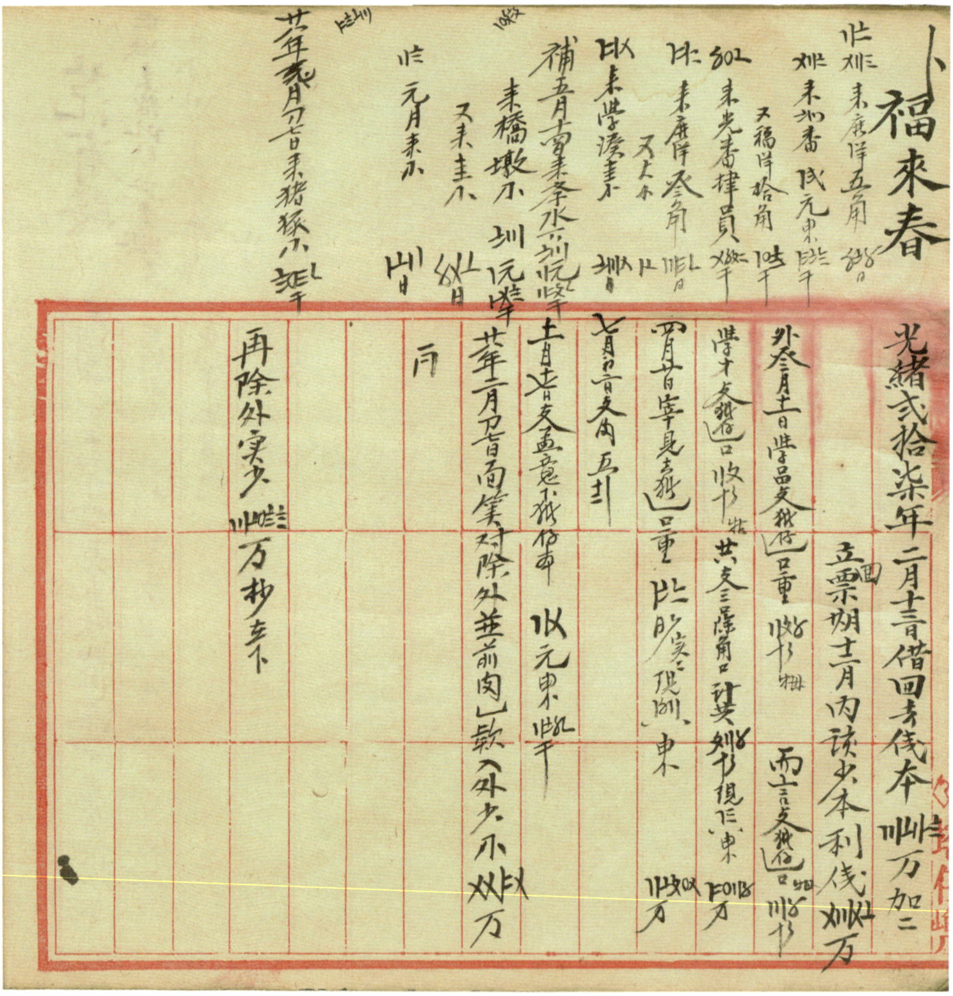

8-2-42-23　清光緒二十六年錢穀總目（二三）

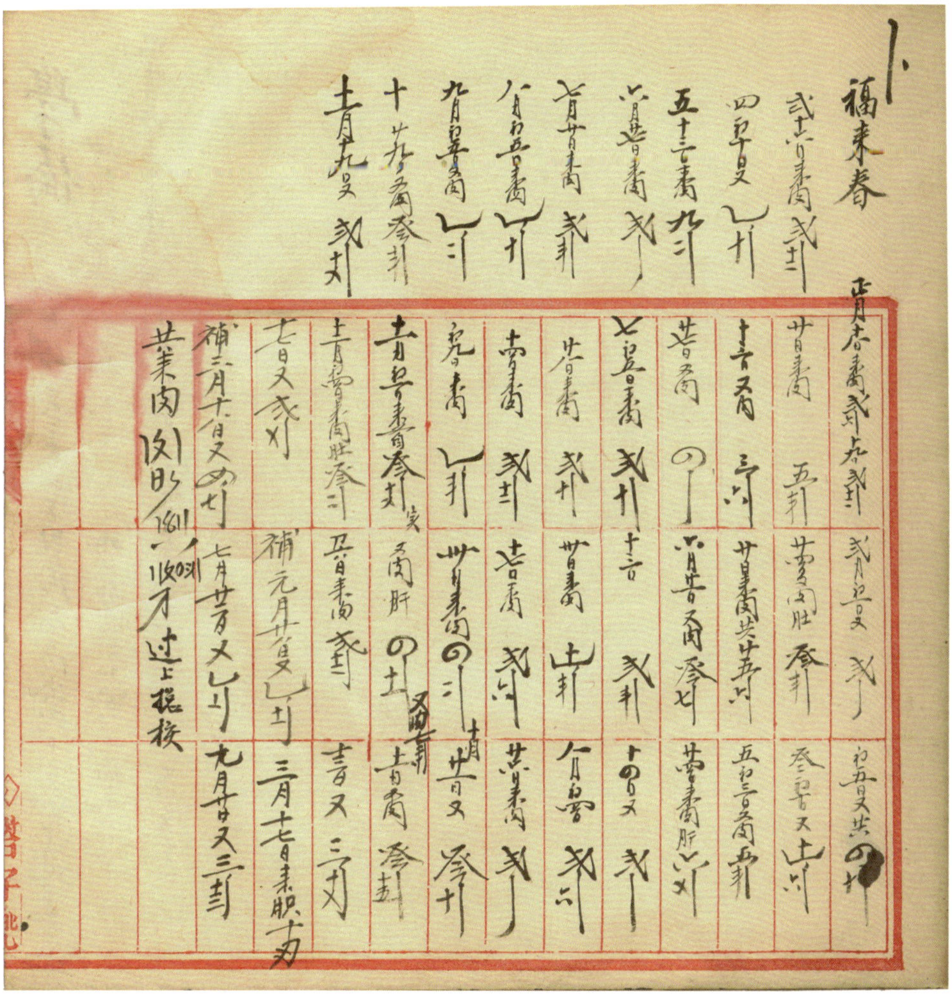

卜

福来春

8-2-42-24　清光緒二十六年錢穀總目（二四）

卜學倫

押鵲洲尾田契

廿七年二月廿七日來抄番壹員[illegible]

光緒廿六年十二月借田大錢壹伍拾貳千文正　至廿七年十二月收

去年冬田息の錢

外少雨漢名下一宗　福來春一款

外廿七年捌月十一日拚去番壹元[illegible]　捐輸用

上雨漢名下少[illegible]

廿七年十二月廿七日[illegible]

8-2-42-25　清光緒二十六年錢穀總目（二五）

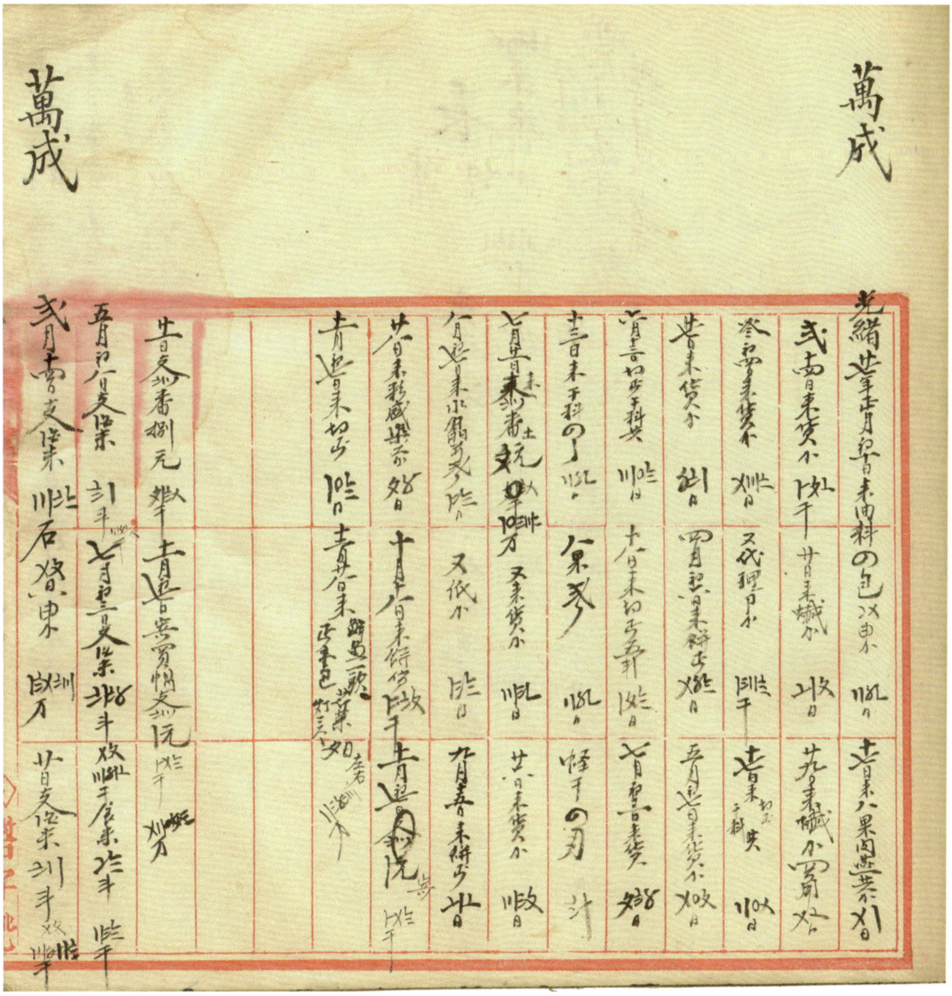

8-2-42-26　清光緒二十六年錢穀總目（二六）

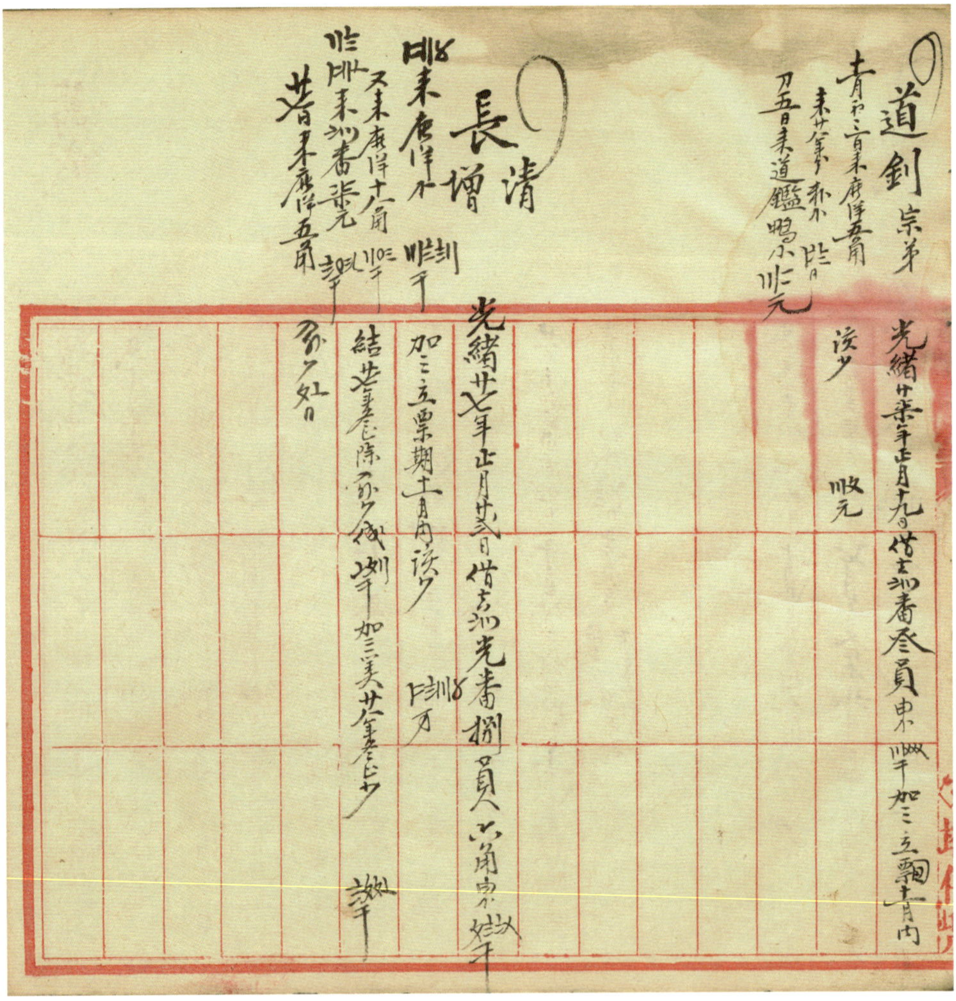

8-2-42-27　清光緒二十六年錢穀總目（二七）

林奕成

嶺兜契押

十二月廿四日来抄番十六元〢〣〢万

廿六日来抄番九九元〇〣〢万

孟玄月

六月廿八日来抄番〤元

九月廿六日来抄番〤元

十二月廿日来抄番妧

廿六年正月廿七日借去抄光番壹拾員，東〤〥〦万

加二五　立票期十二月内請〤〣〡〨万

四月十二日又借去抄番壹拾員，東〤〥〦万　立票期十二月請〤〣〡〨万

兩宗合共〤〥〦万　对除〤〥〦万　〇〣〡万

正月廿七日借去抄番柒員，東〤〥〦千　加二立票期（回）

十二月内請〤元

外四月結限六月还〤元

外捌月廿日保[illegible]縣去谷贰百觔之包期九月申番〤元　孟廿七手

8-2-42-28　清光緒二十六年錢穀總目（二八）

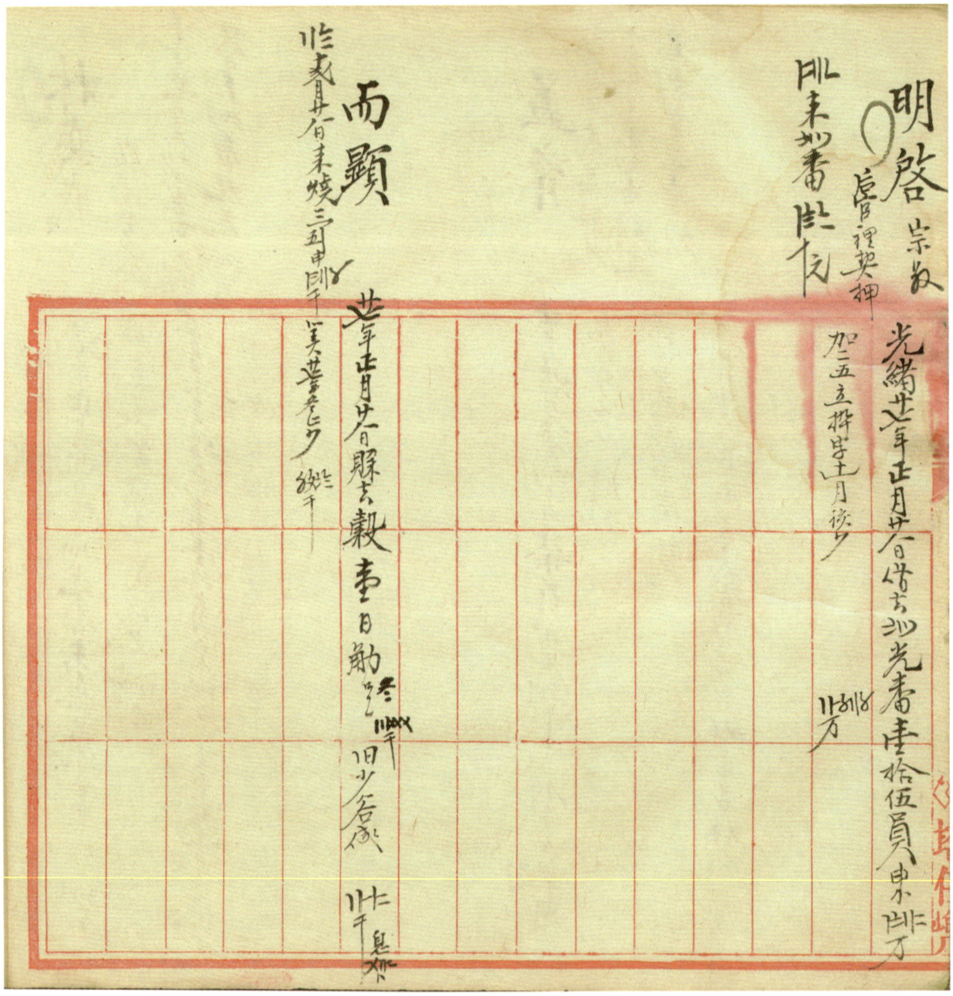

8-2-42-29　清光緒二十六年錢穀總目（二九）

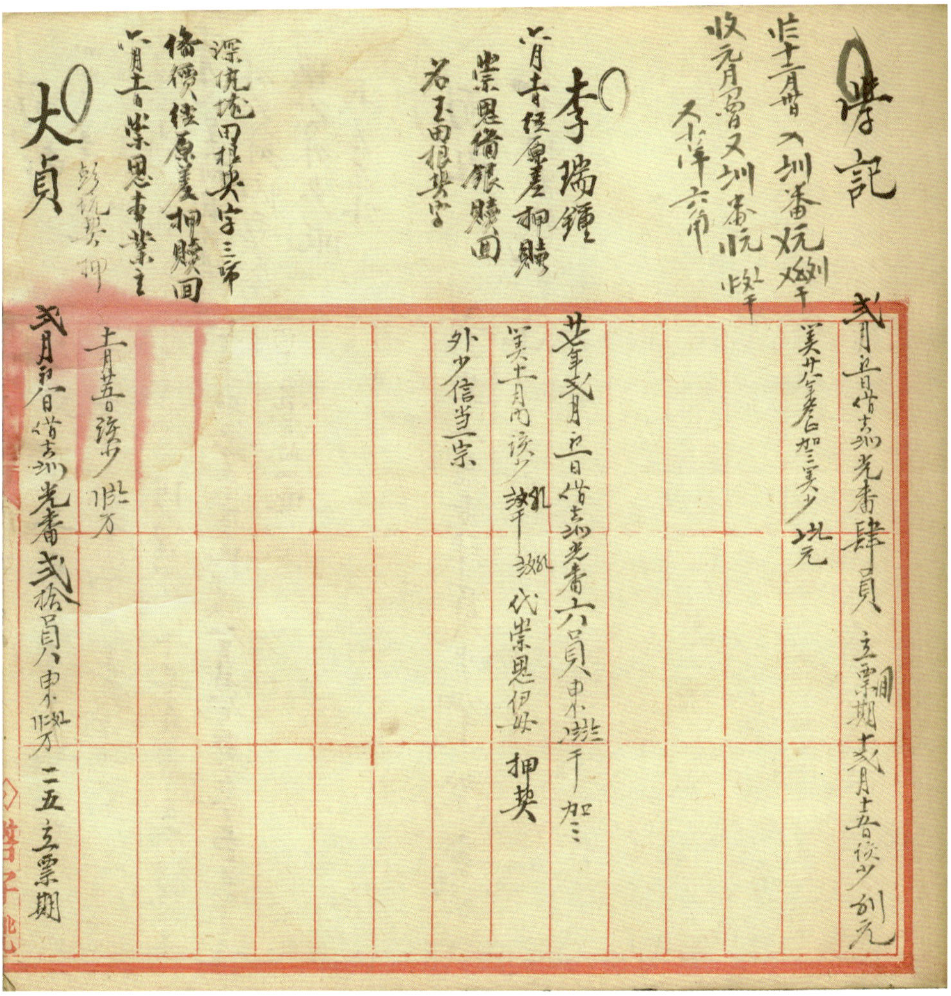

學記
昨十二月廿四日入圳番銀
收元月留又圳番銀
又小洋六角

李瑞鍾
六月十一日侄原差押贖
崇恩備銀贖回
右五田根契字

深坑墘田根契字三帋
備價侄原差押贖回
六月十一日崇恩來業主

大貞
彭坑契押

二月五日借去圳光番肆員　立票期十八月十五日該少利元
廿年二月五日借去圳光番六員　代崇恩佃收　押契
外少信当一宗
二月初一日借去圳光番貳拾員　二五　立票期
十一月廿五日該少

8-2-42-30　清光緒二十六年錢穀總目（三〇）

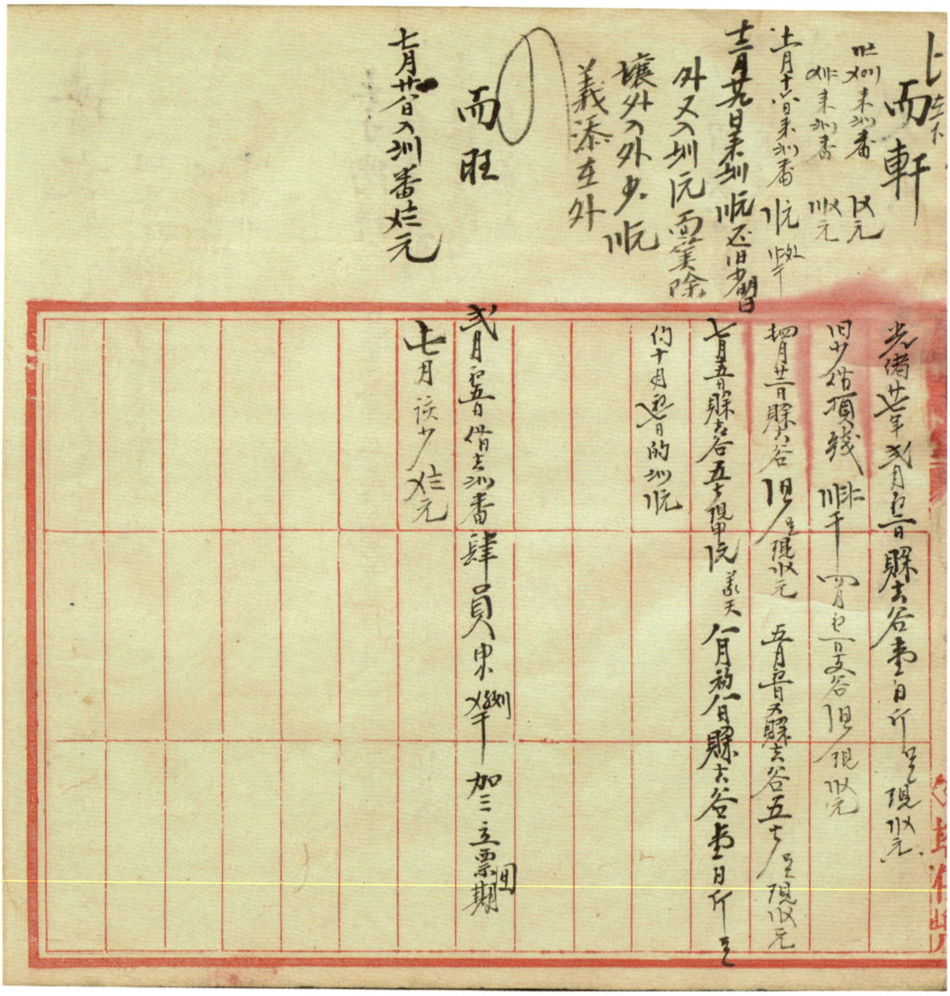

丙軒
十二月十六日未收番 [illegible]
十二月廿八日未收番 [illegible] 还旧番
外又入圳元 [illegible]
壤外入外少 [illegible]
義添在外
丙莊
十二月廿日入圳番 [illegible] 元

光緒廿六年二月廿日 縣大谷 [illegible] 現收元
四月估項錢 [illegible] 四月廿一日 [illegible] 大谷 [illegible] 現收元
四月廿日縣大谷 [illegible] 現收元 五月廿日 縣大谷五十 [illegible] 現收元
七月廿五日縣大谷五十 [illegible] 八月初八日縣大谷 [illegible]
仍十月初二日的圳元
二月廿日借大圳番肆員 [illegible] 加三 [illegible]
七月該少 [illegible] 元

8-2-42-31　清光緒二十六年錢穀總目（三一）

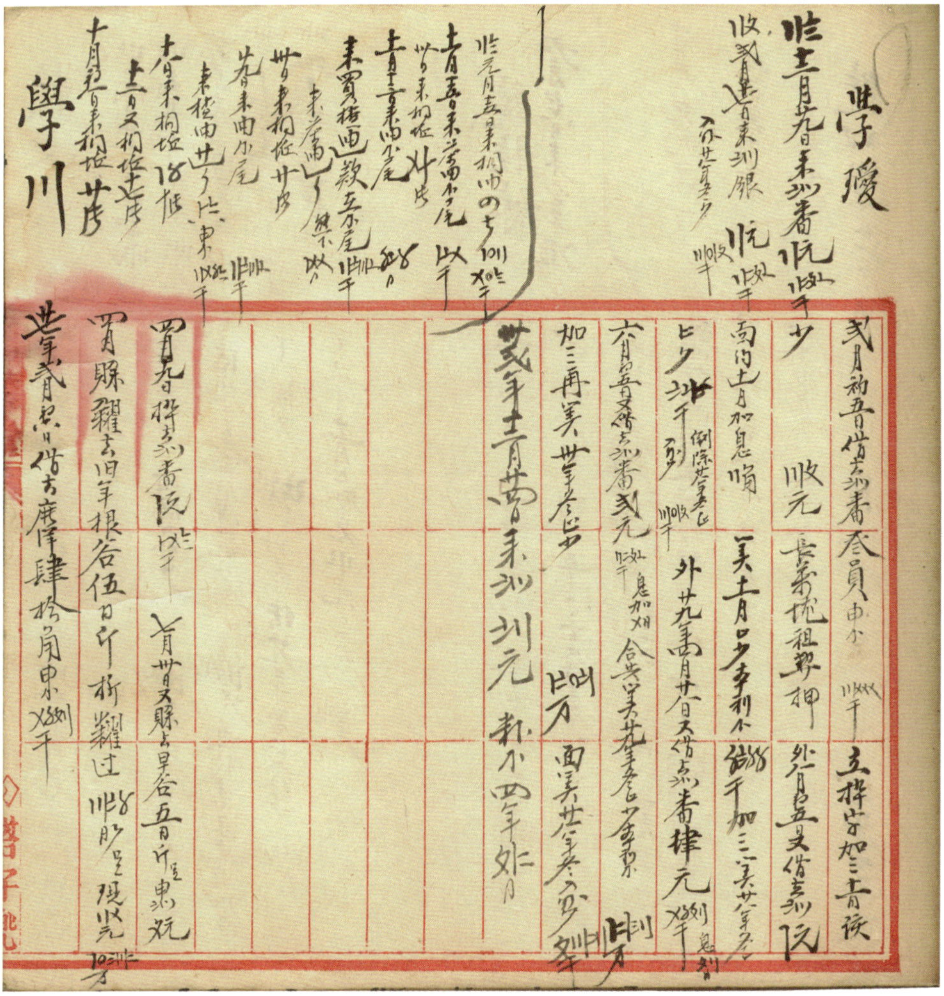

8-2-42-32　清光緒二十六年錢穀總目（三二）

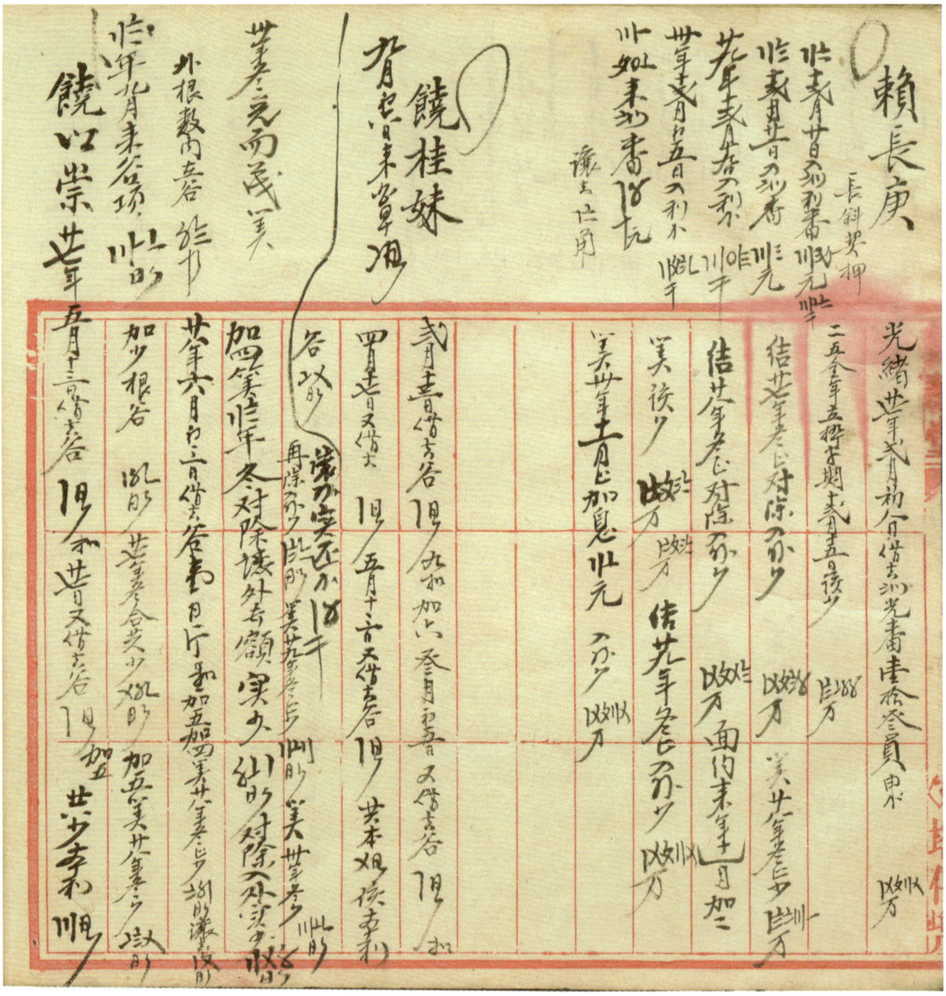

8-2-42-33　清光緒二十六年錢穀總目（三三）

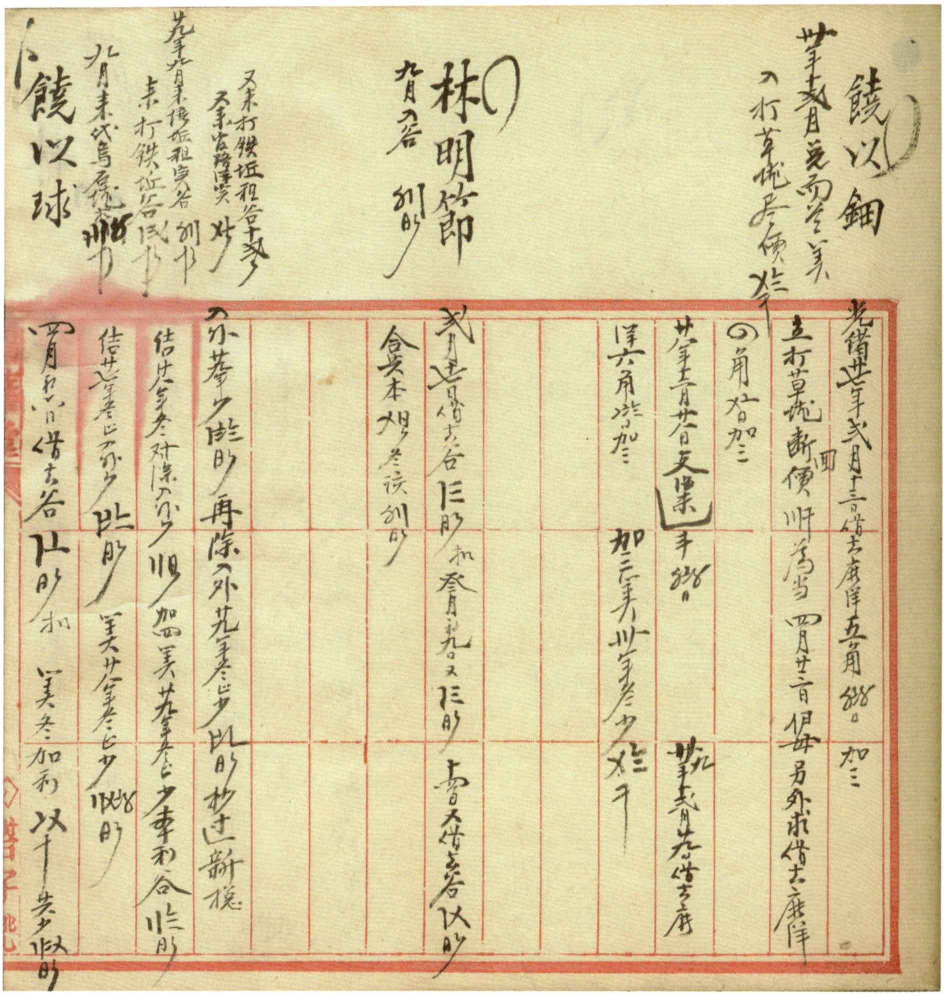

8-2-42-34　清光緒二十六年錢穀總目（三四）

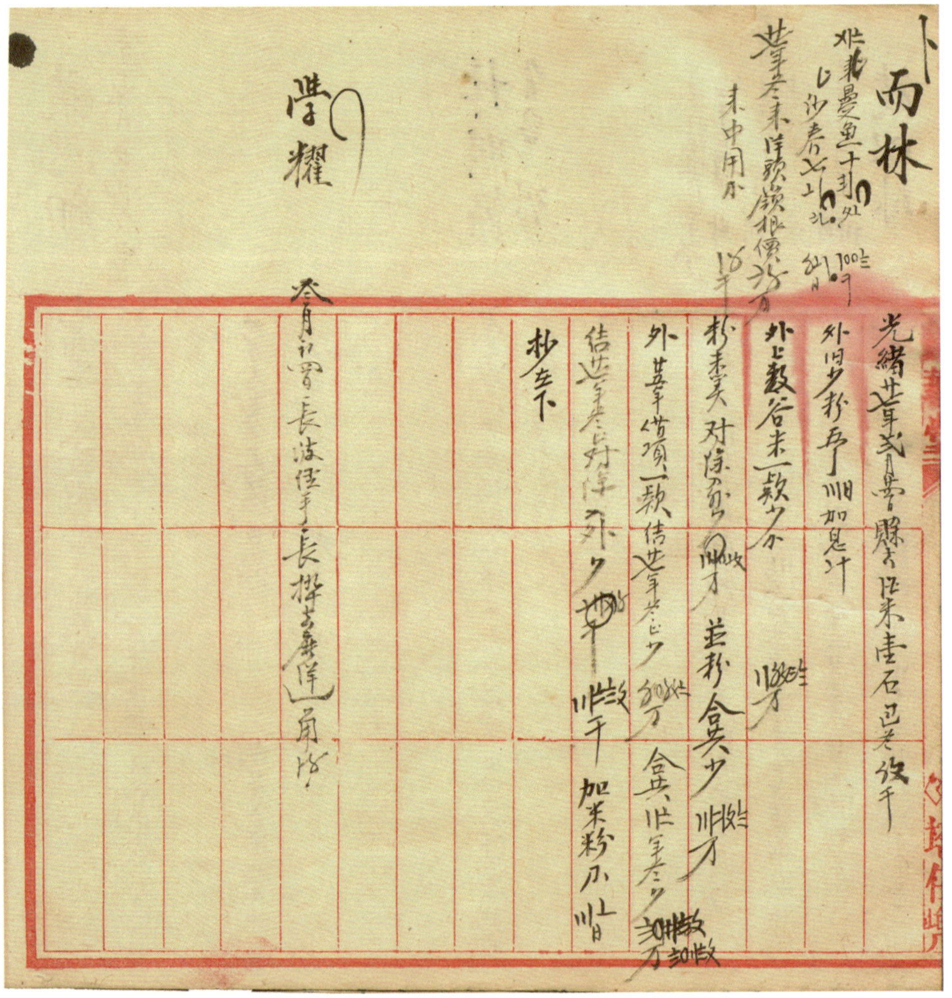

8-2-42-35　清光緒二十六年錢穀總目（三五）

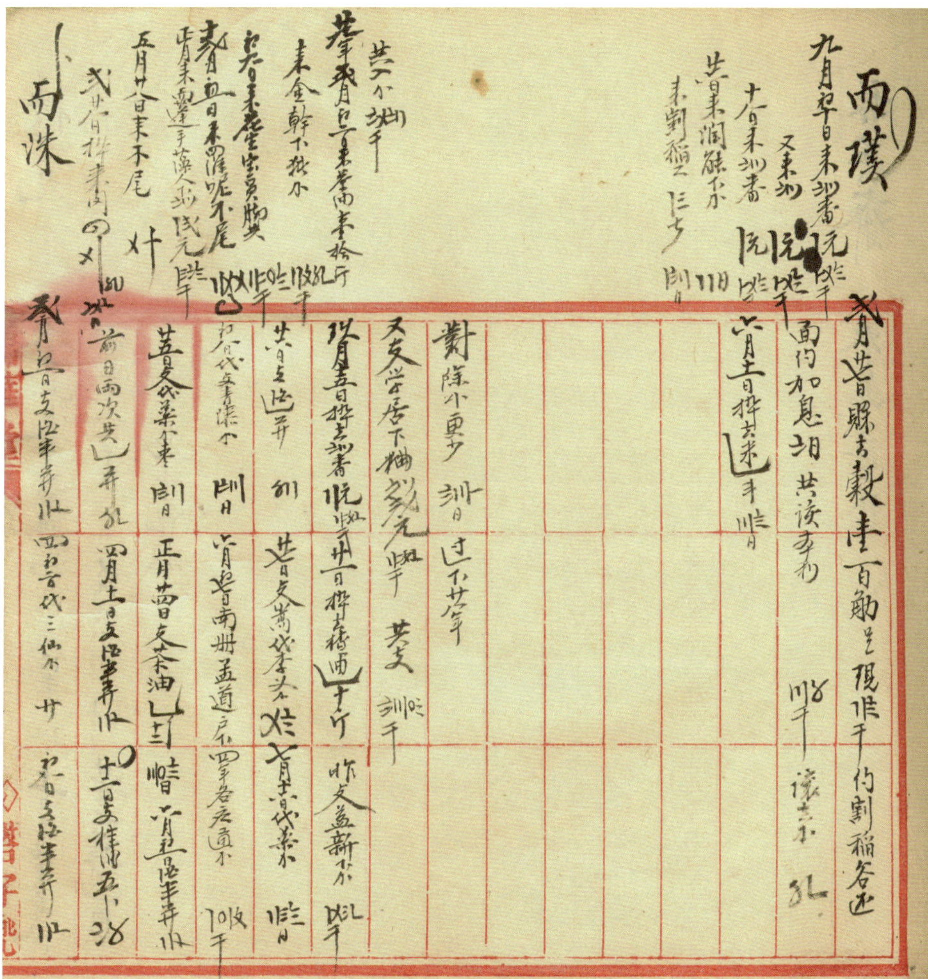

8-2-42-36　清光緒二十六年錢穀總目（三六）

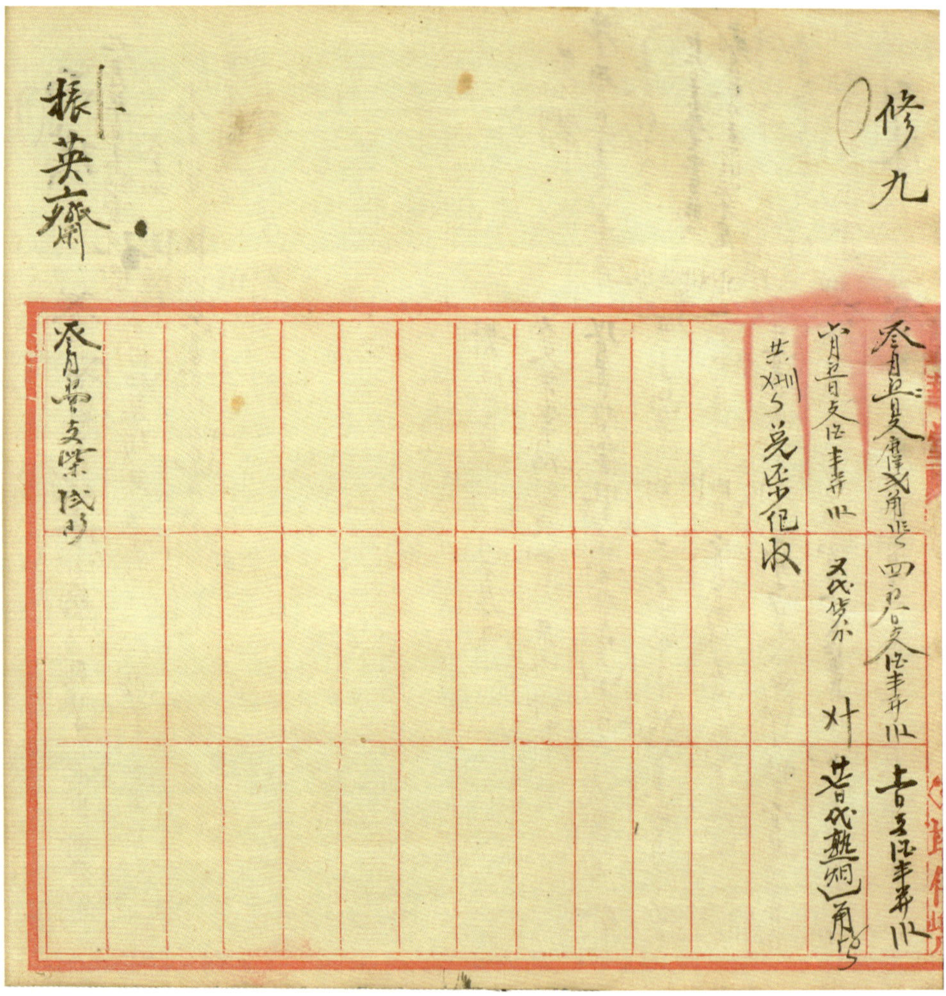

8-2-42-37　清光緒二十六年錢穀總目（三七）

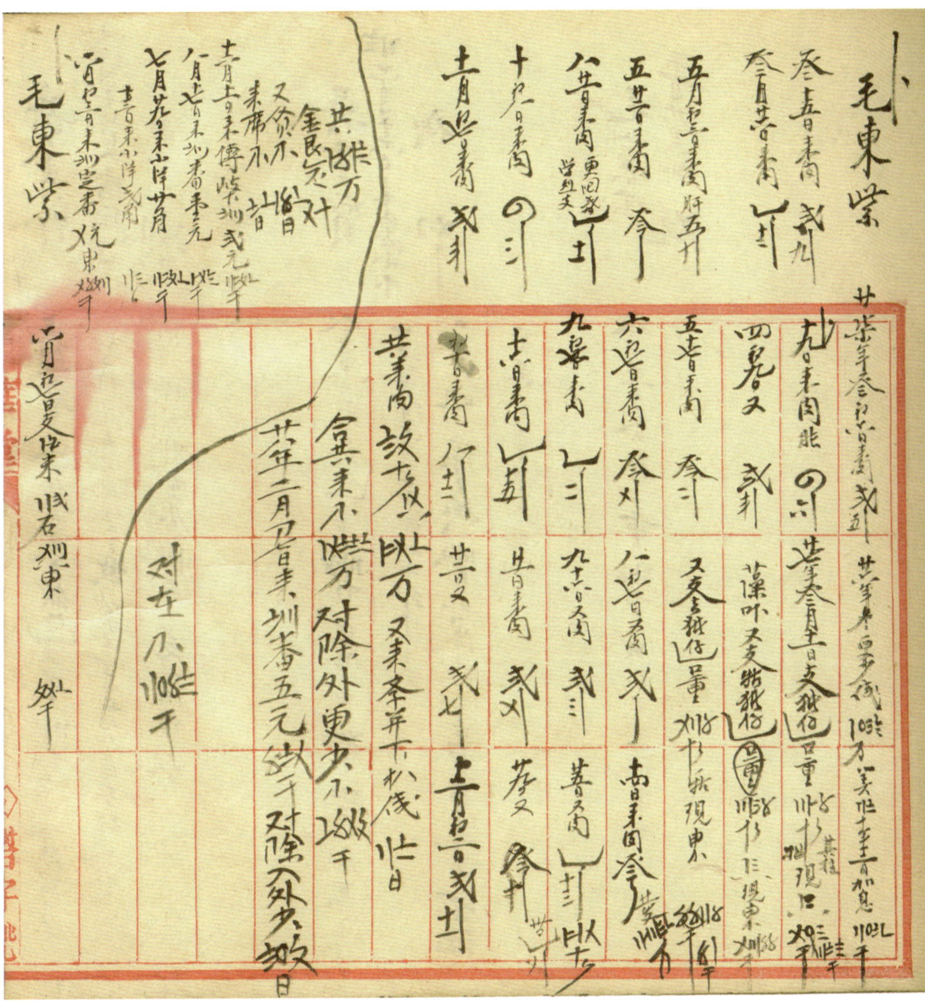

8-2-42-38　清光緒二十六年錢穀總目（三八）

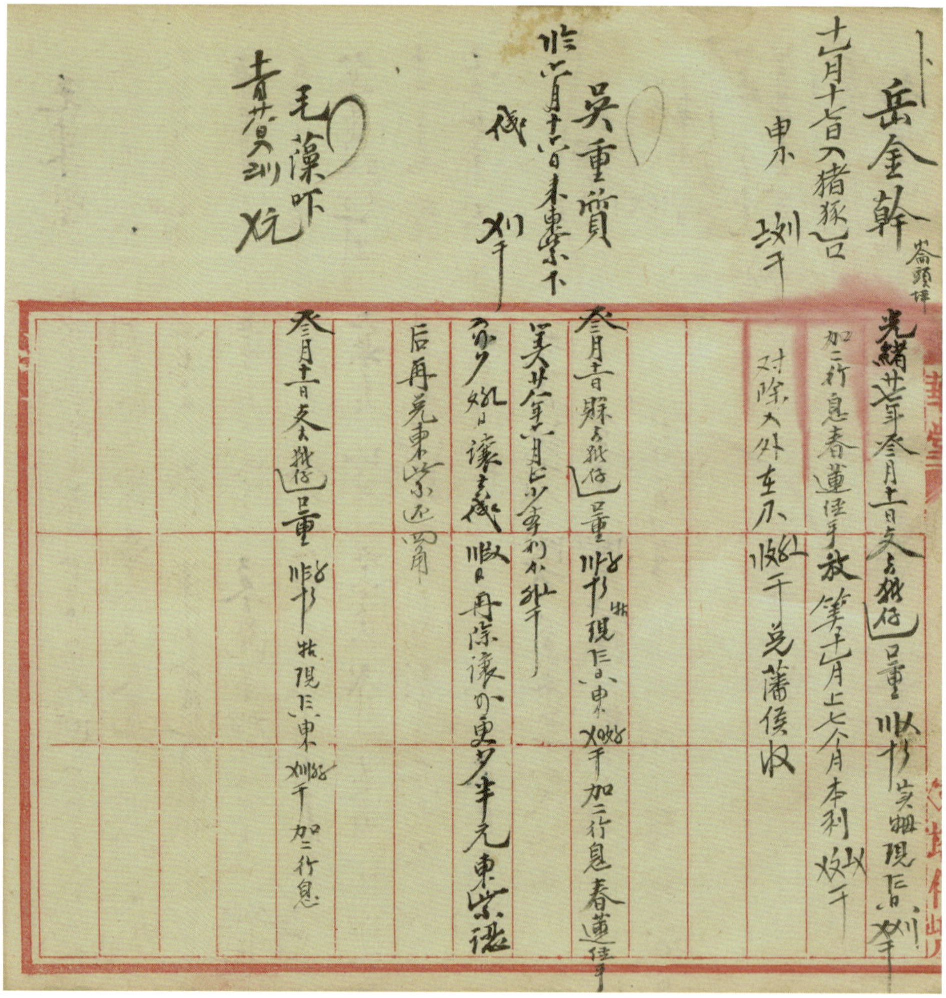

8-2-42-39　清光緒二十六年錢穀總目（三九）

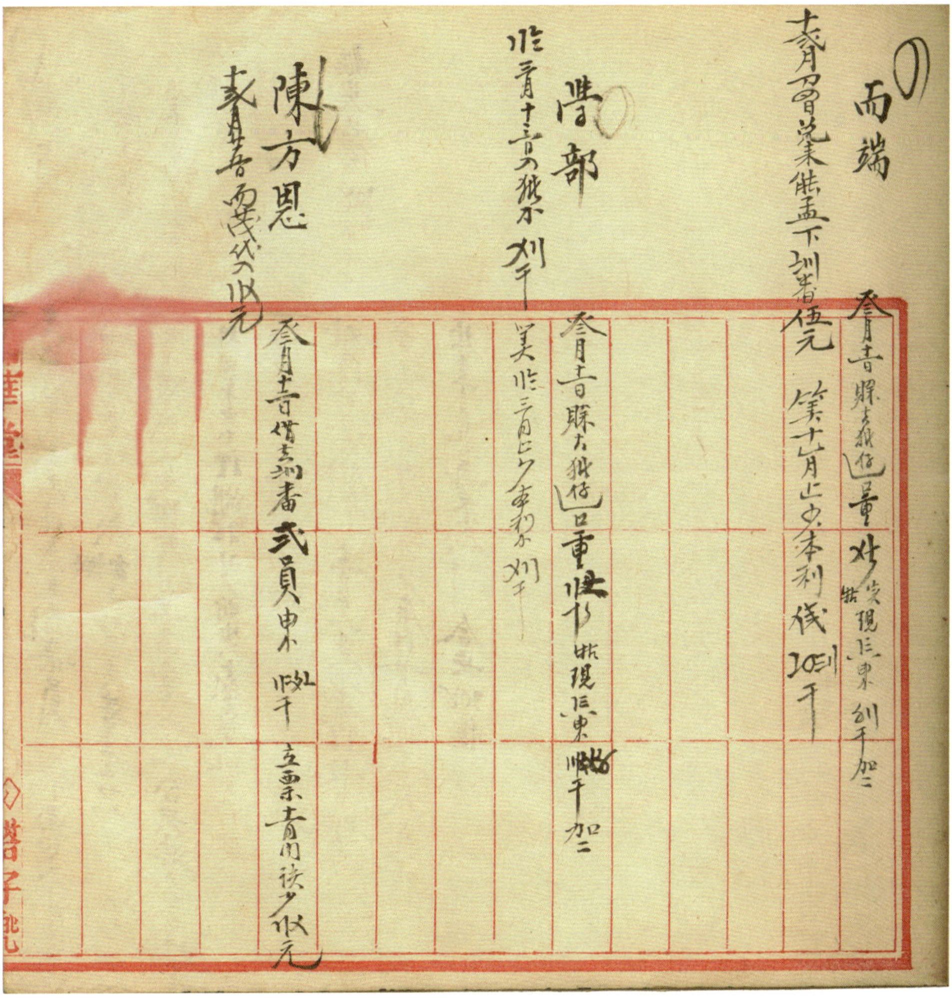

8-2-42-40　清光緒二十六年錢穀總目（四〇）

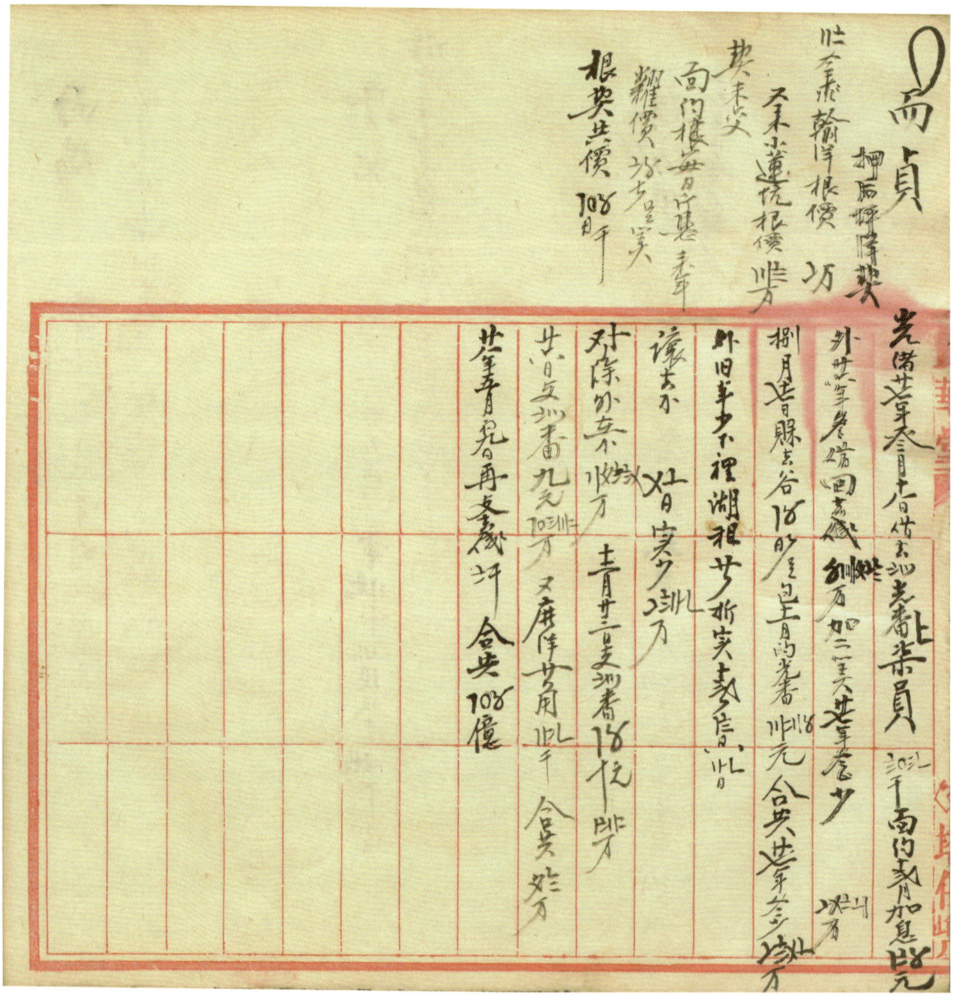

8-2-42-41　清光緒二十六年錢穀總目（四一）

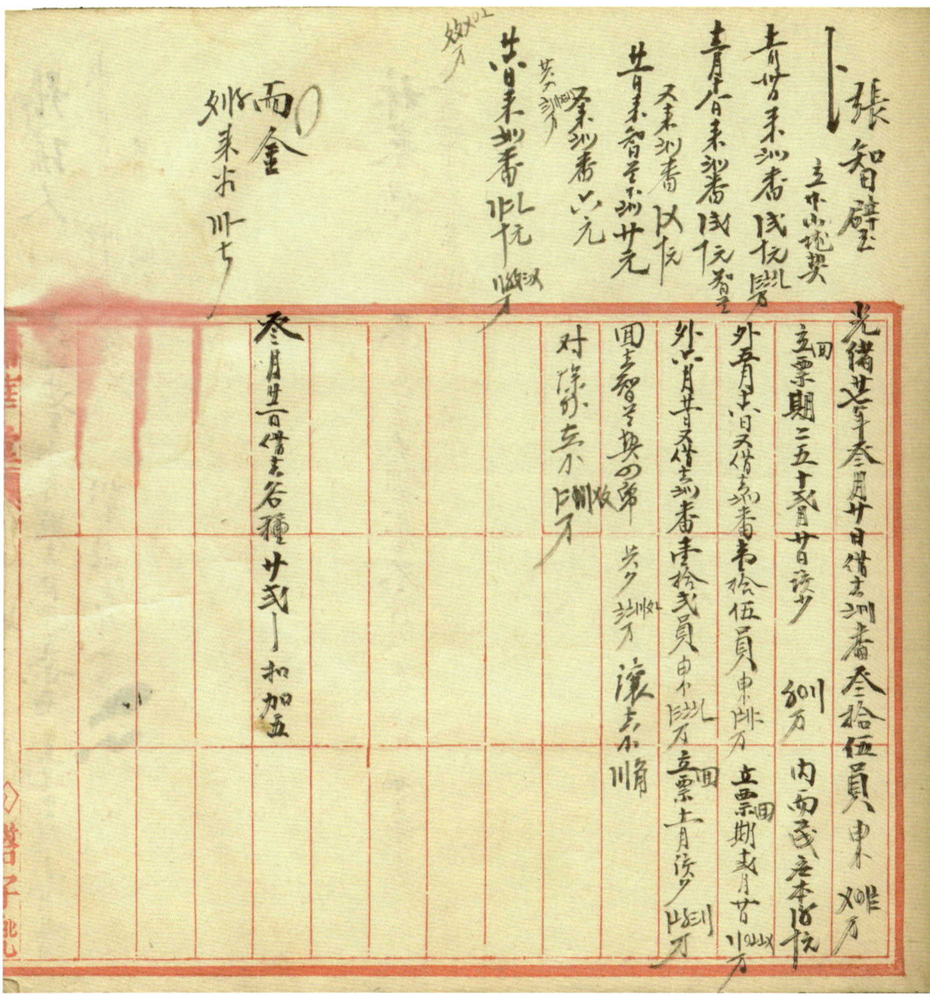

8-2-42-42　清光緒二十六年錢穀總目（四二）

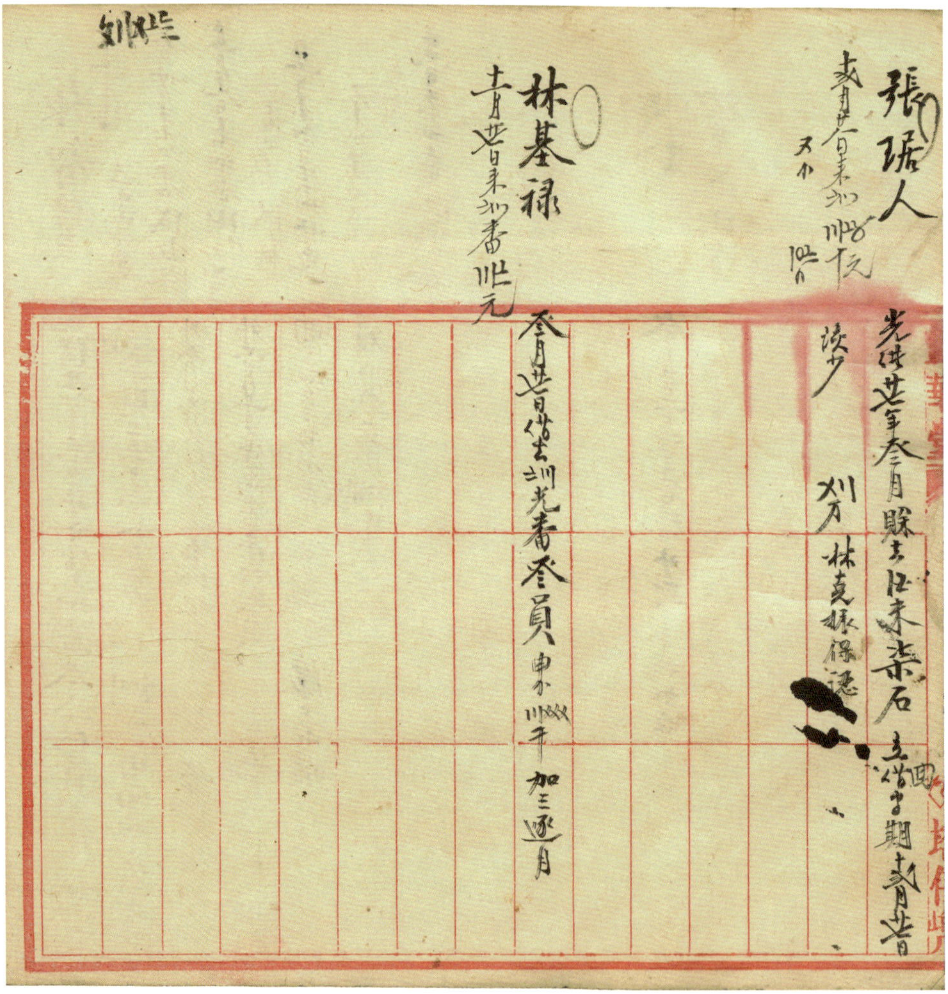

8-2-42-43　清光緒二十六年錢穀總目（四三）

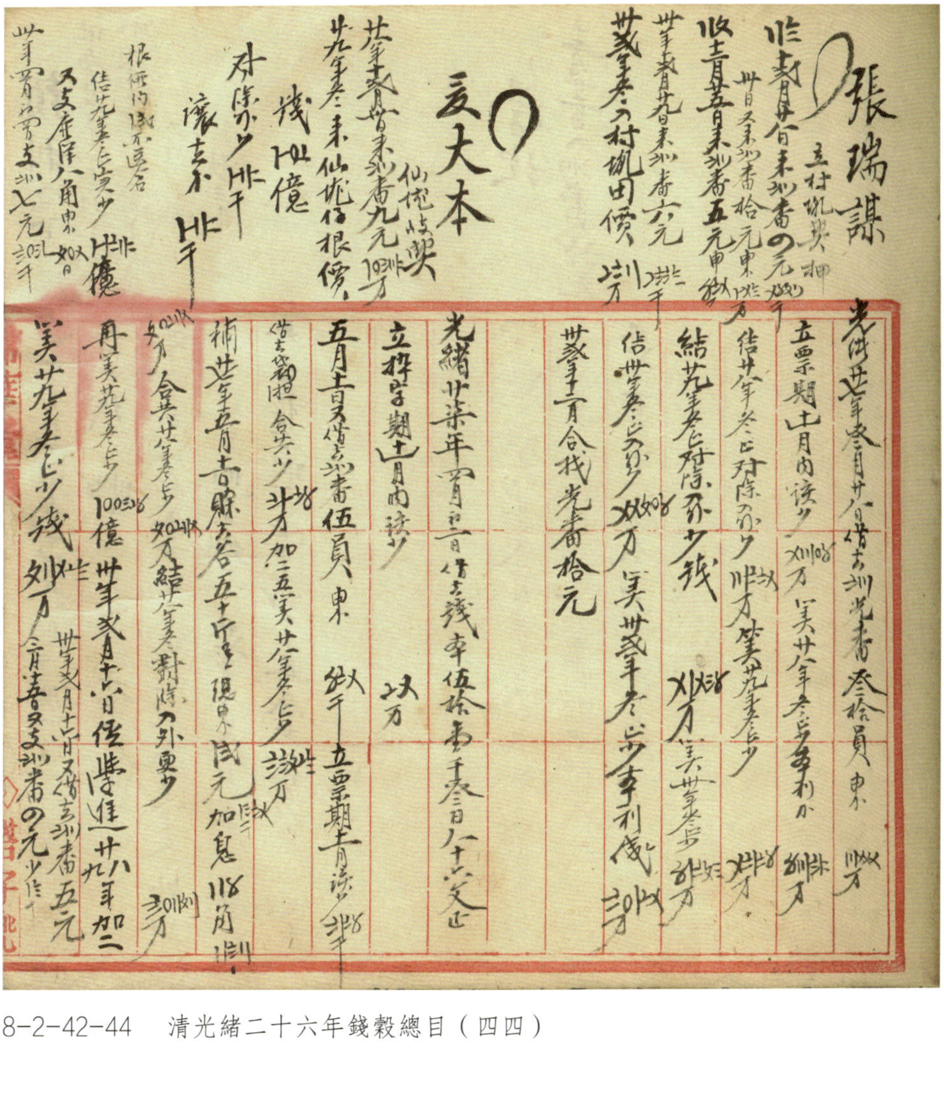

8-2-42-44　清光緒二十六年錢穀總目（四四）

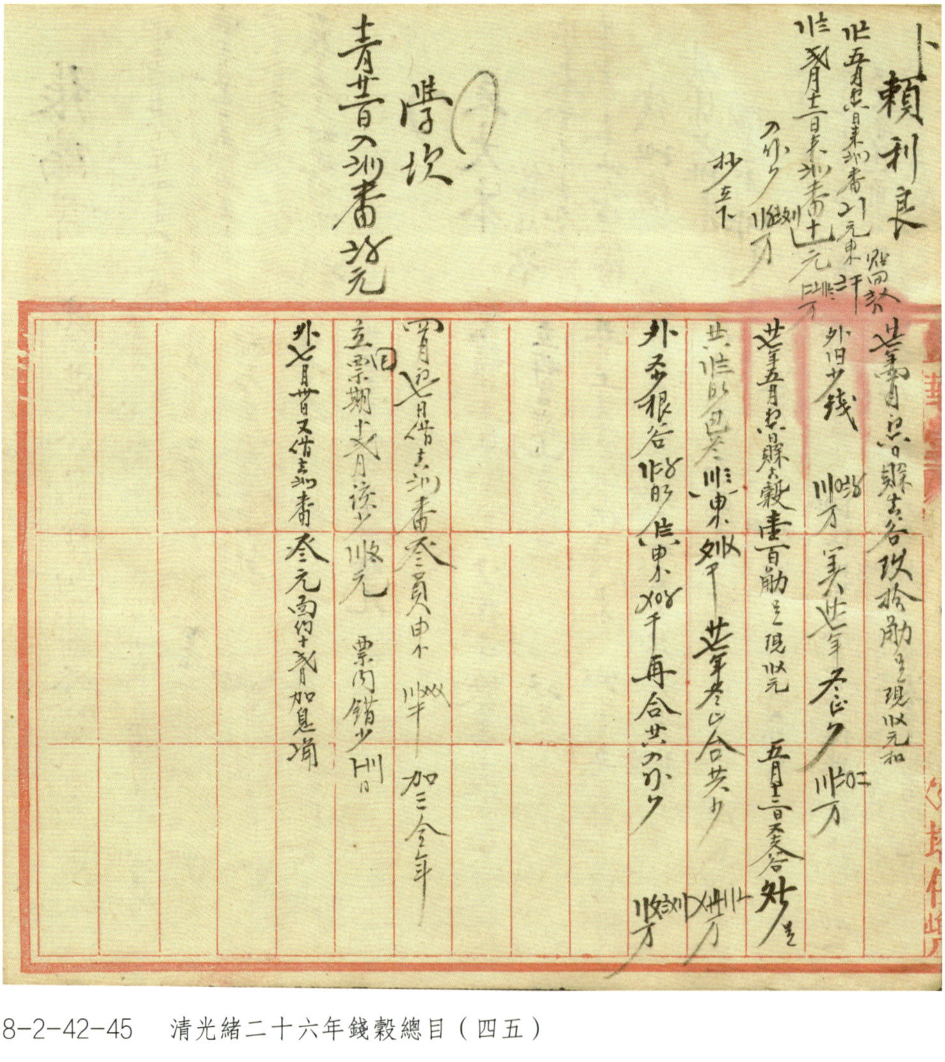
卜賴利良

此五月初四日來抄書

又九月十二日來抄書

抄五斤

廿一年五月初四日粜去谷玖拾觔　現收元和

外旧少錢

廿一年五月初四日粜去穀壹百觔　現收元

五月十二日又谷粜

外余根谷

四月初七日借去抄書叁員　加三全年

立票期十五月該少　收元　票内錯少

外七月廿二又借去抄書叁元　面约十二月加息消

學坎

十二月廿八入抄書拾元

8-2-42-45　清光緒二十六年錢穀總目（四五）

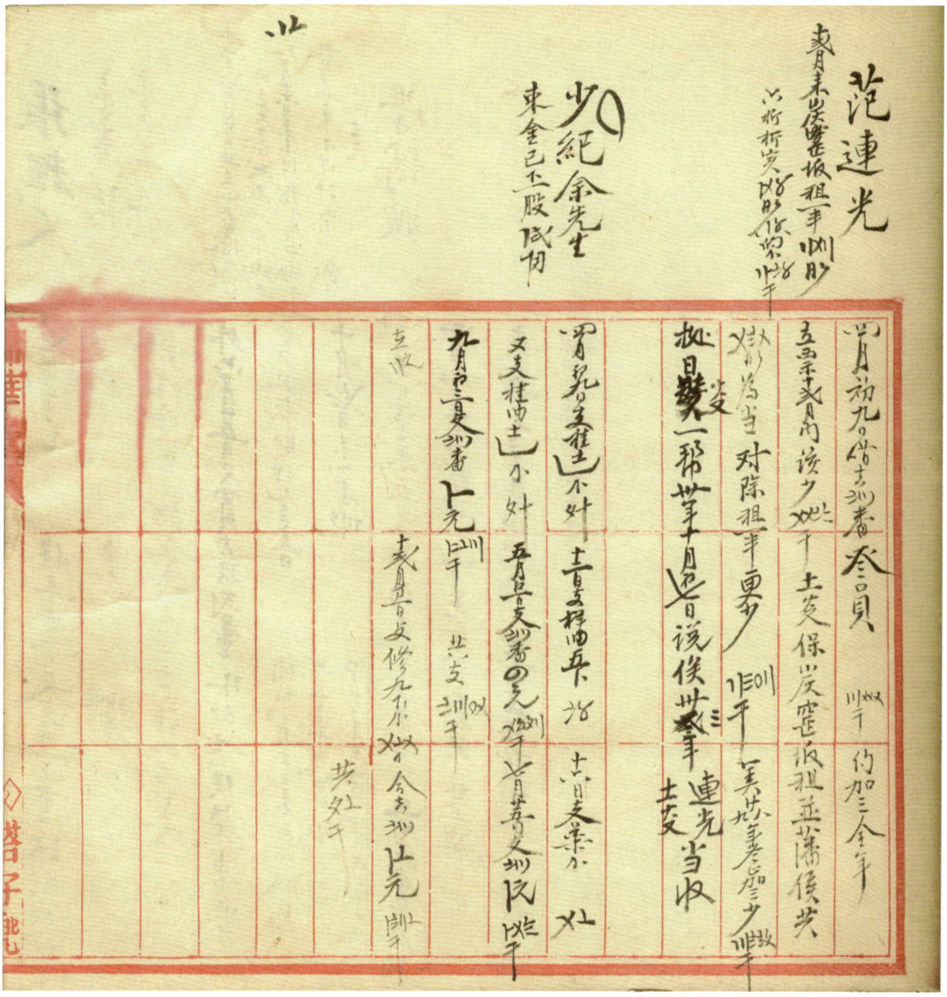

8-2-42-46　清光緒二十六年錢穀總目（四六）

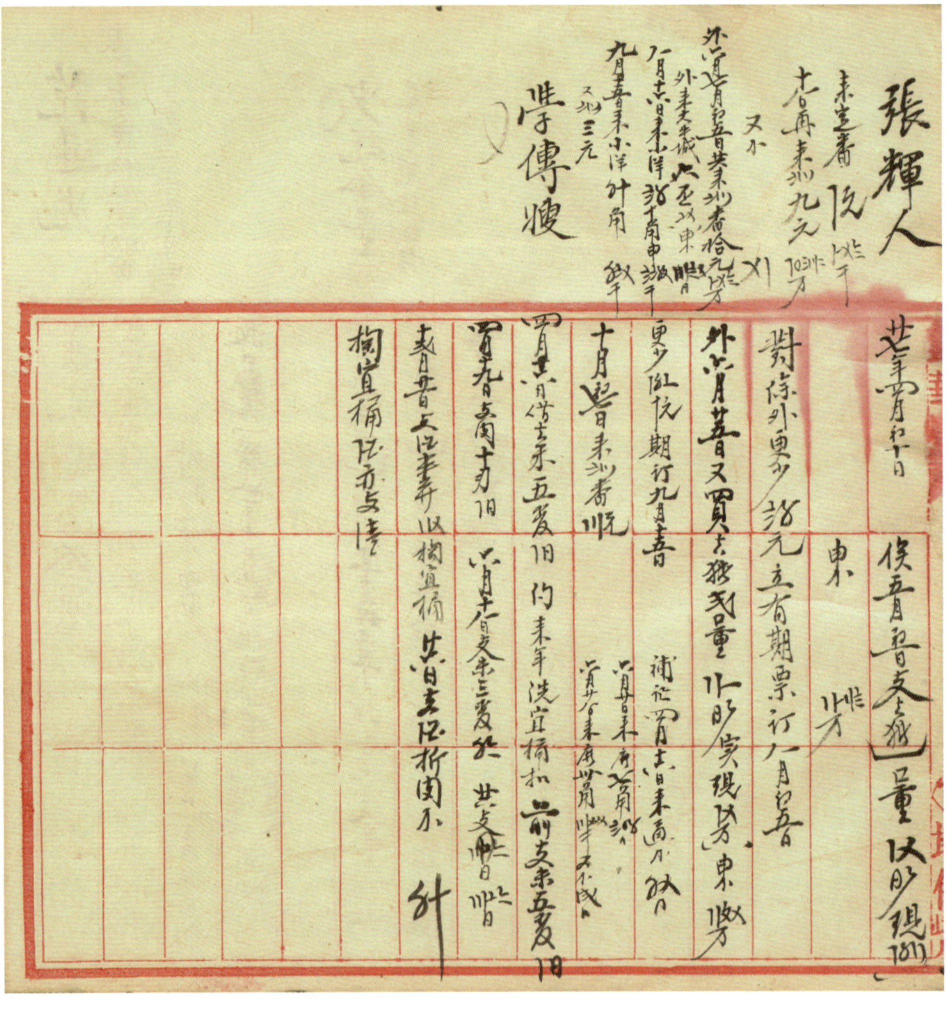

8-2-42-47　清光緒二十六年錢穀總目（四七）

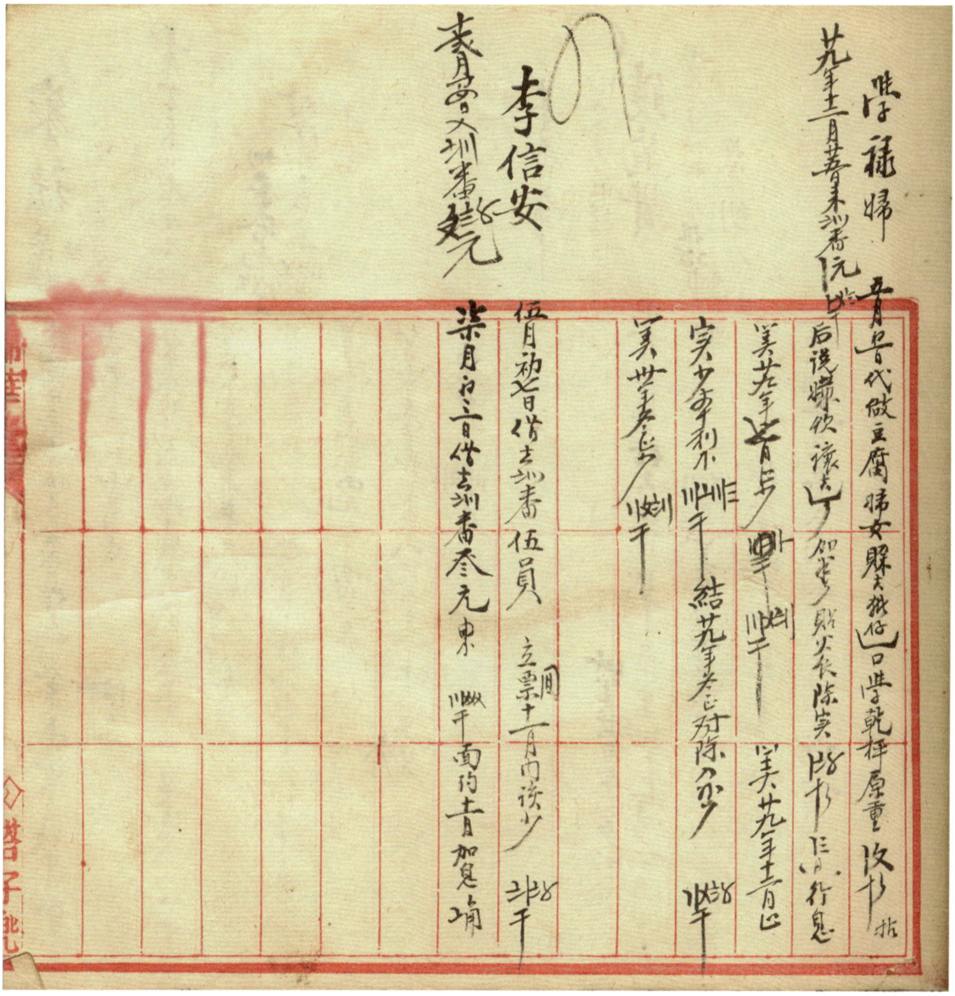

8-2-42-48　清光緒二十六年錢穀總目（四八）

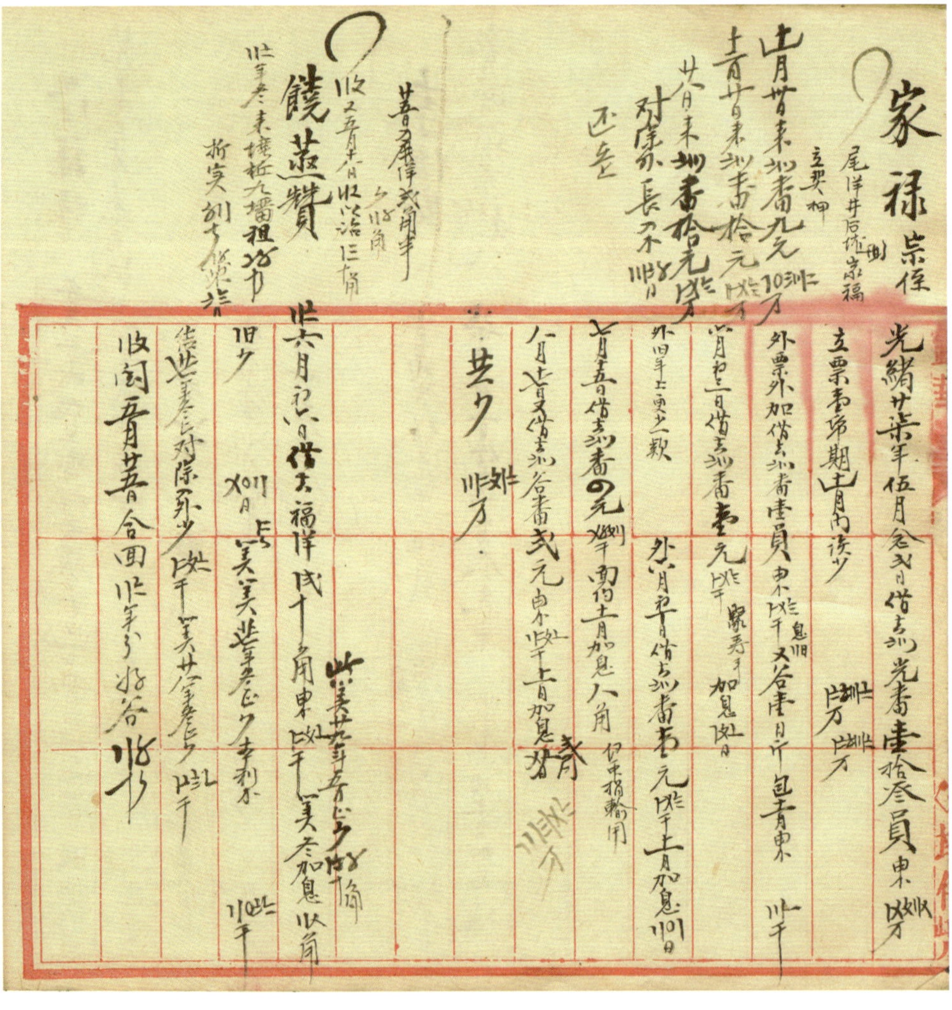

8-2-42-49　清光緒二十六年錢穀總目（四九）

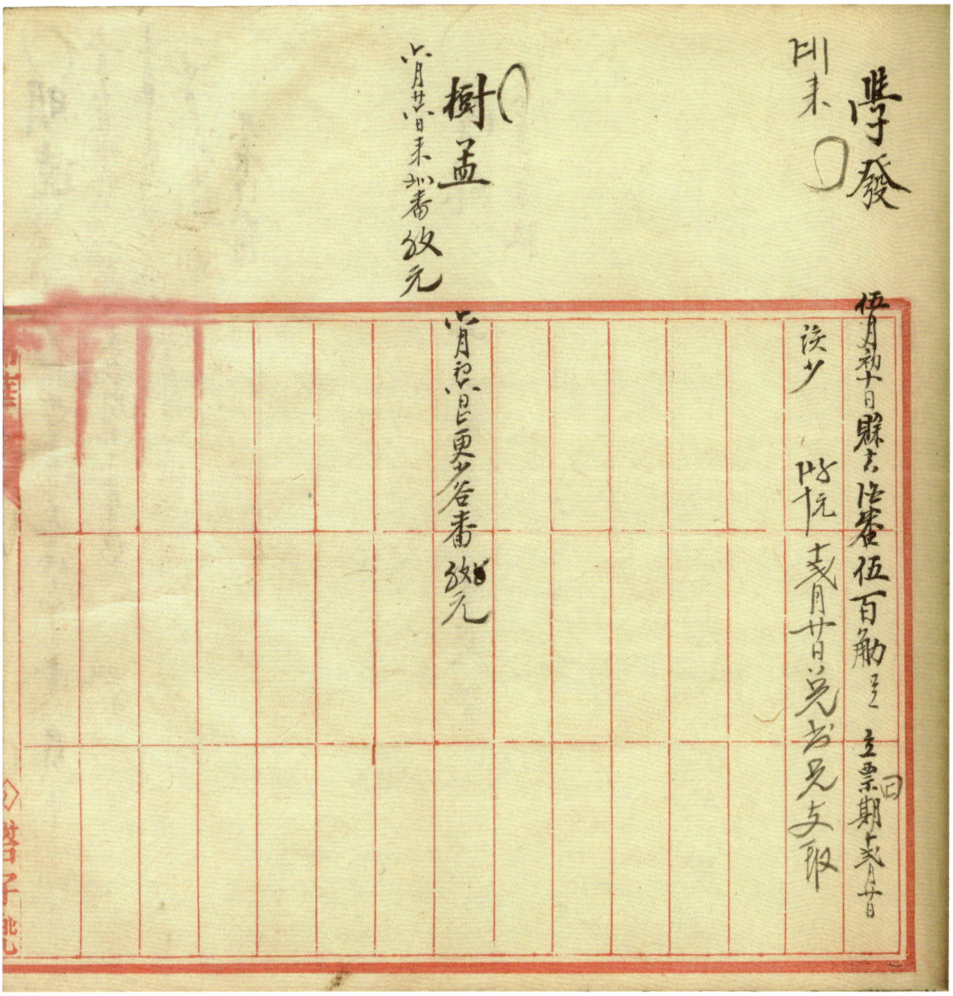

學發

伍月初十日縣去陸番伍百兩

樹盃

8-2-42-50　清光緒二十六年錢穀總目（五〇）

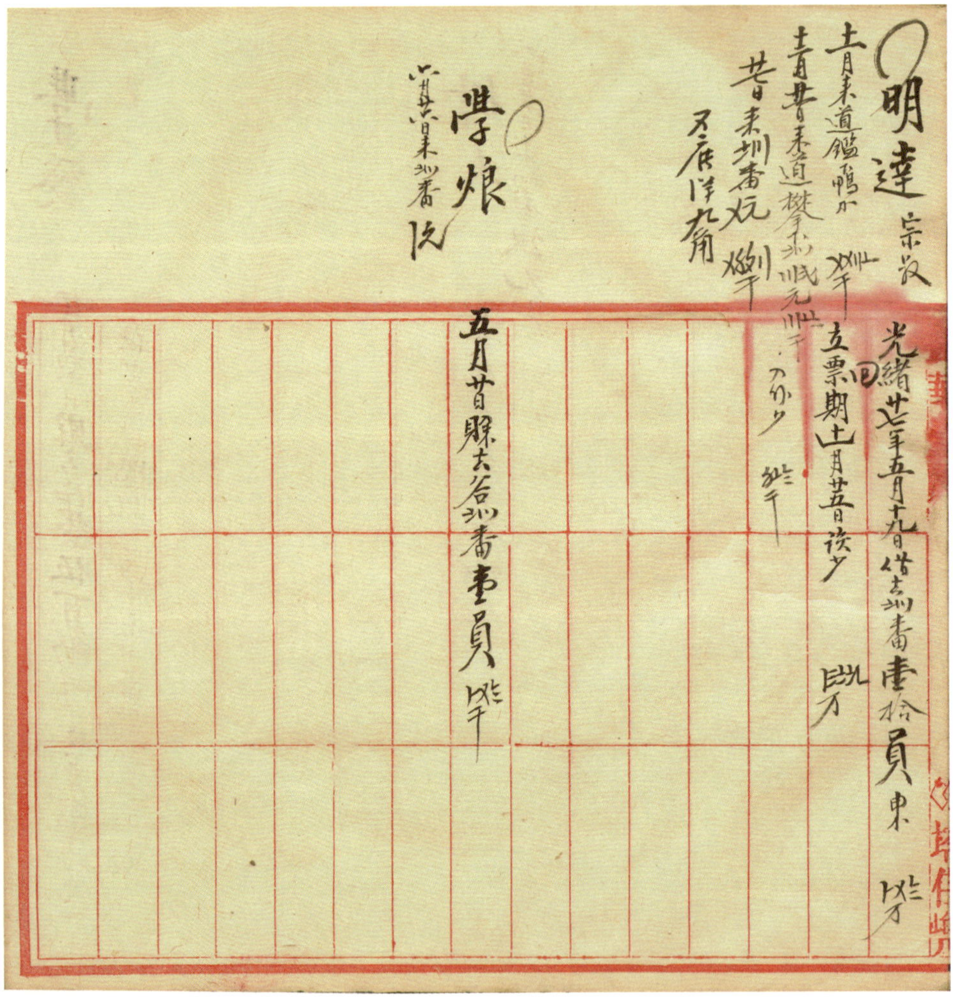

8-2-42-51　清光緒二十六年錢穀總目（五一）

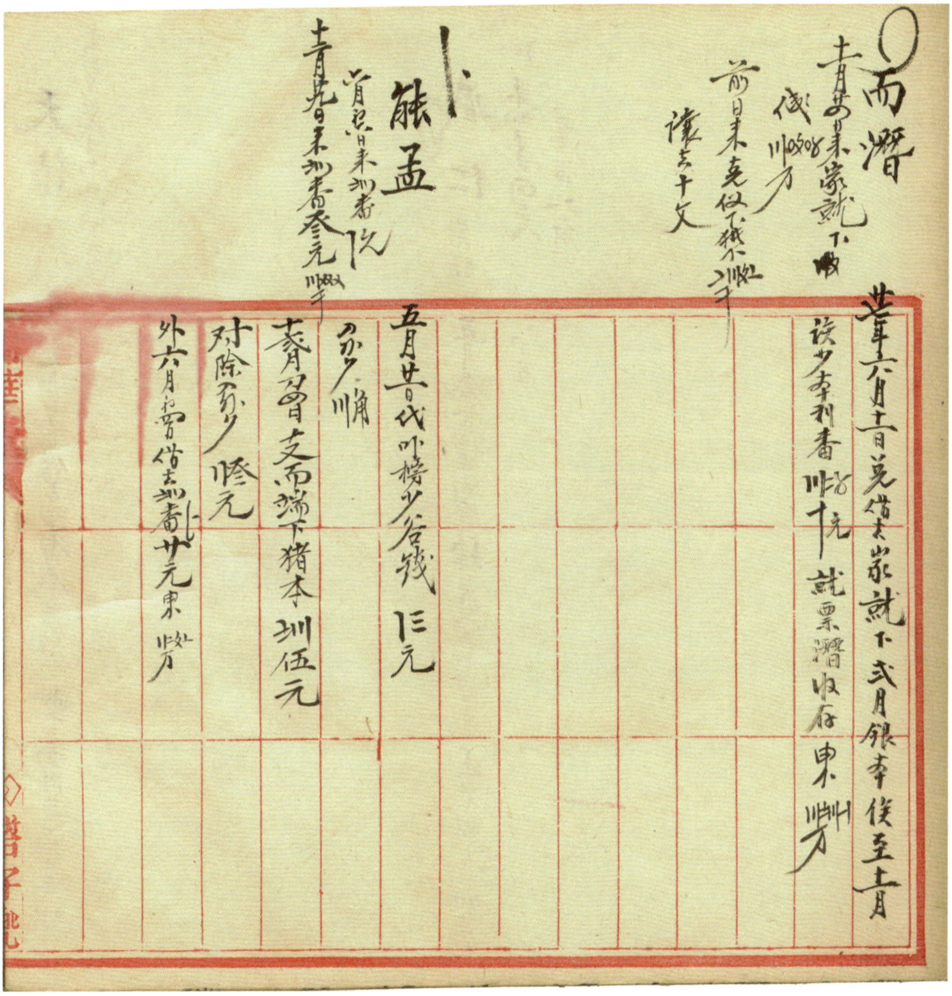

十二月廿四日来崇就下[illegible]
代[illegible]方
前日来[illegible]钱[illegible]
讓去十文
廿年六月十二日曳借去崇就下弍月银本俟至十二月
該少本利番[illegible]十元 就粟灣收存 東[illegible]方
五月廿日代[illegible]少谷钱[illegible]元
[illegible]
十二月廿[illegible]日[illegible]支而端下猪本[illegible]伍元
对除[illegible]少[illegible]元
外六月[illegible]借去[illegible]廿元東[illegible]方
熊孟
十二月[illegible]日来[illegible]番[illegible]
十二月廿[illegible]日来[illegible]番叁元[illegible]

8-2-42-52　清光緒二十六年錢穀總目（五二）

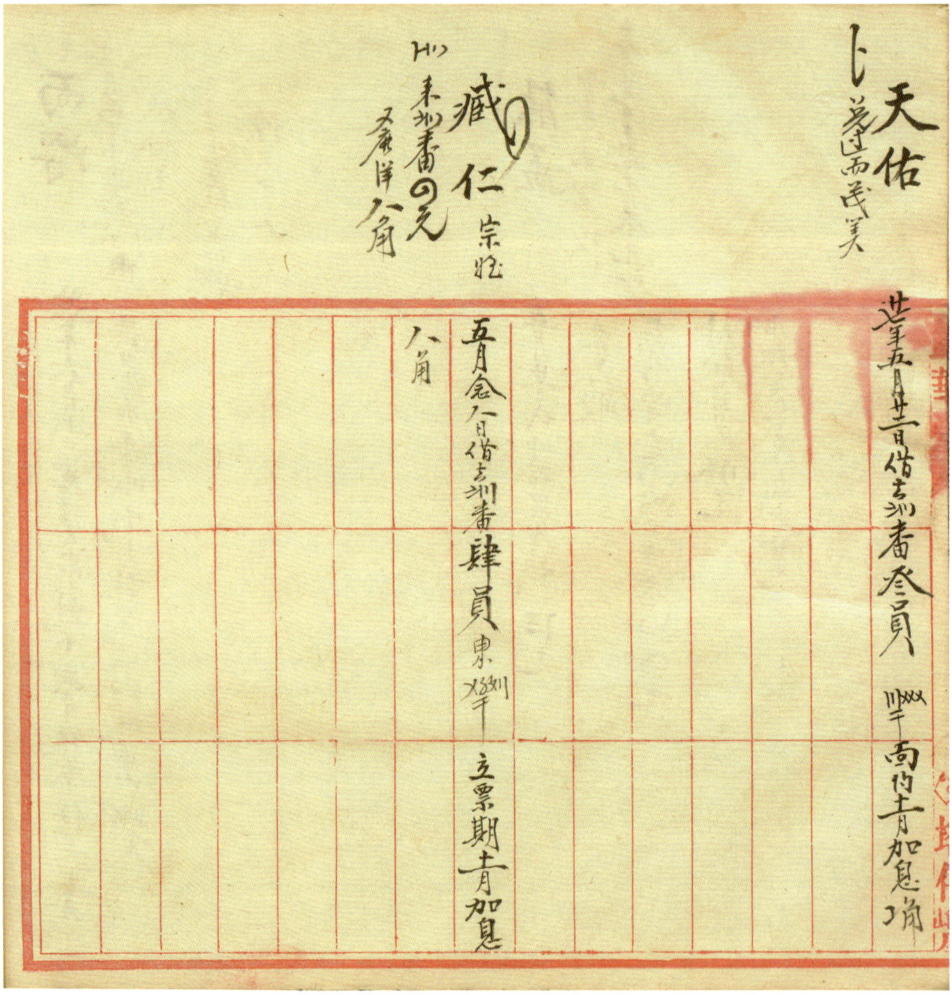

卜天佑

廿年五月廿二日借去錢番叁員 兩約十二月加息

藏仁 宗旺

五月念八日借去錢番肆員 東……

立票期十二月加息

又來錢番四元

又廣洋八角

八角

8-2-42-53　清光緒二十六年錢穀總目（五三）

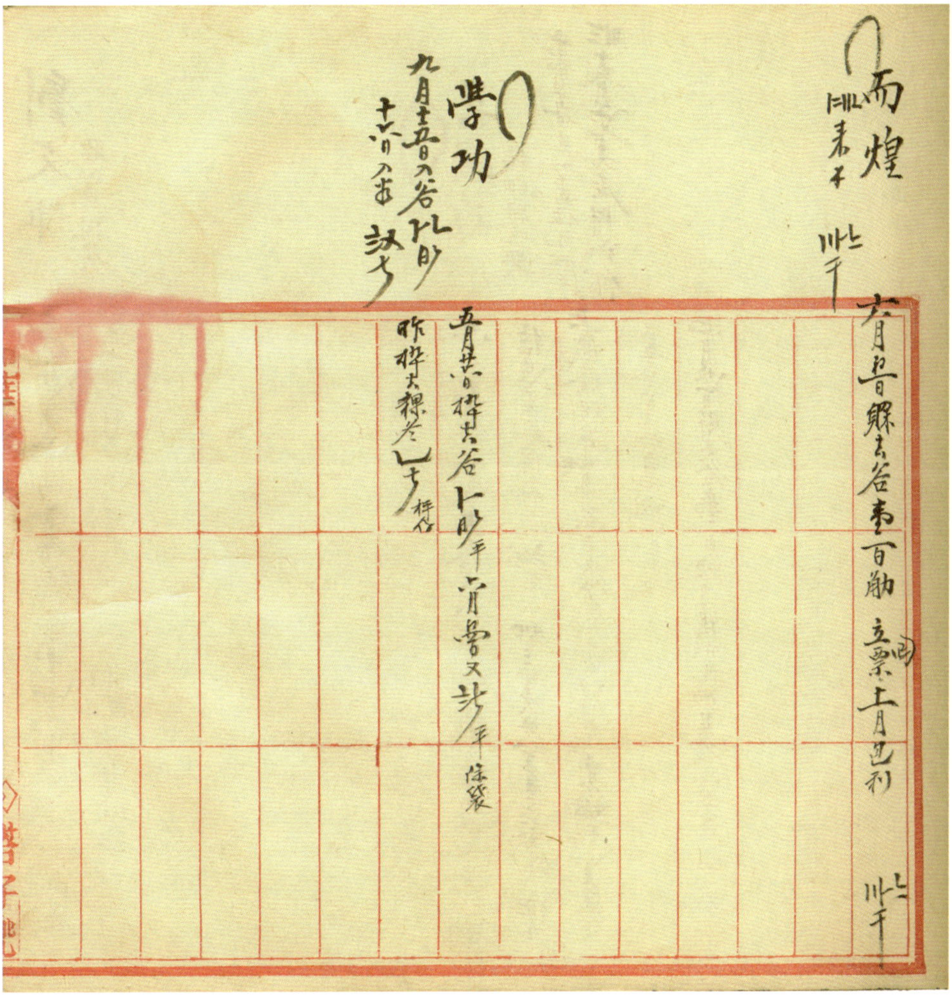

8-2-42-54　清光緒二十六年錢穀總目（五四）

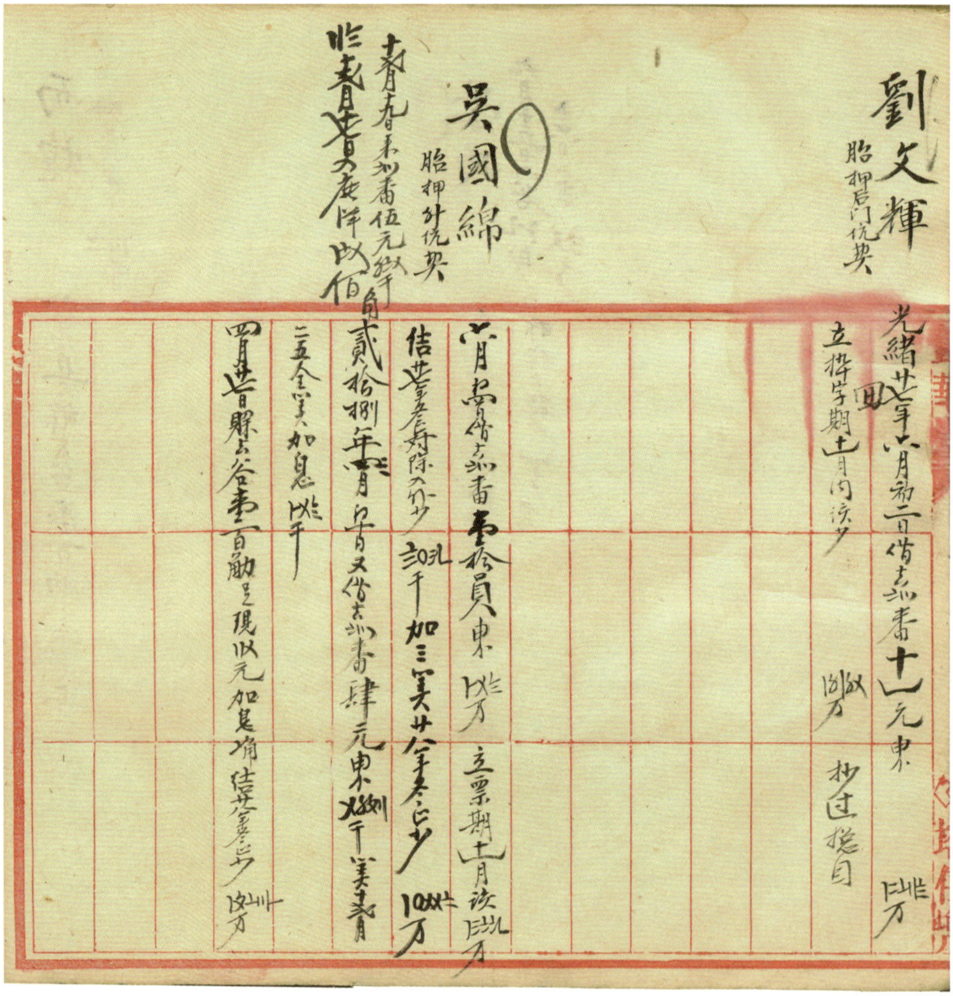

8-2-42-55　清光緒二十六年錢穀總目（五五）

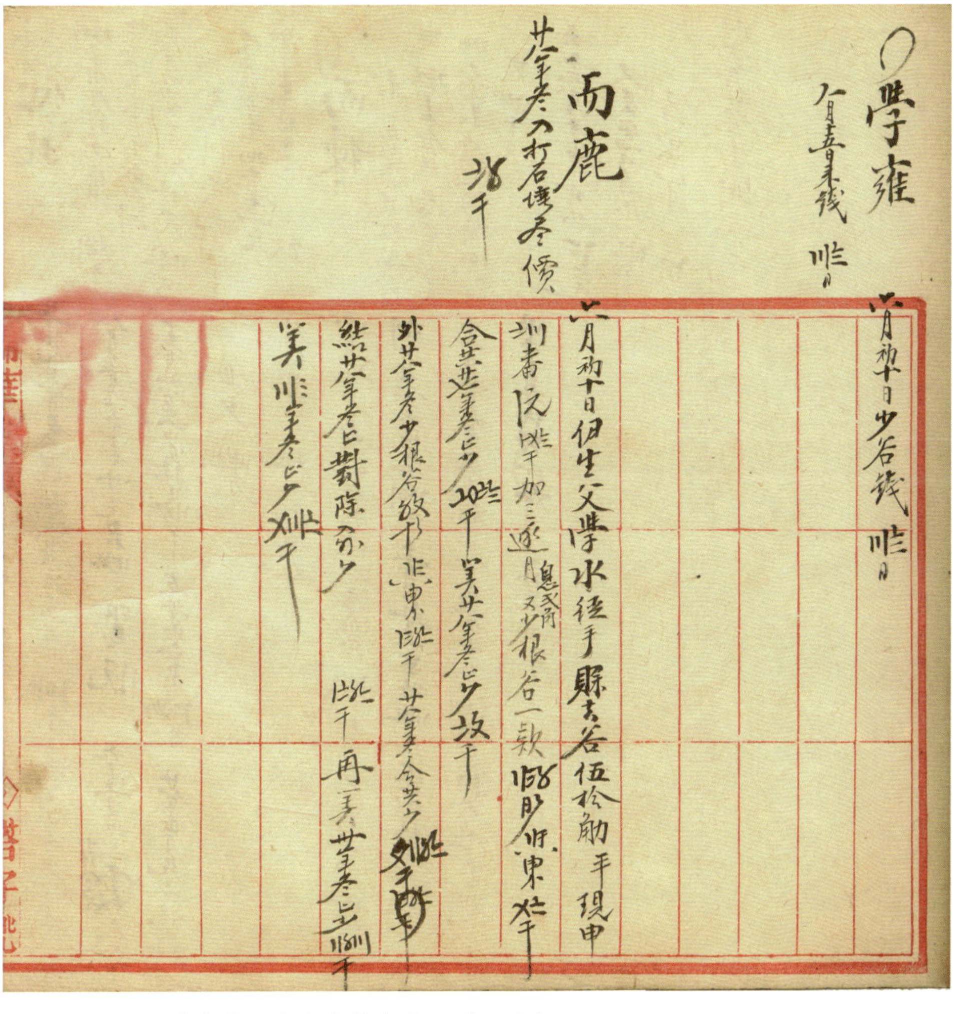

8-2-42-56　清光緒二十六年錢穀總目（五六）

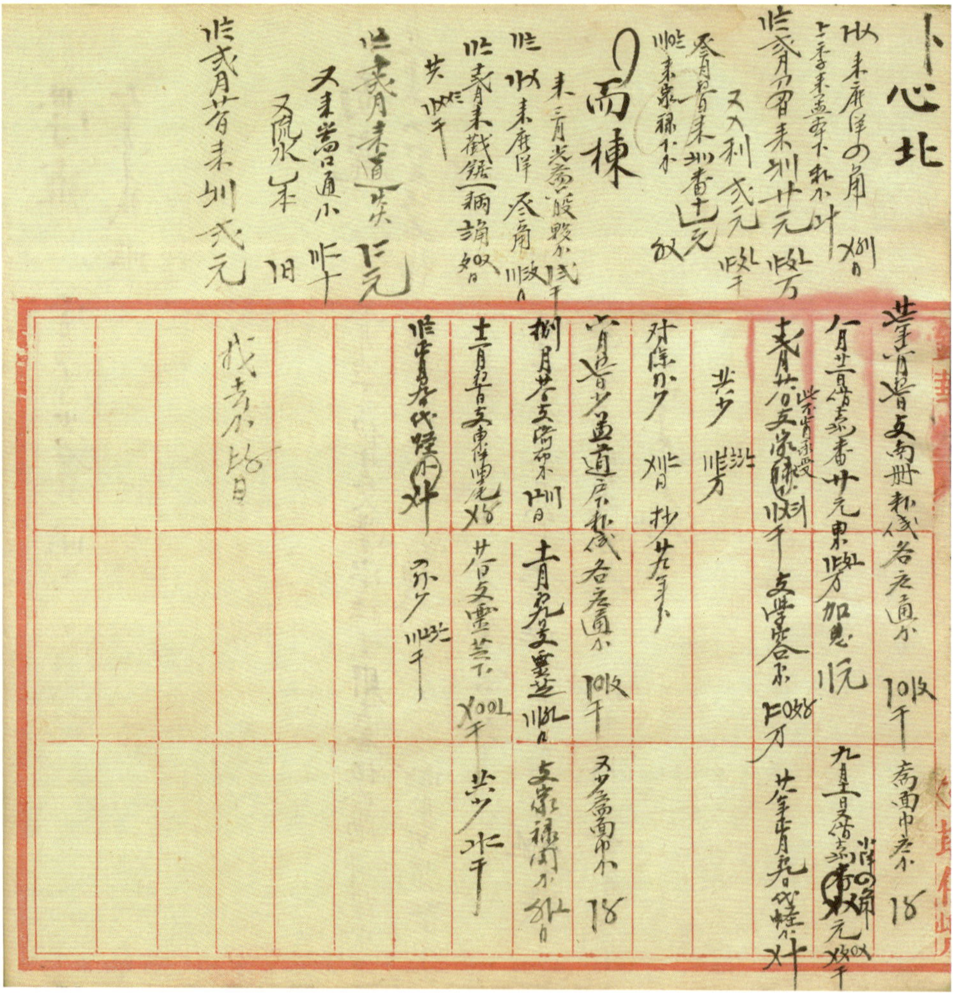
卜心北

丙棟

8-2-42-57　清光緒二十六年錢穀總目（五七）

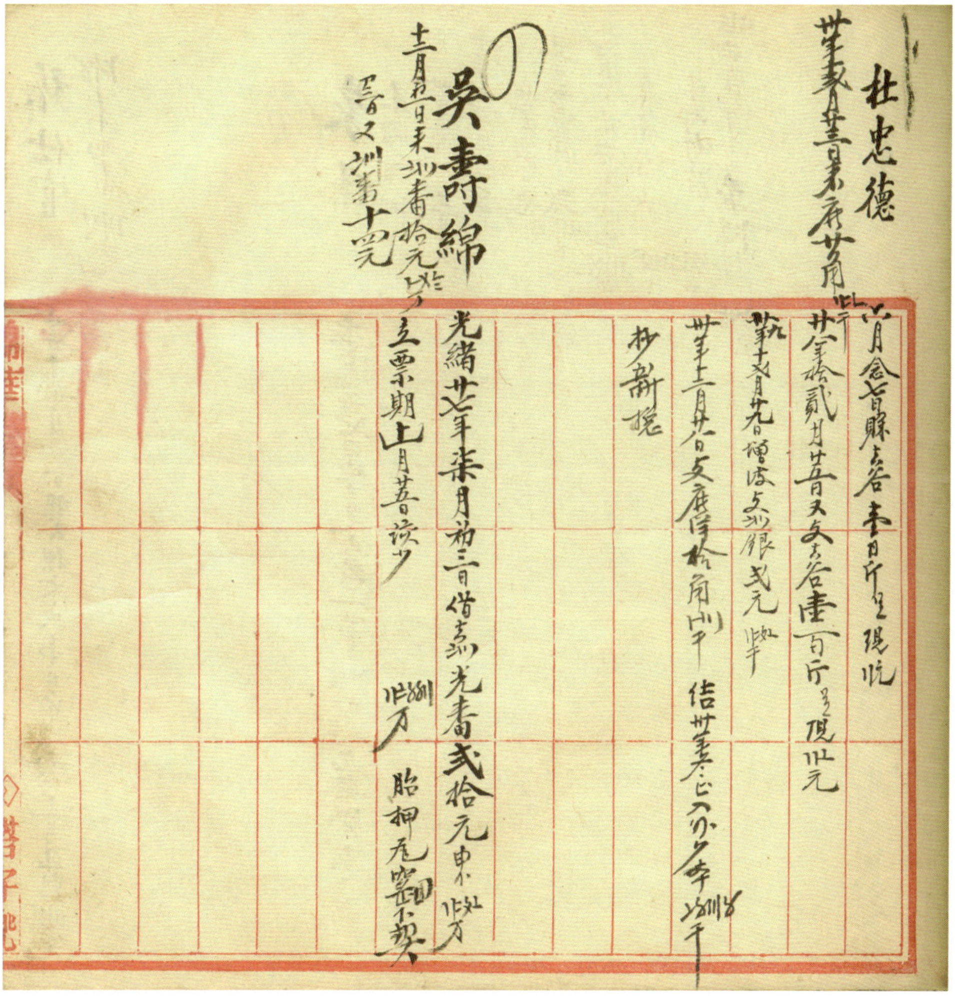

8-2-42-58　清光緒二十六年錢穀總目（五八）

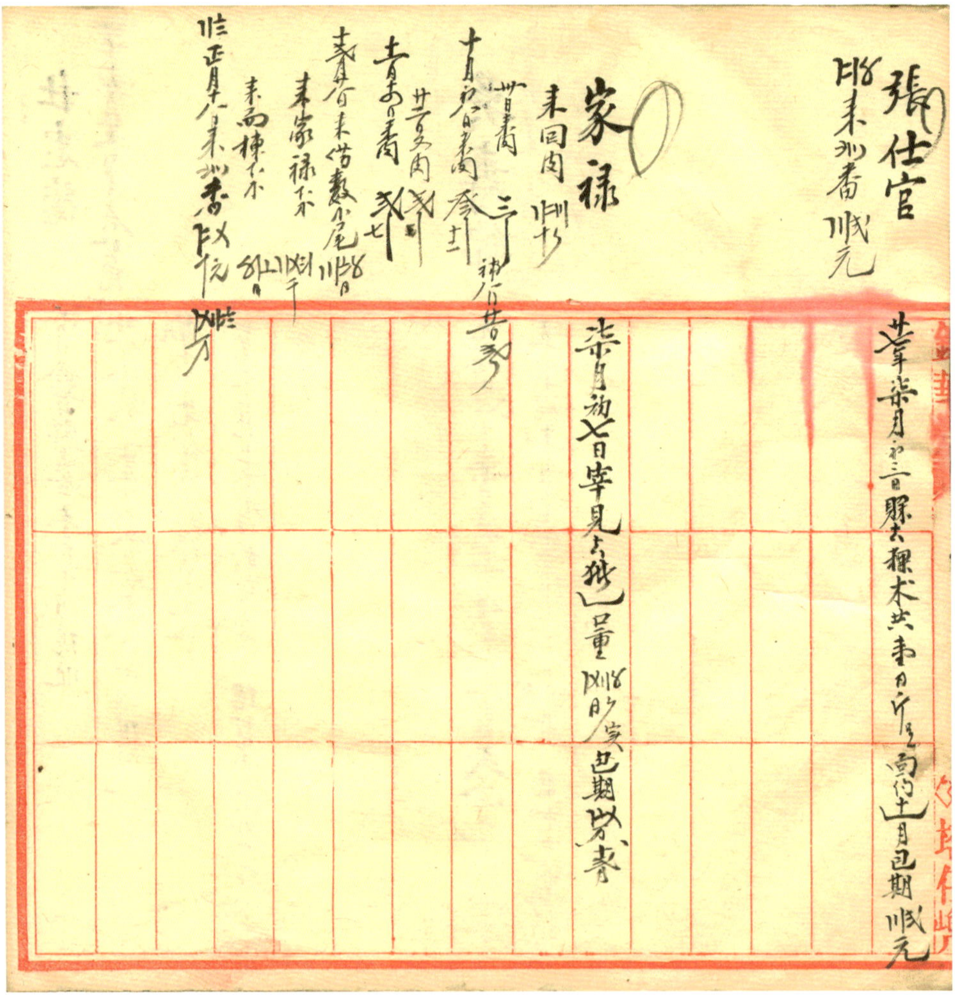

8-2-42-59　清光緒二十六年錢穀總目（五九）

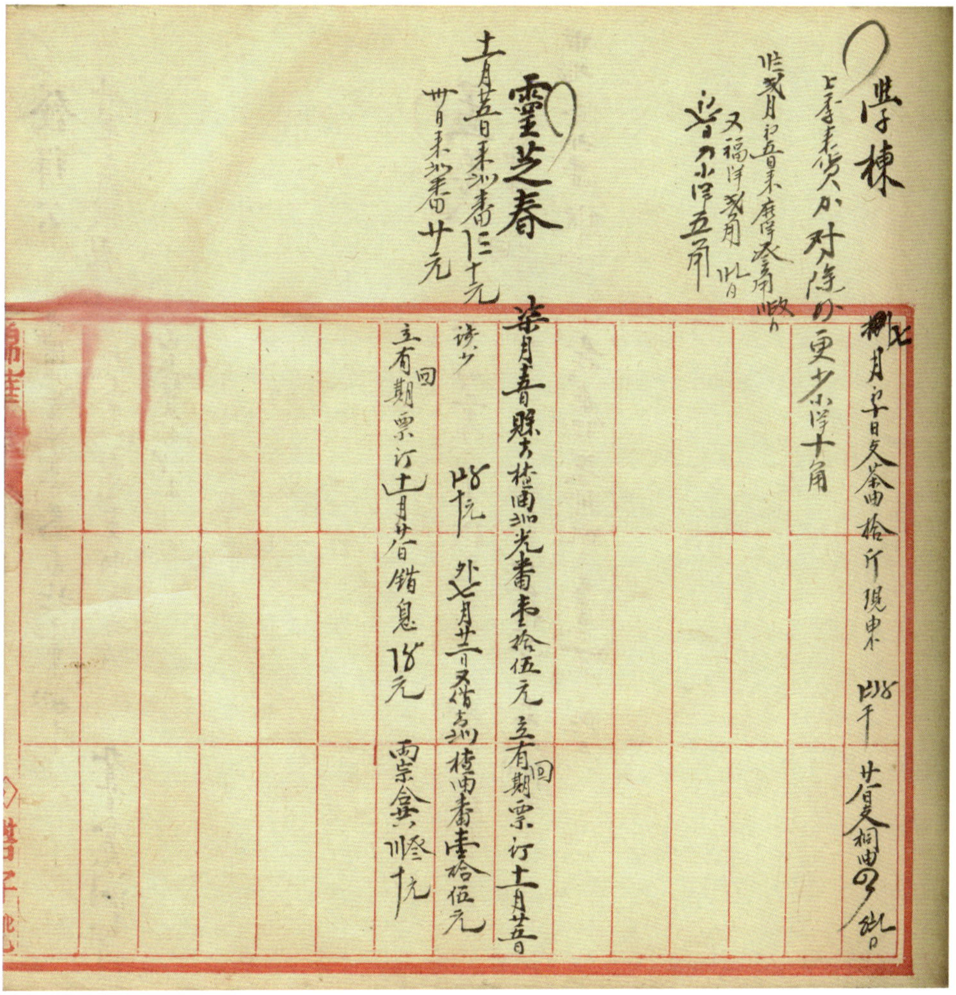

8-2-42-60　清光緒二十六年錢穀總目（六〇）

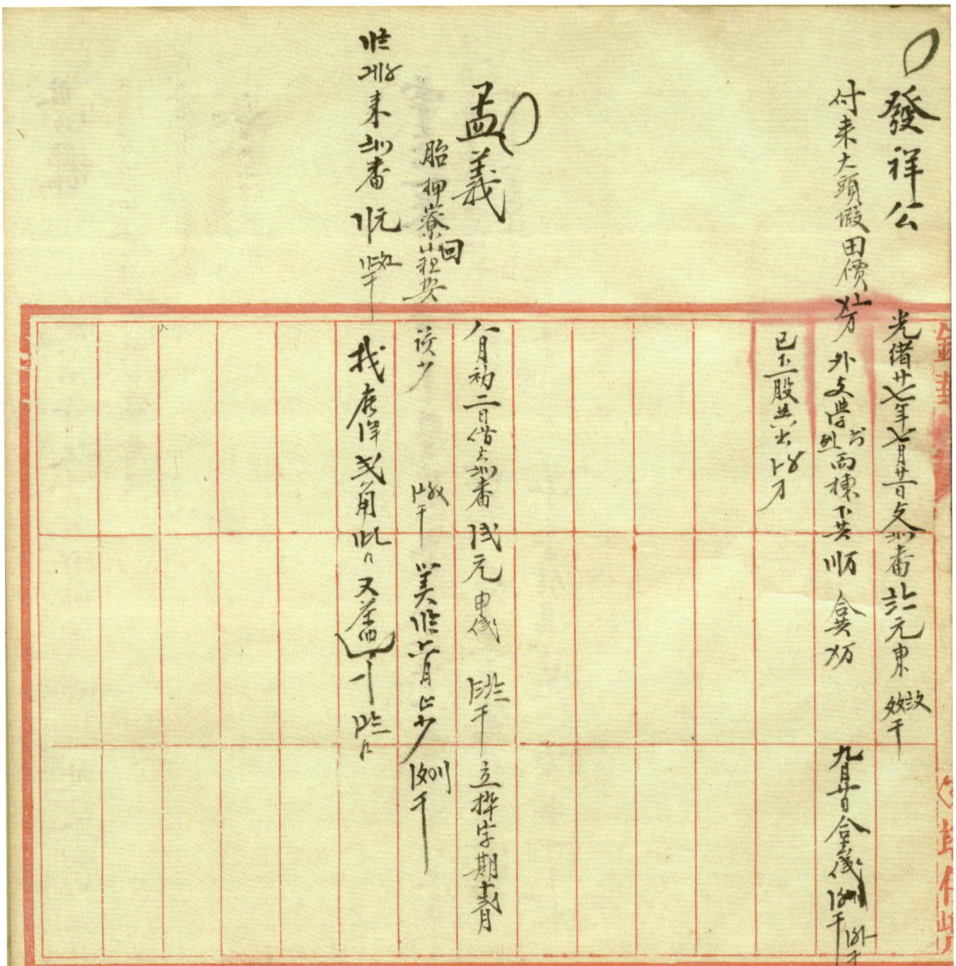

8-2-42-61　清光緒二十六年錢穀總目（六一）

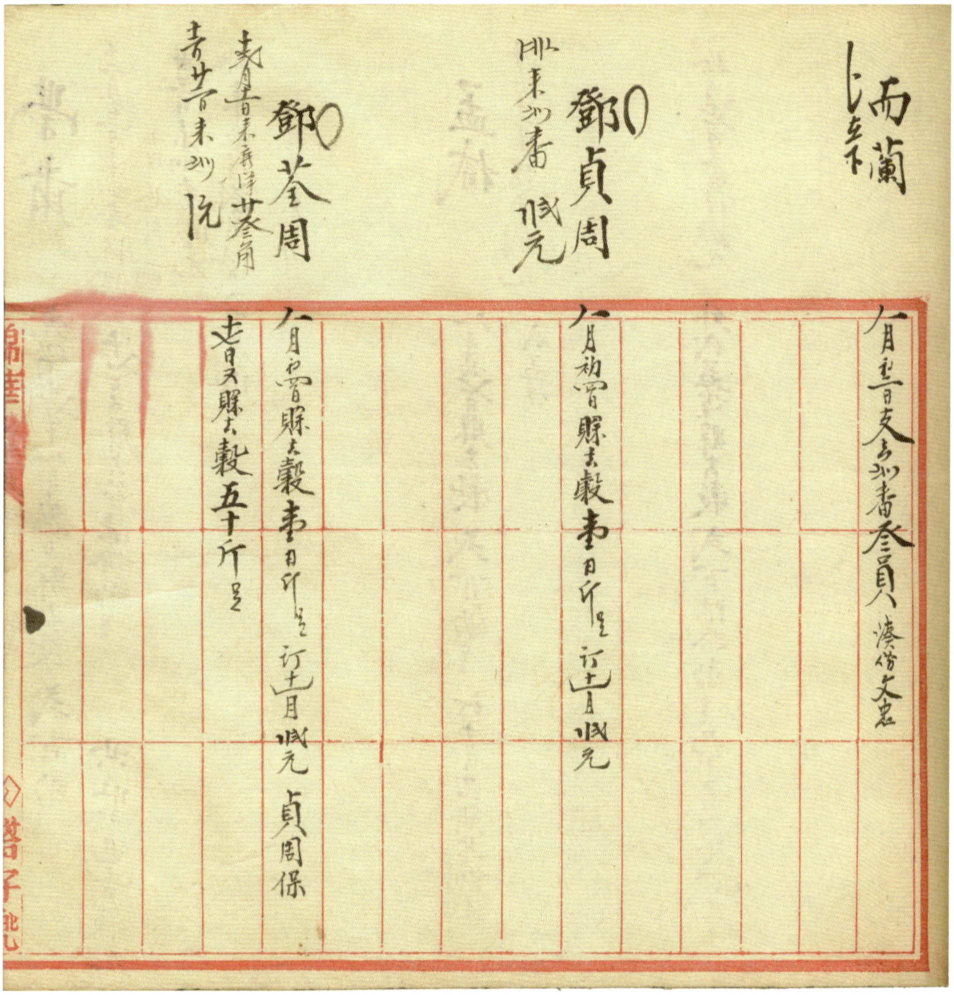

8-2-42-62　清光緒二十六年錢穀總目（六二）

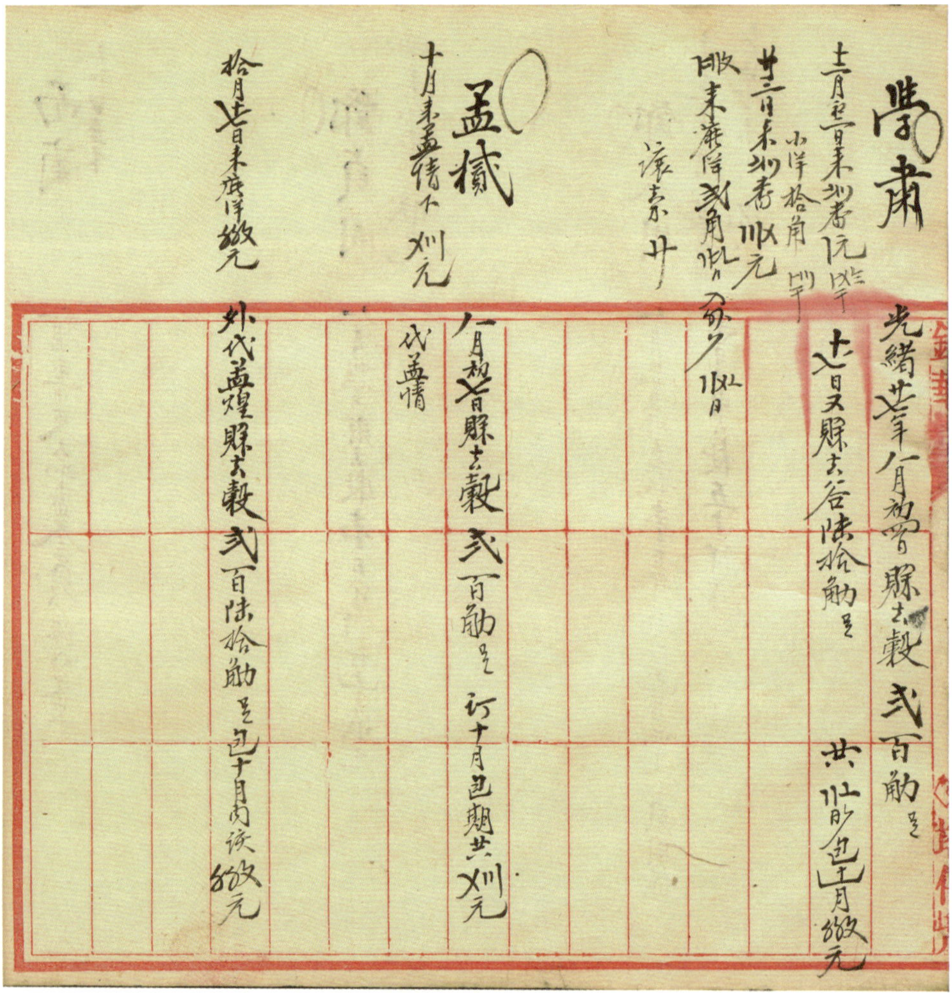

8-2-42-63　清光緒二十六年錢穀總目（六三）

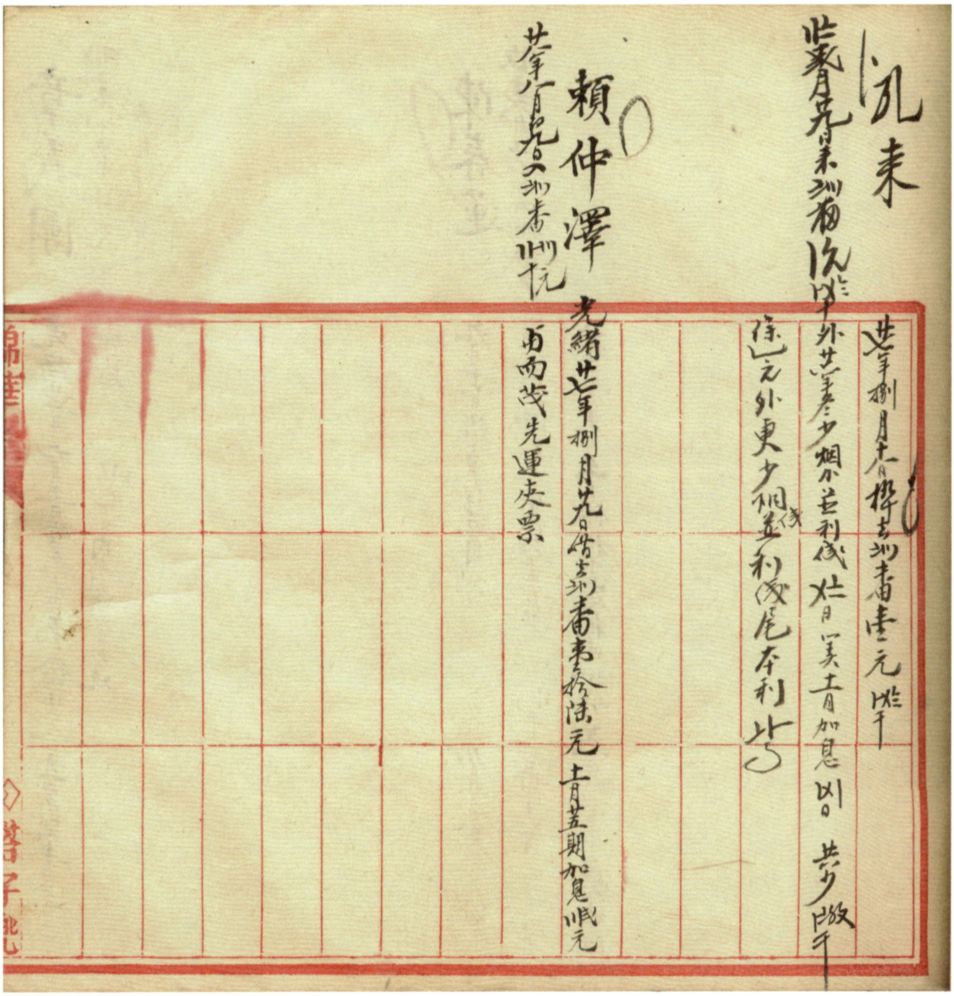

8-2-42-64　清光緒二十六年錢穀總目（六四）

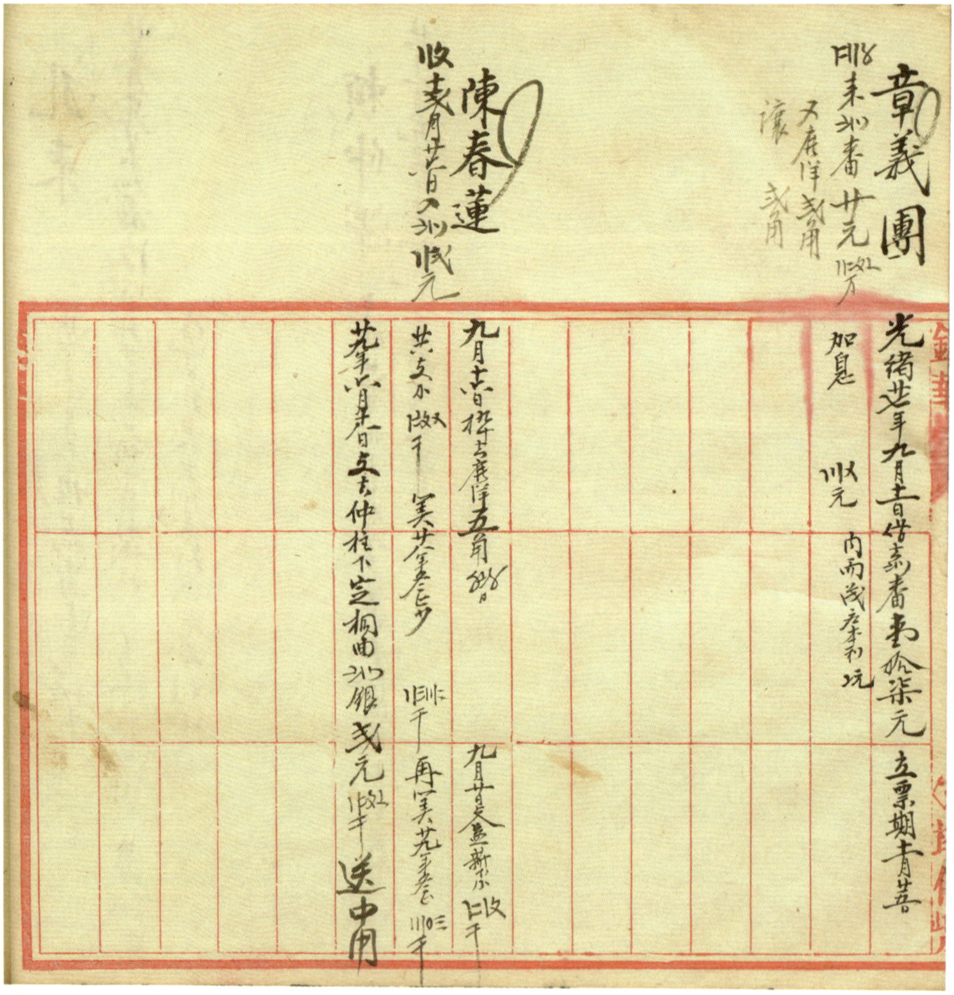
章義團
陳春蓮
加息

8-2-42-65　清光緒二十六年錢穀總目（六五）

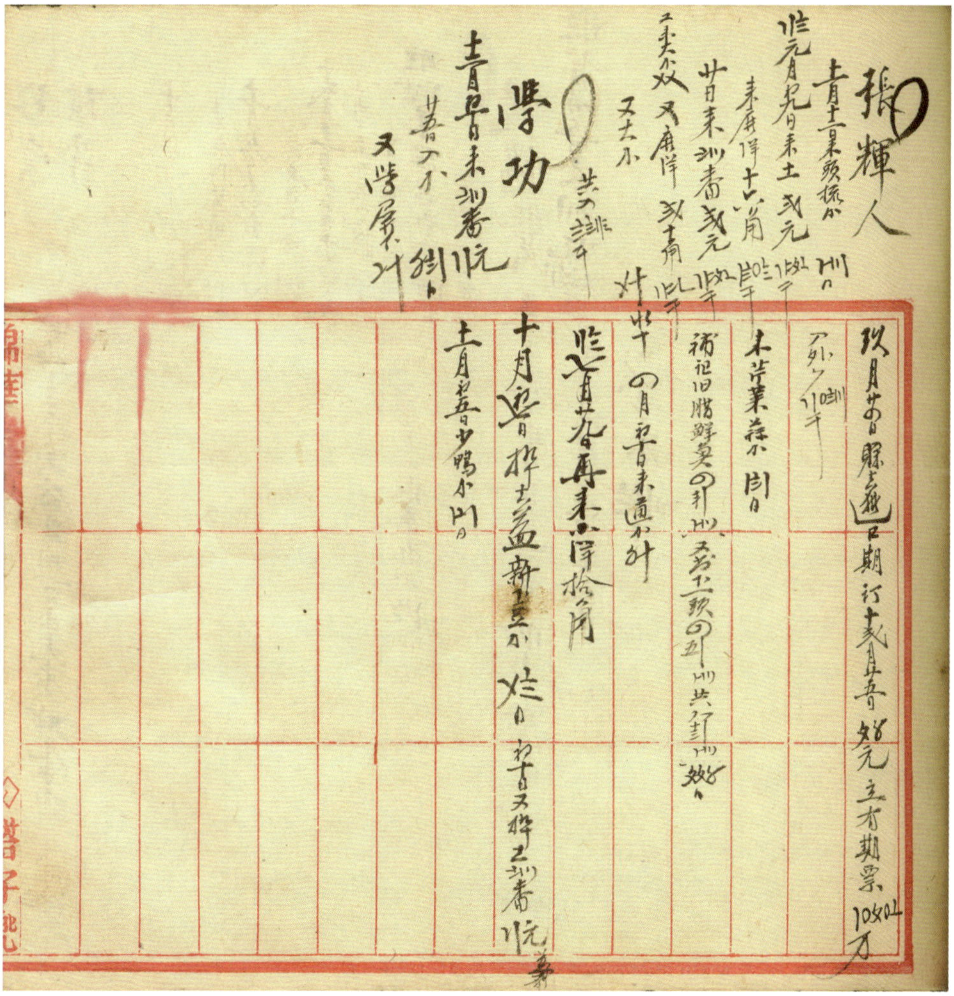

8-2-42-66　清光緒二十六年錢穀總目（六六）

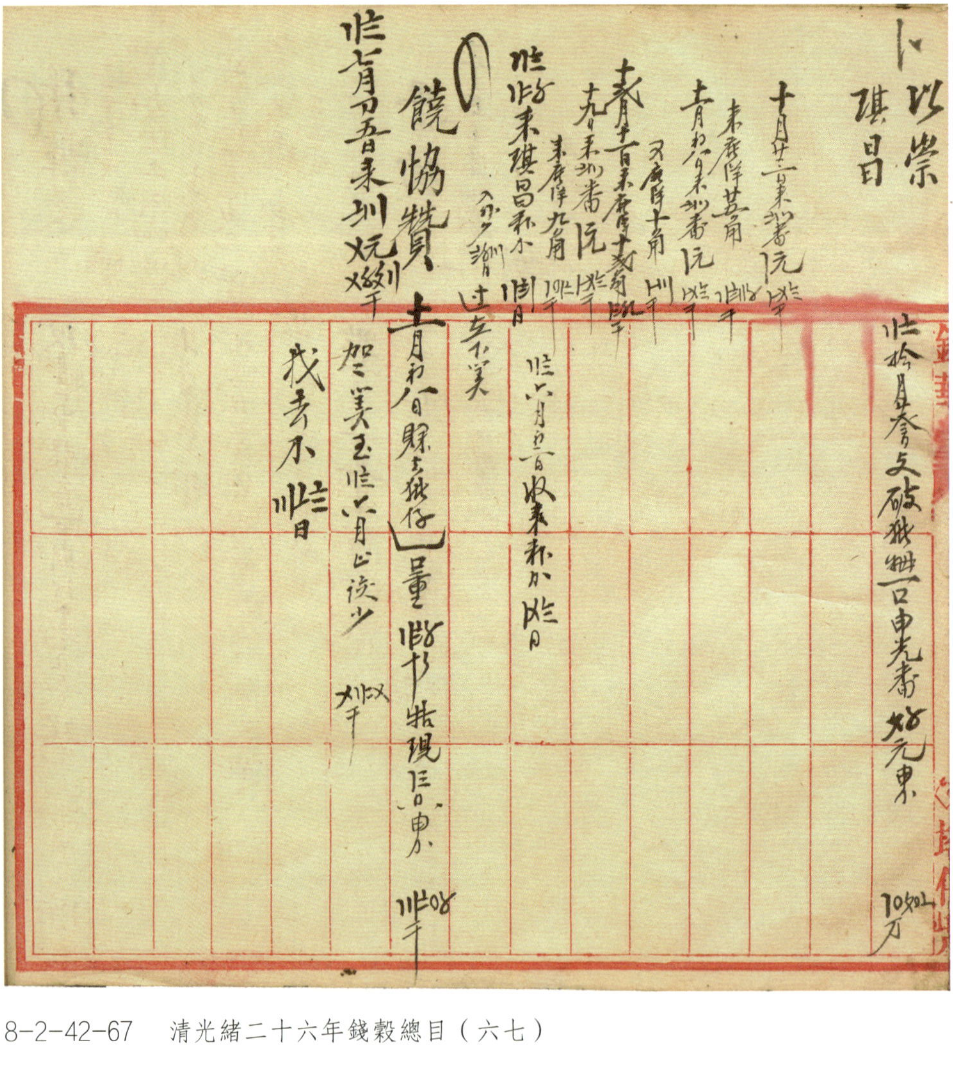

8-2-42-67　清光緒二十六年錢穀總目（六七）

錢以崇
昨年九月廿一日到谷二元〡〤〥千
又小洋十角 〣千
十月廿七日來鴨九斤 〡〇〨〢千
又來鴨一斤 〡〇〤千

十二月初八日賬去租仔一量 〣〤〨 每現三五串加 〤〇〤〨千	加二算昨年九月止本利錢 〤〣千	對除又外更少欠 〤〇〦千	加上數少數 …	

錢以忠
昨年九月來谌昌小…〤〇千

十二月初八日賬上租仔〢量 〣〤〨 每現三五串加 〤〇〤〨千	加二算昨年四月止利 〤〇日合其本利 〤〇〤千	外少借項

8-2-42-68　清光緒二十六年錢穀總目（六八）

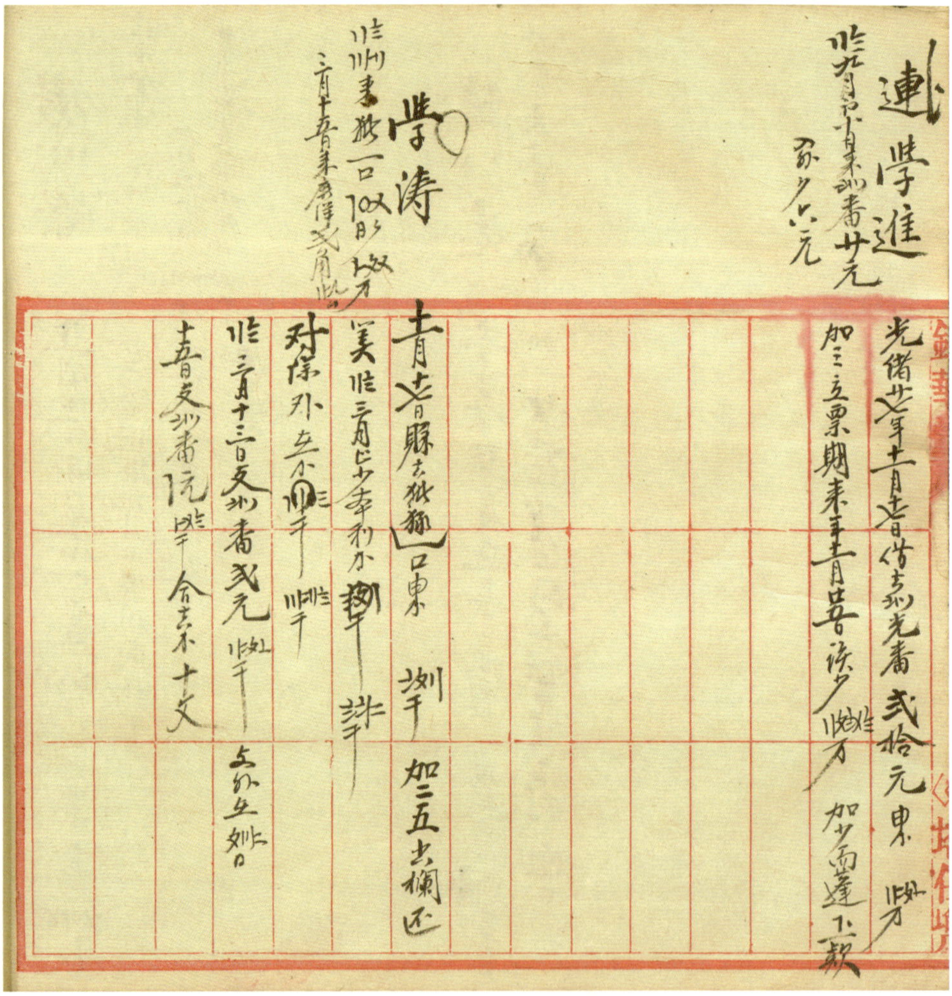

8-2-42-69　清光緒二十六年錢穀總目（六九）

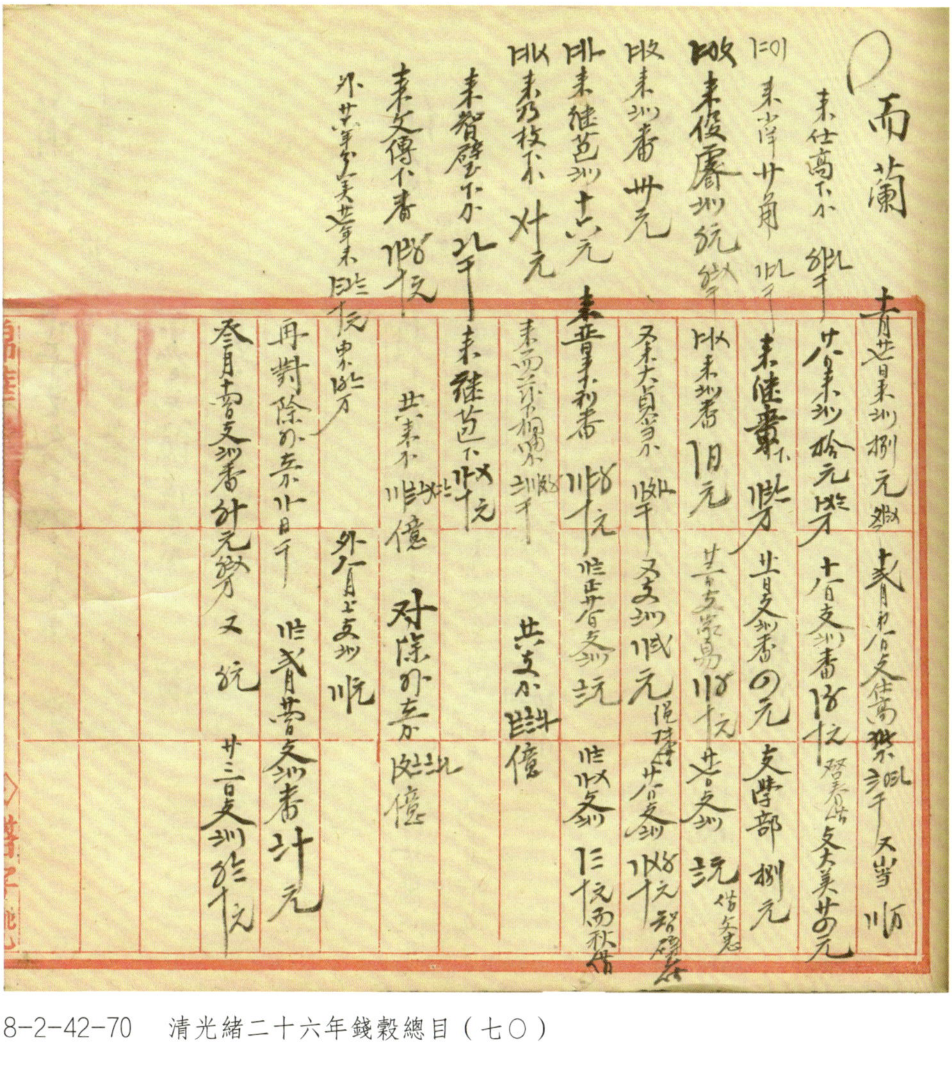

8-2-42-70　清光緒二十六年錢穀總目（七〇）

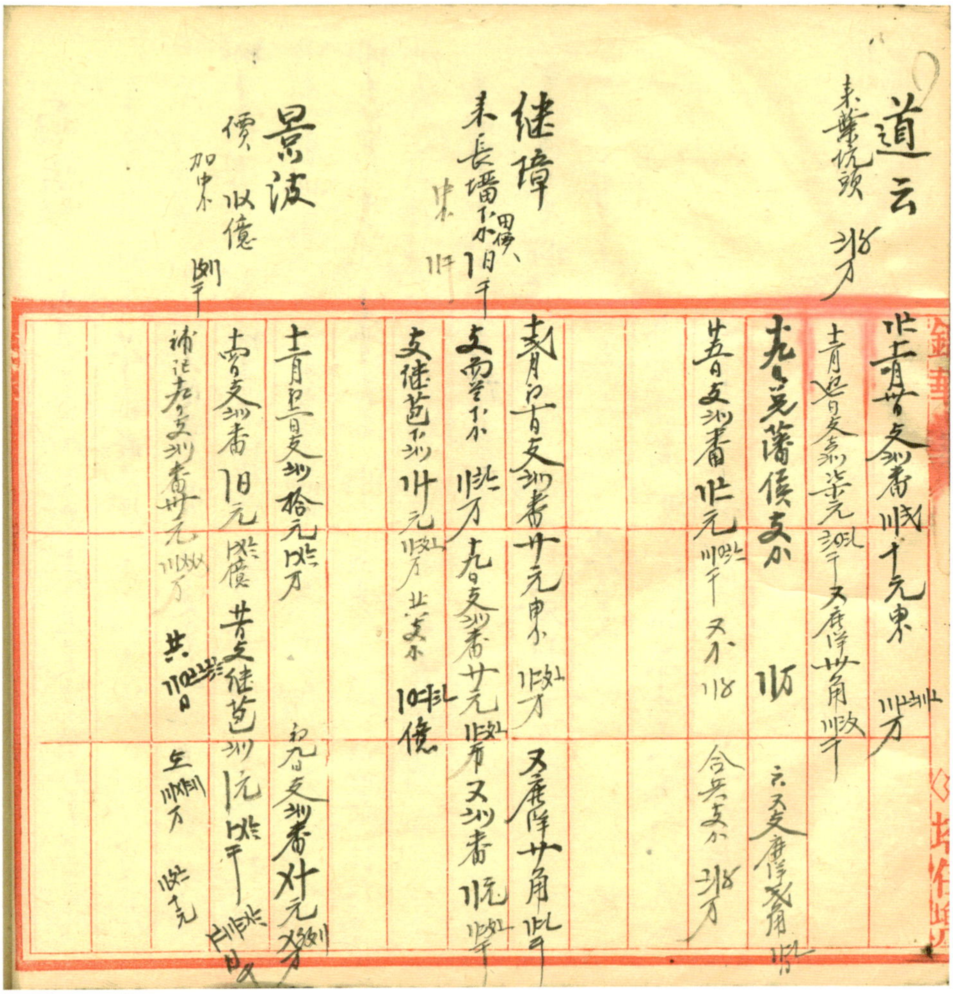

8-2-42-71　清光緒二十六年錢穀總目（七一）

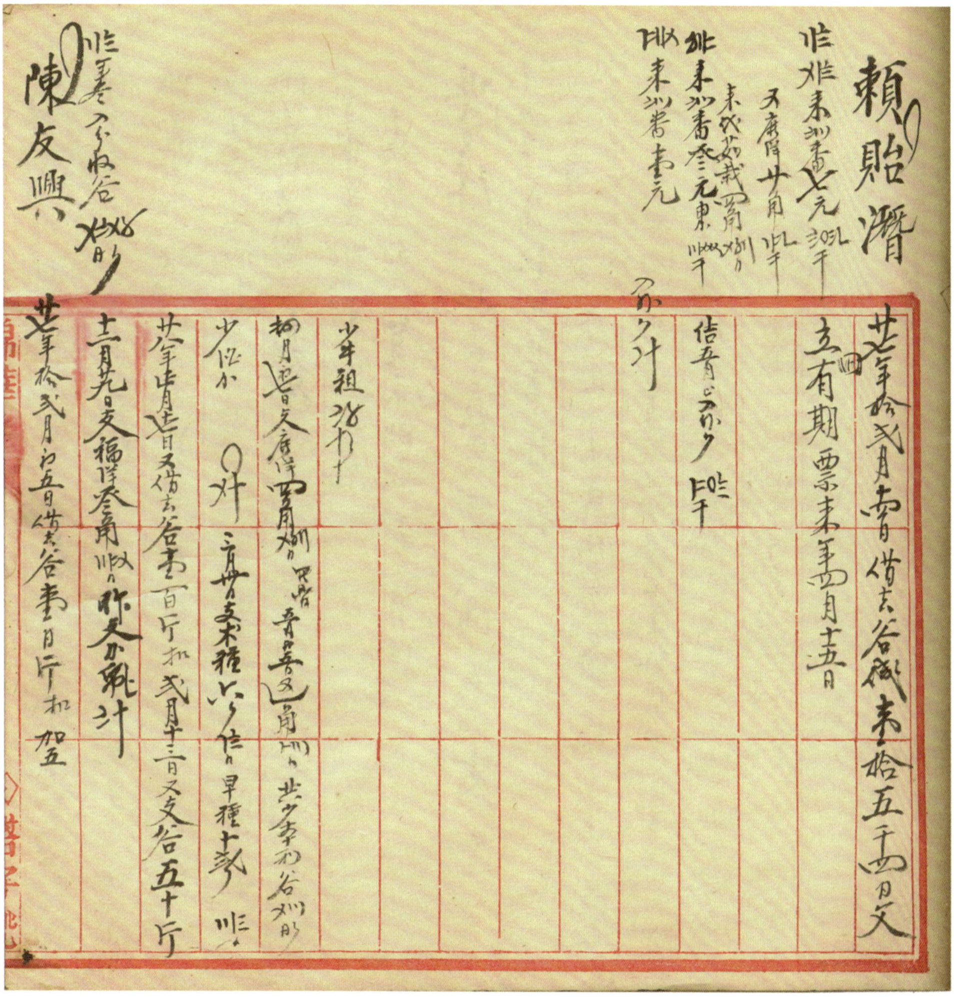

8-2-42-72　清光緒二十六年錢穀總目（七二）

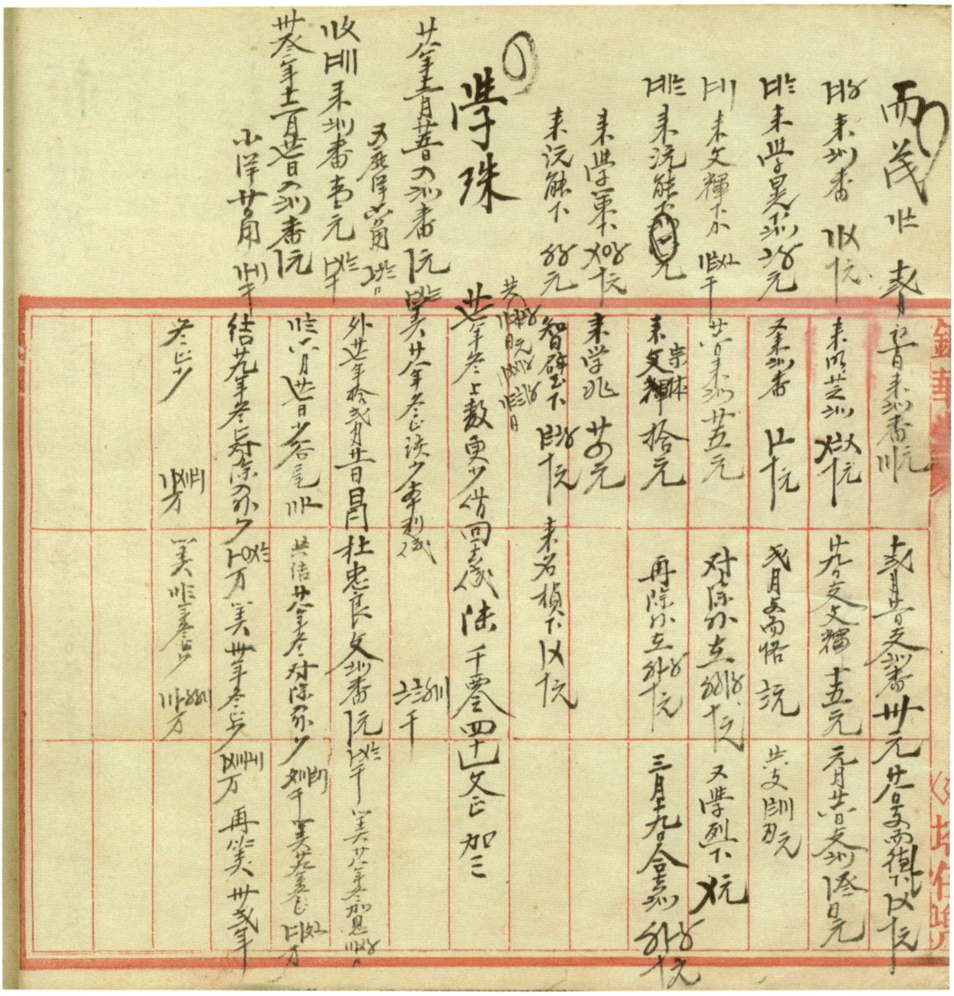

8-2-42-73　清光緒二十六年錢穀總目（七三）

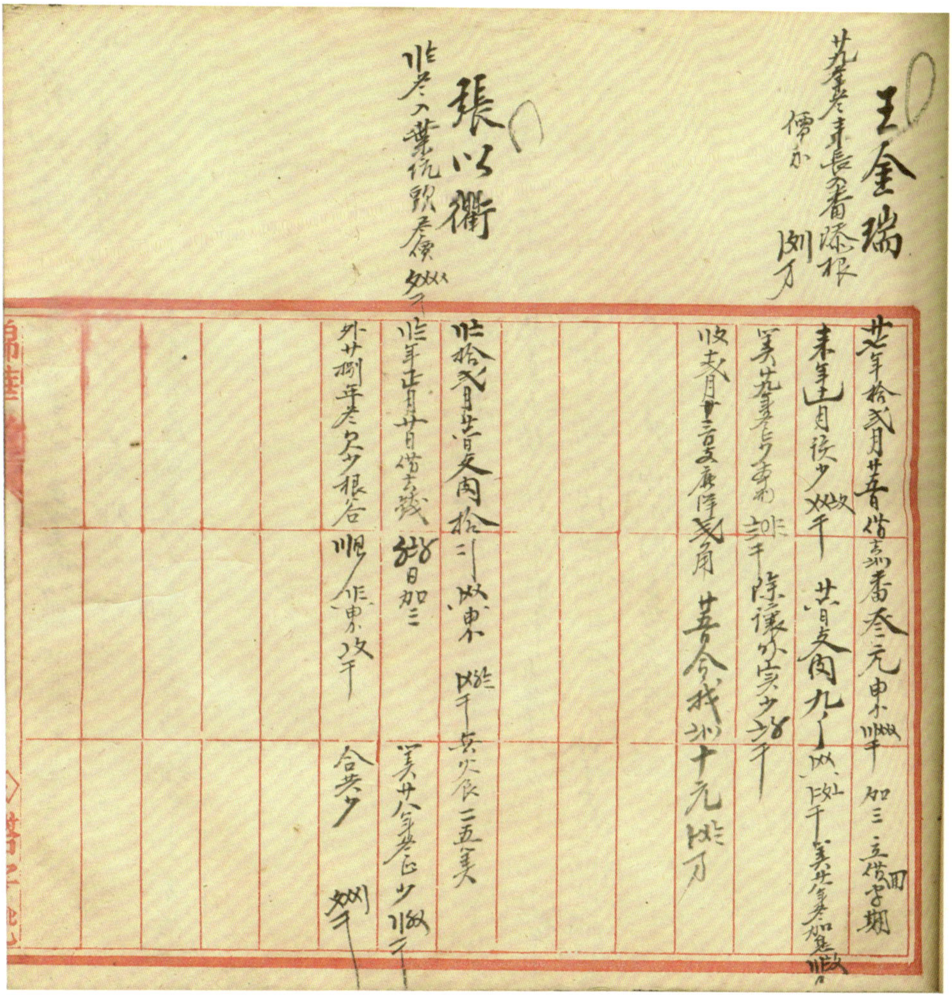

王金瑞

張以衛

8-2-42-74　清光緒二十六年錢穀總目（七四）

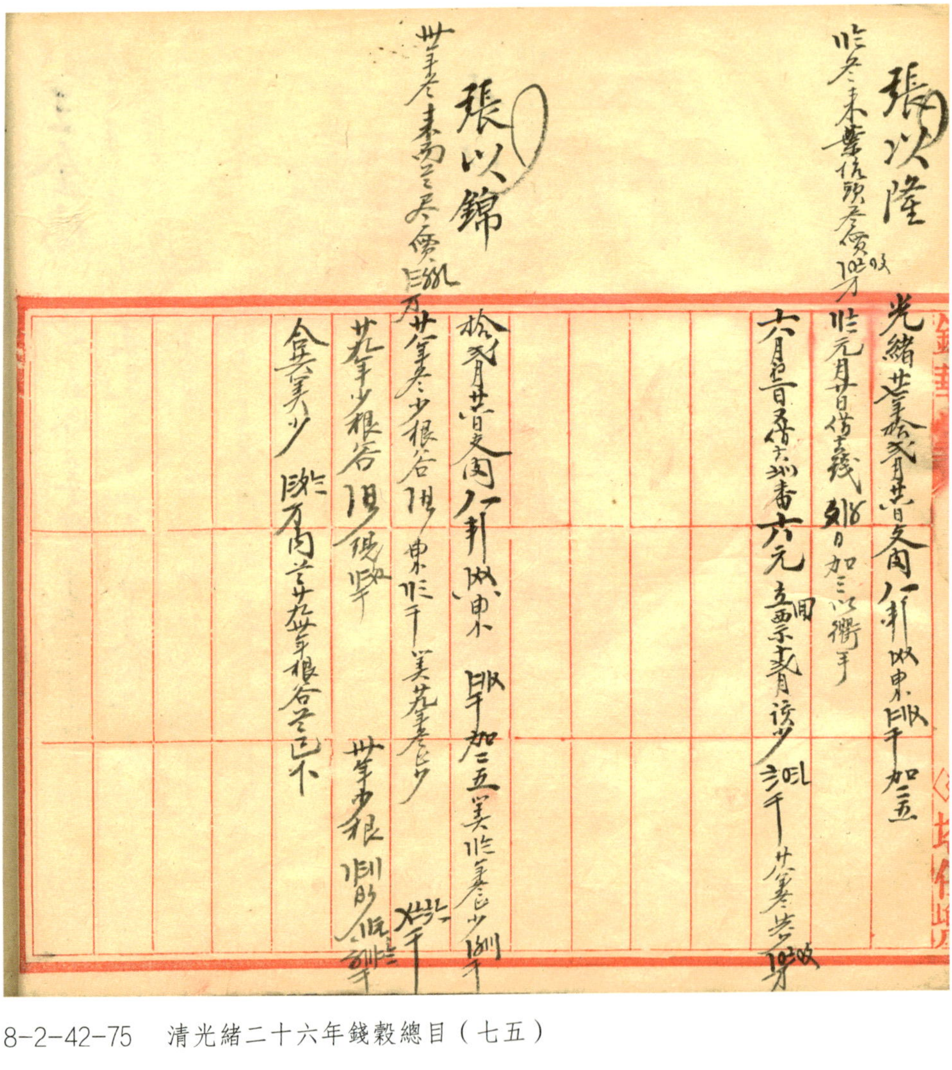
張以隆

光緒廿六年於二月廿日……

六月廿日又借去番六元……

張以錦

8-2-42-75　清光緒二十六年錢穀總目（七五）

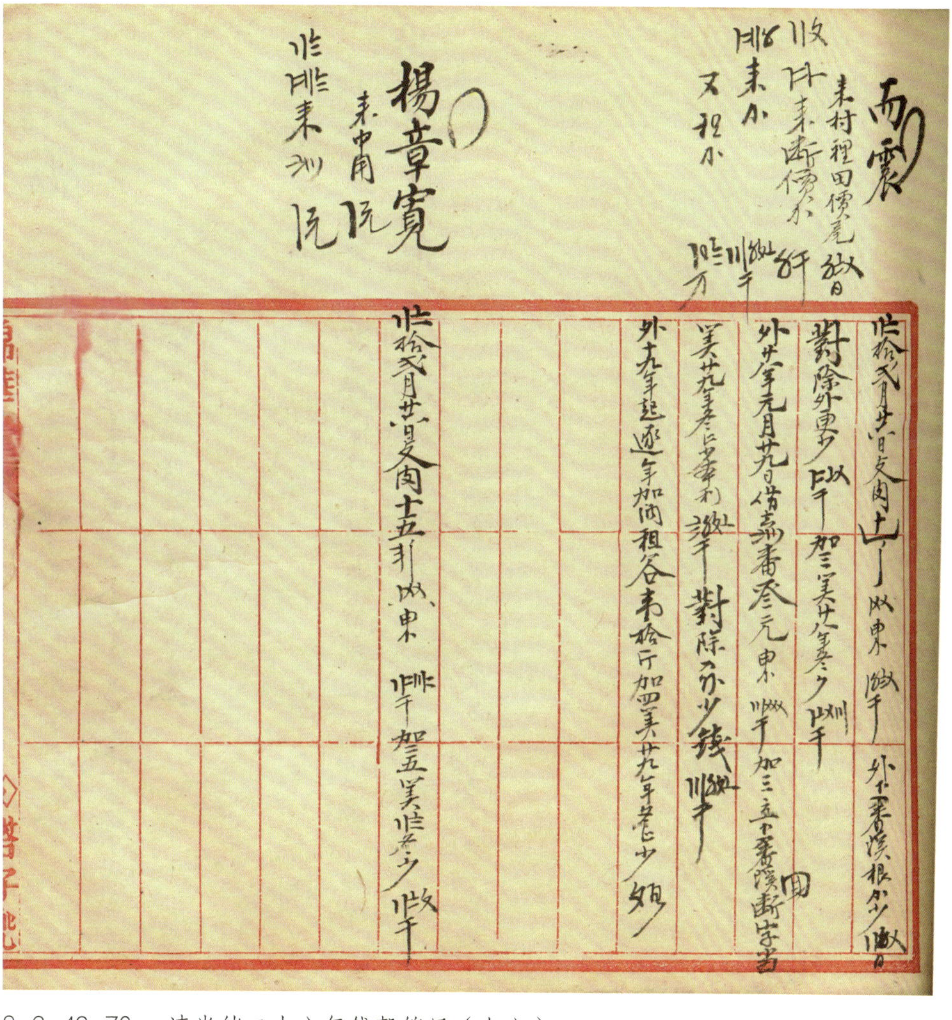

8-2-42-76　清光緒二十六年錢穀總目（七六）

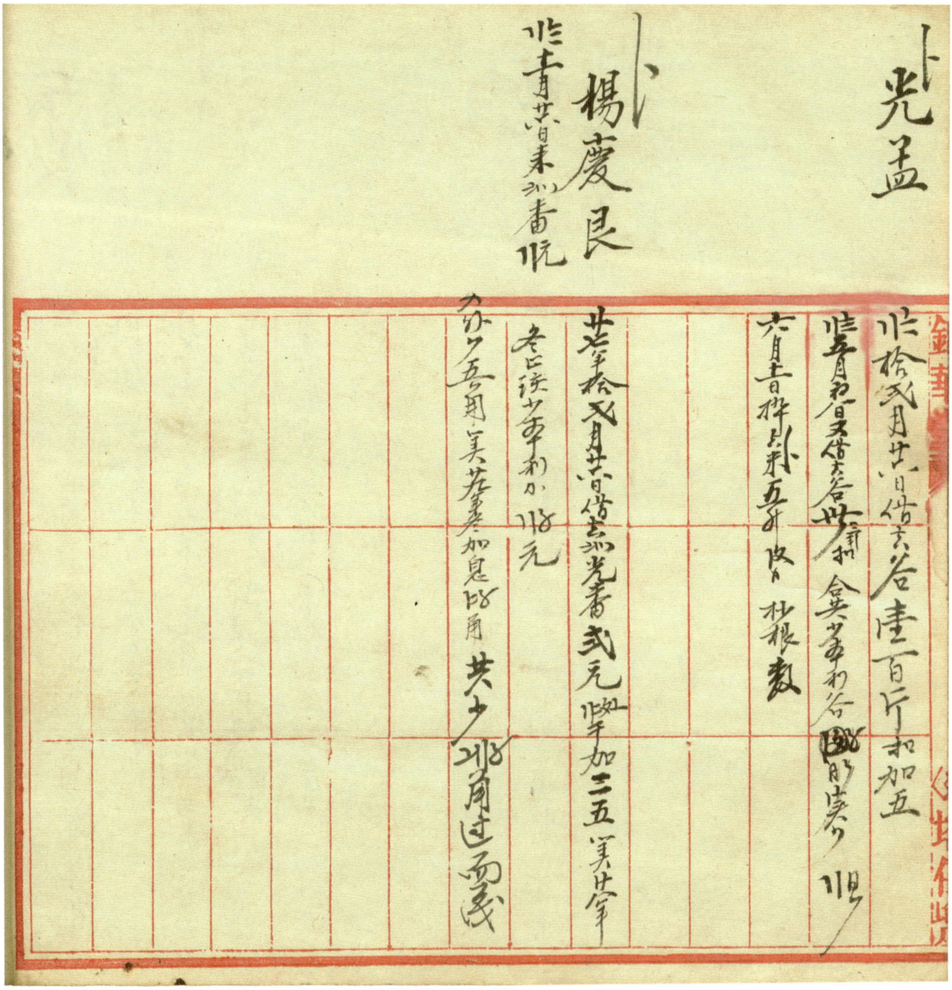

8-2-42-77　清光緒二十六年錢穀總目（七七）

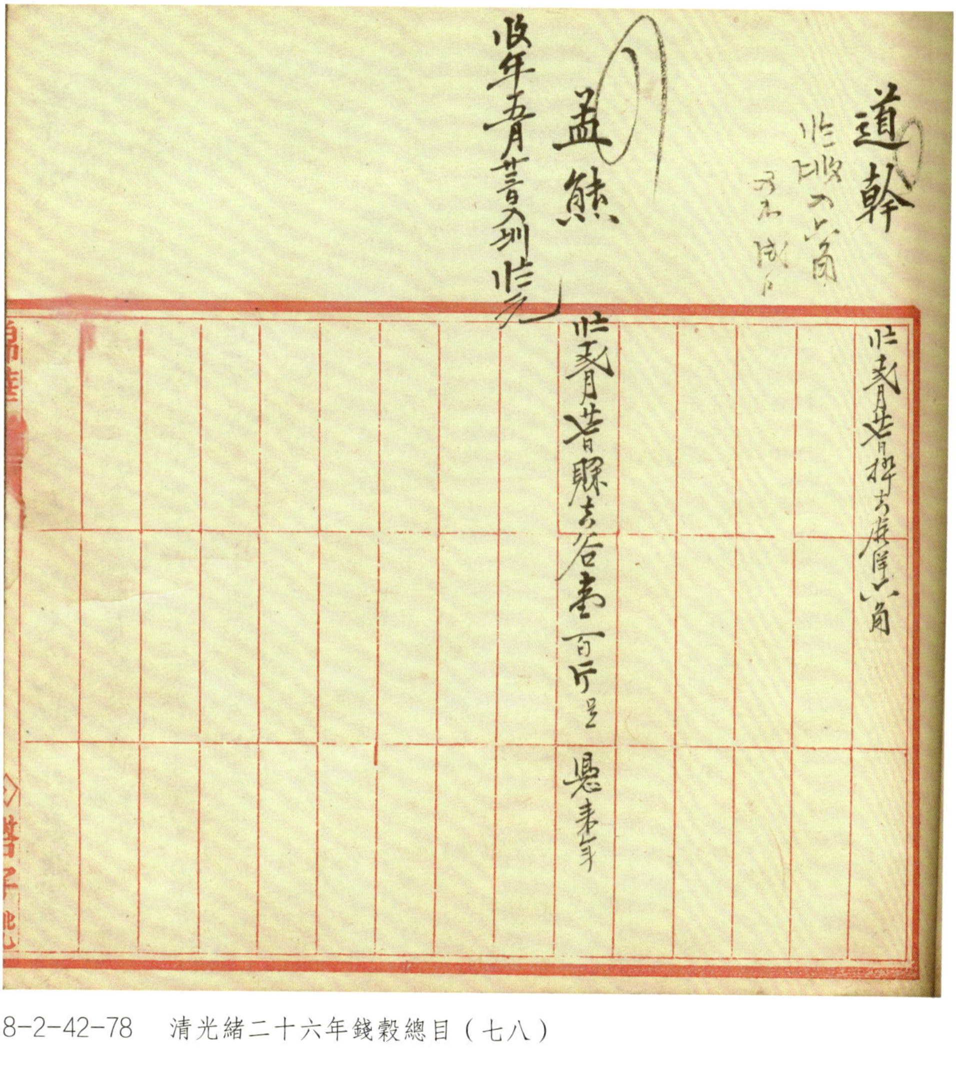

8-2-42-78　清光緒二十六年錢穀總目（七八）

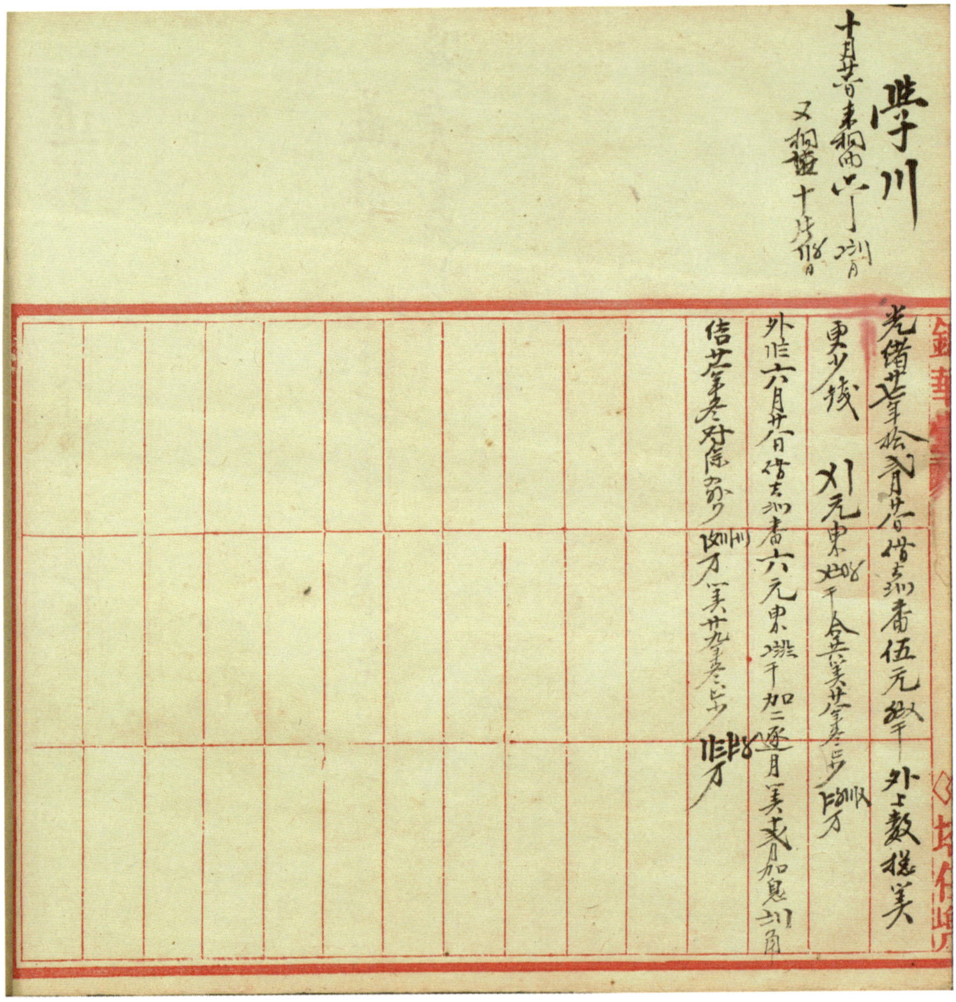

8-2-42-79　清光緒二十六年錢穀總目（七九）

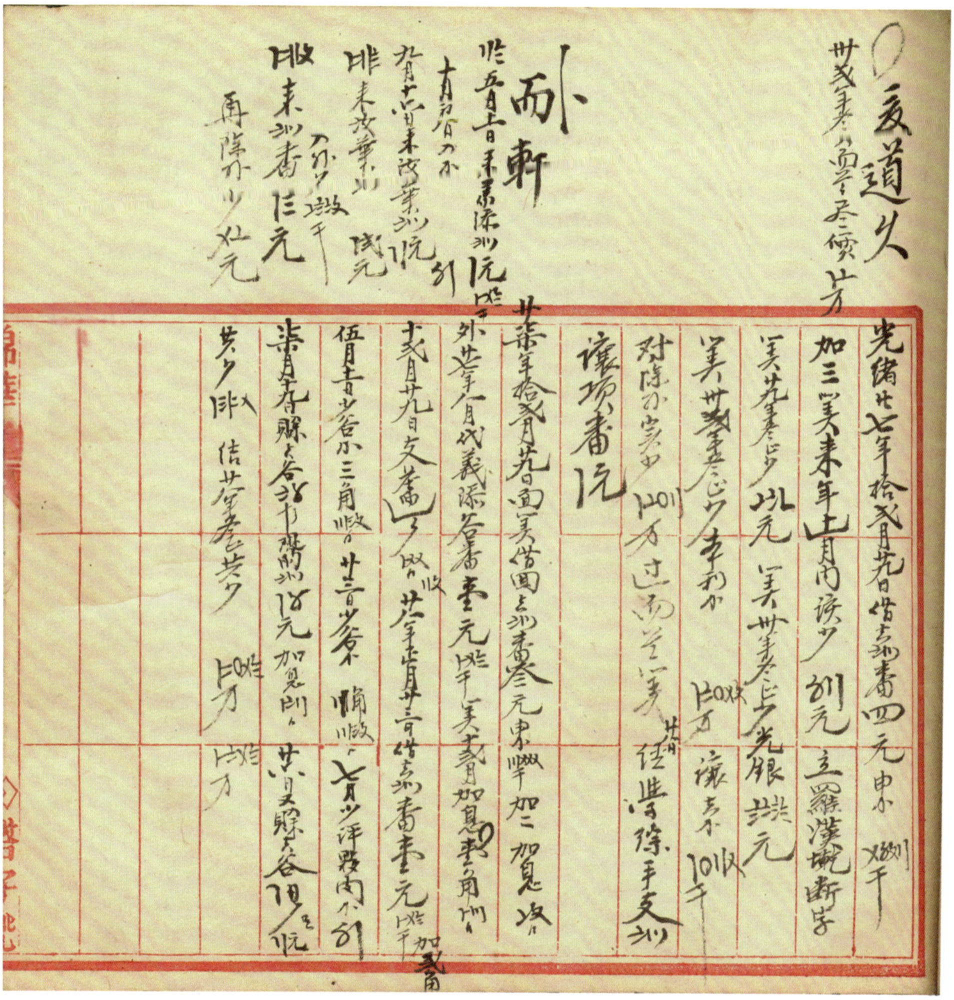

8-2-42-80　清光緒二十六年錢穀總目（八〇）

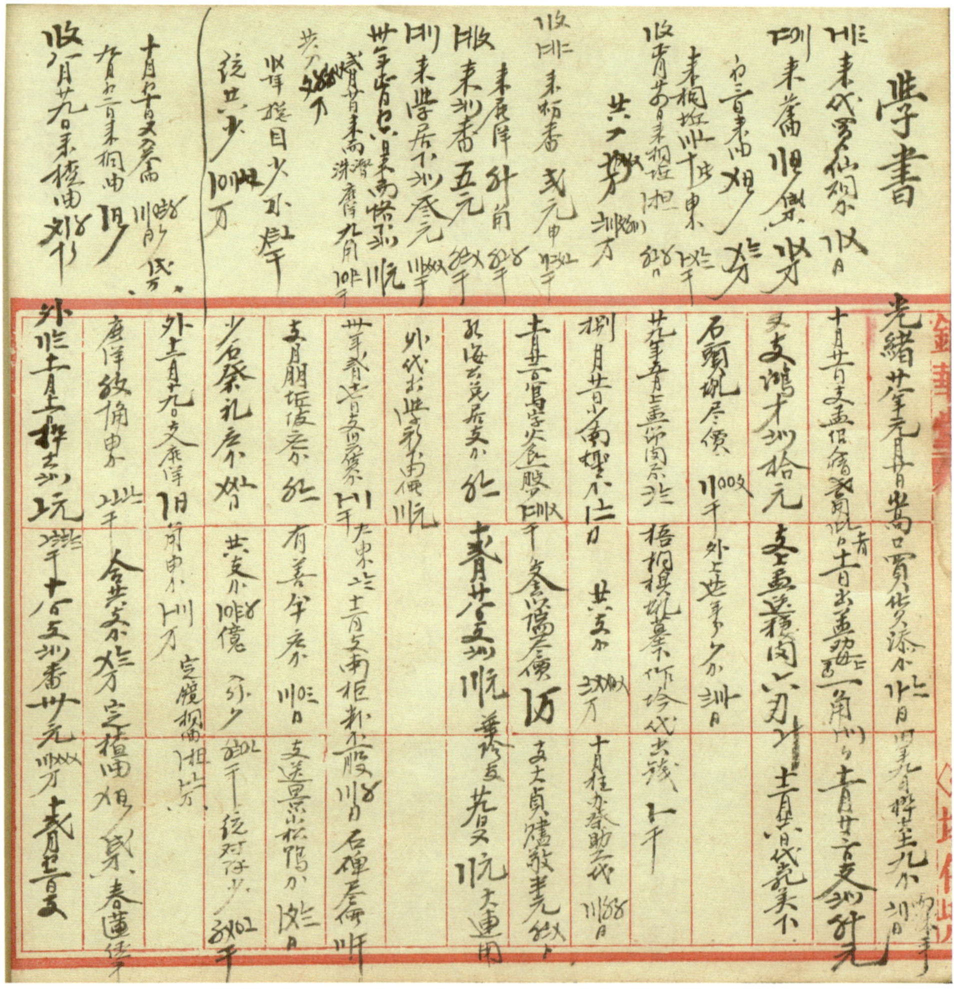

8-2-42-81　清光緒二十六年錢穀總目（八一）

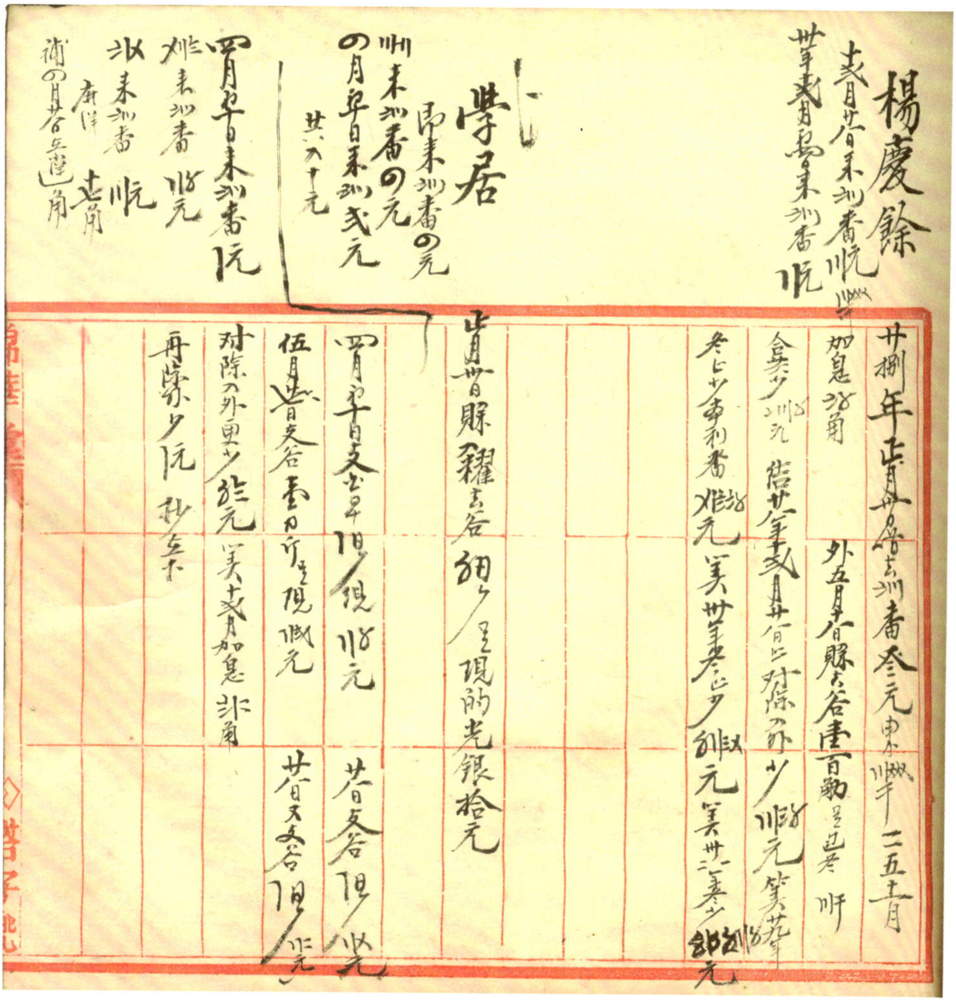

8-2-42-82　清光緒二十六年錢穀總目（八二）

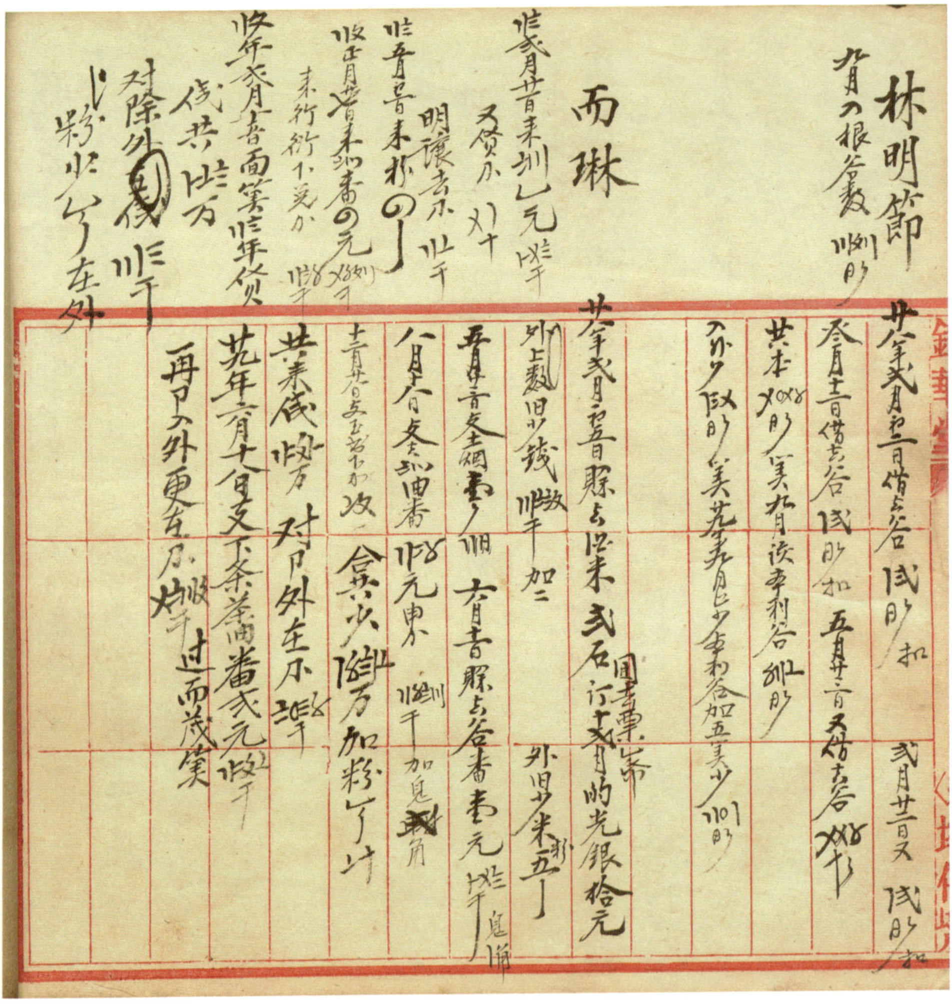

8-2-42-83　清光緒二十六年錢穀總目（八三）

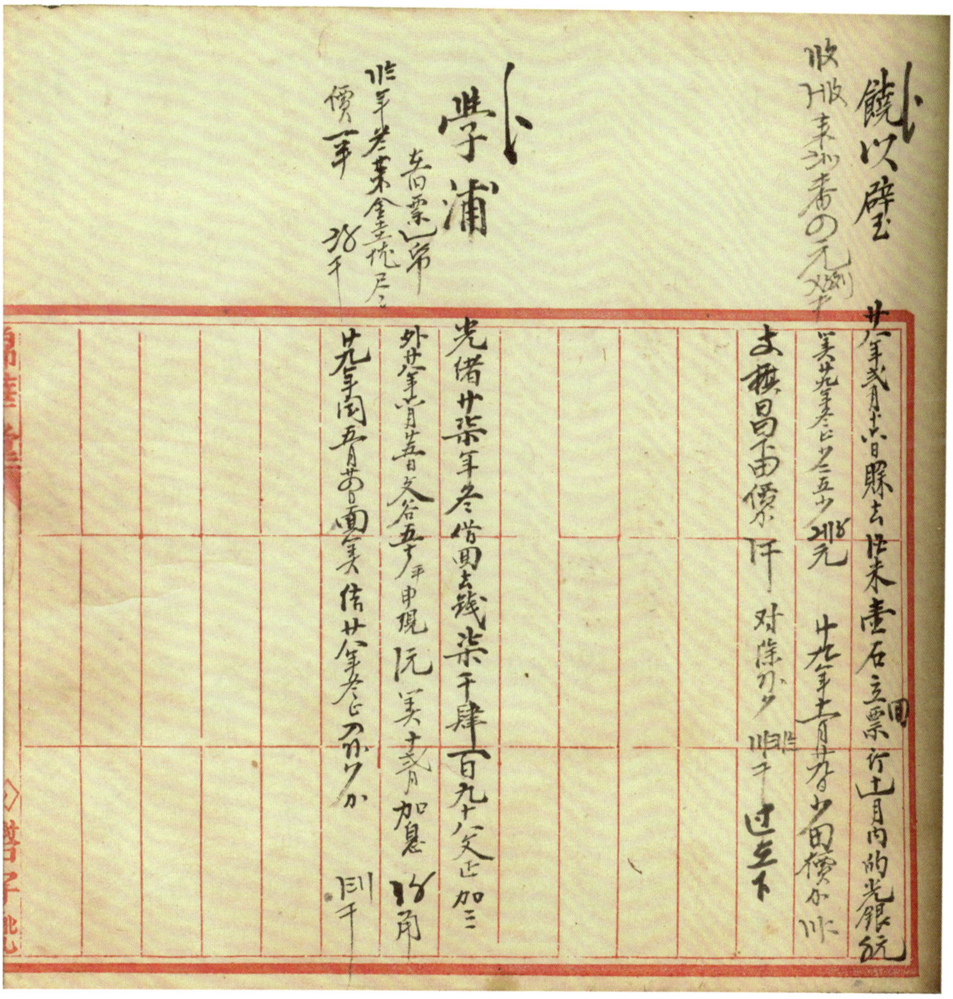

8-2-42-84　清光緒二十六年錢穀總目（八四）

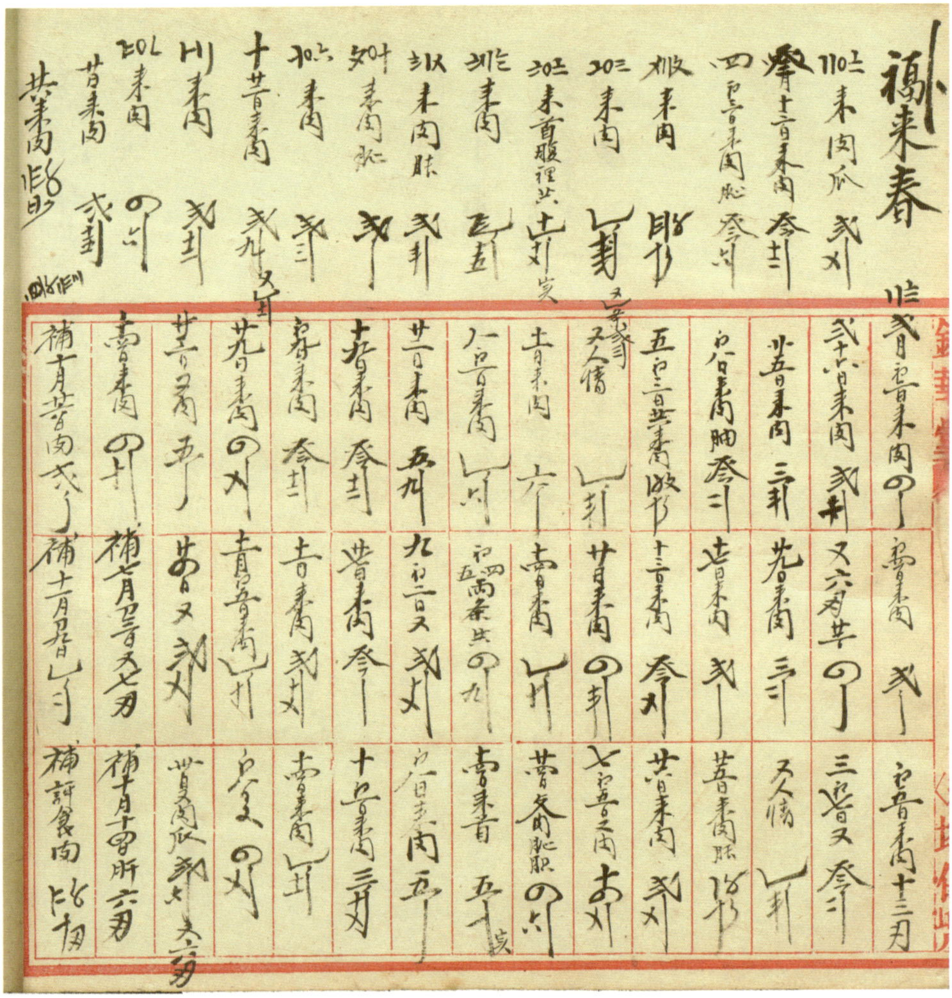

8-2-42-85　清光緒二十六年錢穀總目（八五）

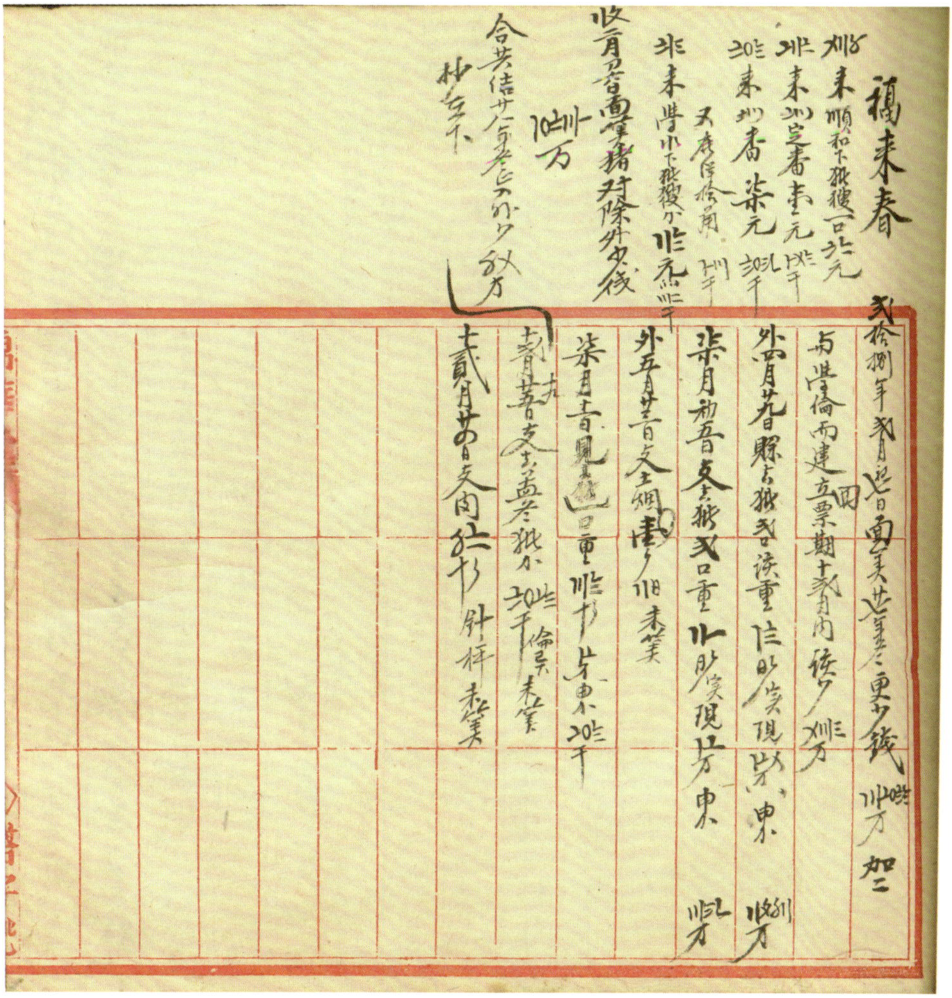

8-2-42-86　清光緒二十六年錢穀總目（八六）

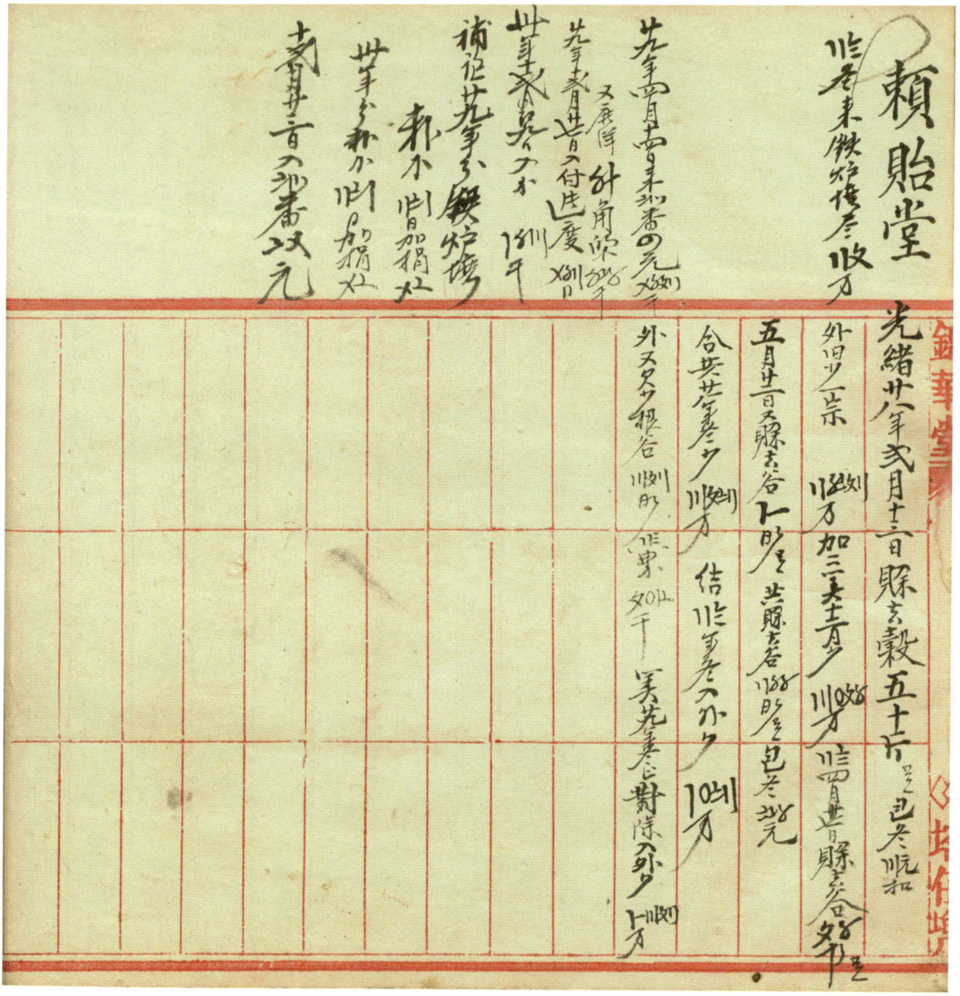

8-2-42-87　清光緒二十六年錢穀總目（八七）

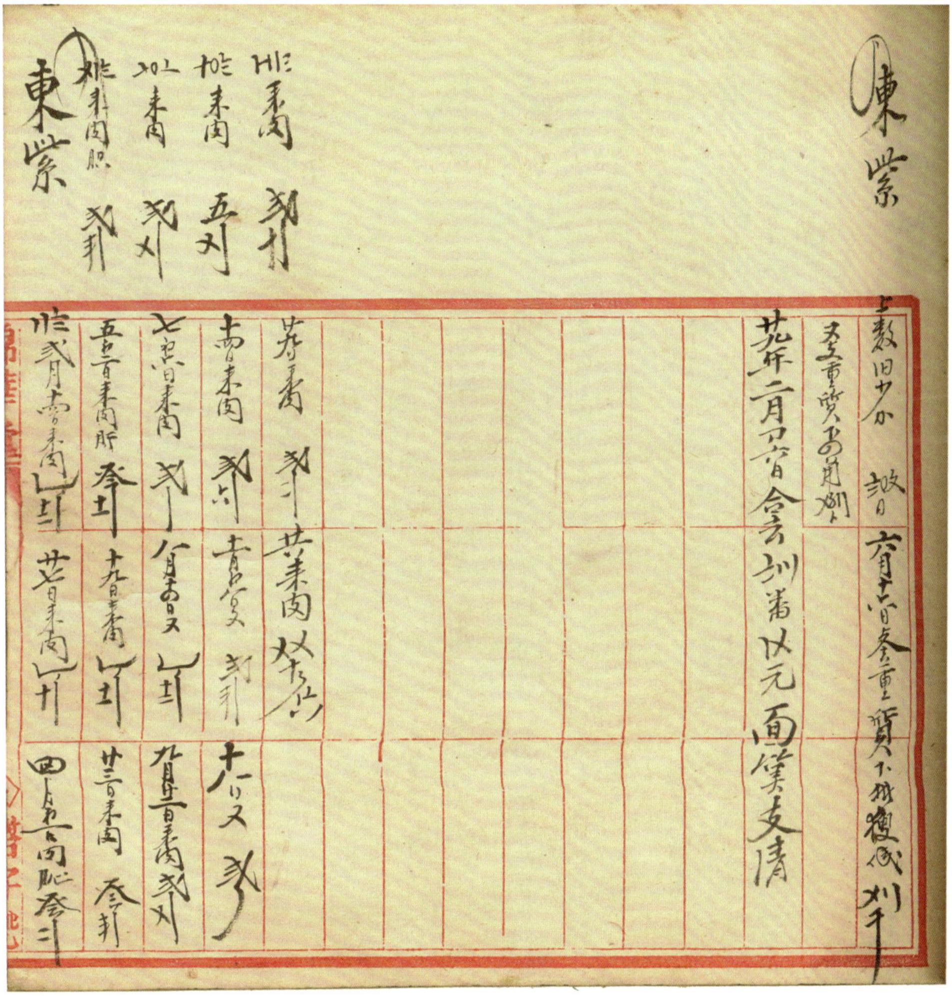

8-2-42-88　清光緒二十六年錢穀總目（八八）

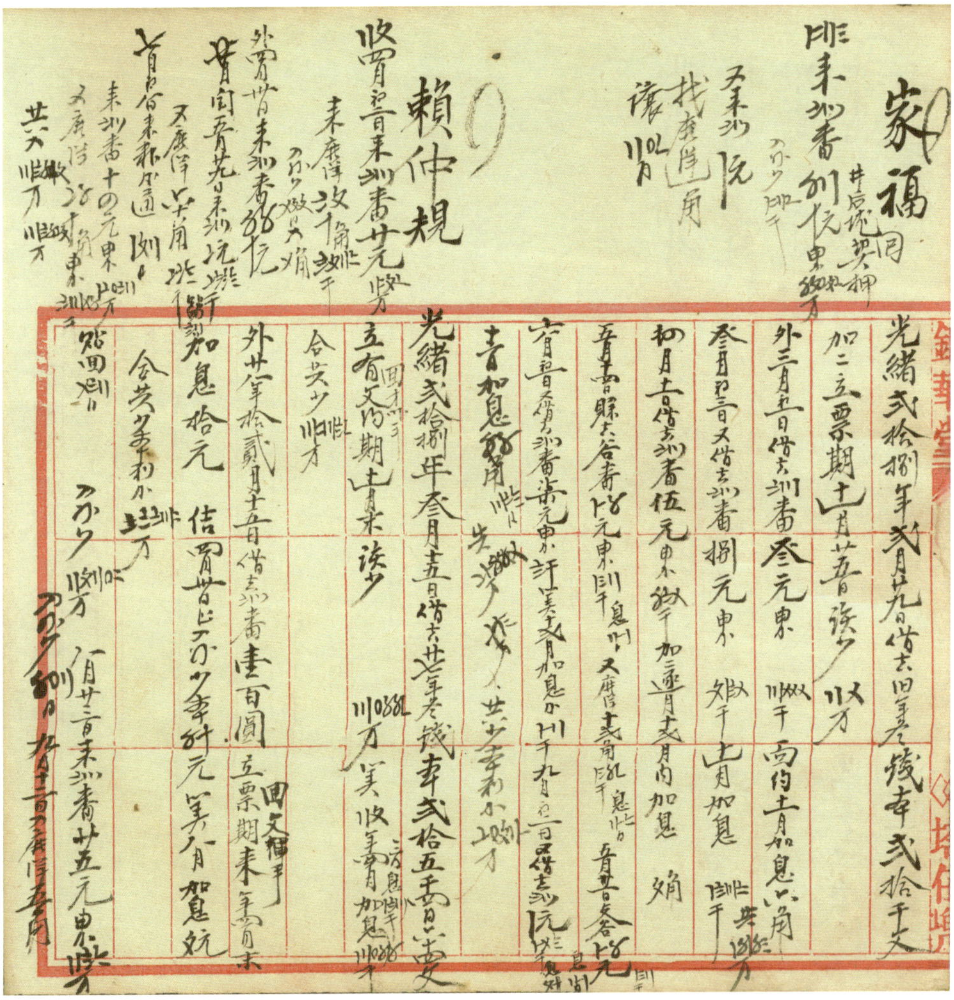

8-2-42-89　清光緒二十六年錢穀總目（八九）

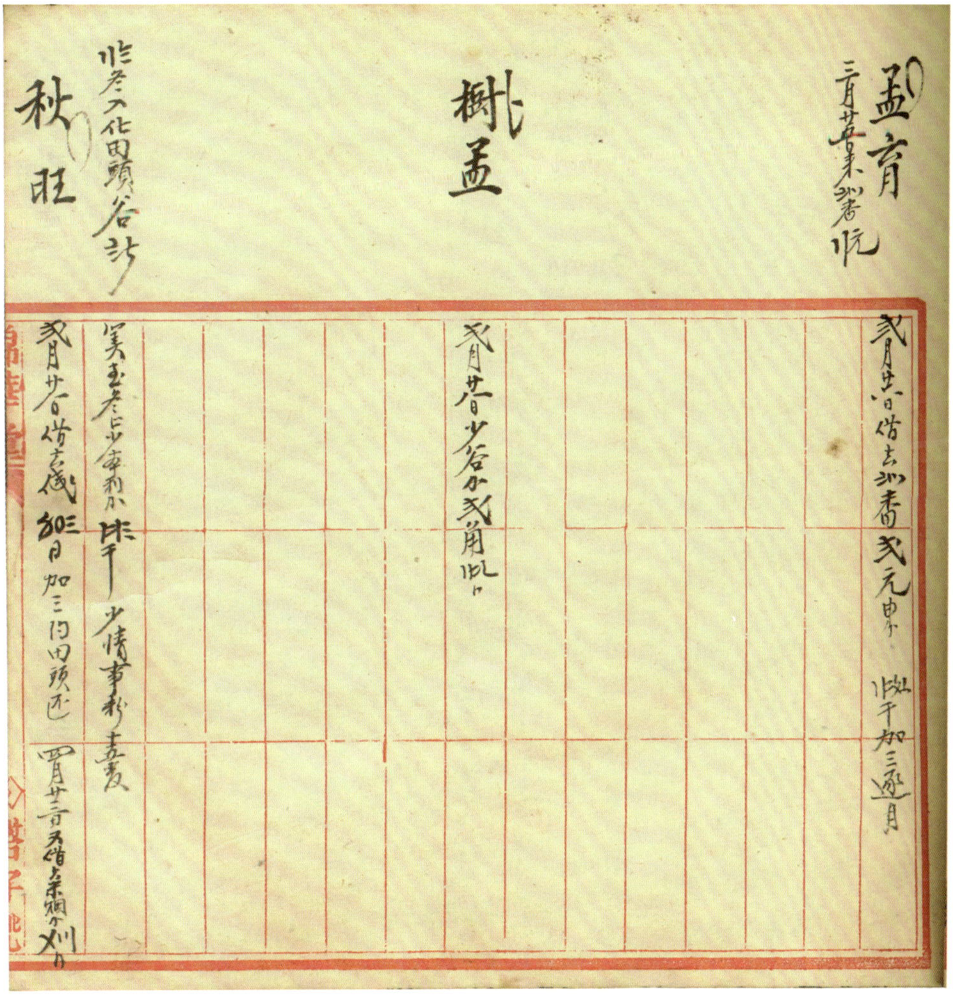

8-2-42-90　清光緒二十六年錢穀總目（九〇）

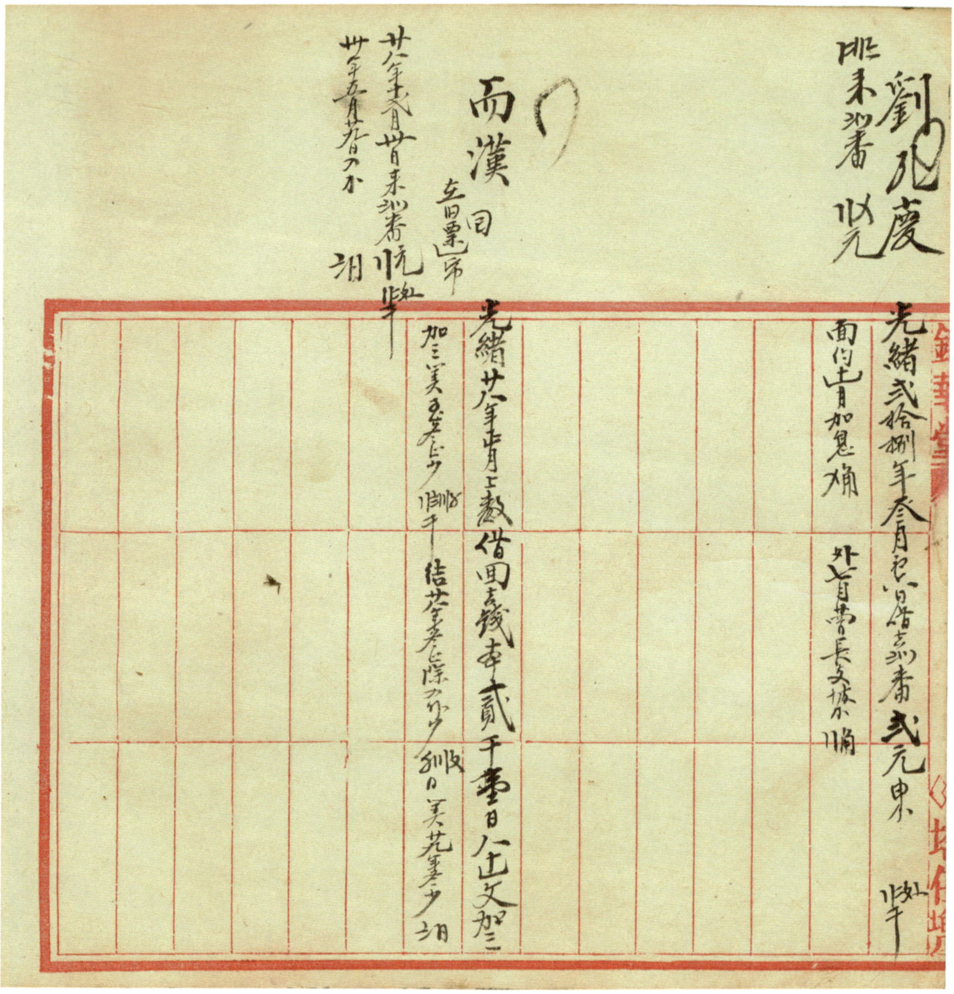

8-2-42-91　清光緒二十六年錢穀總目（九一）

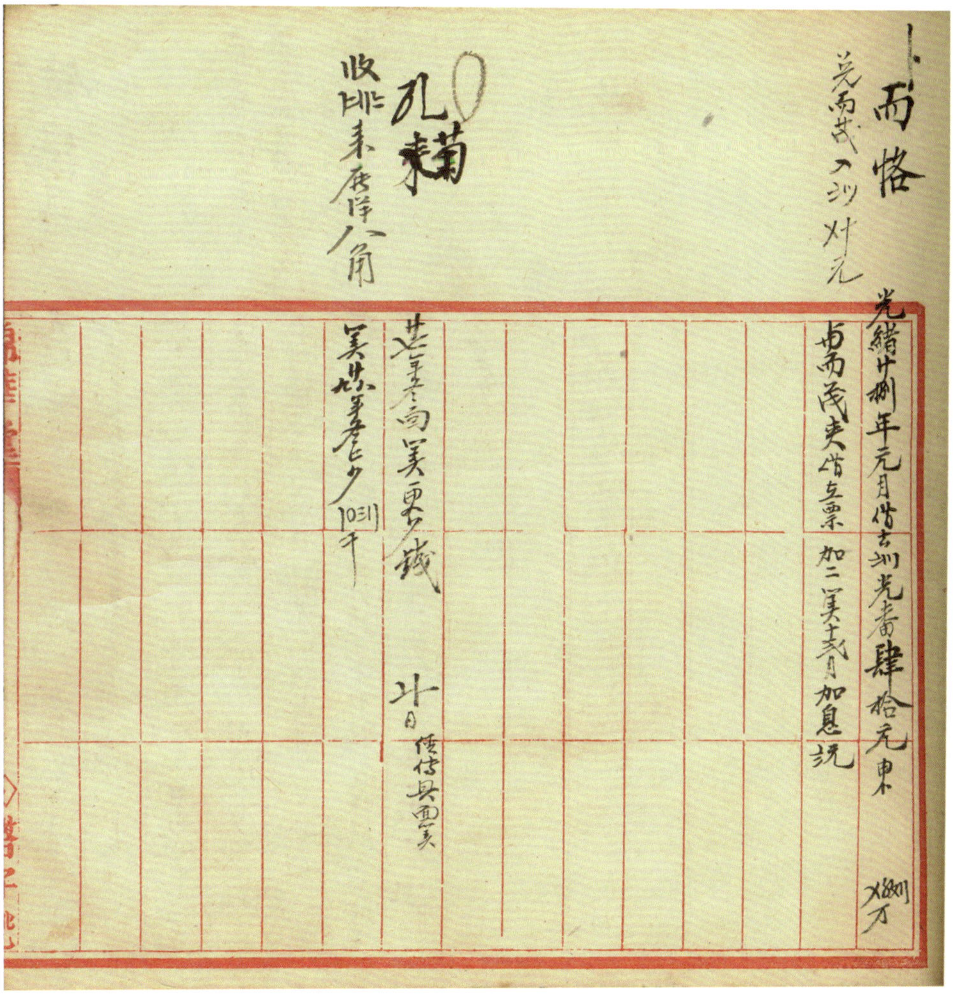

8-2-42-92　清光緒二十六年錢穀總目（九二）

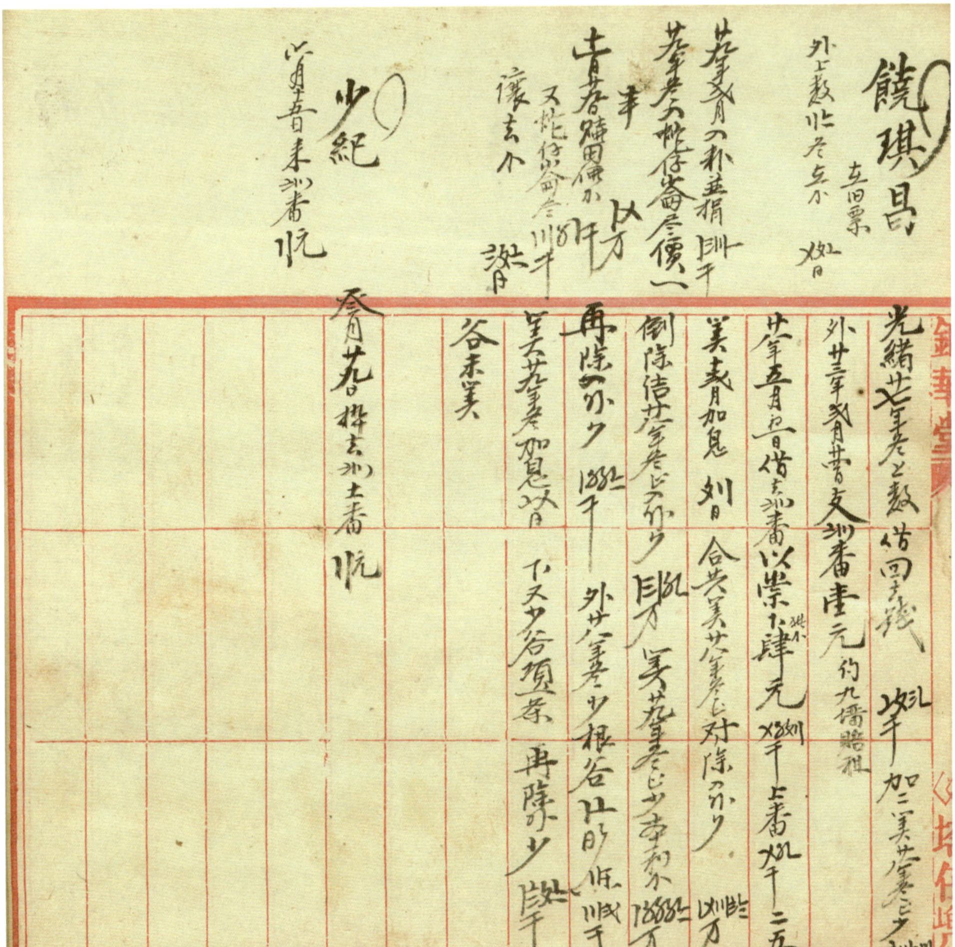

8-2-42-93　清光緒二十六年錢穀總目（九三）

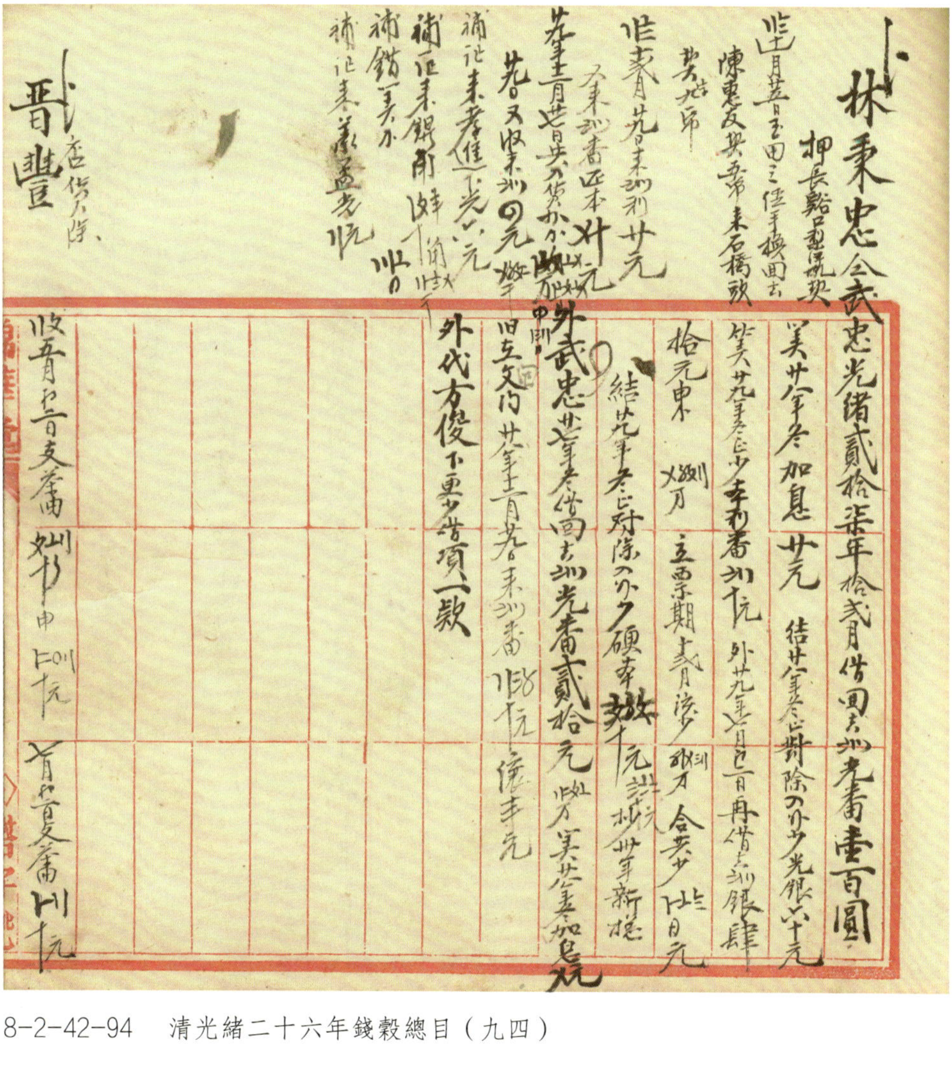

8-2-42-94　清光緒二十六年錢穀總目（九四）

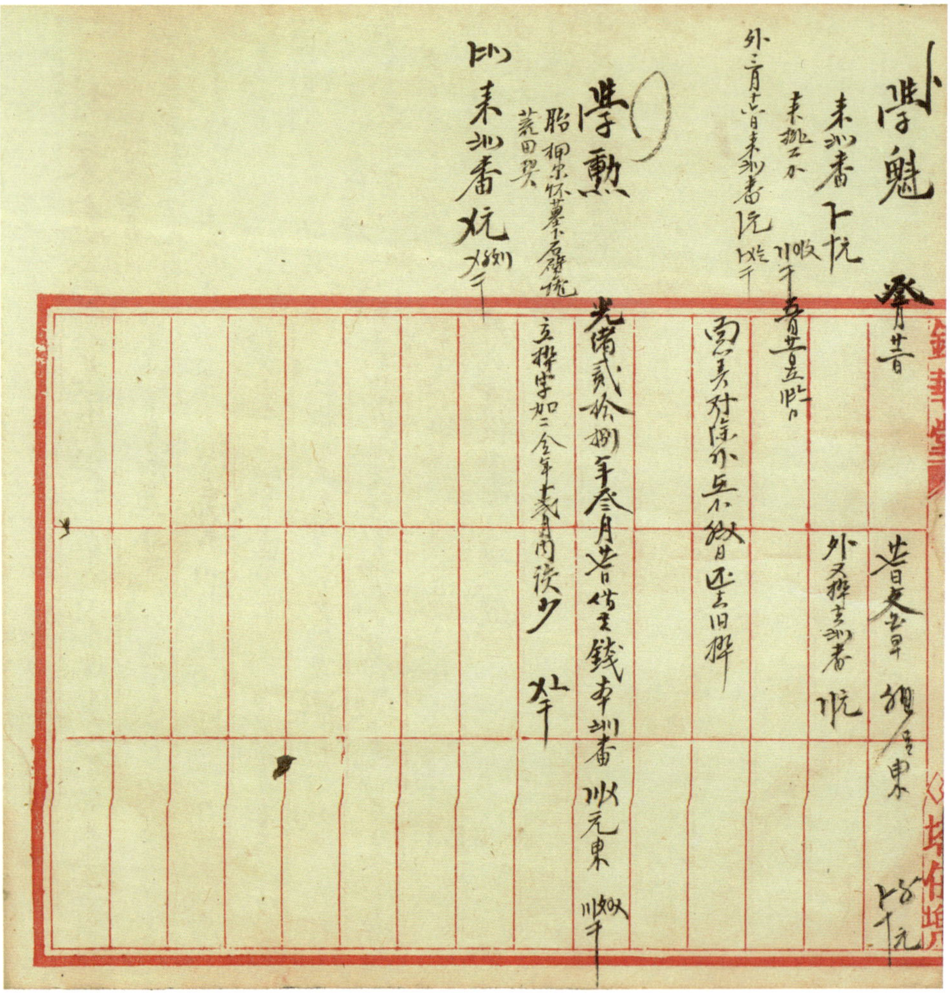

8-2-42-95　清光緒二十六年錢穀總目（九五）

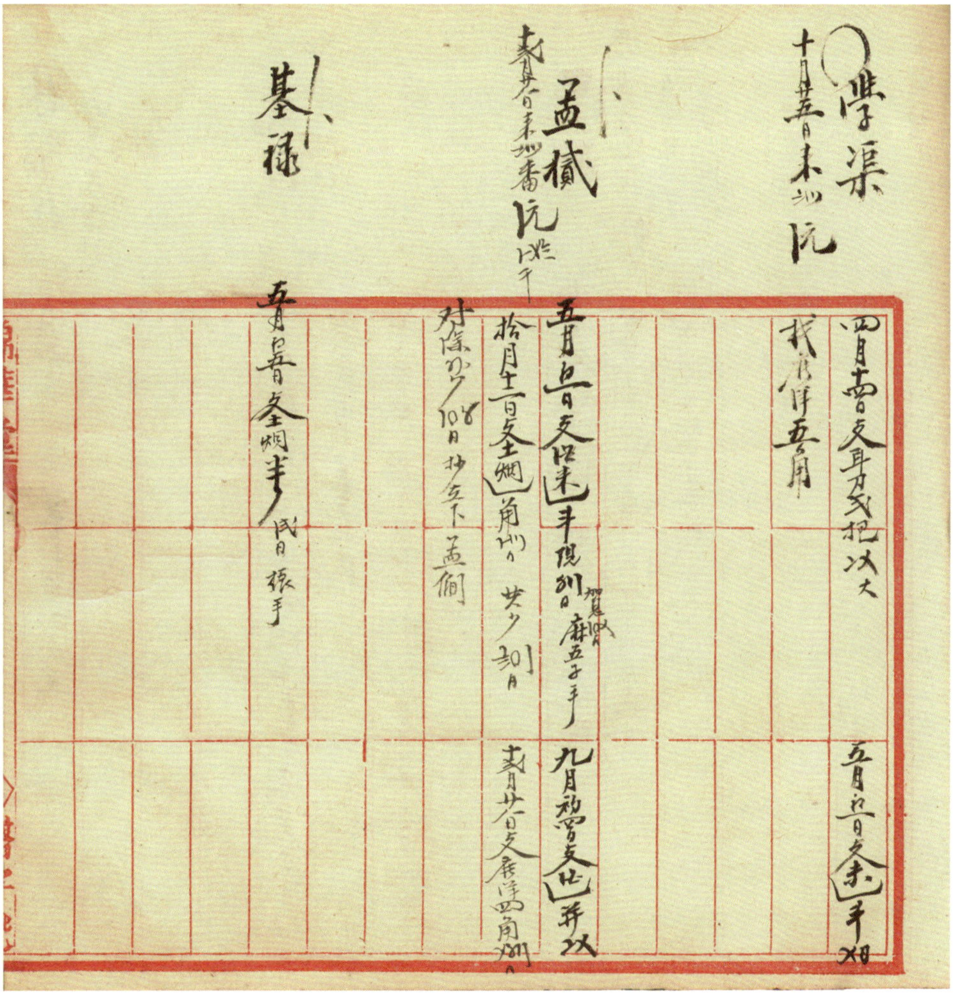

8-2-42-96　清光緒二十六年錢穀總目（九六）

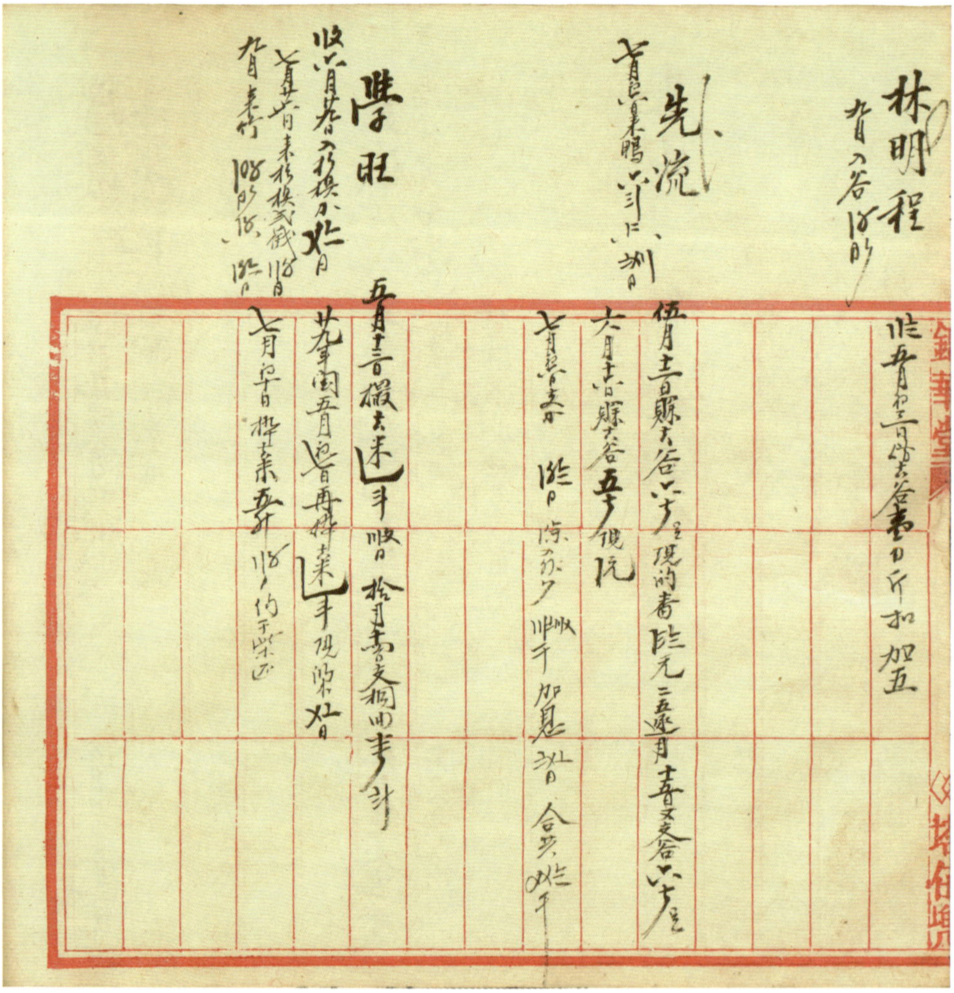

8-2-42-97　清光緒二十六年錢穀總目（九七）

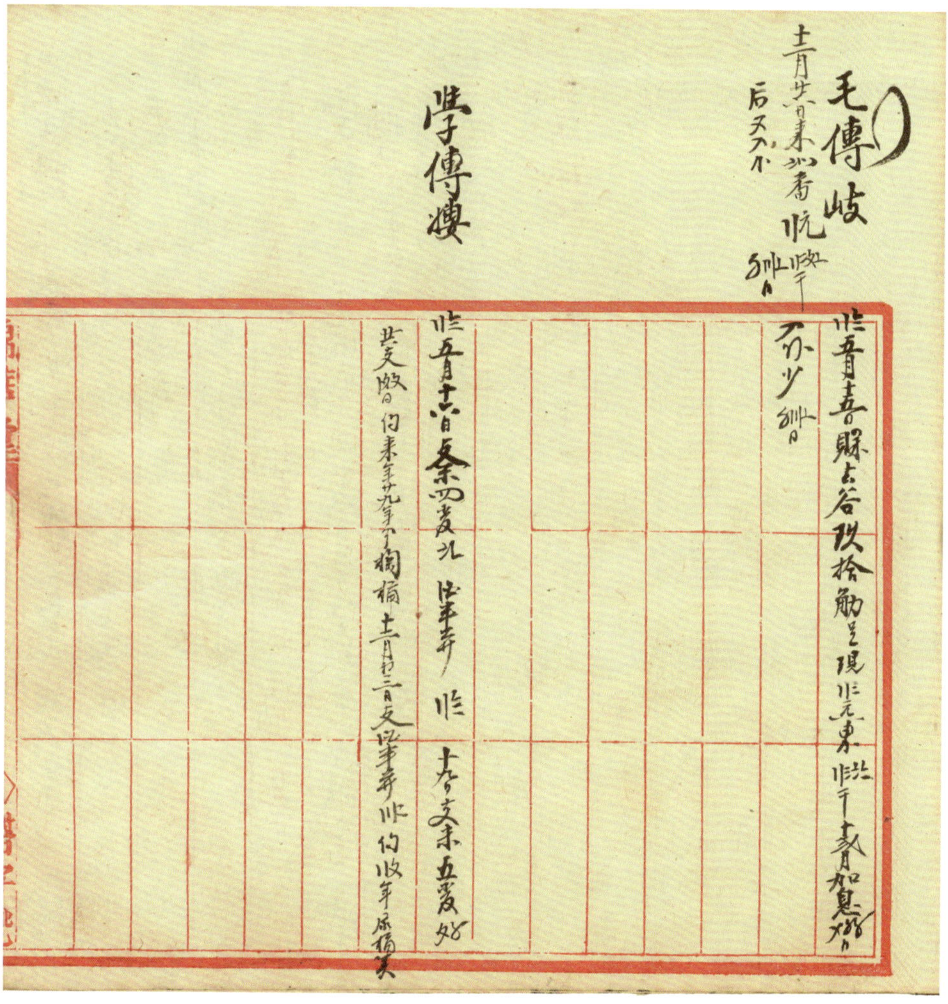

8-2-42-98　清光緒二十六年錢穀總目（九八）

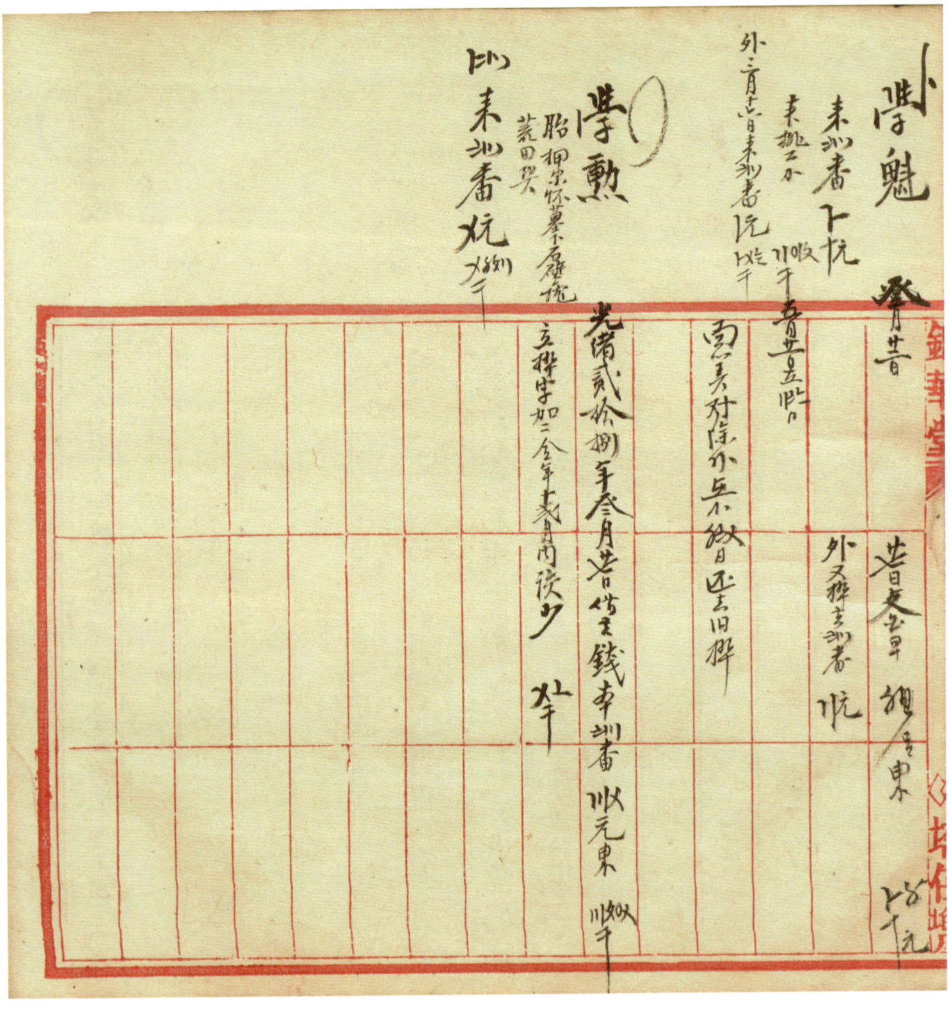

學魁

學勳

光緒貳拾捌年叁月廿

8-2-42-99　清光緒二十六年錢穀總目（九九）

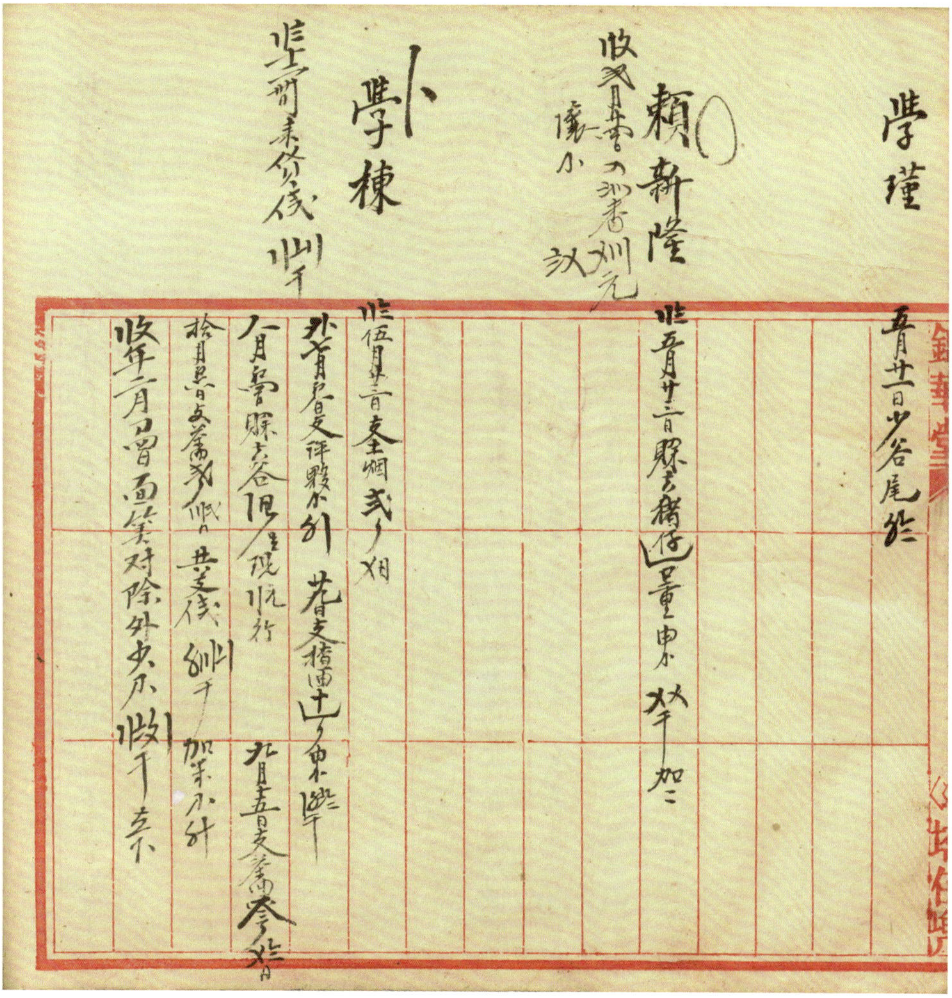

8-2-42-100　清光緒二十六年錢穀總目（一〇〇）

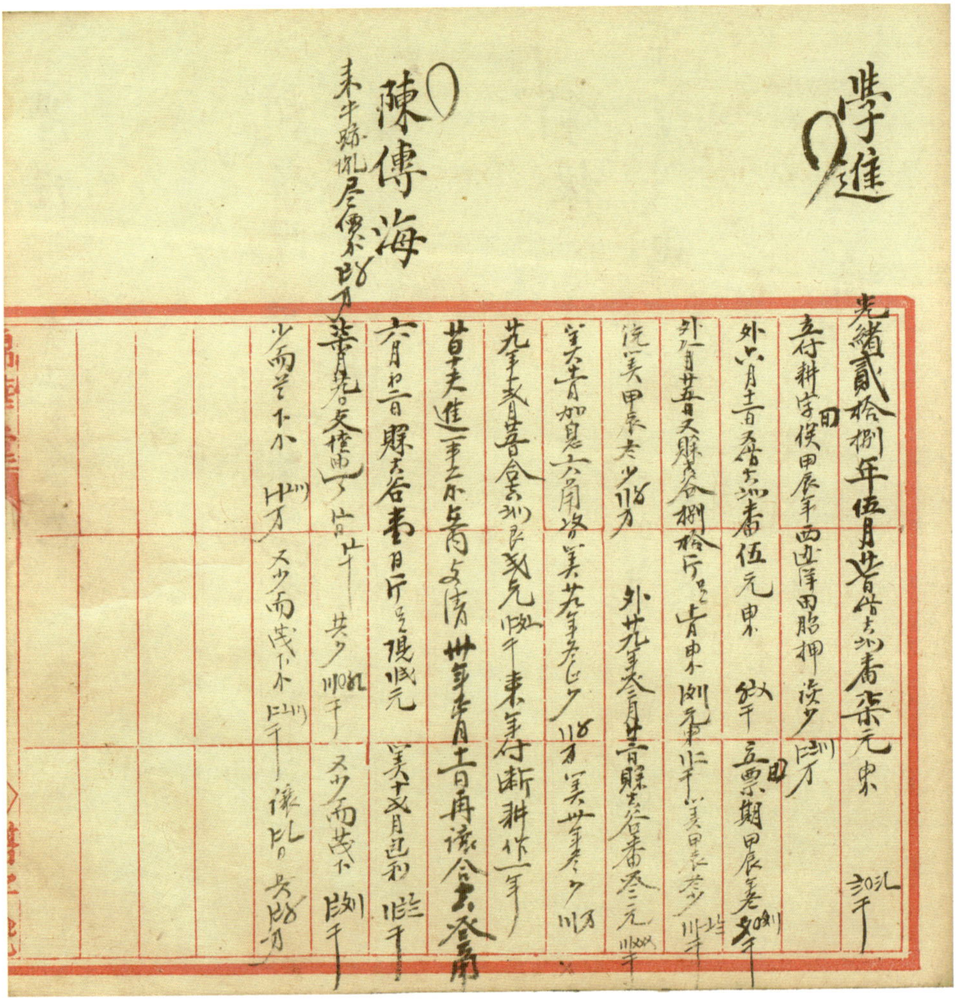

8-2-42-101　清光緒二十六年錢穀總目（一〇一）

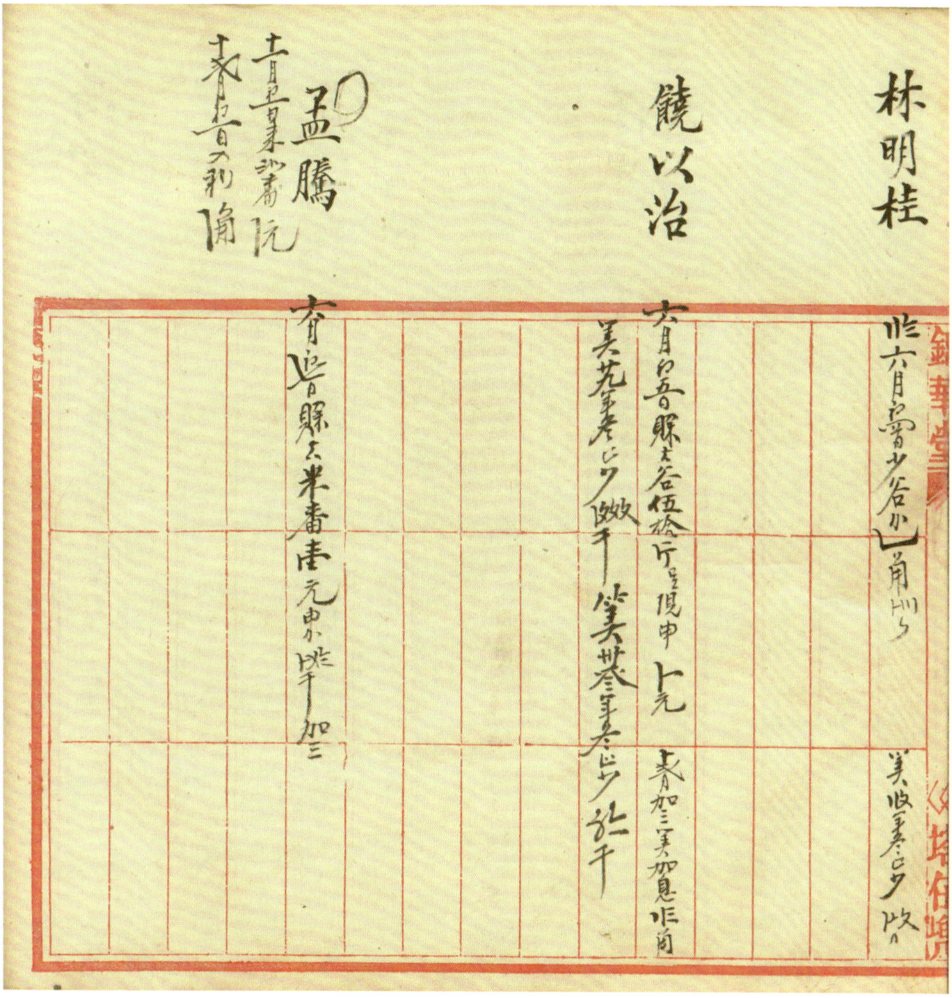

8-2-42-102　清光緒二十六年錢穀總目（一〇二）

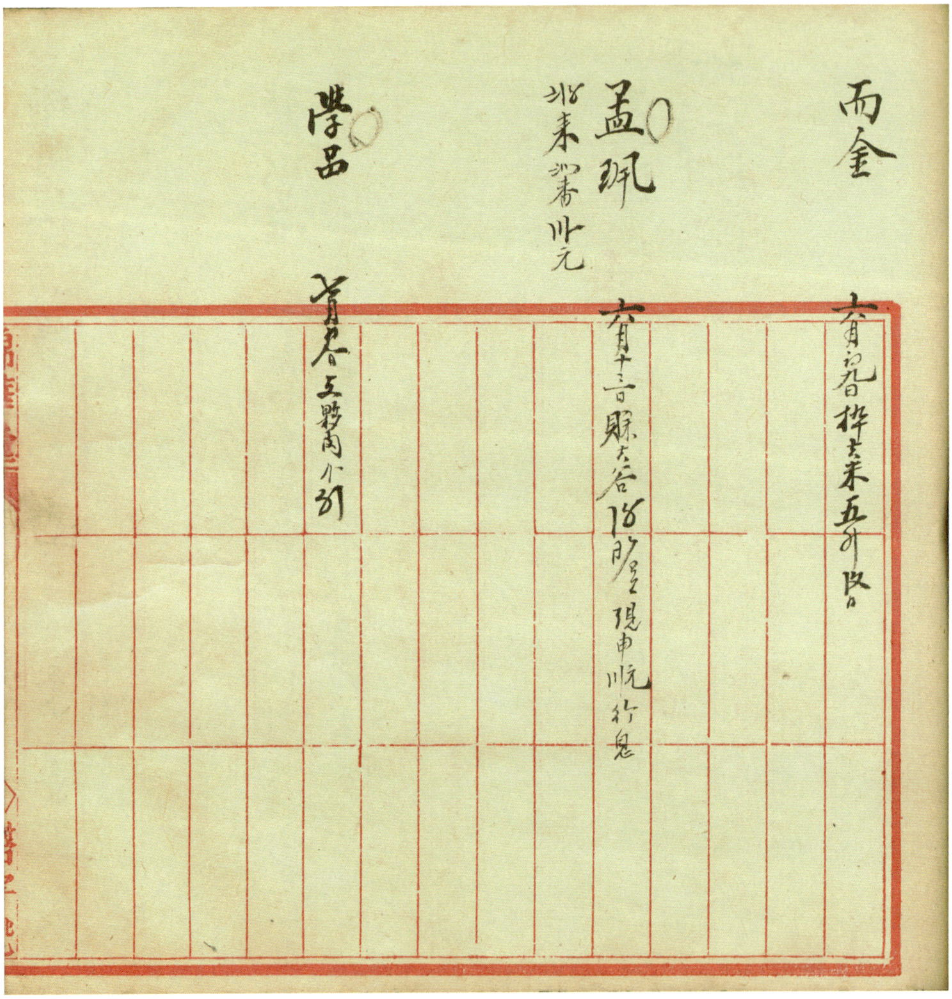

丙金

六月初八日 挣去米五斤 [illegible]

孟珮 ○

廿八来 [illegible]番 卅元

六月十三日賒去谷 [illegible] 現申 [illegible] 行息

學品 ○

六月[illegible] 五[illegible]肉[illegible]

8-2-42-103　清光緒二十六年錢穀總目（一〇三）

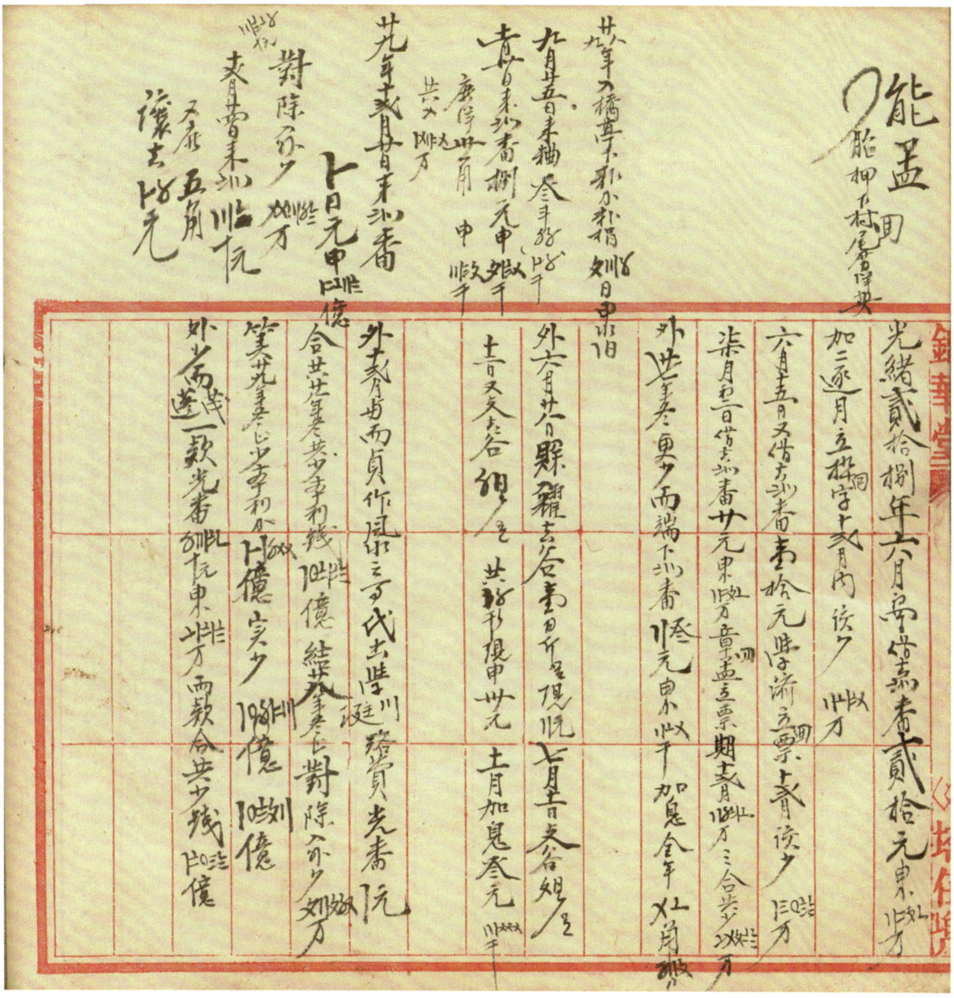

8-2-42-104　清光緒二十六年錢穀總目（一〇四）

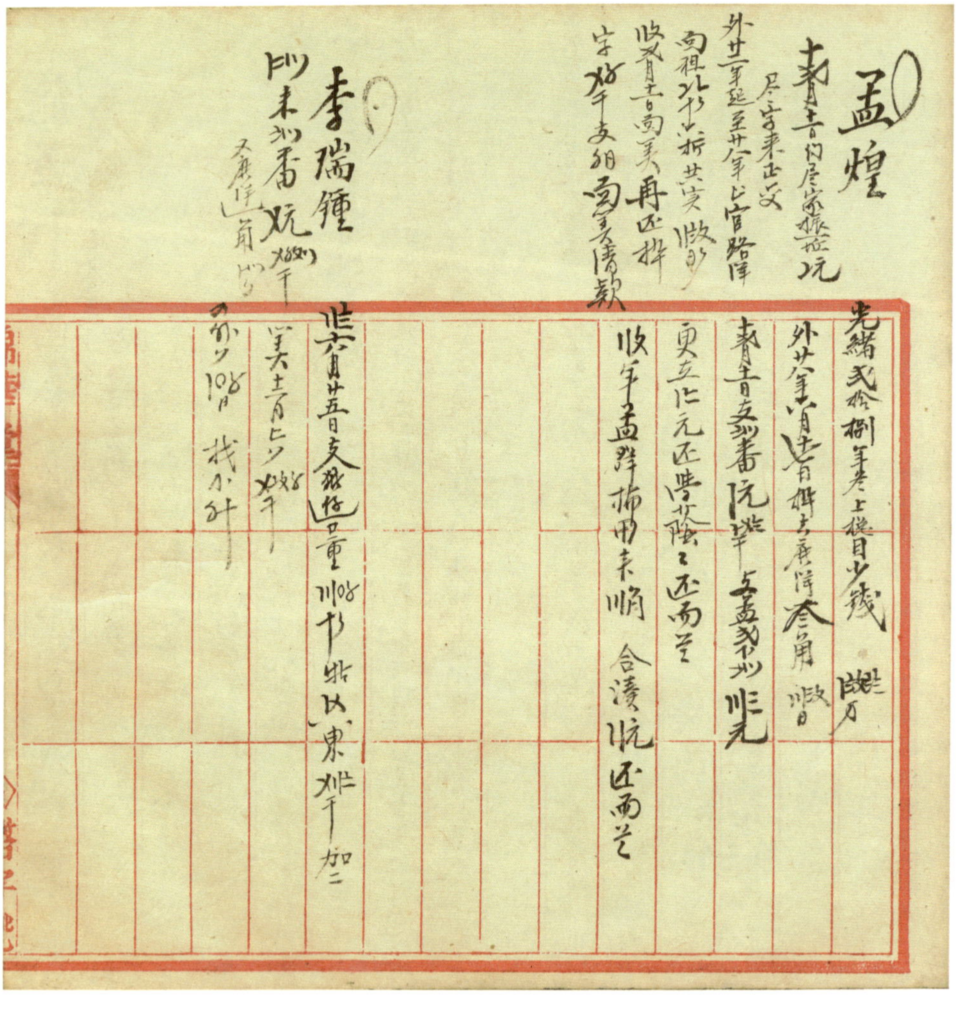

8-2-42-105　清光緒二十六年錢穀總目（一〇五）

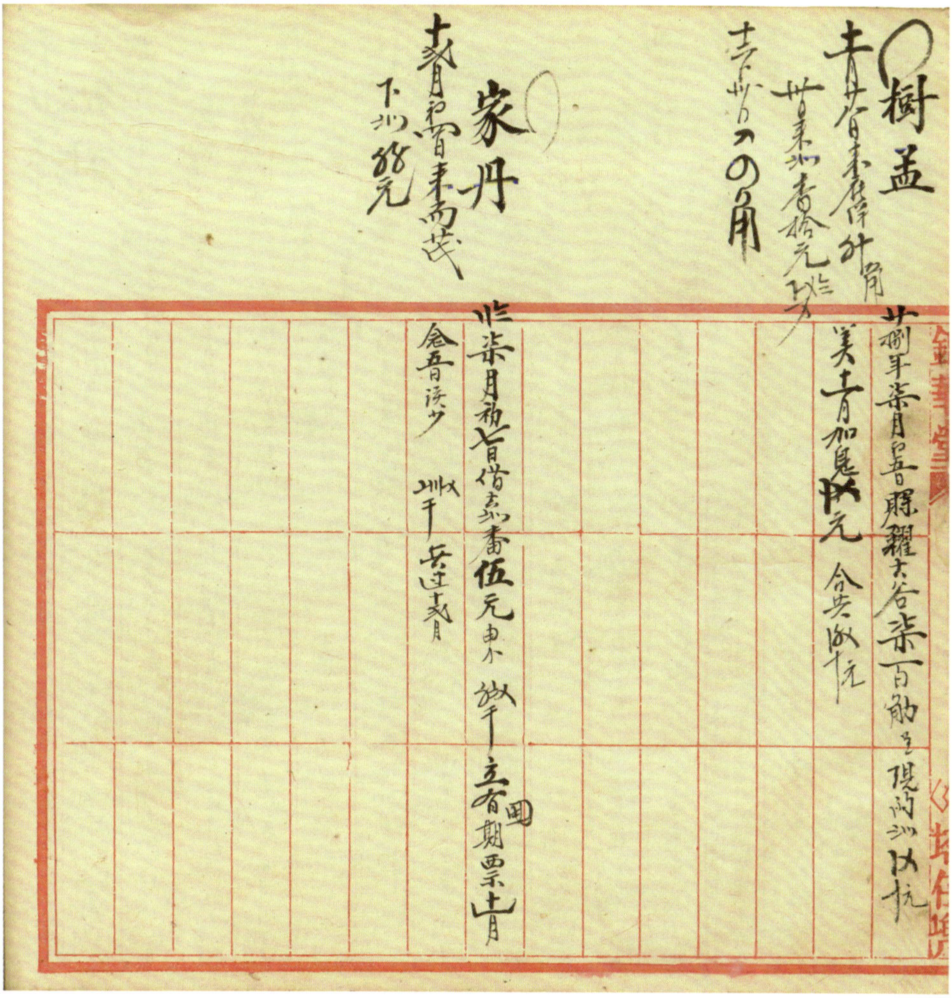

8-2-42-106　清光緒二十六年錢穀總目（一〇六）

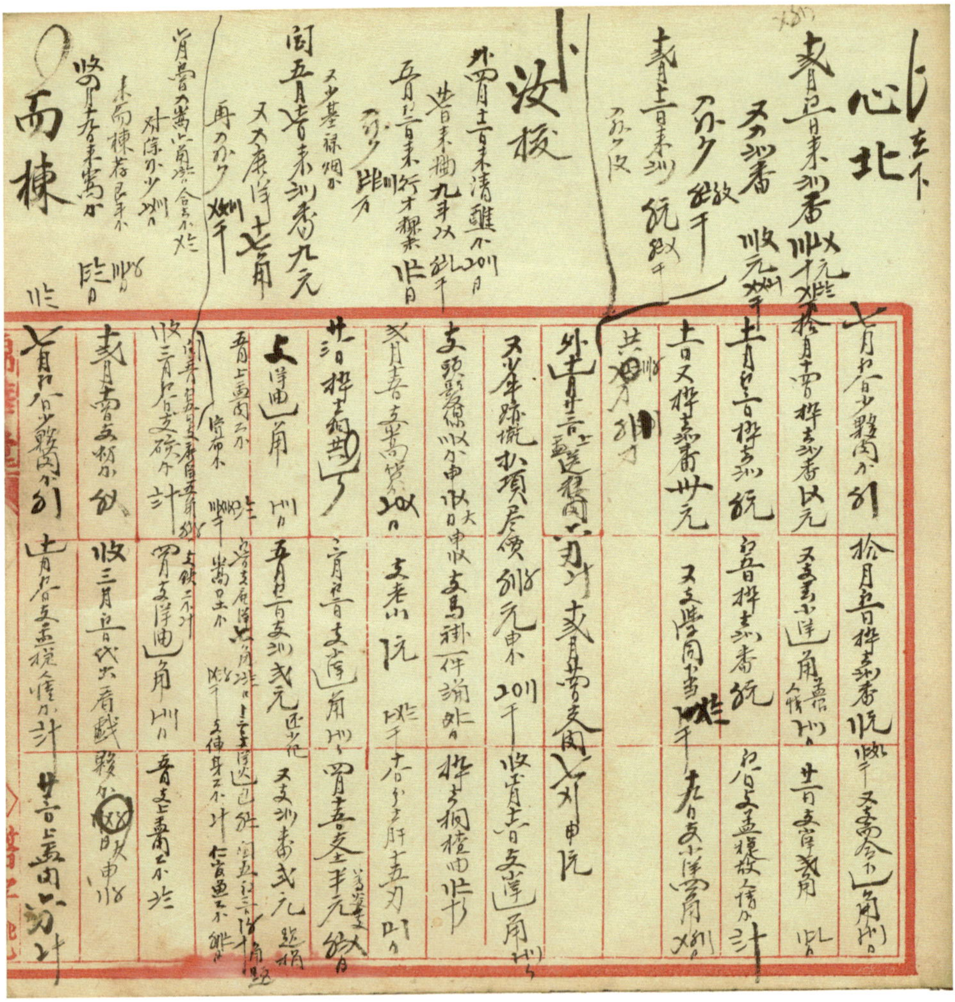

8-2-42-107　清光緒二十六年錢穀總目（一〇七）

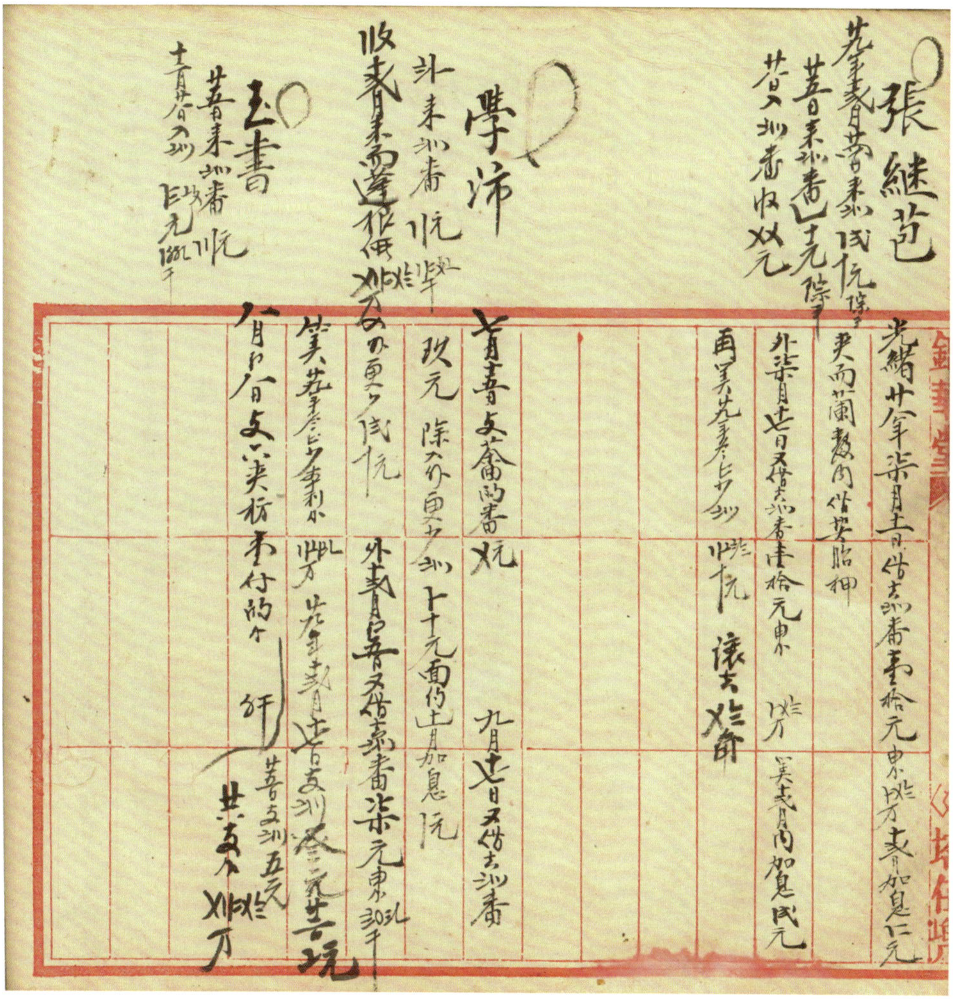

8-2-42-108　清光緒二十六年錢穀總目（一〇八）

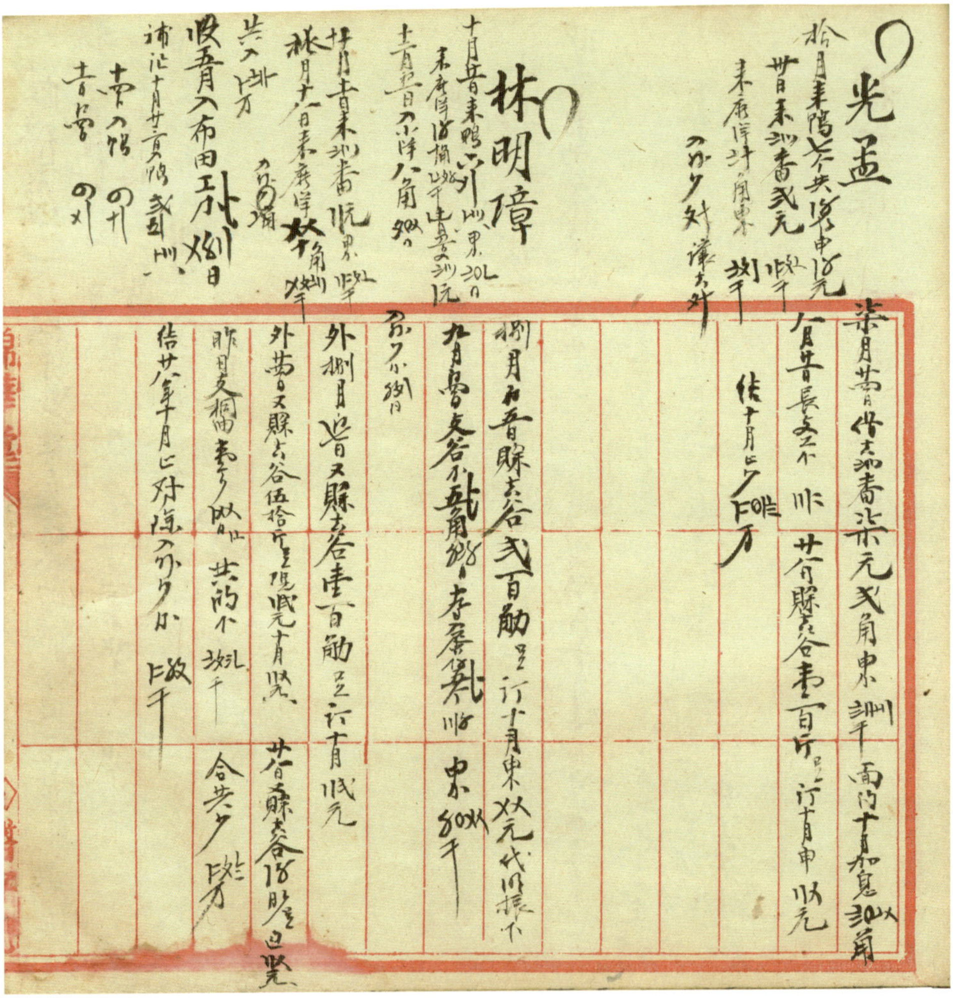

8-2-42-109　清光緒二十六年錢穀總目（一〇九）

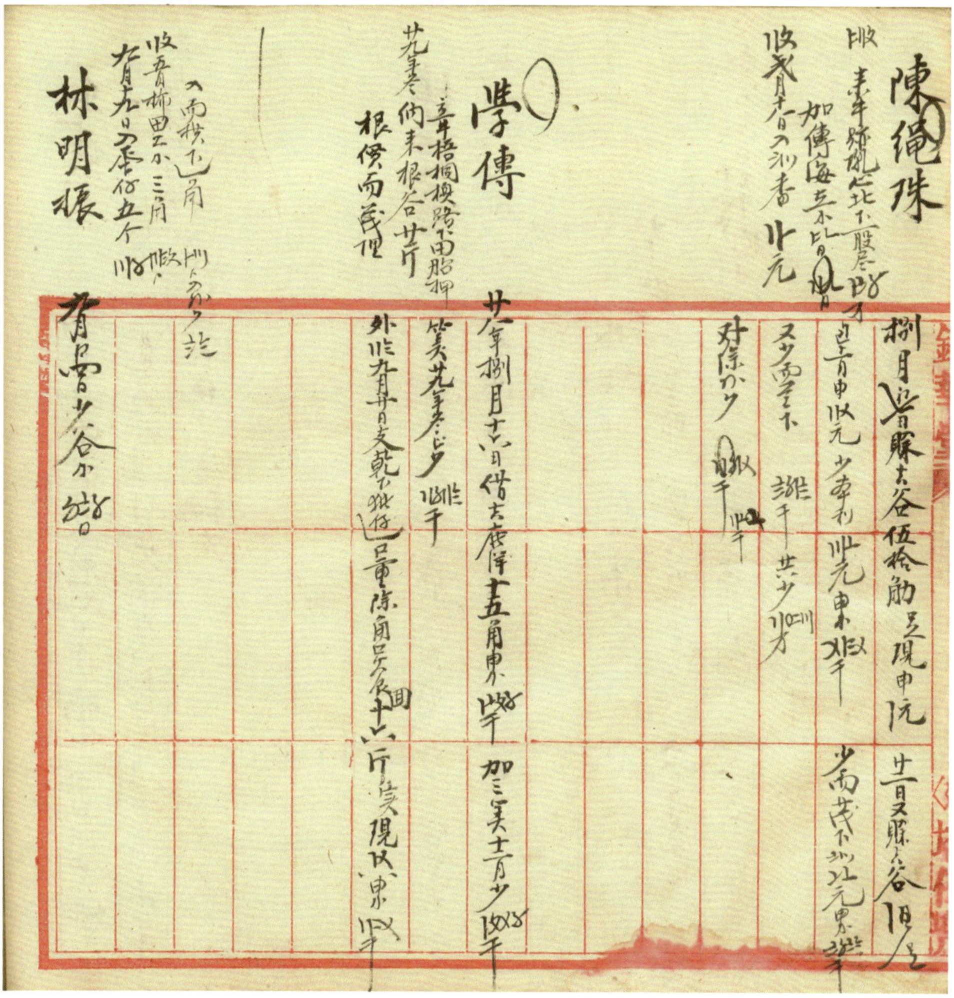

8-2-42-110　清光緒二十六年錢穀總目（一一〇）

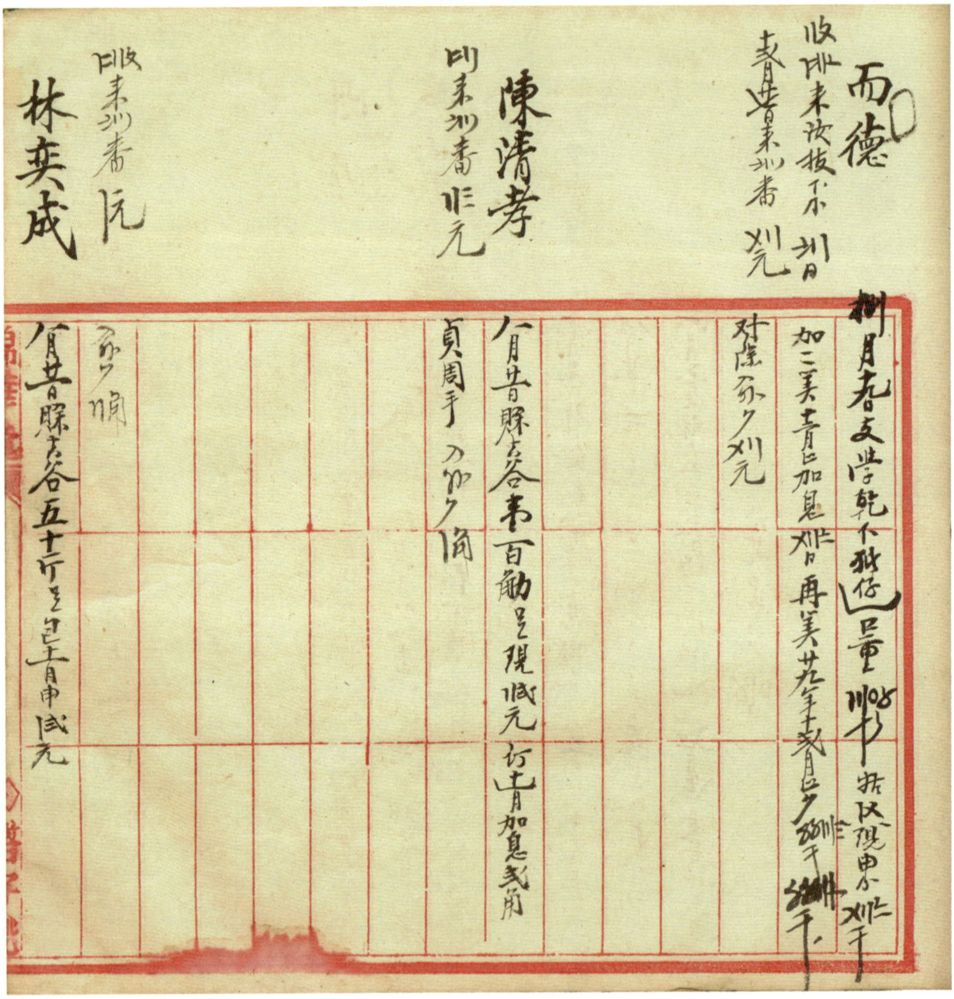

8-2-42-111　清光緒二十六年錢穀總目（一一一）

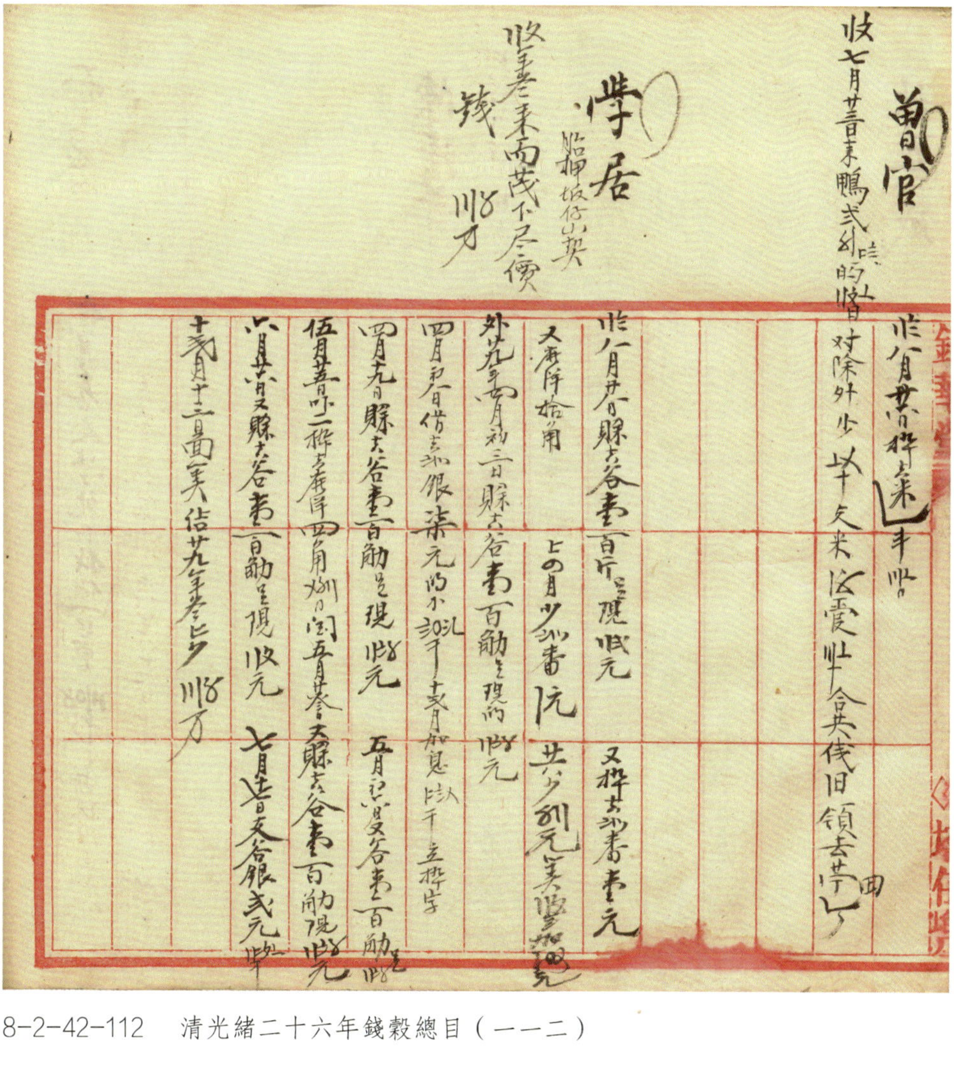

曾官

收七月廿三日來鴨弍[illegible]

對除外少[illegible]文米[illegible]霞[illegible]合共錢旧領去[illegible]

學居

[illegible]山契

收[illegible]來[illegible]錢

北八月廿[illegible]日[illegible]手[illegible]

北八月廿[illegible]日賒[illegible]谷[illegible]百斤[illegible]現[illegible]元

又[illegible]拾角 [illegible]月[illegible]元 [illegible]

外[illegible]月初三日賒[illegible]谷[illegible]百觔[illegible]現[illegible]元

四月初[illegible]日借[illegible]艮[illegible]元[illegible]

四月[illegible]日賒[illegible]谷[illegible]百觔[illegible]現[illegible]元 五月[illegible]谷[illegible]百觔[illegible]

伍月[illegible]二[illegible]四角[illegible]五月[illegible]賒[illegible]谷[illegible]百觔現[illegible]

六月[illegible]賒[illegible]谷[illegible]百觔[illegible]現[illegible]元 七月[illegible]谷艮弍元[illegible]

十[illegible]月十三日[illegible]共廿九年[illegible]

8-2-42-112　清光緒二十六年錢穀總目（一一二）

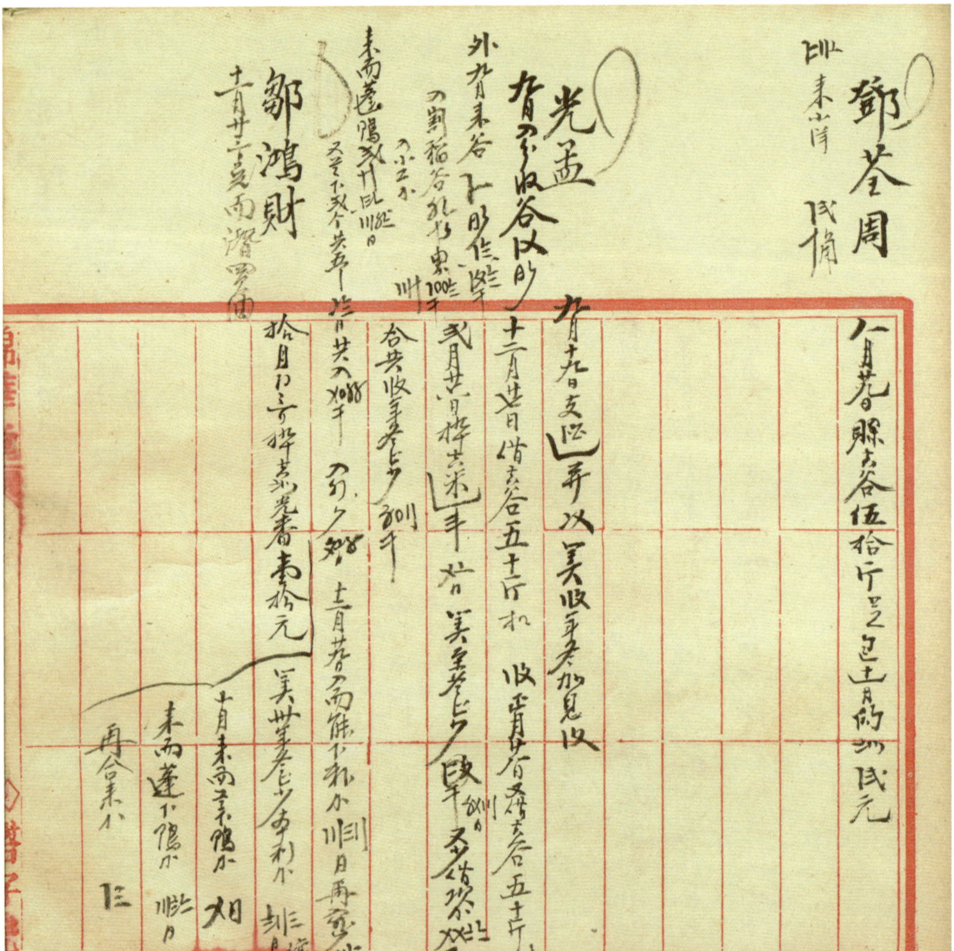

8-2-42-113　清光緒二十六年錢穀總目（一一三）

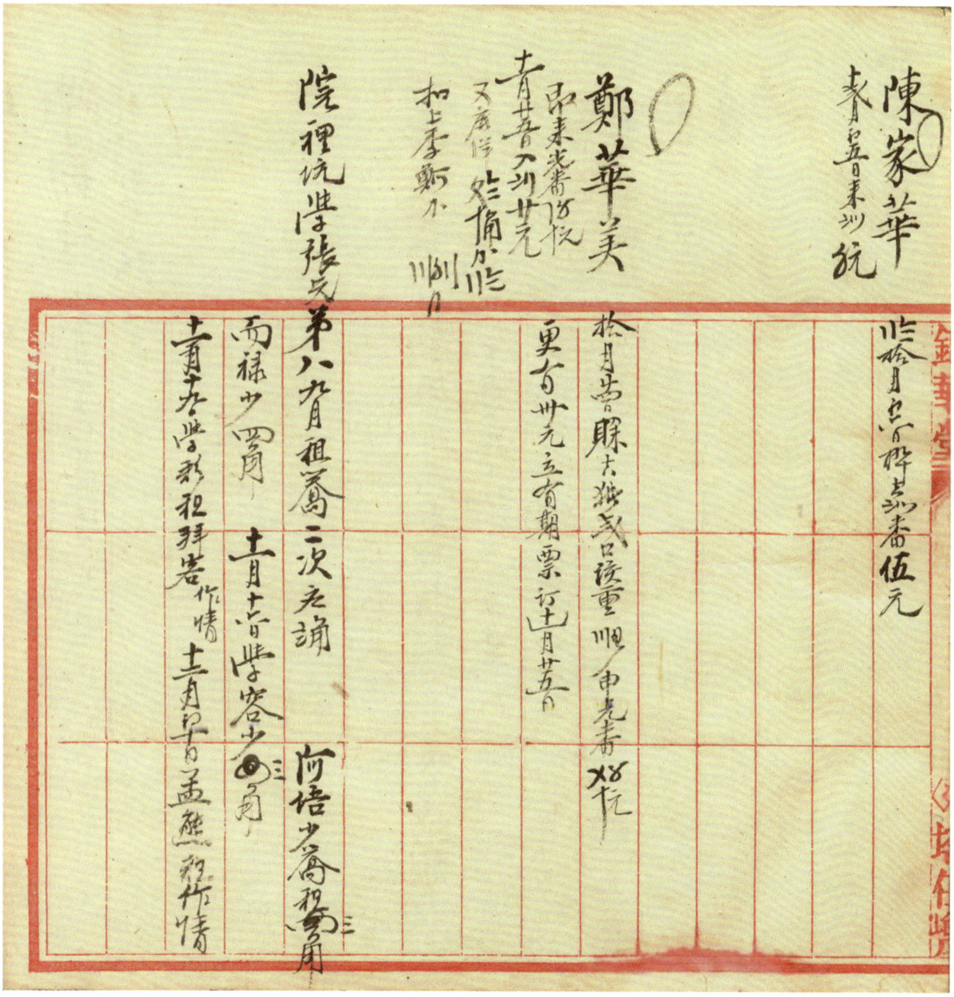

8-2-42-114　清光緒二十六年錢穀總目（一一四）

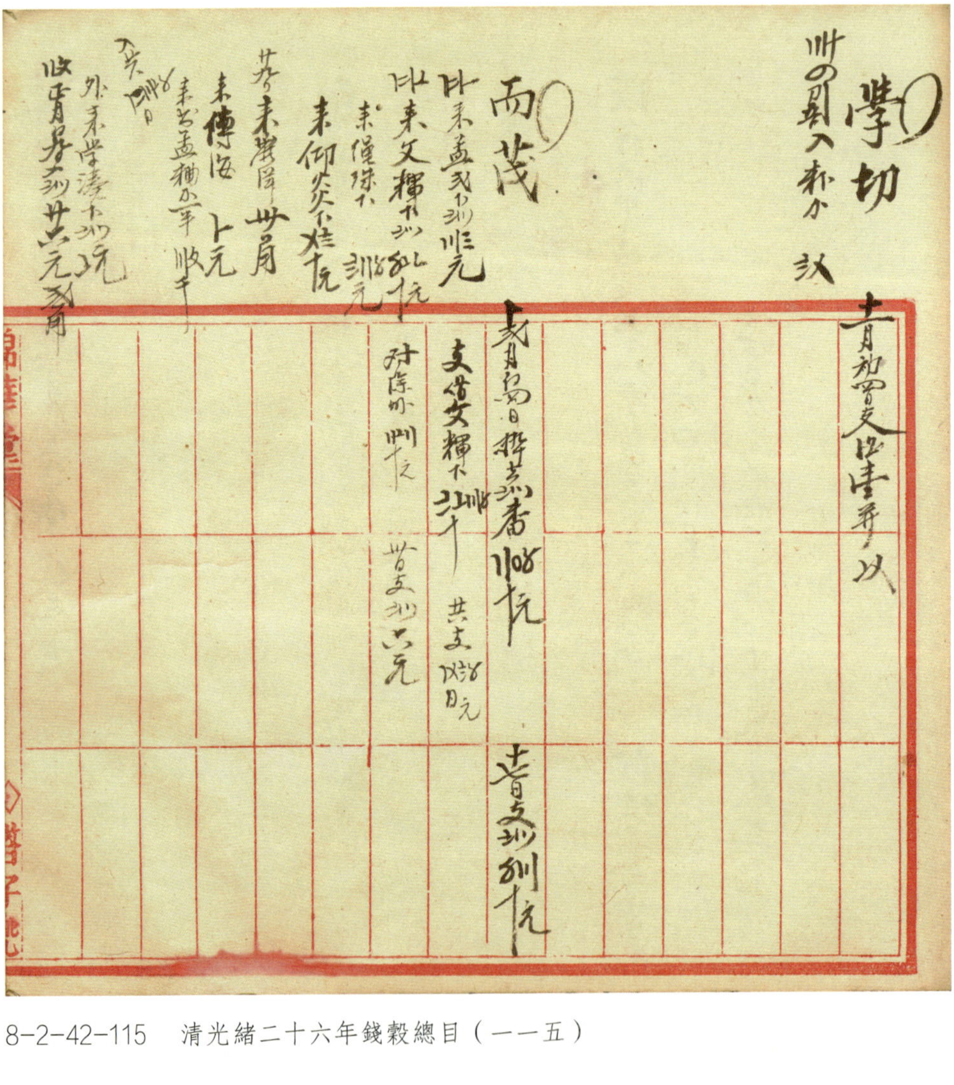

8-2-42-115　清光緒二十六年錢穀總目（一一五）

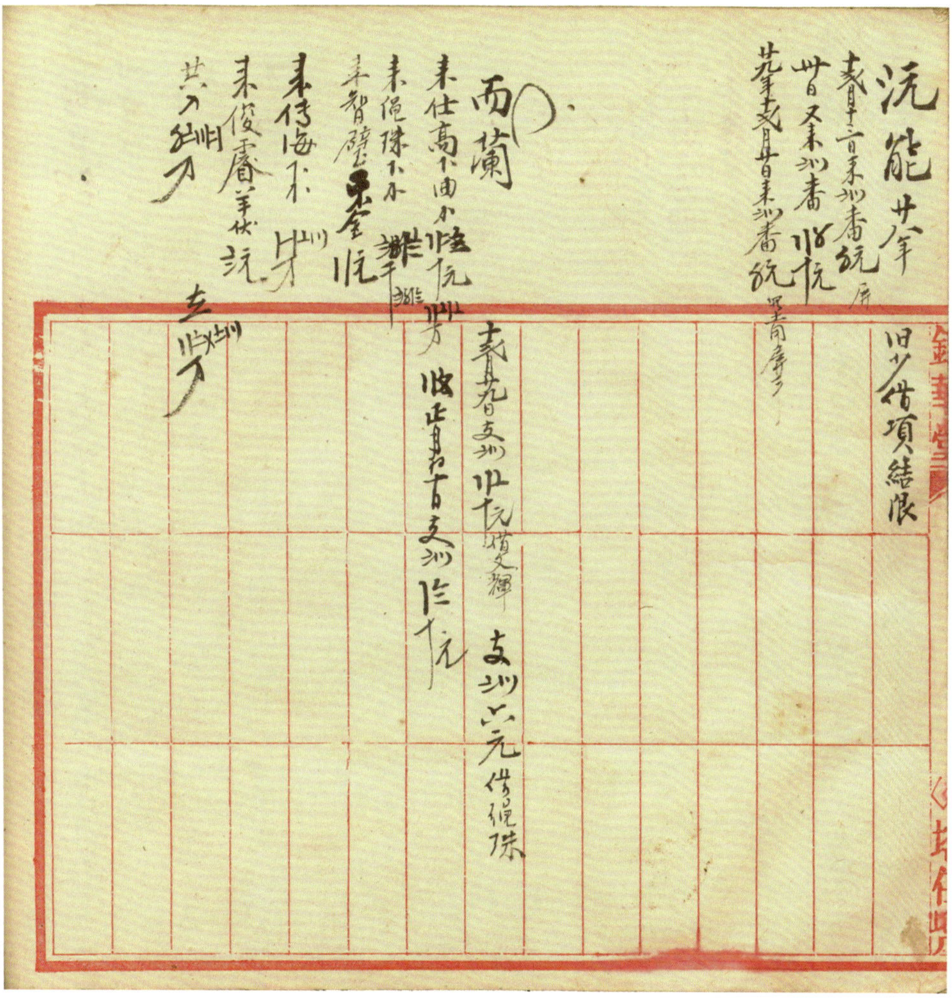

8-2-42-116　清光緒二十六年錢穀總目（一一六）

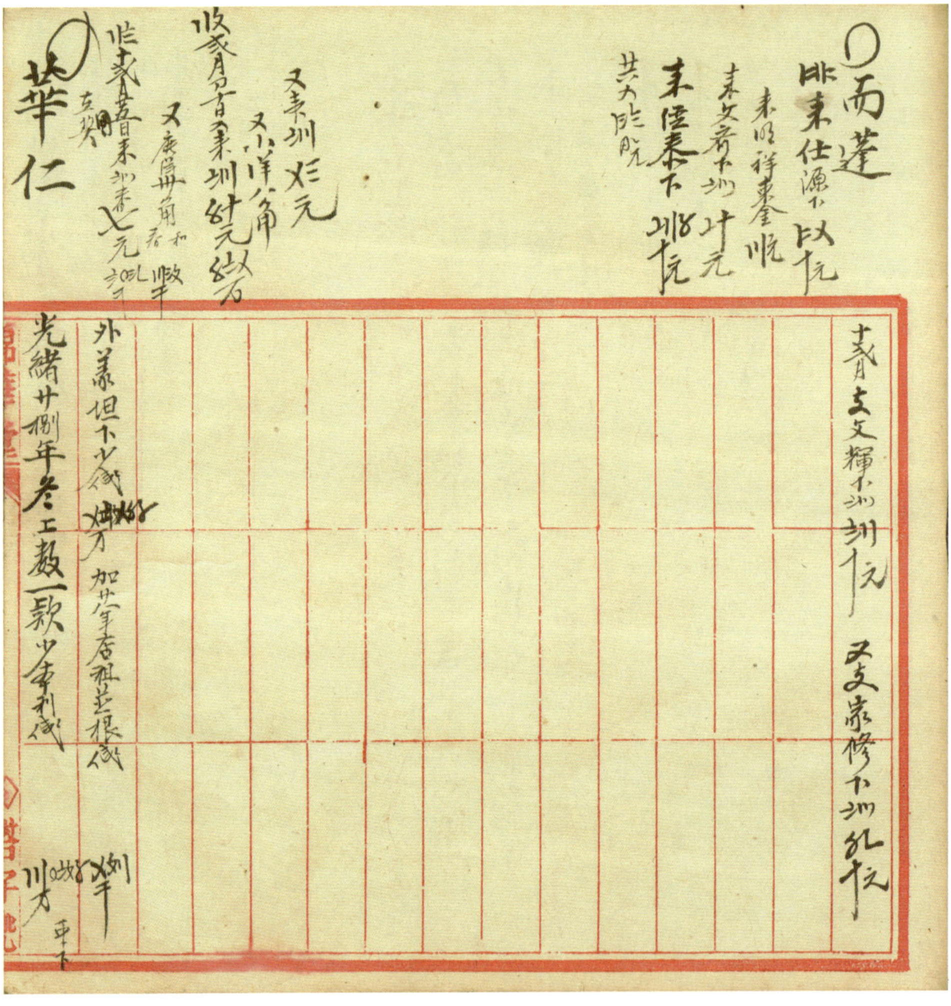

華仁

光緒廿捌年冬工穀一款

8-2-42-117　清光緒二十六年錢穀總目（一一七）

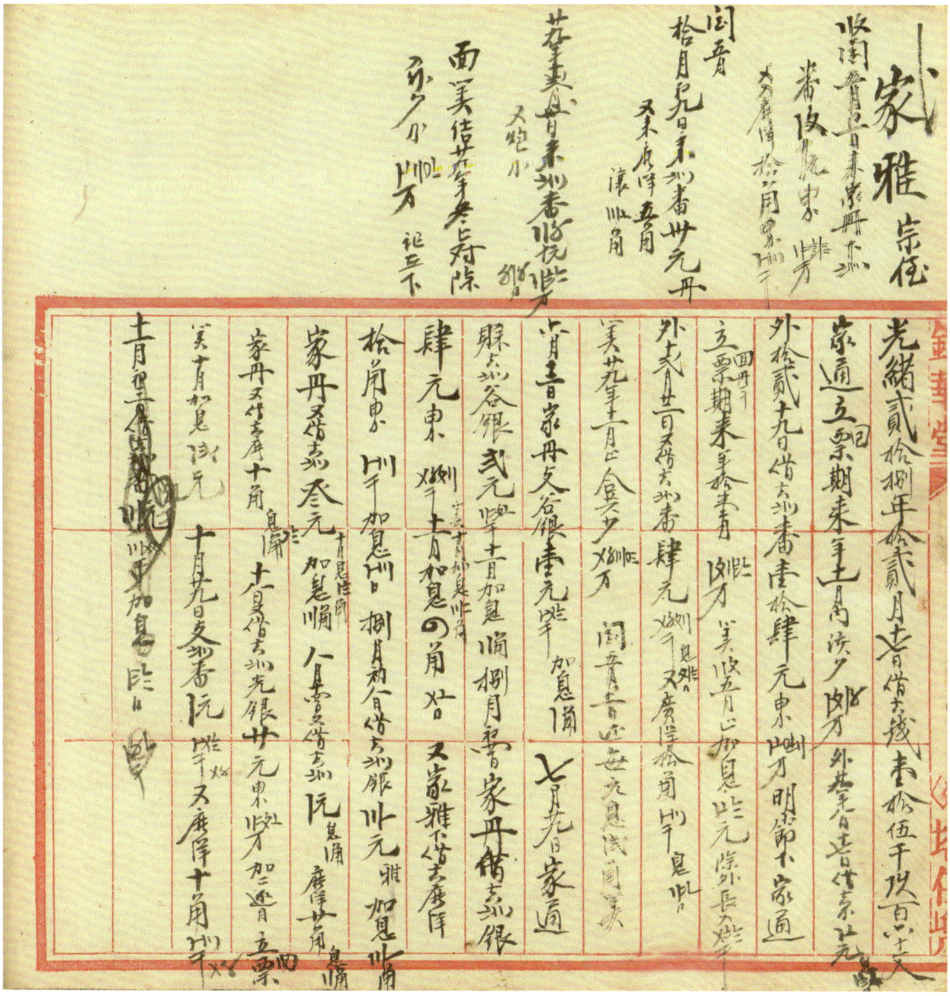

8-2-42-118　清光緒二十六年錢穀總目（一一八）

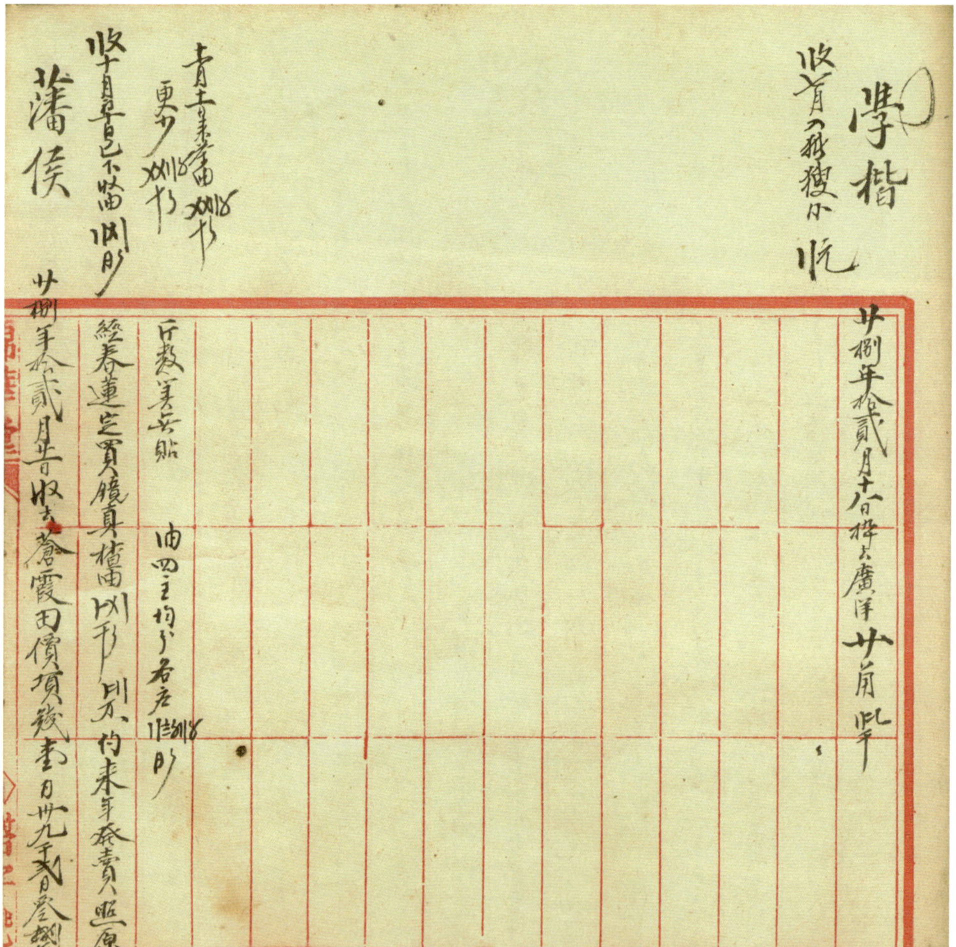

8-2-42-119　清光緒二十六年錢穀總目（一一九）

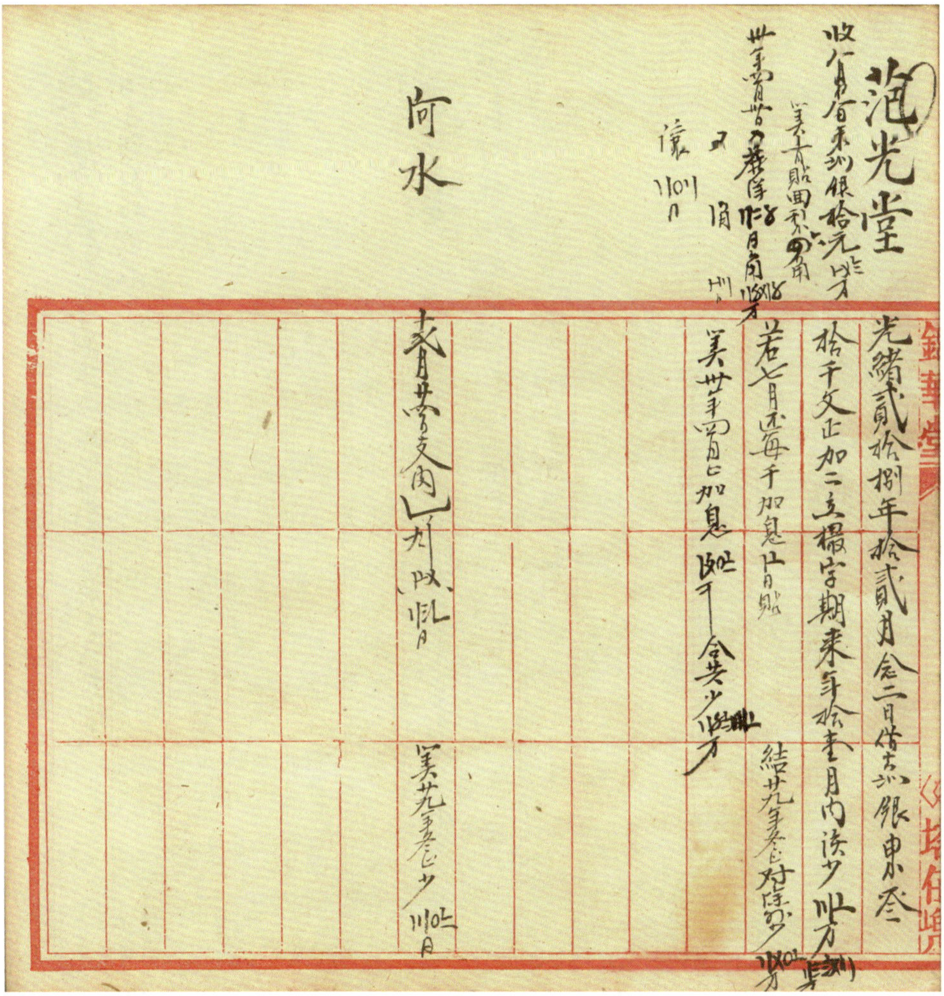

8-2-42-120　清光緒二十六年錢穀總目（一二〇）

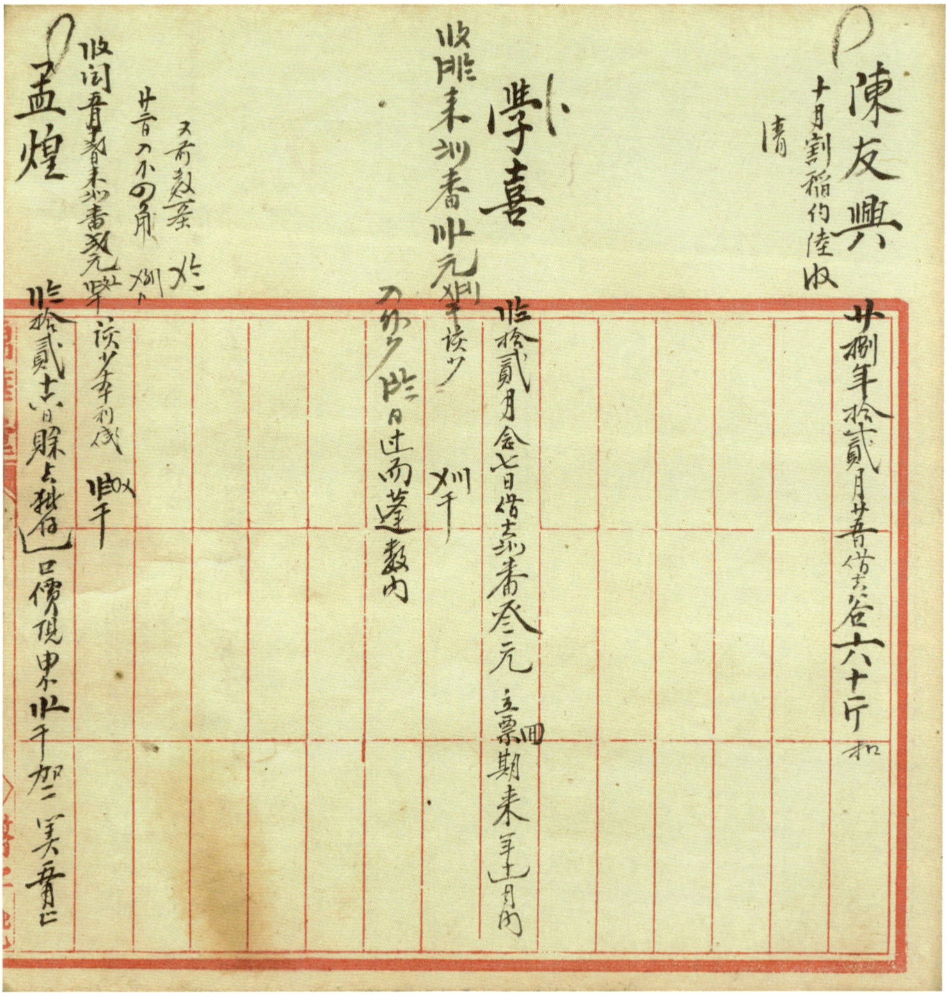
陳友興

十月割稻仍僅收

清

廿捌年拾貳月廿四日借去谷六十斤

學喜

拾貳月念七日借去洋番叁元 立票 期來年十一月內

孟煌

8-2-42-121　清光緒二十六年錢穀總目（一二一）

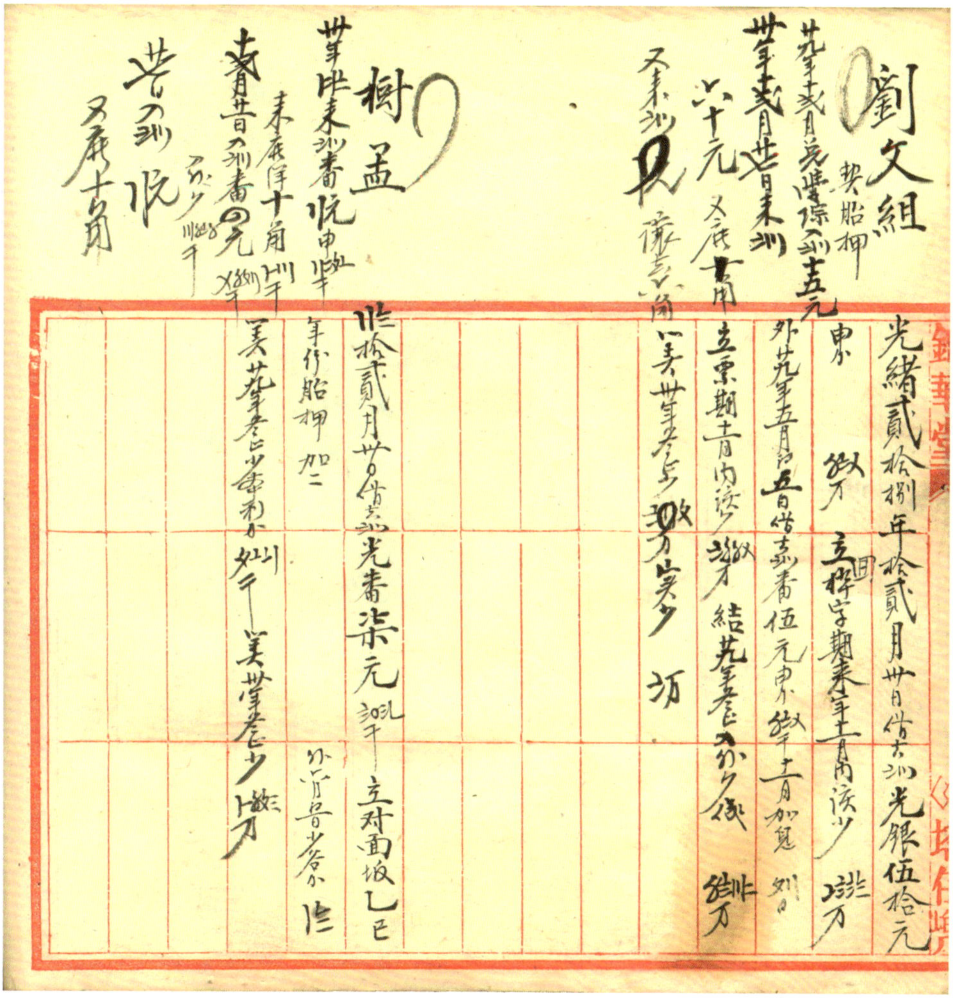

8-2-42-122　清光緒二十六年錢穀總目（一二二）

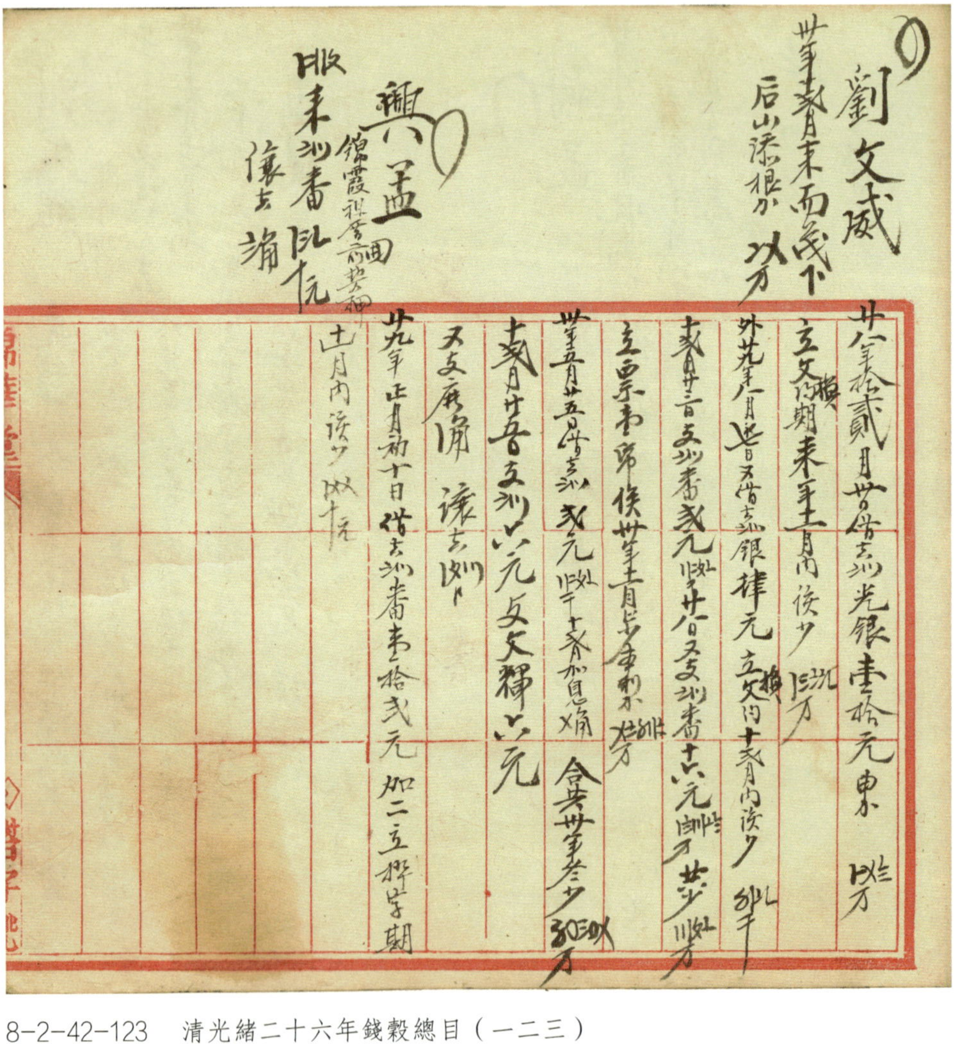

8-2-42-123　清光緒二十六年錢穀總目（一二三）

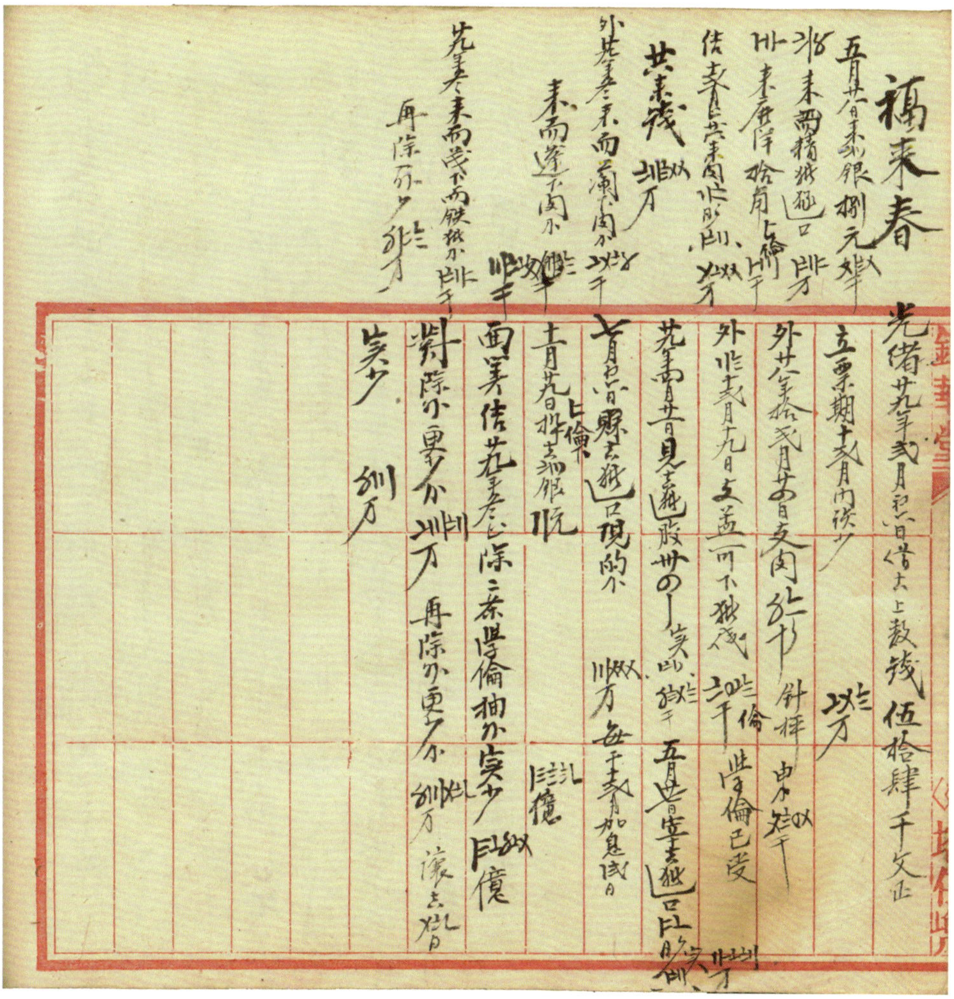

福來春

光緒廿六年弍月初六日借去上數錢伍拾肆千文正

8-2-42-124　清光緒二十六年錢穀總目（一二四）

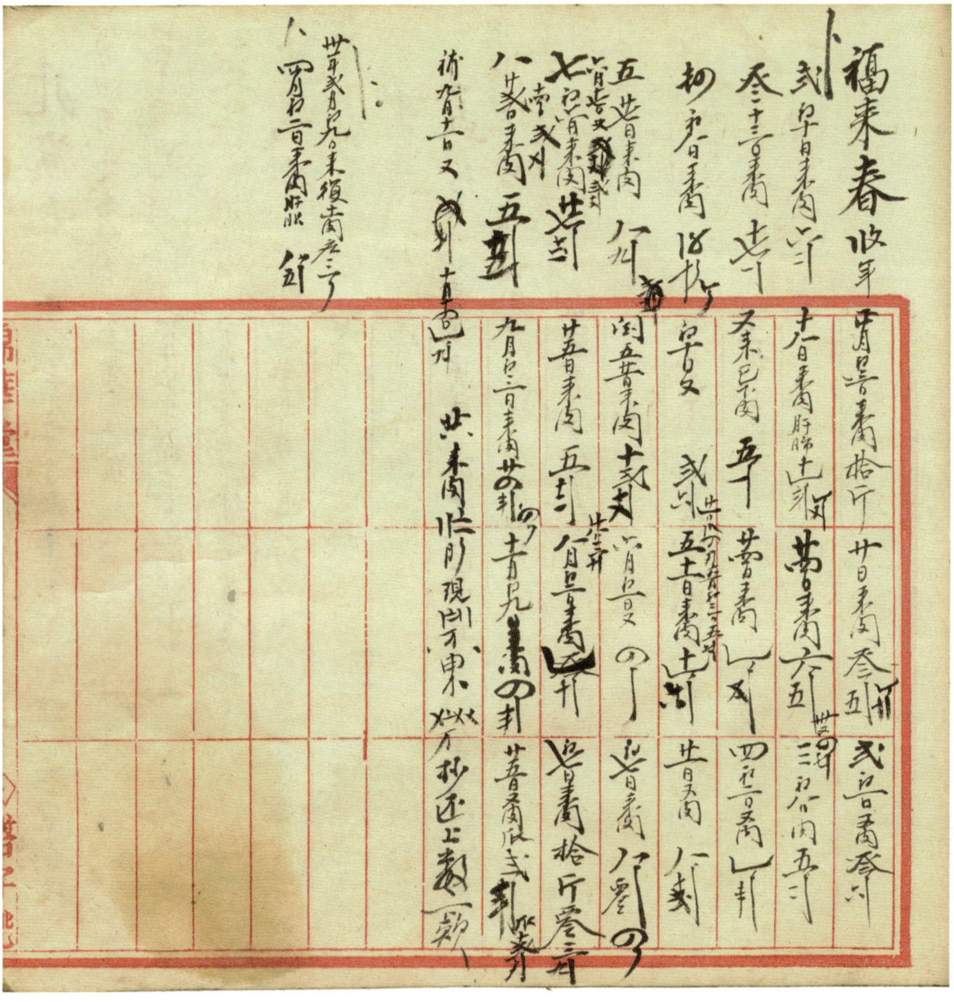

8-2-42-125　清光緒二十六年錢穀總目（一二五）

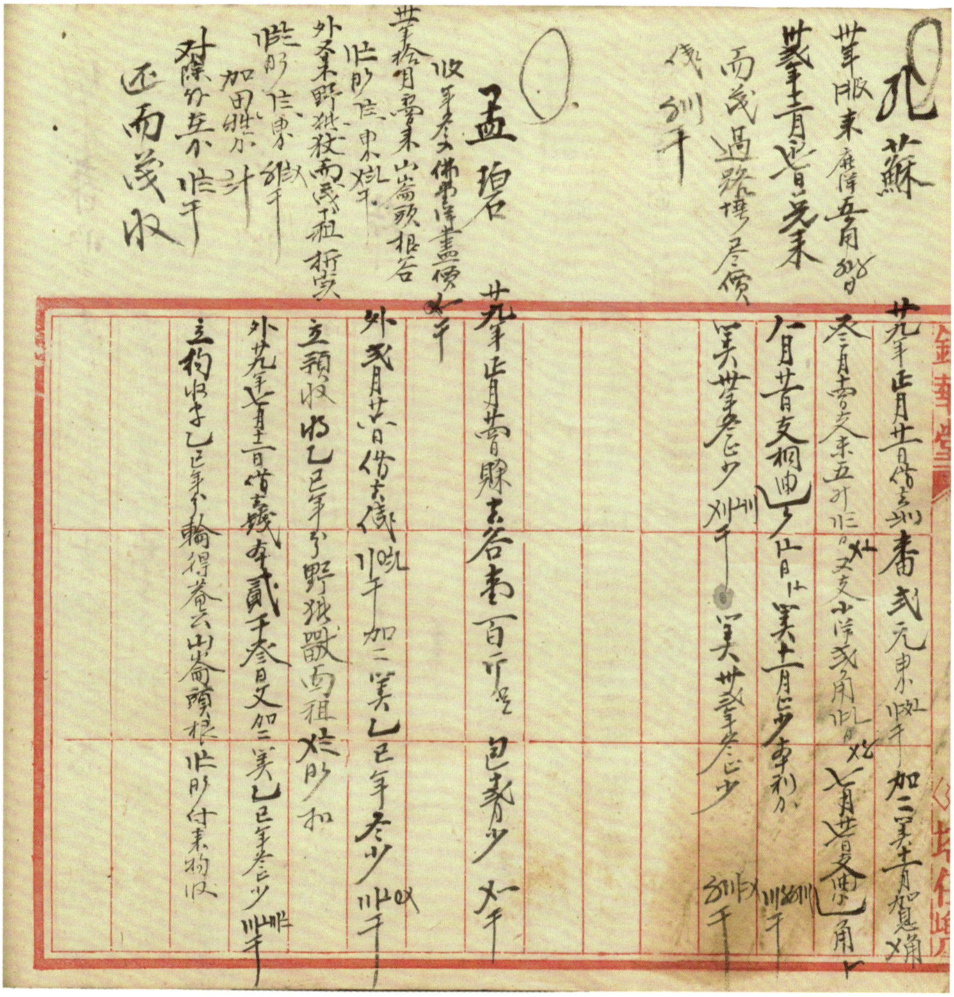

8-2-42-126　清光緒二十六年錢穀總目（一二六）

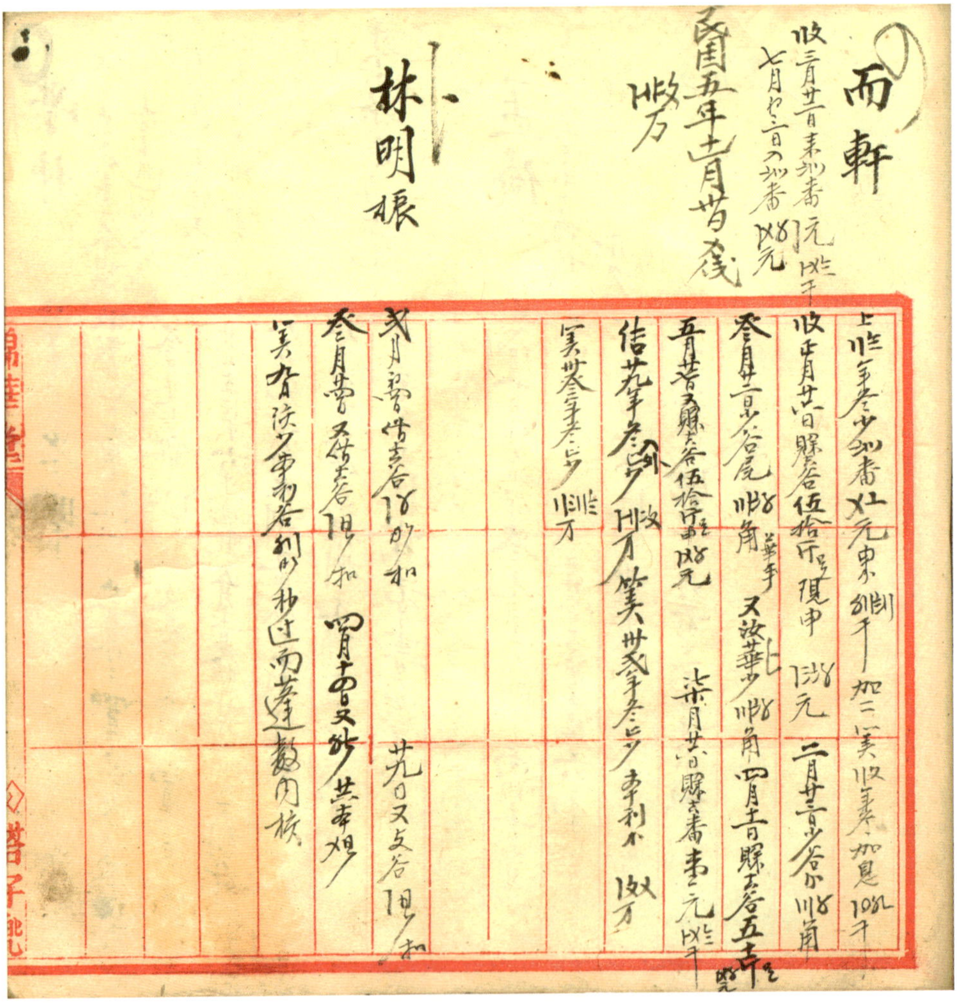

8-2-42-127　清光緒二十六年錢穀總目（一二七）

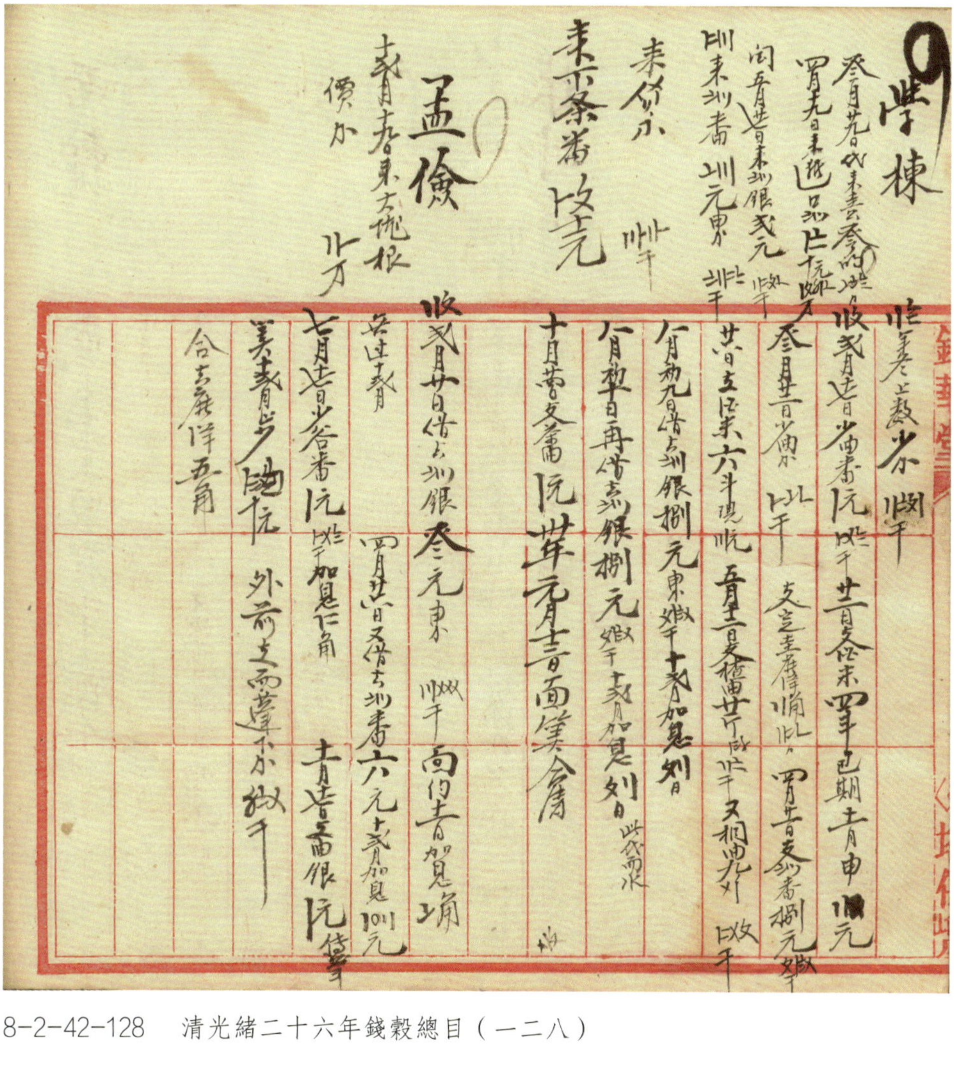

8-2-42-128　清光緒二十六年錢穀總目（一二八）

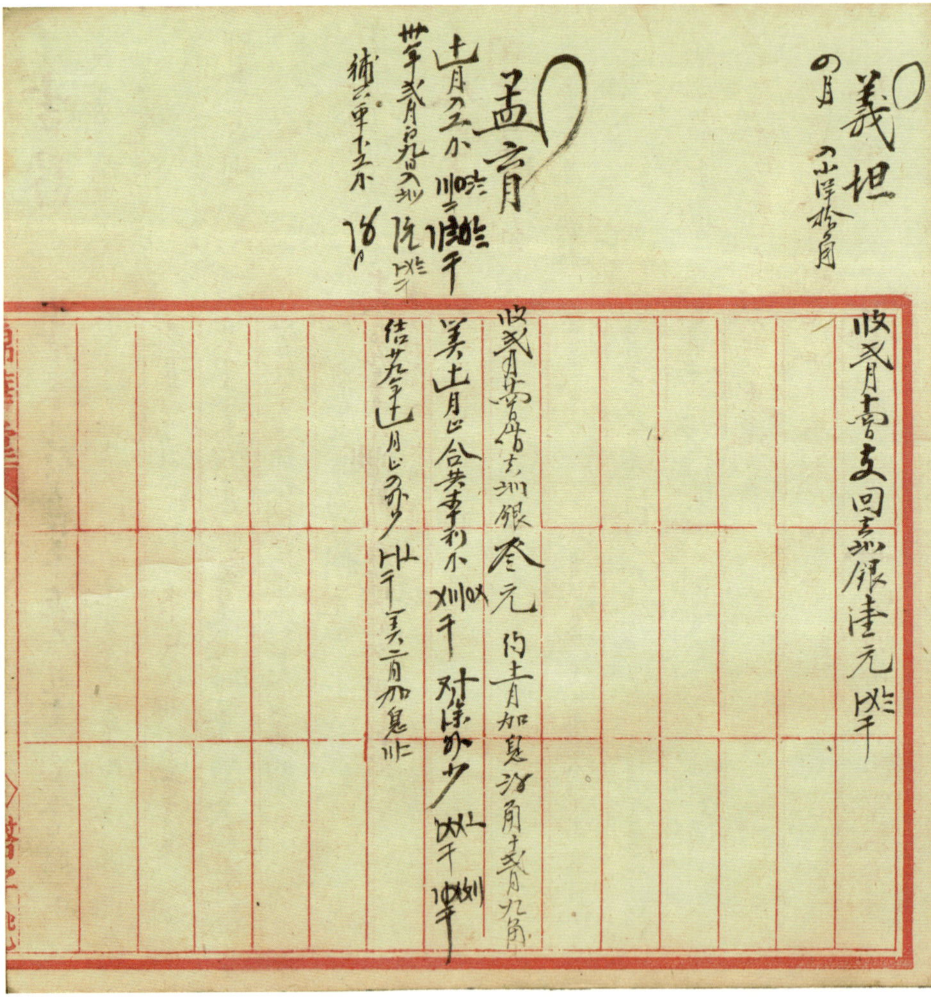

8-2-42-129　清光緒二十六年錢穀總目（一二九）

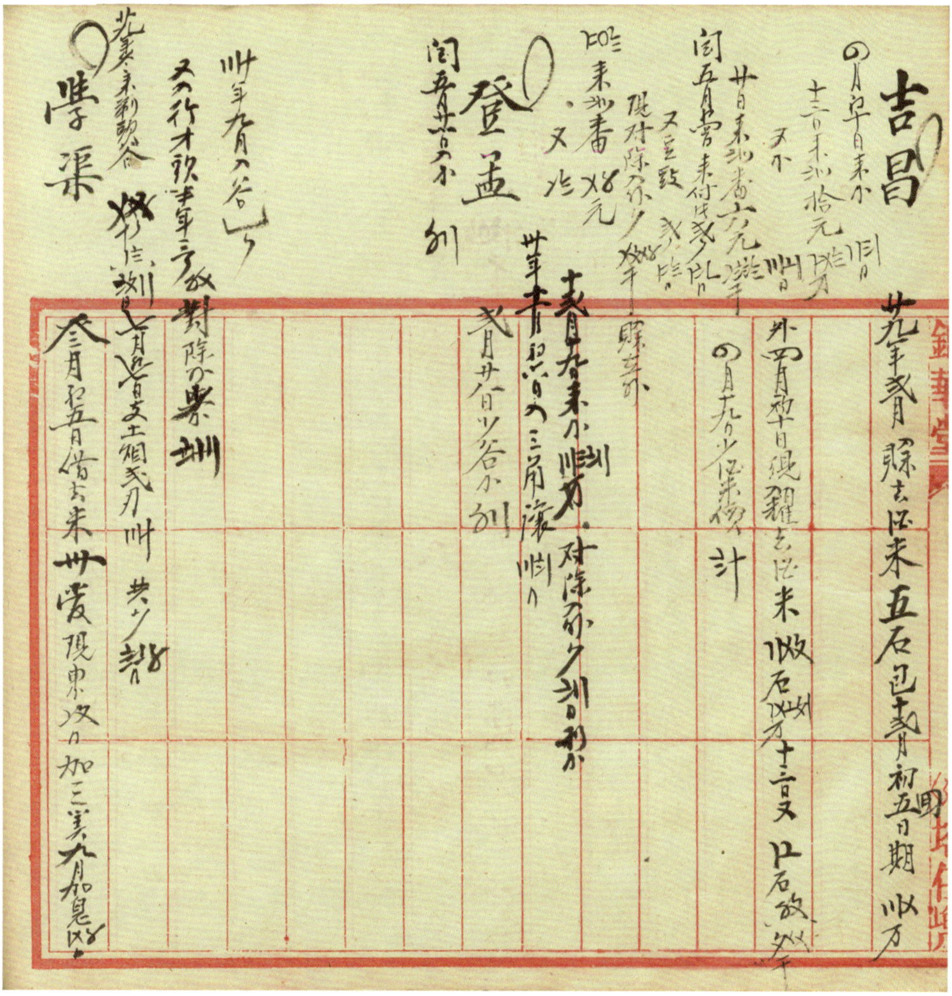

8-2-42-130　清光緒二十六年錢穀總目（一三〇）

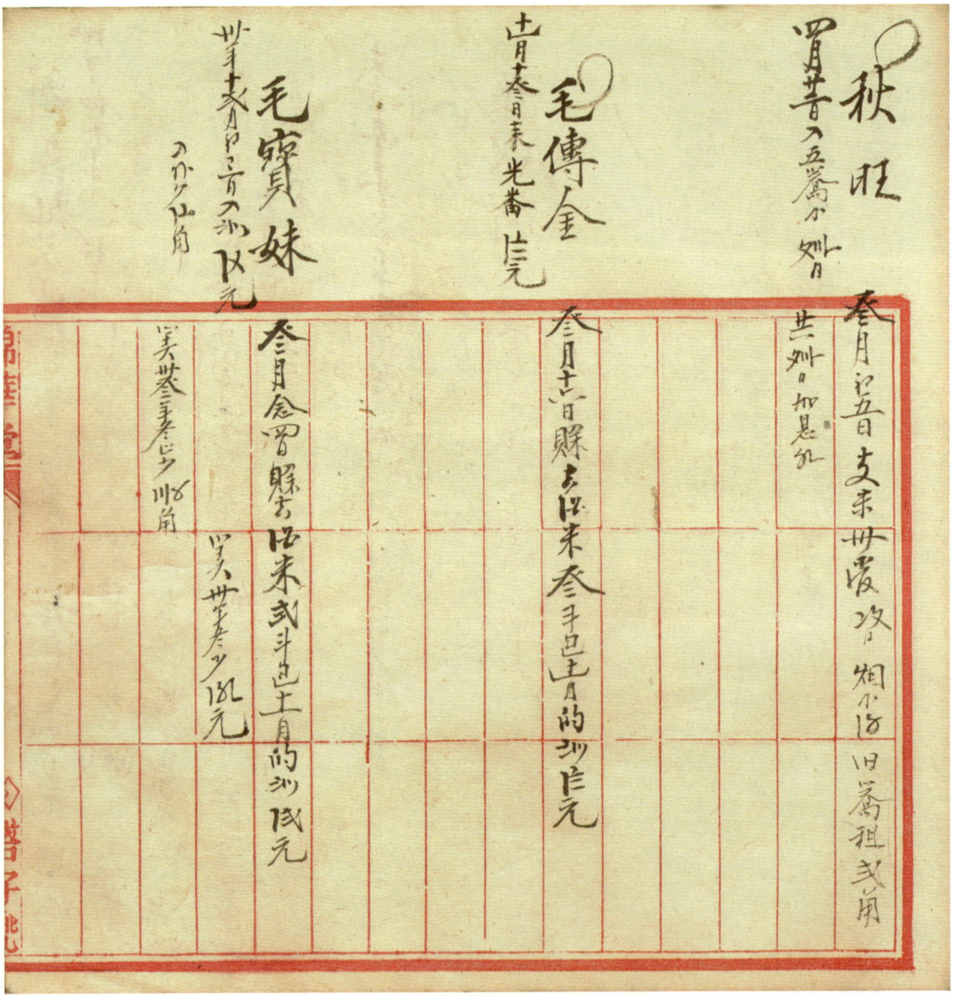

8-2-42-131　清光緒二十六年錢穀總目（一三一）

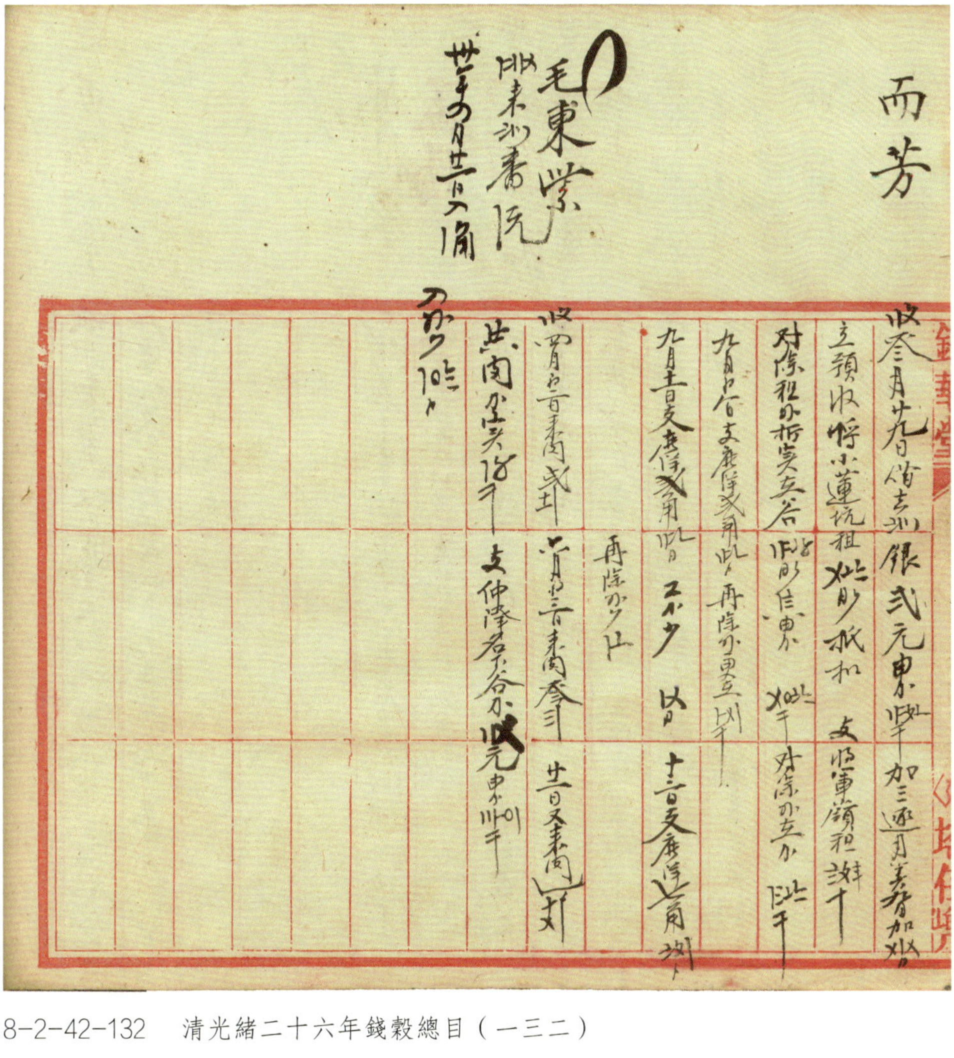

8-2-42-132　清光緒二十六年錢穀總目（一三二）

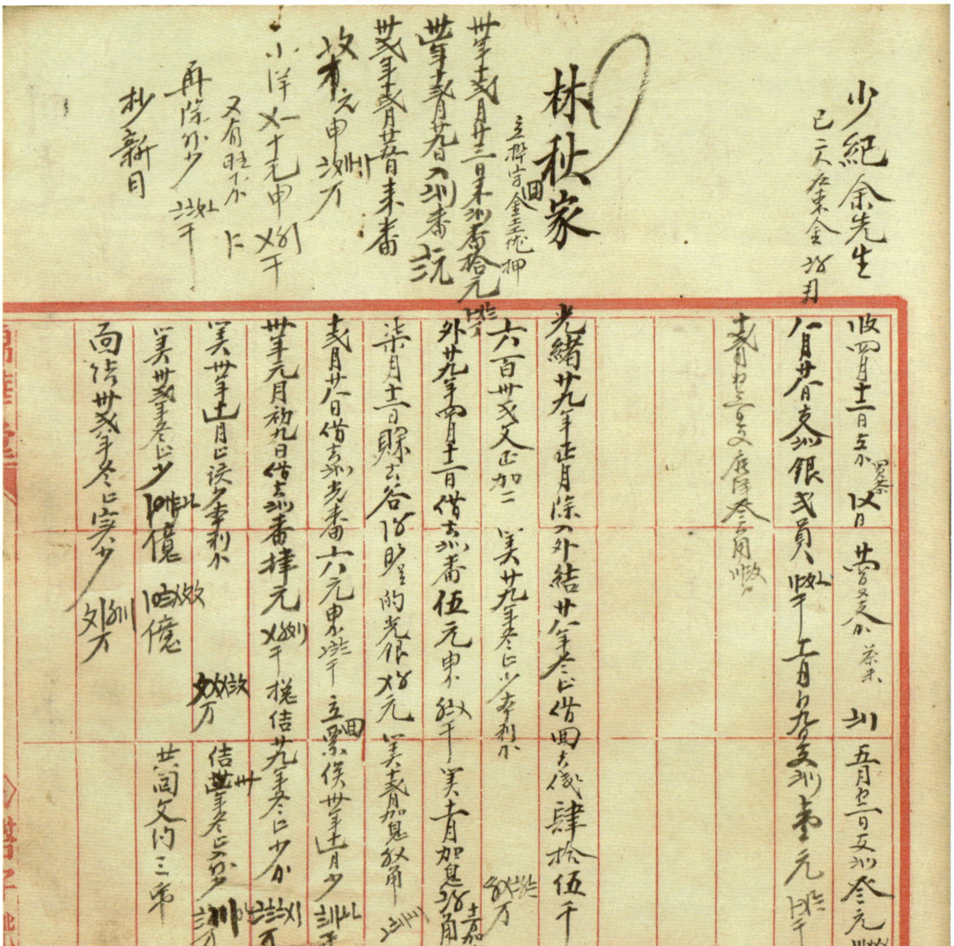

少紀余先生

林秋家

光緒廿九年正月……

8-2-42-133　清光緒二十六年錢穀總目（一三三）

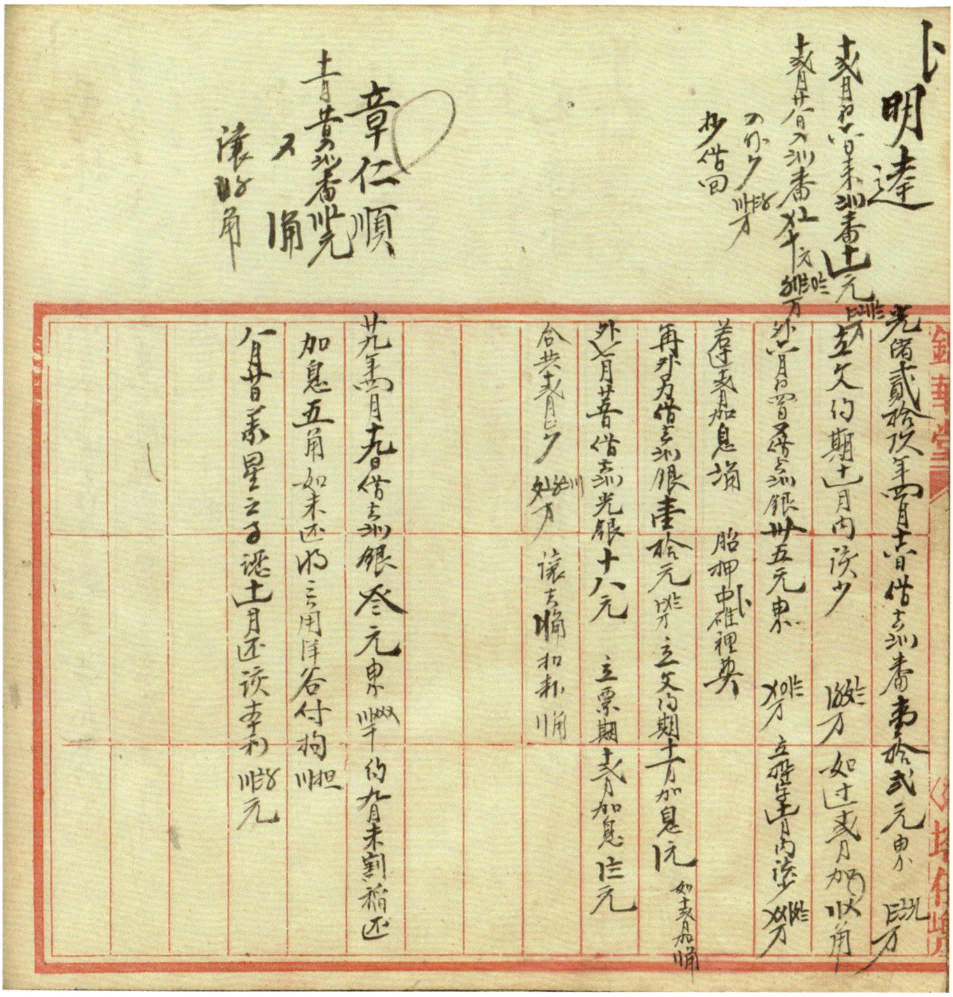

8-2-42-134　清光緒二十六年錢穀總目（一三四）

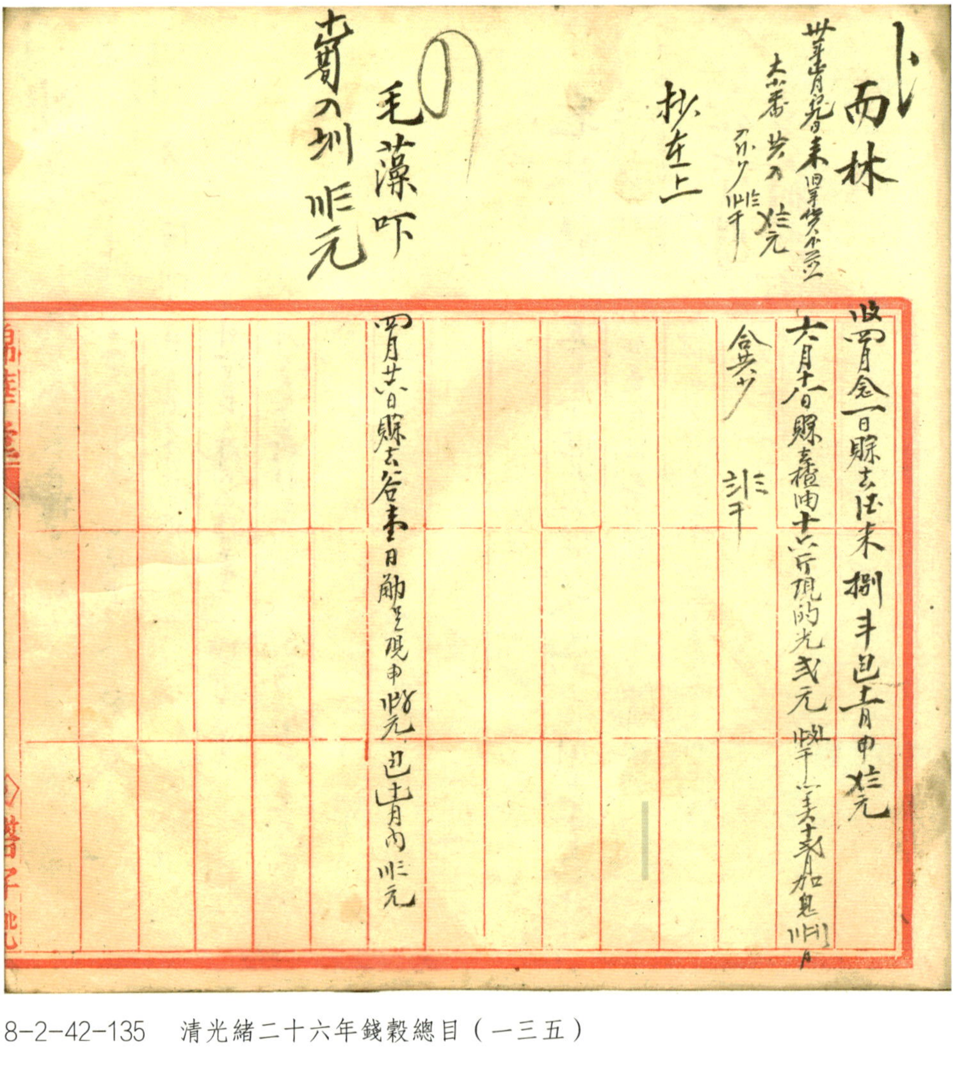

8-2-42-135　清光緒二十六年錢穀總目（一三五）

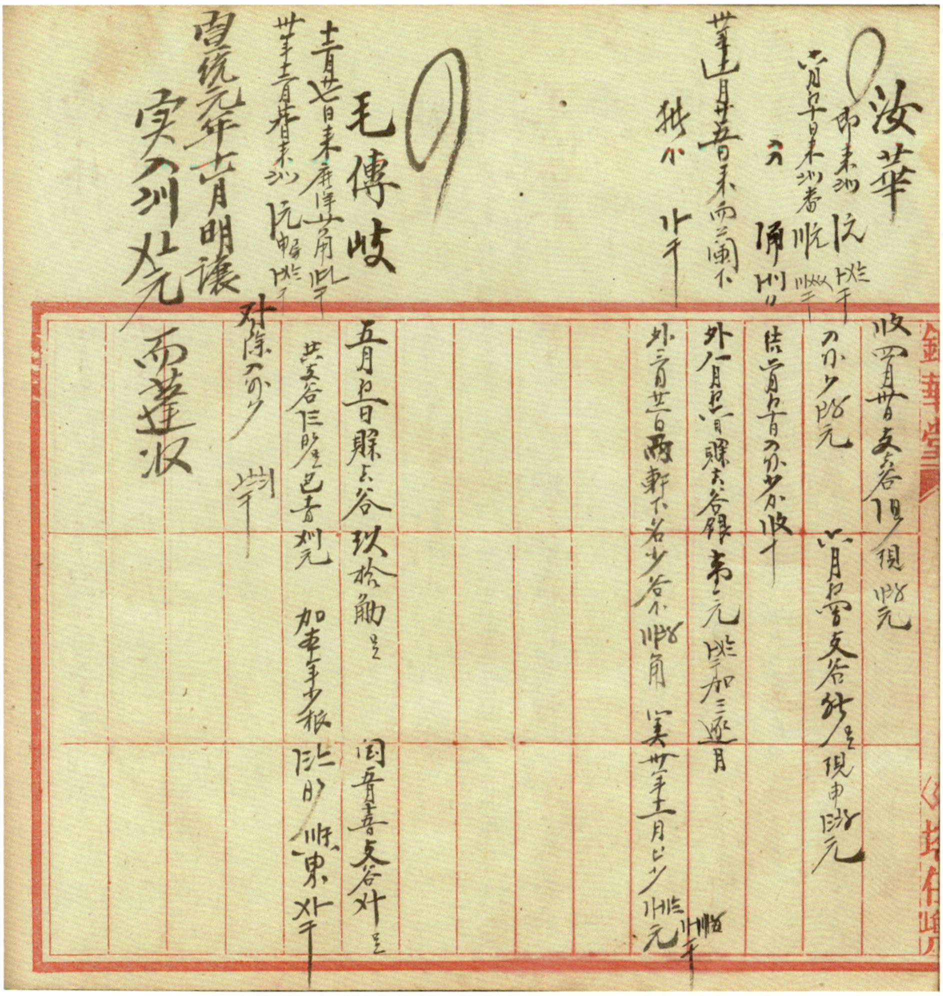

8-2-42-136　清光緒二十六年錢穀總目（一三六）

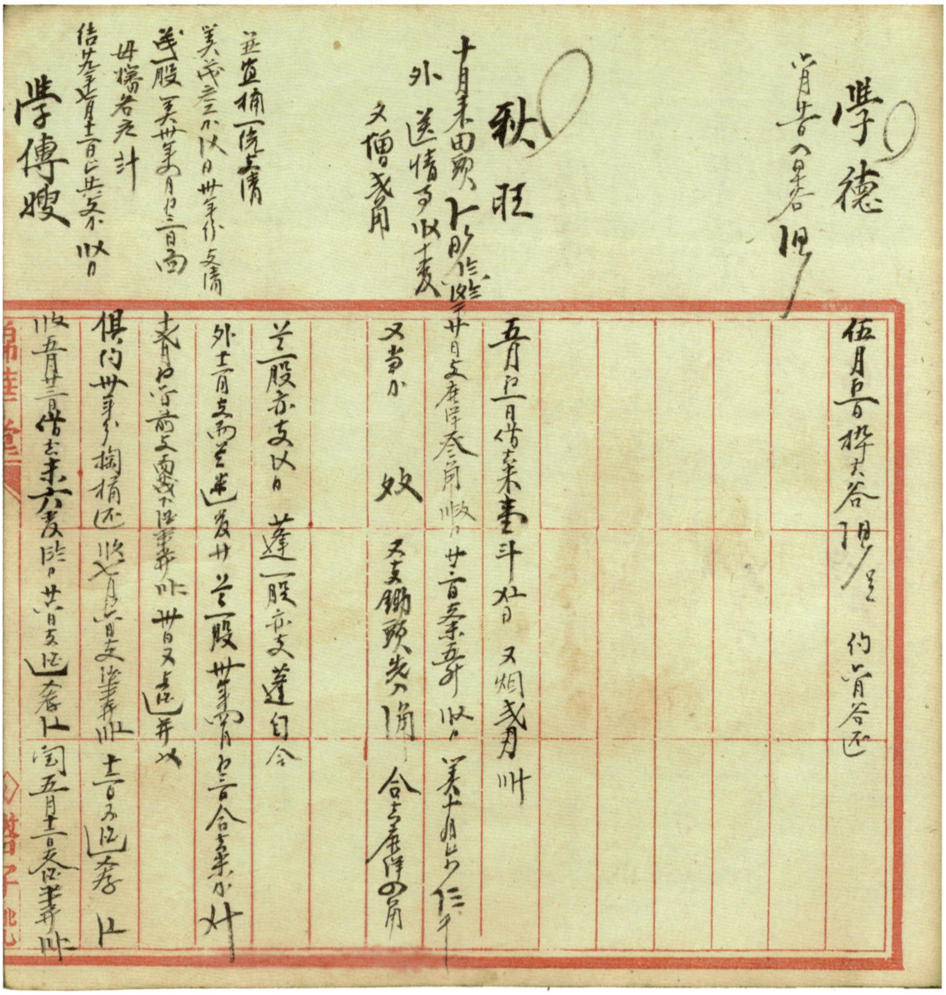

8-2-42-137　清光緒二十六年錢穀總目（一三七）

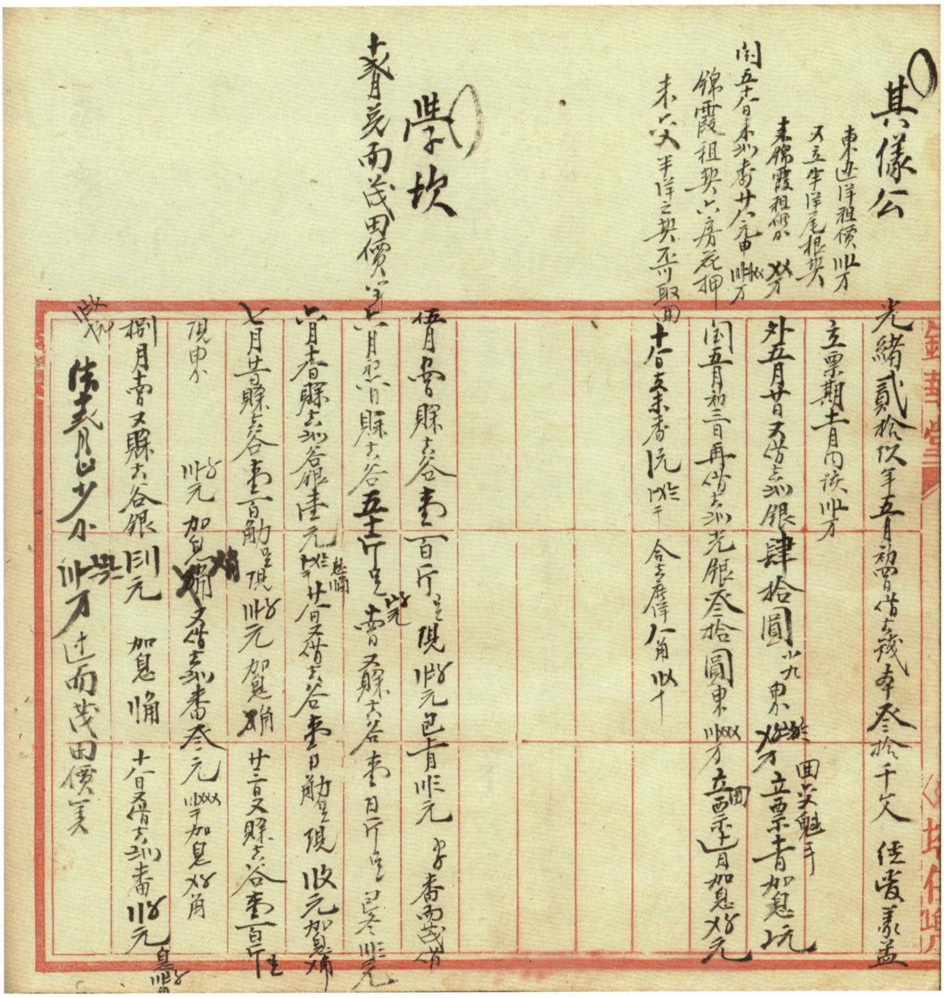

8-2-42-138　清光緒二十六年錢穀總目（一三八）

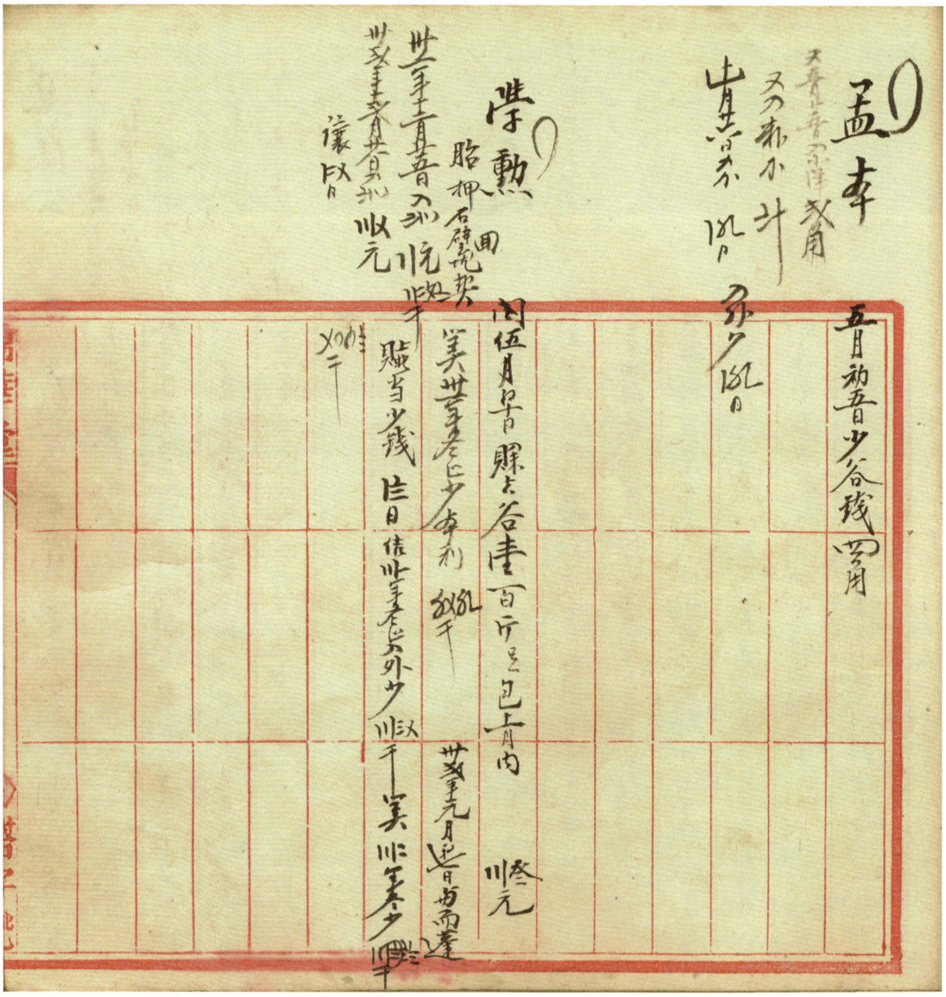

8-2-42-139　清光緒二十六年錢穀總目（一三九）

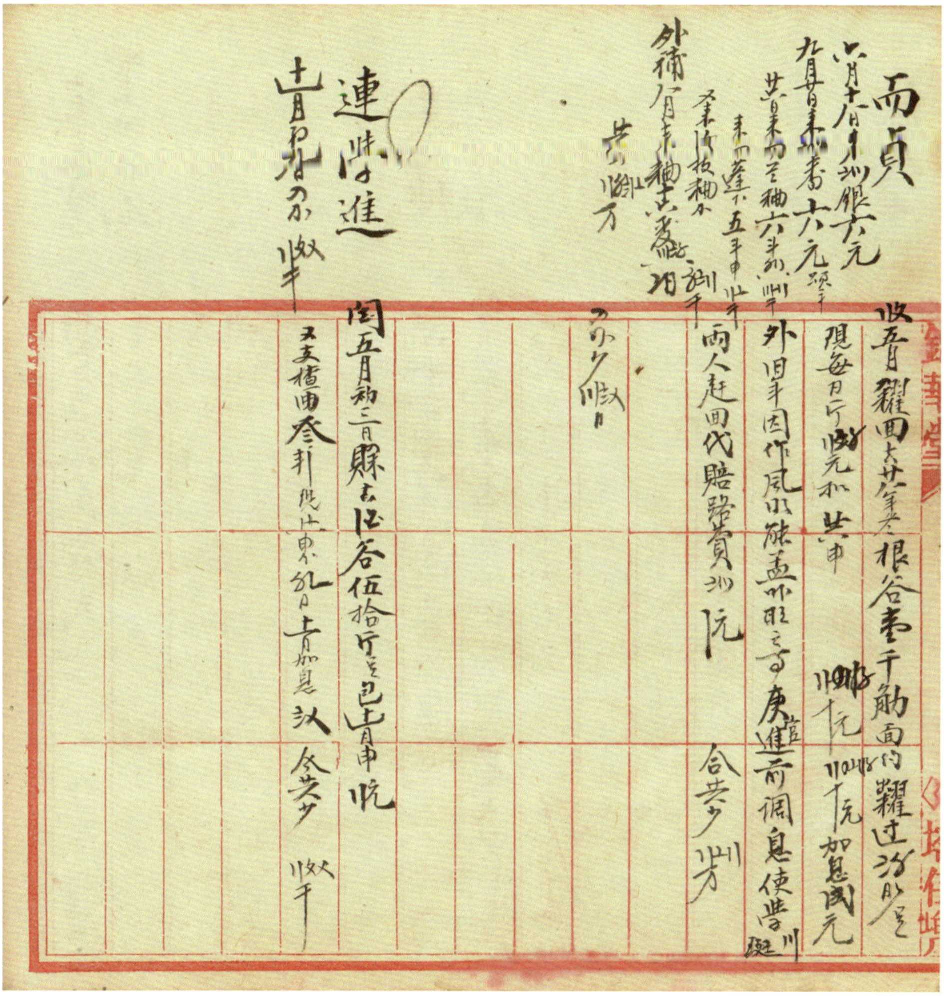

8-2-42-140　清光緒二十六年錢穀總目（一四〇）

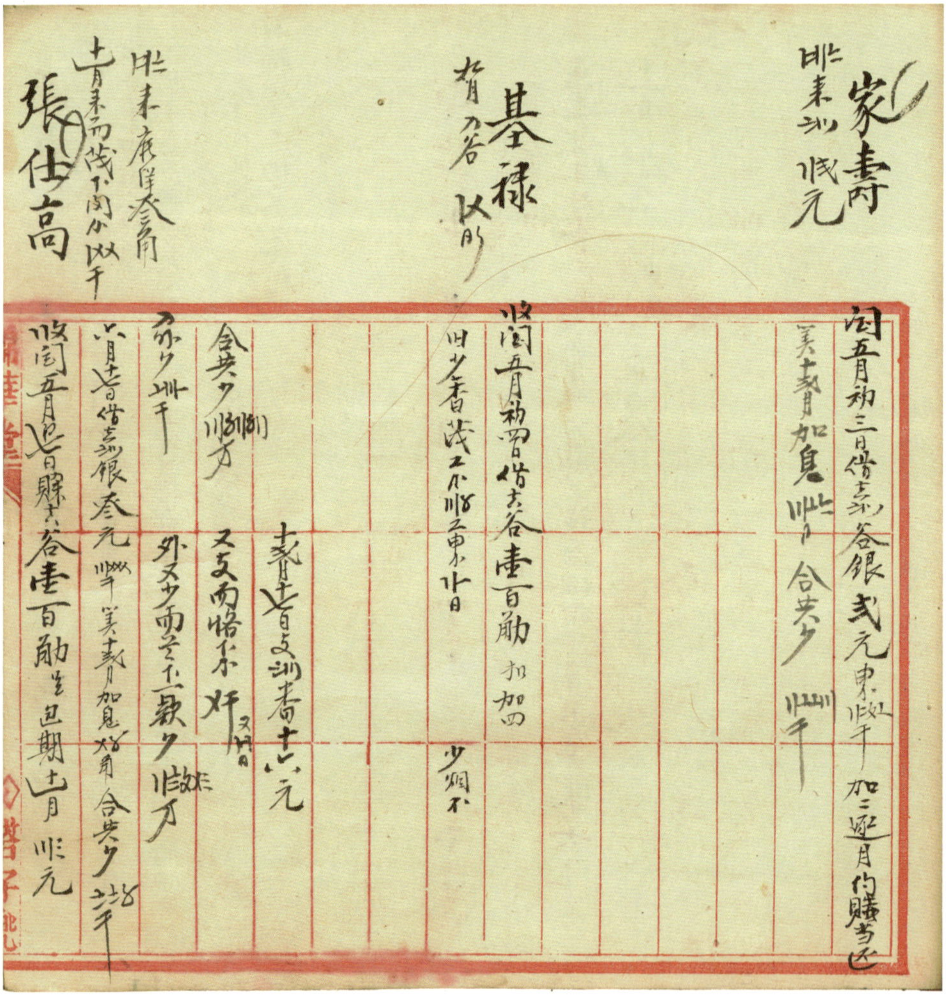

8-2-42-141　清光緒二十六年錢穀總目（一四一）

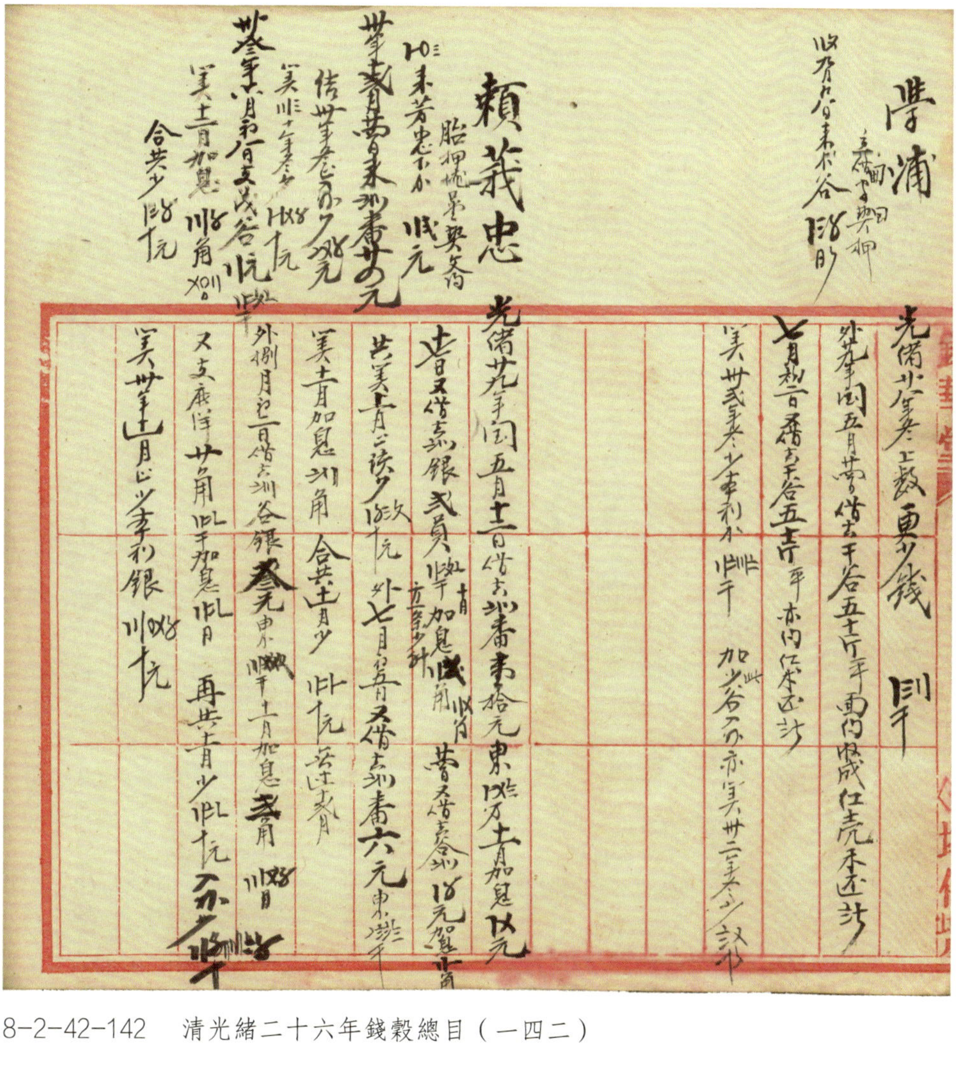

8-2-42-142　清光緒二十六年錢穀總目（一四二）

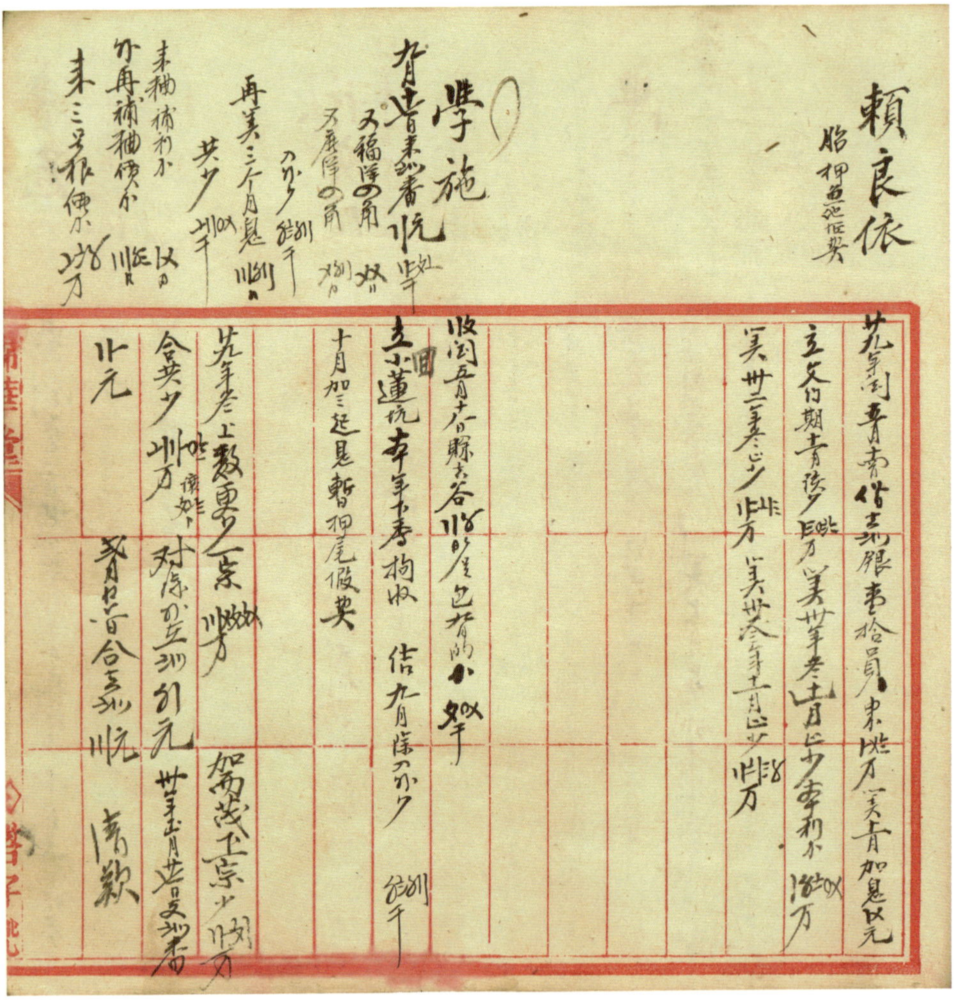

8-2-42-143　清光緒二十六年錢穀總目（一四三）

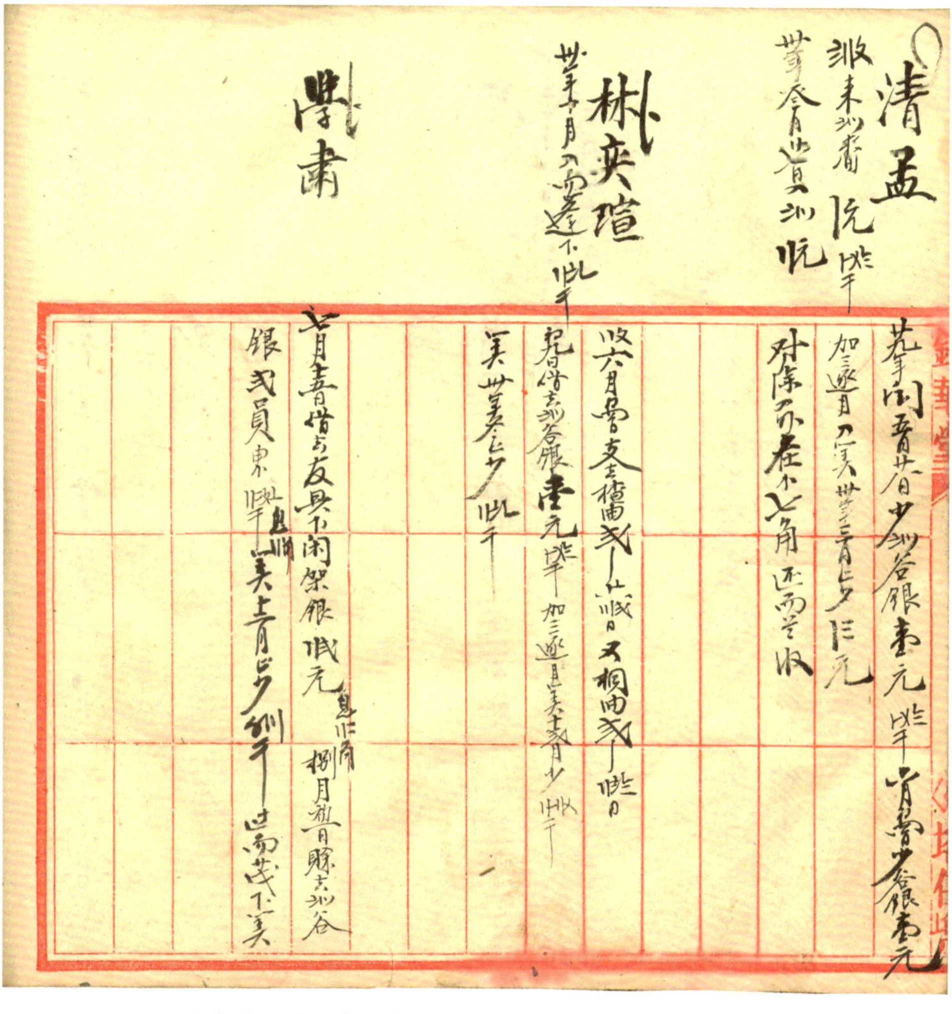

8-2-42-144　清光緒二十六年錢穀總目（一四四）

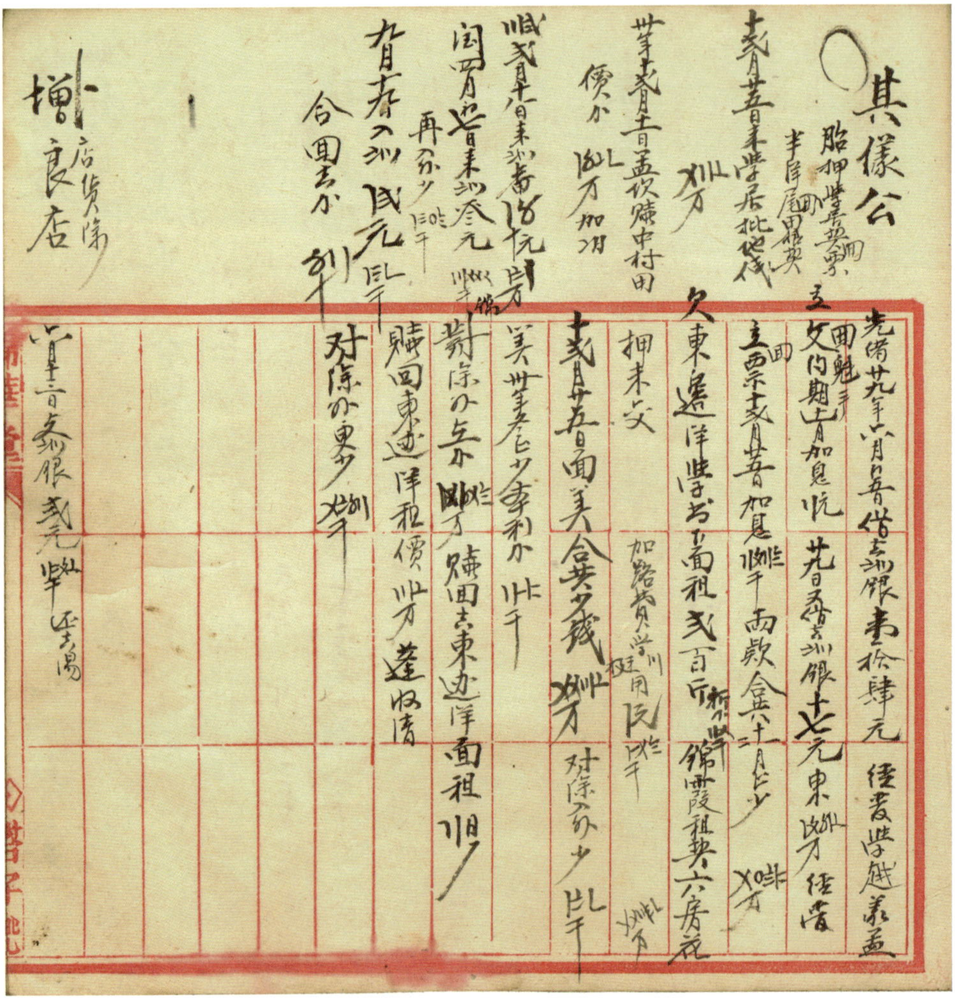

8-2-42-145　清光緒二十六年錢穀總目（一四五）

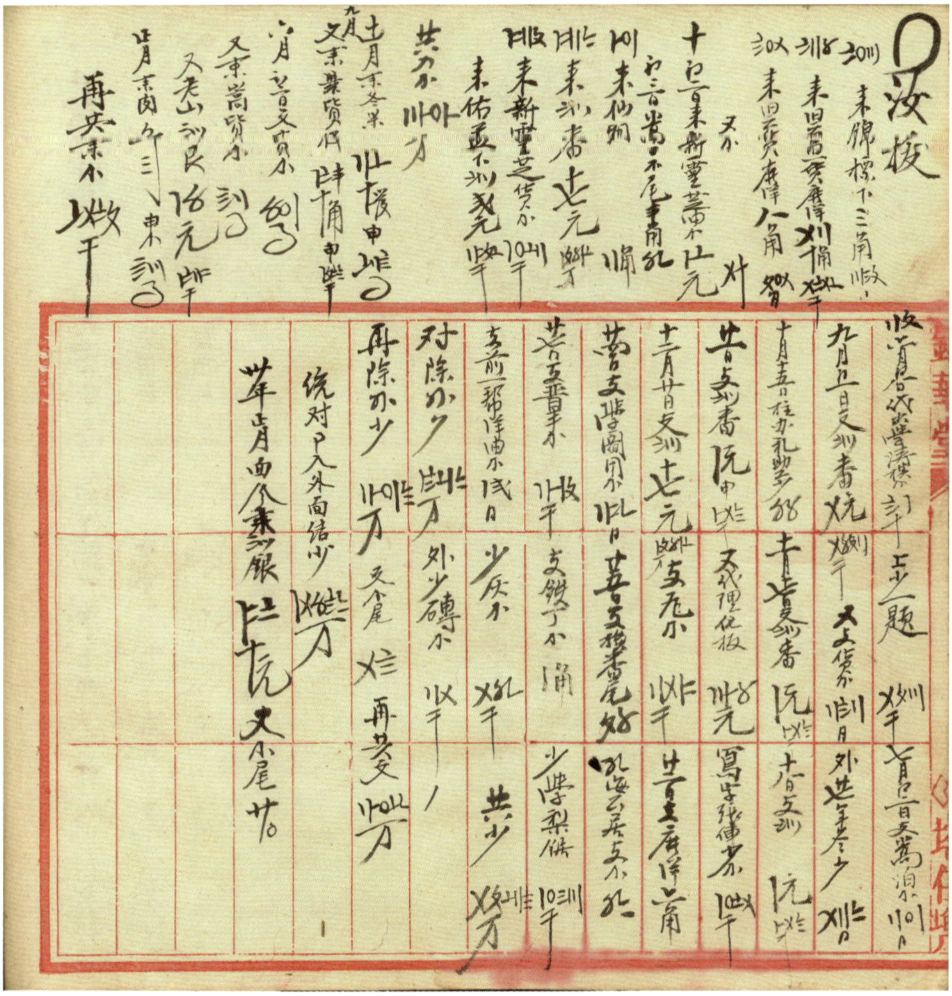

8-2-42-146　清光緒二十六年錢穀總目（一四六）

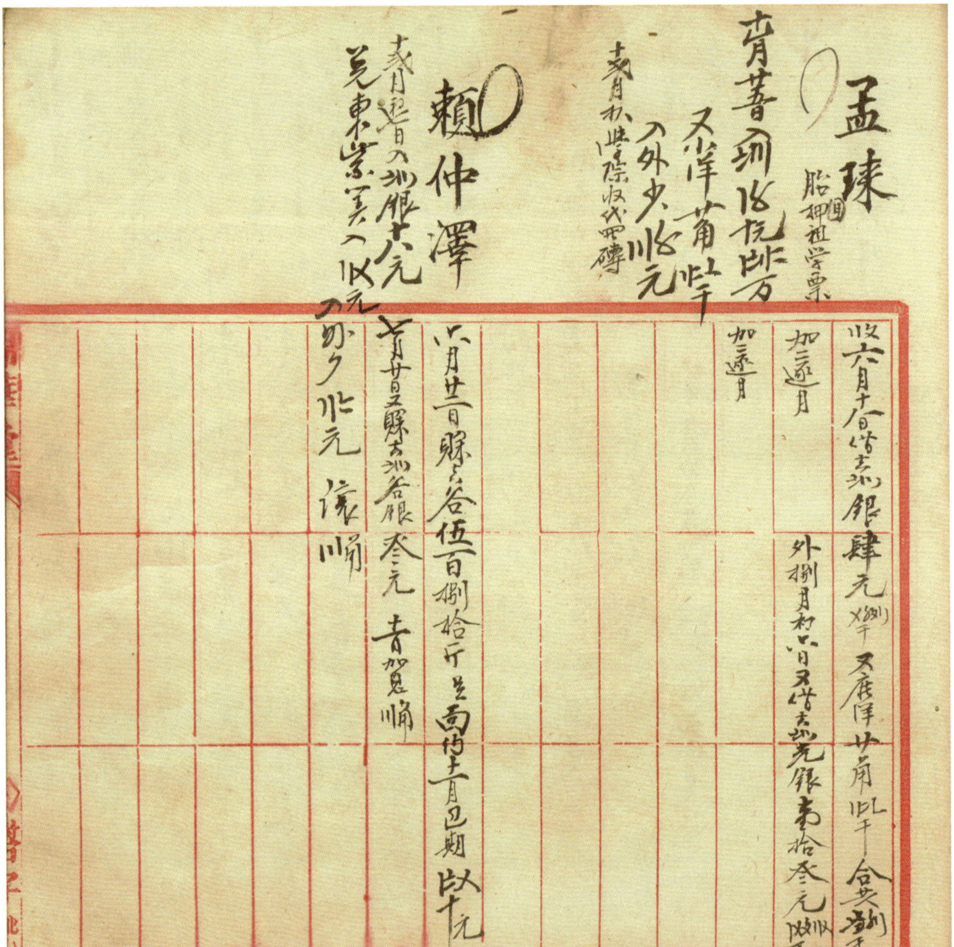

8-2-42-147　清光緒二十六年錢穀總目（一四七）

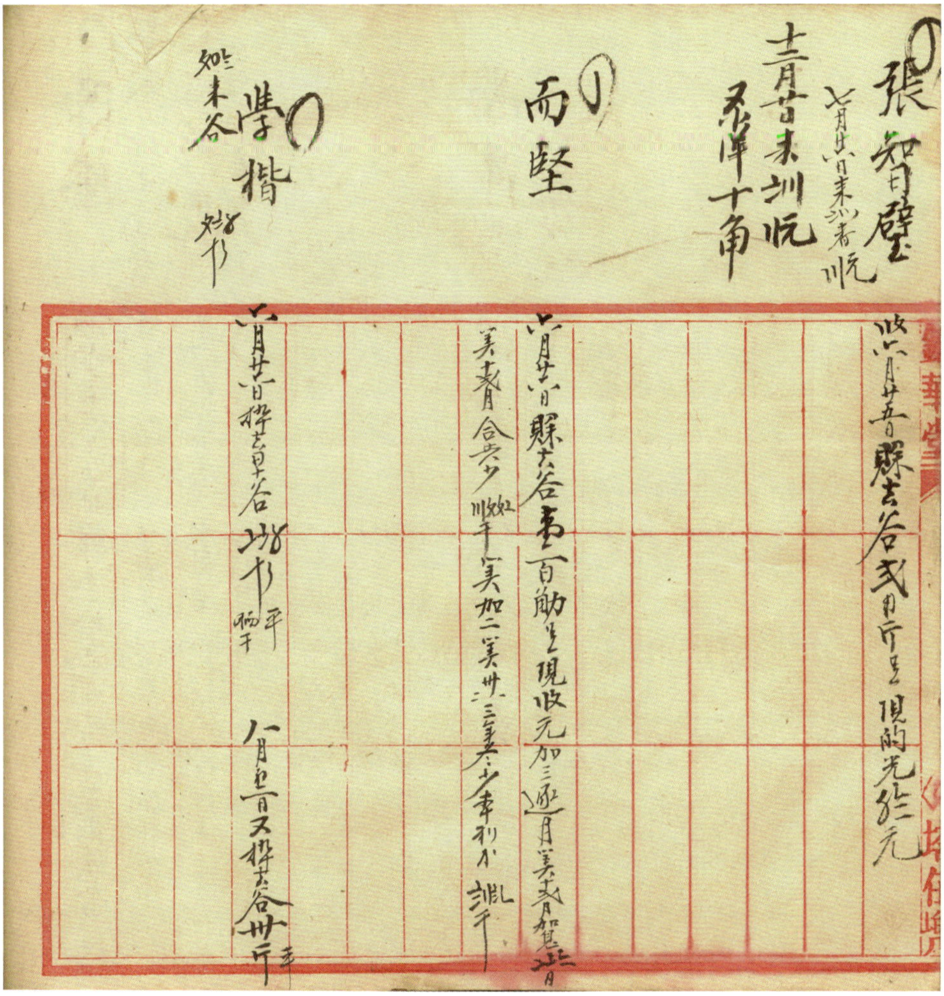

8-2-42-148　清光緒二十六年錢穀總目（一四八）

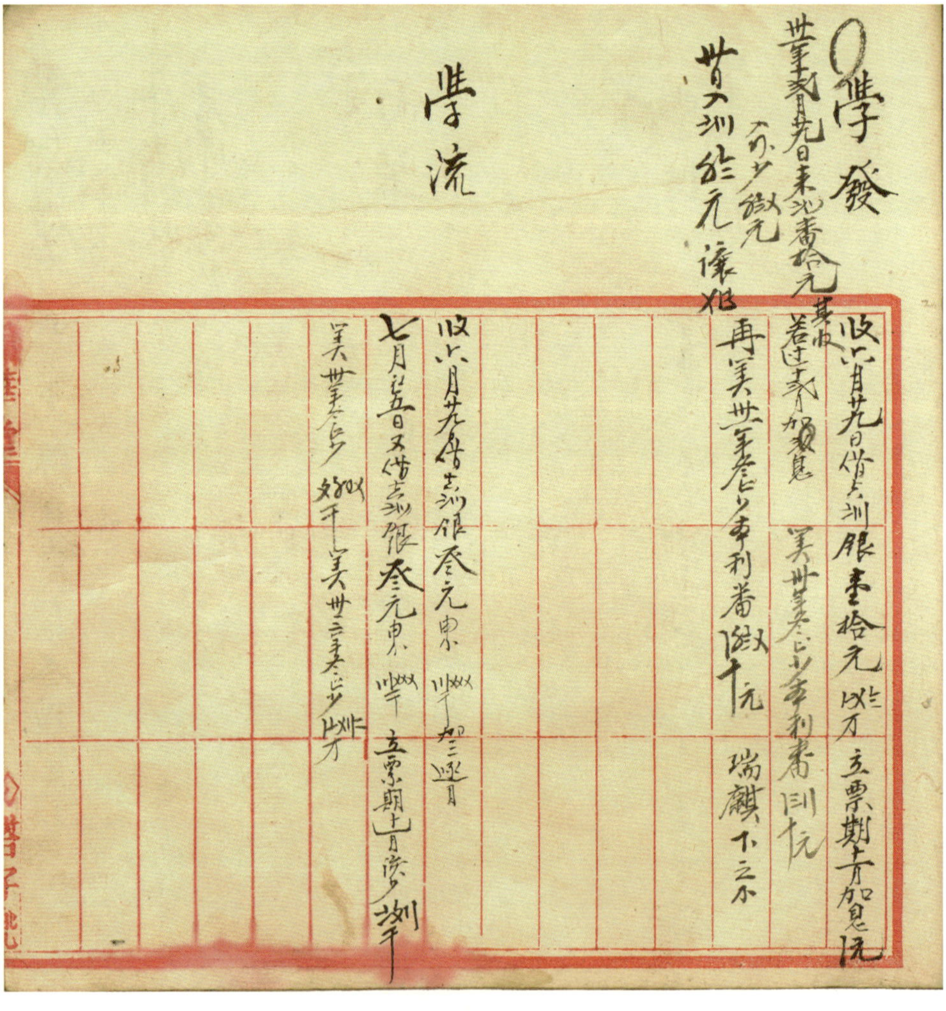

8-2-42-149　清光緒二十六年錢穀總目（一四九）

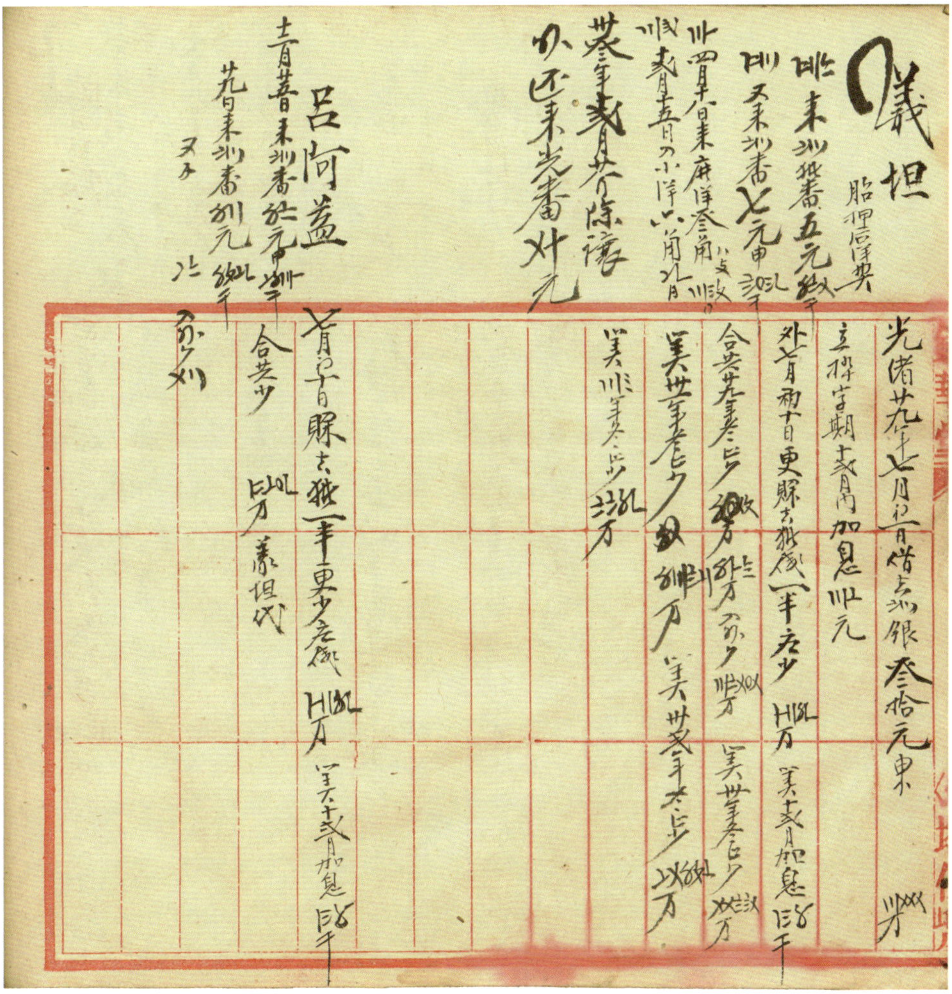

8-2-42-150　清光緒二十六年錢穀總目（一五〇）

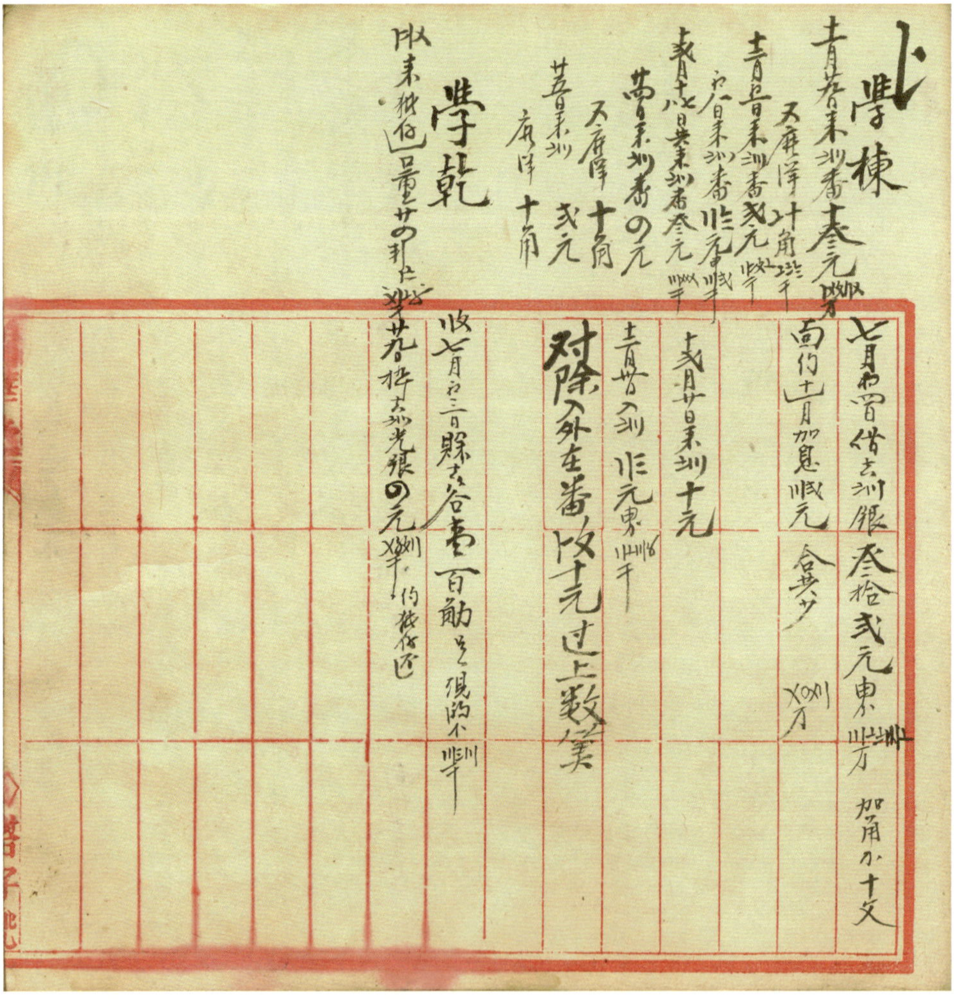

卜學棟
十一月廿二日來洋番叁元
又艮洋廿角
十二月十二日來洋番弍元
又廿一日來洋番〡元
十二月廿八日來洋番叁元
廿四日來洋番四元
又艮洋十角
廿五日來洋 弍元
艮洋 十角
學乾
收來被伊退還廿四年…
七月初四日借去洋艮叁拾弍元
尚們十二月加息〡元 合共…
加角…十文
十二月廿日來洋十元
十二月廿八日洋〡元
对除入外在番收十元过上數
收七月初三日賒去谷壹百觔…
廿五年…去洋光艮四元 仍被伊退

8-2-42-151　清光緒二十六年錢穀總目（一五一）

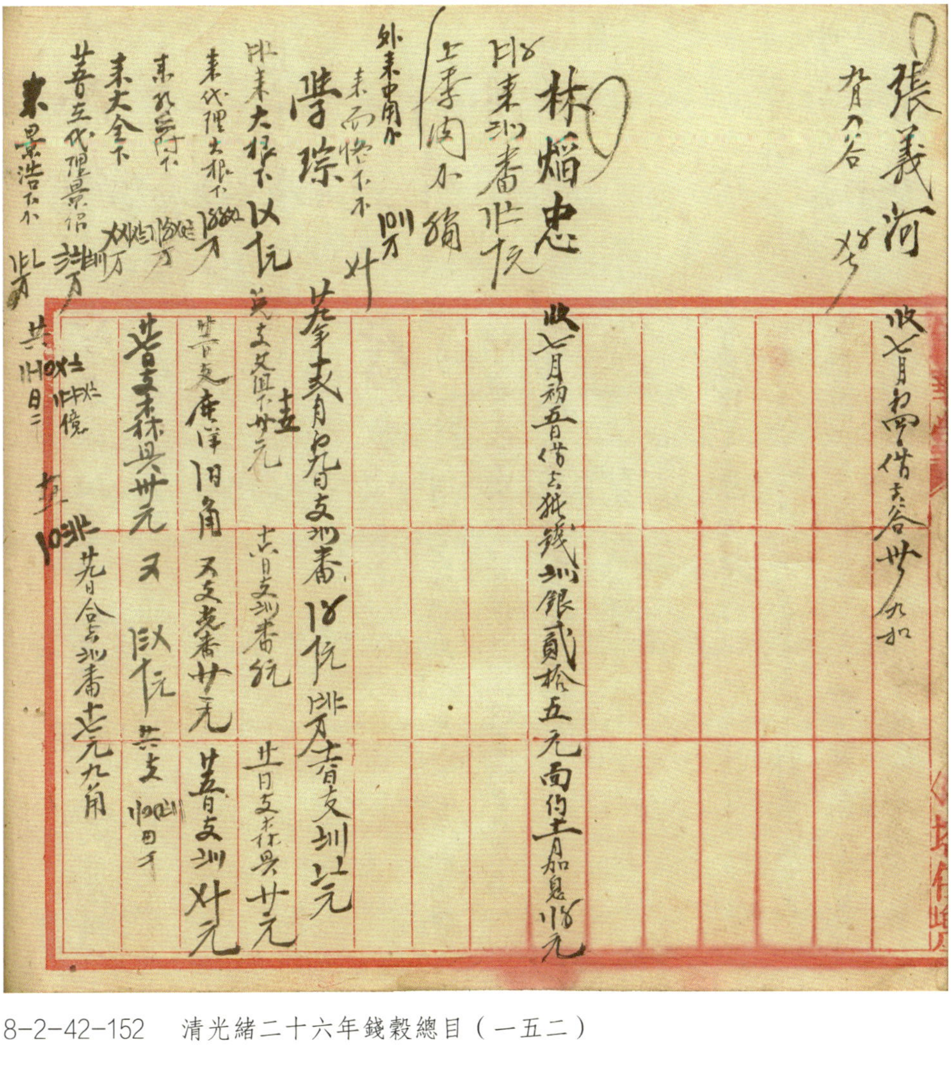

8-2-42-152　清光緒二十六年錢穀總目（一五二）

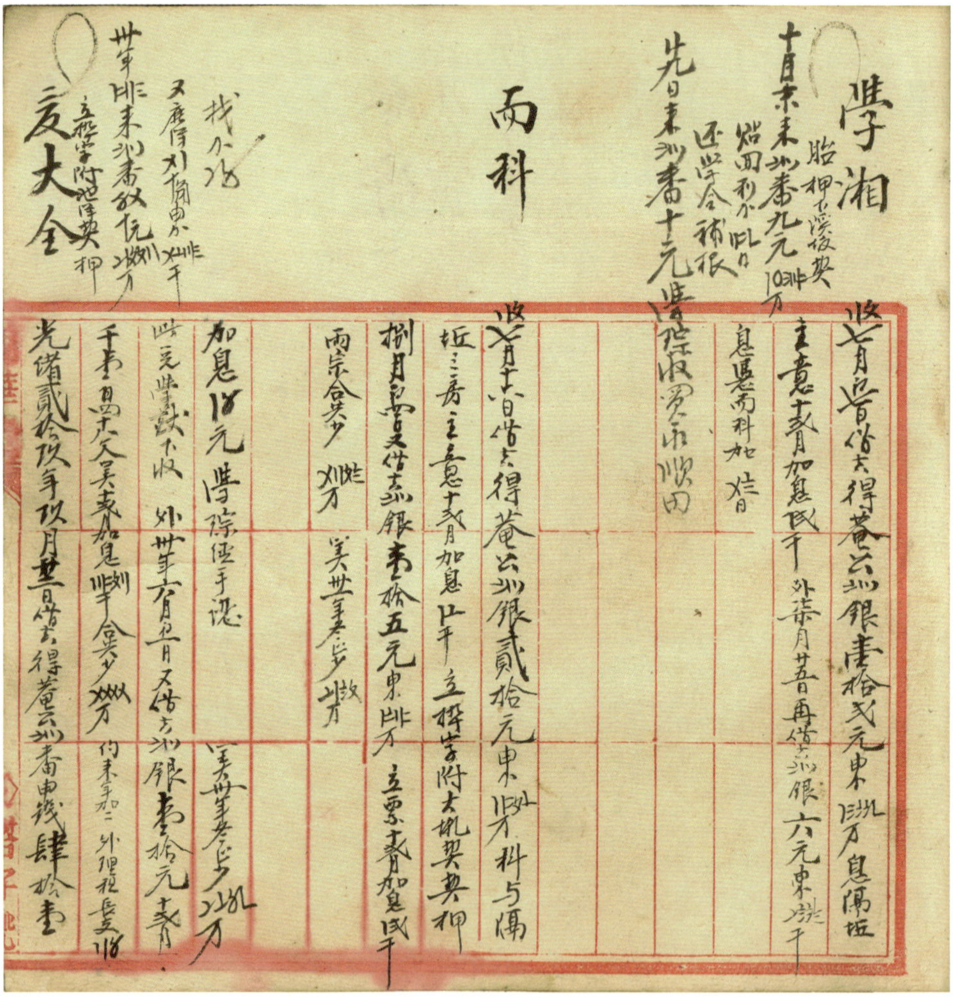

8-2-42-153　清光緒二十六年錢穀總目（一五三）

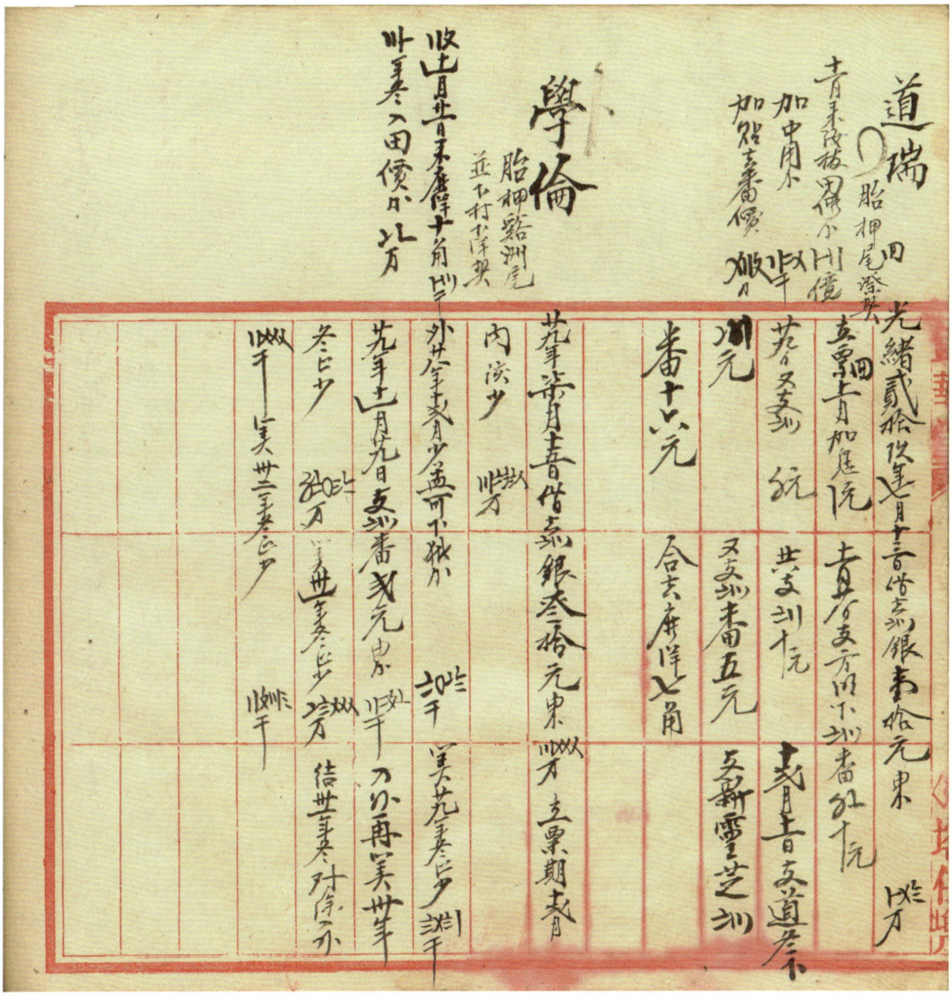

8-2-42-154　清光緒二十六年錢穀總目（一五四）

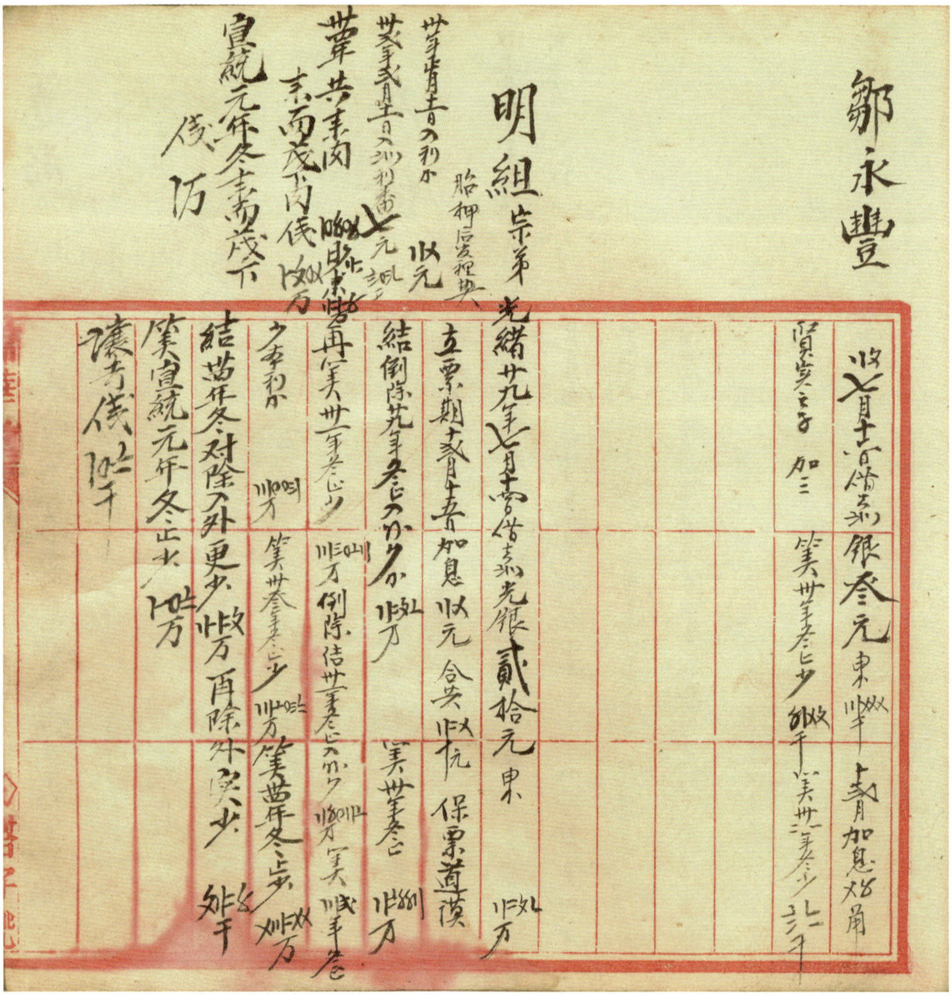

8-2-42-155　清光緒二十六年錢穀總目（一五五）

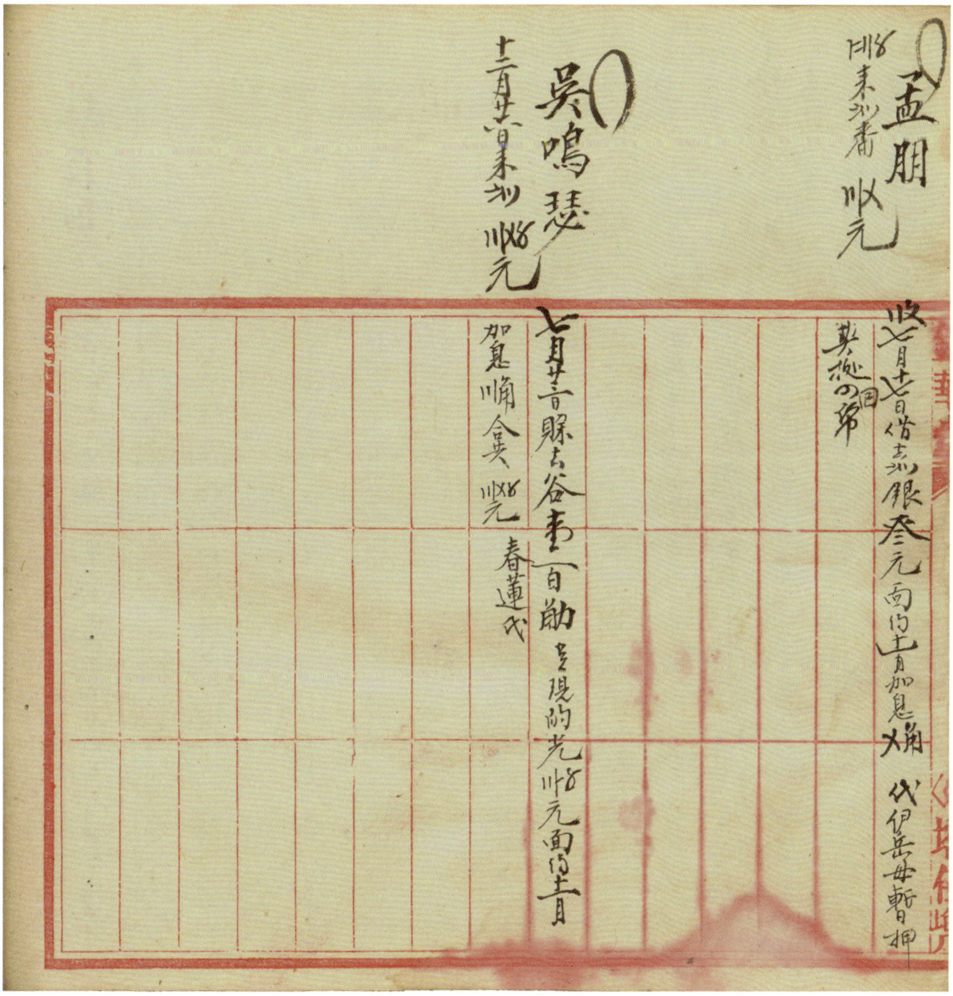

8-2-42-156　清光緒二十六年錢穀總目（一五六）

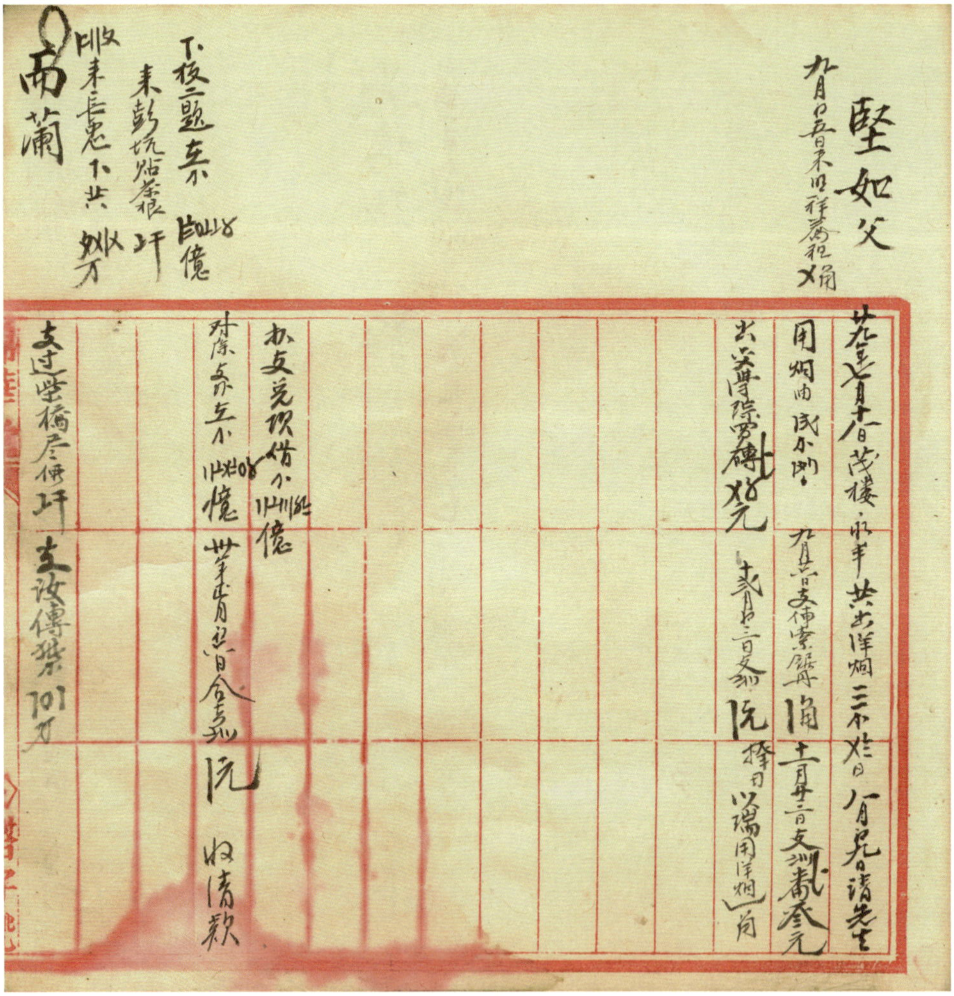

8-2-42-157　清光緒二十六年錢穀總目（一五七）

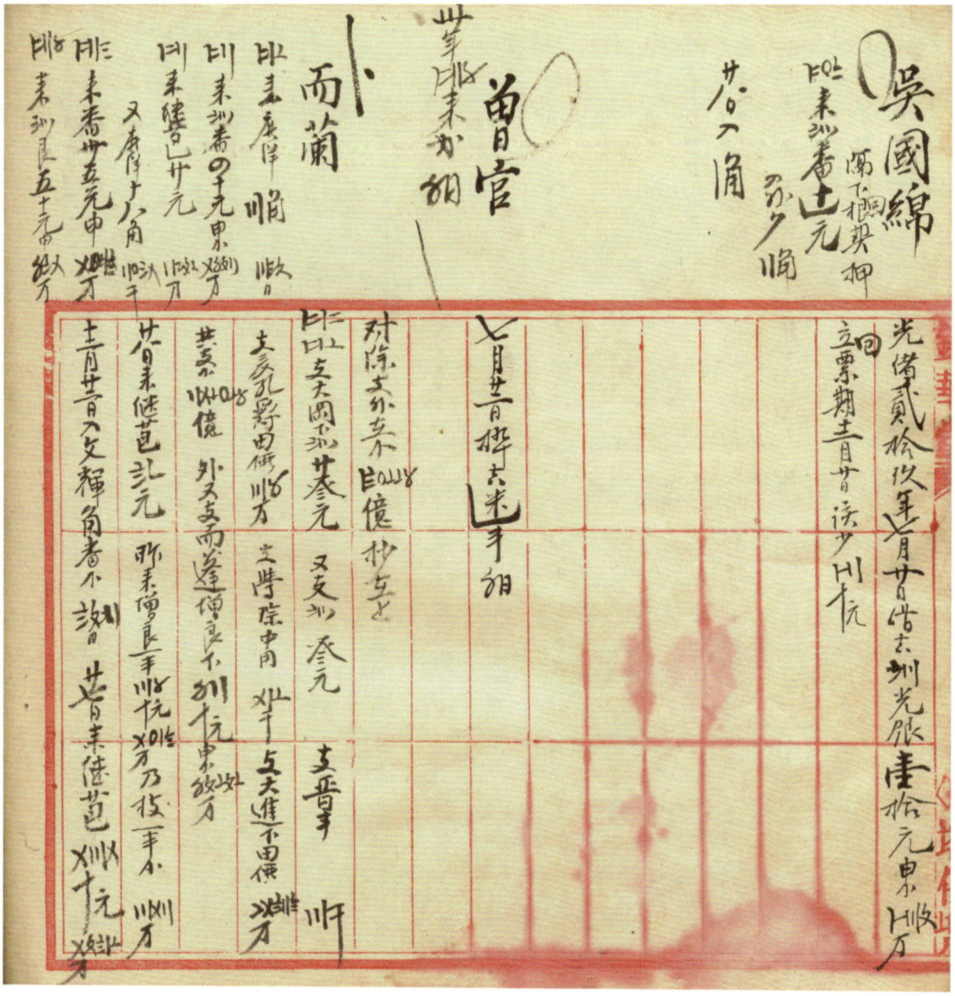

8-2-42-158　清光緒二十六年錢穀總目（一五八）

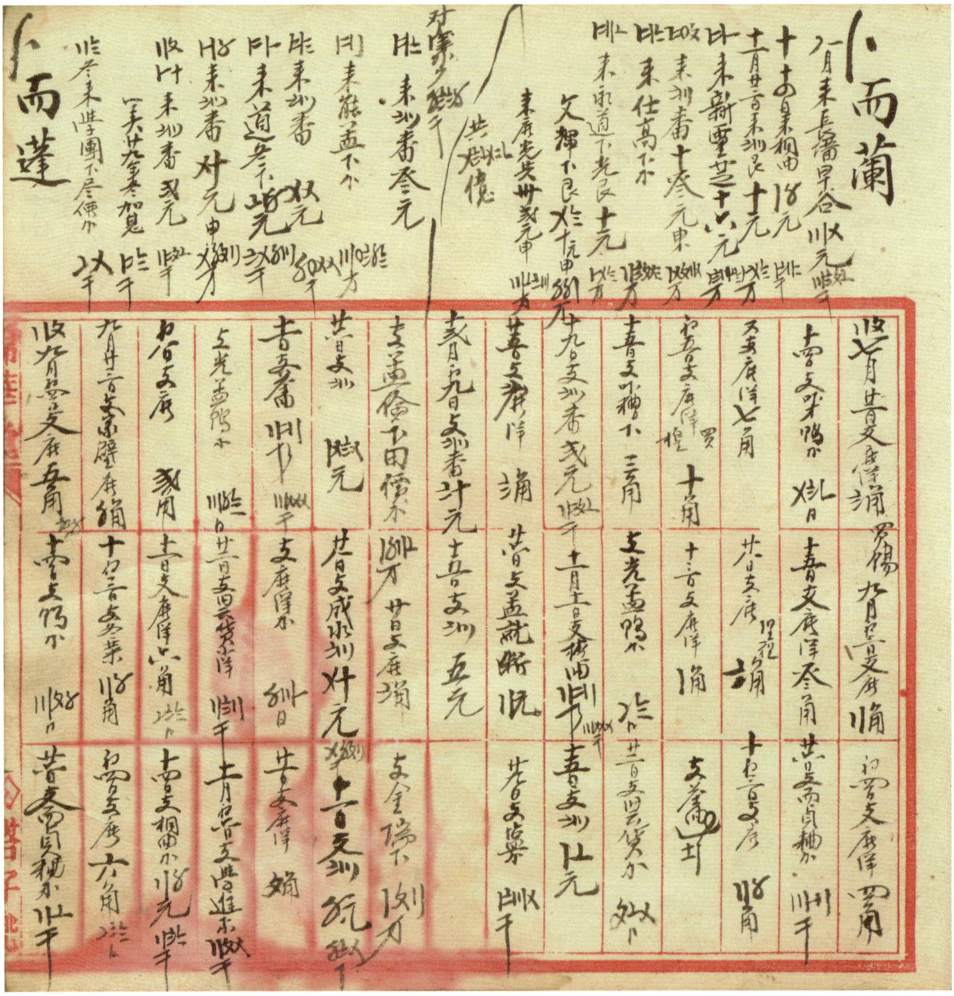

8-2-42-159　清光緒二十六年錢穀總目（一五九）

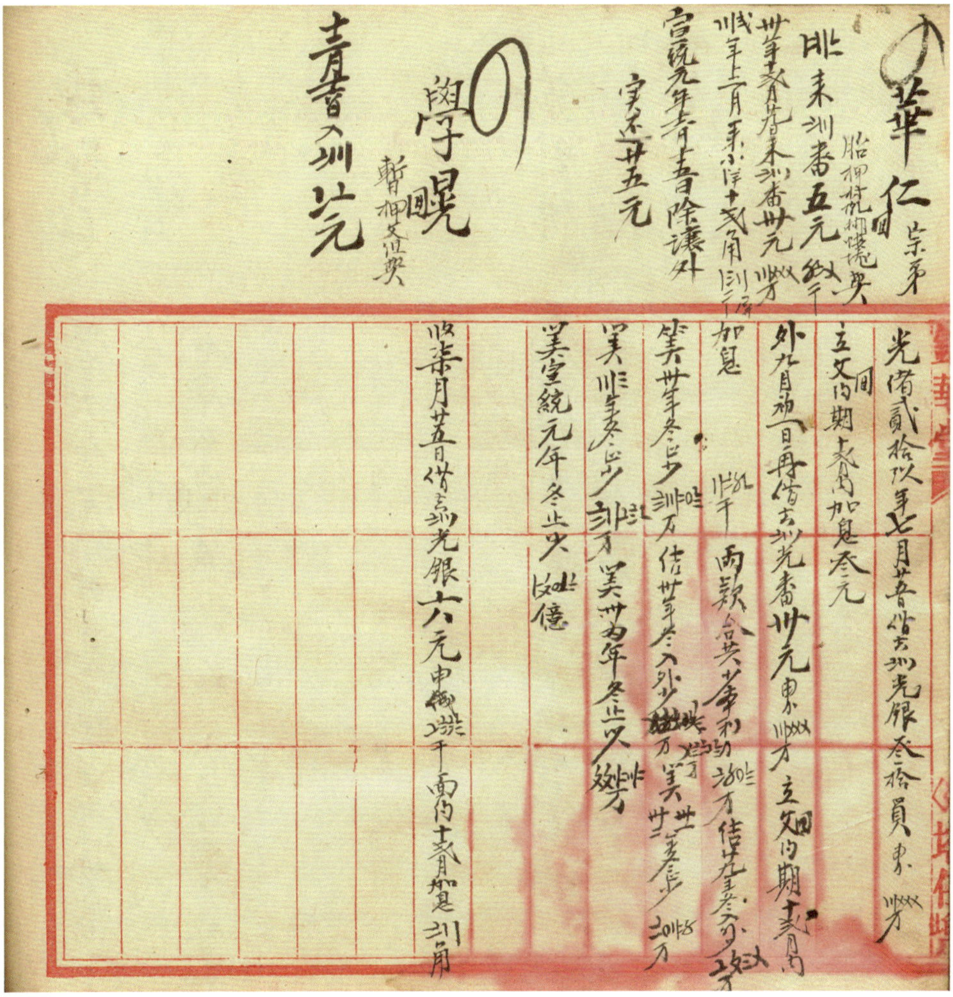

8-2-42-160　清光緒二十六年錢穀總目（一六〇）

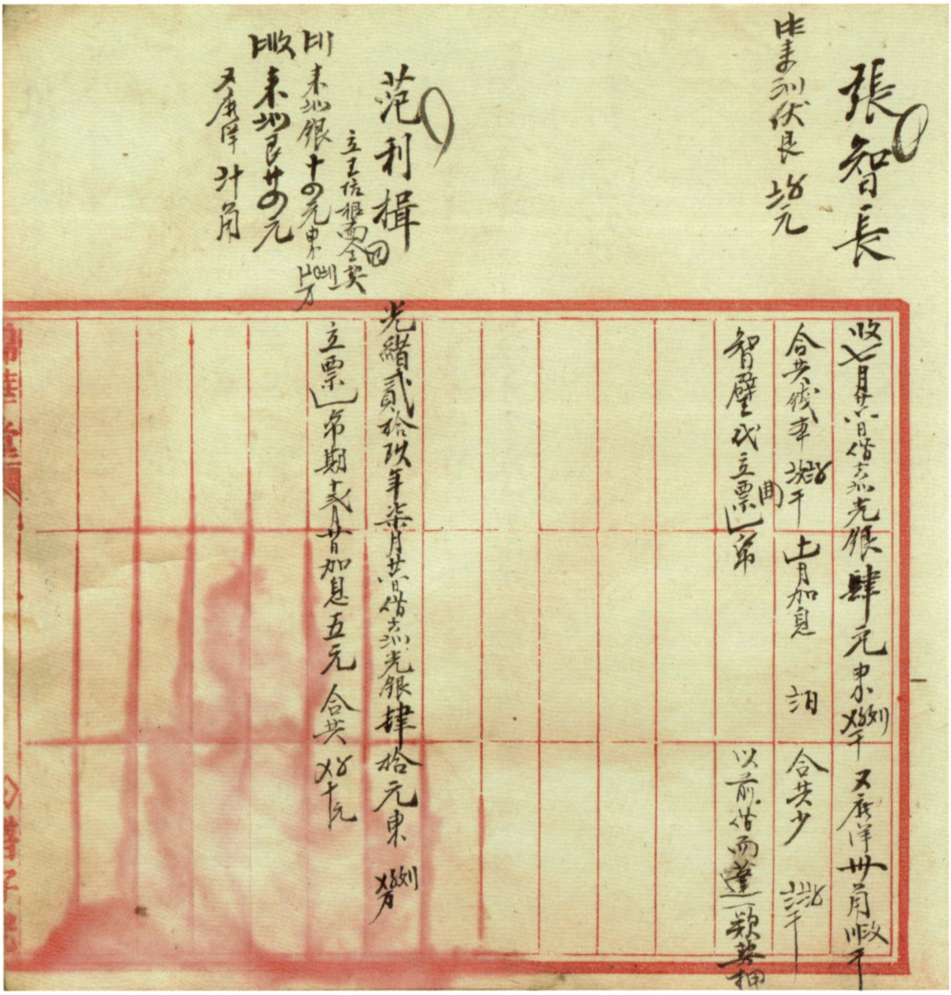

8-2-42-161　清光緒二十六年錢穀總目（一六一）

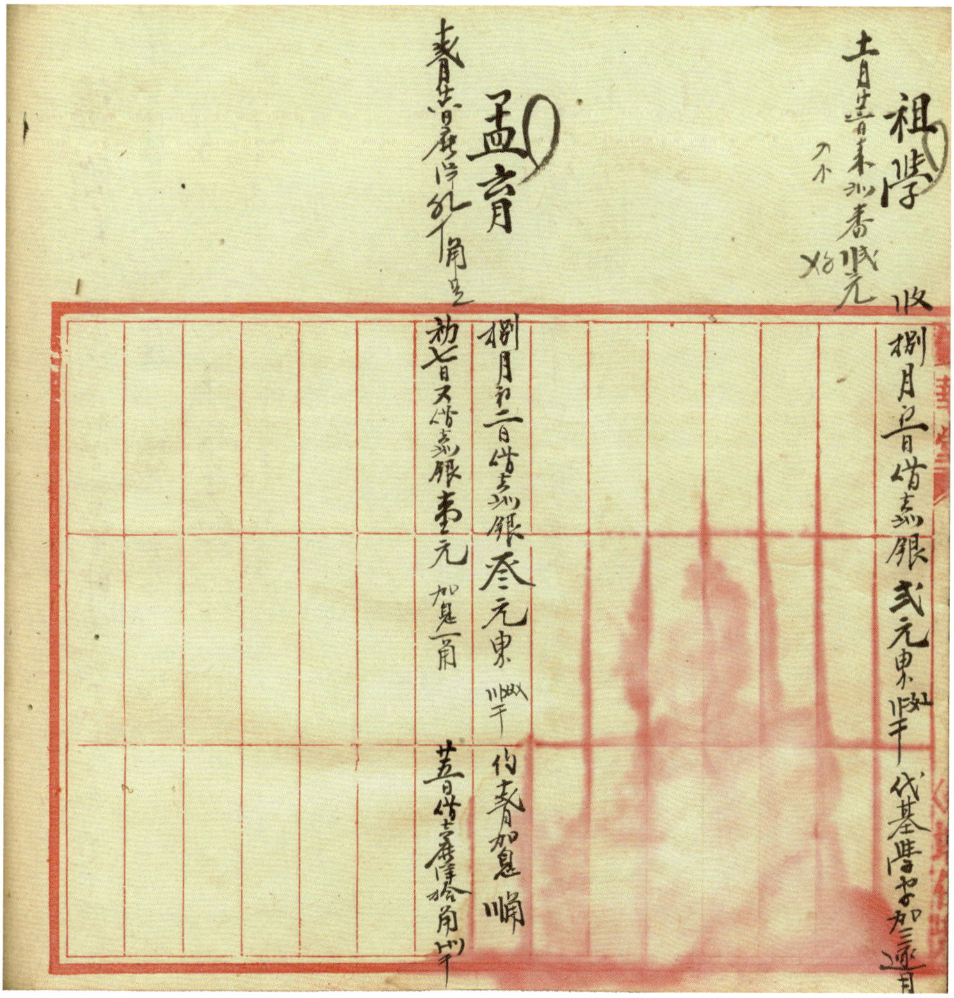

祖學

收

捌月廿四日借去銀貳元

孟育

捌月初二日借去銀叁元

初七日又借去銀壹元 加息一角

8-2-42-162　清光緒二十六年錢穀總目（一六二）

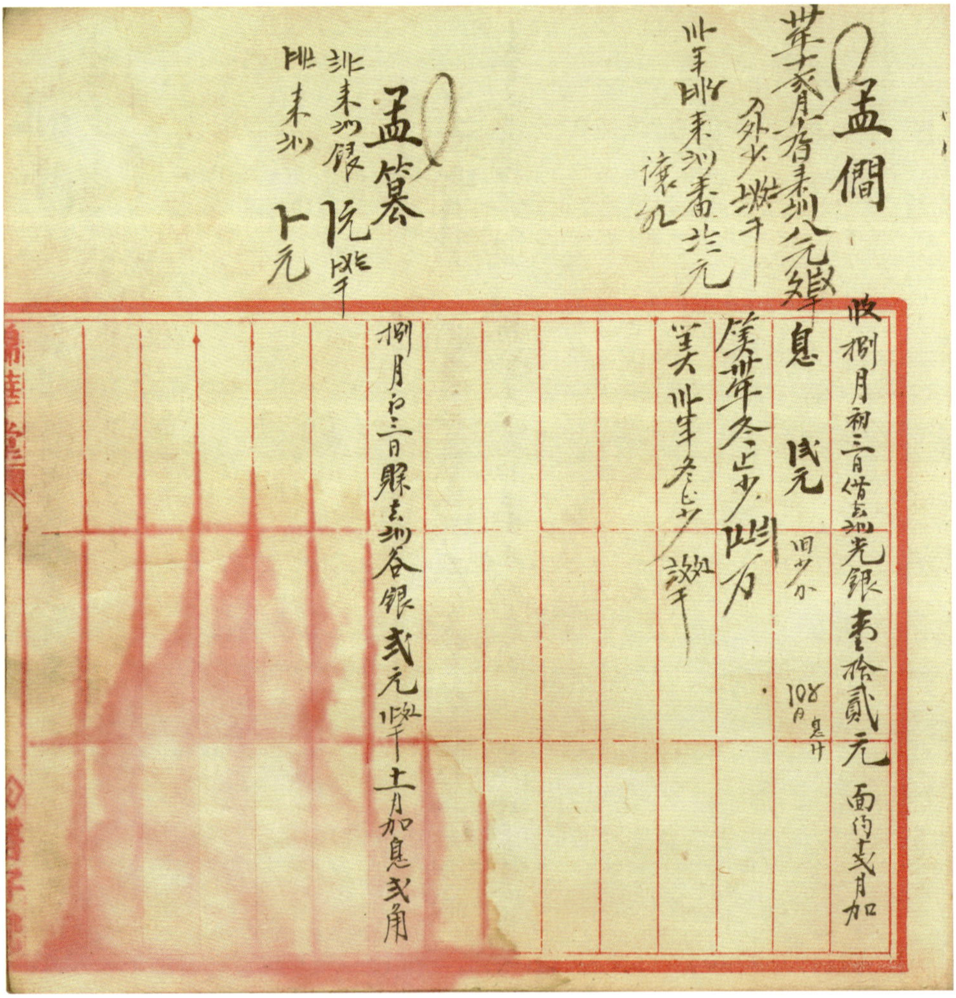
收捌月初三日借去洋光銀壹拾貳元 面約弍月加
捌月初三日縣去洋谷銀弍元 十二月加息弍角

8-2-42-163　清光緒二十六年錢穀總目（一六三）

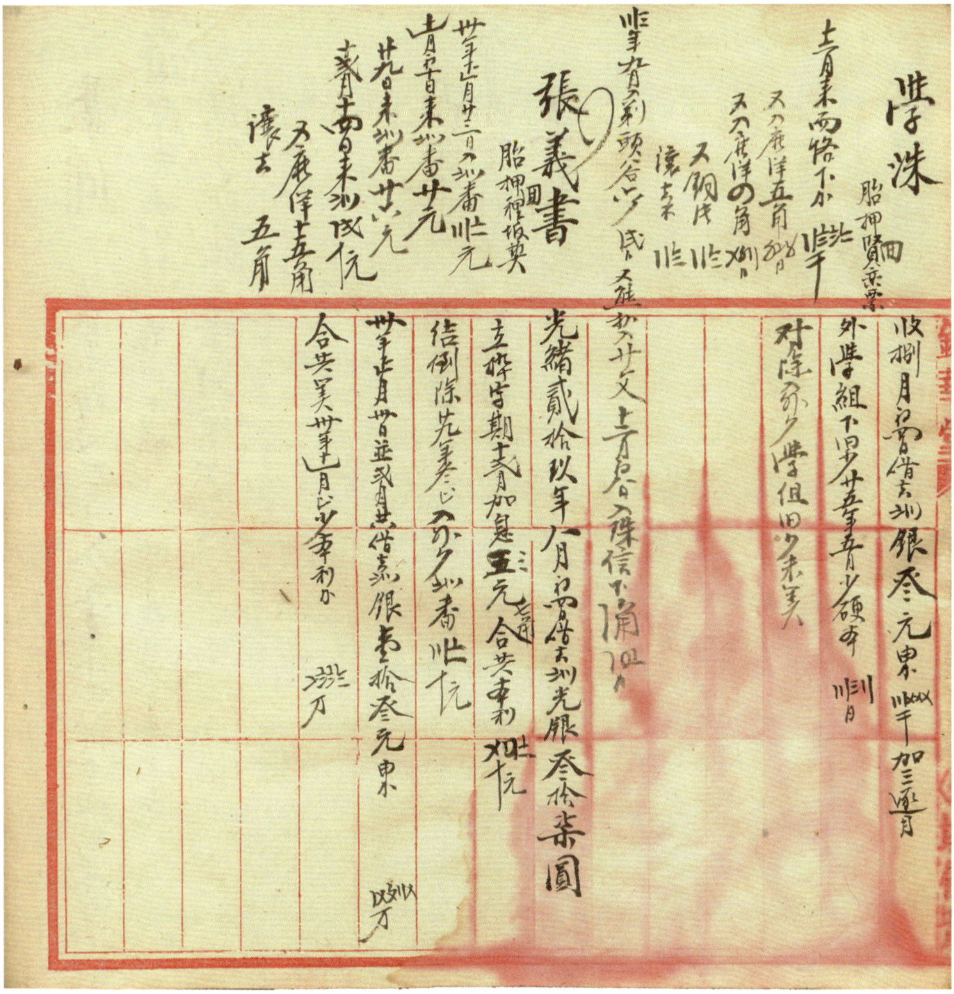

8-2-42-164　清光緒二十六年錢穀總目（一六四）

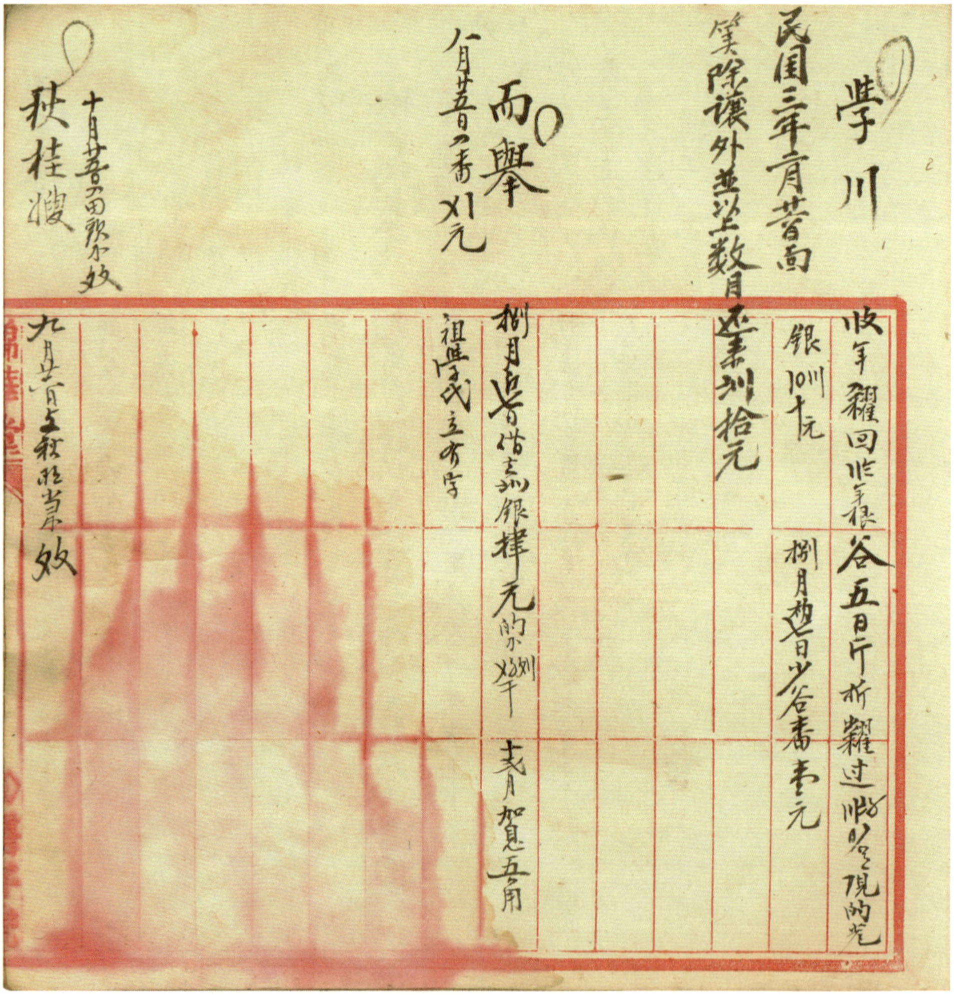

8-2-42-165　清光緒二十六年錢穀總目（一六五）

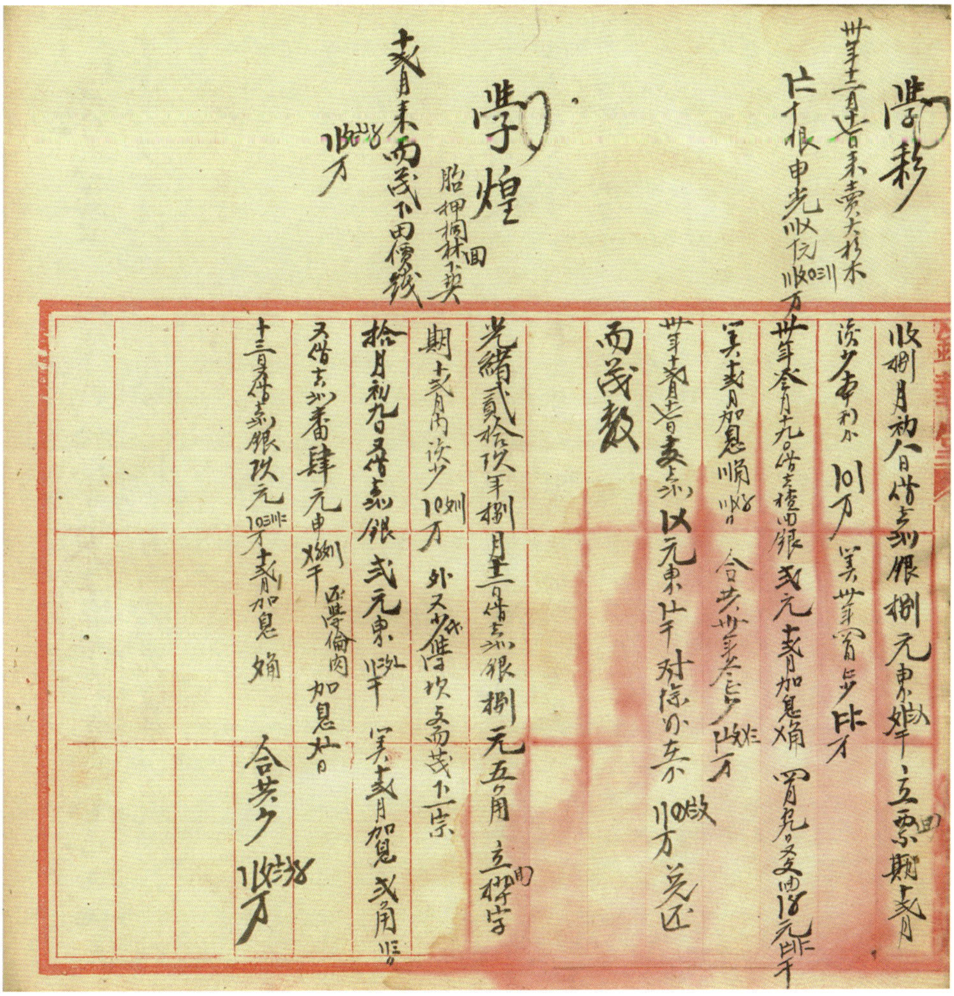

8-2-42-166　清光緒二十六年錢穀總目（一六六）

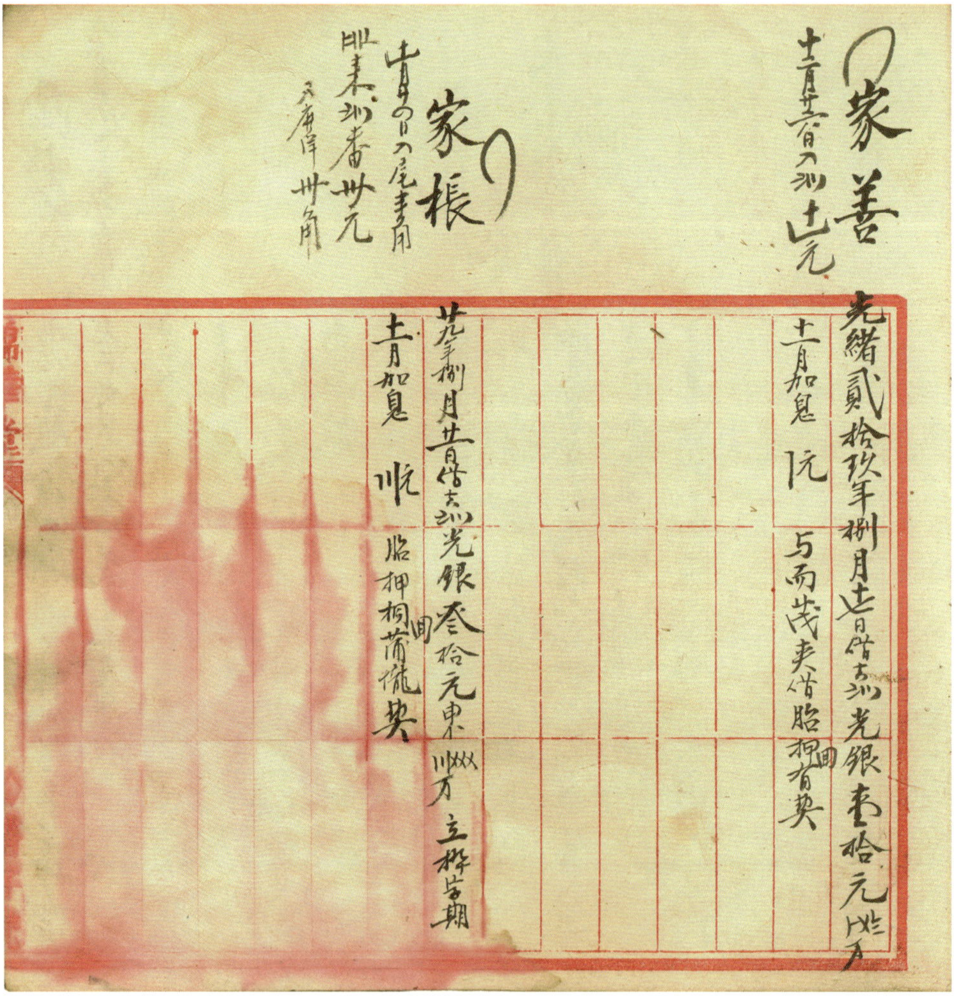

8-2-42-167　清光緒二十六年錢穀總目（一六七）

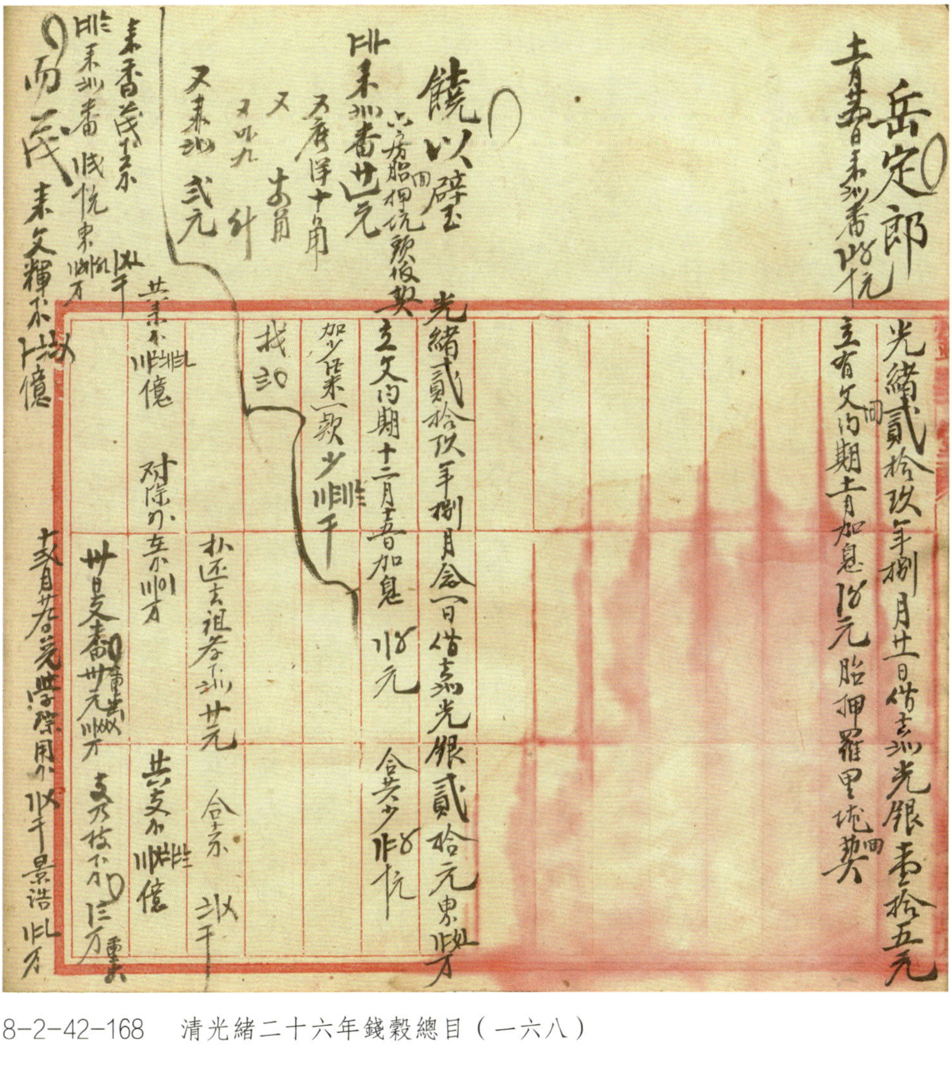

8-2-42-168　清光緒二十六年錢穀總目（一六八）

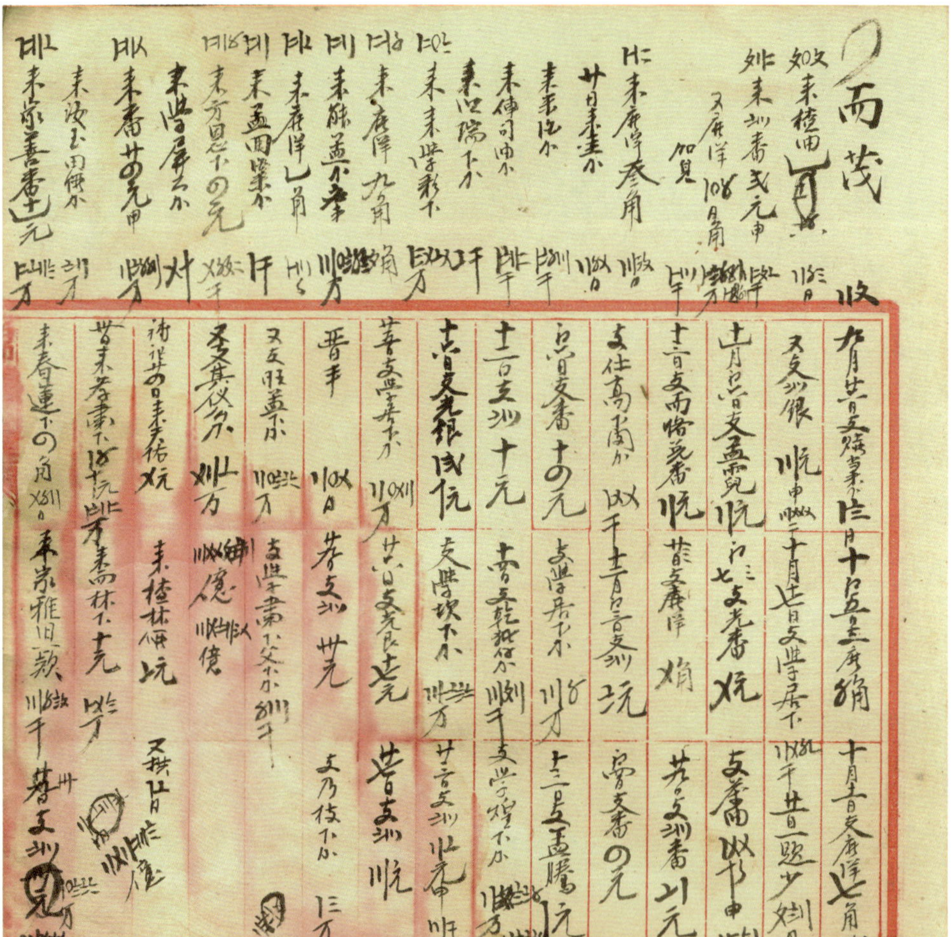

8-2-42-169　清光緒二十六年錢穀總目（一六九）

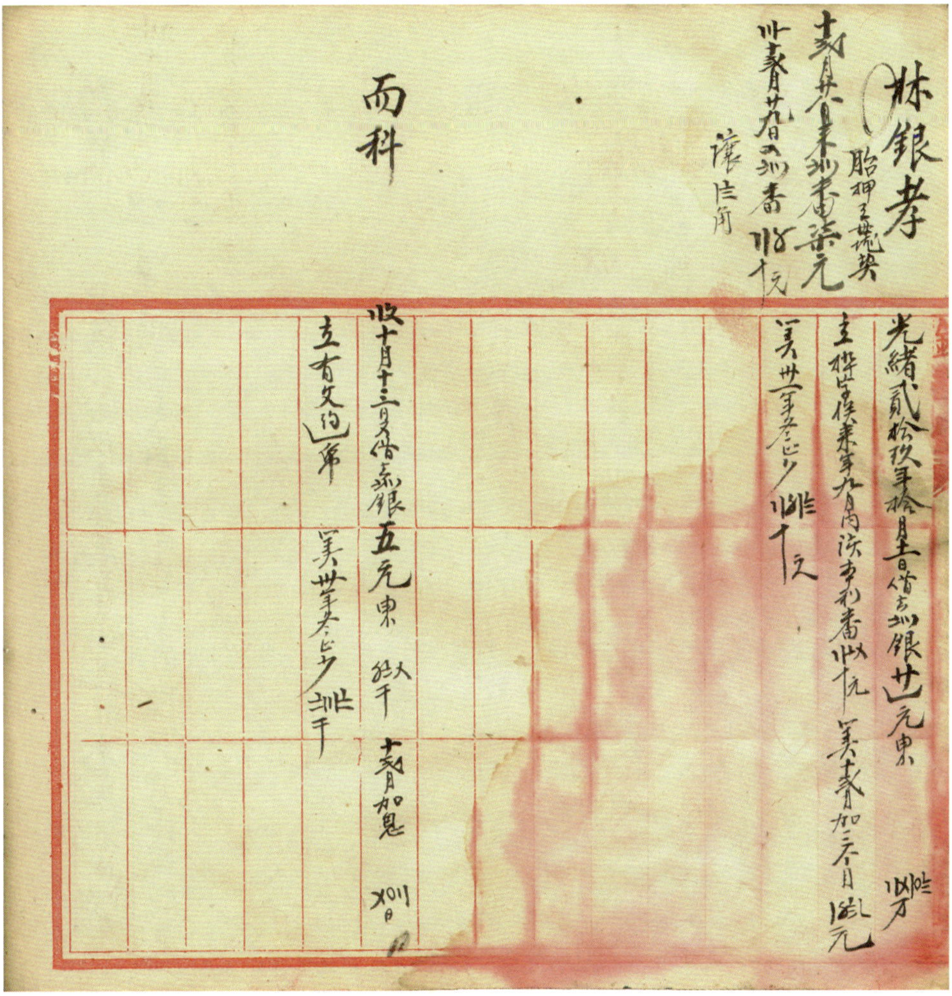
林銀孝
胎押王姓契
[illegible]
而科
光緒貳拾玖年[illegible]
[illegible]
立有文約[illegible]

8-2-42-170　清光緒二十六年錢穀總目（一七〇）

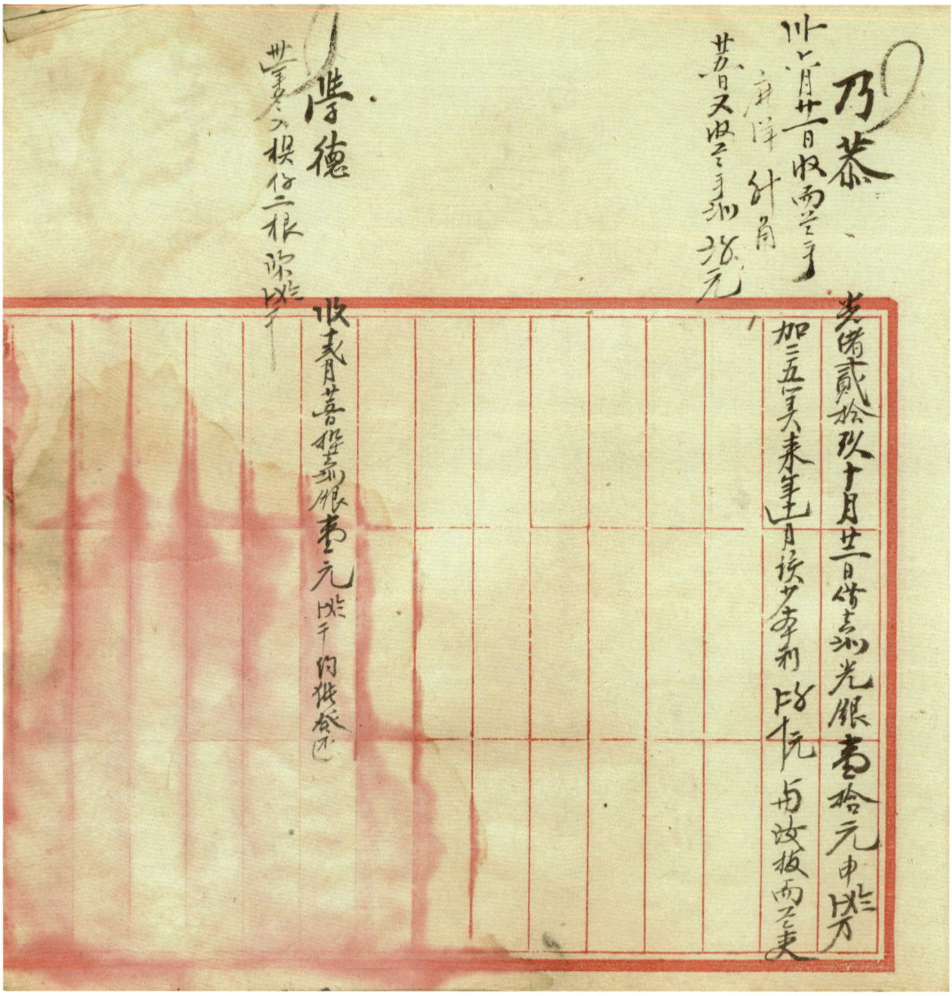

8-2-42-171　清光緒二十六年錢穀總目（一七一）

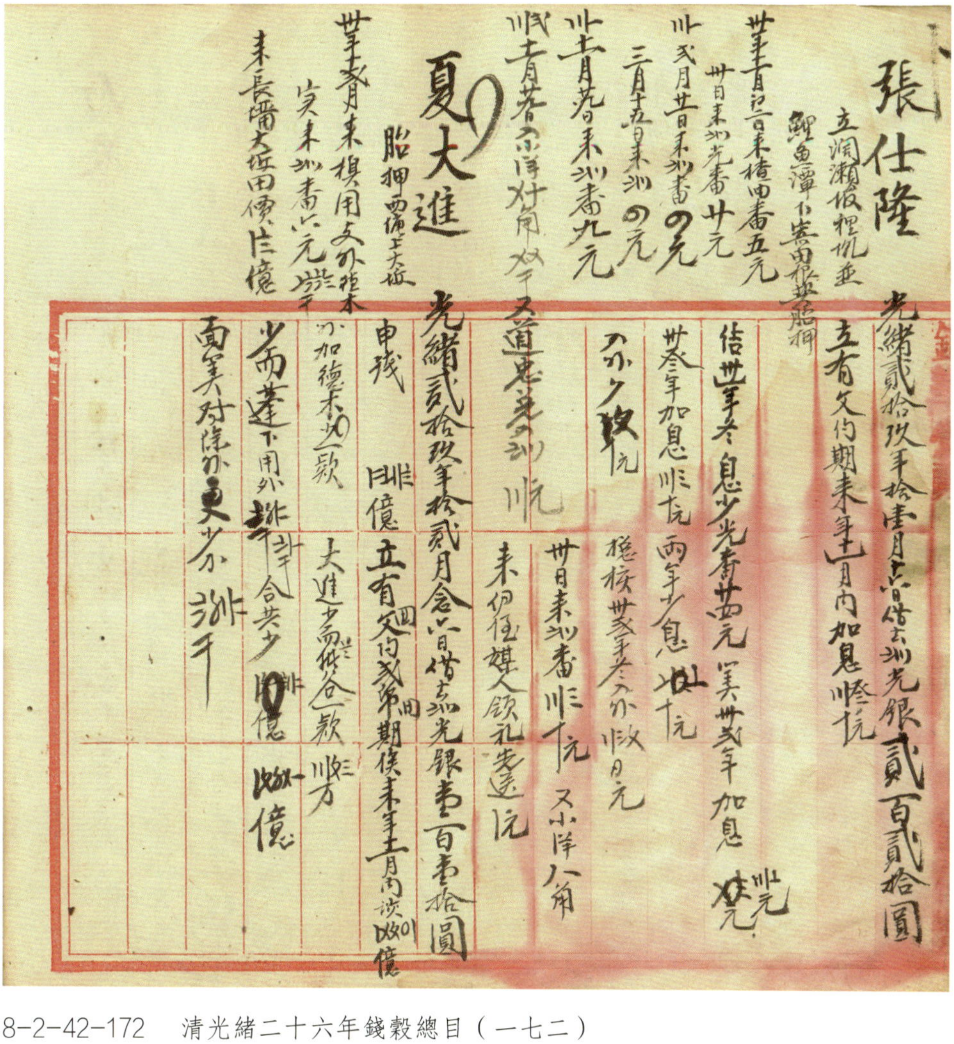

8-2-42-172　清光緒二十六年錢穀總目（一七二）

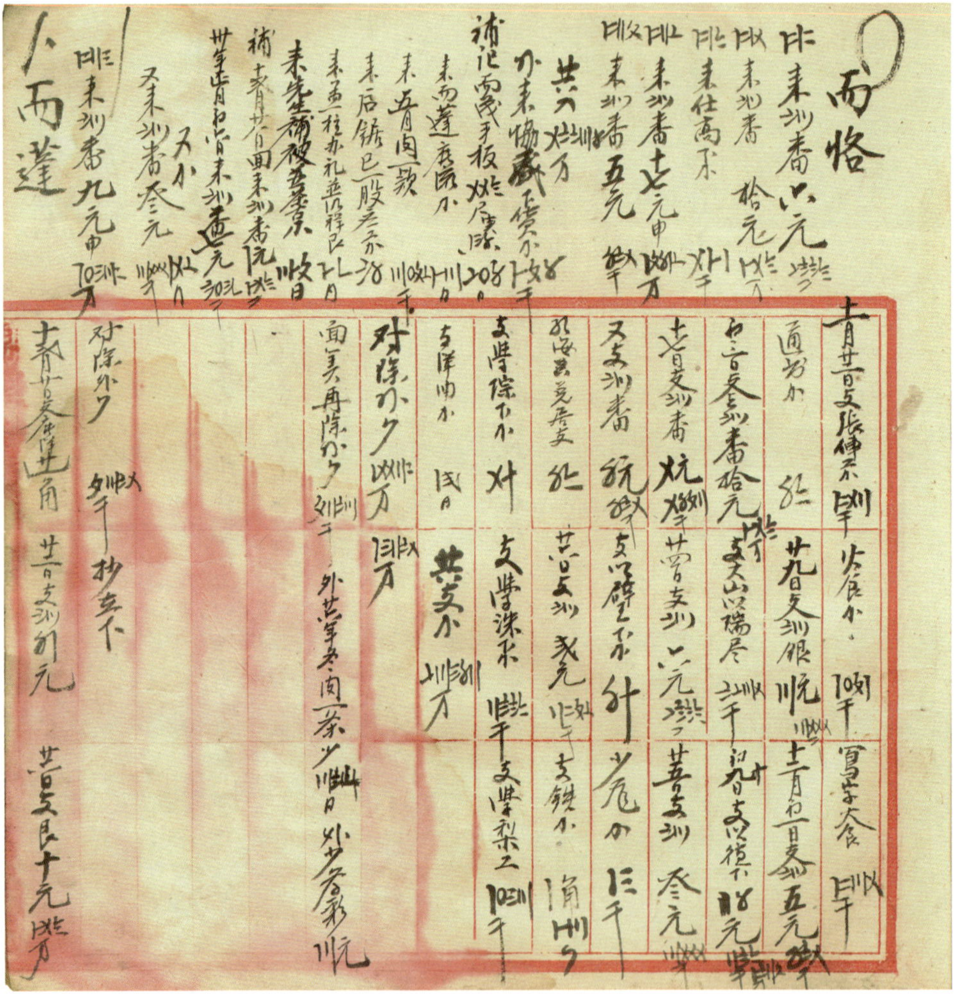

8-2-42-173　清光緒二十六年錢穀總目（一七三）

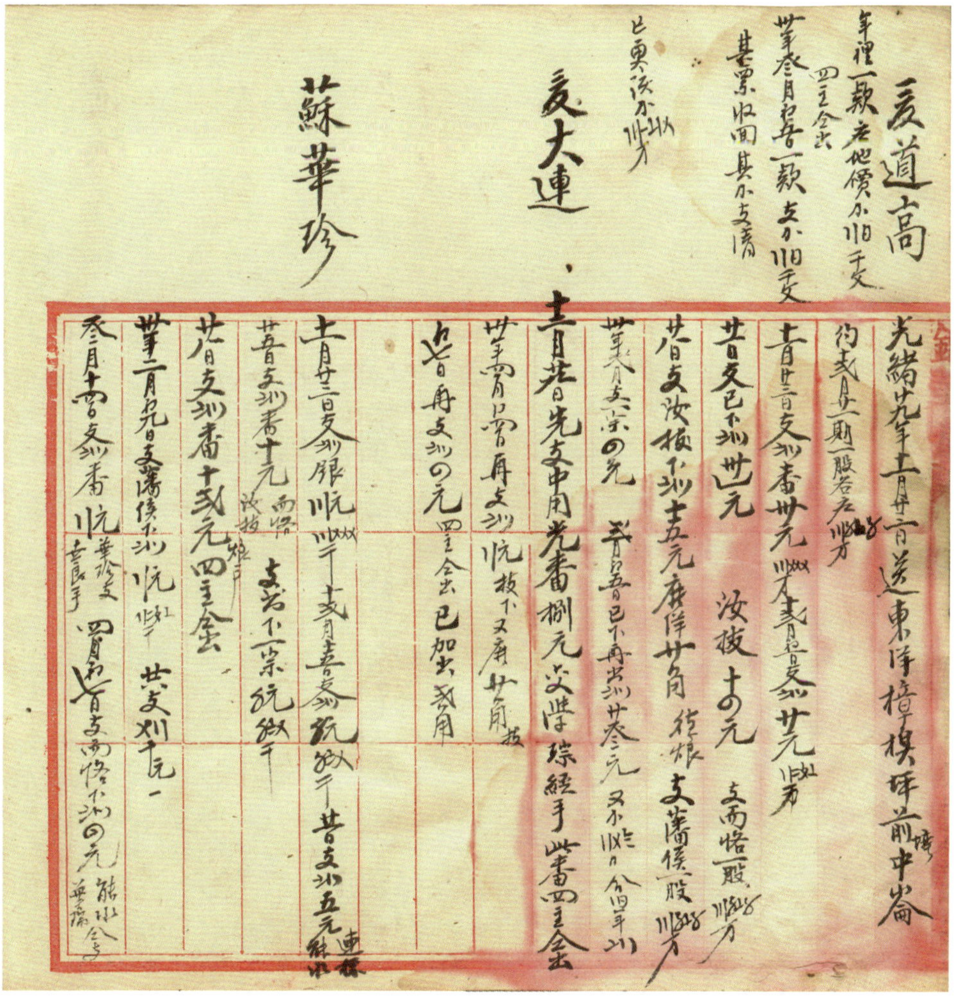

8-2-42-174　清光緒二十六年錢穀總目（一七四）

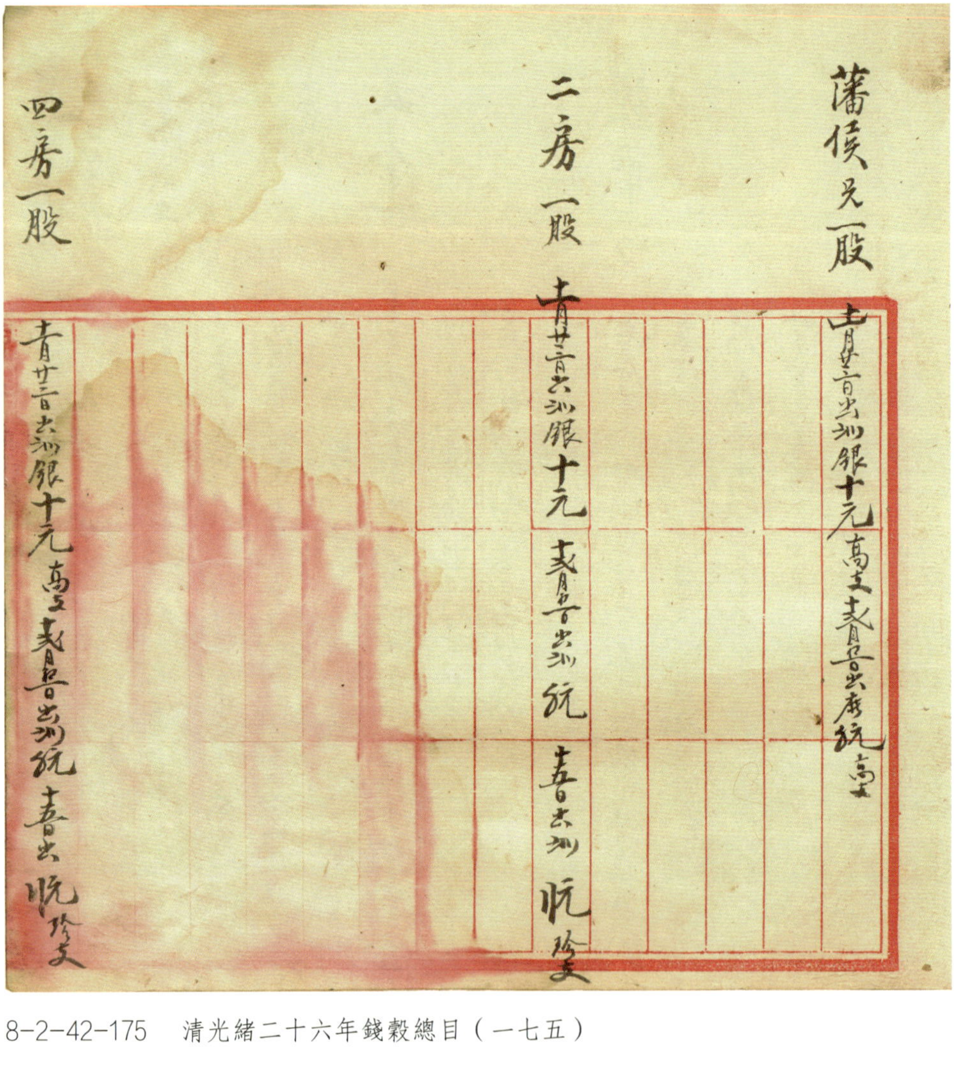

藩侯兄一股

十一月廿二日出洲銀十元 高支 十二月廿二日出广钪 高支

二房一股

十一月廿二日出洲銀十元 十二月廿二日出洲钪 十二日出洲 皖 珍支

四房一股

十二月廿二日出洲銀十元 高支 十二月廿二日出洲钪 十二日出 皖 珍支

8-2-42-175　清光緒二十六年錢穀總目（一七五）

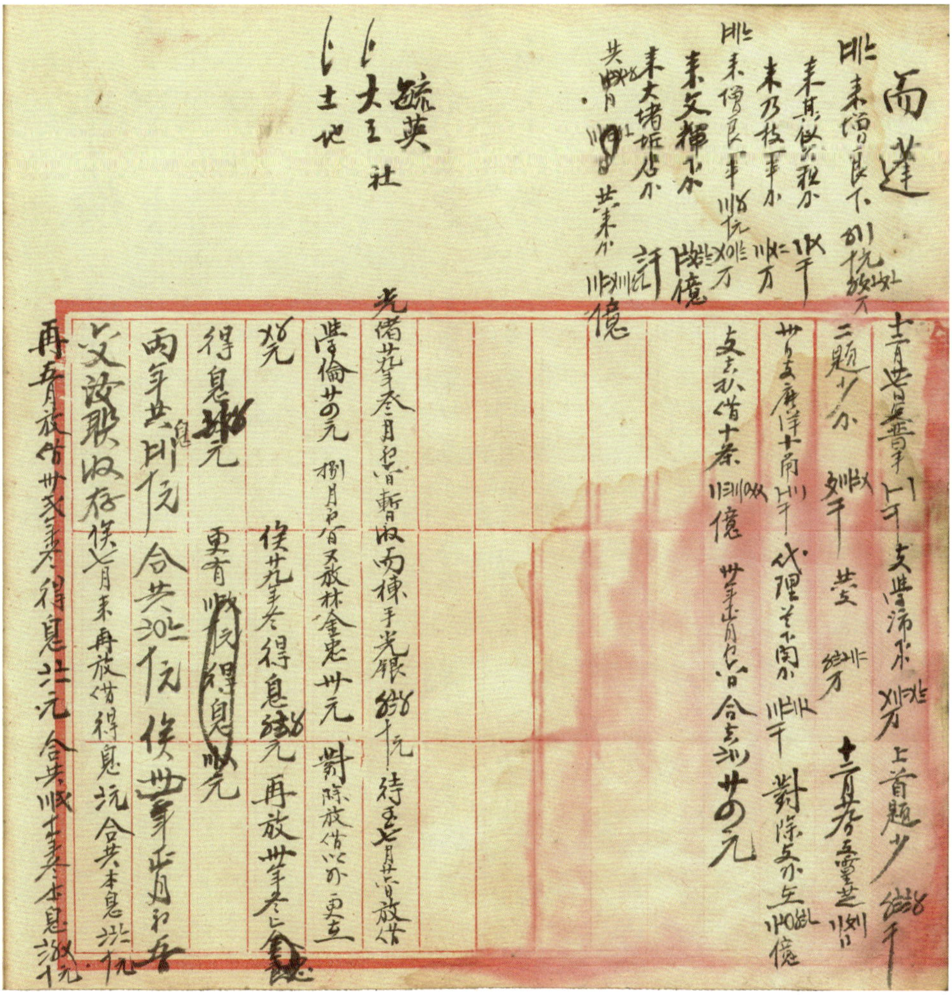

8-2-42-176　清光緒二十六年錢穀總目（一七六）

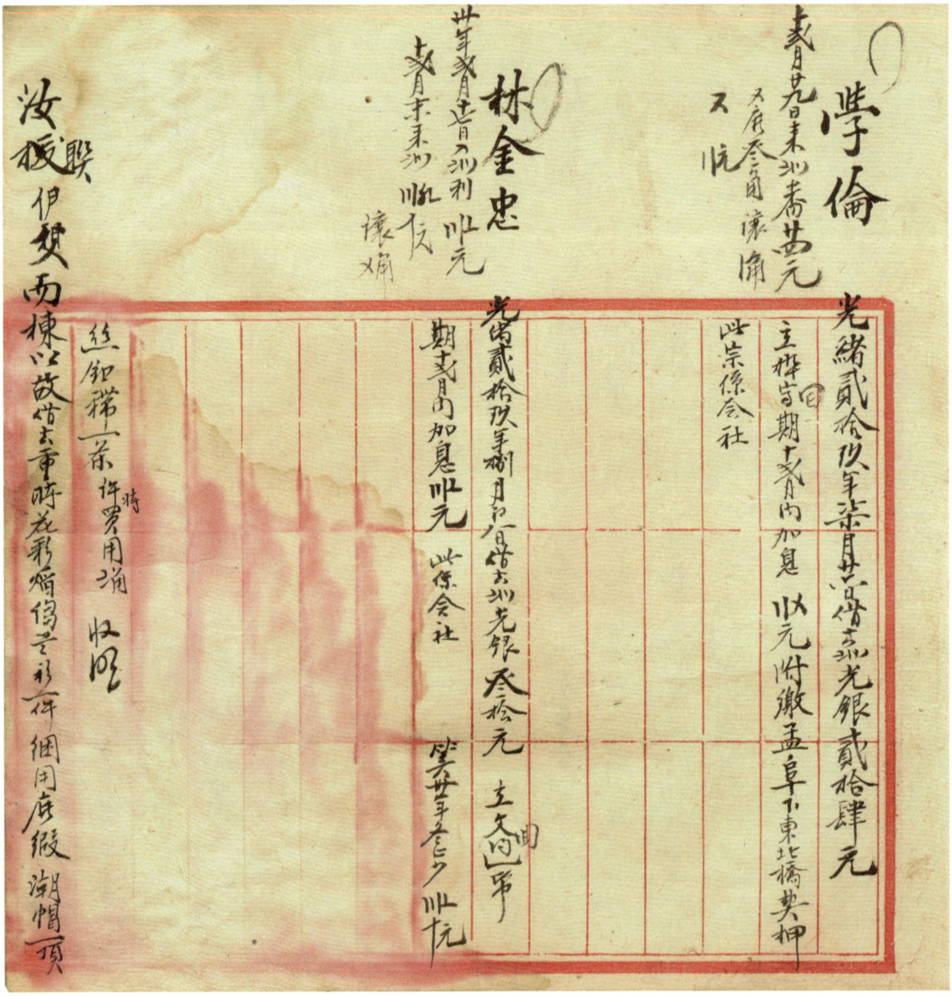
學倫
光緒貳拾陸年柒月廿[illegible]日借去洋光銀貳拾肆元
主梓宮期十貳月內加息[illegible]元附繳孟阜下東北橋契押
此条係会社

林金忠
光緒貳拾陸年捌月初八日借去洋光銀叁拾元
期十貳月內加息[illegible]元
此係会社

汝枝聯
伊娶兩棟以故借去重時花彩[illegible]一件 細用[illegible] 湖帽一頂
[illegible]一条 許將[illegible]用[illegible] 收回

8-2-42-177　清光緒二十六年錢穀總目（一七七）

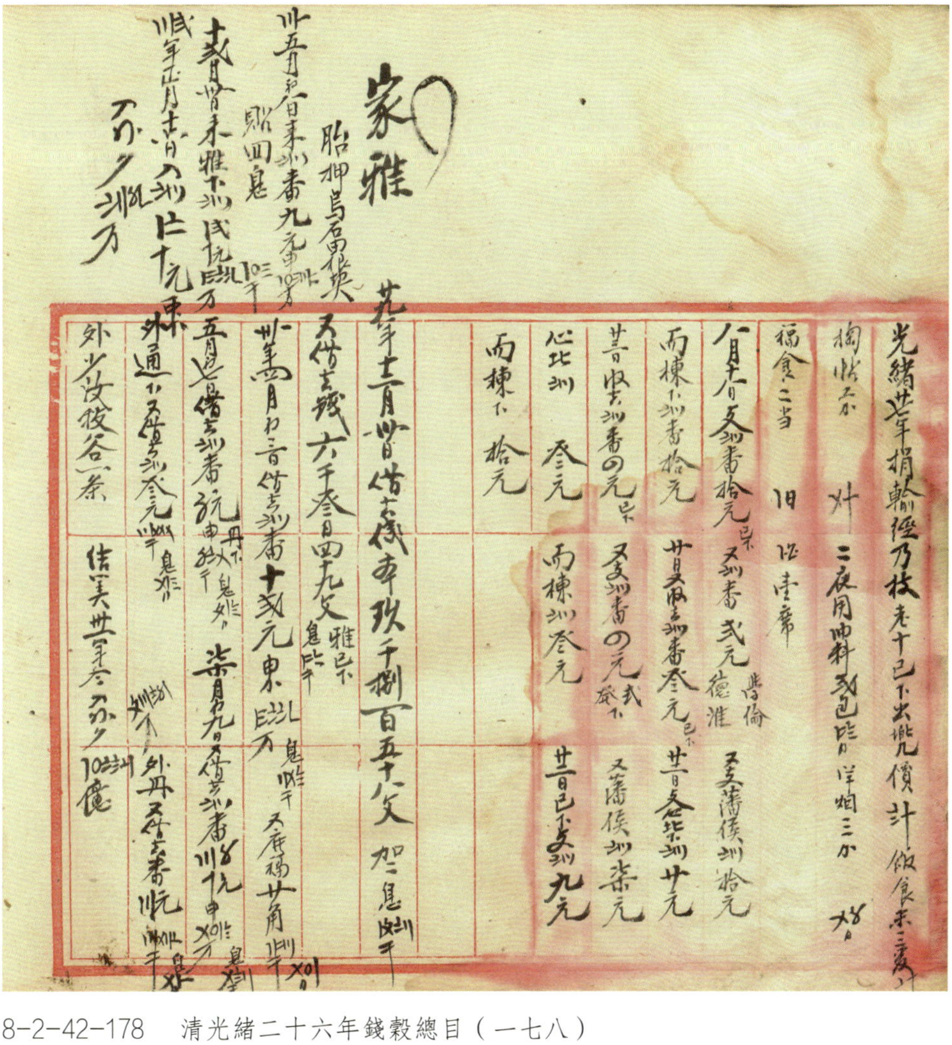

8-2-42-178　清光緒二十六年錢穀總目（一七八）

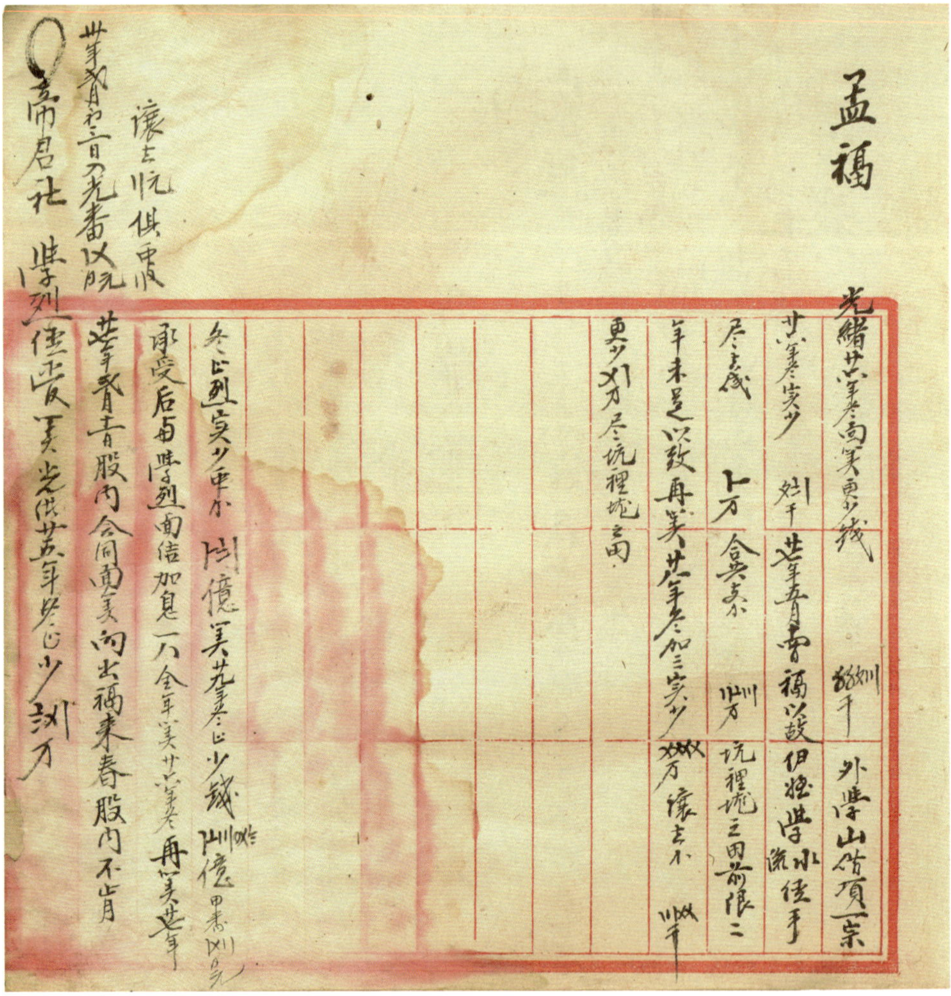

8-2-42-179　清光緒二十六年錢穀總目（一七九）

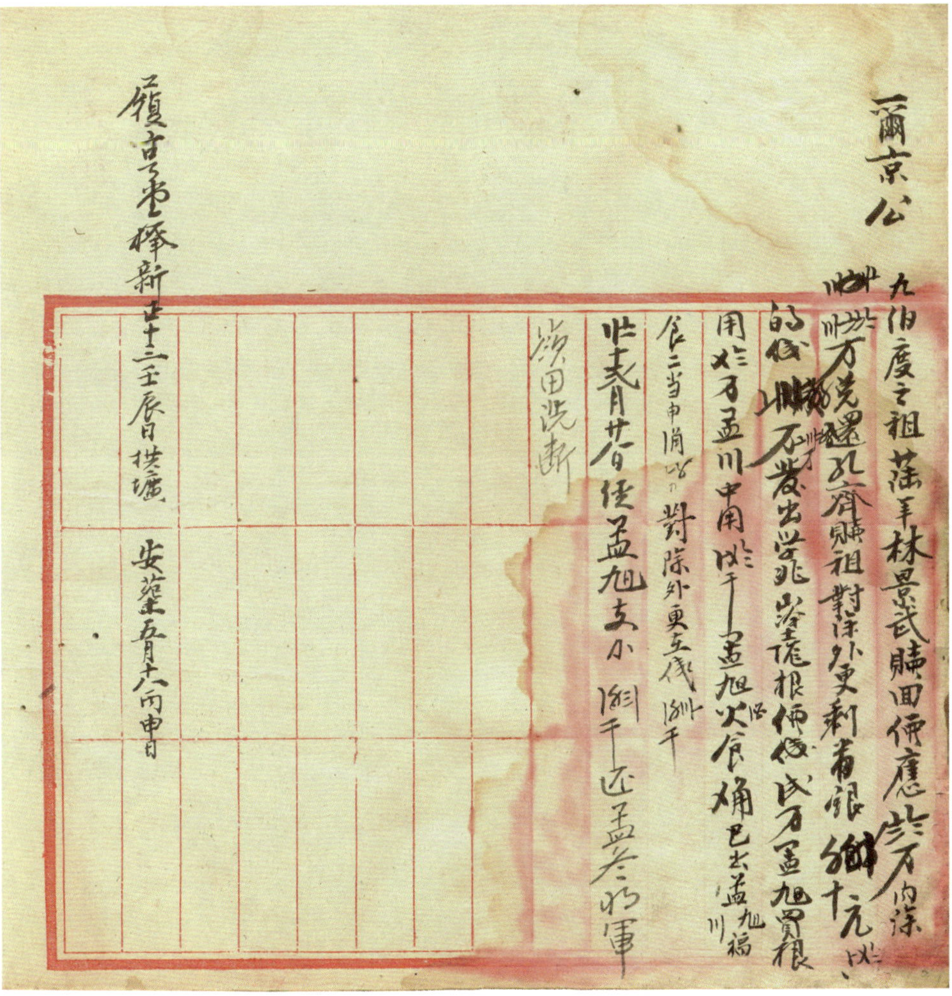

8-2-42-180　清光緒二十六年錢穀總目（一八〇）

8-2-42-181　清光緒二十六年錢穀總目（一八一）

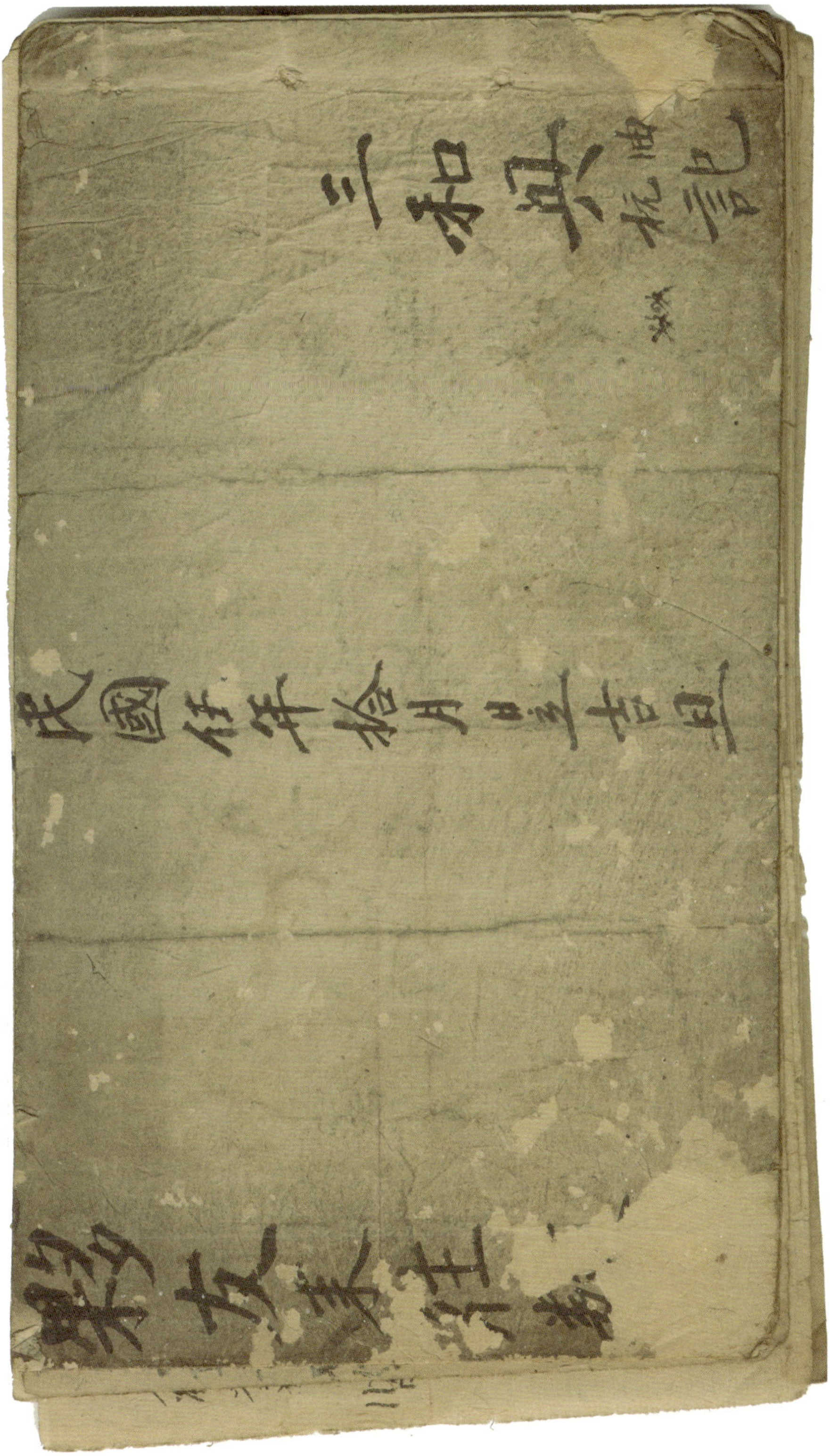

8-2-43-1　民國五年三和興油杭記夥友來往數（一）

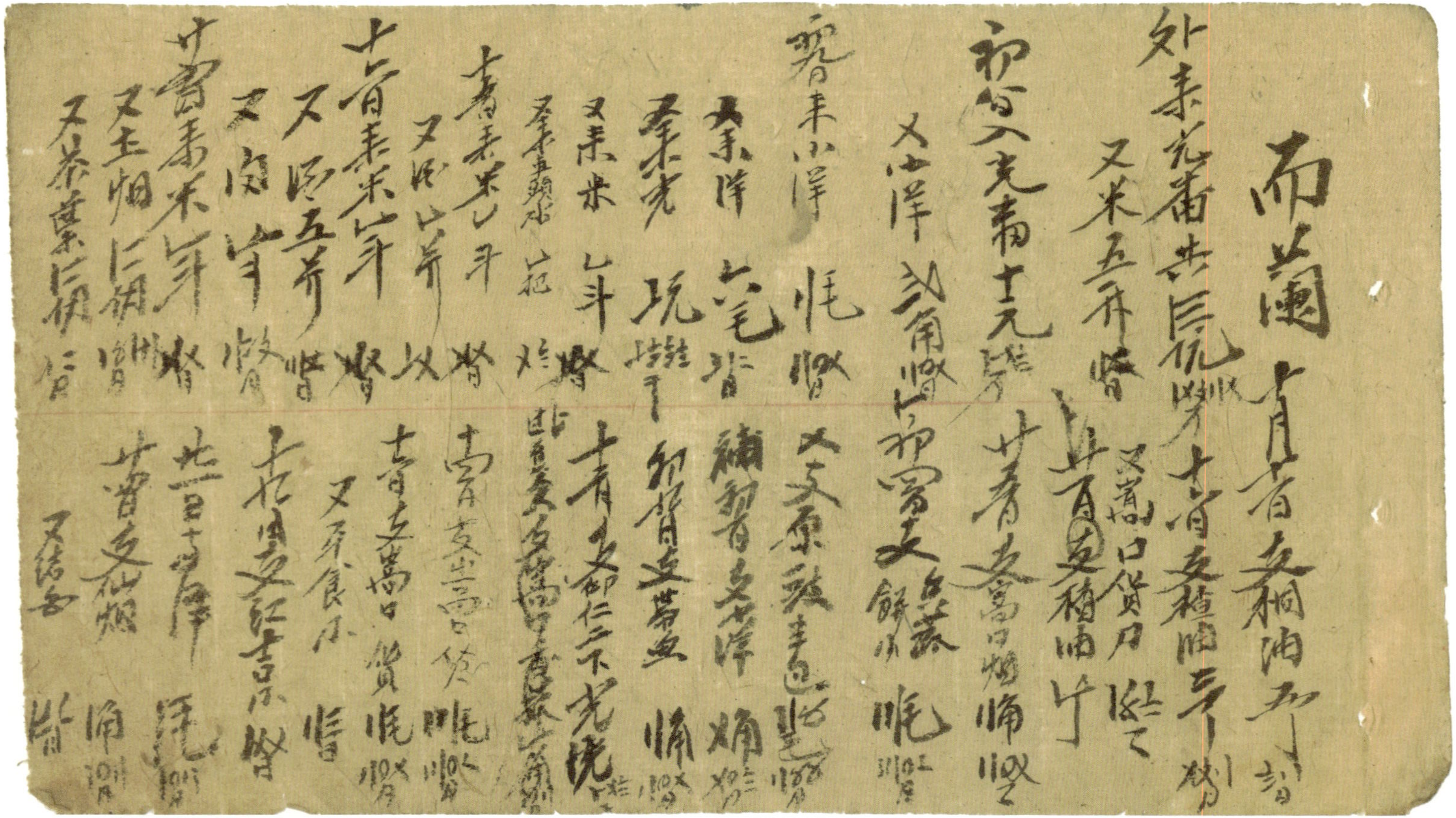

8-2-43-2　民國五年三和興油杭記夥友來往數（二）

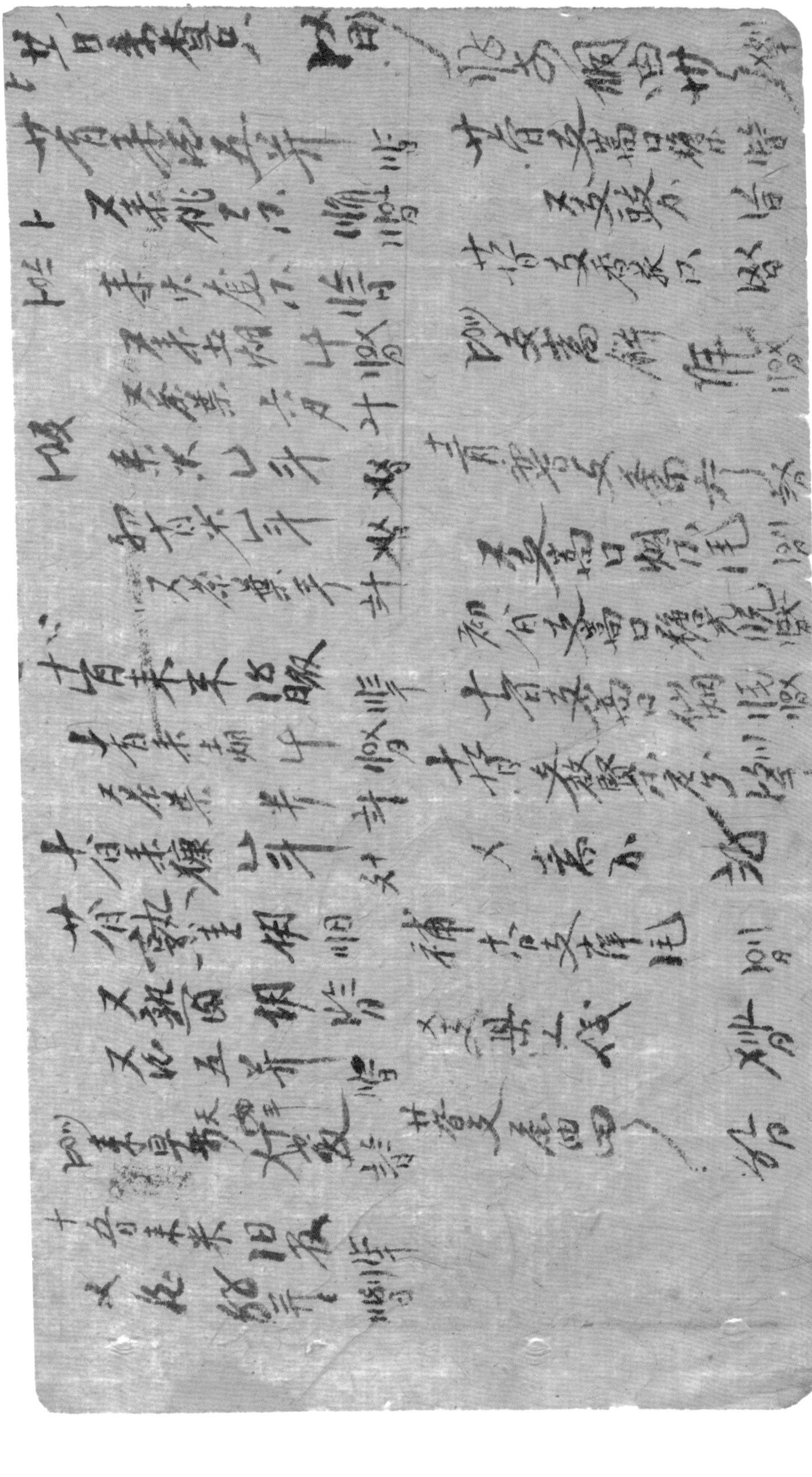

8-2-43-3　民國五年三和興油杭記夥友來往數（三）

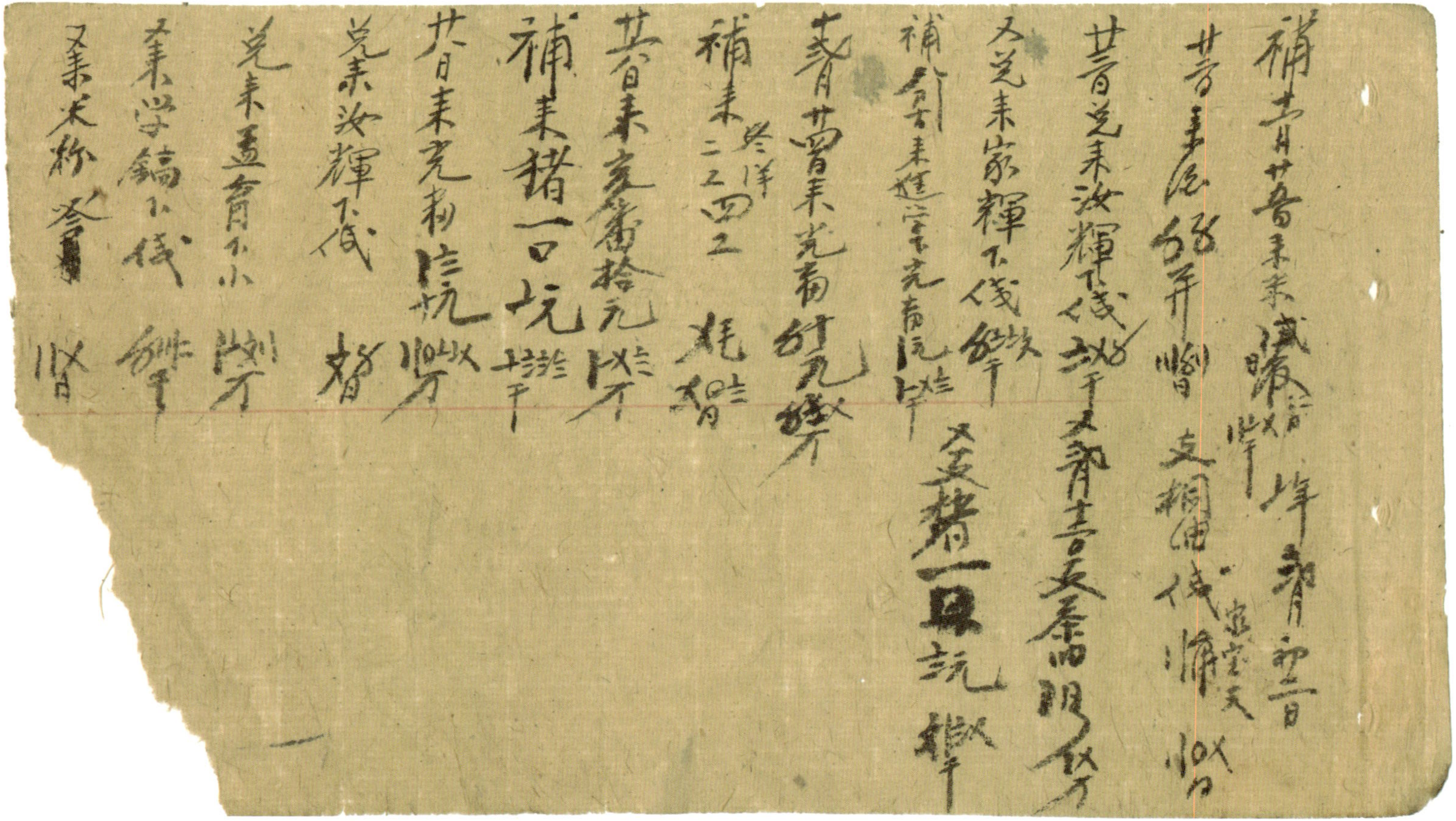

8-2-43-4　民國五年三和興油杭記夥友來往數（四）

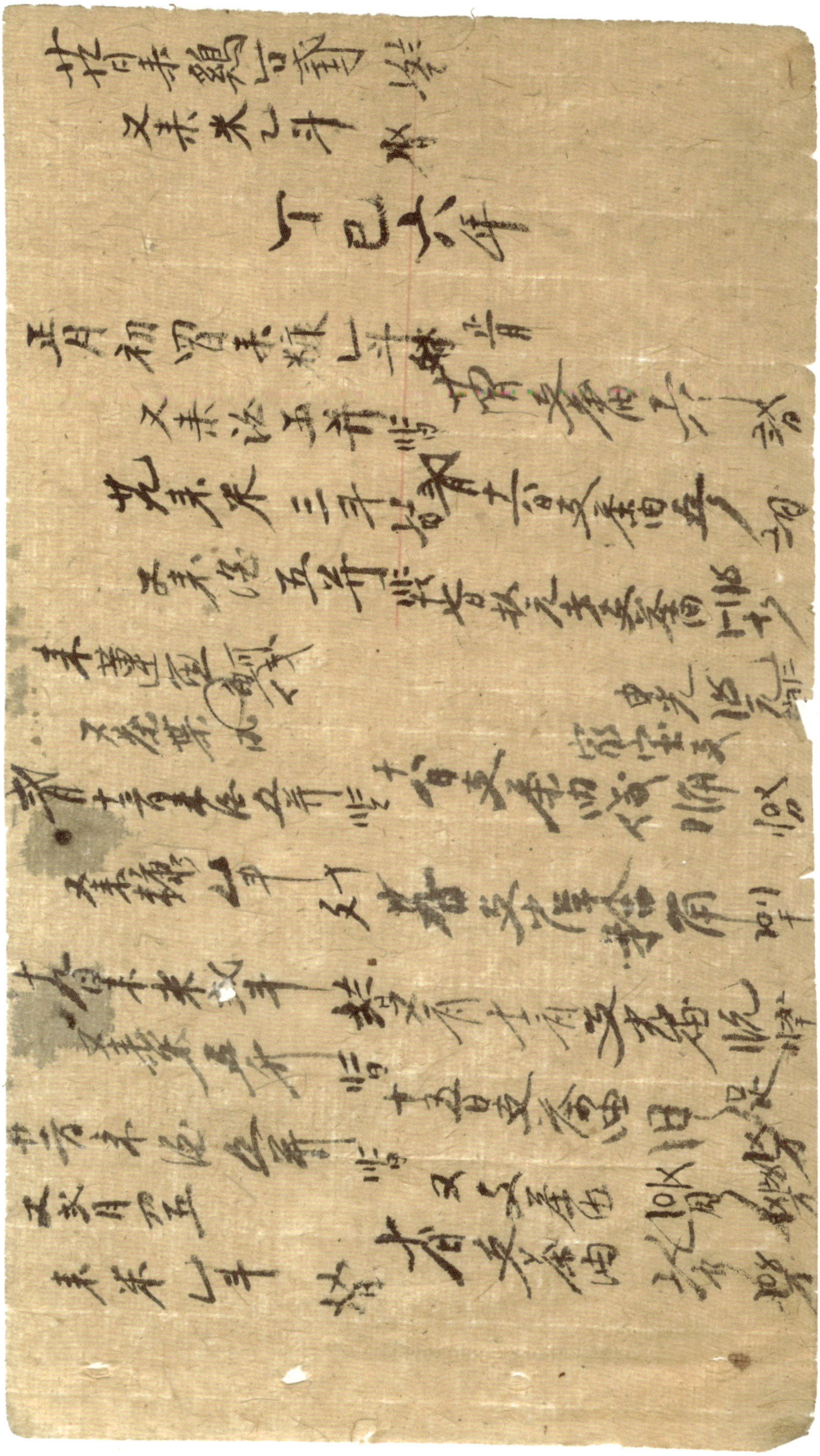

8-2-43-5　民國五年三和興油杭記夥友來往數（五）

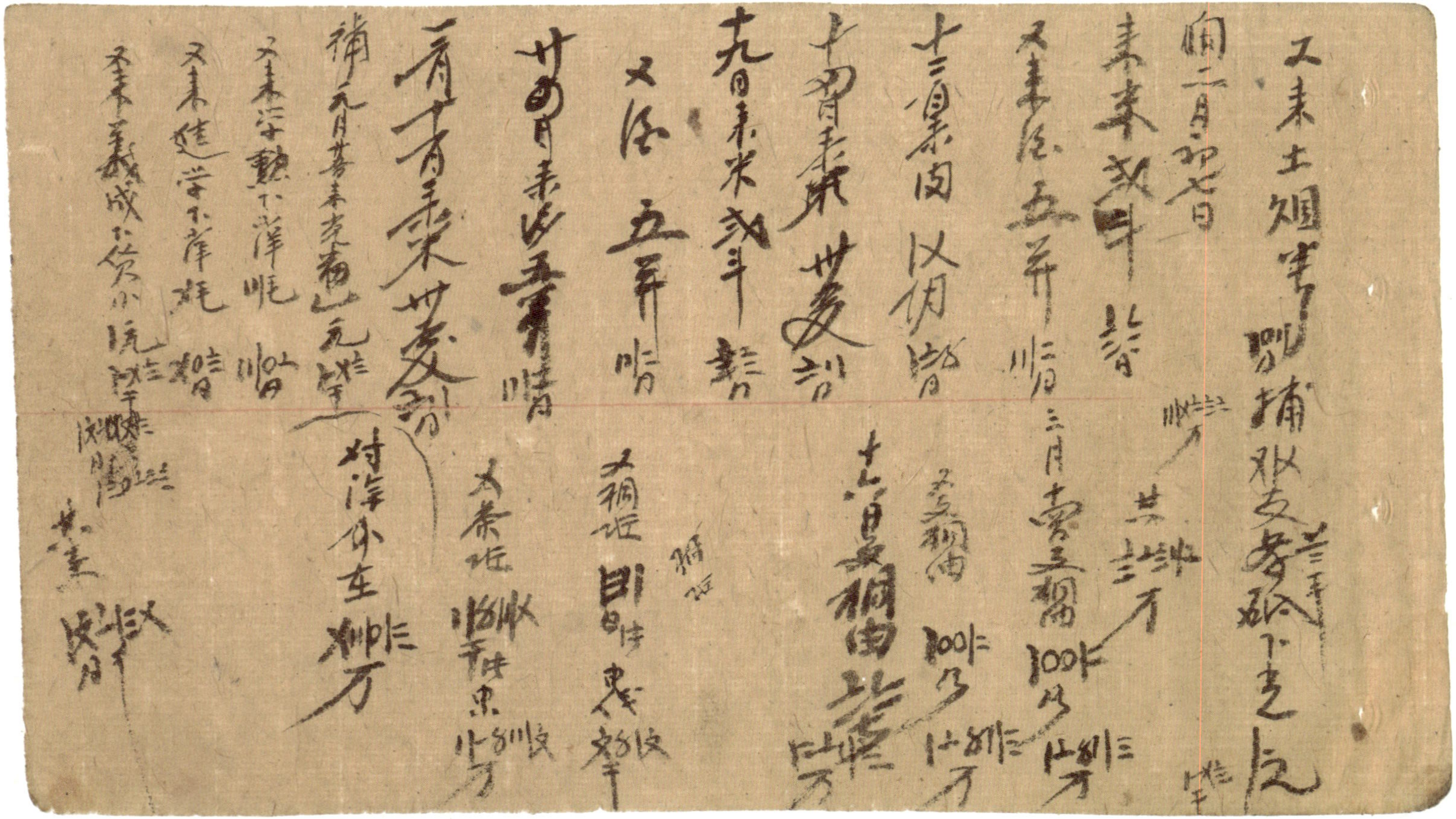

8-2-43-6　民國五年三和興油杭記夥友來往數（六）

8-2-43-7　民國五年三和興油杭記夥友來往數（七）

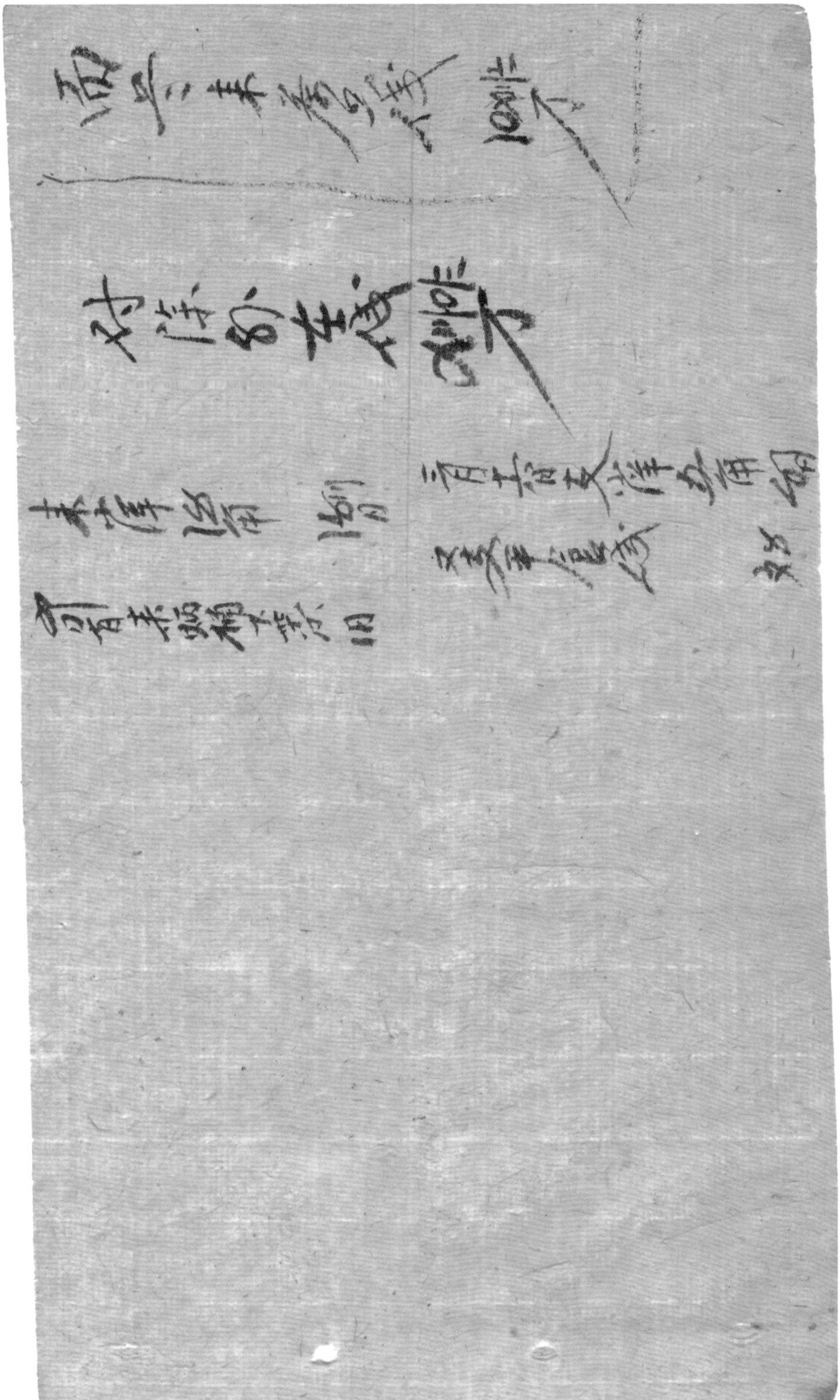

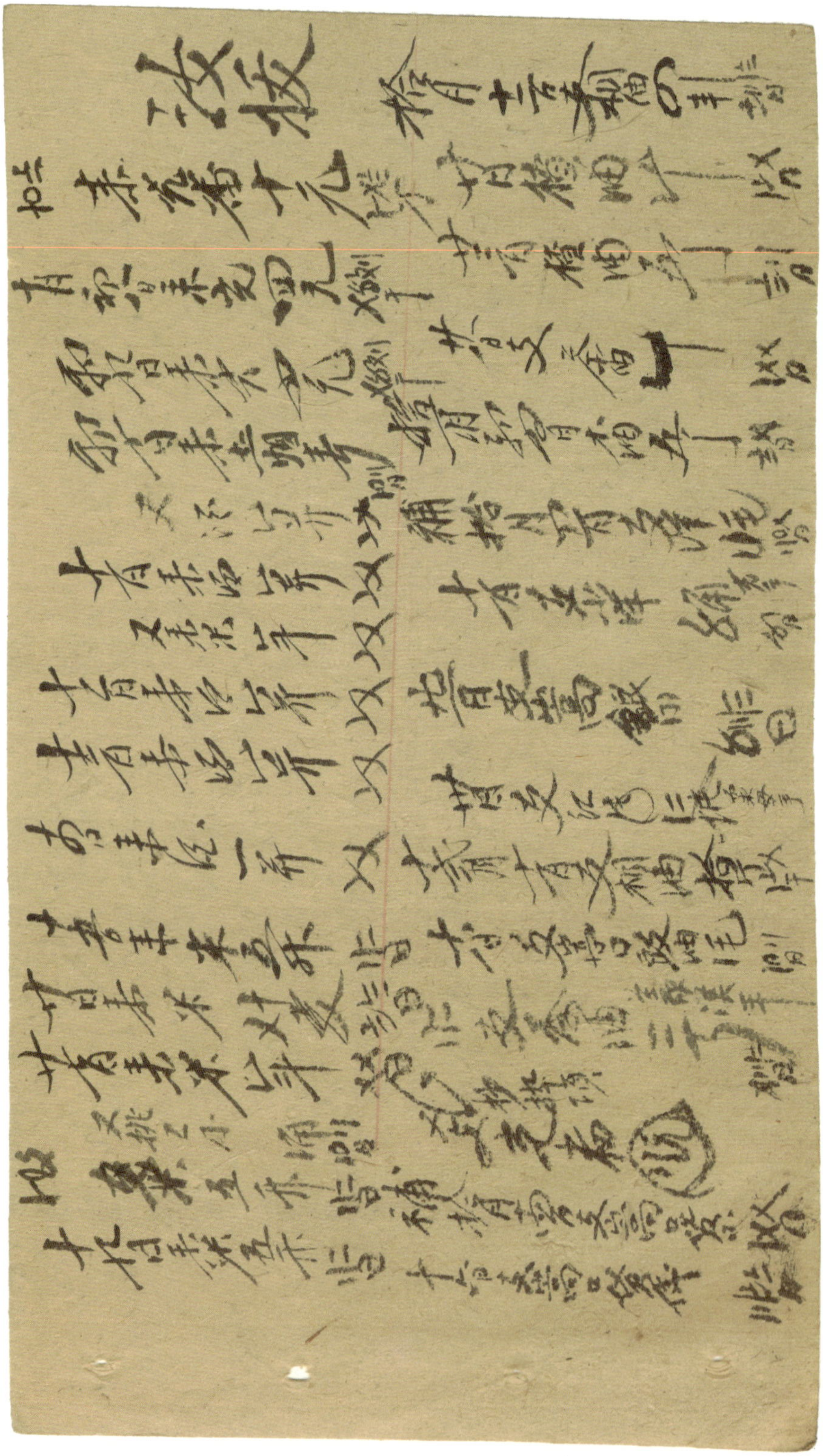

8-2-43-8 民國五年三和興油杭記夥友來往數（八）

8-2-43-9　民國五年三和興油杭記夥友來往數（九）

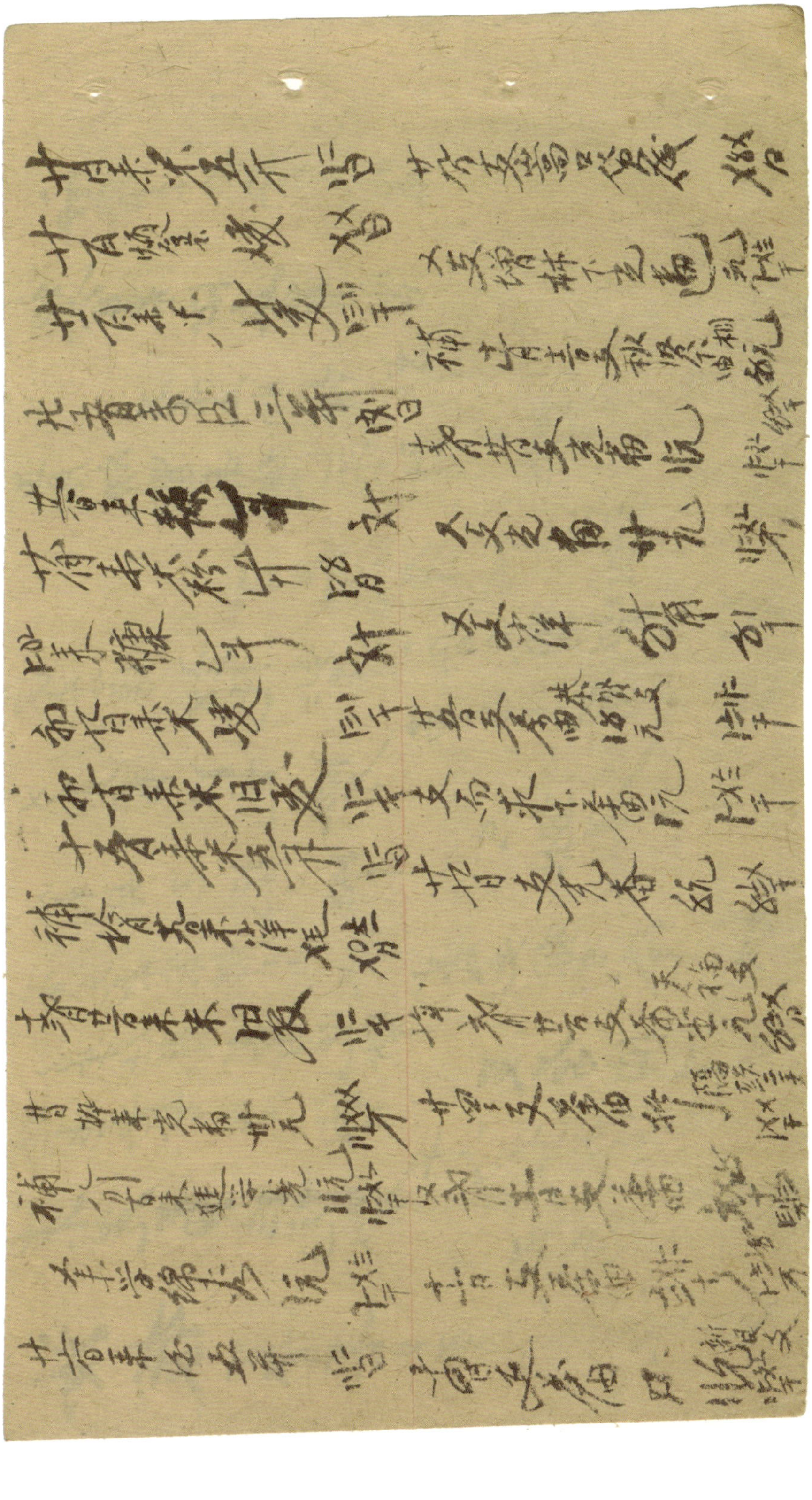

汝板
十二月十五日 [illegible]
又支洋 [illegible]
來光番仁杭 [illegible] 十六元半 須下
佳來盃發下肉 [illegible] 又番油 [illegible]
兑來仕榮下番 [illegible]
廿兑來家輝下小 [illegible] 共支桐油拾 [illegible]
又來肉之杭 [illegible] 共 [illegible]
又來光番仁杭 [illegible] 十二月交洋山前 [illegible]
又來洋 [illegible] 十五日交 [illegible]
丁巳六年 會支 [illegible]
正月初四日來糠 [illegible] 對 [illegible]
又來五烟 [illegible]
初四日來泡五斤 [illegible]
初五日來泡五斤 [illegible]

8-2-43-10　民國五年三和興油杭記夥友來往數（一〇）

8-2-43-11　民國五年三和興油杭記夥友來往數（一一）

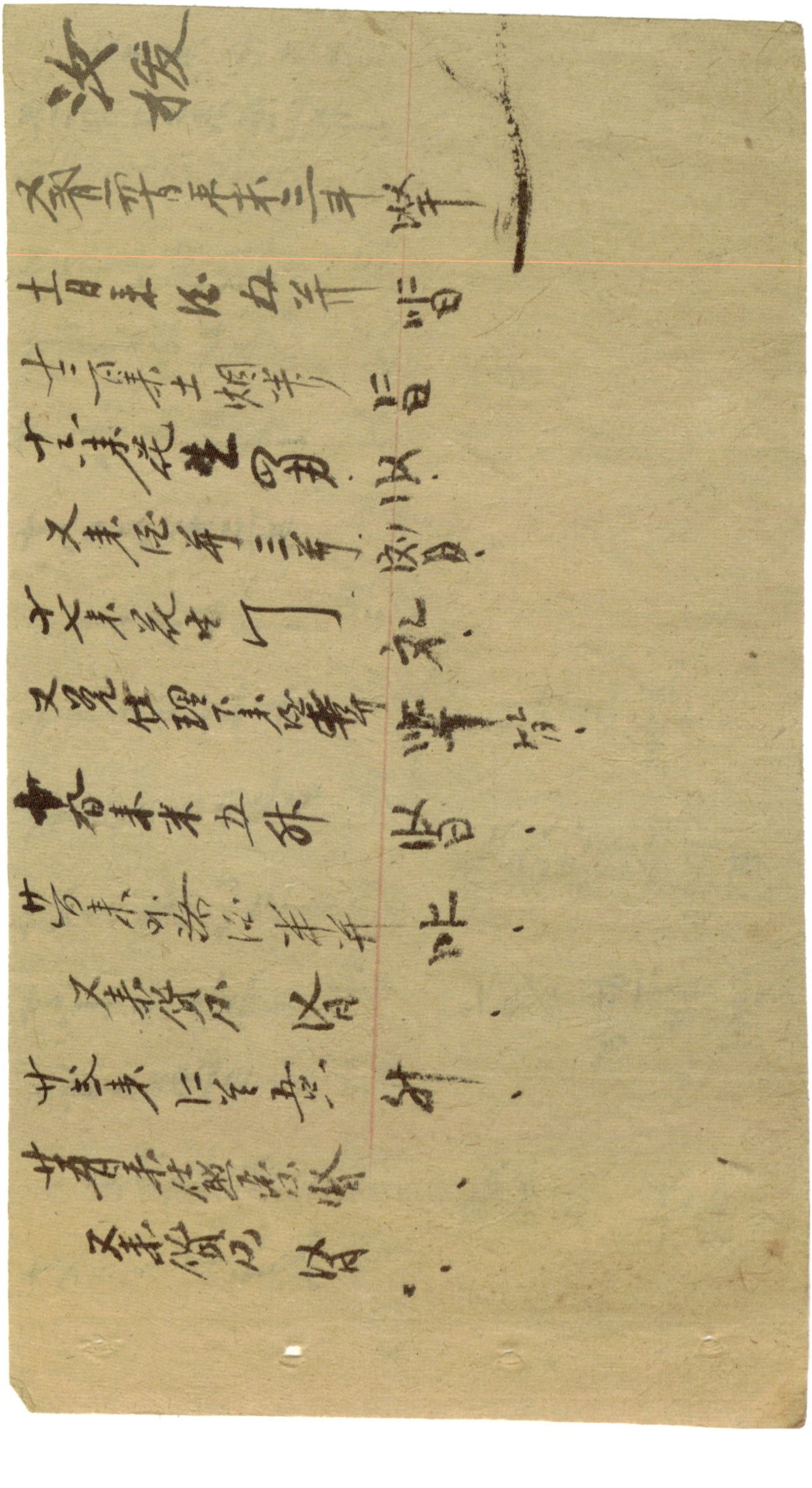

8-2-43-12 民國五年三和興油杭記夥友來往數（一二）

廿八日來早禾弍千〤
又來土烟〥厂〇
三月
已來洋〢元〤
又兌生〥月〤
洋火〢连知
〡二來洋〢元〤
先付照來笨〢
來雪魚〢斤〢
來洋五元〢
來早米弍石〥〸
〦日來各蓮子〢
初四日來早米五升〢
和八日來二十隆子〢
又來送〥〢

8-2-43-13　民國五年三和興油杭記夥友來往數（一三）

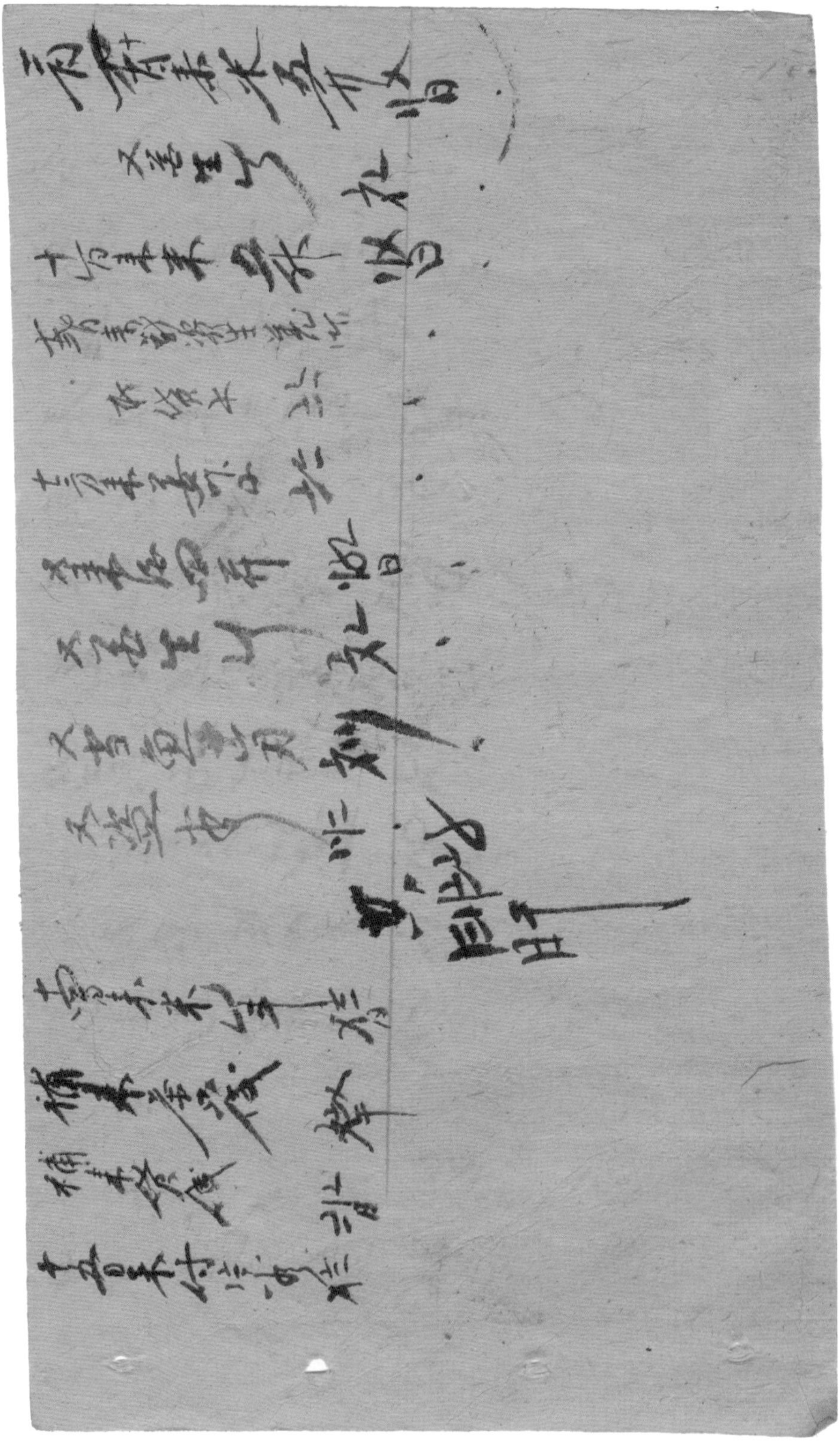

8-2-43-14　民國五年三和興油杭記夥友來往數（一四）

又來洋錢小　知

廿來[illegible]件

外支岸收用

十五年來五辰信

又付早身收

又來油烟三月信

再廿來伍[illegible]件

8-2-43-15　民國五年三和興油杭記夥友來往數（一五）

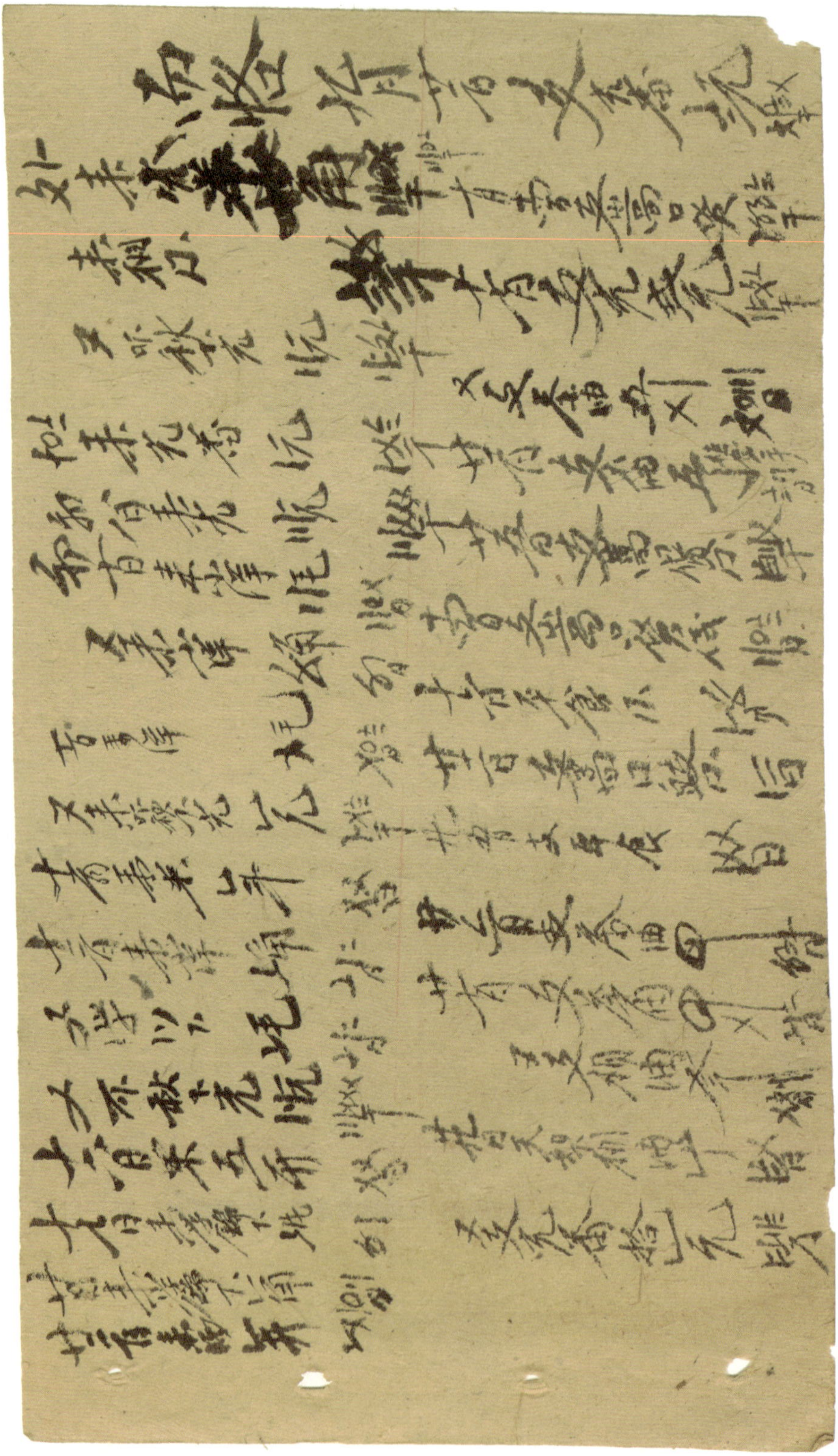

8-2-43-16　民國五年三和興油杭記夥友來往數（一六）

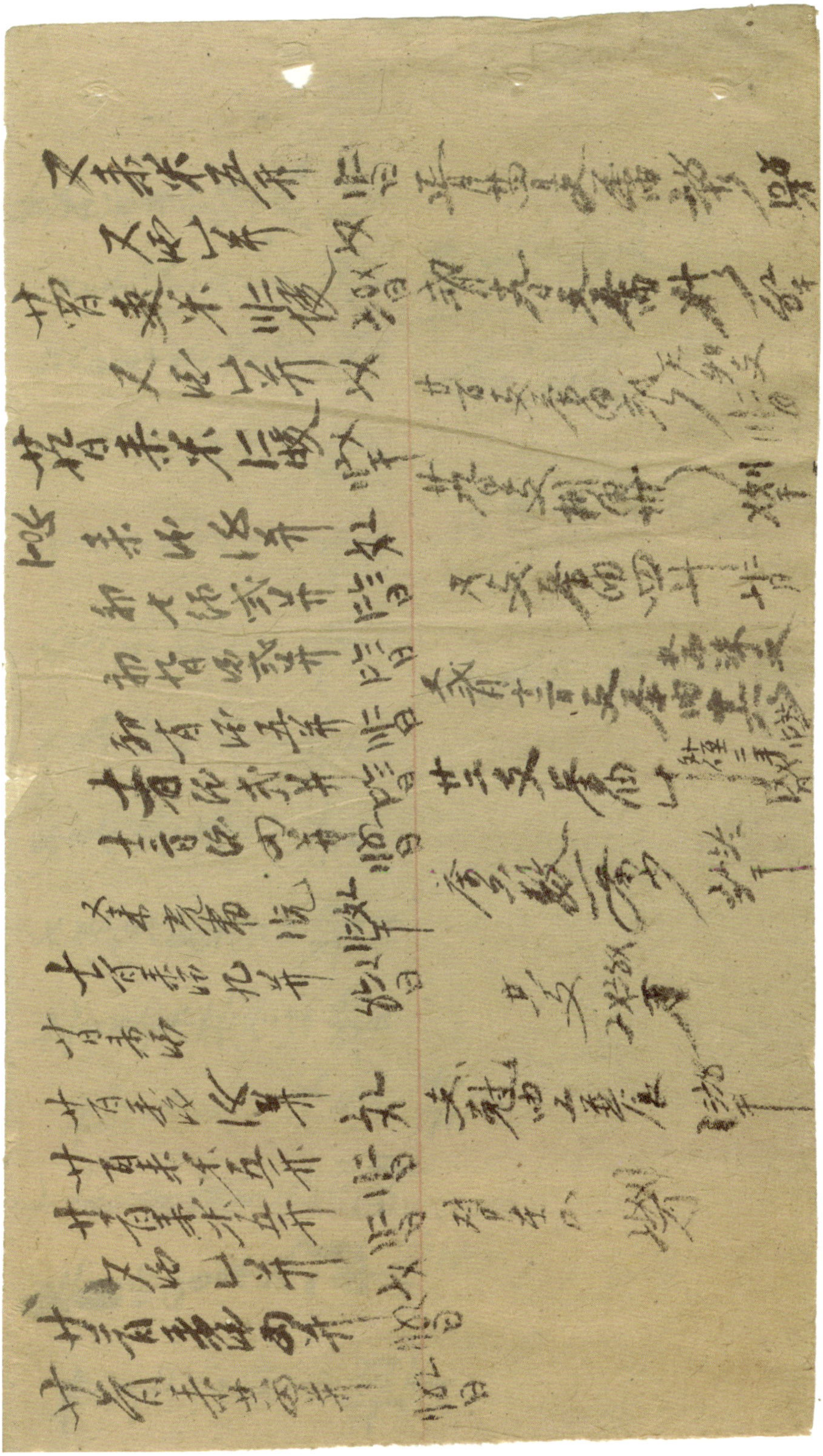

8-2-43-17 民國五年三和興油杭記夥友來往數（一七）

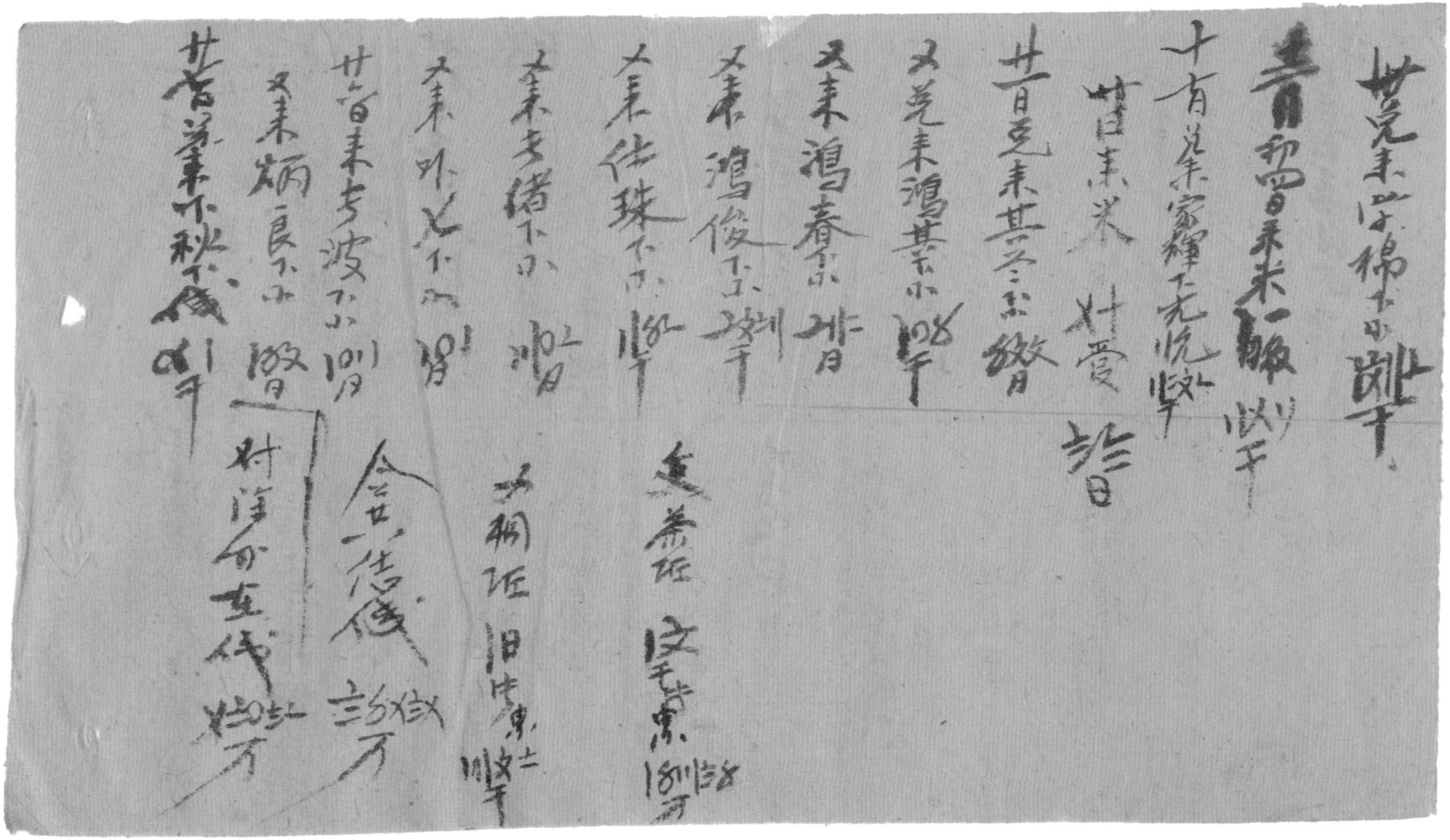

8-2-43-18　民國五年三和興油杭記夥友來往數（一八）

廿日來光番銀九〤三
來過銀〇〤
又來文柱〡〡〢 乱
番芳來賠錢〡〢〣
又來学熟〡〢 扮
來二粉鐘〡〢 〦

丁巳六年

十二月初四日來銅片四片
又來蛛仔叁条〤〇
又初五日來早米拾袋 〢〩
又來錢
又來粉〢 〤
又仕板四月 〡

8-2-43-19　民國五年三和興油杭記夥友來往數（一九）

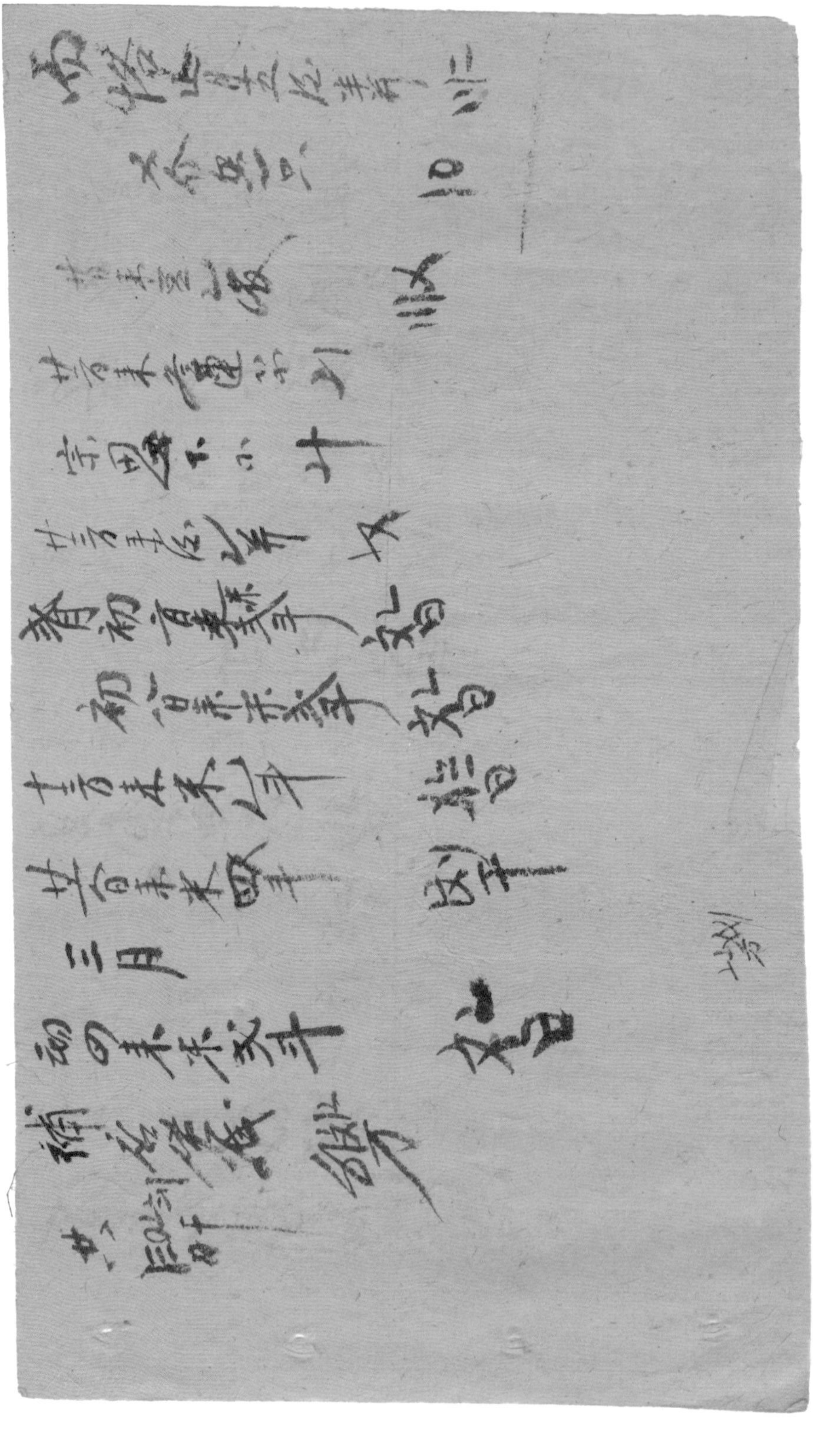

8-2-43-20　民國五年三和興油杭記夥友來往數（二〇）

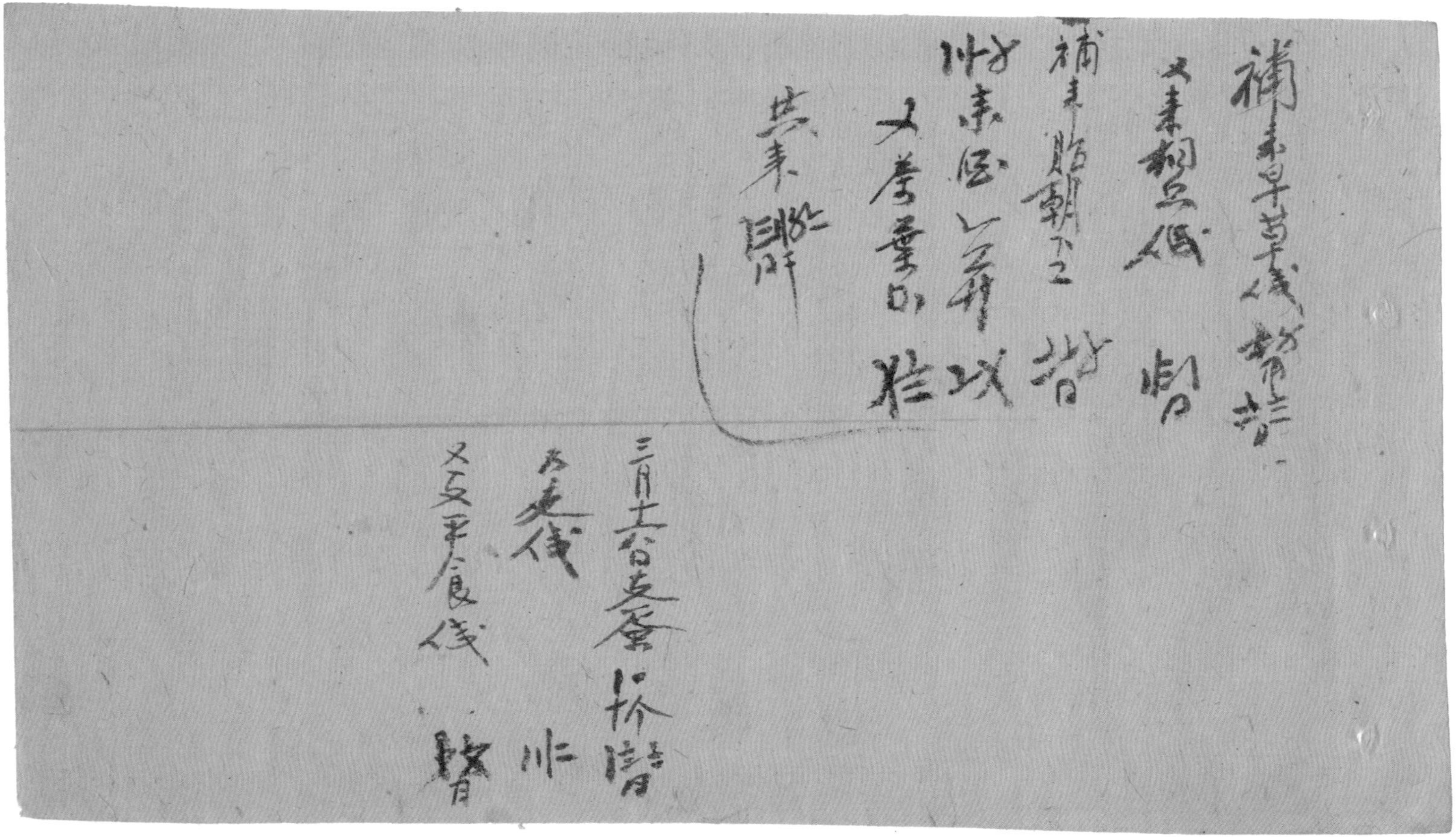

8-2-43-21　民國五年三和興油杭記夥友來往數（二一）

8-2-43-22　民國五年三和興油杭記夥友來往數（二二）

圖書在版編目（CIP）數據

福建民間契約文書. 第八卷 : 4册 / 鄭振滿主編. -- 福州 : 福建人民出版社, 2022.10
（八閩文庫. 專題彙編）
ISBN 978-7-211-08908-6

Ⅰ. ①福… Ⅱ. ①鄭… Ⅲ. ①契約—文書—彙編—福建 Ⅳ. ①D927.570.369

中國版本圖書館CIP數據核字（2022）第161531號

福建民間契約文書（第八卷）

主　　編：鄭振滿
編　　者：厦門大學民間歷史文獻研究中心
責任編輯：莫清洋　宋一明　連天雄
裝幀設計：張志偉
美術編輯：陳培亮
出版發行：福建人民出版社
電　　話：0591—87533169（發行部）
網　　址：http://www.fjpph.com
電子郵箱：fjpph7221@126.com
地　　址：福建省福州市東水路76號
經　　銷：福建新華發行（集團）有限責任公司
印刷裝訂：雅昌文化（集團）有限公司
地　　址：深圳市南山區深雲路19號
電　　話：0755—86083235
開　　本：787毫米 ×1092毫米 1/16
印　　張：126.5
版　　次：2022年10月第1版第1次印刷
書　　號：ISBN 978-7-211-08908-6
定　　價：2400.00元（全4册）

閩人文庫

專題彙編——第二種——

福建民間契約文書

廈門大學民間歷史文獻研究中心 編
鄭振滿 主編

37

海峽出版發行集團
THE STRAITS PUBLISHING & DISTRIBUTING GROUP
福建人民出版社

本册目録

第八卷　永泰縣霞拔鄉錦安村契約文書（三）

第二帙　積善堂

第八卷　永泰縣霞拔鄉錦安村契約文書（三）

本卷主編　周煜翔

第二帙　積善堂

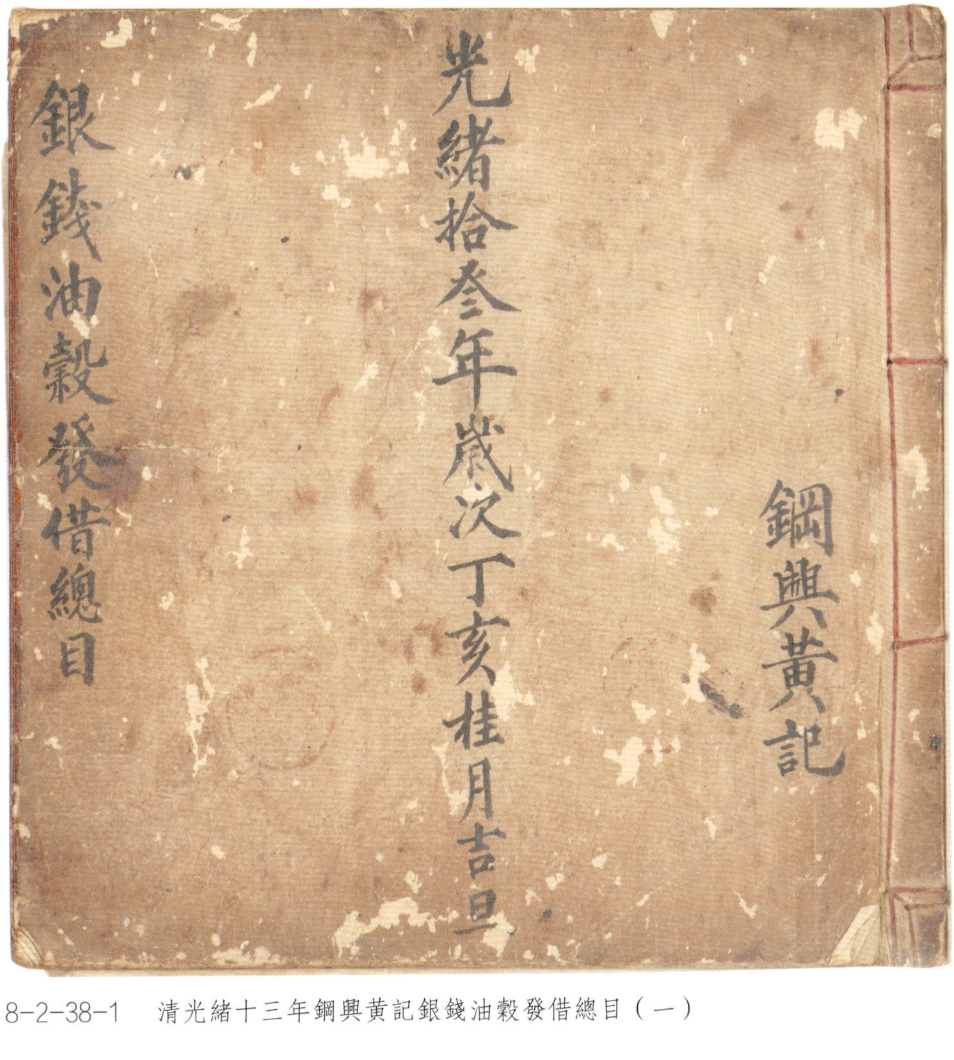
鋼興黃記
光緒拾叁年歲次丁亥桂月吉旦
銀錢油穀發借總目

8-2-38-1　清光緒十三年鋼興黃記銀錢油穀發借總目（一）

全外取去銀佰田載丹季根廿節已存送呂頭諸人麻袋

8-2-38-2　清光緒十三年鋼興黄記銀錢油穀發借總目（二）

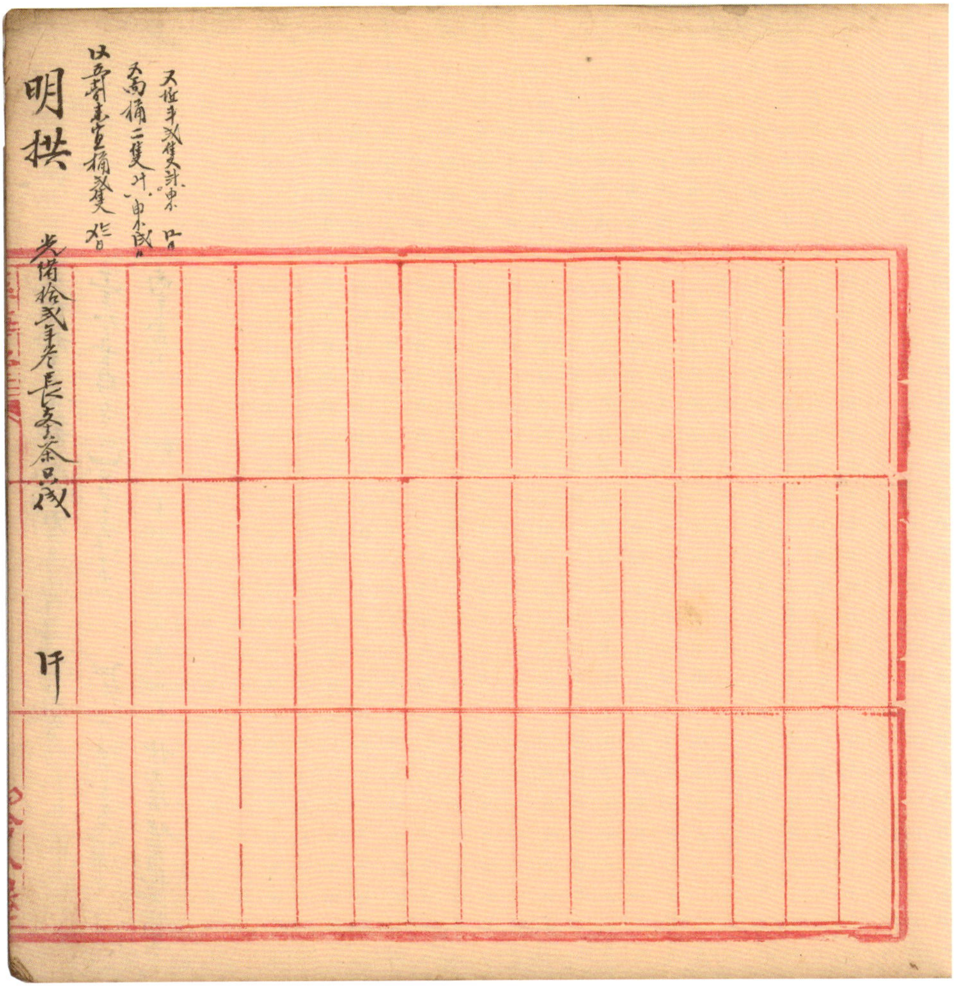

8-2-38-3　清光緒十三年鋼興黄記銀錢油穀發借總目（三）

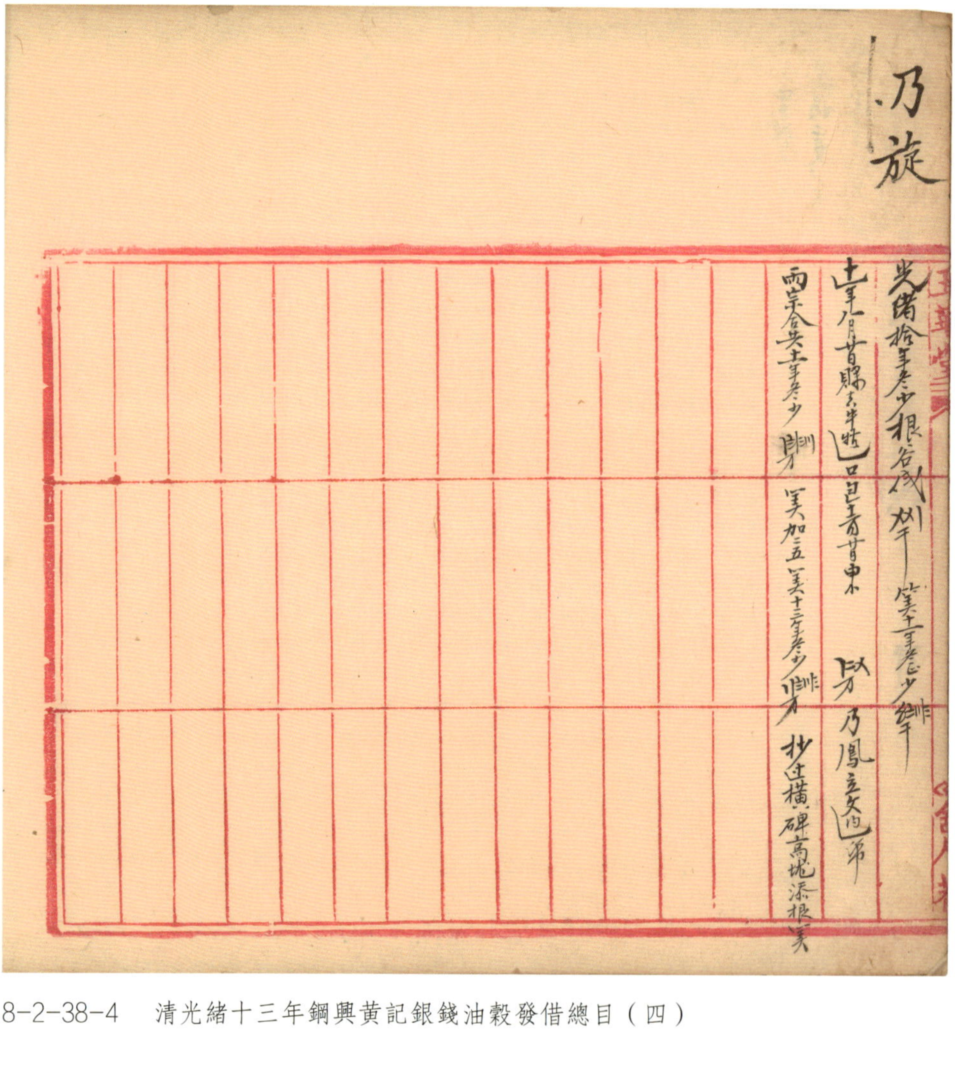

乃旋

光緒拾年叁少根谷[illegible]
十一年八月廿日賬[illegible]
兩宗合共十一年叁少[illegible]
實加二五[illegible]
乃鳳立文[illegible]弟
抄過橫、碑高[illegible]添根[illegible]

8-2-38-4　清光緒十三年鋼興黄記銀錢油穀發借總目（四）

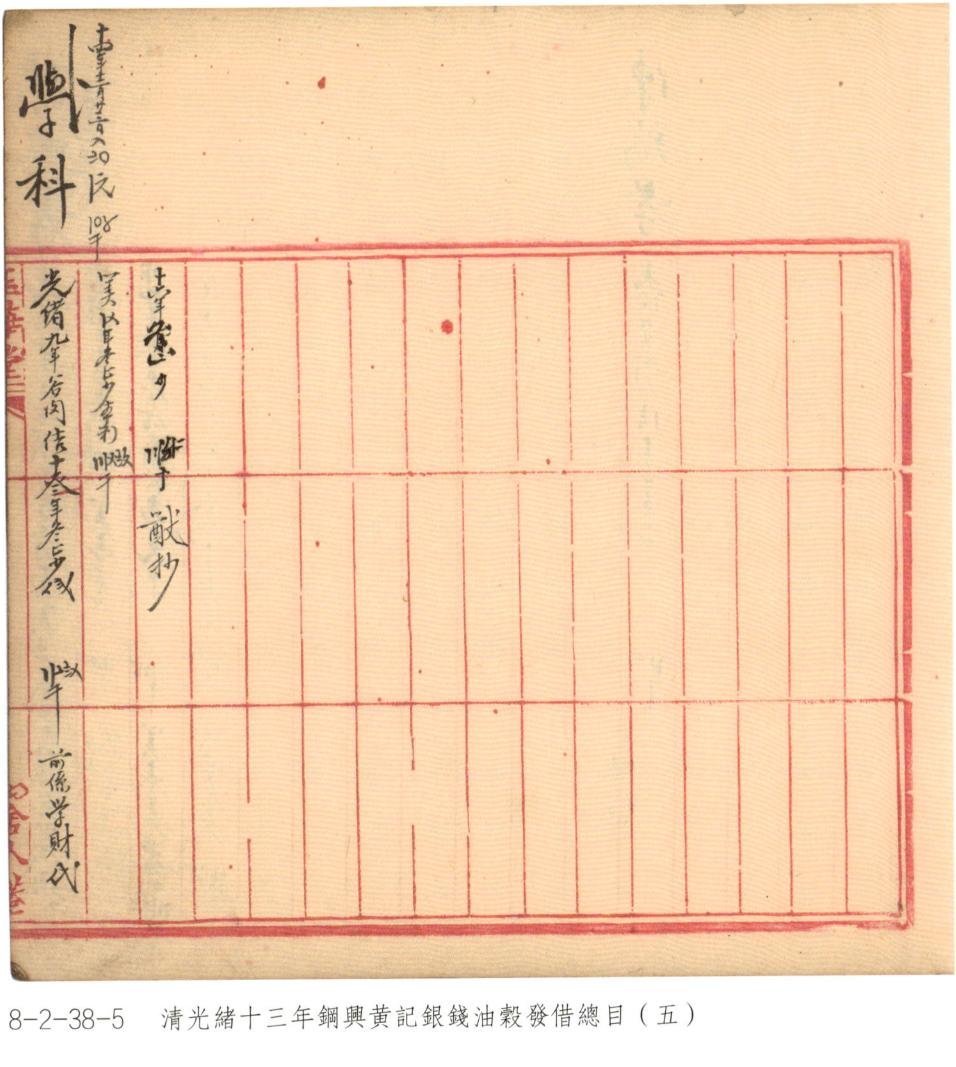

8-2-38-5　清光緒十三年鋼興黄記銀錢油穀發借總目（五）

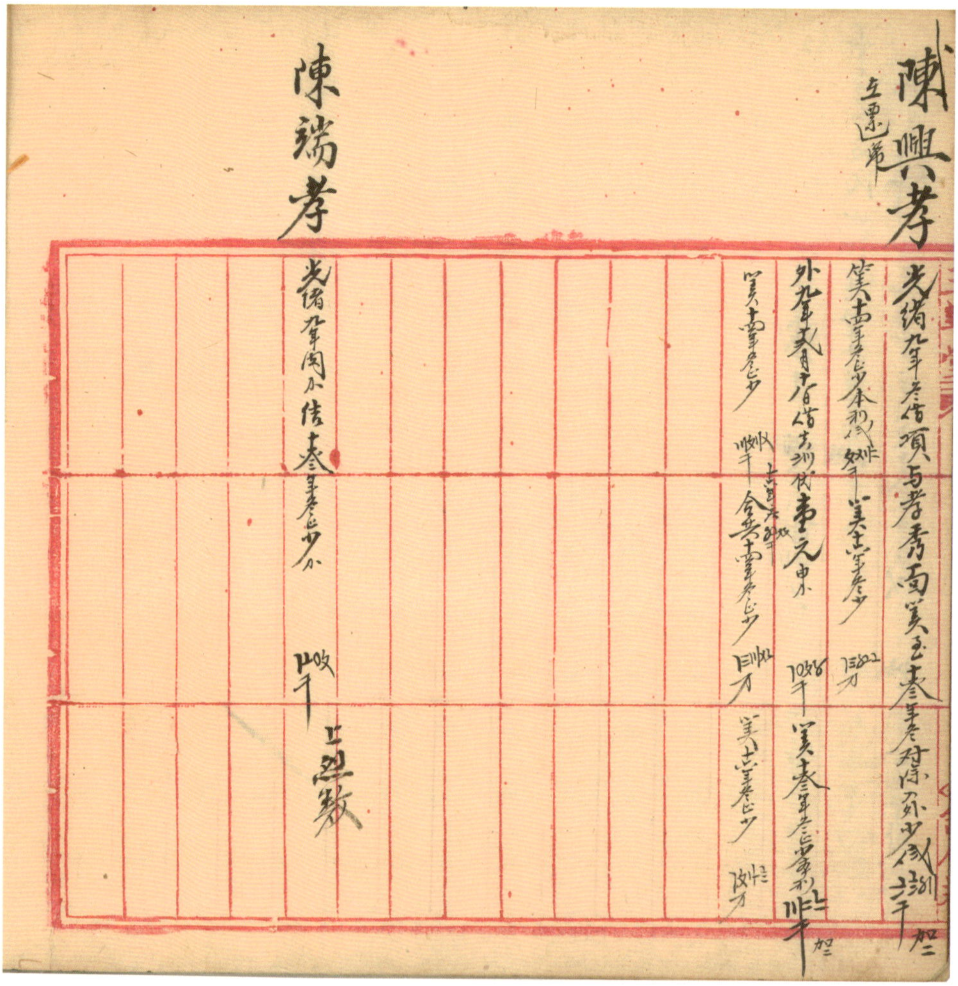
陳興孝

陳瑞孝

8-2-38-6　清光緒十三年鋼興黄記銀錢油穀發借總目（六）

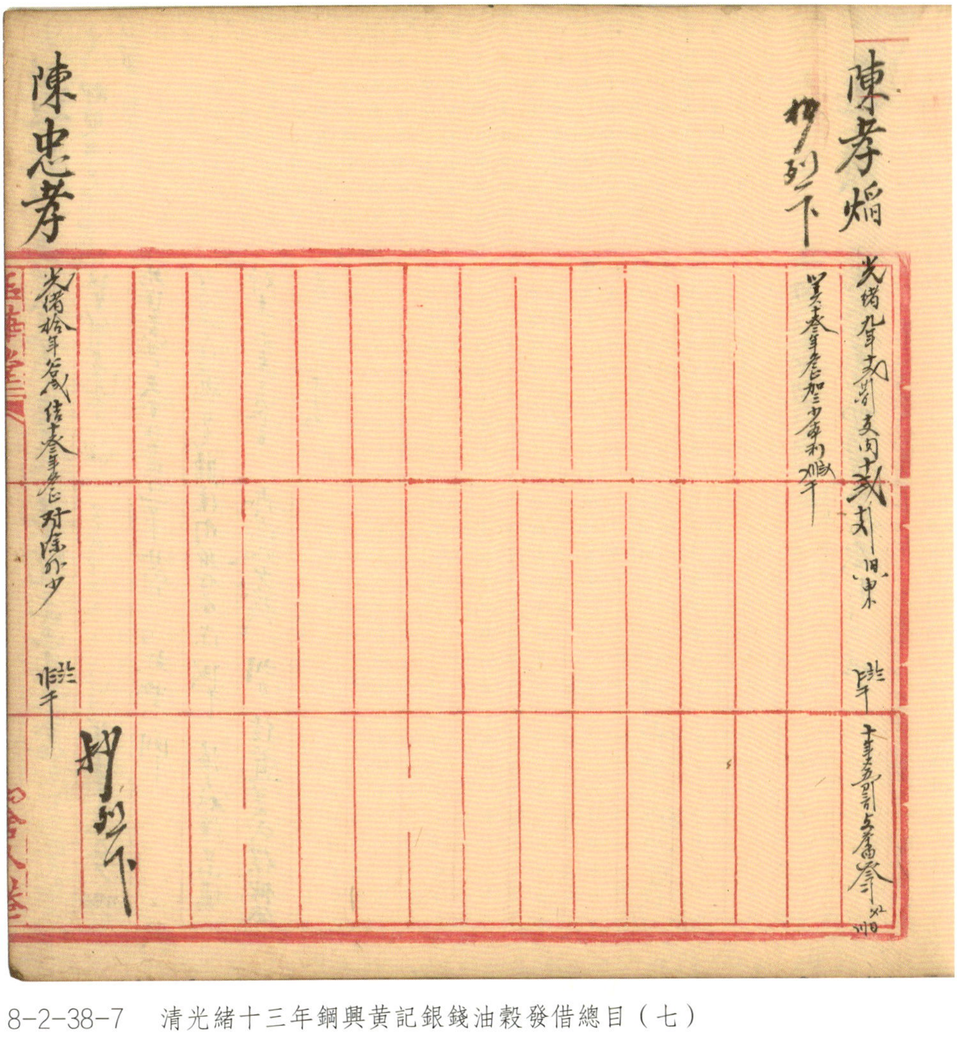

8-2-38-7　清光緒十三年鋼興黄記銀錢油穀發借總目（七）

8-2-38-8　清光緒十三年鋼興黄記銀錢油穀發借總目（八）

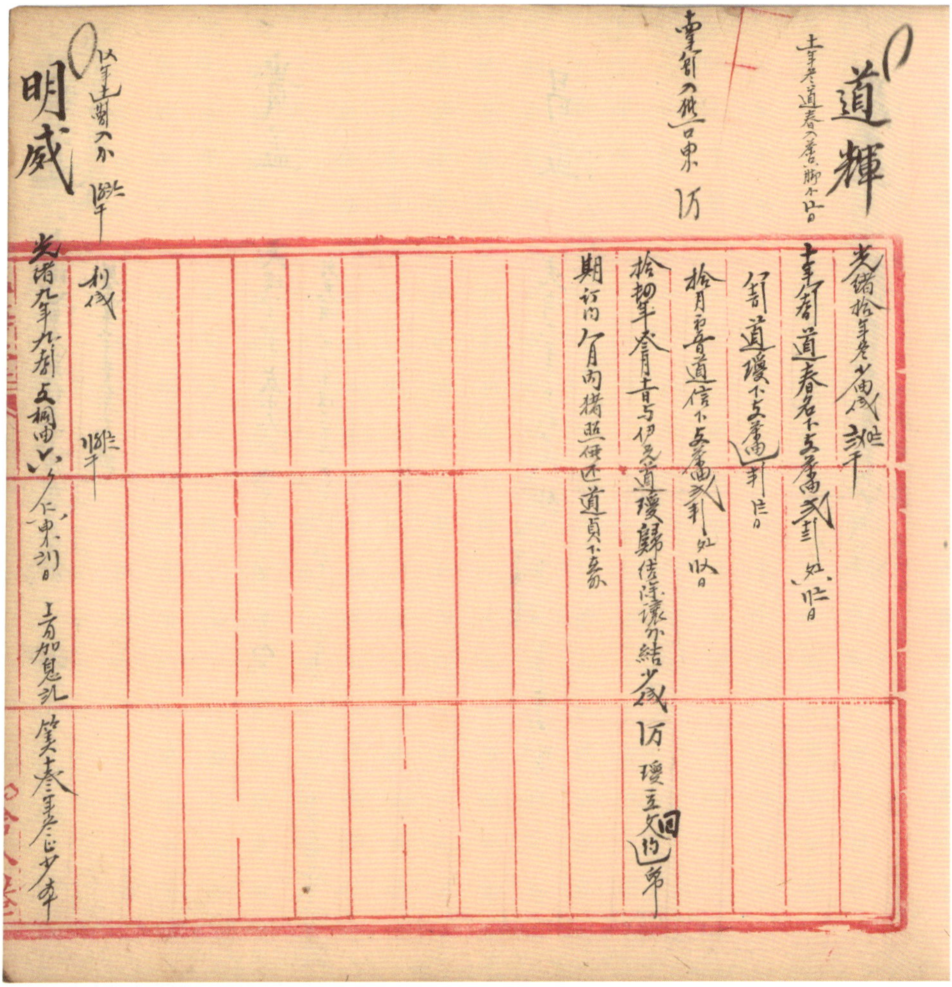

8-2-38-9　清光緒十三年鋼興黄記銀錢油穀發借總目（九）

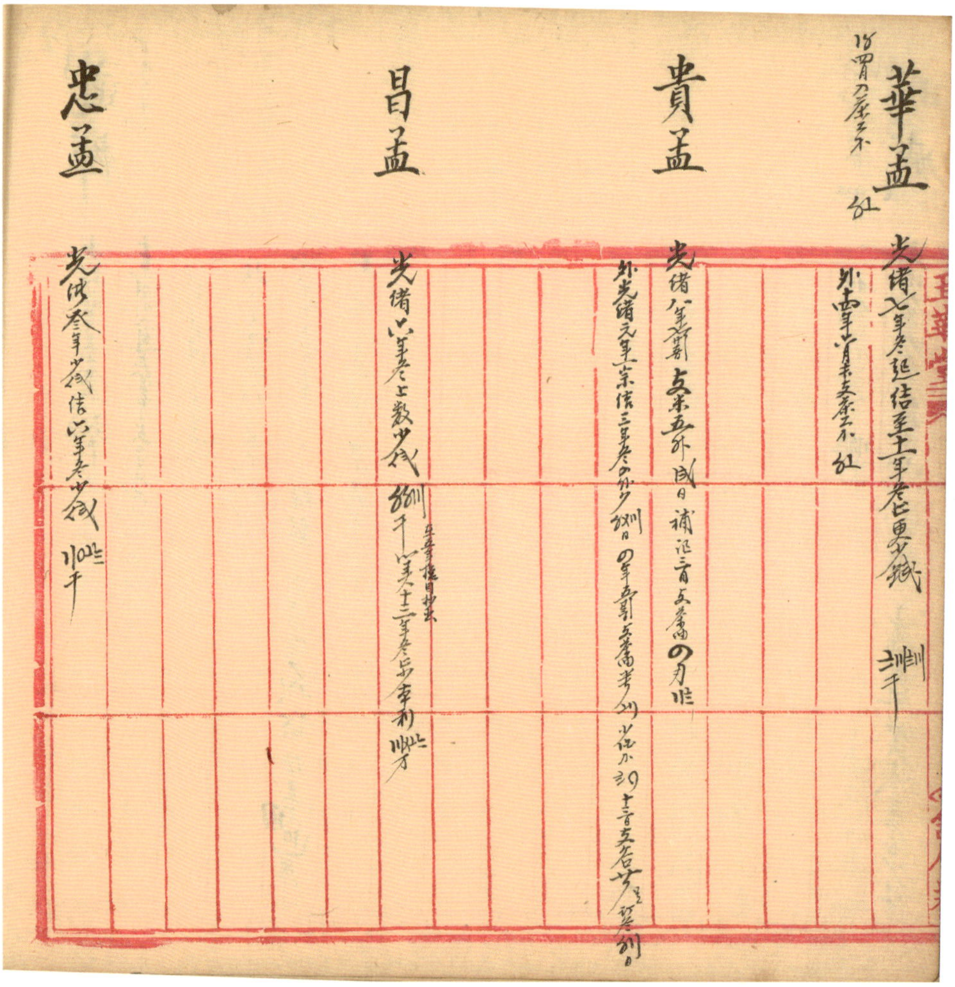

8-2-38-10　清光緒十三年鋼興黄記銀錢油穀發借總目（一〇）

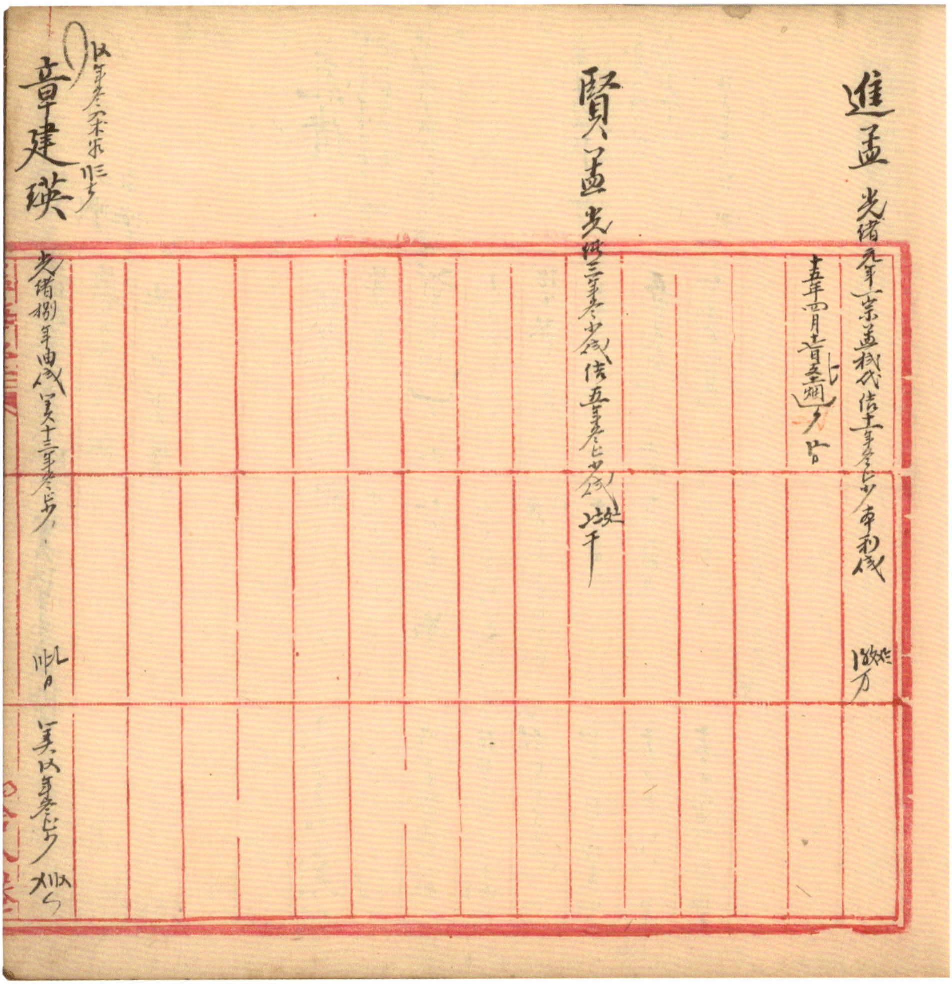

進益 光緒九年一宗盈利代借十一年冬止本利錢 [illegible]
十五年四月十二日 [illegible]

賢益 光緒三年冬止錢借五年冬止錢 [illegible]

章建瑛 [illegible]
光緒捌年 [illegible] 十三年冬止 [illegible]

8-2-38-11　清光緒十三年鋼興黄記銀錢油穀發借總目（一一）

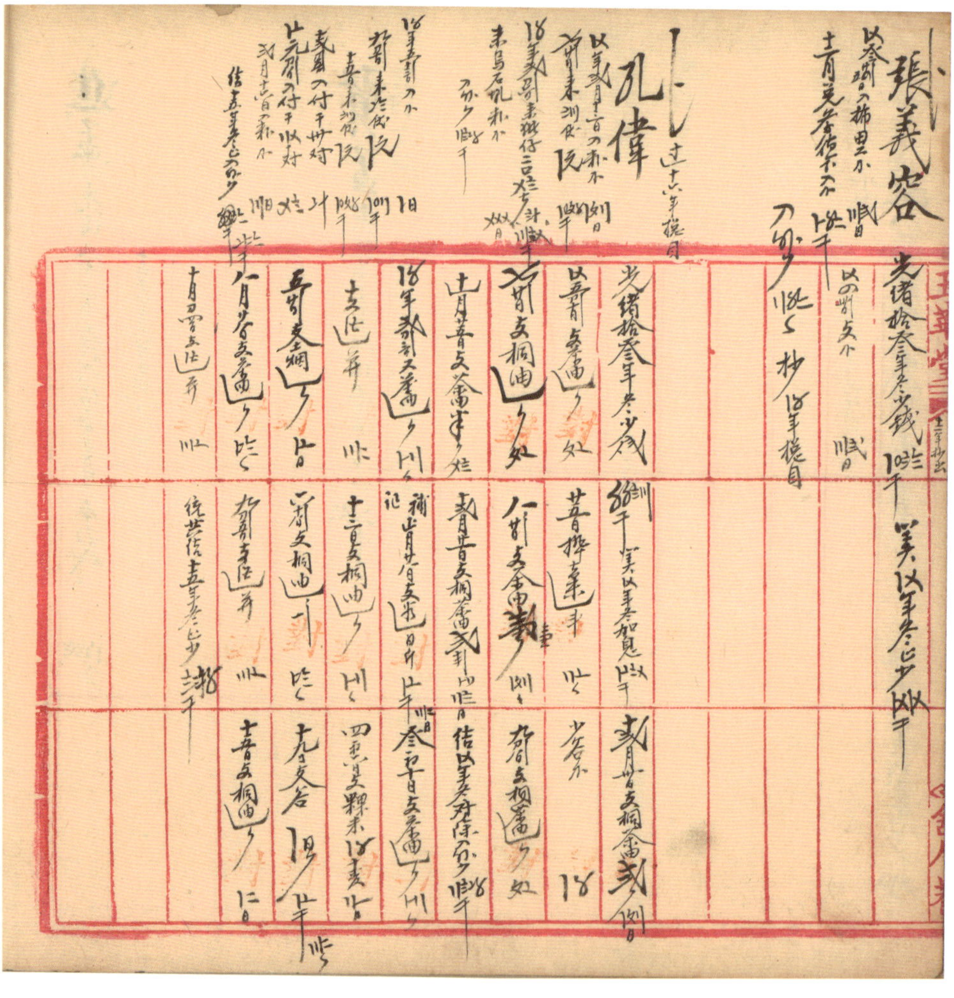

8-2-38-12　清光緒十三年鋼興黄記銀錢油穀發借總目（一二）

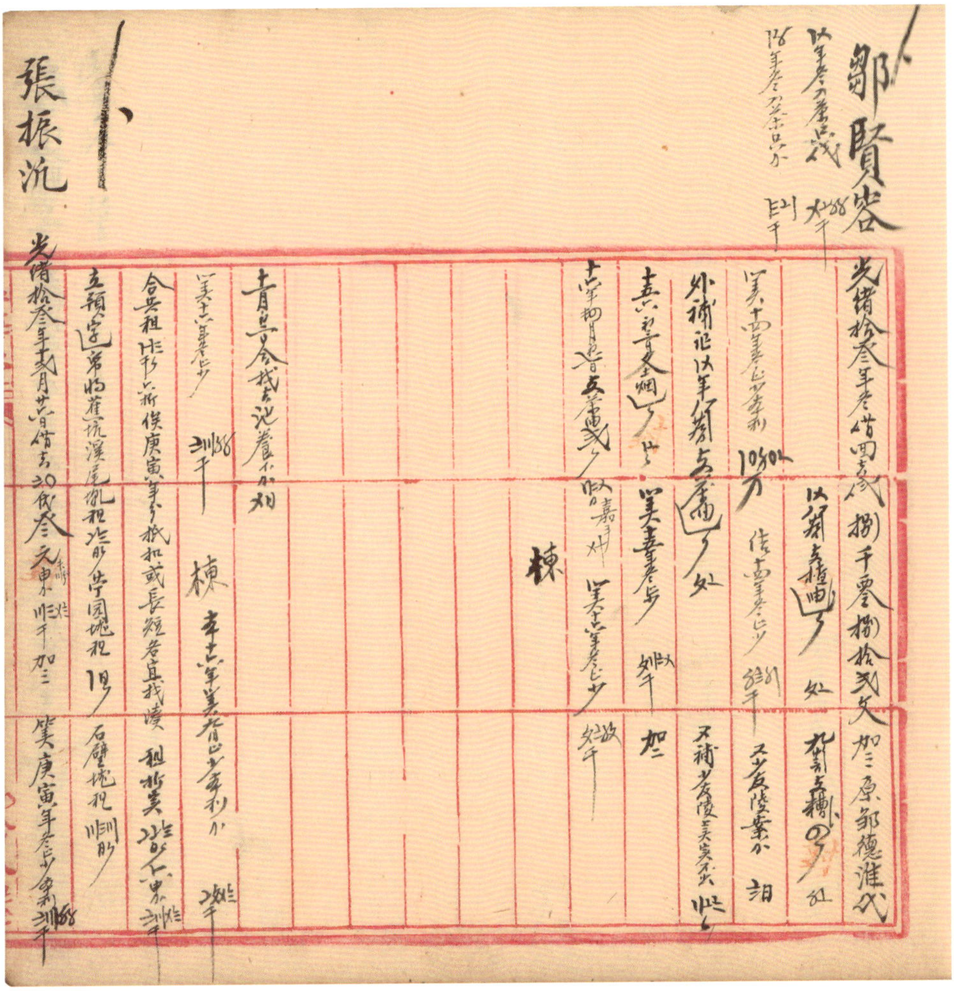

8-2-38-13　清光緒十三年鋼興黃記銀錢油穀發借總目（一三）

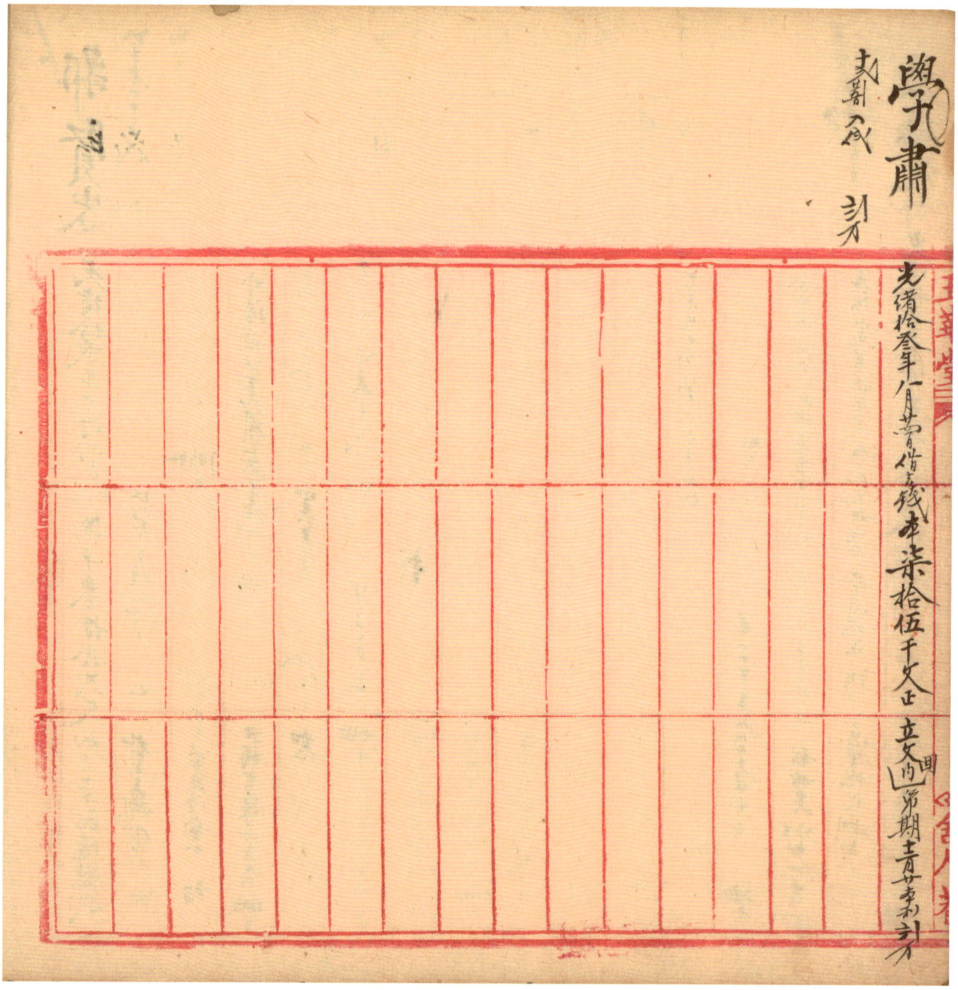

8-2-38-14　清光緒十三年鋼興黃記銀錢油穀發借總目（一四）

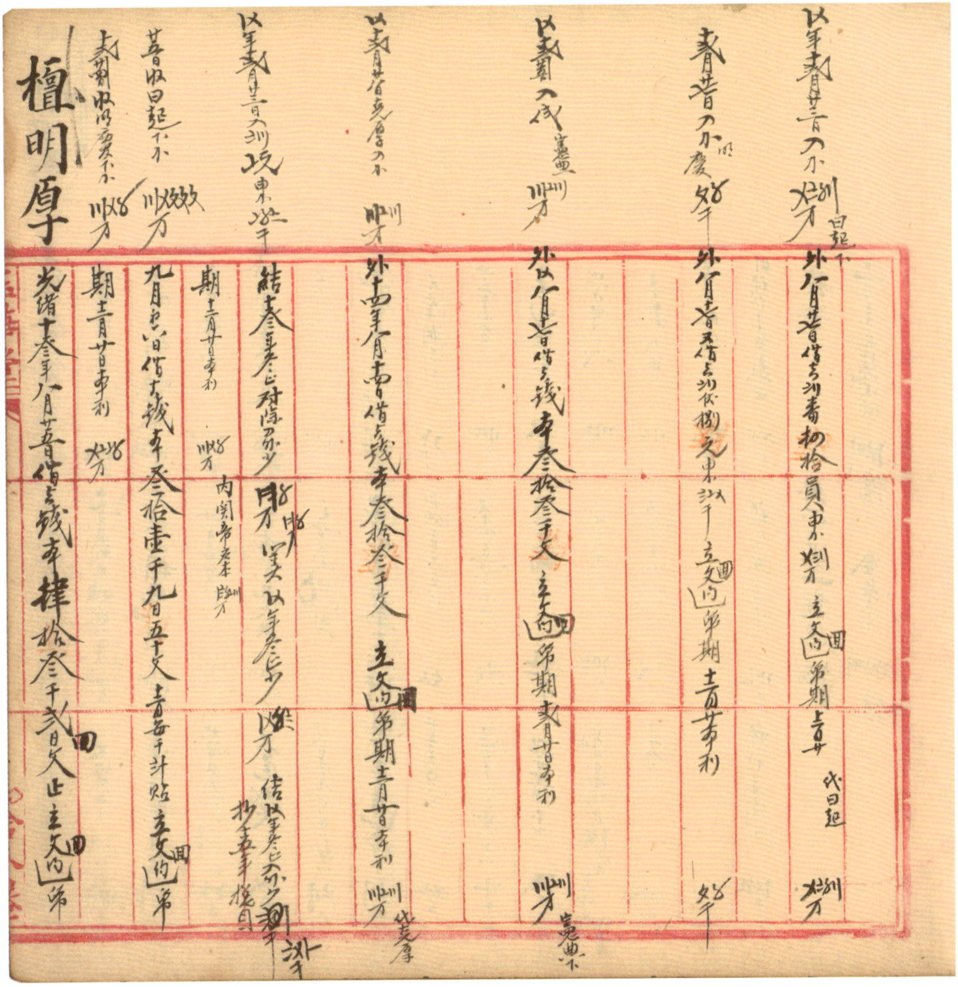

8-2-38-15　清光緒十三年鋼興黄記銀錢油穀發借總目（一五）

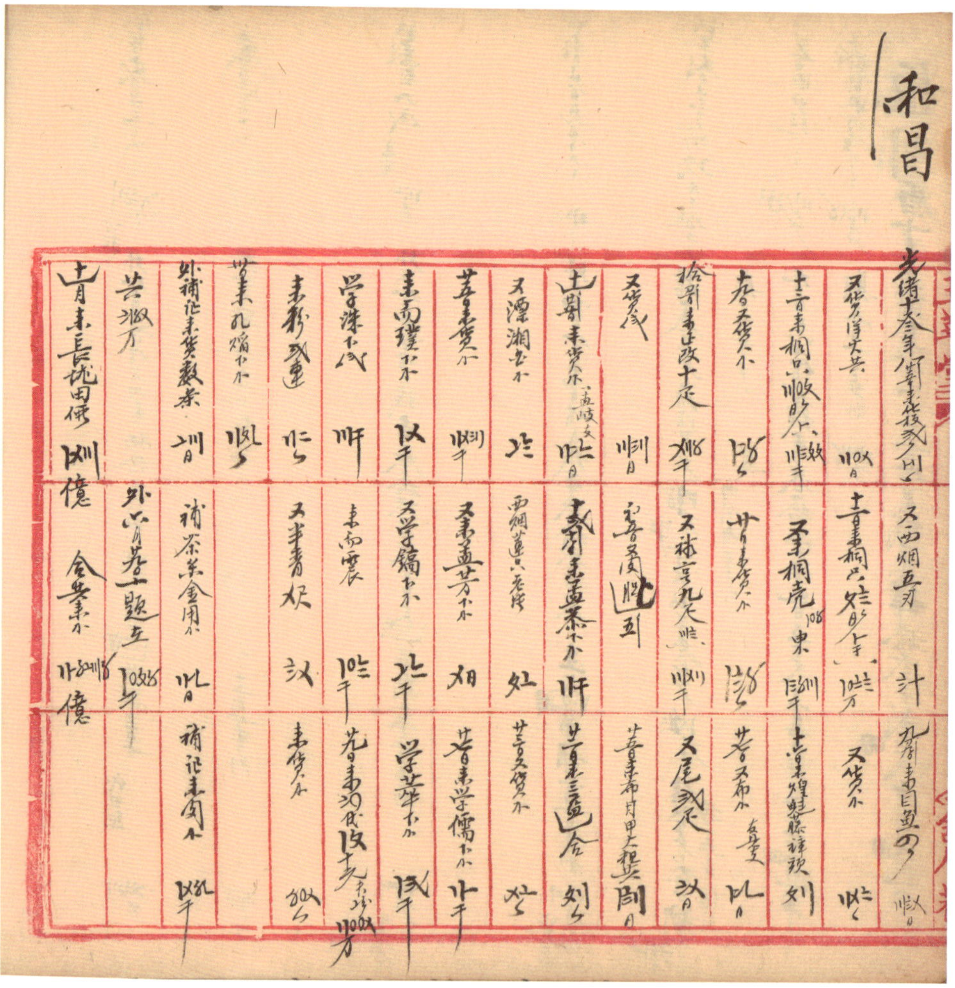

8-2-38-16　清光緒十三年鋼興黃記銀錢油穀發借總目（一六）

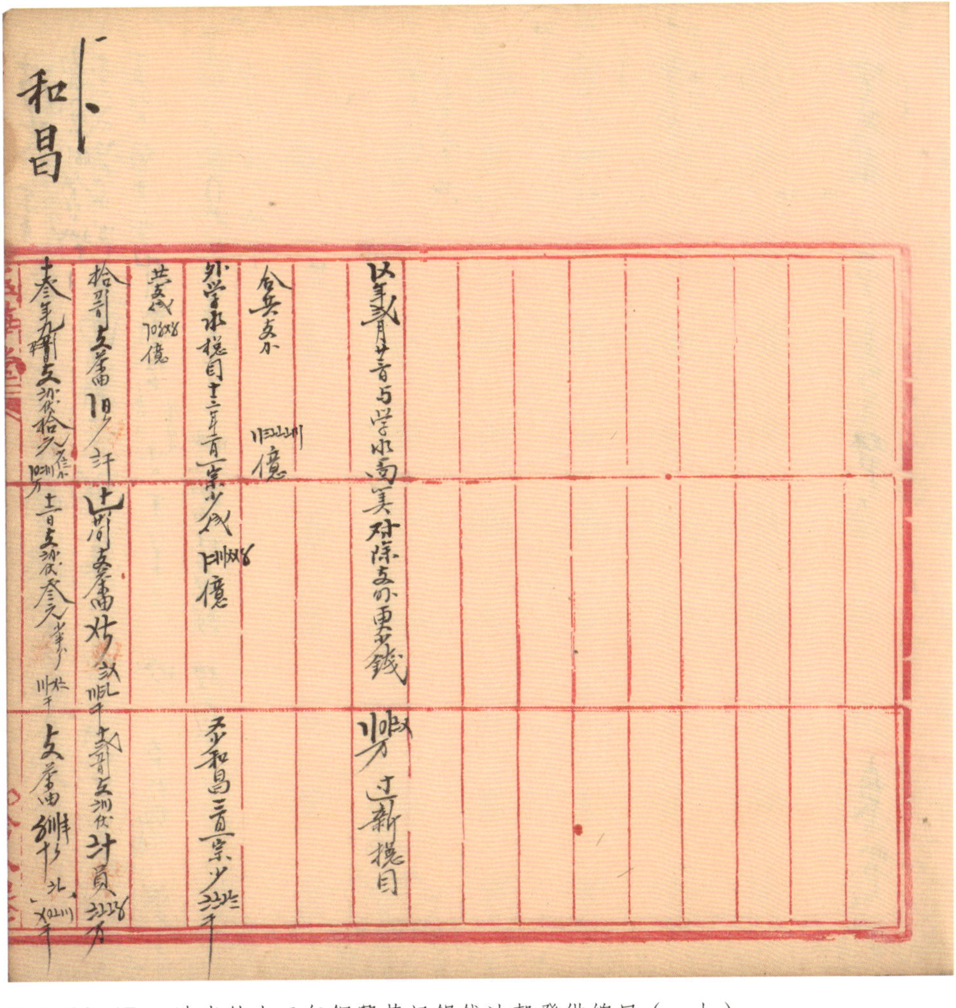

8-2-38-17　清光緒十三年鋼興黃記銀錢油穀發借總目（一七）

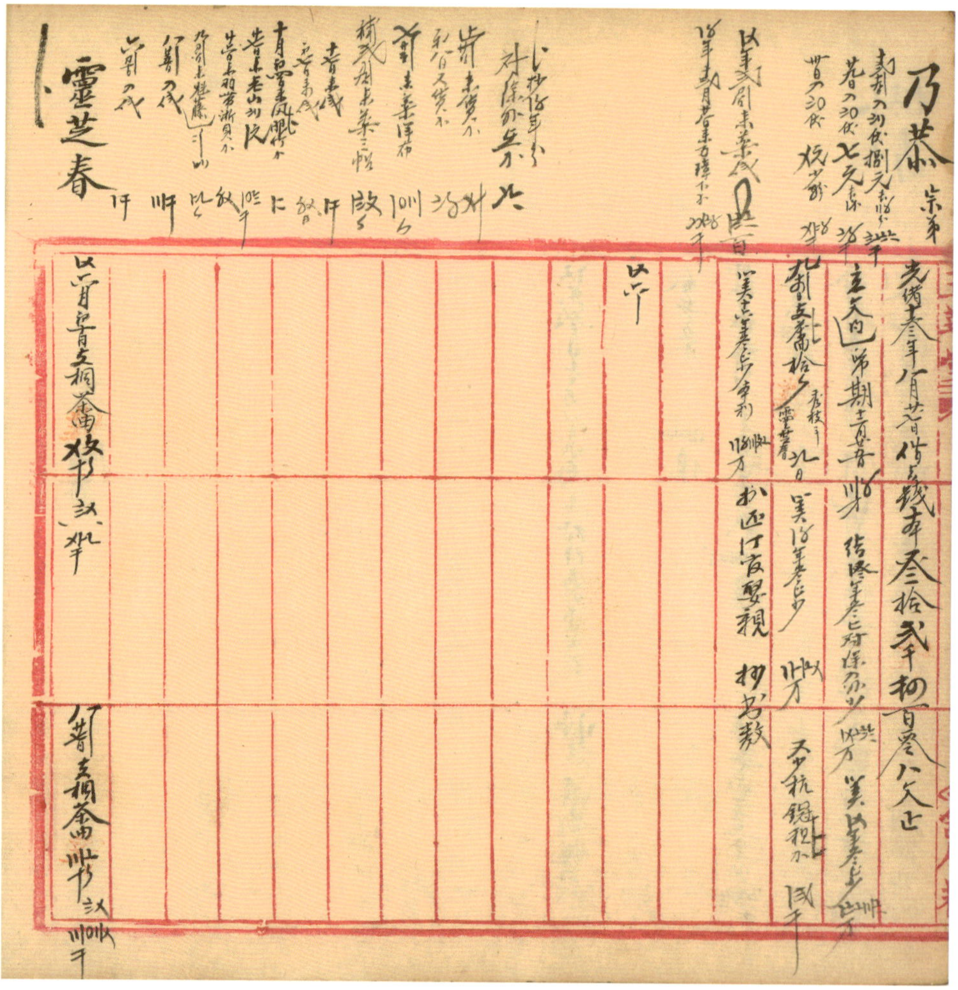

8-2-38-18　清光緒十三年鋼興黄記銀錢油穀發借總目（一八）

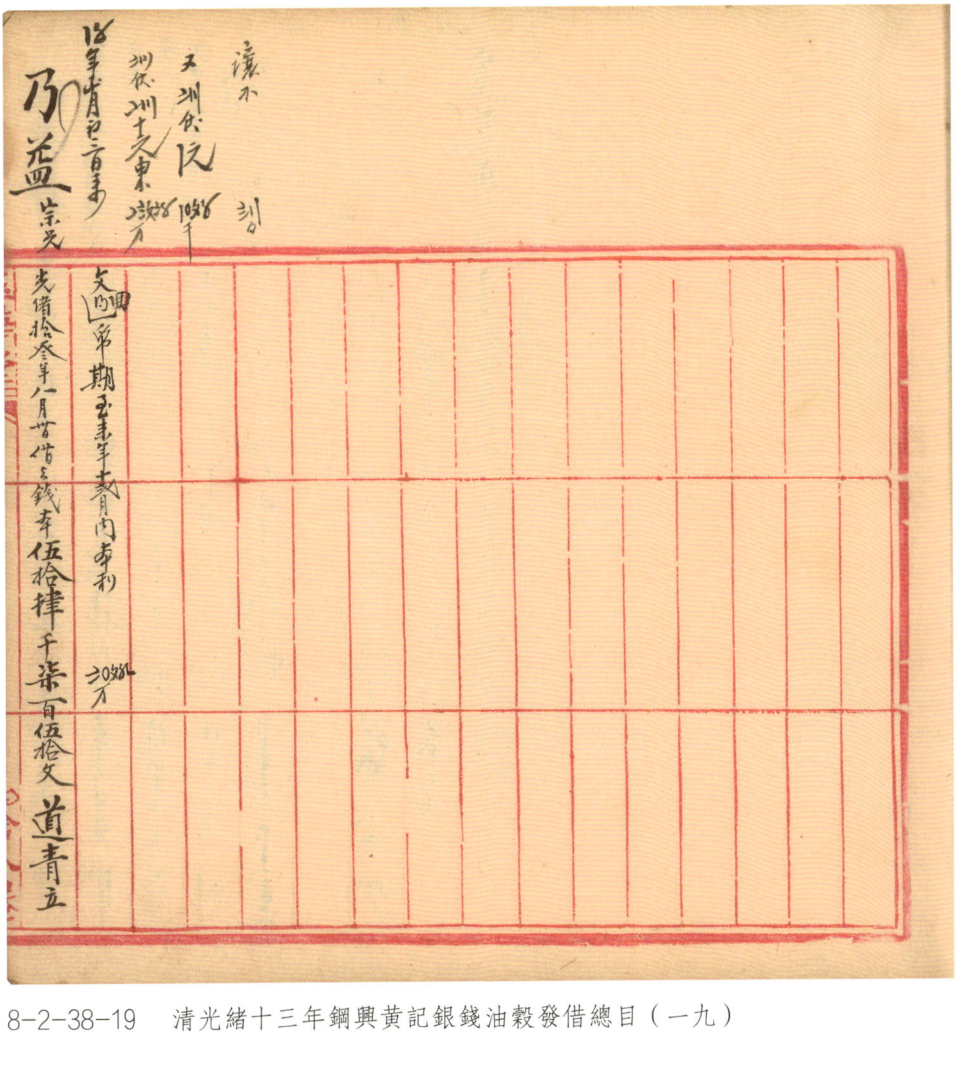
光緒拾叁年八月廿借去錢壹伍拾肆千柒百伍拾文　道青立
又回田第期至未年十貳月內本利

8-2-38-19　清光緒十三年鋼興黄記銀錢油穀發借總目（一九）

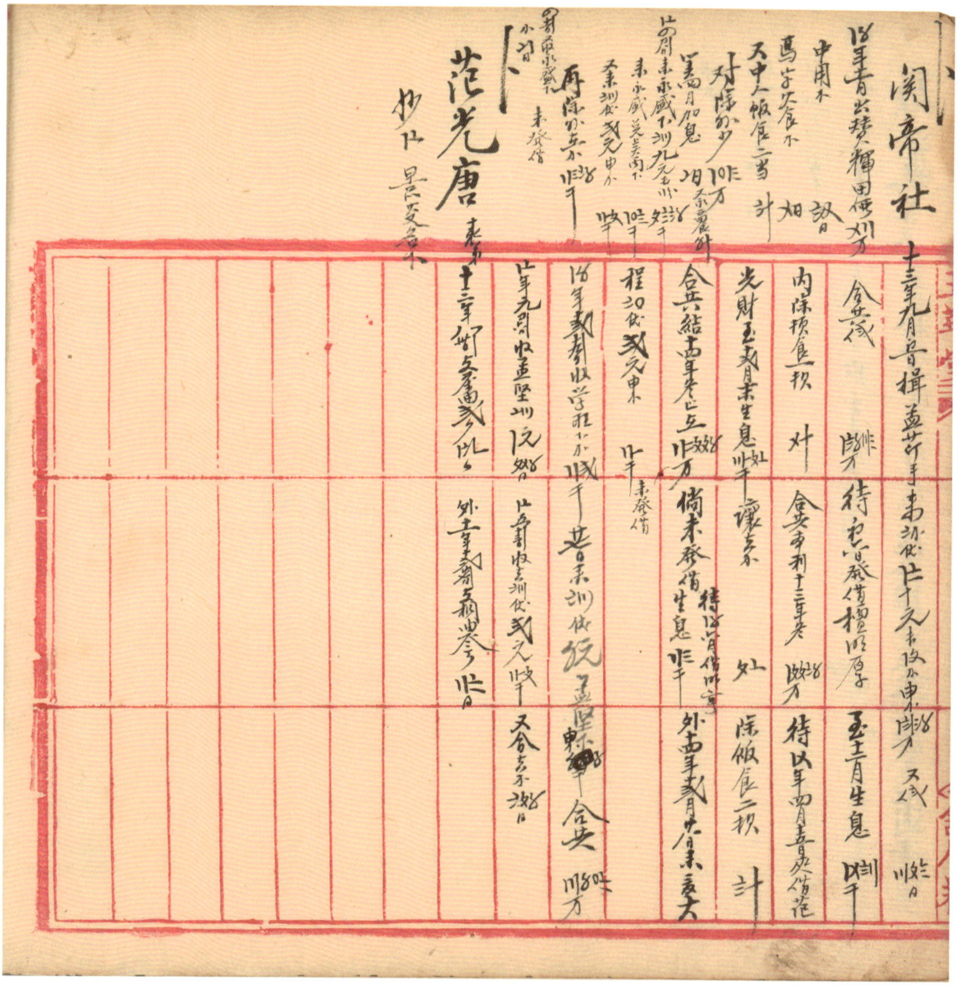

8-2-38-20　清光緒十三年鋼興黃記銀錢油穀發借總目（二〇）

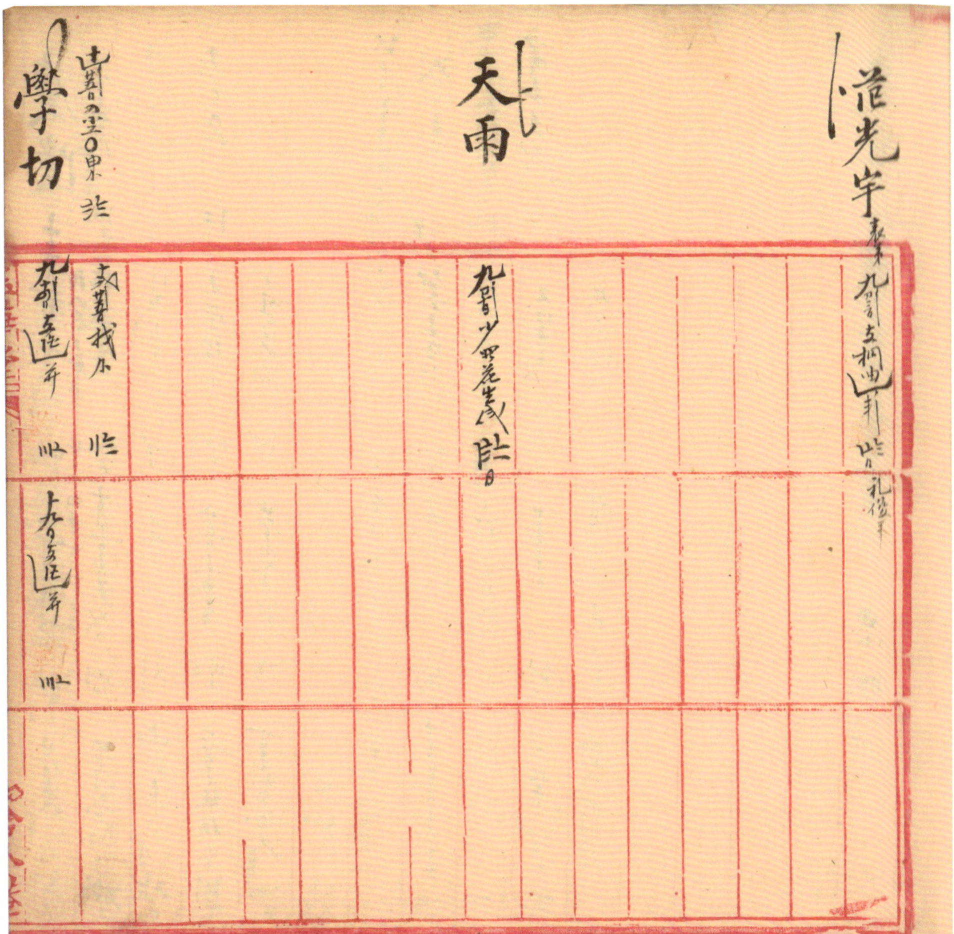

8-2-38-21　清光緒十三年鋼興黃記銀錢油穀發借總目（二一）

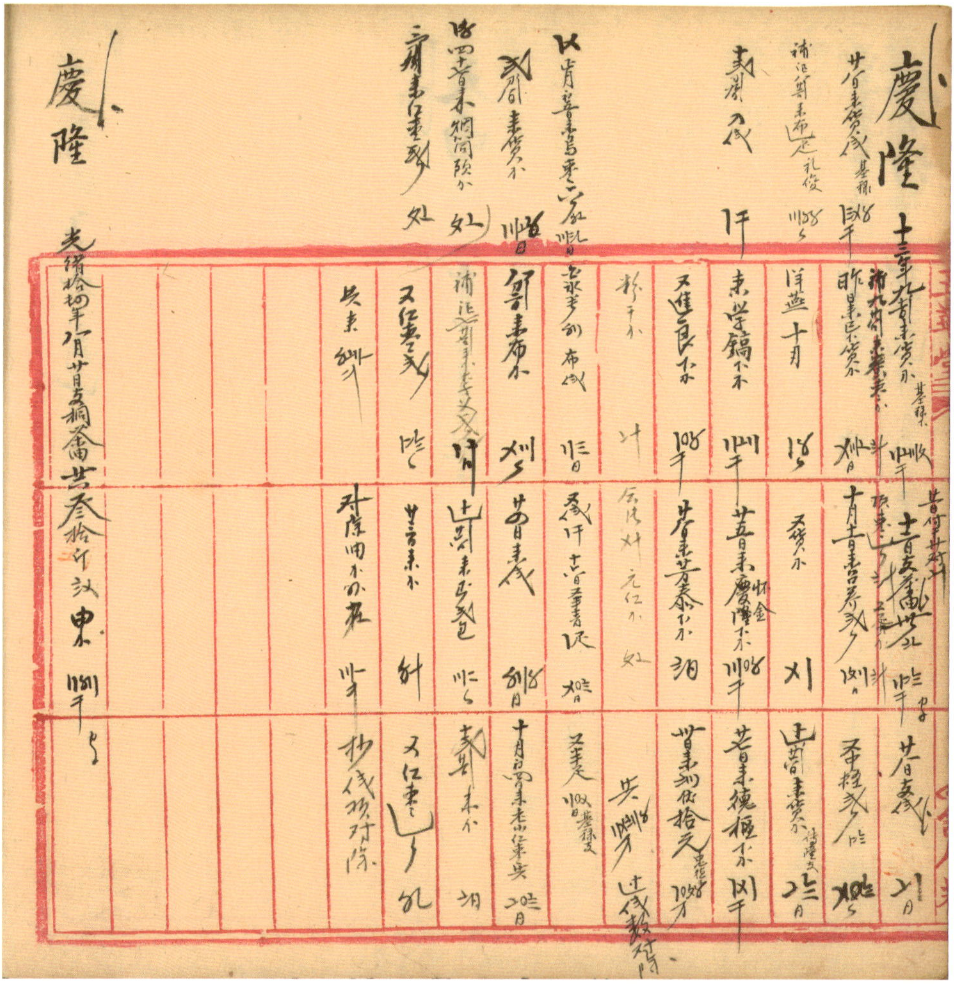

8-2-38-22　清光緒十三年鋼興黃記銀錢油穀發借總目（二二）

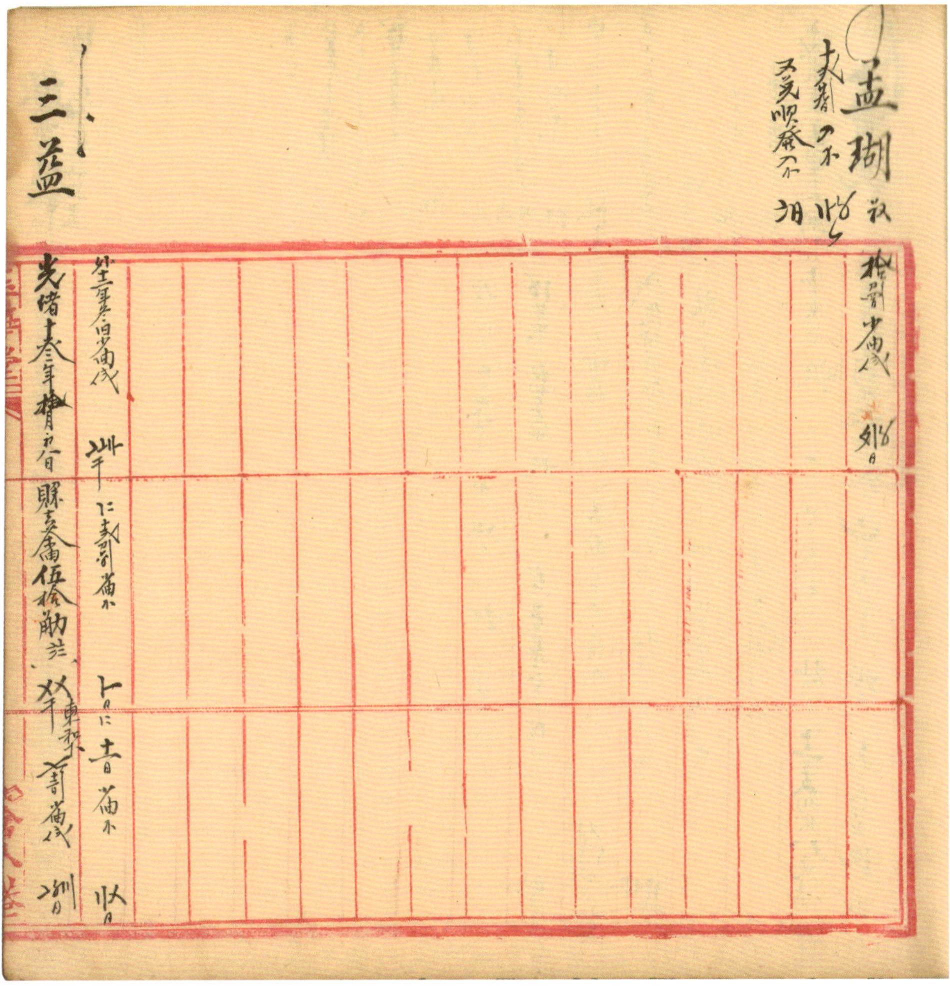

8-2-38-23　清光緒十三年鋼興黃記銀錢油穀發借總目（二三）

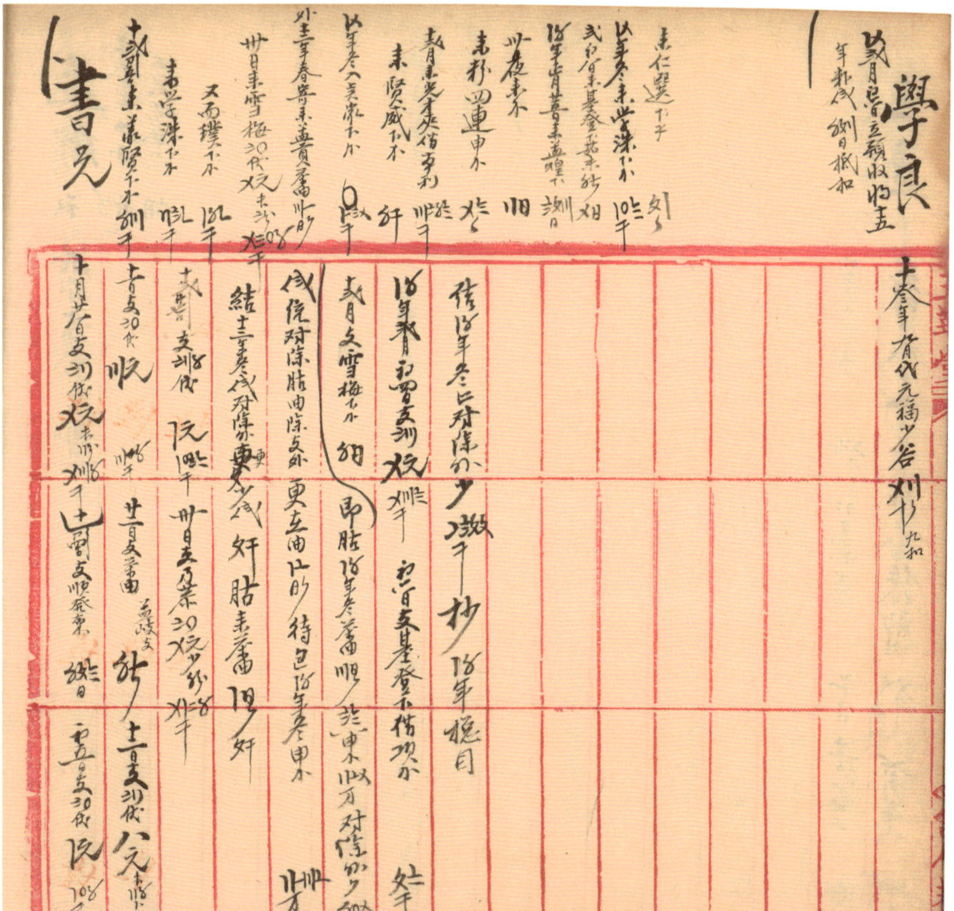

8-2-38-24　清光緒十三年鋼興黃記銀錢油穀發借總目（二四）

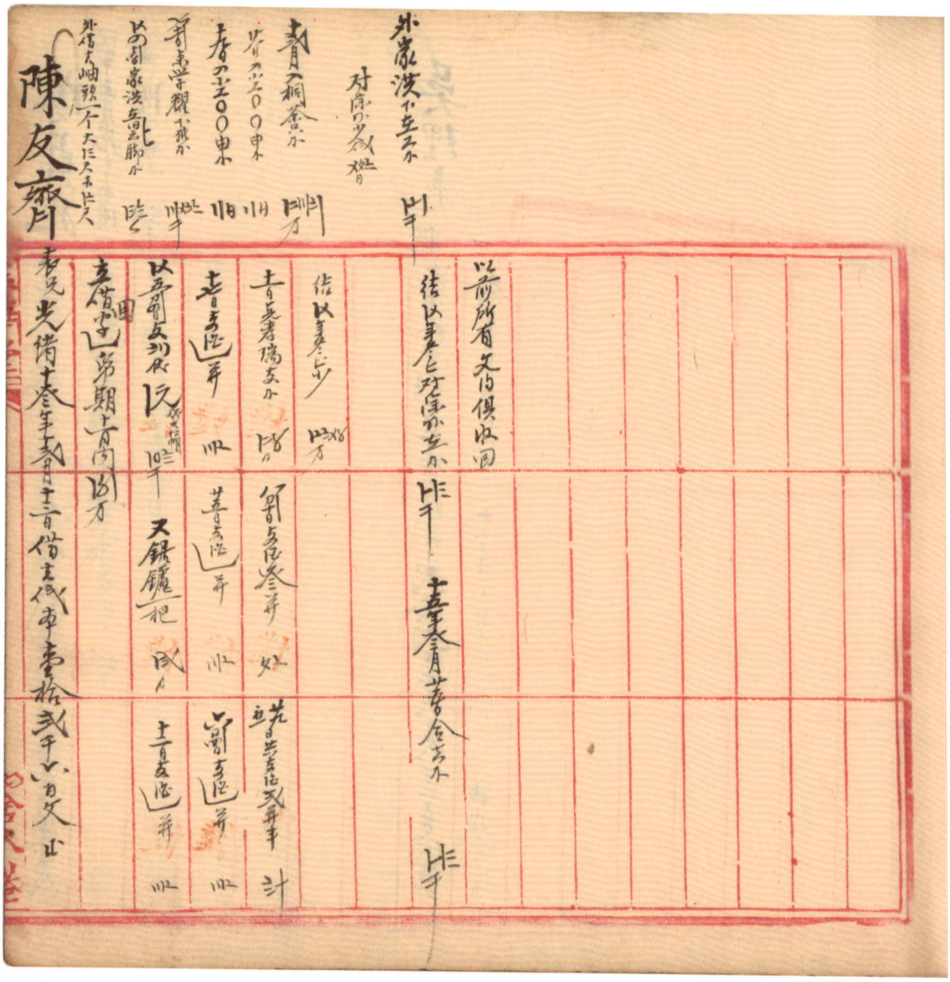

8-2-38-25　清光緒十三年鋼興黄記銀錢油穀發借總目（二五）

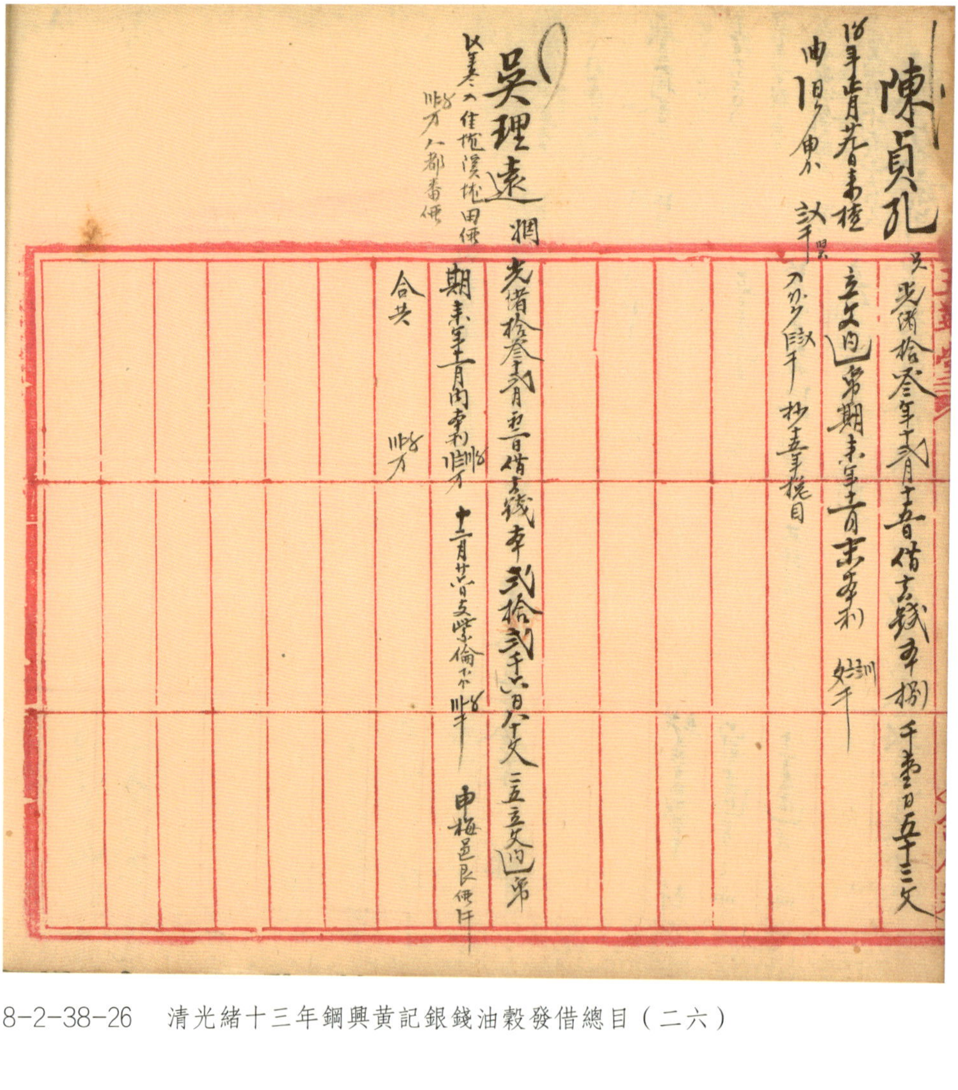

8-2-38-26　清光緒十三年鋼興黄記銀錢油穀發借總目（二六）

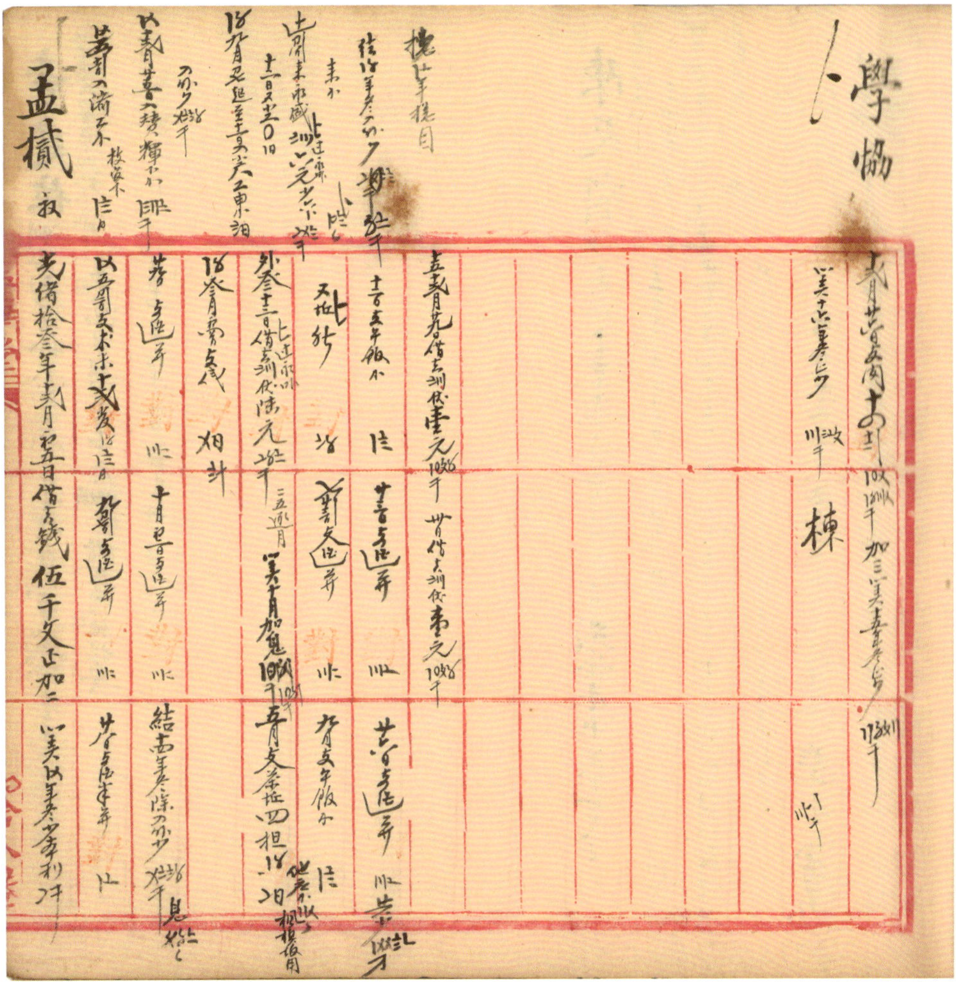

8-2-38-27　清光緒十三年鋼興黄記銀錢油穀發借總目（二七）

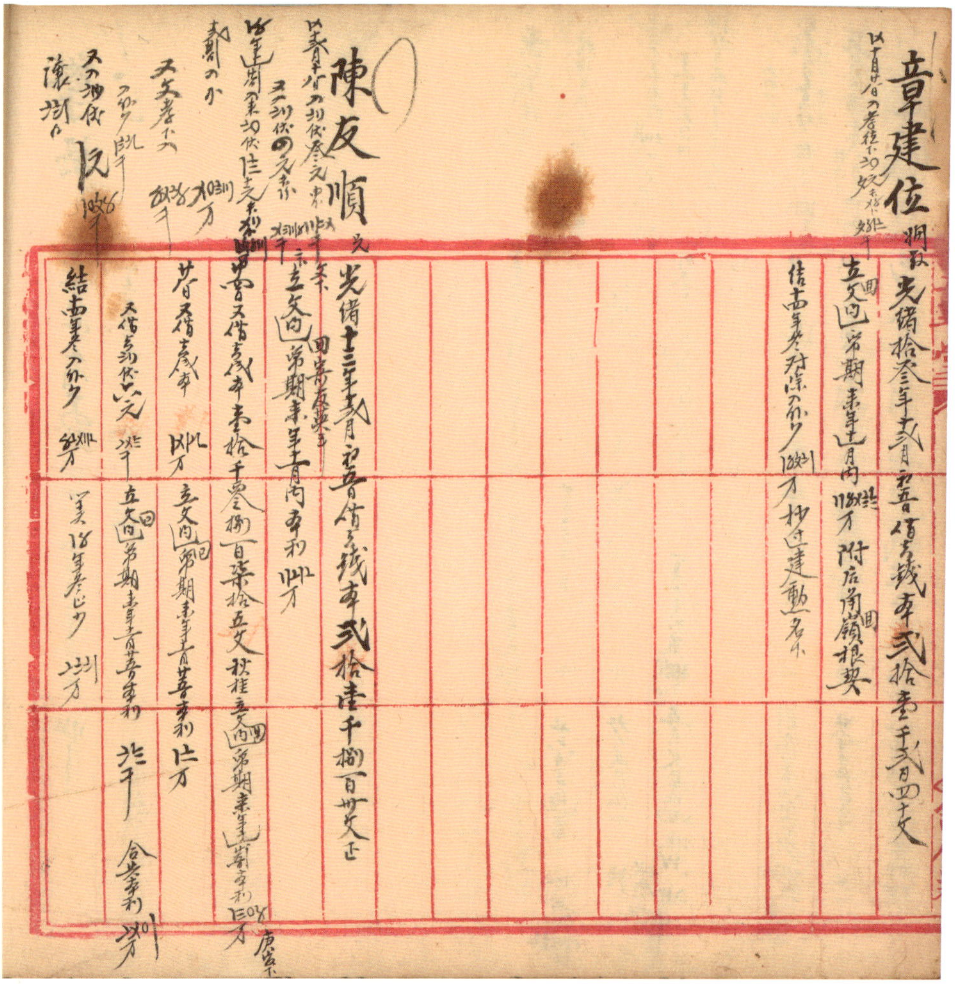

章建位 收 光緒拾叁年式月初五日借去錢本式拾壹千式百四十文

立文四 當期來年十二月內

附店前嶺根契

陳友順 光緒十三年式月初五日借去錢本式拾壹千捌百廿文正

立文內 當期來年十二月內本利

8-2-38-28　清光緒十三年鋼興黄記銀錢油穀發借總目（二八）

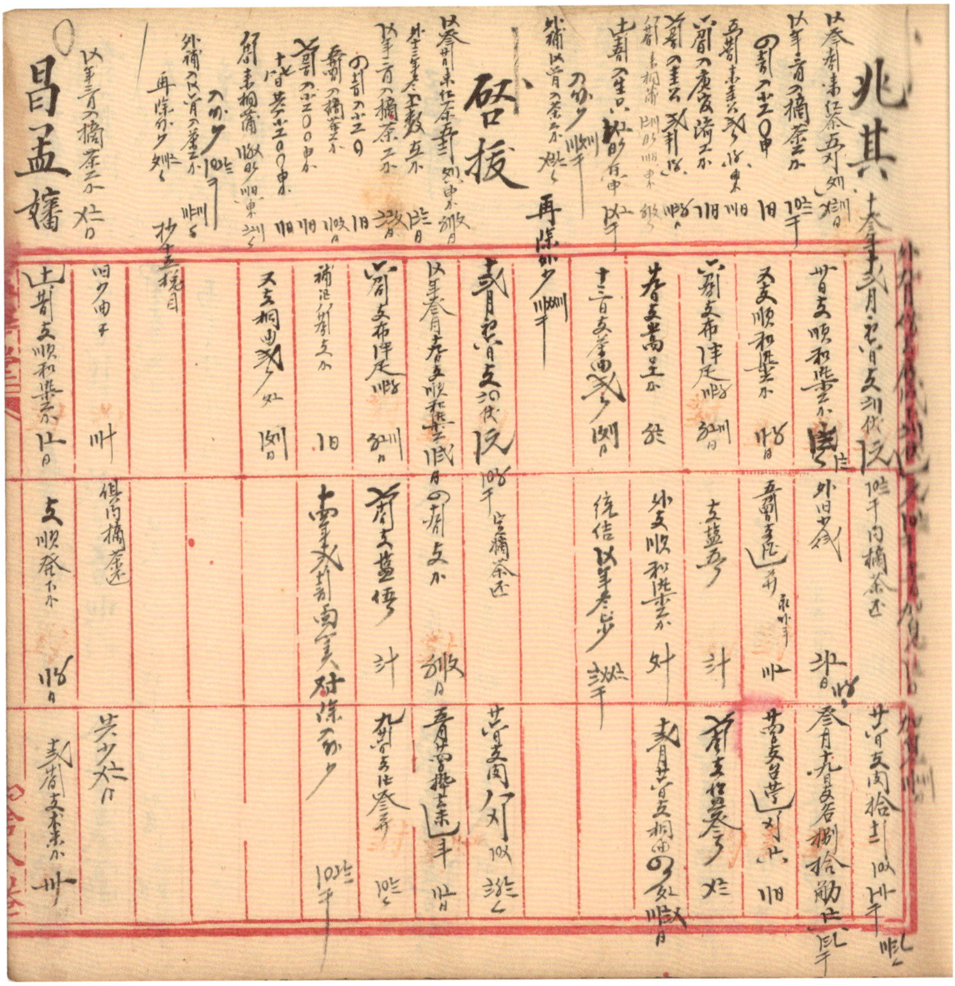

8-2-38-29　清光緒十三年鋼興黄記銀錢油穀發借總目（二九）

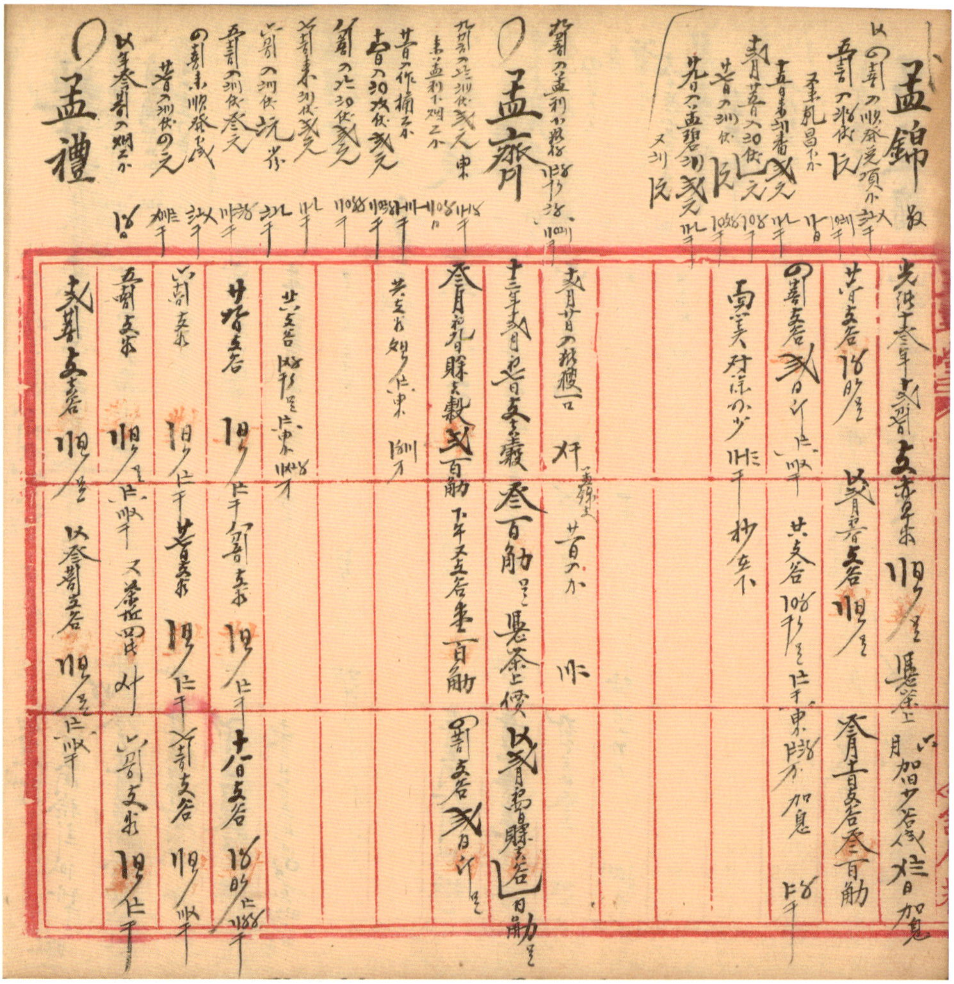

8-2-38-30　清光緒十三年鋼興黃記銀錢油穀發借總目（三〇）

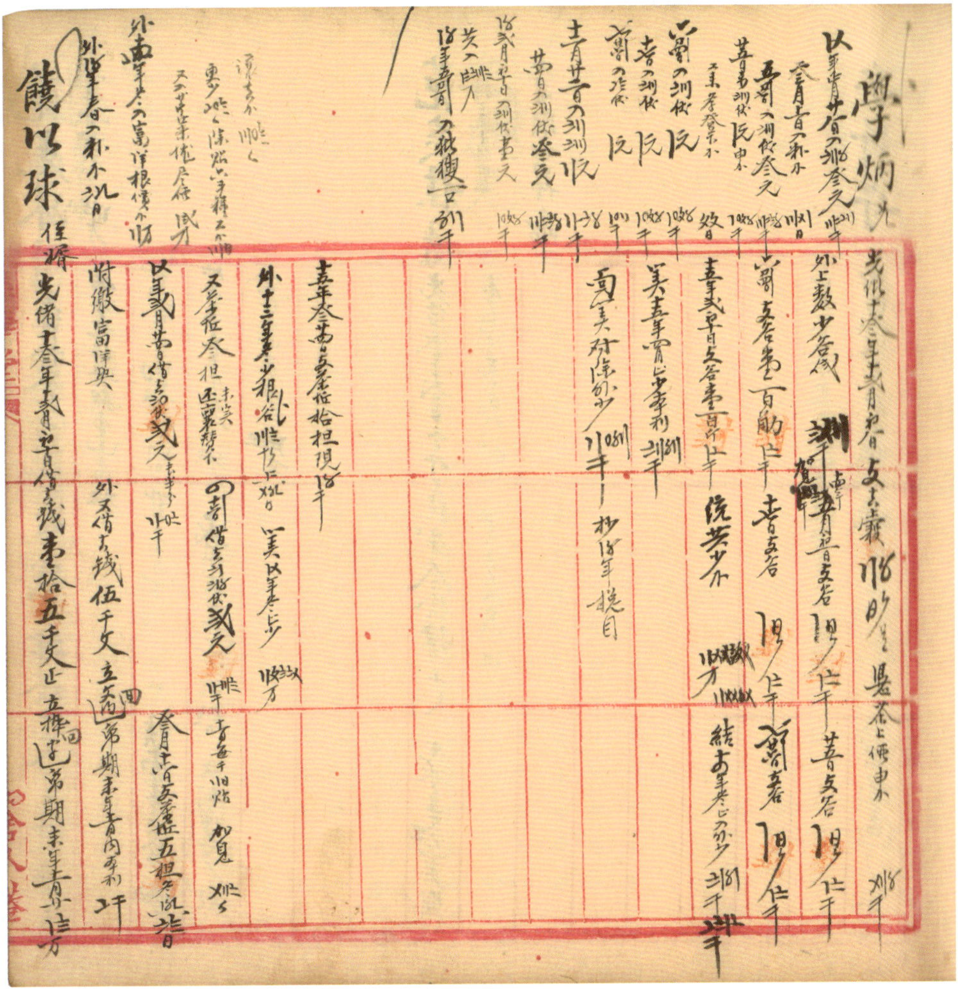

8-2-38-31　清光緒十三年鋼興黃記銀錢油穀發借總目（三一）

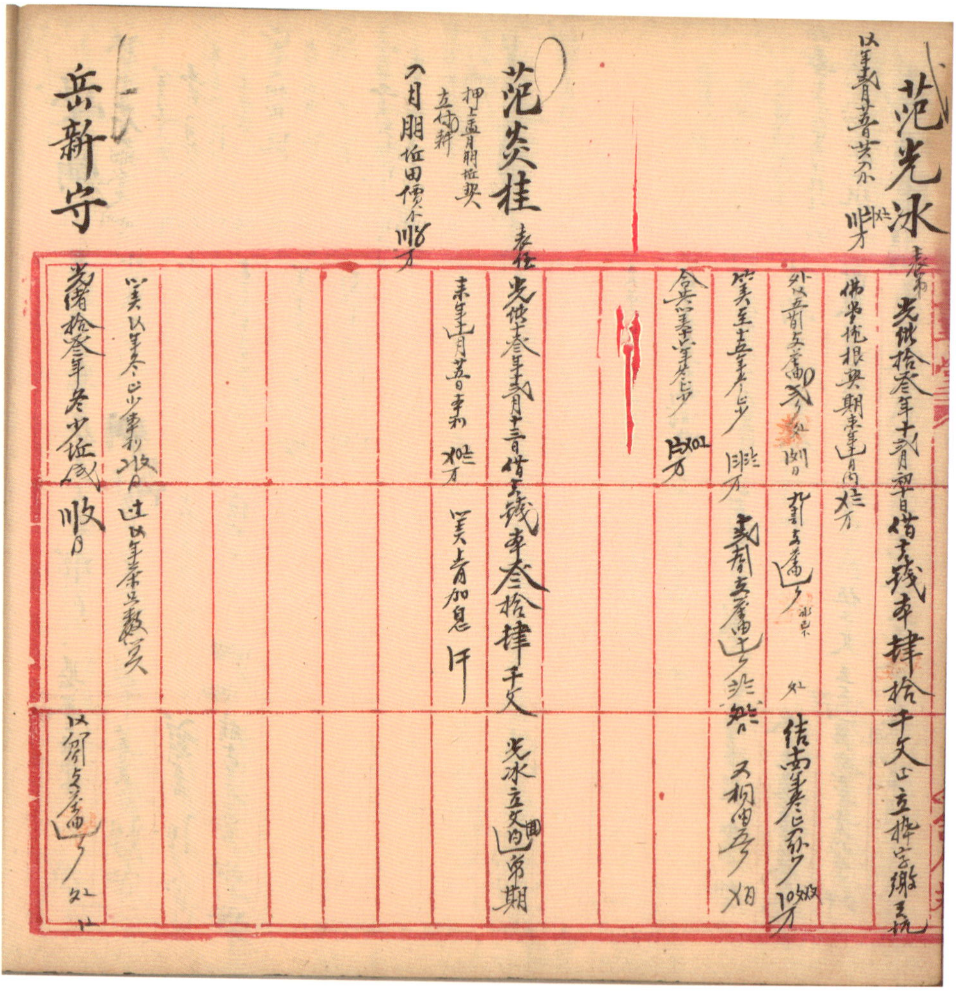
范光冰
光緒拾叁年十貳月廿日借去錢本肆拾千文
范炎桂
光緒拾叁年十貳月十三日借去錢本叁拾肆千文
岳新守
光緒拾叁年冬

8-2-38-32　清光緒十三年鋼興黃記銀錢油穀發借總目（三二）

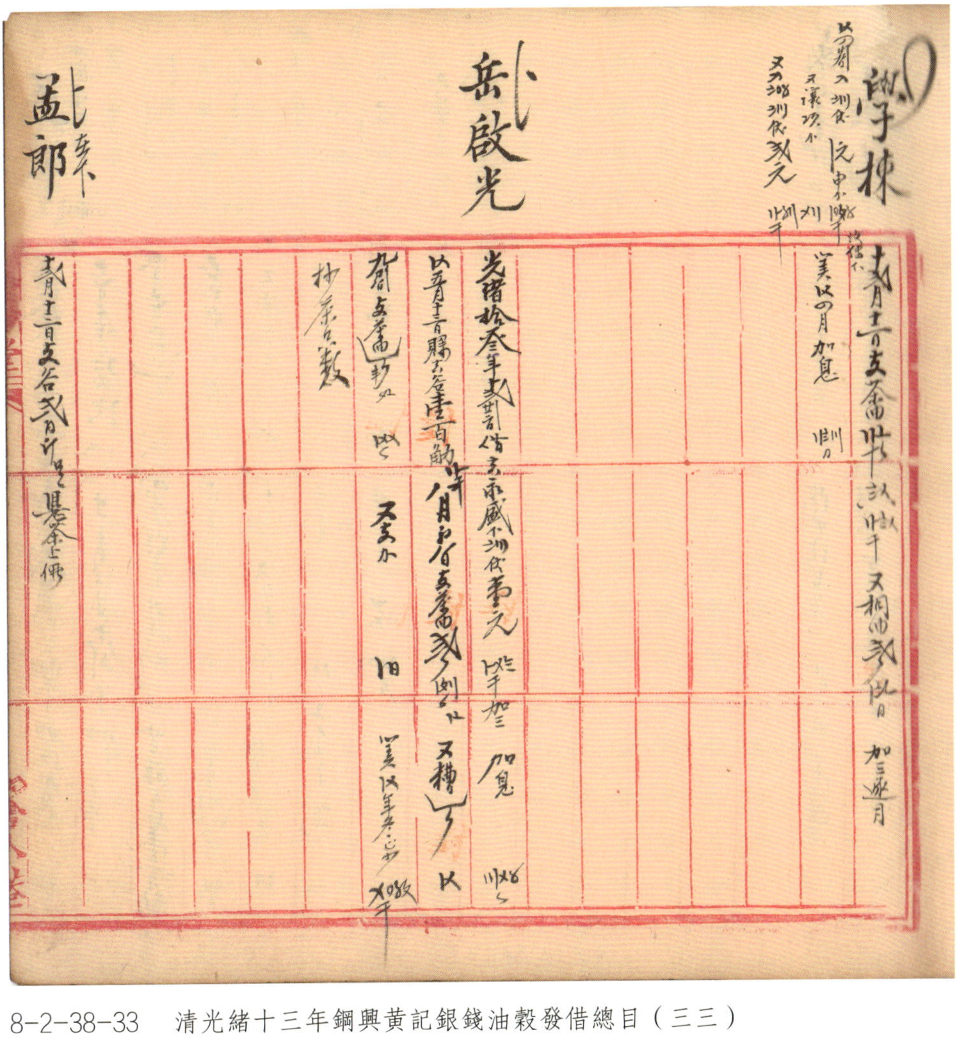

8-2-38-33　清光緒十三年鋼興黃記銀錢油穀發借總目（三三）

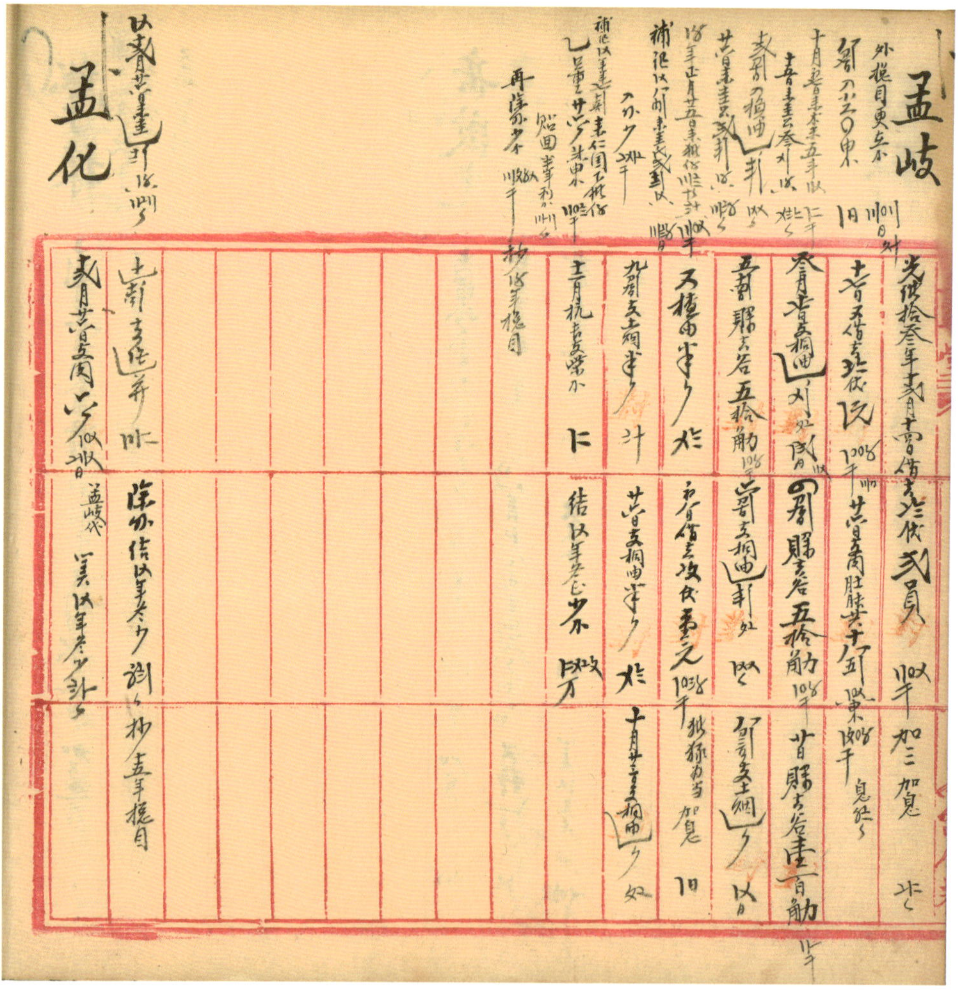

8-2-38-34　清光緒十三年鋼興黄記銀錢油穀發借總目（三四）

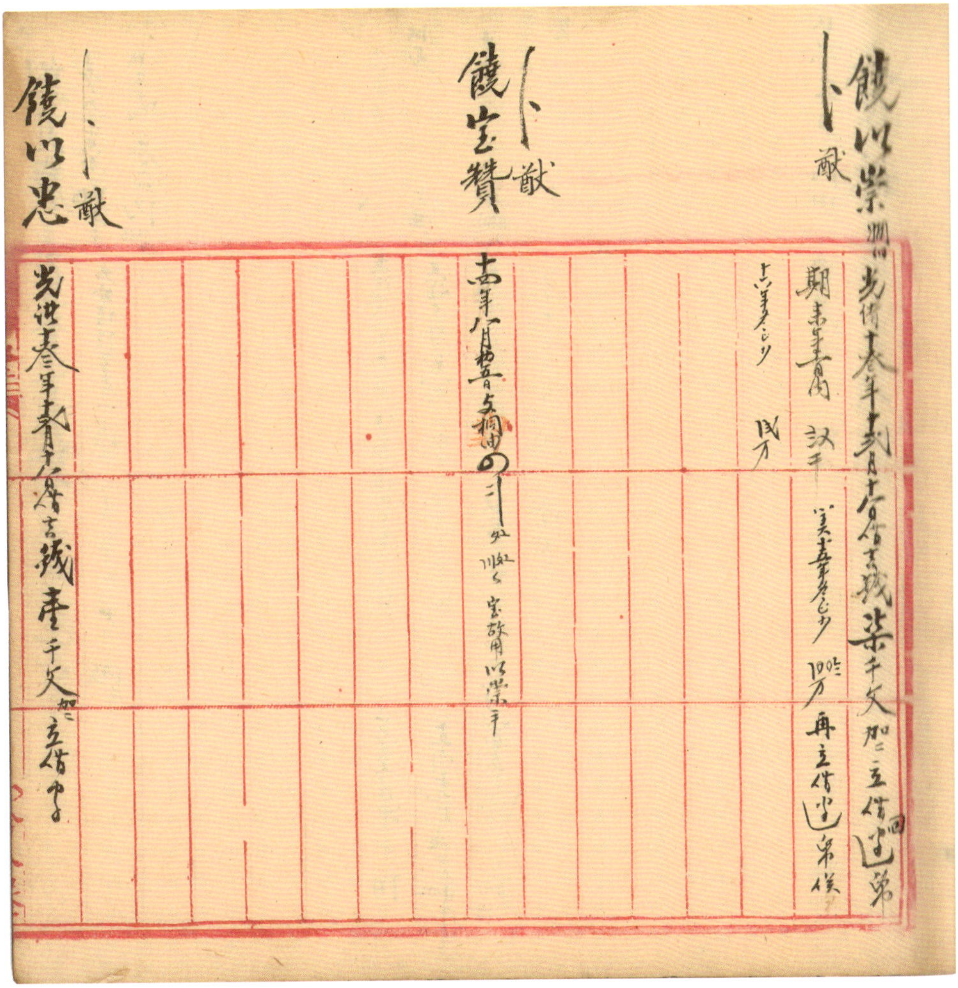

8-2-38-35　清光緒十三年鋼興黄記銀錢油穀發借總目（三五）

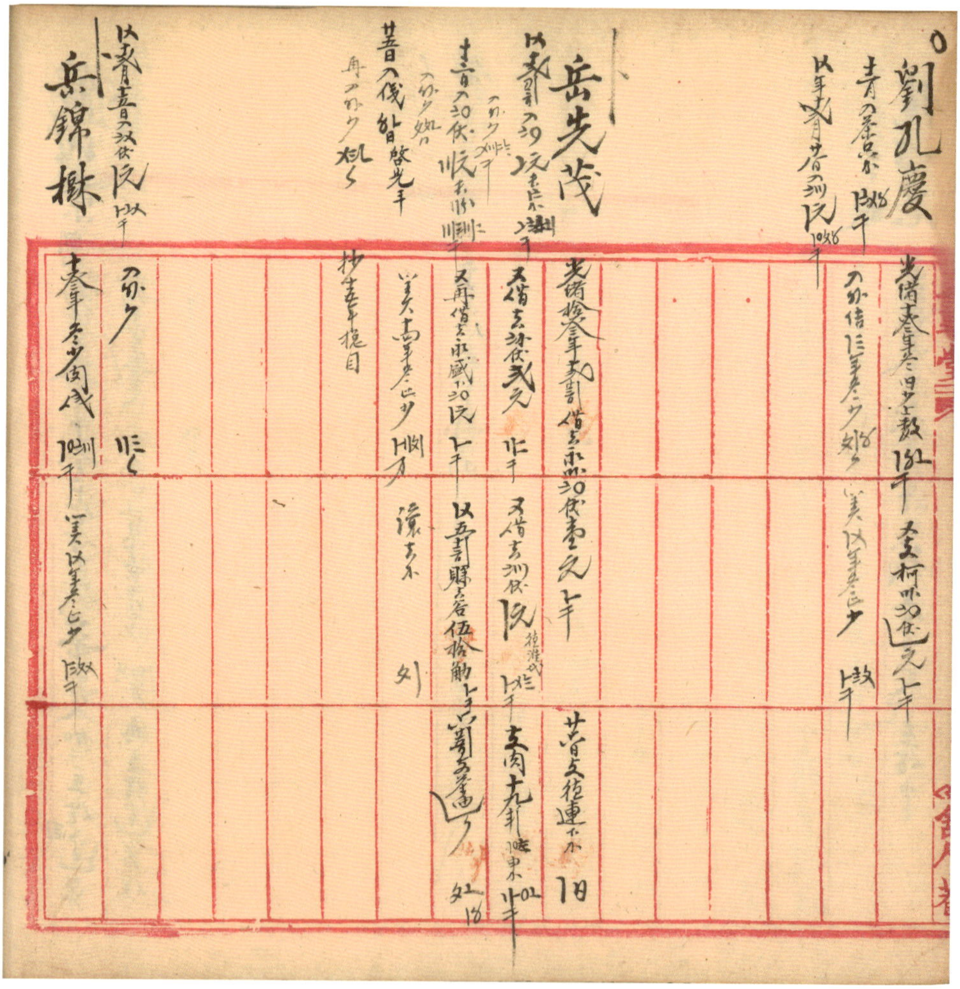

劉[illegible]慶

岳先茂

岳錦樹

8-2-38-36　清光緒十三年鋼興黄記銀錢油穀發借總目（三六）

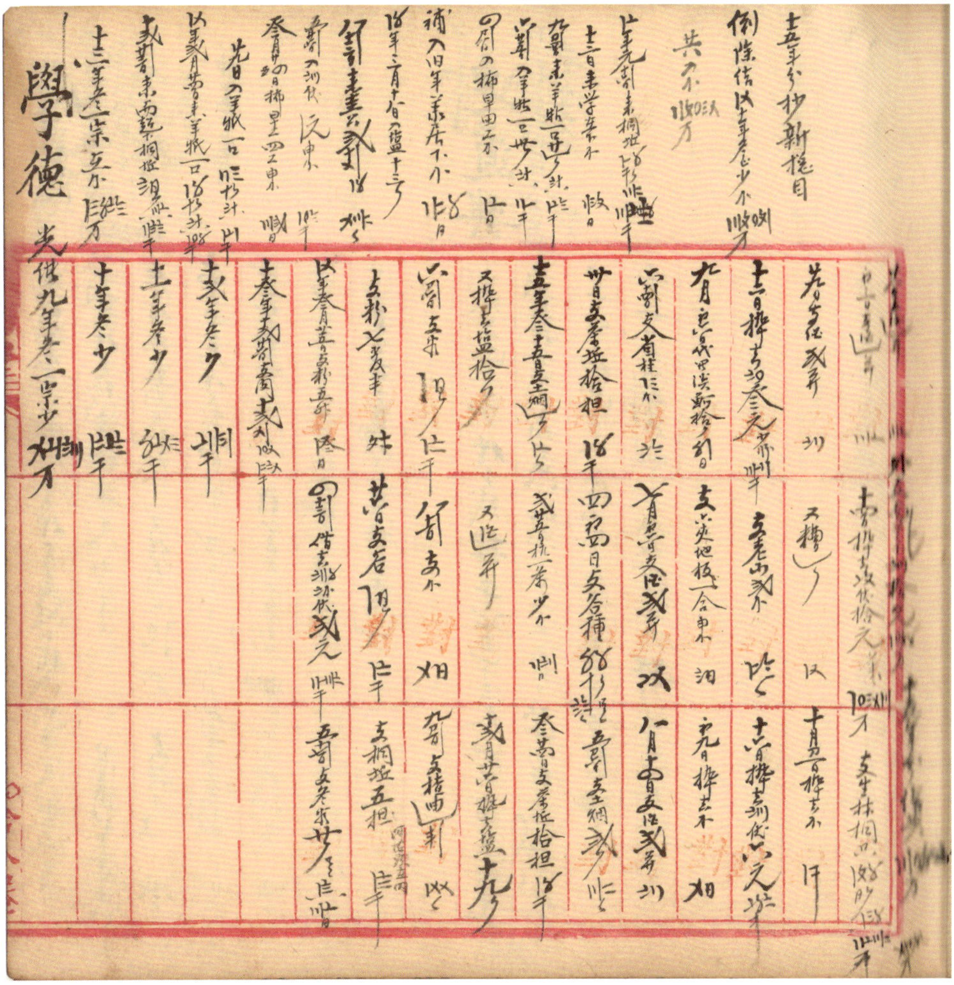

8-2-38-37　清光緒十三年鋼興黄記銀錢油穀發借總目（三七）

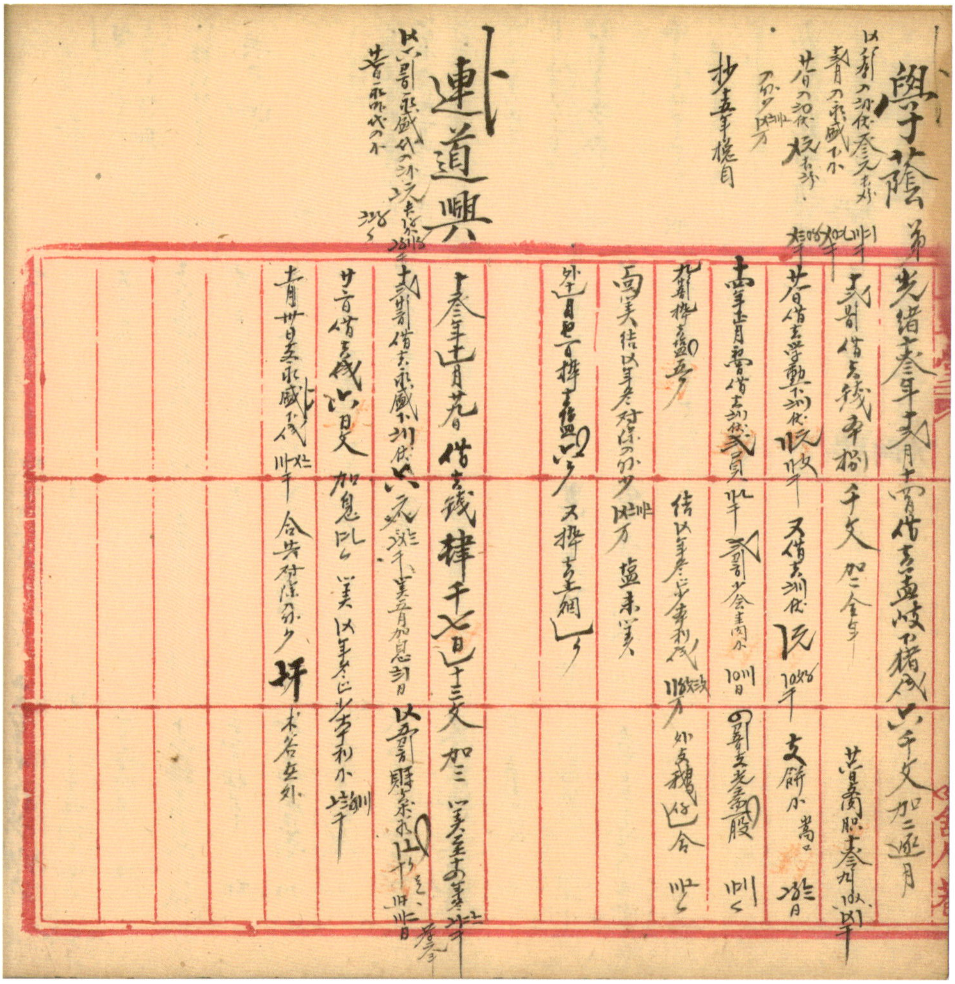

8-2-38-38　清光緒十三年鋼興黄記銀錢油穀發借總目（三八）

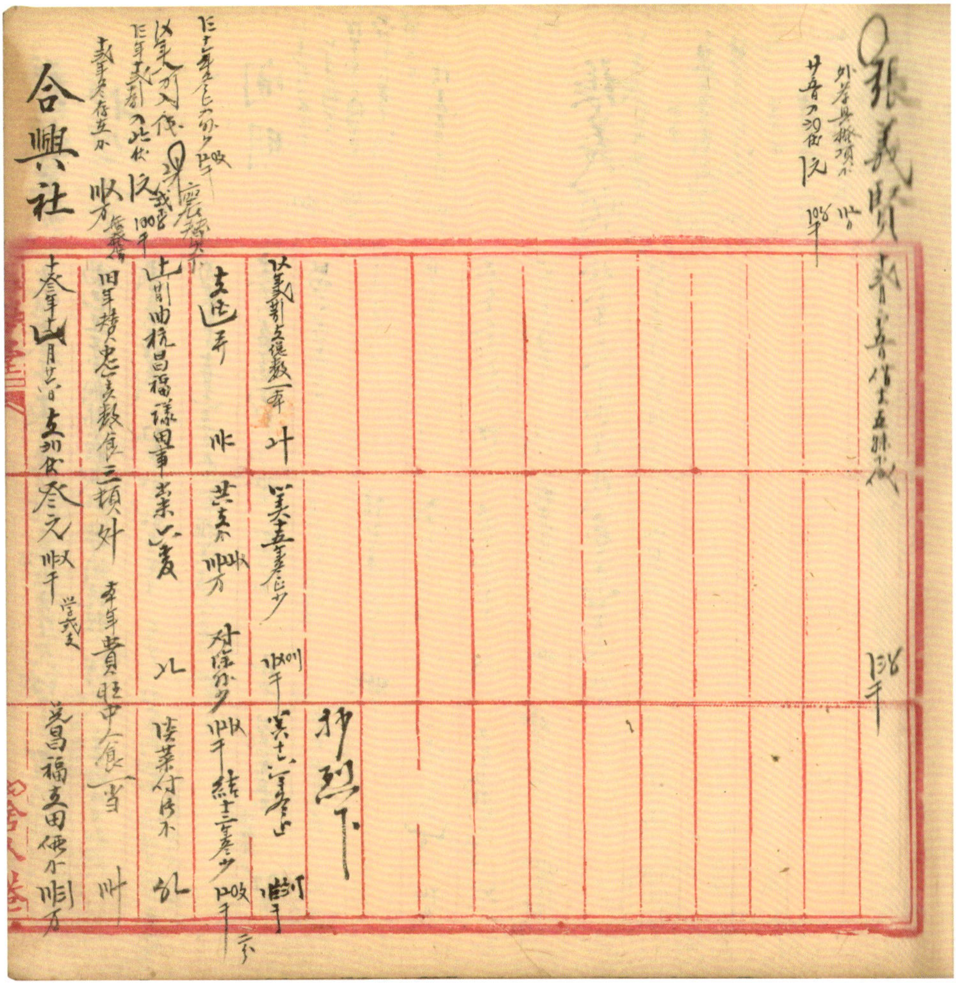

8-2-38-39　清光緒十三年鋼興黃記銀錢油穀發借總目（三九）

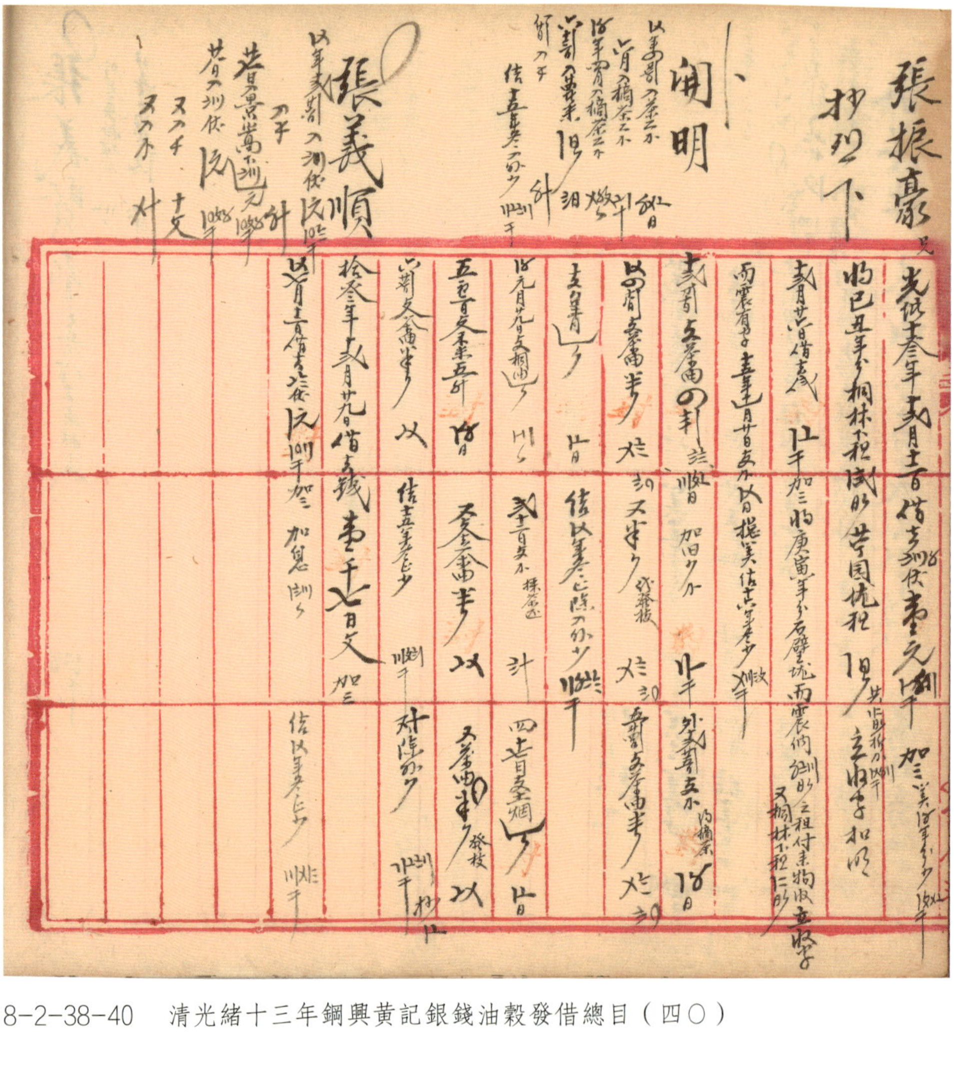

8-2-38-40　清光緒十三年鋼興黄記銀錢油穀發借總目（四〇）

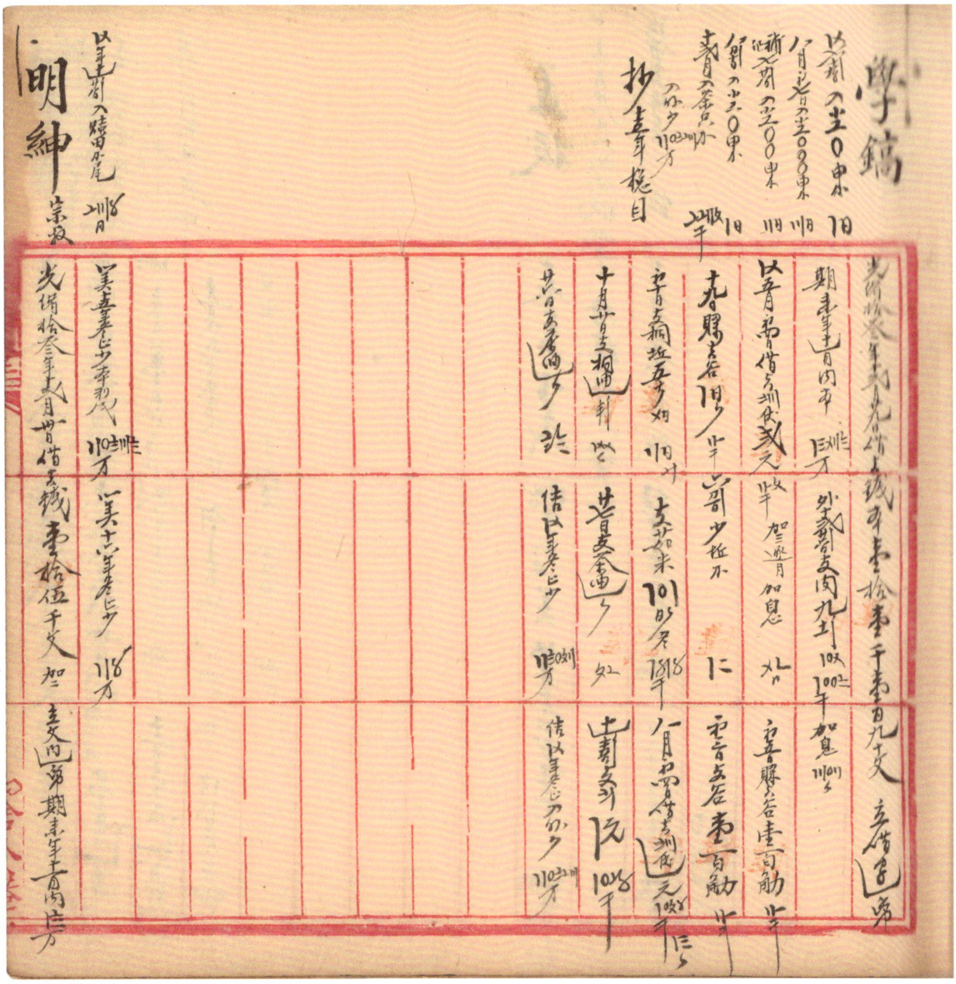

8-2-38-41　清光緒十三年鋼興黃記銀錢油穀發借總目（四一）

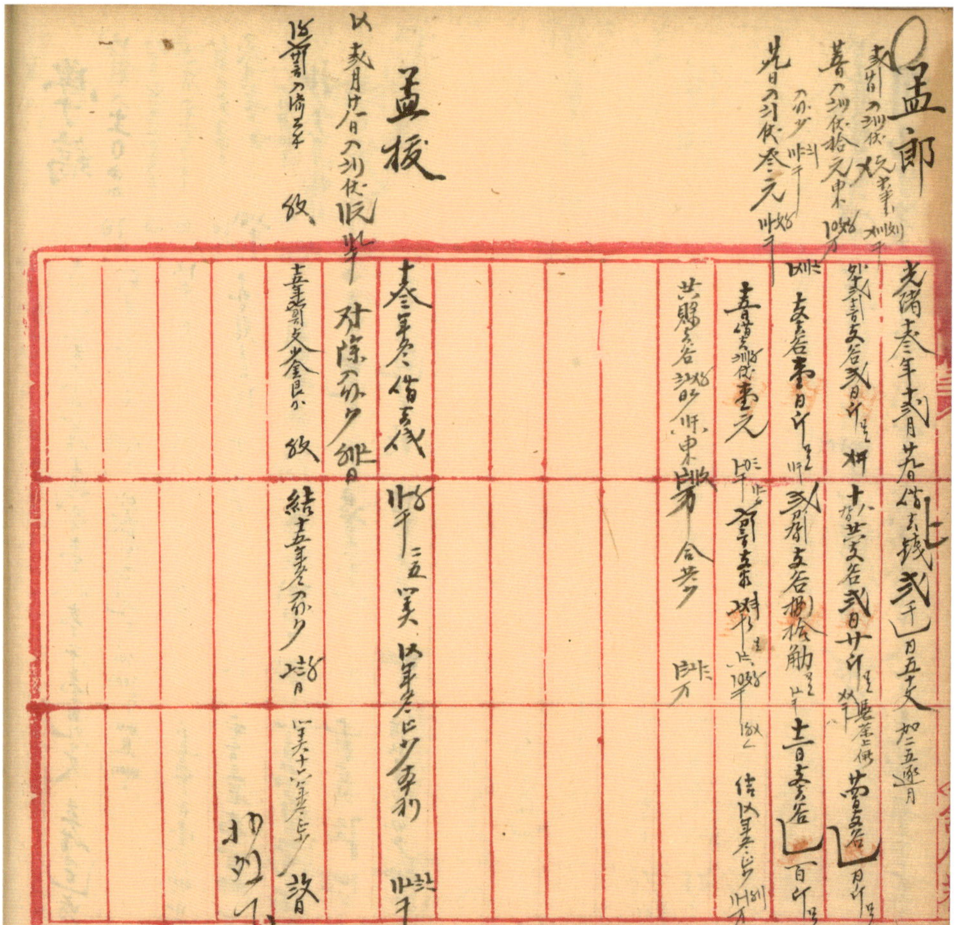

8-2-38-42　清光緒十三年鋼興黄記銀錢油穀發借總目（四二）

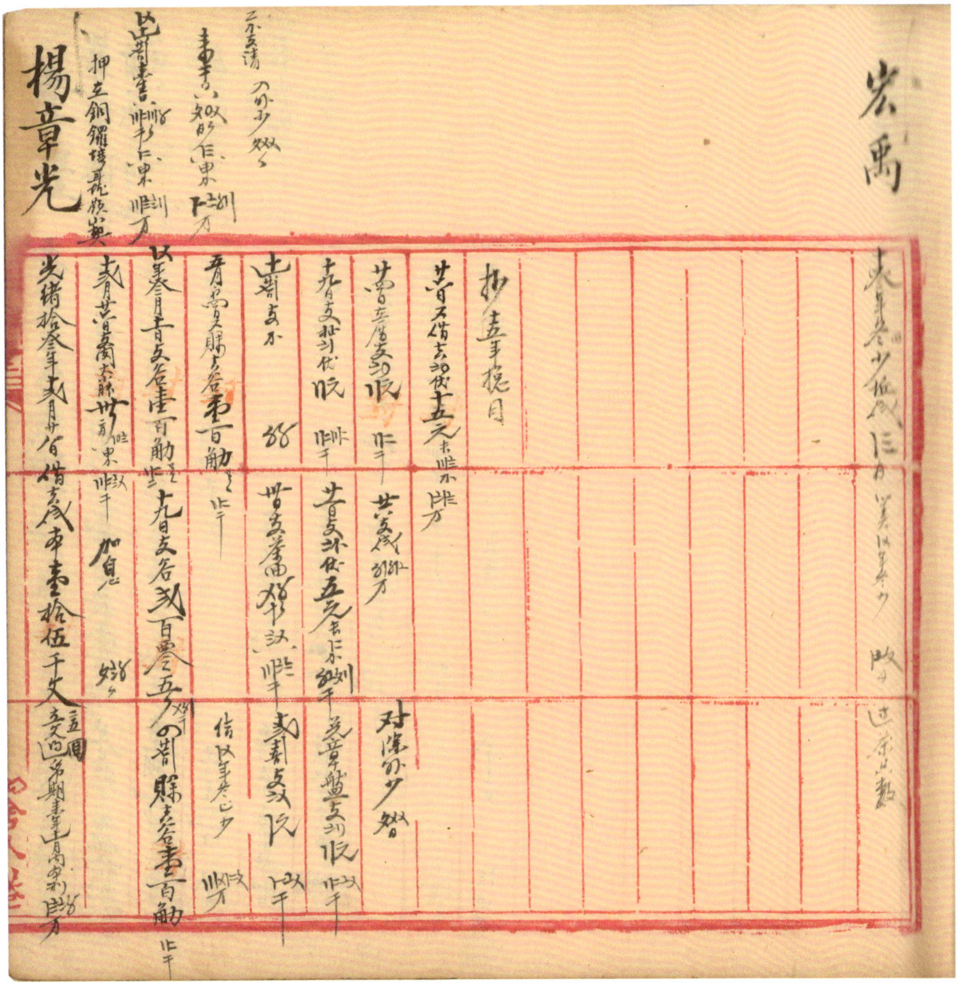

8-2-38-43　清光緒十三年鋼興黄記銀錢油穀發借總目（四三）

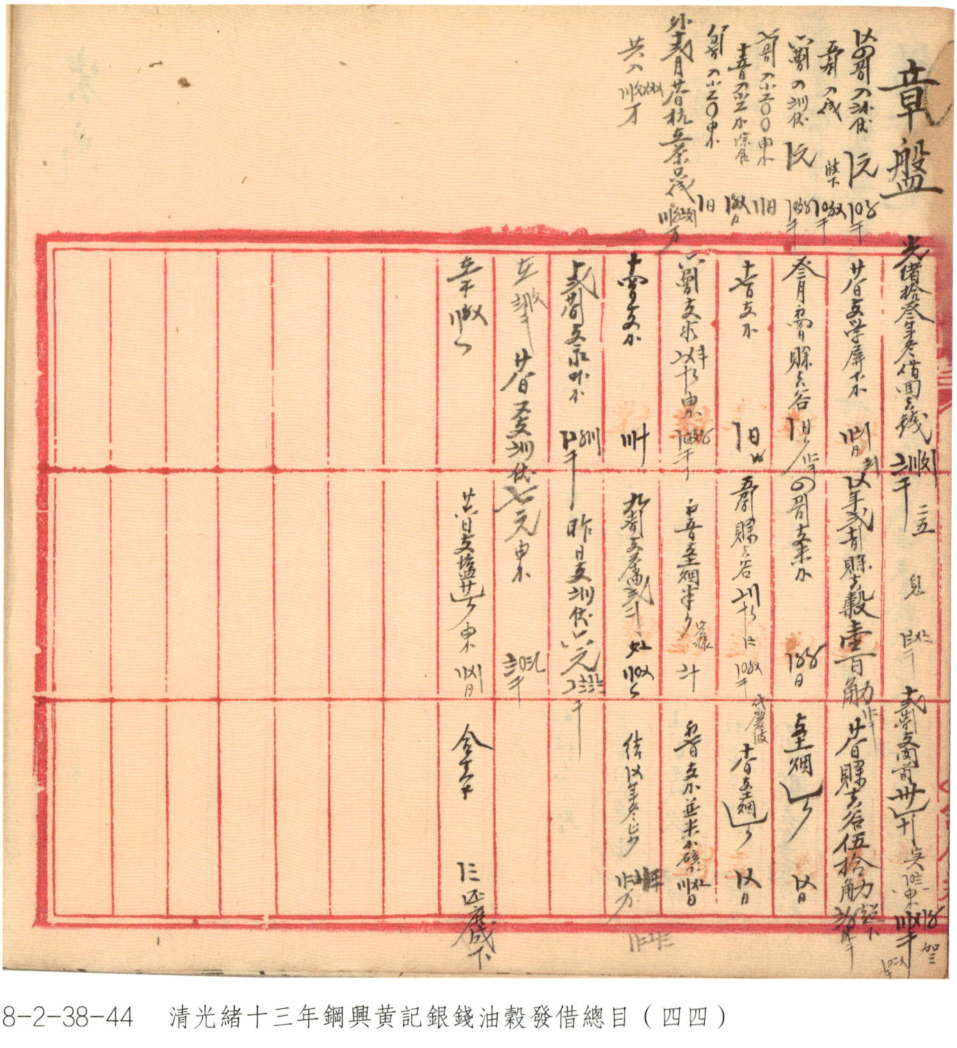
章盤

8-2-38-44　清光緒十三年鋼興黄記銀錢油穀發借總目（四四）

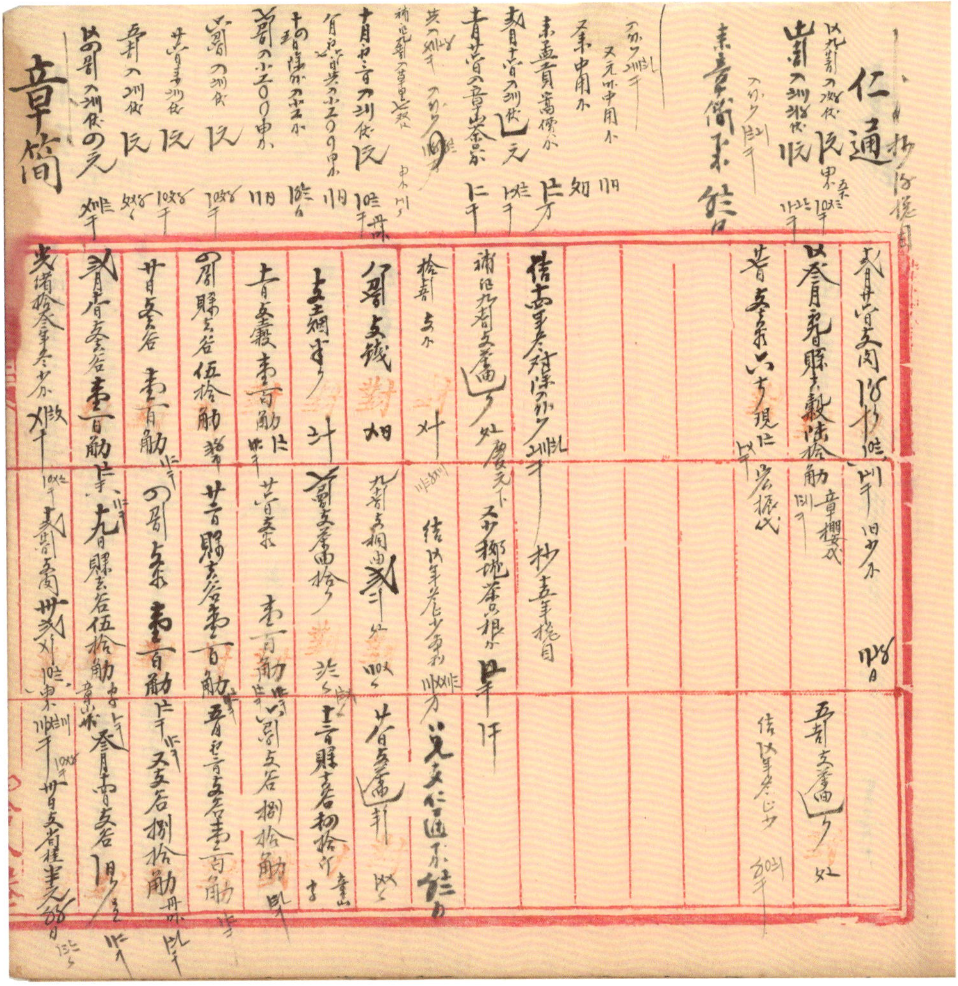

8-2-38-45　清光緒十三年鋼興黄記銀錢油穀發借總目（四五）

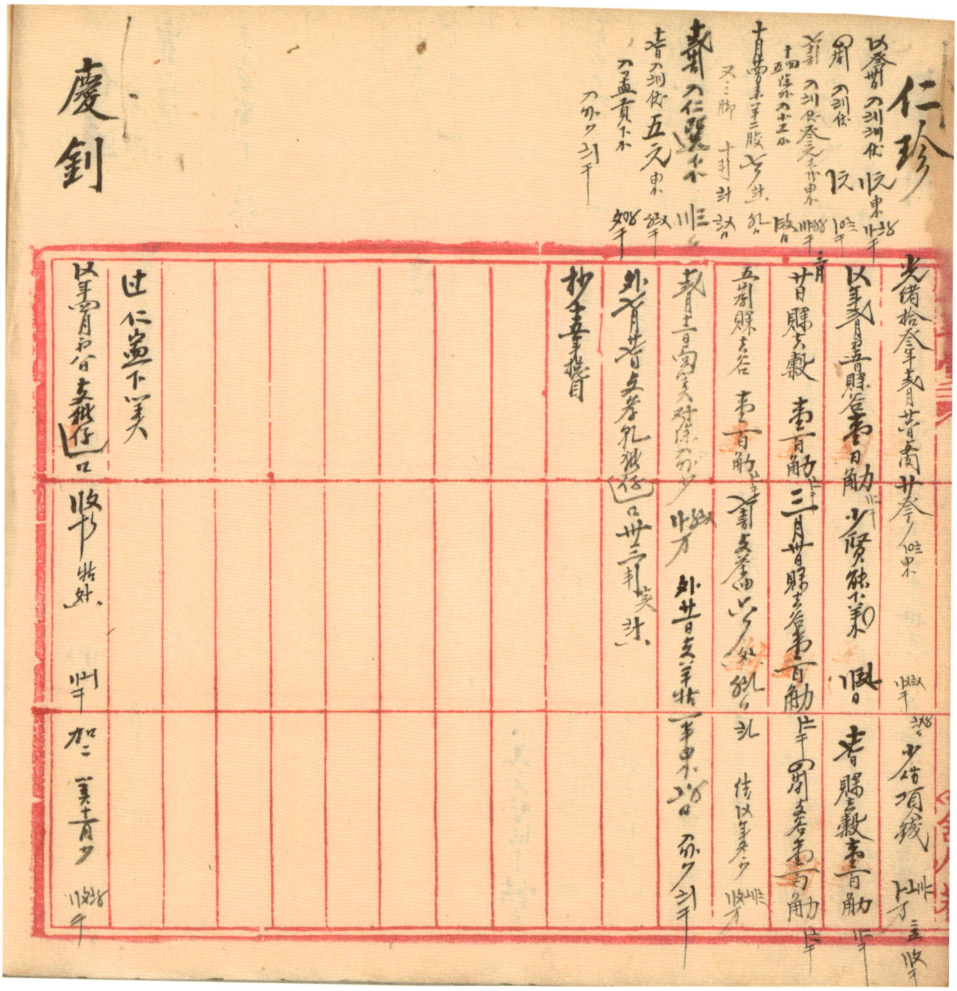

8-2-38-46　清光緒十三年鋼興黃記銀錢油穀發借總目（四六）

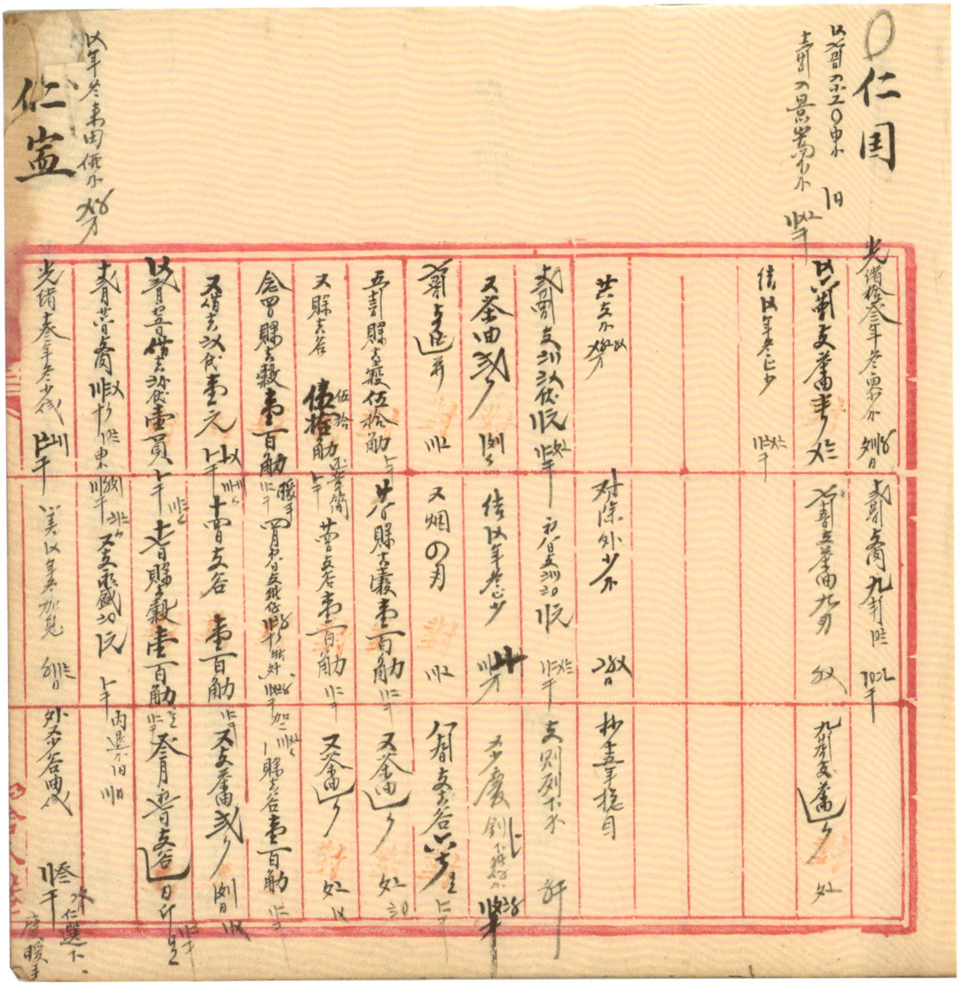

8-2-38-47　清光緒十三年鋼興黄記銀錢油穀發借總目（四七）

仁選

光緒拾叁年叁月廿貳日 [illegible]

以年叁月廿日賬去穀伍拾觔 慶元代

外兑学乾 [illegible]

外兑仁盛 [illegible]

过十六年總目

宏雅

以十月廿五日賬去穀伍拾觔

貳月廿日賬去穀伍拾觔

8-2-38-48　清光緒十三年鋼興黄記銀錢油穀發借總目（四八）

8-2-38-49　清光緒十三年鋼興黃記銀錢油穀發借總目（四九）

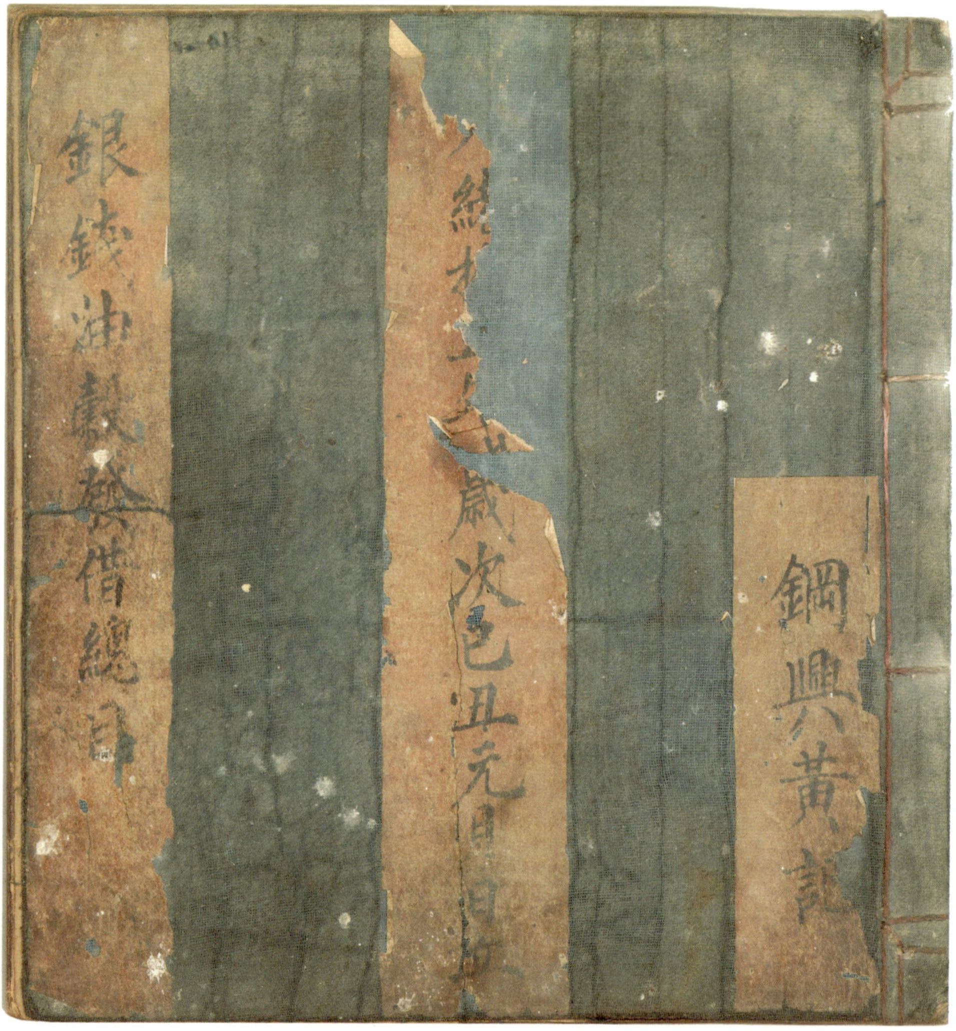

8-2-39-1　清光緒十五年鋼興黃記銀錢油穀發借總目（一）

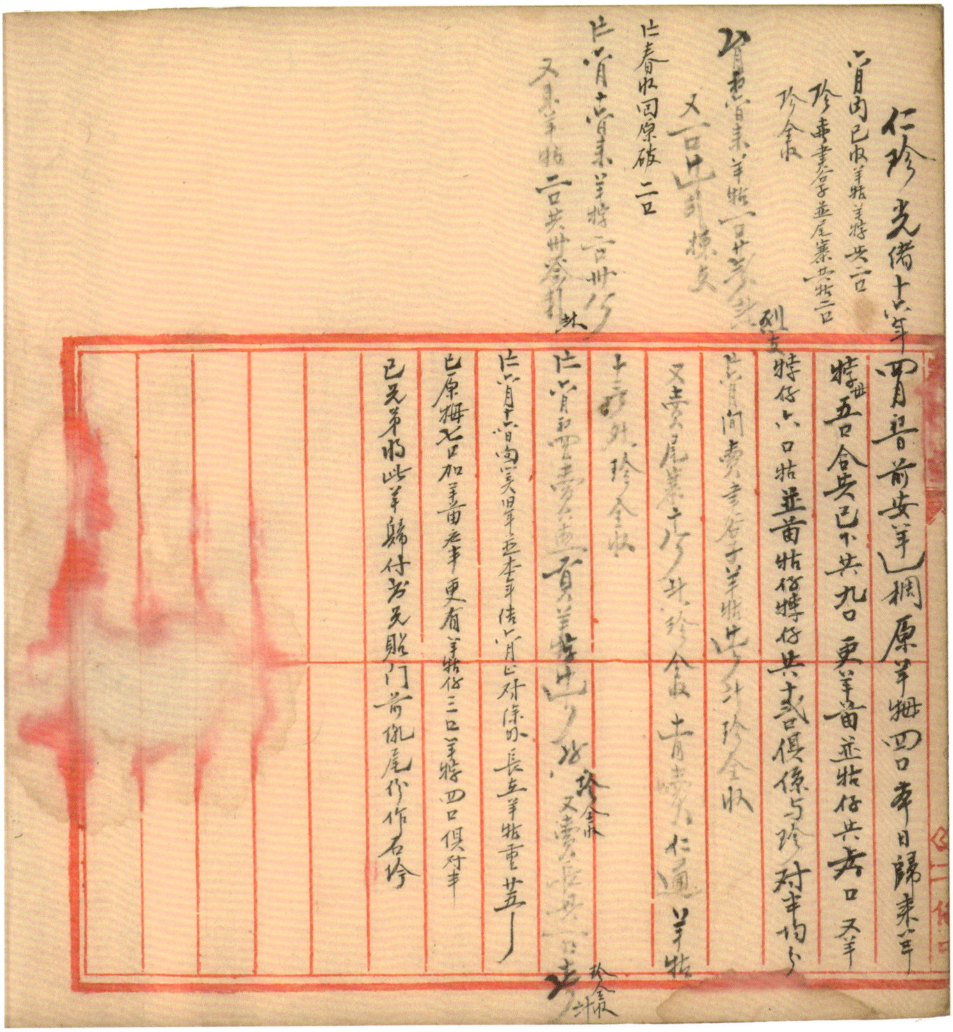
仁珍　光緒十六年四月吾前安羊山捆原羊牳四口本日歸來羊牳五口合共已下共九口更羊茵並牯仔共六口又羊特仔六口牯並茵牯仔牸仔共十四口俱係与珍对半均分
六月内已收羊牯羊牸共〡〡口
珍来喜谷子並尾寨共〡〡口
珍全收
列支
六月間賣去谷子羊牯〡〡外珍全收
又賣尾寨〡〡外珍全收
十月賣〡〡仁通羊牯
仁六月初四賣〡〡外珍全收
十二月〡〡外珍全收
仁六月十六日面算旧年並本年佳六月止对係外長五羊牯重廿五斤
仁原牳七口加羊茵老羊更有羊牯仔三口羊牸四口俱对半
已見羊將此羊歸付与見賬門前倪尾仔作石珍

8-2-39-2　清光緒十五年鋼興黄記銀錢油穀發借總目（二）

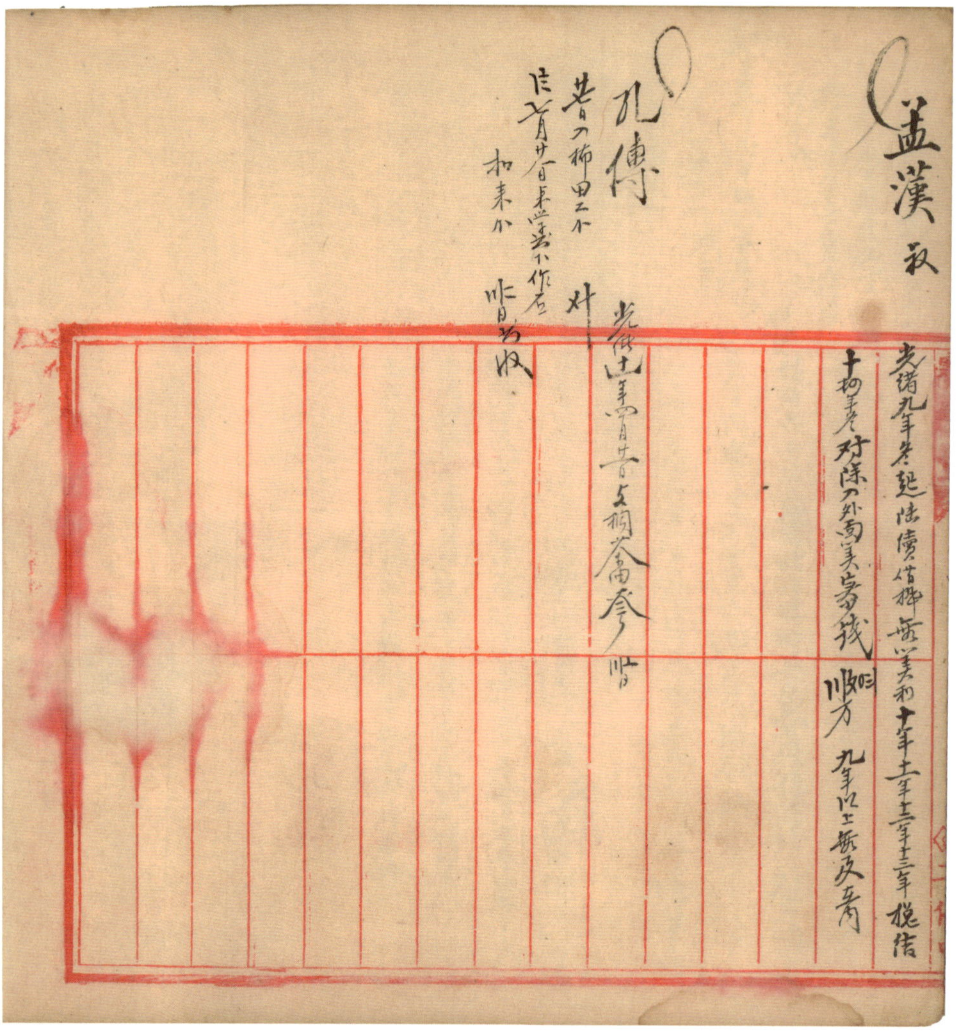

8-2-39-3　清光緒十五年鋼興黄記銀錢油穀發借總目（三）

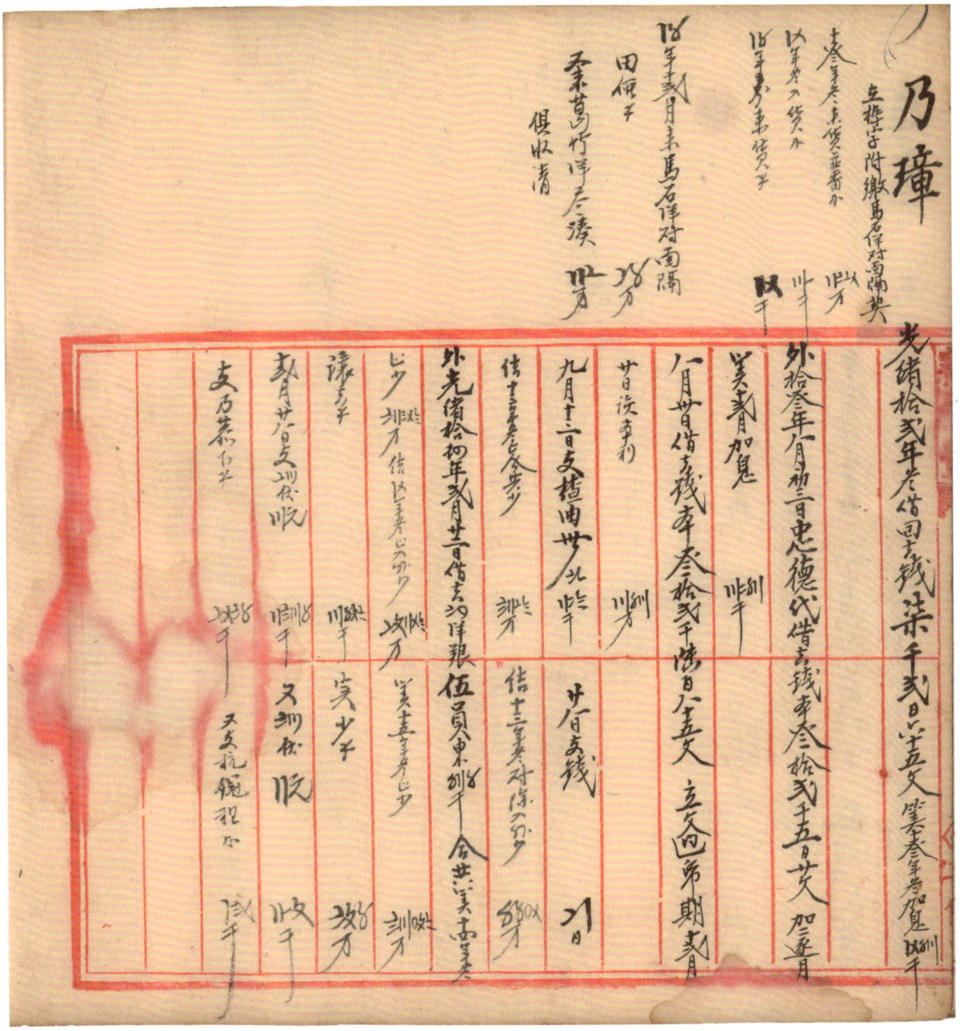

8-2-39-4　清光緒十五年鋼興黃記銀錢油穀發借總目（四）

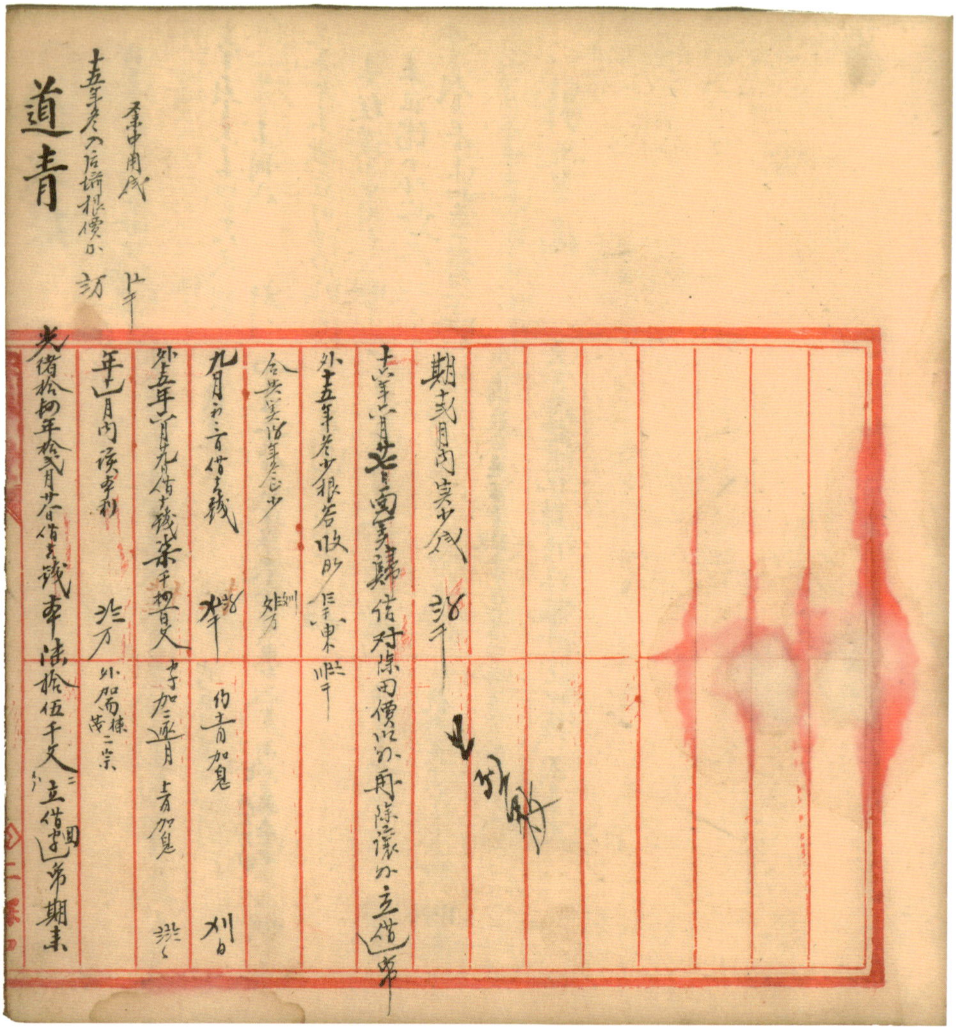

8-2-39-5　清光緒十五年鋼興黃記銀錢油穀發借總目（五）

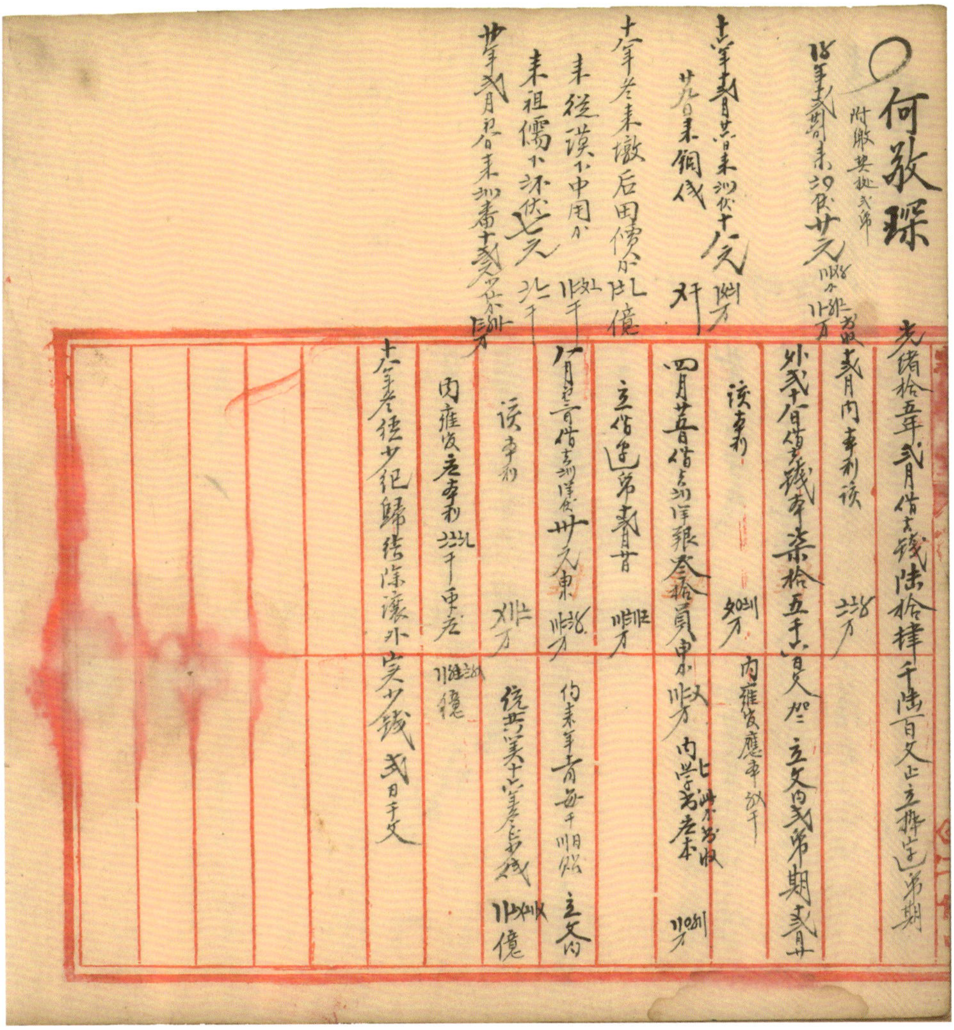

8-2-39-6　清光緒十五年鋼興黄記銀錢油穀發借總目（六）

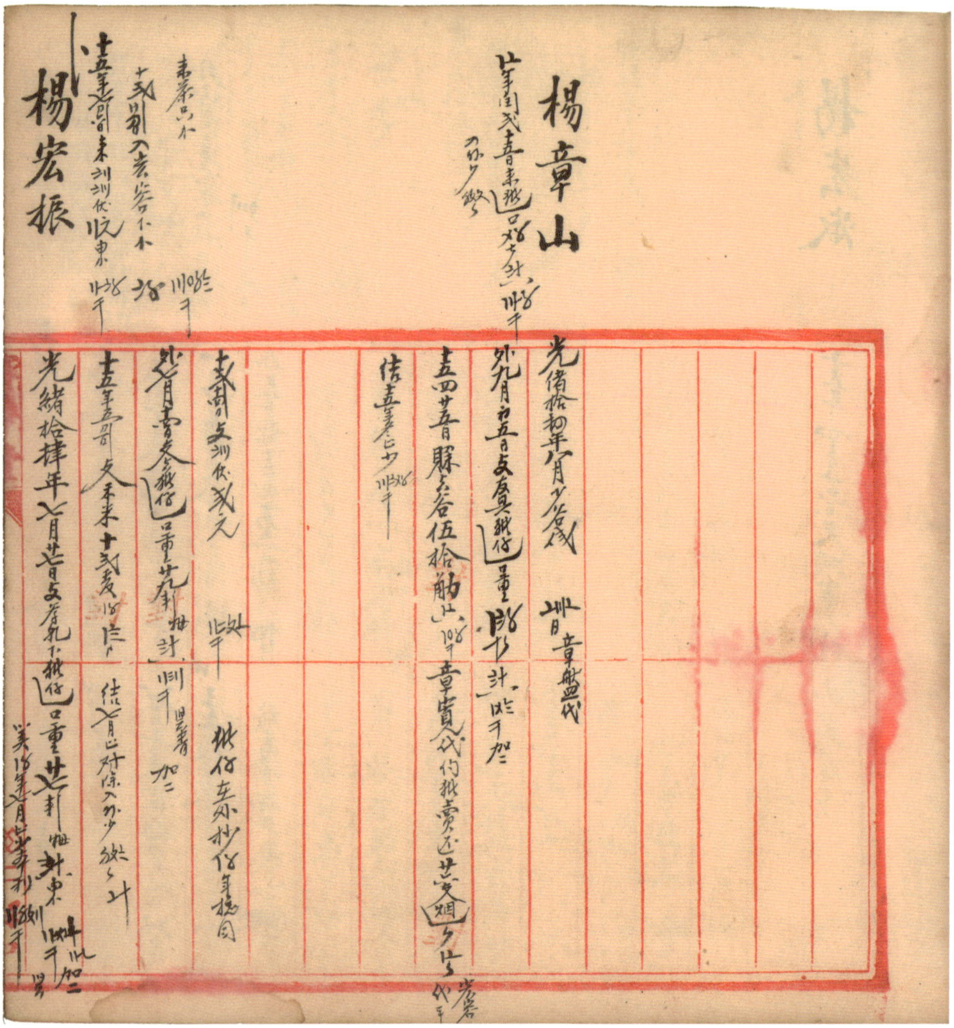

8-2-39-7　清光緒十五年鋼興黄記銀錢油穀發借總目（七）

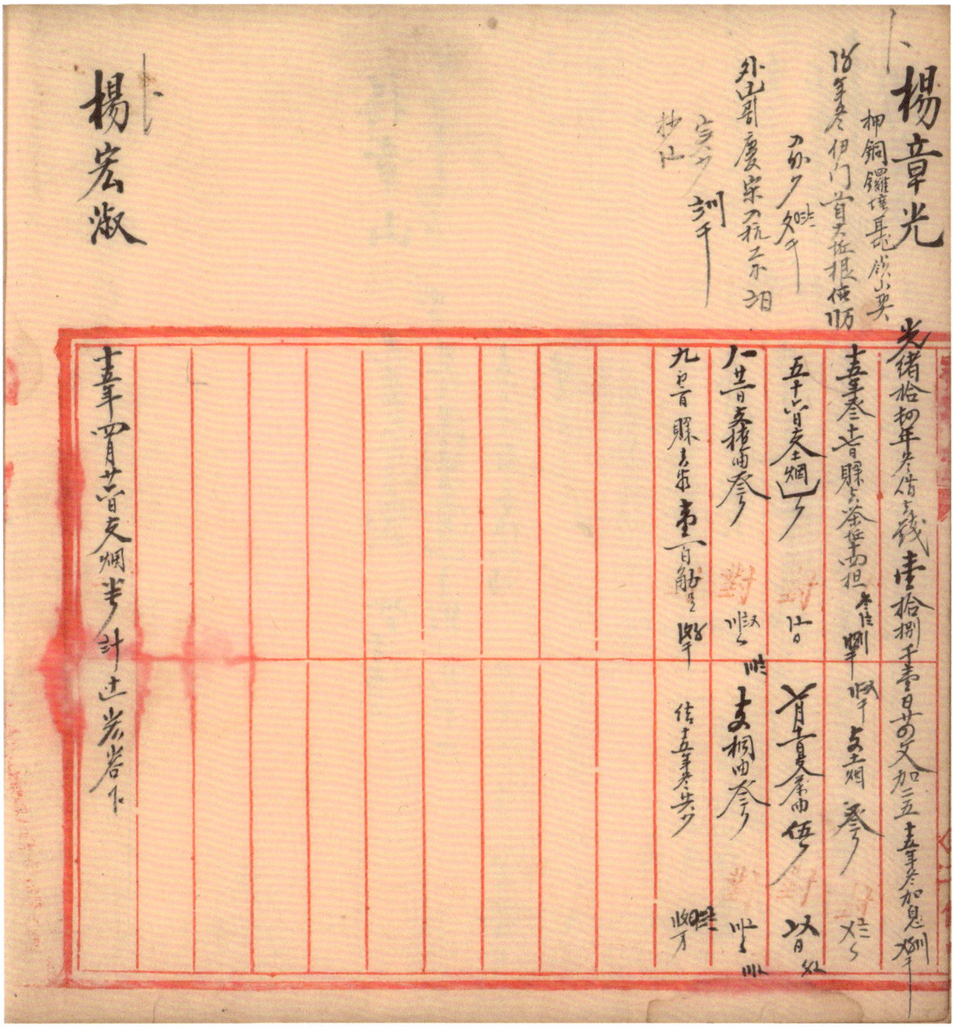

8-2-39-8　清光緒十五年鋼興黄記銀錢油穀發借總目（八）

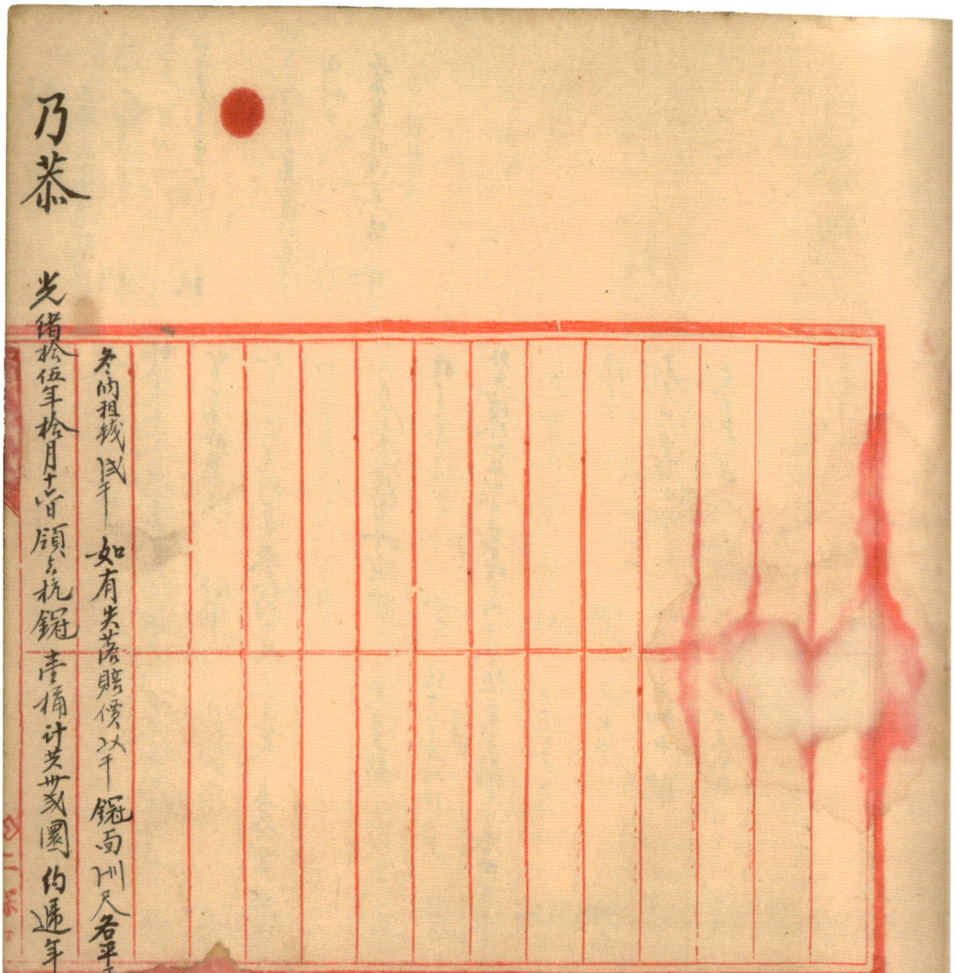

乃恭

光緒拾伍年拾月十四日領去杭錠壹桶计英卅弍圓　约遍年

冬的租钱贰千　如有失落賠償以千　錠面刈尺各平厚

8-2-39-9　清光緒十五年鋼興黄記銀錢油穀發借總目（九）

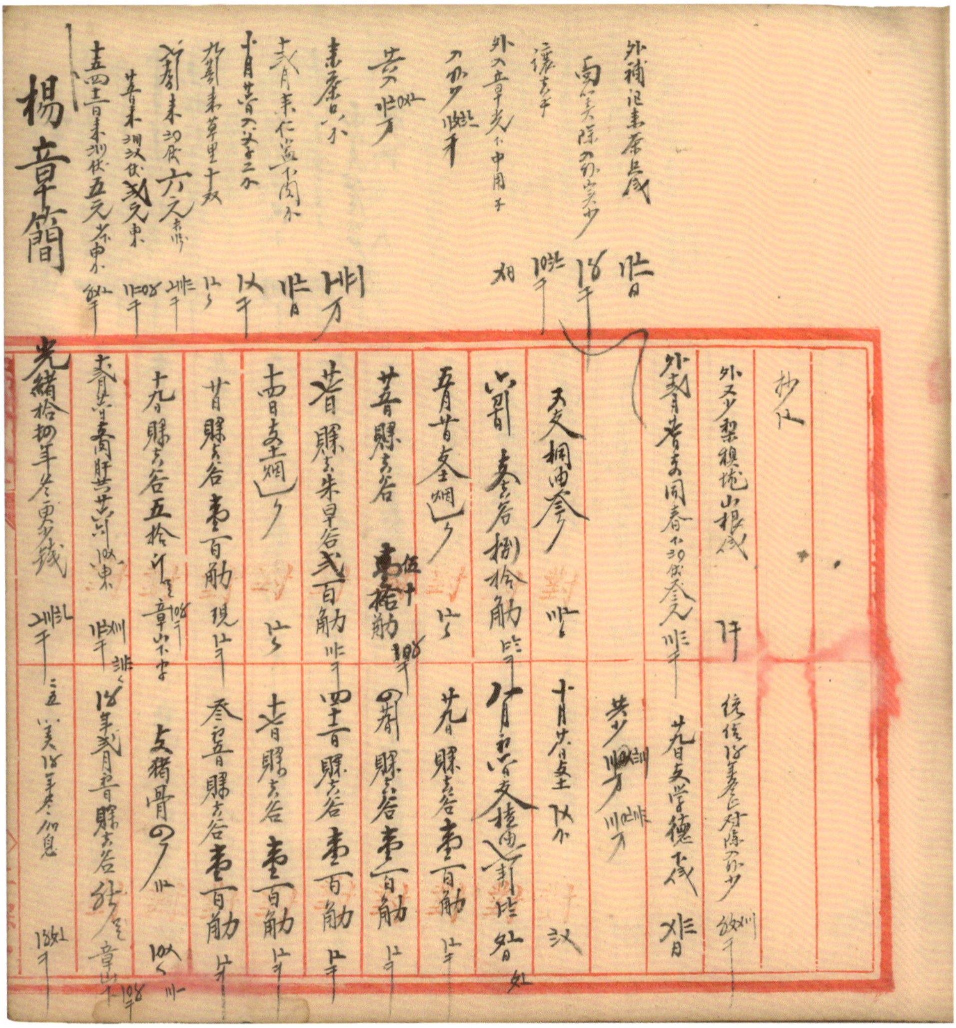

8-2-39-10　清光緒十五年鋼興黃記銀錢油穀發借總目（一〇）

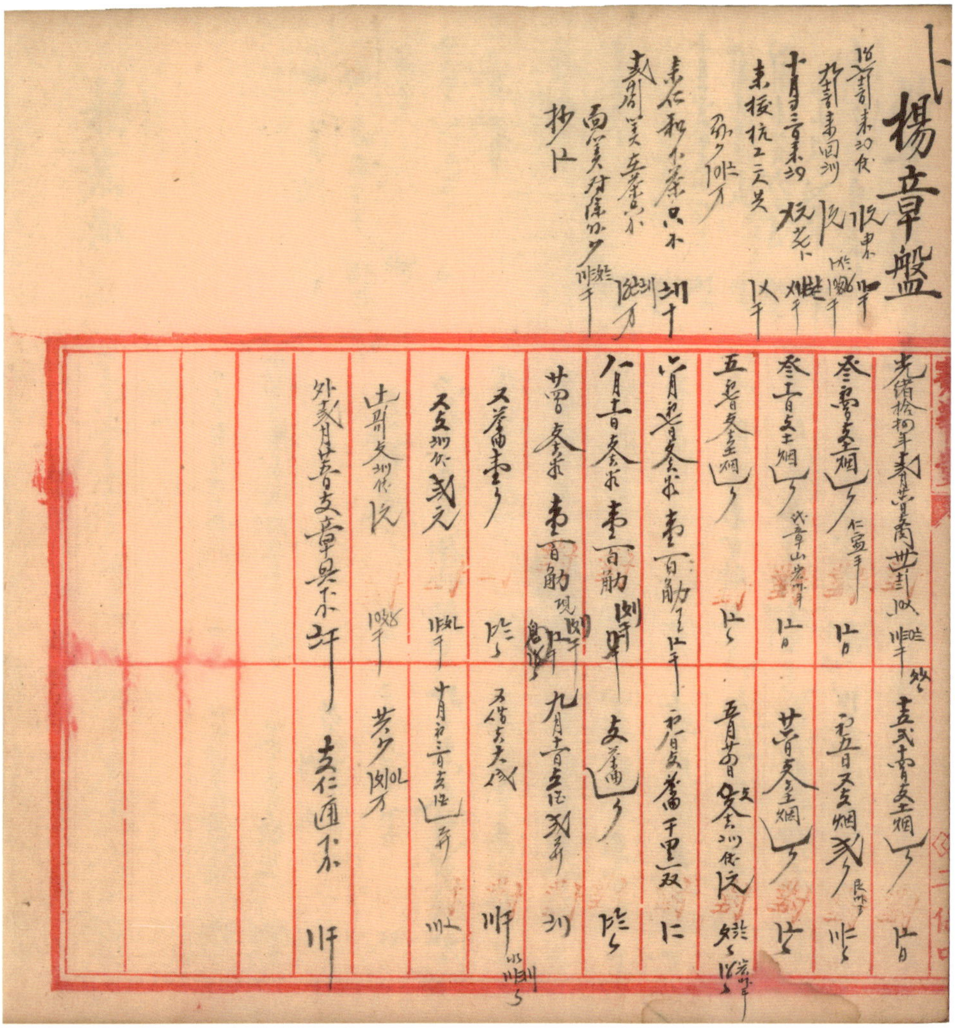

8-2-39-11　清光緒十五年鋼興黃記銀錢油穀發借總目（一一）

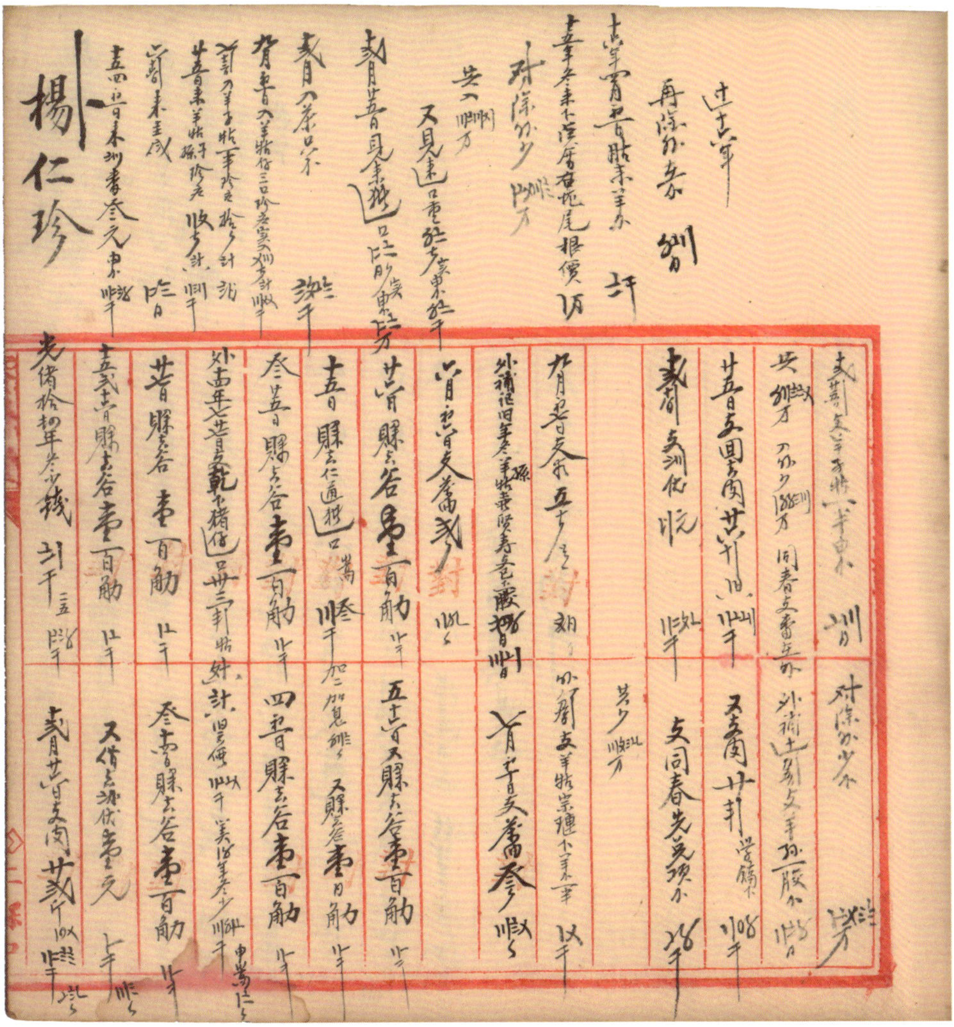

8-2-39-12　清光緒十五年鋼興黄記銀錢油穀發借總目（一二）

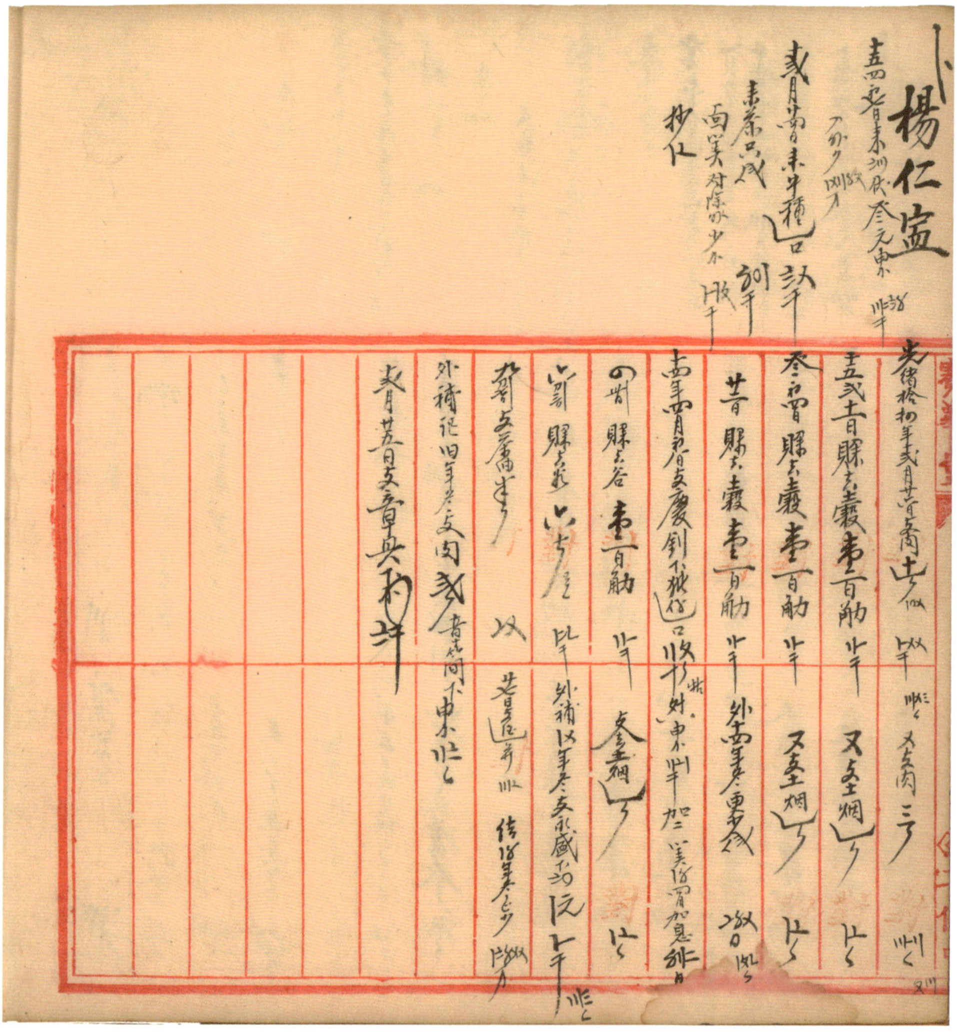

楊仁盛

光緒拾捌年弍月廿六日交肉

十五弍十二日賬去穀壹百觔 又交烟

叁月十一日賬去穀壹百觔 又交烟

廿一日賬去穀壹百觔

十四年四月初八日交慶釗手收

四月廿一日賬去谷壹百觔 又交烟

六月廿八日賬去穀

八月廿一日交肉

外補從旧年尾交肉

弍月廿五日交章興利

8-2-39-13　清光緒十五年鋼興黄記銀錢油穀發借總目（一三）

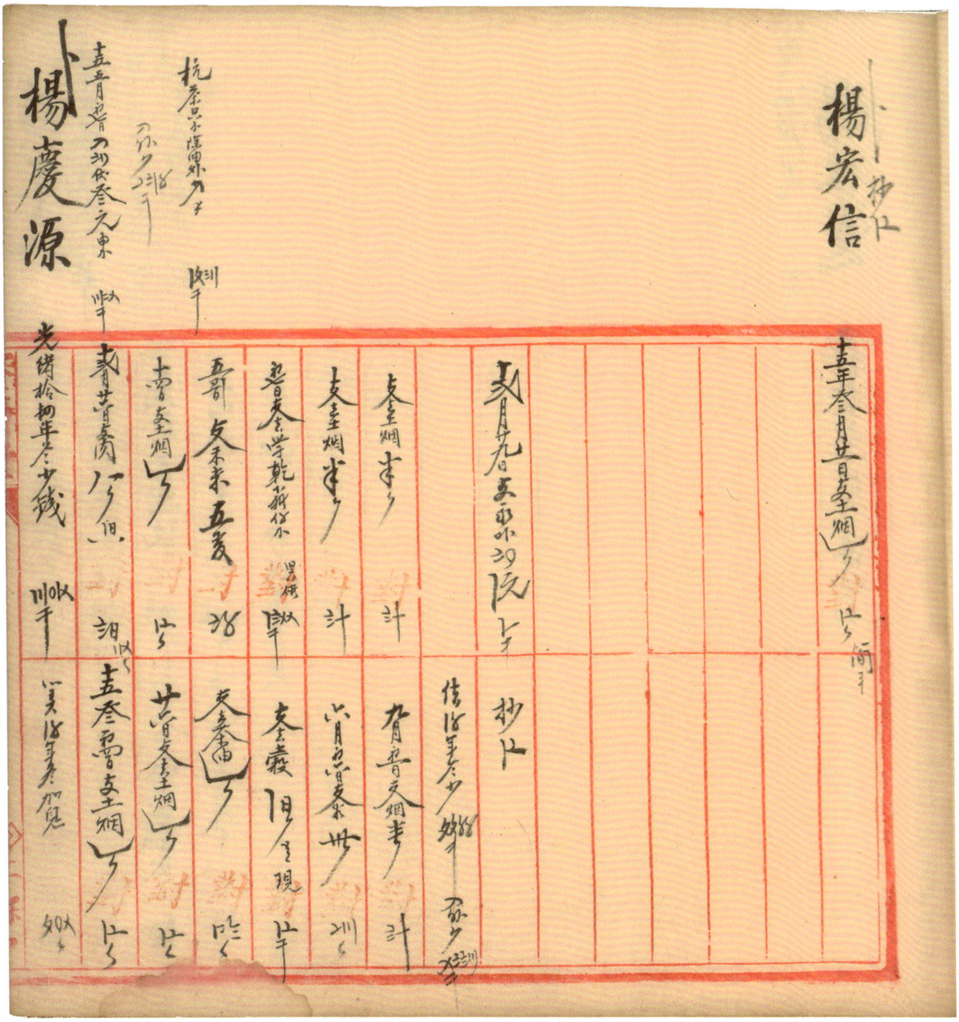
楊宏信
楊慶源

8-2-39-14　清光緒十五年鋼興黃記銀錢油穀發借總目（一四）

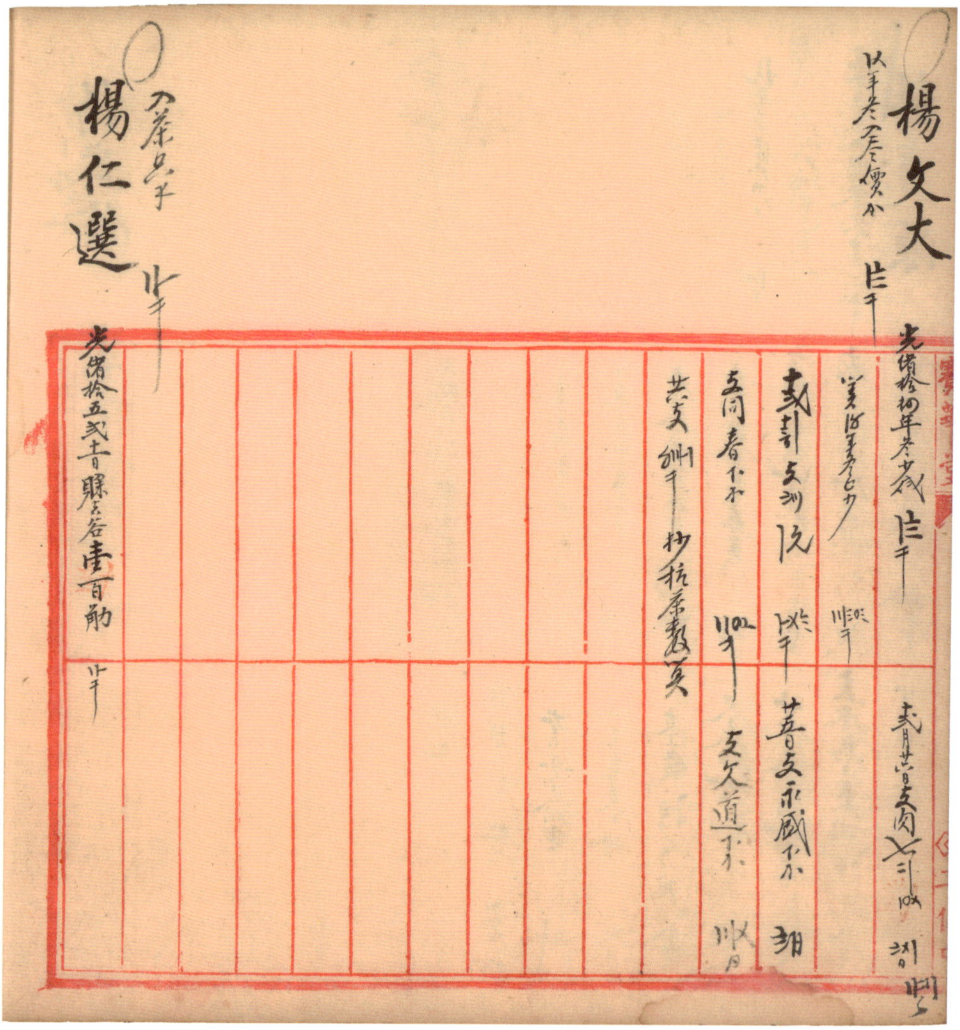

8-2-39-15　清光緒十五年鋼興黄記銀錢油穀發借總目（一五）

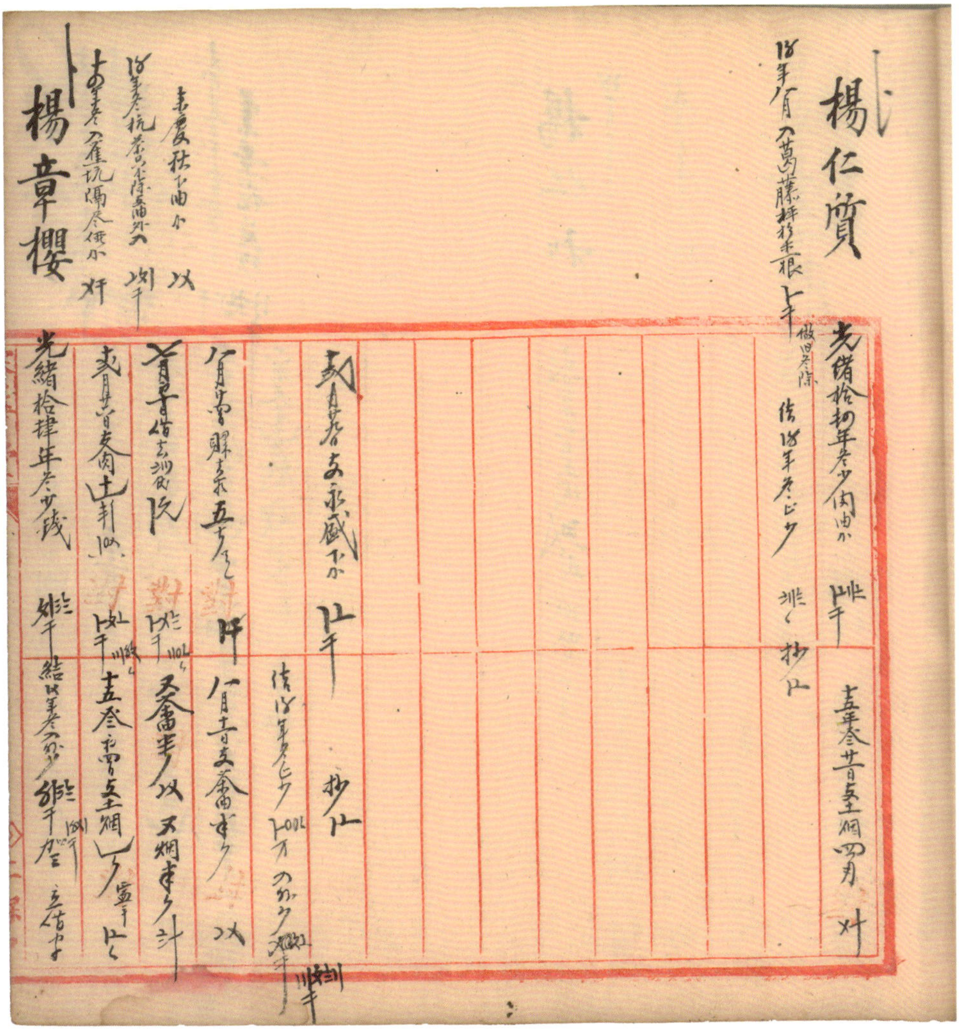

8-2-39-16　清光緒十五年鋼興黃記銀錢油穀發借總目（一六）

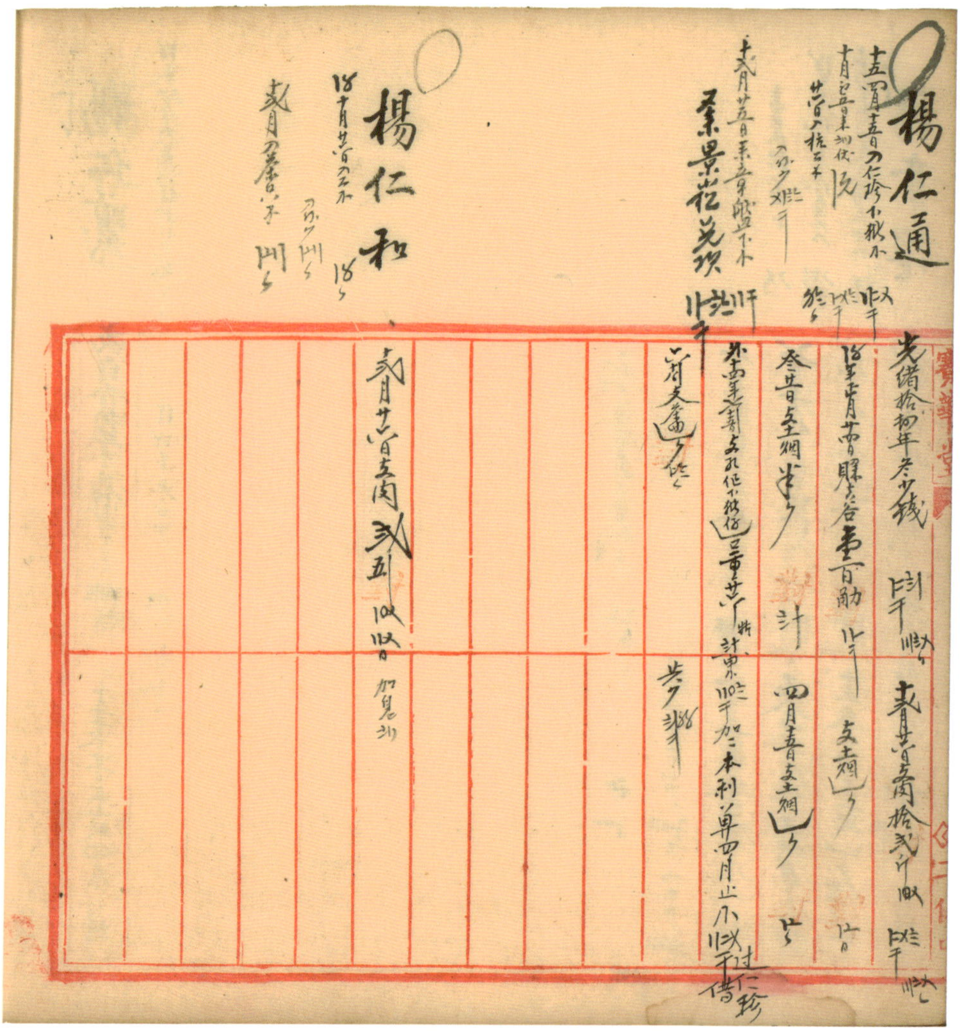

8-2-39-17　清光緒十五年鋼興黃記銀錢油穀發借總目（一七）

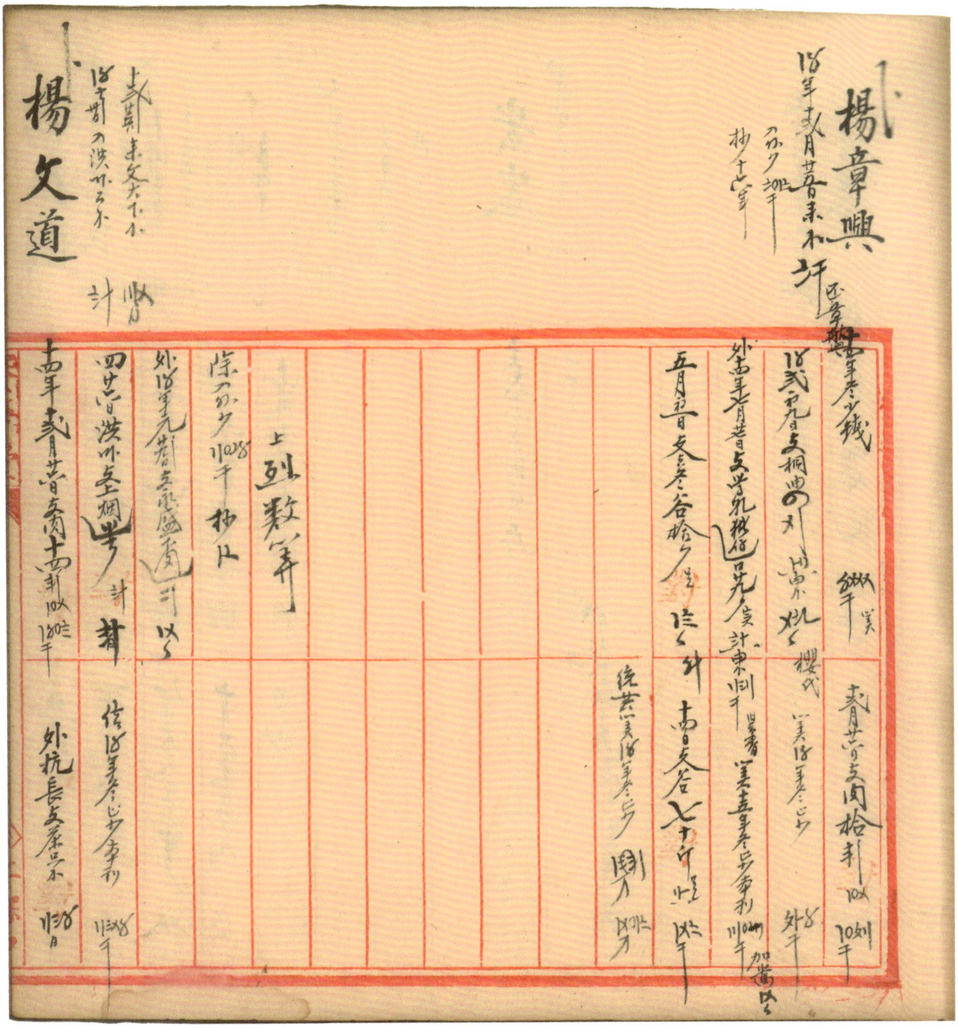

8-2-39-18　清光緒十五年鋼興黃記銀錢油穀發借總目（一八）

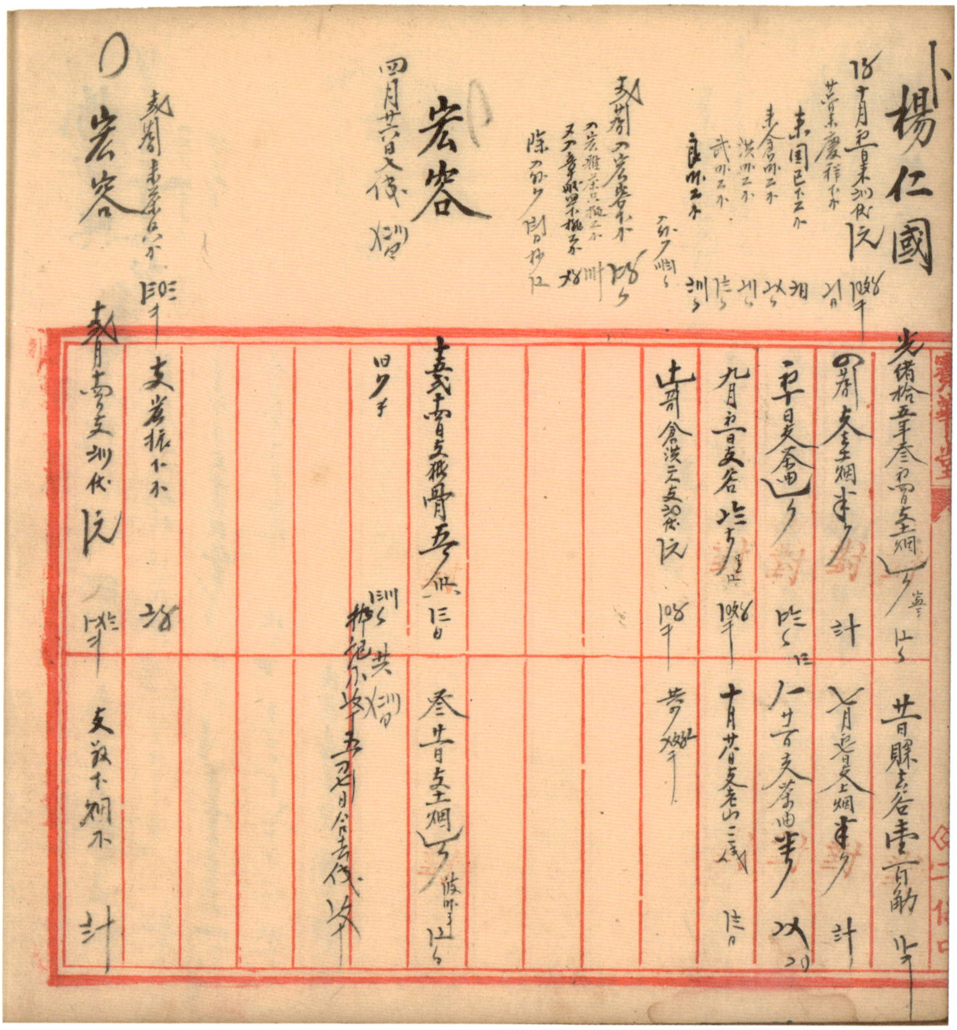

8-2-39-19　清光緒十五年鋼興黄記銀錢油穀發借總目（一九）

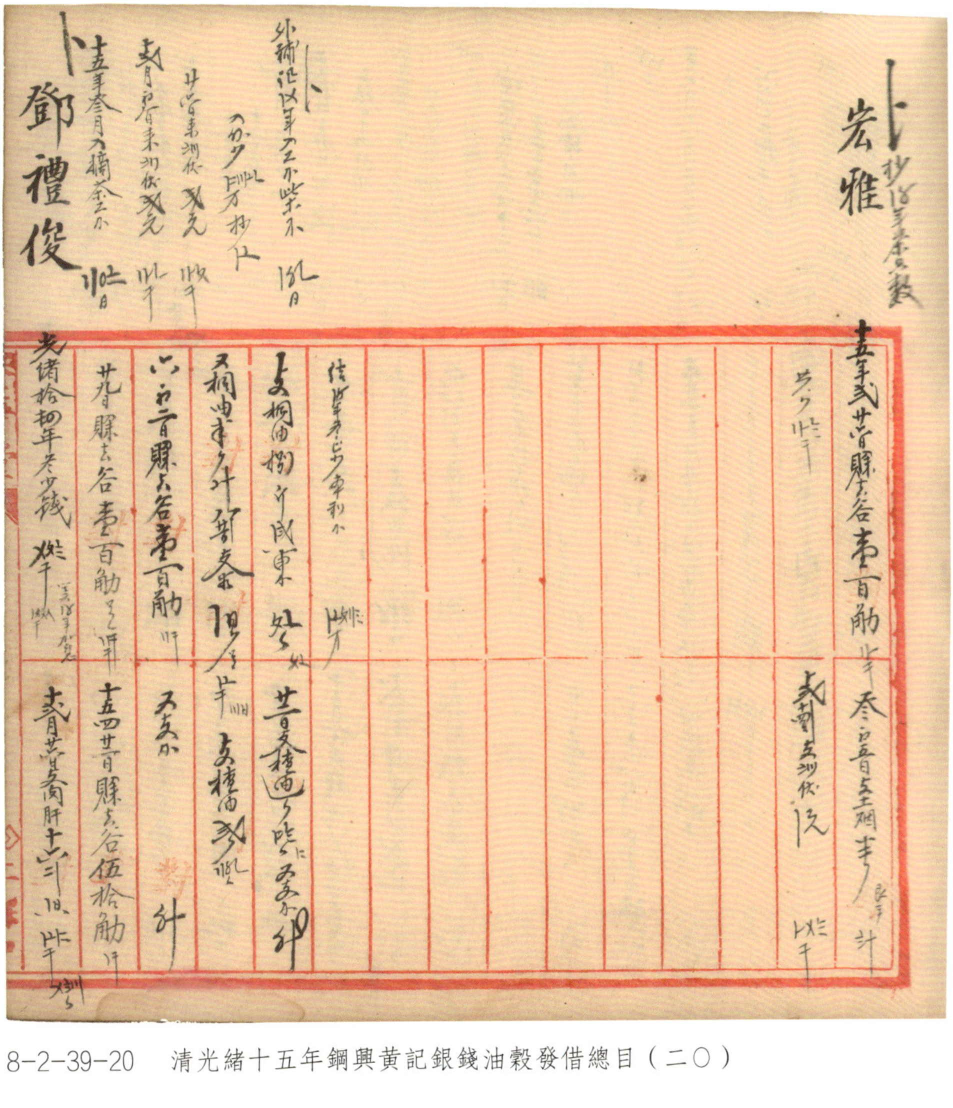

8-2-39-20　清光緒十五年鋼興黄記銀錢油穀發借總目（二〇）

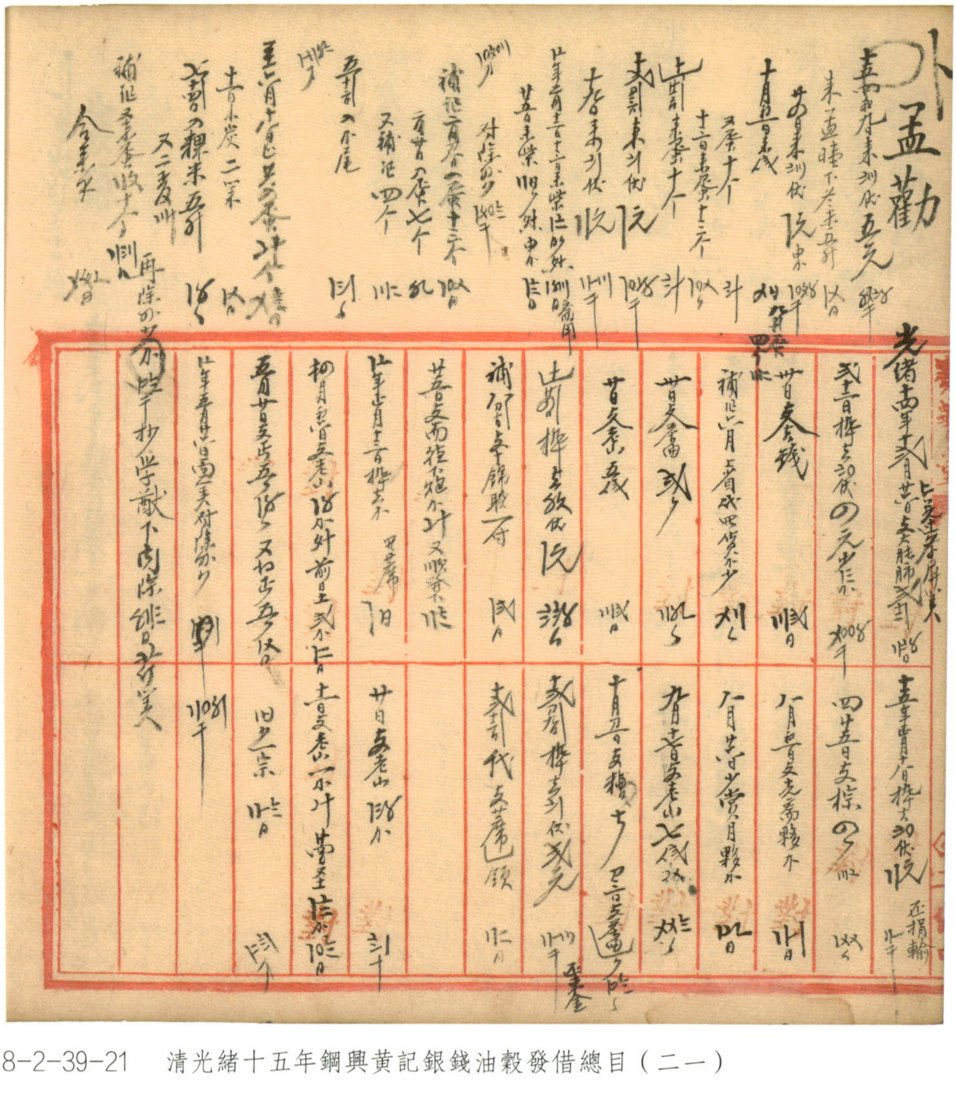

8-2-39-21　清光緒十五年鋼興黄記銀錢油穀發借總目（二一）

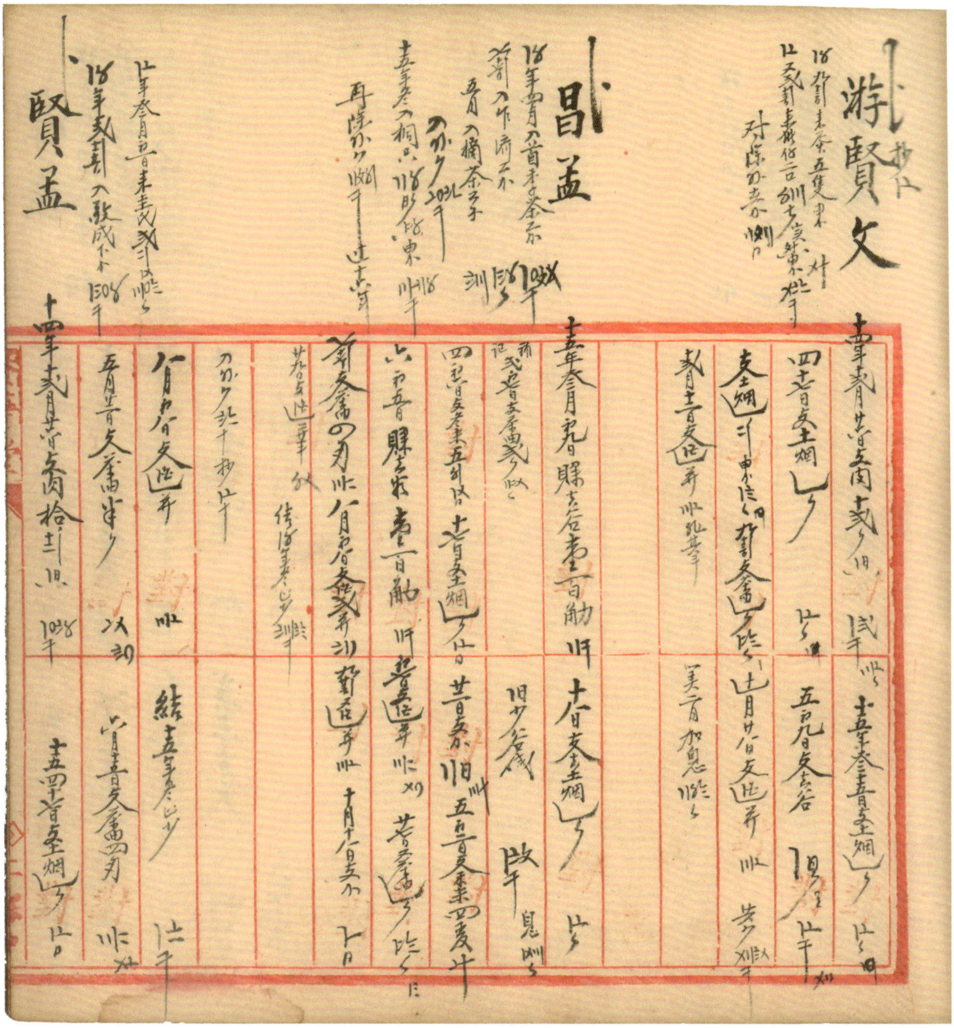
游賢文

昌益

賢益

8-2-39-22　清光緒十五年鋼興黄記銀錢油穀發借總目（二二）

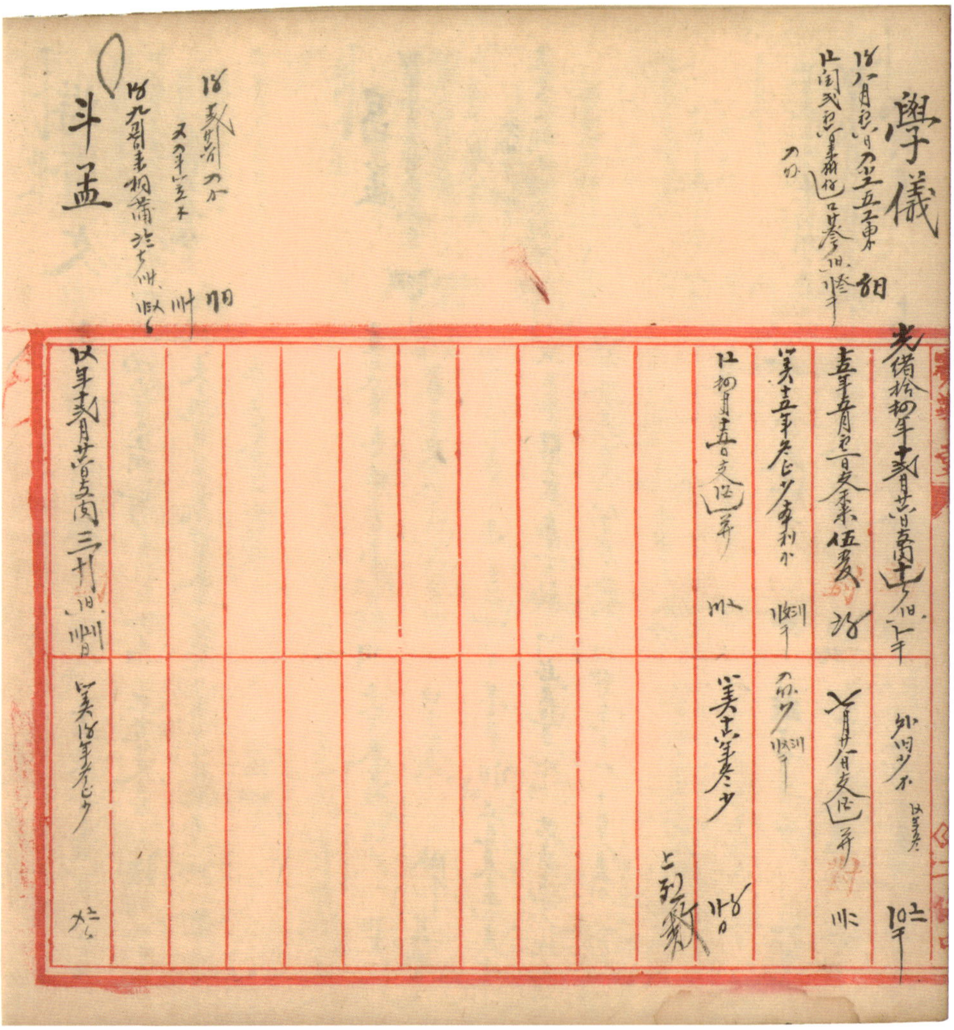

8-2-39-23　清光緒十五年鋼興黄記銀錢油穀發借總目（二三）

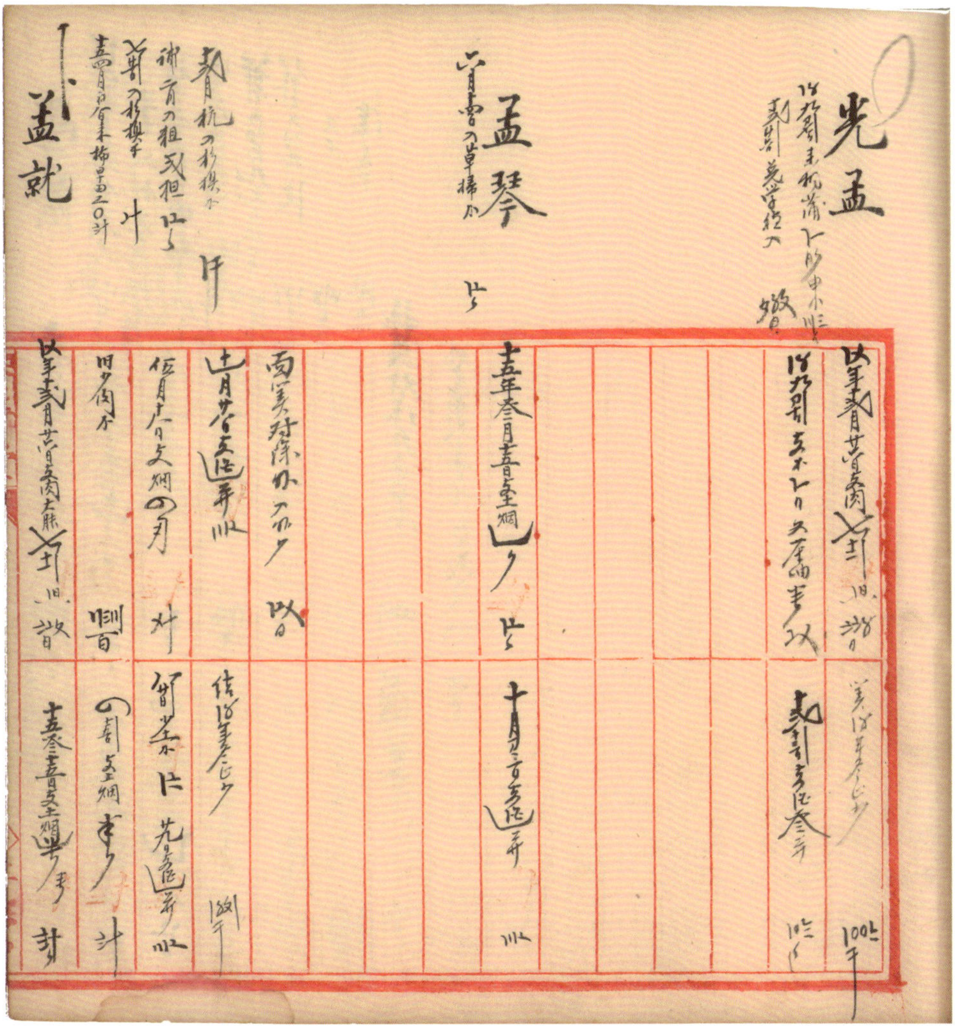

8-2-39-24　清光緒十五年鋼興黄記銀錢油穀發借總目（二四）

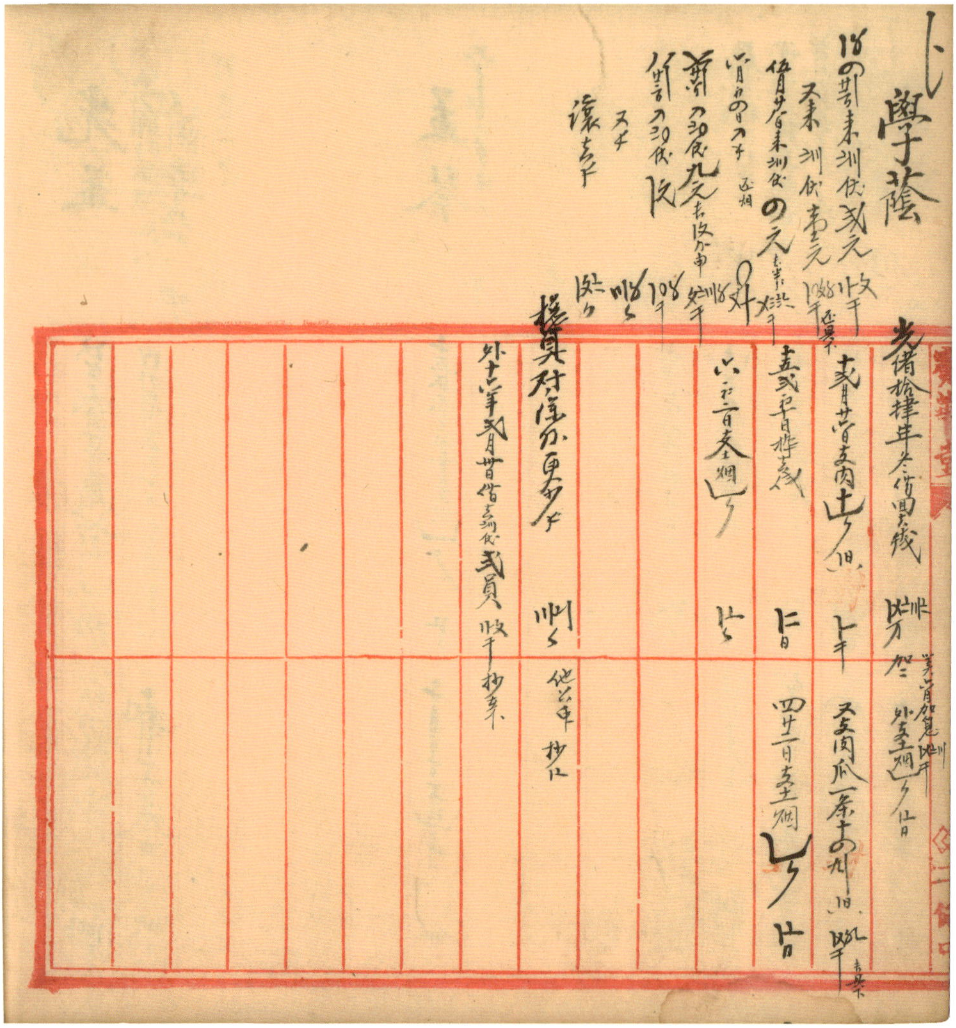

8-2-39-25　清光緒十五年鋼興黄記銀錢油穀發借總目（二五）

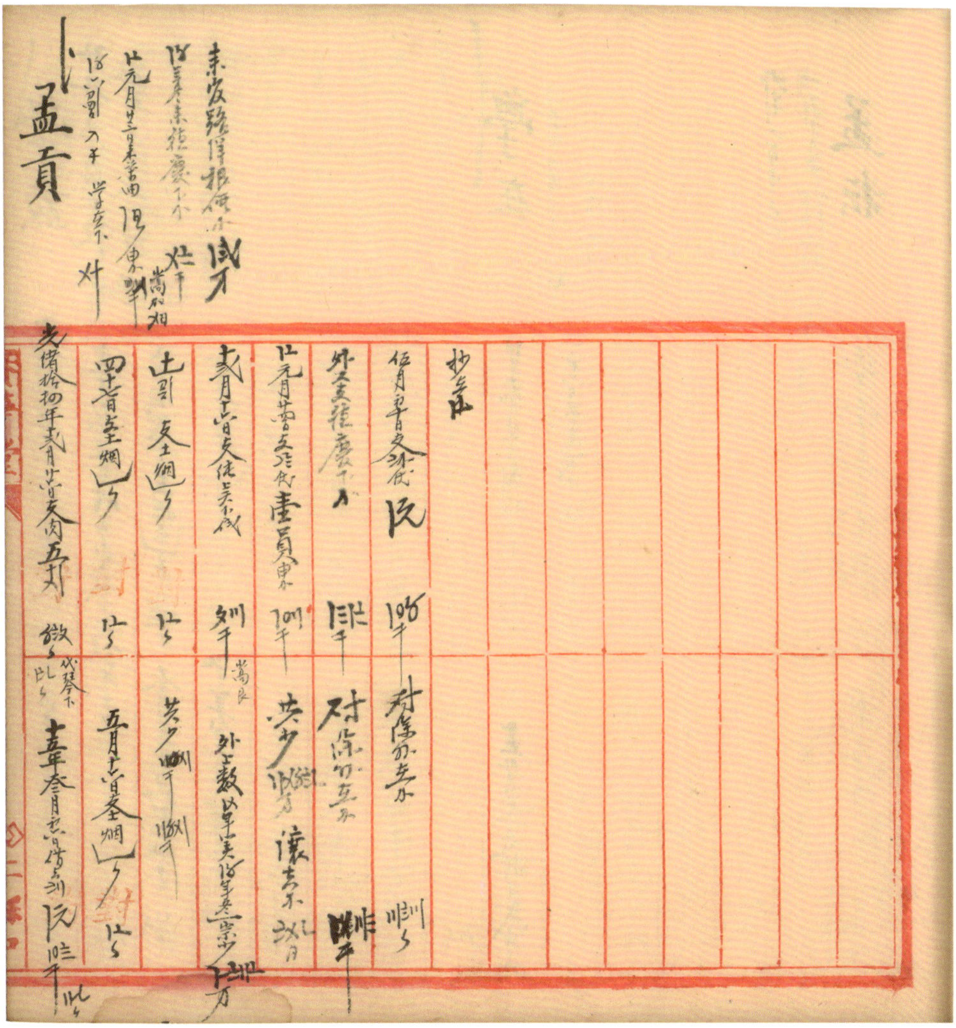

8-2-39-26　清光緒十五年鋼興黄記銀錢油穀發借總目（二六）

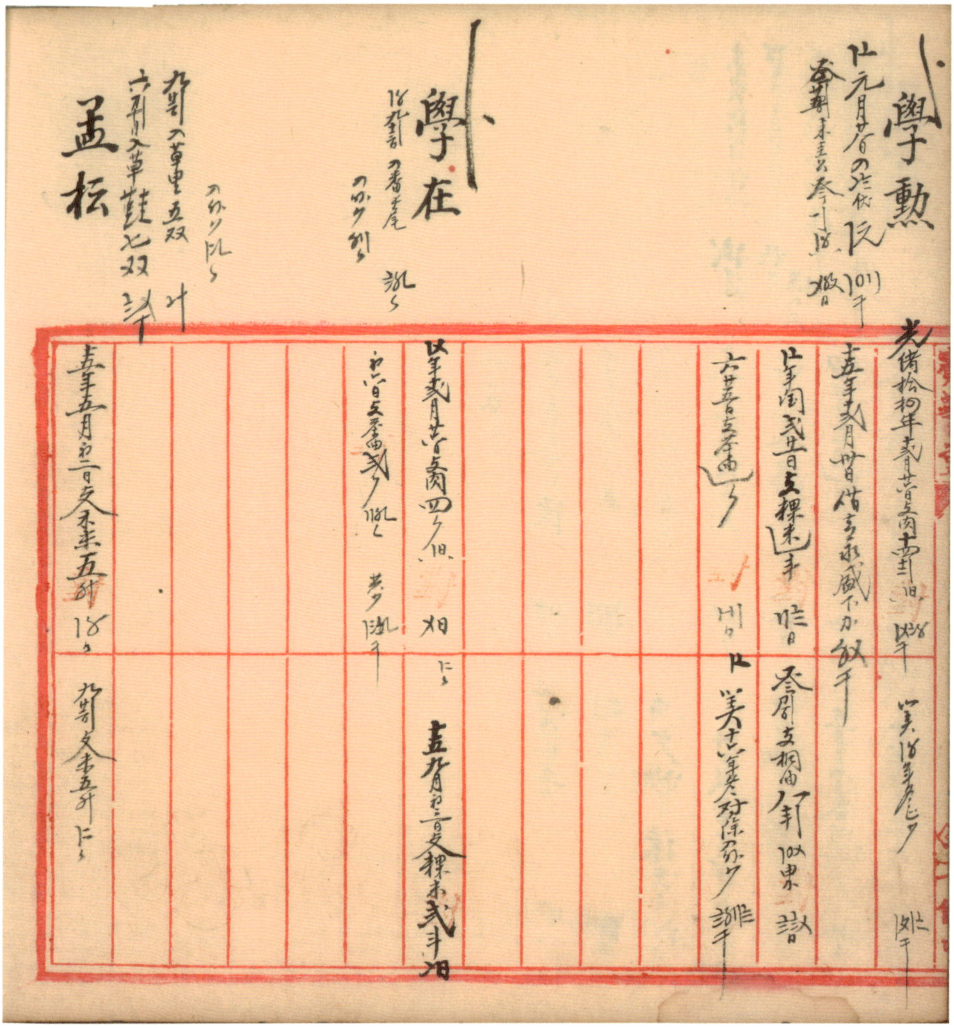

學勳
學在
孟耘

8-2-39-27　清光緒十五年鋼興黄記銀錢油穀發借總目（二七）

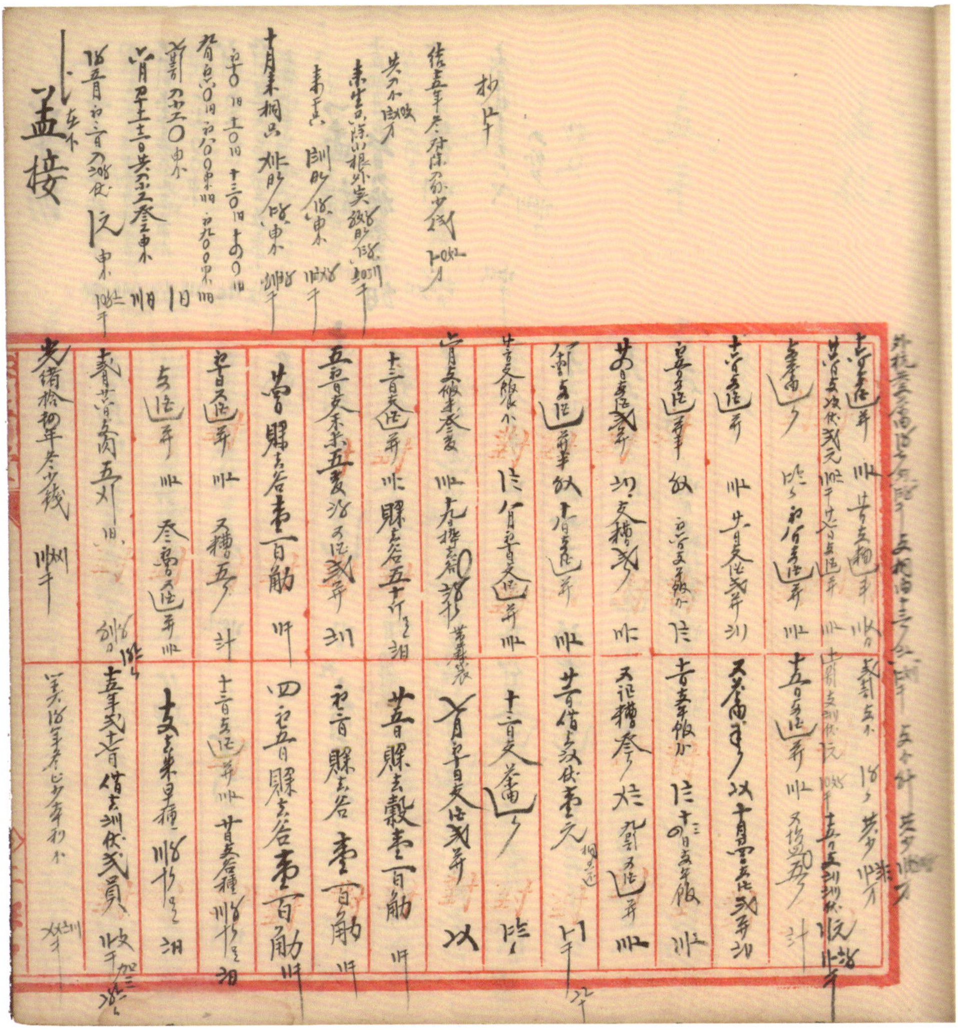

8-2-39-28 清光緒十五年鋼興黄記銀錢油穀發借總目（二八）

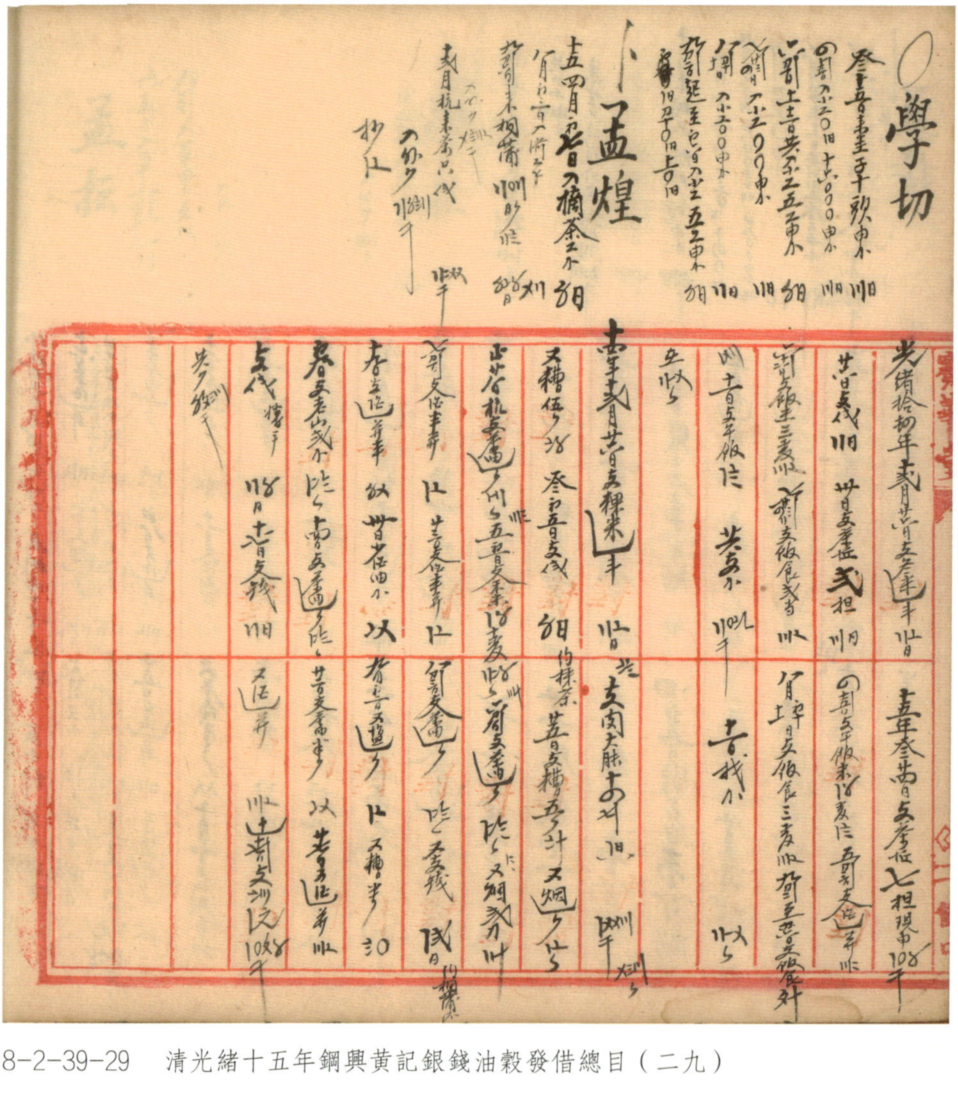

8-2-39-29　清光緒十五年鋼興黄記銀錢油穀發借總目（二九）

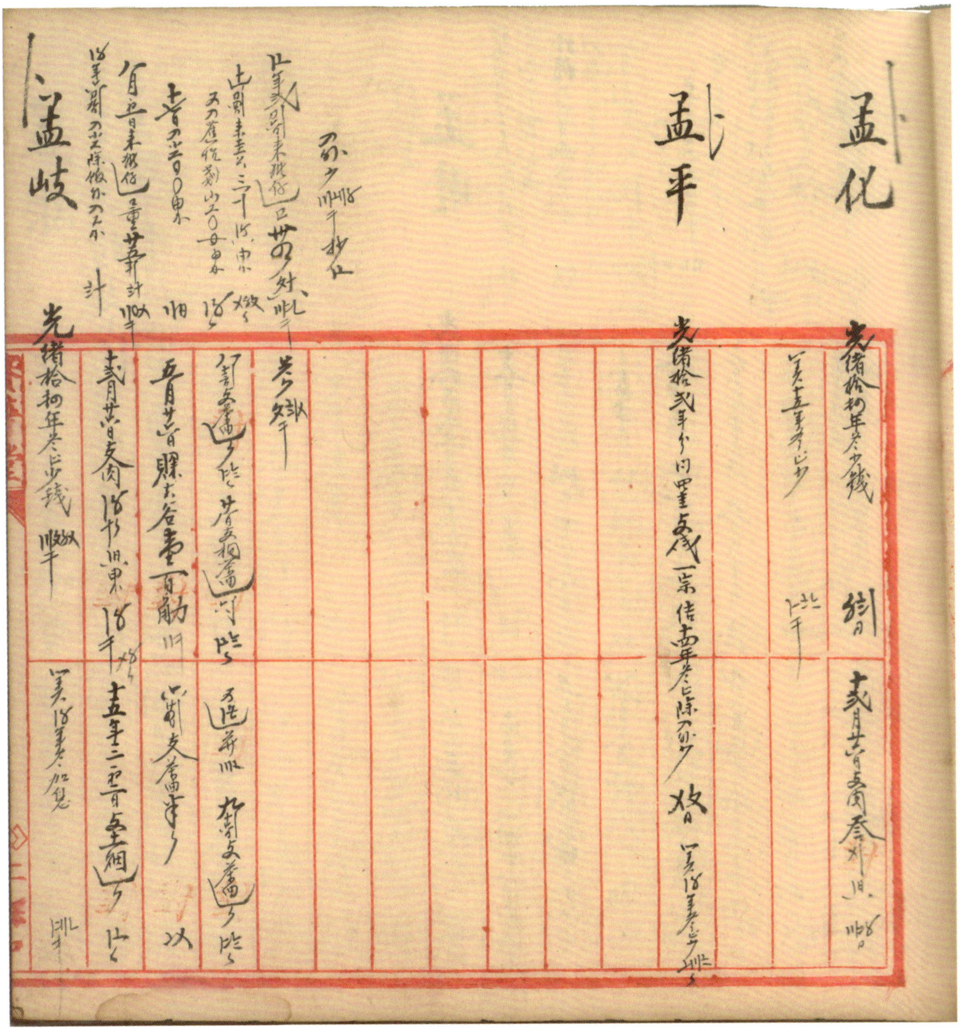

8-2-39-30　清光緒十五年鋼興黄記銀錢油穀發借總目（三〇）

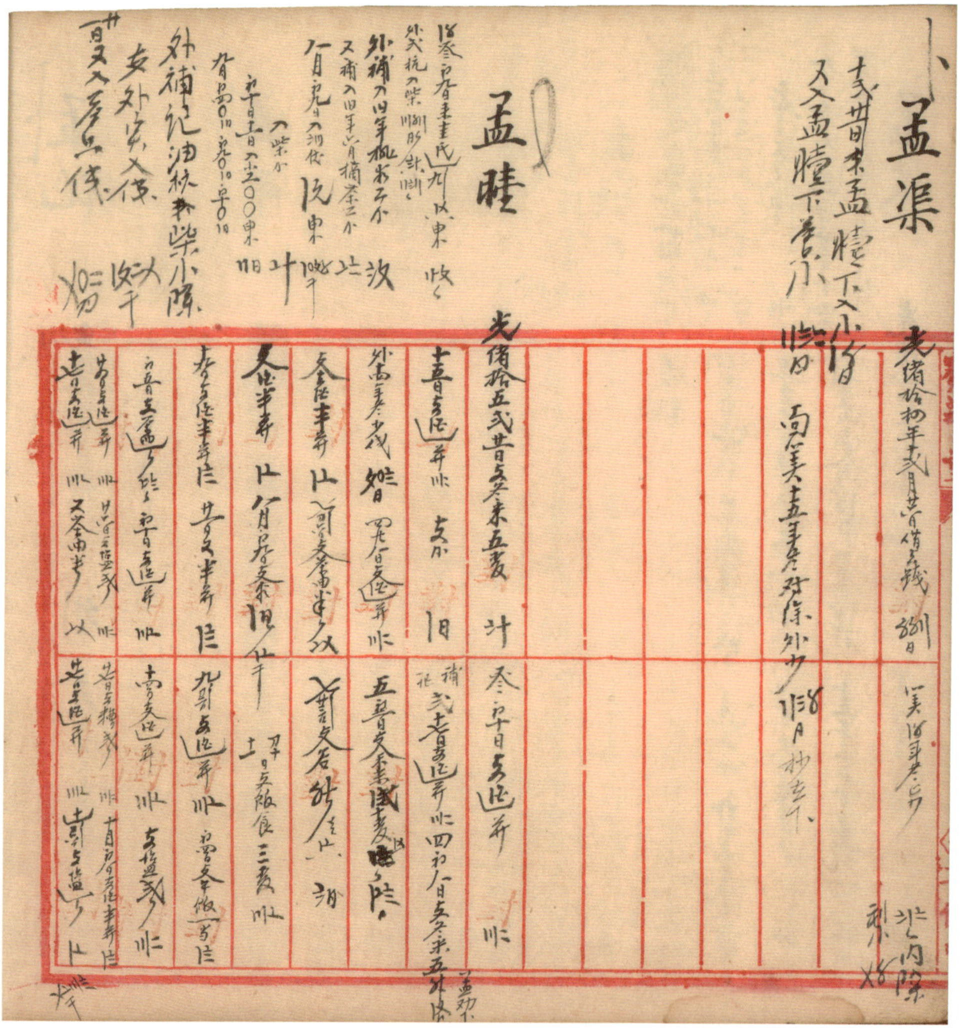
孟渠

孟睦

8-2-39-31　清光緒十五年鋼興黄記銀錢油穀發借總目（三一）

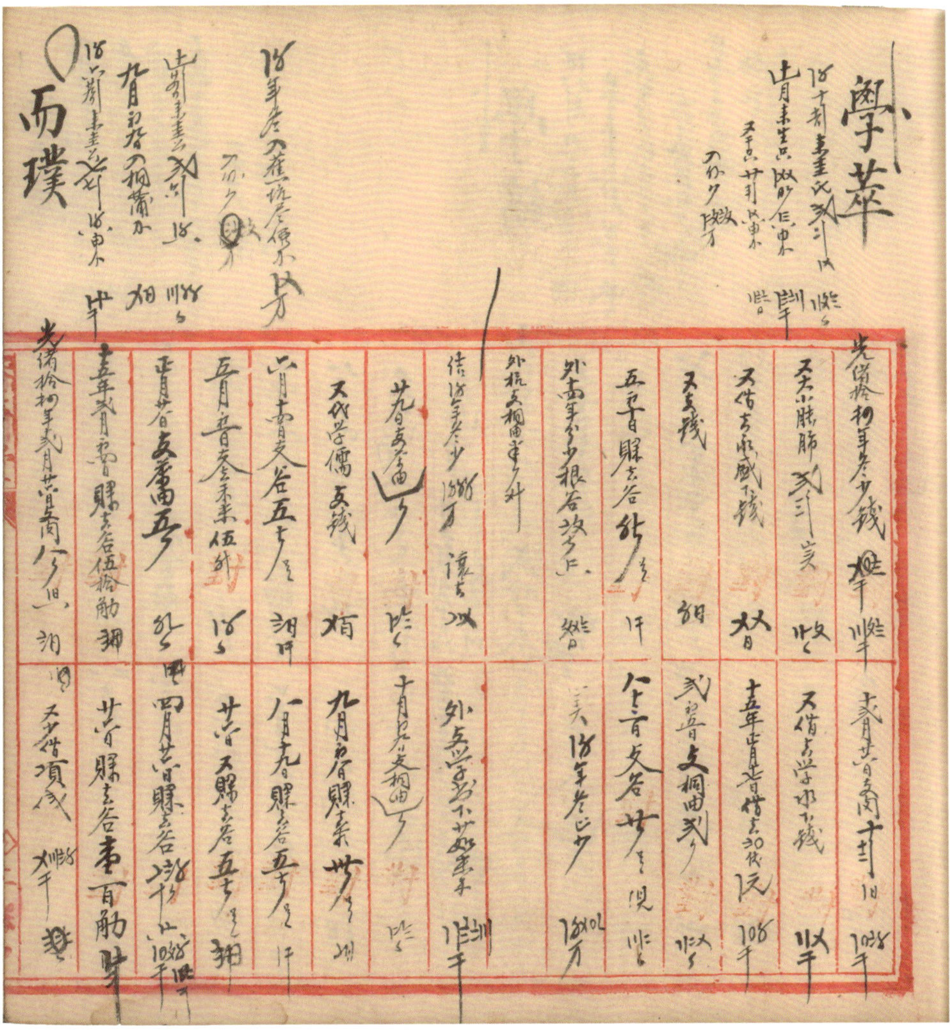

8-2-39-32　清光緒十五年鋼興黄記銀錢油穀發借總目（三二）

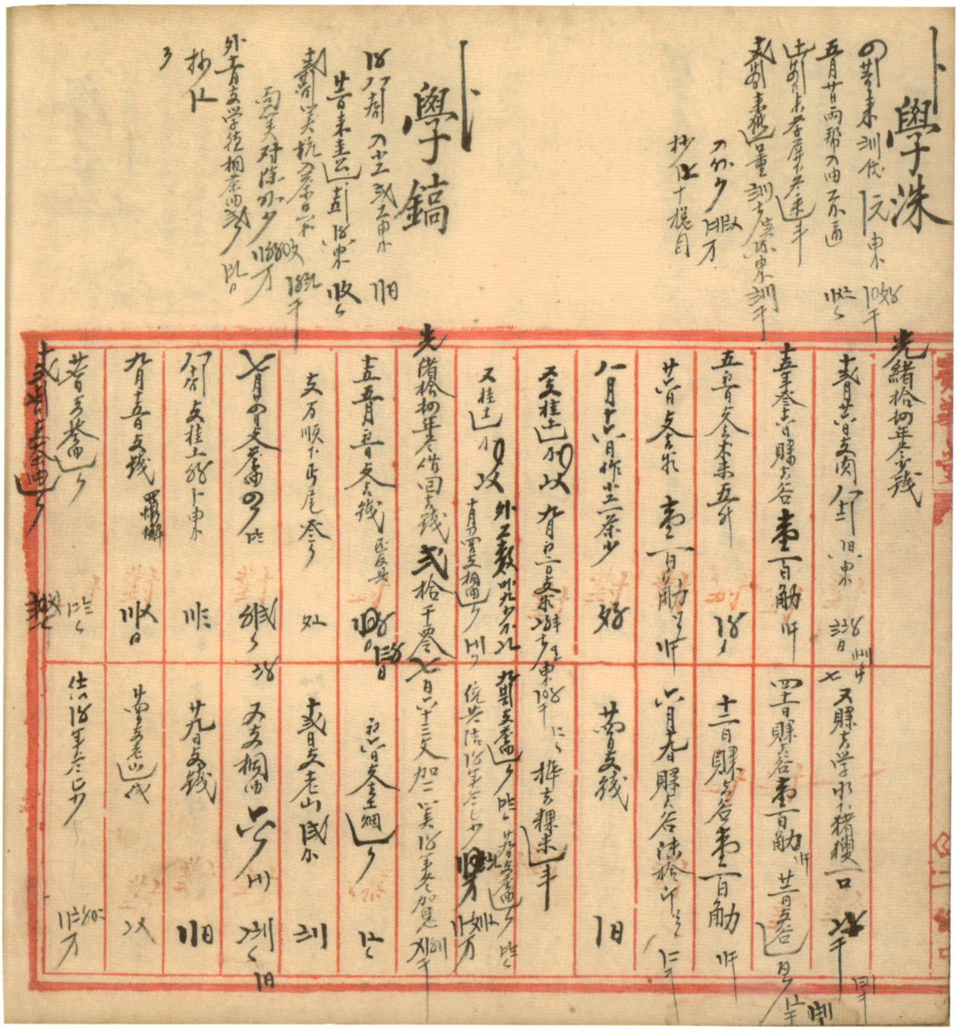

8-2-39-33　清光緒十五年鋼興黄記銀錢油穀發借總目（三三）

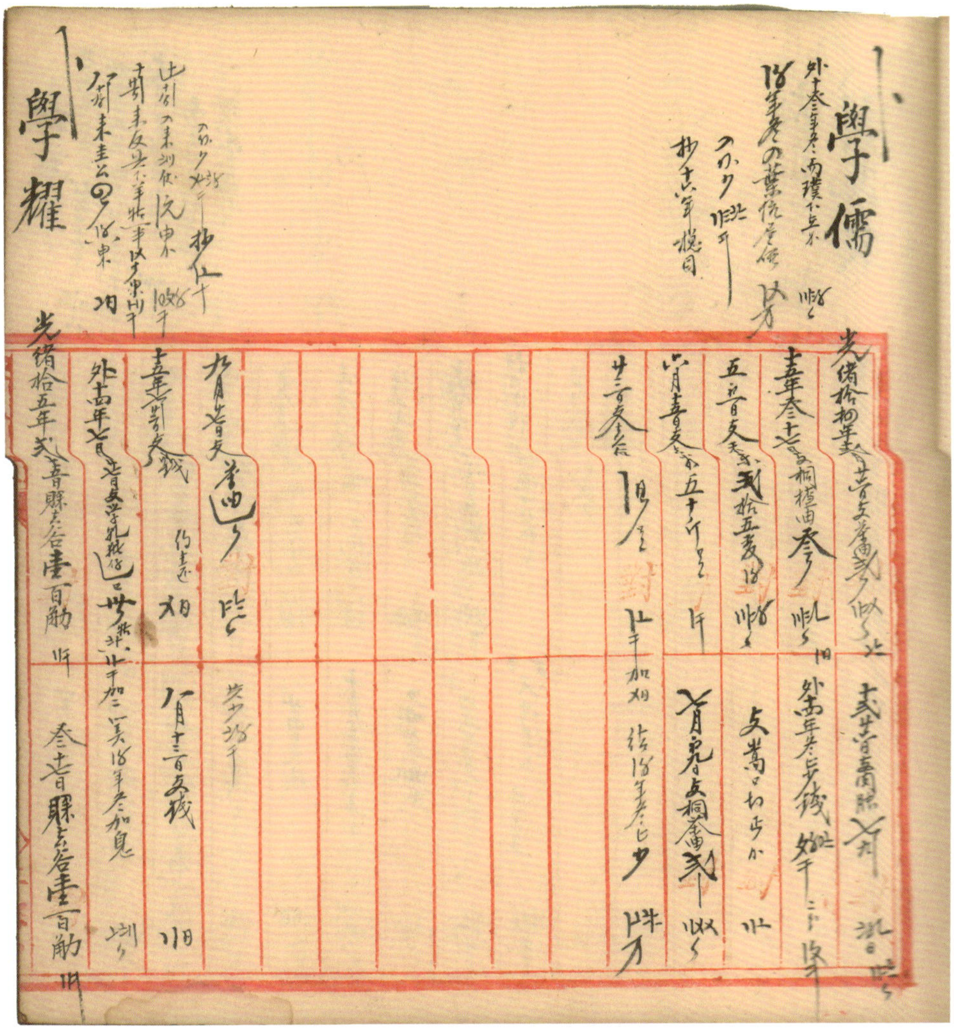
學儒

學耀

8-2-39-34　清光緒十五年鋼興黃記銀錢油穀發借總目（三四）

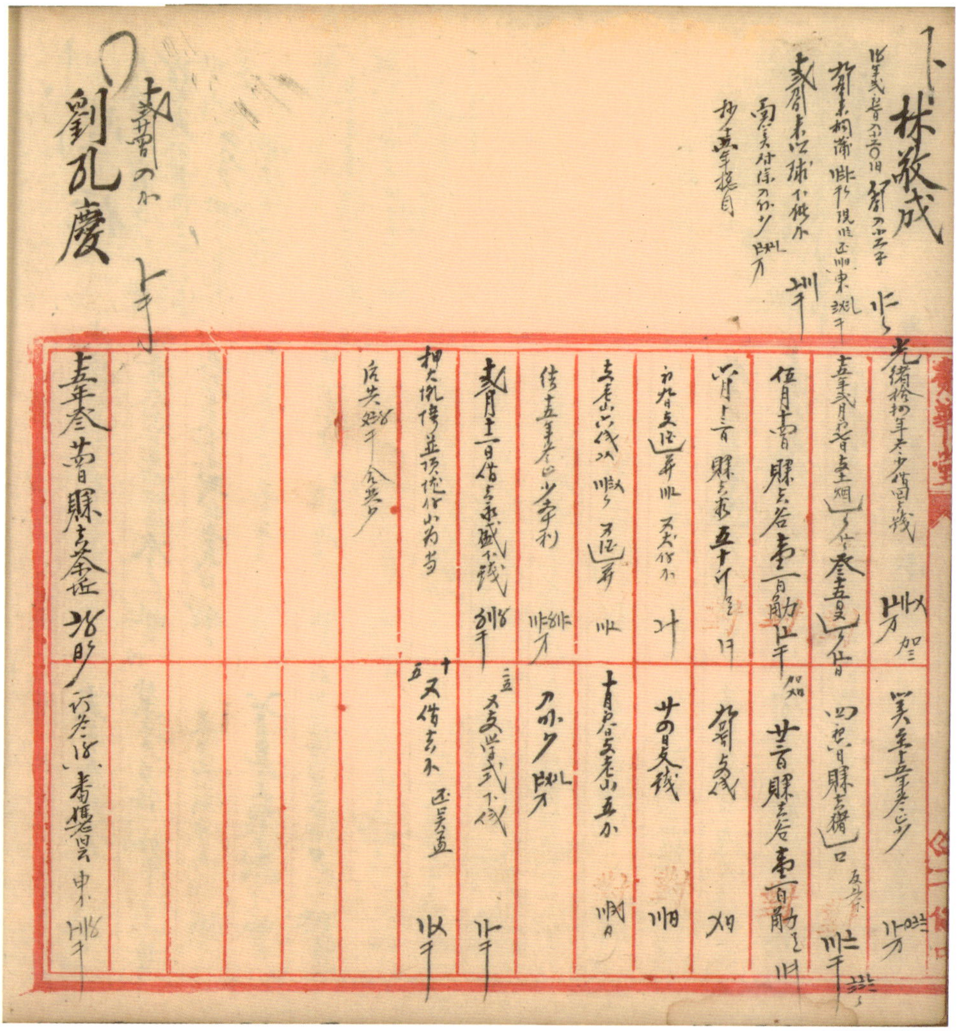

8-2-39-35　清光緒十五年鋼興黃記銀錢油穀發借總目（三五）

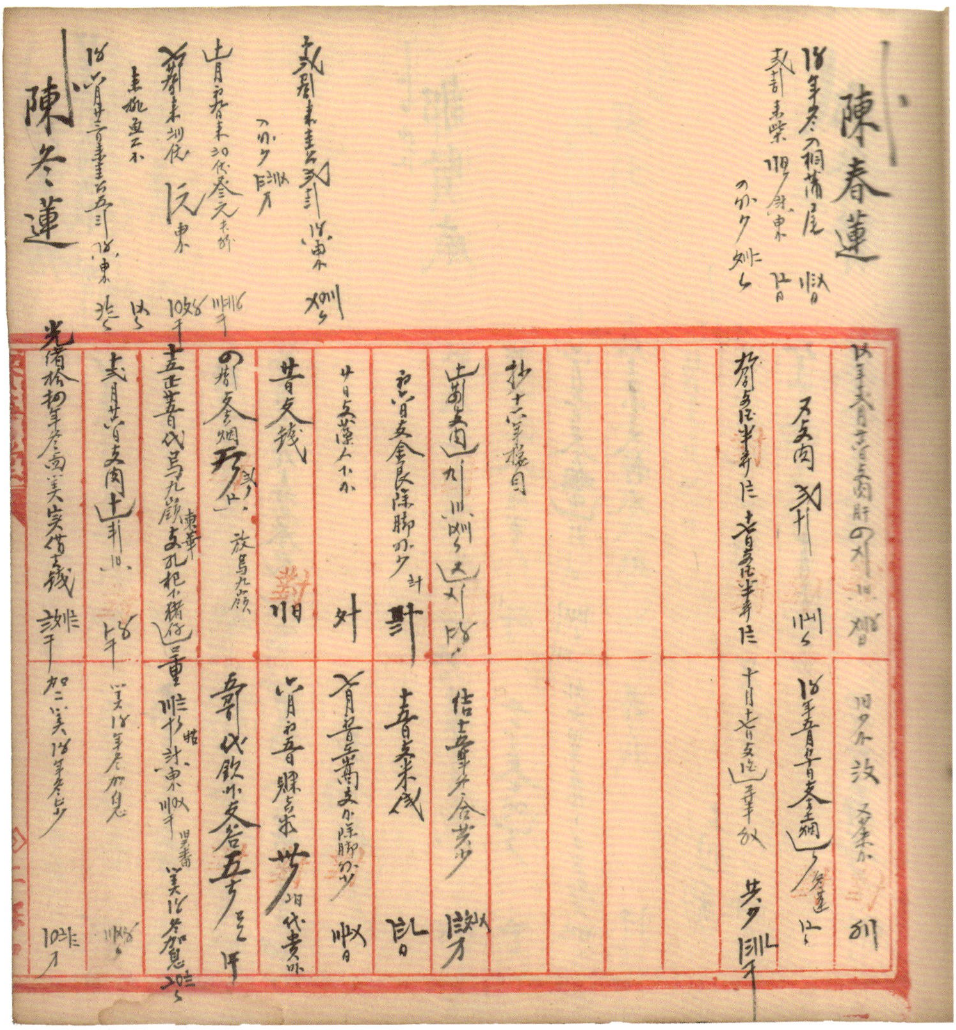

8-2-39-36　清光緒十五年鋼興黄記銀錢油穀發借總目（三六）

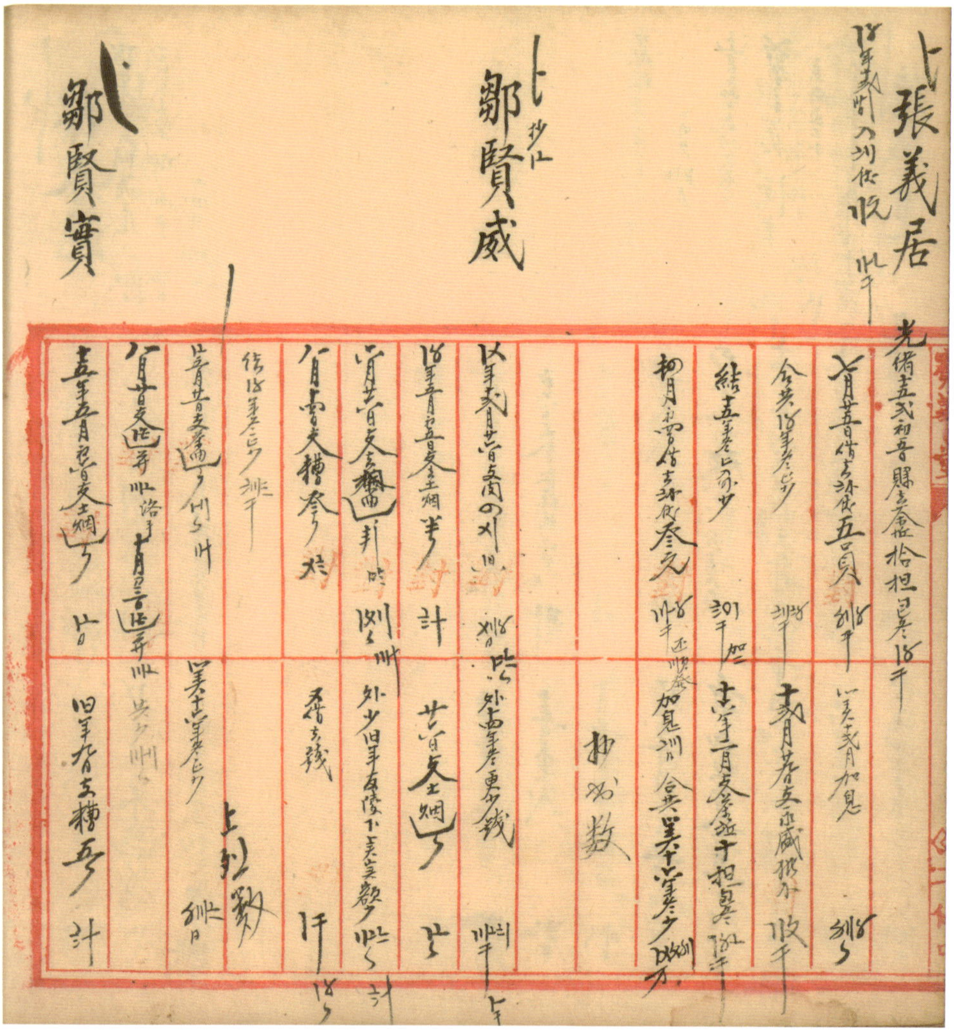

張義居

光緒十五式祖

鄒賢威

鄒賢寶

8-2-39-37　清光緒十五年鋼興黄記銀錢油穀發借總目（三七）

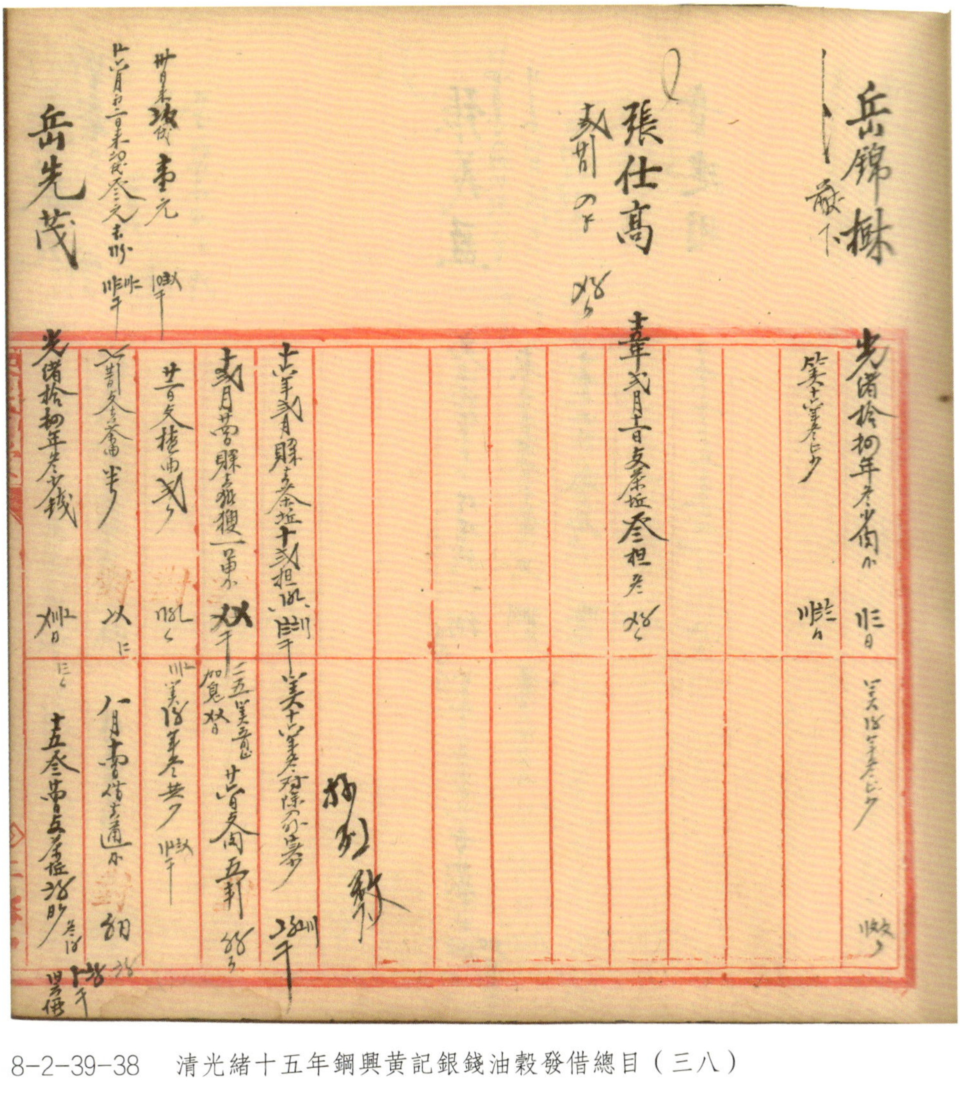

8-2-39-38　清光緒十五年鋼興黄記銀錢油穀發借總目（三八）

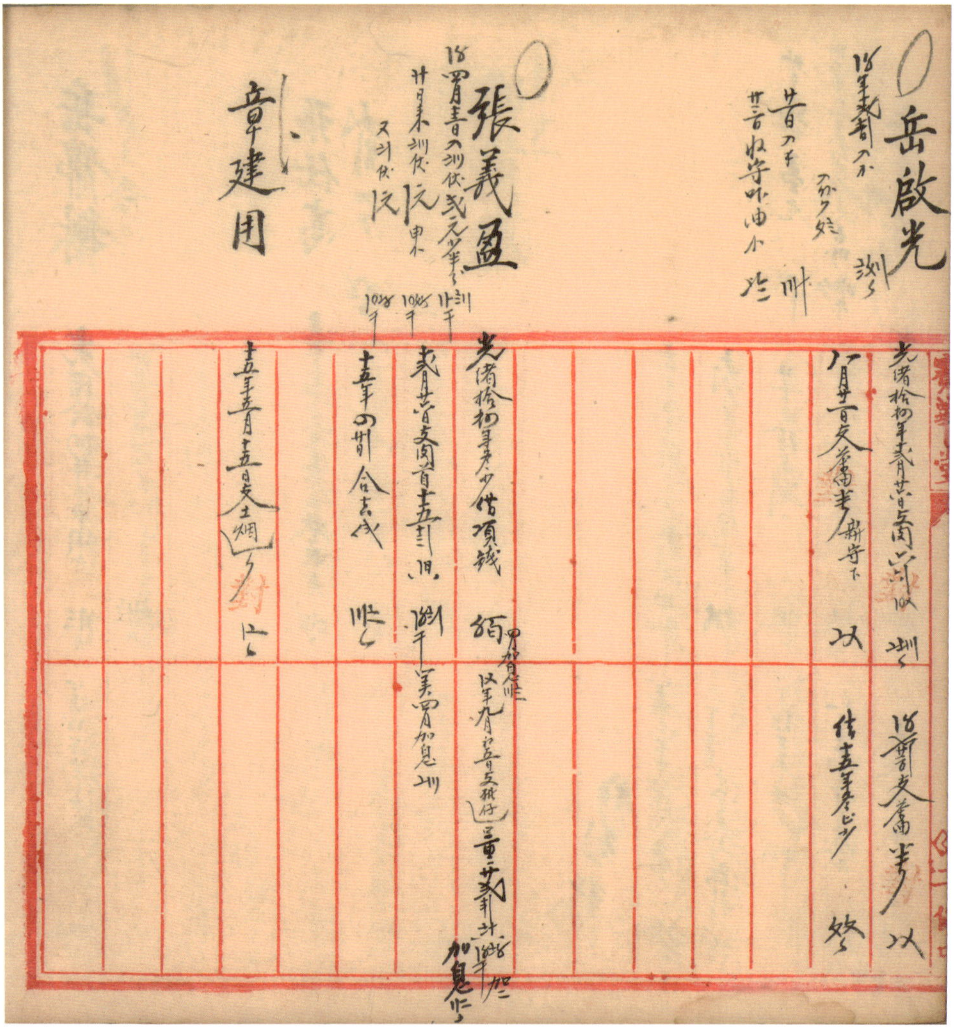
岳啟光
張義盈
章建用

8-2-39-39　清光緒十五年鋼興黃記銀錢油穀發借總目（三九）

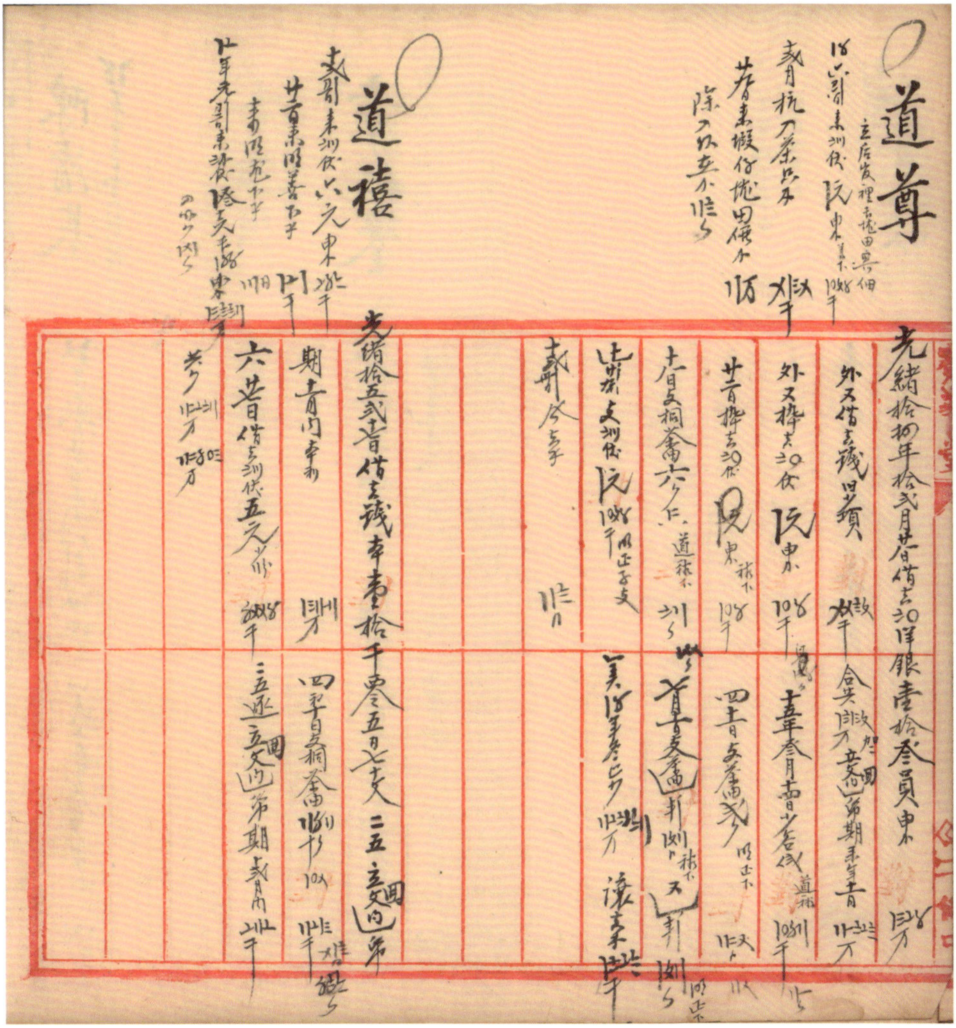

8-2-39-40　清光緒十五年鋼興黄記銀錢油穀發借總目（四〇）

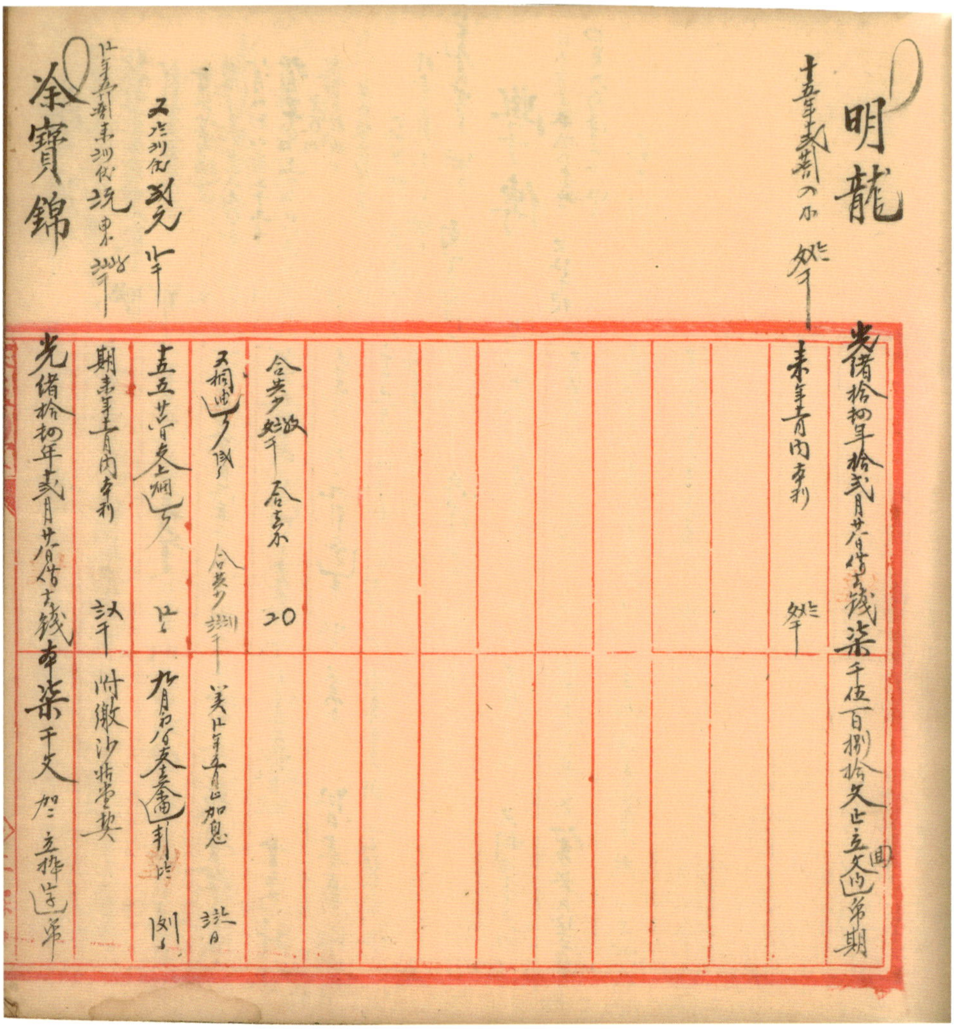

8-2-39-41　清光緒十五年鋼興黄記銀錢油穀發借總目（四一）

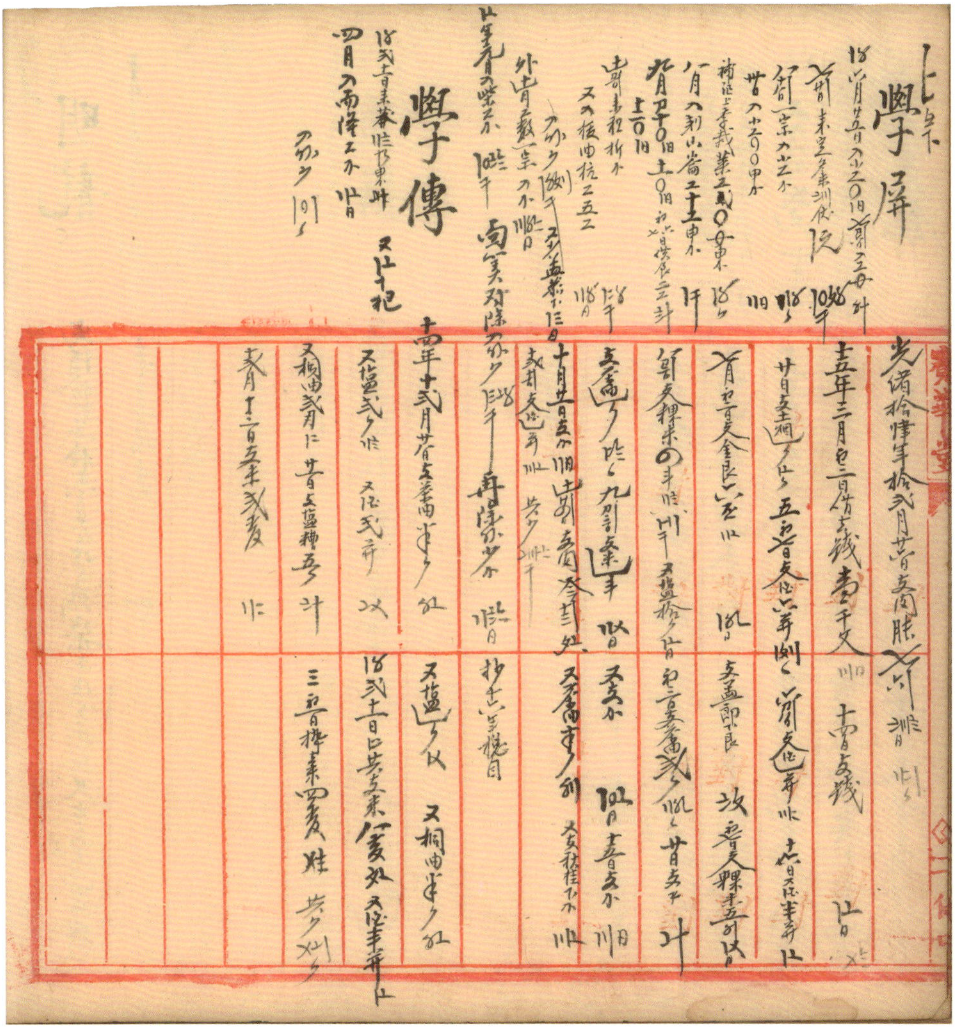

8-2-39-42　清光緒十五年鋼興黄記銀錢油穀發借總目（四二）

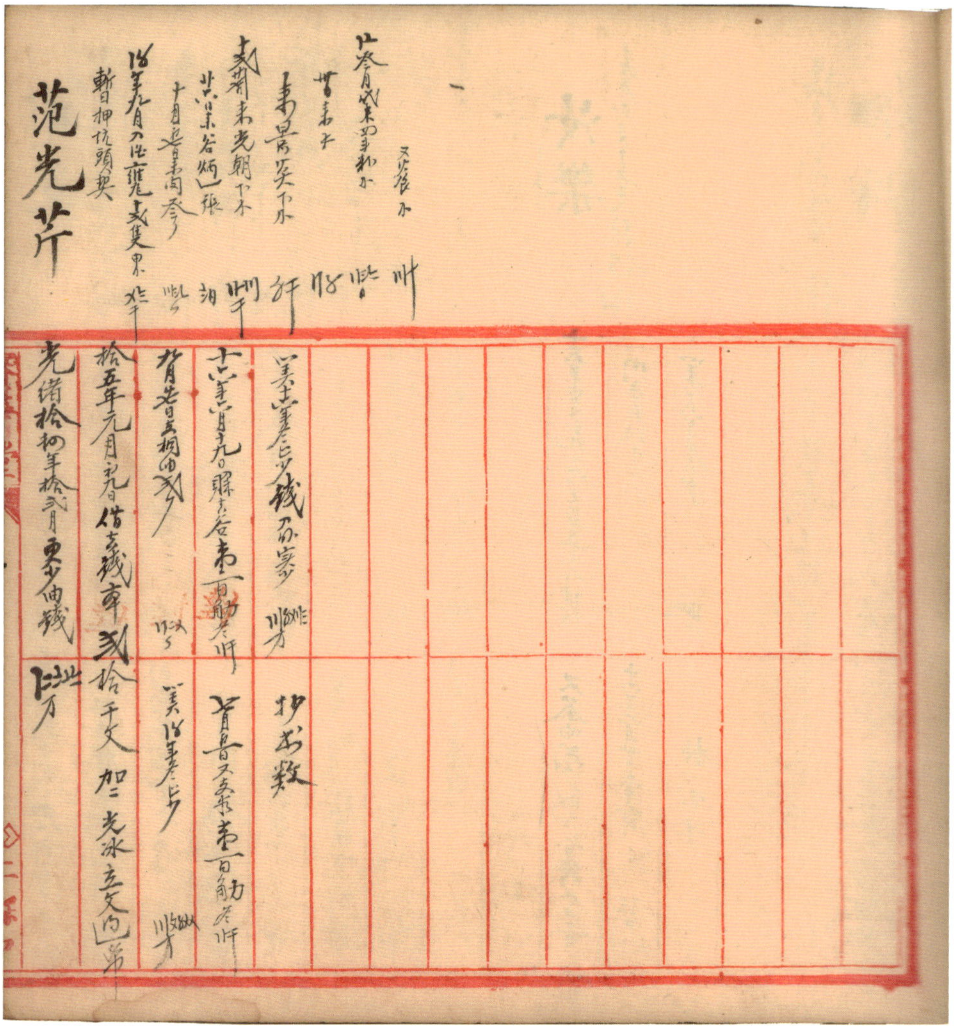

8-2-39-43　清光緒十五年鋼興黄記銀錢油穀發借總目（四三）

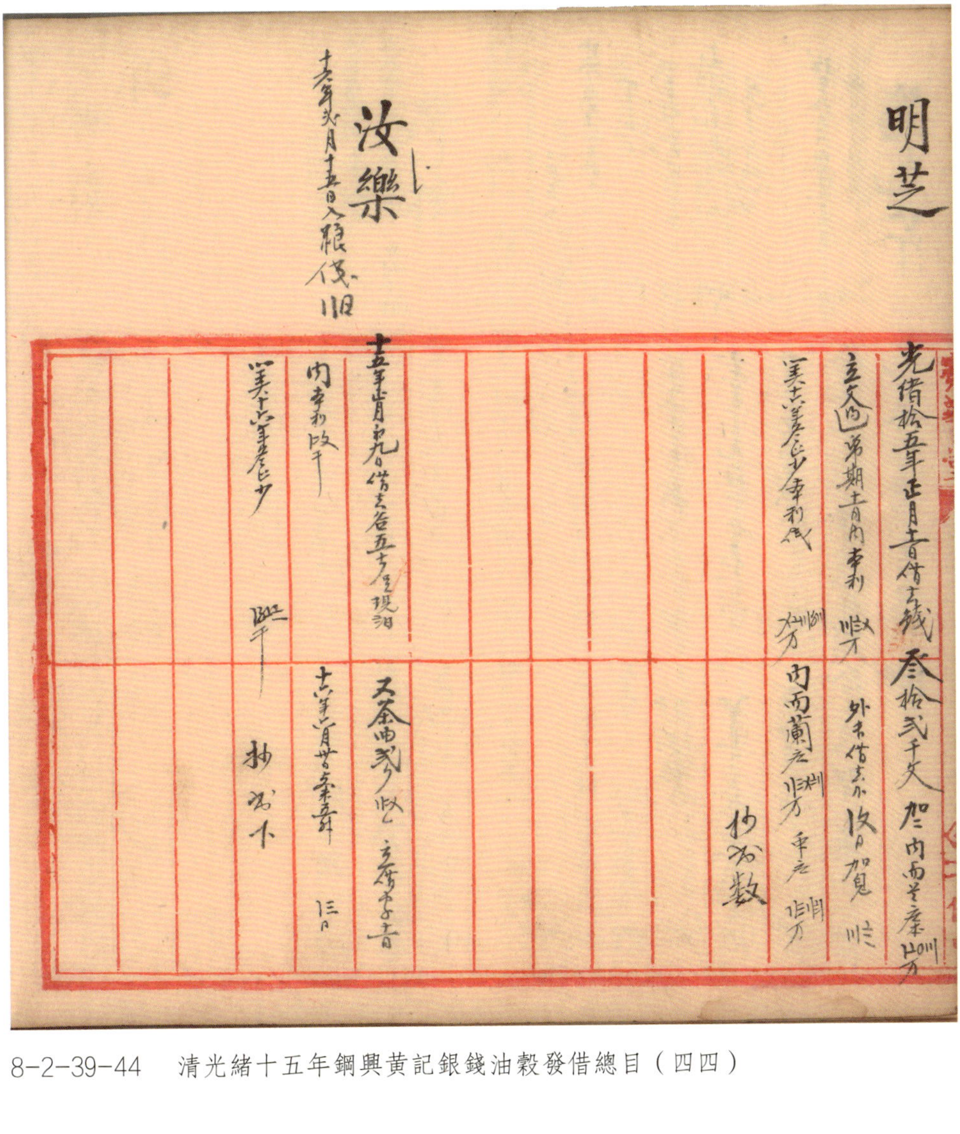

8-2-39-44　清光緒十五年鋼興黄記銀錢油穀發借總目（四四）

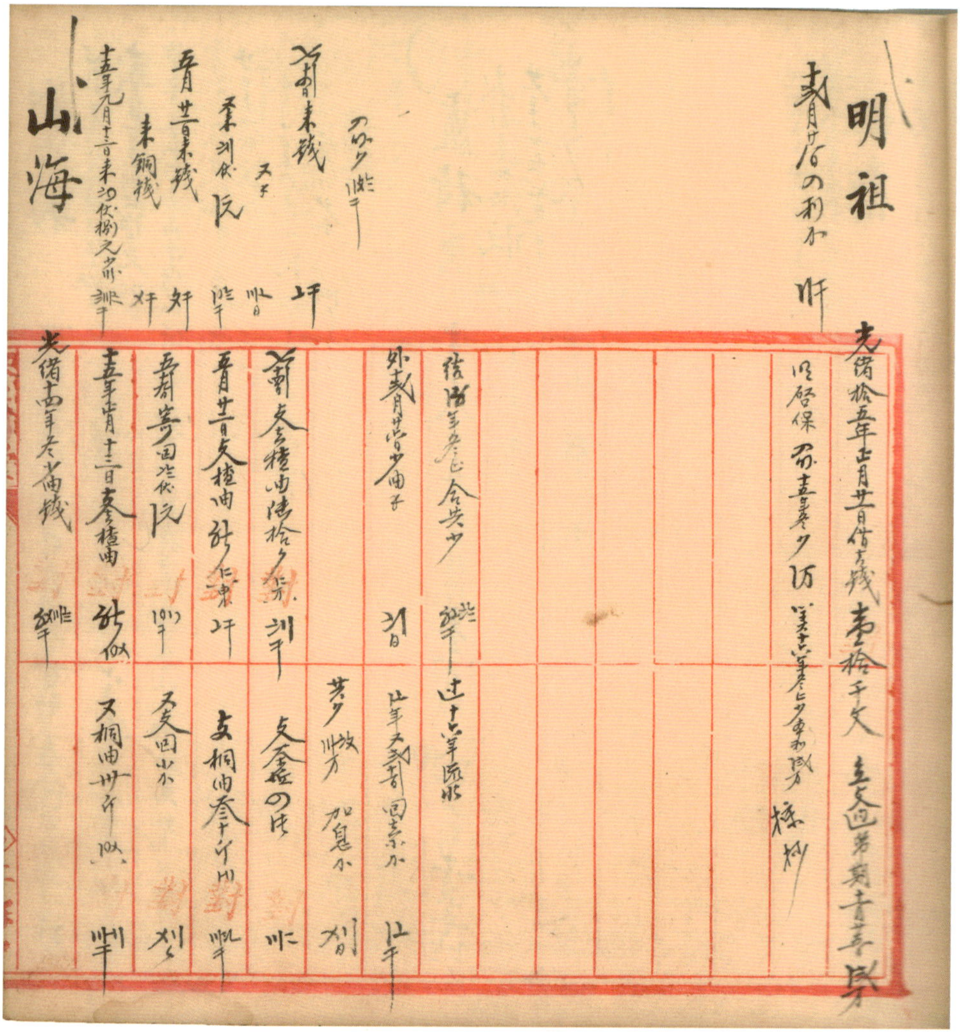

8-2-39-45　清光緒十五年鋼興黄記銀錢油穀發借總目（四五）

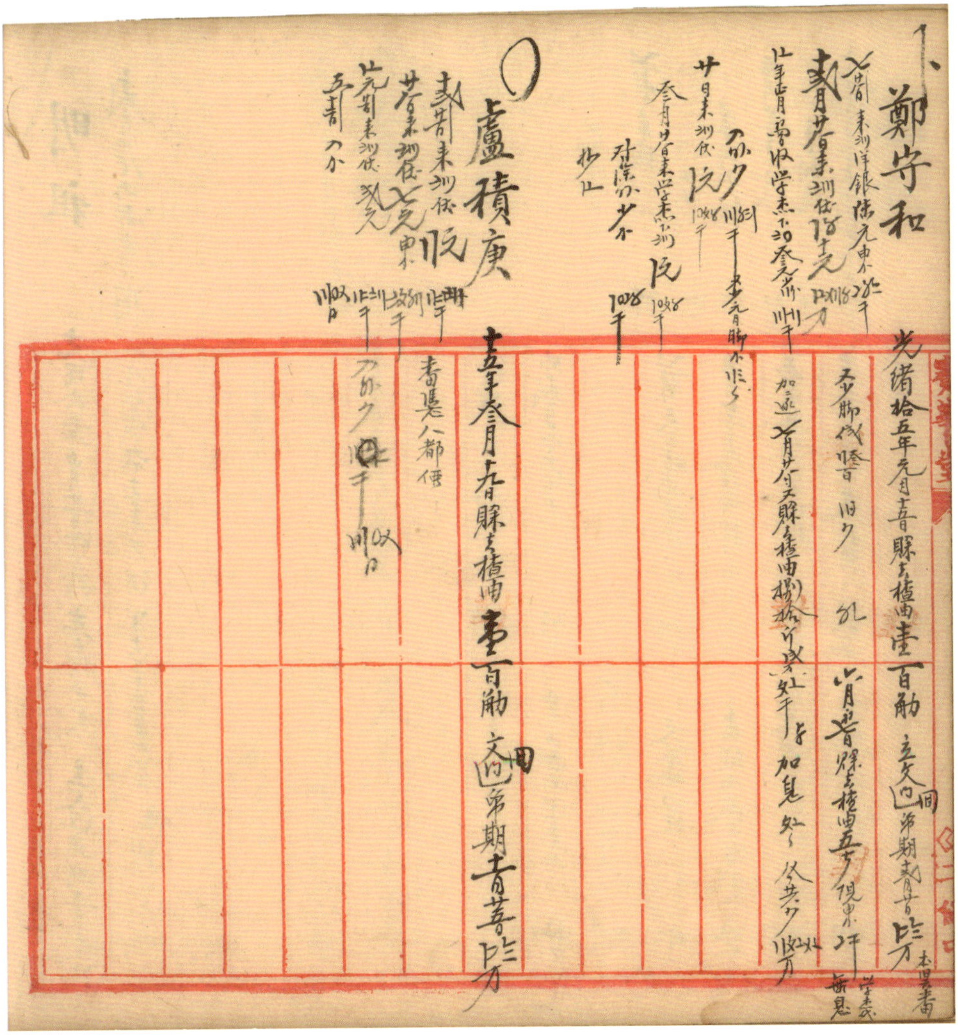

8-2-39-46　清光緒十五年鋼興黃記銀錢油穀發借總目（四六）

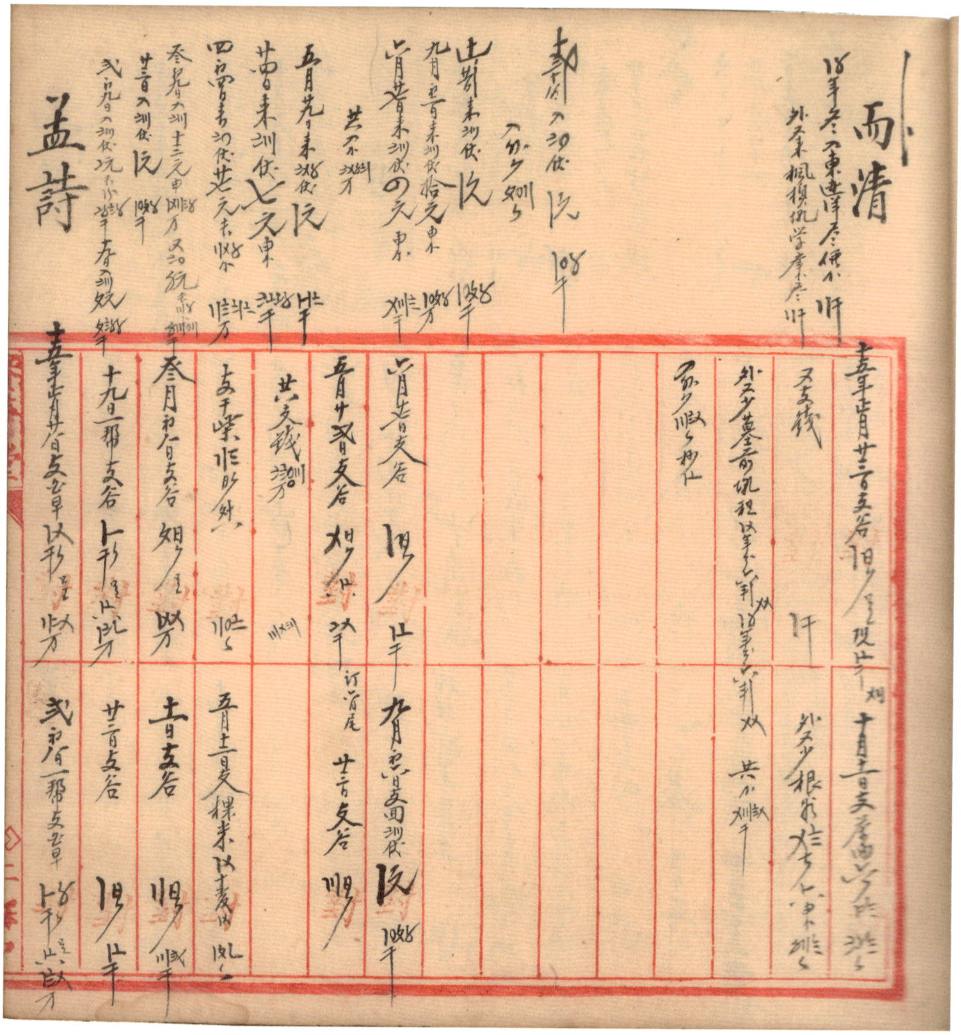

8-2-39-47　清光緒十五年鋼興黄記銀錢油穀發借總目（四七）

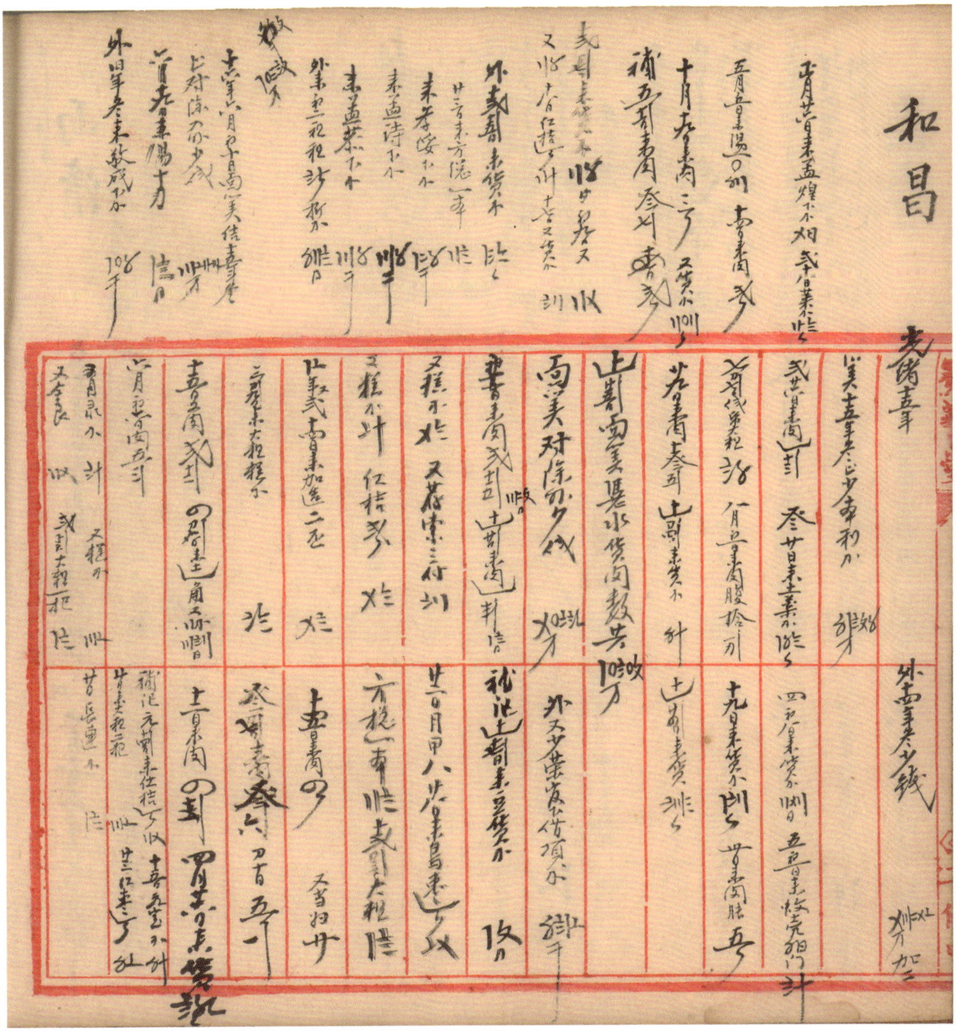

和昌

光緒十五年

8-2-39-48　清光緒十五年鋼興黃記銀錢油穀發借總目（四八）

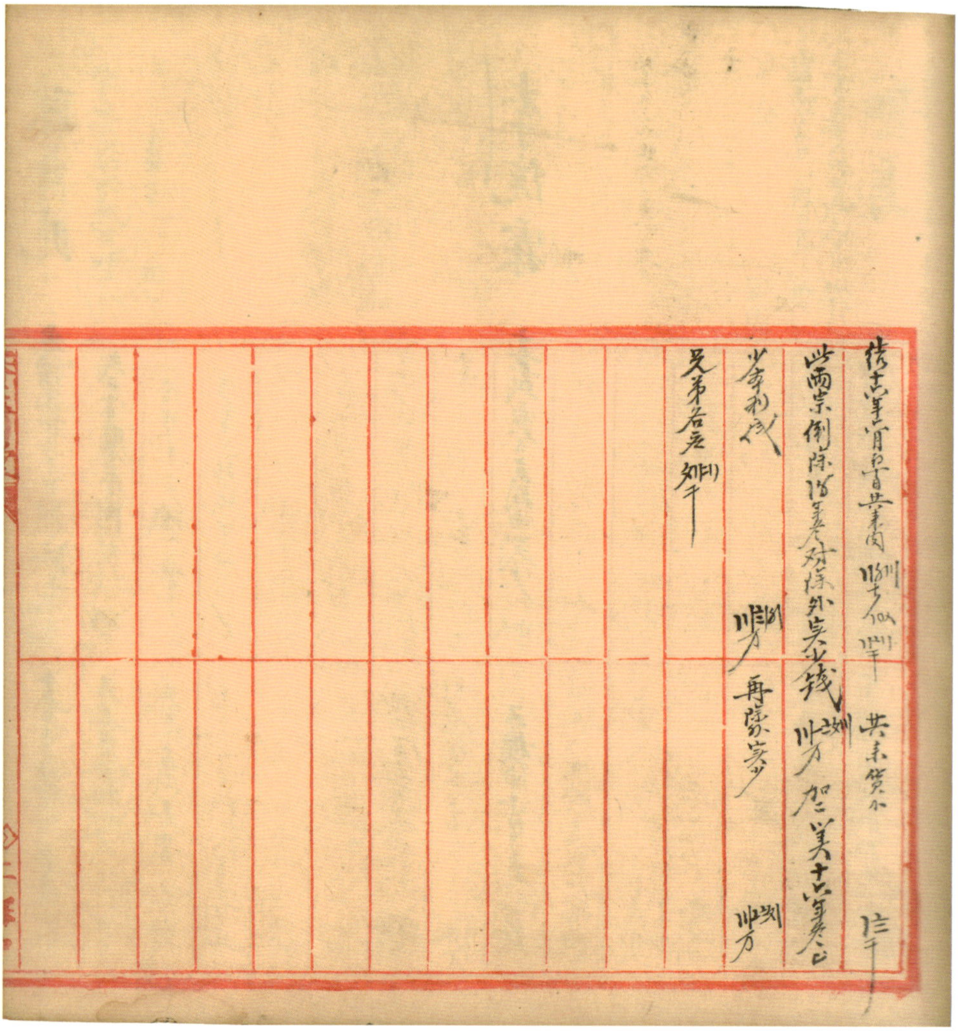

8-2-39-49　清光緒十五年鋼興黃記銀錢油穀發借總目（四九）

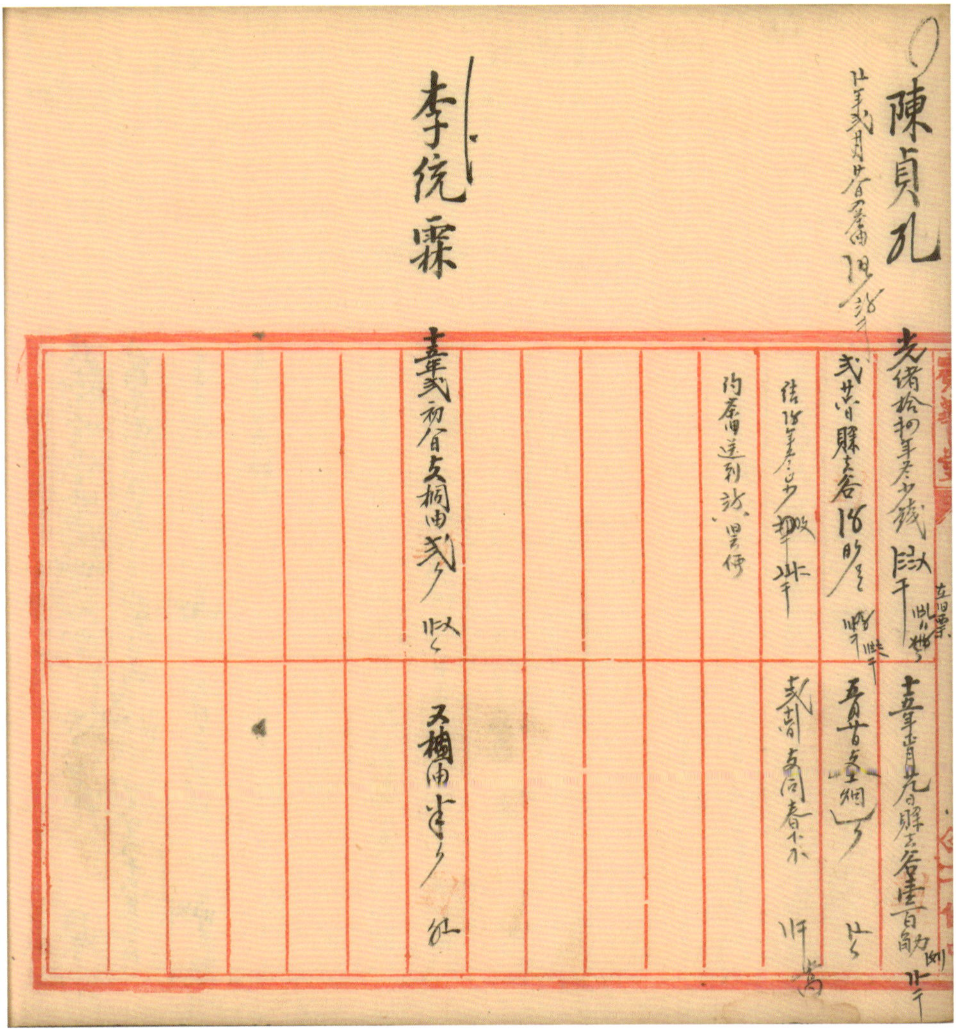

8-2-39-50　清光緒十五年鋼興黃記銀錢油穀發借總目（五〇）

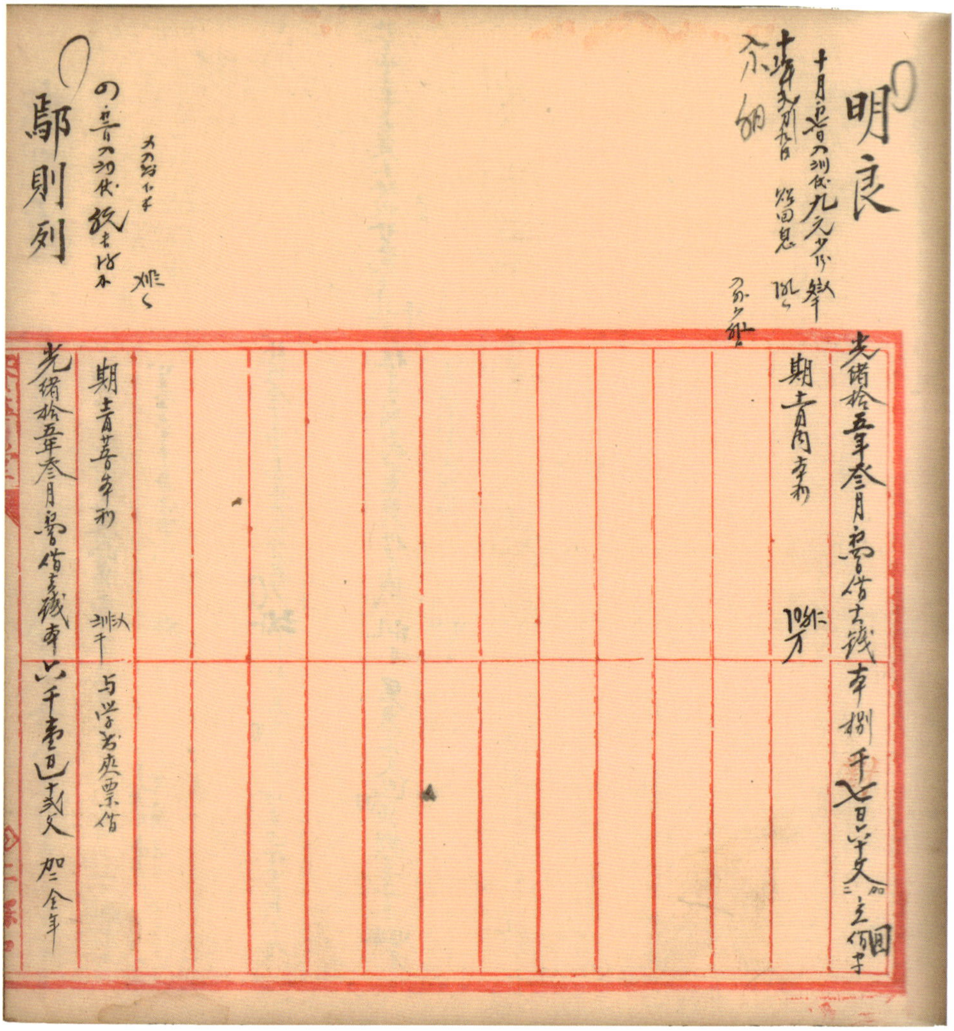

8-2-39-51　清光緒十五年鋼興黄記銀錢油穀發借總目（五一）

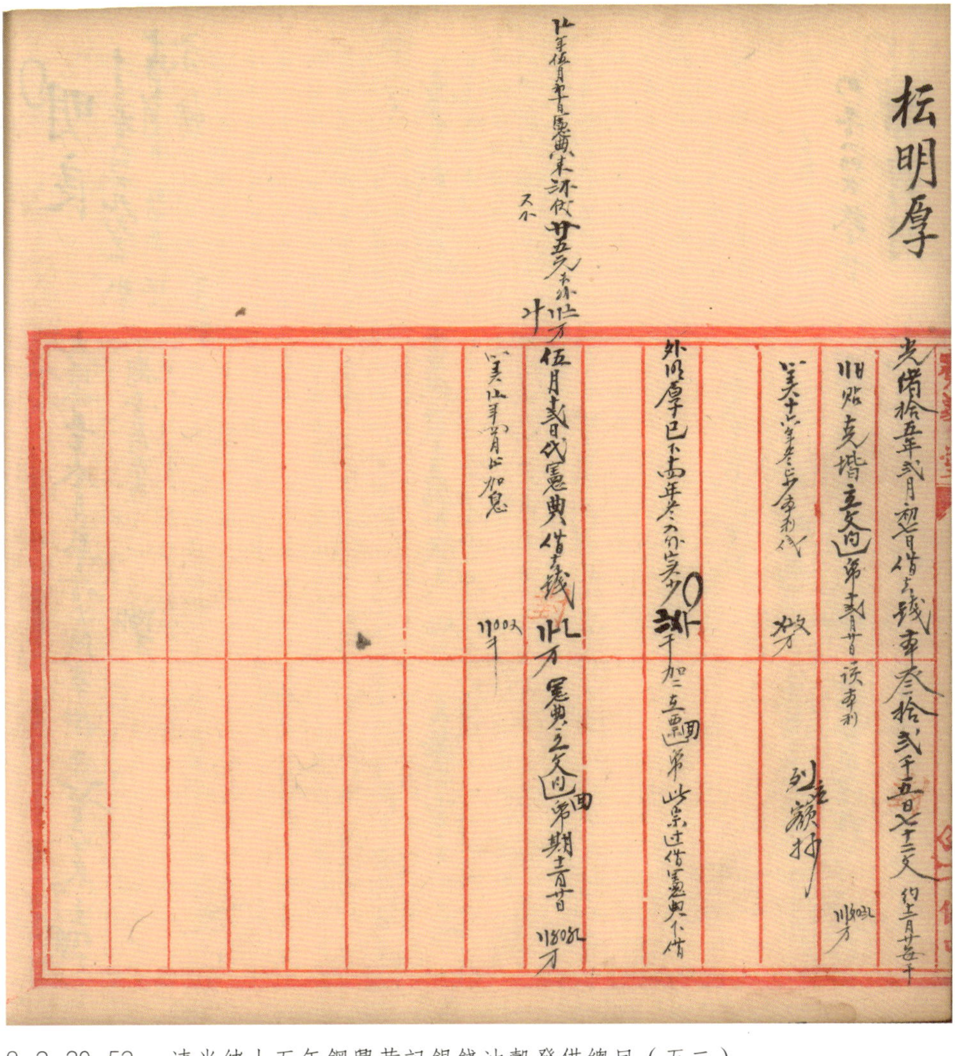

8-2-39-52　清光緒十五年鋼興黄記銀錢油穀發借總目（五二）

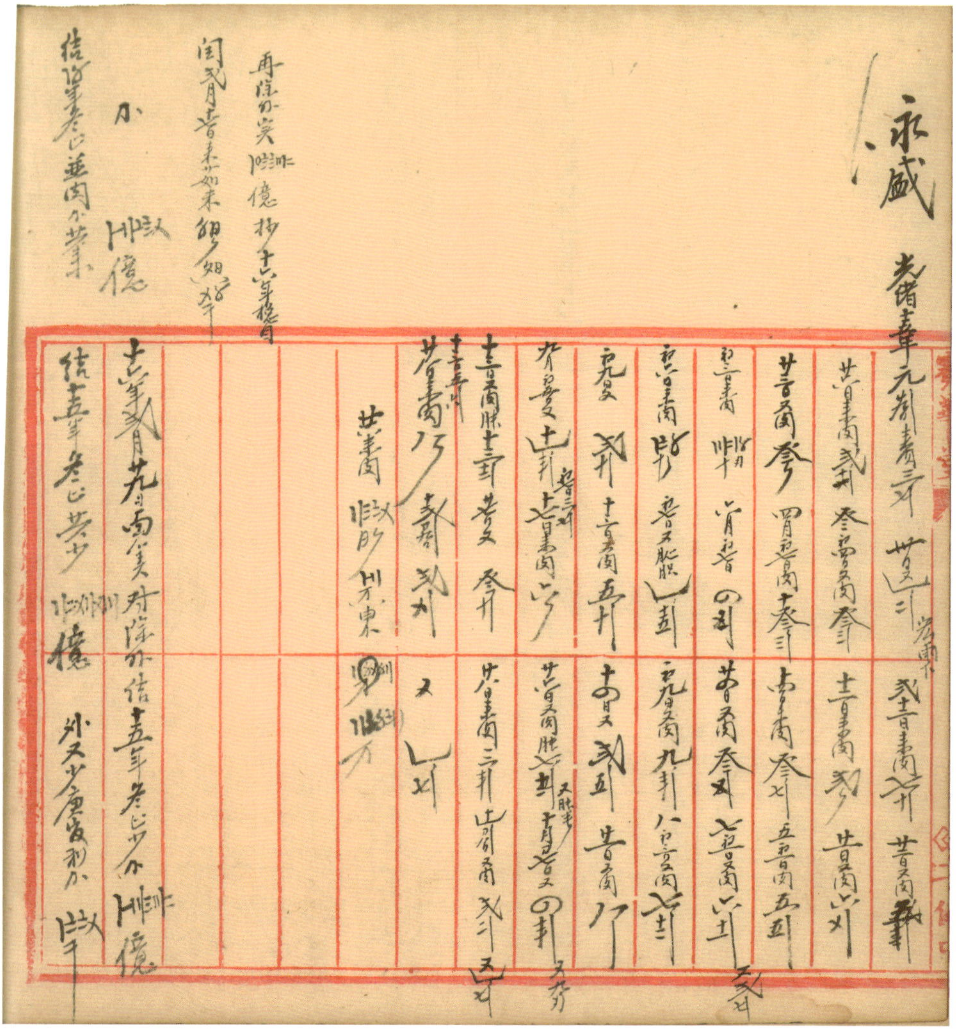

8-2-39-53　清光緒十五年鋼興黃記銀錢油穀發借總目（五三）

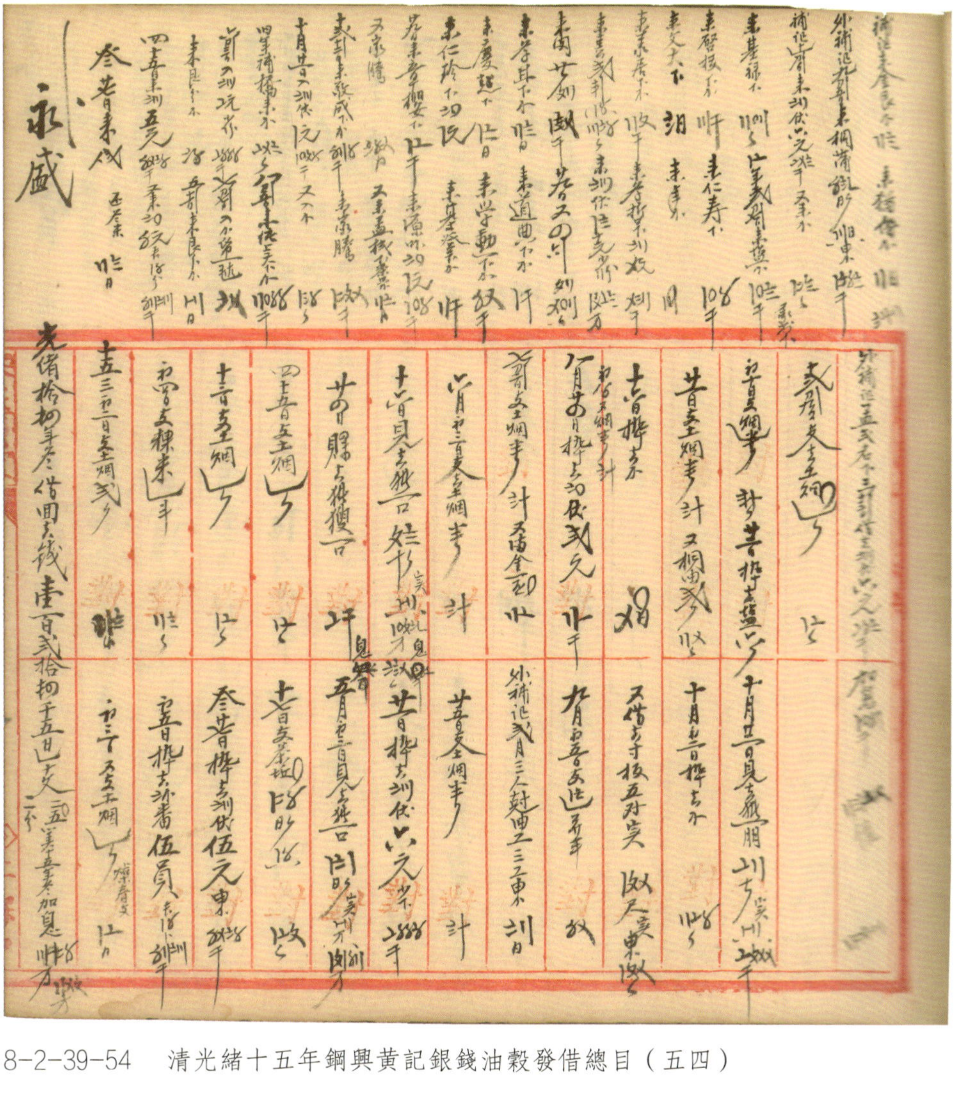

8-2-39-54　清光緒十五年鋼興黃記銀錢油穀發借總目（五四）

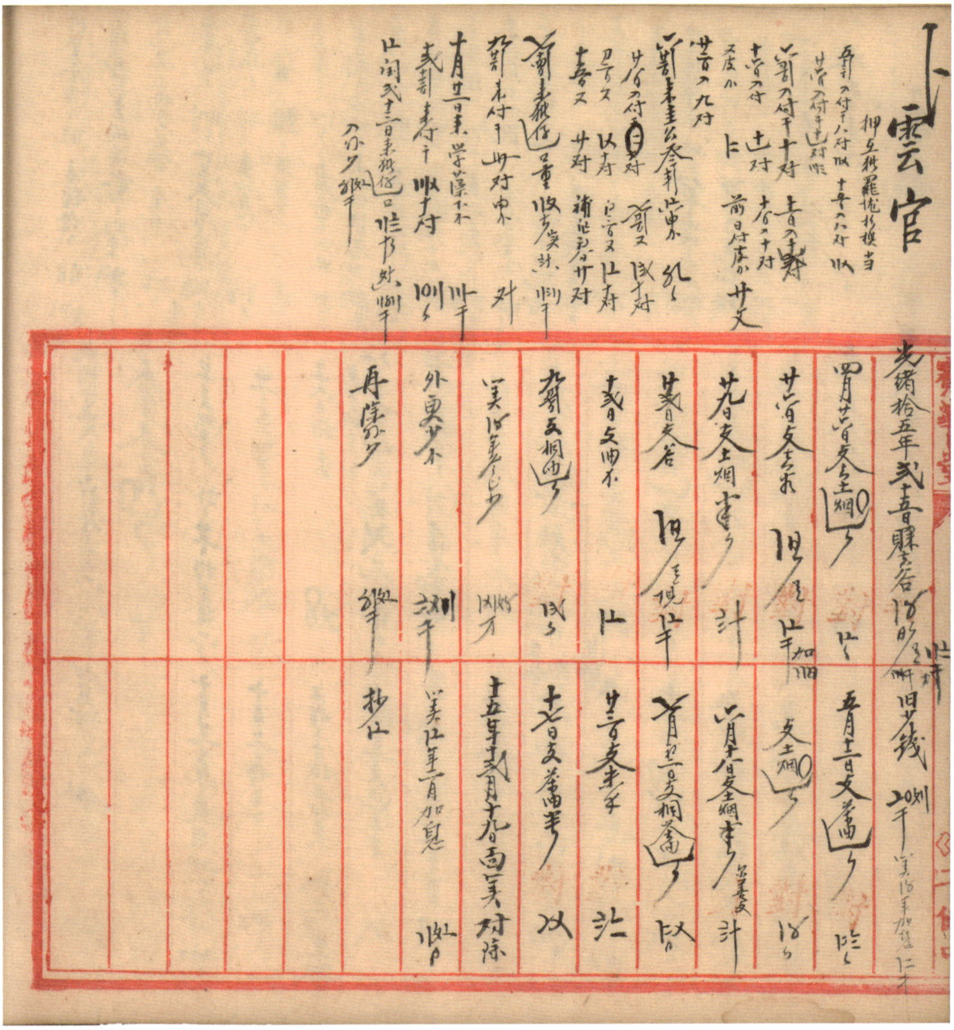

8-2-39-55　清光緒十五年鋼興黄記銀錢油穀發借總目（五五）

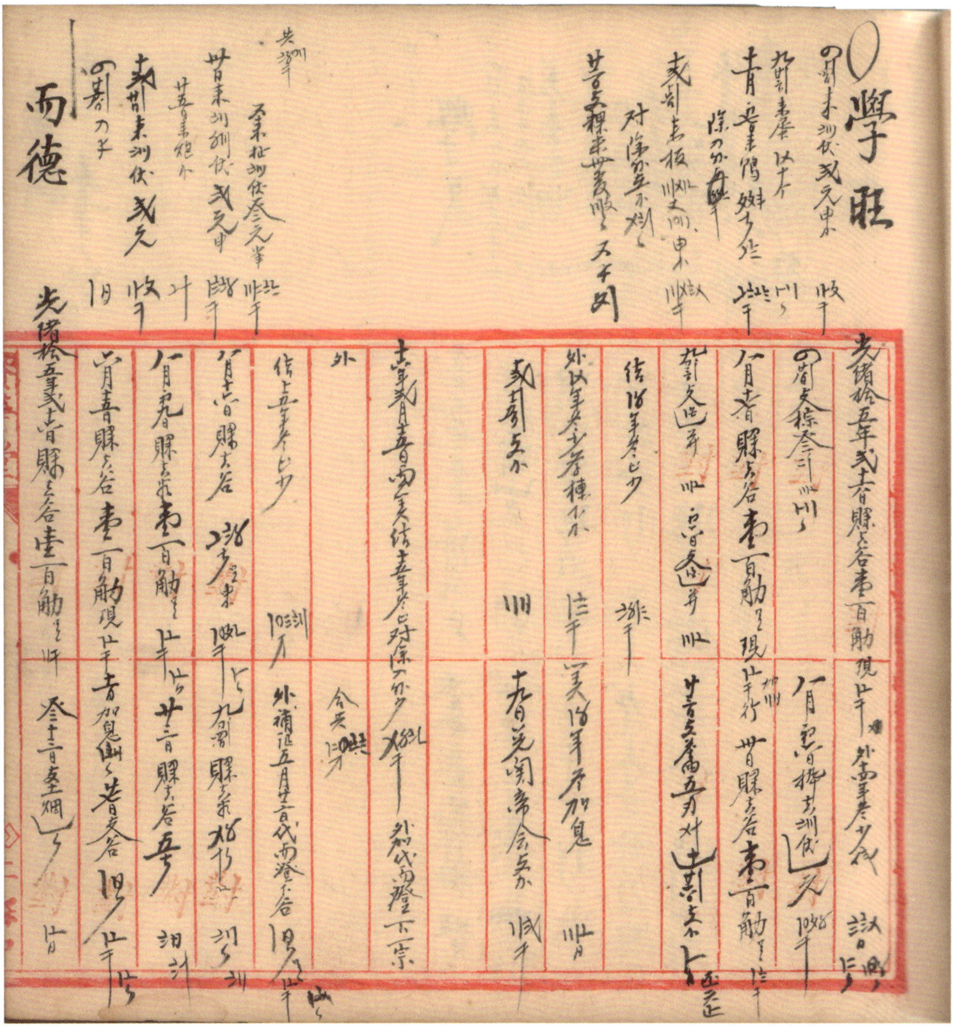

8-2-39-56　清光緒十五年鋼興黃記銀錢油穀發借總目（五六）

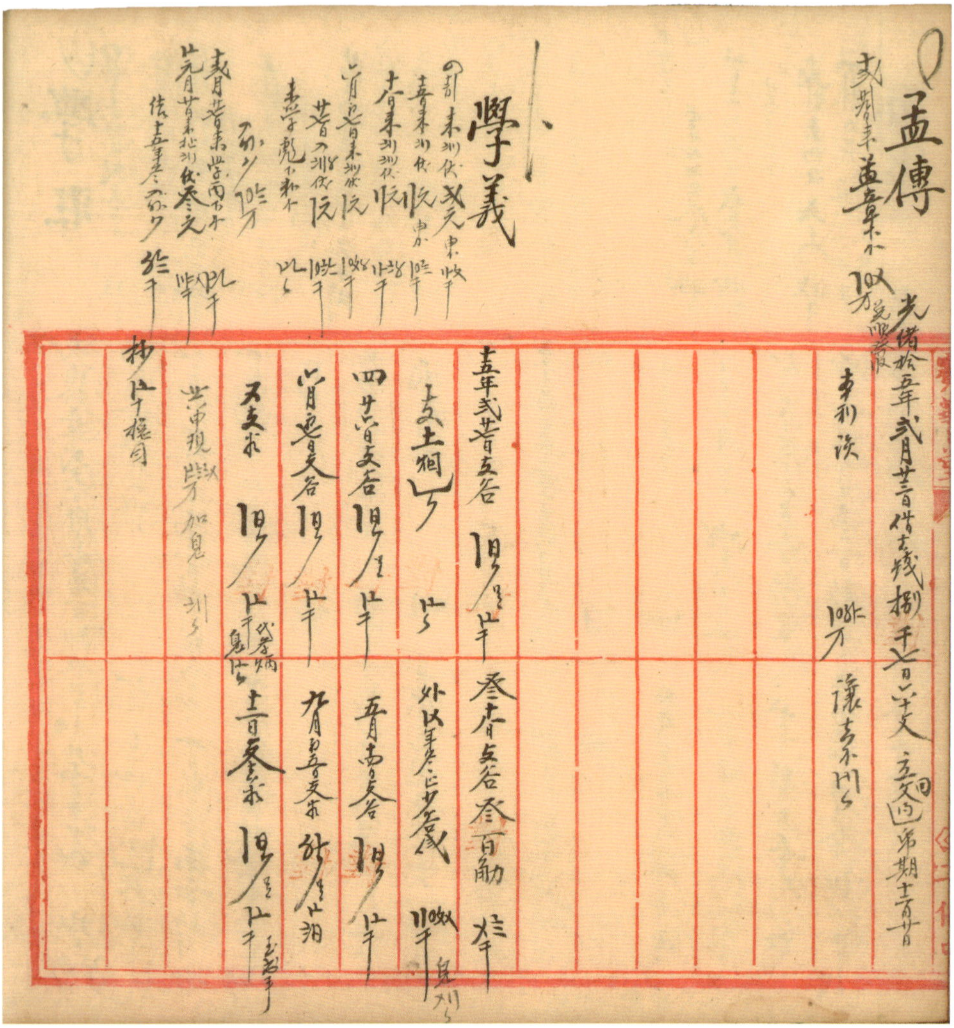

孟傳

學義

8-2-39-57　清光緒十五年鋼興黄記銀錢油穀發借總目（五七）

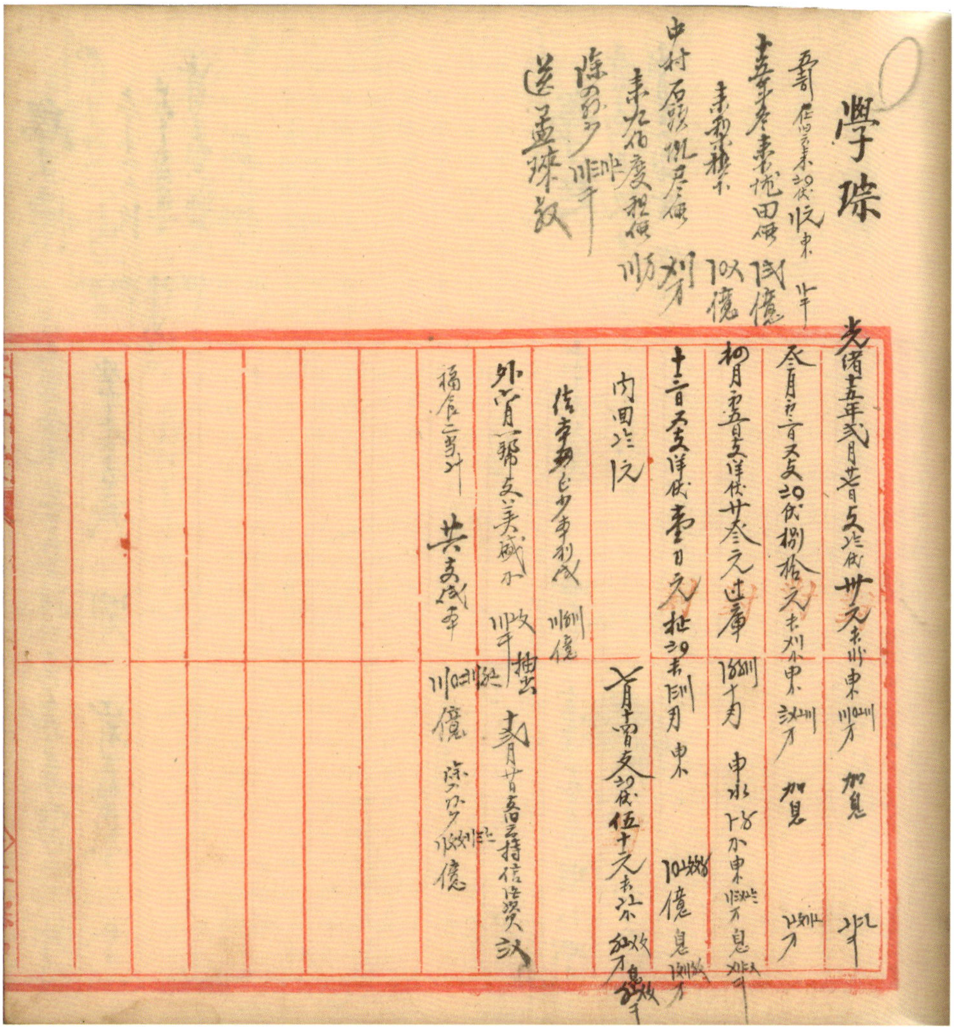

8-2-39-58　清光緒十五年鋼興黄記銀錢油穀發借總目（五八）

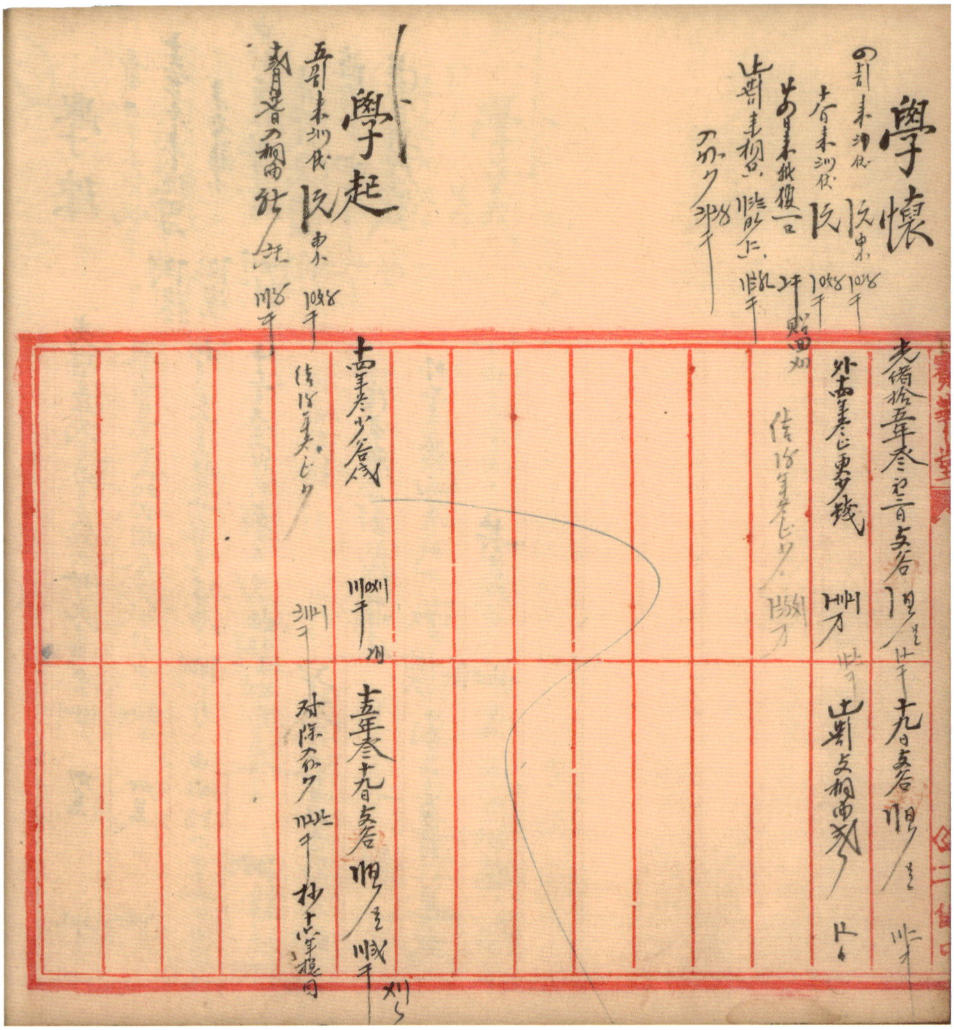

8-2-39-59　清光緒十五年鋼興黄記銀錢油穀發借總目（五九）

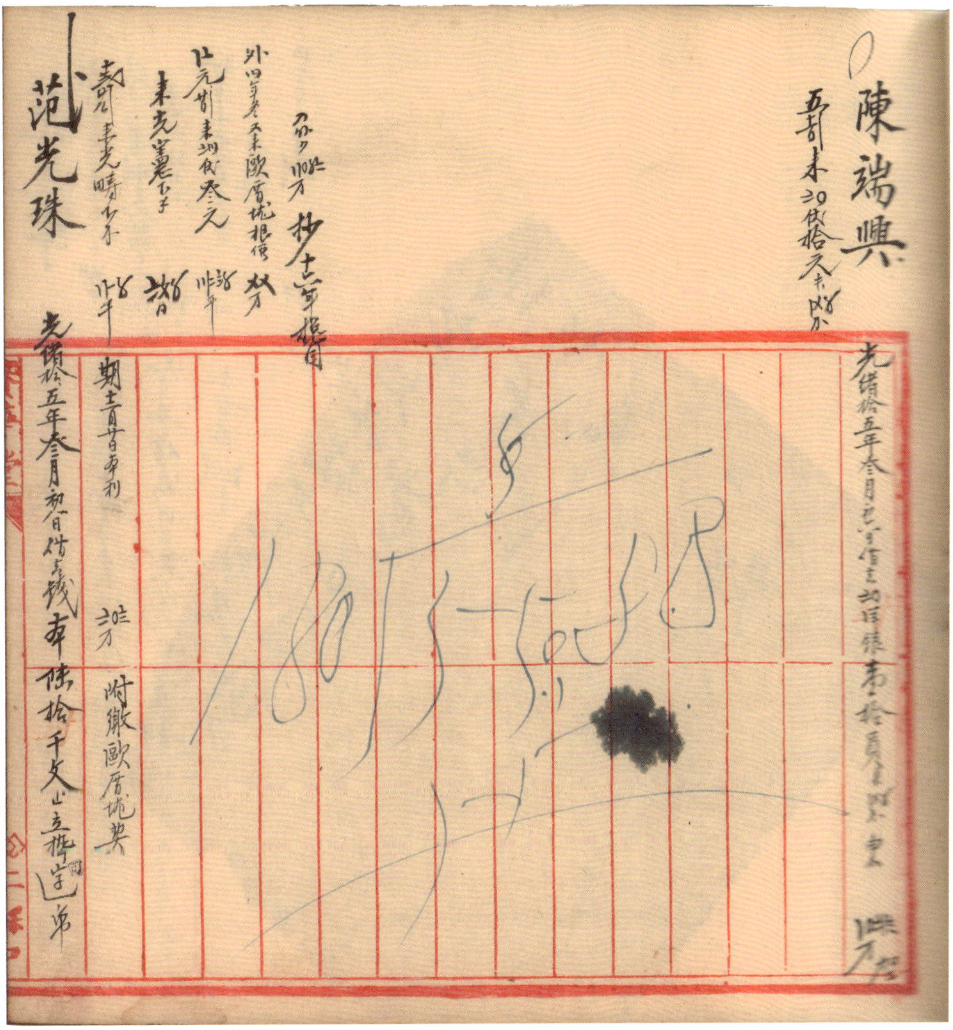

8-2-39-60　清光緒十五年鋼興黄記銀錢油穀發借總目（六〇）

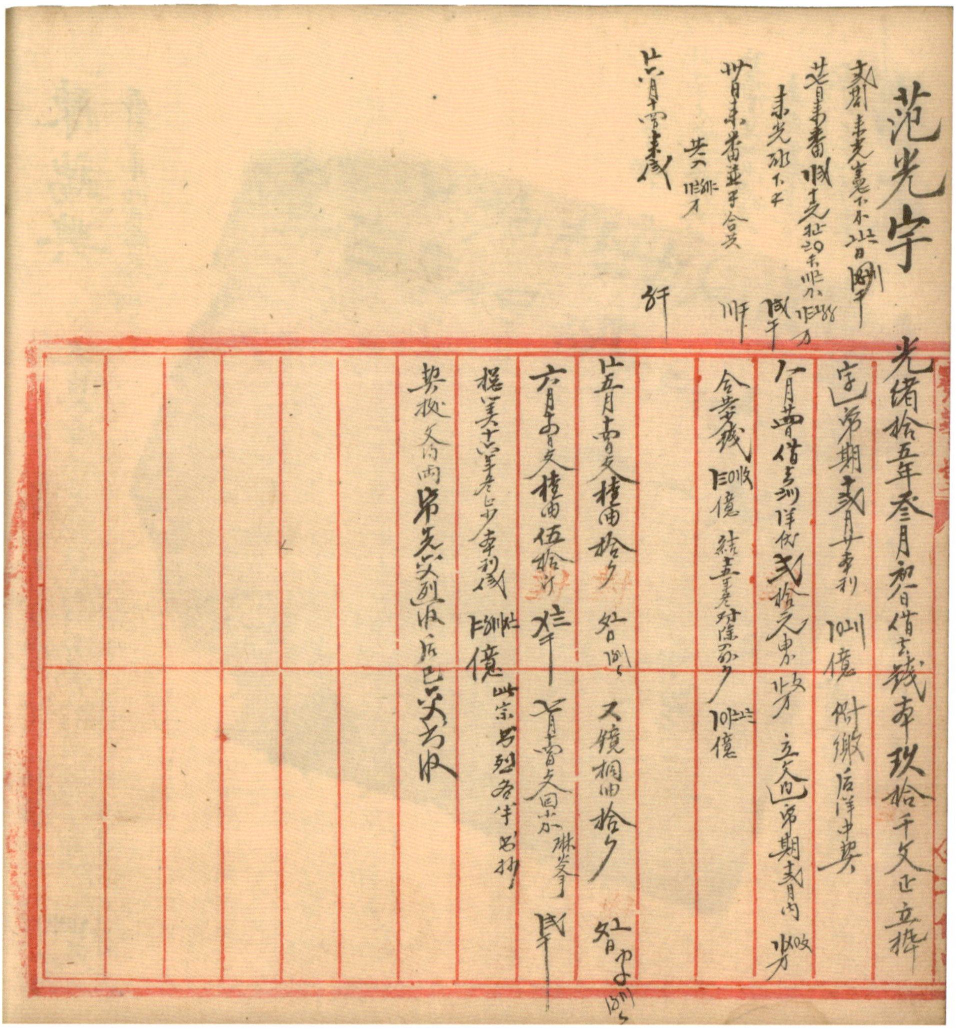

8-2-39-61　清光緒十五年鋼興黄記銀錢油穀發借總目（六一）

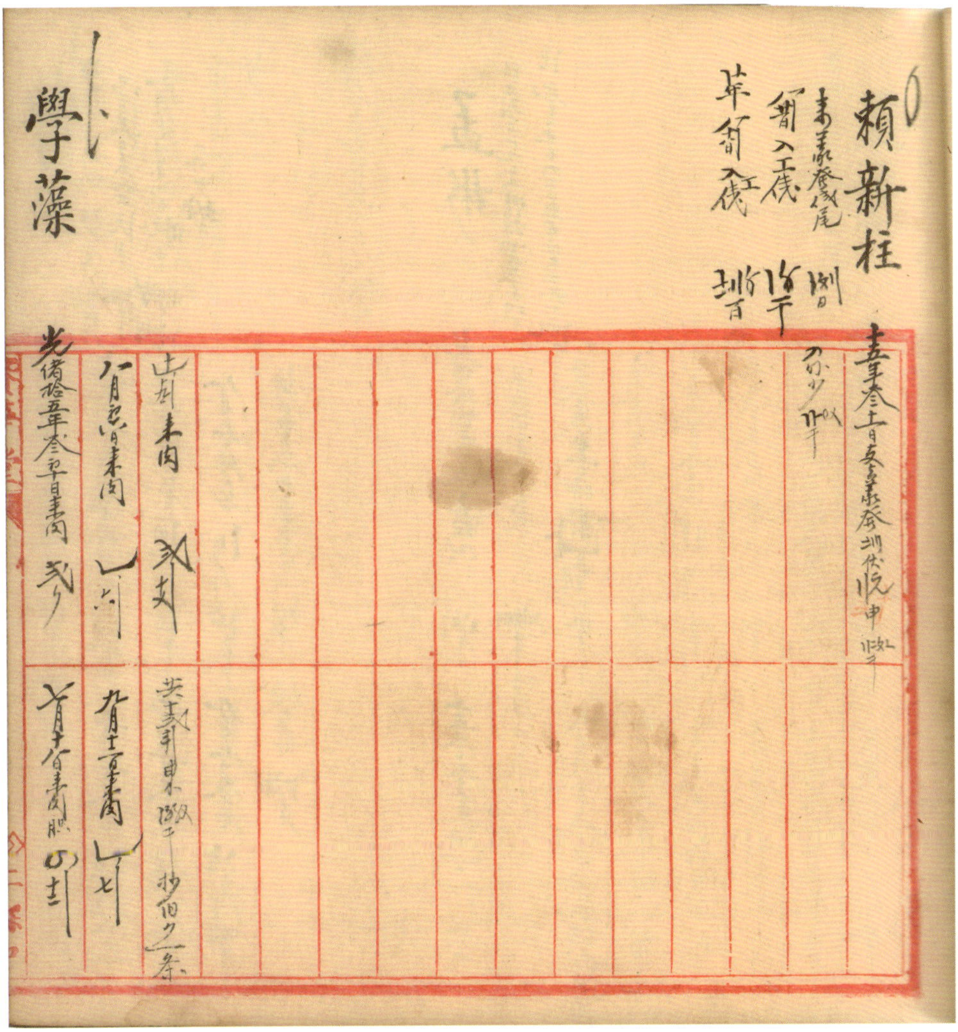

8-2-39-62　清光緒十五年鋼興黃記銀錢油穀發借總目（六二）

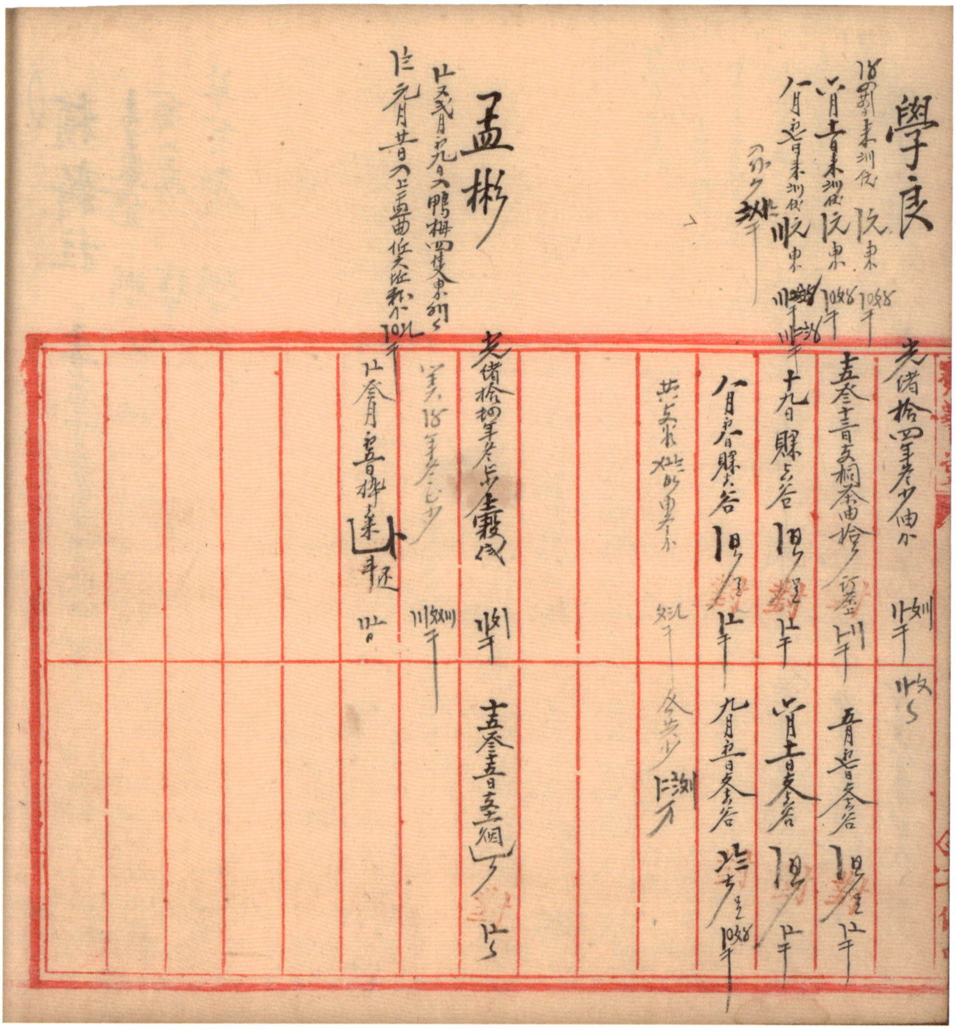

8-2-39-63　清光緒十五年鋼興黄記銀錢油穀發借總目（六三）

孟碧

新厝柳尾段崇廷寄佃

光緒拾五年叁月廿日交租 [illegible]　又交租 [illegible]

廿日借去洋銀貳員 [illegible]　主捌模拔付耕 庚寅年為照

五月廿五日交租 貳 [illegible]　廿日交谷 [illegible]

六月廿八日交谷 [illegible]　十月交谷捌拾斤 [illegible]

元月交錢 [illegible]　又交穀壹百觔 [illegible]

廿日交谷 [illegible]　九月初十日交谷捌拾觔 [illegible]

合共八兩 [illegible]

結至十五年冬已對除 [illegible]

十二月交谷 [illegible]　借現價 [illegible]

廿日交谷 [illegible]　六月廿日交谷 [illegible]

四月廿日交谷 [illegible]　五月廿日交谷 [illegible]

光緒拾五年叁月廿日交谷 [illegible]　至十六年五月交谷 [illegible]　息 [illegible]

式月廿日收谷 [illegible]

廿日收谷 [illegible]

林長枝

8-2-39-64　清光緒十五年鋼興黃記銀錢油穀發借總目（六四）

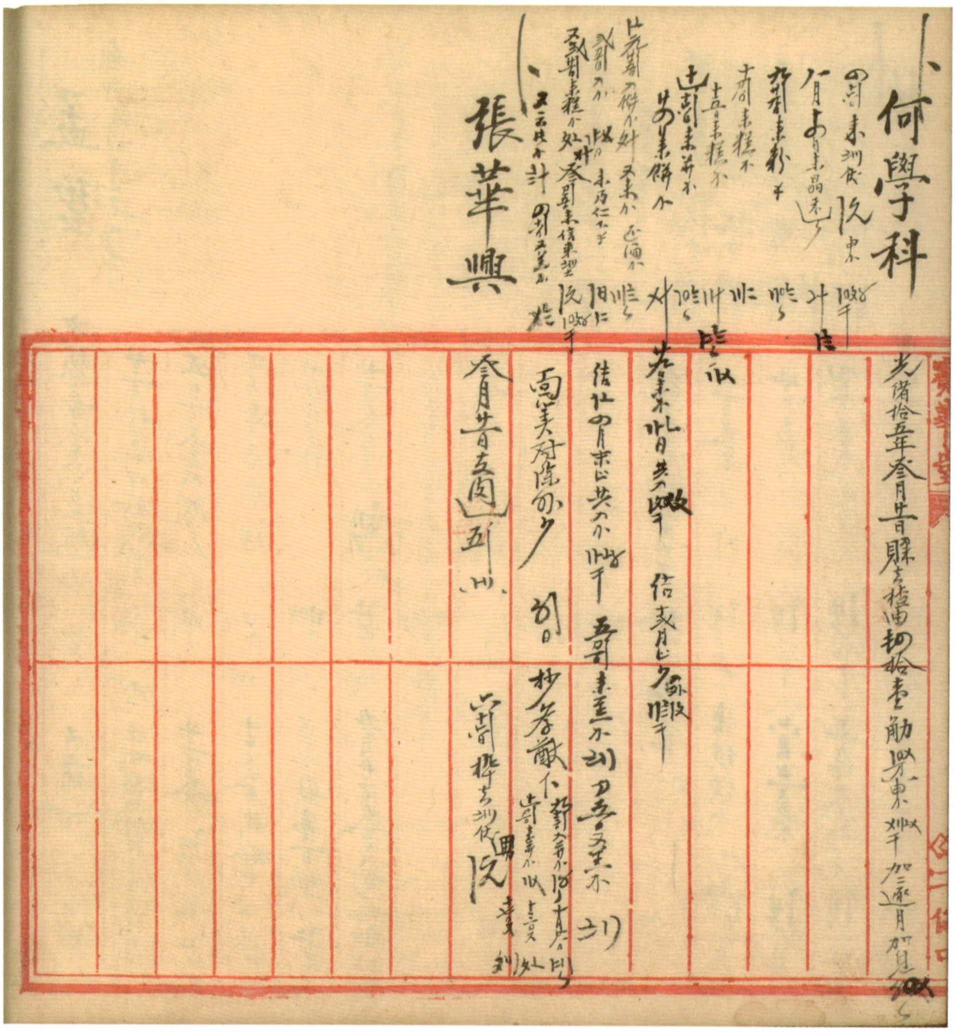

8-2-39-65　清光緒十五年鋼興黄記銀錢油穀發借總目（六五）

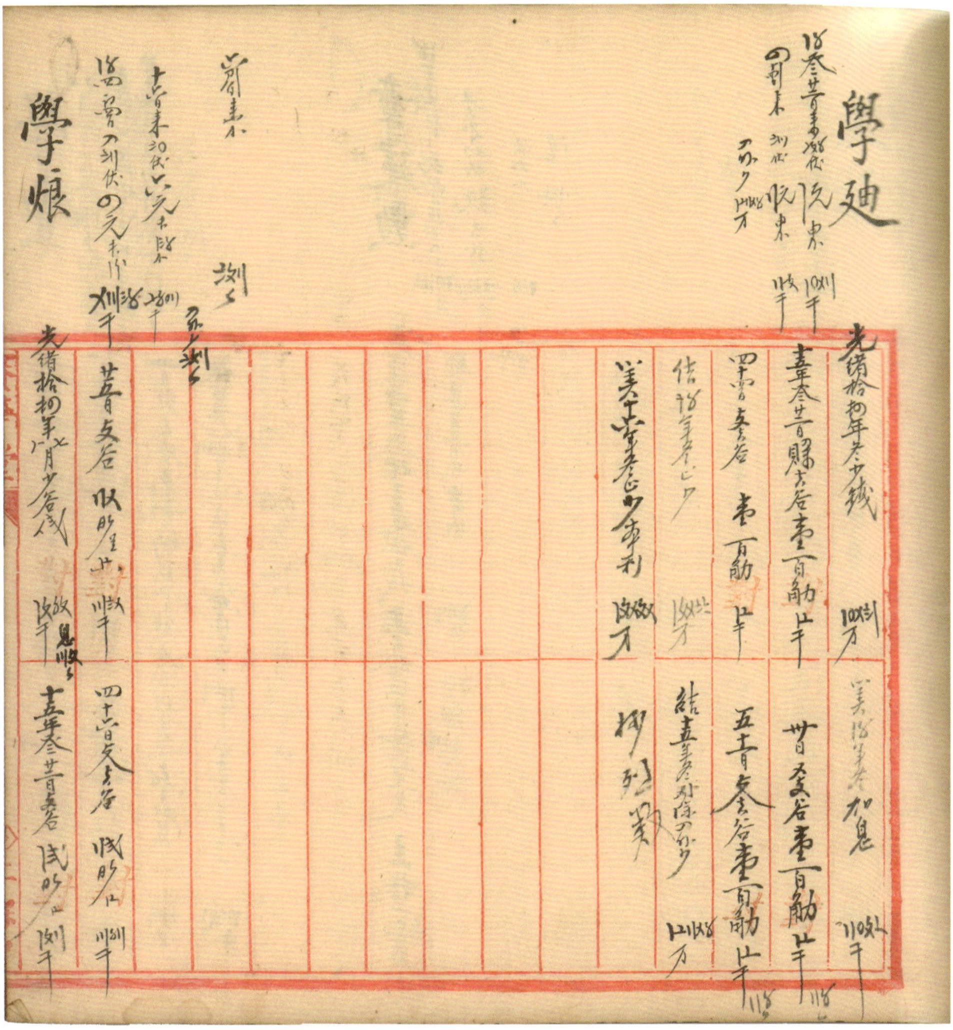

8-2-39-66　清光緒十五年鋼興黄記銀錢油穀發借總目（六六）

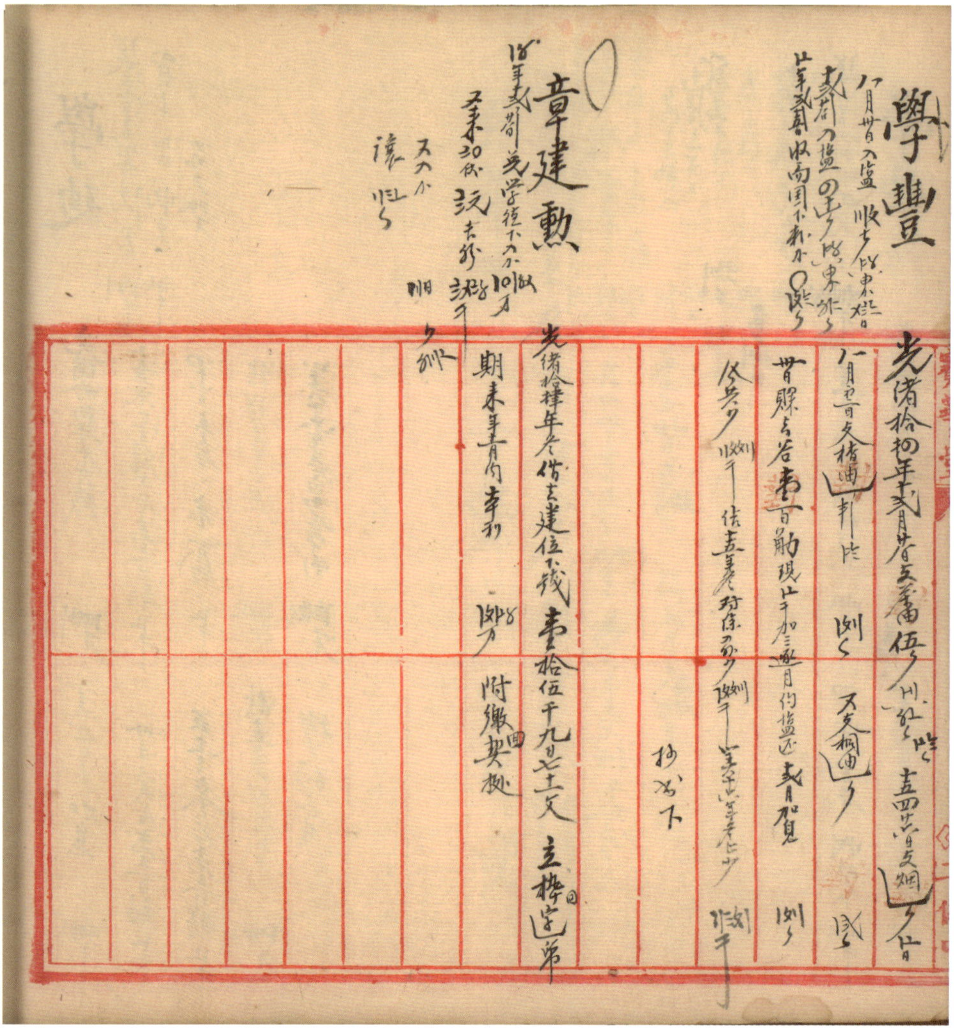

8-2-39-67　清光緒十五年鋼興黄記銀錢油穀發借總目（六七）

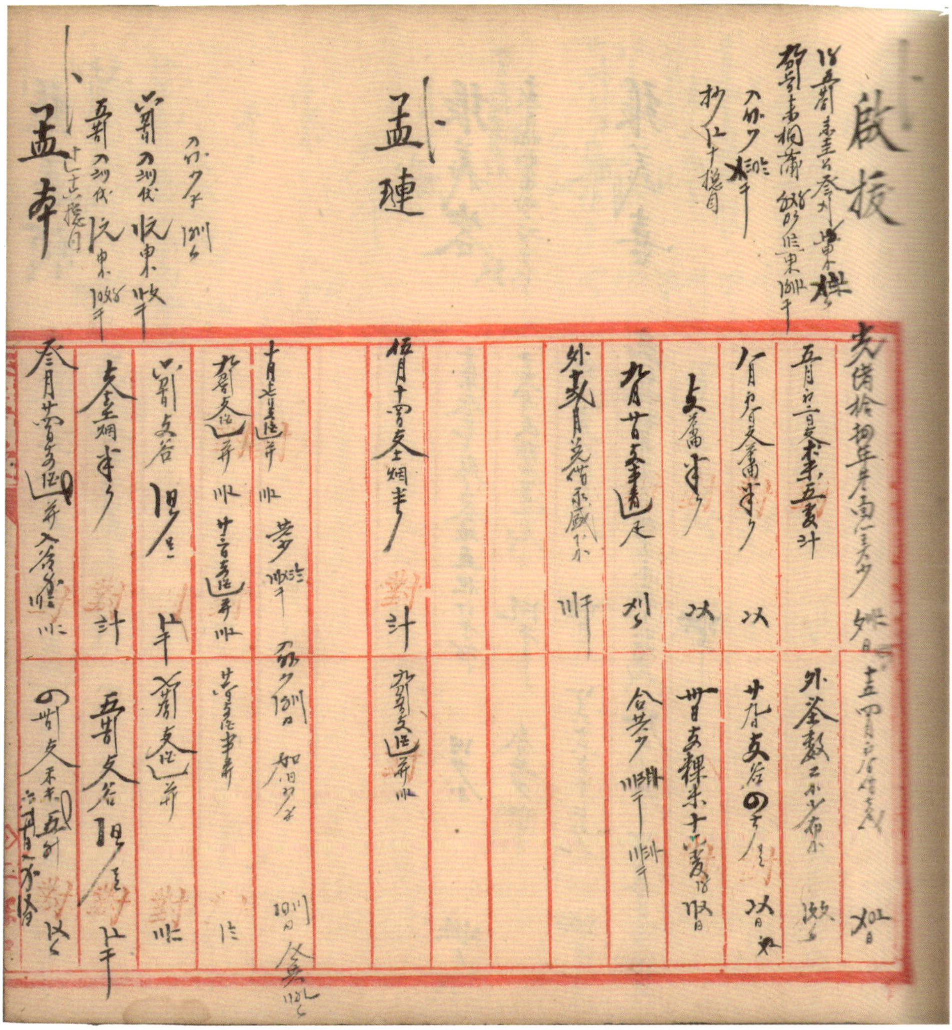

8-2-39-68　清光緒十五年鋼興黄記銀錢油穀發借總目（六八）

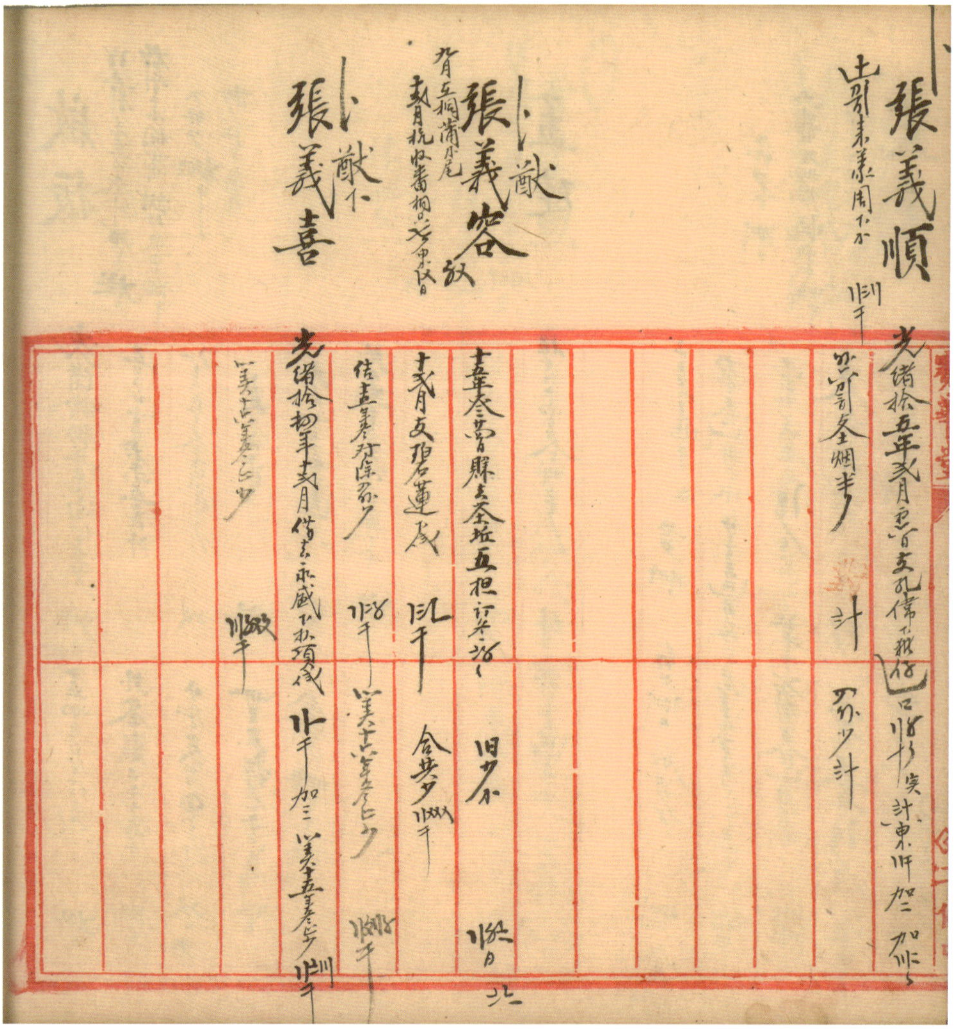

張義順

張義容

張義喜

光緒拾五年貳月

光緒拾捌年拾貳月借

8-2-39-69　清光緒十五年鋼興黄記銀錢油穀發借總目（六九）

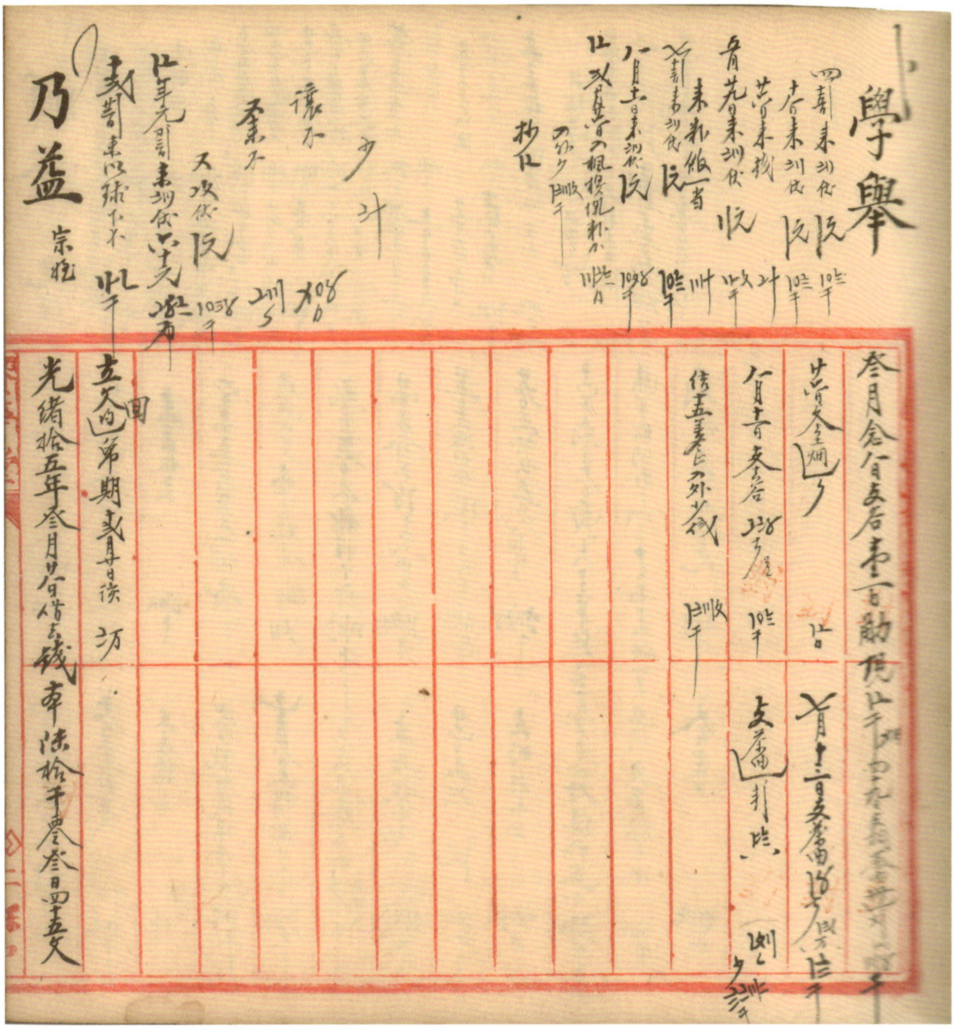

8-2-39-70　清光緒十五年鋼興黄記銀錢油穀發借總目（七〇）

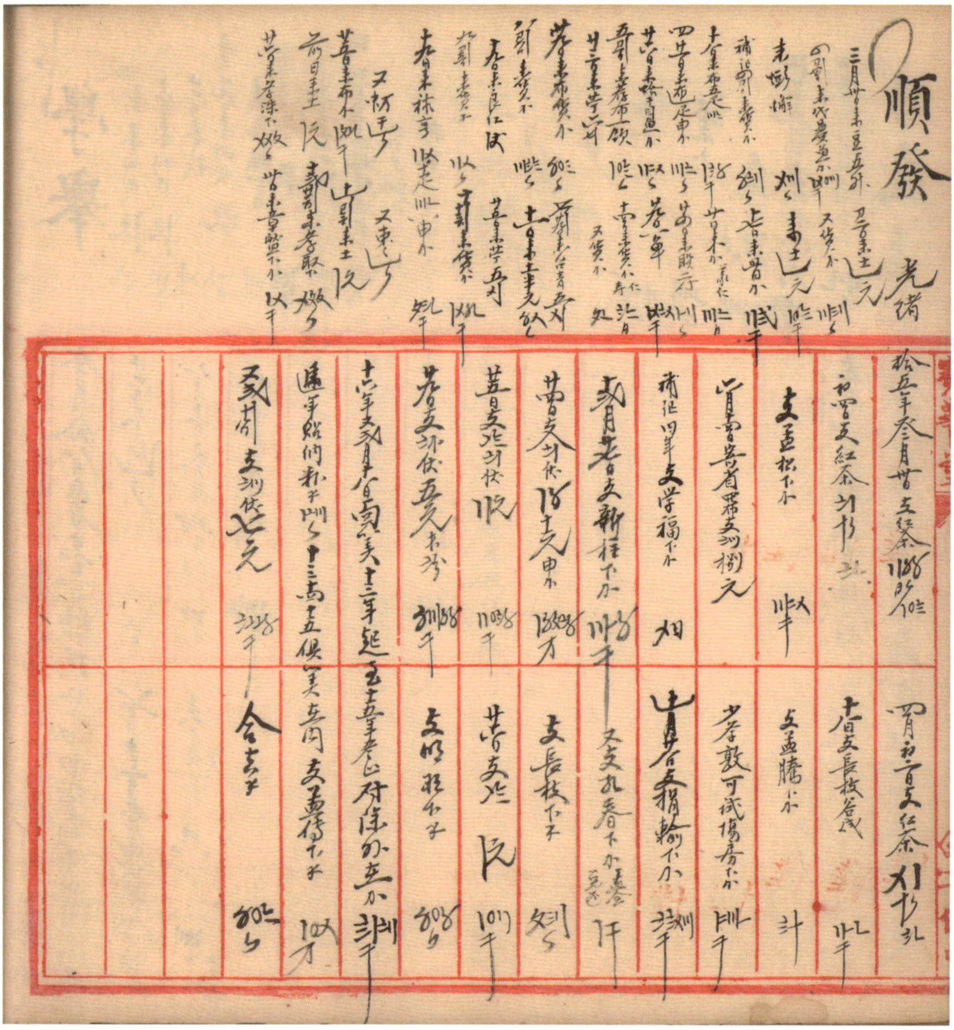

8-2-39-71　清光緒十五年鋼興黄記銀錢油穀發借總目（七一）

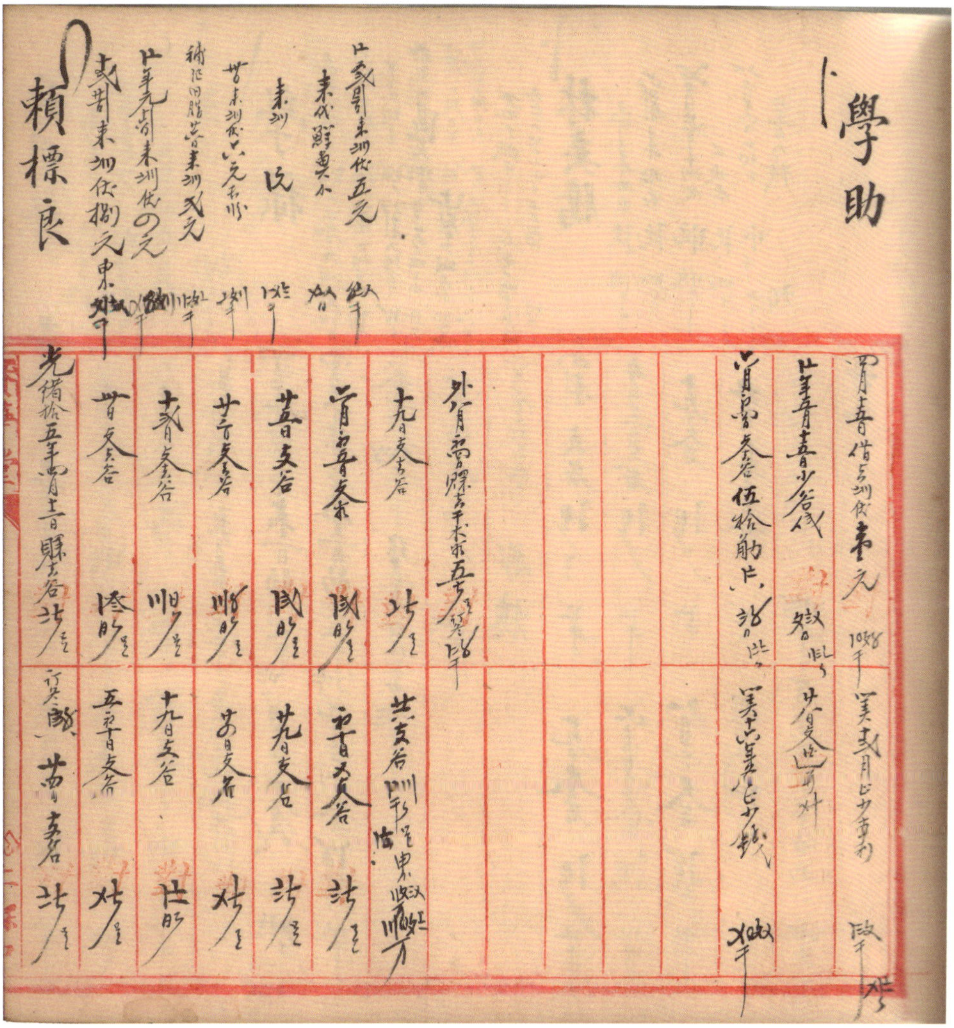

學助

賴標良

光緒拾五年

8-2-39-72　清光緒十五年鋼興黄記銀錢油穀發借總目（七二）

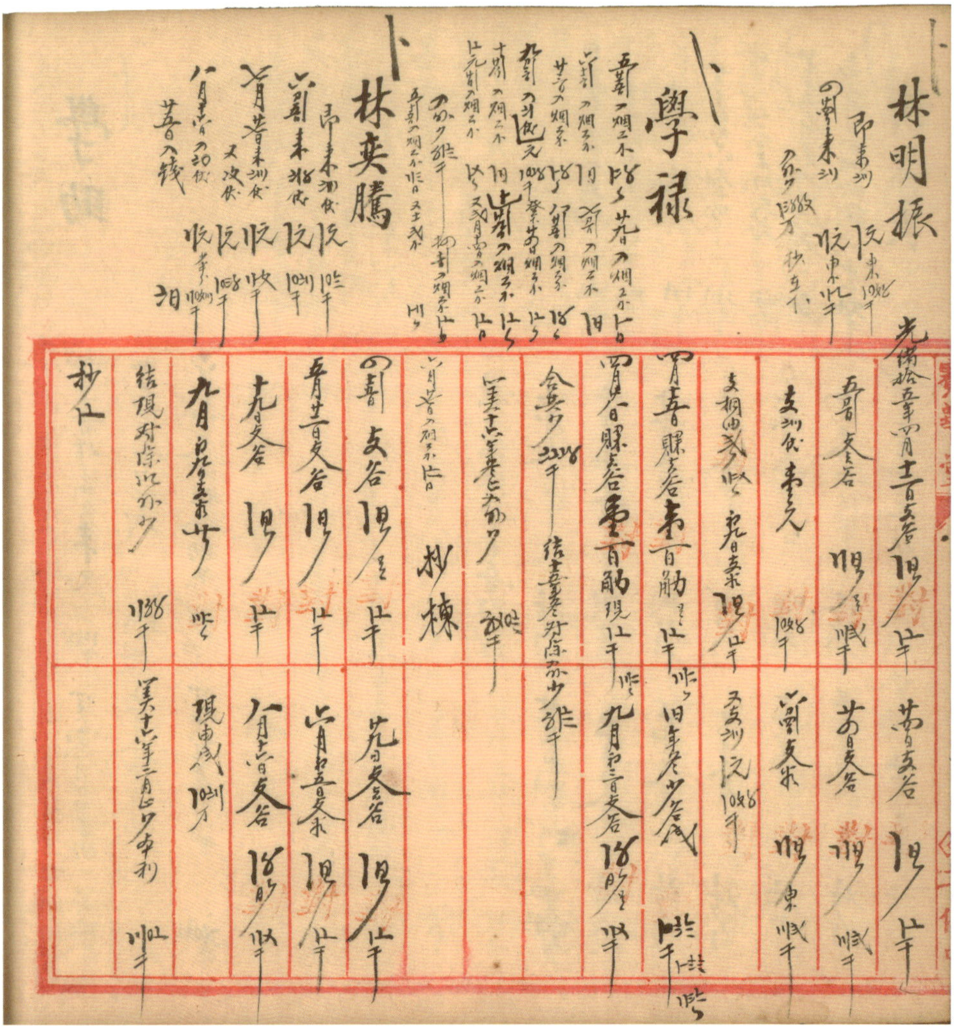

8-2-39-73　清光緒十五年鋼興黄記銀錢油穀發借總目（七三）

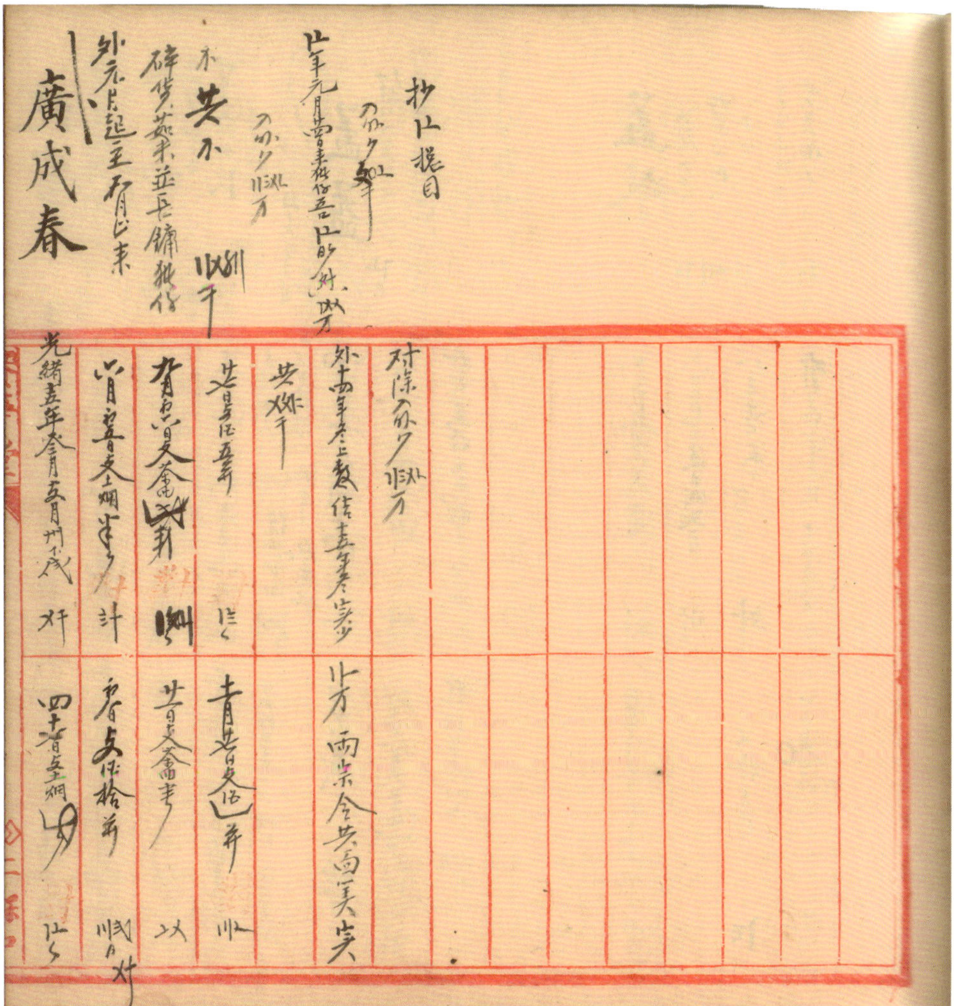

8-2-39-74　清光緒十五年鋼興黄記銀錢油穀發借總目（七四）

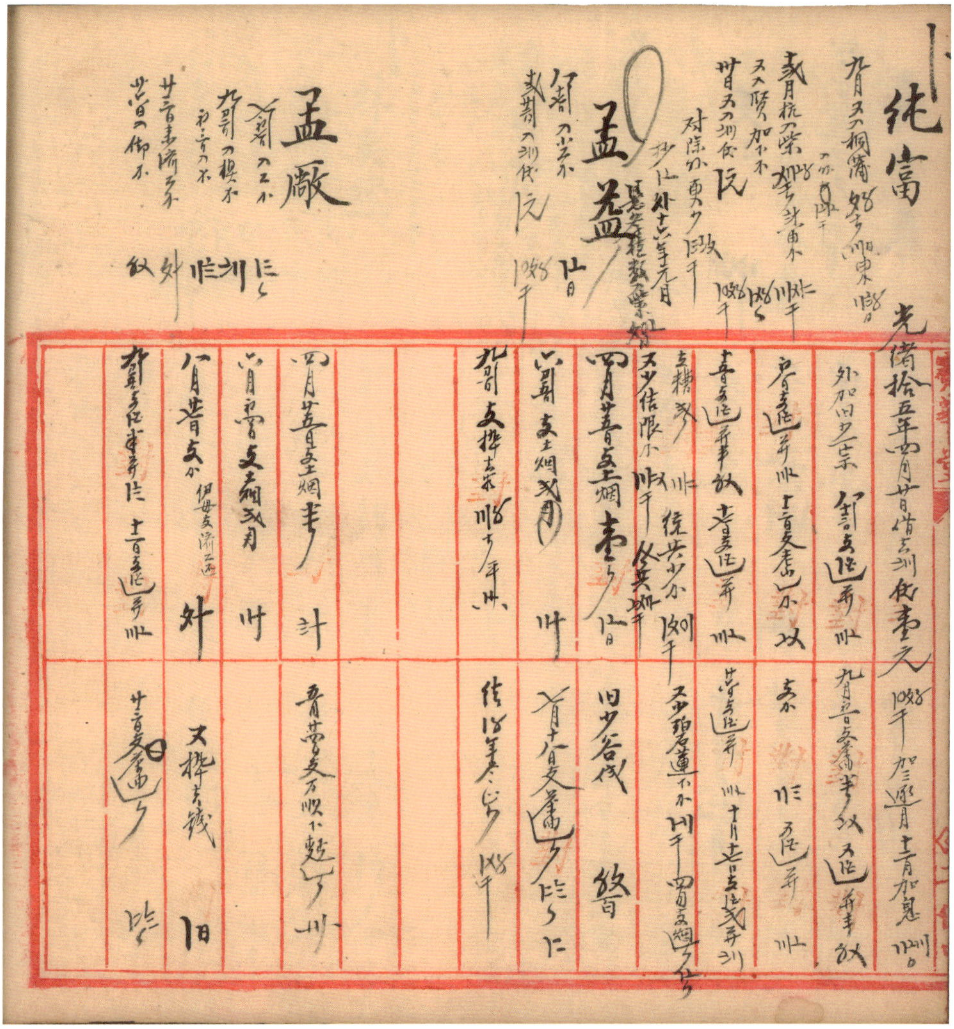

8-2-39-75　清光緒十五年鋼興黄記銀錢油穀發借總目（七五）

陳高成

劉全吓

學邦

吓年

[illegible]

8-2-39-76　清光緒十五年鋼興黃記銀錢油穀發借總目（七六）

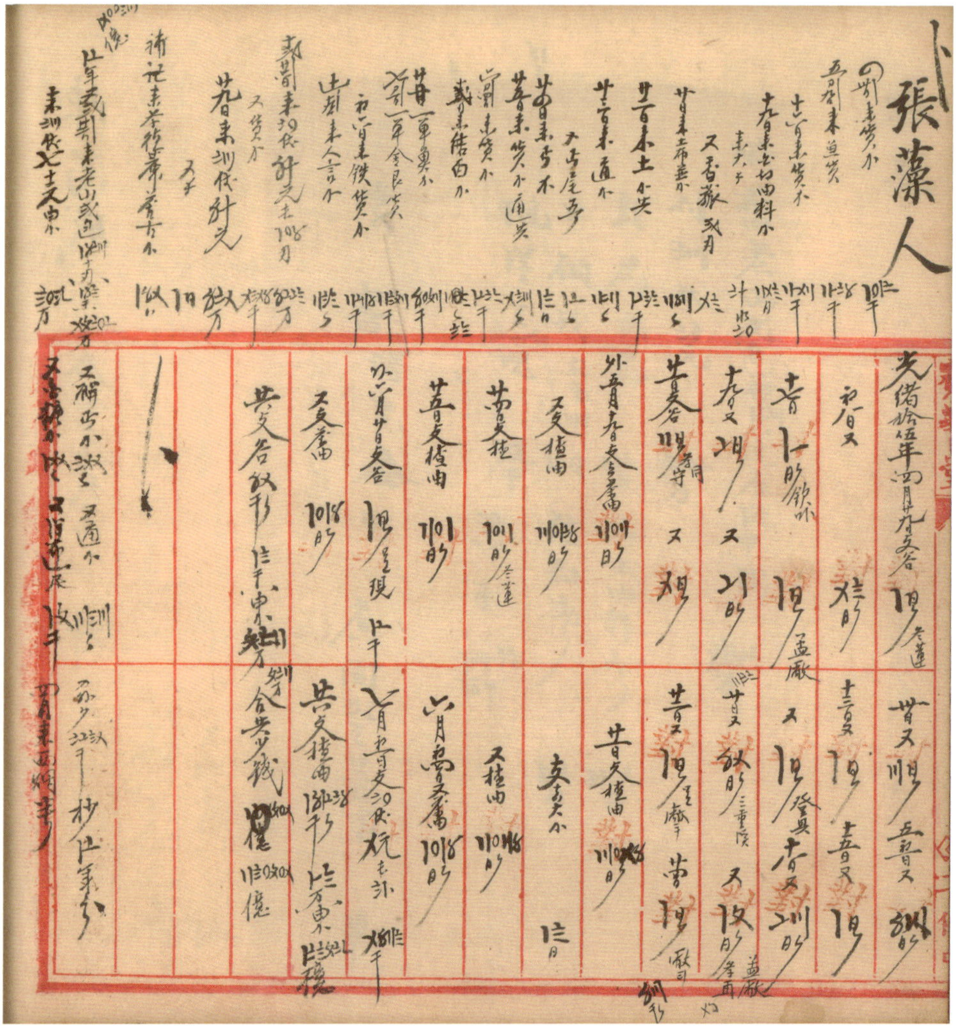

8-2-39-77　清光緒十五年鋼興黄記銀錢油穀發借總目（七七）

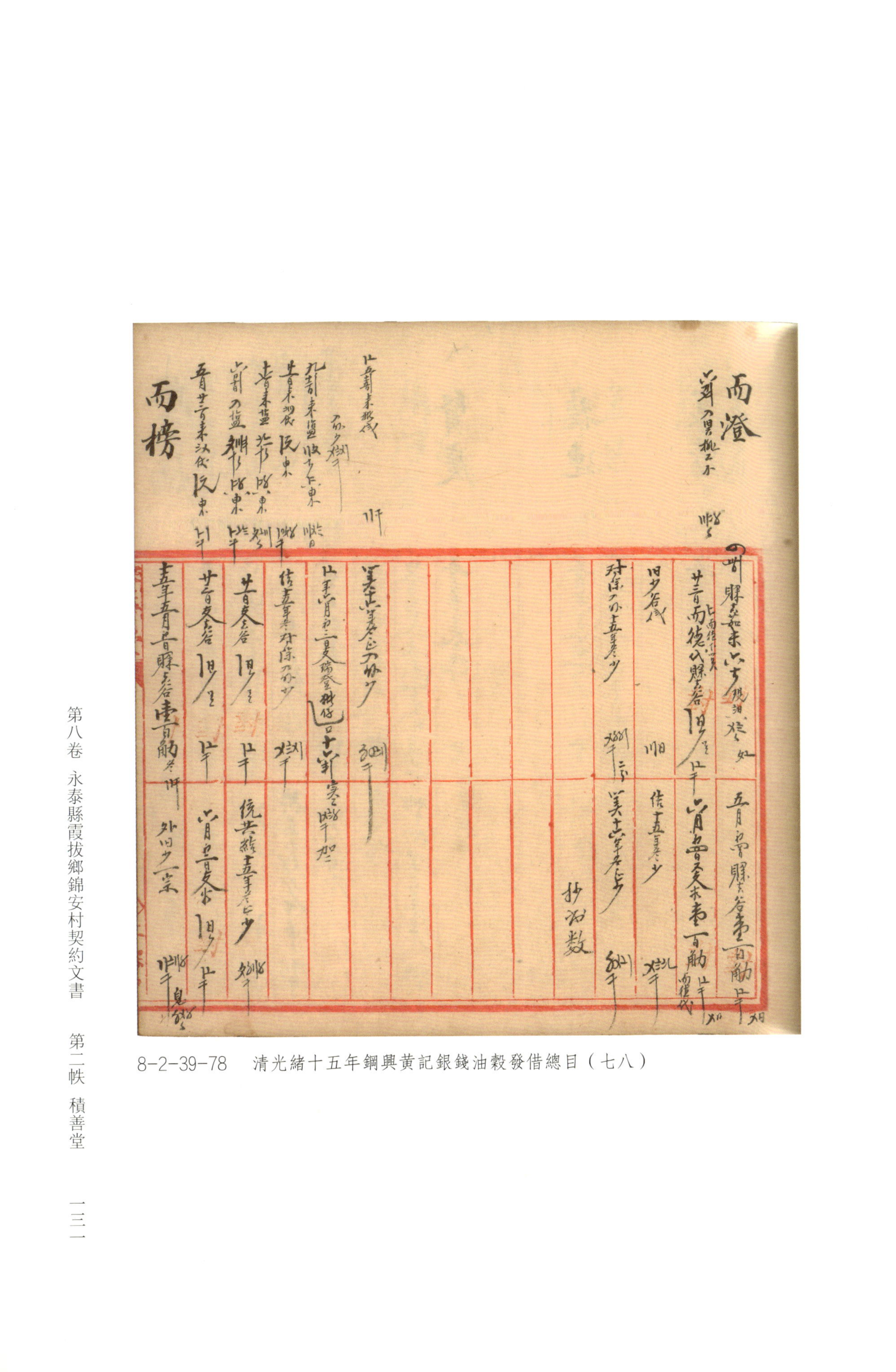

丙澄

丙榜

抄対数

8-2-39-78　清光緒十五年鋼興黃記銀錢油穀發借總目（七八）

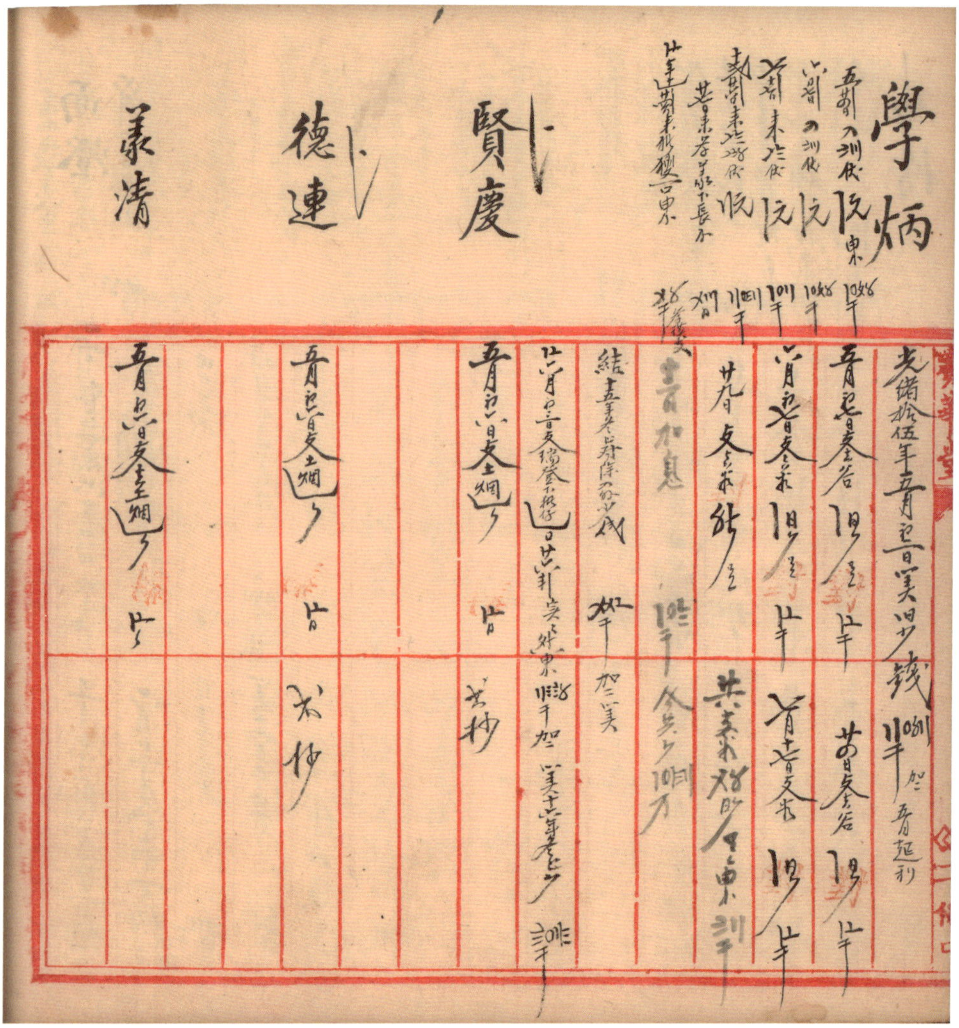

8-2-39-79　清光緒十五年鋼興黄記銀錢油穀發借總目（七九）

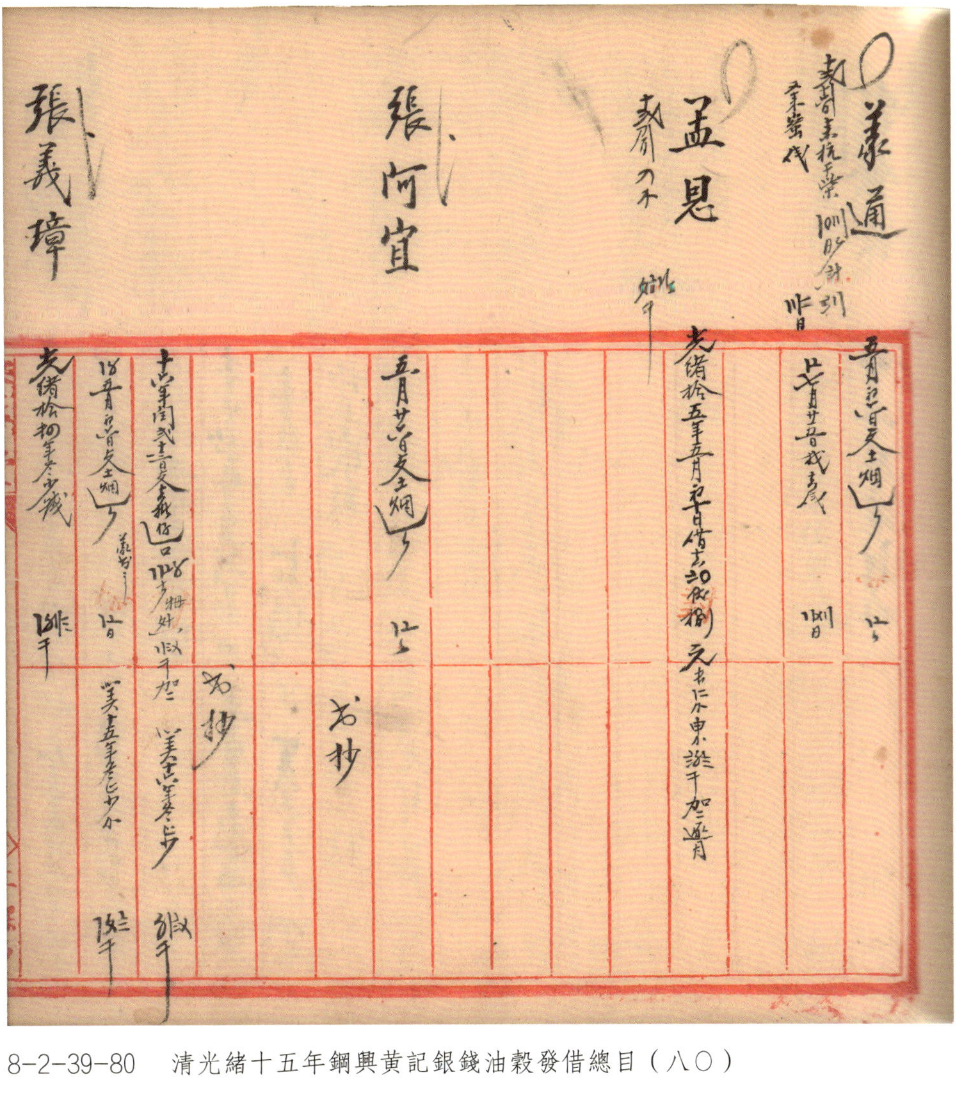

8-2-39-80　清光緒十五年鋼興黄記銀錢油穀發借總目（八〇）

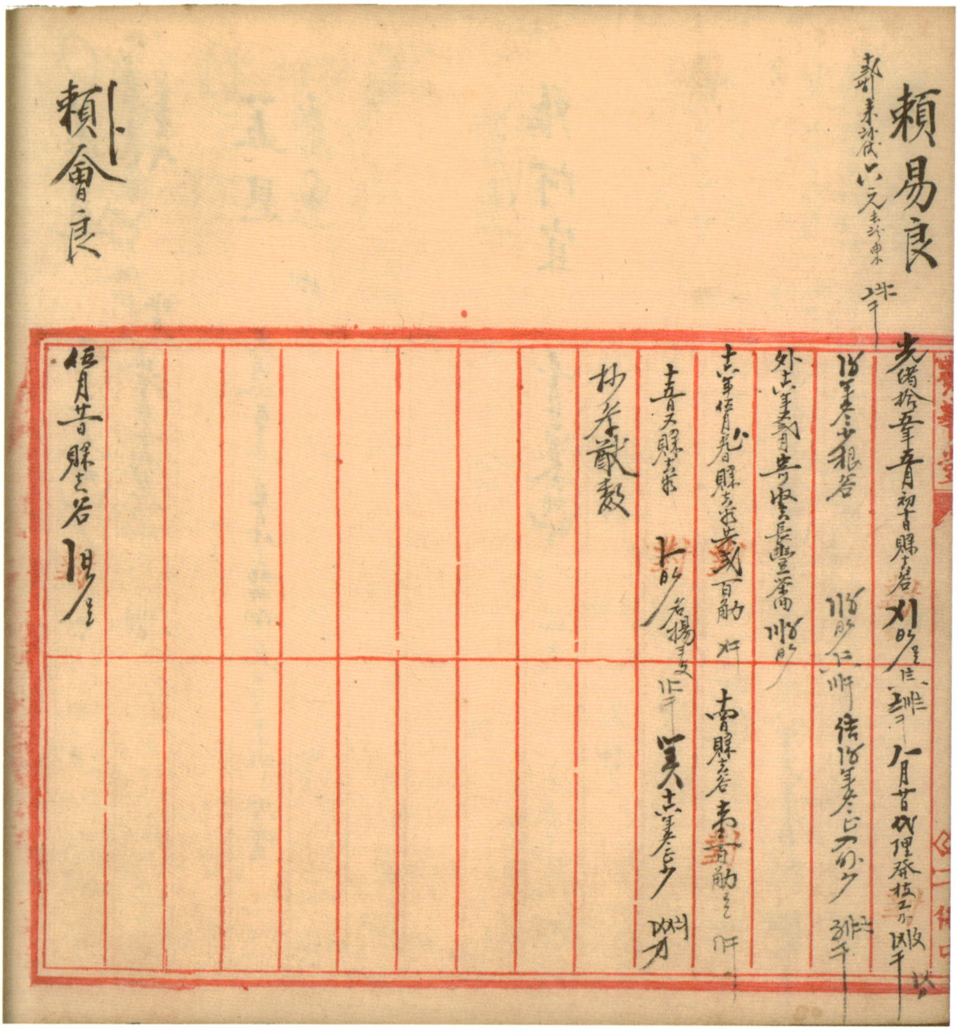

8-2-39-81　清光緒十五年鋼興黃記銀錢油穀發借總目（八一）

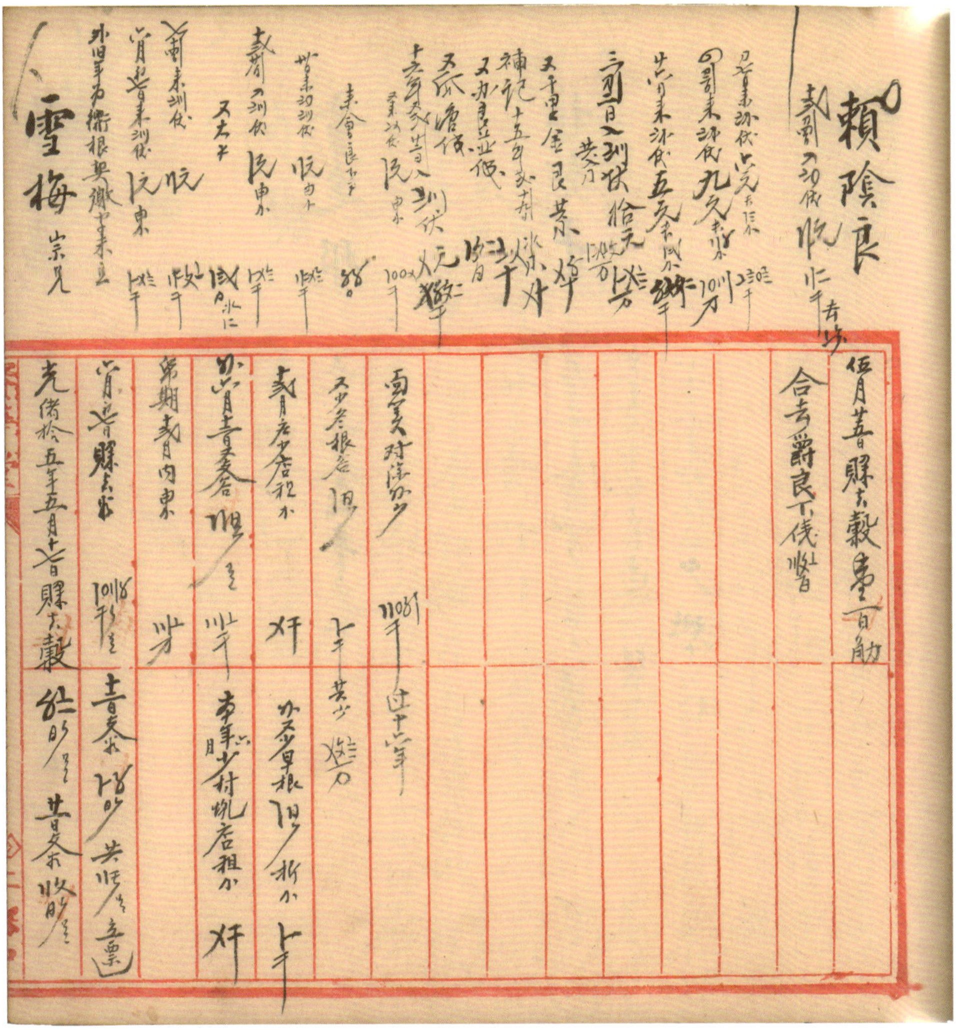

8-2-39-82　清光緒十五年鋼興黃記銀錢油穀發借總目（八二）

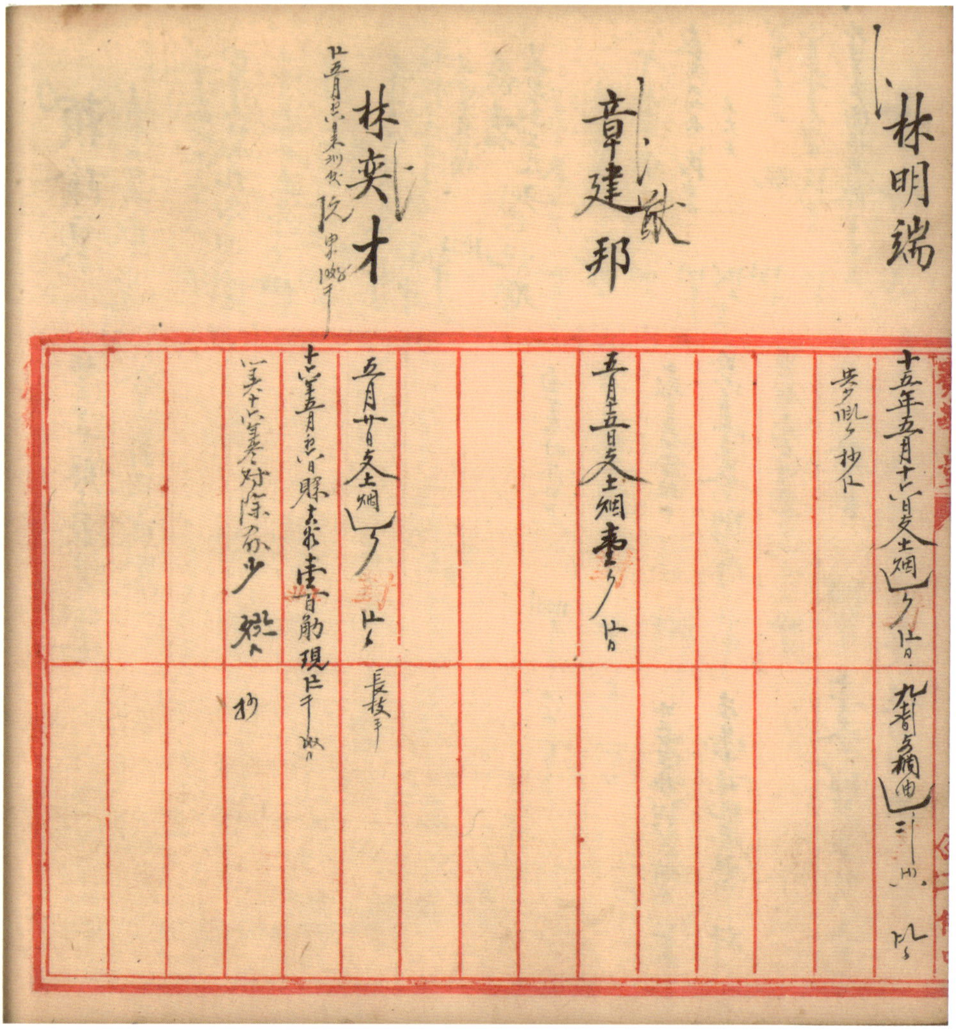
林明端
章建邦
林奕才
十五年五月十六日支土烟
五月五日支土烟壹
五月廿日支土烟

8-2-39-83　清光緒十五年鋼興黃記銀錢油穀發借總目（八三）

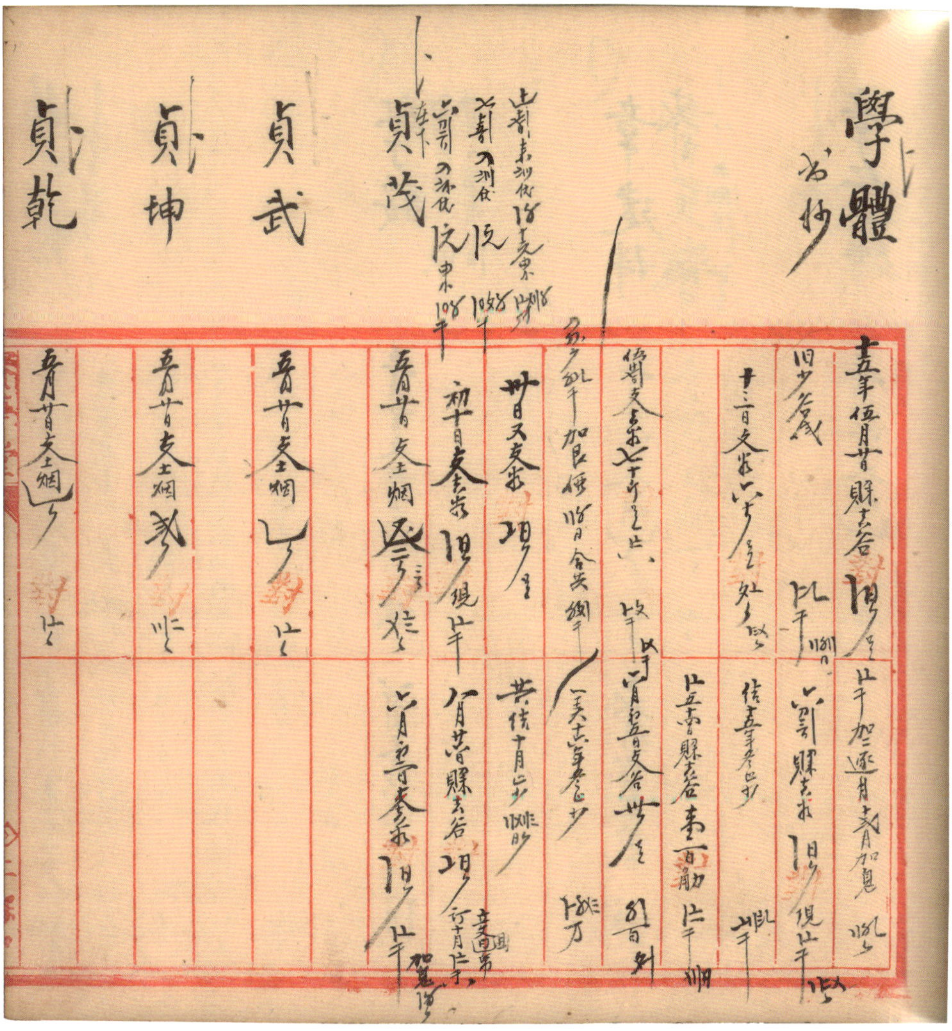

8-2-39-84　清光緒十五年鋼興黃記銀錢油穀發借總目（八四）

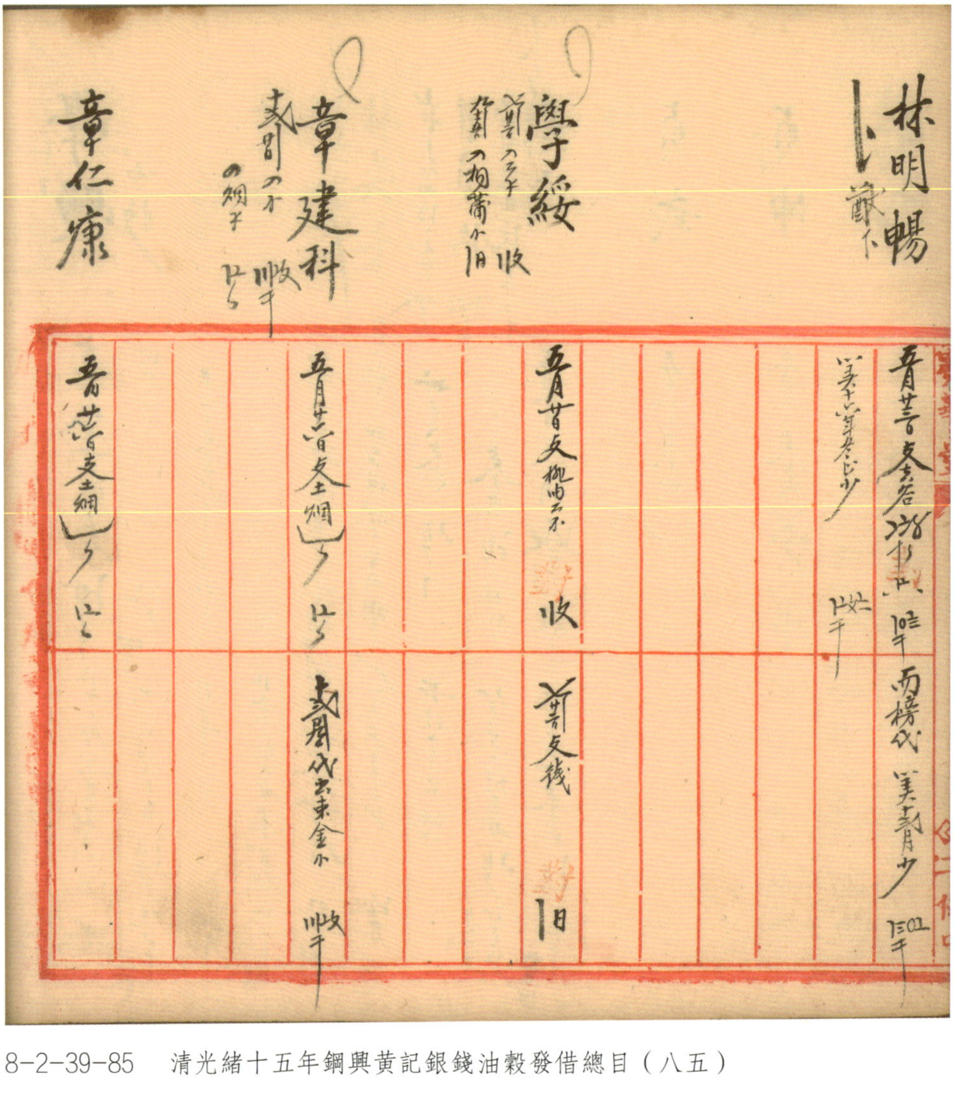

8-2-39-85　清光緒十五年鋼興黄記銀錢油穀發借總目（八五）

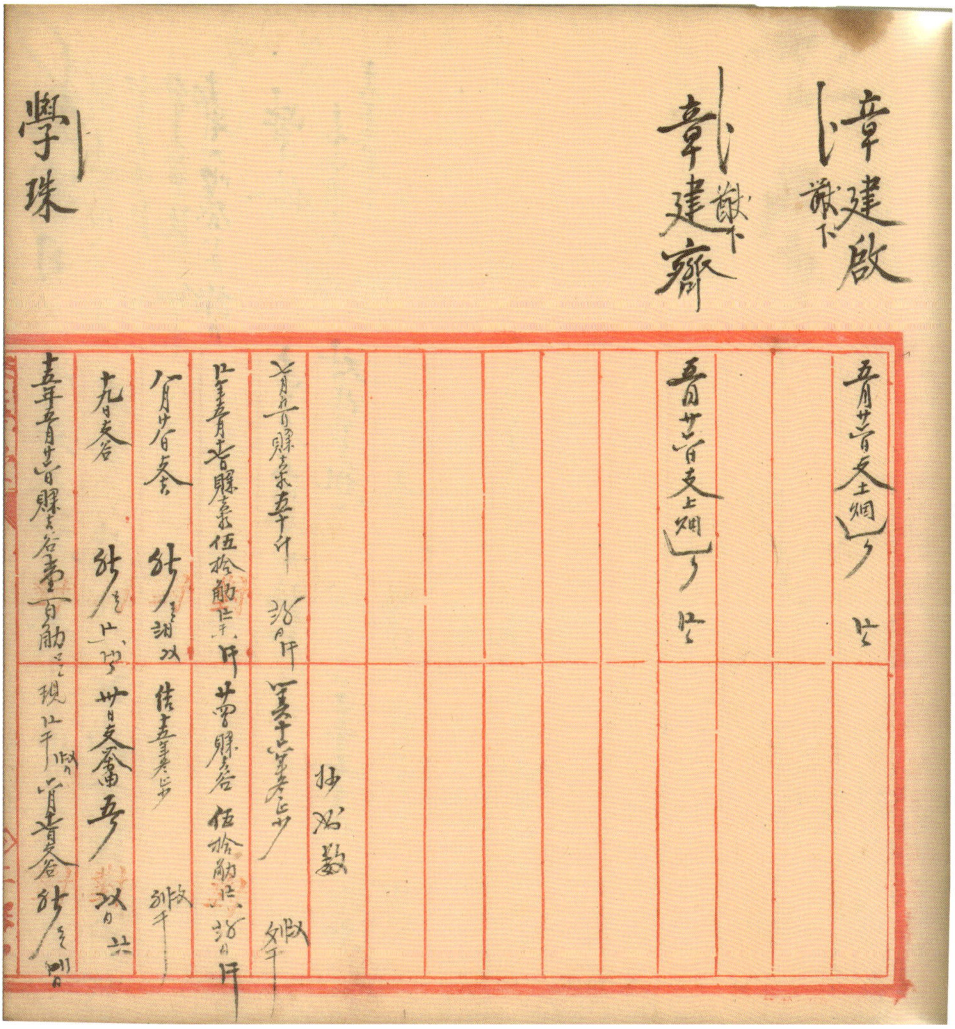
漳　建啟　閣下
乾　建齋　閣下
學　珠

五月廿三日支土烟
五月廿五日支土烟
抄冊數

8-2-39-86　清光緒十五年鋼興黃記銀錢油穀發借總目（八六）

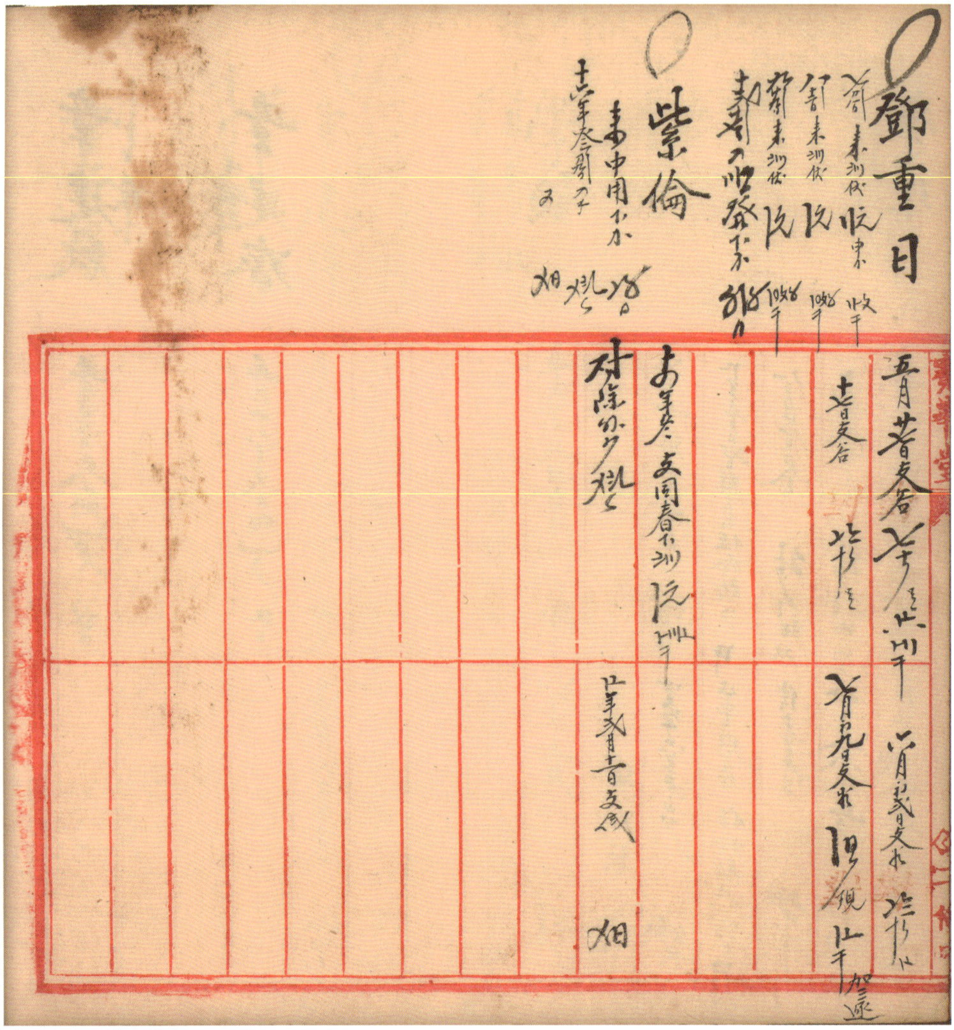
鄧重日
紫倫

8-2-39-87　清光緒十五年鋼興黃記銀錢油穀發借總目（八七）

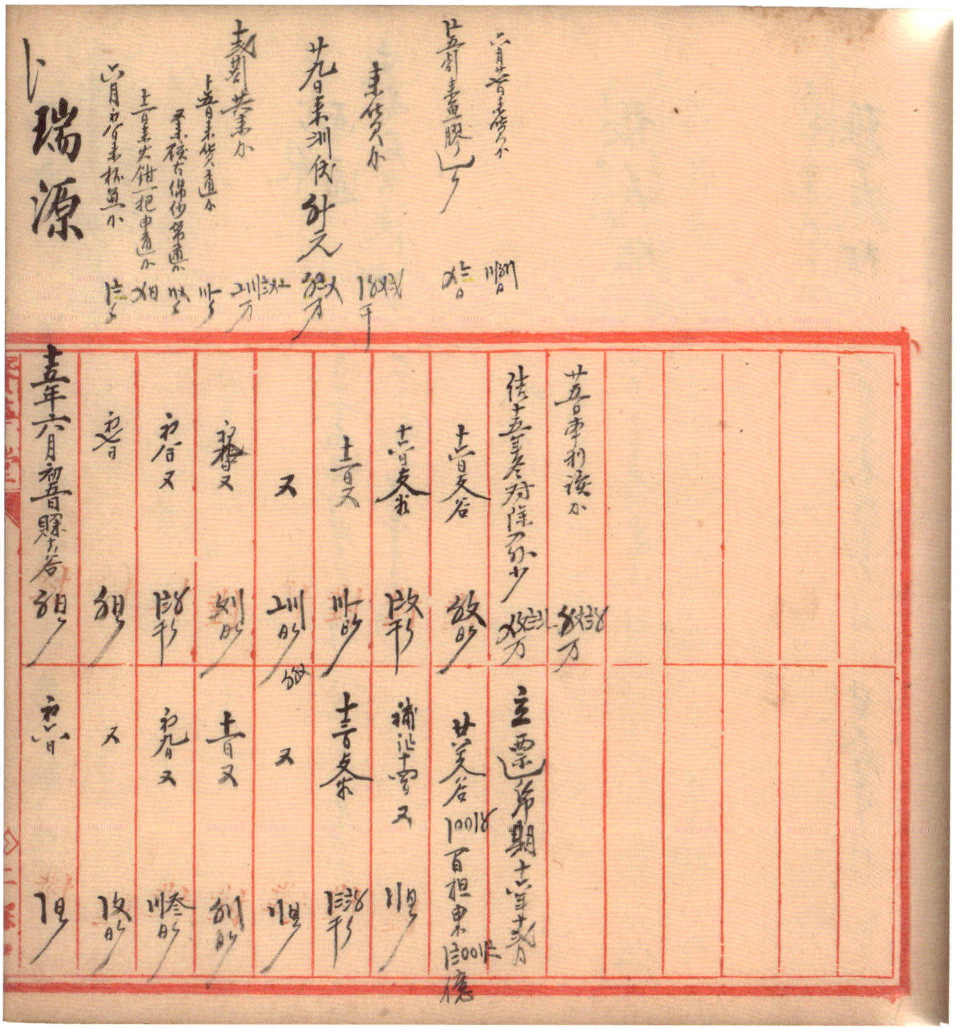

8-2-39-88　清光緒十五年鋼興黄記銀錢油穀發借總目（八八）

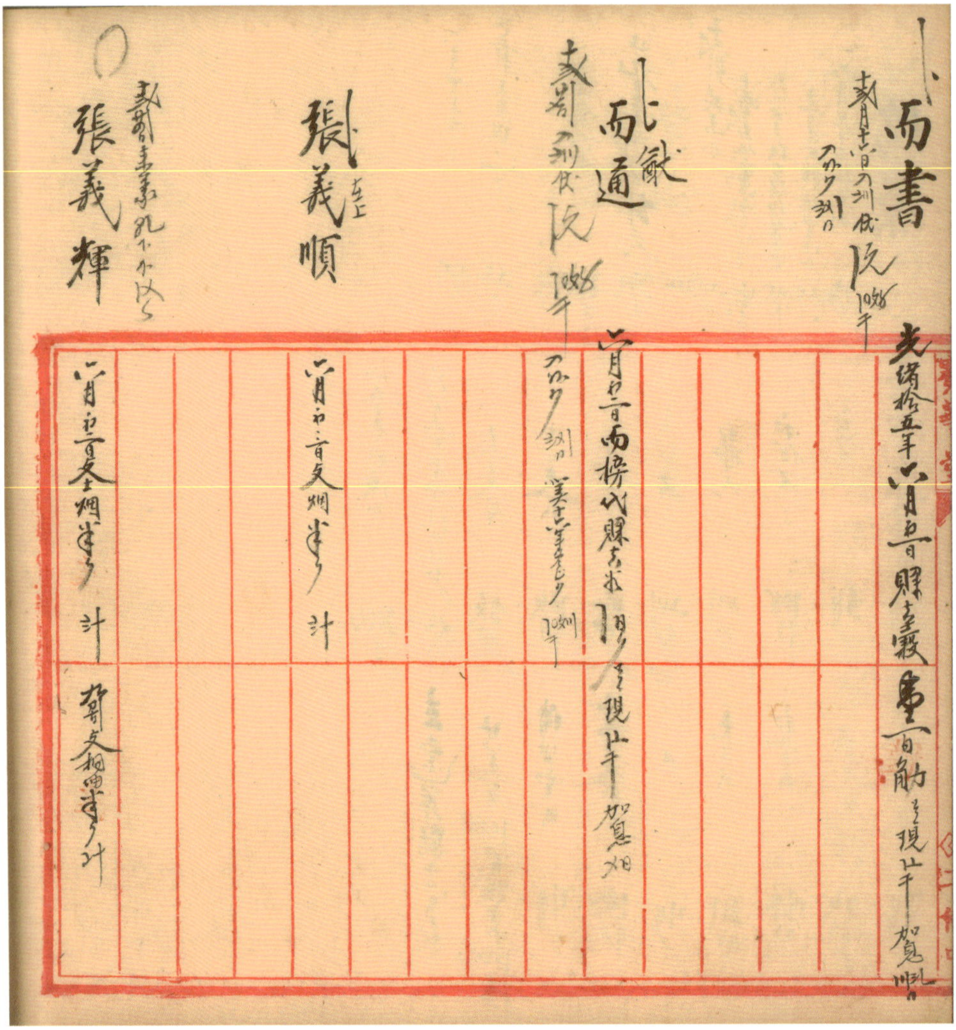
丙書
光緒拾五年六月廿四日賒去穀壹百觔 又現 加息
丙通
六月廿三日丙榜代賒去米 又現 加息
張義順
六月廿二日支烟 計
張義輝
六月廿三日支烟 計

8-2-39-89　清光緒十五年鋼興黄記銀錢油穀發借總目（八九）

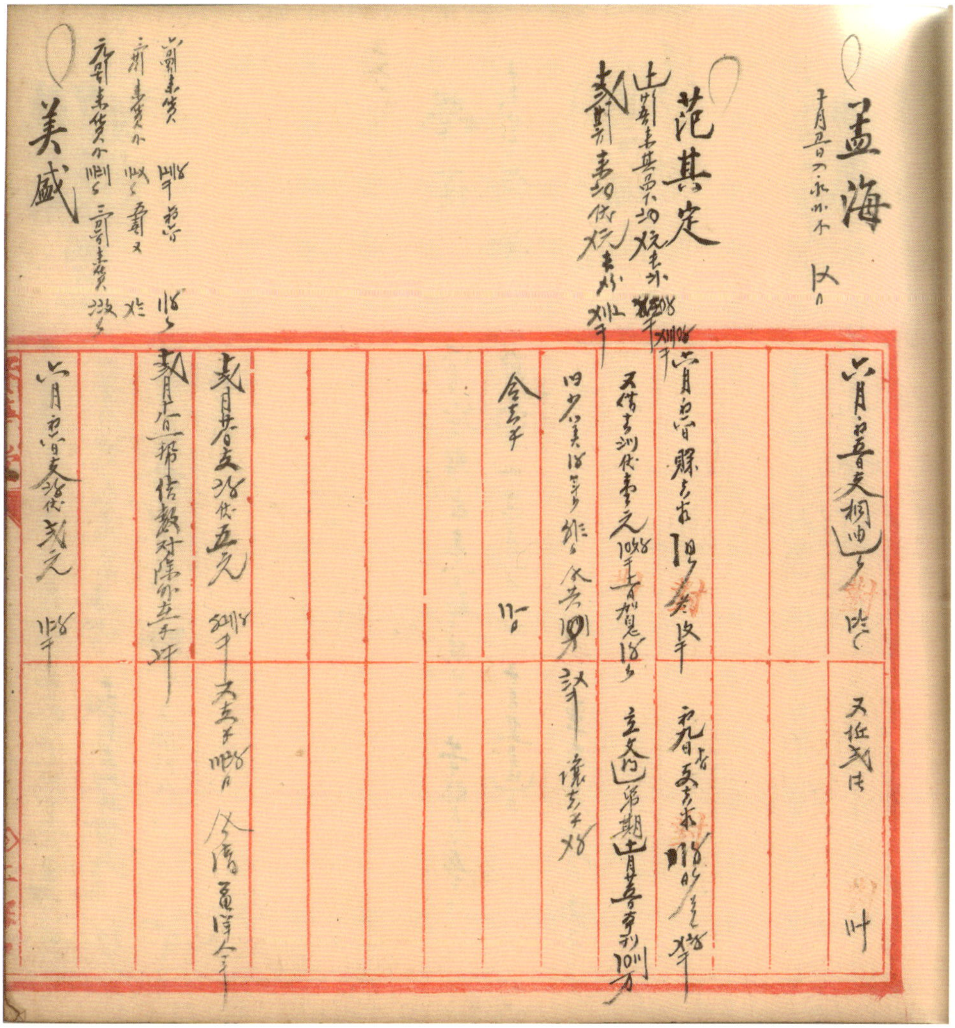
益海

范其定

美盛

8-2-39-90　清光緒十五年鋼興黃記銀錢油穀發借總目（九〇）

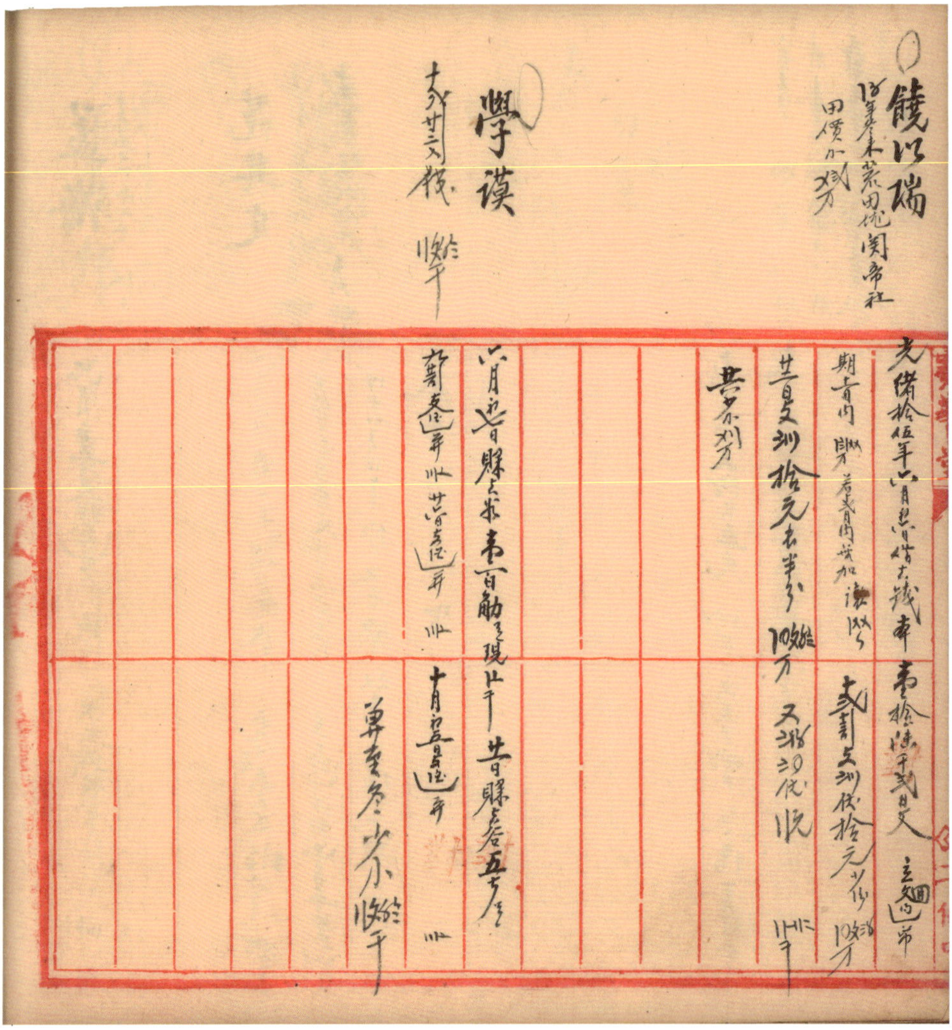

8-2-39-91　清光緒十五年鋼興黄記銀錢油穀發借總目（九一）

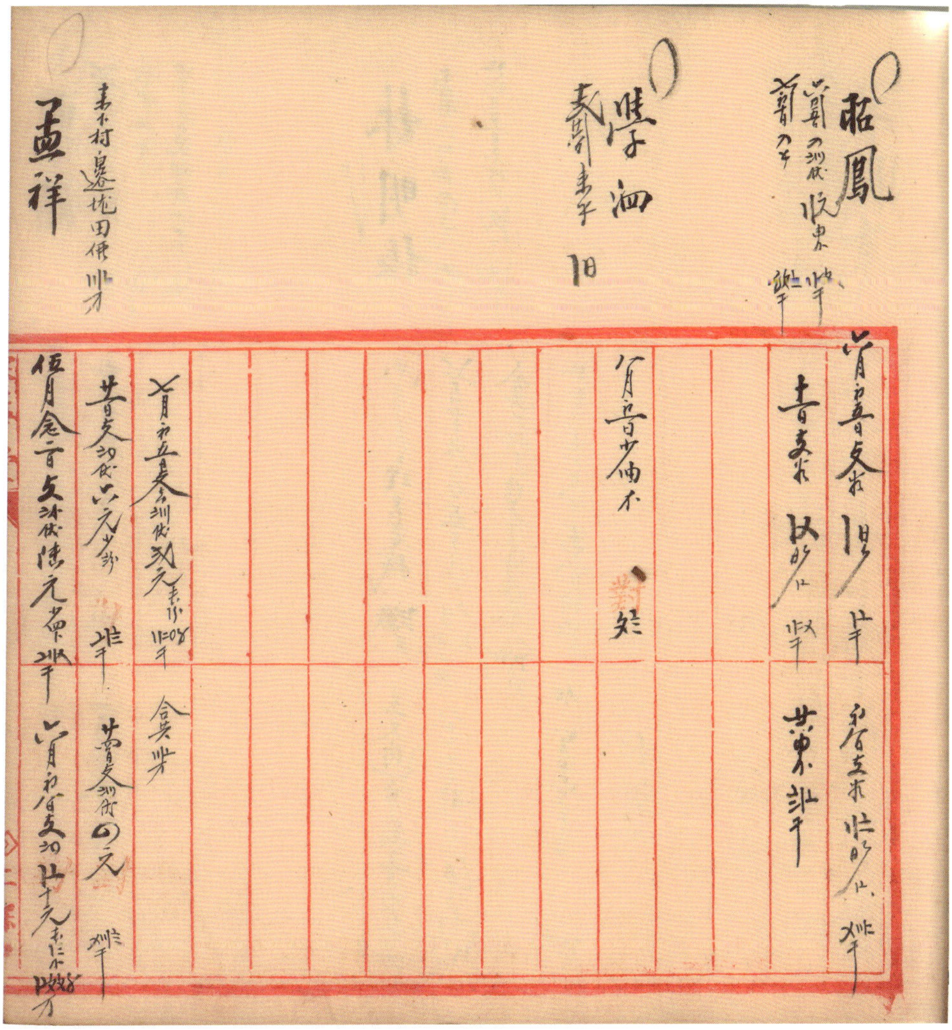

8-2-39-92　清光緒十五年鋼興黄記銀錢油穀發借總目（九二）

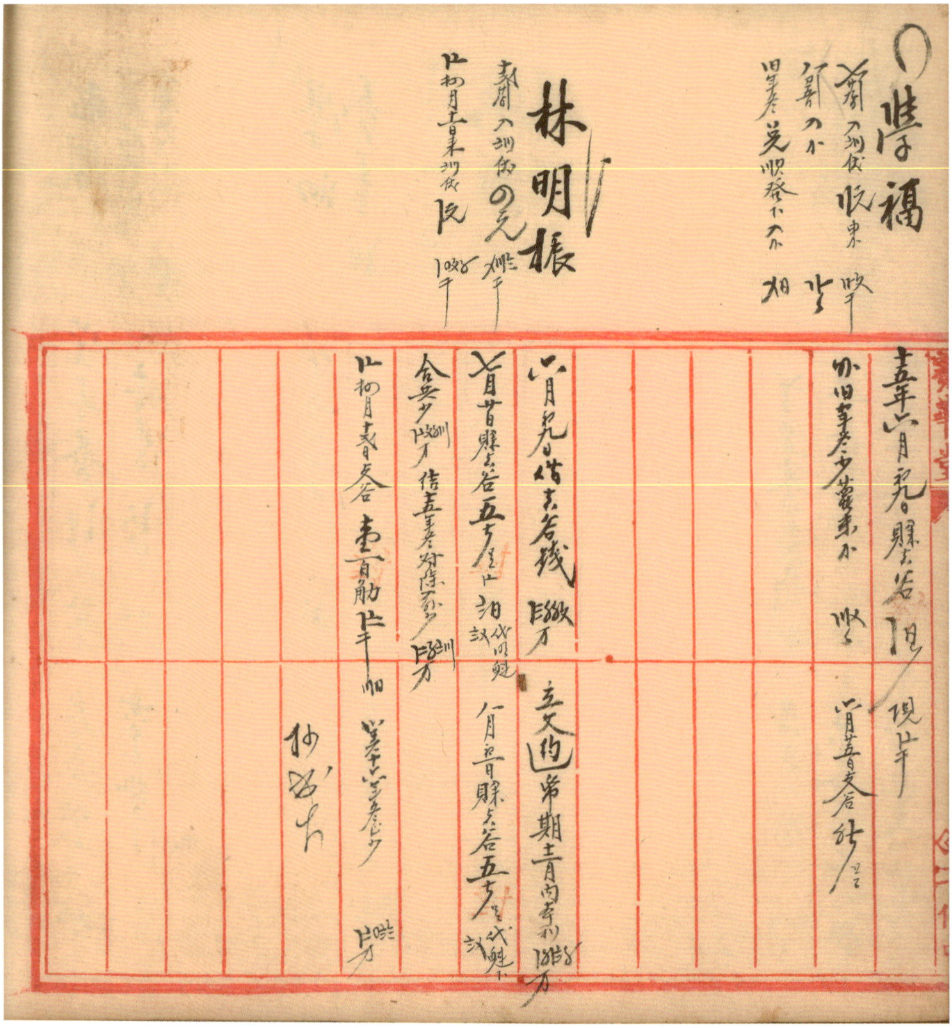

8-2-39-93　清光緒十五年鋼興黄記銀錢油穀發借總目（九三）

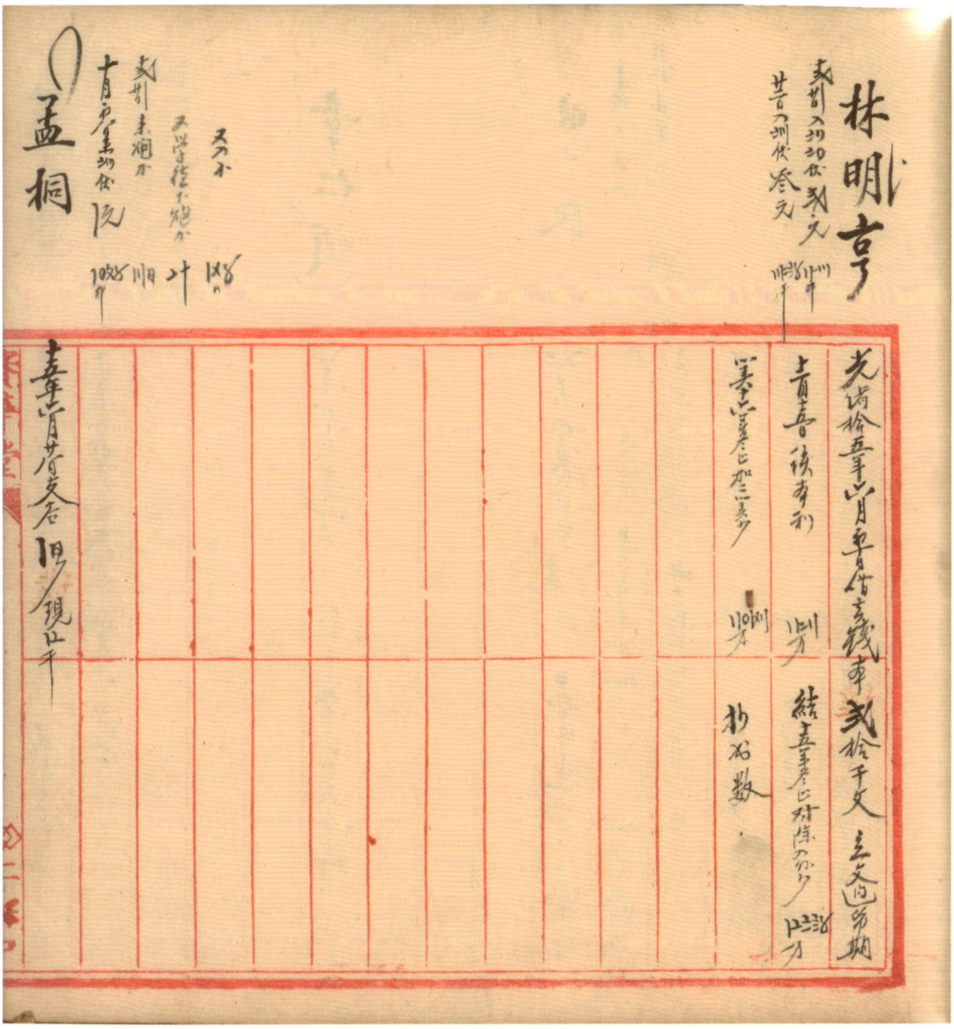

8-2-39-94　清光緒十五年鋼興黃記銀錢油穀發借總目（九四）

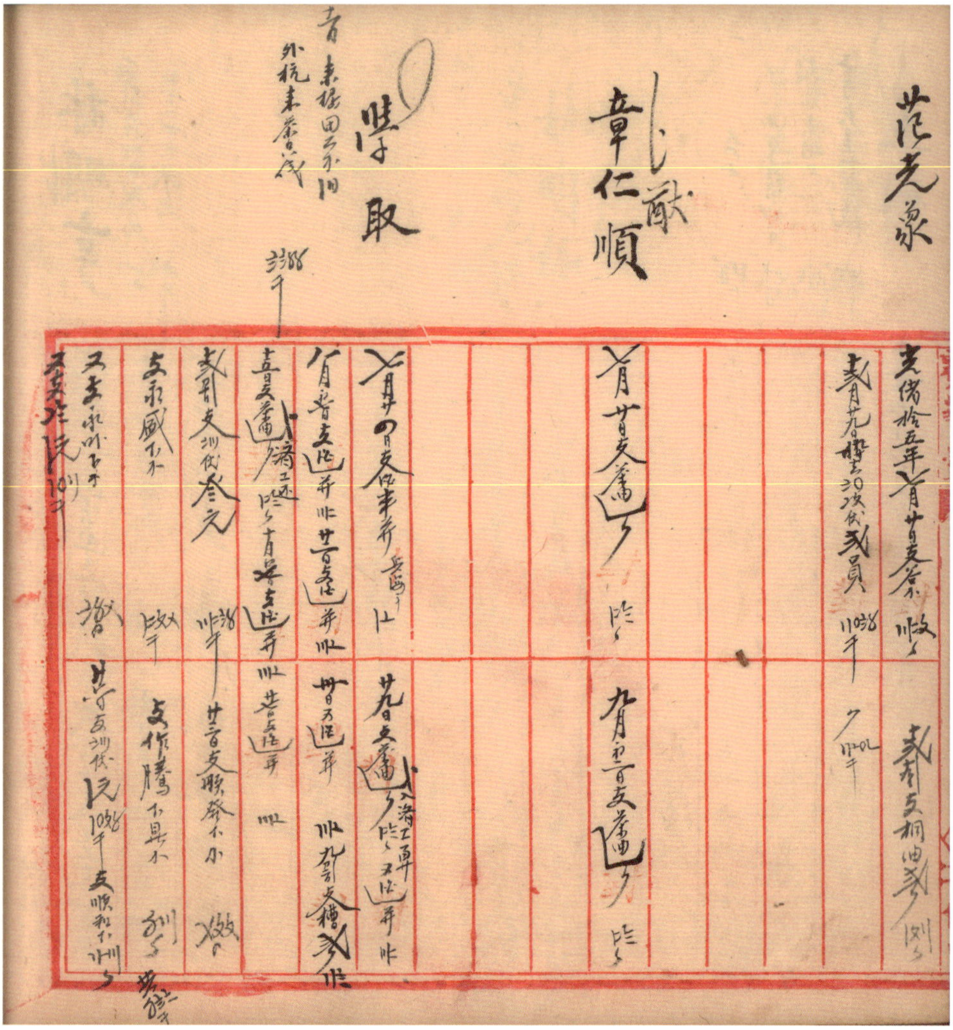

范光泉

章仁順

取

8-2-39-95　清光緒十五年鋼興黄記銀錢油穀發借總目（九五）

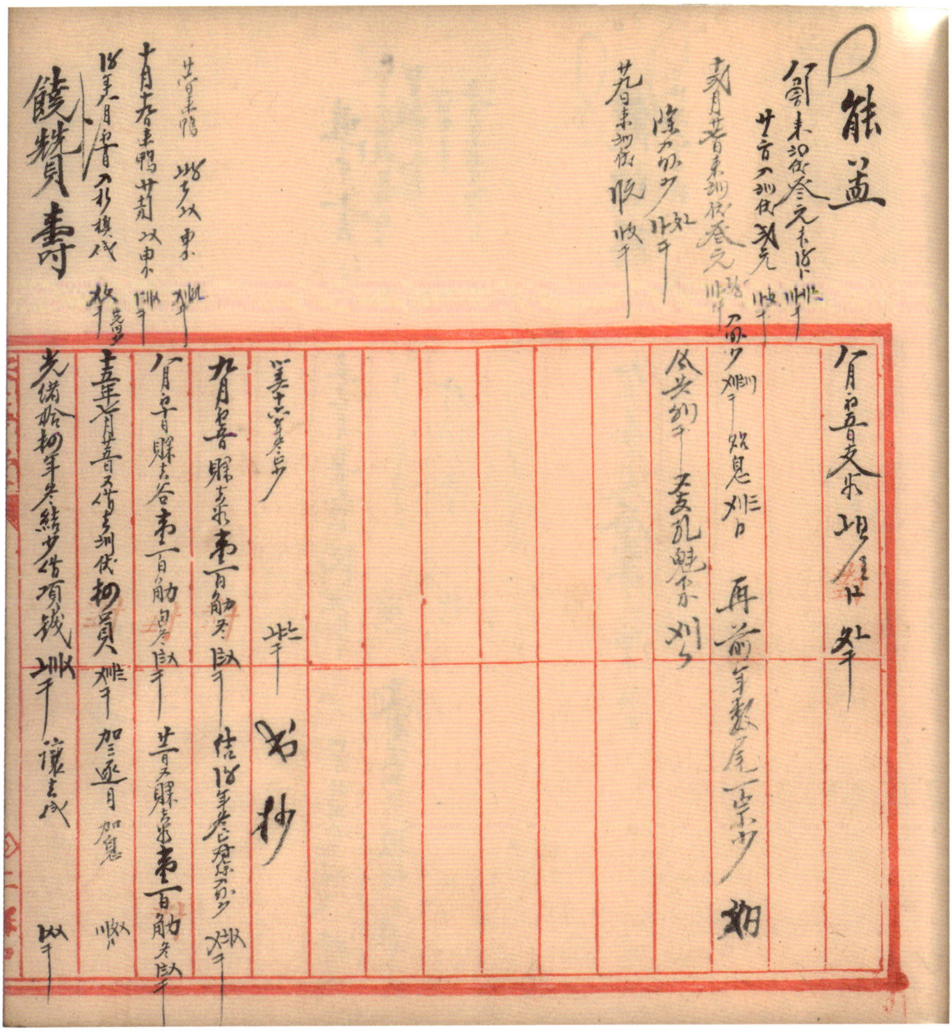

8-2-39-96　清光緒十五年鋼興黄記銀錢油穀發借總目（九六）

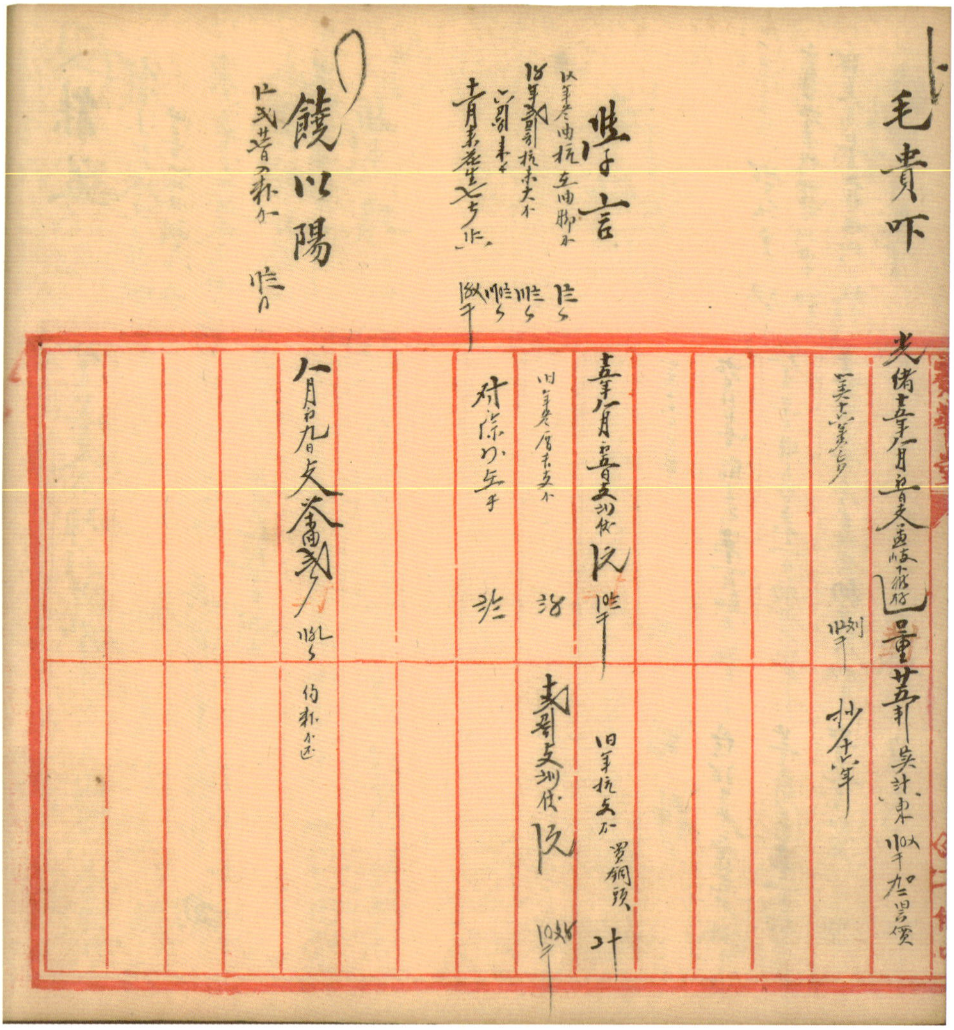

8-2-39-97　清光緒十五年鋼興黄記銀錢油穀發借總目（九七）

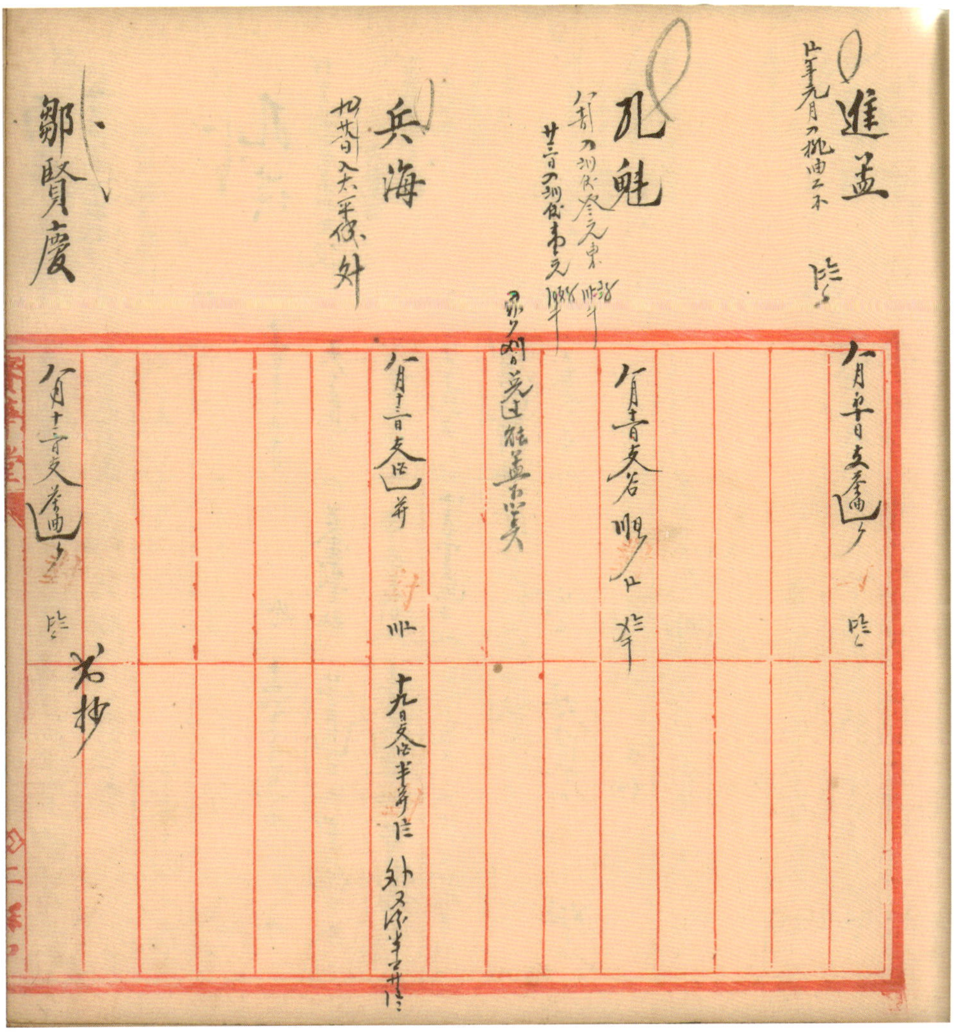
進益
乃魁
兵海
鄒賢慶
右抄

8-2-39-98　清光緒十五年鋼興黃記銀錢油穀發借總目（九八）

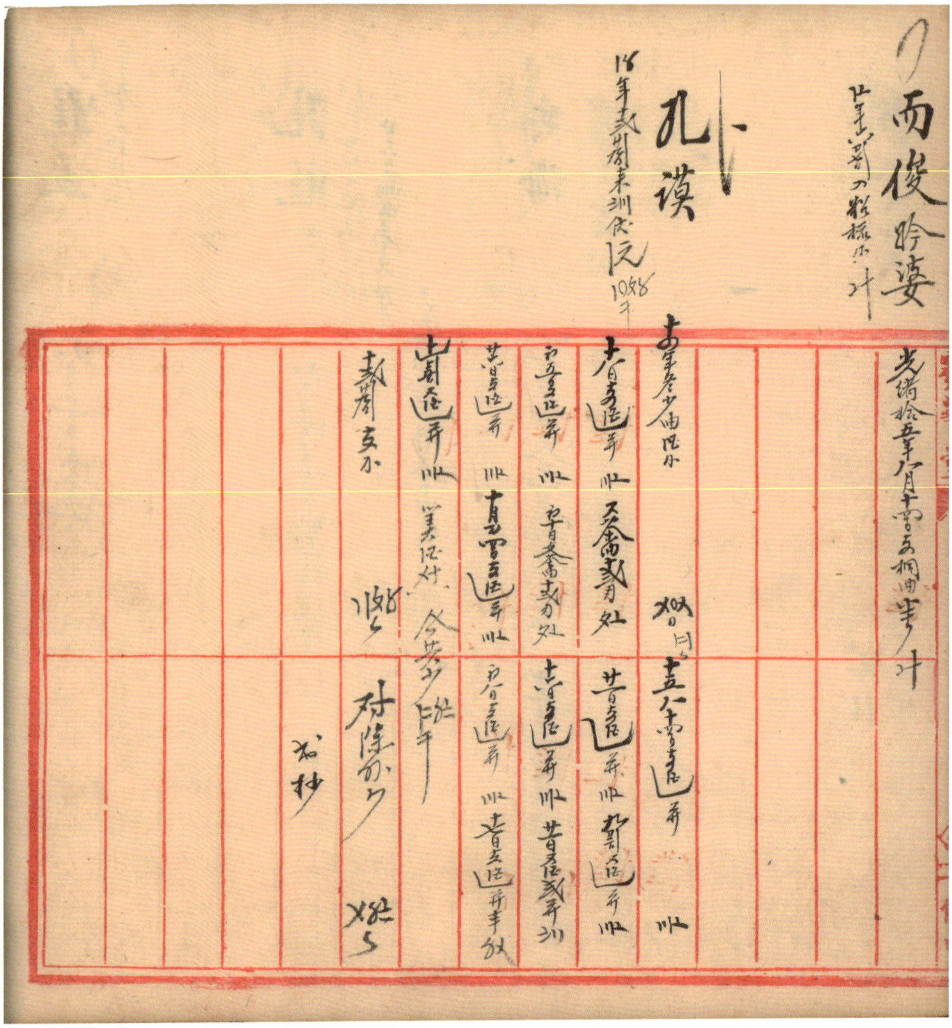

8-2-39-99　清光緒十五年鋼興黃記銀錢油穀發借總目（九九）

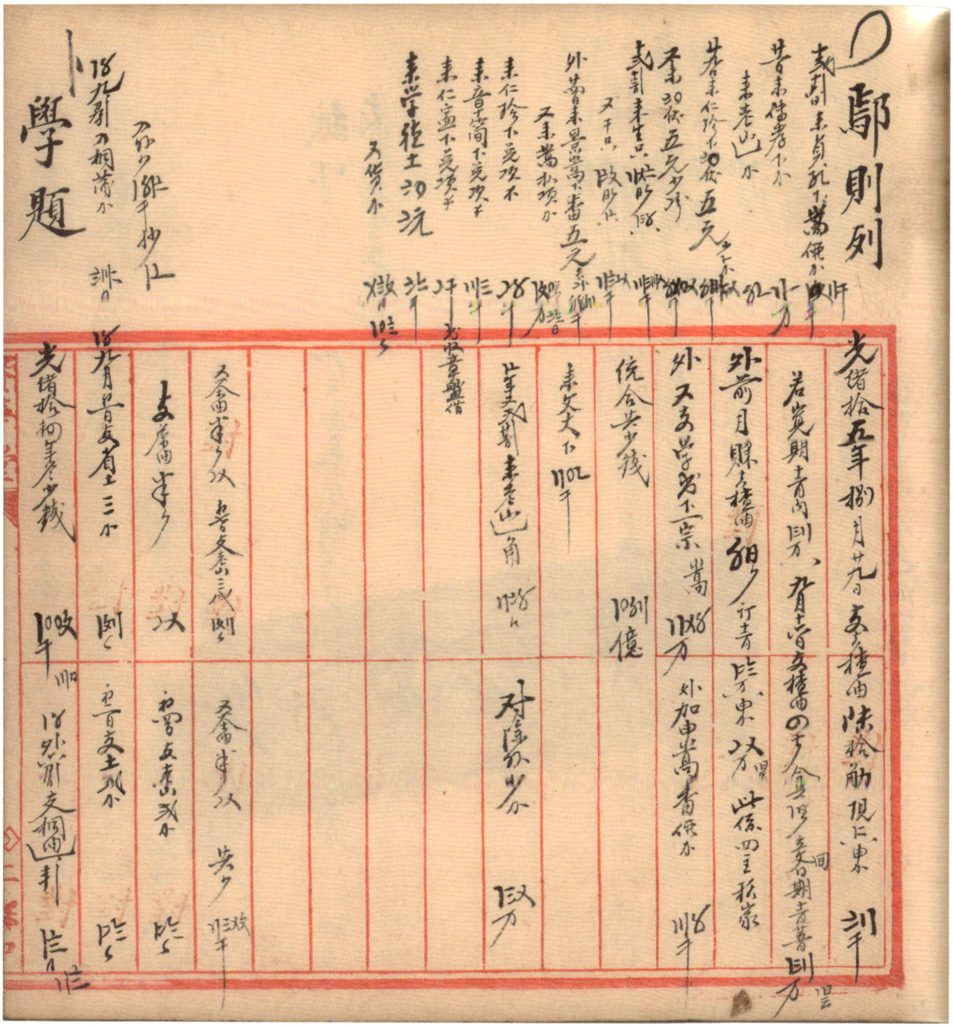

8-2-39-100　清光緒十五年鋼興黃記銀錢油穀發借總目（一〇〇）

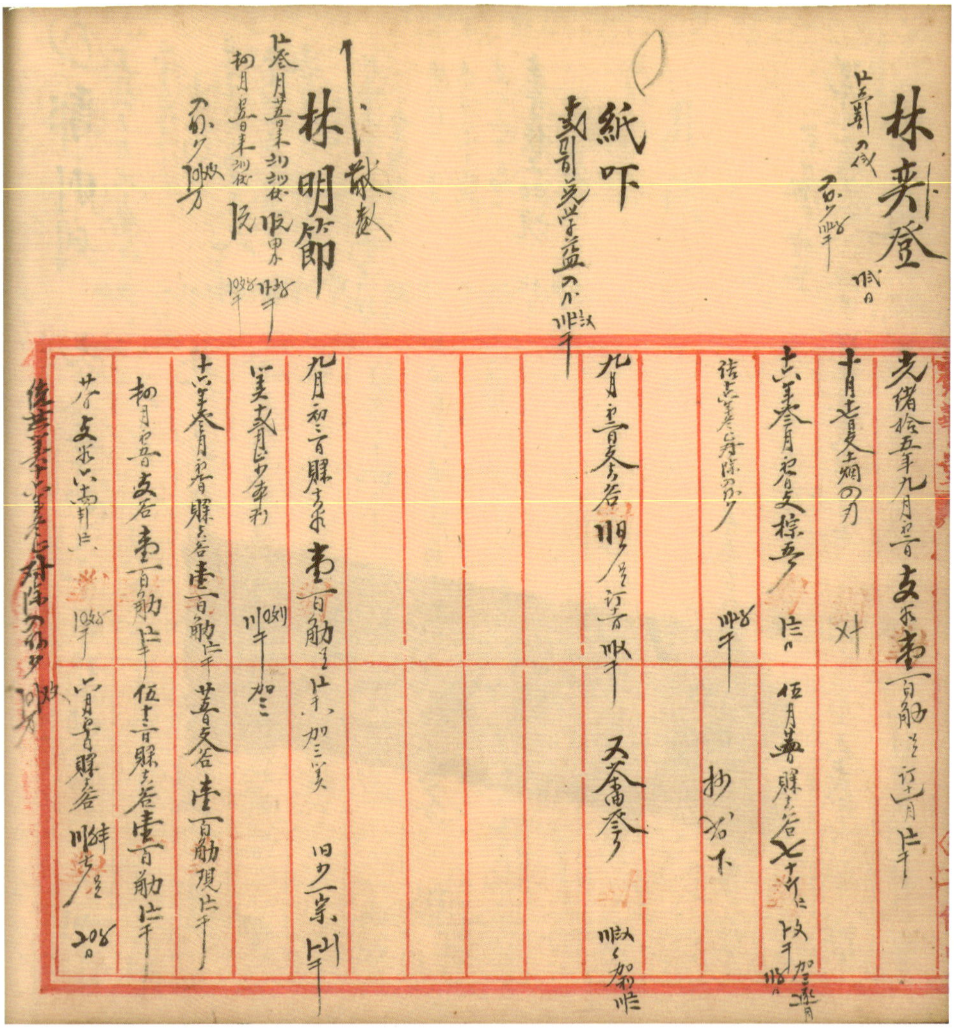

林新登

紙吓

林明節

光緒拾五年九月廿一日支

8-2-39-101　清光緒十五年鋼興黄記銀錢油穀發借總目（一〇一）

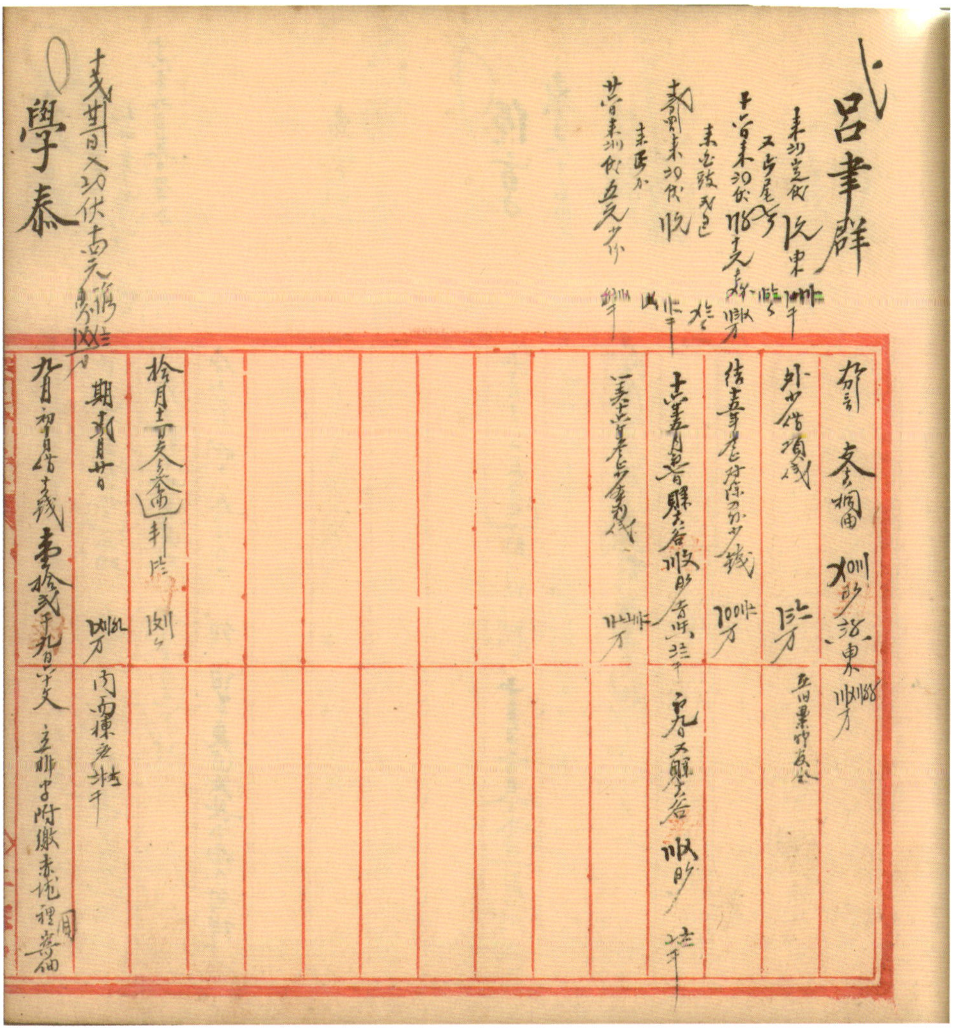
呂聿群

學泰

8-2-39-102　清光緒十五年鋼興黄記銀錢油穀發借總目（一〇二）

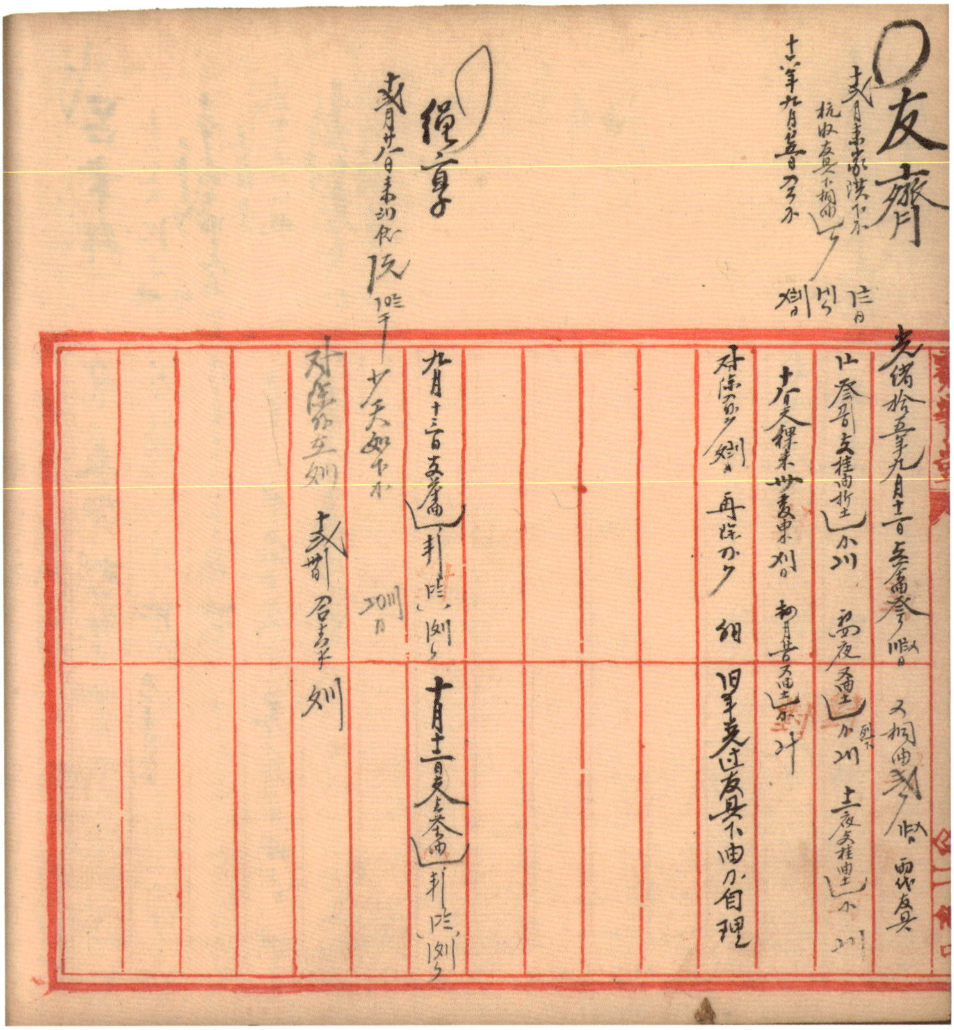

8-2-39-103　清光緒十五年鋼興黄記銀錢油穀發借總目（一〇三）

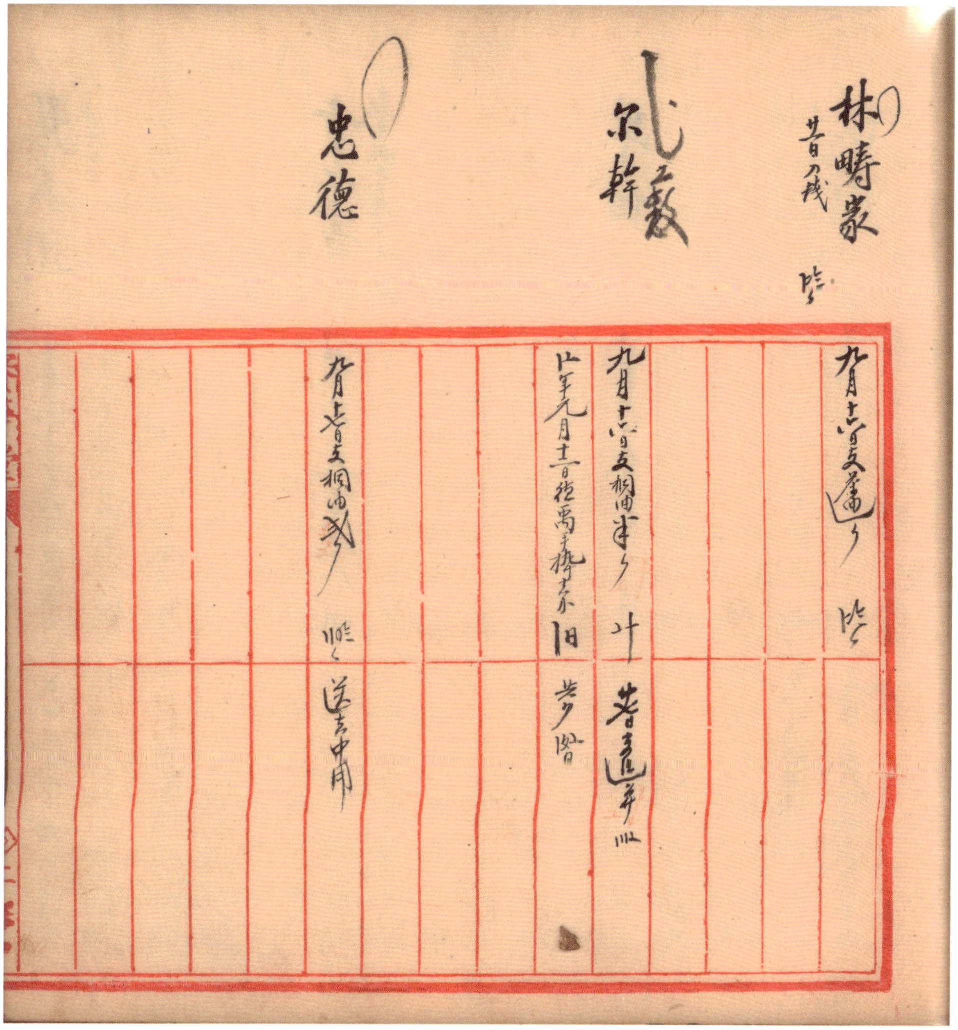

8-2-39-104　清光緒十五年鋼興黄記銀錢油穀發借總目（一〇四）

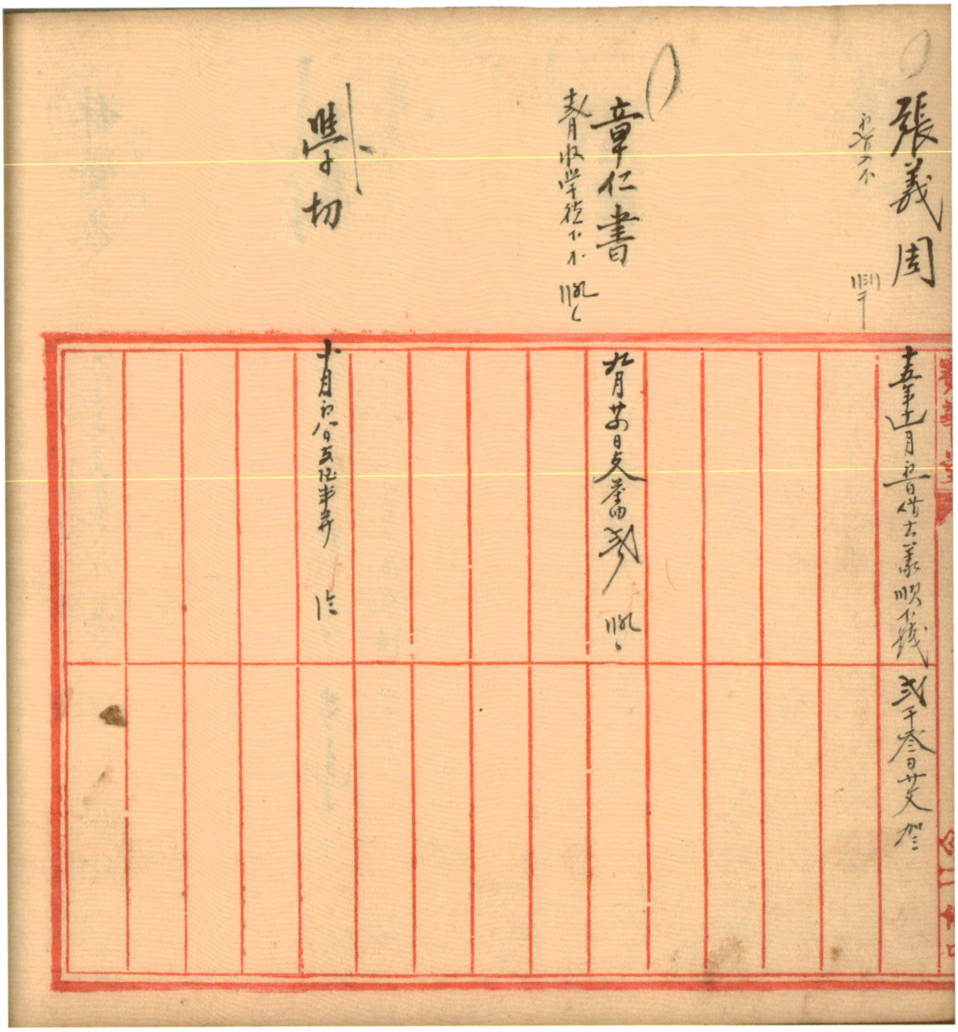
張義周

章仁書

學切

8-2-39-105　清光緒十五年鋼興黄記銀錢油穀發借總目（一〇五）

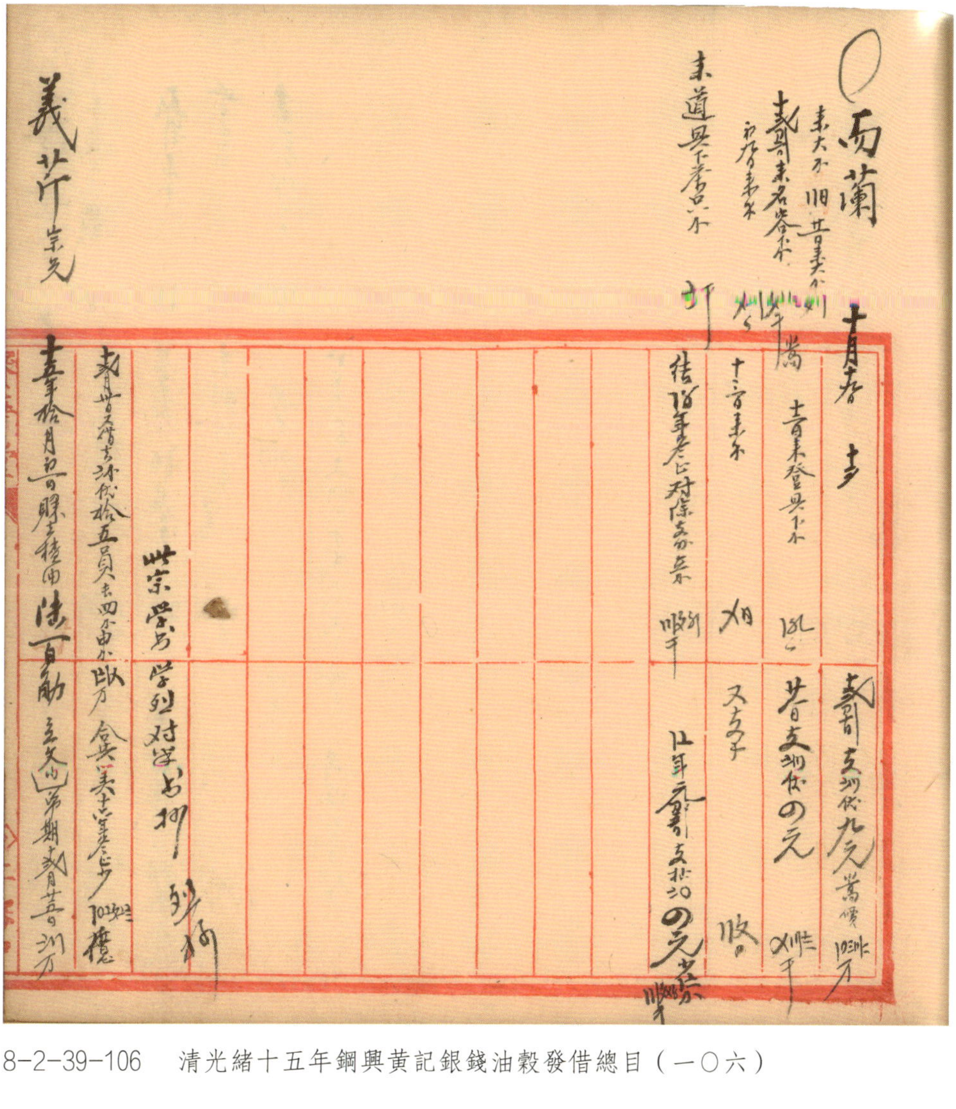

8-2-39-106　清光緒十五年鋼興黄記銀錢油穀發借總目（一〇六）

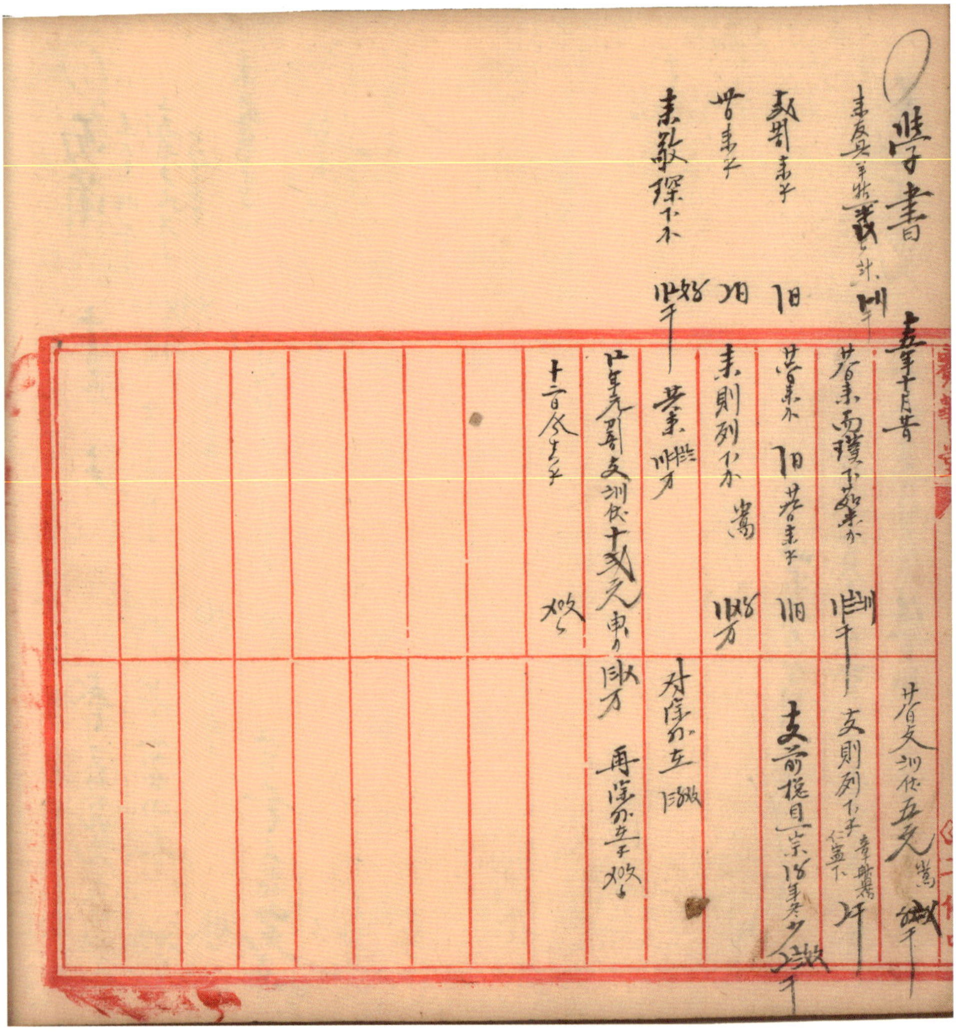

8-2-39-107　清光緒十五年鋼與黄記銀錢油穀發借總目（一〇七）

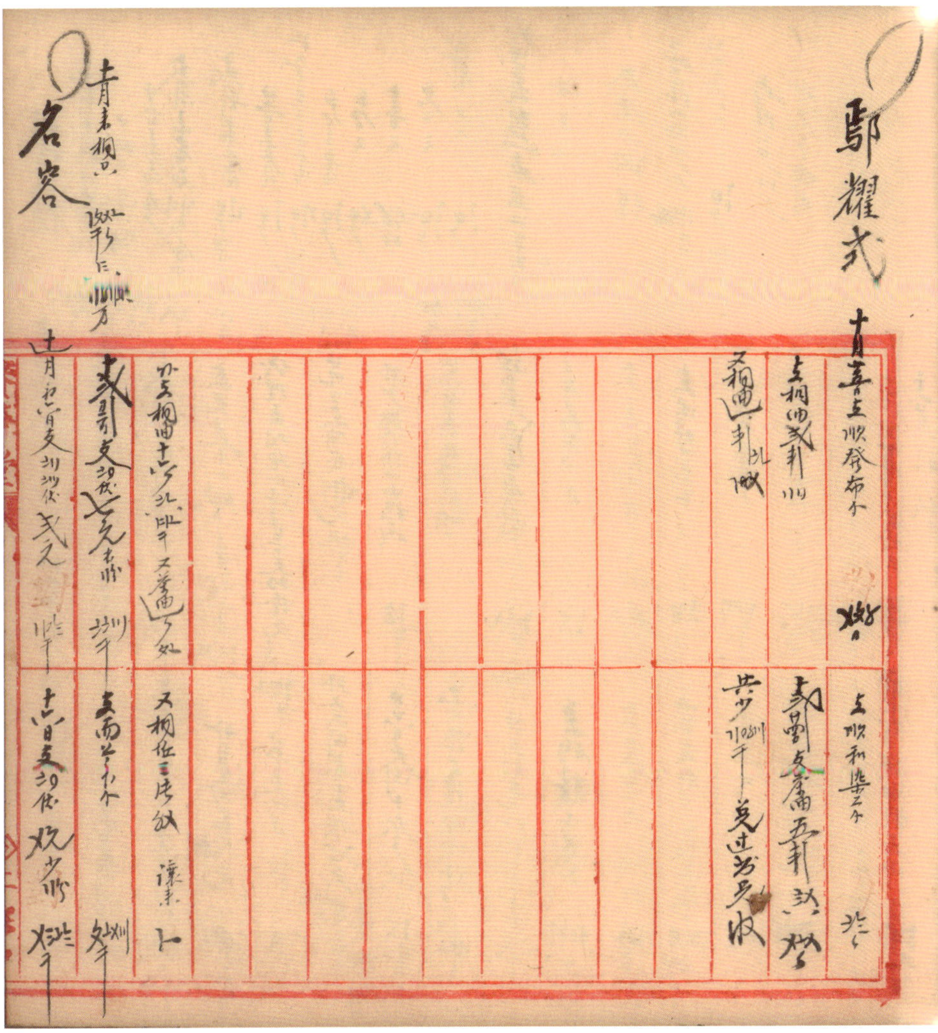

8-2-39-108　清光緒十五年鋼興黄記銀錢油穀發借總目（一〇八）

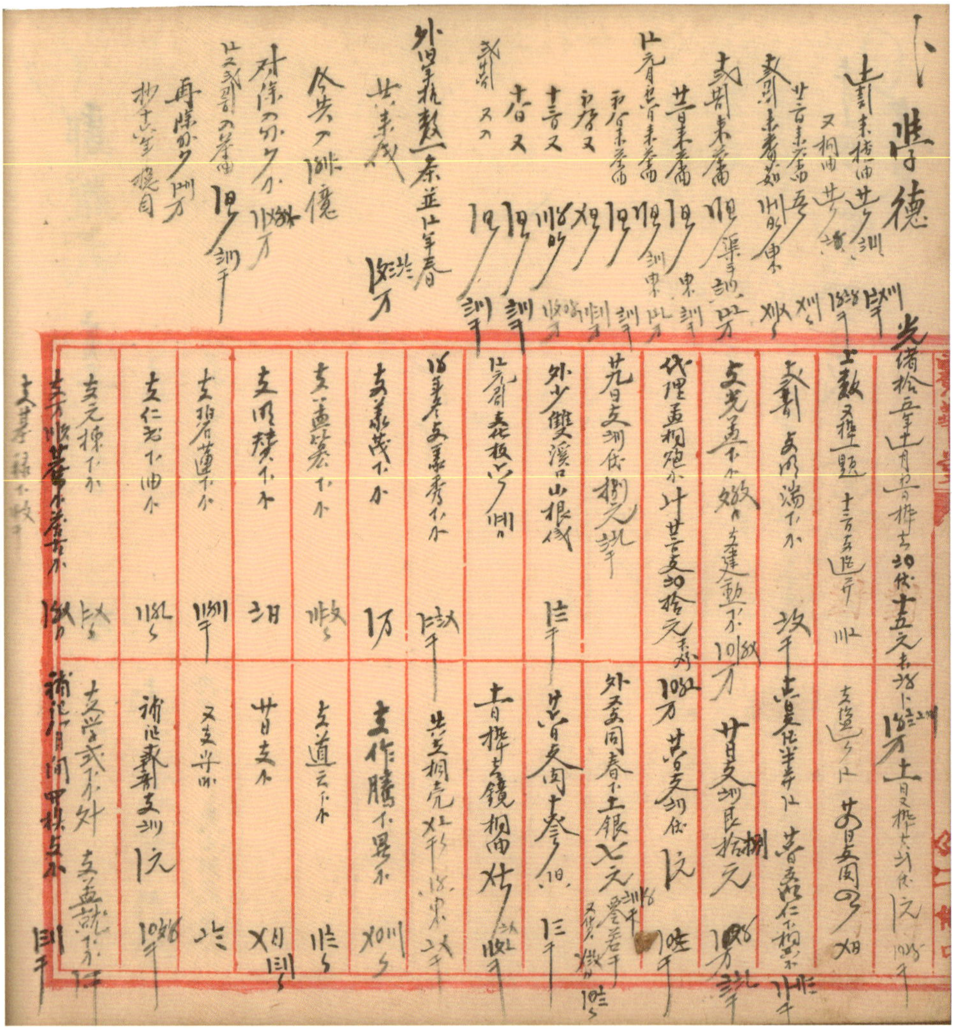

8-2-39-109　清光緒十五年鋼興黄記銀錢油穀發借總目（一〇九）

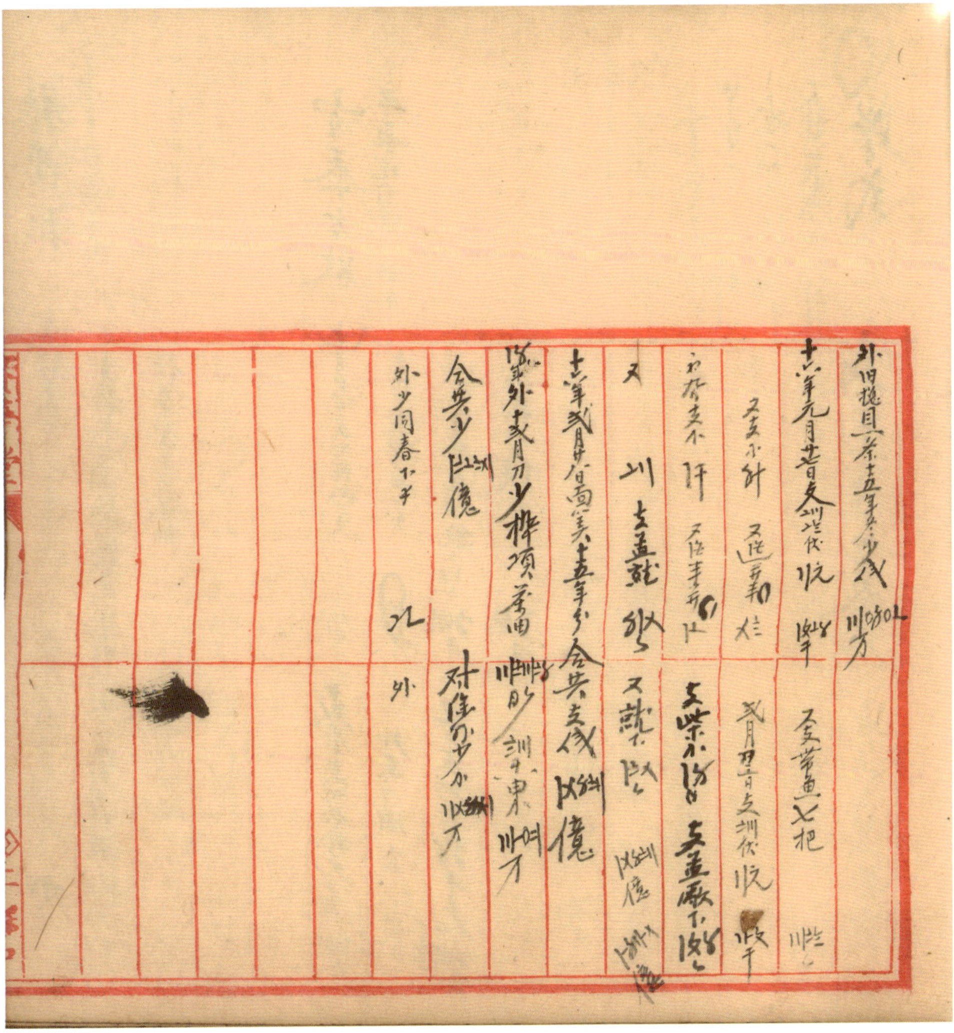

8-2-39-110　清光緒十五年鋼興黃記銀錢油穀發借總目（一一〇）

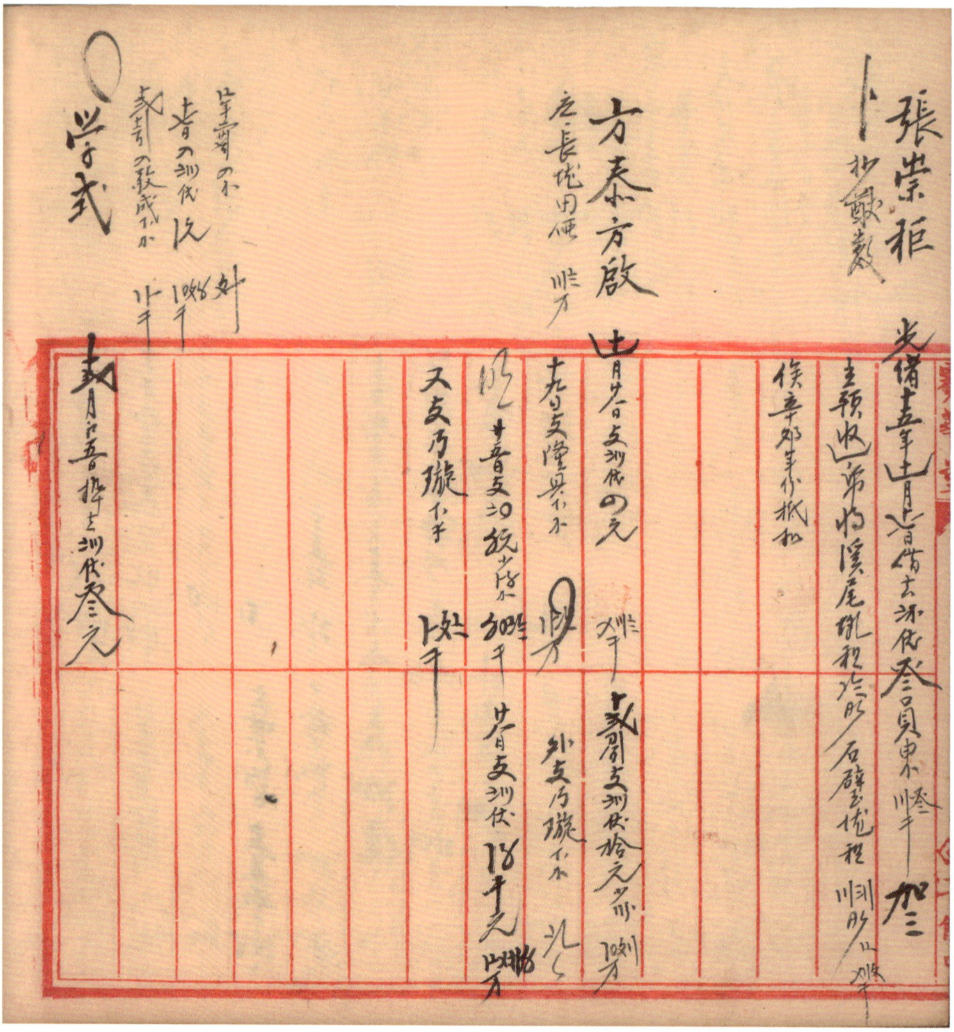

8-2-39-111　清光緒十五年鋼興黄記銀錢油穀發借總目（一一一）

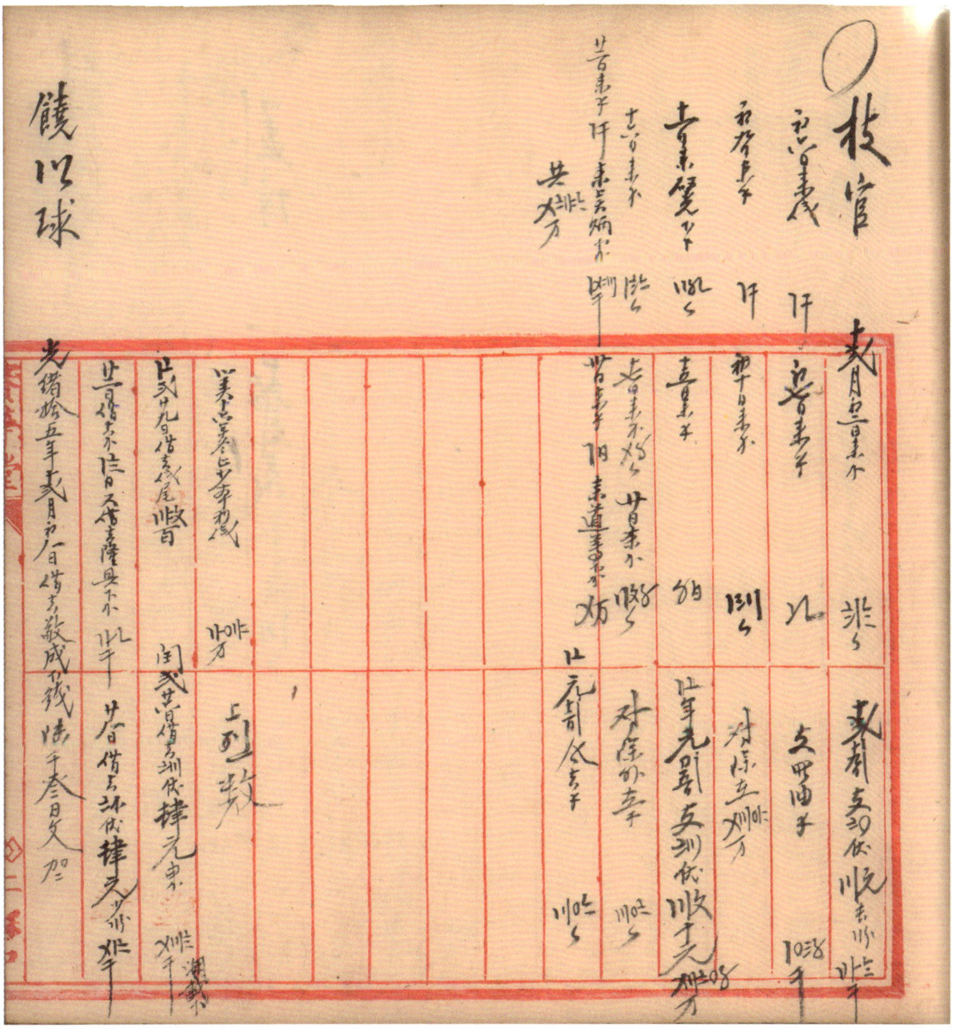

8-2-39-112　清光緒十五年鋼興黃記銀錢油穀發借總目（一一二）

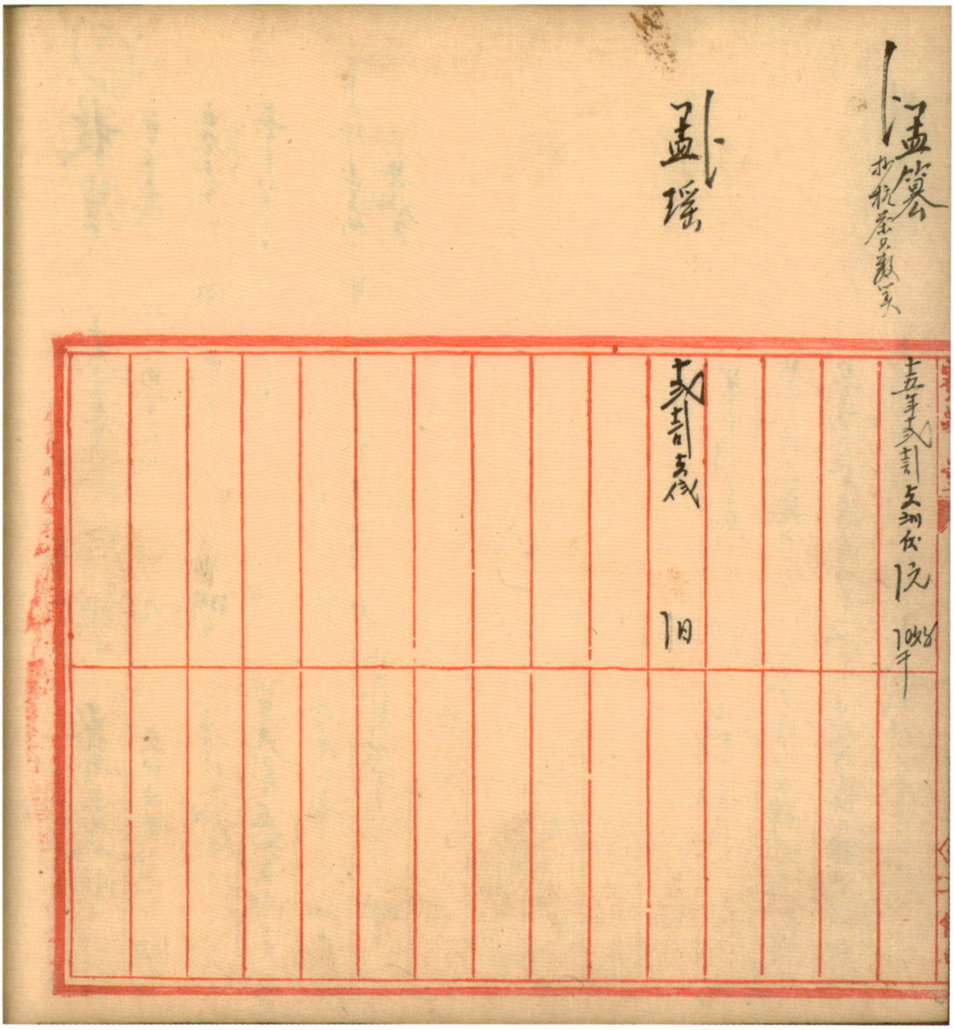

8-2-39-113　清光緒十五年鋼興黄記銀錢油穀發借總目（一一三）

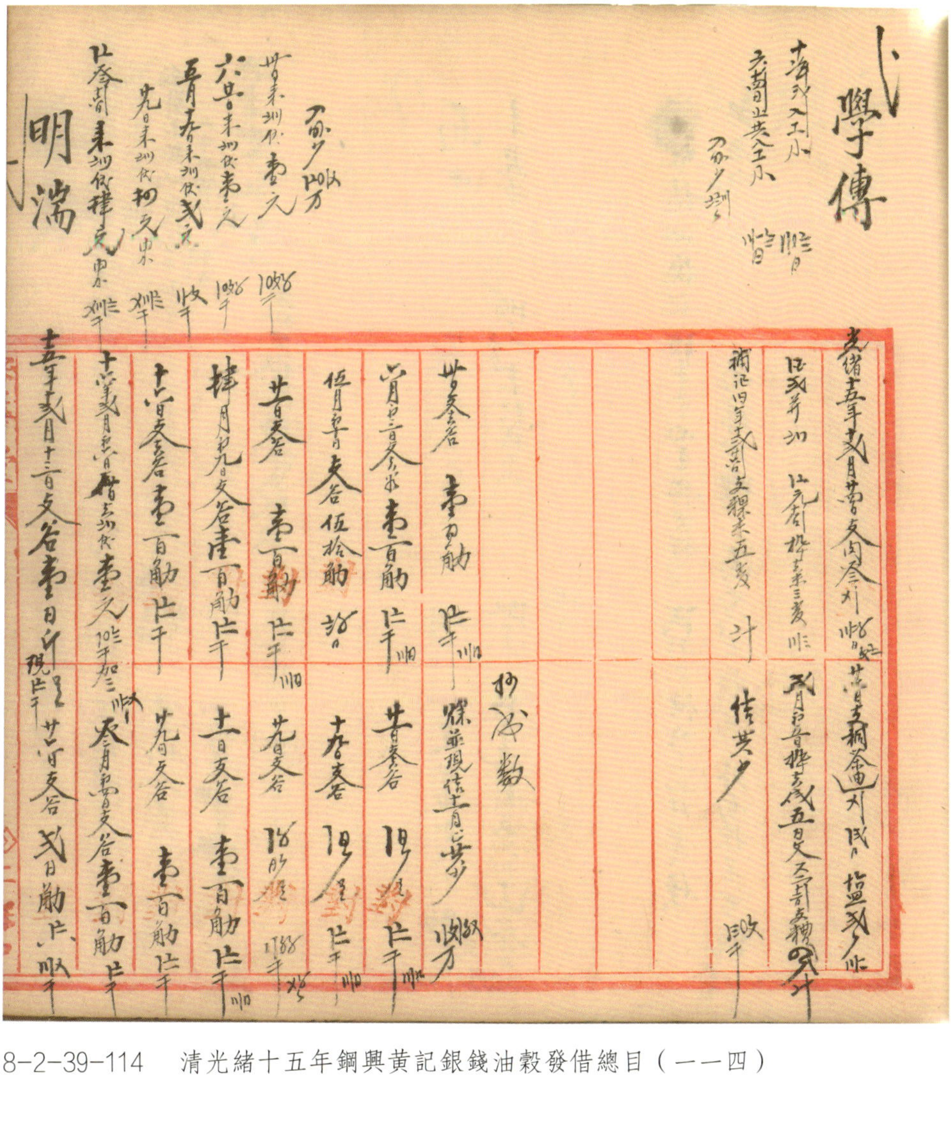

8-2-39-114　清光緒十五年鋼興黄記銀錢油穀發借總目（一一四）

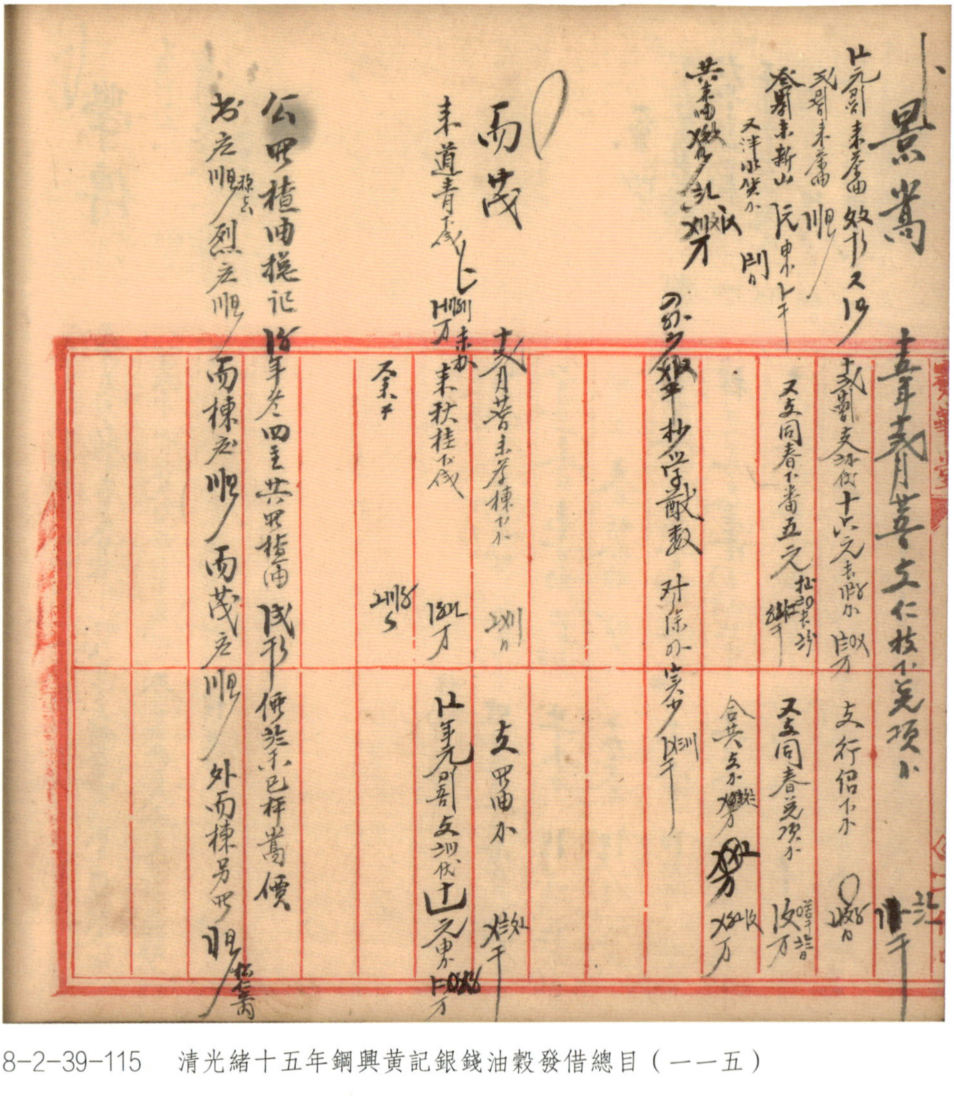

8-2-39-115　清光緒十五年鋼興黄記銀錢油穀發借總目（一一五）

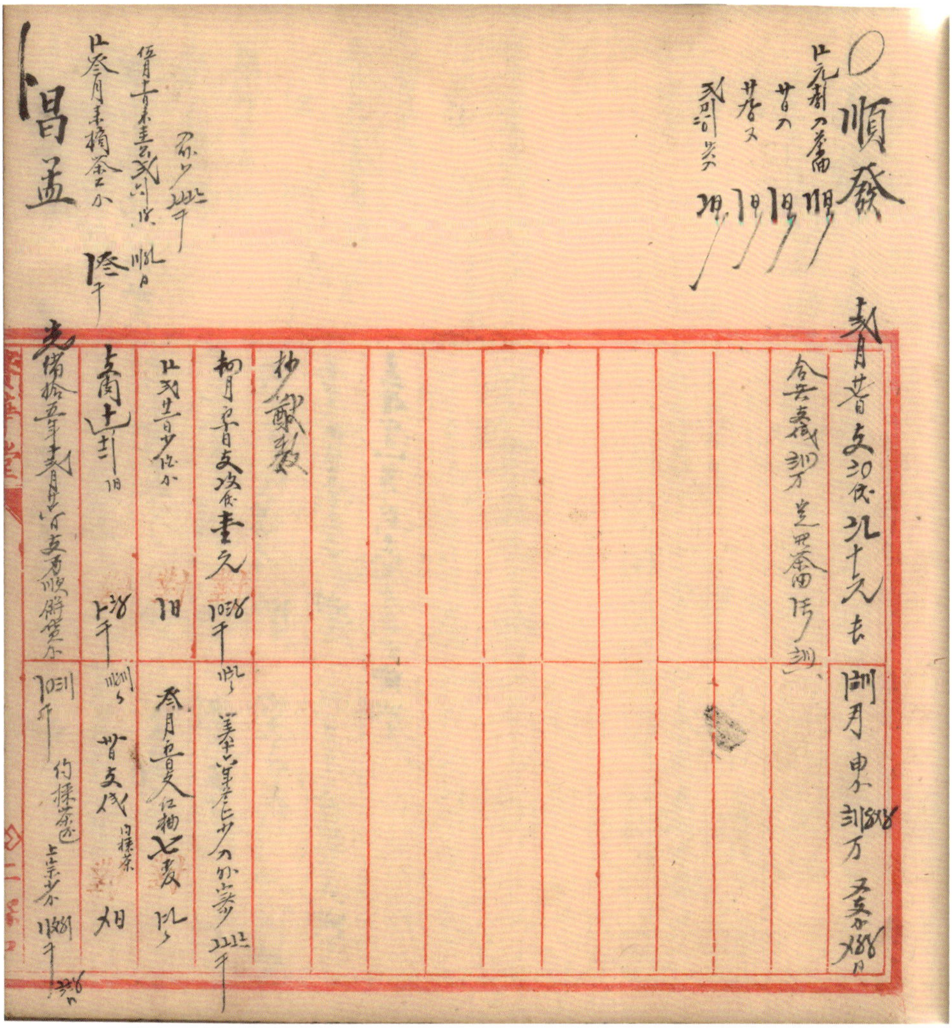

8-2-39-116　清光緒十五年鋼興黃記銀錢油穀發借總目（一一六）

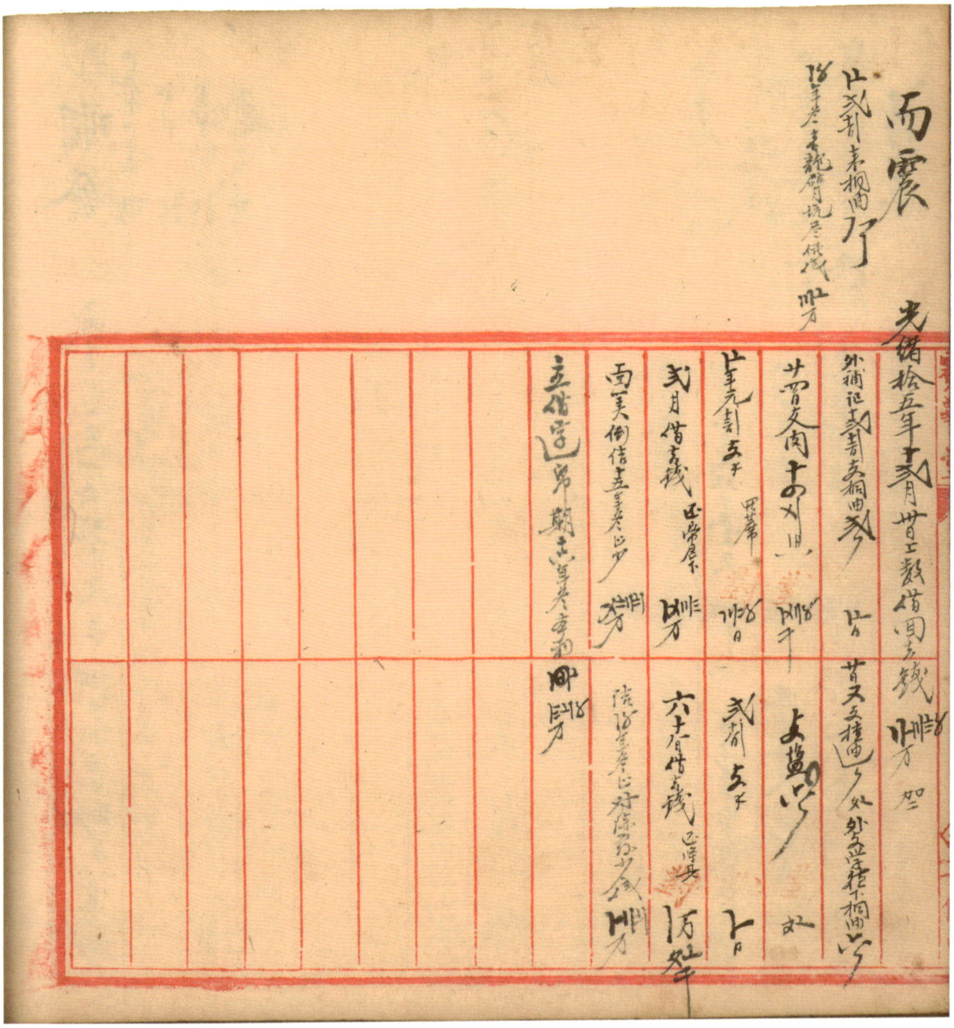

8-2-39-117　清光緒十五年鋼興黄記銀錢油穀發借總目（一一七）

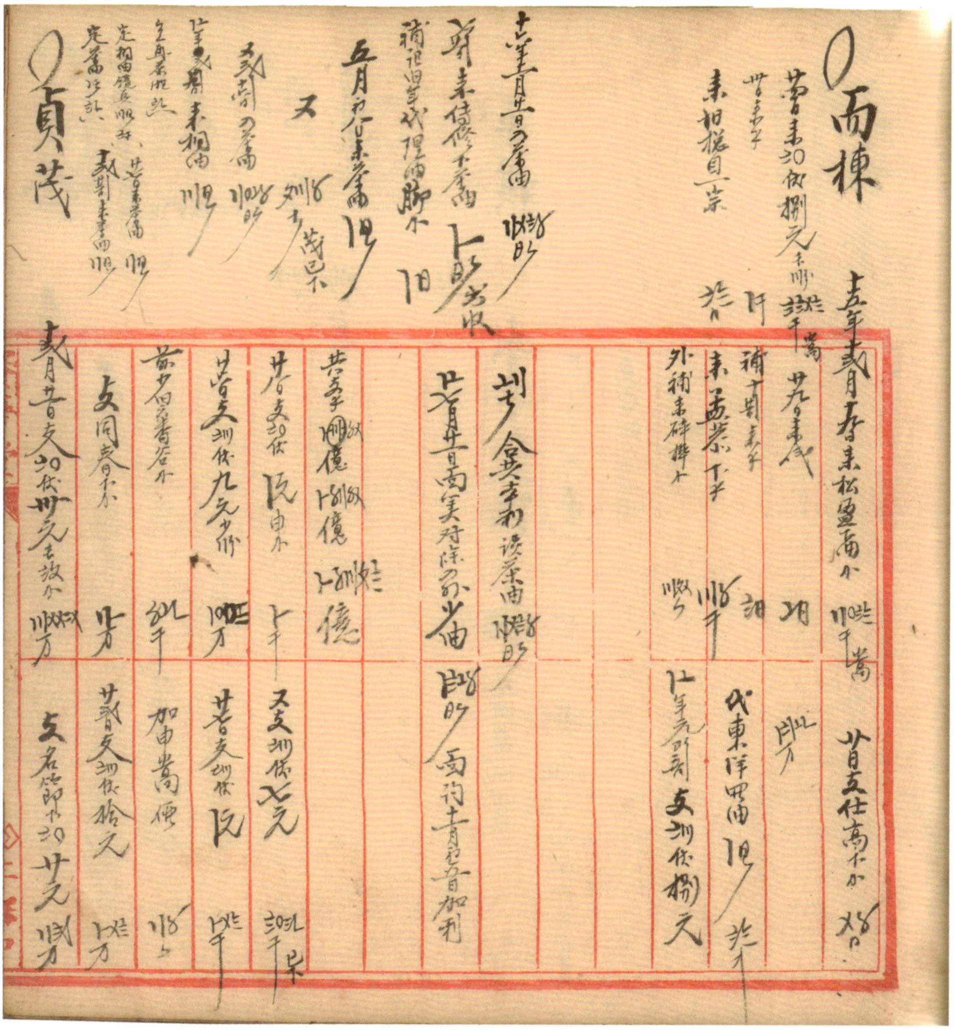

8-2-39-118　清光緒十五年鋼興黄記銀錢油穀發借總目（一一八）

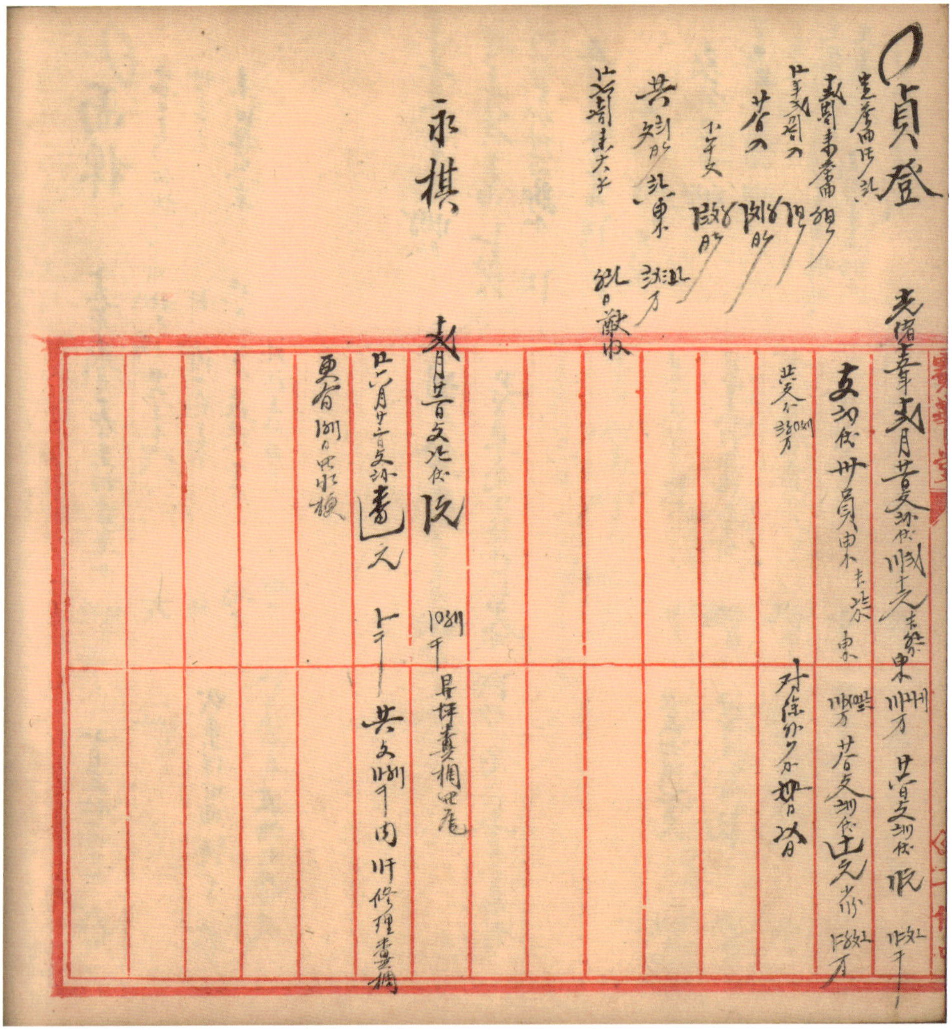

8-2-39-119　清光緒十五年鋼興黄記銀錢油穀發借總目（一一九）

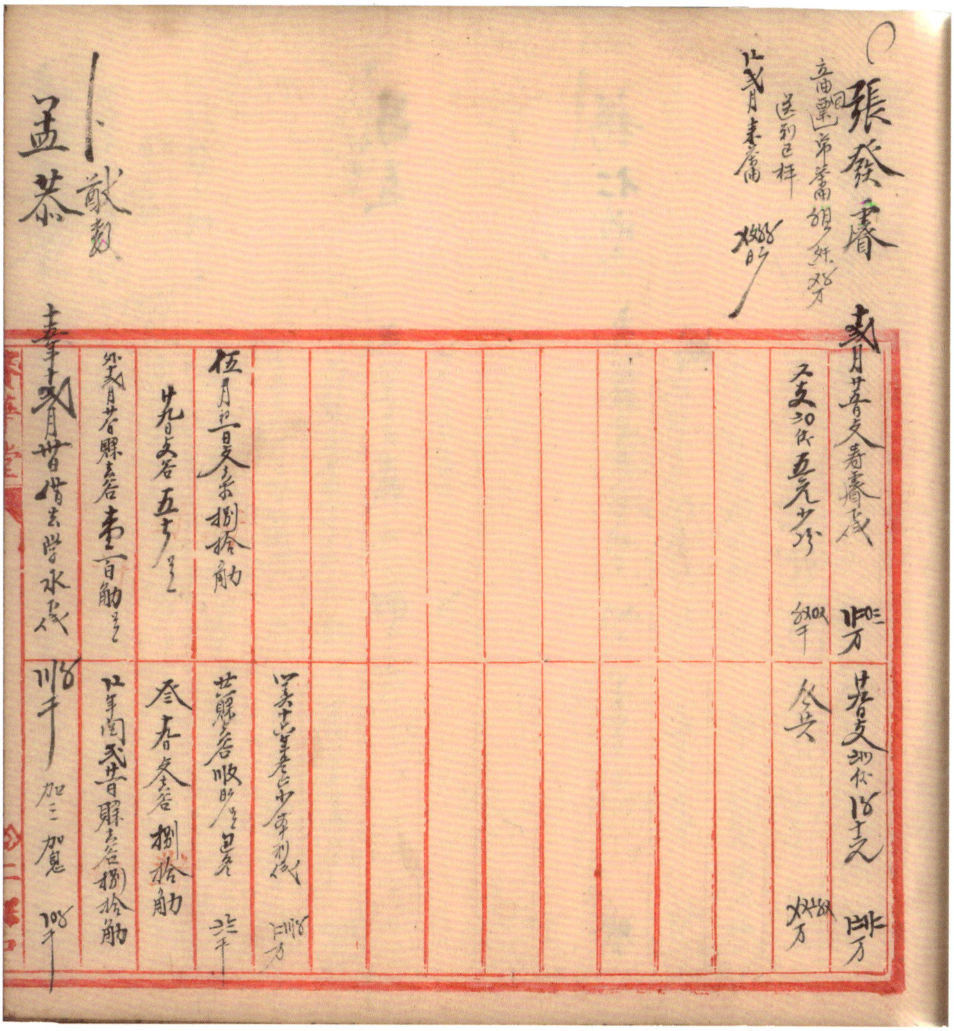

8-2-39-120　清光緒十五年鋼興黄記銀錢油穀發借總目（一二〇）

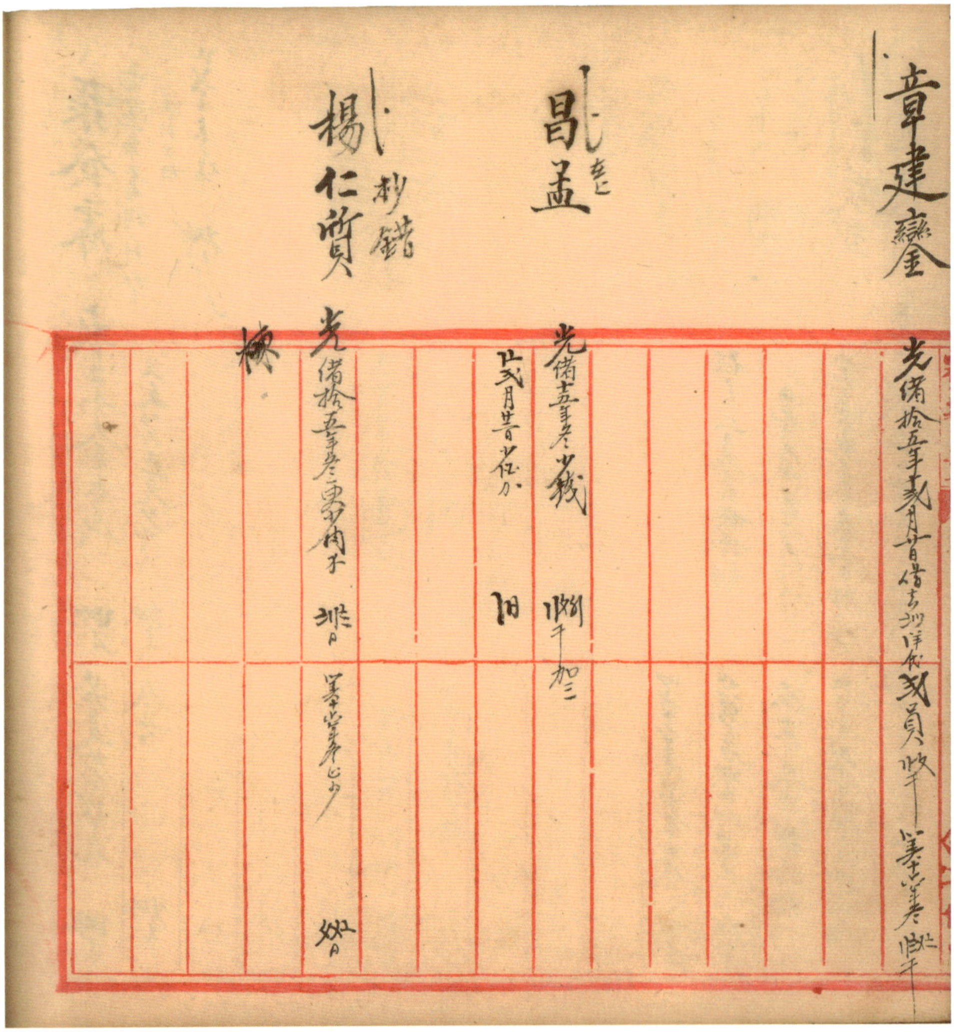

8-2-39-121　清光緒十五年鋼興黃記銀錢油穀發借總目（一二一）

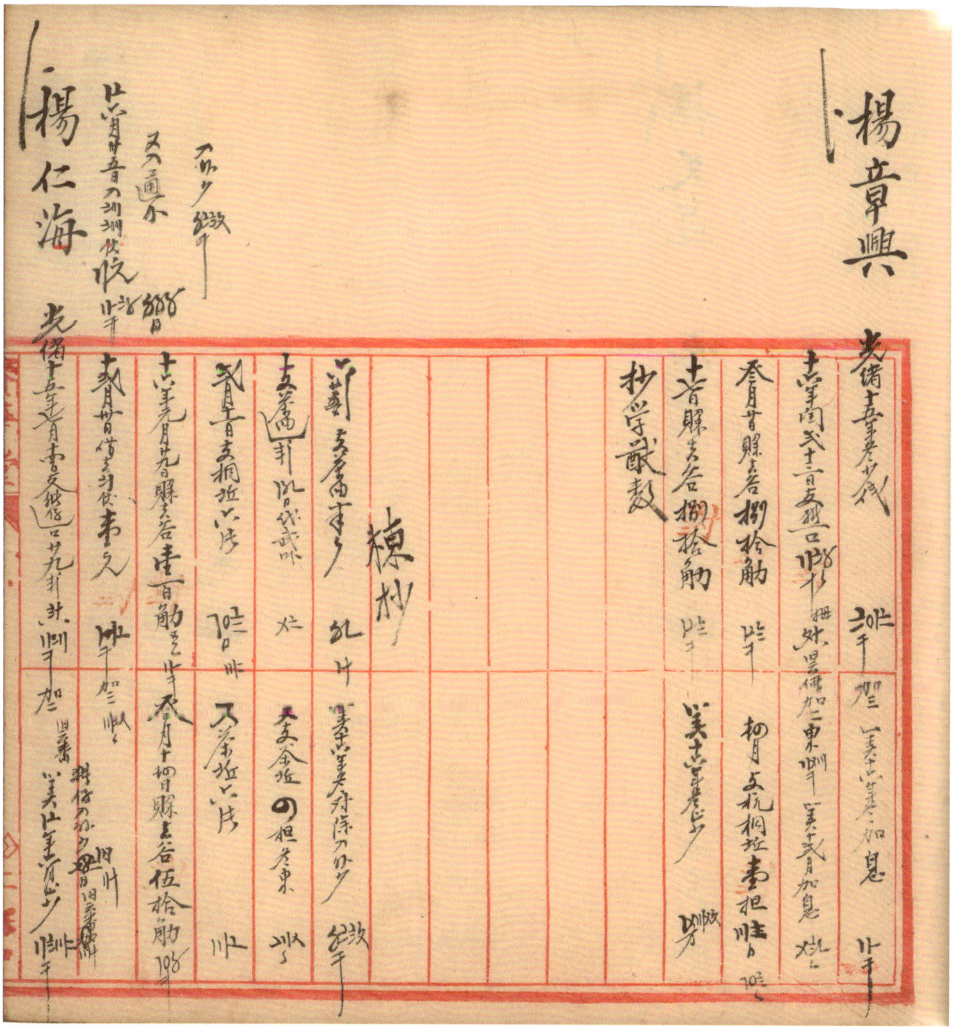
楊章興
光緒十五年

抄完截數

總抄

楊仁海

8-2-39-122　清光緒十五年鋼興黃記銀錢油穀發借總目（一二二）

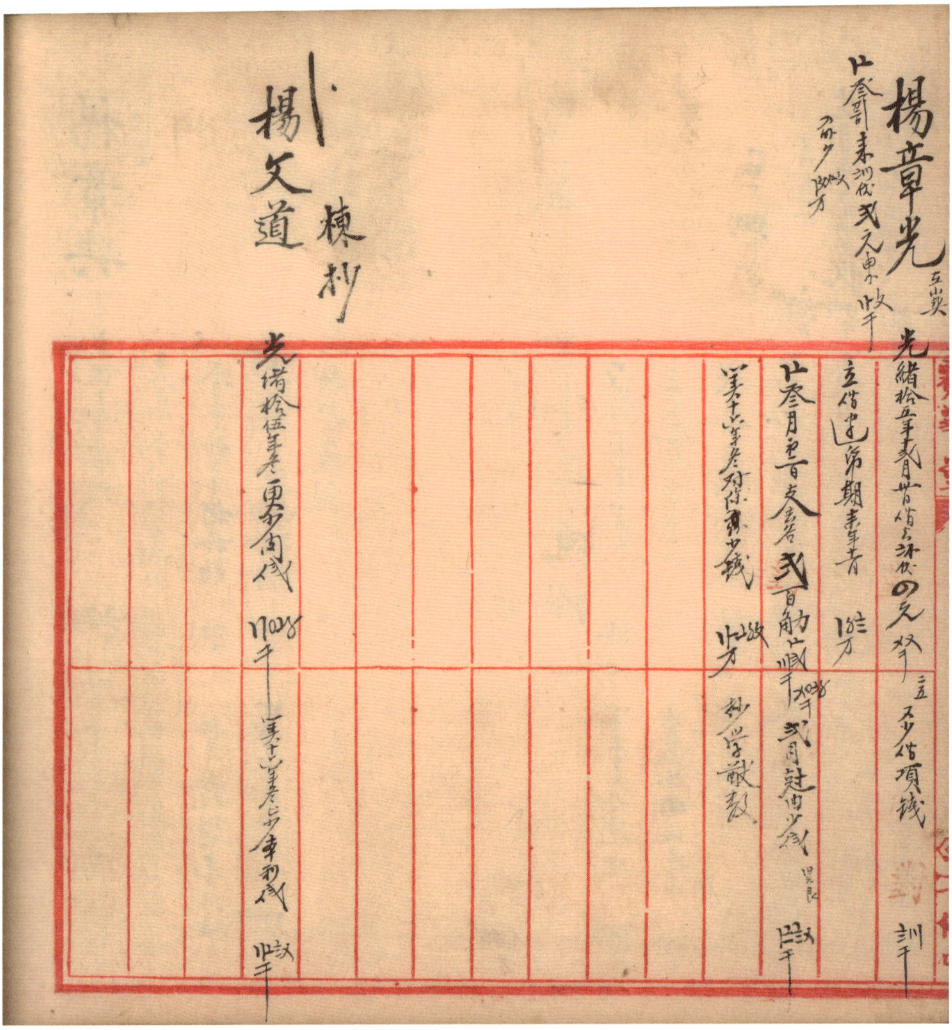
楊章光
光緒拾五年貳月廿日借去
立借連弟期未年青
上叁月廿五日支去
楊文道
光緒拾伍年

8-2-39-123　清光緒十五年鋼興黄記銀錢油穀發借總目（一二三）

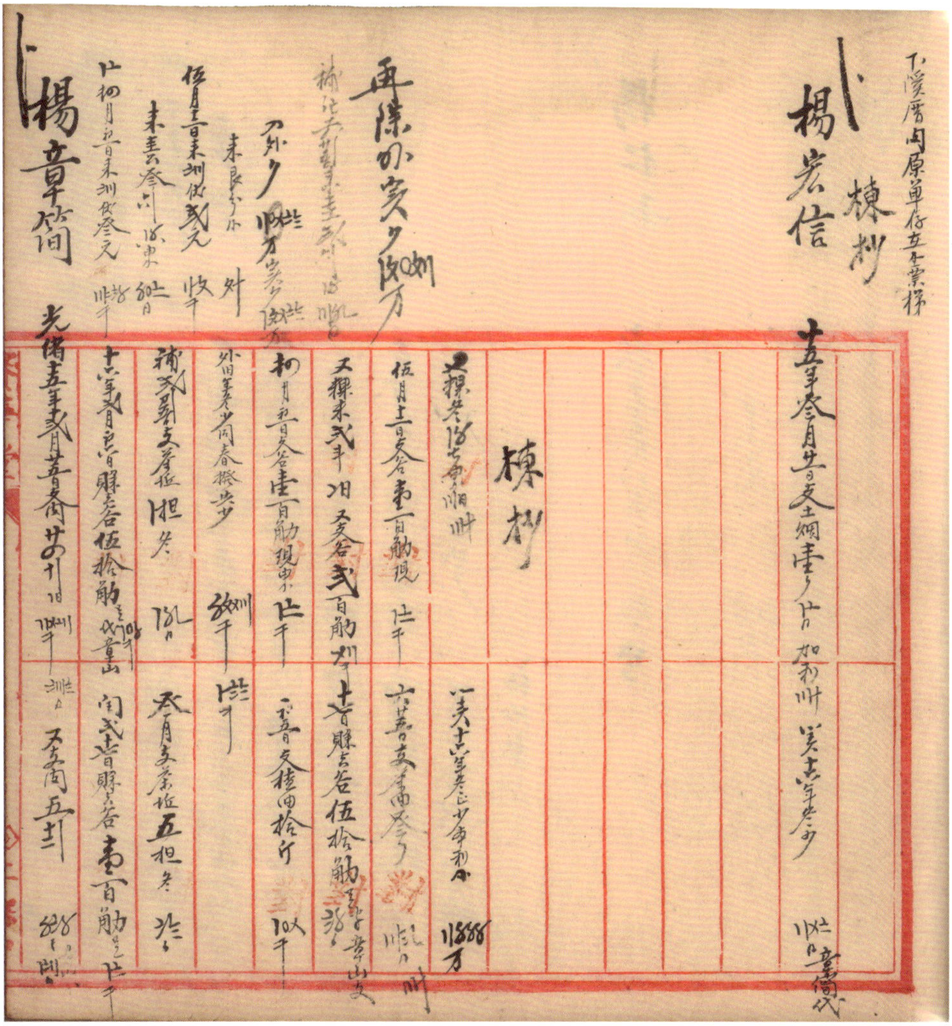

8-2-39-124　清光緒十五年鋼興黃記銀錢油穀發借總目（一二四）

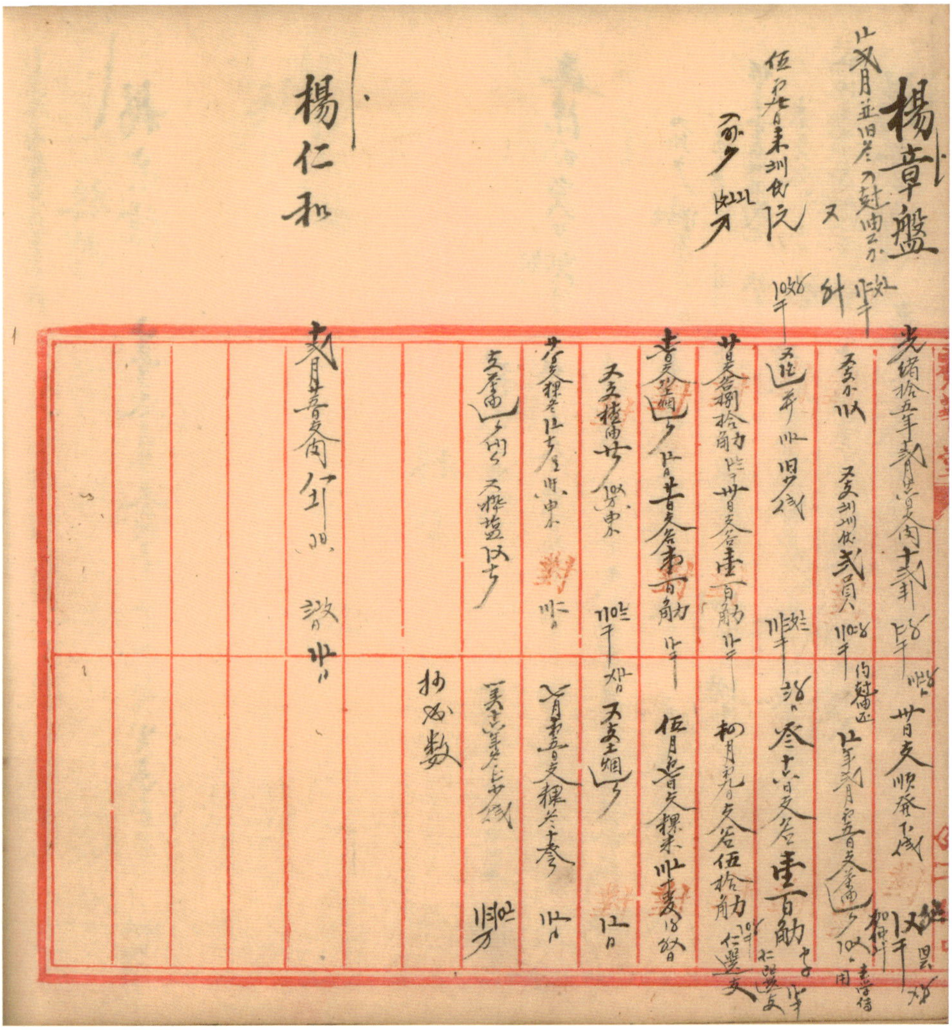

楊章盤

楊仁和

8-2-39-125　清光緒十五年鋼興黃記銀錢油穀發借總目（一二五）

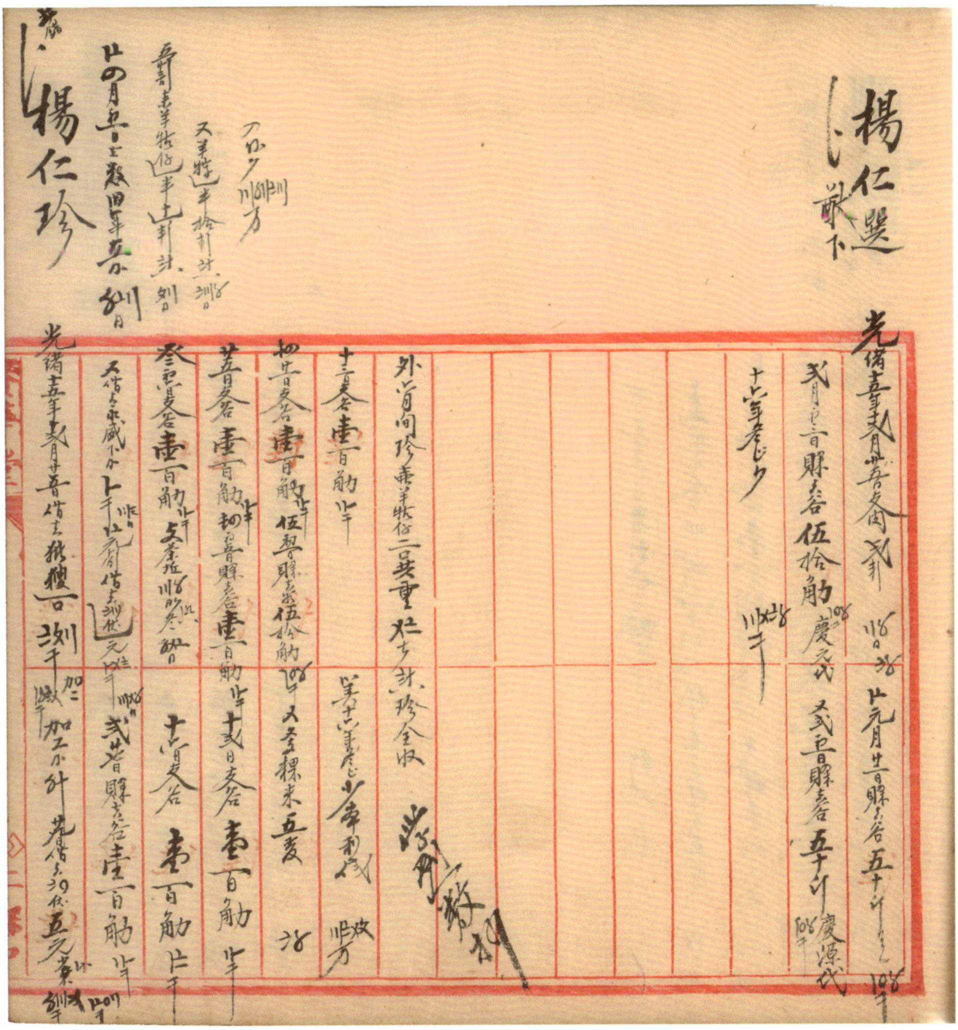

8-2-39-126　清光緒十五年鋼興黄記銀錢油穀發借總目（一二六）

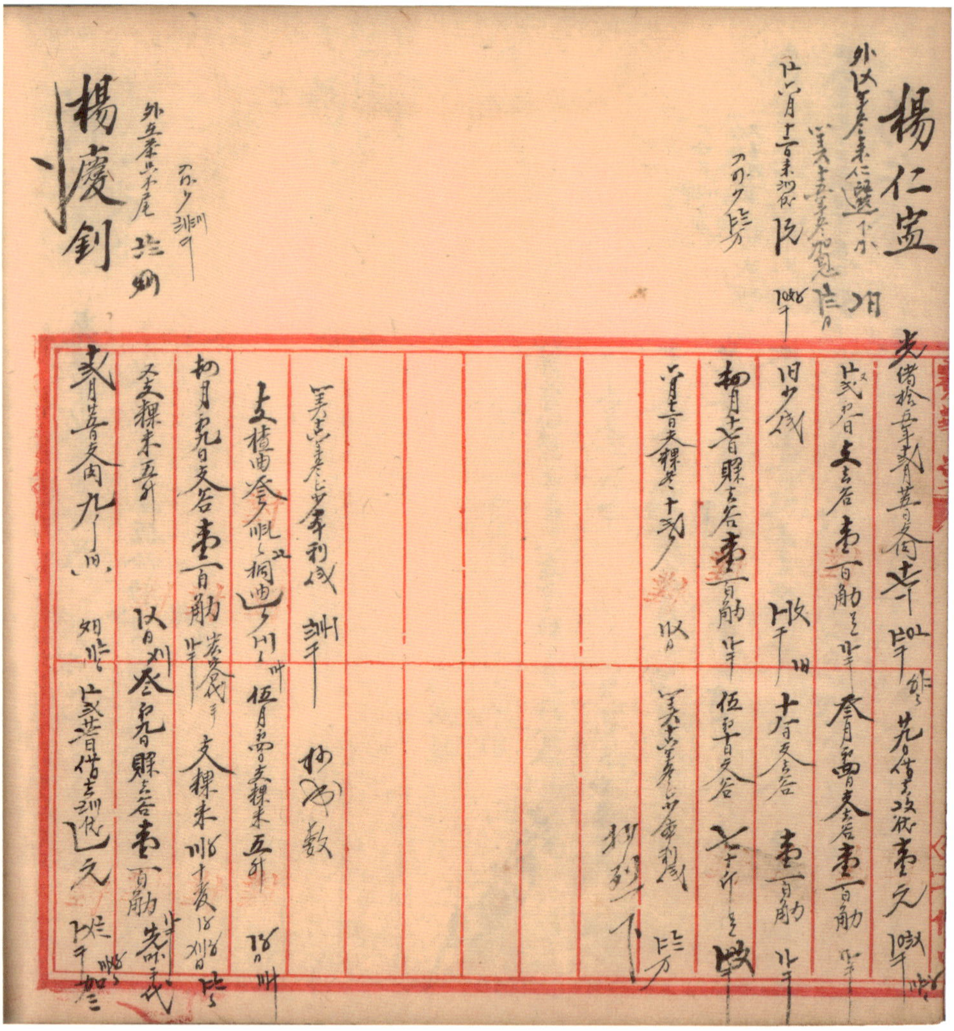

8-2-39-127　清光緒十五年鋼興黄記銀錢油穀發借總目（一二七）

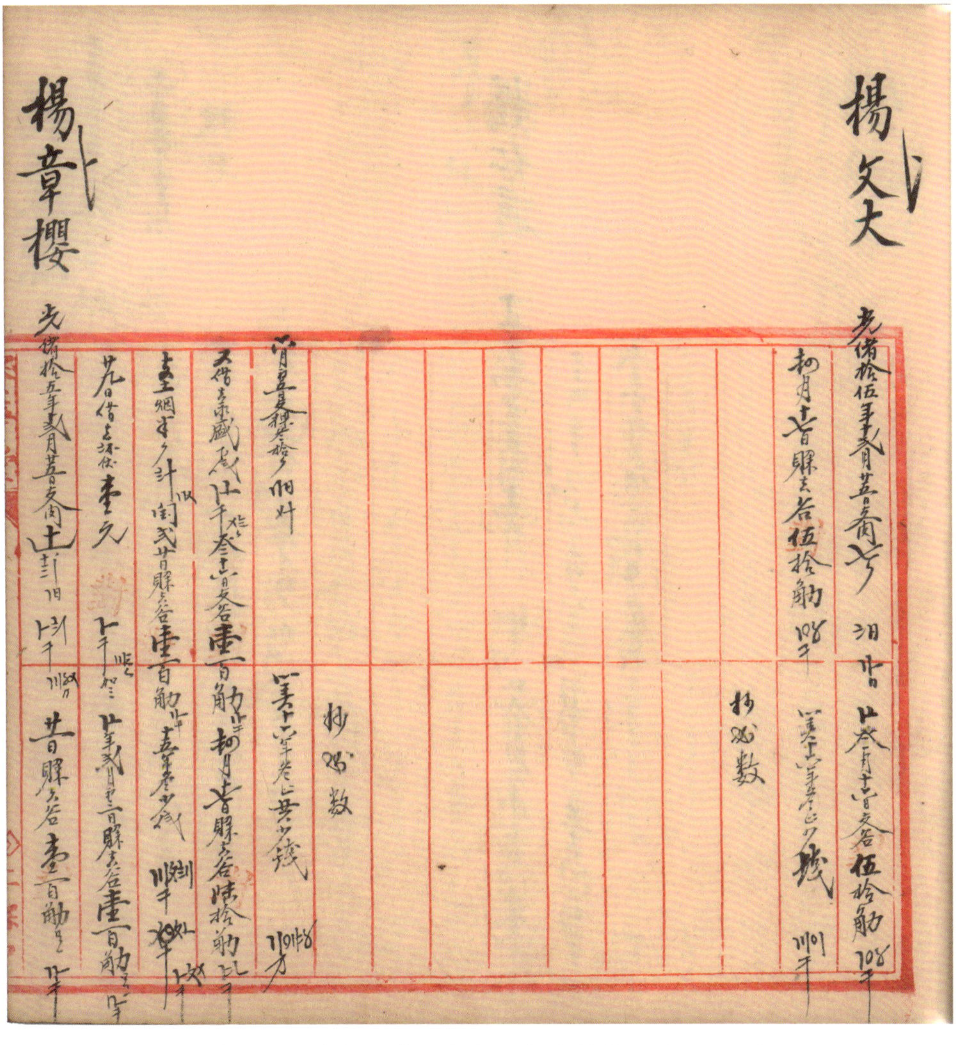

8-2-39-128　清光緒十五年鋼興黃記銀錢油穀發借總目（一二八）

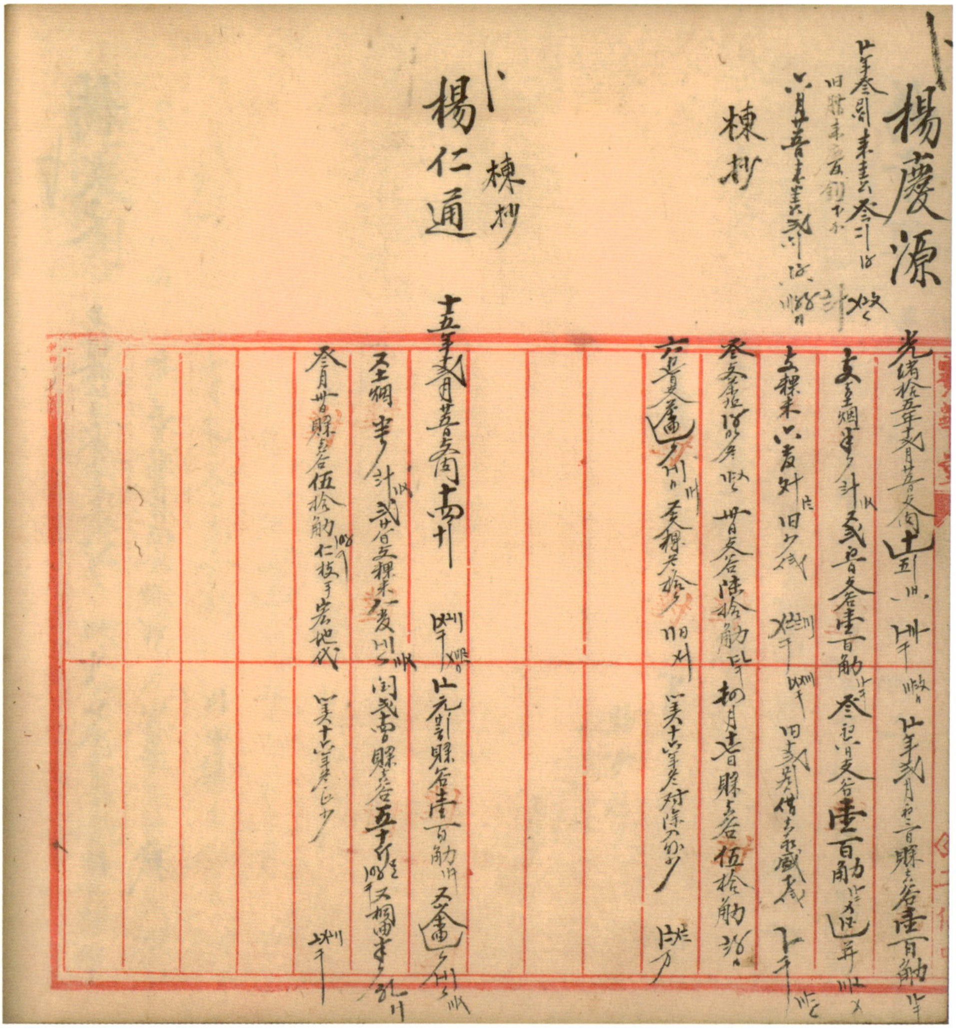
楊慶源
棟抄
楊仁通
棟抄

8-2-39-129　清光緒十五年鋼興黄記銀錢油穀發借總目（一二九）

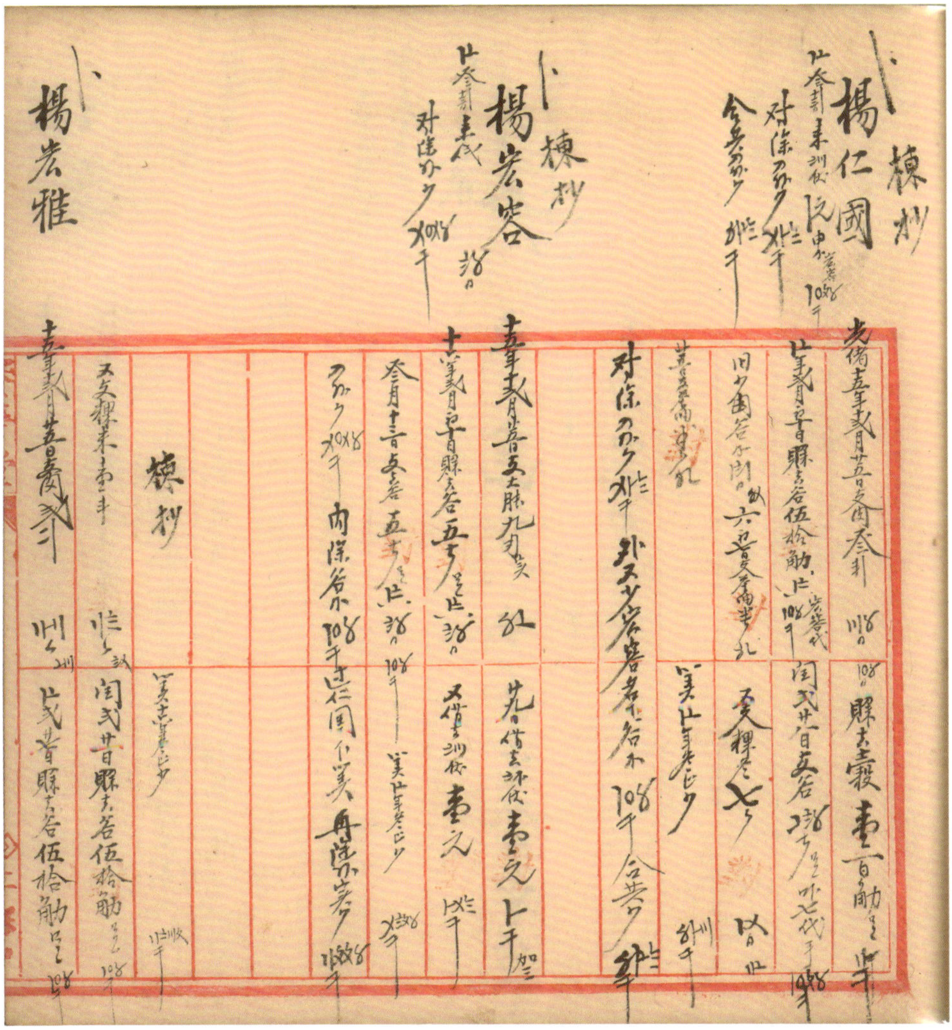

8-2-39-130　清光緒十五年鋼興黄記銀錢油穀發借總目（一三〇）

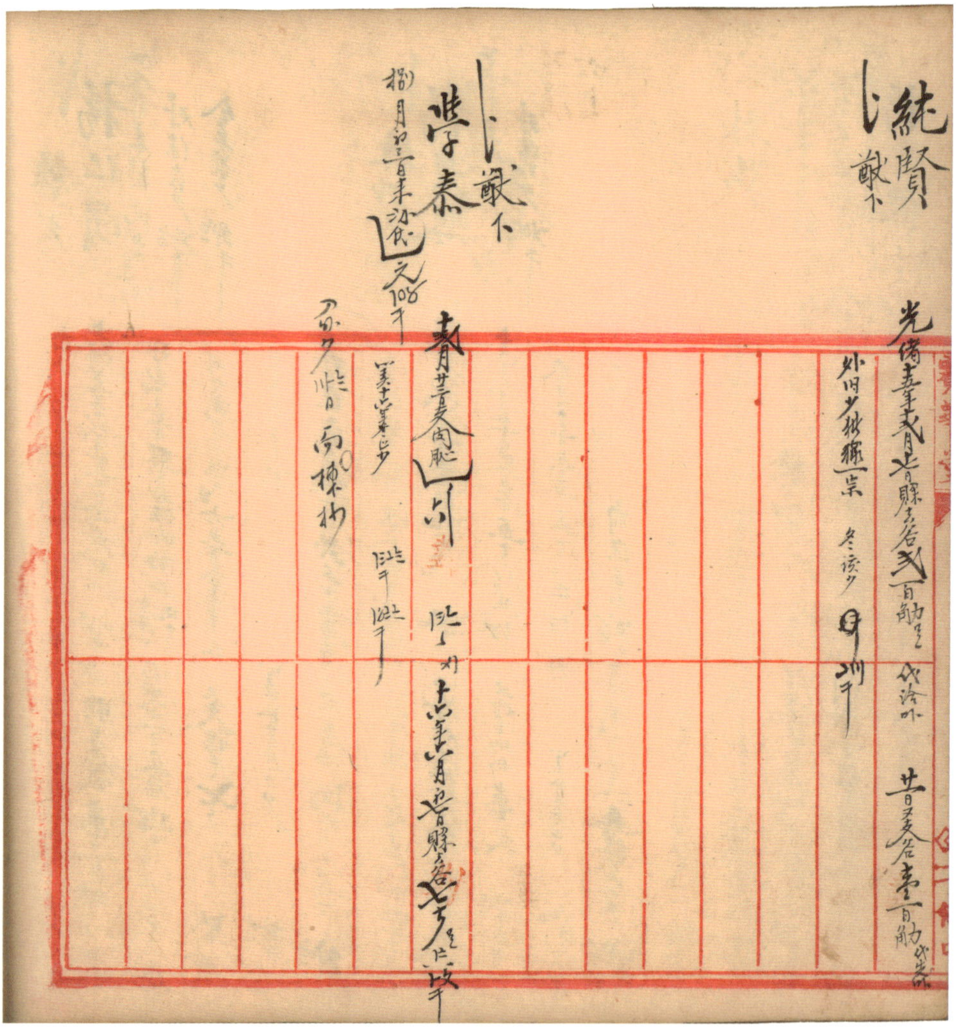

8-2-39-131　清光緒十五年鋼興黄記銀錢油穀發借總目（一三一）

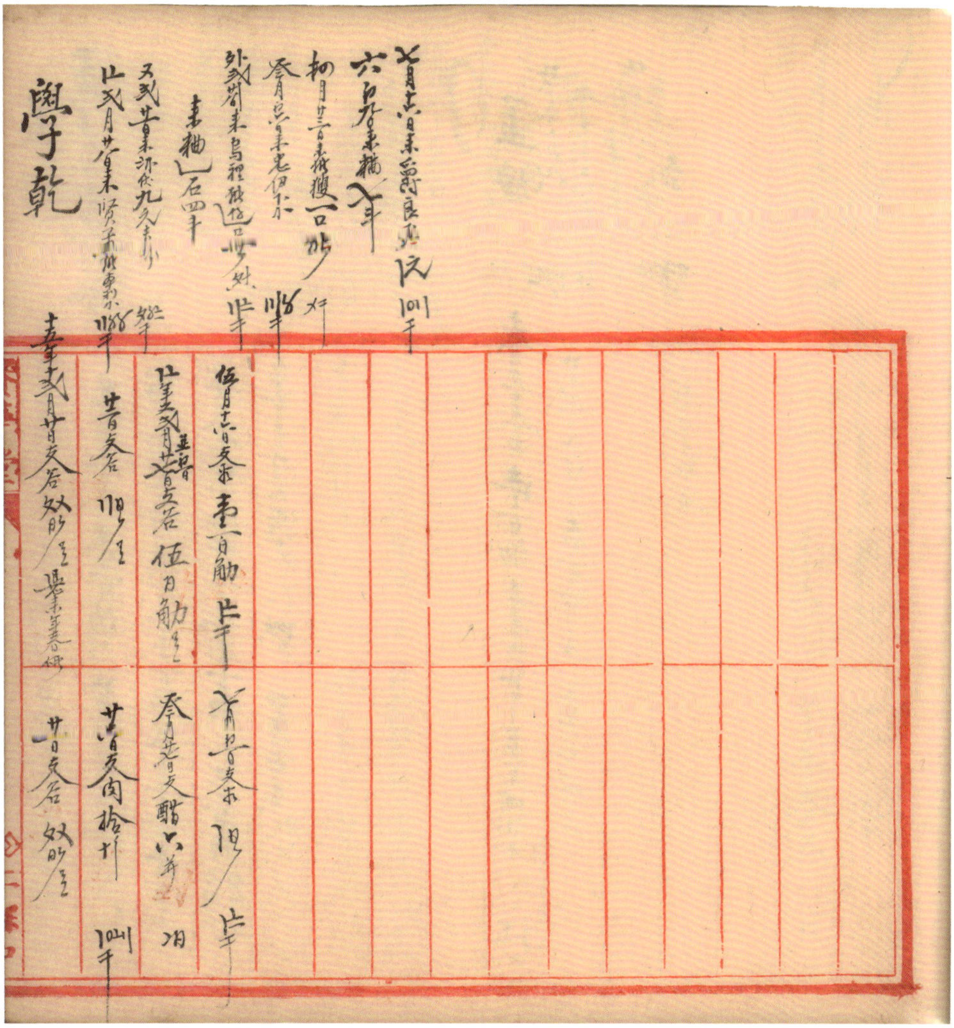

8-2-39-132　清光緒十五年鋼興黄記銀錢油穀發借總目（一三二）

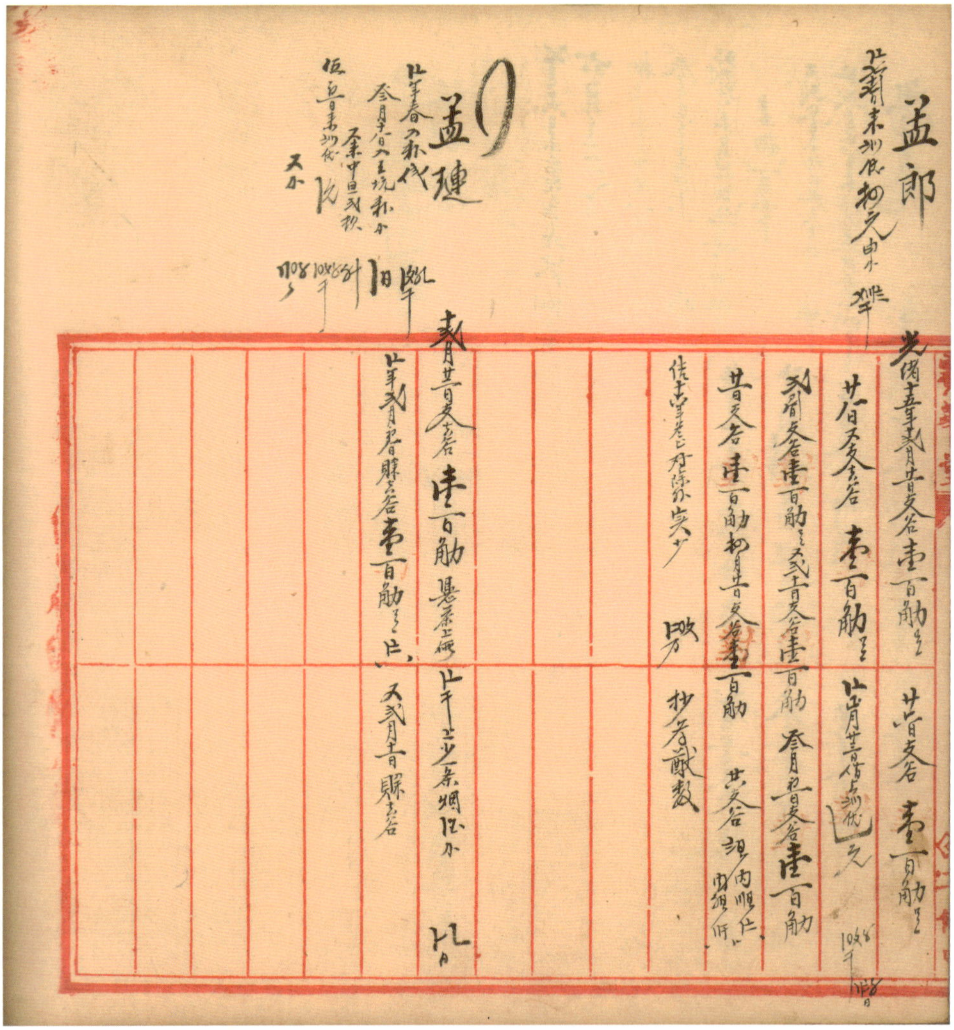

8-2-39-133　清光緒十五年鋼興黄記銀錢油穀發借總目（一三三）

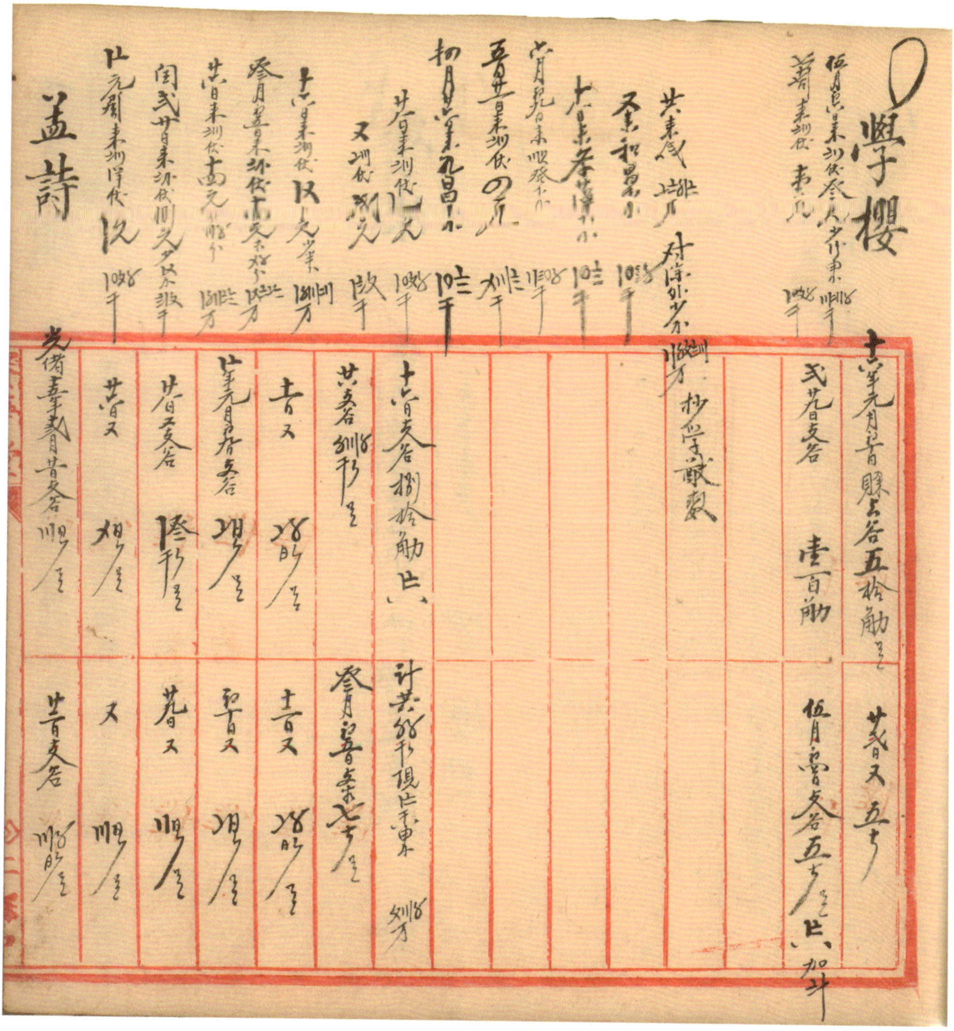

8-2-39-134　清光緒十五年鋼興黄記銀錢油穀發借總目（一三四）

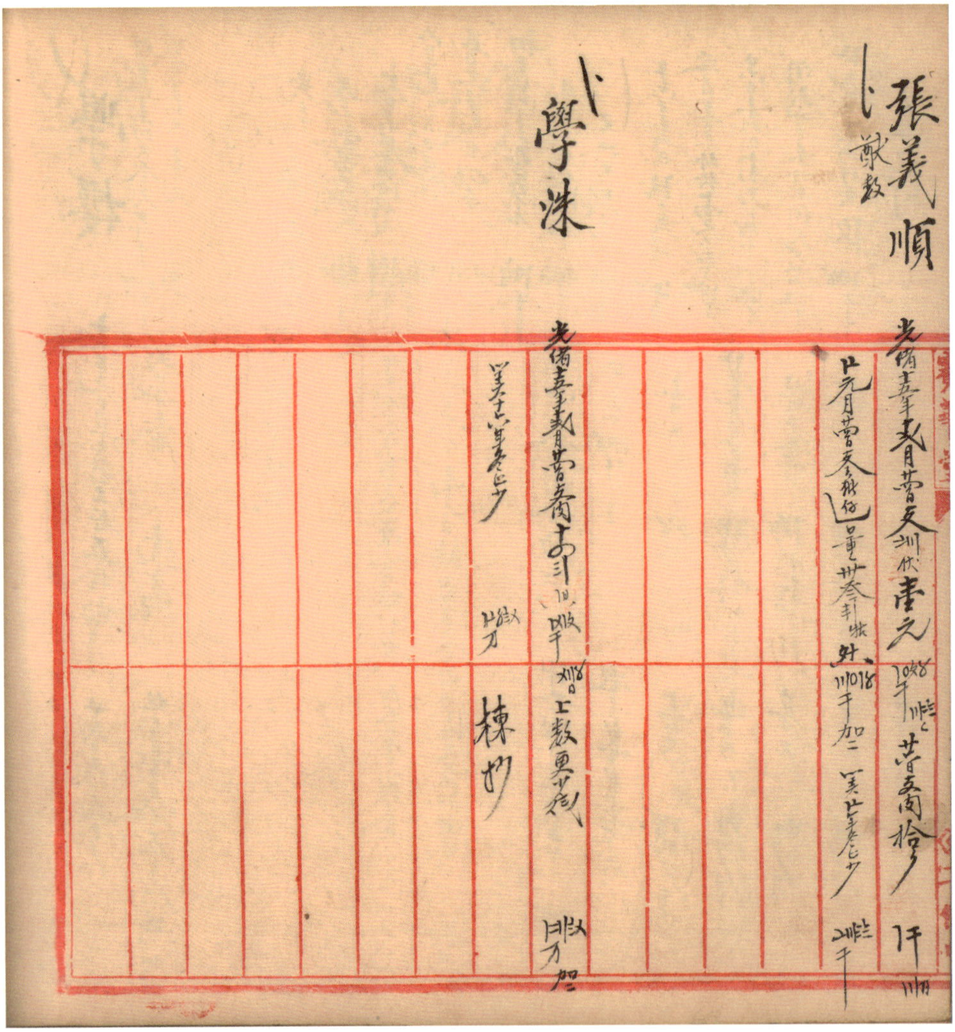
張義順
畝數
學洙

8-2-39-135　清光緒十五年鋼興黄記銀錢油穀發借總目（一三五）

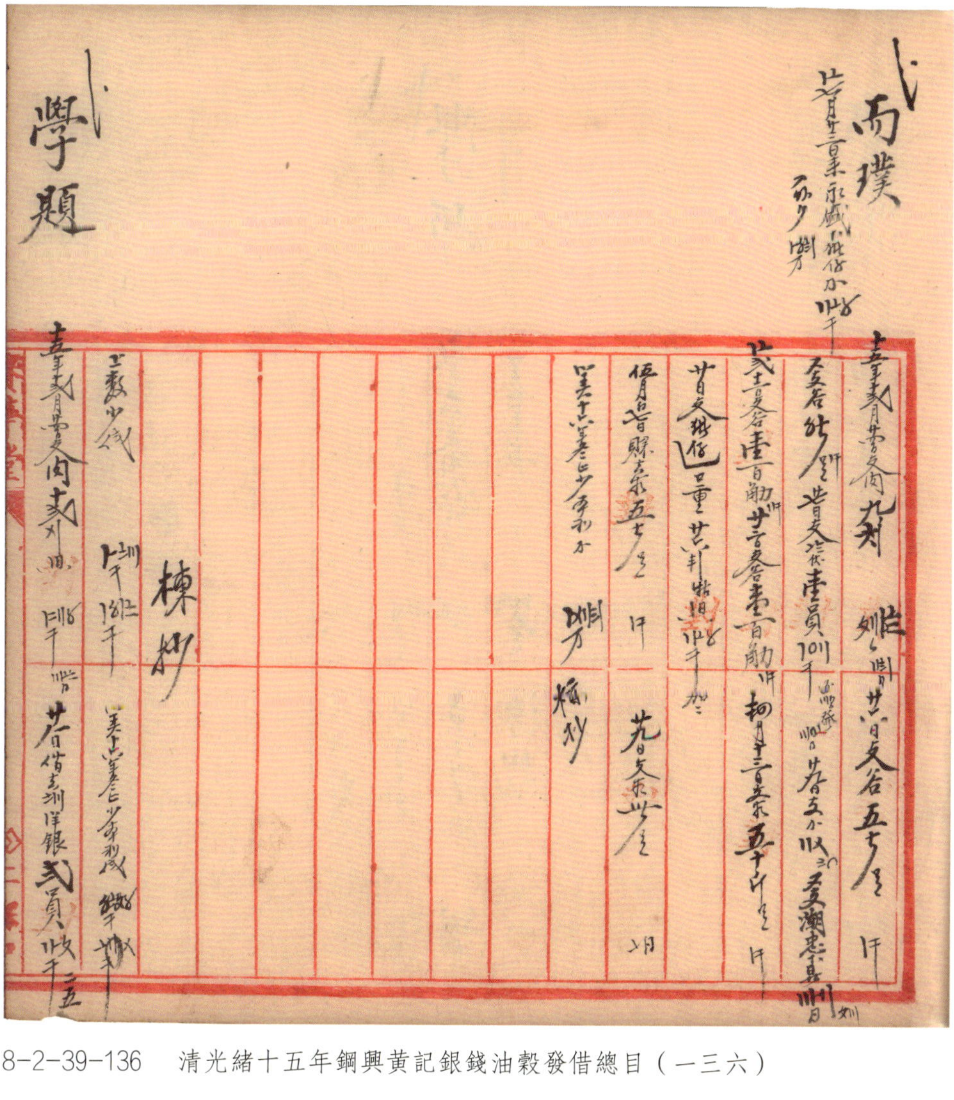

8-2-39-136　清光緒十五年鋼興黃記銀錢油穀發借總目（一三六）

8-2-39-137　清光緒十五年鋼興黄記銀錢油穀發借總目（一三七）

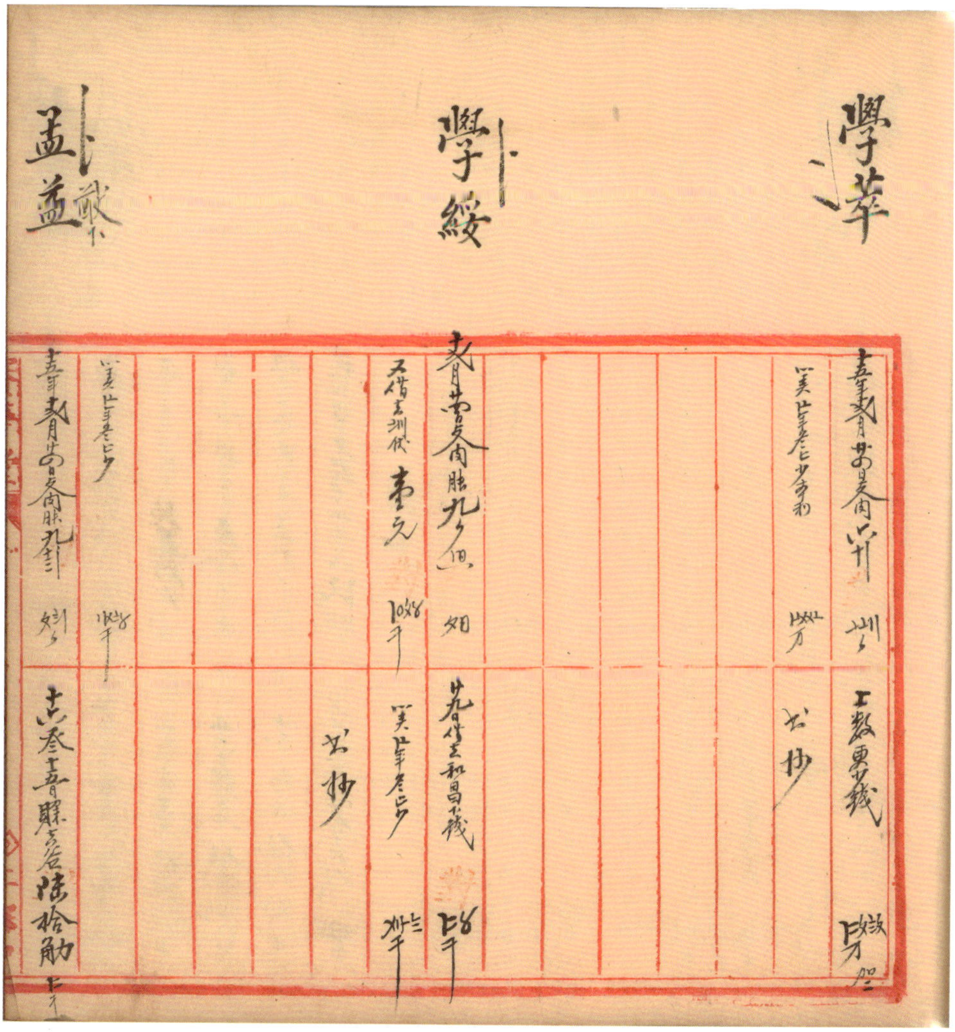

8-2-39-138　清光緒十五年鋼興黃記銀錢油穀發借總目（一三八）

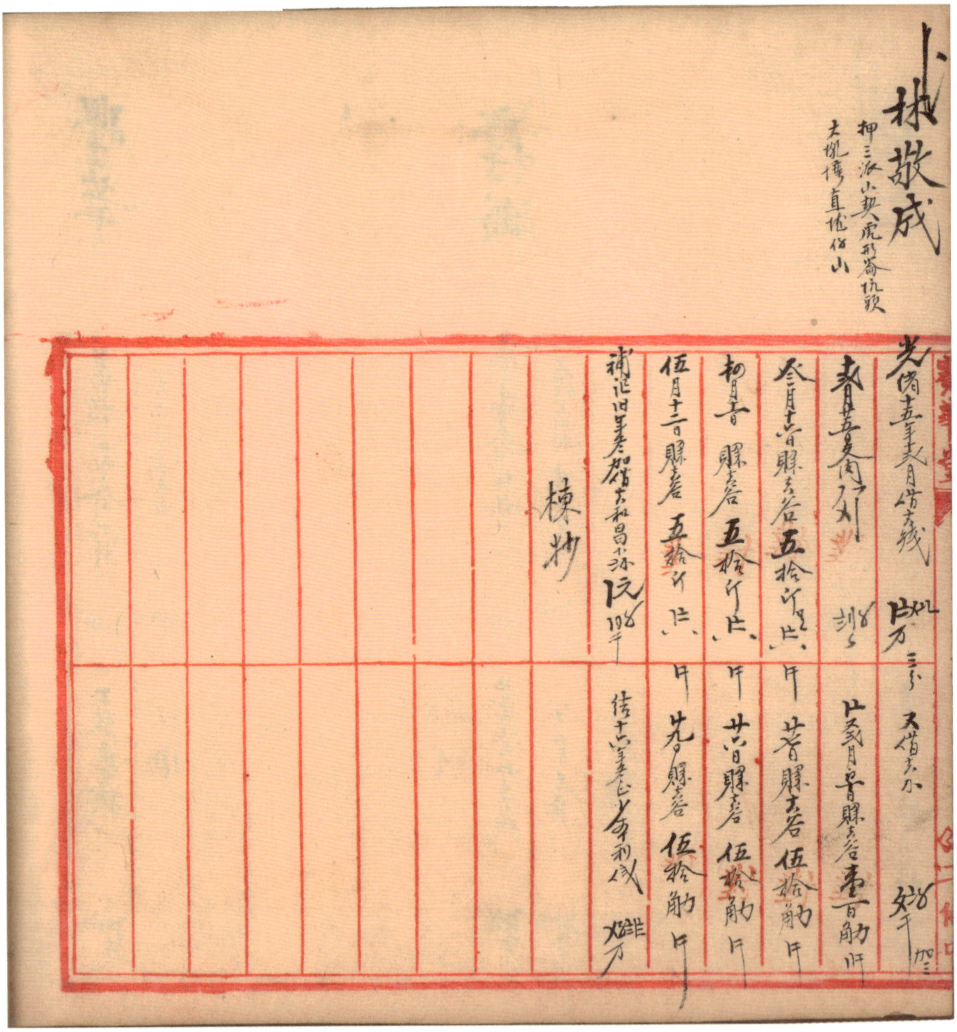

林敬成
押三派山契虎形崙玖穴
大坑墘直坑仔山

光緒十五年六月借去錢　三千　又借去加　加三
十二月廿五日交肉刈　十二月廿二日賒去谷壹百觔
叁月十六日賒去谷五拾斤　廿四日賒去谷伍拾觔
肆月初一日賒去谷五拾斤　廿六日賒去谷伍拾觔
伍月十二日賒去谷五拾斤　廿九日賒去谷伍拾觔
補記旧年冬借去和昌小林　借十六年正月本利錢
棟抄

8-2-39-139　清光緒十五年鋼興黄記銀錢油穀發借總目（一三九）

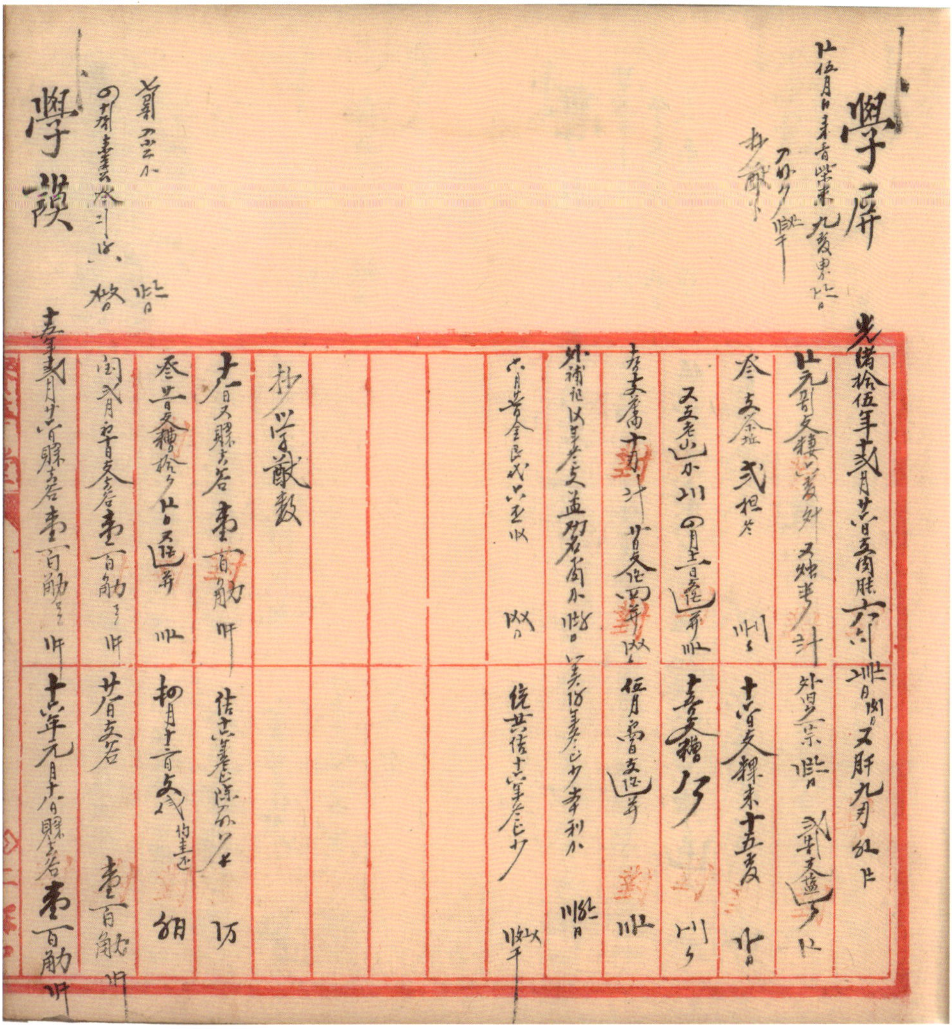

8-2-39-140　清光緒十五年鋼興黄記銀錢油穀發借總目（一四〇）

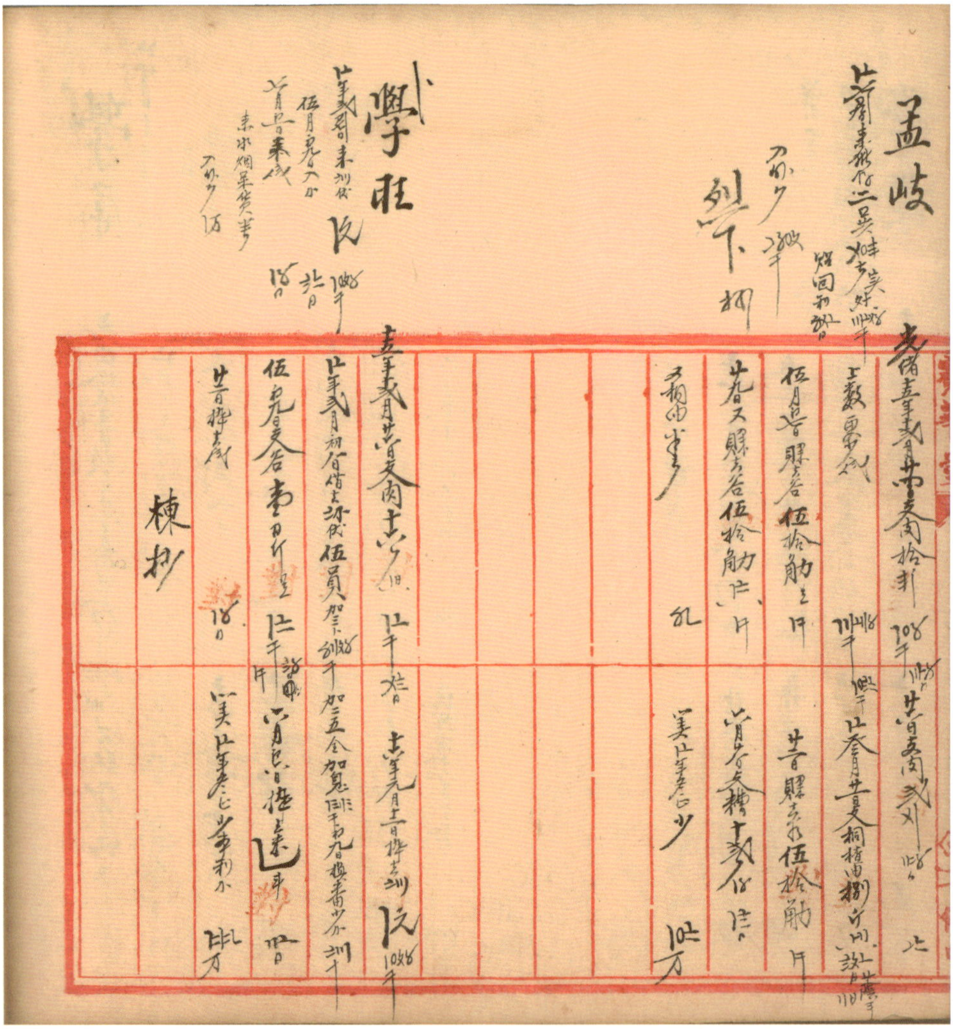
孟岐
學莊
棟彬

8-2-39-141　清光緒十五年鋼興黄記銀錢油穀發借總目（一四一）

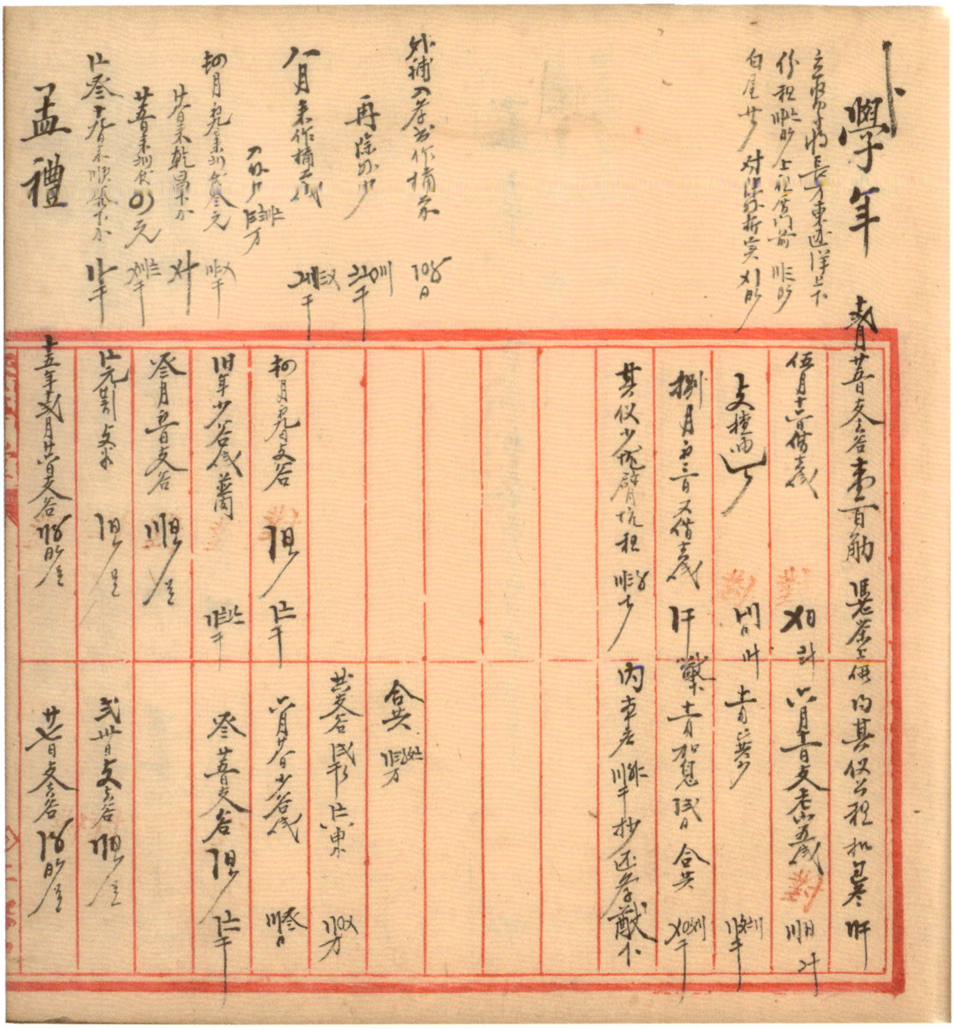

8-2-39-142　清光緒十五年鋼興黃記銀錢油穀發借總目（一四二）

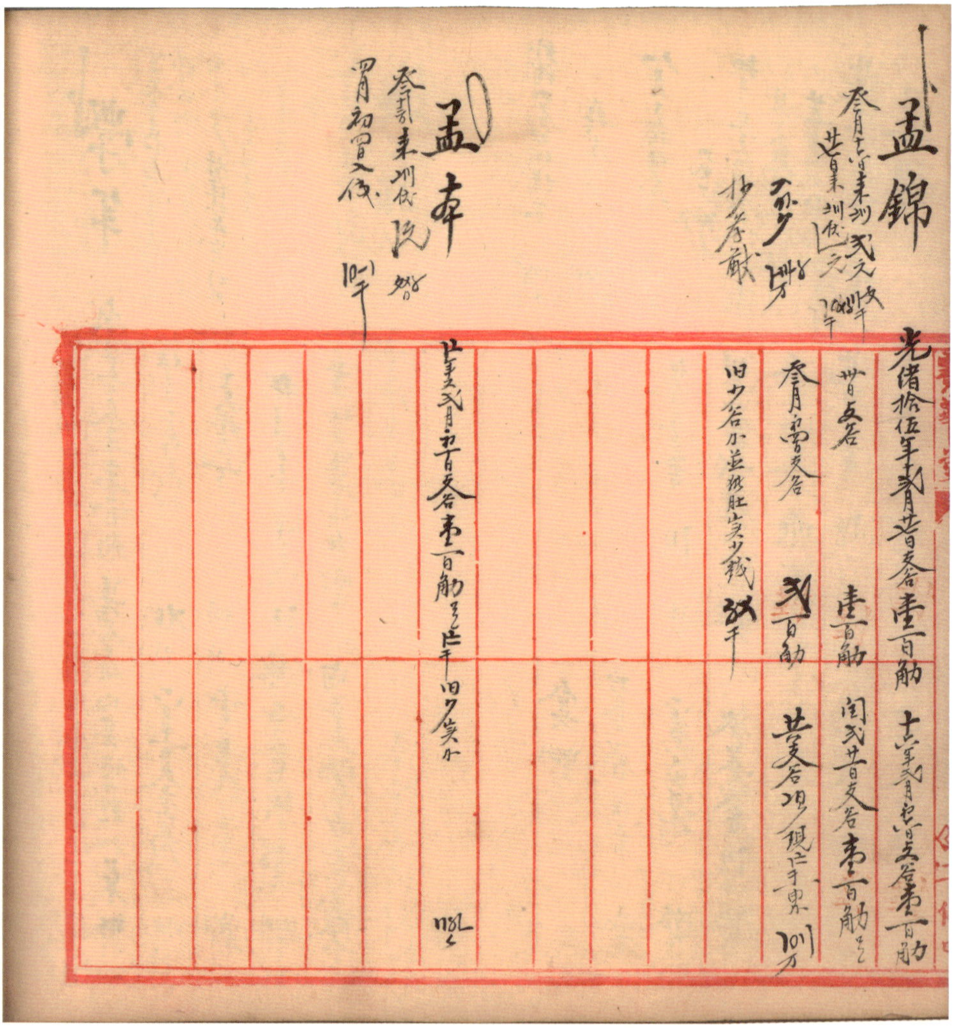

8-2-39-143　清光緒十五年鋼興黄記銀錢油穀發借總目（一四三）

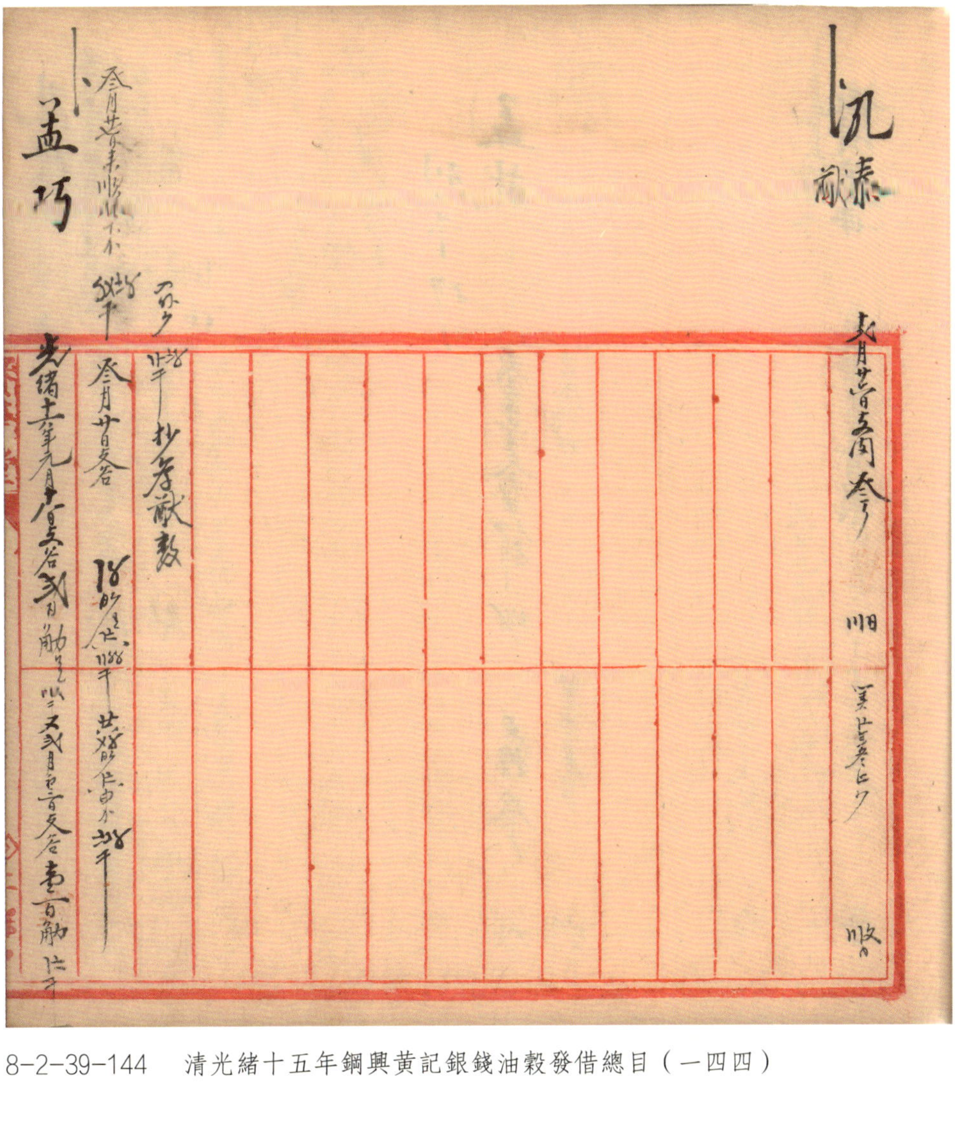

沉
獻泰
小
益巧
光緒十五年九月廿五日支谷貳百觔
叁月廿日支谷
抄存獻數

8-2-39-144　清光緒十五年鋼興黄記銀錢油穀發借總目（一四四）

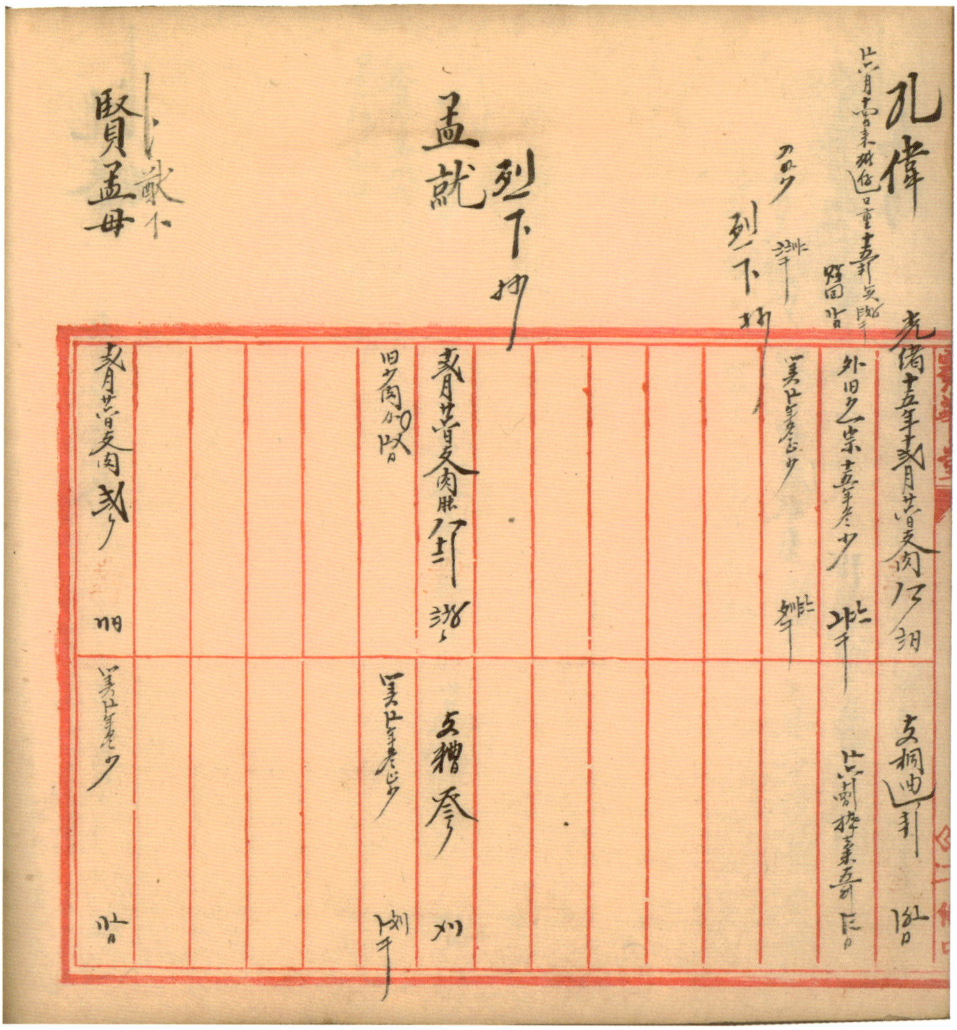

8-2-39-145　清光緒十五年鋼興黃記銀錢油穀發借總目（一四五）

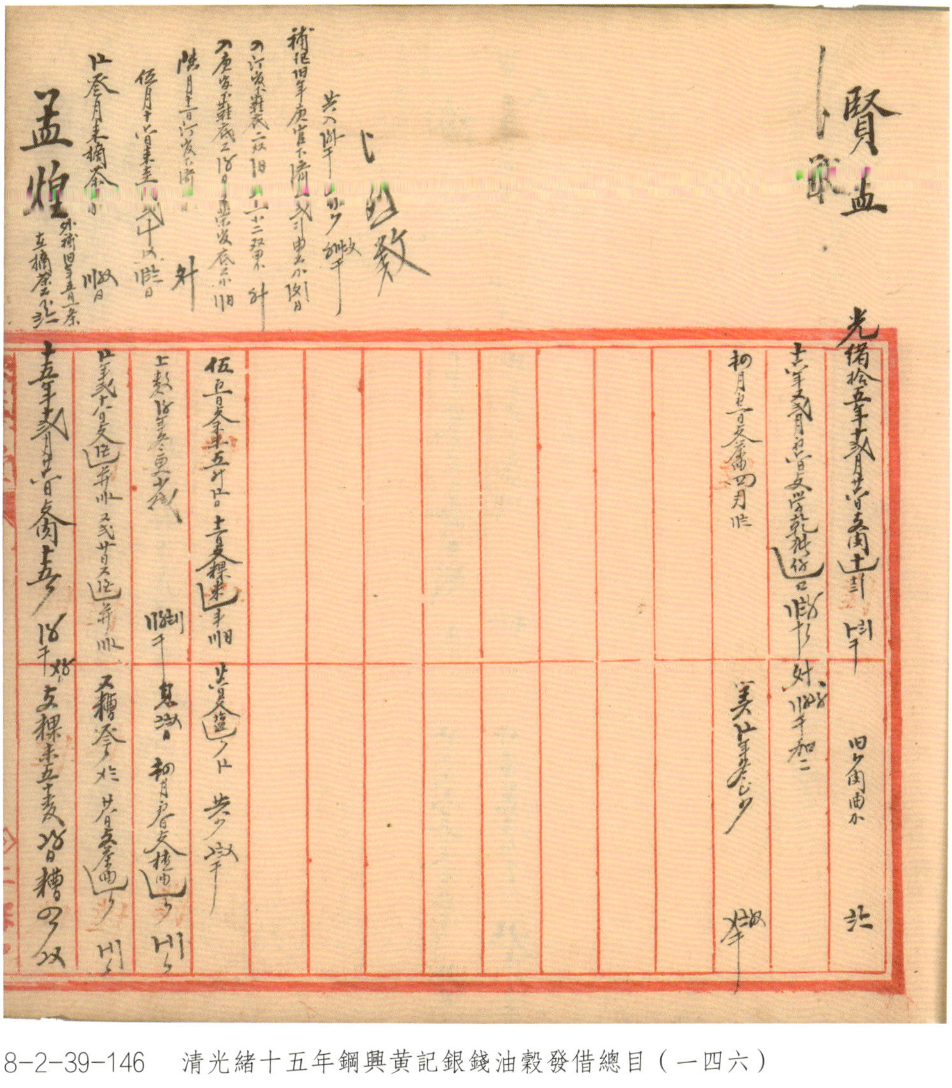

8-2-39-146　清光緒十五年鋼興黄記銀錢油穀發借總目（一四六）

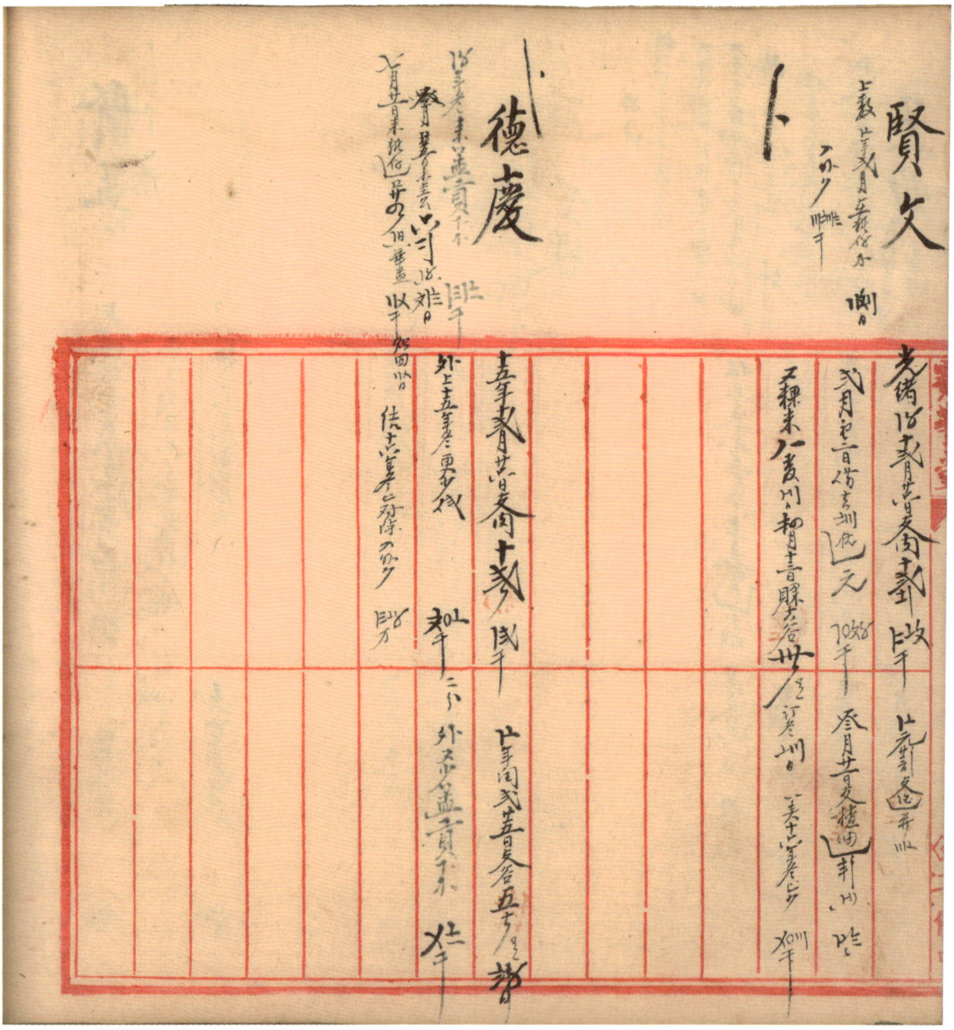

8-2-39-147　清光緒十五年鋼興黄記銀錢油穀發借總目（一四七）

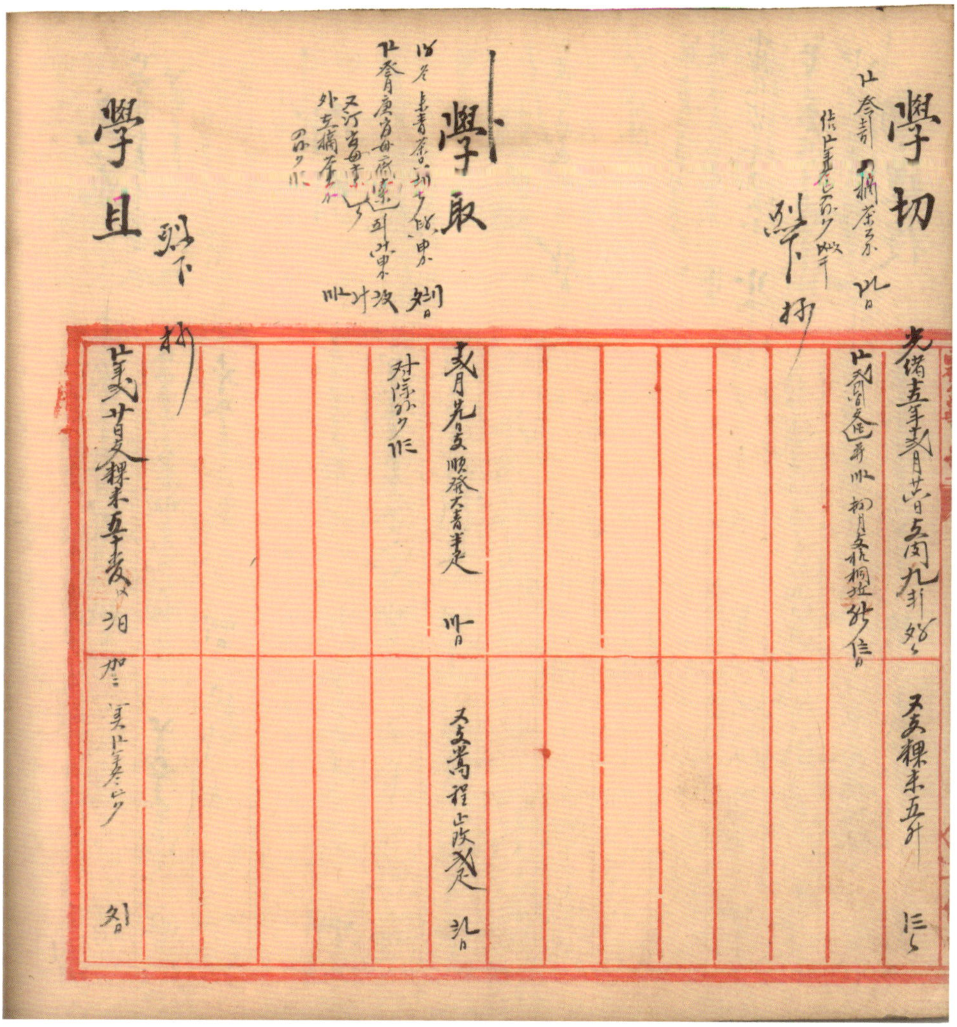

8-2-39-148　清光緒十五年鋼興黃記銀錢油穀發借總目（一四八）

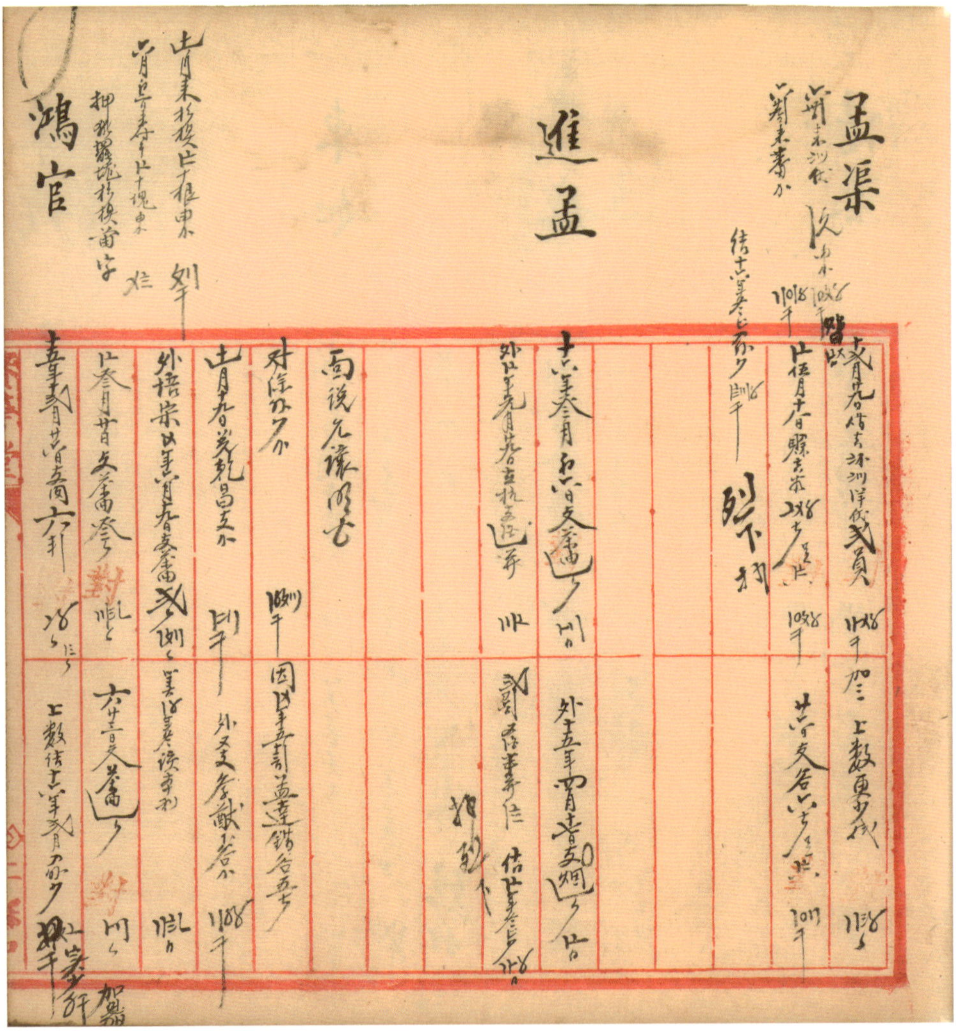

8-2-39-149　清光緒十五年鋼興黄記銀錢油穀發借總目（一四九）

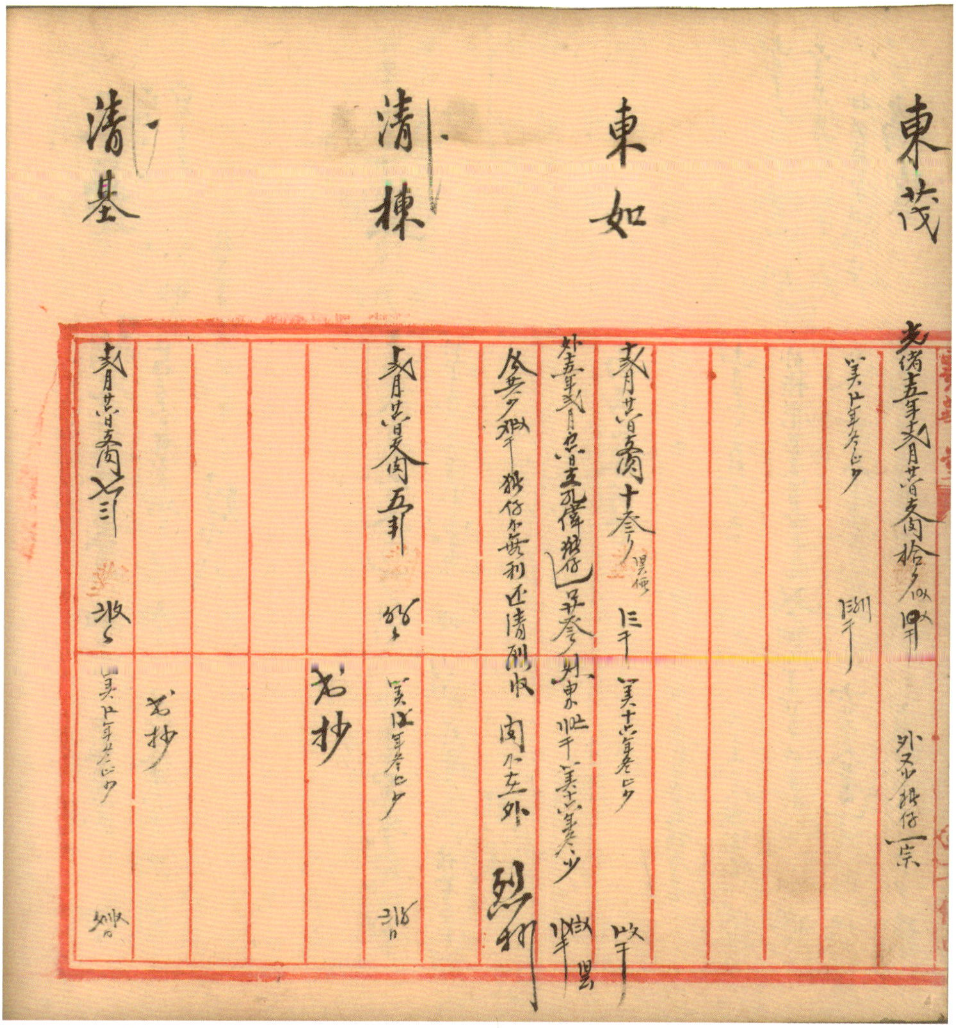

東茂
東如
清棟
清基
另抄
另抄

8-2-39-150　清光緒十五年鋼興黃記銀錢油穀發借總目（一五〇）

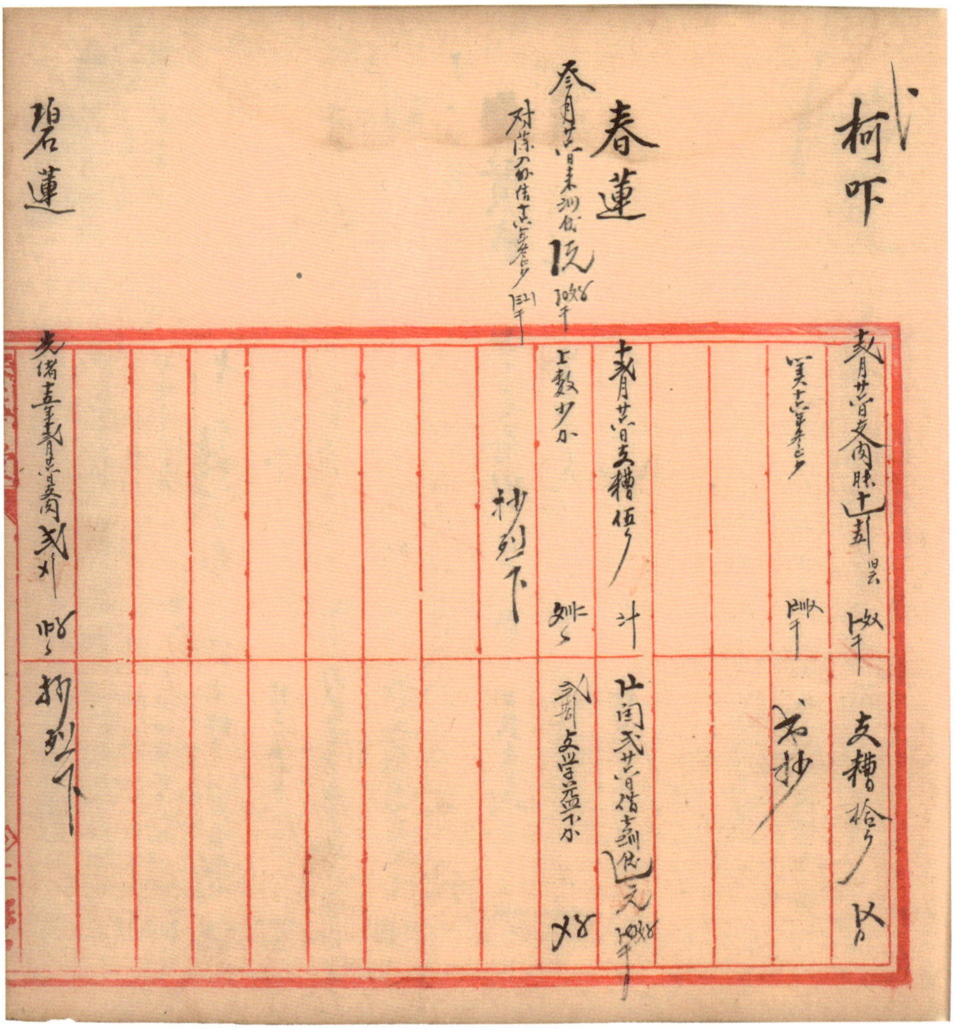
柯吓

春蓮

抄列下

碧蓮

抄列下

8-2-39-151　清光緒十五年鋼興黄記銀錢油穀發借總目（一五一）

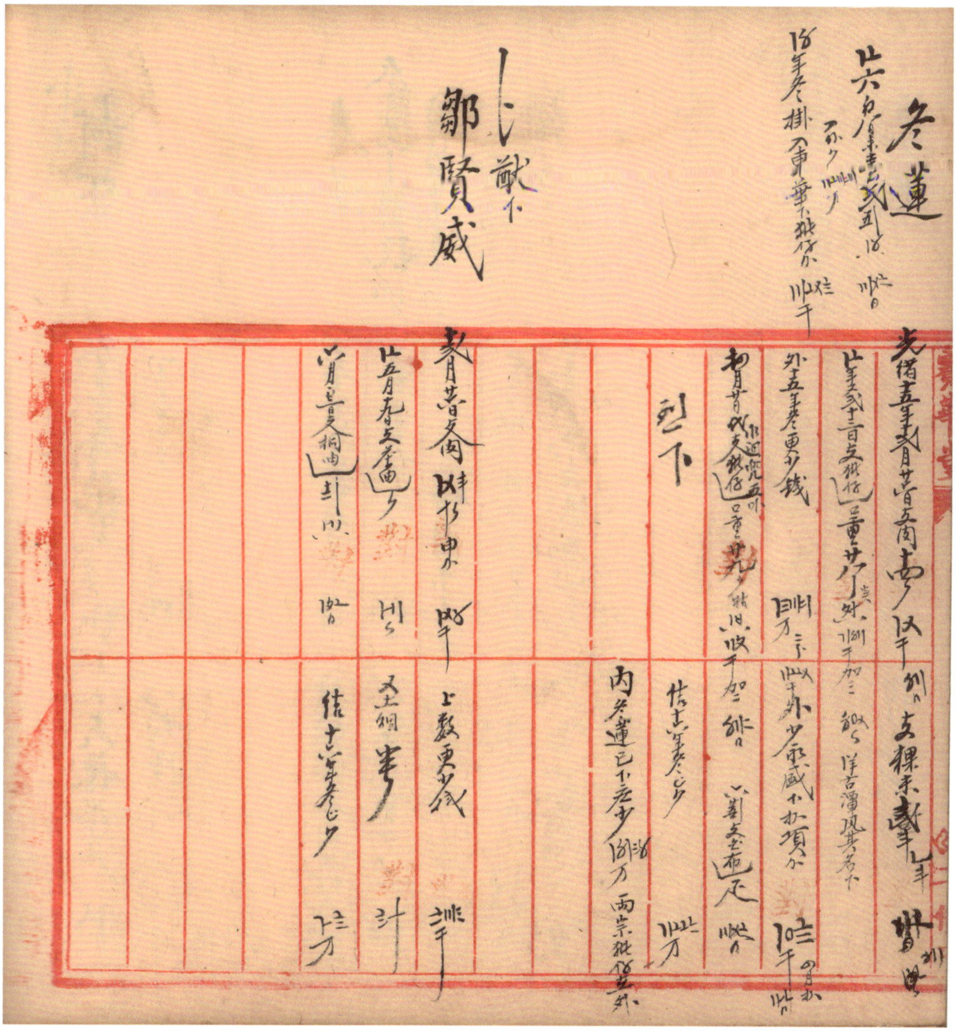

8-2-39-152　清光緒十五年鋼興黃記銀錢油穀發借總目（一五二）

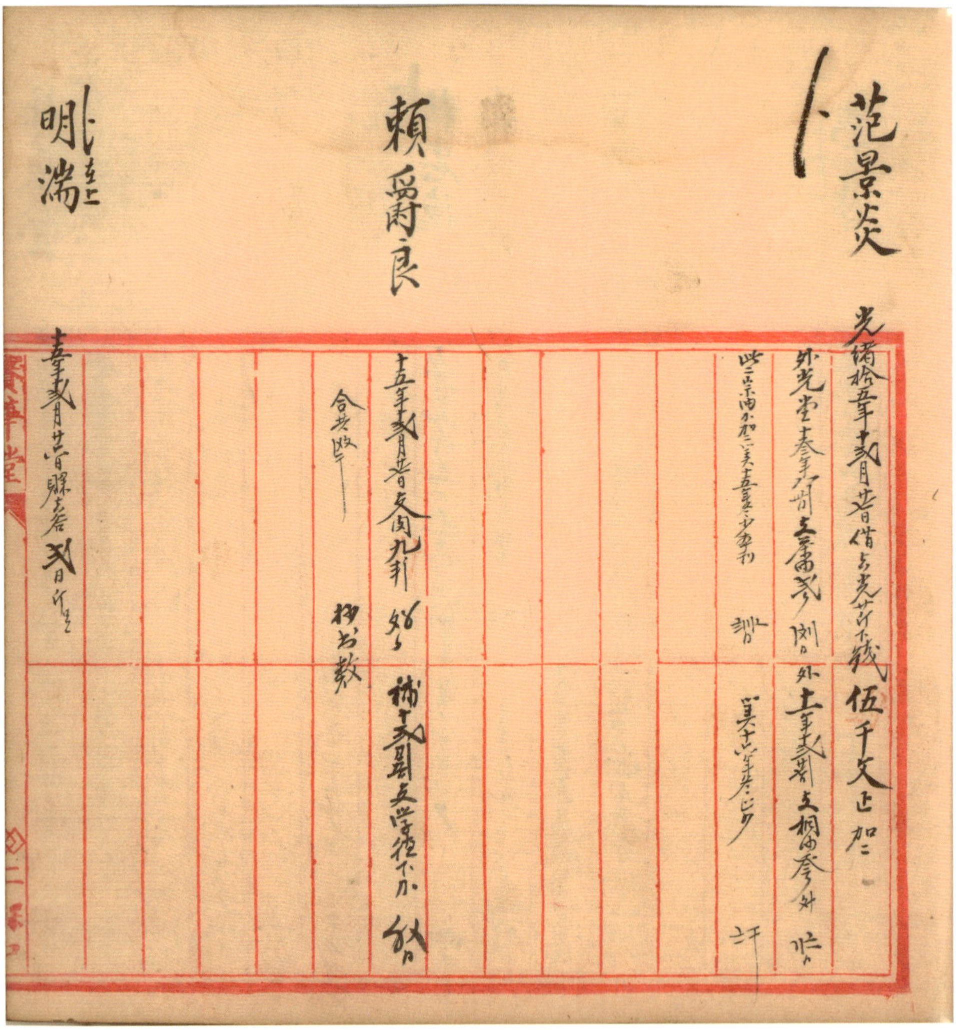

8-2-39-153　清光緒十五年鋼興黄記銀錢油穀發借總目（一五三）

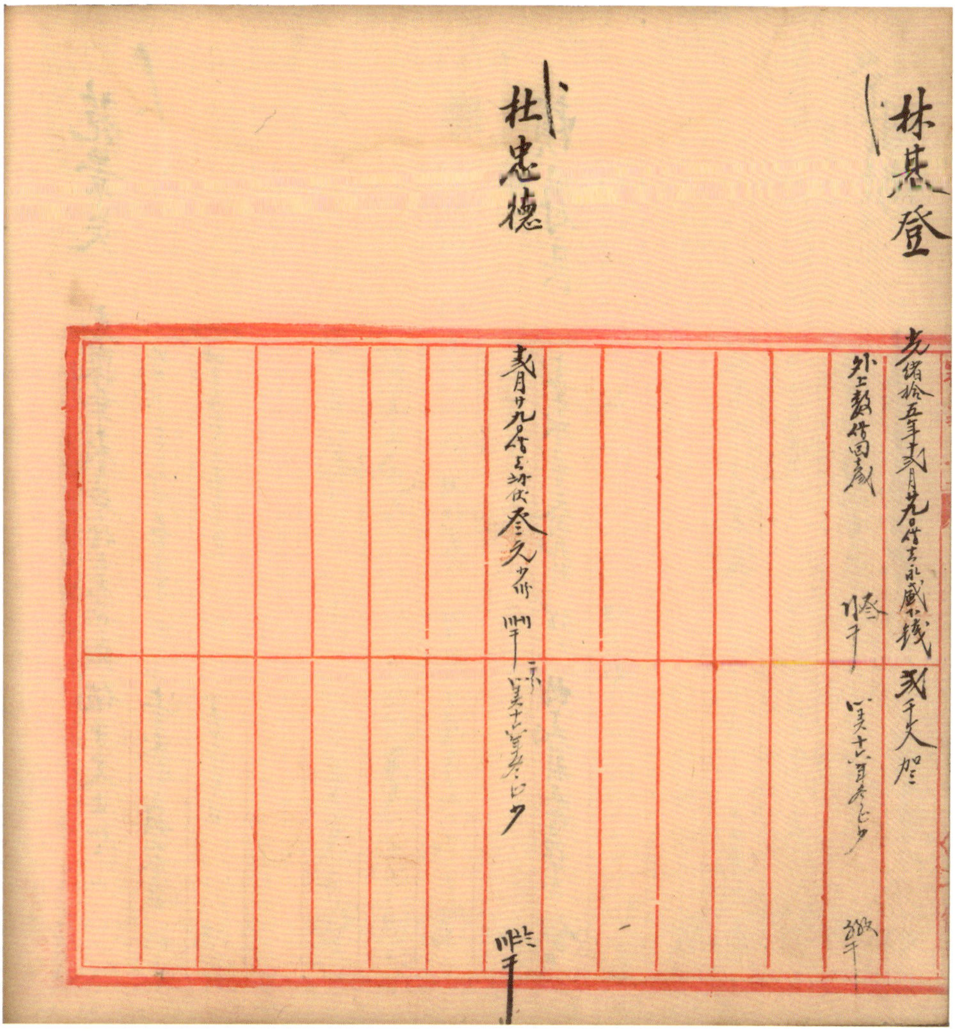
林其登
光緒拾五年弍月廿九日付去永盛錢　弍千文
杜忠德
弍月廿九日付去油　叁元

8-2-39-154　清光緒十五年鋼興黄記銀錢油穀發借總目（一五四）

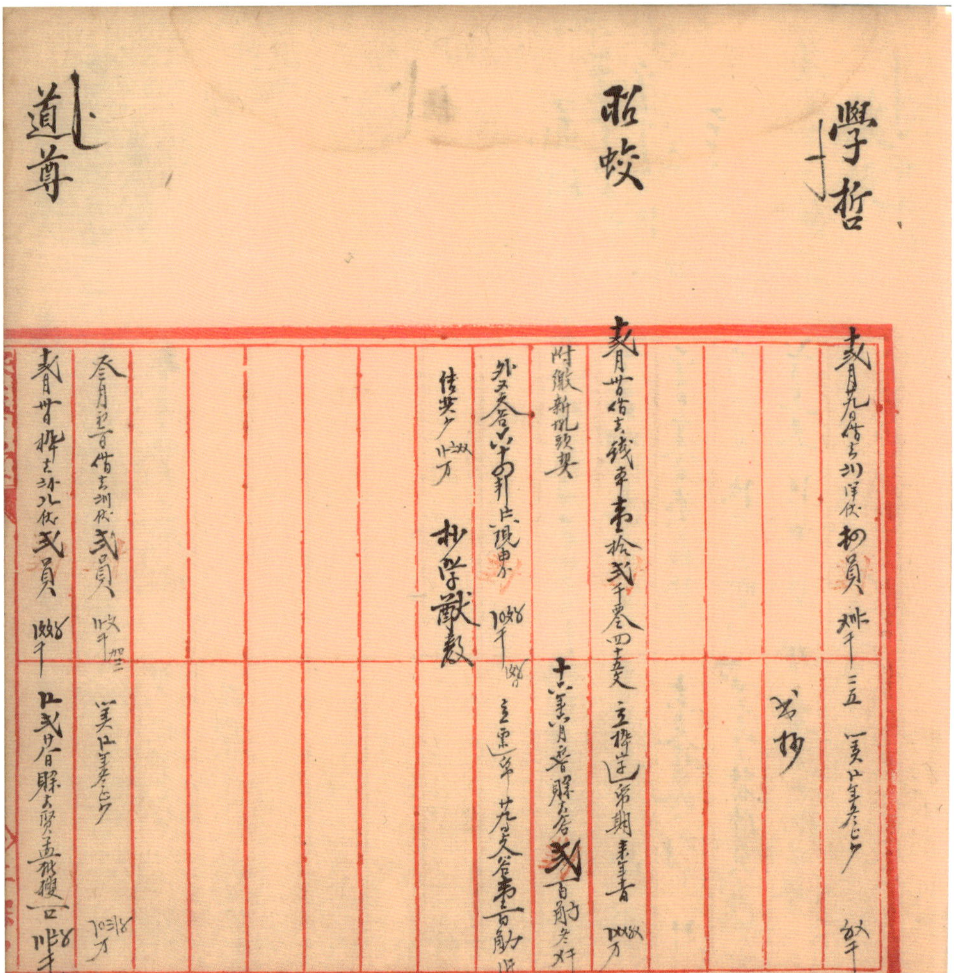

8-2-39-155　清光緒十五年鋼興黄記銀錢油穀發借總目（一五五）

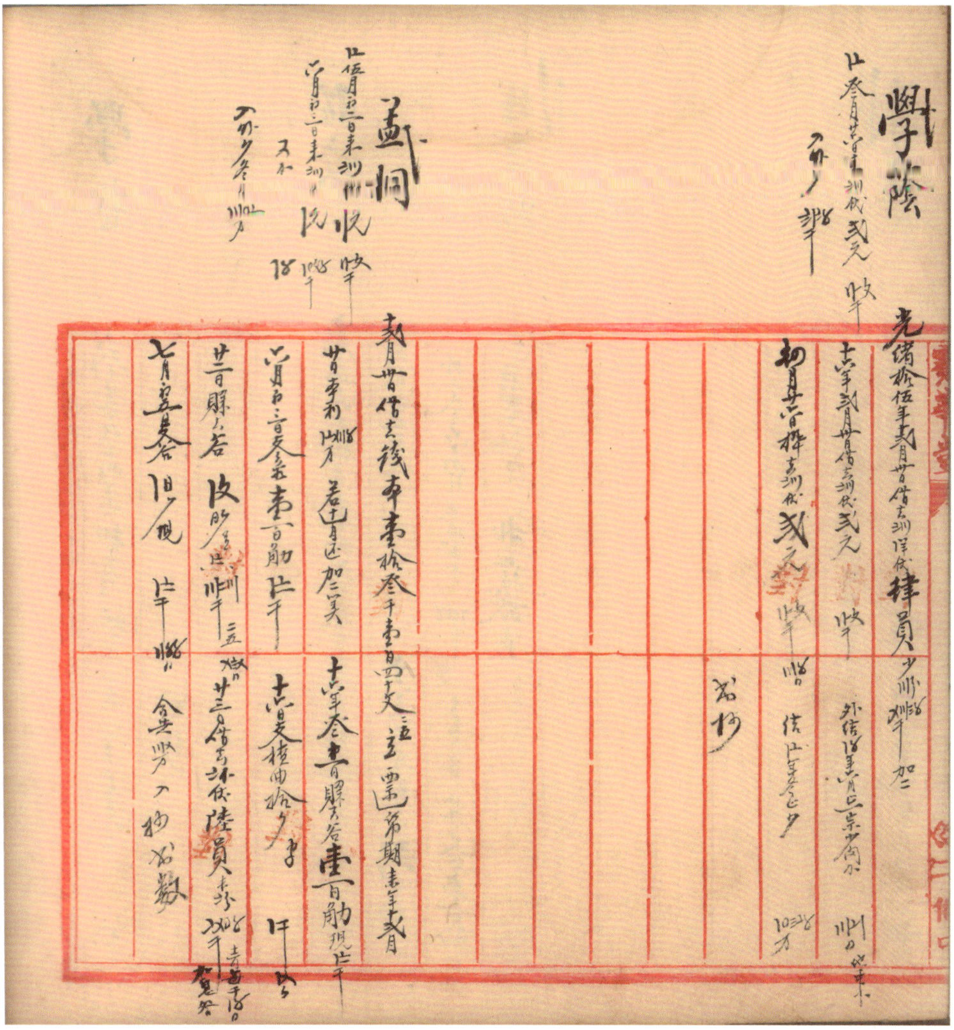

8-2-39-156　清光緒十五年鋼興黄記銀錢油穀發借總目（一五六）

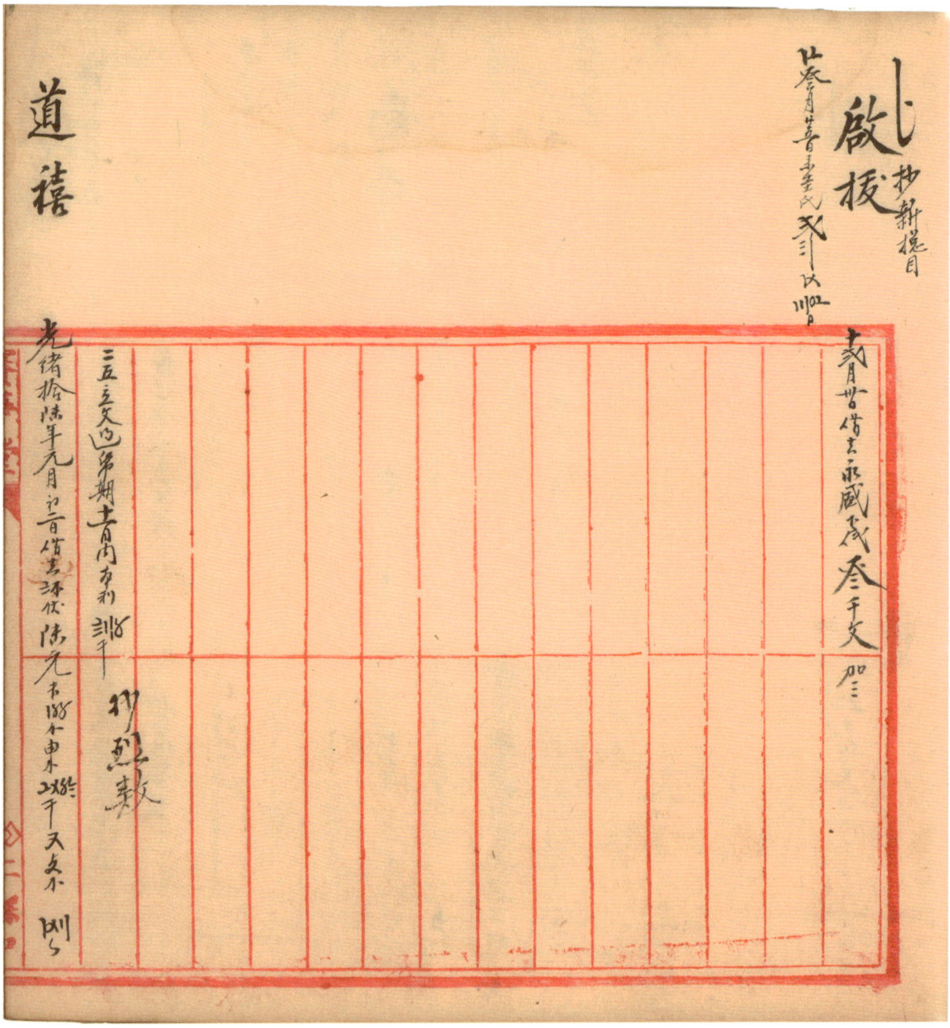

8-2-39-157　清光緒十五年鋼興黃記銀錢油穀發借總目（一五七）

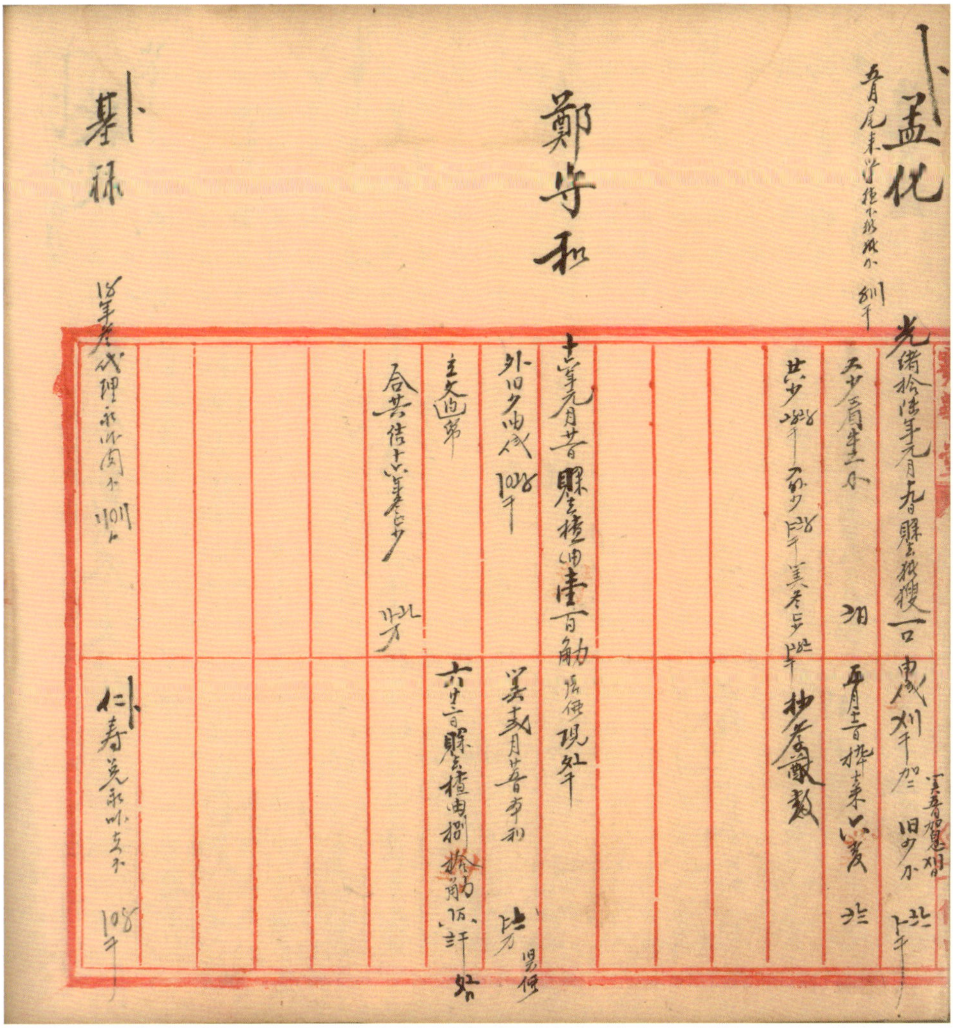

8-2-39-158　清光緒十五年鋼興黄記銀錢油穀發借總目（一五八）

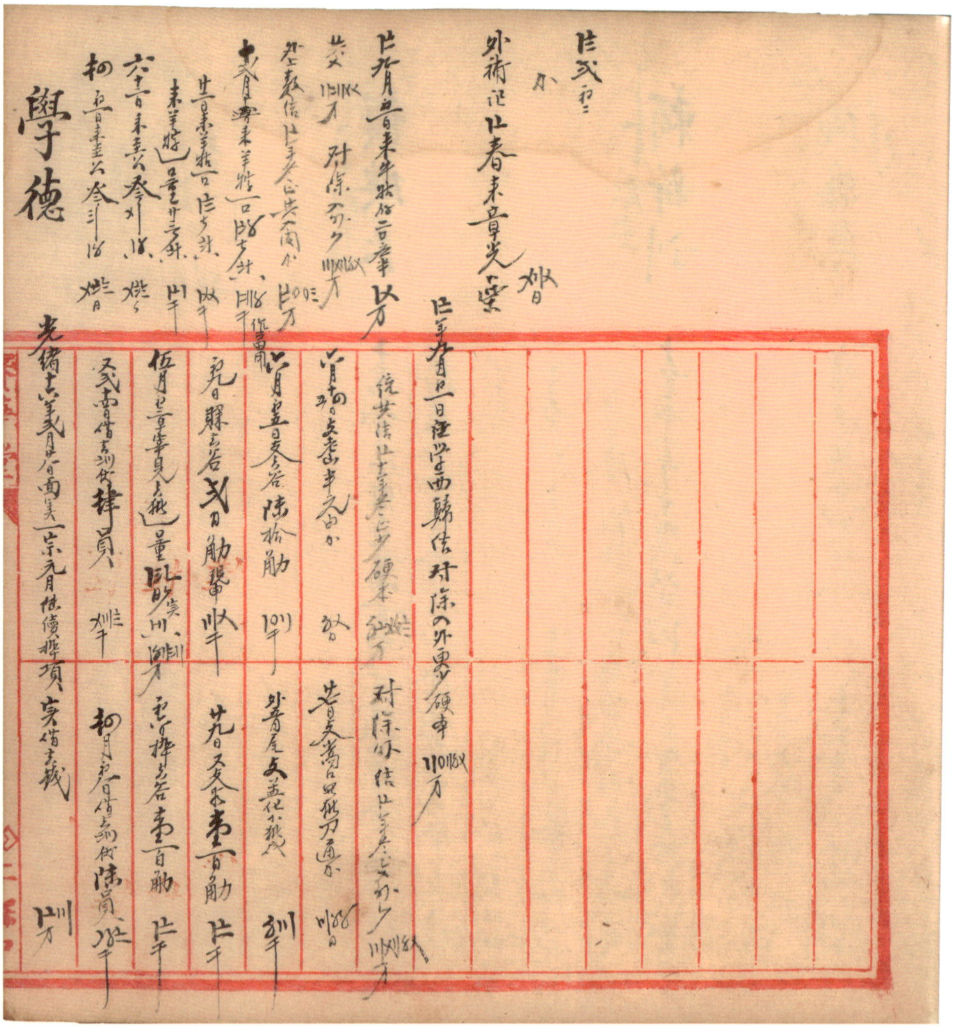

8-2-39-159　清光緒十五年鋼興黄記銀錢油穀發借總目（一五九）

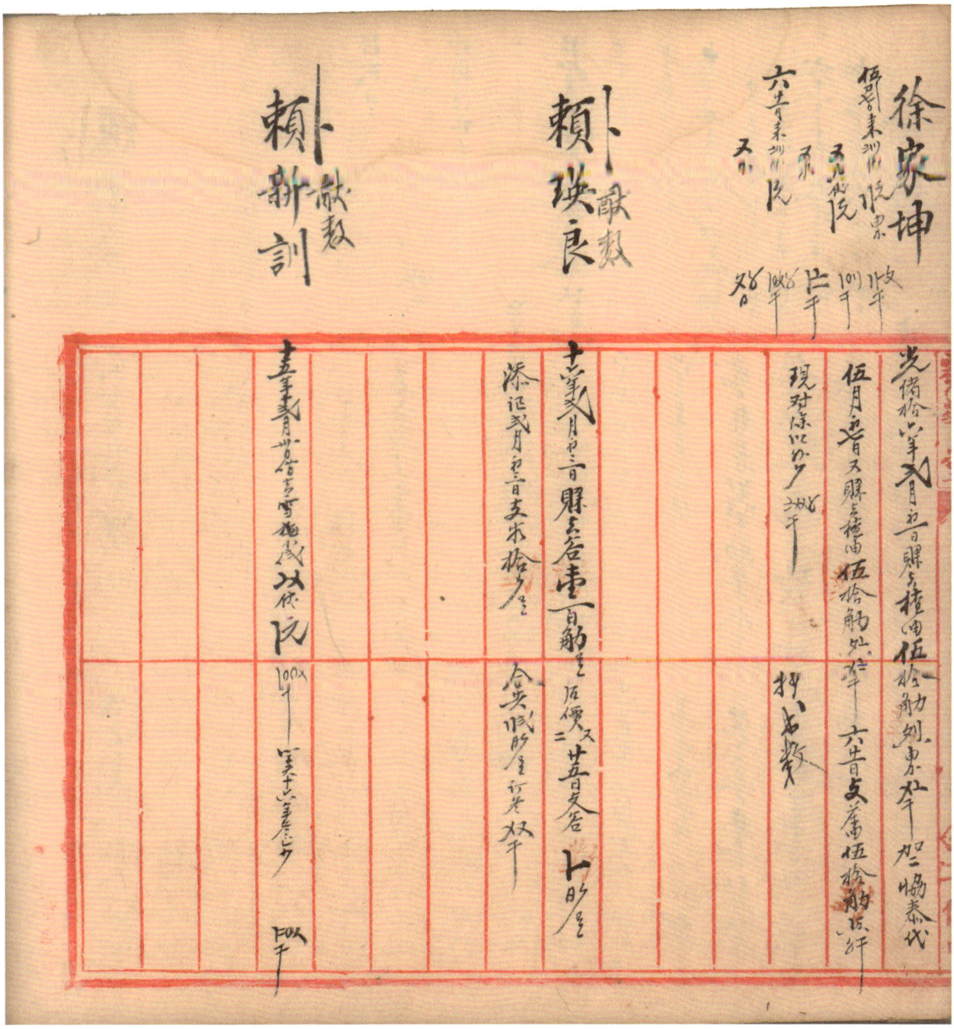

徐家坤

賴珙良 畝數

賴新訓 畝數

8-2-39-160　清光緒十五年鋼興黃記銀錢油穀發借總目（一六〇）

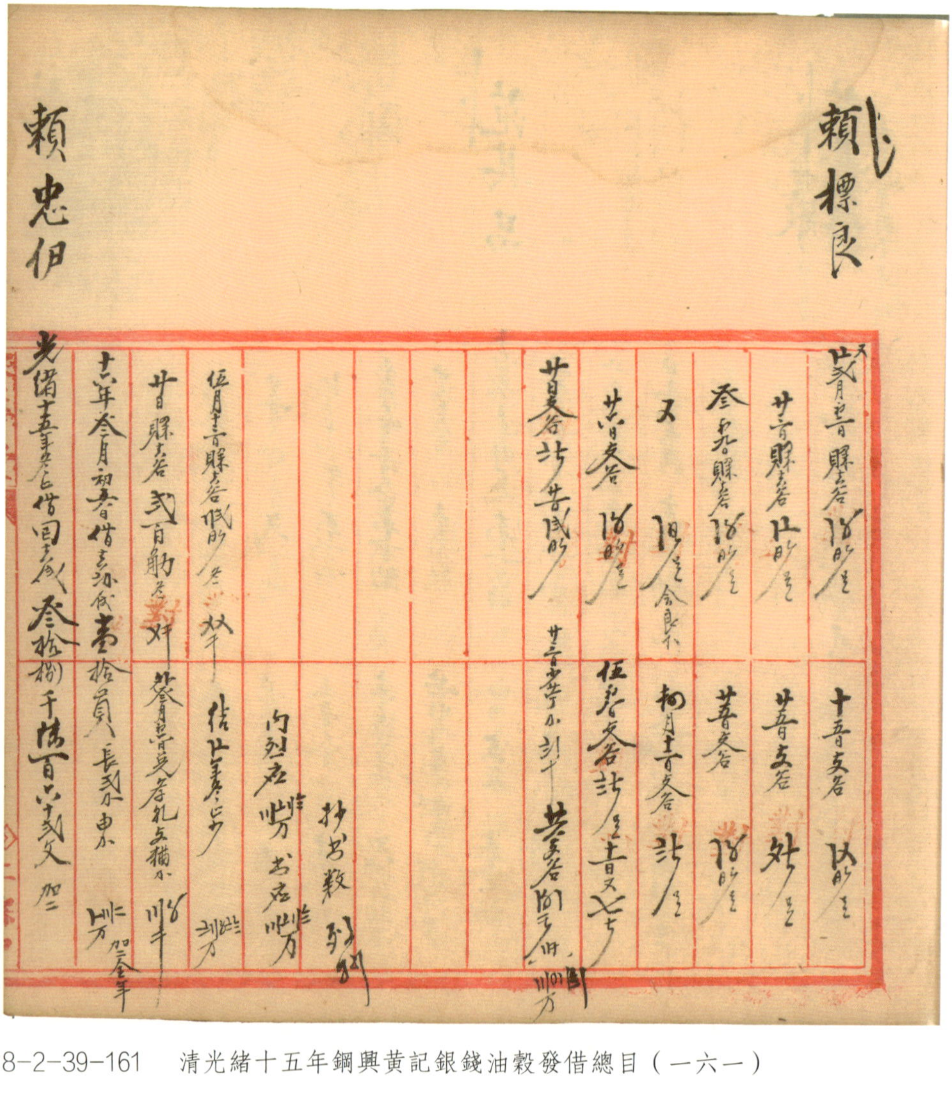
賴標良

賴忠伯

8-2-39-161　清光緒十五年鋼興黄記銀錢油穀發借總目（一六一）

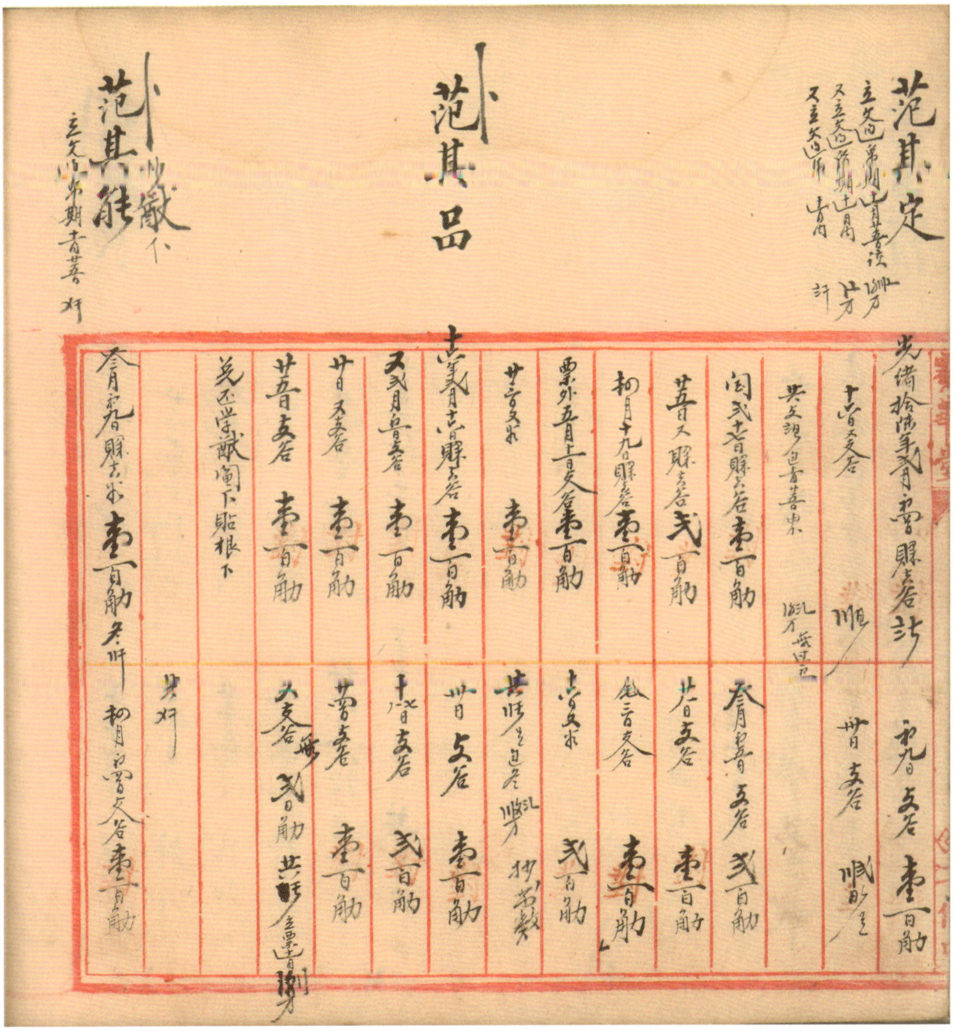

范其定

范其品

范其能

8-2-39-162　清光緒十五年鋼興黄記銀錢油穀發借總目（一六二）

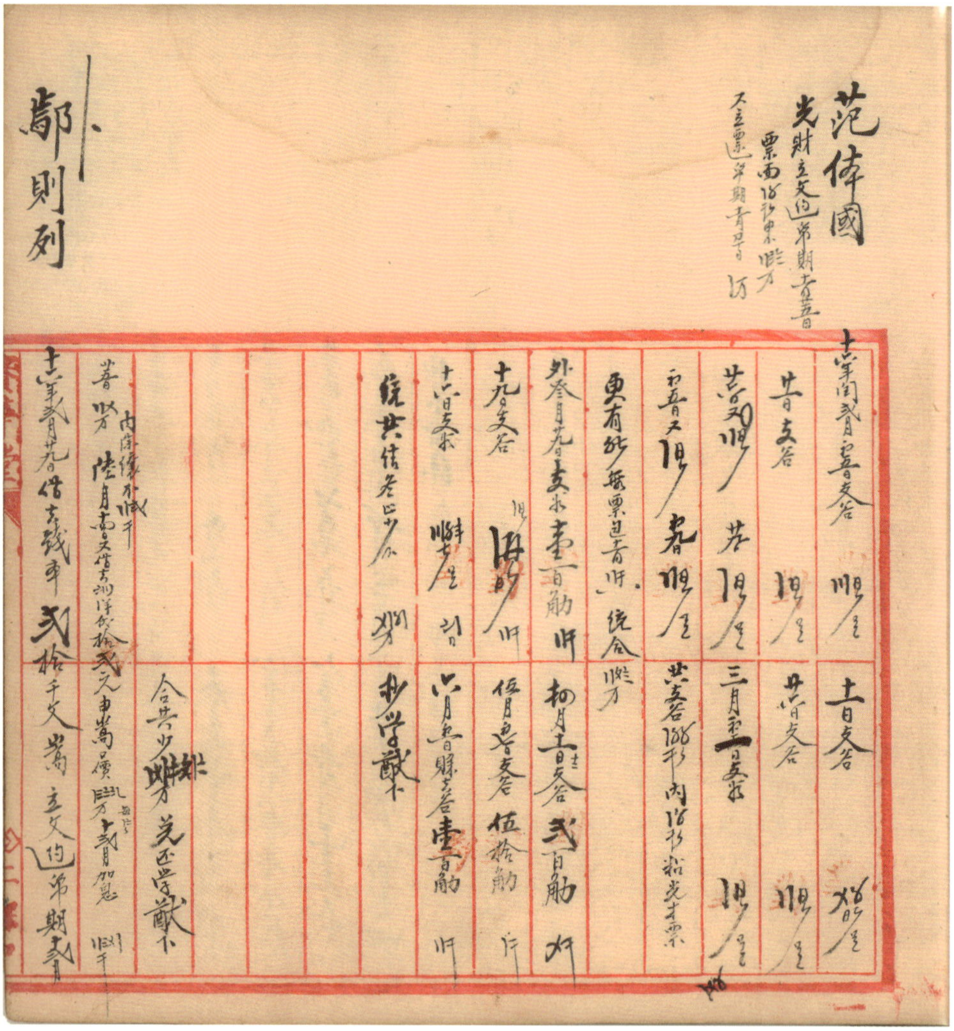

8-2-39-163　清光緒十五年鋼興黄記銀錢油穀發借總目（一六三）

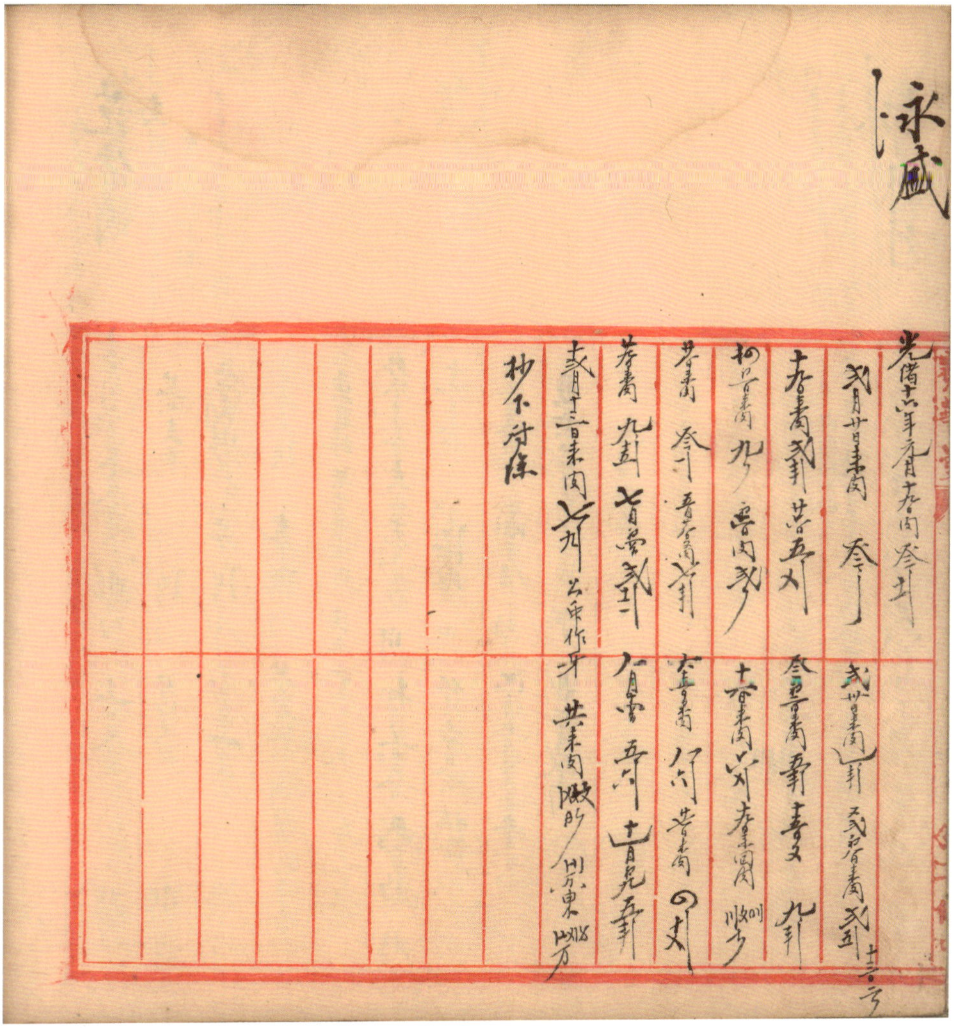

8-2-39-164　清光緒十五年鋼興黃記銀錢油穀發借總目（一六四）

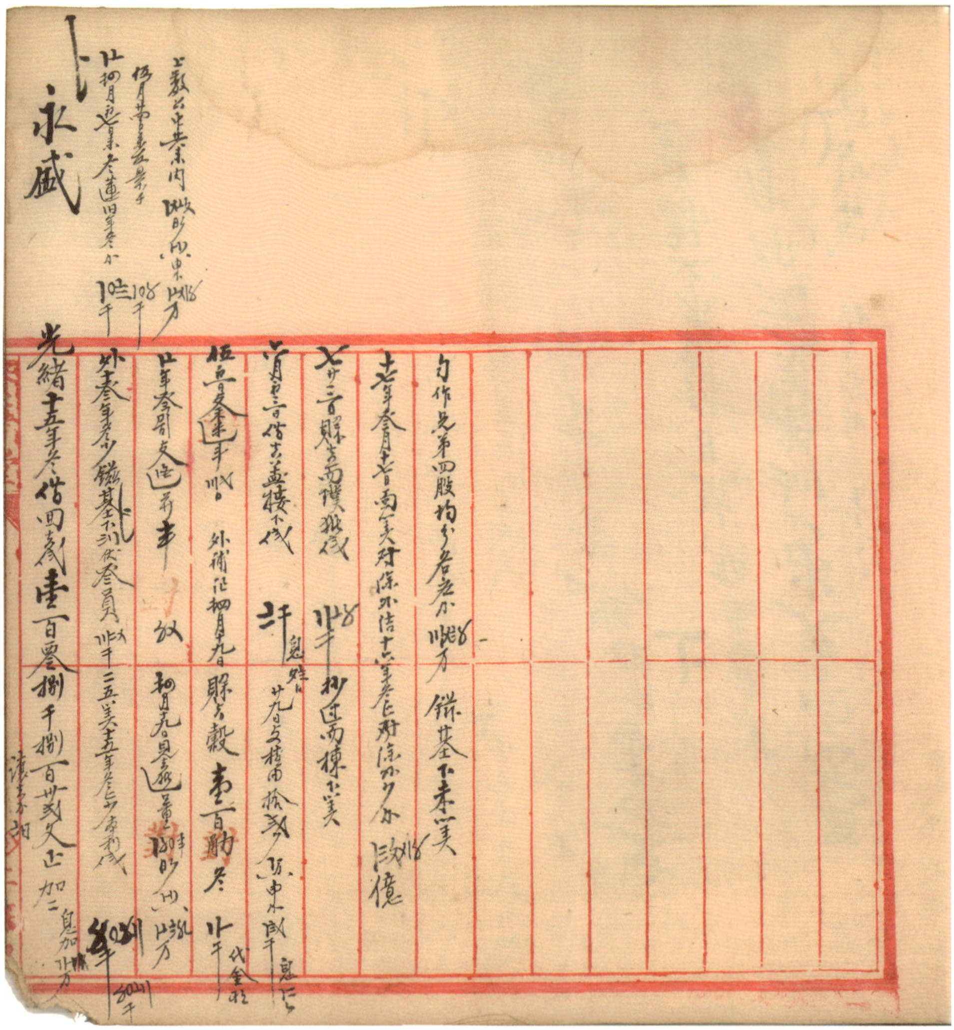

8-2-39-165　清光緒十五年鋼興黃記銀錢油穀發借總目（一六五）

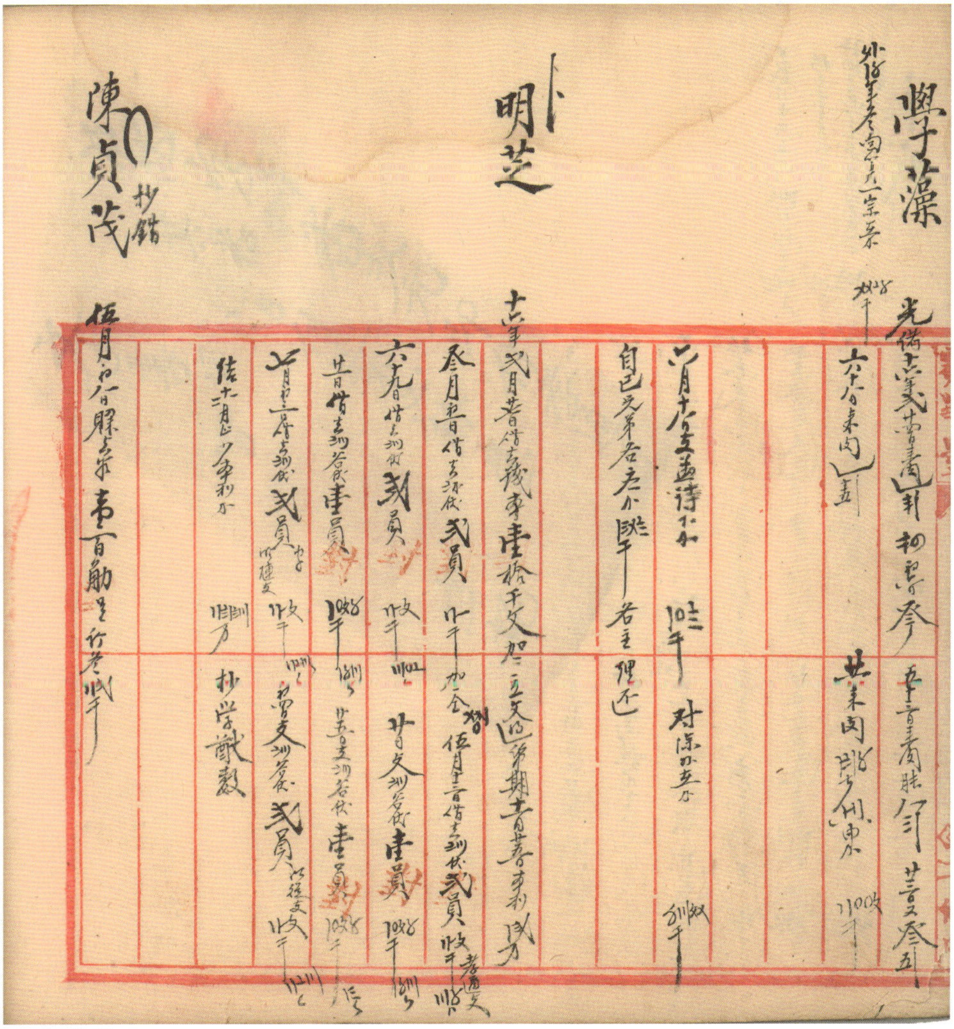

8-2-39-166　清光緒十五年鋼興黄記銀錢油穀發借總目（一六六）

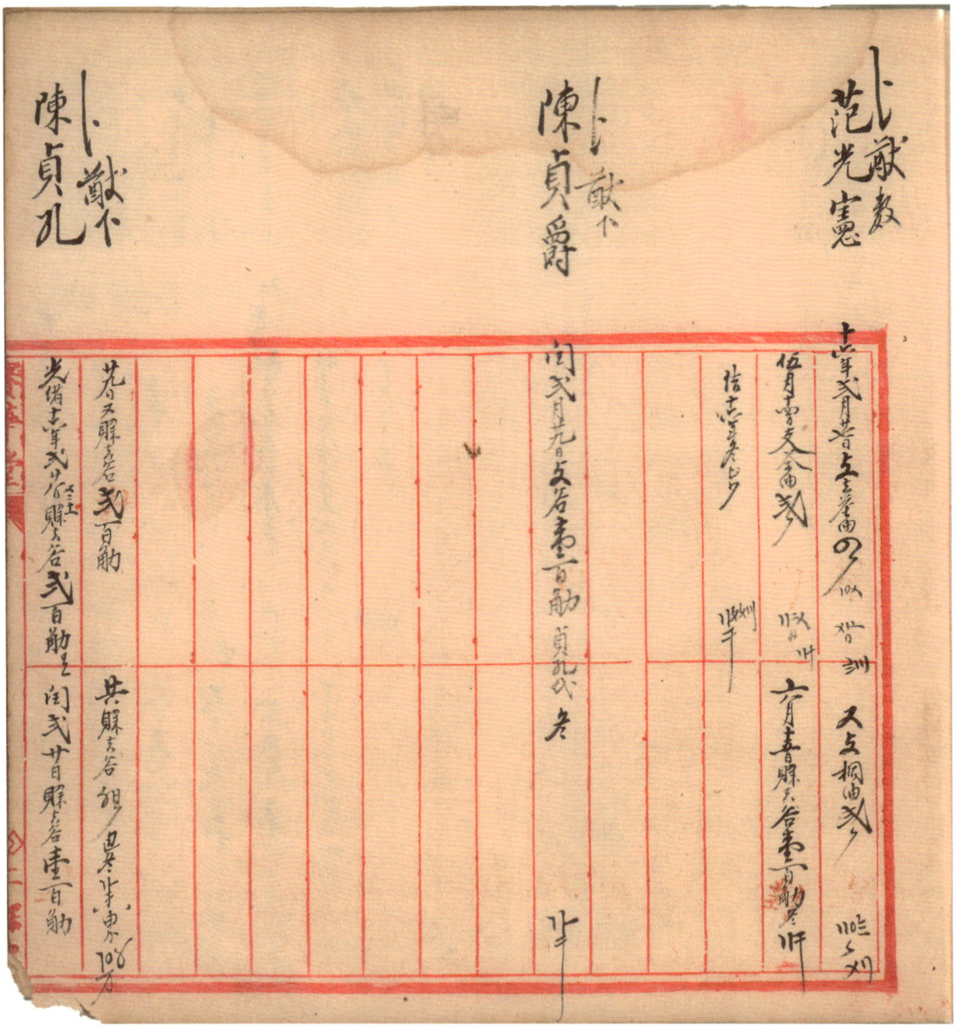

8-2-39-167　清光緒十五年鋼興黄記銀錢油穀發借總目（一六七）

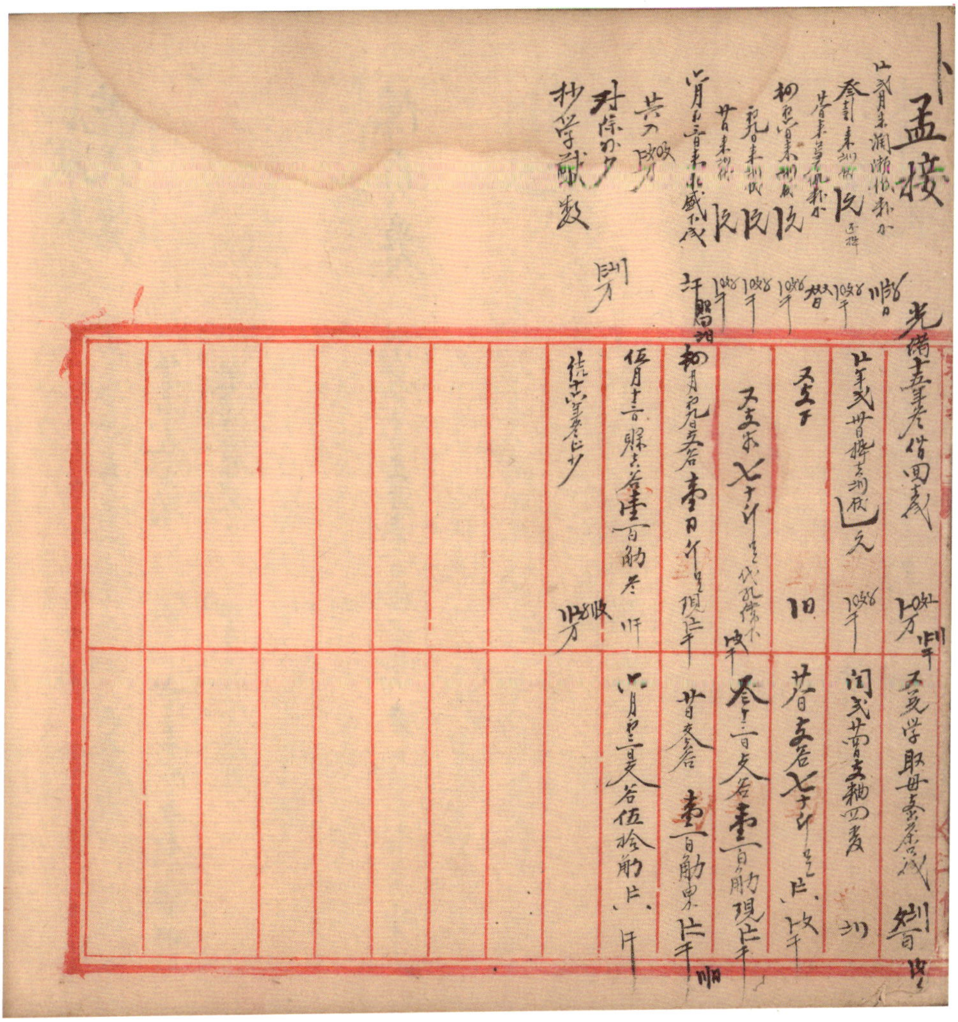

8-2-39-168　清光緒十五年鋼興黄記銀錢油穀發借總目（一六八）

8-2-39-169　清光緒十五年鋼興黄記銀錢油穀發借總目（一六九）

8-2-40-1　清光緒十六年銀錢油穀發借總目（一）

白

奉墓饋餅四十对

菓子隨意

8-2-40-2　清光緒十六年銀錢油穀發借總目（二）

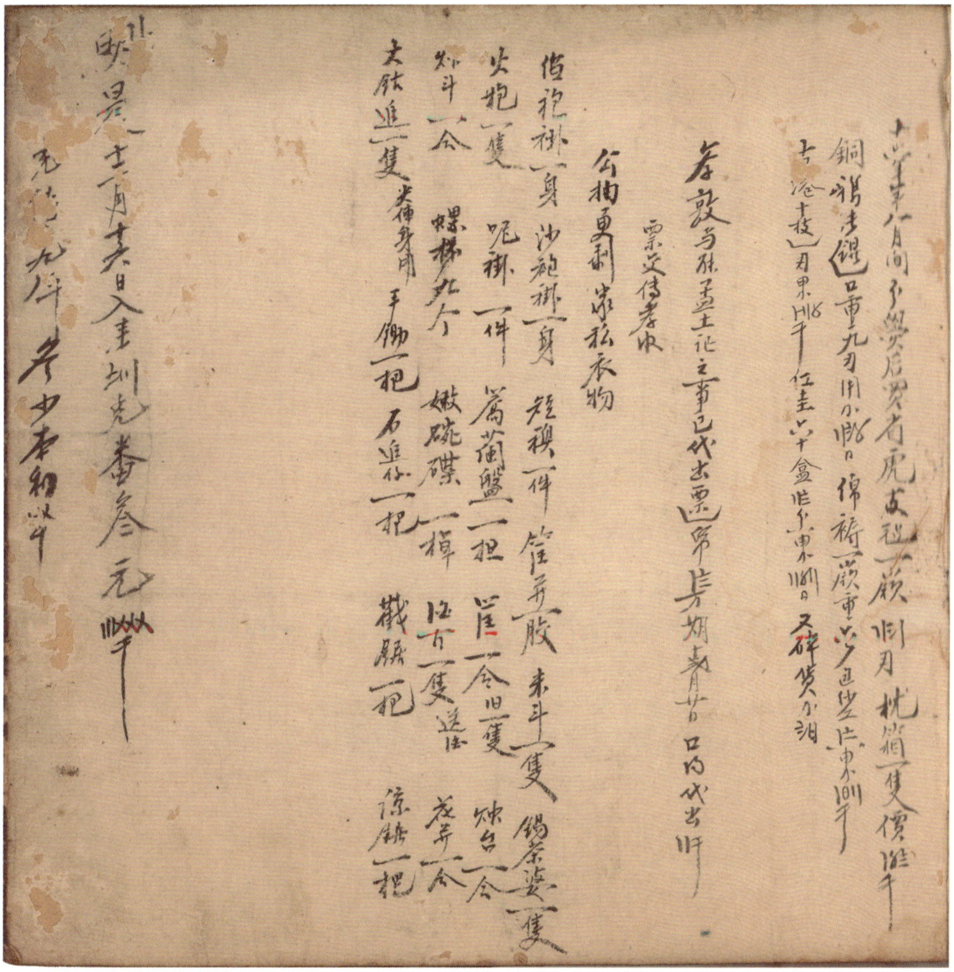

十六年八月間予娶 [illegible] 者虎成親一嵌 [illegible] 枕箱一隻價 [illegible]
銅 [illegible] 過 [illegible] 九月 [illegible] 綿褲一嵌 [illegible]
[illegible] 十枝 [illegible] 又碎貨 [illegible]
存穀 [illegible] 已代出票過 [illegible] 口內代出 [illegible]
票交侍孝收
公抽更利 [illegible] 衣物
借袍褂一身 沙袍褂一身 縐襖一件 管弄一股 米斗一隻 錫茶婆一隻
尖抱一隻 呢褂一件 [illegible] 盤一担 [illegible] 一個 旧一隻 燭台一個
[illegible] 斗一個 螺 [illegible] 九個 嫩碗碟一槕 [illegible] 一隻 [illegible] 茶弄一個
大鍋進一隻 火桶身用 手鋤一把 石進仔一把 栽鋤一把 涼傘一把
[illegible] 十二月十六日入 [illegible] 番叁元 [illegible]
[illegible] 九件 [illegible]

8-2-40-3　清光緒十六年銀錢油穀發借總目（三）

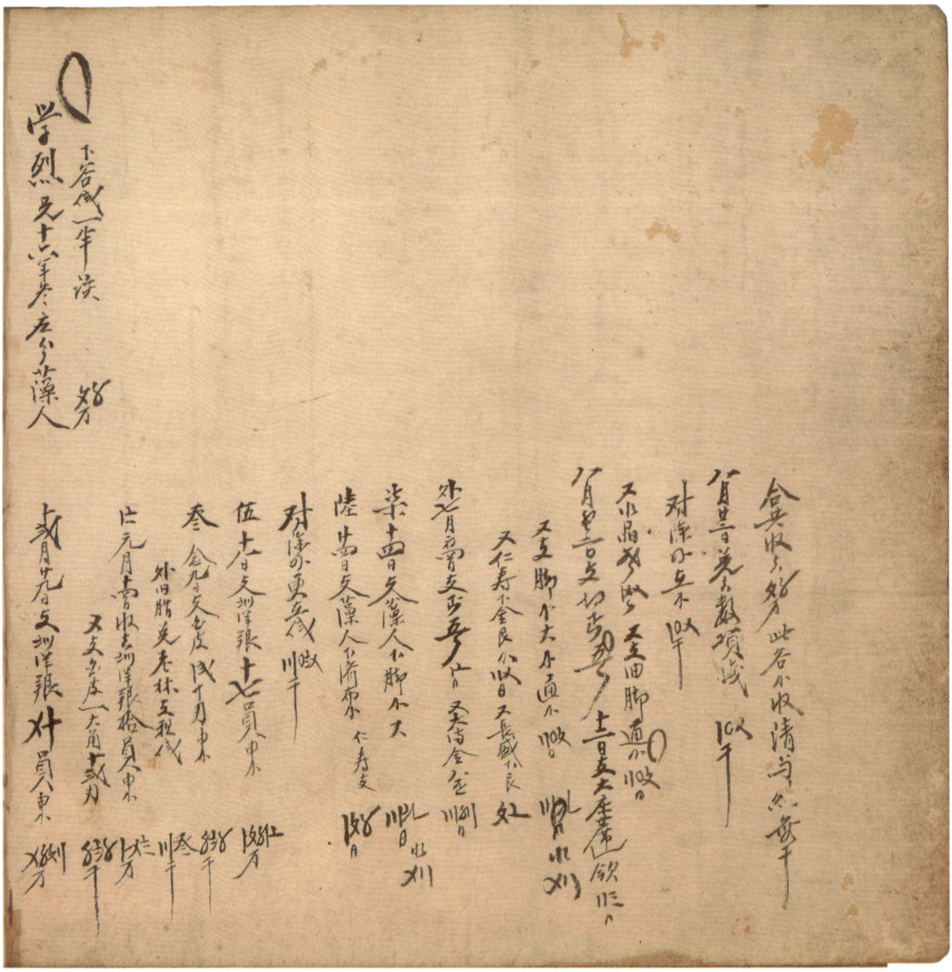

8-2-40-4　清光緒十六年銀錢油穀發借總目（四）

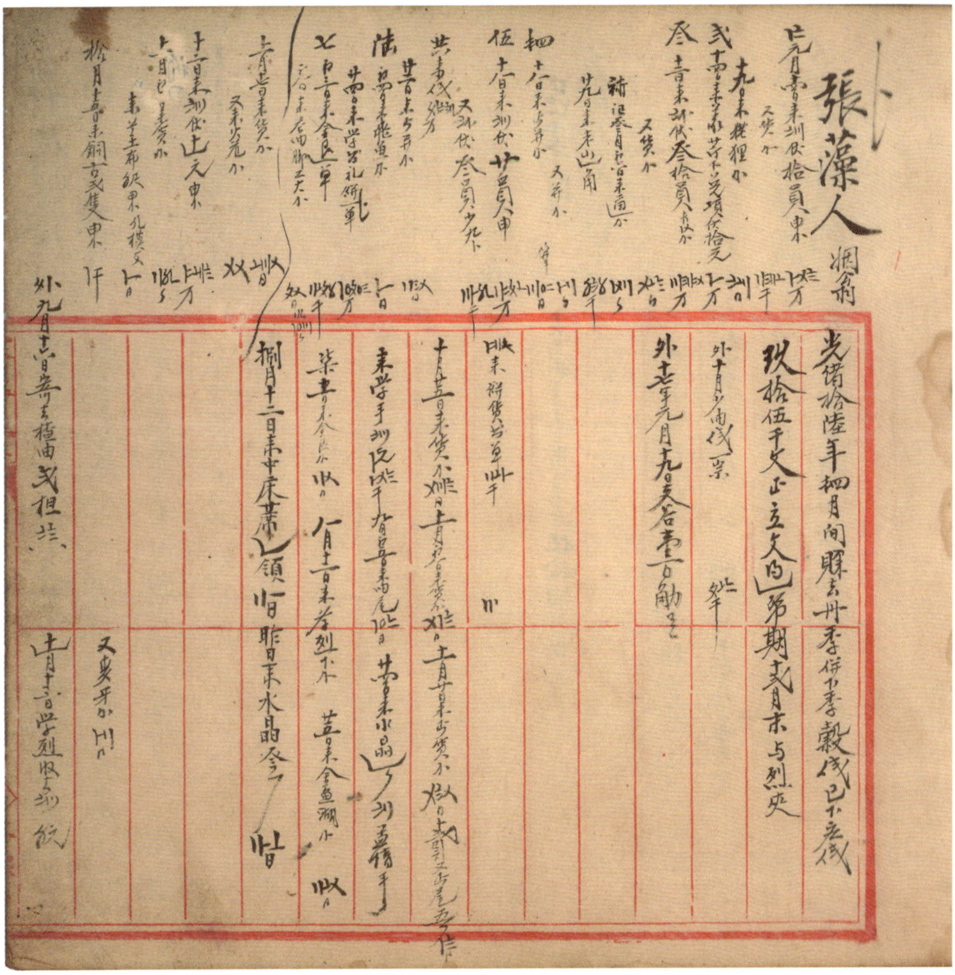

8-2-40-5　清光緒十六年銀錢油穀發借總目（五）

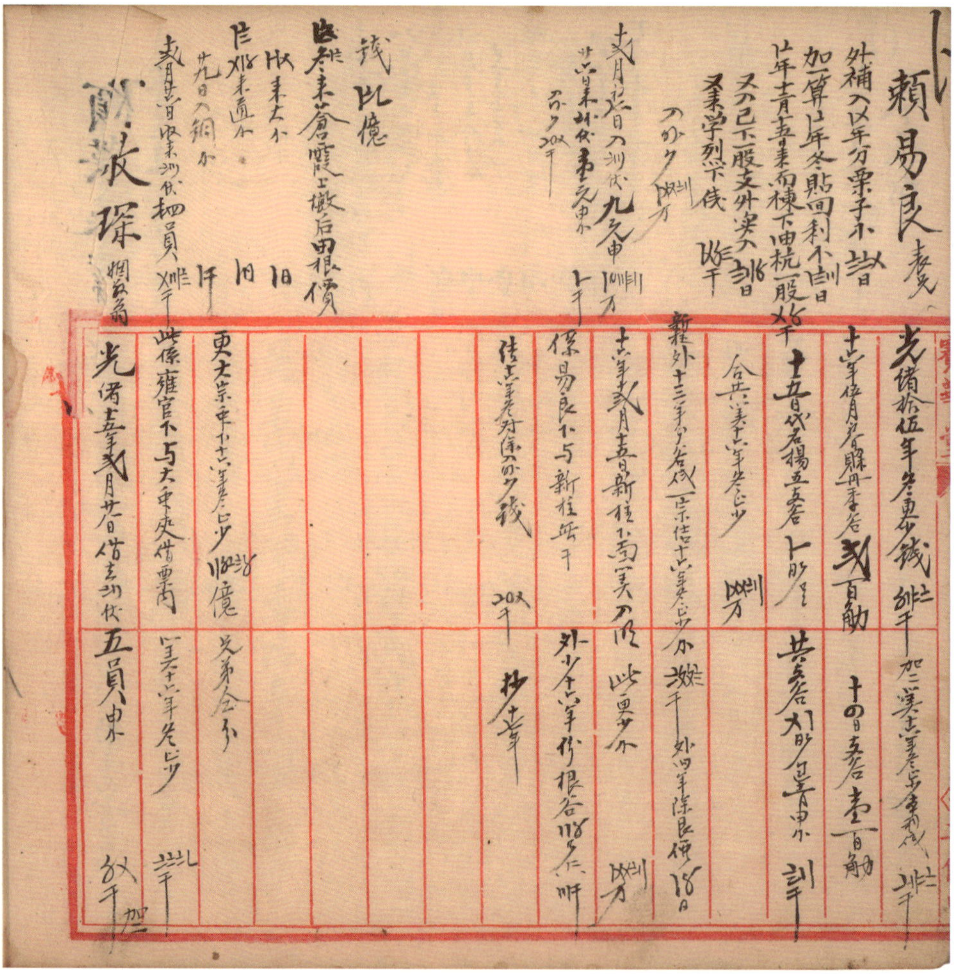

8-2-40-6　清光緒十六年銀錢油穀發借總目（六）

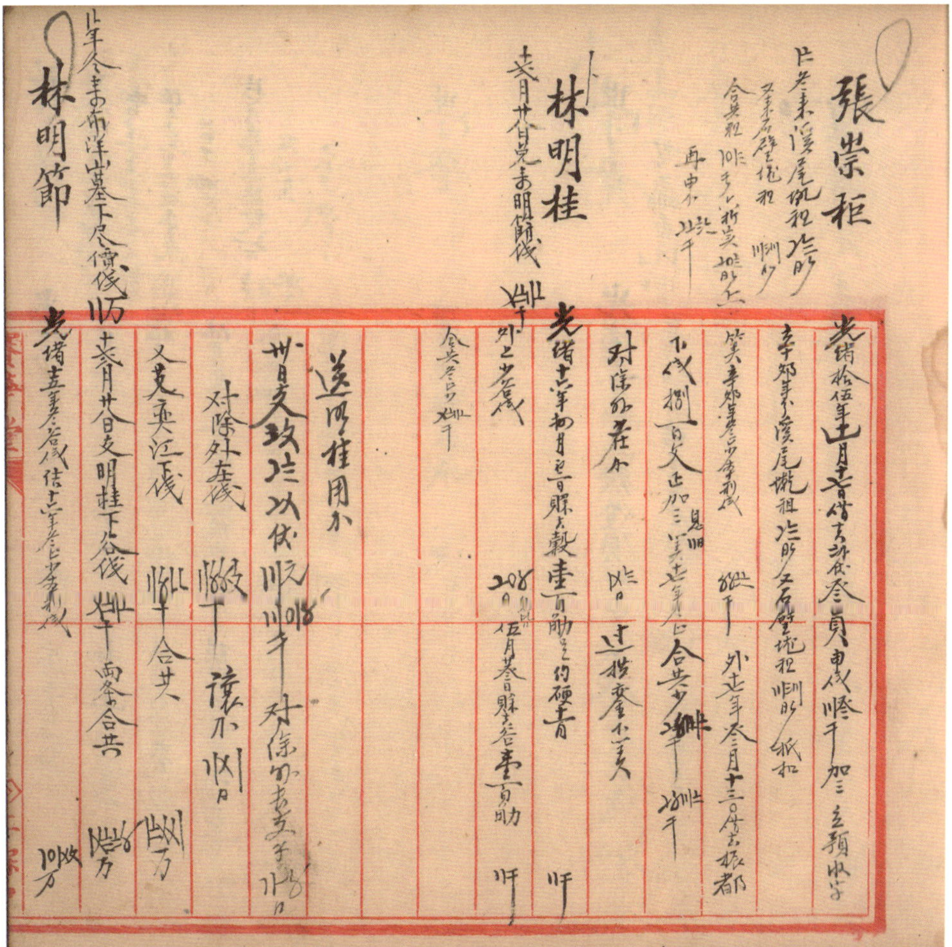
張崇柜
上年來溪尾墘租
又來石壁坵租
合共租　折英
再申

光緒拾伍年十二月十三日借去英銀叁員 申錢 加三 立領收字
辛卯年來溪尾墘租 又石壁坵租 紙扣
又辛卯年叁十少年利錢 外去年叁月十三日借去根都
下錢捌百文正加三 合共
對除外存 過撥壹人
光緒十六年初月廿一日賬去穀壹百觔 約硬青

林明桂
十二月廿四日兌去明節錢
外上少年利錢
合共
送明桂用
廿日又收
對除外存錢 讓 收
又支英江錢 合共

林明節
上年冬來高洋山墓下尺價錢
十二月廿四日支明桂下谷錢 兩條合共
光緒十五年冬谷錢 借十六年冬上少年利錢

8-2-40-7　清光緒十六年銀錢油穀發借總目（七）

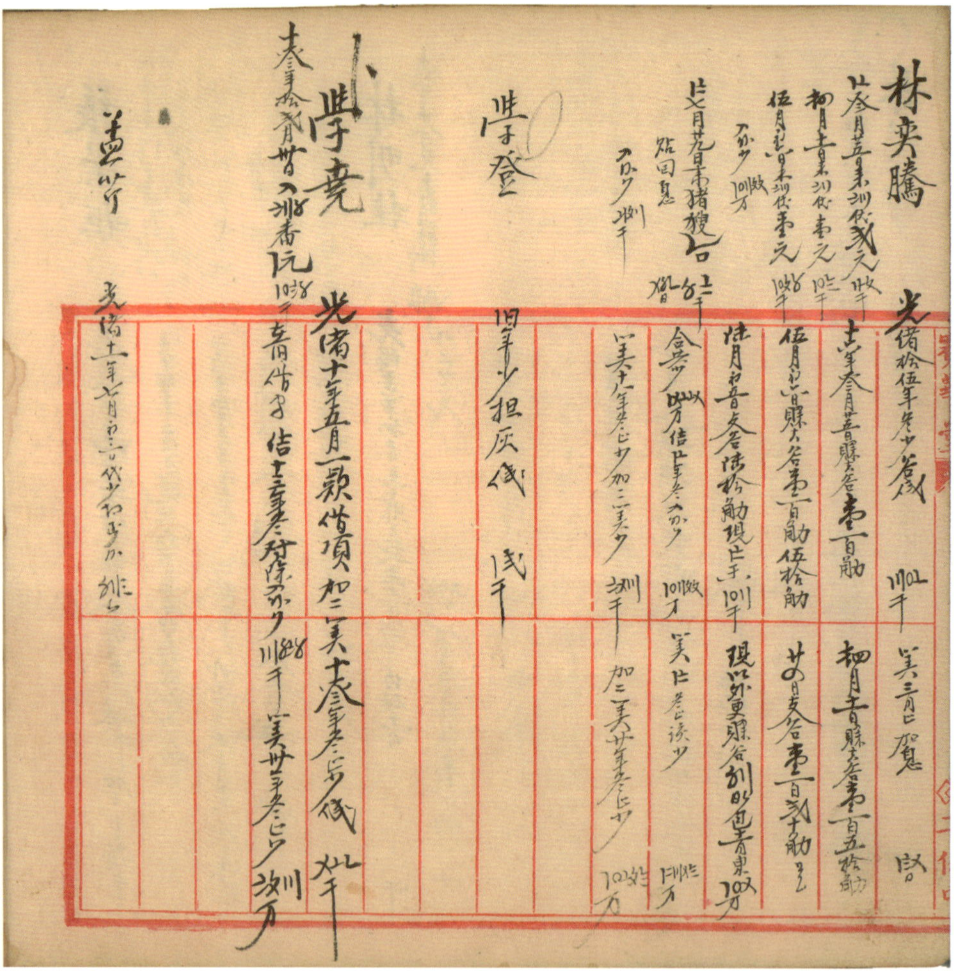

8-2-40-8　清光緒十六年銀錢油穀發借總目（八）

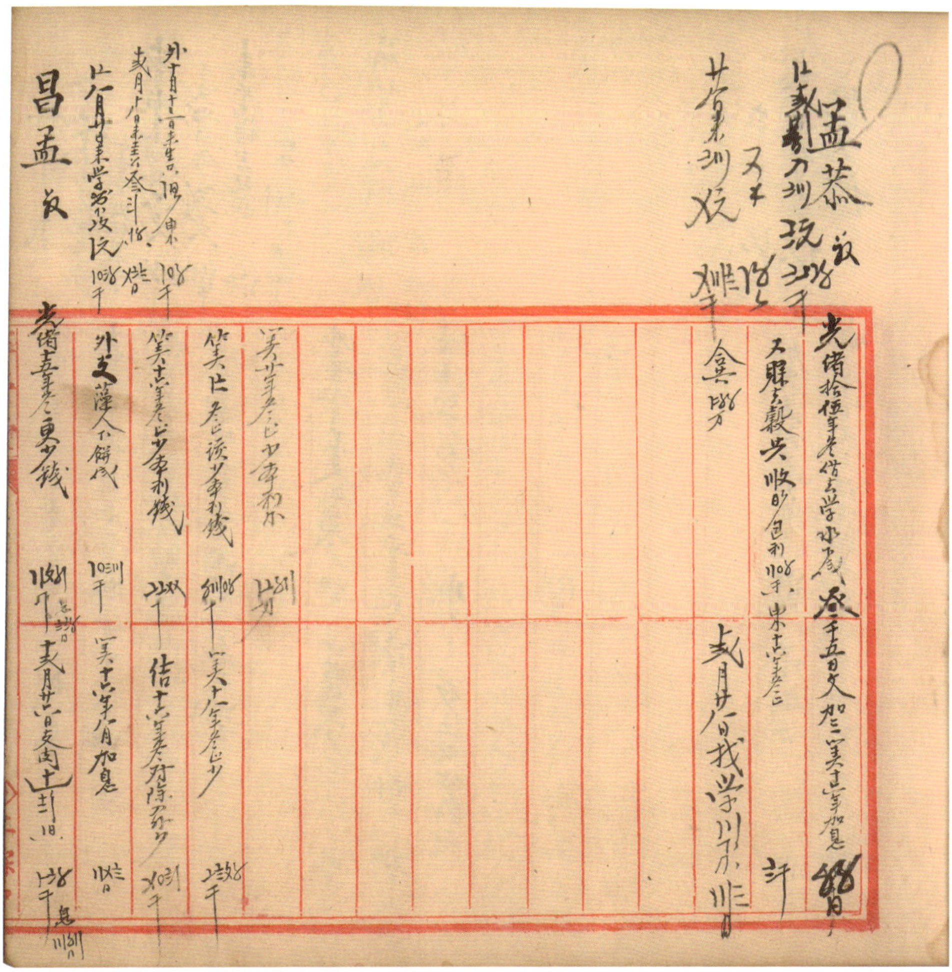

8-2-40-9　清光緒十六年銀錢油穀發借總目（九）

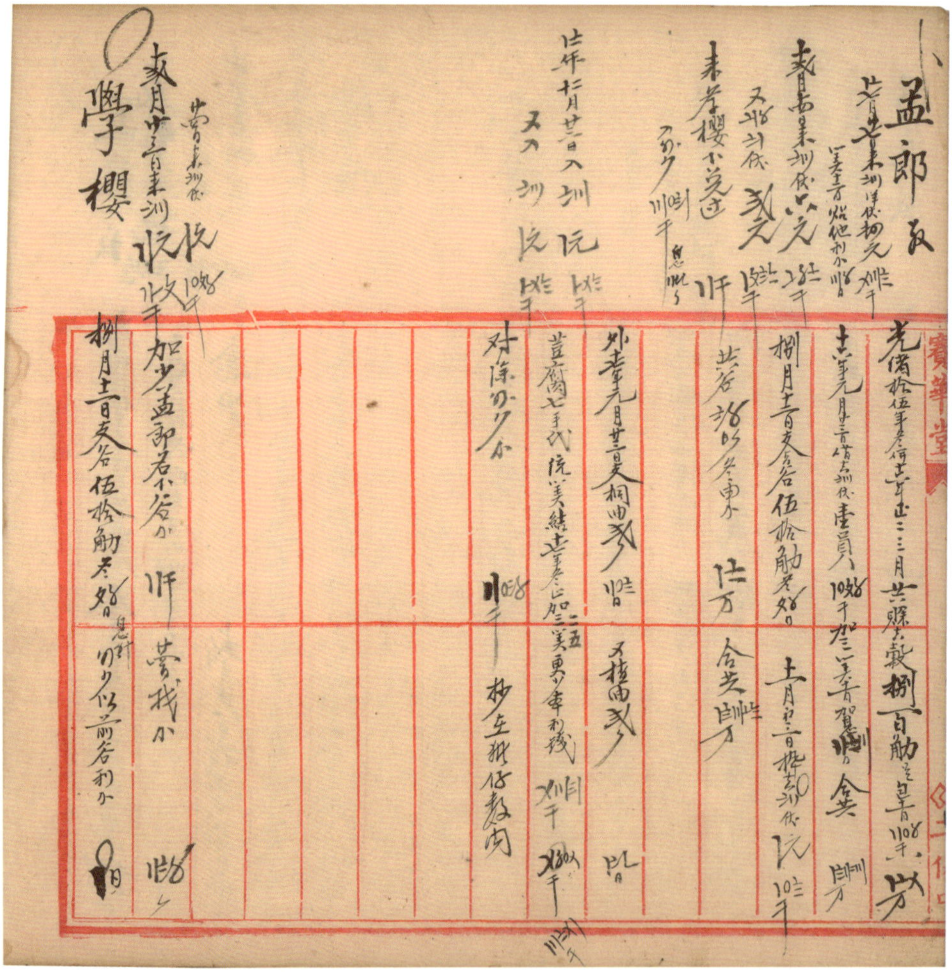

8-2-40-10　清光緒十六年銀錢油穀發借總目（一〇）

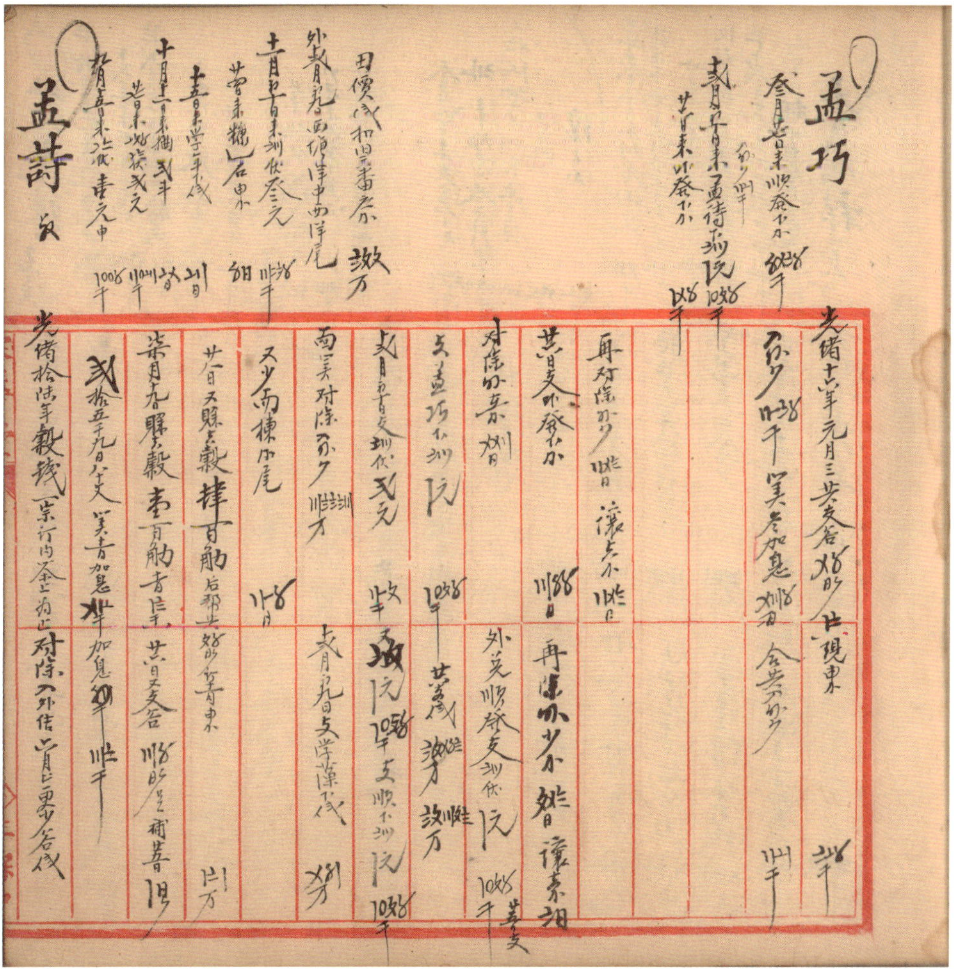

8-2-40-11　清光緒十六年銀錢油穀發借總目（一一）

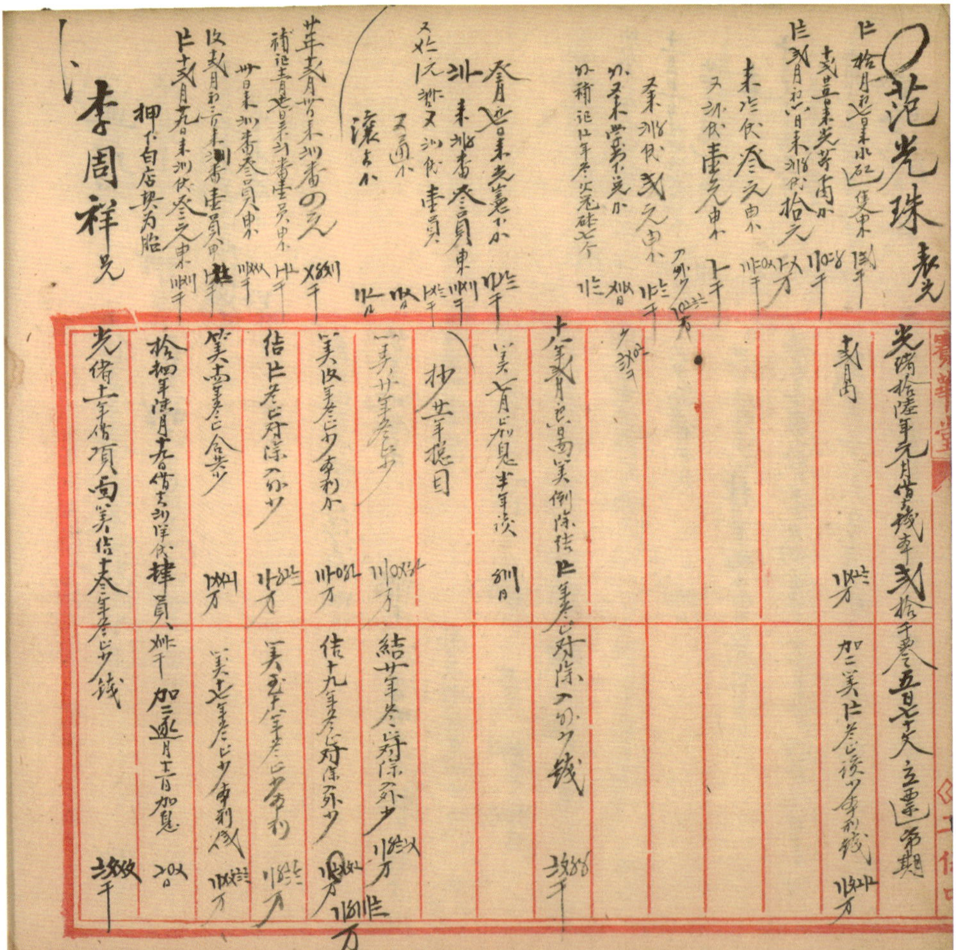

8-2-40-12　清光緒十六年銀錢油穀發借總目（一二）

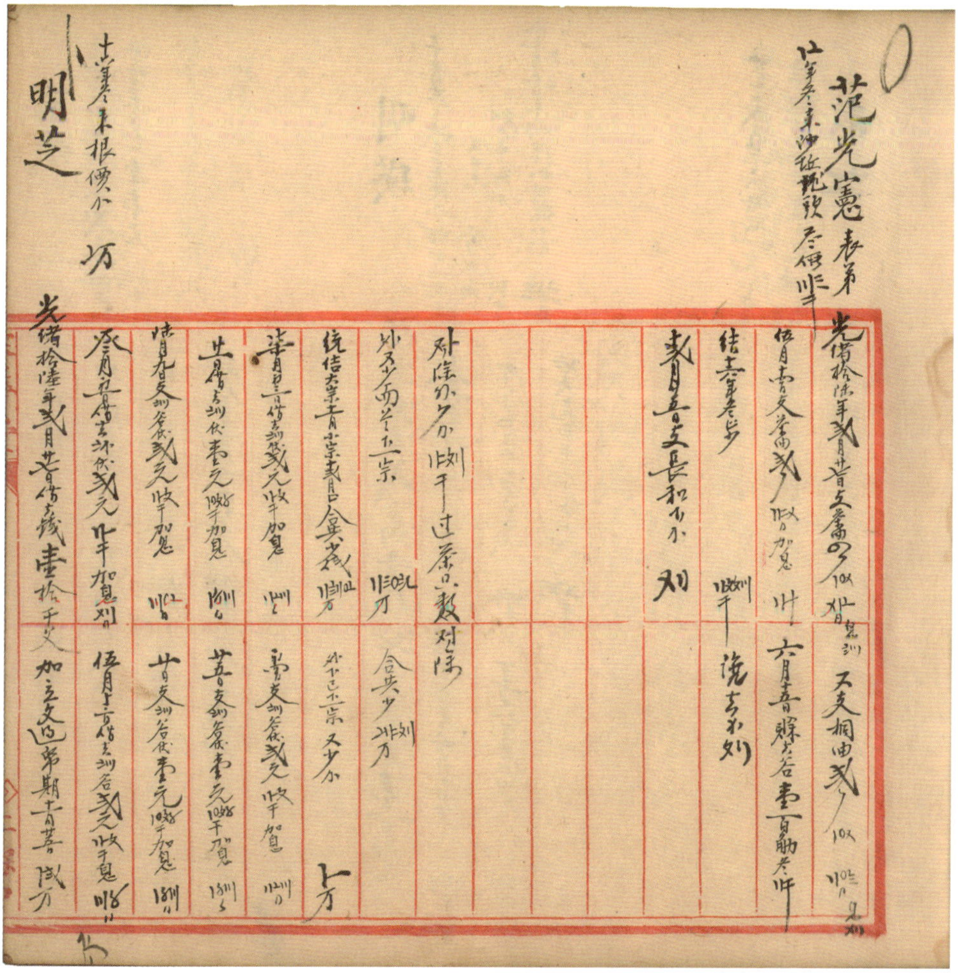

8-2-40-13　清光緒十六年銀錢油穀發借總目（一三）

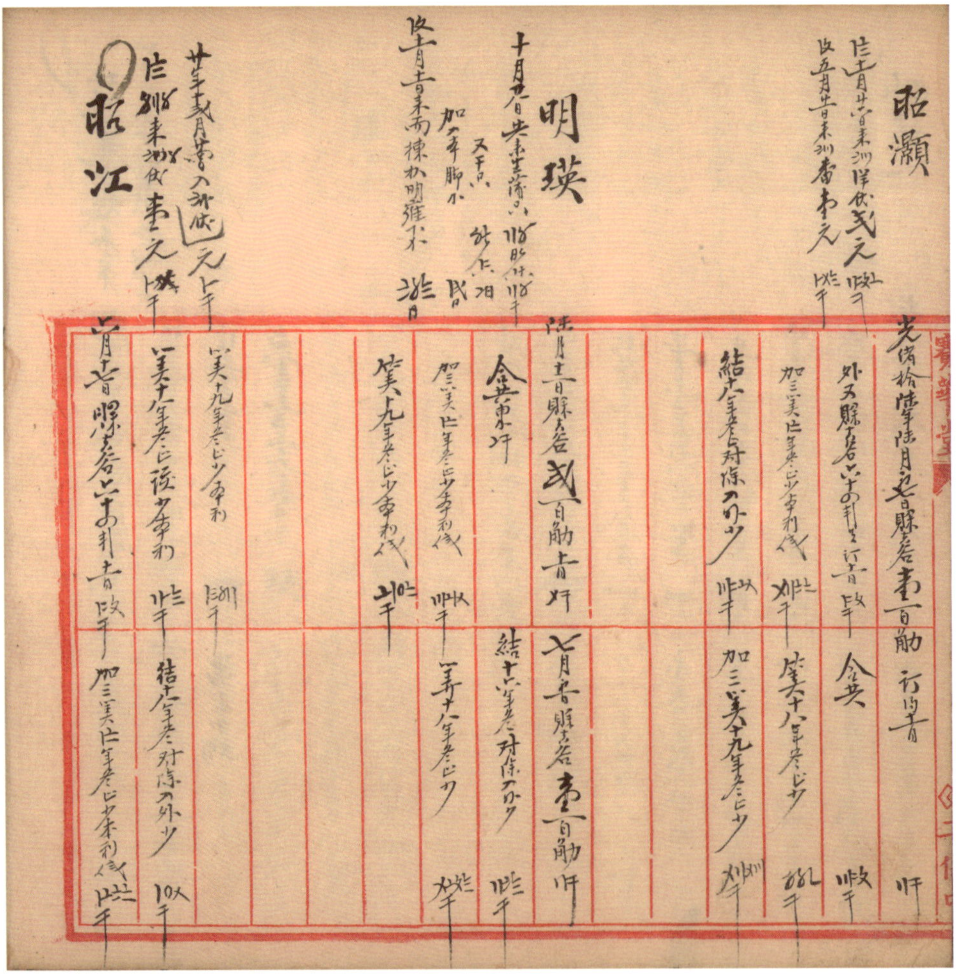

8-2-40-14　清光緒十六年銀錢油穀發借總目（一四）

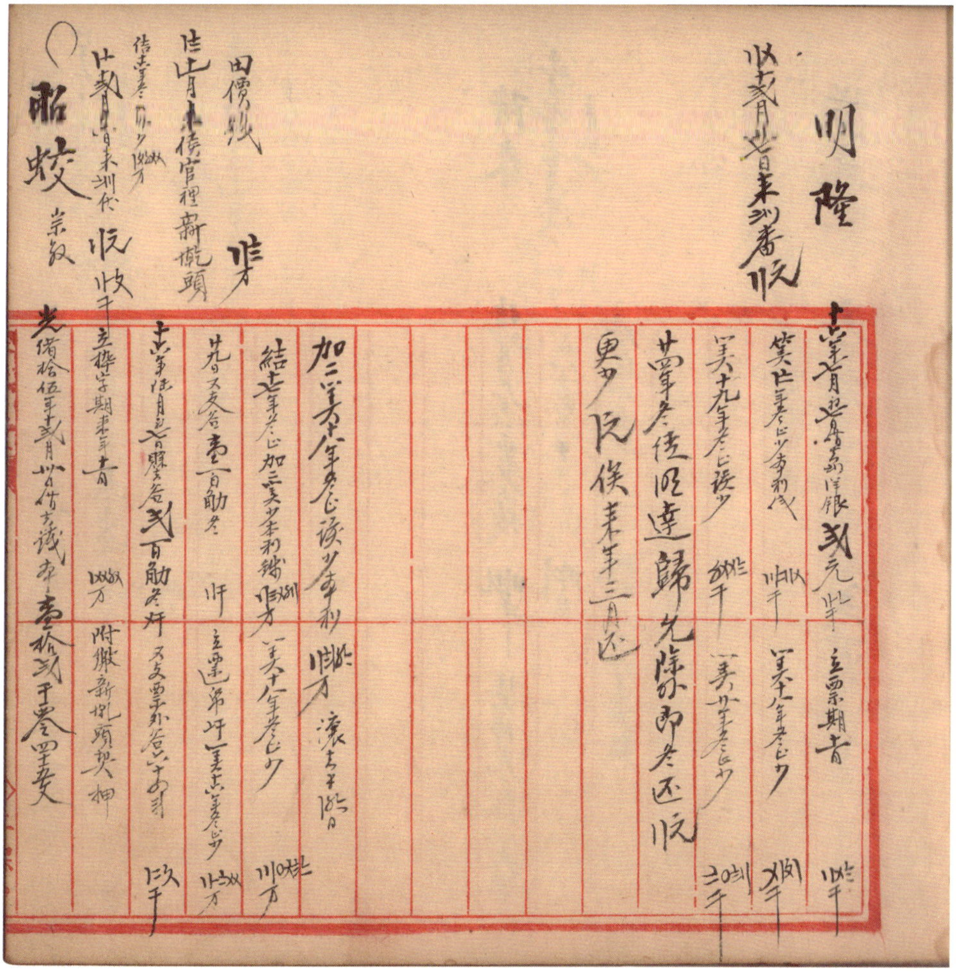

8-2-40-15　清光緒十六年銀錢油穀發借總目（一五）

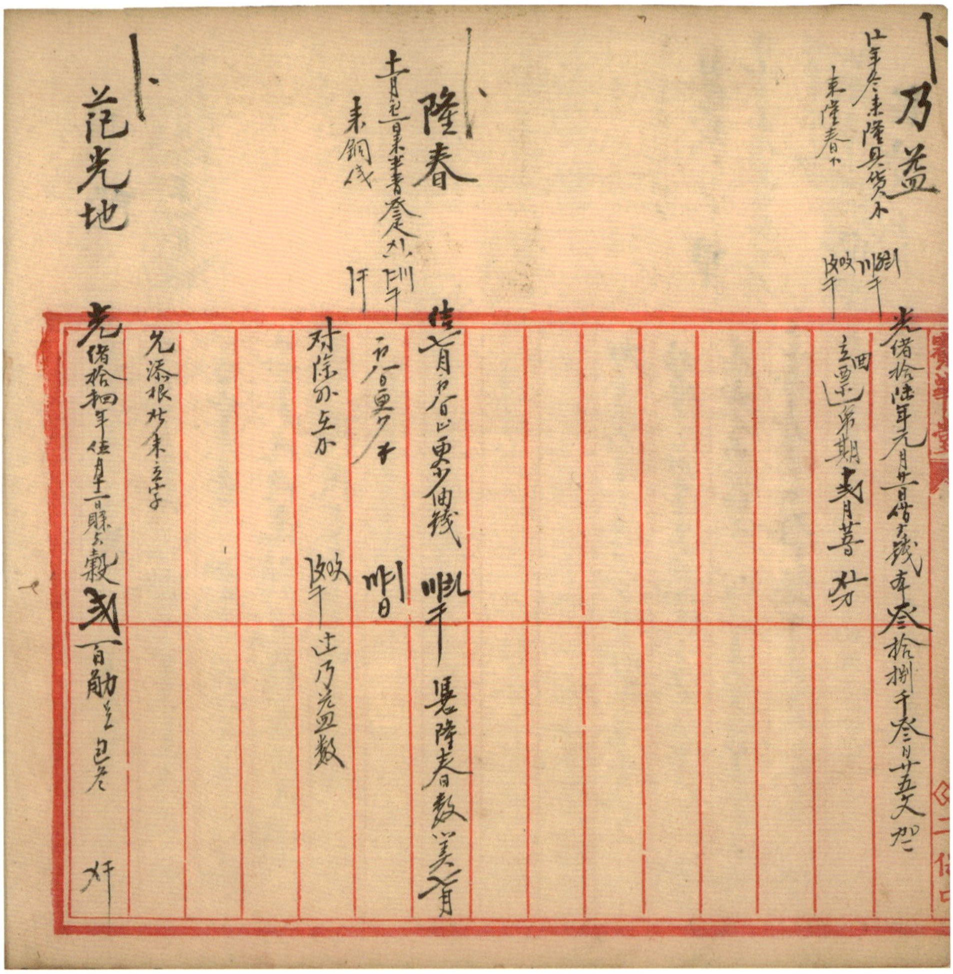
卜乃益

光緒拾陸年元月廿一日借去錢

卜隆春

卜范光地

光緒拾柒年

8-2-40-16　清光緒十六年銀錢油穀發借總目（一六）

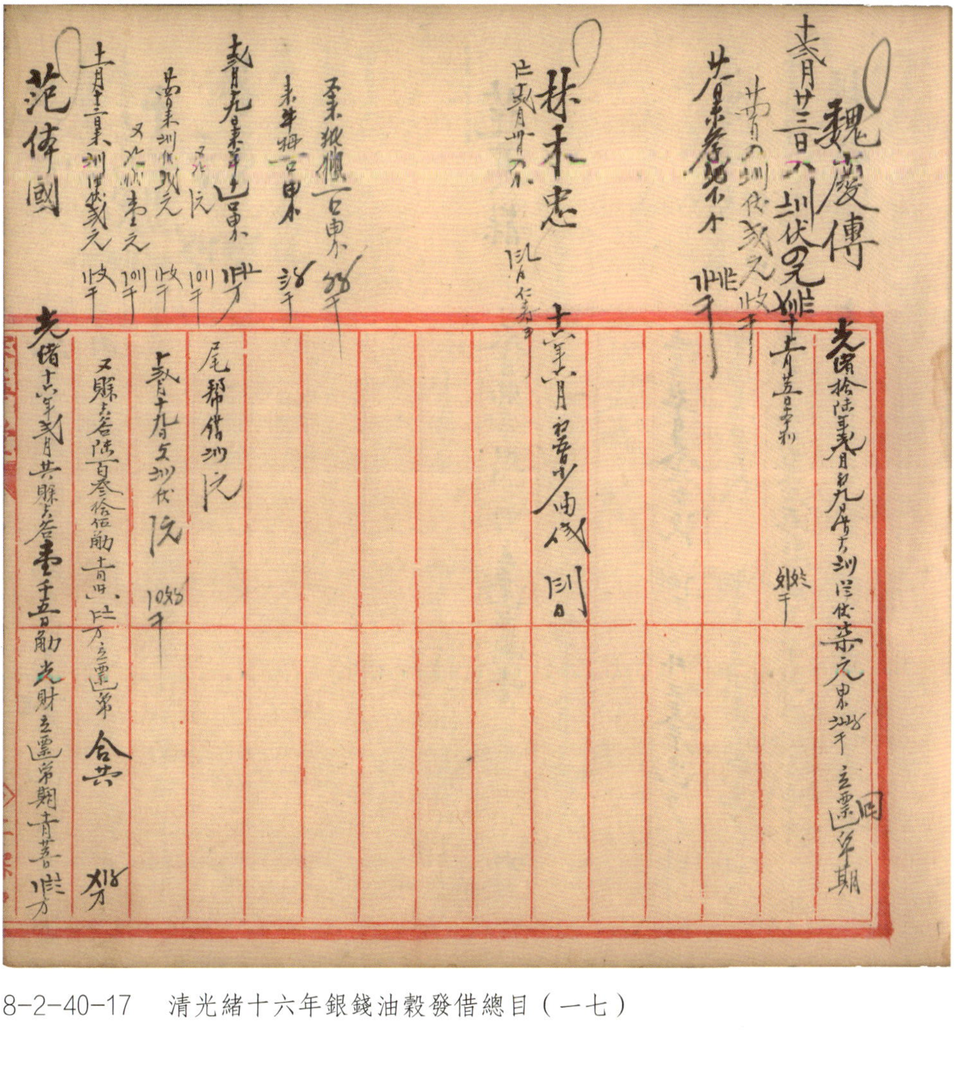

8-2-40-17　清光緒十六年銀錢油穀發借總目（一七）

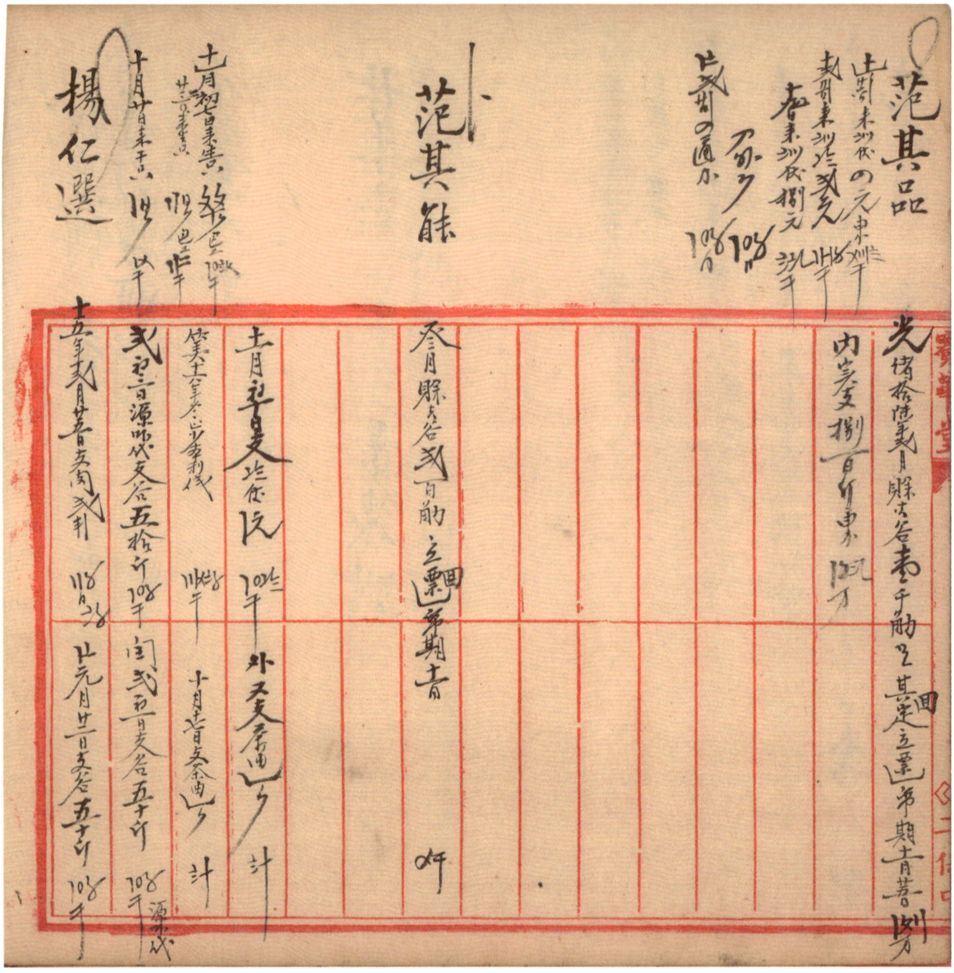

8-2-40-18　清光緒十六年銀錢油穀發借總目（一八）

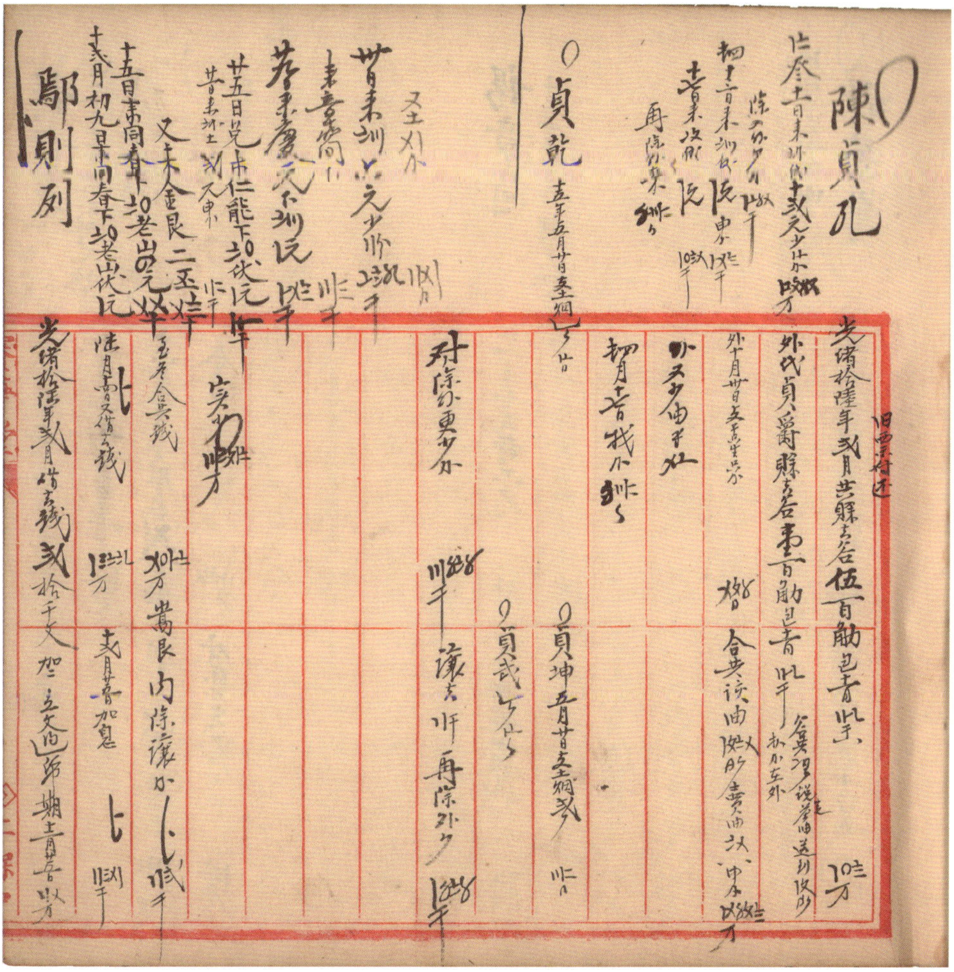

8-2-40-19　清光緒十六年銀錢油穀發借總目（一九）

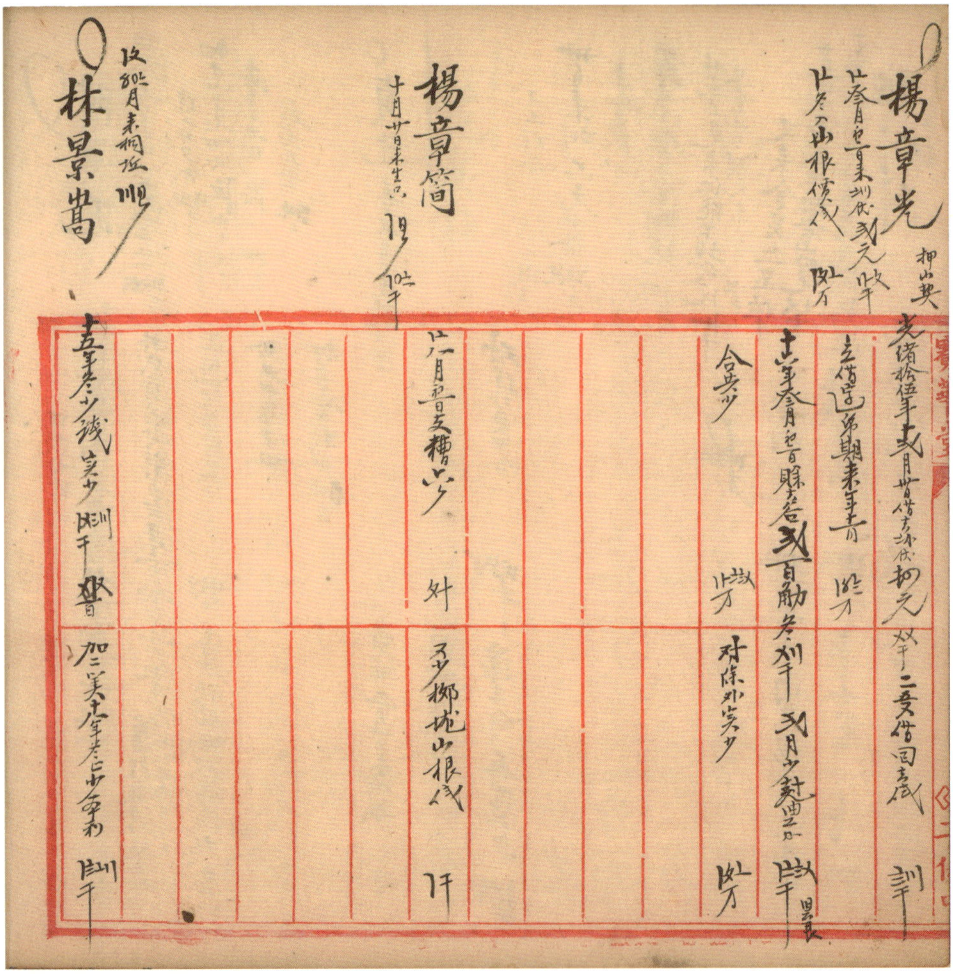

8-2-40-20　清光緒十六年銀錢油穀發借總目（二〇）

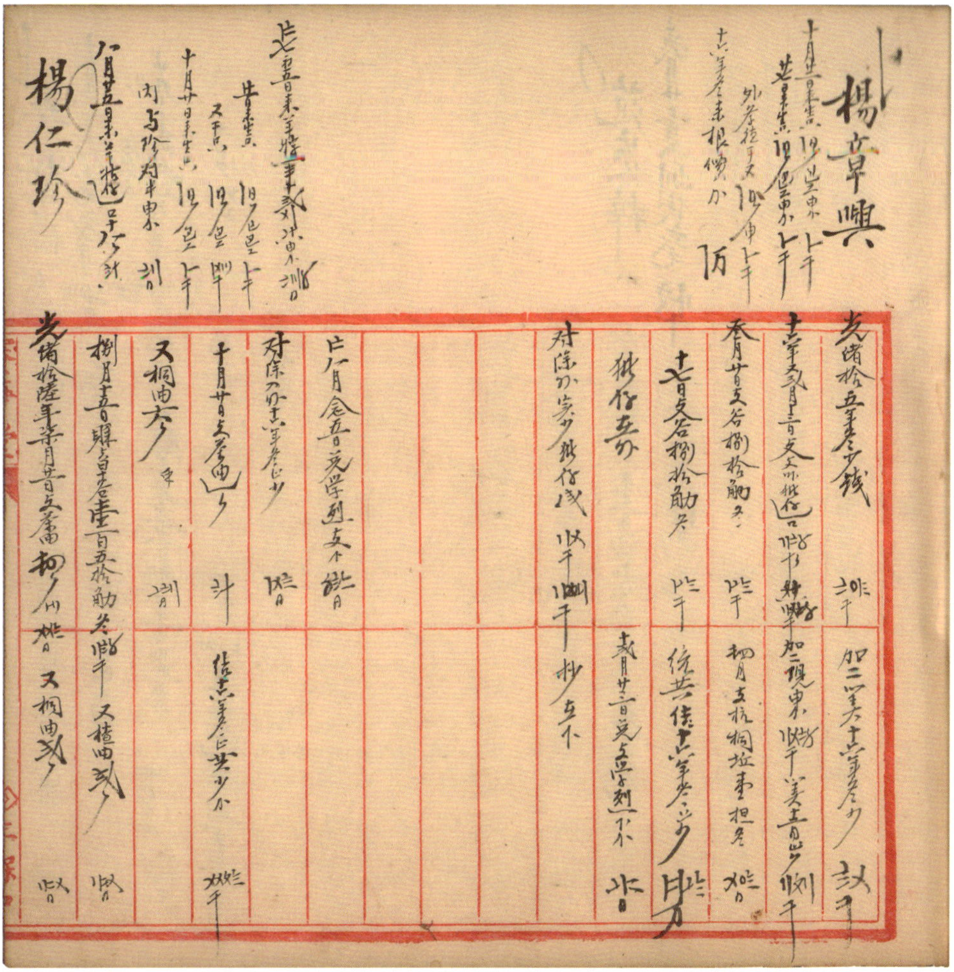

8-2-40-21　清光緒十六年銀錢油穀發借總目（二一）

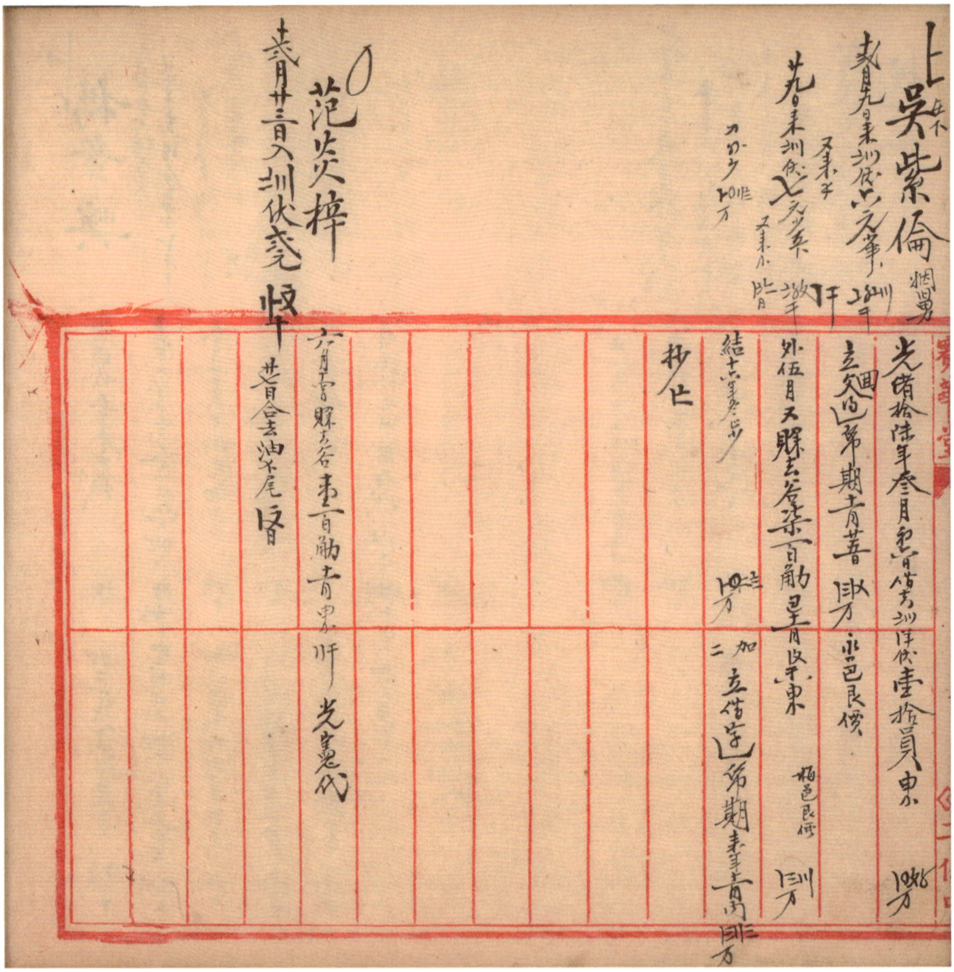

上 吳紫倫

光緒拾陸年叁月……

抄止

范炎梓

8-2-40-22　清光緒十六年銀錢油穀發借總目（二二）

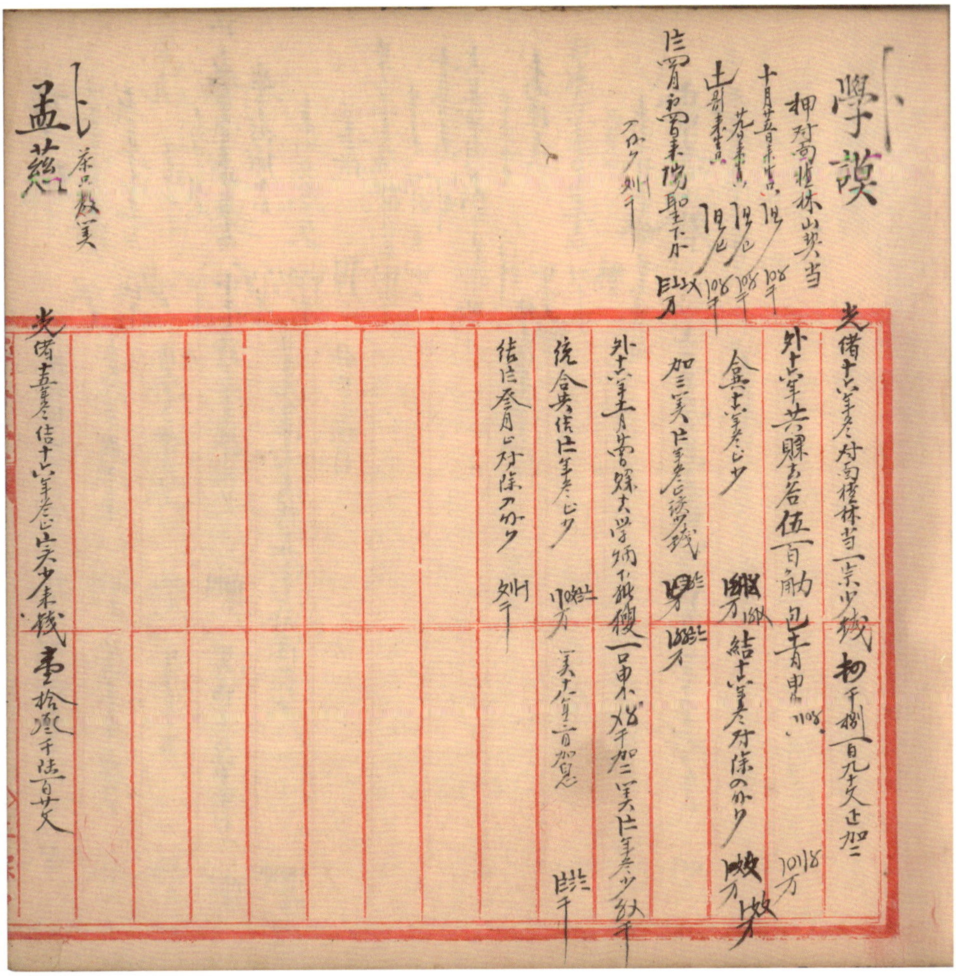
學謨
押对岗樟林山契当
光緒十六年冬对岗樟林当一宗少钱
外十六年共賒去谷伍百觔

8-2-40-23　清光緒十六年銀錢油穀發借總目（二三）

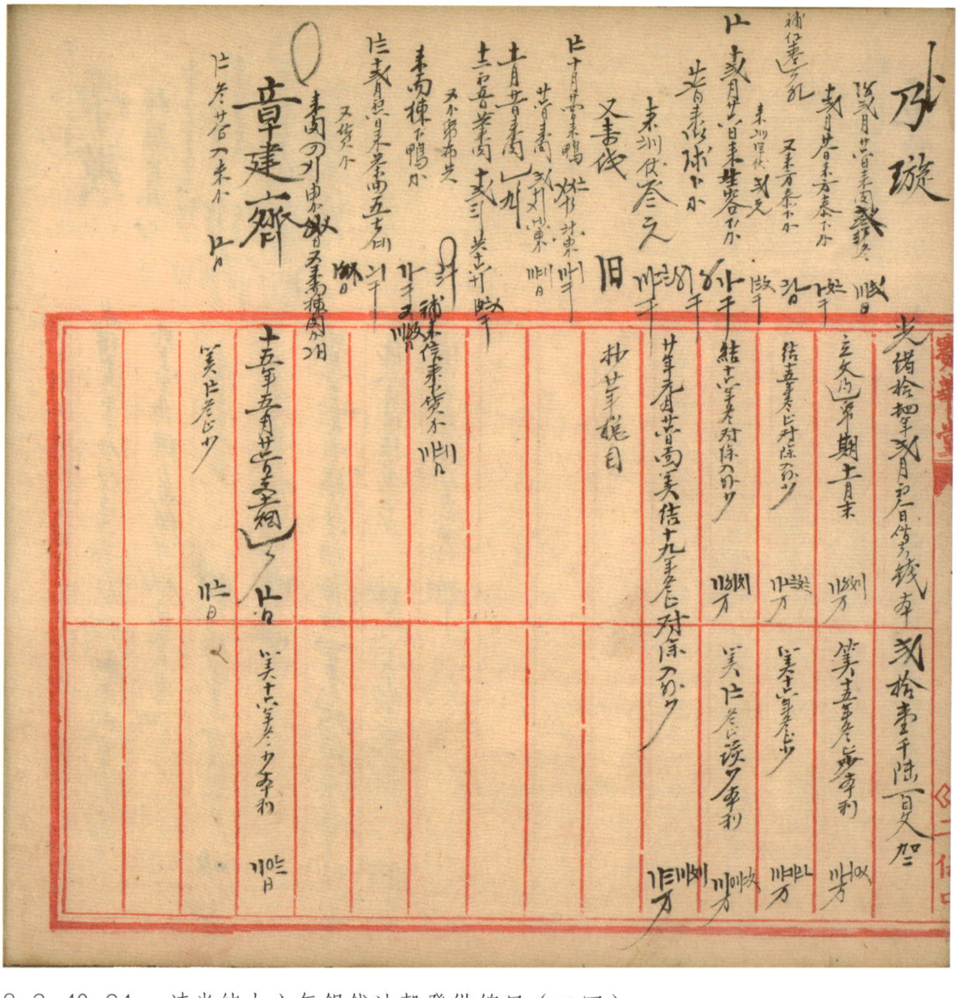

8-2-40-24　清光緒十六年銀錢油穀發借總目（二四）

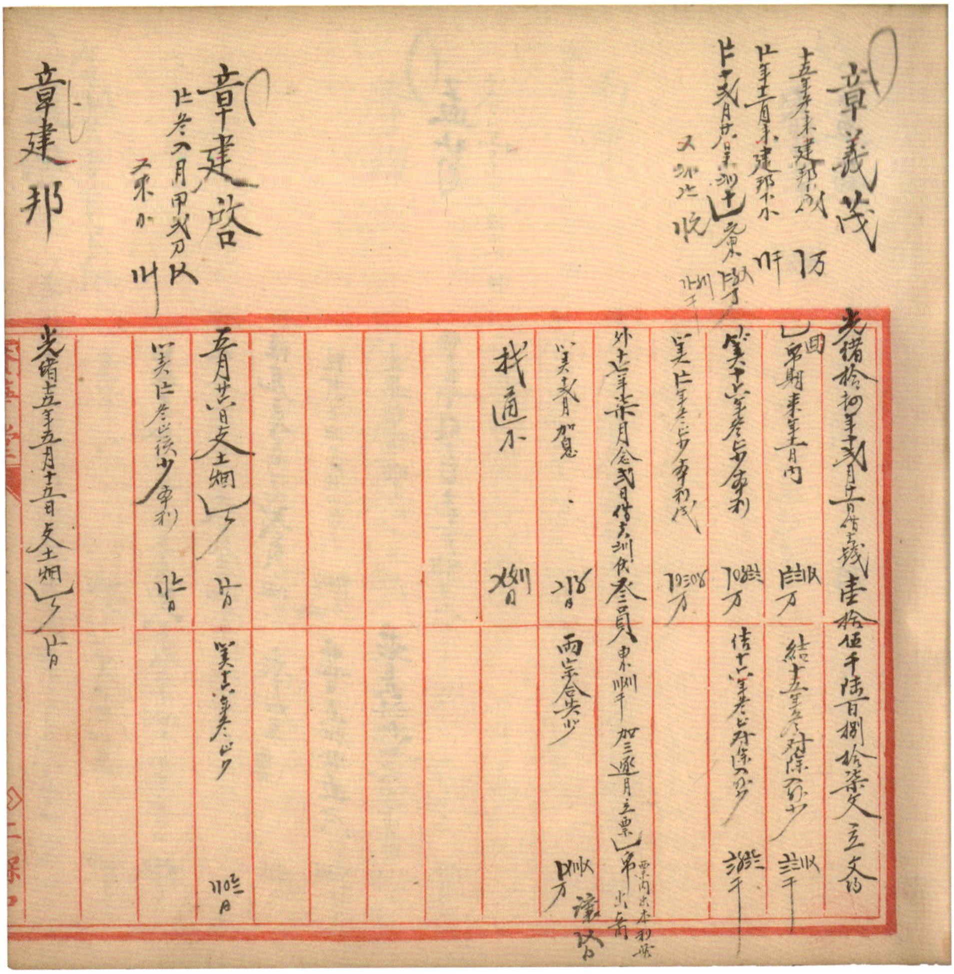
章義茂

章建啓

章建邦

8-2-40-25　清光緒十六年銀錢油穀發借總目（二五）

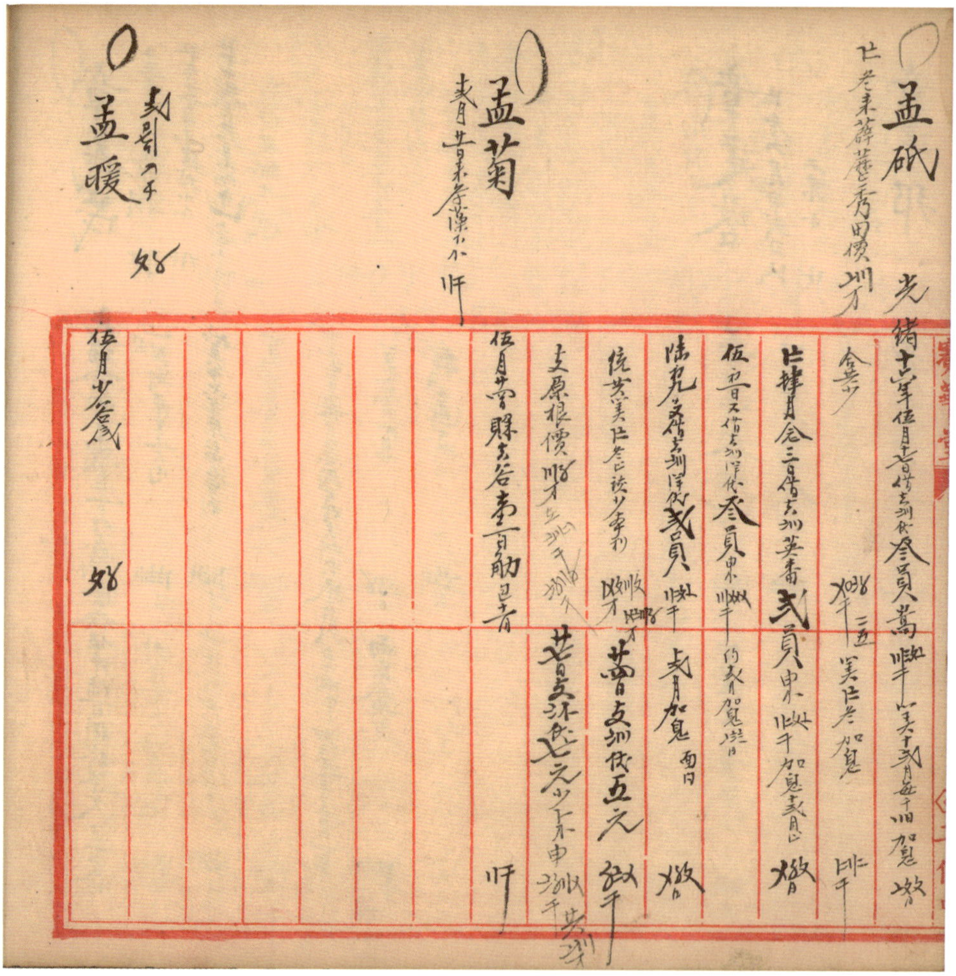

8-2-40-26　清光緒十六年銀錢油穀發借總目（二六）

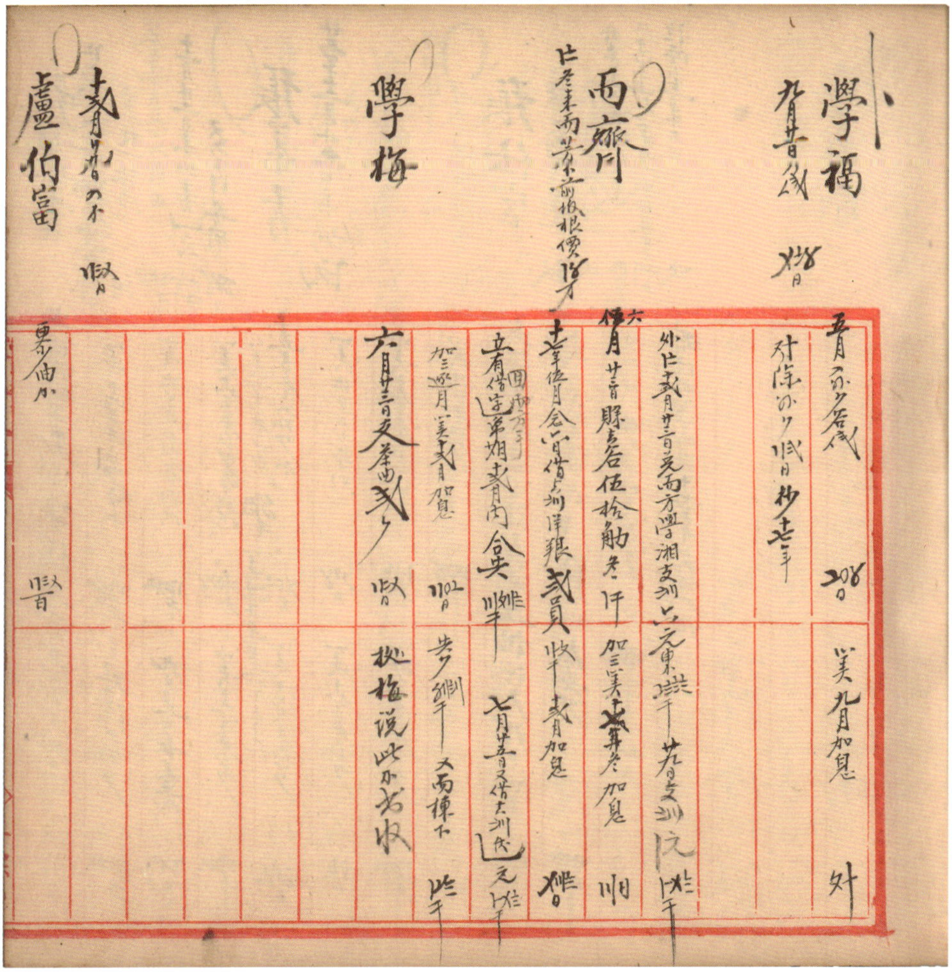

8-2-40-27　清光緒十六年銀錢油穀發借總目（二七）

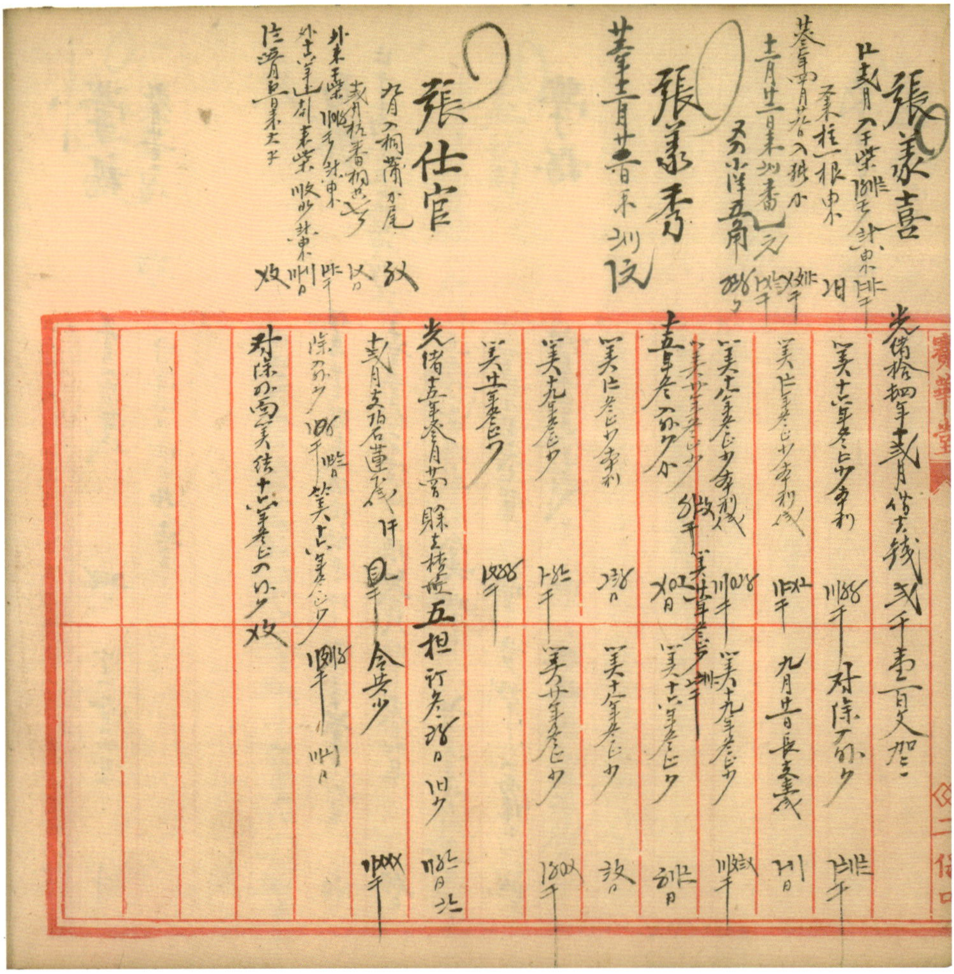

8-2-40-28　清光緒十六年銀錢油穀發借總目（二八）

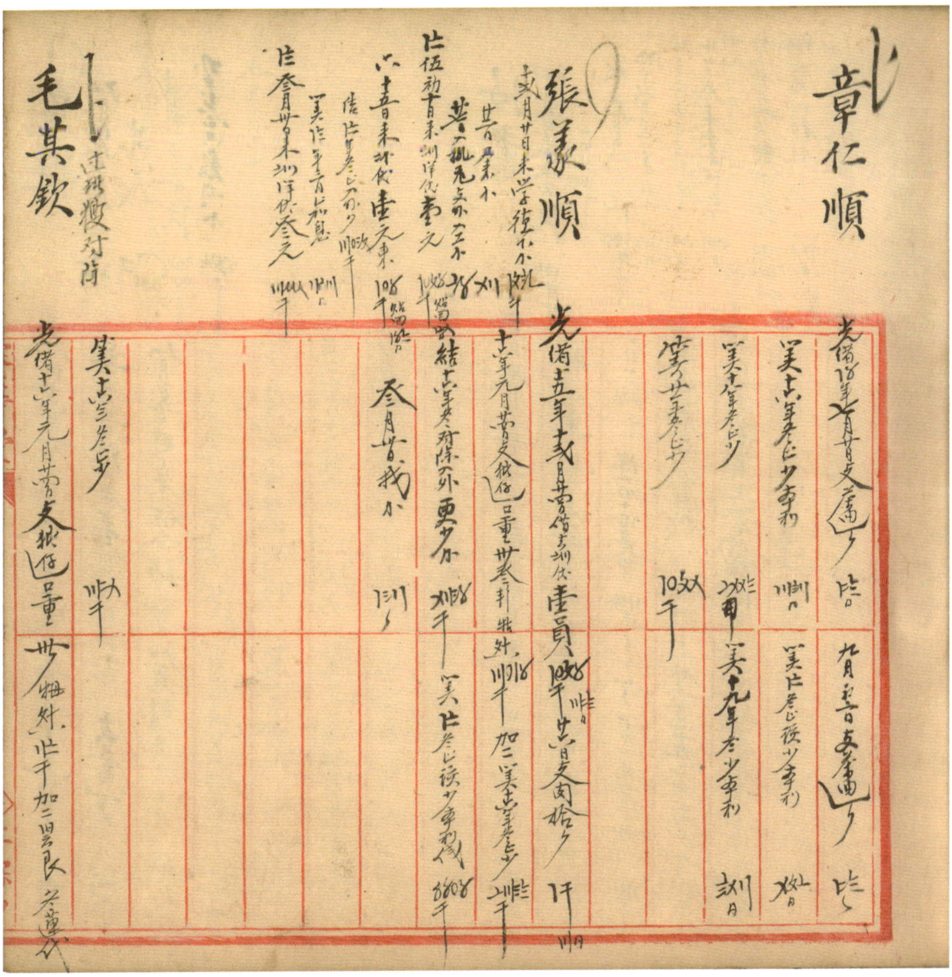

章仁順

張義順

毛其欽

8-2-40-29　清光緒十六年銀錢油穀發借總目（二九）

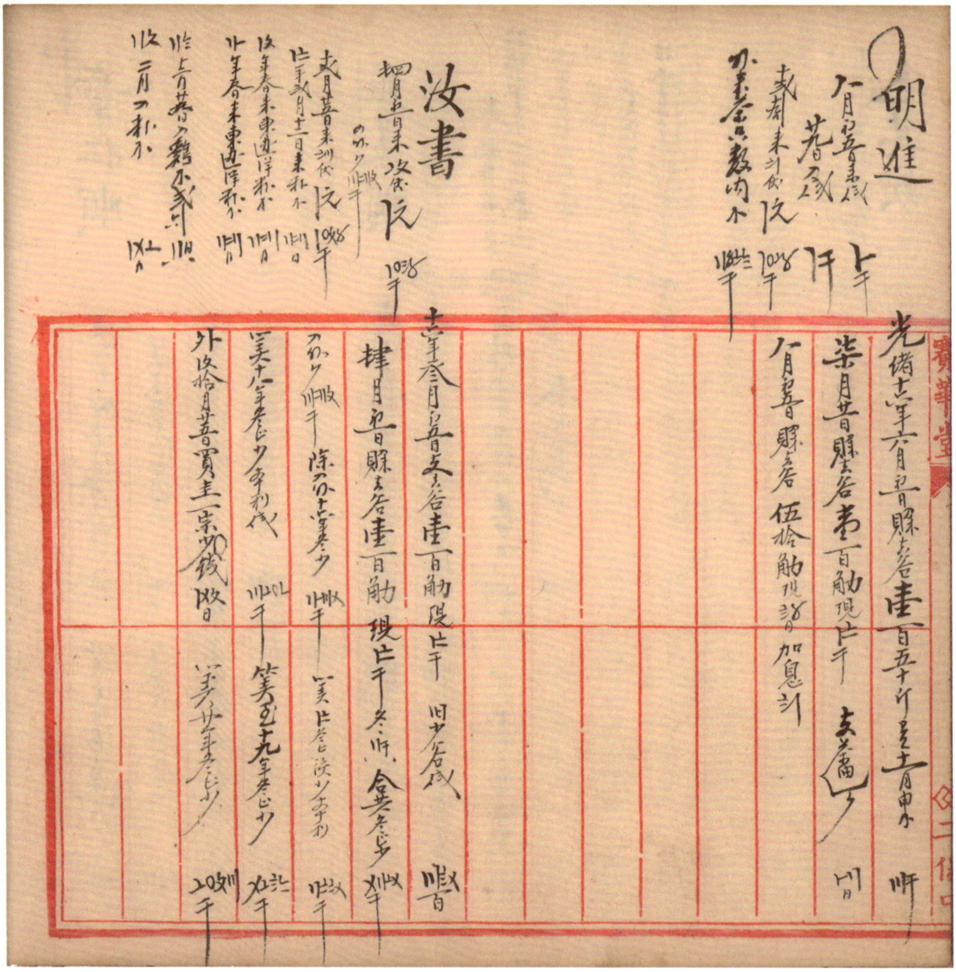

8-2-40-30　清光緒十六年銀錢油穀發借總目（三〇）

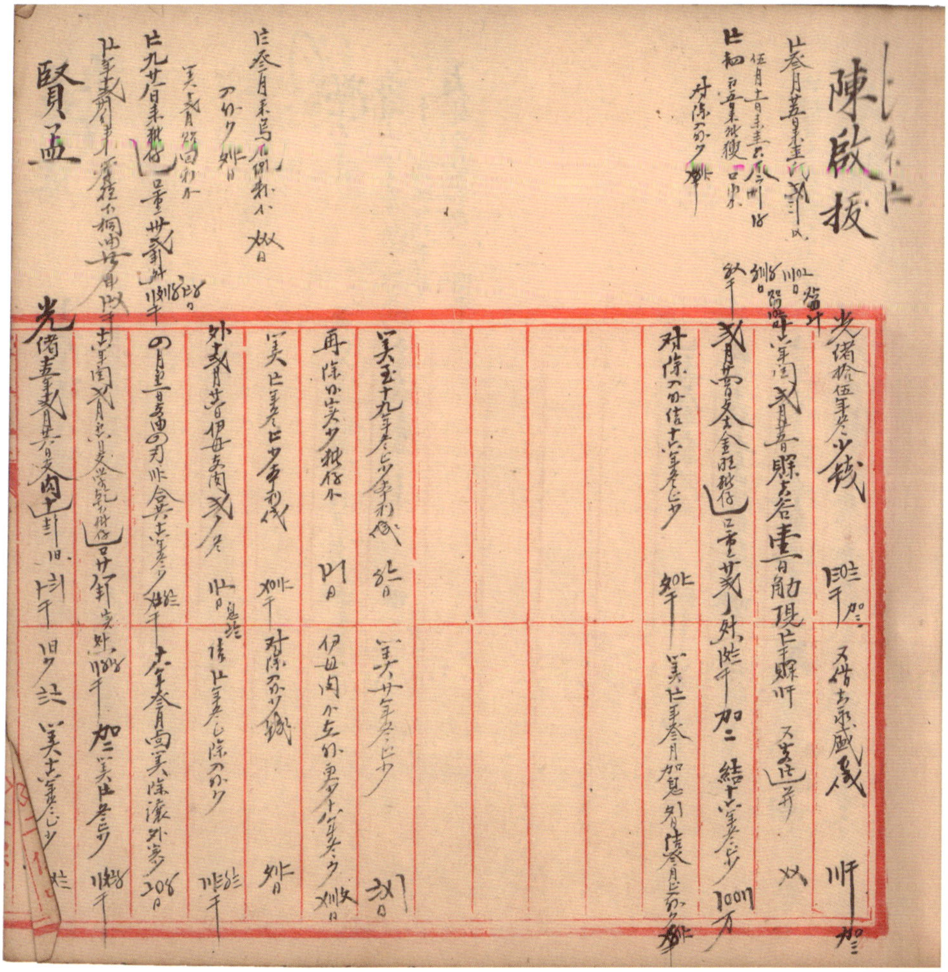

陳啟拔

賢益

8-2-40-31　清光緒十六年銀錢油穀發借總目（三一）

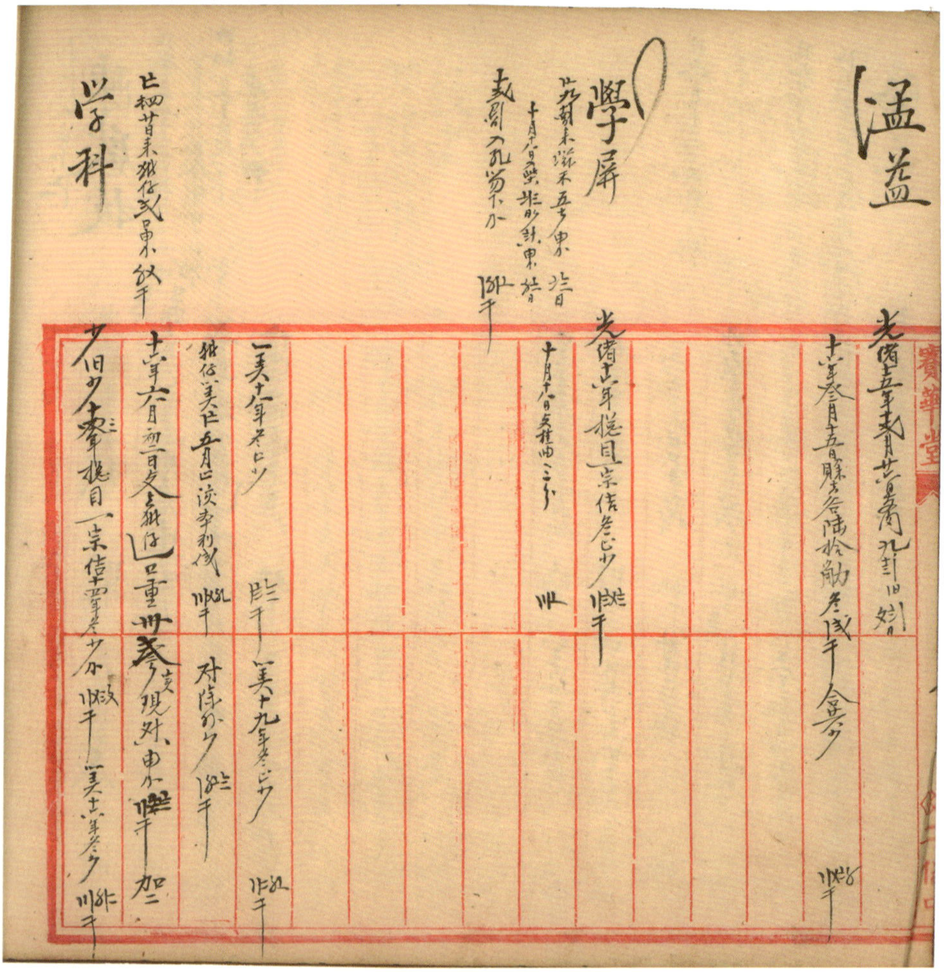

8-2-40-32　清光緒十六年銀錢油穀發借總目（三二）

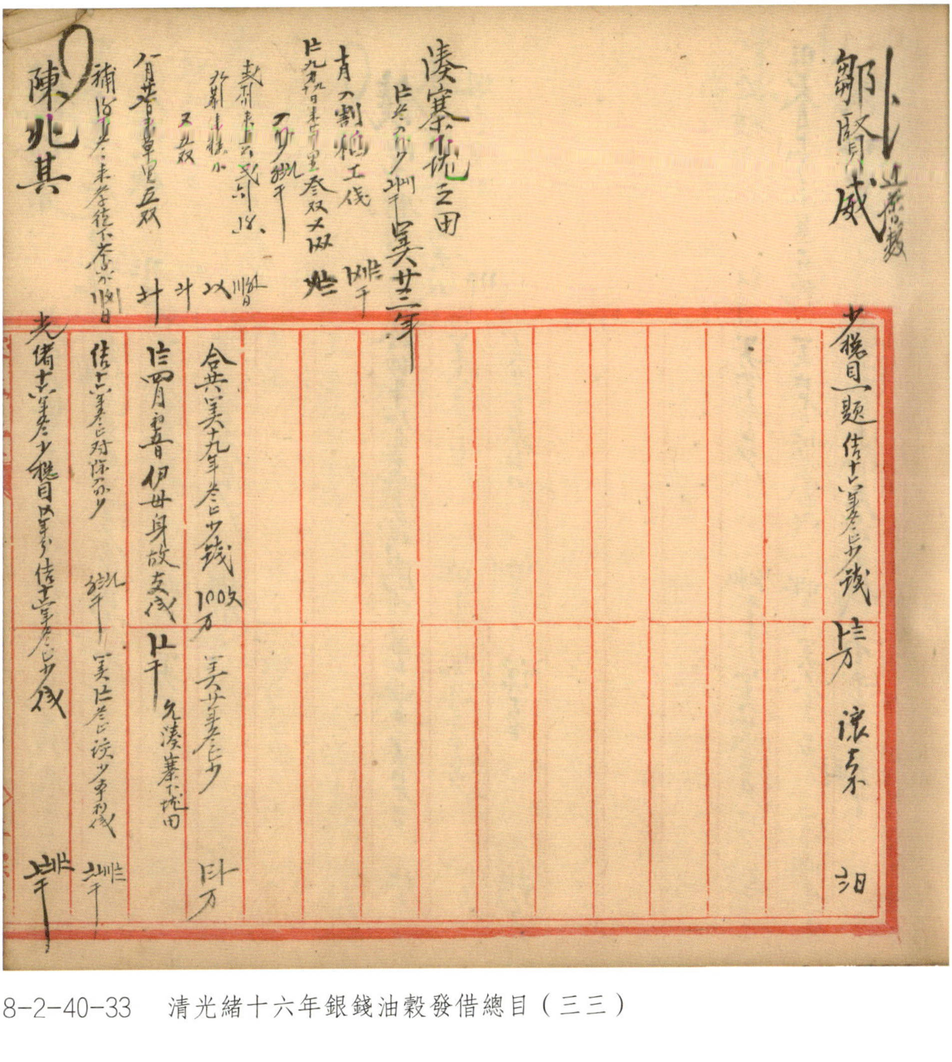

8-2-40-33　清光緒十六年銀錢油穀發借總目（三三）

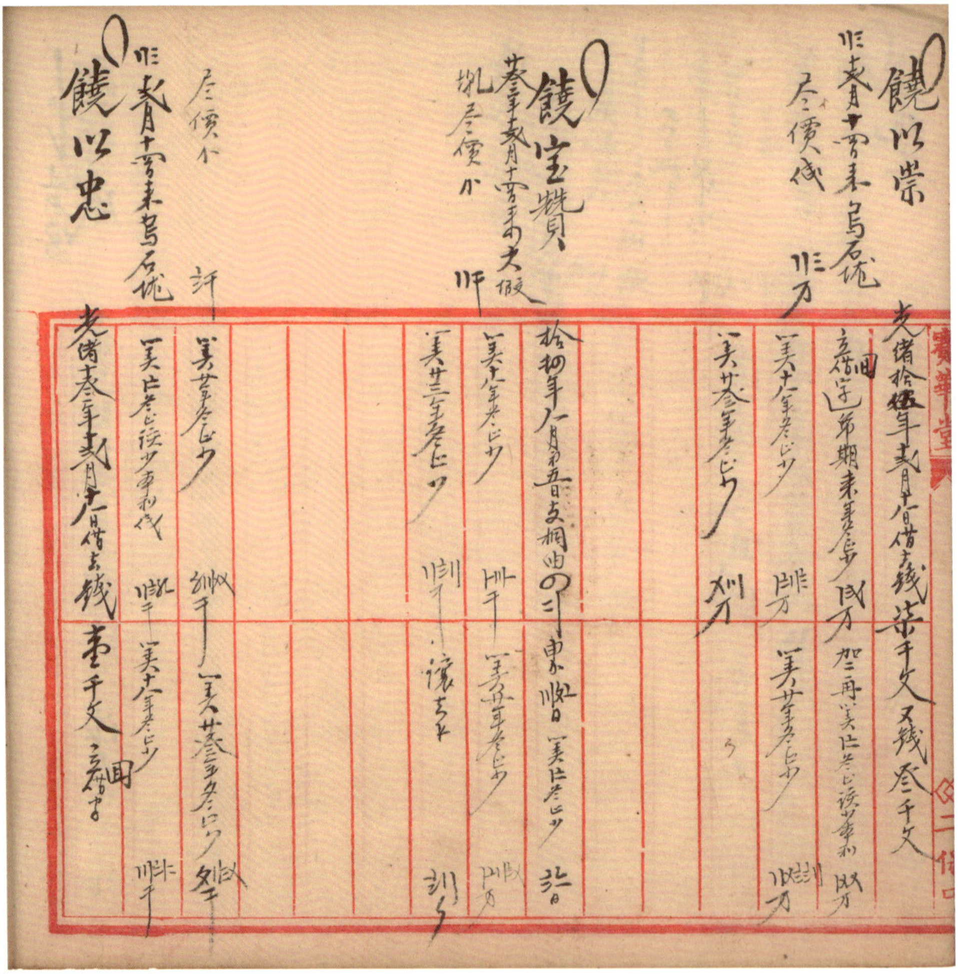
饒以崇
光緒拾伍年弍月廿日借去錢柒千文 又錢叁千文

饒宝贊
拾捌年八月初五日交桐油

饒以忠
光緒叁年弍月廿八日借去錢壹千文

8-2-40-34　清光緒十六年銀錢油穀發借總目（三四）

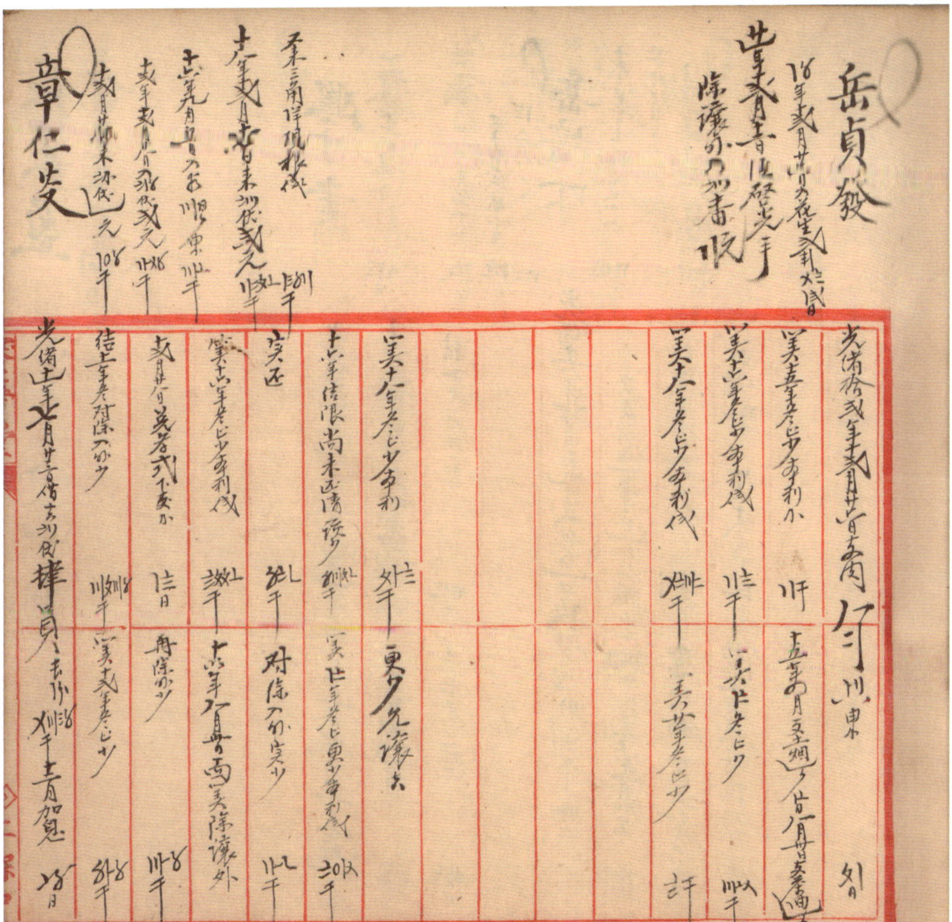

8-2-40-35　清光緒十六年銀錢油穀發借總目（三五）

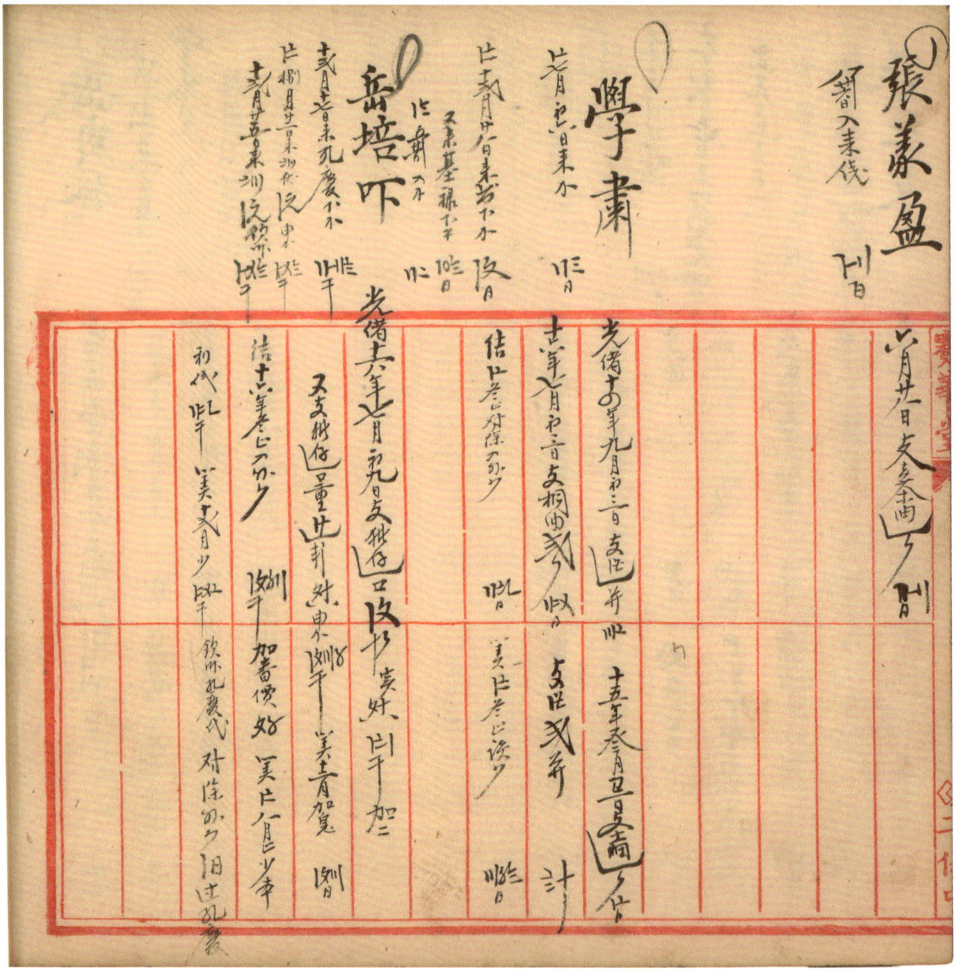

8-2-40-36　清光緒十六年銀錢油穀發借總目（三六）

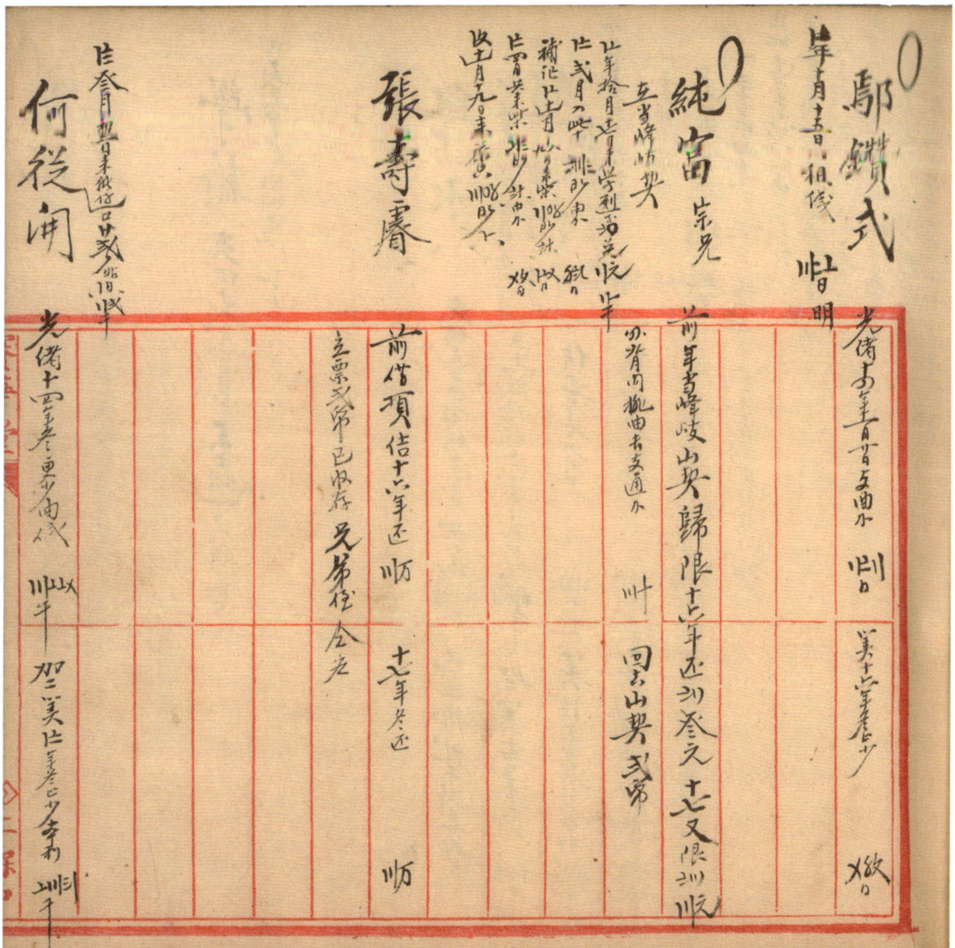

8-2-40-37　清光緒十六年銀錢油穀發借總目（三七）

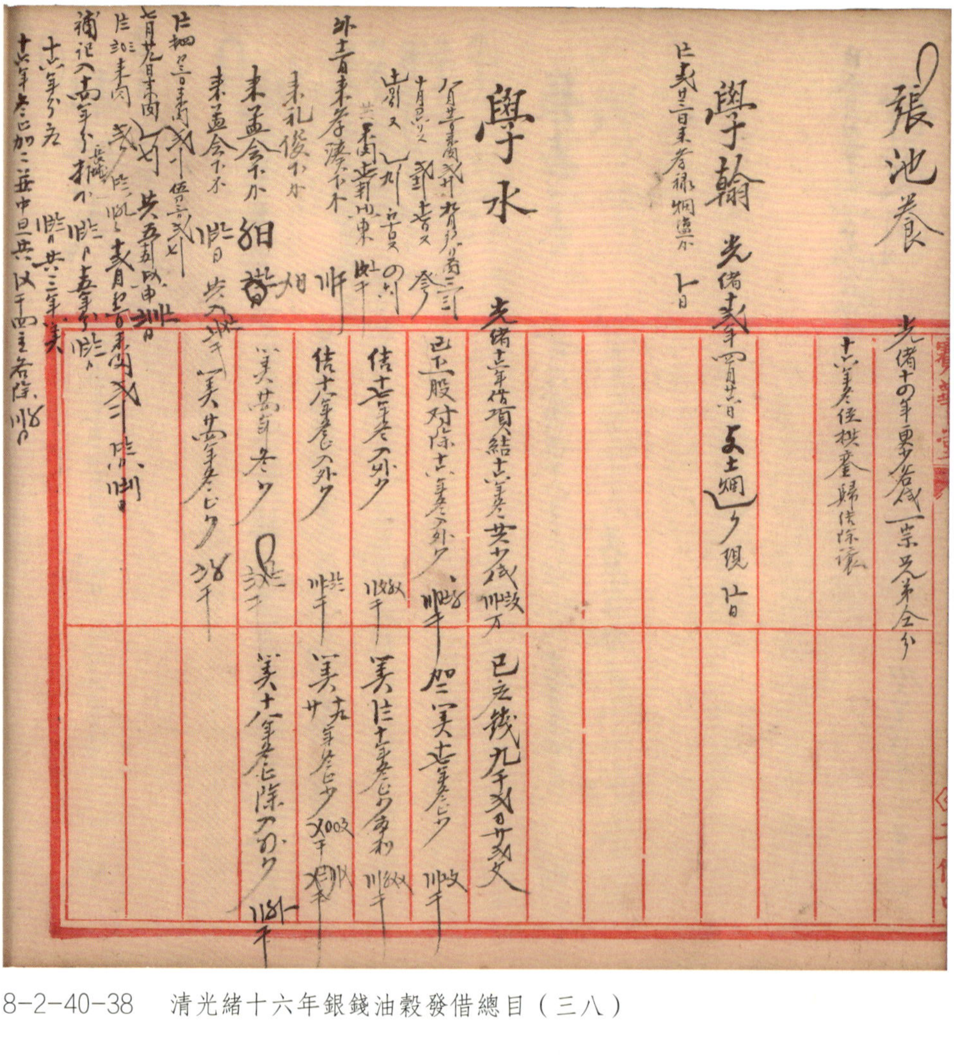

8-2-40-38　清光緒十六年銀錢油穀發借總目（三八）

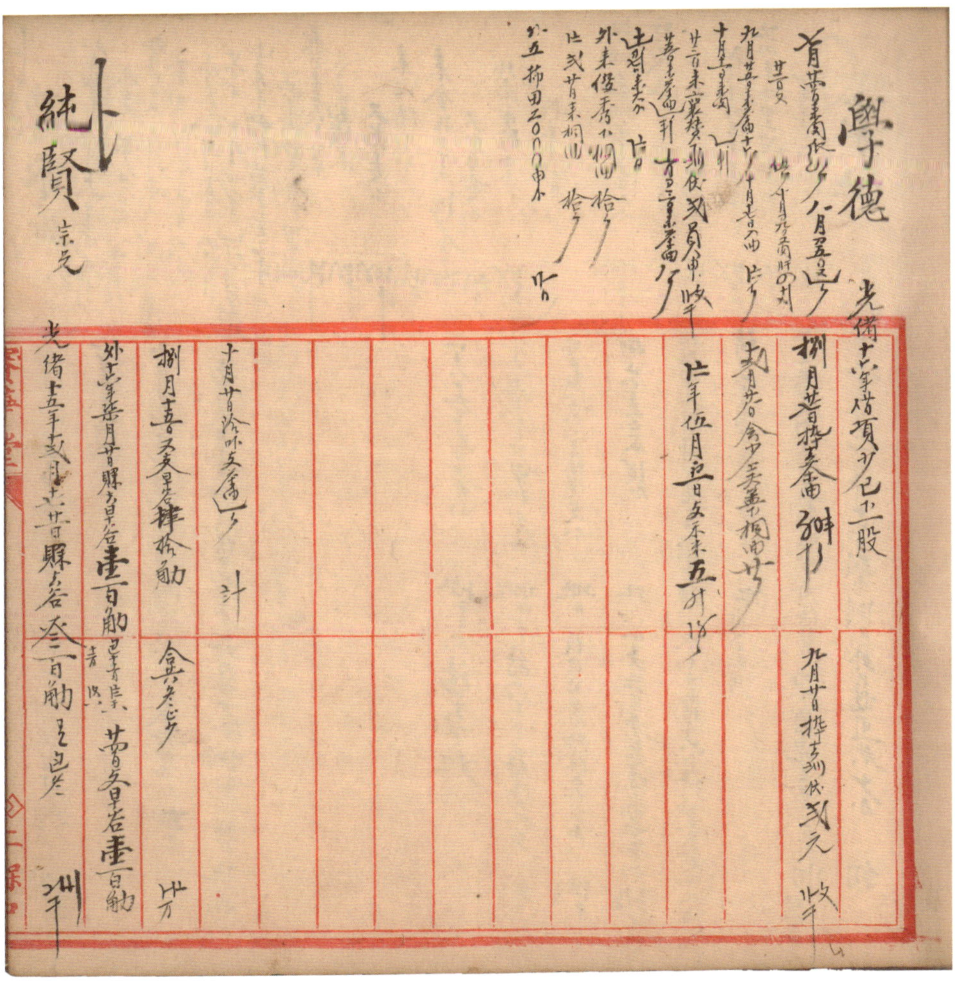

8-2-40-39　清光緒十六年銀錢油穀發借總目（三九）

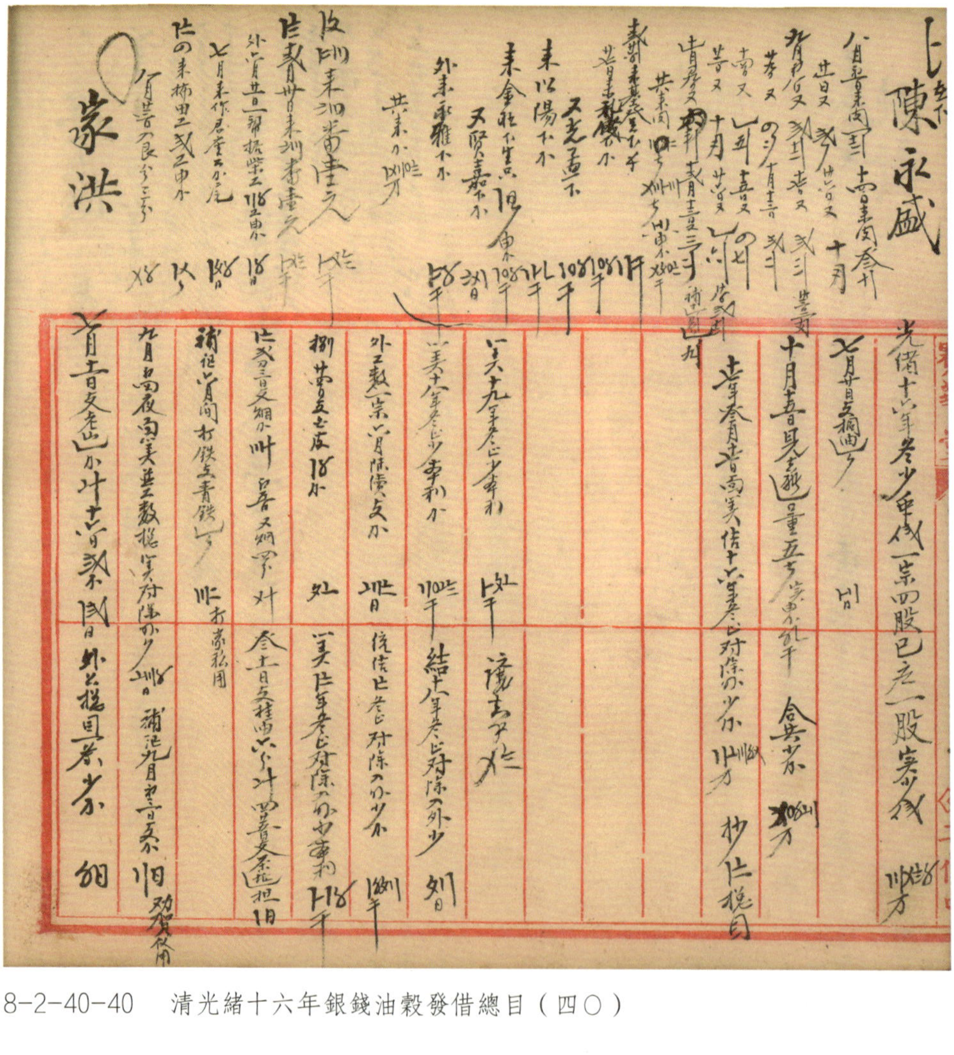

8-2-40-40　清光緒十六年銀錢油穀發借總目（四〇）

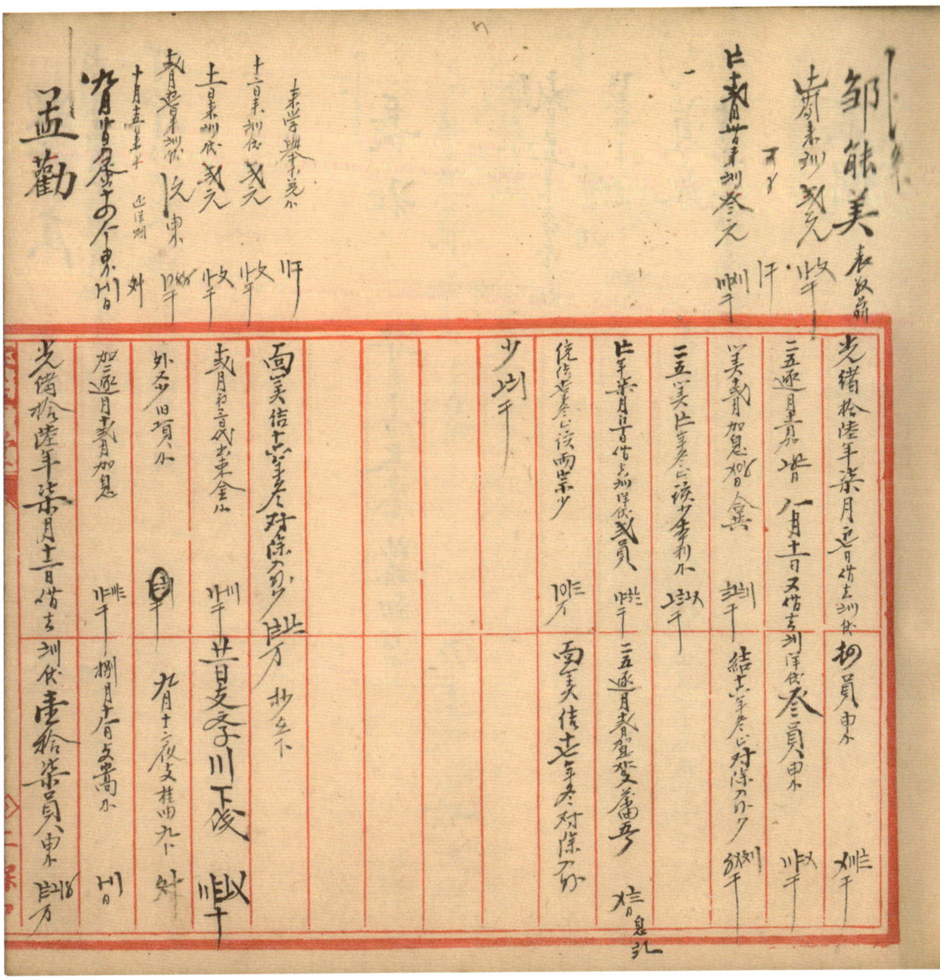
鄒能美
光緒拾陸年柒月
孟勸
光緒拾陸年柒月

8-2-40-41　清光緒十六年銀錢油穀發借總目（四一）

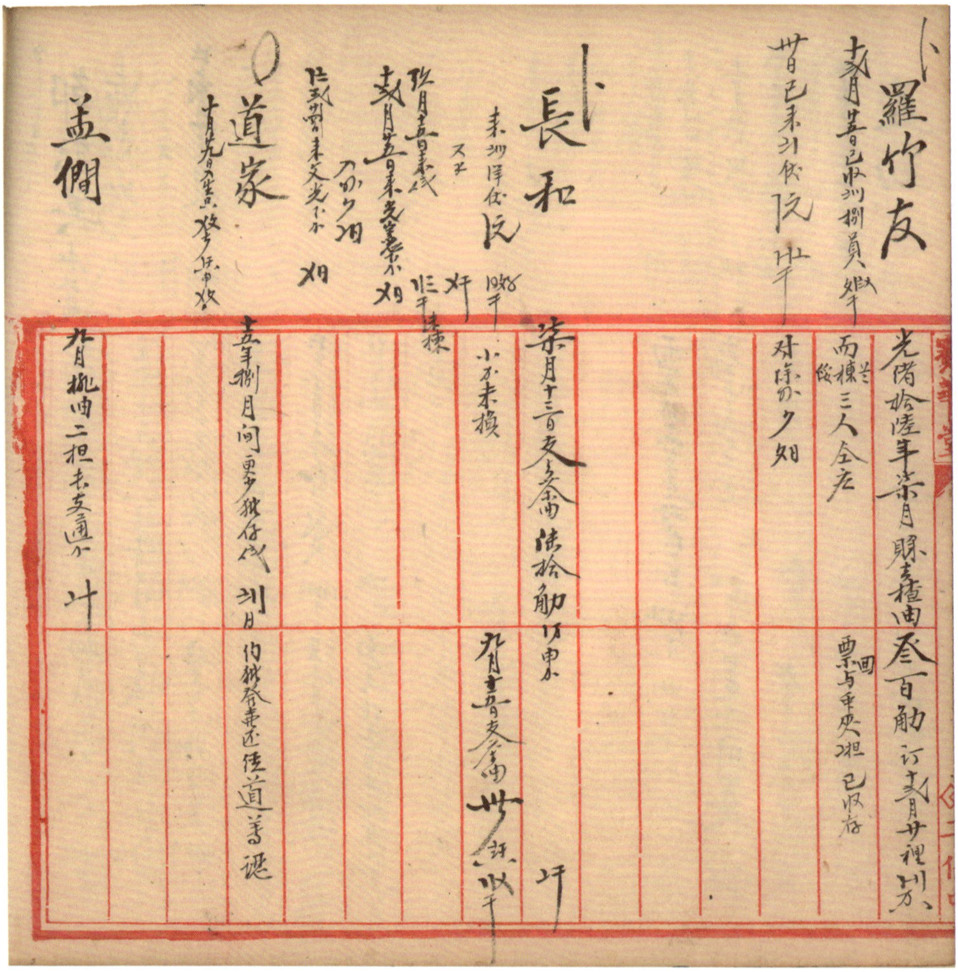

8-2-40-42　清光緒十六年銀錢油穀發借總目（四二）

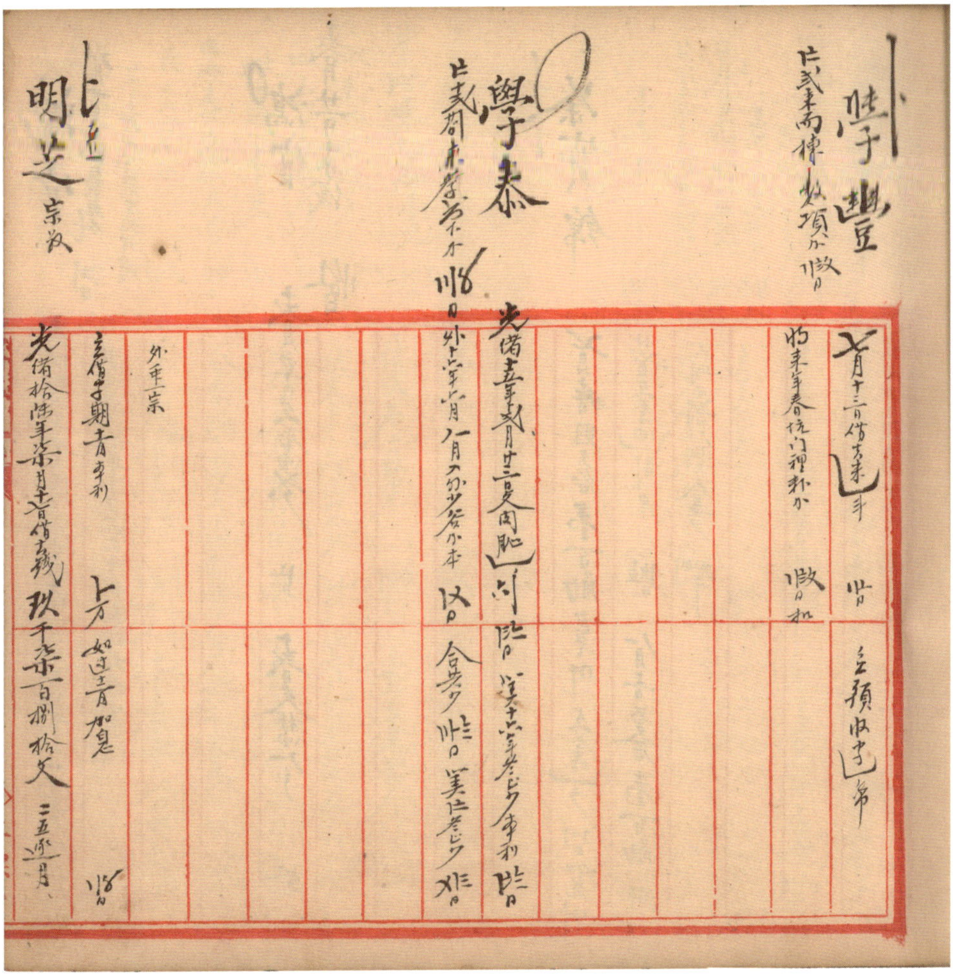

8-2-40-43　清光緒十六年銀錢油穀發借總目（四三）

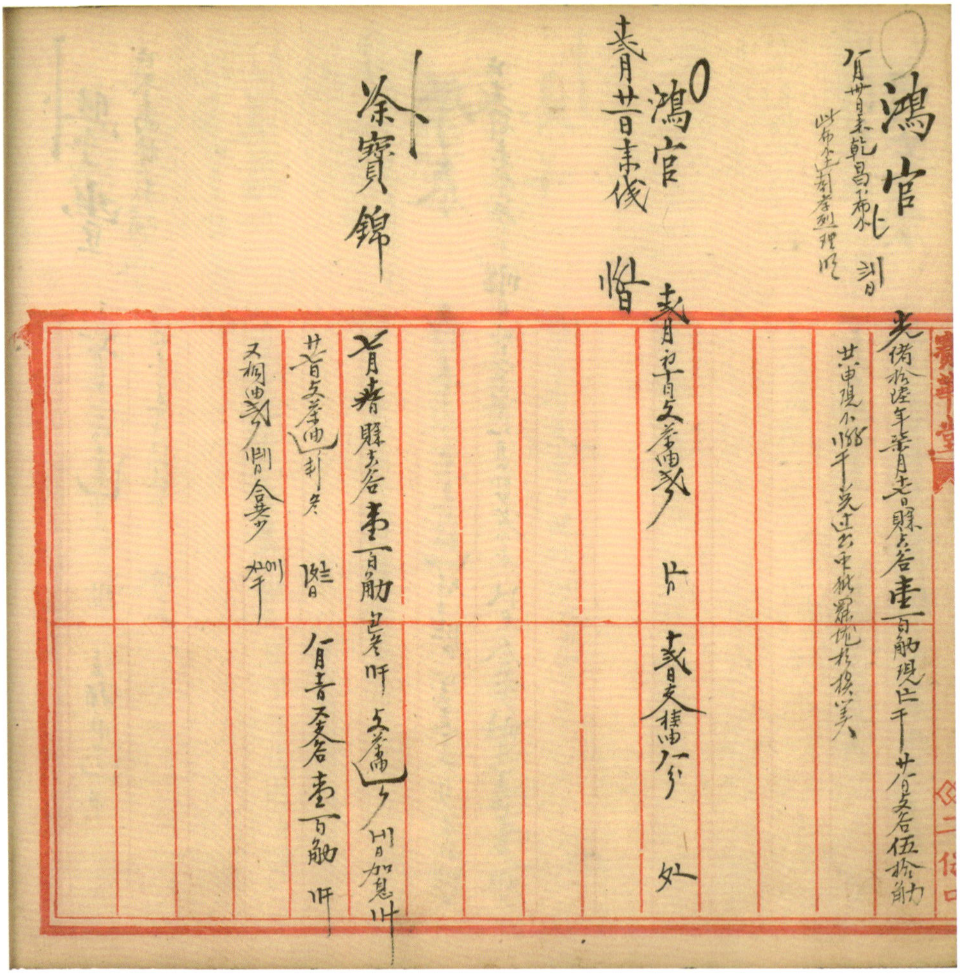

8-2-40-44　清光緒十六年銀錢油穀發借總目（四四）

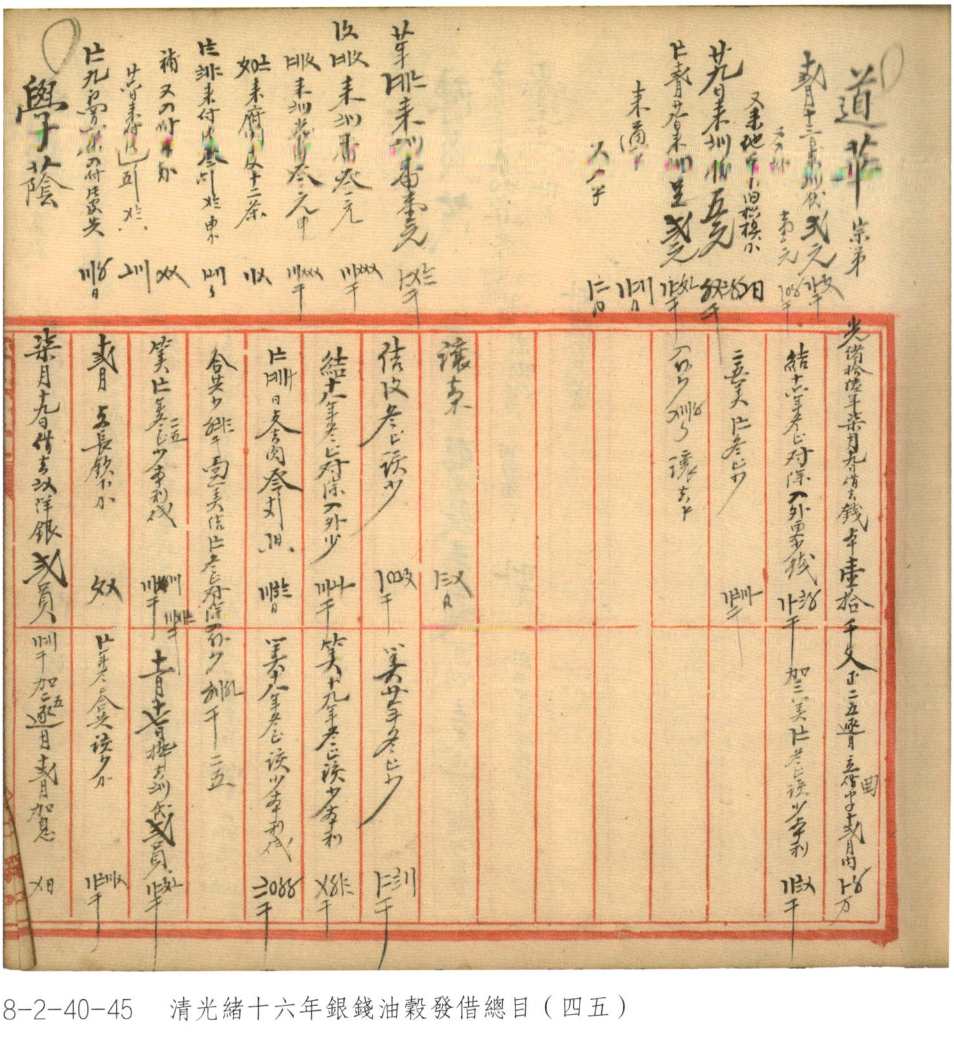

8-2-40-45　清光緒十六年銀錢油穀發借總目（四五）

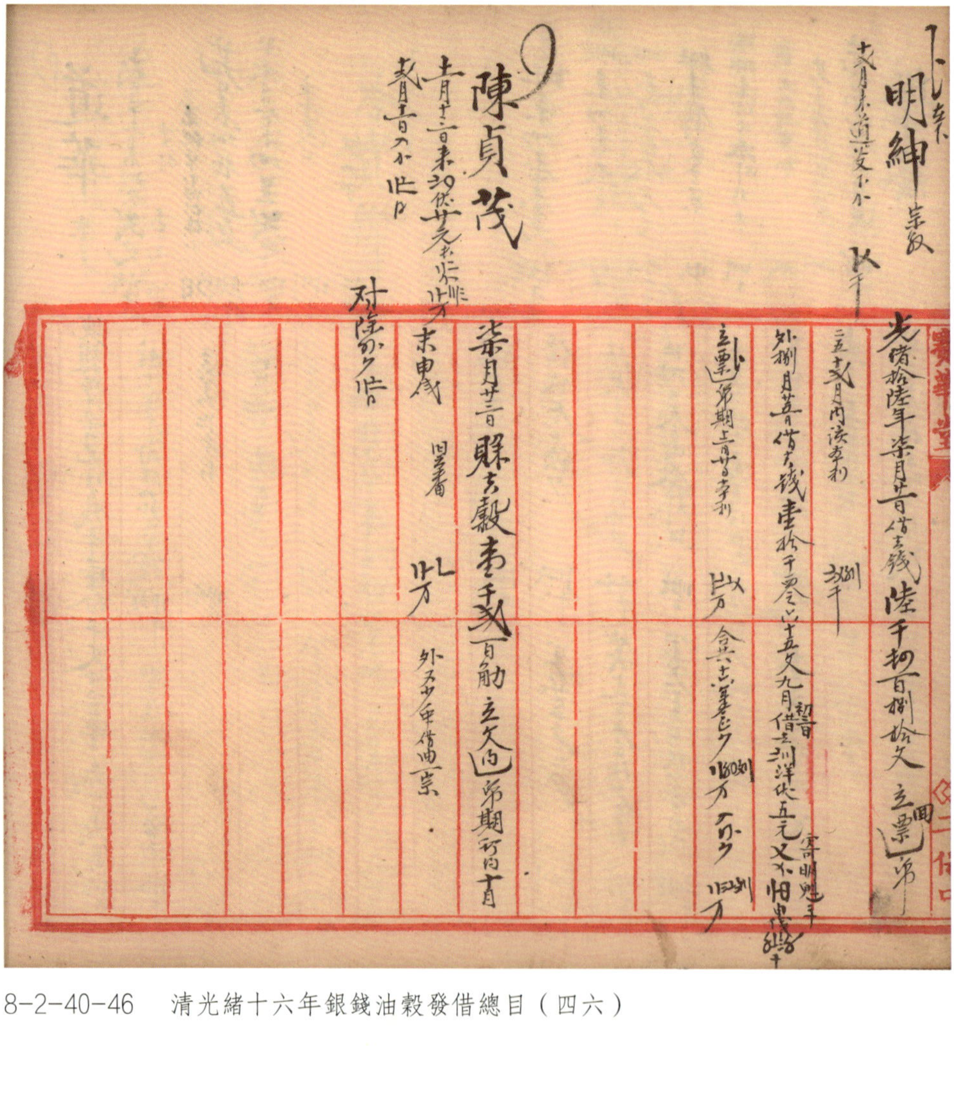

8-2-40-46　清光緒十六年銀錢油穀發借總目（四六）

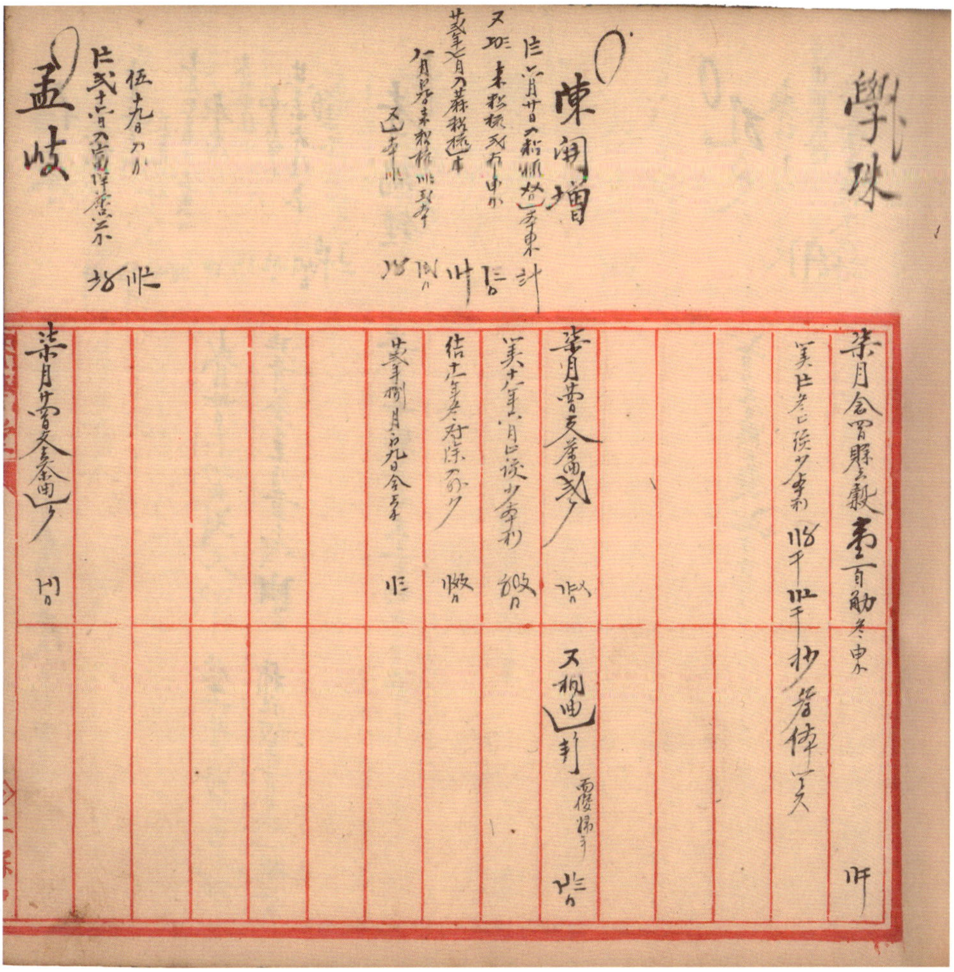

8-2-40-47　清光緒十六年銀錢油穀發借總目（四七）

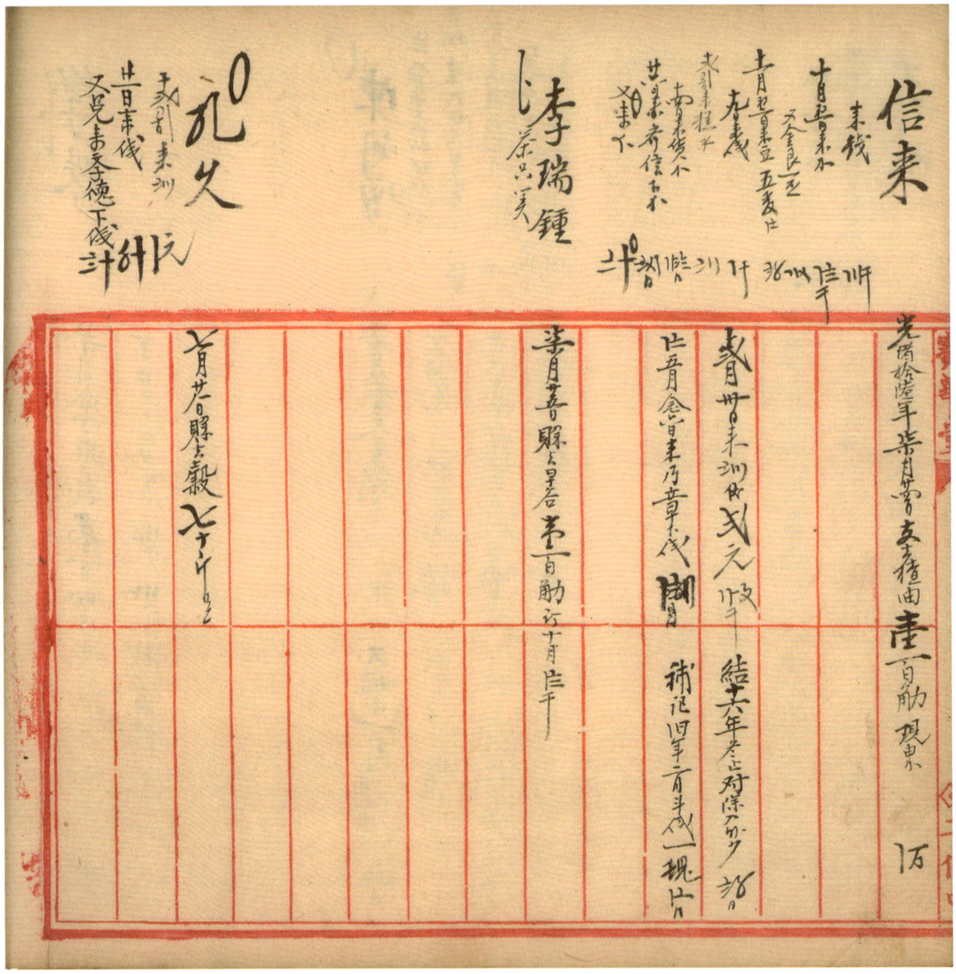

8-2-40-48　清光緒十六年銀錢油穀發借總目（四八）

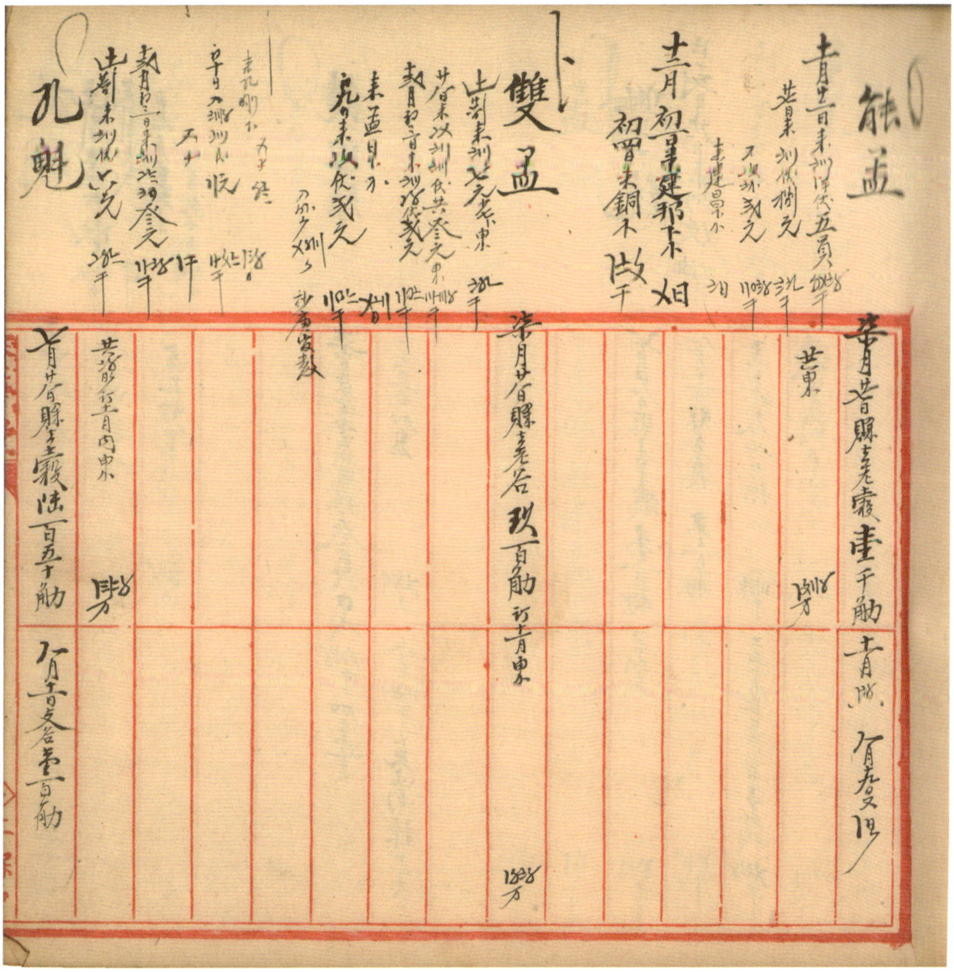

8-2-40-49　清光緒十六年銀錢油穀發借總目（四九）

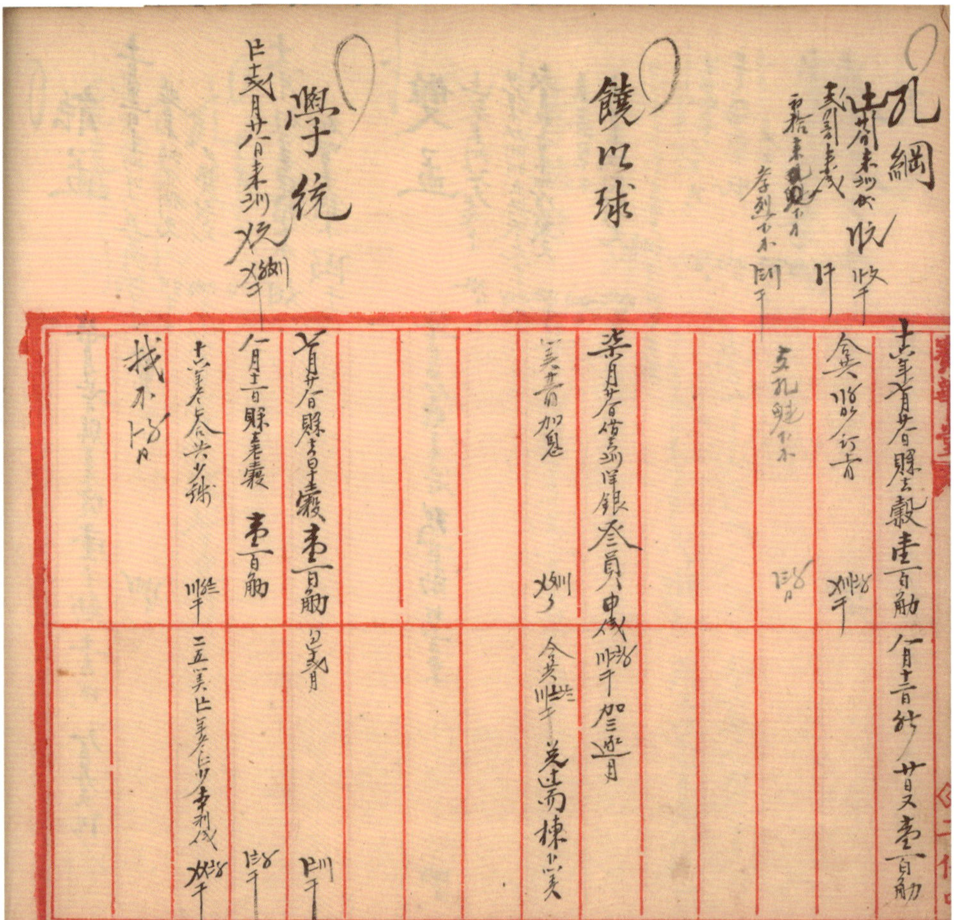
孔綱
饒以球
學統
找

8-2-40-50　清光緒十六年銀錢油穀發借總目（五〇）

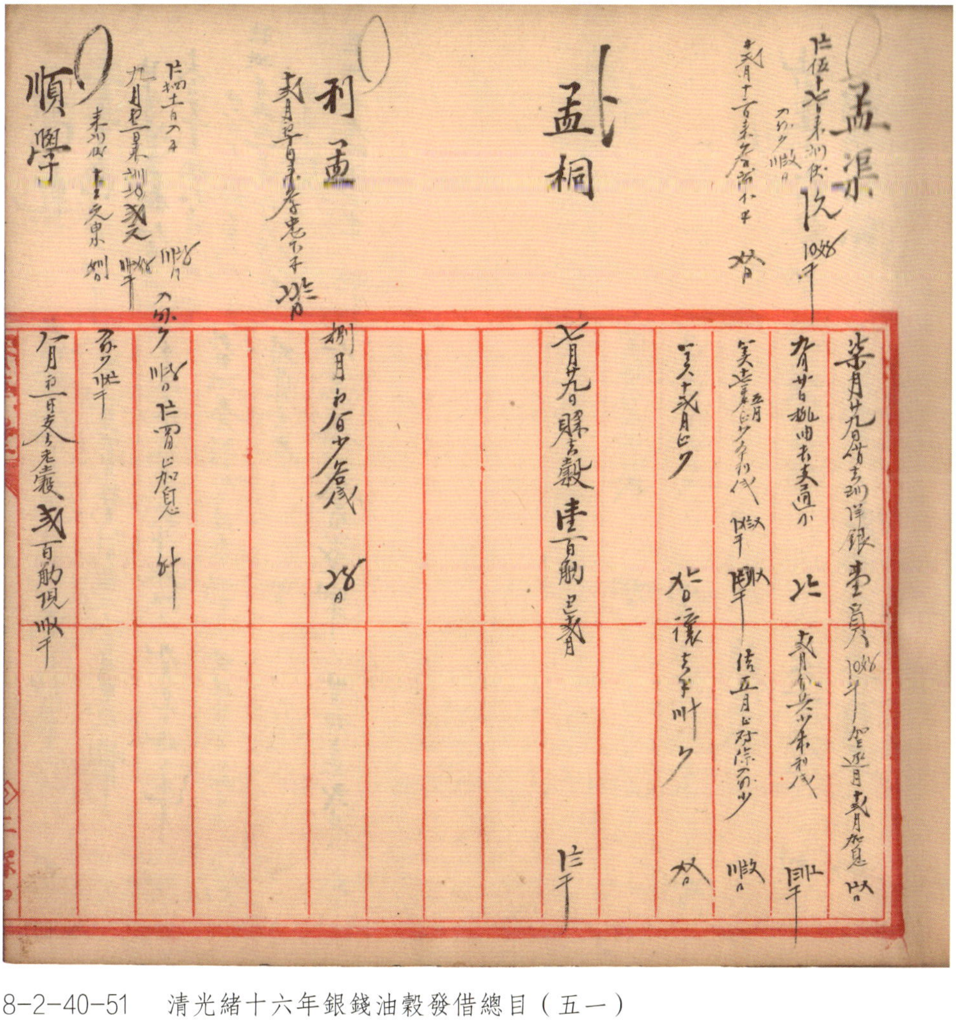
高渠

益桐

利益

順學

8-2-40-51　清光緒十六年銀錢油穀發借總目（五一）

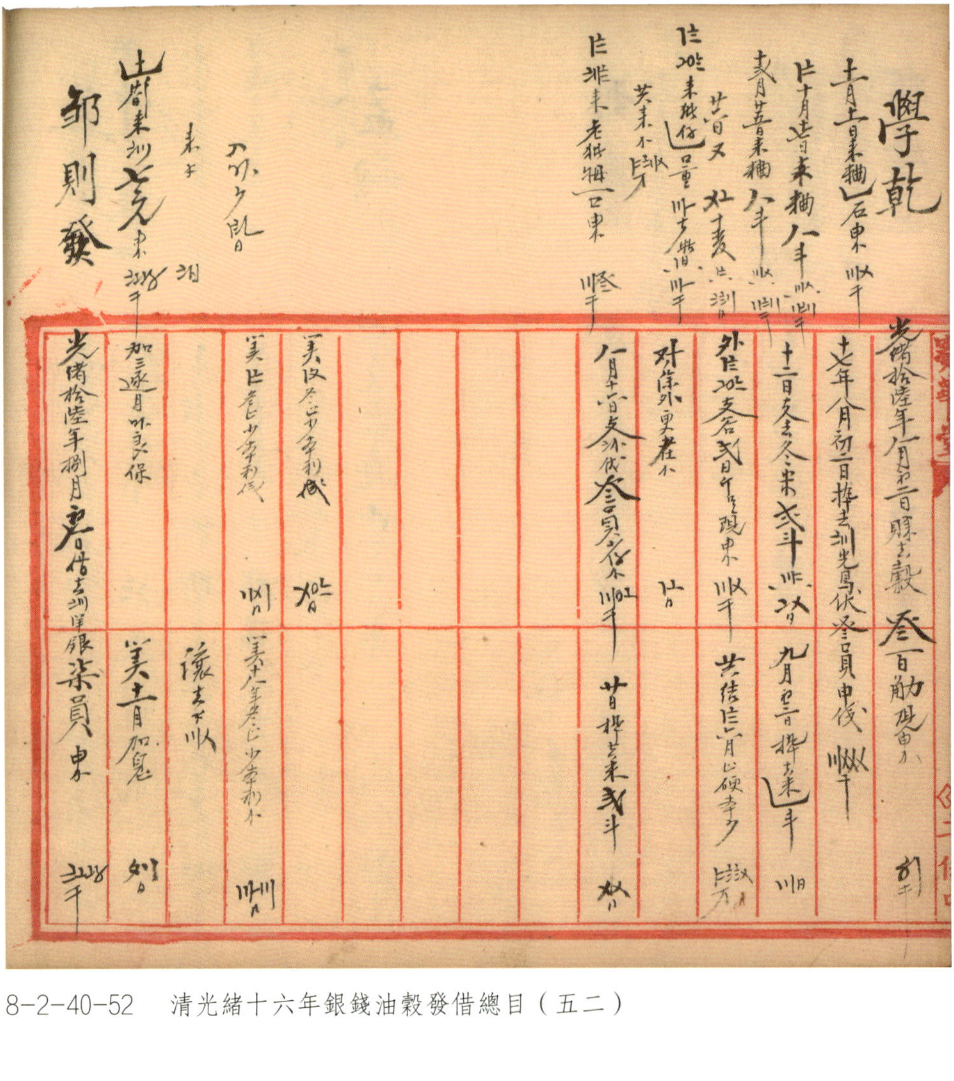

8-2-40-52　清光緒十六年銀錢油穀發借總目（五二）

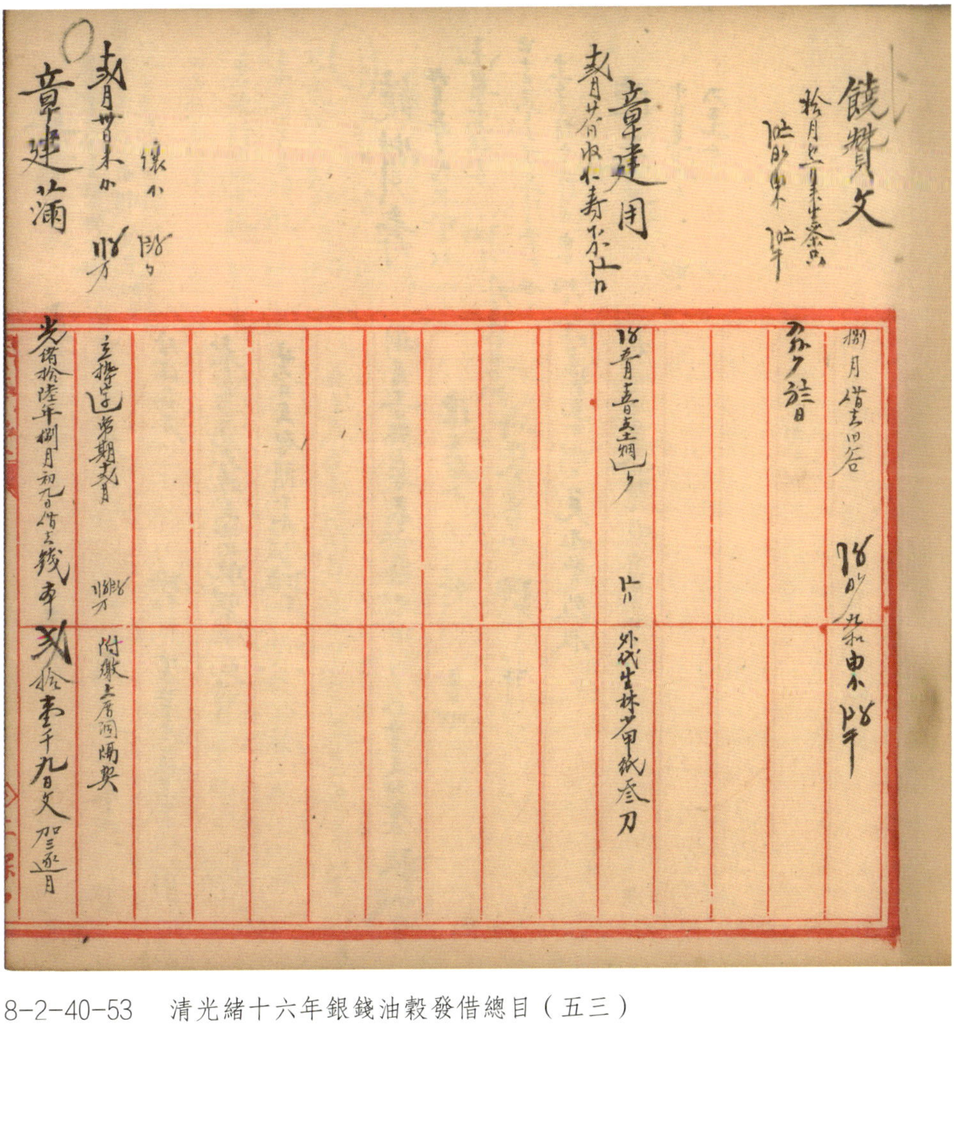

錢贊文

章建用

章建湳

捌月借去四谷

外代生林會紙叁刀

光緒拾陸年捌月初九日借去錢

附繳上居洞螞契

8-2-40-53　清光緒十六年銀錢油穀發借總目（五三）

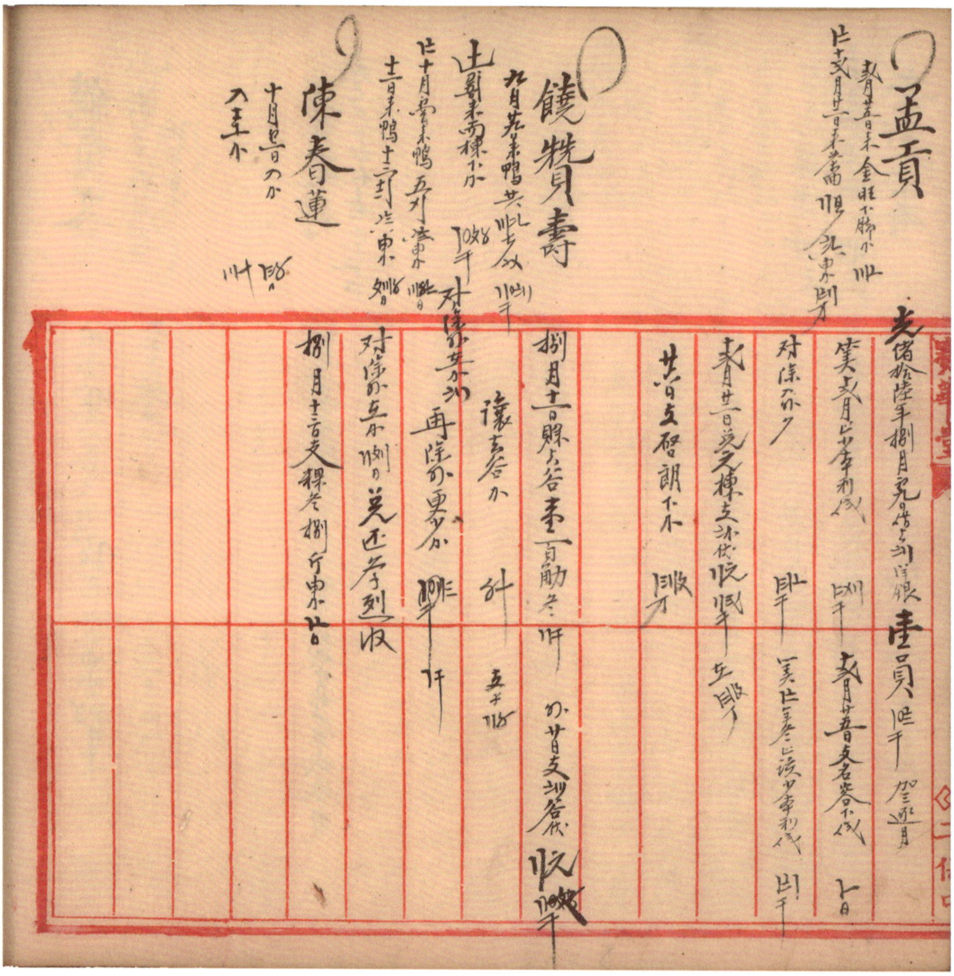

孟貢

饒贊壽

陳春蓮

8-2-40-54　清光緒十六年銀錢油穀發借總目（五四）

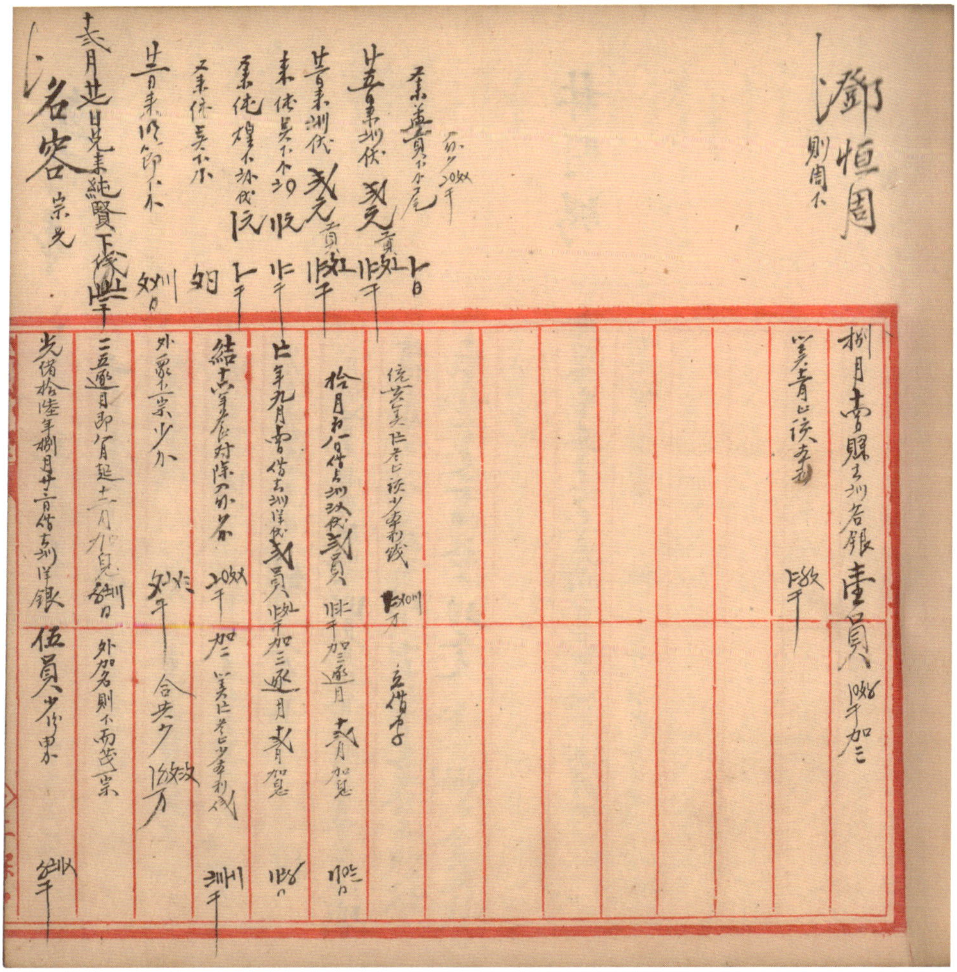

鄭恒周

則周不

名客

宗光

8-2-40-55　清光緒十六年銀錢油穀發借總目（五五）

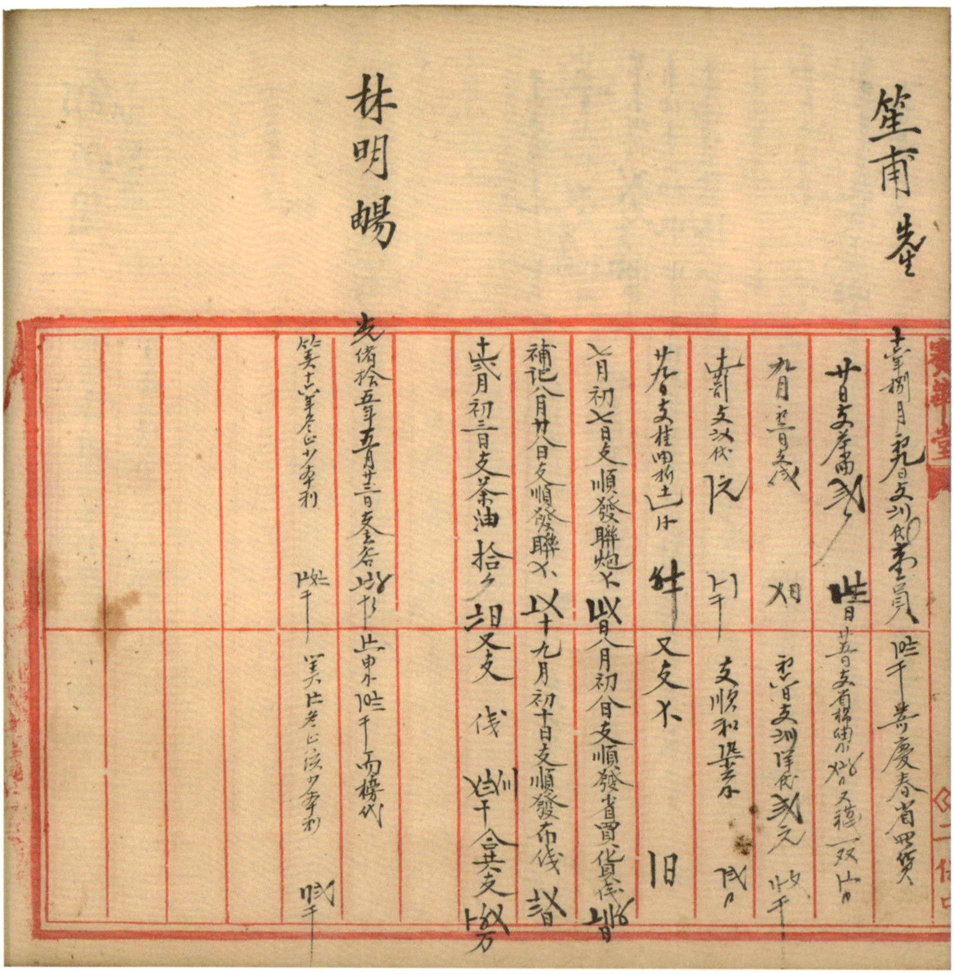

8-2-40-56　清光緒十六年銀錢油穀發借總目（五六）

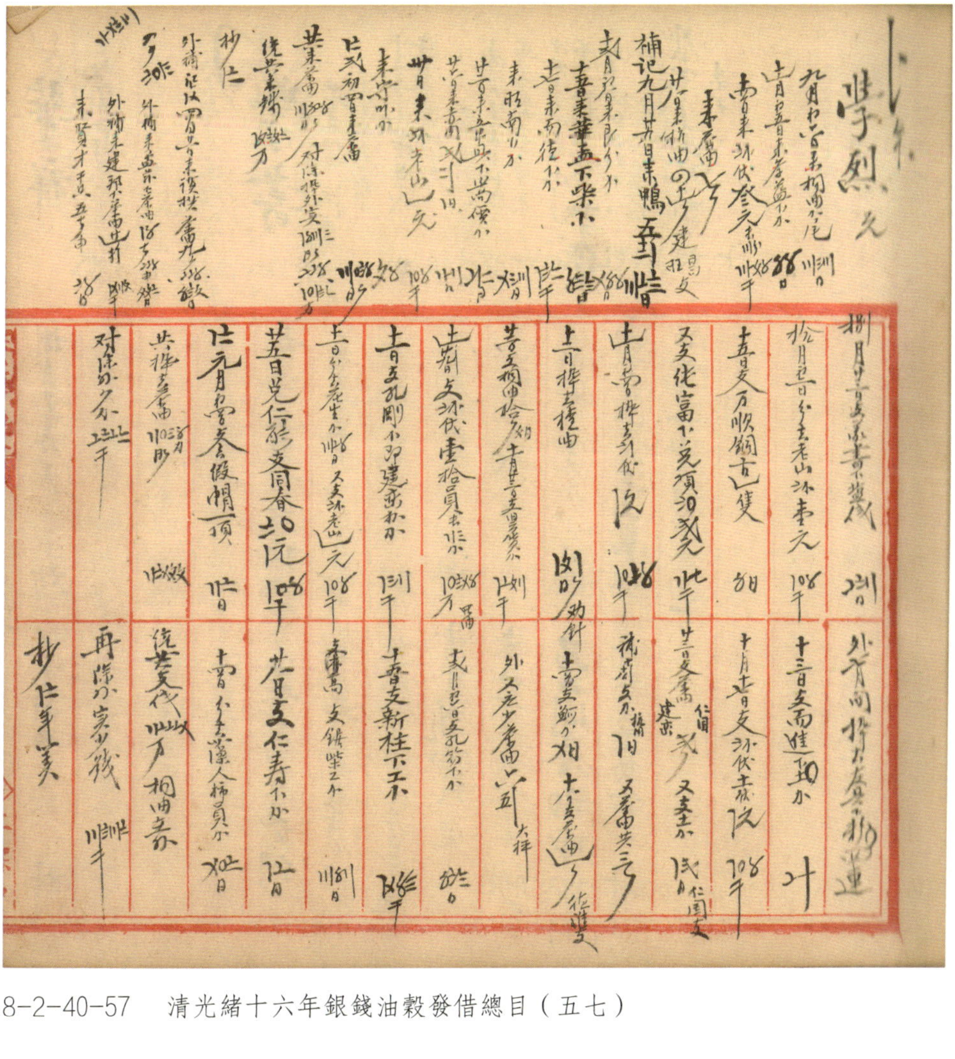

8-2-40-57　清光緒十六年銀錢油穀發借總目（五七）

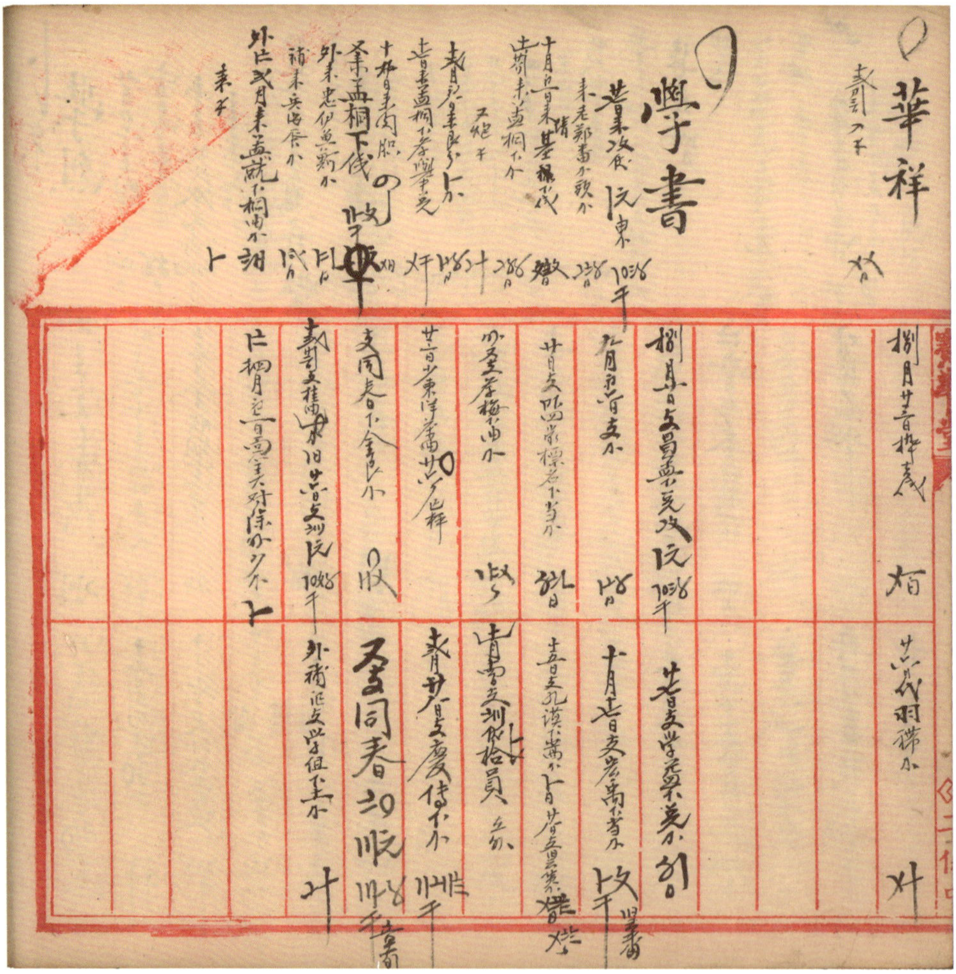

8-2-40-58　清光緒十六年銀錢油穀發借總目（五八）

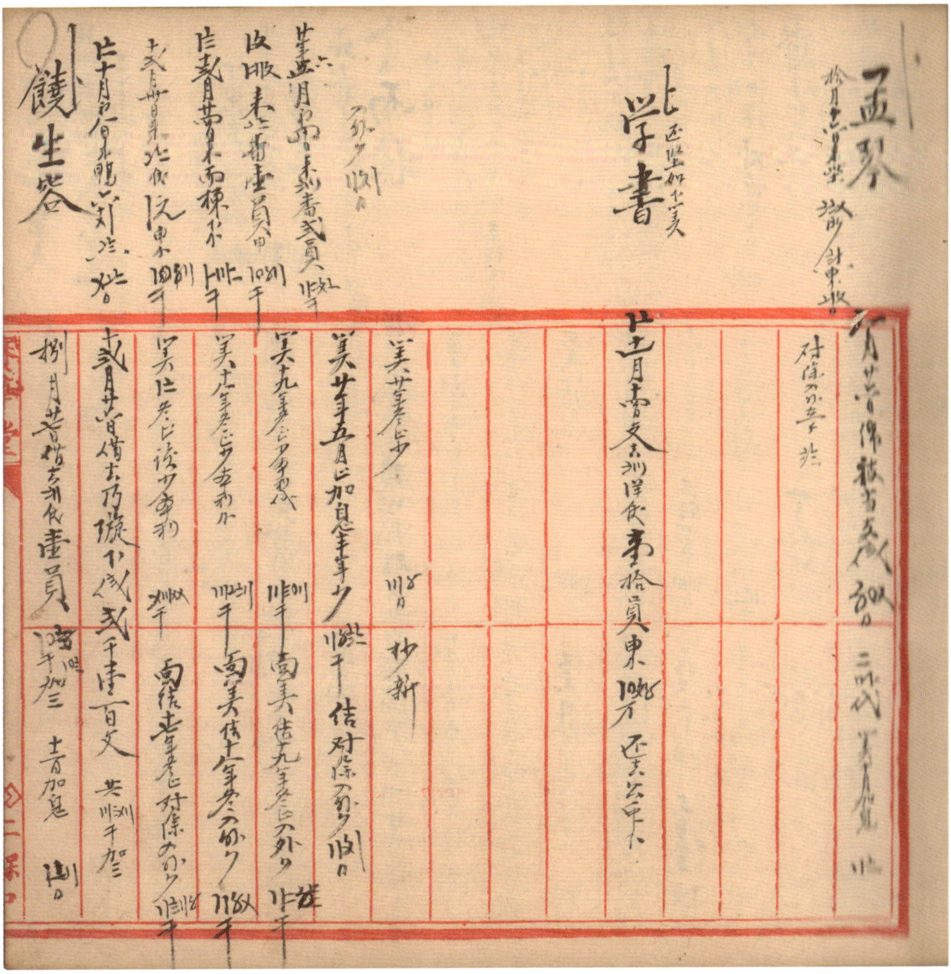

8-2-40-59　清光緒十六年銀錢油穀發借總目（五九）

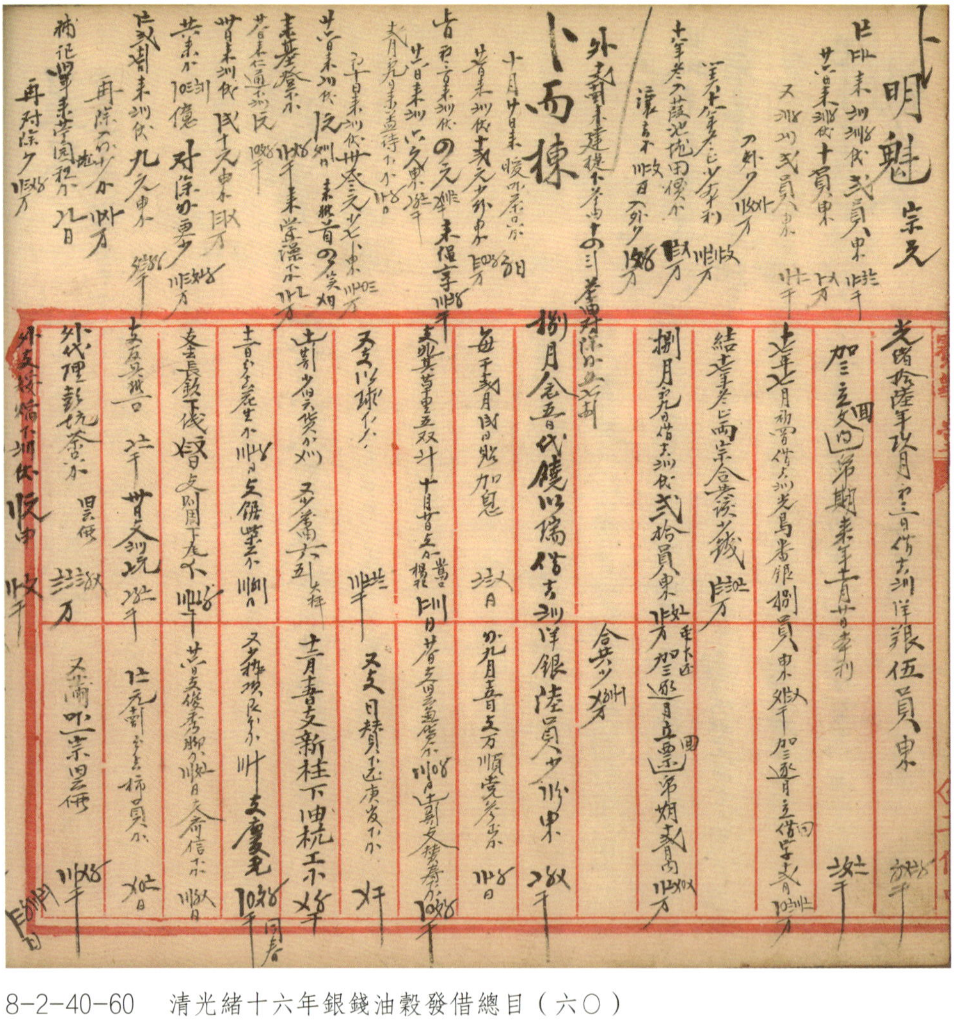

8-2-40-60　清光緒十六年銀錢油穀發借總目（六〇）

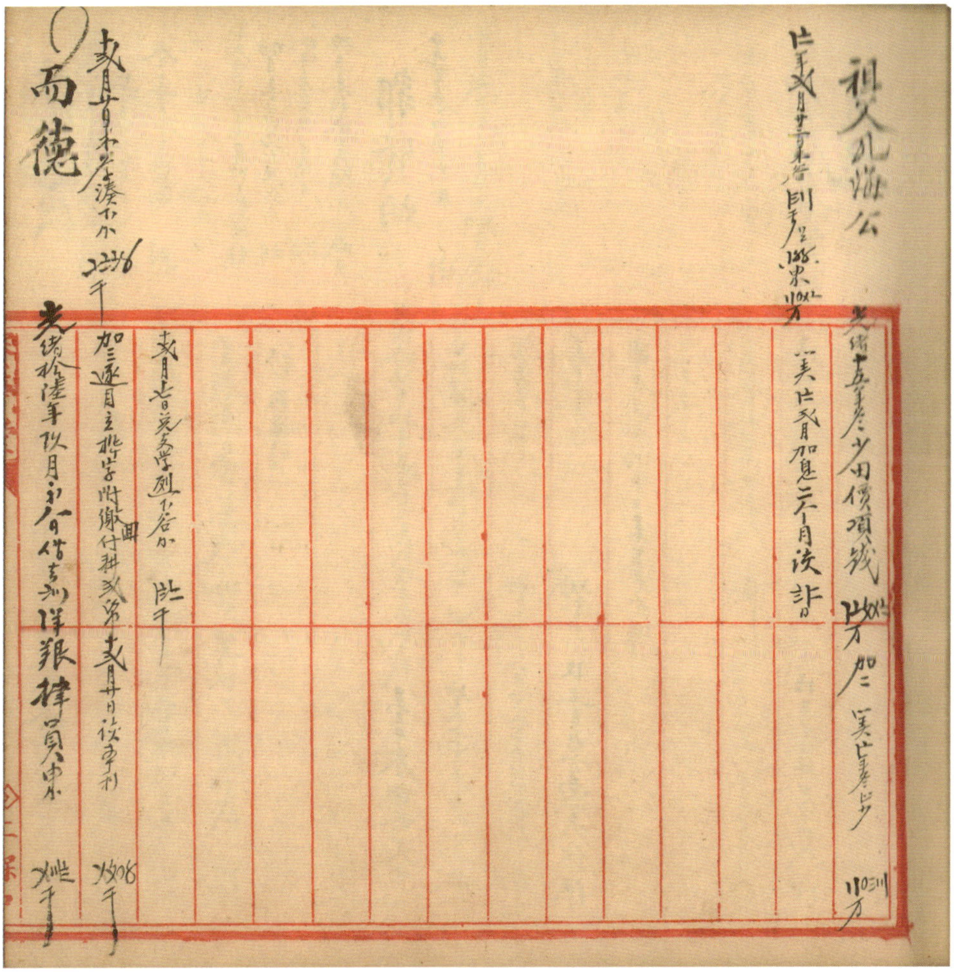

8-2-40-61　清光緒十六年銀錢油穀發借總目（六一）

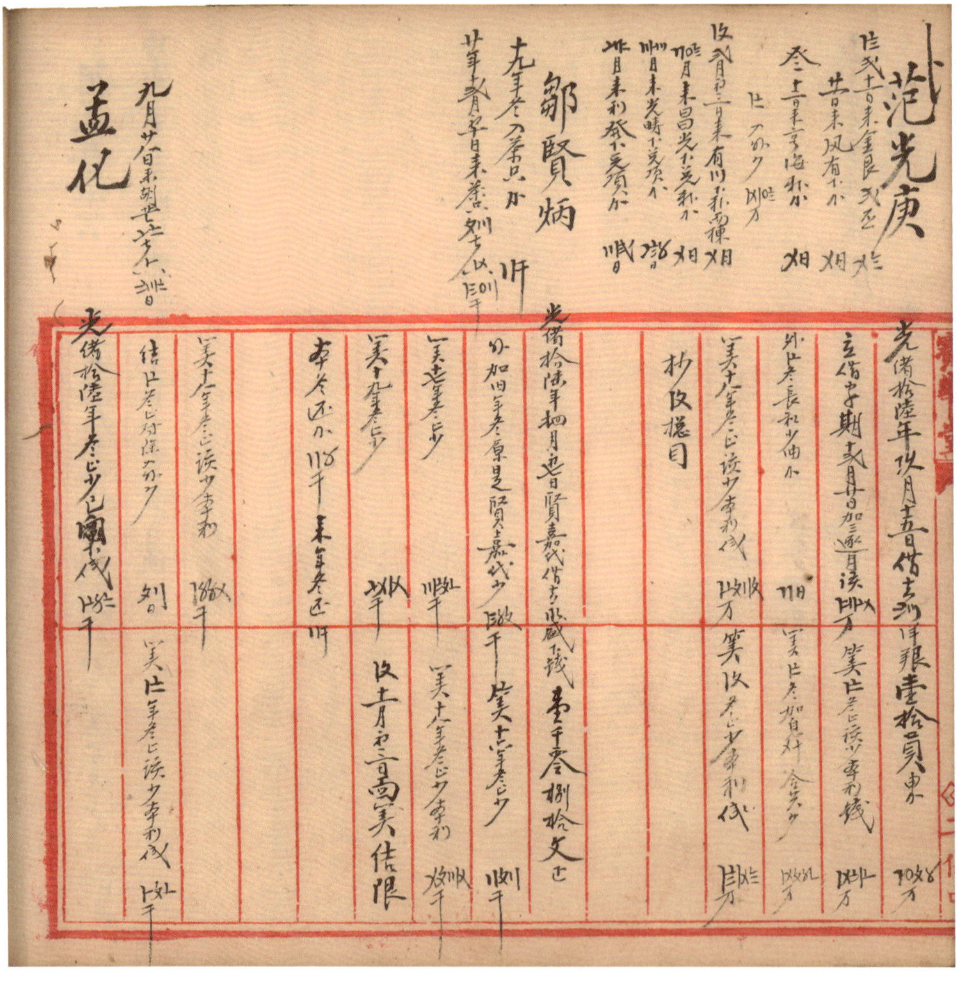
范光庚
鄒賢炳
益化
光緒拾陸年玖月十五日借去洋銀壹拾員
抄收總目
光緒拾陸年捌月十五日賢嘉借去

8-2-40-62　清光緒十六年銀錢油穀發借總目（六二）

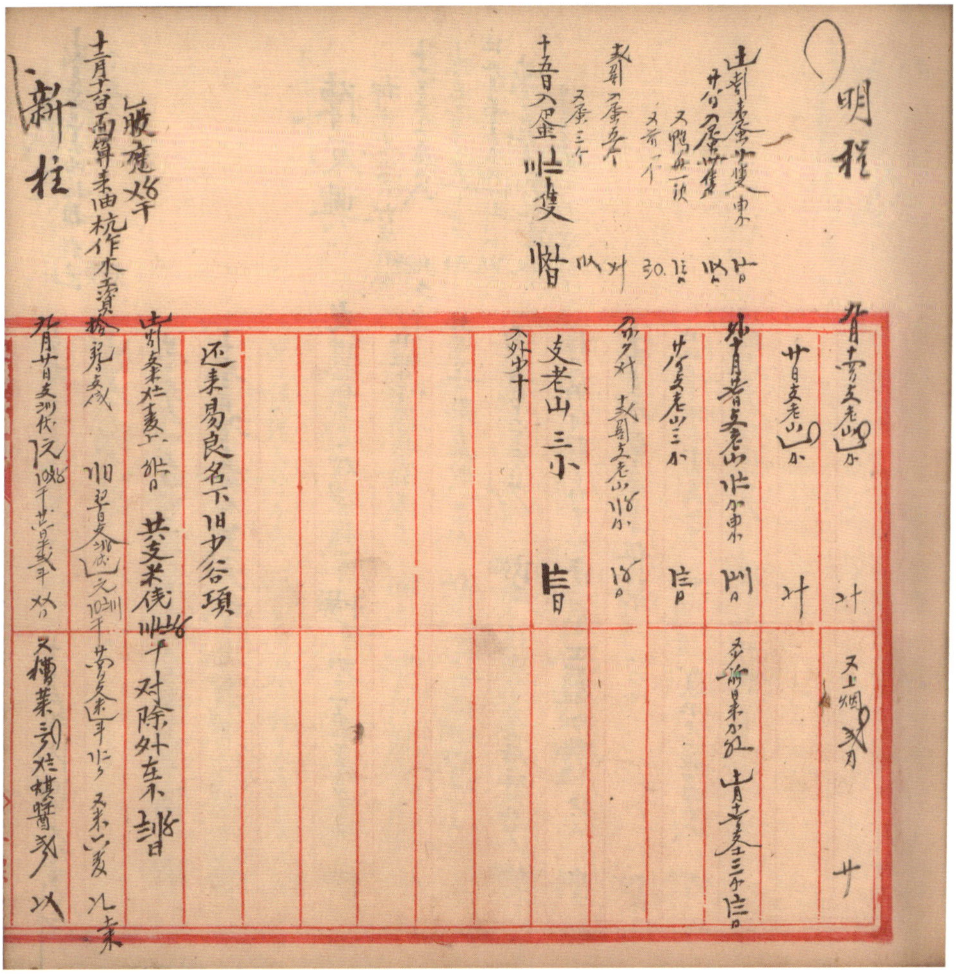

8-2-40-63　清光緒十六年銀錢油穀發借總目（六三）

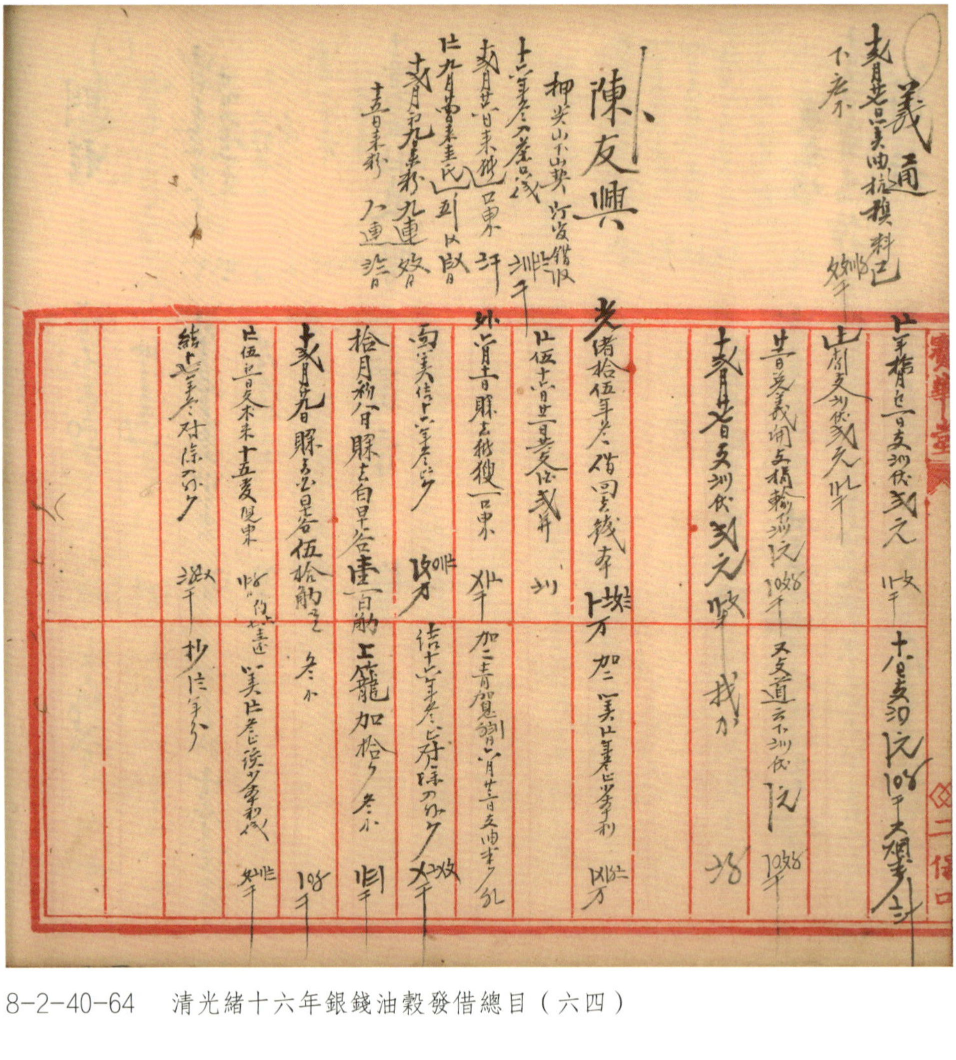

8-2-40-64　清光緒十六年銀錢油穀發借總目（六四）

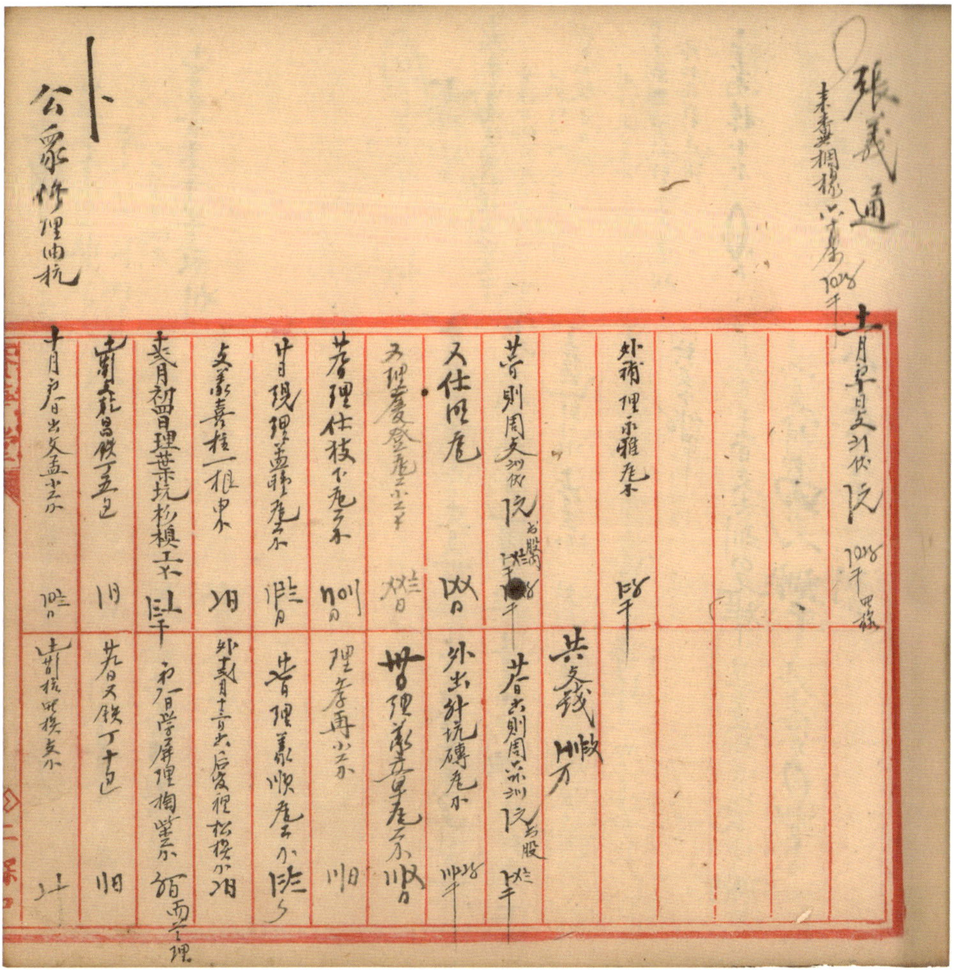

8-2-40-65　清光緒十六年銀錢油穀發借總目（六五）

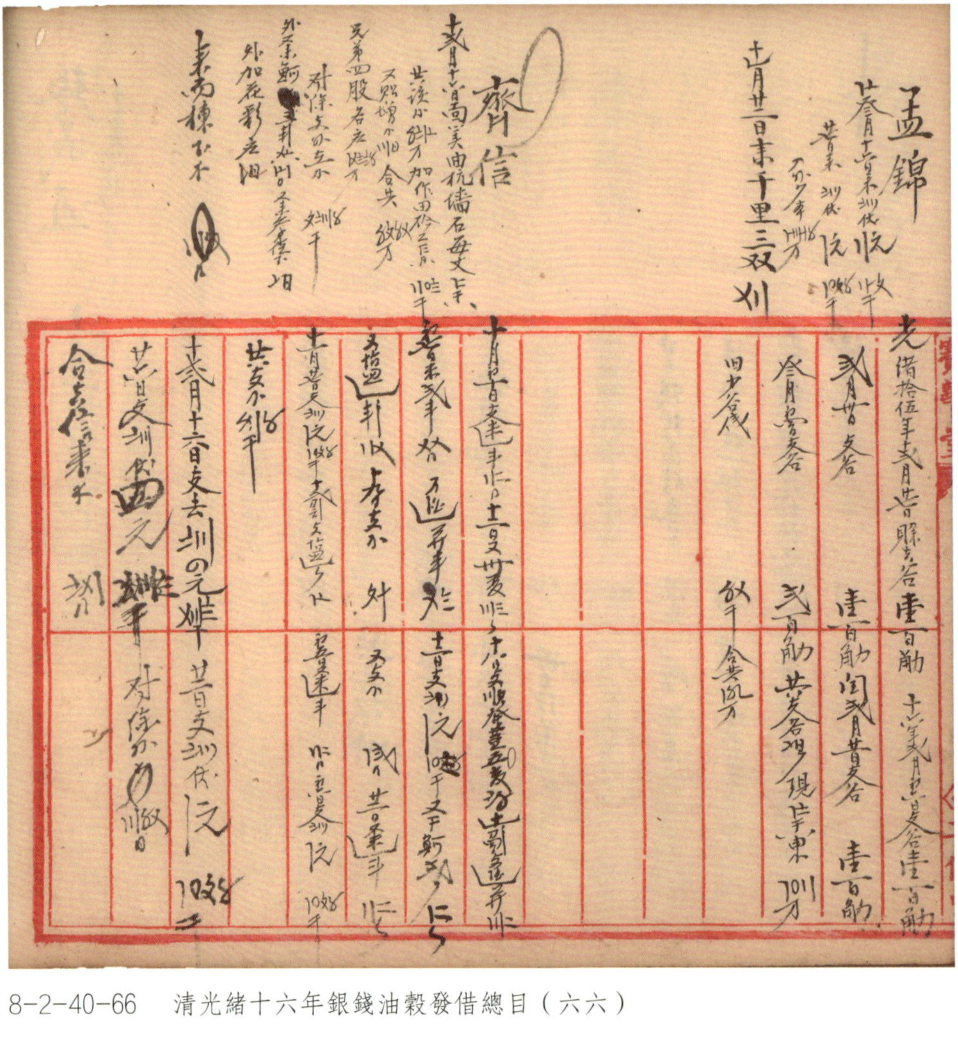

8-2-40-66　清光緒十六年銀錢油穀發借總目（六六）

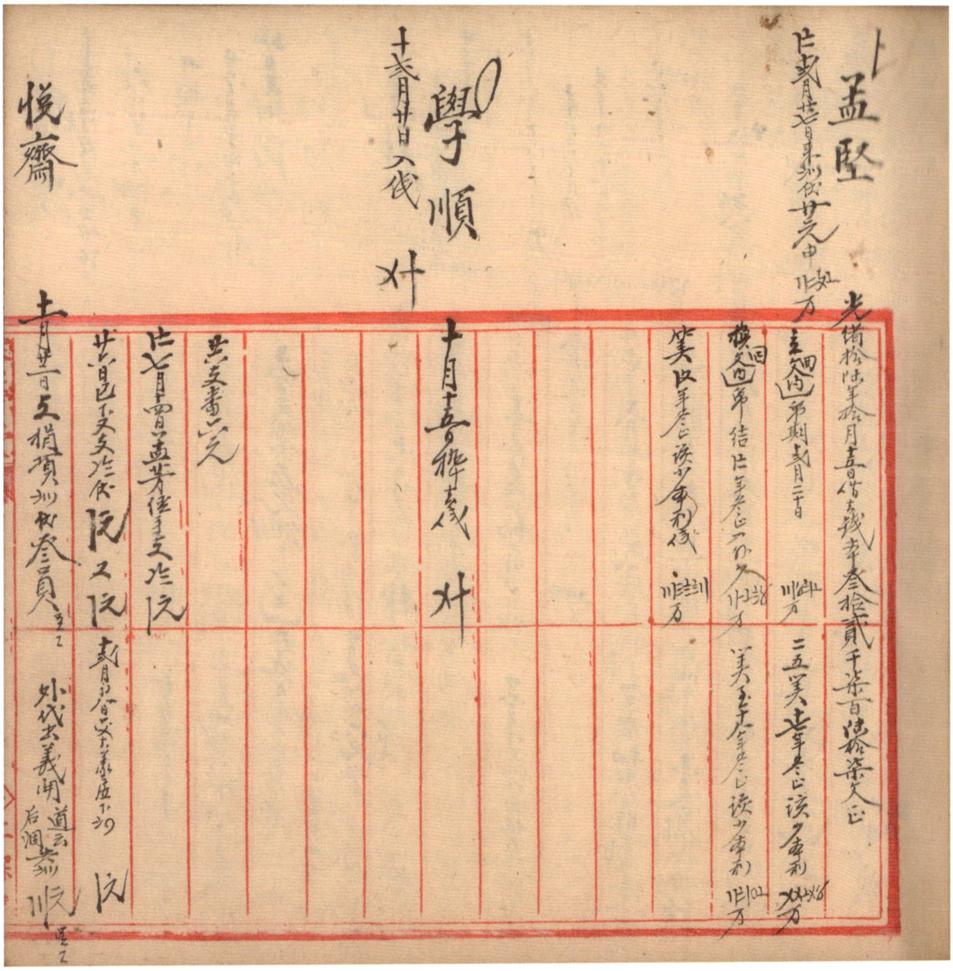

8-2-40-67　清光緒十六年銀錢油穀發借總目（六七）

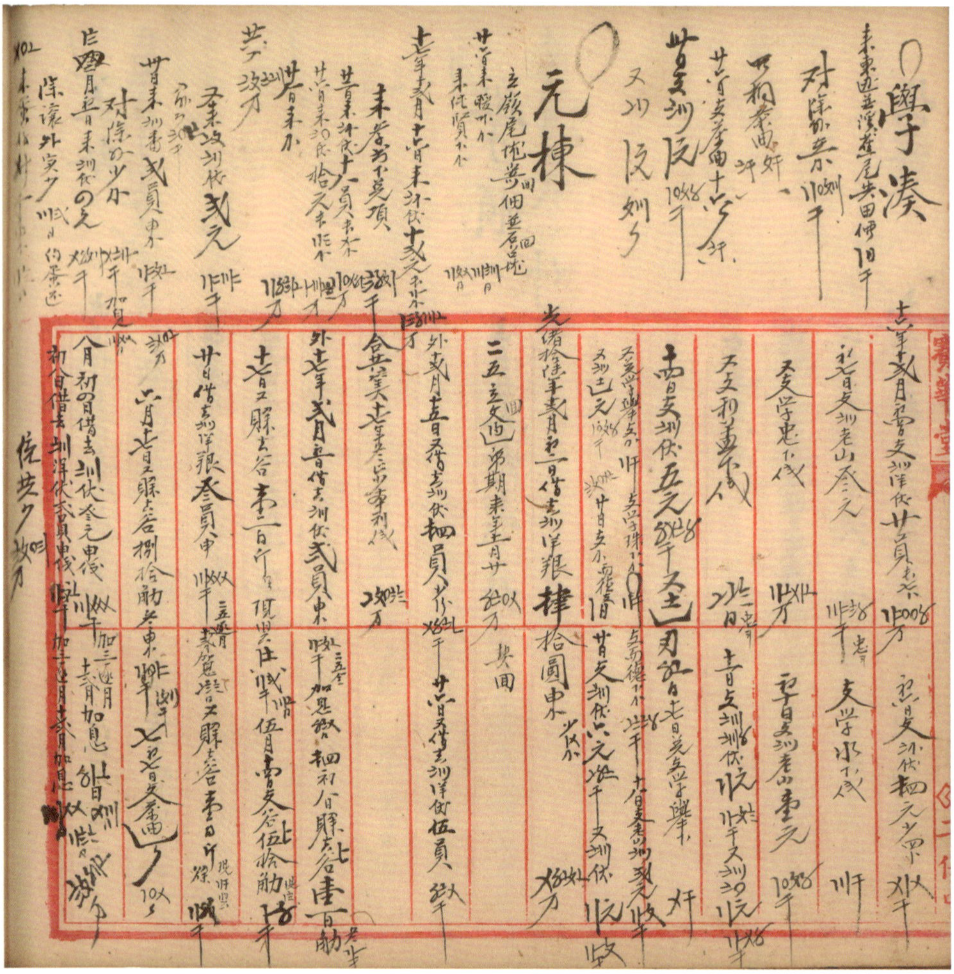

8-2-40-68　清光緒十六年銀錢油穀發借總目（六八）

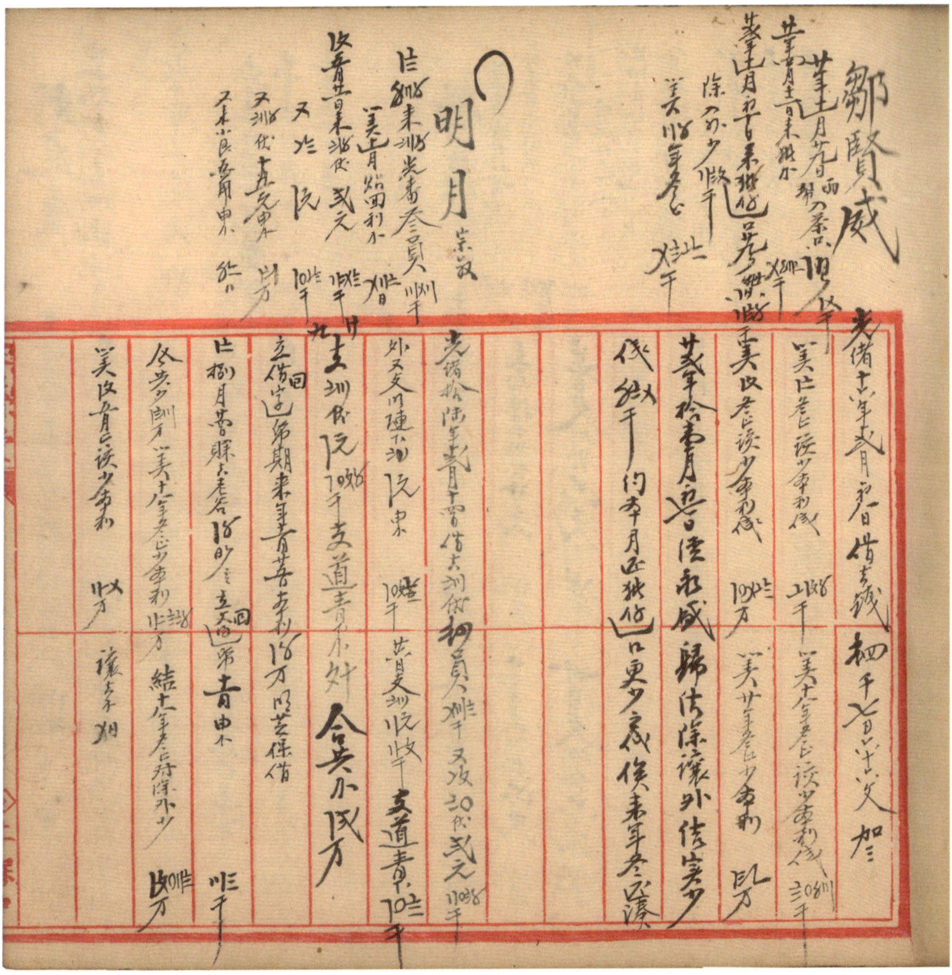

8-2-40-69　清光緒十六年銀錢油穀發借總目（六九）

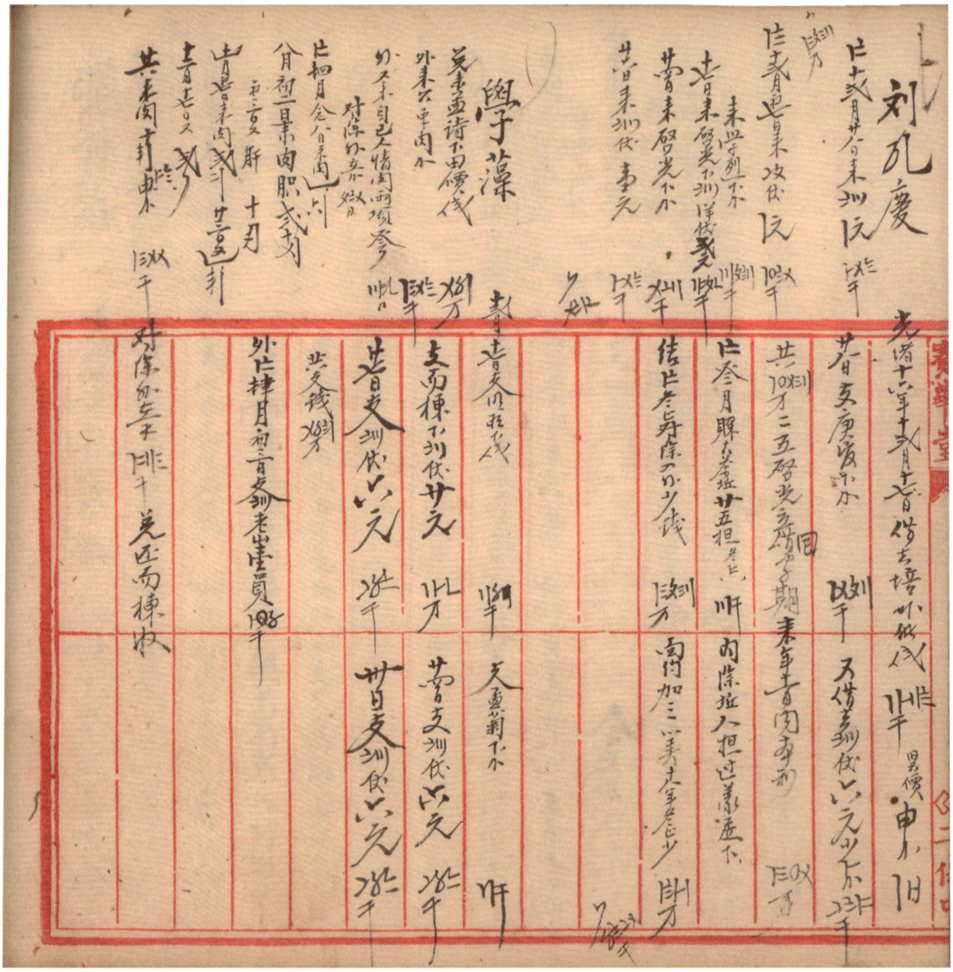

8-2-40-70　清光緒十六年銀錢油穀發借總目（七〇）

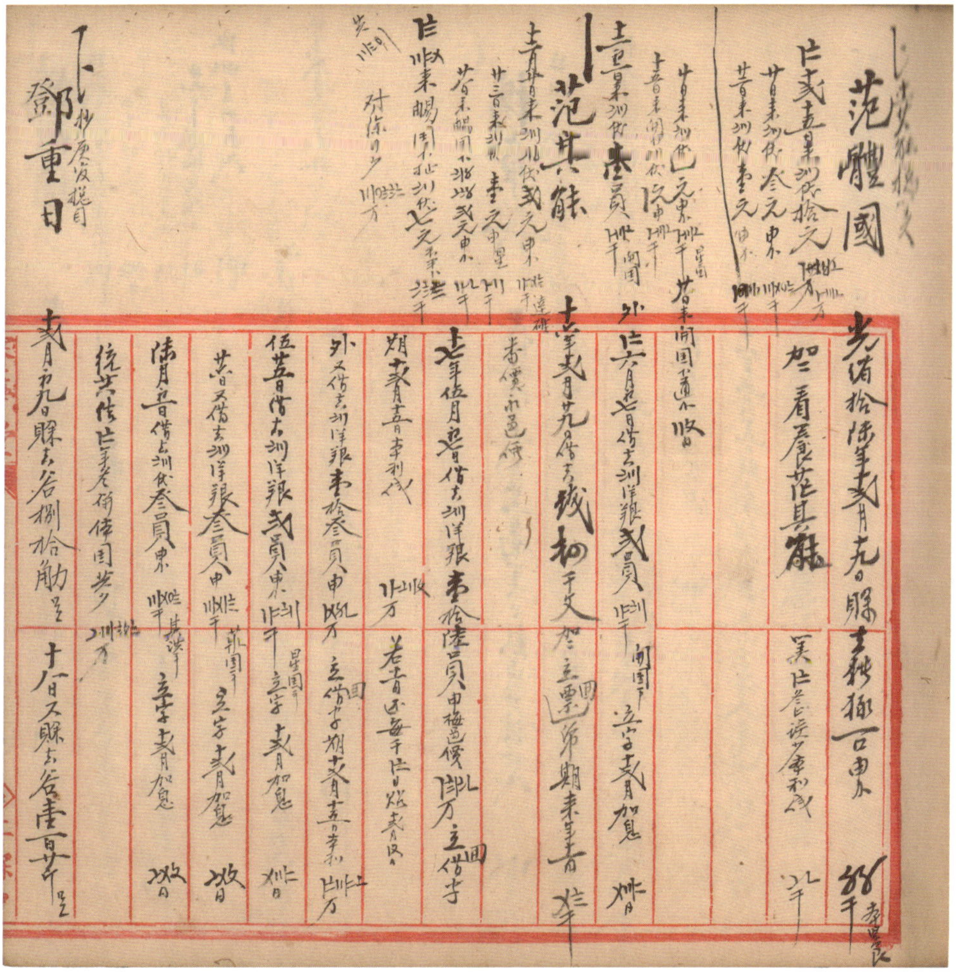

8-2-40-71　清光緒十六年銀錢油穀發借總目（七一）

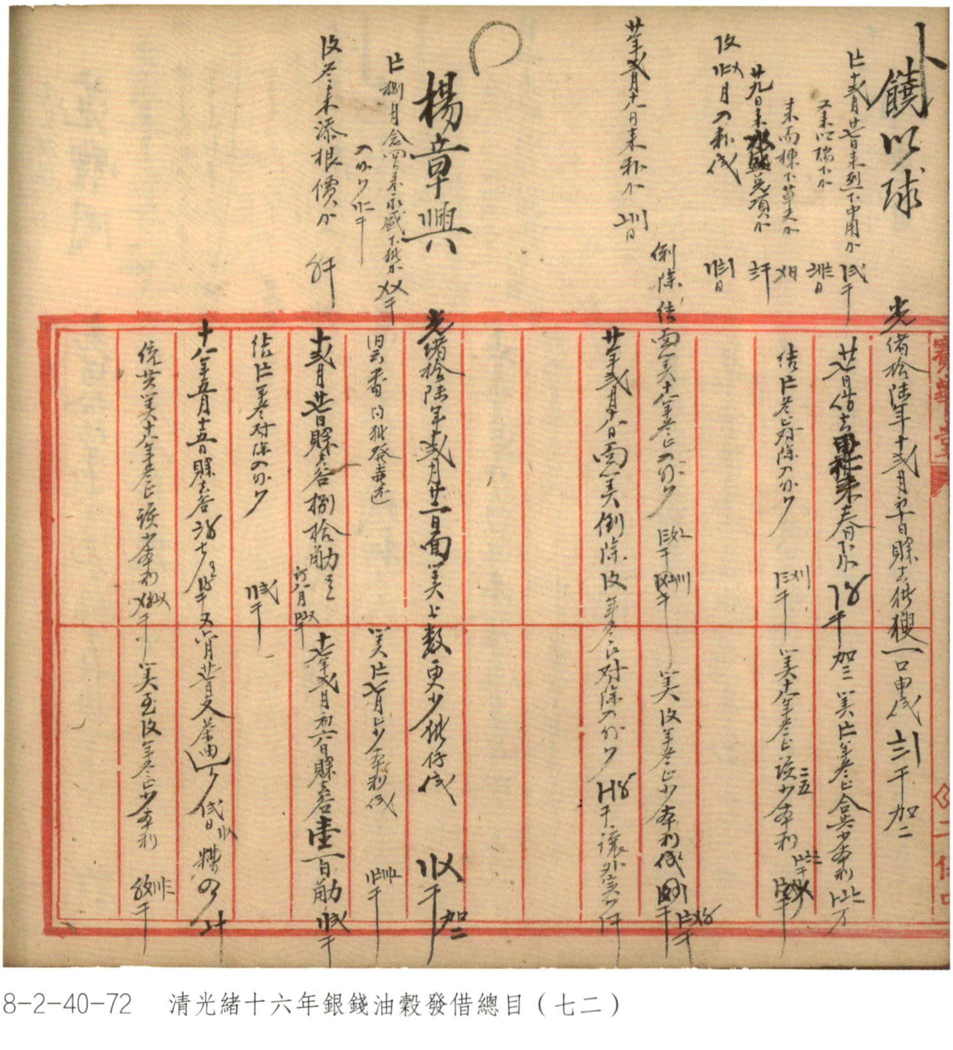

8-2-40-72　清光緒十六年銀錢油穀發借總目（七二）

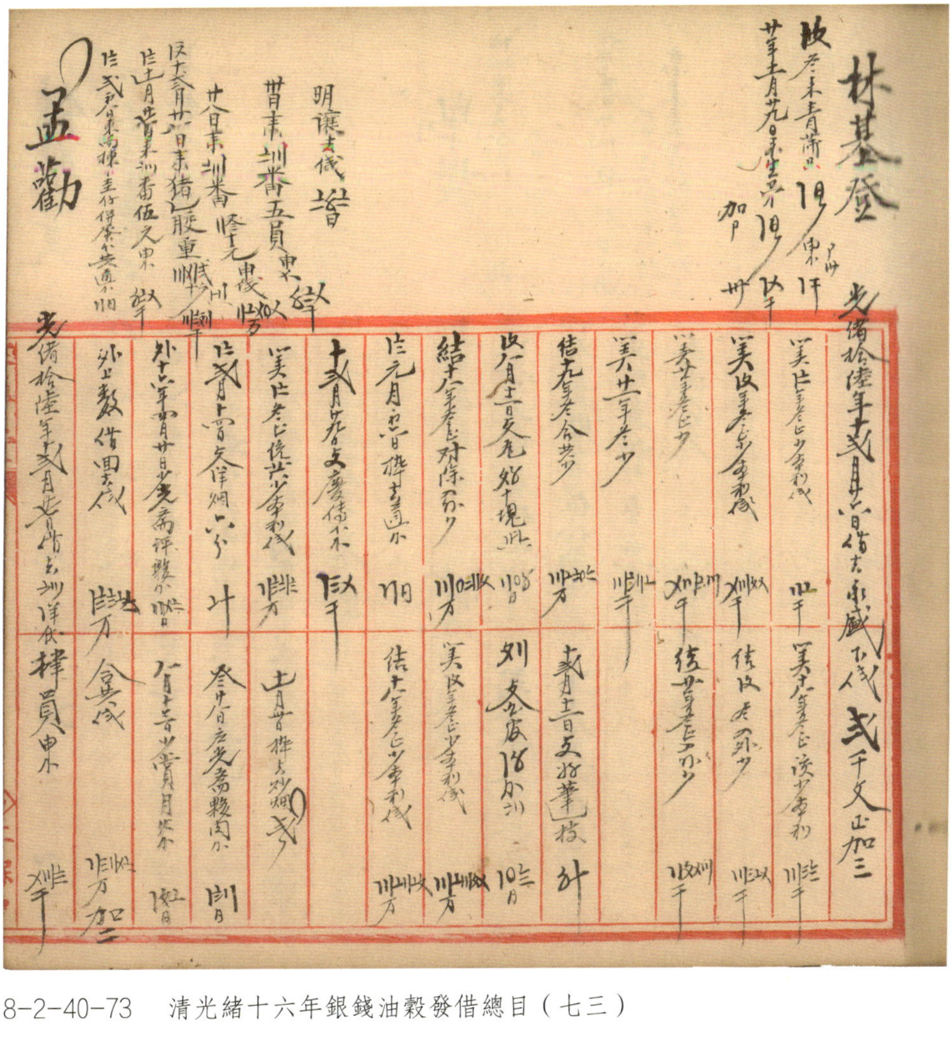

8-2-40-73　清光緒十六年銀錢油穀發借總目（七三）

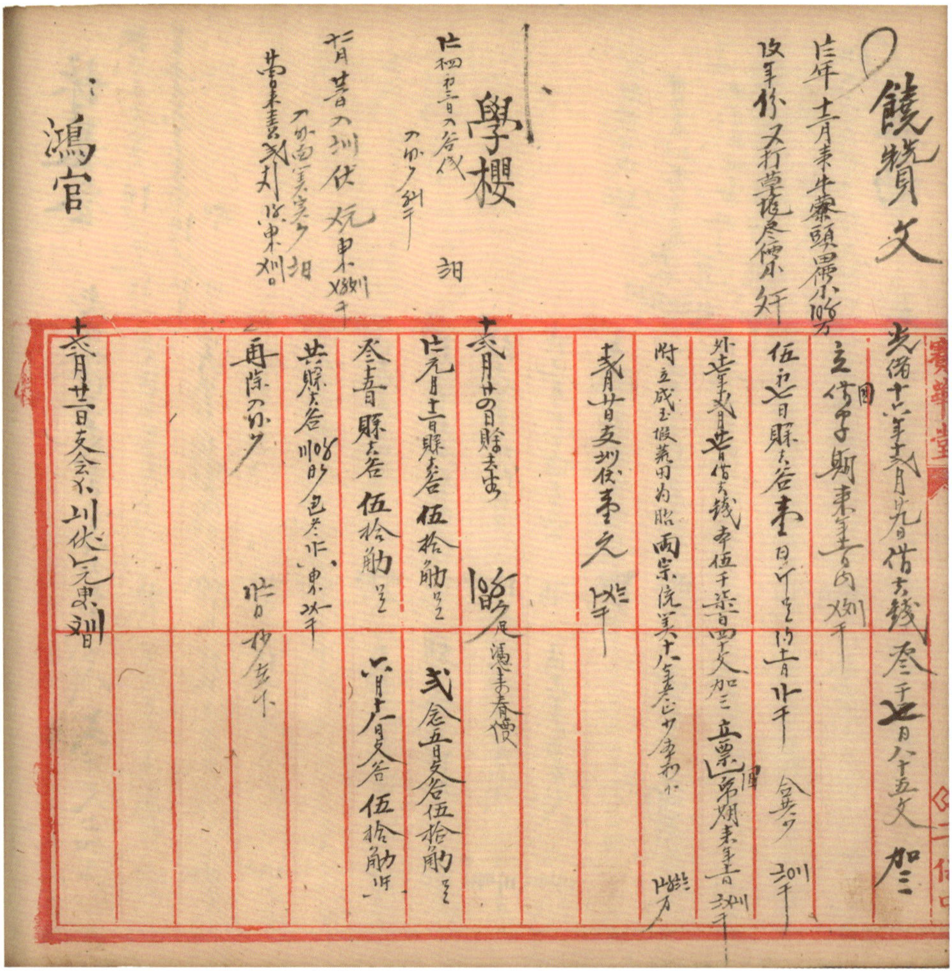

8-2-40-74　清光緒十六年銀錢油穀發借總目（七四）

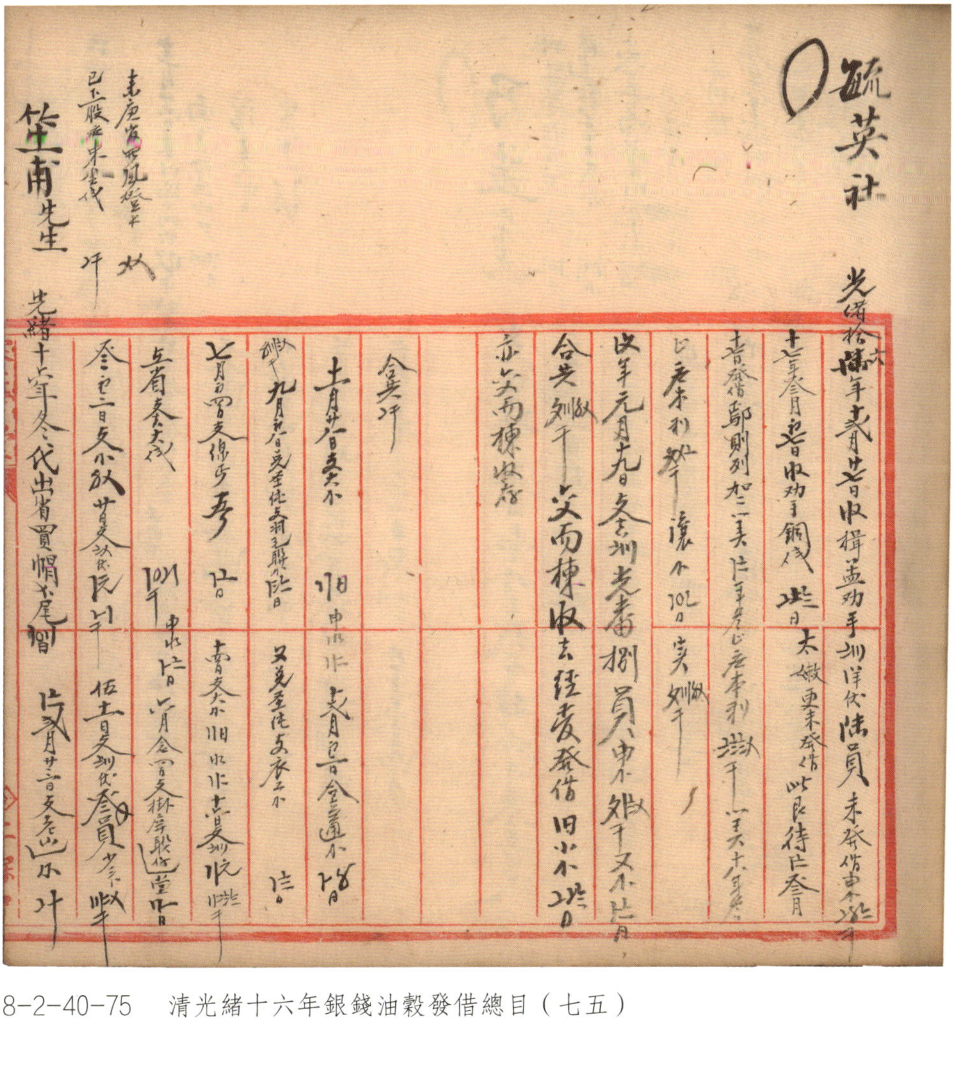

8-2-40-75　清光緒十六年銀錢油穀發借總目（七五）

卜 盃慈

[illegible]

乃 盃

[illegible]

十六年叁月[illegible]借去圳伏[illegible]又借去圳伏[illegible]

又借茶油[illegible]

[illegible]借去[illegible]

又支茶油[illegible]

借去圳伏壹員[illegible]加息[illegible]

七月[illegible]借去圳光鳥伏[illegible]員[illegible]

統共借去[illegible]

光緒十七年元月[illegible]借去錢[illegible]拾[illegible]千[illegible]文

[illegible]期[illegible]

陸月[illegible]借去圳洋伏卅員[illegible]

期[illegible]

陸月[illegible]又借去圳洋伏壹拾員[illegible]加息[illegible]

[illegible]加息[illegible]

8-2-40-76　清光緒十六年銀錢油穀發借總目（七六）

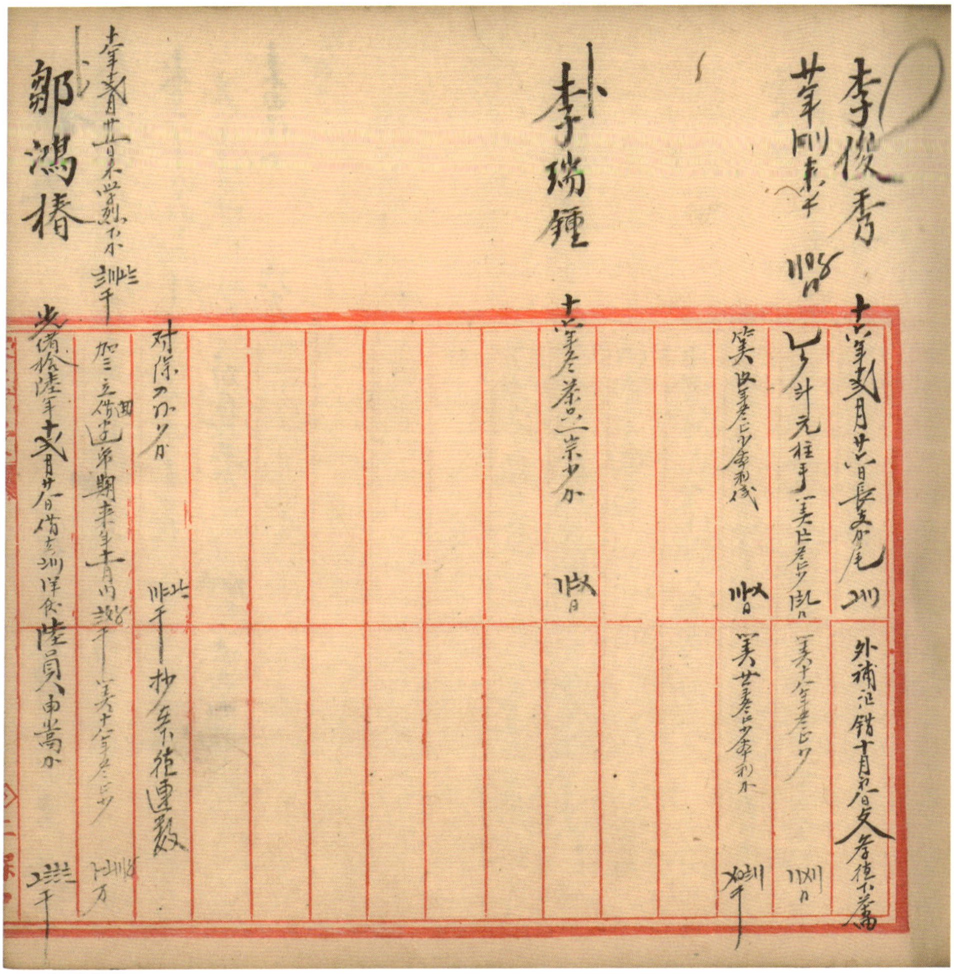

8-2-40-77　清光緒十六年銀錢油穀發借總目（七七）

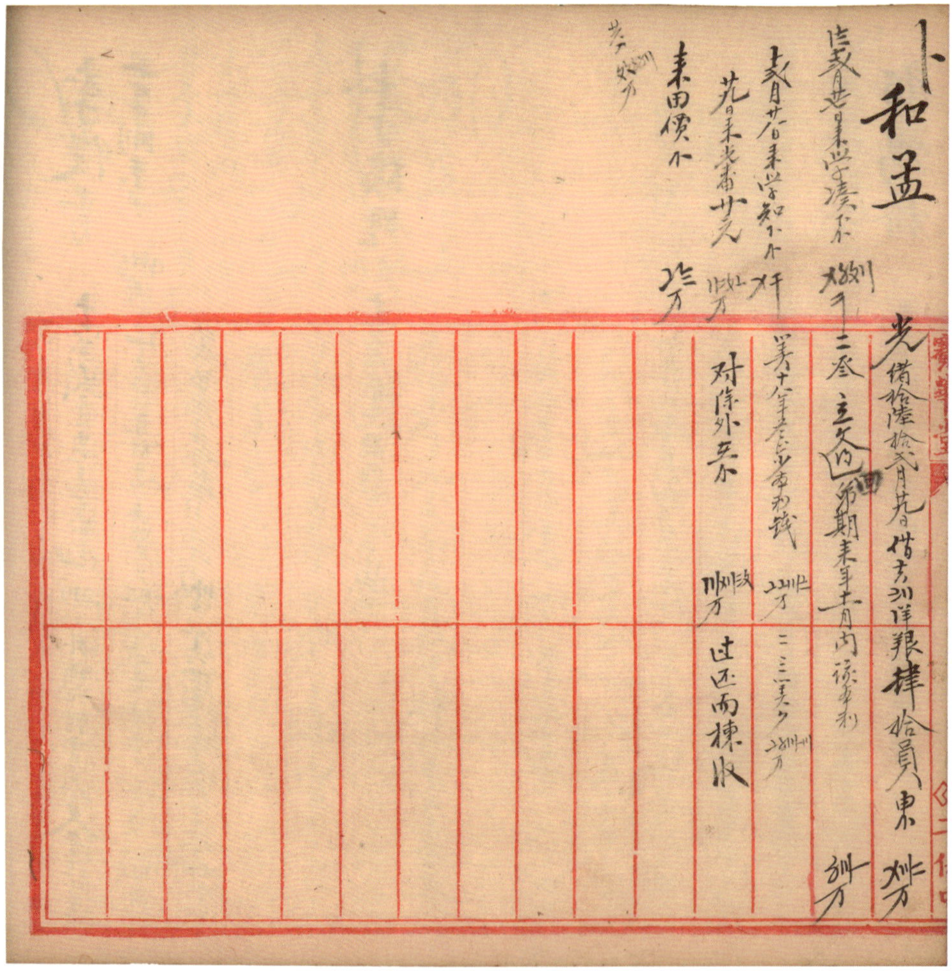

8-2-40-78　清光緒十六年銀錢油穀發借總目（七八）

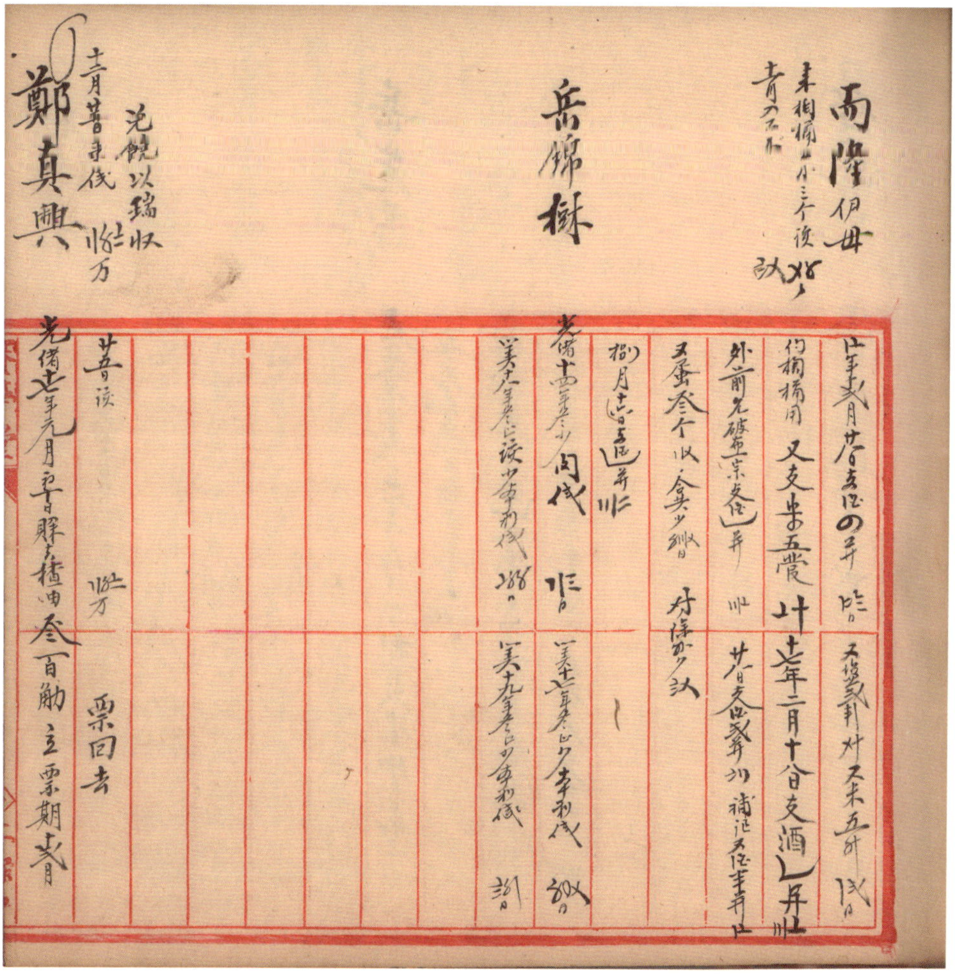

兩陞伊母

岳錦林

鄭真興

8-2-40-79　清光緒十六年銀錢油穀發借總目（七九）

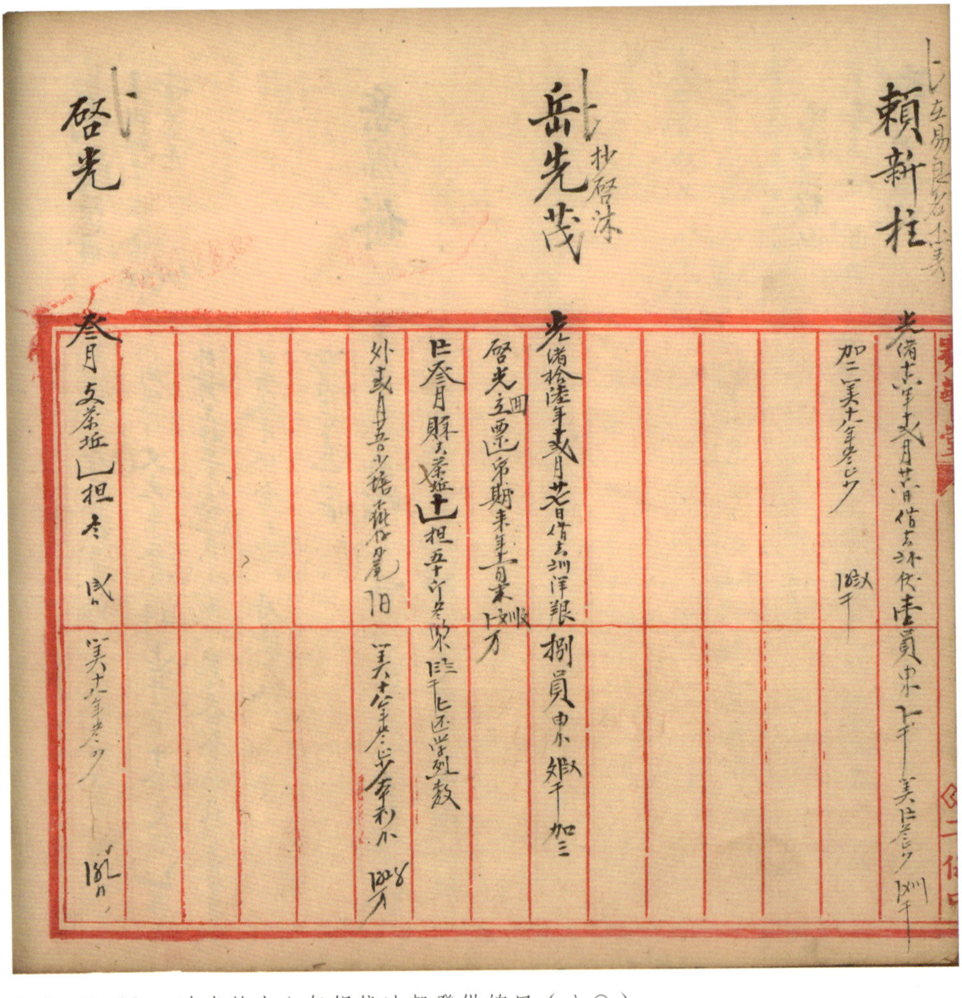

8-2-40-80　清光緒十六年銀錢油穀發借總目（八〇）

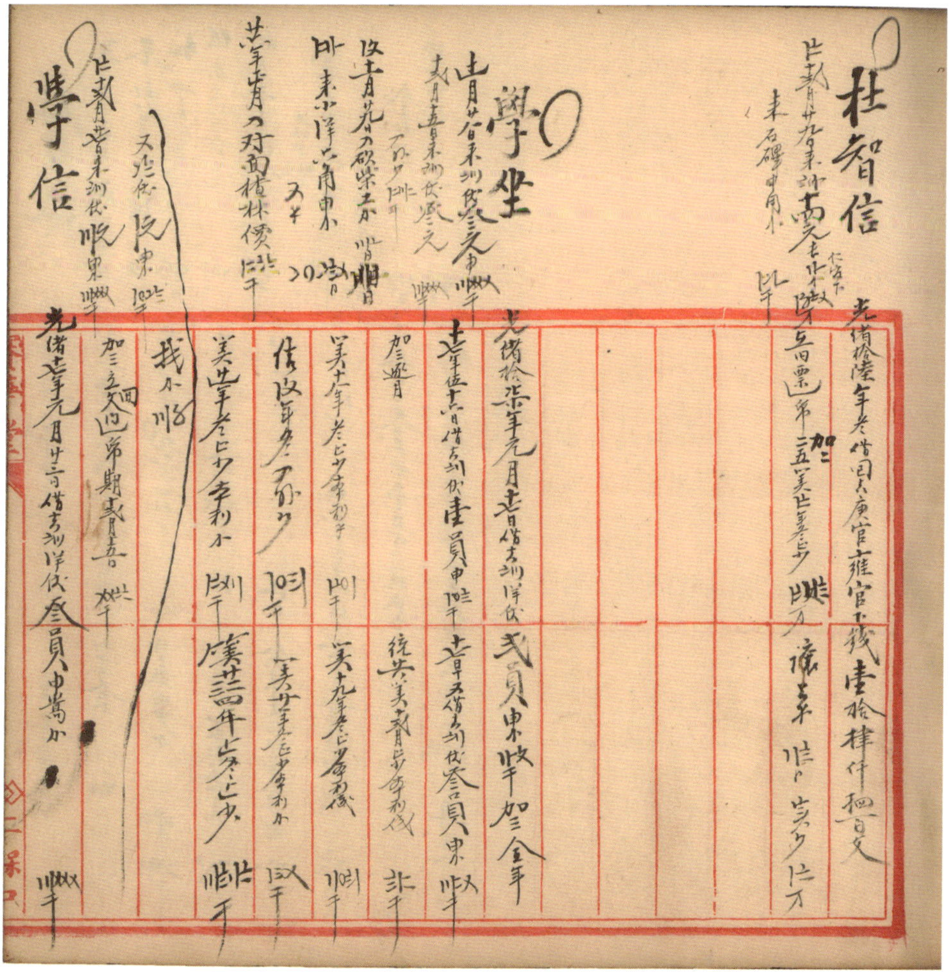

8-2-40-81　清光緒十六年銀錢油穀發借總目（八一）

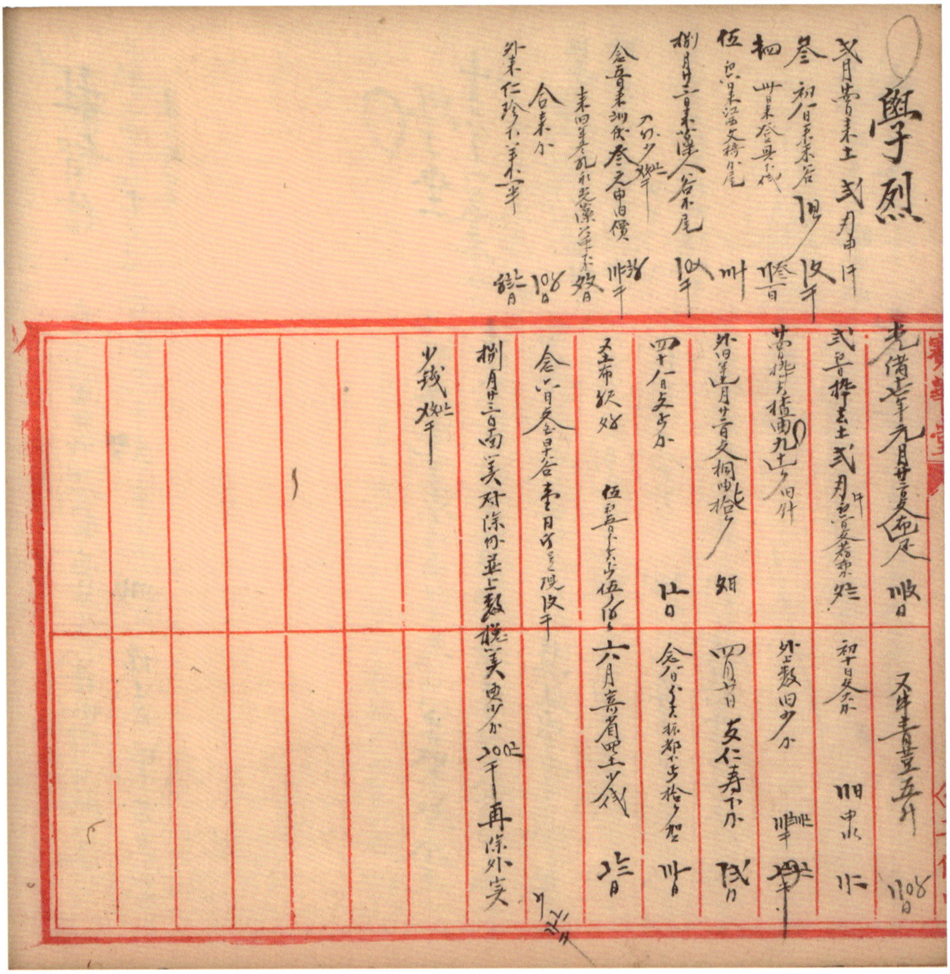

8-2-40-82　清光緒十六年銀錢油穀發借總目（八二）

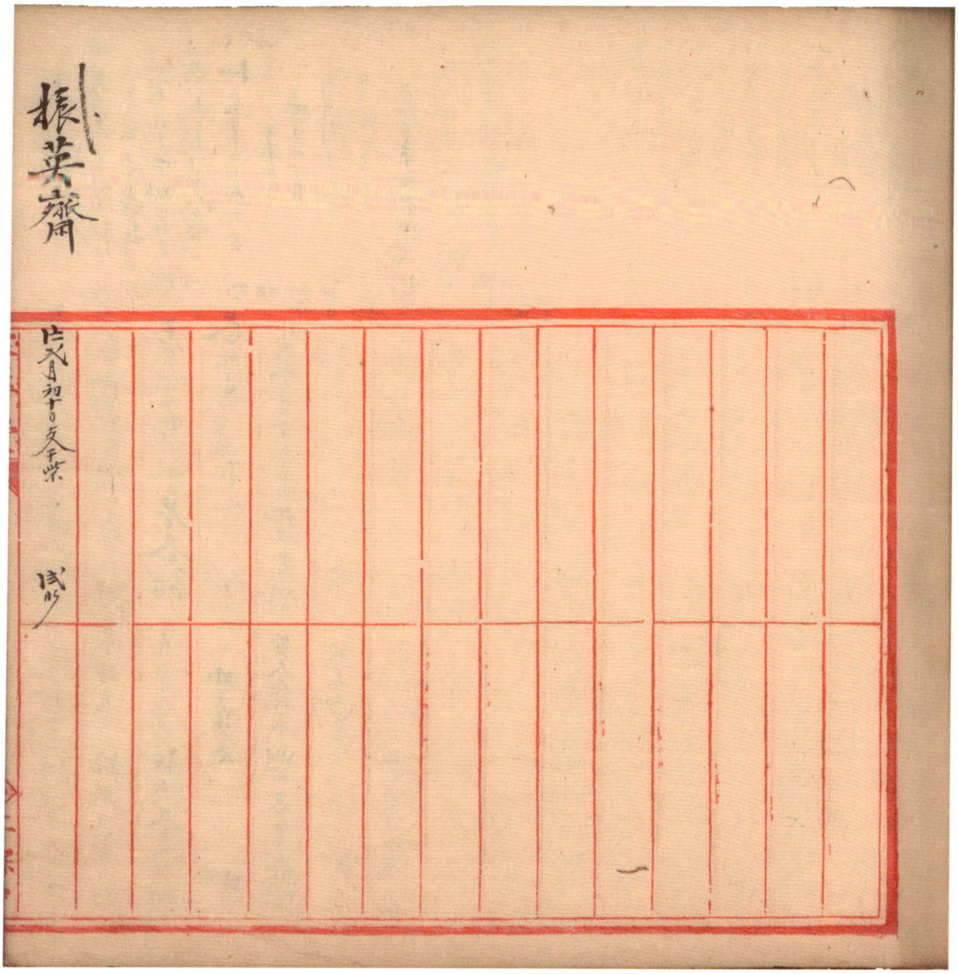
振英齋
[illegible]月初十日支千柒
[illegible]

8-2-40-83　清光緒十六年銀錢油穀發借總目（八三）

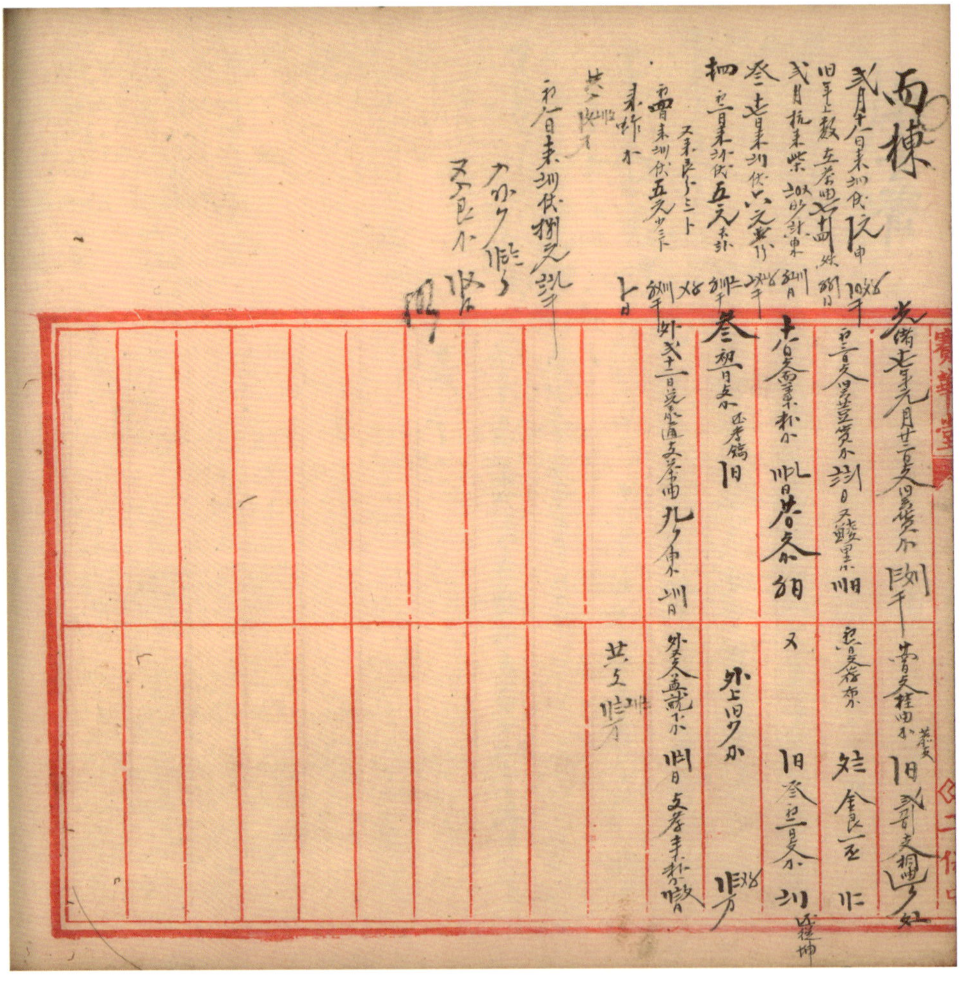

8-2-40-84　清光緒十六年銀錢油穀發借總目（八四）

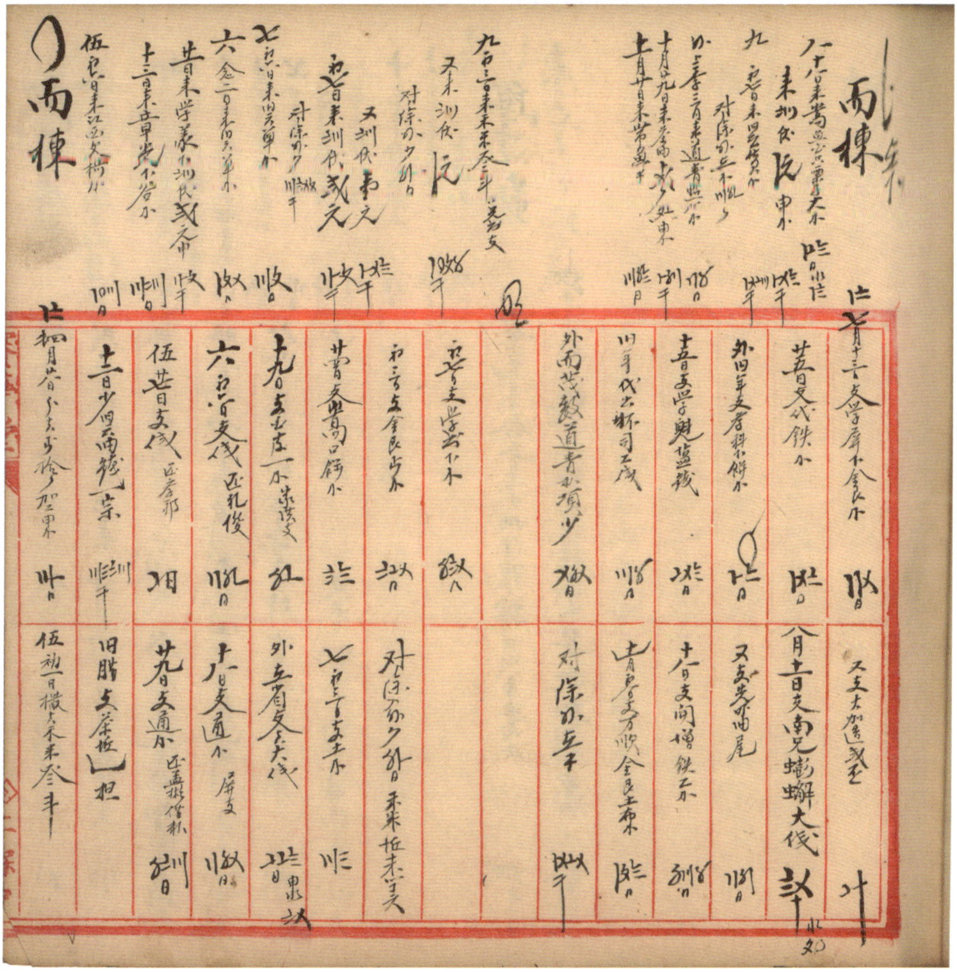

8-2-40-85　清光緒十六年銀錢油穀發借總目（八五）

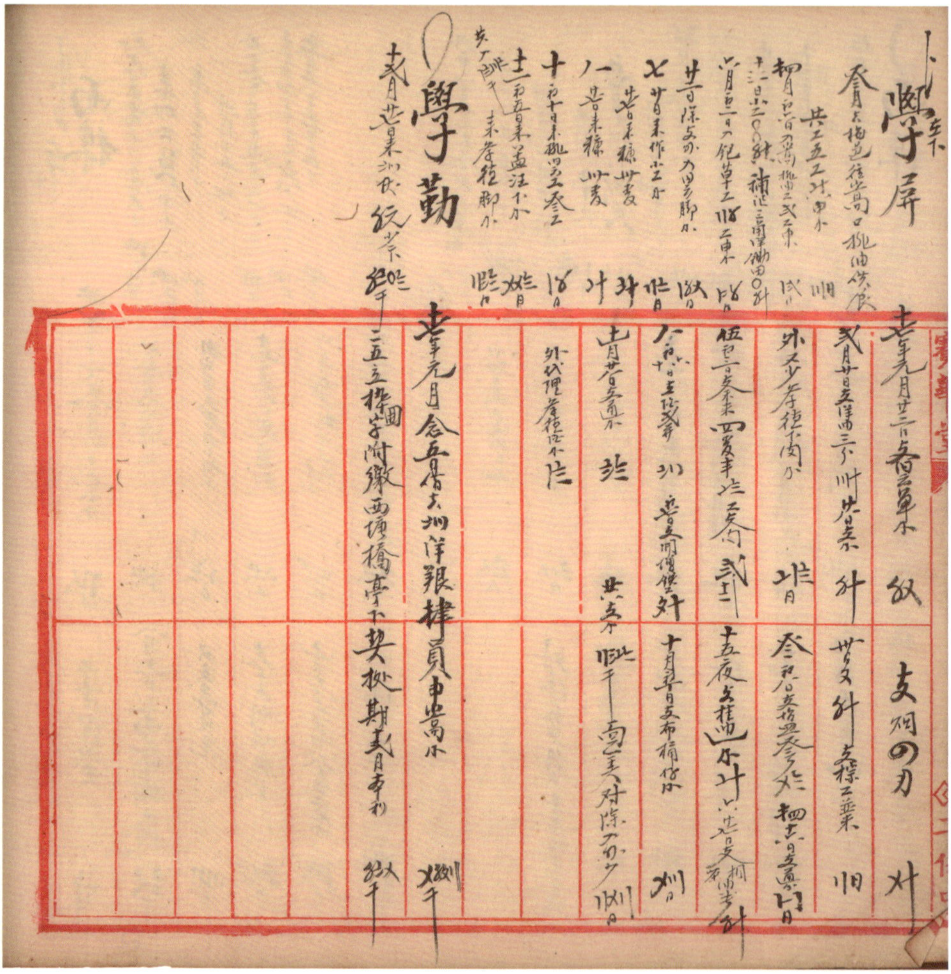

8-2-40-86　清光緒十六年銀錢油穀發借總目（八六）

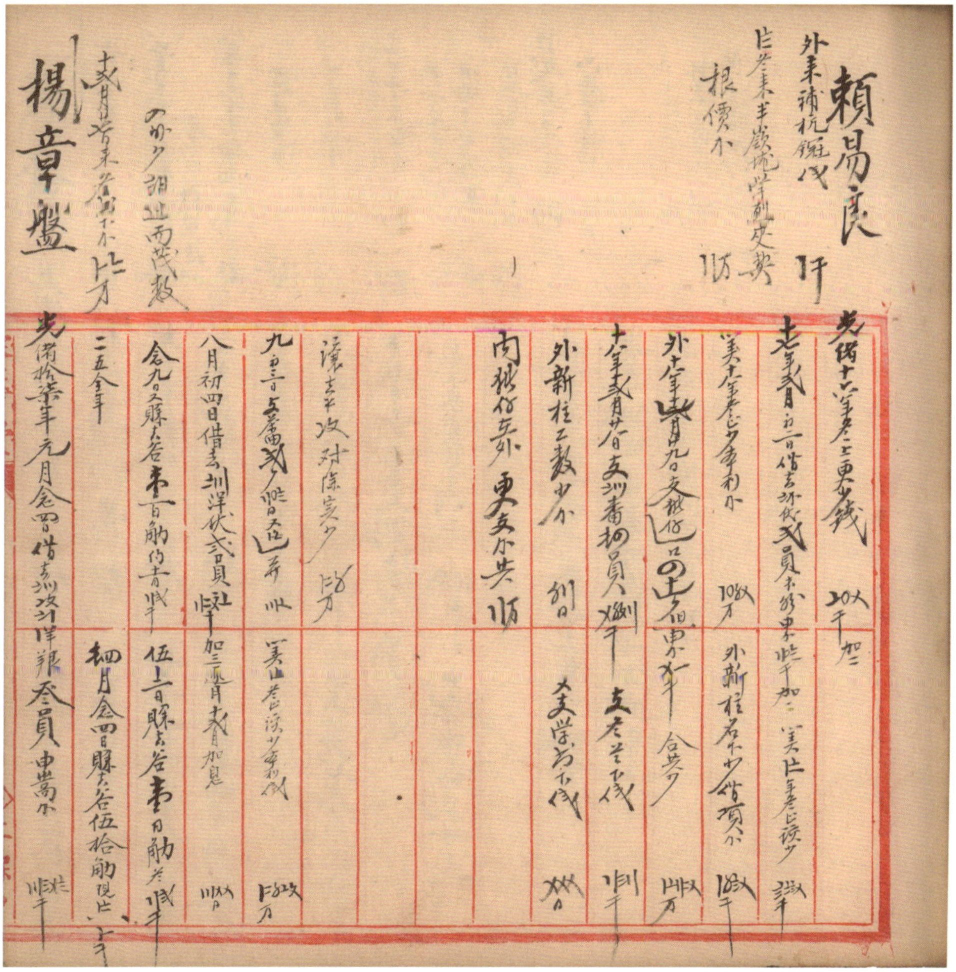

8-2-40-87　清光緒十六年銀錢油穀發借總目（八七）

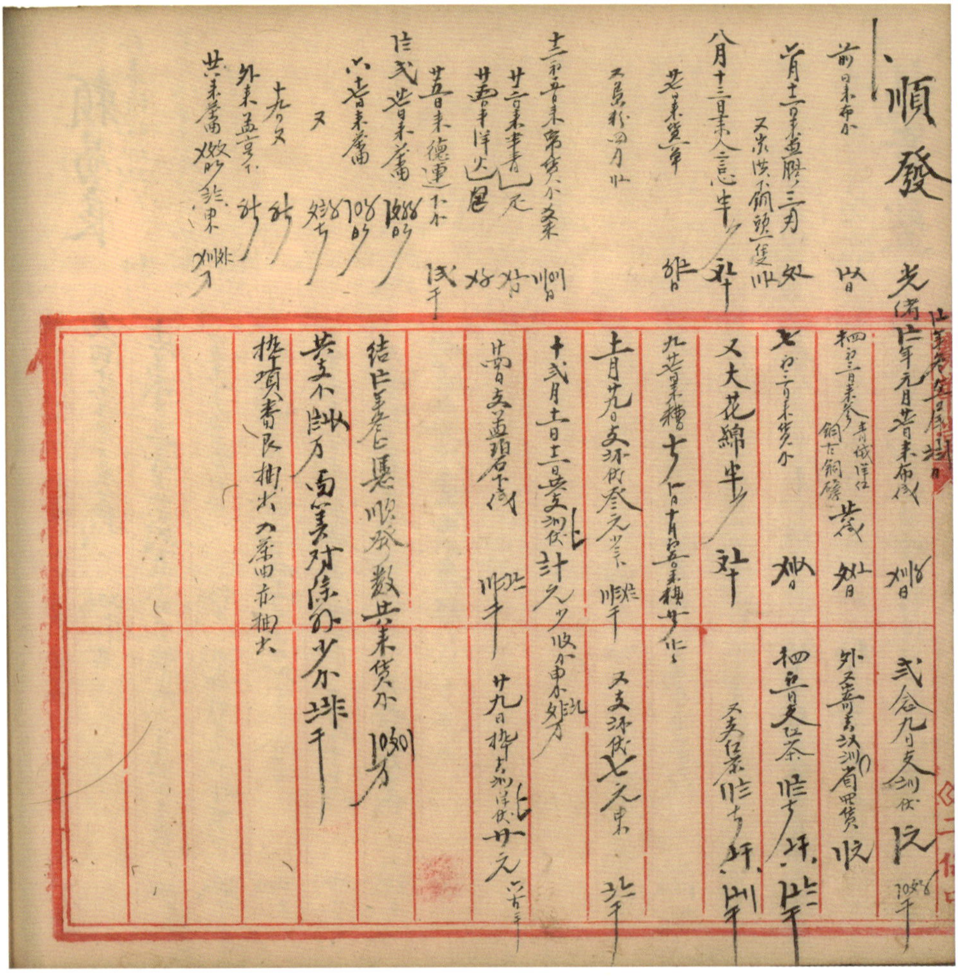

8-2-40-88　清光緒十六年銀錢油穀發借總目（八八）

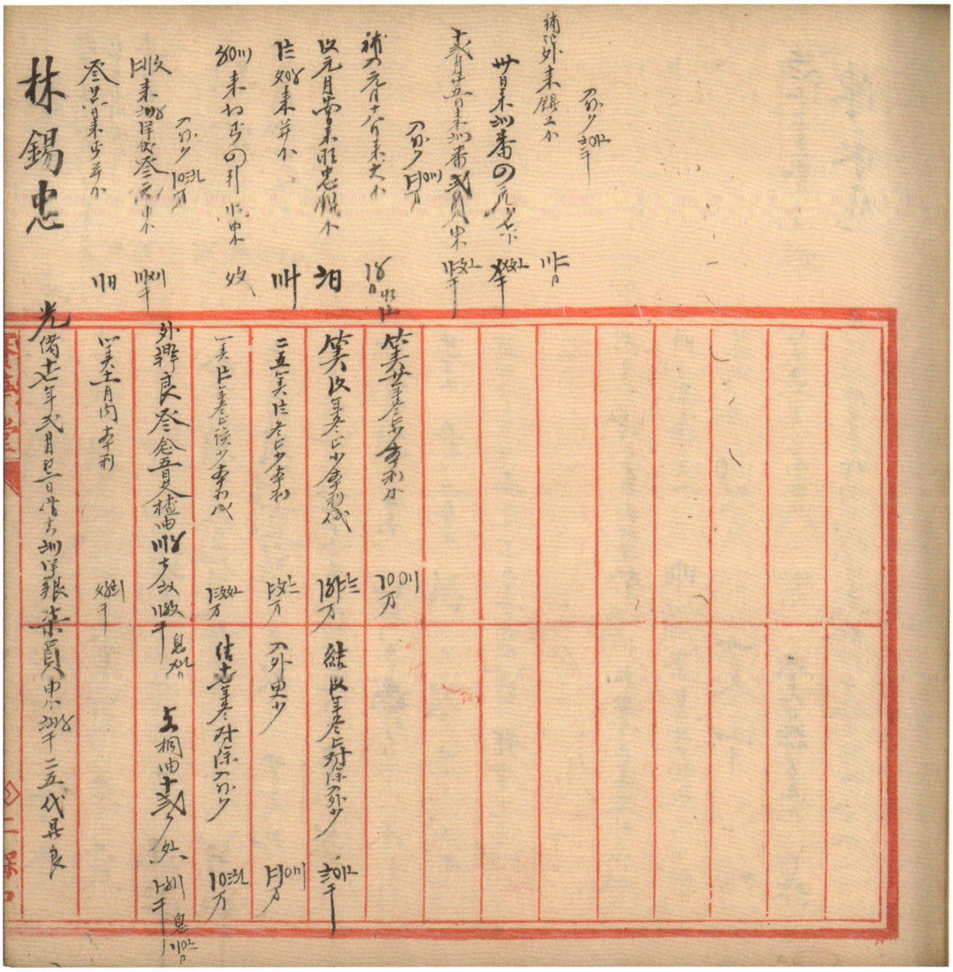

8-2-40-89　清光緒十六年銀錢油穀發借總目（八九）

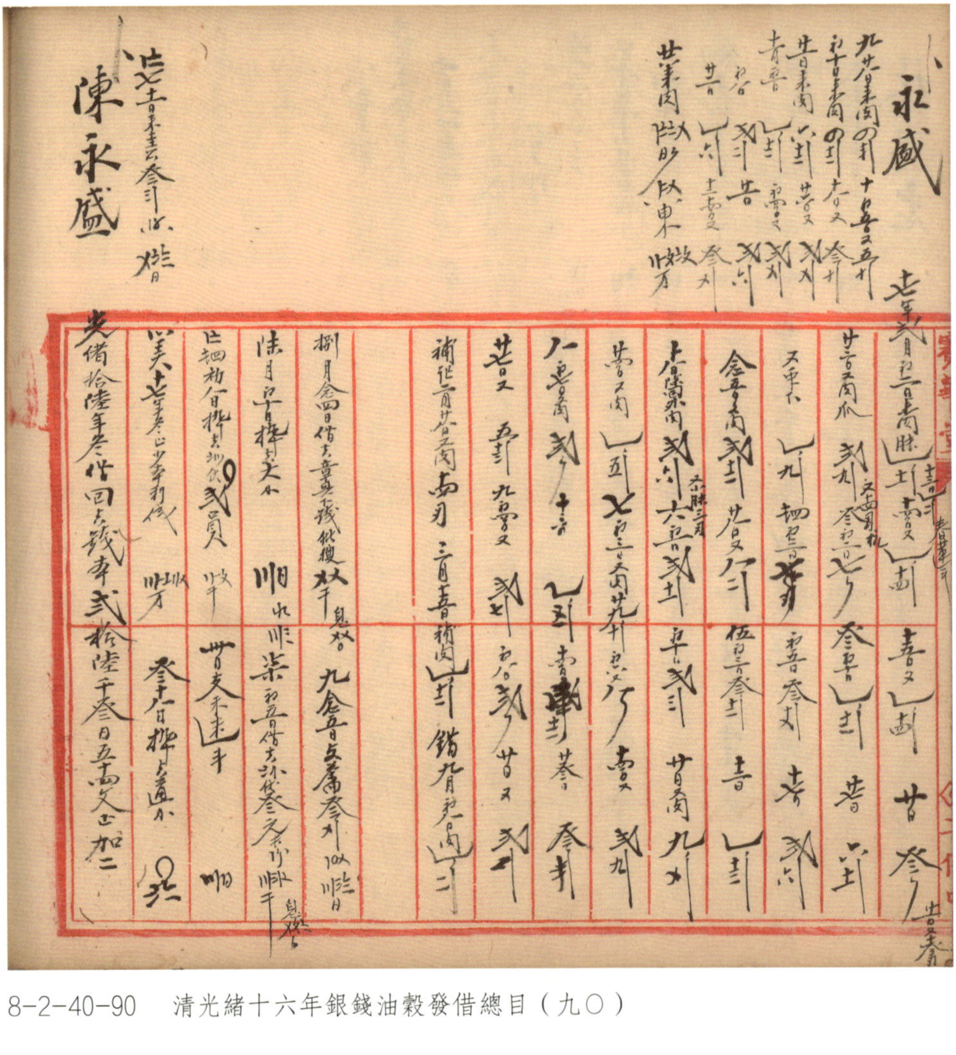

8-2-40-90　清光緒十六年銀錢油穀發借總目（九〇）

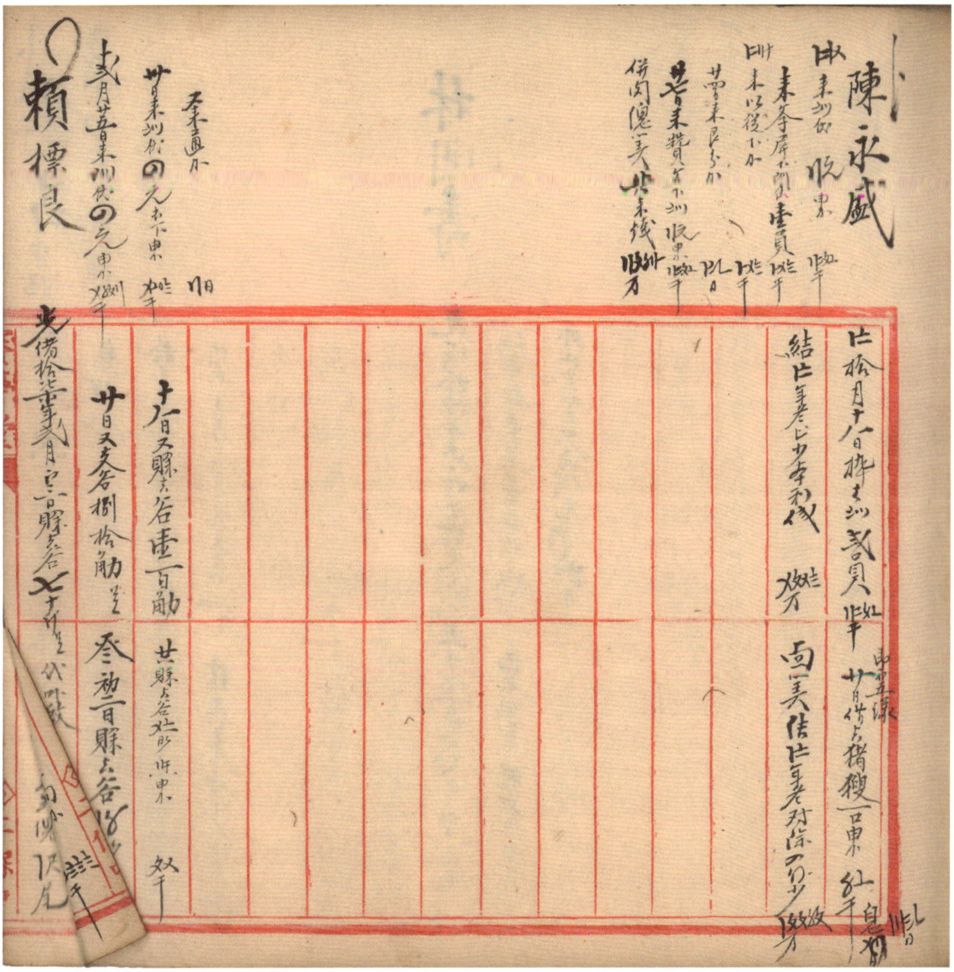

8-2-40-91　清光緒十六年銀錢油穀發借總目（九一）

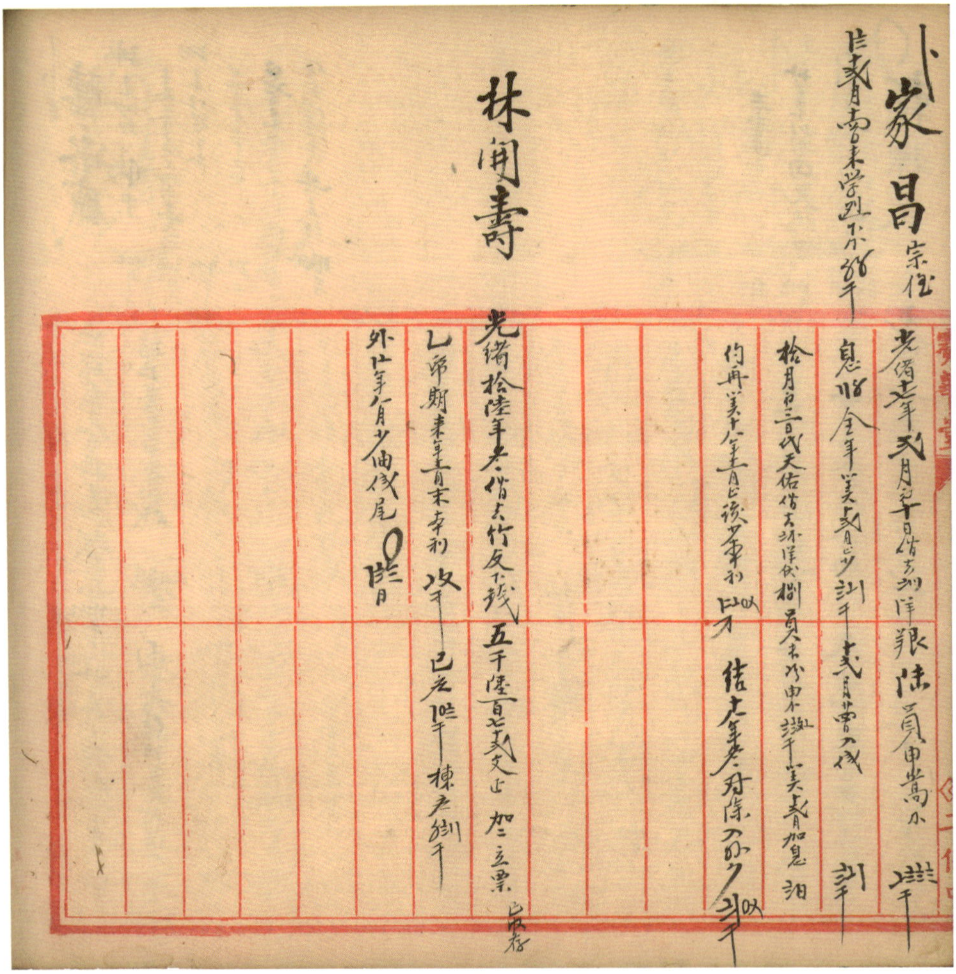

8-2-40-92　清光緒十六年銀錢油穀發借總目（九二）

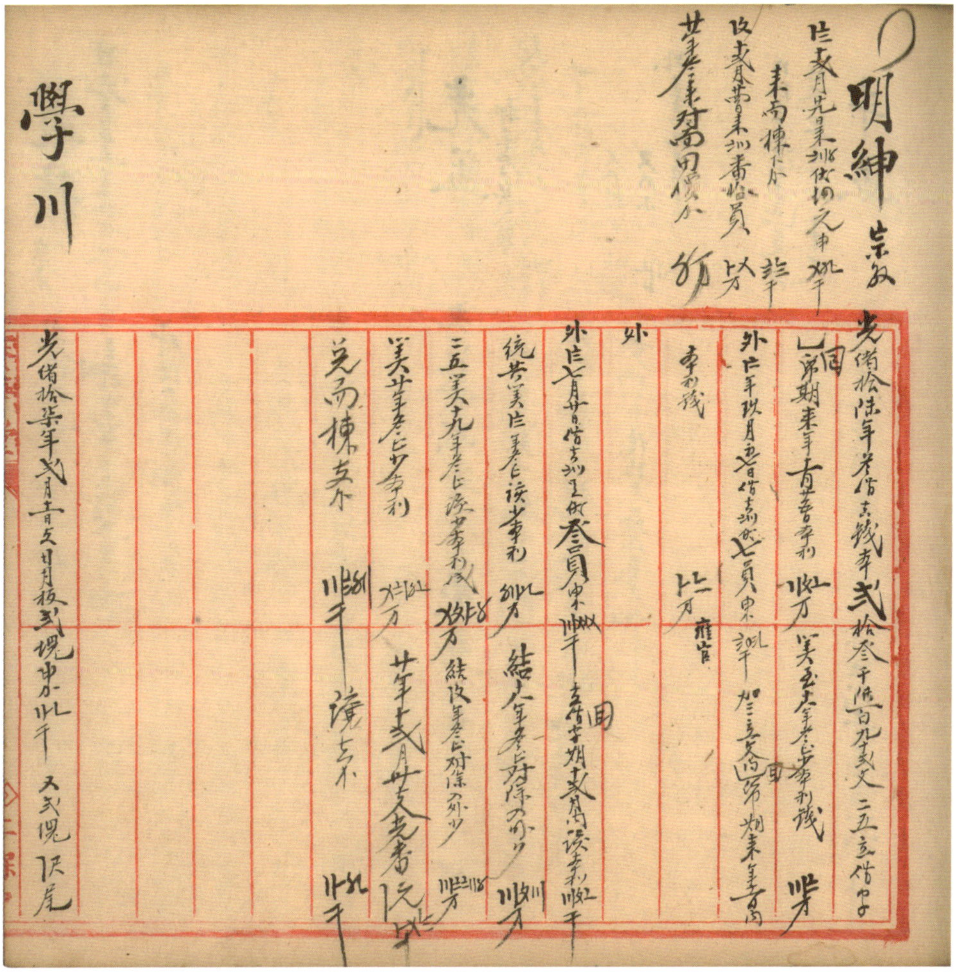

明紳 宗叔

學川

光緒拾陸年借去錢本弍拾叁千伍百九十弍文 二五息借中字

8-2-40-93　清光緒十六年銀錢油穀發借總目（九三）

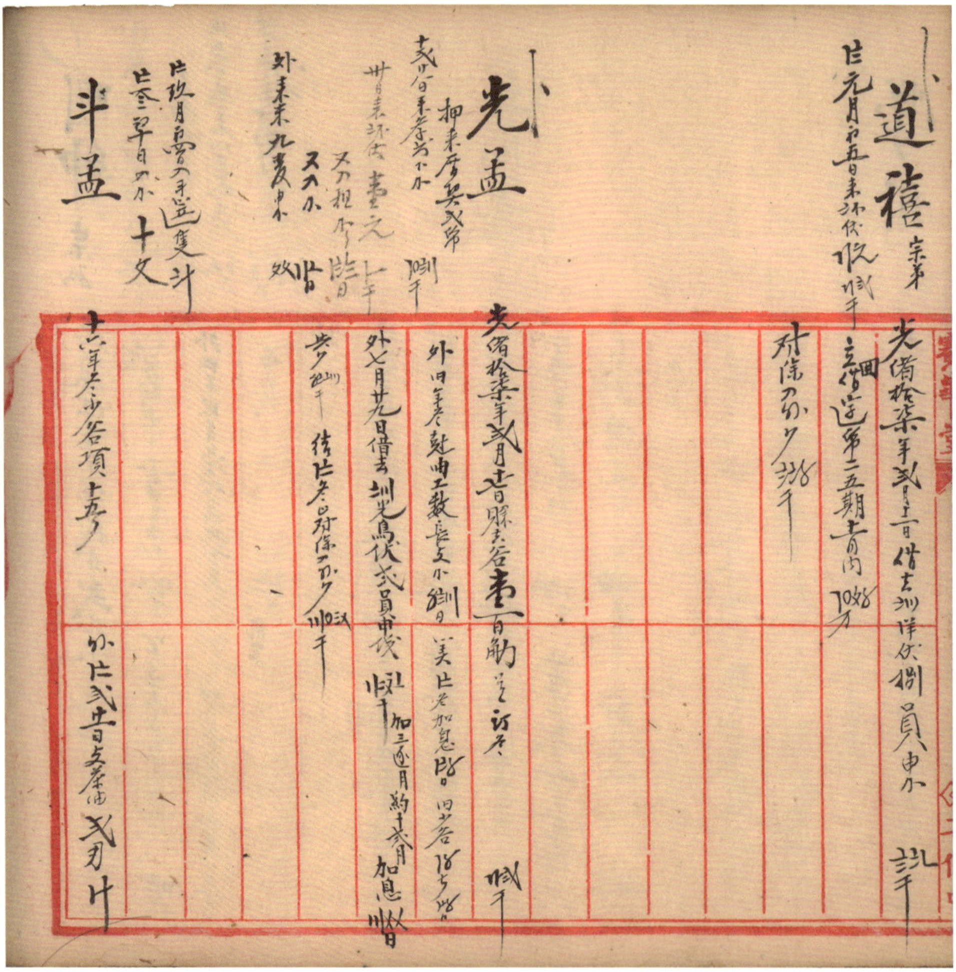
道禧　宗弟
光緒拾柒年貳月十一日借去洋伏捌員
光益
光緒拾柒年貳月十一日
斗益

8-2-40-94　清光緒十六年銀錢油穀發借總目（九四）

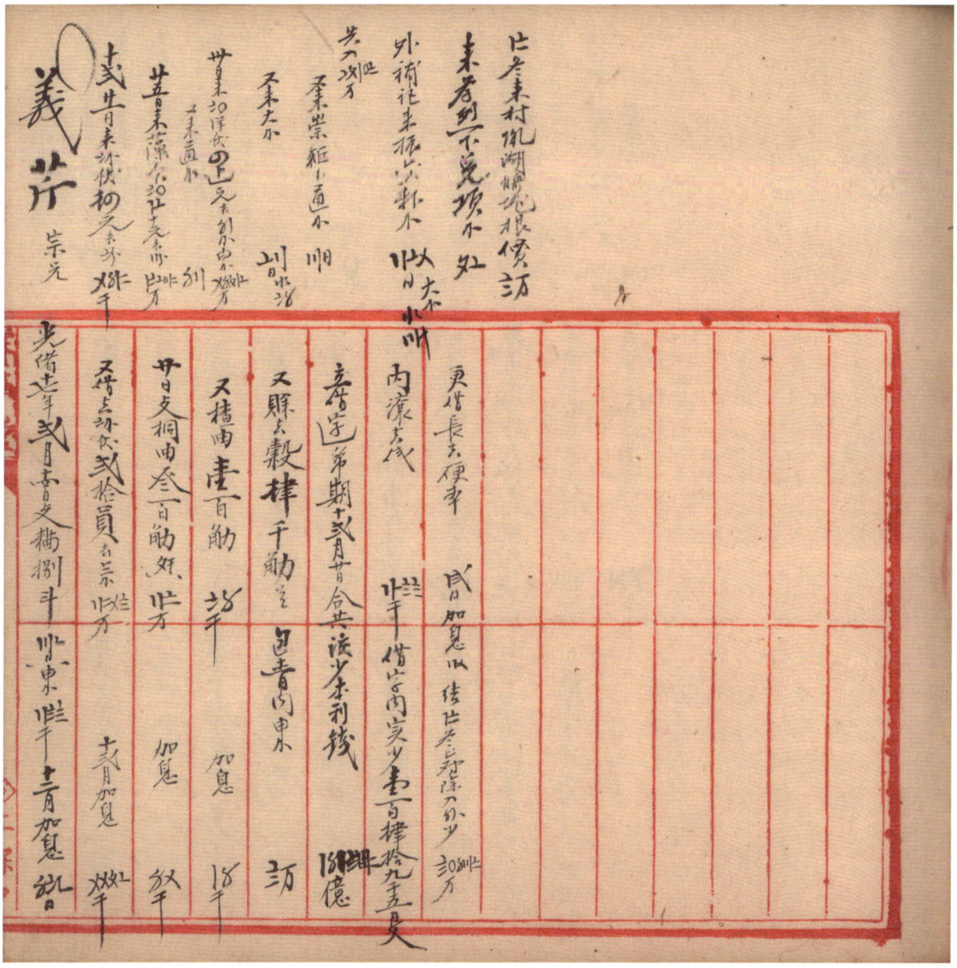

8-2-40-95　清光緒十六年銀錢油穀發借總目（九五）

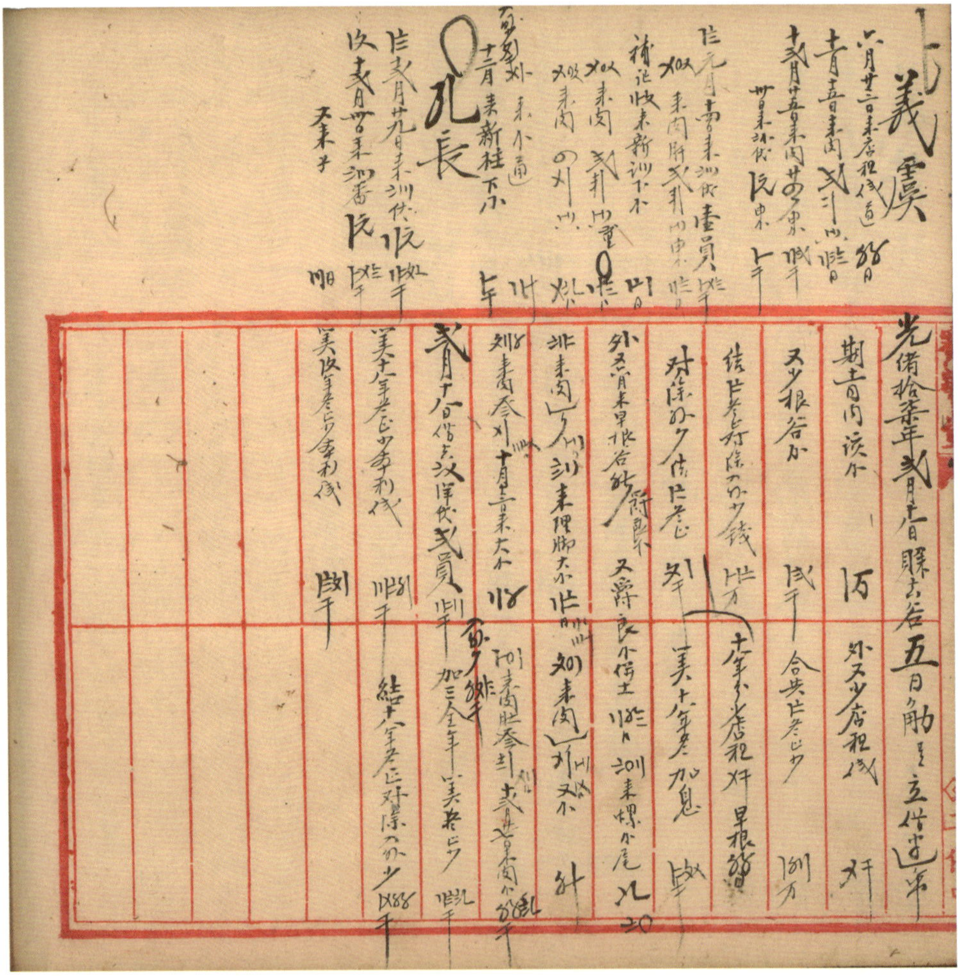

8-2-40-96　清光緒十六年銀錢油穀發借總目（九六）

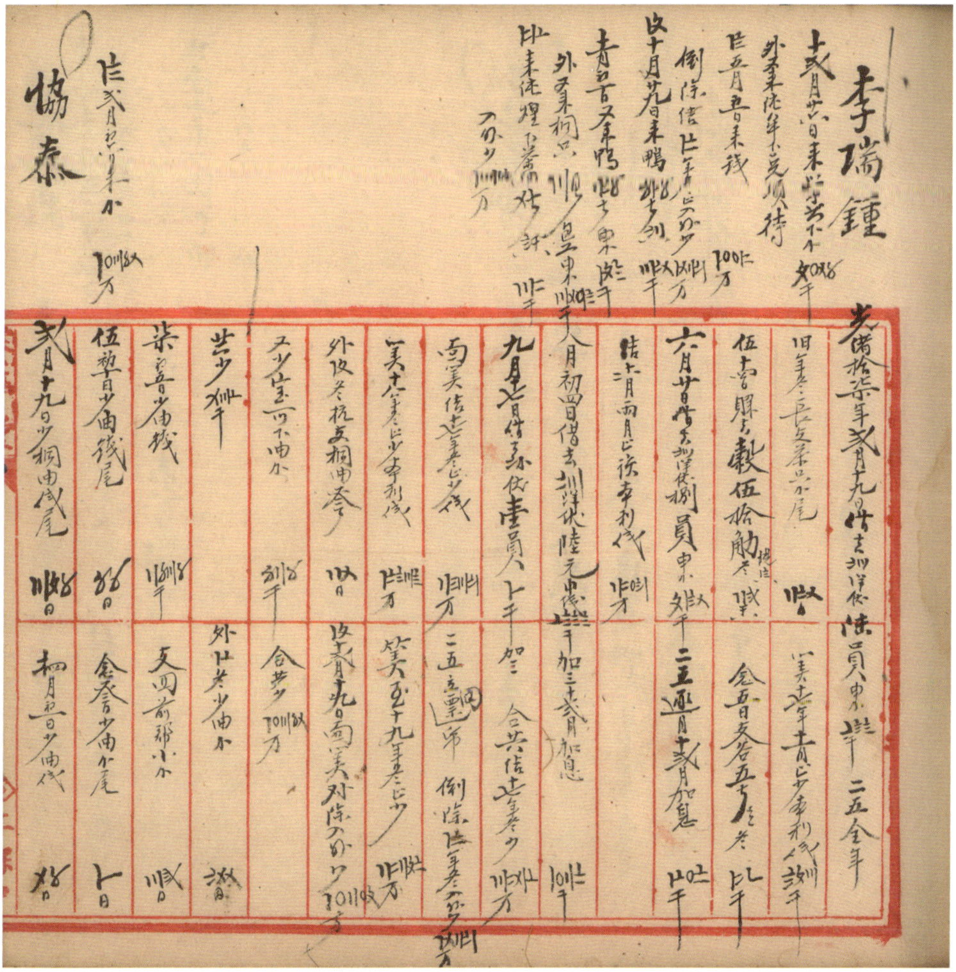

8-2-40-97　清光緒十六年銀錢油穀發借總目（九七）

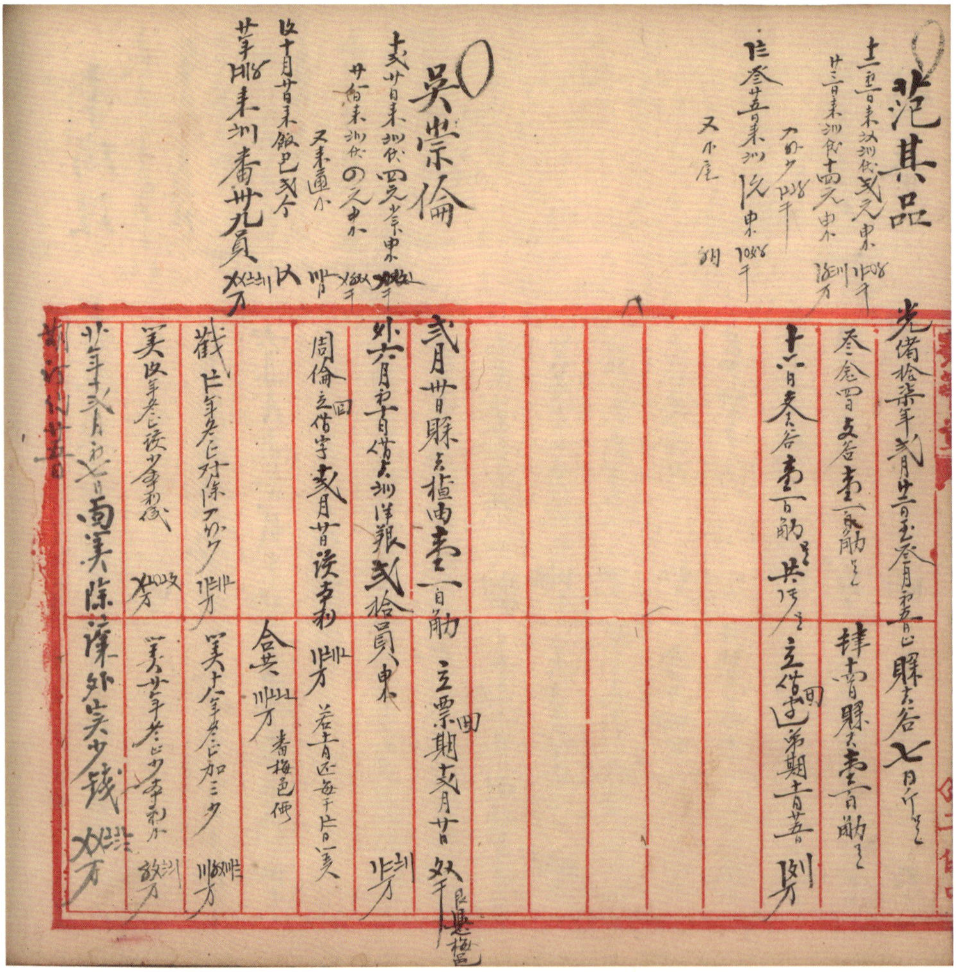

8-2-40-98　清光緒十六年銀錢油穀發借總目（九八）

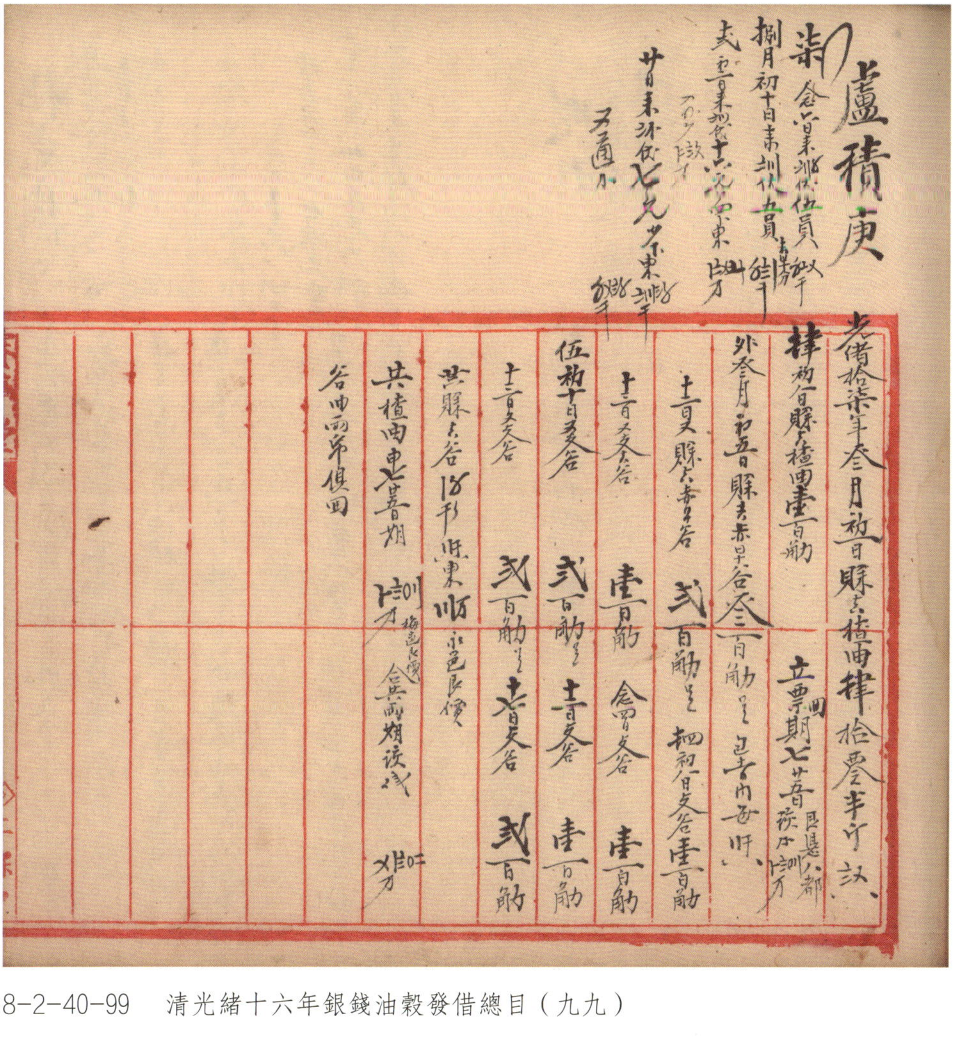

8-2-40-99　清光緒十六年銀錢油穀發借總目（九九）

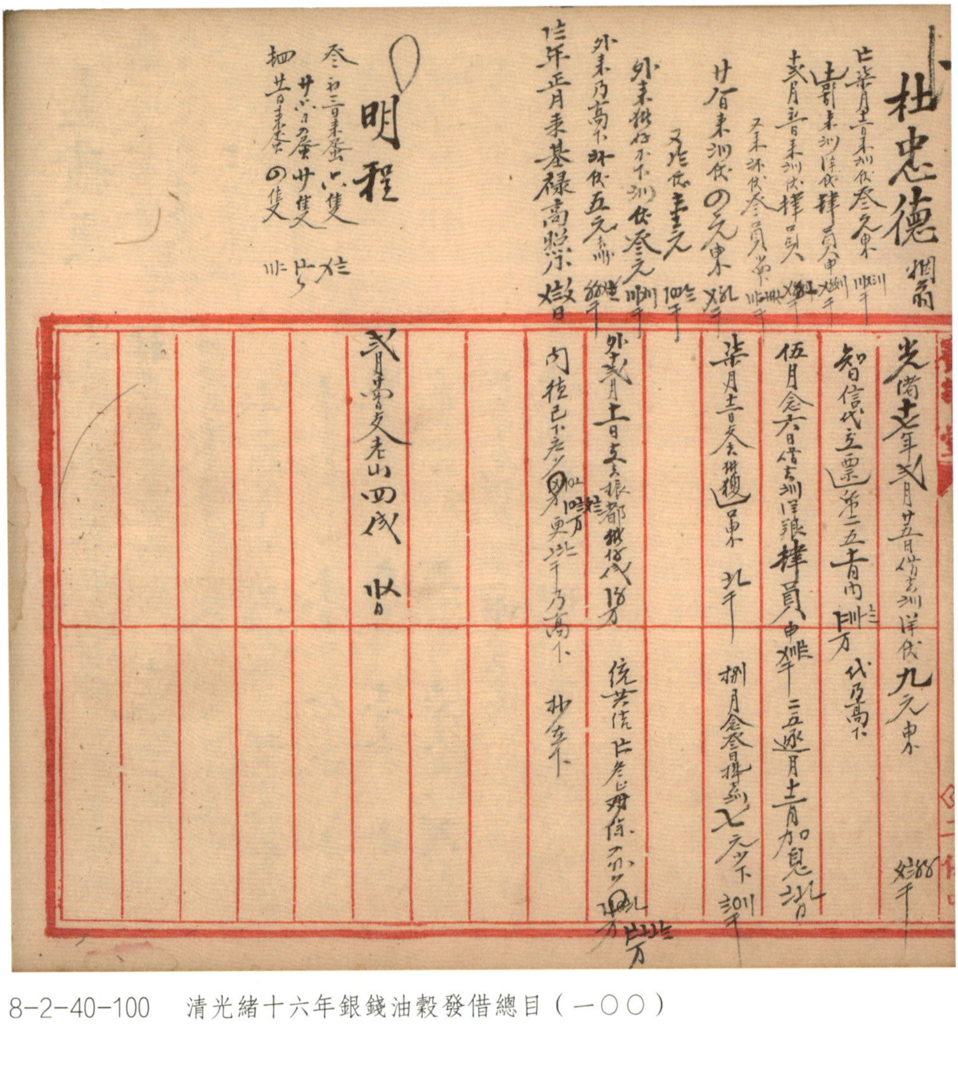

8-2-40-100　清光緒十六年銀錢油穀發借總目（一〇〇）

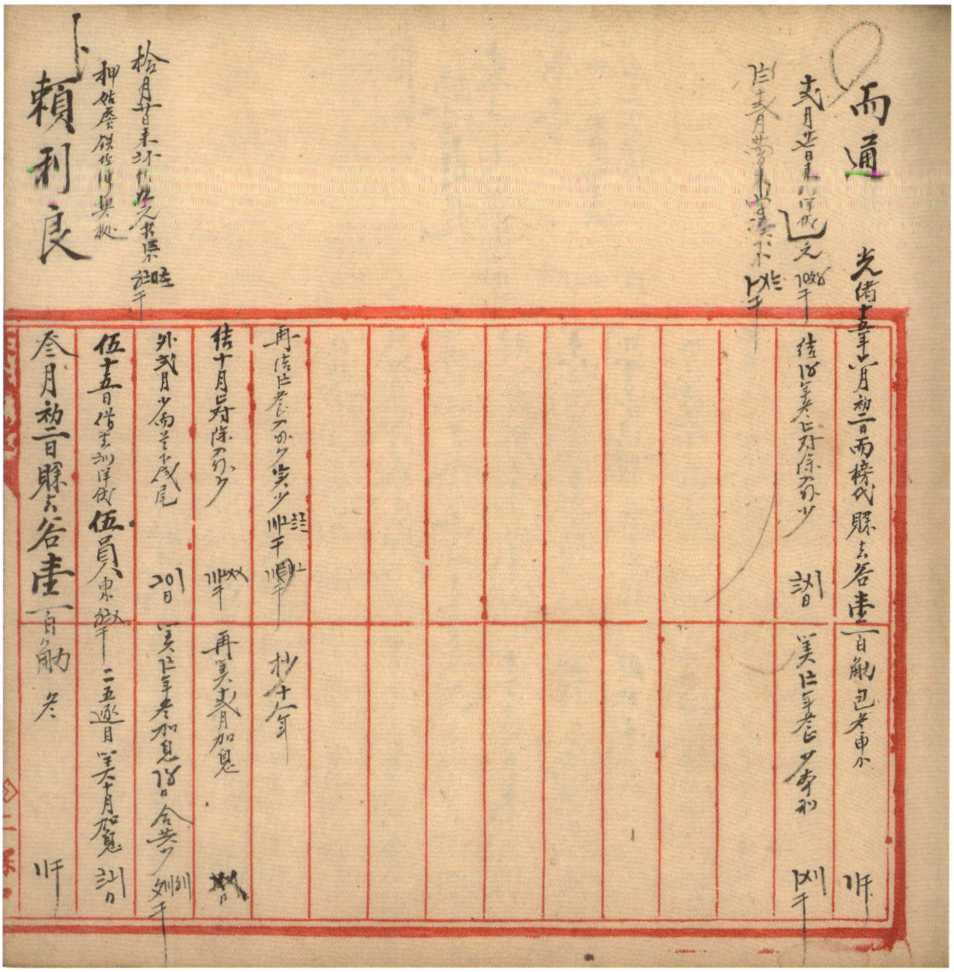

8-2-40-101　清光緒十六年銀錢油穀發借總目（一〇一）

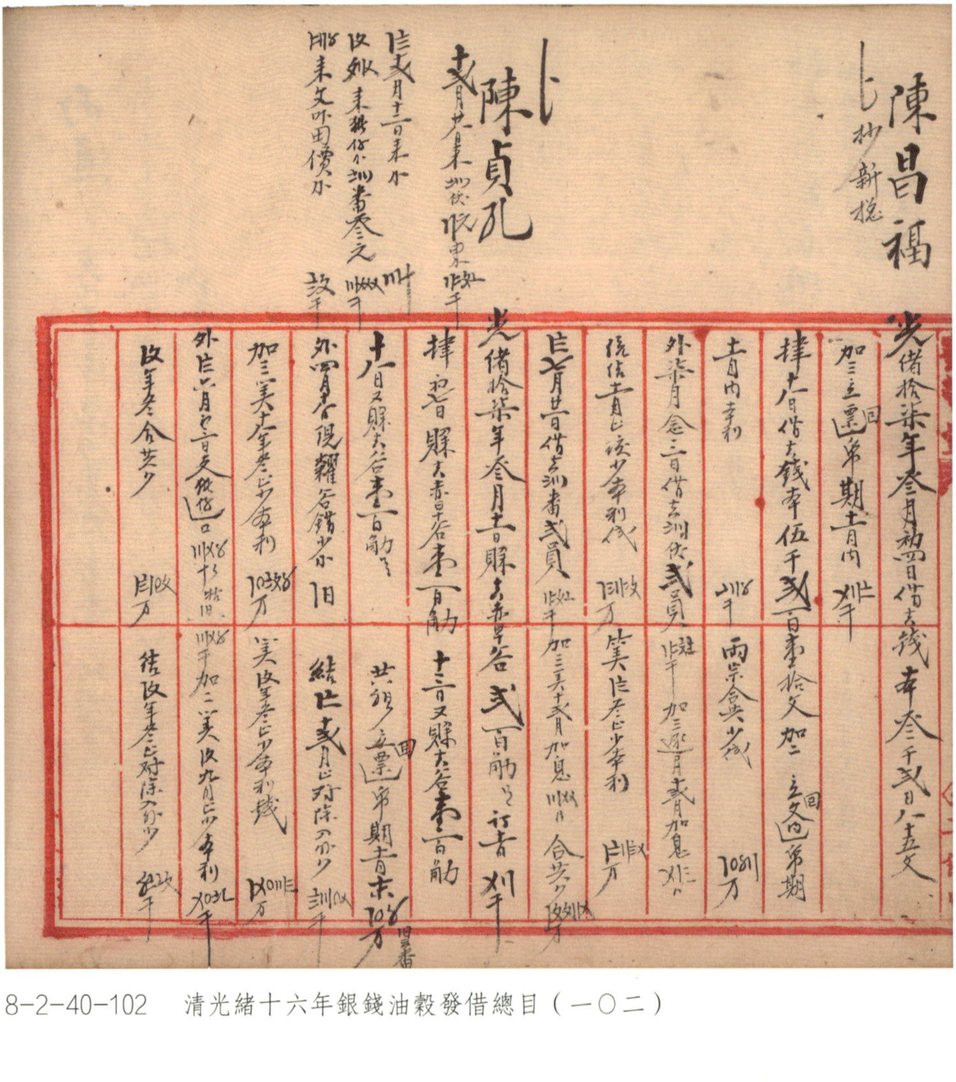

陳昌福

陳貞孔

8-2-40-102　清光緒十六年銀錢油穀發借總目（一〇二）

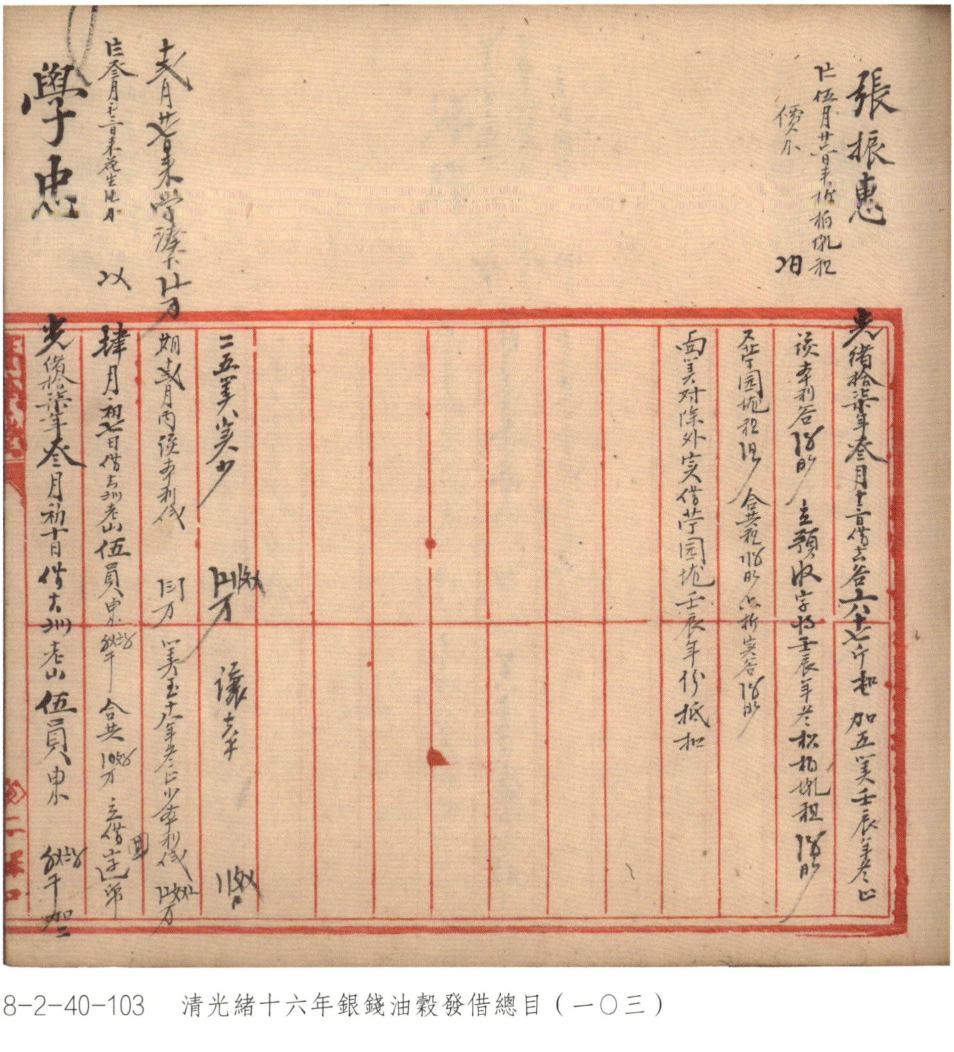

8-2-40-103　清光緒十六年銀錢油穀發借總目（一〇三）

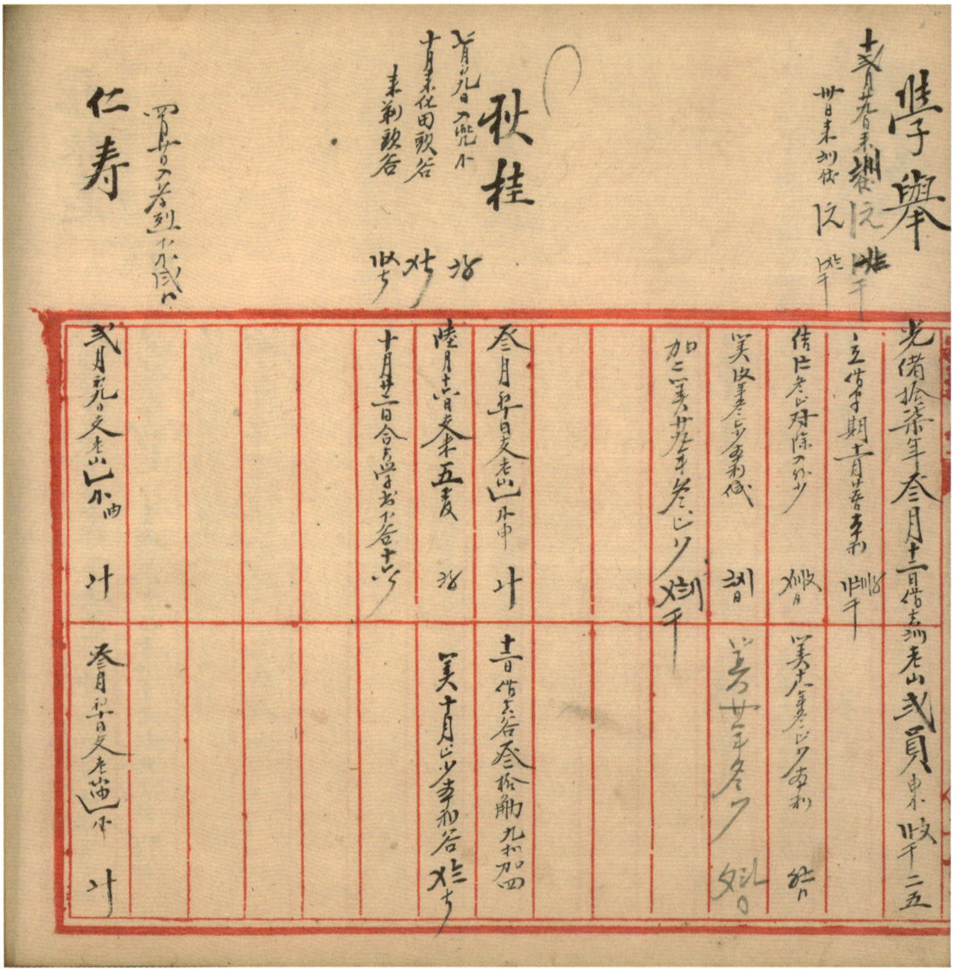

8-2-40-104　清光緒十六年銀錢油穀發借總目（一〇四）

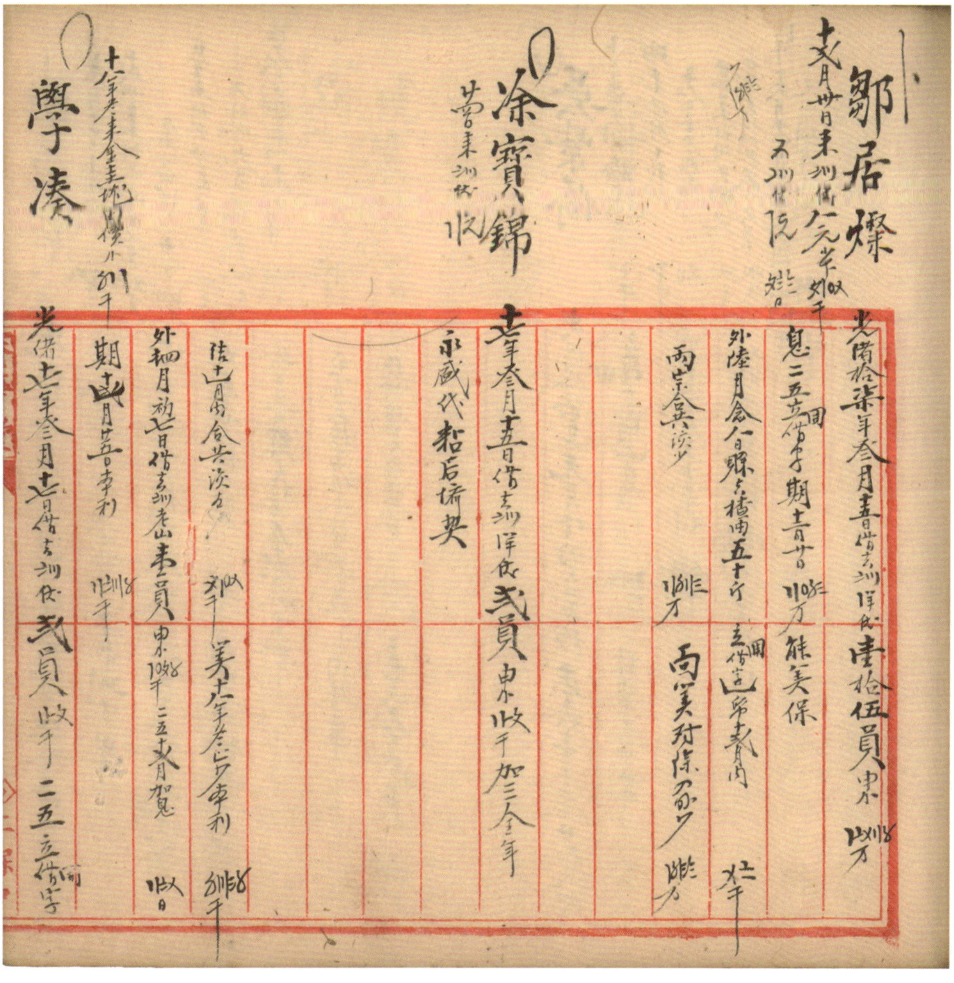

8-2-40-105　清光緒十六年銀錢油穀發借總目（一〇五）

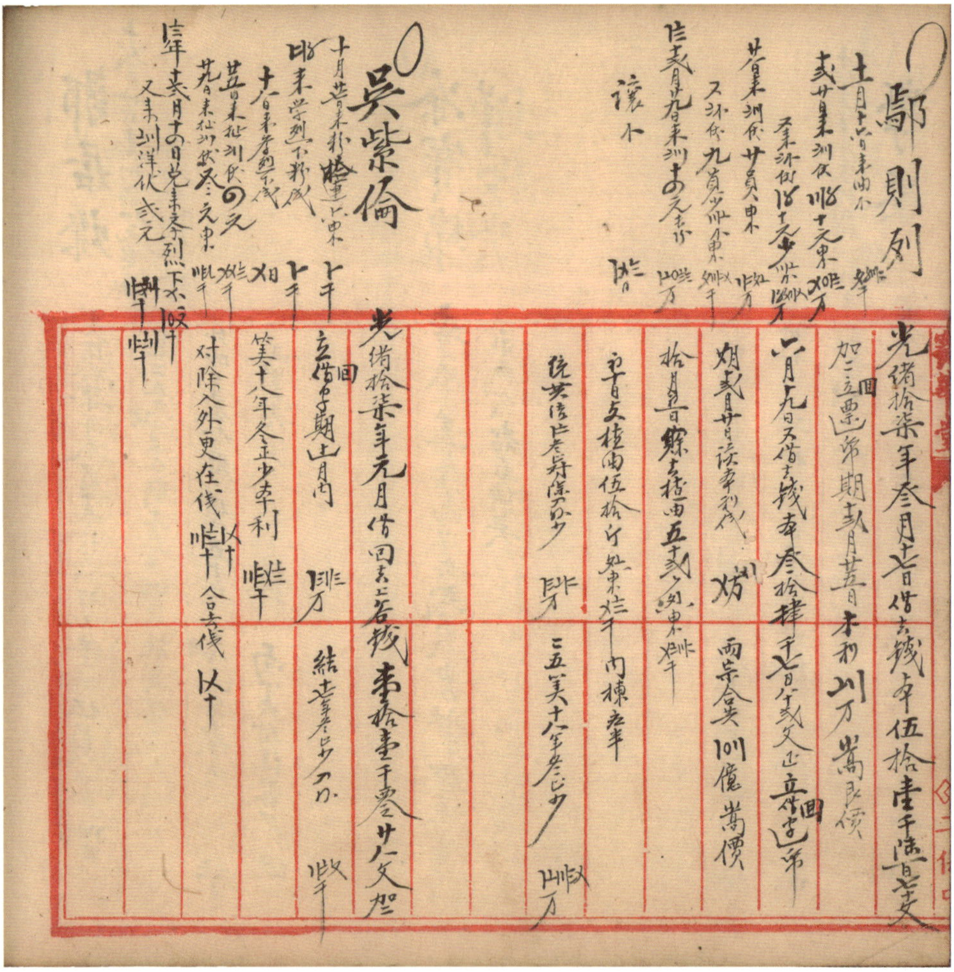

8-2-40-106　清光緒十六年銀錢油穀發借總目（一〇六）

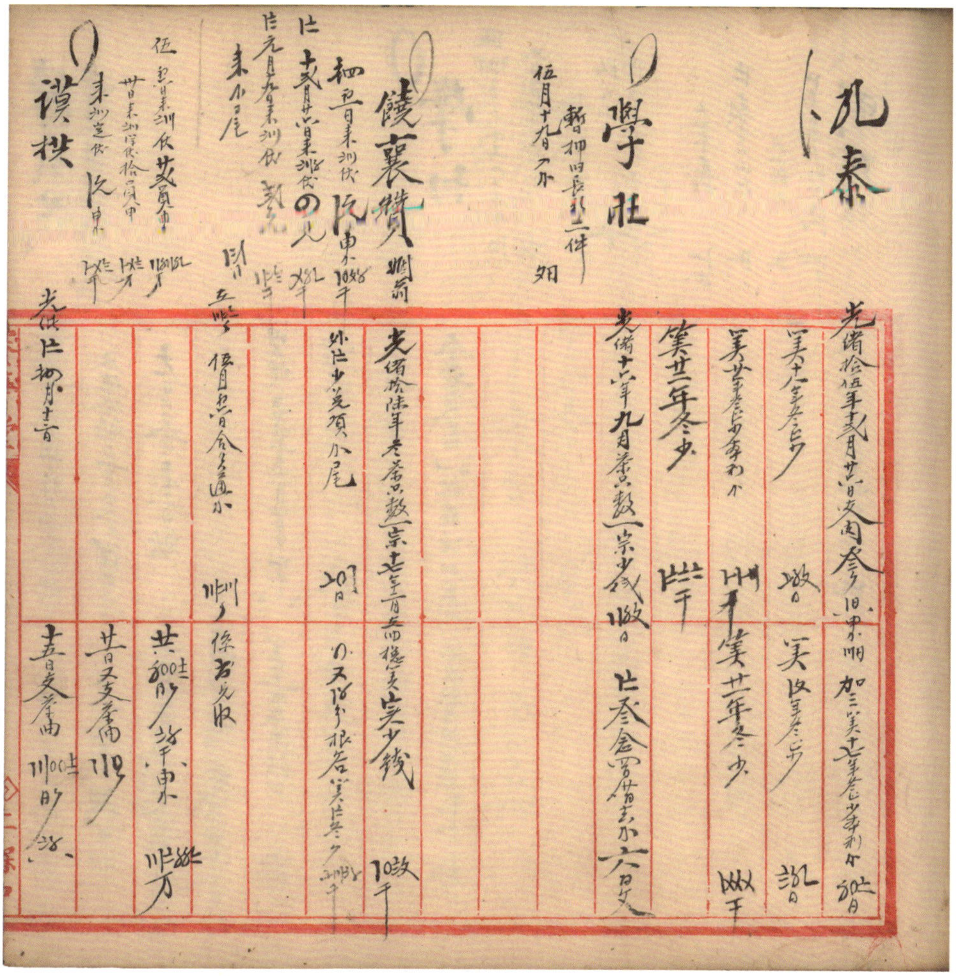

8-2-40-107　清光緒十六年銀錢油穀發借總目（一〇七）

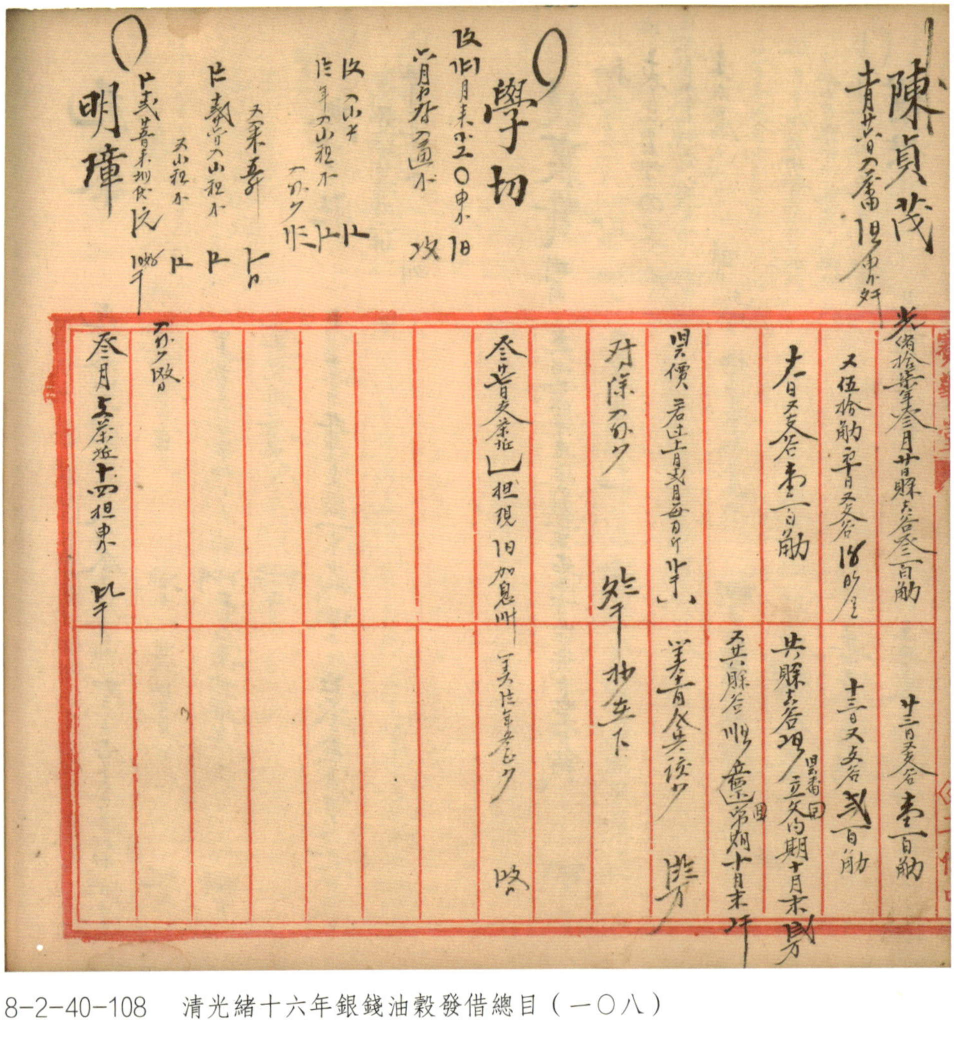

8-2-40-108　清光緒十六年銀錢油穀發借總目（一〇八）

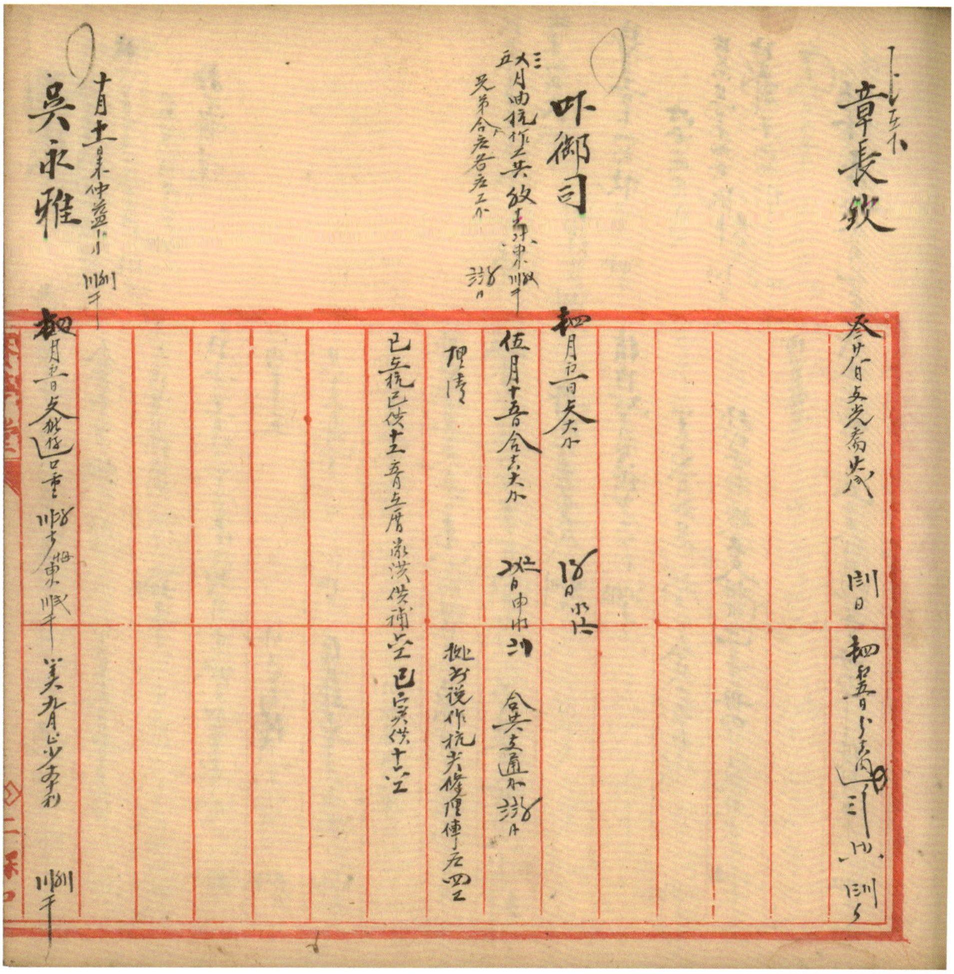
章長欽
吓御司
吳永雅

8-2-40-109　清光緒十六年銀錢油穀發借總目（一〇九）

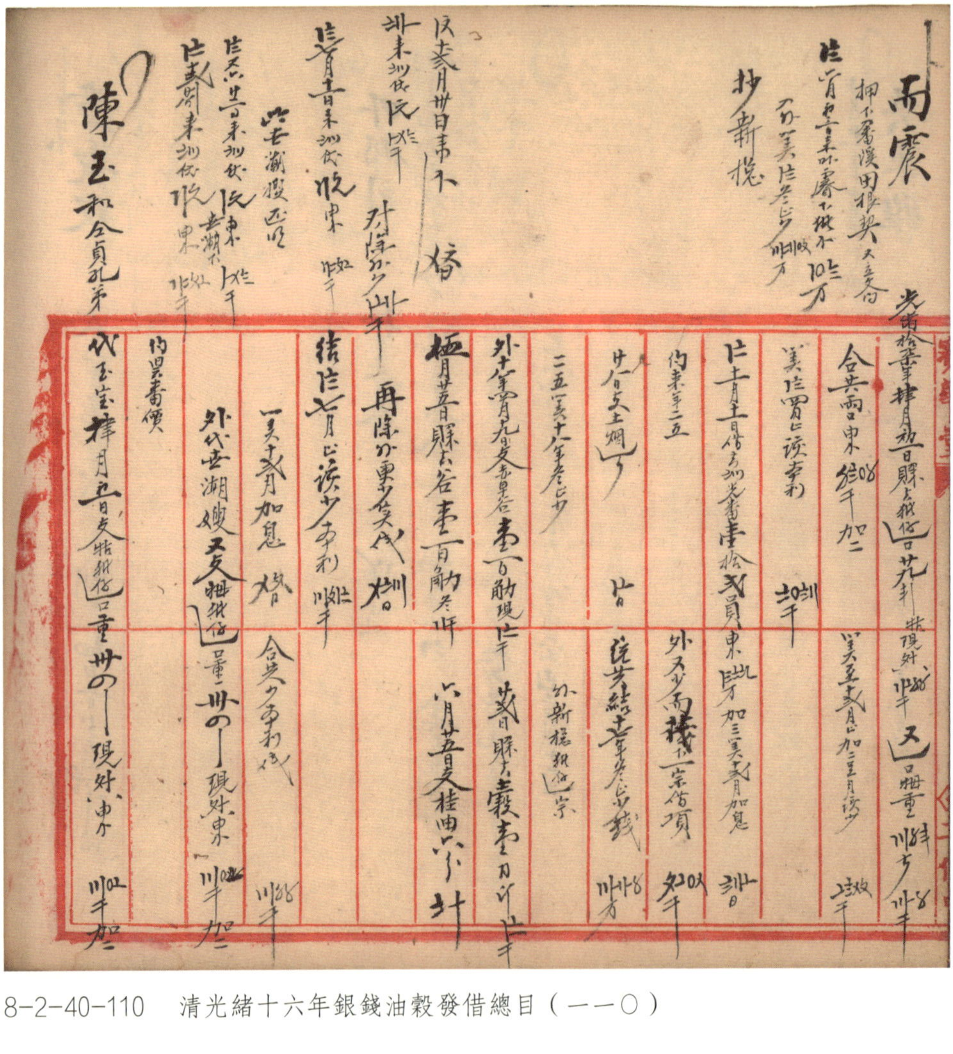

8-2-40-110　清光緒十六年銀錢油穀發借總目（一一〇）

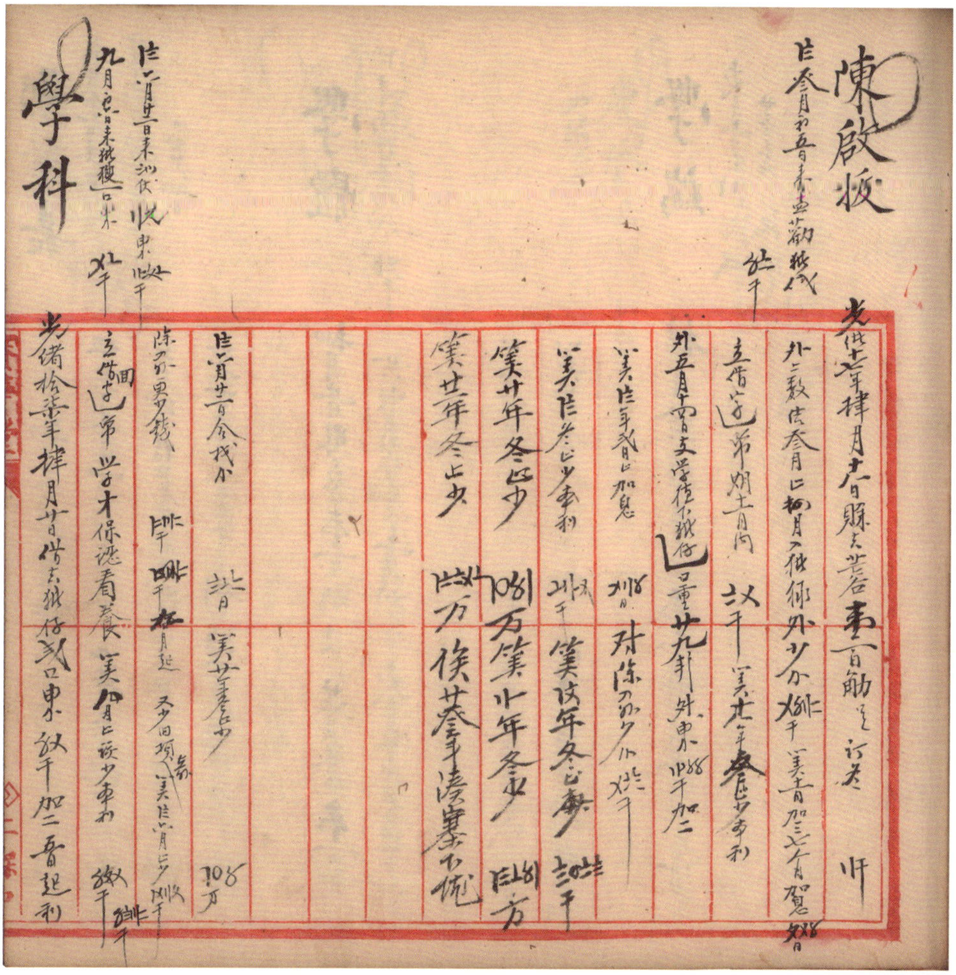

8-2-40-111　清光緒十六年銀錢油穀發借總目（一一一）

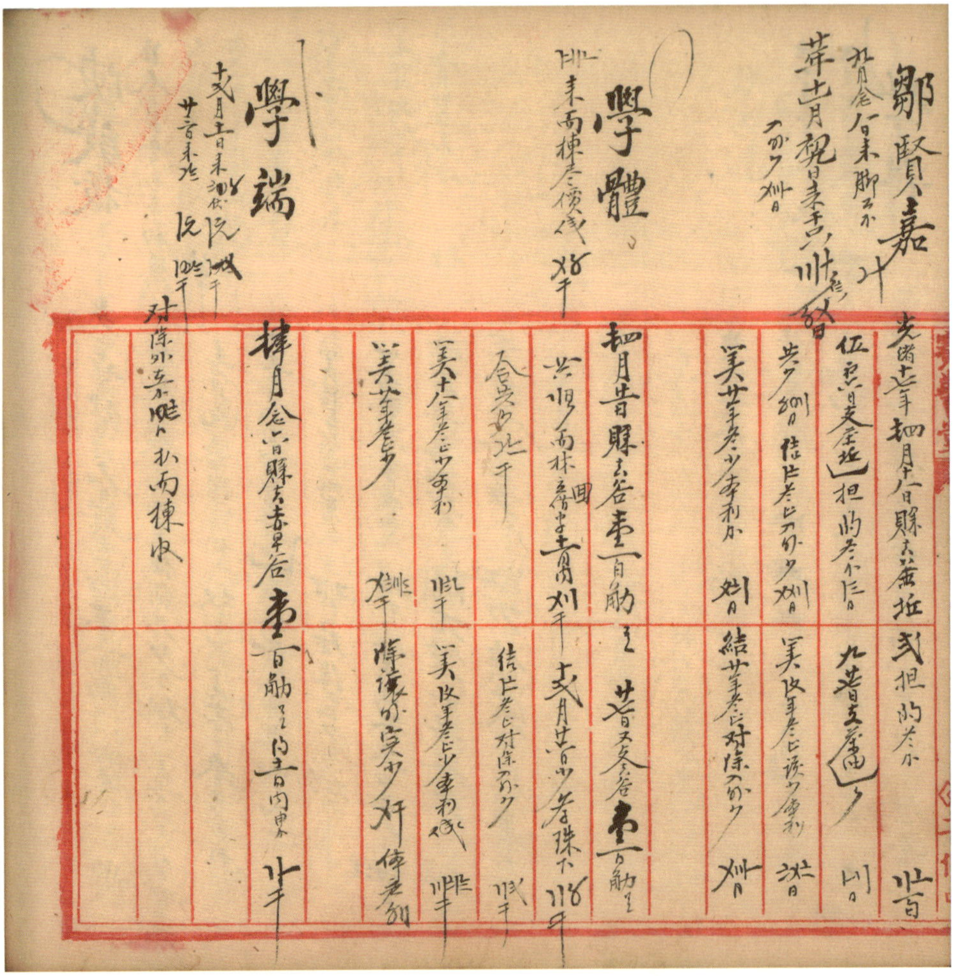

8-2-40-112　清光緒十六年銀錢油穀發借總目（一一二）

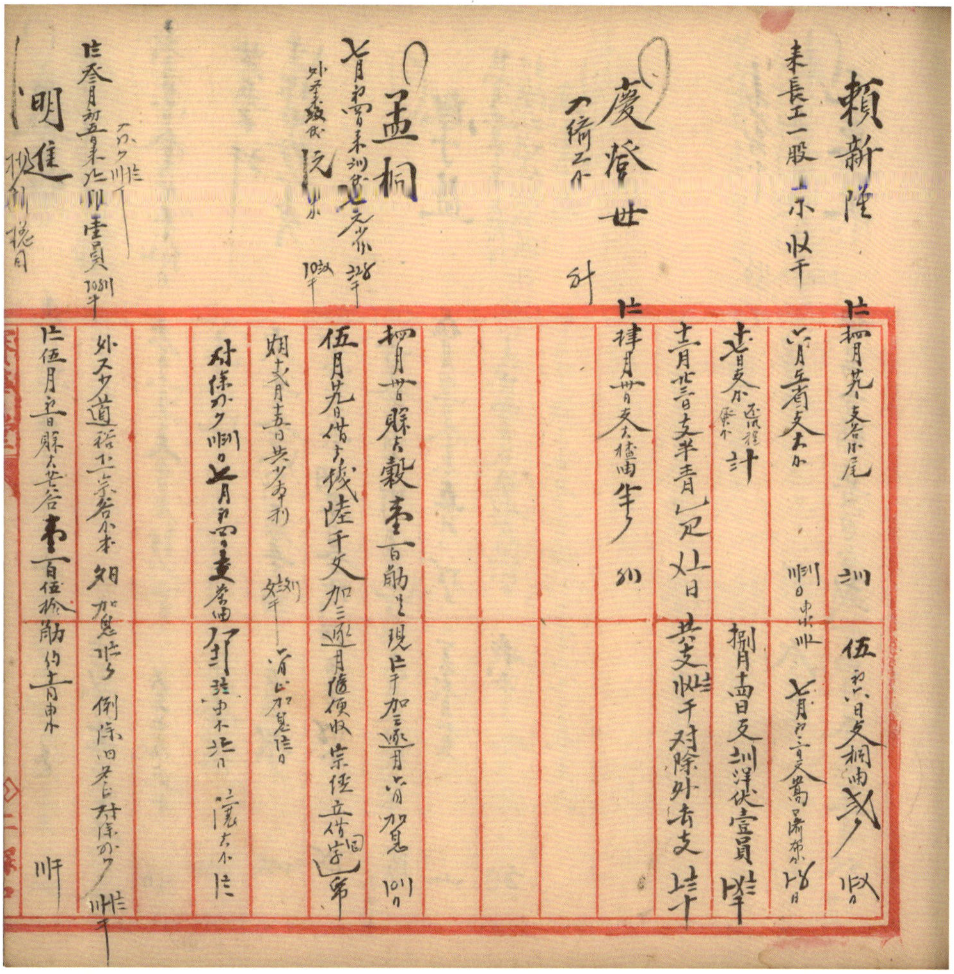

8-2-40-113　清光緒十六年銀錢油穀發借總目（一一三）

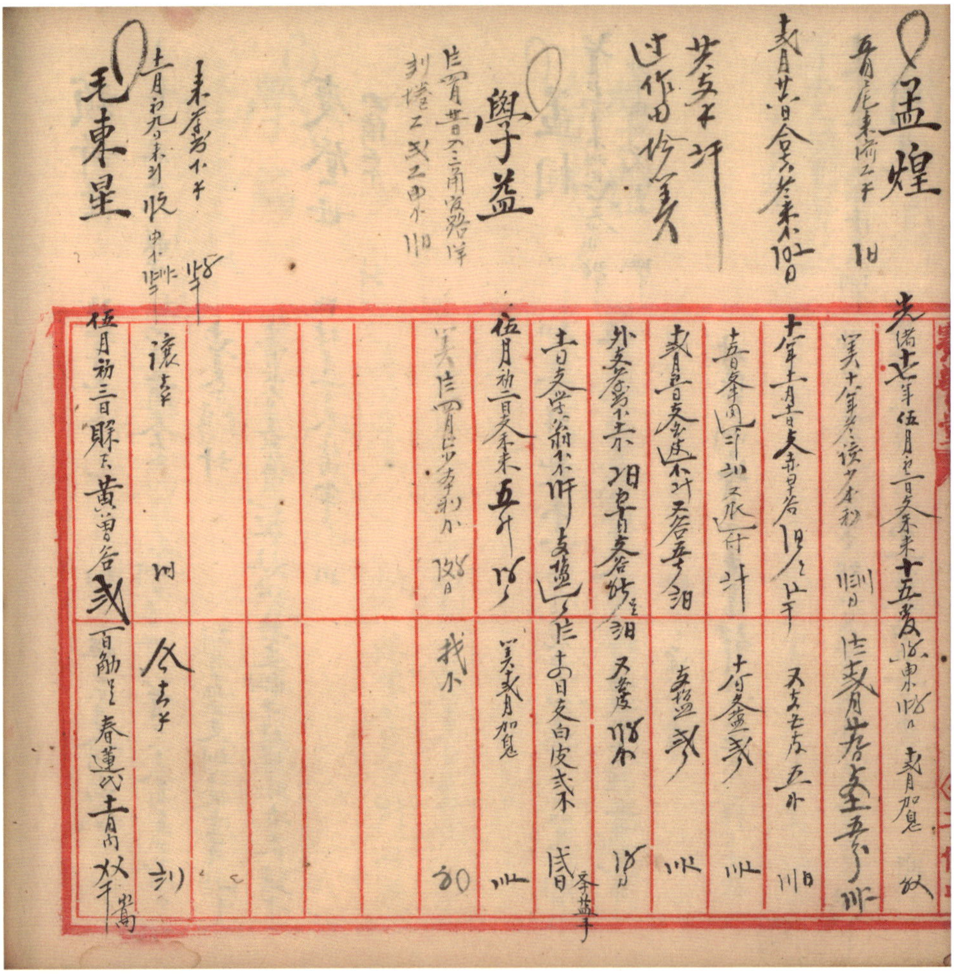

8-2-40-114　清光緒十六年銀錢油穀發借總目（一一四）

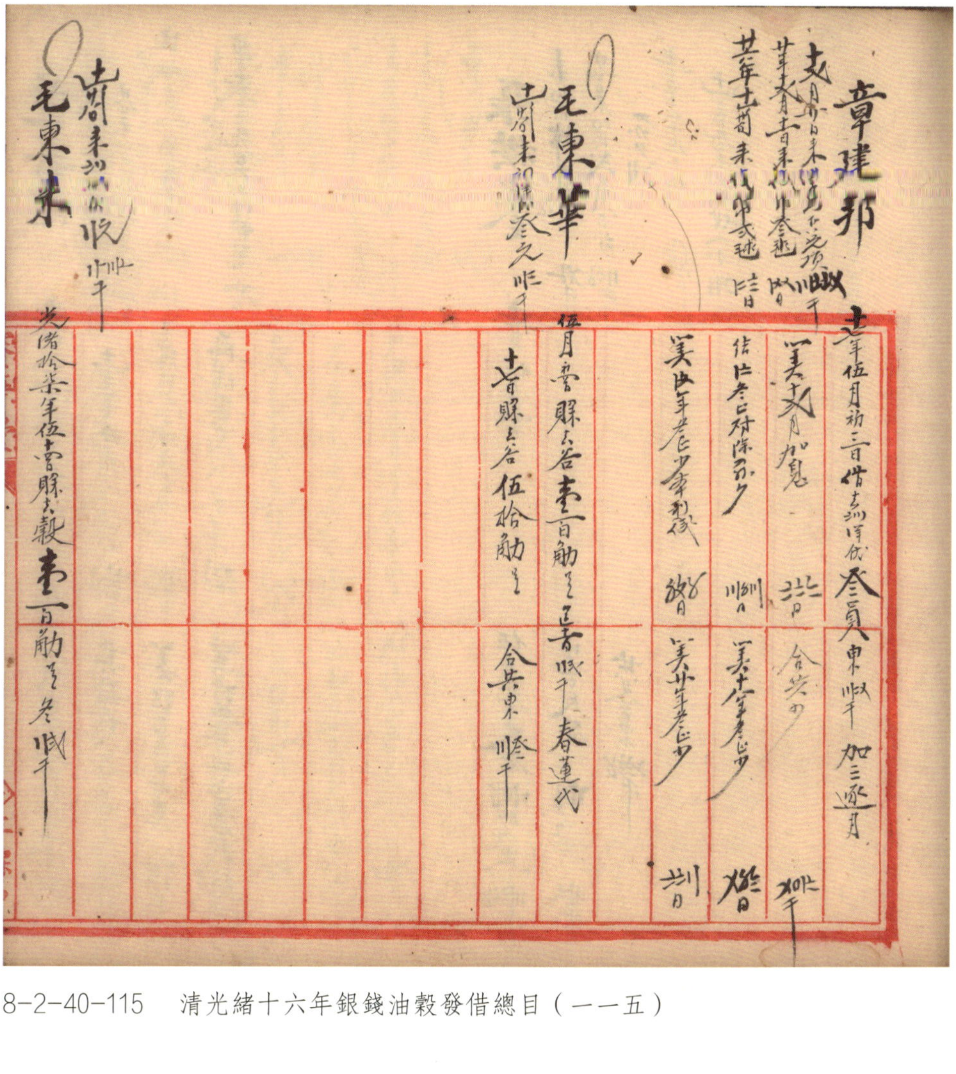

8-2-40-115　清光緒十六年銀錢油穀發借總目（一一五）

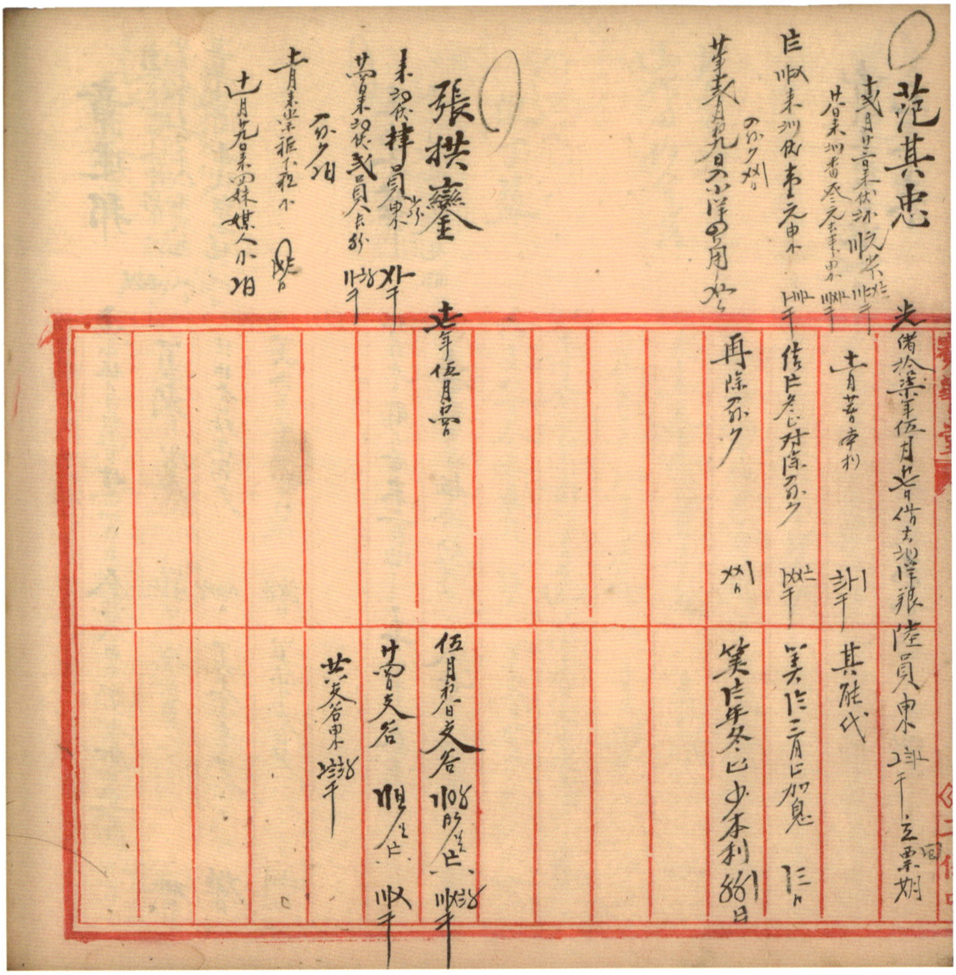

范其忠

十二月廿三日來伏洋 收米

廿四日來洲番叁元去串

上收來洲伏壹元串

葉月初九日另小洋四角

先備於叁年伍月廿七日借去洲洋銀陸員串 立票約

十一月廿三日本利 其能代

借上冬止付除 笑止三月止加息

再除 笑止年冬止少本利

張拱鑾

來洲伏捌員串

廿二日來洲伏貳員

十二月來洋

十二月初二日來四妹媒人

十三年伍月廿七日

伍月初七日 交谷

廿七日 交谷

廿八日 交谷

8-2-40-116　清光緒十六年銀錢油穀發借總目（一一六）

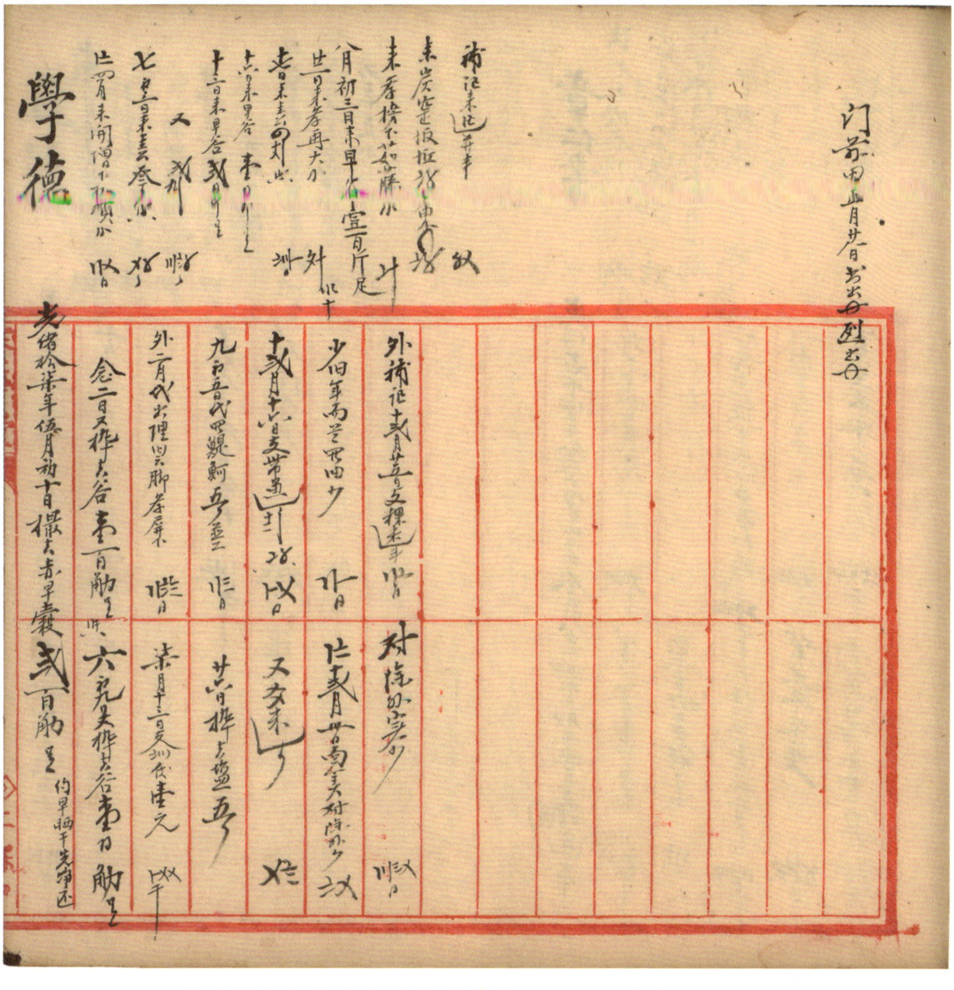

8-2-40-117　清光緒十六年銀錢油穀發借總目（一一七）

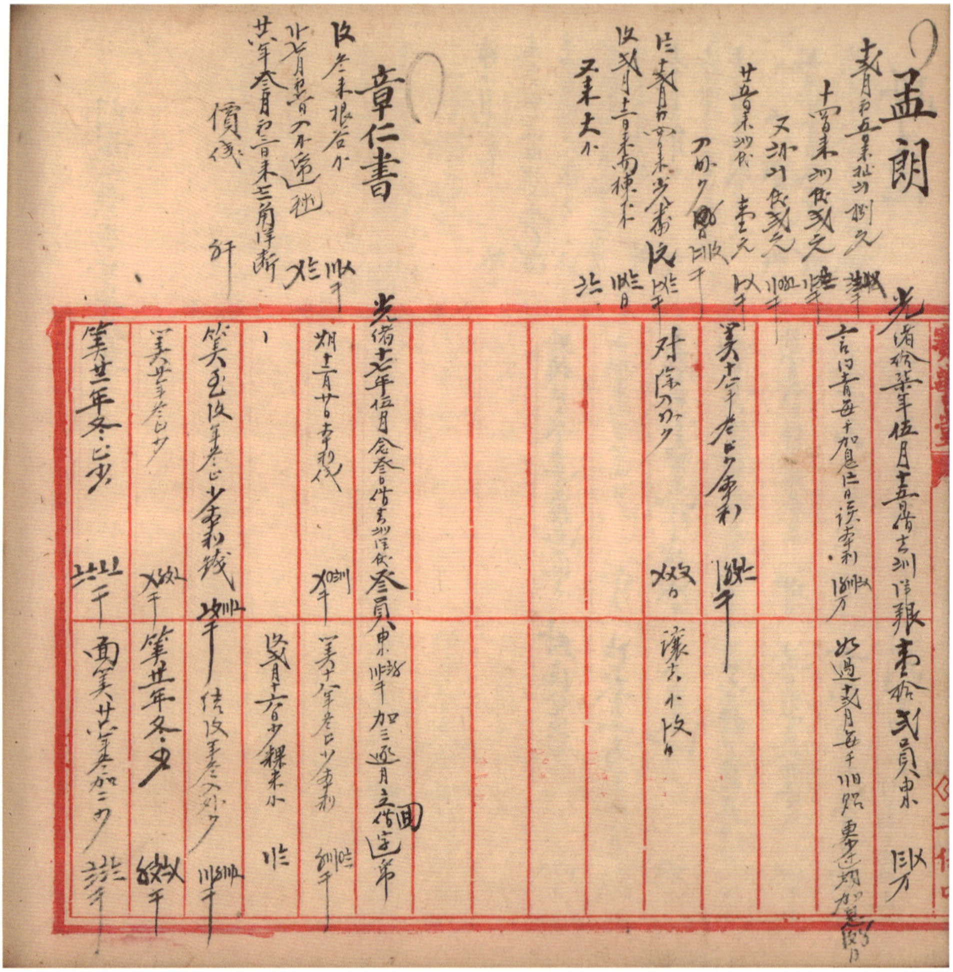

孟朗

光緒拾柒年伍月十五日借去洋艮壹拾弍員

章仁書

光緒十七年伍月念叁日借去洋銀叁員

8-2-40-118　清光緒十六年銀錢油穀發借總目（一一八）

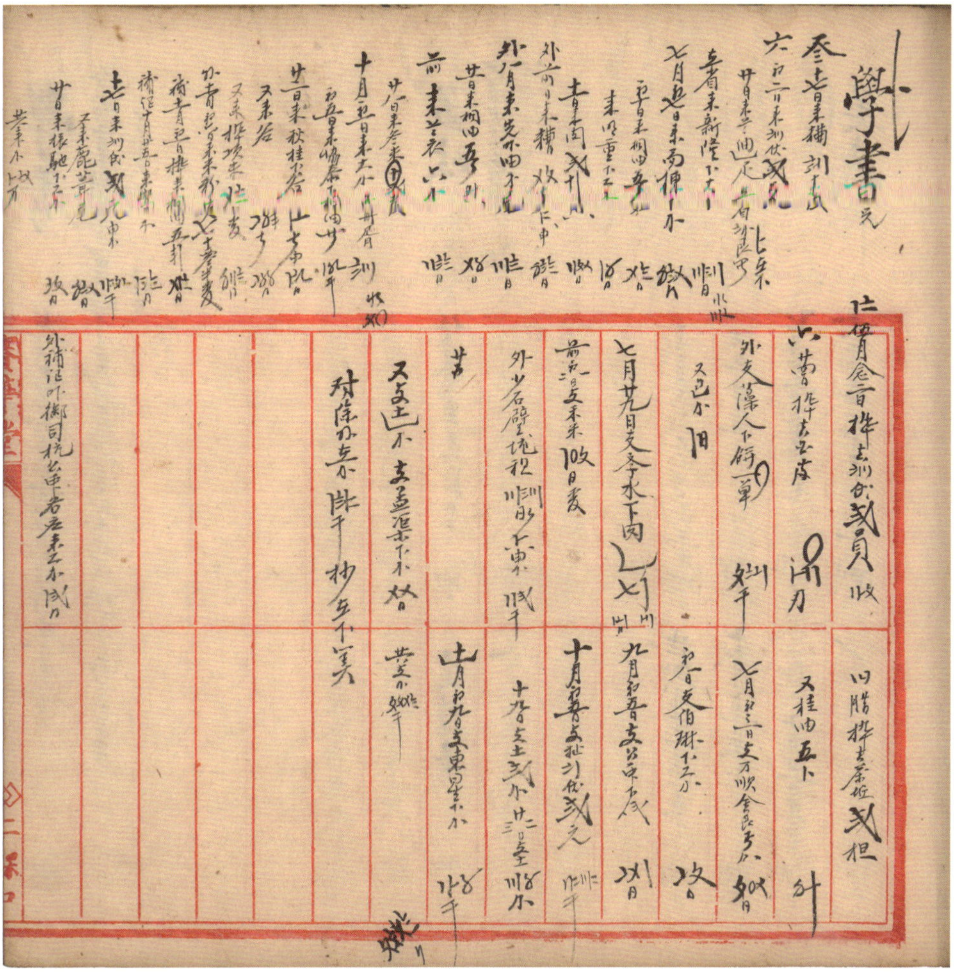

8-2-40-119　清光緒十六年銀錢油穀發借總目（一一九）

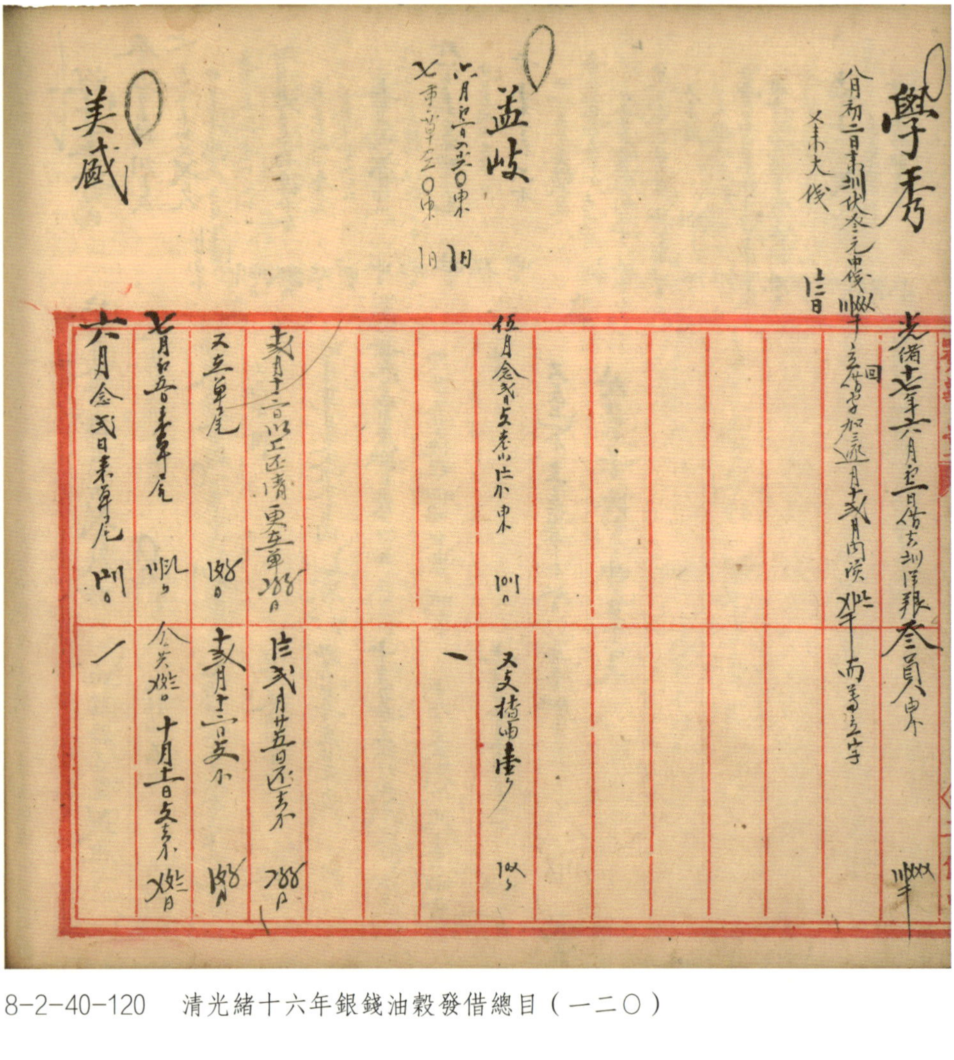

8-2-40-120　清光緒十六年銀錢油穀發借總目（一二〇）

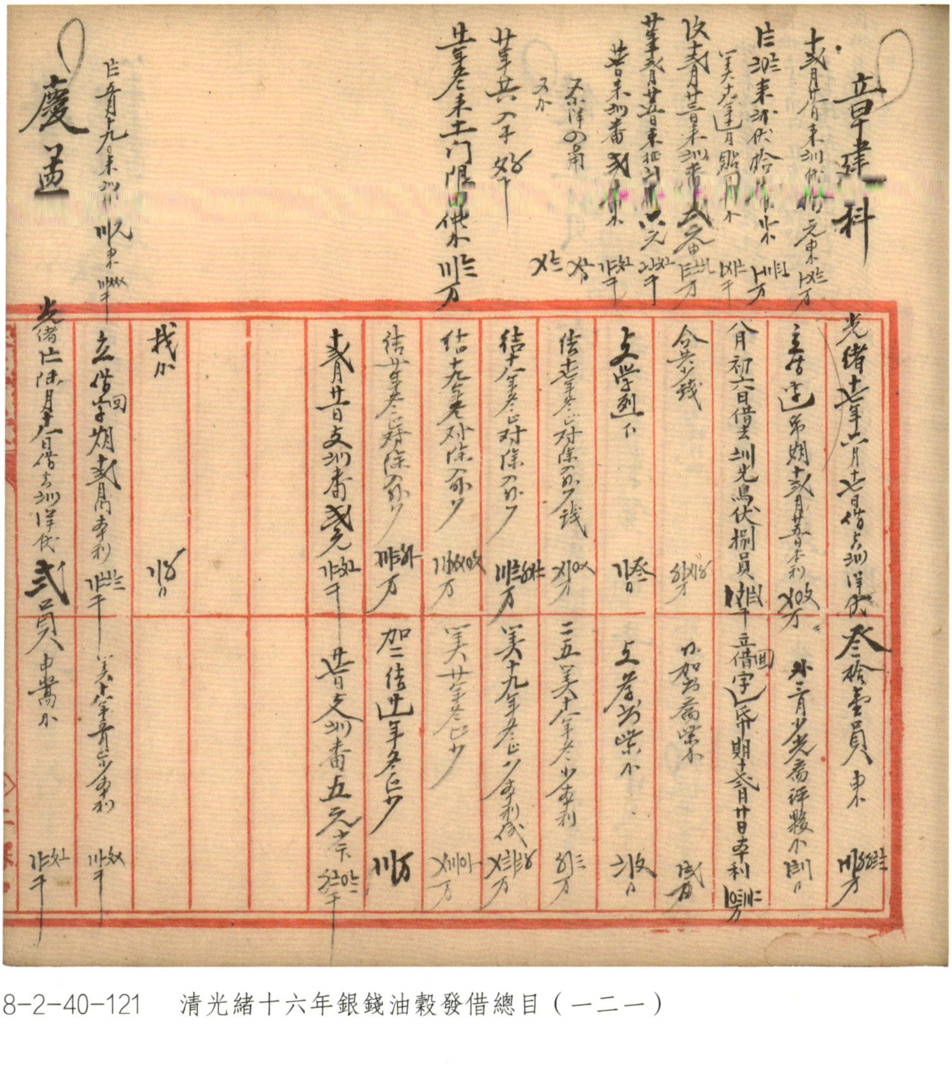

8-2-40-121　清光緒十六年銀錢油穀發借總目（一二一）

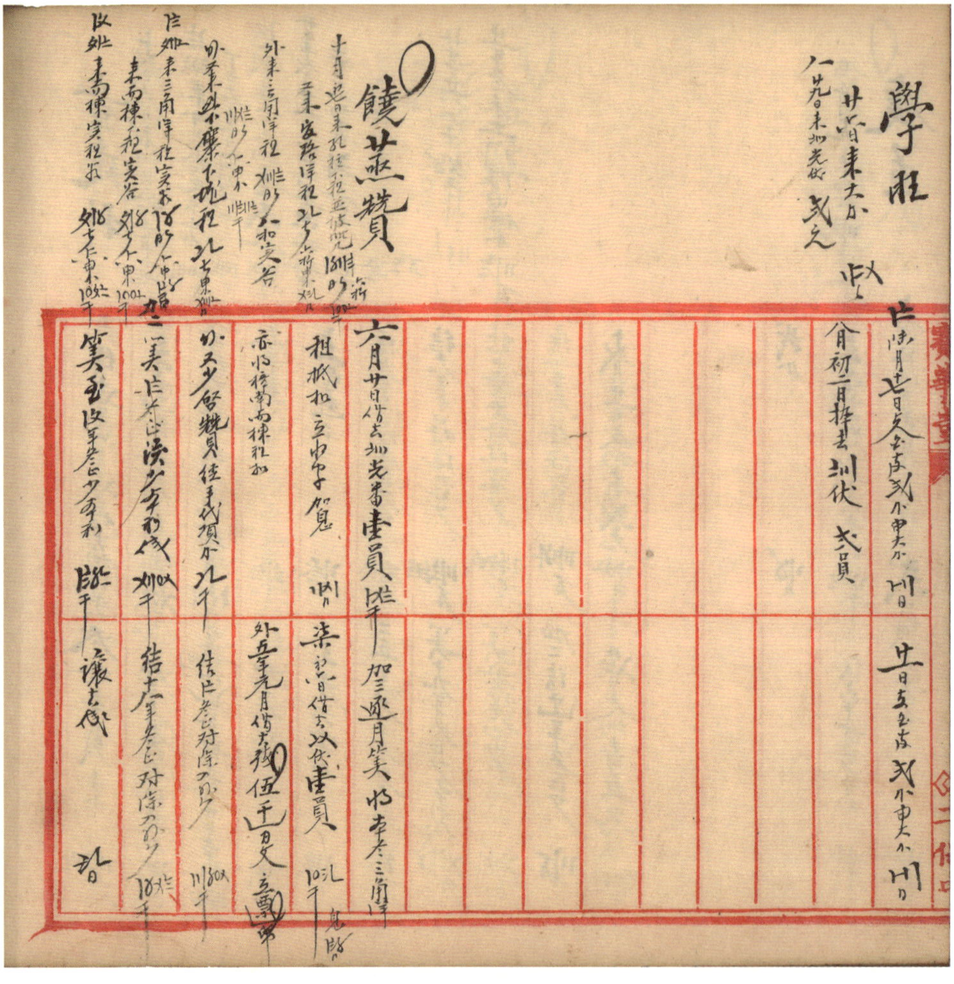

8-2-40-122　清光緒十六年銀錢油穀發借總目（一二二）

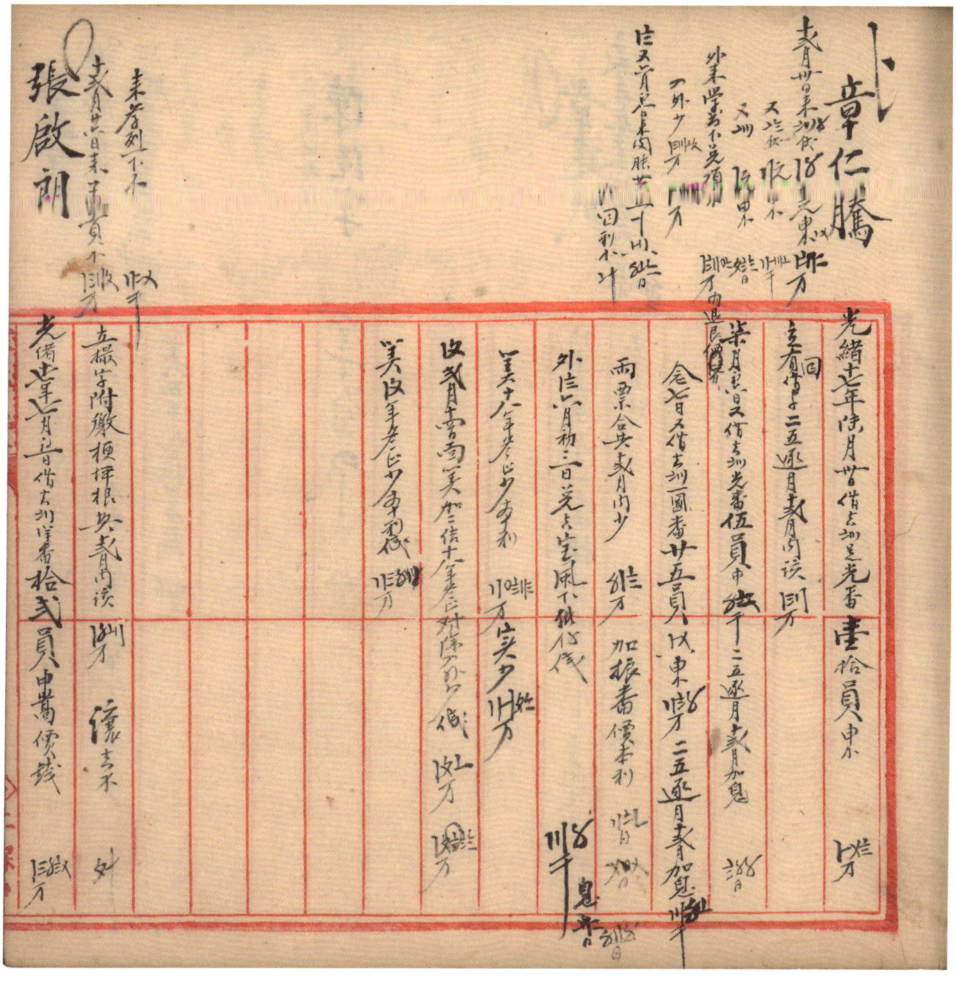

8-2-40-123　清光緒十六年銀錢油穀發借總目（一二三）

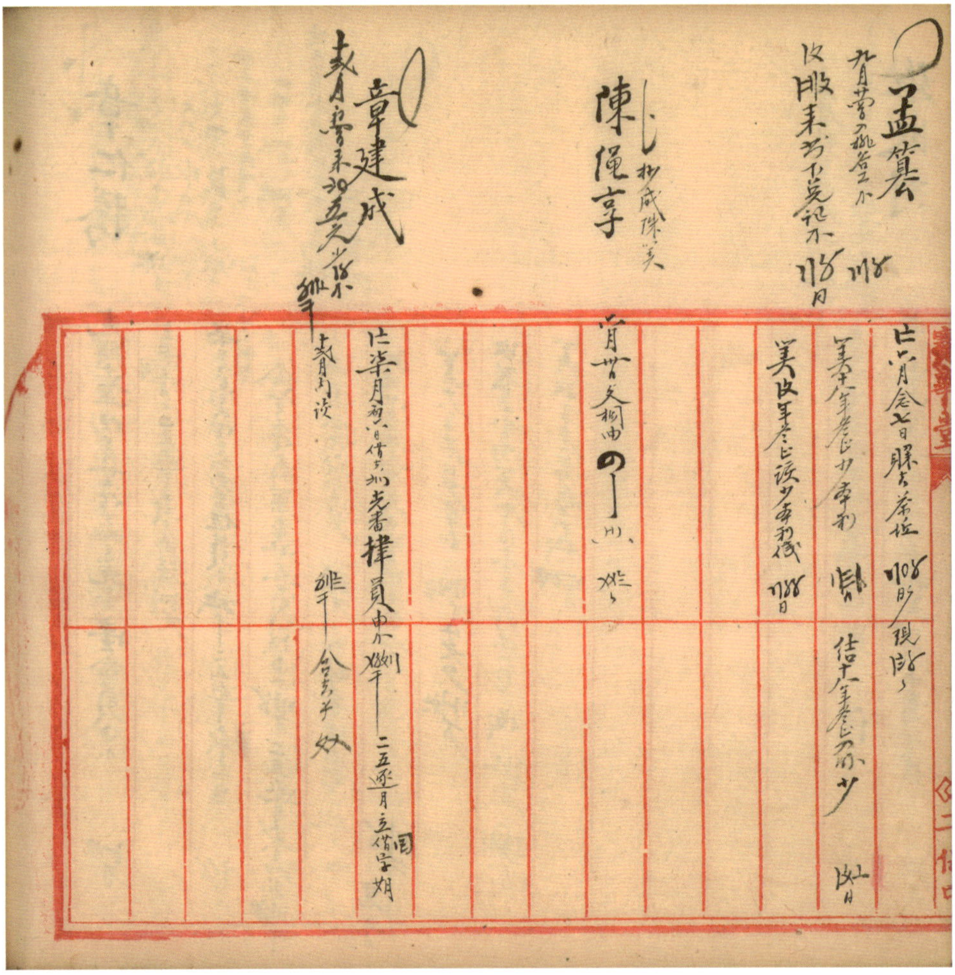

8-2-40-124　清光緒十六年銀錢油穀發借總目（一二四）

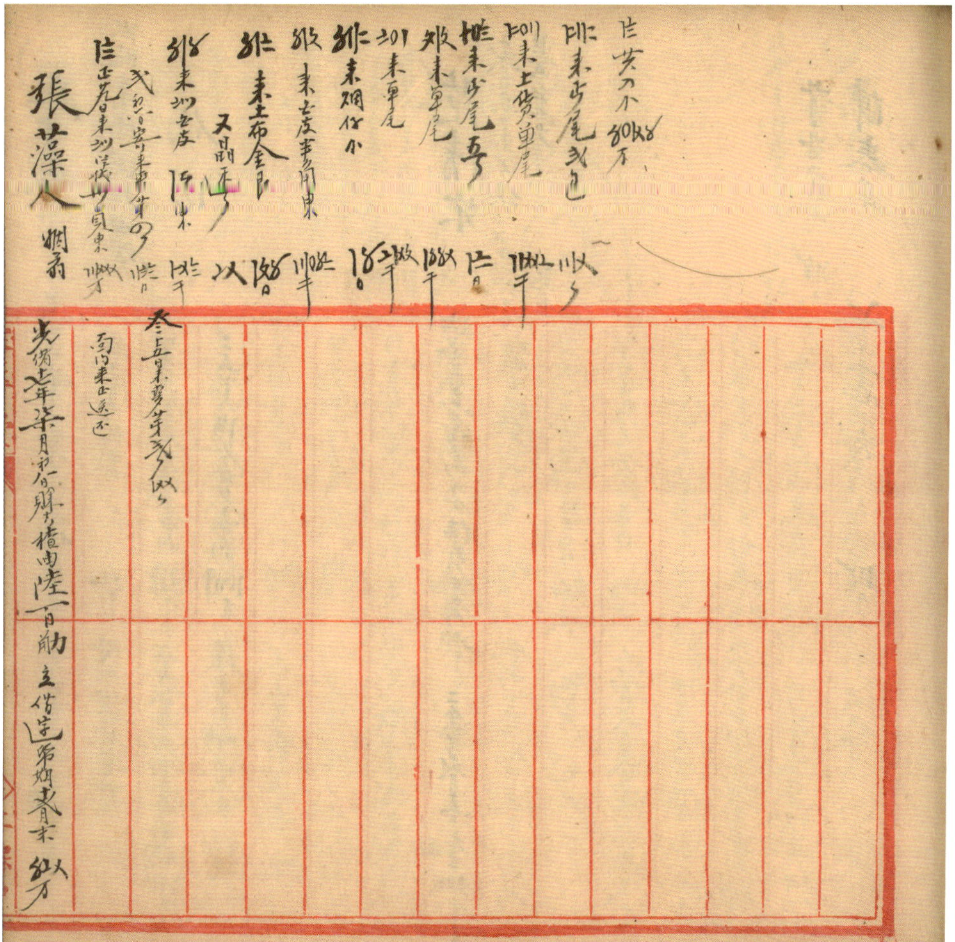

張藻人

光緒十六年柒月初八日……立借字……

8-2-40-125　清光緒十六年銀錢油穀發借總目（一二五）

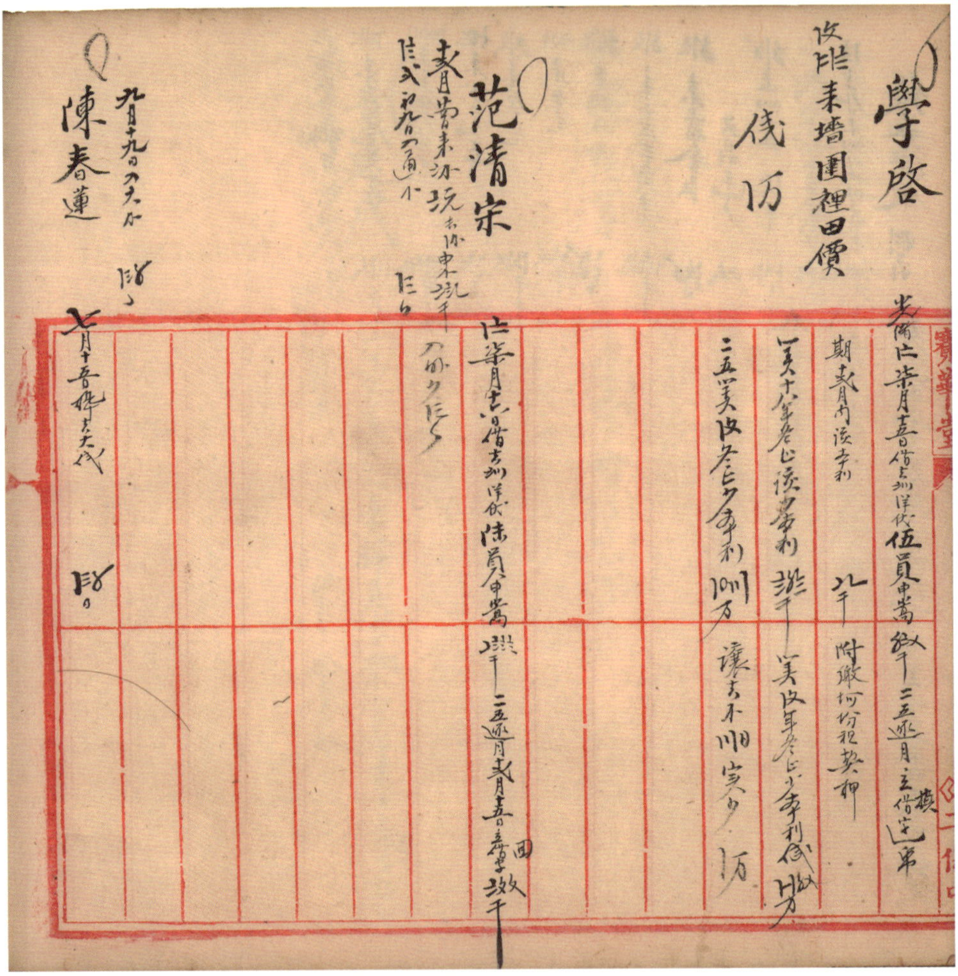

8-2-40-126　清光緒十六年銀錢油穀發借總目（一二六）

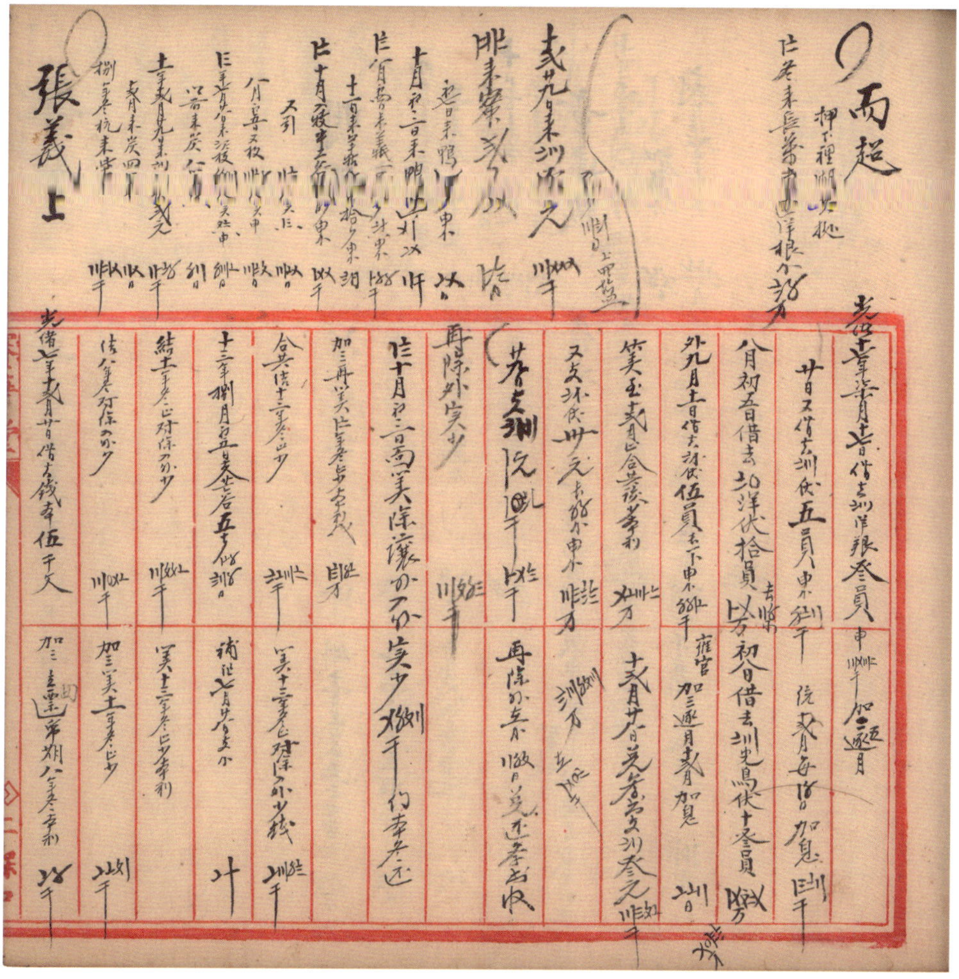

8-2-40-127　清光緒十六年銀錢油穀發借總目（一二七）

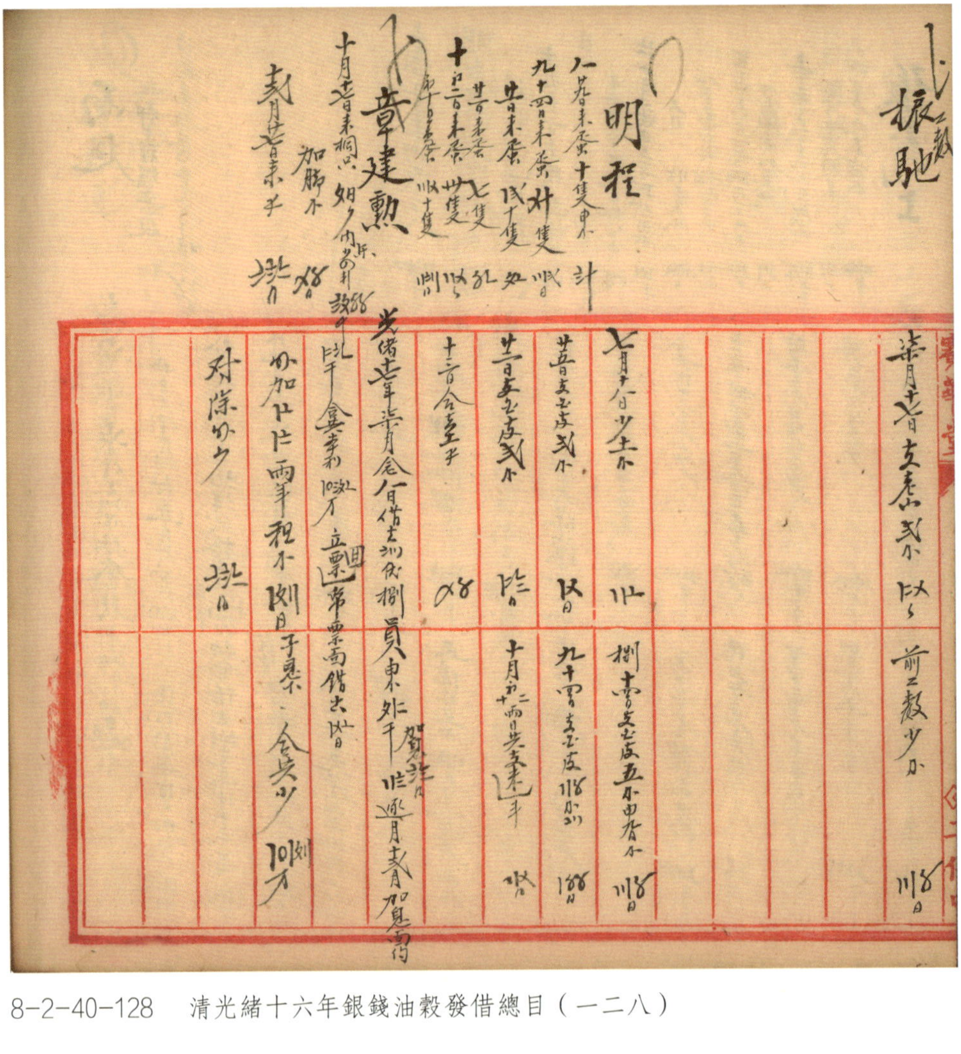
振馳
明程
章建勳
加脚
光緒十六年六月念八日借

8-2-40-128　清光緒十六年銀錢油穀發借總目（一二八）

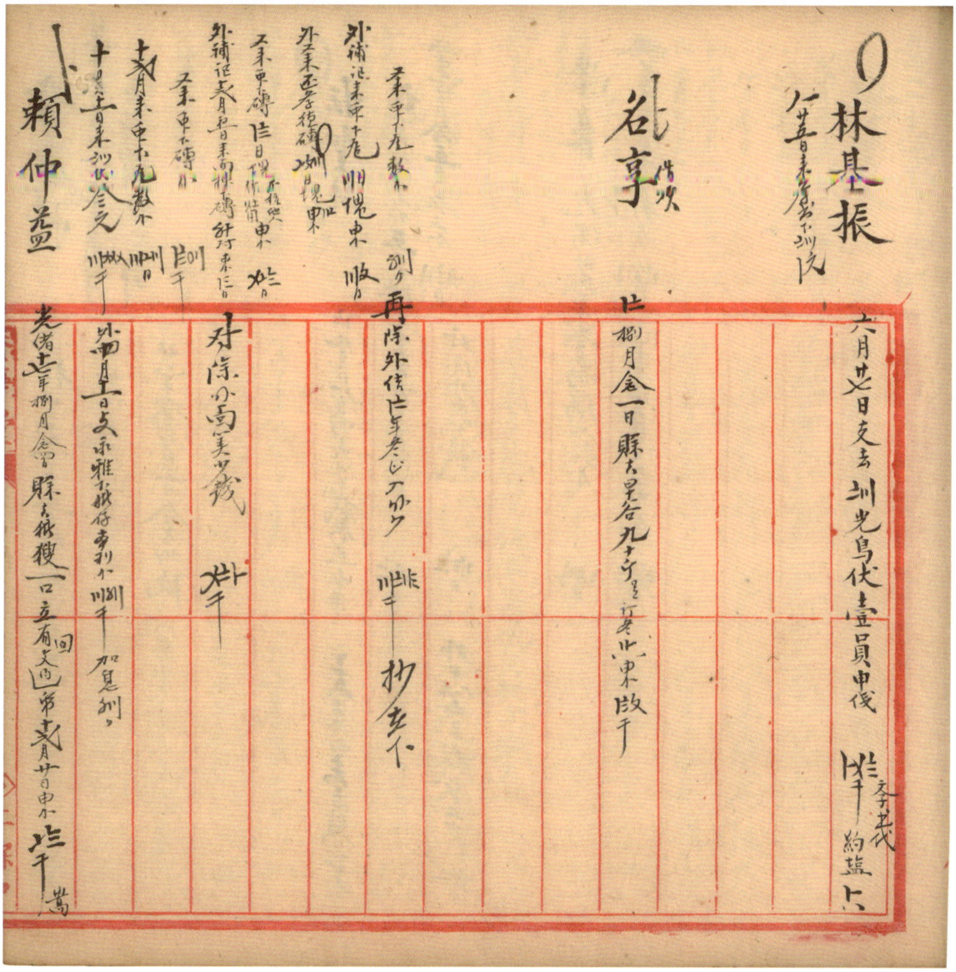

8-2-40-129　清光緒十六年銀錢油穀發借總目（一二九）

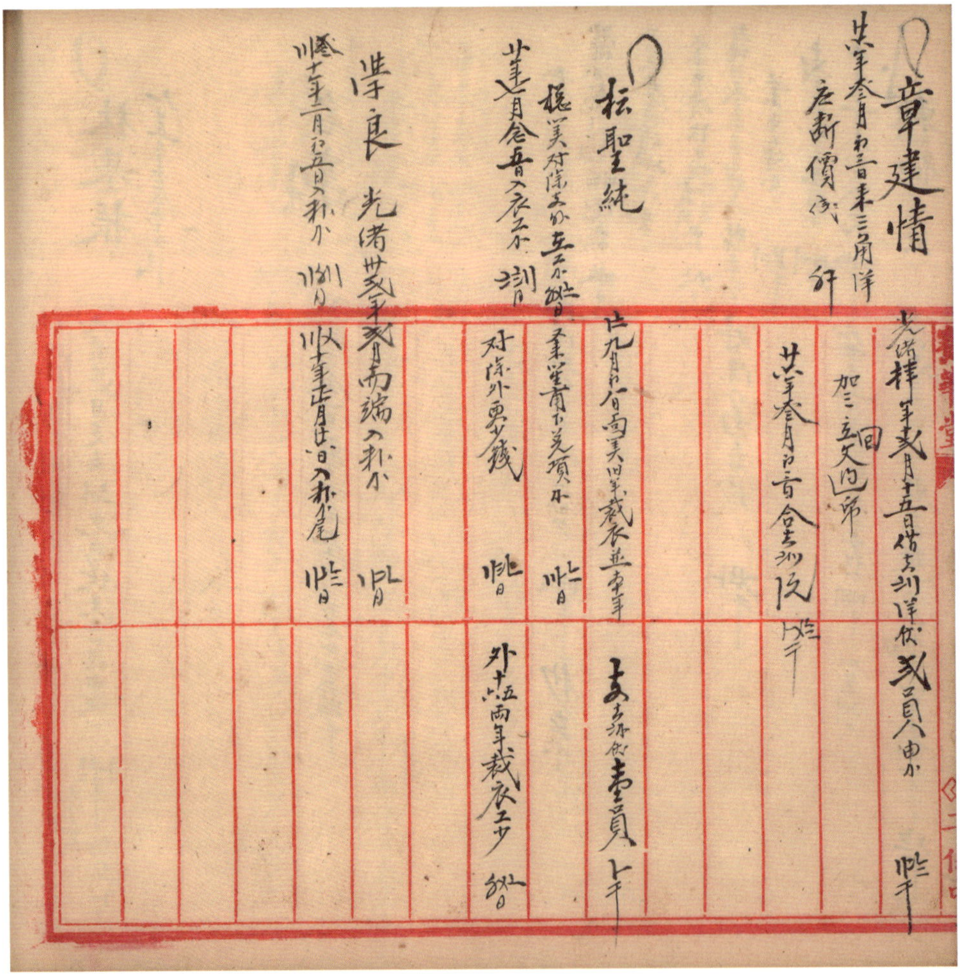

8-2-40-130　清光緒十六年銀錢油穀發借總目（一三〇）

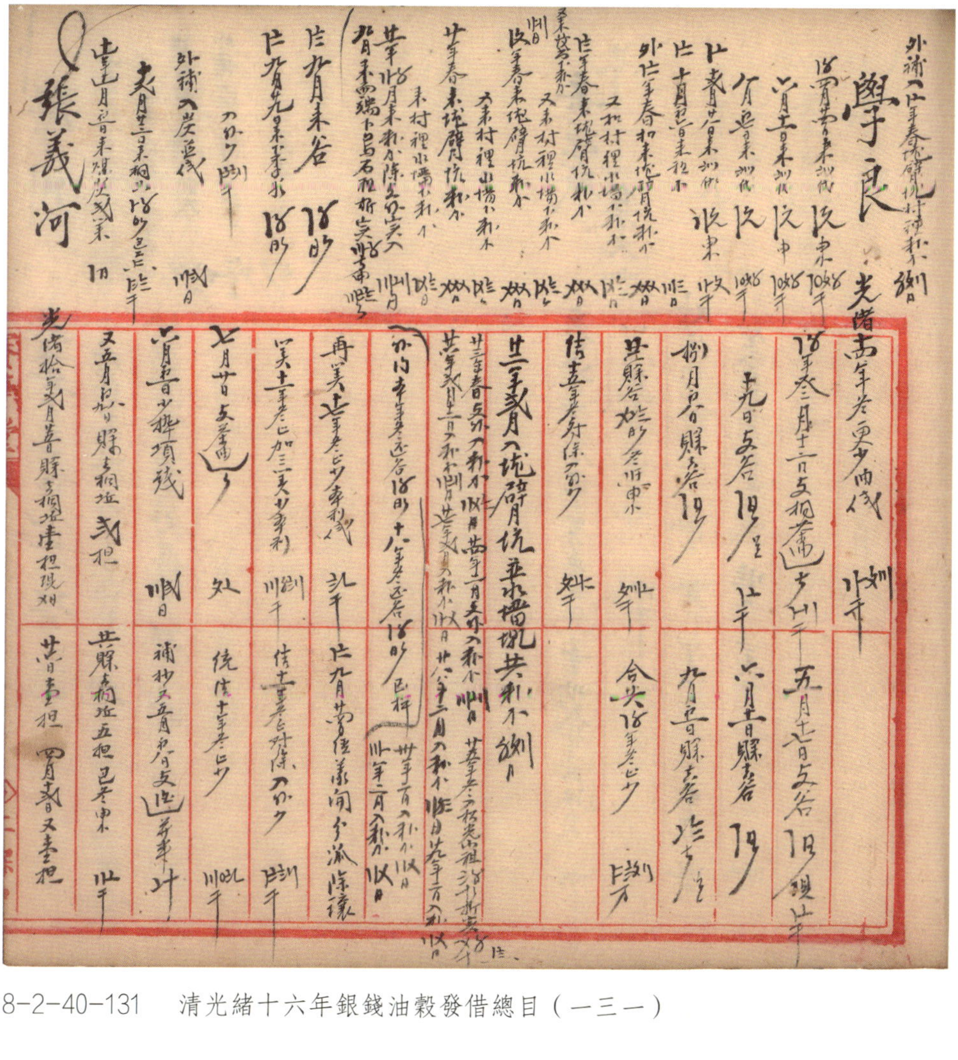

8-2-40-131　清光緒十六年銀錢油穀發借總目（一三一）

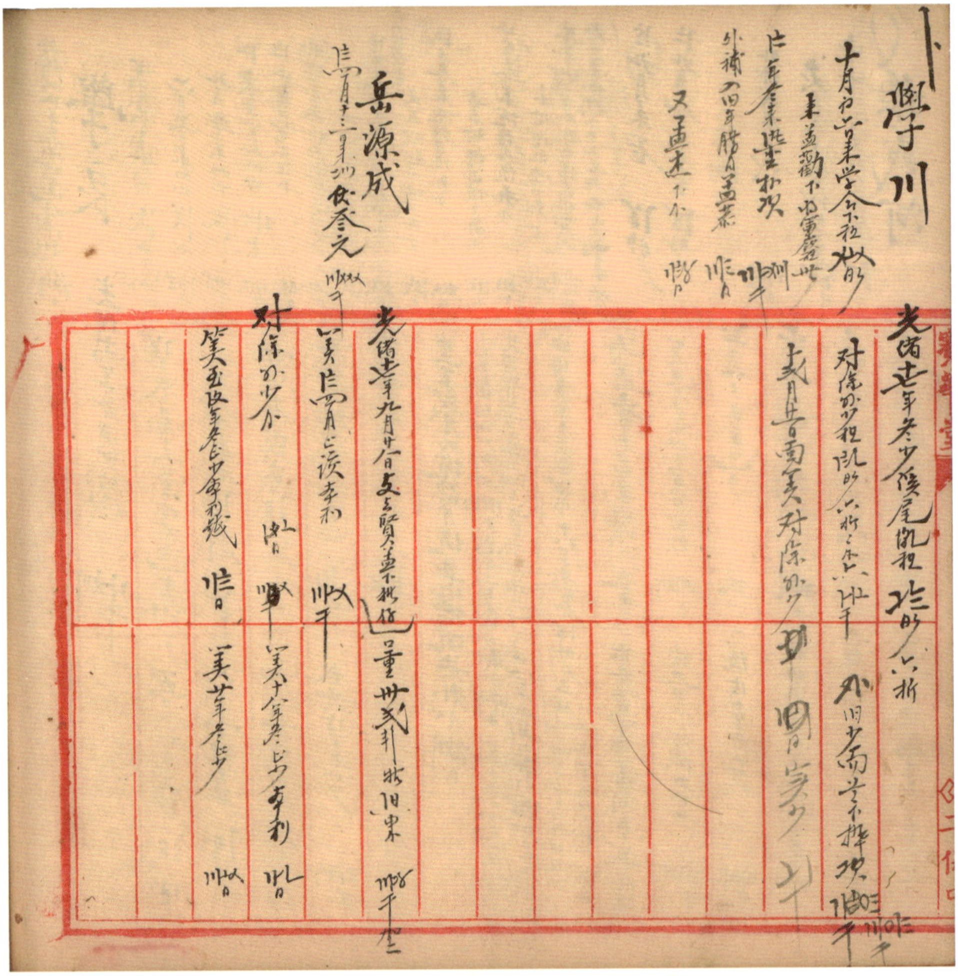
學川

岳源成

8-2-40-132　清光緒十六年銀錢油穀發借總目（一三二）

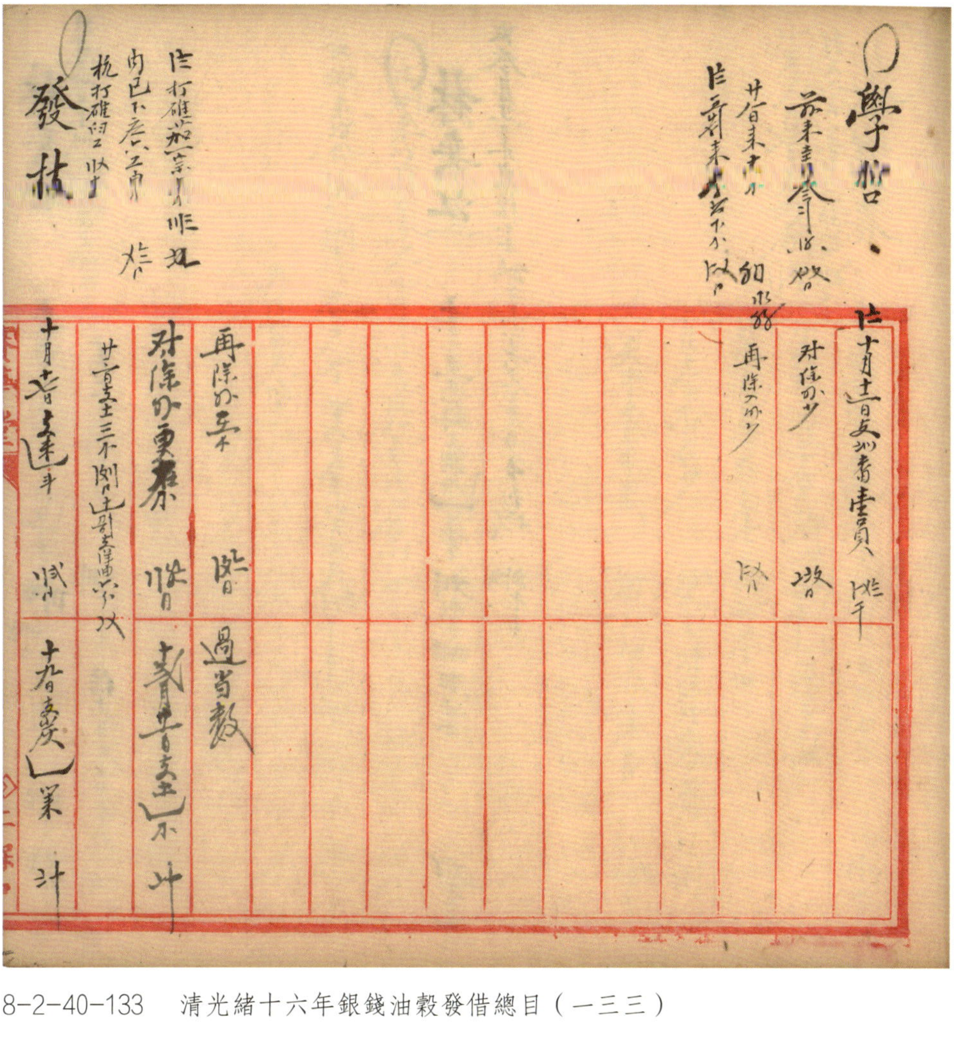

8-2-40-133　清光緒十六年銀錢油穀發借總目（一三三）

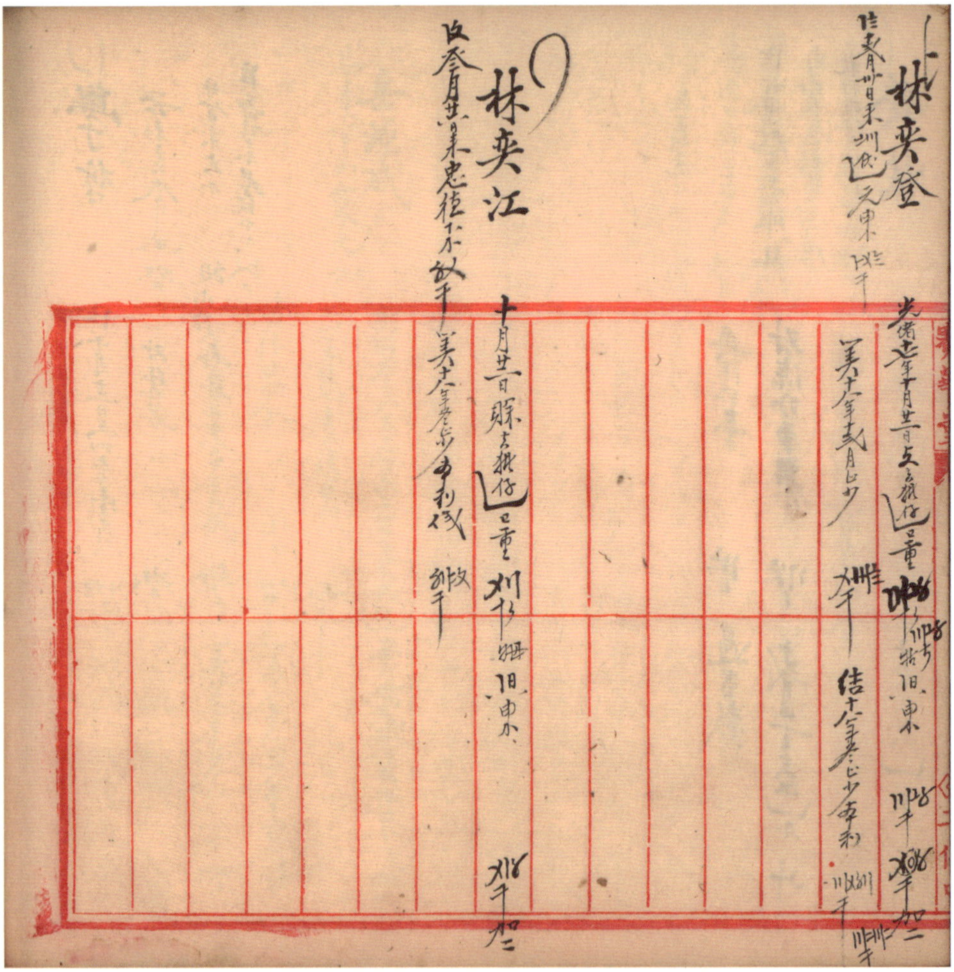
林奕登

林奕江

8-2-40-134　清光緒十六年銀錢油穀發借總目（一三四）

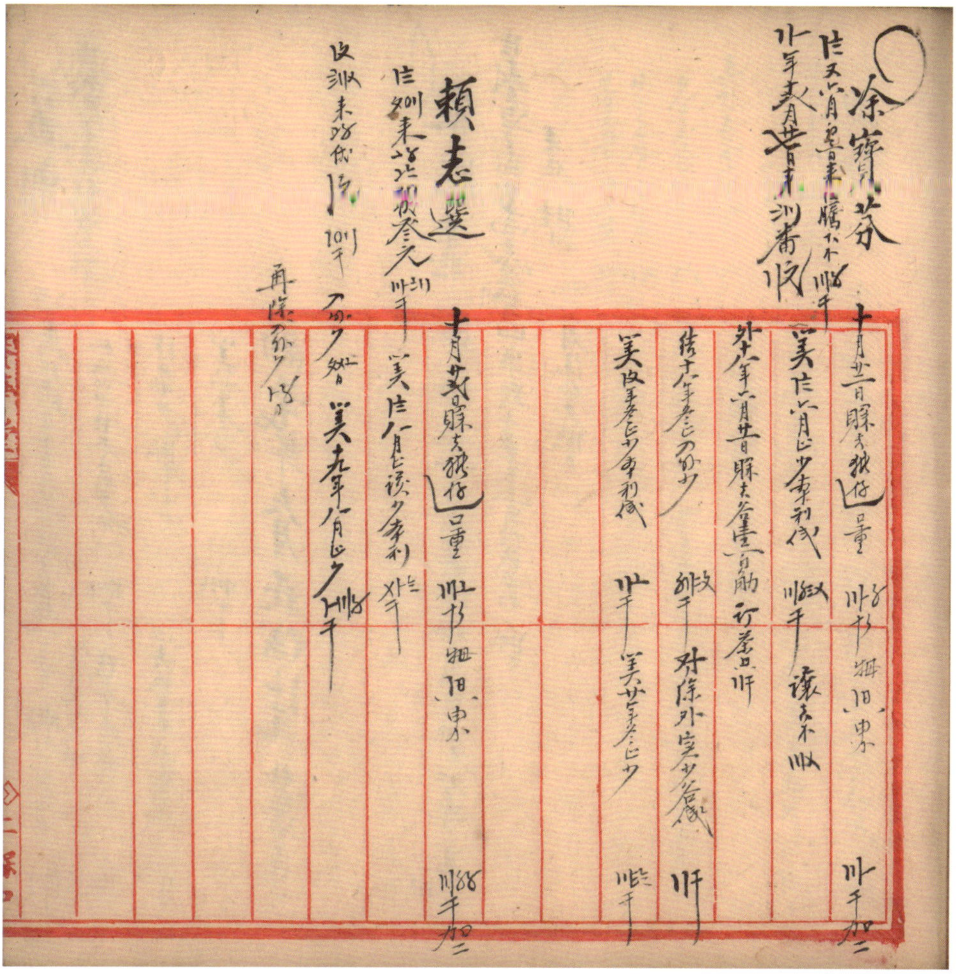

8-2-40-135　清光緒十六年銀錢油穀發借總目（一三五）

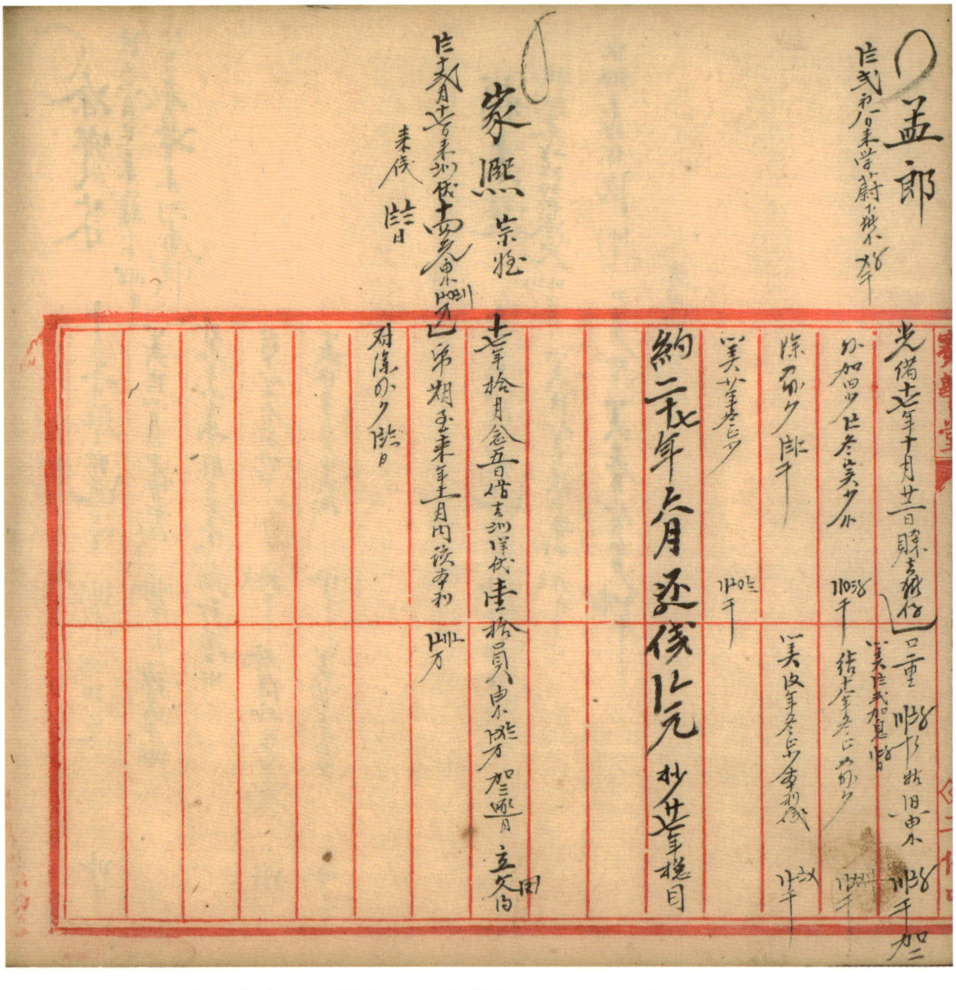

8-2-40-136　清光緒十六年銀錢油穀發借總目（一三六）

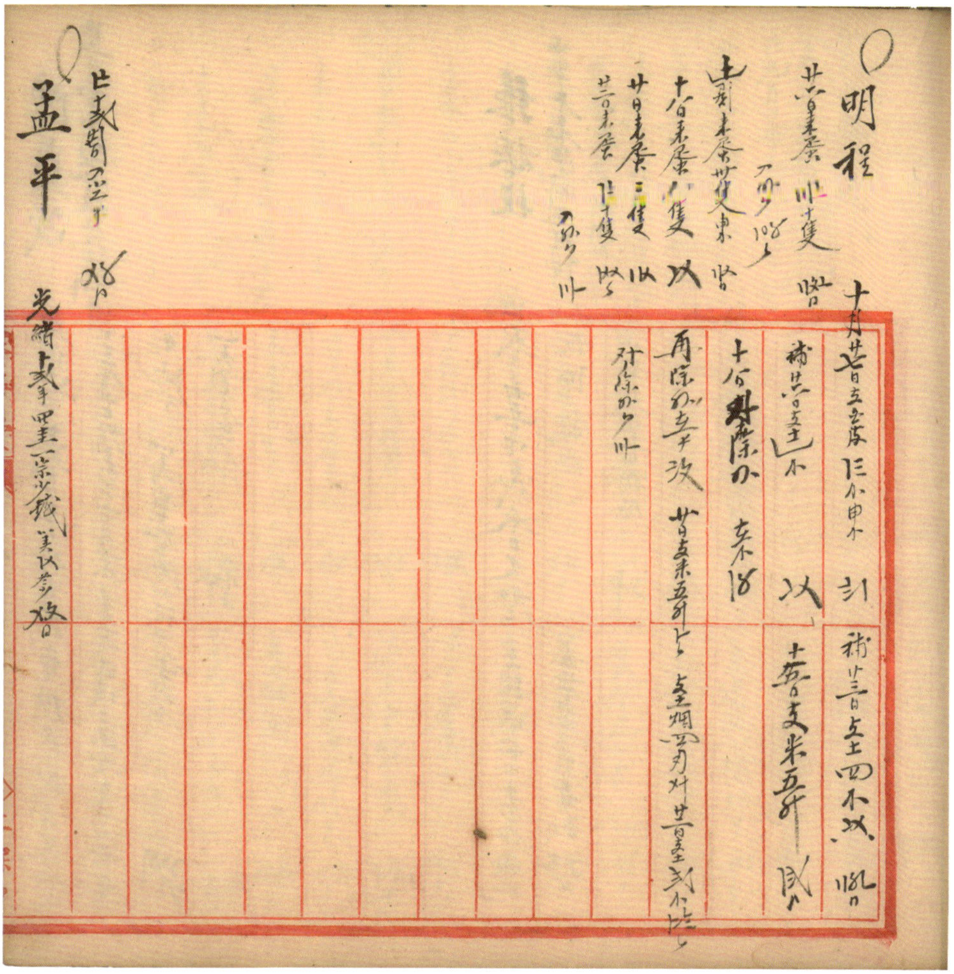
明程

孟平

8-2-40-137　清光緒十六年銀錢油穀發借總目（一三七）

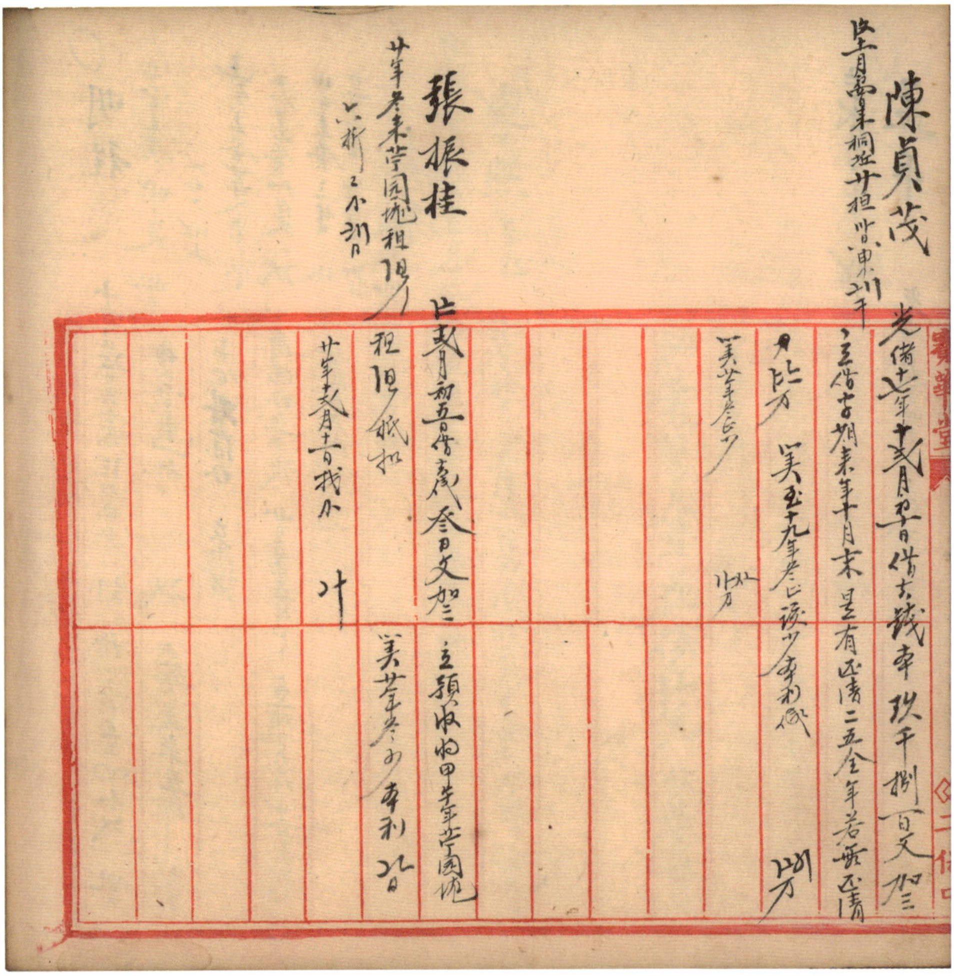
陳貞茂
光緒十六年十二月廿四日借去錢本玖千捌百文加三
張振桂

8-2-40-138　清光緒十六年銀錢油穀發借總目（一三八）

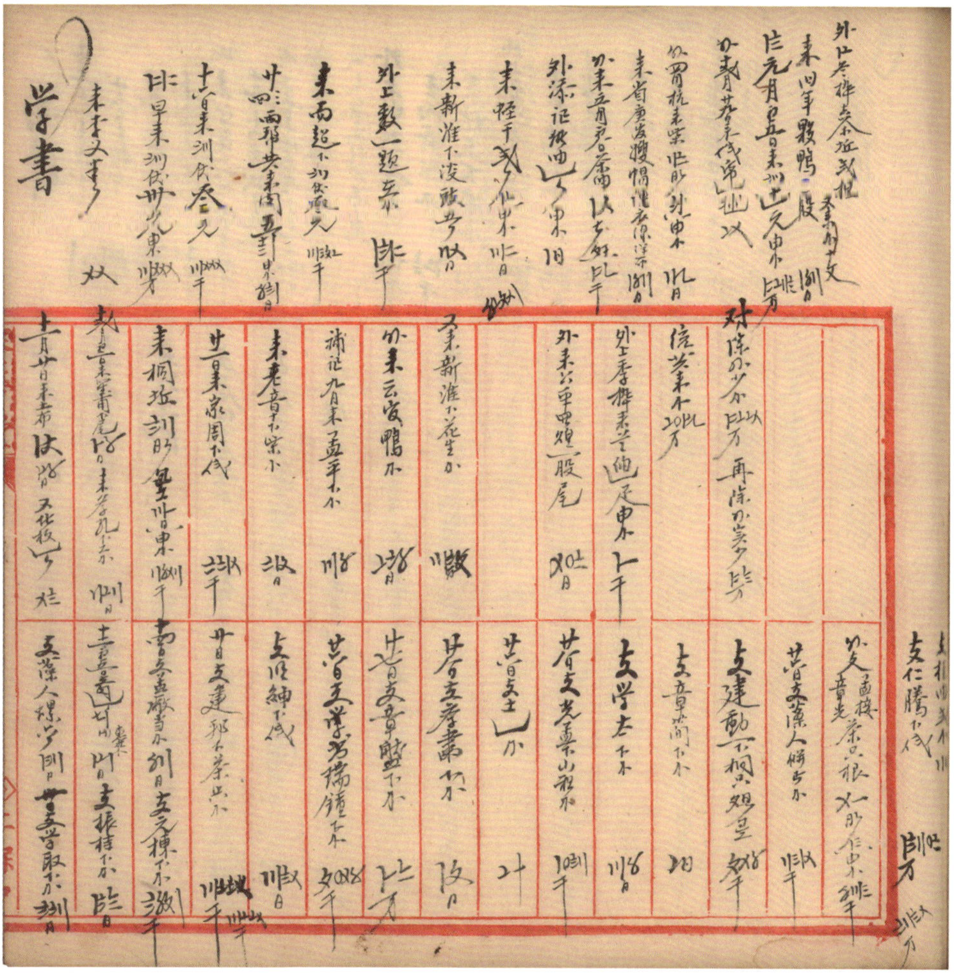

8-2-40-139　清光緒十六年銀錢油穀發借總目（一三九）

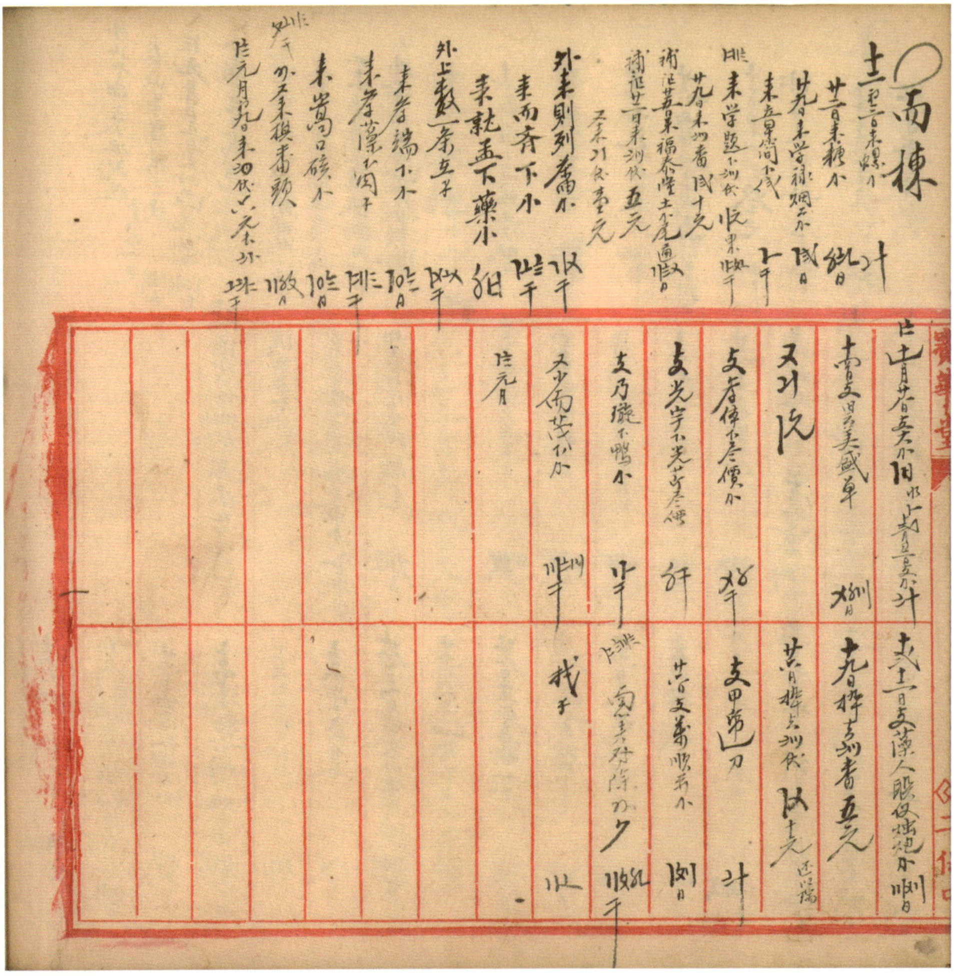

8-2-40-140　清光緒十六年銀錢油穀發借總目（一四〇）

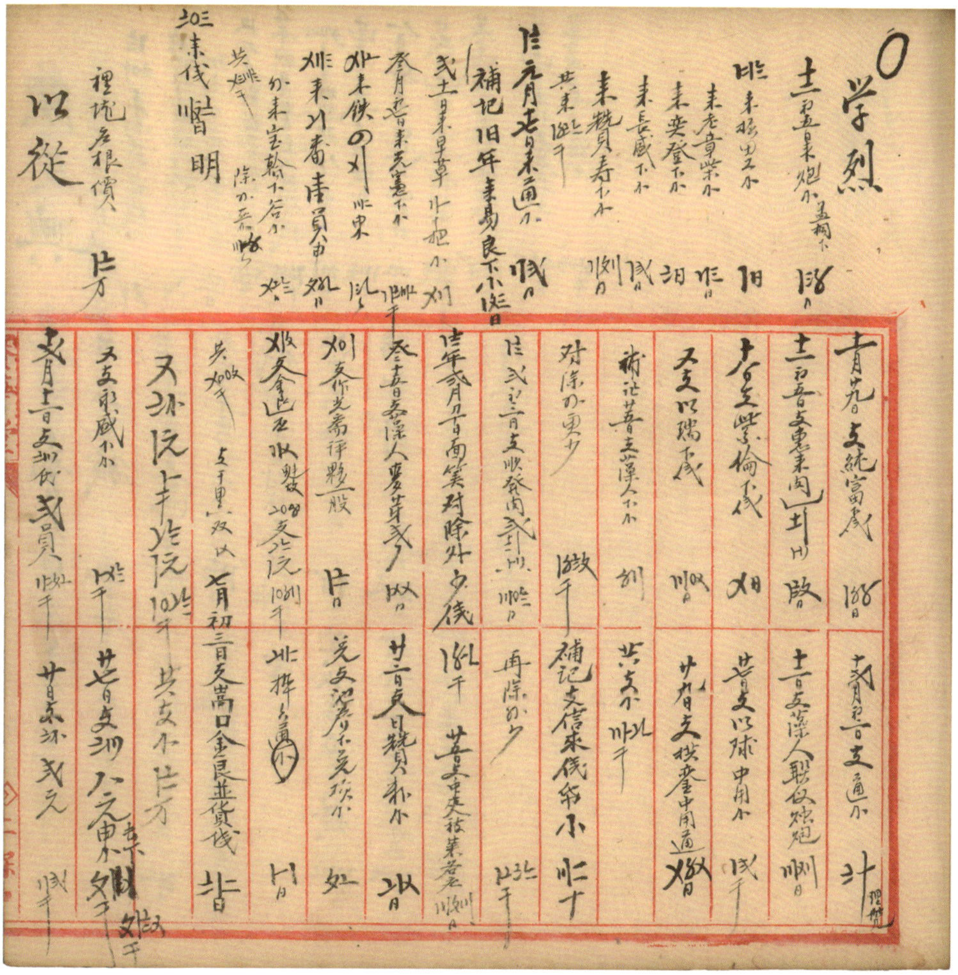

8-2-40-141　清光緒十六年銀錢油穀發借總目（一四一）

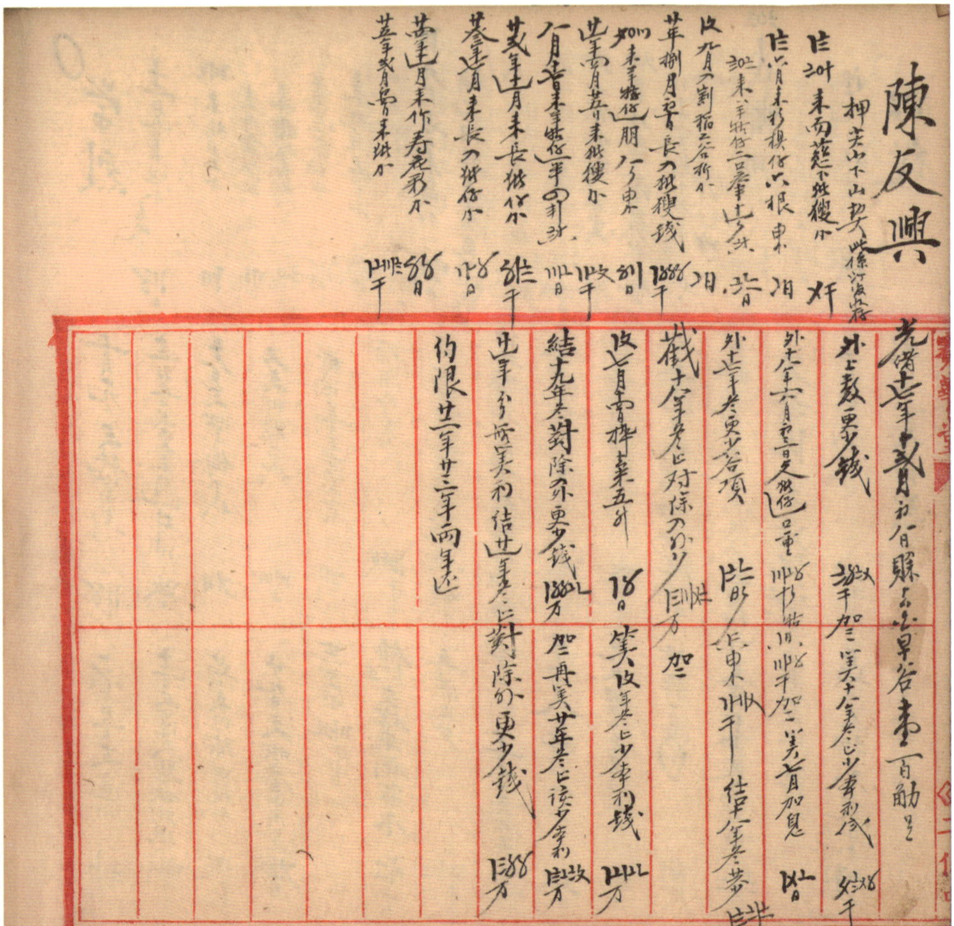
陳友興

8-2-40-142　清光緒十六年銀錢油穀發借總目（一四二）

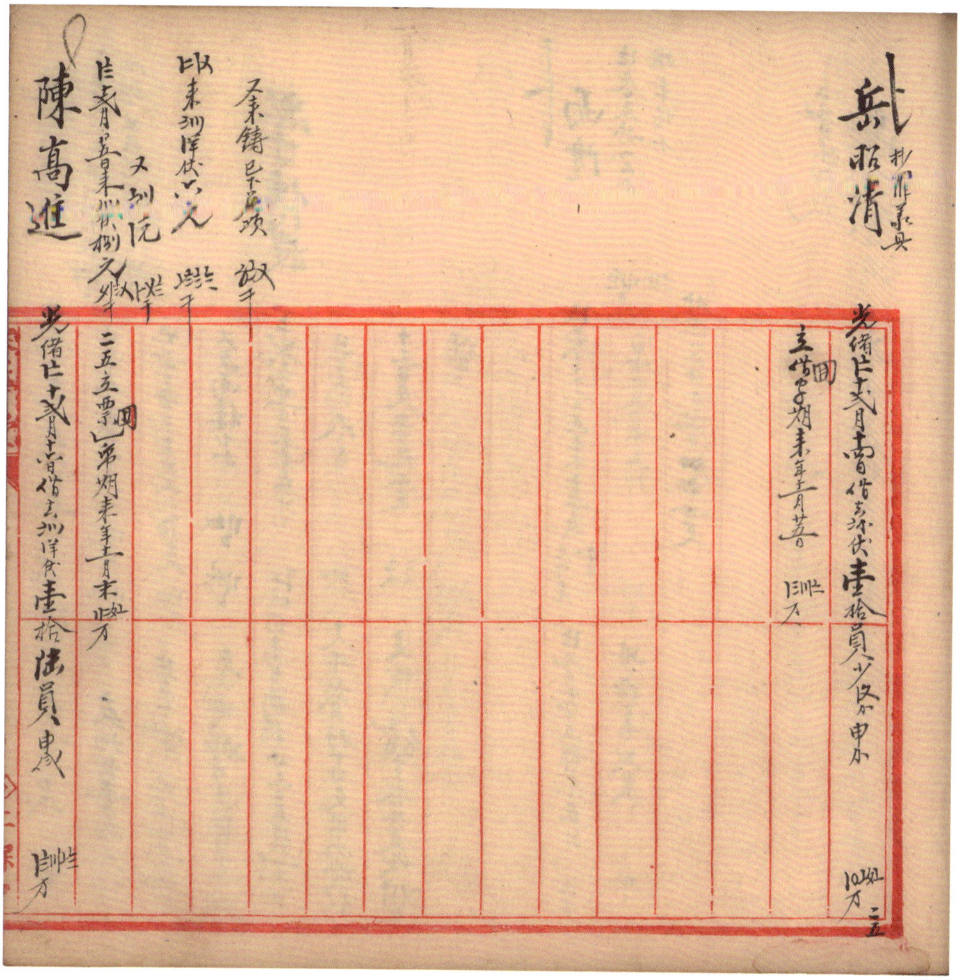

8-2-40-143　清光緒十六年銀錢油穀發借總目（一四三）

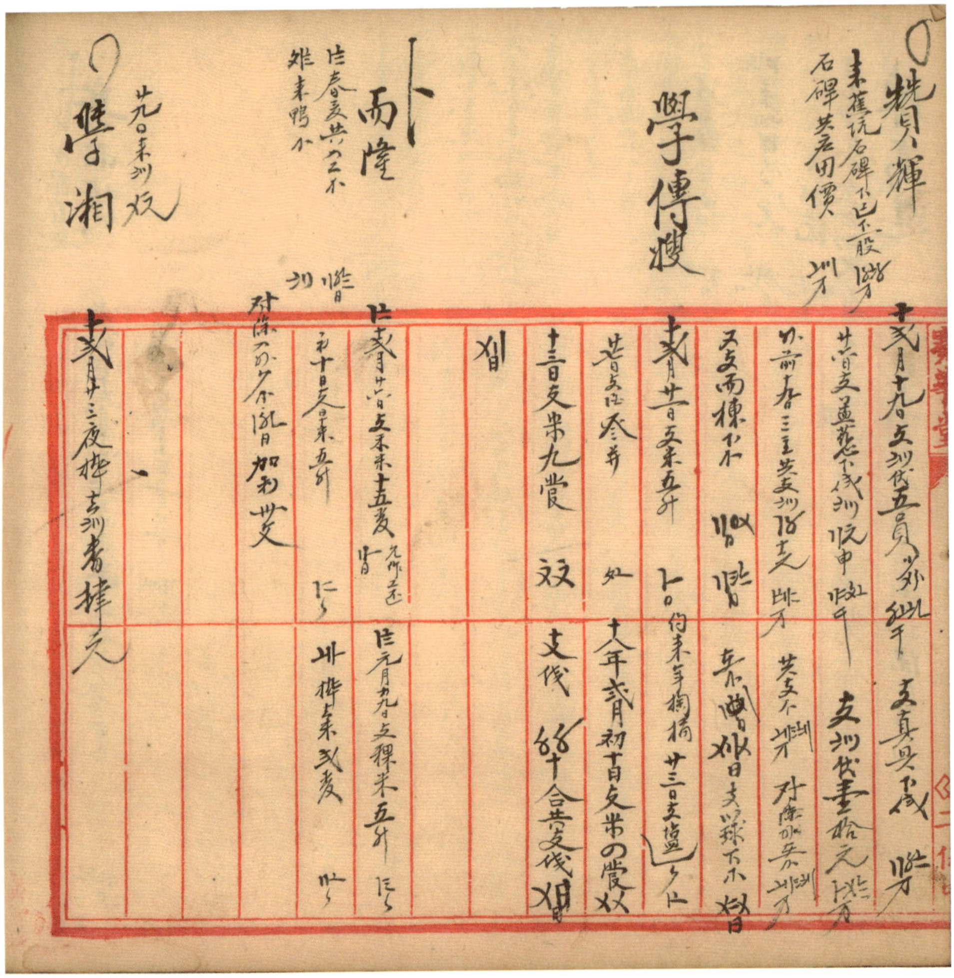

8-2-40-144　清光緒十六年銀錢油穀發借總目（一四四）

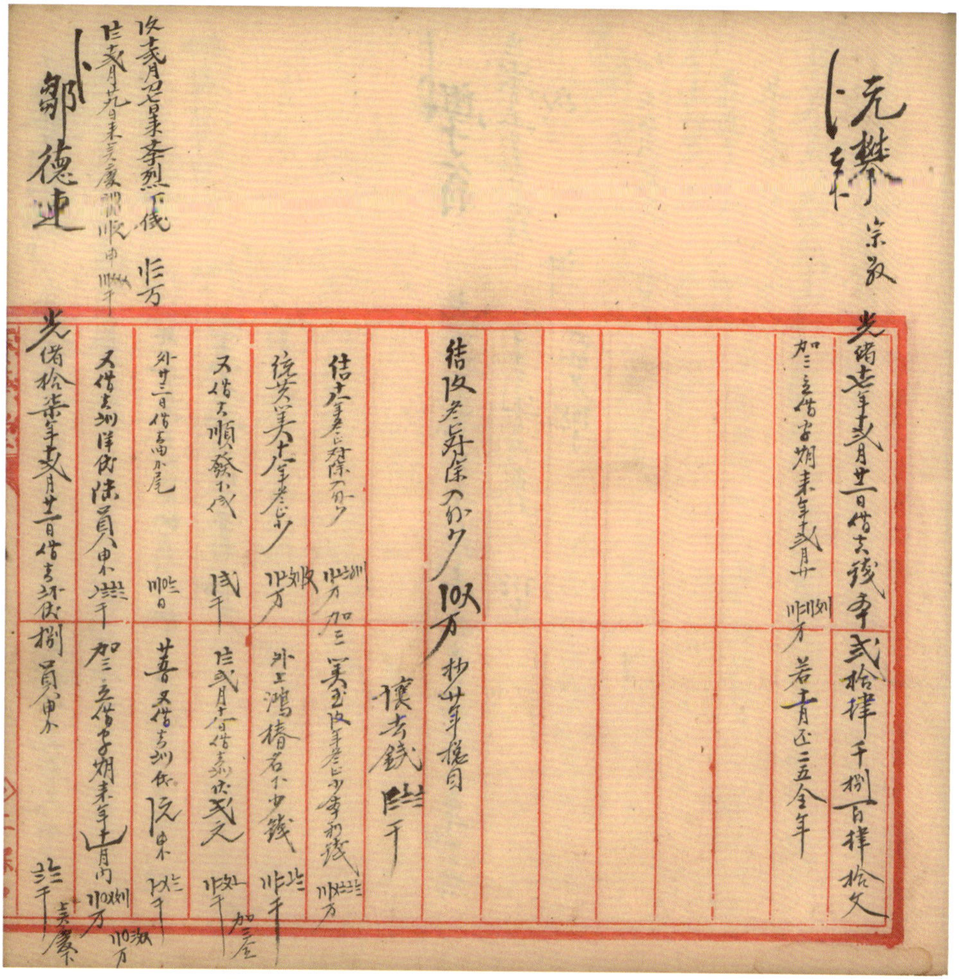

8-2-40-145　清光緒十六年銀錢油穀發借總目（一四五）

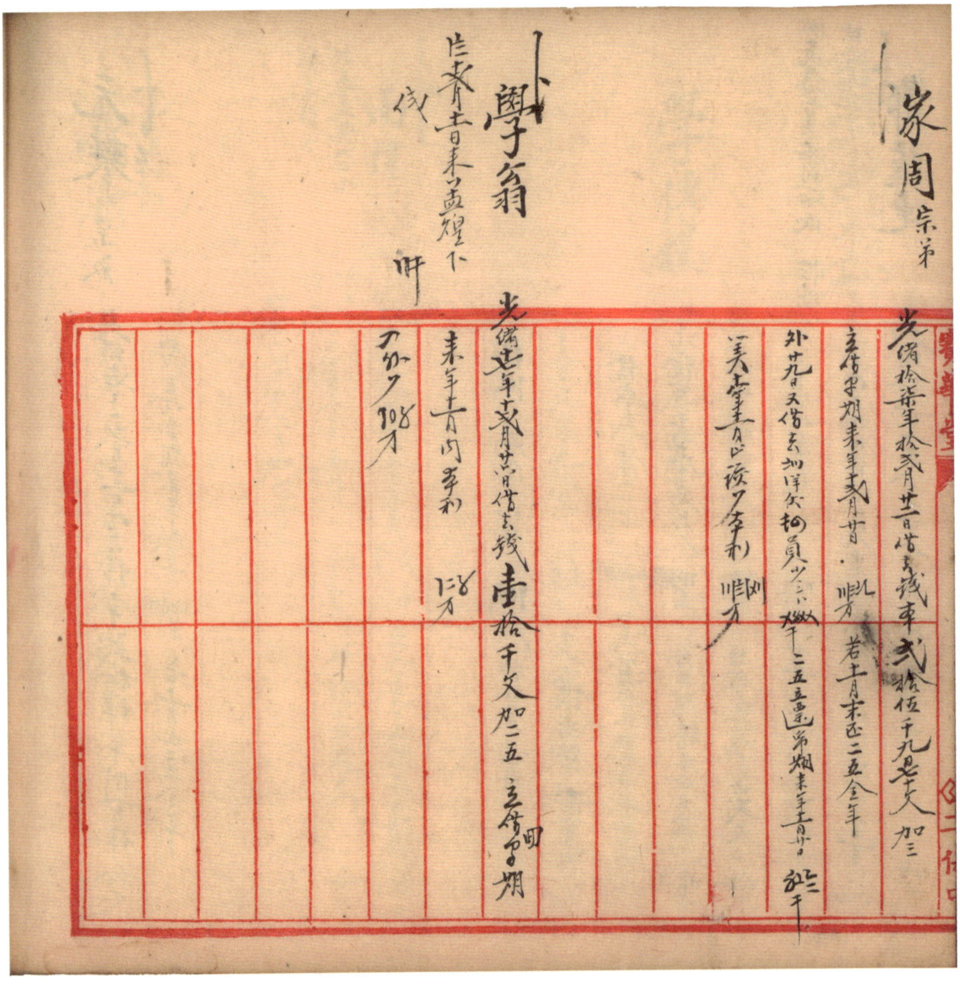

8-2-40-146　清光緒十六年銀錢油穀發借總目（一四六）

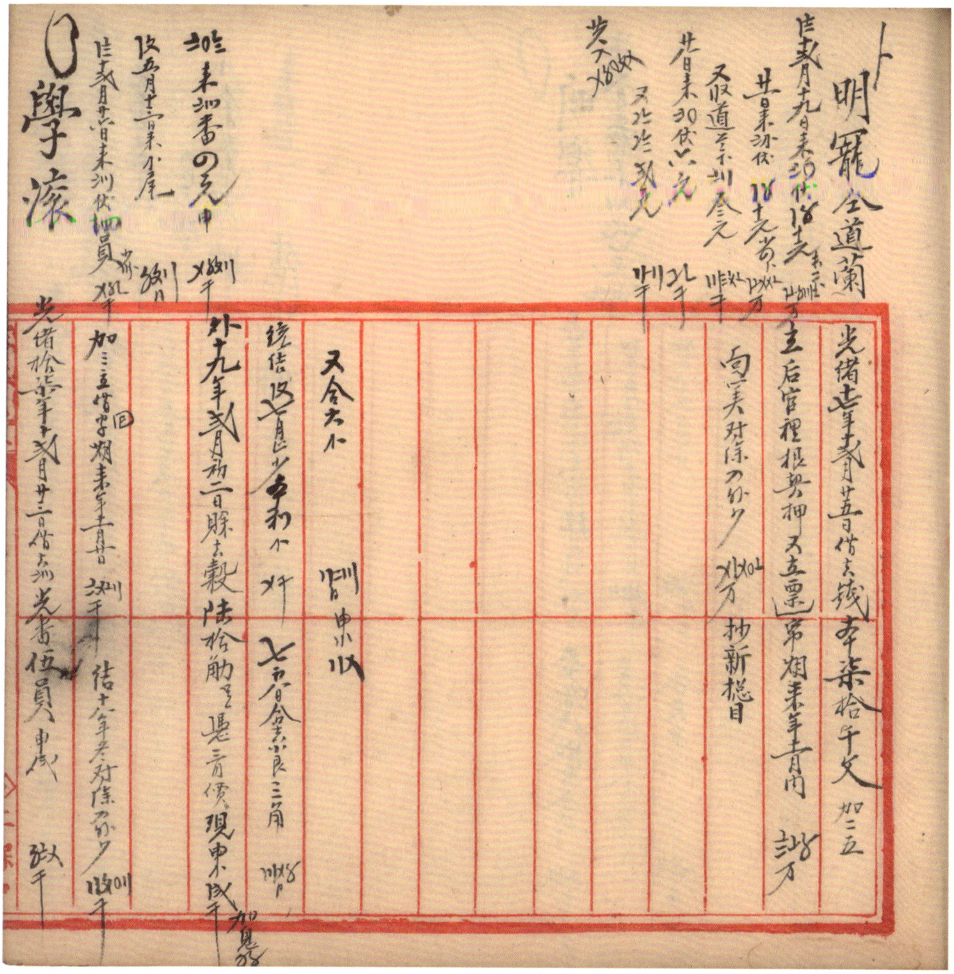

8-2-40-147　清光緒十六年銀錢油穀發借總目（一四七）

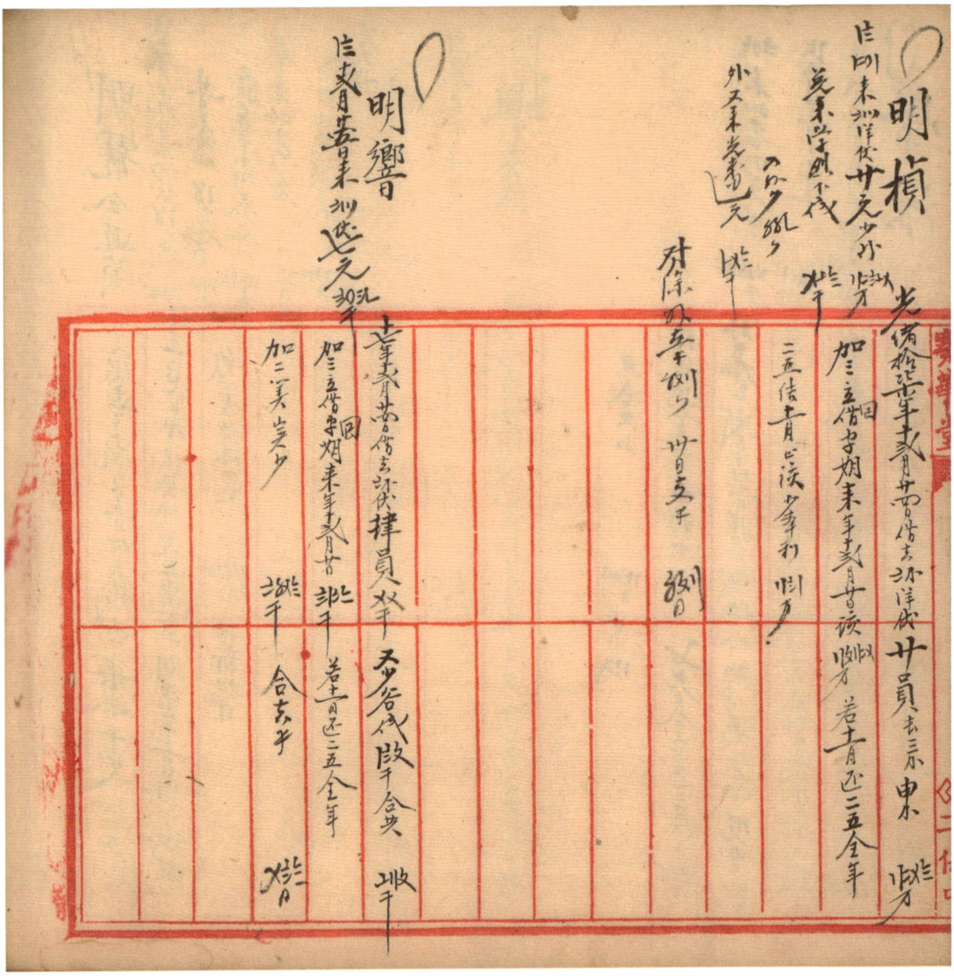

8-2-40-148　清光緒十六年銀錢油穀發借總目（一四八）

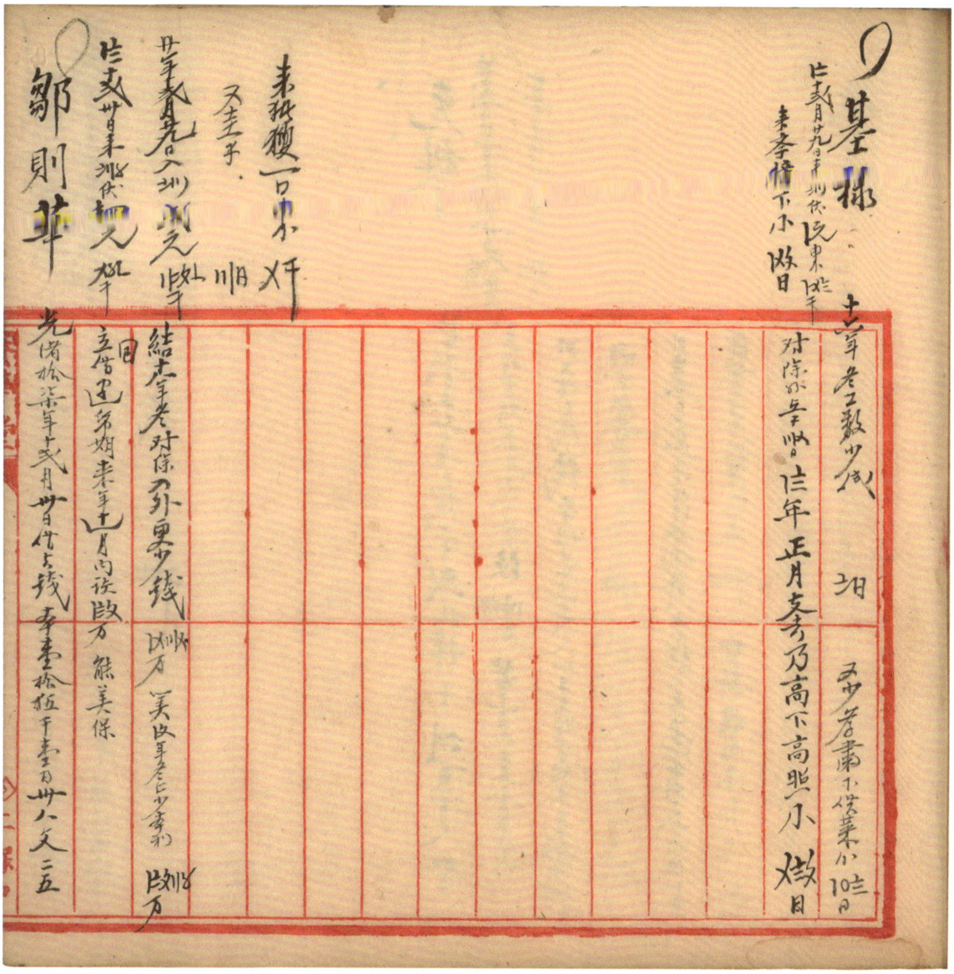

8-2-40-149　清光緒十六年銀錢油穀發借總目（一四九）

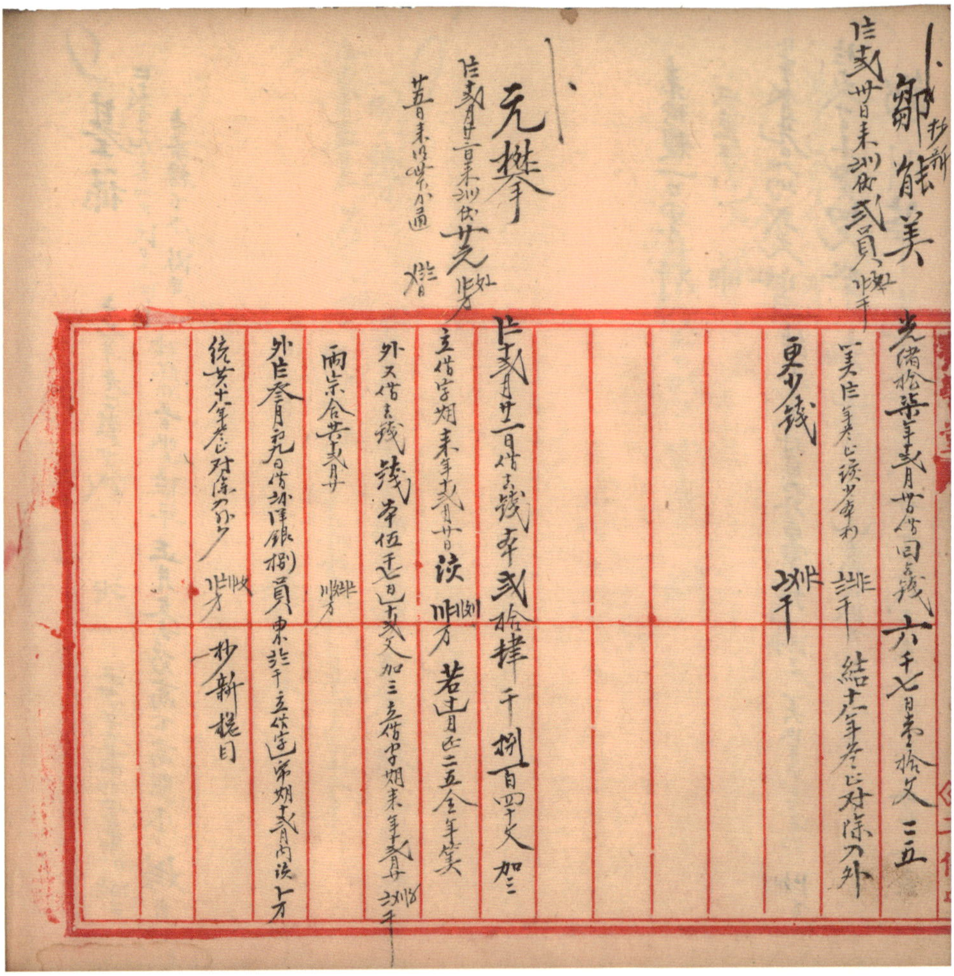

8-2-40-150　清光緒十六年銀錢油穀發借總目（一五〇）

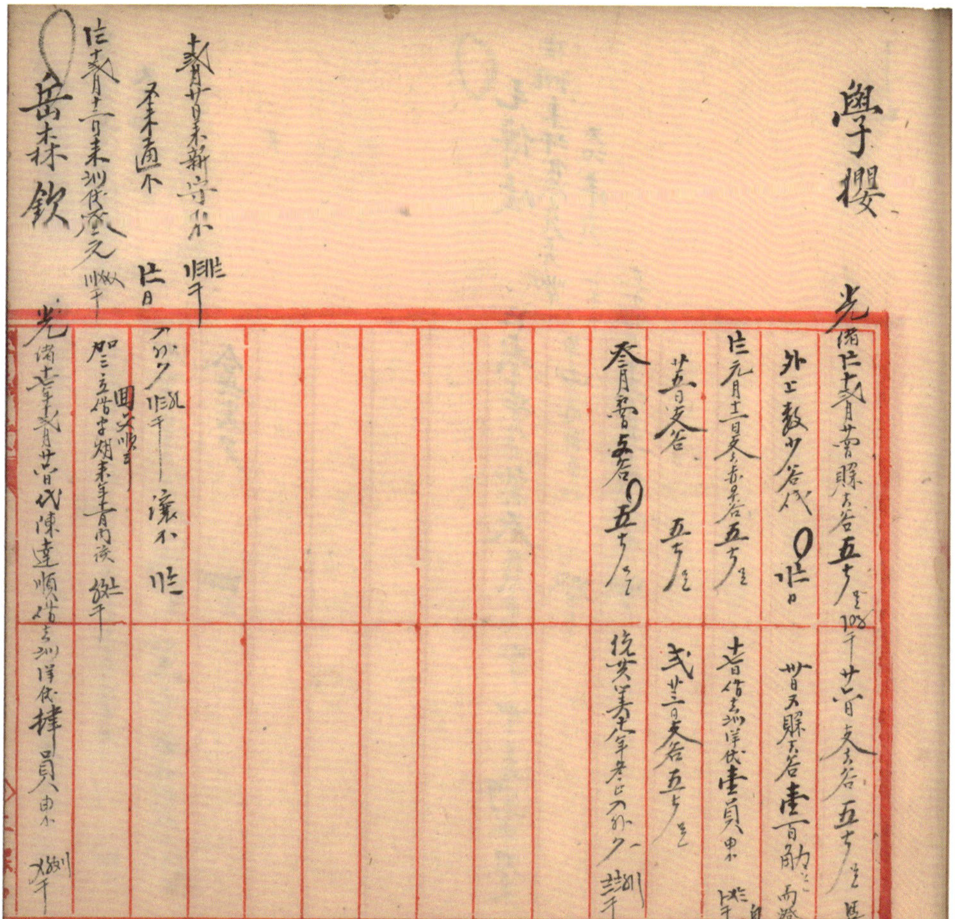
學櫻
岳森欽

8-2-40-151　清光緒十六年銀錢油穀發借總目（一五一）

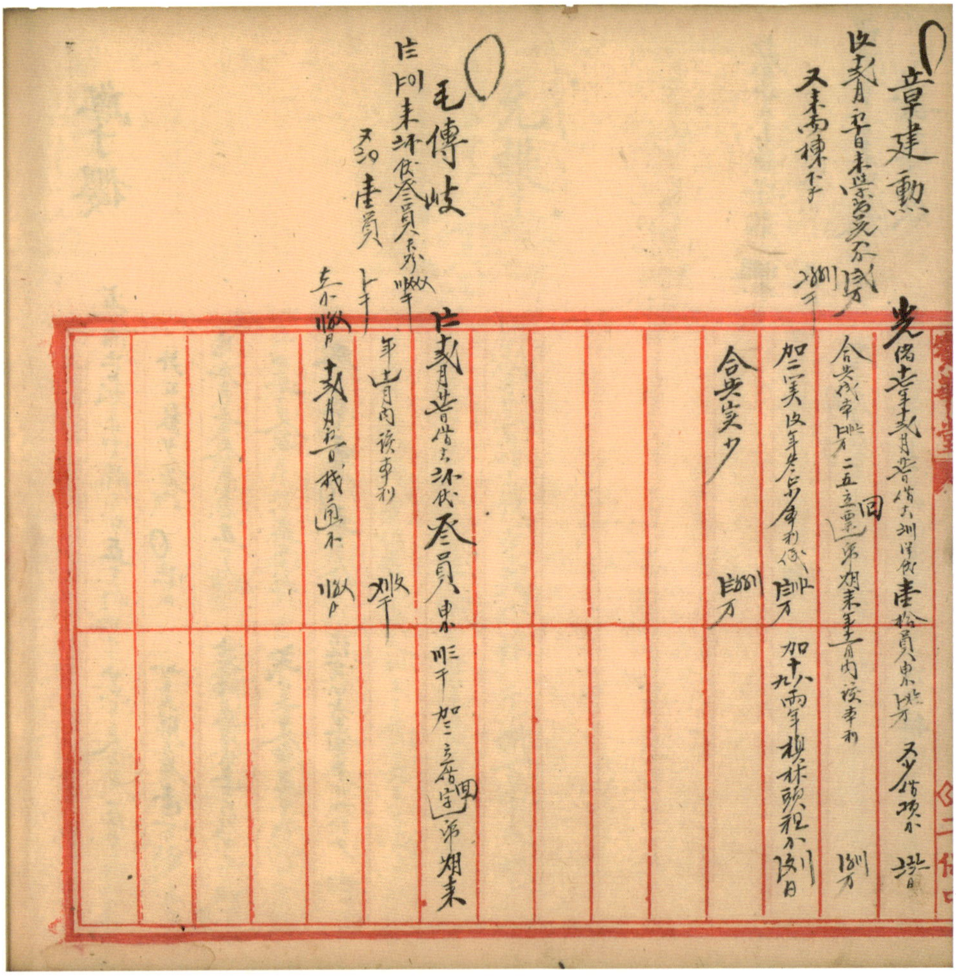
章建勲
毛傳岐

8-2-40-152　清光緒十六年銀錢油穀發借總目（一五二）

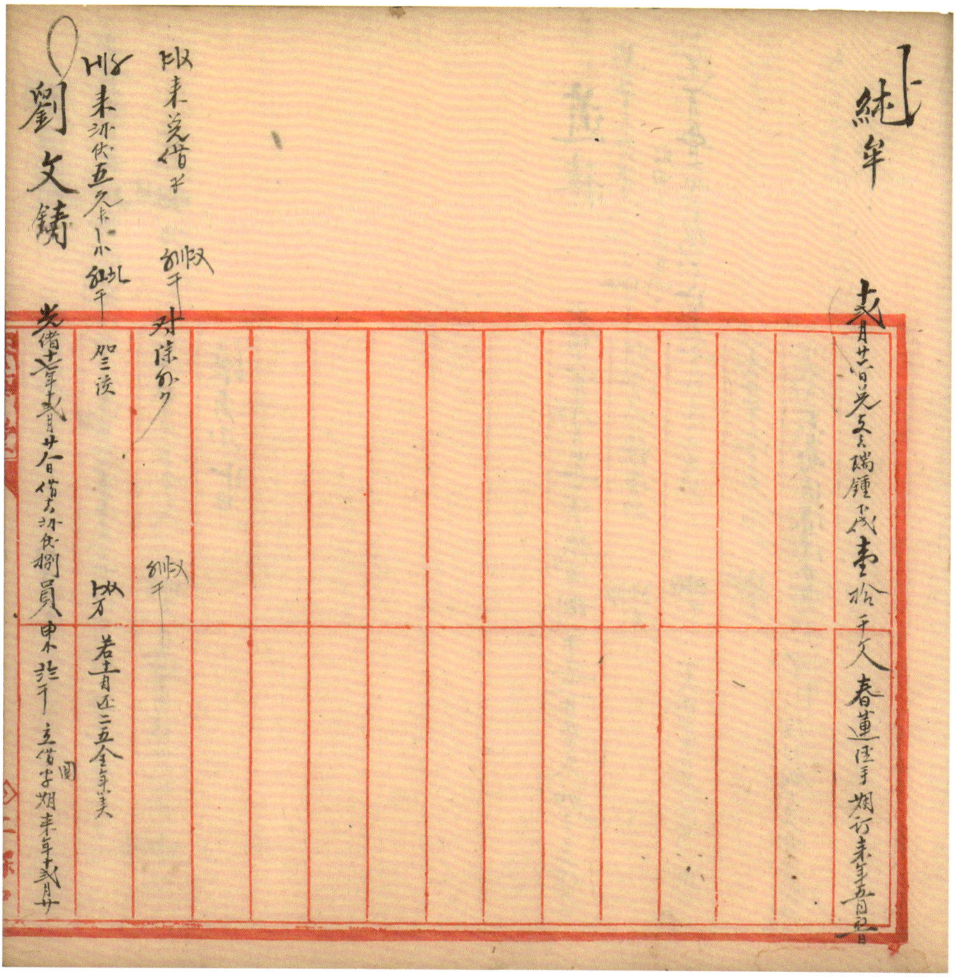

8-2-40-153　清光緒十六年銀錢油穀發借總目（一五三）

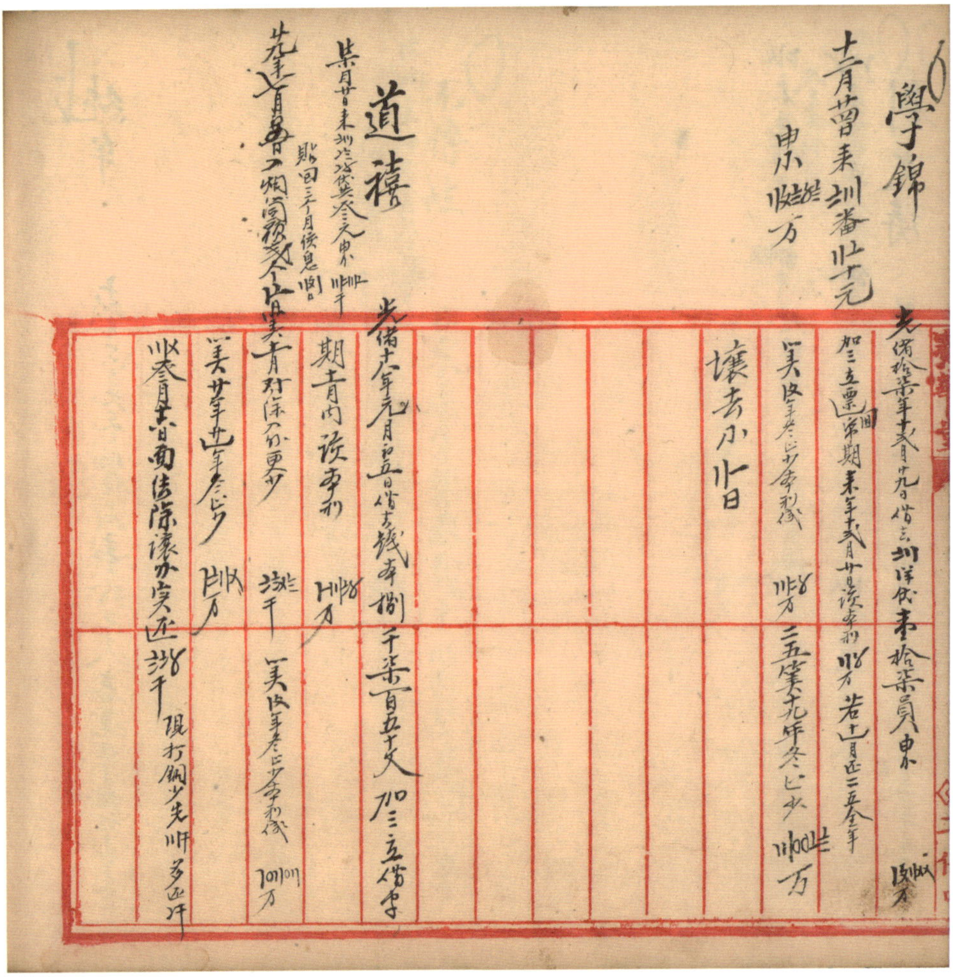

8-2-40-154　清光緒十六年銀錢油穀發借總目（一五四）

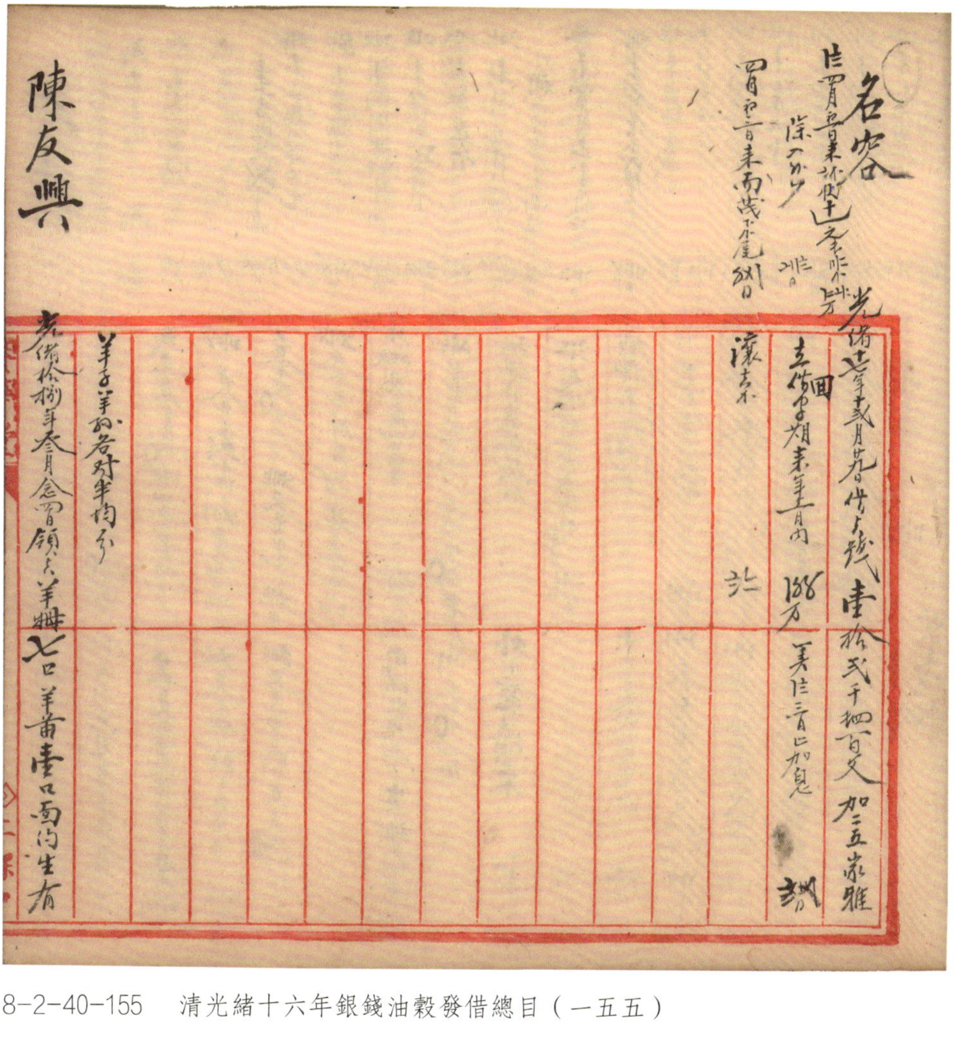

8-2-40-155　清光緒十六年銀錢油穀發借總目（一五五）

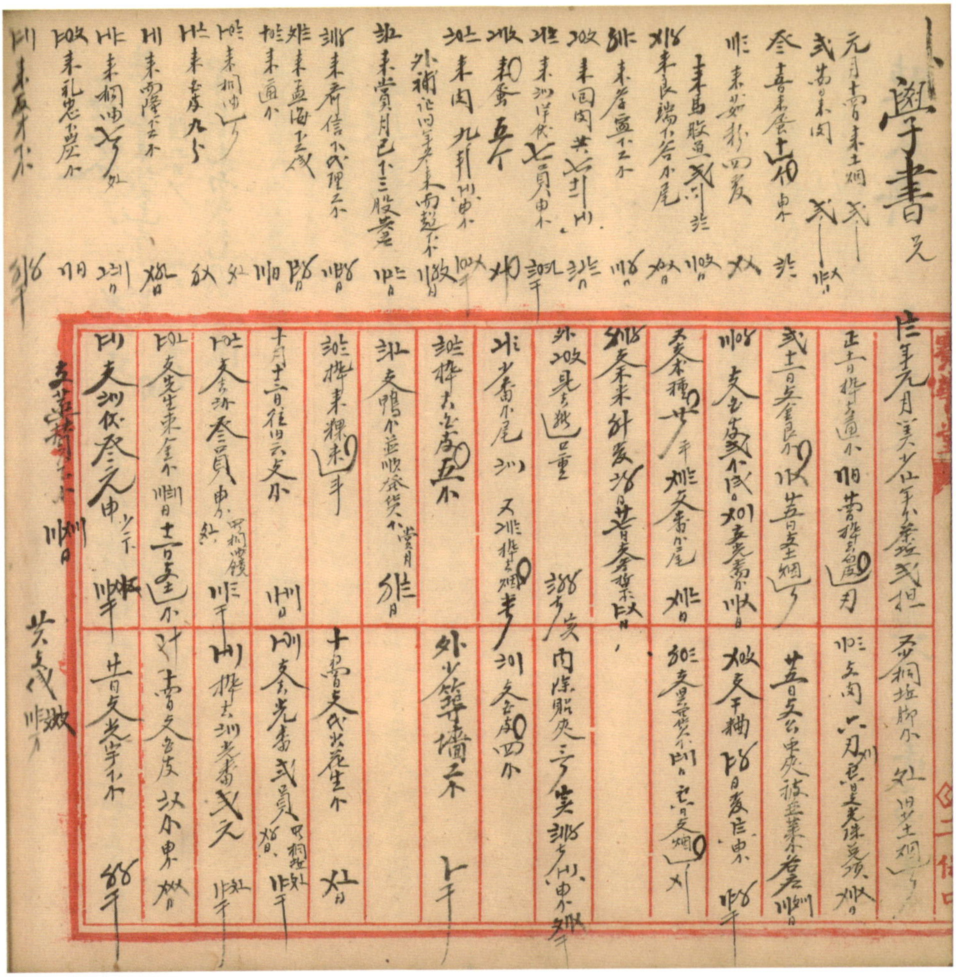

8-2-40-156　清光緒十六年銀錢油穀發借總目（一五六）

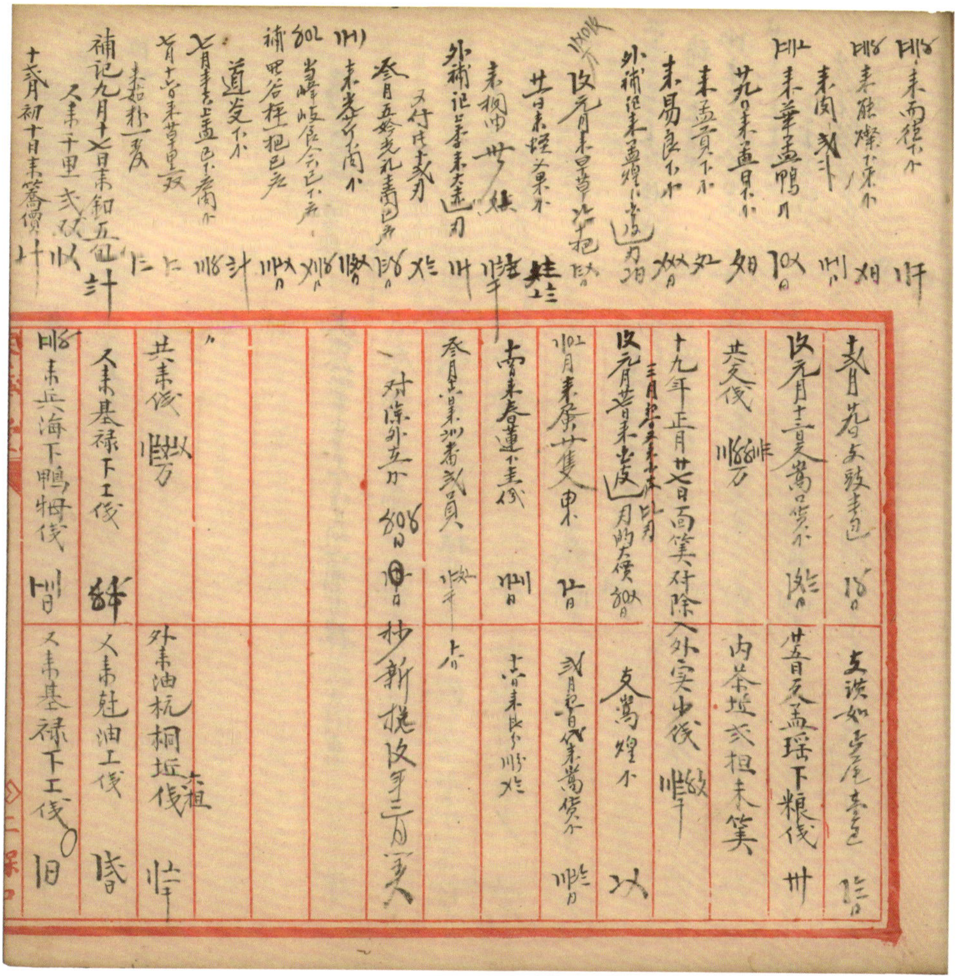

8-2-40-157　清光緒十六年銀錢油穀發借總目（一五七）

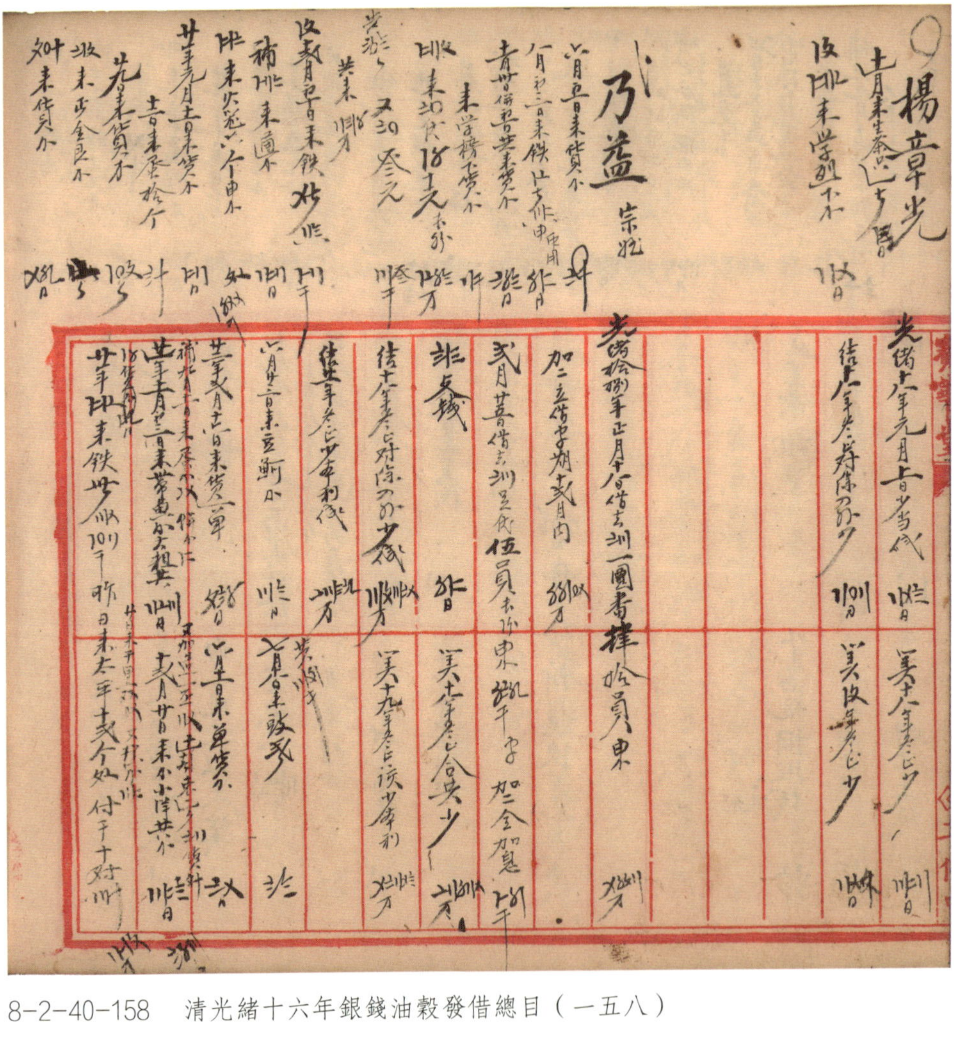

8-2-40-158　清光緒十六年銀錢油穀發借總目（一五八）

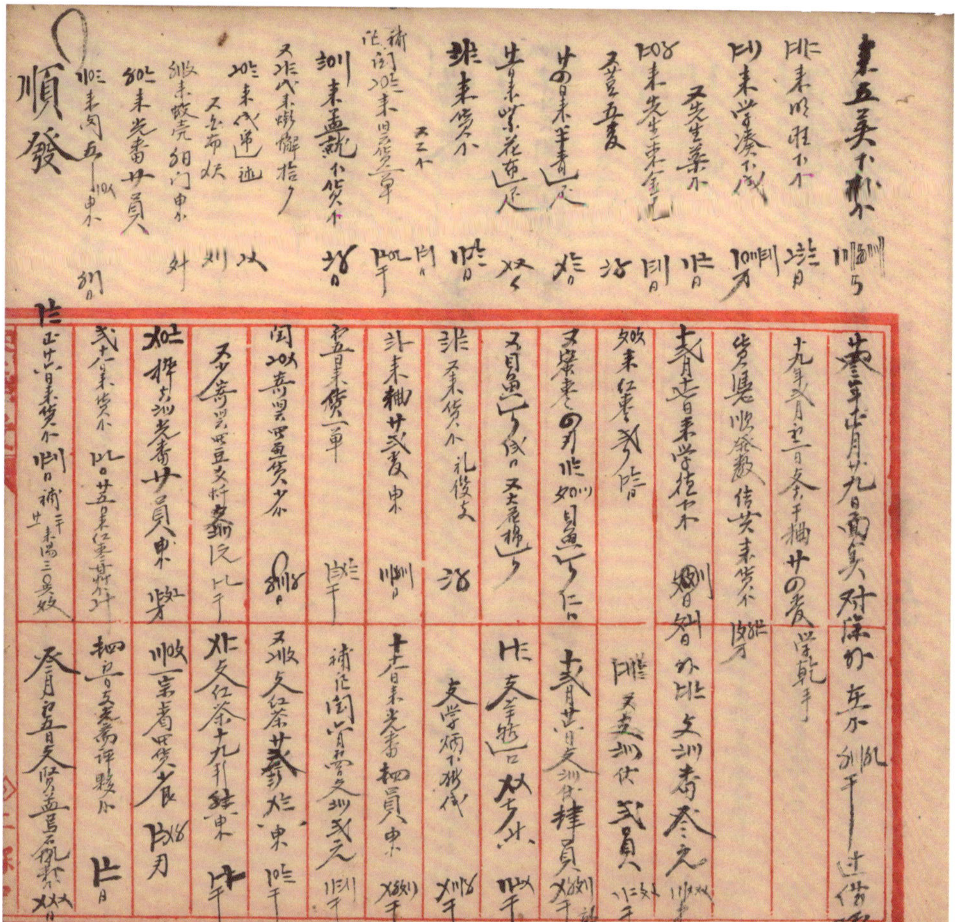

8-2-40-159　清光緒十六年銀錢油穀發借總目（一五九）

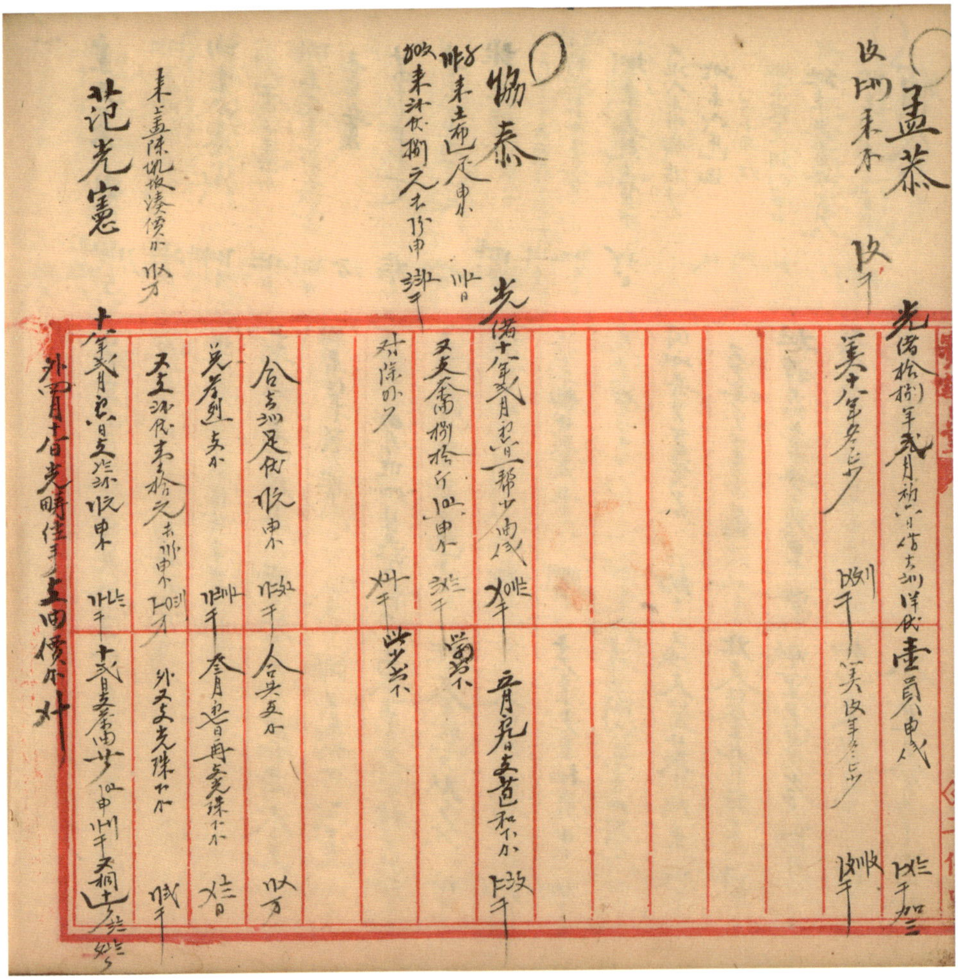

8-2-40-160　清光緒十六年銀錢油穀發借總目（一六〇）

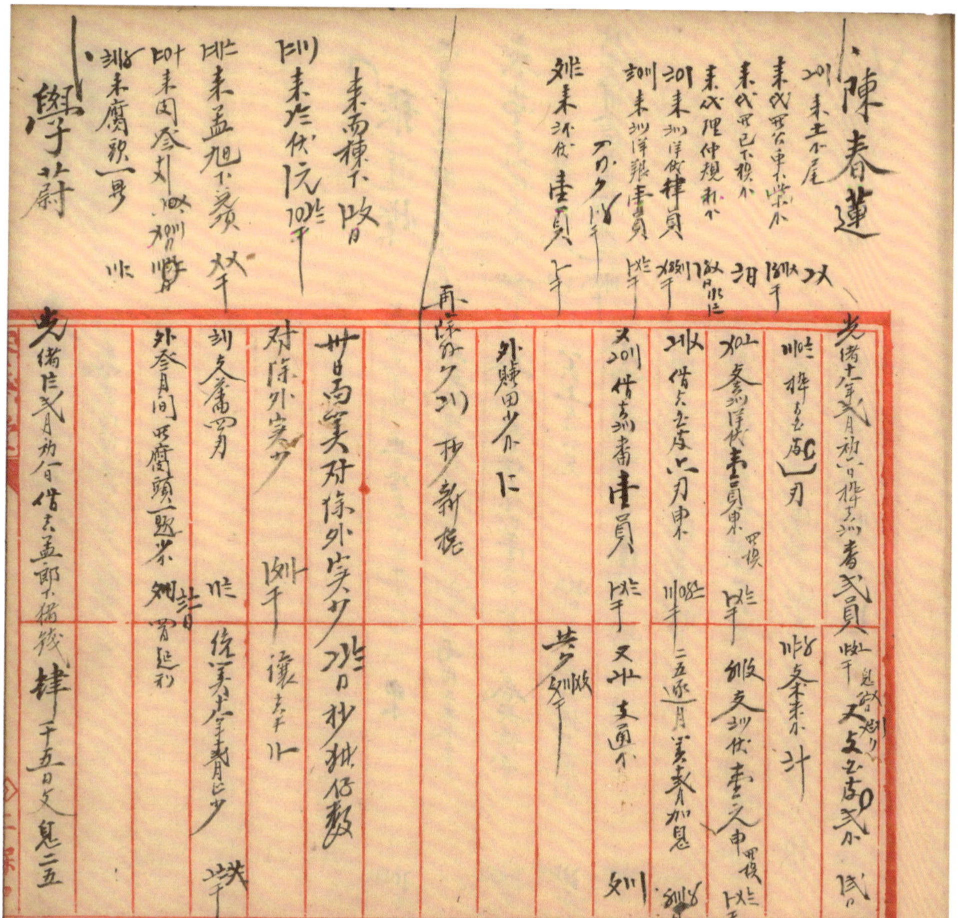

8-2-40-161　清光緒十六年銀錢油穀發借總目（一六一）

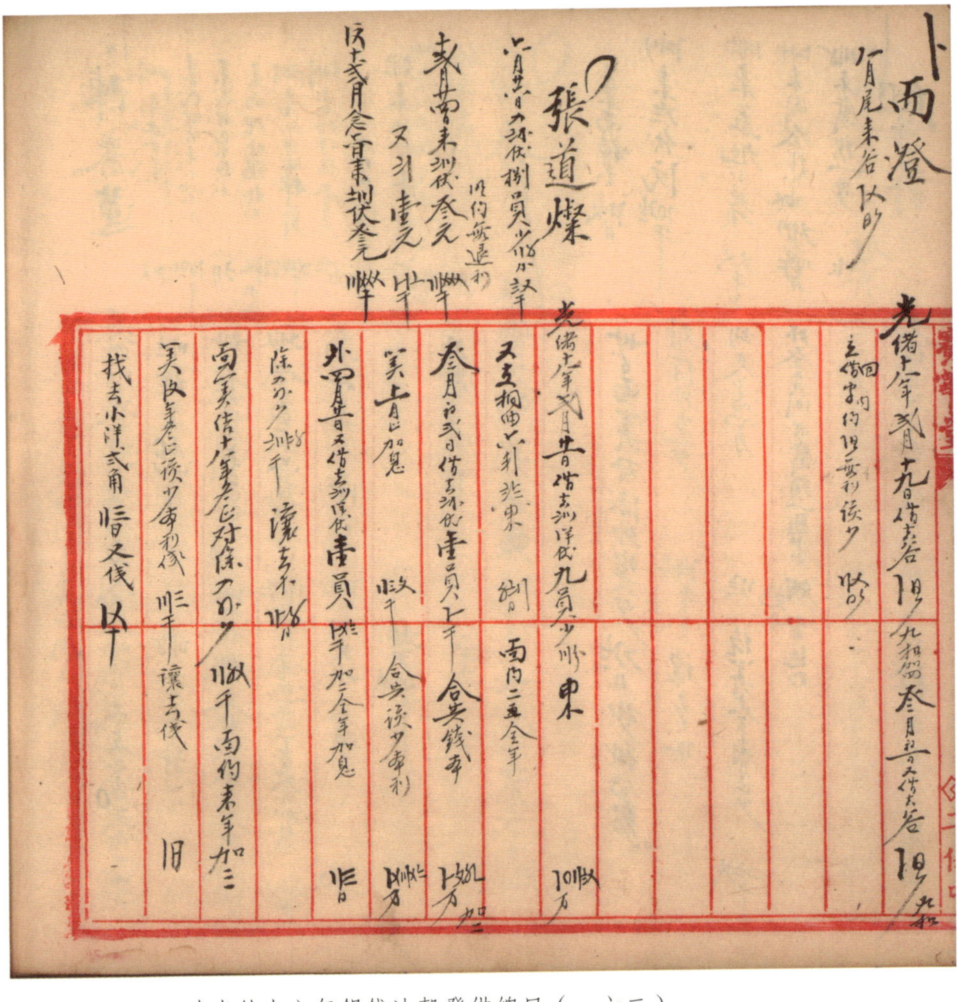

8-2-40-162　清光緒十六年銀錢油穀發借總目（一六二）

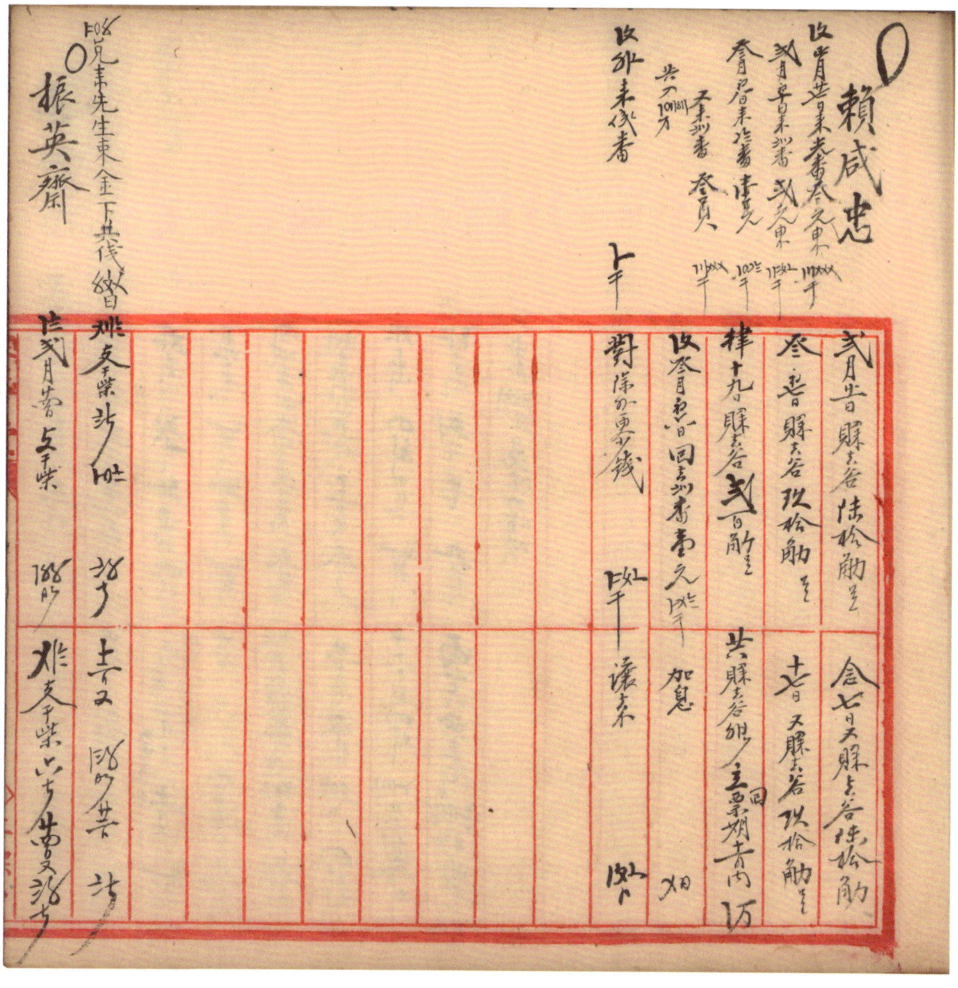

8-2-40-163　清光緒十六年銀錢油穀發借總目（一六三）

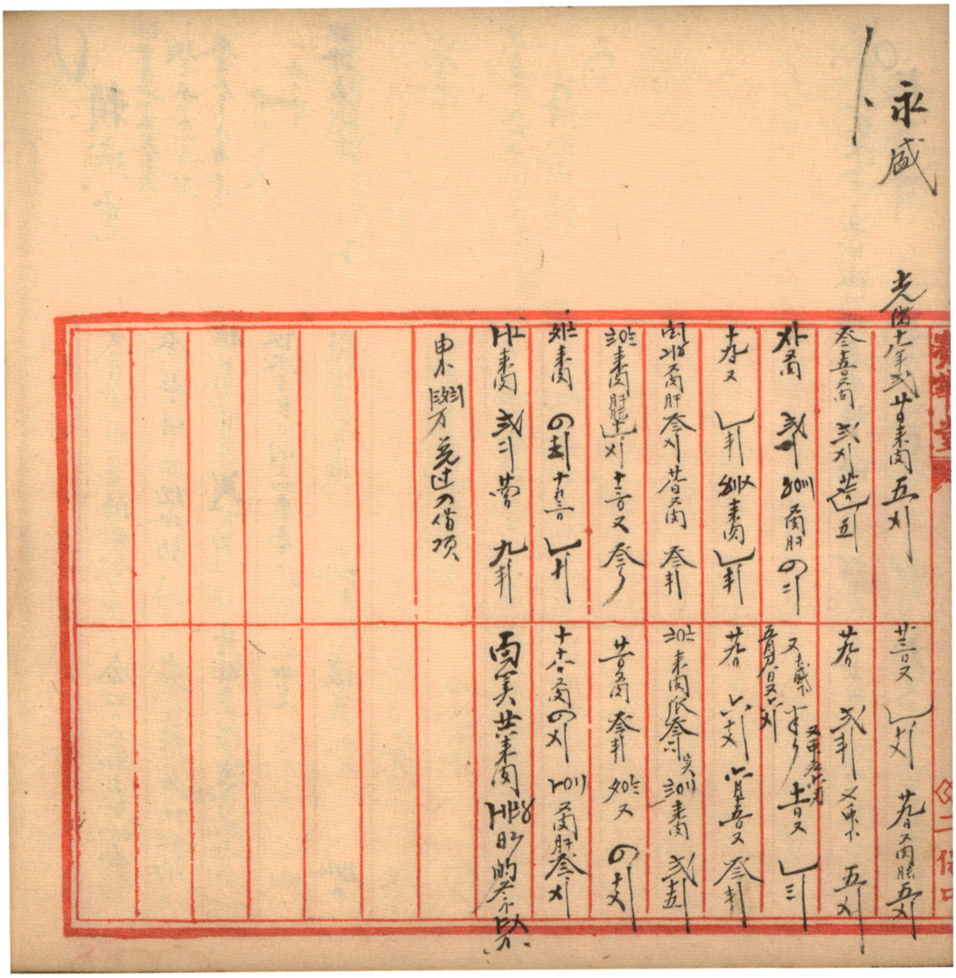

永盛

8-2-40-164　清光緒十六年銀錢油穀發借總目（一六四）

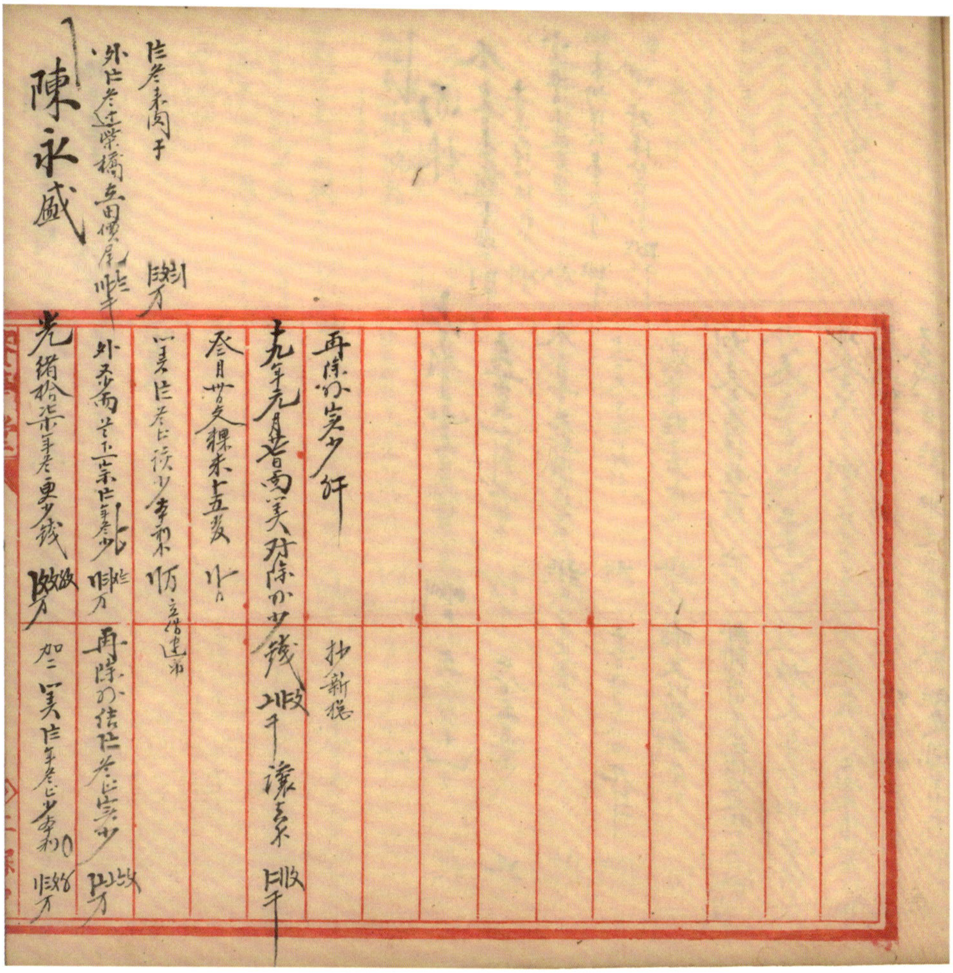

8-2-40-165　清光緒十六年銀錢油穀發借總目（一六五）

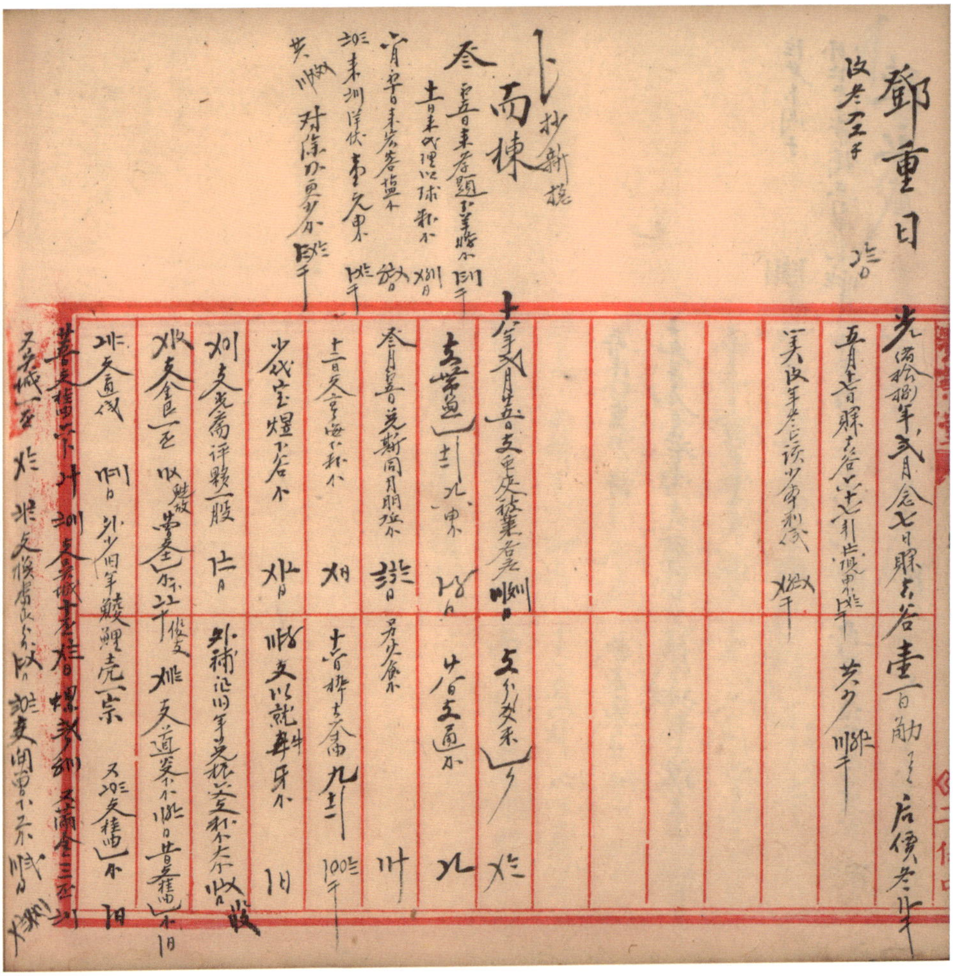

8-2-40-166　清光緒十六年銀錢油穀發借總目（一六六）

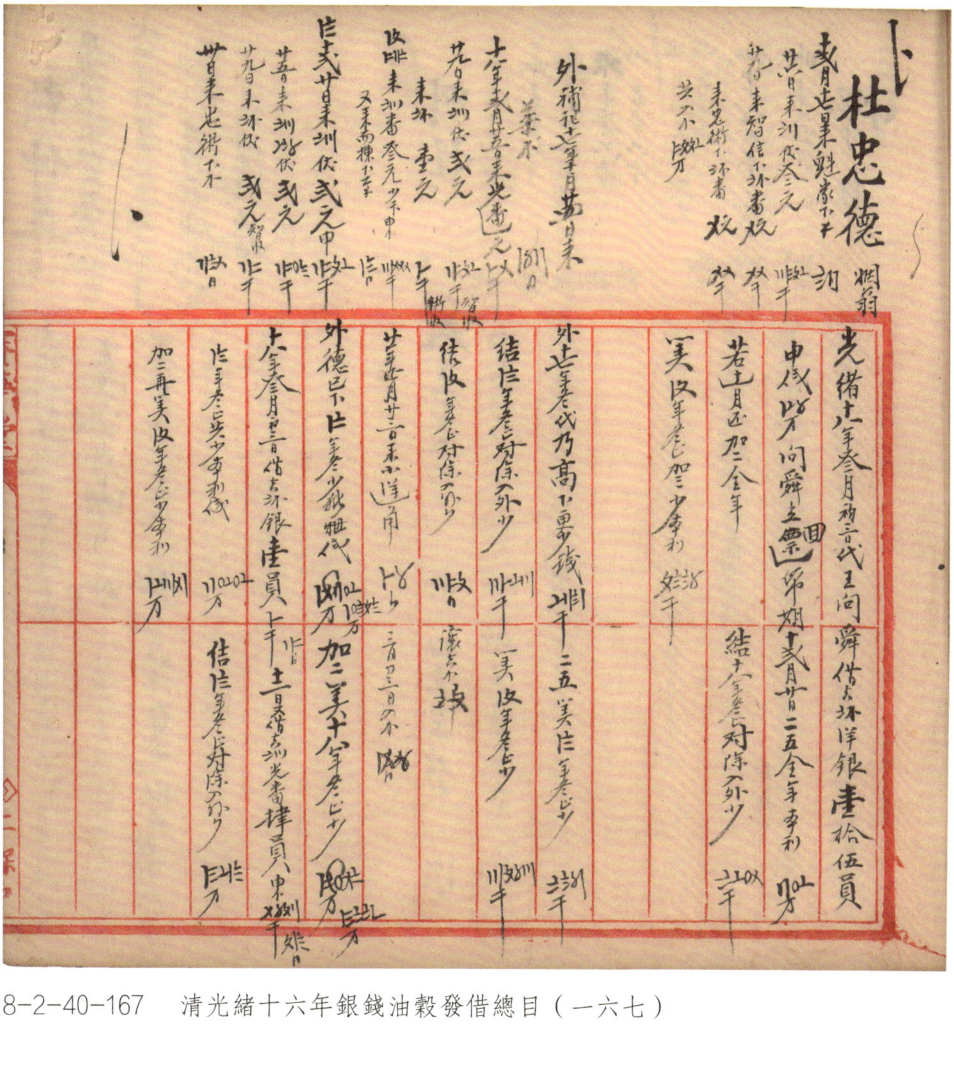

8-2-40-167　清光緒十六年銀錢油穀發借總目（一六七）

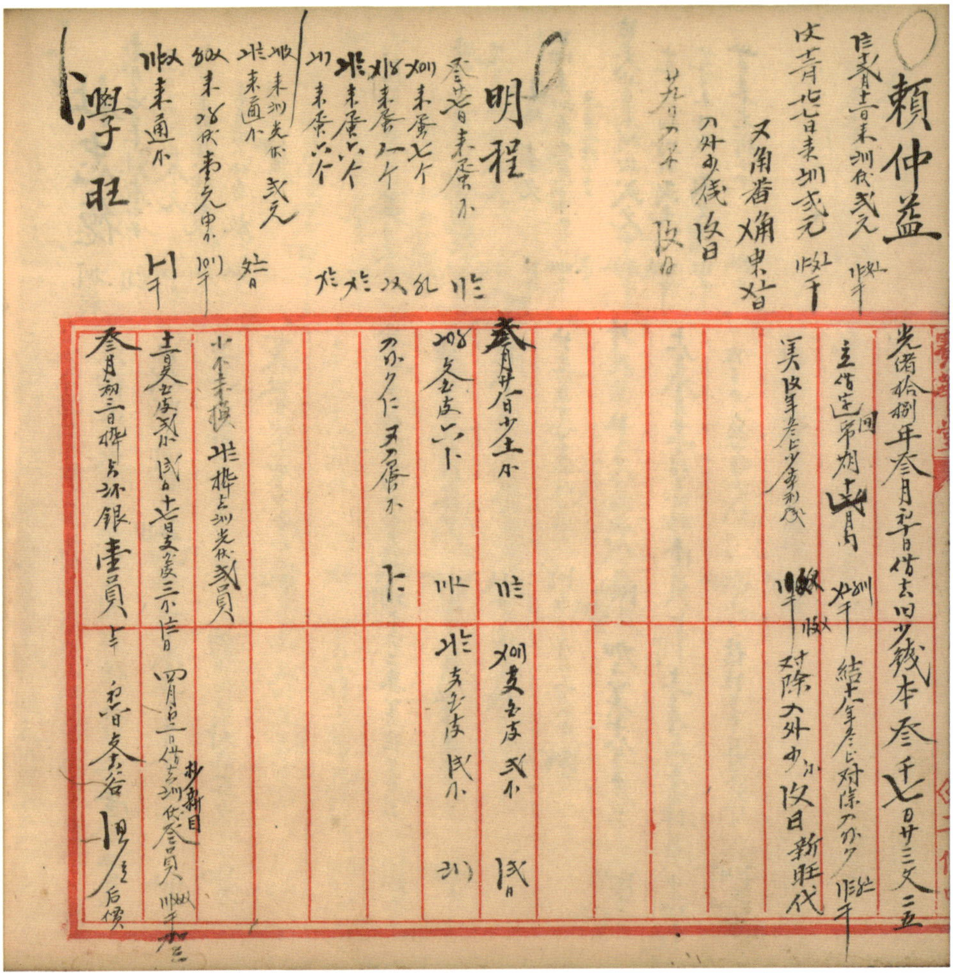

8-2-40-168　清光緒十六年銀錢油穀發借總目（一六八）

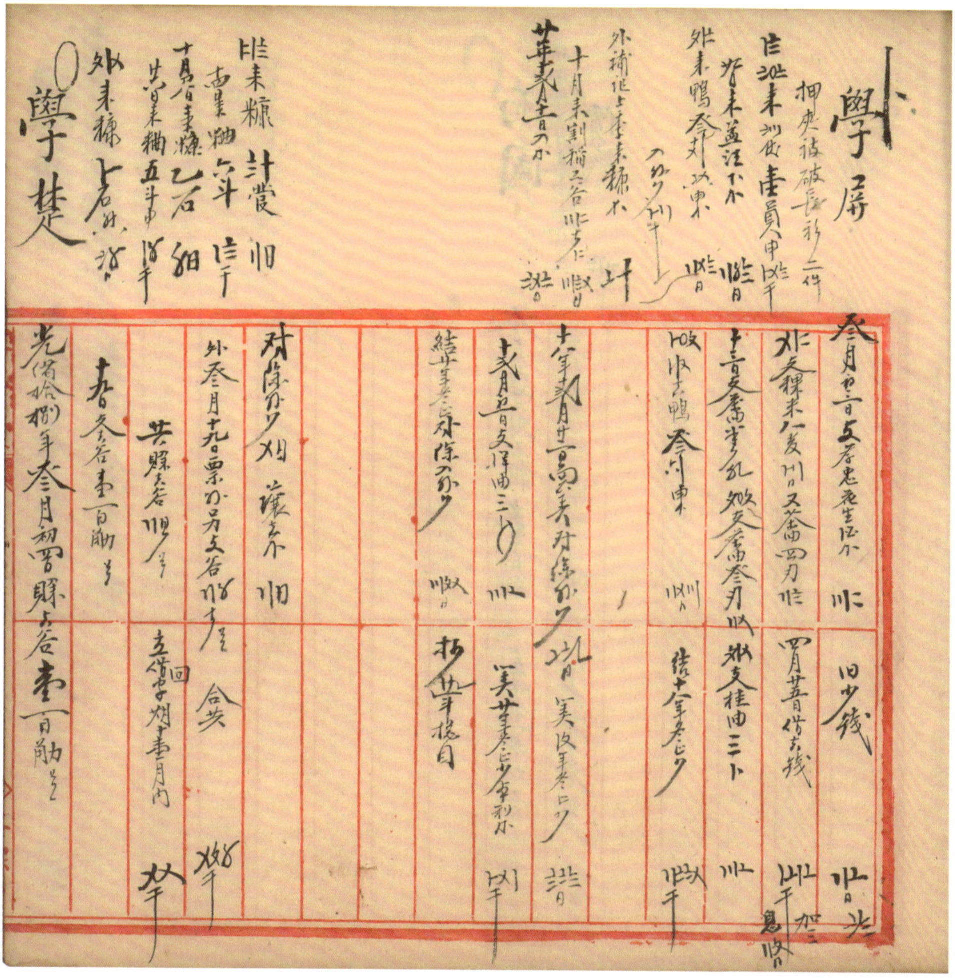

8-2-40-169　清光緒十六年銀錢油穀發借總目（一六九）

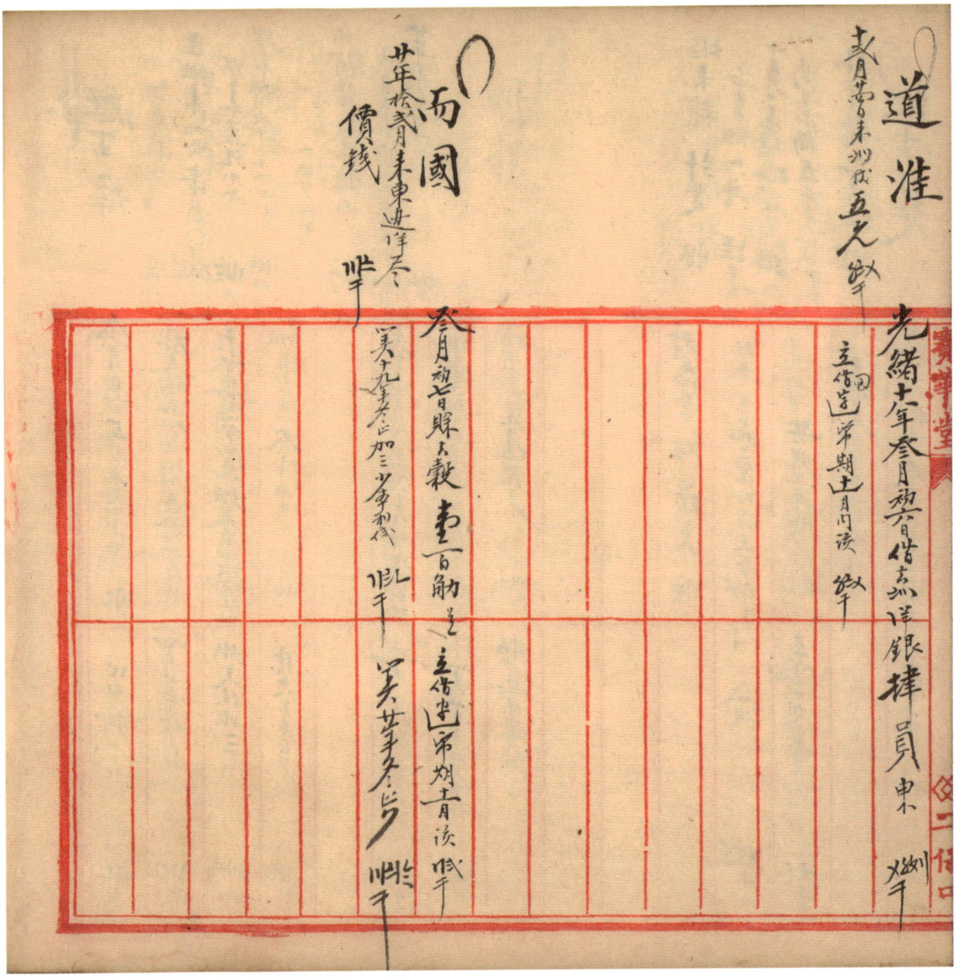

8-2-40-170　清光緒十六年銀錢油穀發借總目（一七〇）

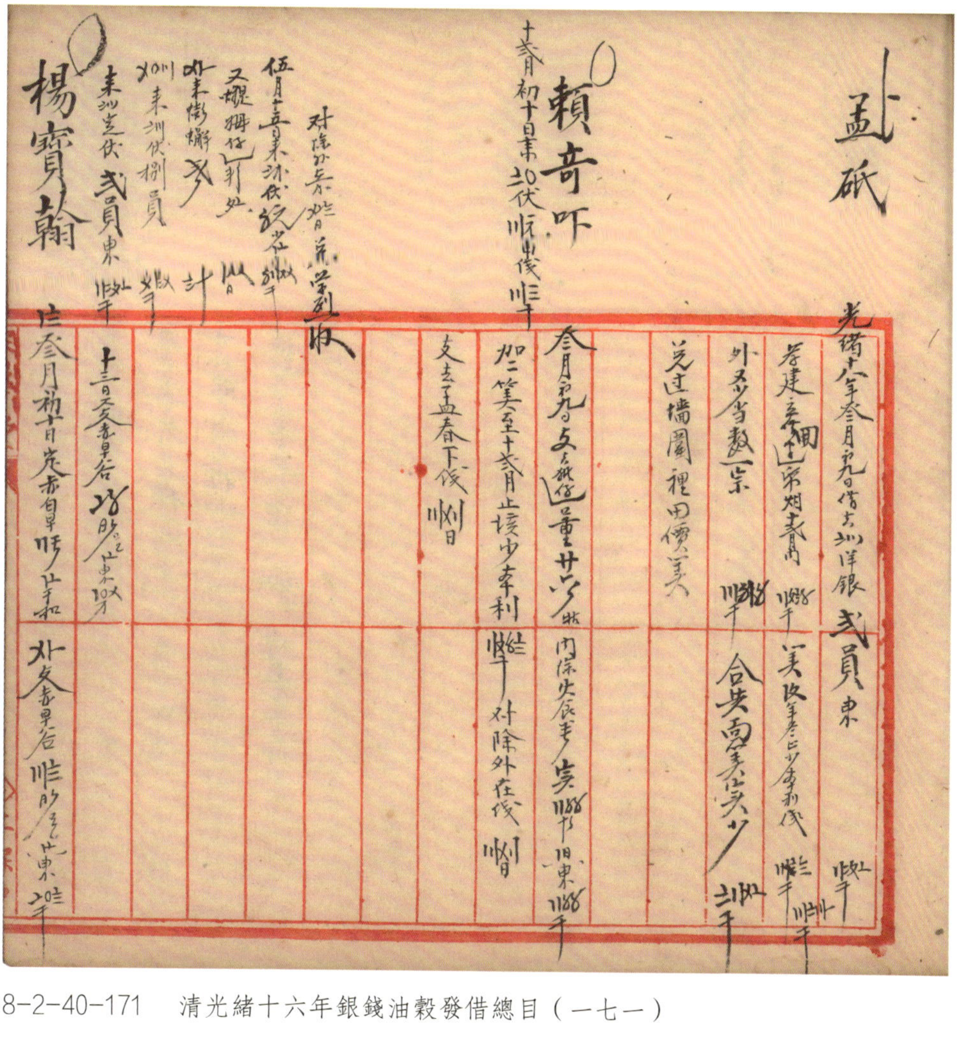

8-2-40-171　清光緒十六年銀錢油穀發借總目（一七一）

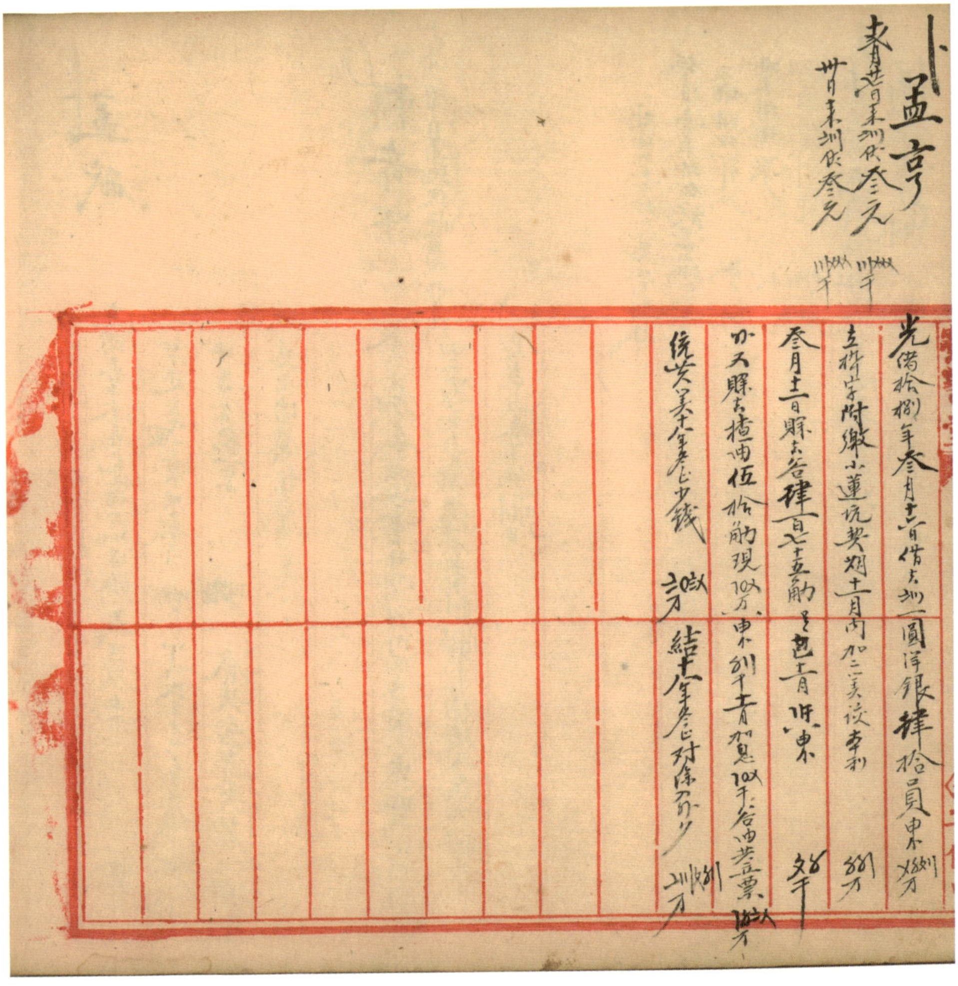

8-2-40-172　清光緒十六年銀錢油穀發借總目（一七二）

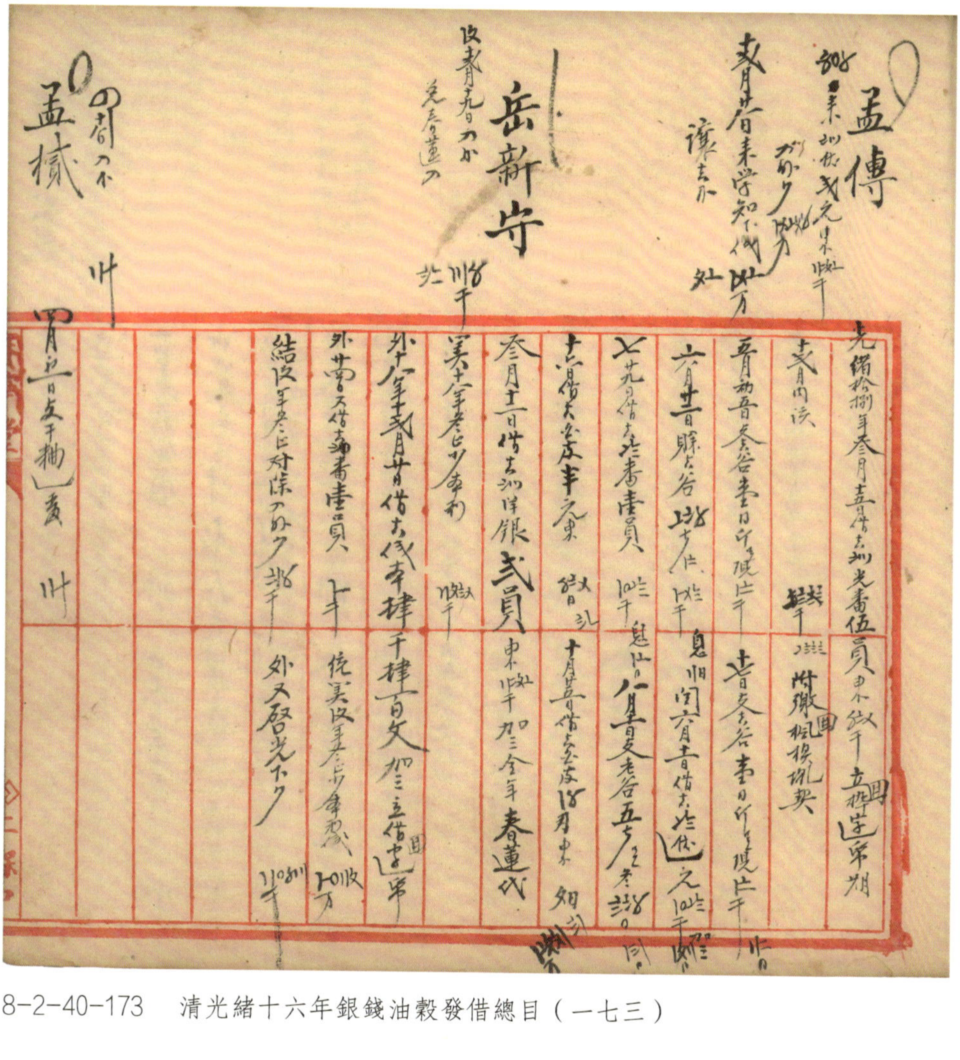

8-2-40-173　清光緒十六年銀錢油穀發借總目（一七三）

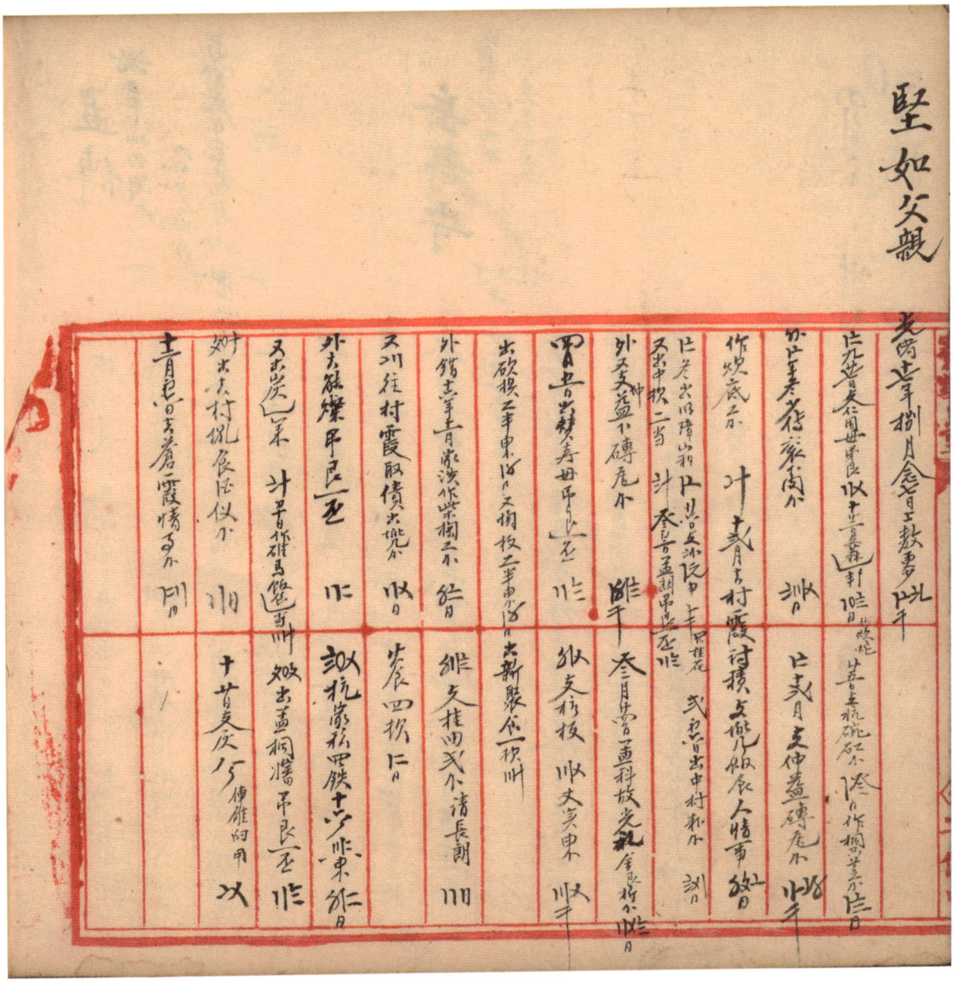

8-2-40-174　清光緒十六年銀錢油穀發借總目（一七四）

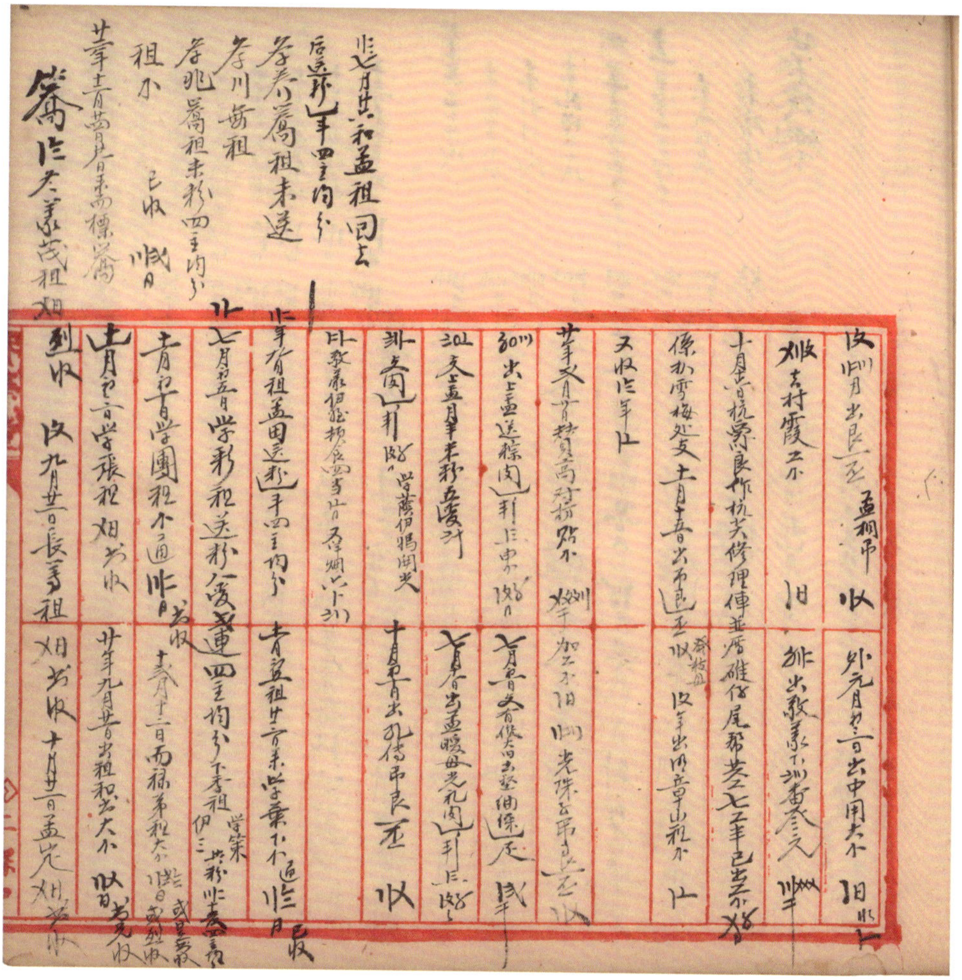

8-2-40-175　清光緒十六年銀錢油穀發借總目（一七五）

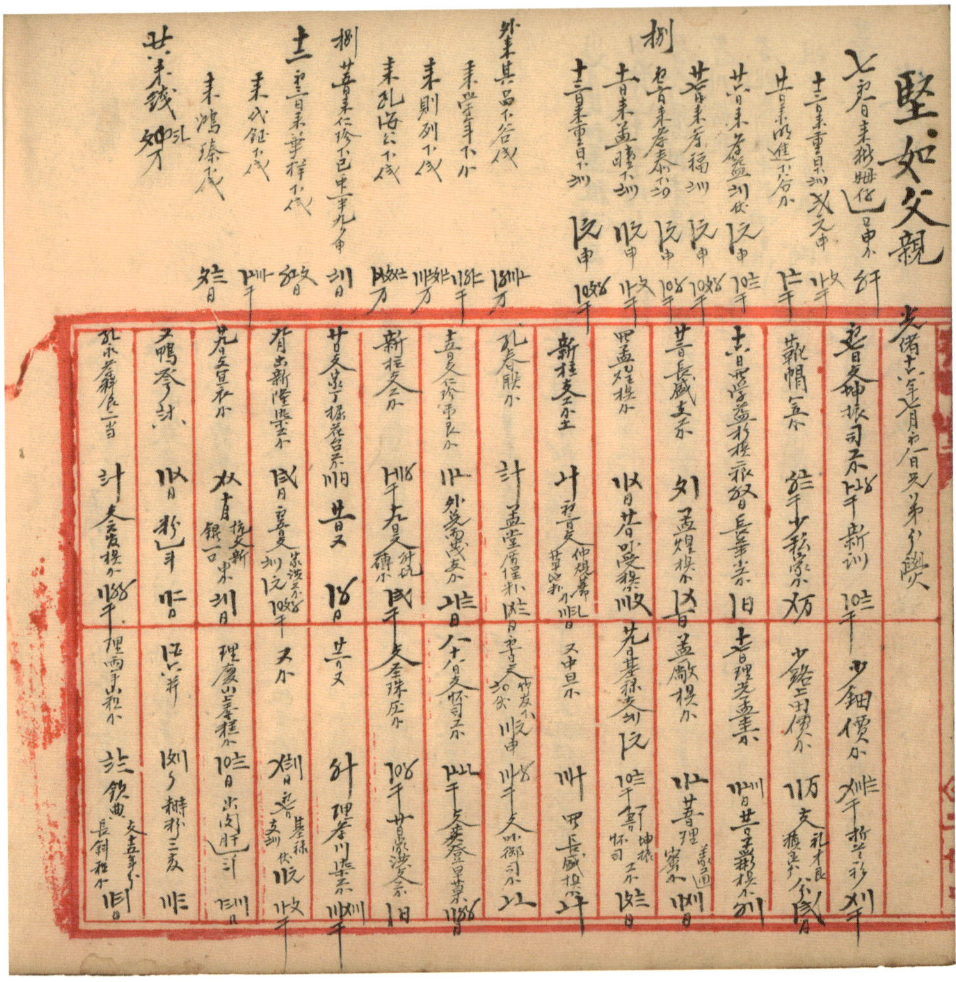
堅如父親

8-2-40-176　清光緒十六年銀錢油穀發借總目（一七六）

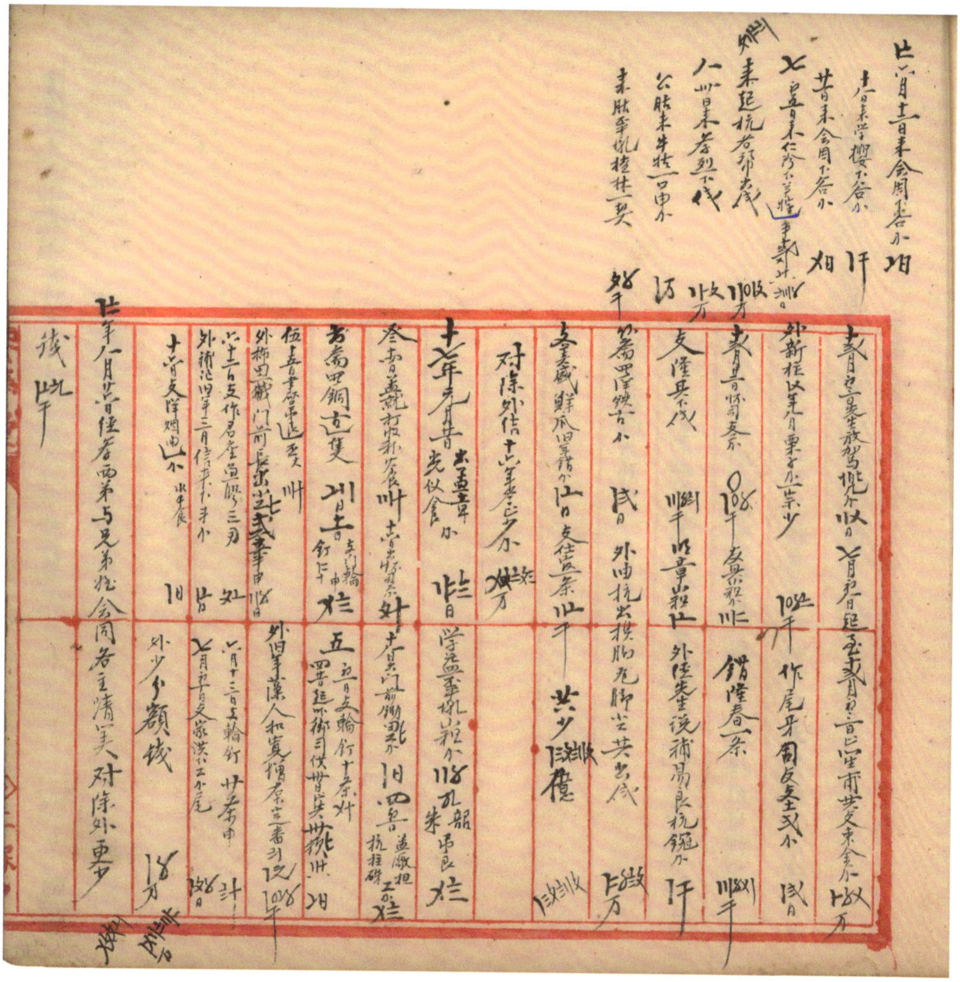

8-2-40-177　清光緒十六年銀錢油穀發借總目（一七七）

左边尾过水前向木料工小火食係与为先对出 外为䕶雜樫杼横听后楼下雜樫工小火食

与为对出料係公甲 尾水工小火食亦是对出

此三宗係擅行私收

每年外正月公收周元肉小 斤 孟兢肉小 斤 忠孝硐但 斤

脐桶㮰水圍𣗥杆横听后楼上楼下雜樫工小俱係烈自理与甲

八月昔佳孝西分派横厝第三硐 地坪㮰並工小暨过水楼上

光绪拾六年六月早上宗少額早米 斗 烈不肯称出待下年

学烈

8-2-40-178　清光緒十六年銀錢油穀發借總目（一七八）

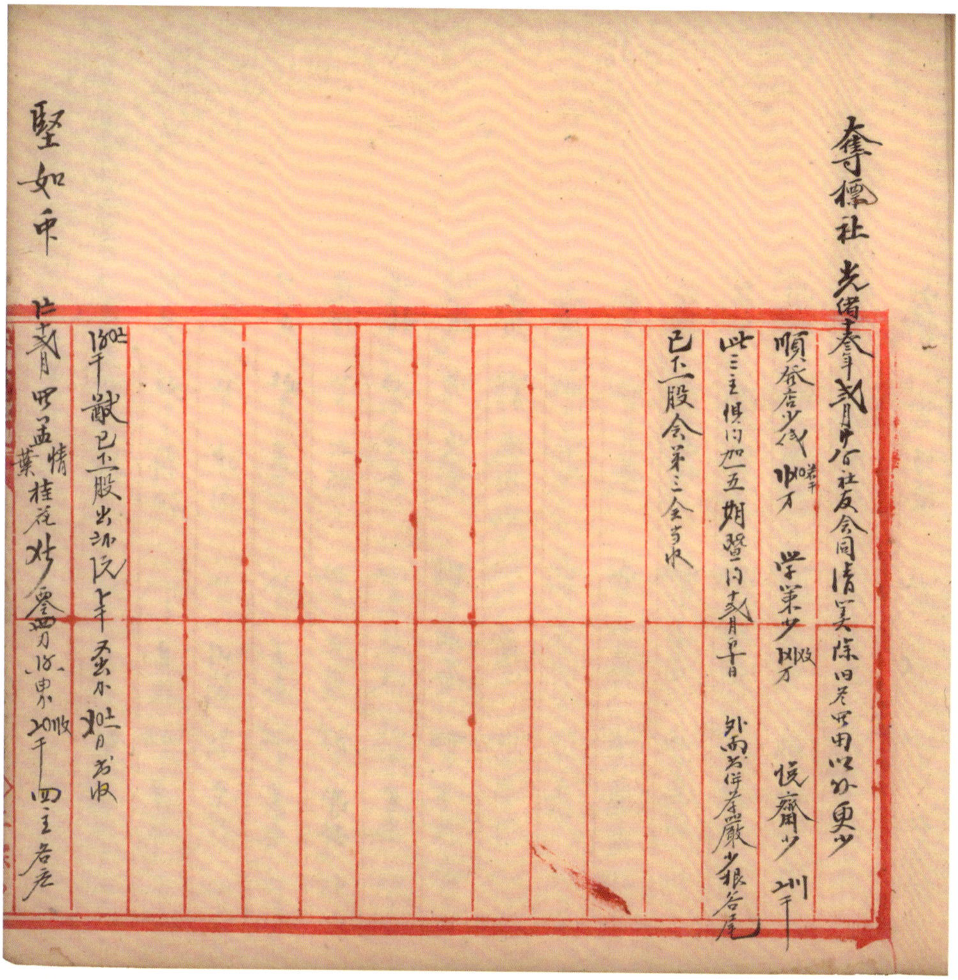

8-2-40-179　清光緒十六年銀錢油穀發借總目（一七九）

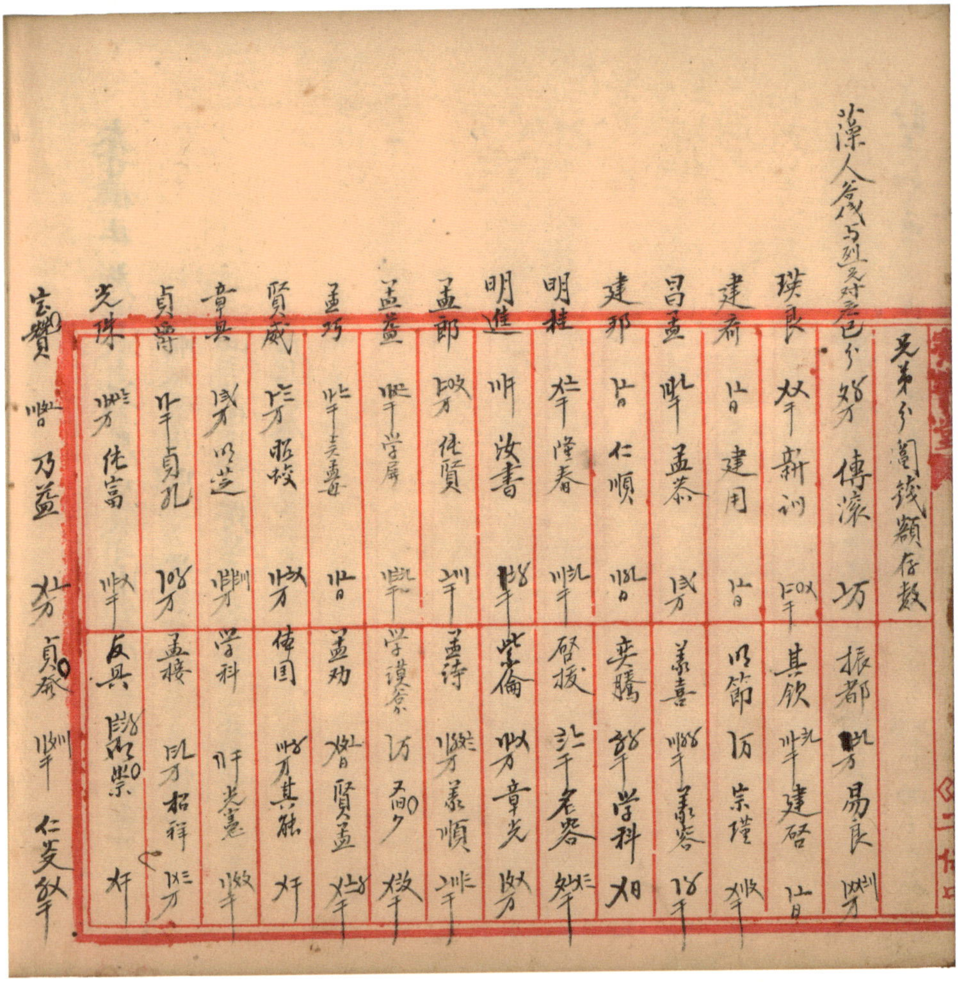

8-2-40-180　清光緒十六年銀錢油穀發借總目（一八〇）

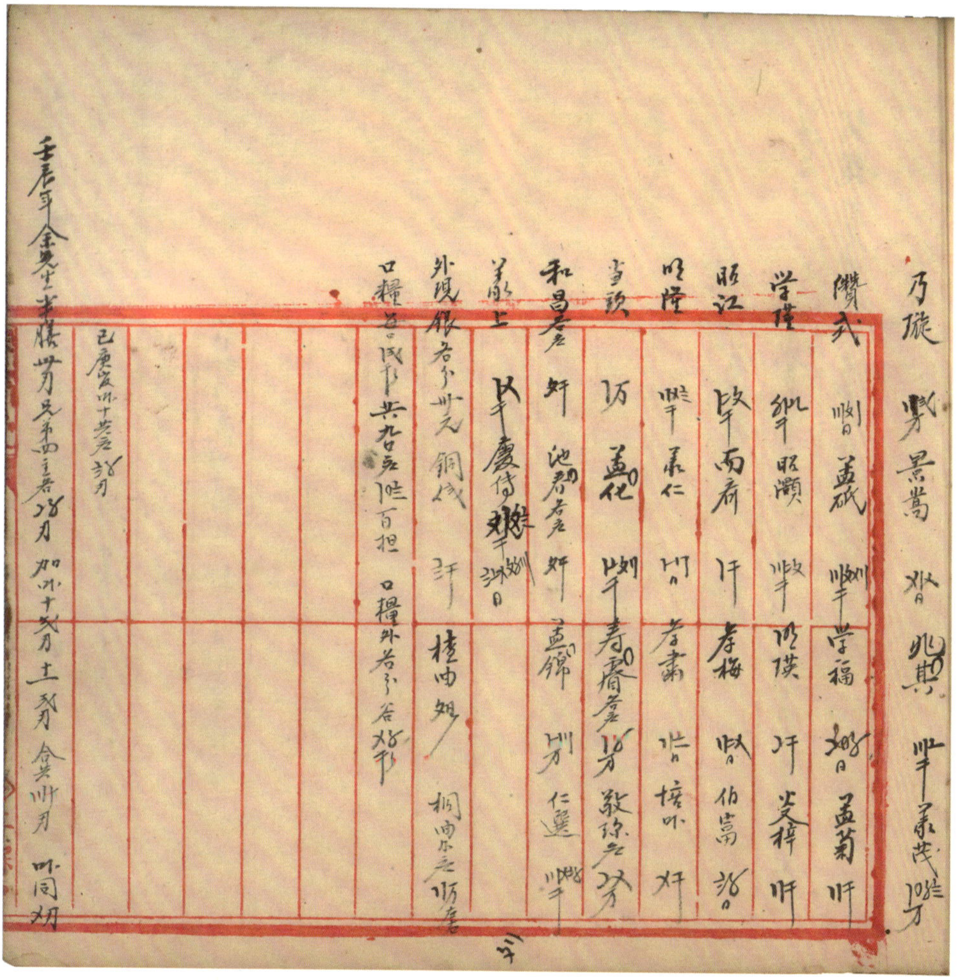

8-2-40-181　清光緒十六年銀錢油穀發借總目（一八一）

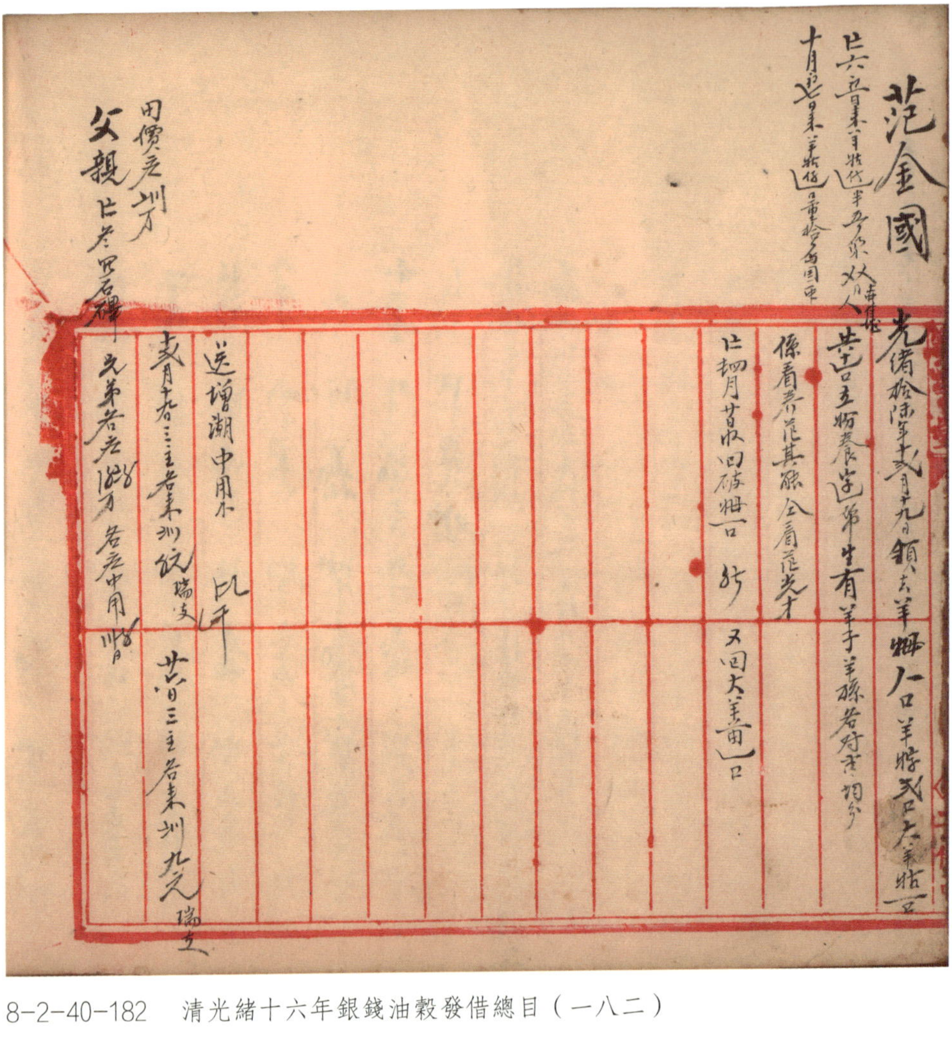

8-2-40-182　清光緒十六年銀錢油穀發借總目（一八二）

油洋張德用司光緒十七年九月廣來傳一柄高九尺傳身一尺
油杭傳泥傳身一尺共此丈收回東嶺下碓仔水槓
俱已在內此系兄弟公理

祭墓贊禮

主祭者就位跪　初進香　獻香　香進至福德正神之位前　亞進香　獻香
香進至正神之位前　三進香　獻香　香進至正神之位前　初進爵　獻爵　斟酒
獻酒　灌地　酒歸爵　酒進至福德之位前　亞進爵　三進爵與前仝
進牲醴　獻牲醴　進菓品　獻菓品　進冥財　獻冥財　俯伏　聽讀祝文　讀畢
叩首　亞叩首　三叩首　興　跪　四叩首　五叩首　六叩首　興　七叩首　八叩首　九叩首　興　便身

8-2-40-183　清光緒十六年銀錢油穀發借總目（一八三）

8-2-40-184　清光緒十六年銀錢油穀發借總目（一八四）